lilla e

ENGELSK-SVENSK
SVENSK-ENGELSK

Vincent Petti Kerstin Petti

NORSTEDTS AKADEMISKA FÖRLAG

Lilla engelska ordboken
Första upplagan (Esselte Studium 1987)

Norstedts lilla engelska ordbok
Andra upplagan (Norstedts Förlag AB 1993)

Norstedts lilla engelska ordbok
Tredje upplagan (Norstedts Ordbok AB 1998)

Norstedts lilla engelska ordbok
Fjärde upplagan (Norstedts Ordbok 2002)

Norstedts lilla engelska ordbok
Femte upplagan (Norstedts Akademiska Förlag 2007)

Projektledare och redaktör Håkan Nygren
Projektledare för tidigare upplagor Mona Wiman
Författare till faktarutorna Anders Odeldahl
Typografi Ingmar Rudman
Omslag Lars E. Pettersson
Sättning Stockholms Fotosätteri AB

Femte upplagan, andra tryckningen
ISBN 978-91-7227-495-2

www.norstedtsakademiska.se

Tryckt hos Rotolito Lombarda, Italien 2008

Norstedts Akademiska Förlag ingår i Norstedts Förlagsgrupp AB, grundad 1823

Förord

till femte upplagan

Denna välkända och omtyckta engelsk-svenska/svensk-engelska ordbok utkommer nu i sin femte upplaga. Hela materialet är genomgånget och ungefär sex hundra nya ord och fraser har lagts till. Liksom i föregående upplaga hittar användaren kompletterande inslag i blå rutor i anslutning till många uppslagsord. Informationen kan gälla t.ex. grammatik eller kulturtraditioner i den engelskspråkiga världen.

Ett nytt inslag i denna upplaga är en lista över så kallade "false friends", dvs. ordpar bestående av ett svenskt och ett engelskt ord, där de båda orden liknar varandra men har olika betydelser. Till dessa ordpar ges belysande exempel, och den som vill ha en utförligare beskrivning av orden kan även slå upp dem i ordboken.

Användaren kan också notera att stor vikt har lagts vid amerikansk engelska, där både amerikanskt ordförråd och uttal lyfts fram i hela ordboken (se vidare sammanfattningen på sidan XVI).

Lättillgänglighet och tydlighet har stått i fokus vid omarbetningen och på sidan X finns en handledning i hur man använder ordboken. Mellan den engelsk-svenska och den svensk-engelska delen av ordboken hittar man ett avsnitt med oregelbundna verb, vikt- och rymdmått samt de så kallade "false friends" som nämns ovan.

I den svensk-engelska sektionen får användaren hjälp med att välja den rätta översättningen genom en tydlig uppdelning av de olika betydelserna. Om läsaren t.ex. vill ha reda på hur ordet **resa** ska översättas, så ges följande information:

1 resa I *subst* spec. till lands journey; till sjöss voyage; överresa crossing; vard., om alla slags resor trip; med bil ride, trip; med flyg flight ...

I den engelsk-svenska delen ersätts denna uppställning av belysande exempel som anknyter till det engelska sammanhang man vill förstå. På så sätt blir denna ordbok en välkommen guide till engelska för både svensktalande och icke svensktalande användare. Den är lämplig för studerande på olika nivåer och för alla dem som kommer i kontakt med engelska på jobbet, vid utlandsresor, på fritiden eller framför tv:n.

Vårt syfte har hela tiden varit att producera en behändig men innehållsrik ordbok av hög kvalitet, och vi har fått redaktionell hjälp av Håkan Nygren, som genom sin entusiasm och sitt professionella kunnande har bistått oss vid utarbetandet av denna femte upplaga av ordboken. Vi vill också tacka Anders Odeldahl som försett oss med informationsmaterialet i de reviderade blå rutorna.

Välkomna till vår femte upplaga av **Norstedts lilla engelska ordbok**! Vi hoppas att den ska bli er ständiga hjälpreda i alla situationer.

Vincent och Kerstin Petti
Huddinge, juni 2007

Foreword

to the Fifth Edition

This popular two-way English-Swedish dictionary is now in its fifth edition. It has been completely revised and updated, with the addition of about six hundred words, phrases and senses. Besides this, there are extra pedagogical features: relevant information is given, where appropriate, in little blue "boxes" in the dictionary on, for example, items of grammar, or cultural traditions in the English-speaking world. This was already in place in the third edition. Now another feature has been added: a short list of so-called False Friends, i.e. pairs of words, one in Swedish and one in English, which look alike but differ in meaning. These pairs are illustrated by examples in the list and they are also found in the dictionary.

It will be noted that attention has consistently been paid to American English, both as regards vocabulary and pronunciation, everywhere in the dictionary (see also the short summary on page XVI).

Great attention has been paid to clarity of presentation and easy access. On page X there is a guide, showing how to use the dictionary. There is also a list of irregular verbs, weights and measures, placed together with the False Friends in the pages between the two sections of the dictionary, the English-Swedish and the Swedish-English.

In the Swedish-English section help is given in choosing the right translation by the clear division of the different senses, using Swedish sense indicators, since most users are Swedish-speaking. However, learners of Swedish who are English-speaking can also use the dictionary without much difficulty. If the user wants to know how the word **resa** is to be translated into English, the following information is given:

1 resa I *subst* spec. till lands journey; till sjöss voyage; överresa crossing; vard., om alla slags resor trip; med bil ride, trip; med flyg flight …

In the English-Swedish section this method is replaced by illustrative examples relating to the English context, written or spoken, that one is trying to understand. Thus both Swedish and non-Swedish speakers seeking a guide to English will welcome this dictionary: schoolchildren at the senior level of the “grundskola” and those at the “gymnasium”, students, adult learners and anyone who is interested in English or uses it at work, during leisure time, touring abroad or watching television.

Our aim has been to continue to provide a handy, compact quality dictionary, and we have been assisted editorially by Håkan Nygren, who has, with his enthusiasm and professional skill, seen the fifth edition of this dictionary through, in spite of his responsibilities as head of the dictionary editorial staff – for which we are extremely grateful. We wish also to thank Anders Odeldahl for providing the information material in the blue “boxes” and revising them.

Welcome, then, to our fifth edition. We hope it will be your helpmate and companion at all times.

Vincent and Kerstin Petti
Huddinge, June 2007

Ordbokstecken

Krok ~

Krok betecknar hela uppslagsordet:

panta: *~ **flaskor*** (= panta flaskor)

Hakparentes [ ]

Hakparentes används kring uttalsbeteckning:

handsfree ['hændzfri:]

Rund parentes ( )

Rund parentes används

a) kring ord eller ordgrupper som kan ersätta närmast föregående ord:

klassresa *subst* **1** skol. class outing (trip) (= class outing, class trip)

b) kring uppgift om böjning eller annan grammatisk upplysning:

beat I [bi:t] (*beat beaten*) *verb* **1** slå, piska

Piggparentes ⁅ ⁆

Piggparentes används kring konstruktionsmönster eller belysande exempel:

aktsam: careful ⁅*om* of⁆ (dvs. *aktsam om* = careful of)
piercing: genomträngande ⁅*a ~ cry*⁆ (dvs. *a piercing cry* = ett genomträngande skrik)

Punkter ...

Punkter används

a) vid avbrutna exempel:

anledning: ***~en till att...*** the reason why...

b) för att visa var objektet ska placeras vid verb (i de fall då objektet ska placeras mellan ord som ingår i översättningen):

slita: slita ut nöta ut wear...out

c) ibland vid adjektiv för att visa det engelska uttryckets placering i förhållande till sitt huvudord:

svensktalande *adj* Swedish-speaking... endast före subst.

Siffror

I, II Romerska siffror används för uppdelning i ordklasser.

1, 2 Arabiska siffror används

a) för att ange ord med samma stavning men med olika betydelse och ursprung:

1 bok *subst* träd beech
2 bok *subst* book

b) för att ange olika delbetydelser:

composition [ˌkɒmpəˈzɪʃən] *subst* **1** sammansättning **2** musik. komposition **3** skol. uppsats

Bokstäver

a) b) Bokstäver används för att ange olika delbetydelser hos fraser:

attestera *verb*, **~ *ngt*** a) utbetalning, belopp authorize sth for payment b) handling certify sth

Översikt

Så här är engelsk-svenska delen uppställd.
Svensk-engelska delen följer samma mönster.

Grammatik o.d.

1 uppslagsord
2 uttal (uttal som brukar vara svåra för en svensk är markerade med understrykning)
3 översättning
4 ordklass
5 fras, språkexempel med översättning
6 oöversatt språkexempel
7 verbfraser (partikelverb)
8 konstruktionsuppgift
9 böjningsuppgift
10 verbböjning
11 uppgift om dubbelskriven konsonant i böjning

Etiketter o.d.

12 ämnesområde
13 stilnivå
14 svensk förklaring, precisering
15 amerikansk engelska
16 hänvisning

Siffror

17 romerska siffror (indelning i ordklasser)
18 arabiska siffror (indelning i delbetydelser)
19 siffror vid homografer, dvs. ord som stavas lika men har olika betydelser

Information

20 realia, grammatik m.m.

❶ ❷ ❹ ❸ ❽
allergic [ə'lɜːdʒɪk] *adj* allergisk [*to* mot]

⑰
brush I [brʌʃ] *subst* **1** borste, kvast **2** pensel **3** borstning, avborstning; ***give sth a ~*** borsta av ngt ❺
II [brʌʃ] *verb* **1** borsta, borsta av **2** skrubba
III [brʌʃ] *verb* med adv. o. prep.
❼ **brush aside** vifta undan
brush down borsta av
brush up friska upp [*I must ~ up my English*] ❻

banjo ['bændʒəʊ] (pl. ~s) *subst* banjo
❾
lug [lʌg] (-gg-) *verb* släpa på, kånka på
⓫
forbid [fə'bɪd] (*forbade forbidden*)
❿
⓭
birdie ['bɜːdɪ] *subst* **1** barnspr. pippifågel **2** golf., ett slag under par birdie
⓬ ⓮
casket ['kɑːskɪt] *subst* **1** skrin **2** amer. likkista ⓲ ⓯

an [ən, n, beton. æn] *obest art* se *a*
⓰

⓴ **cricket**
Cricket påminner om en slags avancerad brännboll och spelas framför allt i England och några länder som ingick i det brittiska imperiet, t.ex. Australien *Australia*, Indien *India*, Sydafrika *South Africa*, Västindien *the West Indies* och Pakistan *Pakistan*. En vanlig match tar tre–fyra dagar att genomföra. En internationell match, *test match*, kan ta upp till fem dagar.

⓳ **1 cricket** ['krɪkɪt] *subst* syrsa insekt
2 cricket ['krɪkɪt] *subst* kricket spel

Till användaren

Hur hittar man i ordboken?

Uppslagsordens form

Ordboken består av två delar: en engelsk-svensk och en svensk-engelsk. Mellan de båda delarna finns förteckningar över engelska oregelbundna verb, false friends, engelska och amerikanska mått, vikter m.m.

I den svensk-engelska delen går man från det för oss kända (svenskan) till det okända (engelskan). Uppslagsorden står oftast i grundform vilket betyder att om du t.ex. ska översätta *stränderna* eller *har burit* så letar du under **strand** respektive **bära**. Ibland är dock uppslagsordet en böjd form, t.ex. **adoptivföräldrar** *subst pl.*

I den engelsk-svenska delen finns många oregelbundna former av verb (t.ex. imperfekt **forgave**, perfekt particip **forgiven**) och substantiv (pl. **geese**) som uppslagsord, med uttal och med hänvisning till grundformen, dvs. till verbets infinitivform respektive substantivets singularform.

Alfabetisk ordning

Uppslagsorden står i strikt alfabetisk ordning, antingen de är enkla eller sammansatta. Bindestreck, punkt m.m. räknas inte.

Engelsk-svenska	*Svensk-engelska*
bluebottle	**aska**
blue-collar	**A-skatt**
blue tit	**askfat**

Observera att V och W räknas som två olika bokstäver, inte bara i engelskan utan numera också i svenskan.

Stavning

Stavningen av de engelska orden är normalt den brittiska engelskans. I många fall anges även amerikanska varianter. Se vidare avsnittet "Amerikansk engelska" på sidan XVI.

Sammansatta ord

Sammansatta ord i svenskan tas upp som uppslagsord inordnade i den alfabetiska ordföljden. Vid sammansatta ord i engelskan förekommer olika skrivsätt: hopskrivet (**birdcage**), med bindestreck (**bird-watcher**) eller särskrivet (**bird cherry**). Om du inte hittar ett sammansatt ord bland uppslagsorden, titta då under något av de enkla orden.

Ord som stavas lika

Ord som stavas lika men har olika betydelser (och ofta olika ursprung) brukar kallas *homografer*. I ordboken står homografer som två olika uppslagsord, med en arabisk siffra (**1**, **2** etc.) framför. Det gäller t.ex. **1 regel** = 'anordning på dörr' och **2 regel** = 'föreskrift'.

Varianter

Ord som betyder samma sak står tillsammans, förutsatt att den alfabetiska ordningen inte bryts. Exempel: **cirkelformig** o. **cirkelrund**

Hur hittar man i artiklarna?

Ordningen inom artiklarna

Med *artikel* menar vi här uppslagsordet och den text som hör dit, dvs. ordklass, översättning, språkexempel, grammatiska upplysningar etc. De olika typer av information som ges i en artikel följer ungefär samma ordning i alla artiklar.

1	2	3	4	5
forget	[fə'get]	(*forgot forgotten*)	(*forgetting*)	*verb*
glömma;	***~ about sth***	glömma bort ngt		
6	7	8		

1	5	6
beställning	*subst*	order; bokning booking;
gjord på ~	made to order	
7	8	

1. Uppslagsord
2. Uttal (i engelsk-svenska delen)
3. Böjning (i engelsk-svenska delen)
4. Dubbelskriven konsonant (i engelsk-svenska delen)
5. Ordklass
6. Översättning av uppslagsordet
7. Språkexempel
8. Översättning av språkexemplet

Tecknet ~ ersätter uppslagsordet inne i artikeln, i språkexempel m.m.

Uttal

Uppgifter om de engelska ordens uttal finns i den engelsk-svenska delen. Varje uppslagsord har fonetisk transkription i direkt anslutning till ordklassuppgiften eftersom uttalet för ett och samma ord kan variera beroende på ordklass. Uttal som brukar vara svåra för en svensk har markerats med understrykning.

addict I [ə'dɪkt] *verb*, ***be addicted to*** vara begiven på
II ['ædɪkt] *subst* missbrukare; ***drug (dope) ~*** narkoman

En uppställning över de fonetiska tecknen finns på sidan XXII.

Böjning

För svenska ord ges i allmänhet inte böjningsuppgifter. För engelska ord ges uppgift om böjning när den är eller kan vara oregelbunden. En förteckning över engelska oregelbundna verb finns i mitten av ordboken, mellan den engelsk-svenska och den svensk-engelska delen.

Ordklasser

Varje uppslagsord har ordklassmarkering, t.ex. *subst* för substantiv, *adj* för adjektiv osv. Ofta kan ett ord tillhöra mer än en ordklass: **djup** är både adjektiv och substantiv, **travel** kan vara verb och substantiv.

För att det ska gå lättare att hitta i artikeln, har den delats in efter ordklasserna, och varje sådan avdelning inleds då med en romersk siffra (**I**, **II** etc.). En särskild förteckning över ordklasser finns på sidan XVIII.

Betydelser

Ett visst ord kan ha flera mer eller mindre närliggande betydelser eller motsvaras av flera olika ord i engelskan – t.ex. **stor** "great, big, large, tall" etc. För att du ska hitta rätt översättning finns ibland en förklaring med liten stil.

Närliggande betydelser skiljs ofta åt bara av ett komma eller semikolon, medan mer klart åtskilda skiljs åt av siffror eller **a)**, **b)** etc.

De förkortningar som används i lilla stilen finns förklarade på sidan XVIII.

Exempel

De oöversatta kursiva exemplen i piggparentes [ ] (jfr sidan VII) i den engelsk-svenska delen ger exempel på hur översättningen kan användas, t.ex.

bring: **bring back** väcka till liv [~ *back memories*]

De översatta exemplen är ofta mer fasta uttryck som ges en träffande översättning, ofta utöver grundöversättningen, t.ex.

leg: ***pull sb's*** ~ vard. driva med ngn
storm: ***en ~ i ett vattenglas*** a storm in a teacup, amer. a tempest in a teapot

En fras ligger under det ord som uppfattas som huvudord. Det är inte alltid det första ordet i uttrycket, så om du inte hittar frasen vid första försöket, leta under nästa tänkbara ord.

Ordningen mellan fraser

Om en artikel innehåller många fraser står dessa ofta i någon systematisk eller alfabetisk ordning. Särskilt gäller detta verbfraser efter egen romersk siffra. Här står fraserna i fet stil och de har placerats alfabetiskt efter den partikel som följer verbet, t.ex. i artikeln **gå**:

II *verb* med betonad partikel
gå an
gå av
gå bort
gå efter
gå emot etc.

i artikeln **bring**:

II [brɪŋ] (*brought brought*) *verb* med adv. o. prep.
bring about
bring back
bring in etc.

Uppgifter om konstruktion m.m.

I vissa fall ger ordboken information utöver själva översättningen. Särskilt när bruket i svenskan och engelskan skiljer sig ger vi uppgift om hur orden ska konstrueras, dvs. om exempelvis efterföljande verb ska stå i singular eller plural:

polis *subst* **1** myndighet police (med verb i pl.)

polisen har ... heter alltså 'the police have ...'

Likaså:

alla *pron* everybody sing., everyone sing.
Ex. *alla är* = everybody (everyone) is ...
pengar *subst pl* money sing.
Ex. *pengarna är* = the money is ...

vapen *subst* **1** weapon; i pl.vanligen arms; koll. weaponry sing.

Med koll. (= kollektivt) menas vapen som grupp, ej enstaka vapen.

Förkortningen sing. innebär att verbet ska stå i singular om det som du ska översätta handlar om vapen som grupp: *vapen har* ... heter alltså 'weaponry has ...'

Uppgifter om preposition m.m. ges ibland inom tecknet [ ] efter översättningen:

medlemskap *subst* membership [*i* of]
interest ['ɪntrəst] *subst* intresse [*in* för]

Översättning

När vi ger en översättning utan förklaring är det ordets normala betydelse som avses. Om ordet har någon specialbetydelse utöver grundbetydelsen anger vi detta med en förklaring i liten stil före översättningen. Exempel:

hagel *subst* **1** hail; ***stora ~*** big hailstones **2** blyhagel shot, small shot
beställning *subst* order; bokning booking; ***gjord på ~*** made to order

Vissa ord saknar motsvarighet i det andra språket. Det kan vara maträtter eller ord som hör ihop med olika seder och bruk, s.k. kulturspecifika ord. I sådana fall ges antingen en ungefärlig översättning eller en förklaring. Exempel:

kasperteater *subst* ungefär Punch and Judy show
Här har vi försökt ge en översättning som ger motsvarande associationer i det andra språket.

En annan lösning är att ge en förklaring som inte kan användas som översättning, men som ändå bidrar till språkförståelsen. Exempel:

fastlagsris *subst* twigs pl. with coloured feathers used as a decoration during Lent
dagbarn *subst* child in the care of a childminder; ***ha ~*** be a childminder

Ytterligare ett sätt är att ge ett förslag till översättning med efterföljande förklaring, t.ex.

crumpet ['krʌmpɪt] *subst* tekaka som rostas och ätes varm
En typ av ord som man bör vara extra uppmärksam på är så kallade *false friends*, det vill säga ord och uttryck i två olika språk som liknar varandra men som har olika betydelser. En uppställning över vanliga false friends i engelskan/svenskan finns på sidan 468, mellan den engelsk-svenska och den svensk-engelska delen.

Amerikansk engelska

Amerikansk engelska markeras i ordboken med amer.

Stavning

I fråga om stavning skiljer sig amerikansk engelska i vissa fall från brittisk engelska. Här följer en förteckning över de vanligaste amerikanska stavningsvarianterna:

1. Den brittiska ändelsen *-our* motsvaras i amerikansk engelska av *-or*, t.ex. *color, harbor, labor, rumor.*
2. Den brittiska ändelsen *-re* motsvaras av i amerikansk engelska *-er*, t.ex. *center, liter, meter, theater.*
3. Den brittiska ändelsen *-ce* motsvaras i vissa ord i amerikansk engelska av *-se*, t.ex. *defense, license, pretense.*
4. Den brittiska engelskans *-ll-* skrivs i vissa ord i amerikansk engelska med enkelt *-l-*, t.ex. *labeled, quarreled, signaled, marvelous, traveler, woolen.*
5. Andra stavningsvarianter av mindre förutsebar typ ges genomgående i ordboken, t.ex. *airplane, aluminum, analyze, cozy, gray, mold, plow, tire* (bildäck) etc.

Uttal

I USA finns inte något standarduttal som i Storbritannien. Men de flesta bildade amerikaners uttal innehåller flera gemensamma drag som skiljer deras uttal från det brittiska:

1. I brittisk engelska är *r* stumt före konsonant och i ordslut om det inte följs av vokal (som i t.ex. *far off, everywhere else*). I amerikansk engelska uttalas *r* i dessa fall, i t.ex. *bird, hard, matter, where.*
2. I amerikansk engelska uttalas *t* eller *tt* mellan tonande ljud (dvs. vokaler och vissa konsonanter) med stark dragning åt *d*, så att t.ex. *better, metal, little* kan låta som *bedder, meddle, liddle.*
3. I många ord uttalas den brittiska standardengelskans [ɑ:] som [æ:] i amerikansk engelska när det följs av ljuden [f] (t.ex. *after*), [m] (t.ex. *example*), [n] (t.ex. *demand, aunt*), [s] (t.ex. *pass, past*), [θ] (t.ex. *path*).
4. Den brittiska standardengelskans [əʊ] i sådana ord som *no, only, boat* uttalas i amerikansk engelska med [oʊ].

5. Den brittiska engelskans [ɒ] i sådana ord som *got*, *hot*, *what* uttalas i amerikansk engelska ungefär som *a* i det svenska ordet *hat*, men kortare.
6. Den brittiska engelskans [juː] i många ord uttalas i amerikansk engelska ofta med [uː] i t.ex. *duty*, *new*, *stupid*.
7. Ord som slutar på *-ary*, *-ery*, *-ory* har i amerikansk engelska biton på näst sista stavelsen. Jämför:

	brittisk engelska	amerikansk engelska
secondary	['sekəndrɪ]	['sekənˌderɪ]
cemetery	['semətrɪ]	['seməˌterɪ]
territory	['terɪtərɪ]	['terəˌtɔːrɪ]

8. Ordboken redovisar naturligtvis amerikanskt uttal i de fall där uttalet på ett oförutsebart sätt skiljer sig från den britttiska engelskans, t.ex. *address*, *clerk*, *Derby*, *lieutenant*, *schedule*. Se dessa ord.

Förkortningar

I konstruktionsmönster

sb	somebody
sb's	somebody's
sth	something
sth's	something's
ngn	någon (objektet är en person)
ngns	någons
ngt	något (objektet är en sak)
ngts	någots

Ordklasser

adj	adjektiv
adv	adverb
best art	bestämd artikel
hjälpverb	
huvudverb	
infinitivmärke	
interj	interjektion
konj	konjunktion
obest art	obestämd artikel
perf p	perfekt particip
prefix	
prep	preposition
pres p	presens particip
pron	pronomen
räkn	räkneord
subst	substantiv
subst pl	substantiv i pluralform
verb	

Övrigt

adj.	adjektiv; adjektivisk
adv.	adverb; adverbial; adverbiell
allm.	allmänt, i allmän (ej speciell) betydelse
amer.	amerikansk; amerikansk engelska; i Amerika (USA)
anat.	anatomi
astrol.	astrologi
astron.	astronomi
barnspr.	barnspråk
bibl.	biblisk; i Bibeln
bil.	bilterm
bildl.	bildlig, bildligt
biol.	biologi

bot.	botanik
boxn.	boxning
britt.	brittisk
byggn.	byggnadsterm
data.	dataterm
eg.	egentlig (ej bildlig) betydelse
ekon.	ekonomi
el.	eller
elektr.	elektronik; elteknik
eng.	engelsk; engelska
etc.	etcetera
ex.	exempel
film.	filmterm
flyg.	flygväsen, flygteknik
fonet.	fonetik
fotb.	fotboll
foto.	fotografering
fys.	fysik
fysiol.	fysiologi
förk.	förkortning
geogr.	geografi, geografisk
geom.	geometri
golf.	golfterm
gram.	grammatik
gymn.	gymnastikterm
hand.	handelsterm
hist.	historisk företeelse
imperf.	imperfekt
inf.	infinitiv
iron.	ironisk stil
jakt.	jaktterm
jfr	jämför
jur.	juridik
järnv.	järnvägsterm
kem.	kemiterm
kok.	kokkonst, matlagning
koll.	kollektiv
konst.	konst; konstvetenskap
kortsp.	kortspel
kyrkl.	kyrklig
lantbr.	lantbruk
litt.	litterär stil, litteratur
mat.	matematik
med.	medicin
meteor.	meteorologi
mil.	militärväsen
m.m.	med mera
m.fl.	med flera
motor.	motorteknik

musik.	musikterm
mytol.	mytologi
naturv.	naturvetenskap
neds.	nedsättande
o.	och
o.d.	och dylikt
ordspr.	ordspråk
osv.	och så vidare
pl.	plural (till form och/eller konstruktion)
polit.	politik; politisk
prep.	preposition; prepositions-
psykol.	psykologi
®	inregistrerat varumärke
radio.	radio; radioteknik
relig.	religion; religiös
resp.	respektive
schack.	schackterm
simn.	simning
sing.	singular (till form och/eller konstruktion)
självst.	självständig
sjö.	sjöfart
skol.	skolväsen
skämts.	skämtsam; skämtsamt
sl.	slang
spel.	i sällskapsspel
sport.	sport, idrott
språkv.	språkvetenskap
sv.	svensk; svenska
svag.	svagare
tandläk.	tandläkarterm
teat.	teater
tekn.	teknik
tele.	telekommunikation
t.ex.	till exempel
tennis.	tennisterm
textil.	textilterm
trafik.	trafikväsen
trädg.	trädgårdsterm
tull.	tullväsen
tv.	television; tv-teknik
typogr.	typografi
univ.	universitetsväsen
vard.	vardaglig; vardagligt
vetensk.	vetenskaplig term
vulg.	vulgär stil, grov slang
zool.	zoologi
åld.	äldre språkbruk
äv.	även

Norstedts lilla engelska ordbok

ENGELSK-SVENSK

Uttal

Vokaler

Långa		*Korta*	
[iː]	st**ee**l	[ɪ]	r**i**ng
[ɑː]	f**a**ther	[e]	p**e**n
[ɔː]	c**a**ll	[æ]	b**a**ck
[uː]	t**oo**	[ʌ]	r**u**n
[ɜː]	g**ir**l	[ɒ]	t**o**p
		[ʊ]	p**u**t
		[ə]	**a**bout

Diftonger

[eɪ]	n**a**me
[aɪ]	l**i**ne
[ɔɪ]	b**oy**
[əʊ]	ph**o**ne
[aʊ]	n**ow**
[ɪə]	h**ere**
[eə]	th**ere**
[ʊə]	t**our**

Konsonanter

Tonande		*Tonlösa*	
[b]	**b**ack	[p]	**p**eo**p**le
[d]	**d**rink	[t]	**t**oo
[g]	**g**o	[k]	**c**all
[v]	**v**ery	[f]	**f**ish
[ð]	**th**ere	[θ]	**th**ink
[z]	free**z**e	[s]	**s**trike
[ʒ]	u**s**ual	[ʃ]	**sh**op
[dʒ]	**j**ob	[tʃ]	**ch**eck
[j]	**y**ou	[h]	**h**ere
[m]	**m**y		
[n]	**n**ext		
[ŋ]	ri**ng**		
[l]	**l**ong		
[r]	**r**ed		
[w]	**w**in		

Huvudtryck markeras med lodrätt accenttecken i överkant som placeras före den stavelse som har huvudtrycket: **about** [ə'baʊt]

Bitryck markeras med lodrätt accenttecken i nederkant som placeras före den stavelse som har bitrycket: **academic** [ˌækə'demɪk]

Aa

A o. **a** [eɪ] *subst* **1** A, a **2** musik., *A* a; ***A flat*** ass; ***A sharp*** aiss
a [ə] el. framför vokal **an** [ən] *obest art* **1** en, ett **2** ***twice a day*** två gånger om dagen
aback [ə'bæk] *adv*, ***I was taken*** ~ jag blev häpen
abandon [ə'bændən] *verb* **1** ge upp [*~ an attempt*] **2** överge [*~ a person*] **3** avbryta [*~ a project*]
abate [ə'beɪt] *verb* **1** avta **2** minska
abattoir ['æbətwɑː] *subst* slakthus
abbess ['æbes] *subst* abbedissa
abbey ['æbɪ] *subst* **1** kloster **2** klosterkyrka
abbot ['æbət] *subst* abbot
abbreviate [ə'briːvɪeɪt] *verb* förkorta
abbreviation [əˌbriːvɪ'eɪʃən] *subst* förkortning
abdicate ['æbdɪkeɪt] *verb* **1** abdikera **2** avsäga sig [*~ the throne*]
abdication [ˌæbdɪ'keɪʃən] *subst* **1** abdikation **2** avsägelse
abdomen ['æbdəmən] *subst* **1** buk, mage **2** underliv
abduct [æb'dʌkt] *verb* röva bort, föra bort
aberration [ˌæbə'reɪʃən] *subst* avvikelse; ***in a moment of*** ~ i ett anfall av sinnesförvirring
abhor [əb'hɔː] (*-rr-*) *verb* avsky
abhorrence [əb'hɒrəns] *subst* avsky, fasa
abhorrent [əb'hɒrənt] *adj* avskyvärd, motbjudande
abide [ə'baɪd] *verb* **1** ~ ***by*** a) foga sig efter b) stå fast vid [*~ by a decision*] **2** stå ut med; ***I can't*** ~ ***him*** jag tål honom inte
ability [ə'bɪlətɪ] *subst* skicklighet; ***to the best of my*** ~ efter bästa förmåga
abject ['æbdʒekt] *adj* **1** eländig; ~ ***poverty*** yttersta misär **2** ynklig, krypande
ablaze [ə'bleɪz] *adj*, ***be*** ~ stå i lågor, stå i brand
able ['eɪbl] *adj* skicklig, duglig; ***I am ~ to do it*** jag kan göra det
abnormal [æb'nɔːml] *adj* abnorm, onormal
abnormality [ˌæbnɔː'mælətɪ] *subst* abnormitet
aboard [ə'bɔːd] *adv* o. *prep* ombord, ombord på
abolish [ə'bɒlɪʃ] *verb* avskaffa
abolition [ˌæbə'lɪʃən] *subst* avskaffande
abominable [ə'bɒmɪnəbl] *adj* avskyvärd
abominate [ə'bɒmɪneɪt] *verb* avsky
abomination [əˌbɒmɪ'neɪʃn] vard. *subst* **1** avsky **2** styggelse
aboriginal [ˌæbə'rɪdʒnəl] *subst* urinvånare
aborigine [ˌæbə'rɪdʒɪnɪ] (pl. *aborigines* [ˌæbə'rɪdʒɪniːz]) *subst* urinvånare
abortion [ə'bɔːʃən] *subst* abort; ***have an*** ~ göra abort
abortionist [ə'bɔːʃnɪst] *subst* abortör
abound [ə'baʊnd] *verb* finnas i överflöd; ~ ***in*** (***with***) vimla av, vara rik på [*the river ~s in fish*]
about I [ə'baʊt] *prep* **1** om [*tell me ~ it*]; ***what is the book ~?*** vad handlar boken om?; ***what ~ your brother?*** hur är det med din bror?; ***what ~ a beer?*** ska vi ta en öl? **2** omkring i (på) [*~ the town*] **3** på sig [*I have no money ~ me*], hos [*there's something ~ him I don't like*] **4** sysselsatt med; ***while you are ~ it*** medan du ändå håller på **5** omkring, ungefär, cirka [*~ five; ~ fifty*]
II [ə'baʊt] *adv* **1** omkring, runt **2** ute, i farten; ***be*** ~ finnas; ***there is a lot of flu*** ~ det går mycket influensa just nu; ***be out and*** ~ el. ***be*** ~ vara uppe, vara i farten **3** ***be ~ to*** stå i begrepp att [*she is ~ to change her job*]
about-turn [əˌbaʊt'tɜːn] *subst* helomvändning [*do an ~*]
above I [ə'bʌv] *prep* över, ovanför; ~ ***all*** framför allt; ***over and*** ~ förutom
II [ə'bʌv] *adv* **1** ovan, ovanför; upptill **2** ovanstående, ovannämnda **3** mer, därutöver [*boys of 15 and ~*]
above-board [əˌbʌv'bɔːd] *adj* öppen, ärlig
above-mentioned [əˌbʌv'menʃənd] *adj* ovannämnd
abracadabra [ˌæbrəkə'dæbrə] *subst* abrakadabra
abreast [ə'brest] *adv* i bredd, bredvid varandra; ~ ***of*** (***with***) i jämnhöjd med; ~ ***of the times*** med sin tid
abridged [ə'brɪdʒd] *adj* förkortad [*an ~ version*]
abroad [ə'brɔːd] *adv* **1** utomlands, i (till) utlandet **2** ***there is a rumour*** ~ det går ett rykte
abrupt [ə'brʌpt] *adj* **1** plötslig, tvär, abrupt **2** brysk
ABS [ˌeɪbiː'es] (förk. för *antilock braking system*); ~ ***brakes*** ABS-bromsar
abscess ['æbses] *subst* böld
abscond [əb'skɒnd] *verb* avvika, rymma

absence ['æbsəns] *subst* frånvaro
absent ['æbsənt] *adj* frånvarande
absentee [ˌæbsən'tiː] *subst* frånvarande
absent-minded [ˌæbsənt'maɪndɪd] *adj* tankspridd
absolute ['æbsəluːt] *adj* absolut, fullständig, komplett [*an ~ fool*]
absolutely ['æbsəluːtlɪ] *adv* absolut, helt
absolve [əb'zɒlv] *verb* frikänna
absorb [əb'sɔːb] *verb* **1** absorbera **2** införliva, uppsluka **3** helt uppta; ***be absorbed in*** vara försjunken i
absorbent [əb'sɔːbənt] *adj* absorberande
absorbing [əb'sɔːbɪŋ] *adj* **1** absorberande **2** fängslande [*an ~ book*]
abstain [əb'steɪn] *verb* **1** avstå, avhålla sig [*from* från] **2** ~ ***from voting*** lägga ned sin röst
abstainer [əb'steɪnə] *subst* **1** absolutist **2** valskolkare, soffliggare
abstention [əb'stenʃən] *subst* **1** ~ ***from voting*** el. ~ röstnedläggelse **2** återhållsamhet
abstinence ['æbstɪnəns] *subst* **1** avhållsamhet **2** abstinens
abstinent ['æbstɪnənt] *adj* avhållsam
abstract ['æbstrækt] *adj* abstrakt
abstruse [æb'struːs] *adj* svårfattlig, dunkel
absurd [əb'sɜːd] *adj* absurd, orimlig
absurdity [əb'sɜːdətɪ] *subst* absurditet, orimlighet
abundance [ə'bʌndəns] *subst* överflöd, stor mängd
abundant [ə'bʌndənt] *adj* riklig, rik [*in* på]
abuse I [ə'bjuːs] *subst* **1** missbruk [*drug ~, alcohol ~*] **2** misshandel [*child ~*] **3** ovett, glåpord
II [ə'bjuːz] *verb* **1** missbruka; utnyttja sexuellt **2** misshandla **3** förolämpa [*racially ~*]
abusive [ə'bjuːsɪv] *adj* ovettig, smädlig
abyss [ə'bɪs] *subst* avgrund
Abyssinian [ˌæbɪ'sɪnjən] *subst* kattras abessinier
AC [ˌeɪ'siː] (förk. för *alternating current*) växelström
academic I [ˌækə'demɪk] *adj* akademisk
II [ˌækə'demɪk] *subst* akademiker
academy [ə'kædəmɪ] *subst* akademi
accelerate [ək'seləreɪt] *verb* accelerera
acceleration [əkˌselə'reɪʃən] *subst* **1** acceleration **2** accelerationsförmåga
accelerator [ək'seləreɪtə] *subst* **1** gaspedal **2** fys. el. kem. accelerator

> **accent**
> En persons sätt att tala engelska, *accent*, avslöjar inte bara varifrån han eller hon kommer. Det antyder också vilken bildning man har och vilken samhällsklass man tillhör. I den här ordboken anges det uttal som talas av bildade människor i sydöstra England och som förstås av de flesta engelsktalande. Dessutom ges i många fall amerikanska varianter.

accent I ['æksənt] *subst* **1** betoning, tonvikt **2** accent, brytning **3** accenttecken
II [æk'sent] *verb* betona
accentuate [æk'sentjʊeɪt] *verb* betona, accentuera
accept [ək'sept] *verb* anta, acceptera, godta
acceptable [ək'septəbl] *adj* acceptabel, godtagbar
acceptance [ək'septəns] *subst* accepterande, godtagande, antagande
access I ['ækses] *subst* **1** tillträde, tillgång; ~ ***road*** tillfartsväg t.ex. till motorväg **2** data. åtkomst; ~ ***time*** åtkomsttid
II ['ækses] *verb* **1** få (ha) tillgång till **2** data. ta fram, komma åt [*~ files*]
accessible [ək'sesəbl] *adj* tillgänglig
accessory [ək'sesərɪ] *subst* **1** pl. ***accessories*** tillbehör, accessoarer **2** medbrottsling
accident ['æksɪdənt] *subst* **1** tillfällighet; ***by ~*** av en händelse (slump) **2** olycksfall, olycka
accidental [ˌæksɪ'dentl] *adj* **1** oavsiktlig; ~ ***death*** dödsfall genom olyckshändelse **2** tillfällig
accidentally [ˌæksɪ'dentəlɪ] *adv* **1** av en händelse (slump) **2** oavsiktligt
accident-prone ['æksɪdəntprəʊn] *adj*, ***he is ~*** han råkar lätt ut för olyckor, han är en olycksfågel
acclaim [ə'kleɪm] *verb* hylla, lovorda
acclimatize [ə'klaɪmətaɪz] *verb* **1** acklimatisera **2** acklimatisera sig
accommodate [ə'kɒmədeɪt] *verb* inhysa, inkvartera
accommodating [ə'kɒmədeɪtɪŋ] *adj* tillmötesgående
accommodation [əˌkɒmə'deɪʃən] *subst* bostad, logi, boende; utrymme, plats

accompaniment [ə'kʌmpənɪmənt] *subst* **1** musik. ackompanjemang **2** tillbehör
accompanist [ə'kʌmpənɪst] *subst* musik. ackompanjatör
accompany [ə'kʌmpənɪ] *verb* **1** följa med, åtfölja **2** musik. ackompanjera
accomplice [ə'kʌmplɪs] *subst* medbrottsling
accomplish [ə'kʌmplɪʃ] *verb* **1** utföra, uträtta **2** fullborda
accomplished [ə'kʌmplɪʃt] *adj* skicklig
accomplishment [ə'kʌmplɪʃmənt] *subst* **1** genomförande, uträttande **2** prestation; *~s* talanger
accord I [ə'kɔːd] *verb* bevilja
II [ə'kɔːd] *subst*, ***with one*** ~ enhälligt; ***she did it of her own*** ~ hon gjorde det självmant
accordance [ə'kɔːdəns] *subst*, ***in ~ with*** i överensstämmelse med
according [ə'kɔːdɪŋ], ~ ***to*** prep. enligt, beroende på
accordingly [ə'kɔːdɪŋlɪ] *adv* **1** i enlighet därmed, därefter **2** följaktligen
accordion [ə'kɔːdjən] *subst* musik. dragspel
accost [ə'kɒst] *verb* antasta
account I [ə'kaʊnt] *verb*, ~ ***for*** redovisa, redovisa för; ***I can't ~ for it*** jag kan inte förklara det; ***that ~s for it*** det förklarar saken; ***there's no accounting for tastes*** om tycke och smak ska man inte diskutera
II [ə'kaʊnt] *subst* **1** konto, räkning; pl. ***~s*** räkenskaper; ***on my own*** ~ för egen räkning; ***on that*** ~ för den sakens skull; ***on no*** ~ el. ***not on any*** ~ på inga villkor; ***on ~ of*** på grund av **2** ***leave sth out of*** ~ lämna ngt ur räkningen, bortse från ngt; ***take into*** ~ ta med i beräkningen; ***of no*** ~ utan betydelse **3** berättelse, redogörelse; ***by all ~s*** efter allt vad man har hört
accountable [ə'kaʊntəbl] *adj* ansvarig [*to* inför]
accountant [ə'kaʊntənt] *subst*, ***chartered*** ~ el. amer. ***certified public*** ~ (förk. *CPA*) auktoriserad revisor
accredit [ə'kredɪt] *verb* ackreditera [*to* hos]; ***~ed*** allmänt erkänd, officiellt godkänd
accrue [ə'kruː] *verb* **1** tillfalla [*to sb* ngn] **2** växa till; ***accrued interest*** upplupen ränta
accumulate [ə'kjuːmjʊleɪt] *verb* **1** hopa sig, ackumuleras **2** samla, ackumulera
accumulation [əˌkjuːmjʊ'leɪʃən] *subst* **1** anhopning, ackumulation **2** samlande
accumulator [ə'kjuːmjʊleɪtə] *subst* ackumulator
accuracy ['ækjʊrəsɪ] *subst* **1** exakthet, precision **2** riktighet
accurate ['ækjʊrət] *adj* **1** exakt, precis **2** riktig
accusation [ˌækjuː'zeɪʃən] *subst* anklagelse
accusative [ə'kjuːzətɪv] *subst* gram. ackusativ; ***in the*** ~ i ackusativ
accuse [ə'kjuːz] *verb* anklaga [*of* för]
accused [ə'kjuːzd] *subst*, ***the*** ~ den anklagade
accustom [ə'kʌstəm] *verb* vänja [*to* vid]
accustomed [ə'kʌstəmd] *adj* van [*to* vid]
ace I [eɪs] *subst* **1** ess, äss **2** i tennis serveess **3** stjärna, mästare
II [eɪs] *adj* vard. toppen [*it was absolutely* ~]
acetate ['æsəteɪt] *subst* kem. acetat
acetic [ə'siːtɪk] *adj*, ~ ***acid*** ättiksyra
acetone ['æsətəʊn] *subst* aceton
acetylsalicylic acid ['æsɪtaɪlˌsælə'sɪlɪk'æsɪd] *subst* kem. acetylsalicylsyra
ache I [eɪk] *verb* värka; ***I'm aching all over*** jag har ont i hela kroppen
II [eɪk] *subst* värk; ***I have ~s and pains all over*** jag har ont i hela kroppen
achieve [ə'tʃiːv] *verb* **1** uträtta, åstadkomma **2** uppnå, prestera
achievement [ə'tʃiːvmənt] *subst* prestation, insats
Achilles [ə'kɪliːz] Akilles; ***Achilles' heel*** svag punkt akilleshäl; ***Achilles' tendon*** anat. hälsena
acid I ['æsɪd] *adj* sur; ~ ***rain*** surt regn
II ['æsɪd] *subst* **1** syra **2** vard. LSD narkotika
acidification [əˌsɪdɪfɪ'keɪʃən] *subst* försurning
acknowledge [ək'nɒlɪdʒ] *verb* **1** erkänna **2** kännas vid **3** bekräfta mottagande av [~ *a letter*]
acknowledgement [ək'nɒlɪdʒmənt] *subst* **1** erkännande **2** bekräftelse
acme ['ækmɪ] *subst* höjdpunkt
acne ['æknɪ] *subst* med. akne
acorn ['eɪkɔːn] *subst* ekollon
acoustic [ə'kuːstɪk] *adj* o. **acoustical** [ə'kuːstɪkl] *adj* akustisk
acoustics [ə'kuːstɪks] (med verb i pl.) *subst* ljudförhållande akustik [*the ~ here are good*]
acquaint [ə'kweɪnt] *verb*, ***be acquainted with*** vara bekant med, vara insatt i
acquaintance [ə'kweɪntəns] *subst* **1** bekantskap [*with* med] **2** kännedom [*with* om] **3** bekant [*an* ~]
acquiesce [ˌækwɪ'es] *verb* samtycka [*in* till]
acquire [ə'kwaɪə] *verb* förvärva, skaffa sig

acquirement [ə'kwaɪəmənt] *subst* **1** förvärvande **2** pl. *~s* färdigheter, talanger
acquisition [ˌækwɪ'zɪʃən] *subst* förvärvande, förvärv
acquisitiveness [ə'kwɪzɪtɪvnəs] *subst* habegär
acquit [ə'kwɪt] (*-tt-*) *verb* **1** frikänna [*of* från] **2** ***she acquitted herself well*** hon klarade sig fint
acquittal [ə'kwɪtl] *subst* frikännande
acre ['eɪkə] *subst* ytmått 'acre' (4 047 m^2), ungefär tunnland
acrid ['ækrɪd] *adj* bitter, skarp, kärv, frän
acrimonious [ˌækrɪ'məʊnjəs] *adj* bitter, frän [*~ dispute*]
acrobat ['ækrəbæt] *subst* akrobat
acrobatic [ˌækrə'bætɪk] *adj* akrobatisk
acrobatics [ˌækrə'bætɪks] (med verb i pl.) *subst* akrobatik, akrobatkonster
across I [ə'krɒs] *adv* **1** över, på tvären **2** i korsord vågrätt
II [ə'krɒs] *prep* över, tvärsöver, genom
across-the-board [əˌkrɒsðə'bɔːd] *adj* allmän, generell; ***an ~ wage increase*** en löneförhöjning över hela linjen
acrylic [ə'krɪlɪk] *subst* kem. akryl
act I [ækt] *subst* **1** handling; ***caught in the ~*** tagen på bar gärning; ***terrorist ~*** terroristdåd **2** beslut [*Act of Parliament*] **3** lag **4** teat. akt, nummer [*a circus ~*] **5** vard., ***clean up one's ~*** el. ***get one's ~ together*** vard. ta sig samman, skärpa sig
II [ækt] *verb* **1** handla; agera **2** fungera [*as* som] **3** teat. spela
acting I ['æktɪŋ] *adj* tillförordnad [*~ headmaster*]
II ['æktɪŋ] *subst* teat. spel, spelsätt
action ['ækʃən] *subst* **1** handling, aktion, agerande; *~ **film*** (***movie***) actionfilm; *~ **replay*** tv. repris ofta i slowmotion; ***take ~*** ingripa **2** inverkan, verkan [*the ~ of the drug*] **3** funktion; ***put out of ~*** sätta ur funktion **4** strid
action-packed ['ækʃnpækt] *adj* vard., om t.ex. film fartfylld, spännande
activate ['æktɪveɪt] *verb* aktivera
active ['æktɪv] *adj* aktiv, verksam
activist ['æktɪvɪst] *subst* aktivist
activity [æk'tɪvətɪ] *subst* **1** aktivitet, verksamhet **2** pl. ***activities*** verksamhet, sysselsättningar
actor ['æktə] *subst* skådespelare
actress ['æktrəs] *subst* skådespelerska
actual ['æktʃʊəl] *adj* faktisk, verklig; ***in ~ fact*** i själva verket
actually ['æktʃʊəlɪ] *adv* egentligen, i själva verket, faktiskt
acupuncture ['ækjʊpʌŋktʃə] *subst* med. akupunktur
acupuncturist [ˌækjʊ'pʌŋktʃərɪst] *subst* med. akupunktör
acute [ə'kjuːt] *adj* **1** akut **2** skarp, häftig; fin
AD [ˌeɪ'diː, ˌænəʊ'dɒmɪnaɪ] (förk. för *Anno Domini* latin) e.Kr.
ad [æd] *subst* vard. (kortform för *advertisement*) annons
adapt [ə'dæpt] *verb* **1** lämpa, anpassa **2** bearbeta
adaptable [ə'dæptəbl] *adj* anpassningsbar
adaptation [ˌædæp'teɪʃən] *subst* **1** anpassning **2** bearbetning, omarbetning av t.ex. litterärt verk
adaptor [ə'dæptə] *subst* adapter, förgreningspropp
add [æd] *verb* **1** tillägga, tillsätta **2** addera, summera [*up* ihop]; *~ **to*** öka, förhöja
added ['ædɪd] *adj* ökad, extra
adder ['ædə] *subst* huggorm
addict I [ə'dɪkt] *verb*, ***be addicted to*** vara begiven på
II ['ædɪkt] *subst* missbrukare; ***drug*** (***dope***) *~* narkoman
addiction [ə'dɪkʃən] *subst* **1** missbruk **2** begivenhet [*to* på]
addition [ə'dɪʃən] *subst* **1** tillägg, tilläggande; ***in ~*** dessutom; ***in ~ to*** förutom **2** mat. addition
additional [ə'dɪʃnəl] *adj* ytterligare, extra
additive ['ædətɪv] *subst* tillsatsämne; ***food ~*** livsmedelstillsats
address I [ə'dres, amer. äv. 'ædres] *verb* **1** hålla tal till **2** vända sig till; ***she addressed herself to the people*** hon vände sig till folket **3** adressera
II [ə'dres, amer. äv. 'ædres] *subst* **1** adress **2** offentligt tal
addressee [ˌædre'siː] *subst* adressat
adenoids ['ædənɔɪdz] *subst pl* med. polyper
adept [ə'dept, 'ædept] *adj* skicklig [*at* i], erfaren
adequate ['ædɪkwət] *adj* tillräcklig, fullgod, adekvat
adhere [əd'hɪə] *verb*, *~ **to*** a) sitta fast vid b) hålla fast vid
adherent [əd'hɪərənt] *subst* anhängare [*of*]
adhesive [əd'hiːsɪv] *adj* självhäftande; *~ **plaster*** plåster; *~ **tape*** tejp
adjacent [ə'dʒeɪsənt] *adj* **1** angränsande **2** ***be ~ to*** gränsa till
adjective ['ædʒɪktɪv] *subst* gram. adjektiv

adjoin [əˈdʒɔɪn] *verb* gränsa till
adjoining [əˈdʒɔɪnɪŋ] *adj* angränsande
adjourn [əˈdʒɜːn] *verb* ajournera, ajournera sig
adjust [əˈdʒʌst] *verb* **1** rätta, rätta till **2** justera; ~ ***oneself to*** el. ~ ***to*** anpassa sig till
adjustable [əˈdʒʌstəbl] *adj* inställbar, justerbar
adjustment [əˈdʒʌstmənt] *subst* inställning, justering
ad-lib vard. **I** [ˌædˈlɪb] (*-bb-*) *verb* improvisera **II** [ˌædˈlɪb] *adj* improviserad
administer [ədˈmɪnɪstə] *verb* administrera, förvalta
administration [ədˌmɪnɪˈstreɪʃən] *subst* administrering, förvaltning, administration
administrative [ədˈmɪnɪstrətɪv] *adj* administrativ, förvaltande
administrator [ədˈmɪnɪstreɪtə] *subst* förvaltare, administratör
admirable [ˈædmərəbl] *adj* beundransvärd
admiral [ˈædmrəl] *subst* sjö. amiral
admiration [ˌædməˈreɪʃən] *subst* beundran
admire [ədˈmaɪə] *verb* beundra
admirer [ədˈmaɪərə] *subst* beundrare
admission [ədˈmɪʃən] *subst* **1** tillträde, inträde, intagning **2** medgivande
admit [ədˈmɪt] (*-tt-*) *verb* **1** släppa in, anta; ***be admitted to hospital*** vara (bli) intagen på sjukhus **2** ha plats för **3** medge **4** ~ ***of*** tillåta; ~ ***to*** erkänna
admittance [ədˈmɪtəns] *subst* inträde; ***no*** ~ tillträde förbjudet
admonish [ədˈmɒnɪʃ] *verb* tillrättavisa, förmana
admonition [ˌædməˈnɪʃən] *subst* tillrättavisning, förmaning
ado [əˈduː] *subst* ståhej, väsen; ***without further*** ~ utan vidare spisning
adolescence [ˌædəˈlesns] *subst* tonårstid mellan puberteten och mogen ålder
adolescent [ˌædəˈlesnt] *subst* tonåring mellan puberteten och mogen ålder
adopt [əˈdɒpt] *verb* **1** anta, godkänna **2** adoptera; ***she had the child adopted*** hon adopterade bort barnet **3** låna in [~ *a new word into the language*] **4** lägga sig till med [~ *an attitude*]
adoption [əˈdɒpʃən] *subst* **1** införande, antagande, godkännande **2** adoptering
adoptive [əˈdɒptɪv] *adj*, ~ ***parents*** adoptivföräldrar
adorable [əˈdɔːrəbl] *adj* vard. förtjusande
adoration [ˌædəˈreɪʃən] *subst* dyrkan
adore [əˈdɔː] *verb* dyrka, vard. avguda, älska
adorn [əˈdɔːn] *verb* pryda, smycka
adornment [əˈdɔːnmənt] *subst* **1** prydande **2** prydnad
ADP [ˌeɪdiːˈpiː] (förk. för *automatic data processing*) ADB (förk. för *automatisk databehandling*)
adrenalin [əˈdrenəlɪn] *subst* o. **adrenaline** [əˈdrenəlɪn] *subst* kem. adrenalin
Adriatic [ˌeɪdrɪˈætɪk] *adj* o. *subst*, ***the*** ~ ***Sea*** el. ***the*** ~ Adriatiska havet
adrift [əˈdrɪft] *adv* o. *adj* på drift
adroit [əˈdrɔɪt] *adj* skicklig, händig
adult [ˈædʌlt, amer. vanligen əˈdʌlt] *adj* o. *subst* vuxen; ~ ***education*** vuxenundervisning
adultery [əˈdʌltərɪ] *subst* äktenskapsbrott
advance I [ədˈvɑːns] *verb* **1** gå framåt, avancera **2** göra framsteg **3** förskottera [~ *a loan*] **II** [ədˈvɑːns] *subst* **1** framryckning **2** framsteg; ***make*** ~***s*** a) göra framsteg b) göra närmanden **3** förskott; ***in*** ~ på förhand, i förväg, i förskott **4** ***an*** ~ ***booking*** en förhandsbokning
advanced [ədˈvɑːnst] *adj* **1** långt framskriden; ~ ***in years*** ålderstigen **2** avancerad [~ *ideas*]
advantage [ədˈvɑːntɪdʒ] *subst* fördel äv. i tennis; förmån; ***have the*** ~ ***of*** ha övertaget över; ***take*** ~ ***of*** utnyttja
advantageous [ˌædvənˈteɪdʒəs] *adj* fördelaktig

Advent
I de engelsktalande länderna firar man normalt inte advent med att tända ljus. Adventskalendrar är däremot vanliga i England och USA.

Advent [ˈædvent] *subst*, ~ ***calendar*** adventskalender; ~ ***Sunday*** första advent
adventure [ədˈventʃə] *subst* äventyr; ~ ***game*** äventyrsspel
adventurer [ədˈventʃərə] *subst* äventyrare
adventurous [ədˈventʃərəs] *adj* äventyrslysten
adverb [ˈædvɜːb] *subst* gram. adverb
adversary [ˈædvəsərɪ] *subst* motståndare
adverse [ˈædvɜːs] *adj* **1** ogynnsam **2** kritisk [~ *comments*]
adversity [ədˈvɜːsətɪ] *subst* motgångar

advert ['ædvɜːt] *subst* vard. (kortform för *advertisement*) annons
advertise ['ædvətaɪz] *verb* **1** annonsera, göra reklam för **2** göra reklam
advertisement [əd'vɜːtɪsmənt] *subst* **1** annons **2** reklam, annonsering
advertiser ['ædvətaɪzə] *subst* annonsör
advertising ['ædvətaɪzɪŋ] *subst* annonsering, reklam; ~ ***agency*** annonsbyrå
advice [əd'vaɪs] *subst* råd; ***a piece*** (***bit***) ***of*** ~ ett råd
advisable [əd'vaɪzəbl] *adj* tillrådlig
advise [əd'vaɪz] *verb* råda [*on* angående, i]; ~ ***against*** avråda från
adviser [əd'vaɪzə] *subst* rådgivare
advisory [əd'vaɪzərɪ] *adj* rådgivande
advocate I ['ædvəkət] *subst* förespråkare [*of* för]
II ['ædvəkeɪt] *verb* förespråka
aerated ['eəreɪtɪd] *adj*, ~ ***water*** kolsyrat vatten
aerial I ['eərɪəl] *adj* luft-, flyg- [~ *photograph*]
II ['eərɪəl] *subst* radio. etc. antenn
aerobics [eə'rəʊbɪks] (med verb i sing.) *subst* aerobics, gymping
aerodynamic [ˌeərəʊdaɪ'næmɪk] *adj* aerodynamisk
aeroplane ['eərəpleɪn] *subst* flygplan
aerosol ['eərəʊsɒl] *subst*, ~ ***container*** aerosolförpackning
aerospace ['eərəʊspeɪs] *subst* rymd inom rymdtekniken
aesthetic [iːs'θetɪk] *adj* estetisk
afar [ə'fɑː] *adv*, ***from*** ~ ur fjärran
affable ['æfəbl] *adj* vänlig, lättillgänglig
affair [ə'feə] *subst* **1** angelägenhet, sak, affär **2** ***have an*** ~ ***with sb*** ha ett förhållande med ngn, ha en kärleksaffär med ngn
1 affect [ə'fekt] *verb* **1** beröra, påverka, drabba **2** göra intryck på, röra; ***her death affected him*** han tog det mycket hårt när hon dog
2 affect [ə'fekt] *verb* låtsas ha, låtsas känna
affectation [ˌæfek'teɪʃən] *subst* tillgjordhet
1 affected [ə'fektɪd] *adj* **1** angripen **2** rörd, gripen [*by* av] **3** påverkad
2 affected [ə'fektɪd] *adj* tillgjord, affekterad
affection [ə'fekʃən] *subst* tillgivenhet, ömhet
affectionate [ə'fekʃənət] *adj* tillgiven, öm
affectionately [ə'fekʃənətlɪ] *adv* tillgivet; ***Yours*** ~ i brev Din (Er) tillgivne
affinity [ə'fɪnətɪ] *subst* släktskap, samhörighet
affirm [ə'fɜːm] *verb* **1** försäkra, bestämt påstå **2** intyga, försäkra
affirmative I [ə'fɜːmətɪv] *adj* jakande, bekräftande; ~ ***action*** amer. se *positive discrimination* under *positive 3*
II [ə'fɜːmətɪv] *subst* jakande svar; ***answer in the*** ~ svara jakande
affix [ə'fɪks] *verb* fästa [~ *a stamp to an envelope*]
afflict [ə'flɪkt] *verb* plåga, drabba
affliction [ə'flɪkʃən] *subst* lidande, krämpa, sjukdom
affluence ['æflʊəns] *subst* rikedom, välstånd
affluent ['æflʊənt] *adj* rik, förmögen; ***the*** ~ ***society*** överflödssamhället
afford [ə'fɔːd] *verb* **1** ***I can*** ~ ***it*** jag har råd med det **2** ge, bereda [~ *great pleasure*]
affront I [ə'frʌnt] *verb* skymfa, förolämpa
II [ə'frʌnt] *subst* skymf, förolämpning
Afghan I ['æfgæn] *subst* **1** afghan invånare **2** afghanhund
II ['æfgæn] *adj* afghansk
Afghanistan [æf'gænɪstɑːn]
afloat [ə'fləʊt] *adj* flytande; ***stay*** ~ hålla sig flytande
afoot [ə'fʊt] *adv* o. *adj* på gång [*plans are* ~]
afraid [ə'freɪd] *adj* rädd [*of* för]; ***I'm*** ~ ***not*** tyvärr inte; ***I'm*** ~ ***so*** jag är rädd för det, tyvärr
afresh [ə'freʃ] *adv* ånyo, på nytt
Africa ['æfrɪkə] Afrika
African I ['æfrɪkən] *subst* afrikan
II ['æfrɪkən] *adj* afrikansk
African-American [ˌæfrɪkənə'merɪkən] *subst* afroamerikan
Afro ['æfrəʊ] (pl. ~*s*) *subst* afrofrisyr
Afro-American [ˌæfrəʊə'merɪkən] *adj* afroamerikan
after I ['ɑːftə] *adv* o. *prep* efter, bakom; ~ ***all*** när allt kommer omkring, ändå; ~ ***you!*** du först!, var så god!
II ['ɑːftə] *konj* sedan; ~ ***he had gone*** sedan han hade gått
aftercare ['ɑːftəkeə] *subst* med. eftervård
after-effects ['ɑːftərɪˌfekts] *subst pl* efterverkningar, efterdyningar
afterlife ['ɑːftəlaɪf] *subst* liv efter detta
aftermath ['ɑːftəmæθ] *subst* efterdyningar; ***in the*** ~ ***of the war*** i krigets spår
afternoon [ˌɑːftə'nuːn] *subst* eftermiddag
afters ['ɑːftəz] *subst pl* vard. efterrätt
aftershave ['ɑːftəʃeɪv] *subst*, ~ ***lotion*** el. ~ rakvatten, aftershave
afterthought ['ɑːftəθɔːt] *subst* **1** eftertanke **2** vard. sladdbarn

afterwards ['ɑːftəwədz] *adv* efteråt
again [ə'gen, ə'geɪn] *adv* **1** igen, åter; ~ ***and*** ~ el. ***time and*** ~ gång på gång; ***never*** ~ aldrig mer; ***over*** ~ omigen **2** däremot, å andra sidan
against [ə'genst, ə'geɪnst] *prep* **1** mot, emot **2** intill
age I [eɪdʒ] *subst* **1** ålder; ***old*** ~ ålderdom, ålderdomen; ***come of*** ~ bli myndig; ***ten years of*** ~ tio år gammal; ***under*** ~ minderårig **2** tid [*the Ice Age*]; ***the atomic*** ~ atomåldern; ***the Middle Ages*** medeltiden **3** ***for*** ~***s*** i (på) evigheter
II [eɪdʒ] *verb* **1** åldras **2** göra gammal
aged [i betydelse 1 eɪdʒd, i betydelse 2 'eɪdʒɪd] *adj* **1** i en ålder av; ***a man*** ~ ***forty*** en fyrtioårig man **2** ålderstigen; ***the*** ~ de gamla
ageing ['eɪdʒɪŋ] *adj* åldrande
ageism ['eɪdʒɪzm] *subst* åldersdiskriminering
agency ['eɪdʒənsɪ] *subst* **1** agentur, organ, byrå t.ex. inom FN **2** förmedling **3** inverkan
agenda [ə'dʒendə] *subst* dagordning
agent ['eɪdʒənt] *subst* **1** agent, ombud; ***secret*** ~ hemlig agent **2** medel [*chemical* ~]
aggrandize [ə'grændaɪz] *verb* förstora, upphöja
aggravate ['ægrəveɪt] *verb* **1** förvärra **2** vard. reta, irritera
aggravating ['ægrəveɪtɪŋ] *adj* **1** ~ ***circumstances*** försvårande omständigheter **2** vard. retsam, förarglig
aggregate ['ægrɪgət] *subst* summa; ***on*** ~ sammanlagt resultat
aggression [ə'greʃən] *subst* aggression
aggressive [ə'gresɪv] *adj* aggressiv
aggressor [ə'gresə] *subst* angripare
aggrieved [ə'griːvd] *adj* sårad, kränkt
aghast [ə'gɑːst] *adj* förskräckt, bestört
agile ['ædʒaɪl, amer. 'ædʒəl] *adj* vig, rörlig
agility [ə'dʒɪlətɪ] *subst* vighet, rörlighet
agitate ['ædʒɪteɪt] *verb* **1** uppröra **2** agitera [*for* för]
agitation [ˌædʒɪ'teɪʃən] *subst* **1** upprördhet **2** agitation
agitator ['ædʒɪteɪtə] *subst* agitator, uppviglare
ago [ə'gəʊ] *adv* för... sedan; ***long*** ~ för länge sedan; ***it was years*** ~ det var för flera år sedan; ***as long*** ~ ***as 1980*** redan 1980
agonizing ['ægənaɪzɪŋ] *adj* plågsam, smärtsam
agony ['ægənɪ] *subst* **1** svåra plågor **2** ~ ***aunt*** kvinnlig hjärtespaltsredaktör; ~ ***column*** hjärtespalt i tidning
agree [ə'griː] *verb* **1** hålla med [*on* om] **2** komma överens, vara överens [*on* om] **3** passa, stämma **4** samtycka
agreeable [ə'grɪːəbl] *adj* **1** angenäm **2** vard. trevlig **3** ***be*** ~ ***to*** gå med på
agreement [ə'griːmənt] *subst* **1** överenskommelse, avtal; ***make*** (***come to***) ***an*** ~ ***with sb*** komma överens med ngn **2** överensstämmelse; enighet
agricultural [ˌægrɪ'kʌltʃrəl] *adj* jordbruks-
agriculture ['ægrɪkʌltʃə] *subst* jordbruk
aground [ə'graʊnd] *adv* o. *adj*, ***go*** ~ el. ***run*** ~ gå på grund
ahead [ə'hed] *adv* o. *adj* före; framåt; ***straight*** ~ rakt fram; ~ ***of*** framför, före; ***go*** ~***!*** sätt i gång!, fortsätt!
aid I [eɪd] *verb* hjälpa, bistå
II [eɪd] *subst* **1** hjälp, bistånd **2** hjälpmedel [*visual* ~]
Aids o. **AIDS** [eɪdz] *subst* med. (förk. för *acquired immune deficiency syndrome* förvärvat immunbristsyndrom) AIDS
ailment ['eɪlmənt] *subst* krämpa, sjukdom
aim I [eɪm] *verb* sikta med [~ *a gun at*]; ~ ***at*** sikta på, sträva efter; ~ ***a blow at*** rikta ett slag mot
II [eɪm] *subst* **1** ***take*** ~ ta sikte [*at* på] **2** mål, målsättning **3** avsikt
ain't [eɪnt] vard. el. dialektalt för *am* (*are, is*) *not, have not* o. *has not*
1 air I [eə] *subst* **1** luft; ***by*** ~ med flyg; ***go by*** ~ flyga; ***on the*** ~ i radio (tv) **2** flyg-, luft-; ***the Royal Air Force*** (förk. *RAF*) brittiska flygvapnet
II [eə] *verb* vädra, lufta
2 air [eə] *subst* **1** utseende; ***an*** ~ ***of luxury*** en luxuös prägel; ***there is an*** ~ ***of mystery about it*** det är något mystiskt med det **2** min; ***give oneself*** ~***s*** el. ***put on*** ~***s*** låtsas vara förnäm
3 air [eə] *subst* melodi
airbag ['eəbæg] *subst* krockkudde, airbag
air base ['eəbeɪs] *subst* flygbas
air bed ['eəbed] *subst* luftmadrass
air-conditioning ['eəkənˌdɪʃənɪŋ] *subst* luftkonditionering
aircraft ['eəkrɑːft] (pl. lika) *subst* flygplan; ~ ***carrier*** hangarfartyg
airdrop ['eədrɒp] *subst* luftlandsättning
airfield ['eəfiːld] *subst* flygfält
air force ['eəfɔːs] *subst* flygvapen
airgun ['eəgʌn] *subst* luftgevär, luftbössa

air hostess ['eəˌhəʊstes] *subst* flygvärdinna
airing ['eərɪŋ] *subst* vädring; ~ ***cupboard*** torkskåp; ***give sth an*** ~ vädra ngt
air letter ['eəˌletə] *subst* lätt brev på en sida som går med flyg
airlift ['eəlɪft] *subst* luftbro
airline ['eəlaɪn] *subst* **1** flyglinje **2** flygbolag
airliner ['eəˌlaɪnə] *subst* trafikflygplan
airmail ['eəmeɪl] *subst* flygpost
airman ['eəmən] *subst* flygare
air mattress ['eəˌmætrəs] *subst* luftmadrass
airplane ['eəpleɪn] *subst* amer. flygplan
air pocket ['eəˌpɒkɪt] *subst* luftgrop
airport ['eəpɔːt] *subst* flygplats
airproof ['eəpruːf] *adj* lufttät
air-raid ['eəreɪd] *subst* flygräd, flyganfall; ~ ***warning*** flyglarm
air route ['eəruːt] *subst* flygväg, luftled
airsick ['eəsɪk] *adj* flygsjuk
airstrip ['eəstrɪp] *subst* start- och landningsbana
airtight ['eətaɪt] *adj* lufttät; ***an*** ~ ***alibi*** ett vattentätt alibi
airway ['eəweɪ] *subst* **1** flyg. luftled **2** flygbolag
airy ['eərɪ] *adj* **1** luftig **2** lättsinnig, nonchalant
airy-fairy [ˌeərɪ'feərɪ] *adj* verklighetsfrämmande, flummig [*~ ideas*]
aisle [aɪl] *subst* **1** mittgång, gång mellan bänkrader **2** sidoskepp i kyrka
ajar [ə'dʒɑː] *adv* på glänt
akin [ə'kɪn] *adj* släkt, besläktad [*to* med]
alabaster [ˌælə'bɑːstə, ˌælə'bæstə] *subst* alabaster
à la carte [ˌælə'kɑːt] *adj* o. *adv* à la carte
alarm I [ə'lɑːm] *subst* **1** larmsignal, larm; ***give the*** ~ slå larm **2** oro **3** väckarklocka
II [ə'lɑːm] *verb* **1** larma **2** oroa
alarm call [ə'lɑːmkɔːl] *subst* tele., ***book an*** ~ beställa väckning
alarm clock [ə'lɑːmklɒk] *subst* väckarklocka
alarming [ə'lɑːmɪŋ] *adj* oroväckande
alas [ə'læs] *interj* ack, tyvärr
Albania [æl'beɪnjə] Albanien
Albanian I [æl'beɪnjən] *subst* **1** alban **2** albanska språket
II [æl'beɪnjən] *adj* albansk
albatross ['ælbətrɒs] *subst* fågel albatross
albino [æl'biːnəʊ, amer. æl'baɪnəʊ] (pl. *~s*) *subst* albino
album ['ælbəm] *subst* album
albumen ['ælbjʊmɪn] *subst* äggvita, äggviteämne
alcohol ['ælkəhɒl] *subst* alkohol, sprit
alcoholic I [ˌælkə'hɒlɪk] *adj* alkoholhaltig
II [ˌælkə'hɒlɪk] *subst* alkoholist
alcoholism ['ælkəhɒlɪzəm] *subst* alkoholism
alcove ['ælkəʊv] *subst* alkov, nisch
alder ['ɔːldə] *subst* träd al
ale [eɪl] *subst* öl; ***brown*** ~ mörkt öl; ***pale*** ~ ljust öl
alert I [ə'lɜːt] *adj* vaken, på alerten; ***be*** ~ ***to*** vara uppmärksam på
II [ə'lɜːt] *subst* **1** larm, flyglarm **2** ***on the*** ~ på utkik
III [ə'lɜːt] *verb* larma
algae ['ældʒiː] *subst pl* alger i t.ex. akvarium
algebra ['ældʒɪbrə] *subst* algebra
Algeria [æl'dʒɪərɪə] Algeriet
Algerian I [æl'dʒɪərɪən] *subst* algerier
II [æl'dʒɪərɪən] *adj* algerisk
Algiers [æl'dʒɪəz] Alger
alias ['eɪlɪəs] *adv* o. *subst* alias
alibi ['æləbaɪ] *subst* alibi
alien I ['eɪljən] *adj* **1** utländsk **2** främmande [*to* för]
II ['eɪljən] *subst* **1** jur. utlänning; ***alien's passport*** främlingspass **2** rymdvarelse
alienate ['eɪljəneɪt] *verb* fjärma, stöta bort
1 alight [ə'laɪt] *verb* **1** stiga av **2** landa, sätta sig
2 alight [ə'laɪt] *adj* upptänd, tänd; ***catch*** ~ ta eld
align [ə'laɪn] *verb* ställa upp i rät linje, rikta in
alignment [ə'laɪnmənt] *subst* **1** placering i rät linje; ***wheel*** ~ bil. justering av hjulinställning **2** polit. allians, gruppering
alike I [ə'laɪk] *adj* lik, lika; ***they are*** ~ de är lika, de liknar varandra
II [ə'laɪk] *adv* lika, på samma sätt [*we were dressed* ~]
alimony ['ælɪmənɪ] *subst* amer. underhåll, understöd
alive [ə'laɪv] *adj* **1** i livet, vid liv, levande [*be buried* ~]; ***be*** ~ ***with*** krylla av **2** ***be*** ~ ***to*** vara medveten om
alkali ['ælkəlaɪ] *subst* kem. alkali
alkaline ['ælkəlaɪn] *adj* kem. alkalisk
all I [ɔːl] *adj* o. *pron* **1** all, allt, alla; ~ ***at once*** alla (allt) på en gång; ***not at*** ~ inte alls; ***not at*** ~***!*** ingen orsak!; ***once and for*** ~ en gång för alla; ***in*** ~ allt som allt **2** hela [*eat ~ the cake; don't take up ~ my time*] **3** hel- [*~ wool*]
II [ɔːl] *adv* alldeles, helt och hållet; ~ ***along*** a) prep. utefter hela [*~ along the road*] b) adv. hela tiden, längs hela [*I knew it ~ along*]; ~ ***at once*** plötsligt; ~ ***but*** a) alla (allt) utom

[*we've found ~ but one*] b) nästan [*we are ~ but there*]; ***go ~ out*** ta ut sig helt; ***~ over*** a) prep. över hela [*~ over the world*] b) adv. över hela kroppen [*she was shivering ~ over*]; ***that is Tom ~ over*** det är typiskt Tom, sådan är Tom; ***it's ~ up with him*** det är ute med honom; ***he's not ~ that good!*** vard. så bra är han inte!; ***it's (it's quite) ~ right*** a) det går bra b) för all del, det gör ingenting; ***it will be ~ right*** det ordnar sig nog; ***~ the more*** så mycket (desto) mera; ***~ the same*** ändå, i alla fall; ***it's ~ the same to me*** det gör mig detsamma; ***three ~*** sport. tre lika

allay [ə'leɪ] *verb* stilla, mildra

all clear [ˌɔːl'klɪə] *subst* **1** faran över; ***sound the ~*** ge 'faran över' **2** ***get the ~*** få klartecken

allegation [ˌælɪ'geɪʃən] *subst* anklagelse, beskyllning

allege [ə'ledʒ] *verb* göra gällande, påstå

allegiance [ə'liːdʒəns] *subst* tro och lydnad, lojalitet

allergic [ə'lɜːdʒɪk] *adj* allergisk [*to* mot]

allergy ['ælədʒɪ] *subst* med. allergi

alleviate [ə'liːvɪeɪt] *verb* lindra, mildra

alleviation [əˌliːvɪ'eɪʃən] *subst* lindring

alley ['ælɪ] *subst* **1** gränd; ***blind ~*** återvändsgränd **2** kägelbana, bowlingbana **3** ***it's just up my ~*** det är något för mig, det är mitt område, det passar mig precis

alliance [ə'laɪəns] *subst* förbund, allians

allied ['ælaɪd] *adj* **1** allierad **2** liknande, besläktad

alligator ['ælɪgeɪtə] *subst* djur alligator

all-important [ˌɔːlɪm'pɔːtnt] *adj* allt överskuggande, helt avgörande

all-in [före subst. 'ɔːlɪn, i betydelse 2 ˌɔːl'ɪn] *adj* **1** ***~ price*** allt-i-ett-pris, allomfattande; ***~ wrestling*** fribrottning **2** vard. slutkörd [*I'm ~*]

allocate ['æləkeɪt] *verb* **1** tilldela **2** anslå

allocation [ˌælə'keɪʃən] *subst* tilldelning

allot [ə'lɒt] (*-tt-*) *verb* **1** tilldela **2** anslå

allotment [ə'lɒtmənt] *subst* **1** tilldelning **2** koloniträdgård

allow [ə'laʊ] *verb* **1** tillåta, låta, få **2** bevilja, ge **3** ***~ for*** ta i betraktande, räkna med [*~ for shrinking*] **4** ***~ of*** medge, tillåta

allowance [ə'laʊəns] *subst* **1** underhåll **2** anslag, bidrag **3** fickpengar **4** ranson, tilldelning **5** ***make ~ for*** el. ***make ~s for*** ta hänsyn till

alloy ['ælɔɪ] *subst* legering

all-round [ˌɔːl'raʊnd, före subst. 'ɔːlraʊnd] *adj* mångsidig

all-singing, all-dancing [ˌɔːl'sɪŋɪŋˌɔːl'dɑːnsɪŋ] *adj* vard. välutrustad, häftig [*an ~ computer*]

allspice ['ɔːlspaɪs] *subst* kryddpeppar

all-time ['ɔːltaɪm] *adj* vard., ***an ~ record*** alla tiders rekord

allude [ə'luːd] *verb*, ***~ to*** anspela på

allure [ə'ljʊə] *verb* locka, tjusa

allurement [ə'ljʊəmənt] *subst* lockelse

alluring [ə'ljʊərɪŋ] *adj* lockande, förförisk

allusion [ə'luːʒən] *subst* anspelning

ally I [ə'laɪ] *verb* förena, alliera

II ['ælaɪ] *subst* bundsförvant, allierad

almanac ['ɔːlmənæk] *subst* almanack, kalender

almighty [ɔːl'maɪtɪ] *adj* **1** allsmäktig; ***God Almighty!*** vard. herregud! **2** väldig, himla [*an ~ noise*]

almond ['ɑːmənd] *subst* mandel

almost ['ɔːlməʊst] *adv* nästan, nära

aloft [ə'lɒft] *adv* o. *adj* i höjden; upp, uppåt, högt upp

alone I [ə'ləʊn] *adj* ensam; ***let him ~*** låt honom vara

II [ə'ləʊn] *adv* endast; ***go it ~*** vard. handla på egen hand

along I [ə'lɒŋ] *prep* längs; ***~ the street*** längs gatan, gatan fram

II [ə'lɒŋ] *adv* **1** framåt **2** ***come ~!*** kom nu!, raska på! **3** ***~ with*** tillsammans med, jämte **4** ***all ~*** hela tiden

alongside I [ə'lɒŋsaɪd] *adv* vid sidan; ***~ of*** långsides med

II [ə'lɒŋsaɪd] *prep* vid sidan av

aloof [ə'luːf] *adv* o. *adj* reserverad; ***stand ~*** hålla sig undan

alphabet

Lägg märke till hur de här bokstäverna i alfabetet uttalas:

a [eɪ], e [iː], g [dʒiː], h [eɪtʃ], i [aɪ], j [dʒeɪ], k [keɪ], q [kjuː], r [ɑː], u [juː], v [viː], w ['dʌbljuː], x [eks], y [waɪ], z [zed, amer. ziː].

å, ä, ö finns inte i det engelska alfabetet. När man t.ex. ska bokstavera sitt svenska namn säger man för å *an a with a circle*, för ä *an a with two dots* och för ö *an o with two dots*.

aloud [ə'laʊd] *adv* högt, med hög röst
alphabet ['ælfəbet] *subst* alfabet
alphabetical [ˌælfə'betɪkl] *adj* alfabetisk
alpine ['ælpaɪn] *adj* alpin, alpinsk
Alps [ælps] *subst pl*, ***the*** ~ Alperna
already [ɔːl'redɪ] *adv* redan
Alsatian [æl'seɪʃjən] *subst* schäfer hund
also ['ɔːlsəʊ] *adv* också, även
altar ['ɔːltə] *subst* altare
alter ['ɔːltə] *verb* **1** förändra, ändra **2** förändras
alteration [ˌɔːltə'reɪʃən] *subst* förändring, ändring
alternate I [ɔːl'tɜːnət] *adj* omväxlande, alternerande; ***on ~ days*** varannan dag
II ['ɔːltəneɪt] *verb* låta växla, växla
alternately [ɔːl'tɜːnətlɪ] *adv* omväxlande, växelvis
alternative [ɔːl'tɜːnətɪv] *adj* o. *subst* alternativ
although [ɔːl'ðəʊ] *konj* fastän, även om
altitude ['æltɪtjuːd] *subst* höjd
alto ['æltəʊ] (pl. *~s*) *subst* musik. **1** alt **2** altstämma
altogether I [ˌɔːltə'geðə] *adv* **1** helt och hållet, alldeles **2** sammanlagt, på det hela taget
II [ˌɔːltə'geðə] *subst* vard., ***in the*** ~ spritt naken
aluminium [ˌæljʊ'mɪnjəm] *subst* aluminium
aluminum [ə'luːmənəm] *subst* amer. aluminium
always ['ɔːlweɪz, obetonat 'ɔːlwəz] *adv* alltid, jämt
am [æm, obetonat əm], ***I am*** jag är; se vidare *be*

a.m.
a.m. är en förkortning för latinets *ante meridiem* som betyder före middagen, f.m.

a.m. [ˌeɪ'em] förk. f.m., på förmiddagen, på morgonen
amalgam [ə'mælgəm] *subst* **1** kem. amalgam
amalgamate [ə'mælgəmeɪt] *verb* **1** slå samman **2** gå samman
amaryllis [ˌæmə'rɪlɪs] *subst* blomma amaryllis
amass [ə'mæs] *verb* samla ihop, lägga på hög
amateur ['æmətə, ˌæmə'tɜː] *subst* amatör
amateurish ['æmətərɪʃ] *adj* amatörmässig
amaze [ə'meɪz] *verb* förbluffa, göra häpen
amazement [ə'meɪzmənt] *subst* häpnad, förvåning
amazing [ə'meɪzɪŋ] *adj* häpnadsväckande
ambassador [æm'bæsədə] *subst* ambassadör
amber ['æmbə] *subst* **1** bärnsten **2** trafik. gult ljus
ambiguous [æm'bɪgjʊəs] *adj* tvetydig
ambition [æm'bɪʃən] *subst* **1** ärelystnad **2** ambition
ambitious [æm'bɪʃəs] *adj* **1** ärelysten **2** ambitiös
amble ['æmbl] *verb* släntra, lunka
ambulance ['æmbjʊləns] *subst* ambulans
ambush I ['æmbʊʃ] *subst* bakhåll
II ['æmbʊʃ] *verb* ligga i bakhåll för; ***they were ambushed*** de råkade ut för ett bakhåll
ameliorate [ə'miːljəreɪt] *verb* förbättra
amen [ˌɑː'men, ˌeɪ'men] *interj* amen!
amenable [ə'miːnəbl] *adj* foglig, medgörlig
amend [ə'mend] *verb* rätta, ändra
amendment [ə'mendmənt] *subst* **1** rättelse **2** ändringsförslag **3** amer. tillägg till författningen
amends [ə'mendz] *subst*, ***make ~ for*** gottgöra
amenity [ə'miːnətɪ] *subst* bekvämlighet; ***every*** ~ alla moderna bekvämligheter
America [ə'merɪkə] Amerika
American I [ə'merɪkən] *adj* amerikansk
II [ə'merɪkən] *subst* amerikan; ~ ***Indian*** infödd amerikan indian
amethyst ['æməθɪst] *subst* ädelsten ametist
amiable ['eɪmjəbl] *adj* vänlig, älskvärd
amicable ['æmɪkəbl] *adj* vänskaplig, vänlig
amid [ə'mɪd] *prep* mitt i, ibland
amidst [ə'mɪdst] *prep* mitt i, ibland
amino-acid [əˌmiːnəʊ'æsɪd] *subst* kem. aminosyra
amiss [ə'mɪs] *adv* o. *adj* på tok, fel; ***don't take it*** ~ ta inte illa upp
amity ['æmətɪ] *subst* vänskap, vänskaplighet
ammonia [ə'məʊnjə] *subst* kem. ammoniak
ammonium [ə'məʊnjəm] *subst* kem. ammonium
ammunition [ˌæmjʊ'nɪʃən] *subst* ammunition
amnesia [æm'niːzɪə] *subst* psykol. minnesförlust
amnesty ['æmnəstɪ] *subst* amnesti, benådning
amok [ə'mɒk] *adv*, ***run*** ~ löpa amok
among [ə'mʌŋ] *prep* bland, ibland; ~ ***ourselves*** oss emellan
amongst [ə'mʌŋst] *prep* bland, ibland
amorous ['æmərəs] *adj* amorös, kärleksfull
amount I [ə'maʊnt] *verb*, ~ ***to*** a) uppgå till

b) vara detsamma som
II [ə'maʊnt] *subst* **1** belopp **2** mängd; ***any ~ of*** massvis med
amp [æmp] vard. kortform för *ampere* o. *amplifier* [*3 ~ fuse*]
ampere ['æmpeə] *subst* ampere
amphetamine [ˌæm'fetəmiːn] *subst* amfetamin
amphibious [æm'fɪbɪəs] *adj* amfibisk
ample ['æmpl] *adj* **1** rymlig **2** riklig, tillräcklig
amplifier ['æmplɪfaɪə] *subst* elektr. förstärkare
amplify ['æmplɪfaɪ] *verb* **1** utvidga **2** elektr. förstärka
amply ['æmplɪ] *adv* rikligt, mer än nog
ampoule ['æmpuːl] *subst* med. ampull
amputate ['æmpjʊteɪt] *verb* amputera
amputation [ˌæmpjʊ'teɪʃən] *subst* amputering
amuck [ə'mʌk] *adv*, ***run ~*** löpa amok
amulet ['æmjʊlət] *subst* amulett slags skyddande smycke
amuse [ə'mjuːz] *verb* roa, underhålla
amusement [ə'mjuːzmənt] *subst* nöje; ***~ park*** nöjesfält, tivoli
amusing [ə'mjuːzɪŋ] *adj* rolig
an [ən, n, betonat æn] *obest art* se *a*
anabolic [ˌænə'bɒlɪk] *adj*, ***~ steroids*** anabola steroider
anachronism [ə'nækrənɪzəm] *subst* anakronism
anaemia [ə'niːmjə] *subst* med. blodbrist, anemi
anaemic [ə'niːmɪk] *adj* med. blodfattig, anemisk
anaesthesia [ˌænəs'θiːzjə] *subst* bedövning
anaesthetic [ˌænəs'θetɪk] *subst* bedövningsmedel, bedövning; ***general ~*** narkos; ***local ~*** lokalbedövning
anal ['eɪnl] *adj* anal
analgesic [ˌænæl'dʒiːzɪk] *subst* smärtstillande medel
analogy [ə'nælədʒɪ] *subst* analogi
analyse ['ænəlaɪz] *verb* analysera
analysis [ə'næləsɪs] (pl. *analyses* [ə'næləsiːz]) *subst* analys
analyst ['ænəlɪst] *subst* analytiker
analytic [ˌænə'lɪtɪk] *adj* o. **analytical** [ˌænə'lɪtɪkəl] *adj* analytisk
analyze ['ænəlaɪz] *verb* amer., se *analyse*
anarchist ['ænəkɪst] *subst* anarkist
anarchy ['ænəkɪ] *subst* anarki
anatomical [ˌænə'tɒmɪkl] *adj* anatomisk
anatomy [ə'nætəmɪ] *subst* anatomi
ancestor ['ænsəstə] *subst* stamfader; pl. ***~s*** förfäder
ancestry ['ænsəstrɪ] *subst* **1** börd, anor **2** förfäder
anchor ['æŋkə] *subst* ankare; ***weigh ~*** lätta ankar
anchorage ['æŋkərɪdʒ] *subst* ankarplats
anchovy ['æntʃəvɪ, æn'tʃəʊvɪ] *subst* sardell
ancient ['eɪnʃənt] *adj* forntida, gammal
and [ənd, ən, betonat ænd] *konj* och; ***~ so on*** el. ***~ so forth*** och så vidare (förk. osv.)
Andorra [æn'dɔːrə]
anecdote ['ænɪkdəʊt] *subst* anekdot, rolig historia
anemone [ə'nemənɪ] *subst* blomma anemon
anew [ə'njuː] *adv* ånyo, på nytt
angel ['eɪndʒəl] *subst* ängel
angelic [æn'dʒelɪk] *adj* änglalik
anger I ['æŋgə] *subst* vrede, ilska
II ['æŋgə] *verb* reta upp
angina pectoris [ænˌdʒaɪnə'pektərɪs] *subst* med. angina pectoris, kärlkramp
1 angle ['æŋgl] *subst* **1** vinkel; ***at right ~s*** i rät vinkel **2** synvinkel
2 angle ['æŋgl] *verb* meta, fiska med krok
angle-parking ['æŋglˌpɑːkɪŋ] *subst* trafik. snedparkering
angler ['æŋglə] *subst* metare, sportfiskare
angling ['æŋglɪŋ] *subst* metning, mete
Anglo-American I [ˌæŋgləʊə'merɪkən] *subst* angloamerikan
II [ˌæŋgləʊə'merɪkən] *adj* angloamerikansk
Anglophobe I ['æŋgləfəʊb] *subst* engelskhatare
II ['æŋgləfəʊb] *adj* engelskfientlig
Anglo-Saxon [ˌæŋgləʊ'sæksən] *adj* anglosaxisk
Anglo-Swedish [ˌæŋgləʊ'swiːdɪʃ] *adj* engelsk-svensk
Angola [æŋ'gəʊlə]
angry ['æŋgrɪ] *adj* arg, ilsken, ond
anguish ['æŋgwɪʃ] *subst* pina, vånda, ångest
angular ['æŋgjʊlə] *adj* kantig, vinklig
animal I ['ænəml] *subst* djur
II ['ænəml] *adj*, ***the ~ kingdom*** djurriket
animate ['ænɪmeɪt] *verb* **1** ge liv åt **2** liva upp; ***animated discussion*** livlig (animerad) diskussion **3** ***animated cartoon*** tecknad film
animation [ˌænɪ'meɪʃən] *subst* **1** livlighet, liv
animosity [ˌænɪ'mɒsətɪ] *subst* förbittring, animositet
ankle ['æŋkl] *subst* vrist, fotled, ankel
annex I [ə'neks] *verb* annektera, införliva
II ['æneks] *subst* spec. amer., se *annexe*

annexation [ˌænekˈseɪʃən] *subst* annektering
annexe [ˈæneks] *subst* **1** annex **2** tillbyggnad
annihilate [əˈnaɪəleɪt] *verb* **1** förinta **2** tillintetgöra
annihilation [əˌnaɪəˈleɪʃən] *subst* **1** förintelse **2** tillintetgörelse
anniversary [ˌænɪˈvɜːsərɪ] *subst* årsdag
annotate [ˈænəteɪt] *verb* kommentera
annotation [ˌænəˈteɪʃən] *subst* anteckning
announce [əˈnaʊns] *verb* tillkännage, meddela
announcement [əˈnaʊnsmənt] *subst* tillkännagivande, meddelande; dödsannons etc. annons
announcer [əˈnaʊnsə] *subst* radio. el. tv. presentatör
annoy [əˈnɔɪ] *verb* förarga, reta, irritera
annoyance [əˈnɔɪəns] *subst* förargelse, förtret
annoying [əˈnɔɪɪŋ] *adj* förarglig, retsam, irriterande
annual [ˈænjʊəl] *adj* **1** årlig **2** ettårig
annually [ˈænjʊəlɪ] *adv* **1** årligen **2** årsvis
annuity [əˈnjuːətɪ] *subst* livränta
annul [əˈnʌl] (*-ll-*) *verb* annullera, upphäva
Annunciation [əˌnʌnsɪˈeɪʃən] *subst*, ~ ***Day*** Marie Bebådelsedag 25 mars
anonymity [ˌænəˈnɪmətɪ] *subst* anonymitet
anonymous [əˈnɒnɪməs] *adj* anonym
anorak [ˈænəræk] *subst* **1** anorak, vindtygsjacka **2** vard. nörd, fackidiot
anorexia [ˌænəˈreksɪə] *subst* med. anorexi
anorexic [ˌænəˈreksɪk] *subst* med. anorektiker
another I [əˈnʌðə] *pron* **1** en annan **2** en till **3** ***one*** ~ varandra
II [əˈnʌðə] *adj*, ~ ***day*** en annan dag
answer I [ˈɑːnsə] *subst* svar [*to* på]
II [ˈɑːnsə] *verb* svara; besvara, svara på; ~ ***for*** stå till svars för; ~ ***the bell*** (***door***) gå och öppna
answerable [ˈɑːnsərəbl] *adj* ansvarig [*to* inför]
answering machine [ˈɑːnsərɪŋməˌʃiːn] *subst* telefonsvarare
answerphone [ˈɑːnsəfəʊn] *subst* telefonsvarare
ant [ænt] *subst* myra
antagonism [ænˈtægənɪzəm] *subst* fiendskap, antagonism
antagonist [ænˈtægənɪst] *subst* motståndare, antagonist
antagonize [ænˈtægənaɪz] *verb* reta
antarctic I [æntˈɑːktɪk] *adj* antarktisk; ***the Antarctic Ocean*** Södra ishavet
II [æntˈɑːktɪk] *subst*, ***the Antarctic*** Antarktis
antelope [ˈæntɪləʊp] *subst* djur antilop
antenatal [ˌæntɪˈneɪtl] *adj*, ~ ***care*** mödravård före förlossningen; ~ ***clinic*** mödravårdscentral
antenna [ænˈtenə] *subst* radio. el. tv. antenn
anterior [ænˈtɪərɪə] *adj* föregående
anthem [ˈænθəm] *subst*, ***national*** ~ nationalsång
ant-hill [ˈænthɪl] *subst* myrstack
anthology [ænˈθɒlədʒɪ] *subst* antologi
anthropologist [ˌænθrəˈpɒlədʒɪst] *subst* antropolog
anthropology [ˌænθrəˈpɒlədʒɪ] *subst* antropologi
anti-abortionist [ˌæntɪəˈbɔːʃənɪst] *subst* abortmotståndare
anti-aircraft [ˌæntɪˈeəkrɑːft] *adj*, ~ ***gun*** luftvärnskanon
antibiotic I [ˌæntɪbaɪˈɒtɪk] *subst* antibiotikum
II [ˌæntɪbaɪˈɒtɪk] *adj* antibiotisk
anticipate [ænˈtɪsɪpeɪt] *verb* **1** förutse, vänta sig **2** förekomma, föregripa
anticipation [ænˌtɪsɪˈpeɪʃən] *subst* förväntan; ***in*** ~ i förväg
anticlimax [ˌæntɪˈklaɪmæks] *subst* antiklimax
anti-clockwise [ˌæntɪˈklɒkwaɪz] *adv* moturs
antics [ˈæntɪks] *subst pl* upptåg
antidote [ˈæntɪdəʊt] *subst* motgift
antifreeze [ˌæntɪˈfriːz] *subst* kylarvätska
antioxidant [ˌæntɪˈɒksɪdənt] *subst* antioxidationsmedel
antipathy [ænˈtɪpəθɪ] *subst* motvilja, antipati [*to* mot]
anti-pollution [ˌæntɪpəˈluːʃən] *adj*, ~ ***campaign*** miljövårdskampanj
antiquated [ˈæntɪkweɪtɪd] *adj* föråldrad
antique I [ænˈtiːk] *adj* antik, forntida
II [ænˈtiːk] *subst* antikvitet
antiquity [ænˈtɪkwətɪ] *subst* antiken, forntiden
antiracism [ˌæntɪˈreɪsɪzm] *subst* antirasism
antirust [ˌæntɪˈrʌst] *adj* rostskyddande, rostskydds-; ~ ***agent*** rostskyddsmedel
anti-Semite [ˌæntɪˈsiːmaɪt] *subst* antisemit
anti-Semitism [ˌæntɪˈsemɪtɪzm] *subst* antisemitism
antiseptic I [ˌæntɪˈseptɪk] *adj* antiseptisk
II [ˌæntɪˈseptɪk] *subst* antiseptiskt medel
antisocial [ˌæntɪˈsəʊʃl] *adj* asocial
antistatic [ˌæntɪˈstætɪk] *adj* antistatisk
antler [ˈæntlə] *subst* horn på hjortdjur

anus ['eɪnəs] *subst* anus, analöppning
anvil ['ænvɪl] *subst* städ
anxiety [æŋ'zaɪətɪ] *subst* ängslan, oro
anxious ['æŋkʃəs] *adj* **1** ängslig, orolig **2** angelägen
any ['enɪ] *pron* **1** någon, något, några **2** vilken (vilket, vilka) som helst, varje [*~ child knows that*]
anybody ['enɪˌbɒdɪ] *pron* **1** någon [*has ~ been here?*] **2** vem som helst [*~ can do it*]
anyhow ['enɪhaʊ] *adv* **1** på något sätt **2** i alla (varje) fall **3** lite hur som helst [*the bodies were placed ~*]
anyone ['enɪwʌn] *pron* se *anybody*
anything ['enɪθɪŋ] *pron* **1** något, någonting **2** vad som helst; ~ ***but pleasant*** allt annat än trevlig; ***not for*** ~ inte för allt i världen; ***easy as*** ~ hur lätt som helst
anyway ['enɪweɪ] *adv* **1** på något sätt **2** i alla fall
anywhere ['enɪweə] *adv* **1** någonstans; ~ ***else*** någon annanstans; ***not ~ near so good*** inte på långt när så bra **2** var som helst
apart [ə'pɑːt] *adv* **1** åt sidan, avsides; ***joking*** ~ skämt åsido **2** fristående, för sig själv; ~ ***from*** frånsett; ***I can't tell them*** ~ jag kan inte skilja på dem **3** isär, ifrån varandra
apartment [ə'pɑːtmənt] *subst* **1** pl. ***~s*** möblerad våning, möblerade rum **2** spec. amer. våning, lägenhet; ~ ***house*** el. ~ ***building*** hyreshus
apathetic [ˌæpə'θetɪk] *adj* apatisk, likgiltig
apathy ['æpəθɪ] *subst* apati, likgiltighet
ape I [eɪp] *subst* svanslös apa
II [eɪp] *verb* apa efter, härma
Apennines ['æpenaɪnz] *subst pl*, ***the*** ~ Apenninerna
aperitif [ə'perɪtɪf] *subst* aperitif
aperture ['æpətjʊə] *subst* **1** öppning **2** foto. bländare
apex ['eɪpeks] *subst* spets, topp
apiece [ə'piːs] *adv* **1** per styck **2** per man
apologetic [əˌpɒlə'dʒetɪk] *adj* ursäktande, urskuldande
apologize [ə'pɒlədʒaɪz] *verb* be om ursäkt
apology [ə'pɒlədʒɪ] *subst* ursäkt
apoplectic [ˌæpə'plektɪk] *adj*, ~ ***fit*** el. ~ ***stroke*** slaganfall
apoplexy ['æpəpleksɪ] *subst* apoplexi, slag
apostle [ə'pɒsl] *subst* apostel

apostrophe
Apostrof används i engelskan:
- i sammandragna former för att visa att en bokstav utelämnats: *don't = do not, he's = he is, we're = we are*
- i genitiv: *John's sister, my sisters' room*
- för att bilda plural av bokstäver och siffror: *two p's, I can't read your 7's.*

apostrophe [ə'pɒstrəfɪ] *subst* apostrof
appal [ə'pɔːl] (*-ll-*) *verb* förskräcka; ***appalling*** skrämmande, förfärlig
apparatus [ˌæpə'reɪtəs] *subst* **1** apparat **2** apparatur **3** redskap
apparent [ə'pærənt] *adj* tydlig, uppenbar
apparently [ə'pærəntlɪ] *adv* synbarligen, uppenbarligen
apparition [ˌæpə'rɪʃən] *subst* uppenbarelse, spöke
appeal I [ə'piːl] *verb* **1** vädja [*for* om] **2** ~ ***against*** överklaga **3** ~ ***to*** tilltala, falla i smaken
II [ə'piːl] *subst* **1** vädjan, appell **2** jur. överklagande; ***court of*** ~ appellationsdomstol **3** attraktion, charm
appealing [ə'piːlɪŋ] *adj* **1** lockande, tilltalande, attraktiv **2** vädjande
appear [ə'pɪə] *verb* **1** visa sig, framträda, uppträda **2** komma ut, publiceras **3** synas, tyckas, verka
appearance [ə'pɪərəns] *subst* **1** framträdande, uppträdande; ***put in an*** ~ visa sig, infinna sig **2** utgivning, publicering **3** utseende; ***keep up ~s*** hålla skenet uppe
appease [ə'piːz] *verb* stilla [*~ one's hunger*], blidka genom eftergifter
appendicitis [əˌpendə'saɪtɪs] *subst* med. blindtarmsinflammation
appendix [ə'pendɪks] *subst* (i betydelse 1 pl. *appendixes* el. *appendices*, i betydelse 2 pl. *appendixes*) **1** bihang, bilaga **2** ***the*** ~ anat. blindtarmen
appetite ['æpətaɪt] *subst* aptit, matlust
appetizer ['æpətaɪzə] *subst* aptitretare
appetizing ['æpətaɪzɪŋ] *adj* aptitretande
applaud [ə'plɔːd] *verb* applådera
applause [ə'plɔːz] *subst* applåder; ***loud*** ~ en stark applåd

apple ['æpl] *subst* äpple
appliance [ə'plaɪəns] *subst* anordning, apparat
applicable [ə'plɪkəbl] *adj* tillämplig
applicant ['æplɪkənt] *subst* sökande [*for* till]
application [ˌæplɪ'keɪʃən] *subst* **1** ansökan [*for* om]; ***on*** ~ på begäran **2** tillämpning **3** anbringande, applicering
apply [ə'plaɪ] *verb* **1** ansöka [*to sb* hos ngn; *for sth* om ngt] **2** använda, tillämpa, vara tillämplig [*to* på] **3** anbringa, applicera
appoint [ə'pɔɪnt] *verb* **1** bestämma, fastställa **2** utnämna, förordna
appointment [ə'pɔɪntmənt] *subst* **1** avtalat möte, träff; ***make an*** ~ beställa tid [*with* hos] **2** utnämning **3** anställning, befattning
appreciable [ə'priːʃəbl] *adj* märkbar, avsevärd
appreciate [ə'priːʃɪeɪt] *verb* **1** uppskatta, sätta värde på [*I ~ all you have done*] **2** inse [*I ~ your problem*] **3** stiga i värde
appreciation [əˌpriːʃɪ'eɪʃən] *subst* **1** uppskattning **2** uppfattning; förståelse [*of* för] **3** värdestegring
appreciative [ə'priːʃjətɪv] *adj* uppskattande
apprehend [ˌæprɪ'hend] *verb* uppfatta
apprehension [ˌæprɪ'henʃən] *subst* farhåga, oro
apprehensive [ˌæprɪ'hensɪv] *adj* ängslig
apprentice I [ə'prentɪs] *subst* lärling
II [ə'prentɪs] *verb* sätta i lära
approach I [ə'prəʊtʃ] *verb* närma sig, söka kontakt med
II [ə'prəʊtʃ] *subst* **1** närmande **2** infart, tillfartsväg **3** sätt att ta itu med, sätt att angripa
approachable [ə'prəʊtʃəbl] *adj* åtkomlig
approbation [ˌæprə'beɪʃən] *subst* gillande
appropriate I [ə'prəʊprɪət] *adj* lämplig, passande
II [ə'prəʊprɪeɪt] *verb* **1** anslå **2** tillägna sig
approval [ə'pruːvl] *subst* gillande, godkännande; ***on*** ~ till påseende, på öppet köp
approve [ə'pruːv] *verb* **1** ~ ***of*** gilla, samtycka till **2** godkänna [~ *a decision*]
approx [ə'prɒks] (förk. för *approximately*) ca (förk. för *cirka*)
approximate [ə'prɒksɪmət] *adj* **1** approximativ, ungefärlig **2** ~ ***to*** närmande sig, liknande
approximately [ə'prɒksɪmətlɪ] *adv* ungefär, cirka
apricot ['eɪprɪkɒt] *subst* aprikos
April ['eɪprəl] *subst* april; ~ ***fool!*** april, april!; ~ ***Fools' Day*** 1 april då man narras april
apron ['eɪprən] *subst* förkläde
apron strings ['eɪprənstrɪŋz] *subst pl*, ***be tied to sb's*** ~ gå i ngns ledband
apt [æpt] *adj* **1** lämplig, träffande **2** benägen [*to* att]
aptitude ['æptɪtjuːd] *subst* anlag
aquarium [ə'kweərɪəm] *subst* akvarium
Aquarius [ə'kweərɪəs] stjärntecken Vattumannen
aquatic [ə'kwætɪk] *adj* som växer (lever) i vatten; ~ ***sports*** vattensport
aquavit ['ækwəvɪt] *subst* akvavit
Arab I ['ærəb] *subst* arab
II ['ærəb] *adj* arabisk
Arabia [ə'reɪbjə] Arabien
Arabian I [ə'reɪbjən] *subst* arab
II [ə'reɪbjən] *adj* arabisk
Arabic I ['ærəbɪk] *adj* arabisk
II ['ærəbɪk] *subst* arabiska språket
arable ['ærəbl] *adj* odlingsbar
arbitrary ['ɑːbɪtrərɪ] *adj* **1** godtycklig **2** egenmäktig
arbitration [ˌɑːbɪ'treɪʃən] *subst* skiljedom, medling
arbitrator ['ɑːbɪtreɪtə] *subst* skiljedomare, medlare
arc [ɑːk] *subst* båge
arcade [ɑː'keɪd] *subst* valvgång, arkad; ***shopping*** ~ täckt galleria
arch [ɑːtʃ] *subst* **1** valvbåge, valv **2** hålfot; ~ ***support*** hålfotsinlägg
archaeologist [ˌɑːkɪ'ɒlədʒɪst] *subst* arkeolog
archaeology [ˌɑːkɪ'ɒlədʒɪ] *subst* arkeologi
archaic [ɑː'keɪɪk] *adj* ålderdomlig

> **archbishop**
> • *The Archbishop of Canterbury* är den anglikanska kyrkans överhuvud.
> • *The Archbishop of York* är biträdande överhuvud.
> • *The Archbishop of Westminster* är den katolska kyrkans överhuvud i England.

archbishop [ˌɑːtʃ'bɪʃəp] *subst* ärkebiskop
arched [ɑːtʃt] *adj* välvd; bågformig
archer ['ɑːtʃə] *subst* bågskytt
archery ['ɑːtʃərɪ] *subst* bågskytte
archipelago [ˌɑːkɪ'peləgəʊ] (pl. ~*s*) *subst* **1** skärgård, arkipelag **2** ögrupp

architect ['ɑːkɪtekt] *subst* arkitekt
architectural [ˌɑːkɪ'tektʃrəl] *adj* arkitektonisk
architecture ['ɑːkɪtektʃə] *subst* arkitektur
archives ['ɑːkaɪvz] *subst pl* arkiv
arch-rival [ˌɑːtʃ'raɪvl] *subst* ärkerival
arctic I ['ɑːktɪk] *adj* arktisk; ***the Arctic Circle*** norra polcirkeln; ***the Arctic Ocean*** Norra ishavet
II ['ɑːktɪk] *subst*, ***the Arctic*** Arktis
ardent ['ɑːdənt] *adj* ivrig, varm [*an ~ admirer*], brinnande [*~ desire*]
ardour ['ɑːdə] *subst* glöd, iver
arduous ['ɑːdjʊəs] *adj* mödosam
are [ɑː, obetonat ə], ***they/we/you ~*** de/vi/du (ni) är; se vidare *be*
area ['eərɪə] *subst* **1** yta, areal **2** område, trakt; *~* ***code*** amer. riktnummer; ***shopping ~*** affärskvarter
arena [ə'riːnə] *subst* arena, stridsplats
aren't [ɑːnt] = *are not*
Argentina [ˌɑːdʒən'tiːnə]
Argentine I ['ɑːdʒəntaɪn] *adj* argentinsk
II ['ɑːdʒəntaɪn] *subst* **1** argentinare **2** ***the ~*** Argentina
Argentinian I [ˌɑːdʒən'tɪnjən] *adj* argentinsk
II [ˌɑːdʒən'tɪnjən] *subst* argentinare
arguably ['ɑːgjʊəblɪ] *adv* enligt mångas åsikt (tycke)
argue ['ɑːgjuː] *verb* **1** argumentera, resonera **2** tvista, gräla **3** hävda
argument ['ɑːgjʊmənt] *subst* **1** argument **2** resonemang **3** gräl, dispyt
argumentative [ˌɑːgjʊ'mentətɪv] *adj* diskussionslysten, grälsjuk
argy-bargy [ˌɑːdʒɪ'bɑːdʒɪ] *subst* vard. bråk, gräl
aria ['ɑːrɪə] *subst* musik. aria
arid ['ærɪd] *adj* **1** torr **2** ofruktbar, kal
Aries ['eəriːz] astrol. Väduren
arise [ə'raɪz] (*arose arisen*) *verb* uppstå, uppkomma [*a serious problem has arisen*]
arisen [ə'rɪzn] perf. p. av *arise*
aristocracy [ˌærɪ'stɒkrəsɪ] *subst* aristokrati
aristocrat ['ærɪstəkræt] *subst* aristokrat
aristocratic [ˌærɪstə'krætɪk] *adj* aristokratisk
arithmetic [ə'rɪθmətɪk] *subst* räkning
1 arm [ɑːm] *subst* **1** arm; ***keep sb at arm's length*** hålla ngn på avstånd **2** ärm **3** armstöd
2 arm I [ɑːm] *subst* pl. *~s* vapen; ***~s race*** kapprustning; ***be up in ~s against*** vara på krigsstigen mot
II [ɑːm] *verb* **1** beväpna **2** rusta
armada [ɑː'mɑːdə] *subst* stor flotta, armada
armadillo [ˌɑːmə'dɪləʊ] (pl. *~s*) *subst* djur bälta
armband ['ɑːmbænd] *subst* armbindel
armchair ['ɑːmtʃeə] *subst* fåtölj
Armenia [ɑː'miːnjə] Armenien
Armenian I [ɑː'miːnjən] *adj* armenisk
II [ɑː'miːnjən] *subst* **1** armenier **2** armeniska språket
armistice ['ɑːmɪstɪs] *subst* vapenvila
armour I ['ɑːmə] *subst* rustning, pansar
II ['ɑːmə] *verb*, ***armoured car*** pansarbil; ***armoured forces*** pansartrupper
armpit ['ɑːmpɪt] *subst* armhåla
armrest ['ɑːmrest] *subst* armstöd
army ['ɑːmɪ] *subst* armé
aroma [ə'rəʊmə] *subst* arom
aromatic [ˌærə'mætɪk] *adj* aromatisk
arose [ə'rəʊz] imperf. av *arise*
around I [ə'raʊnd] *adv*, ***all ~*** runt omkring, omkring
II [ə'raʊnd] *prep* runtom, runt omkring; ***~ the clock*** dygnet runt
arousal [ə'raʊzl] *subst* uppväckande
arouse [ə'raʊz] *verb* väcka; ***be aroused*** bli upphetsad
arrange [ə'reɪndʒ] *verb* **1** ordna, ställa i ordning, arrangera **2** göra upp [*~ with sb*], komma överens
arrangement [ə'reɪndʒmənt] *subst* **1** arrangemang, ordnande **2** överenskommelse **3** förberedelse
arrears [ə'rɪəz] *subst pl* resterande skulder; ***be in ~s*** ligga efter med betalning, arbete etc.
arrest I [ə'rest] *verb* anhålla, arrestera
II [ə'rest] *subst* anhållande, arrestering; ***place (put) under ~*** sätta i arrest
arrival [ə'raɪvl] *subst* ankomst; ***on ~*** vid ankomsten [*in, at* till]
arrive [ə'raɪv] *verb* anlända, komma fram [*in, at* till]
arrogance ['ærəgəns] *subst* arrogans, övermod
arrogant ['ærəgənt] *adj* arrogant, övermodig
arrow ['ærəʊ] *subst* pil projektil el. symbol
arse [ɑːs] *subst* vulg. arsle
arsehole ['ɑːshəʊl] *subst* vulg., som skällsord arsle
arsenal ['ɑːsənəl] *subst* arsenal äv. bildl.
arsenic ['ɑːsənɪk] *subst* arsenik
arson ['ɑːsn] *subst* mordbrand
art [ɑːt] *subst* **1** konst; ***~ gallery*** konstgalleri

2 ***the Faculty of Arts*** humanistiska fakulteten
arterial [ɑːˈtɪərɪəl] *adj*, ~ ***road*** motortrafikled
arteriosclerosis [ɑːˌtɪərɪəʊskləˈrəʊsɪs] *subst* åderförkalkning; med. arterioskleros
artery [ˈɑːtərɪ] *subst* anat. pulsåder, artär
artful [ˈɑːtfʊl] *adj* slug, listig
arthritis [ɑːˈθraɪtɪs] *subst* med. ledinflammation; ***rheumatoid*** ~ ledgångsreumatism
artichoke [ˈɑːtɪtʃəʊk] *subst*, ***globe*** ~ kronärtskocka; ***Jerusalem*** ~ jordärtskocka
article [ˈɑːtɪkl] *subst* **1** hand. artikel, vara **2** artikel [*newspaper* ~] **3** gram. artikel
articulate I [ɑːˈtɪkjʊlət] *adj* tydlig, klar **II** [ɑːˈtɪkjʊleɪt] *verb* artikulera, tala tydligt
articulation [ɑːˌtɪkjʊˈleɪʃən] *subst* artikulation
artificial [ˌɑːtɪˈfɪʃl] *adj* konstgjord, konstlad; ~ ***respiration*** konstgjord andning; ~ ***silk*** konstsiden
artificiality [ˌɑːtɪfɪʃɪˈælətɪ] *subst* konstgjordhet
artillery [ɑːˈtɪlərɪ] *subst* mil. artilleri
artist [ˈɑːtɪst] *subst* konstnär, artist
artiste [ɑːˈtiːst] *subst* artist, scenartist
artistic [ɑːˈtɪstɪk] *adj* konstnärlig, artistisk
artistry [ˈɑːtɪstrɪ] *subst* konstnärskap, artisteri
as I [æz, obetonat əz] *adv* o. *konj* **1** så, lika [*I'm ~ tall as you*]; ***twice*** ~ ***heavy*** två gånger så tung **2** jämförande som [*I'm ~ tall ~ you*] **3** såsom, till exempel **4** ***try*** ~ ***he might*** hur han än försökte **5** tid just när (som) **6** orsak eftersom, då [*~ you are late you won't get any dinner*]
II [æz, obetonat əz] *pron* som [*the same ~*], såsom; ***such*** ~ sådant som, sådana som
III [æz, obetonat əz] särskilda uttryck: ~ ***for*** vad beträffar; ~ ***good*** ~ så gott som; ~ ***if*** som om; ~ ***it is*** redan nu; ~ ***it were*** så att säga; ~ ***regards*** el. ~ ***to*** vad beträffar; ~ ***yet*** ännu så länge
asbestos [æsˈbestəs] *subst* asbest
ascend [əˈsend] *verb* bestiga, stiga uppför, stiga uppåt
Ascension [əˈsenʃən] *subst*, ~ ***Day*** Kristi Himmelsfärdsdag
ascent [əˈsent] *subst* **1** bestigning, uppstigning **2** stigning
ascertain [ˌæsəˈteɪn] *verb* förvissa sig om
ascetic I [əˈsetɪk] *adj* asketisk **II** [əˈsetɪk] *subst* asket
ascribe [əˈskraɪb] *verb* tillskriva
1 ash [æʃ] *subst* träd ask; ***mountain*** ~ rönn
2 ash [æʃ] *subst* **1** vanligen pl. ***ashes*** aska; ***cigarette*** ~ cigarettaska; ***reduce to ashes*** lägga i aska **2** pl. ***ashes*** stoft; ***ashes to ashes, dust to dust*** kyrkl. av jord är du kommen, jord skall du åter varda
ashamed [əˈʃeɪmd] *adj* skamsen; ***be*** ~ el. ***feel*** ~ skämmas [*of* för, över]
ash-blond [ˌæʃˈblɒnd] *adj* ljusblond, askblond
ashcan [ˈæʃkæn] *subst* amer. soptunna
ashen [ˈæʃn] *adj* askliknande, askgrå
ashore [əˈʃɔː] *adv* i land; på land
ashtray [ˈæʃtreɪ] *subst* askkopp, askfat
Ash Wednesday [ˌæʃˈwenzdeɪ] *subst* kyrkl. askonsdag, askonsdagen
Asian I [ˈeɪʃən] *adj* asiatisk **II** [ˈeɪʃən] *subst* asiat
Asiatic I [ˌeɪʃɪˈætɪk] *adj* asiatisk **II** [ˌeɪʃɪˈætɪk] *subst* asiat
aside I [əˈsaɪd] *adv* avsides, åt sidan; ***joking*** ~ skämt åsido **II** [əˈsaɪd] *subst* teat. avsidesreplik
ask [ɑːsk] *verb* **1** fråga [*about* om]; ~ ***for*** fråga efter; ~ ***a question*** ställa en fråga; ***if you*** ~ ***me*** om jag får säga vad jag tycker; ***be asked*** bli tillfrågad **2** begära, be [*for*

as...as

Några exempel med *as... as* i liknelser:

as busy as a bee
flitig som en myra
as drunk as a lord
full som en alika
as dead as a dodo
stendöd
as easy as pie
lätt som en plätt
as fit as a fiddle
frisk som en nötkärna
as nutty as a fruitcake
spritt språngande galen
as pretty as a picture
vacker som en dag
as quiet as a mouse
tyst som en mus
as ugly as sin
ful som stryk

om]; ~ ***sb's advice*** fråga ngn till råds **3** bjuda, inbjuda; ~ ***sb to dance*** bjuda upp ngn
askew I [ə'skjuː] *adj* sned, skev
II [ə'skjuː] *adv* snett, skevt
asleep [ə'sliːp] *adv* o. *adj* sovande; ***fall*** ~ somna; ***she was*** ~ hon sov
asocial [eɪ'səʊʃl] *adj* asocial
asparagus [ə'spærəgəs] *subst* grönsak sparris
aspect ['æspekt] *subst* aspekt
aspen ['æspən] *subst* träd asp
asphalt I ['æsfælt] *subst* asfalt
II ['æsfælt] *verb* asfaltera
aspiration [ˌæspə'reɪʃən] *subst* ambition, strävan
aspire [ə'spaɪə] *verb* sträva [*to* efter]
aspirin ['æsprɪn] *subst* aspirin
1 ass [æs] *subst* åsna
2 ass [æs] *subst* amer. vulg. arsle
assail [ə'seɪl] *verb* angripa, överfalla
assailant [ə'seɪlənt] *subst* angripare
assassin [ə'sæsɪn] *subst* mördare, lönnmördare
assassinate [ə'sæsɪneɪt] *verb* mörda, lönnmörda
assassination [əˌsæsɪ'neɪʃən] *subst* mord, lönnmord
assault I [ə'sɔːlt] *subst* **1** anfall, angrepp **2** överfall; ~ ***and battery*** jur. övervåld och misshandel
II [ə'sɔːlt] *verb* anfalla, överfalla
assemble [ə'sembl] *verb* **1** samla, samlas **2** montera, sätta ihop
assembly [ə'semblɪ] *subst* **1** församling, samling, sällskap; ~ ***hall*** samlingssal, aula **2** hopsättning; ~ ***line*** monteringsband, löpande band
assembly rooms [ə'semblɪruːmz] *subst pl* festvåning sing.
assent I [ə'sent] *verb* samtycka, instämma
II [ə'sent] *subst* samtycke, bifall
assert [ə'sɜːt] *verb* hävda
assertion [ə'sɜːʃən] *subst* hävdande; bestämt påstående
assess [ə'ses] *verb* **1** uppskatta, bedöma, utvärdera **2** beskatta, taxera
assessment [ə'sesmənt] *subst* **1** uppskattning, bedömning, utvärdering **2** beskattning, taxering
asset ['æset] *subst* tillgång; ~***s and liabilities*** tillgångar och skulder
asshole ['æshəʊl] *subst* amer. vulg., som skällsord arsle
assiduity [ˌæsɪ'djuːətɪ] *subst* ihärdighet, flit
assiduous [ə'sɪdjʊəs] *adj* ihärdig, flitig
assign [ə'saɪn] *verb* tilldela, anvisa
assignment [ə'saɪnmənt] *subst* **1** tilldelning, anvisning **2** uppgift, uppdrag; skol. beting
assimilate [ə'sɪmɪleɪt] *verb* assimilera, uppta
assist I [ə'sɪst] *verb* hjälpa, hjälpa till, assistera, bistå
II [ə'sɪst] *subst* sport. assist, målgivande passning
assistance [ə'sɪstəns] *subst* hjälp, bistånd
assistant I [ə'sɪstənt] *adj* assisterande, biträdande [~ *librarian*]
II [ə'sɪstənt] *subst* **1** medhjälpare **2** ***shop*** ~ expedit, affärsbiträde
associate I [ə'səʊʃɪət] *subst* kompanjon, kollega
II [ə'səʊʃɪeɪt] *verb* **1** förena [*problems associated with cancer treatment*] **2** associera **3** umgås [*with* med]
association [əˌsəʊsɪ'eɪʃən] *subst* **1** förening, sammanslutning **2** förbund; ***Association football*** vanlig fotboll i motsats till rugby **3** ***in*** ~ ***with*** i samband med **4** association
assorted [ə'sɔːtɪd] *adj*, ~ ***sweets*** blandade karameller
assortment [ə'sɔːtmənt] *subst* **1** sortering **2** sortiment, blandning t.ex. av karameller
assume [ə'sjuːm] *verb* **1** anta, förmoda **2** anta; ***assumed name*** antaget namn **3** ta på sig [~ *a responsibility*]
assumption [ə'sʌmʃən] *subst* antagande; ***on the*** ~ ***that*** under förutsättning att
assurance [ə'ʃʊərəns] *subst* **1** försäkran **2** självsäkerhet **3** livförsäkring
assure [ə'ʃʊə] *verb* **1** försäkra, förvissa [*of* om] **2** säkerställa, trygga **3** livförsäkra
assured [ə'ʃʊəd] *adj* **1** säker, viss, säkerställd **2** förvissad [*of* om] **3** trygg, självsäker
aster ['æstə] *subst* blomma aster
asterisk ['æstərɪsk] *subst* asterisk, stjärna (*)
astern [ə'stɜːn] *adv* sjö. akter ut (över)
asthma ['æsmə] *subst* med. astma
asthmatic I [æs'mætɪk] *adj* med. astmatisk
II [æs'mætɪk] *subst* med. astmatiker
astigmatic [ˌæstɪg'mætɪk] *adj* astigmatisk
astigmatism [ə'stɪgmətɪzm] *subst* astigmatism
astonish [ə'stɒnɪʃ] *verb* förvåna
astonishing [ə'stɒnɪʃɪŋ] *adj* förvånande
astonishment [ə'stɒnɪʃmənt] *subst* förvåning
astound [ə'staʊnd] *verb* förbluffa, slå med häpnad
astounding [ə'staʊndɪŋ] *adj* förbluffande

astray [ə'streɪ] *adv*, ***go*** ~ a) gå vilse b) komma bort; ***lead*** ~ vilseleda
astride [ə'straɪd] *prep* o. *adv* grensle, grensle över (på)
astrologer [ə'strɒlədʒə] *subst* astrolog
astrological [ˌæstrə'lɒdʒɪkl] *adj* astrologisk
astrology [ə'strɒlədʒɪ] *subst* astrologi
astronaut ['æstrənɔːt] *subst* astronaut
astronomer [ə'strɒnəmə] *subst* astronom
astronomic [ˌæstrə'nɒmɪk] *adj* o. **astronomical** [ˌæstrə'nɒmɪkəl] *adj* astronomisk; ~ ***figures*** astronomiska siffror
astronomy [ə'strɒnəmɪ] *subst* astronomi
astute [ə'stjuːt] *adj* skarpsinnig, slug
asunder [ə'sʌndə] *adv* isär, sönder; ***be torn*** ~ slitas i stycken
asylum [ə'saɪləm] *subst* asyl, fristad
asymmetric [ˌæsɪ'metrɪk] *adj* o. **assymetrical** [ˌæsɪ'metrɪkl] *adj* asymmetrisk

at
I e-postadresser används @, snabel-a. Det står för prepositionen *at* och uttalas på engelska [æt].

at [æt, obetonat ət] *prep* **1** på [*~ the hotel*] **2** vid [*~ my side; ~ midnight*] **3** i [*~ Oxford; ~ the last moment*] **4** ***come home ~ five!*** kom hem klockan fem!; ~ ***my aunt's*** hos min faster; ~ ***home*** hemma; ~ ***my place*** el. ~ ***my house*** hemma hos mig **5** med [*~ a speed of 50 miles an hour*]; ~ ***a loss*** med förlust; ~ ***that*** till på köpet **6** till ett pris av, för, till [*~ half price*]; ***sell ~ a loss*** sälja med förlust **7** ***clever*** ~ duktig i (på); ***good*** ~ bra i (på) **8** ***aim*** ~ sikta på; ***arrive*** ~ anlända till; ***smile*** ~ le mot; ***be ~ sb*** vara 'på ngn; ***he has been ~ it all day*** han har hållit på hela dagen, han har varit i farten hela dagen
ate [et, spec. amer. eɪt] imperf. av *eat*
atheism ['eɪθɪɪzəm] *subst* ateism
atheist ['eɪθɪɪst] *subst* ateist
Athens ['æθɪnz] Aten
athlete ['æθliːt] *subst* **1** idrottsman, idrottskvinna **2** friidrottare, atlet
athletic [æθ'letɪk] *adj* **1** ~ ***association*** idrottsförening **2** spänstig, atletisk
athletics [æθ'letɪks] *subst* **1** friidrott **2** spec. amer. idrott, idrottande
Atlantic [ət'læntɪk] *adj* o. *subst*, ***the ~ Ocean*** el. ***the*** ~ Atlanten, Atlantiska oceanen
atlas ['ætləs] *subst* atlas, kartbok
ATM [ˌeɪtiː'em] (förk. för *automated teller machine*) bankomat®; ~ ***card*** se *cash card*
atmosphere ['ætməˌsfɪə] *subst* atmosfär
atmospheric [ˌætmə'sferɪk] *adj* atmosfärisk; ~ ***pressure*** lufttryck
atom ['ætəm] *subst* atom [*~ bomb*]
atomic [ə'tɒmɪk] *adj* atom- [*~ bomb; ~ energy*]
atomizer ['ætəmaɪzə] *subst* sprej, sprejförpackning
atone [ə'təʊn] *verb*, ~ ***for*** sona, gottgöra
atrocious [ə'trəʊʃəs] *adj* ohygglig, avskyvärd, vard. gräslig
atrocity [ə'trɒsətɪ] *subst* **1** ohygglighet, grymhet **2** illdåd
attach [ə'tætʃ] *verb* **1** fästa, sätta fast (på) [*to* på, vid]; ~ ***importance to*** lägga vikt vid **2** ***be attached to*** a) vara fäst vid b) vara knuten till
attaché [ə'tæʃeɪ] *subst* attaché; ~ ***case*** [ə'tæʃɪkeɪs] attachéväska
attachment [ə'tætʃmənt] *subst* **1** tillgivenhet, hängivenhet **2** tillbehör, tillsats
attack I [ə'tæk] *subst* anfall, angrepp [*on* mot], attack
II [ə'tæk] *verb* angripa, anfalla, attackera
attain [ə'teɪn] *verb* uppnå, nå
attainment [ə'teɪnmənt] *subst* **1** uppnående **2** vanligen pl. ~***s*** kunskaper, färdigheter
attempt I [ə'temt] *verb* försöka
II [ə'temt] *subst* **1** försök **2** ***an ~ on sb's life*** ett attentat mot ngn
attend [ə'tend] *verb* **1** bevista, besöka, var med på **2** närvara, delta i; ~ ***school*** gå i skolan; ***well-attended*** välbesökt **3** ~ ***on*** passa upp på; ~ ***to*** a) expediera [*~ to a customer*] b) sköta om **4** vårda, sköta om
attendance [ə'tendəns] *subst* **1** närvaro [*at, on* vid, på], deltagande [*at, on* i] **2** antal närvarande, publik, publiksiffra
attendant I [ə'tendənt] *subst* **1** vakt [*park ~*], skötare **2** följeslagare, tjänare [*on* hos, åt]
II [ə'tendənt] *adj* åtföljande
attention I [ə'tenʃən] *subst* **1** uppmärksamhet, kännedom [*bring sth to sb's ~*]; ***attract*** ~ tilldra sig uppmärksamhet; ***pay ~ to*** ägna uppmärksamhet åt **2** tillsyn, passning **3** ***stand at*** (***to***) ~ stå i givakt

II [ə'tenʃən] *interj* **1** mil. givakt! **2** ~ ***please!*** i t.ex. högtalare hallå, hallå!
attentive [ə'tentɪv] *adj* uppmärksam
attic ['ætɪk] *subst* vind, vindsrum
attire I [ə'taɪə] *verb* kläda
II [ə'taɪə] *subst* klädsel
attitude ['ætɪtjuːd] *subst* inställning, attityd
attorney [ə'tɜːnɪ] *subst* **1** ***power of*** ~ fullmakt **2** amer. advokat; ***district*** ~ allmän åklagare
Attorney-General [əˌtɜːnɪ'dʒenrəl] *subst* **1** i Storbritannien kronjurist, ungefär justitiekansler **2** amer. justitieminister
attract [ə'trækt] *verb* dra till sig, attrahera; ~ ***attention*** tilldra sig uppmärksamhet
attraction [ə'trækʃən] *subst* **1** attraktion, dragningskraft, lockelse **2** attraktionsnummer; pl. ~***s*** nöjen
attractive [ə'træktɪv] *adj* attraktiv, tilldragande, tilltalande
attribute I ['ætrɪbjuːt] *subst* attribut, utmärkande drag
II [ə'trɪbjuːt] *verb* tillskriva [*sth to sb* ngn ngt]
aubergine ['əʊbəʒiːn] *subst* grönsak aubergine, äggplanta
auburn ['ɔːbən] *adj* kastanjebrun, rödbrun
auction I ['ɔːkʃən] *subst* auktion
II ['ɔːkʃən] *verb*, ~ el. ~ ***off*** auktionera bort
auctioneer [ˌɔːkʃə'nɪə] *subst* auktionsförrättare
audacious [ɔː'deɪʃəs] *adj* djärv, fräck
audacity [ɔː'dæsətɪ] *subst* djärvhet, fräckhet
audible ['ɔːdəbl] *adj* hörbar
audience ['ɔːdjəns] *subst* **1** publik, åhörare **2** tittare, lyssnare **3** ***obtain an*** ~ ***with*** få audiens hos
audio cassette [ˌɔːdɪəʊkə'set] *subst* vard. ljudkassett
audiovisual [ˌɔːdɪəʊ'vɪzjʊəl] *adj*, ~ ***aids*** audivisuella hjälpmedel
audit ['ɔːdɪt] *verb* revidera, granska
audition [ɔː'dɪʃən] *subst* provsjungning, provspelning för t.ex. engagemang
auditor ['ɔːdɪtə] *subst* revisor
auditorium [ˌɔːdɪ'tɔːrɪəm] *subst* **1** hörsal **2** teat. salong
aught [ɔːt] *subst*, ***for*** ~ ***I know*** inte annat än jag vet
augment [ɔːg'ment] *verb* **1** öka **2** ökas
au gratin [ˌəʊ'grætæn] *adj* kok. gratinerad; ***fish*** ~ fiskgratäng
August ['ɔːgəst] *subst* augusti
august [ɔː'gʌst] *adj* majestätisk
aunt [ɑːnt, amer. ænt] *subst* **1** faster, moster **2** tant
auntie o. **aunty** ['ɑːntɪ, amer. 'ænti] *subst* smeksamt för *aunt*
au pair [ˌəʊ'peə] *subst* au pair, au pair flicka
auspicious [ɔː'spɪʃəs] *adj* gynnsam
austere [ɔː'stɪə] *adj* **1** sträng, allvarlig **2** spartansk, stram
austerity [ɔː'sterətɪ] *subst* **1** stränghet **2** spartanskhet, stramhet

Australia
HUVUDSTAD: Canberra (310 000 invånare).
FOLKMÄNGD: 19,7 milj. Ca 95 % är av europeiskt ursprung. Urbefolkningen, *the aboriginals*, uppgår till ca 270 000 människor (1,3 %).
YTA: 7 682 300 km^2 (ungefär 17 gånger så stort som Sverige).
SPRÅK: engelska.
De största städerna är Sydney och Melbourne. Klimatet är mycket torrt och hett i centrala och västra Australien, milt tempererat i södra och sydöstra Australien, tropiskt, fuktigt i norra Australien. Jordbruket är den viktigaste näringsgrenen. Australien är världens främsta ullproducent.

Australia [ɒ'streɪljə] Australien
Australian I [ɒ'streɪljən] *adj* australisk
II [ɒ'streɪljən] *subst* australiensare
Austria ['ɒstrɪə] Österrike
Austrian I ['ɒstrɪən] *adj* österrikisk
II ['ɒstrɪən] *subst* österrikare
authentic [ɔː'θentɪk] *adj* autentisk, äkta
authenticity [ˌɔːθen'tɪsətɪ] *subst* äkthet, autenticitet
author ['ɔːθə] *subst* författare, författarinna [*of* till]
authoritarian [ˌɔːθɒrɪ'teərɪən] *adj* auktoritär
authoritative [ɔː'θɒrɪtətɪv] *adj* auktoritativ, myndig
authority [ɔː'θɒrətɪ] *subst* **1** myndighet, makt, maktbefogenhet; ***those in*** ~ de makthavande; ***on one's own*** ~ på eget bevåg **2** tillstånd, fullmakt **3** auktoritet, expert **4** stöd, belägg [*there is no* ~ *for this*]

authorization [ˌɔːθəraɪ'zeɪʃən] *subst* tillstånd, godkännande
authorize ['ɔːθəraɪz] *verb* **1** auktorisera, bemyndiga **2** godkänna; ~ ***a sum for payment*** attestera ett belopp
authorship ['ɔːθəʃɪp] *subst* författarskap
autobiographic ['ɔːtəˌbaɪə'græfɪk] *adj* o. **autobiographical** ['ɔːtəˌbaɪə'græfɪkəl] *adj* självbiografisk
autobiography [ˌɔːtəbaɪ'ɒgrəfɪ] *subst* självbiografi
autocrat ['ɔːtəkræt] *subst* envåldshärskare, autokrat
autograph ['ɔːtəgrɑːf] *subst* autograf
automate ['ɔːtəmeɪt] *verb* automatisera; ***automated teller machine*** (förk. *ATM*) bankomat®
automatic I [ˌɔːtə'mætɪk] *adj* automatisk
II [ˌɔːtə'mætɪk] *subst* automatvapen
automation [ˌɔːtə'meɪʃən] *subst* automation, automatisering
automatize [ɔː'tɒmətaɪz] *verb* automatisera
automobile ['ɔːtəməbiːl] *subst* spec. amer. bil
autopilot ['ɔːtəʊˌpaɪlət] *subst* autopilot
autopsy ['ɔːtɒpsɪ] *subst* obduktion
autumn ['ɔːtəm] *subst* höst; se *summer* för ex.
autumnal [ɔː'tʌmnəl] *adj* höstlik; ~ ***equinox*** höstdagjämning
auxiliary I [ɔːg'zɪljərɪ] *adj*, ~ ***verb*** hjälpverb
II [ɔːg'zɪljərɪ] *subst* hjälpverb
AV [ˌeɪ'viː] förk. för *audiovisual*
avail I [ə'veɪl] *verb*, ~ ***oneself of*** begagna sig av
II [ə'veɪl] *subst*, ***of no*** ~ el. ***to no*** ~ till ingen nytta
available [ə'veɪləbl] *adj* **1** tillgänglig, anträffbar **2** ***this video is now*** ~ den här videon finns nu i handeln
avalanche ['ævəlɑːnʃ] *subst* lavin
avarice ['ævərɪs] *subst* girighet
avaricious [ˌævə'rɪʃəs] *adj* girig, sniken
avenge [ə'vendʒ] *verb* hämnas
avenue ['ævənjuː] *subst* allé, aveny
average I ['ævrɪdʒ] *subst* genomsnitt; ***on an*** ~ el. ***on the*** ~ el. ***on*** ~ i genomsnitt, i medeltal
II ['ævrɪdʒ] *adj* genomsnittlig, ordinär
averse [ə'vɜːs] *adj*, ***I am*** ~ ***to*** jag ogillar; ***I'm not*** ~ ***to*** jag har inget emot
aversion [ə'vɜːʃən] *subst* motvilja, aversion; ***my pet*** ~ min fasa
avert [ə'vɜːt] *verb* **1** vända bort, avleda [*~ suspicion*] **2** avvärja [*~ a danger*]
aviation [ˌeɪvɪ'eɪʃən] *subst* flygning, flygkonst
avid ['ævɪd] *adj* ivrig, glupsk
avocado [ˌævə'kɑːdəʊ] (pl. *~s*) *subst* avokado
avoid [ə'vɔɪd] *verb* undvika, undgå
avoidable [ə'vɔɪdəbl] *adj*, ***it was*** ~ det hade kunnat undvikas
avoidance [ə'vɔɪdəns] *subst* **1** undvikande; ***tax*** ~ skatteplanering
await [ə'weɪt] *verb* vänta, invänta
awake [ə'weɪk] (*awoke awoken*) *verb* **1** vakna **2** väcka **3** ***she was*** ~ ***to the danger*** hon var medveten om faran
awaken [ə'weɪkən] *verb* **1** väcka **2** vakna
awakening [ə'weɪknɪŋ] *subst* uppvaknande
award I [ə'wɔːd] *verb* tilldela, tilldöma, belöna med
II [ə'wɔːd] *subst* pris, belöning
aware [ə'weə] *adj* medveten [*of* om], uppmärksam [*of* på]
away I [ə'weɪ] *adv* **1** bort, i väg, undan, åt sidan [*put sth ~*] **2** borta **3** vidare, 'på [*work ~*] **4** ***straight*** ~ el. ***right*** ~ med detsamma, genast
II [ə'weɪ] *adj* sport., ~ ***match*** bortamatch
awe [ɔː] *subst* vördnad, stor respekt
awe-inspiring ['ɔːɪnˌspaɪərɪŋ] *adj* respektinjagande
awe-struck ['ɔːstrʌk] *adj* skräckslagen, fylld av vördnad
awful ['ɔːfl] *adj* ohygglig, fruktansvärd, vard. förfärlig, hemsk
awkward ['ɔːkwəd] *adj* **1** tafatt, klumpig **2** förlägen, generad **3** besvärlig **4** pinsam
awning ['ɔːnɪŋ] *subst* markis
awoke [ə'wəʊk] imperf. av *awake*
awoken [ə'wəʊkən] perf. p. av *awake*
AWOL ['eɪwɒl] (förk. för *absent without leave*) frånvarande utan giltigt förfall
ax [æks] (pl. *axes* ['æksɪz]) *subst* amer., se *axe*
axe I [æks] *subst* **1** yxa, bila **2** ***get the*** ~ få sparken
II [æks] *verb* vard. skära ned
axes ['æksiːz] *subst pl* se *axis*
axiomatic [ˌæksɪə'mætɪk] *adj* axiomatisk
axis ['æksɪs] (pl. *axes* ['æksiːz]) *subst* mat. axel

Ayers Rock [ˌeəz'rɒk]
Mitt i Australien ligger *Ayers Rock* eller *Uluru*. Det är en ca 348 meter hög klippa som reser sig över den plana slätten. För Australiens urbefolkning är berget heligt.

axle ['æksl] *subst* axel, hjulaxel
ay I [aɪ] *interj* dialektalt ja
II [aɪ] *subst* jaröst
azalea [ə'zeɪljə] *subst* blomma azalea
Azerbaijan [ˌæzəbaɪ'dʒɑːn] geogr. Azerbajdzjan
azure ['æʒə] *adj* azurblå, himmelsblå

Bb

B o. **b** [biː] *subst* **1** B, b **2** musik., ***B*** h; ***B flat*** b; ***B sharp*** hiss
BA [ˌbiː'eɪ] (förk. för *Bachelor of Arts*) ungefär fil. kand.
babble I ['bæbl] *verb* babbla, pladdra
II ['bæbl] *subst* babbel, pladder
babe [beɪb] *subst* **1** litt. spädbarn **2** spec. amer. a) mest i tilltal sötnos b) tjej
baboon [bə'buːn] *subst* djur babian
baby ['beɪbɪ] *subst* **1** spädbarn, baby **2** vard. sötnos
baby bouncer ['beɪbɪˌbaʊnsə] *subst* babysitter stol för småbarn
baby boy [ˌbeɪbɪ'bɔɪ] *subst* gossebarn
baby buggy ['beɪbɪˌbʌgɪ] *subst* **1** paraplyvagn **2** amer. ngt åld. barnvagn
baby carriage ['beɪbɪˌkærɪdʒ] *subst* amer. barnvagn
baby girl [ˌbeɪbɪ'gɜːl] *subst* flickebarn
baby jumper ['beɪbɪˌdʒʌmpə] *subst* hoppgunga för småbarn
baby-minder ['beɪbɪˌmaɪndə] *subst* dagmamma
baby-sat ['beɪbɪsæt] imperf. o. perf. p. av *baby-sit*
baby-sit ['beɪbɪsɪt] (*baby-sat baby-sat*) (*baby-sitting*) *verb* sitta barnvakt
baby-sitter ['beɪbɪˌsɪtə] *subst* barnvakt
baccy ['bækɪ] *subst* vard. tobak
bachelor ['bætʃələ] *subst* **1** ungkarl **2** ***Bachelor of Arts*** (***Science***) ungefär filosofie kandidat
bacillus [bə'sɪləs] (pl. *bacilli* [bə'sɪlaɪ]) *subst* bacill
back I [bæk] *subst* **1** rygg; ***have one's ~ to the wall*** vara hårt trängd; ***put*** (***get***) ***sb's ~ up*** reta upp ngn; ***put one's ~ into sth*** lägga manken till; ***be glad to see the ~ of sb*** (***sth***) vara glad att bli kvitt ngn (ngt) **2** baksida, bakre del; ***at the ~ of*** bakom **3** sport. back
II [bæk] *adj* på baksidan, bak-; ***~ page*** sista sida av tidning; ***take a ~ seat*** hålla sig i bakgrunden
III [bæk] *adv* **1** bakåt **2** tillbaka, åter, igen
IV [bæk] *verb* **1** backa [*~ a car*], röra sig bakåt **2** gå (träda) tillbaka **3** rygga **4** hålla (satsa) på [*~ a horse*], stödja

V [bæk] *verb* med adv. o. prep.
back away gå tillbaka, backa
back down retirera, backa ur
back out 1 gå baklänges ut [*of* ur] **2** backa ur, hoppa av
back up 1 backa upp **2** data. säkerhetskopia

backache ['bækeɪk] *subst* ont i ryggen, ryggont

back-bencher
Back-benchers kallas de parlamentsledamöter som inte har någon officiell befattning i sitt parti. De sitter på någon av de bakre bänkarna i parlamentssalen.

back-bencher [ˌbæk'bentʃə] *subst* vanlig parlamentsledamot i motsats till minister
backbiter ['bækˌbaɪtə] *subst* baktalare
backbiting ['bækˌbaɪtɪŋ] *subst* förtal, elakt skvaller
backbone ['bækbəʊn] *subst* ryggrad; ***to the ~*** helt igenom
backbreaking ['bækˌbreɪkɪŋ] *adj* slitsam, hård
backchat ['bæktʃæt] *subst* vard. uppkäftighet, kaxighet
backcomb ['bækkəʊm] *verb* tupera
back copy ['bækˌkɒpɪ] *subst* gammalt nummer av tidning el. tidskrift
backer ['bækə] *subst* uppbackare, finansiär
backfire [ˌbæk'faɪə] *verb* **1** bil. baktända **2** slå slint
backgammon ['bækˌgæmən] *subst* bräde, brädspel
background ['bækgraʊnd] *subst* **1** bakgrund, fond **2** miljö
backhand ['bækhænd] *subst* sport. backhand
backhander ['bækˌhændə] *subst* **1** slag med handryggen; sport. backhandslag **2** vard. muta
backheel I ['bækhiːl] *subst* klackspark
II ['bækhiːl] *verb* klacksparka
backing ['bækɪŋ] *subst* **1** stöd, uppbackning **2** musik. komp
backlash ['bæklæʃ] *subst* motreaktion
back number [ˌbæk'nʌmbə] *subst* gammalt nummer av tidning el. tidskrift
backpack ['bækpæk] *subst* ryggsäck
backpacker ['bækˌpækə] *subst* fotvandrare med ryggsäck
back pay ['bækpeɪ] *subst* retroaktiv lön
backside [ˌbæk'saɪd] *subst* vard. ända, rumpa
backstage [ˌbæk'steɪdʒ] *adv* o. *adj* bakom kulisserna
backstroke ['bækstrəʊk] *subst* ryggsim
back tax ['bæktæks] *subst* kvarskatt
backup I ['bækʌp] *adj*, ***~ copy*** el. ***~ file*** data. säkerhetskopia, backup; ***~ light*** amer. backljus
II ['bækʌp] *subst* **1** stöd, förstärkning **2** data. säkerhetskopia, backup **3** ersättare, reserv
backward I ['bækwəd] *adj* **1** bakåtriktad, bakåtvänd **2** trög, efterbliven
II ['bækwəd] *adv* se *backwards*
backwards ['bækwədz] *adv* bakåt, bakut, baklänges, tillbaka; ***~ and forwards*** fram och tillbaka; ***know sth ~*** kunna ngt utan och innan
backwater ['bækˌwɔːtə] *subst* **1** bakvatten **2** avkrok, håla
backwoods ['bækwʊdz] *subst pl* **1** spec. amer. avlägsna skogstrakter, obygder **2** avkrok
backyard [ˌbæk'jɑːd] *subst* **1** bakgård **2** amer. trädgård på baksidan av huset
bacon ['beɪkən] *subst* bacon
bacteria [bæk'tɪərɪə] *subst* bakterier
bacteriological [bækˌtɪərɪə'lɒdʒɪkl] *adj* bakteriologisk [*~ warfare*]
bad [bæd] (*worse worst*) *adj* **1** dålig, inte bra; ***not ~!*** inte illa!; ***~ luck*** otur; ***go ~*** ruttna, bli dålig; ***that's too ~!*** vard. vad tråkigt!, vad synd!; ***he's ~ news around here*** det blir bara trubbel (bråk) när han dyker upp **2** svår [*a ~ blunder; a ~ cold*], sorglig **3** [*~ news*] **4** oriktig, falsk [*~ cheque*] **5** ond, fördärvad; ***~ language*** svordomar
bade [bæd, beɪd] imperf. av *bid I*
badge [bædʒ] *subst* märke, emblem
badger I ['bædʒə] *subst* djur grävling
II ['bædʒə] *verb* **1** trakassera **2** tjata på
badly ['bædlɪ] (*worse worst*) *adv* **1** dåligt, illa **2** svårt **3** ***need*** (***want***) ***sth ~*** verkligen behöva (vilja ha) ngt
badminton ['bædmɪntən] *subst* sport. badminton
bad-tempered [ˌbæd'tempəd] *adj* på dåligt humör, sur
baffle ['bæfl] *verb* **1** förvirra, förbrylla **2** gäcka
bag I [bæg] *subst* **1** påse, säck **2** bag, väska
II [bæg] (*-gg-*) *verb* **1** fånga, skjuta **2** vard. knycka, lägga beslag på
bagatelle [ˌbægə'tel] *subst* **1** bagatell **2** fortunaspel
baggage ['bægɪdʒ] *subst* bagage, resgods
baggy ['bægɪ] *adj* påsig, säckig [*~ trousers*]

bag lady ['bæg,leɪdɪ] *subst* vard. uteliggare, hemlös kvinna
bagpiper ['bæg,paɪpə] *subst* säckpipblåsare
bagpipes ['bægpaɪps] *subst pl* säckpipa
baguette [bæ'get] *subst* baguette brödsort
1 bail [beɪl] *verb*, *~ **out*** a) ösa, ösa ut [*~ water*] b) hoppa med fallskärm
2 bail I [beɪl] *subst* borgen; ***on** ~* mot borgen
II [beɪl] *verb*, *~ **sb out*** få ngn frisläppt mot borgen
bait I [beɪt] *verb* **1** hetsa, plåga **2** reta **3** agna krok, sätta bete på
II [beɪt] *subst* agn, bete vid fiske
bake [beɪk] *verb* **1** baka, ugnssteka, ugnsbaka; ***baked beans*** vita bönor i tomatsås **2** stekas, bakas
baker ['beɪkə] *subst* bagare
bakery ['beɪkərɪ] *subst* bageri
baking sheet ['beɪkɪŋʃiːt] *subst* bakplåt
baking tin ['beɪkɪŋtɪn] *subst* bakform
baking tray ['beɪkɪŋtreɪ] *subst* bakplåt
balance I ['bæləns] *subst* **1** våg **2** balans [*he lost his ~*], jämvikt; ***strike a** ~* finna en medelväg **3** hand. saldo; återstod, rest; *~ **brought forward*** el. *~ **carried forward*** ingående saldo, utgående saldo **4** vard., ***the** ~* resten
II ['bæləns] *verb* **1** avväga, väga **2** balansera **3** motväga, uppväga
balcony ['bælkənɪ] *subst* **1** balkong **2** ***the** ~* teat. vanligen andra raden, amer. första raden på biografbalkongen
bald [bɔːld] *adj* flintskallig
1 bale [beɪl] *subst* bal, packe
2 bale [beɪl] *verb*, *~ **out*** a) hoppa med fallskärm b) ösa, ösa ut
Balkans ['bɔːlkəns] *subst pl*, ***the** ~* Balkan
1 ball [bɔːl] *subst* bal, dans
2 ball [bɔːl] *subst* **1** boll; ***play** ~* samarbeta; ***the** ~ **is in your court*** bollen ligger hos dig **2** klot **3** kula **4** nystan [*~ of wool*] **5** vulg., pl. *~**s*** a) kulor testiklar b) skitsnack
ballad ['bæləd] *subst* **1** folkvisa **2** ballad
ballast ['bæləst] *subst* barlast
ball bearing [,bɔːl'beərɪŋ] *subst* kullager
ballet ['bæleɪ] *subst* balett
ballet-dancer ['bæleɪ,dɑːnsə] *subst* balettdansör, balettdansös
balloon [bə'luːn] *subst* **1** ballong; *~ **glass*** aromglas **2** pratbubbla i tecknad serie
ballot ['bælət] *subst* **1** röstsedel, valsedel **2** sluten omröstning
ballot box ['bælətbɒks] *subst* valurna
ballot paper ['bælət,peɪpə] *subst* röstsedel, valsedel
ballpen ['bɔːlpen] *subst* kulpenna
ballpoint ['bɔːlpɔɪnt] *subst*, *~ **pen*** el. *~* kulpenna
ballroom ['bɔːlruːm] *subst* **1** balsal **2** danssalong
ballyhoo [,bælɪ'huː] *subst* vard. ståhej
balsam ['bɔːlsəm] *subst* balsam
Baltic ['bɔːltɪk] *adj* o. *subst* baltisk; ***the** ~ **Sea*** el. ***the** ~* Östersjön; ***the** ~ **States*** Baltikum
bamboo [bæm'buː] *subst* **1** bambu **2** bamburör
ban I [bæn] *subst* officiellt förbud; ***put a** ~ **on*** förbjuda
II [bæn] (*-nn-*) *verb* förbjuda, bannlysa
banal [bə'nɑːl] *adj* banal
banana [bə'nɑːnə] *subst* **1** banan **2** ***go** ~**s*** vard. bli galen
band I [bænd] *subst* **1** band; snodd **2** trupp, skara **3** musikgrupp; mindre orkester, musikkår; ***rock** ~* rockgrupp
II [bænd] *verb*, *~ **together*** förena sig, gå samman
bandage I ['bændɪdʒ] *subst* bandage, förband, binda
II ['bændɪdʒ] *verb* lägga förband (bandage) på
Band-Aid® ['bændeɪd] *subst* amer. plåster, snabbförband
B&B [,biːən'biː] o. **B and B** [,biːən'biː] förk. för *Bed and Breakfast*
bandit ['bændɪt] *subst* bandit, bov
bandmaster ['bænd,mɑːstə] *subst* kapellmästare
bandstand ['bændstænd] *subst* musikestrad
bandy ['bændɪ] *adj* hjulbent
bandy-legged ['bændɪlegd] *adj* hjulbent
bang I [bæŋ] *verb* banka, smälla, slå
II [bæŋ] *subst* slag, smäll, knall
III [bæŋ] *interj* o. *adv* bom, pang; ***go** ~* smälla till
bangle ['bæŋgl] *subst* armring, ankelring
banish ['bænɪʃ] *verb* **1** landsförvisa **2** bannlysa **3** slå bort [*~ cares*]
banishment ['bænɪʃmənt] *subst* landsförvisning
banisters ['bænɪstəz] *subst pl* trappräcke
banjo ['bændʒəʊ] (pl. *~s*) *subst* banjo
1 bank [bæŋk] *subst* **1** strand vid flod **2** bank, vall
2 bank I [bæŋk] *subst* **1** bank; *~ **account*** bankkonto; *~ **balance*** tillgodohavande på banken; *~ **holiday*** allmän helgdag; *~ **manager*** bankkamrer, bankdirektör **2** spelbank

II [bæŋk] *verb* **1** ~ ***with*** ha bankkonto hos **2** ~ ***on*** vard. lita på

banker ['bæŋkə] *subst* **1** bankir **2** spel. bankör

bank giro ['bæŋk,dʒaɪrəʊ] (pl. *~s*) *subst* bankgiro

banknote ['bæŋknəʊt] *subst* sedel

bankrupt I ['bæŋkrʌpt] *subst* person som har gjort konkurs; bankruttör
II ['bæŋkrʌpt] *adj* bankrutt; ***go*** ~ göra konkurs

bankruptcy ['bæŋkrəptsɪ] *subst* **1** konkurs **2** bankrutt

banner ['bænə] *subst* **1** banderoll **2** fana, baner [*the ~ of freedom*]

banns [bænz] *subst pl*, ***publish the*** ~ el. ***read the*** ~ avkunna lysning

banquet ['bæŋkwɪt] *subst* bankett, festmåltid

bantamweight ['bæntəmweɪt] *subst* sport. bantamvikt

banter I ['bæntə] *subst* skämt, skämtande
II ['bæntə] *verb* skämta, raljera

baptism ['bæptɪzəm] *subst* dop

baptize [bæp'taɪz] *verb* döpa

bar I [bɑː] *subst* **1** stång; ***gold*** ~ guldtacka; ~ ***of chocolate*** chokladkaka; ***a ~ of soap*** en tvål **2** bom; pl. *~s* galler [*behind ~s*] **3** sport. ribba i fotboll el. höjdhopp **4** bar, bardisk, avdelning på en pub [*the saloon ~*] **5** hinder [*to* för], spärr **6** skrank i rättssal; ***the prisoner at the*** ~ den anklagade **7** musik. takt, taktstreck
II [bɑː] (*-rr-*) *verb* **1** bomma till (igen); spärra, blockera [*~ the way*] **2** hindra **3** utesluta, avstänga [*~ sb from a race*] **4** förbjuda
III [bɑː] *prep* vard. utom [*~ one*]

barbarian [bɑː'beərɪən] *subst* barbar

barbaric [bɑː'bærɪk] *adj* barbarisk

barbarism ['bɑːbərɪzəm] *subst* barbari

barbarous ['bɑːbərəs] *adj* barbarisk

barbecue ['bɑːbɪkjuː] *subst* **1** utegrill **2** grillfest; ***have a*** ~ ha grillfest, grilla

barbed [bɑːbd] *adj*, ~ ***wire*** taggtråd

barber ['bɑːbə] *subst* frisör; ***barber's shop*** frisersalong

barbershop ['bɑːbəʃɒp] *subst* **1** spec. amer. frisersalong **2** musik. barbershop [*a ~ quartet*]

barbie ['bɑːbɪ] *subst* vard. se *barbecue*

Barbie doll® [ˌbɑːbɪ'dɒl] *subst* Barbiedocka®

bar code ['bɑːkəʊd] *subst* streckkod

1 bare [beə] *adj* **1** bar [*~ hands*], naken, kal **2** knapp [*a ~ majority*]

2 bare [beə] *verb*, ~ ***one's teeth*** visa tänderna

barefaced ['beəfeɪst] *adj* oblyg, skamlös, fräck [*a ~ lie*]

barefoot ['beəfʊt] *adv* barfota [*walk ~*]

barefooted ['beəˌfʊtɪd] *adj* o. *adv* barfota

bareheaded [ˌbeə'hedɪd] *adj* barhuvad

barely ['beəlɪ] *adv* nätt och jämnt, knappt

barf [bɑːf] *verb* vard. spy, kräkas

bargain I ['bɑːgɪn] *subst* **1** förmånlig el. god affär, uppgörelse; ***that's a ~!*** avgjort!; ***strike a ~ with sb*** träffa avtal med ngn; ***into the*** ~ till på köpet **2** bra köp, kap, fynd, klipp **3** före subst., ~ ***price*** fyndpris
II ['bɑːgɪn] *verb* **1** köpslå, pruta **2** förhandla, göra upp [*for* om] **3** vard., ~ ***for*** räkna med, vänta sig

barge I [bɑːdʒ] *subst* pråm
II [bɑːdʒ] *verb* vard. **1** stöta, knuffa [*into* till], rusa [*into* in i, på] **2** ~ ***in*** tränga sig på

baritone ['bærɪtəʊn] *subst* musik. baryton

1 bark [bɑːk] *subst* bark på träd

2 bark I [bɑːk] *verb* skälla [*at* på]; ~ ***up the wrong tree*** vara inne på fel spår
II [bɑːk] *subst* skall, skällande; ***his ~ is worse than his bite*** han är inte så farlig som han låter

barley ['bɑːlɪ] *subst* korn sädesslag

barmaid ['bɑːmeɪd] *subst* kvinnlig bartender

barman ['bɑːmən] *subst* bartender

barn [bɑːn] *subst* lada, loge, amer. ladugård

barometer [bə'rɒmɪtə] *subst* barometer

baron ['bærən] *subst* baron

baroness ['bærənəs] *subst* baronessa

barrack ['bærək] *subst* pl. *~s* kasern, barack

barrage ['bærɑːʒ] *subst* **1** mil. spärreld **2** ***a ~ of questions*** en störtflod av frågor

barrel ['bærəl] *subst* **1** fat, tunna **2** gevärspipa, eldrör

barrel organ ['bærəlˌɔːgən] *subst* positiv

barren ['bærən] *adj* ofruktbar, steril

barricade I [ˌbærɪ'keɪd] *subst* barrikad
II [ˌbærɪ'keɪd] *verb* barrikadera

barrier ['bærɪə] *subst* barriär, spärr

barring ['bɑːrɪŋ] *prep* utom, bortsett från; ~ ***accidents we will arrive at 6*** om inget oförutsett inträffar kommer vi fram kl. 6

barrister ['bærɪstə] *subst* advokat med rätt att föra parters talan vid domstol

barrow ['bærəʊ] *subst* skottkärra

bartender ['bɑːˌtendə] *subst* bartender

barter I ['bɑːtə] *verb* idka byteshandel, byta ut [*for* mot], schackra, köpslå
II ['bɑːtə] *subst* byteshandel

1 base [beɪs] *adj* **1** tarvlig **2** usel, dålig; ~ ***metals*** oädla metaller

2 base I [beɪs] *subst* **1** bas **2** sockel, fot **3** grundval
II [beɪs] *verb* basera, grunda [*on* på]

baseball ['beɪsbɔːl] *subst* baseboll

baseline ['beɪslaɪn] *subst* sport. baslinje

basement ['beɪsmənt] *subst* källarvåning

bases ['beɪsiːz] *subst pl* av *basis*

bash [bæʃ] *verb* vard. slå, klå upp

bashful ['bæʃfʊl] *adj* blyg, försagd

basic ['beɪsɪk] *adj* grundläggande, fundamental

basically ['beɪsɪklɪ] *adv* i grund och botten

basics ['beɪsɪks] *subst pl*, ***the*** ~ grundläggande fakta (principer); ***get back to*** ~ återgå till grundläggande principer, börja om från början

basil ['bæzl] *subst* basilika krydda

basin ['beɪsn] *subst* fat, handfat, skål

basis ['beɪsɪs] (pl. *bases* ['beɪsiːz]) *subst* bas, basis

bask [bɑːsk] *verb*, ~ ***in the sun*** sola sig

basket ['bɑːskɪt] *subst* korg

basketball ['bɑːskɪtbɔːl] *subst* sport. basketboll

1 bass [bæs] *subst* fisk bass

2 bass I [beɪs] *subst* musik. bas
II [beɪs] *adj* musik. bas- [*a* ~ *voice*]

bassoon [bə'suːn] *subst* musik. fagott

bastard ['bɑːstəd] *subst* **1** utomäktenskapligt barn **2** sl. knöl, jävel

1 bat [bæt] *subst* fladdermus

2 bat I [bæt] *subst* sport. **1** slagträ i kricket m.m. **2** racket i bordtennis
II [bæt] (*-tt-*) *verb* sport. slå i kricket, baseball m.m.

batch [bætʃ] *subst* hop, hög [*a* ~ *of letters*], bunt

bated ['beɪtɪd] *adj*, ***with*** ~ ***breath*** med återhållen andedräkt, med dämpad röst

bath I [bɑːθ, pl. bɑːðz] *subst* **1** bad; ***run a*** ~ tappa i badvatten **2** badkar **3** ~***s*** a) badhus, badinrättning b) kuranstalt, kurort; ***swimming*** ~***s*** el. ~***s*** simhall
II [bɑːθ] *verb* bada [~ *a baby*]

bathe I [beɪð] *verb* **1** bada i det fria **2** amer. bada, tvätta sig; ge ett bad; ~ ***the baby*** bada babyn **3** badda [~ *one's eyes*]
II [beɪð] *subst* bad utomhus; ***have a*** ~ ta ett bad i det fria

bathing ['beɪðɪŋ] *subst* badning, bad

bathing beach ['beɪðɪŋbiːtʃ] *subst* badstrand

bathing cap ['beɪðɪŋkæp] *subst* åld. el. amer. badmössa

bathing costume ['beɪðɪŋˌkɒstjuːm] *subst* ngt åld. baddräkt

bathing hut ['beɪðɪŋhʌt] *subst* badhytt

bathing pool ['beɪðɪŋpuːl] *subst* badbassäng, pool

bathing suit ['beɪðɪŋsuːt] *subst* åld. el. amer. baddräkt

bathrobe ['bɑːθrəʊb] *subst* badkappa, badrock

bathroom ['bɑːθruːm] *subst* **1** badrum **2** amer. toalett, badrum

bath towel ['bɑːθˌtaʊəl] *subst* badhandduk

bathtub ['bɑːθtʌb] *subst* **1** badkar **2** badbalja

batik [bə'tiːk] *subst* batik metod, tyg

Batman ['bætmæn] seriefigur Läderlappen, Batman

baton ['bætən] *subst* **1** batong **2** musik. taktpinne

batsman ['bætsmən] *subst* slagman i t.ex kricket

battalion [bə'tæljən] *subst* bataljon

1 batter ['bætə] *verb* **1** slå, slå in (ned); ~ ***the door down*** slå in dörren **2** misshandla **3** hamra, bulta

2 batter ['bætə] *subst* kok. smet, frityrsmet; ~ ***pudding*** ungefär ugnspannkaka

battered ['bætəd] *adj* **1** sönderslagen, illa medfaren **2** misshandlad [*a* ~ *baby*]

battery ['bætərɪ] *subst* batteri; ***recharge one's batteries*** ladda (ladda om) batterierna hämta krafter

battery-operated ['bætərɪˌɒpəreɪtɪd] *adj* batteridriven

battle I ['bætl] *subst* slag, strid, batalj
II ['bætl] *verb* kämpa

battle-axe ['bætl-æks] *subst* **1** stridsyxa **2** vard. satkäring

battle cry ['bætlkraɪ] *subst* stridsrop

battlefield ['bætlfiːld] *subst* slagfält

battleship ['bætlʃɪp] *subst* slagskepp

Bavaria [bə'veərɪə] Bayern

bawl [bɔːl] *verb* vråla, tjuta

1 bay [beɪ] *subst* lagerträd

2 bay [beɪ] *subst* vik, bukt

3 bay [beɪ] *subst* **1** utrymme, avdelning, bås **2** burspråk

bay leaf ['beɪliːf] (pl. *bay leaves* ['beɪliːvz]) *subst* lagerblad

bayonet ['beɪənət] *subst* bajonett

bazaar [bə'zɑː] *subst* basar

BBC [ˌbiːbiː'siː] (förk. för *British Broadcasting Corporation*) BBC, brittiska radion och televisionen

BC [ˌbiː'siː] (förk. för *before Christ*) f. Kr.

be

PRESENS INDIKATIV

Singular:	Plural:
I am	*we are*
you are	*you are*
he/she/it is	*they are*

IMPERFEKT

Singular:	Plural:
I was	*we were*
you were	*you were*
he/she/it was	*they were*

be I [biː, obetonat bɪ] (*was been*) *huvudverb* **1** vara; bli [*the answer was no*] **2** ***there is*** el. ***there are*** det är, det finns **3** gå [*we were at school together*] **4** ligga [*it is on the table*] **5** sitta [*he is in prison*] **6** stå [*the verb is in the singular*] **7** ***he is dead, isn't he?*** han är död, eller hur?; ***he is wrong*** han har fel; ***how are you?*** hur mår du?; ***how much is it?*** vad kostar den?; ***now you are for it!*** det ska du få för!

II [biː, obetonat bɪ] (*was been*) *verb* med adv. o. prep.

be about handla om [*what is it about?*]; ***he was about to go*** han skulle just gå

be for förorda, vara för; ***now you are for it!*** det kommer du att få för!

be off ge sig iväg (av) [*I must ~ off*]

III [biː, obetonat bɪ] (*was been*) *hjälpverb* **1** ***be*** + perf. p. **2** passivbildande bli **3** vara; ***he was saved*** han räddades, han blev räddad; ***when were you born?*** när är du född? **4** ***be*** + ing-form: ***they are building a house*** de håller på och bygger ett hus; ***the house is being built*** huset håller på att byggas; ***he is leaving tomorrow*** han reser i morgon **5** ***be*** + ***to*** inf.: ***am*** (***are, is***) ***to*** ska [*when am I to come back?*]; ***was*** (***were***) ***to*** skulle [*he was never to come back again; if I were to tell you...*]

beach [biːtʃ] *subst* sandstrand; badstrand; ***~ ball*** badboll

beach buggy ['biːtʃˌbʌgɪ] *subst* strandjeep

beachwear [biːtʃweə] *subst* badkläder, strandkläder

beacon ['biːkən] *subst* **1** fyr **2** flygfyr

bead [biːd] *subst* **1** pärla av glas, trä etc. **2** droppe [*~ of sweat*]

beak [biːk] *subst* näbb på fågel

beaker ['biːkə] *subst* glasbägare för laboratorieändamål; mugg

beam I [biːm] *subst* **1** bjälke **2** ljusstråle

II [biːm] *verb* stråla [*~ with happiness*]

bean [biːn] *subst* böna

1 bear [beə] *subst* björn

2 bear I [beə] (*bore borne*, äv. *born*, se detta ord) *verb* **1** högtidligt bära, föra **2** bära [*~ a name*], äga, ha [*~ some resemblance to*], inneha; ***~ in mind*** komma ihåg, ha i minnet **3** uthärda, tåla, stå ut med **4** bära [*~ fruit*], frambringa; föda [*~ a child*] **5** bära, hålla [*the ice doesn't ~*] **6** tynga, trycka, vila [*on, against* mot, på] **7** ***bring to ~*** utöva [*bring pressure to ~*] **8** föra, ta av [*~ to the right*]

II [beə] (*bore borne*) *verb* med adv. o. prep.

bear down on (**upon**) **1** styra ned mot **2** störta (kasta) sig över

bear out stödja, bekräfta

bear up hålla uppe, hålla modet uppe

bearable ['beərəbl] *adj* uthärdlig, dräglig

beard [bɪəd] *subst* skägg

bearded ['bɪədɪd] *adj* skäggig, med skägg

bearer ['beərə] *subst* bärare

bearing ['beərɪŋ] *subst* **1** hållning, uppträdande **2** betydelse [*on* för]; ***it has no ~ on the subject*** det har inte med saken att göra **3** läge; ***find one's ~s*** orientera sig **4** sjö. pejling, bäring **5** tekn. lager

Béarnaise [ˌbeɪə'neɪz] *subst*, ***~ sauce*** bearnaisesås

beast [biːst] *subst* **1** djur, best **2** om person odjur, fä

beastly ['biːstlɪ] *adj* vard. avskyvärd, gräslig

beat I [biːt] (*beat beaten*) *verb* **1** slå, piska, bulta, hamra; klappa [*my heart is beating hard*]; ***~ time*** slå takten **2** vispa [*~ eggs*] **3** slå [*~ a record*], besegra; ***it ~s me how*** vard. jag fattar inte hur

II [biːt] *subst* **1** slag, bultande **2** musik. taktslag **3** polis rond, pass

III [biːt] *adj*, ~ el. ***dead ~*** vard. helt utmattad, helt slut

beaten ['biːtn] *adj* o. *perf p* (av *beat I*) slagen, besegrad

beater ['biːtə] *subst* kok. visp [*egg-beater*]

beating ['biːtɪŋ] *subst* **1** slående **2** stryk, smörj

beautiful ['bjuːtəfʊl] *adj* vacker, skön

beautify ['bjuːtɪfaɪ] *verb* försköna, pryda

beauty ['bjuːtɪ] *subst* skönhet; ***~ parlour*** skönhetssalong

beaver ['biːvə] *subst* **1** bäver **2** bäverskinn

became [bɪ'keɪm] imperf. av *become*

because I [bɪ'kɒz] *konj* därför att
II [bɪ'kɒz] *adv*, ~ ***of*** på grund av
beckon ['bekən] *verb* **1** göra tecken, göra tecken åt **2** vinka, vinka till sig
become [bɪ'kʌm] (*became become*) *verb* **1** bli, bliva **2** ***what has ~ of it?*** vart har det tagit vägen? **3** passa, anstå, klä [*that cap ~s you*]
becoming [bɪ'kʌmɪŋ] *adj* passande, klädsam

bed and breakfast
Ett billigt sätt att övernatta i Storbritannien och på Irland är att bo på *bed and breakfast*. I priset ingår övernattning och *full English breakfast* med ägg, bacon, korv, te, rostat bröd m.m. I USA är *bed and breakfast* däremot en dyrare form av övernattning.

bed [bed] *subst* bädd, säng; ~ ***and breakfast*** rum med frukost; ***twin ~s*** två enkelsängar; ***make the*** ~ el. ***make the ~s*** bädda; ***put the children to*** ~ lägga barnen
bedclothes ['bedkləʊðz] *subst pl* sängkläder
bedding ['bedɪŋ] *subst* sängkläder
bedridden ['bed,rɪdn] *adj* sängliggande
bedroom ['bedruːm] *subst* sängkammare, sovrum
bedside ['bedsaɪd] *subst*, ***at the*** ~ vid sängkanten; ***at*** (***by***) ***a sick person's*** ~ vid någons sjukbädd; ~ ***table*** nattduksbord
bedsitter [,bed'sɪtə] *subst* möblerad enrummare
bedsore ['bedsɔː] *subst* liggsår
bedspread ['bedspred] *subst* sängöverkast
bedstead ['bedsted] *subst* sängstomme, säng
bedtime ['bedtaɪm] *subst* läggdags; ~ ***story*** godnattsaga

The Beatles
The Beatles kallade sig fyra musikintresserade ungdomar från Liverpool, John Lennon, Paul McCartney, George Harrison och Ringo Starr. De upplevde under 1960-talet en framgång utan like. Gruppen upplöstes 1970. John Lennon mördades i USA 1980.

bee [biː] *subst* bi; ***have a ~ in one's bonnet*** ha en fix idé
beech [biːtʃ] *subst* träd bok
beef [biːf] *subst* oxkött, nötkött
beefsteak ['biːfsteɪk] *subst* biff, biffstek
beefy ['biːfɪ] *adj* om person kraftig, muskulös
beehive ['biːhaɪv] *subst* bikupa
bee-keeper ['biː,kiːpə] *subst* biodlare
been [biːn, obetonat bɪn] perf. p. av *be*
beep I [biːp] *subst* tut, pip
II [biːp] *verb* tuta, pipa
beer [bɪə] *subst* öl
beet [biːt] *subst* växt beta
beetle ['biːtl] *subst* skalbagge
beetroot ['biːtruːt] *subst* rödbeta
befall [bɪ'fɔːl] (*befell befallen*) *verb* litt. hända, ske
befallen [bɪ'fɔːlən] perf. p. av *befall*
befell [bɪ'fel] imperf. av *befall*
before I [bɪ'fɔː] *prep* framför, inför, för, före; ~ ***long*** inom kort
II [bɪ'fɔː] *konj* innan, förrän
beforehand [bɪ'fɔːhænd] *adv* på förhand, i förväg, före
beg [beg] (*-gg-*) *verb* **1** tigga **2** be (tigga) om; ***I ~ to inform you*** jag får härmed meddela
began [bɪ'gæn] imperf. av *begin*
beggar ['begə] *subst* **1** tiggare **2** vard. rackare; ***you lucky ~!*** din lyckans ost!
begging ['begɪŋ] *subst* tiggande, tiggeri
begin [bɪ'gɪn] (*began begun*) (*beginning*) *verb* börja, börja med; ***to ~ with*** a) för det första b) till att börja med
beginner [bɪ'gɪnə] *subst* nybörjare
beginning [bɪ'gɪnɪŋ] *subst* början, begynnelse; ***at the*** ~ i början
begonia [bɪ'gəʊnjə] *subst* blomma begonia
begrudge [bɪ'grʌdʒ] *verb* **1** inte unna, missunna **2** inte gilla [*~ spending money*]
begun [bɪ'gʌn] perf. p. av *begin*
behalf [bɪ'hɑːf] *subst*, ***on sb's*** ~ el. amer. ***in sb's*** ~ i ngns ställe, för ngns räkning
behave [bɪ'heɪv] *verb* **1** uppföra sig väl; ~ ***yourself!*** uppför dig ordentligt!, sköt dig! **2** bete sig
behaviour [bɪ'heɪvjə] *subst* **1** beteende **2** uppförande, uppträdande
behead [bɪ'hed] *verb* halshugga
beheld [bɪ'held] imperf. o. perf. p. av *behold*
behind I [bɪ'haɪnd] *prep* bakom, efter
II [bɪ'haɪnd] *adv* **1** bakom, baktill, efter **2** kvar [*stay ~*]
III [bɪ'haɪnd] *subst* vard. bak, stuss
behindhand [bɪ'haɪndhænd] *adv* o. *adj* efter, på efterkälken

behold [bɪ'həʊld] (*beheld beheld*) *verb* litt. skåda
beholder [bɪ'həʊldə] *subst* åskådare
beige [beɪʒ] *subst* o. *adj* färg beige
being I ['biːɪŋ] *adj*, ***for the time*** ~ för närvarande, tillsvidare
II ['biːɪŋ] *subst* **1** tillvaro; ***come into*** ~ bli till **2** väsen natur **3** väsen, varelse [*human* ~]
Belarus [ˌbelə'ruːs] Vitryssland
Belarusian I [ˌbelə'rʌʃən] *adj* vitrysk
II [ˌbelə'rʌʃən] *subst* **1** vitryss **2** språket vitryska
belated [bɪ'leɪtɪd] *adj* försenad, senkommen
belch I [beltʃ] *verb* **1** rapa **2** spy ut t.ex. rök
II [beltʃ] *subst* rapning
belfry ['belfrɪ] *subst* klocktorn
Belgian I ['beldʒən] *adj* belgisk
II ['beldʒən] *subst* belgare
Belgium ['beldʒəm] Belgien
Belgrade [ˌbel'greɪd] Belgrad
belie [bɪ'laɪ] *verb* motsäga, strida mot
belief [bɪ'liːf] *subst* tro [*in* på]; ***to the best of my*** ~ så vitt jag vet
believe [bɪ'liːv] *verb* tro, tro på; ~ ***in*** tro på; ***make*** ~ låtsas; ***would you*** ~ ***it!*** kan man tänka sig!, tro det eller ej!
believer [bɪ'liːvə] *subst* troende; ***a*** ~ en troende; ***I'm a*** ~ ***in discipline*** jag tror på disciplin
belittle [bɪ'lɪtl] *verb* förringa, nedvärdera person el. ngns insats
bell [bel] *subst* **1** ringklocka **2** bjällra, skälla
bellboy ['belbɔɪ] *subst* piccolo
belle [bel] *subst* skönhet, vacker kvinna
bellhop ['belhɒp] *subst* amer. vard. piccolo
belligerent I [bɪ'lɪdʒərənt] *adj* **1** krigförande **2** stridslysten
II [bɪ'lɪdʒərənt] *subst* krigförande makt
bellow ['beləʊ] *verb* **1** böla, råma **2** ryta
bellows ['beləʊz] (pl. lika) *subst* bälg, blåsbälg
belly ['belɪ] *subst* vard. mage, buk
belly-ache ['belɪeɪk] *subst* ont i magen
belly button ['belɪbʌtn] *subst* anat. vard. navel
belly dance ['belɪdɑːns] *subst* magdans
belong [bɪ'lɒŋ] *verb*, ~ ***to*** tillhöra; ***where do these*** ~***?*** var ska jag ställa de här?
belongings [bɪ'lɒŋɪŋz] *subst pl* tillhörigheter
beloved I [bɪ'lʌvd, före subst. bɪ'lʌvɪd] *adj* älskad
II [bɪ'lʌvɪd] *subst*, ***my*** ~ min älskade
below [bɪ'ləʊ] *prep* o. *adv* nedan, nedanför, under; ***from*** ~ nerifrån, underifrån
belt [belt] *subst* **1** bälte, skärp, rem **2** tekn. drivrem
beltway ['beltweɪ] *subst* amer. kringfartsled
bench [bentʃ] *subst* **1** bänk **2** säte **3** arbetsbänk
benchmark ['bentʃmɑːk] *subst* bildl. måttstock; referenspunkt
bend I [bend] (*bent bent*) *verb* **1** böja, kröka, vika **2** böja (kröka) sig, böjas
II [bend] *subst* böjning, krök, kurva
beneath [bɪ'niːθ] *adv* o. *prep* nedan, nedanför, under; ~ ***contempt*** under all kritik
benediction [ˌbenɪ'dɪkʃən] *subst* välsignelse
benefactor ['benɪfæktə] *subst* välgörare
beneficial [ˌbenɪ'fɪʃl] *adj* välgörande, gynnsam
benefit I ['benɪfɪt] *subst* **1** förmån, fördel, nytta; ***give sb the*** ~ ***of the doubt*** hellre fria än fälla ngn **2** bidrag, understöd **3** ~ ***concert*** välgörenhetskonsert
II ['benɪfɪt] *verb* göra ngn gott (nytta), gagna; ~ ***by*** (***from***) ha (dra) nytta av, tjäna på
benevolence [bə'nevələns] *subst* välvilja
benevolent [bə'nevələnt] *adj* **1** välvillig **2** välgörenhets- [~ *society*]
Bengal [beŋ'gɔːl] Bengalen
benign [bɪ'naɪn] *adj* **1** välvillig **2** med. godartad [*a* ~ *tumour*]
bent I [bent] *subst* böjelse
II [bent] imperf. av *bend I*
III [bent] *perf p* (av *bend I*) *adj* **1** böjd, krokig, krökt **2** ***be*** ~ ***on*** ha föresatt sig, vara inriktad på [*she is* ~ *on going*]
benzine [ben'ziːn] *subst* bensin för rengöring
bequeath [bɪ'kwiːð] *verb* testamentera, lämna i arv
bequest [bɪ'kwest] *subst* testamentarisk gåva
bereave [bɪ'riːv] (*bereft bereft* el. *bereaved bereaved*) *verb* beröva, frånta; ***the bereaved*** den (de) sörjande
bereavement [bɪ'riːvmənt] *subst* **1** sorg **2** dödsfall
bereft [bɪ'reft] imperf. o. perf. p. av *bereave*
beret ['bereɪ] *subst* basker, baskermössa
Berlin [bɜː'lɪn] Berlin
Bermuda [bə'mjuːdə] Bermuda; ***the*** ~***s*** Bermudaöarna
berry ['berɪ] *subst* **1** bär **2** ***brown as a*** ~ brun som en pepparkaka
berserk [bə'sɜːk] *adj*, ***go*** (***run***) ~ gå bärsärkargång, bli helvild
berth [bɜːθ] *subst* **1** koj, kojplats, sovplats **2** ***give sb a wide*** ~ undvika ngn
beseech [bɪ'siːtʃ] (*besought besought*) *verb* litt. bönfalla, be enträget
besetting [bɪ'setɪŋ] *adj*, ~ ***sin*** skötesynd

beside [bɪ'saɪd] *prep* **1** bredvid, intill **2** ~ ***oneself*** utom sig [*with* av]

besides I [bɪ'saɪdz] *adv* dessutom, för övrigt
II [bɪ'saɪdz] *prep* förutom, jämte

besiege [bɪ'siːdʒ] *verb* **1** belägra **2** bombardera [*she was besieged with questions*]

besought [bɪ'sɔːt] imperf. o. perf. p. av *beseech*

best I [best] *adj* o. *adv* (superlativ av *good* o. *2 well*) bäst; ***the*** ~ ***part of an hour*** nära nog en timme; ***as*** ~ ***he could*** så gott han kunde
II [best] *subst* det, den, de bästa; ***all the*** ~ ***of luck!*** el. ***all the*** ~***!*** lycka till!; ***he looked his*** ~ han var till sin fördel; ***get the*** ~ ***of it*** få övertaget; ***make the*** ~ ***of*** göra det bästa möjliga av; ***to the*** ~ ***of my knowledge*** såvitt jag vet

best-before date [ˌbestbɪ'fɔːdeɪt] *subst* för t.ex. matvaror bästföredatum

bestial ['bestɪəl] *adj* djurisk, bestialisk

bestow [bɪ'stəʊ] *verb* skänka

bestseller [ˌbest'selə] *subst* bestseller, bästsäljare

bet I [bet] *subst* vad; ***make a*** ~ el. ***lay a*** ~ slå vad
II [bet] (*bet bet*, ibland *betted betted*) (*betting*) *verb* slå vad, slå vad om; ~ ***on a horse*** hålla (satsa) på en häst; ***you*** ~***!*** vard. det kan du skriva upp!

betray [bɪ'treɪ] *verb* **1** förråda **2** svika [~ *sb's confidence*] **3** röja [~ *a secret*]

betrayal [bɪ'treɪəl] *subst* **1** förräderi, svek **2** avslöjande

better I ['betə] *adj* o. *adv* (komparativ av *good* o. *2 well*) **1** bättre; ***be*** ~ ***off*** ha det bättre ställt; ***no*** ~ ***than*** inte annat än; ***so much the*** ~ el. ***all the*** ~ så mycket (desto) bättre; ***the sooner the*** ~ ju förr dess bättre; ***for*** ~ ***or for worse*** vad som än händer; ***get the*** ~ ***of*** få övertaget över; ***think*** ~ ***of it*** komma på bättre tankar; ***you had*** ~ ***try*** det är bäst att du försöker **2** hellre
II ['betə] *verb* förbättra, bättra på

betting ['betɪŋ] *subst* vadhållning

between [bɪ'twiːn] *prep* o. *adv* **1** emellan, mellan; ~ ***you and me*** oss emellan **2** ~ ***us*** (***you*** etc.) tillsammans [*we had £100* ~ *us*]

beverage ['bevərɪdʒ] *subst* formellt dryck

beware [bɪ'weə] *verb*, ~ ***of*** akta sig för; ~ ***of pickpockets!*** varning för ficktjuvar!

bewilder [bɪ'wɪldə] *verb* förvirra, förbrylla

bewitch [bɪ'wɪtʃ] *verb* förhäxa, förtrolla

beyond I [bɪ'jɒnd] *prep* **1** bortom [~ *the bridge*] **2** senare än, efter [~ *the usual hour*] **3** utom, utöver; över [*live* ~ *one's means*]; ***it is*** ~ ***me*** a) det går över mitt förstånd b) det är mer än jag förmår
II [bɪ'jɒnd] *adv* **1** bortom, på andra sidan **2** därutöver

bias I ['baɪəs] *subst* förutfattad mening, fördomar, partiskhet
II ['baɪəs] (*biased biased* el. *biassed biassed*) *verb* göra partisk (fördomsfull)

biased o. **biassed** ['baɪəst] *adj* partisk, fördomsfull; ***a*** ~ ***report*** ett vinklat reportage

biathlon [baɪ'æθlən] *subst* sport. skidskytte

bib [bɪb] *subst* haklapp

bible ['baɪbl] *subst* bibel; ***the Bible*** Bibeln

biblical ['bɪblɪkl] *adj* biblisk, bibel-

bibliography [ˌbɪblɪ'ɒgrəfɪ] *subst* **1** bibliografi, litteraturförteckning

bicarbonate [baɪ'kɑːbənət] *subst* kem., ~ el. ~ ***of soda*** bikarbonat

biceps ['baɪseps] (pl. lika) *subst* anat. biceps

bicker ['bɪkə] *verb* gnabbas, käbbla

bicycle I ['baɪsɪkl] *subst* cykel; ~ ***clip*** cykelklämma
II ['baɪsɪkl] *verb* cykla

bicyclist ['baɪsɪklɪst] *subst* cyklist

bid I [bɪd] (i betydelse 1 *bid bid*, i betydelse 2: imperf. *bade*, perf. p. *bidden*) (*bidding*) *verb* **1** bjuda på auktion el. i kortspel **2** i högre stil befalla, bjuda; ~ ***sb welcome*** hälsa ngn välkommen
II [bɪd] *subst* bud på auktion el. i kortspel; ***make a*** ~ ***for*** vara ute efter

big
The Big Apple är ett populärt namn för New York.
Big Bang, "Den stora smällen", är teorin om universums uppkomst genom en enorm explosion.
Big Ben kallas den stora klockan i det brittiska parlamentshusets klocktorn.
Big Brother är en diktatorisk person som övervakar och kontrollerar den enskildes liv (från George Orwells klassiska framtidsroman *1984*).
Big Dipper betyder berg-och-dalbana, men i amerikansk engelska kallas även stjärnbilden Karlavagnen ibland *the Big Dipper*.

bidden ['bɪdn] imperf. av *bid I*
bidder ['bɪdə] *subst* anbudsgivare; ***the highest*** ~ högstbjudande
bidet ['biːdeɪ, amer. bɪ'deɪ] *subst* bidé
bier [bɪə] *subst* likbår, likvagn
bifocals [ˌbaɪ'fəʊklz] *subst pl* bifokala (dubbelslipade) glasögon
big I [bɪg] *adj* stor, kraftig; ***great*** ~ vard. stor stark [*a great ~ man*]; ~ ***brother*** storebror; ~ ***business*** storfinansen; ***do things in a ~ way*** slå på stort; ***look*** ~ se viktig ut
II [bɪg] *adv* vard. malligt, stöddigt [*act ~*]; ***talk*** ~ vara stor i orden
bigamist ['bɪgəmɪst] *subst* bigamist
bigamy ['bɪgəmɪ] *subst* bigami, tvegifte
bighead ['bɪghed] *subst* vard. viktigpetter, stropp
bigheaded [ˌbɪg'hedɪd] *adj* vard. uppblåst
bigot ['bɪgət] *subst* bigott person
bigoted ['bɪgətɪd] *adj* bigott, trångsynt
bigwig ['bɪgwɪg] *subst* vard. högdjur, höjdare
bike I [baɪk] *subst* vard. **1** cykel **2** motorcykel
II [baɪk] *verb* vard. cykla
bikini [bɪ'kiːnɪ] *subst* bikini
bilateral [baɪ'lætrəl] *adj* **1** bilateral, ömsesidig
bilberry ['bɪlbərɪ] *subst* blåbär
bile [baɪl] *subst* galla
bilingual [baɪ'lɪŋgwəl] *adj* tvåspråkig
1 bill [bɪl] *subst* fågels näbb
2 bill [bɪl] *subst* **1** lagförslag, proposition, motion **2** räkning, nota **3** affisch; ~ ***of fare*** matsedel **4** amer. sedel [*dollar ~*]
billboard ['bɪlbɔːd] *subst* amer. affischtavla
billiards ['bɪljədz] (med verb i sing.) *subst* biljard, biljardspel
billion ['bɪljən] *subst* miljard
billionaire [ˌbɪljə'neə] *subst* miljardär
billow I ['bɪləʊ] *subst* litt. stor våg, bölja
II ['bɪləʊ] *verb* bölja, svalla; ~ ***out*** välla ut
billy ['bɪlɪ] *subst* amer. polisbatong
bimbo ['bɪmbəʊ] (pl. *~s*) *subst* vard. neds. bimbo, brutta attraktiv men ointelligent kvinna
bin [bɪn] *subst* **1** lår, binge **2** soptunna **3** låda **4** skrin, burk för bröd
bind [baɪnd] (*bound bound;* se äv. *1 bound*) *verb* **1** binda, binda fast, fästa [*to* vid] **2** binda om; ~ el. ~ ***up*** förbinda **3** förbinda, förplikta
binding I ['baɪndɪŋ] *subst* **1** bindning **2** bokband
II ['baɪndɪŋ] *adj* bindande [*on* för]
binge I [bɪndʒ] *subst*, ***go on a*** ~ gå ut och supa
II [bɪndʒ] *verb* hetsäta
binger ['bɪndʒə] *subst* hetsätare
bingo ['bɪŋgəʊ] *subst* o. *interj* bingo
bin-liner ['bɪnˌlaɪnə] *subst* soppåse
binocular [bɪ'nɒkjʊlə] *subst* pl. ***~s*** kikare; ***a pair of ~s*** en kikare
biodegradable [ˌbaɪəʊdɪ'greɪdəbl] *adj* biologiskt nedbrytbar
biofuel ['baɪəʊˌfjʊəl] *subst* biobränsle
biographic [baɪə'græfɪk] *adj* o. **biographical** [baɪə'græfɪkəl] *adj* biografisk
biography [baɪ'ɒgrəfɪ] *subst* biografi, levnadsteckning
biological [ˌbaɪə'lɒdʒɪkl] *adj* biologisk
biologist [baɪ'ɒlədʒɪst] *subst* biolog
biology [baɪ'ɒlədʒɪ] *subst* biologi
biomass ['baɪəʊmæs] *subst* biomassa
birch [bɜːtʃ] *subst* träd björk
bird [bɜːd] *subst* **1** fågel; ~ ***of prey*** rovfågel **2** ***~s of a feather flock together*** ordspr. lika barn leka bäst; ***kill two ~s with one stone*** slå två flugor i en smäll; ***a ~ in the hand is worth two in the bush*** ordspr. bättre en fågel i handen än tio i skogen **3** sl. brud, tjej
birdcage ['bɜːdkeɪdʒ] *subst* fågelbur
bird cherry ['bɜːdˌtʃerɪ] *subst* träd hägg
birdie ['bɜːdɪ] *subst* **1** barnspr. pippifågel **2** golf., ett slag under par birdie
bird nest ['bɜːdnest] *subst* fågelbo
bird's-eye view [ˌbɜːdzaɪ'vjuː] *subst* fågelperspektiv
bird's nest ['bɜːdznest] *subst* fågelbo
bird-watcher ['bɜːdˌwɒtʃə] *subst* fågelskådare
Biro® ['baɪrəʊ] (pl. *~s*) *subst* kulspetspenna
birth [bɜːθ] *subst* födelse; ~ ***certificate*** födelseattest; ***give ~ to*** a) föda b) ge upphov till; ***by*** ~ till börden, född [*Swedish by ~*]
birth control ['bɜːθkənˌtrəʊl] *subst* födelsekontroll
birthday ['bɜːθdeɪ] *subst* födelsedag; ***Happy ~ to you!*** el. ***Happy ~!*** har den äran på födelsedagen!
birthmark ['bɜːθmɑːk] *subst* födelsemärke
birthplace ['bɜːθpleɪs] *subst* födelseort
birthrate ['bɜːθreɪt] *subst* födelsetal, nativitet
birthstone ['bɜːθstəʊn] *subst* månadssten
biscuit ['bɪskɪt] *subst* kex
bishop ['bɪʃəp] *subst* **1** biskop **2** schack. löpare
bison ['baɪsn] *subst* **1** bison, bisonoxe **2** visent

1 bit [bɪt] *subst* **1** borr, borrjärn **2** bett på betsel

2 bit [bɪt] *subst* **1** bit, stycke; ***a*** ~ lite, något; ***not a*** ~ inte ett dugg; ***quite a*** ~ en hel del; ***go to ~s*** gå i småbitar; ***~s and pieces*** småsaker **2** ***two ~s*** amer. sl. 25 cent

3 bit [bɪt] imperf. av *bite I*

4 bit [bɪt] *subst* data. bit

bitch [bɪtʃ] *subst* **1** tik **2** vard. satkärring

bite I [baɪt] (*bit bitten*) *verb* **1** bita [*at* efter], bita i (på) **2** bitas **3** nappa, hugga [*at* på] **4** ~ ***off more than one can chew*** ta sig vatten över huvudet

II [baɪt] *subst* **1** bett, stick **2** napp, hugg **3** munsbit; matbit; ***a ~ to eat*** en bit mat

biting ['baɪtɪŋ] *adj* bitande, stickande

bitten ['bɪtn] perf. p. av *bite I*

bitter I ['bɪtə] *adj* **1** bitter, besk; ***to the ~ end*** till det bittra slutet, in i det sista **2** förbittrad, hätsk

II ['bɪtə] *subst* slags besk öl, bitter [*a pint of ~, please!*]

bizarre [bɪ'zɑː] *adj* bisarr

blab [blæb] (*-bb-*) *verb* **1** sladdra **2** sladdra om

> **black**
> Personer av afrikanskt ursprung föredrar ofta att kalla sig *blacks*. I USA används, särskilt i formella sammanhang, *African-American*. Ordet *negro* uppfattas som förolämpande.

black I [blæk] *adj* svart, mörk; ~ ***box*** flyg. vard. svart låda, färdskrivare; ~ ***coffee*** kaffe utan grädde; ~ ***eye*** blått öga efter slag; ***the Black Forest*** Schwarzwald; ***Black Maria*** vard. Svarta Maja polisens piketbil; ***the ~ market*** svarta börsen; ***the Black Sea*** Svarta havet; ***beat ~ and blue*** slå gul och blå

II [blæk] *subst* **1** svart, svärta **2** svart person

III [blæk] *verb* **1** svärta **2** ~ ***sb's eye*** ge ngn ett blått öga

blackberry ['blækbərɪ] *subst* björnbär

blackbird ['blækbɜːd] *subst* koltrast

blackboard ['blækbɔːd] *subst* svart tavla

blackcurrant [ˌblæk'kʌrənt] *subst* svart vinbär

blacken ['blækən] *verb* **1** svärta, svärta ned **2** svartna

blackguard ['blægɑːd] *subst* skurk, slyngel

blackhead ['blækhed] *subst* pormask

blacking ['blækɪŋ] *subst* skosvärta

blackleg ['blækleg] *subst* svartfot, strejkbrytare

blackmail I ['blækmeɪl] *subst* utpressning

II ['blækmeɪl] *verb* öva utpressning mot

blackmailer ['blækˌmeɪlə] *subst* utpressare

black-marketeer ['blækˌmɑːkɪ'tɪə] *subst* svartabörshaj

blackout ['blækaʊt] *subst* **1** mörkläggning **2** med. blackout [*have a ~*]

blacksmith ['blæksmɪθ] *subst* smed

bladder ['blædə] *subst* **1** blåsa **2** anat. urinblåsa

blade [bleɪd] *subst* **1** blad på kniv, åra, till rakhyvel m.m. **2** klinga

blame I [bleɪm] *verb* **1** klandra, förebrå [~ *oneself*]; ***I have myself to ~*** jag får skylla mig själv **2** skylla på; ***I was blamed for it*** jag fick skulden för det

II [bleɪm] *subst* skuld; ***lay*** (***put, throw***) ***the ~ on sb*** lägga skulden på ngn

blameless ['bleɪmləs] *adj* utan skuld, oskyldig

blameworthy ['bleɪmˌwɜːðɪ] *adj* klandervärd

blanch [blɑːntʃ] *verb* göra blek, bleka; ***blanched celery*** blekselleri

blancmange [blə'mɒnʒ] *subst* efterrätt blancmangé

bland [blænd] *adj* **1** förbindlig **2** mild [~ *air*] **3** menlös

blank I [blæŋk] *adj* **1** tom, blank, ren, oskriven; ~ ***cartridge*** lös patron **2** tom, uttryckslös; ***look*** ~ se oförstående ut; ***my mind went*** ~ jag blev alldeles tom i huvudet

II [blæŋk] *subst* **1** tomrum, lucka **2** ***draw a ~*** dra en nit **3** lös patron

blanket ['blæŋkɪt] *subst* **1** filt, sängfilt **2** ***a ~ of snow*** ett snötäcke

blare I [bleə] *verb* smattra [*the trumpet blared*]

II [bleə] *subst* smatter

blasé ['blɑːzeɪ] *adj* blasé

blaspheme [blæs'fiːm] *verb* häda, smäda

blasphemy ['blæsfəmɪ] *subst* hädelse, blasfemi

blast I [blɑːst] *subst* **1** vindstöt **2** tryckvåg vid explosion, explosion; ~ ***effect*** sprängkraft **3** ***in full*** ~ el. ***at full*** ~ vard. i full fart, för fullt **4** trumpetstöt, signal **5** tjut

II [blɑːst] *verb* **1** spränga **2** förinta **3** vard., ~ ***it!*** jäklar också!

blasted ['blɑːstɪd] *adj* vard. sabla, jäkla

blatant ['bleɪtənt] *adj* påfallande, flagrant
blaze I [bleɪz] *subst* **1** låga, flammande eld; ***in a*** ~ i ljusan låga; ***a*** ~ ***of colour*** ett hav av glödande färger **2** eldsvåda **3** vard., ***go to*** ~***s!*** dra åt skogen!; ***he ran like*** ~***s*** han sprang som bara den
II [bleɪz] *verb* **1** flamma, brinna **2** skina klart (starkt)
blazer ['bleɪzə] *subst* klubbjacka
bleach I [bliːtʃ] *verb* **1** bleka **2** blekas
II [bliːtʃ] *subst* blekmedel
bleak [bliːk] *adj* **1** kal [*a* ~ *landscape*] **2** dyster [*a* ~ *future*]
bleat I [bliːt] *verb* bräka
II [bliːt] *subst* bräkande
bled [bled] imperf. o. perf. p. av *bleed*
bleed [bliːd] (*bled bled*) *verb* blöda; ~ ***to death*** förblöda
bleeding I ['bliːdɪŋ] *adj* blödande; ~ ***heart*** blomma löjtnantshjärta
II ['bliːdɪŋ] *subst* blödning
bleeper ['bliːpə] *subst* personsökare mottagaranordning
blemish I ['blemɪʃ] *verb* vanställa, fläcka
II ['blemɪʃ] *subst* fläck, skönhetsfel
blend I [blend] *verb* **1** blanda [~ *tea*], förena; ~ ***into*** smälta in i **2** blanda sig, blandas
II [blend] *subst* blandning [~ *of tea*; ~ *of tobacco*]
blender ['blendə] *subst* kok. mixer
bless [bles] *verb* **1** välsigna; ***God*** ~ ***you!*** a) Gud bevare dig! b) prosit! **2** lyckliggöra; ***blessed with talent*** begåvad med talang **3** ***I'm blessed if I know*** det vete katten!
blessed ['blesɪd] *adj* **1** välsignad **2** lycklig, salig [~ *are the poor*] **3** helig; ***the Blessed Virgin*** den heliga jungfrun **4** vard. förbaskad
blessing ['blesɪŋ] *subst* **1** välsignelse **2** nåd, gudagåva, glädjeämne; ***a*** ~ ***in disguise*** tur i oturen
blew [bluː] imperf. av *1 blow I*
blimey ['blaɪmɪ] *interj* sl. jösses!
blind I [blaɪnd] *adj* **1** blind; ~ ***in one eye*** blind på ett öga; ~ ***alley*** återvändsgränd; ~ ***date*** 'blindträff' med obekant person; ***turn a*** ~ ***eye to sth*** blunda för ngt **2** ***he did not take a*** ~ ***bit of notice of it*** han brydde sig inte ett dugg om det
II [blaɪnd] *adv*, ~ ***drunk*** vard. dödfull
III [blaɪnd] *subst* **1** rullgardin; ***Venetian*** ~ persienn **2** täckmantel
IV [blaɪnd] *verb* **1** göra blind **2** blända **3** förblinda
blinders ['blaɪndəz] *subst pl* amer., se *blinkers*
blindfold I ['blaɪndfəʊld] *verb* binda för ögonen på
II ['blaɪndfəʊld] *adj* o. *adv*, ***he was*** ~ han hade bindel för ögonen; ***I could do it*** ~ jag skulle kunna göra det med förbundna ögon
III ['blaɪndfəʊld] *subst* ögonbindel
blind-man's buff [ˌblaɪndmænz'bʌf] *subst* blindbock
blink [blɪŋk] *verb* **1** blinka; plira [*at* mot] **2** blinka med
blinkers ['blɪŋkəz] *subst pl* skygglappar
blinking ['blɪŋkɪŋ] *adj* vard. förbaskad
blip [blɪp] *subst* **1** data. blipp **2** hake, aber [*a* ~ *in our plan*]
bliss [blɪs] *subst* lycksalighet, lycka
blissful ['blɪsfʊl] *adj* lycksalig
blister ['blɪstə] *subst* blåsa på huden
blizzard ['blɪzəd] *subst* häftig snöstorm
bloated ['bləʊtɪd] *adj* uppsvälld, plufsig
bloater ['bləʊtə] *subst* ungefär böckling
blob [blɒb] *subst* droppe, klick [*a* ~ *of paint*]
block I [blɒk] *subst* **1** kloss, block av sten, trä **2** ~ ***letter*** tryckbokstav **3** byggnadskomplex; ~ ***of flats*** hyreshus **4** kvarter **5** stopp, blockering
II [blɒk] *verb*, ~ el. ~ ***up*** blockera, spärra av, täppa till
blockade I [blɒ'keɪd] *subst* blockad
II [blɒ'keɪd] *verb* blockera
blockbuster ['blɒkˌbʌstə] *subst* vard. **1** kraftig bomb **2** om film, bok dundersuccé
blockhead ['blɒkhed] *subst* vard. dumskalle
blog I [blɒg] *subst* blogg personlig dagbok på webben **II** [blɒg] *verb* blogga skriva personlig dagbok på webben
bloke [bləʊk] *subst* vard. kille
blond I [blɒnd] *adj* blond
II [blɒnd] *subst* blond person
blonde I [blɒnd] *adj* blond [*a* ~ *girl*]
II [blɒnd] *subst* blondin
blood [blʌd] *subst* blod; ***stir up bad*** ~ väcka ont blod; ***his*** ~ ***is up*** han kokar av ilska; ***in cold*** ~ kallblodigt, med berått mod; ***it runs in the*** ~ det ligger i blodet (släkten)
blood bank ['blʌdbæŋk] *subst* blodbank
blood clot ['blʌdklɒt] *subst* med. blodpropp
blood count ['blʌdkaʊnt] *subst* blodvärde
blood-curdling ['blʌdˌkɜːdlɪŋ] *adj* hårresande
blood donor ['blʌdˌdəʊnə] *subst* blodgivare
blood group ['blʌdgruːp] *subst* blodgrupp
blood heat ['blʌdhiːt] *subst* normal kroppstemperatur

bloodhound ['blʌdhaʊnd] *subst* blodhund
bloodless ['blʌdləs] *adj* **1** blodlös **2** oblodig
blood-poisoning ['blʌd,pɔɪznɪŋ] *subst* blodförgiftning
blood pressure ['blʌd,preʃə] *subst* blodtryck
bloodshed ['blʌdʃed] *subst* blodsutgjutelse
bloodshot ['blʌdʃɒt] *adj* blodsprängd
bloodstained ['blʌdsteɪnd] *adj* blodfläckad, blodstänkt
blood test ['blʌdtest] *subst* blodprov
bloodthirsty ['blʌd,θɜːstɪ] *adj* blodtörstig
blood type ['blʌdtaɪp] *subst* blodgrupp
blood vessel ['blʌd,vesl] *subst* blodkärl
bloody I ['blʌdɪ] *adj* **1** blodig **2** sl. förbannad, djävla
II ['blʌdɪ] *adv* sl. förbannat; ***not ~ likely!*** i helvete heller!
bloom I [bluːm] *subst* blomma; ***be in ~*** stå i blom
II [bluːm] *verb* blomma, stå i full blom
blooper ['bluːpə] *subst* vard. tabbe, blunder
blossom I ['blɒsəm] *subst* **1** blomma **2** blomning; ***be in ~*** stå i blom
II ['blɒsəm] *verb* **1** slå ut i blom, blomma **2** ~ ***up*** (***out***) blomma upp
blot I [blɒt] *subst* **1** plump, bläckfläck **2** fel, brist, skönhetsfläck
II [blɒt] (*-tt-*) *verb* **1** bläcka ner **2** torka med läskpapper, torka **3** ~ ***out*** a) skymma b) utplåna, utrota
blotch [blɒtʃ] *subst* större fläck på huden
blotting-paper ['blɒtɪŋ,peɪpə] *subst* läskpapper
blouse [blaʊz] *subst* blus
1 blow I [bləʊ] (*blew blown*; i betydelse 2 *blowed*) *verb* **1** blåsa, blåsa i; ***~ one's nose*** snyta sig; ***~ one's own trumpet*** skryta, slå på trumman för sig själv **2** vard., ***~ it!*** jäklar också!; ***blowed if I know!*** det vete katten! **3** ***you blew it!*** du missade chansen!, du gjorde bort dig!
II [bləʊ] (*blew blown*) *verb* med adv. o. prep.
blow out 1 slockna **2** släcka, blåsa ut [*~ out a candle*] **3** ***the storm has blown itself out*** stormen har bedarrat **4** ***~ out one's brains*** skjuta sig för pannan
blow over 1 blåsa omkull **2** om t.ex. oväder dra förbi, gå över
blow up 1 blåsa upp, pumpa upp [*~ up a tyre*] **2** spränga i luften, flyga i luften
2 blow [bləʊ] *subst* slag, stöt; ***come to ~s*** råka i slagsmål; ***his death was a terrible ~*** hans död var ett hårt slag
blow-dry ['bləʊdraɪ] *verb* föna håret
blowlamp ['bləʊlæmp] *subst* blåslampa
blown [bləʊn] perf. p. av *1 blow I*
blowtorch ['bləʊtɔːtʃ] *subst* amer. blåslampa
blow-up ['bləʊʌp] *subst* foto. (vard.) förstoring
blow-wave ['bləʊweɪv] *verb* föna håret
blub [blʌb] (*-bb-*) *verb* vard. lipa
blubber I ['blʌbə] *verb* vard. lipa
II ['blʌbə] *subst* späck hos valdjur
blue I [bluː] *adj* **1** blå; ***~ cheese*** ädelost; ***once in a ~ moon*** sällan eller aldrig **2** vard. deppig **3** vard. porr- [*a ~ film*]
II [bluː] *subst* **1** blått; ***out of the ~*** helt oväntat **2** ***the ~*** poetiskt a) skyn, himlen b) havet **3** konservativ [*a true ~*] **4** pl., ***have the ~s*** vard. deppa, vara nere
bluebell ['bluːbel] *subst* blomma **1** i Sydengland engelsk klockhyacint **2** i Nordengland liten blåklocka
blueberry ['bluːbərɪ] *subst* nordamerikanskt blåbär
bluebottle ['bluː,bɒtl] *subst* spyfluga
blue-collar ['bluː,kɒlə] *adj*, ***~ worker*** arbetare, kroppsarbetare
blue tit ['bluːtɪt] *subst* fågel blåmes
bluff I [blʌf] *verb* bluffa
II [blʌf] *subst* bluff; ***call sb's ~*** testa om ngn bluffar
blunder I ['blʌndə] *verb* dumma sig, göra bort sig
II ['blʌndə] *subst* blunder, tabbe
blunt I [blʌnt] *adj* **1** slö, trubbig **2** trög, slö **3** rättfram; ***to be ~*** för att gå rakt på sak
II [blʌnt] *verb* göra slö, trubba av
bluntly ['blʌntlɪ] *adv* rakt på sak
blur I [blɜː] *subst* **1** sudd, suddighet **2** surr [*a ~ of voices*]
II [blɜː] (*-rr-*) *verb* **1** göra suddig (otydlig) **2** bli suddig
blurred [blɜːd] *adj* suddig, otydlig
blurt [blɜːt] *verb*, ***~ out*** vräka ur sig
blush I [blʌʃ] *verb* rodna
II [blʌʃ] *subst* rodnad, rodnande
bluster I ['blʌstə] *verb* domdera, skrävla
II ['blʌstə] *subst* gormande
BO [,biː'əʊ] vard. (förk. för *body odour*) svettlukt
boar [bɔː] *subst* galt; ***wild ~*** vildsvin
board I [bɔːd] *subst* **1** bräde, bräda **2** anslagstavla, svart tavla **3** kost [*free ~*]; ***~ and lodging*** kost och logi, inackordering; ***full ~*** helpension **4** styrelse, råd, nämnd; ***~ of directors*** styrelse, direktion för t.ex. bolag **5** ***on ~*** ombord, ombord på (i) fartyg, flygplan, amer. äv. tåg
II [bɔːd] *verb* gå ombord på båt, tåg

boarder ['bɔːdə] *subst* **1** inackorderingsgäst, pensionatsgäst **2** elev som bor på internat
boarding card ['bɔːdɪŋkɑːd] *subst* flyg. el. sjö. boardingcard
boarding house ['bɔːdɪŋhaʊs] *subst* pensionat
boarding school ['bɔːdɪŋskuːl] *subst* internatskola
boast I [bəʊst] *subst* skryt
II [bəʊst] *verb* **1** skryta **2** kunna skryta med
boaster ['bəʊstə] *subst* skrytmåns
boastful ['bəʊstfʊl] *adj* skrytsam
boat [bəʊt] *subst* båt
boat race ['bəʊtreɪs] *subst* kapprodd, båttävling
boatswain ['bəʊsn] *subst* båtsman
bobble ['bɒbl] *subst* tofs rund boll på mössa
bobby ['bɒbɪ] *subst* vard. 'bobby', polisman
bodice ['bɒdɪs] *subst* liv, klänningsliv
body ['bɒdɪ] *subst* **1** kropp, lekamen **2** lik, död kropp [*the police found the* ~] **3** samfund, församling [*a legislative* ~]; ***governing*** ~ styrande organ **4** skara, grupp **5** body plagg
body-building ['bɒdɪˌbɪldɪŋ] *subst* bodybuilding
bodyguard ['bɒdɪgɑːd] *subst* livvakt
body-hugging ['bɒdɪˌhʌgɪŋ] *adj* kroppsnära [~ *dress*]
body odour ['bɒdɪˌəʊdə] *subst* svettlukt
body shop ['bɒdɪʃɒp] *subst* bil. bilplåtslageri
bog I [bɒg] *subst* **1** mosse, myr **2** sl. toalett
II [bɒg] (*-gg-*) *verb*, ***be*** (***get***) ***bogged down*** vard. ha kört fast
bogus ['bəʊgəs] *adj* fingerad, sken-
Bohemian I [bə'hiːmjən] *subst* bohem
II [bə'hiːmjən] *adj* bohemisk
1 boil [bɔɪl] *subst* böld, varböld
2 boil I [bɔɪl] *verb* koka, sjuda
II [bɔɪl] *verb* med adv. o. prep.
boil away 1 koka bort **2** koka för fullt
boil down koka ihop, koka av; ***it all*** ~***s down to…*** det hela går i korthet ut på…
III [bɔɪl] *subst*, ***be at the*** ~ el. ***be on the*** ~ koka; ***bring to the*** ~ koka upp
boiler ['bɔɪlə] *subst* **1** värmepanna; ~ ***room*** pannrum; ~ ***suit*** overall **2** kokkärl, kokare
boiling-point ['bɔɪlɪŋpɔɪnt] *subst*, ***at*** ~ på (vid) kokpunkten
boisterous ['bɔɪstərəs] *adj* bullrande, bullrig [~ *laughter*]
bold [bəʊld] *adj* **1** djärv, dristig **2** framfusig
Bolivia [bə'lɪvɪə]
Bolivian I [bə'lɪvɪən] *subst* bolivian
II [bə'lɪvɪən] *adj* boliviansk
bolster I ['bəʊlstə] *subst* lång underkudde
II ['bəʊlstə] *verb*, vanligen ~ ***up*** stödja [~ *up a theory*]
bolt I [bəʊlt] *subst* **1** bult **2** låskolv, regel **3** slutstycke i skjutvapen **4** ***make a*** ~ ***for*** rusa mot **5** ***like a*** ~ ***from the blue*** som en blixt från en klar himmel
II [bəʊlt] *verb* **1** rusa i väg **2** vard. kasta i sig mat **3** fästa med bult (bultar) **4** regla
bomb I [bɒm] *subst* bomb
II [bɒm] *verb* bomba
bombard [bɒm'bɑːd] *verb* bombardera
bombardment [bɒm'bɑːdmənt] *subst* bombardemang
bombastic [bɒm'bæstɪk] *adj* bombastisk
bomber ['bɒmə] *subst* bombplan
bombproof ['bɒmpruːf] *adj* bombsäker
bond [bɒnd] *subst* **1** förbindelse **2** obligation **3** revers [*for* på] **4** band [~ *of friendship*; ~*s of friendship*], förbindelse
bone I [bəʊn] *subst* **1** ben, benknota; ***be chilled to the*** ~ el. ***be frozen to the*** ~ frysa ända in i märgen; ***work sb to the*** ~ låta ngn arbeta som en slav; ***work one's fingers to the*** ~ arbeta som en slav **2** ~ ***of contention*** tvistefrö; ***have a*** ~ ***to pick with sb*** vard. ha en gås oplockad med ngn; ***he made no*** ~***s about the fact that…*** vard. han stack inte under stol med att…
II [bəʊn] *verb* bena fisk, bena ur
bone-dry [ˌbəʊn'draɪ] *adj* snustorr
bonfire ['bɒnˌfaɪə] *subst* bål, brasa
bonnet ['bɒnɪt] *subst* **1** hätta för barn **2** huva **3** motorhuv på bil
bonny ['bɒnɪ] *adj* söt, fager [*a* ~ *lass*]
bonus ['bəʊnəs] *subst* bonus
bony ['bəʊnɪ] *adj* benig, full av ben
boo I [buː] *interj* bu!, fy!
II [buː] *subst* burop, fyrop
III [buː] *verb* bua; bua åt
1 boob [buːb] *subst* vard. **1** dumskalle **2** tabbe, blunder
2 boob [buːb] *subst* vard., pl. ~***s*** tuttar bröst
boob tube ['buːbtuːb] vard., ***the*** ~ *subst* amer. dumburken tv
booby prize ['buːbɪpraɪz] *subst* jumbopris
booby trap ['buːbɪtræp] *subst* **1** elakt skämt, fälla **2** mil. minfälla
boohoo [ˌbʊ'huː] *verb* vard. tjuta, storgråta
book I [bʊk] *subst* **1** bok; ***be in sb's good*** ~***s*** ligga bra till hos ngn; ***be in sb's bad*** (***black***) ~***s*** ligga illa till hos någon; ***go by the*** ~ följa reglerna **2** häfte **3** telefonkatalog; ***he is in the*** ~ han står i telefonkatalogen

II [bʊk] *verb* **1** notera, bokföra, skriva upp [*be booked for an offence*] **2** sport. ge en varning, varna [*be booked for a foul*] **3** boka, beställa, förhandsbeställa, reservera biljett, plats, rum

bookcase ['bʊkkeɪs] *subst* bokhylla skåp

book club ['bʊkklʌb] *subst* bokklubb, bokcirkel, läsecirkel

booking ['bʊkɪŋ] *subst* **1** bokning, beställning **2** sport. varning

booking-office ['bʊkɪŋˌɒfɪs] *subst* biljettkontor, biljettlucka

bookkeeper ['bʊkˌkiːpə] *subst* bokhållare

bookkeeping ['bʊkˌkiːpɪŋ] *subst* bokföring

booklet ['bʊklət] *subst* liten bok, häfte, broschyr

bookmaker ['bʊkˌmeɪkə] *subst* bookmaker

bookmark ['bʊkmɑːk] *subst* bokmärke äv. data.

book matches ['bʊkˌmætʃɪz] *subst pl* avrivningständstickor i tändsticksplån

bookmobile ['bʊkməˌbiːl] *subst* amer. bokbuss

bookseller ['bʊkˌselə] *subst* bokhandlare

bookshelf ['bʊkʃelf] *subst* bokhylla enstaka hylla

bookshop ['bʊkʃɒp] *subst* bokhandel

bookstall ['bʊkstɔːl] *subst* **1** bokstånd **2** tidningskiosk

bookstore ['bʊkstɔː] *subst* bokhandel

book token ['bʊkˌtəʊkən] *subst* presentkort på böcker

1 boom [buːm] *verb* dåna, dundra

2 boom [buːm] *subst* högkonjunktur, uppsving

boomerang ['buːməræŋ] *subst* bumerang

boon [buːn] *subst* välsignelse, förmån

boorish ['bʊərɪʃ] *adj* tölpaktig

boost I [buːst] *verb* **1** höja, öka; ~ ***morale*** stärka moralen **2** puffa för [~ *a new product*]

II [buːst] *subst* **1** höjning, ökning **2** lyft; ***a ~ for the economy*** ett lyft för ekonomin

booster ['buːstə] *subst*, ~ ***rocket*** startraket

boot I [buːt] *subst* **1** känga **2** pjäxa **3** stövel **4** ***get the*** ~ vard. få sparken; ***too big for one's ~s*** stöddig **5** bagagelucka, bagageutrymme

II [buːt] *verb* **1** sparka; ~ ***sb out*** vard. ge ngn sparken **2** data. boota

booth [buːð, buːθ] *subst* **1** stånd, bod **2** bås avskärmad plats **3** telefonkiosk

bootleg I ['buːtleg] (*-gg-*) *verb* langa sprit

II ['buːtleg] *adj* piratkopierad [~ *tapes*; ~ *computer programs*]

bootlegger ['buːtˌlegə] *subst* langare

booty ['buːtɪ] *subst* byte, rov

booze I [buːz] *verb* vard. supa

II [buːz] *subst* vard. **1** sprit **2** fylleskiva

boozer ['buːzə] *subst* vard. fyllbult, suput

boracic [bə'ræsɪk] *adj*, ~ ***acid*** borsyra

bordeaux [bɔː'dəʊ] *subst* bordeauxvin

border I ['bɔːdə] *subst* **1** gräns **2** kant, rand **3** bård, list

II ['bɔːdə] *verb* **1** ~ el. ~ ***on*** gränsa till **2** kanta, begränsa

borderline ['bɔːdəlaɪn] *subst* gränslinje; ~ ***case*** gränsfall

1 bore [bɔː] imperf. av *2 bear I*

2 bore I [bɔː] *subst* **1** borrhål **2** gevärslopp

II [bɔː] *verb* borra [~ *for oil*]

3 bore I [bɔː] *subst* **1** ***the film is a*** ~ filmen är långtråkig; ***what a ~!*** usch, vad tråkigt! **2** tråkmåns

II [bɔː] *verb* tråka ut

bored [bɔːd] *adj* uttråkad, ointresserad

boredom ['bɔːdəm] *subst* långtråkighet, leda

boring ['bɔːrɪŋ] *adj* tråkig, långtråkig

born [bɔːn] *adj* o. *perf p* (av *2 bear I*) född; ***he is a ~ teacher*** han är som skapt till lärare; ***an Englishman ~ and bred*** en äkta engelsman

borne [bɔːn] *perf p* (av *2 bear*) **1** buren etc., burit etc.; se *2 bear* **2** född [~ *by Eve*]

borough ['bʌrə] *subst* stad (stadsdel) som administrativt begrepp; ~ ***council*** kommunfullmäktige, stadsfullmäktige

borrow ['bɒrəʊ] *verb* låna [*from* av]

Bosnia ['bɒznɪə] Bosnien

Bosnian I ['bɒznɪən] *subst* bosnier

II ['bɒznɪən] *adj* bosnisk

bosom ['bʊzəm] *subst* **1** barm, bröst **2** famn **3** ~ ***friend*** hjärtevän

boss I [bɒs] *subst* vard. boss, bas

II [bɒs] *verb* vard., ~ ***sb about*** köra med ngn

bossy ['bɒsɪ] *adj* vard. dominerande

botanic [bə'tænɪk] *adj* o. **botanical** [bə'tænɪkəl] *adj* botanisk

botanist ['bɒtənɪst] *subst* botanist

botany ['bɒtənɪ] *subst* botanik

botch [bɒtʃ] *verb* klanta till, förfuska

both I [bəʊθ] *pron* båda, bägge; ~ ***of us*** oss båda, både du och jag

II [bəʊθ] *adv*, ~ ***you and me*** både du och jag

bother I ['bɒðə] *verb* **1** bekymra, besvära, plåga, störa **2** göra sig besvär [*about* med]; ***I can't be bothered*** jag orkar (gitter) inte **3** inte bry sig om; ***not ~ about*** strunta i

4 ~ ***it!*** el. ~**!** tusan också!
II ['bɒðə] *subst* besvär; bråk
Bothnia ['bɒθnɪə] *subst*, ***the Gulf of*** ~ Bottenviken, Bottniska viken
bottle I ['bɒtl] *subst* **1** butelj, flaska; ***hit the*** ~ börja supa, ta till flaskan **2** vard. mod, kurage [*that took a lot of* ~]
II ['bɒtl] *verb* **1** tappa på flaska; ***bottled beer*** flasköl **2** lägga in på glas, konservera
bottle bank ['bɒtlbæŋk] *subst* glasigloo
bottleneck ['bɒtlnek] *subst* flaskhals
bottle-opener ['bɒtlˌəʊpənə] *subst* flasköppnare
bottom ['bɒtəm] *subst* **1** botten, undre del; ***at the*** ~ ***of*** nederst på, längst ner på (i); ***at*** ~ i grund och botten; ***be at the*** ~ ***of*** ligga bakom; ***get to the*** ~ ***of*** gå till botten med **2** vard. ända, stjärt
bough [baʊ] *subst* spec. större trädgren
bought [bɔːt] imperf. o. perf. p. av *buy I*
boulder ['bəʊldə] *subst* större sten, stenblock
boulevard ['buːləvɑːd] *subst* boulevard
bounce I [baʊns] *verb* studsa
II [baʊns] *subst* studs, studsning, hopp
bouncer ['baʊnsə] *subst* vard. utkastare, dörrvakt
bouncing cradle [ˌbaʊnsɪŋ'kreɪdl] *subst* babysitter stol för småbarn
bouncy castle [ˌbaʊnsɪ'kɑːsl] *subst* hoppborg för barn, t.ex. på lekplatser
1 bound I [baʊnd] imperf. av *bind*
II [baʊnd] *perf p* (av *bind*) o. *adj* inbunden, bunden; ***be*** ~ ***by an agreement*** vara bunden av ett avtal; ***be*** ~ ***over*** jur. få villkorlig dom; ***be*** ~ ***to*** vara skyldig att, vara tvungen att; ***he is*** ~ ***to win*** han vinner säkert
2 bound [baʊnd] *adj* destinerad [*for* till]
3 bound I [baʊnd] *verb* **1** studsa **2** skutta
II [baʊnd] *subst* skutt, hopp, språng
4 bound I [baʊnd] *subst* pl. ~***s*** gräns, gränser; ***out of*** ~***s*** spec. skol. el. mil. förbjudet område, på förbjudet område; ***keep within*** ~***s*** hålla måttan
II [baʊnd] *verb* begränsa
boundary ['baʊndərɪ] *subst* gräns
bounty ['baʊntɪ] *subst* **1** välgörenhet, frikostighet **2** ekon. premie [*export* ~]
bouquet [bʊ'keɪ] *subst* bukett
bourbon ['bʊəbən] *subst* slags amer. whisky
bourgeois I ['bʊəʒwɑː] *subst* småborgare
II ['bʊəʒwɑː] *adj* småborgerlig
bourgeoisie [ˌbʊəʒwɑː'ziː] *subst* bourgeoisie, borgarklass, medelklass
bout [baʊt] *subst* **1** dust, kamp [*wrestling* ~] **2** anfall [~ *of activity*], släng [~ *of influenza*]
1 bow I [baʊ] *verb* **1** böja [~ *one's head*], kröka; ***be bowed down with*** vara nertyngd av **2** buga, buga sig [*to* för]
II [baʊ] *subst* bugning; ***take a*** ~ ta emot applåderna
2 bow [baʊ] *subst* sjö., pl. ~***s*** bog, för, stäv
3 bow [bəʊ] *subst* **1** båge; ~ ***window*** burspråksfönster **2** pilbåge **3** stråke **4** knut, rosett
bowels ['baʊəlz] *subst pl* inälvor; ***empty one's*** ~ tömma tarmen
bower ['baʊə] *subst* berså
1 bowl [bəʊl] *subst* skål, bunke
2 bowl [bəʊl] *verb* **1** i kricket kasta; ~ el. ~ ***out*** slå ut slagmannen **2** spela bowls, spela bowling
bow-legged ['bəʊlegd] *adj* hjulbent
bowler ['bəʊlə] *subst* slags hatt kubb, plommonstop
bowling ['bəʊlɪŋ] *subst* **1** bowling **2** i kricket kastande
bowls [bəʊlz] (med verb i sing.) *subst pl* bowls spelas med träklot på gräsplan
bow tie [ˌbəʊ'taɪ] *subst* fluga, rosett
bow-wow ['baʊwaʊ] *subst* barnspr. vovve
1 box [bɒks] *subst* **1** låda, ask, dosa, box; ***the*** ~ vard. teve **2** avbalkning, bås **3** post. box, fack **4** loge på teater **5** fotb., ***the*** ~ vard., se *penalty box* under *penalty 2*
2 box I [bɒks] *verb* **1** boxa; ~ ***sb's ears*** ge ngn en örfil **2** boxas
II [bɒks] *subst*, ~ ***on the ears*** örfil
3 box [bɒks] *subst* buxbom träslag och träd
boxer ['bɒksə] *subst* **1** boxare **2** hund boxer
boxing ['bɒksɪŋ] *subst* boxning

Boxing Day
Boxing Day har fått sitt namn efter den gamla seden att ge bort en liten present i en ask *box*. Fortfarande förekommer det ibland att man ger en present till t.ex. brevbäraren. I Storbritannien är *Boxing Day* en allmän helgdag. I USA är det en vanlig vardag och namnet *Boxing Day* används inte.

Boxing Day ['bɒksɪŋdeɪ] *subst* i Storbritannien annandag jul; om första dagen efter juldagen är en söndag tredjedag jul
box lunch [ˌbɒks'lʌntʃ] *subst* amer. matsäck

box office ['bɒksˌɒfɪs] *subst* biljettkontor för t.ex. teater

boxwood ['bɒkswʊd] *subst* buxbom träslag

boy [bɔɪ] *subst* pojke, gosse, grabb

boycott I ['bɔɪkɒt] *verb* bojkotta
II ['bɔɪkɒt] *subst* bojkott

boyfriend ['bɔɪfrend] *subst* pojkvän

boyhood ['bɔɪhʊd] *subst*, ***in my*** ~ som pojke

boyish ['bɔɪɪʃ] *adj* pojkaktig

bra [brɑː] *subst* vard. bh, behå

brace I [breɪs] *subst* pl. ~***s*** hängslen [*a pair of ~s*]
II [breɪs] *verb*, ~ ***oneself*** ta sig samman

bracelet ['breɪslət] *subst* armband

bracer ['breɪsə] *subst* vard. styrketår, återställare

bracing ['breɪsɪŋ] *adj* uppiggande [*the ~ air by the sea*]

bracken ['brækən] *subst* bräken; ormbunke

bracket I ['brækɪt] *subst* **1** konsol, vinkeljärn **2** parentes; ***in ~s*** inom parentes
II ['brækɪt] *verb* **1** sätta inom parentes **2** ~ ***together*** el. ~ jämställa

brag [bræg] (*-gg-*) *verb* skryta, skrävla

braggart ['brægət] *subst* skrävlare

braid [breɪd] *subst* fläta av hår

braille [breɪl] *subst* blindskrift

brain I [breɪn] *subst* hjärna; ***cudgel one's ~s*** el. ***rack one's ~s*** anstränga (bry) sin hjärna; ***he has got ~s*** han är intelligent
II [breɪn] *verb* slå in skallen på

brain dead ['breɪnded] *adj* hjärndöd

brain death ['breɪndeθ] *subst* hjärndöd

brainwash ['breɪnwɒʃ] *verb* hjärntvätta

brainwashing ['breɪnˌwɒʃɪŋ] *subst* hjärntvätt

brainwave ['breɪnweɪv] *subst* snilleblixt, ljus idé

brainy ['breɪnɪ] *adj* vard. begåvad, skärpt

braise [breɪz] *verb* kok. bräsera

brake I [breɪk] *subst* broms
II [breɪk] *verb* bromsa
III [breɪk] *verb* bromsa

brake disc ['breɪkdɪsk] *subst* bromsskiva

brake fluid ['breɪkfluɪd] *subst* bromsvätska

brake light ['breɪklaɪt] *subst* bromsljus

brake lining ['breɪkˌlaɪnɪŋ] *subst* bromsband

braking ['breɪkɪŋ] *adj*, ~ ***distance*** bromssträcka

bran [bræn] *subst* kli

branch [brɑːntʃ] *subst* **1** gren, kvist **2** förgrening, utgrening **3** filial

brand I [brænd] *subst* **1** hand. sort [*~ of coffee*], märke [*~ of cigarettes*] **2** brännjärn **3** brännmärke
II [brænd] *verb* märka med brännjärn, brännmärka

brandish ['brændɪʃ] *verb* svänga t.ex. vapen

brand-new [ˌbrænd'njuː] *adj* splitterny

brandy ['brændɪ] *subst* konjak

brass [brɑːs] *subst* **1** mässing; ***get down to ~ tacks*** komma till saken **2** ~ ***band*** mässingsorkester

brassiere ['bræzɪə, 'bræsɪə, amer. brə'zɪə] *subst* bysthållare, behå

brat [bræt] *subst* **1** satunge **2** rackarunge

bravado [brə'vɑːdəʊ] *subst* skryt, övermod

brave I [breɪv] *adj* modig, tapper
II [breɪv] *verb* trotsa

bravery ['breɪvərɪ] *subst* mod, tapperhet

bravo [ˌbrɑː'vəʊ] *interj* bravo!

brawl I [brɔːl] *subst* bråk, slagsmål
II [brɔːl] *verb* bråka, gorma

brawn [brɔːn] *subst* muskelstyrka

brawny ['brɔːnɪ] *adj* muskulös, stark

bray [breɪ] *verb* om åsna skria

brazen ['breɪzn] *adj* fräck [*a ~ lie*]

Brazil [brə'zɪl] Brasilien

Brazilian I [brə'zɪljən] *adj* brasiliansk
II [brə'zɪljən] *subst* brasilian

brazil nut [brə'zɪlnʌt] *subst* paranöt

breach I [briːtʃ] *subst* **1** brytning, brytande; ~ ***of discipline*** disciplinbrott; ~ ***of duty*** tjänstefel; ~ ***of promise*** brutet äktenskapslöfte **2** bräsch, hål; ***step into the*** ~ el. ***fill the*** ~ rycka in
II [briːtʃ] *verb* slå en bräsch i

bread [bred] *subst* bröd, matbröd; ***a slice (piece) of ~ and butter*** en smörgås utan pålägg

breadbin ['bredbɪn] *subst* brödburk, brödskrin

breadboard ['bredbɔːd] *subst* skärbräda för bröd

breadcrumb ['bredkrʌm] *subst* brödsmula; ~***s*** a) brödsmulor b) ströbröd

breadth [bredθ] *subst* bredd, vidd

breadwinner ['bredˌwɪnə] *subst* familjeförsörjare

break I [breɪk] (*broke broken*) *verb* **1** bryta, bryta av, knäcka **2** ha sönder, gå sönder **3** brytas, brytas sönder, brista, gå av [*the rope broke*]; ***his voice is breaking*** han är i målbrottet; ~ ***open*** bryta upp **4** krossa [*~ sb's heart*] **5** bryta mot [*~ the law*] **6** ~ ***the ice*** mellan personer etc. bryta isen; ~ ***the news to sb*** meddela ngn nyheten **7** ***dawn is breaking*** det gryr **8** bryta fram, ljuda [*a cry broke from her lips*]; ~ ***into laughter*** brista ut i skratt; ~ ***into a house*** bryta sig

in i ett hus
II [breɪk] (*broke broken*) *verb* med adv. o. prep.
break away slita sig loss; göra sig fri
break down 1 bryta ner; slå in en dörr **2** dela upp, lösa upp **3** bryta samman; få ett sammanbrott **4** gå sönder, strejka
break in 1 bryta sig in **2** rida in [*~ in a horse*], köra in **3** röka in [*~ in a pipe*]
break off avbryta
break out 1 bryta ut **2** *~ out into a sweat* råka i svettning
break up 1 bryta (slå) sönder **2** upplösa, upplösas [*their marriage broke up*], skingra [*the police broke up the crowd*] **3** sluta [*school ~s up today*]
III [breɪk] *subst* **1** brytande, brytning; brott; *~ of serve* servegenombrott **2** spricka, avbrott; paus, rast **3** *at ~ of day* vid dagens inbrott **4** vard., *a bad ~* otur; *a lucky ~* tur **5** vard. chans [*give him a ~*]; *give me a ~!* lägg av!

breakaway ['breɪkəweɪ] *subst* **1** utbrytning **2** sport. kontring

breakdown ['breɪkdaʊn] *subst* **1** sammanbrott, misslyckande **2** *~ lorry* el. (mindre) *~ van* bärgningsbil **3** analys

breaker ['breɪkə] *subst* bränning, brottsjö

breakfast
- *English breakfast, full breakfast* är hela måltider som består av ägg, bacon, flingor *cereal*, korv *sausage*, te, juice, rostat bröd *toast* m.m. De serveras framför allt på hotell, men inte så ofta i hemmet.
- *American breakfast* består av ägg, bacon m.m. Dessutom serveras ofta stekt potatis *hash* och pannkakor med lönnsirap *maple syrup*.
- Om man beställer *Continental breakfast* får man oftast bara te eller kaffe, smör, bröd och marmelad.

breakfast I ['brekfəst] *subst* frukost, morgonmål; *~ food* flingor etc.
II ['brekfəst] *verb* äta frukost

break-in ['breɪkɪn] *subst* inbrott i ett hus etc.

breaking-point ['breɪkɪŋpɔɪnt] *subst* bristningsgräns

breakneck ['breɪknek] *adj*, *at ~ speed* i rasande fart

breakthrough ['breɪkθruː] *subst* genombrott

breakup ['breɪkʌp] *subst* upplösning [*the ~ of a marriage*], brytning

breakwater ['breɪkˌwɔːtə] *subst* vågbrytare

bream [briːm] *subst* fisk braxen

breast [brest] *subst* bröst; *make a clean ~ of it* lätta sitt samvete

breast-fed ['brestfed] imperf. o. perf. p. av *breast-feed*

breast-feed ['brestfiːd] (*breast-fed breast-fed*) *verb* amma

breaststroke ['breststrəʊk] *subst*, *the ~* bröstsim

breath [breθ] *subst* **1** andedräkt, anda, andning; *catch one's ~* hämta andan; *it took my ~ away* det fick mig att tappa andan, det gjorde mig alldeles mållös; *waste one's ~ on* spilla ord på; *out of ~* andfådd **2** andetag, andedrag **3** pust, fläkt; *a ~ of fresh air* en nypa frisk luft

breathalyser ['breθəlaɪzə] *subst* alkotestapparat

breathe [briːð] *verb* andas; *she breathed her last* hon drog sin sista suck; *I won't ~ a word* jag säger inte ett knyst

breather ['briːðə] *subst*, *take a ~* pusta ut

breathing-space ['briːðɪŋspeɪs] *subst* andrum

breathless ['breθləs] *adj* **1** andfådd **2** andlös

breathtaking ['breθˌteɪkɪŋ] *adj* nervkittlande, hissnande

bred [bred] imperf. o. perf. p. av *breed I*

breeches ['brɪtʃɪz] *subst pl* knäbyxor

breed I [briːd] (*bred bred*) *verb* **1** föda upp djur **2** odla **3** skapa, väcka, föda [*war ~s misery*] **4** fortplanta sig, föröka sig
II [briːd] *subst* ras, avel; *~ of cattle* kreatursstam

breeding ['briːdɪŋ] *subst* **1** uppfödning, avel **2** fortplantning, häckning **3** god uppfostran, hyfs

breeding-ground ['briːdɪŋgraʊnd] *subst* **1** grogrund [*a ~ for crime*] **2** häckningsplats

breeze I [briːz] *subst* bris, fläkt
II [briːz] *verb* vard., *~ in* komma insusande

brethren ['breðrən] *subst pl* se *brother 2*

brevity ['brevətɪ] *subst* korthet; koncishet

brew I [bruː] *verb* **1** brygga; *~ tea* koka te **2** bryggas **3** *there is something brewing* det är något i görningen
II [bruː] *subst* brygd

brewer ['bruːə] *subst* bryggare person

brewery ['bruːərɪ] *subst* bryggeri

briar ['braɪə] *subst* törnbuske, nyponbuske
bribe I [braɪb] *subst* mutor, muta
II [braɪb] *verb* muta
bribery ['braɪbərɪ] *subst* tagande av mutor
brick [brɪk] *subst* **1** tegel, tegelsten; ***as hard as a*** ~ stenhård; ***drop a*** ~ vard. trampa i klaveret; ***it's like talking to a*** ~ ***wall*** det är som att tala till en vägg **2** byggkloss
bricklayer ['brɪkˌleɪə] *subst* murare
bridal ['braɪdl] *adj* brud- [*~ gown*], bröllops-
bride [braɪd] *subst* brud
bridegroom ['braɪdgruːm] *subst* brudgum
bridesmaid ['braɪdzmeɪd] *subst* brudtärna
1 bridge [brɪdʒ] *subst* kortsp. bridge
2 bridge I [brɪdʒ] *subst* **1** bro **2** brygga **3** kommandobrygga
II [brɪdʒ] *verb* slå en bro över, överbrygga
bridgehead ['brɪdʒhed] *subst* mil. brohuvud
bridle I ['braɪdl] *subst* betsel
II ['braɪdl] *verb* tygla
brief I [briːf] *subst* pl. *~s* trosor
II [briːf] *adj* kort, kortfattad; ***I'll be*** ~ jag ska fatta mig kort; ***in*** ~ i korthet, kort sagt
briefcase ['briːfkeɪs] *subst* portfölj
brier ['braɪə] *subst* törnbuske, nyponbuske
brigade [brɪ'geɪd] *subst* brigad
bright [braɪt] *adj* **1** klar, ljus; ***look on the*** ~ ***side*** se saken från den ljusa **2** blank **3** skärpt, begåvad
brighten ['braɪtn] *verb* **1** göra ljus (ljusare) **2** bli ljus (ljusare), lysa upp [*his face brightened up*]
1 brill [brɪl] *subst* fisk slätvar
2 brill [brɪl] *adj* vard. strålande, briljant [*it's ~!*]
brilliance ['brɪljəns] *subst* **1** glans, briljans **2** begåvning
brilliant ['brɪljənt] *adj* **1** glänsande, lysande, briljant, strålande [*a ~ idea*] **2** mycket begåvad
brim [brɪm] *subst* **1** brädd, kant **2** brätte på hatt
brine [braɪn] *subst* saltvatten, saltlake
bring I [brɪŋ] (*brought brought*) *verb* **1** komma med, ha (ta) med sig **2** hämta **3** frambringa, framkalla **4** medföra **5** förmå, bringa, få [*to* till att]; ***I couldn't*** ~ ***myself to do it*** jag kunde inte förmå mig att göra det
II [brɪŋ] (*brought brought*) *verb* med adv. o. prep.
bring about få till stånd, åstadkomma, framkalla [*~ about a crisis*]
bring back 1 ta (ha) med sig tillbaka **2** väcka till liv [*~ back memories*]
bring in föra in, bära in, ta in
bring out ge ut [*~ out a new book*]
bring round 1 få att kvickna till **2** ta med **3** ~ ***sb round to one's point of view*** omvända ngn till sin åsikt
bring up 1 uppfostra, föda upp **2** ta (dra) upp [*~ up a question*], föra på tal
brink [brɪŋk] *subst* rand, brant; ***on the*** ~ ***of ruin*** på ruinens brant
brisk [brɪsk] *adj* livlig, rask; ***at a*** ~ ***pace*** i raskt tempo
brisket ['brɪskɪt] *subst* kok. bringa
bristle I ['brɪsl] *subst* **1** borsthår; vanligen pl. *~s* borst **2** skäggstrå
II ['brɪsl] *verb*, ~ ***with*** vimla av [*~ with difficulties*]
Brit [brɪt] *subst* vard. britt, engelsman
Britain ['brɪtn] **1** ***Great*** ~ el. ~ Storbritannien; ibland England **2** hist. Britannien
British I ['brɪtɪʃ] *adj* brittisk; engelsk
II ['brɪtɪʃ] *subst*, ***the*** ~ britterna, engelsmännen
Briton ['brɪtn] *subst* britt
Brittany ['brɪtənɪ] Bretagne
brittle ['brɪtl] *adj* spröd, skör
broach [brəʊtʃ] *verb* föra på tal [*~ a subject*]
broad I [brɔːd] *adj* **1** bred, vid, vidsträckt; ~ ***beans*** bondbönor; ***in*** ~ ***daylight*** mitt på ljusa dagen **2** huvudsaklig, stor [*~ outline (outlines)*]
II [brɔːd] *subst* amer. sl. brud, fruntimmer
broadband ['brɔːdbænd] *subst* data. el. radio. bredband
broadcast I ['brɔːdkɑːst] (*broadcast broadcast*) *verb* **1** sända, sända i radio (tv) **2** uppträda i radio (tv)
II ['brɔːdkɑːst] *subst* radioutsändning, tv-sändning
broadcasting ['brɔːdˌkɑːstɪŋ] *subst* radio; ***the British Broadcasting Corporation*** brittiska radion och televisionen, BBC
broaden ['brɔːdn] *verb* **1** göra bred (bredare) **2** vidga, bredda **3** bli bred (bredare)
broad-minded [ˌbrɔːd'maɪndɪd] *adj* vidsynt
broadsheet ['brɔːdʃiːt] *subst* tidning i större format motsvarar ungefär en svensk dagstidning, motsats *tabloid*
broad-shouldered [ˌbrɔːd'ʃəʊldəd] *adj* bredaxlad
broadside ['brɔːdsaɪd] *subst* bredsida
broccoli ['brɒkəlɪ] *subst* grönsak broccoli
brochure ['brəʊʃjʊə] *subst* broschyr, prospekt

broil [brɔɪl] *verb* **1** halstra, grilla **2** halstras, grillas
broiler ['brɔɪlə] *subst* kok. broiler, gödkyckling
broiling ['brɔɪlɪŋ] *adj* brännhet, stekhet
broke I [brəʊk] imperf. av *break I*
II [brəʊk] *adj* vard. pank
broken ['brəʊkən] *perf p* (av *break I*) o. *adj* **1** trasig, sönder, bruten, knäckt **2** ~ *in* inriden, tämjd, dresserad
broken-hearted [ˌbrəʊkən'hɑːtɪd] *adj* nedbruten av sorg
broker ['brəʊkə] *subst* mäklare
brolly ['brɒlɪ] *subst* vard. paraply
bronchitis [brɒŋ'kaɪtɪs] *subst* bronkit, luftrörskatarr
bronze I [brɒnz] *subst* brons
II [brɒnz] *verb* göra solbränd
brooch [brəʊtʃ] *subst* brosch
brood I [bruːd] *subst* kull
II [bruːd] *verb* **1** ligga på ägg, ruva **2** grubbla
brook [brʊk] *subst* bäck
broom [bruːm] *subst* **1** kvast, sopborste **2** växt ginst
broth [brɒθ] *subst* buljong; tunn soppa
brothel ['brɒθl] *subst* bordell
brother ['brʌðə] *subst* **1** bror, broder **2** (pl. ofta *brethren*) relig. trosbroder
brotherhood ['brʌðəhʊd] *subst* broderskap, brödraskap
brother-in-law ['brʌðərɪnlɔː] (pl. *brothers-in-law* ['brʌðəzɪnlɔː]) *subst* svåger
brotherly ['brʌðəlɪ] *adj* broderlig
brought [brɔːt] imperf. o. perf. p. av *bring*
brow [braʊ] *subst* panna; ***knit one's ~s*** rynka pannan
brown I [braʊn] *adj* brun; ~ ***paper*** brunt omslagspapper; ~ ***sugar*** farinsocker
II [braʊn] *subst* brunt
brownie ['braʊnɪ] *subst* **1** tomte **2** ***Brownie*** el. ***Brownie guide*** miniorscout **3** vard., ***try to earn*** (***get***) ~ ***points*** försöka få pluspoäng (beröm)
browse [braʊz] *verb* **1** bläddra [~ *through a newspaper*]; gå runt och titta [*I don't want anything, I'm just browsing*]; ~ ***among*** botanisera bland [~ *among the books in the shop*]; ~ ***the Web*** data. söka på nätet **2** om djur beta
bruise I [bruːz] *subst* blåmärke
II [bruːz] *verb* **1** ge blåmärken; ***he bruised his leg*** han fick blåmärken på benet **2** bli stött om frukt
brunette [bruː'net] *subst* brunett
brush I [brʌʃ] *subst* **1** borste, kvast **2** pensel **3** borstning, avborstning; ***give sth a*** ~ borsta av ngt
II [brʌʃ] *verb* **1** borsta, borsta av **2** skrubba
III [brʌʃ] *verb* med adv. o. prep.
brush aside vifta undan
brush down borsta av
brush up friska upp [*I must ~ up my English*]
brusque [bruːsk, amer. brʌsk] *adj* burdus, brysk
Brussels ['brʌslz] Bryssel
Brussels sprouts [ˌbrʌslz'spraʊts] *subst pl* brysselkål
brutal ['bruːtl] *adj* brutal, rå
brutality [bruː'tælətɪ] *subst* brutalitet, råhet
brute [bruːt] *subst* **1** oskäligt djur **2** brutal människa, vard. odjur
B.Sc. [ˌbiːes'siː] (förk. för *Bachelor of Science*) ungefär fil. kand. i naturvetenskapliga ämnen
bubble ['bʌbl] *subst* o. *verb* bubbla
bubble bath ['bʌblbɑːθ] *subst* skumbad, bubbelbad
bubbly ['bʌblɪ] *subst* vard. skumpa, champis champagne
buck [bʌk] *subst* **1** bock, hanne av dovhjort, stenbock, kanin m.fl. **2** amer. vard. dollar **3** ***pass the*** ~ vard. skylla ifrån sig
bucket ['bʌkɪt] *subst* hink, pyts; ***kick the*** ~ sl. kola av, dö
bucketful ['bʌkɪtfʊl] *subst*, ***a*** ~ ***of water*** en hink vatten

Buckingham Palace
[ˌbʌkɪŋəm'pælɪs]
Buckingham Palace är den kungliga familjens residens i London. Där kan man se vaktavlösningen, *the Changing of the Guard*, varje dag.

buckle I ['bʌkl] *subst* spänne, buckla
II ['bʌkl] *verb* spänna [*on* på]; ~ ***up*** el. ~ böja (kröka) sig
bud [bʌd] **I** *subst* knopp; ***nip sth in the*** ~ kväva ngt i sin linda
II [bʌd] (*-dd-*) *verb* knoppas
Buddhism ['bʊdɪzm] *subst* buddism
Buddhist ['bʊdɪst] *subst* buddist
budding ['bʌdɪŋ] *adj* blivande [~ *talent*]
buddy ['bʌdɪ] *subst* amer. vard. kompis, polare; ***listen*** ~ hörru, hördu 'du, du
budge [bʌdʒ] *verb* **1** röra sig ur fläcken, flytta sig **2** rubba

budgerigar ['bʌdʒərɪgɑː] *subst* fågel undulat
budget I ['bʌdʒɪt] *subst* budget; *~ **flight*** lågprisflyg
II ['bʌdʒɪt] *verb* göra upp en budget
budgie ['bʌdʒɪ] *subst* vard. undulat
buff [bʌf] *subst* **1** sämskskinn **2** mattgul färg
buffalo ['bʌfələʊ] (pl. *~s*) *subst* buffel; bisonoxe
buffer ['bʌfə] *subst* buffert
1 buffet ['bʌfɪt] *verb* slå till, knuffa
2 buffet ['bʊfeɪ] *subst* **1** möbel buffé, skänk **2** buffé restaurang el. mål
buffoon [bə'fuːn] *subst* pajas
bug I [bʌg] *subst* **1** vägglus, amer. insekt **2** vard. bacillusk, bacill **3** data. bugg, programfel
II [bʌg] (*-gg-*) *verb* bugga placera dolda mikrofoner
bugger ['bʌgə] *subst* vulg. sate, jävel; *~!* djävlar!
bugger-all [ˌbʌgər'ɔːl] *subst* vard., ***she did ~*** hon gjorde inte ett djälva dugg
buggy ['bʌgɪ] *subst* **1** paraplyvagn **2** *~* el. ***baby ~*** amer. barnvagn
bugle ['bjuːgl] *subst* **1** jakthorn **2** mil. signalhorn
build I [bɪld] (*built built*) *verb* bygga
II [bɪld] *subst* kroppsbyggnad
builder ['bɪldə] *subst* **1** byggare **2** byggmästare
building ['bɪldɪŋ] *subst* byggnad, hus
build-up ['bɪldʌp] *subst* uppladdning
built [bɪlt] imperf. o. perf. p. av *build I*
built-in [ˌbɪlt'ɪn] *adj* inbyggd; *~ **wardrobe*** inbyggd garderob, garderob
built-up ['bɪltʌp] *adj* tättbebyggd; *~ **area*** tättbebyggt område
bulb [bʌlb] *subst* **1** blomlök **2** glödlampa
Bulgaria [bʌl'geərɪə, bʊl'geərɪə] Bulgarien
Bulgarian [bʌl'geərɪən, bʊl'geərɪən] *subst* **1** bulgar **2** bulgariska språket *adj* bulgarisk
bulge I [bʌldʒ] *subst* bula, buckla, utbuktning
II [bʌldʒ] *verb* bukta ut, svälla ut, puta ut
bulimia [bjʊ'lɪmɪə] *subst* med. bulimi, hetsätning
bulimic [bjʊ'lɪmɪk] *subst* med. bulimiker
bulk [bʌlk] *subst* volym, omfång; ***the ~*** huvuddelen; ***in ~*** i stora partier
bulky ['bʌlkɪ] *adj* skrymmande, klumpig
bull [bʊl] *subst* **1** tjur, hanne; ***like a ~ at a gate*** buffligt, på ett buffligt sätt **2** spec. amer. vard. skitsnack
bulldog ['bʊldɒg] *subst* bulldogg
bulldozer ['bʊlˌdəʊzə] *subst* bulldozer, bandschaktare
bullet ['bʊlɪt] *subst* kula till t.ex. gevär
bulletin ['bʊlɪtɪn] *subst* bulletin, rapport; *~ **board*** amer. anslagstavla
bullet-proof ['bʊlɪtpruːf] *adj* skottsäker
bullfight ['bʊlfaɪt] *subst*, ***a ~*** en tjurfäktning
bullfighter ['bʊlˌfaɪtə] *subst* tjurfäktare
bullfinch ['bʊlfɪntʃ] *subst* fågel domherre
bullock ['bʊlək] *subst* djur stut, oxe
bull's-eye ['bʊlzaɪ] *subst* **1** skottavlas prick **2** fullträff, mitt i prick
bullshit ['bʊlʃɪt] *subst* vard. skitsnack
bully I ['bʊlɪ] *subst* översittare, mobbare
II ['bʊlɪ] *verb* mobba, trakassera
bullying ['bʊlɪɪŋ] *subst* **1** översitteri **2** i skola mobbning
bum I [bʌm] *subst* **1** vulg. rumpa, ända; *~ **bag*** vard. midjeväska **2** amer. vard. luffare **3** amer. vard. odåga
II [bʌm] (*-mm-*) *verb* amer. vard. bomma, tigga
bumble-bee ['bʌmblbiː] *subst* humla
bumf [bʌmf] *subst* vard. **1** tråkigt officiellt papper; pappersexercis **2** dasspapper
bump I [bʌmp] *subst* **1** stöt, duns **2** bula, knöl **3** ojämnhet på väg, gupp
II [bʌmp] *verb* **1** stöta, dunka; *~ **into*** a) stöta till b) stöta på [*I bumped into her the other day*]
bumper ['bʌmpə] *subst* **1** stötfångare, kofångare på bil; *~ **car*** radiobil på nöjesfält **2** *~ **crop*** rekord-skörd
bumpkin ['bʌmkɪn] *subst*, ***country ~*** bondtölp, lantis
bumpy ['bʌmpɪ] *adj* om väg ojämn, guppig

hot cross bun
På långfredagen är det tradition att äta en slags varm, söt bulle, *hot cross bun*, som är fylld med korinter och suckat. På översidan har man skurit in ett kors.

bun [bʌn] *subst* **1** bulle; ***hot cross ~*** korsmärkt bulle som äts på långfredagen **2** hårknut
bunch [bʌntʃ] *subst* **1** klase [*~ of grapes*] **2** bukett [*~ of flowers*] **3** knippa [*~ of keys*], bunt **4** vard. samling, hop [*a strange ~ of people*]
bundle ['bʌndl] *subst* bunt, knyte, bylte; ***a ~ of nerves*** ett nervknippe

bungalow ['bʌŋgələʊ] *subst* bungalow, enplansvilla
bungee ['bʌndʒɪ] *subst*, ~ ***jumping*** sport. bungyjump
bungle ['bʌŋgl] *verb* förfuska, fördärva
bungler ['bʌŋglə] *subst* klåpare, klant
bunion ['bʌnjən] *subst* öm knöl på stortån
bunk [bʌŋk] *subst* **1** brits **2** sovhytt **3** ~ ***bed*** våningssäng
bunker ['bʌŋkə] *subst* bunker
bunny ['bʌnɪ] *subst* barnspr., ~ el. ~ ***rabbit*** kanin
buoy [bɔɪ] *subst* sjö. boj
buoyant ['bɔɪənt] *adj* **1** som lätt flyter **2** elastisk, spänstig [*with a* ~ *step*] **3** om person gladlynt
burbot ['bɜːbət] *subst* fisk lake
burden I ['bɜːdn] *subst* börda [*to*, *on* för], last; ***beast of*** ~ lastdjur
II ['bɜːdn] *verb* belasta, betunga
bureau ['bjʊərəʊ] *subst* **1** sekretär, skrivbord **2** ämbetsverk, byrå [*information* ~] **3** amer. byrå möbel
bureaucracy [bjʊə'rɒkrəsɪ] *subst* byråkrati
bureaucratic [ˌbjʊərə'krætɪk] *adj* byråkratisk
burger ['bɜːgə] *subst* vard. hamburgare
burglar ['bɜːglə] *subst* inbrottstjuv; ~ ***alarm*** tjuvlarm
burglary ['bɜːglərɪ] *subst* inbrott, inbrottsstöld
burgle ['bɜːgl] *verb* göra inbrott i; ***our house has been burgled*** vi har haft inbrott
Burgundy ['bɜːgəndɪ] Bourgogne
burgundy ['bɜːgəndɪ] *subst* bourgognevin
burial ['berɪəl] *subst* begravning; ~ ***ground*** begravningsplats
burlesque [bɜː'lesk] *adj* burlesk
burly ['bɜːlɪ] *adj* kraftig, kraftigt byggd om person
Burma ['bɜːmə] Burma; jfr *Myanmar*
Burmese I [ˌbɜː'miːz] *adj* burmansk, burmesisk
II [ˌbɜː'miːz] (pl. lika) *subst* burman, burmes
burn I [bɜːn] (*burnt burnt*) *verb* **1** bränna, förbränna, bränna (elda) upp; ***I've burnt my fingers*** jag har bränt mig på fingrarna **2** brännas vid, brännas **3** brinna, brinna upp **4** lysa, glöda
II [bɜːn] *subst* brännskada, brännsår
burner ['bɜːnə] *subst* **1** brännare **2** låga på gasspis; ***put sth on the back*** ~ vard. lägga ngt på is
burnish ['bɜːnɪʃ] *verb* **1** blankskura, polera **2** bli blank
burnt I [bɜːnt] imperf. o. perf. p. av *burn I*
II [bɜːnt] *adj* bränd
burp I [bɜːp] *subst* vard. rapning, rap
II [bɜːp] *verb* vard. rapa
burrow I ['bʌrəʊ] *subst* kanins m.fl. djurs håla, lya
II ['bʌrəʊ] *verb* gräva ner sig
burst I [bɜːst] (*burst burst*) *verb* **1** brista, spricka, krevera **2** spränga [~ *a balloon*], spräcka **3** komma störtande [*he* ~ *into the room*]; ~ ***in*** a) störta in b) avbryta; ~ ***into flames*** flamma upp, ta eld; ~ ***into laughter*** brista i skratt; ~ ***out laughing*** brista i skratt
II [bɜːst] *subst* **1** ***a*** ~ ***of gunfire*** en skottsalva **2** anfall [*a* ~ *of energy*] **3** storm [*a* ~ *of applause*] **4** ***a*** ~ ***of laughter*** en skrattsalva
bury ['berɪ] *verb* begrava
bus [bʌs] *subst* buss äv. data.
busbar ['bʌsbɑː] *subst* data. buss
bus driver ['bʌsˌdraɪvə] *subst* busschaufför
bush [bʊʃ] *subst* buske; ***beat about the*** ~ gå som katten kring het gröt
bushy ['bʊʃɪ] *adj* buskig, yvig [*a* ~ *tail*]
business ['bɪznəs] *subst* **1** (utan pl.) affär, affärer, affärsliv; ***on*** ~ i affärer; ***go into*** ~ starta eget, bli affärsman; ~ ***hours*** öppettider **2** (med pl. *businesses*) affär, företag, firma **3** (med pl. *businesses*) bransch [*the oil* ~; *show* ~] **4** (utan pl.) uppgift, sak, arbete [~ *before pleasure*]; ***I made it my*** ~ ***to*** jag åtog mig att; ***he means*** ~ vard. han menar allvar **5** (utan pl.) angelägenhet, sak; ***a bad*** ~ en sorglig historia; ***it's the*** ~***!*** vard. det är alla tiders!; ***it's none of your*** ~ det angår dig inte; ***mind your own*** ~***!*** vard. sköt du ditt!; ***I'm sick of the whole*** ~ jag är led på alltsammans
business-end ['bɪznɪsend] *subst*, ***the*** ~ vard. spetsen av verktyg, vapen etc. [*the* ~ *of a gun*]
businesslike ['bɪznɪslaɪk] *adj* affärsmässig
businessman ['bɪznɪsmæn] *subst* affärsman
bus lane ['bʌsleɪn] *subst* bussfil
bus stop ['bʌsstɒp] *subst* busshållplats
1 bust [bʌst] *subst* **1** byst **2** bröst, barm
2 bust I [bʌst] (*bust busted*, amer. *bust bust*) *verb* **1** slå sönder **2** göra razzia på **3** gripa, haffa **4** ~ ***up*** göra slut med varandra
II [bʌst] *adj* sönder, trasig; ***go*** ~ a) paja b) gå i konkurs
bustle I ['bʌsl] *verb* jäkta, flänga [~ *about*];
II ['bʌsl] *subst* fläng, jäkt

bustling ['bʌslɪŋ] *adj* livlig
busy I ['bɪzɪ] *adj* **1** sysselsatt, upptagen; ***I'm ~ packing*** jag håller på att packa; ***the line is ~*** tele. det är upptaget **2** flitig, verksam **3** full av liv och rörelse; ***~ street*** livligt trafikerad gata
II ['bɪzɪ] *verb*, ***~ oneself*** sysselsätta sig
busybody ['bɪzɪˌbɒdɪ] *subst*, ***he is a ~*** vard. han lägger sig i allting
but I [bʌt, obetonat bət] *konj* o. *prep* **1** men; ***not only this ~ that one*** inte bara den här utan också den där **2** utom [*all ~ he*] **3** om inte [*whom should he meet ~ me?*] **4** ***~ for...*** bortsett från...; ***~ for you*** om det inte hade varit för dig **5** ***first ~ one*** tvåa, som tvåa; ***the last ~ one*** den näst sista **6** än; ***who else ~ he could have done it?*** vem mer än han kunde ha gjort det?
II [bʌt, obetonat bət] *adv* bara [*he is ~ a child*]
III [bʌt, obetonat bət] *subst* men; ***without ifs and ~s*** utan om och men
butcher I ['bʊtʃə] *subst* slaktare
II ['bʊtʃə] *verb* slakta brutalt
butler ['bʌtlə] *subst* hovmästare, förste betjänt
1 butt [bʌt] *subst* **1** tjockända **2** kolv **3** cigarrstump, fimp **4** spec. amer. vard. bak, häck
2 butt [bʌt] *subst* skottavla
3 butt [bʌt] *verb* **1** stöta, stöta till med huvud el. horn **2** stånga, stångas **3** ***~ in*** vard. blanda (lägga) sig i
butter I ['bʌtə] *subst* smör
II ['bʌtə] *verb* **1** bre smör på **2** ***~ up*** vard. smöra för, fjäska för
butter bean ['bʌtəbiːn] *subst* slags stor limaböna, vaxböna
buttercup ['bʌtəkʌp] *subst* smörblomma
butterfingers ['bʌtəˌfɪŋgəz] *subst* vard. klumpig (fumlig) person som lätt tappar saker; ***~!*** din klumpeduns!
butterfly ['bʌtəflaɪ] *subst* fjäril
buttermilk ['bʌtəmɪlk] *subst* kärnmjölk
buttocks ['bʌtəks] *subst pl* bak, ända, stuss
button I ['bʌtn] *subst* knapp
II ['bʌtn] *verb*, ***~ up*** el. ~ knäppa, knäppa ihop
buttonhole ['bʌtnhəʊl] *subst* knapphål
buttress ['bʌtrəs] *subst* strävpelare, stöd
buxom ['bʌksəm] *adj* om kvinna frodig
buy I [baɪ] (*bought bought*) *verb* köpa; ***~ off*** friköpa, lösa ut, köpa
II [baɪ] *subst* vard. köp

buyer ['baɪə] *subst* **1** köpare, spekulant **2** inköpare
buzz I [bʌz] *subst* surr, surrande; ***I'll give you a ~*** amer. vard. jag slår en signal, jag ringer dig
II [bʌz] *verb* surra
buzzard ['bʌzəd] *subst* fågel ormvråk
buzzer ['bʌzə] *subst* summer
by I [baɪ] *prep* **1** i uttryck som innebär befintlighet vid, bredvid, hos [*~ me*]; ***~ land and sea*** till lands och sjöss; ***~ oneself*** a) ensam, för sig själv b) på egen hand
2 i uttryck som innebär riktning el. rörelse förbi [*he went ~ me*]; genom [*~ a side door*]; över, via [*~ Paris*]; ***~ the way*** el. ***~ the by*** apropå; förresten
3 för att uttrycka medel genom; vid, i [*lead ~ the hand*]; ***~ itself*** av sig själv; ***~ oneself*** på egen hand; ***go ~ car*** åka bil; ***go ~ train*** åka tåg; ***multiply ~ six*** multiplicera med sex
4 i tidsuttryck till, senast [*be home ~ six*], per [*paid ~ the hour*]; ***~ this time tomorrow*** i morgon så här dags; ***~ night*** om natten; ***day ~ day*** dag för dag
5 av [*a book ~ Greene*]
6 i måttsuttryck: ***the price rose ~ 10%*** priset steg 10 %; ***three metres long ~ four metres broad*** tre meter lång och fyra meter bred; ***bit ~ bit*** bit för bit; ***one ~ one*** en och en
7 i uttryck som innebär förhållande: till [*a lawyer ~ profession*]; ***Brown ~ name*** vid namn Brown; ***go ~ the name of*** gå under namnet
II [baɪ] *adv* i närheten, bredvid, intill, förbi [*pass ~*]; undan, av [*put money ~*]; ***~ and ~*** så småningom; ***~ and large*** i stort sett; ***close*** (***near***) ~ alldeles i närheten, strax intill
bye [baɪ] o. **bye-bye** [ˌbaɪ'baɪ] *interj* vard. hej då!, ajö!
by-election ['baɪɪˌlekʃən] *subst* fyllnadsval
bygone I ['baɪgɒn] *adj* gången, svunnen [*~ days*]
II ['baɪgɒn] *subst*, ***let ~s be ~s*** låta det skedda vara glömt
bypass I ['baɪpɑːs] *subst* **1** förbifartsled **2** med. bypass
II ['baɪpɑːs] *verb* **1** leda förbi **2** kringgå
bystander ['baɪˌstændə] *subst* tillfällig åskådare
byte [baɪt] *subst* data. byte

Cc

1 C o. **c** [siː] *subst* **1** C, c **2** musik., *C* c; *C flat* cess; *C sharp* ciss
2 C (förk. för *Celsius*) C
c. förk. för *cent, cents, cubic*
ca. förk. för *circa*
cab [kæb] *subst* taxi
cabaret ['kæbəreɪ] *subst*, ~ el. ~ ***show*** kabaré
cabbage ['kæbɪdʒ] *subst* kål, spec. vitkål, kålhuvud
cab-driver ['kæbˌdraɪvə] *subst* taxichaufför
cabin ['kæbɪn] *subst* **1** stuga, koja **2** sjö. hytt **3** flyg. kabin
cabin boy ['kæbɪnbɔɪ] *subst* sjö. hyttuppassare
cabinet ['kæbɪnət] *subst* **1** skåp med lådor el. hyllor **2** badrumsskåp, vitrinskåp **3** låda, hölje på tv el. radio **4** polit. kabinett, ministär
cable I ['keɪbl] *subst* **1** kabel, vajer **2** kabel-tv **3** telegram
II ['keɪbl] *verb* telegrafera till
cache [kæʃ] *subst*, ***arms*** ~ vapengömma
cackle I ['kækl] *verb* kackla
II ['kækl] *subst* kackel
cactus ['kæktəs] *subst* kaktus
caddie ['kædɪ] *subst* golf. caddie; ~ ***car*** el. ~ ***cart*** golfvagn
caddy ['kædɪ] *subst* **1** teburk, tedosa **2** = *caddie*
cadet [kə'det] *subst* mil. kadett
cadge [kædʒ] *verb* snylta, snylta till sig
cadmium ['kædmɪəm] *subst* kem. kadmium
Caesarean [sɪ'zeərɪən] *adj*, ~ ***section*** (***operation***) med. kejsarsnitt
café ['kæfeɪ, amer. kæ'feɪ] *subst* **1** kafé **2** liten restaurang
cafeteria [ˌkæfə'tɪərɪə] *subst* cafeteria
caffeine ['kæfiːn] *subst* koffein
cage I [keɪdʒ] *subst* **1** bur **2** hisskorg
II [keɪdʒ] *verb* sätta i bur
cahoots [kə'huːts] *subst pl* vard., ***be in*** ~ ***with*** vara i maskopi med
cake [keɪk] *subst* **1** tårta, kaka, bakelse; ~ ***mix*** kakmix; ***it sells like hot ~s*** det går åt som smör i solsken; ***it's a piece of*** ~ vard. det är lätt som en plätt; ***you can't have your*** ~ ***and eat it*** ordspr. man kan inte både äta kakan och ha den kvar **2** platt bulle, krokett [*fish* ~] **3** ***a*** ~ ***of soap*** en tvål
calamity [kə'læmətɪ] *subst* katastrof
calcium ['kælsɪəm] *subst* kem. kalcium
calculate ['kælkjʊleɪt] *verb* beräkna, kalkylera, räkna; ~ ***on*** räkna med
calculating ['kælkjʊleɪtɪŋ] *adj* beräknande
calculation [ˌkælkjʊ'leɪʃən] *subst* beräkning
calculator ['kælkjʊleɪtə] *subst* räknare
calendar ['kæləndə] *subst* almanacka, kalender
1 calf [kɑːf] (pl. *calves* [kɑːvz]) *subst* vad kroppsdel
2 calf [kɑːf] (pl. *calves* [kɑːvz]) *subst* **1** kalv **2** kalvskinn
calibre ['kælɪbə] *subst* kaliber
California [ˌkælɪ'fɔːnjə] Kalifornien
Californian [ˌkælɪ'fɔːnjən] *adj* kalifornisk
call I [kɔːl] *verb* **1** kalla, benämna, uppkalla [*after* efter]; ***be called*** heta **2** kalla på, larma [~ *the police*]; ~ ***attention to*** fästa uppmärksamheten på **3** telefonera, ringa [*for* efter] **4** väcka **5** ropa [*to* åt]; ~ ***for*** a) ropa på, ropa efter b) komma och hämta [*I'll* ~ *for it tomorrow*] c) mana till, kräva; ***this ~s for a celebration*** det här måste firas; ~ ***on*** påkalla, uppmana, anmoda **6** hälsa 'på; ~ ***at*** besöka; ~ ***for*** komma och hämta; ~ ***on*** hälsa 'på, besöka
II [kɔːl] *verb* med adv. o. prep.
call in 1 kalla in, ropa in **2** inkalla, tillkalla **3** titta in till ngn
call off inställa, avlysa [~ *off a meeting*], avblåsa [~ *off a strike*]
call out 1 kalla ut **2** kommendera ut **3** ropa ut, ropa upp [~ *out the winners*]
call over ropa upp
call up 1 kalla fram, kalla upp **2** tele. ringa upp **3** mil. inkalla
III [kɔːl] *subst* **1** rop **2** anrop, påringning, telefonsamtal; ***I'll give you a*** ~ jag slår en signal, jag ringer dig **3** kallelse, maning

Cajun ['keɪdʒən]
Cajuns, cajuner, är ättlingar till de franska kolonister som 1755 förvisades från Canada till Louisianas sumpmarker. De lever av fiske och kräftfiske (kräfta = amer. *crawfish*). De är också kända för sin musik och sin kryddiga mat, särskilt fisk- och skaldjursrätter, *spicy seafood*.

4 skäl, anledning [*there is no ~ for you to worry*] **5** hand. efterfrågan [*for* på] **6** besök, visit; ***port of*** ~ anlöpningshamn
call box ['kɔːlbɒks] *subst* **1** telefonkiosk **2** amer. larmskåp
caller ['kɔːlə] *subst* **1** besökande, besökare **2** person som ringer (telefonerar)
call-in ['kɔːlɪn] *subst* amer., se *phone-in*
calling ['kɔːlɪŋ] *subst* kall, yrke
callous ['kæləs] *adj* **1** känslolös, okänslig **2** känslokall
call-over ['kɔːlˌəʊvə] *subst* namnupprop
call-up ['kɔːlʌp] *subst* mil. inkallelse
callus ['kæləs] *subst* valk, förhårdnad
calm I [kɑːm] *adj* o. *subst* lugn
II [kɑːm] *verb* lugna; ~ ***sb down*** lugna ner ngn; ~ ***down*** lugna sig
Calor gas® ['kæləgæs] *subst* gasol
calorie ['kælərɪ] *subst* kalori
calumny ['kæləmnɪ] *subst* förtal, smädelse
calves [kɑːvz] *subst pl* av *1 calf* o. *2 calf*
Cambodia [kæm'bəʊdjə] Kambodja
camcorder ['kæmˌkɔːdə] *subst* videokamera
came [keɪm] imperf. av *come*
camel ['kæməl] *subst* kamel
camellia [kə'miːljə] *subst* blomma kamelia
camera ['kæmərə] *subst* kamera
cameraman ['kæmərəmæn] *subst* kameraman, fotograf
Cameroon [ˌkæmə'ruːn] Kamerun republiken
camomile ['kæməmaɪl] *subst* kamomill
camouflage I ['kæmʊflɑːʒ] *subst* kamouflage
II ['kæmʊflɑːʒ] *verb* kamouflera
camp I [kæmp] *subst* läger, koloni [*summer* ~]; ***break*** ~ bryta lägret; ***pitch*** (***set up***) ~ slå läger
II [kæmp] *verb* **1** tälta, campa; ***go camping*** åka ut och campa **2** slå läger
campaign I [kæm'peɪn] *subst* kampanj, fälttåg
II [kæm'peɪn] *verb* delta i en kampanj, organisera en kampanj
camp bed [ˌkæmp'bed] *subst* tältsäng
camper ['kæmpə] *subst* **1** campare, tältare **2** husbil
camping ['kæmpɪŋ] *subst* camping, lägerliv
camping-ground ['kæmpɪŋgraʊnd] *subst* o. **camping-site** ['kæmpɪŋsaɪt] *subst* campingplats
camshaft ['kæmʃɑːft] *subst* tekn. kamaxel
1 can [kæn, obetonat kən] (nekande *cannot, can't*, imperf. *could*) *hjälpverb* presens kan, kan få, får; ~ ***do*** vard. det ordnar sig; ***no*** ~ ***do*** vard. det går inte
2 can I [kæn] *subst* **1** kanna **2** burk, konservburk **3** dunk **4** vard., ***the*** ~ fängelse [*he's in the* ~]
II [kæn] *verb* konservera

Canada
HUVUDSTAD: Ottowa.
FOLKMÄNGD: 31 milj.
SPRÅK: engelska, franska.
YTA: 9 971 610 km^2 (ca 24 gånger Sveriges yta).
Canada är världens till ytan näst största land och har mycket stora naturtillgångar. Ungefär 21 % av befolkningen är av brittiskt ursprung och ungefär 23 % av franskt ursprung. I delstaten Quebec är franska det största språket.

Canada ['kænədə] Kanada
Canadian I [kə'neɪdjən] *adj* kanadensisk
II [kə'neɪdjən] *subst* kanadensare människa
canal [kə'næl] *subst* grävd, konstgjord kanal
canalize ['kænəlaɪz] *verb* kanalisera
canapé ['kænəpeɪ] *subst* kanapé, sandwich
Canary [kə'neərɪ] *subst*, ***the*** ~ ***Islands*** el. ***the Canaries*** Kanarieöarna
canary [kə'neərɪ] *subst* kanariefågel
cancel ['kænsəl] (*-ll-*, amer. *-l-*) *verb* **1** stryka, korsa över; ~ ***a stamp*** stämpla ett frimärke **2** inställa [~ *a meeting*] **3** annullera, avbeställa [~ *an order*]
cancellation [ˌkænsə'leɪʃən] *subst* **1** överstrykning **2** inställande **3** annullering, avbeställning
cancer ['kænsə] *subst* **1** med. cancer **2** astrol., ***Cancer*** Kräftan
candelabra [ˌkændə'læbrə] *subst* kandelaber
candid ['kændɪd] *adj* öppen, uppriktig; ~ ***camera*** dolda kameran
candidate ['kændɪdət] *subst* kandidat, sökande
candied ['kændɪd] *adj* kanderad [~ *fruit*]
candle ['kændl] *subst* ljus av t. ex. stearin; levande ljus
candlegrease ['kændlgriːs] *subst* stearin
candlestick ['kændlstɪk] *subst* ljusstake
can-do [ˌkæn'duː] *adj* villig, positiv [*a* ~ *attitude*]
candour ['kændə] *subst* uppriktighet, öppenhet

candy ['kændɪ] *subst* **1** kandisocker **2** amer. godis, konfekt
candy floss [ˌkændɪ'flɒs] *subst* sockervadd
cane I [keɪn] *subst* **1** rör, sockerrör **2** promenadkäpp, käpp **3** rotting, spö **4** rotting material
II [keɪn] *verb* prygla, piska
canine ['keɪnaɪn, 'kænaɪn] *adj* **1** hund- **2** ~ ***teeth*** hörntänder
cannabis ['kænəbɪs] *subst* cannabis
canned [kænd] *adj* konserverad; ~ ***food*** burkmat; ~ ***goods*** konserver; ~ ***meat*** köttkonserver; ~ ***peas*** ärter på burk
cannibal ['kænɪbl] *subst* kannibal
cannibalism ['kænɪbəlɪzəm] *subst* kannibalism
cannon ['kænən] *subst* kanon
cannot ['kænɒt] kan inte, får inte
canoe I [kə'nuː] *subst* kanot
II [kə'nuː] *verb* paddla kanot
canon ['kænən] *subst* musik. kanon
canonize ['kænənaɪz] *verb* kanonisera, helgonförklara
can-opener ['kænˌəʊpənə] *subst* konservöppnare
can't [kɑːnt] = *cannot*
canteen [kæn'tiːn] *subst* **1** lunchrum, servering **2** mil. marketenteri
canter I ['kæntə] *subst* kort galopp; ***at a*** ~ i galopp; ***win at a*** ~ vinna lätt och ledigt
II ['kæntə] *verb* rida i kort galopp
canvas ['kænvəs] *subst* **1** segelduk, tältduk **2** kanvas **3** målarduk **4** boxn. ringgolv
canvass ['kænvəs] *verb* gå runt och bearbeta, värva röster i [~ *a district*], värva röster
1 cap [kæp] *subst* **1** mössa, keps **2** kapsyl **3** ***percussion*** ~ tändhatt
2 cap [kæp] (*-pp-*) *verb*, ***to*** ~ ***it all*** a) till råga på allt b) som kronan på verket
capability [ˌkeɪpə'bɪlətɪ] *subst* förmåga, skicklighet
capable ['keɪpəbl] *adj* **1** skicklig, duktig **2** ~ ***of*** i stånd till, kapabel till
capacious [kə'peɪʃəs] *adj* rymlig
capacity [kə'pæsətɪ] *subst* **1** utrymme; ***seating*** ~ antalet sittplatser; ***filled to*** ~ fullsatt **2** kapacitet **3** egenskap, ställning; ***in the*** ~ ***of*** i egenskap av **4** före subst., ~ ***house*** el. ~ ***audience*** fullsatt hus
1 cape [keɪp] *subst* udde, kap
2 cape [keɪp] *subst* cape, krage
caper ['keɪpə] *subst* pl. ~***s*** kapris krydda
Cape Town ['keɪptaʊn] Kapstaden
capital I ['kæpɪtl] *adj* **1** ~ ***letter*** stor bokstav **2** ~ ***punishment*** dödsstraff
II ['kæpɪtl] *subst* **1** huvudstad **2** stor bokstav **3** kapital, förmögenhet; ***make*** ~ ***of*** el. ***make*** ~ ***out of*** slå mynt av
capitalism ['kæpɪtəlɪzəm] *subst* kapitalism
capitalist ['kæpɪtəlɪst] *subst* kapitalist

Capitol ['kæpɪtl]
I huvudstaden, *the capital*, i de flesta amerikanska delstater finns en kupolförsedd byggnad som kallas capitolium, *the Capitol*. Där sammanträder delstatens parlament. Den mest kända ligger på *Capitol Hill* i Washington och är USA:s kongressbyggnad.

capitulate [kə'pɪtjʊleɪt] *verb* kapitulera
capitulation [kəˌpɪtjʊ'leɪʃən] *subst* kapitulation
caprice [kə'priːs] *subst* nyck, infall; kapris
capricious [kə'prɪʃəs] *adj* nyckfull
Capricorn ['kæprɪkɔːn] *subst* stjärntecken Stenbocken
capsize [kæp'saɪz] *verb* kapsejsa, kantra
capstan ['kæpstən] *subst* sjö. ankarspel, gångspel
capsule ['kæpsjuːl] *subst* **1** kapsel **2** kapsyl
captain ['kæptɪn] *subst* **1** kapten; sport. lagkapten **2** amer., ungefär poliskommissarie **3** brandkapten
caption ['kæpʃən] *subst* **1** överskrift **2** bildtext
captivate ['kæptɪveɪt] *verb* fängsla, trollbinda
captive I ['kæptɪv] *adj* fången; ***be taken*** ~ tas till fånga
II ['kæptɪv] *subst* fånge
captivity [kæp'tɪvətɪ] *subst* fångenskap
capture I ['kæptʃə] *subst* **1** tillfångatagande, gripande **2** erövring **3** fångst, byte
II ['kæptʃə] *verb* **1** ta till fånga, gripa **2** erövra, inta
car [kɑː] *subst* **1** bil; ~ ***bombing*** bilbombsattentat **2** amer. järnv. vagn
carafe [kə'ræf] *subst* karaff
caramel ['kærəməl] *subst* **1** bränt socker, karamell **2** kola
carat ['kærət] *subst* karat
caravan ['kærəvæn] *subst* **1** karavan **2** husvagn; ~ ***site*** campingplats för husvagnar
caraway ['kærəweɪ] *subst* krydda kummin

carbohydrate [ˌkɑːbəˈhaɪdreɪt] *subst* kolhydrat

carbon [ˈkɑːbən] *subst* kem. kol; ~ ***dioxide*** koldioxid, kolsyra; ~ ***monoxide*** koloxid

carbonic [kɑːˈbɒnɪk] *adj*, ~ ***acid*** kem. kolsyra

carbon paper [ˈkɑːbənˌpeɪpə] *subst* karbonpapper

carburettor [ˌkɑːbjʊˈretə] *subst* bil. förgasare

carcass [ˈkɑːkəs] *subst* **1** kadaver **2** djurkropp, kropp av slaktat djur

carcinogenic [ˌkɑːsɪnəˈdʒenɪk] *adj* med. cancerframkallande

card [kɑːd] *subst* kort, spelkort, visitkort; ~***s*** kortspel; ~ ***index*** kortregister, kartotek; ***play*** ~***s*** spela kort; ***he has a*** ~ ***up his sleeve*** han har något i bakfickan; ***it's on the*** ~***s*** det är mycket möjligt

cardamom [ˈkɑːdəməm] *subst* krydda kardemumma

cardboard [ˈkɑːdbɔːd] *subst* papp, kartong

cardigan [ˈkɑːdɪgən] *subst* cardigan, kofta

cardinal I [ˈkɑːdɪnl] *adj* väsentlig [*of* ~ *importance*]; ~ ***number*** grundtal; ***the*** ~ ***points*** de fyra väderstrecken
II [ˈkɑːdɪnl] *subst* kyrkl. kardinal

cardiogram [ˈkɑːdɪəgræm] *subst* med. kardiogram

cardphone [ˈkɑːdfəʊn] *subst* korttelefon

care I [keə] *subst* **1** bekymmer **2** omtänksamhet, noggrannhet; ***take*** ~ ***to*** vara noga med att; ***take*** ~ ***not to*** akta sig för att **3** vård [*under the* ~ *of*]; ***take*** ~***!*** el. ***take*** ~ ***of yourself!*** sköt om dig!; ***take*** ~ ***of*** ta hand om, vara rädd om; ~ ***of*** (förk. *c/o*) på brev adress, c/o
II [keə] *verb* **1** bry sig om [*I don't* ~ *what he says*]; ~ ***about*** bry sig om, bekymra sig om; ~ ***for*** a) bry sig om, ha lust med [*I shouldn't* ~ *for that*] b) tycka om, hålla av; ***would you*** ~ ***for?*** vill du ha?; ***I don't*** ~ det gör mig detsamma; ***I couldn't*** ~ ***less*** vard. det struntar jag i **2** ~ ***to*** ha lust att, gärna vilja

career I [kəˈrɪə] *subst* **1** bana, yrke [*choose a* ~]; ~***s guidance*** yrkesvägledning; ~***s officer*** el. ~ ***counselor*** amer. yrkesvägledare **2** karriär **3** ***in full*** ~ i full fart
II [kəˈrɪə] *verb* rusa [*about, along* omkring]

careerist [kəˈrɪərɪst] *subst* karriärist, streber

carefree [ˈkeəfriː] *adj* bekymmerslös, sorglös

careful [ˈkeəfʊl] *adj* **1** försiktig **2** aktsam [*of* om, med] **3** omsorgsfull, noggrann

careless [ˈkeələs] *adj* slarvig, vårdslös

carelessness [ˈkeələsnəs] *subst* slarv, vårdslöshet

caress I [kəˈres] *verb* smeka
II [kəˈres] *subst* smekning

caretaker [ˈkeəˌteɪkə] *subst* **1** vaktmästare **2** fastighetsskötare, portvakt **3** ~ ***government*** expeditionsministär

cargo [ˈkɑːgəʊ] (pl. *cargoes*) *subst* skeppslast

Caribbean [ˌkærɪˈbiːən] *adj* o. *subst*, ***the*** ~ ***Sea*** el. ***the*** ~ Karibiska havet

caricature I [ˈkærɪkətʃʊə] *subst* karikatyr
II [ˈkærɪkətʃʊə] *verb* karikera

caries [ˈkeərɪz, ˈkeəriːz] *subst* karies

carnation [kɑːˈneɪʃən] *subst* nejlika

carnival [ˈkɑːnɪvl] *subst* karneval

> **carol**
> Precis som i Sverige sjunger man julsånger till jul. Det förekommer att man går från hus till hus och sjunger, *go carol singing*. Till de mest kända julsångerna hör *Good King Wenceslaus*, *O come all ye Faithful* och *Silent night* (Stilla natt).

carol [ˈkærəl] *subst*, ~ el. ***Christmas*** ~ julsång

1 carp [kɑːp] (pl. lika) *subst* fisk karp

2 carp [kɑːp] *verb* gnata; ~ ***at*** hacka på

car park [ˈkɑːpɑːk] *subst* bilparkering

Carpathians [kɑːˈpeɪθjənz] *subst pl*, ***the*** ~ Karpaterna

carpenter [ˈkɑːpəntə] *subst* snickare

carpentry [ˈkɑːpəntrɪ] *subst* **1** snickeri **2** träslöjd

carpet [ˈkɑːpɪt] *subst* större mjuk matta

carport [ˈkɑːpɔːt] *subst* carport vägglöst garage

carriage [ˈkærɪdʒ] *subst* **1** vagn, ekipage **2** järnv. personvagn **3** transport, frakt

carrier [ˈkærɪə] *subst* **1** bärare, stadsbud **2** transportföretag **3** ***aircraft*** ~ hangarfartyg **4** pakethållare **5** smittbärare

carrier bag [ˈkærɪəbæg] *subst* bärkasse

carrier pigeon [ˈkærɪəˌpɪdʒɪn] *subst* brevduva

carrion [ˈkærɪən] *subst* kadaver, as

carrion crow [ˌkærɪənˈkrəʊ] *subst* svartkråka

carrot [ˈkærət] *subst* morot

carry I [ˈkærɪ] *verb* **1** bära, bära på, ha med (på) sig [*he carried a gun*]; medföra **2** frakta, transportera **3** föra, driva; bära t.ex. ljud **4** ha plats för, rymma **5** ***be carried*** om t.ex. motion gå igenom, bli antagen **6** hålla, föra kropp, huvud **7** skriva om, ta upp; ***the papers carried a picture of...*** tidningarna hade en bild av...

II ['kærɪ] *verb* med adv. o. prep.

carry away 1 bära bort, föra bort **2** ***be carried away by*** ryckas med av

carry back föra tillbaka

carry forward bokföringsterm transportera; ***carried forward*** transport till ngt

carry off 1 bära bort, föra bort **2** hemföra, vinna [*~ off a prize*] **3** ~ ***it off*** sköta sig bra, klara sig bra

carry on 1 föra [*~ on a conversation*]; bedriva, utöva **2** fortsätta, gå vidare **3** vard. bära sig åt, bråka [*she is always carrying on*]

carry out utföra, genomföra, fullfölja

carry over 1 bära (föra, ta) över **2** hand. överföra; bokföringsterm transportera; ***amount carried over*** el. ***carried over*** transport

carry through 1 genomföra **2** driva igenom

carryall ['kærɪɔːl] *subst* amer. rymlig bag, stor väska

carrycot ['kærɪkɒt] *subst* babylift bärkasse för spädbarn

carry-on ['kærɪɒn] *adj*, ~ ***case*** el. ~ ***bag*** kabinväska

cart I [kɑːt] *subst* tvåhjulig kärra; ***put the ~ before the horse*** börja i galen ända

II [kɑːt] *verb* **1** köra, forsla **2** kånka på

cartel [kɑː'tel] *subst* ekon. kartell

cartilage ['kɑːtəlɪdʒ] *subst* anat. brosk

carton ['kɑːtən] *subst* kartong, pappask, paket; ***a ~ of cigarettes*** en cigarettlimpa

cartoon [kɑː'tuːn] *subst* **1** skämtteckning, politisk karikatyr **2** tecknad serie **3** ~ el. ***animated*** ~ tecknad film, animerad film

cartoonist [kɑː'tuːnɪst] *subst* skämttecknare

cartridge ['kɑːtrɪdʒ] *subst* **1** patron **2** kassett, cartridge

cartwheel ['kɑːtwiːl] *subst*, ***turn ~s*** gymn. hjula

carve [kɑːv] *verb* **1** skära, snida **2** skära upp, tranchera kött

carver ['kɑːvə] *subst* förskärare

carving ['kɑːvɪŋ] *subst* träsnideri

carving-knife ['kɑːvɪŋnaɪf] *subst* förskärarkniv, trancherkniv

cascade [kæ'skeɪd] *subst* kaskad

1 case [keɪs] *subst* **1** fall, förhållande; ***a ~ in point*** ett typexempel; ***as the ~ may be*** alltefter omständigheterna; ***in ~ I forget*** ifall jag skulle glömma; ***in ~ of fire*** i händelse av brand; ***in any ~*** i varje fall; ***in that ~*** i så fall **2** jur. rättsfall, mål **3** jur. el. friare bevis; skäl; ***state one's ~*** framlägga sin sak **4** sjukdomsfall, fall [*3 ~s of pneumonia*] **5** gram. kasus

2 case [keɪs] *subst* **1** väska, resväska; portfölj **2** låda, lår **3** skrin, etui, fodral [*glasses ~*] **4** glasmonter, monter

cash I [kæʃ] *subst*, ~ el. ***ready ~*** kontanter; ***pay ~*** el. ***pay in ~*** el. ***pay ~ down*** betala kontant

II [kæʃ] *verb* lösa in [*~ a cheque*]; ~ ***in on*** slå mynt av

cash-and-carry [ˌkæʃən'kærɪ] *subst* hämtköp

cashbook ['kæʃbʊk] *subst* kassabok

cashbox ['kæʃbɒks] *subst* kassaskrin

cash card ['kæʃkɑːd] *subst* bankomatkort

cashdesk ['kæʃdesk] *subst* kassa där man betalar

cash discount [ˌkæʃ'dɪskaʊnt] *subst* kassarabatt

cash dispenser ['kæʃdɪˌspensə] *subst* bankomat®

cashew ['kæʃuː] *subst* nöt ~ ***nut*** el. ~ cashewnöt

cashier [kæ'ʃɪə] *subst* kassör, kassörska

cash machine ['kæʃməˌʃiːn] *subst* bankomat®

Cashpoint® ['kæʃpɔɪnt] *subst* bankomat®

cash price [ˌkæʃ'praɪs] *subst* kontantpris

cash register ['kæʃˌredʒɪstə] *subst* kassaapparat

casing ['keɪsɪŋ] *subst* hölje, skal

casino [kə'siːnəʊ] (pl. *~s*) *subst* kasino äv. kortsp.

cask [kɑːsk] *subst* fat, tunna

casket ['kɑːskɪt] *subst* **1** skrin **2** amer. likkista

Caspian ['kæspɪən] *adj*, ***the ~ Sea*** Kaspiska havet

casserole ['kæsərəʊl] *subst* gryta eldfast form el. maträtt

cassette [kə'set] *subst* kassett för bandspelare, tv, film; ~ ***deck*** kassettdäck; ~ ***recorder*** kassettbandspelare

cast I [kɑːst] (*cast cast*) *verb* **1** kasta [*~ a shadow; ~ a glance at*]; ~ ***one's vote*** avge sin röst **2** gjuta, stöpa, forma **3** teat. tilldela en roll; ***be ~ as*** spela rollen som

II [kɑːst] (*cast cast*) *verb* med adv. o. prep.

cast aside kasta bort, kassera

cast away kasta bort; ***be ~ away*** sjö. lida skeppsbrott

cast off kasta bort, kassera; lägga av kläder

cast out fördriva, driva ut

III [kɑːst] *subst* **1** avgjutning; ***plaster*** ~ med. gipsförband **2** gjutform **3** teat. rollbesättning; ***the*** ~ de medverkande; ***an all-star*** ~ en stjärnensemble

castanets [ˌkæstəˈnets] *subst pl* musik. kastanjetter

castaway [ˈkɑːstəweɪ] *subst* skeppsbruten

caste [kɑːst] *subst* kast, samhällsklass

caster sugar [ˈkɑːstəˌʃuːgə] *subst* fint strösocker

casting vote [ˌkɑːstɪŋˈvəʊt] *subst* utslagsröst

cast iron [ˌkɑːstˈaɪən] *subst* gjutjärn

castle [ˈkɑːsl] *subst* **1** slott, borg **2** schack. torn

castor oil [ˌkɑːstərˈɔɪl] *subst* ricinolja

castor sugar [ˈkɑːstəˌʃuːgə] *subst* fint strösocker

castrate [kæˈstreɪt] *verb* kastrera

casual [ˈkæʒjʊəl] *adj* **1** tillfällig, flyktig; ~ ***labourer*** tillfällighetsarbetare; ~ ***sex*** tillfälliga sexuella förbindelser; ***a*** ~ ***remark*** ett yttrande i förbigående **2** planlös, lättvindig **3** nonchalant; ~ ***clothes*** ledig klädstil; ~ ***jacket*** fritidsjacka

casualty [ˈkæʒjʊəltɪ] *subst* **1** olycksfall; ~ ***ward*** el. ~ ***department*** olycksfallsavdelning på sjukhus **2** offer i t.ex. krig, olycksfall, olyckshändelse

cat [kæt] *subst* katt, kattdjur; ***it's raining*** ~***s and dogs*** regnet står som spön i backen; ***let the*** ~ ***out of the bag*** prata bredvid mun; ***see which way the*** ~ ***jumps*** känna efter varifrån vinden blåser; ***he is like a*** ~ ***on hot bricks*** (amer. ***on a hot tin roof***) vard. han sitter som på nålar

catalogue [ˈkætəlɒg] *subst* katalog, förteckning

catalyser [ˈkætəlaɪzə] *subst* o. **catalyst** [ˈkætəlɪst] *subst* kem. katalysator

catalytic [ˌkætəˈlɪtɪk] *adj* kem. katalytisk; ~ ***converter*** bil. katalysator

catapult [ˈkætəpʌlt] *subst* **1** katapult **2** slangbella

cataract [ˈkætərækt] *subst* **1** med. grå starr **2** vattenfall

catarrh [kəˈtɑː] *subst* med. katarr

catastrophe [kəˈtæstrəfɪ] *subst* katastrof

catastrophic [ˌkætəˈstrɒfɪk] *adj* katastrofal

catcall [ˈkætkɔːl] *subst* busvissling som protest

cat car [ˈkætkɑː] *subst* vard. katbil, bil med katalysator

catch I [kætʃ] (*caught caught*) *verb* **1** fånga, få tag i, ta fast, gripa; ~ ***fire*** fatta eld **2** hinna med [~ *the train*] **3** komma på [~ *sb stealing*]; ~ ***sb out*** avslöja ngn, ertappa ngn **4** ådra sig; smittas av; ~ ***a cold*** el. ~ ***cold*** bli förkyld **5** fatta, begripa, uppfatta; ~ ***sight of*** få syn på **6** lura [*she tried to* ~ *me*] **7** fastna [*my dress got caught on a hook*] **8** ~ ***on*** slå, bli populär [*the film never caught on*] **9** ~ ***out*** ertappa, avslöja **10** ~ ***up*** a) hinna ifatt, hinna upp b) ta igen vad man försummat; ~ ***up with*** hinna ifatt

II [kætʃ] *subst* **1** i bollspel lyra; ***that was a good*** ~ det var bra taget **2** fångst **3** ***there's a*** ~ ***in it*** det är något lurt med det **4** spärr, hake **5** knäppe, lås

catching [ˈkætʃɪŋ] *adj* smittande, smittsam

catchment [ˈkætʃmənt] *subst*, ~ ***area*** skolas, sjukhus etc. upptagningsområde

catchphrase [ˈkætʃfreɪz] *subst* slagord

catchword [ˈkætʃwɜːd] *subst* slagord

catchy [ˈkætʃɪ] *adj* klatschig, slående

categorical [ˌkætəˈgɒrɪkl] *adj* kategorisk

category [ˈkætəgərɪ] *subst* kategori

cater [ˈkeɪtə] *verb* **1** leverera mat (måltider) **2** ~ ***for*** servera mat till **3** tillgodose, sörja för

catering [ˈkeɪtərɪŋ] *subst* servering av

cat

Katten dyker upp i många sammanhang:

Has the cat got your tongue?
Har du inte mål i munnen?

let the cat out of the bag
prata bredvid munnen

be like a cat on hot bricks (amer. *on a hot tin roof*)
sitta som på nålar

fight like cat and dog
vara som hund och katt

not have a cat in hell's chance
inte ha skuggan av en chans

play cat and mouse with somebody
leka katt och råtta med någon

it's raining cats and dogs
regnet står som spön i backen

see which way the cat jumps
känna efter varifrån vinden blåser

think one is the cat's whiskers
tro att man är något

there's no room to swing a cat
det är trångt om saligheten

måltider (mat); ***the ~ trade*** restaurangbranschen

caterpillar [ˈkætəpɪlə] *subst* **1** fjärilslarv **2** ~ el. ~ ***tractor*** bandtraktor

cathedral [kəˈθiːdrəl] *subst* katedral, domkyrka

Catholic I [ˈkæθəlɪk] *adj* **1** katolsk **II** [ˈkæθəlɪk] *subst*, ***a*** ~ el. ***a Roman*** ~ en katolik

Catholicism [kəˈθɒlɪsɪzəm] *subst* katolicism

cattle [ˈkætl] *subst pl* nötkreatur, boskap

catty [ˈkætɪ] *adj* småelak, spydig

catwalk [ˈkætwɔːk] *subst* catwalk vid modeuppvisning

Caucasian I [ˌkɔːˈkeɪzjən] *adj* kaukasisk **II** [ˌkɔːˈkeɪzjən] *subst* kaukasier, vit

Caucasus [ˈkɔːkəsəs] *subst*, ***the*** ~ Kaukasus

caught [kɔːt] *verb* imperf. o. perf. p. av *catch*

cauldron [ˈkɔːldrən] *subst* kittel

cauliflower [ˈkɒlɪˌflaʊə] *subst* blomkål

cause I [kɔːz] *subst* **1** orsak, grund [*of* till], anledning, skäl [*of* till] **2** sak [*work for a good* ~] **II** [kɔːz] *verb* **1** orsaka, vålla **2** förmå, få; ~ ***sth to be done*** låta göra ngt

caution I [ˈkɔːʃən] *subst* **1** varsamhet **2** varning äv. sport.; tillrättavisning **II** [ˈkɔːʃən] *verb* varna [*against* för]

cautious [ˈkɔːʃəs] *adj* försiktig, varsam

cavalcade [ˌkævəlˈkeɪd] *subst* kavalkad

cavalry [ˈkævəlrɪ] *subst* kavalleri

cavalryman [ˈkævəlrɪmən] *subst* kavallerist

cave I [keɪv] *subst* håla, grotta **II** [keɪv] *verb*, ~ ***in*** störta in, rasa

cavern [ˈkævən] *subst* stor grotta

caviar o. **caviare** [ˈkævɪɑː] *subst* kaviar

cavity [ˈkævətɪ] *subst* **1** hålighet, håla **2** hål i tand

c.c. [ˌsiːˈsiː] förk. för *cubic centimetre (centimetres)*

CCTV [ˌsiːˈsiːˌtiːˈviː] *subst* (förk. för *closed-circuit television*) **1** system med övervakningskameror som täcker offentliga platser, bl.a. i brottsförebyggande syfte; ~ ***camera*** övervakningskamera **2** intern-tv

CD [ˌsiːˈdiː] *subst* (förk. för *compact disc*) cd, cd-skiva

CD-burner [ˌsiːˈdiːˌbɜːnə] *subst* cd-brännare

CD-player [ˌsiːˈdiːˌpleɪə] *subst* cd-spelare

CD-ROM [ˌsiːdiːˈrɒm] *subst* (förk. för *compact disc read-only memory*) cd-rom

CD-RW [ˌsiːˈdiːˌɑːˈdʌbljuː] *subst* (förk. för *compact disc-rewritable*) cd-rw skrivbar cd som kan återanvändas

CD-writer [ˌsiːˈdiːˌraɪtə] *subst* cd-brännare, cd-skrivare

cease [siːs] *verb* **1** upphöra **2** sluta, upphöra med; ~ ***fire!*** mil. eld upphör!

cease-fire [ˌsiːsˈfaɪə] *subst* eldupphör

ceaseless [ˈsiːsləs] *adj* oupphörlig, ändlös

cedar [ˈsiːdə] *subst* **1** ceder **2** cederträ

ceiling [ˈsiːlɪŋ] *subst* **1** innertak, tak; ***hit the*** ~ gå i taket **2** högsta gräns, tak [*price* ~]

celebrate [ˈseləbreɪt] *verb* **1** fira **2** vard. festa

celebrated [ˈseləbreɪtɪd] *adj* berömd

celebration [ˌseləˈbreɪʃən] *subst* **1** firande **2** fest

celebrity [səˈlebrətɪ] *subst* celebritet, kändis

celeriac [səˈlerɪæk] *subst* rotselleri

celery [ˈselərɪ] *subst* selleri; ***blanched*** ~ blekselleri

celibacy [ˈselɪbəsɪ] *subst* celibat, ogift stånd

celibate I [ˈselɪbət] *adj* ogift **II** [ˈselɪbət] *subst*, ***he is a*** ~ han lever i celibat

cell [sel] *subst* cell

cellar [ˈselə] *subst* **1** källare **2** vinkällare

cellist [ˈtʃelɪst] *subst* musik. cellist

cello [ˈtʃeləʊ] (pl. ~*s*) *subst* musik. cello

cellphone [ˈselfəʊn] *subst* isht amer. mobiltelefon

cellular [ˈseljʊlə] *adj* cellformig; ~ ***phone*** isht amer. mobiltelefon

cellulite [ˈseljʊlaɪt] *subst* fysiol. cellulit substans

cellulose [ˈseljʊləʊs] *subst* cellulosa

Celsius [ˈselsjəs] *subst*, ~ ***thermometer*** celsiustermometer; ***30 degrees Celsius (30°C)*** 30 grader Celsius (30°C)

Celt [kelt] *subst* kelt

Celtic I [ˈkeltɪk] *adj* keltisk **II** [ˈkeltɪk, fotbollslag ˈseltɪk] *subst* **1** keltiska språket **2** namn på skotskt fotbollslag

cement I [sɪˈment] *subst* **1** cement **2** kitt **II** [sɪˈment] *verb* **1** cementera **2** kitta

cemetery [ˈsemətrɪ] *subst* kyrkogård ej vid kyrka

censor I [ˈsensə] *subst* censor **II** [ˈsensə] *verb* censurera

censorship [ˈsensəʃɪp] *subst* censur

censure I [ˈsenʃə] *subst* klander **II** [ˈsenʃə] *verb* kritisera, fördöma

census [ˈsensəs] *subst* folkräkning

cent [sent] *subst* **1** ***per*** ~ procent **2** mynt cent

centenarian [ˌsentəˈneərɪən] *subst* hundraåring

centenary [senˈtiːnərɪ] *subst* hundraårsjubileum

center [ˈsentə] *subst* amer., se *centre*

centigram o. **centigramme** ['sentɪgræm] *subst* centigram
centilitre ['sentɪˌliːtə] *subst* centiliter
centimetre ['sentɪˌmiːtə] *subst* centimeter
centipede ['sentɪpiːd] *subst* tusenfoting insekt
central ['sentrəl] *adj* central, mellerst; ~ ***heating*** centralvärme
centralize ['sentrəlaɪz] *verb* centralisera
centre I ['sentə] *subst* **1** centrum, center, mitt, medelpunkt; ~ ***of gravity*** tyngdpunkt **2** central för verksamhet **3** sport. inlägg
II ['sentə] *verb* **1** centrera **2** sport. lägga in mot mitten
centrifugal [ˌsentrɪ'fjuːgl] *adj*, ~ ***force*** centrifugalkraft
century ['sentʃərɪ] *subst* århundrade, sekel; ***in the 20th*** ~ på 1900-talet; ***in the 21st*** ~ på 2000-talet (tjugohundratalet)
cep [sep] *subst* bot. stensopp, karljohanssvamp
ceramics [sə'ræmɪks] (med verb i sing.) *subst* keramik konsten
cereal ['sɪərɪəl] *subst* **1** sädesslag **2** pl. ~***s*** el. ~ flingor etc. som morgonmål [*breakfast* ~*s*]
cerebral ['serəbrəl] *adj*, ~ ***haemorrhage*** hjärnblödning; ~ ***palsy*** ['pɔːlzɪ] (förk. *CP*) med. CP
ceremonial I [ˌserɪ'məʊnɪəl] *adj* ceremoniell, högtids- [~ *dress*]
II [ˌserɪ'məʊnɪəl] *subst* ceremoniel
ceremonious [ˌserɪ'məʊnjəs] *adj* ceremoniös, omständlig
ceremony ['serəmənɪ] *subst* **1** ceremoni **2** ceremonier, formaliteter; ***stand on*** ~ hålla på etiketten
cerise [sə'riːz] *subst* cerise
cert [sɜːt] *subst* vard. för *certainty*; ***it's a dead*** ~ det är bergsäkert
certain ['sɜːtn] *adj* **1** säker [*of, about* på]; ***make*** ~ ***of*** förvissa sig om; ***for*** ~ alldeles säkert **2** viss [*a* ~ *improvement*]
certainly ['sɜːtnlɪ] *adv* säkert, säkerligen; som svar ja visst; ~ ***not!*** visst inte!
certainty ['sɜːtntɪ] *subst* säkerhet, visshet; ***a*** ~ en given sak; ***that's a*** ~ det är säkert
certificate [sə'tɪfɪkət] *subst* **1** skriftligt intyg, bevis, attest [*of* om, på], certifikat; ***health*** ~ friskintyg **2** skol. betyg, diplom
certify ['sɜːtɪfaɪ] *verb* intyga, betyga, attestera handling; ***this is to*** ~ ***that*** härmed intygas att
cf. [kəm'peə, ˌsiː'ef] jfr, jämför
CFC [ˌsiːef'siː] (förk. för *chlorofluorocarbon*) freon®
chafe [tʃeɪf] *verb* **1** skava, skava mot **2** gnida sig, skrapa **3** reta upp sig [*at* över]
chaffinch ['tʃæfɪntʃ] *subst* bofink fågel
chagrin I ['ʃægrɪn] *subst* förtret
II ['ʃægrɪn] *verb* förtreta
chain I [tʃeɪn] *subst* **1** kedja, kätting **2** pl. ~***s*** bojor **3** kedja, följd, rad [~ *of events*]
II [tʃeɪn] *verb* **1** kedja fast [*to* vid] **2** lägga bojor på, lägga kedjor på
chainsaw ['tʃeɪnsɔː] *subst* motorsåg
chain-smoker ['tʃeɪnˌsməʊkə] *subst* kedjerökare
chain store ['tʃeɪnstɔː] *subst* filial i butikskedja; pl. ~***s*** butikskedja
chair I [tʃeə] *subst* **1** stol **2** lärostol, professur **3** ***be in the*** ~ sitta som ordförande; ***take the*** ~ inta ordförandeplatsen
II [tʃeə] *verb* **1** vara (sitta som) ordförande vid [~ *a meeting*] **2** bära i gullstol
chairman ['tʃeəmən] (pl. *chairmen* ['tʃeəmən]) *subst* **1** ordförande **2** styrelseordförande
chairperson ['tʃeəˌpɜːsn] *subst* ordförande
chalk I [tʃɔːk] *subst* krita; ***not by a long*** ~ vard. inte på långa vägar
II [tʃɔːk] *verb* skriva (rita) med krita
challenge I ['tʃælɪndʒ] *subst* utmaning, stimulerande uppgift
II ['tʃælɪndʒ] *verb* **1** utmana [~ *sb to a game of tennis*] **2** ifrågasätta
challenger ['tʃælɪndʒə] *subst* utmanare
challenging ['tʃælɪndʒɪŋ] *adj* utmanande, stimulerande
chamber ['tʃeɪmbə] *subst* kammare; ~ ***music*** kammarmusik; ~ ***of horrors*** skräckkammare
chambermaid ['tʃeɪmbəmeɪd] *subst* städerska på hotell
chamber pot ['tʃeɪmbəpɒt] *subst* nattkärl
chameleon [kə'miːlɪən] *subst* djur el. person kameleont
champagne [ʃæm'peɪn] *subst* champagne
champers ['ʃæmpəz] *subst* vard. skumpa, champis champagne
champion I ['tʃæmpjən] *subst* **1** mästare [*world* ~] **2** förkämpe [*of* för]
II ['tʃæmpjən] *verb* kämpa för, förfäkta
championship ['tʃæmpjənʃɪp] *subst* **1** mästerskap, mästerskapstävling **2** försvar, kämpande [*of* för]
chance I [tʃɑːns] *subst* **1** ***by*** ~ händelsevis; ***game of*** ~ hasardspel **2** chans, tillfälle, möjlighet, utsikter [*of* till]; ***the*** ~***s are that*** det mesta talar för att
II [tʃɑːns] *adj* tillfällig [~ *likeness*]

III [tʃɑːns] *verb* hända sig, slumpa sig; råka [*I chanced to be out*]; ~ ***on*** råka på
chancellor [ˈtʃɑːnsələ] *subst* kansler; ***Chancellor of the Exchequer*** i Storbritannien finansminister
chancy [ˈtʃɑːnsɪ] *adj* vard. chansartad
chandelier [ˌʃændəˈlɪə] *subst* ljuskrona, takkrona
change I [tʃeɪndʒ] *verb* **1** ändra, förändra [*into* till]; ändra på, förvandla; ~ ***one's mind*** ändra sig **2** ändras, förändras, förvandlas, ändra sig **3** byta, byta ut [*for* mot], skifta [~ *colour*]; ~ ***places*** byta plats **4** byta om **5** växla pengar **6** bil., ~ ***down*** växla ner; ~ ***up*** lägga in en högre växel
II [tʃeɪndʒ] *subst* **1** ändring, svängning [*a sudden* ~], skifte **2** ombyte, byte; ***it makes a*** ~ det blir en smula omväxling; ~ ***of air*** luftombyte; ***for a*** ~ för omväxlings (en gångs) skull, för en gångs skull **3** ombyte [*a* ~ *of clothes*] **4** växel, småpengar; ***exact*** ~ jämna pengar; ***small*** ~ växel; ***keep the*** ~***!*** det är jämna pengar!
changeable [ˈtʃeɪndʒəbl] *adj* föränderlig, ostadig, ombytlig
change-over [ˈtʃeɪndʒˌəʊvə] *subst* **1** övergång, omläggning **2** omslag **3** sport., stafett växling
changing-room [ˈtʃeɪndʒɪŋruːm] *subst* omklädningsrum
channel [ˈtʃænl] *subst* **1** kanal, sund; ***the English Channel*** el. ***the Channel*** Engelska kanalen **2** ränna, kanal för vätskor **3** radio. el. tv. kanal **4** medium, kanal; ***through the official*** ~***s*** tjänstevägen
chant I [tʃɑːnt] *verb* skandera, ropa taktfast
II [tʃɑːnt] *subst* taktfast ropande
chanterelle [ˌʃɑːntəˈrel] *subst* kantarell
chaos [ˈkeɪɒs] *subst* kaos
chaotic [keɪˈɒtɪk] *adj* kaotisk
1 chap I [tʃæp] (*-pp-*) *verb* spricka om hud; få sprickor
II [tʃæp] *subst* spricka i huden
2 chap [tʃæp] *subst* vard. karl, kille; ***old*** ~***!*** gamle gosse!
chapel [ˈtʃæpəl] *subst* kapell, kyrka
chaperon I [ˈʃæpərəʊn] *subst* person förkläde
II [ˈʃæpərəʊn] *verb* vara förkläde åt
chaplain [ˈtʃæplɪn] *subst* mest mil. präst, pastor
chapped [tʃæpt] *adj* narig [~ *hands*]
chapstick [ˈtʃæpstɪk] *subst* amer. cerat
chapter [ˈtʃæptə] *subst* kapitel
character [ˈkærəktə] *subst* **1** karaktär, natur, egenart, beskaffenhet **2** personlighet [*public* ~], vard. typ, original **3** figur, roll i roman, pjäs **4** skrivtecken, bokstav
characteristic I [ˌkærəktəˈrɪstɪk] *adj* karakteristisk, kännetecknande [*of* för]
II [ˌkærəktəˈrɪstɪk] *subst* kännemärke, kännetecken
characterization [ˌkærəktəraɪˈzeɪʃən] *subst* karakterisering, karakteristik
characterize [ˈkærəktəraɪz] *verb* karakterisera, beteckna [*as* som]; känneteckna
charade [ʃəˈrɑːd] *subst* charad
charcoal [ˈtʃɑːkəʊl] *subst* träkol; ~ ***tablet*** koltablett
charge I [tʃɑːdʒ] *verb* **1** anklaga [*with* för] **2** ta, ta betalt; ***how much do you*** ~***?*** hur mycket tar ni?; ~ ***extra*** ta extra betalt **3** ladda [~ *a battery*] **4** storma fram mot, rusa på, storma fram, rusa fram [*at* mot] **5** sport. tackla
II [tʃɑːdʒ] *subst* **1** anklagelse, beskyllning **2** pris, avgift, taxa; ***free of*** ~ gratis **3** fast utgift **4** tekn. el. elektr. laddning **5** ***man in*** ~ vakthavande; ***be in*** ~ ***of*** ha hand om, ha vården om; ***take*** ~ ***of sth*** ta hand om ngt **6** mil. m.m. anfall, chock **7** sport. tackling
charge card [ˈtʃɑːdʒkɑːd] *subst* betalkort
charger [ˈtʃɑːdʒə] *subst*, ***battery*** ~ batteriladdare
charisma [kəˈrɪzmə] *subst* karisma, utstrålning
charitable [ˈtʃærɪtəbl] *adj* **1** medmänsklig; ~ ***institution*** välgörenhetsinrättning **2** välvillig
charity [ˈtʃærətɪ] *subst* **1** människokärlek **2** överseende **3** välgörenhet **4** välgörenhetsinrättning
charlady [ˈtʃɑːˌleɪdɪ] *subst* städerska
charlatan [ˈʃɑːlətən] *subst* charlatan, bluff
charm I [tʃɑːm] *subst* **1** charm, tjusning; pl. ~***s*** behag, skönhet **2** amulett **3** berlock
II [tʃɑːm] *verb* charmera, tjusa, förtrolla
charmer [ˈtʃɑːmə] *subst* charmör
charming [ˈtʃɑːmɪŋ] *adj* charmfull, charmig, förtjusande
charred [tʃɑːd] *adj* förkolnad
chart I [tʃɑːt] *subst* **1** diagram **2** karta [*weather* ~] **3** ~ el. ***wall*** ~ väggplansch **4** sjökort
II [tʃɑːt] *verb* kartlägga
charter I [ˈtʃɑːtə] *subst* **1** privilegiebrev **2** charter; ***a*** ~ ***flight*** en chartrad flygresa; ~ ***flights*** charterflyg
II [ˈtʃɑːtə] *verb* **1** bevilja privilegier **2** chartra, befrakta

chartered ['tʃɑːtəd] *adj* **1** auktoriserad; ~ ***accountant*** auktoriserad revisor **2** chartrad [~ *aircraft*]
charwoman ['tʃɑːˌwʊmən] (pl. *charwomen* ['tʃɑːˌwɪmɪn]) *subst* städerska
chase I [tʃeɪs] *verb* jaga, förfölja
II [tʃeɪs] *subst* jakt
chasm ['kæzəm] *subst* klyfta, avgrund
chassis ['ʃæsɪ] *subst* chassi, underrede
chaste [tʃeɪst] *adj* kysk
chastise [tʃæ'staɪz] *verb* **1** ta i upptuktelse **2** straffa, aga
chastity ['tʃæstətɪ] *subst* kyskhet
chat I [tʃæt] (*-tt-*) *verb* **1** prata, snacka **2** data. chatta
II [tʃæt] *subst* prat, pratstund
chatter I ['tʃætə] *verb* **1** pladdra, tjattra **2** om tänder skallra
II ['tʃætə] *subst* pladder, tjatter
chatterbox ['tʃætəbɒks] *subst* vard. pratkvarn
chatty ['tʃætɪ] *adj* **1** pratsam **2** kåserande
chauffeur ['ʃəʊfə] *subst* privatchaufför
chauvinism ['ʃəʊvɪnɪzəm] *subst* chauvinism; ***male*** ~ manschauvinism
chauvinist ['ʃəʊvɪnɪst] *subst* chauvinist; ***male*** ~ manschauvinist; ***male ~ pig*** vard. mullig mansgris
cheap [tʃiːp] *adj* billig
cheapen ['tʃiːpən] *verb* göra billig, göra billigare
cheapskate ['tʃiːpskeɪt] *subst* vard. snåljåp
cheat I [tʃiːt] *verb* **1** lura; ~ ***sb out of sth*** lura ngn på ngt **2** fuska, fiffla; ***she cheated on her husband*** hon bedrog sin man
II [tʃiːt] *subst* svindlare, skojare, fuskare
check I [tʃek] *subst* **1** hinder, broms **2** ***keep in*** ~ el. ***hold in*** ~ hålla i schack; ***keep a*** ~ ***on*** el. ***put a*** ~ ***on*** hålla i schack **3** kontroll [*make a* ~]; ***keep a*** ~ ***on*** hålla kontroll på **4** amer. bankterm check **5** amer. restaurangnota **6** ~ el. ~ ***pattern*** rutigt mönster
II [tʃek] *verb* **1** ~ el. ~ ***up*** kontrollera; ~ ***up on sth*** kontrollera ngt **2** tygla, hejda **3** hejda, hämma, hindra **4** amer., ~ el. ~ ***up*** stämma [*with*] **5** ~ ***in*** a) checka in på flyg hotell b) stämpla in på arbetsplats; ~ ***into a hotel*** ta in på ett hotell
checkbook ['tʃekbʊk] *subst* amer. checkhäfte
checked [tʃekt] *adj* rutig [~ *material*]
checkers ['tʃekəz] (med verb i sing.) *subst* amer. damspel
check-in ['tʃekɪn] *subst* flyg. incheckning; ~ ***counter*** incheckningsdisk
checkmate ['tʃekmeɪt] *subst* schackmatt; ~! schack och matt!
check-out ['tʃekaʊt] *subst* kassa i varuhus, snabbköp
check-up ['tʃekʌp] *subst* kontroll, undersökning
cheek I [tʃiːk] *subst* **1** kind **2** vard. fräckhet; ***what*** ~***!*** vad fräckt!; ***I like your*** ~ iron. du är inte lite fräck du!
II [tʃiːk] *verb* vard. vara fräck mot
cheekbone ['tʃiːkbəʊn] *subst* kindben
cheeky ['tʃiːkɪ] *adj* vard. fräck, uppkäftig
cheep I [tʃiːp] *verb* om småfåglar pipa
II [tʃiːp] *subst* om småfågels pip
cheer I [tʃɪə] *subst* **1** hurrarop; ***three ~s for*** ett trefaldigt (svensk motsvarighet fyrfaldigt) leve för **2** vard., ~***s!*** skål!
II [tʃɪə] *verb* **1** ~ ***up*** pigga upp, liva upp, bli gladare **2** heja på, hurra, heja; hurra för; ~ ***on*** heja på
cheerful ['tʃɪəfʊl] *adj* **1** glad, gladlynt **2** glädjande, trevlig
cheerfulness ['tʃɪəfʊlnəs] *subst* gladlynthet
cheerio [ˌtʃɪərɪ'əʊ] *interj* vard. hej då!

cheerleader
I de flesta amerikanska gymnasier finns hejarklacksgrupper, som ska få publiken i stämning vid idrottsarrangemang. Oftast är det flickor, som är klädda i skolans färger.

cheerleader ['tʃɪəˌliːdə] *subst* sport. hejarklacksledare
cheerless ['tʃɪələs] *adj* glädjelös, dyster
cheery ['tʃɪərɪ] *adj* glad, munter
cheese [tʃiːz] *subst* ost
cheetah ['tʃiːtə] *subst* djur gepard
chef [ʃef] *subst* köksmästare, kock
chemical I ['kemɪkl] *adj* kemisk
II ['kemɪkl] *subst* kemikalie
chemist ['kemɪst] *subst* **1** kemist **2** apotekare; ~ el. ***chemist's*** ungefär apotek
chemistry ['kemәstrɪ] *subst* kemi
cheque [tʃek] *subst* check
cheque book ['tʃekbʊk] *subst* checkhäfte
cherish ['tʃerɪʃ] *verb* hysa; ~ ***a hope*** hysa en förhoppning
cherry ['tʃerɪ] *subst* körsbär; ***whiteheart*** ~ bigarrå
cherub ['tʃerəb] (pl. *cherubim* ['tʃerəbɪm]) *subst* kerub
cherubic [tʃe'ruːbɪk] *adj* kerubisk, änglalik

cherubim ['tʃerəbɪm] *subst pl* av *cherub*
chervil ['tʃɜːvɪl] *subst* krydda körvel
chess [tʃes] *subst* schack; ***a game of*** ~ ett parti schack
chessboard ['tʃesbɔːd] *subst* schackbräde
chest [tʃest] *subst* **1** kista, låda; ~ ***of drawers*** byrå **2** bröst, bröstkorg; ***get sth off one's*** ~ lätta sitt hjärta
chestnut ['tʃesnʌt] *subst* kastanj
chew I [tʃuː] *verb* tugga
II [tʃuː] *subst* **1** tuggning **2** tugga
chewing-gum ['tʃuːɪŋgʌm] *subst* tuggummi
chic I [ʃiːk] *subst* stil, elegans
II [ʃiːk] *adj* chic, elegant
Chicago [ʃɪ'kɑːgəʊ]
chick [tʃɪk] *subst* **1** nykläckt kyckling **2** fågelunge **3** sl. tjej, brud
chicken I ['tʃɪkɪn] *subst* **1** kyckling, höns **2** ***don't count your*** ~***s before they are hatched*** ungefär sälj inte skinnet innan björnen är skjuten
II ['tʃɪkɪn] *adj* vard. feg, skraj
III ['tʃɪkɪn] *verb*, ~ ***out*** fegt dra sig ur
chickenpox ['tʃɪkɪnpɒks] *subst* med. vattkoppor
chickenrun ['tʃɪkɪnrʌn] *subst* hönsgård
chicory ['tʃɪkərɪ] *subst* **1** endiv **2** amer. chicorée, frisée **3** cikoria, cikoriarot
chief I [tʃiːf] *subst* **1** chef, ledare; ~ ***of staff*** stabschef **2** hövding
II [tʃiːf] *adj* **1** i titlar chef-, chefs-, huvud- [~ *editor*] **2** huvud-, förnämst, störst, ledande
chiefly ['tʃiːflɪ] *adv* framför allt, först och främst, huvudsakligen
chieftain ['tʃiːftən] *subst* ledare, hövding
chilblain ['tʃɪlbleɪn] *subst* frostknöl, kylskada
child [tʃaɪld] (pl. *children* ['tʃɪldrən]) *subst* barn; ~ ***abuse*** barnmisshandel; ~ ***benefit*** barnbidrag; ***with*** ~ gravid
childbearing ['tʃaɪldˌbeərɪŋ] *subst* barnafödande
childbirth ['tʃaɪldbɜːθ] *subst* **1** förlossning **2** ***die in*** ~ dö i barnsäng
child-care ['tʃaɪldkeə] *subst*, ~ ***worker*** barnvårdare
childhood ['tʃaɪldhʊd] *subst* barndom; ***he is in his second*** ~ han har blivit barn på nytt
childish ['tʃaɪldɪʃ] *adj* barnslig
childlike ['tʃaɪldlaɪk] *adj* barnslig, lik ett barn
childminder ['tʃaɪldˌmaɪndə] *subst* dagmamma, dagbarnvårdare
childproof ['tʃaɪldpruːf] *adj* barnsäker [~ *locks*]
children ['tʃɪldrən] *subst pl* av *child*
child-welfare ['tʃaɪldˌwelfeə] *adj* o. *subst*, ~ ***centre*** barnavårdscentral
Chile ['tʃɪlɪ]
Chilean I ['tʃɪlɪən] *subst* chilen, chilenare
II ['tʃɪlɪən] *adj* chilensk
chill I [tʃɪl] *subst* kyla, köld; ***catch a*** ~ bli förkyld; ***take the*** ~ ***off*** ljumma upp
II [tʃɪl] *verb* kyla, kyla av; ***chilled*** a) kyld b) frusen
chilli ['tʃɪlɪ] *subst* chili spansk peppar
chilly ['tʃɪlɪ] *adj* **1** kylig, kall **2** frusen
chime I [tʃaɪm] *subst* klockspel
II [tʃaɪm] *verb* **1** ringa, klinga; ***the clock chimed twelve*** klockan slog tolv **2** ~ ***in*** inflika, instämma
chimney ['tʃɪmnɪ] *subst* **1** skorsten **2** rökgång
chimney pot ['tʃɪmnɪpɒt] *subst* skorsten, skorstenspipa ovanpå taket
chimney-sweep ['tʃɪmnɪswiːp] *subst* o. **chimney-sweeper** ['tʃɪmnɪˌswiːpə] *subst* skorstensfejare, sotare
chimpanzee [ˌtʃɪmpən'ziː] *subst* schimpans
chin [tʃɪn] *subst* haka; ***he took it on the*** ~ han tog det med jämnmod
China ['tʃaɪnə] Kina
china ['tʃaɪnə] *subst* porslin
Chinatown ['tʃaɪnətaʊn] *subst* kineskvarter
Chinese I [ˌtʃaɪ'niːz] *adj* kinesisk; ~ ***chequers*** el. amer. ~ ***checkers*** kinaschack sällskapsspel; ~ ***lantern*** kulört lykta
II [ˌtʃaɪ'niːz] *subst* **1** (pl. lika) kines **2** kinesiska språket
1 chink [tʃɪŋk] *subst* **1** spricka; ***a*** ~ ***in sb's armour*** en svag (sårbar) punkt **2** springa
2 chink [tʃɪŋk] *verb* om t.ex. mynt klirra, klinga

> **chips**
> *Can I have some chips, please?*
> En engelsman och en amerikan menar olika saker när de använder ordet *chips*. Engelsmannen vill nämligen ha pommes frites och amerikanen potatischips.

chip I [tʃɪp] *subst* **1** flisa, spån, skärva; ***have a*** ~ ***on one's shoulder*** vara snarstucken **2** pl. ~***s*** a) pommes frites b) amer. potatischips **3** hack i t.ex. porslinsyta **4** sl. spelmark **5** data. chip
II [tʃɪp] (*-pp-*) *verb* **1** flisa; ***chipped potatoes*** pommes frites **2** slå en flisa ur; ***chipped*** kantstött [*a chipped cup*]

chipboard ['tʃɪpbɔːd] *subst* fibermaterial; ***a sheet of*** ~ en spånskiva
chipolata [ˌtʃɪpə'lɑːtə] *subst* ungefär prinskorv
chiropodist [kɪ'rɒpədɪst] *subst* fotvårdsspecialist
chiropody [kɪ'rɒpədɪ] *subst* fotvård
chiropractor [ˌkaɪərə'præktə] *subst* kiropraktor
chirp I [tʃɜːp] *verb* kvittra
II [tʃɜːp] *subst* kvitter
chisel I ['tʃɪzl] *subst* stämjärn
II ['tʃɪzl] (*-ll-*) *verb* hugga med stämjärn; mejsla
chit-chat ['tʃɪttʃæt] *subst* vard. småsnack; lättsam pratstund
chivalrous ['ʃɪvəlrəs] *adj* **1** chevaleresk **2** ridderlig
chivalry ['ʃɪvəlrɪ] *subst* ridderlighet
chives [tʃaɪvz] *subst pl* kok. gräslök
chlamydia [klə'mɪdɪə] *subst* med. klamydia
chloride ['klɔːraɪd] *subst* kem. klorid; ***hydrogen*** ~ väteklorid
chlorinate ['klɔːrɪneɪt] *verb* klorera
chlorine ['klɔːriːn] *subst* kem. klor, klorgas
chlorofluorocarbon ['klɔːrəʊˌflʊərə'kɑːbən] *subst* kem. freon®
chlorophyll ['klɒrəfɪl] *subst* kem. klorofyll
chock-full [ˌtʃɒk'fʊl] *adj* fullpackad, proppfull
chocolate ['tʃɒklət] *subst* choklad; ***a*** ~ en fylld chokladbit, en chokladpralin; ***a bar of*** ~ en chokladkaka; ***plain*** ~ el. amer. ***dark*** ~ mörk choklad
choice I [tʃɔɪs] *subst* **1** val; ***I have no ~ in the matter*** jag har inget annat val **2** urval, sortiment
II [tʃɔɪs] *adj* utsökt, utvald
choir ['kwaɪə] *subst* **1** kör **2** kor i kyrka
choirboy ['kwaɪəbɔɪ] *subst* korgosse
choir-singing ['kwaɪəˌsɪŋɪŋ] *subst* körsång
choke I [tʃəʊk] *verb* **1** kväva, strypa **2** kvävas, storkna **3** ~ ***off*** vard. avskräcka
II [tʃəʊk] *subst* bil. choke
cholera ['kɒlərə] *subst* med. kolera
cholesterol [kə'lestərɒl] *subst* kem. kolesterol; ~ ***count*** kolesterolhalt, kolesterolvärde
choose [tʃuːz] (*chose chosen*) *verb* **1** välja, välja ut, utkora **2** föredra **3** ha lust, vilja [*I don't ~ to work*]
choosy ['tʃuːzɪ] *adj* kinkig, kräsen
chop I [tʃɒp] (*-pp-*) *verb* **1** hugga, hacka, hacka sönder; ~ ***and change*** vela hit och dit **2** ~ ***a ball*** sport. skära en boll
II [tʃɒp] *subst* **1** hugg **2** kotlett med ben
chopper ['tʃɒpə] *subst* **1** huggare [*wood* ~] **2** köttyxa, hackkniv **3** vard. helikopter **4** vard. motorcykel med högt styre **5** ~***s*** vard. tänder
choppy ['tʃɒpɪ] *adj* sjö. gropig, krabb [*a ~ sea*]
chord [kɔːd] *subst* musik. ackord
choreographer [ˌkɒrɪ'ɒgrəfə] *subst* teat. koreograf
choreography [ˌkɒrɪ'ɒgrəfɪ] *subst* teat. koreografi
chorus ['kɔːrəs] *subst* **1** korus, kör **2** refräng **3** balett i revy
chorus girl ['kɔːrəsgɜːl] *subst* balettflicka
chose [tʃəʊz] imperf. av *choose*
chosen ['tʃəʊzn] perf. p. av *choose*
Christ [kraɪst] Kristus; ~*!* Herre Gud!
christen ['krɪsn] *verb* döpa, döpa till
Christendom ['krɪsndəm] *subst* kristenheten
christening ['krɪsnɪŋ] *subst* dop
Christian I ['krɪstʃən] *adj* kristen, kristlig; ~ ***name*** förnamn
II ['krɪstʃən] *subst* kristen
Christianity [ˌkrɪstɪ'ænətɪ] *subst* kristendom, kristendomen
Christmas ['krɪsməs] *subst* jul, julen; ~ ***box*** julklapp till brevbärare m.fl.; ~ ***cracker*** smällkaramell till jul; ~ ***decorations*** julpynt; ~ ***Eve*** julaftonen; ~ ***carol*** julsång; ~ ***present*** julklapp; ~ ***pudding*** plumpudding; ~ ***stocking*** strumpa som man stoppar julklappar i; ~ ***tree*** julgran
chrome [krəʊm] *subst* krom
chromium ['krəʊmjəm] *subst* krom metall
chromium-plated [ˌkrəʊmjəm'pleɪtɪd] *adj* förkromad
chromosome ['krəʊməsəʊm] *subst* kromosom
chronic ['krɒnɪk] *adj* kronisk
chronicle I ['krɒnɪkl] *subst* krönika
II ['krɒnɪkl] *verb* skildra
chronological [ˌkrɒnə'lɒdʒɪkl] *adj* kronologisk [*in ~ order*]
chrysanthemum [krɪ'sænθəməm] *subst* blomma krysantemum
chubby ['tʃʌbɪ] *adj* knubbig
chuck [tʃʌk] *verb* vard. slänga, kasta
chucker-out [ˌtʃʌkər'aʊt] (pl. *chuckers-out* [ˌtʃʌkəz'aʊt]) *subst* vard. utkastare
chuckle I ['tʃʌkl] *verb* skrocka
II ['tʃʌkl] *subst* skrockande
chum [tʃʌm] *subst* vard. el. ngt åld. kompis
chunk [tʃʌŋk] *subst* tjockt stycke, stor bit

church [tʃɜːtʃ] *subst* kyrka; ***go to*** ~ gå i kyrkan
churchgoer [ˈtʃɜːtʃˌɡəʊə] *subst* regelbunden kyrkobesökare
churchgoing [ˈtʃɜːtʃˌɡəʊɪŋ] *subst* kyrkobesök
churchyard [ˈtʃɜːtʃjɑːd] *subst* kyrkogård kring kyrka
churn I [tʃɜːn] *subst* **1** smörkärna **2** mjölkkanna för transport av mjölk
II [tʃɜːn] *verb* **1** kärna **2** ~ ***out*** spotta fram
chute [ʃuːt] *subst* **1** rutschbana **2** sopnedkast
chutney [ˈtʃʌtnɪ] *subst* chutney slags pickles
CIA [ˌsiːaɪˈeɪ] (förk. för *Central Intelligence Agency*) CIA den federala underrättelsetjänsten i USA
cider [ˈsaɪdə] *subst* cider
cig [sɪɡ] *subst* vard. cigg cigarett
cigar [sɪˈɡɑː] *subst* cigarr
cigarette [ˌsɪɡəˈret] *subst* cigarett
cigarette-case [ˌsɪɡəˈretkeɪs] *subst* cigarettetui
cigarette end [ˌsɪɡəˈretend] *subst* cigarettstump, fimp
cigarette holder [ˌsɪɡəˈretˌhəʊldə] *subst* cigarettmunstycke
cigarette lighter [ˌsɪɡəˈretˌlaɪtə] *subst* cigarettändare
ciggy [ˈsɪɡɪ] *subst* vard. cigg cigarett
cinder [ˈsɪndə] *subst* **1** slagg **2** pl. ~***s*** aska
Cinderella [ˌsɪndəˈrelə] Askungen
cine-camera [ˈsɪnɪˌkæmərə] *subst* filmkamera
cinema [ˈsɪnəmə] *subst* bio, biograflokal; ***go to the*** ~ gå på bio
cinemagoer [ˈsɪnəməˌɡəʊə] *subst* biobesökare
cinnamon [ˈsɪnəmən] *subst* krydda kanel
cipher [ˈsaɪfə] *subst* **1** chiffer, chifferskrift **2** vard. nolla person **3** spec. amer. siffra **4** noll
circa [ˈsɜːkə] *prep* cirka, ungefär, omkring
circle I [ˈsɜːkl] *subst* **1** cirkel i olika betydelser, ring, krets **2** teat., ***the dress*** ~ första raden; ***the upper*** ~ andra raden
II [ˈsɜːkl] *verb* kretsa runt, cirkla över
circuit [ˈsɜːkɪt] *subst* **1** elektr. krets; ~ ***card*** kretskort; ***short*** ~ kortslutning **2** turnéväg, turnérutt **3** sport. racerbana **4** sport. turnering [*golf* ~]
circular I [ˈsɜːkjʊlə] *adj* cirkelrund, cirkelformig; ~ ***letter*** cirkulär; ~ ***road*** kringfartsled, ringväg; ~ ***tour*** rundresa
II [ˈsɜːkjʊlə] *subst* cirkulär, rundskrivelse
circularize [ˈsɜːkjʊləraɪz] *verb* skicka cirkulär till
circulate [ˈsɜːkjʊleɪt] *verb* **1** låta cirkulera, sätta (vara) i omlopp **2** skicka omkring **3** cirkulera
circulation [ˌsɜːkjʊˈleɪʃən] *subst* **1** cirkulation, omlopp **2** upplaga av tidning [*a big* ~]
circumcise [ˈsɜːkəmsaɪz] *verb* omskära
circumference [səˈkʌmfərəns] *subst* omkrets
circumstance [ˈsɜːkəmstəns] *subst* omständighet, förhållande; ***in the*** ~***s*** el. ***under the*** ~***s*** under sådana omständigheter
circus [ˈsɜːkəs] *subst* **1** cirkus **2** runt torg, rund plan i namn [*Piccadilly Circus*]
cistern [ˈsɪstən] *subst* cistern, behållare, tank
citadel [ˈsɪtədl] *subst* citadell
cite [saɪt] *verb* anföra, citera
citizen [ˈsɪtɪzn] *subst* **1** medborgare **2** invånare
citizenship [ˈsɪtɪznʃɪp] *subst* medborgarskap
citrus [ˈsɪtrəs] *adj*, ~ ***fruit*** citrusfrukt
city [ˈsɪtɪ] *subst* stor stad; ***the City*** City Londons finanscentrum; ~ ***centre*** centrum
civics [ˈsɪvɪks] (med verb i sing.) *subst* samhällskunskap
civil [ˈsɪvl] *adj* **1** medborgerlig; ~ ***war*** inbördeskrig **2** hövlig **3** civil; ~ ***aviation*** civilflyg; ***Civil Defence*** civilförsvar; ~ ***servant*** statstjänsteman, tjänsteman inom civilförvaltningen; ***the Civil Service*** civilförvaltningen statsförvaltningen utom den militära o. kyrkliga
civilian I [sɪˈvɪljən] *subst* civil, civilperson
II [sɪˈvɪljən] *adj* civil; ***in*** ~ ***life*** i det civila
civilization [ˌsɪvəlaɪˈzeɪʃən] *subst* civilisation
civilize [ˈsɪvəlaɪz] *verb* civilisera
clad I [klæd] poetiskt, imperf. o. perf. p. av *clothe*
II [klæd] *adj* klädd
claim I [kleɪm] *verb* **1** fordra, kräva **2** göra anspråk på **3** göra gällande; hävda
II [kleɪm] *subst* **1** fordran, krav **2** yrkande **3** anspråk; ***lay*** ~ ***to*** göra anspråk på **4** påstående **5** rätt [*to sth* till ngt]
clam [klæm] *subst* **1** skaldjur el. ätlig mussla **2** vard. tillknäppt person, mussla
clammy [ˈklæmɪ] *adj* fuktig och klibbig
clamour I [ˈklæmə] *subst* **1** skrik, larm **2** högljudda krav
II [ˈklæmə] *verb* **1** skrika, larma **2** högljutt kräva
clamp I [klæmp] *subst* **1** krampa, klämma **2** skruvtving
II [klæmp] *verb* vard., ~ ***down on*** klämma åt [~ *down on football hooligans*]
clan [klæn] *subst* **1** klan **2** gäng

clandestine [klæn'destɪn] *adj* hemlig
clang I [klæŋ] *subst* skarp metallisk klang
II [klæŋ] *verb* klinga, klämta
clank [klæŋk] *verb* rassla, skramla
clap I [klæp] (*-pp-*) *verb* **1** klappa [*~ one's hands*] **2** klappa händerna, applådera
II [klæp] *subst* **1** handklappning, applåd **2** knall [*~ of thunder*]
claptrap ['klæptræp] *subst* vard. klyschor, tomma fraser
claret ['klærət] *subst* rödvin av bordeauxtyp
clarification [ˌklærɪfɪ'keɪʃən] *subst* klargörande, förtydligande
clarify ['klærɪfaɪ] *verb* **1** klargöra, förtydliga **2** klarna
clarinet [ˌklærɪ'net] *subst* musik. klarinett
clarinettist [ˌklærɪ'netɪst] *subst* musik. klarinettist
clarity ['klærətɪ] *subst* klarhet
clash I [klæʃ] *verb* **1** drabba samman, råka i konflikt **2** inte stämma [*with* med]; ***the colours*** ~ färgerna skär sig, färgerna passar inte ihop; ***the two programmes*** ~ de två programmen kolliderar
II [klæʃ] *subst* **1** skräll, smäll **2** sammanstötning
clasp I [klɑːsp] *subst* **1** knäppe, spänne, lås på t.ex. väska **2** omfamning **3** handslag
II [klɑːsp] *verb* omfamna, krama, hålla hårt om; ~ ***one's hands*** knäppa händerna
clasp knife ['klɑːspnaɪf] *subst* fällkniv
class I [klɑːs] *subst* **1** klass i samhället el. skol. **2** lektion; ***evening classes*** kvällskurser
II [klɑːs] *verb* **1** klassa, räknas [*as* som]; ~ ***among*** räkna bland **2** klassificera
class-conscious [ˌklɑːs'kɒnʃəs] *adj* klassmedveten
class distinction [ˌklɑːsdɪ'stɪŋkʃən] *subst* klasskillnad
classic I ['klæsɪk] *adj* klassisk
II ['klæsɪk] *subst* klassiker
classical ['klæsɪkl] *adj* klassisk [*~ music*]
classified ['klæsɪfaɪd] *adj* **1** klassificerad **2** hemligstämplad [*~ information*]
classify ['klæsɪfaɪ] *verb* **1** klassificera **2** hemligstämpla
classmate ['klɑːsmeɪt] *subst* klasskamrat
classroom ['klɑːsruːm] *subst* klassrum
clatter I ['klætə] *verb* slamra, klappra
II ['klætə] *subst* slammer [*a ~ of cutlery*], klapper [*the ~ of horses' hoofs*]
clause [klɔːz] *subst* **1** gram. sats; ***main*** ~ huvudsats **2** klausul, moment i paragraf
claustrophobia [ˌklɔːstrə'fəʊbjə] *subst* klaustrofobi, cellskräck
claw [klɔː] *subst* klo
clay [kleɪ] *subst* **1** lera, lerjord **2** i tennis grus; ~ ***court*** grusbana
clean I [kliːn] *adj* **1** ren, renlig **2** fläckfri, fullständig **3** ***make a ~ break with the past*** bryta fullständigt med det förflutna; ***come ~!*** bekänn alltsammans!; ***make a ~ sweep*** göra rent hus
II [kliːn] *adv* alldeles [*I ~ forgot*], rent, rakt, tvärt
III [kliːn] *verb* **1** göra ren, putsa, borsta [*~ shoes*] **2** städa, städa i, rensa **3** tömma, länsa [*~ one's plate*]
IV [kliːn] *verb* med adv. o. prep.
clean out rensa, tömma, städa i
clean up 1 rensa upp i, städa undan i, göra rent i **2** städa, göra rent efter sig **3** snygga till sig **4** ~ ***up your act!*** ryck upp dig!, försök att få ordning på det hela!
V [kliːn] *subst* vard. rengöring, städning, putsning
clean-cut [ˌkliːn'kʌt] *adj* klar, väl avgränsad; ~ ***features*** rena drag
cleaner ['kliːnə] *subst* **1** städerska, städare; ***send one's clothes to the the dry ~s*** skicka kläderna på kemtvätt **2** rensare [*pipe-cleaner*], renare **3** vard., ***send*** (***take***) ***sb to the ~s*** a) snuva ngn på pengar b) klå upp ngn
cleanly ['kliːnlɪ] *adv* rent
cleanse [klenz] *verb* **1** rengöra **2** rensa
clean-shaven [ˌkliːn'ʃeɪvn] *adj* slätrakad
clean-up ['kliːnʌp] *subst* **1** grundlig rengöring, uppröjning; sanering **2** utrensning
clear I [klɪə] *adj* **1** klar, ren, tydlig **2** fri [*of* från] [*~ of snow*]; klar, öppen [*~ for traffic*]; ***all ~!*** faran över! **3** hel, full [*six ~ days*]
II [klɪə] *verb* **1** klara; ~ ***the air*** rensa luften; ~ ***one's throat*** harkla sig **2** klarna, ljusna **3** befria [*of* från], göra (ta) loss, reda ut **4** rensa; ~ ***the table*** duka av; ~ ***the way*** bana väg **5** skingra sig [*the clouds cleared*] **6** klarera varor i tullen **7** täcka [*~ expenses*]; förtjäna netto **8** godkänna [*the article was cleared for publication*]
III [klɪə] *verb* med adv. o. prep.
clear away 1 röja undan, ta bort, rensa bort **2** duka av **3** dra bort, skingra sig
clear off el. **clear out 1** rensa ut, rensa bort **2** vard. sticka, dunsta; ~ ***off!*** el. ~ ***out!*** stick!
clear up 1 ordna, städa, göra rent i **2** klargöra, reda upp **3** klarna

clearance ['klɪərəns] *subst* **1** undanröjande, sanering, rensning; ***slum*** ~ slumsanering **2** tullbehandling, tullklarering **3** ~ ***sale*** utförsäljning **4** ***security*** ~ el. ~ intyg om verkställd säkerhetskontroll **5** spelrum **6** trafik. fri höjd

clear-cut [ˌklɪə'kʌt] *adj* **1** skarpt skuren, ren [~ *features*] **2** klar, entydig

clear-sighted [ˌklɪə'saɪtɪd] *adj* klarsynt

cleavage ['kli:vɪdʒ] *subst* djup urringning i t.ex. klänning

cleave [kli:v] (imperf. *cleft* el. *cleaved*, perf. p. *cleft*) *verb* klyva

cleft [kleft] imperf. o. perf. p. av *cleave*

clemency ['klemənsɪ] *subst* förbarmande, nåd

clementine ['kleməntaɪn] *subst* klementin frukt

clench [klentʃ] *verb* bita ihop [~ *one's teeth*], pressa hårt samman; ~ ***one's fist*** knyta näven

clergy ['klɜ:dʒɪ] *subst* prästerskap, präster

clergyman ['klɜ:dʒɪmən] (pl. *clergymen* ['klɜ:dʒɪmən]) *subst* präst spec. inom eng. statskyrkan

clerical ['klerɪkl] *adj* **1** prästerlig; ~ ***collar*** prästs rundkrage **2** ~ ***staff*** kontorspersonal

clerk [klɑ:k, amer. klɜ:k] *subst* **1** kontorist **2** tjänsteman på bank, domstol **3** amer. expedit i affär

clever ['klevə] *adj* **1** begåvad, intelligent **2** skicklig, duktig

cliché ['kli:ʃeɪ] *subst* klyscha, kliché

click I [klɪk] *verb* **1** knäppa till, knäppa med; ~ ***one's heels*** slå ihop klackarna **2** vard. stämma, klaffa; ***all the pieces ~ed into place*** alla bitarna föll på plats **3** trivas ihop **4** data., ~ el. ~ ***on*** klicka på

II [klɪk] *subst* knäppning

client ['klaɪənt] *subst* **1** klient **2** kund

clientele [ˌkli:ɒn'tel] *subst* **1** klientel **2** kundkrets

cliff [klɪf] *subst* **1** klippa **2** bergvägg

climacteric [ˌklaɪmæk'terɪk] *subst* fysiol. klimakterium, övergångsålder

climate ['klaɪmət] *subst* klimat

climax ['klaɪmæks] *subst* klimax, kulmen, höjdpunkt

climb I [klaɪm] *verb* **1** klättra; kliva, stiga **2** klättra uppför, klättra upp på, bestiga

II [klaɪm] *subst* **1** klättring, stigning

climber ['klaɪmə] *subst* **1** klättrare, bestigare [*mountain* ~] **2** streber

clinch I [klɪntʃ] *subst* boxn. clinch

II [klɪntʃ] *verb* **1** boxn. gå i clinch **2** avgöra [~ *an argument*] **3** göra upp [~ *a sale*]

cling [klɪŋ] (*clung clung*) *verb* **1** klänga sig fast, klamra sig fast [*to*, *on to* vid] **2** hålla sig [*to* intill]; fastna [*to* i, vid]; ~ ***to*** hålla fast vid; ~ ***together*** hålla ihop

clingfilm ['klɪŋfɪlm] *subst* plastfolie

clinic ['klɪnɪk] *subst* klinik

clinical ['klɪnɪkl] *adj* klinisk; ~ ***thermometer*** febertermometer

clink I [klɪŋk] *verb* klirra med

II [klɪŋk] *subst* klirr

1 clip I [klɪp] (*-pp-*) *verb*, ~ ***together*** fästa ihop med gem, sätta ihop med klämma

II [klɪp] *subst* **1** gem **2** klämma

2 clip [klɪp] (*-pp-*) *verb* klippa [~ *tickets*]

clique [kli:k] *subst* klick, kotteri

clit [klɪt] *subst* vard. kittlare, klitoris

clitoris ['klɪtərɪs] *subst* klitoris, kittlare

cloak [kləʊk] *subst* **1** slängkappa, mantel **2** täckmantel [*a* ~ *for terrorist activities*]

cloakroom ['kləʊkru:m] *subst* **1** kapprum, garderob; ~ ***attendant*** rockvaktmästare **2** effektförvaring **3** toalett

clock I [klɒk] *subst* **1** klocka, väggur, tornur; ***against the*** ~ i kapp med klockan (tiden); ***round the*** ~ el. ***around the*** ~ dygnet runt **2** sl. fejs ansikte

II [klɒk] *verb*, ~ ***in*** el. ~ ***on*** stämpla in på stämpelur

clocking-in [ˌklɒkɪŋ'ɪn] *adj*, ~ ***card*** stämpelkort

clock radio [ˌklɒk'reɪdɪəʊ] *subst* klockradio

clockwise ['klɒkwaɪz] *adv* medurs

clockwork ['klɒkwɜ:k] *subst* urverk; ~ ***train*** mekaniskt (uppdragbart) tåg

clod [klɒd] *subst* **1** klump av t.ex. jord, lera **2** vard. tölp, tjockskalle

clog I [klɒg] *subst* träsko

II [klɒg] (*-gg-*) *verb* täppa till, täppas till

cloister ['klɔɪstə] *subst* **1** kloster **2** klostergång

> **close**
> Lägg märke till att *close* [kləʊz] med tonande s och *close* [kləʊs] med tonlöst s har olika betydelser.

1 close I [kləʊz] *verb* **1** stänga, stängas; slå igen [~ *a book*]; sluta till; stänga av [~ *a street*]; lägga ner [~ *a factory*]; gå att stänga; ~ ***one's eyes to*** blunda för [~ *one's eyes to the danger*]; ~ ***down*** stänga,

lägga ner **2** sluta, avsluta [*~ an account; ~ a debate*]; avslutas
II [kləʊz] *verb* med adv. o. prep.
close down om t.ex. affär stänga, stängas, slå igen, läggas ner
close in komma närmare, falla på; *~ **in on*** omringa
III [kləʊz] *subst* slut [*the ~ of day*]
2 close I [kləʊs] *adj* **1** nära [*a ~ relative*], intim; ***be ~ to sb*** stå ngn nära; ***at ~ quarters*** el. ***at ~ range*** på nära håll; ***it was a ~ shave*** vard. det var nära ögat **2** tät **3** ingående, grundlig [*~ investigation*], noggrann [*~ analysis*], nära [*a ~ resemblance*] **4** kvav, kvalmig **5** mycket jämn [*a ~ contest; a ~ finish*]; ***the ~ season*** olaga tid för jakt el. fiske
II [kləʊs] *adv* tätt, nära, strax [*by, to* intill; *on, upon* efter]; *~ **together*** tätt ihop; *~ **at hand*** a) strax intill b) nära förestående; *~ **on sb's heels*** tätt i hälarna på ngn; *~ **on*** inemot, uppemot [*~ on 100*]; ***she is ~ on fifty*** hon närmar sig femtio
closed-circuit [ˈkləʊzdˌsɜːkɪt] *adj*, *~ **television*** intern-tv; se äv. *CCTV*
close-down [ˈkləʊzdaʊn] *subst* **1** nedläggning **2** sändningsslut
close-fitting [ˌkləʊsˈfɪtɪŋ] *adj* tätt åtsittande
close-knit [ˌkləʊsˈnɪt] *adj* sammanhållen [*~ family*]
closely [ˈkləʊslɪ] *adv* **1** nära [*~ related*], intimt **2** tätt [*~ packed*] **3** ingående, grundligt
close-shaven [ˌkləʊsˈʃeɪvn] *adj* slätrakad
closet [ˈklɒzɪt] *subst* **1** amer. skåp, garderob **2** latrin, toalett **3** ***come out of the ~*** a) erkänna att man är homosexuell, komma ut b) ta bladet från munnen, säga som det är
close-up [ˈkləʊsʌp] *subst* närbild
closing [ˈkləʊzɪŋ] *adj*, *~ **time*** stängningsdags
clot I [klɒt] *subst* **1** klimp, klump **2** *~ **of blood*** blodpropp
II [klɒt] (*-tt-*) *verb* klumpa sig, levra sig
cloth [klɒθ] *subst* **1** tyg **2** trasa för t.ex. putsning **3** duk
clothe [kləʊð] (*clothed clothed*, poetiskt *clad clad*) *verb* **1** klä, bekläda **2** täcka, hölja
clothes [kləʊðz] *subst pl* kläder
clothes hanger [ˈkləʊðzˌhæŋə] *subst* klädgalge
clothes line [ˈkləʊðzlaɪn] *subst* klädstreck
clothes peg [ˈkləʊðzpeg] *subst* **1** klädnypa **2** klädhängare
clothespin [ˈkləʊðzpɪn] *subst* amer., se *clothes peg 1*
clothing [ˈkləʊðɪŋ] *subst* **1** beklädnad **2** kläder
cloud I [klaʊd] *subst* moln; ***be in the ~s*** el. ***have one's head in the ~s*** vara i det blå
II [klaʊd] *verb*, *~* el. *~ **over*** höljas i moln, mulna
cloudberry [ˈklaʊdbərɪ] *subst* hjortron
cloudburst [ˈklaʊdbɜːst] *subst* skyfall
cloudy [ˈklaʊdɪ] *adj* molnig, mulen
clove [kləʊv] *subst* kok. el. bot. kryddnejlika
clover [ˈkləʊvə] *subst* klöver; ***he is in ~*** han har kommit på grön kvist
clown I [klaʊn] *subst* clown, pajas
II [klaʊn] *verb*, *~ **about*** el. *~* spela pajas, spexa
club I [klʌb] *subst* **1** klubba, grov påk **2** kortsp. klöverkort; pl. ***~s*** klöver **3** klubb
II [klʌb] (*-bb-*) *verb* klubba till (ned); *~ **together*** dela kostnaderna lika
cluck I [klʌk] *verb* skrocka
II [klʌk] *subst* skrockande
clue [kluː] *subst* ledtråd, spår; ***~s across*** i korsord vågräta ord; ***~s down*** lodräta ord; ***I haven't a ~*** vard. det har jag ingen aning om; ***he hasn't a ~*** vard. han är korkad
clumsy [ˈklʌmzɪ] *adj* klumpig, tafatt
clung [klʌŋ] imperf. o. perf. p. av *cling*
cluster I [ˈklʌstə] *subst* klunga, klase
II [ˈklʌstə] *verb* klunga ihop sig
clutch I [klʌtʃ] *verb* **1** gripa tag i, hålla hårt om **2** gripa [*at* efter]
II [klʌtʃ] *subst* **1** tekn. koppling; bil. kopplingspedal; *~ **plate*** kopplingslamell **2** pl. ***clutches*** klor; ***get into sb's clutches*** råka i klorna på ngn
clutter [ˈklʌtə] *verb*, *~ **up*** el. *~* belamra, skräpa ned i (på)
cm. (förk. för *centimetre, centimetres*) cm
Co. 1 [kəʊ, ˈkʌmpənɪ] (förk. för *Company*) Co. företag [*Smith & Co.*]
c/o 1 (förk. för *care of*) på brev c/o, adress [*c/o Smith*]
coach I [kəʊtʃ] *subst* **1** turistbuss, långfärdsbuss **2** järnv. personvagn **3** galavagn, kaross **4** privatlärare, handledare **5** sport. tränare
II [kəʊtʃ] *verb* **1** ge privatlektioner, förbereda [*for* till examen; *in* i ämne] **2** träna
coachwork [ˈkəʊtʃwɜːk] *subst* karosseri
coagulate [kəʊˈægjʊleɪt] *verb* koagulera
coal [kəʊl] *subst* kol, spec. stenkol; ***carry ~s to Newcastle*** ge bagarbarn bröd
coalbin [ˈkəʊlbɪn] *subst* kolbox

coalfield ['kəʊlfiːld] *subst* kolfält
coalfish ['kəʊlfɪʃ] *subst* gråsej
coalition [ˌkəʊə'lɪʃən] *subst* **1** sammanslutning, förening **2** koalition; ~ ***government*** samlingsregering
coalmine ['kəʊlmaɪn] *subst* kolgruva
coalminer ['kəʊlˌmaɪnə] *subst* kolgruvearbetare
coalmining ['kəʊlˌmaɪnɪŋ] *subst* kolbrytning
coalpit ['kəʊlpɪt] *subst* kolgruva
coal tit ['kəʊltɪt] *subst* fågel svartmes
coarse [kɔːs] *adj* **1** grov [*~ sand*] **2** rå, ohyfsad
coast I [kəʊst] *subst* kust
II [kəʊst] *verb* på cykel rulla (glida) nedför utan att trampa; i bil rulla (glida) nedför med kopplingen ur
coastguard ['kəʊstgɑːd] *subst* medlem av sjöräddningen (kustbevakningen)
coat I [kəʊt] *subst* **1** rock, kappa **2** kavaj **3** ~ ***of arms*** vapensköld, vapen **4** på djur päls **5** lager, skikt; ***apply a ~ of paint to*** stryka färg på
II [kəʊt] *verb* täcka, belägga, bestryka
coated ['kəʊtɪd] *adj* belagd [*~ tongue*]
coat hanger ['kəʊtˌhæŋə] *subst* rockhängare, galge
coax [kəʊks] *verb* **1** lirka med **2** övertala
cobbled ['kɒbld] *adj* kullerstensbelagd; ~ ***street*** kullerstensgata
cobblestone ['kɒblstəʊn] *subst* kullersten
cobra ['kəʊbrə, 'kɒbrə] *subst* kobra; ***Indian*** ~ glasögonorm
cobweb ['kɒbweb] *subst* spindelnät, spindelväv
Coca-Cola® [ˌkəʊkə'kəʊlə] *subst* Coca-Cola®
cocaine [kə'keɪn] *subst* kokain
cock I [kɒk] *subst* **1** tupp **2** spec. i sammansättningar hanne av fåglar [*~ robin*] **3** kran, pip, tapp **4** hane på gevär; ***at half ~*** på halvspänn **5** vulg. kuk
II [kɒk] *verb* **1** sticka rätt upp; ~ ***one's ears*** spetsa öronen **2** spänna hanen på, osäkra [*~ the trigger of a gun*]
cock-a-doodle-doo ['kɒkəˌduːdl'duː] *interj* kuckeliku
cock-and-bull [ˌkɒkən'bʊl] *adj*, ~ ***story*** vard. rövarhistoria
cocker spaniel [ˌkɒkə'spænjəl] *subst* cockerspaniel
cock-eyed ['kɒkaɪd] *adj* **1** vindögd **2** sned [*the picture is ~*] **3** knäpp, galen; ***it's all ~*** det är uppåt väggarna
cockle ['kɒkl] *subst* hjärtmussla

> **cockney**
> En *cockney* är en infödd Londonbo som talar en särskild Londondialekt. Det sägs att bara den som är född så nära att han kan höra klockorna, *Bow Bells*, i kyrkan *St Mary-le-Bow*, räknas som en riktig *cockney*.

cockney ['kɒknɪ] *subst* **1** cockney londonbo som talar londondialekten **2** cockney londondialekten [*~ accent*]
cockpit ['kɒkpɪt] *subst* cockpit, förarkabin
cockroach ['kɒkrəʊtʃ] *subst* kackerlacka
cock sparrow [ˌkɒk'spærəʊ] *subst* fågel sparvhane
cocksure [ˌkɒk'ʃʊə] *adj* tvärsäker; självsäker, stöddig
cocktail ['kɒkteɪl] *subst* cocktail; ~ ***cabinet*** barskåp; ~ ***lounge*** cocktailbar
cocky ['kɒkɪ] *adj* vard. stöddig, kaxig
cocoa ['kəʊkəʊ] *subst* **1** kakao **2** choklad som dryck
coconut ['kəʊkənʌt] *subst* kokosnöt; ~ ***matting*** kokosmatta
COD [ˌsiːəʊ'diː] (förk. för *cash on delivery*, amer. *collect on delivery*) mot efterkrav, mot postförskott
cod [kɒd] *subst* fisk torsk; ***dried*** ~ kabeljo
code I [kəʊd] *subst* **1** kod, chifferspråk **2** ***dialling*** ~ el. amer., ***area*** ~ tele. riktnummer; ***international*** ~ tele. landsnummer
II [kəʊd] *verb* koda, chiffrera
codeine ['kəʊdiːn] *subst* kodein
codfish ['kɒdfɪʃ] *subst* torsk
codify ['kəʊdɪfaɪ] *verb* kodifiera
cod-liver, ~ ***oil*** [ˌkɒdlɪvər'ɔɪl] fiskleverolja
coerce [kəʊ'ɜːs] *verb* tvinga [*into* till]
coercion [kəʊ'ɜːʃn] *subst* tvång
coexistence [ˌkəʊɪg'zɪstəns] *subst* **1** samtidig förekomst **2** samlevnad [*peaceful ~*]
coffee ['kɒfɪ] *subst* kaffe
coffee bar ['kɒfɪbɑː] *subst* cafeteria
coffee break ['kɒfɪbreɪk] *subst* kaffepaus
coffee-grinder ['kɒfɪˌgraɪndə] *subst* kaffekvarn
coffee grounds ['kɒfɪgraʊndz] *subst pl* kaffesump
coffee pot ['kɒfɪpɒt] *subst* kaffekanna, kaffepanna
coffee table ['kɒfiːˌteɪbl] *subst* soffbord

coffin ['kɒfɪn] *subst* likkista
cog [kɒg] *subst* kugge
cogitate ['kɒdʒɪteɪt] *verb* tänka, fundera
cognac ['kɒnjæk] *subst* äkta konjak
cohabit [kəʊ'hæbɪt] *verb* sammanbo
cohabitant [ˌkəʊ'hæbɪtənt] *subst* sambo
coherence [kə'hɪərəns] *subst* sammanhang
coherent [kə'hɪərənt] *adj* sammanhängande, följdriktig
cohesion [kə'hiːʒən] *subst* sammanhållande kraft
coiffure [kwɑː'fjʊə] *subst* frisyr
coil I [kɔɪl] *verb*, ~ el. ~ ***up*** rulla ihop, ringla ihop
II [kɔɪl] *subst* rulle, rörspiral
coin I [kɔɪn] *subst* mynt, slant
II [kɔɪn] *verb* **1** mynta, prägla **2** mynta, bilda, skapa [~ *a word*]
coinage ['kɔɪnɪdʒ] *subst* myntsystem, myntsort
coincide [ˌkəʊɪn'saɪd] *verb* **1** sammanfalla **2** stämma överens
coincidence [kəʊ'ɪnsɪdəns] *subst* sammanträffande, tillfällighet
coitus ['kəʊɪtəs] *subst* spec. med. samlag
coke [kəʊk] *subst* koks
Coke® [kəʊk] *subst* vard. Coca-Cola®
colander ['kʌləndə, 'kɒləndə] *subst* durkslag grov sil
cold I [kəʊld] *adj* kall, frusen; ***I feel*** ~ jag fryser
II [kəʊld] *subst* **1** köld, kyla **2** förkylning; ***catch a*** ~ bli förkyld **3** ***give sb the*** ~ ***shoulder*** behandla ngn som luft
cold-blooded ['kəʊldˌblʌdɪd] *adj* kallblodig [~ *murder*]
cold storage [ˌkəʊld'stɔːrɪdʒ] *subst* kylförvaring
coleslaw ['kəʊlslɔː] *subst* vitkålssallad med majonnäsdressing
colic ['kɒlɪk] *subst* med. kolik
collaborate [kə'læbəreɪt] *verb* samarbeta
collaboration [kəˌlæbə'reɪʃən] *subst* samarbete
collaborator [kə'læbəreɪtə] *subst* medarbetare
collapse I [kə'læps] *subst* **1** kollaps, sammanbrott **2** sammanstörtande, ras
II [kə'læps] *verb* **1** kollapsa, klappa ihop **2** störta samman, rasa
collapsible [kə'læpsəbl] *adj* hopfällbar
collar ['kɒlə] *subst* **1** krage **2** halsband t.ex. på hund
collar bone ['kɒləbəʊn] *subst* anat. nyckelben
collate [kə'leɪt] *verb* kollationera
colleague ['kɒliːg] *subst* kollega, arbetskamrat
collect [kə'lekt] *verb* **1** samla, samla in, samla ihop **2** samlas, samla sig, hopas **3** hämta
collect call [kə'lektkɔːl] *subst* amer. tele. samtal som betalas av mottagaren
collected [kə'lektɪd] *adj* **1** samlad; ~ ***works*** samlade verk
collection [kə'lekʃən] *subst* **1** samlande, hopsamling, insamling **2** tömning av brevlåda **3** samling [~ *of books*]
collector [kə'lektə] *subst* samlare
college ['kɒlɪdʒ] *subst* **1** internatskola, college **2** fackskola, fackhögskola; ~ ***of education*** lärarhögskola **3** skola, institut; ~ ***of further education*** skola för vidareutbildning **4** amer.: slags högskola som är ett internat, ibland universitet
collide [kə'laɪd] *verb* kollidera, krocka
collie ['kɒlɪ] *subst* collie hundras
collier ['kɒlɪə] *subst* kolgruvearbetare
colliery ['kɒljərɪ] *subst* kolgruva
collision [kə'lɪʒən] *subst* kollision, sammanstötning, krock
colloquial [kə'ləʊkwɪəl] *adj* om språk vardaglig, talspråksaktig
Cologne I [kə'ləʊn] Köln
II [kə'ləʊn] *subst*, ***cologne*** se *eau-de-Cologne*
Colombia [kə'lɒmbɪə]
Colombian I [kə'lɒmbɪən] *subst* colombian
II [kə'lɒmbɪən] *adj* colombiansk
colon ['kəʊlən] *subst* **1** skiljetecken i skrift kolon **2** med. tjocktarm, grovtarm
colonel ['kɜːnl] *subst* överste
colonial [kə'ləʊnjəl] *adj* kolonial
colonize ['kɒlənaɪz] *verb* kolonisera
colonizer ['kɒlənaɪzə] *subst* kolonisatör
colony ['kɒlənɪ] *subst* **1** koloni **2** nybygge
color ['kʌlə] *subst* o. *verb* amer., se *colour*
coloratura [ˌkɒlərə'tʊərə] *subst* musik. koloratur [~ *soprano*]
colossal [kə'lɒsl] *adj* kolossal, väldig
colossus [kə'lɒsəs] *subst* koloss
colour I ['kʌlə] *subst* **1** färg, kulör **2** pl. ~***s*** a) ett lags färger; klubbdräkt b) flagga, fana; ***join the*** ~***s*** ta värvning; ***come off with flying*** ~***s*** klara sig med glans; ***show one's true*** ~***s*** visa sitt rätta ansikte; ***see sth in its true*** ~***s*** se ngt i dess rätta ljus
II ['kʌlə] *verb* **1** färga, måla, färglägga **2** få färg; ~ el. ~ ***up*** rodna
colour-blind ['kʌləblaɪnd] *adj* färgblind
colourful ['kʌləfʊl] *adj* färgrik, färgstark
colt [kəʊlt] *subst* hingst föl

coltsfoot ['kəʊltsfʊt] (pl. *~s*) *subst* blomma tussilago
columbine ['kɒləmbaɪn] *subst* blomma akleja
column ['kɒləm] *subst* **1** kolonn, pelare **2** kolumn, spalt
columnist ['kɒləmnɪst] *subst* kåsör, kolumnist, krönikör
coma ['kəʊmə] *subst* med. koma medvetslöshet
comb I [kəʊm] *subst* kam
II [kəʊm] *verb* kamma; *~* ***out*** el. *~* bildl. finkamma
combat I ['kɒmbæt] *subst* kamp, strid
II ['kɒmbæt] *verb* bekämpa
combatant ['kɒmbətənt] *subst* stridande
combination [ˌkɒmbɪ'neɪʃən] *subst* **1** kombination, sammanställning **2** sammanslutning, förening
combine I [kəm'baɪn] *verb* **1** ställa samman, förena, kombinera **2** förena sig; samverka
II ['kɒmbaɪn] *subst* sammanslutning
combustible [kəm'bʌstəbl] *adj* lättantändlig
combustion [kəm'bʌstʃən] *subst* förbränning; ***internal ~ engine*** förbränningsmotor
come I [kʌm] (*came come*) *verb* **1** komma **2** *~*, *~!* el. *~* ***now!*** a) se så!, så ja! b) försök inte!; *~* ***easy to sb*** gå lätt för ngn.; *~* ***loose*** lossna; *~* ***undone*** el. *~* ***untied*** gå upp, lossna; *~* ***what may*** hända vad som hända vill; ***how ~ ?*** hur kommer det sig?; ***in days to ~*** under kommande dagar **3** *~* ***to*** + inf. a) komma för att [*he has ~ here to work*] b) komma att [*I've ~ to hate this*]; *~* ***to think of it*** när man tänker efter **4** vard., *~* ***it over*** spela herre över; ***don't ~ it with me!*** försök inte med mig!
II [kʌm] (*came come*) *verb* med adv. o. prep.
come about ske, hända, gå till
come across 1 komma över **2** träffa på
come along 1 komma med, gå med; *~* ***along!*** kom nu! **2** ta sig [*the garden is coming along*], arta sig
come by 1 komma förbi **2** få tag i, komma över
come down 1 komma ner, gå ner **2** *~* ***down to*** kunna reduceras till [*it ~s down to this*] **3** *~* ***down in favour of*** ta ställning för
come forward 1 träda fram, stiga fram **2** erbjuda sig; *~* ***forward with a proposal*** lägga fram ett förslag
come from 1 komma ifrån, vara ifrån; ***coming from you that's a compliment*** för att komma från dig är det en komplimang **2** komma sig av [*that ~s from being so impatient*]
come in 1 komma in, komma i mål **2** *~* ***in handy*** el. *~* ***in useful*** komma väl till pass **3** *~* ***in for*** få del av, få, få sig
come into 1 få ärva [*~ into a fortune*] **2** *~* ***into fashion*** komma på modet; *~* ***into play*** träda i verksamhet; spela in; *~* ***into power*** komma till makten; *~* ***into the world*** komma till världen
come of 1 komma sig av [*this ~s of carelessness*]; ***no good will ~ of it*** det kommer inte att leda till något gott; ***that's what ~s of your lying!*** där har du för att du ljuger! **2** härstamma från; ***he ~s of a good family*** han är av god familj
come off 1 gå ur, lossna från **2** ramla av, ramla ner **3** *~* ***off it!*** vard. lägg av! **4** äga rum, bli av **5** lyckas; avlöpa, gå [*did everything ~ off all right?*] **6** klara sig [*he came off best*]
come on 1 komma, närma sig **2** träda fram **3** bryta in, falla på [*night came on*] **4** ta sig, utveckla sig **5** *~* ***on!*** a) kom nu!, skynda på! b) sport. heja! [*~ on you Spurs!*] c) kom om du törs!
come out 1 komma ut **2** *~* ***out on strike*** gå i strejk **3** gå ur [*these stains won't ~ out*] **4** komma i dagen, komma fram **5** visa sig, visa sig vara [*~ out all right*] **6** rycka ut [*~ out in defence of sb*] **7** *~* ***out at*** bli, uppgå till [*it ~s out at £50*]
come over 1 komma över **2** känna sig, bli; ***she came over a bit queer*** hon kände sig lite konstig **3** ***what had ~ over her?*** vad gick det åt henne?
come round 1 komma över, titta in; *~* ***round and see sb*** komma och hälsa på ngn **2** kvickna till
come to 1 komma till, nå **2** kvickna till **3** ***whatever are we coming to?*** vad ska det bli av oss?, var ska det sluta?; ***he had it coming to him*** vard. han hade sig själv att skylla **4** belöpa sig till, komma (gå) på; ***how much does it ~ to?*** hur mycket blir det? **5** leda till; *~* ***to nothing*** gå om intet; ***it ~s to the same thing*** det kommer på ett ut; ***when it ~s to it*** när det kommer till kritan
come up 1 komma upp, komma fram, dyka upp **2** komma på tal **3** *~* ***up against*** kollidera med, råka ut för **4** *~* ***up to*** nå (räcka) upp till, uppgå till, motsvara, uppfylla **5** *~* ***up with*** komma med [*~ up with a new suggestion*]

comeback ['kʌmbæk] *subst* comeback [*make a ~*]
comedian [kə'miːdjən] *subst* komiker
comedienne [kəˌmiːdɪ'en] *subst* komedienn
come-down ['kʌmdaʊn] *subst* steg nedåt spec. socialt
comedy ['kɒmədɪ] *subst* komedi, lustspel
comer ['kʌmə] *subst*, ***all ~s*** alla som ställer upp
comet ['kɒmɪt] *subst* astron. komet
comfort I ['kʌmfət] *subst* **1** tröst, lättnad **2** ~ pl. **~s** komfort, bekvämligheter, välbefinnande
II ['kʌmfət] *verb* trösta; ***be comforted*** låta trösta sig
comfortable ['kʌmfətəbl] *adj* **1** bekväm, komfortabel; ***be ~*** el. ***feel ~*** ha det bekvämt **2** som har det bra; ***a ~ lead*** en trygg ledning; ***by a ~ margin*** med god marginal
comfort-eater ['kʌmfətˌiːtə] *subst* tröstätare
comforter ['kʌmfətə] *subst* **1** tröstare **2** spec. amer. yllehalsduk **3** tröstnapp **4** amer. täcke, duntäcke
comic I ['kɒmɪk] *adj* **1** komisk; ***~ opera*** operett; ***~ paper*** skämttidning, serietidning; ***~ strip*** skämtserie; ***~ strip character*** seriefigur **2** komedi
II ['kɒmɪk] *subst* **1** skämttidning, serietidning **2** skämtserie; ***the ~s*** serierna i dagstidning **3** komiker på varieté
comical ['kɒmɪkl] *adj* komisk, festlig
coming I ['kʌmɪŋ] *adj* **1** kommande, förestående **2** lovande; ***~ man*** framtidsman
II ['kʌmɪŋ] *subst* **1** ankomst **2** pl. ***~s and goings*** spring ut och in, folk som kommer och går
comma ['kɒmə] *subst* kommatecken
command I [kə'mɑːnd] *verb* **1** befalla **2** kommendera, ha befälet över **3** förfoga över **4** erbjuda utsikt över **5** betinga ett pris
II [kə'mɑːnd] *subst* **1** befallning; mil. order, kommando [*at his ~*] **2** herravälde; ***have a good ~ of a language*** behärska ett språk bra **3** befäl [*under the ~ of*], kommendering; ***take ~ of*** ta befälet över; ***in ~*** befälhavande; ***be in ~*** föra befälet [*of* över]
commandant [ˌkɒmən'dænt] *subst* kommendant; befälhavare
commander [kə'mɑːndə] *subst* befälhavare
commander-in-chief [kəˌmɑːndərɪn'tʃiːf] (pl. *commanders-in-chief* [kəˌmɑːndəzɪn'tʃiːf]) *subst* överbefälhavare
commanding [kə'mɑːndɪŋ] *adj* **1** befälhavande; ***~ officer*** mil. chef, befälhavare **2** imponerande [*~ appearance*]
commandment [kə'mɑːndmənt] *subst* bud, budord; ***the ten ~s*** tio Guds bud, de tio budorden
commando [kə'mɑːndəʊ] (pl. *~s*) *subst* **1** kommandotrupp **2** kommandosoldat
commemorate [kə'meməreɪt] *verb* fira (hedra) minnet av
commemoration [kəˌmemə'reɪʃən] *subst* åminnelse, firande; ***in ~ of*** till åminnelse av
commence [kə'mens] *verb* börja, inleda
commencement [kə'mensmənt] *subst* **1** början, inledning **2** amer. skol., ungefär avslutning; univ. utdelning av diplom m.m., vid avslutning
commend [kə'mend] *verb* lovorda, prisa
commendable [kə'mendəbl] *adj* lovvärd
comment I ['kɒment] *subst* kommentar, anmärkning; ***no ~!*** inga kommentarer!
II ['kɒment] *verb*, ***~ on*** a) kommentera b) kritisera
commentary ['kɒməntrɪ] *subst* **1** kommentar [*on* till] **2** referat, reportage
commentate ['kɒmenteɪt] *verb*, ***~ on*** kommentera, referera
commentator ['kɒmenteɪtə] *subst* kommentator
commerce ['kɒmɜːs] *subst* handel
commercial I [kə'mɜːʃl] *adj* kommersiell; ***~ break*** tv. el. radio. avbrott för reklam, reklampaus; ***~ television*** reklam-tv; ***~ traffic*** yrkestrafik
II [kə'mɜːʃl] *subst* i radio el. tv reklaminslag
commercialize [kə'mɜːʃəlaɪz] *verb* kommersialisera
commission I [kə'mɪʃən] *subst* **1** uppdrag, order **2** spec. mil. officersfullmakt **3** hand. provision **4** kommission
II [kə'mɪʃən] *verb* **1** ge officersfullmakt; ***commissioned officer*** officer **2** beställa [*~ a portrait*]
commissionaire [kəˌmɪʃə'neə] *subst* vaktmästare, dörrvakt på t.ex. biograf, varuhus
commit [kə'mɪt] (*-tt-*) *verb* **1** begå [*~ a crime; ~ an error*], föröva **2** anförtro [*to* åt]; ***~ to memory*** lägga på minnet, lära sig utantill; ***~ to paper*** skriva ned **3** ***~ oneself*** ta ställning, binda sig, åta sig [*~ oneself to*]
commitment [kə'mɪtmənt] *subst* **1** åtagande, förpliktelse **2** t.ex. polit. engagemang [*to* i]

committed [kə'mɪtɪd] *adj* engagerad, bunden
committee [kə'mɪtɪ] *subst* **1** kommitté, utredning; ***standing*** ~ ständigt utskott **2** styrelse i t.ex. förening
commodity [kə'mɒdətɪ] *subst* handelsvara
common I ['kɒmən] *adj* **1** gemensam **2** vanlig, allmän, gängse; ***it's common knowledge*** det är allmänt känt; ***the ~ man*** den enkle medborgaren; ***the ~ people*** gemene man; ~ ***or garden*** vard. helt vanlig [*a ~ or garden sparrow*] **3** vulgär, tarvlig
II ['kɒmən] *subst* **1** allmänning; ***in ~*** gemensamt; ***interests in ~*** gemensamma intressen
commonly ['kɒmənlɪ] *adv* **1** vanligen, allmänt **2** vanligt
commonplace I ['kɒmənpleɪs] *subst* banalitet, plattityd
II ['kɒmənpleɪs] *adj* vardaglig, banal
common room ['kɒmənruːm] *subst* skol. personalrum
commons ['kɒmənz] *subst*, ***the House of Commons*** el. ***the Commons*** underhuset i parlamentet
commonsense ['kɒmənsens] *adj* förnuftig [*a ~ idea*]
common sense [ˌkɒmən'sens] *subst* sunt förnuft
commonwealth ['kɒmənwelθ] *subst*, ***the Commonwealth*** Samväldet
commotion [kə'məʊʃən] *subst* tumult, uppståndelse
communal ['kɒmjʊnl, kə'mjuːnl] *adj* gemensam; ~ ***aerial*** el. ~ ***antenna*** centralantenn
communicate [kə'mjuːnɪkeɪt] *verb* meddela; ~ ***with*** sätta sig i förbindelse med, kommunicera med
communication [kəˌmjuːnɪ'keɪʃən] *subst* **1** meddelande **2** kommunikation, förbindelse; ***means of ~*** kommunikationsmedel
communicative [kə'mjuːnɪkətɪv] *adj* meddelsam, öppenhjärtig
communion [kə'mjʊnjən] *subst* **1** ***Holy ~*** nattvard **2** gemenskap
communiqué [kə'mjuːnɪkeɪ] *subst* kommuniké
Communism ['kɒmjʊnɪzəm] *subst* kommunism
Communist I ['kɒmjʊnɪst] *subst* kommunist
II ['kɒmjʊnɪst] *adj* kommunistisk
community [kə'mjuːnətɪ] *subst* **1** ***the ~*** det allmänna, samhället; ~ ***service*** samhällstjänst **2** samfund [*a religious ~*] **3** ~ ***singing*** allsång
commute [kə'mjuːt] *verb* trafik. pendla
commuter [kə'mjuːtə] *subst* trafik. pendlare; ~ ***train*** pendeltåg
compact I ['kɒmpækt] *subst* liten puderdosa
II [kəm'pækt] *adj* kompakt, tätt packad
compact disc [ˌkɒmpækt'dɪsk] *subst* CD-skiva
companion [kəm'pænjən] *subst* **1** följeslagare, kamrat **2** handbok [*The Gardener's Companion*]
companionship [kəm'pænjənʃɪp] *subst* kamratskap, sällskap
company ['kʌmpənɪ] *subst* **1** sällskap; ***part ~ with*** skiljas från **2** främmande, besök [*expect ~*] **3** hand. bolag, företag, kompani **4** mil. kompani
comparable ['kɒmpərəbl] *adj* jämförlig, jämförbar [*to* med]
comparative I [kəm'pærətɪv] *adj* **1** komparativ, jämförande **2** gram. komparativ; ***the ~ degree*** komparativen **3** relativ [*in ~ comfort*]
II [kəm'pærətɪv] *subst* gram. komparativ
comparatively [kəm'pærətɪvlɪ] *adv* jämförelsevis, relativt
compare I [kəm'peə] *verb* **1** jämföra; ~ ***to*** jämföra med, likna vid; ~ ***with*** jämföra med, göra en jämförelse mellan **2** kunna jämföras, kunna jämställas **3** gram. komparera
II [kəm'peə] *subst*, ***beyond*** ~ utan jämförelse
comparison [kəm'pærɪsn] *subst* jämförelse; ***beyond*** ~ utan jämförelse; ***there is no ~ between them*** de går inte att jämföra
compartment [kəm'pɑːtmənt] *subst* **1** avdelning, fack, rum **2** järnv. kupé; ***driver's*** ~ förarhytt
compass ['kʌmpəs] *subst* **1** kompass; ***point of the ~*** kompasstreck, väderstreck; ***take a ~ bearing*** ta bäring **2** pl. ***compasses*** passare; ***a pair of compasses*** en passare
compassion [kəm'pæʃən] *subst* medlidande
compassionate [kəm'pæʃənət] *adj* medlidsam
compatible [kəm'pætəbl] *adj* **1** förenlig, överensstämmande **2** tekn. kompatibel
compatriot [kəm'pætrɪət] *subst* landsman
compel [kəm'pel] (*-ll-*) *verb* tvinga
compendium [kəm'pendjəm] *subst* kompendium
compensate ['kɒmpenseɪt] *verb* **1** ~ ***sb for***

kompensera ngn för, ersätta ngn för **2** ~ ***for*** kompensera, uppväga

compensation [ˌkɒmpen'seɪʃən] *subst* **1** kompensation **2** skadestånd

compete [kəm'piːt] *verb* **1** tävla, konkurrera **2** delta [~ *in a race*]

competent ['kɒmpətənt] *adj* kompetent, duglig

competition [ˌkɒmpə'tɪʃən] *subst* **1** konkurrens, tävlan **2** tävling

competitive [kəm'petətɪv] *adj* **1** konkurrenskraftig [~ *prices*] **2** tävlings-, konkurrensbetonad

competitor [kəm'petɪtə] *subst* **1** sport. tävlande, medtävlare **2** konkurrent

complacent [kəm'pleɪsnt] *adj* självbelåten

complain [kəm'pleɪn] *verb* klaga, beklaga sig [*of, about* över]

complaint [kəm'pleɪnt] *subst* **1** klagomål **2** åkomma, sjukdom

complement I ['kɒmplɪment] *subst* **1** komplement **2** ***full*** ~ fullt antal; ***a full*** ~ ***of teeth*** en hel uppsättning tänder **3** gram. predikatsfyllnad

II ['kɒmplɪment] *verb* komplettera

complete I [kəm'pliːt] *adj* **1** komplett, fullständig [*a* ~ *stranger*] **2** avslutad, färdig **3** fullkomlig

II [kəm'pliːt] *verb* **1** avsluta, slutföra, fullborda **2** komplettera, göra fullständig **3** fylla i [~ *a form*]

complex I ['kɒmpleks] *adj* sammansatt, komplicerad, invecklad

II ['kɒmpleks] *subst* komplex

complexion [kəm'plekʃən] *subst* hy, ansiktsfärg

complexity [kəm'pleksətɪ] *subst* komplexitet

complicate ['kɒmplɪkeɪt] *verb* komplicera

complicated ['kɒmplɪkeɪtɪd] *adj* komplicerad, invecklad

complication [ˌkɒmplɪ'keɪʃən] *subst* komplikation

complicity [kəm'plɪsɪtɪ] *subst* delaktighet i t.ex. brott

compliment I ['kɒmplɪment] *subst* **1** komplimang **2** pl. ~***s*** hälsningar; ***my*** ~***s to your wife*** hälsa din fru

II ['kɒmplɪment] *verb* komplimentera [*on* för]

complimentary [ˌkɒmplɪ'mentrɪ] *adj* **1** berömmande, smickrande **2** ~ ***ticket*** fribiljett, gratisbiljett

comply [kəm'plaɪ] *verb* ge efter, foga sig; ~ ***with*** rätta sig efter, lyda [~ *with the rules*]

component I [kəm'pəʊnənt] *adj*, ~ ***part*** beståndsdel

II [kəm'pəʊnənt] *subst* komponent, beståndsdel

compose [kəm'pəʊz] *verb* **1** bilda, utgöra; ***be composed of*** bestå av **2** musik. komponera, tonsätta **3** konst. komponera **4** utarbeta, sätta ihop [~ *a speech*]

composed [kəm'pəʊzd] *adj* lugn, samlad

composer [kəm'pəʊzə] *subst* musik. kompositör, tonsättare

composite ['kɒmpəzɪt] *adj* sammansatt; ~ el. ~ ***sketch*** amer. fantombild

composition [ˌkɒmpə'zɪʃən] *subst* **1** sammansättning **2** musik. komposition **3** skol. uppsats

compost ['kɒmpɒst] *subst* kompost

composure [kəm'pəʊʒə] *subst* fattning, lugn

compound I ['kɒmpaʊnd] *adj* sammansatt; ~ ***interest*** ränta på ränta

II ['kɒmpaʊnd] *subst* **1** sammansättning **2** kem. förening **3** gram. sammansatt ord, sammansättning **4** inhägnad

comprehend [ˌkɒmprɪ'hend] *verb* begripa, förstå

comprehensible [ˌkɒmprɪ'hensəbl] *adj* begriplig

comprehension [ˌkɒmprɪ'henʃən] *subst* **1** fattningsförmåga **2** förståelse; ***listening*** ~ hörförståelse; ***reading*** ~ läsförståelse

comprehensive [ˌkɒmprɪ'hensɪv] *adj* **1** omfattande, allsidig; ~ ***insurance*** allriskförsäkring; ~ ***car insurance*** helförsäkring för motorfordon **2** ~ ***school*** el. ~ ungefär grund- och gymnasieskola för elever över 11 år

compress I [kəm'pres] *verb* **1** trycka ihop, pressa samman **2** tekn. el. data. komprimera

II ['kɒmpres] *subst* kompress, vått omslag

comprise [kəm'praɪz] *verb* omfatta, innefatta, inbegripa; ***be comprised of*** bestå av

compromise I ['kɒmprəmaɪz] *subst* kompromiss

II ['kɒmprəmaɪz] *verb* **1** kompromissa **2** kompromettera

compromising ['kɒmprəmaɪzɪŋ] *adj* **1** kompromissvillig **2** komprometterande

compulsion [kəm'pʌlʃən] *subst* tvång

compulsive [kəm'pʌlsɪv] *adj* tvångsmässig; ***she is a*** ~ ***eater*** hon hetsäter, hon tröstäter

compulsory [kəm'pʌlsərɪ] *adj* obligatorisk

compute [kəm'pjuːt] *verb* beräkna, kalkylera

computer [kəm'pjuːtə] *subst* dator; ~ ***freak*** el. ~ ***geek*** el. ~ ***nerd*** datanörd, datafantast
computerization [kəm,pjuːtəraɪ'zeɪʃən] *subst* **1** datorisering **2** databehandling
computerize [kəm'pjuːtəraɪz] *verb* **1** datorisera **2** databehandla, lägga på data
comrade ['kɒmreɪd] *subst* kamrat
comrade-in-arms [,kɒmreɪdɪn'ɑːmz] *subst* vapenbroder
con I [kɒn] *subst* (vard. kortform för *confidence*) se ~ *man*, ~ *trick* och ~ *game* under *confidence*
II [kɒn] (*-nn-*) *verb* sl. lura, dupera [*into doing sth* att göra ngt]
con artist ['kɒn,ɑːtɪst] *subst* vard. bondfångare, sol-och-vårare
concave [,kɒn'keɪv] *adj* konkav [~ *lens*]
conceal [kən'siːl] *verb* dölja [*from* för]; ***concealed lighting*** indirekt belysning
concealment [kən'siːlmənt] *subst* döljande
concede [kən'siːd] *verb* **1** medge, bevilja **2** sport., ***Spurs conceded a goal*** Spurs släppte in ett mål
conceit [kən'siːt] *subst* inbilskhet, egenkärlek
conceited [kən'siːtɪd] *adj* inbilsk, egenkär
conceivable [kən'siːvəbl] *adj* **1** fattbar **2** tänkbar, möjlig
conceive [kən'siːv] *verb* **1** tänka ut, hitta på **2** föreställa sig, fatta **3** ~ ***of*** föreställa sig
concentrate ['kɒnsəntreɪt] *verb* **1** koncentrera sig **2** inrikta, koncentrera [~ *one's attention on*] **3** koncentreras
concentration [,kɒnsən'treɪʃən] *subst* koncentration; ~ ***camp*** koncentrationsläger
concept ['kɒnsept] *subst* begrepp
conception [kən'sepʃən] *subst* **1** föreställning, uppfattning; begrepp **2** befruktning
concern I [kən'sɜːn] *verb* **1** angå, röra **2** bekymra, oroa; ~ ***oneself with*** bekymra sig om, intressera sig för
II [kən'sɜːn] *subst* **1** angelägenhet, affär, sak; ***it is no ~ of mine*** det angår mig inte **2** bekymmer, oro **3** hand. företag, firma
concerned [kən'sɜːnd] *perf p* o. *adj* **1** bekymrad, orolig [*about* över] **2** inblandad; ***be ~ with*** ha att göra med; ***as far as I am ~*** vad mig beträffar, för min del; ***the parties ~*** de berörda parterna
concerning [kən'sɜːnɪŋ] *prep* angående, beträffande
concert ['kɒnsət] *subst* **1** konsert; ~ ***hall*** konsertsal **2** samförstånd [*in* ~]
concertgoer ['kɒnsət,gəʊə] *subst* konsertbesökare
concert grand [,kɒnsət'grænd] *subst* konsertflygel
concertina [,kɒnsə'tiːnə] *subst* musik. concertina litet dragspel
concerto [kən'tʃeətəʊ] (pl. vanligen ~*s*) *subst* konsert musikstycke för soloinstrument och orkester
concession [kən'seʃən] *subst* medgivande, eftergift
conciliate [kən'sɪlɪeɪt] *verb* blidka, försona
conciliatory [kən'sɪlɪətrɪ] *adj* försonlig
concise [kən'saɪs] *adj* koncis, kortfattad
conclude [kən'kluːd] *verb* **1** avsluta, slutföra **2** sluta, avslutas; ***to*** ~ till sist **3** dra slutsatsen [*that* att]
conclusion [kən'kluːʒən] *subst* slut, avslutning; slutresultat; ***in*** ~ slutligen; ***bring to a*** ~ slutföra; ***come to the ~ that…*** komma till den slutsatsen att…
concoct [kən'kɒkt] *verb* laga till, koka ihop
concoction [kən'kɒkʃən] *subst* hopkok; tillagning
concord ['kɒŋkɔːd] *subst* harmoni, sämja
concrete I ['kɒkriːt] *adj* **1** konkret **2** av betong, betong-
II ['kɒkriːt] *subst* betong
concussion [kən'kʌʃən] *subst* **1** med. hjärnskakning **2** häftig stöt
condemn [kən'dem] *verb* **1** döma [*condemned to death*] **2** fördöma **3** kassera, utdöma
condemnation [,kɒndem'neɪʃən] *subst* fördömelse
condensation [,kɒnden'seɪʃn] *subst* kondensvatten
condense [kən'dens] *verb* **1** kondensera **2** komprimera, förkorta **3** kondenseras
condescend [,kɒndɪ'send] *verb* nedlåta sig
condescending [,kɒndɪ'sendɪŋ] *adj* nedlåtande
condiment ['kɒndɪmənt] *subst* krydda spec. peppar och salt
condition [kən'dɪʃən] *subst* **1** villkor, förutsättning; pl. ~***s*** förhållanden; ***on no*** ~ på inga villkor **2** tillstånd, skick [*in good* ~] **3** spec. sport. kondition
conditional I [kən'dɪʃənl] *adj* **1** villkorlig, beroende [*on* av, på] **2** gram. konditional, villkors-
II [kən'dɪʃənl] *subst* gram. konditionalis; ***in the*** ~ i konditionalis
conditioned [kən'dɪʃənd] *adj* betingad

condo ['kɒndəʊ] (pl. *~s*) *subst* amer. vard. för *condominium*
condolence [kən'dəʊləns] *subst* beklagande, kondoleans
condom ['kɒndɒm] *subst* kondom
condominium [ˌkɒndə'mɪnɪəm] *subst* amer. **1** andelsfastighet **2** andelslägenhet
condone [kən'dəʊn] *verb* överse med
conduct I ['kɒndʌkt] *subst* **1** uppförande, uppträdande **2** skötsel
II [kən'dʌkt] *verb* **1** föra, leda, sköta; ***conducted tour*** rundtur med guide; guidad tour **2** musik. dirigera
conductor [kən'dʌktə] *subst* **1** konduktör på buss, spårvagn, amer. äv. på tåg **2** musik. dirigent
cone [kəʊn] *subst* **1** kon **2** kotte **3** strut [*ice cream ~*]
confectioner [kən'fekʃnə] *subst*, ***confectioner's*** godisaffär
confectionery [kən'fekʃnərɪ] *subst* sötsaker, konfekt
confederation [kənˌfedə'reɪʃən] *subst* förbund, konfederation
confer [kən'fɜː] (*-rr-*) *verb* **1** tilldela, förläna [*sth on sb* ngn ngt], skänka [*~ power on sb*] **2** konferera, rådslå
conference ['kɒnfərəns] *subst* konferens, överläggning; ***be in*** ~ sitta i sammanträde
confess [kən'fes] *verb* **1** bekänna, erkänna; ***~ to a crime*** erkänna ett brott **2** bikta sig
confession [kən'feʃən] *subst* **1** bekännelse, erkännande **2** bikt
confetti [kən'fetɪ] *subst* konfetti
confide [kən'faɪd] *verb*, ***~ in sb*** anförtro sig åt ngn
confidence ['kɒnfɪdəns] *subst* **1** förtroende, tillit; ***take sb into one's*** ~ göra ngn till sin förtrogne; ***vote of*** ~ förtroendevotum; ***vote of no*** ~ misstroendevotum; ~ ***man*** bondfångare; ~ ***trick*** el. amer. ~ ***game*** bondfångarknep **2** självförtroende
confident ['kɒnfɪdənt] *adj* **1** säker; ***be ~ that*** vara säker på att, lita på att
confidential [ˌkɒnfɪ'denʃl] *adj* **1** konfidentiell **2** förtrolig
confine I ['kɒnfaɪn] *subst* pl. ***~s*** gräns, gränser
II [kən'faɪn] *verb* **1** spärra in, sätta in; ***be confined to barracks*** mil. ha kasernförbud; ***be confined to bed*** vara sängliggande **2** inskränka
confirm [kən'fɜːm] *verb* **1** bekräfta **2** befästa, styrka **3** kyrkl. konfirmera
confirmation [ˌkɒnfə'meɪʃən] *subst* **1** bekräftelse **2** befästande, styrkande **3** kyrkl. konfirmation
confirmed [kən'fɜːmd] *adj* inbiten [*~ bachelor*]
confiscate ['kɒnfɪskeɪt] *verb* konfiskera, beslagta
confiscation [ˌkɒnfɪ'skeɪʃən] *subst* konfiskering, beslag
conflict ['kɒnflɪkt] *subst* konflikt
conflicting [kən'flɪktɪŋ] *adj* motstridande [*~ interests*], motsägande; ~ ***evidence*** motsägande bevis
conform [kən'fɔːm] *verb* **1** anpassa [*to* till, efter], rätta sig [*to* efter] **2** överensstämma [*to, with* med]
conformity [kən'fɔːmətɪ] *subst* **1** överensstämmelse, likformighet **2** anpassning [*to* till, efter]
confront [kən'frʌnt] *verb* konfrontera; ***be confronted by*** el. ***be confronted with*** ställas inför
confrontation [ˌkɒnfrʌn'teɪʃən] *subst* konfrontation
confuse [kən'fjuːz] *verb* **1** förvirra, göra konfys **2** förväxla, blanda ihop
confused [kən'fjuːzd] *adj* förvirrad [*at* över], konfys
confusion [kən'fjuːʒən] *subst* **1** förvirring, oreda **2** förväxling
congenial [kən'dʒiːnɪəl] *adj* sympatisk, tilltalande, behaglig, passande
congenital [kən'dʒenɪtl] *adj* medfödd
conger ['kɒŋgə] *subst* o. **conger eel** [ˌkɒŋgər'iːl] *subst* havsål
Congo ['kɒŋgəʊ] floden ***the*** ~ Kongo
congratulate [kən'grætjʊleɪt] *verb* gratulera, lyckönska [*on* till, på]
congratulation [kənˌgrætjʊ'leɪʃən] *subst*

congress

The Congress i USA har två kamrar, senaten, *the Senate*, och representanthuset, *the House of Representatives*. De är tillsammans USA:s lagstiftande församling, *law-making body*. Presidenten kan inlägga sitt veto mot ett lagförslag, *veto a bill*, men kongressen kan ändå anta en lag, *make it a law* om man har två tredjedelars majoritet i bägge kamrarna.

gratulation, lyckönskan; ***Congratulations!*** gratulerar!
congregate ['kɒŋgrɪgeɪt] *verb* samlas
congregation [ˌkɒŋgrɪ'geɪʃən] *subst* kyrkas församling
congress ['kɒŋgres] *subst* **1** kongress **2** ***the Congress*** el. ***Congress*** kongressen lagstiftande församlingen i USA
Congressman ['kɒŋgresmən] (pl. *Congressmen* ['kɒŋgresmən]) *subst* amer. kongressledamot
coniferous [kə'nɪfərəs] *adj*, ~ ***tree*** barrträd
conjecture I [kən'dʒektʃə] *subst* gissning, förmodan
II [kən'dʒektʃə] *verb* gissa sig till, förmoda
conjugate ['kɒndʒʊgeɪt] *verb* gram. böja t.ex. verb; konjugera
conjugation [ˌkɒndʒʊ'geɪʃən] *subst* gram. böjning av t.ex. verb; konjugation
conjunction [kən'dʒʌŋkʃən] *subst* **1** förbindelse; ***in*** ~ ***with*** i samverkan med **2** gram. konjunktion
conjurer ['kʌndʒərə] *subst* trollkarl
conjuring ['kʌndʒərɪŋ] *subst*, ~ ***tricks*** trollkonster; ***do*** ~ ***tricks*** trolla
conman ['kɒnmæn] (pl. *conmen* ['kɒnmen]) *subst* vard. bondfångare, sol-och-vårare
connect [kə'nekt] *verb* **1** förbinda, förena; ***be connected with*** stå i samband med **2** tekn. koppla, koppla ihop **3** tele. koppla **4** trafik. ansluta [*connecting train*]
connected [kə'nektɪd] *adj* o. *perf p* **1** sammanhängande **2** besläktad, förbunden
connection [kə'nekʃən] *subst* **1** förbindelse, samband **2** tekn. koppling; ***a loose*** ~ glappkontakt **3** trafik. anslutning **4** kontakt [*business* ~]
connoisseur [ˌkɒnə'sɜː] *subst* kännare, konnässör
conquer ['kɒŋkə] *verb* **1** erövra, besegra **2** segra
conqueror ['kɒŋkərə] *subst* erövrare
conquest ['kɒŋkwest] *subst* erövring
conscience ['kɒnʃəns] *subst* samvete
conscientious [ˌkɒnʃɪ'enʃəs] *adj* samvetsgrann
conscious ['kɒnʃəs] *adj* **1** medveten [*of* om] **2** vid medvetande
consciousness ['kɒnʃəsnəs] *subst* **1** medvetenhet [*of* om] **2** medvetande
conscript ['kɒnskrɪpt] *subst* värnpliktig
consecutive [kən'sekjʊtɪv] *adj* i rad, i följd [~ *days*]
consent I [kən'sent] *subst* samtycke, bifall
II [kən'sent] *verb* samtycka, ge sitt samtycke; ~ ***to*** gå med på
consequence ['kɒnsɪkwəns] *subst* **1** följd, konsekvens, slutsats; ***in*** ~ följaktligen **2** vikt, betydelse [*sth of* ~]; ***it is of no*** ~ det betyder ingenting
consequent ['kɒnsɪkwənt] *adj* följande
consequently ['kɒnsɪkwəntlɪ] *adv* följaktligen
conservation [ˌkɒnsə'veɪʃən] *subst* **1** bevarande, konservering av t.ex. konstverk **2** naturvård, miljövård
conservationist [ˌkɒnsə'veɪʃənɪst] *subst* miljövårdare, naturvårdare
conservatism [kən'sɜːvətɪzəm] *subst* konservatism
conservative I [kən'sɜːvətɪv] *adj* konservativ; ***at a*** ~ ***estimate*** vid en försiktig beräkning
II [kən'sɜːvətɪv] *subst* konservativ person; ***Conservative*** polit. konservativ
conserve I [kən'sɜːv] *verb* **1** bevara **2** koka in frukt
II [kən'sɜːv] *subst* vanligen pl. ~***s*** inlagd frukt
consider [kən'sɪdə] *verb* **1** tänka på, fundera på, överväga **2** ta hänsyn till, anse, anse som
considerable [kən'sɪdərəbl] *adj* betydande; ~ ***trouble*** åtskilligt besvär
considerably [kən'sɪdərəblɪ] *adv* betydligt
considerate [kən'sɪdərət] *adj* hänsynsfull
consideration [kənˌsɪdə'reɪʃən] *subst* **1** övervägande, beaktande; ***give sth*** ~ ta ngt under övervägande; ***on further*** ~ vid närmare eftertanke **2** hänsyn, omtanke; ***take sth into*** ~ ta hänsyn till ngt
considering I [kən'sɪdərɪŋ] *prep* o. *konj* med tanke på, med hänsyn till
II [kən'sɪdərɪŋ] *adv* efter omständigheterna
consignment [kən'saɪnmənt] *subst* varusändning
consist [kən'sɪst] *verb* bestå [*of* av]
consistent [kən'sɪstənt] *adj* **1** konsekvent, följdriktig **2** jämn [*the team has been* ~]
consolation [ˌkɒnsə'leɪʃən] *subst* tröst
console [kən'səʊl] *verb* trösta
consolidate [kən'sɒlɪdeɪt] *verb* konsolidera
consommé [kən'sɒmeɪ] *subst* köttbuljong, consommé
consonant ['kɒnsənənt] *subst* konsonant
conspicuous [kən'spɪkjʊəs] *adj* iögonfallande, tydlig
conspiracy [kən'spɪrəsɪ] *subst* sammansvärjning, komplott

conspirator [kən'spɪrətə] *subst* konspiratör, sammansvuren
conspire [kən'spaɪə] *verb* konspirera, sammansvärja sig
constable ['kʌnstəbl, 'kɒnstəbl] *subst* polis, polisman; ***Chief Constable*** polismästare
constant ['kɒnstənt] *adj* ständig, konstant
constantly ['kɒnstəntlɪ] *adv* ständigt, konstant
constellation [ˌkɒnstə'leɪʃən] *subst* **1** konstellation **2** stjärnbild
consternation [ˌkɒnstə'neɪʃən] *subst* bestörtning
constipate ['kɒnstɪpeɪt] *verb*, ***be constipated*** ha förstoppning, vara hård i magen
constipation [ˌkɒnstɪ'peɪʃən] *subst* förstoppning, trög mage
constituency [kən'stɪtjʊənsɪ] *subst* polit. valkrets
constitute ['kɒnstɪtjuːt] *verb* utgöra, bilda

constitution
"We the people of the United States..." Så inleds den amerikanska konstitutionen, *the Constitution of the United States*. Den trädde i kraft 1789. 7 artiklar, *articles* och 25 tillägg, *amendments*, fastställer hur USA:s regering ska bildas och vilka individens rättigheter är. De tio första tilläggen (från 1791) är kända under namnet *Bill of Rights* och innebär skydd för den enskilde mot statsmakten.

constitution [ˌkɒnstɪ'tjuːʃən] *subst* **1** författning, konstitution **2** kroppens konstitution, fysik
constitutional [ˌkɒnstɪ'tjuːʃnəl] *adj* konstitutionell
construct [kən'strʌkt] *verb* **1** konstruera **2** uppföra
construction [kən'strʌkʃən] *subst* **1** konstruktion **2** uppförande **3** byggnad
constructive [kən'strʌktɪv] *adj* konstruktiv
constructor [kən'strʌktə] *subst* konstruktör
consul ['kɒnsəl] *subst* konsul
consulate ['kɒnsjʊlət] *subst* konsulat
consult [kən'sʌlt] *verb* **1** rådfråga, konsultera **2** slå upp i [*~ a dictionary*]
consultation [ˌkɒnsəl'teɪʃən] *subst* överläggning; konsultation
consume [kən'sjuːm] *verb* förtära, förbruka, konsumera
consumer [kən'sjuːmə] *subst* konsument; *~* ***goods*** konsumtionsvaror; *~* ***guidance*** konsumentupplysning
consumption [kən'sʌmʃən] *subst* **1** förtäring; ***unfit for human*** *~* otjänlig som människoföda **2** konsumtion, förbrukning
contact I ['kɒntækt] *subst* kontakt, beröring, förbindelse; *~* ***lenses*** kontaktlinser
II ['kɒntækt] *verb* komma i kontakt med, kontakta
contagious [kən'teɪdʒəs] *adj* smittsam
contain [kən'teɪn] *verb* **1** innehålla, rymma **2** *~* ***oneself*** behärska sig, hålla sig
container [kən'teɪnə] *subst* **1** behållare, kärl **2** container
contaminate [kən'tæmɪneɪt] *verb* **1** förorena **2** smitta ner med radioaktivitet
contamination [kənˌtæmɪ'neɪʃən] *subst* **1** förorening **2** radioaktiv nedsmittning
contemplate ['kɒntəmpleɪt] *verb* **1** betrakta **2** fundera, fundera på, ha planer på
contemplation [ˌkɒntəm'pleɪʃən] *subst* **1** begrundande **2** betraktande
contemporary I [kən'temprərɪ] *adj* **1** samtidig, samtida **2** nutida
II [kən'temprərɪ] *subst* samtida
contempt [kən'temt] *subst* förakt; ***hold in*** *~* hysa förakt för
contemptible [kən'temtəbl] *adj* föraktlig
contemptuous [kən'temtjʊəs] *adj* föraktfull
contend [kən'tend] *verb* **1** strida, kämpa; tävla **2** hävda
contender [kən'tendə] *subst* sport. tävlande, utmanare
1 content ['kɒntent] *subst* innehåll
2 content I [kən'tent] *subst* belåtenhet; ***to one's heart's*** *~* av hjärtans lust
II [kən'tent] *adj* nöjd, belåten
III [kən'tent] *verb*, *~* ***oneself*** nöja sig [*with* med]
contented [kən'tentɪd] *adj* nöjd, belåten
contention [kən'tenʃən] *subst* **1** påstående, åsikt **2** ***bone of*** *~* tvistefrö **3** ***out of*** *~* ur leken, ute ur striden
contentment [kən'tentmənt] *subst* belåtenhet
contents ['kɒntents] *subst pl* innehåll [*the ~ of a book*]; ***table of*** *~* innehållsförteckning
contest I ['kɒntest] *subst* **1** strid, kamp **2** tävling [*a song ~*], match

II [kən'test] *verb* **1** strida, tävla [*for* om] **2** tävla om
contestant [kən'testənt] *subst* **1** stridande part **2** tävlande
context ['kɒntekst] *subst* sammanhang, kontext
continent ['kɒntɪnənt] *subst* **1** världsdel, kontinent **2** fastland; ***the Continent*** kontinenten Europas fastland
continental I [ˌkɒntɪ'nentl] *adj* kontinental **II** [ˌkɒntɪ'nentl] *subst* fastlandseuropé
contingency [kən'tɪndʒənsɪ] *subst* eventualitet
continual [kən'tɪnjʊəl] *adj* ständig, oavbruten
continuation [kənˌtɪnjʊ'eɪʃən] *subst* fortsättning
continue [kən'tɪnjuː] *verb* fortsätta
continuity [ˌkɒntɪ'njuːətɪ] *subst* kontinuitet
continuous [kən'tɪnjʊəs] *adj* kontinuerlig, ständig; ~ ***performance*** nonstopföreställning; ***the*** ~ ***tense*** gram. progressiv form
contort [kən'tɔːt] *verb* förvrida, förvränga
contour ['kɒnˌtʊə] *subst* kontur; ~ ***map*** höjdkarta
contraception [ˌkɒntrə'sepʃən] *subst* födelsekontroll, användning av preventivmedel
contraceptive [ˌkɒntrə'septɪv] *subst* preventivmedel
contract I ['kɒntrækt] *subst* kontrakt **II** [kən'trækt] *verb* **1** dra samman, dra ihop **2** få, ådra sig [~ *a disease*]
contraction [kən'trækʃən] *subst* sammandragning, hopdragning
contractor [kən'træktə] *subst* **1** leverantör **2** entreprenör
contradict [ˌkɒntrə'dɪkt] *verb* **1** säga emot **2** motsäga
contradiction [ˌkɒntrə'dɪkʃən] *subst* motsägelse; ~ ***in terms*** självmotsägelse
contradictory [ˌkɒntrə'dɪktərɪ] *adj* motsägande, motstridig
contralto [kən'træltəʊ] (pl. ~*s*) *subst* musik. **1** alt **2** kontraalt
contraption [kən'træpʃən] *subst* vard. apparat, grej
contrary I ['kɒntrərɪ] *adj* o. *adv* motsatt, stridande [*to* mot]; ~ ***to*** tvärtemot, i strid mot [~ *to the rules*] **II** ['kɒntrərɪ] *subst*, ***on the*** ~ tvärtom
contrast I ['kɒntrɑːst] *subst* kontrast, motsättning, motsats; ***in*** ~ ***to*** el. ***in*** ~ ***with*** i motsats till **II** [kən'trɑːst] *verb* **1** ställa upp som motsats, kontrastera **2** bilda en kontrast
contribute [kən'trɪbjuːt] *verb* **1** bidra med **2** bidra, medverka [*to* till] **3** lämna bidrag
contribution [ˌkɒntrɪ'bjuːʃən] *subst* **1** bidrag **2** insats
contributor [kən'trɪbjʊtə] *subst* **1** bidragsgivare **2** medarbetare i t.ex. tidskrift [*to* i]
contrivance [kən'traɪvəns] *subst* anordning; apparat
contrive [kən'traɪv] *verb* **1** tänka ut, hitta på **2** finna utvägar till, lyckas
control I [kən'trəʊl] *subst* **1** kontroll, herravälde [*he lost* ~ *of his car*]; självbehärskning; ***import*** ~ importreglering; ***passport*** ~ passkontroll; ***circumstances beyond one's*** ~ omständigheter som man inte råder över; ***be in*** ~ ***of*** ha makten över; ***the situation was getting out of*** ~ man började tappa kontrollen över situationen **2** pl. ~***s*** kontrollinstrument, reglage; ***at the*** ~***s*** flyg. vid spakarna **II** [kən'trəʊl] (*-ll-*) *verb* kontrollera, behärska, dirigera, reglera; ~ ***one's temper*** bibehålla sitt lugn; ~ ***oneself*** behärska sig
controller [kən'trəʊlə] *subst* kontrollant
controversial [ˌkɒntrə'vɜːʃl] *adj* kontroversiell
controversy [kən'trɒvəsɪ, 'kɒntrəvɜːsɪ] *subst* kontrovers
convalesce [ˌkɒnvə'les] *verb* tillfriskna
convalescence [ˌkɒnvə'lesns] *subst* tillfrisknande, konvalescens
convalescent I [ˌkɒnvə'lesnt] *adj*, ~ ***home*** konvalescenthem **II** [ˌkɒnvə'lesnt] *subst* konvalescent
convene [kən'viːn] *verb* **1** sammankalla **2** sammanträda, samlas
convenience [kən'viːnjəns] *subst* **1** lämplighet **2** bekvämlighet; ~ ***food*** snabbmat; ***do it at your*** ~ gör det när det passar dig **3** ***a flat with modern*** ~***s*** (förk. *mod cons*) en modern lägenhet; ***public*** ~ offentlig toalett
convenient [kən'viːnjənt] *adj* **1** lämplig, passande; ***if it is*** ~ om det passar **2** bekväm, behändig
convent ['kɒnvənt] *subst* nunnekloster
convention [kən'venʃən] *subst* **1** konvent [*national* ~] **2** konvention, konventionen, vedertaget bruk

conventional [kən'venʃnəl] *adj* konventionell, sedvanlig
converge [kən'vɜːdʒ] *verb* löpa samman, stråla samman
conversant [kən'vɜːsənt] *adj*, ~ ***with*** insatt i, förtrogen med
conversation [ˌkɒnvə'seɪʃən] *subst* konversation, samtal
conversational [ˌkɒnvə'seɪʃnəl] *adj* samtals- [*in a ~ tone*]
converse [kən'vɜːs] *verb* konversera, samtala
conversion [kən'vɜːʃən] *subst* **1** omvandling, förvandling **2** relig. omvändelse **3** ekon. konvertering, omräkning
convert I ['kɒnvɜːt] *subst* omvänd, konvertit; ***she's a ~ to Catholicism*** hon har gått över till katolicismen
II [kən'vɜːt] *verb* **1** omvandla, förvandla, göra om [*into* till] **2** relig. omvända **3** ekon. konvertera, omsätta [*~ into cash*]
convertible I [kən'vɜːtəbl] *adj* **1** ***it is*** ~ den (det) kan omvandlas, den (det) kan omsättas **2** ***a ~ sports car*** en sportbil med sufflett
II [kən'vɜːtəbl] *subst* cabriolet
convex [kɒn'veks] *adj* konvex
convey [kən'veɪ] *verb* **1** föra, transportera, forsla **2** meddela; uttrycka
conveyance [kən'veɪəns] *subst* **1** befordran, transport **2** fortskaffningsmedel
conveyor [kən'veɪə] *subst*, ~ ***belt*** transportör, transportband
convict I [kən'vɪkt] *verb* fälla [*of* för], förklara skyldig [*of* till]
II ['kɒnvɪkt] *subst* fånge, intern
conviction [kən'vɪkʃən] *subst* **1** brottslings fällande, fällande dom [*of* mot]; ***he had three previous ~s*** han var straffad tre gånger tidigare **2** övertygelse; ***carry*** ~ verka övertygande
convince [kən'vɪns] *verb* övertyga [*of* om]
convivial [kən'vɪvɪəl] *adj* **1** festlig, glad **2** sällskaplig
convoy I ['kɒnvɔɪ] *verb* eskortera
II ['kɒnvɔɪ] *subst* konvoj
convulsion [kən'vʌlʃən] *subst* mest pl. ~***s*** konvulsioner, krampanfall
coo [kuː] *verb* kuttra
cook I [kʊk] *subst* kock, kokerska; ***she is a good*** ~ hon lagar god mat
II [kʊk] *verb* **1** laga till, laga mat, koka, steka **2** laga mat **3** kokas, stekas, tillagas **4** vard., ~ ***up*** koka ihop, hitta på [*~ up a story*]

cookbook ['kʊkbʊk] *subst* spec. amer. kokbok
cooker ['kʊkə] *subst* **1** spis **2** matäpple
cookery ['kʊkərɪ] *subst* kokkonst, matlagning
cookery book ['kʊkərɪbʊk] *subst* kokbok
cookie ['kʊkɪ] *subst* amer., ungefär småkaka, kex
cooking ['kʊkɪŋ] *subst* matlagning, tillagning, kokning, stekning; ***do the*** ~ laga maten; ~ ***apple*** matäpple; ~ ***chocolate*** blockchoklad; ~ ***oil*** matolja
cool I [kuːl] *adj* **1** sval, kylig **2** kylig, kallsinnig **3** lugn; ***keep ~!*** el. ~ ***it!*** vard. ta det lugnt!; ***a ~ customer*** en fräck en **4** vard. häftig, cool, ball
II [kuːl] *subst* **1** svalka **2** vard., ***lose one's*** ~ tappa huvudet; ***keep one's*** ~ hålla huvudet kallt
III [kuːl] *verb* **1** göra sval, göra svalare; kyla **2** svalna, kylas av
cool bag ['kuːlbæg] *subst* o. **cool box** ['kuːlbɒks] *subst* kylväska
coop [kuːp] *subst* bur för ligghöns
co-op ['kəʊɒp] *subst* vard. (kortform för *co-operative society* el. *shop* el. *store*); ***the Co-op*** konsum
co-operate [kəʊ'ɒpəreɪt] *verb* samarbeta
co-operation [kəʊˌɒpə'reɪʃən] *subst* samarbete, samverkan
co-operative [kəʊ'ɒpərətɪv] *adj* **1** samarbetsvillig **2** kooperativ [*~ society*]; ~ ***shop*** el. ~ ***store*** konsumbutik; ***the Co-operative Wholesale Society*** ungefär Kooperativa förbundet
co-opt [kəʊ'ɒpt] *verb* välja in [*on to* i]
co-ordinate [kəʊ'ɔːdɪneɪt] *verb* samordna, koordinera
co-ordination [kəʊˌɔːdɪ'neɪʃən] *subst* samordning, koordination
cop I [kɒp] *subst* vard. snut polis; ***the ~s*** snuten
II [kɒp] (*-pp-*) *verb* vard., ~ ***it*** få på pälsen
cope [kəʊp] *verb* **1** klara det, vard. stå pall **2** ~ ***with*** klara, vard. stå pall för
Copenhagen [ˌkəʊpn'heɪgən] Köpenhamn
copier ['kɒpɪə] *subst* kopiator, kopieringsapparat
co-pilot [ˌkəʊ'paɪlət] *subst* flyg. andrepilot
copious ['kəʊpjəs] *adj* riklig, kopiös
1 copper ['kɒpə] *subst* sl. snut polis
2 copper ['kɒpə] *subst* **1** koppar **2** kopparmynt
copter ['kɒptə] *subst* vard. helikopter
copy I ['kɒpɪ] *subst* **1** kopia, avskrift; ***fair*** ~ el. ***clean*** ~ renskriven kopia; ***rough*** ~

koncept, kladd; ***top*** ~ original **2** exemplar, nummer av t.ex. bok, tidning
II ['kɒpɪ] *verb* **1** kopiera; ~ ***down*** el. ~ skriva av; ~ ***out*** skriva ut **2** imitera, härma
copycat ['kɒpɪkæt] *subst* **1** härmapa, efterapare **2** efter samma mönster som tidigare [~ *murder*; ~ *strike*]
copyright I ['kɒpɪraɪt] *subst* copyright, upphovsrätt; ~ ***reserved*** eftertryck förbjudes
II ['kɒpɪraɪt] *verb* få copyright på
coquette [kɒ'ket] *subst* kokett
coquettish [kɒ'ketɪʃ] *adj* kokett
coral ['kɒrəl] *subst* korall
cord [kɔːd] *subst* **1** rep, snöre, snodd **2** amer. elektr. sladd **3** anat., ***spinal*** ~ ryggmärg; ***vocal*** ~***s*** stämband **4** pl. ~***s*** manchesterbyxor
cordial I ['kɔːdjəl] *adj* hjärtlig [*a* ~ *smile*]
II ['kɔːdjəl] *subst* fruktsaft
cordiality [ˌkɔːdɪ'ælətɪ] *subst* hjärtlighet
cordon I ['kɔːdn] *subst* kordong; ***police*** ~ poliskedja, polisspärr
II ['kɔːdn] *verb*, ~ ***off*** spärra av med poliskedja
corduroy ['kɔːdərɔɪ] *subst* manchestertyg; pl. ~***s*** manchesterbyxor
core [kɔː] *subst* **1** kärnhus i frukt **2** kärna, kärnpunkt; ***to the*** ~ alltigenom
cork I [kɔːk] *subst* kork
II [kɔːk] *verb*, ~ ***up*** el. ~ korka igen
corkscrew ['kɔːkskruː] *subst* korkskruv
1 corn [kɔːn] *subst* **1** säd, spannmål **2** i större delen av Storbritannien spec. vete **3** skotska el. irländska havre **4** amer., ***Indian*** ~ el. ~ majs; ***sweet*** ~ majs; ~ ***on the cob*** kokta majskolvar maträtt **5** sädeskorn
2 corn [kɔːn] *subst* liktorn på foten
corncob ['kɔːnkɒb] *subst* majskolv
cornea ['kɔːnɪə] *subst* anat. hornhinna
corner I ['kɔːnə] *subst* **1** hörn, hörna; ***turn the*** ~ a) vika om hörnet b) klara det värsta; ***be in a tight*** ~ vara i knipa **2** sport. hörna
II ['kɔːnə] *verb* **1** tränga in i ett hörn, sätta i knipa **2** ta kurvor, ta kurvorna
corner kick ['kɔːnəkɪk] *subst* fotb. hörna
cornet ['kɔːnɪt] *subst* **1** musik. kornett **2** glasstrut
cornflakes ['kɔːnfleɪks] *subst pl* cornflakes, majsflingor
cornflour ['kɔːnflaʊə] *subst* **1** majsmjöl **2** finsiktat mjöl
cornflower ['kɔːnflaʊə] *subst* blåklint
corny ['kɔːnɪ] *adj* vard. larvig, töntig
coronary ['kɒrənərɪ] *subst* vard. med. hjärtinfarkt

Coronation Street
Coronation Street är en av Englands mest populära tv-serier någonsin. Ingen annan serie har gått längre på tv. Det är en såpa som handlar om arbetarklassfamiljer som alla bor på gatan *Coronation Street*. Gatan finns inte i verkligheten.

coronation [ˌkɒrə'neɪʃən] *subst* kröning
coroner ['kɒrənə] *subst* coroner undersökningsdomare som utreder orsaken till dödsfall vid misstanke om mord; ***coroner's inquest*** förhör om dödsorsaken
1 corporal ['kɔːprəl] *subst* mil. **1** korpral **2** furir
2 corporal ['kɔːprəl] *adj* kroppslig; ~ ***punishment*** aga
corporation [ˌkɔːpə'reɪʃən] *subst* **1** korporation **2** statligt bolag [*British Broadcasting Corporation*], amer. aktiebolag **3** styrelse **4** vard. kalaskula
corps [kɔː] (pl. *corps* [kɔːz]) *subst* kår
corpse [kɔːps] *subst* lik
corpulent ['kɔːpjʊlənt] *adj* korpulent, fet
correct I [kə'rekt] *verb* **1** rätta, rätta till, korrigera, justera
II [kə'rekt] *adj* korrekt, rätt
correction [kə'rekʃən] *subst* rättelse, korrigering, justering
correspond [ˌkɒrɪ'spɒnd] *verb* **1** motsvara varandra; ~ ***to*** motsvara **2** brevväxla
correspondence [ˌkɒrɪ'spɒndəns] *subst* **1** motsvarighet [*to* till], överensstämmelse [*with* med] **2** brevväxling; ~ ***school*** korrespondensinstitut, brevskola
correspondent [ˌkɒrɪ'spɒndənt] *subst* **1** brevskrivare **2** korrespondent; ***our special*** ~ vår utsände medarbetare
corresponding [ˌkɒrɪ'spɒndɪŋ] *adj* motsvarande
corridor ['kɒrɪdɔː] *subst* korridor; ~ ***train*** genomgångståg
corroborate [kə'rɒbəreɪt] *verb* bestyrka, bekräfta
corroboration [kəˌrɒbə'reɪʃən] *subst* bestyrkande, bekräftelse, bekräftande
corrode [kə'rəʊd] *verb* **1** fräta **2** fräta sönder, frätas sönder
corrosion [kə'rəʊʒən] *subst* korrosion, frätning
corrosive I [kə'rəʊsɪv] *adj* frätande
II [kə'rəʊsɪv] *subst* frätande ämne

corrugate ['kɒrʊgeɪt] *verb* räffla, korrugera; ***corrugated iron*** korrugerad plåt; ***corrugated cardboard*** wellpapp
corrupt I [kə'rʌpt] *adj* **1** fördärvad, depraverad **2** korrumperad
II [kə'rʌpt] *verb* **1** fördärva, göra depraverad **2** korrumpera
corruption [kə'rʌpʃən] *subst* korruption
corset ['kɔːsɪt] *subst* korsett, snörliv
Corsica ['kɔːsɪkə] Korsika
Corsican I ['kɔːsɪkən] *adj* korsikansk
II ['kɔːsɪkən] *subst* korsikan, korsikanare
cortisone ['kɔːtɪzəʊn] *subst* cortison
cosmetic I [kɒz'metɪk] *adj* kosmetisk
II [kɒz'metɪk] *subst* skönhetsmedel; pl. *~s* kosmetika
cosmic ['kɒzmɪk] *adj* kosmisk [*~ rays*]
cosmonaut ['kɒzmənɔːt] *subst* kosmonaut rysk astronaut
cosmopolitan [ˌkɒzmə'pɒlɪtən] *adj* kosmopolitisk
cosmos ['kɒzmɒs] *subst*, ***the*** ~ kosmos
cost I [kɒst] (*cost cost*) *verb* kosta
II [kɒst] *subst* **1** kostnad; ***the*** ~ ***of living*** levnadskostnaderna; ~ ***price*** inköpspris, självkostnadspris; ***at the*** ~ ***of*** till priset av; ***at all*** ~***s*** till varje pris; ***as I know to my*** ~ som jag vet av bitter erfarenhet **2** jur., pl. *~s* rättegångskostnader
costly ['kɒstlɪ] *adj* dyrbar, kostsam, dyr
costume ['kɒstjuːm] *subst* **1** klädedräkt, dräkt; ~ ***ball*** maskeradbal **2** teat. kostym
cosy ['kəʊzɪ] *adj* hemtrevlig, trivsam, mysig
cot [kɒt] *subst* **1** babysäng, spjälsäng; ~ ***death*** med. plötslig spädbarnsdöd **2** amer. fältsäng, tältsäng
coterie ['kəʊtərɪ] *subst* kotteri
cottage ['kɒtɪdʒ] *subst* **1** litet hus, stuga; ***country*** ~ litet landställe **2** före subst., ~ ***cheese*** keso®; ~ ***loaf*** runt matbröd med liten topp på
cotton ['kɒtn] *subst* **1** bomull **2** bomullstråd
cotton candy [ˌkɒtn'kændɪ] *subst* amer. sockervadd
cotton wool [ˌkɒtn'wʊl] *subst* **1** råbomull **2** bomull; vadd; ~ ***pad*** bomullstuss
couch [kaʊtʃ] *subst* **1** soffa, dyscha; ~ ***potato*** vard. soffpotatis **2** bänk för t.ex. massage
couchette [kuː'ʃet] *subst* järnv. liggvagnsplats; ~ ***car*** el. ~ liggvagn
cough I [kɒf] *verb* hosta
II [kɒf] *subst* **1** hosta **2** hostning
cough drop ['kɒfdrɒp] *subst* halstablett, hosttablett
cough mixture ['kɒfˌmɪkstʃə] *subst* hostmedicin
could [kʊd, obetonat kəd] *hjälpverb* (imperf. av *1 can*) **1** kunde **2** skulle kunna
couldn't ['kʊdnt] = *could not*
council ['kaʊnsl] *subst* råd, rådsförsamling; ***town*** ~ el. ***city*** ~ kommunfullmäktige, stadsfullmäktige
councillor ['kaʊnsələ] *subst* rådsmedlem; ***town*** ~ el. ~ kommunfullmäktig, stadsfullmäktig
counsel I ['kaʊnsəl] *subst* **1** råd; ***keep one's own*** ~ behålla sina tankar för sig själv **2** (pl. lika) advokat som biträder part vid rättegång; ~ ***for the defence*** försvarsadvokat, försvarsadvokaten
II ['kaʊnsəl] *verb* råda ngn
counsellor ['kaʊnsələ] *subst* rådgivare
1 count [kaʊnt] *subst* icke-brittisk greve
2 count I [kaʊnt] *verb* **1** räkna, räkna till [*~ three*], räkna in, räkna ihop; ***six, counting the driver*** sex, föraren medräknad **2** anse som, hålla ngn för; ~ ***oneself lucky*** skatta sig lycklig **3** gälla för [*the ace ~s ten*] **4** ***it doesn't*** ~ det räknas inte, det betyder inget; räknas med
II [kaʊnt] *verb* med adv. o. prep.
count in räkna med
count on: ***you can*** ~ ***on me*** räkna med mig, du kan lita på mig
count out 1 räkna upp t.ex. pengar **2** boxn. räkna ut **3** inte räkna med [*~ me out*]
count up räkna ihop
III [kaʊnt] *subst* **1** sammanräkning; ***keep*** ~ ***of*** hålla räkning på; ***lose*** ~ tappa räkningen **2** boxn. räkning; ***take the*** ~ gå ner för räkning **3** jur. anklagelsepunkt
countable I ['kaʊntəbl] *adj* gram., om subst. räknebar, pluralbildande
II ['kaʊntəbl] *subst* gram. räknebart substantiv, pluralbildande substantiv
countdown ['kaʊntdaʊn] *subst* nedräkning vid t.ex. start
countenance I ['kaʊntənəns] *subst* ansikte
II ['kaʊntənəns] *verb* tillåta
1 counter ['kaʊntə] *subst* **1** i t.ex. butik disk **2** amer. arbetsbänk **3** spelmark, bricka
2 counter I ['kaʊntə] *adj*, ***it is*** ~ ***to*** den strider mot
II ['kaʊntə] *adv*, ~ ***to*** tvärt emot
III ['kaʊntə] *verb* **1** motarbeta **2** bemöta
counteract [ˌkaʊntər'ækt] *verb* motverka
counterattack I ['kaʊntərəˌtæk] *subst* motanfall

II ['kaʊntərə,tæk] *verb* **1** göra motanfall mot **2** göra motanfall
counterfeit ['kaʊntəfiːt] *adj* förfalskad; ~ ***money*** falska pengar
counterfoil ['kaʊntəfɔɪl] *subst* på t.ex. biljetthäfte talong
countermeasure ['kaʊntə,meʒə] *subst* motåtgärd
counter-offensive ['kaʊntərə,fensɪv] *subst* motoffensiv
counterpart ['kaʊntəpɑːt] *subst* motsvarighet, motpart
counter-revolution ['kaʊntərevə,luːʃən] *subst* kontrarevolution
countess ['kaʊntəs, 'kaʊntes] *subst* **1** icke-brittisk grevinna **2** countess 'earls' maka el. änka
countless ['kaʊntləs] *adj* otalig, oräknelig
country ['kʌntrɪ] *subst* **1** land, rike **2** landsbygd, landsort; ***in the*** ~ a) på landet b) i landsorten **3** område, trakt
country house [,kʌntrɪ'haʊs] *subst* **1** herrgård, gods **2** landställe, hus på landet
countryman ['kʌntrɪmən] *subst* **1** landsman **2** lantbo
countryside ['kʌntrɪsaɪd] *subst* **1** landsbygd **2** landskap, natur [*what beautiful* ~!]

county
Storbritannien indelas i grevskap, *counties*. Det största är *Yorkshire* i norra England. I södra England ligger bl.a. *Kent, Devon, Cornwall* och *Somerset*.

county ['kaʊntɪ] *subst* **1** grevskap; ***the Home Counties*** grevskapen närmast London; ~ ***council*** a) grevskapsråd b) ungefär landsting **2** amer. storkommun i vissa delstater
coup [kuː] *subst* kupp
coupe [kuːp] *subst* coupe skål med glass
coupé ['kuːpeɪ, amer. kuː'peɪ] *subst* bil. kupé
couple I ['kʌpl] *subst* par
II ['kʌpl] *verb* **1** koppla, koppla ihop, para
coupon ['kuːpɒn] *subst* kupong
courage ['kʌrɪdʒ] *subst* mod, tapperhet
courageous [kə'reɪdʒəs] *adj* modig, tapper
courier ['kʊrɪə] *subst* **1** kurir **2** reseledare
course [kɔːs] *subst* **1** bana **2** riktning; sjö. el. flyg. kurs **3** förlopp, gång [*the* ~ *of events*]; ***in the*** ~ ***of*** inom loppet av; ***in*** ~ ***of time*** med tiden; ***in due*** ~ i vederbörlig ordning **4** ***of*** ~ naturligtvis; ***it is a matter of*** ~ det är en självklar sak **5** kurs, studiegång **6** rätt vid en måltid; ***first*** ~ förrätt **7** kapplöpningsbana, golfbana
court I [kɔːt] *subst* **1** kringbyggd gård, gårdsplan **2** sport. plan, bana [*tennis* ~] **3** hov **4** jur. domstol, rätt, rättssal; ~ ***of appeal*** appellationsdomstol; ***in*** ~ inför rätten; ***go to*** ~ dra saken inför rätta; ***take sb to*** ~ stämma ngn
II [kɔːt] *verb* göra ngn sin kur, fria till
courteous ['kɜːtjəs] *adj* artig, hövlig
courtesy ['kɜːtəsɪ] *subst* artighet, hövlighet; ***by the*** ~ ***of*** el. ***by*** ~ ***of*** med benäget tillstånd av; ~ ***title*** hövlighetstitel
court-martial [,kɔːt'mɑːʃl] (pl. äv. *courts-martial*) *subst* krigsrätt
courtroom ['kɔːtruːm] *subst* rättssal
court shoes ['kɔːtʃuːz] *subst pl* pumps
courtyard ['kɔːtjɑːd] *subst* gård, gårdsplan
cousin ['kʌzn] *subst* kusin; ***second*** ~ syssling
cover I ['kʌvə] *verb* **1** täcka, täcka över, klä **2** dölja **3** sträcka sig över, omfatta **4** i tidning, radio m.m. bevaka, täcka **5** tillryggalägga, avverka [~ *five miles*] **6** ~ ***up*** täcka över, dölja
II ['kʌvə] *subst* **1** täcke, överdrag **2** hölje **3** lock **4** pärm, omslag **5** skydd; ***under the*** ~ ***of*** a) i skydd av b) under täckmantel av
cover charge ['kʌvətʃɑːdʒ] *subst* kuvertavgift
cover girl ['kʌvəgɜːl] *subst* omslagsflicka
coverlet ['kʌvələt] *subst* överkast på säng
covet ['kʌvət] *verb* åtrå
covetous ['kʌvətəs] *adj* lysten, girig
cow [kaʊ] *subst* **1** ko **2** neds., om kvinna apa, kossa, bitch **3** ***mad*** ~ ***disease*** galna ko-sjukan
coward ['kaʊəd] *subst* feg stackare, fegis
cowardice ['kaʊədɪs] *subst* feghet, rädsla
cowardly ['kaʊədlɪ] *adj* feg
cowboy ['kaʊbɔɪ] *subst* cowboy
cower ['kaʊə] *verb* krypa ihop, huka sig [*before* för]
cowhouse ['kaʊhaʊs] *subst* ladugård
cowl [kaʊl] *subst* **1** munkkåpa **2** huva **3** rökhuv
co-worker [,kəʊ'wɜːkə] *subst* medarbetare
cowshed ['kaʊʃed] *subst* ladugård
cowslip ['kaʊslɪp] *subst* gullviva
coy [kɔɪ] *adj* om kvinna chosig, tillgjort blyg
cozy ['kəʊzɪ], amer., se *cosy*
crab [kræb] *subst* krabba

crack I [kræk] *verb* **1** knaka, braka, knalla, smälla **2** spricka, brista **3** spräcka, knäcka [*~ nuts*] **4** kollapsa, knäckas [*~ under the strain*] **5** om röst brytas **6** *~ **jokes*** vitsa, skämta
II [kræk] *verb* med adv. o. prep.
crack down on vard. slå ner på, klämma åt
crack up vard. klappa ihop
III [kræk] *subst* **1** brak, knall, smäll **2** spricka **3** *~ **of dawn*** vard. gryning **4** ***have a ~ at sth*** vard. försöka sig på ngt
IV [kræk] *adj* vard. mäster- [*a ~ shot*], elit- [*a ~ team*]
cracker ['krækə] *subst* **1** fyrverkeri smällare, svärmare **2** ***Christmas** ~* el. *~* smällkaramell **3** tunt smörgåskex, amer. kex i allm.
crackers ['krækəz] *adj* vard. knasig, knäpp
crackle I ['krækl] *verb* knastra
II ['krækl] *subst* knaster
cradle ['kreɪdl] *subst* vagga
craft [krɑːft] *subst* **1** hantverk, yrke, konst; ***arts and ~s*** pl. konsthantverk **2** (pl. lika) fartyg, båt, farkost, flygplan
craftsman ['krɑːftsmən] *subst* hantverkare, skicklig yrkesman, konsthantverkare
craftsmanship ['krɑːftsmənʃɪp] *subst* hantverk, hantverksskicklighet
crafty ['krɑːftɪ] *adj* listig, slug
crag [kræg] *subst* brant klippa
cram [kræm] (*-mm-*) *verb* **1** proppa full, stuva in, stoppa in **2** proppa mat i, göda **3** plugga [*for* på, till en examen]
cramp I [kræmp] *subst* kramp
II [kræmp] *verb* hämma
cramped [kræmpt] *perf p* o. *adj* **1** alltför trång **2** hoptryckt stil
cranberry ['krænbərɪ] *subst* tranbär; *~ **sauce*** tranbärssylt
crane I [kreɪn] *subst* **1** fågel trana **2** lyftkran
II [kreɪn] *verb* sträcka på [*~ one's neck*]
crane fly ['kreɪnflaɪ] *subst* harkrank
crank [kræŋk] *subst* **1** vev **2** vard. excentrisk individ, original
crankshaft ['kræŋkʃɑːft] *subst* tekn. vevaxel
crap [kræp] *subst* vard. **1** skit **2** skitsnack
crash I [kræʃ] *verb* **1** braka, skrälla **2** krossas, gå i kras **3** rusa med ett brak; *~ **into*** smälla ihop med **4** flyg. störta **5** ekon. krascha, göra bankrutt **6** kvadda, krascha
II [kræʃ] *subst* **1** brak, krasch **2** olycka [*killed in a car ~*], smäll, krock
crashbag ['kræʃbæg] *subst* bil. krockkudde
crash helmet ['kræʃˌhelmɪt] *subst* störthjälm
crash-land ['kræʃlænd] *verb* kraschlanda
crash-landing ['kræʃˌlændɪŋ] *subst* kraschlandning
crate [kreɪt] *subst* spjällåda, back för t.ex öl
crater ['kreɪtə] *subst* krater
cravat [krə'væt] *subst* kravatt
crave [kreɪv] *verb* **1** be om **2** *~ **for*** el. *~* längta efter
craving ['kreɪvɪŋ] *subst* begär, åtrå [*for* efter]
crawfish ['krɔːfɪʃ], amer., se *crayfish*
crawl I [krɔːl] *verb* **1** krypa, kravla, kräla **2** myllra, krylla [*with* av] **3** simn. crawla
II [krɔːl] *subst* **1** ***go at a ~*** krypa fram **2** simn. crawl
crawler lane ['krɔːləleɪn] *subst* trafik. krypfil
crawlers ['krɔːləz] *subst pl* krypbyxor
crayfish ['kreɪfɪʃ] *subst* skaldjur kräfta
crayon ['kreɪən] *subst* färgkrita
craze [kreɪz] *subst* **1** mani, dille [*for* på] **2** modefluga; ***the latest** ~* sista skriket
crazy ['kreɪzɪ] *adj* tokig, galen
creak I [kriːk] *verb* knarra, knaka
II [kriːk] *subst* knarr, knakande
creaky ['kriːkɪ] *adj* knarrande
cream [kriːm] *subst* **1** grädde; *~ **tea*** te med scones, sylt och vispgrädde; ***double** ~* tjock grädde; ***single** ~* tunn grädde **2** kok. kräm; pralin med krämfyllning **3** kräm för hud, skor m.m. **4** grädda [*the ~ of society*]
cream cheese [ˌkriːm'tʃiːz] *subst* mjuk gräddost; ***fresh** ~* el. *~* keso®; kvark
crease I [kriːs] *subst* **1** veck, rynka, skrynkla **2** pressveck
II [kriːs] *verb* **1** pressa **2** skrynkla **3** skrynkla sig, rynka sig, vecka sig
creaseproof ['kriːspruːf] *adj* skrynkelfri
create [krɪ'eɪt] *verb* **1** skapa [*~ new jobs*], frambringa **2** upprätta **3** väcka [*~ a sensation*]
creation [krɪ'eɪʃən] *subst* **1** skapande **2** skapelse **3** kreation, modeskapelse
creative [krɪ'eɪtɪv] *adj* kreativ, skapande [*a ~ artist*]
creator [krɪ'eɪtə] *subst* **1** skapare **2** upphovsman
creature ['kriːtʃə] *subst* **1** varelse, människa [*a lovely ~*], typ [*that horrid ~*] **2** djur
credence ['kriːdəns] *subst* tilltro
credibility [ˌkredə'bɪlɪtɪ] *subst* trovärdighet
credible ['kredəbl] *adj* trovärdig
credit I ['kredɪt] *subst* **1** kredit; ***on** ~* på kredit (räkning); *~ **account*** kundkonto i varuhus; *~ **card*** köpkort, kreditkort; *~ **squeeze*** kreditåtstramning **2** tillgodohavande; *~ **note*** tillgodokvitto **3** ***she is a ~ to*** hon är en heder för; ***get** ~*

for få beröm för; *take the* ~ ta åt sig äran **4** tilltro; *give* ~ *to* sätta tro till
II ['kredɪt] *verb* **1** tro; ~ *sb with sth* a) tro ngn om ngt b) tillskriva ngn ngt **2** hand. kreditera
creditable ['kredɪtəbl] *adj* hedrande, aktningsvärd
creditor ['kredɪtə] *subst* fordringsägare
credulous ['kredjʊləs] *adj* lättrogen
creed [kriːd] *subst* trosbekännelse, troslära
creek [kriːk] *subst* **1** liten vik **2** amer. å, bäck
creep [kriːp] (*crept crept*) *verb* **1** krypa, kräla **2** smyga, smyga sig
creeper ['kriːpə] *subst* krypväxt, klätterväxt
creepers ['kriːpəz] *subst pl* amer. krypbyxor
creepy-crawly [ˌkriːpɪ'krɔːlɪ] *subst* småkryp
cremate [krɪ'meɪt] *verb* kremera, bränna
cremation [krɪ'meɪʃən] *subst* kremering
crematorium [ˌkremə'tɔːrɪəm] *subst* krematorium
crepe [kreɪp] *subst* **1** tyg kräpp **2** ~ *paper* kräppapper; ~ *rubber* rågummi till skor
crept [krept] imperf. o. perf. p. av *creep*
crescendo [krə'ʃendəʊ] *subst* italienska, mus. el. allm. crescendo
crescent ['kresnt] *subst* **1** månskära, halvmåne
cress [kres] *subst* växt krasse
crest [krest] *subst* **1** kam på tupp **2** ätts vapen [*family* ~] **3** krön, topp
crestfallen ['krestˌfɔːlən] *adj* nedslagen
Crete [kriːt] Kreta
crevice ['krevɪs] *subst* skreva, springa
crew [kruː] *subst* **1** sjö. el. flyg. besättning; *ground* ~ markpersonal **2** team, lag, neds. gäng
crew cut ['kruːkʌt] *subst*, *have a* ~ vara snaggad
crib I [krɪb] *subst* **1** krubba, babykorg **2** amer. babysäng, spjälsäng **3** vard. plagiat **4** skol. fusklapp
II [krɪb] (*-bb-*) *verb* vard. **1** knycka **2** planka, fuska
1 cricket ['krɪkɪt] *subst* syrsa insekt
2 cricket ['krɪkɪt] *subst* kricket spel
cricketer ['krɪkɪtə] *subst* kricketspelare
crime [kraɪm] *subst* **1** brott **2** brottslighet
Crimea [kraɪ'mɪə], *the* ~ Krim
crime passionel [ˌkriːmpæsjə'nel] *subst* fr. svartsjukedrama brott
criminal I ['krɪmɪnl] *adj* **1** brottslig, kriminell **2** kriminal-; ~ *case* brottmål; *he has a* ~ *record* han finns i straffregistret
II ['krɪmɪnl] *subst* brottsling, förbrytare
criminality [ˌkrɪmɪ'nælɪtɪ] *subst* brottslighet
crimson I ['krɪmzn] *subst* karmosinrött
II ['krɪmzn] *adj* karmosinröd, högröd
cringe [krɪndʒ] *verb* krypa, vara inställsam
cripple I ['krɪpl] *subst* krympling
II ['krɪpl] *verb* **1** lemlästa **2** lamslå, förstöra
crippled ['krɪpld] *adj* **1** lam, lytt **2** lamslagen [*the economy was* ~]
crisis ['kraɪsɪs] (pl. *crises* ['kraɪsiːz]) *subst* kris
crisp I [krɪsp] *adj* knaprig, frasig
II [krɪsp] *subst*, *potato* ~*s* potatischips
crispbread ['krɪspbred] *subst* knäckebröd
crispy ['krɪspɪ] *adj* frasig
criterion [kraɪ'tɪərɪən] (pl. *criteria* [kraɪ'tɪərɪə]) *subst* kriterium
critic ['krɪtɪk] *subst* kritiker
critical ['krɪtɪkl] *adj* kritisk [*of* mot]
criticism ['krɪtɪsɪzəm] *subst* kritik [*of* av, över]
criticize ['krɪtɪsaɪz] *verb* kritisera
croak I [krəʊk] *verb* **1** kraxa **2** om groda kväka
II [krəʊk] *subst* **1** kraxande **2** kväkande
Croat ['krəʊæt] *subst* kroat
Croatia [krəʊ'eɪʃə] Kroatien
Croatian [krəʊ'eɪʃən] *adj* kroatisk
crochet I ['krəʊʃeɪ] *subst* virkning; ~ *hook* el. ~ *needle* virknål
II ['krəʊʃeɪ] *verb* virka
crockery ['krɒkərɪ] *subst* porslin koppar, tallrikar m.m.
crocodile ['krɒkədaɪl] *subst* krokodil
crocus ['krəʊkəs] *subst* krokus
croissant ['krwɑːsɑːnt] *subst* franska kok. giffel
crony ['krəʊnɪ] *subst* mest neds. kumpan, polare
crook I [krʊk] *subst* **1** krök, krok **2** vard. bov
II [krʊk] *verb* kröka, böja

cricket
Cricket påminner om en slags avancerad brännboll och spelas framför allt i England och i några länder som ingick i det brittiska imperiet, t.ex. Australien *Australia*, Indien *India*, Sydafrika *South Africa*, Västindien *the West Indies* och Pakistan *Pakistan*. En vanlig match tar tre-fyra dagar att genomföra. En internationell match, *test match*, kan ta upp till fem dagar.

crooked ['krʊkɪd] *adj* **1** krokig, krökt **2** sned [*a ~ smile*] **3** oärlig, skum

croon [kruːn] (*-nn-*) *verb* nynna, gnola

crop I [krɒp] *subst* **1** skörd **2** gröda **3** fågels kräva
II [krɒp] (*-pp-*) *verb* skära av, hugga av; ~ ***up*** dyka upp

croquet ['krəʊkɪ, amer. krəʊ'keɪ] *subst* krocket spel

croquette [krɒ'ket, krəʊ'ket] *subst* kok. krokett

cross I [krɒs] *subst* **1** kors, kryss; ***make the sign of the*** ~ göra korstecken **2** korsning, mellanting
II [krɒs] *adj* vard. sur, arg [*with* på]
III [krɒs] *verb* **1** lägga i kors, korsa [*~ one's legs*]; ***keep your fingers crossed!*** håll tummarna! **2** stryka [*off the list* från listan]; ~ ***out*** korsa över, stryka över **3** fara över, gå över **4** biol. korsa

crossbar ['krɒsbɑː] *subst* **1** stång på herrcykel **2** sport. ribba

crossbreed ['krɒsbriːd] *subst* blandras

cross-country [ˌkrɒs'kʌntrɪ] *adj*, ~ ***running*** terränglöpning; ***a*** ~ ***run*** el. ~ ***race*** ett terränglopp

cross-examination ['krɒsɪgˌzæmɪ'neɪʃən] *subst* korsförhör

cross-examine [ˌkrɒsɪg'zæmɪn] *verb* korsförhöra

cross-eyed ['krɒsaɪd] *adj* vindögd, skelögd

crossfire ['krɒsˌfaɪə] *subst* korseld

crossing ['krɒsɪŋ] *subst* **1** överresa **2** korsning, gatukorsning, vägkorsning; ***pedestrian*** ~ övergångsställe; ***zebra*** ~ övergångsställe med ränder

cross-purposes [ˌkrɒs'pɜːpəsɪz] *subst pl*, ***be at*** ~ syfta åt olika håll, missförstå varann

cross-question [ˌkrɒs'kwestʃən] *verb* korsförhöra

crossroad ['krɒsrəʊd] *subst*, ~***s*** vägkorsning [*a ~s*]; ***we are at the ~s*** vi står vid skiljevägen

cross-section [ˌkrɒs'sekʃən] *subst* genomskärning, tvärsnitt

crosswalk ['krɒswɔːk] *subst* amer. övergångsställe

crosswind ['krɒswɪnd] *subst* sidvind

crossword ['krɒswɜːd] *subst*, ~ ***puzzle*** el. ~ korsord [*do a ~*]

crotch [krɒtʃ] *subst* anat. skrev, gren

crouch [kraʊtʃ] *verb*, ~ ***down*** el. ~ huka sig

1 crow [krəʊ] *verb* gala [*the cock crowed*]

2 crow [krəʊ] *subst* kråka; ***as the ~ flies*** fågelvägen

crowbar ['krəʊbɑː] *subst* kofot

crowd I [kraʊd] *subst* folkmassa, folksamling; på t.ex. match publik, vard. gäng [*a nice ~*]
II [kraʊd] *verb* **1** trängas, tränga ihop sig, strömma i skaror, trängas i [*~ a hall*] **2** packa full [*~ a bus*]

crowded ['kraʊdɪd] *adj* **1** fullpackad, full, fullsatt [*a ~ bus*] **2** späckad [*a ~ programme*]

crown I [kraʊn] *subst* **1** krona **2** valuta krona [*a Swedish ~*]
II [kraʊn] *verb* kröna; ***to ~ it all*** till råga på allt

crucial ['kruːʃl] *adj* avgörande, kritisk [*a ~ moment*]

crucifix ['kruːsɪfɪks] *subst* relig. krucifix

crucify ['kruːsɪfaɪ] *verb* korsfästa

crude [kruːd] *adj* **1** rå, obearbetad; ~ ***oil*** råolja **2** grov, plump [*~ jokes*]

cruel [krʊəl] *adj* grym

cruelty ['krʊəltɪ] *subst* grymhet

cruet ['kruːɪt] *subst* **1** flaska till bordställ **2** bordställ

cruise I [kruːz] *verb* **1** kryssa omkring **2** köra i lagom fart; ~ ***at*** ha en marschfart på
II [kruːz] *subst* kryssning; ~ ***control*** bil. automatisk farthållare

cruiser ['kruːzə] *subst* sjö. kryssare

cruising ['kruːzɪŋ] *adj*, ~ ***speed*** bil. etc. marschfart

crumb [krʌm] *subst* smula av bröd m.m.

crumble ['krʌmbl] *verb* **1** smula sig **2** förfalla

crumpet ['krʌmpɪt] *subst* tekaka som rostas och ätes varm

crumple ['krʌmpl] *verb*, ~ ***up*** el. ~ skrynkla, knyckla till, knyckla ihop; skrynkla sig

crunch I [krʌntʃ] *verb* **1** knapra på **2** knastra
II [krʌntʃ] *subst* **1** knaprande, knastrande **2** ***when it comes to the*** ~ när det verkligen gäller

crusade I [kruː'seɪd] *subst* kampanj [*against* mot]
II [kruː'seɪd] *verb* delta i en kampanj [*against* mot]

crush I [krʌʃ] *verb* krossa, klämma illa
II [krʌʃ] *subst* vard., ***have a ~ on*** svärma för

crust [krʌst] *subst* skorpa, kant på t.ex. bröd; ***earth*** ~ jordskorpa

crutch [krʌtʃ] *subst* **1** krycka **2** anat. skrev, gren

crux [krʌks] *subst* krux, stötesten; ***the ~ of the matter*** den avgörande punkten

cry I [kraɪ] *verb* **1** ropa, skrika **2** gråta; ~ ***oneself to sleep*** gråta sig till sömns

II [kraɪ] *verb* med adv. o. prep.
cry for 1 ropa på, ropa efter **2** gråta efter
cry out ropa högt, skrika till, ropa; ~ ***out for*** ropa på, fordra
III [kraɪ] *subst* **1** rop, skrik; ***in full*** ~ i full fart **2** gråtstund; ***have a good*** ~ vard. gråta ut
crybaby ['kraɪˌbeɪbɪ] *subst* vard. lipsill, gnällmåns
crying ['kraɪɪŋ] *adj* skriande, trängande [~ *need*]; ***a*** ~ ***shame*** en evig skam, synd och skam
cryptic ['krɪptɪk] *adj* kryptisk
crystal ['krɪstl] *subst* **1** kristall [*salt* ~*s*] **2** kristallglas, kristall
crystal-clear [ˌkrɪstl'klɪə] *adj* kristallklar
crystallize ['krɪstəlaɪz] *verb* kristallisera
cub [kʌb] *subst* **1** unge av varg, björn, lejon m.m. **2** miniorscout
Cuba ['kjuːbə] Kuba
Cuban I ['kjuːbən] *subst* kuban
II ['kjuːbən] *adj* kubansk
cube [kjuːb] *subst* **1** kub, tärning [*ice* ~] **2** mat. kub; ~ ***root*** kubikrot
cubic ['kjuːbɪk] *adj* kubisk; ~ ***metre*** kubikmeter
cubicle ['kjuːbɪkl] *subst* **1** avklädningshytt inomhus **2** bås, kabin [*shower* ~]
cuckoo ['kʊkuː] *subst* gök; ~ ***clock*** gökur
cucumber ['kjuːkʌmbə] *subst* gurka; ***cool as a*** ~ vard. lugn som en filbunke
cud [kʌd] *subst*, ***chew the*** ~ idissla
cuddle I ['kʌdl] *verb* krama, kela med; kramas, kelas; ~ ***up*** krypa tätt tillsammans
II ['kʌdl] *subst* kram
cuddly ['kʌdlɪ] *adj* kelig, kramgod
cudgel ['kʌdʒəl] *subst* knölpåk
1 cue [kjuː] *subst* **1** teat. stickreplik **2** signal, vink, antydning
2 cue [kjuː] *subst* biljardkö
1 cuff I [kʌf] *verb* örfila upp
II [kʌf] *subst* örfil
2 cuff [kʌf] *subst* **1** ärmuppslag; ***off the*** ~ a) på rak arm b) utom protokollet **2** manschett **3** amer. byxuppslag
cuff link ['kʌflɪŋk] *subst* manschettknapp
cuisine [kwɪ'ziːn] *subst* kokkonst kök [*French* ~]
cul-de-sac [ˌkʌldə'sæk] (pl. *culs-de-sac*) [ˌkʌldə'sæk] *subst* återvändsgränd, återvändsgata
culinary ['kʌlɪnərɪ] *adj* kulinarisk
culminate ['kʌlmɪneɪt] *verb* kulminera
culmination [ˌkʌlmɪ'neɪʃən] *subst* kulmen
culprit ['kʌlprɪt] *subst*, ***the*** ~ den skyldige
cult [kʌlt] *subst* kult
cultivable ['kʌltɪvəbl] *adj* odlingsbar
cultivate ['kʌltɪveɪt] *verb* bruka, bearbeta jord, odla
cultivated ['kʌltɪveɪtɪd] *adj* **1** kultiverad, bildad **2** uppodlad
cultivation [ˌkʌltɪ'veɪʃən] *subst* brukning, bearbetning av jord
cultural ['kʌltʃrəl] *adj* kulturell, bildnings-
culture I ['kʌltʃə] *subst* **1** kultur [*Greek* ~], bildning; ~ ***shock*** kulturchock **2** biol. odling [*bee* ~], kultur [~ *of bacteria*]; ~ ***pearls*** odlade pärlor
II ['kʌltʃə] *verb* odla, bilda; ***cultured pearls*** odlade pärlor; ***cultured people*** kultiverade människor
cunning I ['kʌnɪŋ] *adj* slug
II ['kʌnɪŋ] *subst* slughet
cunt [kʌnt] *subst* vulg. fitta
cup I [kʌp] *subst* **1** kopp; ***it's not my*** ~ ***of tea*** det är inte i min smak **2** pokal, cup; ***challenge*** ~ vandringspokal
II [kʌp] (*-pp-*) *verb* kupa [~ *one's hand*]
cupboard ['kʌbəd] *subst* skåp
cupful ['kʌpfʊl] *subst*, ***a*** ~ ***of sugar*** en kopp socker
cup tie ['kʌptaɪ] *subst* fotb. cupmatch
cur [kɜː] *subst* hundracka, byracka
curate ['kjʊərət] *subst* kyrkoadjunkt
curb I [kɜːb] *subst* **1** ***put a*** ~ ***on*** lägga band på, hålla i schack **2** amer., se *kerb*
II [kɜːb] *verb* tygla
curbstone ['kɜːbstəʊn] *subst* amer., se *kerbstone*
curd [kɜːd] *subst* vanligen pl. ~***s*** ostmassa; ~ ***cheese*** el. ~ kvark
curdle ['kɜːdl] *verb* **1** surna, ysta sig **2** klumpa sig
cure I [kjʊə] *subst* **1** botemedel [*for* mot] **2** kur [*of* mot, för]; bot [*of* för, mot]
II [kjʊə] *verb* **1** bota [*of* från] **2** konservera, salta, röka
curettage [kjʊə'retɪdʒ] *subst* med. skrapning
curfew ['kɜːfjuː] *subst* utegångsförbud
curiosity [ˌkjʊərɪ'ɒsətɪ] *subst* **1** vetgirighet **2** nyfikenhet **3** kuriositet
curious ['kjʊərɪəs] *adj* **1** vetgirig **2** nyfiken [*about* på] **3** egendomlig
curl I [kɜːl] *verb* locka, locka sig; ~ ***up*** rulla ihop sig, kura ihop sig
II [kɜːl] *subst* hårlock
curler ['kɜːlə] *subst* hårspole, spole
curlew ['kɜːljuː] *subst* fågel storspov
curly ['kɜːlɪ] *adj* lockig, krullig
currant ['kʌrənt] *subst* **1** korint **2** vinbär

currency ['kʌrənsɪ] *subst* **1** utbredning, spridning [*give ~ to a report*], gångbarhet **2** valuta

current I ['kʌrənt] *adj* **1** gångbar, gängse, allmänt utbredd **2** aktuell [*~ fashions*], rådande [*the ~ crisis*] **3** innevarande [*the ~ year*]
II ['kʌrənt] *subst* **1** ström **2** elektrisk ström

curriculum [kə'rɪkjʊləm] *subst* **1** läroplan **2** kurs

1 curry ['kʌrɪ] *subst* **1** kok. curry **2** curryrätt

2 curry ['kʌrɪ] *verb*, *~ **favour*** ställa sig in [*with* hos]

curse I [kɜːs] *subst* **1** förbannelse **2** svordom **3** gissel, plåga
II [kɜːs] *verb* **1** förbanna **2** svära [*at* över]

cursed ['kɜːsɪd] *adj* förbannad, fördömd

curt [kɜːt] *adj* brysk, snäv, tvär

curtain ['kɜːtn] *subst* **1** gardin, draperi, förhänge; ***draw the ~s*** dra för gardinerna **2** ridå; ***safety ~*** teat. järnridå

curtain call ['kɜːtnkɔːl] *subst* teat. inropning

curtain rod ['kɜːtnrɒd] *subst* gardinstång

curtsey o. **curtsy I** ['kɜːtsɪ] *subst* nigning
II ['kɜːtsɪ] *verb* niga

curvaceous [kɜː'veɪʃəs] *adj* vard., om kvinna kurvig

curve I [kɜːv] *subst* kurva, båge, krök
II [kɜːv] *verb* **1** böja, kröka **2** böja sig, kröka sig

curved [kɜːvd] *adj* böjd, krökt

cushion I ['kʊʃən] *subst* kudde, dyna
II ['kʊʃən] *verb* **1** madrassera, stoppa [*cushioned seats*] **2** dämpa, mildra

cushy ['kʊʃɪ] *adj* vard. latmans- [*a ~ job*]

cuss [kʌs] *subst* vard., ***I don't give a ~*** det skiter jag i; ***not worth a ~*** inte värd ett dugg

cussed ['kʌsɪd] *adj* vard. envis, tvär

custard ['kʌstəd] *subst* vaniljkräm; vaniljsås

custard-pie ['kʌstədpaɪ] *adj*, *~ **comedy*** buskis, bondkomik

custody ['kʌstədɪ] *subst* **1** vårdnad **2** förvar; ***take into ~*** anhålla; ***in ~*** i häkte; ***in safe ~*** i säkert förvar

custom ['kʌstəm] *subst* **1** sed, bruk, kutym **2** pl. *~**s*** tull, tullar, tullavgift, tullavgifter; ***the Customs*** tullverket, tullen; *~**s examination*** tullbehandling, tullvisitation

customary ['kʌstəmərɪ] *adj* vanlig, bruklig

customer ['kʌstəmə] *subst* **1** kund **2** vard. individ; ***a cool ~*** en fräck en; ***a queer ~*** el. ***an odd ~*** en konstig prick; ***an ugly ~*** en otrevlig typ

customize ['kʌstəmaɪz] *verb* skräddarsy, specialanpassa efter kundens önskemål

custom-made ['kʌstəmmeɪd] *adj* måttbeställd, skräddarsydd

cut I [kʌt] (*cut cut*) (*cutting*) *verb* **1** skära, hugga, klippa; skära i (av, för), klippa av; ***have one's hair ~*** klippa håret **2** *~ **one's teeth*** få tänder **3** skära ner, minska, förkorta **4** bryta, klippa av t.ex. filmning, del av program; stryka [*~ a scene in a film*]; *~ **sb short*** avbryta ngn tvärt; *~ **sth short*** stoppa ngt **5** skära till, hugga ut **6** kortsp. kupera [*~ the cards*] **7** vard., *~ **sb dead*** behandla ngn som luft
II [kʌt] (*cut cut*) (*cutting*) *verb* med adv. o. prep.
cut down 1 hugga ner, fälla **2** knappa in på, skära ner, minska
cut in blanda sig i samtalet, avbryta
cut off 1 hugga av, skära av (bort), kapa **2** skära av, isolera, avstänga **3** göra slut på, dra in **4** stänga av, avbryta
cut out 1 skära (hugga) ut, klippa ut; klippa (skära) till; ***she is ~ out for the part*** hon är som klippt och skuren för rollen **2** vard. skära bort, stryka, hoppa över; sluta upp med, låta bli; *~ **it out!*** lägg av!
cut up 1 skära sönder (upp), stycka; hugga sönder **2** klippa (skära) till **3** vard. bedröva, uppröra [*she was ~ up after his death*]
III [kʌt] *adj*, *~ **flowers*** lösa blommor, snittblommor; *~ **glass*** slipat glas, kristall; ***at ~ price*** till underpris; *~ **and dried*** el. *~ **and dry*** fix och färdig
IV [kʌt] *subst* **1** skärsår **2** nedskärning, nedsättning [*a ~ in prices*]; nedstrykning [*~s in the text*]; minskning; ***a ~ in wages*** en löneminskning; ***a power ~*** ett elavbrott **3** stycke, bit; ***a ~ off the joint*** en skiva från steken **4** skärning, snitt om kläder **5** ***short ~*** genväg **6** kupering av spelkort **7** ***a ~ above me*** ett pinnhål högre än jag

cutback ['kʌtbæk] *subst* minskning, nedskärning

cute [kjuːt] *adj* vard. **1** klipsk, fiffig **2** söt, rar

cuticle ['kjuːtɪkl] *subst* **1** nagelband

cutlery ['kʌtlərɪ] *subst* matbestick

cutlet ['kʌtlət] *subst* **1** kotlett **2** köttskiva **3** pannbiff

cut-price [ˌkʌt'praɪs] *adj*, *~ **shop*** ungefär lågprisaffär

cut-throat ['kʌtθrəʊt] *adj*, *~ **competition*** hänsynslös konkurrens

cutting I ['kʌtɪŋ] *subst* klipp [*press ~*]
II ['kʌtɪŋ] *adj* skärande, vass, bitande

cuttlefish ['kʌtlfɪʃ] *subst* bläckfisk
CV [ˌsiːˈviː] (förk. för *curriculum vitae* latin) meritförteckning vid platsansökan; kort levnadsbeskrivning
cyanide ['saɪənaɪd] *subst*, ***potassium*** ~ kem. cyankalium
cybernetics [ˌsaɪbəˈnetɪks] (med verb i sing.) *subst* cybernetik
cyberspace ['saɪbəspeɪs] *subst* cyberrymden
cyclamen ['sɪkləmən, 'saɪkləmən] *subst* blomma cyklamen
cycle I ['saɪkl] *subst* **1** cykel; ~ ***helmet*** cykelhjälm **2** kretslopp **3** cykel, period
II ['saɪkl] *verb* **1** cykla **2** kretsa
cyclist ['saɪklɪst] *subst* cyklist
cyclone ['saɪkləʊn] *subst* cyklon
cylinder ['sɪlɪndə] *subst* **1** cylinder, vals **2** lopp, rör i eldvapen
cymbal ['sɪmbl] *subst* musik. cymbal
cynic ['sɪnɪk] *subst* cyniker
cynical ['sɪnɪkl] *adj* cynisk
cynicism ['sɪnɪsɪzəm] *subst* cynism
cypress ['saɪprəs] *subst* träd cypress
Cypriot I ['sɪprɪət] *adj* cypriotisk
II ['sɪprɪət] *subst* cypriot
Cyprus ['saɪprəs] Cypern
cyst [sɪst] *subst* med. cysta
czar [zɑː] *subst* hist. tsar
Czech I [tʃek] *subst* tjeck
II [tʃek] *adj* tjeckisk; ***the*** ~ ***Republic*** Tjeckiska republiken, Tjeckien

Dd

D o. **d** [diː] *subst* **1** D, d **2** musik., ***D*** d; ***D flat*** dess; ***D sharp*** diss
'd [d] = *had*; *would* [*he'd* = *he had, he would*]
dab [dæb] (*-bb-*) *verb* klappa lätt, badda
dachshund ['dæksənd] *subst* hund tax
dad [dæd] *subst* vard. pappa, farsa
daddy ['dædɪ] *subst* vard. pappa
daddy-longlegs [ˌdædɪˈlɒŋlegz] (pl. lika) *subst* insekt harkrank, pappa långben
daffodil ['dæfədɪl] *subst* påsklilja
daft [dɑːft] *adj* vard. dum, korkad
dagger ['dægə] *subst* dolk
dahlia ['deɪljə, amer. vanligen 'dæljə] *subst* dahlia
daily I ['deɪlɪ] *adj* daglig
II ['deɪlɪ] *adv* dagligen [*she came* ~], om dagen [*twice* ~]
III ['deɪlɪ] *subst* dagstidning
dainty I ['deɪntɪ] *subst* läckerbit
II ['deɪntɪ] *adj* nätt, späd
dairy ['deərɪ] *subst* **1** mejeri **2** mjölkaffär
dairy cattle ['deərɪˌkætl] *subst pl* mjölkboskap
daisy ['deɪzɪ] *subst* tusensköna, bellis blomma
Dalmatian [ˌdælˈmeɪʃn] *subst* dalmatiner hund
dam I [dæm] *subst* damm, fördämning
II [dæm] (*-mm-*) *verb*, ~ ***up*** el. ~ dämma av, dämma upp
damage I ['dæmɪdʒ] *subst* **1** (utan pl.) skada, skadegörelse [*to* på] **2** pl. ~***s*** jur. skadestånd
II ['dæmɪdʒ] *verb* skada
dame [deɪm] *subst* **1** ***Dame*** titel på kvinnlig riddare av vissa ordnar (motsvarar *Knight* med titeln *Sir*) [*Dame Julie Andrews*; *Dame Julie*] **2** ngt åld. amer. sl. fruntimmer, brud
damn I [dæm] *verb* vard. förbanna; ~ ***it!*** jäklar också!; ***well I'll be damned!*** det var som tusan!
II [dæm] *subst* vard., ***I don't care*** (***give***) ***a*** ~ ***if...*** jag ger fan i om ...
III [dæm] *adj* vard. jäkla [~ *fool!*]
IV [dæm] *interj* vard. jäklar också!
damnation [dæmˈneɪʃən] *subst* fördömelse
damned [dæmd] *adj* **1** fördömd **2** vard. förbaskad
damp I [dæmp] *subst* fukt
II [dæmp] *adj* fuktig

dampen ['dæmpən] *verb* **1** fukta **2** dämpa [*~ the sound*]

dance I [dɑːns] *verb* dansa
II [dɑːns] *subst* **1** dans **2** danstillställning

dance band ['dɑːnsbænd] *subst* dansorkester

dance hall ['dɑːnshɔːl] *subst* danslokal

dancer ['dɑːnsə] *subst* dansare, dansör, dansös; dansande [*the ~s*]

dandelion ['dændɪlaɪən] *subst* maskros

dandruff ['dændrʌf] *subst* mjäll i hår

Dane [deɪn] *subst* **1** dansk **2** ***Great*** ~ grand danois hund

danger ['deɪndʒə] *subst* fara, risk [*of* för]

dangerous ['deɪndʒərəs] *adj* farlig [*for, to* för]; ~ ***driving*** vårdslös körning; ***play a ~ game*** spela ett högt spel

dangle ['dæŋgl] *verb* dingla, dingla med

Danish I ['deɪnɪʃ] *adj* dansk; ~ ***pastry*** wienerbröd
II ['deɪnɪʃ] *subst* **1** danska språket **2** (pl. lika) wienerbröd [*two ~, please*]

Danube ['dænjuːb] *subst, **the*** ~ Donau floden

dare I [deə] *verb* **1** våga, tordas [*he ~ not come; he does not ~ to come*], våga sig på; ***I ~ you to do it!*** gör det om du törs! **2** ***I ~ say you know*** du vet nog; ***I ~ say*** kanske det
II [deə] *subst* utmaning

daredevil ['deəˌdevl] *subst* våghals

daren't [deənt] = *dare not*

daresay [ˌdeə'seɪ] se *dare say* under *dare I 2*

daring I ['deərɪŋ] *adj* djärv, vågad
II ['deərɪŋ] *subst* djärvhet

dark I [dɑːk] *adj* **1** mörk; ~ ***chocolate*** amer. mörk choklad **2** hemlig [*keep sth ~*] **3** ~ ***horse*** om person dark horse, oskrivet blad **4** ***the Dark Ages*** medeltidens mörkaste århundraden
II [dɑːk] *subst* mörker; ***be in the ~ about*** sväva i okunnighet om

darken ['dɑːkən] *verb* **1** bli mörk, mörkna **2** förmörka

darkness ['dɑːknəs] *subst* mörker, dunkel

darling I ['dɑːlɪŋ] *subst* **1** älskling, raring **2** favorit [*the ~ of fashion world*]
II ['dɑːlɪŋ] *adj* **1** älsklings- **2** gullig, söt [*a ~ little house*]

1 darn [dɑːn] *verb* sl., ~ ***it!*** fasen också!

2 darn [dɑːn] *verb* stoppa [*~ socks*]

darned [dɑːnd] *adj* sl. förbaskad

darning-needle ['dɑːnɪŋˌniːdl] *subst* stoppnål

darning-wool ['dɑːnɪŋwʊl] *subst* stoppgarn

> **darts**
> *Darts* är dels ett traditionellt och populärt spel på puben, dels ett professionellt tävlingsspel. Darts spelas bl.a. i Storbritannien, Irland, Nederländerna, Israel, USA och i de skandinaviska länderna.

dart [dɑːt] *subst* **1** pil **2** ~***s*** (med verb i sing.) dart; ***play ~s*** kasta pil, spela dart

dartboard ['dɑːtbɔːd] *subst* spel. piltavla, darttavla

dash I [dæʃ] *verb* **1** slå, kasta [*~ sth down*] **2** stöta, köra ngt mot ngt **3** slå, törna [*~ against*] **4** störta, rusa [*at, mot, på*]; ***I've got to*** ~ jag måste kila **5** krossa [*~ sb's hopes*]
II [dæʃ] *subst* **1** rusning [*for* för att nå] **2** sport. sprinterlopp **3** stänk, skvätt [*a ~ of whisky*] **4** tankstreck **5** käckhet, kläm

dashboard ['dæʃbɔːd] *subst* instrumentbräda, instrumentpanel på bil, flygplan

dashing ['dæʃɪŋ] *adj* **1** käck **2** stilig

DAT [dæt] (förk. för *digital audio tape*) digitalt inspelat band, DAT

data ['deɪtə] *subst* data, information

1 date [deɪt] *subst* **1** dadel **2** dadelpalm

2 date I [deɪt] *subst* **1** datum; ***out of*** ~ omodern; ***to*** ~ hittills; ***up to*** ~ à jour; med sin tid; ***bring up to*** ~ a) göra aktuell b) modernisera **2** vard. träff; avtalat möte; ***make a*** ~ stämma träff **3** person sällskap, vän [*can I bring my ~ along?*]
II [deɪt] *verb* **1** datera; ~ ***from*** härröra från; ~ ***back to*** gå tillbaka till **2** vard. stämma träff med; ha sällskap med **3** vara gammalmodig [*his books ~*]

dated ['deɪtɪd] *adj* gammalmodig, ålderdomlig

dative ['deɪtɪv] *subst* gram. dativ; ***in the*** ~ i dativ

daughter ['dɔːtə] *subst* dotter

daughter-in-law ['dɔːtərɪnlɔː] (pl. *daughters-in-law* ['dɔːtəzɪnlɔː]) *subst* svärdotter, sonhustru

dawdle ['dɔːdl] *verb* söla

dawn I [dɔːn] *verb* gry, dagas; ***it dawned on me*** det började gå upp för mig
II [dɔːn] *subst* gryning, början [*the ~ of civilization*]; ***at*** ~ i gryningen

> **D-day**
> På dagen D, *D-day*, den 6 juni 1944, nära slutet av andra världskriget, landsatte de allierade trupper i Frankrike under den amerikanske generalen Eisenhowers ledning.

day [deɪ] *subst* **1** dag; ***the ~ after tomorrow*** i övermorgon; ***the ~ before yesterday*** i förrgår; ***the other ~*** häromdagen; ***some ~*** en dag; en vacker dag; ***let's call it a ~*** vard. nu räcker det för i dag; ***~ off*** ledig dag; ***~ by ~*** dag för dag; ***by ~*** om dagen, på dagen; ***for ~s on end*** flera dagar i rad
2 ~ el. ***~ and night*** dygn
3 ofta pl. ***~s*** tid; tidsålder; ***it has had its ~*** den har spelat ut sin roll; ***those were the ~s!*** det var tider det!, det var då det!; ***at the end of the ~*** när allt kommer omkring; ***at the present ~*** i närvarande stund; ***in the old ~s*** förr i världen; ***in those ~s*** på den tiden
daybreak [ˈdeɪbreɪk] *subst* gryning, dagning
daycare [ˈdeɪkeə] *subst*, ***~ centre*** daghem, dagis
daydream I [ˈdeɪdriːm] *subst* dagdröm
II [ˈdeɪdriːm] *verb* dagdrömma
daydreamer [ˈdeɪˌdriːmə] *subst* dagdrömmare
daylight [ˈdeɪlaɪt] *subst* dagsljus; gryning; ***daylight-saving time*** sommartid; ***in broad ~*** mitt på ljusa dagen
day nursery [ˈdeɪˌnɜːsərɪ] *subst* daghem, dagis
day-return [ˌdeɪrɪˈtɜːn] *adj*, ***~ ticket*** endagsbiljett för återresa samma dag
daytime [ˈdeɪtaɪm] *subst* dag; ***in the ~*** el. ***during the ~*** om (på) dagen
daze [deɪz] *subst*, ***in a ~*** omtumlad
dazzle I [ˈdæzl] *verb* blända, förblinda
II [ˈdæzl] *subst* bländande skimmer
DC [ˌdiːˈsiː] **1** förk. för *direct current* (likström) **2** förk. för *District of Columbia* [*Washington ~*]
deacon [ˈdiːkən] *subst* kyrkl. diakon
dead I [ded] *adj* **1** död; ***~ end*** återvändsgränd [*negotiations have reached a ~ end*], slutpunkt **2** ***~ heat*** dött (oavgjort) lopp; ***~ weight*** livlös massa **3** ***on a ~ level*** precis på samma plan, jämsides **4** vard. tvär, plötslig; ***he came to a ~ stop*** han tvärstannade **5** exakt; ***hit the ~ centre of the target*** träffa mitt i prick **6** vard., ***it's a ~ certainty*** el. ***it's a ~ cert*** det är bergsäkert; ***she was in ~ earnest*** hon menade fullt allvar; ***~ silence*** dödstystnad
II [ded] *subst* **1** ***the ~*** de döda **2** ***in the ~ of night*** mitt i natten; ***in the ~ of winter*** mitt i kallaste vintern
III [ded] *adv* **1** vard. död-, dö-; ***~ beat*** el. ***~ tired*** dödstrött; ***~ certain*** dödsäker, bergsäker; ***~ drunk*** döfull; ***~ scared*** döskraj, skitskraj; ***~ slow*** mycket sakta **2** ***~ against*** rakt emot
deaden [ˈdedn] *verb* **1** bedöva **2** dämpa [*~ the effect*]
deadlock [ˈdedlɒk] *subst* dödläge; ***reach a ~*** köra fast
deadly [ˈdedlɪ] *adj* **1** dödlig, dödsbringande; ***~ nightshade*** växt belladonna **2** döds- [*~ enemies*]
deaf [def] *adj* döv; ***~ and dumb*** dövstum; ***are you ~?*** vard. hör du illa?; ***turn a ~ ear to*** slå dövörat till för
deaf-aid [ˈdefeɪd] *subst* hörapparat
deafen [ˈdefn] *verb* göra döv; ***deafening*** öronbedövande
1 deal [diːl] *subst* **1** granplanka, furuplanka **2** virke gran, furu
2 deal I [diːl] *subst* **1** ***a great ~*** el. ***a good ~*** en hel del **2** vard. affär, affärstransaktion, uppgörelse; ***it's no big (great) ~*** vard. det är inget problem; ***big ~!*** vard. än sen då?; ***that's a ~!*** då säger vi det! **3** vard., ***give sb a fair ~*** behandla ngn rättvist **4** kortsp. giv; ***whose ~ is it?*** vem ska ge?
II [diːl] (*dealt dealt*) *verb* **1** ~ el. ***~ out*** utdela **2** kortsp. ge **3** handla, göra affärer **4** ***~ with*** a) ha att göra med b) behandla c) ta itu med [*~ with a problem*] d) handlägga ärende e) handla om
dealer [ˈdiːlə] *subst* handlande [*in* med]; i sammansättningar -handlare [*car-dealer*]; ***drug ~*** langare
dealings [ˈdiːlɪŋs] *subst pl* **1** affärer, förbindelser **2** umgänge; samröre
dealt [delt] imperf. o. perf. p. av *2 deal II*
dean [diːn] *subst* kyrkl. domprost
dear I [dɪə] *adj* **1** kär [*to* för], rar
2 hälsningsfras i brev kära, bästa [*Dear Mr. Brown*]; ***Dear Sir (Madam)*** i formella brev: utan motsvarighet i svenskan **3** dyr, kostsam
II [dɪə] *subst* **1** spec. i tilltal ***dearest*** kära du; ***my ~*** kära du; ***help me, there's a ~*** vard. hjälp mig så är du snäll **2** raring [*she is a ~*]

III [dɪə] *interj*, ~ ***me!*** för att uttrycka t.ex. förvåning kors!, nej men!; ***oh*** ~***!*** oj då!, aj, aj!
dearly ['dɪəlɪ] *adv* innerligt, högt [*love* ~]
dearth [dɜːθ] *subst* brist, knapphet
death [deθ] *subst* **1** död; ***it will be the*** ~ ***of me*** det blir min död; ~ ***row*** amer. fängelse, avdelning för dödsdömda brottslingar; ***be at death's door*** ligga för döden; ***frightened to*** ~ el. ***scared to*** ~ dödrädd; ***sick to*** ~ ***of sth*** (***sb***) el. ***tired to*** ~ ***of sth*** (***sb***) utled på ngt (ngn); ***put to*** ~ avliva, avrätta **2** dödsfall
deathbed ['deθbed] *subst* dödsbädd
deathblow ['deθbləʊ] *subst* dödsstöt, dråpslag
death duties ['deθˌdjuːtɪz] *subst pl* olika slags arvsskatt
death rate ['deθreɪt] *subst* dödstal, dödlighet
death warrant ['deθˌwɒrənt] *subst* dödsdom
debase [dɪ'beɪs] *verb* **1** försämra **2** förnedra
debatable [dɪ'beɪtəbl] *adj* diskutabel
debate I [dɪ'beɪt] *verb* diskutera, debattera
II [dɪ'beɪt] *subst* diskussion, debatt
debater [dɪ'beɪtə] *subst* debattör
debility [dɪ'bɪlətɪ] *subst* svaghet, kraftlöshet
debit I ['debɪt] *subst* debet
II ['debɪt] *verb* debitera
debonair [ˌdebə'neə] *adj* charmig, gladlynt vanligen om man
debris ['debriː, 'deɪbriː, amer. vanligen də'briː] *subst* spillror, skräp
debt [det] *subst* skuld; ***I owe you a*** ~ ***of gratitude*** jag står i tacksamhetsskuld till dig; ***be in sb's*** ~ stå i skuld hos ngn; ***be in*** ~ vara skuldsatt; ***run into*** ~ sätta sig i skuld; ***out of*** ~ skuldfri
debtor ['detə] *subst* gäldenär
debug [diː'bʌg] (*-gg-*) *verb* data. avlusa
debunk [diː'bʌŋk] *verb* vard. avslöja, säga sanningen om
debut ['deɪbjuː] *subst* debut
decade ['dekeɪd] *subst* decennium, årtionde
decadent ['dekədənt] *adj* dekadent, förfallen
decaf ['diːkæf] *subst* vard. koffeinfritt kaffe
decanter [dɪ'kæntə] *subst* karaff med propp
decathlete [dɪ'kæθliːt] *subst* sport. tiokampare
decathlon [dɪ'kæθlɒn] *subst* sport. tiokamp
decay I [dɪ'keɪ] *verb* **1** förfalla **2** multna, vissna, ruttna **3** om tand orsaka karies i; ***the tooth is decayed*** tanden är angripen av karies
II [dɪ'keɪ] *subst* **1** förfall **2** förmultning, förruttnelse **3** kariesangrepp i tand
decayed [dɪ'keɪd] *adj* **1** förfallen **2** skämd, murken, rutten [~ *meat*] **3** om tänder kariesangripen
decease [dɪ'siːs] *subst* frånfälle, död
deceased I [dɪ'siːst] *adj* avliden
II [dɪ'siːst] *subst*, ***the*** ~ den avlidne, de avlidna
deceit [dɪ'siːt] *subst* **1** bedrägeri **2** bedräglighet
deceitful [dɪ'siːtfʊl] *adj* bedräglig, svekfull
deceive [dɪ'siːv] *verb* bedra, vilseleda, lura
deceiver [dɪ'siːvə] *subst* bedragare
December [dɪ'sembə] *subst* december
decency ['diːsnsɪ] *subst* **1** anständighet **2** hygglighet
decent ['diːsnt] *adj* **1** anständig **2** hygglig
decentralize [diː'sentrəlaɪz] *verb* decentralisera
deception [dɪ'sepʃən] *subst* bedrägeri
deceptive [dɪ'septɪv] *adj* bedräglig
decibel ['desɪbel] *subst* fys. decibel
decide [dɪ'saɪd] *verb* **1** avgöra, döma **2** bestämma sig; ~ ***on*** bestämma sig för
decided [dɪ'saɪdɪd] *adj* bestämd, avgjord
deciding [dɪ'saɪdɪŋ] *adj* avgörande
deciduous [dɪ'sɪdjʊəs] *adj* lövfällande; ~ ***forest*** lövskog
decilitre ['desɪlɪtə] *subst* deciliter
decimal I ['desɪml] *adj* decimal- [~ *system*]; ~ ***fraction*** decimalbråk; ~ ***point*** decimalkomma i sv. [*0.26* läses vanligen *point two six*]
II ['desɪml] *subst* decimal; decimalbråk
decimetre ['desɪmiːtə] *subst* decimeter
decipher [dɪ'saɪfə] *verb* dechiffrera, tyda

The Declaration of Independence
Den 4 juli 1776 antogs den amerikanska självständighetsdeklarationen, *the Declaration of Independence*. Amerika blev då formellt fritt från England. I deklarationen kan man läsa de bevingade orden *all men are created equal*, vi skapas alla lika. 4 juli, *the Fourth of July*, som också kallas *Independence Day*, är den amerikanska nationaldagen. Överallt i USA firar man detta med parader, lekar och grillfester. På kvällen hålls stora fyrverkerier.

decision [dɪ'sɪʒən] *subst* **1** avgörande **2** beslut; ***come to a*** ~ fatta ett beslut, komma fram till ett beslut; ***make a*** ~ fatta ett beslut
decisive [dɪ'saɪsɪv] *adj* **1** avgörande **2** beslutsam
deck [dek] *subst* **1** sjö. däck **2** våning, plan i t.ex. dubbeldäckare (buss) **3** amer. kortlek
deckchair ['dektʃeə] *subst* däcksstol, fällstol
declaration [ˌdeklə'reɪʃən] *subst* **1** förklaring [~ *of war*], tillkännagivande **2** deklaration; ***customs*** ~ tulldeklaration
declare [dɪ'kleə] *verb* **1** förklara, tillkännage, deklarera, förklara sig, uttala sig; ~ ***war on*** förklara krig mot **2** deklarera i tullen; ***have you anything to*** ~***?*** ha ni något att förtulla?
declension [dɪ'klenʃən] *subst* gram. deklination, böjning
decline I [dɪ'klaɪn] *verb* **1** slutta nedåt **2** böja ned, luta **3** gå utför, förfalla **4** avböja, tacka nej **5** gram. böja
II [dɪ'klaɪn] *subst* **1** ***on the*** ~ i avtagande **2** nedgång, minskning
declutch [ˌdiː'klʌtʃ] *verb* bil. koppla ur, trampa ur
decode [ˌdiː'kəʊd] *verb* dechiffrera; data. avkoda, dekoda
decoder [ˌdiː'kəʊdə] *subst* data. avkodare; tv. dekoder
décolletage [ˌdeɪkɒl'tɑːʒ] *subst* dekolletage, urringning
décolleté [deɪ'kɒlteɪ] *adj* urringad
decompose [ˌdiːkəm'pəʊz] *verb* **1** vittra; ruttna **2** lösas upp
decor ['deɪkɔː] *subst* teat. dekor, dekorationer
decorate ['dekəreɪt] *verb* **1** dekorera, pryda **2** måla och tapetsera
decoration [ˌdekə'reɪʃən] *subst* **1** dekorering, prydande; ***interior*** ~ heminredning **2** dekoration
decorative ['dekərətɪv] *adj* dekorativ
decorator ['dekəreɪtə] *subst* **1** dekoratör **2** ***painter and*** ~ el. ~ målare hantverkare; ***interior*** ~ inredningsarkitekt
decorous ['dekərəs] *adj* anständig, korrekt
decoy ['diːkɔɪ] *subst* lockfågel, lockbete
decrease I [ˌdiː'kriːs] *verb* minskas, avta, minska
II ['diːkriːs] *subst* minskning; ***on the*** ~ i avtagande
decree I [dɪ'kriː] *subst* dekret, påbud
II [dɪ'kriː] *verb* påbjuda, bestämma
decrepit [dɪ'krepɪt] *adj* **1** skröplig **2** fallfärdig
decriminalize [diː'krɪmɪnəlaɪz] *verb* avkriminalisera
dedicate ['dedɪkeɪt] *verb* **1** ägna; ~ ***oneself to*** ägna sig åt **2** tillägna [*sth to sb* ngn ngt]
dedicated ['dedɪkeɪtɪd] *adj* hängiven, starkt engagerad
dedication [ˌdedɪ'keɪʃən] *subst* **1** hängivenhet [*to* för]; engagemang **2** tillägnan, dedikation
deduce [dɪ'djuːs] *verb* sluta sig till, härleda
deduct [dɪ'dʌkt] *verb* dra av, dra ifrån; ***be deducted from*** avdras, dras av
deductible [diː'dʌktəbl] *adj* avdragsgill
deduction [dɪ'dʌkʃən] *subst* **1** avdrag, avräkning **2** härledning, slutledning
deed [diːd] *subst* handling, gärning
deejay ['diːdʒeɪ] *subst* vard. diskjockey
deep I [diːp] *adj* **1** djup; ***a*** ~ ***carpet*** en tjock matta; ***go off the*** ~ ***end*** vard. bli rasande **2** djupsinnig
II [diːp] *adv* djupt; ~ ***down*** innerst inne
III [diːp] *subst*, ***the*** ~ havet, djupet
deepen ['diːpən] *verb* **1** fördjupa, fördjupas **2** göra djupare, bli djupare
deep freeze I [ˌdiːp'friːz] *subst* frys
II [ˌdiːp'friːz] (*deep-froze deep-frozen*) *verb*, ***deep-freeze*** djupfrysa
deep-freezer [ˌdiːp'friːzə] *subst* amer. frys
deep-froze [ˌdiːp'frəʊz] *verb* imperf. av *deep-freeze*
deep-frozen [ˌdiːp'frəʊzn] *verb* perf. p. av *deep-freeze*
deep-fry [ˌdiːp'fraɪ] *verb* fritera
deer [dɪə] (pl. lika) *subst* hjort
deface [dɪ'feɪs] *verb* vanställa, vanpryda
defamation [ˌdefə'meɪʃən] *subst* ärekränkning
defamatory [dɪ'fæmətərɪ] *adj* ärekränkande
default [dɪ'fɔːlt] *subst* **1** ***win by*** ~ sport. vinna en match genom walkover **2** data. förinställd, förvald [~ *drive*]
defeat I [dɪ'fiːt] *subst* **1** nederlag **2** sport. nederlag, förlust
II [dɪ'fiːt] *verb* besegra, slå; ***they were defeated*** de förlorade, de blev besgrade (slagna)
defeatist [dɪ'fiːtɪst] *subst* defaitist
defect I ['diːfekt] *subst* **1** brist, defekt **2** lyte; ***speech*** ~ talfel
II [dɪ'fekt] *verb* polit. hoppa av
defection [dɪ'fekʃən] *subst* polit. avhopp
defective [dɪ'fektɪv] *adj* **1** bristfällig **2** defekt
defector [dɪ'fektə] *subst* polit. avhoppare

defence [dɪ'fens] *subst* **1** försvar, skydd **2** jur. försvarstalan; ***the*** ~ svarandesidan
defend [dɪ'fend] *verb* försvara, skydda
defendant [dɪ'fendənt] *subst* o. *adj* jur. svarande
defender [dɪ'fendə] *subst* försvarare; sport. försvarsspelare
defense ['dɪfens] *subst* amer. = *defence*
defensive [dɪ'fensɪv] *adj* defensiv, försvars- [*~ mechanism*]
1 defer [dɪ'fɜː] (*-rr-*) *verb* skjuta upp, dröja
2 defer [dɪ'fɜː] (*-rr-*) *verb*, ~ ***to*** böja sig för
deference ['defərəns] *subst*, ***out of*** ~ ***to*** av hänsyn till
defiance [dɪ'faɪəns] *subst* utmaning, trots
defiant [dɪ'faɪənt] *adj* utmanande, trotsig
deficiency [dɪ'fɪʃənsɪ] *subst* **1** bristfällighet **2** brist [*in* på]
deficient [dɪ'fɪʃənt] *adj* bristfällig; ***be*** ~ ***in*** sakna, lida brist på
deficit ['defɪsɪt] *subst* underskott [*of* på]
defile [dɪ'faɪl] *verb* **1** förorena, nedsmutsa **2** vanhelga **3** förfula **4** besudla
definable [dɪ'faɪnəbl] *adj* definierbar
define [dɪ'faɪn] *verb* precisera, fastställa, definiera
definite ['defənət] *adj* **1** bestämd; ***the*** ~ ***article*** bestämd artikel **2** definitiv **3** fastställd [*~ plan*], avgjord, klar [*~ advantage*]
definitely ['defənətlɪ] *adv* absolut, avgjort
definition [ˌdefɪ'nɪʃən] *subst* **1** definition **2** skärpa på tv-bild el. foto
deflate [dɪ'fleɪt] *verb* **1** släppa luften ur **2** ~ ***the economy*** orsaka deflation
deflation [dɪ'fleɪʃən] *subst* ekon. deflation
deflationary [dɪ'fleɪʃnərɪ] *adj* ekon. deflationistisk
deflect [dɪ'flekt] *verb* få att böja (vika) av
deflection [dɪ'flekʃən] *subst* **1** böjning åt sidan, krökning **2** avvikelse **3** sport., ***the ball took a*** ~ bollen gick in i mål (via en spelare klubba etc.)
deform [dɪ'fɔːm] *verb* deformera, vanställa
deformed [dɪ'fɔːmd] *adj* vanställd, missbildad
deformity [dɪ'fɔːmətɪ] *subst* deformitet, missbildning
defraud [dɪ'frɔːd] *verb* bedraga [*of* på]
defray [dɪ'freɪ] *verb* bestrida, bära [*~ the costs*]
defrost [ˌdiː'frɒst] *verb* tina upp t.ex. fruset kött; frosta av t.ex. kylskåp, vindruta
defroster [ˌdiː'frɒstə] *subst* bil. defroster
deft [deft] *adj* flink, händig, skicklig
defuse [dɪ'fjuːz] *verb* **1** desarmera [*~ a bomb*] **2** lösa upp [*~ the tense situation*]
defy [dɪ'faɪ] *verb* **1** trotsa [*~ the law*] **2** utmana
degenerate I [dɪ'dʒenərət] *adj* degenererad **II** [dɪ'dʒenəreɪt] *verb* degenerera, urarta
degradation [ˌdegrə'deɪʃən] *subst* **1** degradering **2** förnedring
degrade [dɪ'greɪd] *verb* **1** degradera **2** förnedra
degree [dɪ'griː] *subst* **1** grad äv. mat.; ***by*** ~***s*** gradvis; ***to a certain*** ~ el. ***to some*** ~ i viss (någon) mån **2** univ., akademisk examen [*a university ~; take a ~ in history*]
deign [deɪn] *verb*, ~ ***to*** nedlåta sig att
deity ['diːətɪ] *subst* gud, gudinna
deject [dɪ'dʒekt] *verb* göra nedslagen
delay I [dɪ'leɪ] *verb* **1** dröja med; dröja **2** försena, fördröja; ***delaying tactics*** förhalningstaktik
II [dɪ'leɪ] *subst* fördröjning, dröjsmål, försening
delegate I ['delɪgət] *subst* delegat, fullmäktig **II** ['delɪgeɪt] *verb* delegera, bemyndiga
delegation [ˌdelɪ'geɪʃən] *subst* **1** delegering **2** delegation
delete [dɪ'liːt] *verb* stryka, stryka ut
deliberate I [dɪ'lɪbərət] *adj* avsiktlig, medveten
II [dɪ'lɪbəreɪt] *verb* **1** överväga **2** överlägga [*on* om]
deliberation [dɪˌlɪbə'reɪʃən] *subst* **1** moget övervägande **2** överläggning; pl. ~***s*** överläggningar
delicacy ['delɪkəsɪ] *subst* **1** delikatess, läckerhet **2** finkänslighet **3** ömtålighet
delicate ['delɪkət] *adj* **1** klen [*~ health*]; skör **2** delikat, ömtålig [*a ~ situation*] **3** utsökt; läcker [*~ food*]
delicatessen [ˌdelɪkə'tesn] *subst* **1** delikatessaffär **2** färdiglagad mat, delikatesser
delicious [dɪ'lɪʃəs] *adj* läcker, utsökt, härlig
delight I [dɪ'laɪt] *subst* glädje, förtjusning; ***take*** ~ ***in*** el. ***take a*** ~ ***in*** finna nöje i, njuta av
II [dɪ'laɪt] *verb* glädja; ~ ***in*** finna nöje i, njuta av [*he ~s in teasing me*]
delighted [dɪ'laɪtɪd] *adj* glad, förtjust [*at sth, with sth* över ngt]
delightful [dɪ'laɪtfʊl] *adj* förtjusande, härlig
delinquency [də'lɪŋkwənsɪ] *subst*, ***juvenile*** ~ ungdomsbrottslighet
delinquent [dɪ'lɪŋkwənt] *subst*, ***juvenile*** ~ ungdomsbrottsling

delirious [dɪ'lɪrɪəs] *adj* **1** yr; ***be ~*** a) vara yr b) lida av yrsel c) yra av feber **2** vild, extatisk; *~ **with joy*** ifrån sig av glädje
delirium [dɪ'lɪrɪəm] *subst* feberyrsel; med. delirium
deliver [dɪ'lɪvə] *verb* **1** överlämna; hand. leverera, dela ut **2** befria [*from*]; frälsa [*~ us from evil*] **3** framföra, hålla [*~ a speech*] **4** förlösa [*~ a baby*]
delivery [dɪ'lɪvərɪ] *subst* **1** överlämnande, leverans **2** utdelning, utbärning [*~ of letters*], posttur **3** *~ **note*** följesedel; ***cash on*** *~* el. amer., ***collect on*** *~* mot efterkrav, mot postförskott **4** framförande [*~ of a speech*] **5** förlossning
delphinium [del'fɪnɪəm] *subst* blomma riddarsporre
delude [dɪ'lu:d] *verb* lura, förleda [*into* till]
deluge I ['delju:dʒ] *subst* **1** skyfall **2** översvämning **3** syndaflod **4** ***a ~ of letters*** en störtflod av brev
II ['delju:dʒ] *verb* översvämma, dränka
delusion [dɪ'lu:ʒən] *subst* illusion, inbillning
de luxe [də'lʌks, də'lʊks] *adj* luxuös, lyx-
demagogic [ˌdemə'gɒgɪk] *adj* demagogisk
demagogue ['deməgɒg] *subst* demagog
demand I [dɪ'mɑ:nd] *verb* begära, fordra, kräva
II [dɪ'mɑ:nd] *subst* **1** begäran [*for* om], krav [*for* på]; ***on*** *~* vid anfordran **2** efterfrågan [*for* på]; ***supply and*** *~* tillgång och efterfrågan; ***in*** *~* efterfrågad
demanding [dɪ'mɑ:ndɪŋ] *adj* fordrande, krävande
demarcate ['di:mɑ:keɪt] *verb* avgränsa
demeanour [dɪ'mi:nə] *subst* uppträdande, hållning
demented [dɪ'mentɪd] *adj* sinnessjuk
demilitarize [ˌdi:'mɪlɪtəraɪz] *verb* demilitarisera
demob [ˌdi:'mɒb] (*-bb-*) *verb* mil. vard. (kortform för *demobilize*); ***be demobbed*** el. ***get demobbed*** mucka
demobilization [di:ˌməʊbɪlaɪ'zeɪʃən] *subst* demobilisering
demobilize [di:'məʊbɪlaɪz] *verb* demobilisera
democracy [dɪ'mɒkrəsɪ] *subst* demokrati
democrat ['deməkræt] *subst* demokrat
democratic [ˌdemə'krætɪk] *adj* demokratisk
demolish [dɪ'mɒlɪʃ] *verb* **1** demolera, rasera, riva **2** rasera, kullkasta [*~ an argument*]
demolition [ˌdemə'lɪʃən] *subst* **1** demolering, rasering, rivning **2** raserande, kullkastande
demon ['di:mən] *subst* **1** demon, djävul **2** vard., ***a ~ for work*** en arbetsmyra
demonstrate ['demənstreɪt] *verb* **1** bevisa, uppvisa **2** demonstrera
demonstration [ˌdemən'streɪʃən] *subst* **1** bevisning, uppvisande **2** demonstration
demonstrative [dɪ'mɒnstrətɪv] *adj* **1** demonstrativ, öppenhjärtig **2** gram. demonstrativ
demonstrator ['demənstreɪtə] *subst* demonstrant
demoralize [dɪ'mɒrəlaɪz] *verb* demoralisera
demure [dɪ'mjʊə] *adj* blyg, sedesam vanligen om kvinna
den [den] *subst* **1** djurs håla, lya, kula **2** tillhåll, håla, näste [*a gambling ~*] **3** vard. lya, krypin
denial [dɪ'naɪəl] *subst* **1** förnekande **2** dementi
denim ['denɪm] *subst* **1** denim jeanstyg **2** pl. ***~s*** jeans av denim
Denmark ['denmɑ:k] Danmark
denomination [dɪˌnɒmɪ'neɪʃən] *subst* **1** mynts valör **2** kyrkosamfund
denominator [dɪ'nɒmɪneɪtə] *subst* mat. nämnare; ***lowest common*** *~* minsta gemensamma nämnare
denote [dɪ'nəʊt] *verb* **1** beteckna **2** ange, tyda på
denounce [dɪ'naʊns] *verb* stämpla, brännmärka
dense [dens] *adj* **1** tät, kompakt **2** dum
density ['densətɪ] *subst* täthet
dent I [dent] *subst* buckla
II [dent] *verb* buckla till
dental ['dentl] *adj* **1** tand-; *~ **floss*** tandtråd **2** tandläkar-; *~ **surgeon*** tandläkare
dentist ['dentɪst] *subst* tandläkare
denture ['dentʃə] *subst*, ***~s*** tandprotes, löständer
denunciation [dɪˌnʌnsɪ'eɪʃən] *subst* fördömande, brännmärkning
deny [dɪ'naɪ] *verb* **1** neka till, dementera **2** neka, vägra [*~ sb sth*] **3** *~ **oneself*** neka sig, försaka
deodorant [dɪ'əʊdərənt] *subst* deodorant
depart [dɪ'pɑ:t] *verb* **1** avresa; om t.ex. tåg avgå **2** avlägsna sig **3** *~ **from*** frångå [*~ from routine*]
department [dɪ'pɑ:tmənt] *subst* **1** avdelning; *~ **store*** varuhus **2** departement, regeringsdepartement; ***the State Department*** amer. utrikesdepartementet; ***the English Department*** univ. Engelska institutionen

departure [dɪˈpɑːtʃə] *subst* avresa, avfärd, avgång; ~ ***indicator*** järnv. el. flyg. avgångstavla
depend [dɪˈpend] *verb* **1** bero [*on* på]; ***it all ~s*** vard. det beror ˈpå **2** ~ ***on*** lita på
dependable [dɪˈpendəbl] *adj* pålitlig
dependence [dɪˈpendəns] *subst* beroende
dependent [dɪˈpendənt] *adj* beroende [*on* av]
depict [dɪˈpɪkt] *verb* avbilda, skildra
deplorable [dɪˈplɔːrəbl] *adj* bedrövlig, sorglig
deplore [dɪˈplɔː] *verb* djupt beklaga
deploy [dɪˈplɔɪ] *verb* **1** utnyttja [*~ one's resources*] **2** mil. utplacera [*~ missiles*], gruppera
depopulate [diːˈpɒpjʊleɪt] *verb* avfolka
depopulation [diːˌpɒpjʊˈleɪʃən] *subst* avfolkning
deport [dɪˈpɔːt] *verb* deportera, förvisa
deportation [ˌdiːpɔːˈteɪʃən] *subst* deportering
deposit I [dɪˈpɒzɪt] *verb* **1** lägga ned **2** deponera **3** sätta in [*~ money in a bank*] **II** [dɪˈpɒzɪt] *subst* **1** deposition **2** insättning [*savings-bank's ~s*] **3** pant, handpenning
depository [dɪˈpɒzɪtərɪ] *subst* förvaringsställe; ***night*** ~ amer. servicebox, nattfack
depot [ˈdepəʊ] *subst* **1** depå, förråd **2** bussgarage **3** amer. busstation, mindre järnvägsstation
depraved [dɪˈpreɪvd] *adj* depraverad, fördärvad
depreciate [dɪˈpriːʃɪeɪt] *verb* **1** minska i värde, falla
depreciation [dɪˌpriːʃɪˈeɪʃən] *subst* värdeminskning
depress [dɪˈpres] *verb* **1** trycka ned **2** deprimera
depressed [dɪˈprest] *adj* **1** deprimerad, deppig **2** ~ ***area*** krisdrabbat område med arbetslöshet
depressing [dɪˈpresɪŋ] *adj* deprimerande
depression [dɪˈpreʃən] *subst* depression, nedstämdhet, deppighet
deprive [dɪˈpraɪv] *verb* beröva [*sb of sth* ngn ngt]
depth [depθ] *subst* **1** djup; ***in the ~ of winter*** mitt i vintern; ***she was out of her ~*** det gick över hennes horisont **2** djupsinne
deputation [ˌdepjʊˈteɪʃən] *subst* deputation
deputize [ˈdepjʊtaɪz] *verb* vikariera [*for* för]
deputy [ˈdepjʊtɪ] *subst* **1** deputerad, ombud **2** ställföreträdare, vikarie
derange [dɪˈreɪndʒ] *verb* **1** rubba, störa **2** ***mentally deranged*** mentalsjuk
derby [ˈdɑːbɪ, amer. ˈdɜːbɪ] *subst* **1** sport. derby; ***local*** ~ lokalderby **2** amer. plommonstop, kubb
deregulate [diːˈregjʊleɪt] *verb* avreglera
derelict [ˈderɪlɪkt] *adj* övergiven, herrelös
deride [dɪˈraɪd] *verb* håna, förlöjliga
derision [dɪˈrɪʒən] *subst* hån, förlöjligande
derive [dɪˈraɪv] *verb* **1** få, erhålla **2** härleda, härstamma
derogatory [dɪˈrɒgətrɪ] *adj* nedsättande, förringande [*~ remarks*]
descend [dɪˈsend] *verb* **1** gå (komma, stiga) ned, sänka sig [*on* över], stiga (gå) nedför; ~ ***on*** överrumpla; ~ ***to*** nedlåta sig till **2** slutta **3** ***be descended from*** härstamma från
descendant [dɪˈsendənt] *subst* avkomling [*of* till]
descent [dɪˈsent] *subst* **1** nedstigning, nedgång **2** sluttning, nedförsbacke **3** härstamning
describe [dɪˈskraɪb] *verb* beskriva
description [dɪˈskrɪpʃən] *subst* **1** beskrivning **2** ***of every*** ~ av alla slag, alla slags …
desecrate [ˈdesɪkreɪt] *verb* vanhelga
1 desert [dɪˈzɜːt] *subst*, ***get one's deserts*** få vad man förtjänar
2 desert I [ˈdezət] *subst* öken **II** [dɪˈzɜːt] *verb* **1** överge; ***deserted*** övergiven, öde **2** desertera från; desertera, rymma
deserter [dɪˈzɜːtə] *subst* desertör
desertion [dɪˈzɜːʃən] *subst* **1** övergivande **2** desertering, rymning
desert island [ˈdezətˌaɪlənd] *subst* öde ö
deserve [dɪˈzɜːv] *verb* förtjäna, vara värd
deserving [dɪˈzɜːvɪŋ] *adj* förtjänstfull, värdig, värd; ***a ~ case*** om person ett ömmande fall
desiccated [ˈdesɪkeɪtɪd] *adj*, ~ ***coconut*** kokosflingor
design I [dɪˈzaɪn] *verb* **1** formge, teckna, designa, rita [*~ a building*], skapa **2** planlägga **3** avse [*a room designed for children*] **II** [dɪˈzaɪn] *subst* **1** formgivning, design **2** planläggning; ritning **3** mönster
designate [ˈdezɪgneɪt] *verb* beteckna, utse; ***designated driver*** den som kör och avstår från att dricka alkohol vid fest etc.
designation [ˌdezɪgˈneɪʃən] *subst* beteckning

designer [dɪ'zaɪnə] *subst* formgivare, designer; ~ ***jeans*** märkesjeans
desirable [dɪ'zaɪərəbl] *adj* **1** önskvärd **2** åtråvärd
desire I [dɪ'zaɪə] *verb* **1** önska; ***leave a great deal to be desired*** lämna mycket övrigt att önska **2** begära, be
II [dɪ'zaɪə] *subst* **1** önskan, längtan, begär [*for* efter, till] **2** åtrå **3** önskemål
desirous [dɪ'zaɪərəs] *adj* ivrig, lysten [*of* efter]
desist [dɪ'zɪst] *verb* **1** avstå **2** upphöra
desk [desk] *subst* **1** skrivbord **2** skolbänk; ***teacher's*** ~ kateder **3** kassa i butik
desk clerk ['deskklɜːk] *subst* amer. receptionist
desktop ['desktɒp] *subst*, ~ ***computer*** bordsdator
desolate ['desələt] *adj* **1** ödslig, enslig **2** ensam och övergiven
desolation [ˌdesə'leɪʃən] *subst* **1** ödeläggelse **2** övergivenhet
despair I [dɪ'speə] *subst* förtvivlan; ***be in*** ~ vara förtvivlad
II [dɪ'speə] *verb* förtvivla, misströsta
desperado [ˌdespə'rɑːdəʊ] (pl. ~*s*) *subst* desperado
desperate ['despərət] *adj* desperat, förtvivlad
desperation [ˌdespə'reɪʃən] *subst* förtvivlan, desperation
despicable [dɪ'spɪkəbl] *adj* föraktlig, avskyvärd
despise [dɪ'spaɪz] *verb* förakta
despite [dɪ'spaɪt] *prep* trots
despondent [dɪ'spɒndənt] *adj* förtvivlad, modfälld
despot ['despɒt] *subst* despot, tyrann
despotic [de'spɒtɪk] *adj* despotisk
dessert [dɪ'zɜːt] *subst* dessert, efterrätt
dessertspoon [dɪ'zɜːtspuːn] *subst* dessertsked
destination [ˌdestɪ'neɪʃən] *subst* destination, bestämmelseort, resmål
destine ['destɪn] *verb* bestämma, ämna [*for* för, till]
destiny ['destɪnɪ] *subst* öde, livsöde
destitute ['destɪtjuːt] *adj* utblottad [*of* på], utfattig
destroy [dɪ'strɔɪ] *verb* förstöra, tillintetgöra
destroyer [dɪ'strɔɪə] *subst* sjö. jagare
destruction [dɪ'strʌkʃən] *subst* förstörande, ödeläggelse, förintelse
destructive [dɪ'strʌktɪv] *adj* destruktiv
detach [dɪ'tætʃ] *verb* **1** lösgöra, skilja **2** mil. avdela, detachera
detachable [dɪ'tætʃəbl] *adj* löstagbar
detached [dɪ'tætʃt] *adj* **1** avskild, enstaka **2** friliggande; ~ ***house*** villa **3** opartisk
detachment [dɪ'tætʃmənt] *subst* **1** lösgörande, avskiljande **2** opartiskhet **3** mil. detachering
detail I ['diːteɪl, amer. vanligen dɪ'teɪl] *subst* detalj
II ['diːteɪl, amer. vanligen dɪ'teɪl] *verb* **1** specificera **2** mil. avdela, detachera [*for* till]
detailed ['diːteɪld] *adj* detaljerad
detain [dɪ'teɪn] *verb* **1** uppehålla, försena **2** hålla i häkte
detect [dɪ'tekt] *verb* upptäcka, spåra
detection [dɪ'tekʃən] *subst* upptäckt
detective I [dɪ'tektɪv] *adj* detektiv-; ~ ***inspector*** kriminalinspektör
II [dɪ'tektɪv] *subst* detektiv
detector [dɪ'tektə] *subst* tekn. el. radio. detektor; ***sound*** ~ ljuddetektor
detention [dɪ'tenʃən] *subst* **1** uppehållande **2** skol. kvarsittning **3** ~ ***camp*** mil. interneringsläger
deter [dɪ'tɜː] *verb* avskräcka, avhålla [*from*]
detergent [dɪ'tɜːdʒənt] *subst* tvättmedel, diskmedel
deteriorate [dɪ'tɪərɪəreɪt] *verb* försämra, försämras
deterioration [dɪˌtɪərɪə'reɪʃən] *subst* försämring
determination [dɪˌtɜːmɪ'neɪʃən] *subst* **1** beslutsamhet **2** fastställande
determine [dɪ'tɜːmɪn] *verb* **1** bestämma, fastställa **2** besluta, besluta sig; ***be***

dessert
Exempel på typiska engelska eller amerikanska efterrätter är:
apple pie äppelpaj
lemon meringue pie citronpaj
rice pudding risgrynsgröt
trifle lager av sockerkaka och frukt eller sylt toppat med vaniljkräm eller vispad grädde
cheesecake paj fylld med mjukost (t.ex. *Philadelphia cheese*), ofta toppad med sylt.

determined to... vara fast besluten att...

deterrent [dɪ'terənt] *subst* avskräckningsmedel

detest [dɪ'test] *verb* avsky

detestable [dɪ'testəbl] *adj* avskyvärd

detonate ['detəneɪt] *verb* **1** få att detonera **2** detonera

detonation [ˌdetə'neɪʃən] *subst* detonation

detonator ['detəneɪtə] *subst* tändhatt

detour ['diːtʊə] *subst* **1** omväg **2** amer. trafikomläggning

detox I ['diːtɒks] *verb* vard., ~ ***sb*** avgifta ngn, lägga in ngn på torken
II ['diːtɒks] *subst* vard., ***the*** ~ torken alkoholistanstalt

detoxify [diː'tɒksɪfaɪ] *verb* avgifta

detract [dɪ'trækt] *verb*, ~ ***from*** förringa

detrimental [ˌdetrɪ'mentl] *adj* skadlig [*to* för]

deuce [djuːs] *subst* **1** spel. tvåa **2** i tennis fyrtio lika

devaluation [ˌdiːvæljʊ'eɪʃən] *subst* devalvering

devalue [ˌdiː'væljuː] *verb* devalvera

devastate ['devəsteɪt] *verb* ödelägga

devastation [ˌdevə'steɪʃən] *subst* ödeläggelse

develop [dɪ'veləp] *verb* **1** utveckla; utveckla sig, utvecklas [*into* till]; ***developing country*** utvecklingsland, u-land **2** utnyttja, exploatera **3** foto. framkalla

development [dɪ'veləpmənt] *subst* **1** utveckling **2** utnyttjande, exploatering **3** ***housing*** ~ bostadsområde **4** foto. framkallning

deviate ['diːvɪeɪt] *verb* avvika

deviation [ˌdiːvɪ'eɪʃən] *subst* avvikelse

device [dɪ'vaɪs] *subst* **1** knep, påhitt **2** anordning, apparat **3** emblem, märke på sköld, vapen **4** ***leave sb to his own ~s*** låta ngn klara sig själv

devil ['devl] *subst* djävul, fan, sate; ***what the ~?*** va fan?, vad i helvete?; ***run like the ~*** springa som tusan; ***go to the ~*** dra åt helsike; ***talk of the ~ and he will appear*** ordspr. när man talar om trollen, så står de i farstun; ***between the ~ and the deep blue sea*** ordspr. i valet och kvalet, mellan pest och kolera

devilish ['devlɪʃ] *adj* djävulsk, vard. jäkla

devious ['diːvjəs] *adj* **1** slingrande **2** bedräglig

devise [dɪ'vaɪz] *verb* hitta på, tänka ut

devoid [dɪ'vɔɪd] *adj*, ~ ***of*** helt utan

devote [dɪ'vəʊt] *verb* uppoffra [*~ one's time to study*]; ~ ***oneself to*** ägna sig åt

devoted [dɪ'vəʊtɪd] *adj* o. *perf p* **1** hängiven, tillgiven **2** bestämd [*to* åt]

devotion [dɪ'vəʊʃən] *subst* **1** tillgivenhet [*to* för]; hängivenhet [*to* för]; ~ ***to duty*** plikttrohet **2** uppoffrande

devour [dɪ'vaʊə] *verb* sluka

devout [dɪ'vaʊt] *adj* from

dew [djuː] *subst* dagg

dexterity [dek'sterətɪ] *subst* fingerfärdighet, skicklighet

dexterous ['dekstərəs] *adj* fingerfärdig, skicklig

dextrose ['dekstrəʊz] *subst* druvsocker

diabetes [ˌdaɪə'biːtiːz] *subst* diabetes

diabetic [ˌdaɪə'betɪk] *subst* diabetiker

diabolical [ˌdaɪə'bɒlɪkl] *adj* diabolisk, djävulsk

diagnose ['daɪəgnəʊz] *verb* diagnostisera

diagnosis [ˌdaɪəg'nəʊsɪs] (pl. *diagnoses* [ˌdaɪəg'nəʊsiːz]) *subst* diagnos

diagonal [daɪ'ægnəl] *adj* o. *subst* diagonal

diagram ['daɪəgræm] *subst* diagram

dial I ['daɪəl] *subst* **1** urtavla **2** visartavla **3** radio. stationsskala **4** tele. fingerskiva **5** solur
II ['daɪəl] *verb* ringa upp, slå telefonnummer

dialect ['daɪəlekt] *subst* dialekt

dialectal [ˌdaɪə'lektl] *adj* dialektal

dialling ['daɪəlɪŋ] *subst* telefonering, ringande; ~ ***code*** riktnummer; ~ ***tone*** kopplingston, svarston

dialogue ['daɪəlɒg] *subst* dialog, samtal

diameter [daɪ'æmɪtə] *subst* diameter

diamond ['daɪəmənd] *subst* **1** diamant **2** kortsp. ruterkort; pl. ~***s*** ruter

diaper ['daɪəpə] *subst* amer. blöja

diaphragm ['daɪəfræm] *subst* **1** anat. diafragma, mellangärde **2** foto. bländare

diarrhoea [ˌdaɪə'rɪə] *subst* med. diarré

Dickens
Charles Dickens (1812–1870) var en av Englands mest berömda romanförfattare. I *Oliver Twist*, *David Copperfield*, *A Christmas Carol* och många andra romaner visar han hur svårt de fattiga hade det. I dag filmas Dickens romaner om och om igen både för bio och tv.

diary ['daɪərɪ] *subst* **1** dagbok **2** kalender, almanacka
dice [daɪs] (pl. lika) *subst* **1** tärning **2** tärningsspel
dictate I ['dɪkteɪt] *subst* diktat, påbud, föreskrift
II [dɪk'teɪt] *verb* diktera, föreskriva
dictation [dɪk'teɪʃən] *subst* diktamen
dictator [dɪk'teɪtə] *subst* diktator
dictatorial [ˌdɪktə'tɔːrɪəl] *adj* diktatorisk
dictatorship [dɪk'teɪtəʃɪp] *subst* diktatur
dictionary ['dɪkʃənrɪ] *subst* ordbok, lexikon
did [dɪd] imperf. av *1 do*
didn't ['dɪdnt] = *did not*
die [daɪ] *verb* **1** dö, omkomma, avlida **2** dö ut, slockna **3** ***I'm dying to do it*** vad jag längtar efter att få göra det! **4** ~ ***down*** el. ~ ***away*** dö bort
diesel ['diːzəl] *subst*, ~ ***engine*** dieselmotor
diet I ['daɪət] *subst* diet, kost; ***be on a*** ~ a) hålla diet b) banta
II ['daɪət] *verb* **1** hålla diet **2** banta
differ ['dɪfə] *verb* **1** vara olik, vara olika, avvika [*from* från] **2** ha olika uppfattning
difference ['dɪfrəns] *subst* **1** skillnad, olikhet; ***it makes no*** ~ ***to me*** det gör mig detsamma; ***it doesn't make much*** ~ det spelar inte så stor roll **2** meningsskiljaktighet
different ['dɪfrənt] *adj* olik, olika, skild, annorlunda
differentiate [ˌdɪfə'renʃɪeɪt] *verb* differentiera; ~ ***between*** göra åtskillnad mellan
difficult ['dɪfɪkəlt] *adj* svår, besvärlig
difficulty ['dɪfɪkəltɪ] *subst* svårighet, svårigheter
diffuse I [dɪ'fjuːs] *adj* **1** diffus **2** spridd
II [dɪ'fjuːz] *verb* sprida omkring
dig I [dɪg] (*dug dug*) (*digging*) *verb* **1** gräva [*for* efter]; gräva i; ~ ***out*** gräva fram **2** stöta, sticka
II [dɪg] *subst* vard. pik, känga [*that was a ~ at me*]
digest [daɪ'dʒest] *verb* smälta t.ex. mat, kunskaper
digestion [daɪ'dʒestʃən] *subst* matsmältning
digit ['dɪdʒɪt] *subst* ensiffrigt tal, siffra
digital ['dɪdʒɪtl] *adj* digital [~ *TV*; ~ *watch*]
dignified ['dɪgnɪfaɪd] *adj* värdig
dignify ['dɪgnɪfaɪ] *verb* göra värdig
dignitary ['dɪgnɪtərɪ] *subst* dignitär
dignity ['dɪgnətɪ] *subst* värdighet; ***stand on one's*** ~ hålla på sin värdighet
digress [daɪ'gres] *verb* komma från ämnet
digs [dɪgz] *subst pl* vard. hyresrum, lya
dilapidated [dɪ'læpɪdeɪtɪd] *adj* förfallen
dilate [daɪ'leɪt] *verb* vidga, vidga sig
dilemma [dɪ'lemə] *subst* dilemma
dilettante [ˌdɪlɪ'tæntɪ] *subst* dilettant
diligence ['dɪlɪdʒəns] *subst* flit
diligent ['dɪlɪdʒənt] *adj* flitig, arbetsam
dilute [daɪ'ljuːt] *verb* spä ut, blanda ut
dim I [dɪm] *adj* dunkel [~ *memories*], oklar, vag
II [dɪm] (*-mm-*) *verb* bil., ~ ***the headlights*** amer. blända av vid möte
dime [daɪm] *subst* amer. tiocentare
dimension [daɪ'menʃən] *subst* dimension
diminish [dɪ'mɪnɪʃ] *verb* förminska, förminskas
diminutive [dɪ'mɪnjʊtɪv] *adj* mycket liten
dimmer ['dɪmə] *subst* bil. amer. ljusomkopplare, avbländare
dimple ['dɪmpl] *subst* smilgrop
din [dɪn] *subst* dån, buller, larm
dine [daɪn] *verb* äta middag
diner ['daɪnə] *subst* **1** middagsgäst **2** järnv. restaurangvagn **3** spec. amer. matställe
dinghy ['dɪŋgɪ] *subst* båt jolle
dingy ['dɪndʒɪ] *adj* smutsig, sjaskig
dining-car ['daɪnɪŋkɑː] *subst* järnv. restaurangvagn
dining-hall ['daɪnɪŋhɔːl] *subst* större matsal
dining-room ['daɪnɪŋruːm] *subst* matsal, matrum
dinner ['dɪnə] *subst* middag; ***sit down to*** ~ sätta sig till bords
dinner jacket ['dɪnəˌdʒækɪt] *subst* smoking
dinner party ['dɪnəˌpɑːtɪ] *subst* middagsbjudning
dinner plate ['dɪnəpleɪt] *subst* flat tallrik
dinosaur ['daɪnəsɔː] *subst* dinosaurie, skräcködla
dioxide [daɪ'ɒksaɪd] *subst*, ***carbon*** ~ kem. koldioxid
dip I [dɪp] (*-pp-*) *verb* **1** doppa, sänka ned, stoppa [*in*, *into* i] **2** dyka, doppa sig **3** ~ ***into*** bläddra i [~ *into a book*] **4** bil., ~ ***the headlights*** blända av vid möte
II [dɪp] *subst* **1** doppning, sänkning **2** vard. dopp, bad **3** dipp, dippsås
diphtheria [dɪf'θɪərɪə] *subst* med. difteri
diphthong ['dɪfθɒŋ] *subst* språkljud diftong
diploma [dɪ'pləʊmə] *subst* diplom
diplomacy [dɪ'pləʊməsɪ] *subst* diplomati
diplomat ['dɪpləmæt] *subst* diplomat
diplomatic [ˌdɪplə'mætɪk] *adj* diplomatisk
dipstick ['dɪpstɪk] *subst* bil. oljemätsticka

dipswitch ['dɪpswɪtʃ] *subst* bil. avbländare, ljusomkopplare
direct I [daɪ'rekt] *verb* **1** rikta [*at, towards* mot] **2** leda, dirigera **3** regissera [*~ a film*] **4** visa vägen [*can you ~ me to the station?*] **5** befalla, beordra, föreskriva, bestämma
II [daɪ'rekt] *adj* **1** direkt, rak [*the ~ opposite*], rät, omedelbar; ~ ***current*** likström; ~ ***hit*** fullträff **2** rättfram
III [daɪ'rekt] *adv* direkt, rakt, rätt
direction [daɪ'rekʃən] *subst* **1** riktning; ***in every ~*** åt alla håll; ***in the ~ of*** mot; ***sense of ~*** lokalsinne **2** pl. *~s* anvisningar; ***~s for use*** bruksanvisning
directly [daɪ'rektlɪ] *adv* **1** direkt, rakt **2** genast
directoire [ˌdɪrek'twɑː] *subst*, ~ ***knickers*** mamelucker
director [daɪ'rektə] *subst* **1** direktör, chef; ~ ***of studies*** studierektor; ***board of ~s*** bolagsstyrelse **2** film. el. teat. regissör
director-general [daɪˌrektə'dʒenrəl] *subst* generaldirektör
directory [daɪ'rektərɪ] *subst*, ***telephone ~*** telefonkatalog; ~ ***enquiries*** el. amer. ~ ***assistance*** nummerupplysningen
dirt [dɜːt] *subst* smuts; ***treat sb like ~*** behandla ngn som skit; ~ ***road*** amer. grusväg
dirt-cheap [ˌdɜːt'tʃiːp] *adj* o. *adv* jättebillig, jättebilligt
dirty I ['dɜːtɪ] *adj* **1** smutsig, skitig **2** snuskig [*a ~ story*]; ***a ~ dog*** vard., om person en fähund; ***give sb a ~ look*** ge ngn en mördande blick; ***a ~ mind*** en snuskig fantasi; ~ ***play*** sport. ojust spel; ***a ~ trick*** ett fult spratt; ***do the ~ work*** göra slavgörat; ***you ~ swine!*** ditt jävla svin!
II ['dɜːtɪ] *verb* smutsa ner
disability [ˌdɪsə'bɪlətɪ] *subst* invaliditet
disable [dɪs'eɪbl] *verb* handikappa, invalidisera
disabled I [dɪs'eɪbld] *adj* handikappad; ~ ***toilet*** handikapptoalett
II [dɪs'eɪbld] *subst pl*, ***the ~*** de handikappade
disablement [ˌdɪs'eɪblmənt] *subst* handikapp, invaliditet; ~ ***pension*** invaliditetspension
disadvantage [ˌdɪsəd'vɑːntɪdʒ] *subst* nackdel; ***at a ~*** i ett ofördelaktigt läge
disadvantageous [ˌdɪsædvɑːn'teɪdʒəs] *adj* ofördelaktig
disagree [ˌdɪsə'griː] *verb* **1** inte hålla med om; ***I ~*** det håller jag inte med om **2** inte komma överens **3** inte stämma överens **4** om t.ex. mat ***this food ~s with me*** jag tål inte den här maten
disagreeable [ˌdɪsə'grɪəbl] *adj* obehaglig, otrevlig
disagreement [ˌdɪsə'griːmənt] *subst* meningsskiljaktighet, oenighet
disallow [ˌdɪsə'laʊ] *verb* underkänna [*the goal was disallowed*], förklara ogiltig
disappear [ˌdɪsə'pɪə] *verb* försvinna
disappearance [ˌdɪsə'pɪərəns] *subst* försvinnande
disappoint [ˌdɪsə'pɔɪnt] *verb* göra besviken [*with* på]; ***I felt disappointed*** jag kände mig besviken
disappointing [ˌdɪsə'pɔɪntɪŋ] *adj* nedslående; ***it was ~*** det var en besvikelse
disappointment [ˌdɪsə'pɔɪntmənt] *subst* besvikelse, missräkning
disapproval [ˌdɪsə'pruːvl] *subst* ogillande
disapprove [ˌdɪsə'pruːv] *verb*, ~ ***of*** el. ~ ogilla
disarm [dɪs'ɑːm] *verb* **1** avväpna **2** nedrusta
disarmament [dɪs'ɑːməmənt] *subst* nedrustning
disarrange [ˌdɪsə'reɪndʒ] *verb* ställa till oreda i
disarray [ˌdɪsə'reɪ] *subst* oreda, oordning

dis-

Förstavelsen *dis-* används för att bilda motsatser men förekommer också i ord som har en negativ betydelse. Dess grundbetydelse är inte och motsvaras ofta av de svenska förstavelserna o-, miss-, av-.

like – dislike
gilla – inte gilla, ogilla
believe – disbelieve
tro – inte tro
respect – disrespect
respekt – brist på respekt
taste – distaste
smak – avsmak
satisfaction – dissatisfaction
tillfredsställelse, belåtenhet – missbelåtenhet, missnöje
disappointment
besvikelse, missräkning

disaster [dɪ'zɑːstə] *subst* katastrof
disastrous [dɪ'zɑːstrəs] *adj* katastrofal
disbelief [ˌdɪsbɪ'liːf] *subst* misstro [*in* till]
disbelieve [ˌdɪsbɪ'liːv] *verb*, ~ ***in*** el. ~ inte tro på, tvivla på
disc [dɪsk] *subst* **1** rund skiva, platta **2** bricka **3** grammofonskiva el. cd-skiva skiva **4** data. diskett **5** med., ***have a slipped*** ~ ha diskbråck
discard [dɪs'kɑːd] *verb* **1** kassera, förkasta
discern [dɪ'sɜːn] *verb* urskilja, skönja
discerning [dɪ'sɜːnɪŋ] *adj* omdömesgill
discharge I [dɪs'tʃɑːdʒ] *verb* **1** skriva ut [~ *a patient; be discharged from hospital*] **2** frige [~ *a prisoner*] **3** avskeda **4** släppa ut, tömma [~ *toxic waste into the sea*] **5** elektr. ladda ur
II ['dɪstʃɑːdʒ] *subst* **1** utskrivning [*the* ~ *of a patient*] **2** frigivning [*the* ~ *of a prisoner*] **3** avsked **4** utsläpp, utsöndring **5** elektr. urladdning **6** betalning [~ *of a debt*]; fullgörande [~ *of one's duties*]
disciple [dɪ'saɪpl] *subst* lärjunge, anhängare
disciplinary ['dɪsɪplɪnərɪ] *adj* disciplinär; ~ ***action*** disciplinära åtgärder
discipline I ['dɪsɪplɪn] *subst* disciplin
II ['dɪsɪplɪn] *verb* disciplinera
disc jockey ['dɪskˌdʒɒkɪ] *subst* **1** vard. skivpratare **2** på diskotek diskjockey
disclose [dɪs'kləʊz] *verb* **1** avslöja [~ *a secret to sb*] **2** visa, blotta
disclosure [dɪs'kləʊʒə] *subst* avslöjande
disco ['dɪskəʊ] (pl. ~*s*) *subst* vard. disco
discolour [dɪs'kʌlə] *verb* missfärga
discomfort I [dɪs'kʌmfət] *subst* obehag
II [dɪs'kʌmfət] *verb* orsaka obehag
disconcert [ˌdɪskən'sɜːt] *verb* bringa ur fattningen
disconnect [ˌdɪskə'nekt] *verb* **1** skilja **2** koppla av (ifrån), stänga av [~ *the telephone*]; ***be disconnected*** tele. bli bortkopplad
disconsolate [dɪs'kɒnsələt] *adj* otröstlig
discontent [ˌdɪskən'tent] *subst* missnöje
discontented [ˌdɪskən'tentɪd] *adj* missnöjd
discontinue [ˌdɪskən'tɪnjʊ] *verb* upphöra med
discord ['dɪskɔːd] *subst* **1** oenighet, missämja **2** musik. dissonans, disharmoni
discotheque ['dɪskətek] *subst* diskotek
discount I ['dɪskaʊnt] *subst* rabatt; ~ ***store*** lågprisvaruhus
II [dɪs'kaʊnt] *verb* **1** dra av **2** bortse ifrån
discourage [dɪs'kʌrɪdʒ] *verb* **1** göra nedslagen; ***don't be discouraged!*** tappa inte modet!, kom igen! **2** avskräcka [~ *sb from doing sth*]
discouragement [dɪs'kʌrɪdʒmənt] *subst* **1** nedslagenhet **2** avskräckande
discouraging [dɪs'kʌrɪdʒɪŋ] *adj* nedslående [*a* ~ *result*]; avskräckande
discourteous [dɪs'kɜːtjəs] *adj* ohövlig
discover [dɪ'skʌvə] *verb* upptäcka, finna
discovery [dɪ'skʌvərɪ] *subst* upptäckt
discredit I [dɪs'kredɪt] *subst*, ***be a*** ~ ***to*** vara en skam för; ***bring*** ~ ***on*** el. ***throw*** ~ ***on*** ge dåligt rykte, misskreditera
II [dɪs'kredɪt] *verb* misskreditera
discreditable [dɪs'kredɪtəbl] *adj* vanhedrande
discreet [dɪ'skriːt] *adj* diskret, taktfull
discrepancy [dɪs'krepənsɪ] *subst* diskrepans, brist på överensstämmelse
discretion [dɪ'skreʃən] *subst* **1** diskretion **2** urskillningsförmåga, omdöme, takt **3** ***at one's own*** ~ efter behag; ***use your*** ~ gör som du själv finner för gott
discriminate [dɪ'skrɪmɪneɪt] *verb* **1** skilja, göra skillnad [*between* på, mellan] **2** ~ ***against*** diskriminera
discriminating [dɪ'skrɪmɪneɪtɪŋ] *adj* omdömesgill, skarpsinnig [~ *judgement*]
discrimination [dɪˌskrɪmɪ'neɪʃən] *subst* **1** skiljande; diskriminering [*racial* ~]; åtskillnad [*without* ~] **2** omdöme, skarpsinne
discus ['dɪskəs] *subst* sport. diskus
discuss [dɪs'kʌs] *verb* diskutera
discussion [dɪs'kʌʃən] *subst* diskussion
disdain I [dɪs'deɪn] *subst* förakt
II [dɪs'deɪn] *verb* förakta
disdainful [dɪs'deɪnfʊl] *adj* föraktfull
disease [dɪ'ziːz] *subst* sjukdom, sjukdomar
diseased [dɪ'ziːzd] *adj* sjuklig
disembark [ˌdɪsɪm'bɑːk] *verb* landstiga, debarkera
disengage [ˌdɪsɪn'geɪdʒ] *verb* frigöra, koppla loss
disfigure [dɪs'fɪgə] *verb* vanställa, vanpryda
disgrace I [dɪs'greɪs] *subst* **1** vanära, skamfläck; ***this is a*** ~***!*** detta är rena skandalen! **2** onåd [*in* ~]
II [dɪs'greɪs] *verb* **1** vanhedra **2** skämma ut
disgraceful [dɪs'greɪsfʊl] *adj* skamlig, skandalös
disgruntled [dɪs'grʌntld] *adj* missnöjd, sur
disguise I [dɪs'gaɪz] *verb* **1** klä ut; ***disguised as a policeman*** förklädd till polis **2** förställa [~ *one's voice*]

II [dɪs'gaɪz] *subst* **1** förklädnad; ***in*** ~ förklädd **2** förställning
disgust I [dɪs'gʌst] *subst* avsky, avsmak [*with* för]
II [dɪs'gʌst] *verb* äckla
disgusting [dɪs'gʌstɪŋ] *adj* äcklig, vidrig
dish I [dɪʃ] *subst* **1** fat, karott; flat skål; assiett [*butter* ~] **2** ***dirty dishes*** odiskad disk; ***wash the dishes*** el. ***do the dishes*** diska **3** maträtt **4** ***satellite*** ~ el. ~ parabolantenn; ***fixed*** ~ fast parabolantenn
II [dɪʃ] *verb*, ~ ***up*** lägga upp [~ *up the food*], sätta fram, servera; ~ ***out*** dela ut
disharmonious [ˌdɪshɑː'məʊnjəs] *adj* disharmonisk
disharmony [dɪs'hɑːmənɪ] *subst* disharmoni
dishcloth ['dɪʃklɒθ] *subst* **1** disktrasa **2** kökshandduk
dishearten [dɪs'hɑːtn] *verb* göra nedslagen
disheartening [dɪs'hɑːtnɪŋ] *adj* nedslående
dishevelled [dɪ'ʃevəld] *adj* ovårdad, rufsig [~ *hair*]
dishonest [dɪs'ɒnɪst] *adj* oärlig, ohederlig
dishonesty [dɪs'ɒnɪstɪ] *subst* oärlighet, ohederlighet
dishonour [dɪs'ɒnə] *subst* o. *verb* vanära
dishonourable [dɪs'ɒnərəbl] *adj* vanhedrande
dishwasher ['dɪʃˌwɒʃə] *subst* **1** diskmaskin **2** diskare
dishwashing liquid ['dɪʃwɒʃɪŋˌlɪkwɪd] *subst* spec. amer. flytande diskmedel
dishwater ['dɪʃˌwɔːtə] *subst* **1** diskvatten **2** vard. teblask
disillusioned [ˌdɪsɪ'luːʒənd] *adj* desillusionerad
disinclined [ˌdɪsɪn'klaɪnd] *adj* obenägen
disinfect [ˌdɪsɪn'fekt] *verb* desinficera
disinfectant [ˌdɪsɪn'fektənt] *subst* desinfektionsmedel
disinherit [ˌdɪsɪn'herɪt] *verb* göra arvlös
disintegrate [dɪs'ɪntəgreɪt] *verb* sönderdelas, upplösas
disintegration [dɪsˌɪntə'greɪʃn] *subst* sönderfall, upplösning
disinterested [dɪs'ɪntrəstɪd] *adj* oegennyttig; opartisk
disk [dɪsk] *subst* **1** spec. amer., se *disc* **2** data. diskett; ~ ***storage*** skivminne; ~ ***unit*** skivenhet
diskette [dɪ'sket] *subst* data. diskett
dislike I [dɪs'laɪk] *verb* tycka illa om, ogilla; ***take a*** ~ ***to*** fatta motvilja mot
II [dɪs'laɪk] *subst* motvilja [*of* mot]
dislocate ['dɪsləkeɪt] *verb* med. vrida ur led, vricka
dislodge [dɪs'lɒdʒ] *verb* rycka loss, rubba
disloyal [dɪs'lɔɪəl] *adj* illojal
disloyalty [dɪs'lɔɪəltɪ] *subst* illojalitet
dismal ['dɪzməl] *adj* dyster, trist
dismantle [dɪs'mæntl] *verb* demontera
dismay I [dɪs'meɪ] *subst* bestörtning
II [dɪs'meɪ] *verb* göra bestört
dismiss [dɪs'mɪs] *verb* **1** avskeda **2** upplösa församling etc.; ***the class was dismissed*** skol. klassen fick gå **3** ***he dismissed the idea*** han avfärdade tanken **4** jur. ogilla; ~ ***the case*** avskriva målet
dismissal [dɪs'mɪsl] *subst* **1** avskedande **2** avslag
dismount [ˌdɪs'maʊnt] *verb* stiga av häst cykel

Disney
Walt Disney (1901–1966). Amerikansk filmproducent och pappa till bl.a. *Donald Duck* Kalle Anka, *Mickey Mouse* Musse Pigg och *Goofy* Långben. Flera stora nöjesparker har byggts upp kring hans figurer: *Disneyland* i Kalifornien, *Disneyworld* i Florida och *Eurodisney* utanför Paris.

disobedience [ˌdɪsə'biːdjəns] *subst* olydnad
disobedient [ˌdɪsə'biːdjənt] *adj* olydig
disobey [ˌdɪsə'beɪ] *verb* inte lyda, vara olydig
disorder [dɪs'ɔːdə] *subst* **1** oordning; ***throw into*** ~ ställa till oreda i **2** med. rubbning
disorderly [dɪs'ɔːdəlɪ] *adj* bråkig, störande [~ *conduct*]; ***he was arrested for being drunk and*** ~ han greps för fylleri och förargelseväckande beteende
disorganized [dɪs'ɔːgənaɪzd] *adj*, ***be*** ~ vara illa organiserad
disown [dɪs'əʊn] *verb* inte vilja kännas vid, desavouera
disparage [dɪ'spærɪdʒ] *verb* tala nedsättande om, nedvärdera
dispassionate [dɪs'pæʃənət] *adj* saklig, objektiv [*a* ~ *opinion*]
dispatch I [dɪ'spætʃ] *verb* **1** avsända **2** expediera
II [dɪ'spætʃ] *subst* **1** avsändning, expediering **2** rapport, depesch
dispatch box [dɪ'spætʃbɒks] *subst* dokumentskrin

dispatch rider [dɪ'spætʃˌraɪdə] *subst* mil. ordonnans
dispel [dɪ'spel] (*-ll-*) *verb* fördriva, skingra
dispensary [dɪ'spensərɪ] *subst* apotek på sjukhus
dispense [dɪ'spens] *verb* **1** dela ut, fördela, ge; ***dispensing chemist*** apotekare **2** ~ ***with*** avvara, undvara
disperse [dɪ'spɜːs] *verb* **1** skingra, skingras [*the crowd dispersed*] **2** sprida, sprida sig, spridas
displace [dɪs'pleɪs] *verb* **1** flytta på, rubba **2** tränga undan, tränga ut; ***displaced person*** tvångsförflyttad, flykting
display I [dɪ'spleɪ] *verb* **1** visa fram, skylta med [*~ goods in the window*] **2** visa prov på [*~ courage*]
II [dɪ'spleɪ] *subst* **1** förevisning, uppvisning [*a fashion ~*]; ***window*** ~ fönsterskyltning; ~ ***of colours*** färgprakt **2** uttryck [*of* för], prov [*of* på]; ***make a*** ~ ***of*** ståta med **3** data. etc., ~ el. ~ ***unit*** a) bildskärm b) bildruta
displease [dɪs'pliːz] *verb* väcka missnöje hos; ***be displeased*** vara missnöjd
displeasing [dɪs'pliːzɪŋ] *adj* misshaglig
displeasure [dɪs'pleʒə] *subst* missnöje
disposable [dɪ'spəʊzəbl] *adj* **1** disponibel, till förfogande **2** engångs- [*~ paper plates*]; ~ ***nappy*** el. amer. ~ ***diaper*** blöja
disposal [dɪ'spəʊzl] *subst* **1** bortskaffande, undanröjning **2** avyttrande, försäljning **3** ***I'm at your*** ~ jag står till ditt förfogande
dispose [dɪ'spəʊz] *verb* **1** göra benägen **2** ordna, ställa upp, arrangera **3** ~ ***of*** a) bli av med b) klara av c) förfoga över
disposed [dɪ'spəʊzd] *adj* benägen, upplagd, disponerad [*to, for* i samtliga fall för]; ***be favourably*** ~ ***towards*** vara positivt inställd till
disposition [ˌdɪspə'zɪʃən] *subst* **1** uppställning, disposition **2** sinnelag [*a happy ~*] **3** benägenhet
disproportionate [ˌdɪsprə'pɔːʃənət] *adj* oproportionerlig
disprove [ˌdɪs'pruːv] *verb* motbevisa
dispute I [dɪ'spjuːt] *subst* tvist, konflikt
II [dɪ'spjuːt] *verb* **1** tvista [*about, on* om] **2** bestrida [*~ a claim*]
disqualification [dɪsˌkwɒlɪfɪ'keɪʃən] *subst* diskvalificering
disqualify [dɪs'kwɒlɪfaɪ] *verb* diskvalificera
disregard I [ˌdɪsrɪ'gɑːd] *verb* ignorera, nonchalera [*~ a warning*], åsidosätta [*~ sb's wishes*]
II [ˌdɪsrɪ'gɑːd] *subst* ignorerande, nonchalerande, åsidosättande
disrepair [ˌdɪsrɪ'peə] *subst* dåligt skick, förfall
disreputable [dɪs'repjʊtəbl] *adj* illa beryktad
disrepute [ˌdɪsrɪ'pjuːt] *subst* vanrykte
disrespect [ˌdɪsrɪ'spekt] *subst* brist på respekt
disrespectful [ˌdɪsrɪ'spektfʊl] *adj* respektlös
disrupt [dɪs'rʌpt] *verb* **1** störa [*~ a meeting*] **2** splittra
dissatisfaction ['dɪˌsætɪs'fækʃən] *subst* missnöje, missbelåtenhet
dissatisfied [ˌdɪ'sætɪsfaɪd] *adj* missnöjd, missbelåten
dissect [dɪ'sekt] *verb* dissekera
disseminate [dɪ'semɪneɪt] *verb* sprida
dissension [dɪ'senʃən] *subst* meningsskiljaktighet, oenighet, missämja
dissent [dɪ'sent] *verb* **1** vara av en annan åsikt, ha en avvikande uppfattning **2** avvika [*from* från], reservera sig [*from* mot]
dissenter [dɪ'sentə] *subst* oliktänkande person
dissertation [ˌdɪsə'teɪʃən] *subst* doktorsavhandling [*on* om, över]
disservice [ˌdɪ'sɜːvɪs] *subst* otjänst, björntjänst [*she did me a ~*]
dissident ['dɪsɪdənt] *subst* oliktänkande
dissimilar [ˌdɪ'sɪmɪlə] *adj* olik, olika; ~ ***to sth*** olik ngt
dissimilarity [ˌdɪsɪmɪ'lærətɪ] *subst* olikhet
dissipated ['dɪsɪpeɪtɪd] *adj* utsvävande [*~ life*]
dissipation [ˌdɪsɪ'peɪʃən] *subst* utsvävningar
dissociate [dɪ'səʊʃɪeɪt] *verb*, ~ ***oneself from*** ta avstånd från
dissolute ['dɪsəluːt] *adj* utsvävande [*a ~ life*]
dissolution [ˌdɪsə'luːʃn] *subst* upplösning [*the ~ of Parliament*]
dissolve [dɪ'zɒlv] *verb* upplösa [*~ a partnership*], upplösa sig, upplösas
dissuade [dɪ'sweɪd] *verb* avråda
distance I ['dɪstəns] *subst* avstånd, distans, sträcka; ***keep one's*** ~ el. ***keep at a*** ~ hålla sig på avstånd; ***in the*** ~ i fjärran
II ['dɪstəns] *verb* distansera
distant ['dɪstənt] *adj* **1** avlägsen, långt bort **2** reserverad, kylig
distaste [ˌdɪs'teɪst] *subst* avsmak [*for* för], motvilja [*for* mot, för], olust [*for* inför]
distasteful [dɪs'teɪstfʊl] *adj* motbjudande [*to* för]

distend [dɪ'stend] *verb* utvidga, utvidgas, svälla
distil [dɪ'stɪl] (*-ll-*) *verb* destillera, bränna
distillation [ˌdɪstɪ'leɪʃən] *subst* destillering, destillation
distillery [dɪ'stɪlərɪ] *subst* bränneri, spritfabrik
distinct [dɪ'stɪŋkt] *adj* **1** tydlig, klar, distinkt **2** olik, olika, skild [*two ~ groups*]; ~ ***from*** olik
distinction [dɪ'stɪŋkʃən] *subst* **1** skillnad, distinktion; ***draw a*** ~ göra skillnad [*between* på, mellan]; ***without*** ~ utan åtskillnad **2** betydelse, värde [*a novel of ~*]
distinctive [dɪ'stɪŋktɪv] *adj* utmärkande, karakteristisk
distinguish [dɪ'stɪŋgwɪʃ] *verb* **1** tydligt skilja, särskilja **2** urskilja **3** känneteckna, utmärka
distinguished [dɪ'stɪŋgwɪʃt] *adj* **1** framstående [*a ~ woman*], förnämlig, lysande [*a ~ career*] **2** distingerad
distort [dɪ'stɔːt] *verb* **1** förvrida; ***distorting mirror*** skrattspegel **2** förvränga, förvanska [*~ facts*]
distortion [dɪ'stɔːʃən] *subst* **1** förvrängning **2** vrångbild **3** distortion av ljud
distract [dɪ'strækt] *verb* distrahera, vilseleda
distracted [dɪ'stræktɪd] *adj* **1** förvirrad, ifrån sig **2** vansinnig
distraction [dɪ'strækʃən] *subst* **1** förvirring **2** sinnesförvirring
distress I [dɪ'stres] *subst* **1** nöd; sjönöd [*a ship in ~*]; ~ ***signal*** nödrop, nödsignal **2** smärta, sorg **3** ångest, oro
II [dɪ'stres] *verb* plåga, pina
distressed [dɪ'strest] *adj* **1** olycklig, bedrövad, ängslig **2** nödställd
distressing [dɪ'stresɪŋ] *adj* **1** plågsam, smärtsam **2** beklämmande
distribute [dɪ'strɪbjuːt] *verb* **1** dela ut, distribuera **2** fördela
distribution [ˌdɪstrɪ'bjuːʃən] *subst* **1** utdelning [*prize ~*], distribution **2** fördelning
distributor [dɪ'strɪbjʊtə] *subst* **1** distributör **2** fördelare i bil
district ['dɪstrɪkt] *subst* område, distrikt; ~ ***attorney*** amer. allmän åklagare; se äv. *Washington*
District of Columbia [ˌdɪstrɪktəvkə'lʌmbɪə], ***[the]*** ~ Förenta staternas förbundsdistrikt, identiskt med huvudstaden *Washington*
distrust [dɪs'trʌst] *subst* o. *verb* misstro
distrustful [dɪs'trʌstfʊl] *adj* misstrogen
disturb [dɪ'stɜːb] *verb* **1** störa **2** oroa
disturbance [dɪ'stɜːbəns] *subst* **1** störningar **2** bråk [*a political ~*], oordning; pl. ~***s*** oroligheter
disuse [ˌdɪs'juːs] *subst*, ***fall into*** ~ komma ur bruk
disused [ˌdɪs'juːzd] *adj* nedlagd, avlagd
ditch I [dɪtʃ] *subst* dike; grav
II [dɪtʃ] *verb* göra slut med, ge på båten [*she ditched her boyfriend*], ge respass
ditchwater ['dɪtʃˌwɔːtə] *subst*, ***as dull as*** ~ vard. dödtråkig
dither ['dɪðə] *verb* vackla, tveka
ditto ['dɪtəʊ] *adv* o. *subst* hand. el. vard. dito
ditty ['dɪtɪ] *subst* liten visa, liten sång
diva ['diːvə] *subst* diva
divan [dɪ'væn] *subst* divan soffa
dive I [daɪv] *verb* dyka [*for* efter]; ~ ***in*** hoppa i
II [daɪv] *subst* dykning; sport. simhopp; ***take a*** ~ fotb. filma, göra en störtdykning
diver ['daɪvə] *subst* dykare
diverge [daɪ'vɜːdʒ] *verb* gå isär; avvika [*from* från]
diverse [daɪ'vɜːs] *adj* olika, skild [*~ nationalities*]
diversion [daɪ'vɜːʃən] *subst* **1** avledande, avbrott **2** skenmanöver **3** omläggning [*traffic ~*] **4** tidsfördriv
diversity [daɪ'vɜːsətɪ] *subst* mångfald
divert [daɪ'vɜːt] *verb* **1** avleda **2** dirigera om, lägga om [*~ the traffic*] **3** roa, underhålla
divide [dɪ'vaɪd] *verb* **1** dela upp; dela upp sig [*into* i]; ~ ***up*** fördela **2** mat. dividera, dela **3** splittra, göra oense
dividend ['dɪvɪdend] *subst* **1** utdelning på t.ex. aktier **2** återbäring
divine I [dɪ'vaɪn] *adj* gudomlig
II [dɪ'vaɪn] *verb* ana sig till
diving ['daɪvɪŋ] *subst* sport. simhoppning
diving-board ['daɪvɪŋbɔːd] *subst* trampolin
diving-mask ['daɪvɪŋmɑːsk] *subst* cyklopöga för dykare
divinity [dɪ'vɪnətɪ] *subst* **1** gudomlighet **2** teologi
division [dɪ'vɪʒən] *subst* **1** delning; uppdelning, indelning [*into* i] **2** mat. el. mil. el. sport. division **3** avdelning **4** skiljelinje, gräns, motsättning
divorce I [dɪ'vɔːs] *subst* skilsmässa; jur. äktenskapsskillnad
II [dɪ'vɔːs] *verb* skilja sig från [*~ one's wife*]; skilja sig, skiljas; ***they are divorced*** de är frånskilda

divorcee [dɪˌvɔːˈsiː] *subst* frånskild kvinna el. man
divulge [daɪˈvʌldʒ] *verb* avslöja, röja
DIY [ˌdiːaɪˈwaɪ] (förk. för *do-it-yourself*) gör-det-själv [*~ shop* el. *~ store*]
dizzy [ˈdɪzɪ] *adj* **1** yr **2** svindlande [*~ heights*]
DJ [ˌdiːˈdʒeɪ] förk. för *disc jockey*
1 do I [duː] (*did done; he/she/it does*) (se äv. *done* o. *don't*) *huvudverb* **1** göra, utföra; *~* ***one's homework*** göra sina läxor; *~* ***sums*** el. *~* ***arithmetic*** räkna; ***what can I ~ for you?*** vad kan jag stå till tjänst med?; ***please ~!*** varsågod!, ja gärna!
2 syssla med [*~ painting*]; arbeta på (med); *~* ***the cooking*** laga mat
3 sköta sig, klara sig [*how is he doing?*]; må [*she is doing better now*]; ***how do you ~?*** hälsningsfras god dag!; ***how are you doing?*** hur står det till?, hur är läget?
4 vard. lura, snuva [*out of* på]
5 vard. vara lagom för, räcka för; passa, duga, duga åt [*this room will ~ me*]; gå an [*it doesn't ~ to offend him*]; räcka, vara lagom; ***that'll do*** det är bra, det räcker
II [duː] (*did done; he/she/it does*) *verb* med adv. o. prep.
do away with avskaffa
do in sl. **1** fixa mörda **2** ta kål på
do out 1 städa upp i; måla och tapetsera **2** *~* ***sb out of sth*** lura ifrån ngn ngt
do up 1 reparera, renovera, snygga upp **2** packa, slå in [*~ up a parcel*] **3** knäppa [*~ up one's coat*]; knyta [*~ up your shoes*] **4** ***be done up*** vara slut, vara tröttkörd
do with 1 ***it has (is) nothing to ~ with you*** det har ingenting med dig att göra **2** ***I can ~ with two*** jag behöver två; ***I could ~ with a drink*** det skulle smaka bra med en drink **3** ***be done with*** vara över, vara slut; ***let's have done with it*** låt oss få slut på det; ***buy it and have done with it*** köp den så är det gjort; ***when you have done with the knife*** när du är färdig med kniven
do without klara sig utan
III [duː] (*did done; he/she/it does*) (se äv. *done* o. *don't*) *hjälpverb* **1** ersättningsverb göra; ***do you know him? -yes, I ~*** känner du honom? -ja, det gör jag; ***you saw it, didn't you?*** du såg det, eller hur?
2 betonat: ***I ~ wish I could help you*** jag önskar verkligen att jag kunde hjälpa dig; ***~ come!*** kom gärna! **3** omskrivande: ***~ you like it?*** tycker du om det?; ***doesn't he know it?*** vet han det inte?; ***I don't dance*** jag dansar inte
2 do [duː] *subst* **1** fest, kalas **2** ***do's and dont's*** regler och förbud, vad man får och inte får göra
doc [dɒk] *subst* vard. doktor
docile [ˈdəʊsaɪl, amer. ˈdɒsl] *adj* foglig, snäll [*a ~ child*]
1 dock [dɒk] *subst* förhörsbås i rättssal; ***be in the ~*** sitta på de anklagades bänk
2 dock [dɒk] *subst* **1** skeppsdocka; hamnbassäng **2** ofta pl. ***~s*** hamn; varv
3 dock [dɒk] *verb* om rymdfarkoster docka
docker [ˈdɒkə] *subst* hamnarbetare
dockyard [ˈdɒkjɑːd] *subst* skeppsvarv; ***naval ~*** örlogsvarv
doctor [ˈdɒktə] *subst* **1** univ. doktor; ***doctor's degree*** doktorsgrad; ***Doctor of Philosophy*** filosofie doktor **2** läkare, doktor; ***family ~*** husläkare; ***doctor's certificate*** läkarintyg
doctrine [ˈdɒktrɪn] *subst* doktrin, lära
document [ˈdɒkjʊmənt] *subst* dokument, handling
documentary [ˌdɒkjʊˈmentrɪ] *subst* **1** reportage i tv el. radio **2** dokumentärfilm
dodge I [dɒdʒ] *verb* **1** vika undan, hoppa åt sidan **2** smita, slingra sig ifrån, smita från
II [dɒdʒ] *subst* knep, trick
dodgem [ˈdɒdʒəm] *subst* vard. radiobil på nöjesfält
dodger [ˈdɒdʒə] *subst* vard. skojare, filur; ***tax ~*** skattesmitare
doe [dəʊ] *subst* djur **1** hind **2** harhona, kaninhona
does [dʌz, obetonat dəz] *verb*, ***he/she/it does*** se vidare *1 do*
doesn't [ˈdʌznt] = *does not*
dog [dɒg] *subst* **1** hund; ***the ~s*** vard. hundkapplöpningen; ***he is going to the ~s*** vard. det går utför med honom; ***lead a dog's life*** leva ett hundliv **2** vard., ***dirty ~*** fähund; ***lazy ~*** latmask; ***lucky ~*** lyckans ost
dog-eared [ˈdɒgˌɪəd] *adj*, ***the book is ~*** boken har hundöron
dogged [ˈdɒgɪd] *adj* envis, ihärdig, seg
doggy [ˈdɒgɪ] *subst* vard. vovve; ***~ bag*** påse med överbliven mat som en restauranggäst får med sig hem
dog kennel [ˈdɒgˌkenl] *subst* **1** hundkoja **2** hundpensionat
dogma [ˈdɒgmə] *subst* dogm, trossats
dogmatic [dɒgˈmætɪk] *adj* dogmatisk
dog-tired [ˌdɒgˈtaɪəd] *adj* dödstrött

doing ['du:ɪŋ] *subst*, ***it will take some*** ~ det är inte gjort utan vidare; pl. ~***s*** förehavanden

do-it-yourself [ˌdu:ɪt jə'self] *adj* se *DIY*

doldrums ['dɒldrəmz] *subst pl* **1** sjö. stiltje; stiltjeområden **2** ***in the*** ~ nedstämd

dole I [dəʊl] *subst* vard. arbetslöshetsunderstöd; ***be on the*** ~

II [dəʊl] *verb*, ~ ***out*** dela ut

doleful ['dəʊlfʊl] *adj* **1** sorglig **2** sorgsen

doll I [dɒl] *subst* docka leksak

II [dɒl] *verb*, ~ ***up*** vard. klä (snofsa) upp, klä (snofsa) upp sig

dollar ['dɒlə] *subst* dollar [*five* ~*s*]

dollhouse ['dɒlhaʊs] *subst* amer., se *doll's house*

doll's house ['dɒlshaʊs] *subst* dockskåp

dolly ['dɒlɪ] *subst* barnspr. docka leksak

dolphin ['dɒlfɪn] *subst* delfin

dolphinarium [ˌdɒlfɪ'neərɪəm] *subst* delfinarium

domain [dəʊ'meɪn] *subst* domän, område

dome [dəʊm] *subst* kupol

domestic I [də'mestɪk] *adj* **1** hus-; ~ ***duties*** hushållsgöromål; ~ ***help*** hemhjälp; ~ ***life*** hemliv **2** huslig, hemkär **3** inrikes [~ *policy*] **4** ~ ***animal*** husdjur

II [də'mestɪk] *subst* hembiträde

dog

En hund är inte alltid en hund!

hot dog
varm korv

a dog in the manger
en person som inte unnar någon annan något

a lucky dog
en lyckans ost

top dog
höjdare

a dog's life
ett hundliv

not have a dog's chance
inte ha skuggan av en chans

go to the dogs
gå åt skogen

see a man about a dog
gå ett ärende, gå på toaletten

let sleeping dogs lie
väck inte den björn som sover

domesticate [də'mestɪkeɪt] *verb* **1** tämja [*domesticated animals*] **2** ***he*** (***she***) ***is not domesticated*** han (hon) är inte huslig

domicile ['dɒmɪsaɪl] *subst* hemort, fast bostad

domiciled ['dɒmɪsaɪld] *adj* bofast, mantalsskriven

dominance ['dɒmɪnəns] *subst* **1** herravälde **2** dominans

dominant ['dɒmɪnənt] *adj* dominerande, dominant

dominate ['dɒmɪneɪt] *verb* **1** dominera **2** härska över

domination [ˌdɒmɪ'neɪʃən] *subst* herravälde

domineer [ˌdɒmɪ'nɪə] *verb* dominera, härska

domino ['dɒmɪnəʊ] *subst*, ***dominoes*** (med verb i sing.) dominospel

Donald Duck [ˌdɒnld'dʌk] seriefigur Kalle Anka

donate [dəʊ'neɪt] *verb* skänka, donera

donation [dəʊ'neɪʃən] *subst* donation

done [dʌn] *perf p* o. *adj* **1** gjort, gjord etc., se också *1 do*; ***it can't be*** ~ det går inte; ***well*** ~***!*** bravo!, det gjorde du bra!; ***have you*** ~ ***talking?*** har du pratat färdigt? **2** kok. färdigkokt, färdigstekt **3** ***it isn't*** ~ det är inte passande

donkey ['dɒŋkɪ] *subst* åsna äv. om person; ***for donkey's years*** vard. på (i) många herrans år

donor ['dəʊnə] *subst* donator; ***blood*** ~ blodgivare

don't I [dəʊnt] *verb* = *do not*; ~***!*** låt bli!

II [dəʊnt] *subst* skämts. förbud; ***do's and don'ts*** regler och förbud, vad man får och inte får göra

doom I [du:m] *subst* **1** ont öde, undergång **2** ***the day of*** ~ domens dag **3** ~ ***and gloom*** vard. tryckt stämning, dysterhet; jämmer och elände

II [du:m] *verb* döma, förutbestämma

doomed [du:md] *adj* dömd [~ *to die*]; dödsdömd

doomsday ['du:mzdeɪ] *subst* domedag

door [dɔ:] *subst* **1** dörr; port; ingång; ***answer the*** ~ gå och öppna; ***the car is at the*** ~ bilen är framkörd; ***be at death's*** ~ ligga för döden; ***out of*** ~***s*** utomhus; ***within*** ~***s*** inomhus **2** lucka

doorknob ['dɔ:nɒb] *subst* runt dörrhandtag

doorknocker ['dɔ:ˌnɒkə] *subst* portklapp

doorstep ['dɔ:step] *subst* **1** dörrtröskel **2** trappsteg utomhus

door-to-door [ˌdɔːtə'dɔː] *adj*, ~ ***salesman*** dörrknackare, hemförsäljare

doorway ['dɔːweɪ] *subst* dörröppning, port

dope [dəʊp] *subst* **1** vard. knark, narkotika; ~ ***fiend*** el. ~ ***addict*** knarkare; ~ ***pedlar*** el. ~ ***pusher*** knarklangare, narkotikalangare **2** sl. dummer

doping ['dəʊpɪŋ] *subst* sport. doping

dormice ['dɔːmaɪs] *subst pl* av *dormouse*

dormitory ['dɔːmətrɪ] *subst* **1** sovsal; ~ ***suburb*** sovstad **2** amer. studenthem vid t.ex. ett universitet

dormouse ['dɔːmaʊs] (pl. *dormice* ['dɔːmaɪs]) *subst* hasselmus

dorsal ['dɔːsl] *adj*, ~ ***fin*** ryggfena på fisk

dosage ['dəʊsɪdʒ] *subst* **1** dosering **2** dos

dose I [dəʊs] *subst* dos
II [dəʊs] *verb* **1** ge medicin **2** dosera

dossier ['dɒsɪeɪ] *subst* dossier

dot I [dɒt] *subst* punkt, prick [*the* ~ *over an i*]; ***on the*** ~ vard. punktligt, prick
II [dɒt] (*-tt-*) *verb* **1** pricka, punktera [~ *a line*]; sätta prick över [~ *one's i's*] **2** ligga utspridd över

dote [dəʊt] *verb*, ~ ***on*** avguda

dotted ['dɒtɪd] *adj* o. *perf p* **1** prickad [~ *line*]; prickig; ***sign on the*** ~ ***line*** skriva under **2** översållad [*with* med, av]

double I ['dʌbl] *adj* dubbel, tvåfaldig; ~ ***figures*** tvåsiffriga tal; ***play a*** ~ ***game*** spela dubbelspel; ***stopped is spelt with a*** ~ ***p*** stopped stavas med två p
II ['dʌbl] *subst* **1** exakt kopia, avbild **2** film. etc. stand-in, dubbelgångare **3** mil., ***at the*** ~ el. amer. ***on the*** ~ i språngmarsch **4** i tennis ~***s*** dubbel, dubbelmatch
III ['dʌbl] *verb* **1** fördubbla, dubblera; fördubblas **2** vika; ~ ***up*** böja (vika) ihop; vrida sig; ~ ***up with laughter*** vika sig dubbel av skratt; ~ ***oneself up*** krypa ihop **3** sjö. runda, dubblera; ~ ***a cape*** runda en udde

double-barrelled [ˌdʌbl'bærəld] *adj*, ~ ***name*** dubbelnamn

double bass [ˌdʌbl'beɪs] *subst* musik. kontrabas

double-breasted [ˌdʌbl'brestɪd] *adj* om plagg dubbelknäppt

double cream [ˌdʌbl'kriːm] *subst* tjock grädde, vispgrädde

double-cross [ˌdʌbl'krɒs] *verb* vard. spela dubbelspel med, lura

double-dealing [ˌdʌbl'diːlɪŋ] *subst* bedrägeri dubbelspel

double-decker [ˌdʌbl'dekə] *subst*, ~ el. ~ ***bus*** dubbeldäckare

double-glazed [ˌdʌbl'gleɪzd] *adj*, ~ ***window*** tvåglasfönster

double standard [ˌdʌbl'stændəd] *subst* dubbelmoral

doubt I [daʊt] *subst* tvivel, tvekan; ***give sb the benefit of the*** ~ hellre fria än fälla ngn; ***beyond*** ~ utom allt tvivel; ***be in*** ~ tveka; ***when in*** ~ i tveksamma fall
II [daʊt] *verb* tvivla; misstro, tvivla på [~ *the truth of sth*]

doubtful ['daʊtfʊl] *adj* tvivelaktig [*a* ~ *case*], oviss [*a* ~ *fight*]; om person tveksam

dough [dəʊ] *subst* **1** deg **2** sl. stålar pengar

doughnut ['dəʊnʌt] *subst* kok. munk

doughy ['dəʊɪ] *adj* degig

dour [dʊə] *adj* barsk, sträng

dove [dʌv] *subst* duva

> **Dover** ['dəʊvə]
> Dovers vita kalkklippor, *the white cliffs of Dover* är det första man ser av England när man kommer över Engelska kanalen. När engelsmännen ser klipporna känner de att de är hemma igen.

dowager ['daʊədʒə] *subst*, ***queen*** ~ änkedrottning

1 down [daʊn] *subst* låg gräsbevuxen kulle

2 down [daʊn] *subst* dun, ludd, fjun

3 down I [daʊn] *adv* o. *adj* **1** ned, ner; nedåt, nere; i korsord lodrätt **2** kontant [*pay £10* ~]; ***cash*** ~ kontant **3** minus; ***be one*** ~ sport. ligga under med ett mål **4** ***note*** ~ el. ***write*** ~ anteckna, skriva upp **5** ~ ***in the mouth*** vard. nedslagen, moloken; ***be*** ~ ***on sb*** hacka på ngn; ***it's*** ~ ***to*** a) det är tack vare [*it's* ~ *to our team spirit that we won*] b) ***it's*** ~ ***to you if you want to succeed*** det är upp till dig om du vill lyckas; ~ ***to our time*** ända (fram) till vår tid; ~ ***to the last detail*** in i minsta detalj; ***be*** ~ ***with the flu*** ligga sjuk i influensa
II [daʊn] *adj* **1** neråtgående, avgående, från stan [*the* ~ *traffic*]; ***the*** ~ ***platform*** plattformen för avgående tåg **2** ~ ***payment*** a) kontant betalning b) handpenning
III [daʊn] *prep* nedför, utför; i [*throw sth* ~ *the sink*], nedåt; borta i [~ *the hall*], nere i; längs med; ***walk*** ~ ***the street*** gå gatan

fram; ***there's a pub ~ the street*** det ligger en pub längre ner på gatan
down-and-out [ˌdaʊnən'aʊt] *subst* fattiglapp
downfall ['daʊnfɔːl] *subst* **1** fall, undergång **2** ***a heavy ~ of rain*** ett skyfall
downgrade ['daʊngreɪd] *subst*, ***on the ~*** på tillbakagång
downhearted [ˌdaʊn'hɑːtɪd] *adj* nedstämd
downhill [ˌdaʊn'hɪl] *adv* o. *adj* nedför, utför; ***go ~*** förfalla; ***it was ~ all the way*** det gick av bara farten; ~ ***skiing*** sport. störtlopp
download [ˌdaʊn'ləʊd] *verb* data. ladda ner

Downing Street ['daʊnɪŋstriːt] *Downing Street* är en gata i London. På *10, Downing Street* har premiärministern traditionellt sin bostad. Ibland säger man *Downing Street* när man menar den brittiska regeringen.

downpour ['daʊnpɔː] *subst* störtregn, skyfall
downright I ['daʊnraɪt] *adj* ren, fullkomlig
II ['daʊnraɪt] *adv* riktigt, fullkomligt
downside ['daʊnsaɪd] *subst* avigsida [*it has its ~*]
downsize ['daʊnsaɪz] *verb* skära ned, minska
downspout ['daʊnspaʊt] *subst* amer., se *drainpipe*
downstairs [ˌdaʊn'steəz] *adv* nedför trappan (trapporna), ner [*go ~*]; nere [*they are ~*]
down-to-earth [ˌdaʊntʊ'ɜːθ] *adj* jordnära, realistisk
downtown I [ˌdaʊn'taʊn] *adv* spec. amer. in till stan, in till centrum
II ['daʊntaʊn] *adj* spec. amer. i centrum
downward I ['daʊnwəd] *adj* nedåtgående, sjunkande [*a ~ tendency*]; ~ ***slope*** nedförsbacke
II ['daʊnwəd] *adv* nedåt
downwards ['daʊnwədz] *adv* nedåt
dowry ['daʊərɪ] *subst* hemgift
doze I [dəʊz] *verb* dåsa; ~ ***off*** slumra till
II [dəʊz] *subst* lätt slummer, tupplur
dozen ['dʌzn] *subst* dussin [*two ~ knives*], dussintal; ***by the ~*** dussinvis
dozenth ['dʌznθ] *adj* tolfte
Dr o. **Dr.** (förk. för *Doctor*) dr, d:r
drab [dræb] *adj* **1** trist **2** gråbrun, smutsgul
draft I [drɑːft] (amer. stavning för *draught*, se också detta ord o. *draught beer*) *subst* **1** spec. mil. uttagning, amer. inkallelse (uttagning) till militärtjänst **2** plan, utkast, koncept
II [drɑːft] *verb* **1** mil. amer. kalla in **2** göra utkast till, skissera
draftsman ['drɑːftsmən] *subst* amer., se *draughtsman*
drafty ['drɑːftɪ], amer., se *draughty*
drag I [dræg] (*-gg-*) *verb* **1** släpa, dra **2** röra sig långsamt, gå långsamt [*the time seemed to ~*]; sacka efter **3** ~ ***out*** el. ~ ***on*** dra ut på, förhala; ***time dragged on*** det drog ut på tiden
II [dræg] *subst* **1** hämsko, broms, hinder **2** sl. dönick tråkmåns; ***it's a ~*** det är dötrist **3** sl. 'drag race' accelerationstävling för bilar **4** ~ ***show*** dragshow show med män utklädda till kvinnor
dragnet ['drægnet] *subst* dragnät, släpnot
dragon ['drægən] *subst* drake
dragonfly ['drægənflaɪ] *subst* insekt slända, trollslända
drain I [dreɪn] *verb* **1** ~ ***off*** el. ~ ***away*** rinna av, rinna bort; tappa ut **2** dränera **3** tömma, dricka ur
II [dreɪn] *subst* **1** dräneringsrör, avlopp; ***pour money down the ~*** vard. kasta pengarna i sjön **2** ***it is a great ~ on his strength*** det tar (tär) på hans krafter
drainage ['dreɪnɪdʒ] *subst* **1** dränering, avtappning **2** en trakts vattenavlopp, avloppsledningar
drainpipe ['dreɪnpaɪp] *subst* avloppsrör
drake [dreɪk] *subst* fågel ankbonde, anddrake
dram [dræm] *subst* hutt, sup
drama ['drɑːmə] *subst* drama, skådespel
dramatic [drə'mætɪk] *adj* dramatisk; ~ ***critic*** teaterkritiker
dramatist ['dræmətɪst] *subst* dramatiker
dramatization [ˌdræmətaɪ'zeɪʃən] *subst* dramatisering
dramatize ['dræmətaɪz] *verb* dramatisera
drank [dræŋk] imperf. av *drink I*
drape I [dreɪp] *verb* drapera
II [dreɪp] *subst* spec. amer. gardin, förhänge
drapery ['dreɪpərɪ] *subst* draperi; ***a piece of ~*** ett draperi
drastic ['dræstɪk] *adj* drastisk
draught [drɑːft] *subst* **1** klunk **2** drag; ***there is a ~*** det drar **3** teckning, utkast **4** ~***s*** se *draughts*
draught beer [ˌdrɑːft'bɪə] *subst* fatöl
draughts [drɑːfts] (med verb i sing.) *subst pl* dam, damspel
draughtsman ['drɑːftsmən] *subst* ritare, tecknare

draughty ['drɑːftɪ] *adj* dragig [*a ~ room*]
draw I [drɔː] (*drew drawn*) *verb* **1** dra **2** dra åt, dra till; ~ ***a curtain*** a) dra för en gardin b) dra undan en gardin **3** rita, teckna **4** dra till sig, attrahera [*~ crowds*]; ***he drew my attention to*** han fäste min uppmärksamhet på **5** pumpa upp, dra upp [*~ water from a well*] **6** sport. spela oavgjort **7** locka fram [*~ applause*], framkalla **8** ~ ***near*** närma sig, nalkas **9** dra lott [*for* om]
II [drɔː] (*drew drawn*) *verb* med adv. o. prep.
draw aside: ~ ***sb aside*** ta någon avsides
draw back dra sig tillbaka, dra sig undan
draw on 1 nalkas, närma sig [*winter is drawing on*] **2** ~ ***on sb*** dra blankt mot ngn
draw out dra ut, ta ut; dra ut på [*~ out a meeting*]
draw to 1 dra för [*~ the curtain to*] **2** ~ ***to a close*** el. ~ ***to an end*** närma sig slutet
draw up 1 dra upp, dra närmare **2** avfatta, utarbeta, sätta upp [*~ up a document*] **3** stanna [*the car drew up*]
III [drɔː] *subst* **1** drag, dragning; ***be quick on the ~*** dra snabbt t.ex. en revolver **2** vard. attraktion, dragplåster **3** lottdragning, dragning **4** oavgjord match; ***end in a ~*** sluta oavgjort
drawback ['drɔːbæk] *subst* nackdel, avigsida
drawbridge ['drɔːbrɪdʒ] *subst* **1** klaffbro **2** vindbrygga
drawer ['drɔːə] *subst* byrålåda, bordslåda; ***chest of ~s*** byrå
drawers [drɔːz] *subst pl* spec. amer. (åld.) underbyxor, kalsonger
drawing ['drɔːɪŋ] *subst* ritning, teckning
drawing-card ['drɔːɪŋkɑːd] *subst* dragplåster attraktion
drawing-pin ['drɔːɪŋpɪn] *subst* häftstift
drawing-room ['drɔːɪŋruːm] *subst* sällskapsrum
drawl I [drɔːl] *verb* släpa på orden, tala släpigt; säga i en släpande ton
II [drɔːl] *subst* släpigt tal
drawn [drɔːn] *verb* perf. p. av *draw I*
dread I [dred] *verb* frukta, fasa för
II [dred] *subst* fruktan [*of* för]; fasa
dreadful ['dredfʊl] *adj* förskräcklig, hemsk
dream I [driːm] *subst* dröm
II [driːm] (*dreamt dreamt* [dremt] el. *dreamed dreamed* [dremt el. driːmd]) *verb* drömma; ~ ***up*** fantisera ihop
dreamer ['driːmə] *subst* drömmare, svärmare
dreamt [dremt] imperf. o. perf. p. av *dream II*
dream team ['driːmtiːm] *subst* spec. sport. vard. drömlag
dreamy ['driːmɪ] *adj* drömmande, svärmisk
dreary ['drɪərɪ] *adj* tråkig, trist
dredge I [dredʒ] *subst* släpnät, mudderverk
II [dredʒ] *verb* **1** försöka fiska upp, rota fram **2** muddra t.ex. sjöbotten
dregs [dregz] *subst pl* bottensats
drench [drentʃ] *verb* genomdränka
dress I [dres] *verb* **1** klä; ~ ***up*** a) klä ut b) klä ut sig **2** klä sig [*~ well*], klä på sig; ***get dressed*** klä sig **3** bearbeta, bereda [*~ furs*] **4** anrätta, tillaga [*~ a salad*] **5** förbinda, lägga om [*~ a wound*] **6** vard., ~ ***down*** skälla ut
II [dres] *subst* **1** klädsel, kläder **2** klänning **3** (endast sing.) dräkt; ***evening ~*** högtidsdräkt; ~ ***rehearsal*** generalrepetition
dresser ['dresə] *subst* **1** köksskåp med öppna överhyllor; hyllskänk **2** amer. toalettbord
dressing ['dresɪŋ] *subst* **1** påklädning **2** tillredning **3** salladssås, dressing [*salad ~*] **4** gödsel **5** förband, omslag
dressing-gown ['dresɪŋgaʊn] *subst* morgonrock
dressing-room ['dresɪŋruːm] *subst* omklädningsrum
dressing-table ['dresɪŋˌteɪbl] *subst* toalettbord
dressmaker ['dresˌmeɪkə] *subst* sömmerska
dress shirt [ˌdres'ʃɜːt] *subst* frackskjorta
drew [druː] imperf. av *draw I*
dribble I ['drɪbl] *verb* **1** droppa, drypa **2** dregla **3** sport. dribbla
II ['drɪbl] *subst* **1** droppe **2** sport. dribbling
drift I [drɪft] *subst* **1** drivande, drift **2** driva [*a ~ of snow*] **3** tendens, trend [*the general ~*]; tankegång **4** tankegång, innebörd; ***I didn't catch the ~ of the conversation*** jag fattade inte riktigt vad samtalet handlade om
II [drɪft] *verb* driva med strömmen, glida; ~ ***apart*** glida ifrån varandra
drill I [drɪl] *verb* **1** drilla, borra; borra sig [*into* in i] **2** exercera, drilla
II [drɪl] *subst* **1** borr, borrmaskin **2** exercis, drill
drink I [drɪŋk] (*drank drunk*) *verb* **1** dricka; ~ ***up*** dricka ur; ~ ***to sb*** el. ~ ***to sb's health*** skåla för ngn **2** supa, dricka
II [drɪŋk] *subst* **1** dryck [*food and ~*] **2** drickande, dryckenskap **3** klunk; ***a ~ of water*** ett glas vatten, lite vatten **4** sup, drink, glas
drink-driver [ˌdrɪŋk'draɪvə] *subst* rattfyllerist
drink-driving [ˌdrɪŋk'draɪvɪŋ] *subst* rattfylleri

drip [drɪp] (*-pp-*) *verb* droppa; drypa
drip-dry [ˌdrɪp'draɪ] *verb* dropptorkas; dropptorka
dripping ['drɪpɪŋ] *subst* **1** droppande [*~ from the tap*] **2** stekflott, flottyr
drive I [draɪv] (*drove driven*) *verb* **1** driva; driva på, driva fram, drivas fram **2** köra [*~ a car*] **3** tvinga [*into, to* till]; *~ **sb mad*** el. *~ **sb crazy*** göra ngn galen **4** slå (driva, köra) in **5** *~ **at*** syfta på; ***what are you driving at?*** vart vill du komma?
II [draɪv] *subst* **1** åktur, färd; körning; ***go for a*** *~* ta en åktur **2** körväg; privat uppfartsväg **3** energi [*plenty of ~*], framåtanda **4** kampanj, satsning **5** attack, offensiv
drivel ['drɪvl] *subst* dravel, dösnack
driven ['drɪvn] perf. p. av *drive I*
driver ['draɪvə] *subst* förare, chaufför; ***driver's licence*** körkort
driveway ['draɪvweɪ] *subst* infart, uppfartsväg
driving ['draɪvɪŋ] *subst* körning; *~ **licence*** körkort; *~ **mirror*** backspegel; *~ **school*** trafikskola, bilskola; *~ **test*** körkortsprov; ***take one's ~ test*** köra upp, ta körkortsprovet; *~ **under the influence*** (förk. *DUI*) amer. vard. rattfylleri
drizzle I ['drɪzl] *verb* dugga
II ['drɪzl] *subst* duggregn
dromedary ['drɒmədərɪ] *subst* djur dromedar
drone I [drəʊn] *subst* **1** insekt drönare, hanbi **2** surr, entonigt tal
II [drəʊn] *verb* surra, tala entonigt; *~ **on*** mala på
drool [druːl] *verb* dregla
droop [druːp] *verb* **1** sloka [*the flowers drooped*] **2** sloka med, hänga med
drop I [drɒp] *subst* **1** droppe **2** vard. tår, slurk [*a ~ of beer*] **3** fall, nedgång
II [drɒp] (*-pp-*) *verb* **1** tappa, släppa, släppa ner; *~ **sb a hint*** ge ngn en vink; *~ **me a postcard!*** skriv ett kort! **2** falla, falla (sjunka) ner **3** drypa, droppa **4** låta falla bort, utelämna **5** överge, upphöra med [*~ a bad habit*]; sluta umgås med **6** lämna av, sätta av [*I'll ~ you at the station*]
III [drɒp] (*-pp-*) *verb* med adv. o. prep.
drop behind sacka efter, komma efter
drop in titta in, droppa in
drop off 1 falla av **2** avta, minska
drop out 1 falla ur **2** dra sig ur, hoppa av
drop over titta 'in, hälsa 'på
dropout ['drɒpaʊt] *subst* **1** avhoppare från t.ex. studier **2** en socialt utslagen
drought [draʊt] *subst* torka
drove [drəʊv] imperf. av *drive I*
drown [draʊn] *verb* drunkna, dränka; ***be drowned*** drunkna
drowsy ['draʊzɪ] *adj* sömnig, dåsig
drudgery ['drʌdʒərɪ] *subst* slavgöra, slit
drug I [drʌg] *subst* **1** drog, apoteksvara, läkemedel **2** pl. *~**s*** narkotika
II [drʌg] (*-gg-*) *verb* **1** blanda sömnmedel (narkotika) i **2** droga, bedöva, söva
drug abuse ['drʌgəˌbjuːs] *subst* narkotikamissbruk
drug addict ['drʌgˌædɪkt] *subst* narkoman
drug baron ['drʌgˌbærən] *subst* vard. narkotikakung
drug dealer ['drʌgˌdiːlə] *subst* o. **drug pusher** ['drʌgˌpʊʃə] *subst* narkotikalangare, knarklangare

drugstore
En *drugstore* är en typiskt amerikansk företeelse. Här kan man köpa apoteksvaror, skönhetsprodukter, film, matvaror etc. Ibland finns det också en enklare servering.

drugstore ['drʌgstɔː] *subst* amer. drugstore apotek och kemikalieaffär med enklare servering m.m.
drum I [drʌm] *subst* **1** trumma **2** tekn. trumma, vals, cylinder; *~ **brake*** trumbroms **3** i örat trumhinna
II [drʌm] (*-mm-*) *verb* trumma; *~ **sth into sb*** slå i ngn ngt
drummer ['drʌmə] *subst* musik. trumslagare
drunk I [drʌŋk] perf. p. av *drink I*
II [drʌŋk] *adj* drucken, berusad
III [drʌŋk] *subst* fyllo, fyllerist
drunkard ['drʌŋkəd] *subst* fyllbult, drinkare
drunken ['drʌŋkən] *adj* full, berusad; *~ **driver*** rattfyllerist; *~ **driving*** rattfylleri
dry I [draɪ] *adj* torr
II [draɪ] *verb* **1** torka; torka ut; *~ **up*** a) torka ut; torka upp, torka bort b) vard. tystna [*he dried up suddenly*] **2** förtorka, förtorkas **3** *~ **out*** sitta på torken sluta dricka
dry-clean [ˌdraɪ'kliːn] *verb* kemtvätta
dry-cleaner [ˌdraɪ'kliːnə] *subst*, ***dry-cleaner's*** kemtvätt
dry goods [ˌdraɪ'gʊdz] *subst pl* **1** torra varor kaffe, te m.m. **2** amer. klädesvaror

drying-out [ˌdraɪɪŋ'aʊt] *adj*, ~ ***centre*** avgiftningsklinik alkoholistanstalt
dual ['djuːəl] *adj* tvåfaldig, dubbel
dub [dʌb] (*-bb-*) *verb* **1** dubba en film **2** döpa till, kalla för
dubious ['djuːbjəs] *adj* tvivelaktig, tveksam
duchess ['dʌtʃəs] *subst* hertiginna
duck I [dʌk] *subst* anka; and [*wild* ~]
II [dʌk] *verb* **1** dyka ned o. snabbt komma upp igen; doppa sig **2** böja sig hastigt; ducka
duckling ['dʌklɪŋ] *subst* ankunge
dud I [dʌd] *subst* vard. blindgångare; ***it's a*** ~ den är värdelös
II [dʌd] *adj* vard. oduglig, skräp-; falsk
dude [djuːd, duːd] *subst* **1** spec. amer. vard. snobb **2** snubbe, typ [*a real cool* ~]
due I [djuː] *adj* **1** som ska betalas; ***be*** ~ el. ***fall*** ~ förfalla till betalning **2** tillbörlig [*with* ~ *respect*]; ***in*** ~ ***course*** i vederbörlig ordning **3** ~ ***to*** beroende på, på grund av; ***be*** ~ ***to*** bero på, ha sin grund i **4** väntad; ***the train is*** ~ ***at 6*** tåget beräknas ankomma kl. 6
II [djuː] *adv* rakt, precis; ~ ***north*** rakt norrut
III [djuː] *subst* **1** ***to give him his*** ~ ***, he is capable*** i rättvisans namn måste man medge att han är duktig **2** pl. ~***s*** tull; avgift
duel ['djuːəl] *subst* duell
duet [djʊ'et] *subst* musik. **1** duett **2** fyrhändigt stycke; ***play a*** ~ el. ***play*** ~***s*** spela fyrhändigt
1 dug [dʌg] *subst* juver; spene på vissa djur
2 dug [dʌg] imperf. o. perf. p. av *dig I*
dug-out ['dʌgaʊt] *subst* **1** underjordiskt skyddsrum **2** sport. avbytarbänk med regn- och vindskydd
DUI [ˌdiːjuː'aɪ] (förk. för *driving under the influence*) se ex. under *driving*
duke [djuːk] *subst* hertig
dull [dʌl] *adj* **1** matt, mulen **2** tråkig, trist **3** långsam, trög **4** dov [~ *ache*]
duly ['djuːlɪ] *adv* vederbörligen, tillbörligt
dumb I [dʌm] *adj* **1** stum, mållös; ~ ***animals*** oskäliga djur **2** vard. dum [*a* ~ *blonde*]
II [dʌm] *verb*, ~ ***down*** fördumma
dumbbell ['dʌmbel] *subst* hantel
dumbfound [dʌm'faʊnd] *verb* göra mållös
dummy ['dʌmɪ] *subst* **1** attrapp **2** skyltdocka; buktalares docka **3** barns napp, tröst
dump I [dʌmp] *verb* stjälpa av, tippa [~ *the coal*], dumpa, slänga
II [dʌmp] *subst* **1** avfallshög, avstjälpningsplats, soptipp **2** vard. håla, kyffe
dumpling ['dʌmplɪŋ] *subst* kok. klimp som kokas i t.ex. soppa; ***apple*** ~ äppelknyte
Dumpster® ['dʌmstə] *subst* amer. sopcontainer
dunce [dʌns] *subst* dumhuvud, dummerjöns
dung [dʌŋ] *subst* dynga, gödsel
dungarees [ˌdʌŋgə'riːz] *subst pl* **1** snickarbyxor, blåställ **2** amer. jeans
dungeon ['dʌndʒən] *subst* fängelsehåla
dunghill ['dʌŋhɪl] *subst* gödselhög; sophög
dupe [djuːp] *verb* lura, dupera
duplicate I ['djuːplɪkət] *subst* dubblett, kopia; ***in*** ~ i två exemplar
II ['djuːplɪkeɪt] *verb* **1** fördubbla **2** kopiera
duplication [ˌdjuːplɪ'keɪʃən] *subst* fördubbling; kopiering
durable ['djʊərəbl] *adj* varaktig, hållbar
during ['djʊərɪŋ] *prep* under [~ *the day*]
dusk [dʌsk] *subst* skymning
dusky ['dʌskɪ] *adj* dunkel; svartaktig
dust I [dʌst] *subst* **1** damm, stoft; ***throw*** ~ ***in sb's eyes*** slå blå dunster i ögonen på ngn **2** sopor
II [dʌst] *verb* damma ner; ~ el. ~ ***off*** damma av
dustbin ['dʌstbɪn] *subst* soptunna, soplår
dustcart ['dʌstkɑːt] *subst* sopbil
dustcover ['dʌstˌkʌvə] *subst* skyddsomslag på bok
duster ['dʌstə] *subst* **1** dammtrasa **2** tavelsudd
dust jacket ['dʌstˌdʒækɪt] *subst* skyddsomslag på bok
dustman ['dʌstmən] (pl. *dustmen* ['dʌstmən]) *subst* sophämtare
dusty ['dʌstɪ] *adj* dammig
Dutch I [dʌtʃ] *adj* **1** holländsk, nederländsk **2** ***go*** ~ dela på kostnaderna; ~ ***treat*** knytkalas
II [dʌtʃ] *subst* **1** nederländska språket; ***double*** ~ rotvälska **2** ***the*** ~ holländarna
Dutchman ['dʌtʃmən] (pl. *Dutchmen* ['dʌtʃmən]) *subst* holländare
dutiable ['djuːtjəbl] *adj* tullpliktig
dutiful ['djuːtɪfʊl] *adj* plikttrogen
duty ['djuːtɪ] *subst* **1** plikt, skyldighet **2** uppdrag; ***off*** ~ tjänstledig; ***on*** ~ a) i tjänst, tjänstgörande b) vakthavande, jourhavande c) på post; ***the officer on*** ~ dagofficeren **3** hand. avgift [*customs* ~], skatt, tull
duty-free [ˌdjuːtɪ'friː] *adj* tullfri

duvet ['du:veɪ] *subst* duntäcke; ~ ***cover*** påslakan
DVD [ˌdi:vi:'di:] (förk. för *digital video disc*) dvd, digital videoskiva; ~ ***player*** dvd-spelare
dwarf I [dwɔ:f] *subst* dvärg
II [dwɔ:f] *verb* få att verka liten
dwell [dwel] (*dwelt dwelt*) *verb* **1** litt. vistas, bo **2** ~ ***on*** dröja vid [~ *on a subject*]
dwelling ['dwelɪŋ] *subst* **1** litt. boning **2** bostad bostadsenhet
dwelt [dwelt] *verb* imperf. o. perf. p. av *dwell*
dwindle ['dwɪndl] *verb* smälta ihop, krympa ihop; förminskas
dye I [daɪ] *subst* färg; färgämne; färgmedel
II [daɪ] *verb* färga
dying I ['daɪɪŋ] *subst* döende; ***to my ~ day*** så länge jag lever
II ['daɪɪŋ] *adj* döende
dynamic [daɪ'næmɪk] *adj* dynamisk
dynamite I ['daɪnəmaɪt] *subst* dynamit
II ['daɪnəmaɪt] *verb* spränga med dynamit
dynamo ['daɪnəməʊ] (pl. ~*s*) *subst* på cykel dynamo
dynasty ['dɪnəstɪ] *subst* dynasti
dysentery ['dɪsntrɪ] *subst* med. dysenteri

Ee

1 E o. **e** [i:] *subst* **1** E, e **2** musik., ***E*** e; ***E flat*** ess; ***E sharp*** eiss
2 E (förk. för *east*) O, Ö
each [i:tʃ] *pron* **1** var för sig, varje särskild; ***they got one pound ~*** de fick ett pund var **2** vardera; ***they cost one pound ~*** de kostar ett pund styck **3** ~ ***other*** varandra
eager ['i:gə] *adj* ivrig; ***an ~ beaver*** en arbetsmyra
eagle ['i:gl] *subst* örn
1 ear [ɪə] *subst* sädesax
2 ear [ɪə] *subst* öra; ***be all ~s*** vara idel öra; ***give ~ to*** el. ***lend an ~ to*** lyssna till; ***have an ~ for music*** ha musiköra; ***play by ~*** spela efter gehör
earache ['ɪəreɪk] *subst* örsprång, öronvärk; ***have an ~*** ha ont i öronen
eardrum ['ɪədrʌm] *subst* trumhinna
earl [ɜ:l] *subst* brittisk greve
early I ['ɜ:lɪ] *adv* tidigt, för tidigt; ~ ***tomorrow morning*** i morgon bitti
II ['ɜ:lɪ] *adj* tidig, för tidig; ***the ~ bird catches the worm*** ordspr. morgonstund har guld i mund; ***in his ~ forties*** några år över fyrtio; ***in the ~ nineties*** i början på nittiotalet
earmark ['ɪəmɑ:k] *verb* anslå, öronmärka
earmuffs ['ɪəmʌfs] *subst pl* öronskydd
earn [ɜ:n] *verb* tjäna, förtjäna
earnest I ['ɜ:nɪst] *adj* allvarlig [*an ~ attempt*]; enträgen
II ['ɜ:nɪst] *subst*, ***in real ~*** på fullt allvar; ***are you in ~?*** menar du allvar?
earnings ['ɜ:nɪŋz] *subst pl* inkomster, intäkter
earphone ['ɪəfəʊn] *subst* **1** hörlur **2** öronmussla
ear-piercing ['ɪəˌpɪəsɪŋ] *adj* öronbedövande
earplug ['ɪəplʌg] *subst* öronpropp som skydd
earring ['ɪərɪŋ] *subst* örhänge
earshot ['ɪəʃɒt] *subst*, ***within ~*** inom hörhåll
ear-splitting ['ɪəˌsplɪtɪŋ] *adj* öronbedövande
earth I [ɜ:θ] *subst* **1** jord; mark [*fall to the ~*]; ***the Earth*** planeten jorden; ***it costs the ~*** vard. det kostar skjortan; ***how on ~...?*** hur i all världen...?; ***what on ~...?*** vad i all världen...?; ***why on ~...?*** varför i all världen...?; ***this place looks like***

nothing on ~ vad här ser ut! **2** mull, mylla **3** jakt. lya, kula; ***run to*** ~ el. ***go to*** ~ om t.ex. räv gå under, gå i gryt **4** elektr. jord, jordledning
II [ɜːθ] *verb* elektr. jorda
earthen ['ɜːθən] *adj* jord-, ler- [*an* ~ *jar*]
earthenware ['ɜːθənweə] *subst* lergods
earthly ['ɜːθlɪ] *adj* **1** jordisk, världslig **2** vard., ***not an*** ~ ***chance*** el. ***not an*** ~ inte skuggan av en chans
earthquake ['ɜːθkweɪk] *subst* jordskalv, jordbävning
earthworm ['ɜːθwɜːm] *subst* daggmask
earthy ['ɜːθɪ] *adj* jordaktig, jordnära
earwig ['ɪəwɪg] *subst* tvestjärt
ease I [iːz] *subst* **1** ***at*** ~ el. ***at one's*** ~ a) i lugn och ro b) väl till mods; ***stand at*** ~! el. ***at*** ~! mil. manöver!; ***ill at*** ~ illa till mods; ***put sb at*** ~ el. ***set sb at*** ~ få ngn att känna sig väl till mods **2** lätthet
II [iːz] *verb* **1** lindra [~ *the pain*] **2** lätta [~ *the pressure*] **3** lossa litet på [~ *the lid*], lätta på; ~ ***off*** lätta, minska; ~ ***up*** ta det lugnare
easel ['iːzl] *subst* konst. staffli
easily ['iːzəlɪ] *adv* **1** lätt, med lätthet; mycket väl [*it can* ~ *happen*] **2** lugnt
east I [iːst] *subst* **1** öster, öst, ost; ***to the*** ~ ***of*** öster om **2** ***the East*** Östern; ***the Far East*** Fjärran Östern; ***the Middle East*** Mellanöstern
II [iːst] *adj* östlig, östra, öst- [*on the* ~ *coast*]; ***the East Indies*** Ostindien
III [iːst] *adv* mot (åt) öster, österut; ~ ***of*** öster om
eastbound ['iːstbaʊnd] *adj* östgående
Easter ['iːstə] *subst* påsk, påsken; ~ ***Day*** el. ~ ***Sunday*** påskdag, påskdagen; ~ ***Monday*** annandag påsk
easterly ['iːstəlɪ] *adj* östlig, ostlig
eastern ['iːstən] *adj* **1** östlig, ostlig, östra, öst- **2** ***Eastern*** österländsk
eastward I ['iːstwəd] *adj* ostlig
II ['iːstwəd] *adv* mot öster
eastwards ['iːstwədz] *adv* mot öster, österut
easy I ['iːzɪ] *adj* **1** lätt, enkel, lättköpt [*an* ~ *victory*]; ***it's as*** ~ ***as pie*** det är lätt som en plätt, det är jättelätt **2** bekymmerslös [*lead an* ~ *life*], lugn; ***at an*** ~ ***pace*** sakta och makligt; ***I'm*** ~! det gör mig inte något!
II ['iːzɪ] *adv* vard. **1** lätt [*easier said than done*]; ***go*** ~! el. ~! sakta!, försiktigt!; ***go*** ~ ***on the butter!*** ta det försiktigt med smöret!; ***take it*** ~! ta det lugnt!
easy-chair ['iːzɪtʃeə] *subst* fåtölj, länstol
easy-going ['iːzɪˌgəʊɪŋ] *adj*, ***she is*** ~ hon är bekväm av sig, hon tar lätt på saker och ting
eat [iːt] (*ate* [et, spec. amer. eɪt] *eaten* ['iːtn]) *verb* äta; ~ ***away*** fräta bort; ~ ***into*** fräta sig in i; ~ ***one's words*** få äta upp det man har sagt; ~ ***one's heart out*** vara otröstlig; ~ ***your heart out!*** vard. känn dig blåst!; ***what's eating you?*** vad är det med dig?; vad går du och deppar för?
eatable ['iːtəbl] *adj* ätbar njutbar
eaten ['iːtn] perf. p. av *eat*
eatery ['iːtərɪ] *subst* spec. amer. vard. matställe
eau-de-Cologne [ˌəʊdəkə'ləʊn] *subst* eau-de-cologne
eaves [iːvz] *subst pl* takfot, takskägg
eavesdrop ['iːvzdrɒp] (*-pp-*) *verb* tjuvlyssna
eavesdropper ['iːvzˌdrɒpə] *subst* tjuvlyssnare
ebb [eb] *subst* ebb; ~ ***and flow*** ebb och flod; ***be at a low*** ~ stå lågt
ebbtide [ˌeb'taɪd] *subst* ebb, ebbtid
ebony ['ebənɪ] *subst* ebenholts
eccentric I [ɪk'sentrɪk] *adj* excentrisk
II [ɪk'sentrɪk] *subst* original, underlig figur
eccentricity [ˌeksen'trɪsətɪ] *subst* excentricitet, originalitet
ECG [ˌiːsiː'dʒiː] (förk. för *electrocardiogram*) EKG
echo I ['ekəʊ] (pl. *echoes*) *subst* eko, genklang
II ['ekəʊ] *verb* eka, genljuda
eclipse I [ɪ'klɪps] *subst* förmörkelse, eklips; ***an*** ~ ***of the sun*** el. ***a solar*** ~ en solförmörkelse
II [ɪ'klɪps] *verb* **1** förmörka **2** överglänsa, ställa i skuggan
ecofreak ['ekəʊfriːk] *subst* vard. miljöaktivist
ecofriendly ['ekəʊˌfrendlɪ] *adj* miljövänlig
ecological [ˌiːkə'lɒdʒɪkl] *adj* ekologisk
ecologist [iː'kɒlədʒɪst] *subst* ekolog, miljövårdare
ecology [iː'kɒlədʒɪ] *subst* ekologi
economic [ˌiːkə'nɒmɪk] *adj* ekonomisk, nationalekonomisk
economical [ˌiːkə'nɒmɪkl] *adj* ekonomisk, sparsam
economics [ˌiːkə'nɒmɪks] (med verb i sing.) *subst* nationalekonomi, ekonomi
economist [ɪ'kɒnəmɪst] *subst* ekonom, nationalekonom
economize [ɪ'kɒnəmaɪz] *verb* spara [*on* på], vara sparsam, vara ekonomisk [*on* med]
economy [ɪ'kɒnəmɪ] *subst* **1** sparsamhet, ekonomi **2** ekonomi
economy-size [ɪ'kɒnəmɪsaɪz] *adj* i ekonomiförpackning

ecosystem ['iːkəʊˌsɪstəm] *subst* ekosystem
ecstasy ['ekstəsɪ] *subst* **1** extas, hänryckning; ***go into ecstasies over*** råka i extas över **2** vard. ecstasy narkotika
ecstatic [ek'stætɪk] *adj* extatisk
Ecuador ['ekwədɔː]
Ecuadorian I [ˌekwə'dɔːrɪən] *subst* ecuadorian
II [ˌekwə'dɔːrɪən] *adj* ecuadoriansk
eczema ['eksəmə] *subst* med. eksem
eddy I ['edɪ] *subst* strömvirvel
II ['edɪ] *verb* virvla
Eden ['iːdn] *subst*, ***the Garden of*** ~ Edens lustgård, paradiset
edge I [edʒ] *subst* **1** egg, kant; ***on*** ~ på helspänn, nervös; ***it set my nerves on*** ~ det gick mig på nerverna **2** kant [*the ~ of a table*], rand
II [edʒ] *verb* **1** kanta **2** ~ ***one's way*** tränga sig fram; ~ ***out*** utmanövrera **3** maka sig [*~ towards the door*]
edgeways ['edʒweɪz] *adv*, ***I couldn't get a word in*** ~ jag fick inte en syl i vädret
edgewise ['edʒwaɪz] *adv* vanligen amer., se *edgeways*
edible ['edəbl] *adj* ätlig, ätbar [*~ mushrooms*]
edifice ['edɪfɪs] *subst* större el. ståtlig byggnad
Edinburgh ['edɪnbərə]
edit ['edɪt] *verb* **1** redigera **2** vara redaktör för
edition [ɪ'dɪʃən] *subst* upplaga, utgåva
editor ['edɪtə] *subst* **1** redaktör **2** utgivare
editorial I [ˌedɪ'tɔːrɪəl] *adj* redigerings-, redaktionell [*~ work*]
II [ˌedɪ'tɔːrɪəl] *subst* ledare i tidning
educate ['edjʊkeɪt] *verb* utbilda, uppfostra
education [ˌedjʊ'keɪʃən] *subst* **1** bildning [*classical ~*]; fostran **2** undervisning, utbildning
educational [ˌedjʊ'keɪʃnəl] *adj* undervisnings-, utbildnings-
eel [iːl] *subst* ål
eerie ['ɪərɪ] *adj* kuslig
efface [ɪ'feɪs] *verb* utplåna, stryka
effect I [ɪ'fekt] *subst* effekt, verkan [*cause and ~*], verkning [*the ~s of the war*], inverkan, påverkan, inflytande; ***in*** ~ i själva verket; ***come into*** ~ el. ***take*** ~ träda i kraft; ***words to that*** ~ ord i den stilen
II [ɪ'fekt] *verb* åstadkomma [*~ changes*]
effective [ɪ'fektɪv] *adj* effektiv, verksam
effeminate [ɪ'femɪnət] *adj* om man el. pojke feminin
efficacious [ˌefɪ'keɪʃəs] *adj* effektiv
efficiency [ɪ'fɪʃənsɪ] *subst* effektivitet
efficient [ɪ'fɪʃənt] *adj* effektiv, kompetent
effort ['efət] *subst* ansträngning; prestation; ***make an*** ~ ***to*** anstränga sig för att; ***with*** ~ med möda; ***it's not worth the*** ~ det är inte värt besväret
effusive [ɪ'fjuːsɪv] *adj* översvallande
e.g. [ˌiː'dʒiː, fərɪg'zɑːmpl] (= *for example*) t.ex.
1 egg [eg] *verb*, ~ ***sb on*** egga ngn, driva på ngn
2 egg [eg] *subst* ägg; ***put all one's ~s in one basket*** sätta allt på ett kort
egg-beater ['egˌbiːtə] *subst* o. **egg-whisk** ['egwɪsk] *subst* visp
eggplant ['egplɑːnt] *subst* spec. amer. aubergine grönsak
ego ['iːgəʊ] *subst* jag, ego
egocentric I [ˌiːgə'sentrɪk] *adj* egocentrisk
II [ˌiːgə'sentrɪk] *subst* egocentriker
egoism ['iːgəʊɪzəm] *subst* egoism, egennytta
egoist ['iːgəʊɪst] *subst* egoist
egoistic [ˌiːgəʊ'ɪstɪk] *adj* egoistisk, självisk
egotism ['egətɪzm] *subst* **1** egenkärlek, egotism
egotist ['egətɪst] *subst* egocentriker; egoist
Egypt ['iːdʒɪpt] Egypten
Egyptian I [ɪ'dʒɪpʃən] *subst* egyptier
II [ɪ'dʒɪpʃən] *adj* egyptisk
eh [eɪ] *interj*, ~? va för nåt?; eller hur?, va? [*nice, ~?*]
eiderdown ['aɪdədaʊn] *subst* **1** ejderdun **2** duntäcke
eight [eɪt] *räkn* o. *subst* åtta
eighteen [ˌeɪ'tiːn] *räkn* arton
eighteenth [ˌeɪ'tiːnθ] *räkn* o. *subst* artonde; artondel
eighth [eɪtθ] *räkn* o. *subst* åttonde; åttondel
eightieth ['eɪtɪəθ] *räkn* o. *subst* åttionde; åttiondel
eighty ['eɪtɪ] *räkn* o. *subst* **1** åttio **2** åttiotal; ***in the eighties*** på åttiotalet

Eire
Irländska republiken, *the Irish Republic*, kallas *Eire* på iriska, *Irish* eller *Gaelic*.

Eire ['eərə]
either I ['aɪðə, spec. amer. 'iːðə] *pron* **1** endera, ettdera **2** vilken (vilket) som helst [*you can take ~ of them; you can take ~*] **3** någon, någondera, något, någotdera

[*I don't want ~ of them*] **4** vardera, vartdera **5** båda, bägge
II ['aɪðə, spec. amer. 'iːðə] *adv* heller [*he won't come ~*]
III ['aɪðə, spec. amer. 'iːðə] *konj*, ~ ... ***or*** a) antingen ... eller [*he is ~ mad or drunk*] b) både ... och [*he is taller than ~ you or me*]
ejaculate [ɪ'dʒækjʊleɪt] *verb* **1** fysiol. ejakulera **2** utropa, utstöta
ejaculation [ɪˌdʒækjʊ'leɪʃən] *subst* **1** sädesuttömning; fysiol. ejakulation **2** utrop
eject [ɪ'dʒekt] *verb* kasta ut, driva ut, stöta ut
ejection [ɪ'dʒekʃən] *subst* utkastande; ~ ***seat*** katapultstol
ejector [ɪ'dʒektə] *subst*, ~ ***seat*** katapultstol
elaborate I [ɪ'læbərət] *adj* **1** omsorgsfullt utarbetad **2** omständlig, komplicerad
II [ɪ'læbəreɪt] *verb* **1** uttala sig närmare [*on* om] **2** utveckla närmare
elapse [ɪ'læps] *verb* förflyta, gå [*a year had elapsed*]
elastic I [ɪ'læstɪk] *adj* **1** elastisk, tänjbar **2** ~ ***band*** a) resårband b) gummiband
II [ɪ'læstɪk] *subst* resår, gummiband
elasticity [ˌiːlæ'stɪsətɪ] *subst* elasticitet, spänst
elated [ɪ'leɪtɪd] *adj* upprymd, glad, hänförd
elation [ɪ'leɪʃən] *subst* upprymdhet, glädje
elbow I ['elbəʊ] *subst* armbåge; ~ ***grease*** slit, hårt arbete
II ['elbəʊ] *verb*, ~ ***oneself forward*** armbåga sig fram
elbow room ['elbəʊruːm] *subst* svängrum
elder ['eldə] *adj* (komparativ av *old*) äldre spec. om släktingar
elderberry ['eldəˌberɪ] *subst* fläderbär
elderly ['eldəlɪ] *adj* rätt gammal, äldre [*an ~ gentleman*]
eldest ['eldɪst] *adj* (superlativ av *old*) äldst spec. om släktingar
elect [ɪ'lekt] *verb* välja genom röstning, välja till
election [ɪ'lekʃən] *subst* val spec. genom röstning; ***a general*** ~ allmänna val
elective [ɪ'lektɪv] *adj*, ~ ***subject*** skol. tillvalsämne
electoral [ɪ'lektərəl] *adj* polit., ~ ***district*** valdistrikt; ~ ***register*** vallängd
electorate [ɪ'lektərət] *subst* väljarkår; ***the*** ~ väljarna, väljarkåren
electric [ɪ'lektrɪk] *adj* elektrisk; ~ ***bulb*** glödlampa; ~ ***cooker*** elspis, elektrisk spis
electrical [ɪ'lektrɪkl] *adj*, ~ ***appliances*** elektriska apparater
electrician [ɪlek'trɪʃən] *subst* elektriker, elmontör
electricity [ɪlek'trɪsətɪ] *subst* elektricitet, el
electrify [ɪ'lektrɪfaɪ] *verb* elektrifiera
electrocardiogram [ɪˌlektrəʊ'kɑːdjəʊgræm] *subst* elektrokardiogram
electrode [ɪ'lektrəʊd] *subst* elektr. elektrod
electron [ɪ'lektrɒn] *subst* elektron
electronic [ɪlek'trɒnɪk] *adj* elektronisk; ~ ***mail*** (förk. *e-mail*) elektronisk post
electronics [ɪlek'trɒnɪks] (med verb i sing.) *subst* elektronik
electroplated [ɪ'lektrəpleɪtɪd] *adj*, ~ ***nickel-silver*** (förk. *EPNS*) nysilver
electrostatic [ɪˌlektrə'stætɪk] *adj* elektrostatisk
elegance ['elɪgəns] *subst* elegans
elegant ['elɪgənt] *adj* elegant
element ['elɪmənt] *subst* **1** kem. grundämne **2** element; ***be in one's*** ~ vara i sitt rätta element, vara i sitt esse **3** beståndsdel; ***an ~ of danger*** ett riskmoment; ***an ~ of truth*** en gnutta sanning
elementary [ˌelɪ'mentrɪ] *adj* elementär, enkel
elephant ['eləfənt] *subst* elefant
elevate ['elɪveɪt] *verb* lyfta upp, höja
elevation [ˌelɪ'veɪʃən] *subst* **1** upphöjande, lyftande **2** upphöjning [*an ~ in the ground*]

election

- I STORBRITANNIEN:
  Vid allmänna val kan alla som är över 18 år rösta på vem som ska sitta i parlamentet. Det finns 659 valkretsar, *constituencies*, och i var och en röstar man fram en representant. Det parti som får flest representanter bildar regering.
- I USA:
  I USA sker val till representanthuset. Folkrika stater har fler valkretsar, *districts*, och alltså fler representanter, *representatives*, än glest bebyggda stater. Varje stat väljer också två senatorer, *senators*, till senaten. De väljs på sex år. Presidentval hålls vart fjärde år.

3 upphöjelse [*her ~ to the throne*] **4** höjd över havsytan (marken)
elevator ['elɪveɪtə] *subst* spec. amer. hiss; tekn. elevator
eleven [ɪ'levn] *räkn* o. *subst* elva
eleventh [ɪ'levnθ] *räkn* o. *subst* **1** elfte **2** elftedel; ***at the ~ hour*** i elfte timmen
elf [elf] *subst* älva, fe
eligibility [ˌelɪdʒə'bɪlətɪ] *subst* **1** valbarhet **2** berättigande
eligible ['elɪdʒəbl] *adj* **1** valbar [*for* till] **2** berättigad [*~ for a pension*], kvalificerad [*~ for membership*]
eliminate [ɪ'lɪmɪneɪt] *verb* eliminera, utesluta [*~ a possibility*]; ***eliminated*** sport. utslagen
elimination [ɪˌlɪmɪ'neɪʃən] *subst* **1** eliminering **2** sport. utslagning; ~ ***competition*** utslagningstävling
elite [ɪ'liːt] *subst* elit
elixir [ɪ'lɪksə] *subst* elixir, universalmedel
elk [elk] *subst* djur **1** älg **2** amer. kanadahjort
ellipse [ɪ'lɪps] *subst* geom. ellips
ellipsis [ɪ'lɪpsɪs] (pl. *ellipses* [e'lɪpsiːz]) *subst* språkv. ellips
elliptical [ɪ'lɪptɪkl] *adj* **1** språkv. elliptisk, ellips- **2** geom. elliptisk

Ellis Island
Ellis Island är en liten ö i inloppet till New York. Hit anlände åren 1892–1943 miljontals invandrare för att genomgå kontroll av den amerikanska immigrationsmyndigheten. I dag finns här ett museum, där man bl.a. kan hitta fakta om alla som invandrade.

elm [elm] *subst* träd alm
elocution [ˌelə'kjuːʃən] *subst* talarkonst, talteknik
elongate ['iːlɒŋgeɪt] *verb* förlänga, dra ut
eloquence ['eləkwəns] *subst* vältalighet
eloquent ['eləkwənt] *adj* vältalig
else [els] *adv* **1** annars [*where ~ can it be?*]; ***hurry, or ~ we'll be late*** skynda, annars blir vi försenade **2** annan [*somebody ~*]; ***anything ~?*** något mer, något annat?; ***everybody*** ~ alla andra; ***who ~?*** vem annars?, vilka annars?; ***everywhere*** ~ på alla andra ställen; ***little*** ~ föga annat; ***nowhere*** ~ ingen annanstans
elsewhere [ˌels'weə] *adv* någon annanstans
elucidate [ɪ'luːsɪdeɪt] *verb* klargöra, belysa
elude [ɪ'luːd] *verb* **1** komma undan, undgå **2** gäcka; ***his name eludes me*** jag kommer inte på hans namn
elusive [ɪ'luːsɪv] *adj* svårfångad, gäckande [*~ shadow*]
emaciated [ɪ'meɪʃɪeɪtɪd] *adj* utmärglad
e-mail I ['iːmeɪl] *subst* (förk. för *electronic mail*) e-post, mejl
II ['iːmeɪl] *verb* e-posta, mejla
emanate ['eməneɪt] *verb*, ~ ***from*** komma från, härröra från, stråla ut från
emancipate [ɪ'mænsɪpeɪt] *verb* frige [*~ the slaves*], frigöra, emancipera
embalm [ɪm'bɑːm] *verb* balsamera
embankment [ɪm'bæŋkmənt] *subst* **1** invallning **2** fördämning, vägbank
embargo [em'bɑːgəʊ] (pl. *embargoes*) *subst* embargo, handelsförbud
embark [ɪm'bɑːk] *verb* embarkera, ta ombord, gå ombord; ~ ***on*** inlåta sig i, ge sig in på
embarrass [ɪm'bærəs] *verb* göra förlägen, göra generad
embarrassed [ɪm'bærəst] *perf p* o. *adj* förlägen, generad [*at* över]
embarrassing [ɪm'bærəsɪŋ] *adj* pinsam, genant
embassy ['embəsɪ] *subst* ambassad
embellish [ɪm'belɪʃ] *verb* utsmycka
ember ['embə] *subst* glödande kol; ***~s*** glödande aska
embezzle [ɪm'bezl] *verb* försnilla, förskingra
embezzlement [ɪm'bezlmənt] *subst* förskingring
embezzler [ɪm'bezlə] *subst* förskingrare
embitter [ɪm'bɪtə] *verb* förbittra
emblem ['embləm] *subst* emblem, sinnebild
embodiment [ɪm'bɒdɪmənt] *subst* förkroppsligande, inkarnation, personifikation
embody [ɪm'bɒdɪ] *verb* **1** förkroppsliga; ***be embodied in*** få uttryck i **2** innehålla
embrace I [ɪm'breɪs] *verb* **1** omfamna, krama **2** omfamna varandra, kramas **3** omfatta
II [ɪm'breɪs] *subst* omfamning, kram
embroider [ɪm'brɔɪdə] *verb* brodera
embroidery [ɪm'brɔɪdərɪ] *subst* broderi
embryo ['embrɪəʊ] (pl. *~s*) *subst* embryo
emend [ɪ'mend] *verb* korrigera text
emerald ['emərəld] *subst* ädelsten smaragd; ***the Emerald Isle*** den gröna ön Irland
emerge [ɪ'mɜːdʒ] *verb* dyka upp, uppstå
emergency [ɪ'mɜːdʒənsɪ] *subst* nödläge, kris,

kritiskt läge; ***in an*** ~ el. ***in case of*** ~ i ett nödläge; ***state of*** ~ undantagstillstånd; ***in a state of*** ~ i alarmberedskap, nöd- [~ *landing*], kris- [~ *meeting*]; ~ ***brake*** nödbroms; ~ ***cord*** amer. nödbromslina; ~ ***exit*** el. ~ ***door*** reservutgång; ~ ***ward*** akutmottagning på sjukhus

emery paper ['emərɪˌpeɪpə] *subst* smärgelpapper

emigrant ['emɪgrənt] *subst* utvandrare, emigrant

emigrate ['emɪgreɪt] *verb* utvandra, emigrera

emigration [ˌemɪ'greɪʃən] *subst* utvandring, emigration

eminence ['emɪnəns] *subst* **1** högt anseende **2** ***His Eminence*** Hans Eminens

eminent ['emɪnənt] *adj* framstående

emissary ['emɪsərɪ] *subst* emissarie, sändebud

emission [ɪ'mɪʃən] *subst* utsläpp; utstrålning [~ *of light*]

emit [ɪ'mɪt] (*-tt-*) *verb* sända ut, stråla ut, avge [~ *heat*], ge ifrån sig [~ *an odour*]

emotion [ɪ'məʊʃən] *subst* **1** sinnesrörelse **2** stark känsla

emotional [ɪ'məʊʃnəl] *adj* känslomässig, emotionell; ~ ***life*** känsloliv

emperor ['empərə] *subst* kejsare

emphasis ['emfəsɪs] (pl. *emphases* ['emfəsiːz]) *subst* eftertryck, tonvikt, betoning; ***lay*** ~ ***on*** ge eftertryck åt

emphasize ['emfəsaɪz] *verb* betona, framhäva

emphatic [ɪm'fætɪk] *adj* eftertrycklig, emfatisk

empire ['empaɪə] *subst* **1** kejsardöme, rike [*the Roman* ~] **2** imperium, välde

employ I [ɪm'plɔɪ] *verb* **1** sysselsätta, ge arbete åt, anställa **2** använda

II [ɪm'plɔɪ] *subst*, ***in sb's*** ~ anställd hos ngn

employee [ɪm'plɔɪiː] *subst* arbetstagare, anställd

employer [ɪm'plɔɪə] *subst* arbetsgivare

employment [ɪm'plɔɪmənt] *subst* **1** sysselsättning, arbete; ~ ***agency*** el. ~ ***bureau*** arbetsförmedlingsbyrå **2** användning

empress ['emprəs] *subst* kejsarinna

empty I ['emtɪ] *adj* tom

II ['emtɪ] *verb* **1** tömma **2** tömmas

empty-handed [ˌemtɪ'hændɪd] *adj* tomhänt

EMU ['iːmjuː, ˌiːem'juː] (förk. för *Economic and Monetary Union*) EMU

enable [ɪ'neɪbl] *verb*, ~ ***sb to*** göra det möjligt för ngn att [*it enabled me to go on holiday*]

enamel I [ɪ'næməl] *subst* **1** emalj **2** lackfärg

II [ɪ'næməl] (*-ll-*) *verb* **1** emaljera **2** lackera

enchant [ɪn'tʃɑːnt] *verb* tjusa, hänföra, förtrolla

enchanting [ɪn'tʃɑːntɪŋ] *adj* förtjusande

enchantment [ɪn'tʃɑːntmənt] *subst* **1** tjuskraft **2** förtjusning

enchantress [ɪn'tʃɑːntrəs] *subst* tjuserska

encircle [ɪn'sɜːkl] *verb* omge, omringa

enclose [ɪn'kləʊz] *verb* **1** omge, omsluta **2** i t.ex. brev bifoga; ***enclosed please find*** härmed bifogas

enclosure [ɪn'kləʊʒə] *subst* **1** bilaga till brev **2** inhägnad

encompass [ɪn'kʌmpəs] *verb* **1** omge **2** omfatta

encore I [ɒŋ'kɔː] *interj* dakapo!

II [ɒŋ'kɔː] *subst* **1** extranummer, dakapo **2** dakaporop

encounter I [ɪn'kaʊntə] *verb* möta, träffa på

II [ɪn'kaʊntə] *subst* möte

encourage [ɪn'kʌrɪdʒ] *verb* **1** uppmuntra **2** stödja, främja

encouragement [ɪn'kʌrɪdʒmənt] *subst* **1** uppmuntran **2** främjande, understöd

encroach [ɪn'krəʊtʃ] *verb* inkräkta [*on* på]

encumber [ɪn'kʌmbə] *verb* **1** betunga, belasta **2** belamra [*a room encumbered with furniture*]

encyclopaedia o. **encyclopedia** [enˌsaɪklə'piːdjə] *subst* encyklopedi, uppslagsbok, uppslagsverk

end I [end] *subst* **1** slut; avslutning; ände, ända; ***change*** ~***s*** byta sida i bollspel; ***make both*** ~***s meet*** få det att gå ihop; ***put an*** ~ ***to*** sätta stopp för; ***I liked the book no*** ~ vard. jag tyckte väldigt mycket om boken; ***there is*** (***are***) ***no*** ~ ***of…*** vard. det finns massor med…; ***be at an*** ~ vara slut, vara förbi; ***at the*** ~ vid (i, på) slutet; ***in the*** ~ till slut, till sist; ***on*** ~ a) på ända b) i sträck, i ett kör; ***to the very*** ~ ända till slutet; ***bring to an*** ~ avsluta, sluta; ***come to an*** ~ ta slut **2** mål [*with this* ~ *in view*], ändamål, syfte

II [end] *verb* sluta, avsluta; göra slut på; upphöra; ***all's well that*** ~***s well*** ordspr. slutet gott, allting gott; ~ ***up in*** sluta i, hamna i

endanger [ɪn'deɪndʒə] *verb* äventyra, riskera; ***an endangered species*** ett utrotningshotat djur

endear [ɪn'dɪə] *verb* göra omtyckt

endearing [ɪn'dɪərɪŋ] *adj* älskvärd
endearment [ɪn'dɪəmənt] *subst* ömhetsbetygelse; smeksamt ord; ***term of ~*** smeksamt uttryck
endeavour I [ɪn'devə] *verb* sträva [*to* efter att], verkligen försöka
II [ɪn'devə] *subst* strävan [*to do*], allvarligt försök [*to do*]
endgame ['endgeɪm] *subst* i schack slutspel
ending ['endɪŋ] *subst* **1** slut, avslutning; ***happy ~*** lyckligt slut **2** gram. ändelse
endive ['endɪv] *subst* grönsak **1** chicorée frisée, frisésallat **2** amer. endiv
endorse [ɪn'dɔːs] *verb* **1** skriva sitt namn på baksidan av, endossera [*~ a cheque*] **2** stödja [*~ a plan*], godkänna
endow [ɪn'daʊ] *verb* **1** donera pengar till **2** begåva, utrusta [*she was endowed with great talent*]
endurance [ɪn'djʊərəns] *subst* uthållighet; ***beyond ~*** el. ***past ~*** outhärdligt
endure [ɪn'djʊə] *verb* **1** uthärda [*~ pain*], utstå, stå ut med **2** bestå [*his work will ~*] **3** hålla ut
enduring [ɪn'djʊərɪŋ] *adj* varaktig, bestående [*~ value*]
enema ['enəmə] *subst* lavemang
enemy ['enəmɪ] *subst* fiende; ***~ aircraft*** fientligt flyg
energetic [ˌenə'dʒetɪk] *adj* energisk, kraftfull
energy ['enədʒɪ] *subst* energi
energy-saving ['enədʒɪˌseɪvɪŋ] *adj* energisnål
enervate ['enəveɪt] *verb* försvaga, förslappa
enforce [ɪn'fɔːs] *verb* **1** upprätthålla respekten för [*~ law and order*] **2** driva igenom [*~ one's principles*]
enforcement [ɪn'fɔːsmənt] *subst* upprätthållande [*~ of law and order*], genomdrivande
engage [ɪn'geɪdʒ] *verb* **1** anställa, engagera, anlita **2** i passiv, ***be engaged*** förlova sig **3** uppta [*work ~s much of his time*] **4** ***~ in*** engagera sig i, ägna sig åt [*~ in business*]
engaged [ɪn'geɪdʒd] *adj* **1** upptagen [*he is ~ at the moment*]; på t.ex. toalettdörr upptaget; ***~ tone*** tele. upptagetton **2** sysselsatt [*in, on* med]; anställd **3** förlovad
engagement [ɪn'geɪdʒmənt] *subst* **1** åtagande, engagemang; avtalat möte **2** anställning [*her ~ as secretary*] **3** förlovning [*to* med]
engaging [ɪn'geɪdʒɪŋ] *adj* intagande [*an ~ smile*]
engine ['endʒɪn] *subst* **1** motor, maskin **2** lok
engine-driver ['endʒɪnˌdraɪvə] *subst* lokförare
engineer [ˌendʒɪ'nɪə] *subst* **1** ingenjör; tekniker **2** sjö. maskinist
engineering [ˌendʒɪ'nɪərɪŋ] *subst* ingenjörsvetenskap, ingenjörskonst; teknik
engine room ['endʒɪnruːm] *subst* maskinrum

England
HUVUDSTAD: London (Stor-London, *Greater London* 7 milj.).
FOLKMÄNGD: omkring 50 milj.
YTA: 130 440 km^2 (mindre än en tredjedel av Sveriges yta).
SPRÅK: engelska.
England är den mellersta delen av ön Storbritannien. England gränsar till Wales i väster och Skottland i norr. England är en viktig industrination.

England ['ɪŋglənd]
English I ['ɪŋglɪʃ] *adj* engelsk
II ['ɪŋglɪʃ] *subst* **1** engelska språket; ***the King's ~*** el. ***the Queen's ~*** ungefär korrekt engelska **2** ***the ~*** engelsmännen
Englishman ['ɪŋglɪʃmən] (pl. *Englishmen* ['ɪŋglɪʃmən]) *subst* engelsman
Englishwoman ['ɪŋglɪʃˌwʊmən] (pl. *Englishwomen* ['ɪŋglɪʃˌwɪmɪn]) *subst* engelska
engrave [ɪn'greɪv] *verb* rista in, gravera
engraving [ɪn'greɪvɪŋ] *subst* **1** ingravering **2** gravyr
engross [ɪn'grəʊs] *verb* uppta [*the work engrossed him*]; ***she was engrossed in her work*** hon var helt upptagen av sitt arbete
engrossing [ɪn'grəʊsɪŋ] *adj* fängslande
engulf [ɪn'gʌlf] *verb* uppsluka
enhance [ɪn'hɑːns] *verb* höja, öka [*~ the value of sth*]
enigma [ɪ'nɪgmə] *subst* gåta, mysterium
enigmatic [ˌenɪg'mætɪk] *adj* gåtfull, dunkel
enjoy [ɪn'dʒɔɪ] *verb* **1** njuta av **2** finna nöje i, tycka om; ***did you ~ the party?*** hade du roligt på festen?; ***I am enjoying it here*** jag trivs här **3** ***~ oneself*** ha trevligt, roa sig
enjoyable [ɪn'dʒɔɪəbl] *adj* njutbar, trevlig
enjoyment [ɪn'dʒɔɪmənt] *subst* **1** njutning **2** nöje, glädje
enlarge [ɪn'lɑːdʒ] *verb* **1** förstora, förstora

upp [~ *a photo*], vidga [~ *a hole*] **2** förstoras, vidgas; ~ ***on*** breda ut sig över
enlargement [ɪn'lɑːdʒmənt] *subst* **1** förstorande **2** foto. förstoring [*an* ~ *from a negative*]
enlighten [ɪn'laɪtn] *verb* upplysa, ge upplysningar [*on* om]
enlist [ɪn'lɪst] *verb* **1** mil. värva [~ *recruits*]; ta värvning **2** försöka få [~ *sb's help*]
enlistment [ɪn'lɪstmənt] *subst* mil. värvning
enliven [ɪn'laɪvn] *verb* liva upp, ge liv åt
enmity ['enmətɪ] *subst* fiendskap
enormous [ɪ'nɔːməs] *adj* enorm, väldig
enough [ɪ'nʌf] *adj* o. *adv* nog, tillräckligt; ***it's ~ to drive one mad*** det är så man kan bli galen; ***I've had ~*** jag har fått nog; ***that's ~!*** nu räcker det!
enquire [ɪn'kwaɪə] *verb* se *inquire*
enquiry [ɪn'kwaɪərɪ] *subst* se *inquiry*
enrage [ɪn'reɪdʒ] *verb* göra rasande, göra ursinning
enraged [ɪn'reɪdʒd] *adj* rasande, ursinnig
enrich [ɪn'rɪtʃ] *verb* **1** göra rik, berika **2** anrika
enrichment [ɪn'rɪtʃmənt] *subst* **1** berikande **2** anrikning
enrol [ɪn'rəʊl] (*-ll-*) *verb* o. spec. amer. **enroll** [ɪn'rəʊl] *verb* **1** skriva in, ta upp [~ *sb as a member of a society*] **2** anmäla sig, skriva in sig
enrolment [ɪn'rəʊlmənt] *subst* **1** enrollering, påmönstring **2** inskrivning, inregistrering
ensemble [ɒn'sɒmbl] *subst* ensemble
enslave [ɪn'sleɪv] *verb* förslava
ensue [ɪn'sjuː] *verb* **1** följa; ***the ensuing war*** kriget som följde **2** bli följden, uppstå
ensure [ɪn'ʃʊə] *verb* **1** garantera, säkerställa; ~ ***that...*** se till att... **2** skydda [~ *oneself against loss*]
entail [ɪn'teɪl] *verb* medföra, innebära
entangle [ɪn'tæŋgl] *verb* trassla in, snärja in
enter I ['entə] *verb* **1** gå in, komma in; gå (komma, stiga) in i; ; gå in vid [~ *the army*]; ***it never entered my head*** (***mind***) det föll mig aldrig in **2** anmäla sig, ställa upp; ~ ***a protest*** lämna in en protest; ~ ***oneself for*** el. ~ ***one's name for*** anmäla sig till **3** anteckna, notera [~ *name on a list*]
II ['entə] *verb* med adv. o. prep.
enter into 1 gå in i, tränga in i **2** ge sig in i (på), inlåta sig i (på), öppna, inleda **3** gå in på (i) [~ *into details*]
enter on 1 slå in på; ~ ***on one's duties*** tillträda tjänsten **2** inlåta sig i (på), börja

enterprise ['entəpraɪz] *subst* **1** företagsamhet [*private* ~] **2** affärsföretag **3** företag, vågstycke
enterprising ['entəpraɪzɪŋ] *adj* företagsam
entertain [ˌentə'teɪn] *verb* **1** bjuda; ha bjudningar; ~ ***some friends to dinner*** ha några vänner på middag **2** underhålla, roa **3** representera i affärssammanhang; hysa [~ *hopes*]
entertainer [ˌentə'teɪnə] *subst* entertainer, underhållare
entertaining [ˌentə'teɪnɪŋ] *adj* underhållande
entertainment [ˌentə'teɪnmənt] *subst* **1** underhållning **2** representation i affärssammanhang
enthral [ɪn'θrɔːl] (*-ll-*) *verb* hålla trollbunden [~ *one's audience*], fängsla
enthralling [ɪn'θrɔːlɪŋ] *adj* fängslande
enthuse [ɪn'θjuːz] *verb* **1** bli entusiastisk **2** entusiasmera
enthusiasm [ɪn'θjuːzɪæzəm] *subst* entusiasm
enthusiast [ɪn'θjuːzɪæst] *subst* entusiast
enthusiastic [ɪnˌθjuːzɪ'æstɪk] *adj* entusiastisk
entice [ɪn'taɪs] *verb* locka, förleda, lura
enticement [ɪn'taɪsmənt] *subst* lockelse, frestelse; lockmedel
entire [ɪn'taɪə] *adj* hel, fullständig
entirely [ɪn'taɪəlɪ] *adv* helt, fullständigt
entirety [ɪn'taɪərətɪ] *subst* helhet [*in its* ~]
entitle [ɪn'taɪtl] *verb* **1** betitla, benämna; ***a book entitled...*** en bok med titeln... **2** berättiga; ***be entitled to*** vara berättigad till (att)
entrails ['entreɪlz] *subst pl* inälvor
entrance ['entrəns] *subst* **1** ingång, entré [*the main* ~]; infart **2** inträde, entré, intåg
entrance fee ['entrənsfiː] *subst* **1** inträdesavgift, entréavgift **2** anmälningsavgift
entrance hall ['entrənshɔːl] *subst* hall, entré
entreat [ɪn'triːt] *verb* bönfalla
entreaty [ɪn'triːtɪ] *subst* enträgen bön
entrecôte ['ɒntrəkəʊt] *subst* kok. entrecote
entrée ['ɒntreɪ] *subst* kok. **1** finare förrätt **2** huvudrätt
entrepreneur [ˌɒntrəprə'nɜː] *subst* företagare, entreprenör
entrust [ɪn'trʌst] *verb*, ***I was entrusted with the money*** jag anförtroddes pengarna
entry ['entrɪ] *subst* **1** inträde, ingång; ***no ~*** tillträde förbjudet, trafik. förbjuden körriktning; ~ ***permit*** inresetillstånd;

make one's ~ träda in, göra sin entré **2** tävlingsbidrag [*entries must be in by 2 May*] **3** anteckning, post **4** uppslagsord, artikel i uppslagsverk
entry phone ['entrɪfəʊn] *subst* porttelefon
E-number ['iː,nʌmbə] *subst* E-nummer beteckning på livsmedelstillsats
enumerate [ɪ'njuːməreɪt] *verb* räkna upp, nämna
envelop [ɪn'veləp] *verb* svepa in, hölja
envelope ['envələʊp] *subst* kuvert
enviable ['envɪəbl] *adj* avundsvärd
envious ['envɪəs] *adj* avundsjuk [*of* på]
environment [ɪn'vaɪərənmənt] *subst* **1** miljö; förhållanden [*social* ~] **2** omgivning
environmental [ɪn,vaɪərən'mentl] *adj* miljö-; ~ ***control*** miljövård; ~ ***pollution*** miljöförstöring; ~ ***protection*** miljöskydd
environmentalist [ɪn,vaɪərən'mentəlɪst] *subst* miljöaktivist, miljövårdare
environs [ɪn'vaɪərənz] *subst pl* omgivningar
envisage [ɪn'vɪzɪdʒ] *verb* **1** föreställa sig **2** förutse
envoy ['envɔɪ] *subst* sändebud
envy I ['envɪ] *subst* avundsjuka
II ['envɪ] *verb* avundas
epic I ['epɪk] *adj* episk
II ['epɪk] *subst* episk dikt
epidemic [,epɪ'demɪk] *subst* epidemi
epigram ['epɪgræm] *subst* epigram
epilepsy ['epɪlepsɪ] *subst* med. epilepsi
epileptic I [,epɪ'leptɪk] *adj* med. epileptisk
II [,epɪ'leptɪk] *subst* med. epileptiker
epilogue ['epɪlɒg] *subst* epilog
Epiphany [ɪ'pɪfənɪ] *subst* **1** trettondagen, trettondag jul
episode ['epɪsəʊd] *subst* episod, avsnitt
epitaph ['epɪtɑːf] *subst* gravskrift, inskrift
epithet ['epɪθet] *subst* epitet
epitomize [ɪ'pɪtəmaɪz] *verb* vara typisk för, personifiera
EPNS [,iː'piː,en'es] (förk. för *electroplated nickel-silver*) nysilver
epoch ['iːpɒk] *subst* epok
epoch-making ['iːpɒk,meɪkɪŋ] *adj* epokgörande, banbrytande
equal I ['iːkwəl] *adj* **1** lika [*to* som], lika stor [*to* som]; samma [*of* ~ *size*] **2** jämställd; ***be on an*** ~ ***footing with*** stå på jämlik fot med **3** ***be*** ~ ***to*** a) vara lika med, vara lika bra som b) klara av; ***he is*** ~ ***to the occasion*** han är situationen vuxen; ***she is*** ~ ***to the task*** hon klarar av uppgiften
II ['iːkwəl] *subst* like, jämlike
III ['iːkwəl] (*-ll-*) *verb* **1** vara lik, vara jämlik med; gå upp mot **2** mat. vara lika med [*two times two* ~*s four*]
equality [ɪ'kwɒlətɪ] *subst* jämlikhet, likställdhet
equalize ['iːkwəlaɪz] *verb* sport. utjämna, kvittera
equally ['iːkwəlɪ] *adv* lika [~ *well*], jämnt [*spread* ~]
equal sign ['iːkwəlsaɪn] *subst* o. **equals sign** ['iːkwəlzsaɪn] *subst* likhetstecken
equanimity [,ekwə'nɪmətɪ] *subst* jämnmod, sinneslugn
equate [ɪ'kweɪt] *verb* jämställa, likställa
equation [ɪ'kweɪʒən] *subst* ekvation
equator [ɪ'kweɪtə] *subst* ekvator
equatorial [,ekwə'tɔːrɪəl] *adj* ekvatorial
equestrian [ɪ'kwestrɪən] *adj* rid- [~ *skill*]; ~ ***sports*** hästsport
equilateral [,iːkwɪ'lætərəl] *adj* liksidig
equilibrium [,iːkwɪ'lɪbrɪəm] *subst* jämvikt
equinox ['iːkwɪnɒks] *subst*, ***autumnal*** ~ höstdagjämning; ***vernal*** ~ el. ***spring*** ~ vårdagjämning
equip [ɪ'kwɪp] (*-pp-*) *verb* **1** utrusta **2** rusta, göra rustad
equipment [ɪ'kwɪpmənt] *subst* utrustning; materiel, artiklar [*sports* ~]
equivalent I [ɪ'kwɪvələnt] *adj* likvärdig [*to* med]; motsvarande [*to this* detta]
II [ɪ'kwɪvələnt] *subst* motsvarighet [*of, to* till]
equivocal [ɪ'kwɪvəkl] *adj* dubbeltydig, tvetydig
era ['ɪərə] *subst* era, tidsålder, tidevarv
eradicate [ɪ'rædɪkeɪt] *verb* utrota
eradication [ɪ,rædɪ'keɪʃən] *subst* utrotning
erase [ɪ'reɪz] *verb* radera, radera ut, sudda ut
eraser [ɪ'reɪzə] *subst* radergummi, kautschuk
erasing head [ɪ'reɪzɪŋhed] *subst* raderhuvud på bandspelare
ere [eə] *prep* poetiskt före i tiden; ~ ***long*** inom kort
erect I [ɪ'rekt] *adj* upprätt, rak
II [ɪ'rekt] *verb* resa [~ *a statue*], uppföra [~ *a building*]
erection [ɪ'rekʃən] *subst* **1** uppförande, byggande **2** fysiol. erektion
ermine ['ɜːmɪn] *subst* djur el. päls hermelin
erode [ɪ'rəʊd] *verb* erodera, fräta bort, frätas bort
erosion [ɪ'rəʊʒən] *subst* **1** erosion **2** frätning
erotic [ɪ'rɒtɪk] *adj* erotisk
err [ɜː] *verb* **1** missta sig, ta fel **2** fela

errand ['erənd] *subst*, ***go on ~s*** gå ärenden
errand-boy ['erəndbɔɪ] *subst* springpojke
erratic [ɪ'rætɪk] *adj* **1** oregelbunden **2** oberäknelig
erroneous [ɪ'rəʊnjəs] *adj* felaktig, oriktig
error ['erə] *subst* fel, felaktighet
erupt [ɪ'rʌpt] *verb* ha utbrott [*the volcano erupted*]
eruption [ɪ'rʌpʃən] *subst* utbrott [*volcanic ~*]
escalate ['eskəleɪt] *verb* trappa upp
escalation [ˌeskə'leɪʃən] *subst* upptrappning
escalator ['eskəleɪtə] *subst* rulltrappa
escapade [ˌeskə'peɪd] *subst* eskapad, upptåg
escape I [ɪ'skeɪp] *verb* **1** fly, rymma, undkomma **2** undgå, slippa [*~ punishment*] **3** strömma ut, läcka ut
II [ɪ'skeɪp] *subst* **1** rymning, flykt; ***that was a narrow ~!*** det var nära ögat!
escapism [ɪ'skeɪpɪzəm] *subst* eskapism, verklighetsflykt
escort I ['eskɔːt] *subst* eskort
II [ɪ'skɔːt] *verb* eskortera, ledsaga
Eskimo ['eskɪməʊ] (pl. *~s*) *subst* åld. el. neds. eskimå
espalier [ɪ'spæljə] *subst* **1** spaljé **2** spaljéträd
especial [ɪ'speʃl] *adj* särskild, speciell
especially [ɪ'speʃəlɪ] *adv* särskilt, speciellt
espionage ['espɪənɑːʒ] *subst* spionage
espresso [e'spresəʊ] (pl. *~s*) *subst* **1** espressokaffe; espresso [*two ~s please!*] **2** *~* ***bar*** espressobar
essay ['eseɪ] *subst* essä, uppsats [*on* om, över]
essence ['esns] *subst* **1** innersta väsen; ***the ~ of*** det centrala i; ***in ~*** i huvudsak **2** essens [*fruit ~*]
essential I [ɪ'senʃl] *adj* väsentlig, nödvändig [*to* för]
II [ɪ'senʃl] *subst* väsentlighet [*concentrate on ~s*], grunddrag [*of* i]; ***in all ~s*** i allt väsentligt
essentially [ɪ'senʃəlɪ] *adv* väsentligt, i huvudsak
establish [ɪ'stæblɪʃ] *verb* **1** upprätta, grunda, grundlägga **2** etablera, införa [*~ a rule*] **3** fastställa [*~ sb's identity*], konstatera, påvisa
establishment [ɪ'stæblɪʃmənt] *subst* **1** upprättande, grundande **2** etablerande, fastställande **3** offentlig institution, inrättning, anstalt [*an educational ~*] **4** företag **5** ***the Establishment*** det etablerade samhället, etablissemanget
estate [ɪ'steɪt] *subst* **1** gods, lantegendom; *~* ***agent*** fastighetsmäklare; *~* ***car*** herrgårdsvagn, kombi **2** ***housing ~*** bostadsområde **3** dödsbo, kvarlåtenskap; ***wind up an ~*** göra en boutredning; *~* ***duty*** el. *~* ***tax*** arvskatt
esteem I [ɪ'stiːm] *verb* uppskatta, högakta
II [ɪ'stiːm] *subst* högaktning
estimable ['estɪməbl] *adj* aktningsvärd
estimate I ['estɪmeɪt] *verb* uppskatta, värdera, beräkna [*at* till]; ***estimated time of arrival*** (förk. för *ETA*) beräknad ankomsttid
II ['estɪmət] *subst* **1** uppskattning, värdering, beräkning **2** uppfattning
estimation [ˌestɪ'meɪʃən] *subst* **1** uppskattning, värdering **2** uppfattning
Estonia [e'stəʊnjə] Estland
Estonian I [e'stəʊnjən] *adj* estnisk
II [e'stəʊnjən] *subst* **1** est, estländare **2** estniska språket
estranged [ɪ'streɪndʒd] *adj*, ***be ~ from one's friends*** komma ifrån sina vänner; ***his ~ wife*** hans frånskilda
estuary ['estjʊərɪ] *subst* bred flodmynning
ET [ˌiː'tiː] förk. för *extraterrestrial*
etc. [et'setrə] ibland skrivet &c (förk. för *et cetera*) etc., osv., m.m.
et cetera [et'setrə] *adv* etcetera, och så vidare
etch [etʃ] *verb* etsa
etching ['etʃɪŋ] *subst* etsning
eternal [ɪ'tɜːnl] *adj* **1** evig **2** vard. ständig [*this ~ noise*]
eternity [ɪ'tɜːnətɪ] *subst* evighet; *~* ***ring*** alliansring
ethereal [ɪ'θɪərɪəl] *adj* eterisk, översinnlig
ethical ['eθɪkl] *adj* etisk, moralisk
ethics ['eθɪks] (med verb i sing.) *subst* etik
Ethiopia [ˌiːθɪ'əʊpjə] Etiopien
Ethiopian I [ˌiːθɪ'əʊpjən] *subst* etiopier, etiop
II [ˌiːθɪ'əʊpjən] *adj* etiopisk
ethnic ['eθnɪk] *adj* etnisk, ras-, folk- [*~ minorities*]
etiquette ['etɪket] *subst* etikett, god ton
etymology [ˌetɪ'mɒlədʒɪ] *subst* etymologi
EU [ˌiː'juː] (förk. för *the European Union*) EU
eucalyptus [ˌjuːkə'lɪptəs] *subst* eukalyptus
euphemism ['juːfəmɪzəm] *subst* eufemism, förskönande omskrivning
euro ['jʊərəʊ] (pl. *~s*) *subst* myntenhet euro
eurocheque® ['jʊərəʊtʃek] *subst* eurocheck
eurocrat ['jʊərəkræt] *subst* eurokrat
Eurocurrency [ˌjʊərəʊ'kʌrənsɪ] *subst* eurovaluta
Europe ['jʊərəp] Europa; *~* ***Day*** Europadagen

European I [ˌjʊərəˈpiːən] *adj* europeisk; ***the ~ Union*** (förk. *EU*) Europeiska unionen **II** [ˌjʊərəˈpiːən] *subst* europé
Eurovision [ˈjʊərəʊˌvɪʒən] *subst* tv. Eurovision; ***the ~ Song Contest*** Eurovisionsschlagerfestivalen, Melodifestivalen
euthanasia [ˌjuːθəˈneɪzjə] *subst* dödshjälp
evacuate [ɪˈvækjʊeɪt] *verb* evakuera, utrymma
evacuation [ɪˌvækjʊˈeɪʃən] *subst* evakuering, utrymning
evade [ɪˈveɪd] *verb* undvika, slingra sig undan; smita från [*~ taxes*]; ~ ***the issue*** slingra sig undan
evaluate [ɪˈvæljʊeɪt] *verb* bedöma, utvärdera
evaluation [ɪˌvæljʊˈeɪʃən] *subst* bedömning, utvärdering
evangelical [ˌiːvænˈdʒelɪkl] *adj* evangelisk
evaporate [ɪˈvæpəreɪt] *verb* dunsta bort
evaporation [ɪˌvæpəˈreɪʃən] *subst* avdunstning
evasion [ɪˈveɪʒən] *subst* **1** undvikande **2** undanflykter; ***tax ~*** skattefusk, skattesmitning
evasive [ɪˈveɪsɪv] *adj* undvikande; ***be ~*** slingra sig
eve [iːv] *subst* **1** afton, kväll; ***Christmas Eve*** julafton **2** ***on the ~ of*** kvällen före, dagen före, tiden omedelbart före
even I [ˈiːvən] *adj* **1** jämn, slät, plan; ***make ~*** jämna; ~ ***with*** i jämnhöjd med **2** ***get ~ with sb*** a) bli kvitt med ngn b) ta revansch på ngn; ***I'll get ~ with you!*** det ska du få för!
II [ˈiːvən] *adv* **1** även, till och med, också; ***not ~*** inte ens; ~ ***as a child*** redan som barn; ~ ***if*** el. ~ ***though*** även om; ~ ***so*** ändå, likväl; ~ ***then*** a) redan då b) ändå, likafullt **2** vid komparativ ännu, ändå [*~ better*]
III [ˈiːvən] *verb*, ~ ***out*** jämna ut, jämna till
evening [ˈiːvnɪŋ] *subst* **1** kväll, afton; ***this ~*** i kväll; ***in the ~*** på kvällen **2** före subst. kvälls-, afton- [*the ~ star*]; ~ ***classes*** el. ~ ***school*** kvällskurs för vuxna; ~ ***dress*** a) aftonklänning b) frack
evenly [ˈiːvənlɪ] *adv* jämnt, lika [*divide ~*]
event [ɪˈvent] *subst* **1** händelse, tilldragelse; ***the course of ~s*** händelseförloppet; ***at all ~s*** i alla händelser, i varje fall **2** evenemang, sport. tävling, nummer på tävlingsprogram; tävlingsgren
eventful [ɪˈventfʊl] *adj* händelserik
eventual [ɪˈventʃʊəl] *adj* slutlig
eventuality [ɪˌventʃʊˈælətɪ] *subst* möjlighet, eventualitet
eventually [ɪˈventʃʊəlɪ] *adv* slutligen, till slut, så småningom
ever [ˈevə] *adv* **1** någonsin [*better than ~*]; ***hardly ~*** el. ***scarcely ~*** nästan aldrig; ***nothing ~ happens*** det händer aldrig någonting **2** ***as ~*** som alltid, som vanligt; ***for ~*** för alltid, jämt och ständigt [*for ~ raining*]; ***Scotland for ~!*** leve Skottland!; ***they lived happily ~ after*** de levde lyckliga i alla sina dagar; ~ ***since*** alltsedan, ända sedan; ***Yours ~*** i brevslut Din (Er) tillgivne **3** vard., ***who ~*** vem i all världen; ***how ~*** hur i all världen; ***where ~*** var i all världen; ~ ***so*** hemskt, jätte- [*I like it ~ so much*]; ***the greatest film ~*** alla tiders största film **4** framför komparativ allt; ***an ~ greater amount*** en allt större mängd
evergreen I [ˈevəgriːn] *adj* vintergrön **II** [ˈevəgriːn] *subst* **1** vintergrön växt, ständigt grön växt **2** evergreen, långlivad schlager
everlasting I [ˌevəˈlɑːstɪŋ] *adj* evig; ständig [*~ complaints*]
II [ˌevəˈlɑːstɪŋ] *subst* blomma eternell
evermore [ˌevəˈmɔː] *adv* evigt
every [ˈevrɪ] *pron* varje, var, varenda; ~ ***reason to...*** allt (alla) skäl att...; ~ ***other day*** el. ~ ***second day*** varannan dag; ***one child out of ~ five*** vart femte barn; ~ ***one of them*** (***us***) varenda en; ~ ***now and then*** el. ~ ***now and again*** då och då, allt emellanåt
everybody [ˈevrɪˌbɒdɪ] *pron* alla [*has ~ seen it?*], var och en; varje människa [*~ has a right to...*]; ~ ***else*** alla andra
everyday [ˈevrɪdeɪ] *adj* **1** daglig **2** vardags- [*~ clothes*], vardaglig
everyone [ˈevrɪwʌn] *pron* se *everybody*
everything [ˈevrɪθɪŋ] *pron* allt, allting, alltsammans
everywhere [ˈevrɪweə] *adv* överallt
evict [ɪˈvɪkt] *verb* vräka, fördriva
evidence [ˈevɪdəns] *subst* **1** bevis, belägg, tecken [*of* på] **2** vittnesmål; ***give ~*** vittna inför rätta **3** spår, märke [*of* av] **4** ***be in ~*** synas; förekomma
evident [ˈevɪdənt] *adj* tydlig, uppenbar [*to* för]
evidently [ˈevɪdəntlɪ] *adv* tydligen, uppenbarligen
evil I [ˈiːvl] *adj* ond [*~ deeds*], ondskefull **II** [ˈiːvl] *subst* ont [*a necessary ~*], det onda

evoke [ɪ'vəʊk] *verb* framkalla, frammana
evolution [ˌiːvə'luːʃən] *subst* utveckling, evolution
evolve [ɪ'vɒlv] *verb* utveckla, utvecklas
ewe [juː] *subst* tacka fårhona; ~ ***lamb*** tacklamm
ex [eks] *subst*, ***my*** ~ min före detta
ex- [eks] *prefix* f.d., ex- [*ex-husband, ex-president*]
exact I [ɪg'zækt] *adj* exakt, noggrann
II [ɪg'zækt] *verb* kräva, fordra
exacting [ɪg'zæktɪŋ] *adj* fordrande, krävande
exactly [ɪg'zæktlɪ] *adv* **1** exakt, precis; egentligen [*what is your plan ~?*]; *~!* ja, just det!, precis! **2** noggrant
exaggerate [ɪg'zædʒəreɪt] *verb* överdriva
exaggeration [ɪgˌzædʒə'reɪʃən] *subst* överdrift
exaltation [ˌegzɔːl'teɪʃən] *subst* hänförelse
exalted [ɪg'zɔːltɪd] *adj* hänförd, exalterad
exam [ɪg'zæm] *subst* vard. (kortform för *examination*) examen, tenta, prov
examination [ɪgˌzæmɪ'neɪʃən] *subst* **1** undersökning, granskning [*of* av]; ***customs'*** ~ tullvisitering **2** examen, tentamen, prov; ***fail in an*** ~ bli underkänd i ett prov, bli underkänd i en tentamen; ***pass an*** ~ klara ett prov, klara en tentamen; ***sit for an*** ~ el. ***take an*** ~ gå upp i en examen
examine [ɪg'zæmɪn] *verb* **1** undersöka, pröva, granska **2** examinera
example [ɪg'zɑːmpl] *subst* exempel [*of* på]; ***set a good*** ~ föregå med gott exempel; ***for*** ~ till exempel
exasperate [ɪg'zæspəreɪt] *verb* göra förtvivlad
exasperation [ɪgˌzæspə'reɪʃən] *subst* förbittring, ursinne
excavate ['ekskəveɪt] *verb* gräva ut, gräva upp
excavation [ˌekskə'veɪʃən] *subst* utgrävning, grävning
excavator ['ekskəveɪtə] *subst* **1** grävmaskin **2** utgrävare **3** grävare, schaktare
exceed [ɪk'siːd] *verb* **1** överskrida [*~ the speed limit*]; överstiga, överskjuta **2** överträffa
excel [ɪk'sel] (*-ll-*) *verb* **1** vara bäst, vara främst **2** överträffa
excellence ['eksələns] *subst* förträfflighet, överlägsenhet
excellency ['eksələnsɪ] *subst* titel excellens
excellent ['eksələnt] *adj* utmärkt
except I [ɪk'sept] *verb* undanta
II [ɪk'sept] *prep* utom; ~ ***for*** bortsett från, utan
excepting [ɪk'septɪŋ] *prep* utom
exception [ɪk'sepʃən] *subst* undantag; ***the*** ~ ***proves the rule*** undantaget bekräftar regeln; ***I take*** ~ ***to that*** jag tar anstöt av detta
exceptional [ɪk'sepʃnəl] *adj* exceptionell
excerpt ['eksɜːpt] *subst* utdrag, excerpt
excess I [ɪk'ses] *subst* **1** omåttlighet **2** överdrift **3** ***in*** ~ ***of*** överstigande
II ['ekses] *adj* endast före subst., ~ ***luggage*** överviktsbagage; ~ ***postage*** tilläggsporto
excessive [ɪk'sesɪv] *adj* **1** överdriven **2** omåttlig
exchange I [ɪks'tʃeɪndʒ] *subst* **1** byte; ~ ***of letters*** brevväxling; ~ ***of views*** meningsutbyte; ***in*** ~ ***for*** i utbyte mot **2** ekon. växling av pengar; ***rate of*** ~ växelkurs; ~ el. ***bill of*** ~ växel **3** börs [*the Stock Exchange*]
II [ɪks'tʃeɪndʒ] *verb* **1** byta, byta ut **2** växla [*~ words*]
exchequer [ɪks'tʃekə] *subst*, ***Chancellor of the Exchequer*** finansminister i Storbritannien
excitable [ɪk'saɪtəbl] *adj* lättretlig, hetsig
excite [ɪk'saɪt] *verb* **1** hetsa upp **2**; framkalla
excited [ɪk'saɪtɪd] *adj* **1** ivrig, upphetsad **2** upprörd
excitement [ɪk'saɪtmənt] *subst* **1** upphetsning **2** uppståndelse **3** upprördhet
exciting [ɪk'saɪtɪŋ] *adj* spännande, upphetsande
exclaim [ɪkskleɪm] *verb* utropa, skrika [*'what!' he exclaimed*]
exclamation [ˌekslə'meɪʃən] *subst* utrop; ~ ***mark*** utropstecken
exclude [ɪk'skluːd] *verb* utesluta, utestänga
exclusion [ɪk'skluːʒən] *subst* uteslutning, utestängande
exclusive [ɪk'skluːsɪv] *adj* **1** exklusiv **2** särskild, speciell [*~ privileges*]
exclusively [ɪk'skluːsɪvlɪ] *adv* uteslutande
excrement ['ekskrəmənt] *subst* exkrement
excursion [ɪk'skɜːʃən] *subst* utflykt, utfärd
excuse I [ɪk'skjuːz] *verb* **1** förlåta, ursäkta; ~ ***me*** förlåt, ursäkta **2** befria, frita
II [ɪk'skjuːs] *subst* ursäkt, bortförklaring; ***make an*** ~ ursäkta sig; ***make ~s*** komma med bortförklaringar
ex-directory [ˌeksdɪ'rektərɪ] *adj*, ~ ***number*** hemligt telefonnummer

execute ['eksɪkjuːt] *verb* **1** utföra [~ *orders*], verkställa; uträtta **2** avrätta
execution [ˌeksɪ'kjuːʃən] *subst* **1** utförande, verkställande **2** avrättning
executioner [ˌeksɪ'kjuːʃənə] *subst* bödel
executive [ɪg'zekjʊtɪv] *subst* företagsledare
exemplary [ɪg'zemplərɪ] *adj* exemplarisk
exemplify [ɪg'zemplɪfaɪ] *verb* exemplifiera
exempt [ɪg'zemt] *adj* befriad [~ *from tax*]
exemption [ɪg'zemʃən] *subst* **1** befrielse [~ *from military service*] **2** dispens
exercise I ['eksəsaɪz] *subst* **1** utövande [*the ~ of authority*], utövning **2** övning, träning, motion **3** övningsuppgift, övning
II ['eksəsaɪz] *verb* **1** öva, utöva [~ *power*] **2** öva, träna
exercise bike ['eksəsaɪzbaɪk] *subst* motionscykel
exercise book ['eksəsaɪzbʊk] *subst* övningsbok
exert [ɪg'zɜːt] *verb* **1** utöva [~ *influence*], använda **2** ~ ***oneself*** anstränga sig
exertion [ɪg'zɜːʃən] *subst* **1** utövande [*the ~ of authority*] **2** ansträngning
exhaust I [ɪg'zɔːst] *verb* **1** utmatta **2** uttömma [~*one's patience*]
II [ɪg'zɔːst] *subst* avgas; ~ ***fumes*** bilavgaser
exhausted [ɪg'zɔːstɪd] *adj* **1** utmattad **2** uttömd
exhaustion [ɪg'zɔːstʃən] *subst* **1** utmattning **2** uttömmande
exhaustive [ɪg'zɔːstɪv] *adj* uttömmande, ingående
exhibit I [ɪg'zɪbɪt] *verb* **1** förevisa [~ *a film*] **2** ställa ut, ha utställning
II [ɪg'zɪbɪt] *subst* jur. bevisföremål
exhibition [ˌeksɪ'bɪʃən] *subst* utställning
exhibitionist [ˌeksɪ'bɪʃənɪst] *subst* exhibitionist
exhilarate [ɪg'zɪləreɪt] *verb* liva upp, göra upprymd
exhort [ɪg'zɔːt] *verb* uppmana, mana
exile I ['eksaɪl] *subst* **1** landsflykt, exil **2** landsförvisad
II ['eksaɪl] *verb* landsförvisa
exist [ɪg'zɪst] *verb* finnas, existera, förekomma
existence [ɪg'zɪstəns] *subst* tillvaro, existens, förekomst; ***in*** ~ existerande
existing [ɪg'zɪstɪŋ] *adj* **1** existerande **2** nu (då) gällande
exit I ['eksɪt] *verb* gå ut
II ['eksɪt] *subst* **1** sorti [*make one's* ~] **2** utträde; ~ ***permit*** utresetillstånd **3** utgång
exonerate [ɪg'zɒnəreɪt] *verb* frita, frikänna
exorbitant [ɪg'zɔːbɪtənt] *adj* omåttlig
exotic [ɪg'zɒtɪk] *adj* exotisk, främmande
expand [ɪk'spænd] *verb* **1** utvidga **2** utvidga sig, expandera
expanse [ɪk'spæns] *subst* vidd, vidsträckt yta
expansion [ɪk'spænʃən] *subst* **1** utbredande **2** expansion, utvidgning
expect [ɪk'spekt] *verb* **1** vänta, vänta sig, förvänta **2** vard. förmoda; ***I ~ so*** jag förmodar det **3** vard., ***be expecting*** vänta barn
expectant [ɪk'spektənt] *adj*, ~ ***mothers*** blivande mödrar
expectation [ˌekspek'teɪʃən] *subst* väntan, förväntan; ***raise ~s*** väcka förväntningar; ***in ~ of*** i avvaktan på
expedient I [ɪk'spiːdjənt] *adj* ändamålsenlig, fördelaktig, opportun
II [ɪk'spiːdjənt] *subst* utväg, lösning
expedition [ˌekspɪ'dɪʃən] *subst* expedition, forskningsfärd; ***shopping*** ~ shoppingtur
expel [ɪk'spel] (*-ll-*) *verb* **1** driva ut, fördriva **2** utvisa **3** skol. relegera
expend [ɪk'spend] *verb* **1** lägga ner, använda **2** förbruka
expenditure [ɪk'spendɪtʃə] *subst* utgifter
expense [ɪk'spens] *subst* utgift; ***travelling ~s*** resekostnader; ***she did it at my*** ~ hon gjorde det på min bekostnad
expensive [ɪk'spensɪv] *adj* dyr, kostsam
experience I [ɪk'spɪərɪəns] *subst* **1** erfarenhet [*years of* ~] **2** upplevelse [*a terrible* ~]
II [ɪk'spɪərɪəns] *verb* uppleva
experienced [ɪk'spɪərɪənst] *adj* erfaren, rutinerad
experiment I [ɪk'sperɪmənt] *subst* försök, experiment
II [ɪk'sperɪment] *verb* experimentera
experimental [eksˌperɪ'mentl] *adj* **1** försöks-, experiment- **2** experimenterande
expert I ['ekspɜːt] *subst* expert, sakkunnig
II ['ekspɜːt] *adj* **1** sakkunnig, expert- [~ *work*] **2** kunnig, skicklig
expertise [ˌekspɜː'tiːz] *subst* sakkunskap, expertis
expire [ɪk'spaɪə] *verb* **1** löpa ut [*the period has expired*] **2** dö
explain [ɪk'spleɪn] *verb* förklara, klargöra [*to* för]
explanation [ˌeksplə'neɪʃən] *subst* förklaring
explanatory [ɪk'splænətərɪ] *adj* förklarande
explicable [ek'splɪkəbl] *adj* förklarlig

explicit [ɪk'splɪsɪt] *adj* tydlig, uttrycklig; ***be ~*** uttrycka sig tydligt
explode [ɪk'spləʊd] *verb* **1** explodera, springa i luften **2** spränga i luften
1 exploit ['eksplɔɪt] *subst* bragd, bedrift
2 exploit [ɪk'splɔɪt] *verb* exploatera, egennyttigt utnyttja
exploitation [ˌeksplɔɪ'teɪʃən] *subst* exploatering, utnyttjande
exploration [ˌeksplɔː'reɪʃən] *subst* utforskning
explore [ɪk'splɔː] *verb* utforska
explorer [ɪk'splɔːrə] *subst* forskningsresande, upptäcktsresande
explosion [ɪk'spləʊʒən] *subst* explosion
explosive I [ɪk'spləʊsɪv] *adj* explosiv
II [ɪk'spləʊsɪv] *subst* sprängämne
expo ['ekspəʊ] (pl. *~s*) *subst* vard. expo
export I [ek'spɔːt] *verb* exportera
II ['ekspɔːt] *subst* exportvara; pl. ***~s*** export, exporten
expose [ɪk'spəʊz] *verb* **1** utsätta [*~ to the cold*] **2** exponera foto. **3** exponera, ställa ut [*~ goods in a window*] **4** avslöja [*~ a swindler*]
exposure [ɪk'spəʊʒə] *subst* **1** utsatthet, att vara (bli) utsatt för; ***one must avoid ~ to infection*** man måste undvika att utsätta sig för smittan **2** foto. exponering [*3 ~s left*] **3** ***indecent ~*** jur. blottande sedlighetssårande **4** avslöjande [*the ~ of a fraud*] **5** läge; ***with a southern ~*** med söderläge
expound [ɪk'spaʊnd] *verb* utveckla, framställa [*~ a theory*]
express I [ɪk'spres] *adj* **1** uttrycklig, tydlig [*~ command*], särskild, speciell [*~ purpose*] **2** ***~ letter*** expressbrev; ***~ train*** expresståg, fjärrtåg
II [ɪk'spres] *adv* med ilbud, express [*send sth ~*]
III [ɪk'spres] *subst* **1** ***send sth by (per) ~*** skicka ngt express **2** expresståg, fjärrtåg
IV [ɪk'spres] *verb* uttrycka [*~ one's surprise*]
expression [ɪk'spreʃən] *subst* **1** uttryck, uttryckssätt **2** uttryckande; ***~ of sympathy*** sympatiyttring **3** ansiktsuttryck **4** känsla [*play with ~*]
expressive [ɪk'spresɪv] *adj* **1** *~* ***of*** som uttrycker **2** uttrycksfull
expressway [ɪk'spresweɪ] *subst* amer. motorväg
expropriate [ek'sprəʊprɪeɪt] *verb* expropriera
expulsion [ɪk'spʌlʃən] *subst* **1** utdrivande **2** uteslutning **3** utvisning
exquisite [ek'skwɪzɪt] *adj* utsökt, fin
extend [ɪk'stend] *verb* **1** sträcka ut, räcka ut **2** sträcka sig [*a road that ~s for miles and miles*] **3** förlänga [*we extended our visit*]; utvidga **4** ge, erbjuda [*~ aid*]
extension [ɪk'stenʃən] *subst* **1** utsträckande, utvidgande; sträckning **2** förlängning [*an ~ of my holiday*] **3** tillbyggnad, utbyggnad; förlängning; ***~ flex*** el. amer. ***~ cord*** förlängningssladd **4** tele. anknytning, anknytningsapparat
extensive [ɪk'stensɪv] *adj* **1** vidsträckt, omfattande **2** utförlig
extent [ɪk'stent] *subst* **1** utsträckning, omfattning, omfång; ***to some ~*** el. ***to a certain ~*** i viss mån **2** sträcka, yta
extenuating [ek'stenjʊeɪtɪŋ] *adj*, ***~ circumstances*** förmildrande omständigheter
exterior I [ek'stɪərɪə] *adj* yttre, ytter-, utvändig
II [ek'stɪərɪə] *subst* yttre, utsida, exteriör [*the ~ of a building*]
exterminate [ɪk'stɜːmɪneɪt] *verb* utrota
extermination [ɪkˌstɜːmɪ'neɪʃən] *subst* utrotande, förintande
external [ek'stɜːnl] *adj* yttre [*~ factors*], utvändig [*an ~ surface*]; ***for ~ use only*** endast för utvärtes bruk
extinct [ɪk'stɪŋkt] *adj* **1** slocknad [*an ~ volcano*] **2** utdöd [*an ~ species*]; ***become ~*** dö ut
extinction [ɪk'stɪŋkʃən] *subst* **1** utdöende [*the ~ of a species*] **2** utsläckande [*the ~ of a fire*]
extinguish [ɪk'stɪŋgwɪʃ] *verb* släcka [*~ a fire*]
extort [ɪk'stɔːt] *verb* tvinga fram
extortionate [ɪk'stɔːʃənət] *adj* orimlig, ocker- [*~ prices; ~ interest*]
extra I ['ekstrə] *adv* extra
II ['ekstrə] *adj* extra, ytterligare; ***in ~ time*** sport. i förlängningen
III ['ekstrə] *subst* **1** extra sak **2** extraavgift **3** film. m.m. statist
extract I [ɪk'strækt] *verb* **1** dra ut [*~ teeth*] **2** pressa, pressa ut [*~ juice*] **3** tvinga fram [*~ money from sb*]
II ['ekstrækt] *subst* **1** extrakt [*meat ~*] **2** utdrag; ***an ~ from a book*** ett utdrag ur en bok
extraction [ɪk'strækʃən] *subst* **1** utdragning, uttagning **2** börd, härkomst [*of Italian ~*]
extradite ['ekstrədaɪt] *verb* utlämna

extradition [ˌekstrə'dɪʃən] *subst* utlämning till annan stat
extramarital [ˌekstrə'mærɪtl] *adj*, ~ ***relations*** utomäktenskapliga förbindelser
extraordinary [ɪk'strɔːdənərɪ] *adj* **1** särskild **2** extraordinär, märklig
extraterrestrial [ˌekstrətə'restrɪəl] *adj*, ~ ***being*** (förk. *ET*) rymdvarelse
extravagance [ɪk'strævəgəns] *subst* extravagans, överdåd
extravagant [ɪk'strævəgənt] *adj* extravagant, överdådig, omåttlig
extreme I [ɪk'striːm] *adj* **1** ytterst [*the ~ Left*] **2** extrem, drastisk
II [ɪk'striːm] *subst*, ***go to ~s*** gå till ytterligheter, gå till överdrift; ***in the*** ~ i högsta grad
extremely [ɪk'striːmlɪ] *adv* ytterst, oerhört
extremism [ɪk'striːmɪzm] *subst* extremism
extremist [ɪk'striːmɪst] *subst* extremist
extremity [ɪk'stremətɪ] *subst* **1** yttersta del, yttersta punkt **2** anat., pl. ***extremities*** extremiteter
extricate ['ekstrɪkeɪt] *verb* lösgöra, frigöra
extrovert ['ekstrəvɜːt] *adj* psykol. utåtriktad, utåtvänd
exuberant [ɪg'zjuːbərənt] *adj* **1** översvallande [*~ praise*] **2** ymnig, frodig [*~ vegetation*]
exult [ɪg'zʌlt] *verb* jubla, triumfera
exultation [ˌegzʌl'teɪʃən] *subst* jubel, triumf
eye I [aɪ] *subst* **1** öga; synförmåga; blick; ***the naked*** ~ blotta ögat; ***shut one's ~s to*** blunda för; ***have an ~ for*** ha blick (sinne, öga) för; ***have an ~ on*** ha någon under uppsikt; ***have one's ~ on sth*** vard. ha ett gott öga till ngt; ***keep one's ~s open*** vard. ha ögonen med sig; ***keep an ~ on*** hålla ett öga på; ***keep an ~ out for*** hålla utkik efter; ***make ~s at*** flörta med; ***before*** (***under***) ***the very ~s of sb*** mitt för näsan (ögonen) på ngn; ***in the ~s of the law*** enligt lagen; ***be in the public*** ~ vara föremål för offentlig uppmärksamhet; ***see ~ to ~ with sb*** se på saken på samma sätt som ngn; ***be up to one's ~s in work*** ha arbete upp över öronen; ***with an ~ to*** i avsikt att **2** ***the ~ of a needle*** nålsögat
II [aɪ] *verb* betrakta, granska
eyeball ['aɪbɔːl] *subst* anat. ögonglob
eyebrow ['aɪbraʊ] *subst* ögonbryn
eye-catching ['aɪˌkætʃɪŋ] *adj* som fångar ögat, slående
eyeful ['aɪfʊl] *subst* vard. **1** ***get an ~ of this!*** kolla in det här! **2** ***she is an*** ~ hon är något att vila ögonen på
eyeglasses ['aɪˌglɑːsɪz] *subst pl* spec. amer. glasögon
eyelash ['aɪlæʃ] *subst* ögonfrans, ögonhår
eyelid ['aɪlɪd] *subst* ögonlock
eyeliner ['aɪˌlaɪnə] *subst* kosmetika eyeliner
eye-opener ['aɪˌəʊpnə] *subst* tankeställare
eye pencil ['aɪˌpensl] *subst* kosmetika ögonpenna
eyeshadow ['aɪˌʃædəʊ] *subst* kosmetisk ögonskugga
eyesight ['aɪsaɪt] *subst* syn [*have a good ~*]
eyesore ['aɪsɔː] *subst* skönhetsfläck
eyewash ['aɪwɒʃ] *subst* ögonvatten, ögonbad
eyewitness I ['aɪˌwɪtnəs] *subst* ögonvittne
II ['aɪˌwɪtnəs] *verb* vara ögonvittne till

Ff

F o. **f** [ef] *subst* **1** F, f **2** musik., ***F*** f; ***F flat*** fess; ***F sharp*** fiss

fable ['feɪbl] *subst* fabel, saga, myt

fabric ['fæbrɪk] *subst* **1** tyg [*silk ~s*], väv **2** struktur, textur

fabricate ['fæbrɪkeɪt] *verb* dikta ihop [*~ a story*]

fabulous ['fæbjʊləs] *adj* **1** fabel- [*~ animal*] **2** sagolik, fabulös, vard. fantastisk

facade [fə'sɑːd] *subst* fasad

face I [feɪs] *subst* **1** ansikte; uppsyn, min; ***~ down*** med ansiktet mot golvet (marken etc.); med framsidan nedåt; ***~ to ~*** ansikte mot ansikte; ***keep a straight ~*** hålla masken; ***make ~s*** el. ***pull ~s*** göra grimaser; ***pull a long ~*** bli lång i ansiktet; ***on the ~ of it*** vid första påseendet; ***to sb's ~*** mitt i ansiktet på ngn **2** urtavla **3** ***~ value*** nominellt värde; ***take sth at ~ value*** el. ***take sth at its ~ value*** ta ngt för vad det är

II [feɪs] *verb* **1** möta [*~ dangers*]; räkna med [*we will have to ~ that*]; inte blunda för [*~ reality*]; ***~ down*** tysta ned, kväsa; ***~ up to*** modigt möta, ta itu med **2** stå inför [*~ ruin*]; ***let's ~ it...*** vard. man kan inte komma ifrån att... **3** vända ansiktet mot; ligga (vetta) mot (åt) [*the house ~s south*]; vara (stå) vänd, vända sig [*towards* mot]; vetta, ligga [*to, towards* mot]; ***the picture ~s page 10*** bilden står mot sidan 10 **4** mil., ***about ~!*** helt om!; ***right ~!*** höger om!; ***left ~!*** vänster om!

face cloth ['feɪsklɒθ] *subst* tvättlapp

face-lift ['feɪslɪft] *subst* ansiktslyftning

face lotion ['feɪsˌləʊʃən] *subst* ansiktsvatten

face-off ['feɪsɒf] *subst* ishockey. tekning, nedsläpp

facet ['fæsɪt] *subst* **1** fasett **2** sida, aspekt

facetious [fə'siːʃəs] *adj* skämtsam

face tissue ['feɪsˌtɪʃuː] *subst* ansiktsservett

facial I ['feɪʃl] *adj* ansikts- [*~ expression*]
II ['feɪʃl] *subst* ansiktsbehandling

facilitate [fə'sɪlɪteɪt] *verb* underlätta, förenkla

facility [fə'sɪlətɪ] *subst* **1** lätthet, ledighet **2** pl. ***facilities*** anordningar, faciliteter; ***bathing facilities*** badmöjligheter; ***modern facilities*** moderna bekvämligheter

facsimile [fæk'sɪmәlɪ] *subst* faksimile; ***~ transmission*** fax, sändning med fax

fact [fækt] *subst* faktum; ***a matter of ~*** ett faktum; ***as a matter of ~*** el. ***in ~*** i själva verket, faktiskt

faction ['fækʃən] *subst* polit. fraktion, klick, falang

factor ['fæktə] *subst* faktor

factory ['fæktərɪ] *subst* fabrik, verk; ***~ hand*** el. ***~ worker*** fabriksarbetare

factory-made ['fæktərɪmeɪd] *adj* fabrikstillverkad

factual ['fæktʃʊəl] *adj* saklig, verklig

faculty ['fækəltɪ] *subst* **1** förmåga; ***~ for*** förmåga till; ***be in possession of all one's faculties*** vara vid sina sinnens fulla bruk **2** univ. fakultet

fad [fæd] *subst* modefluga

fade [feɪd] *verb* **1** vissna **2** blekna; ***~ away*** så småningom försvinna, dö bort; tona bort **3** bleka **4** film. m.m., ***~ out*** tona bort; ***~ in*** tona in

Faeroe ['feərəʊ] *subst*, ***the ~s*** el. ***the ~ Islands*** Färöarna

fag I [fæg] (*-gg-*) *verb* slita, knoga; trötta ut, tröttköra
II [fæg] *subst* **1** slit, knog; ***it's too much of a ~*** det är för jobbigt **2** vard. cig, tagg cigarett **3** amer. sl. bög

fag-end ['fægend] *subst* vard. cigarettfimp

> **Fahrenheit**
> Fryspunkten mätt i Fahrenheit ligger vid 32° (= 0° Celsius) och kokpunkten vid 212° (= 100° Celsius). 20° Celsius motsvarar 68° Fahrenheit. I USA anger man temperatur i Fahrenheit. I England mäter man ibland också i Fahrenheit, eftersom många äldre människor inte är vana vid Celsiusskalan.

Fahrenheit ['færənhaɪt] *subst* Fahrenheit, Fahrenheits skala med fryspunkten vid 32° och kokpunkten vid 212°

fail [feɪl] *verb* **1** misslyckas; bli kuggad **2** bli kuggad i [*~ an exam*] **3** strejka [*the engine failed*]; stanna [*his heart failed*] **4** tryta; inte räcka till [*if his strength ~s*]; avta, försämras [*his health is failing*] **5** svika, lämna i sticket; ***words ~ me*** jag saknar ord **6** ***~ to***

a) försumma att b) vägra att, inte vilja [*the engine failed to start*] c) undgå att [*he failed to see it*] d) misslyckas med att; ~ ***to come*** utebli, inte komma
failing I ['feɪlɪŋ] *subst* fel, brist, svaghet [*we all have our ~s*]
II ['feɪlɪŋ] *adj* avtagande [*~ eyesight*], vacklande [*~ health*]
III ['feɪlɪŋ] *prep* i brist på; ~ ***that*** i annat fall
fail-safe ['feɪlseɪf] *adj* idiotsäker
failure ['feɪljə] *subst* **1** misslyckande, fiasko; ***she is a*** ~ hon är misslyckad **2** underlåtenhet [*~ to obey orders*] **3** fel; ***engine*** ~ motorstopp; ***heart*** ~ hjärtsvikt, hjärtinsufficiens **4** ***power*** ~ elavbrott
faint I [feɪnt] *adj* **1** svag, matt [*a ~ voice*] **2** otydlig [*~ traces*]; ***I haven't the faintest idea*** jag har inte den ringaste aning
II [feɪnt] *subst* svimning
III [feɪnt] *verb* svimma; ***fainting fit*** svimningsanfall
1 fair [feə] *subst* **1** marknad **2** hand. mässa
2 fair I [feə] *adj* **1** rättvis, just [*to, on* mot]; skälig, rimlig; ~ ***and square*** öppen och ärlig; ~ ***enough!*** okej!, bra!; ~ ***play*** fair play, rent spel; ***give sth a*** ~ ***trial*** pröva ngt ordentligt; ***give sb a*** ~ ***warning*** varna ngn i tid **2** ganska stor [*a ~ number, a ~ chance*], ganska bra; rimlig [*~ prices*] **3** ~ ***weather*** uppehållsväder **4** gynnsam; ***have a*** ~ ***chance*** ha goda utsikter **5** blond, ljus [*a ~ complexion*] **6** poetiskt fager; ***the*** ~ ***sex*** det täcka könet
II [feə] *adv* **1** rättvist, just, hederligt **2** ~ ***and square*** rakt, öppet, ärligt
fairground ['feəgraʊnd] *subst* nöjesplats
fairly ['feəlɪ] *adv* **1** rättvist, ärligt, hederligt **2** tämligen, ganska, rätt [*~ good*]
fair-minded [ˌfeə'maɪndɪd] *adj* rättsinnig
fairness ['feənəs] *subst* **1** ärlighet **2** rättvisa; ***in all*** ~ el. ***in*** ~ i rättvisans namn **3** blondhet
fair-sized ['feəsaɪzd] *adj* ganska stor, medelstor
fairway ['feəweɪ] *subst* **1** sjö. farled **2** golf. fairway klippt del av spelfält
fairy I ['feərɪ] *subst* **1** älva, fe **2** sl. neds. bög
II ['feərɪ] *adj* fe-, älv- [*~ queen*]; sago- [*~ prince*]; ~ ***godmother*** god fe
fairyland ['feərɪlænd] *subst* sagoland
fairy story ['feərɪˌstɔːrɪ] *subst* o. **fairy tale** ['feərɪteɪl] *subst* saga
faith [feɪθ] *subst* **1** tro [*in* på] **2** förtroende [*in* för] **3** troslära
faithful ['feɪθfʊl] *adj* **1** trogen **2** exakt, noggrann
faithfully ['feɪθfəlɪ] *adv* troget; ***promise*** ~ vard. lova säkert; ***Yours*** ~ i brevslut Högaktningsfullt
faithless ['feɪθləs] *adj* trolös
fake I [feɪk] *verb* **1** förfalska **2** fuska med, dikta ihop **3** simulera [*~ illness*]; bluffa
II [feɪk] *subst* **1** förfalskning **2** uppdiktad historia, bluff **3** bluffmakare
falcon ['fɔːlkən] *subst* jaktfalk
fall I [fɔːl] (*fell fallen*) *verb* **1** falla; falla omkull, ramla; sjunka [*the price fell*]; störtas [*the government fell*]; ***his face fell*** han blev lång i ansiktet **2** infalla, inträffa [*Easter Day ~s on a Sunday*] **3** ~ ***ill*** bli sjuk; ~ ***asleep*** somna
II [fɔːl] (*fell fallen*) *verb* med adv. o. prep.
fall away 1 falla ifrån, svika **2** falla bort; vika undan
fall back: ~ ***back on*** falla tillbaka på, ta till
fall behind bli efter; ***have fallen behind with*** vara på efterkälken med [*she has fallen behind with the rent*]
fall below understiga, inte gå upp till beräkning m.m.
fall down falla ned, ramla ned
fall for 1 falla för [*~ for sb's charm*] **2** gå 'på, låta lura sig av
fall in 1 falla in, ramla in, falla ihop **2** mil. falla in i ledet; ~ ***in!*** uppställning! **3** ~ ***in with*** gå (vara) med på, foga sig efter
fall into 1 falla ned i, falla i [*~ into a deep sleep*] **2** råka i, komma in i
fall off 1 falla av, ramla av **2** avta, minska, sjunka, mattas
fall on 1 falla på, åligga **2** anfalla, överfalla; kasta sig över
fall out 1 falla ut, ramla ut **2** utfalla, avlöpa **3** mil. gå ur ledet **4** bli osams, råka i gräl
fall through misslyckas, falla igenom
fall under falla (komma, höra) under
III [fɔːl] *subst* **1** fall; fallande, sjunkande; nedgång **2** amer. höst; se *summer* för ex. **3** spec. pl. ~***s*** vattenfall [*the Niagara Falls*]
fallacy ['fæləsɪ] *subst* **1** vanföreställning **2** falsk (felaktig) slutledning
fallen ['fɔːlən] perf. p. av *fall I*
fallible ['fæləbl] *adj* felbar, ofullkomlig
falling-off [ˌfɔːlɪŋ'ɒf] *subst* avtagande, nedgång
Fallopian tube [fəˌləʊpɪən'tjuːb] *adj* anat. äggledare

fall-out ['fɔːlaʊt] *subst*, ***radioactive*** ~ radioaktivt nedfall
false [fɔːls] *adj* **1** falsk, felaktig **2** lös- [~ *teeth*; ~ *beard*]
falsehood ['fɔːlshʊd] *subst* lögn, osanning
falsetto [fɔːl'setəʊ] (pl. ~*s*) *subst* musik. falsett
falsify ['fɔːlsɪfaɪ] *verb* förfalska
falsity ['fɔːlsətɪ] *subst* **1** oriktighet **2** falskhet
falter ['fɔːltə] *verb* **1** stappla, vackla **2** vara osäker
fame [feɪm] *subst* ryktbarhet, berömmelse
famed [feɪmd] *adj* ryktbar, berömd
familiar [fə'mɪljə] *adj* **1** bekant [*the name is* ~]; ***be*** ~ ***with*** vara förtrogen med **2** förtrolig [*on a* ~ *footing*] **3** närgången [*don't be so* ~*!*]
familiarity [fəˌmɪlɪ'ærətɪ] *subst* **1** förtrogenhet [*with* med] **2** förtrolighet **3** närgångenhet
familiarize [fə'mɪljəraɪz] *verb* göra bekant, göra förtrogen [*with* med]
family ['fæmlɪ] *subst* **1** familj; ***a wife and*** ~ hustru och barn; ***be in the*** ~ ***way*** vard. vara med barn; ~ ***allowance*** barnbidrag, familjebidrag; ~ ***counselling*** familjerådgivning; ~ ***room*** amer. hobbyrum **2** släkt; ***it runs in the*** ~ det ligger i släkten
famine ['fæmɪn] *subst* hungersnöd
famished ['fæmɪʃt] *adj* utsvulten; ***I'm*** ~ vard. jag är döhungrig
famous ['feɪməs] *adj* berömd
1 fan I [fæn] *subst* **1** solfjäder **2** tekn. fläkt
II [fæn] (-*nn*-) *verb* fläkta på; fläkta
2 fan [fæn] *subst* vard. fantast, fan, supporter [*a Spurs* ~]
fanatic [fə'nætɪk] *subst* fanatiker
fanatical [fə'nætɪkl] *adj* fanatisk
fanaticism [fə'nætɪsɪzəm] *subst* fanatism
fan belt ['fænbelt] *subst* bil. fläktrem
fanciful ['fænsɪfʊl] *adj* nyckfull, fantasifull
fancy I ['fænsɪ] *subst* **1** fantasi, inbillning **2** infall, nyck **3** tycke; ***it took my*** ~ det föll mig i smaken; ***take a*** ~ ***to*** bli förtjust i, fatta tycke för
II ['fænsɪ] *adj* **1** fantasi-, lyx- **2** fantastisk, godtycklig; ~ ***price*** fantasipris
III ['fænsɪ] *verb* **1** föreställa sig, inbilla sig **2** tycka om, gilla, vara pigg på [*I don't* ~ *doing it*]; fatta tycke för; ***she fancies herself*** hon tror att hon är något **3** önska sig, vilja ha; ***I*** ~ ***a beer*** jag känner för en öl
fancy dress [ˌfænsɪ'dres] *subst* maskeraddräkt; ~ ***ball*** maskeradbal
fanfare ['fænfeə] *subst* fanfar
fang [fæŋ] *subst* huggtand; orms gifttand
fanny ['fænɪ] *subst* vulg. **1** fitta **2** amer. rumpa, stjärt; ~ ***pack*** midjeväska
fantasize ['fæntəsaɪz] *verb* fantisera [*about* om]
fantastic [fæn'tæstɪk] *adj* fantastisk
fantasy ['fæntəsɪ] *subst* fantasi; illusion
far I [fɑː] (*farther farthest* el. *further furthest*) *adj* **1** fjärran, avlägsen; ***the Far East*** Fjärran östern **2** bortre; ***the*** ~ ***end*** bortre delen; ***at the*** ~ ***end of*** vid bortersta ändan av
II [fɑː] (*farther farthest* el. *further furthest*) *adv* **1** långt [*how* ~ *is it?*]; långt bort; ~ ***and wide*** vitt och brett; ***be*** ~ ***from*** vara långtifrån; ~ ***from it*** långt därifrån; ~ ***be it from me to...*** jag vill ingalunda...; ***as*** ~ ***as*** a) prep. ända till b) konj. så vitt [*as* ~ *as I know*]; ***so*** ~ hittills; ***in so*** ~ ***as*** i den mån **2** vida, långt, mycket [~ *better*]; ~ ***too much*** alldeles för mycket; ***by*** ~ i hög grad, avgjort
far-away ['fɑːrəweɪ] *adj* avlägsen, fjärran
farce [fɑːs] *subst* fars
farcical ['fɑːsɪkl] *adj* farsartad
fare I [feə] *subst* **1** passageraravgift, biljettpris [*pay one's* ~], taxa **2** en el. flera passagerare, resande [*he drove his* ~ *home*]; körning [*the taxi-driver got a* ~] **3** kost; ***bill of*** ~ matsedel
II [feə] *verb* klara sig [~ *well*; ~ *badly*]
farewell [ˌfeə'wel] *subst* farväl
far-fetched [ˌfɑː'fetʃt] *adj* långsökt
farm I [fɑːm] *subst* lantgård, bondgård; för djuruppfödning farm
II [fɑːm] *verb* bruka, odla; driva jordbruk; ~ ***land*** bruka jorden
farmer ['fɑːmə] *subst* lantbrukare, bonde
farm hand ['fɑːmhænd] *subst* lantarbetare, jordbruksarbetare
farmhouse ['fɑːmhaʊs] *subst* bondgård
farming ['fɑːmɪŋ] *subst* jordbruk, lantbruk
farmstead ['fɑːmsted] *subst* bondgård
farmyard ['fɑːmjɑːd] *subst* gård vid bondgård
far-off [ˌfɑːr'ɒf] *adj* avlägsen, fjärran
far-reaching [ˌfɑː'riːtʃɪŋ] *adj* långtgående
far-sighted [ˌfɑː'saɪtɪd] *adj* **1** framsynt **2** långsynt
fart I [fɑːt] *subst* vulg. prutt
II [fɑːt] *verb* vulg. prutta
farther I ['fɑːðə] (komparativ av *far*, se *further* för ex.) *adj* bortre [*the* ~ *bank of the river*], avlägsnare

II ['fɑːðə] (komparativ av *far*, se *further* för ex.) *adv* längre [*we can't go* ~], längre bort
farthermost ['fɑːðəməʊst] *adj* borterst
farthest I ['fɑːðɪst] (superlativ av *far*) *adj* borterst, avlägsnast
II ['fɑːðɪst] (superlativ av *far*) *adv* längst; längst bort
fascinate ['fæsɪneɪt] *verb* fascinera, fängsla
fascinating ['fæsɪneɪtɪŋ] *adj* fascinerande
fascination [ˌfæsɪ'neɪʃən] *subst* tjusning
fascism ['fæʃɪzəm] *subst* fascism
fascist I ['fæʃɪst] *subst* fascist
II ['fæʃɪst] *adj* fascistisk
fashion I ['fæʃən] *subst* **1** sätt, vis; ***after a*** ~ på sätt och vis; ***in this*** ~ på det här sättet **2** mod, mode; ***it is all the*** ~ det är senaste modet, det är sista skriket; ~ ***designer*** modetecknare; ~ ***parade*** modevisning **3** fason, mönster
II ['fæʃən] *verb* **1** forma **2** formge
fashionable ['fæʃənəbl] *adj* **1** modern **2** fashionabel, förnäm
1 fast I [fɑːst] *subst* fasta
II [fɑːst] *verb* fasta
2 fast I [fɑːst] *adj* **1** snabb, hastig, snabbgående; ~ ***food*** snabbmat; ~ ***lane*** trafik. omkörningsfil; ~ ***train*** fjärrtåg; ***my watch is*** ~ min klocka går före **2** hållbar, tvättäkta [~ *colours*]; ***make*** ~ binda fast **3** utsvävande, lättsinnig; ***lead a*** ~ ***life*** leva om
II [fɑːst] *adv* **1** fort [*run* ~]; snabbt **2** fast [*stand* ~]; ***be*** ~ ***asleep*** sova djupt
fasten ['fɑːsn] *verb* **1** fästa [*to* vid, i, på]; göra fast, binda [*to* vid, på]; sätta på sig, spänna fast [~ *your seat belt*] **2** regla, säkra **3** knyta, knyta till; ~ ***up*** fästa ihop; ~ ***up one's coat*** knäppa igen sin rock **4** fastna; gå att stänga; fästas **5** ~ ***on*** ta fasta på, fästa sig vid
fastener ['fɑːsnə] *subst* knäppanordning; hake, spänne, lås
fastidious [fə'stɪdɪəs] *adj* kräsen, petnoga
fat I [fæt] *adj* **1** tjock, fet; ***a*** ~ ***chance!*** det är ingen risk!
II [fæt] *subst* fett; ***cooking*** ~ matfett; ***the*** ~ ***is in the fire*** vard. det osar hett, nu är det kokta fläsket stekt
fatal ['feɪtl] *adj* **1** dödlig, livsfarlig; ~ ***accident*** dödsolycka **2** ödesdiger; ***a*** ~ ***error*** ett ödesdigert (fatalt) misstag
fatalist ['feɪtəlɪst] *subst* fatalist
fate [feɪt] *subst* öde
fateful ['feɪtfʊl] *adj* ödesdiger
fat-free ['fætfriː] *adj* fettfri [~ *yoghurt*]
father ['fɑːðə] *subst* fader, far, pappa; ~ ***Christmas*** jultomten
fatherhood ['fɑːðəhʊd] *subst* faderskap
father-in-law ['fɑːðərɪnlɔː] (pl. *fathers-in-law* ['fɑːðəzɪnlɔː]) *subst* svärfar
fatherland ['fɑːðəlænd] *subst* fäderneslan d
fatherly ['fɑːðəlɪ] *adj* faderlig
fathom I ['fæðəm] *subst* famn mått (1,83 m)
II ['fæðəm] *verb* fatta, komma underfund med
fatigue I [fə'tiːg] *subst* trötthet, utmattning
II [fə'tiːg] *verb* trötta ut, utmatta
fatness ['fætnəs] *subst* fetma
fatten ['fætn] *verb* **1** göda **2** bli fet
fattening ['fætnɪŋ] *adj* fettbildande
fatty I ['fætɪ] *adj* **1** fetthaltig, fet
II ['fætɪ] *subst* vard. tjockis
fatuous ['fætjʊəs] *adj* dum, enfaldig
faucet ['fɔːsɪt] *subst* amer. kran på ledningsrör
fault [fɔːlt] *subst* **1** fel; brist, skavank; ***find*** ~ ***with*** klandra, kritisera **2** skuld, fel [*it is his* ~]; ***through no*** ~ ***of his*** utan egen förskyllan; ***be at*** ~ vara skyldig **3** i tennis felserve
faultless ['fɔːltləs] *adj* felfri, oklanderlig
faulty ['fɔːltɪ] *adj* felaktig, bristfällig
fave [feɪv] *subst* vard. favorit [*chocolate is my* ~]
favour I ['feɪvə] *subst* **1** gunst [*do me a* ~*!*]; ***be out of*** ~ a) vara i onåd [*with sb* hos ngn] b) inte vara populär längre; ***be in*** ~ ***of sth*** vara för ngt; ***in*** ~ ***of*** till förmån för; ***in our*** ~ till vår fördel, i vår favör **2** tjänst [*do me a* ~]
II ['feɪvə] *verb* **1** gilla; vara gynnsam för **2** favorisera, gynna
favourable ['feɪvərəbl] *adj* **1** välvillig [*to* mot] **2** gynnsam, fördelaktig [*to* för]
favourite ['feɪvərɪt] *subst* favorit
1 fawn [fɔːn] *subst* **1** hjortkalv, dovhjortskalv **2** ljust gulbrun färg
2 fawn [fɔːn] *verb* svansa, krypa, fjäska [*on* för]
fax I [fæks] *subst* telefax, fax
II [fæks] *verb* faxa
FBI [ˌefbiː'aɪ] (förk. för *Federal Bureau of Investigation* i USA) FBI
fear I [fɪə] *subst* **1** fruktan, rädsla [*of* för]; ***be in*** ~ ***of*** vara rädd för **2** farhåga; ***be in*** ~ ***of one's life*** frukta för sitt liv; ***no*** ~*!* aldrig i livet!
II [fɪə] *verb* **1** frukta, vara rädd för **2** vara rädd
fearful ['fɪəfʊl] *adj* **1** rädd [*of* för]; räddhågad **2** förskräcklig

feasible ['fiːzəbl] *adj* genomförbar, görlig
feast I [fiːst] *subst* **1** fest, högtid **2** festmåltid, kalas **3** njutning, fest, fröjd
II [fiːst] *verb* festa, kalasa [*on* på]; ~ ***one's eyes on*** låta ögat njuta av
feat [fiːt] *subst* bragd, bedrift, prestation
feather I ['feðə] *subst* fjäder; ***they are birds of a*** ~ de är av samma skrot och korn; ***birds of a ~ flock together*** ordspr. lika barn leka bäst
II ['feðə] *verb* fjädra; ~ ***one's own nest*** skaffa sig fördelar
featherweight ['feðəweɪt] *subst* sport. fjädervikt
feature I ['fiːtʃə] *subst* **1** pl. ~***s*** ansiktsdrag **2** kännetecken **3** inslag [*~s in the programme*]; huvudnummer **4** specialartikel, specialreportage **5** ~ ***film*** spelfilm, långfilm
II ['fiːtʃə] *verb* visa, presentera särskild attraktion
February ['februərɪ] *subst* februari
fed [fed] imperf. o. perf. p. av *feed I*
federal ['fedərəl] *adj* förbunds- [*~ republic*], federal; ~ ***agent*** medlem av den federala polisen i USA
federation [ˌfedə'reɪʃən] *subst* förbund, federation
fee [fiː] *subst* **1** honorar, arvode **2** avgift
feeble ['fiːbl] *adj* svag, klen, matt
feed I [fiːd] (*fed fed*) *verb* **1** fodra, ge mat, mata **2** vard., ***be fed up with*** vara utled på **3** om djur äta, beta; om person äta, käka **4** ~ ***on*** livnära sig på, äta
II [fiːd] *subst* **1** utfodring, matande **2** foder, foderranson **3** vard. mål, måltid, kalas
feeding-bottle ['fiːdɪŋˌbɒtl] *subst* nappflaska
feel [fiːl] (*felt felt*) *verb* **1** känna [*~ pain*], märka; ha en känsla av; känna på **2** sondera; ~ ***one's way*** treva sig fram **3** tycka, anse; inse **4** känna, känna sig, må [*how do you ~?*]; ***how do you ~ about that?*** vad tycker du om det?; ~ ***for*** känna för; ~ ***sorry for*** tycka synd om; ~ ***cold*** frysa; ~ ***like*** ha lust med, vara sugen på [*do you ~ like a walk?*] **5** kännas [*your hands ~ cold*]
feeler ['fiːlə] *subst* **1** zool. känselspröt, antenn **2** ***put out ~s*** skicka ut en trevare
feel-good ['fiːlgʊd] *adj*, ~ ***factor*** trivselfaktor; ~ ***movie*** måbrafilm
feeling ['fiːlɪŋ] *subst* **1** känsel **2** känsla; medkänsla [*for* med]; ***bad*** ~ missämja; ***no hard ~s I hope*** hoppas du inte tar illa upp!; ***mixed ~s*** blandade känslor; ***hurt sb's ~s*** såra ngn, såra ngns känslor; ***~s ran high*** känslorna råkade i svallning
feet [fiːt] *subst pl* av *foot I*
feign [feɪn] *verb* **1** hitta på, dikta upp **2** låtsa, låtsas, simulera; ***she feigned surprise*** hon låtsades vara förvånad
feint [feɪnt] *subst* skenmanöver, fint, list
feisty ['faɪstɪ] *adj* vard. käck, modig, framåt [*a ~ woman*]
1 fell [fel] imperf. av *fall I*
2 fell [fel] *verb* fälla, hugga ner [*~ a tree*]
fellow ['feləʊ] *subst* **1** vard. karl, kille, grabb; ***a queer*** ~ en konstig prick **2** ledamot av ett lärt sällskap
fellow-actor [ˌfeləʊ'æktə] *subst* medspelare, skådespelarkollega
fellow-countryman [ˌfeləʊ'kʌntrɪmən] *subst* landsman
fellow-feeling [ˌfeləʊ'fiːlɪŋ] *subst* medkänsla
fellowman [ˌfeləʊ'mæn] (pl. *fellowmen* [ˌfeləʊ'men]) *subst* medmänniska
fellow-passenger [ˌfeləʊ'pæsɪndʒə] *subst* medpasssagerare
fellowship ['feləʃɪp] *subst* kamratskap
fellow-worker [ˌfeləʊ'wɜːkə] *subst* arbetskamrat
1 felt [felt] imperf. o. perf. p. av *feel*
2 felt [felt] *subst* filt tyg; ~ ***pen*** tuschpenna
felt-tip ['felttɪp] *subst*, ~ el. ~ ***pen*** filtpenna
female I ['fiːmeɪl] *adj* kvinno-, kvinnlig; av honkön; ~ ***elephant*** elefanthona; ~ ***sex*** kvinnokön
II ['fiːmeɪl] *subst* neds. fruntimmer
feminine ['femɪnɪn] *adj* **1** kvinnlig, kvinno-; feminin **2** gram. feminin; ***the ~ gender*** femininum
femininity [ˌfemɪ'nɪnətɪ] *subst* kvinnlighet
feminism ['femɪnɪzɪm] *subst* **1** kvinnosaken; feminism **2** kvinnorörelsen
feminist ['femɪnɪst] *subst* feminist
fence I [fens] *subst* **1** stängsel, staket; ***sit on the*** ~ vard. inta en avvaktande hållning **2** sl. hälare
II [fens] *verb* **1** ~ ***in*** el. ~ ***up*** inhägna, omgärda **2** fäkta
fencer ['fensə] *subst* fäktare
fencing ['fensɪŋ] *subst* fäktning, fäktkonst
fend [fend] *verb* **1** ~ ***off*** avvärja, parera **2** vard., ~ ***for oneself*** sörja för sig själv
fender ['fendə] *subst* **1** eldgaller framför eldstad **2** amer. flygel, stänkskärm
fennel ['fenl] *subst* bot. el. kok. fänkål
ferment I ['fɜːment] *subst* jäsning, oro [*political ~*]
II [fə'ment] *verb* jäsa

fermentation [ˌfɜːmən'teɪʃən] *subst* jäsning
fern [fɜːn] *subst* växt ormbunke
ferocious [fə'rəʊʃəs] *adj* vildsint, vild, grym
ferocity [fə'rɒsətɪ] *subst* vildsinthet, grymhet
ferret ['ferət] *subst* djur frett tam form av iller
ferry I ['ferɪ] *subst* färja; ~ ***service*** färjtrafik, färjförbindelse
II ['ferɪ] *verb* färja, transportera
ferryboat ['ferɪbəʊt] *subst* färja
fertile ['fɜːtaɪl, amer. 'fɜːtl] *adj* **1** bördig, fruktbar **2** fruktsam **3** produktiv [*a ~ author*]; ***a ~ imagination*** en rik fantasi
fertility [fə'tɪlətɪ] *subst* bördighet, fruktbarhet
fertilization [ˌfɜːtɪlaɪ'zeɪʃən] *subst* **1** gödsling **2** befruktning
fertilize ['fɜːtɪlaɪz] *verb* **1** gödsla, göda **2** befrukta
fertilizer ['fɜːtɪlaɪzə] *subst* gödningsmedel
fervent ['fɜːvənt] *adj* glödande [*~ zeal*], brinnande [*~ prayers*], ivrig
fervour ['fɜːvə] *subst* glöd, brinnande iver
fester ['festə] *verb* om sår m.m. vara sig, vara
festival ['festəvl] *subst* **1** relig. högtid, fest **2** festival, festspel
festive ['festɪv] *adj* festlig, fest-
festivity [fe'stɪvətɪ] *subst* **1** feststämning; ***air of*** ~ feststämning **2** ofta pl. ***festivities*** festligheter
festoon [fe'stuːn] *subst* girland
fetch [fetʃ] *verb* **1** hämta, skaffa **2** inbringa [*it fetched £600*]; betinga [*~ a high price*]
fetching ['fetʃɪŋ] *adj* tilltalande
fête [feɪt] *subst* stor fest; välgörenhetsfest, basar
fetish ['fetɪʃ] *subst* fetisch
fetter I ['fetə] *subst* boja
II ['fetə] *verb* **1** fjättra **2** binda, hämma [*fettered by regulations*]
fettle ['fetl] *subst*, ***in fine*** ~ a) i fin form b) på gott humör
fetus ['fiːtəs] *subst* amer., se *foetus*
feud [fjuːd] *subst* fejd, strid, tvist
feudal ['fjuːdl] *adj* feodal- [*~ system*]
feudalism ['fjuːdəlɪzəm] *subst* feodalism
fever ['fiːvə] *subst* feber; febersjukdom; ***at ~ pitch*** på kokpunkten; ***have a*** ~ ha feber
feverish ['fiːvərɪʃ] *adj* **1** febrig; ***he is*** ~ han har feber **2** het, brinnande [*~ desire*], febril
few [fjuː] *adj* o. *subst* få, lite, litet; ***a*** ~ några få, några, lite, litet; ***quite a*** ~ el. ***a good*** ~ inte så få, inte så litet; ***the*** ~ fåtalet, minoriteten; ***the first ~ days*** de första dagarna; ***the last ~ days*** de senaste dagarna
fewer ['fjuːə] *adj* o. *subst* (komparativ av *few*) färre, mindre
fewest ['fjuːɪst] *adj* o. *subst* (superlativ av *few*) fåtaligast, minst
fiancé [fɪ'ɑːnseɪ] *subst* fästman
fiancée [fɪ'ɑːnseɪ] *subst* fästmö
fiasco [fɪ'æskəʊ] (pl. *~s*) *subst* fiasko, misslyckande
fib I [fɪb] *subst* vard. smålögn, lögn; ***tell ~s*** småljuga, ljuga
II [fɪb] (*-bb-*) *verb* vard. småljuga, ljuga
fibre ['faɪbə] *subst* fiber äv. i kost
fibreboard ['faɪbəbɔːd] *subst* träfiberplatta
fibreglass ['faɪbəglɑːs] *subst* glasfiber
fickle ['fɪkl] *adj* ombytlig, nyckfull
fiction ['fɪkʃən] *subst* **1** ren dikt, påhitt **2** skönlitteratur vanligen på prosa
fictitious [fɪk'tɪʃəs] *adj* uppdiktad, fingerad
fiddle I ['fɪdl] *subst* vard. **1** fiol; ***as fit as a*** ~ frisk som en nötkärna; ***have a face as long as a*** ~ vara lång i ansiktet **2** fiffel
II ['fɪdl] *verb* vard. **1** spela fiol **2** ~ ***about with*** el. ~ ***with*** fingra på, pilla på; mixtra med **3** fjanta [*~ about doing nothing*] **4** fiffla
fiddler ['fɪdlə] *subst* **1** fiolspelare, spelman **2** vard. fifflare
fidelity [fɪ'delətɪ] *subst* **1** trohet **2** naturtrogen återgivning av ljud m.m.
fidget ['fɪdʒɪt] *verb* inte kunna sitta stilla; ~ ***with*** pilla med
fidgety ['fɪdʒətɪ] *adj* nervös, orolig
field [fiːld] *subst* **1** fält; åker **2** område [*in the ~ of politics*], fält, fack **3** fys. fält; ***magnetic*** ~ magnetfält **4** mil. slagfält **5** sport. plan [*football ~*] **6** koll. fält deltagare i t.ex. tävling, jakt; ~ ***events*** tävlingar i hopp och kast
field glasses ['fiːldˌglɑːsɪz] *subst pl* fältkikare
field marshal ['fiːldˌmɑːʃl] *subst* fältmarskalk
fieldmouse ['fiːldmaʊs] (pl. *fieldmice* ['fiːldmaɪs]) *subst* sork
fiend [fiːnd] *subst* **1** djävul, ond ande **2** ***dope*** ~ narkoman; ***fresh-air*** ~ friluftsfantast; ***be a golf*** ~ vara golfbiten
fiendish ['fiːndɪʃ] *adj* djävulsk, ondskefull
fierce [fɪəs] *adj* **1** vild **2** våldsam, häftig
fiery ['faɪərɪ] *adj* **1** brännande [*~ heat*], flammande **2** eldig, hetsig [*a ~ temper*]
fifteen [ˌfɪf'tiːn] *räkn* o. *subst* femton
fifteenth [ˌfɪf'tiːnθ] *räkn* o. *subst* femtonde; femtondel
fifth [fɪfθ] *räkn* o. *subst* femte; femtedel
fiftieth ['fɪftɪəθ] *räkn* o. *subst* femtionde; femtiondel

fifty ['fɪftɪ] *räkn* o. *subst* femtio; femtiotal; ***in the fifties*** på femtiotalet
fifty-fifty [ˌfɪftɪ'fɪftɪ] *adj* o. *adv* fifty-fifty, jämn, jämnt; ***on a ~ basis*** på lika basis; ***a ~ chance*** femtioprocents chans; ***go ~ with sb*** dela lika med ngn
fig [fɪg] *subst* frukt fikon
fight I [faɪt] (*fought fought*) *verb* **1** slåss, kämpa, boxas **2** bekämpa, slåss med **3** gräla, bråka
II [faɪt] *subst* slagsmål, kamp, strid; boxningsmatch; ***put up a good ~*** kämpa tappert
fighter ['faɪtə] *subst* **1** slagskämpe, kämpe **2** boxare
fighter-bomber [ˌfaɪtə'bɒmə] *subst* mil. attackplan
fighting ['faɪtɪŋ] *subst* **1** strid, strider [*street ~*], kamp **2** slagsmål
figment ['fɪgmənt] *subst* påfund, påhitt; ***~ of the imagination*** fantasifoster
figurative ['fɪgjʊrətɪv] *adj* bildlig
figure I ['fɪgə] *subst* **1** siffror; siffra; pl. ***~s*** uppgifter, statistik; ***he is good at ~s*** han är bra på att räkna **2** vard. belopp, pris **3** figur; ***she has a good ~*** hon har snygg figur **4** gestalt, person [*a public ~*]; ***cut a poor ~*** göra en slät figur **5** figur, illustration, bild
II ['fɪgə] *verb* **1** beräkna; ***~ out*** räkna ut; komma underfund med **2** anta, förmoda **3** ***~ on*** räkna med; lita på **4** räkna på, spekulera på **5** framträda, figurera, förekomma **6** ***it*** (***that***) ***~s*** det verkar troligt, det stämmer
figurehead ['fɪgəhed] *subst* galjonsfigur
figure-skater ['fɪgəˌskeɪtə] *subst* konståkare
figure-skating ['fɪgəˌskeɪtɪŋ] *subst* konståkning på skridsko
filament ['fɪləmənt] *subst* tråd i glödlampa; tunn tråd
1 file I [faɪl] *subst* fil verktyg
II [faɪl] *verb* fila
2 file I [faɪl] *subst* **1** samlingspärm, pärm, mapp **2** dokumentsamling, kortsystem; ***on our ~s*** i vårt register **3** data. fil; ***~ sharing*** fildelning
II [faɪl] *verb* arkivera, registrera
3 file I [faɪl] *subst* rad av personer el. saker efter varandra; led
II [faɪl] *verb* gå i en lång rad
filial ['fɪljəl] *adj* sonlig, dotterlig
filings ['faɪlɪŋz] *subst pl* filspån
fill I [fɪl] *verb* **1** fylla, fyllas **2** tillfredsställa, mätta **3** besätta, tillsätta en tjänst; ***~ sb's place*** inta ngns plats **4** ***~ up*** fylla upp, fylla igen; ***~ up a form*** fylla i en blankett
II [fɪl] *subst* **1** lystmäte; ***eat one's ~ of*** äta sig mätt på **2** fyllning; ***a ~ of tobacco*** en stopp
fillet I ['fɪlɪt] *subst* kok. filé; ***~ of sole*** sjötungsfilé
II ['fɪlɪt] *verb* filea; ***filleted sole*** sjötungsfilé
filling I ['fɪlɪŋ] *adj* mättande
II ['fɪlɪŋ] *subst* fyllnad, fyllning, plomb [*a gold ~*]
filling station ['fɪlɪŋˌsteɪʃən] *subst* bensinstation
filly ['fɪlɪ] *subst* djur stoföl, ungsto
film I [fɪlm] *subst* **1** hinna, tunt skikt, film [*a ~ of oil*] **2** film, filmrulle; ***~ director*** filmregissör; ***~ producer*** filmproducent; ***~ star*** filmstjärna
II [fɪlm] *verb* filma
filmgoer ['fɪlmˌgəʊə] *subst* biobesökare
filter I ['fɪltə] *subst* filter
II ['fɪltə] *verb* **1** filtrera, sila **2** filtreras, silas
filth [fɪlθ] *subst* **1** smuts, lort **2** vard. snusk **3** vard. smörja
filthy ['fɪlθɪ] *adj* **1** smutsig, lortig **2** vard. snuskig
fin [fɪn] *subst* fena på fisk, flygplan
final I ['faɪnl] *adj* slutlig, sista, slutgiltig [*the ~ result*]
II ['faɪnl] *subst* sport., ~ pl. ***~s*** final, sluttävlan
finale [fɪ'nɑːlɪ] *subst* musik. final, avslutning; ***grand ~*** stort slutnummer
finalist ['faɪnəlɪst] *subst* finalist
finally ['faɪnəlɪ] *adv* slutligen, till sist
finance I ['faɪnæns] *subst* **1** finans **2** pl. ***~s*** a) stats finanser b) enskilds ekonomi
II ['faɪnæns] *verb* finansiera
financial [faɪ'nænʃl] *adj* finansiell, ekonomisk [*~ aid*]; ***~ year*** räkenskapsår
financier [faɪ'nænsɪə] *subst* finansman, finansiär
finch [fɪntʃ] *subst* fågel fink
find I [faɪnd] (*found found*) *verb* **1** finna, hitta, påträffa; se, upptäcka; ***be found*** finnas, påträffas **2** skaffa [*~ sb work*]; ***~ one's way*** el. ***~ the way*** leta sig fram, hitta vägen **3** anse, tycka ngn (ngt) vara; inse, märka [*I found that I was mistaken*] **4** jur., ***~ guilty*** förklara skyldig; ***~ not guilty*** frikänna **5** ***~ out*** a) ta reda på, söka upp, upptäcka b) tänka ut, hitta på, komma på
II [faɪnd] *subst* fynd
1 fine I [faɪn] *subst* böter [*sentence sb to a ~*]

II [faɪn] *verb* bötfälla; ***he was fined*** han fick böta
2 fine I [faɪn] *adj* **1** fin; ~*!* utmärkt!, finemang! **2** utsökt [*a ~ taste*], förfinad; ***the ~ arts*** de sköna konsterna **3** om väder vacker **4** om t.ex. metaller ren [*~ gold*] **5** ***I feel ~*** jag mår riktigt bra; ***one of these ~ days*** en vacker dag, endera dagen; ***you're a ~ one!*** iron. du är just en snygg en!
II [faɪn] *adv* fint; ***that will suit me ~*** vard. det passar mig utmärkt; ***cut it a bit ~*** vard. ta till i underkant; ***you're cutting it a bit ~!*** vard. du ger dig väldigt lite tid, du kommer i sista stund
finery ['faɪnərɪ] *subst* finkläder, prakt
finesse [fɪ'nes] *subst* takt, finess
fine-tooth ['faɪntuːθ] *adj*, ***go over sth with a ~ (fine-toothed) comb*** finkamma ngt
finger I ['fɪŋgə] *subst* finger; ***first ~*** pekfinger; ***little ~*** lillfinger; ***middle ~*** långfinger; ***he has it at his fingers' ends*** han har (kan) det på sina fem fingrar; ***have a ~ in the pie*** ha ett finger med i spelet; ***pull (take) one's ~ out*** vard. få ändan ur vagnen; ***not lift a ~ to help*** inte lägga två strån i kors för att hjälpa; ***put one's ~ on*** vard. sätta fingret på; ***let a chance slip through one's ~s*** låta en chans gå sig ur händerna
II ['fɪŋgə] *verb* fingra på
fingermark ['fɪŋgəmɑːk] *subst* märke efter ett smutsigt finger
fingernail ['fɪŋgəneɪl] *subst* fingernagel
fingerprint ['fɪŋgəprɪnt] *subst* fingeravtryck
fingertip ['fɪŋgətɪp] *subst* fingerspets; ***have sth at one's ~*** kunna (ha) ngt på sina fem fingrar
finicky ['fɪnɪkɪ] *adj* kinkig, petig [*~ about one's food*]
finish I ['fɪnɪʃ] *verb* **1** sluta, avsluta, bli färdig med; ***~ eating*** äta färdigt; ***~ off*** vard. ta kål på; ***we finished up at a pub*** till slut hamnade vi på en pub **2** bli färdig, bli klar; ***have you finished?*** är du klar? **3** sport. sluta; ***she finished third*** hon slutade som trea
II ['fɪnɪʃ] *subst* **1** slut, avslutning; ***bring to a ~*** avsluta; ***a fight to the ~*** en kamp på liv och död **2** sport. finish, upplopp **3** finish, polering
finished ['fɪnɪʃt] *adj* **1** färdig **2** fulländad **3** vard. slut [*I'm ~, I can't go on*]
finishing ['fɪnɪʃɪŋ] *adj*, ***~ tape*** sport. målsnöre; ***give sth the ~ touch*** el. ***give (put) the ~ touch to sth*** lägga sista handen vid ngt
finishing line ['fɪnɪʃɪŋlaɪn] *subst* o. amer.
finish line ['fɪnɪʃlaɪn] *subst* sport. mållinje
Finland ['fɪnlənd]
Finn [fɪn] *subst* finne, finländare
Finnish I ['fɪnɪʃ] *adj* finsk, finländsk
II ['fɪnɪʃ] *subst* finska språket
fir [fɜː] *subst* gran, spec. ädelgran; ***Scotch ~*** tall
fire I ['faɪə] *subst* **1** eld, elden; ***catch ~*** fatta eld; ***set ~ to*** el. ***set on ~*** sätta eld på, sätta i brand; ***on ~*** i brand; ***be on ~*** brinna, stå i lågor **2** eld i eldstad; brasa; ***electric ~*** elkamin **3** eldsvåda, brand; ***~!*** elden är lös! **4** mil. eld, skottlossning; ***be under ~*** a) mil. vara under beskjutning b) vara utsatt för kritik vara i skottgluggen
II ['faɪə] *verb* **1** avskjuta, fyra av, avlossa; ***~ questions at sb*** bombardera ngn med frågor **2** ge eld, ge fyr [*at, on* mot, på]; ***~ away*** sätta igång att fråga **3** antända **4** vard. sparka avskeda **5** egga, stimulera [*it fired her imagination*]
fire alarm ['faɪərəˌlɑːm] *subst* brandalarm
firearm ['faɪərɑːm] *subst* skjutvapen, eldvapen
fire brigade ['faɪəbrɪˌgeɪd] *subst* brandkår
fire drill ['faɪədrɪl] *subst* brandövning
fire engine ['faɪərˌendʒɪn] *subst* brandbil
fire escape ['faɪərɪˌskeɪp] *subst* **1** brandstege **2** reservutgång
fire-extinguisher ['faɪərɪkˌstɪŋgwɪʃə] *subst* brandsläckare
fire fighter ['faɪəˌfaɪtə] *subst* brandsoldat, brandman
firehouse ['faɪəhaʊs] *subst* amer. brandstation
fireman ['faɪəmən] (pl. *firemen* ['faɪəmən]) *subst* brandman, brandsoldat
fireplace ['faɪəpleɪs] *subst* eldstad, öppen spis
fireproof ['faɪəpruːf] *adj* brandsäker, eldfast
fireside ['faɪəsaɪd] *subst*, ***by the ~*** vid brasan
fire station ['faɪəˌsteɪʃən] *subst* brandstation
firewood ['faɪəwʊd] *subst* ved
fireworks ['faɪəwɜːks] *subst pl* **1** fyrverkeripjäser **2** fyrverkeri
firing-squad ['faɪərɪŋskwɒd] *subst* exekutionspluton
1 firm [fɜːm] *subst* firma
2 firm I [fɜːm] *adj* fast, stadig
II [fɜːm] *adv* fast; ***stand ~*** inta en fast hållning
first I [fɜːst] *adj* o. *räkn* första, förste; förnämsta; ***~ aid*** första hjälpen; ***~ name***

förnamn; ~ ***night*** premiär; ***in the ~ place*** a) i första rummet b) för det första; ***at ~ sight*** vid första anblicken; ***love at ~ sight*** kärlek vid första ögonkastet; ***you don't know the ~ thing about it*** du vet inte ett dyft om det
II [fɜːst] *adv* **1** först; ~ ***of all*** allra först, först och främst **2** i första klass [*travel ~*] **3** ***come*** ~ el. ***finish*** ~ komma som etta, sluta som etta
III [fɜːst] *subst* **1** ***at*** ~ först, i början **2** första, förste **3** sport. förstaplats, etta **4** motor. ettans växel
first-aid [ˌfɜːst'eɪd] *adj*, ~ ***kit*** förbandslåda
first-class [ˌfɜːst'klɑːs, före subst. 'fɜːstklɑːs] *adj* förstaklass-; förstklassig [*a ~ hotel*]; ***a ~ row*** vard. ett ordentligt gräl
first-hand I [ˌfɜːst'hænd] *adj* förstahands-, i första hand
II [ˌfɜːst'hænd] *adv* i första hand; ***learn sth*** ~ få veta ngt i första hand
firstly ['fɜːstlɪ] *adv* för det första
first-rate [ˌfɜːst'reɪt] *adj* första klassens, förstklassig
firth [fɜːθ] *subst* fjord, fjärd
fish I [fɪʃ] (pl. *fishes* el. ~) *subst* **1** fisk; ~ ***and chips*** friterad fisk och pommes frites; ***he is like a ~ out of water*** han är som en fisk på torra land; ***drink like a*** ~ dricka som en svamp **2** vard., ***queer*** ~ lustigkurre
II [fɪʃ] *verb* fiska, fånga, dra upp [*~ trout*]; ~ ***for*** fiska [*~ for trout*]; ~ ***for compliments*** vard. gå med håven; ~ ***out*** fiska upp
fishcake ['fɪʃkeɪk] *subst* kok., slags fiskkrokett
fisherman ['fɪʃəmən] (pl. *fishermen* ['fɪʃəmən]) *subst* yrkesfiskare
fishery ['fɪʃərɪ] *subst* fiskeri, fiske
fishfingers ['fɪʃˌfɪŋgəz] *subst pl* kok. fiskpinnar
fishing ['fɪʃɪŋ] *subst* fiske, fiskande; ~ ***village*** fiskeläge
fishing-grounds ['fɪʃɪŋgraʊndz] *subst pl* fiskevatten
fishing-line ['fɪʃɪŋlaɪn] *subst* metrev
fishing-permit ['fɪʃɪŋˌpɜːmɪt] *subst* fiskekort
fishing-rod ['fɪʃɪŋrɒd] *subst* metspö
fishknife ['fɪʃnaɪf] *subst* fiskkniv
fishmonger ['fɪʃˌmʌŋgə] *subst* fiskhandlare
fish sticks ['fɪʃstɪks] *subst pl* kok., amer. fiskpinnar
fishy ['fɪʃɪ] *adj* **1** fisklik, fisk- [*a ~ smell*] **2** vard. skum, misstänkt
fission ['fɪʃən] *subst*, ***nuclear*** ~ fys. kärnklyvning

fist [fɪst] *subst* knytnäve, näve; ***shake one's*** ~ hytta med näven
1 fit [fɪt] *subst* anfall, attack av t.ex. sjukdom; krampanfall; ~ ***of apoplexy*** slaganfall; ~ ***of laughter*** skrattanfall; ***fainting*** ~ svimningsanfall; ***I nearly had a*** ~ jag höll på att få slag; ***by ~s and starts*** ryckvis
2 fit I [fɪt] *adj* **1** lämplig, passande, värdig [*you are not ~ to...*]; ***see ~ to*** finna för gott att, anse lämpligt att **2** spänstig, kry; ***keep*** ~ hålla sig i form
II [fɪt] (*-tt-*) *verb* **1** passa i, passa till, passa; ~ ***in with*** passa ihop med **2** göra lämplig, avpassa [*to* efter] **3** passa in, montera, sätta på [*~ a tyre on to a wheel*]; prova in, sätta in **4** utrusta, förse
III [fɪt] *subst* passform; ***these shoes are your*** ~ det är din storlek på de här skorna; ***be a tight*** ~ sitta åt
fitful ['fɪtfʊl] *adj* ryckig, ryckvis
fitness ['fɪtnəs] *subst* **1** kondition [*physical ~*] **2** lämplighet
fitting I ['fɪtɪŋ] *adj* passande, lämplig
II ['fɪtɪŋ] *subst* **1** avpassning, hoppassning **2** utrustning, provning [*go to the tailor's for a ~*] **3** pl. ~***s*** tillbehör; beslag på t.ex. dörrar, fönster; armatur [*electric light ~s*]
five [faɪv] *räkn* o. *subst* fem; femma
fiver ['faɪvə] *subst* vard. fempundssedel, amer. femdollarssedel
five-year-old I ['faɪvjərəʊld] *adj* femårig
II ['faɪvjərəʊld] *subst* femåring
fix I [fɪks] *verb* **1** fästa, montera, sätta fast [*to* vid, i, på]; ~ ***a shelf to a wall*** sätta upp en hylla på en vägg **2** fästa, rikta; ~***one's eyes on*** rikta blicken mot **3** fastställa, bestämma, fastslå; ~ ***on*** bestämma sig för, fastna för **4** ~ el. ~ ***up*** arrangera, placera, ställa; ~ ***sb up with sth*** ordna (fixa) ngt åt ngn **5** vard. fixa, greja, göra klar; sätta ihop, laga [*~ a broken lock*], laga till [*~ lunch*] **6** vard. fixa, göra upp; ***the match was fixed*** matchen var uppgjord
II [fɪks] *subst* knipa [*in an awful ~*]
fixation [fɪk'seɪʃən] *subst* psykol. fixering
fixed [fɪkst] *adj* **1** fix; fästad, fast **2** fastställd, bestämd [*~ price*]
fixer ['fɪksə] *subst* vard. fixare; myglare
fixture ['fɪkstʃə] *subst* **1** fast tillbehör, fast inventarium **2** sport., fastställd tävling, match; ~ ***list*** lagens säsongprogram
fizz I [fɪz] *verb* om kolsyrad dryck brusa
II [fɪz] *subst* **1** brus **2** vard. skumpa spec. champagne; brus kolsyrad dryck

fizzle ['fɪzl] *verb* **1** ~ ***out*** spraka till och slockna, vard. rinna ut i sanden, gå i stöpet
fjord [fjɔːd] *subst* fjord
flabby ['flæbɪ] *adj* slapp [~ *muscles*], sladdrig, plussig

> **flag**
> För amerikaner är flaggan en mycket viktig symbol. I varje klassrum finns en flagga och amerikanska skolelever börjar dagen med att stå upp och hälsa flaggan. De lägger handen över bröstet och lovar att tjäna sitt fosterland, *the Pledge of Allegiance*.

1 flag [flæg] *subst* flagga, fana
2 flag [flæg] (*-gg-*) *verb* mattas, sacka efter; ***the conversation flagged*** konversationen började gå trögt
flagon ['flægən] *subst* vinkanna, vinkrus
flagpole ['flægpəʊl] *subst* flaggstång
flagrant ['fleɪgrənt] *adj* flagrant
flagstaff ['flægstɑːf] *subst* flaggstång
flair [fleə] *subst*, ***have a ~ for*** ha näsa för, ha sinne för
flake I [fleɪk] *subst* flaga; flinga [~*s of snow*]; flak [~*s of ice*]; skiva
II [fleɪk] *verb* flisa, flagna, flaga sig
flamboyant [flæm'bɔɪənt] *adj* översvallande [~ *manner*]
flame I [fleɪm] *subst* flamma, låga; ***be in ~s*** stå i lågor
II [fleɪm] *verb* flamma, låga
flamingo [flə'mɪŋgəʊ] (pl. ~*s*) *subst* fågel flamingo
Flanders ['flɑːndəz] Flandern
flank I [flæŋk] *subst* flank, flygel
II [flæŋk] *verb* flankera
flannel ['flænl] *subst* **1** flanell **2** flanelltrasa; tvättlapp **3** pl. ~***s*** flanellbyxor
flap I [flæp] (*-pp-*) *verb* **1** flaxa med, vifta med **2** flaxa
II [flæp] *subst* **1** vingslag, flaxande **2** flik [*the ~ of an envelope*]; lock [*the ~ of a pocket*]
flare I [fleə] *verb*, ~ ***up*** a) flamma upp b) bli upprörd brusa upp
II [fleə] *subst* **1** fladdrande låga **2** signalljus
flash I [flæʃ] *verb* **1** lysa fram, blänka till; om t.ex. ögon blixtra; ~ ***by*** susa förbi **2** låta lysa; lysa med [~ *a torch*]; blinka med [~ *headlights*]
II [flæʃ] *subst* plötsligt sken, stråle [~ *of light*]; blixt; blink från t.ex. fyr, signallampa; ***a ~ in the pan*** en engångssuccé, en tillfällig framgång; ~ ***of lightning*** blixt; ***in a ~*** på ett ögonblick
flashback ['flæʃbæk] *subst* tillbakablick i berättelse
flashbulb ['flæʃbʌlb] *subst* foto. blixtljuslampa, fotoblixt
flashlight ['flæʃlaɪt] *subst* speciellt amer. ficklampa
flashy ['flæʃɪ] *adj* skrikig, vräkig
flask [flɑːsk] *subst* **1** flaska **2** fickflaska, plunta
1 flat [flæt] *subst* lägenhet, våning; ***block of ~s*** hyreshus
2 flat I [flæt] *adj* **1** plan, platt [~ *roof*]; ~ ***plates*** flata tallrikar; ~ ***race*** slätlopp; ***a ~ refusal*** ett blankt nej; ***a ~ tyre*** el. amer. ***a ~ tire*** en punktering; ~ ***rate*** enhetstaxa **2** fadd, duven, avslagen [~ *beer*]; ***the battery is ~*** batteriet är urladdat (slut) **3** musik. sänkt en halv ton; med b-förtecken; ***the piano is ~*** pianot är ostämt; ***A ~*** etc., se resp. bokstav
II [flæt] *adv* **1** exakt, blankt [*in ten seconds ~*]; rent ut [*he told me ~ that...*]; ~ ***out*** för fullt, i full fart **2** plant, platt; ***fall ~*** a) falla raklång b) falla platt till marken, misslyckas; ***sing ~*** sjunga falskt
III [flæt] *subst* **1** flata av hand, svärd m.m. **2** musik. b-förtecken, b **3** punktering [*I had a ~*]
flatfooted [ˌflæt'fʊtɪd] *adj* plattfotad
flatly ['flætlɪ] *adv*, ~ ***refuse*** vägra blankt
flatpack ['flætpæk] *subst* paket med monteringsmöbler; ~ ***furniture*** monteringsmöbler
flatten ['flætn] *verb* **1** platta till; ~ ***out*** bli plan, bli platt **2** jämna med marken
flatter ['flætə] *verb* smickra
flatterer ['flætərə] *subst* smickrare
flattery ['flætərɪ] *subst* smicker
flaunt [flɔːnt] *verb* **1** briljera med, skylta med [~ *one's knowledge*] **2** nonchalera
flavour I ['fleɪvə] *subst* **1** smak **2** arom, doft
II ['fleɪvə] *verb* smaksätta, krydda
flaw [flɔː] *subst* **1** fel, skavank **2** brist
flawless ['flɔːləs] *adj* felfri; fläckfri [*a ~ reputation*]; fulländad
flax [flæks] *subst* lin
flaxen ['flæksən] *adj* **1** linartad **2** lingul
flay [fleɪ] *verb* **1** flå **2** hudflänga, hårt kritisera
flea [fliː] *subst* loppa

fleck [flek] *subst* fläck, stänk; korn [*~s of dust*]
fled [fled] imperf. o. perf. p. av *flee*
flee [fliː] (*fled fled*) *verb* **1** fly, ta till flykten **2** fly från, fly ur
fleece [fliːs] *subst* fårs ull, päls
fleecy ['fliːsɪ] *adj* ullig
fleet [fliːt] *subst* sjö. flotta, eskader, flottilj
Flemish ['flemɪʃ] *adj* flamländsk
flesh [fleʃ] *subst* kött; ***my own ~ and blood*** mitt eget kött och blod; ***go the way of all ~*** gå all världens väg dö; ***put on ~*** lägga på hullet; ***in the ~*** livs levande, i egen person
flesh-coloured ['fleʃˌkʌləd] *adj* hudfärgad
flew [fluː] imperf. av *1 fly I*
flex I [fleks] *subst* elektr. sladd
II [fleks] *verb* böja [*~ one's arms*]; spänna muskel
flexibility [ˌfleksə'bɪlətɪ] *subst* **1** böjlighet, smidighet **2** flexibilitet
flexible ['fleksəbl] *adj* **1** böjlig, smidig, elastisk **2** flexibel [*a ~ system*]; ***~ working hours*** flextid
flexitime ['fleksɪtaɪm] *subst* spec. amer. o. **flextime** ['flekstaɪm] *subst* flextid
flick I [flɪk] *verb* snärta till, smälla, smälla till; ***~ away*** el. ***~ off*** slå bort, knäppa bort
II [flɪk] *subst* lätt slag; knäpp, snärt; snabb rörelse [*a ~ of the wrist*]
flicker I ['flɪkə] *verb* fladdra [*the candle flickered*], flimra
II ['flɪkə] *subst* **1** fladdrande **2** glimt [*a ~ of hope*]
1 flight [flaɪt] *subst* **1** flykt [*the ~ of a bird*], bana väg [*the ~ of an arrow*] **2** flygning [*a solo ~*], flygtur; ***~ recorder*** färdskrivare **3** ~ el. ***~ of stairs*** trappa; ***two ~s up*** två trappor upp
2 flight [flaɪt] *subst* flykt, flyende; ***put to ~*** jaga på flykten
flighty ['flaɪtɪ] *adj* flyktig, lättsinnig
flimsy ['flɪmzɪ] *adj* **1** tunn [*a ~ wall*] **2** svag, bräcklig [*a ~ cardboard box*], klen
flinch [flɪntʃ] *verb* **1** rygga tillbaka; ***~ from*** dra sig för, rygga tillbaka inför **2** rycka till av smärta; ***without flinching*** utan att blinka
fling I [flɪŋ] (*flung flung*) *verb* kasta, slunga, slänga [*~ a stone*]; ***~ open*** slå upp, slänga upp
II [flɪŋ] *subst* **1** kast **2** ***have a ~*** slå runt, festa om
flint [flɪnt] *subst* **1** flinta **2** stift i tändare
flip [flɪp] (*-pp-*) *verb* **1** knäppa i väg [*~ a ball of paper*] **2** ***~ through*** bläddra igenom
flip-flops ['flɪpflɒps] *subst pl* slags sandaler av gummi
flippant ['flɪpənt] *adj* nonchalant, lättvindig
flippers ['flɪpəz] *subst pl* **1** simfötter **2** simfenor på säl m.m.
flirt I [flɜːt] *verb* flörta; ***~ with the idea of...*** leka med tanken att...
II [flɜːt] *subst* flört person
flirtation [flɜː'teɪʃən] *subst* flört
flirtatious [flɜː'teɪʃəs] *adj* flörtig
flit [flɪt] (*-tt-*) *verb* **1** fladdra, flyga **2** flacka [*~ from place to place*]
float I [fləʊt] *verb* **1** flyta [*cork ~s*]; hålla flytande **2** sväva [*dust floating in the air*] **3** starta, grunda; ***~ a company*** starta ett bolag genom aktieemission
II [fləʊt] *subst* **1** flotte **2** flöte **3** simdyna
floating ['fləʊtɪŋ] *adj* flytande, svävande; ***~ dock*** flytdocka; ***~ voter*** marginalväljare
flock I [flɒk] *subst* **1** flock, skock [*~ of geese*]; hjord [*~ of sheep*] **2** om personer skara
II [flɒk] *verb* flockas, skocka sig
floe [fləʊ] *subst* flak; ***ice ~*** isflak
flog [flɒg] (*-gg-*) *verb* prygla, piska
flogging ['flɒgɪŋ] *subst* prygel, aga, smörj
flood I [flʌd] *subst* **1** översvämning **2** högvatten, flod **3** ström
II [flʌd] *verb* **1** översvämma; ***flooded with light*** dränkt av ljus **2** få att svämma över
floodlight ['flʌdlaɪt] *subst* strålkastare; pl. ***~s*** strålkastarbelysning, strålkastarljus
floor I [flɔː] *subst* **1** golv **2** våning våningsplan; ***the first ~*** en trappa upp, amer. bottenvåningen
II [flɔː] *verb* slå omkull, golva boxare; ***the question floored me completely*** jag gick fullständigt bet på frågan, jag blev helt ställd
floorshow ['flɔːʃəʊ] *subst* kabaré, krogshow
flop I [flɒp] (*-pp-*) *verb* **1** flaxa, sprattla; ***~ about*** a) om sko kippa, glappa b) om person gå och hänga **2** ***~ down*** dimpa ner, sjunka ner **3** vard. göra fiasko, floppa
II [flɒp] *subst* **1** flaxande, plums **2** vard. fiasko, flopp
floppy ['flɒpɪ] *adj* **1** flaxande, slak; svajig; ***~ hat*** slokhatt **2** ***~ disk*** data. diskett
florid ['flɒrɪd] *adj* rödblommig [*~ complexion*]
florist ['flɒrɪst] *subst*, ***florist's shop*** el. ***florist's*** blomsteraffär
floss [flɒs] *subst*, ***dental ~*** tandtråd
flounce [flaʊns] *verb* rusa, störta [*she flounced out of the room*]

1 flounder ['flaʊndə] *subst* fisk flundra, skrubbskädda

2 flounder ['flaʊndə] *verb* **1** sprattla, tumla; ~ ***about*** irra omkring **2** stå och hacka

flour ['flaʊə] *subst* mjöl

flourish I ['flʌrɪʃ] *verb* **1** blomstra; florera **2** svänga, svinga [~ *a sword*] **3** lysa med [~ *one's wealth*]
II ['flʌrɪʃ] *subst* **1** snirkel, släng **2** elegant sväng, elegant rörelse

flourishing ['flʌrɪʃɪŋ] *adj* blomstrande

flout [flaʊt] *verb* trotsa [~ *the law*]; nonchalera

flow I [fləʊ] *verb* flyta, rinna, strömma
II [fləʊ] *subst* **1** flöde, flod, ström **2** tidvattnets flod [*ebb and* ~]

> **flower**
> I England ger man ofta blommor för att visa sin kärlek, tacka för något eller för att be om ursäkt för något. Det är inte vanligt att man som i Sverige har blommor med sig till en fest.

flower I ['flaʊə] *subst* **1** blomma **2** ***be in*** ~ stå i blom, blomma
II ['flaʊə] *verb* blomma, stå i blom

flowerbed ['flaʊəbed] *subst* rabatt

flowerpot ['flaʊəpɒt] *subst* blomkruka

flower show ['flaʊəʃəʊ] *subst* blomsterutställning

flowery ['flaʊərɪ] *adj* blomsterprydd, blommig [*a* ~ *carpet*]

flown [fləʊn] perf. p. av *1 fly I*

flu [flu:] *subst* vard. influensa

fluctuate ['flʌktjʊeɪt] *verb* fluktuera, växla, skifta

fluctuation [ˌflʌktjʊ'eɪʃən] *subst* variation, växling, skiftning

flue [flu:] *subst* rökgång, rökkanal

fluency ['flu:ənsɪ] *subst* ledigt uttryckssätt; ***her ~ in English was excellent*** hon talade flytande engelska

fluent ['flu:ənt] *adj* flytande [*speak* ~ *French*]

fluently ['flu:əntlɪ] *adv* flytande [*speak French* ~]

fluff [flʌf] *subst* **1** ludd, ulldamm **2** dun

fluffy ['flʌfɪ] *adj* **1** luddig **2** luftig, fluffig

fluid I ['flu:ɪd] *adj* flytande
II ['flu:ɪd] *subst* vätska

fluke [flu:k] *subst* vard. lyckträff, tur, flax

flung [flʌŋ] imperf. o. perf. p. av *fling I*

flunk [flʌŋk] *verb* spec. amer. vard. kugga i examen

fluorescent [flɔ:'resnt] *adj*, ~ ***lamp*** lysrörslampa

fluoride ['flʊəraɪd] *subst* kem. fluorid; ~ ***toothpaste*** fluortandkräm

fluorine ['flʊəri:n] *subst* kem. fluor

flurry I ['flʌrɪ] *subst* **1** ***a ~ of activity*** en febril aktivitet **2** ***rain*** ~ regnby; ***snow*** ~ snöby
II ['flʌrɪ] *verb* uppröra, förvirra

1 flush I [flʌʃ] *verb* **1** blossa upp, rodna **2** göra röd, få att rodna **3** spola, spola ren [~ *the pan*]
II [flʌʃ] *subst* **1** spolning, renspolning **2** svall, rus, yra [*the first* ~ *of victory*] **3** häftig rodnad; feberhetta

2 flush [flʌʃ] *adj* **1** stadd vid kassa, rik **2** jämn, slät, plan; ~ ***with*** i jämnhöjd med **3** om slag rak, direkt

fluster ['flʌstə] *verb* göra nervös, förvirra

flute [flu:t] *subst* musik. flöjt

flutter I ['flʌtə] *verb* **1** fladdra, vaja, sväva **2** flaxa med [~ *one's wings*]
II ['flʌtə] *subst* **1** fladdrande **2** uppståndelse; ***be in a*** ~ vara uppjagad

flux [flʌks] *subst*, ***in a state of*** ~ stadd i omvandling

1 fly I [flaɪ] (*flew flown*) *verb* **1** flyga; flyga över [~ *the Atlantic*]; ~ ***high*** sikta högt **2** ila, flyga; ~ ***into a rage*** bli rasande; ***send sb flying*** slå omkull ngn **3** fladdra, vaja [*the flags were flying*]
II [flaɪ] *subst*, ~ pl. ***flies*** gylf

2 fly [flaɪ] *subst* fluga; ***he wouldn't hurt a*** ~ han gör inte en fluga förnär; ***a ~ in the ointment*** smolk i bägaren

fly agaric [ˌflaɪ'ægərɪk] *subst* röd flugsvamp

flying I ['flaɪɪŋ] *subst* flygning
II ['flaɪɪŋ] *adj* **1** flygande; ~ ***fish*** flygfisk; ~ ***range*** flygplans aktionsradie; ~ ***saucer*** flygande tefat **2** ~ ***visit*** blixtvisit; ~ ***squad*** polispiket som sätts in vid t.ex. bankrån

flyleaf ['flaɪli:f] *subst* försättsblad i bok

flyover ['flaɪˌəʊvə] *subst* trafik. planskild korsning, vägbro, överfart

flyweight ['flaɪweɪt] *subst* sport. flugvikt

flywheel ['flaɪwi:l] *subst* svänghjul

foal [fəʊl] *subst* föl

foam I [fəʊm] *subst* skum, fradga, lödder; ~ ***extinguisher*** skumsläckare; ~ ***rubber*** skumgummi
II [fəʊm] *verb* skumma, fradga

focal ['fəʊkl] *adj* foto. fokal-, brännpunkts-; ~ ***distance*** el. ~ ***length*** brännvidd

focus I ['fəʊkəs] *subst* fokus, brännpunkt; ***the picture is out of*** ~ bilden är oskarp; ***the*** ~ ***of attention*** centrum för uppmärksamheten
II ['fəʊkəs] *verb* **1** fokusera, samla; ~ ***on*** fästa huvudvikten vid; ~ ***one's attention on*** koncentrera sin uppmärksamhet på; ***be focused*** vara koncentrerad, vara fokuserad **2** fokuseras, samlas **3** foto. ställa in; ställa in skärpan

fodder ['fɒdə] *subst* torrfoder

foe [fəʊ] *subst* poetiskt fiende, motståndare

foetus ['fiːtəs] *subst* foster i livmodern

fog [fɒg] *subst* dimma; ~ ***light*** el. ~ ***lamp*** dimljus

fogey ['fəʊgɪ] *subst*, ***old*** ~ vard. gammal stofil

foggy ['fɒgɪ] *adj* dimmig; ***I haven't the foggiest idea*** jag har inte den blekaste aning

foible ['fɔɪbl] *subst* svaghet, egenhet, svagsida

1 foil [fɔɪl] *subst* folie, foliepapper

2 foil [fɔɪl] *verb* omintetgöra, gäcka

3 foil [fɔɪl] *subst* fäktn. florett

1 fold [fəʊld] *subst* fålla, inhägnad

2 fold I [fəʊld] *verb* **1** vika, vika ihop; vecka **2** vikas, vika sig, vika ihop sig; ~ ***up*** lägga ihop, vika ihop **3** fälla ihop [~ *up a chair*]
II [fəʊld] *subst* veck

folder ['fəʊldə] *subst* **1** folder, broschyr **2** samlingspärm, mapp

folding ['fəʊldɪŋ] *adj* hopvikbar, hopfällbar; ~ ***bed*** fällsäng, tältsäng; ~ ***doors*** vikdörrar

foliage ['fəʊlɪɪdʒ] *subst* löv, lövverk

folk [fəʊk] *subst* **1** folk, människor; ***my folks*** mina anhöriga, min familj **2** före subst. folk-; ~ ***dance*** folkdans; ~ ***song*** folkvisa

folklore ['fəʊklɔː] *subst* folklore, folkminnesforskning

follow ['fɒləʊ] *verb* **1** följa, följa bakom (på, efter) i rum el. tid; komma efter, efterträda; ***as*** ~***s*** på följande sätt; ***to*** ~ efter, ovanpå; ~ **'*on*** följa efter, fortsätta efter **2** följa, lyda [~ *advice*] **3** ägna sig åt yrke **4** följa med, hänga med; ***do you*** ~ ***?*** fattar du? **5** vara en följd [*from* av]

follower ['fɒləʊə] *subst* anhängare; följeslagare

following I ['fɒləʊɪŋ] *adj* följande; ***the*** ~ ***day*** följande dag
II ['fɒləʊɪŋ] *subst* följe, anhängare; ***she has a large*** ~ hon har en stor supporterskara

follow-up ['fɒləʊʌp] *subst* uppföljning

folly ['fɒlɪ] *subst* dårskap

foment [fə'ment] *verb* underblåsa [~ *rebellion*]

fond [fɒnd] *adj* tillgiven, kärleksfull, öm; ***be*** ~ ***of*** tycka om, vara förtjust i

fondle ['fɒndl] *verb* kela med, smeka

fondue ['fɒndjuː] *subst* kok. fondue

food [fuːd] *subst* mat [~ *and drink*]; föda, födoämne; ~ ***poisoning*** matförgiftning; ~ ***processor*** matberedare

foodstuff ['fuːdstʌf] *subst* födoämne

fool I [fuːl] *subst* **1** dåre, dumbom; ***live in a fool's paradise*** leva i lycklig okunnighet **2** narr; ***All Fools' Day*** [ˌɔːl'fuːlzdeɪ] första april då man narras april; ***make a*** ~ ***of sb*** göra ngn löjlig; ***play the*** ~ el. ***act the*** ~ spela pajas
II [fuːl] *verb* **1** skoja med, driva med; ~ ***sb out of sth*** lura av ngn ngt **2** ~ ***about with*** el. ~ ***around with*** pillra med

foolery ['fuːlərɪ] *subst* dårskap, narraktighet

foolhardy ['fuːlˌhɑːdɪ] *adj* dumdristig

foolish ['fuːlɪʃ] *adj* dåraktig, dum

foolproof ['fuːlpruːf] *adj* idiotsäker

foot I [fʊt] (pl. *feet* [fiːt]) *subst* **1** fot; ***my*** ~***!*** vard. nonsens!; ***be on one's feet*** a) stå, resa sig b) vara på benen; ***go on*** ~ gå till fots; ***put one's*** ~ ***down*** säga ifrån på skarpen, sätta ner foten; ***put one's*** ~ ***in it*** vard. trampa i klaveret; ***rise to one's feet*** resa sig; ***rush sb off his feet*** bringa ngn ur fattningen; ***by*** ~ till fots; ***on*** ~ till fots, i rörelse, i gång **2** fot [*at the* ~ *of the mountain*]; fotända [*the* ~ *of a bed*] **3** fot mått (= 12 *inches* ungefär = 30,5 cm); ***five*** ~ ***six*** el. ***five feet six*** 5 fot 6 tum ungefär 167 cm
II [fʊt] *verb*, ~ ***the bill*** vard. betala räkningen, stå för kalaset

foot-and-mouth disease [ˌfʊtən'maʊθdɪˌziːz] *subst* mul- och klövsjuka

football ['fʊtbɔːl] *subst* **1** fotboll **2** ~ el. ***American*** ~ amerikansk fotboll

footballer ['fʊtbɔːlə] *subst* fotbollsspelare

foothold ['fʊthəʊld] *subst* fotfäste

footie ['fʊtɪ] *subst* vard. fotboll

footing ['fʊtɪŋ] *subst* **1** fotfäste; ***put a business on a sound*** ~ konsolidera ett företag **2** ***be on an equal*** ~ stå på jämlik fot med

footlights ['fʊtlaɪts] *subst pl* teat. **1** ramp, rampljus **2** ***the*** ~ scenen

footman ['fʊtmən] *subst* betjänt, lakej

footpath ['fʊtpɑːθ] *subst* gångstig

footprint ['fʊtprɪnt] *subst* **1** fotspår, fotavtryck **2** satellit-tv footprint, täckningsområde
footsie ['fʊtsɪ] *subst*, ***play*** ~ vard. tåflörta
footstep ['fʊtstep] *subst* **1** steg, fotsteg **2** fotspår
footstool ['fʊtstuːl] *subst* pall
footwear ['fʊtweə] *subst* skodon, fotbeklädnad
for I [fɔː, obetonat fə] *prep* **1** för; till [*here's a letter ~ you; the train ~ London*]; åt [*I can hold it ~ you*]; efter [*ask ~ sb*], om [*ask ~ help*]; på, till ett belopp av [*a bill ~ £100*]; av [*cry ~ joy; ~ this reason*] **2** trots; ***he is kind ~ all that*** han är snäll trots allt **3** vad beträffar, i fråga om [*the worst year ever ~ accidents*]; ~ ***all I care*** vad mig beträffar, gärna för mig; ***he is dead ~ all I know*** han är död vad jag vet; ***so much ~ that!*** det var det!, nog om den saken!; ***as*** ~ vad beträffar; ***as ~ me*** för min del **4** såsom, som; ~ ***instance*** el. ~ ***example*** till exempel; ***I ~ one*** jag för min del; ~ ***one thing*** för det första; ***I know it ~ a fact*** det vet jag säkert **5** för, för att vara [*not bad ~ a beginner*] **6** ***oh ~ a cup of tea!*** vad jag är sugen på en kopp te!; ***what's this ~?*** vard. a) vad är det här till? b) vad är det här bra för? **7** i tidsuttryck: i; på [*I haven't seen him ~ a long time*]; ***be away ~ a month*** vara bortrest en månad; ~ ***several months*** sedan flera månader tillbaka **8** i rumsuttryck: ~ ***kilometres*** på flera kilometer; ***it is not ~ me to judge*** det är inte min sak att döma
II [fɔː, obetonat fə] *konj* för, ty [*I asked her to stay, ~ I had something to tell her*]
forage I ['fɒrɪdʒ] *subst* foder åt hästar el. boskap
II ['fɒrɪdʒ] *verb* **1** söka efter föda **2** ~ el. ~ ***about*** el. ~ ***around*** leta, rota [*for* efter]
forbade [fə'bæd, fə'beɪd] imperf. av *forbid*
forbid [fə'bɪd] (*forbade forbidden*) (*forbidding*) *verb* förbjuda
forbidden [fə'bɪdn] perf. p. av *forbid*
forbidding [fə'bɪdɪŋ] *adj* frånstötande; ***a ~ appearance*** ett frånstötande yttre
force I [fɔːs] *subst* **1** styrka, kraft; ~ ***of habit*** vanans makt; ***by ~ of*** i kraft av; ***in great*** ~ el. ***in*** ~ mil. i stort antal **2** styrka, trupp; ***the Force*** polisen; pl. ***~s*** stridskrafter [*naval ~s*]; ***air*** ~ flygvapen; ***armed ~s*** väpnade styrkor; ***join ~s with*** förena (alliera) sig med **3** våld [*use ~*]; ***brute*** ~ fysiskt våld; ***by*** ~ med våld **4** laga kraft; ***come into*** ~ träda i kraft
II [fɔːs] *verb* **1** tvinga; ~ ***the pace*** driva upp tempot **2** bryta upp [*~ a lock*] **3** tvinga fram [*from, out of* av], pressa fram [*from, out of* ur, från]
forced [fɔːst] *adj* o. *perf p* **1** tvungen; ~ ***feeding*** tvångsmatning; ~ ***labour*** tvångsarbete; ~ ***landing*** nödlandning **2** konstlad, ansträngd [*a ~ manner*]
force-feed ['fɔːsfiːd] *verb* tvångsmata
forceful ['fɔːsfʊl] *adj* kraftfull, stark
force-land [ˌfɔːs'lænd] *verb* nödlanda
forceps ['fɔːseps] (pl. lika) *subst* kirurgisk tång, pincett
forcible ['fɔːsəbl] *adj* kraftig, eftertrycklig
fore [fɔː] *subst*, ***come to the*** ~ framträda, bli aktuell
forearm ['fɔːrɑːm] *subst* underarm
foreboding [fɔː'bəʊdɪŋ] *subst* ond aning, föraning
forecast I ['fɔːkɑːst] (*forecast forecast* el. *forecasted forecasted*) *verb* förutse, förutsäga
II ['fɔːkɑːst] *subst* prognos; ***weather*** ~ väderrapport
forefather ['fɔːˌfɑːðə] *subst* förfader
forefinger ['fɔːˌfɪŋgə] *subst* pekfinger
forefront ['fɔːfrʌnt] *subst*, ***be in the*** ~ vara högaktuell, stå i förgrunden
foregone ['fɔːgɒn] *adj*, ***be a ~ conclusion*** a) vara en given sak b) vara givet på förhand
foreground ['fɔːgraʊnd] *subst* förgrund
forehand ['fɔːhænd] *subst* sport. forehand
forehead ['fɒrɪd, 'fɔːhed] *subst* panna
foreign ['fɒrən] *adj* **1** utländsk; utrikes- [*~ trade*]; ***the Foreign and Commonwealth Secretary*** el. ***the Foreign Secretary*** i Storbritannien utrikesministern **2** främmande [*to* för]
foreigner ['fɒrənə] *subst* utlänning
Foreign Legion [ˌfɒrən'liːdʒən] *subst*, ***the*** ~ Främlingslegionen
foreleg ['fɔːleg] *subst* framben
foreman ['fɔːmən] (pl. *foremen* ['fɔːmən]) *subst* förman, verkmästare
foremost ['fɔːməʊst] *adj* o. *adv* främst [*the ~ representative; first and ~*]
forensic [fə'rensɪk] *adj* juridisk, rättslig; ~ ***medicine*** rättsmedicin
foreplay ['fɔːpleɪ] *subst* förspel vid samlag
forerunner ['fɔːˌrʌnə] *subst* föregångare, förelöpare
foresaw [fɔː'sɔː] imperf. av *foresee*
foresee [fɔː'siː] (*foresaw foreseen*) *verb* förutse

foreseeable [fɔː'siːəbl] *adj* förutsebar; ***in the ~ future*** inom överskådlig framtid
foreseen [fɔː'siːn] perf. p. av *foresee*
foreskin ['fɔːskɪn] *subst* anat. förhud
forest ['fɒrɪst] *subst* stor skog
forestall [fɔː'stɔːl] *verb* förekomma
foretaste ['fɔːteɪst] *subst* försmak [*of* av]
foretell [fɔː'tel] (*foretold foretold*) *verb* förutsäga
foretold [fɔː'təʊld] imperf. o. perf. p. av *foretell*
forever [fə'revə] *adv* för alltid; jämt
forewarn [fɔː'wɔːn] *verb* varsko, förvarna
foreword ['fɔːwɜːd] *subst* förord, företal
forfeit ['fɔːfɪt] *verb* förverka, gå miste om
forgave [fə'geɪv] imperf. av *forgive*
1 forge [fɔːdʒ] *verb*, ~ ***ahead*** kämpa sig fram
2 forge I [fɔːdʒ] *subst* **1** smedja **2** smidesugn
II [fɔːdʒ] *verb* **1** smida **2** förfalska
forger ['fɔːdʒə] *subst* förfalskare
forgery ['fɔːdʒərɪ] *subst* förfalskning
forget [fə'get] (*forgot forgotten*) (*forgetting*) *verb* glömma; ~ ***about sth*** glömma bort ngt
forgetful [fə'getfʊl] *adj* glömsk
forgetfulness [fə'getfʊlnəs] *subst* glömska
forget-me-not [fə'getmɪnɒt] *subst* blomma förgätmigej
forgive [fə'gɪv] (*forgave forgiven*) *verb* förlåta
forgiven [fə'gɪvn] perf. p. av *forgive*
forgiveness [fə'gɪvnəs] *subst* förlåtelse
forgiving [fə'gɪvɪŋ] *adj* förlåtande, överseende
forgot [fə'gɒt] imperf. av *forget*
forgotten [fə'gɒtn] perf. p. av *forget*
fork I [fɔːk] *subst* **1** gaffel **2** grep **3** förgrening; vägskäl
II [fɔːk] *verb* **1** vard., ~ ***out*** punga ut med, punga ut med stålarna **2** ~ ***left*** ta av till vänster
forlorn [fə'lɔːn] *adj* **1** ensam och övergiven **2** ***a ~ hope*** ett fåfängt hopp
form I [fɔːm] *subst* **1** form **2** sport. form; ***be in great ~*** vara i högform; ***on ~*** i form; ***out of ~*** ur form **3** etikett, form; ***it is bad ~*** det passar sig inte; ***it is good ~*** det hör till god ton **4** formulär, blankett [*fill up a ~*] **5** bänk utan rygg **6** skol. klass, årskurs **7** gjutform
II [fɔːm] *verb* **1** bilda [*~ a Government*]; forma, gestalta **2** formas, ta form, bildas **3** utforma, göra upp [*~ a plan*]; göra sig, bilda sig [*~ an opinion*] **4** utgöra; ~ ***part of*** utgöra en del av
formal ['fɔːml] *adj* formell, högtidlig
formality [fɔː'mælətɪ] *subst* **1** formalitet [*customs formalities*]; formsak **2** formalism
format I ['fɔːmæt] *subst* om bok el. data. format
II ['fɔːmæt] (*-tt-*) *verb* data. formatera
formation [fɔː'meɪʃən] *subst* **1** utformning **2** formering, gruppering
former ['fɔːmə] *adj* **1** föregående, tidigare **2** förra, f.d. [*the ~ headmaster*] **3** ***the*** ~ den förra, det (de) förra [*the ~ was better than the latter*]
formerly ['fɔːməlɪ] *adv* förut, förr; ~ ***ambassador in*** f.d. ambassadör i
formidable ['fɔːmɪdəbl] *adj* formidabel, överväldigande
formula ['fɔːmjʊlə] *subst* formel
formulate ['fɔːmjʊleɪt] *verb* formulera
forsake [fə'seɪk] (*forsook forsaken*) *verb* överge, svika
forsaken [fə'seɪkən] perf. p. av *forsake*
forsook [fə'sʊk] imperf. av *forsake*
fort [fɔːt] *subst* fort, fäste
forte ['fɔːteɪ] *subst* stark sida [*singing is not my ~*]
forth [fɔːθ] *adv* **1** framåt, vidare; ***and so ~*** osv. **2** fram, ut [*bring ~; come ~*]
forthcoming [fɔːθ'kʌmɪŋ] *adj* **1** förestående, stundande; ~ ***events*** kommande program på t.ex. bio **2** vard. tillmötesgående
forthright ['fɔːθraɪt] *adj* rättfram, öppen
forthwith [ˌfɔːθ'wɪθ] *adv* genast
fortieth ['fɔːtɪəθ] *räkn* o. *subst* fyrtionde; fyrtiondel
fortification [ˌfɔːtɪfɪ'keɪʃən] *subst* **1** mil. befästande **2** befästning; spec. pl. ***~s*** befästningsverk
fortify ['fɔːtɪfaɪ] *verb* **1** mil. befästa **2** förstärka; ***fortified wine*** starkvin
fortitude ['fɔːtɪtjuːd] *subst* mod, själsstyrka
fortnight ['fɔːtnaɪt] *subst* fjorton dagar; ***every ~*** el. ***once a ~*** var fjortonde dag
fortress ['fɔːtrəs] *subst* fästning
fortunate ['fɔːtʃənət] *adj* lycklig; ***be ~*** ha tur
fortunately ['fɔːtʃənətlɪ] *adv* lyckligtvis
fortune ['fɔːtʃuːn] *subst* **1** lycka, tur; ***tell sb his ~*** spå ngn; ***try one's ~*** pröva lyckan **2** förmögenhet
fortune-hunter ['fɔːtʃuːnˌhʌntə] *subst* lycksökare
fortune-teller ['fɔːtʃuːnˌtelə] *subst* spåman, spåkvinna
forty ['fɔːtɪ] *räkn* o. *subst* **1** fyrtio **2** fyrtiotal; ***in the forties*** på fyrtiotalet **3** ~ ***winks*** vard. en liten tupplur
forum ['fɔːrəm] *subst* **1** forum **2** domstol

forward I ['fɔːwəd] *adj* **1** främre, framåtriktad; framåt **2** närgången, framfusig
II ['fɔːwəd] *subst* sport. forward, anfallsspelare
III ['fɔːwəd] *adv* framåt, fram [*lean* ~; *go* ~]
IV ['fɔːwəd] *verb* **1** främja **2** vidarebefordra, eftersända; ***please*** ~ på brev eftersändes

forwards ['fɔːwədz] *adv* framåt; ***backwards and*** ~ fram och tillbaka

fossil ['fɒsl] *subst* fossil; ~ ***fuel*** fossilt bränsle

foster ['fɒstə] *verb* **1** utveckla [~ *ability*]

foster child ['fɒstətʃaɪld] *subst* fosterbarn

fought [fɔːt] imperf. o. perf. p. av *fight I*

foul I [faʊl] *adj* **1** illaluktande; vidrig [~ *smell*]; äcklig [*a* ~ *taste*]; smutsig; ~ ***air*** dålig luft; ~ ***weather*** ruskväder **2** ***fall*** ~ ***of*** el. ***run*** ~ ***of*** a) kollidera med b) komma i konflikt med [*fall* ~ *of the law*] **3** rå, oanständig [~ *language*], vard. otäck, ruskig **4** ojust, regelvidrig; ~ ***play*** a) ojust spel b) brott
II [faʊl] *subst* ojust spel, ruff; boxn. el. basket foul; ***commit a*** ~ ruffa
III [faʊl] *verb* **1** sport. spela ojust; vara ojust mot, ruffa **2** smutsa ned, förorena

1 found [faʊnd] imperf. o. perf. p. av *find I*

2 found [faʊnd] *verb* **1** grunda, lägga grunden till, grundlägga **2** grunda, basera [*on* på]

foundation [faʊn'deɪʃən] *subst* **1** grundande **2** grund; underlag **3** stiftelse, fond

founder ['faʊndə] *subst* grundare, grundläggare

Founding Fathers
Founding Fathers kallas de män som skrev den amerikanska konstitutionen och alltså grundade Amerikas förenta stater. Bland dem fanns t.ex. *George Washington*, USA:s första president, och *Thomas Jefferson*, USA:s tredje president.

foundry ['faʊndrɪ] *subst* gjuteri

fountain ['faʊntən] *subst* fontän

fountain pen ['faʊntənpen] *subst* reservoarpenna

four [fɔː] *räkn* o. *subst* **1** fyra **2** fyrtal; ***on all*** ~***s*** på alla fyra

four-cylinder ['fɔːˌsɪlɪndə] *adj* fyrcylindrig

four-dimensional [ˌfɔːdaɪ'menʃnəl] *adj* fyrdimensionell

fourfold I ['fɔːfəʊld] *adj* fyrdubbel, fyrfaldig
II ['fɔːfəʊld] *adv* fyrdubbelt, fyrfaldigt

four-footed [ˌfɔː'fʊtɪd] *adj* fyrfota-, fyrfotad

four-legged [ˌfɔː'legd, ˌfɔː'legɪd] *adj* fyrbent

four-letter words [ˌfɔːletə'wɜːdz] *subst pl* runda ord sexord

fourteen [ˌfɔː'tiːn] *räkn* o. *subst* fjorton

fourteenth [ˌfɔː'tiːnθ] *räkn* o. *subst* fjortonde; fjortondel

fourth [fɔːθ] *räkn* o. *subst* fjärde; fjärdedel

fowl [faʊl] *subst* **1** hönsfågel; fjäderfä **2** kok. fågel, höns

fox I [fɒks] *subst* **1** räv **2** vard. pangbrud
II [fɒks] *verb* vard. lura, förbrylla

foxhunting ['fɒksˌhʌntɪŋ] *subst* rävjakt till häst med hundar

foxtrot ['fɒkstrɒt] *subst* musik. foxtrot [*do the* ~; *dance the* ~]

foyer ['fɔɪeɪ] *subst* foajé

fraction ['frækʃən] *subst* **1** bråkdel **2** mat. bråk

fracture I ['fræktʃə] *subst* benbrott, fraktur
II ['fræktʃə] *verb* bryta; brytas

fragile ['frædʒaɪl, amer. 'frædʒl] *adj* bräcklig, ömtålig, skör, spröd

fragility [frə'dʒɪlətɪ] *subst* bräcklighet, ömtålighet

fragment ['frægmənt] *subst* stycke, bit, fragment

fragrance ['freɪgrəns] *subst* vällukt, doft

fragrant ['freɪgrənt] *adj* välluktande, doftande

fraidy-cat ['freɪdɪkæt] *subst* barnspr. fegis

frail [freɪl] *adj* bräcklig, klen

frailty ['freɪltɪ] *subst* bräcklighet, klenhet

frame I [freɪm] *verb* **1** utforma; utarbeta **2** rama in
II [freɪm] *subst* **1** stomme; ram t.ex. på cykel **2** ram [~ *of a picture*], karm **3** kropp, kroppsbyggnad [*his powerful* ~] **4** ~ ***of mind*** sinnesstämning **5** bildruta på t.ex. filmremsa

framework ['freɪmwɜːk] *subst* stomme; ram, struktur [*the* ~ *of society*]

franc [fræŋk] *subst* franc myntenhet

France [frɑːns] Frankrike

frank [fræŋk] *adj* öppenhjärtig, rättfram, uppriktig [*with* mot]

frankfurter ['fræŋkfɜːtə] *subst* frankfurterkorv, wienerkorv

frankly ['fræŋklɪ] *adv* uppriktigt sagt, ärligt talat

frantic ['fræntɪk] *adj* ursinnig, rasande

fraternal [frəˈtɜːnl] *adj* broderlig, broders-
fraternity [frəˈtɜːnətɪ] *subst* **1** broderskap, broderlighet **2** broderskap, samfund
fraternize [ˈfrætənaɪz] *verb* fraternisera
fraud [frɔːd] *subst* **1** bedrägeri **2** bedragare
fraudulent [ˈfrɔːdjʊlənt] *adj* bedräglig
fray [freɪ] *verb* göra trådsliten; ***frayed cuffs*** fransiga manschetter
freak I [friːk] *subst* **1** nyck, infall **2** missfoster, vidunder **3** fantast; ***computer*** ~ datanörd; ***health*** ~ frisksportare; ***sport*** ~ sportfåne
II [friːk] *verb*, ~ ***out*** vard. a) smälla av, flippa ut b) snetända
freckle I [ˈfrekl] *subst* fräkne
II [ˈfrekl] *verb* göra fräknig, bli fräknig
freckled [ˈfrekld] *adj* o. **freckly** [ˈfreklɪ] *adj* fräknig
free I [friː] *adj* **1** fri, frivillig; ***he is*** ~ ***to*** det står honom fritt att; ***leave sb*** ~ ***to*** ge ngn fria händer att; ***set*** ~ frige, frigöra; ~ ***kick*** fotb. frispark **2** fri, ledig [*have a day* ~] **3** befriad, fritagen; ~ ***from*** utan **4** kostnadsfri, gratis; ~ ***of charge*** gratis **5** ~ ***and easy*** otvungen, naturlig **6** frikostig, generös
II [friː] *verb* befria, frige, frigöra
freedom [ˈfriːdəm] *subst* frihet, oberoende
freely [ˈfriːlɪ] *adv* **1** fritt [*travel* ~] **2** frivilligt, villigt **3** rikligt
freemason [ˈfriːˌmeɪsn] *subst* frimurare
freesia [ˈfriːzjə] *subst* blomma fresia
freestyle [ˈfriːstaɪl] *subst* **1** fristil, frisim **2** fribrottning
freeway [ˈfriːweɪ] *subst* amer. motorväg
freeze I [friːz] (*froze frozen*) *verb* **1** frysa; komma att frysa **2** ~ ***over*** frysa till **3** frysa ned (in), djupfrysa [~ *meat*] **4** isa sig [*the blood froze in his veins*] **5** stanna, stå still
II [friːz] *subst* **1** frost, köldknäpp **2** ***wage*** ~ el. ~ lönestopp
freeze-dry [ˌfriːzˈdraɪ] *verb* frystorka
freezer [ˈfriːzə] *subst* frys; ~ ***pack*** frysklamp
freezing [ˈfriːzɪŋ] *adj* bitande kall, iskall
freezing-compartment [ˈfriːzɪŋkəmˌpɑːtmənt] *subst* frysfack i t.ex. kylskåp
freezing-point [ˈfriːzɪŋpɔɪnt] *subst* fryspunkt
freight [freɪt] *subst* fraktgods; frakt
freight train [ˈfreɪttreɪn] *subst* godståg
French I [frentʃ] *adj* fransk; ~ ***bean*** skärböna, haricot vert; ~ ***fried*** el. ~ ***fries*** pommes frites; ~ ***horn*** musik. valthorn; ***take*** ~ ***leave*** vard. smita, avdunsta; ~ ***roll*** småfranska; ~ ***stick*** baguette; ~ ***toast*** kok. fattiga riddare
II [frentʃ] *subst* **1** franska språket **2** ***the*** ~ fransmännen
Frenchman [ˈfrentʃmən] (pl. *Frenchmen* [ˈfrentʃmən]) *subst* fransman
frenzied [ˈfrenzɪd] *adj* frenetisk
frenzy [ˈfrenzɪ] *subst* ursinne, raseri; ***in a*** ~ ***of joy*** vild av glädje
Freon® [ˈfriːɒn] *subst* freon®
frequency [ˈfriːkwənsi] *subst* frekvens
frequent I [ˈfriːkwənt] *adj* ofta förekommande, vanlig [*a* ~ *sight*]; tät [~ *visits*]; frekvent
II [frɪˈkwent] *verb* ofta besöka, frekventera [~ *a café*]
frequently [ˈfriːkwəntlɪ] *adv* ofta
fresco [ˈfreskəʊ] (pl. *frescoes* el. ~*s*) *subst* konst. fresk
fresh [freʃ] *adj* **1** ny [*a* ~ *paragraph*]; färsk [~ *bread*]; frisk, fräsch **2** vard. påflugen; ***don't get*** ~***!*** var inte så fräck!
freshen [ˈfreʃn] *verb*, ~ ***up*** el. ~ friska upp, fräscha upp
freshwater [ˈfreʃˌwɔːtə] *adj* sötvattens- [~ *fish*]
fret [fret] (*-tt-*) *verb* gräma sig; gräma
fretful [ˈfretfʊl] *adj* sur, grinig, retlig
fretsaw [ˈfretsɔː] *subst* lövsåg
friar [ˈfraɪə] *subst* relig. munk; ***Friar Tuck*** broder Tuck
friction [ˈfrɪkʃən] *subst* **1** friktion **2** motsättningar
Friday [ˈfraɪdeɪ, ˈfraɪdɪ] *subst* fredag; ***last*** ~ i fredags; ***Good*** ~ långfredagen
fridge [frɪdʒ] *subst* vard. kylskåp
friend [frend] *subst* vän, väninna, kamrat; ***be*** ~***s with*** vara god vän med; ***be bad*** ~***s*** vara ovänner; ***make*** ~***s*** a) skaffa sig vänner b) bli vänner; ***make*** ~***s with*** bli god vän med
friendly I [ˈfrendlɪ] *adj* vänlig, vänskaplig [*to, with* mot]; ***get*** ~ ***with*** bli vän med
II [ˈfrendlɪ] *subst* sport. vänskapsmatch
friendship [ˈfrendʃɪp] *subst* vänskap
frigate [ˈfrɪgət] *subst* sjö. fregatt
fright [fraɪt] *subst* skräck, förskräckelse; ***get a*** ~ bli skrämd; ***give sb a*** ~ skrämma ngn
frighten [ˈfraɪtn] *verb* skrämma; ~ ***sb to death*** skrämma livet ur ngn
frightful [ˈfraɪtfʊl] *adj* förskräcklig, förfärlig
frigid [ˈfrɪdʒɪd] *adj* **1** kall **2** kylig **3** med. frigid
frigidity [frɪˈdʒɪdətɪ] *subst* **1** kylighet, kyla **2** med. frigiditet
frill [frɪl] *subst* pl. ~***s*** vard. grannlåter, krusiduller

frilly ['frɪlɪ] *adj* krusad, plisserad; snirklad
fringe I [frɪndʒ] *subst* **1** frans **2** marginal; ytterkant; ~ ***group*** polit. grupp på ytterkanten **3** lugg
II [frɪndʒ] *verb* fransa
frisk [frɪsk] *verb* **1** ~ ***about*** hoppa, skutta **2** vard. muddra leta igenom
frisky ['frɪskɪ] *adj* sprallig, yster
1 fritter ['frɪtə] *subst* kok., ***apple ~s*** friterade äppelringar
2 fritter ['frɪtə] *verb*, ~ ***away*** plottra bort, slösa bort [*~ away one's time*]
frivolity [frɪ'vɒlətɪ] *subst* flärd, lättsinne
frivolous ['frɪvələs] *adj* lättsinnig, tramsig
frizzle ['frɪzl] *verb* steka, fräsa
frizzy ['frɪzɪ] *adj* krusig, krullig [*~ hair*]
fro [frəʊ] *adv*, ***to and*** ~ fram och tillbaka, av och an
frock coat [ˌfrɒk'kəʊt] *subst* bonjour
frog [frɒg] *subst* groda; ***have a ~ in one's throat*** vara rostig i halsen, vara hes
frogman ['frɒgmən] (pl. *frogmen* ['frɒgmən]) *subst* grodman
frolic I ['frɒlɪk] *subst* skoj, upptåg
II ['frɒlɪk] (*frolicked frolicked*) *verb* leka, skutta
from [frɒm] *prep* **1** från; ur; ~ ***a child*** ända från barndomen **2** av [*steel is made ~ iron; I got it ~ my mother*] **3** ~ ***above*** ovanifrån; ~ ***among*** ur, fram ur, från; ~ ***behind*** bakifrån; ~ ***below*** nedifrån; ~ ***without*** utifrån
front I [frʌnt] *subst* **1** framsida, främre del; ***in*** ~ framtill, före [*walk in ~*]; ***in ~ of*** framför, inför **2** mil. el. meteor. front [*cold ~*] **3** fasad; täckmantel; ~ ***organization*** täckorganisation
II [frʌnt] *adj* fram-, främre, front-; ~ ***door*** ytterdörr, port; ~ ***page*** förstasida av tidning; ~ ***room*** rum åt gatan; ~ ***row*** teat. m.m. första bänk; ~ ***seat*** framsäte; plats framtill
frontier ['frʌntɪə, amer. frʌn'tɪr] *subst* politisk statsgräns, gräns
frontispiece ['frʌntɪspiːs] *subst* titelplansch
frost I [frɒst] *subst* **1** frost; ***ten degrees of*** ~ Celsius tio grader kallt **2** rimfrost
II [frɒst] *verb* **1** göra frostbiten, frostskada **2** täcka med rimfrost; ~ ***over*** el. ~ ***up*** täckas av rimfrost **3** mattslipa, mattera [*frosted glass*]
frostbite ['frɒstbaɪt] *subst* köldskada
frostbitten ['frɒstˌbɪtn] *adj* frostbiten, frostskadad
frosty ['frɒstɪ] *adj* frost- [*~ nights*], frostig
froth [frɒθ] *subst* fradga, skum [*~ on the beer*]
frothy ['frɒθɪ] *adj* fradgande, skummande
frown I [fraʊn] *verb* **1** rynka pannan **2** ~ ***at*** el. ~ ***on*** se ogillande på
II [fraʊn] *subst* rynkad panna; bister uppsyn
froze [frəʊz] imperf. av *freeze I*
frozen I ['frəʊzn] perf. p. av *freeze I*
II ['frəʊzn] *adj* **1** djupfryst [*~ food*] **2** bunden [*~ credits*]; maximerad [*~ prices*]
frugal ['fruːgl] *adj* **1** sparsam **2** enkel [*a ~ meal*]
fruit [fruːt] *subst* frukt
fruit drop ['fruːtdrɒp] *subst* syrlig karamell med fruktsmak
fruiterer ['fruːtərə] *subst* frukthandlare
fruitful ['fruːtfʊl] *adj* fruktbar, givande
fruitless ['fruːtləs] *adj* fruktlös, gagnlös
fruit machine ['fruːtməˌʃiːn] *subst* enarmad bandit, spelautomat
frustrate [frʌ'streɪt] *verb* **1** omintetgöra, motverka **2** frustrera
frustration [frʌ'streɪʃən] *subst* **1** omintetgörande **2** frustrering
fry [fraɪ] *verb* steka i panna; bryna, fräsa
frying-pan ['fraɪɪŋpæn] *subst* stekpanna; ***out of the ~ into the fire*** ordspr. ur askan i elden
fry pan ['fraɪpæn] *subst* amer. stekpanna
ft. [fʊt, resp. fiːt] förk. för *foot* resp. *feet*
fuchsia ['fjuːʃə] *subst* blomma fuchsia
fuck I [fʌk] *verb* vulg. **1** knulla **2** ~ ***it!*** fan också!; ~ ***you!*** el. ~ ***off!*** dra åt helvete!; ~ ***up*** sabba, strula till; ***don't ~ with me!*** jävlas inte med mig!
II [fʌk] *subst* vulg. knull samlag; ***what the ~!*** vad i helvete!
fuck-all [ˌfʌk'ɔːl] *subst* vulg., ***she knows*** ~ hon vet inte ett jävla dugg
fucker ['fʌkə] *subst* vulg. jävel
fucking ['fʌkɪŋ] *adj* vulg. jävla

front-bencher
Front-benchers kallas de parlamentsledamöter som har en officiell befattning i sitt parti. De sitter på de främre bänkarna i parlamentssalen. Premiärministern och andra ministrar sitter på ena sidan av mittgången i salen och på den motsatta sidan sitter de viktigaste medlemmarna av oppositionen.

fuck-up ['fʌkʌp] *subst* vulg. jävla röra, satans strul
fudge [fʌdʒ] *subst* fudge slags mjuk kola
fuel I [fjʊəl] *subst* bränsle, drivmedel; ~ ***cap*** tanklock på bil
II [fjʊəl] (*-ll-*, amer. *-l-*) *verb* **1** förse med bränsle, tanka **2** bunkra
fuel-efficient ['fjʊəlɪˌfɪʃənt] *adj* bränslesnål
fugitive ['fjuːdʒətɪv] *subst* flykting; rymling
fulfil [fʊl'fɪl] (*-ll-*) *verb* **1** uppfylla, infria; fullgöra, utföra [*~ one's duties*] **2** fullborda [*~ a task*]
full I [fʊl] *adj* **1** full, fylld [*of* av, med], fullsatt; ***I'm ~ up*** el. ***I'm ~*** vard. jag är mätt; ~ ***cream*** tjock grädde; ~ ***house*** teat. utsålt hus; ~ ***moon*** fullmåne; ~ ***stop*** punkt i skrift; ~ ***time*** a) heltid [*work ~ time*] b) sport. full tid; ***in ~ view of*** klart synlig för **2** mäktig, fyllig **3** hel [*a ~ dozen*]; ~ ***board*** helpension
II [fʊl] *subst*, ***in ~*** fullständigt, till fullo; ***to the ~*** fullständigt, till fullo
full-blooded [ˌfʊl'blʌdɪd] *adj* kraftfull, passionerad
full-bodied [ˌfʊl'bɒdɪd] *adj* fyllig, mustig
full-fledged [ˌfʊl'fledʒd] *adj* fullfjädrad
full-grown [ˌfʊl'grəʊn] *adj* fullväxt, fullvuxen
full-length [ˌfʊl'leŋθ] *adj* hellång [*a ~ skirt*]; hel; ***a ~ film*** en långfilm; ***a ~ portrait*** en helbild
full-scale ['fʊlskeɪl] *adj* **1** i naturlig skala [*a ~ drawing*] **2** omfattande, total
full-time ['fʊltaɪm] *adj* heltids- [*~ work*]
fully ['fʊlɪ] *adv* **1** fullt, fullständigt, till fullo **2** drygt; ~ ***two days*** hela två dar, drygt två dar
fully-fashioned [ˌfʊlɪ'fæʃənd] *adj* formstickad, fasonstickad
fumble ['fʌmbl] *verb* **1** fumla; famla [*for* efter]; treva **2** fumla med **3** missa [*~ a chance*]
fume I [fjuːm] *subst* oftast pl. ***~s*** rök [*~s of a cigar*]; utdunstningar; ångor
II [fjuːm] *verb* vara rasande [*at* över]
fumigate ['fjuːmɪgeɪt] *verb* desinficera genom rökning
fun I [fʌn] *subst* nöje; skoj; ***for ~*** för skojs skull; ***in ~*** på skämt; ***it was such ~*** det var så roligt; ***make ~ of*** el. ***poke ~ at*** driva med; ~ ***and games*** vard. skoj
II [fʌn] *adj* vard. rolig, kul [*a ~ hat; a ~ party*]
function I ['fʌŋkʃən] *subst* **1** funktion **2** ceremoni; tillställning, högtidlighet
II ['fʌŋkʃən] *verb* fungera; ~ ***key*** data. funktionstangent
functionary ['fʌŋkʃnərɪ] *subst* funktionär
fund [fʌnd] *subst* **1** fond, stor tillgång, förråd **2** vard., pl. ***~s*** tillgångar; pengar medel
fundamental I [ˌfʌndə'mentl] *adj* fundamental, grundläggande [*to* för]
II [ˌfʌndə'mentl] *subst* vanligen pl. ***~s*** grundprinciper
funeral ['fjuːnrəl] *subst* begravning; ~ ***procession*** el. ~ begravningståg
fun fair ['fʌnfeə] *subst* vard. nöjesfält, tivoli
fungus ['fʌŋgəs] (pl. *fungi* ['fʌŋgaɪ]) *subst* svamp
fun house ['fʌnhaʊs] *subst* vard. lustiga huset på tivoli
funk [fʌŋk] *subst* vard., ***be in a ~*** vara skraj
funnel ['fʌnl] *subst* **1** tratt **2** skorsten på båt el. lok

> **funny**
> Ibland används frasen *funny peculiar* (på amerikansk engelska *funny weird*, *funny strange*) or *funny ha-ha* för att ta reda på om den som talar menar konstig eller rolig.

funny ['fʌnɪ] *adj* **1** rolig, komisk **2** konstig, egendomlig; ~ ***business*** fiffel, mygel; ***the ~ farm*** dårhuset; ~ ***money*** falska pengar
fur [fɜː] *subst* **1** päls på vissa djur; ~ ***coat*** plagg päls **2** skinn av vissa djur **3** ~ pl. ***~s*** päls, pälsverk
furious ['fjʊərɪəs] *adj* rasande, ursinnig
furl [fɜːl] *verb* rulla ihop; fälla ihop [*~ an umbrella*]
furnace ['fɜːnɪs] *subst* masugn, smältugn
furnish ['fɜːnɪʃ] *verb* **1** förse, utrusta **2** inreda, möblera
furniture ['fɜːnɪtʃə] (utan pl.) *subst* möbler, möblemang; ***a lot of ~*** mycket möbler; ***a piece of ~*** en möbel; ~ ***remover*** flyttkarl; ~ ***van*** flyttbil
furrier ['fʌrɪə] *subst* körsnär
furrow I ['fʌrəʊ] *subst* **1** plogfåra **2** i t.ex. ansiktet fåra
II ['fʌrəʊ] *verb* **1** plöja **2** fåra
further I ['fɜːðə] *adj* (komparativ av *far*) **1** bortre, avlägsnare, längre bort **2** ytterligare; ~ ***education*** vidareutbildning, fortbildning; ***until ~ notice*** tills vidare
II ['fɜːðə] *adv* (komparativ av *far*) **1** längre,

längre bort; ~ ***on*** längre fram; ***take sth*** ~ föra ngt vidare; ***wish sb*** ~ vard. önska ngn dit pepparn växer **2** vidare, ytterligare

III ['fɜːðə] *verb* främja, gynna

furthermore [ˌfɜːðə'mɔː] *adv* vidare, dessutom

furthermost ['fɜːðəməʊst] *adj* avlägsnast, borterst

furthest I ['fɜːðɪst] (superlativ av *far*) *adj* borterst, avlägsnast

II ['fɜːðɪst] (superlativ av *far*) *adv* längst bort, ytterst

furtive ['fɜːtɪv] *adj* förstulen [*a ~ glance*], hemlig; ***look*** ~ se hemlighetsfull ut

fury ['fjʊərɪ] *subst* raseri, ursinne [*in a ~*]

1 fuse I [fjuːz] *verb* **1** smälta; smälta samman **2** ***a*** ~ ***has blown*** en propp har gått

II [fjuːz] *subst* säkring, propp

2 fuse [fjuːz] *subst* **1** brandrör, tändrör **2** stubintråd

fuselage ['fjuːzɪlɑːʒ] *subst* flygkropp

fusion ['fjuːʒən] *subst* sammansmältning; fusion

fuss I [fʌs] *subst* bråk, uppståndelse, ståhej; ***make a*** ~ ***about*** tjafsa om, bråka om; ***without any*** ~ utan att göra stor affär av det

II [fʌs] *verb* bråka, tjafsa; ~ ***over the children*** pyssla om barnen, pjoska med barnen

fussy ['fʌsɪ] *adj* petig, tjafsig

fusty ['fʌstɪ] *adj* unken, mögelluktande; instängd

futile ['fjuːtaɪl, amer. 'fjuːtl] *adj* fåfäng, meningslös

futility [fjʊ'tɪlətɪ] *subst* fåfänglighet, meningslöshet

future I ['fjuːtʃə] *adj* framtida, kommande; senare [*a ~ chapter*]; ***the*** ~ ***tense*** gram. futurum

II ['fjuːtʃə] *subst* **1** framtid; ***the immediate*** ~ den närmaste framtiden; ***in*** ~ i fortsättningen; ***in the*** ~ i framtiden **2** gram., ***the*** ~ futurum

fuzzy ['fʌzɪ] *adj* **1** fjunig, luddig; suddig [*a ~ picture*] **2** krusig [*~ hair*]

Gg

G o. **g** [dʒiː] *subst* **1** ***G*** g **2** musik. G, g; ***G flat*** gess; ***G sharp*** giss

g. (förk. för *gramme, grammes, gram, grams*) gram

gab [gæb] *subst* vard., ***she has the gift of the*** ~ hon är slängd i käften

gabble I ['gæbl] *verb* babbla, pladdra på

II ['gæbl] *subst* babbel, pladder

gable ['geɪbl] *subst* gavel

gadget ['gædʒɪt] *subst* grej, pryl

gag I [gæg] (*-gg-*) *verb* sätta munkavle på, tysta ner

II [gæg] *subst* **1** munkavle **2** gag, skämt

gaga ['gɑːgɑː] *adj* vard. gaggig

gaiety ['geɪətɪ] *subst* glädje, munterhet

gaily ['geɪlɪ] *adv* glatt, muntert

gain I [geɪn] *subst* **1** vinst **2** ökning [*a ~ in weight*]

II [geɪn] *verb* **1** vinna, få [*~ permission*], erhålla **2** öka, gå upp [*~ in weight*]; ~ ***2 kilos*** gå upp 2 kilo **3** om klocka forta sig **4** ~ ***on*** vinna på, ta in på [*~ on the others in a race*]

gait [geɪt] *subst* gång, sätt att gå [*an unsteady ~*]

gala ['gɑːlə] *subst* stor fest, gala

galaxy ['gæləksɪ] *subst* **1** astron. galax **2** lysande samling [*a ~ of famous people*]

gale [geɪl] *subst* hård vind, storm; sjö. kuling

gallant ['gælənt] *adj* tapper, modig

gallantry ['gæləntrɪ] *subst* mod, hjältemod

gall bladder ['gɔːlˌblædə] *subst* anat. gallblåsa

galleria [ˌgælə'riːə] *subst* galleria

gallery ['gælərɪ] *subst* **1** galleri; ***art*** ~ konstgalleri **2** läktare inomhus; ***the*** ~ teat. översta raden, tredje raden **3** läktarpublik, galleripublik **4** ***play to the*** ~ spela för galleriet, fria till publiken

gallon

I England använder man numera oftast liter i stället för gallon. I USA används däremot *gallon* när man köper t.ex. bensin. 1 brittisk gallon = 4,5 liter, 1 amerikansk gallon = 3,8 liter.

gallivant ['gælɪvænt] *verb*, ~ ***about*** el. ~ ***around*** gå och driva, driva omkring på, vara ute på vift
gallon ['gælən] *subst* gallon rymdmått spec. för våta varor: britt. = 4,5 liter, amer. = 3,8 liter
gallop I ['gæləp] *verb* galoppera
II ['gæləp] *subst* galopp; ***ride at a*** ~ rida i galopp
gallows ['gæləʊz] (pl. lika) *subst* galge
gallstone ['gɔːlstəʊn] *subst* med. gallsten
Gallup ['gæləp] egennamn, ~ ***poll*** gallupundersökning, opinionsundersökning
galore [gə'lɔː] *adv* i massor; ***win prizes*** ~ vinna massor av priser
galvanize ['gælvənaɪz] *verb* **1** tekn. galvanisera **2** egga, entusiasmera
gamble I ['gæmbl] *verb* spela hasard; ~ ***on*** vard. slå vad om, tippa
II ['gæmbl] *subst* chansning, vågspel
gambler ['gæmblə] *subst* spelare, hasardspelare
gambling ['gæmblɪŋ] *subst* hasardspel
gambling-den ['gæmblɪŋden] *subst* spelhåla
gambol I ['gæmbəl] *subst* hopp, skutt
II ['gæmbəl] (*-ll-*) *verb* skutta omkring
game I [geɪm] *subst* **1** spel; lek [*children's* ~*s*]; ***the*** ~ ***is up*** spelet är förlorat; ***give the*** ~ ***away*** vard. prata bredvid mun, avslöja alltihop; ***play the*** ~ spela just, uppföra sig just; ***I beat him at his own*** ~ jag slog honom med hans egna vapen **2** knep, lek, skämt; ***none of your*** ~***s!*** kom inte med några dumheter!; ***what's his*** ~***?*** vard. vad håller han på med? **3** match [*let's play another* ~]; ***a*** ~ ***of chess*** ett parti schack **4** game i tennis; set i bordtennis el. badminton **5** pl. ~***s*** idrott; ***the Olympic Games*** Olympiska spelen **6** vilt, villebråd; ***big*** ~ storvilt
II [geɪm] *adj*, ***I'm*** ~ ***for anything*** jag ställer upp på vad som helst
gamekeeper ['geɪmˌkiːpə] *subst* skogvaktare, viltvårdare
gaming-table ['geɪmɪŋˌteɪbl] *subst* spelbord
gammon ['gæmən] *subst* saltad el. rökt skinka
gander ['gændə] *subst* gåskarl, gåshanne
gang I [gæŋ] *subst* **1** brottsligt liga **2** vard. gäng
II [gæŋ] *verb*, ~ ***up on*** mobba, gadda ihop sig mot
gangplank ['gæŋplæŋk] *subst* sjö. landgång
gangrene ['gæŋgriːn] *subst* med. kallbrand
gangster ['gæŋstə] *subst* gangster
gangway ['gæŋweɪ] *subst* **1** gång, passage spec. mellan bänkrader **2** sjö. landgång
gaol I [dʒeɪl] *subst* fängelse
II [dʒeɪl] *verb* sätta i fängelse
gaolbird ['dʒeɪlbɜːd] *subst* fängelsekund, fånge
gaoler ['dʒeɪlə] *subst* fångvaktare
gap [gæp] *subst* **1** öppning, hål, gap **2** lucka, mellanrum **3** klyfta [*generation* ~]
gape [geɪp] *verb* **1** gapa **2** glo
gaping ['geɪpɪŋ] *adj* gapande [*a* ~ *hole*]
garage ['gærɑːʒ, spec. amer. gə'rɑːʒ] *subst* **1** garage **2** bilverkstad, servicestation; ~ ***mechanic*** bilmekaniker
garbage ['gɑːbɪdʒ] *subst* **1** amer. avfall, sopor; ~ ***can*** soptunna; ~ ***collector*** renhållningsarbetare; ~ ***separation*** (***sorting***) sopsortering **2** vard. smörja, strunt [*you're talking* ~], skräp
garbled ['gɑːbld] *adj* förvrängd, förvanskad [*a* ~ *version of a speech*]
garden ['gɑːdn] *subst* trädgård; villatomt; ***everything in the*** ~ ***is lovely*** vard. allt är frid och fröjd; ***lead sb up the*** ~ ***path*** vard. lura ngn, dra ngn vid näsan
garden centre ['gɑːdnˌsentə] *subst* handelsträdgård
garden city [ˌgɑːdn'sɪtɪ] *subst* trädgårdsstad, villastad
gardener ['gɑːdnə] *subst* trädgårdsmästare
gardenia [gɑː'diːnjə] *subst* blomma gardenia
gardening ['gɑːdnɪŋ] *subst* trädgårdsskötsel, trädgårdsarbete
gargle I ['gɑːgl] *verb* gurgla, gurgla sig
II ['gɑːgl] *subst* gurgelvatten
garland ['gɑːlənd] *subst* krans, girland
garlic ['gɑːlɪk] *subst* vitlök; ***a clove of*** ~ en vitlöksklyfta
garment ['gɑːmənt] *subst* klädesplagg; pl. ~***s*** kläder
garnet ['gɑːnɪt] *subst* halvädelsten granat
garnish I ['gɑːnɪʃ] *verb* kok. garnera
II ['gɑːnɪʃ] *subst* kok. garnering
garret ['gærət] *subst* vindskupa
garrison ['gærɪsn] *subst* mil. garnison
garrulous ['gærələs] *adj* pratsam, pratsjuk
garter ['gɑːtə] *subst* **1** strumpeband runt benet **2** amer., ~ ***belt*** strumpebandshållare
gas I [gæs] *subst* **1** gas **2** amer. vard. (kortform för *gasoline*) bensin **3** ***step on the*** ~ vard. a) trampa på gasen, gasa på b) skynda på
II [gæs] (*-ss-*) *verb* **1** vard. snacka, babbla **2** gasa, gasförgifta
gasbag ['gæsbæg] *subst* vard. pratkvarn
gas cap ['gæskæp] *subst* amer. bil. tanklock
gas cooker ['gæsˌkʊkə] *subst* gasspis
gas fire ['gæsˌfaɪə] *subst* gaskamin

gash [gæʃ] *subst* gapande skärsår
gasket ['gæskɪt] *subst* tekn. packning, topplockspackning
gasoline ['gæsəliːn] *subst* amer. bensin
gasp I [gɑːsp] *verb* dra efter andan, flämta
II [gɑːsp] *subst* flämtning; ***she was at her last*** ~ hon var helt utpumpad
gas station ['gæsˌsteɪʃən] *subst* amer. bensinmack
gas stove ['gæsstəʊv] *subst* gasspis, gaskök
gastric ['gæstrɪk] *adj*, ~ ***flu*** maginfluensa; ~ ***ulcer*** magsår
gastritis [gæ'straɪtɪs] *subst* med. magkatarr, gastrit
gasworks ['gæswɜːks] (med verb i sing.; pl. lika) *subst* gasverk
gate [geɪt] *subst* **1** grind **2** flyg. utgång **3** sport. publiktillströmning [*a big* ~]
gateau ['gætəʊ] (pl. *gateaux* ['gætəʊz]) *subst* tårta vanligen med grädde
gatecrash ['geɪtkræʃ] *verb* vard., ~ ***into*** el. ~ komma objuden till [~ *a party*]; smita in på [~ *a football match*]; ~ ***on sb*** våldgästa ngn
gatecrasher ['geɪtˌkræʃə] *subst* vard. objuden gäst, snyltgäst
gateway ['geɪtweɪ] *subst* **1** port **2** inkörsport, nyckel [*the* ~ *to success*]
gather ['gæðə] *verb* **1** samla [~ *a crowd*] **2** samlas, samla sig **3** samla ihop, samla in; plocka [~ *flowers*]; ~ ***together*** samla ihop, plocka ihop **4** skaffa sig, inhämta [~ *information*]; ~ ***speed*** få fart **5** dra den slutsatsen, förstå; ***she has left, I*** ~ hon har gått, har jag förstått
gaudy ['gɔːdɪ] *adj* prålig, skrikig
gauge I [geɪdʒ] *verb* **1** mäta [~ *the temperature*] **2** sondera, pejla [~ *people's opinions*]
II [geɪdʒ] *subst* **1** standardmått, kaliber; ***take the*** ~ ***of*** ta mått på **2** mätare **3** spårvidd
gauze [gɔːz] *subst* gas, flor; ~ ***bandage*** gasbinda
gave [geɪv] imperf. av *give I*
gawky ['gɔːkɪ] *adj* tafatt, klumpig
gay I [geɪ] *adj* **1** homosexuell bög **2** ngt åld. glad, munter
II [geɪ] *subst* homosexuell bög
gaze I [geɪz] *verb* stirra [*at* på]; ***he gazed into her eyes*** han såg henne djupt i ögonen
II [geɪz] *subst* blick [*a steady* ~]
gazelle [gə'zel] *subst* gasell

GB [ˌdʒiː'biː] (förk. för *Great Britain*) äv. som nationalitetsbeteckning på brittiska bilar
gear [gɪə] *subst* **1** redskap, utrustning, grejor **2** bil. växel; ***change*** ~ växla; ***in top*** ~ på högsta växeln; ***drive in second*** ~ köra på tvåans växel
gearbox ['gɪəbɒks] *subst* bil. växellåda
gearlever ['gɪəˌliːvə] *subst* bil. växelspak
gearshift ['gɪəʃɪft] *subst* bil. växelspak
gee [dʒiː] *interj* jösses!, oj då!
geek [giːk] *subst* amer. sl. tönt, nörd [*computer* ~]
geese [giːs] *subst pl* av *goose*
gel [dʒel] *subst*, ***hair*** ~ hårgelé; ***shaving*** ~ rakgelé
gelatine ['dʒelətiːn] *subst* gelatin
gem [dʒem] *subst* **1** ädelsten, juvel **2** klenod, pärla
Gemini ['dʒemɪnaɪ] *subst* stjärntecken Tvillingarna
gender ['dʒendə] *subst* gram. genus
gene [dʒiːn] *subst* gen, arvsanlag
genealogical [ˌdʒiːnjə'lɒdʒɪkl] *adj*, ~ ***table*** stamtavla
general I ['dʒenrəl] *adj* **1** allmän, generell; ***in*** ~ el. ***as a*** ~ ***rule*** i allmänhet, på det hela taget; ***a*** ~ ***election*** allmänna val; ~ ***knowledge*** allmänbildning; ~ ***practitioner*** allmänpraktiserande läkare **2** general- [~ *agent*] **3** i titlar placerat efter huvudordet general- [*secretary-general*]
II ['dʒenrəl] *subst* mil. general
generalization [ˌdʒenrəlaɪ'zeɪʃən] *subst* generalisering; allmän slutsats
generalize ['dʒenrəlaɪz] *verb* generalisera
generally ['dʒenrəlɪ] *adv* i allmänhet, i regel; ***I*** ~ ***stay up till eleven*** jag brukar vara uppe till elva; ~ ***speaking*** i stort sett
generate ['dʒenəreɪt] *verb* alstra, utveckla, generera [~ *electricity*]
generation [ˌdʒenə'reɪʃən] *subst* **1** framkallande, alstring **2** generation [*the second* ~]
generator ['dʒenəreɪtə] *subst* elektr. generator
generosity [ˌdʒenə'rɒsətɪ] *subst* **1** generositet, givmildhet **2** storsinthet
generous ['dʒenərəs] *adj* **1** generös, frikostig [*med* with] **2** ***a*** ~ ***helping*** en riklig portion
genetically [dʒə'netɪklɪ] *adv*, ~ ***engineered*** el. ~ ***modified*** genmanipulerad
genetics [dʒə'netɪks] (med verb i sing.) *subst* genetik
Geneva [dʒə'niːvə] Genève

genial ['dʒiːnjəl] *adj* **1** mild, gynnsam [*a ~ climate*] **2** gemytlig, vänlig
genitals ['dʒenɪtlz] *subst pl* könsorgan, könsdelar
genitive ['dʒenətɪv] *subst* gram. genitiv; ***in the ~*** i genitiv
genius ['dʒiːnjəs] *subst* geni, snille
genocide ['dʒenəsaɪd] *subst* folkmord
genre ['ʒɒːnrə] *subst* biol. genre
gent [dʒent] *subst* vard. (kortform för *gentleman*) **1** herre **2** ***~s*** herrtoalett
genteel [dʒen'tiːl] *adj* förnäm av sig, struntförnäm
gentile ['dʒentaɪl] *subst* icke-jude
gentle ['dʒentl] *adj* **1** varsam, försiktig **2** mild [*a ~ breeze*], blid **3** mjuk, lätt [*a ~ touch*]
gentleman ['dʒentlmən] (pl. *gentlemen* ['dʒentlmən]) *subst* **1** herre; ***gentlemen's lavatory*** herrtoalett **2** gentleman [*a fine old ~*]
gently ['dʒentlɪ] *adv* **1** varsamt **2** milt, mjukt
genuine ['dʒenjʊɪn] *adj* **1** äkta, genuin **2** sann, verklig
geographical [dʒɪə'græfɪkəl] *adj* geografisk
geography [dʒɪ'ɒgrəfɪ] *subst* geografi
geologist [dʒɪ'ɒlədʒɪst] *subst* geolog
geology [dʒɪ'ɒlədʒɪ] *subst* geologi
geometry [dʒɪ'ɒmətrɪ] *subst* geometri
Georgia ['dʒɔːdʒə] *subst* **1** Georgien **2** Georgia staten i USA
geranium [dʒə'reɪnjəm] *subst* pelargon
geriatric I [ˌdʒerɪ'ætrɪk] *adj*, ***~ care*** äldreomsorg
II [ˌdʒerɪ'ætrɪk] *subst* åldring, vard. gamling
geriatrics [ˌdʒerɪ'ætrɪks] (med verb i sing.) *subst* med. geriatrik
germ [dʒɜːm] *subst* bakterie, bacill
German I ['dʒɜːmən] *adj* tysk; ***~ measles*** med. röda hund; ***~ shepherd*** amer. schäfer hund
II ['dʒɜːmən] *subst* **1** tysk; tyska **2** tyska språket
Germany ['dʒɜːmənɪ] Tyskland
germicide ['dʒɜːmɪsaɪd] *subst* bakteriedödande medel
germinate ['dʒɜːmɪneɪt] *verb* gro, spira
gesticulate [dʒe'stɪkjʊleɪt] *verb* gestikulera
gesture ['dʒestʃə] *subst* gest
get I [get] (*got got*, perf. p. amer. ofta *gotten*) (*getting*) *verb* **1** få, lyckas få, skaffa sig [*~ a job*] **2** fånga, få tag i; få fast, sätta dit [*they got the murderer*] **3** vard. fatta, haja [*do you ~ what I mean?*] **4** komma, lyckas komma [*~ home*] **5** ***have got*** ha; ***have got to*** vara (bli) tvungen att **6** ***~ sth done*** se till att ngt blir gjort; få ngt gjort; ***get sb to do sth*** få ngn att göra ngt; ***~ one's hair cut*** klippa sig, klippa håret **7** ***~ to*** småningom komma att, lära sig att [*I got to like him*]; ***~ to know*** få reda på, få veta, lära känna; ***it was getting dark*** det började bli mörkt; ***~ going*** komma i gång; ***~ talking*** börja prata **8** bli [*~ better*]; ***~ married*** gifta sig
II [get] (*got got*, perf. p. amer. ofta *gotten*) (*getting*) *verb* med adv. o. prep.
get about 1 resa omkring, röra på sig **2** komma ut, sprida sig om rykte
get along 1 klara sig, reda sig **2** ***I must be getting along*** jag måste ge mig i väg **3** ***do you ~ along?*** kommer ni överens? **4** komma åt, nå, hacka på [*you're always getting at me*] **5** syfta på, mena; ***what are you getting at?*** vart är det du vill komma? **6**
get away 1 komma i väg **2** komma undan, rymma; ***~ away with*** komma undan med; ***~ away with it*** klara sig, slippa undan
get back 1 få igen, få tillbaka **2** återvända **3** ***~ one's own back*** ta revansch [*she got her own back*]
get by 1 komma förbi **2** klara sig
get down 1 få ner, få i sig **2** gå ner (av), komma ner (av), göra nedstämd; ***don't let it ~ you down*** ta inte vid dig så hårt för det **3** ***~ down to*** ta itu med
get in 1 ta sig in, komma in **2** hinna med, klämma in [*they ~ in all the work they can*]
get into 1 stiga in i (upp på), komma in i (upp på) **2** råka (komma) i [*~ into danger*], komma in i, få [*~ into bad habits*]
get off 1 få av (upp, loss), ta av (upp, loss) **2** gå av, stiga av, slippa undan; ***he got off lightly*** han klarade sig lindrigt **3** ge sig av, komma i väg **4** ***~ off on*** bli tänd på **5** ***~ off to bed*** gå och lägga sig; ***~ off to sleep*** somna in **6** ***~ off work*** bli ledig från arbetet
get on 1 få (sätta) på; ta (få) på sig **2** gå på, stiga på, sätta sig på; ***~ on one's feet*** stiga upp, komma upp, resa sig för att tala; ***she ~s on my nerves*** hon går mig på nerverna **3** lyckas, ha framgång; trivas; ***how is he getting on?*** hur har han det?; ***how is the work getting on?*** hur går det med arbetet?; ***~ on with it!*** el. ***~ on!*** skynda (raska) på! **4** komma bra överens, trivas [*with sb* med ngn]; ***he is easy to ~ on with*** han är lätt att umgås med **5** ***he is***

getting on in years el. ***he is getting on in life*** han börjar bli gammal; ***time is getting on*** tiden går; ***be getting on for*** närma sig, gå mot [*he is getting on for 70*] **6** ~ ***on to*** komma upp på [*~ on to a bus*]
get out 1 få fram [*~ out a few words*], hämta fram, ta fram [*he got out a bottle of wine*]; få ut (ur), ta ut (ur) **2** gå (komma, stiga, ta sig) ut [*of* ur], komma upp [*of* ur]; ~ ***out of*** a) komma ifrån [*~ out of a habit*] b) slingra sig undan [*try to ~ out of washing up*]
get over 1 få undangjord **2** komma över [*~ over one's shyness*], hämta sig från [*~ over an illness*], glömma
get round 1 kringgå [*~ round the law*], komma ifrån **2** lyckas övertala; ***she knows how to ~ round him*** hon vet hur hon ska ta honom **3** ~ ***round to*** få tillfälle till
get through 1 gå (komma, klara sig) igenom; bli färdig med **2** komma fram äv. i telefon **3** göra slut på [*~ through all one's money*]
get to 1 komma fram till, nå; ~ ***to bed*** komma i säng **2** ***where has it got to?*** vart har det tagit vägen?
get together få ihop, samla, samla ihop
get up gå upp, stiga upp [*~ up early in the morning*]; resa sig; ~ ***up to*** komma till, ställa till; ~ ***up to mischief*** hitta på rackartyg

getaway ['getəweɪ] *subst* vard. flykt; ***make a ~*** rymma, smita

get-together ['getəgeðə] *subst* vard. träff, sammankomst

get-up ['getʌp] *subst* vard. utstyrsel, klädsel

geyser ['gi:zə, amer. 'gaɪzə] *subst* **1** gejser varm källa **2** varmvattenberedare

Ghana ['gɑ:nə]

ghastly ['gɑ:stlɪ] *adj* hemsk, förskräcklig

gherkin ['gɜ:kɪn] *subst* inläggningsgurka

ghetto ['getəʊ] (pl. *~s*) *subst* getto

ghost [gəʊst] *subst* **1** spöke; döds ande, vålnad **2** ***the Holy Ghost*** den Helige Ande **3** skymt [*the ~ of a smile*]; ***not the ~ of a chance*** inte skuggan av en chans **4** ***give up the ~*** a) dö, ge upp andan b) lägga av, paja

ghostly ['gəʊstlɪ] *adj* spöklik

giant ['dʒaɪənt] *subst* jätte, gigant; ~ ***slalom*** storslalom

gibber ['dʒɪbə] *verb* pladdra, tjattra

gibberish ['dʒɪbərɪʃ] *subst* rotvälska, rappakalja

gibe I [dʒaɪb] *verb*, ~ ***at*** håna, pika
II [dʒaɪb] *subst* gliring

giddiness ['gɪdɪnəs] *subst* yrsel, svindel

giddy ['gɪdɪ] *adj* yr i huvudet, vimmelkantig

gift [gɪft] *subst* **1** gåva; ~ ***token*** el. ~ ***voucher*** ungefär presentkort **2** talang, begåvning

gifted ['gɪftɪd] *adj* begåvad, talangfull

gigabyte ['gɪgəbaɪt] *subst* data. gigabyte

gigantic [dʒaɪ'gæntɪk] *adj* gigantisk, enorm

giggle I ['gɪgl] *verb* fnittra
II ['gɪgl] *subst* fnitter

gigolo ['dʒɪgələʊ] (pl. *~s*) *subst* gigolo

gild [gɪld] *verb* förgylla

gill [gɪl] *subst* gäl på fisk

gilt I [gɪlt] *adj* förgylld
II [gɪlt] *subst* förgyllning

gimlet ['gɪmlət] *subst* **1** handborr, borr **2** drink gin el. vodka och limejuice

gimmick ['gɪmɪk] *subst* vard. gimmick, jippo

gin [dʒɪn] *subst* gin

ginger I ['dʒɪndʒə] *subst* ingefära
II ['dʒɪndʒə] *adj* vard. rödblond [*~ hair*]

ginger ale [ˌdʒɪndʒər'eɪl] *subst* o. **ginger beer** [ˌdʒɪndʒə'bɪə] *subst* kolsyrat ingefärsdricka

gingerbread ['dʒɪndʒəbred] *subst*, ~ ***biscuit*** pepparkaka

gingerly ['dʒɪndʒəlɪ] *adv* försiktigt, varsamt

ginseng ['dʒɪnseŋ] *subst* ginseng

gipsy I ['dʒɪpsɪ] *subst* zigenare, zigenerska
II ['dʒɪpsɪ] *adj* zigenar- [*~ music*]

giraffe [dʒɪ'ræf] *subst* giraff

girder ['gɜ:də] *subst* bärbjälke, balk

girdle ['gɜ:dl] *subst* gördel

girl [gɜ:l] *subst* **1** flicka **2** flickvän **3** ~ ***scout*** amer. flickscout

girlfriend ['gɜ:lfrend] *subst* flickvän fästmö; flickbekant, väninna

girlhood ['gɜ:lhʊd] *subst*, ***during her ~*** som flicka

girlish ['gɜ:lɪʃ] *adj* flickaktig

giro ['dʒaɪrəʊ] (pl. *~s*) *subst* **1** postgiro, bankgiro; ~ ***account*** postgirokonto; ***pay by ~*** el. ***transfer by ~*** girera **2** giroutbetalning

gist [dʒɪst] *subst*, ***the ~ of*** det väsentliga i, kärnpunkten i [*the ~ of the speech*]

give I [gɪv] (*gave given;* se äv. *given*) *verb* **1** ge, skänka; ~ ***me... any day!*** el. ~ ***me... every time!*** tacka vet jag...!; ~ ***my compliments to*** el. ~ ***my love to*** hälsa så mycket till **2** ~ ***way*** a) ge vika, brista [*the ice (rope) gave way*], svikta b) vika undan [*to* för], lämna företräde [*to* åt]; ~ ***way to traffic from the right***

lämna företräde åt trafiken från höger **c)** hemfalla, hänge sig [*to* åt] **d)** ge efter [*to* för] **3** offra t.ex. tid, kraft [*to* på]; ~ ***one's mind to*** ägna (hänge) sig åt **4** framkalla; ~ ***offence*** väcka anstöt **5** vålla, orsaka [~ *sb pain*] **6** framföra, hålla; ~ ***a lecture*** hålla en föreläsning; ~ ***a toast for*** utbringa en skål för; ~ ***three cheers for*** utbringa ett fyrfaldigt leve för **7** teat. ge; ***they are giving Hamlet*** man ger Hamlet **8** ~ ***a start*** rycka till
II [gɪv] (*gave given*) *verb* med adv. o. prep.
give away 1 ge bort, skänka bort **2** oavsiktligt förråda, avslöja [~ *away a secret*]
give in 1 lämna in; ~ ***in one's name*** anmäla sig **2** ge sig [*I* ~ *in*], ge vika, ge med sig
give off alstra, avge
give out 1 dela ut [~ *out tickets*] **2** avge [~ *out heat*] **3** tryta, ta slut, svika [*his strength gave out*]
give up 1 lämna ifrån sig, överlämna, utlämna; ~ ***oneself up*** överlämna sig, anmäla sig för polisen **2** ge upp [~ *up the attempt*] **3** sluta, sluta med; ***he gave up smoking*** han slutade röka
III [gɪv] *subst*, ~ ***and take*** ömsesidiga eftergifter
giveaway ['gɪvəweɪ] *subst* **1** avslöjande **2** presentartikel som reklam; ~ ***price*** vrakpris
given ['gɪvn] *adj* o. *perf p* (av *give I*) **1** given, skänkt; ~ ***name*** spec. amer. förnamn **2** ***be*** ~ ***to*** vara benägen att, vara fallen för, vara lagd för, vara hemfallen åt **3** bestämd, given [*a* ~ *time*] **4** förutsatt
glacier ['glæsɪə, amer. 'gleɪʃə] *subst* glaciär, jökel
glad [glæd] *adj* glad [*about, at* över, åt], belåten [*about, at* med]; ***I'm*** ~ ***to hear that...*** det var roligt att höra att...; ***I shall be*** ~ ***to come*** jag kommer gärna
glade [gleɪd] *subst* glänta, glad
gladiator ['glædɪeɪtə] *subst* gladiator
gladiolus [ˌglædɪ'əʊləs] (pl. *gladioli* [ˌglædɪ'əʊlaɪ]) *subst* gladiolus
gladly ['glædlɪ] *adv* med glädje, gärna
gladness ['glædnəs] *subst* glädje
glam [glæm] *adj* vard., se *glamorous*
glamorous ['glæmərəs] *adj* glamorös, tjusig
glamour ['glæmə] *subst* glamour, tjuskraft; ~ ***boy*** charmgosse
glance I [glɑːns] *verb* titta hastigt (flyktigt), ögna [*at* i; *over, through* igenom]
II [glɑːns] *subst* hastig (flyktig) blick, titt [*at* på]; ***at first*** ~ vid första ögonkastet
gland [glænd] *subst* anat. körtel
glare I [gleə] *verb* **1** blänka, glänsa **2** glo [*at* på]
II [gleə] *subst* **1** bländande ljus **2** ilsken blick
glaring ['gleərɪŋ] *adj* **1** bländande, skarp **2** stirrande [~ *eyes*] **3** bjärt, gräll [~ *colours*], iögonenfallande [~ *faults*]
Glasgow ['glɑːzgəʊ]
glass [glɑːs] *subst* **1** material glas [*made of* ~] **2** dricksglas, glas [*a* ~ *of wine*] **3** pl. ***glasses*** glasögon
glassful ['glɑːsfʊl] *subst* glas mått
glasshouse ['glɑːshaʊs] *subst* växthus, drivhus
glassware ['glɑːsweə] *subst* glasvaror, glas
glassy ['glɑːsɪ] *adj* **1** glasaktig **2** ***a*** ~ ***look*** en glasartad blick
glaucoma [glɔː'kəʊmə] *subst* med. glaukom, grön starr
glaze [gleɪz] *verb* **1** sätta glas i [~ *a window*] **2** glasera [~ *cakes*]; ***glazed earthenware*** fajans; ***glazed tiles*** kakel
glazier ['gleɪzjə] *subst* glasmästare
gleam I [gliːm] *subst* glimt, stråle
II [gliːm] *verb* glimma
glee [gliː] *subst* uppsluppen glädje, förtjusning
gleeful ['gliːfʊl] *adj* glad, munter
glen [glen] *subst* trång dal, dalgång
glib [glɪb] *adj* talför, munvig
glide I [glaɪd] *verb* glida
II [glaɪd] *subst* glidning
glider ['glaɪdə] *subst* glidflygplan, segelflygplan
gliding ['glaɪdɪŋ] *subst* **1** glidning **2** segelflygning
glimmer I ['glɪmə] *verb* glimma, skimra
II ['glɪmə] *subst* **1** skimmer, glimrande **2** glimt, skymt; ***a*** ~ ***of hope*** en strimma av hopp
glimpse I [glɪmps] *subst* skymt [*of* av]; ***catch a*** ~ ***of*** se en skymt av
II [glɪmps] *verb* se en skymt av
glint I [glɪnt] *verb* glittra, blänka
II [glɪnt] *subst* glimt [*a* ~ *in his eye*]
glisten ['glɪsn] *verb* glittra, glimma, glänsa
glitter I ['glɪtə] *verb* glittra, blänka
II ['glɪtə] *subst* **1** glitter, glimmer **2** prakt
gloat [gləʊt] *verb*, ~ ***over*** vara skadeglad över [~ *over sb's misfortunes*]
global ['gləʊbl] *adj* global, världsomspännande, total; ~ ***warming*** global uppvärmning

globalization [ˌgləʊbəlaɪ'zeɪʃən] *subst* globalisering
globe [gləʊb] *subst* **1** klot, kula **2** ***the*** ~ jordklotet
gloom [gluːm] *subst* **1** dunkel **2** dysterhet, förstämning; ~ ***and doom*** vard. jämmer och elände; ***it isn't all ~ and doom!*** några ljuspunkter finns det i alla fall!
gloomy ['gluːmɪ] *adj* **1** dunkel **2** dyster
glorify ['glɔːrɪfaɪ] *verb* förhärliga, glorifiera
glorious ['glɔːrɪəs] *adj* **1** strålande, underbar, härlig **2** lysande [*a ~ victory*]
glory I ['glɔːrɪ] *subst* **1** ära [*win ~*] **2** prydnad, stolthet **3** härlighet; ***in all one's*** ~ i sitt esse
II ['glɔːrɪ] *verb*, ~ ***in*** jubla över, glädja sig åt
gloss I [glɒs] *subst* glans, glänsande yta
II [glɒs] *verb* göra glansig; ~ ***over*** släta över [*she glossed over his faults*]
glossary ['glɒsərɪ] *subst* ordlista
glossy ['glɒsɪ] *adj* glansig, glänsande; ~ ***magazine*** elegant och påkostad tidskrift
glove [glʌv] *subst* handske; ~ ***compartment*** handskfack i bil; ***fit like a*** ~ sitta som gjuten, passa perfekt
glow I [gləʊ] *verb* glöda, brinna [*with* av]
II [gləʊ] *subst* **1** glöd [*the ~ of sunset*] **2** frisk rodnad
glowing ['gləʊɪŋ] *pres p* o. *adj* glödande [*~ enthusiasm*], entusiastisk; ***a ~ account*** en entusiastisk skildring
glow-worm ['gləʊwɜːm] *subst* lysmask
glucose ['gluːkəʊz] *subst* glykos, glukos
glue I [gluː] *subst* lim
II [gluː] *verb* limma, limma fast, limma ihop
glum [glʌm] *adj* trumpen, surmulen
glutton ['glʌtn] *subst* matvrak, frossare
gluttony ['glʌtənɪ] *subst* frosseri, glupskhet
glycerine [ˌglɪsə'riːn] *subst* glycerin
glycol ['glaɪkɒl] *subst* kem. glykol
GMT [ˌdʒiːem'tiː] (förk. för *Greenwich Mean Time*) GMT
gnarled [nɑːld] *adj* knotig, knölig
gnash [næʃ] *verb*, ***he gnashed his teeth*** han gnisslade tänder
gnat [næt] *subst* **1** mygga **2** knott
gnaw [nɔː] (*gnawed gnawed*) *verb*, ~ ***at*** gnaga, gnaga på; ***gnawed with anxiety*** plågad av oro
gnome [nəʊm] *subst* gnom, trädgårdstomte
GNP [ˌdʒiːen'piː] (förk. för *gross national product*) BNP (förk. för *bruttonationalprodukt*)
go I [gəʊ] (*went gone*; *he/she/it goes;* se äv. *going* o. *gone*) *verb* **1** fara, resa, åka, köra; ge sig av; ***look where you are going!*** se dig för!; ~ ***fishing*** gå och fiska **2** om tid gå; ***to*** ~ kvar [*only five minutes to ~*] **3** utfalla, gå [*how did the voting ~?*] **4** bli [*~ bad; ~ blind*] **5** ha sin plats, bruka vara; få plats [*they will ~ in the bag*]; ***where do the cups ~?*** var ska jag ställa kopparna? **6** ljuda, lyda [*how does the text ~?*]; ***the bell went*** klockan ringde; ***how does the tune ~?*** hur låter (går) melodin?; ***the story goes that...*** det berättas (sägs) att... **7** räcka, förslå [*this sum won't ~ far*] **8** ***here we ~!*** a) nu börjar vi!, nu sätter vi i gång! b) nu börjas det! **9** ~ ***to*** tjäna till att; ***it goes to show that...*** det bevisar att...; ***the qualities that ~ to make a teacher*** de egenskaper som är nödvändiga för en lärare
II [gəʊ] (*went gone*; *he/she/it goes*) *verb* med adv. o. prep.
go about 1 gå omkring, fara omkring **2** ta itu med [*they went about their work*]
go against strida emot, vara emot, bjuda ngn emot
go ahead 1 sätta i gång, börja; fortsätta **2** gå framåt **3** ta ledningen spec. sport.
go along 1 gå vidare, fara vidare, fortsätta **2** ~ ***along with*** a) följa med b) hålla med [*I can't ~ along with you on that*]
go at rusa på, gå lös på
go back 1 gå tillbaka, fara tillbaka, återvända **2** bryta [*~ back on one's word*], svika
go beyond gå utöver, överskrida
go by 1 gå (fara) förbi; ***two years went by*** två år gick; ~ ***by air*** flyga; ~ ***by car*** åka bil **2** gå efter, rätta sig efter [*nothing to ~ by*] **3** ~ ***by the name of...*** gå under namnet...
go down 1 gå ner; falla, sjunka **2** minska [*~ down in weight*], försämras **3** sträcka sig fram till en tidpunkt; ~ ***down in history*** gå till historien **4** slå an, gå in, gå hem [*with* hos] **5** sport. bli nerflyttad, förlora [*the team went down two nil*]
go for 1 ~ ***for a walk*** ta en promenad; ~ ***for a swim*** gå och bada **2** gå efter, hämta **3** gå lös på, ge sig på **4** gälla [*that goes for you too!*]
go in 1 gå in; gå 'i **2** ~ ***in for*** gå in för, satsa på, ägna sig åt [*~ in for farming*], slå sig på [*~ in for golf*]; gå upp i [*~ in for an examination*]
go into 1 gå in i; gå med i, delta i **2** ge sig in på, ägna sig åt [*she went into journalism*]

3 gå in på [*~ into details*], ge sig in på, undersöka
go off 1 ge sig i väg **2** om skott el. eldvapen gå av, brinna av, smälla **3** gå, utlösas [*the alarm went off*] **4** bli skämd; bli sämre **5** ~ ***off to sleep*** falla i sömn
go on 1 gå (fara) vidare, fortsätta; ~ ***on about*** tjata om **2** ~ ***on to*** gå över till **3** pågå, hålla på **4** försiggå, stå 'på [*what's going on here?*]; vara i gång **5** tändas [*the lights went on*] **6** 'gå efter [*the only thing we have to ~ on*] **7** göra, ge sig ut på [*~ on a journey*]
go out 1 gå (fara) ut **2** slockna [*my pipe has gone out*] **3** ~ ***all out*** göra sitt yttersta, ta ut sig helt **4** ~ ***out of*** gå ur, komma ur [*~ out of use*] **5** ~ ***out with*** vard. sällskapa med
go over 1 gå över **2** stjälpa, välta **3** slå an, göra succé [*the speech went over well*] **4** gå igenom, granska, se över
go round 1 gå runt, gå omkring, fara runt (omkring) **2** räcka; ***there isn't enough to ~ round*** det finns inte så att det räcker till alla; ~ ***round to*** gå över till, hälsa på
go through 1 gå igenom **2** göra av med, göra slut på [*she went through all her money*] **3** ~ ***through with*** genomföra, fullfölja
go to 1 gå i [*~ to school; ~ to church*]; gå på [*~ to the theatre*]; gå till [*~ to bed*] **2** ta på sig [*~ to a great deal of trouble*]
go under 1 gå under **2** ~ ***under the name of...*** gå under namnet..., vara känd under namnet...
go up 1 gå upp, stiga; resa [*~ up to town*] **2** tändas, komma på [*the lights went up*] **3** gå (fara) uppför
go with 1 gå (fara) med, följa med **2** höra till; höra ihop med **3** passa till, gå till
go without 1 bli utan, vara utan **2** ***it goes without saying*** det säger sig självt
III [gəʊ] subst vard. **1** ***be on the ~*** vara i farten, vara i gång **2** fart, ruter [*there's no ~ in him*] **3** (pl. *goes*); ***have a ~ at it*** göra ett försök; ***it's your ~*** det är din tur; ***at one ~*** på en gång
goad [gəʊd] *verb* driva till; ~ ***sb into doing sth*** driva ngn till att göra ngt, hetsa ngn till att göra ngt
go-ahead I ['gəʊəhed] *adj* framåt, energisk **II** ['gəʊəhed] *subst* klarsignal, klartecken [*give sb the ~*]
goal [gəʊl] *subst* mål [*our ~ is to raise 2,000 pounds*]; ***keep ~*** stå i mål; ***score a ~*** göra mål
goalie ['gəʊlɪ] *subst* vard. målvakt, målis
goalkeeper ['gəʊlˌkiːpə] *subst* målvakt
goalkick ['gəʊlkɪk] *subst* inspark
goalless ['gəʊlləs] *adj* sport. mållös, utan mål
goalpost ['gəʊlpəʊst] *subst* målstolpe
goalscorer ['gəʊlˌskɔːrə] *subst* sport. målgörare, målskytt
goat [gəʊt] *subst* get
gobble ['gɒbl] *verb*, ~ ***up*** el. ~ ***down*** glufsa i sig
go-between ['gəʊbɪˌtwiːn] *subst* mellanhand
goblet ['gɒblət] *subst* glas på fot
goblin ['gɒblɪn] *subst* elakt troll, nisse
gobsmacked ['gɒbsmækt] *adj* vard. alldeles paff, mållös
god [gɒd] *subst* gud; ***for God's sake!*** för guds skull!
godchild ['gɒdtʃaɪld] (pl. *godchildren*) *subst* gudbarn
goddam o. **goddamn** ['gɒdæm] *adj* o. *adv* amer. vard. djävla, förbannad [*~ idiot; ~ stupid*]
goddess ['gɒdɪs] *subst* gudinna
godfather ['gɒdˌfɑːðə] *subst* gudfar
godforsaken ['gɒdfəˌseɪkn] *adj* gudsförgäten, eländig
godmother ['gɒdˌmʌðə] *subst* gudmor
godsend ['gɒdsend] *subst* skänk från ovan
go-getter ['gəʊˌgetə] *subst* vard. gåpåare, streber
goggles ['gɒglz] *subst pl* **1** skyddsglasögon, bilglasögon **2** vard. brillor
going I ['gəʊɪŋ] *subst* före, väglag [*heavy ~*]; ***it's heavy ~*** det går trögt; ***go while the ~ is good*** gå medan det ännu finns en chans; ***80 km an hour is good ~*** 80 km i timmen är en bra fart
II ['gəʊɪŋ] *adj* o. *pres p* **1** väl inarbetad [*a ~ concern*]; ***get ~*** komma i gång; sätta i gång [*get ~!*] **2** ***get sth ~*** få något i gång **3** ***have something ~ with*** ha något ihop med **4** som finns att få [*the best coffee ~*]; ***he ate anything ~*** han åt allt som fanns att få; ***are there any ~?*** finns det några att få? **5** ***going, going, gone!*** vid auktion första, andra, tredje! **6** ***she is ~ on for forty*** hon närmar sig de fyrtio; ***be ~ to*** + inf. ska, komma att, tänka, ämna [*what are you ~ to do?*]
goitre ['gɔɪtə] *subst* med. struma
gold [gəʊld] *subst* guld; ***as good as ~*** förfärligt snäll
golden ['gəʊldən] *adj* guld- [*~ earrings*], av guld, gyllene; ~ ***handshake*** större avgångsvederlag; ***a ~ opportunity*** ett utmärkt tillfälle; ~ ***parachute*** vard. fallskärmsavtal

goldfinch ['gəʊldfɪntʃ] *subst* fågel steglits
goldfish ['gəʊldfɪʃ] *subst* guldfisk
gold leaf [ˌgəʊld'liːf] *subst* bladguld
gold mine ['gəʊldmaɪn] *subst* guldgruva äv. något mycket lönande [*this shop is a ~*]
gold plate [ˌgəʊld'pleɪt] *subst* gulddoublé
gold-plated ['gəʊldˌpleɪtɪd] *adj* guldpläterad
goldsmith ['gəʊldsmɪθ] *subst* guldsmed
golf I [gɒlf] *subst* golf
II [gɒlf] *verb*, ***go golfing*** spela golf
golf car ['gɒlfkɑː] *subst* o. **golf cart** ['gɒlfkɑːt] *subst* golfbil
golf club ['gɒlfklʌb] *subst* **1** golfklubba **2** golfklubb
golf course ['gɒlfkɔːs] *subst* golfbana
golfer ['gɒlfə] *subst* golfspelare
golf links ['gɒlflɪŋks] *subst* golfbana
golf trolley ['gɒlfˌtrɒlɪ] *subst* golfvagn
Goliath [gə'laɪəθ] Goliat [*David* ['deɪvɪd] *and Goliath*]
golliwog ['gɒlɪwɒg] *subst* svart trasdocka
gondola ['gɒndələ] *subst* gondol
gondolier [ˌgɒndə'lɪə] *subst* gondoljär
gone [gɒn] *adj* o. *perf p* (av *go I*) **1** borta, försvunnen [*the book is ~*]; slut [*my money is ~*] **2** ***she is far ~*** hon är starkt utmattad, hon är svårt sjuk; ***our work is far ~*** vårt arbete är långt framskridet **3** gången, förbi; ***it is past and ~*** det tillhör det förflutna; ***it's just ~ four*** klockan är litet över fyra
gong [gɒŋ] *subst* gonggong
gonorrhoea [ˌgɒnə'rɪə] *subst* med. gonorré
goo [guː] *subst* vard. gegga
good I [gʊd] (*better best*) *adj* **1** god, bra [*a ~ knife*]; ***she has a ~ figure*** hon har en snygg figur **2** nyttig, hälsosam; ***it is ~ for colds*** det är bra mot förkylningar **3** duktig, bra [*at* i] **4** vänlig, snäll [*it was ~ of you to help me*] **5** ordentlig, riktig; ***a ~ hiding*** ett riktigt kok stryk; ***a ~ while*** en bra stund **6** i hälsnings- och avskedsfraser: ***~ afternoon*** a) god dag b) adjö; ***~ day*** a) god dag b) adjö; ***~ evening*** a) god afton, god dag b) adjö; ***~ morning*** a) god morgon, god dag b) adjö; ***~ night*** a) god natt, god afton b) adjö **7** med subst.: ***Good Friday*** långfredagen; ***~ gracious!*** el. ***~ Heavens!*** kära nån!, du milde!; ***~ nature*** godmodighet; ***all in ~ time*** i lugn och ro; ***all in ~ time!*** ta det lugnt!, sakta i backarna! **8** ***make ~*** a) gottgöra [*make ~ a loss*], ersätta, återställa b) hålla [*make ~ a promise*], vard. göra sin lycka
II [gʊd] *adv*, ***as ~ as*** så gott som
III [gʊd] *subst* **1** det goda; ***~ and evil*** gott och ont **2** nytta, gagn; ***it is for your own ~*** det är för ditt eget bästa; ***it is no ~*** det tjänar ingenting till; ***what's the ~ of that?*** vad ska det vara bra för?; ***he is up to no ~*** han har något rackartyg för sig **3** ***for ~*** för gott, för alltid
goodbye [gʊd'baɪ] *subst* o. *interj* adjö, farväl
good-for-nothing ['gʊdfəˌnʌθɪŋ] *subst* odåga
good-humoured [ˌgʊd'hjuːməd] *adj* godmodig
good-looking [ˌgʊd'lʊkɪŋ] *adj*, ***he is ~*** han är snygg
good-natured [ˌgʊd'neɪtʃəd] *adj* godmodig
goodness ['gʊdnəs] *subst* godhet; ***~ knows*** a) det vete gudarna b) Gud ska veta [*~ knows I've tried hard*]; ***thank ~!*** gudskelov!; ***~ gracious!*** el. ***~ gracious me!*** el. ***my ~!*** kära nån!, du milde!; ***for goodness' sake!*** för Guds skull!; ***I wish to ~ that I could*** jag önskar verkligen att jag kunde
goods [gʊdz] *subst pl* **1** lösören, tillhörigheter; ***worldly ~*** jordiska ägodelar **2** varor, artiklar, gods; frakt på järnväg, fraktgods
good-tempered [ˌgʊd'tempəd] *adj* godmodig
goodwill [ˌgʊd'wɪl] *subst* goodwill, anseende
gooey ['guːɪ] *adj* vard. geggig, kladdig [*a ~ mess*; *~ cream cakes*]
goof I [guːf] *subst* sl. **1** klantskalle **2** tabbe, tavla
II [guːf] *verb* sl. amer. göra en tabbe; ***~ around*** larva omkring
google ['guːgl] *verb* data. googla söka på Internet med hjälp av Google [*for* på]
goose [guːs] (pl. *geese* [giːs]) *subst* gås
gooseberry ['gʊzbərɪ, 'guːzbərɪ] *subst* krusbär
gooseflesh ['guːsfleʃ] *subst* gåshud
gorge [gɔːdʒ] *verb* frossa; ***~ oneself with food*** proppa i sig mat
gorgeous ['gɔːdʒəs] *adj* **1** praktfull [*a ~ sunset*] **2** härlig, läcker **3** jättetjusig [*a ~ girl*]
gorilla [gə'rɪlə] *subst* gorilla
gorse [gɔːs] *subst* växt ärttörne
gory ['gɔːrɪ] *adj* blodig, blodbesudlad
gosh [gɒʃ] *interj*, ***~!*** kors!, jösses!
gospel ['gɒspəl] *subst* evangelium
gossip I ['gɒsɪp] *subst* **1** skvaller **2** skvallerbytta
II ['gɒsɪp] *verb* skvallra, sladdra
gossipmonger ['gɒsɪpˌmʌŋgə] *subst* skvallerbytta

got [gɒt] imperf. av *get*
Gothenburg ['gɒθənbɜːg] Göteborg
gotten ['gɒtn] *verb* amer., se *get*
goulash ['guːlæʃ] *subst* kok. gulasch
gourmet ['gʊəmeɪ] *subst* gourmet, finsmakare
gout [gaʊt] *subst* med. gikt
govern ['gʌvən] *verb* styra, regera
governess ['gʌvənəs] *subst* guvernant
governing ['gʌvənɪŋ] *adj* regerande, styrande
government ['gʌvnmənt] *subst* **1** regering **2** regerings- [*in Government circles*]; stats- [*Government control*]
governor ['gʌvənə] *subst* **1** guvernör **2** direktör [*~ of a prison*]; chef **3** ***board of ~s*** styrelse
governor-general [ˌgʌvənə'dʒenrəl] *subst* generalguvernör
gown [gaʊn] *subst* **1** finare klänning [*dinner ~*] **2** kappa ämbetsdräkt för akademiker, domare m.fl. **3** skyddsdräkt
GP [ˌdʒiː'piː] (förk. för *general practitioner*) se ex. under *general*
grab I [græb] (*-bb-*) *verb* **1** hugga tag i, gripa tag i **2** roffa åt sig
II [græb] *subst* **1** hastigt grepp, hugg [*for, at* efter]; ***make a ~ at*** försöka gripa tag i **2** ***it's up for ~s*** vard. det står tillgängligt för vem som helst
grab bag ['græbbæg] *subst* amer. fiskdamm
grace I [greɪs] *subst* **1** behag, grace, elegans; ***by the ~ of God*** med Guds nåde **2** bordsbön; [*say ~*] **3** ***His*** (***Her, Your***) ***Grace*** Hans (Hennes, Ers) nåd
II [greɪs] *verb* pryda, smycka
graceful ['greɪsfʊl] *adj* behagfull, graciös
graceless ['greɪsləs] *adj* charmlös, klumpig
gracious ['greɪʃəs] *adj* **1** älskvärd **2** ***good ~!*** el. ***goodness ~!*** kära nån!, du milde!
gradation [grə'deɪʃən] *subst* gradering
grade I [greɪd] *subst* **1** grad; rang [*social ~*] **2** amer. skol. klass, årskurs **3** spec. amer. skol. betyg, poäng **4** spec. amer. mil. rang, grad **5** kvalitet, sort [*different ~s of steel*]; ***make the ~*** vard. lyckas **6** amer., se *gradient*
II [greɪd] *verb* gradera, sortera; dela in i kategorier; klassificera
gradient ['greɪdjənt] *subst* t.ex. vägs lutningsgrad, stigning
gradual ['grædʒʊəl] *adj* gradvis, successiv
gradually ['grædʒʊəlɪ] *adv* **1** gradvis, successivt **2** så småningom
graduate I ['grædʒʊət] *subst* **1** akademiker, person med akademisk examen **2** elev som gått ut gymnasieskolan [*high school ~*]
II ['grædjʊeɪt] *verb* **1** ta akademisk examen **2** amer. ta studenten, gå ut gymnasieskolan [*~ from high school*]

graduation
När amerikanska ungdomar slutar gymnasiet, *high school*, får de ett avgångsbetyg, *high school diploma*. Eleverna är under avslutningsceremonin klädda i en slags hatt och en kappa, *cap and gown*. På kvällen hålls en bal, som kallas *prom* (förkortning för *promenade*).

graduation [ˌgrædjʊ'eɪʃən] *subst* **1** avläggande av akademisk examen **2** amer. skol. avgångsexamen **3** gradering [*the ~ of a thermometer*]
graffiti [græ'fiːtiː] *subst pl* graffiti, klotter
1 graft [grɑːft] *verb* **1** ympa, ympa in [*on, to* i, på] **2** med. transplantera
2 graft [grɑːft] *subst* vard. korruption, mygel
grain [greɪn] *subst* **1** sädeskorn, gryn [*a ~ of rice*] **2** säd, spannmål **3** korn [*~s of sand*], gryn, grand; ***there isn't a ~ of truth in the report*** det finns inte en gnutta sanning i rapporten **4** gran minsta eng. vikt = 0,0648 g **5** ytas ådring, textur; ***it goes against the ~ for me to...*** det strider mot min natur att...
gram [græm] *subst* spec. amer. gram
grammar ['græmə] *subst* grammatik
grammatical [grə'mætɪkl] *adj* grammatisk
gramme [græm] *subst* gram
gramophone ['græməfəʊn] *subst* grammofon
gran [græn] *subst* vard. farmor; mormor
granary ['grænərɪ] *subst* spannmålsmagasin
grand I [grænd] *adj* **1** stor, pampig; storslagen [*a ~ view*]; förnäm, fin; ***~ old man*** grand old man, nestor; ***~ opera*** opera seriös o. utan talpartier; ***~ piano*** flygel **2** vard. utmärkt; ***~!*** fint!, utmärkt!, finemang!
II [grænd] *subst* musik. flygel
grandchild ['græntʃaɪld] (pl. *grandchildren* ['grænˌtʃɪldrən]) *subst* barnbarn
granddad ['grændæd] *subst* vard. farfar; morfar
granddaughter ['grænˌdɔːtə] *subst* sondotter; dotterdotter
grandeur ['grændʒə] *subst* storslagenhet, prakt

grandfather ['grænd,fɑːðə] *subst* farfar; morfar; ~ ***clock*** golvur
grandiose ['grændɪəʊs] *adj* storslagen
grandma ['grænmɑː] *subst* o. **grandmamma** ['grænmə,mɑː] *subst* vard. farmor; mormor
grandmother ['grænd,mʌðə] *subst* farmor; mormor
grandpa ['grænpɑː] *subst* vard. farfar; morfar
grandparents ['grænd,peərənts] *subst* farföräldrar; morföräldrar
grandson ['grænsʌn] *subst* sonson; dotterson
grandstand ['grændstænd] *subst* huvudläktare, åskådarläktare vid tävlingar
grange [greɪndʒ] *subst* lantgård
granite ['grænɪt] *subst* granit
granny ['grænɪ] *subst* vard. farmor; mormor
Granola® [grə'nəʊlə] *subst* amer. müsli
grant I [grɑːnt] *verb* **1** bevilja **2** anslå pengar [*towards* till] **3** medge; ***take sth for granted*** ta ngt för givet
II [grɑːnt] *subst* **1** anslag, bidrag, stipendium; ***government*** ~ statsanslag, statsbidrag **2** beviljande, anslående
granulated ['grænjʊleɪtɪd] *adj*, ~ ***sugar*** strösocker
grape [greɪp] *subst* vindruva; ~ ***hyacinth*** blomma pärlhyacint
grapefruit ['greɪpfruːt] *subst* grapefrukt
grapevine ['greɪpvaɪn] *subst*, ***hear sth on the*** ~ få höra ngt genom djungeltelegrafen
graph [grɑːf, græf] *subst* diagram, kurva; ~ ***paper*** rutat papper
graphite ['græfaɪt] *subst* grafit, blyerts
grapple ['græpl] *verb*, ~ ***with*** strida med, slåss med [~ *with the enemy*]; brottas med [~ *with problems*]
grasp I [grɑːsp] *verb* **1** fatta tag i, gripa **2** gripa om, hålla fast **3** fatta, begripa [~ *the point*]
II [grɑːsp] *subst* **1** grepp, tag; ***beyond my*** ~ utom räckhåll för mig; ***within my*** ~ inom räckhåll för mig **2** uppfattning, förståelse; ***have a good*** ~ ***of the subject*** ha ett bra grepp om ämnet
grass [grɑːs] *subst* **1** gräs **2** sl. marijuana
grasshopper ['grɑːs,hɒpə] *subst* gräshoppa
grass roots [,grɑːs'ruːts] *subst* gräsrötterena vanliga människor; ***at*** ~ ***level*** på gräsrotsnivå
grass widow [,grɑːs'wɪdəʊ] *subst* gräsänka
grass widower [,grɑːs'wɪdəʊə] *subst* gräsänkling
1 grate [greɪt] *verb* **1** riva [~ *cheese*]; smula sönder **2** gnissla, knarra, skorra illa; ~ ***one's teeth*** skära tänder; ***it ~s on my nerves*** det går mig på nerverna
2 grate [greɪt] *subst* spisgaller
grateful ['greɪtfʊl] *adj* tacksam [*to* mot]
grater ['greɪtə] *subst* rivjärn
gratification [,grætɪfɪ'keɪʃən] *subst* tillfredsställelse; nöje, njutning, uppfyllande [*the* ~ *of a wish*]
gratify ['grætɪfaɪ] *verb* tillfredsställa, uppfylla [~ *sb's wishes*]
gratifying ['grætɪfaɪɪŋ] *adj* glädjande, angenäm
gratin ['grætæ] *subst* kok. gratäng, gratin; ***au*** [əʊ] ***gratin*** au gratin
1 grating ['greɪtɪŋ] *adj* gnisslande, skärande, skorrande [~ *voice*]
2 grating ['greɪtɪŋ] *subst* galler, gallerverk
gratitude ['grætɪtjuːd] *subst* tacksamhet [*to* mot]
gratuity [grə'tjuːətɪ] *subst* drickspengar, dricks
1 grave [greɪv] *adj* allvarlig, grav
2 grave [greɪv] *subst* grav
grave-digger ['greɪv,dɪgə] *subst* dödgrävare
gravel ['grævəl] *subst* grus, grov sand
gravestone ['greɪvstəʊn] *subst* gravsten
graveyard ['greɪvjɑːd] *subst* kyrkogård, begravningsplats
gravitation [,grævɪ'teɪʃən] *subst* gravitation, tyngdkraft
gravity ['grævətɪ] *subst* **1** allvar **2** tyngd, vikt; ***centre of*** ~ tyngdpunkt; ***specific*** ~ densitet **3** tyngdkraft; ***the law of*** ~ tyngdlagen, gravitationslagen
gravlax ['grævlæks] *subst* kok. gravlax, gravad lax maträtt
gravy ['greɪvɪ] *subst* köttsaft, sky
gray [greɪ] *adj* amer. grå
1 graze I [greɪz] *verb* **1** snudda vid **2** skrapa, skrubba [*she grazed her knee*]; ~ ***against*** snudda vid, skrapa mot
II [greɪz] *subst* skrubbsår
2 graze [greɪz] *verb* **1** beta **2** valla [~ *sheep*]
grease [griːs] *subst* **1** fett, talg, flott **2** smörjolja
greasepaint ['griːspeɪnt] *subst* teat. smink

Great Britain

Great Britain omfattar England, Skottland och Wales. I dagligt tal används Great Britain ibland i betydelsen *the United Kingdom* (förkortas *the U.K.*), dvs. England, Skottland, Wales och Nordirland.

greaseproof ['gri:spru:f] *adj*, ~ ***paper*** smörgåspapper, smörpapper
greasy ['gri:sɪ, 'gri:zɪ] *adj* **1** fet, flottig [~ *food*] **2** oljig **3** hal [*a ~ road*]
great [greɪt] *adj* **1** stor; ***Great Britain*** Storbritannien; ***Great Dane*** grand danois hund; ***a ~ big man*** vard. en stor stark karl; ~ ***friends*** mycket goda vänner **2** stor, framstående [*a ~ musician*] **3** om tid lång [*a ~ interval*]; hög [*a ~ age*]; ***a ~ while*** en lång stund **4** vard. härlig, underbar [*a ~ sight*]; storartad; ***that's ~!*** el. ~***!*** fint!, utmärkt!; ***we had a ~ time*** vi hade jättetrevligt
great-grandchild [ˌgreɪt'græntʃaɪld] (pl. *great-grandchildren* [ˌgreɪt'grænˌtʃɪldrən]) *subst* barnbarnsbarn
great-granddaughter [ˌgreɪt'grænˌdɔ:tə] **1** *subst* sons sondotter, sons dotterdotter **2** dotters sondotter, dotters dotterdotter
great-grandfather [ˌgreɪt'grændˌfɑ:ðə] *subst* farfars far, farmors far, morfars far, mormors far, gammelfarfar, gammelmorfar
great-grandmother [ˌgreɪt'grændˌmʌðə] *subst* farfars mor, farmors mor, morfars mor, mormors mor, gammelfarmor, gammelmormor
great-grandson [ˌgreɪt'grændsʌn] *subst* **1** sons sonson, sons dotterson **2** dotters sonson, dotters dotterson
greatly ['greɪtlɪ] *adv* mycket, i hög grad
greatness ['greɪtnəs] *subst* **1** storlek i omfång, grad **2** storhet
grebe [gri:b] *subst* fågel dopping
Grecian ['gri:ʃən] *adj* grekisk i stil [~ *nose*]
Greece [gri:s] Grekland
greed [gri:d] *subst* **1** girighet **2** glupskhet
greedy ['gri:dɪ] *adj* **1** girig **2** glupsk
greedy-guts ['gri:dɪgʌts] *subst* vard., ~***!*** vad du vräker i dig!, vad du är glupsk!
Greek I [gri:k] *subst* **1** grek; grekinna **2** grekiska språket
II [gri:k] *adj* grekisk
green I [gri:n] *adj* **1** grön **2** grön, oerfaren
II [gri:n] *subst* **1** grönt **2** golf. green **3** grönska **4** pl. ~***s*** vard. grönsaker
greenery ['gri:nərɪ] *subst* grönska
greenfly ['gri:nflaɪ] *subst* insekt bladlus
greengage ['gri:ngeɪdʒ] *subst* renklo, reine claude plommonsort
greengrocer ['gri:nˌgrəʊsə] *subst* frukt- och grönsakshandlare
greengrocery ['gri:nˌgrəʊsərɪ] *subst* **1** frukt- och grönsaksaffär **2** frukt och grönsaker handelsvaror
greenhorn ['gri:nhɔ:n] *subst* vard. gröngöling
greenhouse ['gri:nhaʊs] *subst* växthus; ~ ***effect*** växthuseffekt, drivhuseffekt
Greenland ['gri:nlənd] Grönland

> **Greenwich**
> Greenwich i sydöstra London är berömt för den så kallade nollmeridianen, en tänkt linje som delar jordklotet i en östlig och en västlig del. Medelsoltiden vid denna meridian betraktas som världstid och kallas *Greenwich Mean Time* (förkortas *GMT*). Numera används ofta *UT* (*Universal Time*) i stället för *GMT*.

Greenwich Mean Time [ˌgrɪnɪdʒ'mi:ntaɪm] Greenwichtid standardtid över hela världen
greet [gri:t] *verb* **1** hälsa [*he greeted me with a nod*] **2** välkomna, ta emot t.ex. gäst **3** om syn, ljud möta [*a surprising sight greeted us*]
greeting ['gri:tɪŋ] *subst* hälsning; ~***s card*** el. amer. ~ ***card*** gratulationskort
grenade [grɪ'neɪd] *subst* mil. granat; ***hand ~*** handgranat
grew [gru:] imperf. av *grow*
grey I [greɪ] *adj* grå
II [greɪ] *subst* grått
III [greɪ] *verb* gråna
greyhound ['greɪhaʊnd] *subst* vinthund; ~ ***racing*** hundkapplöpning
grid [grɪd] *subst* **1** galler **2** kraftledningsnät
gridiron ['grɪdˌaɪən] *subst* **1** halster, grill; rost **2** amerikansk fotboll fotbollsplan
grief [gri:f] *subst* sorg, bedrövelse [*for* över; *at* vid, över]; ***come to ~*** a) råka illa ut b) gå omkull, gå i stöpet
grievance ['gri:vəns] *subst* missnöjesanledning; ***have a ~*** ha något att klaga över
grieve [gri:v] *verb* sörja [*at, for* över]
grievous ['gri:vəs] *adj* sorglig, smärtsam
grill I [grɪl] *verb* **1** halstra, grilla, steka på halster **2** halstra, grilla i korsförhör
II [grɪl] *subst* **1** grillrätt **2** halster, grill
grille [grɪl] *subst* **1** skyddsgaller **2** grill på bil
grim [grɪm] *adj* **1** hård, sträng [~ *determination*] **2** bister [*a ~ expression*]

grimace I [grɪ'meɪs] *subst* grimas
II [grɪ'meɪs] *verb* grimasera
grime [graɪm] *subst* ingrodd smuts, sot
grimy ['graɪmɪ] *adj* smutsig, sotig
grin I [grɪn] (*-nn-*) *verb* flina; ~ ***and bear it*** hålla god min i elakt spel
II [grɪn] *subst* flin
grind I [graɪnd] (*ground ground*) *verb* **1** mala **2** slipa, polera; ***ground glass*** matt (mattslipat) glas **3** ~ ***one's teeth*** skära tänder; ~ ***to a halt*** a) stanna med ett gnissel b) köra fast
II [graɪnd] *subst* **1** vard. knog, slit, slitgöra
grinder ['graɪndə] *subst* **1** kvarn [*coffee-grinder*] **2** slipmaskin
grindstone ['graɪndstəʊn] *subst* slipsten
grip I [grɪp] *subst* **1** grepp, tag, fattning [*of* om] **2** handtag, grepp på väska m.m. **3** hårklämma **4** ***get to ~s with*** el. ***come to ~s with*** komma inpå livet, ge sig i kast med
II [grɪp] (*-pp-*) *verb* gripa om, fatta tag i [~ *the rope*]
gripping ['grɪpɪŋ] *adj* gripande, fängslande
grisly ['grɪzlɪ] *adj* hemsk, kuslig, gräslig
gristle ['grɪsl] *subst* i kött brosk
grit I [grɪt] *subst* **1** sandkorn; sand, grus **2** vard. gott gry, mod, kurage
II [grɪt] (*-tt-*) *verb* **1** gnissla med; ~ ***one's teeth*** skära tänder **2** sanda mot halka [~ *the roads*]
gritty ['grɪtɪ] *adj* grusig, sandig, grynig
grizzled ['grɪzld] *adj* gråsprängd
grizzly I ['grɪzlɪ] *adj* gråaktig; gråhårig; ~ ***bear*** nordamerikansk grizzlybjörn
II ['grɪzlɪ] *subst* grizzlybjörn
groan I [grəʊn] *verb* **1** stöna, jämra sig **2** digna [*under* under börda] **3** om t.ex. trä knaka
II [grəʊn] *subst* **1** stönande, jämmer
grocer ['grəʊsə] *subst* specerihandlare
grocery ['grəʊsərɪ] *subst* **1** mest pl. ***groceries*** specerier **2** ~ ***store*** speceriaffär
groggy ['grɒgɪ] *adj* vard. ostadig, vacklande; spec. sport. groggy
groin [grɔɪn] *subst* ljumske, vard. skrev
groom I [gruːm] *subst* **1** brudgum **2** stalldräng
II [gruːm] *verb* **1** sköta, ansa, rykta hästar **2** träna, trimma [~ *a political candidate*]
groove [gruːv] *subst* **1** fåra, räffla, skåra, spår **2** slentrian; ***get into a*** ~ om person fastna i slentrian
groovy ['gruːvɪ] *adj* ngt åld. vard. häftig, ball, mysig
grope [grəʊp] *verb* treva, famla [*for* efter]; ~ ***one's way*** treva sig fram
gross I [grəʊs] *adj* **1** grov, rå, krass [~ *materialism*]; ~ ***negligence*** jur. grov oaktsamhet **2** skriande, flagrant [~ *injustice*] **3** total-, brutto-; ~ ***national product*** (förk. *GNP*) se *GNP*
II [grəʊs] *subst* gross 12 dussin [*two ~ pens*]
grossly ['grəʊslɪ] *adv* grovt, starkt [~ *exaggerated*]
grotesque [grəʊ'tesk] *adj* grotesk, barock
grotto ['grɒtəʊ] (pl. *~s*) *subst* grotta
1 ground [graʊnd] imperf. o. perf. p. av *grind I*
2 ground I [graʊnd] *subst* **1** mark; jord; ***it would suit me down to the*** ~ vard. det skulle passa mig alldeles precis **2** terräng, plan, stadion, [*football ~*]; ***gain*** ~ vinna terräng; ***hold one's*** ~ el. ***stand one's*** ~ hålla stånd, stå på sig; ***lose*** ~ förlora terräng **3** pl. ***~s*** inhägnat område, stor tomt **4** pl. ***~s*** bottensats, sump [*coffee ~s*] **5** amer. elektr. jordkontakt, jordledning **6** grund, underlag, botten [*on a white ~*] **7** anledning, orsak; ***there is no ~ for anxiety*** det finns ingen anledning till oro; ***on the ~s that*** med anledning av, på grund av
II [graʊnd] *verb* **1** grunda, basera [*on* på] **2** flyg. tvinga att landa, utfärda flygförbud; ***all aircraft are grounded*** inga plan får starta **3** amer. elektr. jorda
ground crew ['graʊndkruː] *subst* markpersonal
ground floor [ˌgraʊnd'flɔː] *subst* bottenvåning, bottenplan
groundless ['graʊndləs] *adj* grundlös, ogrundad
ground stroke ['graʊndstrəʊk] *subst* i tennis grundslag
group I [gruːp] *subst* grupp
II [gruːp] *verb* **1** gruppera **2** gruppera sig
1 grouse [graʊs] (pl. lika) *subst* ripa; ***black*** ~ orre
2 grouse [graʊs] *verb* vard. knota, knorra [*about* över]
grove [grəʊv] *subst* skogsdunge, lund
grovel ['grɒvl] (*-ll-*, amer. *-l-*) *verb* kräla i stoftet, krypa
grovelling ['grɒvlɪŋ] *adj* krypande, inställsam
grow [grəʊ] (*grew grown*) *verb* **1** växa, växa upp; utvecklas; stiga, öka; låta växa; ~ ***up*** växa upp, bli fullvuxen; ***she is grown up*** hon är vuxen (stor); ~ ***a beard*** lägga sig till med skägg **2** småningom bli [~ *better*];

be growing börja bli [*she is growing old*] **3** ~ ***to*** mer och mer börja, komma att [*I grew to like it*] **4** odla [*~ potatoes*]
grower ['grəʊə] *subst* odlare, producent
growl I [graʊl] *verb* morra, brumma [*at* åt]
II [graʊl] *subst* morrande
grown I [grəʊn] perf. p. av *grow*
II [grəʊn] *adj* fullvuxen, grown
grown-up I ['grəʊnʌp] *adj* vuxen [*a ~ son*]
II ['grəʊnʌp] *subst* vuxen [*a ~*]
growth [grəʊθ] *subst* **1** växt, tillväxt [*the ~ of the city*]; utveckling [*the ~ of trade*]; framväxt [*the ~ of terrorism*], utvidgning **2** växt, växtlighet, vegetation; med. utväxt, svulst
grub I [grʌb] (*-bb-*) *verb* gräva, rota, böka
II [grʌb] *subst* **1** zool. larv, mask **2** vard. käk
grubby ['grʌbɪ] *adj* smutsig, sjaskig
grudge I [grʌdʒ] *verb* **1** missunna, avundas
II [grʌdʒ] *subst* avund; ***have a ~ against sb*** hysa agg mot ngn
grudging ['grʌdʒɪŋ] *adj* motvillig, missunnsam
gruel ['gruːəl] *subst* välling
gruelling ['gruːəlɪŋ] *adj* vard. mycket ansträngande, sträng [*a ~ cross-examination*]
gruesome ['gruːsəm] *adj* hemsk, kuslig
gruff [grʌf] *adj* grov [*a ~ voice*], sträv, barsk [*a ~ manner*]
grumble ['grʌmbl] *verb* knota, knorra [*about, at* över]
grumpy ['grʌmpɪ] *adj* knarrig, butter, vresig
grunge [grʌndʒ] *subst* amer. vard. **1** geggamoja, smuts **2** grunge musik el. mode
grungy ['grʌndʒɪ] *adj* amer. vard. geggig, smutsig
grunt I [grʌnt] *verb* grymta
II [grʌnt] *subst* grymtning
guarantee I [ˌgærən'tiː] *subst* garanti, säkerhet
II [ˌgærən'tiː] *verb* garantera [*~ peace*]; gå i borgen för, gå i god för; ***this clock is guaranteed for one year*** det är ett års garanti på den här klockan
guard I [gɑːd] *verb* **1** bevaka, vakta **2** vara på sin vakt [*against* mot] **3** skydda, bevara **4** gardera
II [gɑːd] *subst* **1** vakthållning, bevakning; ~ ***of honour*** hedersvakt; ***keep*** ~ hålla (stå på) vakt; ***she was off her*** ~ hon var inte på sin vakt; ***catch sb off his*** ~ överrumpla ngn **2** vakt, väktare **3** pl. ~***s*** garde [*Horse Guards*] **4** konduktör på tåg
guarded ['gɑːdɪd] *adj* **1** bevakad, vaktad **2** förbehållsam, försiktig [*a ~ reply*]
guardian ['gɑːdjən] *subst* **1** bevakare; ~ ***angel*** skyddsängel **2** jur. förmyndare
Guatemala [ˌgwɑːtə'mɑːlə]
Guernsey ['gɜːnzɪ]
guerrilla [gə'rɪlə] *subst* **1** ~ ***warfare*** gerillakrigföring **2** gerillasoldat; pl. ~***s*** gerillatrupper, gerilla, gerillasoldater
guess I [ges] *verb* **1** gissa **2** spec. amer. vard. tro, förmoda; ***I ~ so*** jag tror det
II [ges] *subst* gissning; ***at a ~*** gissningsvis; ***it's anyone's*** ~ det är omöjligt att gissa
guesswork ['geswɜːk] *subst* gissning, gissningar
guest [gest] *subst* gäst, främmande; ~ ***of honour*** hedersgäst; ***be my*** ~ vard. var så god!, det bjuder jag på!
guest-house ['gesthaʊs] *subst* pensionat, gästhem
guffaw I [gʌ'fɔː] *subst* gapskratt, flabb
II [gʌ'fɔː] *verb* gapskratta, flabba
guidance ['gaɪdəns] *subst* ledning; vägledning, rådgivning [*marriage ~*]
guide I [gaɪd] *verb* **1** leda, vägleda, ledsaga
II [gaɪd] *subst* **1** vägvisare **2** guide, reseledare; ~ ***dog*** ledarhund, blindhund **3** vägledning [*this will serve as a ~*] **4** handbok, resehandbok; ***railway*** ~ tågtidtabell **5** flickscout
guidebook ['gaɪdbʊk] *subst* resehandbok, guide
guideline ['gaɪdlaɪn] *subst* riktlinje
guillotine I [ˌgɪlə'tiːn] *subst* giljotin
II [ˌgɪlə'tiːn] *verb* giljotinera
guilt [gɪlt] *subst* skuld [*proof of his ~*]; ***feeling of*** ~ skuldkänsla
guilty ['gɪltɪ] *adj* **1** skyldig; ~ ***of murder*** skyldig till mord; ***find sb*** ~ förklara ngn skyldig; ***plead*** ~ erkänna sig skyldig **2** skuldmedveten [*a ~ look*]; ***a ~ conscience*** dåligt samvete
guinea pig ['gɪnɪpɪg] *subst* **1** djur marsvin **2** försökskanin
guitar [gɪ'tɑː] *subst* gitarr
guitarist [gɪ'tɑːrɪst] *subst* gitarrist
gulf [gʌlf] *subst* **1** golf, bukt, vik; ***the Gulf Stream*** Golfströmmen; ***the Gulf of Mexico*** Mexikanska golfen **2** djup, klyfta [*the ~ between rich and poor*]
gull [gʌl] *subst* fågel mås, trut
gullible ['gʌləbl] *adj* lättlurad, lättrogen
gulp I [gʌlp] *verb*, ~ ***down*** svälja, stjälpa i sig, häva i sig
II [gʌlp] *subst* sväljning; klunk

1 gum [gʌm] *subst*, *~s* tandkött

2 gum I [gʌm] *subst* **1** gummi, kåda **2** slags gelékaramell **3** *~ **boots*** gummistövlar
II [gʌm] (*-mm-*) *verb* gummera; *~ **together*** klistra ihop

gun I [gʌn] *subst* **1** kanon **2** bössa, gevär **3** vard. revolver, pistol **4** ***grease*** *~* smörjspruta **5** ***big*** *~* höjdare, pamp; ***stick to one's ~s*** stå på sig
II [gʌn] (*-nn-*) *verb* **1** vard., *~ **down*** skjuta ner

gunboat ['gʌnbəʊt] *subst* kanonbåt

gunfire ['gʌnˌfaɪə] *subst* skottlossning; mil. artillerield

gunge [gʌndʒ] *subst* vard. o. **gunk** [gʌŋk] *subst* vard. gegga, smörja, kladd

gunman ['gʌnmən] (pl. *gunmen* ['gʌnmən]) *subst* revolverman, beväpnad man

gunner ['gʌnə] *subst* artillerist

gunpoint ['gʌnpɔɪnt] *subst*, ***at*** *~* under pistolhot

The Gunpowder Plot

Den 5 november 1605 försökte en grupp katoliker under Guy Fawkes ledning att spränga parlamentet, *the Gunpowder Plot*. Kuppen misslyckades och alla kuppdeltagarna avrättades. I dag firas *Guy Fawkes' Night* eller *Bonfire Night* med fyrverkerier och ett bål där man bränner en docka som föreställer Guy Fawkes.

gunpowder ['gʌnˌpaʊdə] *subst* krut

gunrunner ['gʌnˌrʌnə] *subst* vapensmugglare

gunwale ['gʌnl] *subst* sjö. reling

gurgle ['gɜːgl] *verb* **1** klunka, klucka **2** gurgla

gush I [gʌʃ] *verb* **1** välla fram, forsa, strömma **2** vard. vara översvallande
II [gʌʃ] *subst* **1** ström, stråle **2** vard. sentimentalt svammel, flum

gust [gʌst] *subst* häftig vindstöt, kastvind

gusto ['gʌstəʊ] *subst*, ***with great*** *~* med stort välbehag

gusty ['gʌstɪ] *adj* byig, stormig

gut I [gʌt] *subst* **1** tarm **2** tarmsträng, kattgut **3** *~ **feeling*** instinktiv känsla
II [gʌt] (*-tt-*) *verb* **1** rensa fisk **2** tömma, rensa; ***gutted by fire*** utbränd av eld

guts [gʌts] *subst pl* **1** inälvor, tarmar **2** mage, buk **3** vard. kurage; ***he has got no*** *~* han har ingen ryggrad; ***I hate her*** *~* jag avskyr henne som pesten

gutter ['gʌtə] *subst* **1** rännsten; *~ **press*** skandalpress **2** avloppsränna, avloppsrör **3** takränna

guy [gaɪ] *subst* vard. karl, kille; ***hey you ~s!*** hej grabbar!, hej tjejer!, hej grabbar och tjejer!

guzzle ['gʌzl] *verb* **1** supa, pimpla **2** vräka i sig, häva i sig

guzzler ['gʌzlə] *subst* fylltratt, matvrak

gym [dʒɪm] *subst* vard. kortform för *gymnasium* o. *gymnastics*, se dessa ord

gymnasium [dʒɪm'neɪzjəm] *subst* gymnastiksal, idrottslokal, gym

gymnastic I [dʒɪm'næstɪk] *adj* gymnastisk
II [dʒɪm'næstɪk] *subst*, *~s* gymnastik

gynaecological [ˌgaɪnɪkə'lɒdʒɪkl] *adj* gynekologisk

gynaecologist [ˌgaɪnɪ'kɒlədʒɪst] *subst* gynekolog

gypsy I ['dʒɪpsɪ] *subst* zigenare
II ['dʒɪpsɪ] *adj* zigenar- [*~ music*]

gyrate [ˌdʒaɪ'reɪt] *verb* rotera, virvla runt

gyrocompass ['dʒaɪrəˌkʌmpəs] *subst* gyrokompass

gyroscope ['dʒaɪərəskəʊp] *subst* gyroskop

Hh

H o. **h** [eɪtʃ] *subst* H, h
ha [hɑː] *interj* ha!, åh!; ***ha, ha!*** ha, ha!
habit ['hæbɪt] *subst* vana; ***a bad*** ~ en ovana, en dålig vana; ***be in the*** ~ ***of*** ha för vana att, bruka
habit-forming ['hæbɪt,fɔːmɪŋ] *adj* vanebildande
habitual [hə'bɪtjʊəl] *adj* **1** vanemässig **2** inbiten, vane- [*an* ~ *drunkard*] **3** vanlig [*an* ~ *sight*]
habitually [hə'bɪtjʊəlɪ] *adv* jämt
hack [hæk] *verb* **1** hacka; hacka sönder **2** data. hacka (bryta) sig in i datasystem
hacker ['hækə] *subst* data. hacker
hackneyed ['hæknɪd] *adj* banal, utnött
hacksaw ['hæksɔː] *subst* bågfil metallsåg
had [hæd, obetonat həd] imperf. o. perf. p. av *have*
haddock ['hædək] *subst* fisk kolja
hadn't ['hædnt] = *had not*
haemorrhage ['hemərɪdʒ] *subst* med. blödning; ***cerebral*** ~ hjärnblödning
haemorrhoids ['hemərɔɪdz] *subst pl* med. hemorrojder
hag [hæg] *subst* häxa, satkärring
haggard ['hægəd] *adj* utmärglad, tärd
haggle ['hægl] *verb* pruta, köpslå
Hague [heɪg] *subst*, ***The*** ~ Haag
1 hail I [heɪl] *subst* **1** hagel **2** skur [*a* ~ *of blows*]
II [heɪl] *verb* hagla
2 hail I [heɪl] *verb* **1** hälsa, hylla [~ *sb as leader*] **2** kalla på, ropa till sig [~ *a taxi*] **3** ~ ***from*** vara från, höra hemma i [*he* ~*s from Boston*]
II [heɪl] *interj* hell!
hailstone ['heɪlstəʊn] *subst* hagel
hailstorm ['heɪlstɔːm] *subst* hagelby, hagelskur
hair [heə] *subst* hår; hårstrå; ***a*** ~ ***of the dog that bit you*** el. ***a*** ~ ***of the dog*** en återställare; ***do one's*** ~ fixa håret; ***have one's*** ~ ***cut*** klippa sig, klippa håret; ***let one's*** ~ ***down*** släppa loss; ***it makes my*** ~ ***stand on end*** det får håret att resa sig på mig; ***split*** ~***s*** ägna sig åt hårklyverier; ***she didn't turn a*** ~ hon rörde inte en min
hairbrush ['heəbrʌʃ] *subst* hårborste
hair clip ['heəklɪp] *subst* hårklämma
hair curler ['heə,kɜːlə] *subst* hårspole, papiljott
haircut ['heəkʌt] *subst* **1** klippning av hår; ***have a*** ~ el. ***get a*** ~ klippa sig **2** frisyr
hairdo ['heəduː] (pl. ~*s*) *subst* vard. frisyr
hairdresser ['heə,dresə] *subst* frisör; hårfrisörska; ***hairdresser's*** frisersalong
hair drier ['heə,draɪə] *subst* hårtork
hairgrip ['heəgrɪp] *subst* hårklämma
hairline ['heəlaɪn] *subst* hårfäste
hair lotion ['heə,ləʊʃən] *subst* hårvatten
hairpiece ['heəpiːs] *subst* postisch, löshår
hairpin ['heəpɪn] *subst* hårnål
hair-raising ['heə,reɪzɪŋ] *adj* hårresande
hairslide ['heəslaɪd] *subst* hårspänne
hairsplitting ['heə,splɪtɪŋ] *subst* hårklyveri, hårklyverier
hairstyle ['heəstaɪl] *subst* frisyr
hairy ['heərɪ] *adj* hårig, luden
Haiti ['heɪtɪ, hɑː'iːtɪ]
hake [heɪk] *subst* fisk kummel
hale [heɪl] *adj*, ~ ***and hearty*** frisk och kry
half I [hɑːf] (pl. *halves* [hɑːvz]) *subst* **1** halva, hälft; ***do sth by halves*** göra ngt halvdant; ***cut in*** ~ skära itu **2** sport. halvlek
II [hɑːf] *adj* halv [~ *my time*]; ~ ***an hour*** en halvtimme
III [hɑːf] *adv* halvt, till hälften, halv- [~ *cooked*]; ***at*** ~ ***past five*** el. vard. ***at*** ~ ***five*** klockan halv sex
half-board [,hɑːf'bɔːd] *subst* halvpension
half-hearted [,hɑːf'hɑːtɪd] *adj* halvhjärtad
half-mast [,hɑːf'mɑːst] *subst*, ***at*** ~ på halv stång
half time [,hɑːf'taɪm] *subst* sport. halvtid
halfway I [,hɑːf'weɪ] *adj* som ligger halvvägs [~ *point*]
II [,hɑːf'weɪ] *adv* halvvägs [*we have gone* ~]
halibut ['hælɪbət] *subst* fisk hälleflundra
hall [hɔːl] *subst* **1** sal, aula; ***lecture*** ~ föreläsningssal **2** ***concert*** ~ konserthus; ***town*** ~ el. ***city*** ~ stadshus, rådhus **3** entré, hall, farstu
hallelujah [,hælɪ'luːjə] *subst* o. *interj* halleluja
hallmark ['hɔːlmɑːk] *subst* **1** guldsmedsstämpel, kontrollstämpel **2** kännemärke [*the* ~ *of success*]
hallo [hə'ləʊ] *interj* hallå!, hej!
hallow ['hæləʊ] *verb* helga; ***hallowed*** ['hæləʊɪd] ***be thy name*** bibl. helgat varde ditt namn

Halloween
Både i USA och i England klär barnen ut sig till häxor eller spöken på allhelgonaafton, *Halloween*. Sedan går de runt och knackar dörr. När någon öppnar, ropar de *trick or treat*, bus eller godis. De brukar då få lite godis. Man gör också lampor som man sätter ljus i, genom att holka ur pumpor, *pumpkins*.

Halloween o. **Hallowe'en** [ˌhæləʊ'iːn] *subst* Halloween, allhelgonaafton 31 oktober
hallucination [həˌluːsɪ'neɪʃən] *subst* hallucination, synvilla
hallway ['hɔːlweɪ] *subst* entré
halo ['heɪləʊ] (pl. *~s* el. *haloes*) *subst* gloria
halt I [hɔːlt] *subst* halt, uppehåll; ***come to a ~*** stanna
II [hɔːlt] *verb* stanna, göra halt
halve [hɑːv] *verb* **1** halvera, dela i två lika delar **2** minska till hälften
halves [hɑːvz] *subst pl* avse *half I*
ham [hæm] *subst* skinka [*a slice of ~*]
hamburger ['hæmˌbɜːgə] *subst* kok. hamburgare
hamlet ['hæmlət] *subst* liten by spec. utan kyrka
hammer I ['hæmə] *subst* **1** hammare **2** slägga äv. sportgren **3** auktionsklubba
II ['hæmə] *verb* **1** hamra på **2** hamra, slå, dunka [*~ on the door*]
hammer throw ['hæməθrəʊ] *subst* sport. slägga, släggkastning
hammock ['hæmək] *subst* hängmatta; ***garden ~*** hammock
1 hamper ['hæmpə] *subst* korg [*luncheon ~*]
2 hamper ['hæmpə] *verb* hindra, hämma
hamster ['hæmstə] *subst* zool. hamster
hand I [hænd] *subst* **1** hand; ***win ~s down*** vinna med lätthet; ***~s off!*** bort med tassarna!; ***~s up!*** a) upp med händerna! b) räck upp en hand!; ***wait on sb ~ and foot*** passa upp på ngn; ***get the upper ~*** få (ta) övertaget; ***change ~s*** övergå i andra händer; ***give sb a ~*** ge ngn ett handtag, hjälpa ngn; ***have a ~ in sth*** vara inblandad i ngt **2** ***close at ~*** el. ***near at ~*** a) till hands b) nära förestående; ***by ~*** för hand [*done by ~*]; ***in ~*** a) till sitt förfogande [*have money in ~*] b) som man håller på med [*the job in ~*]; ***a game in ~*** en match mindre spelad; ***take sth in ~*** ta hand om ngt; ***play into sb's ~s*** spela i händerna på ngn; ***off ~*** på rak arm; ***get sth off one's ~s*** slippa ifrån ngt; ***on ~*** till hands; ***out of ~*** ur kontroll, oregerlig [*the children are getting out of ~*] **3** visare på ur [*second hand*] **4** ***on one ~... on the other ~*** el. ***on the one ~... on the other ~*** å ena sidan... å andra sidan; ***learn sth at first ~*** få veta ngt i första hand **5** person arbetare, man [*how many ~s are employed?*]; ***a bad ~ at*** dålig i; ***a good ~ at*** duktig i **6** handstil [*a legible ~*] **7** vard. applåder; ***give sb a big ~*** ge ngn en stor applåd
II [hænd] *verb* räcka, lämna, ge [*sth to sb*]
III [hænd] *verb* med adv. o. prep.
hand down lämna i arv, låta gå i arv
hand in lämna in
hand on skicka vidare, låta gå vidare
hand out dela ut, lämna ifrån sig
hand over to överlåta åt (till), överlämna åt (till)
handbag ['hændbæg] *subst* handväska; ***~ snatcher*** väskryckare
handball ['hændbɔːl] *subst* sport. handboll
handbrake ['hændbreɪk] *subst* handbroms
handclap ['hændklæp] *subst* handklappning
handcuff I ['hændkʌf] *subst* handboja
II ['hændkʌf] *verb* sätta handbojor på
handful ['hændfʊl] *subst* handfull; ***their daughter is a real ~*** deras dotter är riktigt jobbig
handicap I ['hændɪkæp] *subst* **1** sport. handicap **2** hos person handikapp
II ['hændɪkæp] (*-pp-*) *verb* **1** sport. ge handicap **2** person handikappa
handicapped ['hændɪkæpt] *adj* handikappad, funktionshindrad, rörelsehindrad
handicraft ['hændɪkrɑːft] *subst* hantverk, slöjd
handiwork ['hændɪwɜːk] *subst* skapelse, verk
handkerchief ['hæŋkətʃɪf] *subst* näsduk
handle I ['hændl] *verb* **1** ta i, beröra **2** hantera [*~ tools*]; ha hand om **3** sköta [*~ the children*]; behandla, handskas med, klara [*~ a situation*]
II ['hændl] *subst* **1** handtag, skaft **2** vev
handlebar ['hændlbɑː] *subst* pl. ***~s*** styrstång, styre på cykel
handling ['hændlɪŋ] *subst* hantering, behandling; ***his ~ of the situation*** hans sätt att handskas med situationen

handmade [ˌhænd'meɪd] *adj* handgjord, tillverkad för hand
handout ['hændaʊt] *subst* vard. **1** papper, kopia som delas ut **2** reklamlapp; gratisprov **3** allmosa, gåva
handpick [ˌhænd'pɪk] *verb* handplocka
handrail ['hændreɪl] *subst* ledstång, räcke
handsfree ['hændzfriː] *adj*, ~ ***phone*** handsfree
handshake ['hændʃeɪk] *subst* handslag
handsome ['hænsəm] *adj* **1** vacker, ståtlig, stilig **2** fin, storslagen, ansenlig [*a ~ sum*]
hand-to-hand [ˌhændtə'hænd] *adj*, ~ ***fighting*** strider man mot man, handgemäng
handwriting ['hændˌraɪtɪŋ] *subst* handstil, skrift
handy ['hændɪ] *adj* **1** händig, praktisk **2** ***come in*** ~ vara bra att ha **3** ***have sth*** ~ ha ngt till hands
hang I [hæŋ] (*hung hung*, i betydelsen 'avliva genom hängning' *hanged hanged*) *verb* **1** hänga **2** hänga upp [*~ a picture on the wall*]; ~ ***wallpaper*** sätta upp tapeter, tapetsera; ~ ***it!*** vard. jäklar också!; ***well I'll be hanged!*** det var som tusan!
II [hæŋ] (*hung hung*) *verb* med adv. o. prep.
hang about el. **hang around 1** gå och driva **2** ~ ***about a place*** hålla till på ett ställe
hang behind hålla sig bakom (efter)
hang on 1 hänga på, bero på **2** hänga (hålla) fast, hänga (hålla) sig fast [*to* vid, i] **3** ~ ***on a minute!*** el. ~ ***on!*** vard. ett ögonblick!
hang up 1 fördröja [*the work was hung up by the strike*] **2** tele. lägga på luren
III [hæŋ] *subst* **1** fall [*the ~ of a gown*] **2** vard., ***get the*** ~ ***of*** komma underfund med, få grepp på **3** vard., ***I don't give a*** ~ el. ***I don't care a*** ~ det bryr jag mig inte ett dugg om
hangar ['hæŋə] *subst* flyg. hangar
hanger ['hæŋə] *subst* hängare, galge
hang-gliding ['hæŋˌglaɪdɪŋ] *subst* sport. hängglidning
hanging ['hæŋɪŋ] *subst* **1** upphängning **2** hängning straff **3** oftast pl. ~***s*** förhängen, draperier
hangout ['hæŋaʊt] *subst* vard. tillhåll
hangover ['hæŋˌəʊvə] *subst* vard. baksmälla
hangup ['hæŋʌp] *subst* vard. komplex, fix idé
hanker ['hæŋkə] *verb*, ~ ***after*** längta efter
hanky ['hæŋkɪ] *subst* vard. näsduk
hanky-panky [ˌhæŋkɪ'pæŋkɪ] *subst* vard. **1** fuffens, smussel **2** vänsterprassel
haphazard [ˌhæp'hæzəd] *adj* slumpmässig, slumpartad; ***in a*** ~ ***manner*** på måfå
happen ['hæpən] *verb* hända [*to sb* ngn], ske, inträffa; ***how did it*** ~***?*** hur gick det till?; ***as it*** ~***s, I have a stamp*** jag råkar ha ett frimärke; ***you don't*** ~ ***to have matches on you?*** du har väl händelsevis inte tändstickor på dig?
happening ['hæpənɪŋ] *subst* händelse
happily ['hæpəlɪ] *adv* **1** lyckligt **2** lyckligtvis
happiness ['hæpɪnəs] *subst* lycka, glädje
happy ['hæpɪ] *adj* lycklig, glad; ***A Happy New Year!*** Gott nytt år!
happy-go-lucky [ˌhæpɪgəʊ'lʌkɪ] *adj* sorglös, lättsinnig
harangue [hə'ræŋ] *subst* harang
harass ['hærəs, spec. amer. hə'ræs] *verb* mobba; trakassera
harassment ['hærəsmənt, spec. amer. hə'ræsmənt] *subst* **1** trakasseri **2** mobbning
harbour I ['hɑːbə] *subst* hamn
II ['hɑːbə] *verb* härbärgera, ge skydd åt; ~ ***a grudge against sb*** hysa agg till någon
hard I [hɑːd] *adj* **1** hård, fast; ~ ***cash*** reda pengar, kontanter **2** hård, häftig [*a ~ fight*]; ~ ***labour*** jur. straffarbete **3** svår [*a ~ question*]; ***be*** ~ ***of hearing*** höra dåligt; ***be*** ~ ***up*** vard. ha ont om pengar **4** om person hård, känslolös; sträng; om klimat sträng, hård, svår; ~ ***lines*** el. ~ ***luck*** vard. otur; ***be*** ~ ***on sb*** vara hård (sträng) mot ngn **5** tung; ~ ***drugs*** tung narkotika **6** ~ ***liquor*** sprit, starksprit
II [hɑːd] *adv* **1** hårt, häftigt, kraftigt [*it's raining ~*] **2** flitigt [*work ~*] **3** ***be*** ~ ***done by*** vara illa behandlad
hard-and-fast [ˌhɑːdən'fɑːst] *adj* orubblig, benhård [*~ rules*]
hardback I ['hɑːdbæk] *adj* inbunden om bok
II ['hɑːdbæk] *subst* inbunden bok
hard-boiled [ˌhɑːd'bɔɪld] *adj* **1** hårdkokt [*~ eggs*] **2** hårdkokt, kallhamrad
harden ['hɑːdn] *verb* **1** göra hård, göra hårdare **2** härda, förhärda **3** hårdna, härdas; ***hardened*** a) förhärdad [*a hardened criminal*] b) luttrad [*he is hardened after 25 years in the business*]
hard-hearted [ˌhɑːd'hɑːtɪd] *adj* hård, hårdhjärtad
hard-hit [ˌhɑːd'hɪt] *adj* hårt drabbad
hardly ['hɑːdlɪ] *adv* knappt, knappast [*that is ~ right*], inte gärna; ~ ***ever*** nästan aldrig

hardship [ˈhɑːdʃɪp] *subst* påfrestning, prövning
hardware [ˈhɑːdweə] *subst* **1** järnvaror; ~ ***store*** järnhandel **2** data. hårdvara, maskinvara **3** vard. skjutjärn, puffra, puffror
hard-wearing [ˌhɑːdˈweərɪŋ] *adj* oöm, slitstark
hard-working [ˌhɑːdˈwɜːkɪŋ, före subst. ˈhɑːdˌwɜːkɪŋ] *adj* arbetsam
hardy [ˈhɑːdɪ] *adj* härdad, tålig, härdig
hare [heə] *subst* **1** hare djur **2** sport. pacemaker, hare **3** hare attrapp vid hundkapplöpning
harebell [ˈheəbel] *subst* liten blomma blåklocka
harelipped [ˈheəlɪpt] *adj* harmynt
harem [ˈhɑːriːm, amer. ˈhærəm] *subst* harem
haricot [ˈhærɪkəʊ] *subst*, ~ ***bean*** skärböna, brytböna
hark [hɑːk] *verb* lyssna
harm I [hɑːm] *subst* skada, ont; ***there is no ~ in trying*** det skadar inte att försöka; ***do ~*** vålla skada; ***I meant no ~*** jag menade inget illa; ***out of harm's way*** i säkerhet; ***keep out of harm's way*** hålla sig undan, akta sig
II [hɑːm] *verb*, ~ ***sb*** skada ngn, göra ngn illa
harmful [ˈhɑːmfʊl] *adj* skadlig, fördärvlig
harmless [ˈhɑːmləs] *adj* **1** oskadlig, ofarlig **2** harmlös, ofarlig [*she is quite ~*]
harmonica [hɑːˈmɒnɪkə] *subst* musik. munspel
harmonious [hɑːˈməʊnjəs] *adj* harmonisk
harmonize [ˈhɑːmənaɪz] *verb* **1** harmoniera, passa ihop **2** musik. harmonisera
harmony [ˈhɑːmənɪ] *subst* harmoni äv. musik.
harness [ˈhɑːnɪs] *subst* sele, seldon
harp I [hɑːp] *subst* musik. harpa
II [hɑːp] *verb*, ~ ***on*** tjata om
harpoon I [hɑːˈpuːn] *subst* sjö. harpun
II [hɑːˈpuːn] *verb* harpunera
harpsichord [ˈhɑːpsɪkɔːd] *subst* musik. cembalo
harrow I [ˈhærəʊ] *subst* jordbruksredskap harv
II [ˈhærəʊ] *verb* harva
harrowing [ˈhærəʊɪŋ] *adj* uppslitande, upprörande [*a ~ story*]
harry [ˈhærɪ] *verb* **1** plåga, ansätta **2** härja, plundra
harsh [hɑːʃ] *adj* **1** hård, sträv, skorrande **2** sträng, hård [*~ treatment*]
hart [hɑːt] *subst* djur hjort hanne
harvest I [ˈhɑːvɪst] *subst* skörd [*ripe for ~*]; ***reap the ~*** skörda frukten
II [ˈhɑːvɪst] *verb* skörda
harvester [ˈhɑːvɪstə] *subst* **1** skördeman, skördearbetare **2** skördemaskin
has [hæz, obetonat həz] *verb*, ***helshelit ~*** han/hon/den/det har; se vidare *have*
has-been [ˈhæzbɪn] *subst* vard. fördetting
hash I [hæʃ] *verb* hacka sönder t.ex. kött
II [hæʃ] *subst* **1** kok., slags ragu; hachis **2** ***make a ~ of*** vard. fördärva, göra pannkaka av
hashish [ˈhæʃiːʃ] *subst* hash, haschisch
hasn't [ˈhæznt] = *has not*
hassle I [ˈhæsl] *subst* vard. **1** käbbel **2** krångel **3** trakasseri
II [ˈhæsl] *verb* vard. **1** käbbla **2** krångla **3** trakassera
haste [heɪst] *subst* hast, brådska; ***make ~*** raska på, skynda sig
hasten [ˈheɪsn] *verb* **1** påskynda, driva på **2** skynda, skynda sig
hasty [ˈheɪstɪ] *adj* **1** brådskande, skyndsam, snabb, hastig [*a ~ glance*] **2** förhastad; ***be ~*** förhasta sig
hat [hæt] *subst* hatt; ***top ~*** el. ***high ~*** hög hatt; ***talk through one's ~*** vard. prata i nattmössan; ***keep sth under one's ~*** hålla tyst om ngt
1 hatch [hætʃ] *subst* **1** lucka, öppning; **2** sjö. skeppslucka **3** ***down the ~!*** vard. skål!, botten upp!
2 hatch [hætʃ] *verb* **1** kläcka, kläcka ut **2** kläckas, kläckas ut
hatchback [ˈhætʃbæk] *subst* bil. halvkombi
hatchet [ˈhætʃɪt] *subst* yxa; ***bury the ~*** begrava stridsyxan
hate I [heɪt] *subst* hat, avsky
II [heɪt] *verb* hata
hateful [ˈheɪtfʊl] *adj* förhatlig [*to* för]
hat rack [ˈhætræk] *subst* hatthylla
hatred [ˈheɪtrɪd] *subst* hat, avsky
hatter [ˈhætə] *subst* hattmakare; ***as mad as a ~*** spritt språngande galen
hat trick [ˈhættrɪk] *subst* sport. hat trick
haughty [ˈhɔːtɪ] *adj* högdragen, högmodig
haul I [hɔːl] *verb* spec. sjö. hala, dra, släpa
II [hɔːl] *subst* **1** halning, drag **2** kap, byte
haulage [ˈhɔːlɪdʒ] *subst*, ~ ***contractors*** åkeri
haunch [hɔːntʃ] *subst* höft, länd; ***sit on one's haunches*** sitta på huk
haunt I [hɔːnt] *verb* **1** ***the house is haunted*** det spökar i det här huset; ***haunted castle*** spökslott **2** om t.ex. tankar förfölja
II [hɔːnt] *subst* tillhåll

haunting ['hɔːntɪŋ] *adj* oförglömlig [*its ~ beauty*]; efterhängsen [*a ~ melody*]

have I [hæv, obetonat həv] (*had had; he/she/it has*) *verb* ha [*I ~ done it; I had done it*]

II [hæv, obetonat həv] (*had had; he/she/it has*) *huvudverb* **1** ha, äga; *~ **a cold*** vara förkyld **2** göra, få sig, ta [*~ a walk; ~ a bath*] **3** få [*I had a letter from him*] **4** äta [*~ dinner*], dricka **5** *~ **it*** i speciella betydelser: ***rumour has it that*** ryktet går att; ***he's had it*** vard. det är slut med honom; *~ **it your own way!*** gör som du vill!; *~ **it in for*** vard. ha ett horn i sidan till; *~ **it out with sb*** göra upp med ngn, tala ut med ngn **6** *~ **to*** + inf. vara (bli) tvungen att; ***I ~ to go*** jag måste gå; ***that will ~ to do*** det får duga **7** *~ **sth done*** se till att ngt blir gjort, få ngt gjort; *~ **one's hair cut*** klippa sig **8** *~ **sb do sth*** låta ngn göra ngt [*~ your doctor examine her*]; ***I won't ~ you playing in my room!*** jag vill inte att ni leker i mitt rum! **9** ***you had better ask him*** det är bäst att du frågar honom

III [hæv] (*had had; he/she/it has*) *verb* med adv. o. prep.

have on ha kläder på sig [*he had nothing on*]; ***I ~ nothing on this evening*** vard. jag har inget för mig i kväll

have a tooth out dra ut en tand

haven ['heɪvn] *subst* tillflyktsort, fristad

haven't ['hævnt] = *have not*

havoc ['hævək] *subst* ödeläggelse; ***make ~*** anställa förödelse; ***play ~ with*** gå illa åt, kullkasta

Hawaii [hə'waɪiː]

hawk [hɔːk] *subst* fågel el. polit. hök

hawthorn ['hɔːθɔːn] *subst* växt hagtorn

hay [heɪ] *subst* hö; ***hit the ~*** vard. knyta sig, krypa till kojs; ***make ~*** bärga hö; ***make ~ while the sun shines*** ta tillfället i akt

hay fever ['heɪˌfiːvə] *subst* med. hösnuva

haystack ['heɪstæk] *subst* höstack

hazard I ['hæzəd] *subst* risk, fara

II ['hæzəd] *verb* riskera, våga [*~ a guess*]

hazardous ['hæzədəs] *adj* riskfylld

haze [heɪz] *subst* dis, töcken

hazel I ['heɪzl] *subst* hasselnöt

II ['heɪzl] *adj* ljusbrun, nötbrun [*~ eyes*]

hazelnut ['heɪzlnʌt] *subst* hasselnöt

hazy ['heɪzɪ] *adj* **1** disig, dimmig **2** dunkel, suddig [*a ~ recollection*]

he I [hiː, obetonat hɪ] (objektsform *him*) *pron* **1** han **2** den i ordspråk [*~ who lives will see*]

II [hiː] (pl. *~s*) *subst* hanne, han [*our dog is a ~*]

III [hiː] *adj* i sammansättningar vid djurnamn han- [*he-dog*]; -hanne

head I [hed] *subst* **1** huvud **2** med annat subst.: *~ **over heels in love*** upp över öronen förälskad; ***from ~ to foot*** från topp till tå, fullständigt; ***turn ~ over heels*** slå en kullerbytta, göra en volt **3** som objekt: ***keep one's ~*** hålla huvudet kallt, bibehålla fattningen; ***laugh one's ~ off*** vard. skratta ihjäl sig; ***if they put their ~s together*** om de slår sina kloka huvuden ihop; ***lose one's ~*** tappa huvudet, förlora fattningen **4** med prep. el. adv.: ***he is taller than Tom by a ~*** han är huvudet längre än Tom; ***win by a ~*** vinna med en huvudlängd; *~ **first*** el. *~ **foremost*** huvudstupa; ***whatever put that into your ~?*** hur kunde du komma på den tanken (idén)?; ***go to sb's ~*** stiga ngn åt huvudet **5** chef, ledare; rektor; *~ **of state*** statschef **6** ***a ~*** el. ***per ~*** per man, per skalle; ***twenty ~ of cattle*** tjugo stycken nötkreatur **7** topp, spets; ***the ~ of the table*** övre ändan av bordet, hedersplatsen **8** huvud [*the ~ of a nail*]; ***a ~ of cabbage*** ett kålhuvud **9** *~**s or tails?*** krona eller klave?; ***I cannot make ~ or tail of it*** vard. jag blir inte klok på det **10** ***bring matters to a ~*** driva saken till sin spets; ***come to a ~*** komma till en kris

II [hed] *adj* främsta, första; *~ **office*** huvudkontor

III [hed] *verb* **1** anföra, leda [*~ a procession*]; stå i spetsen för; *~ **the list*** stå överst på listan **2** förse med huvud (rubrik) **3** rikta, styra [*~ one's ship for the harbour*], sätta kurs; ***be headed*** (***heading***) ***for*** vara på väg mot, vara destinerad till; ***he is heading for disaster*** det är bäddat för katastrof för honom **4** fotb. nicka, skalla

headache ['hedeɪk] *subst* huvudvärk

headdress ['heddres] *subst* huvudbonad

header ['hedə] *subst* fotb. nick, skalle

headgear ['hedgɪə] *subst* huvudbonad

heading ['hedɪŋ] *subst* **1** rubrik, överskrift **2** avdelning

headlamp ['hedlæmp] *subst* bil. strålkastare

headlight ['hedlaɪt] *subst* bil. strålkastare; ***drive with ~s on*** köra på helljus

headline ['hedlaɪn] *subst* rubrik; ***hit the ~s*** el. ***make the ~s*** bli (vara) rubrikstoff

headlong ['hedlɒŋ] *adv* huvudstupa [*fall ~*]

headmaster [ˌhed'mɑːstə] *subst* rektor

headmistress [ˌhed'mɪstrəs] *subst* kvinnlig rektor

head-on [som adj. ˈhedɒn, som adv. ˌhedˈɒn] *adj* o. *adv* med huvudet före; ~ ***collision*** frontalkrock
headphones [ˈhedfəʊnz] *subst* hörlurar
headquarters [ˌhedˈkwɔːtəz] (pl. lika) *subst* **1** högkvarter **2** högkvarteret
headrest [ˈhedrest] *subst* huvudstöd, nackstöd
headroom [ˈhedruːm] *subst* trafik. fri höjd
headstrong [ˈhedstrɒŋ] *adj* egensinnig
head teacher [ˌhedˈtiːtʃə] *subst* rektor
head waiter [ˌhedˈweɪtə] *subst* hovmästare
headway [ˈhedweɪ] *subst*, ***make*** ~ komma framåt, göra framsteg
headwind [ˈhedwɪnd] *subst* motvind
headword [ˈhedwɜːd] *subst* uppslagsord i ordbok
heal [hiːl] *verb* bota, läka, läkas
health [helθ] *subst* **1** hälsa, hälsotillstånd; ~ ***certificate*** friskintyg; ~ ***food store*** hälsokostbod; ~ ***insurance*** sjukförsäkring; ~ ***service*** hälsovård **2** ***drink to sb's*** ~ el. ***drink sb's*** ~ dricka ngns skål; ***your*** ~***!*** el. ***good*** ~***!*** skål!
health resort [ˈhelθrɪˌzɔːt] *subst* kurort
healthy [ˈhelθɪ] *adj* **1** frisk, vid god hälsa [*be* ~] **2** sund [*a* ~ *attitude*], hälsosam
heap I [hiːp] *subst* hög, hop
II [hiːp] *verb*, ~ ***together*** hopa, lägga i en hög, stapla; ***a heaped spoonful*** en rågad tesked
hear [hɪə] (*heard heard*) *verb* **1** höra; få höra, få veta; ***hear! hear!*** utrop av bifall ja, ja!, instämmer!; ~ ***of*** höra talas om; ***I won't*** ~ ***of such a thing*** jag vill inte veta 'av något sådant **2** lyssna på (till) **3** jur. förhöra [~ *a witness*]
heard [hɜːd] imperf. o. perf. p. av *hear*
hearer [ˈhɪərə] *subst* åhörare
hearing [ˈhɪərɪŋ] *subst* **1** hörsel; ***be hard of*** ~ höra dåligt **2** ***in sb's*** ~ i ngns närvaro, så att ngn hör; ***within*** ~ inom hörhåll; ***out of*** ~ utom hörhåll **3** förhör; ***gain a*** ~ vinna gehör; ***give sb a fair*** ~ ge ngn en chans att försvara sig
hearing aid [ˈhɪərɪŋeɪd] *subst* hörapparat
hearsay [ˈhɪəseɪ] *subst* hörsägen, rykte, rykten
hearse [hɜːs] *subst* likvagn
heart [hɑːt] *subst* **1** hjärta; ~ ***failure*** med. hjärtsvikt, hjärtinsufficiens; ***change of*** ~ sinnesförändring; ~ ***and soul*** med liv och lust, med hela sin själ; ***put one's*** ~ ***and soul into...*** el. ***put one's*** ~ ***into...*** lägga ner hela sin själ i...; ***break sb's*** ~ krossa ngns hjärta; ***it breaks my*** ~ ***to see...*** det skär mig i hjärtat att se...; ***he had his*** ~ ***in his mouth*** han hade hjärtat i halsgropen; ***lose*** ~ tappa modet; ***set one's*** ~ ***on sth*** verkligen vilja ha ngt; ***at*** ~ i själ och hjärta, i grund och botten; ***we have it very much at*** ~ det ligger oss mycket varmt om hjärtat; ***at the bottom of one's*** ~ innerst inne; ***by*** ~ utantill, ur minnet; ***to one's heart's content*** av hjärtans lust, så mycket man vill **2** kortsp. hjärterkort; pl. ~***s*** hjärter
heartache [ˈhɑːteɪk] *subst* hjärtesorg
heartbreaking [ˈhɑːtˌbreɪkɪŋ] *adj* hjärtskärande
heartbroken [ˈhɑːtˌbrəʊkən] *adj* tröstlös, förtvivlad
heartburn [ˈhɑːtbɜːn] *subst* med. halsbränna
hearten [ˈhɑːtn] *verb* uppmuntra
heartfelt [ˈhɑːtfelt] *adj* djupt känd, hjärtlig
hearth [hɑːθ] *subst* härd; eldstad, spis
heartily [ˈhɑːtəlɪ] *adv* **1** hjärtligt **2** fullständigt, ordentligt [*I'm* ~ *sick of it*]
heart-to-heart [ˌhɑːttəˈhɑːt] *adj* förtrolig [*a* ~ *talk*]
hearty [ˈhɑːtɪ] *adj* **1** hjärtlig [*a* ~ *welcome*]; uppriktig **2** kraftig [*a* ~ *blow*] **3** riklig [*a* ~ *meal*]
heat I [hiːt] *subst* **1** hetta, värme; ***in the*** ~ ***of the moment*** i ett ögonblick av upphetsning **2** sport. heat, lopp; ***dead*** ~ dött lopp **3** brunst; ***in*** ~ el. ***on*** ~ brunstig
II [hiːt] *verb*, ~ ***up*** upphetta, värma upp
heated [ˈhiːtɪd] *perf p* o. *adj* **1** upphettad, uppvärmd [*a* ~ *swimming pool*] **2** animerad, livlig [*a* ~ *discussion*]
heater [ˈhiːtə] *subst* värmeapparat; ***car*** ~ bilvärmare
heath [hiːθ] *subst* hed
heathen I [ˈhiːðən] *subst* hedning, hedningarna
II [ˈhiːðən] *adj* hednisk
heather [ˈheðə] *subst* växt ljung

Heathrow [ˌhiːθˈrəʊ]
Heathrow är Europas största flygplats. Den ligger 20 km väster om London.

heating [ˈhiːtɪŋ] *subst* upphettning, uppvärmning, eldning; ***central*** ~ centralvärme

heat-resistant ['hiːtrɪˌzɪstənt] *adj* värmebeständig
heat stroke ['hiːtstrəʊk] *subst* värmeslag
heat wave ['hiːtweɪv] *subst* värmebölja
heave I [hiːv] *verb* **1** ~ el. ~ ***up*** lyfta, häva **2** kasta **3** ~ ***a sigh*** dra en suck
II [hiːv] *subst* hävning, lyftning; tag [*a great ~*]
heaven ['hevn] *subst* **1** himmel **2** himmelriket; ***thank Heaven!*** tack Gode Gud!
heavenly ['hevnlɪ] *adj* **1** himmelsk; ~ ***bodies*** himlakroppar **2** vard. gudomlig, underbar
heavily ['hevəlɪ] *adv* tungt [*~ loaded*]; kraftigt [*it rained ~*]; mödosamt; ~ ***punished*** strängt bestraffad; ~ ***taxed*** hårt beskattad
heavy ['hevɪ] *adj* **1** tung, kraftig; ~ ***traffic*** a) tung trafik b) livlig trafik **2** stor [*~ expenses*]; svår [*a ~ loss; a ~ defeat*]; stark, kraftig [*a ~ dose*]; ***a ~ fine*** höga böter; ***a ~ smoker*** en storrökare **3** ansträngande, hård [*~ work*]
heavy-handed [ˌhevɪ'hændɪd] *adj* hårdhänt
heavy-hearted [ˌhevɪ'hɑːtɪd] *adj* tungsint
heavyweight ['hevɪweɪt] *subst* sport. **1** tungvikt **2** tungviktare
Hebrew I ['hiːbruː] *subst* **1** hebré **2** hebreiska språket
II ['hiːbruː] *adj* hebreisk
heckle ['hekl] *verb* häckla, avbryta [*the speaker was heckled by the crowd*]
hectic ['hektɪk] *adj* hektisk, jäktig
hectogram ['hektəʊgræm] *subst* hektogram
he'd [hiːd] = *he had* o. *he would*
hedge [hedʒ] *subst* häck
hedgehog ['hedʒhɒg] *subst* igelkott
heed I [hiːd] *verb* bry sig om [*~ a warning*]
II [hiːd] *subst*, ***pay ~ to*** ta hänsyn till; ***take ~*** ta sig i akt
heedless ['hiːdləs] *adj*, ~ ***of*** obekymrad om
heel I [hiːl] *subst* **1** häl; ***kick one's ~s*** el. ***cool one's ~s*** vänta, slå dank; ***take to one's ~s*** lägga benen på ryggen; ***turn on one's ~s*** el. ***turn on one's ~*** svänga om på klacken **2** klack; bakkappa på sko **3** spec. amer. sl. knöl
II [hiːl] *verb* klacka [*~ shoes*]
hefty ['heftɪ] *adj* vard. **1** om person bastant, kraftig **2** kraftig [*a ~ push*]
he-goat ['hiːgəʊt] *subst* bock
heifer ['hefə] *subst* ung ko kviga
height [haɪt] *subst* **1** höjd; längd, storlek; ***what is your ~?*** hur lång är du? **2** kulle; topp [*mountain ~s*] **3** höjdpunkt; ***the ~ of fashion*** högsta modet; ***at its ~*** på sin höjdpunkt, när den var som störst
heighten ['haɪtn] *verb* **1** göra högre, höja **2** förhöja [*~ an effect*], öka
heinous ['heɪnəs] *adj* avskyvärd [*a ~ crime*]
heir [eə] *subst* laglig arvinge, arvtagare
heiress ['eəres] *subst* arvtagerska
heirloom ['eəluːm] *subst* släktklenod, arvegods
held [held] imperf. o. perf. p. av *1 hold I*
helicopter ['helɪkɒptə] *subst* helikopter
helium ['hiːljəm] *subst* kem. helium
hell [hel] *subst* helvete, helvetet; ***oh, ~!*** jäklar också!; ***a ~ of a noise*** ett jäkla oväsen; ***what the ~ do you want?*** vad fan vill du?; ***go to ~!*** dra åt helvete!
he'll [hiːl] = *he will* o. *he shall*
hellish ['helɪʃ] *adj* helvetisk, infernalisk
hello [hə'ləʊ] *interj* hallå!, hälsning hej!
helm [helm] *subst* sjö. roder
helmet ['helmɪt] *subst* hjälm
helmsman ['helmzmən] *subst* sjö. rorsman
help I [help] *verb* **1** hjälpa, bistå, hjälpa till; ~ ***to*** hjälpa till att, bidra till att [*this ~s to explain*] **2** ~ ***sb to sth*** servera ngn ngt [*she helped him to some desert*]; ~ ***oneself to sth*** ta för sig av ngt; ~ ***yourself!*** var så god! **3** låta bli, hjälpa; ***I can't ~ laughing*** jag kan inte låta bli att skratta; ***I won't do it if I can ~ it*** jag gör inte det om jag slipper; ***it can't be helped*** det kan inte hjälpas, det är ingenting att göra åt det
II [help] *subst* hjälp; ***be of ~ to sb*** vara ngn till hjälp; ***it wasn't much ~*** det var inte till stor hjälp
helpful ['helpfʊl] *adj* hjälpsam, tjänstvillig
helping ['helpɪŋ] *subst* portion [*a ~ of pie*]
helpmate ['helpmeɪt] *subst* medhjälpare
Helsinki [hel'sɪŋkɪ] Helsingfors
hem I [hem] *subst* fåll, kant
II [hem] (*-mm-*) *verb* **1** fålla, kanta **2** ~ ***in*** stänga inne
he-man ['hiːmæn] (pl. *he-men* ['hiːmen]) *subst* vard. he-man, karlakarl
hemisphere ['hemɪˌsfɪə] *subst* halvklot, hemisfär
hemp [hemp] *subst* hampa
hen [hen] *subst* höna; ~ ***party*** vard. tjejbjudning
hence [hens] *adv* **1** härav [*~ it follows that...*] **2** följaktligen, därför **3** härefter; ***five years ~*** om fem år
henceforth [ˌhens'fɔːθ] *adv* hädanefter

henchman ['hentʃmən] (pl. *henchmen* ['hentʃmən]) *subst* hejduk, hantlangare
henpecked ['henpekt] *adj* hunsad; ***a ~ husband*** en toffelhjälte
hepatica [hɪ'pætɪkə] *subst* blomma blåsippa
her [hɜː] *pron* **1** (objektsform av *she*) henne; om bil, land m.m. den, det **2** vard. hon [*it's ~*] **3** sig [*she took it with ~*] **4** hennes [*it is ~ hat*]; sin [*she sold ~ house*], dess; se *my* för ex.
herald ['herəld] *verb* förebåda, inleda [*~ a new era*]
herb [hɜːb] *subst* ört, växt, kryddväxt
herbal ['hɜːbl] *adj* ört- [*~ medicine*]
herd I [hɜːd] *subst* hjord; ***a ~ of cattle*** en boskapshjord, flock
II [hɜːd] *verb* gå i hjord, gå i flock; ***~ together*** flockas, samlas
here [hɪə] *adv* här; hit; ***that's neither ~ nor there*** det hör inte till saken, det gör varken till eller från; ***~ you are!*** a) här har du!, var så god! b) se här!
hereafter [ˌhɪər'ɑːftə] *adv* **1** härefter, hädanefter
hereby [ˌhɪə'baɪ] *adv* härmed
hereditary [hə'redətrɪ] *adj* ärftlig, arvs-
heredity [hə'redətɪ] *subst* ärftlighet, arv
heresy ['herəsɪ] *subst* kätteri, irrlära
heretic ['herətɪk] *subst* kättare
heretical [hɪ'retɪkl] *adj* kättersk
herewith [ˌhɪə'wɪð] *adv* härmed
heritage ['herɪtɪdʒ] *subst* arv
hermit ['hɜːmɪt] *subst* eremit, enstöring
hernia ['hɜːnjə] *subst* med. bråck
hero ['hɪərəʊ] (pl. *heroes*) *subst* hjälte
heroic [hɪ'rəʊɪk] *adj* heroisk, hjältemodig; ***~ deed*** hjältedåd
heroin ['herəʊɪn] *subst* narkotika heroin
heroine ['herəʊɪn] *subst* hjältinna
heroism ['herəʊɪzəm] *subst* hjältemod
heron ['herən] *subst* fågel häger
herring ['herɪŋ] *subst* fisk sill
hers [hɜːz] *pron* hennes [*is that book ~?*]; sin [*she must take ~*]; se *1 mine* för ex.
herself [hə'self] *pron* sig [*she hurt ~*], sig själv [*she helped ~*], själv [*she can do it ~*]; ***by ~*** a) ensam, för sig själv b) på egen hand
he's [hiːz, obetonat hɪz] = *he is* o. *he has*
hesitant ['hezɪtənt] *adj* tvekande, tveksam
hesitate ['hezɪteɪt] *verb* tveka, vackla
hesitation [ˌhezɪ'teɪʃən] *subst* tvekan, tveksamhet
heterogeneous [ˌhetərəʊ'dʒiːnɪəs] *adj* heterogen, olikartad
hew [hjuː] (*hewed hewed* el. *hewn*) *verb* hugga, hugga i något
hewn [hjuːn] perf. p. av *hew*
hey [heɪ] *interj* hallå där!
heyday ['heɪdeɪ] *subst* glansperiod, glansdagar
hi [haɪ] *interj* amer. vard. hej!
hibernate ['haɪbəneɪt] *verb* övervintra, gå i ide
hibernation [ˌhaɪbə'neɪʃən] *subst* övervintring; djurs vinterdvala; ***go into ~*** gå i ide
hibiscus [hɪ'bɪskəs] *subst* blomma hibiskus
hiccough o. **hiccup I** ['hɪkʌp] *subst* hickning, hicka; ***have the ~s*** ha hicka
II ['hɪkʌp] *verb* hicka
hid [hɪd] imperf. o. perf. p. av *2 hide*
hidden I ['hɪdn] perf. p. av *2 hide*
II ['hɪdn] *adj* **1** gömd **2** dold, hemlig [*~ motives*]
1 hide [haɪd] *subst* djurhud, skinn
2 hide [haɪd] (*hid hidden* el. *hid*) *verb* **1** gömma, dölja [*from* för; *for* åt] **2** gömma sig
hide-and-seek [ˌhaɪdən'siːk] *subst* kurragömma
hideous ['hɪdɪəs] *adj* otäck, ohygglig, gräslig
hide-out ['haɪdaʊt] *subst* vard. gömställe, tillhåll
1 hiding ['haɪdɪŋ] *subst*, ***a good ~*** ett ordentligt kok stryk
2 hiding ['haɪdɪŋ] *subst*, ***be in ~*** hålla sig gömd; ***go into ~*** gömma sig
hiding-place ['haɪdɪŋpleɪs] *subst* gömställe
hierarchy ['haɪərɑːkɪ] *subst* hierarki, rangordning
hi-fi [ˌhaɪ'faɪ] (vard. för *high-fidelity*) *subst* **1** hifi naturtrogen ljudåtergivning **2** hifi-anläggning
high I [haɪ] *adj* **1** hög; högt belägen; ***the High Court*** högsta domstolen i Storbritannien; ***~ priest*** överstepräst; ***~ street*** huvudgata, storgata [ofta i namn *the High Street*]; ***the ~ season*** högsäsongen; ***be ~ and mighty*** vard. vara dryg, vara mallig; ***it is ~ time you went*** det är på tiden att du går, det är hög tid att du går **2** stark; intensiv; ***~ pressure*** högtryck; ***~ tension*** elektr. högspänning **3** stor [*~ finance*] **4** vard. full, på snusen, hög narkotikaberusad **5** i Storbritannien: ***~ school*** ungefär gymnasieskola [*~ school for girls*] **6** i USA: ***junior ~ school*** ungefär grundskolans högstadium; ***senior ~ school*** ungefär gymnasieskola
II [haɪ] *adv* högt [*fly ~*]
III [haɪ] *subst* vard. topp, rekord, rekordsiffra

high-and-mighty [ˌhaɪən'maɪtɪ] *adj* vard. högdragen, mallig

highboard ['haɪbɔːd] *subst* simn., fast hoppställning för simhopp trampolin för höga hopp

highbrow I ['haɪbraʊ] *adj* vard. intellektuell, neds. kultursnobbig
II ['haɪbraʊ] *subst* vard. kultursnobb

high-class [ˌhaɪ'klɑːs] *adj* högklassig, förstklassig [*a ~ hotel*], kvalitets- [*a ~ article*]

high-fidelity [ˌhaɪfɪ'delətɪ] *adj* high fidelity- med naturtrogen ljudåtergivning; se *hi-fi*

high-five [ˌhaɪ'faɪv] *subst* vard., ***slap ~s*** göra en segergest genom att två personer el. spelare slår ihop sina uppsträckta händer

highflown ['haɪfləʊn] *adj* högtravande

high-handed [ˌhaɪ'hændɪd] *adj* egenmäktig

high-heeled ['haɪhiːld] *adj* högklackad

high jump ['haɪdʒʌmp] *subst* sport. höjdhopp

highland ['haɪlənd] *subst* högland; ***the Highlands*** Skotska högländerna

Highlander ['haɪləndə] *subst* skotskhögländare

highlight I ['haɪlaɪt] *subst* höjdpunkt; huvudattraktion; ***~s of today's matches*** dagens matcher i sammandrag
II ['haɪlaɪt] *verb* **1** framhäva, accentuera **2** markera text med märkpenna

highly ['haɪlɪ] *adv* **1** högt **2** högst, ytterst [*~ interesting*]; ***~ recommend*** varmt rekommendera **3** ***think ~ of sb*** ha höga tankar om ngn

highly-strung [ˌhaɪlɪ'strʌŋ] *adj* nervös, överspänd

high-minded [ˌhaɪ'maɪndɪd] *adj* högsint

highness ['haɪnəs] *subst* **1** höjd, storlek **2** ***His*** (***Her, Your***) ***Highness*** Hans (Hennes, Ers) Höghet

high-octane [ˌhaɪ'ɒkteɪn] *adj* högoktanig [*~ petrol*]

high-pitched [ˌhaɪ'pɪtʃt] *adj* hög, gäll

high-powered [ˌhaɪ'paʊəd] *adj* **1** energisk, effektiv **2** stark, kraftig [*a ~ engine*]

high-ranking ['haɪˌræŋkɪŋ] *adj* högt uppsatt, med hög rang

high-rise ['haɪraɪz] *adj*, ***~ building*** höghus

highroad ['haɪrəʊd] *subst* allmän landsväg **1** ***the ~ to success*** vägen till framgång

high-spirited [ˌhaɪ'spɪrɪtɪd] *adj* livlig

highway ['haɪweɪ] *subst* allmän landsväg, amer. större väg, huvudväg

highwayman ['haɪweɪmən] *subst* hist. stråtrövare

hijack I ['haɪdʒæk] *verb* vard. kapa t.ex. flygplan
II ['haɪdʒæk] *subst* vard. kapning

hijacker ['haɪˌdʒækə] *subst* vard. kapare

hike I [haɪk] *subst* vard. fotvandring
II [haɪk] *verb* vard. fotvandra; promenera

hiker ['haɪkə] *subst* fotvandrare

hilarious [hɪ'leərɪəs] *adj* **1** uppsluppen, munter **2** festlig, dråplig, komisk

hilarity [hɪ'lærətɪ] *subst* munterhet

hill [hɪl] *subst* **1** kulle, berg; ***as old as the ~s*** gammal som gatan, urgammal **2** backe **3** hög av t.ex. jord, sand; stack [*ant-hill*]

hillock ['hɪlək] *subst* mindre kulle

hillside ['hɪlsaɪd] *subst* bergssluttning, backsluttning

hilly ['hɪlɪ] *adj* bergig, kullig, backig

hilt [hɪlt] *subst* fäste, handtag på t.ex. svärd, dolk

him [hɪm] *pron* (objektsform av *he*) **1** honom **2** vard. han [*it's ~*] **3** sig [*he took it with ~*]

himself [hɪm'self] *pron* sig [*he hurt ~*], sig själv [*he helped ~*]; själv [*he can do it ~*]; ***by ~*** a) ensam, för sig själv b) på egen hand

hind [haɪnd] *adj* bakre, bak- [*~ wheel*]; ***get up on one's ~ legs and speak*** resa sig och hålla tal

hinder ['hɪndə] *verb* hindra [*from going* från att gå]; förhindra

hindquarter [ˌhaɪnd'kwɔːtə] *subst* pl. ***~s*** på djur länder, bakdel

hindrance ['hɪndrəns] *subst* hinder [*to* för]

Hindu [ˌhɪn'duː] *subst* hindu

hinge I [hɪndʒ] *subst* gångjärn
II [hɪndʒ] *verb*, ***~ on*** hänga på, bero på

hint I [hɪnt] *subst* **1** vink, antydan **2** tips [*as, to* om; *on* om]
II [hɪnt] *verb* antyda; ***~ at*** antyda, anspela på

hip [hɪp] *subst* höft; länd

hip-hop I [ˌhɪp'hɒp] *subst* hiphop ungdomskultur el. dansmusik
II [ˌhɪp'hɒp] (*-pp-*) *verb* dansa till hiphopmusik

hippo ['hɪpəʊ] (pl. *~s*) *subst* vard. kortform för *hippopotamus*

hippopotamus [ˌhɪpə'pɒtəməs] *subst* flodhäst

hire I ['haɪə] *subst* hyra; hyrande; ***for ~*** att hyra; på taxibil ledig; ***car ~ company*** biluthyrningsfirma; ***car ~ service*** biluthyrning
II ['haɪə] *verb* **1** hyra; ***hired coach*** abonnerad buss **2** spec. amer. anställa **3** leja [*~ a murderer*]

hire-purchase [ˌhaɪə'pɜːtʃəs] *subst*, ***buy on ~*** el. ***pay for on ~*** köpa på avbetalning

his [hɪz] *pron* hans [*is that book ~?; the car is ~*]; sin [*he must sell ~ car*]; se *1 mine* o. *my* för ex.

hiss I [hɪs] *verb* **1** väsa, fräsa, vissla [*at* åt] **2** vissla åt

II [hɪs] *subst* väsning, fräsande

historian [hɪ'stɔːrɪən] *subst* historiker

historic [hɪ'stɒrɪk] *adj* historisk, minnesvärd

historical [hɪ'stɒrɪkl] *adj* historisk

history ['hɪstərɪ] *subst* **1** historia; historien [*the first time in ~*]; ***ancient*** ~ forntidens historia; ***mediaeval*** ~ medeltidens historia; ***modern*** ~ nyare tidens historia **2** bakgrund [*the man had a ~ of drink problems*]

hit I [hɪt] (*hit hit*) (*hitting*) *verb* **1** slå till; slå [*at* mot] **2** köra, stöta mot, köra på [*the car ~ a tree*], träffa; ~ ***and run*** smita om bilförare; ~ ***on*** el. ~ ***upon*** komma (hitta) på **3** drabba [*feel ~; feel oneself ~*]; ***be hard*** ~ drabbas hårt

II [hɪt] (*hit hit*) (*hitting*) *verb* med adv. o. prep.

hit back slå tillbaka

hit it off komma bra överens

hit out slå vilt omkring sig

hit on komma på, hitta på

III [hɪt] *subst* **1** slag, stöt **2** träff; ***direct*** ~ fullträff **3** succé; schlager

hit-and-run [ˌhɪtən'rʌn] *adj* trafik., ~ ***case*** fall av smitning; ~ ***driver*** smitare

hitch I [hɪtʃ] *verb* binda fast [*~ a horse to a tree*]

II [hɪtʃ] *subst* hinder, hake [*a ~ in our plans*]; ***technical*** ~ tekniskt missöde

hitchhike ['hɪtʃhaɪk] *verb* lifta

hitchhiker ['hɪtʃˌhaɪkə] *subst* liftare

hither ['hɪðə] *adv* litt. hit; ~ ***and thither*** hit och dit

hitherto [ˌhɪðə'tuː] *adv* hittills

HIV [ˌeɪtʃaɪ'viː] (förk. för *human immunodeficiency virus* humant immunbristvirus) hiv; ~ ***negative*** hiv-negativ; ~ ***positive*** hiv-positiv

hive [haɪv] *subst* bikupa

HMS [ˌeɪtʃem'es] förk. för *His* (*Her*) *Majesty's Ship*

hoard I [hɔːd] *subst* samlat förråd, lager

II [hɔːd] *verb* samla på hög, hamstra, lagra [*~ food*]

hoarder ['hɔːdə] *subst* hamstrare

hoarding ['hɔːdɪŋ] *subst* affischtavla

hoarfrost [ˌhɔː'frɒst] *subst* rimfrost

hoarse [hɔːs] *adj* hes

hoax [həʊks] *subst* skämt, upptåg, bluff

hobble ['hɒbl] *verb* halta, linka, stappla

hobby ['hɒbɪ] *subst* hobby

hobby-horse ['hɒbɪhɔːs] *subst* käpphäst

hockey ['hɒkɪ] *subst* landhockey; ~ ***stick*** hockeyklubba; ***field*** ~ amer. landhockey

hoe [həʊ] *subst* verktyg hacka

hog [hɒg] *subst* svin; ***go the whole*** ~ löpa linan ut

hoist [hɔɪst] *verb* hissa [*~ a flag*]; hissa upp, lyfta upp [*on to* på]

1 hold I [həʊld] (*held held*) *verb* **1** hålla, hålla fast **2** hålla i sig, stå sig [*will the fine weather ~?*]; ~ ***the line, please*** tele. var god och vänta; ~ ***one's ground*** stå på sig, hålla stånd **3** hålla [*the rope held*]; tåla; ***he can ~ his liquor*** han tål en hel del sprit; ~ ***water*** hålla, vara hållbar [*the theory doesn't ~ water*] **4** innehålla, rymma, ha plats för **5** inneha [*~ a high position*], inta **6** behålla, hålla kvar; hålla fången, fängsla **7** anordna; hålla [*~ a meeting*] **8** anse; ha, hysa; ~ ***an opinion*** ha en uppfattning; ~ ***sth against sb*** lägga ngn ngt till last

II [həʊld] (*held held*) *verb* med adv. o. prep.

hold back 1 hålla tillbaka, hejda **2** hålla inne med [*~ back information*]

hold on hålla fast, hålla sig fast, hålla på plats, hålla i sig [*to* i, vid] [*~ on to the rope*]; ~ ***on!*** vänta ett tag!

hold out 1 hålla ut (fram), räcka fram **2** hålla ut, hålla stånd **3** räcka [*will the food ~ out?*]

hold together hålla ihop, hålla samman

hold up 1 hålla (räcka, sträcka) upp; ~ ***up to ridicule*** göra till ett åtlöje **2** hålla uppe, stödja **3** uppehålla, försena [*be held up by fog*], hejda, stanna [*~ up the traffic*]

III [həʊld] *subst* **1** tag, grepp, fäste; ***catch ~ of*** el. ***lay ~ of*** ta tag i, gripa tag i; ***have a ~ on*** ha en hållhake på **2** vid brottning grepp; vid boxning fasthållning; ***no ~s barred*** alla grepp är tillåtna **3** ***keep sth on*** ~ lägga ngt på is

2 hold [həʊld] *subst* sjö. el. flyg. lastrum

holdall ['həʊldɔːl] *subst* rymlig bag, stor väska

holder ['həʊldə] *subst* **1** innehavare [*~ of a championship; ~ of a post*]; i sammansättningar -hållare [*record-holder*] **2** behållare, hållare

hold-up ['həʊldʌp] *subst* **1** rånöverfall **2** avbrott, uppehåll; trafikstopp

hole [həʊl] *subst* **1** hål **2** vard. håla [*a wretched little ~*] **3** djurs kula, lya

hole-in-the-wall [ˌhəʊlɪnðə'wɔːl] *subst* bankomat® utomhus

holiday
Lägg märke till att *holiday* inte betyder 'semester', 'lov' på amerikansk engelska. Amerikaner använder ordet *vacation* för semester, lov.

holiday I ['hɒlədeɪ, 'hɒlədɪ] *subst* **1** helgdag; fridag; ***bank*** ~ allmän helgdag, bankfridag **2** ledighet, semester [*a week's* ~]; pl. ***~s*** ferier
II ['hɒlədeɪ, 'hɒlədɪ] *verb* semestra
holiday-maker ['hɒlədɪˌmeɪkə] *subst* semesterfirare
Holland ['hɒlənd]
hollow I ['hɒləʊ] *adj* **1** ihålig **2** insjunken, infallen [~ *cheeks*] **3** tom; värdelös [~ *victory*]
II ['hɒləʊ] *adv* vard. grundligt [*beat sb* ~]
III ['hɒləʊ] *subst* **1** ihålighet **2** håla, grop **3** dal
holly ['hɒlɪ] *subst* växt järnek
hollyhock ['hɒlɪhɒk] *subst* blomma stockros
holocaust ['hɒləkɔːst] *subst* stor förödelse, förintelse [*nuclear* ~]; ***the Holocaust*** förintelsen av judar under andra världskriget
holster ['həʊlstə] *subst* pistolhölster
holy ['həʊlɪ] *adj* helig
homage ['hɒmɪdʒ] *subst*, ***pay*** ~ ***to*** el. ***do*** ~ ***to*** hylla
home I [həʊm] *subst* hem äv. anstalt; bostad; hemort; ***there is no place like*** ~ el. ***east or west,*** ~ ***is best*** borta bra men hemma bäst; ***make one's*** ~ bosätta sig; ***at*** ~ a) hemma [*stay at* ~], i hemmet; i hemlandet b) sport. hemma, på hemmaplan; ***feel at*** ~ känna sig som hemma; ***make yourself at*** ~ känn dig som hemma
II [həʊm] *adj* **1** hem- [~ *life*], hemma-; ***Home Guard*** a) hemvärn [*the Home Guard*] b) hemvärnsman **2** sport. hemma- [~ *match*; ~ *team*]; ~ ***ground*** hemmaplan **3** inhemsk [~ *products*], inländsk; ~ ***affairs*** inre angelägenheter; ***the Home Secretary*** i Storbritannien inrikesministern; ***the*** ~ ***market*** hemmamarknaden; ***the Home Office*** i Storbritannien inrikesdepartementet **4** ~ ***truths*** beska sanningar
III [həʊm] *adv* **1** hem [*come* ~], hemåt; ***it's nothing to write*** ~ ***about*** vard. det är ingenting att hurra för **2** hemma, hemkommen; framme; i mål **3** i (in) ordentligt; ***bring sth*** ~ ***to sb*** fullt klargöra ngt för ngn; ***drive a nail*** ~ slå i en spik ordentligt; ***go*** ~ ta skruv, gå hem (in) [*the remark went* ~]
home-coming ['həʊmˌkʌmɪŋ] *subst* hemkomst
home-grown ['həʊmgrəʊn] *adj* inhemsk [~ *tomatoes*]
home help [ˌhəʊm'help] *subst* hemhjälp; hemsamarit; ~ ***service*** hemtjänst
homely ['həʊmlɪ] *adj* **1** enkel, anspråkslös; vardaglig **2** hemtrevlig [*a* ~ *atmosphere*] **3** amer. alldaglig, tämligen ful [*a* ~ *face*]
home page ['həʊmpeɪdʒ] *subst* hemsida på Internet
homesick ['həʊmsɪk] *adj*, ***be*** ~ el. ***feel*** ~ längta hem, ha hemlängtan
homeward ['həʊmwəd] *adv* o. **homewards** ['həʊmwədz] *adv* hemåt

homework
Homework är alltid singular. Det kan inte föregås direkt av obestämd artikel, *a*.
a piece of homework, some homework
en läxa
a lot of homework
många läxor, mycket läxor
not much homework
inte många läxor, inte mycket läxor

homework ['həʊmwɜːk] *subst* **1** hemarbete **2** skol. läxor; ***some*** ~ en läxa
homicide ['hɒmɪsaɪd] *subst* **1** dråp, mord **2** mordkommissionen [~ el. *the* ~ *squad*]
homo ['həʊməʊ] (pl. *~s*) *subst* vard. homofil
homogeneous [ˌhəʊmə'dʒiːnɪəs] *adj* homogen
homosexual [ˌhəʊmə'seksjʊəl] *adj* o. *subst* homosexuell
homosexuality [ˌhəʊməseksjʊ'ælətɪ] *subst* homosexualitet
Honduras [hon'djʊərəs]
honest ['ɒnɪst] *adj* ärlig, hederlig; uppriktig [~ *opinion*]
honestly ['ɒnɪstlɪ] *adv* **1** ärligt, hederligt **2** ärligt talat, uppriktigt sagt
honesty ['ɒnɪstɪ] *subst* ärlighet, hederlighet; ~ ***is the best policy*** ärlighet varar längst
honey ['hʌnɪ] *subst* **1** honung **2** vard. raring, sötnos

honeycomb ['hʌnɪkəʊm] *subst* vaxkaka, honungskaka

honeymoon I ['hʌnɪmuːn] *subst* smekmånad **II** ['hʌnɪmuːn] *verb* fira smekmånad

honeysuckle ['hʌnɪˌsʌkl] *subst* blomma kaprifol

honorary ['ɒnərərɪ] *adj* heders- [*~ member*]

honour I ['ɒnə] *subst* ära, heder; ***in sb's ~*** till ngns ära; ***in ~ of*** för att hedra, för att fira; ***guard of ~*** hedersvakt; ***on my ~*** på hedersord; ***do the ~s*** sköta värdskapet **II** ['ɒnə] *verb* hedra, ära

honourable ['ɒnərəbl] *adj* **1** hederlig, ärlig [*~ conduct*] **2** hedervärd **3** ärofull [*an ~ peace*]

hood [hʊd] *subst* **1** kapuschong, huva, luva **2** bil. sufflett **3** bil. amer. motorhuv **4** vard. ligist, bov

hoodlum ['huːdləm] *subst* vard. ligist, bov

hoodwink ['hʊdwɪŋk] *verb* föra bakom ljuset

hoof [huːf, hʊf] *subst* hov

hook I [hʊk] *subst* **1** hake, krok **2** metkrok; ***be off the ~*** vard. ha kommit ur knipan; ***by ~ or by crook*** på ett eller annat sätt; ***let sb off the ~*** hjälpa ngn ur knipan **3** telefonklyka **II** [hʊk] *verb* **1** få på kroken [*~ a rich husband*] **2** *~ **on*** haka fast (på) [*to* vid, i]

hooked [hʊkt] *adj* **1** böjd, krökt, krokig **2** ***be ~ on*** vard. a) vara fast i [*be ~ on drugs*] b) vara tokig i [*be ~ on TV*]

hooker ['hʊkə] *subst* spec. amer. sl. fnask

hooky ['hʊkɪ] *subst* amer. vard., ***play ~*** skolka från skolan

hooligan ['huːlɪgən] *subst* huligan, ligist

hooliganism ['huːlɪgənɪzəm] *subst* huliganism

hoop [huːp] *subst* tunnband

hooray [hʊ'reɪ] *interj* hurra!

hoot I [huːt] *verb* **1** skrika, hoa om uggla **2** tjuta om t.ex. ångvissla; tuta om t.ex. signalhorn **II** [huːt] *subst* **1** ugglas skrik, hoande **2** ångvisslas tjut; signalhorns tut **3** vard., ***I don't care a ~*** el. ***I don't give two ~s*** det bryr jag mig inte ett dugg om

> **honest**
> *h* uttalas inte i en del ord:
> *an honest* ['ɒnɪst] *man* en hederlig man, *an hour* ['aʊə] en timme, *an heir* [eə] en arvinge, *honour* ['ɒnə] ära, heder.

hooter ['huːtə] *subst* ångvissla; tuta, signalhorn

Hoover® I ['huːvə] *subst* **1** egennamn **2** ***hoover*** dammsugare **II** ['huːvə] *verb* **1** egennamn **2** ***hoover*** dammsuga

1 hop I [hɒp] (*-pp-*) *verb* **1** hoppa, skutta **2** sl., *~ **it!*** stick!, försvinn! **II** [hɒp] *subst* hopp, skutt

2 hop [hɒp] *subst* humleplanta; pl. ***~s*** humle

hope I [həʊp] *subst* hopp, förhoppning; ***you've got a ~*** el. ***you've got some ~s!*** och det trodde du! **II** [həʊp] *verb* hoppas [*for* på]; hoppas på

hopeful ['həʊpfʊl] *adj* hoppfull, förhoppningsfull

hopefully ['həʊpfʊlɪ] *adv* **1** hoppfullt **2** förhoppningsvis

hopeless ['həʊpləs] *adj* **1** hopplös **2** ohjälplig, omöjlig

hopscotch ['hɒpskɒtʃ] *subst* hoppa hage lek; ***play ~*** hoppa hage

horde [hɔːd] *subst* hord, svärm

horizon [hə'raɪzn] *subst* horisont

horizontal [ˌhɒrɪ'zɒntl] *adj* horisontal, horisontell

hormone ['hɔːməʊn] *subst* hormon

horn [hɔːn] *subst* **1** horn; ***French ~*** musik. valthorn **2** signalhorn **3** kok. strut [*cream ~*]

hornet ['hɔːnɪt] *subst* insekt bålgeting

horoscope ['hɒrəskəʊp] *subst* horoskop

horrendous [hə'rendəs] *adj* förfärlig, hemsk

horrible ['hɒrəbl] *adj* fasansfull, ohygglig, hemsk

horrid ['hɒrɪd] *adj* avskyvärd, hemsk

horrify ['hɒrɪfaɪ] *verb* slå med fasa, förfära; ***horrified*** skräckslagen

horror ['hɒrə] *subst* fasa, skräck

horror-stricken ['hɒrəˌstrɪkən] *adj* o. **horror-struck** ['hɒrəstrʌk] *adj* skräckslagen

hors-d'oeuvre [ɔː'dɜːvr] *subst* hors d'oeuvre; pl. ***~s*** smårätter, assietter

horse [hɔːs] *subst* **1** häst; ***eat like a ~*** äta som en häst; ***work like a ~*** slita som ett djur; ***straight from the horse's mouth*** från en säker källa **2** ***clothes ~*** torkställning för kläder

horseback ['hɔːsbæk] *subst*, ***on ~*** till häst

horse chestnut [ˌhɔːs'tʃesnʌt] *subst* bot. hästkastanj

horseplay ['hɔːspleɪ] *subst* skoj, spex

horsepower ['hɔːsˌpaʊə] (pl. lika) *subst* hästkraft

horse-race ['hɔːsreɪs] *subst* hästkapplöpning

horseradish ['hɔːsˌrædɪʃ] *subst* pepparrot
horse-trade ['hɔːstreɪd] *verb* kohandla
horse-trading ['hɔːsˌtreɪdɪŋ] *subst* kohandel
horticulture ['hɔːtɪkʌltʃə] *subst* trädgårdsodling, trädgårdsskötsel, trädgårdskonst
hose I [həʊz] *subst* slang för t.ex. bevattning, dammsugare
II [həʊz] *verb* vattna, spruta
hose pipe ['həʊzpaɪp] *subst* slang för bevattning
hosiery ['həʊzɪərɪ, amer. 'həʊʒərɪ] *subst* strumpor, trikåvaror
hospitable [hɒ'spɪtəbl] *adj* gästfri, gästvänlig
hospital ['hɒspɪtl] *subst* sjukhus, lasarett
hospitality [ˌhɒspɪ'tælətɪ] *subst* gästfrihet
hospitalize ['hɒspɪtəlaɪz] *verb* lägga in på sjukhus, föra till sjukhus
1 host [həʊst] *subst* massa, mängd [*a ~ of details*]
2 host I [həʊst] *subst* **1** värd **2** värdshusvärd **3** tv. etc. programledare
II [həʊst] *verb* **1** vara värd för **2** vara programledare för
hostage ['hɒstɪdʒ] *subst* gisslan
hostel ['hɒstəl] *subst* ungkarlshotell, härbärge; ***youth*** ~ vandrarhem
hostess ['həʊstɪs] *subst* värdinna
hostile ['hɒstaɪl, amer. 'hɒstl] *adj* fiende-; fientlig
hostility [hɒ'stɪlətɪ] *subst* fientlighet
hot [hɒt] *adj* **1** het, varm; ~ ***air*** tomt prat, skryt, snack; ***be ~ on sb (sth)*** vara tänd på ngn (ngt); ***go like ~ cakes*** el. ***sell like ~ cakes*** gå åt som smör; ***get into ~ water*** vard. få det hett om öronen; ***make it ~ for sb*** vard. göra livet surt för ngn **2** om krydda stark; om smak skarp **3** hetsig, häftig [*a ~ temper*] **4** vard. rykande färsk, het [*~ news*]
hotbed ['hɒtbed] *subst* **1** drivbänk **2** härd, grogrund [*a ~ of vice*]
hot-blooded [ˌhɒt'blʌdɪd] *adj* **1** hetlevrad, hetsig **2** varmblodig
hot dog [ˌhɒt'dɒg] *subst* varm korv med bröd
hotel [həʊ'tel] *subst* hotell
hot flush [ˌhɒt'flʌʃ] *subst* med. blodvallning
hothead ['hɒthed] *subst* brushuvud
hotheaded [ˌhɒt'hedɪd] *adj* hetsig, häftig
hothouse ['hɒthaʊs] *subst* drivhus, växthus
hotplate ['hɒtpleɪt] *subst* kokplatta, värmeplatta
hot-tempered [ˌhɒt'tempəd] *adj* hetlevrad
hot-water [ˌhɒt'wɔːtə] *adj*, ~ ***bottle*** varmvattenflaska av gummi; ~ ***tap*** el. amer. ~ ***faucet*** varmvattenskran
hotwire ['hɒtwaɪə] *verb* bil. vard. tjuvkoppla [*~ the engine*]
hound I [haʊnd] *subst* jakthund
II [haʊnd] *verb* jaga, förfölja
hour ['aʊə] *subst* **1** timme; ***a quarter of an ~*** en kvart; ***keep early ~s*** ha tidiga vanor; ***keep late ~s*** ha sena vanor; ***after ~s*** efter arbetstid; ***at an early ~*** tidigt; ***at a late ~*** sent; ***at this ~*** så här dags; ***for ~s and ~s*** i timmar, timtals; ***he came on the ~*** han kom på slaget; ***buses run on the ~*** bussarna går varje hel timme **2** tidpunkt, stund; ***the ~ has come*** stunden är inne
hourglass ['aʊəglɑːs] *subst* timglas
hour hand ['aʊəhænd] *subst* timvisare
hourly I ['aʊəlɪ] *adj* varje timme, i timmen; ***there's an ~ train service*** det går ett tåg i timmen
II ['aʊəlɪ] *adv* varje timme [*two spoonfuls ~*]
house I [haʊs, pl. 'haʊzɪz] *subst* **1** hus; villa; hem; ***it's on the ~*** vard. det är huset som bjuder; ***invite sb to one's ~*** bjuda hem ngn; ***set (put) one's ~ in order*** se om sitt hus; ***as safe as ~s*** så säkert som aldrig det; ***like a ~ on fire*** vard. med rasande fart; ***they get on like a ~ on fire*** de kommer jättebra överens **2** ***the Houses of Parliament*** parlamentshuset i London; ***the House of Commons*** underhuset i London; ***the House of Lords*** överhuset i London; ***the House of Representatives*** representanthuset i kongressen i USA **3** teat. salong; ***there was a full ~*** det var utsålt hus; ***bring the ~ down*** ta publiken med storm **4** firma; ***publishing ~*** förlag
II [haʊz] *verb* **1** härbärgera, hysa, ta emot; ***the club is housed there*** klubben har sina lokaler där **2** rymma, innehålla
house agent ['haʊsˌeɪdʒənt] *subst* fastighetsmäklare
housebreaking ['haʊsˌbreɪkɪŋ] *subst* åld. el. amer. jur. inbrott i hus etc.
housebroken ['haʊsˌbrəʊkən] *adj* spec. amer. rumsren om t.ex. hund
household I ['haʊshəʊld] *subst* hushåll, hus
II ['haʊshəʊld] *adj* hushålls-, hem-; ~ ***appliance*** hushållsmaskin; ~ ***name*** känt namn, kändis
householder ['haʊsˌhəʊldə] *subst* husinnehavare, lägenhetsinnehavare
house-hunting ['haʊsˌhʌntɪŋ] *pres p*, ***go ~*** gå på jakt efter hus
housekeeper ['haʊsˌkiːpə] *subst* hushållerska

housekeeping ['haʊsˌkiːpɪŋ] *subst* hushållning; ~ ***money*** hushållspengar
housemaid ['haʊsmeɪd] *subst* hembiträde
house-owner ['haʊsˌəʊnə] *subst* villaägare, fastighetsägare
house sparrow ['haʊsˌspærəʊ] *subst* fågel gråsparv
house trailer ['haʊsˌtreɪlə] *subst* amer. husvagn
housetrained ['haʊstreɪnd] *adj* rumsren om t.ex. hund
house-warming ['haʊsˌwɔːmɪŋ] *subst* o. *adj*, ~ el. ~ ***party*** inflyttningsfest i nytt hem
housewife ['haʊswaɪf] (pl. *housewives* ['haʊswaɪvz]) *subst* hemmafru
housework ['haʊswɜːk] *subst* hushållsarbete
housing ['haʊzɪŋ] *subst* **1** inhysande, härbärgering **2** bostäder [*modern* ~]; ~ ***accommodation*** bostad, bostäder; ~ ***estate*** bostadsområde; ~ ***shortage*** bostadsbrist
hovel ['hɒvəl] *subst* skjul, ruckel
hover ['hɒvə] *verb* om t.ex. fåglar, flygplan sväva, kretsa [*over* över]
hovercraft ['hɒvəkrɑːft] (pl. lika) *subst* båt svävare
how [haʊ] *adv* **1** hur; ~ ***do you do?*** god dag! vid presentation; ~ ***are you?*** hur står det till?, hur mår du?; ~ ***come?*** hur kommer det sig?; ~ ***ever*** hur i all världen **2** vad, så, hur i utrop; ~ ***kind you are!*** vad du är snäll!
however I [haʊ'evə] *adv* hur ... än [~ *rich he may be*]
II [haʊ'evə] *konj* emellertid
howl I [haʊl] *verb* **1** tjuta, yla, vråla; ~ ***with laughter*** tjuta av skratt **2** vina, tjuta
II [haʊl] *subst* **1** ylande, vrål **2** tjut, vinande
howler ['haʊlə] *subst* vard. groda, grovt fel
HQ [ˌeɪtʃ'kjuː] förk. för *Headquarters*
hr. (förk. för *hour*) tim.
hrs. (förk. för *hours*) tim.
hub [hʌb] *subst* **1** nav, hjulnav **2** centrum [*a ~ of commerce*]
hubbub ['hʌbʌb] *subst* **1** larm, ståhej, sorl **2** rabalder
hubby ['hʌbɪ] *subst* vard., äkta man; ***my*** ~ min gubbe
hubcap ['hʌbkæp] *subst* navkapsel
huddle ['hʌdl] *verb* **1** ***be huddled together*** ligga tätt tryckta intill varandra; ***huddled up*** hopkrupen **2** ~ el. ~ ***together*** sitta tätt intill varandra, trycka sig intill varandra, krypa ihop
hue [hjuː] *subst* **1** färg [*the ~s of the rainbow*]; färgskiftning, nyans **2** schattering
hug I [hʌg] (*-gg-*) *verb* krama, omfamna
II [hʌg] *subst* kram, omfamning
huge [hjuːdʒ] *adj* väldig, jättestor, enorm
hulk [hʌlk] *subst* holk, hulk gammalt fartygsskrov
hull [hʌl] *subst* fartygsskrov
hullabaloo [ˌhʌləbə'luː] *subst* ståhej, rabalder
hullo [ˌhʌ'ləʊ] *interj* hallå!, hej!
hum I [hʌm] (*-mm-*) *verb* **1** om radio brumma; om trafik brusa; om bi surra **2** nynna, nynna på [~ *a song*]
II [hʌm] *subst* surrande; brum; sorl [*a ~ of voices*]
human I ['hjuːmən] *adj* mänsklig, människo- [*the ~ body*]; ~ ***being*** människa, mänsklig varelse; ***the ~ race*** människosläktet
II ['hjuːmən] *subst* människa vanligen i motsats till djur
humane [hjʊ'meɪn] *adj* human, människovänlig
humanism ['hjuːmənɪzəm] *subst* humanism
humanitarian [hjʊˌmænɪ'teərɪən] *adj* humanitär, människovänlig
humanity [hjʊ'mænətɪ] *subst* **1** mänskligheten, människosläktet **2** människokärlek, mänsklighet
humble I ['hʌmbl] *adj* **1** ödmjuk, underdånig, undergiven; ***your ~ servant*** Er ödmjuke tjänare **2** låg [*a ~ post*], blygsam, enkel [*a man of ~ origin*]
II ['hʌmbl] *verb* förödmjuka; ~ ***oneself*** ödmjuka sig
humbug I ['hʌmbʌg] *subst* **1** humbug, skoj, bluff **2** humbug, skojare, bluffmakare
II ['hʌmbʌg] *interj*, ~***!*** prat!, snack!
humdrum ['hʌmdrʌm] *adj* enformig [*a ~ life*], tråkig [*a ~ job*]
humid ['hjuːmɪd] *adj* fuktig [~ *air*]
humidity [hjʊ'mɪdətɪ] *subst* fukt, fuktighet
humiliate [hjʊ'mɪlɪeɪt] *verb* förödmjuka
humiliation [hjʊˌmɪlɪ'eɪʃən] *subst* förödmjukelse, förödmjukande
humility [hjʊ'mɪlətɪ] *subst* ödmjukhet
humming-bird ['hʌmɪŋbɜːd] *subst* fågel kolibri
humorist ['hjuːmərɪst] *subst* humorist, skämtare
humorous ['hjuːmərəs] *adj* humoristisk, skämtsam
humour I ['hjuːmə] *subst* **1** humor, skämtlynne; ***sense of*** ~ sinne för humor **2** humör; sinnelag; ***in a bad*** ~ på dåligt humör; ***in a good*** ~ på gott humör
II ['hjuːmə] *verb* blidka, få på gott humör
hump [hʌmp] *subst* **1** puckel, knöl **2** vard., ***he's got the*** ~ han deppar

hunch I [hʌntʃ] *verb*, ~ ***up*** el. ~ kröka, dra upp [*sit with one's shoulders hunched up*]
II [hʌntʃ] *subst* **1** puckel **2** vard., ***I have a ~ that*** jag har på känn att
hunchback ['hʌntʃbæk] *subst* puckelrygg
hunchbacked ['hʌntʃbækt] *adj* puckelryggig
hundred ['hʌndrəd] *räkn* o. *subst* hundra; hundratal; ***a ~ per cent*** hundraprocentig, fullständig; ***~s of people*** hundratals människor
hundredfold I ['hʌndrədfəʊld] *adv*, ***a ~*** hundrafalt, hundrafaldigt
II ['hʌndrədfəʊld] *subst*, ***a*** ~ hundrafalt
hundredth ['hʌndrədθ] *räkn* o. *subst* hundrade; hundradel
hundredweight ['hʌndrədweɪt] *subst* viktmått, britt. = 50,8 kg, amer. = 45,36 kg
hung [hʌŋ] imperf. o. perf. p. av *hang I*
Hungarian I [hʌŋ'geərɪən] *adj* ungersk
II [hʌŋ'geərɪən] *subst* **1** ungrare **2** ungerska språket
Hungary ['hʌŋgərɪ] Ungern
hunger I ['hʌŋgə] *subst* **1** hunger; ~ ***strike*** hungerstrejk **2** törst, hunger [*~ for knowledge*]
II ['hʌŋgə] *verb* svälta, hungra
hungry ['hʌŋgrɪ] *adj* hungrig
hunt I [hʌnt] *verb* **1** jaga; ***be out hunting*** vara på jakt; ***go hunting*** gå på jakt **2** jaga efter, leta, leta efter; ***be hunting for*** vara på jakt efter
II [hʌnt] *subst* jakt; ***be on the ~ for*** vara på jakt efter
hunter ['hʌntə] *subst* jägare
hunting ['hʌntɪŋ] *subst* jakt
hunting-ground ['hʌntɪŋgraʊnd] *subst* jaktmark
huntsman ['hʌntsmən] *subst* jägare
hurdle ['hɜːdl] *subst* **1** i häcklöpning häck; i hästsport hinder; ***~s*** häcklöpning, häck [*110 metres ~s*] **2** hinder, barriär
hurdler ['hɜːdlə] *subst* sport. häcklöpare
hurdle race ['hɜːdlreɪs] *subst* sport. **1** häcklöpning **2** hinderlöpning för hästar
hurl [hɜːl] *verb* slunga, vräka
hurrah I [hʊ'rɑː] o. **hurray** [hʊ'reɪ] *interj* hurra!
II [hʊ'rɑː] o. **hurray** [hʊ'reɪ] *subst* hurra
hurricane ['hʌrɪkən, amer. 'hɜːrəkeɪn] *subst* orkan
hurry I ['hʌrɪ] *verb* **1** skynda sig, skynda, rusa [*~ away; ~ off*]; ~ ***on*** skynda vidare; ~ ***up*** skynda på **2** skynda på, jäkta [*it's no use hurrying her*]; påskynda [ofta *~ on, ~ up*]
II ['hʌrɪ] *subst* brådska, jäkt; ***be in a ~*** ha bråttom [*to* att]
hurt [hɜːt] (*hurt hurt*) *verb* **1** skada **2** skada sig i, göra sig illa i; ~ ***oneself*** göra sig illa **3** göra ont [*it ~s terribly*], ***my foot ~s me*** jag har ont i foten **4** såra; ***feel ~*** känna sig sårad
hurtle ['hɜːtl] *verb* rusa, störta, braka
husband ['hʌzbənd] *subst* man, make; ~ ***and wife*** man och hustru, äkta makar
hush I [hʌʃ] *verb* **1** hyssja åt; tysta ner; ***hushed silence*** djup tystnad; ***in a hushed voice*** med dämpad röst **2** ~ ***up*** tysta ner [*~ up a scandal*]
II [hʌʃ] *subst* tystnad
III [ʃː] *interj*, ~*!* hyssj!, tyst!
hush-hush I [ˌhʌʃ'hʌʃ] *adj* vard. topphemlig [*a ~ investigation*]
II [ˌhʌʃ'hʌʃ] *subst* vard. hysch-hysch
husky ['hʌskɪ] *adj* hes, beslöjad [*a ~ voice*]
hustle I ['hʌsl] *verb* **1** knuffa, stöta, knuffa (stöta) till **2** knuffas, trängas **3** vard. lura, blåsa t.ex. på pengar **4** vard. gå på gatan vara prostituerad
II ['hʌsl] *subst* **1** knuffande **2** jäkt; gåpåaranda; ~ ***and bustle*** fart och fläng **3** amer. sl. blåsning, bondfångeri
hustler ['hʌslə] *subst* **1** gåpåare, skojare **2** vard. fixare **3** amer. sl. fnask
hut [hʌt] *subst* **1** hydda, koja **2** hytt; barack
hutch [hʌtʃ] *subst* bur [*rabbit hutch*]
hyacinth ['haɪəsɪnθ] *subst* blomma hyacint
hyaena [haɪ'iːnə] *subst* djur hyena
hybrid ['haɪbrɪd] *subst* hybrid, korsning
hydrangea [haɪ'dreɪndʒə] *subst* blomma hortensia
hydrant ['haɪdrənt] *subst* vattenpost
hydraulic [haɪ'drɔːlɪk] *adj* hydraulisk
hydrochloric [ˌhaɪdrə'klɒrɪk] *adj*, ~ ***acid*** kem. saltsyra
hydroelectric [ˌhaɪdrəʊɪ'lektrɪk] *adj* hydroelektrisk; ~ ***power*** vattenkraft
hydrogen ['haɪdrədʒən] *subst* väte [*~ bomb*]; ~ ***peroxide*** vätesuperoxid
hydroxide [haɪ'drɒksaɪd] *subst* hydroxid
hyena [haɪ'iːnə] *subst* hyena
hygiene ['haɪdʒiːn] *subst* hygien; hälsovård
hygienic [haɪ'dʒiːnɪk] *adj* hygienisk
hymen ['haɪmən] *subst* anat. mödomshinna
hymn [hɪm] *subst* **1** hymn, lovsång **2** psalm i psalmbok
hype [haɪp] *subst* vard. reklam, jippo
hypermarket ['haɪpəˌmɑːkɪt] *subst* stormarknad

hypersensitive [ˌhaɪpə'sensɪtɪv] *adj* överkänslig om person
hyphen ['haɪfən] *subst* bindestreck
hyphenate ['haɪfəneɪt] *verb* skriva med bindestreck, sätta bindestreck mellan
hypnosis [hɪp'nəʊsɪs] *subst* hypnos
hypnotic [ˌhɪp'nɒtɪk] *adj* hypnotisk
hypnotism ['hɪpnətɪzəm] *subst* **1** hypnotism **2** hypnos
hypnotist ['hɪpnətɪst] *subst* hypnotisör
hypnotize ['hɪpnətaɪz] *verb* hypnotisera
hypochondriac I [ˌhaɪpə'kɒndrɪæk] *subst* hypokonder, inbillningssjuk människa **II** [ˌhaɪpə'kɒndrɪæk] *adj* hypokondrisk, inbillningssjuk
hypocrisy [hɪ'pɒkrəsɪ] *subst* hyckleri
hypocrite ['hɪpəkrɪt] *subst* hycklare
hypocritical [ˌhɪpə'krɪtɪkl] *adj* hycklande
hypothesis [haɪ'pɒθəsɪs] (pl. *hypotheses* [haɪ'pɒθəsiːz]) *subst* hypotes; ***working*** ~ arbetshypotes
hypothetical [ˌhaɪpə'θetɪkl] *adj* hypotetisk
hysteria [hɪ'stɪərɪə] *subst* hysteri
hysterical [hɪ'sterɪkl] *adj* hysterisk
hysterics [hɪ'sterɪks] *subst* hysteri; ***go into*** ~ få ett hysteriskt anfall

Ii

1 I o. **i** [aɪ] *subst* I, i
2 I [aɪ] (objektsform *me*) *pron* jag
Iberian [aɪ'bɪərɪən] *adj*, ***the ~ Peninsula*** Pyreneiska halvön, Iberiska halvön
ice I [aɪs] *subst* **1** is; ***it cut no ~*** vard. det gjorde inget intryck [*with* på] **2** glass; ***an ~*** en glass **3** amer. sorbet **II** [aɪs] *verb* **1** lägga på is, isa drycker **2** ~ ***over*** el. ~ frysa, frysa till [*the pond iced over*]; ~ ***up*** bli nedisad; ***iced over*** frusen, isbelagd; ***iced up*** överisad **3** glasera [~ *a cake*]
ice age ['aɪseɪdʒ] *subst* istid
iceberg ['aɪsbɜːg] *subst* isberg; ~ ***lettuce*** isbergssallad
icebound ['aɪsbaʊnd] *adj* tillfrusen, fastfrusen
icebox ['aɪsbɒks] *subst* **1** isskåp **2** frysfack **3** amer. kylskåp
icebreaker ['aɪsˌbreɪkə] *subst* isbrytare
ice cream [ˌaɪs'kriːm] *subst* glass; ***ice-cream parlour*** glassbar
ice cube ['aɪskjuːb] *subst* iskub, istärning
ice hockey ['aɪsˌhɒkɪ] *subst* ishockey; ~ ***skate*** ishockeyrör; ~ ***stick*** ishockeyklubba
Iceland ['aɪslənd] Island
Icelander ['aɪsləndə] *subst* islänning
Icelandic I [aɪs'lændɪk] *adj* isländsk **II** [aɪs'lændɪk] *subst* isländska språket
ice lolly ['aɪsˌlɒlɪ] *subst* isglass, isglasspinne
ice pack ['aɪspæk] *subst* **1** packisfält **2** isblåsa
ice rink ['aɪsrɪŋk] *subst* skridskobana
ice skate ['aɪsskeɪt] *verb* åka skridskor
icicle ['aɪsɪkl] *subst* istapp, ispigg
icily ['aɪsɪlɪ] *adv* isande, iskallt
iciness ['aɪsɪnəs] *subst* iskyla, isande köld
icing ['aɪsɪŋ] *subst* **1** nedisning spec. flyg. **2** glasyr på bakverk; ***put the ~ on the cake*** sätta pricken över 'i' **3** i ishockey icing
icon ['aɪkən] *subst* **1** kyrkl. ikon **2** data. ikon **3** idol, ikon
icy ['aɪsɪ] *adj* **1** iskall, isig **2** iskall [*an ~ tone*]
ID [ˌaɪ'diː] (förk. för *identity*); ~ el. ~ ***card*** ID-kort
I'd [aɪd] = *I had, I should* o. *I would*
idea [aɪ'dɪə] *subst* idé, begrepp, aning [*I have*

no ~ what happened]; ***the very ~ makes me sick*** bara tanken äcklar mig; ***that's the ~!*** just det, ja!; ***what's the big ~?*** vad är meningen med det här?; ***it wouldn't be a bad ~*** det skulle inte vara så dumt; ***I have an ~ that...*** jag anar att...; ***I have no ~*** det har jag ingen aning om
ideal I [aɪˈdɪəl] *adj* idealisk
II [aɪˈdɪəl] *subst* ideal
idealism [aɪˈdɪəlɪzm] *subst* idealism
idealist [aɪˈdɪəlɪst] *subst* idealist
idealistic [aɪˌdɪəˈlɪstɪk] *adj* idealistisk
idealize [aɪˈdɪəlaɪz] *verb* idealisera
identical [aɪˈdentɪkl] *adj* identisk; ~ ***twins*** enäggstvillingar
identification [aɪˌdentɪfɪˈkeɪʃən] *subst* identifiering, legitimation; ~ ***papers*** legitimation, identitetshandlingar; ~ ***parade*** konfrontation för att identifiera en misstänkt
identify [aɪˈdentɪfaɪ] *verb* identifiera; ~ ***oneself*** legitimera sig
identity [aɪˈdentətɪ] *subst* identitet; ~ ***card*** identitetskort
ideology [ˌaɪdɪˈɒlədʒɪ] *subst* ideologi
idiom [ˈɪdɪəm] *subst* idiom
idiomatic [ˌɪdɪəˈmætɪk] *adj* idiomatisk
idiosyncrasy [ˌɪdɪəˈsɪŋkrəsɪ] *subst* egenhet, karakteristiskt drag
idiot [ˈɪdɪət] *subst* idiot, dumbom
idiotic [ˌɪdɪˈɒtɪk] *adj* idiotisk, dåraktig
idle I [ˈaɪdl] *adj* **1** lat, lättjefull **2** sysslolös **3** stillastående; ***be*** ~ el. ***lie*** ~ stå stilla, vara ur drift **4** gagnlös, fruktlös [*~ speculations*]; ~ ***gossip*** löst skvaller; ***an ~ threat*** ett tomt hot
II [ˈaɪdl] *verb* **1** lata sig, slöa **2** tekn. gå på tomgång **3** ~ ***away*** slösa bort [*~ away one's time*]
idol [ˈaɪdl] *subst* **1** idol **2** avgud
idolize [ˈaɪdəlaɪz] *verb* avguda, dyrka
idyll [ˈɪdɪl, amer. ˈaɪdl] *subst* idyll
idyllic [ɪˈdɪlɪk, amer. aɪˈdɪlɪk] *adj* idyllisk
i.e. [ˌaɪˈiː, ˌðætˈɪz] (= *that is*) dvs.
if I [ɪf] *konj* **1** om, ifall, såvida; ~ ***not*** a) om inte b) annars [*stop it, ~ not I'll scream*]; ~ ***anything*** snarare [*~ anything it had got worse*]; ~ ***only*** om bara; ~ ***only to*** om inte annat så för att; ~ ***so*** i så fall; ***well, ~ it isn't John!*** ser man på, är det inte John?; ~ ***it had not been for him*** om inte han hade varit; ~ ***that*** om ens det **2** om, ifall; ***I doubt ~ he will come*** jag tvivlar på att han kommer
II [ɪf] *subst*, ***~s and buts*** om och men
igloo [ˈɪgluː] (pl. *~s*) *subst* igloo
ignite [ɪgˈnaɪt] *verb* **1** tända, sätta eld på **2** tändas, fatta eld
ignition [ɪgˈnɪʃən] *subst* tändning, antändning; ~ ***key*** tändningsnyckel, startnyckel
ignoramus [ˌɪgnəˈreɪməs] *subst* dumhuvud
ignorance [ˈɪgnərəns] *subst* okunnighet, ovetskap [*of* om]
ignorant [ˈɪgnərənt] *adj* okunnig, ovetande [*of* om]
ignore [ɪgˈnɔː] *verb* ignorera, inte bry sig om
I'll [aɪl] = *I shall* o. *I will*
ill I [ɪl] (*worse worst*) *adj* **1** sjuk, dålig; ***fall*** ~ el. ***be taken*** ~ bli sjuk **2** ~ ***fame*** el. ~ ***repute*** dåligt rykte, vanrykte **3** om sak olycklig, ofördelaktig; dålig [*an ~ omen*]; ***have ~ luck*** ha otur
II [ɪl] (*worse worst*) *adv* illa; ***speak ~ of*** tala illa om
ill-advised [ˌɪlədˈvaɪzd] *adj* oklok, oförnuftig
ill-behaved [ˌɪlbɪˈheɪvd] *adj* ohyfsad
ill-bred [ˌɪlˈbred] *adj* ouppfostrad, obelevad
ill-concealed [ˌɪlkənˈsiːld] *adj* illa dold
illegal [ɪˈliːgl] *adj* illegal, olaglig
illegible [ɪˈledʒəbl] *adj* oläslig, oläsbar
illegitimate [ˌɪlɪˈdʒɪtɪmət] *adj* **1** illegitim, olaglig [*an ~ action*] **2** utomäktenskaplig [*an ~ child*]
ill-feeling [ˌɪlˈfiːlɪŋ] *subst* agg, groll
ill-humoured [ˌɪlˈhjuːməd] *adj* på dåligt humör, vresig
illicit [ɪˈlɪsɪt] *adj* **1** olovlig **2** olaglig
illiteracy [ɪˈlɪtərəsɪ] *subst* analfabetism
illiterate I [ɪˈlɪtərət] *adj* **1** inte läs- och skrivkunnig; ~ ***person*** analfabet **2** obildad
II [ɪˈlɪtərət] *subst* **1** analfabet
ill-luck [ˌɪlˈlʌk] *subst* olycka, otur
ill-mannered [ˌɪlˈmænəd] *adj* ohyfsad
ill-natured [ˌɪlˈneɪtʃəd] *adj* elak, ondskefull
illness [ˈɪlnəs] *subst* sjukdom
illogical [ɪˈlɒdʒɪkl] *adj* ologisk
ill-tempered [ˌɪlˈtempəd] *adj* butter, vresig
ill-treat [ˌɪlˈtriːt] *verb* misshandla
illuminate [ɪˈluːmɪneɪt] *verb* upplysa, belysa
illumination [ɪˌluːmɪˈneɪʃən] *subst* belysning
illusion [ɪˈluːʒən] *subst* illusion, inbillning; ***optical*** ~ synvilla
illusionist [ɪˈluːʒənɪst] *subst* illusionist, trollkonstnär
illustrate [ˈɪləstreɪt] *verb* illustrera, belysa
illustration [ˌɪləˈstreɪʃən] *subst* **1** illustration, belysning genom exempel **2** bild, illustration
illustrator [ˈɪləstreɪtə] *subst* illustratör
illustrious [ɪˈlʌstrɪəs] *adj* berömd, lysande

ill-will [ˌɪl'wɪl] *subst* illvilja, agg
I'm [aɪm] = *I am*
image ['ɪmɪdʒ] *subst* **1** bild; avbild; ***he is the very (spitting) ~ of his father*** han är sin far upp i dagen **2** språklig bild, metafor **3** image, profil
imagery ['ɪmɪdʒərɪ] *subst* bildspråk
imaginable [ɪ'mædʒɪnəbl] *adj* tänkbar
imaginary [ɪ'mædʒɪnərɪ] *adj* inbillad
imagination [ɪˌmædʒɪ'neɪʃən] *subst* **1** fantasi **2** inbillning
imaginative [ɪ'mædʒɪnətɪv] *adj* fantasifull
imagine [ɪ'mædʒɪn] *verb* föreställa sig, tro; ***just ~!*** el. ***~!*** kan man tänka sig!; ***you are just imagining things*** det är bara inbillning
imbecile ['ɪmbəsiːl] *subst* imbecill person; idiot
imitate ['ɪmɪteɪt] *verb* **1** efterlikna **2** härma, imitera
imitation [ˌɪmɪ'teɪʃən] *subst* **1** imitation, härmning **2** före subst. imiterad, oäkta [*~ pearls*]; *~* ***leather*** konstläder
imitator ['ɪmɪteɪtə] *subst* imitatör, efterapare
immaculate [ɪ'mækjʊlət] *adj* **1** fläckfri **2** oklanderlig
immaterial [ˌɪmə'tɪərɪəl] *adj* oväsentlig
immature [ˌɪmə'tjʊə] *adj* omogen
immaturity [ˌɪmə'tjʊərətɪ] *subst* omognad
immediate [ɪ'miːdjət] *adj* omedelbar, omgående; överhängande; ***in the ~ future*** inom den närmaste framtiden
immediately ['ɪmiːdjətlɪ] *adv* **1** omedelbart, omgående, genast **2** närmast, omedelbart [*the time ~ before the war*] **3** direkt [*be ~ affected*]
immemorial [ˌɪmə'mɔːrɪəl] *adj*, ***from time ~*** från urminnes tider
immense [ɪ'mens] *adj* ofantlig, enorm
immensity [ɪ'mensətɪ] *subst* väldig omfattning, ofantlighet
immerse [ɪ'mɜːs] *verb* **1** sänka ner, doppa ner **2** *~* ***oneself in*** gå fullständigt upp i
immigrant ['ɪmɪgrənt] *subst* immigrant, invandrare
immigrate ['ɪmɪgreɪt] *verb* immigrera, invandra [*into* till]
immigration [ˌɪmɪ'greɪʃən] *subst* immigration, invandring
imminent ['ɪmɪnənt] *adj* hotande, överhängande [*an ~ danger*], nära förestående
immobile [ɪ'məʊbaɪl, amer. ɪ'məʊbl] *adj* orörlig
immoderate [ɪ'mɒdərət] *adj* omåttlig
immoral [ɪ'mɒrəl] *adj* omoralisk, osedlig
immorality [ˌɪmə'rælətɪ] *subst* omoral, osedlighet
immortal [ɪ'mɔːtl] *adj* odödlig, oförgänglig
immortality [ˌɪmɔː'tælətɪ] *subst* odödlighet
immune [ɪ'mjuːn] *adj* immun [*mot* to]; *~* ***to flattery*** oemottaglig för smicker
immunity [ɪ'mjuːnətɪ] *subst* immunitet
immunodeficiency [ˌɪmjʊnəʊdɪ'fɪʃənsɪ] *subst* med. immunbrist; ***human ~ virus*** (förk. *HIV*) humant immunbristvirus
impact ['ɪmpækt] *subst* **1** sammanstötning **2** inverkan, påverkan, verkan; ***make an ~ on*** göra intryck på
impair [ɪm'peə] *verb* försämra, försvaga
impart [ɪm'pɑːt] *verb* ge, skänka, förläna
impartial [ɪm'pɑːʃl] *adj* opartisk
impartiality ['ɪmˌpɑːʃɪ'ælətɪ] *subst* opartiskhet
impassable [ɪm'pɑːsəbl] *adj* ofarbar, oframkomlig
impatience [ɪm'peɪʃəns] *subst* otålighet
impatient [ɪm'peɪʃənt] *adj* otålig
impeccable [ɪm'pekəbl] *adj* oklanderlig
impede [ɪm'piːd] *verb* hindra, hämma, hejda
impediment [ɪm'pedɪmənt] *subst* hinder; ***speech ~*** talfel
impel [ɪm'pel] (*-ll-*) *verb* driva, driva fram; ***I feel impelled to*** jag känner mig tvingad att
impending [ɪm'pendɪŋ] *adj* överhängande, annalkande
impenetrable [ɪm'penɪtrəbl] *adj* ogenomtränglig, outgrundlig, otillgänglig
imperative I [ɪm'perətɪv] *adj* **1** absolut nödvändig [*it is ~ that he should come*] **2** gram. imperativ [*the ~ mood*]
II [ɪm'perətɪv] *subst* gram., ***in the ~*** i imperativ
imperceptible [ˌɪmpə'septəbl] *adj* omärklig
imperfect [ɪm'pɜːfɪkt] *adj* ofullkomlig, bristfällig
imperial [ɪm'pɪərɪəl] *adj* kejserlig
imperialism [ɪm'pɪərɪəlɪzəm] *subst* imperialism
impersonal [ɪm'pɜːsnəl] *adj* opersonlig
impersonate [ɪm'pɜːsəneɪt] *verb* imitera
impersonation [ɪmˌpɜːsə'neɪʃən] *subst* **1** imitation [*~s of famous people*]
impersonator [ɪm'pɜːsəneɪtə] *subst* imitatör
impertinent [ɪm'pɜːtɪnənt] *adj* oförskämd
imperturbable [ˌɪmpə'tɜːbəbl] *adj* orubblig
impetuous [ɪm'petjʊəs] *adj* impulsiv
impetus ['ɪmpɪtəs] *subst* **1** drivkraft, kraft **2** rörelseenergi, fart

implacable [ɪm'plækəbl] *adj* oförsonlig
implant I [ɪm'plɑːnt] *verb* inplanta, inprägla, inskärpa [*in sb* hos ngn]
II [ɪm'plɑːnt] *subst* med. implantat
implausible [ɪm'plɔːzəbl] *adj* osannolik
implement I ['ɪmplɪmənt] *subst* verktyg, redskap
II ['ɪmplɪment] *verb* genomföra, förverkliga, uppfylla [*~ a promise*]
implicate ['ɪmplɪkeɪt] *verb* blanda in [*~ sb in a crime*]; ***be implicated in*** vara (bli) invecklad i, vara (bli) inblandad i
implication [ˌɪmplɪ'keɪʃən] *subst* **1** inblandning **2** innebörd, konsekvens; ***by ~*** underförstått
implicit [ɪm'plɪsɪt] *adj* **1** underförstådd **2** obetingad, blind [*~ faith*]
implore [ɪm'plɔː] *verb* bönfalla, tigga och be
imply [ɪm'plaɪ] *verb* **1** innebära, föra med sig **2** förutsätta **3** antyda
impolite [ˌɪmpə'laɪt] *adj* oartig, ohövlig
import I ['ɪmpɔːt] *subst* **1** import; ***~s*** importvaror **2** vikt, betydelse
II [ɪm'pɔːt] *verb* importera
importance [ɪm'pɔːtəns] *subst* vikt, betydelse; ***attach ~ to*** lägga vikt vid
important [ɪm'pɔːtnt] *adj* viktig, betydande
importer [ɪm'pɔːtə] *subst* importör
impose [ɪm'pəʊz] *verb* **1** lägga på [*~ taxes*]; införa [*~ a speed limit*]; ***~ a fine on sb*** döma ngn till böter **2** ***~ sth on sb*** pracka på ngn ngt, tvinga på ngn ngt; ***~ oneself on sb*** tvinga sig på ngn
imposing [ɪm'pəʊzɪŋ] *adj* imponerande
impossibility [ɪmˌpɒsə'bɪlətɪ] *subst* omöjlighet
impossible [ɪm'pɒsəbl] *adj* omöjlig
impossibly [ɪm'pɒsəblɪ] *adv* hopplöst [*~ lazy*]
impostor [ɪm'pɒstə] *subst* bedragare, skojare
impotence ['ɪmpətəns] *subst* **1** vanmakt **2** fysiol. impotens
impotent ['ɪmpətənt] *adj* **1** maktlös **2** fysiol. impotent
impoverish [ɪm'pɒvərɪʃ] *verb* utarma, göra utfattig
impracticable [ɪm'præktɪkəbl] *adj* ogenomförbar
impractical [ɪm'præktɪkl] *adj* opraktisk
imprecise [ˌɪmprɪ'saɪs] *adj* inexakt, oprecis
impregnable [ɪm'pregnəbl] *adj* ointaglig
impregnate ['ɪmpregneɪt] *verb* impregnera; ***impregnated with*** genomsyrad med
impresario [ˌɪmpre'sɑːrɪəʊ] (pl. *~s*) *subst* impressario
impress I ['ɪmpres] *subst* märke, stämpel; ***bear the ~ of*** bära prägel av
II [ɪm'pres] *verb* **1** göra intryck på, imponera på; ***impressed by*** imponerad av **2** stämpla, prägla **3** inprägla, inskärpa t.ex. en idé [*on* hos]
impression [ɪm'preʃən] *subst* **1** intryck; ***be under the ~ that...*** ha fått intrycket att... **2** imitation [*she gave ~s of TV personalities*] **3** märke, stämpel **4** tryckning, omtryckning av bok
impressionable [ɪm'preʃənəbl] *adj* mottaglig för intryck, lättpåverkad
impressive [ɪm'presɪv] *adj* imponerande, verkningsfull
imprison [ɪm'prɪzn] *verb* sätta i fängelse
imprisonment [ɪm'prɪznmənt] *subst* fängslande; fångenskap; ***~ for life*** livstids fängelse
improbable [ɪm'prɒbəbl] *adj* osannolik
impromptu I [ɪm'prɒmptjuː] *adv* oförberett [*speak ~*], improviserat
II [ɪm'prɒmptjuː] *adj* oförberedd, improviserad
improper [ɪm'prɒpə] *adj* opassande [*~ conduct*], oanständig
improve [ɪm'pruːv] *verb* **1** förbättra **2** förbättras, bli bättre; ***~ on sth*** förbättra ngt, bättra på ngt
improvement [ɪm'pruːvmənt] *subst* förbättring
improvisation [ˌɪmprəvaɪ'zeɪʃən] *subst* improvisation äv. musik.
improvise ['ɪmprəvaɪz] *verb* improvisera äv. musik.
imprudent [ɪm'pruːdənt] *adj* oklok
impudence ['ɪmpjʊdəns] *subst* oförskämdhet, fräckhet
impudent ['ɪmpjʊdənt] *adj* oförskämd, fräck
impulse ['ɪmpʌls] *subst* **1** stöt; ***give an ~ to*** sätta fart på **2** impuls, ingivelse
impulsive [ɪm'pʌlsɪv] *adj* impulsiv
impunity [ɪm'pjuːnətɪ] *subst*, ***with ~*** ostraffat
impure [ɪm'pjʊə] *adj* oren
impurity [ɪm'pjʊərətɪ] *subst* orenhet, förorening
in I [ɪn] *prep* i [*~ a box; ~ April; dressed ~ black*]; på [*~ the street; ~ the morning; ~ the 18th century* (på 1700-talet); *I did it ~ five minutes; ~ this way*]; om [*she will be back ~ a month*]; med [*written ~ pencil; ~ a loud voice*]; hos [*~ Shakespeare*]; vid [*~ good health*]; ***she slipped ~ crossing the street*** hon halkade då hon gick över gatan;

~ ***memory of*** till minne av; ~ ***reply to your letter*** som (till) svar på ditt brev; ~ ***my opinion*** enligt min mening
II [ɪn] *adv* in [*come* ~]; inne, hemma [*he wasn't* ~]; ***be*** ~ ***for*** få räkna med [*we're* ~ *for bad weather*]; ***be*** ~ ***for it*** få det hett om öronen
III [ɪn] *adj* vard. inne modern; ***it's the*** ~ ***thing to...*** det är inne att...
in. förk. för *inch*, *inches*
inability [ˌɪnə'bɪlətɪ] *subst* oförmåga
inaccessible [ˌɪnæk'sesəbl] *adj* otillgänglig
inaccurate [ɪn'ækjʊrət] *adj* **1** felaktig, oriktig **2** inte noggrann
inactive [ɪn'æktɪv] *adj* inaktiv, overksam
inadequate [ɪn'ædɪkwət] *adj* **1** inadekvat **2** otillräcklig, bristfällig
inadvisable [ˌɪnəd'vaɪzəbl] *adj* inte tillrådlig
inane [ɪ'neɪn] *adj* idiotisk, fånig
inanimate [ɪn'ænɪmət] *adj* **1** livlös **2** utan liv, trög
inapplicable [ɪn'æplɪkəbl] *adj* inte tillämpbar
inappropriate [ˌɪnə'prəʊprɪət] *adj* olämplig
inattentive [ˌɪnə'tentɪv] *adj* ouppmärksam
inaudible [ɪn'ɔːdəbl] *adj* ohörbar
inaugural [ɪ'nɔːgjʊrəl] *adj* invignings-, öppnings- [~ *speech*]; installations- [~ *lecture*]
inaugurate [ɪ'nɔːgjʊreɪt] *verb* **1** inviga **2** installera [~ *a president*] **3** inleda [~ *a new era*]
inauguration [ɪˌnɔːgjʊ'reɪʃən] *subst* **1** invigning **2** installation [*the* ~ *of the President of the USA*]
inborn [ˌɪn'bɔːn] *adj* medfödd
Inc. (förk. för *Incorporated* spec. amer.) AB
incalculable [ɪn'kælkjʊləbl] *adj* **1** oöverskådlig [~ *consequences*] **2** oberäknelig
incapable [ɪn'keɪpəbl] *adj* **1** oduglig, inkompetent **2** ***be*** ~ ***of*** vara oförmögen att [*be* ~ *of doing sth*]
incapacity [ˌɪnkə'pæsətɪ] *subst* oförmåga
incarnate [ɪn'kɑːnət] *adj* förkroppsligad, vard. inbiten, inpiskad; ***he is the devil*** ~ han är den personifierade ondskan, han är en riktig djävel
incarnation [ˌɪnkɑː'neɪʃən] *subst* inkarnation, förkroppsligande
incautious [ɪn'kɔːʃəs] *adj* oförsiktig
incendiary [ɪn'sendjərɪ] *adj* mordbrands-; ~ ***bomb*** brandbomb
1 incense ['ɪnsens] *subst* rökelse
2 incense [ɪn'sens] *verb* göra rasande; ***incensed*** förbittrad
incentive [ɪn'sentɪv] *subst* drivfjäder, incitament
incessant [ɪn'sesnt] *adj* oavbruten, ständig
incest ['ɪnsest] *subst* incest
inch [ɪntʃ] *subst* tum 2,54 cm; ***every*** ~ ***a gentleman*** en gentleman ut i fingerspetsarna; ***give her an*** ~ ***and she'll take a mile*** om man ger henne ett finger så tar hon hela handen; ***I don't trust him an*** ~ jag litar inte ett dugg på honom; ***within an*** ~ ***of death*** mycket nära döden
incident ['ɪnsɪdənt] *subst* händelse, incident; ***frontier*** ~***s*** gränsintermezzon
incidental [ˌɪnsɪ'dentl] *adj* tillfällig, oväsentlig
incidentally [ˌɪnsɪ'dentəlɪ] *adv* **1** tillfälligtvis, i förbigående **2** förresten [~ *why were you late?*]
incinerator [ɪn'sɪnəreɪtə] *subst* förbränningsugn t.ex. för sopor
incision [ɪn'sɪʒn] *subst* med., ***make an*** ~ lägga ett snitt
incite [ɪn'saɪt] *verb* egga, egga upp; ~ ***to violence*** hetsa till våld
inclination [ˌɪnklɪ'neɪʃən] *subst* **1** lutning; böjning **2** benägenhet, böjelse
incline [ɪn'klaɪn] *verb* **1** luta, luta ned; böja **2** göra benägen [*to* för]; vara benägen för
inclined [ɪn'klaɪnd] *adj* **1** benägen [*to* för] **2** lagd [*be musically* ~]
include [ɪn'kluːd] *verb* inkludera, omfatta, inbegripa
included [ɪn'kluːdɪd] *perf p* o. *adj* inkluderad, inberäknad, inklusive; ***all expenses*** ~ alla utgifter är inkluderade, inklusive alla utgifter; ***be*** ~ ***in*** (***on***) ***the list*** komma med på listan

in-
Förstavelsen *in-* och varianterna *il-*, *im-*, *ir-* används ofta för att bilda motsatser.
secure – insecure
säker – osäker
legal – illegal
laglig – olaglig
possible – impossible
möjlig – omöjlig
regular – irregular
regelbunden – oregelbunden

including [ɪn'kluːdɪŋ] *prep* omfattande, inklusive [*~ all expenses*]
inclusive [ɪn'kluːsɪv] *adj* **1** inberäknad; ***to Saturday*** ~ t.o.m. lördag; ~ ***of*** inklusive, med allt inberäknat t.ex. fast pris på hotell
incoherence [ˌɪnkə'hɪərəns] *subst* brist på sammanhang
incoherent [ˌɪnkə'hɪərənt] *adj* osammanhängande
income ['ɪnkʌm] *subst* inkomst; ***a large*** ~ stora inkomster; ***live over one's*** ~ leva över sina tillgångar
income tax ['ɪnkəmtæks] *subst* inkomstskatt; ~ ***return*** självdeklaration
incoming ['ɪnˌkʌmɪŋ] *adj* inkommande, ankommande [*~ trains*]
incomparable [ɪn'kɒmpərəbl] *adj* makalös
incompatible [ˌɪnkəm'pætəbl] *adj* **1** oförenlig **2** data. inkompatibel, inte kompatibel
incompetence [ɪn'kɒmpətəns] *subst* inkompetens, oförmåga
incompetent [ɪn'kɒmpətənt] *adj* inkompetent, oduglig
incomplete [ˌɪnkəm'pliːt] *adj* ofullständig
incomprehensible [ɪnˌkɒmprɪ'hensəbl] *adj* obegriplig [*to* för]
inconceivable [ˌɪnkən'siːvəbl] *adj* obegriplig, ofattbar [*to* för]
inconclusive [ˌɪnkən'kluːsɪv] *adj* inte avgörande; ofullständig
incongruous [ɪn'kɒŋgrʊəs] *adj* **1** oförenlig **2** omaka, som inte går ihop **3** orimlig, absurd
inconsiderable [ˌɪnkən'sɪdərəbl] *adj* obetydlig, oansenlig
inconsiderate [ˌɪnkən'sɪdərət] *adj* tanklös, hänsynslös
inconsistency [ˌɪnkən'sɪstənsɪ] *subst* **1** inkonsekvens **2** oförenlighet [*with* med]
inconsistent [ˌɪnkən'sɪstənt] *adj* **1** inkonsekvent **2** oförenlig; ***be ~ with*** strida mot, inte stämma med
inconsolable [ˌɪnkən'səʊləbl] *adj* otröstlig
inconspicuous [ˌɪnkən'spɪkjʊəs] *adj* omärklig, föga iögonenfallande
inconstant [ɪn'kɒnstənt] *adj* ombytlig
inconvenience I [ˌɪnkən'viːnjəns] *subst* olägenhet [*to* för]; ***put sb to*** ~ vålla ngn besvär
II [ˌɪnkən'viːnjəns] *verb* besvära
inconvenient [ˌɪnkən'viːnjənt] *adj* oläglig, olämplig
incorporate [ɪn'kɔːpəreɪt] *verb* **1** införliva, införlivas; ***incorporated company*** spec. amer. aktiebolag
incorrect [ˌɪnkə'rekt] *adj* oriktig, felaktig
incorrigible [ɪn'kɒrɪdʒəbl] *adj* oförbätterlig
incorruptible [ˌɪnkə'rʌptəbl] *adj* omutlig
increase I [ɪn'kriːs] *verb* **1** öka, ökas **2** höja, öka
II ['ɪnkriːs] *subst* ökning, utökning, höjning; ***be on the*** ~ vara i tilltagande, öka, stiga
increasing [ɪn'kriːsɪŋ] *pres p* o. *adj* ökande; ***to an ever ~ extent*** i allt större utsträckning
increasingly [ɪn'kriːsɪŋlɪ] *adv* alltmer
incredible [ɪn'kredəbl] *adj* otrolig
incredulous [ɪn'kredjʊləs] *adj* skeptisk; ***she was*** ~ hon kunde inte tro det
incubator ['ɪnkjʊbeɪtə] *subst* **1** äggkläckningsmaskin **2** kuvös
incur [ɪn'kɜː] (*-rr-*) *verb* ådra sig, åsamka sig
incurable [ɪn'kjʊərəbl] *adj* obotlig
indebted [ɪn'detɪd] *adj* **1** skuldsatt **2** tack skyldig [*to sb* ngn]
indecency [ɪn'diːsnsɪ] *subst* oanständighet
indecent [ɪn'diːsnt] *adj* oanständig
indecision [ˌɪndɪ'sɪʒən] *subst* obeslutsamhet
indecisive [ˌɪndɪ'saɪsɪv] *adj* obeslutsam
indeclinable [ˌɪndɪ'klaɪnəbl] *adj* gram. oböjlig
indeed I [ɪn'diːd] *adv* verkligen, minsann, faktiskt; visserligen; ***yes, ~!*** ja visst!
II [ɪn'diːd] *interj* verkligen!
indefatigable [ˌɪndɪ'fætɪgəbl] *adj* outtröttlig
indefensible [ˌɪndɪ'fensəbl] *adj* oförsvarlig
indefinable [ˌɪndɪ'faɪnəbl] *adj* odefinierbar
indefinite [ɪn'defɪnət] *adj* obestämd, vag
indefinitely [ɪn'defɪnətlɪ] *adv* på obestämd tid, i det oändliga
indelible [ɪn'deləbl] *adj* outplånlig
indent [ɪn'dent] *verb* göra indrag på
independence [ˌɪndɪ'pendəns] *subst* oberoende, självständighet; ***Independence Day*** amer. 4 juli, självständighetsdagen firas till minnet av oavhängighetsförklaringen 1776
independent [ˌɪndɪ'pendənt] *adj* oberoende [*of* av], oavhängig, självständig
indescribable [ˌɪndɪ'skraɪbəbl] *adj* obeskrivlig, obeskrivbar
indestructible [ˌɪndɪ'strʌktəbl] *adj* oförstörbar; outplånlig
index I ['ɪndeks] *subst* **1** register, index; ***card*** ~ kortregister; ~ ***card*** kartotekskort **2** ekon. index
II *verb* indexreglera
index-finger ['ɪndeksˌfɪŋgə] *subst* pekfinger
index-linked ['ɪndekslɪŋkt] *adj* indexreglerad

Republic of India
HUVUDSTAD: New Delhi.
FOLKMÄNGD: ca 1 100 milj.
YTA: 3,2 milj. km^2 (mer än sju gånger så stort som Sverige).
SPRÅK: Hindi och engelska är officiella språk.
Indien var länge en viktig brittisk koloni och kallades ibland *the Jewel in the Crown of the British Empire*, juvelen i kronan. Indien blev självständigt 1947.

India [ˈɪndjə] Indien
Indian I [ˈɪndjən] *adj* **1** indisk [*the ~ Ocean*]; *~ **ink*** kinesisk tusch; *~ **summer*** brittsommar, indiansommar **2** indiansk **II** [ˈɪndjən] *subst* **1** indier **2** indian
indicate [ˈɪndɪkeɪt] *verb* ange, antyda, visa
indication [ˌɪndɪˈkeɪʃən] *subst* **1** angivande **2** tecken, kännetecken
indicative I [ɪnˈdɪkətɪv] *adj*, ***be** ~ **of*** tyda på **II** [ɪnˈdɪkətɪv] *subst* gram. indikativ; ***in the** ~* i indikativ
indicator [ˈɪndɪkeɪtə] *subst* **1** visare **2** körriktningsvisare, blinker **3** tavla; ***arrival*** *~* ankomsttavla; ***departure*** *~* avgångstavla
indict [ɪnˈdaɪt] *verb* åtala, väcka åtal mot
indictable [ɪnˈdaɪtəbl] *adj* åtalbar
indictment [ɪnˈdaɪtmənt] *subst* **1** åtal **2** anklagelse
indifference [ɪnˈdɪfrəns] *subst* likgiltighet [*to* för]
indifferent [ɪnˈdɪfrənt] *adj* **1** likgiltig [*to* för] **2** medelmåttig
indigestible [ˌɪndɪˈdʒestəbl] *adj* svårsmält
indigestion [ˌɪndɪˈdʒestʃən] *subst* **1** magbesvär **2** ont i magen
indignant [ɪnˈdɪgnənt] *adj* indignerad, förnärmad
indignation [ˌɪndɪgˈneɪʃən] *subst* indignation
indignity [ɪnˈdɪgnətɪ] *subst* kränkning, skymf, förödmjukelse
indirect [ˌɪndɪˈrekt] *adj* indirekt
indiscipline [ɪnˈdɪsɪplɪn] *subst* brist på disciplin
indiscreet [ˌɪndɪˈskriːt] *adj* indiskret, taktlös
indiscretion [ˌɪndɪˈskreʃən] *subst* indiskretion, taktlöshet
indiscriminate [ˌɪndɪˈskrɪmɪnət] *adj* **1** godtycklig, slumpartad **2** urskillningslös, omdömeslös
indispensable [ˌɪndɪˈspensəbl] *adj* oumbärlig
indisposed [ˌɪndɪˈspəʊzd] *adj* indisponerad
indisputable [ˌɪndɪˈspjuːtəbl] *adj* obestridlig
indistinct [ˌɪndɪˈstɪŋkt] *adj* otydlig, oklar
indistinguishable [ˌɪndɪˈstɪŋgwɪʃəbl] *adj*, ***they are** ~* det går inte att skilja dem åt
individual I [ˌɪndɪˈvɪdjʊəl] *adj* individuell, personlig [*~ style*] **II** [ˌɪndɪˈvɪdjʊəl] *subst* individ
individuality [ˈɪndɪˌvɪdjʊˈælətɪ] *subst* individualitet, egenart, särprägel
indivisible [ˌɪndɪˈvɪzəbl] *adj* odelbar
indoctrinate [ɪnˈdɒktrɪneɪt] *verb* indoktrinera
indoctrination [ɪnˌdɒktrɪˈneɪʃən] *subst* **1** indoktrinering
indolent [ˈɪndələnt] *adj* slö, loj
indomitable [ɪnˈdɒmɪtəbl] *adj* okuvlig
Indonesia [ˌɪndəˈniːzjə] Indonesien
Indonesian I [ˌɪndəˈniːzjən] *adj* indonesisk **II** [ˌɪndəˈniːzjən] *subst* indones
indoor [ˈɪndɔː] *adj* inomhus-; *~ **games*** inomhustävlingar, inomhusspel
indoors [ˌɪnˈdɔːz] *adv* inomhus, inne
indubitable [ɪnˈdjuːbɪtəbl] *adj* otvivelaktig
induce [ɪnˈdjuːs] *verb* **1** förmå, föranleda **2** orsaka
inducement [ɪnˈdjuːsmənt] *subst* incitament, motivation, sporre
indulge [ɪnˈdʌldʒ] *verb*, *~ **in*** hänge sig åt
indulgent [ɪnˈdʌldʒənt] *adj* **1** överseende **2** släpphänt
industrial [ɪnˈdʌstrɪəl] *adj* industriell; *~ **disease*** yrkessjukdom; *~ **dispute*** arbetskonflikt; *~ **estate*** el. amer. *~ **park*** industriområde
industrialism [ɪnˈdʌstrɪəlɪzəm] *subst* industrialism
industrialist [ɪnˈdʌstrɪəlɪst] *subst* industriman
industrialize [ɪnˈdʌstrɪəlaɪz] *verb* industrialisera
industrious [ɪnˈdʌstrɪəs] *adj* flitig, arbetsam
industry [ˈɪndəstrɪ] *subst* **1** industri; näringsliv **2** flit, arbetsamhet
inebriated [ɪˈniːbrɪeɪtɪd] *adj* berusad
inedible [ɪnˈedəbl] *adj* oätlig, oätbar
ineffective [ˌɪnɪˈfektɪv] *adj* ineffektiv, verkningslös
ineffectual [ɪnɪˈfektʃʊəl] *adj* verkningslös, resultatlös
inefficient [ˌɪnɪˈfɪʃənt] *adj* ineffektiv

ineligible [ɪn'elɪdʒəbl] *adj* **1** inte valbar [*for* till] **2** inte kvalificerad
inequality [ˌɪnɪ'kwɒlətɪ] *subst* olikhet; ***social*** ~ brist på social jämlikhet
inert [ɪ'nɜːt] *adj* trög, slö; overksam
inertia [ɪ'nɜːʃjə] *subst* tröghet; slöhet
inestimable [ɪn'estɪməbl] *adj* ovärderlig
inevitable [ɪn'evɪtəbl] *adj* oundviklig, ofrånkomlig
inexact [ˌɪnɪg'zækt] *adj* inexakt, felaktig
inexcusable [ˌɪnɪk'skjuːzəbl] *adj* oförlåtlig
inexhaustible [ˌɪnɪg'zɔːstəbl] *adj* outtömlig
inexorable [ɪn'eksərəbl] *adj* obönhörlig
inexpensive [ˌɪnɪk'spensɪv] *adj* billig
inexperienced [ˌɪnɪk'spɪərɪənst] *adj* oerfaren
inexplicable [ˌɪnek'splɪkəbl] *adj* oförklarlig
infallible [ɪn'fæləbl] *adj* ofelbar; osviklig
infamous ['ɪnfəməs] *adj* ökänd, skamlig, infam
infancy ['ɪnfənsɪ] *subst* spädbarnsålder; tidiga barnaår; tidig barndom
infant ['ɪnfənt] *subst* spädbarn; småbarn
infantry ['ɪnfəntrɪ] *subst* infanteri, fotfolk
infantryman ['ɪnfəntrɪmən] *subst* infanterist
infant school ['ɪnfəntskuːl] *subst* lägsta stadiet av 'primary school' för barn mellan 5 och 7 år
infatuated [ɪn'fætjʊeɪtɪd] *perf p* o. *adj* blint förälskad
infatuation [ɪnˌfætjʊ'eɪʃən] *subst* blind förälskelse
infect [ɪn'fekt] *verb* infektera, smitta
infection [ɪn'fekʃən] *subst* infektion, smitta
infectious [ɪn'fekʃəs] *adj* smittosam
infer [ɪn'fɜː] (*-rr-*) *verb* sluta sig till; ***he inferred that*** han drog den slutsatsen att
inferior I [ɪn'fɪərɪə] *adj* **1** lägre i t.ex. rang [*to* än], underordnad [*to sb* ngn; *to sth* ngt] **2** sämre [*to* än]; ***an ~ product*** en undermålig produkt
II [ɪn'fɪərɪə] *subst* underordnad
inferiority [ɪnˌfɪərɪ'ɒrətɪ] *subst* underlägsenhet; ***~ complex*** mindervärdeskomplex
infernal [ɪn'fɜːnl] *adj* **1** infernalisk **2** vard. förbannad [*an ~ nuisance*]
inferno [ɪn'fɜːnəʊ] (pl. *~s*) *subst* inferno, helvete
infertile [ɪn'fɜːtaɪl, amer. ɪn'fɜːtl] *adj* ofruktbar, steril
infest [ɪn'fest] *verb* hemsöka, översvämma; ***this place is infested with cockroaches*** det här stället kryllar av kackerlackor
infidelity [ˌɪnfɪ'delətɪ] *subst* otrohet
infiltrate ['ɪnfɪltreɪt] *verb* **1** infiltrera **2** nästla sig in i, tränga in i **3** nästla sig in, tränga in
infiltration [ˌɪnfɪl'treɪʃən] *subst* infiltration
infiltrator ['ɪnfɪltreɪtə] *subst* infiltratör
infinite ['ɪnfɪnət] *adj* oändlig, ändlös, omätlig [*~ number*]
infinitive I [ɪn'fɪnɪtɪv] *adj* gram. infinitiv-
II [ɪn'fɪnɪtɪv] *subst* gram., ***the*** ~ infinitiv
infinity [ɪn'fɪnətɪ] *subst* oändlighet, oändligheten
infirm [ɪn'fɜːm] *adj* klen, skröplig
infirmity [ɪn'fɜːmətɪ] *subst* skröplighet
inflame [ɪn'fleɪm] *verb* **1** hetsa upp **2** inflammera [*an inflamed boil*] **3** underblåsa, förvärra
inflammable [ɪn'flæməbl] *adj* lättantändlig
inflammation [ˌɪnflə'meɪʃən] *subst* inflammation
inflatable [ɪn'fleɪtəbl] *adj* uppblåsbar
inflate [ɪn'fleɪt] *verb* **1** blåsa upp, pumpa upp **2** göra uppblåst **3** driva upp [*~ prices*]
inflated [ɪn'fleɪtɪd] *perf p* o. *adj* **1** uppblåst, pumpad **2** svulstig **3** ekon. inflations- [*~ prices*]
inflation [ɪn'fleɪʃən] *subst* ekon. inflation
inflationary [ɪn'fleɪʃnərɪ] *adj* inflationistisk
inflect [ɪn'flekt] *verb* gram. böja, deklinera
inflection [ɪn'flekʃən] *subst* gram. böjning
inflexible [ɪn'fleksəbl] *adj* **1** oböjlig **2** orubblig
inflict [ɪn'flɪkt] *verb* vålla, tillfoga [*~ suffering*]
influence I ['ɪnflʊəns] *subst* **1** inflytande [*on* på] **2** inverkan, påverkan; ***be under the*** ~ vara spritpåverkad
II ['ɪnflʊəns] *verb* ha inflytande på, påverka, influera
influential [ˌɪnflʊ'enʃl] *adj* inflytelserik
influenza [ˌɪnflʊ'enzə] *subst* influensa
influx ['ɪnflʌks] *subst* inflöde, tillströmning
info ['ɪnfəʊ] *subst* (förk. för *information*) info
inform [ɪn'fɔːm] *verb* meddela, underrätta, informera; ***~ against*** el. ***~ on*** uppträda som angivare mot, ange, tjalla på
informal [ɪn'fɔːml] *adj* informell
information [ˌɪnfə'meɪʃən] (utan pl.) *subst* meddelande, underrättelser, information; ***an interesting piece of*** ~ en intressant upplysning; ***~ technology*** informationsteknik (förk. IT)
informative [ɪn'fɔːmətɪv] *adj* upplysande
informed [ɪn'fɔːmd] *adj* välunderrättad, insatt; ***keep sb ~ as to*** hålla ngn à jour med

informer [ɪn'fɔːmə] *subst* angivare, tjallare
infrared [ˌɪnfrə'red] *adj* infraröd; ~ ***lamp*** värmelampa
infrequent [ɪn'friːkwənt] *adj* ovanlig
infrequently [ɪn'friːkwəntlɪ] *adv* sällan
infringe [ɪn'frɪndʒ] *verb* överträda, kränka
infringement [ɪn'frɪndʒmənt] *subst* **1** överträdelse, kränkning [*of* av] **2** regelbrott
infuriate [ɪn'fjʊərɪeɪt] *verb* göra rasande
infuriating [ɪn'fjʊərɪeɪtɪŋ] *adj* fruktansvärt irriterande
infuse [ɪn'fjuːz] *verb* ingjuta [*into* i], inge
ingenious [ɪn'dʒiːnjəs] *adj* fyndig, genial
ingenuous [ɪn'dʒenjʊəs] *adj* **1** öppen, frimodig **2** naiv
ingratiating [ɪn'greɪʃɪeɪtɪŋ] *adj* inställsam
ingratitude [ɪn'grætɪtjuːd] *subst* otacksamhet
ingredient [ɪn'griːdjənt] *subst* ingrediens
inhabit [ɪn'hæbɪt] *verb* bebo, befolka
inhabitant [ɪn'hæbɪtənt] *subst* invånare
inhale [ɪn'heɪl] *verb* **1** andas in, inhalera **2** dra halsbloss
inherent [ɪn'hɪərənt] *adj* inneboende [*in* i], medfödd
inherit [ɪn'herɪt] *verb* ärva [*from* av, efter]
inheritance [ɪn'herɪtəns] *subst* arv
inheritor [ɪn'herɪtə] *subst* arvinge, arvtagare
inhibit [ɪn'hɪbɪt] *verb* hämma, hindra
inhibition [ˌɪnhɪ'bɪʃən] *subst* psykol. hämning
inhospitable [ˌɪnhɒ'spɪtəbl] *adj* ogästvänlig
inhuman [ɪn'hjuːmən] *adj* omänsklig
inimitable [ɪ'nɪmɪtəbl] *adj* oefterhärmlig
initial I [ɪ'nɪʃl] *adj* begynnelse- [*~ stage*], inledande
II [ɪ'nɪʃl] *subst* **1** begynnelsebokstav **2** initial
III [ɪ'nɪʃəl] *verb* underteckna med initialer, sätta sina initialer på
initially [ɪ'nɪʃəlɪ] *adv* i början
initiate I [ɪ'nɪʃɪeɪt] *verb* **1** inleda, initiera, starta **2** inviga [*~ sb into a secret*]
II [ɪ'nɪʃɪeɪt] *subst* invigd person
initiative [ɪ'nɪʃɪətɪv] *subst* initiativ, företagsamhet
inject [ɪn'dʒekt] *verb* spruta in, injicera [*into* i]
injection [ɪn'dʒekʃən] *subst* injektion, spruta
injure ['ɪndʒə] *verb* skada [*~ one's leg*], såra [*~ sb's pride*]
injurious [ɪn'dʒʊərɪəs] *adj* skadlig [*to* för]
injury ['ɪndʒərɪ] *subst* skada, men; ~ ***time*** sport. tilläggstid, förlängning
injustice [ɪn'dʒʌstɪs] *subst* orättvisa
ink [ɪŋk] *subst* **1** bläck **2** trycksvärta, tryckfärg
inkling ['ɪŋklɪŋ] *subst* aning, nys, hum [*of* om]
inland I ['ɪnlənd] *adj* belägen inne i landet, inrikes
II [ɪn'lænd] *adv* inne i landet
in-laws ['ɪnlɔːz] *subst pl* släktingar genom giftermål t.ex. svärföräldrar; ingifta
inlet ['ɪnlet] *subst* **1** liten vik **2** inlopp
inmate ['ɪnmeɪt] *subst* **1** intern, intagen på institution **2** patient
inn [ɪn] *subst* värdshus
innate [ˌɪ'neɪt] *adj* medfödd, naturlig
inner ['ɪnə] *adj* inre, invändig; ~ ***city*** innerstadsområde; ***the ~ lane*** innerfilen
innermost ['ɪnəməʊst] *adj* innerst; ***in the ~ depths of the forest*** längst inne i skogen
innkeeper ['ɪnˌkiːpə] *subst* värdshusvärd
innocence ['ɪnəsns] *subst* oskuld
innocent ['ɪnəsnt] *adj* oskyldig [*of* till]
innovation [ˌɪnə'veɪʃən] *subst* innovation, nyhet
innumerable [ɪ'njuːmərəbl] *adj* otalig
inoculate [ɪ'nɒkjʊleɪt] *verb* med. ympa in smittämne; ***be inoculated*** bli vaccinerad
inoffensive [ˌɪnə'fensɪv] *adj* oförarglig
in-patient ['ɪnˌpeɪʃənt] *subst* sjukhuspatient
input ['ɪnpʊt] *subst* **1** intag **2** elektr. el. radio. ineffekt **3** data. indata
inquest ['ɪnkwest] *subst* rättslig undersökning
inquire [ɪn'kwaɪə] *verb* **1** fråga, höra sig för **2** fråga om
inquiry [ɪn'kwaɪərɪ, amer. äv. 'ɪkwərɪ] *subst* **1** förfrågan **2** utredning; ***judicial ~*** rättslig undersökning
inquisitive [ɪn'kwɪzɪtɪv] *adj* frågvis, nyfiken
insane [ɪn'seɪn] *adj* **1** mentalsjuk **2** vard. vansinnig
insanitary [ɪn'sænətrɪ] *adj* hälsovådlig
insanity [ɪn'sænətɪ] *subst* **1** mentalsjukdom **2** vard. vansinne, vanvett
insatiable [ɪn'seɪʃjəbl] *adj* omättlig
inscribe [ɪn'skraɪb] *verb* skriva in, rista in
inscription [ɪn'skrɪpʃən] *subst* **1** inskription **2** dedikation
inscrutable [ɪn'skruːtəbl] *adj* outgrundlig
insect ['ɪnsekt] *subst* insekt
insecticide [ɪn'sektɪsaɪd] *subst* insektsmedel, bekämpningsmedel mot insekter
insecure [ˌɪnsɪ'kjʊə] *adj* osäker, otrygg
insecurity [ˌɪnsɪ'kjʊərətɪ] *subst* osäkerhet, otrygghet
insemination [ɪnˌsemɪ'neɪʃn] *subst*

insemination; ***artificial*** ~ konstgjord befruktning
insensitive [ɪn'sensətɪv] *adj* okänslig [*to* för]
inseparable [ɪn'sepərəbl] *adj* oskiljaktig
insert [ɪn'sɜːt] *verb* sätta in, föra in
insertion [ɪn'sɜːʃən] *subst* insättande, införande
inside I [ˌɪn'saɪd] *subst* insida; ~ ***out*** a) ut och in b) med avigsidan ut; ***know sth ~ out*** känna ngt utan och innan; ***turn sth ~ out*** vända ut och in på ngt
II [ˌɪn'saɪd] *adj* inre, invändig, inner- [~ *pocket*]
III [ˌɪn'saɪd] *adv* inuti, invändigt; inåt; inne
IV [ˌɪn'saɪd] *prep* inne i, inom; in i; innanför
insidious [ɪn'sɪdɪəs] *adj* lömsk, smygande
insight ['ɪnsaɪt] *subst* insikt, inblick, insyn
insignificant [ˌɪnsɪg'nɪfɪkənt] *adj* obetydlig
insincere [ˌɪnsɪn'sɪə] *adj* inte uppriktig, falsk
insincerity [ˌɪnsɪn'serətɪ] *subst* brist på uppriktighet, falskhet
insinuate [ɪn'sɪnjʊeɪt] *verb* insinuera, antyda
insinuation [ɪnˌsɪnjʊ'eɪʃən] *subst* insinuation, antydan
insipid [ɪn'sɪpɪd] *adj* **1** smaklös, fadd **2** urvattnad **3** intetsägande, tråkig
insist [ɪn'sɪst] *verb* insistera; ~ ***on*** insistera på, yrka på
insistent [ɪn'sɪstənt] *adj* envis, enträgen
insole ['ɪnsəʊl] *subst* innersula
insolence ['ɪnsələns] *subst* oförskämdhet
insolent ['ɪnsələnt] *adj* oförskämd
insoluble [ɪn'sɒljʊbl] *adj* olöslig
insomnia [ɪn'sɒmnɪə] *subst* med. sömnlöshet
inspect [ɪn'spekt] *verb* **1** granska **2** inspektera, besiktiga
inspection [ɪn'spekʃən] *subst* **1** granskning **2** inspektion, besiktning
inspector [ɪn'spektə] *subst* **1** inspektör, kontrollant **2** ***police*** ~ polisinspektör; ***chief*** ~ poliskommissarie
inspiration [ˌɪnspə'reɪʃən] *subst* inspiration
inspire [ɪn'spaɪə] *verb* inspirera; ~ ***confidence in*** väcka förtroende hos
install [ɪn'stɔːl] *verb* **1** installera **2** sätta upp, montera
installation [ˌɪnstə'leɪʃən] *subst* **1** installation **2** uppsättning, montering
instalment [ɪn'stɔːlmənt] *subst* **1** avbetalning, amortering; ***by ~s*** på avbetalning **2** portion, del, avsnitt
instance ['ɪnstəns] *subst* exempel [*of* på]; ***for*** ~ till exempel; ***in this*** ~ i det här fallet
instant I ['ɪnstənt] *adj* ögonblicklig, omedelbar [~ *relief*]; ~ ***coffee*** snabbkaffe
II ['ɪnstənt] *subst* ögonblick; ***this*** ~ nu genast
instantaneous [ˌɪnstən'teɪnjəs] *adj* ögonblicklig
instantly ['ɪnstəntlɪ] *adv* ögonblickligen
instead [ɪn'sted] *adv* i stället; ~ ***of*** i stället för
instep ['ɪnstep] *subst* anat. vrist fotens böjda översida
instigate ['ɪnstɪgeɪt] *verb* **1** uppvigla till; anstifta **2** sätta igång
instigator ['ɪnstɪgeɪtə] *subst* **1** anstiftare **2** upphovsman
instil [ɪn'stɪl] (*-ll-*) *verb* inge [*sth into sb* ngn ngt]
instinct ['ɪnstɪŋkt] *subst* instinkt, drift
instinctive [ɪn'stɪŋktɪv] *adj* instinktiv
institute I ['ɪnstɪtjuːt] *verb* **1** upprätta **2** inleda, vidta [~ *legal proceedings*]
II ['ɪnstɪtjuːt] *subst* institut; ~ ***of education*** ungefär lärarhögskola
institution [ˌɪnstɪ'tjuːʃən] *subst* **1** inrättande **2** institution, institut **3** anstalt
institutionalized [ˌɪnstɪ'tjuːʃənəlaɪzd] *adj* hospitaliserad
instruct [ɪn'strʌkt] *verb* **1** undervisa, instruera **2** informera
instruction [ɪn'strʌkʃən] *subst* undervisning; pl. ***~s*** instruktioner, föreskrifter; ***~s for use*** bruksanvisningar
instructive [ɪn'strʌktɪv] *adj* instruktiv, lärorik
instructor [ɪn'strʌktə] *subst* lärare, handledare, instruktör
instrument ['ɪnstrʊmənt] *subst* musik. **1** instrument **2** verktyg; ~ ***panel*** instrumentbräda
insubordinate [ˌɪnsə'bɔːdənət] *adj* olydig
insufferable [ɪn'sʌfərəbl] *adj* outhärdlig; ***she is*** ~ hon är odräglig
insufficient [ˌɪnsə'fɪʃənt] *adj* otillräcklig
insular ['ɪnsjʊlə] *adj* öbo- [~ *mentality*]; trångsynt
insulate ['ɪnsjʊleɪt] *verb* isolera
insulation [ˌɪnsjʊ'leɪʃən] *subst* isolering
insult I ['ɪnsʌlt] *subst* förolämpning [*to* mot]
II [ɪn'sʌlt] *verb* förolämpa
insurance [ɪn'ʃʊərəns] *subst* försäkring; ~ ***policy*** försäkringsbrev
insure [ɪn'ʃʊə] *verb* försäkra
insurmountable [ˌɪnsə'maʊntəbl] *adj* oöverstiglig, oövervinnelig [~ *difficulties*]
insurrection [ˌɪnsə'rekʃən] *subst* uppror

insusceptible [ˌɪnsəˈseptəbl] *adj* oemottaglig
intact [ɪnˈtækt] *adj* orörd, intakt, oskadad
integrate [ˈɪntɪgreɪt] *verb* integrera, integreras
integration [ˌɪntɪˈgreɪʃən] *subst* **1** samordning **2** integration
integrity [ɪnˈtegrətɪ] *subst* **1** integritet **2** hederlighet
intellect [ˈɪntəlekt] *subst* intellekt, förstånd
intellectual [ˌɪntəˈlektjʊəl] *adj o. subst* intellektuell
intelligence [ɪnˈtelɪdʒəns] *subst* **1** intelligens **2** (utan pl.) upplysningar **3** underrättelsetjänst
intelligent [ɪnˈtelɪdʒənt] *adj* intelligent
intelligible [ɪnˈtelɪdʒəbl] *adj* begriplig [*to* för]
intend [ɪnˈtend] *verb* avse, ämna
intense [ɪnˈtens] *adj* intensiv, häftig, sträng [*~ cold*]; livlig [*~ interest*]
intensify [ɪnˈtensɪfaɪ] *verb* **1** intensifiera, skärpa **2** intensifieras, skärpas
intensity [ɪnˈtensətɪ] *subst* intensitet, styrka
intensive [ɪnˈtensɪv] *adj* intensiv, koncentrerad; ~ ***care*** med. intensivvård
intent I [ɪnˈtent] *adj* spänd [*~ look*]; ~ ***on*** a) helt inriktad på b) ivrigt upptagen av
II [ɪnˈtent] *subst* syfte, avsikt; ***to all ~s and purposes*** så gott som, praktiskt taget
intention [ɪnˈtenʃən] *subst* avsikt, syfte, mening; ***with the ~ of*** i avsikt att
intentional [ɪnˈtenʃnəl] *adj* avsiktlig
interactive [ˌɪntərˈæktɪv] *adj* **1** data. el. tv. interaktiv **2** ömsesidigt verkande
intercept [ˌɪntəˈsept] *verb* **1** snappa upp på vägen [*~ a letter*]; fånga upp **2** hejda [*~ an enemy missile*]
intercom [ˈɪntəkɒm] *subst* vard. snabbtelefon, interntelefon
intercourse [ˈɪntəkɔːs] *subst* umgänge [*with* med]; ***sexual*** ~ sexuellt umgänge, samlag
interest I [ˈɪntrəst] *subst* **1** intresse [*in* för]; ***take an ~ in*** intressera sig för **2** egen fördel; ***it is to his ~ to*** det ligger i hans intresse att **3** intresse [*American ~s in Asia*] **4** ränta, räntor; ***five per cent*** ~ fem procents ränta
II [ˈɪntrəst] *verb* intressera [*in* för]; ***be interested in*** vara intresserad av
interesting [ˈɪntrəstɪŋ] *adj* intressant [*to* för]
interface [ˈɪntəfeɪs] *subst* **1** data. interface, gränssnitt **2** beröringspunkt; förbindelselänk
interfere [ˌɪntəˈfɪə] *verb* **1** om person ingripa [*in* i; *with* mot]; ~ ***with*** a) lägga sig i b) mixtra med **2** om saker komma i vägen, komma emellan
interference [ˌɪntəˈfɪərəns] *subst* **1** ingripande [*without ~ from the police*]; inblandning [*in* i] **2** störning, störningar
interflora® [ˌɪntəˈflɔːrə] *subst* Blomsterförmedlingen
interior I [ɪnˈtɪərɪə] *adj* **1** inre; invändig; inomhus-; ~ ***decoration*** heminredning; ~ ***decorator*** inredningsarkitekt **2** inlands-; inrikes
II [ɪnˈtɪərɪə] *subst* **1** inre; insida, interiör **2** ***the Department of the Interior*** i USA o. vissa andra länder inrikesdepartementet; ***Minister of the Interior*** el. amer. ***Secretary of the Interior*** inrikesminister
interjection [ˌɪntəˈdʒekʃən] *subst* gram. interjektion
interlude [ˈɪntəluːd] *subst* **1** mellanspel **2** uppehåll, paus; intervall **3** musik. mellanspel
intermarriage [ˌɪntəˈmærɪdʒ] *subst* blandäktenskap
intermarry [ˌɪntəˈmærɪ] *verb* ingå blandäktenskap
intermediary [ˌɪntəˈmiːdjərɪ] *subst* mellanhand, medlare
intermediate [ˌɪntəˈmiːdjət] *adj* mellanliggande; ~ ***stage*** mellanstadium
interment [ɪnˈtɜːmənt] *subst* begravning, gravsättning
intermezzo [ˌɪntəˈmetsəʊ] (pl. vanligen *~s*) *subst* intermezzo, mellanspel äv. musik. el. bildl.
interminable [ɪnˈtɜːmɪnəbl] *adj* oändlig, ändlös
intermittent [ˌɪntəˈmɪtənt] *adj* ojämn, oregelbunden
intern [ɪnˈtɜːn] *verb* internera, spärra in
internal [ɪnˈtɜːnl] *adj* **1** inre, intern; ~ ***combustion engine*** förbränningsmotor **2** invärtes, invändig; ~ ***medicine*** invärtesmedicin
international I [ˌɪntəˈnæʃnəl] *adj* **1** internationell, världsomfattande **2** sport. [*~ team*], landslag
II [ˌɪntəˈnæʃnəl] *subst* sport. **1** landskamp **2** landslagsspelare
internee [ˌɪntɜːˈniː] *subst* intern
Internet [ˈɪntənet] *subst*, ***the*** ~ Internet [*surf the ~; on the ~*]
internment [ɪnˈtɜːnmənt] *subst* internering

interplay ['ɪntəpleɪ] *subst* samspel, växelverkan
interpose [ˌɪntə'pəʊz] *verb* sätta emellan; inflicka [~ *a question*]
interpret [ɪn'tɜːprɪt] *verb* **1** översätta tolka **2** tyda
interpretation [ɪnˌtɜːprɪ'teɪʃən] *subst* **1** översättning tolkning **2** tydning
interpreter [ɪn'tɜːprɪtə] *subst* **1** översättare tolk **2** tolkare, framställare
interrogate [ɪn'terəgeɪt] *verb* förhöra [~ *a witness*]
interrogation [ɪnˌterə'geɪʃən] *subst* **1** utfrågning, förhör **2** ***mark of*** ~ frågetecken
interrogative [ˌɪntə'rɒgətɪv] *subst* gram. frågeord
interrogator [ɪn'terəgeɪtə] *subst* förhörsledare, utfrågare
interrupt [ˌɪntə'rʌpt] *verb* avbryta
interruption [ˌɪntə'rʌpʃən] *subst* avbrott
intersect [ˌɪntə'sekt] *verb* **1** skära, korsa **2** skära varandra, korsas
intersection [ˌɪntə'sekʃn] *subst* **1** skärningspunkt **2** vägkorsning, gatukorsning
interval ['ɪntəvəl] *subst* **1** mellanrum, intervall; ***bright ~s*** tidvis uppklarnande; ***cloudy, with sunny ~s*** växlande molnighet; ***at ~s*** a) med intervaller b) med mellanrum **2** mellanakt, paus
intervene [ˌɪntə'viːn] *verb* **1** komma emellan, tillstöta **2** intervenera, ingripa [~ *in the debate*]
intervention [ˌɪntə'venʃən] *subst* intervention, ingripande
interview I ['ɪntəvjuː] *subst* intervju **II** ['ɪntəvjuː] *verb* intervjua
interviewer ['ɪntəvjuːə] *subst* intervjuare
intestines [ɪn'testɪnz] *subst pl* tarmar; inälvor
intimacy ['ɪntɪməsɪ] *subst* förtrolighet
intimate I ['ɪntɪmət] *adj* förtrolig, intim; ***an ~ knowledge of*** en ingående kunskap om **II** ['ɪntɪmət] *subst* förtrogen vän **III** ['ɪntɪmeɪt] *verb* antyda, låta förstå
intimidate [ɪn'tɪmɪdeɪt] *verb* skrämma [*into doing sth* att göra ngt]
intimidation [ɪnˌtɪmɪ'deɪʃən] *subst* skrämsel, hotelser
into ['ɪntʊ, obetonat 'ɪntə] *prep* **1** in i [*come ~ the house*]; in på [*turn ~ a street*]; ut i [*come ~ the garden*]; ut på [*go out ~ the country*]; i [*jump ~ the water; divide sth ~ two parts*]; ***change*** ~ byta till; ***translate ~ English*** översätta till engelska; ***2 ~ 10 is 5*** 2 i 10 går 5 gånger **2** vard., ***be ~ sth*** vara intresserad av ngt, syssla med ngt
intolerable [ɪn'tɒlərəbl] *adj* outhärdlig
intolerance [ɪn'tɒlərəns] *subst* intolerans [*to* mot]
intolerant [ɪn'tɒlərənt] *adj* intolerant [*to* mot]
intonation [ˌɪntə'neɪʃən] *subst* intonation
intoxicate [ɪn'tɒksɪkeɪt] *verb* berusa
intoxicating [ɪn'tɒksɪkeɪtɪŋ] *adj* berusande
intoxication [ɪnˌtɒksɪ'keɪʃən] *subst* berusning
intransitive [ɪn'trænsətɪv] *adj* gram. intransitiv
intrepid [ɪn'trepɪd] *adj* oförskräckt, orädd
intricate ['ɪntrɪkət] *adj* invecklad, tilltrasslad
intrigue I [ɪn'triːg] *subst* intrig, intrigerande **II** [ɪn'triːg] *verb* **1** intrigera **2** väcka intresse hos, väcka nyfikenhet hos [*the news intrigued us*]
intriguer [ɪn'triːgə] *subst* intrigmakare
intriguing [ɪn'triːgɪŋ] *adj* fängslande, spännande
intrinsic [ɪn'trɪnsɪk] *adj* **1** inre, inneboende [*the ~ quality*] **2** egentlig, verklig
introduce [ˌɪntrə'djuːs] *verb* **1** införa, introducera [*into* i] **2** presentera, föreställa [*to* för]; introducera; ~ ***oneself*** presentera sig; ***allow me to ~ ...*** får jag presentera ...
introduction [ˌɪntrə'dʌkʃən] *subst* **1** introduktion, införande [*the ~ of a new system*] **2** inledning [*to* till], handledning [*to* i] **3** presentation [*to* för]; ***letter of*** ~ rekommendationsbrev
introductory [ˌɪntrə'dʌktrɪ] *adj* inledande
introvert ['ɪntrəvɜːt] *subst* inåtvänd person
intrude [ɪn'truːd] *verb* tränga sig på, inkräkta; ***I hope I'm not intruding*** jag hoppas jag inte stör
intruder [ɪn'truːdə] *subst* inkräktare
intrusion [ɪn'truːʒən] *subst* inkräktande, intrång [*on* på, i]
intrusive [ɪn'truːsɪv] *adj* **1** inkräktande **2** ovälkommen
intuition [ˌɪntjʊ'ɪʃən] *subst* intuition
intuitive [ɪn'tjuːɪtɪv] *adj* intuitiv
inundate ['ɪnʌndeɪt] *verb* översvämma
invade [ɪn'veɪd] *verb* invadera, ockupera
invader [ɪn'veɪdə] *subst* inkräktare, angripare
1 invalid I ['ɪnvəlɪd, 'ɪnvəliːd] *subst* invalid **II** ['ɪnvəlɪd, 'ɪnvəliːd] *verb* invalidiseras
2 invalid [ɪn'vælɪd] *adj* ogiltig [*an ~ cheque*], utan laga kraft [*an ~ claim*]

invaluable [ɪn'væljʊəbl] *adj* ovärderlig
invariable [ɪn'veərɪəbl] *adj* oföränderlig, ständig
invariably [ɪn'veərɪəblɪ] *adv* oföränderligt, ständigt
invasion [ɪn'veɪʒən] *subst* invasion
invent [ɪn'vent] *verb* **1** uppfinna **2** hitta på
invention [ɪn'venʃən] *subst* uppfinning, uppfinnande
inventive [ɪn'ventɪv] *adj* uppfinningsrik
inventor [ɪn'ventə] *subst* uppfinnare
inventory ['ɪnvəntrɪ] *subst* inventarium, inventarieförteckning; ***take an ~ of*** inventera
invert [ɪn'vɜːt] *verb* vända upp och ned, kasta om
invertebrates [ɪn'vɜːtɪbrəts] *subst pl* ryggradslösa djur
inverted [ɪn'vɜːtɪd] *adj* upp och nedvänd, omvänd; ~ ***commas*** anföringstecken, citationstecken
invest [ɪn'vest] *verb* **1** investera **2** ~ ***with*** förse med [*~ sb with power*]
investigate [ɪn'vestɪgeɪt] *verb* **1** utforska, undersöka **2** utreda [*~ a crime*]
investigation [ɪnˌvestɪ'geɪʃən] *subst* utredning, undersökning
investigative [ɪn'vestɪgeɪtɪv] *adj*, ~ ***journalism*** el. ~ ***reporting*** undersökande journalistik
investigator [ɪn'vestɪgeɪtə] *subst* utredare; undersökare
investment [ɪn'vestmənt] *subst* investering, placering
investor [ɪn'vestə] *subst* investerare, aktieägare
invigilate [ɪn'vɪdʒɪleɪt] *verb* vid examensskrivning vakta, hålla vakt
invigilator [ɪn'vɪdʒɪleɪtə] *subst* skrivvakt
invigorate [ɪn'vɪgəreɪt] *verb* styrka, liva upp; ***an invigorating climate*** ett stärkande klimat
invincible [ɪn'vɪnsəbl] *adj* oövervinnlig
invisible [ɪn'vɪzəbl] *adj* osynlig [*to* för]
invitation [ˌɪnvɪ'teɪʃən] *subst* **1** inbjudan; ~ ***card*** inbjudningskort **2** invit, lockelse
invite [ɪn'vaɪt] *verb* **1** inbjuda [*~ sb to dinner*] **2** be, anmoda; ~ ***criticism*** inbjuda till kritik
inviting [ɪn'vaɪtɪŋ] *adj* lockande, frestande
invoice I ['ɪnvɔɪs] *subst* faktura
II ['ɪnvɔɪs] *verb* fakturera
involuntary [ɪn'vɒləntərɪ] *adj* ofrivillig, oavsiktlig
involve [ɪn'vɒlv] *verb* **1** blanda in, dra in; ***those involved*** de inblandade **2** medföra, involvera, innefatta **3** ***be involved in*** vara inblandad i
involvement [ɪn'vɒlvmənt] *subst* inblandning
invulnerable [ɪn'vʌlnərəbl] *adj* osårbar [*to* för]
inward I ['ɪnwəd] *adj* **1** inre; invändig, invärtes **2** inåtgående
II ['ɪnwəd] *adv* inåt
inwardly ['ɪnwədlɪ] *adv* **1** invärtes **2** i sitt inre
inwards ['ɪnwədz] *adv* inåt
iodine ['aɪədiːn, 'aɪədaɪn] *subst* jod
ion ['aɪən] *subst* fys. el. kem. jon
I O U [ˌaɪəʊ'juː] *subst* (= *I owe you*) skuldsedel
iPod ['aɪpɒd] *subst* data. el. musik. iPod
IRA [ˌaɪɑːr'eɪ] (förk. för *Irish Republican Army*) Irländska Republikanska Armén nationalist organisation
Iran [ɪ'rɑːn]
Iranian I [ɪ'reɪnjən] *adj* iransk
II [ɪ'reɪnjən] *subst* **1** iranier **2** iranska språket
Iraq [ɪ'rɑːk] Irak
Iraqi I [ɪ'rɑːkɪ] *adj* irakisk
II [ɪ'rɑːkɪ] *subst* irakier

> **Ireland**
> *Ireland* är den näst största av de brittiska öarna. Den kallas ofta *the Emerald Isle*, Smaragdön, den gröna ön. Irland är delat i den självständiga Irländska republiken, *the Republic of Ireland*, *Eire*, och Nordirland, *Northern Ireland*, som är i union med Storbritannien.

Ireland ['aɪələnd] Irland
iris ['aɪərɪs] *subst* **1** blomma svärdslilja; i ögat iris, regnbågshinna
Irish I ['aɪərɪʃ] *adj* irländsk
II ['aɪərɪʃ] *subst* **1** irländska språket **2** ***the ~*** irländarna
Irishman ['aɪrɪʃmən] (pl. *Irishmen* ['aɪrɪʃmən]) *subst* irländare
Irishwoman ['aɪrɪʃˌwʊmən] (pl. *Irishwomen*) *subst* irländska
irksome ['ɜːksəm] *adj* tröttsam, irriterande
iron I ['aɪən] *subst* **1** järn; ***strike while the ~ is hot*** smida medan järnet är varmt **2** strykjärn, pressjärn **3** golf. järnklubba
II ['aɪən] *adj* järn-; ~ ***constitution*** järnhälsa, järnfysik

III ['aɪən] *verb* **1** stryka [*~ a shirt*], pressa **2** *~ **out*** a) utjämna [*~ differences*] b) släta ut [*~ out wrinkles*]
ironic [aɪ'rɒnɪk] *adj* o. **ironical** [aɪ'rɒnɪkəl] *adj* ironisk
ironing ['aɪənɪŋ] *subst* **1** strykning med strykjärn; pressning **2** stryktvätt
ironing-board ['aɪənɪŋbɔːd] *subst* strykbräde
ironmonger ['aɪən,mʌŋgə] *subst* järnhandlare; ***ironmonger's shop*** el. ***ironmonger's*** järnaffär, järnhandel
ironware ['aɪənweə] *subst* järnvaror
irony ['aɪərənɪ] *subst* ironi
irrational [ɪ'ræʃnəl] *adj* irrationell
irreconcilable [ɪ,rekən'saɪləbl] *adj* oförsonlig
irregular [ɪ'regjʊlə] *adj* **1** oregelbunden, ojämn [*an ~ surface*] **2** inkorrekt, oegentlig [*~ conduct*]; ogiltig **3** irreguljär [*~ troops*]
irregularity [ɪ,regjʊ'lærətɪ] *subst* **1** oregelbundenhet; ojämnhet **2** oriktighet
irrelevant [ɪ'reləvənt] *adj* irrelevant, ovidkommande
irreplaceable [,ɪrɪ'pleɪsəbl] *adj* oersättlig
irrepressible [,ɪrɪ'presəbl] *adj* okuvlig
irreproachable [,ɪrɪ'prəʊtʃəbl] *adj* oklanderlig
irresistible [,ɪrɪ'zɪstəbl] *adj* oemotståndlig
irrespective [,ɪrɪ'spektɪv] *adj*, *~ **of*** utan hänsyn till, oavsett [*~ of the consequences*]
irresponsible [,ɪrɪ'spɒnsəbl] *adj* oansvarig, ansvarslös [*~ behaviour*]
irreverent [ɪ'revərənt] *adj* vanvördig
irrevocable [ɪ'revəkəbl] *adj* oåterkallelig
irrigate ['ɪrɪgeɪt] *verb* konstbevattna
irritable ['ɪrɪtəbl] *adj* retlig, på dåligt humör
irritate ['ɪrɪteɪt] *verb* irritera, reta, reta upp
irritating ['ɪrɪteɪtɪŋ] *adj* irriterande
irritation [,ɪrɪ'teɪʃən] *subst* irritation, retning
is [betonat ɪz, obetonat z, s], ***helshelit*** ~ han/hon/den/det är; se vidare *be*
Islam ['ɪzlɑːm] *subst* islam
Islamic [ɪz'læmɪk] *adj* islamisk
island ['aɪlənd] *subst* **1** ö [*the Orkney Islands*] **2** ~ el. ***traffic*** ~ refug
isle [aɪl] *subst* poetiskt el. i vissa egennamn ö [*the Isle of Man; the British Isles*]
isn't ['ɪznt] = *is not*
isolate ['aɪsəleɪt] *verb* isolera
isolation [,aɪsə'leɪʃən] *subst* isolering; ~ ***hospital*** epidemisjukhus
Israel ['ɪzreɪl, 'ɪzrɪəl]
Israeli I [ɪz'reɪlɪ] *adj* israelisk
II [ɪz'reɪlɪ] *subst* invånare israel
issue I ['ɪʃuː] *verb* **1** sälja [*~ cheap tickets*], släppa ut, ge ut [*~ new stamps*]; publicera **2** lämna ut, dela ut [*~ rations*]; utfärda [*~ an order*] **3** stamma, härröra **4** strömma ut
II ['ɪʃuː] *subst* **1** fråga, spörsmål, stridsfråga [*political ~s*]; ***the point at*** ~ tvistefrågan, sakfrågan **2** utgivning [*the ~ of new stamps*]; upplaga [*the ~ of a newspaper*], utgåva, nummer [*an ~ of a magazine*] **3** utdelning [*the ~ of rations*]; utfärdande [*the ~ of orders*] **4** jur. efterlevande [*die without male ~*]
isthmus ['ɪsməs] *subst* näs [*the Isthmus of Panama*]
IT [,aɪ'tiː] (förk. för *information technology*) IT
it [ɪt] *pron* **1** den, det; sig; ***that's just 'it*** det är just det det är frågan om, just precis **2** utan motsvarighet i svenskan: ***walk*** ~ gå till fots; ***confound*** ~**!** vard. jäklar!, tusan också!; ***I take ~ that...*** jag antar att...; ***run for*** ~ vard. sticka, kila; ***have a good time of*** ~ ha väldigt roligt
Italian I [ɪ'tæljən] *adj* italiensk
II [ɪ'tæljən] *subst* **1** italienare, italienska **2** italienska språket
italic [ɪ'tælɪk] *subst* pl. ~***s*** kursiv stil; ***in*** ~***s*** med kursiv stil
italicize [ɪ'tælɪsaɪz] *verb* kursivera
Italy ['ɪtəlɪ] Italien
itch I [ɪtʃ] *subst* klåda
II [ɪtʃ] *verb* klia
itching ['ɪtʃɪŋ] *subst* klåda
item ['aɪtəm] *subst* **1** punkt [*the first ~ on the agenda*] **2** sak, artikel **3** ***news*** ~ notis, nyhet i tidning
itinerary [aɪ'tɪnərərɪ] *subst* resväg, resplan
its [ɪts] *pron* dess; sin [*the dog obeys ~ master*]
it's [ɪts] = *it is*
itself [ɪt'self] *pron* sig [*the dog scratched ~*], sig själv [*the child dressed ~*], själv [*the thing ~ is not valuable*]; ***he is honesty*** ~ han är hederligheten själv
ITV [,aɪtiː'viː] (förk. för *Independent Television*) kommersiellt tv-bolag i Storbritannien
I've [aɪv] = *I have*
ivory ['aɪvərɪ] *subst* elfenben

The Ivy League
The Ivy League är en grupp gamla, "fina" amerikanska universitet, t.ex. Cornell, Harvard, Princeton och Yale.

ivy ['aɪvɪ] *subst* växt murgröna

Jj

J o. **j** [dʒeɪ] *subst* J, j
jab I [dʒæb] (*-bb-*) *verb* **1** stöta; slå, slå till, stöta till **2** boxn. jabba [*at* mot] **3** sticka [*~ a needle into one's arm*]
II [dʒæb] *subst* **1** stöt, slag **2** boxn. jabb **3** vard. stick injektion; spruta; ***have a ~*** få en spruta
jabber I ['dʒæbə] *verb* pladdra
II ['dʒæbə] *subst* pladder
jack I [dʒæk] *subst* **1** ***every man ~*** vard. varenda kotte **2** kortsp. knekt **3** tele. jack **4** domkraft; vinsch
II [dʒæk] *verb*, *~ **up*** el. ~ hissa med domkraft; *~ **up*** vard. höja [*~ up prices*]
jackal ['dʒækɔːl, 'dʒækl] *subst* djur sjakal
jackdaw ['dʒækdɔː] *subst* fågel kaja
jacket ['dʒækɪt] *subst* **1** jacka, kavaj **2** omslag, skyddsomslag till bok **3** skal; *~ **potatoes*** ugnsbakad potatis
jack-in-the-box ['dʒækɪnðəbɒks] *subst* gubben i lådan
jackknife ['dʒæknaɪf] *subst* stor fällkniv
jackpot ['dʒækpɒt] *subst* spel. jackpot; ***hit the ~*** vard. få jackpot
Jacuzzi® [dʒə'kuːzɪ] *subst* Jacuzzi®, bubbelpool
jade [dʒeɪd] *subst* jade ädelsten
jaded ['dʒeɪdɪd] *adj* **1** tröttkörd **2** blasé, avtrubbad [*~ taste*]
jagged ['dʒægɪd] *adj* ojämn [*a ~ edge*], spetsig [*~ rocks*]
jaguar ['dʒægjʊə] *subst* jaguar djur
jail I [dʒeɪl] *subst* fängelse
II [dʒeɪl] *verb* sätta i fängelse
jailbird ['dʒeɪlbɜːd] *subst* fängelsekund, fånge
1 jam [dʒæm] *subst* sylt, marmelad ej citrusmarmelad
2 jam I [dʒæm] *subst* **1** kläm, press **2** trängsel; stockning [*traffic ~*] **3** vard., ***be in a ~*** vara i knipa; ***get into a ~*** råka i knipa
II [dʒæm] (*-mm-*) *verb* **1** klämma, pressa [*together* ihop; *into* in i]; *~ **on the brakes*** tvärbromsa **2** ***jammed*** packad [*jammed with people*] **3** sätta ur funktion; radio. störa **4** fastna; blockeras **5** låsa sig [*the brakes jammed*]

Jamaica [dʒə'meɪkə]
Jamaican I [dʒə'meɪkən] *subst* jamaican
II [dʒə'meɪkən] *adj* jamaicansk
jangle I ['dʒæŋgl] *verb* **1** rassla, skramla [*jangling keys*]; låta illa, skära **2** rassla med [*~ one's keys*]
II ['dʒæŋgl] *subst* rassel, skrammel
janitor ['dʒænɪtə] *subst* dörrvakt, amer. portvakt, fastighetsskötare, vaktmästare
January ['dʒænjʊərɪ] *subst* januari
Jap [dʒæp] *subst* neds. japp, japanes
Japan [dʒə'pæn]
Japanese I [ˌdʒæpə'niːz] *adj* japansk
II [ˌdʒæpə'niːz] *subst* **1** (pl. lika) japan; japanska **2** japanska språket
japonica [dʒə'pɒnɪkə] *subst* rosenkvitten växt
1 jar [dʒɑː] *subst* kruka, burk
2 jar I [dʒɑː] (*-rr-*) *verb* **1** skorra, skära [*~ on the ears*] **2** skaka, darra **3** *~ **on*** stöta, irritera
II [dʒɑː] *subst* **1** knarr **2** skakning, stöt
jargon ['dʒɑːgən] *subst* jargong [*medical ~*]
jasmine ['dʒæzmɪn] *subst* blomma jasmin
jaundice ['dʒɔːndɪs] *subst* med. gulsot
jaunt [dʒɔːnt] *subst* utflykt, utfärd
jaunty ['dʒɔːntɪ] *adj* hurtig, pigg, käck
javelin ['dʒævlɪn] *subst* spjut äv. idrottsgren
jaw I [dʒɔː] *subst* **1** käke, haka; ***lower ~*** underkäke; ***upper ~*** överkäke **2** pl. *~**s*** mun, gap, käft **3** vard. snack
II [dʒɔː] *verb* vard. snacka
jawbone ['dʒɔːbəʊn] *subst* käkben
jay [dʒeɪ] *subst* fågel nötskrika
jazz I [dʒæz] *subst* jazz
II [dʒæz] *verb*, *~ **up*** piffa upp
jealous ['dʒeləs] *adj* **1** svartsjuk; avundsjuk [*of* på] **2** *~ **of*** mån om, rädd om
jealousy ['dʒeləsɪ] *subst* **1** svartsjuka **2** avundsjuka
jeans [dʒiːnz] *subst pl* jeans
jeep [dʒiːp] *subst* ® jeep
jeer I [dʒɪə] *verb* **1** driva, skoja [*at* med] **2** ~ el. *~ **at*** håna
II [dʒɪə] *subst* gliring, spydighet
Jekyll ['dʒekɪl] egennamn, *~ **and Hyde***

Jelly beans
Jelly beans är karameller som ser ut som bönor. De har olika smaker och färger. *Jelly beans* är mycket populära i USA. De är också ett populärt påskgodis.

[haɪd] doktor Jekyll och mister Hyde dubbelnatur

jelly ['dʒelɪ] *subst* gelé; ~ ***roll*** amer. rulltårta

jellyfish ['dʒelɪfɪʃ] *subst* manet

jemmy ['dʒemɪ] *subst* kort kofot inbrottsverktyg

jeopardize ['dʒepədaɪz] *verb* äventyra, sätta på spel, riskera, våga [*~ one's life*]

jeopardy ['dʒepədɪ] *subst* fara [*be in ~*]

jerk I [dʒɜːk] *subst* **1** ryck, knyck; stöt; ***give a*** ~ rycka till **2** spec. amer. sl. idiot, kräk
II [dʒɜːk] *verb* rycka, rycka till; stöta till

jersey ['dʒɜːzɪ] *subst* **1** tröja **2** materialet jersey

Jerusalem [dʒə'ruːsələm] geogr., ~ ***artichoke*** jordärtskocka

jest I [dʒest] *subst* skämt; ***in*** ~ på skämt, på skoj
II [dʒest] *verb* skämta, skoja

jester ['dʒestə] *subst* **1** skämtare **2** hist. gycklare vid t.ex. hov; hovnarr

jesting ['dʒestɪŋ] *subst* skämt, skoj; gyckel

Jesus ['dʒiːzəs] egennamn, ***~!*** vard. Herre Gud!

1 jet [dʒet] *subst* **1** stråle [*a ~ of water*] **2** jetplan, jetflyg [*go by ~*]

2 jet [dʒet] *subst* jet mineral

jet-black [ˌdʒet'blæk] *adj* jetsvart, kolsvart

jet lag ['dʒetlæg] *subst* 'jet lag' rubbad dygnsrytm efter längre flygning

jettison I ['dʒetɪsn] *verb* **1** kasta överbord [*~ goods to make a ship lighter*]; göra sig av med [*the plane jettisoned its bombs*] **2** kullkasta [*~ a plan*]; förkasta [*~ an idea*]
II ['dʒetɪsn] *subst* kastande överbord av last

jetty ['dʒetɪ] *subst* **1** pir, vågbrytare **2** utskjutande brygga, kaj

Jew [dʒuː] *subst* jude

jewel ['dʒuːəl] *subst* **1** juvel, ädelsten, smycke; pl. ***~s*** ofta smycken **2** om person el. sak pärla, klenod, skatt

jewel case ['dʒuːəlkeɪs] *subst* juvelskrin

jeweller ['dʒuːələ] *subst* juvelerare, guldsmed

jewellery ['dʒuːəlrɪ] *subst* smycken, juveler; ***a piece of*** ~ ett smycke; ***costume*** ~ bijouterier

jewelry ['dʒuːəlrɪ] *subst* amer., se *jewellery*

Jewess ['dʒuːes] *subst* judinna

Jewish ['dʒuːɪʃ] *adj* judisk

jew's-harp [ˌdʒuːz'hɑːp] *subst* mungiga

jiffy ['dʒɪfɪ] *subst* vard., ***in a*** ~ på ett litet kick

jigsaw ['dʒɪgsɔː] *subst*, ~ ***puzzle*** el. ~ pussel

jilt [dʒɪlt] *verb* överge, ge på båten

jingle I ['dʒɪŋgl] *verb* **1** klinga, pingla; skramla **2** skramla med
II ['dʒɪŋgl] *subst* klingande, pinglande; skramlande

jitters ['dʒɪtəz] *subst pl* vard., ***it gives me the ~s*** det ger mig stora skälvan

jittery ['dʒɪtərɪ] *adj* vard. skakis, uppskärrad

Jnr. o. **jnr.** ['dʒuːnjə] (förk. för *junior*) jr

job [dʒɒb] *subst* **1** arbete, vard. jobb; ***a fine ~ of work*** ett fint arbete; ***make a good ~ of sth*** göra ngt bra; ***be out of a*** ~ vara arbetslös **2** vard. jobb, fasligt besvär, slit [*what a ~!*]; ***give sb up as a bad*** ~ anse ngn som ett hopplöst fall; ***make the best of a bad*** ~ göra det bästa möjliga av situationen; ***and a good ~, too!*** och gudskelov för det!

jobcentre ['dʒɒbˌsentə] *subst* arbetsförmedling

jockey I ['dʒɒkɪ] *subst* jockej
II ['dʒɒkɪ] *verb* manövrera; lura [*sb into doing sth* ngn att göra ngt]; ~ ***for position*** försöka att skaffa sig ett bra läge

jockstrap ['dʒɒkstræp] *subst* suspensoar

jocular ['dʒɒkjʊlə] *adj* skämtsam, lustig

jodhpurs ['dʒɒdpəz] *subst pl* ridbyxor

jog I [dʒɒg] (-*gg*-) *verb* **1** stöta till, knuffa till **2** ~ ***sb's memory*** friska upp ngns minne **3** skaka, ruska **4** lunka [*along* på, fram]; sport. jogga
II [dʒɒg] *subst* **1** knuff, stöt **2** lunk

jogger ['dʒɒgə] *subst* sport. joggare

jogging ['dʒɒgɪŋ] *subst* sport. joggning; ~ ***shoe*** joggingsko

john [dʒɒn] *subst* **1** amer. vard., ***the*** ~ toa, dass **2** torsk kund hos prostituerad

join I [dʒɔɪn] *verb* **1** förena, förbinda; knyta samman, foga samman, sätta ihop [*~ the pieces*]; ~ ***together*** el. ~ ***up*** foga samman, sätta ihop; förena **2** förena sig med; följa med; gå in i (vid) [*~ a society*], ansluta sig till [*~ a party*]; ~ ***the army*** gå in i armén; ***won't you ~ us?*** vill du inte göra oss sällskap? **3** gränsa till **4** förenas, förena sig [*in* i; *with* med]; ~ ***in*** preposition delta i, blanda sig i [*~ in the conversation*], stämma in i [*~ in a song*]; ~ ***up*** vard. ta värvning
II [dʒɔɪn] *subst* skarv, fog, hopfogning

joiner ['dʒɔɪnə] *subst* snickare

joint I [dʒɔɪnt] *subst* **1** sammanfogning; tekn. fog, skarv **2** led [*finger ~s*]; ***out of*** ~ a) ur led b) i olag **3** kok. stek; ~ ***of lamb*** lammstek **4** vard. sylta, krog **5** kyffe **6** sl. joint haschcigarett
II [dʒɔɪnt] *adj* förenad, förbunden; ~ ***account*** gemensamt konto

II [dʒɔɪnt] *verb* foga ihop, foga samman, förbinda

jointly ['dʒɔɪntlɪ] *adv* gemensamt, samfällt

joke I [dʒəʊk] *subst* **1** skämt; kvickhet, vits; ***practical*** ~ practical joke, spratt; ***it's a ~!*** det är rena löjan!; ***it's no*** ~ det är ingenting att skämta med; ***crack ~s*** dra vitsar; ***play a ~ on sb*** spela ngn ett spratt; ***he can't take a*** ~ han tål inte skämt; ***it's getting beyond a*** ~ det börjar gå för långt **2** föremål för skämt [*a standing ~*], driftkucku

II [dʒəʊk] *verb* skämta, skoja [*about, at, with* med], driva; ***you must be joking!*** skojar du?

joker ['dʒəʊkə] *subst* **1** skämtare **2** kortsp. joker

joking ['dʒəʊkɪŋ] *subst* skoj; ***this is no ~ matter*** det här är inget att skämta om; ~ ***apart*** skämt åsido

jollity ['dʒɒlətɪ] *subst* munterhet; skoj

jolly I ['dʒɒlɪ] *adj* glad, trevlig, rolig, munter

II ['dʒɒlɪ] *adv* vard., ***that's ~ good*** det var jättebra; ***take ~ good care not to*** akta sig väldigt noga för att; ***a ~ good fellow*** en hedersprick, en fin kille; ***he knows ~ well*** han vet väldigt väl

jolt I [dʒəʊlt] *verb* **1** om t.ex. åkdon skaka till **2** skaka om, ruska **3** ge en chock

II [dʒəʊlt] *subst* **1** skakning, ryck **2** chock

Jordan ['dʒɔːdn] *subst* Jordanien

Jordanian [dʒɔː'deɪnjən] *subst* jordanier

jostle ['dʒɒsl] *verb* **1** knuffa **2** knuffas

jot I [dʒɒt] *subst* dugg, dyft

II [dʒɒt] (*-tt-*) *verb*, ~ ***down*** krafsa ned, anteckna

journal ['dʒɜːnl] *subst* **1** tidskrift spec. teknisk el. vetenskaplig; tidning **2** journal, dagbok; liggare; sjö. loggbok

journalese [ˌdʒɜːnə'liːz] *subst* tidningsjargong

journalism ['dʒɜːnəlɪzəm] *subst* journalistik

journalist ['dʒɜːnəlɪst] *subst* journalist

journey ['dʒɜːnɪ] *subst* o. *verb* resa

Jove [dʒəʊv] mytol. Jupiter

jovial ['dʒəʊvɪəl] *adj* jovialisk, gemytlig

joviality [ˌdʒəʊvɪ'ælətɪ] *subst* gemytlighet

joy [dʒɔɪ] *subst* glädje, fröjd [*at* över]

joyful ['dʒɔɪfʊl] *adj* **1** glad, glädjande **2** glad och lycklig

joyous ['dʒɔɪəs] *adj* glad, glädjande [*~ news*]

joyride ['dʒɔɪraɪd] *subst* nöjestur ofta i stulen bil

joystick ['dʒɔɪstɪk] *subst* flyg. el. data. styrspak

Jr. o. **jr** ['dʒuːnjə] (förk. för *junior*) jr

jubilant ['dʒuːbɪlənt] *adj* jublande, triumferande

jubilee ['dʒuːbɪliː] *subst* jubileum

Judaism ['dʒuːdeɪɪzm] *subst* judendom, judendomen

judge I [dʒʌdʒ] *subst* jur. **1** domare **2** bedömare, kännare [*a good ~ of horses*]; ***be a good ~ of*** förstå sig bra på

II [dʒʌdʒ] *verb* **1** döma; bedöma; ***it's for you to*** ~ det får ni själv bedöma; ***to ~ from*** el. ***judging by*** el. ***judging from*** att döma av **2** anse [*I judged him to be about 50*]

judgement ['dʒʌdʒmənt] *subst* **1** dom; ***give*** ~ el. ***pass*** ~ avkunna dom [*against, for* över] **2** ***the Last Judgement*** yttersta domen; ***the Day of Judgement*** el. ***Judgement Day*** domedagen **3** bedömning, omdöme, omdömesförmåga

judicial [dʒʊ'dɪʃl] *adj* rättslig, juridisk; ~ ***proceedings*** lagliga åtgärder, åtal; ~ ***separation*** hemskillnad

judicious [dʒʊ'dɪʃəs] *adj* omdömesgill

judo ['dʒuːdəʊ] *subst* judo

Judy ['dʒuːdɪ] egennamn; Punchs hustru i kasperteatern [*Punch and ~*]

jug [dʒʌg] *subst* kanna, krus, tillbringare

juggle ['dʒʌgl] *verb* jonglera; trolla, bolla [*~ with figures*]

juggler ['dʒʌglə] *subst* **1** jonglör **2** fifflare

juice [dʒuːs] *subst* **1** saft; juice **2** vard. soppa bensin **3** vard. el, ström

juicy ['dʒuːsɪ] *adj* saftig

ju-jitsu [dʒuː'dʒɪtsuː] *subst* jiujitsu

jukebox ['dʒuːkbɒks] *subst* jukebox

July [dʒʊ'laɪ] *subst* juli

jumble ['dʒʌmbl] *subst* virrvarr, röra, mischmasch

jumble sale ['dʒʌmblseɪl] *subst* loppmarknad vanligen för att samla in pengar

jumbo ['dʒʌmbəʊ] *subst* **1** vard. jumbo elefant **2** ~ ***jet*** el. ~ jumbojet **3** jättestor, jätte [*a ~ bottle of lemonade*]

jump I [dʒʌmp] *verb* **1** hoppa; skutta; springa i höjden om t.ex. pris; ~ ***at a chance*** gripa en chans; ~ ***to conclusions*** dra förhastade slutsatser; ~ ***to one's feet*** rusa upp, hoppa upp; ***it made him*** ~ det kom (fick) honom att hoppa högt **2** hoppa över [*~ a fence; ~ a chapter in a book*]; ~ ***the gun*** vard. tjuvstarta; ~ ***the lights*** el. ~ ***the traffic lights*** vard. köra mot rött ljus; ~ ***the queue*** vard. tränga sig före; ~ ***rope*** amer. hoppa rep

II [dʒʌmp] *subst* **1** hopp, skutt, språng; ***high*** ~ höjdhopp; ***long*** ~ längdhopp; ***pole*** ~ stavhopp **2** stegring [*a ~ in prices*]

jumper ['dʒʌmpə] *subst* **1** hoppare; ***high*** ~ höjdhoppare **2** jumper plagg

jumper cable [ˌdʒʌmpə'keɪbl] *subst* bil. amer., se *jump lead*

jumping sheet ['dʒʌmpɪŋʃiːt] *subst* brandsegel

jump lead ['dʒʌmpliːd] *subst* bil. startkabel

jump rope ['dʒʌmprəʊp] *subst* amer. hopprep

jump-start ['dʒʌmpstɑːt] *verb* bil. starta med startkablar

jumpy ['dʒʌmpɪ] *adj* **1** hoppig **2** vard. darrig, skärrad

junction ['dʒʌŋkʃən] *subst* **1** järnvägsknut **2** vägkorsning

juncture ['dʒʌŋktʃə] *subst* kritiskt ögonblick, avgörande tidpunkt; ***at this*** ~ vid denna tidpunkt

June [dʒuːn] *subst* juni

jungle ['dʒʌŋgl] *subst* djungel; ~ ***gym*** klätterställning för barn

junior I ['dʒuːnjə] *adj* **1** yngre [*to* än]; den yngre, junior [*John Smith, Junior*]; junior- [*a ~ team*]; **2** lägre i rang, underordnad
II ['dʒuːnjə] *subst* **1** yngre; yngre medlem; ***he is six years my*** ~ han är sex år yngre än jag **2** sport. junior **3** amer. vard. grabben [*take it easy, ~!*]

juniper ['dʒuːnɪpə] *subst* en växt; ~ ***berry*** enbär

junk [dʒʌŋk] *subst* skräp [*an attic full of ~*], skrot, lump, smörja; ~ ***art*** skrotkonst; ~ ***food*** skräpmat, snabbmat t.ex. popcorn, chips; ~ ***shop*** lumpbod

junkie ['dʒʌŋkɪ] *subst* sl. knarkare

junta ['dʒʌntə, 'hʊntə] *subst* polit. junta

Jupiter ['dʒuːpɪtə] astron. el. mytol. Jupiter

jurisdiction [ˌdʒʊərɪs'dɪkʃən] *subst* jurisdiktion, rättskipning

juror ['dʒʊərə] *subst* jur. juryledamot, jurymedlem

> **jury**
> Juryns uppgift vid rättegångar är att avgöra om den anklagade är skyldig, *guilty*, eller inte skyldig, *not guilty*. Juryns beslut kallas *verdict*. Straffet, *the sentence*, utdöms av domaren.

jury ['dʒʊərɪ] *subst* **1** jury; ***grand*** ~ amer. åtalsjury; ***serve on a*** ~ sitta i en jury **2** tävlingsjury, domarkommitté

just I [dʒʌst] *adj* **1** rättvis; välförtjänt [*~ reward*] **2** skälig, rimlig [*the payment is ~*]
II [dʒʌst] *adv* **1** just [*it is ~ what I want*]; exakt, precis [*it's ~ two o'clock*]; ***it's ~ as well*** det är lika bra (gott); ~ ***by*** strax bredvid; ~ ***now*** alldeles nyss; ***he is ~ the man for the post*** han är rätte mannen för tjänsten **2** just, nyss; ***they have ~ left*** strax; ***it's ~ on six*** klockan är strax sex **3** nätt och jämnt; ***that's ~ possible*** det är ju möjligt **4** bara, endast [*she is ~ a child*]; ~ ***fancy!*** tänk bara! **5** vard. fullkomligt, alldeles [*he's ~ crazy*]; ***not ~ yet*** inte riktigt ännu

justice ['dʒʌstɪs] *subst* **1** rättvisa, rätt; ***administer*** ~ el. ***dispense*** ~ skipa rättvisa; ***do ~ to sb*** göra ngn rättvisa; ***court of*** ~ domstol, rätt **2** rätt, berättigande; ***the ~ of*** det berättigade i **3** domare; ***Justice of the Peace*** fredsdomare

justifiable [ˌdʒʌstɪ'faɪəbl] *adj* försvarlig, rättmätig

justification [ˌdʒʌstɪfɪ'keɪʃən] *subst* rättfärdigande; berättigande; urskuldande

justify ['dʒʌstɪfaɪ] *verb* rättfärdiga, urskulda; berättiga, försvara; ***the end justifies the means*** ändamålet helgar medlen

jut [dʒʌt] (*-tt-*) *verb*, ~ ***out*** skjuta ut

juvenile I ['dʒuːvənaɪl, amer. 'dʒuːvənəl] *subst* ung människa; pl. ~***s*** minderåriga
II ['dʒuːvənaɪl, amer. 'dʒuːvənəl] *adj* **1** ungdoms- [*~ books*]; ~ ***court*** ungdomsdomstol; ~ ***delinquent*** el. ~ ***offender*** ungdomsbrottsling **2** barnslig, omogen

Kk

K o. **k** [keɪ] *subst* K, k
kale [keɪl] *subst* grönkål, kruskål
kangaroo [ˌkæŋgəˈruː] (pl. *~s*) *subst* känguru
karate [kəˈrɑːtɪ] *subst* karate
Kattegat [ˈkætɪgæt] *subst*, ***the*** ~ Kattegatt
Kazakhstan [ˌkæzækˈstɑːn] Kazakstan
kebab [kɪˈbæb] *subst* kebab, grillspett
keel I [kiːl] *subst* köl; ***on an even*** ~ på rätt köl
II [kiːl] *verb*, ~ ***over*** el. ~ kantra
keen [kiːn] *adj* **1** skarp, vass **2** intensiv; stark [*a ~ sense of duty*]; levande [*a ~ interest*]; frisk [*a ~ appetite*]; hård [*~ competition*]; fin [*a ~ nose for*] **3** ivrig, entusiastisk; ~ ***on*** pigg på, förtjust i
keep I [kiːp] (*kept kept*) *verb* **1** hålla, behålla, hålla kvar; ~ ***alive*** hålla vid liv; ~ ***sb company*** hålla ngn sällskap; ~ ***one's head*** behålla fattningen; ***I won't ~ you long*** jag ska inte uppehålla dig länge; ~ ***sb waiting*** låta ngn vänta **2** förvara; bevara [*~ a secret*]; ~ ***goal*** stå i mål **3** äga, hålla sig med [*~ a car*] **4** underhålla, försörja **5** föra [*~ a diary*], sköta [*~ accounts*] **6** hålla sig [*~ awake, ~ silent*]; ***how are you keeping?*** hur står det till? **7** stå sig, hålla sig [*will the meat ~?*] **8** ~ ***straight on*** fortsätta rakt fram; ~ ***left!*** håll (kör, gå) till vänster! **9** ~ ***doing sth*** el. ~ ***on doing sth*** fortsätta att göra ngt; ~ ***moving!*** rör på er!; ***she keeps on talking*** hon bara pratar och pratar
II [kiːp] (*kept kept*) *verb* med adv. o. prep.
keep at it ligga i, inte ge upp
keep from 1 avhålla från **2** dölja för **3** ~ ***sb from doing sth*** hindra ngn från att göra ngt
keep off 1 hålla på avstånd; ~ ***off the grass!*** beträd ej gräsmattan! **2** ~ ***off a subject*** undvika ett ämne
keep on 1 fortsätta med, hålla i sig [*if the rain ~s on*] **2** inte ta av sig [*~ one's hat on*] **3** ~ ***on at*** vard. tjata på
keep out hålla ute, stänga ute [*of* från]; ~ ***out of sb's way*** undvika ngn
keep to hålla sig till, hålla fast vid [*~ to one's plans*]; stå fast vid [*~ to one's promise*]; ~ ***sth to oneself*** hålla ngt för sig själv, tiga med ngt; ~ ***oneself to oneself*** hålla sig för sig själv; ~ ***to the right!*** håll till höger!
keep under hålla nere, kuva
keep up hålla uppe, fortsätta med, hålla vid liv [*~ up a conversation*]; ~ ***it up*** fortsätta, hänga i, inte ge tappt; ~ ***up with*** hålla jämna steg med
III [kiːp] *subst* **1** uppehälle [*earn one's ~*] **2** ***for ~s*** vard. för alltid, för gott
keeper [ˈkiːpə] *subst* **1** vakt **2** djurskötare **3** i sammansättningar -innehavare [*shopkeeper*], -vakt [*goalkeeper* målvakt]
keep-fit [ˌkiːpˈfɪt] *adj*, ~ ***exercises*** motionsgymnastik
keeping [ˈkiːpɪŋ] *subst* **1** förvar, vård; ***in safe ~*** i säkert förvar **2** ***be in ~ with*** gå i stil med
keepsake [ˈkiːpseɪk] *subst* minnesgåva, souvenir
keg [keg] *subst* kagge
kennel [ˈkenl] *subst* **1** hundkoja **2** hundpensionat
kept [kept] imperf. o. perf. p. av *keep I*
kerb [kɜːb] *subst* trottoarkant
kerbstone [ˈkɜːbstəʊn] *subst* kantsten i trottoarkant
kerchief [ˈkɜːtʃɪf] *subst* sjalett, halsduk
kernel [ˈkɜːnl] *subst* kärna i nöt, fruktsten
kerosene [ˈkerəsiːn] *subst* spec. amer. fotogen
ketchup [ˈketʃəp] *subst* ketchup [*tomato ~*]
kettle [ˈketl] *subst* vattenkokare
kettle-drum [ˈketldrʌm] *subst* musik. puka
key [kiː] *subst* **1** nyckel; ***master ~*** huvudnyckel **2** lösning, förklaring, facit **3** tangent på piano, tangentbord **4** musik. tonart
keyboard [ˈkiːbɔːd] *subst* **1** musik. klaviatur; ~ ***instrument*** klaverinstrument **2** tangentbord
keyboarder [ˈkiːˌbɔːdə] *subst* data. inskrivare
keyhole [ˈkiːhəʊl] *subst* nyckelhål; ~ ***surgery*** med. titthålskirurgi
keynote [ˈkiːnəʊt] *subst* grundton, grundtanke
keypad [ˈkiːpæd] *subst* knappsats på telefon, fjärrkontroll m.m.; litet tangentbord
keyphone [ˈkiːfəʊn] *subst* knapptelefon
key ring [ˈkiːrɪŋ] *subst* nyckelring
kg. (förk. för *kilogram, kilograms, kilogramme, kilogrammes*) kg
khaki [ˈkɑːkɪ] *subst* kaki
kHz (förk. för *kilohertz*) kHz
kick I [kɪk] *verb* **1** sparka, sparka till **2** ~ ***the bucket*** sl. kola, dö, sparkas; om häst slå bakut **3** protestera [*against, at* mot] **4** om skjutvapen rekylera

II [kɪk] *verb* med adv. o. prep.
kick off 1 sparka i gång [~ *off a campaign*]; **2** göra avspark i fotboll
kick out 1 sparka ut **2** kasta ut **3** ***be kicked out*** vard. få sparken
kick over sparka omkull; ~ ***over the traces*** vard. hoppa över skaklarna
kick up 1 sparka upp t.ex. damm **2** vard. ställa till; ~ ***up a row*** el. ~ ***up a fuss*** ställa till bråk
III [kɪk] *subst* **1** spark; ***free*** ~ frispark; ***penalty*** ~ straffspark **2** vard., ***get a big*** ~ ***out of*** tycka det är helskönt att, få en kick av; ***for*** ~***s*** för nöjes skull **3** vard. styrka, krut i dryck **4** rekyl av skjutvapen
kickboard ['kɪkbɔːd] *subst* sport. kickboard
kick-off ['kɪkɒf] *subst* avspark i fotboll
kick-sled ['kɪksled] *subst* sparkstötting
kickstart ['kɪkstɑːt] *verb* **1** trampa i gång, kickstarta en motorcykel **2** sätta fart på [~ *the economy*]
1 kid [kɪd] *subst* **1** vard. barn, unge; ~ ***brother*** lillebror; ~ ***sister*** lillasyster **2** killing, kid **3** getskinn; ~ ***gloves*** glacéhandskar; ***treat sb with*** ~ ***gloves*** behandla ngn med silkesvantar
2 kid [kɪd] (*-dd-*) *verb* **1** lura, narra **2** skoja med, retas med, skoja; ***you're kidding!*** skojar du?, du skämtar!, retas; ~ ***around*** skoja
kidding ['kɪdɪŋ] *subst* skoj; ***no*** ~***!*** bergis!
kiddy ['kɪdɪ] *subst* vard. unge, litet barn
kidnap I ['kɪdnæp] (*-pp-*, amer. *-p-*) *verb* kidnappa
II ['kɪdnæp] *subst* kidnappning
kidney ['kɪdnɪ] *subst* njure
kidney bean ['kɪdnɪbiːn] *subst* kidney bean slags böna; rosenböna
kidney stone ['kɪdnɪstəʊn] *subst* njursten
kill I [kɪl] *verb* **1** döda, mörda, slå ihjäl; ***be killed*** dö, omkomma; ***be killed in action*** stupa i strid; ~ ***time*** få tiden att gå; ~ ***two birds with one stone*** ordspr. slå två flugor i en smäll
II [kɪl] *subst* jakt., villebrådets dödande **1** slakta
killer ['kɪlə] *subst* mördare
killjoy ['kɪldʒɔɪ] *subst* glädjedödare
kiln [kɪln] *subst* brännugn för t.ex. kalk, tegel
kilo ['kiːləʊ] (pl. ~*s*) *subst* (förk. för *kilogram, kilogramme*) kilo
kilo- ['kɪləʊ] *prefix* kilo- ett tusen
kilogram o. **kilogramme** ['kɪləgræm] *subst* kilogram
kilohertz ['kɪləhɜːts] *subst* kilohertz
kilometre [kɪ'lɒmɪtə, 'kɪləˌmiːtə] *subst* kilometer
kilowatt ['kɪləwɒt] *subst* kilowatt

kilt
Kilten är en kort, veckad kjol som ingår i den skotska folkdräkten och uniformen. Kiltarna finns i olikfärgade skotskrutiga mönster, *tartans*. De visade ursprungligen vilken klan, *clan*, man tillhörde.

kilt [kɪlt] *subst* kilt
kimono [kɪ'məʊnəʊ] (pl. ~*s*) *subst* kimono
kin [kɪn] *subst* släkt, släktingar
1 kind [kaɪnd] *subst* slag, sort; ***nothing of the*** ~ inte alls så; ***something of the*** ~ något ditåt; ***a*** ~ ***of*** ett slags; ***all*** ~***s of*** alla slags, alla möjliga; ***that*** ~ ***of thing*** sådant där; ***what*** ~ ***of weather is it?*** vad är det för väder?; ***they are two of a*** ~ de är likadana
2 kind [kaɪnd] *adj* vänlig [*to* mot], snäll [*to* mot]; ~ ***regards*** hjärtliga hälsningar; ***would you be*** ~ ***enough to...?*** el. ***would you be so*** ~ ***as to...?*** vill du vara vänlig och...?
kindergarten ['kɪndəˌgɑːtn] *subst* kindergarten, lekskola
kind-hearted [ˌkaɪnd'hɑːtɪd] *adj* godhjärtad
kindle ['kɪndl] *verb* **1** antända, tända **2** väcka [~ *sb's interest*]
kindly I ['kaɪndlɪ] *adj* vänlig, godhjärtad
II ['kaɪndlɪ] *adv* vänligt, snällt; ~ ***shut the door!*** var snäll och stäng dörren!
kindred ['kɪndrəd] *adj* besläktad; liknande
king [kɪŋ] *subst* **1** kung, konung **2** kung i kortlek, schack m.fl. spel; dam i damspel; ~ ***of hearts*** hjärter kung
kingdom ['kɪŋdəm] *subst* **1** kungarike, kungadöme; ***the United Kingdom of Great Britain and Northern Ireland*** Förenade kungariket Storbritannien och Nordirland **2** rike; ***the*** ~ ***of heaven*** himmelriket **3** naturv., ***the animal*** djurriket; ***the mineral*** ~ mineralriket; ***the vegetable*** ~ växtriket
kingfisher ['kɪŋˌfɪʃə] *subst* fågel kungsfiskare
king-size ['kɪŋsaɪz] *adj* jättestor, extra stor
kinship ['kɪnʃɪp] *subst* släktskap, frändskap
kiosk ['kiːɒsk] *subst* kiosk

kipper
Kipper är en slags saltad, rökt och torkad fisk, ungefär lika stor som en strömming. Den äts ibland till frukost.

kipper ['kɪpə] *subst* 'kipper' slags fläkt, saltad o. rökt torkad fisk, spec. sill
kiss I [kɪs] *verb* **1** kyssa, pussa **2** kyssas, pussas
II [kɪs] *subst* kyss, puss; ***give sb the ~ of life*** behandla ngn med mun-mot-mun-metoden
kissogram ['kɪsəgræm] *subst* kyssogram
kissproof ['kɪspruːf] *adj* kyssäkta
kit [kɪt] *subst* **1** utrustning av kläder m.m.; utstyrsel **2** byggsats **3** ***first-aid ~*** förbandslåda; ***repair ~*** reparationslåda **4** mil. packning; ***in full marching ~*** med full packning
kitbag ['kɪtbæg] *subst* **1** sportbag, sportväska **2** mil. ränsel, ryggsäck
kitchen ['kɪtʃən] *subst* kök
kitchenette [ˌkɪtʃɪ'net] *subst* kokvrå, litet kök
kitchen range ['kɪtʃɪnreɪndʒ] *subst* köksspis
kitchen roll [ˌkɪtʃɪn'rəʊl] *subst* köksrulle, hushållsrulle
kitchen sink [ˌkɪtʃɪn'sɪŋk] *subst* diskbänk
kite [kaɪt] *subst* **1** fågel glada **2** drake av t.ex. papper; ***fly a ~*** a) flyga med drake b) släppa upp en försöksballong
kite-flying ['kaɪtˌflaɪɪŋ] *subst* drakflygning
kitten ['kɪtn] *subst* kattunge
kitty ['kɪtɪ] *subst* pott, insats
kiwi ['kiːwiː] *subst* **1** fågel kivi **2** frukt kiwi
Kleenex® ['kliːneks] *subst* ansiktsservett
kleptomania [ˌkleptə'meɪnjə] *subst* kleptomani
kleptomaniac [ˌkleptə'meɪnɪæk] *subst* kleptoman
km. (förk. för *kilometre, kilometres*) km

kn-
När *kn-* står i början på ord uttalas inte *k*: *knee* [niː], *knock* [nɒk].

knack [næk] *subst* gott handlag, förmåga; knep; ***get the ~ of sth*** få kläm på ngt
knapsack ['næpsæk] *subst* ryggsäck, ränsel
knave [neɪv] *subst* knekt i kortlek; ***~ of hearts*** hjärterknekt
knead [niːd] *verb* knåda
knee [niː] *subst* knä; ***on one's bended ~s*** på sina bara knän; ***bring sb to his ~s*** tvinga ngn på knä
kneecap ['niːkæp] *subst* knäskål
knee-deep [ˌniː'diːp] *adj* ända till knäna
kneel [niːl] (*knelt knelt* el. *kneeled kneeled*) *verb* knäböja, falla på knä; ***~ down*** falla på knä
knee-length ['niːleŋθ] *adj* knäkort
knee-pad ['niːpæd] *subst* knäskydd
knell [nel] *subst* själaringning; klämtning
knelt [nelt] imperf. o. perf. p. av *kneel*
knew [njuː] imperf. av *know I*
knickerbocker ['nɪkəbɒkə] *subst* **1** pl. ***~s*** knickerbockers, slags golfbyxor **2** ***~ glory*** fruktvarvad glass
knickers ['nɪkəz] *subst pl* **1** knickers **2** damunderbyxor, benkläder
knick-knacks ['nɪknæks] *subst* krimskrams
knife I [naɪf] (pl. *knives* [naɪvz]) *subst* kniv; ***have got one's ~ into sb*** ha ett horn i sidan till ngn
II [naɪf] *verb* knivhugga
knight I [naɪt] *subst* **1** medeltida riddare **2** knight adelsman av lägsta rang **3** springare, häst i schack
II [naɪt] *verb* utnämna till knight, adla
knighthood ['naɪthʊd] *subst* knightvärdighet
knit [nɪt] (*knitted knitted* el. *knit knit*) (*knitting*) *verb* **1** sticka t.ex. strumpor **2** ***~ one's brows*** rynka pannan, rynka ögonbrynen **3** ***~ together*** förena, binda (knyta) samman **4** växa ihop, förenas
knitting ['nɪtɪŋ] *subst* stickning
knitting-needle ['nɪtɪŋˌniːdl] *subst* för stickning sticka
knitwear ['nɪtweə] *subst* trikåvaror
knives [naɪvz] *subst pl* av *knife I*
knob [nɒb] *subst* **1** knopp, knapp; ratt på t.ex. radio; runt handtag, vred [*doorknob*] **2** liten bit [*a ~ of sugar; a ~ of coal*]; klick [*a ~ of butter*]
knock I [nɒk] *verb* **1** slå, slå till **2** bulta, knacka; [*~ at the door*] **3** kollidera, krocka [*into* med]
II [nɒk] *verb* med adv. o. prep.
knock about 1 slå hit och dit; misshandla **2** vard., om saker ligga och skräpa **3** vard. driva omkring (omkring i), flacka omkring (omkring i); ***I've knocked about a bit*** jag har sett (varit med om) en hel del
knock back svepa öl, whisky
knock down 1 slå ned, köra på **2** riva ned, riva omkull

knock off 1 slå av **2** slå av på [*~ a pound off the price*] **3** sluta [*~ off work at five*], sluta arbetet **4** knycka, stjäla
knock on slå mot, slå i
knock out 1 slå ut; knacka ur [*~ out one's pipe*] **2** knocka, slå ut boxare
knock over slå omkull, stöta omkull
knock up 1 kasta upp **2** vard. ställa till med, improvisera; rafsa ihop, skramla ihop **3** spec. amer. göra med barn
III [nɒk] *subst* **1** slag, smäll, stöt **2** knackning; ***there's a ~ at the door*** det knackar på dörren
knocker ['nɒkə] *subst* portklapp
knock-kneed [ˌnɒk'niːd] *adj* kobent
knock-out ['nɒkaʊt] *subst* knockout, knockoutslag i boxning
knot I [nɒt] *subst* **1** knut, knop; rosett; ***undo a ~*** lösa upp en knut **2** sjö. knop
II [nɒt] (*-tt-*) *verb* knyta
knotty ['nɒtɪ] *adj* **1** knutig **2** kinkig [*a ~ problem*]
know I [nəʊ] (*knew known*) *verb* **1** veta, ha reda på, känna till; ***she's a bit stupid, you ~*** hon är lite dum, förstår du; ***you never ~*** man kan aldrig veta; ***as far as I ~*** såvitt jag vet; ***he is dead for all I ~*** han är död vad jag vet; ***before you ~ where you are*** innan man vet ordet av; ***~ about*** känna till, veta om; ***~ of*** känna till, veta; ***not that I ~ of*** inte såvitt (vad) jag vet **2** kunna, vara kunnig; ***he ~s all about cars*** han kan bilar; ***I ~ nothing about paintings*** jag förstår mig inte alls på tavlor; ***~ sth by heart*** kunna ngt utantill; ***~ how to*** kunna, förstå sig på att; veta att; ***~ how to read*** kunna läsa **3** känna, vara bekant med [*I don't ~ him*]; ***get to ~*** lära känna; ***she will do it if I ~ her*** hon kommer att göra det om jag känner henne rätt
II [nəʊ] *subst*, ***in the ~*** vard. initierad, invigd
know-all ['nəʊɔːl] *subst* vard. besserwisser
know-how ['nəʊhaʊ] *subst* vard. know-how, kunnande, expertis
knowing I ['nəʊɪŋ] *adj* **1** kunnig, insiktsfull **2** medveten; ***a ~ glance*** en menande blick
II ['nəʊɪŋ] *subst*, ***there is no ~ where that will end*** man vet aldrig hur det kommer att gå
knowledge ['nɒlɪdʒ] (utan pl.) *subst* kunskap, kunskaper [*of* om, i]; vetskap, kännedom [*of* om]; vetande, lärdom; ***he has a good ~ of English*** han har goda kunskaper i engelska; ***to the best of my ~*** såvitt jag vet
known [nəʊn] *adj* o. *perf p* (av *know I*) känd, bekant [*to sb* för ngn]; ***make ~*** offentliggöra, göra bekant
knuckle I ['nʌkl] *subst* knoge; ***rap sb over the ~s*** slå (smälla) ngn på fingrarna
II ['nʌkl] *verb*, ***~ under*** el. ***~ down*** falla till föga, böja sig [*to* för]
knuckle-duster ['nʌklˌdʌstə] *subst* knogjärn
KO I [ˌkeɪ'əʊ] *verb* boxn. sl. = *knock out*
II [ˌkeɪ'əʊ] *subst* boxn. sl. = *knock-out*
koala [kəʊ'ɑːlə] *subst* djur koala, pungbjörn
Koran [kɔː'rɑːn] *subst*, ***the ~*** Koranen
Korea [kə'rɪə]
Korean I [kə'rɪən] *subst* korean
II [kə'rɪən] *adj* koreansk
kosher ['kəʊʃə] *subst* **1** koscher mat behandlad enligt judiska föreskrifter **2** vard. äkta, genuin
k.p.h. (förk. för *kilometres per hour*) km/tim, km/h
Kremlin ['kremlɪn] *subst*, ***the ~*** Kreml
Kuwait [kʊ'weɪt]
kW o. **kw.** (förk. för *kilowatt, kilowatts*) kw

1 L o. **l** [el] *subst* L, l
2 L (förk. för *Learner*) övningsbil
£ [paʊnd, pl. paʊndz] (förk. för *pound, pounds*) pund, £
l. (förk. för *litre, litres*) l
1 lab [læb] *subst* vard. (kortform av *laboratory*) labb
2 lab [læb] *subst* vard. (förk. för *low-alcohol beer*) ~ el. ~ ***beer*** lättöl
label I ['leɪbl] *subst* etikett; adresslapp
II ['leɪbl] (*-ll-*, amer. *-l-*) *verb* **1** sätta etikett på **2**; stämpla [*as* såsom]
labia ['leɪbjə] *subst pl* anat. blygdläppar
laboratory [lə'bɒrətrɪ] *subst* laboratorium
laborious [lə'bɔːrɪəs] *adj* mödosam, arbetsam

Labor Day
Labor Day firas som helgdag i USA och Kanada den första måndagen i september. Det var ursprungligen tänkt som en vilodag för arbetare, men numera firar man mest de sista sommardagarna med utflykter och grillfester.

labour I ['leɪbə] *subst* **1** arbete, möda; ***hard*** ~ straffarbete **2** polit., ***Labour*** el. ***the Labour Party*** arbetarpartiet; ***Labour Government*** arbetarregering **3** ***she was in*** ~ förlossningsarbetet hade kommit igång; ***be in*** ~ ha födslovärkar
II ['leɪbə] *verb* **1** arbeta hårt [*at* på, med]; sträva [*to* efter att] **2** ~ ***under*** ha att dras med [~ *under a difficulty*]; lida av
labourer ['leɪbərə] *subst* arbetare; ***agricultural*** ~ el. ***farm*** ~ lantarbetare
labour-saving ['leɪbəˌseɪvɪŋ] *adj*, ~ ***devices*** arbetsbesparande hjälpmedel
laburnum [lə'bɜːnəm] *subst* träd gullregn
labyrinth ['læbərɪnθ] *subst* labyrint
lace I [leɪs] *subst* **1** spets, spetsar **2** snöre, snodd
II [leɪs] *verb* snöra [*up* till, åt]; ~ ***up*** el. ~ snöras
lack I [læk] *subst* brist [*of* på]
II [læk] *verb* **1** sakna, vara utan; ~ ***for*** sakna [*they lacked for nothing*] **2** ***be lacking*** fattas, saknas; ***be lacking in*** sakna; ***for*** ~ ***of*** av brist på
lackey ['lækɪ] *subst* lakej
lacquer I ['lækə] *subst* lack
II ['lækə] *verb* lackera
lad [læd] *subst* pojke, grabb; ***my*** ~ i tilltal min vän
ladder I ['lædə] *subst* **1** stege, trappstege **2** maska på t.ex. strumpa
II ['lædə] *verb*, ***my stocking has laddered*** det har gått en maska på min strumpa
ladderproof ['lædəpruːf] *adj* masksäker [~ *stockings*]
laden ['leɪdn] *adj* o. *perf p* **1** lastad **2** mättad; fylld [*with* med, av]
ladle I ['leɪdl] *subst* slev [*soup* ~]
II ['leɪdl] *verb* ösa med slev, sleva; ~ ***out*** ösa upp, servera
lady ['leɪdɪ] *subst* **1** dam; ***ladies and gentlemen*** mina damer och herrar **2** ***ladies'*** dam- [*ladies' hairdresser*]; ***ladies*** damtoalett [*where is the* ~ *?*]; ~ ***friend*** väninna **3** ***Lady*** Lady adelstitel **4** ***Our Lady*** Vår Fru, Jungfru Maria
ladybird ['leɪdɪbɜːd] *subst* nyckelpiga insekt
ladybug ['leɪdɪbʌg] *subst* amer., se *ladybird*
lady-killer ['leɪdɪˌkɪlə] *subst* kvinnotjusare
ladylike ['leɪdɪlaɪk] *adj* som en lady, kultiverad
ladyship ['leɪdɪʃɪp] *subst*, ***Her Ladyship*** Hennes nåd
lag [læg] (*-gg-*) *verb*, ~ el. ~ ***behind*** bli efter, släpa efter
lager ['lɑːgə] *subst*, ~ el. ~ ***beer*** ljus lager
lagoon [lə'guːn] *subst* lagun
laid [leɪd] imperf. o. perf. p. av *3 lay*
laid-back [ˌleɪd'bæk] *adj* avslappnad, ledig [~ *style*]
lain [leɪn] perf. p. av *2 lie I*
lair [leə] *subst* vilda djurs lya, kula
lake [leɪk] *subst* sjö, insjö
lamb [læm] *subst* lamm; ~ ***chop*** lammkotlett; ***roast*** ~ lammstek
lamb's-wool ['læmzwʊl] *subst* lammull
lame I [leɪm] *adj* **1** halt **2** lam, svag [*a* ~ *excuse*]
II [leɪm] *verb* göra halt
lame duck [ˌleɪm'dʌk] *subst* vard. **1** hjälplös person (sak) **2** företag i svårigheter **3** ~ ***president*** amer. övergångspresident utan inflytande
lament I [lə'ment] *verb* klaga, jämra, jämra sig
II [lə'ment] *subst* klagosång

lamp [læmp] *subst* lampa, lykta
lampoon I [læm'puːn] *subst* pamflett, smädeskrift
II [læm'puːn] *verb* smäda i skrift
lamppost ['læmppəʊst] *subst* lyktstolpe
lampshade ['læmpʃeɪd] *subst* lampskärm
LAN [læn] *subst* (förk. för *local area network*) data. lokalt datornät, LAN
lance [lɑːns] *subst* lans
land I [lænd] *subst* **1** land i motsats till hav, vatten; ***see how the ~ lies*** sondera terrängen **2** litt. land, rike **3** mark, jord
II [lænd] *verb* **1** landa, landstiga, gå i land [*we landed at Bombay*] **2** landsätta **3** *~* ***an aeroplane*** landa med ett flygplan; *~* ***a fish*** landa en fisk; *~* ***a job*** få tag i ett arbete; *~* ***a prize*** vinna ett pris **4** *~* ***up*** el. *~* hamna [*~ in the mud*], råka in [*in* i]; sluta [*in* med, i]; *~* ***oneself in great trouble*** råka in i en mycket besvärlig situation; ***be landed with a boring new job*** få en tråkig ny arbetsuppgift på halsen **5** vard. pricka in, ge [*~ a punch*]; om slag träffa, gå in
landing ['lændɪŋ] *subst* **1** landning **2** ***emergency*** *~* el. ***forced*** *~* nödlandning, landstigning **3** trappavsats
landing-strip ['lændɪŋstrɪp] *subst* bana, stråk på flygfält
landlady ['lænd,leɪdɪ] *subst* **1** värdinna, hyresvärdinna **2** värdshusvärdinna, pubvärdinna
landlord ['lændlɔːd] *subst* **1** värd, hyresvärd **2** värdshusvärd, pubvärd
landlubber ['lænd,lʌbə] *subst* vard. landkrabba
landmark ['lændmɑːk] *subst* **1** gränsmärke, landmärke **2** milstolpe
landmine ['lændmaɪn] *subst* landmina
landowner ['lænd,əʊnə] *subst* jordägare
landscape ['lændskeɪp] *subst* landskap, natur; *~* ***gardener*** trädgårdsarkitekt
landslide ['lændslaɪd] *subst* jordskred; *~* ***victory*** jordskredsseger
lane [leɪn] *subst* **1** smal väg mellan t.ex. häckar **2** trång gata, gränd; ofta bakgata **3** *~* el. ***traffic*** *~* körfält, fil **4** farled för oceanfartyg, segelled; flyg. luftled **5** sport. bana
language ['læŋgwɪdʒ] *subst* språk; ***bad*** *~* rått språk, grovt språk, svordomar
languid ['læŋgwɪd] *adj* slapp, matt, slö
languish ['læŋgwɪʃ] *verb* **1** avmattas, tyna bort **2** tråna, trängta
lank [læŋk] *adj* om hår lång och rak, stripig
lanky ['læŋkɪ] *adj* gänglig, lång
lanolin ['lænəlɪn] *subst* o. **lanoline** ['lænəliːn] *subst* lanolin
lantern ['læntən] *subst* lykta, lanterna; ***Chinese*** *~* kulört lykta, papperslykta
1 lap [læp] *subst* knä; sköte; ***sit on sb's*** *~* sitta i ngns knä; ***live in the ~ of luxury*** leva ett liv i lyx
2 lap I [læp] (*-pp-*) *verb* linda in, svepa in
II [læp] *subst* sport. **1** varv **2** etapp; *~* ***of honour*** ärevarv
3 lap [læp] (*-pp-*) *verb* **1** *~* ***up*** el. *~* lapa, slicka upp, slicka i sig **2** om vågor plaska
lapdog ['læpdɒg] *subst* knähund
lapel [lə'pel] *subst* slag på t.ex. kavaj
Lapland ['læplænd] Lappland
Laplander ['læplændə] *subst* o. **Lapp** [læp] *subst* same, lapp
lapse I [læps] *subst* **1** lapsus, förbiseende, misstag **2** felsteg **3** ***a ~ of a hundred years*** hundra år
II [læps] *verb* **1** sjunka ned, förfalla, återfalla [*into* till, i] **2** *~* ***from*** avfalla från, avvika från **3** upphöra, förfalla **4** återgå **5** om tid förflyta
laptop ['læptɒp] *subst*, *~* ***computer*** bärbar dator
larch [lɑːtʃ] *subst*, *~* el. *~* ***tree*** lärkträd
lard I [lɑːd] *subst* isterflott, ister
II [lɑːd] *verb* späcka [*larded with quotations*]
larder ['lɑːdə] *subst* skafferi
large I [lɑːdʒ] *adj* stor, vidsträckt; ***by and*** *~* i stort sätt, på det hela taget
II [lɑːdʒ] *subst*, ***at*** *~* a) fri, lös, på fri fot b) i allmänhet, som sådan [*the world at ~*]
largely ['lɑːdʒlɪ] *adv* till stor del, i hög grad, i stor utsträckning
large-scale ['lɑːdʒskeɪl] *adj* i stor skala
large-size ['lɑːdʒsaɪz] *adj* o. **large-sized** ['lɑːdʒsaɪzd] *adj* stor, i stort nummer
largish ['lɑːdʒɪʃ] *adj* ganska stor
1 lark [lɑːk] *subst* lärka fågel
2 lark I [lɑːk] *subst* vard. upptåg, skoj
II [lɑːk] *verb*, *~* el. *~* ***about*** skoja
larva ['lɑːvə] (pl. *larvae* ['lɑːviː]) *subst* larv insekt
laryngitis [,lærɪn'dʒaɪtɪs] *subst* med. laryngit, strupkatarr
larynx ['lærɪŋks] (pl. *larynges* [læ'rɪndʒiːz] el. *larynxes*) *subst* struphuvud
lascivious [lə'sɪvɪəs] *adj* lysten, liderlig
laser ['leɪzə] *subst* laser
lash I [læʃ] *verb* **1** prygla **2** piska med [*the lion lashed its tail*]; *~* ***out*** slå vilt omkring sig; *~* ***out at*** fara ut mot
II [læʃ] *subst* ögonfrans, ögonhår

lass [læs] *subst* flicka, tös

lasso I [lə'suː] (pl. *~s* el. *lassoes*) *subst* lasso

II [lə'suː] *verb* fånga med lasso

1 last [lɑːst] *subst* skomakares läst

2 last I [lɑːst] *adj* **1** sist, senast; *~ **Christmas*** i julas; *~ **Monday*** i måndags; *~ **name*** efternamn; *~ **week*** förra veckan; *~ **year*** i fjol, förra året; ***the ~ few years*** de senaste åren

II [lɑːst] *adv* **1** sist [*who came ~?*]; i sammansättningar sist- [*last-mentioned*]; *~ **of all*** allra sist **2** senast [*when did you see him ~?*]

III [lɑːst] *subst* sista; ***to the ~*** el. ***to the very ~*** ända in i det sista; ***from first to ~*** från början till slut; ***at ~*** till slut; ***at ~!*** äntligen!

3 last [lɑːst] *verb* **1** vara, räcka, hålla på [*how long did it ~?*] **2** hålla, hålla sig, stå sig **3** räcka till för någon

lasting ['lɑːstɪŋ] *adj* bestående, varaktig

lastly ['lɑːstlɪ] *adv* till sist, slutligen

latch I [lætʃ] *subst* dörrklinka, spärrhake; ***the door is on the ~*** låset är uppställt

II [lætʃ] *verb*, *~ **on to*** a) få tag i b) haka på [*~ on to a conversation*]

latchkey ['lætʃkiː] *subst* portnyckel

late I [leɪt] (komparativ *later* el. *latter*, superlativ *latest* el. *last*) *adj* **1** sen, för sen; ***he is in his ~ forties*** han är närmare femtio; ***in the ~ nineties*** i slutet av nittiotalet; ***in the ~ summer*** under sensommaren; ***be ~*** vara sen, vara försenad, komma för sent **2** endast före subst. avliden, framliden; ***my ~ husband*** min avlidne man, förre, förra; före detta (f.d.); ***the ~ prime minister*** förre premiärministern, framlidne premiärministern **3** senaste tidens [*the ~ political troubles*]; ***of ~*** på sista tiden, nyligen

II [leɪt] (komparativ *later*, superlativ *latest* el. *last*) *adv* sent; för sent; ***be up ~*** vara uppe länge om kvällarna; ***sleep ~*** sova länge

latecomer ['leɪtˌkʌmə] *subst* person som kommer för sent, eftersläntrare

lately ['leɪtlɪ] *adv* på sista tiden, på sistone

lateness ['leɪtnəs] *subst*, ***the ~ of his arrival*** hans sena ankomst

latent ['leɪtənt] *adj* latent, dold [*~ talent*]

later I ['leɪtə] *adj* senare

II ['leɪtə] *adv* senare, efteråt; ***sooner or ~*** förr eller senare; *~ **on*** senare, längre fram; ***see you ~!*** hej så länge!

latest ['leɪtɪst] *adj* senast, sist; ***the ~ fashion*** senaste modet; ***it's the ~*** vard. det är sista skriket; ***at the ~*** senast

lathe [leɪð] *subst* **1** svarv, svarvstol **2** drejskiva

lather I ['lɑːðə] *subst* lödder

II ['lɑːðə] *verb* **1** tvåla in **2** löddra sig

lathery ['lɑːðərɪ] *adj* löddrig

Latin I ['lætɪn] *adj* latinsk; *~ **America*** Latinamerika

II ['lætɪn] *subst* latin

latitude ['lætɪtjuːd] *subst* **1** latitud, breddgrad **2** handlingsfrihet, rörelsefrihet, spelrum

latter ['lætə] *adj*, ***the ~*** den (det, de) senare; denne [*my brother asked his boss but the ~ said no*], denna, dessa

lattice ['lætɪs] *subst* galler, spjälverk

Latvia ['lætvɪə] Lettland

Latvian I ['lætvɪən] *adj* lettisk

II ['lætvɪən] *subst* **1** lett **2** lettiska språket

laudable ['lɔːdəbl] *adj* berömvärd

laugh I [lɑːf] *verb* skratta [*at* åt]

II [lɑːf] *subst* skratt

laughable ['lɑːfəbl] *adj* skrattretande, löjlig

laughing I ['lɑːfɪŋ] *adj* skrattande

II ['lɑːfɪŋ] *subst* skratt, skrattande; ***it is no ~ matter*** det är ingenting att skratta åt

laughing-gas ['lɑːfɪŋgæs] *subst* lustgas

laughing-stock ['lɑːfɪŋstɒk] *subst* åtlöje, driftkucku

laughter ['lɑːftə] *subst* skratt; ***roars of ~*** el. ***peals of ~*** skallande skrattsalvor

1 launch [lɔːntʃ] *verb* **1** sjösätta fartyg **2** slunga, kasta [*~ a spear*], skjuta upp, sända upp [*~ a rocket*] **3** lansera **4** sätta igång, starta [*~ a campaign*]

2 launch [lɔːntʃ] *subst* **1** större motorbåt

launder ['lɔːndə] *verb* tvätta

launderette o. **laundrette** [ˌlɔːn'dret] *subst* tvättomat

Laundromat® ['lɔːndrəmæt] *subst* amer. tvättomat

laundry ['lɔːndrɪ] *subst* **1** tvättinrättning; *~ **room*** tvättstuga **2** tvätt, tvättkläder

Laurel ['lɒrəl] egennamn, *~ **and Hardy*** ['hɑːdɪ] komikerpar Helan Hardy och Halvan Laurel

laurel ['lɒrəl] *subst* lager, lagerträd; ***rest on one's ~s*** vila på sina lagrar

lav [læv] *subst* (vard. kortform för *lavatory*) toa

lava ['lɑːvə] *subst* lava

lavatory ['lævətrɪ] *subst* toalett, wc; *~ **paper*** toalettpapper

lavender ['lævəndə] *subst* blomma lavendel

lavish I ['lævɪʃ] *adj* **1** slösaktig, frikostig **2** slösande **3** påkostad

II ['lævɪʃ] *verb* slösa, slösa med, vara frikostig med
law [lɔː] *subst* **1** lag; ***by*** ~ enligt lag (lagen), i lag **2** juridik; ***court of*** ~ domstol, rätt
law-abiding ['lɔːəˌbaɪdɪŋ] *adj* laglydig
lawcourt ['lɔːkɔːt] *subst* domstol, tingsrätt
lawful ['lɔːfʊl] *adj* laglig; ~ ***game*** el. ~ ***prey*** lovligt byte; ~ ***heir*** rättmätig arvinge
lawmaker ['lɔːˌmeɪkə] *subst* lagstiftare
lawn [lɔːn] *subst* gräsmatta; ~ ***tennis*** grästennis
lawnmower ['lɔːnˌməʊə] *subst* gräsklippare; ***power*** ~ el. ***powered*** ~ motorgräsklippare
lawsuit ['lɔːsuːt] *subst* rättegång, mål; ***bring a*** ~ ***against*** öppna process mot

lawyer
Lawyer är det allmänna ordet för jurist. I England finns två slags jurister: *solicitors* och *barristers*. En *solicitor* ger råd i kontraktsfrågor, när det gäller testamenten m.m. En *solicitor* biträder också en *barrister*. En *barrister* har högre utbildning och representerar klienter i domstolen, oftast i högre domstolar. I USA används ofta *attorney* i stället för *lawyer*.

lawyer ['lɔːjə] *subst* jurist, advokat
lax [læks] *adj* slapp [~ *discipline*], släpphänt
laxative ['læksətɪv] *subst* laxermedel, laxativ
1 lay [leɪ] *adj* lekmanna- [~ *preacher*]
2 lay [leɪ] imperf. av *2 lie I*
3 lay I [leɪ] (*laid laid*) *verb* **1** lägga, placera, lägga ner; ~ ***a cable*** dra en ledning; ~ ***eggs*** lägga ägg, värpa; ~ ***the table*** duka; ~ ***waste*** ödelägga **2** ~ ***ten to one*** vid t.ex. vadhållning hålla tio mot ett
II [leɪ] (*laid laid*) *verb* med adv. o. prep.
lay aside 1 lägga undan, spara **2** lägga bort, lägga ifrån sig [~ *aside the book*]
lay down 1 lägga ner **2** offra [~ *down one's life*] **3** fastställa, fastslå, uppställa [~ *sth down as a rule*]; hävda
lay off! lägg av!, sluta!
lay out 1 lägga fram, lägga ut **2** vard. slå ut, slå sanslös **3** planera, anlägga
lay up 1 lägga upp **2** vard., ***be laid up*** ligga sjuk [*with the flu* i influensa]
layabout ['leɪəbaʊt] *subst* sl. dagdrivare, odåga
lay-by ['leɪbaɪ] *subst* (pl. *lay-bys*) parkeringsplats vid landsväg, rastplats
layer ['leɪə] *subst* lager, skikt
layman ['leɪmən] (pl. *laymen* ['leɪmən]) *subst* lekman, icke-fackman
lay-off ['leɪɒf] *subst* permittering, friställning
layout ['leɪaʊt] *subst* **1** planering, anläggning **2** layout, plan, uppställning
laze [leɪz] *verb* lata sig, slöa; ~ ***around*** gå och slå dank
laziness ['leɪzɪnəs] *subst* lättja
lazy ['leɪzɪ] *adj* lat, lättjefull
lazybones ['leɪzɪbəʊnz] (pl. lika) *subst* vard. latmask, slöfock
lb. [paʊnd, pl. paʊndz] (förk. för *pound, pounds*) pund
lbs. [paʊndz] pl. av *lb.*
LCD [ˌelsiː'diː] (förk. för *liquid crystal display*); ***LCD-TV*** LCD-tv
1 lead [led] *subst* **1** bly **2** blyerts, grafit **3** blyertsstift
2 lead I [liːd] (*led led*) *verb* **1** leda, föra [*to* till; *into* in i]; ~ ***the way*** gå före och visa vägen [*to* för]; ~ ***by the nose*** få vart man vill; **2** gå före, vara ledare **3** föranleda [*this led him to believe that...*] **4** föra, leva; ~ ***a miserable existence*** föra en eländig tillvaro; ~ ***a quiet life*** leva ett stilla liv **5** om t.ex. väg gå, föra, leda [*to* till] **6** leda [*this led to confusion*], resultera [*to* i] **7** kortsp. ha förhand, spela ut, dra [~ *the ace of trumps*]
II [liːd] (*led led*) *verb* med adv. o. prep.
lead astray föra vilse
lead away föra bort; ***be led away by*** låta sig ryckas med av
lead up to leda till, resultera i
III [liːd] *subst* **1** ledning, försprång **2** ledtråd, tips; ***follow sb's*** ~ el. ***take sb's*** ~ följa ngns exempel **3** teat. huvudroll **4** elektr. ledning **5** koppel rem
leaden ['ledn] *adj* **1** bly-, blyaktig **2** tung, blygrå [~ *skies*]
leader ['liːdə] *subst* ledare
leadership ['liːdəʃɪp] *subst* ledarskap, ledning
leading ['liːdɪŋ] *adj* ledande, förnämst; ~ ***actor*** manlig huvudrollsinnehavare; ~ ***actress*** kvinnlig huvudrollsinnehavare; ~ ***article*** ledare i tidning
lead pencil [ˌled'pensl] *subst* blyertspenna
leaf I [liːf] (pl. *leaves* [liːvz]) *subst* **1** löv, blad **2** blad i bok; ***turn over a new*** ~ börja ett nytt liv **3** klaff, skiva till t.ex. bord
II [liːf] *verb*, ~ ***through*** bläddra i, bläddra igenom

leaflet ['liːflət] *subst* **1** flygblad, reklamlapp **2** folder, broschyr
leafy ['liːfɪ] *adj* lövad, lövrik, lummig
league [liːg] *subst* **1** förbund **2** sport. serie, liga
leak I [liːk] *subst* läcka, läckage; ***a ~ of information*** en informationsläcka
II [liːk] *verb* **1** läcka [*the pot ~s*], vara otät **2** läcka [*~ news to the press*]; ~ ***out*** sippra ut, läcka ut
leakage ['liːkɪdʒ] *subst* läckage, läcka
leaky ['liːkɪ] *adj* läckande, läck, otät
1 lean [liːn] *adj* mager
2 lean [liːn] (*leaned leaned* [lent, liːnd] *leant leant* [lent]) *verb* **1** luta sig **2** luta, stödja, ställa
leaning ['liːnɪŋ] *subst* **1** lutning **2** böjelse, benägenhet [*towards* för]
leant [lent] imperf. o. perf. p. av *2 lean*
leap I [liːp] (*leapt leapt* [lept]) *verb* **1** hoppa **2** hoppa över
II [liːp] *subst* hopp, språng; ***by ~s and bounds*** med stormsteg
leapfrog I ['liːpfrɒg] *subst* hoppa bock; ***play ~*** hoppa bock
II ['liːpfrɒg] (*-gg-*) *verb* hoppa bock
leapt [lept] imperf. o. perf. p. av *leap*
leap year ['liːpjɪə] *subst* skottår
learn [lɜːn] (*learnt learnt* [lɜːnt] el. *learned learned* [lɜːnt, lɜːnd]) *verb* **1** lära sig [*from sb* av ngn] [*he ~s fast*], lära in; ~ ***by heart*** lära sig utantill **2** få veta, höra [*from* av; *of* om]
learned I [lɜːnt, lɜːnd] imperf. o. perf. p. av *learn*
II ['lɜːnɪd] *adj* lärd

learner
Övningsförare, *learner-driver*, eller personer som just tagit körkort måste ha en skylt med ett stort rött L, *L-plate*, framtill och baktill på bilen. Detta körkortstillstånd, *provisional licence* (amer. *learner's permit*) gäller ett år.

learner ['lɜːnə] *subst* **1** lärjunge, elev; nybörjare **2** övningsförare; ***she is a fast ~*** hon lär sig saker snabbt; ~ ***car*** övningsbil
learning ['lɜːnɪŋ] *subst* **1** inlärande, inlärning **2** lärdom; ***a man of ~*** en lärd man
learnt [lɜːnt] imperf. o. perf. p. av *learn*
lease I [liːs] *subst* arrende, uthyrande; ***get a new ~ of life*** el. ***take on a new ~ of life*** få nytt liv
II [liːs] *verb* **1** arrendera, hyra [*from* av] **2** ~ el. ~ ***out*** arrendera ut, hyra ut **3** leasa
leasehold ['liːshəʊld] *subst* arrende
leaseholder ['liːsˌhəʊldə] *subst* arrendator
leash I [liːʃ] *subst* koppel, rem; ***on a ~*** el. ***on the ~*** i koppel
II [liːʃ] *verb* koppla, föra i koppel
least I [liːst] (superlativ av *little*) *adj* o. *adv* minst
II [liːst] (superlativ av *little*) *pron*, ***the ~*** det minsta; ***to say the ~*** minst sagt, milt talat; ***at ~*** a) åtminstone b) minst; ***not in the ~*** inte det minsta
leather ['leðə] *subst* läder, skinn
leathery ['leðərɪ] *adj* läderartad, seg [*~ meat*]
leave I [liːv] (*left left*) *verb* **1** lämna, lämna kvar, glömma; ~ ***alone*** låta vara, låta bli, lämna i fred; ***be left*** a) lämnas kvar b) finnas kvar, bli kvar; ~ ***go*** vard. släppa taget; ***it ~s nothing to be desired*** det lämnar ingenting övrigt att önska **2** efterlämna; ***he ~s a wife and two sons*** han efterlämnar hustru och två söner **3** testamentera, efterlämna **4** lämna, gå ifrån, resa ifrån; överge **5** avresa, avgå, ge sig i väg [*for* till] **6** sluta, flytta; ~ ***school*** sluta skolan **7** lämna, överlämna, överlåta [*to* åt]; ~ ***to chance*** lämna åt slumpen; ***I'll ~ it to you to...*** jag överlåter åt dig att...
II [liːv] (*left left*) *verb* med adv. o. prep.
leave about låta ligga framme
leave aside lämna åsido, bortse ifrån
leave behind 1 lämna, lämna kvar, lämna efter sig, efterlämna **2** glömma kvar
leave off sluta med, avbryta, upphöra med; ***we left off at page 10*** vi slutade på sidan 10
leave out 1 utelämna, förbigå; ***feel left out of things*** känna sig utanför **2** låta ligga framme
III [liːv] *subst* **1** lov, tillåtelse, tillstånd; ***be on ~ of absence*** el. ***be on ~*** a) spec. mil. ha permission b) vara tjänstledig; ***absent without ~*** frånvarande utan giltigt förfall **2** avsked, farväl; ***take one's ~*** säga adjö, ta farväl; ***take ~ of one's senses*** bli galen
leaven ['levn] *subst* surdeg
leaves [liːvz] *subst pl* av *leaf I*
leave-taking ['liːvˌteɪkɪŋ] *subst* avsked; avskedstagande
leaving ['liːvɪŋ] *subst* pl. *~s* matrester
Lebanese I [ˌlebə'niːz] (pl. lika) *subst* libanes
II [ˌlebə'niːz] *adj* libanesisk

Lebanon ['lebənən] Libanon
lecher ['letʃə] *subst* bock, flickjägare
lecherous ['letʃərəs] *adj* liderlig, vällustig
lechery ['letʃərɪ] *subst* liderlighet, lusta
lecture I ['lektʃə] *subst* **1** föreläsning, föredrag [*on* om, över]; ~ ***hall*** el. ~ ***room*** föreläsningssal; ***attend ~s*** gå på föreläsningar; ***deliver a ~*** el. ***give a ~*** hålla en föreläsning **2** straffpredikan
II ['lektʃə] *verb* **1** föreläsa, föreläsa för [*on* om, över] **2** läxa upp
lecturer ['lektʃərə] *subst* **1** föreläsare **2** universitetslektor
led [led] imperf. o. perf. p. av *2 lead I*
ledge [ledʒ] *subst* list, hylla
lee [liː] *subst* lä, läsida; ~ ***side*** läsida
leech [liːtʃ] *subst* blodigel, igel; ***hang on like a ~*** hänga på som en igel
leek [liːk] *subst* purjolök
leer I [lɪə] *subst* hånfull blick, lysten blick
II [lɪə] *verb* snegla lömskt, kasta lömska blickar [*at* på]
lees [liːz] *subst pl* bottensats, drägg
leeward ['liːwəd] *subst*, ***on the ~ of*** på läsidan
leeway ['liːweɪ] *subst* spelrum, andrum; ***have a great deal of ~ to make up*** ha mycket att ta igen
1 left [left] imperf. o. perf. p. av *leave I*
2 left I [left] *adj* vänster; ~ ***turn*** vänstersväng
II [left] *adv* till vänster [*of* om], åt vänster; ~ ***turn!*** mil. vänster om!; ***turn ~*** svänga till vänster
III [left] *subst* vänster sida, vänster hand; ***the Left*** polit. vänstern; ***on your ~*** till vänster om dig
left-hand ['lefthænd] *adj* vänster-
left-handed [ˌleft'hændɪd] *adj* vänsterhänt
left-hander [ˌleft'hændə] *subst* **1** vänsterhänt person; sport. vänsterhandsspelare **2** vänsterslag
leftist ['leftɪst] *subst* vänsteranhängare
left-luggage [ˌleft'lʌgɪdʒ] *subst*, ~ ***office*** el. ~ effektförvaring, resgodsförvaring
left-off ['leftɒf] *subst* vard., pl. ***~s*** avlagda kläder
leftover ['leftˌəʊvə] *subst* **1** pl. ***~s*** rester, matrester **2** kvarleva
leftwards ['leftwədz] *adv* till vänster, åt vänster
left-wing ['leftwɪŋ] *adj* på vänsterkanten, vänster-, vänsterorienterad
leg [leg] *subst* **1** ben lem; ***feel one's ~s*** el. ***find one's ~s*** känna sig hemmastadd, finna sig till rätta; ***pull sb's ~*** vard. driva med ngn; ***be on one's ~s*** vara på benen igen efter sjukdom; ***be on one's last ~s*** vard. vara nära slutet **2** kok. lägg, lår; ~ ***of mutton*** fårstek, fårlår **3** byxben **4** skaft på strumpa el. stövel **5** ben, fot på t.ex. möbel **6** sport. omgång bestående av två matcher [*play the second ~*] **7** etapp av t.ex. distans, resa
legacy ['legəsɪ] *subst* legat, testamentarisk gåva
legal ['liːgl] *adj* laglig, rättslig, juridisk; ***take ~ action*** vidta laga åtgärder
legality [lɪ'gælətɪ] *subst* laglighet
legalize ['liːgəlaɪz] *verb* legalisera, göra laglig
legation [lɪ'geɪʃən] *subst* legation, beskickning
legend ['ledʒənd] *subst* legend, saga, sägen
legendary ['ledʒəndrɪ] *adj* legendarisk
legible ['ledʒəbl] *adj* läslig, läsbar
legion ['liːdʒən] *subst* legion, här; ***the Foreign Legion*** främlingslegionen
legislate ['ledʒɪsleɪt] *verb* lagstifta
legislation [ˌledʒɪs'leɪʃən] *subst* lagstiftning
legislative ['ledʒɪslətɪv] *adj* lagstiftande
legislator ['ledʒɪsleɪtə] *subst* lagstiftare
legislature ['ledʒɪsleɪtʃə] *subst* lagstiftande församling
legitimate [lɪ'dʒɪtɪmət] *adj* legitim, laglig
leg-pulling ['legˌpʊlɪŋ] *subst* vard. skämt
leisure ['leʒə, amer. vanligen 'liːʒə] *subst* ledighet, fritid; ~ ***clothes*** el. ~ ***wear*** fritidskläder; ***at ~*** el. ***at one's ~*** ledig, i lugn och ro [*do sth at ~*]
leisurely ['leʒəlɪ, amer. 'liːʒəlɪ] *adj* lugn, maklig; ***at a ~ pace*** i lugn takt, i maklig takt
lemon ['lemən] *subst* citron
lemonade [ˌlemə'neɪd] *subst* lemonad, läskedryck; sockerdricka
lemon curd ['lemənkɜːd] *subst* citronkräm
lemon soda [ˌlemən'səʊdə] *subst* amer., se *lemon squash*
lemon sole ['lemənsəʊl] *subst* bergtunga fisk
lemon squash [ˌlemən'skwɒʃ] *subst* lemon squash citronsaft och vatten
lemon-squeezer ['lemənˌskwiːzə] *subst* citronpress
lend [lend] (*lent lent*) *verb* **1** låna, låna ut **2** ~ ***itself to*** lämpa sig för; ~ ***oneself to*** låna sig till, gå med på; förnedra sig till **3** ge; ~ ***a hand with sth*** hjälpa till med ngt
lender ['lendə] *subst* långivare
lending-library ['lendɪŋˌlaɪbrɪ] *subst* lånebibliotek

length [leŋθ] *subst* **1** längd; ***lie full*** ~ ligga raklång; ***at arm's*** ~ a) på en armlängds avstånd b) på avstånd [*keep sb at arm's* ~]; ***win by three*** **~*s*** sport. vinna med tre längder; ***ten metres in*** ~ tio meter lång; ***go to any*** **~*s*** inte sky något; ***go to great*** **~*s*** gå (sträcka sig) mycket långt **2** ***at*** ~ a) slutligen, äntligen b) utförligt; ***at great*** ~ mycket utförligt

lengthen ['leŋθən] *verb* förlänga, göra längre; ~ ***a skirt*** lägga ned en kjol

lengthiness ['leŋθɪnəs] *subst* långrandighet

lengthwise ['leŋθwaɪz] *adv* på längden

lengthy ['leŋθɪ] *adj* lång, långvarig

lenience ['liːnjəns] *subst* o. **leniency** ['liːnjənsɪ] *subst* mildhet, överseende

lenient ['liːnjənt] *adj* mild, överseende

lens [lenz] *subst* lins, objektiv

Lent [lent] *subst* fasta, fastan, fastlagen

lent [lent] imperf. o. perf. p. av *lend*

lentil ['lentl] *subst* kok. lins

Leo ['liːəʊ] stjärntecken Lejonet

leopard ['lepəd] *subst* leopard

leper ['lepə] *subst* spetälsk

leprosy ['leprəsɪ] *subst* med. spetälska

lesbian I ['lezbɪən] *adj* lesbisk
II ['lezbɪən] *subst* lesbisk kvinna

less I [les] *adj* o. *adv* o. *subst* (komparativ av *little*) **1** mindre; ***in*** ~ ***than no time*** på nolltid **2** ***no*** ~ ***than £100*** inte mindre än 100 pund; ***not*** ~ ***than £100*** minst 100 pund; ***it's no*** (***nothing***) ~ ***than a scandal*** det är ingenting mindre än en skandal
II [les] *prep* minus [*5* ~ *2 is 3*], med avdrag av (för) [*£400 a week* ~ *taxes*]

lessen ['lesn] *verb* **1** minska, reducera **2** minskas

lesson ['lesn] *subst* **1** lektion **2** läxa; ***I learnt a*** ~ jag fick en läxa

lest [lest] *konj* **1** för att inte, så att inte [*I took it away* ~ *it should be stolen*] **2** efter ord för t.ex. fruktan, oro för att [*we were afraid* ~ *he should come late*]

1 let I [let] (*let let*) (*letting*) *verb* **1** låta, tillåta; ***let's have a drink!*** ska vi ta en drink?; ~ ***me introduce...*** får jag presentera...; ***just*** ~ ***him try*** vanligen han skulle bara våga! **2** släppa in [*my shoes* ~ *water*] **3** hyra ut [~ *rooms*]; ***to*** ~ att hyra
II [let] (*let let*) (*letting*) *verb* med adv. o. prep.
let alone 1 låta vara, låta bli [~ *her alone!*] **2** för att inte tala om, ännu mindre [*he can't look after himself,* ~ *alone others*]
let be låta vara, låta bli [~ *him be!*]
let down 1 släppa ner, sänka ner **2** lägga ner, släppa ner [~ *down a dress*] **3** lämna i sticket, svika [~ *down a friend*]
let go 1 släppa [~ *me go!*], släppa lös **2** släppa taget **3** låta gå; ~ ***oneself go*** slå sig lös
let in 1 släppa in [~ *in sb;* ~ *in light*]; ~ ***oneself in*** låsa upp (öppna) och gå in **2** ~ ***in the clutch*** släppa upp kopplingen **3** ~ ***oneself in for*** inlåta sig på, ge sig in på; ***you're letting yourself in for a lot of work*** du får bara en massa arbete på halsen **4** ~ ***sb in on*** inviga ngn i
let into 1 släppa in i; ***be*** ~ ***into*** slippa in i **2** inviga i, låta få veta [~ *sb into a secret*]
let loose släppa, släppa lös
let off 1 avskjuta, bränna av [~ *off fireworks*] **2** låta slippa undan [~ *sb off with a fine*]; ***be*** ~ ***off*** slippa undan **3** släppa ut t.ex. ånga; tappa av **4** släppa av [~ *me off at 12th Street!*] **5** släppa sig fjärta
let on vard. **1** skvallra [*I won't* ~ *on*] **2** låtsas, låtsas om
let out 1 släppa ut, släppa lös; ***be*** ~ ***out*** släppas ut, släppas lös, slippa ut **2** avslöja [~ *out a secret*] **3** hyra ut
let up avta, minska; ***the wind is letting up*** vinden börjar avta

2 let [let] *subst* sport. nätboll vid serve

let-down ['letdaʊn] *subst* besvikelse

lethal ['liːθl] *adj* dödlig, dödande

let's [lets] = *let us*

letter ['letə] *subst* **1** bokstav; ***capital*** ~ stor bokstav; ***small*** ~ liten bokstav **2** brev, skrivelse; ~ ***of credit*** kreditiv; ~ ***to the editor*** insändare

letterbox ['letəbɒks] *subst* brevlåda, postlåda

lettuce ['letɪs] *subst* sallat, sallad typ av grönsak; salladshuvud

let-up ['letʌp] *subst* avbrott, uppehåll

leukaemia [lʊ'kiːmɪə] *subst* med. leukemi

level I ['levl] *subst* **1** nivå, plan; höjd; yta; ***the lecture was above my*** ~ föreläsningen låg över min horisont; ***on a*** ~ ***with*** i nivå (höjd) med, i jämnhöjd med **2** vard., ***on the*** ~ ärligt sagt; ***he's on the*** ~ han är just **3** vattenpass
II ['levl] *adj* **1** jämn, slät, plan **2** vågrät; på samma plan [*with* som], i jämnhöjd, jämställd [*with* med]; jämn; ~ ***crossing*** plankorsning; järnvägskorsning i plan; ***a*** ~ ***teaspoonful*** en struken tesked; ***do one's*** ~ ***best*** göra sitt allra bästa; ***draw*** ~ komma jämsides med varandra; ***keep*** ~ ***with*** hålla jämna steg med **3** ***keep a*** ~

head hålla huvudet kallt
III ['levl] (*-ll-*, amer. *-l-*) *verb* **1** jämna [*~ a road*]; jämna ut **2** *~ **with** (**to**) **the ground*** jämna med marken, rasera **3** rikta [*at, against* mot]
level-headed [ˌlevl'hedɪd] *adj* sansad
lever I ['liːvə] *subst* **1** hävstång **2** spak, handtag
II ['liːvə] *verb* lyfta med hävstång
levy I ['levɪ] *subst* uttaxering
II ['levɪ] *verb* uttaxera, lägga på [*~ a tax*]
lewd [ljuːd] *adj* liderlig, oanständig
lexicographer [ˌleksɪ'kɒgrəfə] *subst* ordboksförfattare
lexicography [ˌleksɪ'kɒgrəfɪ] *subst* lexikografi
liability [ˌlaɪə'bɪlətɪ] *subst* **1** ansvar, betalningsskyldighet **2** benägenhet, mottaglighet **3** pl. ***liabilities*** hand. skulder **4** belastning [*she is a ~*]
liable ['laɪəbl] *adj* **1** ansvarig, betalningsskyldig **2** skyldig; *~ **to*** belagd med t.ex. straff, skatt; underkastad; *~ **to duty*** tullpliktig; ***make oneself ~ to*** utsätta sig för risken av **3** mottaglig [*to* för]; benägen [*to* för]; ***colours ~ to fade*** färger som gärna vill blekna; ***it is ~ to be misunderstood*** det kan så lätt missförstås
liaison [liː'eɪzən] *subst* **1** i kärlek förhållande **2** mil., *~ **officer*** sambandsofficer
liar ['laɪə] *subst* lögnare, lögnerska, lögnhals
libel I ['laɪbl] *subst* ärekränkning spec. i skrift
II ['laɪbl] (*-ll-*, amer. *-l-*) *verb* ärekränka
libellous ['laɪbləs] *adj* ärekränkande
liberal I ['lɪbrəl] *adj* **1** frikostig, generös **2** liberal, frisinnad **3** ***Liberal*** polit. liberal
II ['lɪbrəl] *subst*, ***Liberal*** polit. liberal
liberate ['lɪbəreɪt] *verb* **1** befria **2** frige
liberation [ˌlɪbə'reɪʃən] *subst* **1** befrielse, frigörelse **2** frigivning
liberator ['lɪbəreɪtə] *subst* befriare
liberty ['lɪbətɪ] *subst* frihet; ***the ~ of the press*** tryckfriheten; *~ **of speech*** yttrandefrihet; ***take liberties*** ta sig friheter, vara närgången [*with* mot]; ***at ~*** på fri fot; ***you are at ~ to*** det står dig fritt att; ***set at ~*** frige
Libra ['liːbrə] *subst* stjärntecken Vågen
librarian [laɪ'breərɪən] *subst* bibliotekarie
library ['laɪbrɪ] *subst* bibliotek; film. arkiv
librettist [lɪ'bretɪst] *subst* librettoförfattare
libretto [lɪ'bretəʊ] (pl. *~s* el. *libretti*) *subst* libretto
Libya ['lɪbɪə] Libyen
Libyan I ['lɪbɪən] *adj* libysk
II ['lɪbɪən] *subst* libyer
lice [laɪs] *subst pl* av *louse*
licence ['laɪsəns] *subst* **1** licens [*radio ~*]; ***dog ~*** ungefär hundskatt; ***driving ~*** el. ***driver's ~*** körkort; ***pilot's ~*** flygcertifikat **2** tygellöshet, lättsinne **3** handlingsfrihet; ***poetic ~*** poetisk frihet
license I ['laɪsəns] *verb* bevilja licens, ge licens
II ['laɪsəns] *subst* amer. = *licence*; *~ **plate*** amer. nummerplåt, registreringsskylt
licensed ['laɪsənst] *adj* med spriträttigheter; *~ **premises*** (***house***) restaurang (hotell) med spriträttigheter
lichen ['laɪkən, 'lɪtʃən] *subst* lav
lick I [lɪk] *verb* **1** slicka, slicka på; *~ **sb's boots*** vard. krypa för ngn, krusa för ngn; *~ **into shape*** sätta fason på **2** vard. ge stryk, slå [*~ sb at tennis*]
II [lɪk] *subst* **1** slickning **2** vard., ***at a great ~*** el. ***at full ~*** i full fräs
licorice ['lɪkərɪs] *subst* amer. lakrits
lid [lɪd] *subst* **1** lock; ***put the ~ on*** vard. sätta stopp för; ***take the ~ off*** vard. avslöja **2** ögonlock
lido ['liːdəʊ] (pl. *~s*) *subst* friluftsbad
1 lie I [laɪ] *subst* lögn, osanning; ***a pack of ~s*** en massa lögner
II [laɪ] *verb* ljuga [*to* för]
2 lie I [laɪ] (*lay lain*) *verb* **1** ligga **2** ligga begraven; ***here ~s*** här vilar
II [laɪ] (*lay lain*) *verb* med adv. o. prep.
lie about ligga och skräpa, ligga framme
lie back luta sig tillbaka
lie down 1 lägga sig och vila, lägga sig ner **2** ***take an insult lying down*** finna sig i en förolämpning
lie in 1 ligga i, bestå i; ***everything that ~s in my power*** allt som står i min makt **2** ligga kvar i sängen
lie with ligga hos [*the fault ~s with the Government*]
III [laɪ] *subst* läge, belägenhet; ***know the ~ of the land*** veta hur läget är
Liechtenstein ['lɪktənstaɪn]
lie-down [laɪ'daʊn] *subst*, ***go and have a ~*** lägga sig och vila
lie-in ['laɪɪn] *subst*, ***have a nice ~*** ligga och dra sig i sängen
lieutenant [lef'tenənt, amer. luː'tenənt] *subst* **1** löjtnant inom armén; kapten inom flottan **2** i USA ungefär polisinspektör
life [laɪf] (pl. *lives* [laɪvz]) *subst* **1** liv; livstid, livslängd; ***a ~ sentence*** livstidsfängelse;

the ~ and soul of the party sällskapets medelpunkt; ***tell the children the facts of ~*** vard. tala om för barnen hur ett barn kommer till; ***great loss of ~*** stora förluster i människoliv; ***at my time of ~*** vid min ålder; ***I had the time of my ~*** vard. jag hade jätteroligt; ***not for the ~ of me*** vard. inte för mitt liv, inte för allt i världen; ***not on your ~*** aldrig i livet **2** levnadsteckning, biografi [*the lives of great men*] **3** konst. natur, verklighet; ~ ***class*** krokiklass med elever som tecknar efter levande modell; ***larger than ~*** a) överdriven, som skiljer sig från mängden b) i övernaturlig storlek; ***as large as ~*** livslevande [*there she was, as large as ~*]

lifebelt ['laɪfbelt] *subst* livbälte, räddningsbälte

lifeboat ['laɪfbəʊt] *subst* livbåt, livräddningsbåt

lifebuoy ['laɪfbɔɪ] *subst* livboj, frälsarkrans

lifeguard ['laɪfgɑːd] *subst* **1** livvakt **2** pl. ***~s*** livgarde **3** livräddare, badvakt

life jacket ['laɪfˌdʒækɪt] *subst* flytväst

lifeless ['laɪfləs] *adj* livlös, död, utan liv

lifelike ['laɪflaɪk] *adj* livslevande, naturtrogen

lifeline ['laɪflaɪn] *subst* livlina, räddningslina

lifelong ['laɪflɒŋ] *adj* livslång [*~ friendship*]

life-saving ['laɪfˌseɪvɪŋ] *subst* livräddning

life-size [ˌlaɪf'saɪz] *adj* i naturlig storlek

lifetime ['laɪftaɪm] *subst* livstid; ***a ~*** ett helt liv, hela livet [*it'll last a ~*]; ***it is the chance of a ~*** det är mitt (ditt etc.) livs chans

lift I [lɪft] *verb* **1** lyfta, lyfta på; höja sig **2** häva [*~ a blockade*], upphäva **3** lätta [*the fog lifted*], lyfta, skingras

II [lɪft] *subst* **1** lyft, lyftande **2** ***give sb a ~*** ge ngn lift, ge ngn skjuts **3** hiss; skidlift

ligament ['lɪgəmənt] *subst* anat. ligament, ledband

1 light I [laɪt] *subst* **1** ljus, sken; belysning; ***bring to ~*** bringa i dagen; ***come to ~*** komma i dagen; ***may (can) I have a ~?*** kan jag få lite eld?; ***put on the ~*** tända ljuset; ***put out the ~*** släcka ljuset; ***shed ~ on*** el. ***throw ~ on*** sprida ljus över, bringa klarhet i; ***strike a ~*** tända en tändsticka; ***in a false ~*** i falsk dager **2** pl. ***~s*** a) teat. rampljus b) trafikljus **3** lampa

II [laɪt] (*lit lit* el. *lighted lighted*) *verb* **1** ~ el. ~ ***up*** tända **2** lysa upp, belysa

2 light I [laɪt] *adj* **1** lätt [*a ~ burden*]; ~ ***comedy*** lättare komedi, lustspel; ~ ***opera*** operett; ~ ***reading*** nöjesläsning; ~ ***sentence*** mild dom; ***he is a ~ sleeper*** han sover lätt **2** lindrig, lätt [*a ~ attack of flu*]

II [laɪt] *adv* lätt [*sleep ~*]; ***get off ~*** slippa lindrigt undan; ***travel ~*** resa utan mycket bagage

3 light [laɪt] (*lit lit* el. *lighted lighted*) *verb*, ~ ***on*** el. ~ ***upon*** råka på, stöta på

light bulb ['laɪtbʌlb] *subst* glödlampa

1 lighten ['laɪtn] *verb* lätta, göra lättare

2 lighten ['laɪtn] *verb* **1** lysa upp, upplysa **2** ljusna, klarna [*the sky lightened*]

1 lighter ['laɪtə] *subst* tändare

2 lighter ['laɪtə] *subst* läktare, pråm

light-fast ['laɪtfɑːst] *adj* ljusäkta

light-headed [ˌlaɪt'hedɪd] *adj* **1** yr i huvudet **2** tanklös, lättsinnig

lighthouse ['laɪthaʊs] *subst* fyr, fyrtorn

lighthouse-keeper ['laɪthaʊsˌkiːpə] *subst* fyrvaktare

lighting ['laɪtɪŋ] *subst* lyse, belysning

lightly ['laɪtlɪ] *adv* lätt; ~ ***done*** lättstekt; ***get off ~*** slippa lindrigt undan

lightning ['laɪtnɪŋ] *subst* blixtar, blixt; ***a flash of ~*** en blixt; ***forked ~*** sicksackblixt, sicksackblixtar; ***sheet ~*** ytblixt, ytblixtar

lightning-conductor ['laɪtnɪŋkənˌdʌktə] *subst* åskledare

lightship ['laɪt-ʃɪp] *subst* fyrskepp

lightweight ['laɪtweɪt] *subst* **1** lättvikt, lätt, lättvikts- före subst. [*~ bicycle*] **2** lättviktare

light year ['laɪtjɪə] *subst* astron. ljusår [*~s away*]

likable ['laɪkəbl] *adj* sympatisk, trevlig

1 like I [laɪk] *adj* lik; ***be ~*** vara lik, likna [*she is ~ him*], se ut som; ***what's it ~?*** a) hur är den? b) hur ser den ut?; ***I have one ~ this at home*** jag har en likadan hemma

II [laɪk] *prep* **1** som [*if I were ~ you*], liksom, likt; ~ ***this*** så här **2** ~ ***anything*** vard. som bara den [*he ran ~ anything*]; ***nothing ~*** vard. inte alls, inte på långt när [*nothing ~ as old*]; ***something ~*** omkring, ungefär, något i stil med

III [laɪk] *konj* vard. som [*do it ~ I do*], såsom

IV [laɪk] *subst* **1** ***the ~*** något liknande, något dylikt **2** vard., ***the ~s of me*** såna som jag

2 like I [laɪk] *verb* **1** tycka om, gilla; ***well, I ~ that!*** iron. det må jag då säga! **2** vilja [*do as you ~*], ha lust; ***I should ~ to know*** jag skulle gärna vilja veta; ***he can try if he ~s*** han får gärna försöka

II [laɪk] *subst*, ***~s and dislikes*** sympatier och antipatier

likelihood ['laɪklɪhʊd] *subst* sannolikhet; ***in all*** ~ med all sannolikhet

likely I ['laɪklɪ] *adj* sannolik, trolig; ***it is*** ~ ***to be misunderstood*** det kan lätt missförstås; ***he is*** ~ ***to win*** han vinner säkert; ***not*** ~***!*** vard. knappast!, och det trodde du!

II ['laɪklɪ] *adv*, ***very*** ~ sannolikt, troligen

like-minded [ˌlaɪk'maɪndɪd] *adj* likasinnad

liken ['laɪkən] *verb* likna [*to* vid]

likeness ['laɪknəs] *subst* **1** likhet; ***family*** ~ släkttycke **2** skepnad, form **3** porträtt; ***the portrait is a good*** ~ porträttet är mycket likt

likewise ['laɪkwaɪz] *adv* **1** likaledes **2** därtill, dessutom

liking ['laɪkɪŋ] *subst*, ***take a*** ~ ***to*** fatta tycke för; ***to sb's*** ~ i ngns smak, till ngns belåtenhet

lilac I ['laɪlək] *subst* **1** syren **2** färg lila

II ['laɪlək] *adj* lila

Lilliputian [ˌlɪlɪ'pjuːʃən] *subst* lilleputt

lilt [lɪlt] *subst* rytm, schvung

lily ['lɪlɪ] *subst* lilja

lily of the valley [ˌlɪlɪəvðə'vælɪ] (pl. *lilies of the valley*) *subst* liljekonvalj

limb [lɪm] *subst* **1** lem, arm, ben **2** ***be out on a*** ~ vara illa ute, vara på farliga vägar

limber ['lɪmbə] *verb*, ~ ***up*** mjuka upp, mjuka upp sig

1 lime [laɪm] *subst* lime, lime-frukt

2 lime [laɪm] *subst* lind

3 lime I [laɪm] *subst* kalk; ***slaked*** ~ släckt kalk

II [laɪm] *verb* **1** kalka vägg **2** bestryka med fågellim, snärja

limelight ['laɪmlaɪt] *subst* rampljus; ***be in the*** ~ stå i rampljuset

limestone ['laɪmstəʊn] *subst* kalksten

limit I ['lɪmɪt] *subst* **1** gräns; ***that's the*** ~***!*** vard. det slår alla rekord!, det var det värsta! **2** begränsning; ***speed*** ~ hastighetsbegränsning

II ['lɪmɪt] *verb* begränsa

limitation [ˌlɪmɪ'teɪʃən] *subst* begränsning, inskränkning

limited ['lɪmɪtɪd] *adj* begränsad, inskränkt; ~ ***liability company*** el. ~ ***company*** aktiebolag med begränsad ansvarighet

limo ['lɪməʊ] (pl. ~*s*) *subst* vard. limousine

limousine [ˌlɪmə'ziːn] *subst* limousine

1 limp [lɪmp] *adj* böjlig, slapp, sladdrig

2 limp I [lɪmp] *verb* linka, halta

II [lɪmp] *subst* haltande gång; ***walk with a*** ~ halta

limpid ['lɪmpɪd] *adj* genomskinlig, kristallklar

1 line I [laɪn] *subst* **1** linje **2** lina; metrev **3** klädstreck **4** elektr. el. tele. ledning; ***stand in*** ~ spec. amer. stå i kö, köa **5** länga, räcka, fil **6** rad [*page 10* ~ *5*]; ***drop me a*** ~ skriv några rader **7** versrad **8** teat., vanligen pl. ~***s*** replik [*the actor had forgotten his* ~*s*], roll [*he knew his* ~*s*] **9** släktgren, led; ätt **10** fack, bransch [*what* ~ *is he in?*]; ***saving is not in my*** ~ att spara ligger inte för mig **11** hand. vara, sortiment [*a cheap* ~ *in hats*] **12** diverse fraser och uttryck: ~ ***of action*** förfaringssätt; ~ ***of business*** affärsgren, bransch; ~ ***of goods*** varuslag; ***be in*** ~ ***with*** ligga helt i linje med; ***are you still on the*** ~***?*** är du kvar i telefon?; ***bring sth into*** ~ ***with*** bringa ngt i överensstämmelse med; ***draw the*** ~ ***at*** a) dra gränsen vid, säga stopp b) inte vilja gå med på; ~ ***engaged*** el. amer. ~ ***busy*** tele. upptaget!; ***fall into*** ~ mil. falla in i ledet; ***hold the*** ~***, please!*** tele. var god och vänta!; ***take a strong*** ~ el. ***take a hard*** ~ uppträda bestämt

II [laɪn] *verb* **1** linjera **2** ~ el. ~ ***up*** rada upp; mil. ställa upp på linje **3** ~ ***up*** köa, ställa upp sig **4** stå utefter, kanta [*people lined the streets*] **5** göra rynkig, fåra t.ex. pannan

2 line [laɪn] *verb* fodra, beklä

lined [laɪnd] *adj* **1** randig, strimmig; ~ ***paper*** linjerat papper **2** rynkad, rynkig

linen ['lɪnɪn] *subst* **1** tyg linne **2** linne [*bed-linen*]; underkläder; ***dirty*** ~ el. ***soiled*** ~ smutskläder

liner ['laɪnə] *subst* **1** linjefartyg, oceanfartyg **2** trafikflygplan

linesman ['laɪnzmən] *subst* sport. linjedomare, linjeman

line-up ['laɪnʌp] *subst* **1** uppställning, laguppställning **2** gruppering [*a* ~ *of Afro-Asian powers*] **3** samling

linger ['lɪŋgə] *verb* **1** dröja sig kvar **2** ~ ***on*** leva vidare, leva kvar

lingerie ['lænʒəriː, amer. ˌlɑːnʒə'reɪ] *subst* damunderkläder

lingo ['lɪŋgəʊ] (pl. *lingoes* el. *lingos*) *subst* vard. språk, jargong

linguist ['lɪŋgwɪst] *subst* **1** språkkunnig person **2** lingvist, språkforskare

linguistics [ˌlɪŋ'gwɪstɪks] (med verb i sing.) *subst* lingvistik

liniment ['lɪnəmənt] *subst* liniment

lining ['laɪnɪŋ] *subst* foder

link I [lɪŋk] *subst* **1** länk **2** manschettknapp

II [lɪŋk] *verb* **1** ~ ***together*** el. ~ ***up*** el. ~ länka ihop, förena **2** ~ ***up*** el. ~ länkas ihop, förena sig
links [lɪŋks] *subst* golfbana
linnet ['lɪnɪt] *subst* fågel hämpling
lino ['laɪnəʊ] (pl. ~*s*) *subst* vard. för *linoleum*
linoleum [lɪ'nəʊljəm] *subst* linoleum, korkmatta
linseed ['lɪnsiːd] *subst* linfrö
linseed oil ['lɪnsiːdɔɪl] *subst* linolja
lion ['laɪən] *subst* lejon
lioness ['laɪənəs] *subst* lejoninna
lionize ['laɪənaɪz] *verb* dyrka, omsvärma, fira
lip [lɪp] *subst* läpp; ***upper*** ~ överläpp
lip gloss ['lɪpglɒs] *subst* läppglans
liposuction ['lɪpəʊˌsʌkʃən] *subst* med. fettsugning
lip-reading ['lɪpˌriːdɪŋ] *subst* läppavläsning
lipsalve ['lɪpsælv] *subst* cerat
lip service ['lɪpˌsɜːvɪs] *subst* tomma ord, fagra löften, munväder; ***pay*** ~ ***to*** låtsas hålla med om
lipstick ['lɪpstɪk] *subst* läppstift
liquefy ['lɪkwɪfaɪ] *verb* smälta, kondensera, anta vätskeform
liqueur [lɪ'kjʊə] *subst* likör
liquid I ['lɪkwɪd] *adj* **1** flytande, i vätskeform **2** klar, genomskinlig **3** ekon. likvid; ~ ***assets*** likvida tillgångar
II ['lɪkwɪd] *subst* vätska
liquidate ['lɪkwɪdeɪt] *verb* likvidera
liquor ['lɪkə] *subst* spritdryck
liquorice ['lɪkərɪs] *subst* lakrits
Lisbon ['lɪzbən] Lissabon
lisp I [lɪsp] *verb* **1** läspa **2** läspa fram
II [lɪsp] *subst* läspning; ***have a*** ~ läspa
1 list I [lɪst] *subst* lista, förteckning [*of* på]; ***shopping*** ~ inköpslista, minneslista
II [lɪst] *verb* **1** göra en lista på, lista
2 list I [lɪst] *verb* sjö. ha (få) slagsida
II [lɪst] *subst* sjö. slagsida
listen ['lɪsn] *verb* lyssna, höra på; ~ ***in on*** avlyssna; ~ ***in to*** a) lyssna på i radio b) avlyssna [~ *in to a telephone conversation*]
listener ['lɪsnə] *subst* åhörare, lyssnare
listless ['lɪstləs] *adj* håglös, apatisk, slö
lit [lɪt] imperf. o. perf. p. av *1 light II* o. *3 light*
liter ['liːtə] *subst* amer. liter
literacy ['lɪtrəsɪ] *subst* läs- och skrivkunnighet
literal ['lɪtrəl] *adj* **1** ordagrann **2** bokstavlig, egentlig [*in the* ~ *sense*]
literally ['lɪtrəlɪ] *adv* **1** ordagrant **2** bokstavligt, bokstavligt talat
literary ['lɪtrərɪ] *adj* litterär, litteratur-
literate ['lɪtrət] *adj* läs- och skrivkunnig
literature ['lɪtrətʃə] *subst* litteratur
lithe [laɪð] *adj* smidig, vig, böjlig
lithograph ['lɪθəgrɑːf, 'lɪθəgræf] *subst* litografi [*a* ~]
lithography [lɪ'θɒgrəfɪ] *subst* litografi
Lithuania [ˌlɪθjʊ'eɪnjə] Litauen
Lithuanian I [ˌlɪθjʊ'eɪnjən] *adj* litauisk
II [ˌlɪθjʊ'eɪnjən] *subst* **1** litauer **2** litauiska språket
litmus ['lɪtməs] *subst* lackmus [~ *paper*]
litre ['liːtə] *subst* liter [*two* ~*s of milk*]
litter I ['lɪtə] *subst* **1** skräp, avfall **2** bår **3** kull [*a* ~ *of pigs; a* ~ *of puppies*]
II ['lɪtə] *verb*, ~ ***up*** el. ~ skräpa ner
litterbag ['lɪtəbæg] *subst* skräppåse t.ex. i bil
litterbin ['lɪtəbɪn] *subst* papperskorg på allmän plats
litterbug ['lɪtəbʌg] *subst* amer. vard. person som skräpar ner på allmän plats
litterlout ['lɪtəlaʊt] *subst* vard. person som skräpar ner på allmän plats
little I ['lɪtl] (komparativ *less*, superlativ *least*) *adj* liten; pl. små; lill- [~ *finger*]
II ['lɪtl] (komparativ *less*, superlativ *least*) *adj* o. *adv* o. *subst* **1** lite, litet, föga [*of* ~ *value*], ringa [*of* ~ *importance*], obetydlig [~ *damage*]; ***make*** ~ ***of*** bagatellisera; ***the*** ~ det lilla [*the* ~ *I have seen*] **2** ***a*** ~ lite, litet, lite grann [*he had a* ~ *money left*]; ***he had*** ~ ***money left*** han hade inte mycket pengar kvar; ***not a*** ~ inte så litet, ganska mycket; ***only a*** ~ bara lite
1 live I [laɪv] *adj* **1** levande **2** inte avbränd, oanvänd [*a* ~ *match*]; laddad [*a* ~ *cartridge*]; skarp [~ *ammunition*]; ***a*** ~ ***coal*** ett glödande kol; ~ ***wire*** a) strömförande ledning b) energiknippe **3** radio. el. tv. direktsänd; ~ ***broadcast*** direktsändning
II [laɪv] *adv* radio. el. tv. direkt [*broadcast* ~]
2 live I [lɪv] *verb* **1** leva [~ *a double life*]; leva kvar [*his memory will always* ~]; ***we*** ~ ***and learn*** man lär så länge man lever; ~ ***to see*** få uppleva **2** bo, vara bosatt, vistas
II [lɪv] *verb* med adv. o. prep.
live down hämta sig efter; ***he never lived down the scandal*** han fick aldrig folk att glömma skandalen
live through genomleva, uppleva
live together leva ihop, sammanbo
~ **it up** vard. leva livet
live up to leva upp till, göra skäl för [~ *up to one's reputation*]
live-in ['lɪvɪn] *subst*, ~ el. ~ ***lover*** sambo

livelihood ['laɪvlɪhʊd] *subst* uppehälle, levebröd; ***means of*** ~ födkrok
lively ['laɪvlɪ] *adj* livlig, pigg [*~ eyes*]; ***look ~!*** raska på!
liven ['laɪvn] *verb*, ~ ***up*** a) liva upp, pigga upp b) bli livlig (livligare), livas (piggas) upp
liver ['lɪvə] *subst* lever; ~ ***disease*** leversjukdom; ~ ***paste*** leverpastej
lives [laɪvz] *subst pl* av *life*
livestock ['laɪvstɒk] *subst* kreatursbesättning, boskap, husdjur
livid ['lɪvɪd] *adj* **1** blåblek, likblek **2** vard. rasande
living I ['lɪvɪŋ] *adj* levande; ***are your parents ~?*** lever dina föräldrar?; ***in ~ memory*** i mannaminne
II ['lɪvɪŋ] *subst* **1** liv, att leva [*~ is expensive these days*]; ***standard of*** ~ levnadsstandard **2** levebröd; ***earn a (one's)*** ~ el. ***make a (one's)*** ~ förtjäna sitt uppehälle [*by* på]; ***what does he do for a ~?*** vad sysslar han med?, vad lever han av? **3** kyrkl. pastorat **4** före subst. livs-, levnads- [*~ conditions*]; ~ ***quarters*** bostad; ***a ~ wage*** en lön som man kan leva på
living room ['lɪvɪŋruːm] *subst* vardagsrum
lizard ['lɪzəd] *subst* ödla
'll [l] = *will* o. *shall* [*I'll = I will, I shall*]
llama ['lɑːmə] *subst* lamadjur
LNB [ˌelen'biː] *subst* tv. mikrovågshuvud på parabol
lo [ləʊ] *interj*, ~ ***and behold!*** har man sett!
load I [ləʊd] *subst* **1** last, börda **2** tekn. belastning **3** vard., pl. ~***s*** massor; ~***s of*** massor av, en massa; ***a ~ of rubbish!*** en massa skräp!; ***get a ~ of this!*** kolla in det här!
II [ləʊd] *verb* **1** lasta [*~ a ship*]; fylla [*~ the washing machine*] **2** belasta [*~ one's memory with*]; ~ ***one's stomach*** överlasta magen **3** ladda **4** ~ ***dice*** förfalska tärningar
loaded ['ləʊdɪd] *perf p* o. *adj* **1** lastad; ~ ***dice*** falska tärningar **2** vard. tät rik **3** vard. packad, full
1 loaf [ləʊf] (pl. *loaves* [ləʊvz]) *subst* limpa, bröd; ~ ***of bread*** en limpa, ett bröd; ***meat*** ~ köttfärslimpa; ***tin*** ~ formbröd
2 loaf [ləʊf] *verb*, ~ ***about*** slå dank, stå och hänga
loafer ['ləʊfə] *subst* **1** dagdrivare **2** loafer slags lågsko
loam [ləʊm] *subst* sandblandad lerjord, lätt lerjord
loan I [ləʊn] *subst* lån; ***on*** ~ a) utlånad b) till låns
II [ləʊn] *verb* låna ut
loan-shark ['ləʊnʃɑːk] *subst* procentare
loath [ləʊθ] *adj* obenägen [*to* att]
loathe [ləʊð] *verb* avsky
loathing ['ləʊðɪŋ] *subst* avsky; äckel
loathsome ['ləʊðsəm] *adj* vidrig, äcklig
loaves [ləʊvz] *subst pl* av *1 loaf*
lob I [lɒb] *subst* sport. lobb
II [lɒb] (*-bb-*) *verb* sport. lobba
lobby ['lɒbɪ] *subst* **1** hall, vestibul, entréhall i t.ex. hotell **2** påtryckningsgrupp
lobe [ləʊb] *subst*, ~ ***of the ear*** örsnibb
lobelia [lə'biːljə] *subst* blomma lobelia
lobster ['lɒbstə] *subst* hummer
lobsterpot ['lɒbstəpɒt] *subst* hummertina
local I ['ləʊkl] *adj* lokal, orts-, på orten; ~ ***area network*** (förk. *LAN*) data. lokalt datornät; ***the ~ authorities*** de lokala (kommunala) myndigheterna; ~ ***government*** kommunal självstyrelse; ~ ***population*** lokalbefolkning
II ['ləʊkl] *subst* **1** ortsbo; ***he is a*** ~ han är härifrån **2** vard., ***the*** ~ kvarterspuben
locality [lə'kælətɪ] *subst* **1** lokalitet, plats, ställe **2** trakt, ort **3** läge, belägenhet
locate [ləʊ'keɪt] *verb* lokalisera, spåra; ***be located*** vara belägen, ligga
location [ləʊ'keɪʃən] *subst* **1** läge, plats **2** film., ***shoot films on*** ~ filma på platsen
loch [lɒk] *subst* skotska **1** insjö **2** fjord
1 lock [lɒk] *subst* lock, hårlock
2 lock I [lɒk] *subst* **1** lås; ***under ~ and key*** inom lås och bom; ***put sth under ~ and key*** låsa in ngt **2** ~, ***stock and barrel*** rubb och stubb **3** sluss
II [lɒk] *verb* **1** låsa, stänga med lås; ~ ***out*** a) låsa ut b) lockouta; ~ ***up*** a) låsa till, stänga till [*~ up a room*] b) låsa in, spärra in [*~ up a prisoner*] **2** gå i lås, låsas, gå att låsa; ~ ***up*** låsa efter sig **3** låsa sig
locker ['lɒkə] *subst* låsbart skåp, låsbart fack; ~ ***room*** omklädningsrum
locket ['lɒkɪt] *subst* medaljong
lockjaw ['lɒkdʒɔː] *subst* vard. stelkramp
lockout ['lɒkaʊt] *subst* lockout
locksmith ['lɒksmɪθ] *subst* låssmed, klensmed
lock-up ['lɒkʌp] *subst* arrest, finka
locomotive [ˌləʊkə'məʊtɪv] *subst* lokomotiv, lok
locust ['ləʊkəst] *subst* gräshoppa från Asien el. Afrika
lodge I [lɒdʒ] *subst* **1** jakthydda, jaktstuga

2 portvaktsrum
II [lɒdʒ] *verb* **1** inkvartera, hysa, logera, ta in **2** framföra; ~ ***a complaint*** framföra ett klagomål **3** deponera [*~ money in the bank*] **4** hyra rum, bo [*with* hos]
lodger ['lɒdʒə] *subst* inneboende, hyresgäst
lodging ['lɒdʒɪŋ] *subst* **1** husrum; ~ ***for the night*** nattlogi **2** pl. ~***s*** hyresrum
lodging house ['lɒdʒɪŋhaʊs] *subst* enklare hotell
loft [lɒft] *subst* vind, loft
lofty ['lɒftɪ] *adj* litt. **1** hög, imponerande [*a ~ tower*], ståtlig; om rum hög i taket **2** hög [*~ ideals*]
log I [lɒg] *subst* **1** stock; ***sleep like a*** ~ sova som en stock **2** vedträ **3** sjö. logg
[lɒg] (*-gg-*) *verb* data., ~ ***in*** logga in; ~ ***out*** logga ut
loganberry ['ləʊgənbərɪ] *subst* loganbär en korsning mellan hallon och björnbär
logbook ['lɒgbʊk] *subst* sjö. el. flyg. loggbok
log cabin ['lɒgˌkæbɪn] *subst* timmerstuga
loggerhead ['lɒgəhed] *subst*, ***be at ~s*** vara osams
logic ['lɒdʒɪk] *subst* logik
logical ['lɒdʒɪkl] *adj* logisk, följdriktig
loin [lɔɪn] *subst* **1** pl. ~***s*** länder **2** kok. njurstek, fransyska
loin-cloth ['lɔɪnklɒθ] *subst* höftskynke
loiter ['lɔɪtə] *verb* **1** söla **2** stå och hänga; ~ ***about*** el. ~ dra omkring; ***no loitering*** på skylt förbjudet att vistas på området
loll [lɒl] *verb* **1** ligga och dra sig [*~ in bed*]; sitta och slappa **2** ~ ***out*** hänga ut ur munnen [*the dog's tongue was lolling out*]

> **lollipop**
> Vid övergångsställen nära skolor i Storbritannien står ofta trafikvakter. De hejdar bilarna när barnen ska gå över. Trafikvakten kallas ofta *lollipop man* eller *lollipop lady*, eftersom han eller hon är utrustad med en rund stoppskylt som ser ut som en stor slickepinne.

lollipop ['lɒlɪpɒp] *subst* klubba, slickepinne
lolly ['lɒlɪ] *subst* vard. klubba, slickepinne; ***ice*** ~ isglass pinne
London ['lʌndən]
Londoner ['lʌndənə] *subst* Londonbo; ***she is a*** ~ hon kommer från London
lone [ləʊn] *adj* (endast före subst.) ensam [*a ~ wolf*], enslig
lonely ['ləʊnlɪ] *adj* **1** ensam **2** öde, ödslig
lonely-hearts [ˌləʊnlɪ'hɑːts] *subst pl*, ~ ***club*** ensamma hjärtans klubb; ~ ***racketeer*** sol-och-vårare
lonesome ['ləʊnsəm] *adj* ensam
1 long [lɒŋ] *verb* längta [*for* efter]
2 long I [lɒŋ] *adj* lång; längd- [*~ jump*]
II [lɒŋ] *subst*, ***the ~ and short of it*** summan av kardemumman, kontentan
III [lɒŋ] *adv* **1** länge; ~ ***live the King!*** leve kungen!; ***he had not ~ eaten*** han hade nyss ätit **2** hel; ***an hour*** ~ en hel timme; ***all day*** ~ hela dagen
IV [lɒŋ] *adj* o. *subst* o. *adv* i diverse förbindelser: ***I shan't be*** ~ el. ***I won't be*** ~ jag är strax tillbaka; ***be ~ about sth*** hålla på länge med ngt; ***it was not ~ before he came*** det dröjde inte länge förrän han kom; ***he was not ~ coming*** han lät inte vänta på sig; ***take*** ~ ta lång tid; ~ ***ago*** för länge sedan; ***as*** ~ så lång tid [*three times as ~*]; ***as ~ as*** el. ***so ~ as*** a) så länge, så länge som [*stay as ~ as you like*], lika länge som [*she stayed as ~ as I did*] b) om ... bara [*you may borrow the book so ~ as you keep it clean*]; ***as ~ as 10 years ago*** redan för 10 år sedan; ***before*** ~ inom kort, snart; ***for*** ~ länge; på länge; ***so ~!*** vard. hej så länge!
long-distance [ˌlɒŋ'dɪstəns] *adj* långdistans- [*~ flight*]; ~ ***call*** rikssamtal
longing I ['lɒŋɪŋ] *adj* längtansfull
II ['lɒŋɪŋ] *subst* längtan [*for* efter]
longish ['lɒŋɪʃ] *adj* rätt så lång, längre

> **London**
> London är Storbritanniens huvudstad och största stad. Här finns många berömda platser, byggnader och turistattraktioner, t.ex. *Piccadilly Circus, the Houses of Parliament* Parlamentshuset, *Buckingham Palace* den kungliga familjens residens, *St Paul's Cathedral, the Tower of London* Towern och *Madame Tussaud's* vaxkabinett. Genom London flyter floden *the Thames*, Themsen. London är en viktig hamnstad, *port*, och centrum för industri, affärsvärld och turism.

longitude ['lɒndʒɪtjuːd] *subst* longitud
long-lived [ˌlɒŋ'lɪvd] *adj* långlivad, långvarig
long-range [ˌlɒŋ'reɪndʒ] *adj* långdistans- [*~ flight*]; *~ **forecast*** långtidsprognos
long-shoreman ['lɒŋʃɔːmæn] *subst* amer. stuveriarbetare, stuvare
long-sighted [ˌlɒŋ'saɪtɪd] *adj* långsynt
long-standing ['lɒŋˌstændɪŋ] *adj* gammal, långvarig
long-term ['lɒŋtɜːm] *adj* **1** lång, långfristig [*~ loans*] **2** på lång sikt, långsiktig [*~ policy*]
long-winded [ˌlɒŋ'wɪndɪd] *adj* långrandig
loo [luː] *subst* vard., ***the*** *~* toa, dass
look I [lʊk] *verb* **1** titta [*at* på] **2** leta, söka [*for* efter] **3** verka, förefalla, synas; *~* ***like*** se ut som, likna; ***what does he ~ like?*** hur ser han ut?; ***it ~s like rain*** det ser ut att bli regn; ***she ~s 50*** hon ser ut som 50; ***make sb ~ a fool*** göra ngn till ett åtlöje
II [lʊk] *verb* med adv. o. prep.
look about se sig om
look after 1 se efter, sköta om, ha (ta) hand om; *~* ***after oneself*** klara sig själv, sköta om sig **2** sköta, bevaka [*~ after one's interests*]
look at se på, titta på; ***it isn't much to ~ at*** det ser ingenting ut
look back 1 se sig om **2** se tillbaka, tänka tillbaka **3** ***from then on he never looked back*** från och med då gick det stadigt framåt för honom
look down se ned; *~* ***down on sb*** se ned på ngn
look for 1 leta efter **2** vänta sig
look forward se framåt; *~* ***forward to*** se fram emot
look in titta in [*on sb* till ngn], hälsa på [*on sb* ngn]
look into 1 se in i, titta in i **2** undersöka [*I'll ~ into the matter*]
look on 1 se 'på, titta 'på **2** betrakta [*~ on sb with distrust*]
look out 1 se ut, titta ut [*~ out of the window*] **2** se sig för; *~* ***out!*** se upp!, akta dig! **3** *~* ***out on*** el. *~* ***out over*** ha utsikt över
look over 1 se över **2** se igenom, granska
look round 1 se sig om; *~* ***round the town*** se sig om i staden **2** se sig om [*for* efter]
look to 1 se på, se till **2** *~* ***to sb for sth*** vänta sig ngt av ngn
look up 1 se upp, titta upp; *~* ***up to sb*** se upp till ngn **2** ***things are looking up*** det börjar ljusna, det tar sig **3** ta reda på, slå upp [*~ up a word in a dictionary*] **4** vard. söka upp, hälsa på
look upon betrakta [*~ upon sb with distrust*]
III [lʊk] *subst* **1** blick, titt; ***let me have a ~*** får jag se; ***have a ~ at*** el. ***take a ~ at*** ta en titt på **2** utseende, uttryck [*an ugly ~ on his face*] **3** *~**s*** pl. uppsyn, min [*angry ~s*], uppsyn **4** pl. *~**s*** persons utseende [*she has her mother's ~s*]; ***I don't like the ~ of it*** jag tycker inte om det, det verkar oroande
look-alike ['lʊkəlaɪk] *subst* vard. dubbelgångare
looker-on [ˌlʊkər'ɒn] (pl. *lookers-on* [ˌlʊkəz'ɒn]) *subst* åskådare
look-in ['lʊkɪn] *subst* vard. **1** titt, påhälsning **2** chans [*I didn't even get a ~*]
looking glass ['lʊkɪŋglɑːs] *subst* spegel
look-out ['lʊkaʊt] *subst*, ***keep a good ~*** hålla skarp utkik [*for* efter]; ***that's my ~*** det är min ensak; ***be on the ~ for*** hålla utkik efter
1 loom [luːm] *subst* **1** vävstol
2 loom [luːm] *verb* dyka fram, dyka upp; *~* ***ahead*** hota, vara i annalkande [*dangers looming ahead*]
loop I [luːp] *subst* **1** ögla, slinga; hängare **2** spiral livmoderinlägg
II [luːp] *verb* **1** göra en ögla på **2** flyg., *~* ***the loop*** göra en looping
loophole ['luːphəʊl] *subst* **1** kryphål [*a ~ in the law*] **2** skottglugg
loose [luːs] *adj* **1** lös, slapp [*~ skin*]; glapp; ***be at a ~ end*** vard. vara sysslolös, inte ha något för sig; ***come ~*** lossna; ***set ~*** släppa lös, släppa fri **2** lösaktig; *~* ***morals*** lättfärdighet
loose-fitting ['luːsˌfɪtɪŋ] *adj* löst sittande, ledig, vid
loose-leaf ['luːsliːf] *adj* lösblads- [*~ book*]
loosen ['luːsn] *verb* **1** lossa [*~ a screw*], lösa upp [*~ a knot*] **2** göra lösare, luckra upp; *~* ***up*** mjuka upp [*~ up one's muscles*]
loot I [luːt] *subst* byte, rov
II [luːt] *verb* plundra
looter ['luːtə] *subst* plundrare
lop-sided [ˌlɒp'saɪdɪd] *adj* sned, skev
lord I [lɔːd] *subst* **1** herre, härskare [*of* över]; ***Our Lord*** Vår Herre och Frälsare; ***in the year of our Lord 1500*** år 1500 efter Kristi födelse; ***the Lord's Prayer*** fadervår; ***good Lord!*** Herre Gud!; ***Lord knows who (how)!*** vard. Gud vet vem (hur)! **2** lord; ***live like a ~*** leva furstligt;

as drunk as a ~ full som en alika; ***swear like a*** ~ svära som en borstbindare **3** ***the House of Lords*** el. ***the Lords*** överhuset; ***Lord*** Lord adelstitel före namn
II [lɔːd] *verb*, ~ ***it over*** spela herre över
lordship ['lɔːdʃɪp] *subst* **1** herravälde [*over* över] **2** ***Your Lordship*** Ers nåd
lore [lɔː] *subst* kultur [*Irish* ~]
lorry ['lɒrɪ] *subst* lastbil
lorry-driver ['lɒrɪˌdraɪvə] *subst* lastbilschaufför, lastbilsförare
lose [luːz] (*lost lost*) *verb* **1** förlora, mista, tappa, tappa bort; ~ ***sight of*** a) förlora ur sikte b) bortse från, glömma; ~ ***one's way*** el. ~ ***the way*** råka (gå, köra) vilse; ~ ***weight*** gå ned i vikt **2** förspilla, ödsla [~ *time*]
loser ['luːzə] *subst* förlorare
loss [lɒs] *subst* **1** förlust; ~ ***of appetite*** bristande aptit; ***no*** ~ ***of life*** inga förluster i människoliv; ~ ***of sleep*** brist på sömn; ~ ***of time*** tidsförlust; ***sell at a*** ~ sälja med förlust **2** ***be at a*** ~ vara villrådig; ***he is never at a*** ~ han vet alltid råd; ***be at a*** ~ ***for words*** sakna ord
lost I [lɒst] imperf. av *lose*
II [lɒst] *adj* o. *perf p* (av *lose*) **1** förlorad, borttappad; ***get*** ~ komma bort, försvinna; ~ ***property office*** hittegodsexpedition **2** vilsekommen [*a* ~ *child*]; bortkommen, vilsen [*I felt* ~]; hjälplös [*I'm* ~ *without my glasses*] **3** förtappad, fördömd [*a* ~ *soul*] **4** försummad [~ *opportunities*]; ***be*** ~ ***on*** vara bortkastad på [*the joke was* ~ *on her*]
lot [lɒt] *subst* **1** vard. massa, mängd; ***a*** ~ mycket [*he is a* ~ *better*]; ~***s*** massor; ***quite a*** ~ en hel del, rätt mycket; ***that's a fat*** ~***!*** det är minsann inte mycket!; ***the*** ~ allt, alltihop **2** tomt [*building* ~], plats [*burial* ~] **3** lott
lotion ['ləʊʃən] *subst* vätska, lösning; ***hair*** ~ hårvatten; ***setting*** ~ läggningsvätska; ***suntan*** ~ solmjölk, sololja
lottery ['lɒtərɪ] *subst* lotteri; ~ ***ticket*** lottsedel
lotto ['lɒtəʊ] *subst* lotto, lottospel
lotus ['ləʊtəs] *subst* lotus, lotusblomma
loud I [laʊd] *adj* **1** hög [~ *voice*], högljudd; ***in a*** ~ ***voice*** med hög röst; ***the*** ~ ***pedal*** musik. vard. fortepedalen **2** skrikig [*a* ~ *tie*], vulgär
II [laʊd] *adv* högt [*don't speak so* ~*!*]
loud-hailer [ˌlaʊd'heɪlə] *subst* megafon
loudmouth ['laʊdmaʊθ] *subst* gaphals
loud-mouthed ['laʊdmaʊθt] *adj* högljudd, skränig
loudspeaker [ˌlaʊd'spiːkə] *subst* högtalare
lounge I [laʊndʒ] *verb*, ~ ***about*** el. ~ a) gå och driva b) stå (sitta) och hänga, lata sig; ~ ***away*** slöa bort [~ *away an hour*]
II [laʊndʒ] *subst* **1** i bostad vardagsrum **2** vestibul, foajé, hall [*the hotel* ~] **3** salong; ***cocktail*** ~ cocktailbar; ***the*** ~ ***bar*** i pub den 'finaste' avdelningen
lounger ['laʊndʒə] *subst* dagdrivare, lätting
lounge suit [ˌlaʊndʒ'suːt] *subst* kostym
louse [laʊs] *subst* **1** (pl. *lice* [laɪs]) lus **2** vard., person äckel, knöl
lousy ['laʊzɪ] *adj* **1** lusig **2** vard., ~ ***with*** nedlusad med [~ *with money*] **3** vard. urdålig, urusel [*a* ~ *dinner, feel* ~], jäkla [*you* ~ *swine*]
lout [laʊt] *subst* slyngel, drummel, tölp
loutish ['laʊtɪʃ] *adj* slyngelaktig, drumlig
lovable ['lʌvəbl] *adj* gullig, älsklig
love I [lʌv] *subst* **1** kärlek [*of sb, for sb* till ngn; *of sth* till ngt]; förälskelse [*for* i]; ***make*** ~ älska, ligga med varandra; ***make*** ~ ***to*** älska med, ligga med; ~ ***of mankind*** människokärlek; ***it is not to be had for*** ~ ***or money*** det går inte att få för pengar; ***in*** ~ förälskad, kär [*with* i]; ***fall in*** ~ ***with*** förälska sig i, bli kär i **2** hälsning, hälsningar; ***give him my*** ~ hälsa honom så mycket; ***send sb one's*** ~ hälsa till ngn; ***lots of*** ~ el. ~ i brevslut hjärtliga hälsningar **3** älskling, raring, lilla vän **4** i tennis noll
II [lʌv] *verb* **1** älska **2** tycka mycket om, vara förtjust i; ***yes, I'd*** ~ ***to!*** ja, mycket gärna!
love affair ['lʌvəˌfeə] *subst* kärlekshistoria
lovebirds ['lʌvbɜːdz] *subst pl* turturduvor; kärlekspar
love game ['lʌvgeɪm] *subst* i tennis blankt game
lovely I ['lʌvlɪ] *adj* **1** förtjusande, vacker, söt **2** härlig, underbar
II ['lʌvlɪ] *subst* skönhet
love-making ['lʌvˌmeɪkɪŋ] *subst* älskande
lover ['lʌvə] *subst* **1** älskare; ***the*** ~***s*** de älskande **2** vän, älskare; ***be a*** ~ ***of*** älska, tycka om
lovesick ['lʌvsɪk] *adj* kärlekskrank
loving ['lʌvɪŋ] *adj* kärleksfull; ***a*** ~ ***couple*** ett älskande par
1 low [ləʊ] *verb* råma, böla
2 low I [ləʊ] *adj* **1** låg; ***the Low Countries*** Nederländerna, Belgien och Luxemburg; ~ ***pressure*** lågtryck; ***the tide is*** ~ det är

ebb; ***in a ~ voice*** med låg röst **2** ringa, obetydlig; ~ ***rainfall*** låg nederbörd; ~ ***in protein*** fattig på protein **3** simpel, låg, vulgär **4** nere, deppig
II [ləʊ] *adv* **1** lågt; djupt [*bow* ~]; lågmält; ~ ***down on the list*** långt ner på listan; ***lay*** ~ a) kasta omkull, döda b) tvinga att ligga till sängs [*influenza has laid him* ~]; ***lie*** ~ a) ligga kullslagen b) hålla sig gömd c) vard. ligga lågt **2** knappt **3** ***as*** ~ ***as*** ända ner till
III [ləʊ] *subst* botten, bottennotering [*a new* ~ *in bad taste*]
low-alcohol [ˌləʊ'ælkəhɒl] *adj*, ~ ***beer*** lättöl
lowbrow I ['ləʊbraʊ] *adj* vard. ointellektuell, obildad
II ['ləʊbraʊ] *subst* vard. ointellektuell person
low-class [ˌləʊ'klɑːs] *adj* enklare, sämre, andra klassens [*a* ~ *pub*]
low-cut ['ləʊkʌt] *adj* urringad
lowdown ['ləʊdaʊn] *subst* vard., ***give the*** ~ ***on*** tipsa om, berätta senaste nytt om
low-down ['ləʊdaʊn] *adj* **1** nedrig, gemen **2** förfallen, eländig
lower I ['ləʊə] *adj* lägre, obetydligare, undre [~ *limit*]; nedre; ***the*** ~ ***classes*** de lägre klasserna, underklassen
II ['ləʊə] *adv* lägre; ~ ***down*** längre ner
III ['ləʊə] *verb* **1** sänka, sänka ner, fälla ner; ~ ***a flag*** hala en flagga; ~ ***oneself*** a) sänka sig b) nedlåta sig **2** dämpa, skruva ner [~ *the radio*]
lower-case ['ləʊəkeɪs] *adj*, ~ ***letter*** liten bokstav
lowermost ['ləʊəməʊst] *adj* lägst, underst
lowest I ['ləʊɪst] *adj* o. *adv* lägst
II ['ləʊɪst] *subst*, ***at the*** ~ lägst [*ten at the* ~]
low-grade ['ləʊgreɪd] *adj* lågvärdig, av låg kvalitet
low-key ['ləʊkiː] *adj* lågmäld, dämpad
lowland I ['ləʊlənd] *subst* lågland; ***the Lowlands*** Skotska lågländerna
II ['ləʊlənd] *adj* låglands-
low-lying [ˌləʊ'laɪɪŋ] *adj* låglänt
low-minded [ˌləʊ'maɪndɪd] *adj* lågsinnad, vulgär
low-necked [ˌləʊ'nekt] *adj* låghalsad, urringad
low-paid [ˌləʊ'peɪd] *adj* lågavlönad
low-pitched [ˌləʊ'pɪtʃt] *adj* låg, lågmäld [*a* ~ *voice*]
low-powered [ˌləʊ'paʊəd] *adj* svag, med liten effekt [*a* ~ *engine*]
low-rise ['ləʊraɪz] *adj*, ~ ***building*** låghus
low-tar [ˌləʊ'tɑː] *adj* med låg tjärhalt [~ *cigarettes*]
low-voltage [ˌləʊ'vəʊltɪdʒ] *adj* svagströms- [~ *motor*], lågspännings-
loyal ['lɔɪəl] *adj* lojal, solidarisk [*to* mot, med], trofast, pålitlig [*a* ~ *friend*]
loyalty ['lɔɪəltɪ] *subst* lojalitet, trofasthet
lozenge ['lɒzɪndʒ] *subst* pastill, tablett [*throat* ~]
LSD [ˌeles'diː] *subst* LSD narkotiskt medel
Ltd. ['lɪmɪtɪd] (förk. för *Limited*) AB
lubricant ['luːbrɪkənt] *subst* smörjmedel
lubricate ['luːbrɪkeɪt] *verb* smörja, olja in, smörja in
lubricating ['luːbrɪkeɪtɪŋ] *adj* smörj- [~ *oil*]
lubrication [ˌluːbrɪ'keɪʃən] *subst* smörjning; insmörjning
lucid ['luːsɪd] *adj* klar, redig
luck [lʌk] *subst* lycka, tur; ***any*** ~**?** lyckades det?; ***bad*** ~ otur; ***good*** ~ lycka, tur; ***good*** ~**!** lycka till!; ***hard*** ~ el. ***tough*** ~ vard. otur [*on sb* för ngn]; ***just my*** ~**!** iron. det är min vanliga tur!; ***the best of*** ~**!** lycka till!
luckily ['lʌkəlɪ] *adv* lyckligtvis, som tur var
lucky ['lʌkɪ] *adj* som har tur, med tur [*a* ~ *man*]; lyckosam, lycklig, tursam; ***be*** ~ a) ha tur b) vara tur [*it's* ~ *for him*]; ***a*** ~ ***charm*** en lyckobringade amulett; ***it's my*** ~ ***day*** det är min lyckodag (turdag); ***you*** ~ ***devil!*** el. ***you*** ~ ***dog!*** din lyckans ost!; ~ ***number*** turnummer; ***third time*** ~**!** tredje gången gillt!; ***strike*** ~ ha tur
lucrative ['luːkrətɪv] *adj* lukrativ, lönande
ludicrous ['luːdɪkrəs] *adj* löjlig
ludo ['luːdəʊ] *subst* spel fia
lug [lʌg] (-*gg*-) *verb* släpa på, kånka på
luggage ['lʌgɪdʒ] *subst* bagage; ***a piece of*** ~ ett kolli
luggage label ['lʌgɪdʒˌleɪbl] *subst* adresslapp
luggage office ['lʌgɪdʒˌɒfɪs] *subst* resgodsexpedition
luggage rack ['lʌgɪdʒræk] *subst* bagagehylla
luggage van ['lʌgɪdʒvæn] *subst* resgodsvagn
lukewarm ['luːkwɔːm] *adj* **1** ljum [~ *tea*] **2** halvhjärtad [~ *support*]
lull I [lʌl] *verb* **1** vyssja, lulla [*to sleep* till sömns] **2** lugna, stilla [~ *sb's fears*]; ~ ***sb into a false sense of security*** invagga ngn i falsk säkerhet
II [lʌl] *subst* paus, uppehåll [*a* ~ *in the conversation*]; ***the*** ~ ***before the storm*** lugnet före stormen
lullaby ['lʌləbaɪ] *subst* vaggvisa, vaggsång
lumbago [lʌm'beɪgəʊ] *subst* med. ryggskott
lumber I ['lʌmbə] *subst* **1** skräp, bråte **2** spec. amer. timmer, virke
II ['lʌmbə] *verb*, ~ ***up*** el. ~ belamra

lumberjack ['lʌmbədʒæk] *subst* skogshuggare
lumberyard ['lʌmbəjɑːd] *subst* brädgård
luminous ['luːmɪnəs] *adj* självlysande [~ *paint*]; ~ ***tape*** reflexband
lump I [lʌmp] *subst* **1** klump, stycke, bit; ~ ***sugar*** bitsocker; ***a ~ of sugar*** en sockerbit **2** bula, knöl
II [lʌmp] *verb*, ~ ***together*** a) slå ihop i klump, bunta ihop b) behandla i klump
lumpy ['lʌmpɪ] *adj* full av klumpar, klimpig
lunacy ['luːnəsɪ] *subst* vansinne, vanvett
lunar ['luːnə] *adj* mån-; ~ ***landscape*** månlandskap
lunatic ['luːnətɪk] *subst* galning, dåre
lunch I [lʌntʃ] *subst* lunch; ~ ***packet*** el. ***packed*** ~ lunchmatsäck, lunchkorg
II [lʌntʃ] *verb* äta lunch
luncheon ['lʌntʃən] (formellt för *lunch*) *subst* lunch
lunch hour ['lʌntʃˌaʊə] *subst* lunchrast
lunchtime ['lʌntʃtaɪm] *subst* lunchdags
lung [lʌŋ] *subst* lunga; före subst. lung- [~ *cancer*]
lunge I [lʌndʒ] *subst* utfall, häftig rörelse
II [lʌndʒ] *verb* **1** ~ ***out*** el. ~ göra utfall [*at* mot] **2** stöta, sticka t.ex. vapen [*into* i]
lupin ['luːpɪn] *subst* lupin blomma
1 lurch I [lɜːtʃ] *subst* krängning, raglande, vinglande
II [lɜːtʃ] *verb* kränga, ragla, vingla
2 lurch [lɜːtʃ] *subst*, ***leave in the*** ~ lämna i sticket
lure I [ljʊə, lʊə] *subst* lockelse, dragningskraft [*the ~ of the sea*]
II [ljʊə, lʊə] *verb* locka, lura
lurid ['ljʊərɪd] *adj* **1** brandröd, flammande [*a ~ sunset*]; skrikig, gräll **2** makaber [~ *details*]
lurk [lɜːk] *verb* stå på lur, ligga på lur
luscious ['lʌʃəs] *adj* **1** läcker, delikat [~ *peaches*] **2** vard. yppig [*a ~ blonde*]
lush [lʌʃ] *adj* frodig, yppig; grönskande
lust I [lʌst] *subst* lusta, åtrå [*for* efter]
II [lʌst] *verb*, ~ ***for*** åtrå, törsta efter
lustful ['lʌstfʊl] *adj* lysten [~ *eyes*], vällustig
lustre ['lʌstə] *subst* glans, lyster
lustrous ['lʌstrəs] *adj* glänsande, skimrande
lusty ['lʌstɪ] *adj* kraftfull, livskraftig; kraftig [*a ~ kick*]
Lutheran I ['luːθərən] *subst* lutheran
II ['luːθərən] *adj* luthersk
Luxembourg ['lʌksəmbɜːg] Luxemburg
luxuriant [lʌg'zjʊərɪənt] *adj* frodig, yppig, ymnig; ~ ***hair*** yvigt hår
luxurious [lʌg'zjʊərɪəs] *adj* luxuös, lyxig, flott [*a ~ hotel*]
luxury ['lʌkʃərɪ] *subst* **1** lyx, överflöd, överdåd; lyx- [*a ~ hotel*] **2** lyxartikel, lyxvara
lying I ['laɪɪŋ] pres. p. av *2 lie I*
II ['laɪɪŋ] *adj* lögnaktig
III ['laɪɪŋ] *subst* ljugande
lymph [lɪmf] *subst* anat. lymfa
lynch [lɪntʃ] *verb* lyncha
lynx [lɪŋks] *subst* lo, lodjur
lyric I ['lɪrɪk] *adj* lyrisk; ~ ***poetry*** el. ~ ***verse*** lyrik
II ['lɪrɪk] *subst* lyrisk dikt; pl. ~***s*** a) lyrik b) sångtext
lyrical ['lɪrɪkəl] *adj* lyrisk

Mm

1 M o. **m** [em] *subst* M, m
2 M förk. för *motorway* [*the M1* [ˌem'wʌn] motorväg i England]
m. förk. för *metre, metres, mile, miles, minute, minutes*
'm = *am* [*I'm*]
MA [ˌem'eɪ] (förk. för *Master of Arts*) ungefär fil. kand.
ma [mɑː] *subst* vard. mamma
ma'am [mæm] *subst* frun i tilltal
mac [mæk] *subst* vard. regnrock, regnkappa
macabre [mə'kɑːbrə] *adj* makaber, kuslig
macadam [mə'kædəm] *subst* makadam
macaroni [ˌmækə'rəʊnɪ] *subst* makaroner
macaroon [ˌmækə'ruːn] *subst* mandelbiskvi, polyné
mace [meɪs] *subst* muskotblomma krydda
Macedonia [ˌmæsɪ'dəʊnɪə] Makedonien
machine [mə'ʃiːn] *subst* **1** maskin, apparat, automat **2** maskineri, partiapparat
machine-gun [mə'ʃiːngʌn] *verb* skjuta med kulspruta
machine gun [mə'ʃiːngʌn] *subst* kulspruta, maskingevär
machine-gunner [mə'ʃiːnˌgʌnə] *subst* kulspruteskytt
machinery [mə'ʃiːnərɪ] *subst* maskiner, maskineri
macho ['mætʃəʊ] (pl. *~s*) *subst* macho, karlakarl
mackerel ['mækrəl] (pl. lika) *subst* fisk makrill
mackintosh ['mækɪntɒʃ] *subst* regnrock, regnkappa
mad [mæd] *adj* **1** vansinnig, galen, tokig; ***it's enough to drive one*** ~ det är så man kan bli vansinnig; ***like*** ~ som besatt, vilt; ***raving*** ~ el. ***as*** ~ ***as a hatter*** spritt galen; ~ ***cow disease*** galna ko-sjukan **2** spec. amer. arg, förbaskad [*at, with* på] **3** ilsken [*a ~ bull*]; galen [*a ~ dog*]
madam ['mædəm] *subst* i tilltal: ***Madam*** frun, fröken; ***can I help you, ~?*** kan jag hjälpa er (damen)?; ***Dear Madam*** el. ***Madam*** inledning i formella brev: utan motsvarighet i svenskan
madcap ['mædkæp] *subst* vildhjärna, yrhätta
madden ['mædn] *verb* göra galen, göra ursinnig
maddening ['mædnɪŋ] *adj* irriterande, outhärdlig [*~ delays*]
made I [meɪd] imperf. av *make*
II [meɪd] *adj* o. *perf p* (av *make*) **1** gjord, tillverkad **2** konstruerad, uppbyggd [*the plot is well ~*] **3** som lyckats [*a ~ man*]; ***he's ~ for life*** el. ***he's*** ~ vard. hans lycka är gjord
Madeira [mə'dɪərə] *subst* madeira vin
made-to-measure [ˌmeɪdtə'meʒə] *adj* måttbeställd, måttsydd
made-up [ˌmeɪd'ʌp] *adj* **1** uppdiktad [*a ~ story*] **2** sminkad, målad
madhouse ['mædhaʊs] *subst* vard. dårhus
madman ['mædmən] (pl. *madmen* ['mædmən]) *subst* dåre, galning
madness ['mædnəs] *subst* vansinne, galenskap
Madonna [mə'dɒnə] *subst* madonna [*the ~*]
Mafia o. **Maffia** ['mæfɪə, 'mɑːfɪə] *subst* maffia
magazine [ˌmægə'ziːn] *subst* **1** illustrerad tidning, veckotidning **2** magasin i gevär
maggot ['mægət] *subst* **1** larv **2** mask i ost el. kött
magic I ['mædʒɪk] *adj* magisk [*~ rites*], troll- [*~ flute*], förtrollad; ~ ***wand*** trollspö, trollstav
II ['mædʒɪk] *subst* **1** magi [*black ~*], trolldom, trollkonster; ***like*** ~ som genom ett trollslag **2** tjuskraft
magical ['mædʒɪkəl] *adj* magisk [*~ effect*], förtrollande
magician [mə'dʒɪʃən] *subst* trollkarl, magiker
magistrate ['mædʒɪstreɪt] *subst*

Madame Tussaud's
[ˌmædəmtə'sɔːdz]
Marie Tussaud var en skicklig fransk porträttskulptör. Under franska revolutionen tvingades hon göra dödsmasker av berömda personer som avrättades. 1802 flyttade hon till England. I 33 år åkte hon runt och visade sina masker innan hon 1835 grundade *Madame Tussaud's* vaxmuseum. I dag är *Madame Tussaud's* en av Londons stora attraktioner och lockar varje år till sig 2,5 miljoner besökare.

fredsdomare; domare; ***magistrates' court*** ungefär tingsrätt

magnanimity [ˌmægnəˈnɪmətɪ] *subst* storsinthet, ädelmod

magnanimous [mægˈnænɪməs] *adj* storsint

magnate [ˈmægneɪt] *subst* magnat

magnesium [mægˈniːzɪəm] *subst* kem. magnesium

magnet [ˈmægnət] *subst* magnet

magnetic [mægˈnetɪk] *adj* **1** magnetisk; ~ ***tape*** magnetband **2** tilldragande [*a ~ personality*]

magnetism [ˈmægnətɪzəm] *subst* **1** magnetism **2** dragningskraft [*his ~*]

magnetize [ˈmægnətaɪz] *verb* magnetisera

magnificence [məgˈnɪfɪsns] *subst* storslagenhet, prakt

magnificent [məgˈnɪfɪsnt] *adj* storslagen, magnifik

magnify [ˈmægnɪfaɪ] *verb* förstora; ***magnifying glass*** förstoringsglas

magnitude [ˈmægnɪtjuːd] *subst* storlek, omfattning, betydelse, vikt

magnolia [mægˈnəʊlɪə] *subst* blomma magnolia

magpie [ˈmægpaɪ] *subst* fågel skata

mahogany [məˈhɒgənɪ] *subst* träd el. trä mahogny

maid [meɪd] *subst* **1** hembiträde, tjänsteflicka **2** poetiskt mö **3** ungmö; ***old*** ~ gammal ungmö, gammal nucka

maiden I [ˈmeɪdn] *subst* poetiskt mö
II [ˈmeɪdn] *adj* **1** ogift [*my ~ aunt*]; ~ ***name*** flicknamn som ogift **2** jungfru-; ~ ***speech*** jungfrutal; ~ ***voyage*** båts jungfruresa

maidenhead [ˈmeɪdnhed] *subst* anat. mödomshinna

maidservant [ˈmeɪdˌsɜːvənt] *subst* hembiträde, tjänsteflicka

> **mail**
> *Mail* är det vanliga ordet för post i amerikansk engelska. I brittisk engelska används också *post*. E-post, mejl heter *E-mail*.

1 mail [meɪl] *subst*, ***coat of*** ~ brynja

2 mail I [meɪl] *subst* post försändelser [*you've got ~; open the ~*]; ~ ***order*** postorder; ***send by*** ~ skicka med posten ***the Royal Mail*** brittiska postverket
II [meɪl] *verb* skicka med posten, posta, lägga på [*~ a letter*]

mailbag [ˈmeɪlbæg] *subst* postsäck, postväska

mailbox [ˈmeɪlbɒks] *subst* o. amer. **mail-drop** [ˈmeɪldrɒp] *subst* brevlåda

mailman [ˈmeɪlmæn] *subst* spec. amer. brevbärare

mail-order [ˈmeɪlˌɔːdə] *adj* postorder- [*~ firm*]

maim [meɪm] *verb* lemlästa, stympa; skadskjuta

main I [meɪn] *adj* huvudsaklig, väsentlig; störst; huvud- [*~ building; ~ road*]; ***the*** ~ ***floor*** amer. bottenvåningen, gatuplanet; ~ ***street*** amer. huvudgata
II [meɪn] *subst* **1** ***in the*** ~ i huvudsak **2** ***with might and*** ~ av alla krafter **3** huvudledning för vatten, gas, elektricitet; pl. ~***s*** elektr. nät; ~***s set*** radio. nätansluten apparat

mainfloor [ˌmeɪnˈflɔː] *subst* amer., ***the*** ~ gatuplanet i varuhus; bottenvåning

mainframe [ˈmeɪnfreɪm] *subst*, ~ ***computer*** el. ~ stordator

mainland [ˈmeɪnlənd] *subst* fastland

mainly [ˈmeɪnlɪ] *adv* huvudsakligen, mest

mains-operated [ˈmeɪnzˌɒpəreɪtɪd] *adj* elektr. nätansluten

mainstay [ˈmeɪnsteɪ] *subst* stöttepelare

mainstream [ˈmeɪnstriːm] *adj* traditionell, normgivande

maintain [meɪnˈteɪn] *verb* **1** upprätthålla, vidmakthålla [*~ law and order*] **2** underhålla, hålla i gott skick; ~ ***a family*** försörja en familj **3** påstå, vidhålla, hävda **4** hålla på, hävda [*~ one's rights*]

maintenance [ˈmeɪntənəns] *subst* **1** upprätthållande, vidmakthållande **2** underhåll, skötsel **3** försörjning av familj; ***pay*** ~ betala underhåll **4** vidhållande, hävdande

maisonette [ˌmeɪzəˈnet] *subst* etagelägenhet, tvåplanslägenhet

maize [meɪz] *subst* majs

majestic [məˈdʒestɪk] *adj* majestätisk

majesty [ˈmædʒəstɪ] *subst* **1** storslagenhet [*the ~ of Rome*] **2** ***Your*** (***His, Her***) ***Majesty*** Ers (Hans, Hennes) Majestät

major I [ˈmeɪdʒə] *adj* **1** större [*a ~ operation*], stor- [*a ~ war*], mera betydande [*the ~ cities*]; ***the*** ~ ***part*** större delen, huvudparten; ~ ***road*** huvudled **2** musik. dur- [*~ scale*]; ~ ***key*** durtonart; ***A*** ~ A-dur

II ['meɪdʒə] *verb*, ~ ***in*** amer. ha som huvudämne [*she's majoring in history*]
III ['meɪdʒə] *subst* mil. major
Majorca [mə'dʒɔːkə] Mallorca
major-general [ˌmeɪdʒə'dʒenrəl] *subst* generalmajor
majority [mə'dʒɒrətɪ] *subst* **1** majoritet, flertal; ***the ~ of people*** de flesta människor; ***absolute ~*** absolut majoritet **2** myndig ålder; ***attain one's ~*** el. ***reach one's ~*** bli myndig
make I [meɪk] (*made made*) *verb* **1** göra, tillverka, framställa [*of, out of* av; *from* av, på]; ~ ***into*** göra till, förvandla till **2** göra i ordning, laga till [*~ lunch*], koka [*~ coffee; ~ tea*]; baka [*~ bread*]; sy [*~ a dress*] **3** hålla [*~ a speech*]; komma med [*~ excuses*]; ~ ***the bed*** bädda; ~ ***a phone call*** ringa ett samtal **4** utnämna till, utse till [*they made him chairman*] **5** få att [*he made me cry*], förmå att, tvinga att [*he made me do it*]; ***it's enough to ~ one cry*** det är så man kan gråta; ***what made the car stop?*** vad var det som gjorde att bilen stannade?; ~ ***believe that one is…*** låtsas att man är…; ~ ***do*** klara sig **6** tjäna [*~ £25,000 a year*]; göra sig, skapa sig [*~ a fortune*]; skaffa sig [*~ many friends*] **7** bilda, utgöra; ***3 times 3 ~ (makes) 9*** 3 gånger 3 är (blir) 9; ***100 pence ~ a pound*** det går 100 pence på ett pund **8** uppskatta till [*I ~ the distance 5 miles*]; ***I don't know what to ~ of it*** jag vet inte vad jag ska tro om det **9** bestämma till, fastställa till [*~ the price 10 dollars*]; ***let's ~ it 6 o'clock!*** ska vi säga klockan 6! **10** komma fram till, lyckas nå [*~ the summit*]; angöra, få i sikte [*~ land*]; hinna med, hinna till [*we made the bus*] **11** styra kurs, fara [*for* mot, till; *towards* mot]; skynda, rusa [*for* mot, till; *towards* mot] **12** ~ ***for*** främja, bidra till [*~ for better understanding*] **13** ~ ***as if*** el. ***as though*** låtsas som om
II [meɪk] (*made made*) *verb* med adv. o. prep.
make away with försvinna med [*the thieves ~ away with the TV*]
make off ge sig i väg, sjappa
make out 1 skriva ut [*~ out a cheque*], utfärda [*~ out a passport*], göra upp, upprätta [*~ out a list*], fylla i [*~ out a form*] **2** läsa [*I can't ~ out her handwriting*], tyda, urskilja, skönja [*she could ~ out the hills in the distance*] **3** förstå, begripa [*as far as I can ~ out*] **4** påstå, göra gällande [*he made out that I was there*]
make up 1 bilda; ***be made up of*** bestå av, utgöras av **2** göra upp, upprätta [*~ up a list*] **3** hitta på, dikta ihop [*you've made it up*] **4** sminka; ~ ***oneself up*** el. ~ ***up*** sminka sig, göra make up **5** göra upp [*~ up a quarrel*]; ~ ***it up*** bli sams igen **6** ~ ***up for*** a) ersätta, gottgöra b) ta igen, hämta in [*~ up for lost time*]; ~ ***it up to sb for sth*** gottgöra ngn för ngt
III [meɪk] *subst* **1** fabrikat, tillverkning; märke [*cars of all ~s*] **2** utförande, snitt **3** vard., ***on the ~*** vinningslysten
make-believe I ['meɪkbɪˌliːv] *subst* låtsaslek
II ['meɪkbɪˌliːv] *adj* låtsad, spelad
makeover ['meɪkˌəʊvə] *subst* omändring, förändring; om t.ex. hus, rum renovering, förvandling
maker ['meɪkə] *subst* **1** tillverkare, fabrikant **2** skapare; ***the Maker*** el. ***our Maker*** Skaparen
makeshift I ['meɪkʃɪft] *subst* provisorium, nödlösning
II ['meɪkʃɪft] *adj* provisorisk, nöd- [*a ~ solution*]
make-up ['meɪkʌp] *subst* **1** make up; ***put on ~*** sminka sig **2** sammansättning [*the ~ of the team*]
makeweight ['meɪkweɪt] *subst* fyllnadsgods, utfyllnad
making ['meɪkɪŋ] *subst* **1** tillverkning, tillagning; ***that was the ~ of him*** det gjorde folk av honom **2** ***have the ~s of…*** ha goda förutsättningar att bli…
maladjusted [ˌmælə'dʒʌstɪd] *adj* **1** feljusterad **2** missanpassad, miljöskadad
malady ['mælədɪ] *subst* sjukdom
malaria [mə'leərɪə] *subst* med. malaria
Malaysia [mə'leɪzɪə]
male I [meɪl] *adj* manlig [*~ heir*], av mankön; han- [*~ animal*], av hankön; ~ ***child*** gossebarn; ~ ***elephant*** elefanthane
II [meɪl] *subst* **1** man, mansperson **2** om djur hane, hanne
malevolent [mə'levələnt] *adj* elak, illvillig
malice ['mælɪs] *subst* illvilja, elakhet
malicious [mə'lɪʃəs] *adj* illvillig, elak, illasinnad
malignant [mə'lɪgnənt] *adj* **1** ondskefull, hätsk **2** med. elakartad [*~ tumour*]
mall [mɔːl, mæl] *subst*, ***shopping ~*** el. ~ gågata med affärer, köpcentrum
mallard ['mæləd] *subst* fågel gräsand
mallet ['mælɪt] *subst* **1** mindre klubba, trähammare **2** sport. klubba för krocket och polo

malnutrition [ˌmælnjʊˈtrɪʃən] *subst* undernäring

malt [mɔːlt] *subst* malt; ~ ***whisky*** maltwhisky

Malta [ˈmɔːltə]

Maltese I [ˌmɔːlˈtiːz] *adj* maltesisk
II [ˌmɔːlˈtiːz] *subst* **1** (pl. lika) maltesare **2** maltesiska språket

maltreat [mælˈtriːt] *verb* misshandla

maltreatment [mælˈtriːtmənt] *subst* misshandel

mama o. **mamma** [ˈmɑːmə] *subst* amer. vard. mamma

mammal [ˈmæml] *subst* däggdjur

mammon [ˈmæmən] *subst* mammon

mammoth [ˈmæməθ] *adj* jättelik, kolossal

mammy [ˈmæmɪ] *subst* spec. amer. vard. mamma

man I [mæn] (pl. *men* [men]) *subst* **1** man, karl, vard., i tilltal du, hörru [*say ~; what's up ~*] ibland utan motsvarighet i svenskan; ***men's clothes*** herrkläder; ***every ~ for himself*** rädda sig den som kan; ~ ***for*** ~ individuellt, en för en; ~ ***of the match*** matchens lirare; ~ ***to*** ~ man mot man, man och man emellan; ***to a*** ~ mangrant, som en man **2** människa [*all men must die*]; ***feel a new*** ~ känna sig som en ny människa; ***Man*** människan **3** arbetare [*the men were locked out*] **4** vanligen pl. ***men*** mil. meniga [*officers and men*] **5** människo-, man-, karl- [*man-hater*]; ***men friends*** manliga vänner **6** pjäs i schack; bricka i t.ex. brädspel
II [mæn] (*-nn-*) *verb* sjö. el. mil. bemanna [*~ a ship*]; besätta med manskap [*~ the barricades*]

manage [ˈmænɪdʒ] *verb* **1** hantera; sköta, ha hand om; ~ ***a business*** leda ett företag **2** klara, orka med; lyckas med; sköta, ordna; ***she managed to do it*** hon lyckades göra det **3** klara sig, klara det [*we can't ~ without his help*]

manageable [ˈmænɪdʒəbl] *adj* **1** hanterlig, lättskött **2** medgörlig, foglig

management [ˈmænɪdʒmənt] *subst* **1** skötsel, ledning **2** företagsledning, direktion; ***under new*** ~ på skylt ny regim **3** behandling, hanterande

manager [ˈmænɪdʒə] *subst* **1** direktör, chef; föreståndare; kamrer för banks avdelningskontor **2** manager; sport. lagledare, förbundskapten, manager

manageress [ˌmænɪdʒəˈres] *subst* kvinnlig chef, föreståndarinna

managing [ˈmænɪdʒɪŋ] *adj*, ~ ***director*** verkställande direktör

mandarin [ˈmændərɪn] *subst* mandarin frukt

mandate [ˈmændeɪt] *subst* **1** mandat **2** fullmakt, bemyndigande

mandolin o. **mandoline** [ˌmændəˈlɪn] *subst* musik. mandolin

mane [meɪn] *subst* man på djur el. vard. för långt tjockt hår

man-eating [ˈmænˌiːtɪŋ] *adj* människoätande [*~ tiger*]

maneuver [məˈnuːvə] *subst* o. *verb* amer., se *manoeuvre*

manful [ˈmænfʊl] *adj* manlig

manganese [ˌmæŋgəˈniːz] *subst* kem. mangan

manger [ˈmeɪndʒə] *subst* krubba

1 mangle I [ˈmæŋgl] *subst* mangel
II [ˈmæŋgl] *verb* **1** mangla **2** vrida

2 mangle [ˈmæŋgl] *verb* **1** hacka sönder, sarga **2** illa tilltyga

mango [ˈmæŋgəʊ] (pl. *mangoes* el. *~s*) *subst* mango frukt

mangy [ˈmeɪndʒɪ] *adj* skabbig [*a ~ dog*]

manhandle [ˈmænˌhændl] *verb* misshandla, behandla hårdhänt

manhood [ˈmænhʊd] *subst* **1** mannaålder [*reach ~*] **2** manlighet, mandom

mania [ˈmeɪnjə] *subst* **1** mani **2** fluga, vurm

maniac [ˈmeɪnɪæk] *subst* galning, dåre

manicure I [ˈmænɪkjʊə] *subst* manikyr
II [ˈmænɪkjʊə] *verb* manikyrera

manicurist [ˈmænɪkjʊərɪst] *subst* manikyrist

manifest I [ˈmænɪfest] *adj* uppenbar
II [ˈmænɪfest] *verb* manifestera, visa, tydligt visa, röja [*~ one's feelings*]

manifestation [ˌmænɪfeˈsteɪʃən] *subst* manifestation

manifesto [ˌmænɪˈfestəʊ] (pl. *~s*) *subst* manifest

manifold [ˈmænɪfəʊld] *adj* mångfaldig; ~ ***duties*** plikter av många slag

manipulate [məˈnɪpjʊleɪt] *verb* **1** hantera, manövrera [*~ a lever*] **2** manipulera **3** manipulera med, fuska med

manipulation [məˌnɪpjʊˈleɪʃən] *subst* **1** hanterande, manövrerande **2** manipulation, affärsknep

mankind [mænˈkaɪnd] *subst* mänskligheten [*a big step for ~*]; människosläktet

manly [ˈmænlɪ] *adj* manlig, manhaftig

mannequin
Lägg märke till att mannekäng heter *model* på engelska.

mannequin ['mænɪkɪn] *subst* skyltdocka
manner ['mænə] *subst* **1** sätt, vis; sort, slag **2** sätt, hållning, uppträdande **3** pl. *~s* maner, uppförande; ***good ~s*** god ton, fint sätt; ***he has no ~s*** han kan inte uppföra sig **4** pl. *~s* seder, vanor; ***~s and customs*** seder och bruk
mannerism ['mænərɪzəm] *subst* manér
manoeuvre I [mə'nuːvə] *subst* manöver
II [mə'nuːvə] *verb* manövrera, leda, föra, styra
man-of-war [ˌmænəv'wɔː] (pl. *men-of-war*) *subst* örlogsfartyg, krigsfartyg
manor ['mænə] *subst* herrgård, gods
manor-house ['mænəhaʊs] *subst* herrgård, slott
manpower ['mænˌpaʊə] *subst* arbetskraft
manservant ['mænˌsɜːvənt] (pl. *menservants*) *subst* tjänare, betjänt
mansion ['mænʃən] *subst* **1** herrgård, förnäm bostad **2** pl. *~s* hyreshus
manslaughter ['mænˌslɔːtə] *subst* dråp
mantelpiece ['mæntlpiːs] *subst* spiselhylla
mantle ['mæntl] *subst* **1** mantel, cape **2** täcke [*a ~ of snow*]
man-to-man [ˌmæntə'mæn] *adj* man mot man [*a ~ fight*]; ***~ marking*** sport. punktmarkering
manual I ['mænjʊəl] *adj* manuell, hand-
II ['mænjʊəl] *subst* manual, handbok, lärobok
manufacture I [ˌmænjʊ'fæktʃə] *subst* **1** tillverkning, fabrikation **2** produkt, fabriksvara, fabrikat
II [ˌmænjʊ'fæktʃə] *verb* tillverka
manufacturer [ˌmænjʊ'fæktʃərə] *subst* tillverkare, fabrikant
manufacturing I [ˌmænjʊ'fæktʃərɪŋ] *subst* tillverkning, produktion
II [ˌmænjʊ'fæktʃərɪŋ] *adj* fabriks- [*~ town*]
manure [mə'njʊə] *subst* gödsel
manuscript ['mænjʊskrɪpt] *subst* manuskript
many ['menɪ] *adj* o. *subst* många, mycket [*~ people*]; ***a good ~*** ganska många, rätt många; ***~ a man*** litt.: mången, mången man; ***I've been here ~ a time*** jag har varit här många gånger; ***she said so in so ~ words*** hon sa så rent ut
map I [mæp] *subst* karta; sjökort; ***put sth on the ~*** göra ngt känt
II [mæp] (*-pp-*) *verb*, ***~ out*** kartlägga
maple ['meɪpl] *subst* **1** lönn **2** lönnträ
mar [mɑː] (*-rr-*) *verb* fördärva, skämma, störa
marathon ['mærəθən] *subst* sport. maraton
marble ['mɑːbl] *subst* **1** marmor **2** kula till kulspel; ***play ~s*** spela kula
March [mɑːtʃ] *subst* månaden mars
march I [mɑːtʃ] *verb* marschera, låta marschera; ***~ off*** marschera i väg; föra bort; ***~ past*** defilera förbi; ***quick ~!*** framåt marsch!
II [mɑːtʃ] *subst* musik. marsch
mare [meə] *subst* sto, märr
margarine [ˌmɑːdʒə'riːn, ˌmɑːgə'riːn, amer. 'mɑːdʒərən] *subst* margarin
margin ['mɑːdʒɪn] *subst* **1** marginal **2** kant
marginal ['mɑːdʒɪnl] *adj* marginal-; kant-, rand-; marginell
marguerite [ˌmɑːgə'riːt] *subst* blomma prästkrage
marigold ['mærɪgəʊld] *subst* ringblomma; ***French ~*** el. större ***African ~*** tagetes
marijuana [ˌmærɪ'jwɑːnə] *subst* marijuana narkotika
marinade I [ˌmærɪ'neɪd] *subst* kok. marinad
II [ˌmærɪ'neɪd] *verb* kok. marinera
marine I [mə'riːn] *adj* marin-, marin, havs-, sjö-
II [mə'riːn] *subst* **1** marin, flotta; ***the mercantile ~*** el. ***the merchant ~*** handelsflottan **2** marinsoldat
mariner ['mærɪnə] *subst* sjöman, sjöfarare
marionette [ˌmærɪə'net] *subst* marionett äv. om beroende person, regering
marital ['mærɪtl] *adj* äktenskaplig
maritime ['mærɪtaɪm] *adj* maritim, sjö-, sjöfarts-
marjoram ['mɑːdʒərəm] *subst* bot. el. kok. mejram
mark I [mɑːk] *subst* **1** märke, fläck, spår; ***make one's ~ in the world*** el. ***make one's ~*** göra sig ett namn **2** kännetecken, kännemärke [*of* på]; ***a ~ of gratitude*** ett bevis på tacksamhet **3** märke, tecken; ***exclamation ~*** utropstecken **4** streck på en skala; ***overstep the ~*** överskrida gränsen, gå för långt; ***pass the million ~*** passera miljonstrecket; ***be below the ~*** inte hålla måttet; ***be up to the ~*** hålla måttet; ***keep sb up to the ~*** se till att ngn håller måttet **5** betyg [*get good ~s*], poäng **6** mål, prick, skottavla; ***hit the ~*** träffa

prick, slå huvudet på spiken; ***miss the*** ~ missa; ***beside the*** ~ vid sidan av; inte på sin plats; ***be wide of the*** ~ vara alldeles galet **7** sport. startlinje; ***be quick off the*** ~ vara snabb i starten; ***on your ~s, get set, go!*** på era platser (klara), färdiga, gå!
II [mɑːk] *verb* **1** märka, sätta märke på **2** markera, utmärka, känneteckna; ~ ***time*** göra på stället marsch, inte komma någonstans, stå och stampa på samma fläck; musik. slå takten **3** sport. markera **4** betygsätta, rätta **5** ~ ***off*** pricka för; ~ ***out*** staka ut **6** lägga märke till; ~ ***my words*** sanna mina ord **7** märka, se upp **8** sport. markera
marked [mɑːkt] *adj* påfallande, markant
marker ['mɑːkə] *subst* märkpenna
market I ['mɑːkɪt] *subst* **1** torg, marknad **2** marknad [*the labour* ~]; efterfrågan [*for* på]; ~ ***research*** marknadsundersökning; ***the black*** ~ svarta börsen; ***put sth on the*** ~ släppa ngt ut i marknaden (handeln)
II ['mɑːkɪt] *verb* marknadsföra, saluföra
market garden ['mɑːkɪtˌgɑːdn] *subst* handelsträdgård
marketing ['mɑːkɪtɪŋ] *subst* marknadsföring
market place ['mɑːkɪtpleɪs] *subst* torg
market square [ˌmɑːkɪt'skweə] *subst*, ***the*** ~ stortorget
market town ['mɑːkɪttaʊn] *subst* ungefär köping, landsortsstad med torgdag
marking ['mɑːkɪŋ] *subst* **1** märkning **2** rättning
marksman ['mɑːksmən] *subst* prickskytt, skicklig skytt

marmalade
Det engelska ordet *marmalade* kan bara användas om marmelad gjord på citrusfrukter, dvs. apelsiner, citroner eller grapefrukt. Om marmelad gjord på bär använder man *jam*, t.ex. *strawberry jam* jordgubbsmarmelad.

marmalade ['mɑːməleɪd] *subst* marmelad av citrusfukter
marmot ['mɑːmət] *subst* murmeldjur
1 maroon I [mə'ruːn] *subst* rödbrun färg, rödbrunt
II [mə'ruːn] *adj* rödbrun
2 maroon [mə'ruːn] *verb* landsätta, lämna kvar på en obebodd ö (kust)
marquee [mɑː'kiː] *subst* **1** tält **2** amer. tak, baldakin över entré
marriage ['mærɪdʒ] *subst* **1** äktenskap, giftermål [*to* med]; ~ ***guidance*** äktenskapsrådgivning **2** vigsel, bröllop; ~ ***certificate*** vigselattest
marriageable ['mærɪdʒəbl] *adj* giftasvuxen
married ['mærɪd] *adj* o. *perf p* gift [*to* med]; vigd; ***the newly*** ~ ***couple*** de nygifta; ~ ***life*** äktenskap; ***be*** ~ vara gift; gifta sig; ***get*** ~ gifta sig; ***engaged to be*** ~ förlovad
marrow ['mærəʊ] *subst* **1** märg **2** ***vegetable*** ~ el. ~ pumpa, kurbits
marry ['mærɪ] *verb* **1** gifta sig med, gifta sig **2** ~ ***off*** el. ~ gifta bort [*to* med] **3** viga [*to* med]
Mars [mɑːz] astron. el. mytol. Mars
marsh [mɑːʃ] *subst* sumpmark, kärr, träsk
marshal ['mɑːʃl] *subst* **1** mil. marskalk **2** amer. sheriff
marshy ['mɑːʃɪ] *adj* sumpig, träskartad
marsupial [ˌmɑː'suːpjəl] *subst* pungdjur
marten ['mɑːtɪn] *subst* **1** djur mård **2** mårdskinn
martial ['mɑːʃl] *adj* krigisk; militär- [~ *music*]; ~ ***art*** kampsport; ~ ***law*** krigsrätt
martin ['mɑːtɪn] *subst* fågel svala
martinet [ˌmɑːtɪ'net] *subst* disciplintyrann
martyr ['mɑːtə] *subst* martyr
marvel I ['mɑːvəl] *subst* underverk, under
II ['mɑːvəl] (*-ll-*, amer. *-l-*) *verb* förundra sig [*at* över]
marvellous ['mɑːvələs] *adj* underbar
Marxism ['mɑːksɪzəm] *subst* marxism, marxismen
Marxist ['mɑːksɪst] *subst* marxist
Mary ['meərɪ] egennamn, ***the Virgin*** ~ Jungfru Maria
marzipan ['mɑːzɪpæn] *subst* marsipan
mascara [mæ'skɑːrə] *subst* kosmetika mascara
mascot ['mæskət] *subst* maskot
masculine ['mæskjʊlɪn] *adj* **1** manlig, maskulin **2** gram., ***the*** ~ ***gender*** maskulinum
masculinity [ˌmæskjʊ'lɪnətɪ] *subst* manlighet
mash I [mæʃ] *subst* mos, potatismos
II [mæʃ] *verb* mosa; ***mashed potatoes*** potatismos
mask I [mɑːsk] *subst* **1** mask **2** skyddsmask, munskydd **3** mask, täckmantel
II [mɑːsk] *verb* maskera
masked [mɑːskt] *adj*, ~ ***ball*** maskeradbal
masochist ['mæsəkɪst] *subst* masochist
mason ['meɪsn] *subst* murare, stenhuggare

masonic [məˈsɒnɪk] *adj* frimurar-; ~ ***lodge*** frimurarloge
Masonite® [ˈmeɪsənaɪt] *subst* masonit®
masquerade I [ˌmæskəˈreɪd] *subst* maskerad **II** [ˌmæskəˈreɪd] *verb* **1** vara maskerad, vara utklädd **2** uppträda; ~ ***as*** ge sig sken av att vara
1 mass [mæs] *subst* (ofta ***Mass***) kyrkl. el. musik. mässa; ***attend*** ~ gå i mässan; ***say*** ~ läsa mässan
2 mass I [mæs] *subst* massa, mängd, hop; ***the masses*** massan, de breda lagren; ***the*** ~ ***media*** el. ~ ***media*** massmedierna, massmedia; ~ ***meeting*** massmöte **II** [mæs] *verb* mil. koncentrera, dra samman [~ *troops*]; ***massed attack*** massanfall
massacre I [ˈmæsəkə] *subst* massaker [*of* på], slakt **II** [ˈmæsəkə] *verb* massakrera, slakta
massage I [ˈmæsɑːʒ] *subst* massage **II** [ˈmæsɑːʒ] *verb* massera
masseur [mæˈsɜː] *subst* massör
masseuse [mæˈsɜːz] *subst* massös
massive [ˈmæsɪv] *adj* massiv, stadig
mass-produce [ˌmæsprəˈdjuːs] *verb* massproducera, masstillverka
mast [mɑːst] *subst* mast; ***at half*** ~ på halv stång
master I [ˈmɑːstə] *subst* **1** herre, härskare [*of* över]; överman; ***find one's*** ~ möta sin överman; ***be*** ~ ***of the situation*** behärska situationen **2** mästare, husbonde **3** hunds husse **4** ***Master of Arts*** univ., ungefär filosofie kandidat **5** mästare [*a painting by an old* ~] **6** ***Master of Ceremonies*** ceremonimästare, konferencier **II** [ˈmɑːstə] *verb* **1** bli herre över; övervinna **2** behärska [~ *a language*], bemästra [~ *the situation*]
masterful [ˈmɑːstəfʊl] *adj* **1** dominerande **2** mästerlig
master key [ˈmɑːstəkiː] *subst* huvudnyckel
masterly [ˈmɑːstəlɪ] *adj* mästerlig, skicklig
mastermind I [ˈmɑːstəmaɪnd] *verb* dirigera, vara hjärnan bakom **II** [ˈmɑːstəmaɪnd] *subst*, ***be the*** ~ ***behind sth*** vara hjärnan bakom ngt
masterpiece [ˈmɑːstəpiːs] *subst* mästerverk
masterstroke [ˈmɑːstəstrəʊk] *subst* mästerligt drag
mastery [ˈmɑːstərɪ] *subst* **1** herravälde, övertag [*over, of* över] **2** mästerskap, skicklighet; ***have a thorough*** ~ ***of sth*** grundligt behärska ngt
masticate [ˈmæstɪkeɪt] *verb* tugga
mastiff [ˈmæstɪf] *subst* mastiff stor dogg
masturbate [ˈmæstəbeɪt] *verb* onanera
masturbation [ˌmæstəˈbeɪʃən] *subst* onani
mat [mæt] *subst* **1** matta; ***be on the*** ~ vard. få en skrapa **2** underlägg för t.ex. karott, tablett
matador [ˈmætədɔː] *subst* matador
1 match [mætʃ] *subst* tändsticka; ***strike a*** ~ tända en tändsticka
2 match I [mætʃ] *subst* **1** sport. match, tävling; ***man of the*** ~ matchens lirare **2** jämlike; ***be no*** ~ ***for*** inte kunna mäta sig med; ***meet one's*** ~ möta sin överman **3** motstycke, make, pendang; ***these colours are a good*** ~ de här färgerna går bra ihop, de här färgerna matchar varandra bra **4** giftermål, parti **II** [mætʃ] *verb* **1** gå bra ihop med, passa till, matcha **2** finna (vara) en värdig motståndare till **3** para ihop; avpassa [*to* efter]; ***be well matched*** passa bra ihop **4** passa ihop; passa [*with* till], matcha; ***these two colours don't*** ~ ***very well*** de här två färgerna går inte bra ihop; ***to*** ~ som matchar
matchbook [ˈmætʃbʊk] *subst* tändsticksplån med avrivningständstickor
matchbox [ˈmætʃbɒks] *subst* tändsticksask
matchless [ˈmætʃləs] *adj* makalös
match point [ˌmætʃˈpɔɪnt] *subst* i tennis matchboll
1 mate [meɪt] *subst* schack. matt
2 mate I [meɪt] *subst* **1** vard. kompis, polare, du; ***hallo,*** ~***!*** tjena kompis!, hej du! **2** sjö. styrman; ***chief*** ~ överstyrman **3** make, maka **II** [meɪt] *verb* para, para sig
material I [məˈtɪərɪəl] *adj* **1** materiell **2** väsentlig **II** [məˈtɪərɪəl] *subst* **1** material, ämne, stoff; ***raw*** ~ el. ***raw*** ~***s*** råmaterial, råvaror **2** tyg
materialist [məˈtɪərɪəlɪst] *subst* materialist
materialistic [məˌtɪərɪəˈlɪstɪk] *adj* materialistisk
materialize [məˈtɪərɪəlaɪz] *verb* förverkligas
maternal [məˈtɜːnl] *adj* **1** moderlig **2** på mödernet; ~ ***grandfather*** morfar; ~ ***grandmother*** mormor; ~ ***leave*** mammaledighet
maternally [məˈtɜːnəlɪ] *adv* moderligt
maternity [məˈtɜːnətɪ] *subst* moderskap; ~ ***benefit*** ungefär föräldrapenning; ~ ***dress*** mammaklänning; ~ ***hospital*** BB
matey vard. **I** [ˈmeɪtɪ] *subst* **1** polare, kamrat **2** i tilltal tjänare!, hörru! **II** [ˈmeɪtɪ] *adj* vänlig, trevlig

math [mæθ] *subst* (amer. vard. kortform för *mathematics*) matte
mathematical [ˌmæθəˈmætɪkl] *adj* matematisk
mathematician [ˌmæθəməˈtɪʃən] *subst* matematiker
mathematics [ˌmæθəˈmætɪks] (vanligen med verb i sing.) *subst* matematik
maths [mæθs] (vanligen med verb i sing.) *subst* (vard. kortform för *mathematics*) matte
matin [ˈmætɪn] *subst* pl. *~s* kyrkl. morgonbön
matinée [ˈmætɪneɪ] *subst* matiné
mating [ˈmeɪtɪŋ] *subst* parning; ~ ***season*** parningstid, brunsttid
matrimonial [ˌmætrɪˈməʊnɪəl] *adj* äktenskaplig, äktenskaps- [*~ problems*]
matrimony [ˈmætrɪmənɪ] *subst* äktenskap, äktenskapet
matron [ˈmeɪtrən] *subst* matrona
matronly [ˈmeɪtrənlɪ] *adj* matronaliknande, matroneaktig
matt [mæt] *adj* matt; ~ ***finish*** matt yta
matter I [ˈmætə] *subst* **1** ämne, stoff, materia [*solid ~*] **2** ämne, innehåll **3** sak [*a ~ I know little about*], angelägenhet, affär, fråga; pl. *~s* förhållanden, förhållandena; ***it's no laughing*** ~ det är ingenting att skratta åt; ***as a ~ of course*** självfallet, självklart; ***a ~ of fact*** ett faktum; ***as a ~ of fact*** i själva verket; ***it is only a ~ of time*** det är bara en tidsfråga; ***make ~s worse*** förvärra saken, förvärra situationen; ***for that*** ~ för den delen **4** ***no*** ~ det gör ingenting, det spelar ingen roll; ***no ~ how I try*** hur jag än försöker; ***no ~ where it is*** var den än är; ***what's the ~?*** vad står på?, vad har hänt?; ***what's the ~ with him?*** vad är det med honom? **5** med. var
II [ˈmætə] *verb* betyda, vara av betydelse; ***it doesn't*** ~ det gör ingenting, det spelar ingen roll; ***it doesn't ~ to me*** det gör mig detsamma
matter-of-fact [ˌmætərəvˈfækt] *adj* saklig
mattress [ˈmætrəs] *subst* madrass
mature I [məˈtjʊə] *adj* mogen
II [məˈtjʊə] *verb* få att mogna, mogna
maturity [məˈtjʊərətɪ] *subst* **1** mognad, mogenhet **2** mogen ålder
maul [mɔːl] *verb* mörbulta, illa tilltyga
Maundy Thursday [ˌmɔːndɪˈθɜːzdeɪ] *subst* kyrkl. skärtorsdag, skärtorsdagen
mauve I [məʊv] *adj* ljuslila, malvafärgad
II [məʊv] *subst* ljuslila, malvafärg
max [mæks] *subst* vard., ***to the*** ~ till max
maxim [ˈmæksɪm] *subst* maxim
maximum I [ˈmæksɪməm] *subst* maximum, höjdpunkt
II [ˈmæksɪməm] *adj* högst, störst; maximi- [*~ temperature*]; maximal

May Day
Första måndagen i maj firas *May Day* i Storbritannien. I USA dansar de mindre barnen ofta runt majstången, *Maypole* i skolan.

May [meɪ] *subst* maj; ~ ***Day*** första maj
may [meɪ] (imperf. *might*) *hjälpverb* presens **1** kan, kan kanske [*he ~ have said so*] **2** får, får lov att [*~ I interrupt you?*]; kan få; ***you ~ be sure that...*** du kan vara säker på att... **3** må, måtte; ***however that ~ be*** hur det än förhåller sig med den saken; ***come what*** ~ hända vad som hända vill
maybe [ˈmeɪbiː] *adv* kanske, kanhända
mayfly [ˈmeɪflaɪ] *subst* slända
mayn't [meɪnt] = *may not*
mayonnaise [ˌmeɪəˈneɪz] *subst* kok. majonnäs
mayor [meə] *subst* borgmästare ordförande i kommunfullmäktige (om utländska förhållanden)
maypole [ˈmeɪpəʊl] *subst* majstång
maze [meɪz] *subst* **1** labyrint **2** virrvarr
mazurka [məˈzɜːkə] *subst* musik. mazurka
MB [ˌemˈbiː] **1** (förk. för *Bachelor of Medicine*) ungefär medicine kandidat (förk. med. kand.) **2** data. förk. för *megabyte*
MC [ˌemˈsiː] (förk. för *Master of Ceremonies*) konferencier
MD [ˌemˈdiː] (förk. för *Doctor of Medicine*) med. dr
me [miː, obetonat mɪ] *pron* (objektsform av *2 I*) **1** mig; ***dear ~!*** bevare mig! **2** vard. för *my*; ***she likes ~ singing to her*** hon tycker om att jag sjunger för henne **3** dialektalt el. vard. min [*where's ~ hat?*]
meadow [ˈmedəʊ] *subst* äng
meagre [ˈmiːgə] *adj* mager [*a ~ result*], knapp [*a ~ income*], klen, torftig
1 meal [miːl] *subst* mål, måltid; ***a hot*** ~ lagad mat; ***make a ~ of sth*** a) göra sig ett skrovmål b) ta i i överkant, göra stor affär av [*she made a ~ of parking the car*]
2 meal [miːl] *subst* grovt mjöl
meals-on-wheels [ˌmiːlzɒnˈwiːlz] *subst pl* hemkörning av lagad mat service inom hemtjänsten
mealtime [ˈmiːltaɪm] *subst* matdags, mattid
1 mean I [miːn] *subst* **1** ***strike the golden ~***

el. ***strike the happy*** ~ gå den gyllene medelvägen **2** mat. medelvärde, medeltal, genomsnitt
II [miːn] *adj* medel- [*~ distance*]
2 mean [miːn] *adj* **1** snål **2** lumpen, gemen **3** oansenlig; ***he is no ~ pianist*** han är ingen dålig pianist **4** spec. amer. vard. elak
3 mean [miːn] (*meant meant*) *verb* **1** betyda, innebära **2** mena, ämna, ha för avsikt; ***he ~s no harm*** han menar inget illa; ***I meant to tell you*** jag tänkte tala om det för dig **3** avse, mena; ***that bullet was meant for me*** den kulan var avsedd för mig; ***what is this meant to be?*** vad ska det här föreställa?
meander [mɪ'ændə] *verb* irra omkring; om flod slingra sig
meaning I ['miːnɪŋ] *adj* menande, talande [*a ~ look*]
II ['miːnɪŋ] *subst* betydelse, innebörd, mening; ***what is the ~ of...?*** vad betyder...?
meaningful ['miːnɪŋfʊl] *adj* **1** meningsfull, meningsfylld [*~ work*]; betydelsefull **2** ***a ~ look*** en menande blick
meaningless ['miːnɪŋləs] *adj* meningslös, betydelselös
meanness ['miːnnəs] *subst* snålhet, småaktighet
means [miːnz] *subst* **1** (ofta med verb i sing.; pl. lika) medel, hjälpmedel, sätt [*a ~*; *this ~*]; ***a ~ to an end*** ett medel att nå målet; ***by ~ of*** genom; ***by all ~*** a) så gärna, för all del b) på alla sätt; ***by any ~*** på något sätt; ***by no ~*** el. ***not by any ~*** inte på något sätt, ingalunda **2** pl. ~ medel, tillgångar; ***live beyond one's ~*** leva över sina tillgångar
means test ['miːnztest] *subst* behovsprövning, inkomstprövning
meant [ment] imperf. o. perf. p. av *3 mean*
meantime ['miːntaɪm] o. **meanwhile** ['miːnwaɪl] *subst* o. *adv*, ***in the ~*** el. ~ under tiden
measles ['miːzlz] (med verb i sing.) *subst* med. mässling; ***German ~*** röda hund
measly ['miːzlɪ] *adj* vard. ynklig, futtig
measure I ['meʒə] *subst* **1** mått; måttredskap; ***weights and ~s*** mått och vikt; ***in some ~*** i viss mån **2** åtgärd; ***take ~s*** vidta åtgärder; ***take strong ~s*** vidta stränga åtgärder
II ['meʒə] *verb* mäta, ta mått på; ***be measured for a suit*** ta mått till en kostym; ***~ out*** mäta upp; ***~ up to*** kunna mäta sig med
measurement ['meʒəmənt] *subst* mätning; pl. ***~s*** mått, dimensioner
measuring-tape ['meʒərɪŋteɪp] *subst* måttband
meat [miːt] *subst* kött
meat ball ['miːtbɔːl] *subst* köttbulle
meat cube ['miːtkjuːb] *subst* buljongtärning
meat extract [ˌmiːt'ekstrækt] *subst* köttextrakt
meat loaf [ˌmiːt'ləʊf] *subst* köttfärslimpa
meat pie [ˌmiːt'paɪ] *subst* köttpaj; köttpastej
meaty ['miːtɪ] *adj* köttig, kött-
mechanic [mə'kænɪk] *subst* mekaniker, reparatör
mechanical [mə'kænɪkl] *adj* mekanisk
mechanics [mə'kænɪks] *subst* mekanik
mechanism ['mekənɪzəm] *subst* mekanism; mekanik
mechanize ['mekənaɪz] *verb* mekanisera
medal ['medl] *subst* medalj
medallion [mə'dæljən] *subst* medaljong
medallist ['medəlɪst] *subst* medaljör; ***gold ~*** guldmedaljör
meddle ['medl] *verb* blanda sig 'i allting; ***~ with*** a) blanda sig 'i b) fingra på
meddlesome ['medlsəm] *adj* beskäftig; ***he is ~*** han är beskäftig, han lägger sig i allt
media ['miːdjə] *subst pl* av *medium I*
mediaeval [ˌmedɪ'iːvl] *adj* = *medieval*
mediate ['mɪːdɪeɪt] *verb* medla
mediation [ˌmiːdɪ'eɪʃən] *subst* medling
mediator ['miːdɪeɪtə] *subst* **1** medlare **2** förlikningsman
Medicaid ['medɪkeɪd] *subst* amer. statlig sjukhjälp åt låginkomsttagare
medical I ['medɪkl] *adj* medicinsk, medicinal-; ***~ care*** läkarvård; ***~ certificate*** friskintyg, läkarintyg; ***~ examination*** el. ***~ inspection*** läkarundersökning; ***~ herb*** medicinalväxt; ***~ practitioner*** praktiserande läkare, legitimerad läkare; ***~ treatment*** läkarvård
II ['medɪkl] *subst* vard. läkarundersökning
medication [ˌmedɪ'keɪʃən] *subst* medicinering, medikament
medicinal [me'dɪsɪnl] *adj* **1** läkande, botande; ***~ properties*** medicinska egenskaper **2** medicinsk, medicinal- [*~ herb*]
medicine ['medsɪn] *subst* **1** medicin, läkekonst; ***Doctor of Medicine*** medicine doktor **2** medicin, läkemedel
medieval [ˌmedɪ'iːvl] *adj* medeltida, medeltids-; ***in ~ times*** under medeltiden
mediocre [ˌmiːdɪ'əʊkə] *adj* medelmåttig

mediocrity [ˌmiːdɪˈɒkrətɪ] *subst* medelmåtta
meditate [ˈmedɪteɪt] *verb* **1** meditera **2** fundera, grubbla
meditation [ˌmedɪˈteɪʃən] *subst* **1** meditation **2** funderande
Mediterranean [ˌmedɪtəˈreɪnjən] *adj* o. *subst*, ***the ~ Sea*** el. ***the*** ~ Medelhavet
medium I [ˈmiːdjəm] (pl. *media* [ˈmiːdjə] el. *mediums*, i betydelse 2 alltid *mediums*) *subst* **1** medium; ***the media*** massmedierna, massmedia **2** spiritistiskt medium **3** medelväg; ***a happy*** ~ en gyllene medelväg
II [ˈmiːdjəm] *adj* medelstor, medelgod; ~ ***size*** mellanstorlek; ~ ***wave*** radio. mellanvåg
medley [ˈmedlɪ] *subst* **1** blandning **2** musik. potpurri
meek [miːk] *adj* ödmjuk, foglig
meet [miːt] (*met met*) *verb* **1** möta [*the two teams ~ in the final*], träffa **2** mötas, träffas, samlas; ***make both ends*** ~ få det att gå ihop ekonomiskt **3** motsvara [*~ expectations*]; tillmötesgå [*~ demands*] **4** ~ ***with*** a) träffa på, stöta på b) möta, träffa; ~ ***with an accident*** råka ut för en olyckshändelse; ~ ***with approval*** vinna gillande; ~ ***with difficulties*** stöta på svårigheter
meeting [ˈmiːtɪŋ] *subst* **1** möte, sammanträffande **2** möte, sammanträde **3** sport. tävling
meeting-place [ˈmiːtɪŋpleɪs] *subst* mötesplats, samlingsplats
mega- [ˈmegə] *prefix* mega- en miljon
megabucks [ˈmegəbʌks] *subst pl* vard. massa pengar [*she's earning ~*]
megabyte [ˈmegəbaɪt] *subst* data. megabyte
megacycle [ˈmegəˌsaɪkl] *subst* megacykel
megahertz [ˈmegəhɜːts] *subst* radio. megahertz
megalomania [ˌmegələˈmeɪnjə] *subst* storhetsvansinne, megalomani
megaphone [ˈmegəfəʊn] *subst* megafon
megastar [ˈmegəstɑː] *subst* vard. megakändis, megastjärna
megaton [ˈmegətʌn] *subst* megaton
megawatt [ˈmegəwɒt] *subst* elektr. megawatt
melancholic [ˌmelənˈkɒlɪk] *adj* melankolisk
melancholy I [ˈmelənkəlɪ] *subst* melankoli
II [ˈmelənkəlɪ] *adj* **1** melankolisk **2** sorglig
mellow I [ˈmeləʊ] *adj* **1** mogen **2** fyllig
II [ˈmeləʊ] *verb* **1** göra mogen **2** mogna **3** mildras genom ålder [*she has mellowed over the years*]

melodic [mɪˈlɒdɪk] *adj* melodisk, melodi-
melodious [mɪˈləʊdjəs] *adj* melodisk
melodrama [ˈmeləˌdrɑːmə] *subst* melodram
melodramatic [ˌmelədrəˈmætɪk] *adj* melodramatisk, teatralisk
melody [ˈmelədɪ] *subst* melodi
melon [ˈmelən] *subst* melon
melt [melt] *verb* smälta
melting-point [ˈmeltɪŋpɔɪnt] *subst* fys. smältpunkt
member [ˈmembə] *subst* **1** medlem; deltagare [*conference ~*]; ***Member of Parliament*** parlamentsledamot, riksdagsman
membership [ˈmembəʃɪp] *subst* **1** medlemskap **2** medlemsantal
membrane [ˈmembreɪn] *subst* membran
memo [ˈmeməʊ] (pl. *~s*) *subst* (förk. för *memorandum*) PM; ~ ***pad*** anteckningsblock
memoir [ˈmemwɑː] *subst* pl. ***~s*** memoarer
memorable [ˈmemərəbl] *adj* minnesvärd
memorandum [ˌmeməˈrændəm] (pl. *memoranda* [ˌmeməˈrændə] el. *memorandums*) *subst* **1** minnesanteckning **2** PM, promemoria **3** inom diplomatin memorandum
memorial I [mɪˈmɔːrɪəl] *adj* minnes- [*~ service*]
II [mɪˈmɔːrɪəl] *subst* minnesmärke [*to* över]; ***war*** ~ krigsmonument
memorize [ˈmeməraɪz] *verb* memorera, lära sig utantill
memory [ˈmemərɪ] *subst* minne; ***from*** ~ ur minnet; ***to the best of my*** ~ såvitt jag kan minnas; ***commit to*** ~ lägga på minnet; ***memories of childhood*** barndomsminnen; ***in ~ of*** el. ***to the ~ of*** till minne av; ***within living*** ~ i mannaminne
men [men] *subst pl* av *man I*
menace I [ˈmenəs] *subst* hot [*to* mot]; ***he's a*** ~ vard. han är en plåga
II [ˈmenəs] *verb* hota
menagerie [mɪˈnædʒərɪ] *subst* menageri
mend [mend] *verb* laga, reparera
menial [ˈmiːnɪəl] *adj* tarvlig, enkel [*~ task*]
meningitis [ˌmenɪnˈdʒaɪtɪs] *subst* med. meningit, hjärnhinneinflammation
meniscus [məˈnɪskəs] *subst* anat. menisk
men-of-war [ˌmenəvˈwɔː] *subst pl* av *man-of-war*
menopause [ˈmenəʊpɔːz] *subst* med. klimakterium, övergångsålder
Menorca [meˈnɔːkə] Minorca

menstruation [ˌmenstrʊ'eɪʃən] *subst* menstruation
menswear ['menzweə] *subst* herrkläder
mental ['mentl] *adj* mental, psykisk, själslig, andlig; ~ ***age*** intelligensålder; ~ ***arithmetic*** huvudräkning; ~ ***work*** intellektuellt arbete
mentality [men'tælətɪ] *subst* mentalitet
mentally ['mentəlɪ] *adv* **1** mentalt, psykiskt, själsligt, andligt **2** i tankarna, i huvudet
menthol ['menθɒl] *subst* mentol
mention I ['menʃən] *subst* omnämnande; ***make ~ of*** omnämna
II ['menʃən] *verb* nämna, tala om [*to* för]; ***not to*** ~ för att inte tala om; ***don't ~ it!*** svar på tack för all del!, ingen orsak!; ***no harm worth mentioning*** ingen nämnvärd skada
menu ['menjuː] *subst* **1** matsedel, meny **2** data. o. tv. meny
mercantile ['mɜːkəntaɪl] *adj* merkantil; ~ ***marine*** handelsflotta
mercenary ['mɜːsənərɪ] *subst* legosoldat, legoknekt
merchandise ['mɜːtʃəndaɪz] *subst* varor
merchant I ['mɜːtʃənt] *subst* köpman, grosshandlare
II ['mɜːtʃənt] *adj* handels-; ~ ***fleet*** el. ~ ***navy*** handelsflotta; ~ ***ship*** el. ~ ***vessel*** handelsfartyg
merciful ['mɜːsɪfʊl] *adj* barmhärtig, nådig
merciless ['mɜːsɪləs] *adj* obarmhärtig
Mercury ['mɜːkjʊrɪ] astron. el. mytol. Merkurius
mercury ['mɜːkjʊrɪ] *subst* kvicksilver
mercy ['mɜːsɪ] *subst* **1** barmhärtighet, nåd; ***have ~ on sb*** förbarma sig över ngn; ***for mercy's sake*** för Guds skull **2** ***be at the ~ of sb*** (***sth***) vara i ngns (ngts) våld
mere [mɪə] *adj* blott, ren, bara
merely ['mɪəlɪ] *adv* endast, bara
merge [mɜːdʒ] *verb* **1** slå ihop, slå samman [~ *two companies*] **2** gå ihop, gå samman; smälta ihop
merger ['mɜːdʒə] *subst* sammanslagning
meridian [mə'rɪdɪən] *subst* meridian
meringue [mə'ræŋ] *subst* kok. maräng
merit I ['merɪt] *subst* förtjänst, merit [*the book has its ~s*]; värde; ***a work of great ~*** ett mycket förtjänstfullt arbete
II ['merɪt] *verb* förtjäna, vara värd
merited ['merɪtɪd] *adj* välförtjänt
mermaid ['mɜːmeɪd] *subst* sjöjungfru
merriment ['merɪmənt] *subst* munterhet
merry ['merɪ] *adj* munter, uppsluppen, glad; ***A Merry Christmas!*** god jul!; ***make ~*** roa sig
merry-go-round ['merɪgəʊraʊnd] *subst* karusell
merry-maker ['merɪˌmeɪkə] *subst* festare
merry-making ['merɪˌmeɪkɪŋ] *subst* festande
mesh [meʃ] *subst* maska i t.ex. nät
mesmerize ['mezməraɪz] *verb* magnetisera, hypnotisera
mess I [mes] *subst* **1** röra, oreda, oordning; ***make a ~*** smutsa ner, stöka till; ***make a ~ of*** fördärva, sabba, trassla till; ***make a ~ of things*** trassla till allting **2** klämma, knipa [*we've got ourselves into a ~*] **3** mil. el. sjö. mäss **4** hopkok, mischmasch
II [mes] *verb* **1** ~ ***up*** el. ~ smutsa ner, stöka till **2** fördärva, förfuska **3** ~ ***about*** a) pillra, plottra b) traska omkring, larva omkring **4** ***don't ~ with me!*** akta dig för att bråka med mig!
message ['mesɪdʒ] *subst* meddelande, budskap, bud; ***can I leave a ~?*** i t.ex. telefon är det något jag kan framföra?
messenger ['mesɪndʒə] *subst* **1** bud, budbärare, sändebud; ~ ***boy*** expressbud, springpojke **2** kurir
Messiah [mə'saɪə] *subst* Messias
Messrs. ['mesəz] *subst* **1** herrar, herrarna **2** Firma, Herrar; ~ ***Jones & Co.*** används framför firmanamn utan motsvarighet i svenskan
messy ['mesɪ] *adj* **1** rörig **2** smutsig, kladdig
met [met] imperf. o. perf. p. av *meet*
metabolism [me'tæbəlɪzəm] *subst* ämnesomsättning, metabolism
metal ['metl] *subst* metall
metallic [me'tælɪk] *adj* metallisk, metall-
metaphor ['metəfə] *subst* metafor, bild
meteor ['miːtjə] *subst* meteor
meteorite ['miːtjəraɪt] *subst* meteorit
meteorological [ˌmiːtjərə'lɒdʒɪkl] *adj* meteorologisk; ~ ***office*** vädertjänst
meteorologist [ˌmiːtjə'rɒlədʒɪst] *subst* meteorolog
meteorology [ˌmiːtjə'rɒlədʒɪ] *subst* meteorologi
1 meter ['miːtə] *subst* mätare; taxameter; ~ ***maid*** vard. lapplisa
2 meter ['miːtə] *subst* amer. meter
methane ['miːθeɪn] *subst* kem. metan
method ['meθəd] *subst* metod
methodical [mə'θɒdɪkl] *adj* metodisk
Methodist ['meθədɪst] *subst* kyrkl. metodist
methodology [ˌmeθə'dɒlədʒɪ] *subst* metodik
meths [meθs] *subst pl* vard. (förk. för *methylated spirit* el. *spirits*) se ex. under *methylated*

methylated ['meθɪleɪtɪd] *adj*, ~ ***spirit*** el. ~ ***spirits*** denaturerad sprit
meticulous [mə'tɪkjʊləs] *adj* mycket noggrann
metre ['miːtə] *subst* meter

> **metric**
> I England används metersystemet, men *pound* och *pint* används fortfarande i stor utsträckning, t.ex. *a pound of beef, a pint of beer, a pint of milk*. Även *yard* och *mile* används ofta. I USA används inte metersystemet annat än i vetenskapliga sammanhang.

metric ['metrɪk] *adj* meter- [*the ~ system*]; ~ ***ton*** ton 1.000 kg
metronome ['metrənəʊm] *subst* musik. metronom
metropolis [mə'trɒpəlɪs] *subst* metropol, huvudstad, storstad
metropolitan [ˌmetrə'pɒlɪtən] *adj* huvudstads-, storstads-; ofta London- [*the Metropolitan Police*]
mettle ['metl] *subst* mod, kurage; ***put sb on his*** ~ sätta ngn på prov
mew I [mjuː] *verb* jama
II [mjuː] *subst* jamande
Mexican I ['meksɪkən] *adj* mexikansk
II ['meksɪkən] *subst* mexikan
Mexico ['meksɪkəʊ]
mg. (förk. för *milligram, milligrams, milligramme, milligrammes*) mg
MHz (förk. för *megahertz*) MHz
miaow [mɪ'aʊ] *verb* jama
mica ['maɪkə] *subst* glimmer mineral
mice [maɪs] *subst pl* av *mouse*
mickey ['mɪkɪ] *subst* vard., ***take the ~ out of sb*** driva med ngn
Mickey Mouse [ˌmɪkɪ'maʊs] *subst* seriefigur Musse Pigg
microbe ['maɪkrəʊb] *subst* mikrob
microchip ['maɪkrəʊtʃɪp] *subst* data. mikrochip
microfilm ['maɪkrəʊfɪlm] *subst* mikrofilm
microphone ['maɪkrəfəʊn] *subst* mikrofon
microscope ['maɪkrəskəʊp] *subst* mikroskop
microwave ['maɪkrəʊweɪv] *subst*, ~ el. ~ ***oven*** mikrovågsugn
mid [mɪd] *adj* mitt-, mellan-; ~ ***May*** mitten av maj
mid-air [ˌmɪd'eə] *adj* i luften
mid-Atlantic [ˌmɪdət'læntɪk] *adj* som har brittiska och amerikanska drag [*a ~ accent*]
midday ['mɪddeɪ] *subst* mitt på dagen
middle I ['mɪdl] *adj* mellersta, mittersta; ***the Middle Ages*** medeltiden; ***the ~ class*** el. ***the ~ classes*** medelklassen; ***the Middle East*** Mellanöstern; ~ ***finger*** långfinger; ***the Middle West*** Mellanvästern i USA
II ['mɪdl] *subst*, ***in the ~ of*** i mitten av (på), mitt i
middle-aged [ˌmɪdl'eɪdʒd] *adj* medelålders
middle-class [ˌmɪdl'klɑːs] *adj* medelklass-
middleman ['mɪdlmæn] (pl. *middlemen* ['mɪdlmen]) *subst* hand. mellanhand
middleweight ['mɪdlweɪt] *subst* sport. **1** mellanvikt **2** mellanviktare
middling ['mɪdlɪŋ] *adj* vard. medelgod, medelmåttig
midfielder ['mɪdˌfiːldə] *subst* sport. mittfältare
midge [mɪdʒ] *subst* insekt mygga
midget I ['mɪdʒɪt] *subst* **1** dvärg **2** kryp, plutt, lilleputt
II ['mɪdʒɪt] *adj* mini- [*~ golf*], dvärg-
midland ['mɪdlənd] *subst*, ***the Midlands*** Midlands, mellersta England
midnight ['mɪdnaɪt] *subst* midnatt; ***the ~ sun*** midnattssolen; ***burn the ~ oil*** arbeta till långt in på natten
midriff ['mɪdrɪf] *subst* anat. mellangärde
midst I [mɪdst] *subst* litt. mitt; ***in the ~ of*** mitt i, mitt ibland, mitt under
II [mɪdst] *prep* litt. mitt i
midsummer ['mɪdˌsʌmə] *subst* midsommar; ***Midsummer Eve*** midsommarafton
midway [ˌmɪd'weɪ] *adv* halvvägs
Midwest [ˌmɪd'west] *subst* amer., ***the*** ~ Mellanvästern
midwife ['mɪdwaɪf] (pl. *midwives* ['mɪdwaɪvz]) *subst* barnmorska
1 might [maɪt] *hjälpverb* (imperf. av *may*) **1** skulle kanske kunna, skulle kunna, kunde; ***as the case ~ be*** allt efter omständigheterna **2** fick, kunde få; ~ ***I ask a question?*** skulle jag kunna få ställa en fråga?; ***he asked if he ~ come in*** han frågade om han fick komma in
2 might [maɪt] *subst* makt, kraft; ***with all one's ~*** med all makt, av alla krafter
mighty I ['maɪtɪ] *adj* mäktig, väldig
II ['maɪtɪ] *adv* vard. väldigt
mignonette [ˌmɪnjə'net] *subst* blomma reseda
migraine ['miːgreɪn, 'maɪgreɪn] *subst* migrän
migrate [maɪ'greɪt] *verb* **1** flytta **2** vandra, utvandra

migration [maɪ'greɪʃən] *subst* **1** flyttning **2** vandring
migratory ['maɪgrətrɪ] *adj*, ~ ***bird*** flyttfågel
mike [maɪk] *subst* vard. mick mikrofon
Milan [mɪ'læn] Milano
mild [maɪld] *adj* **1** mild, blid **2** svag [*a ~ protest*] **3** lindrig
mildew ['mɪldjuː] *subst* mjöldagg, mögel
mildly ['maɪldlɪ] *adv* milt; blitt
mile [maɪl] *subst* engelsk mil, 'mile' (= 1760 *yards* = 1609 m); ***nautical*** ~ nautisk mil, distansminut; ***it was ~s better*** vard. det var ofantligt mycket bättre; ***for ~s and ~s*** mil efter mil
mileage ['maɪlɪdʒ] *subst* antal 'miles', antal mil; ***my car gets better*** ~ min bil drar mindre bensin
mileometer [maɪ'lɒmɪtə] *subst* vägmätare
milestone ['maɪlstəʊn] *subst* milstolpe
milieu ['miːljɜː, amer. miːl'juː] *subst* miljö, omgivning
militant I ['mɪlɪtənt] *adj* militant, stridbar **II** ['mɪlɪtənt] *subst* militant aktivist
militarism ['mɪlɪtərɪzəm] *subst* militarism
militarist ['mɪlɪtərɪst] *subst* militarist
militarize ['mɪlɪtəraɪz] *verb* militarisera
military ['mɪlɪtərɪ] *adj* militärisk, krigs-; ~ ***academy*** militärhögskola; ~ ***court*** krigsrätt; ~ ***service*** militärtjänst; ***compulsory*** ~ ***service*** allmän värnplikt
militate ['mɪlɪteɪt] *verb*, ~ ***against*** motverka
militia [mɪ'lɪʃə] *subst* milis, lantvärn
militiaman [mɪ'lɪʃəmən] *subst* milissoldat
milk I [mɪlk] *subst* mjölk **II** [mɪlk] *verb* mjölka
milk bar ['mɪlkbɑː] *subst* ungefär glassbar där äv. mjölkdrinkar o. smörgåsar serveras

> **milkman**
> På många platser i England körs mjölken ut av ett mjölkbud. Han ställer varje morgon det antal mjölkflaskor man beställt utanför dörren.

milkman ['mɪlkmən] *subst* mjölkutkörare, mjölkbud
milkshake ['mɪlkʃeɪk] *subst* milkshake ofta med glass
milksop ['mɪlksɒp] *subst* mes, mähä
milk tooth ['mɪlktuːθ] (pl. *milk teeth* ['mɪlktiːθ]) *subst* mjölktand
milky ['mɪlkɪ] *adj* **1** mjölkaktig, mjölklik **2** ***the Milky Way*** Vintergatan
mill [mɪl] *subst* **1** kvarn; ***he has been (gone) through the*** ~ han har fått slita ont; ***put sb through the*** ~ sätta ngn på prov **2** fabrik, verk, bruk; ***cotton*** ~ bomullsspinneri
millennium [mɪ'lenɪəm] *subst* **1** årtusende **2** ***the*** ~ det tusenåriga riket
miller ['mɪlə] *subst* mjölnare
millet ['mɪlɪt] *subst* bot. hirs
millibar ['mɪlɪbɑː] *subst* meteor. millibar
milligram o. **milligramme** ['mɪlɪgræm] *subst* milligram
millilitre ['mɪlɪˌliːtə] *subst* milliliter
millimetre ['mɪlɪˌmiːtə] *subst* millimeter
milliner ['mɪlɪnə] *subst* modist
millinery ['mɪlɪnərɪ] *subst* **1** modevaror inom hattbranschen
million ['mɪljən] *räkn* o. *subst* miljon; ***~s of people*** miljontals människor
millionaire [ˌmɪljə'neə] *subst* miljonär
millionairess [ˌmɪljə'neərɪs] *subst* miljonärska
millionth ['mɪljənθ] *räkn* o. *subst* miljonte; ~ ***part*** miljondel
millipede ['mɪlɪpiːd] *subst* tusenfoting
millstone ['mɪlstəʊn] *subst*, ***a ~ round sb's neck*** en kvarnsten om halsen på ngn
mime I [maɪm] *subst* mim, pantomim **II** [maɪm] *verb* spela pantomim, mima
mimic I ['mɪmɪk] *subst* imitatör **II** ['mɪmɪk] (*mimicked mimicked*) *verb* härma, imitera
mimosa [mɪ'məʊzə] *subst* blomma mimosa
mince I [mɪns] *verb* **1** hacka; ***minced meat*** köttfärs **2** välja [*~ one's words*]; ***not ~ matters*** el. ***not ~ one's words*** inte skräda orden **II** [mɪns] *subst* köttfärs
mincemeat ['mɪnsmiːt] *subst* blandning av russin, mandel, kryddor m.m. som fyllning i paj; ***make ~ of*** vard. göra slarvsylta av
mince pie [ˌmɪns'paɪ] *subst* paj med *mincemeat*
mincer ['mɪnsə] *subst* köttkvarn
mincing ['mɪnsɪŋ] *adj* **1** tillgjord [*~ manner*] **2** trippande [*~ steps*]
mind I [maɪnd] *subst* **1** sinne, själ; förstånd; ***have an open*** ~ vara öppen för nya idéer; ***presence of*** ~ sinnesnärvaro; ***keep one's ~ on*** koncentrera sig på; ***in ~ and body*** till kropp och själ; ***in one's right*** ~ el. ***of a sound*** ~ vid sina sinnens fulla bruk; ***in one's mind's eye*** för sitt inre öga; ***that***

was a weight (***load***) ***off my*** ~ en sten föll från mitt bröst; ***get sth off one's*** ~ få ngt ur tankarna; ***have sth on one's*** ~ ha ngt på hjärtat; ***what have you got on your*** ~***?*** vad har du på hjärtat?; ***have a th at the back of one's*** ~ ha ngt ständigt i tankarna; ***be out of one's*** ~ vara från sina sinnen **2** ***change one's*** ~ ändra mening, ändra åsikt; ***give sb a piece of one's*** ~ säga ngn sin mening rent ut; ***read sb's*** ~ läsa ngns tankar; ***to my*** ~ enligt min mening **3** lust, böjelse; ***have a good*** (***great***) ~ ***to*** ha god lust att; ***have half a*** ~ ***to*** nästan ha lust att; ***know one's own*** ~ veta vad man vill; ***make up one's*** ~ besluta sig, bestämma sig; ***be in two*** ~***s*** vara villrådig **4** minne; ***bear sth in*** ~ ha ngt i minnet; ***it must be borne in*** ~ ***that*** man får inte glömma att; ***he puts me in*** ~ ***of*** han påminner mig om **5** persons ande, hjärna; ***great*** ~***s*** snillen; ***small*** ~***s*** trångsynta människor

II [maɪnd] *verb* **1** ge akt på; ~***!*** akta dig!, se upp!; ~ ***you are in time!*** se till att du kommer i tid!; ~ ***you don't fall!*** akta dig så att du inte faller!; ~ ***your head!*** akta huvudet!; ~ ***what you are doing!*** se dig för! **2** se efter, sköta om, passa [~ *children*]; ~ ***your own business!*** vard. sköt du ditt! **3** bry sig om, tänka på; ***I don't*** ~***...*** jag bryr mig inte om...; jag har inget emot...; ***I don't*** ~ ***if I do*** tack gärna; ***do you*** ~ ***if I smoke*** el. ***do you*** ~ ***my smoking?*** har du något emot att jag röker?; ***I don't*** ~ gärna för mig, det har jag inget emot; ***would you*** ~ ***shutting the window?*** vill du vara snäll och stänga fönstret?

minded ['maɪndɪd] *adj* i sammansättningar -sinnad, -sint [*high-minded*]; -medveten; ***socially*** ~ socialt inriktad

mindful ['maɪndfʊl] *adj*, ***be*** ~ ***of*** vara uppmärksam på

mind games ['maɪndgeɪmz] *subst pl* vard., ***play*** ~ ***with sb*** psyka ngn, försöka psyka ngn

mind-reader ['maɪndˌriːdə] *subst* tankeläsare

1 mine [maɪn] *pron* min; ***a book of*** ~ en av mina böcker; ***a friend of*** ~ en vän till mig; ***it's a habit of*** ~ det är en vana jag har

2 mine I [maɪn] *subst* **1** gruva; ***a*** ~ ***of information*** a) en rik informationskälla b) om person ett levande lexikon **2** mil. mina; ~ ***detector*** minsökare

II [maɪn] *verb* **1** bryta [~ *ore*]; bearbeta; arbeta i en gruva **2** gräva [~ *tunnels*]; ~ ***for gold*** gräva efter guld **3** mil. minera, lägga ut minor

minefield ['maɪnfiːld] *subst* **1** mil. minfält **2** gruvfält

miner ['maɪnə] *subst* gruvarbetare

mineral I ['mɪnərəl] *subst* **1** mineral **2** pl. ~***s*** koll. mineralvatten; läskedrycker

II ['mɪnərəl] *adj* mineral-; ~ ***waters*** koll. mineralvatten; läskedrycker

mingle ['mɪŋgl] *verb* blanda, umgås med folk

mingy ['mɪndʒɪ] *adj* vard. snål, knusslig

mini ['mɪnɪ] *subst* **1** minibil, småbil **2** minikjol

miniature I ['mɪnjətʃə] *subst* miniatyr

II ['mɪnjətʃə] *adj* miniatyr-, i miniatyr; ~ ***camera*** småbildskamera

minimal ['mɪnɪml] *adj* minimal

minimize ['mɪnɪmaɪz] *verb* **1** reducera till ett minimum **2** bagatellisera

minimum I ['mɪnɪməm] *subst* minimum

II ['mɪnɪməm] *adj* minsta, minimi- [~ *wage*]; minimal

mining ['maɪnɪŋ] *subst* **1** gruvdrift, brytning, gruvarbete **2** mil. el. sjö. minering

minisize ['mɪnɪsaɪz] *adj* i litet format, i ministorlek

minister ['mɪnɪstə] *subst* **1** minister **2** ~ el. ~ ***of religion*** präst

ministry ['mɪnɪstrɪ] *subst* **1** ministär, regering **2** departement **3** ***enter the*** ~ bli präst

mink [mɪŋk] *subst* djur mink

minor I ['maɪnə] *adj* **1** mindre [*a* ~ *operation*], smärre, mindre viktig; små- [~ *planets*]; ***Asia Minor*** Mindre Asien **2** musik. moll- [~ *scale*]; ~ ***key*** molltonart; ***A*** ~ a-moll

II ['maɪnə] *subst* jur. omyndig person, minderårig

Minorca [mɪ'nɔːkə] Menorca

minority [maɪ'nɒrətɪ] *subst* minoritet

1 mint [mɪnt] *subst* krydda el. växt mynta

2 mint I [mɪnt] *subst* myntverk, mynt; ***in*** ~ ***condition*** i skick som ny

II [mɪnt] *verb* mynta, prägla

minuet [ˌmɪnjʊ'et] *subst* musik. menuett

minus I ['maɪnəs] *prep* **1** minus **2** vard. utan [~ *her clothes*]

II ['maɪnəs] *adj* minus-; ~ ***sign*** minustecken

1 minute [maɪ'njuːt] *adj* ytterst liten, minimal; ***in*** ~ ***detail*** in i minsta detalj

2 minute ['mɪnɪt] *subst* **1** minut; ***ten*** ~***s to two*** tio minuter i två; ***ten*** ~***s past two*** tio minuter över två; ***I won't be a ~*** jag kommer strax; ***wait a ~!*** vänta ett ögonblick!; låt mig se!; ***just a ~!*** ett ögonblick bara!; ***this ~*** genast; ***in a ~*** om ett ögonblick **2** pl. ~***s*** protokoll [*of* över, från]; ***keep the ~s*** el. ***take the ~s*** föra protokoll

minute hand ['mɪnɪthænd] *subst* minutvisare

miracle ['mɪrəkl] *subst* mirakel, underverk

miracle-worker ['mɪrəkl,wɜːkə] *subst* undergörare

miraculous [mɪ'rækjʊləs] *adj* mirakulös

mirage ['mɪrɑːʒ] *subst* hägring

mire ['maɪə] *subst* träsk, myr, dy

mirror I ['mɪrə] *subst* spegel; ***driving ~*** backspegel; ***hall of ~s*** spegelsal

II ['mɪrə] *verb* spegla

mirth [mɜːθ] *subst* munterhet, uppsluppenhet

misapprehension ['mɪs,æprɪ'henʃən] *subst* missuppfattning; ***be under a ~*** missta sig

misbehave [,mɪsbɪ'heɪv] *verb*, ~ el. ~ ***oneself*** bära sig illa åt, uppföra sig illa

misbehaviour [,mɪsbɪ'heɪvjə] *subst* dåligt uppförande

miscalculate [,mɪs'kælkjʊleɪt] *verb* **1** felberäkna; räkna fel **2** missräkna sig, felbedöma

miscalculation [mɪs,kælkjʊ'leɪʃən] *subst* **1** felräkning; felberäkning **2** felbedömning

miscarriage [,mɪs'kærɪdʒ] *subst* **1** missfall **2** ~ ***of justice*** justitiemord

miscellaneous [,mɪsə'leɪnjəs] *adj* blandad, varjehanda, diverse

mischief ['mɪstʃɪf] *subst* **1** ***up to all kinds of ~*** full av rackartyg; ***get into ~*** hitta på rackartyg **2** ont, skada

mischief-maker ['mɪstʃɪf,meɪkə] *subst* orosstiftare, intrigmakare

mischievous ['mɪstʃɪvəs] *adj* **1** busig **2** illasinnad [*~ rumours*]

misconception [,mɪskən'sepʃən] *subst* missuppfattning

misconduct [mɪs'kɒndʌkt] *subst* dåligt uppförande

misdeed [,mɪs'diːd] *subst* missgärning, missdåd

miser ['maɪzə] *subst* snåljåp, girigbuk

miserable ['mɪzərəbl] *adj* **1** olycklig, förtvivlad **2** bedrövlig, eländig, trist

miserly ['maɪzəlɪ] *adj* girig, gnidig

misery ['mɪzərɪ] *subst* elände, misär, nöd

misfire [,mɪs'faɪə] *verb* **1** om skjutvapen klicka; om motor misständа **2** slå slint [*my plans misfired*]

misfit ['mɪsfɪt] *subst*, ***she's a ~*** hon är missanpassad

misfortune [mɪs'fɔːtʃən] *subst* olycka, motgång; otur [*have the ~ to*]

misgiving [mɪs'gɪvɪŋ] *subst* pl. ~***s*** farhågor

misgovern [,mɪs'gʌvən] *verb* vanstyra

misguided [,mɪs'gaɪdɪd] *adj* missriktad

mishandle [,mɪs'hændl] *verb* misshandla

mishap ['mɪshæp] *subst* missöde, malör

mishmash ['mɪʃmæʃ] *subst* mischmasch, röra

misinform [,mɪsɪn'fɔːm] *verb* felunderrätta

misinterpret [,mɪsɪn'tɜːprɪt] *verb* misstolka

misjudge [,mɪs'dʒʌdʒ] *verb* felbedöma

mislaid [mɪs'leɪd] *verb* imperf. o. perf. p. av *mislay*

mislay [mɪs'leɪ] (*mislaid mislaid*) *verb* förlägga tappa bort [*I have mislaid my gloves*]

mislead [mɪs'liːd] (*misled misled*) *verb* vilseleda

misled [mɪs'led] imperf. o. perf. p. av *mislead*

mismanage [,mɪs'mænɪdʒ] *verb* misskötа, vansköta

misplace [,mɪs'pleɪs] *verb* felplacera; perf. p. ***misplaced*** a) felplacerad b) malplacerad c) bortkastad [*misplaced generosity*]

misprint ['mɪsprɪnt] *subst* tryckfel

mispronounce [,mɪsprə'naʊns] *verb* uttala fel

mispronunciation ['mɪsprə,nʌnsɪ'eɪʃən] *subst* feluttal, uttalsfel

misquote [,mɪs'kwəʊt] *verb* felcitera

misread [,mɪs'riːd] (*misread misread* [,mɪs'red]) *verb* **1** läsa fel på **2** feltolka, missuppfatta

misrepresent ['mɪs,reprɪ'zent] *verb* ge en felaktig bild av, förvränga, feltolka

misrule [,mɪs'ruːl] *subst* vanstyre

1 miss [mɪs] *subst* fröken [*Miss Jones*]

2 miss I [mɪs] *verb* **1** missa; ***we've missed the bus*** (***boat***) vard. sista tåget har gått; ***you can't ~ it*** du kan inte gå fel **2** gå miste om, bli utan **3** sakna [*~ a friend*]; ~ ***out*** utelämna, hoppa över; ~ ***out*** el. ~ ***out on*** gå miste om

II [mɪs] *subst* miss; ***give sth a ~*** strunta i ngt; ***a ~ is as good as a mile*** ordspr. nära skjuter ingen hare

missile ['mɪsaɪl, amer. 'mɪsl] *subst* **1** projektil **2** robot, robotvapen, missil, raket

missing ['mɪsɪŋ] *adj* försvunnen, frånvarande, borta; ***be ~*** saknas, fattas, vara frånvarande; ***the ~ link*** den felande länken

mission ['mɪʃən] *subst* **1** delegation **2** mil. uppdrag **3** mission
missionary ['mɪʃənrɪ] *subst* missionär
missis ['mɪsɪz] *subst* vard., ***the*** ~ el. ***my*** ~ frugan
misspell [ˌmɪs'spel] (*misspelt misspelt*) *verb* stava fel; ***it was ~t*** det var felstavat
misspelling [ˌmɪs'spelɪŋ] *subst* felstavning, stavfel
misspelt [ˌmɪs'spelt] imperf. o. perf. p. av *misspell*
missus ['mɪsɪz] *subst* se *missis*
mist I [mɪst] *subst* **1** dimma, dis **2** imma
II [mɪst] *verb* hölja i dimma, bli (vara) dimmig; ~ ***over*** bli immig
mistake I [mɪ'steɪk] (*mistook mistaken*) *verb* ta miste på, ta fel på; missta sig på; ~ ***sb*** (***sth***) ***for*** förväxla ngn (ngt) med
II [mɪ'steɪk] *subst* misstag, fel; missförstånd
mistaken [mɪ'steɪkən] perf. p. av *mistake I*
mistakenly [mɪ'steɪkənlɪ] *adv* av misstag
mister ['mɪstə] *subst* herr, barnspr., i tilltal motsvaras av farbror
mistimed [ˌmɪs'taɪmd] *adj* **1** oläglig **2** malplacerad
mistletoe ['mɪsltəʊ] *subst* mistel
mistook [mɪ'stʊk] imperf. av *mistake I*
mistranslate [ˌmɪstræns'leɪt] *verb* översätta fel; ***mistranslated*** felöversatt
mistress ['mɪstrəs] *subst* **1** husmor; ***the*** ~ ***of the house*** frun i huset **2** djurs matte **3** älskarinna, mätress **4** härskarinna [*of* över]
mistrust [ˌmɪs'trʌst] *verb* o. *subst* misstro
misty ['mɪstɪ] *adj* dimmig, disig, immig
misunderstand [ˌmɪsʌndə'stænd] (*misunderstood misunderstood*) *verb* missförstå
misunderstanding [ˌmɪsʌndə'stændɪŋ] *subst* **1** missförstånd **2** misshällighet
misunderstood [ˌmɪsʌndə'stʊd] imperf. o. perf. p. av *misunderstand*
1 mite [maɪt] *subst* pyre, parvel
2 mite [maɪt] *subst* insekt kvalster
mitigate ['mɪtɪgeɪt] *verb* lindra, mildra; ***mitigating circumstances*** förmildrande omständigheter
mitre ['maɪtə] *subst* kyrkl. mitra, biskopsmössa
mitten ['mɪtn] *subst* vante, tumvante
mix I [mɪks] *verb* **1** blanda, blanda till; ~ ***up*** förväxla; ***be*** (***get***) ***mixed up*** a) vara (bli) inblandad [*in* i] b) vara (bli) förvirrad **2** blanda sig, gå ihop [*with* med] **3** umgås [~ *in certain circles*]
II [mɪks] *subst* mix, blandning; ***cake*** ~ kakmix
mixed [mɪkst] *adj* blandad; ~ ***breed*** blandras; ~ ***economy*** blandekonomi
mixed-up [ˌmɪkst'ʌp] *adj* vard. förvirrad
mixer ['mɪksə] *subst* blandare [*concrete* ~]; mixer, matberedningsmaskin; ~ ***tap*** blandare, blandningskran
mixture ['mɪkstʃə] *subst* blandning; ***smoking*** ~ el. ~ tobaksblandning
mix-up ['mɪksʌp] *subst* vard. **1** röra **2** förväxling
ml. (förk. för *millilitre, millilitres*) ml
mm. (förk. för *millimetre, millimetres*) mm
moan I [məʊn] *verb* **1** jämra sig, stöna **2** vard. knota; ~ ***and groan*** gnöla och gnälla
II [məʊn] *subst* jämmer, stönande
moat [məʊt] *subst* vallgrav
mob I [mɒb] *subst* **1** pöbel, mobb, hop **2** vard. gangsterliga
II [mɒb] (*-bb-*) *verb* omringa; ***be mobbed*** förföljas, omringas
mobile I ['məʊbaɪl, amer. 'məʊbl] *adj* rörlig, mobil; ~ ***home*** husvagn såsom permanent bostad; ~ ***hospital*** fältsjukhus; ~ ***library*** bokbuss; ~ ***phone*** el. ~ ***telephone*** mobiltelefon
II ['məʊbaɪl] *subst* **1** vard. mobil telefon **2** konst. mobil
mobility [məʊ'bɪlətɪ] *subst* rörlighet
mobilization [ˌməʊbɪlaɪ'zeɪʃən] *subst* mobilisering
mobilize ['məʊbɪlaɪz] *verb* mobilisera
mobster ['mɒbstə] *subst* vard. ligamedlem, gangster
moccasin ['mɒkəsɪn] *subst* slags sko mockasin
mock I [mɒk] *verb* **1** driva med; ~ ***at*** driva med **2** härma
II [mɒk] *adj* låtsad, oäkta, falsk; fingerad, sken-
mockery ['mɒkərɪ] *subst* **1** gyckel, drift; ***make a*** ~ ***of*** göra narr av **2** parodi [*a* ~ *of justice*]
mock turtle [ˌmɒk'tɜːtl] *subst*, ~ ***soup*** falsk sköldpaddssoppa
mod cons [ˌmɒd'kɒnz] vard. förk. för *modern conveniences*
mode [məʊd] *subst* **1** sätt, metod **2** bruk, mode
model I ['mɒdl] *subst* **1** modell **2** fotomodell, mannekäng **3** mönster, förebild
II ['mɒdl] *adj* **1** modell- [*a* ~ *train*] **2** mönstergill, exemplarisk
III ['mɒdl] (*-ll-*, amer. *-l-*) *verb* **1** modellera

[~ *in clay*]; forma **2** planera; ~ ***oneself on sb*** försöka efterlikna ngn
modem ['məʊdem] *subst* data. modem
moderate I ['mɒdərət] *adj* måttlig, moderat, måttfull; ***a ~ improvement*** en lätt förbättring
II ['mɒdərət] *subst* moderat
III ['mɒdəreɪt] *verb* moderera, mildra, dämpa
moderately ['mɒdərətlɪ] *adv* **1** måttligt, lagom **2** medelmåttigt; ***moderately successful*** någorlunda hyggligt framgångsrik
moderate-sized ['mɒdərətsaɪzd] *adj* medelstor, lagom stor
moderation [ˌmɒdə'reɪʃən] *subst* måttlighet, återhållsamhet; ***in*** ~ med måtta, måttligt
modern ['mɒdən] *adj* modern, nutida
modernize ['mɒdənaɪz] *verb* modernisera
modest ['mɒdɪst] *adj* blygsam [*a ~ income*], anspråkslös
modesty ['mɒdɪstɪ] *subst* blygsamhet, anspråkslöshet
modify ['mɒdɪfaɪ] *verb* modifiera, ändra
modulate ['mɒdjʊleɪt] *verb* modulera
module ['mɒdjuːl] *subst* modul
Mohammedan I [mə'hæmɪdən] *adj* muslimsk
II [mə'hæmɪdən] *subst* muslim
moist [mɔɪst] *adj* fuktig [~ *climate*; ~ *lips*]
moisten ['mɔɪsn] *verb* **1** fukta **2** bli fuktig
moisture ['mɔɪstʃə] *subst* fukt, fuktighet
molar ['məʊlə] *subst* kindtand
molasses [mə'læsɪz] (med verb i pl.) *subst* spec. amer. sirap
mold [məʊld] *subst* o. **moldy** [məʊldɪ] *adj* amer., se *mould* o. *mouldy*
Moldavia [mɒl'deɪvɪə] Moldavien region
Moldova [mɒl'dəʊvə] Moldavien stat
1 mole [məʊl] *subst* födelsemärke
2 mole [məʊl] *subst* djur mullvad
molecule ['mɒlɪkjuːl] *subst* kem. el. fys. molekyl
molehill ['məʊlhɪl] *subst* mullvadshög; ***make a mountain out of a*** ~ göra en höna av en fjäder, förstora upp allting
molest [mə'lest] *verb* ofreda, antasta, störa
mollusc ['mɒləsk] *subst* zool. mollusk, blötdjur
molten ['məʊltən] *adj* smält, flytande [~ *lava*]; ~ ***metal*** gjutmetall
mom [mɒm] *subst* amer. vard. mamma
moment ['məʊmənt] *subst* **1** ögonblick, stund, tidpunkt; ***one*** ~ el. ***just a*** ~ ett ögonblick, vänta litet; ***this*** ~ genast, på ögonblicket; ***leisure ~s*** el. ***spare ~s*** lediga stunder; ***at the*** ~ för ögonblicket, för tillfället; ***at a moment's notice*** med detsamma; ***in a ~ of anger*** i ett anfall av vrede; ***the man of the*** ~ mannen för dagen **2** betydelse, vikt [*an affair of great* ~]
momentary ['məʊməntrɪ] *adj* en kort stunds, kortvarig
momentous [mə'mentəs] *adj* viktig, betydelsefull
momentum [mə'mentəm] *subst* fart, styrka, kraft; ***the car gained*** ~ bilen fick upp farten
momma ['mɒmə] *subst* amer. vard. mamma
monarch ['mɒnək] *subst* monark
monarchy ['mɒnəkɪ] *subst* monarki
monastery ['mɒnəstrɪ] *subst* munkkloster
Monday ['mʌndeɪ, 'mʌndɪ] *subst* måndag; ***Easter*** ~ annandag påsk; ***last*** ~ i måndags
monetary ['mʌnɪtrɪ] *adj* monetär, mynt-, penning-

> **money**
> Lägg märke till att det engelska ordet *money* är singular.
> *Where is the money?*
> Var är pengarna?
> *It's over there.*
> De är där borta.

money ['mʌnɪ] (utan pl.) *subst* pengar; ~ ***matters*** penningangelägenheter; ***be in the*** ~ vard. vara tät, tjäna grova pengar; ***it's good*** ~ det tjänar man bra på; ***be short of*** ~ ha ont om pengar; ***for my*** ~ enligt min mening
money box ['mʌnɪbɒks] *subst* sparbössa
money-lender ['mʌnɪˌlendə] *subst* procentare, ockrare
money-making I ['mʌnɪˌmeɪkɪŋ] *subst* att tjäna pengar
II ['mʌnɪˌmeɪkɪŋ] *adj* lönande
money order ['mʌnɪˌɔːdə] *subst* amer. postanvisning anvisning översänt i kuvert på fixerat lägre belopp
Mongolia [mɒŋ'gəʊljə] Mongoliet
mongrel I ['mʌŋgrəl] *subst* byracka hund
II ['mʌŋgrəl] *adj* av blandras
monitor I ['mɒnɪtə] *subst* **1** skol., ungefär ordningsman **2** radio. el. tv. monitor; ~

screen el. ~ bildskärm
II ['mɒnɪtə] *verb* övervaka, kontrollera
monk [mʌŋk] *subst* munk person
monkey I ['mʌŋkɪ] *subst* **1** djur apa; ~ ***business*** smussel, fuffens; ~ ***tricks*** vard. rackartyg; ~ ***wrench*** amer. skiftnyckel; ***throw a ~ wrench into the works*** amer. sätta en käpp i hjulet; ***you little ~!*** din lilla rackarunge!
II ['mʌŋkɪ] *verb*, ~ ***about with*** el. ~ ***with*** vard. mixtra med, greja med
monkey nut ['mʌŋkɪnʌt] *subst* vard. jordnöt
monocle ['mɒnəkl] *subst* monokel
monogamous [mə'nɒgəməs] *adj* monogam
monogamy [mə'nɒgəmɪ] *subst* engifte, monogami
monogram ['mɒnəgræm] *subst* monogram
monologue ['mɒnəlɒg] *subst* monolog
monopolize [mə'nɒpəlaɪz] *verb* **1** monopolisera **2** lägga beslag på
monopoly [mə'nɒpəlɪ] *subst* **1** monopol, ensamrätt **2** ***Monopoly®*** Monopol sällskapsspel
monosyllable ['mɒnəˌsɪləbl] *subst* enstavigt ord
monotone ['mɒnətəʊn] *subst* enformig ton
monotonous [mə'nɒtənəs] *adj* monoton, enformig
monotony [mə'nɒtənɪ] *subst* monotoni, enformighet
monoxide [mə'nɒksaɪd] *subst*, ***carbon*** ~ koloxid
monsoon [mɒn'suːn] *subst* tropisk vind monsun
monster ['mɒnstə] *subst* monster, vidunder
monstrous ['mɒnstrəs] *adj* monstruös
Montenegro [ˌmɒntɪ'niːgrəʊ]
month [mʌnθ] *subst* månad; ***by the*** ~ per månad; ***for ~s*** i månader; ***she's in her eighth*** ~ hon är i åttonde månaden; ***never*** (***not once***) ***in a ~ of Sundays*** vard. aldrig någonsin
monthly I ['mʌnθlɪ] *adj* månatlig, månads-
II ['mʌnθlɪ] *adv* en gång i månaden, månatligen
monument ['mɒnjʊmənt] *subst* monument, minnesmärke; ***ancient*** ~ fornminne
monumental [ˌmɒnjʊ'mentl] *adj* monumental, storslagen
moo [muː] *verb* råma
mooch [muːtʃ] *verb* vard., ~ ***about*** gå och drälla, driva omkring
1 mood [muːd] *subst* gram. modus; ***the subjunctive*** ~ konjunktiven
2 mood [muːd] *subst* lynne, stämning, humör; ***be in the*** ~ vara upplagd [*for sth* för ngt]
moody ['muːdɪ] *adj* **1** lynnig, nyckfull **2** på dåligt humör, sur
moon I [muːn] *subst* måne; ***be over the*** ~ vara i sjunde himlen
II [muːn] *verb* vard., ~ ***about*** el. ~ ***around*** gå omkring och drömma
moonbeam ['muːnbiːm] *subst* månstråle
moonlight ['muːnlaɪt] *subst* månsken
moonlighting ['muːnˌlaɪtɪŋ] (endast sing.) *subst* vard. extraknäck
moonlit ['muːnlɪt] *adj* månljus, månbelyst
moonscape ['muːnskeɪp] *subst* månlandskap
moonshine ['muːnʃaɪn] *subst* **1** månsken **2** vilda fantasier, nonsens **3** om sprit hembränt
moonstone ['muːnstəʊn] *subst* månsten halvädelsten
1 moor [mʊə] *subst* hed
2 moor [mʊə] *verb* sjö. förtöja
moorhen ['mʊəhen] *subst* rörhöna fågel
mooring ['mʊərɪŋ] *subst* sjö. förtöjning
moose [muːs] *subst* amerikansk älg
mop I [mɒp] *subst* **1** mopp **2** vard. kalufs
II [mɒp] (*-pp-*) *verb* torka, moppa [*~ the floor*]; ~ ***up*** a) torka upp b) mil. rensa, rensa upp
mope [məʊp] *verb* grubbla, tjura
moped ['məʊped] *subst* moped
mopping-up [ˌmɒpɪŋ'ʌp] *adj*, ~ ***operations*** mil. rensningsaktioner
moral ['mɒrəl] *adj* **1** moralisk, sedelärande **2** sedlig **3** ~ ***courage*** civilkurage
morale [mɒ'rɑːl] *subst* stridsmoral, kampanda
morality [mə'rælətɪ] *subst* **1** moral; sedelära **2** sedlighet
moralize ['mɒrəlaɪz] *verb* moralisera
morals ['mɒrəlz] *subst pl* moral, seder
morbid ['mɔːbɪd] *adj* sjuklig, morbid
more [mɔː] *adj* o. *subst* o. *adv* (komparativ till *much* o. *many*) **1** mer, mera; ~ ***and*** ~ ***difficult*** allt svårare; ~ ***or less*** a) mer eller mindre b) cirka [*fifty ~ or less*]; ***all the*** ~ desto mera, så mycket mera; ***the ~ she gets, the ~ she wants*** ju mer hon får, desto mer vill hon ha **2** fler, flera [*than* än]; ***the ~ the merrier*** ju fler desto roligare **3** ytterligare, mer; ***once*** ~ en gång till **4** vid komparativ mer; med ändelse -are; ofta (vid jämförelse mellan två) mest; med ändelser -st, -ste; ~ ***complicated*** mera komplicerad; ~ ***easily*** lättare **5** ex. med *no* ***no*** ~ inte mer, inte fler, aldrig mer; lika litet [*he knows very*

little about it, and no ~ do I]; ***we saw no ~ of him*** vi såg aldrig mer till honom; ***no ~ than*** knappast mer än
morel [mə'rel] *subst* bot. murkla
morello [mə'reləʊ] (pl. *~s*) *subst* bot., *~ **cherry*** el. ~ morell
moreover [mɔː'rəʊvə] *adv* dessutom
morgue [mɔːg] *subst* spec. amer. bårhus
Mormon ['mɔːmən] *subst* mormon
morn [mɔːn] *subst* poetiskt morgon
morning ['mɔːnɪŋ] *subst* morgon, förmiddag; ***this*** ~ i morse, i förmiddags; ***yesterday*** ~ i går morse, i går förmiddag; ~ ***coat*** jackett
Moroccan I [mə'rɒkən] *adj* marockansk
II [mə'rɒkən] *subst* marockan
Morocco [mə'rɒkəʊ] Marocko
moron ['mɔːrɒn] *subst* vard. idiot
morose [mə'rəʊs] *adj* surmulen, butter
Morse [mɔːs] egennamn, ***the ~ code*** el. ~ morsealfabetet
morsel ['mɔːsəl] *subst* munsbit, bit, smula
mortal I ['mɔːtl] *adj* **1** dödlig; döds- [*~ sin*]; ***his ~ remains*** hans jordiska kvarlevor **2** vard., ***not a ~ soul*** inte en själ, inte en enda kotte
II ['mɔːtl] *subst* dödlig; ***ordinary ~s*** vanliga dödliga
mortality [mɔː'tæləti] *subst* dödlighet
mortally ['mɔːtəli] *adv* dödligt
1 mortar ['mɔːtə] *subst* **1** mortel **2** mil. granatkastare
2 mortar ['mɔːtə] *subst* murbruk
mortgage I ['mɔːgɪdʒ] *subst* inteckning; ***first ~ loan*** bottenlån
II ['mɔːgɪdʒ] *verb* inteckna, belåna
mortician [mɔː'tɪʃən] *subst* amer. begravningsentreprenör
mortuary ['mɔːtjʊəri] *subst* bårhus
mosaic [mə'zeɪɪk] *subst* mosaik, mosaikarbete
Moscow ['mɒskəʊ, amer. vanligen 'mɒskaʊ] Moskva
Moslem I ['mɒzləm] *subst* muslim
II ['mɒzləm] *adj* muslimsk
mosque [mɒsk] *subst* moské
mosquito [mə'skiːtəʊ] *subst* insekt moskit, stickmygga; pl. ***mosquitoes*** vanligen mygg
moss [mɒs] *subst* mossa; före subst. moss-
mossy ['mɒsi] *adj* mossig; *~ **green*** mossgrön
most I [məʊst] *adj* o. *subst* mest, flest, den (det) mesta; ~ ***boys*** de flesta pojkar; ***for the ~ part*** mest, till största delen, för det mesta; ***make the ~ of*** göra det mesta möjliga av, ta vara på; ***at the*** ~ el. ***at*** ~ högst, på sin höjd, i bästa fall
II [məʊst] *adv* **1** mest [*what pleased me ~*]; ***the one he values ~*** el. ***the one he values the ~*** den som han värderar högst (mest) **2** för att bilda ändelser superlativ mest; med ändelserna -st, -ste; ***the ~ beautiful of all*** den allra vackraste; ~ ***easily*** lättast **3** högst, ytterst [*~ interesting*]; ~ ***certainly*** alldeles säkert; ~ ***probably*** el. ~ ***likely*** högst sannolikt
mostly ['məʊstli] *adv* **1** mest, mestadels **2** vanligen, för det mesta
MOT [ˌeməʊ'tiː] (förk. för *Ministry of Transport*) *~ **test*** el. vard. ~ årlig besiktning av motorfordon äldre än 3 år
motel [məʊ'tel] *subst* motell
moth [mɒθ] *subst* insekt **1** mal **2** nattfjäril
mothball ['mɒθbɔːl] *subst* malkula, malmedel
moth-eaten ['mɒθˌiːtn] *adj* maläten
mother I ['mʌðə] *subst* **1** moder, mor, mamma; ***queen*** ~ änkedrottning; ***play ~s and fathers*** leka mamma, pappa, barn **2** *~ **country*** fosterland, hemland; *~ **tongue*** el. *~ **language*** modersmål
II ['mʌðə] *verb* **1** sätta till världen **2** ge upphov till **3** vara som en mor för
motherboard ['mʌðəbɔːd] *subst* data. moderkort
motherhood ['mʌðəhʊd] *subst* moderskap
mother-in-law ['mʌðərɪnlɔː] (pl. *mothers-in-law* ['mʌðəzɪnlɔː]) *subst* svärmor
motherly ['mʌðəli] *adj* moderlig
mother-of-pearl [ˌmʌðərəv'pɜːl] *subst* pärlemor
mothproof ['mɒθpruːf] *adj* malsäker
motion I ['məʊʃən] *subst* **1** rörelse; *~ **picture*** film **2** gest, åtbörd, tecken **3** motion; ***submit a*** ~ a) väcka ett förslag b) framställa ett yrkande **4** vanligen pl. *~**s*** avföring
II ['məʊʃən] *verb* **1** vinka, göra tecken **2** vinka åt, göra tecken åt
motionless ['məʊʃənləs] *adj* orörlig; i vila

motivate
Lägg märke till att *motivate* betyder motivera = skapa motivation hos. Motivera = ge skäl för heter *give the reason for*.

motivate ['məʊtɪveɪt] *verb* motivera, skapa motivation hos

motivation [ˌməʊtɪˈveɪʃən] *subst* **1** motivering **2** motivation
motive [ˈməʊtɪv] *subst* motiv
motocross [ˈməʊtəkrɒs] *subst* sport. motocross
motor I [ˈməʊtə] *subst* motor; *~ **show*** bilsalong; *~ **works*** bilfabrik
II [ˈməʊtə] *verb* bila
motorbike [ˈməʊtəbaɪk] *subst* vard. motorcykel
motorboat [ˈməʊtəbəʊt] *subst* motorbåt
motorcade [ˈməʊtəkeɪd] *subst* bilkortege
motorcar [ˈməʊtəkɑː] *subst* bil
motorcoach [ˈməʊtəkəʊtʃ] *subst* buss, turistbuss
motorcycle [ˈməʊtəˌsaɪkl] *subst* motorcykel; *~ **combination*** motorcykel med sidvagn
motorcyclist [ˈməʊtəˌsaɪklɪst] *subst* motorcyklist
motoring [ˈməʊtərɪŋ] *subst* **1** bilande, bilåkning **2** motorsport
motorist [ˈməʊtərɪst] *subst* bilist, bilförare
motorlaunch [ˈməʊtəlɔːntʃ] *subst* större motorbåt
motor race [ˈməʊtəreɪs] *subst* motortävling
motorscooter [ˈməʊtəˌskuːtə] *subst* skoter
motorway [ˈməʊtəweɪ] *subst* motorväg
mottled [ˈmɒtld] *adj* spräcklig, fläckig, marmorerad
motto [ˈmɒtəʊ] (pl. *mottoes* el. *~s*) *subst* motto, valspråk, devis
1 mould [məʊld] *subst* jord, mylla, mull
2 mould [məʊld] *subst* mögel, mögelsvamp
3 mould I [məʊld] *subst* **1** form, gjutform; matris **2** kok. form
II [məʊld] *verb* gjuta, forma, bilda
mouldy [ˈməʊldɪ] *adj* **1** möglig **2** vard. vissen, urusel
mound [maʊnd] *subst* hög, kulle, vall
1 mount [maʊnt] *subst* i namn berg; ***Mount Etna*** Etna
2 mount I [maʊnt] *verb* **1** gå upp på, gå uppför, stiga upp på; *~ **the throne*** bestiga tronen **2** placera [*on* på] **3** montera, sätta upp, infatta, rama in **4** mil. sätta i gång [*~ an offensive*]
II [maʊnt] *subst* ridhäst, häst
mountain [ˈmaʊntɪn] *subst* berg, fjäll
mountain ash [ˌmaʊntənˈæʃ] *subst* träd rönn
mountainbike [ˈmaʊntənbaɪk] *subst* mountainbike
mountaineer I [ˌmaʊntɪˈnɪə] *subst* bergbestigare
II [ˌmaʊntɪˈnɪə] *verb* klättra i bergen
mountaineering [ˌmaʊntɪˈnɪərɪŋ] *subst* bergbestigning
mountainous [ˈmaʊntɪnəs] *adj* bergig
mounted [ˈmaʊntɪd] *adj* **1** ridande [*~ police*]; fordonsburen **2** monterad, uppsatt, inramad; om t.ex. frimärke insatt i album
mourn [mɔːn] *verb* **1** sörja [*for* över] **2** sörja över; *~ **for sb*** sörja ngn
mourner [ˈmɔːnə] *subst* sörjande; ***the ~s*** de sörjande; ***the chief ~*** den närmast sörjande
mournful [ˈmɔːnfʊl] *adj* sorglig, dyster
mourning I [ˈmɔːnɪŋ] *adj* sörjande
II [ˈmɔːnɪŋ] *subst* sorg; sorgdräkt; ***in ~*** sorgklädd; ***go into ~*** anlägga sorg; ***go out of ~*** lägga av sorgen
mouse [maʊs] (pl. *mice* [maɪs]) *subst* mus, råtta
mouse mat [ˈmaʊsmæt] *subst* o. amer. **mouse pad** [ˈmaʊspæd] *subst* data. musmatta

The Mousetrap
The Mousetrap är den pjäs som spelats längst i hela världen. Den hade premiär i London 1952 och spelas fortfarande. Det är en deckare av Agatha Christie. *The Mousetrap* har spelats över 21 000 gånger. Flera av skådespelarna som var med vid premiären är nu döda.

mousetrap [ˈmaʊstræp] *subst* råttfälla
mousse [muːs] *subst* **1** kok. mousse **2** hårmousse
moustache [məˈstɑːʃ, amer. ˈmʌstæʃ] *subst* mustascher; ***grow a ~*** anlägga mustasch
mouth [maʊθ, pl. maʊðz] *subst* **1** mun; ***by word of ~*** muntligen; ***be down in the ~*** vara deppig; ***have one's heart in one's ~*** ha hjärtat i halsgropen; ***shut your ~!*** håll käft! **2** mynning
mouthful [ˈmaʊθfʊl] *subst* munsbit, munfull
mouth organ [ˈmaʊθˌɔːgən] *subst* munspel
mouthpiece [ˈmaʊθpiːs] *subst* **1** munstycke **2** telefonlur **3** talesman, språkrör
mouth-to-mouth [ˌmaʊθtəˈmaʊθ] *adj*, ***the ~ method*** mun-mot-munmetoden
mouthwash [ˈmaʊθwɒʃ] *subst* munvatten
movable [ˈmuːvəbl] *adj* rörlig, flyttbar
move I [muːv] *verb* **1** flytta, flytta på, rubba; *~ **troops*** förflytta trupper **2** röra sig, förflytta sig, flytta sig **3** röra på [*~ one's lips*] **4** röra; ***be moved*** bli rörd, röras,

gripas [*he was deeply moved*]
II [muːv] *verb* med adv. o. prep.
move on gå på, cirkulera
move out 1 gå ut **2** flytta
move over flytta sig, flytta på sig
move up stiga (gå) fram
III [muːv] *subst* **1** flytt, flyttning; ***get a ~ on!*** vard. raska på!; ***be on the ~*** vara i rörelse **2** drag, utspel [*a clever ~*]; ***what's the next ~?*** vard. vad ska vi göra nu? **3** i schack etc. drag
movement ['muːvmənt] *subst* **1** rörelse **2** musik. sats [*the first ~ of a symphony*] **3** t.ex. politisk, religiös rörelse [*the Labour ~*]
movie ['muːvɪ] *subst* vard. film; ***the ~s*** bio; ***~ star*** filmstjärna; ***~ house*** el. ***~ theater*** amer. bio; ***go to the ~s*** gå på bio
moviegoer ['muːvɪˌɡəʊə] *subst* biobesökare
moving I ['muːvɪŋ] *adj* o. *pres p* **1** rörlig; ***~ staircase*** el. ***~ stairway*** rulltrappa **2** rörande, gripande [*~ ceremony*]
II ['muːvɪŋ] *subst* förflyttning; ***~ van*** amer. flyttbil
mow [məʊ] (*mowed mown*) *verb* slå, klippa [*~ a lawn*]
mower ['məʊə] *subst* gräsklippare
mown [məʊn] perf. p. av *mow*
Mozambique [ˌməʊzəm'biːk] Moçambique
MP [ˌem'piː] förk. för *Member of Parliament, Military Police*
MP3 [ˌempiː'θriː] *subst*, ***~ player*** MP3-spelare
m.p.h. förk. för *miles per hour*
Mr. o. **Mr** ['mɪstə] (pl. *Messrs.* ['mesəz]) (förk. för *mister*) hr, herr framför namn
Mrs. o. **Mrs** ['mɪsɪz] (förk. för *missis*) fru framför namn
MS [ˌem'es, 'mænjʊskrɪpt] (pl. *MSS* [ˌemes'es]) förk. för *manuscript*

Ms
Skilj mellan *Ms* [mɪz], fru eller fröken, med tonande s och *miss* [mɪs], fröken med tonlöst s.

Ms. o. **Ms** [mɪz] (pl. *Mses* ['mɪzɪz]) *subst* titel för kvinna som ersättning för *Miss* el. *Mrs.* före namn [*~ Louise Brown*]
Mt. förk. för *Mount, mountain*
much I [mʌtʃ] (*more most*) *adj* o. *adv* **1** mycket [*~ older*]; ***very ~ older*** betydligt äldre; ***without ~ difficulty*** utan större svårighet; ***he doesn't look ~ like a clergyman*** han ser knappast ut som en präst; ***it looks very ~ like it*** det ser nästan så ut; ***thank you very ~*** tack så mycket; ***~ to my delight*** till min stora förtjusning; ***~ too low*** alldeles för låg **2** ***pretty ~ alike*** ungefär lika; ***it is ~ the same to me*** det gör mig ungefär detsamma
II [mʌtʃ] *subst* **1** mycket; ***he is not ~ of a writer*** han är inte någon vidare författare; ***make ~ of*** göra stor affär av; ***I don't think ~ of*** jag ger inte mycket för; ***his work is not up to ~*** det är inte mycket bevänt med hans arbete **2** ***as ~*** lika (så) mycket [*as* som]; ***I thought as ~*** var det inte det jag trodde; ***it was as ~ as he could do to keep calm*** det var knappt han kunde hålla sig lugn **3** ***how ~ is this?*** vad kostar den här?; ***how ~ does it all come to?*** hur mycket blir det? **4** ***so ~*** så mycket; ***so ~ the better*** så mycket bättre, desto bättre; ***so ~ for that*** så var det med det, så var det med den saken
much-advertised [ˌmʌtʃ'ædvətaɪzd] *adj* uppreklamerad
much-needed [ˌmʌtʃ'niːdɪd] *adj* välbehövlig
muck I [mʌk] *subst* gödsel, dynga, vard. skit, smörja
II [mʌk] *verb* **1** ***~ sth up*** vard. göra pannkaka av ngt, sabba ngt **2** ***~ about*** vard. larva omkring, tjafsa; ***~ about with*** pillra med
muck-up ['mʌkʌp] *subst* vard., ***make a ~ of sth*** göra pannkaka av ngt
mucky ['mʌkɪ] *adj* vard. skitig, lortig
mucus ['mjuːkəs] *subst* fysiol. slem
mud [mʌd] *subst* **1** gyttja, dy **2** smuts, lera
muddle I ['mʌdl] *verb* trassla till; ***~ up*** el. ***~ together*** blanda ihop, förväxla, röra ihop [*he has muddled things up*]
II ['mʌdl] *subst* röra, oreda, virrvarr; ***make a ~ of*** trassla till
muddled ['mʌdld] *adj* rörig, virrig
muddle-headed ['mʌdlˌhedɪd] *adj* virrig
muddy ['mʌdɪ] *adj* smutsig, lerig [*~ roads*]
mudflap ['mʌdflæp] *subst* stänkskydd på bil
mudguard ['mʌdɡɑːd] *subst* stänkskärm
mudpack ['mʌdpæk] *subst* kosmetisk ansiktsmask
muesli ['mjuːzlɪ] *subst* müsli
1 muff [mʌf] *subst* muff; öron- skydd
2 muff [mʌf] *verb* missa, sumpa [*~ an opportunity*]
muffin ['mʌfɪn] *subst* **1** slags tekaka som äts varm med smör på **2** amer. muffins
muffle ['mʌfl] *verb* **1** linda om [*~ one's*

throat]; ~ ***up*** el. ~ pälsa på [~ *oneself up well*], svepa in **2** linda om för att dämpa ljud, dämpa; ***muffled*** dämpad, dov [*muffled sounds*]

muffler ['mʌflə] *subst* **1** halsduk **2** amer. ljuddämpare

mug I [mʌg] *subst* **1** mugg [*a ~ of tea*], sejdel **2** vard., ansikte tryne, fejs **3** vard. lättlurad stackare

II [mʌg] (*-gg-*) *verb* vard. överfalla och råna

mugger ['mʌgə] *subst* vard. rånare som överfaller på gatan

mugging ['mʌgɪŋ] *subst* vard. överfall och rån på gatan

muggy ['mʌgɪ] *adj* kvav, tryckande [*~ day*]

mulatto [mjʊ'lætəʊ] (pl. *~s* el. *mulattoes*) *subst* mulatt

mulberry ['mʌlbərɪ] *subst* mullbär

mule [mjuːl] *subst* mula, mulåsna; ***as stubborn*** (***obstinate***) ***as a*** ~ envis som synden

mulligatawny [ˌmʌlɪgə'tɔːnɪ] *subst*, ~ ***soup*** indisk currykryddad soppa

multilateral [ˌmʌltɪ'lætərəl] *adj* multilateral [*~ agreement*]

multimedia [ˌmʌltɪ'miːdɪə] *subst pl* multimedia

multimillionaire [ˌmʌltɪmɪljə'neə] *subst* mångmiljonär

multinational [ˌmʌltɪ'næʃnəl] *adj* multinationell [*~ company*]

multiple ['mʌltɪpl] *adj* mångfaldig; flerdubbel; ~ ***fracture*** komplicerat benbrott; ~ ***stores*** butikskedja; ~ ***choice test*** flervalsprov

multiplication [ˌmʌltɪplɪ'keɪʃən] *subst* **1** multiplikation **2** mångfaldigande

multiply ['mʌltɪplaɪ] *verb* **1** multiplicera [*by* med] **2** öka **3** ökas, flerdubblas **4** föröka sig

multipurpose [ˌmʌltɪ'pɜːpəs] *adj* som kan användas till mycket, universal-; ~ ***vehicle*** (förk. *MPV*) familjebuss

multiracial [ˌmʌltɪ'reɪʃl] *adj* som omfattar (representerar) många raser

multistorey [ˌmʌltɪ'stɔːrɪ] *adj* flervånings- [*~ hotel*]; ~ ***car park*** parkeringshus

multitude ['mʌltɪtjuːd] *subst* **1** mängd, massa, mångfald **2** folkmassa

mum [mʌm] *subst* mamma, vard. morsa

mumble I ['mʌmbl] *verb* mumla, mumla fram

II ['mʌmbl] *subst* mummel

mumbo jumbo [ˌmʌmbəʊ'dʒʌmbəʊ] *subst* hokuspokus; fikonspråk, jargong

1 mummy ['mʌmɪ] *subst* mumie

2 mummy ['mʌmɪ] *subst* barnspr. mamma; ***mummy's darling*** mammagris, morsgris

mumps [mʌmps] *subst* med. påssjuka

munch [mʌntʃ] *verb* mumsa, mumsa på

mundane ['mʌndeɪn] *adj* trivial, vardaglig

Munich ['mjuːnɪk] München

municipal [mjʊ'nɪsɪpl] *adj* kommunal [*~ buildings*]; kommun-, stads- [*~ libraries*]; ~ ***council*** kommunfullmäktige

municipality [mjʊˌnɪsɪ'pælətɪ] *subst* **1** kommun **2** kommunstyrelse

munition [mjʊ'nɪʃən] *subst*, *~**s*** krigsmateriel, vapen och ammunition

murder I ['mɜːdə] *subst* mord [*of* på]; ***attempted*** ~ mordförsök; ***scream blue*** ~ el. amer. ***scream bloody*** ~ vard. gallhojta

II ['mɜːdə] *verb* **1** mörda **2** misshandla [*~ a song*], rådbråka [*~ the language*]

murderer ['mɜːdərə] *subst* mördare

murderess ['mɜːdərəs] *subst* mörderska

murderous ['mɜːdərəs] *adj* mordisk

murmur I ['mɜːmə] *subst* sorl, mummel; ***without a*** ~ utan knot

II ['mɜːmə] *verb* sorla, mumla

muscle ['mʌsl] *subst* **1** muskel, muskler **2** muskelstyrka

Muscovite ['mʌskəvaɪt] *subst* moskvabo

muscular ['mʌskjʊlə] *adj* muskulös

1 muse [mjuːz] *subst* mytol. musa

2 muse [mjuːz] *verb* fundera, grubbla

museum [mjʊ'zɪəm] *subst* museum

mushroom I ['mʌʃrʊm] *subst* **1** svamp **2** champinjon

II ['mʌʃrʊm] *verb* plocka svamp

mushy ['mʌʃɪ] *adj* mosig, grötig, slafsig

music ['mjuːzɪk] *subst* **1** musik **2** noter [*read ~*], nothäften [*printed ~*] **3** ***face the*** ~ vard. ta konsekvenserna

musical I ['mjuːzɪkl] *adj* **1** musikalisk; musikintresserad [*a ~ person*]; ***have a*** ~ ***ear*** ha bra musiköra **2** musik- [*~ instruments*]; ~ ***comedy*** musikal **3** ~ ***box*** speldosa; ~ ***chairs*** sällskapslek hela havet stormar

II ['mjuːzɪkl] *subst* musikal

music hall ['mjuːzɪkhɔːl] *subst* **1** varietéteater; ~ ***song*** kuplett **2** amer. konsertsal

musician [mjʊ'zɪʃən] *subst* musiker

music stand ['mjuːzɪkstænd] *subst* notställ

musk [mʌsk] *subst* mysk; ~ ***ox*** myskoxe

musket ['mʌskɪt] *subst* hist. musköt

musketeer [ˌmʌskə'tɪə] *subst* hist. musketör

muskrat ['mʌskræt] *subst* bisamråtta

Muslim I ['mʊzləm] *subst* muslim
II ['mʊzləm] *adj* muslimsk
muslin ['mʌzlɪn] *subst* muslin
musquash ['mʌskwɒʃ] *subst* **1** bisamråtta **2** ~ ***fur*** el. ~ bisam pälsverk; ~ ***coat*** el. ~ bisampäls plagg
mussel ['mʌsl] *subst* skaldjur mussla
must I [mʌst, obetonat məst] *hjälpverb* presens **1** måste, får **2** med negation får [*you* ~ *never ask*]; ~ ***not*** el. ***mustn't*** får inte [*you* ~ *not go*], ska inte [*you mustn't be surprised*]
II [mʌst] *subst* vard., ***a*** ~ ett måste [*that book is a* ~]
mustache ['mʌstæʃ] *subst* amer., se *moustache*
mustang ['mʌstæŋ] *subst* mustang häst
mustard ['mʌstəd] *subst* senap
muster I ['mʌstə] *subst*, ***pass*** ~ hålla måttet, duga [*as*, *for* till]
II ['mʌstə] *verb*, ~ ***up*** uppbjuda [~ *up all one's strength*]
mustn't ['mʌsnt] = *must not*
musty ['mʌstɪ] *adj* unken [~ *smell*], instängd [~ *air*], ovädrad [~ *room*]
mute I [mjuːt] *adj* stum, mållös, tyst
II [mjuːt] *subst* **1** stum person **2** teat. statist **3** musik. sordin; dämmare
III [mjuːt] *verb* dämpa; musik. sätta sordin på; ***in muted tones*** med dämpad röst
mutilate ['mjuːtɪleɪt] *verb* **1** stympa, lemlästa **2** förvanska [*a mutilated version of a book*]
mutilation [ˌmjuːtɪ'leɪʃən] *subst* stympning
mutinous ['mjuːtɪnəs] *adj* upprorisk; som gör myteri
mutiny I ['mjuːtɪnɪ] *subst* myteri
II ['mjuːtɪnɪ] *verb* göra myteri
mutter I ['mʌtə] *verb* mumla, muttra [*to oneself* för sig själv]
II ['mʌtə] *subst* mumlande, mummel
mutton ['mʌtn] *subst* fårkött; ***roast*** ~ fårstek
mutual ['mjuːtʃʊəl] *adj* **1** ömsesidig; ~ ***admiration society*** sällskap för inbördes beundran; ***they are*** ~ ***enemies*** de är fiender till varandra **2** gemensam [*a* ~ *friend*]
muzzle I ['mʌzl] *subst* **1** nos, tryne **2** munkorg **3** mynning på skjutvapen
II ['mʌzl] *verb* **1** sätta munkorg på hund; sätta munkavle på tysta ner **2** trycka nosen mot
my I [maɪ, obetonat mɪ] *pron* min; ***I broke*** ~ ***arm*** jag bröt armen; ***I cut*** ~ ***finger*** jag skar mig i fingret; ***without*** ~ ***knowing it*** utan att jag vet (visste) om det; ***yes,*** ~ ***dear!*** ja, kära du!
II [maɪ] *interj*, ~*!* oh!, tänk!, oj då!
Myanmar ['maɪænmɑː]
myrtle ['mɜːtl] *subst* myrten växt
myself [maɪ'self] *pron* mig [*I have hurt* ~], mig själv [*I can help* ~]; jag själv [*nobody but* ~], själv [*I saw it* ~]; ***all by*** ~ a) alldeles ensam, alldeles för mig själv [*I live all by* ~] b) alldeles själv, helt på egen hand
mysterious [mɪ'stɪərɪəs] *adj* mystisk, gåtfull
mystery ['mɪstərɪ] *subst* **1** mysterium, gåta [*to* för] **2** hemlighetsfullhet, hemlighetsmakeri **3** hemlig; ~ ***tour*** resa mot (med) okänt mål
mystic ['mɪstɪk] *subst* mystiker
mystical ['mɪstɪkl] *adj* mystisk i relig. betydelse [~ *ceremonies*]
mysticism ['mɪstɪsɪzəm] *subst* mystik, mysticism
mystify ['mɪstɪfaɪ] *verb* mystifiera, förbrylla
myth [mɪθ] *subst* myt; saga, sägen, legend
mythological [ˌmɪθə'lɒdʒɪkl] *adj* mytologisk
mythology [mɪ'θɒlədʒɪ] *subst* mytologi

Nn

1 N o. **n** [en] *subst* N, n
2 N (förk. för *north, northern*) N
nab [næb] (*-bb-*) *verb* vard. haffa
nag [næg] (*-gg-*) *verb* **1** tjata på **2** tjata [*at* på]
nail I [neɪl] *subst* **1** nagel **2** spik; ***as hard as ~s*** vard. stenhård, obeveklig; ***on the ~*** a) vard. på stubben [*pay on the ~*] b) amer. helt korrekt, exakt
II [neɪl] *verb* **1** spika, spika fast; ***~ down*** spika igen, spika till **2** ***~ sb down*** ställa ngn mot väggen **3** vard. sätta fast [*~ a thief*]; sätta dit [*I'll ~ him*]
nail-biting ['neɪlˌbaɪtɪŋ] *subst* **1** nagelbitning **2** nervpirrande [*~ moments*]
nail file ['neɪlfaɪl] *subst* nagelfil
nail polish ['neɪlˌpɒlɪʃ] *subst* nagellack
nail scissors ['neɪlˌsɪzəz] *subst pl* nagelsax
nail varnish ['neɪlˌvɑːnɪʃ] *subst* nagellack
naive [naɪ'iːv] *adj* naiv, aningslös
naivety o. **naiveté** [naɪ'iːvətɪ] *subst* naivitet
naked ['neɪkɪd] *adj* naken, bar; ***with the ~ eye*** med blotta ögat
namby-pamby [ˌnæmbɪ'pæmbɪ] *adj* mjäkig, klemig
name I [neɪm] *subst* **1** namn; benämning [*of, for* på, för]; ***call sb ~s*** kasta glåpord efter ngn **2** rykte, namn; ***a bad ~*** ett dåligt rykte
II [neɪm] *verb* **1** ge namn åt, kalla; ***be named*** heta, kallas; ***~ after*** uppkalla efter **2** namnge [*three persons were named*]; säga namnet på [*can you ~ this flower?*]; benämna **3** säga, ange [*~ your price*] **4** sätta namn på, märka
namely ['neɪmlɪ] *adv* det vill säga, nämligen [*only one boy was there, ~ John*]
nameplate ['neɪmpleɪt] *subst* namnskylt
namesake ['neɪmseɪk] *subst* namne
Namibia [nə'mɪbɪə]
nanny ['nænɪ] *subst* barnspr. **1** barnsköterska **2** mormor, farmor **3** ***the ~ state*** förmyndarsamhället
1 nap I [næp] *subst* tupplur
II [næp] (*-pp-*) *verb* ta sig en tupplur; ***catch sb napping*** ta ngn på sängen
2 nap [næp] *subst* lugg, ludd på t.ex. tyg
nape [neɪp] *subst*, ***~ of the neck*** nacke
napkin ['næpkɪn] *subst* **1** ***table ~*** el. ~ servett **2** ***disposable ~*** blöja **3** amer., ***sanitary ~*** dambinda
Naples ['neɪplz] Neapel
nappy ['næpɪ] *subst* vard. (förk. för *napkin*); ~ el. ***disposable ~*** blöja
naprapath ['næprəpæθ] *subst* naprapat
narcissus [nɑː'sɪsəs] *subst* narciss, pingstlilja
narcotic I [nɑː'kɒtɪk] *subst* narkotiskt medel; pl. ***~s*** narkotika
II [nɑː'kɒtɪk] *adj*, ***~ drugs*** narkotika
narrate [nə'reɪt] *verb* berätta
narrative I ['nærətɪv] *subst* berättelse
II ['nærətɪv] *adj* berättande
narrator [nə'reɪtə] *subst* berättare
narrow ['nærəʊ] *adj* **1** smal, trång **2** knapp; ***a ~ majority*** en knapp majoritet; ***have a ~ escape*** komma undan med knapp nöd; ***that was a ~ escape!*** el. ***that was a ~ shave!*** det var nära ögat! **3** trångsynt, trång [*~ views*]
narrowly ['nærəʊlɪ] *adv* med knapp nöd [*he ~ escaped*]
narrow-minded [ˌnærəʊ'maɪndɪd] *adj* trångsynt, inskränkt
nasal ['neɪzl] *adj* o. *subst* nasal
nasturtium [nə'stɜːʃəm] *subst* växt krasse
nasty ['nɑːstɪ] *adj* **1** otäck, äcklig **2** elak, stygg, dum [*to* mot] **3** ruskig [*~ weather*]
nation ['neɪʃən] *subst* nation, folk
national ['næʃənl] *adj* nationell; national- [*~ income*], lands-, landsomfattande [*a ~ campaign*]; folk- [*a ~ hero*]; ***~ anthem*** nationalsång; ***National Health Service*** (förk. *NHS*) den allmänna hälso- och sjukvården i Storbritannien
nationalism ['næʃənəlɪzəm] *subst* nationalism
nationalistic [ˌnæʃənə'lɪstɪk] *adj* nationalistisk
nationality [ˌnæʃə'nælətɪ] *subst* nationalitet
nationalization [ˌnæʃənəlaɪ'zeɪʃən] *subst* förstatligande, nationalisering
nationalize ['næʃənəlaɪz] *verb* förstatliga, nationalisera
nationwide ['neɪʃənwaɪd] *adj* landsomfattande
native I ['neɪtɪv] *adj* **1** födelse- [*my ~ town*]; ***~ country*** fosterland, hemland; ***~ language*** modersmål **2** infödd [*a ~ Welshman*]; ***Native American*** infödd amerikan indian
II ['neɪtɪv] *subst* inföding; infödd
NATO ['neɪtəʊ] *subst* (förk. för *North Atlantic Treaty Organization*) NATO atlantpaktsorganisationen

natural [ˈnætʃrəl] *adj* **1** natur- [*~ product*]; naturtrogen; ~ ***history programme*** i tv naturprogram; ~ ***science*** naturvetenskap; ~ ***state*** naturtillstånd **2** naturlig; ***it comes ~ to him*** det faller sig naturligt för honom

naturalize [ˈnætʃrəlaɪz] *verb* naturalisera

naturally [ˈnætʃrəlɪ] *adv* **1** naturligt **2** naturligtvis, givetvis **3** av naturen [*she is ~ musical*] **4** av sig själv [*it grows ~*]; ***it comes ~ to me*** det faller sig naturligt för mig

nature [ˈneɪtʃə] *subst* **1** natur, naturen **2** natur, karaktär, art, sort [*things of this ~*]; ***human ~*** människonaturen; ***by ~*** till sin natur, av naturen; ***something in the ~ of*** något i stil med **3** före subst. natur-; ~ ***conservation*** naturvård; ~ ***reserve*** naturreservat

nature-cure [ˈneɪtʃəˌkjʊə] *adj*, ~ ***medicine*** naturläkemedel

naught [nɔːt] *subst* **1** ingenting; ***come to ~*** gå om intet **2** amer. noll

naughty [ˈnɔːtɪ] *adj* **1** stygg, elak **2** oanständig

nausea [ˈnɔːsɪə, ˈnɔːzɪə] *subst* kväljningar, illamående, äckel

nauseate [ˈnɔːsɪeɪt] *verb* kvälja, äckla

nauseating [ˈnɔːsɪeɪtɪŋ] *adj* kväljande, äcklig

nautical [ˈnɔːtɪkl] *adj* nautisk [*~ mile*], sjö- [*~ term*]

naval [ˈneɪvl] *adj* sjömilitär; sjö- [*~ battle*], marin-, flott-, örlogs- [*~ base*]

nave [neɪv] *subst* mittskepp i kyrka

navel [ˈneɪvəl] *subst* navel

navigable [ˈnævɪgəbl] *adj* farbar, navigerbar

navigate [ˈnævɪgeɪt] *verb* navigera, segla på (över); segla

navigation [ˌnævɪˈgeɪʃən] *subst* navigation, navigering

navigator [ˈnævɪgeɪtə] *subst* navigatör

navvy [ˈnævɪ] *subst* vägarbetare; rallare

navy [ˈneɪvɪ] *subst* örlogsflotta, marin; ***the British Navy*** el. ***the Royal Navy*** brittiska flottan

navy-blue [ˌneɪvɪˈbluː] *adj* marinblå

Nazi [ˈnɑːtsɪ] *subst* nazist

Nazism [ˈnɑːtsɪzəm] *subst* nazism

NB [ˌenˈbiː] (förk. för *nota bene* latin) obs, märk väl

NE (förk. för *north-east, north-eastern*) NO, NÖ

Neapolitan [nɪəˈpɒlɪtən] *subst* neapolitan

near I [nɪə] *adj* o. *adv* o. *prep* nära; ***the Near East*** Främre Orienten; ***in the ~ future*** i en nära framtid; ***come ~*** el. ***draw ~*** närma sig; ~ ***at hand*** till hands, i närheten; ~ ***by*** i närheten

II [nɪə] *verb* närma sig [*the ship neared land*]

nearby I [ˈnɪəbaɪ] *adj* närbelägen [*a ~ pub*]

II [nɪəˈbaɪ] *adv* i närheten

nearer [ˈnɪərə] *adj* o. *adv* (komparativ av *near*) o. *prep* närmare

nearest [ˈnɪərɪst] *adj* o. *adv* (superlativ av *near*) o. *prep* närmast; ~ ***to*** närmast; ***those ~ to me*** el. ***those ~ and dearest to me*** mina närmaste

nearly [ˈnɪəlɪ] *adv* **1** nästan, närmare [*~ 2 o'clock*]; ***not ~*** långt ifrån; ***not ~ so bad*** inte tillnärmelsevis så dålig **2** nära; ~ ***related*** nära släkt

nearside [ˈnɪəsaɪd] *adj* o. *subst* vid vänstertrafik vänster sida; vid högertrafik höger sida

near-sighted [ˌnɪəˈsaɪtɪd] *adj* närsynt

neat [niːt] *adj* **1** ordentlig, vårdad [*a ~ appearance*], prydlig [*~ writing*] **2** elegant, smidig [*a ~ solution*] **3** ren, outspädd [*drink whisky ~*] **4** amer. jättebra, häftig

necessary I [ˈnesəsərɪ] *adj* nödvändig; ***when ~*** vid behov, när så behövs

II [ˈnesəsərɪ] *subst*, ***the ~*** vard. pengarna som behövs; ***do the ~*** göra det nödvändiga

necessitate [nəˈsesɪteɪt] *verb* nödvändiggöra

necessity [nəˈsesɪtɪ] *subst* **1** nödvändighet; ***of ~*** med nödvändighet; ***in case of ~*** i nödfall **2** nödvändig sak [*food and warmth are necessities*]; ***the necessities of life*** livets nödtorft

neck [nek] *subst* hals; ***have a stiff ~*** vara stel i nacken; ***break one's ~ to do sth*** göra sitt yttersta för att åstadkomma ngt; ***stick one's ~ out*** vard. sticka ut hakan; ~ ***and ~*** vid kappridning jämsides, i bredd; ***win by a ~*** vinna med en halslängd; ***get it in the ~*** vard. få på huden; ***be up to one's ~ in debt*** vard. vara skuldsatt upp över öronen

necklace [ˈnekləs] *subst* halsband

neckline [ˈneklaɪn] *subst* urringning; ***plunging ~*** djup urringning

necktie [ˈnektaɪ] *subst* slips, halsduk

nectarine [ˈnektəriːn] *subst* nektarin

née [neɪ] *adj* om gift kvinna född [*Mrs. Lennon, ~ Smith*]

need I [niːd] *subst* **1** behov [*of, for* av]; ***if ~ be*** om så behövs; ***you have no ~ to go*** du behöver inte gå; ***meet a ~*** täcka ett behov **2** nöd, trångmål; ***be in ~*** lida nöd; ***a friend in ~ is a friend indeed*** i nöden

prövas vännen
II [niːd] *verb* behöva, kräva; behövas, krävas; ***be needed*** behövas, krävas
needle ['niːdl] *subst* **1** nål; visare på instrument; ***sewing*** ~ synål **2** med., ***hypodermic*** ~ kanyl **3** barr på gran el. fura
needless ['niːdləs] *adj* onödig; ~ ***to say, he did it*** givetvis gjorde han det
needlework ['niːdlwɜːk] *subst* handarbete, sömnad, syarbete; ***do*** ~ sy, handarbeta
needn't ['niːdnt] = *need not*
needs [niːdz] *adv* (före el. efter *must*) nödvändigtvis, ovillkorligen [*he must* ~ *do it*]
needy ['niːdɪ] *adj* behövande, nödlidande
negative I ['negətɪv] *adj* negativ, nekande, avvisande [*a* ~ *answer*]
II ['negətɪv] *subst* **1** nekande; ***answer in the*** ~ svara nekande **2** nekande ord **3** foto. negativ
neglect I [nɪ'glekt] *verb* försumma; nonchalera, negligera
II [nɪ'glekt] *subst* **1** försummelse; nonchalerande; ~ ***of duty*** tjänsteförsummelse **2** vanskötsel; ***be in a state of*** ~ vara vanskött
neglectful [nɪ'glektfʊl] *adj* försumlig
negligee ['neglɪʒeɪ] *subst* negligé
negligence ['neglɪdʒəns] *subst* slarv, vårdslöshet, försumlighet
negligent ['neglɪdʒənt] *adj* vårdslös, försumlig
negotiate [nɪ'gəʊʃɪeɪt] *verb* **1** förhandla [*for* om] **2** förhandla om
negotiation [nɪˌgəʊʃɪ'eɪʃən] *subst* förhandling
negotiator [nɪ'gəʊʃɪeɪtə] *subst* förhandlare
Negress ['niːgrəs] *subst* åld. (neds.) negress
Negro ['niːgrəʊ] (pl. *negroes*) *subst* åld. (neds.) neger
neigh [neɪ] *verb* gnägga
neighbour ['neɪbə] *subst* granne
neighbourhood ['neɪbəhʊd] *subst* grannskap, omgivning, trakt [*a lovely* ~]; ***in the*** ~ ***of*** a) i närheten av b) ungefär [*in the* ~ *of £500*]; ~ ***watch*** ungefär grannsamverkan mot brott
neighbouring ['neɪbərɪŋ] *adj* grann- [~ *country*; ~ *village*]; närbelägen, angränsande
neither I ['naɪðə, spec. amer. 'niːðə] *pron* ingen av två; ingendera; ***in*** ~ ***case*** i ingetdera fallet
II ['naɪðə, spec. amer. 'niːðə] *konj* o. *adv* **1** ~ ... ***nor*** varken ... eller **2** med föregående negation inte heller; ~ ***can I*** det kan inte jag heller
neo-Fascism [ˌniːəʊ'fæʃɪzm] *subst* nyfascism
neon ['niːɒn] *subst* neon; ~ ***sign*** neonskylt
neo-Nazism [ˌniːəʊ'nɑːtsɪzm] *subst* nynazism
nephew ['nefjʊ, 'nevjʊ] *subst* brorson, systerson
nepotism ['nepətɪzəm] *subst* nepotism, svågerpolitik
Neptune ['neptjuːn] astron. el. mytol. Neptunus
nerd [nɜːd] *subst* vard. **1** tönt **2** datanörd, nörd
nerve [nɜːv] *subst* **1** nerv; ***it gets on my*** ~***s*** det går mig på nerverna **2** vard. fräckhet; ***he's got a*** ~***!*** han är inte lite fräck!
nerve-racking ['nɜːvˌrækɪŋ] *adj* nervpåfrestande, enerverande
nervous ['nɜːvəs] *adj* **1** nerv-; ~ ***system*** nervsystem; ***a*** ~ ***breakdown*** ett nervsammanbrott **2** nervös, ängslig, orolig
nervy ['nɜːvɪ] *adj* vard. **1** nervös, nervig **2** amer. fräck **3** amer. modig
nest I [nest] *subst* bo [*a wasp's* ~], näste
II [nest] *verb* bygga bo
nestle ['nesl] *verb* krypa ihop; ~ ***up*** trycka sig, smyga sig [*against* intill]
1 net I [net] *subst* **1** nät **2** håv [*butterfly* ~] **3** ***surf the*** ~ data. surfa på nätet
II [net] (*-tt-*) *verb* fånga med (i) nät
2 net I [net] *adj* **1** netto; netto- [~ *weight*]
II [net] (*-tt-*) *verb* göra en nettovinst på, inbringa netto
Netherlander ['neðəlændə] *subst* nederländare
Netherlands ['neðələndz] *subst*, ***the*** ~ Nederländerna
netting ['netɪŋ] *subst* nätverk; ***wire*** ~ metalltrådsnät
nettle I ['netl] *subst* nässla; ***stinging*** ~ brännässla
II ['netl] *verb* reta, såra; perf. p. ***nettled*** sårad, förnärmad
nettle-rash ['netlræʃ] *subst* med. nässelfeber
network ['netwɜːk] *subst* **1** nät [*a* ~ *of railways*], nätverk **2** radio. el. tv. sändarnät; radiobolag, tv-bolag
neurosis [ˌnjʊə'rəʊsɪs] (pl. *neuroses*) *subst* neuros
neurotic I [ˌnjʊə'rɒtɪk] *adj* neurotisk, nervös
II [ˌnjʊə'rɒtɪk] *subst* neurotiker
neuter I ['njuːtə] *adj* gram. neutral, neutrum- [*a* ~ *ending*]; ***the*** ~ ***gender*** neutrum
II ['njuːtə] *subst* gram. neutrum
neutral I ['njuːtrəl] *adj* neutral

II ['njuːtrəl] *subst* **1** neutral person (stat m.m.) **2** motor., ***put the gear into*** ~ lägga i friläget
neutrality [njʊ'trælətɪ] *subst* neutralitet
neutralize ['njuːtrəlaɪz] *verb* neutralisera
never ['nevə] *adv* aldrig; ~**!** vard. nej, vad säger du!, det menar du inte!; ***well, I*** ~**!** jag har aldrig hört (sett) på maken!; ~ ***mind!*** det spelar ingen roll!, bry dig inte om det!
never-ending ['nevər,endɪŋ] *adj* oupphörlig, ständig, oändlig
nevertheless [,nevəðə'les] *adv* inte desto mindre, ändå
new [njuː] *adj* ny, ny- [*~ election*]; frisk [*~ blood*]; ~ ***moon*** nymåne; ~ ***year*** nytt år, nyår; ~ ***potatoes*** färsk potatis; ***that's a*** ~ ***one on me*** vard. det hade jag ingen aning om
new-born ['njuːbɔːn] *adj*, ***a*** ~ ***baby*** ett nyfött barn
newcomer ['njuː,kʌmə] *subst* nykomling
new-fangled ['njuːfæŋgld] *adj* nymodig
new-laid ['njuːleɪd] *adj* färsk [*~ eggs*]
newly ['njuːlɪ] *adv* **1** nyligen [*~ arrived*], ny- [*a newly-married couple*]
newly-weds ['njuːlɪwedz] *subst pl* vard., ***the*** ~ de nygifta
new-mown ['njuːməʊn] *adj* nyslagen, nyklippt
news [njuːz] (med verb i sing.) *subst* nyheter, nyhet, underrättelse, underrättelser; ***an interesting item of*** ~ en intressant nyhet; ***it's very much in the*** ~ det är mycket aktuellt; ***it was on the*** ~ det sas (visades) i nyheterna; ~ ***headlines*** nyhetsrubriker; ***a*** ~ ***summary*** nyhetssammandrag
news agency ['njuːz,eɪdʒənsɪ] *subst* nyhetsbyrå, telegrambyrå
newsagent ['njuːz,eɪdʒənt] *subst*, ***newsagent's*** tidnings- och tobaksaffär
news broadcast ['njuːz,brɔːdkɑːst] *subst* nyhetssändning i tv, radio
news bulletin ['njuːz,bʊlətɪn] *subst* nyheter, nyhetsbulletin i tv, radio
newscast ['njuːzkɑːst] *subst* radio. el. tv. nyhetssändning
newscaster ['njuːz,kɑːstə] *subst* radio. el. tv. nyhetsuppläsare
newsflash ['njuːzflæʃ] *subst* brådskande nyhetstelegram, kort extrameddelande i radio el. tv
news item ['njuːz,aɪtəm] *subst* tidningsnotis, nyhet
newsletter ['njuːz,letə] *subst* **1** informationsblad **2** pressöversikt
newspaper ['njuːs,peɪpə] *subst* tidning
newsreader ['njuːz,riːdə] *subst* radio. el. tv. nyhetsuppläsare
newsreel ['njuːzriːl] *subst* journalfilm
newsroom ['njuːzruːm] *subst* **1** tidskriftsrum **2** nyhetsredaktion
newsstand ['njuːzstænd] *subst* tidningskiosk
newsvendor ['njuːz,vendə] *subst* tidningsförsäljare på gatan
newt [njuːt] *subst* vattensalamander, vard. vattenödla
New Year [,njuː'jɪə] *subst* nyår; ***New Year's Eve*** nyårsafton

New York
New York är USA:s största stad (över 8 milj., Stor-New York över 18 milj.). *Manhattan* är New Yorks mest kända stadsdel med sin skyline av skyskrapor. Här finns berömda skyskrapor som *the Empire State Building* och *the Chrysler Building*. På en ö i New Yorks hamn står Frihetsgudinnan, *the Statue of Liberty*. På och runt *Broadway* ligger många teatrar. 5th *Avenue* är den största affärsgatan.

New York [,njuː'jɔːk]
New Yorker [,njuː'jɔːkə] *subst* newyorkbo
New Zealand [,njuː'ziːlənd] Nya Zeeland
New Zealander [,njuː'ziːləndə] *subst* nyzeeländare
next I [nekst] *adj* o. *subst* **1** nästa, närmast [*during the ~ two days*]; ***who's*** ~**?** vem står på tur?; ***to be continued in our*** ~ fortsättning följer i nästa nummer; ***he lives*** ~ ***door to me*** han bor alldeles bredvid mig **2** näst; ***the*** ~ ***greatest*** den näst största
II [nekst] *adv* **1** därefter, därpå [*~ came a tall man*], sedan **2** näst; ~ ***to*** intill, bredvid, näst efter; ~ ***to nothing*** nästan ingenting
next-door [,neks'dɔː] *adj* närmast [*my ~ neighbours*]
next-of-kin [,nekstəv'kɪn] *subst* närmaste anhörig, närmast anhöriga
NHS [,eneɪtʃ'es] förk. för *National Health Service*
nib [nɪb] *subst* stålpenna; stift på reservoarpenna

nibble I ['nɪbl] *verb* knapra på, nafsa efter; knapra, nafsa
II ['nɪbl] *subst* **1** fiske napp **2** knaprande, nafsande
nice [naɪs] *adj* **1** trevlig, sympatisk **2** hygglig, snäll [*to* mot] **3** vacker [*a ~ day*], snygg [*a ~ dress*] **4** behaglig, skön, gott [*a ~ meal*]; ~ ***and soft*** mjuk och skön; ~ ***and clean*** ren och fin **5** iron. snygg, fin, skön; ***a ~ mess*** en snygg röra; ~ ***work!*** bra jobbat!, bra gjort!; ***you're a ~ one!*** du är en snygg en!, du är en riktig elaking!
nice-looking [ˌnaɪs'lʊkɪŋ] *adj* snygg
niche [niːʃ] *subst* ekon., plats nisch
nick I [nɪk] *subst* **1** hack, skåra **2** ***in the ~ of time*** i grevens tid **3** sl., ***in the ~*** på kåken fängelse
II [nɪk] *verb* **1** göra ett hack i **2** sl. knycka stjäla **3** sl. haffa
nickel I ['nɪkl] *subst* **1** nickel **2** amer. femcentare, fem cent
II ['nɪkl] *verb* förnickla
nickel silver [ˌnɪkl'sɪlvə] *subst*, ***electroplated*** ~ el. ~ alpacka
nickname I ['nɪkneɪm] *subst* öknamn, smeknamn
II ['nɪkneɪm] *verb*, ~ ***sb*** ge ngn smeknamnet..., ge ngn öknamnet... [*they nicknamed him Skinny*]
nicotine ['nɪkətiːn] *subst* nikotin
niece [niːs] *subst* brorsdotter, systerdotter
Niger [staten niː'ʒeə]
Nigeria [naɪ'dʒɪərɪə]
nigger ['nɪgə] *subst* neds. nigger, svarting
night [naɪt] *subst* natt; tidigare kväll, afton; ***first*** ~ premiär; ***last*** ~ a) i går kväll b) i natt, natten till i dag; ***stop the*** ~ övernatta; ***~s*** adv. om nätterna; ***at*** ~ a) på kvällen b) på (om) natten, på (om) nätterna; ***by*** ~ på (om) natten
nightcap ['naɪtkæp] *subst* vard. sängfösare
nightclub ['naɪtklʌb] *subst* nattklubb
night depository ['naɪtdɪˌpɒzɪtrɪ] *subst* amer. nattfack på bank
nightdress ['naɪtdres] *subst* nattlinne
nightfall ['naɪtfɔːl] *subst* nattens inbrott
nightgown ['naɪtgaʊn] *subst* nattlinne
nightie ['naɪtɪ] *subst* vard. nattlinne
nightingale ['naɪtɪŋgeɪl] *subst* näktergal sydnäktergal
nightlight ['naɪtlaɪt] *subst* nattljus; nattlampa t.ex. i sovrum
nightly I ['naɪtlɪ] *adj* nattlig
II ['naɪtlɪ] *adv* på (om) natten, varje natt
nightmare ['naɪtmeə] *subst* mardröm
night porter ['naɪtˌpɔːtə] *subst* nattportier
night safe ['naɪtseɪf] *subst* nattfack på bank
night-service ['naɪtˌsɜːvɪs] *subst* pl. ***~s*** nattrafik
nightshade ['naɪtʃeɪd] *subst*, ***deadly*** ~ belladonna växt
night-time ['naɪttaɪm] *subst*, ***in the*** ~ el. ***at*** ~ nattetid
night watchman [ˌnaɪt'wɒtʃmən] *subst* nattvakt
nightwear ['naɪtweə] *subst*, ***in*** ~ i nattdräkt
nil [nɪl] *subst* noll; ***win two*** ~ vinna med två noll
Nile [naɪl] *subst*, ***the*** ~ Nilen
nimble ['nɪmbl] *adj* kvick, flink, snabb
nincompoop ['nɪnkəmpuːp] *subst* vard. dumhuvud
nine [naɪn] *räkn* o. *subst* nia
nineteen [ˌnaɪn'tiːn] *räkn* o. *subst* nitton; ***talk ~ to the dozen*** prata i ett, prata oavbrutet
nineteenth [ˌnaɪn'tiːnθ] *räkn* o. *subst* nittonde; nittondel
ninetieth ['naɪntɪɪθ] *räkn* o. *subst* nittionde; nittiondel
ninety ['naɪntɪ] *räkn* o. *subst* **1** nittio **2** nittiotal; ***in the nineties*** på nittiotalet
ninth [naɪnθ] *räkn* o. *subst* nionde; niondel
nip I [nɪp] (*-pp-*) *verb* **1** nypa, klämma; bita **2** vard. kila; ~ ***along*** el. ~ ***off*** el. ~ ***round*** kila i väg, kila bort (över)
II [nɪp] *subst* **1** nyp, nypning **2** ***a ~ of whisky*** en liten whisky
nipple ['nɪpl] *subst* **1** bröstvårta **2** tekn. nippel
nitpicker ['nɪtˌpɪkə] *subst* pedant, felfinnare
nitpicking ['nɪtˌpɪkɪŋ] *subst* vard. petighet, pedanteri
nitrate ['naɪtreɪt] *subst* kem. nitrat
nitrogen ['naɪtrədʒən] *subst* kem. kväve
nitty-gritty [ˌnɪtɪ'grɪtɪ] *subst*, ***the*** ~ det väsentliga, de praktiska detaljerna [*let's get down to the ~*]
nitwit ['nɪtwɪt] *subst* sl. dumbom, fårskalle
no I [nəʊ] *adj* ingen; ~ ***one*** ingen; ***she's ~ angel*** hon är inte någon ängel precis; ***there is ~ knowing when...*** man kan aldrig veta när...; ~ ***parking*** parkering förbjuden; ~ ***smoking*** rökning förbjuden
II [nəʊ] *adv* nej, inte
III [nəʊ] (pl. *noes*) *subst* nej; nejröst; ***the noes have it*** nejrösterna är i majoritet
no. ['nʌmbə] nr, n:r
Noah ['nəʊə] egennamn; ***Noah's Ark*** Noaks ark
nobility [nə'bɪlətɪ] *subst* **1** adel; ***the*** ~ britt. högadeln **2** adelskap **3** ädelhet

noble I ['nəʊbl] *adj* **1** adlig, högadlig **2** ädel, förnäm, nobel
II ['nəʊbl] *subst* adelsman
nobleman ['nəʊblmən] (pl. *noblemen* ['nəʊblmən]) *subst* adelsman
noble-minded [ˌnəʊbl'maɪndɪd] *adj* ädel, högsint
nobody I ['nəʊbədɪ] *pron* ingen
II ['nəʊbədɪ] *subst* nolla obetydlig person
no-claims [ˌnəʊ'kleɪmz] *adj*, ~ ***bonus*** försäkringsterm bonus för skadefritt år
nocturnal [nɒk'tɜːnl] *adj* nattlig [~ *habits*]
nod I [nɒd] (*-dd-*) *verb* **1** nicka; ***she nodded approval*** hon nickade bifall; ***he nodded his head*** han nickade **2** nicka till somna
II [nɒd] *subst* nick, nickning
noise [nɔɪz] *subst* buller, starkt ljud, oväsen; ~ ***suppressor*** störningsskydd; ***make a*** ~ bullra, föra oväsen
noiseless ['nɔɪzləs] *adj* ljudlös
noisy ['nɔɪzɪ] *adj* bullrig, högljudd
no-man's-land ['nəʊmænzlænd] *subst* ingenmansland
nominate ['nɒmɪneɪt] *verb* **1** nominera **2** utnämna, utse
nomination [ˌnɒmɪ'neɪʃən] *subst* **1** nominering **2** utnämning
nominative ['nɒmɪnətɪv] *subst* gram. nominativ; ***in the*** ~ i nominativ
non [nɒn] *adv* **1** inte **2** i sammansättningar: icke- [*non-smoker*]; o-; -fri; ***non-essential*** oväsentlig; ***non-iron*** strykfri
non-alcoholic ['nɒnˌælkə'hɒlɪk] *adj* alkoholfri
non-aligned [ˌnɒnə'laɪnd] *adj* alliansfri
nonchalance ['nɒnʃələns] *subst* nonchalans
nonchalant ['nɒnʃələnt] *adj* nonchalant
non-combatant [ˌnɒn'kɒmbətənt] *adj* mil. icke-stridande; ~ ***duties*** vapenfri tjänst
non-commissioned [ˌnɒnkə'mɪʃənd] *adj*, ~ ***officer*** mil. **1** underofficer **2** underbefäl
nonconformist [ˌnɒnkən'fɔːmɪst] frireligiös, nonconformist
nondescript ['nɒndɪskrɪpt] *adj* obestämbar
non-drip [ˌnɒn'drɪp] *adj* droppfri
none I [nʌn] *pron* ingen, inget, inga
II [nʌn] *adv* ingalunda; ***I was*** ~ ***the wiser for it*** det blev jag inte klokare av
nonentity [nɒ'nentətɪ] *subst* nolla, obetydlig person
non-existent [ˌnɒnɪg'zɪstənt] *adj* obefintlig
non-fattening [ˌnɒn'fætənɪŋ] *adj* icke fettbildande
non-fiction [ˌnɒn'fɪkʃən] *subst* facklitteratur, sakprosa
non-iron [ˌnɒn'aɪən] *adj* strykfri [*a* ~ *shirt*]
no-no [ˌnəʊ'nəʊ] (pl. *no-nos*) *subst* vard., ***it's a*** ~ det går inte, det är oacceptabelt
nonplussed [ˌnɒn'plʌst] *adj*, ***be*** ~ vara ställd, vara svarslös
non-poisonous [ˌnɒn'pɔɪzənəs] *adj* giftfri
non-resident [ˌnɒn'rezɪdənt] *subst* tillfällig gäst [*the hotel restaurant is open to* ~*s*]
non-returnable [ˌnɒnrɪ'tɜːnəbl] *adj*, ~ ***bottle*** engångsflaska, engångsglas
nonsense ['nɒnsəns] *subst* nonsens, prat, strunt
non-skid [ˌnɒn'skɪd] *adj* slirfri [~ *tyres*], hackfri
non-smoker [ˌnɒn'sməʊkə] *subst* **1** icke-rökare **2** kupé för icke-rökare
non-smoking [ˌnɒn'sməʊkɪŋ] *subst*, ~ ***compartment*** kupé för icke-rökare
non-stop [ˌnɒn'stɒp] *adj* o. *adv* nonstop, utan att stanna, utan uppehåll
non-violence [ˌnɒn'vaɪələns] *subst* icke-våld
noodle ['nuːdl] *subst* nudel slags bandspaghetti
noon [nuːn] *subst* **1** middag, klockan tolv på dagen [*before* ~]
noose [nuːs] *subst* snara
nor [nɔː] *konj*, ***neither*** ... ~ varken ... eller; ~ ***can I*** det kan inte jag heller
Nordic ['nɔːdɪk] *adj* nordisk
norm [nɔːm] *subst* norm
normal I ['nɔːml] *adj* normal
II ['nɔːml] *subst* det normala [*above* ~]
Norman ['nɔːmən] *subst* hist. normand
Normandy ['nɔːməndɪ] Normandie
north I [nɔːθ] *subst* **1** norr, nord; ***to the*** ~ ***of*** norr om **2** ***the North*** a) nordliga länder b) norra delen
II [nɔːθ] *adj* nordlig, norra, nordan-; ***North America*** Nordamerika; ***the North Atlantic Treaty Organization*** Atlantpaktsorganisationen; ***the North Pole*** nordpolen; ***the North Sea*** Nordsjön
III [nɔːθ] *adv* mot norr, norrut; ~ ***of*** norr om
northbound ['nɔːθbaʊnd] *adj* nordgående
north-east I [ˌnɔːθ'iːst] *subst* nordost, nordöst
II [ˌnɔːθ'iːst] *adj* nordöstlig, nordostlig, nordöstra
III [ˌnɔːθ'iːst] *adv* mot nordost, i nordost; ~ ***of*** nordost om
north-easterly [ˌnɔːθ'iːstəlɪ] *adj* nordostlig
north-eastern [ˌnɔːθ'iːstən] *adj* nordostlig
northerly ['nɔːðəlɪ] *adj* nordlig
northern ['nɔːðən] *adj* **1** nordlig, norra,

nord-; ***Northern Ireland*** Nordirland; ~ ***lights*** norrsken **2** nordisk

northerner ['nɔːðənə] *subst* person från norra delen av landet (ett land); nordbo; i USA nordstatare

northernmost ['nɔːðənməʊst] *adj* nordligast

northward I ['nɔːθwəd] *adj* nordlig **II** ['nɔːθwəd] *adv* mot norr

northwards ['nɔːθwədz] *adv* mot norr, norrut

north-west I [ˌnɔːθ'west] *subst* nordväst **II** [ˌnɔːθ'west] *adj* nordvästlig, nordvästra **III** [ˌnɔːθ'west] *adv* mot nordväst, i nordväst; ~ ***of*** nordväst om

north-western [ˌnɔːθ'westən] *adj* nordvästlig, nordvästra

Norway ['nɔːweɪ] Norge

Norwegian I [nɔː'wiːdʒən] *adj* norsk **II** [nɔː'wiːdʒən] *subst* **1** norrman **2** norska språket

nose [nəʊz] *subst* näsa; nos; ***blow one's*** ~ snyta sig; ***stick (poke) one's ~ into other people's business*** lägga näsan i blöt; ***lead sb by the*** ~ hålla ngn i ledband, få ngn vart man vill; ***pay through the*** ~ vard. bli uppskörtad

nosedive I ['nəʊzdaɪv] *subst*, ***take a*** ~ göra en störtdykning, falla snabbt **II** ['nəʊzdaɪv] *verb* störtdyka, falla snabbt

nosey ['nəʊzɪ] *adj* vard. nyfiken i en strut

nosh [nɒʃ] *subst* sl. käk mat

nostalgia [nɒ'stældʒɪə] *subst* nostalgi

nostalgic [nɒ'stældʒɪk] *adj* nostalgisk

nostril ['nɒstrəl] *subst* näsborre

nosy ['nəʊzɪ] *adj* vard. nyfiken; ***be*** ~ snoka, vara nyfiken

not [nɒt] *adv* (efter hälpverb ofta *n't* [*haven't, couldn't*]) inte; ~ ***that*** inte för att [*~ that I fear him*]; ***... doesn't (hasn't, can't) he (she*** etc.)***?*** vanligen ..., eller hur?, ..., inte sant?

notable ['nəʊtəbl] *adj* framstående, betydande

notably ['nəʊtəblɪ] *adv* **1** märkbart **2** särskilt, i synnerhet

notch [nɒtʃ] *subst* hack, jack, skåra

note I [nəʊt] *subst* **1** anteckning, not; ~***s*** kommentar, kommentarer **2** kort brev, kort meddelande **3** sedel **4** musik. ton; not **5** musik. tangent **6** ton, stämning **7** ***a man of*** ~ en framstående man; ***take ~ of*** lägga märke till; ***nothing of*** ~ ingenting av betydelse **II** [nəʊt] *verb* **1** märka, notera, observera **2** anteckna, skriva upp

note block ['nəʊtblɒk] *subst* kollegieblock

notebook ['nəʊtbʊk] *subst* **1** anteckningsbok **2** bärbar dator i litet format

noted ['nəʊtɪd] *adj* bekant, känd

note pad ['nəʊtpæd] *subst* anteckningsblock

notepaper ['nəʊtˌpeɪpə] *subst* brevpapper

noteworthy ['nəʊtˌwɜːðɪ] *adj* anmärkningsvärd, beaktansvärd

nothing I ['nʌθɪŋ] *pron* ingenting, inget; ~ ***but*** ingenting annat än; ~ ***doing!*** inte en chans!, glöm det!; ~ ***else than*** el. ~ ***else but*** blott; ***there is ~ for it but to*** + inf. det är inget annat att göra än att ...; ***for*** ~ a) gratis [*he did it for ~*] b) förgäves [*suffer for ~*]; ***not for*** ~ inte för inte; ***there is ~ in it*** a) det ligger ingenting ingen sanning i det b) det är ingen konst; ***make ~ of*** inte få ut något av; ***I can make ~ of it*** jag förstår mig inte på det; ***to say ~ of*** för att inte tala om; ***there's ~ to it*** a) det är ingen konst b) det ligger ingenting ingen sanning i det; ***with ~ on*** utan någonting på sig **II** ['nʌθɪŋ] *adv* inte alls, ingalunda; ~ ***like*** inte på långt när

notice I ['nəʊtɪs] *subst* **1** notis, meddelande **2** varsel, förvarning; uppsägning; ***give*** ~ underrätta, varsko [*of* om]; ***give ~ to quit*** el. ***give*** ~ säga upp sig; ***give ~ of a strike*** varsla om strejk; ***receive (get) a month's*** ~ bli uppsagd med en månads varsel; ***till further*** ~ tills vidare **3** kännedom [*bring sth to sb's ~*]; ***attract*** ~ väcka uppmärksamhet; ***pay no ~ to*** el. ***take no ~ of*** inte bry sig om **II** ['nəʊtɪs] *verb* märka, lägga märke till, iaktta

noticeable ['nəʊtɪsəbl] *adj* märkbar, påfallande

notice board ['nəʊtɪsbɔːd] *subst* anslagstavla

notification [ˌnəʊtɪfɪ'keɪʃən] *subst* underrättelse

notify ['nəʊtɪfaɪ] *verb* underrätta, varsko

notion ['nəʊʃən] *subst* **1** föreställning, begrepp **2** idé

notorious [nə'tɔːrɪəs] *adj* ökänd

notwithstanding [ˌnɒtwɪθ'stændɪŋ] *prep* o. *konj* trots, trots att

nougat ['nuːgɑː] *subst* fransk nougat

nought [nɔːt] *subst* noll, nolla; ~***s and crosses*** ungefär luffarschack

noun [naʊn] *subst* gram. substantiv

nourish ['nʌrɪʃ] *verb* ge näring åt, nära

nourishing ['nʌrɪʃɪŋ] *adj* närande [*~ food*]

nourishment ['nʌrɪʃmənt] *subst* näring, föda

novel I ['nɒvəl] *adj* ny, nymodig
II ['nɒvəl] *subst* roman
novelist ['nɒvəlɪst] *subst* romanförfattare
novelty ['nɒvəltɪ] *subst* **1** nyhet, nymodighet
November [nə'vembə] *subst* november
novice ['nɒvɪs] *subst* novis, nybörjare
now I [naʊ] *adv* **1** nu; ~ ***and then*** (***again***) el. ***every*** ~ ***and then*** (***again***) då och då; ***before*** ~ förut; före detta; ***by*** ~ vid det här laget; ***from*** ~ ***on*** från och med nu; ~ ***for...*** ...och så var det dags för **2** ~ ***then*** a) nå b) aj, aj [~ *then, don't touch it!*]; ***what was your name,*** ~***?*** vad var det du hette nu igen?
II [naʊ] *konj* nu då [~ *you mention it*]
nowadays ['naʊədeɪz] *adv* nuförtiden
nowhere ['nəʊweə] *adv* ingenstans; ~ ***else*** ingen annanstans; ~ ***else but*** ingen annanstans än; ~ ***near*** inte på långt när; ***we are getting*** ~ vi kommer ingen vart
nozzle ['nɒzl] *subst* munstycke, pip
NSPCC [ˌenes'piːˌsiː'siː] (förk. för *National Society for the Prevention of Cruelty to Children*) svensk motsvarighet ungefär BRIS
n't [nt] = *not* [*hasn't; needn't*]
nuance [njʊ'ɑːns] *subst* nyans
nuclear ['njuːklɪə] *adj* kärn-; nukleär; kärnvapen-; ~ ***energy*** atomenergi; ~ ***power*** kärnkraft; ~ ***power plant*** kärnkraftverk; ~ ***waste*** kärnavfall
nuclear-powered [ˌnjuːklɪə'paʊəd] *adj* kärnenergidriven, atom- [~ *submarine*]
nude I [njuːd] *adj* naken, bar
II [njuːd] *subst* naken figur; konst. naketstudie, akt; ***in the*** ~ naken
nudge I [nʌdʒ] *verb*, ~ ***sb*** knuffa ngn med armbågen för att påkalla uppmärksamhet
II [nʌdʒ] *subst* puff
nudism ['njuːdɪzəm] *subst* nudism
nudist ['njuːdɪst] *subst* nudist
nudity ['njuːdətɪ] *subst* nakenhet
nugget ['nʌgɪt] *subst* klump, klimp av ädel metall
nuisance ['njuːsns] *subst* **1** otyg, oskick **2** olägenhet, besvär; plåga; ***make a*** ~ ***of oneself*** bråka, ställa till besvär; ***what a*** ~***!*** så tråkigt!
numb I [nʌm] *adj* domnad, bedövad [~ *with shock*]; ~ ***with cold*** stel av köld
II [nʌm] *verb* göra stel, göra stelfrusen; bedöva
number I ['nʌmbə] *subst* **1** antal, mängd; ***few in*** ~ el. ***few in*** ~***s*** få till antalet; ***superior in*** ~***s*** numerärt överlägsen **2** nummer [*telephone* ~]; tal [*odd* ~]; ***cardinal*** ~ grundtal; ***look after*** ~ ***one*** bara tänka på sig själv, se om sitt eget hus **3** nummer av tidskrift **4** teat. m.m. nummer [*a solo* ~] **5** numerus
II ['nʌmbə] *verb* **1** numrera, paginera **2** omfatta, uppgå till **3** räkna [*I* ~ *myself among his friends*] **4** räkna antalet av; ***his days are numbered*** hans dagar är räknade
numeral ['njuːmrəl] *subst* **1** gram. räkneord **2** siffra [*Roman* ~*s*]
numerator ['njuːməreɪtə] *subst* mat. täljare
numerical [njʊ'merɪkl] *adj* numerisk, numerär [~ *superiority*]; siffer- [~ *system*]; ***in*** ~ ***order*** i nummerordning
numerous ['njuːmərəs] *adj* talrik
nun [nʌn] *subst* nunna
nunnery ['nʌnərɪ] *subst* nunnekloster
nurse I [nɜːs] *subst* **1** sjuksköterska, syster; ***male*** ~ manlig sjuksköterska **2** barnsköterska
II [nɜːs] *verb* **1** sköta barn el. sjuka, vårda **2** sköta om [~ *a cold*]
nursemaid ['nɜːsmeɪd] *subst* barnflicka
nursery ['nɜːsərɪ] *subst* **1** barnkammare; ~ ***rhyme*** barnkammarrim, barnvisa; ~ ***school*** lekskola, förskola **2** plantskola, trädskola
nursing ['nɜːsɪŋ] *subst* **1** sjukvård **2** amning
nursing-home ['nɜːsɪŋhəʊm] *subst* privat sjukhem; privat vårdhem
nurture ['nɜːtʃə] *verb* föda, föda upp, nära
nut [nʌt] *subst* **1** nöt; kärna i en nöt **2** mutter **3** vard. tokstolle
nutcracker ['nʌtˌkrækə] *subst* vanligen pl. ~***s*** nötknäppare; ***a pair of*** ~***s*** en nötknäppare
nuthatch ['nʌthætʃ] *subst* fågel nötväcka
nutmeg ['nʌtmeg] *subst* krydda muskot
nutrition [njʊ'trɪʃən] *subst* näring
nutritious [njʊ'trɪʃəs] *adj* näringsrik
nutritive ['njuːtrətɪv] *adj*, ~ ***value*** näringsvärde
nuts [nʌts] *adj* vard. knasig, knäpp; ***she's*** ~ ***about him*** hon är tokig i honom
nutshell ['nʌt-ʃel] *subst* nötskal; ***to put it in a*** ~ kort sagt
nutty ['nʌtɪ] *adj* **1** med nötsmak **2** full med nötter **3** vard. knasig, knäpp
nuzzle ['nʌzl] *verb* trycka nosen mot [*the horse nuzzled my shoulder*]; ~ ***up against*** trycka nosen mot
NW (förk. för *north-west, north-western*) NV
NY förk. för *New York*
nylon ['naɪlən] *subst* nylon; pl. ~***s*** nylonstrumpor

nymph [nɪmf] *subst* nymf
NZ förk. för *New Zealand*

Oo

O o. **o** [əʊ] *subst* **1** O, o **2** nolla; i sifferkombinationer noll; ***please dial 5060*** [ˌfaɪvəʊ'sɪksəʊ] var god slå 5060
oaf [əʊf] *subst* dummerjöns, idiot, drummel
oak [əʊk] *subst* **1** ek träd **2** ek, ekvirke
oaken ['əʊkən] *adj* av ek, ek-
oar [ɔː] *subst* åra
oarlock ['ɔːlɒk] *subst* årtull, årklyka
oasis [əʊ'eɪsɪs] (pl. *oases* [əʊ'eɪsiːz]) *subst* oas
oath [əʊθ] *subst* **1** ed; ***take the*** ~ jur. avlägga eden **2** svordom
oatmeal ['əʊtmiːl] *subst* **1** havremjöl; ~ ***porridge*** havregrynsgröt **2** amer. havregrynsgröt
oats [əʊts] *subst pl* havre
obedience [ə'biːdjəns] *subst* lydnad, åtlydnad
obedient [ə'biːdjənt] *adj* lydig
obelisk ['ɒbəlɪsk] *subst* obelisk
obese [ə'biːs] *adj* mycket fet, sjukligt fet
obesity [ə'biːsətɪ] *subst* stark fetma, sjuklig fetma
obey [ə'beɪ] *verb* lyda, hörsamma
obituary [ə'bɪtjʊərɪ] *subst*, ~ ***notice*** el. ~ dödsruna, dödsannons; rubrik dödsfall
object I ['ɒbdʒɪkt] *subst* **1** föremål, sak, ting **2** syfte, avsikt; ***money is no*** ~ det får kosta vad det vill **3** gram. objekt; ***direct*** ~ ackusativobjekt
II [əb'dʒekt] *verb* invända [*that* att]; protestera [*to* mot]; ~ ***to*** ogilla, inte tåla; ***if you don't*** ~ om du inte har något emot det
objection [əb'dʒekʃən] *subst* invändning, protest [*to, against* mot]; ***I have no*** ~ ***to it*** det har jag ingenting emot
objectionable [əb'dʒekʃənəbl] *adj* **1** förkastlig **2** anstötlig, obehaglig
objective I [əb'dʒektɪv] *adj* objektiv; saklig
II [əb'dʒektɪv] *subst* mål
obligation [ˌɒblɪ'geɪʃən] *subst* **1** förpliktelse, åliggande, skyldighet; ***feel under an*** ~ känna sig förpliktad **2** ***be under an*** ~ stå i tacksamhetsskuld
obligatory [ə'blɪgətrɪ] *adj* obligatorisk
oblige [ə'blaɪdʒ] *verb* **1** förpliktiga; ***be obliged to*** vara tvungen att **2** tillmötesgå [*I do my best to* ~ *him*]; stå till tjänst; ***I'm***

much obliged jag är mycket tacksam; ***much obliged!*** tack så mycket!
obliging [ə'blaɪdʒɪŋ] *adj* förekommande, tillmötesgående
obliterate [ə'blɪtəreɪt] *verb* utplåna, stryka ut
oblivion [ə'blɪvɪən] *subst* glömska
oblivious [ə'blɪvɪəs] *adj* glömsk [*of* av]
oblong ['ɒblɒŋ] *adj* avlång, rektangulär
obnoxious [əb'nɒkʃəs] *adj* vidrig, förhatlig
oboe ['əʊbəʊ] *subst* musik. oboe
obscene [əb'siːn] *adj* oanständig
obscenity [əb'senətɪ] *subst* oanständighet
obscure I [əb'skjʊə] *adj* **1** dunkel **2** svårfattlig **3** lite känd [*an ~ writer*]
II [əb'skjʊə] *verb* **1** fördunkla, skymma [*mist obscured the view*] **2** dölja [*~ the truth*]
obscurity [əb'skjʊərətɪ] *subst* **1** dunkel, mörker **2** svårfattlighet
obsequious [əb'siːkwɪəs] *adj* inställsam
observance [əb'zɜːvəns] *subst* **1** efterlevnad **2** firande
observant [əb'zɜːvənt] *adj* uppmärksam
observation [ˌɒbzə'veɪʃən] *subst* observation, iakttagelse; ***powers of ~*** iakttagelseförmåga
observatory [əb'zɜːvətrɪ] *subst* observatorium
observe [əb'zɜːv] *verb* observera, iaktta
observer [əb'zɜːvə] *subst* iakttagare, observatör
obsess [əb'ses] *verb*, ***be obsessed by*** vara besatt av
obsession [əb'seʃən] *subst* **1** fix idé **2** besatthet
obsolete ['ɒbsəliːt] *adj* föråldrad [*~ words*]; omodern [*an ~ battleship*], förlegad
obstacle ['ɒbstəkl] *subst* hinder [*to* för]
obstacle-race ['ɒbstəklreɪs] *subst* hindertävling slags sällskapslek
obstinacy ['ɒbstɪnəsɪ] *subst* envishet
obstinate ['ɒbstɪnət] *adj* envis
obstruct [əb'strʌkt] *verb* **1** täppa till, blockera [*~ a road*] **2** hindra [*~ the traffic*]
obstruction [əb'strʌkʃən] *subst* **1** tilltäppning, hindrande **2** polit. el. sport. obstruktion
obtain [əb'teɪn] *verb* få, skaffa sig, erhålla
obtainable [əb'teɪnəbl] *adj* anskaffbar; ***it's ~*** det (den) går att få
obtuse [əb'tjuːs] *adj* slö, trögtänkt
obvious ['ɒbvɪəs] *adj* tydlig, uppenbar
obviously ['ɒbvɪəslɪ] *adv* tydligen, uppenbarligen
occasion [ə'keɪʒən] *subst* **1** tillfälle; ***on ~*** då och då; ***on several ~s*** vid flera tillfällen **2** tilldragelse, händelse; ***rise to the ~*** el. ***be equal to the ~*** vara situationen vuxen **3** anledning [*no ~ to change our plans*]
occasional [ə'keɪʒənəl] *adj* tillfällig, enstaka [*~ showers*]; ***an ~ job*** ett ströjobb
occasionally [ə'keɪʒnəlɪ] *adv* då och då
occult I ['ɒkʌlt, ɒ'kʌlt] *adj* ockult
II ['ɒkʌlt, ɒ'kʌlt] *subst*, ***the ~*** det ockulta
occupant ['ɒkjʊpənt] *subst* invånare, innehavare; ***the ~s of the house*** de boende i huset; ***the ~s of the car were...*** de som befann sig i bilen var...
occupation [ˌɒkjʊ'peɪʃən] *subst* **1** mil. ockupation; ***~ forces*** ockupationsstyrkor **2** sysselsättning [*my favourite ~*], syssla [*my daily ~s*]; yrke [*state name and ~*]
occupational [ˌɒkjʊ'peɪʃnəl] *adj* arbets- [*~ therapy*], yrkes- [*~ disease*]
occupier ['ɒkjʊpaɪə] *subst* innehavare; ***the ~s of the flat*** de som bor (bodde, har bott) i lägenheten, innehavarna av lägenheten
occupy ['ɒkjʊpaɪ] *verb* **1** mil. ockupera, inta **2** inneha [*~ an important position*], vara innehavare av **3** bo i [*~ a house*], bo på **4** uppta [*~ sb's time*], sysselsätta; ***the seat is occupied*** platsen är upptagen
occur [ə'kɜː] (*-rr-*) *verb* **1** inträffa, hända,ske **2** förekomma **3** ~ ***to sb*** falla ngn in [*to* att]
occurrence [ə'kʌrəns] *subst* **1** händelse, tilldragelse **2** förekomst
ocean ['əʊʃən] *subst* ocean, världshav, hav
o'clock [ə'klɒk] *adv*, ***it is ten ~*** klockan är tio; ***at one ~*** klockan ett
octane ['ɒkteɪn] *subst* oktan
octave ['ɒktɪv] *subst* oktav
October [ɒk'təʊbə] *subst* oktober
octopus ['ɒktəpəs] *subst* åttaarmad bläckfisk
odd [ɒd] *adj* **1** udda, ojämn [*an ~ number*]; omaka [*an ~ glove*]; ***~ pair*** restpar; ***keep the ~ change!*** det är jämna pengar!; ***at fifty ~*** vid några och femtio års ålder; ***a hundred ~ kilometres*** drygt hundra kilometer **2** tillfällig, extra; ***~ jobs*** ströjobb; ***at ~ moments*** på lediga stunder **3** underlig, konstig
oddity ['ɒdətɪ] *subst* underlighet
odd-job man [ˌɒd'dʒɒbmæn] *subst* diversearbetare
odd-looking ['ɒdˌlʊkɪŋ] *adj* med underligt utseende
oddment ['ɒdmənt] *subst* pl. ***~s*** småsaker
odds [ɒdz] *subst* **1** utsikter, odds, chanser; ***the ~ are against him*** han har alla odds

emot sig; ***the ~ are in his favour*** han har goda utsikter; ***fight against heavy ~*** kämpa mot övermakten **2** spel. odds; ***long ~*** a) höga odds b) små chanser; ***short ~*** låga odds **3** ***at ~*** oense, osams **4** ***~ and ends*** småsaker

odds-on ['ɒdzɒn] *adj*, ***be an ~ favourite*** vara klar favorit

odious ['əʊdjəs] *adj* förhatlig, avskyvärd

odometer [əʊ'dɒmɪtə] *subst* spec. amer. vägmätare

odour ['əʊdə] *subst* lukt, odör, doft

of [ɔv, obetonat əv] *prep* **1** om [*north ~ York*]; av [*born ~ poor parents*]; från [*a writer ~ the 18th century;; Professor Smith ~ Cambridge*]; i [*die ~ cancer*]; på [*a class ~ 30 pupils; a boy ~ ten*]; med [*a man ~ foreign appearance; the advantage ~ this system*]; ***five minutes ~ twelve*** amer. fem minuter i tolv; ***a cup ~ tea*** en kopp te; ***a novel ~ Stevenson's*** en roman av Stevenson; ***a number ~ people*** ett antal människor; ***the town ~ Brighton*** staden Brighton; ***the University ~ London*** Londons universitet, universitetet i London; ***the works ~ Milton*** Miltons verk; ***on the fifth ~ May*** den femte maj **2** för att uttrycka genitiv, ***the roof ~ the house*** husets tak; ***a friend ~ mine*** en vän till mig

off I [ɒf] *adv* o. *adj* **1** bort, i väg [*~ with you!*]; av [*take ~*]; på t.ex. instrumenttavla frånkopplad , från; ***~ we go!*** nu går vi!; ***far ~*** långt bort; ***Christmas is only a week ~*** det är bara en vecka till jul; ***time ~*** ledighet; ***take time ~*** ta ledigt **2** ***be ~*** i speciella betydelser **a**) vara av [*the lid is ~*]; vara ur, ha lossnat [*the button is ~*]; vara frånkopplad **b**) ge sig av, kila; ***it's time we were ~*** det är på tiden vi kommer i väg; ***where are you ~ to?*** vart ska du ta vägen? **c**) vara ledig **d**) på restaurang vara slut [*sorry, meat pie is ~ today*] **e**) vara inställd [*the party is ~*]; ***the wedding is ~*** det blir inget bröllop **f**) vard. inte vara färsk [*the meat was a bit ~*] **g**) ***how are you ~ for money?*** hur har du det med pengar? **3** ***~ season*** lågsäsong, dödsäsong

II [ɒf] *prep* **1** ner från [*he fell ~ the ladder*], av [*he fell ~ the bicycle*] **2** vid, nära; ***~ the coast*** a) utanför kusten b) vid kusten, nära kusten **3** vard., ***I'm ~ smoking*** jag har lagt av med att röka **4** på [*3% discount ~ the price*]

off-beat ['ɒfbiːt] *adj* okonventionell, annorlunda [*an ~ lifestyle*]

off-chance ['ɒftʃɑːns] *subst* liten chans [*there is an ~ that...*]; ***we called on the ~ of finding you at home*** vi chansade på att du skulle vara hemma

off-colour [ˌɒf'kʌlə] *adj* lite krasslig, lite vissen

off-day ['ɒfdeɪ] *subst* **1** ledig dag **2** dålig dag [*one of my ~s*]

offence [ə'fens] *subst* **1** lagöverträdelse, förseelse; ***punishable ~*** straffbar handling; ***it is an ~ to*** det är straffbart att; ***commit an ~*** bryta mot lagen **2** ***give ~ to*** el. ***cause ~ to*** väcka anstöt hos, stöta; ***take ~*** ta illa upp; ***quick to take ~*** lättstött

offend [ə'fend] *verb* väcka anstöt hos; väcka anstöt; ***be offended*** bli stött [*by sb* på ngn; *by sth* över ngt]; ***don't be offended*** ta inte illa upp; ***~ against*** bryta mot, synda emot

offender [ə'fendə] *subst* **1** lagöverträdare; ***young ~*** ungdomsbrottsling; ***~s will be prosecuted*** överträdelse beivras **2** syndare

offense [ə'fens] *subst* amer., se *offence*

offensive I [ə'fensɪv] *adj* **1** offensiv, anfalls- [*~ weapons*] **2** anstötlig, stötande **3** vidrig, motbjudande [*an ~ smell*]

II [ə'fensɪv] *subst* offensiv

offer I ['ɒfə] *verb* **1** erbjuda, bjuda [*I offered him £150,000 for the house*]; ***~ for sale*** bjuda ut till försäljning; ***I offered him a cigarette*** jag bjöd honom på en cigarett **2** utlova; ***~ a reward*** utfästa en belöning **3** framföra [*~ an apology*] **4** ***~ to do sth*** erbjuda sig att göra ngt [*he offered to help me*]

II ['ɒfə] *subst* **1** erbjudande [*of* om]; ***special ~*** extrapris **2** anbud, bud; hand. offert

offering ['ɒfərɪŋ] *subst* offergåva

off-hand [ˌɒf'hænd] *adv* o. *adj* **1** på rak arm **2** nonchalant

office ['ɒfɪs] *subst* **1** kontor, tjänsterum, expedition; ***~ block*** kontorsbyggnad **2** amer. mottagning [*doctor's ~*] **3** ***Office*** departement [*the Home Office*] **4** ämbete, tjänst, befattning; ***the Government in ~*** den sittande regeringen

officer ['ɒfɪsə] *subst* **1** officer; pl. ***~s*** befäl **2** ***police ~*** (vid tilltal vanligen ~) polis, polisman

official I [ə'fɪʃl] *subst* **1** ämbetsman, tjänsteman **2** sport. funktionär

II [ə'fɪʃl] *adj* officiell [*in ~ circles*]; tjänste- [*~ letter*]

officially [ə'fɪʃəlɪ] *adv* officiellt

officiate [ə'fɪʃɪeɪt] *verb* fungera [*~ as chairman*], tjänstgöra
offing ['ɒfɪŋ] *subst*, ***in the*** ~ under uppsegling [*a quarrel in the ~*]; på gång [*I have a job in the ~*]
off-licence ['ɒfˌlaɪsəns] *subst* vin- och spritbutik
off-peak ['ɒfpiːk] *adj*, ***at ~ hours*** a) vid lågtrafik b) elektr. vid lågbelastning
offset ['ɒfset] (*offset offset*) (*-tt-*) *verb* uppväga [*the gains ~ the losses*]
offshoot ['ɒfʃuːt] *subst* bot. sidoskott
offshore [ˌɒf'ʃɔː] *adj* o. *adv* **1** frånlands- [*~ wind*] **2** utanför kusten [*~ fisheries*]
offside [ˌɒf'saɪd] *adj* o. *subst* **1** sport. offside **2** trafik.: vid vänstertrafik höger sida, vid högertrafik vänster sida
offspring ['ɒfsprɪŋ] *subst* avkomma, avföda
off-the-cuff [ˌɒfðə'kʌf] *adj* improviserad
off-the-peg [ˌɒfðə'peg] *adj* vard. konfektionssydd
off-the-rack [ˌɒfðə'ræk] *adj* amer. vard., se *off-the-peg*
off-white [ˌɒf'waɪt] *adj* off-white, benvit
oft [ɒft] *adv* poetiskt ofta
often ['ɒfn] *adv* ofta; ***as ~ as not*** ganska ofta; ***more ~ than not*** oftast; ***every so ~*** då och då
oh [əʊ] *interj*, *~!* å!, äsch!; oj!, aj!
oil I [ɔɪl] *subst* **1** olja; ***burn the midnight ~*** jobba (plugga) in på småtimmarna; ***pour ~ on troubled waters*** gjuta olja på vågorna **2** mest pl. ***~s*** oljemålningar; ***paint in ~s*** måla i olja
II [ɔɪl] *verb* olja in
oilcloth ['ɔɪlklɒθ] *subst* vaxduk
oil gauge ['ɔɪlgeɪdʒ] *subst* oljemätare
oil painting ['ɔɪlˌpeɪntɪŋ] *subst* oljemålning; ***I'm no ~!*** jag är ingen skönhet precis!
oilrig ['ɔɪlrɪg] *subst* oljeborrplattform
oilslick ['ɔɪlslɪk] *subst* stor oljefläck t.ex. på vattnet
oilstove ['ɔɪlstəʊv] *subst* **1** fotogenkök **2** fotogenkamin
oily ['ɔɪlɪ] *adj* **1** oljig, oljeaktig **2** fet, flottig
ointment ['ɔɪntmənt] *subst* salva
OK I [ˌəʊ'keɪ] *adj* o. *adv* vard. okej; ***it's ~ by (with) me*** det är okej för min del, gärna för mig; ***I'll do it, ~?*** jag gör det, går det bra?
II [ˌəʊ'keɪ] *subst* vard., ***the ~*** okej, klarsignal
III [ˌəʊ'keɪ] vard. *verb* godkänna [*the report was OK'd*]
old I [əʊld] (komparativ o. superlativ *older, oldest*, ibland *elder, eldest*, se dessa ord) *adj* **1** gammal; ***~ boy*** a) gammal elev [*the school's ~ boys*] b) vard. gammal farbror, gamling; ***~ boy (chap, fellow, man)!*** vard. gamle vän!, gamle gosse!; ***~ girl!*** vard. flicka lilla!, lilla gumman!; ***he's an ~ hand*** vard. han är gammal i gamet; ***my ~ man*** a) farsan, min farsa b) gubben, min gubbe make; ***any ~ thing*** vard. vad katten som helst; ***the Old World*** Gamla världen **2** tidigare, f.d. [*our ~ head retired ten years ago*]
II [əʊld] *subst*, ***in days of ~*** el. ***in times of ~*** fordom, i gamla tider; ***I know him of ~*** jag känner honom sedan gammalt
old-age [ˌəʊld'eɪdʒ] *adj*, ***~ pension*** [ˌəʊldeɪdʒ'penʃən] förr ålderspension, folkpension

> **Old Bailey** [ˌəʊld'beɪlɪ]
> *Old Bailey* är det populära namnet på centralbrottsdomstolen i London, *the Central Criminal Court*. Här låg förr en fästningsmur, *bailey*.

olden ['əʊldən] *adj*, ***in ~ times*** el. ***in ~ days*** i gamla tider
old-fashioned [ˌəʊld'fæʃənd] *adj* **1** gammalmodig, gammaldags **2** lillgammal
oldie ['əʊldɪ] *subst* vard. gamling; ***golden ~*** om t.ex. gamla filmstjärnor gammal goding; musik. gammal hitlåt
oldish ['əʊldɪʃ] *adj* äldre, rätt gammal
old-time ['əʊldtaɪm] *adj* gammaldags
old-timer [ˌəʊld'taɪmə] *subst* vard. **1** ***an ~*** en som är gammal i gamet **2** gamling
old-world ['əʊldwɜːld] *adj* gammaldags
olive I ['ɒlɪv] *subst* oliv
II ['ɒlɪv] *adj* olivgrön
Olympiad [ə'lɪmpɪæd] *subst* olympiad
Olympic [ə'lɪmpɪk] *adj*, ***the ~ Games*** de olympiska spelen
Oman [əʊ'mɑːn]

> **ombudsman**
> *Ombudsman* är inlånat från svenskan. På engelska betyder det enbart justitieombudsman.

ombudsman ['ɒmbʊdzmən] *subst* i Storbritannien justitieombudsman
omelet o. **omelette** ['ɒmlət] *subst* omelett

omen ['əʊmen] *subst* omen, förebud
ominous ['ɒmɪnəs] *adj* illavarslande, olycksbådande
omission [ə'mɪʃən] *subst* **1** utelämnande **2** underlåtenhet, försummelse
omit [ə'mɪt] (*-tt-*) *verb* **1** utelämna **2** underlåta, försumma
omnibus ['ɒmnɪbəs] *subst* **1** buss **2** ~ ***book*** el. ~ ***volume*** samlingsband, samlingsverk
omnipotent [ɒm'nɪpətənt] *adj* allsmäktig
omnivorous [ɒm'nɪvərəs] *adj* allätande
on I [ɒn] *prep* på [*~ the radio; ~ TV;* amer. *~ 19th Street*]; i [*~ the ceiling; talk ~ the telephone*]; vid [*Newcastle is situated ~ the Tyne*]; mot [*they made an attack ~ the town*]; till [*~ land and sea; ~ foot*]; om, kring, över [*a book ~ a subject*]; ~ ***May 1st*** den 1 maj; ~ ***my arrival in London, I went to the hotel*** vid ankomsten till London, gick jag till hotellet; ~ ***hearing this he…*** då han fick veta det…; ~ ***second thoughts*** vid närmare eftertanke; ***this is*** ~ ***me*** vard. det är jag som bjuder; ***it's*** ~ ***the house*** vard. det är huset som bjuder; ~ ***to*** ner på, upp på
II [ɒn] *adv* o. *adj* på [*a pot with the lid ~*]; på sig [*he drew his boots ~*]; vidare [*pass it ~!*]; ***walk right*** ~ gå rakt fram; ***a little further*** ~ lite längre fram; ***from that day*** ~ från och med den dagen; ***the light is*** ~ ljuset är tänt; ***the radio is*** ~ radion är på; ***what's*** ~ ***tonight?*** a) vad är det för program i kväll? b) vad är planerna för i kväll?; ***it's just not*** ~ vard. det går bara inte för sig; ***what's he*** ~ ***about?*** vad bråkar (snackar) han om?; ***come*** ~***!*** a) skynda dig! b) kom igen!; ~ ***and*** ~ utan avbrott, i ett kör
once I [wʌns] *adv* **1** en gång; ~ ***or twice*** ett par gånger; ~ ***bitten twice shy*** ordspr. bränt barn skyr elden; ~ ***again*** el. ~ ***more*** en gång till, ännu en gång; ~ ***and for all*** en gång för alla; ~ ***in a while*** en och annan gång; ***for*** ~ för en gångs skull; ***at*** ~ a) med detsamma, genast b) på samma gång; ***all at*** ~ a) plötsligt, med ens b) alla på en gång **2** en gång, förr; ~ ***upon a time there was a king*** det var en gång en kung
II [wʌns] *konj*, ~ ***he had done it*** när han väl hade gjort det
oncoming I ['ɒnˌkʌmɪŋ] *adj* annalkande [*an ~ storm*]; mötande [*~ traffic; an ~ car*]
II ['ɒnˌkʌmɪŋ] *subst* ankomst [*the ~ of winter*], annalkande
one I [wʌn] *räkn* o. *adj* en, ett; ena; ***for*** ~ ***thing*** för det första; ***blind in*** ~ ***eye*** blind på ena ögat; ***not*** ~ inte en enda en; ***it's all*** ~ ***to me*** det gör mig detsamma; ~ ***or two*** ett par stycken; ~ ***after the other went out*** den ena efter den andra gick ut; ~ ***at a time*** el. ~ ***at the time*** en och en, en i taget; ***she is*** ~ ***wonderful woman!*** hon är verkligen en underbar kvinna!; ~ ***by*** ~ en och en, en åt gången, en i taget; ***I for*** ~ jag för min del
II [wʌn] *pron* **1** man; reflexivt sig [*pull after ~*]; ***one's*** a) ens [*one's own children*] b) sin [*~ must always be on one's guard*] c) en, en viss [*~ John Smith*]; ~ ***another*** varandra [*they like ~ another*] **2** stödjeord en [*I lose a friend and you gain ~*]; någon, något [*where is my umbrella? — you didn't bring ~*]; ***take the red box, not the black*** ~ ta den röda asken, inte den svarta; ***my dear*** ~***s*** mina kära; ***the little*** ~***s*** småttingarna; ***this*** ~ ***will do*** den här duger; ***which*** ~ ***do you like?*** vilken tycker du om?
III [wʌn] *subst* **1** etta [*three ~s*] **2** vard., ***you are a*** ~***!*** du är en rolig en!
one-act ['wʌnækt] *adj*, ~ ***play*** enaktare
one-armed ['wʌnɑːmd] *adj*, ~ ***bandit*** vard. enarmad bandit spelautomat
one-handed [ˌwʌn'hændɪd] *adj* enhänt
one-man ['wʌnmæn] *adj* enmans-; ~ ***show*** enmansteater, enmansshow
onerous ['ɒnərəs] *adj* betungande, tyngande
oneself [wʌn'self] *pron* sig [*wash ~; hurt ~*], sig själv [*proud of ~*], själv [*one had to do it ~*]
one-sided [ˌwʌn'saɪdɪd] *adj* ensidig
one-storey ['wʌnˌstɔːrɪ] *adj* envånings-, enplans- [*a ~ house*]
one-track ['wʌntræk] *adj* vard., ***have a*** ~ ***mind*** vara enkelspårig
one-two [ˌwʌn'tuː] *subst*, ***do a*** ~ fotb. spela väggspel
one-way ['wʌnweɪ] *adj* **1** enkelriktad [*a ~ street*] **2** amer., ~ ***ticket*** enkel biljett
ongoing ['ɒnˌgəʊɪŋ] *adj* pågående
onion ['ʌnjən] *subst* lök, rödlök
on-line ['ɒnlaɪn] *adj* data. direktansluten, uppkopplad, on-line
onlooker ['ɒnˌlʊkə] *subst* åskådare
only I ['əʊnlɪ] *adj* enda; ***my one and*** ~ ***chance*** min absolut enda chans; ***she is an*** ~ ***child*** hon är enda barnet
II ['əʊnlɪ] *adv* **1** bara, endast; ~ ***once*** bara en gång; ***if*** ~ ***to*** om inte för annat så för att [*if ~ to spite him*]; ***not*** ~ ***… but*** inte

bara ... utan även; ***when he was ~ three he could read*** redan vid tre års ålder kunde han läsa **2** först, inte förrän [*I met him ~ yesterday*] **3** senast, så sent som [*he can't be away, I saw him ~ yesterday*] **4** ~ ***just*** just nu, alldeles nyss [*I have ~ just got it*]

III ['əʊnlɪ] *konj* men; ***I would lend you the book, ~ I don't know where it is*** jag skulle gärna låna dig boken, men jag vet bara inte var den är; ~ ***that*** utom att

onrush ['ɒnrʌʃ] *subst* anstormning

onscreen ['ɒnskriːn] *adj* data. el. tv. på skärmen; ~ ***display*** display på skärmen

onset ['ɒnset] *subst* **1** anfall **2** inträde

onshore [ˌɒn'ʃɔː] *adj* o. *adv* **1** pålands- [~ *wind*] **2** på kusten **3** i land

onslaught ['ɒnslɔːt] *subst* våldsamt angrepp

onstage [ˌɒn'steɪdʒ] *adv* på scenen, in på scenen

on-the-spot [ˌɒnðə'spɒt] *adj* på ort och ställe; ~ ***fine*** böter som betalas direkt på plats

onto ['ɒntʊ] *prep* = *on to*

onus ['əʊnəs] *subst* börda, skyldighet

onward ['ɒnwəd] *adj* framåtriktad; ~ ***march*** frammarsch

onwards ['ɒnwədz] *adv* framåt, vidare; ***from page 10*** ~ från och med sidan 10

onyx ['ɒnɪks] *subst* onyx prydnadssten

oodles ['uːdlz] *subst pl* vard. massor [~ *of money*]

ooh [uː] *interj* **1** oj!, åh! **2** usch!

ooze [uːz] *verb*, ~ ***out*** sippra ut, sippra fram

opal ['əʊpl] *subst* ädelsten opal

opaque [ə'peɪk] *adj* ogenomskinlig, dunkel

open I ['əʊpən] *adj* öppen; ***fling*** ~ kasta upp, slänga upp; ***in the ~ air*** i fria luften, i det fria för jakt o. fiske; ~ ***secret*** offentlig hemlighet; ~ ***to*** öppen för, mottaglig för [~ *to argument*]; ~ ***to doubt*** underkastad tvivel; ***this is ~ to question*** detta kan ifrågasättas

II ['əʊpən] *subst* **1** öppet, offentligt; ***come*** (***come out***) ***into the*** ~ komma ut, bli offentlig **2** sport. open tävling öppen för proffs o. amatörer

III ['əʊpən] *verb* **1** öppna, inviga [~ *a new hospital*]; ~ ***an account with*** öppna konto hos; ~ ***fire*** mil. öppna eld [*on* mot] **2** öppnas, öppna sig **3** vetta, ha utsikt [*on, to* mot, åt] **4** leda, föra [*into, on to* in till, ut till, ut i]; ***the room ~s on*** (***on to***) ***the garden*** rummet har förbindelse med trädgården **5** ~ ***up*** öppna sig, bli meddelsam; ~ ***up!*** öppna dörren!

open-air [ˌəʊpən'eə] *adj* frilufts- [~ *life*], utomhus- [*an ~ dance-floor*]

opener ['əʊpənə] *subst* **1** -öppnare [*tin-opener; can-opener*] **2** inledare [~ *of a discussion*]

open-handed [ˌəʊpən'hændɪd] *adj* frikostig

open-hearted [ˌəʊpən'hɑːtɪd] *adj* **1** öppenhjärtig, uppriktig **2** varmhjärtad

open-house [ˌəʊpən'haʊs] *adj*, ***he is giving an ~ party tomorrow*** det är öppet hus hos honom i morgon

opening I ['əʊpənɪŋ] *pres p* o. *adj* begynnelse-; ~ ***chapter*** inledningskapitel; ~ ***hours*** öppettider; ***his ~ remarks*** hans inledande anmärkningar

II ['əʊpənɪŋ] *subst* **1** öppnande; början, inledning; ~ ***night*** premiär; ~ ***time*** spec. öppningsdags för pubar **2** öppning, tillfälle, chans [*for* till]

open-minded [ˌəʊpən'maɪndɪd] *adj* fördomsfri, öppen

opera ['ɒpərə] *subst* opera

opera glasses ['ɒpərəˌglɑːsɪz] *subst pl* teaterkikare

operate ['ɒpəreɪt] *verb* **1** verka, göra verkan [*on, upon* på] **2** om t.ex. maskin arbeta, fungera **3** med. operera; ***she was operated on for cancer*** hon opererades för cancer; ***his knee was operated on*** han opererades i knät **4** mil. operera **5** sätta (hålla) i gång, manövrera, sköta [~ *a machine*] **6** leda, driva [~ *a company*]

operatic [ˌɒpə'rætɪk] *adj* opera- [~ *music*]

operating theatre ['ɒpəreɪtɪŋˌθɪətə] *subst* operationssal

operation [ˌɒpə'reɪʃən] *subst* **1** ***be in*** ~ vara i gång, vara i verksamhet; ***come into*** ~ a) träda i verksamhet b) om t.ex. lag träda i kraft; ***put into*** ~ sätta i verket [*put a plan into* ~] **2** med. operation, ingrepp; ***have an ~ for...*** bli opererad för ... **3** skötsel, hantering [*the ~ of a machine*]

operator ['ɒpəreɪtə] *subst* **1** ~***!*** på t.ex. hotell a) hallå!; fröken! b) växeln!; ***telephone*** ~ växeltelefonist; ***wireless*** ~ radiotelegrafist **2** med. kirurg **3** aktör på börsen

operetta [ˌɒpə'retə] *subst* musik. operett

opinion [ə'pɪnjən] *subst* **1** mening, åsikt, omdöme [*of, about* om]; ~ ***poll*** opinionsundersökning; ***public*** ~ den allmänna opinionen; ***have a high ~ of*** ha en hög tanke om; ***in my*** ~ enligt min mening; ***it's a matter of*** ~ det råder delade meningar, det är en fråga om tycke

och smak **2** betänkande, utlåtande [*on* om, över, i]
opinionated [ə'pɪnjəneɪtɪd] *adj* egensinnig
opium ['əʊpjəm] *subst* narkotika opium
opossum [ə'pɒsəm] *subst* djur opossum, pungråtta
opponent [ə'pəʊnənt] *subst* motståndare [*of* till]
opportune ['ɒpətjuːn] *adj* opportun, läglig
opportunist [ˌɒpə'tjuːnɪst] *subst* opportunist
opportunity [ˌɒpə'tjuːnətɪ] *subst* gynnsamt tillfälle, möjlighet, chans; ***at the first*** ~ vid första tillfälle
oppose [ə'pəʊz] *verb* motsätta sig
opposed [ə'pəʊzd] *adj* motsatt [~ *views*]; ***as ~ to*** i motsats till
opposite I ['ɒpəzɪt] *adj* o. *prep* o. *adv* mitt emot [*the ~ house*], motsatt; ~ ***to*** mitt emot
II ['ɒpəzɪt] *subst* motsats [*of* till]; ***I mean the*** ~ jag menar tvärtom
opposition [ˌɒpə'zɪʃən] *subst* **1** motsättning, motstånd **2** opposition
oppress [ə'pres] *verb* **1** trycka, tynga **2** trycka ned, tynga ned **3** förtrycka [~ *the people*]
oppression [ə'preʃən] *subst* förtryck [*the ~ of the people*]
oppressive [ə'presɪv] *adj* **1** tyngande **2** tryckande, pressande [~ *heat*]
oppressor [ə'presə] *subst* förtryckare
opt [ɒpt] *verb* välja; ~ ***for sth*** välja ngt, uttala sig för ngt
optical ['ɒptɪkl] *adj* optisk, syn-; ~ ***illusion*** synvilla
optician [ɒp'tɪʃən] *subst* optiker
optics ['ɒptɪks] (med verb i sing.) *subst* optik
optimism ['ɒptɪmɪzəm] *subst* optimism
optimist ['ɒptɪmɪst] *subst* optimist
optimistic [ˌɒptɪ'mɪstɪk] *adj* optimistisk
option ['ɒpʃən] *subst* val [*I had no* ~], fritt val; valfrihet; valmöjlighet
optional ['ɒpʃnəl] *adj* valfri
opus ['əʊpəs] *subst* opus, verk
or [ɔː] *konj* eller, annars; ~ ***else*** annars, eller också
oracle ['ɒrəkl] *subst* orakel
oral ['ɔːrəl] *adj* muntlig [*an ~ examination*]
orally ['ɔːrəlɪ] *adv* muntligen, muntligt
orange I ['ɒrɪndʒ] *subst* **1** apelsin **2** orange färg
II ['ɒrɪndʒ] *adj* orange färgad
orangeade [ˌɒrɪndʒ'eɪd] *subst* apelsindryck, läskedryck med apelsinsmak

Orangemen's Day Parade
Den 12 juli tågar Nordirlands protestanter i processioner för att fira segern vid slaget vid floden Boyne 1690, *the Battle of the Boyne*. Wilhelm av Oranien, *William of Orange*, besegrade James II, som stöddes av katolikerna. Processionerna uppfattas som provokationer av de nordirländska katolikerna och det är inte ovanligt med kravaller.

orang-outang [əˌræŋʊ'tæŋ] *subst* djur orangutang
orator ['ɒrətə] *subst* talare, orator
orb [ɔːb] *subst* klot, sfär, glob
orbit I ['ɔːbɪt] *subst* t.ex. planets, satellits bana; himlakropps kretslopp; ***send into*** ~ sända upp i bana
II ['ɔːbɪt] *verb* röra sig i en bana kring, kretsa kring
orchard ['ɔːtʃəd] *subst* fruktträdgård
orchestra ['ɔːkɪstrə] *subst* orkester; ~ ***stalls*** främre parkett
orchestral [ɔː'kestrəl] *adj* orkester-
orchid ['ɔːkɪd] *subst* blomma orkidé
ordain [ɔː'deɪn] *verb* prästviga
ordeal [ɔː'diːl, 'ɔːdiːl] *subst* svårt prov, eldprov; ***a terrible*** ~ en svår pärs
order I ['ɔːdə] *subst* **1** ordning, ordningsföljd; ***in working*** ~ el. ***in good working*** ~ i gott skick, funktionsduglig; ***out of*** ~ a) i oordning b) ur funktion **2** order, befallning, tillsägelse **3** jur., domstols beslut; ~ ***of the Court*** domstolsutslag **4** hand. order, beställning [*for* på]; ***it's a tall*** ~ det är för mycket begärt; ***be on*** ~ vara beställd; ***made to*** ~ tillverkad på beställning; skräddarsydd **5** på restaurang beställning **6** bankterm anvisning; utbetalningsorder **7** samhällsklass; ***the lower ~s*** de lägre klasserna **8** orden; ordenssällskap **9** ***take ~s*** el. ***take holy ~s*** låta prästviga sig **10** ***in ~ to*** + inf. i avsikt att; ***in ~ for you to see the match*** för att du ska se matchen; ***in ~ that*** för att, så att [*I did it in ~ that he shouldn't worry*] **11** slag, sort; ***of*** (***in***) ***the ~ of*** av (i) storleksordningen
II ['ɔːdə] *verb* **1** befalla, säga till, beordra [*sb to do sth*]; ~ ***sb about*** kommendera ngn,

köra med ngn **2** beställa [~ *a taxi*], rekvirera **3** med. ordinera, föreskriva
orderly I ['ɔːdəlɪ] *adj* **1** välordnad, metodisk **2** om person ordentlig **3** stillsam, lugn [*an ~ crowd*]
II ['ɔːdəlɪ] *subst* **1** mil. ordonnans **2** ***hospital*** ~ sjukvårdsbiträde; ***medical*** ~ mil. sjukvårdare
ordinal ['ɔːdɪnl] *adj*, ~ ***number*** ordningstal
ordinarily ['ɔːdɪnərəlɪ] *adv* vanligen
ordinary I ['ɔːdnrɪ] *adj* vanlig, ordinär, alldaglig
II ['ɔːdnrɪ] *subst*, ***something out of the*** ~ någonting utöver det vanliga
ore [ɔː] *subst* malm
oregano [ˌɒrɪ'gɑːnəʊ, spec. amer. ə'regənəʊ] *subst* oregano
organ ['ɔːgən] *subst* **1** anat. organ; ***male*** ~ manslem **2** musik. orgel; positiv
organic [ɔː'gænɪk] *adj* **1** organisk **2** biodynamisk; ~ ***farming*** biodynamisk odling
organically [ɔː'gænɪklɪ] *adv*, ~ ***grown*** obesprutad, biodynamisk
organism ['ɔːgənɪzəm] *subst* organism
organist ['ɔːgənɪst] *subst* organist
organization [ˌɔːgənaɪ'zeɪʃən] *subst* organisation, organisering
organize ['ɔːgənaɪz] *verb* organisera, arrangera, ställa till
organizer ['ɔːgənaɪzə] *subst* organisatör, arrangör
orgasm ['ɔːgæzəm] *subst* orgasm, utlösning
orgy ['ɔːdʒɪ] *subst* orgie
orient I ['ɔːrɪənt] *subst*, ***the Orient*** Orienten
II ['ɔːrɪənt] *verb* spec. amer., se *orientate*
Oriental [ˌɔːrɪ'entl] *adj* orientalisk, österländsk
orientate ['ɔːrɪənteɪt] *verb* orientera; ***be orientated towards*** vara inriktad på
orientation [ˌɔːrɪən'teɪʃən] *subst* orientering
orienteering [ˌɔːrɪən'tɪərɪŋ] *subst* sport. orientering
origin ['ɒrɪdʒɪn] *subst* ursprung, tillkomst, upphov; ***country of*** ~ ursprungsland
original I [ə'rɪdʒənl] *adj* **1** ursprunglig, original- **2** originell, nyskapande
II [ə'rɪdʒənl] *subst* original
originality [əˌrɪdʒə'nælətɪ] *subst* originalitet
originally [ə'rɪdʒənəlɪ] *adv* **1** ursprungligen **2** originellt [*write* ~]
originate [ə'rɪdʒəneɪt] *verb* **1** ge (vara) upphov till **2** härstamma, uppstå
originator [ə'rɪdʒəneɪtə] *subst* upphovsman
ornament I ['ɔːnəmənt] *subst* ornament, utsmyckning
II ['ɔːnəment] *verb* ornamentera, smycka
ornamental [ˌɔːnə'mentl] *adj* ornamental, dekorativ
ornamentation [ˌɔːnəmen'teɪʃən] *subst* **1** ornamentering, utsmyckning **2** ornament
ornate [ɔː'neɪt] *adj* **1** utsirad **2** överlastad
ornithologist [ˌɔːnɪ'θɒlədʒɪst] *subst* ornitolog, fågelkännare
orphan ['ɔːfən] *subst* föräldralöst barn
orphanage ['ɔːfənɪdʒ] *subst* barnhem, hem för föräldralösa barn
orthodontics [ˌɔːθəʊ'dɒntɪks] (med verb i sing.) *subst* tandreglering
orthodox ['ɔːθədɒks] *adj* ortodox
orthography [ɔː'θɒgrəfɪ] *subst* ortografi, rättstavning
orthopaedic o. **orthopedic** [ˌɔːθə'piːdɪk] *adj* ortopedisk
oscillate ['ɒsɪleɪt] *verb* svänga, pendla; fys. oscillera
Oslo ['ɒzləʊ]
ostensible [ɒ'stensəbl] *adj* skenbar
ostentation [ˌɒsten'teɪʃən] *subst* vräkighet
ostentatious [ˌɒsten'teɪʃəs] *adj* grann, prålig [~ *jewellery*], vräkig
osteopath ['ɒstɪəpæθ] *subst* osteopat, kiropraktor
ostracize ['ɒstrəsaɪz] *verb* frysa ut, bojkotta
ostrich ['ɒstrɪtʃ, 'ɒstrɪdʒ] *subst* struts
other ['ʌðə] *pron* annan, annat, andra; ytterligare; ***the*** ~ ***day*** häromdagen; ***every*** ~ ***week*** varannan vecka; ***it was no*** ~ ***than the King*** el. ***it was none*** ~ ***than the King*** det var ingen annan än kungen; ***somehow or*** ~ på ett eller annat sätt; ***among*** ~***s*** bland andra, bl.a.; ***among*** ~ ***things*** bland annat, bl.a.
otherwise ['ʌðəwaɪz] *adv* **1** annars, i annat fall **2** annorlunda **3** för övrigt
otherworldly [ˌʌðə'wɜːldlɪ] *adj* verklighetsfrämmande, världsfrämmande
otter ['ɒtə] *subst* djur utter
ouch [aʊtʃ] *interj* aj!, oj!
ought [ɔːt] *hjälpverb* (presens el. imperfekt med *to* + inf.) bör, borde; ***I*** ~ ***to see a doctor*** jag borde gå till läkaren; ***I*** ~ ***to know*** det måtte jag väl veta
ounce [aʊns] *subst* **1** uns vanligen = 1/16 pound = 28,35 gram **2** uns, gnutta [*not an ~ of intelligence*]
our ['aʊə] *pron* vår; se *my* för ex.
ours ['aʊəz] *pron* vår [*the house is* ~]; ~ ***is a***

large family vi är en stor familj; se *1 mine* för ex.

ourselves [ˌaʊəˈselvz] *pron* oss ⌊*we amused ~*⌋, oss själva ⌊*we can take care of ~*⌋, själva ⌊*we made that mistake ~*⌋

oust [aʊst] *verb* driva bort, tränga undan

out [aʊt] *adv* o. *adj* **1** ute, utanför, borta; ut, bort; ***take*** ~ ta fram ur t.ex. fickan; ***the fire is*** ~ brasan har slocknat; ***the light is*** ~ ljuset är släckt; ***the tide is*** ~ det är ebb; ***before the year is*** ~ innan året är slut; ***you are not far*** ~ vard. det är inte så illa gissat; ***be*** ~ ***and about*** vara uppe, vara på benen; ***it was her Sunday*** ~ det var hennes lediga söndag **2** ~ ***of*** a) ut från, ut ur ⌊*come ~ of the house*⌋, upp ur ⌊*~ of the water*⌋, ut genom ⌊*~ of the door*⌋, ur ⌊*drink ~ of a cup*⌋; från; ute ur, utanför b) av, utav ⌊*~ of curiosity; it is made ~ of wood*⌋; ~ ***of sight*** utom synhåll; ***be*** ~ ***of tea*** inte ha något te, vara utan te; ~ ***of doors*** utomhus; ***in two cases*** ~ ***of ten*** i två fall av tio; ***get*** ~ ***of here!*** ut härifrån!; ***be*** ~ ***of training*** ha dålig kondition, vara otränad; ***feel*** ~ ***of it*** känna sig utanför **3** ~ ***with it!*** fram med det!, ut med språket!

out-and-out [ˌaʊtnˈaʊt] *adj* vard. tvättäkta ⌊*an ~ Londoner*⌋, renodlad ⌊*an ~ swindler*⌋

outbalance [ˌaʊtˈbæləns] *verb* uppväga

outbid [ˌaʊtˈbɪd] (*outbid outbid*) *verb* bjuda över

outboard [ˈaʊtbɔːd] *adj* utombords- ⌊*an ~ motor*⌋

outbreak [ˈaʊtbreɪk] *subst* utbrott ⌊*an ~ of hostilities*⌋; ***an*** ~ ***of fire*** en eldsvåda

outbuilding [ˈaʊtˌbɪldɪŋ] *subst* uthus

outburst [ˈaʊtbɜːst] *subst* utbrott ⌊*an ~ of rage*⌋

outcast [ˈaʊtkɑːst] *subst* utstött människa, paria

outclass [ˌaʊtˈklɑːs] *verb* utklassa

outcome [ˈaʊtkʌm] *subst* resultat, utgång

outcry [ˈaʊtkraɪ] *subst*, ***raise an*** ~ ***against*** höja ett ramaskri mot, slå larm mot

outdated [ˌaʊtˈdeɪtɪd] *adj* gammalmodig, föråldrad

outdid [ˌaʊtˈdɪd] imperf. av *outdo*

outdistance [ˌaʊtˈdɪstəns] *verb* distansera

outdo [ˌaʊtˈduː] (*outdid outdone*) *verb* överträffa, överglänsa

outdone [ˌaʊtˈdʌn] perf. p. av *outdo*

outdoor [ˈaʊtdɔː] *adj* utomhus- ⌊*~ games*⌋; ~ ***clothes*** ytterkläder; ~ ***life*** friluftsliv

outdoors [ˌaʊtˈdɔːz] *adv* utomhus, ute

outer [ˈaʊtə] *adj* yttre, ytter-, utvändig; ~ ***space*** yttre rymden

outermost [ˈaʊtəməʊst] *adj* ytterst

outfit I [ˈaʊtfɪt] *subst* **1** utrustning, tillbehör; ***repair*** ~ reparationslåda **2** utstyrsel, ekipering ⌊*a new spring ~*⌋ **3** vard. grupp, gäng

II [ˈaʊtfɪt] (*-tt-*) *verb* utrusta, ekipera

outfitter [ˈaʊtfɪtə] *subst*, ***outfitter's*** herrekipering

outgoing [ˈaʊtˌɡəʊɪŋ] *adj* **1** utgående **2** avgående

outgrew [ˌaʊtˈɡruː] imperf. av *outgrow*

outgrow [ˌaʊtˈɡrəʊ] (*outgrew outgrown*) *verb* växa om; växa ifrån; växa ur ⌊*~ one's clothes*⌋

outgrown [ˌaʊtˈɡrəʊn] perf. p. av *outgrow*

outhouse [ˈaʊthaʊs] *subst* **1** uthus **2** amer. utedass

outing [ˈaʊtɪŋ] *subst* utflykt

outlandish [aʊtˈlændɪʃ] *adj* sällsam, besynnerlig

outlast [ˌaʊtˈlɑːst] *verb* räcka längre än

outlaw I [ˈaʊtlɔː] *subst* **1** person laglös, fredlös **2** bandit

II [ˈaʊtlɔː] *verb* **1** ställa utom lagen, förklara fredlös **2** kriminalisera ⌊*~ war*⌋, förbjuda

outlay [ˈaʊtleɪ] *subst* utlägg, utgifter

outlet [ˈaʊtlet] *subst* **1** utlopp ⌊*an ~ for one's energy*⌋ **2** avlopp **3** marknad, avsättning ⌊*an ~ for one's products*⌋ **4** amer. elektr. vägguttag

outline I [ˈaʊtlaɪn] *subst* **1** kontur **2** skiss, utkast ⌊*for* till⌋; översikt, sammandrag ⌊*of* över, av⌋; ***rough*** ~ skiss, utkast; ***in broad*** ~ i stora drag **3** pl. ~***s*** grunddrag, huvuddrag

II [ˈaʊtlaɪn] *verb* skissera

outlive [ˌaʊtˈlɪv] *verb* överleva ⌊*~ one's wife*⌋

outlook [ˈaʊtlʊk] *subst* **1** utsikt; ~ ***on life*** syn på livet **2** om framtid utsikter; ***further*** ~ om väder utsikterna för de närmaste dagarna **3** utkik; ***on the*** ~ på utkik

outlying [ˈaʊtˌlaɪɪŋ] *adj* avsides belägen

outmoded [ˌaʊtˈməʊdɪd] *adj* omodern, urmodig

outnumber [ˌaʊtˈnʌmbə] *verb* överträffa i antal, vara fler än

out-of-date [ˌaʊtəvˈdeɪt] *adj* omodern, gammalmodig

out-of-doors [ˌaʊtəvˈdɔːz] *adv* utomhus, ute

out-of-print [ˌaʊtəvˈprɪnt] *adj* utgången på förlaget, utsåld från förlaget

out-of-the-way [ˌaʊtəvðəˈweɪ] *adj* **1** avsides belägen, avlägsen **2** ovanlig

out-of-work [ˌaʊtəv'wɜːk] *adj* o. *subst* arbetslös
out-patient ['aʊtˌpeɪʃənt] *subst* poliklinikpatient, mottagningspatient; ***out-patient's department*** el. ***out-patient's clinic*** poliklinik
outpost ['aʊtpəʊst] *subst* mil. el. avlägset ställe utpost
output ['aʊtpʊt] *subst* **1** produktion, avkastning **2** elektr. el. radio. uteffekt **3** data. utmatning
outrage I ['aʊtreɪdʒ] *subst* **1** våldshandling, attentat **2** skandal [*this is an ~!*] **3** ***sense of ~*** el. ~ upprördhet, indignation
II ['aʊtreɪdʒ] *verb* uppröra, chockera
outrageous [aʊt'reɪdʒəs] *adj* skandalös, upprörande, skändlig [*~ treatment*]
outran [ˌaʊt'ræn] imperf. av *outrun*
outreach ['aʊtriːtʃ] *adj*, ~ ***programme*** uppsökande program
outrider ['aʊtˌraɪdə] *subst* **1** förridare **2** föråkare, eskort
outright I [aʊt'raɪt] *adv* **1** helt och hållet; på fläcken [*he was killed ~*] **2** rent ut [*ask him ~*]
II ['aʊtraɪt] *adj* fullständig, total
outrun [ˌaʊt'rʌn] (*outran outrun*) *verb* **1** springa om, springa förbi **2** löpa fortare än
outset ['aʊtset] *subst* början, inledning; ***at the*** ~ i början, vid början
outshine [ˌaʊt'ʃaɪn] (*outshone outshone*) *verb* överglänsa
outshone [ˌaʊt'ʃɒn] imperf. o. perf. p. av *outshine*
outside I [ˌaʊt'saɪd] *subst* **1** utsida, yttersida; yta; ngts (ngns) yttre **2** ***at the*** ~ på sin höjd
II [ˌaʊt'saɪd] *adj* **1** utvändig; ute-, utomhus-; ***the ~ world*** yttervärlden **2** ytterst liten [*an ~ chance*]
III [ˌaʊt'saɪd] *adv* o. *prep* **1** ute; ut [*come ~!*], utanför **2** utanpå
outsider [ˌaʊt'saɪdə] *subst* outsider, utomstående, oinvigd
outsize I ['aʊtsaɪz] *subst* om t.ex. kläder extra stor storlek
II ['aʊtsaɪz] *adj* extra stor
outskirts ['aʊtskɜːts] *subst pl* utkanter, ytterområden; ***on the ~ of the town*** i stadens utkant
outsourcing ['aʊtˌsɔːsɪŋ] *subst* ekon. entreprenad, outsourcing
outspoken [aʊt'spəʊkən] *adj* rättfram
outstanding [aʊt'stændɪŋ] *adj* **1** framstående, enastående, iögonfallande **2** om fordringar etc. utestående, obetald
outstay [ˌaʊt'steɪ] *verb* stanna längre än [*~ the other guests*]
outstretched ['aʊtstretʃt] *adj*, ***with ~ arms*** med utsträckta armar
outstrip [ˌaʊt'strɪp] (*-pp-*) *verb* **1** distansera **2** överträffa
outvote [ˌaʊt'vəʊt] *verb* rösta ner
outward I ['aʊtwəd] *adj* **1** utgående; ***the ~ journey*** el. ***the ~ voyage*** utresan **2** yttre, utvändig; ***his ~ appearance*** hans yttre
II ['aʊtwəd] *adv* utåt, ut
outward-bound [ˌaʊtwəd'baʊnd] *adj* om fartyg utgående, på utgående
outwardly ['aʊtwədlɪ] *adv* **1** utåt, utvändigt, utanpå **2** till det yttre
outwards ['aʊtwədz] *adv* utåt, ut
outweigh [ˌaʊt'weɪ] *verb* uppväga, väga tyngre än
outwit [ˌaʊt'wɪt] (*-tt-*) *verb* överlista
oval ['əʊvəl] *adj* oval, äggformig
ovary ['əʊvərɪ] *subst* anat. äggstock
ovation [ə'veɪʃən] *subst* ovation, bifallsstorm
oven ['ʌvn] *subst* ugn
ovenproof ['ʌvnpruːf] *adj* ugnseldfast
ovenware ['ʌvnweə] *subst* ugnseldfast gods
over ['əʊvə] *prep* o. *adv* över, ovanför, ovanpå; under, i [*~ several days*]; om [*fight ~ sth*]; ~ ***and above*** förutom, utöver; ~ ***the years*** under årens lopp, med åren; ~ ***and ~ again*** om och om igen, gång på gång; ~ ***again*** en gång till, om igen; ***begin all ~ again*** börja om från början; ***all ~*** överallt, helt och hållet; ***that's him all ~*** det är typiskt han, det är så likt honom; ***get it ~*** el. ***get it ~ and done with*** få det gjort, få det ur världen; ***it's all ~ with him*** det är ute med honom; ***go ~ there*** gå dit bort; ***ten times ~*** tio gånger om
overabundance [ˌəʊvərə'bʌndəns] *subst* överflöd, övermått
overact [ˌəʊvər'ækt] *verb* teat. spela över
overall I ['əʊvərɔːl] *subst* **1** skyddsrock, städrock **2** pl. **~*s*** blåställ, överdragskläder, overall
II ['əʊvərɔːl] *adj* helhets- [*an ~ impression*]; samlad [*the ~ production*]; generell [*an ~ wage increase*]
over-anxious [ˌəʊvər'æŋʃəs] *adj* alltför ängslig, alltför ivrig
overarm [əʊvər'ɑːm] *adv* sport., ***bowl ~*** göra ett överarmskast
overate [ˌəʊvər'et, amer. ˌəʊvər'eɪt] imperf. av *overeat*

overawe [ˌəʊvər'ɔː] *verb* **1** injaga fruktan hos **2** imponera på
overbalance [ˌəʊvə'bæləns] *verb* tappa balansen [*he overbalanced and fell*]
overbearing [ˌəʊvə'beərɪŋ] *adj* högdragen
overboard ['əʊvəbɔːd] *adv* sjö. överbord
overcame [ˌəʊvə'keɪm] imperf. av *overcome*
overcast [ˌəʊvə'kɑːst] *adj* mulen, molntäckt [*an ~ sky*]
overcharge [ˌəʊvə'tʃɑːdʒ] *verb* ta för mycket betalt, ta för mycket betalt av
overcloud [ˌəʊvə'klaʊd] *verb* **1** täcka med moln **2** bli molntäckt
overcoat ['əʊvəkəʊt] *subst* överrock, ytterrock
overcome I [ˌəʊvə'kʌm] (*overcame overcome*) *verb* **1** besegra [*~ an enemy*], övervinna **2** segra [*we shall ~*]
II [ˌəʊvə'kʌm] *perf p* o. *adj* överväldigad; utmattad [*by* av]
over-confident [ˌəʊvə'kɒnfɪdənt] *adj* självsäker
overcook [ˌəʊvə'kʊk] *verb* koka för länge
overcrowded [ˌəʊvə'kraʊdɪd] *adj* överbefolkad; överfull [*an ~ bus*]; trångbodd [*~ families*]
overdid [ˌəʊvə'dɪd] imperf. av *overdo*
overdo [ˌəʊvə'duː] (*overdid overdone*) *verb* **1** överdriva, göra för mycket av **2** steka (koka) mat för länge **3** *~ it* förta sig, överanstränga sig
overdone I [ˌəʊvə'dʌn] perf. p. av *overdo*
II [ˌəʊvə'dʌn] *adj* för länge stekt, för länge kokt
overdose ['əʊvədəʊs] *subst* överdos, för stor dos
overdraft ['əʊvədrɑːft] *subst* bankterm överdrag, övertrassering
overdrive ['əʊvədraɪv] *subst* bil. överväxel
overdue [ˌəʊvə'djuː] *adj* **1** hand. förfallen **2** försenad [*the post is ~*] **3** vara behövlig; ***a hair-cut is*** *~* det är dags att klippa håret
overeat [ˌəʊvər'iːt] (*overate overeaten*) *verb* äta för mycket, föräta sig
overeaten [ˌəʊvər'iːtn] perf. p. av *overeat*
overestimate I [ˌəʊvər'estɪmeɪt] *verb* överskatta, övervärdera; beräkna för högt
II [ˌəʊvər'estɪmət] *subst* överskattning; alltför hög beräkning
overexertion [ˌəʊvərɪg'zɜːʃən] *subst* överansträngning
overexpose [ˌəʊvərɪk'spəʊz] *verb* **1** utsätta för mycket **2** foto. överexponera
overfed [ˌəʊvə'fed] imperf. o. perf. p. av *overfeed*
overfeed [ˌəʊvə'fiːd] (*overfed overfed*) *verb* övergöda
overflew [ˌəʊvə'fluː] imperf. av *overfly*
overflow [ˌəʊvə'fləʊ] *verb* svämma över
overflown [ˌəʊvə'fləʊn] perf. p. av *overfly*
overfly [ˌəʊvə'flaɪ] (*overflew overflown*) *verb* mil. flyga över
overgrown [ˌəʊvə'grəʊn] *adj* övervuxen, igenvuxen [*a garden ~ with weeds*]
overhanging [ˌəʊvə'hæŋɪŋ] *adj* framskjutande, utskjutande [*an ~ cliff*]
overhaul I [ˌəʊvə'hɔːl] *verb* **1** undersöka, se över; ***have one's car overhauled*** få sin bil genomgången **2** köra om, segla om [*~ another ship*]
II ['əʊvəhɔːl] *subst* undersökning, översyn
overhead I [ˌəʊvə'hed] *adv* över huvudet; uppe i luften [*the clouds ~*]; ovanpå
II ['əʊvəhed] *adj*, *~* ***projector*** overheadprojektor
overheads ['əʊvəhedz] *subst pl* allmänna omkostnader, fasta utgifter
overhear [ˌəʊvə'hɪə] (*overheard overheard*) *verb* få höra, råka få höra
overheard [ˌəʊvə'hɜːd] imperf. o. perf. p. av *overhear*
overheat [ˌəʊvə'hiːt] *verb* överhetta
overjoyed [ˌəʊvə'dʒɔɪd] *adj* överlycklig
overkill ['əʊvəkɪl] *subst* mil. överdödande-kapacitet totalförstöringskapacitet med kärnvapen
overland [ˌəʊvə'lænd] *adv* på land; landvägen, till lands [*travel ~*]
overlap [ˌəʊvə'læp] (*-pp-*) *verb* överlappa, delvis sammanfalla
overleaf [ˌəʊvə'liːf] *adv* på nästa sida
overload [ˌəʊvə'ləʊd] *verb* överlasta [*~ one's stomach*; *~ a car*]
overlook [ˌəʊvə'lʊk] *verb* **1** se ut över; ***a house overlooking the sea*** ett hus med utsikt över havet; ***my window ~s the park*** mitt fönster vetter mot parken **2** förbise, inte märka **3** överse med [*~ a fault*]
overnight [ˌəʊvə'naɪt] *adv* **1** ***stay*** *~* övernatta **2** över en natt, på en enda natt [*it changed ~*]
overpass ['əʊvəpɑːs] *subst* amer., se *flyover*
overpower [ˌəʊvə'paʊə] *verb* överväldiga
overpowering [ˌəʊvə'paʊərɪŋ] *adj* överväldigande; oemotståndlig
overran [ˌəʊvə'ræn] imperf. av *overrun*
overrate [ˌəʊvə'reɪt] *verb* övervärdera, överskatta; ***an overrated film*** en överreklamerad film

overreach [ˌəʊvə'riːtʃ] *verb* sträcka sig över; ~ ***the mark*** skjuta över målet; ~ ***oneself*** överskatta sig själv
overreact [ˌəʊvərɪ'ækt] *verb* överreagera
overridden [ˌəʊvə'rɪdn] perf. p. av *override*
override [ˌəʊvə'raɪd] (*overrode overridden*) *verb* sätta sig över, åsidosätta
overrode [ˌəʊvə'rəʊd] imperf. av *override*
overrule [ˌəʊvə'ruːl] *verb* **1** avvisa, åsidosätta [*~ a claim*] jur. ogilla **2** rösta ned [*overruled by the majority*]
overrun [ˌəʊvə'rʌn] (*overran overrun*) *verb* **1** översvämma [*~ with rats*]; härja; ***overrun with weeds*** övervuxen med ogräs **2** ***we have*** ~ ***the time*** vi har dragit över tiden [*by* med]
overseas I ['əʊvəsiːz] *adj* utländsk, från utlandet, till utlandet; ~ ***trade*** utrikeshandel
II [ˌəʊvə'siːz] *adv* på (från, till) andra sidan havet; utomlands
overseer ['əʊvəsɪə] *subst* förman, verkmästare, uppsyningsman
oversexed [ˌəʊvə'sekst] *adj* översexuell
overshadow [ˌəʊvə'ʃædəʊ] *verb* överskugga, kasta sin skugga över
overshoe ['əʊvəʃuː] *subst* galosch
overshoot [ˌəʊvə'ʃuːt] (*overshot overshot*) *verb*, ~ ***the mark*** skjuta över målet
overshot [ˌəʊvə'ʃɒt] imperf. o. perf. p. av *overshoot*
oversight ['əʊvəsaɪt] *subst* förbiseende; ***by an*** ~ genom ett förbiseende
oversimplify [ˌəʊvə'sɪmplɪfaɪ] *verb* förenkla alltför mycket [*~ a problem*]
oversize ['əʊvəsaɪz] *adj* o. **oversized** ['əʊvəsaɪzd] *adj* överdimensionerad, alltför stor
oversleep [ˌəʊvə'sliːp] (*overslept overslept*) *verb* försova sig
overslept [ˌəʊvə'slept] imperf. o. perf. p. av *oversleep*
overstaffed [ˌəʊvə'stɑːft] *adj* överbemannad; ***the office is*** ~ kontoret har för mycket personal
overstate [ˌəʊvə'steɪt] *verb* överdriva t.ex. påstående, uppgift; ange för högt
overstatement [ˌəʊvə'steɪtmənt] *subst* överdrift
overstep [ˌəʊvə'step] (*-pp-*) *verb*, ~ ***the mark*** gå för långt
overt [əʊ'vɜːt] *adj* öppen, uppenbar
overtake [ˌəʊvə'teɪk] (*overtook overtaken*) *verb* hinna upp, hinna ifatt; köra om, gå om
overtaken [ˌəʊvə'teɪkn] perf. p. av *overtake*
overtaking [ˌəʊvə'teɪkɪŋ] *subst* omkörning; ~ ***lane*** omkörningsfil
overthrew [ˌəʊvə'θruː] imperf. av *overthrow I*
overthrow I [ˌəʊvə'θrəʊ] (*overthrew overthrown*) *verb* störta, fälla [*~ the government*]
II ['əʊvəθrəʊ] *subst* störtande, fällande [*the ~ of a government*]
overthrown [ˌəʊvə'θrəʊn] perf. p. av *overthrow I*
overtime I ['əʊvətaɪm] *subst* övertid, övertidsarbete; övertidsersättning; ***be on*** ~ arbeta över
II ['əʊvətaɪm] *adj* övertids- [*~ work*]
III ['əʊvətaɪm] *adv* på övertid; ***I'm working*** ~ jag arbetar övertid
overtook [ˌəʊvə'tʊk] perf. p. av *overtake*
overture ['əʊvətjʊə] *subst* **1** musik. uvertyr **2** ofta pl. ~***s*** närmanden, trevare
overturn [ˌəʊvə'tɜːn] *verb* **1** välta omkull, stjälpa omkull **2** välta, stjälpa **3** ogiltigförklara, ogilla
overweight ['əʊvəweɪt] *adj* överviktig
overwhelm [ˌəʊvə'welm] *verb* tynga ned [*overwhelmed with grief*], överväldiga
overwhelming [ˌəʊvə'welmɪŋ] *adj* överväldigande, förkrossande [*an ~ victory*]
overwork I [ˌəʊvə'wɜːk, 'əʊvəwɜːk] *subst* för mycket arbete, överansträngning
II [ˌəʊvə'wɜːk] *verb* överanstränga [*~ oneself*]; överanstränga sig, arbeta för mycket
oviduct ['əʊvɪdʌkt] *subst* anat. äggledare
owe [əʊ] *verb* vara skyldig [*~ money*]
owing ['əʊɪŋ] *adj* **1** som ska betalas; ***the amount*** ~ skuldbeloppet **2** ~ ***to*** på grund av, genom [*~ to a mistake*]; ***be*** ~ ***to*** bero på, ha sin orsak i
owl [aʊl] *subst* uggla
own I [əʊn] *verb* äga [*I ~ this house*]; ~ ***up*** vard. erkänna
II [əʊn] *adj* **1** egen [*this is my ~ house*]; ***she cooks her*** ~ ***meals*** hon lagar sin mat själv; ***he has a house of his*** ~ han har eget hus; ***on one's*** ~ a) ensam, för sig själv [*he lives on his ~*] b) på egen hand [*he is able to work on his ~*] **2** ***an*** ~ ***goal*** sport. ett självmål
owner ['əʊnə] *subst* ägare
owner-occupied [ˌəʊnər'ɒkjʊpaɪd] *adj* som bebos av ägaren själv; ~ ***houses*** egnahem
ownership ['əʊnəʃɪp] *subst* äganderätt, ägande
ox [ɒks] (pl. *oxen* ['ɒksən]) *subst* oxe

oxeye ['ɒksaɪ] *subst*, ~ ***daisy*** blomma prästkrage
oxide ['ɒksaɪd] *subst* oxid
oxidization [ˌɒksɪdaɪ'zeɪʃən] *subst* oxidering
oxidize ['ɒksɪdaɪz] *verb* oxidera; oxideras
oxtail ['ɒksteɪl] *subst*, ~ ***soup*** oxsvanssoppa
oxygen ['ɒksɪdʒən] *subst* **1** syre **2** syrgas
oyster ['ɔɪstə] *subst* skaldjur ostron; ~ ***mushroom*** svamp ostronskivling
oz. [aʊns, pl. 'aʊnsɪz] förk. för *ounce*, *ounces*
ozone ['əʊzəʊn, əʊ'zəʊn] *subst* ozon; ~ ***layer*** ozonskikt
ozs. ['aʊnsɪz] förk. för *ounces*

Pp

P o. **p** [piː] *subst* P, p
p [sing. o. pl. piː] förk. för *penny*, *pence* [*40~*]
p. (förk. för *page*) s., sid.
pa [pɑː] *subst* vard. pappa
pace I [peɪs] *subst* **1** steg mått [*ten ~s away*] **2** hastighet, fart, tempo, takt; ***keep ~ with*** hålla jämna steg med; ***quicken one's ~*** öka farten; ***set the ~*** bestämma farten, dra vid löpning; ***at a slow ~*** långsamt; ***put sb through his ~s*** låta ngn visa vad han går för
II [peɪs] *verb* **1** ~ ***up and down a room*** gå av och an i ett rum **2** ~ ***oneself*** arbeta i egen takt, arbeta i sakta mak
pacemaker ['peɪsˌmeɪkə] *subst* **1** med. pacemaker **2** sport. farthållare, pacemaker
pacific I [pə'sɪfɪk] *adj* **1** fredlig **2** ***the Pacific Ocean*** Stilla havet
II [pə'sɪfɪk] *subst*, ***the Pacific*** Stilla havet
pacifier ['pæsɪfaɪə] *subst* amer. tröstnapp
pacifism ['pæsɪfɪzəm] *subst* pacifism
pacifist ['pæsɪfɪst] *subst* pacifist, fredsivrare
pacify ['pæsɪfaɪ] *verb* **1** pacificera, återställa freden, återställa lugnet i [*~ a country*] **2** lugna
pack I [pæk] *subst* **1** packe, knyte **2** amer. paket [*a ~ of cigarettes*] **3** samling [*a ~ of liars*], massa [*a ~ of lies*] **4** kortlek; ***a ~ of cards*** en kortlek **5** koppel [*a ~ of dogs*], flock, skock [*a ~ of wolves*]
II [pæk] *verb* **1** packa, packa ned [*~ one's things into a case*] **2** packa ihop [*~ people into a bus*]; ~ ***up*** packa ner (in); ***packed with people*** fullpackad med folk **3** emballera, packa in; ***packed lunch*** matsäck **4** ~ ***off*** skicka i väg [*~ the kids off to school*] **5** vard., ~ ***it in!*** lägg av!; ~ ***up*** a) lägga av [*~ up for the day*] b) säcka ihop, paja [*the TV has packed up*]; ~ ***it up!*** lägg av!
package ['pækɪdʒ] *subst* **1** packe, bunt; större paket kolli; ~ ***deal*** paketavtal; ~ ***tour*** paketresa **2** förpackning, emballage
packet ['pækɪt] *subst* mindre paket
packhorse ['pækhɔːs] *subst* packhäst, klövjehäst
packing ['pækɪŋ] *subst* **1** packning, förpackning **2** emballage

packing-case ['pækɪŋkeɪs] *subst* packlåda, packlår
packthread ['pækθred] *subst* segelgarn
pact [pækt] *subst* pakt, fördrag
1 pad I [pæd] *subst* **1** dyna **2** trampdyna, tass **3** vaddering; ***shoulder ~*** axelvadd **4** sport. benskydd **5** skrivblock, block; ***writing ~*** skrivunderlägg **6** färgdyna, stämpeldyna **7** lya bostad
II [pæd] (*-dd-*) *verb* **1** madrassera [*a padded cell*]; vaddera **2** ~ ***out*** fylla ut med fyllnadsgods [*~ out an essay*]
2 pad [pæd] (*-dd-*) *verb* tassa, traska [*the dog padded after her*]
padding ['pædɪŋ] *subst* **1** vaddering, stoppning **2** utfyllnad i t.ex. uppsats
1 paddle I ['pædl] *subst* **1** paddel **2** paddeltur **3** skovel på hjul
II ['pædl] *verb* paddla
2 paddle I ['pædl] *verb* plaska, plaska omkring
II ['pædl] *subst*, ***have a ~*** bada fötterna
paddle steamer ['pædlˌstiːmə] *subst* hjulångare
paddle wheel ['pædlwiːl] *subst* skovelhjul
paddock ['pædək] *subst* **1** paddock **2** sadelplats
padlock I ['pædlɒk] *subst* hänglås
II ['pædlɒk] *verb* sätta hänglås för
padre ['pɑːdrɪ] *subst* fältpräst
paediatrician [ˌpiːdɪə'trɪʃn] *subst* pediatriker, barnläkare
paediatrics [ˌpiːdɪ'ætrɪks] (med verb i sing.) *subst* pediatrik
paedophile [ˌpiːdəfaɪl] *subst* pedofil
pagan I ['peɪgən] *subst* hedning
II ['peɪgən] *adj* hednisk
1 page [peɪdʒ] *subst* sida [*~ in a book*]
2 page [peɪdʒ] *verb* söka via högtalare, personsökare etc.
pageant ['pædʒənt] *subst* festtåg, parad
pageantry ['pædʒəntrɪ] *subst* pomp och ståt
pager ['peɪdʒə] *subst* personsökare
pagoda [pə'gəʊdə] *subst* pagod
paid [peɪd] imperf. o. perf. p. av *pay I*
pail [peɪl] *subst* hink
pain I [peɪn] *subst* **1** smärta, värk; ***be in ~*** känna smärta, ha ont **2** pina, plåga; ***he's a ~ in the neck*** el. ***he's a ~ in the ass*** vard. han är en riktig plåga **3** pl. ***~s*** möda; ***take great ~s about*** (***over, with***) ***sth*** el. ***go to great ~s about*** (***over, with***) ***sth*** göra sig stort besvär med ngt
II [peɪn] *verb* smärta, plåga
painful ['peɪnfʊl] *adj* **1** smärtsam **2** pinsam
painkiller ['peɪnˌkɪlə] *subst* värktablett
painless ['peɪnləs] *adj* smärtfri, utan plågor
painstaking ['peɪnzˌteɪkɪŋ] *adj* omsorgsfull, noggrann
paint I [peɪnt] *subst* **1** målarfärg; ***wet ~!*** nymålat!; ***a box of ~s*** en färglåda **2** smink
II [peɪnt] *verb* **1** måla, stryka med målarfärg **2** sminka
paintball ['peɪntbɔːl] *subst* paintball
paintbox ['peɪntbɒks] *subst* färglåda
paintbrush ['peɪntbrʌʃ] *subst* målarpensel
painter ['peɪntə] *subst* målare
painting ['peɪntɪŋ] *subst* **1** målning, tavla **2** målning, måleri
paintwork ['peɪntwɜːk] *subst*, ***the ~*** målningen, färgen; bil. lackeringen
pair I [peə] *subst* par; ***a ~ of scissors*** en sax; ***in ~s*** parvis
II [peə] *verb* **1** para samman; ~ ***up*** a) para samman b) slå sig ihop **2** ~ ***off*** para ihop, slå sig ihop
pajamas [pə'dʒæməz] *subst* amer. pyjamas
Pakistan [ˌpɑːkɪ'stɑːn]
Pakistani I [ˌpɑːkɪ'stɑːnɪ] *adj* pakistansk
II [ˌpɑːkɪ'stɑːnɪ] *subst* pakistanare
pal [pæl] *subst* vard. kamrat, kompis
palace ['pælɪs] *subst* palats, slott
palatable ['pælətəbl] *adj* välsmakande
palate ['pælət] *subst* gom
palatial [pə'leɪʃl] *adj* palatslik
palaver [pə'lɑːvə] *subst* **1** palaver **2** ståhej, tjafs
pale I [peɪl] *adj* blek; ~ ***ale*** ljust öl
II [peɪl] *verb* blekna, bli blek
Palestine ['pæləstaɪn] Palestina
Palestinian I [ˌpælə'stɪnɪən] *adj* palestinsk
II [ˌpælə'stɪnɪən] *subst* palestinier
palette ['pælət] *subst* palett
pall [pɔːl] *subst* **1** bårtäcke **2** ***a ~ of smoke*** en mörk rökridå
pall-bearer ['pɔːlˌbeərə] *subst* kistbärare
pallet ['pælət] *subst* lastpall
pallid ['pælɪd] *adj* blek
pallor ['pælə] *subst* blekhet
pally ['pælɪ] *adj* vard. vänlig, kamratlig
1 palm I [pɑːm] *subst* handflata; ***have sb in the ~ of one's hand*** ha ngn helt i sin hand, få ngn dit man vill
II [pɑːm] *verb*, ~ ***off sth on sb*** pracka på ngn ngt
2 palm [pɑːm] *subst* palm, palmblad
palmist ['pɑːmɪst] *subst* spåkvinna
palmistry ['pɑːmɪstrɪ] *subst* konsten att spå i händerna
palmy ['pɑːmɪ] *adj*, ~ ***days*** storhetstid

palpitate ['pælpɪteɪt] *verb* klappa, slå [*his heart palpitated*]
palpitation [ˌpælpɪ'teɪʃən] *subst* hjärtklappning
paltry ['pɔːltrɪ] *adj* usel, futtig [*a ~ sum*]
pamper ['pæmpə] *verb* klema bort
pamphlet ['pæmflət] *subst* broschyr
1 pan [pæn] *subst* **1** kok. panna [*frying-pan*] **2** skål bäcken **3** ~ el. ***lavatory*** ~ wc-skål
2 pan [pæn] (*-nn-*) *verb* film. panorera
panacea [ˌpænə'sɪə] *subst* universalmedel, patentlösning
Panama [ˌpænə'mɑː] egennamn, ***panama hat*** panamahatt
Panamanian I [ˌpænə'meɪnjən] *subst* panaman
II [ˌpænə'meɪnjən] *adj* panamansk
Pan-American [ˌpænə'merɪkən] *adj* panamerikansk
pancake ['pænkeɪk] *subst* pannkaka; ***Pancake Day*** fettisdag, fettisdagen då man äter pannkakor
panda ['pændə] *subst* **1** zool. panda **2** ~ ***car*** vard., liten polisbil, radiobil
pandemonium [ˌpændɪ'məʊnjəm] *subst* tumult, kaos
pander ['pændə] *verb*, ~ ***to*** uppmuntra, underblåsa, vädja till [*~ to low tastes*]
pane [peɪn] *subst* glasruta
panel ['pænl] *subst* panel; ~ ***discussion*** paneldiskussion
panelling ['pænəlɪŋ] *subst* träpanel
pang [pæŋ] *subst* häftig smärta; ***~s of conscience*** samvetskval
panic I ['pænɪk] *subst* panik
II ['pænɪk] (*panicked panicked*) *verb* gripas av panik; ***don't ~!*** ingen panik!
panicky ['pænɪkɪ] *adj* vard. panikslagen; ***a ~ feeling*** en känsla av panik
panicmonger ['pænɪkˌmʌŋgə] *subst* panikmakare
panic-stricken ['pænɪkˌstrɪkən] *adj* o.
panic-struck ['pænɪkstrʌk] *adj* panikslagen
pan loaf ['pænləʊf] *subst* amer. formbröd
panorama [ˌpænə'rɑːmə] *subst* panorama
pan-pipe ['pænpaɪp] *subst* panflöjt
pansy ['pænzɪ] *subst* **1** blomma pensé; ***wild*** ~ styvmorsviol **2** ngt åld. sl. (neds.) fikus, bög **3** vard. mes
pant [pænt] *verb* flämta, flåsa
pantalettes [ˌpæntə'lets] *subst pl* mamelucker
panther ['pænθə] *subst* panter djur
pantie ['pæntɪ] *subst* vard., pl. ***~s*** trosor; ~ ***girdle*** byxgördel
pantihose ['pæntɪhəʊz] *subst* strumpbyxor

pantomime
I de flesta engelska städer spelar man en pantomim före och efter jul. Den handlar t.ex. om sagofigurer som Askungen, *Cinderella*, eller Jack och Bönstjälken, *Jack and the Beanstalk*. Den manliga huvudrollen, *the Principal Boy*, spelas av en ung kvinna. I de flesta pantomimer förekommer också en gammal dam, som spelas av en man, och en elaking. Varje gång han visar sig buar publiken.

pantomime ['pæntəmaɪm] *subst* **1** pantomim **2** julshow med musik o. dans
pantry ['pæntrɪ] *subst* skafferi
pants [pænts] *subst pl* **1** kalsonger; trosor; ***scare the ~ off sb*** skrämma slag på ngn **2** amer. vard. långbyxor
pantskirt ['pæntskɜːt] *subst* byxkjol
pantsuit ['pæntsuːt] *subst* amer. byxdress
pantyhose ['pæntɪhəʊz] *subst* strumpbyxor
papa [pə'pɑː, amer. 'pɑːpə] *subst* åld. el. amer. pappa
papacy ['peɪpəsɪ] *subst* påvedöme
papal ['peɪpl] *adj* påvlig
paper I ['peɪpə] *subst* **1** papper **2** tidning **3** skriftligt prov, skrivning **4** tapet, tapeter
II ['peɪpə] *verb* **1** tapetsera, sätta upp tapeter i (på) [*~ a room*] **2** ~ ***over the cracks*** släta över bristerna
paperback ['peɪpəbæk] *subst* paperback, pocketbok
paperbag ['peɪpəbæg] *adj*, ~ ***cookery*** stekning i smörat papper
paper carrier ['peɪpəˌkærɪə] *subst* papperskasse
paper chain ['peɪpətʃeɪn] *subst* pappersgirland
paper clip ['peɪpəklɪp] *subst* gem
paperhanger ['peɪpəˌhæŋə] *subst* tapetuppsättare; ungefär målare
paperhanging ['peɪpəˌhæŋɪŋ] *subst* o.
papering ['peɪpərɪŋ] *subst* tapetsering
paperweight ['peɪpəweɪt] *subst* brevpress
paperwork ['peɪpəwɜːk] *subst* skrivbordsarbete
paprika ['pæprɪkə, amer. pə'priːkə] *subst* paprika

par [pɑː] *subst*, ***not up to ~*** vard. lite vissen, lite dålig; ***be on a ~*** vara likställd; ***your work isn't up to ~*** ditt arbete håller inte måttet
parable [ˈpærəbl] *subst* bibl. liknelse
parachute [ˈpærəʃuːt] *subst* fallskärm
parachutist [ˈpærəʃuːtɪst] *subst* **1** fallskärmshoppare **2** fallskärmsjägare

parade
I USA är det mycket vanligt med parader och karnevaler vid olika högtider. I processionerna körs ofta vagnar, *floats*, med fantasifulla figurer eller karikatyrer av berömda personer. En av de mest kända karnevalerna hålls under fastan, *Mardi Gras*, i New Orleans.

parade I [pəˈreɪd] *subst* **1** parad; ***fashion ~*** modevisning **2** mönstring
II [pəˈreɪd] *verb* **1** paradera; låta paradera; mönstra **2** tåga; tåga igenom, promenera fram och tillbaka på **3** skylta med [*~ one's knowledge*]
parade ground [pəˈreɪdgraʊnd] *subst* mil. exercisplats
paradise [ˈpærədaɪs] *subst* paradis; ***live in a fool's ~*** leva i lycklig okunnighet; ***bird of ~*** paradisfågel
paradox [ˈpærədɒks] *subst* paradox
paradoxical [ˌpærəˈdɒksɪkl] *adj* paradoxal
paraffin [ˈpærəfɪn] *subst* fotogen; ***~ oil*** a) fotogen b) amer. paraffinolja
paragon [ˈpærəgən] *subst* mönster, förebild
paragraph [ˈpærəgrɑːf] *subst* nytt stycke, avsnitt
Paraguay [ˈpærəgwaɪ]
Paraguayan [ˌpærəˈgwaɪən] *subst* paraguayare
parakeet [ˈpærəkiːt] *subst* slags liten papegoja, amer.ibland undulat
parallel I [ˈpærəlel] *adj* parallell
II [ˈpærəlel] *subst* **1** parallell; ***have no ~*** saknar motstycke **2** geogr. breddgrad
paralyse [ˈpærəlaɪz] *verb* paralysera, förlama
paralysis [pəˈræləsɪs] *subst* förlamning
paralytic I [ˌpærəˈlɪtɪk] *adj* paralytisk, förlamad
II [ˌpærəˈlɪtɪk] *subst* paralytiker
paralyze [ˈpærəlaɪz] *verb* amer., se *paralyse*
paramedic [ˌpærəˈmedɪk] *subst* sjukvårdare
paramilitary [ˌpærəˈmɪlɪtrɪ] *adj* paramilitär
paramount [ˈpærəmaʊnt] *adj* störst [*of ~ interest*]
paranoiac [ˌpærəˈnɔɪæk] *subst* med. paranoiker
paranoid I [ˈpærənɔɪd] *adj* med. paranoid
II [ˈpærənɔɪd] *subst* med. paranoiker
parapet [ˈpærəpɪt] *subst* bröstvärn, balustrad
paraphernalia [ˌpærəfəˈneɪljə] *subst* tillbehör, utrustning, attiraljer
paraphrase [ˈpærəfreɪz] *subst* omskrivning, parafras
parasite [ˈpærəsaɪt] *subst* parasit
parasitic [ˌpærəˈsɪtɪk] *adj* parasitisk
parasol [ˈpærəsɒl] *subst* parasoll
paratrooper [ˈpærəˌtruːpə] *subst* fallskärmsjägare
paratroops [ˈpærətruːps] *subst pl* fallskärmstrupper
paratyphoid [ˌpærəˈtaɪfɔɪd] *subst* med. paratyfus
parboil [ˈpɑːbɔɪl] *verb* kok. förvälla
parcel [ˈpɑːsl] *subst* paket, packe, kolli
parch [pɑːtʃ] *verb* sveda, bränna, förtorka; ***parched deserts*** förtorkade öknar
parchment [ˈpɑːtʃmənt] *subst* **1** pergament **2** pergamentmanuskript, pergamentdokument
pardon I [ˈpɑːdn] *subst* **1** förlåtelse; ***beg your ~!*** el. ***~!*** förlåt!, ursäkta!, hur sa? **2** benådning
II [ˈpɑːdn] *verb* **1** förlåta, ursäkta **2** benåda
pardonable [ˈpɑːdnəbl] *adj* förlåtlig
pare [peə] *verb* **1** skala [*~ an apple*] **2** klippa [*~ one's nails*]
parent [ˈpeərənt] *subst* förälder, målsman; ***~ company*** moderbolag
parentage [ˈpeərəntɪdʒ] *subst* härkomst, härstamning
parental [pəˈrentl] *adj* föräldra- [*~ authority*]; faderlig, moderlig; ***~ care*** föräldraomsorg
parenthesis [pəˈrenθəsɪs] (pl. *parentheses* [pəˈrenθɪsiːz]) *subst* parentes
parenthetic [ˌpærənˈθetɪk] *adj* o.
parenthetical [ˌpærənˈθetɪkəl] *adj* parentetisk, inom parentes
parenthood [ˈpeərənthʊd] *subst* föräldraskap
parents-in-law [ˈpeərəntsɪnlɔː] *subst pl* svärföräldrar
parfait [ˌpɑːˈfeɪ] *subst* parfait slags glass
pariah [pəˈraɪə, ˈpærɪə] *subst* paria
parish [ˈpærɪʃ] *subst* socken, församling
parishioner [pəˈrɪʃənə] *subst* församlingsbo
Parisian I [pəˈrɪzjən] *adj* parisisk, pariser-
II [pəˈrɪzjən] *subst* parisare, parisiska

parity ['pærətɪ] *subst* likhet, jämlikhet, paritet

park I [pɑːk] *subst* **1** park **2** ***the*** ~ vard. fotbollsplan, amer. bollplan, basebollplan; stadion
II [pɑːk] *verb* parkera

parka ['pɑːkə] *subst* **1** parkas **2** skinnanorak

park-and-ride [ˌpɑːkənd'raɪd] *adj*, ***the*** ~ ***system*** infartsparkering

parking ['pɑːkɪŋ] *subst* parkering; ***No Parking*** Parkering förbjuden; ~ ***lot*** amer. parkering, parkeringsområde; ~ ***meter*** parkeringsautomat; ~ ***place*** el. ~ ***space*** parkeringsplats; ~ ***ticket*** parkeringslapp om parkeringsöverträdelse

parky ['pɑːkɪ] *adj* vard. kylig [*~ air; ~ weather*]

parlance ['pɑːləns] *subst*, ***in common*** ~ i dagligt tal; ***in legal*** ~ på juridiskt språk

parliament
The Houses of Parliament har två kamrar: *the House of Commons*, underhuset, och *the House of Lords*, överhuset. *The House of Commons* har mest makt. Man stiftar lagar och utser regering. Dess medlemmar, *MPs*, väljs i allmänna val. I *the House of Lords*, överhuset, sitter adelsmän, biskopar och personer som gjort insatser för landet.

parliament ['pɑːləmənt] *subst* parlament, riksdag

parliamentary [ˌpɑːlə'mentrɪ] *adj* parlamentarisk

parlor ['pɑːlə] *subst* amer., se *parlour*

parlour ['pɑːlə] *subst* **1** sällskapsrum på t.ex. värdshus; mottagningsrum **2** amer. vardagsrum **3** salong [*beauty ~*]; bar [*ice cream ~*]

parlour game ['pɑːləgeɪm] *subst* sällskapsspel

Parmesan [ˌpɑːmɪ'zæn] *subst* parmesanost

parody I ['pærədɪ] *subst* parodi [*of* på]
II ['pærədɪ] *verb* parodiera

parole [pə'rəʊl] *subst* jur. villkorlig frigivning; ***released on*** ~ villkorligt frigiven

paroxysm ['pærəksɪzəm] *subst* paroxysm, häftigt anfall [*a ~ of laughter; a ~ rage*]

parquet ['pɑːkeɪ, 'pɑːkɪ, amer. pɑː'keɪ] *subst* **1** ~ el. ~ ***flooring*** parkett, parkettgolv **2** amer. parkett på t.ex. teater

parrot ['pærət] *subst* papegoja

parry ['pærɪ] *verb* parera, avvärja [*~ a blow*]

parse [pɑːz] *verb* ta ut satsdelarna i [*~ a sentence*]

parsimonious [ˌpɑːsɪ'məʊnjəs] *adj* gnidig

parsley ['pɑːslɪ] *subst* persilja

parsnip ['pɑːsnɪp] *subst* palsternacka

parson ['pɑːsn] *subst* vard. präst

parsonage ['pɑːsənɪdʒ] *subst* prästgård

part I [pɑːt] *subst* **1** del, avdelning, stycke; reservdel; ***be*** ~ ***and parcel of*** vara en väsentlig del av; ***take in good*** ~ inte ta illa upp; ***take*** ~ deltaga, medverka; ***take sb's*** ~ ta ngns parti; ***for my*** ~ för min del; ***in*** ~ delvis, till en del; ***on his*** ~ från hans sida **2** pl. ~***s*** trakter, ort **3** teat. m.m. roll; ***play a*** ~ el. ***act a*** ~ spela en roll **4** amer. bena i håret
II [pɑːt] *verb* **1** skilja, skilja åt [*we tried to ~ them*] **2** skiljas [*from sb* från ngn], skiljas åt; gå åt olika håll; ~ ***company*** skiljas **3** dela; ~ ***one's hair*** kamma bena

partake [pɑː'teɪk] (*partook partaken*) *verb* delta; ~ ***of*** inta, förtära

partaken [pɑː'teɪkn] perf. p. av *partake*

part-exchange [ˌpɑːtɪks'tʃeɪndʒ] *subst* dellikvid; ***take sth in*** ~ ta ngt som dellikvid

partial ['pɑːʃl] *adj* **1** partiell, del- [*~ payment*] **2** partisk **3** ***be*** ~ ***to*** vara förtjust i

partiality [ˌpɑːʃɪ'ælətɪ] *subst* **1** partiskhet **2** smak, förkärlek

partially ['pɑːʃəlɪ] *adv* delvis

participant [pɑː'tɪsɪpənt] *subst* deltagare

participate [pɑː'tɪsɪpeɪt] *verb* delta

participation [pɑːˌtɪsɪ'peɪʃən] *subst* deltagande [*~ in a meeting*], medverkan

participator [pɑː'tɪsɪpeɪtə] *subst* deltagare, medverkande

participle ['pɑːtɪsɪpl] *subst* gram. particip; ***the past*** ~ perfekt particip; ***the present*** ~ presens particip

particle ['pɑːtɪkl] *subst* partikel

particular I [pə'tɪkjʊlə] *adj* **1** särskild, speciell [*in this ~ case*] **2** om person noggrann, kinkig [*about, as to, in* i fråga om, med]
II [pə'tɪkjʊlə] *subst* **1** pl. ~***s*** närmare detaljer, närmare upplysningar **2** ***in*** ~ i synnerhet

particularly [pə'tɪkjʊləlɪ] *adv* särskilt, speciellt, synnerligen [*be ~ glad*]

parting ['pɑːtɪŋ] *subst* **1** avsked **2** bena; ***make a*** ~ kamma bena

partisan [ˌpɑːtɪ'zæn] *subst* **1** mil. partisan, motståndsman **2** anhängare
partition I [pɑː'tɪʃən] *subst* **1** delning **2** del, avdelning **3** mur, skiljevägg
II [pɑː'tɪʃən] *verb* **1** dela **2** ~ *off* avdela
partly ['pɑːtlɪ] *adv* delvis, dels [~ *stupidity,* ~ *laziness*]
partner ['pɑːtnə] *subst* **1** kompanjon **2** kavaljer, dam **3** partner i ett homosexuellt förhållande **4** sambo **5** i spel medspelare, partner [*tennis* ~]
partnership ['pɑːtnəʃɪp] *subst* kompanjonskap
partook [pɑː'tʊk] imperf. av *partake*
part-owner [ˌpɑːt'əʊnə] *subst* delägare
partridge ['pɑːtrɪdʒ] *subst* rapphöna
part-time I [ˌpɑːt'taɪm] *adj* deltids- [~ *work*]
II [ˌpɑːt'taɪm] *adv* på deltid; ***work*** ~ ha deltid, arbeta deltid
part-timer [ˌpɑːt'taɪmə] *subst* deltidsarbetande, deltidsanställd
party ['pɑːtɪ] *subst* **1** parti **2** sällskap [*a* ~ *of tourists*]; ***search*** ~ spaningspatrull **3** bjudning [*tea* ~], fest, party; ***birthday*** ~ födelsedagskalas
party game ['pɑːtɪgeɪm] *subst* sällskapslek
party line [ˌpɑːtɪ'laɪn] *subst* polit. partilinje
party-political [ˌpɑːtɪpə'lɪtɪkl] *adj* partipolitisk
party-politics [ˌpɑːtɪ'pɒlɪtɪks] *subst* partipolitik
pass I [pɑːs] *verb* **1** passera, gå (köra) förbi **2** spec. amer. köra om **3** om t.ex. tid gå [*time passed quickly*] **4** gå över, upphöra, försvinna [*the pain soon passed*] **5** gälla, gå, passera **6** antas om t.ex. parlamentsledamot **7** sport. el. kortsp. passa **8** tillbringa [~ *a pleasant evening*], fördriva [~ *the time*] **9** räcka, skicka [~ *the salt, please!*] **10** anta, godkänna [*passed by the censor*]; ~ ***the Customs*** gå igenom tullen **11** klara sig i examen, bli godkänd; bli godkänd i, klara [~ *an examination*] **12** föra, dra, låta fara [*over* över]
II [pɑːs] *verb* med adv. o. prep.
pass away 1 gå bort, försvinna **2** dö, gå bort **3** ~ ***away the time*** fördriva tiden
pass by gå förbi
pass off 1 gå över, försvinna [*her anger will soon* ~ *off*] **2** ***he tried to*** ~ ***himself off as a count*** han försökte ge sig ut för att vara greve **3** ~ ***sth off on sb*** pracka på ngn ngt
pass on 1 gå vidare, fortsätta [~ *on to another subject*] **2** låta gå vidare [*read this and* ~ *it on*]
pass out vard. tuppa av, svimma
pass over 1 gå över **2** förbigå **3** räcka, överlämna [*to sb* till ngn, åt ngn]
pass round skicka omkring (runt), låta gå runt
III [pɑːs] *subst* **1** godkännande i examen; ***a*** ~ godkänt **2** passerkort, passersedel **3** sport. passning **4** bergspass; trång passage
passable ['pɑːsəbl] *adj* **1** farbar, framkomlig **2** skaplig, hjälplig
passage ['pæsɪdʒ] *subst* **1** färd, resa med båt el. flyg **2** genomresa **3** passage, genomgång, väg, gång **4** ställe i t.ex. text; avsnitt
passage way ['pæsɪdʒweɪ] *subst* passage
passenger ['pæsɪndʒə] *subst* passagerare
passer-by [ˌpɑːsə'baɪ] (pl. *passers-by* [ˌpɑːsəz'baɪ]) *subst* förbipasserande
passing I ['pɑːsɪŋ] *adj* **1** i förbigående [*a* ~ *remark*] **2** ~ ***showers*** övergående regn, övergående skurar; ***a*** ~ ***whim*** en tillfällig nyck
II ['pɑːsɪŋ] *subst*, ***the*** ~ ***of time*** tidens gång; ***in*** ~ i förbigående, i förbifarten
passion ['pæʃən] *subst* **1** passion, lidelse, kärlek **2** ***fly into a*** ~ el. ***get into a*** ~ bli ursinnig
passionate ['pæʃənət] *adj* passionerad
passive I ['pæsɪv] *adj* passiv; ~ ***smoking*** passiv rökning
II ['pæsɪv] *subst* gram., ***the*** ~ passiv
passivity [pæ'sɪvətɪ] *subst* passivitet
passkey ['pɑːskiː] *subst* huvudnyckel
Passover ['pɑːsˌəʊvə] *subst* judarnas påskhögtid
passport ['pɑːspɔːt] *subst* pass; ~ ***to success*** nyckeln till framgång
password ['pɑːswɜːd] *subst* lösenord
past I [pɑːst] *adj* gången, förfluten; ***the*** ~ ***few days*** de sista dagarna; ***for some time*** ~ sedan någon tid tillbaka
II [pɑːst] *subst* **1** ***the*** ~ det förflutna; ***in the*** ~ förr i världen; ***it is a thing of the*** ~ det tillhör det förflutna **2** gram., ***the*** ~ imperfekt
III [pɑːst] *prep* förbi, bortom; ~ ***danger*** utom fara; ***at half*** ~ ***one*** klockan halv två; ***a quarter*** ~ ***two*** en kvart över två
IV [pɑːst] *adv* förbi [*run* ~]
pasta ['pæstə, amer. 'pɑːstə] *subst* kok. pasta
paste I [peɪst] *subst* **1** deg, massa [*almond* ~] **2** pasta [*tomato* ~]; bredbar pastej [*anchovy* ~] **3** klister, fotolim **4** oäkta ädelstenar, strass
II [peɪst] *verb*, ~ ***up*** el. ~ klistra upp
pasteboard ['peɪstbɔːd] *subst* papp, kartong

pastel ['pæstəl] *subst* pastellfärg, pastellmålning
pastern ['pæstən] *subst* karled på häst
pasteurize ['pɑːstʃəraɪz] *verb* pastörisera
pastille ['pæstəl] *subst* pastill, tablett
pastime ['pɑːstaɪm] *subst* tidsfördriv, nöje
pasting ['peɪstɪŋ] *subst* vard., ***give sb a ~*** ge ngn stryk
pastmaster [ˌpɑːst'mɑːstə] *subst* mästare [*at* i]
pastor ['pɑːstə] *subst* präst, pastor
pastoral ['pɑːstrəl] *adj* herde-, pastoral-, pastoral
pastry ['peɪstrɪ] *subst* **1** bakelser, kakor [*would you like some ~?*] **2** bakelse [*a plate of pastries*] **3** smördeg
pastryboard ['peɪstrɪbɔːd] *subst* bakbord
pastrycook ['peɪstrɪkʊk] *subst* konditor
pasture ['pɑːstʃə] *subst* **1** bete t.ex. gräs **2** betesmark
pastureland ['pɑːstʃəlænd] *subst* betesmark
pasty I ['pæstɪ] *subst* pirog vanligen med köttfyllning, potatis, lök etc.
II ['peɪstɪ] *adj* degig, blekfet [*a ~ complexion*]
pasty-faced ['peɪstɪfeɪst] *adj* blekfet
pat I [pæt] *subst* **1** lätt slag; ***a ~ on the back*** uppmuntrande gest en klapp på axeln **2** klick [*a ~ of butter*]
II [pæt] (*-tt-*) *verb* **1** klappa; ***~ sb on the back*** uppmuntra ngn ge ngn en klapp på axeln **2** slå lätt [*rain patting on the roof*]
patch I [pætʃ] *subst* **1** lapp [*a jacket with patches on the elbows*], lapp för öga **2** fläck, ställe **3** land; täppa [*a cabbage ~*]
II [pætʃ] *verb* lappa, laga; sätta en lapp på; ***~ up*** lappa ihop
patch pocket [ˌpætʃ'pɒkɪt] *subst* påsydd ficka
patchwork ['pætʃwɜːk] *subst*, ***~ quilt*** lapptäcke
patchy ['pætʃɪ] *adj* vard. ojämn; ***~ fog*** dimma här och var
pâté ['pæteɪ] *subst* paté, pastej; ***~ de foie gras*** [dəˌfwɑː'grɑː] franska, äkta gåsleverpastej
patent I ['peɪtənt] *adj* **1** klar, tydlig, uppenbar **2** patenterad, patent- [*~ medicine*]
II ['peɪtənt, 'pætənt, amer. 'pætənt] *subst* **1** patent; patentbrev; patenträtt **2** privilegiebrev
III ['peɪtənt, amer. 'pætənt] *verb* patentera
patent leather [ˌpeɪtənt'leðə] *subst* lackskinn; ***~ shoes*** lackskor
paternal [pə'tɜːnl] *adj* **1** faderlig **2** på fädernet; ***~ grandfather*** farfar; ***~ grandmother*** farmor
paternity [pə'tɜːnətɪ] *subst* faderskap
path [pɑːθ, pl. pɑːðz] *subst* **1** stig, gångstig; gång [*garden ~*] **2** bana [*the moon's ~*]
pathetic [pə'θetɪk] *adj* patetisk, gripande; ***it's ~!*** iron. det är beklämmande!
pathological [ˌpæθə'lɒdʒɪkl] *adj* patologisk, sjuklig
pathologist [pə'θɒlədʒɪst] *subst* **1** patolog **2** obducent
pathology [pə'θɒlədʒɪ] *subst* patologi
pathway ['pɑːθweɪ] *subst* stig, gångstig
patience ['peɪʃəns] *subst* **1** tålamod **2** kortsp. patiens; ***play ~*** lägga patiens
patient I ['peɪʃənt] *adj* tålig, tålmodig
II ['peɪʃənt] *subst* patient, sjukling
patio ['pætɪəʊ] (pl. *~s*) *subst* uteplats vid villa
patisserie [pə'tɪsərɪ] *subst* **1** konditori **2** bakelser
patriarch ['peɪtrɪɑːk] *subst* patriark
patriarchal [ˌpeɪtrɪ'ɑːkl] *adj* patriarkalisk
patriot ['pætrɪət, 'peɪtrɪət] *subst* patriot
patriotic [ˌpætrɪ'ɒtɪk, ˌpeɪtrɪ'ɒtɪk] *adj* patriotisk
patriotism ['pætrɪətɪzəm, 'peɪtrɪətɪzəm] *subst* patriotism
patrol I [pə'trəʊl] *subst* patrullering; patrull; ***~ car*** polisbil, radiobil
II [pə'trəʊl] (*-ll-*) *verb* patrullera
patrolman [pə'trəʊlmæn] *subst* amer. **1** patrullerande polis **2** vakt
patron ['peɪtrən] *subst* **1** beskyddare, gynnare; ***~ saint*** skyddshelgon **2** stamkund, stamgäst
patronage ['pætrənɪdʒ] *subst* **1** beskydd **2** kundkrets, kunder
patronize ['pætrənaɪz] *verb* **1** behandla nedlåtande **2** beskydda, gynna **3** vara kund hos, vara stamgäst hos
patronizing ['pætrənaɪzɪŋ] *adj* nedlåtande
1 patter I ['pætə] *verb* **1** om regn smattra [*on* mot] **2** om fotsteg tassa
II ['pætə] *subst* **1** om fotsteg tassande, trippande **2** om regn smatter
2 patter I ['pætə] *verb* pladdra
II ['pætə] *subst* pladder
pattern ['pætən] *subst* **1** modell, mönster [*a ~ for a dress*] **2** varuprov, prov av tyg m.m., provbit **3** dekorativt mönster
patty ['pætɪ] *subst* liten pastej
paunch [pɔːntʃ] *subst* vard. kalaskula
pause I [pɔːz] *subst* paus, avbrott, uppehåll
II [pɔːz] *verb* göra en paus

pave [peɪv] *verb* stenlägga; ~ ***the way for*** bana väg för
pavement ['peɪvmənt] *subst* **1** trottoar **2** amer. belagd väg
pavilion [pə'vɪljən] *subst* **1** stort tält, utställningstält **2** paviljong **3** sport., ungefär klubbhus
paving-stone ['peɪvɪŋstəʊn] *subst* gatsten
paw I [pɔː] *subst* djurs tass
II [pɔː] **1** ~ ***at*** el. ~ krafsa på **2** tafsa på
1 pawn [pɔːn] *subst* **1** schack. bonde **2** redskap, bricka [*just ~s in the power game*]
2 pawn I [pɔːn] *subst* pant; ***be in*** ~ vara pantsatt
II [pɔːn] *verb* pantsätta
pawnbroker ['pɔːnˌbrəʊkə] *subst* pantlånare; ***pawnbroker's shop*** el. ***pawnbroker's*** pantbank
pawnshop ['pɔːnʃɒp] *subst* pantbank
pawn ticket ['pɔːnˌtɪkɪt] *subst* pantkvitto
pay I [peɪ] (*paid paid*) *verb* **1** betala; ***put paid to sth*** vard. sätta stopp för ngt **2** löna sig, vara lönande; ***honesty ~s*** hederlighet lönar sig
II [peɪ] (*paid paid*) *verb* med adv. o. prep.
pay back 1 betala igen, betala tillbaka **2** ta revansch ge betalt, ge igen
pay for betala, betala för, bekosta
pay off 1 betala till fullo, slutbetala [*~ off a loan*] **2** betala ut lön
III [peɪ] *subst* betalning, avlöning, lön
payable ['peɪəbl] *adj*, ***make a cheque*** ~ ***to*** ställa ut en check på
pay check ['peɪtʃek] *subst* amer. **1** lönebesked, lönecheck **2** lön [*a huge ~*]
pay cheque ['peɪtʃek] *subst* lönebesked, lönecheck
payday ['peɪdeɪ] *subst* avlöningsdag
paydesk ['peɪdesk] *subst* kassa i butik
payee [peɪ'iː] *subst* betalningsmottagare
paying ['peɪɪŋ] *adj* **1** lönande **2** betalande
payload ['peɪləʊd] *subst* nyttolast
payment ['peɪmənt] *subst* betalning
pay packet ['peɪˌpækɪt] *subst* lönekuvert
pay-per-view [ˌpeɪpɜː'vjuː] tv. pay-per-view slags betal-tv där man betalar för speciella evenemang
payphone ['peɪfəʊn] *subst* telefonautomat
payroll ['peɪrəʊl] *subst* avlöningslista; ~ ***tax*** arbetsgivaravgift, löneskatt
pay station ['peɪˌsteɪʃən] *subst* amer. telefonkiosk
pay telephone ['peɪˌtelɪfəʊn] *subst* telefonautomat
pay television ['peɪˌtelɪvɪʒən] *subst* o. **pay-TV** ['peɪˌtiːviː] *subst* betal-tv
PC [ˌpiː'siː] förk. för *personal computer*, *Police Constable*
PE [ˌpiː'iː] förk. för *physical education*
pea [piː] *subst* ärt, ärta; ***as like as two ~s*** så lika som två bär
peace [piːs] *subst* **1** fred, fredsslut; ~ ***feeler*** fredstrevare; ~ ***negotiations*** fredsförhandlingar; ***make*** ~ sluta fred [*with* med] **2** fred, frid, lugn, ro; ~ ***and quiet*** lugn och ro; ***I want to have my meal in*** ~ jag vill äta i lugn och ro; ***leave in*** ~ lämna i fred; ***may he rest in*** ~***!*** må han vila i frid!
peaceful ['piːsfʊl] *adj* **1** fridfull, stilla **2** fredlig
peace-loving ['piːsˌlʌvɪŋ] *adj* fredsälskande
peacemaker ['piːsˌmeɪkə] *subst* fredsstiftare
peach [piːtʃ] *subst* **1** persika **2** åld. el. vard. goding, söt flicka
peacock ['piːkɒk] *subst* påfågel
peahen ['piːhen] *subst* påfågel, påfågelshöna
peak [piːk] *subst* **1** spets; bergstopp **2** skärm, mösskärm **3** topp, höjdpunkt; ***at*** ~ ***hours*** vid högtrafik; ***in the*** ~ ***of condition*** i toppform
peaked [piːkt] *adj*, ~ ***cap*** skärmmössa
peal I [piːl] *subst* **1** klockringning, klockklang **2** skräll; ~ ***of laughter*** skallande skratt; ~ ***of thunder*** åskdunder
II [piːl] *verb* ringa
peanut ['piːnʌt] *subst* **1** jordnöt [*~ butter*] **2** vard., pl. ***~s*** småpotatis, en struntsumma
pear [peə] *subst* päron
pearl [pɜːl] *subst* pärla
pearl-diver ['pɜːlˌdaɪvə] *subst* pärlfiskare
pearly ['pɜːlɪ] *adj* pärlliknande, pärlskimrande
peasant ['pezənt] *subst* **1** bonde spec. på den europeiska kontinenten; småbrukare; före subst. bond- [*~ girl*] **2** vard. lantis, bondtölp
peasantry ['pezəntrɪ] *subst* bönder
pease pudding [ˌpiːz'pʊdɪŋ] *subst* kok. rätt av mosade gula ärter, skinka, ägg o. smör
pea-shooter ['piːˌʃuːtə] *subst* ärtbössa, ärtrör
pea soup [ˌpiː'suːp] *subst* ärtsoppa
peat [piːt] *subst* torv
pebble ['pebl] *subst* kiselsten, småsten
peck [pek] *verb* picka på, hacka på; om fåglar picka; ~ ***at*** hacka på (i), picka på (i)
peckish ['pekɪʃ] *adj* vard. sugen, hungrig
peculiar [pɪ'kjuːljə] *adj* **1** egendomlig **2** särskild, speciell
peculiarity [pɪˌkjuːlɪ'ærətɪ] *subst* egenhet

peculiarly [pɪ'kjuːljəlɪ] *adv* särskilt; besynnerligt
pedagogical [ˌpedə'gɒdʒɪkl] *adj* pedagogisk
pedagogue ['pedəgɒg] *subst* pedagog
pedagogy ['pedəgɒdʒɪ] *subst* pedagogik
pedal I ['pedl] *subst* **1** pedal **2** vard., på t.ex. piano: ***loud*** ~ högerpedal; ***soft*** ~ vänsterpedal
II ['pedl] *adj* pedal-; ~ ***cycle*** trampcykel
III ['pedl] (*-ll-*) *verb* **1** trampa **2** använda pedal
pedant ['pedənt] *subst* pedant
pedantic [pɪ'dæntɪk] *adj* pedantisk
pedantry ['pedəntrɪ] *subst* pedanteri
peddle ['pedl] *verb* gå omkring och sälja; ~ ***narcotics*** langa narkotika
pedestal ['pedɪstl] *subst* **1** piedestal, sockel **2** hurts
pedestrian [pə'destrɪən] *subst* fotgängare; ~ ***crossing*** övergångsställe; ~ ***precinct*** område med gågator, gågata
pediatrics [ˌpiːdɪ'ætrɪks] (med verb i sing.) *subst* pediatrik
pedicure ['pedɪkjʊə] *subst* pedikyr, fotvård
pedigree ['pedɪgriː] *subst* stamträd, stamtavla; ~ ***dog*** rashund
pee I [piː] *subst* vard., ***have a*** ~ kissa
II [piː] *verb* vard. kissa
peek I [piːk] *verb* kika, titta [*at* på]
II [piːk] *subst*, ***have a*** ~ ***at*** el. ***take a*** ~ ***at*** ta en titt på
peek-a-boo [ˌpiːkə'buː] *interj* barnspr. tittut!
peel I [piːl] *subst* skal på t.ex. frukt
II [piːl] *verb* **1** skala t.ex. frukt; barka träd **2** vard., ~ ***off*** ta av sig kläderna **3** flagna, fjälla
1 peep I [piːp] *verb* om t.ex. fågelunge, råtta pipa
II [piːp] *subst* pip
2 peep I [piːp] *verb* **1** kika, titta [*at* på]; ***peeping Tom*** fönstertittare **2** titta fram, skymta fram
II [piːp] *subst* titt
peepshow ['piːpʃəʊ] *subst* tittskåp
1 peer [pɪə] *verb* kisa, plira, kika
2 peer [pɪə] *subst* **1** like, jämlike; ~ ***pressure*** kamrattryck, grupptryck **2** pär medlem av högadeln i Storbritannien, ungefär adelsman
peerage ['pɪərɪdʒ] *subst* **1** ***the*** ~ pärerna, högadeln **2** pärsvärdighet, adelskap
peerless ['pɪələs] *adj* makalös, oförliknelig
peeve [piːv] *verb*, ***peeved at*** irriterad över
peevish ['piːvɪʃ] *adj* retlig, vresig
peg [peg] *subst* **1** pinne, sprint; ***take sb down a*** ~ el. ***take sb down a*** ~ ***or two*** sätta ngn på plats **2** klädnypa **3** hängare [*hat peg*]; ***off the*** ~ vard. konfektionssydd
peke [piːk] *subst* vard. pekines hund
Pekinese [ˌpiːkɪ'niːz, amer. ˌpiːkɪ'niːs] (pl. lika) *subst* pekines hund
pelican ['pelɪkən] *subst* pelikan
pellet ['pelɪt] *subst* liten kula av trä, papper
pell-mell [ˌpel'mel] *adv* huller om buller
pelmet ['pelmɪt] *subst* gardinkappa, kornisch
pelt [pelt] *verb* **1** kasta [~ *stones*]; ~ ***with questions*** bombardera med frågor **2** om regn, snö vräka **3** ~ ***down the road*** kuta nerför vägen
pelvis ['pelvɪs] *subst* anat. bäcken
1 pen I [pen] *subst* penna
II [pen] (*-nn-*) *verb* skriva, avfatta
2 pen [pen] *subst* **1** fålla **2** hönsbur
penal ['piːnl] *adj*, ~ ***code*** strafflag
penalize ['piːnəlaɪz] *verb* straffa
penalty ['penəltɪ] *subst* **1** straff, påföljd; vite, bötesstraff, böter **2** fotb., ~ ***area*** el. ~ ***box*** straffområde; ~ ***kick*** el. ~ straffspark; ~ ***shoot-out*** straffsparksläggning; ***the*** ~ ***spot*** straffpunkten **3** ishockey. utvisning; ~ ***box*** utvisningsbås
penance ['penəns] *subst* penitens, bot
pence [pens] *subst pl* se *penny*
penchant ['pɒŋʃɒŋ, amer. 'penʃənt] *subst* förkärlek [*for* för]
pencil ['pensl] *subst* **1** blyertspenna, penna, pensel [*eyebrow* ~]
pencil-sharpener ['pensl,ʃɑːpənə] *subst* pennvässare
pendant ['pendənt] *subst* hängsmycke
pending ['pendɪŋ] *prep* i avvaktan på [~ *his return*]; under loppet av
pendulum ['pendjʊləm] *subst* pendel
penetrate ['penətreɪt] *verb* **1** tränga igenom, bryta igenom [~ *the enemy's lines*] **2** tränga in i, penetrera
penetrating ['penətreɪtɪŋ] *adj* **1** genomträngande, skarp **2** skarpsinnig [~ *analysis*]
penetration [ˌpenɪ'treɪʃən] *subst* genomträngande, inträngande
pen friend ['penfrend] *subst* brevvän
penguin ['peŋgwɪn] *subst* pingvin
penicillin [ˌpenə'sɪlɪn] *subst* penicillin
peninsula [pə'nɪnsjʊlə] *subst* halvö
peninsular [pə'nɪnsjʊlə] *adj* halvöliknande
penis ['piːnɪs] *subst* penis
penitence ['penɪtəns] *subst* botfärdighet, ånger
penitent ['penɪtənt] *adj* botfärdig, ångerfull
penitentiary [ˌpenɪ'tenʃərɪ] *subst* amer. fängelse

penknife ['pennaɪf] (pl. *penknives* ['pennaɪvz]) *subst* fickkniv
pen name ['penneɪm] *subst* pseudonym
pennant ['penənt] *subst* vimpel, flagga som t.ex. mästerskapstecken
penniless ['penɪləs] *adj* utan ett öre, utfattig
penny ['penɪ] (pl. (*pennies* när mynten avses, el. *pence* när värdet avses) *subst* penny eng. mynt = 1/100 pund, amer. vard. encentslant; ***a pretty ~*** en nätt summa; ***they are ten*** (***two***) ***a ~*** det går tretton på dussinet; ***spend a ~*** vard. gå på toa
penny-wise ['penɪwaɪz] *adj*, ***be ~ and pound-foolish*** låta snålheten bedra visheten
pen pal ['penpæl] *subst* vard. brevvän
pen-pusher ['pen,pʊʃə] *subst* vard. kontorsslav
pension I ['penʃən] *subst* pension
II ['penʃən] *verb* pensionera; ~ ***off*** ge pension
pensioner ['penʃənə] *subst* pensionär
pensive ['pensɪv] *adj* tankfull, fundersam

Pentagon
The Pentagon är det amerikanska försvarsdepartementets huvudbyggnad i Washington D.C. Härifrån leds de amerikanska militära styrkorna.

pentagon ['pentəgən] *subst* femhörning
pentathlete [pen'tæθliːt] *subst* sport. femkampare
pentathlon [pen'tæθlɒn] *subst* sport. femkamp
Pentecost ['pentɪkɒst] *subst* pingst, pingstdagen
penthouse ['penthaʊs] *subst* lyxig takvåning
pent-up ['pentʌp] *adj* undertryckt, återhållen [*~ emotions*], förträngd
penultimate [pə'nʌltɪmət] *adj* näst sista
peony ['pɪənɪ] *subst* pion blomma
people I ['piːpl] *subst* **1** folk [*the English ~*], nation, folkslag [*primitive ~s*] **2** människor, personer [*fifty ~*]; ***the ~*** de breda lagren, den stora massan **3** vard. familj, anhöriga
II ['piːpl] *verb* befolka, bebo
pep I [pep] *subst* vard. fart, fräs, kläm
II [pep] (*-pp-*) *verb* vard., ~ ***up*** pigga upp, sätta fart på
pepper I ['pepə] *subst* **1** peppar **2** paprika [*green ~*]
II ['pepə] *verb* peppra, peppra på
peppermint ['pepəmənt] *subst* **1** smakämne pepparmint **2** växt pepparmynta
peppery ['pepərɪ] *adj* **1** pepprig **2** hetsig, ettrig
pep-pill ['peppɪl] *subst* vard. uppiggande piller
peppy ['pepɪ] *adj* vard. ärtig, pigg, klämmig
pep talk ['peptɔːk] *subst* vard. kort uppmuntrande tal; peptalk, taktiksnack före tävling
per [pə] *prep* per, genom; ~ ***annum*** [pər'ænəm] per år; ~ ***cent*** [pə'sent] procent
perceive [pə'siːv] *verb* märka, uppfatta
percentage [pə'sentɪdʒ] *subst* procent
perceptible [pə'septəbl] *adj* märkbar
perception [pə'sepʃən] *subst* **1** iakttagelseförmåga **2** uppfattning
perceptive [pə'septɪv] *adj* insiktsfull
1 perch [pɜːtʃ] (pl. vanligen lika) *subst* abborre
2 perch I [pɜːtʃ] *subst* sittpinne, pinne för t.ex. höns
II [pɜːtʃ] *verb* flyga upp och sätta sig
percolator ['pɜːkəleɪtə] *subst* **1** kaffebryggare **2** filtreringsapparat, perkolator
percussion [pə'kʌʃən] *subst* slag, stöt; ~ ***cap*** knallhatt; ~ ***instruments*** musik. slagverk, slaginstrument
percussionist [pə'kʌʃənɪst] *subst* musik. batterist
peremptory [pə'remptrɪ] *adj* diktatorisk
perennial I [pə'renɪəl] *adj* om växt perenn, flerårig
II [pə'renɪəl] *subst* perenn växt
perfect I ['pɜːfɪkt] *adj* **1** perfekt, fulländad; ***practice makes ~*** övning ger färdighet **2** fullständig, riktig, verklig [*he is a ~ pest*] **3** vard. perfekt, härlig [*a ~ day*] **4** gram., ***the ~ tense*** perfekt
II ['pɜːfɪkt] *subst* gram., ***the present ~*** el. ***the ~*** perfekt
III [pə'fekt] *verb* göra perfekt, fullända
perfection [pə'fekʃən] *subst* fulländning, perfektion; ***to ~*** perfekt, på ett fulländat sätt
perfectionist [pə'fekʃənɪst] *subst* perfektionist
perforate ['pɜːfəreɪt] *verb* perforera
perforation [,pɜːfə'reɪʃən] *subst* perforering; tandning, tand på frimärke
perform [pə'fɔːm] *verb* **1** utföra [*~ a task*], uträtta **2** framföra, spela [*~ a piece of*

music; ~ a part in a play], uppföra, ge [*~ a play*]

performance [pə'fɔːməns] *subst* **1** utförande, verkställande **2** prestation **3** föreställning [*a theatrical ~*], uppförande av t.ex. pjäs; uppträdande

performer [pə'fɔːmə] *subst* artist, uppträdande om person el. djur; aktör

performing [pə'fɔːmɪŋ] *adj* dresserad [*~ seal*]

perfume I ['pɜːfjuːm] *subst* **1** doft **2** parfym
II [pə'fjuːm] *verb* parfymera

perfunctory [pə'fʌŋktərɪ] *adj* slentrianmässig, mekanisk

perhaps [pə'hæps] *adv* kanske

peril ['perəl] *subst* fara; ***at one's ~*** på egen risk

perilous ['perələs] *adj* farlig, riskabel

perimeter [pə'rɪmɪtə] *subst* omkrets

period ['pɪərɪəd] *subst* **1** period, tidsperiod; ***for a ~ of two years*** under två års tid **2** lektion, lektionstimme **3** spec. amer. punkt tecknet; ***that's how it is, ~!*** så är det och därmed basta!, punkt och slut! **4** menstruation, mens

periodic [ˌpɪərɪ'ɒdɪk] *adj* periodisk

periodical [ˌpɪərɪ'ɒdɪkl] *subst* tidskrift

peripheral [pə'rɪfrəl] *adj* yttre, perifer

periphery [pə'rɪfərɪ] *subst* utkant, periferi

periscope ['perɪskəʊp] *subst* periskop

perish ['perɪʃ] *verb* **1** omkomma; ***be perishing with cold*** frysa ihjäl **2** förstöras

perishables ['perɪʃəblz] *subst pl* om t.ex. matvaror färskvaror

peritonitis [ˌperɪtə'naɪtɪs] *subst* med. bukhinneinflammation, peritonit

perjury ['pɜːdʒərɪ] *subst* mened; ***commit ~*** begå mened

perk [pɜːk] *subst* vard., pl. ***~s*** extraförmåner

perky ['pɜːkɪ] *adj* käck, pigg

1 perm I [pɜːm] *subst* **1** permanent; ***have a ~*** permanenta sig **2** permanentat hår
II [pɜːm] *verb* permanenta; ***~ one's hair*** permanenta sig

2 perm [pɜːm] *subst* vard. system vid tippning; systemtips

permanence ['pɜːmənəns] *subst* beständighet

permanent ['pɜːmənənt] *adj* permanent, bestående [*of ~ value*]; varaktig, ordinarie; ***~ post*** fast anställning; ***~ wave*** permanent

permanently ['pɜːmənəntlɪ] *adv* varaktigt, beständigt, permanent

permeate ['pɜːmɪeɪt] *verb* **1** tränga igenom **2** genomsyra

permissible [pə'mɪsəbl] *adj* tillåtlig

permission [pə'mɪʃən] *subst* tillåtelse, lov; ***by ~ of*** med tillstånd av

permit I [pə'mɪt] (*-tt-*) *verb* medge; ***weather permitting*** om vädret tillåter; ***be permitted to*** ha tillåtelse att
II ['pɜːmɪt] *subst* tillstånd; licens; passersedel; ***fishing ~*** fiskekort; ***work ~*** arbetstillstånd

permutation [ˌpɜːmjʊ'teɪʃən] *subst* systemtips

pernicious [pə'nɪʃəs] *adj* skadlig [*to* för]

peroxide [pə'rɒksaɪd] *subst* peroxid; ***~ of hydrogen*** el. ~ vätesuperoxid

perpendicular [ˌpɜːpən'dɪkjʊlə] *adj* **1** lodrät, vertikal **2** vinkelrät

perpetrate ['pɜːpətreɪt] *verb* föröva, begå [*~ a crime*]

perpetrator ['pɜːpətreɪtə] *subst* gärningsman, förövare

perpetual [pə'petʃʊəl] *adj* ständig, evig [*~ chatter*]

perpetuate [pə'petʃʊeɪt] *verb* föreviga

perplex [pə'pleks] *verb* förvirra, förbrylla

perplexed [pə'plekst] *adj* förbryllad

perplexity [pə'pleksətɪ] *subst* förvirring

perquisite ['pɜːkwɪzɪt] *subst* extra förmån

persecute ['pɜːsɪkjuːt] *verb* förfölja

persecution [ˌpɜːsɪ'kjuːʃən] *subst* förföljelse; ***~ mania*** förföljelsemani

persecutor ['pɜːsɪkjuːtə] *subst* förföljare

perseverance [ˌpɜːsɪ'vɪərəns] *subst* ihärdighet, uthållighet

persevere [ˌpɜːsɪ'vɪə] *verb* framhärda; ihärdigt fortsätta med

persevering [ˌpɜːsɪ'vɪərɪŋ] *adj* ihärdig, trägen

Persian I ['pɜːʃən] *adj* persisk; ***~ blinds*** utvändiga persienner, spjälluckor; ***~ cat*** perser katt; ***~ lamb*** persian skinn; ***the Persian Gulf*** Persiska viken
II ['pɜːʃən] *subst* **1** persiska språket **2** perser katt

persist [pə'sɪst] *verb*, ***~ in*** framhärda i; ***~ in doing sth*** envisas med att göra ngt

persistence [pə'sɪstəns] *subst* framhärdande, ihärdighet

persistent [pə'sɪstənt] *adj* **1** ihärdig **2** ständig **3** efterhängsen

person ['pɜːsn] *subst* person; ***in ~*** personligen

personage ['pɜːsənɪdʒ] *subst* betydande personlighet, person

personal ['pɜːsnəl] *adj* personlig, privat; ~ ***column*** i tidning personligt; ~ ***computer*** (förk. *PC*) persondator; ~ ***life*** privatliv; ***a*** ~ ***matter*** en privatsak; ~ ***record*** sport. personbästa; ~ ***stereo*** freestyle; ***from*** ~ ***experience*** av egen erfarenhet
personality [ˌpɜːsə'nælətɪ] *subst* personlighet
personally ['pɜːsnəlɪ] *adv* **1** personligen, för egen del **2** i egen person **3** personligt [*don't take it* ~]
personification [pɜːˌsɒnɪfɪ'keɪʃən] *subst* personifiering, förkroppsligande
personify [pɜː'sɒnɪfaɪ] *verb* personifiera, förkroppsliga
personnel [ˌpɜːsə'nel] *subst* personal; ~ ***manager*** personalchef
perspective [pə'spektɪv] *subst* perspektiv, syn
Perspex® ['pɜːspeks] *subst* Plexiglas®
perspicacious [ˌpɜːspɪ'keɪʃəs] *adj* klarsynt
perspiration [ˌpɜːspə'reɪʃən] *subst* svett, transpiration
perspire [pə'spaɪə] *verb* svettas
persuade [pə'sweɪd] *verb* **1** övertala, förmå **2** övertyga
persuasion [pə'sweɪʒən] *subst* **1** övertalning **2** övertygelse
persuasive [pə'sweɪsɪv] *adj* övertalande
pert [pɜːt] *adj* näsvis
pertain [pɜː'teɪn] *verb*, ~ ***to*** hänföra sig till
pertinent ['pɜːtɪnənt] *adj* relevant [*to* för]
perturb [pə'tɜːb] *verb* oroa, störa
Peru [pə'ruː]
perusal [pə'ruːzl] *subst* genomläsning
peruse [pə'ruːz] *verb* läsa igenom
Peruvian I [pə'ruːvjən] *adj* peruansk
II [pə'ruːvjən] *subst* peruan
pervade [pə'veɪd] *verb* genomsyra, prägla
pervasive [pə'veɪsɪv] *adj* genomträngande, genomgripande
perverse [pə'vɜːs] *adj* motsträvig, tvär
perversion [pə'vɜːʃən] *subst* **1** förvrängning **2** perversitet, sexuell perversion
pervert I [pə'vɜːt] *verb* förvränga [~ *the truth*]
II ['pɜːvɜːt] *subst* pervers individ
perverted [pə'vɜːtɪd] *perf p* o. *adj* **1** förvrängd **2** pervers, abnorm
pessary ['pesərɪ] *subst* **1** pessar **2** vagitorium
pessimism ['pesɪmɪzəm] *subst* pessimism
pessimist ['pesɪmɪst] *subst* pessimist
pessimistic [ˌpesɪ'mɪstɪk] *adj* pessimistisk
pest [pest] *subst* **1** om person el. sak plåga, plågoris **2** skadedjur, skadeinsekt
pester ['pestə] *verb* **1** besvära, trakassera **2** tjata på
pesticide ['pestɪsaɪd] *subst* bekämpningsmedel
pestle ['pesl] *subst* mortelstöt
pet I [pet] *subst* **1** sällskapsdjur **2** kelgris, älskling **3** före subst. älsklings-, favorit- [~ *phrase*]; sällskaps- [~ *dog*]; ~ ***name*** smeknamn; ~ ***shop*** zooaffär
II [pet] (-*tt*-) *verb* kela med
petal ['petl] *subst* kronblad
peter ['piːtə] *verb* vard., ~ ***out*** ebba ut, sina
petition I [pə'tɪʃən] *subst* **1** begäran, anhållan **2** ansökan
II [pə'tɪʃən] *verb* anhålla om
petitioner [pə'tɪʃənə] *subst* supplikant
petrel ['petrəl] *subst* stormfågel; ***storm*** ~ stormsvala
petrify ['petrɪfaɪ] *verb* förstena; ***petrified with terror*** lamslagen av skräck
petrochemical [ˌpetrəʊ'kemɪkl] *adj* petrokemisk
petrol ['petrəl] *subst* bensin
petroleum [pə'trəʊljəm] *subst* petroleum; ~ ***jelly*** vaselin
petticoat ['petɪkəʊt] *subst* underkjol
petting ['petɪŋ] *subst* vard. petting, hångel
petty ['petɪ] *adj* **1** liten, obetydlig, trivial; ~ ***bourgeois*** småborgare; ~ ***cash*** handkassa **2** småsint
petunia [pɪ'tjuːnjə] *subst* petunia blomma
pew [pjuː] *subst* kyrkbänk
pewter ['pjuːtə] *subst* **1** metall tenn **2** föremål tennkärl, tennsaker
phantom ['fæntəm] *subst* spöke, vålnad, fantom
pharmaceutical [ˌfɑːmə'sjuːtɪkl] *adj* farmaceutisk; ***the*** ~ ***industry*** läkemedelsindustrin
pharmacist ['fɑːməsɪst] *subst* apotekare, farmaceut
pharmacologist [ˌfɑːmə'kɒlədʒɪst] *subst* farmakolog
pharmacology [ˌfɑːmə'kɒlədʒɪ] *subst* farmakologi
pharmacy ['fɑːməsɪ] *subst* **1** apotek **2** vetensk. farmaci
phase I [feɪz] *subst* fas, skede, stadium
II [feɪz] *verb*, ~ ***out*** gradvis avveckla, trappa ned
PhD o. **Ph.D.** [ˌpiːeɪtʃ'diː] (förk. för *Doctor of Philosophy*) fil.dr., FD
pheasant ['feznt] *subst* fasan
phenomenal [fə'nɒmɪnl] *adj* vard. fenomenal

phenomenon [fə'nɒmɪnən] (pl. *phenomena* [fə'nɒmɪnə]) *subst* fenomen

phew [fjuː] *interj* för att uttrycka utmattning el. lättnad puh!

phial ['faɪəl] *subst* liten medicinflaska, ampull

philanthropic [ˌfɪlən'θrɒpɪk] *adj* o. **philanthropical** [ˌfɪlən'θrɑpɪkəl] *adj* filantropisk, människovänlig

philanthropist [fɪ'lænθrəpɪst] *subst* filantrop, människovän

philanthropy [fɪ'lænθrəpɪ] *subst* filantropi

philatelist [fɪ'lætəlɪst] *subst* filatelist, frimärkssamlare

Philippines ['fɪlɪpiːnz], ***the*** ~ Filippinerna

philistine ['fɪlɪstaɪn] *subst* **1** bracka **2** ***Philistine*** bibl. filisté

philosopher [fɪ'lɒsəfə] *subst* filosof

philosophical [ˌfɪlə'sɒfɪkl] *adj* filosofisk

philosophize [fɪ'lɒsəfaɪz] *verb* filosofera

philosophy [fɪ'lɒsəfɪ] *subst* filosofi

phlegm [flem] *subst* fysiol. slem

phlegmatic [fleg'mætɪk] *adj* flegmatisk, trög

phlox [flɒks] *subst* blomma flox

phobia ['fəʊbɪə] *subst* fobi, skräck

phoenix ['fiːnɪks] *subst* mytol. fågel Fenix

phone I [fəʊn] *subst* vard. (se *telephone* för ex.) telefon
II [fəʊn] *verb* vard. (se *telephone* för vidare ex.) ringa, telefonera; ***I'll*** ~ ***back*** jag ringer senare

phone booth ['fəʊnbuːð] *subst* o. **phone box** ['fəʊnbɒks] *subst* telefonkiosk

phone call ['fəʊnkɔːl] *subst* telefonsamtal

phonecard ['fəʊnkɑːd] *subst* telefonkort

phone-in ['fəʊnɪn] *subst* radio. el. tv. telefonväktarprogram program som lyssnare (tittare) kan ringa till

phone-tapping ['fəʊnˌtæpɪŋ] *subst* telefonavlyssning

phonetic [fə'netɪk] *adj* fonetisk; ~ ***transcription*** fonetisk skrift, fonetisk transkription

phonetician [ˌfəʊnɪ'tɪʃən] *subst* fonetiker

phonetics [fə'netɪks] (med verb i sing.) *subst* fonetik, ljudlära

phoney I ['fəʊnɪ] *adj* vard. falsk, bluff-, humbug-
II ['fəʊnɪ] *subst* vard. **1** bluff, humbug **2** bluff, bluffmakare

phonograph ['fəʊnəgræf] *subst* amer. grammofon

phosphate ['fɒsfeɪt] *subst* fosfat

phosphorus ['fɒsfərəs] *subst* fosfor

photo ['fəʊtəʊ] (pl. ~*s*) *subst* vard. foto, kort, bild

photocell ['fəʊtəsel] *subst* fotocell

photocopier ['fəʊtəʊˌkɒpɪə] *subst* kopieringsapparat

photocopy I ['fəʊtəˌkɒpɪ] *subst* kopia fotokopia
II ['fəʊtəˌkɒpɪ] *verb* kopiera

photoelectric [ˌfəʊtəʊɪ'lektrɪk] *adj* fotoelektrisk; ~ ***cell*** fotocell

photo finish [ˌfəʊtəʊ'fɪnɪʃ] *subst* fotofinish, målfoto

photogenic [ˌfəʊtə'dʒenɪk] *adj* fotogenisk; ***she is*** ~ hon gör sig bra på kort

photograph I ['fəʊtəgrɑːf] *subst* fotografi, foto, kort; ***have one's*** ~ ***taken*** fotografera sig
II ['fəʊtəgrɑːf] *verb* fotografera

photographer [fə'tɒgrəfə] *subst* fotograf

photographic [ˌfəʊtə'græfɪk] *adj* fotografisk

photography [fə'tɒgrəfɪ] *subst* fotografering, fotografi som konst

photostat I ['fəʊtəstæt] *subst* **1** fotostat fotokopieringsapparat **2** ~ ***copy*** el. ~ fotostatkopia
II ['fəʊtəstæt] (-*tt*-) *verb* fotostatkopiera

phrase [freɪz] *subst* fras, uttryck

phrase book ['freɪzbʊk] *subst* parlör

phraseology [ˌfreɪzɪ'ɒlədʒɪ] *subst* fraseologi

physical ['fɪzɪkl] *adj* **1** fysisk, materiell; ~ ***violence*** yttre våld **2** fysikalisk **3** fysisk, kroppslig [~ *beauty*], kropps- [~ *exercise*]; ~ ***education*** gymnastik; ~ ***examination*** hälsokontroll; ~ ***training*** gymnastik

physician [fɪ'zɪʃən] *subst* läkare

physicist ['fɪzɪsɪst] *subst* fysiker

physics ['fɪzɪks] (med verb i sing.) *subst* fysik som vetenskap

physio ['fɪzɪəʊ] (pl. ~*s*) *subst* vard. sjukgymnast

physiognomy [ˌfɪzɪ'ɒnəmɪ] *subst* fysionomi

physiological [ˌfɪzɪə'lɒdʒɪkl] *adj* fysiologisk

physiologist [ˌfɪzɪ'ɒlədʒɪst] *subst* fysiolog

physiology [ˌfɪzɪ'ɒlədʒɪ] *subst* fysiologi

physiotherapist [ˌfɪzɪə'θerəpɪst] *subst* sjukgymnast

physiotherapy [ˌfɪzɪə'θerəpɪ] *subst* fysioterapi, sjukgymnastik

physique [fɪ'ziːk] *subst* fysik [*a man of strong* ~], kroppsbyggnad

pianist ['piːænɪst, 'pjænɪst] *subst* pianist

piano [pɪ'ænəʊ] (pl. ~*s*) *subst* piano; ***grand*** ~ flygel; ***upright*** ~ upprätt piano i motsats till flygel; ~ ***accordion*** pianodragspel; ***play a*** ~ ***duet*** spela fyrhändigt

pianoforte [pɪˌænəʊ'fɔːtɪ] *subst* piano
piano-tuner [pɪ'ænəʊˌtjuːnə] *subst* pianostämmare
piccolo ['pɪkələʊ] (pl. *~s*) *subst* musik. pickolaflöjt
1 pick I [pɪk] *verb* **1** plocka [*~ flowers*] **2** peta [*~ one's teeth*], pilla på; ~ ***at one's food*** peta i maten; ~ ***a lock*** dyrka upp ett lås; ~ ***one's nose*** peta sig i näsan; ~ ***sb's pocket*** stjäla ur ngns ficka **3** plocka sönder, riva sönder; ~ ***to pieces*** plocka sönder, riva sönder **4** hacka hål i (på); ***they always*** ~ ***on him*** el. ***they are always picking on him*** vard. de hackar alltid på honom, de hoppar alltid på honom **5** välja ut, plocka ut; ~ ***and choose*** välja och vraka; ~ ***holes in*** finna fel i; ~ ***a quarrel*** söka gräl; ~ ***sides*** välja lag; ~ ***the winner*** satsa på rätt häst
II [pɪk] *verb* med adv. o. prep.
pick out välja, plocka ut
pick up 1 plocka upp **2** lägga sig till med [*~ up a bad habit*] **3** hämta [*I'll ~ you up at 9 o'clock*] **4** krya på sig, repa sig; ~ ***up courage*** repa mod **5** fånga upp; ta in, få in [*~ up a radio station*]
III [pɪk] *subst* val något utvalt; ***the*** ~ det bästa, eliten
2 pick [pɪk] *subst* spetshacka, korp
pickaback ['pɪkəbæk] *subst*, ***give a child a*** ~ låta ett barn rida på ryggen
pickaxe ['pɪkæks] *subst* spetshacka, korp
picked [pɪkt] *adj* utvald, handplockad
picket I ['pɪkɪt] *subst* strejkvakt, strejkvakter
II ['pɪkɪt] (*-tt-*) *verb* sätta ut strejkvakter vid
pickle ['pɪkl] *subst* lag för inläggning; pl. ***~s*** pickles
pickled ['pɪkld] *adj* marinerad; ~ ***herring*** inlagd sill; ~ ***onions*** syltlök
pick-me-up ['pɪkmɪʌp] *subst* styrketår
pickpocket ['pɪkˌpɒkɪt] *subst* ficktjuv
pick-up ['pɪkʌp] *subst* **1** på skivspelare pickup; ~ ***arm*** tonarm **2** pickup liten, öppen varubil
picnic I ['pɪknɪk] *subst* picknick, utflykt; ~ ***hamper*** picknickkorg
II ['pɪknɪk] (*picnicked picnicked*) *verb* göra en picknick
picnicker ['pɪknɪkə] *subst* picknickdeltagare
pictorial [pɪk'tɔːrɪəl] *adj* illustrerad
picture I ['pɪktʃə] *subst* **1** bild, illustration **2** tavla, målning; porträtt **3** kort, foto **4** beskrivning, framställning **5** film; ***the ~s*** vard. bio; ***go to the ~s*** gå på bio **6** ***put sb in the*** ~ sätta in ngn i saken
II ['pɪktʃə] *verb* **1** avbilda, beskriva **2** ~ el. ~ ***to oneself*** föreställa sig
picture book ['pɪktʃəbʊk] *subst* bilderbok
picture card ['pɪktʃəkɑːd] *subst* kortsp. klätt kort, målare
picture gallery ['pɪktʃəˌgælərɪ] *subst* konstgalleri
picturegoer ['pɪktʃəˌgəʊə] *subst* biobesökare
picture postcard [ˌpɪktʃə'pəʊstkɑːd] *subst* vykort
picturesque [ˌpɪktʃə'resk] *adj* pittoresk
piddle I ['pɪdl] *verb* vulg. pinka
II ['pɪdl] *subst* vulg. pink
pidgin ['pɪdʒɪn] *subst*, ~ ***English*** pidginengelska starkt förenklat halvengelskt blandspråk mellan personer med olika modersmål
pie [paɪ] *subst* **1** paj **2** ***have a finger in the*** ~ ha ett finger med i spelet; ***it's as easy as*** ~ vard. det är en enkel match
piebald ['paɪbɔːld] *adj* fläckig, skäckig häst
piece I [piːs] *subst* **1** stycke, bit [*a ~ of bread*]; ***a ~ of advice*** ett råd; ***a ~ of furniture*** en enstaka möbel; ***a ~ of information*** en upplysning; ***a ~ of news*** en nyhet; ***break to ~s*** slå i bitar; ***fall to ~s*** falla i bitar, gå sönder; ***go to ~s*** gå sönder, falla i bitar; ***tear to ~s*** slita i stycken **2** stycke, verk; ***a ~ of music*** ett musikstycke **3** mynt [*a fifty-cent ~; a five-penny ~*] **4** pjäs i schackspel
II [piːs] *verb*, ~ ***together*** sätta ihop, pussla ihop
piecemeal ['piːsmiːl] *adv* styckevis, bit för bit
piecework ['piːswɜːk] *subst* ackordsarbete
piecrust ['paɪkrʌst] *subst* pajdegshölje
pied [paɪd] *adj* fläckig, skäckig [*~ horse*]

> **pier**
> Många engelska kuststäder har en lång pir med olika affärer och attraktioner, där man kan roa sig. En av de mest kända är piren i Brighton på engelska sydkusten.

pier [pɪə] *subst* **1** pir, vågbrytare **2** brygga
pierce [pɪəs] *verb* **1** genomborra, borra hål i **2** pierca [*have one's ears ~d*]
piercing I ['pɪəsɪŋ] *subst* piercing på öron, i tungan etc. **II** ['pɪəsɪŋ] *adj* genomträngande [*a ~ cry*]
piety ['paɪətɪ] *subst* fromhet
piffle ['pɪfl] *subst* vard. trams, strunt

piffling ['pɪflɪŋ] *adj* vard. fjantig; strunt-
pig [pɪg] *subst* gris; ***make a ~ of oneself*** glufsa i sig, proppa i sig
pigeon ['pɪdʒɪn] *subst* fågel duva
pigeon-chested ['pɪdʒɪnˌtʃestɪd] *adj*, ***be ~*** ha hönsbröst små bröst
pigeonhole ['pɪdʒɪnhəʊl] *subst* fack i hylla för meddelanden, post etc.
piggy ['pɪgɪ] *subst* vard. griskulting, barnspr. nasse; ***~ bank*** spargris
piggyback ['pɪgɪbæk] *subst*, ***give a child a ~*** låta ett barn rida på ryggen
pigheaded [ˌpɪg'hedɪd] *adj* tjurskallig, envis
piglet ['pɪglət] *subst* griskulting, barnspr. nasse
pigment ['pɪgmənt] *subst* pigment, färgämne
pigmentation [ˌpɪgmən'teɪʃən] *subst* pigmentering
pigskin ['pɪgskɪn] *subst* svinläder
pigsty ['pɪgstaɪ] *subst* svinstia
pigtail ['pɪgteɪl] *subst* råttsvans hårfläta
pike [paɪk] (pl. vanligen lika) *subst* gädda
pike-perch ['paɪkpɜːtʃ] (pl. vanligen lika) *subst* gös
pikestaff ['paɪkstɑːf] *subst*, ***as plain as a ~*** solklart
pilchard ['pɪltʃəd] *subst* större sardin, pilchard
1 pile I [paɪl] *subst* **1** hög, stapel, trave [*a ~ of books*] **2** ***atomic ~*** atomreaktor, kärnreaktor
II [paɪl] *verb*, ~ el. ***~ up*** stapla; samlas på hög
2 pile [paɪl] *subst* lugg på t.ex. tyg
piles [paɪlz] *subst pl* med. hemorrojder
pilfer ['pɪlfə] *verb* snatta
pilfering ['pɪlfərɪŋ] *subst* snatteri
pilgrim ['pɪlgrɪm] *subst* pilgrim
pilgrimage ['pɪlgrɪmɪdʒ] *subst* pilgrimsfärd; ***go on a*** göra en pilgrimsfärd
pill [pɪl] *subst* piller; ***be on the ~*** äta p-piller
pillar ['pɪlə] *subst* **1** pelare, stolpe **2** stöttepelare [*~s of society*]
pillar box ['pɪləbɒks] *subst* brevlåda
pillbox ['pɪlbɒks] *subst* pillerask, pillerburk
pillion ['pɪljən] *subst* på t.ex. motorcykel baksits
pillory I ['pɪlərɪ] *subst* skampåle
II ['pɪlərɪ] *verb* ställa vid skampålen
pillow ['pɪləʊ] *subst* huvudkudde; dyna
pillow case ['pɪləʊkeɪs] *subst* o. **pillow slip** ['pɪləʊslɪp] *subst* örngott
pilot I ['paɪlət] *subst* **1** sjö. lots **2** pilot, flygare; ***pilot's licence*** flygcertifikat **3** ***~ scheme*** pilotprojekt
II ['paɪlət] *verb* **1** lotsa **2** föra **3** vara pilot på flygplan
pilot boat ['paɪlətbəʊt] *subst* lotsbåt
pilot lamp ['paɪlətlæmp] *subst* kontrollampa
pilot light ['paɪlətlaɪt] *subst* **1** tändlåga på t.ex. gasspis **2** kontrollampa, röd lampa
pimp [pɪmp] *subst* hallick, sutenör
pimple ['pɪmpl] *subst* finne, kvissla
pimply ['pɪmplɪ] *adj* finnig
PIN [pɪn] *subst* o. **PIN number** ['pɪnˌnʌmbə] *subst* bankterm personlig kod
pin I [pɪn] *subst* **1** knappnål; ***be on ~s and needles*** sitta som på nålar **2** sport. kägla; ***~ alley*** kägelbana **3** sprint, stift
II [pɪn] (*-nn-*) *verb* **1** nåla fast, fästa med knappnål el. stift [*to* vid]; ***~ up a notice*** sätta upp ett anslag **2** ***~ sb down*** a) klämma fast ngn b) få ngn att ge klart besked **3** ***~ one's hopes on*** sätta sitt hopp till
pinafore ['pɪnəfɔː] *subst* förkläde
pinball ['pɪnbɔːl] *subst*, ***~ machine*** flipperautomat
pincers ['pɪnsəz] *subst pl* kniptång, hovtång
pinch I [pɪntʃ] *verb* **1** nypa, knipa ihop, klämma **2** vard. knycka, stjäla **3** sl. haffa arrestera
II [pɪntʃ] *subst* **1** nyp, nypning **2** ***take sth with a ~ of salt*** ta ngt med en nypa salt; ***a ~ of snuff*** en pris snus **3** ***at a ~*** i nödfall
pincushion ['pɪnˌkʊʃən] *subst* nåldyna
1 pine [paɪn] *verb* **1** tyna bort **2** tråna [*for* efter]
2 pine [paɪn] *subst* **1** tall, pinje **2** virke furu
pineapple ['paɪnˌæpl] *subst* ananas frukt
pine cone ['paɪnkəʊn] *subst* tallkotte
ping-pong ['pɪŋpɒŋ] *subst* vard. pingis
pinhead ['pɪnhed] *subst* knappnålshuvud
1 pinion ['pɪnjən] *verb* bakbinda, binda fast armarna på
2 pinion ['pɪnjən] *subst* drev, litet kugghjul
pink I [pɪŋk] *subst* **1** mindre nejlika **2** skärt, rosa
II [pɪŋk] *adj* skär, rosa
pinkie o. **pinky** ['pɪŋkɪ] *subst* spec. amer. vard. lillfinger
pinnacle ['pɪnəkl] *subst* **1** spetsig bergstopp **2** höjdpunkt; ***she had reached the ~ of her career*** hon stod på höjden av sin karriär
pinpoint ['pɪnpɔɪnt] *verb* precisera [*~ the problem*]
pinprick ['pɪnprɪk] *subst* nålstick, nålsting
pinstripe ['pɪnstraɪp] *subst* tygmönster kritstreck
pint [paɪnt] *subst* ungefär halvliter mått för våta varor: britt. = 1/8 *gallon* = 0,57 liter, amer. = 0,47 liter

pintable [ˈpɪnˌteɪbl] *subst*, ~ ***machine*** flipperautomat
pin-up [ˈpɪnʌp] *subst* vard., ~ el. ~ ***girl*** pinuppa
pioneer [ˌpaɪəˈnɪə] *subst* pionjär, banbrytare
pious [ˈpaɪəs] *adj* from, gudfruktig
1 pip [pɪp] *subst* kärna i t.ex. apelsin, äpple
2 pip [pɪp] (*-pp-*) *verb*, ~ ***sb at the post*** besegra på mållinjen
pipe [paɪp] *subst* **1** rör, ledning **2** för tobak pipa **3** musik. pipa; orgelpipa; ~***s of Pan*** panflöjt; pl. ~***s*** säckpipa
pipe-cleaner [ˈpaɪpˌkliːnə] *subst* piprensare
pipedream [ˈpaɪpdriːm] *subst* önskedröm
pipeline [ˈpaɪplaɪn] *subst* rörledning, pipeline
piper [ˈpaɪpə] *subst* pipblåsare
pipe rack [ˈpaɪpræk] *subst* pipställ
piping [ˈpaɪpɪŋ] *adv*, ~ ***hot*** rykande varm
piquant [ˈpiːkənt] *adj* **1** pikant **2** skarp
piracy [ˈpaɪərəsɪ] *subst* sjöröveri
piranha [pəˈrɑːnə] *subst* piraya fisk
pirate [ˈpaɪərət] *subst* **1** pirat, sjörövare **2** pirat- [~ *TV*]; ~ ***copy*** piratkopia
pirouette I [ˌpɪrʊˈet] *subst* piruett
II [ˌpɪrʊˈet] *verb* piruettera
Pisces [ˈpaɪsiːz] stjärntecken Fiskarna
piss I [pɪs] *subst* vulg. **1** piss **2** ***take the*** ~ jävlas
II [pɪs] *verb* vulg. **1** pissa; ***it's pissing down!*** det öser ner! **2** ~ ***off!*** stick åt helvete!; ***she pisses me off*** hon gör mig jävligt förbannad
pissed [pɪst] *adj* vulg. **1** asfull **2** amer. skitförbannad
pissed-off [ˌpɪstˈɒf] *adj* vulg. **1** skitförbannad **2** utled på allting
piste [piːst] *subst* pist
pistil [ˈpɪstɪl] *subst* bot. pistill
pistol [ˈpɪstl] *subst* pistol
piston [ˈpɪstən] *subst* pistong, kolv
1 pit I [pɪt] *subst* **1** grop, hål i marken **2** fallgrop **3** gruvschakt; gruva **4** teat. bortre parkett; ***orchestra*** ~ orkesterdike
II [pɪt] (*-tt-*) *verb*, ~ ***oneself against*** el. ~ ***one's strength against*** mäta sina krafter med
2 pit I [pɪt] *subst* amer. kärna
II [pɪt] (*-tt-*) *verb* amer. kärna ur
pit-a-pat [ˌpɪtəˈpæt] *subst* **1** hjärtas dunkande **2** regns smatter
1 pitch [pɪtʃ] *subst* **1** beck **2** kåda
2 pitch I [pɪtʃ] *verb* **1** sätta (ställa) upp i fast läge; slå upp, resa [~ *a tent*]; ~ ***camp*** slå läger **2** kasta, slänga; i baseball kasta **3** musik. stämma [*pitched too high*] **4** ***pitched battle*** fältslag **5** om fartyg stampa; om flygplan tippa, kränga
II [pɪtʃ] *verb* med adv. o. prep.
pitch in vard. **1** hugga in **2** vara med, bidra
pitch into vard. **1** gå lös på **2** ta itu med
III [pɪtʃ] *subst* **1** grad [*a high* ~ *of efficiency*], topp; ***at its highest*** ~ på höjdpunkten; ***he was roused to a*** ~ ***of frenzy*** han blev utom sig av raseri **2** tonhöjd, tonläge; ***absolute*** ~ el. ***perfect*** ~ absolut gehör; ***standard*** ~ normalton **3** kast **4** fotbollsplan, plan **5** fast plats för t.ex. gatuförsäljning; ***sales*** ~ försäljarjargong
pitch-black [ˌpɪtʃˈblæk] *adj* kolsvart, becksvart
pitch-dark [ˌpɪtʃˈdɑːk] *adj* kolmörk, beckmörk
1 pitcher [ˈpɪtʃə] *subst* kanna, spec. amer. tillbringare; kruka, krus för t.ex. vatten
2 pitcher [ˈpɪtʃə] *subst* i baseball kastare
pitchfork I [ˈpɪtʃfɔːk] *subst* högaffel
II [ˈpɪtʃfɔːk] *verb* **1** lyfta (lassa) med högaffel **2** kasta
piteous [ˈpɪtɪəs] *adj* ömklig, ömkansvärd
pitfall [ˈpɪtfɔːl] *subst* fallgrop, fälla
pithead [ˈpɪthed] *subst* gruvöppning
pith helmet [ˈpɪθˌhelmɪt] *subst* tropikhjälm
pitiable [ˈpɪtɪəbl] *adj* ömklig, sorglig
pitiful [ˈpɪtɪfʊl] *adj* **1** ömklig, sorglig, patetisk [*a* ~ *spectacle*] **2** ynklig, usel
pitiless [ˈpɪtɪləs] *adj* skoningslös
pittance [ˈpɪtəns] *subst* struntsumma, ringa penning
pitter-patter I [ˌpɪtəˈpætə] *subst* **1** smatter [*the* ~ *of the rain*] **2** trippande, tassande
II [ˌpɪtəˈpætə] *verb* trippa, tassa
pity I [ˈpɪtɪ] *subst* medlidande; ***feel*** ~ ***for*** tycka synd om, känna medlidande med; ***have*** ~ ***on*** el. ***take*** ~ ***on*** ha (hysa) medlidande med; ***for pity's sake*** för Guds skull; ***it's a pity*** det är (var) synd; ***what a*** ~***!*** vad synd!
II [ˈpɪtɪ] *verb* tycka synd om
pivot [ˈpɪvət] *subst* **1** pivå, svängtapp, axeltapp **2** medelpunkt
pixie [ˈpɪksɪ] *subst* tomtenisse
pizza [ˈpiːtsə] *subst* pizza
pizzeria [ˌpiːtsəˈriːə] *subst* pizzeria
placard [ˈplækɑːd] *subst* plakat, affisch; löpsedel
placate [pləˈkeɪt] *verb* blidka, försona
placatory [pləˈkeɪtərɪ] *adj* blidkande, försonande
place I [pleɪs] *subst* **1** ställe, plats; ***at my*** ~ hemma hos mig; ***put yourself in my*** ~

sätt dig i min situation; ***in ~ of*** i stället för; ***in ~s*** på sina ställen; ***in your ~*** situation i ditt ställe; ***out of ~*** inte på sin plats, olämplig; ***feel out of ~*** känna sig bortkommen; ***the chair looks out of ~ there*** stolen passar inte där; ***all over the ~*** överallt, huller om buller; ***take ~*** äga rum **2** sittplats; ***any ~*** el. ***some ~*** amer. någonstans; ***change ~s*** byta plats **3** utrymme
II [pleɪs] *verb* placera, sätta, ställa, lägga
place name ['pleɪsneɪm] *subst* ortnamn
placenta [plə'sentə] *subst* anat. moderkaka
placid ['plæsɪd] *adj* lugn, stilla [*~ life*], om person mild
plagiarize ['pleɪdʒəraɪz] *verb* plagiera
plague I [pleɪg] *subst* pest, plåga
II [pleɪg] *verb* vard. plåga
plague-ridden ['pleɪgˌrɪdn] *adj* pesthärjad
plague-stricken ['pleɪgˌstrɪkən] *adj* pestsmittad
plaice [pleɪs] *subst* rödspätta
plaid [plæd] *subst* **1** pläd, schal buren till skotsk dräkt **2** skotskrutigt tyg, skotskrutigt mönster
plain I [pleɪn] *adj* **1** klar, tydlig; ***the ~ truth*** den enkla sanningen; ***it's ~ sailing*** det är ingen match, det är raka spåret **2** ärlig, uppriktig [*with* mot]; *~ **dealing*** rent spel; *~ **speaking*** rent språk; ***in ~ terms*** rent ut **3** osmyckad; enfärgad [*~ blue dress*]; *~ **bread and butter*** smörgås utan pålägg, smör och bröd; *~ **chocolate*** mörk choklad; *~ **clothes*** civila kläder; *~ **cooking*** enklare matlagning; husmanskost **4** vanlig; om utseende alldaglig, ful **5** slät, jämn, plan **6** kortsp., *~ **card*** hacka inte trumfkort eller klätt kort
II [pleɪn] *adv* rent ut sagt [*he is ~ stupid*]
III [pleɪn] *subst* slätt; jämn mark
plain-clothes ['pleɪnkləʊðz] *subst* civila kläder; *~ **detective*** civilklädd polis, detektiv
plain-looking ['pleɪnˌlʊkɪŋ] *adj*, ***she is ~*** hon har ett alldagligt utseende
plainness ['pleɪnnəs] *subst* **1** tydlighet **2** enkelhet, alldaglighet
plaintiff ['pleɪntɪf] *subst* jur. kärande i civilmål
plaintive ['pleɪntɪv] *adj* klagande
plait I [plæt, amer. vanligen pleɪt] *subst* fläta av hår
II [plæt, amer. vanligen pleɪt] *verb* fläta
plan I [plæn] *subst* plan; *~ **of campaign*** krigsplan; ***according to ~*** enligt planerna, planenligt
II [plæn] (*-nn-*) *verb* planera, planlägga
1 plane [pleɪn] *subst* platan träd
2 plane I [pleɪn] *subst* **1** plan yta, plan **2** nivå **3** flygplan
II [pleɪn] *adj* plan, slät
3 plane I [pleɪn] *subst* hyvel
II [pleɪn] *verb* hyvla
planet ['plænɪt] *subst* planet
planetarium [ˌplænə'teərɪəm] *subst* planetarium
planetary ['plænətrɪ] *adj* planetarisk, planet- [*~ system*]
plane tree ['pleɪntriː] *subst* platan
plank [plæŋk] *subst* planka, bräda
planner ['plænə] *subst* planerare [*town ~*]
plant I [plɑːnt] *subst* **1** planta, växt, ört **2** anläggning, fabrik
II [plɑːnt] *verb* **1** sätta, plantera [*~ a tree*], så [*~ wheat*] **2** ***he had planted the evidence*** han hade placerat ut falska bevis
plantation [plæn'teɪʃən] *subst* plantage
plaque [plæk] *subst* **1** platta, minnestavla **2** plack på tänder
plash [plæʃ] *subst* plask, plaskande
plasma ['plæzmə] *subst* kem., *~ **screen*** plasmaskärm tv-typ
plaster I ['plɑːstə] *subst* **1** murbruk, puts **2** gips; ***she's in plaster*** hon ligger gipsad **3** plåster
II ['plɑːstə] *verb* **1** putsa, rappa **2** gipsa **3** plåstra om **4** smeta på, smeta över, täcka
plasterer ['plɑːstərə] *subst* murare för putsarbete
plastic I ['plæstɪk] *adj* **1** plast-, av plast **2** plastisk, formbar
II ['plæstɪk] *subst* plast
Plasticine® ['plæstɪsiːn] *subst* modellera
plastics ['plæstɪks] (med verb i sing.) *subst* plast
plastic wrap [ˌplæstɪk'ræp] *subst* plastfolie
plate I [pleɪt] *subst* **1** tallrik, fat; ***small ~*** assiett; ***have too much on one's ~*** vard. ha fullt upp **2** kollekttallrik i kyrkan **3** platta, plåt [*steel ~s*] **4** *~* el. ***name ~*** namnskylt **5** lamell [*clutch ~*]; skylt
II [pleɪt] *verb* plätera, försilvra, förgylla
plateau ['plætəʊ] *subst* platå, högslätt
plateful ['pleɪtfʊl] *subst* tallrik mått
plate glass [ˌpleɪt'glɑːs] *subst* spegelglas
plate rack ['pleɪtræk] *subst* diskställ, torkställ
platform ['plætfɔːm] *subst* **1** plattform, perrong **2** estrad
platinum ['plætɪnəm] *subst* platina
platitude ['plætɪtjuːd] *subst* plattityd

platitudinous [ˌplætɪˈtjuːdɪnəs] *adj* banal
Platonic [pləˈtɒnɪk] *adj* platonisk [~ *love*]
platoon [pləˈtuːn] *subst* mil. pluton
plausible [ˈplɔːzəbl] *adj* plausibel, rimlig; bestickande [~ *argument*]
play I [pleɪ] *verb* **1** leka **2** spela; ~ ***for time*** försöka vinna tid, maska; ~ ***in goal*** stå i mål **3** spela mot [*England played Brazil*]
II [pleɪ] *verb* med adv. o. prep.
play about el. **play around** springa omkring och leka; ***stop playing about*** (***around***)*!* sluta upp och larva dig!; ~ ***about with*** el. ~ ***around with*** leka med, fingra på
play back: ~ ***back a recorded tape*** spela av ett inspelat band
play down tona ner, avdramatisera
play over spela igenom [~ *over a tape*]
play up 1 vard. bråka, ställa till besvär **2** förstora upp
III [pleɪ] *subst* **1** lek; spel **2** pjäs, skådespel, teaterstycke **3** ***be in full*** ~ vara i full gång; ***bring into*** ~ el. ***call into*** ~ sätta i gång, sätta i rörelse **4** fritt spelrum; ***have free*** ~ ha fritt spelrum
playable [ˈpleɪəbl] *adj* spelbar
play-act [ˈpleɪækt] *verb* spela teater, låtsas
playback [ˈpleɪbæk] *subst* **1** avspelning, uppspelning; ~ ***head*** avspelningshuvud på bandspelare **2** tv. repris i slow-motion
player [ˈpleɪə] *subst* spelare
playfellow [ˈpleɪˌfeləʊ] *subst* lekkamrat
playful [ˈpleɪfʊl] *adj* lekfull, skämtsam
playgoer [ˈpleɪˌgəʊə] *subst* teaterbesökare
playgoing [ˈpleɪˌgəʊɪŋ] *adj* teaterbesökande
playground [ˈpleɪgraʊnd] *subst* **1** skolgård **2** lekplats
playhouse [ˈpleɪhaʊs] *subst* teater
playing-card [ˈpleɪɪŋkɑːd] *subst* spelkort
playing-field [ˈpleɪɪŋfiːld] *subst* idrottsplan
playmaker [ˈpleɪˌmeɪkə] *subst* sport. playmaker, speluppläggare
playmate [ˈpleɪmeɪt] *subst* lekkamrat
play-off [ˈpleɪɒf] *subst* sport. **1** omspel **2** slutspel
playpen [ˈpleɪpen] *subst* barnhage, lekhage
playsuit [ˈpleɪsuːt] *subst* lekdräkt
plaything [ˈpleɪθɪŋ] *subst* leksak
playtime [ˈpleɪtaɪm] *subst* lektid, lekstund
playwright [ˈpleɪraɪt] *subst* dramatiker, skådespelsförfattare
plaza [ˈplɑːzə] *subst* torg, öppen plats
PLC [ˌpiːelˈsiː] förk. för *public limited company*
plea [pliː] *subst* **1** försvar, ursäkt; ***on the*** ~ ***of ill health*** med åberopande av dålig hälsa **2** vädjan; ~ ***for mercy*** vädjan om nåd **3** jur., parts påstående; svaromål; ~ ***of guilty*** erkännande; ~ ***of not guilty*** nekande; ***put in a*** ~ ***of not guilty*** neka till brottet
plead [pliːd] *verb* jur. el. allm. **1** plädera, tala; ~ ***with sb*** vädja till ngn **2** ~ ***guilty*** erkänna; ~ ***not guilty*** neka till brottet
pleasant [ˈpleznt] *adj* behaglig, angenäm
pleasantry [ˈplezntrɪ] *subst* skämt, lustighet
please [pliːz] *verb* **1** behaga, tilltala, glädja; ***as you*** ~ som du vill; ***do it just to*** ~ ***me!*** gör det för min skull!; ***hard to*** ~ svår att göra till lags; ~ ***yourself!*** som du vill! **2** ***coffee,*** ~***!*** kan jag få kaffe, tack!; ~ ***daddy!*** snälla pappa!; ***yes*** ~***!*** el. ~***!*** a) ja tack! b) ja, varsågod!; ***come in,*** ~***!*** var så god och stig in!; ~ ***give it to me,*** ~***!*** var snäll och ge mig den!; ***help me,*** ~***!*** hjälp mig, snälla!
pleased [pliːzd] *adj* nöjd, belåten, glad [*at, about* över, åt]; ~ ***to meet you!*** roligt att träffas!
pleasing [ˈpliːzɪŋ] *adj* behaglig, angenäm
pleasurable [ˈpleʒərəbl] *adj* behaglig
pleasure [ˈpleʒə] *subst* välbehag, glädje [*to* för], lust; ***give*** ~ ***to sb*** bereda ngn nöje, bereda ngn glädje; ***at*** ~ efter behag; ***with*** ~ med nöje, gärna
pleasure boat [ˈpleʒəbəʊt] *subst* fritidsbåt
pleasure-loving [ˈpleʒəˌlʌvɪŋ] *adj* nöjeslysten, njutningslysten
pleasure-seeker [ˈpleʒəˌsiːkə] *subst* nöjeslysten person
pleasure trip [ˈpleʒətrɪp] *subst* nöjesresa
pleat [pliːt] *subst* veck, plissé
plebiscite [ˈplebɪsaɪt] *subst* folkomröstning
pledge I [pledʒ] *subst* löfte, utfästelse
II [pledʒ] *verb* **1** förbinda, förplikta **2** lova, göra utfästelser om
plentiful [ˈplentɪfʊl] *adj* riklig, ymnig
plenty [ˈplentɪ] *subst* överflöd; ~ ***of*** massor av; ***there's*** ~ ***of time*** det är gott om tid
plethora [ˈpleθərə] *subst* övermått, överflöd
pleurisy [ˈplʊərəsɪ] *subst* med. lungsäcksinflammation
Plexiglas® [ˈpleksɪglɑːs] *subst* amer. plexiglas
plexus [ˈpleksəs] *subst*, ***solar*** ~ solarplexus
pliable [ˈplaɪəbl] *adj* böjlig, smidig, mjuk
pliers [ˈplaɪəz] *subst pl* plattång; kniptång, avbitare; ***a pair of*** ~ en plattång, en kniptång
plight [plaɪt] *subst* svårt tillstånd, svår belägenhet
plimsolls [ˈplɪmsəlz] *subst pl* gymnastikskor

plinth [plɪnθ] *subst* plint under pelare, fot, sockel

plod [plɒd] (*-dd-*) *verb* **1** lunka; ~ ***one's way*** lunka sin väg fram **2** knoga; ~ ***away*** el. ~ ***on*** knoga 'på [*at sth* med ngt]

plodder ['plɒdə] *subst* plikttrogen arbetsmyra

plodding ['plɒdɪŋ] *adj* **1** trög **2** strövsam, trägen

1 plonk I [plɒŋk] *verb*, ~ el. ~ ***down*** släppa med en duns

II [plɒŋk] *adv* med en duns

2 plonk [plɒŋk] *subst* vard. rödtjut enklare vin

1 plot I [plɒt] *subst* **1** jordbit, land [*vegetable ~*], täppa **2** tomt

II [plɒt] (*-tt-*) *verb* kartlägga; lägga ut [*~ a ship's course*]

2 plot I [plɒt] *subst* **1** komplott **2** intrig, handling i t.ex. roman

II [plɒt] (*-tt-*) *verb* konspirera, sammansvärja sig [*against* mot]

plotter ['plɒtə] *subst* konspiratör, ränksmidare

plough I [plaʊ] *subst* **1** plog **2** astron., ***the Plough*** Karlavagnen

II [plaʊ] *verb* plöja

ploughman's lunch
Ploughman's lunch är en enkel måltid, som serveras på exempelvis pubar. Den består av smör, bröd, ost, sallad och pickles. Till *ploughman's lunch* dricker man vanligtvis öl.

ploughman ['plaʊmən] *subst* plöjare; ***ploughman's*** el. ***ploughman's lunch*** lunchtallrik med bröd, ost, pickles

ploughshare ['plaʊʃeə] *subst* plogbill

plover ['plʌvə] *subst* brockfågel; ***golden ~*** ljungpipare; ***ringed ~*** större strandpipare

plow [plaʊ] o. **plowman** ['plaʊmən] o. **plowshare** ['plaʊʃeə], amer., se *plough* etc.

ploy [plɔɪ] *subst* vard. ploj, påhitt, knep

pluck I [plʌk] *verb* **1** plocka [*~ a flower*; *~ a chicken*]; ~ ***up courage*** ta mod till sig **2** rycka, dra

II [plʌk] *subst* vard. mod

plucky ['plʌkɪ] *adj* vard. modig, djärv

plug I [plʌg] *subst* **1** propp, tapp, plugg **2** tekn. stickpropp

II [plʌg] (*-gg-*) *verb* **1** plugga igen **2** ~ ***in*** elektr. koppla in [*~ in the radio*] **3** ~ ***away at*** vard. knoga 'på med

plughole ['plʌghəʊl] *subst* avloppshål i t.ex. badkar

plum [plʌm] *subst* **1** plommon **2** vard. läckerbit, godbit

plumage ['plu:mɪdʒ] *subst* fjäderdräkt, fjädrar

plumber ['plʌmə] *adj* rörmontör, rörläggare

plumbing ['plʌmɪŋ] *subst* **1** rörsystem **2** rörarbete

plum cake ['plʌmkeɪk] *subst* russinkaka

plume I [plu:m] *subst* plym; ***borrowed ~s*** lånta fjädrar; ***a ~ of smoke*** ett rökmoln

II [plu:m] *verb* **1** pryda med fjädrar (plymer) **2** om fågel putsa [*~ itself*] **3** ~ ***oneself*** stoltsera [*on* med]

1 plump [plʌmp] *adj* fyllig, knubbig; välgödd [*~ chicken*]

2 plump [plʌmp] *verb*, ~ ***for*** rösta på, fastna för [*~ for one alternative*]

plunder ['plʌndə] *verb* plundra, skövla

plunderer ['plʌndərə] *subst* plundrare, rövare

plunge I [plʌndʒ] *verb* **1** störta sig, rusa, dyka ner **2** störta, kasta, stöta [*into* in i, ner i], doppa ner **3** rasa [*the pond plunged*]

II [plʌndʒ] *subst* språng, dykning; ***take the ~*** ta steget fullt ut

pluperfect [ˌplu:'pɜ:fɪkt] *subst* gram., ***the ~*** pluskvamperfekt

plural I ['plʊərəl] *adj* gram. plural

II ['plʊərəl] *subst* gram., ~ el. ***the ~*** plural

plus I [plʌs] *subst* plus, plustecken

II [plʌs] *prep* plus [*one ~ one*]

plush [plʌʃ] *subst* plysch

Pluto ['plu:təʊ] astron. el. mytol. Pluto

plutocrat ['plu:təkræt] *subst* plutokrat

plutonium [plu:'təʊnjəm] *subst* kem. plutonium

1 ply [plaɪ] *subst* i sammansättningar -dubbel, -skiktad [*three-ply wood*], -trådig [*three-ply wool*]

2 ply [plaɪ] *verb* **1** ~ ***sb with food and drink*** rikligt traktera ngn; ~ ***sb with drink*** truga i ngn sprit **2** göra regelbundna turer, gå mellan två platser; trafikera

plywood ['plaɪwʊd] *subst* plywood, kryssfaner

p.m.
p.m. är en förkortning för latinets *post meridiem* som betyder efter middagen, e.m.

p.m. [ˌpiːˈem] förk. e.m., på eftermiddagen, på kvällen
pneumatic [njʊˈmætɪk] *adj* pneumatisk, tryckluft- [~ *drill*], luft-, luftfylld
pneumonia [njʊˈməʊnjə] *subst* med. lunginflammation
1 poach [pəʊtʃ] *verb* pochera [*poached eggs*]
2 poach [pəʊtʃ] *verb* tjuvjaga, tjuvfiska
poacher [ˈpəʊtʃə] *subst* tjuvskytt, tjuvfiskare
poaching [ˈpəʊtʃɪŋ] *subst* tjuvskytte, tjuvfiske
P.O. box [ˌpiːˈəʊbɒks] *subst* postbox
pocked [pɒkt] *adj* koppärrig
pocket I [ˈpɒkɪt] *subst* **1** ficka; fick-, i fickformat; ~ ***calculator*** miniräknare; ***have sb in one's*** ~ ha ngn helt i sin hand; ***I'm £10 out of*** ~ jag har gått back tio pund [*by, over* på] **2** i biljardbord hål **3** flyg., ~ el. ***air*** ~ luftgrop
II [ˈpɒkɪt] *verb* **1** stoppa i fickan, tjäna [*he pocketed a large sum*] **2** svälja [~ *one's pride*], finna sig i [~ *an insult*]
pocketbook [ˈpɒkɪtbʊk] *subst* **1** anteckningsbok **2** plånbok **3** amer. pocketbok **4** amer., kvinnas portmonnä
pocketful [ˈpɒkɪtfʊl] *subst*, ***a*** ~ ***of*** en ficka (fickan) full med
pocketknife [ˈpɒkɪtnaɪf] *subst* fickkniv
pocket money [ˈpɒkɪtˌmʌnɪ] *subst* fickpengar, veckopeng
pocket-size [ˈpɒkɪtsaɪz] *adj* o. **pocket-sized** [ˈpɒkɪtsaɪzd] *adj* i fickformat
pock mark [ˈpɒkmɑːk] *subst* koppärr
pock marked [ˈpɒkmɑːkt] *adj* koppärrig
pod [pɒd] *subst* fröskida, balja, kapsel
podgy [ˈpɒdʒɪ] *adj* vard. knubbig, rultig
podiatrist [pəˈdaɪətrɪst] *subst* amer., se *chiropodist*
podiatry [pəˈdaɪətrɪ] *subst* amer., se *chiropody*
poem [ˈpəʊɪm] *subst* dikt, vers
poet [ˈpəʊɪt] *subst* diktare, skald, poet
poetic [pəʊˈetɪk] *adj* o. **poetical** [pəʊˈetɪkəl] *adj* poetisk; diktar-, skalde- [~ *talent*]; ***in poetic form*** i versform; ***Keats' poetical works*** Keats' samlade dikter
poetry [ˈpəʊətrɪ] *subst* poesi, diktning
poignant [ˈpɔɪnjənt] *adj* gripande, bitter
poinsettia [pɔɪnˈsetjə] *subst* bot., blomma julstjärna
point I [pɔɪnt] *subst* **1** punkt, prick; ***the fine*** (***finer***) ~***s of the game*** spelets finesser; ~ ***of contact*** beröringspunkt; ***up to a*** ~ till en viss grad; ***when it came to the*** ~ när det kom till kritan; ***I was on the*** ~ ***of leaving*** jag skulle just gå **2** grad, punkt; ***decimal*** ~ decimalkomma; ***one*** ~ ***five*** (***1.5, 1·5***) ett komma fem (1,5); ***boiling*** ~ kokpunkt **3** streck på kompass **4** poäng i sport m.m. **5** huvudsak, poäng [*the* ~ *of the story*]; ~ ***of view*** åsikt; ***the*** ~ ***is that...*** saken är den att...; ***the*** ~ ***was to*** huvudsaken var att; ***that's not the*** ~ det är inte det saken gäller; ***she's got a*** ~ ***there*** det ligger ngt i vad hon säger; ***make a*** ~ ***of*** vara noga med, hålla styvt på; ***it's quite beside the*** ~ det har inte alls med saken att göra; ***be to the*** ~ vara saklig; ***come to the*** ~ el. ***get to the*** ~ komma till saken **6** mening, nytta; ***there's no*** ~ ***in doing that*** det är ingen mening med att göra det; ***is there any*** ~ ***in it?*** är det någon idé? **7** vägguttag
II [pɔɪnt] *verb* **1** peka med, rikta, sikta med [*at, towards* mot, på] **2** ~ ***out*** a) peka ut, peka på b) påpeka, framhålla **3** peka [*at* mot; *towards* i riktning mot]; ~ ***to*** peka på, tyda på
point-blank [ˌpɔɪntˈblæŋk] *adv* rakt, direkt, rakt på sak [*tell sb* ~]; ***he refused*** ~ han vägrade blankt; ***shoot*** ~ skjuta på nära håll
pointed [ˈpɔɪntɪd] *adj* **1** spetsig **2** skarp [*a* ~ *remark*]; tydlig
pointer [ˈpɔɪntə] *subst* **1** pekpinne **2** visare på t.ex. klocka, våg **3** pointer slags fågelhund **4** tips, förslag
pointless [ˈpɔɪntləs] *adj* **1** meningslös **2** utan poäng **3** utan spets, utan udd
poise I [pɔɪz] *subst* **1** jämvikt, balans **2** hållning
II [pɔɪz] *verb* bringa i jämvikt, balansera
poised [pɔɪzd] *perf p* o. *adj* **1** samlad, värdig, i jämvikt **2** balanserande [*a ball* ~ *on the nose of a seal*], svävande
poison I [ˈpɔɪzn] *subst* gift; ~ ***pen*** anonym brevskrivare av smädebrev; ***hate like*** ~ avsky som pesten
II [ˈpɔɪzn] *verb* förgifta
poisoner [ˈpɔɪzənə] *subst* giftmördare
poisonous [ˈpɔɪzənəs] *adj* giftig
poison-pen [ˈpɔɪznpen] *adj*, ~ ***letter*** anonymt smädebrev
1 poke [pəʊk] *subst*, ***buy a pig in a*** ~ köpa grisen i säcken
2 poke I [pəʊk] *verb* **1** knuffa till, peta på **2** röra om i t.ex. eld **3** ~ ***fun at*** driva med; ~ ***one's nose into other people's affairs*** (***business***) lägga näsan i blöt **4** peta; sticka fram
II [pəʊk] *subst* stöt, knuff; ***give the fire a*** ~ röra om i brasan
1 poker [ˈpəʊkə] *subst* kortsp. poker

2 poker ['pəʊkə] *subst* eldgaffel
poker-faced ['pəʊkəfeɪst] *adj* med pokeransikte
poky ['pəʊkɪ] *adj* vard. trång [*a ~ room*]
Poland ['pəʊlənd] Polen
polar ['pəʊlə] *adj* polar; ~ ***bear*** isbjörn; ~ ***circle*** polcirkel
polarity [pəʊ'lærətɪ] *subst* polaritet
polarization [ˌpəʊləraɪ'zeɪʃən] *subst* fys. polarisation
polarize ['pəʊləraɪz] *verb* polarisera
Pole [pəʊl] *subst* polack
1 pole [pəʊl] *subst* **1** påle, stolpe, stång, stake **2** sport. stav
2 pole [pəʊl] *subst* pol
pole-axe I ['pəʊlæks] *subst* slaktyxa
II ['pəʊlæks] *verb* klubba ner
polecat ['pəʊlkæt] *subst* iller, spec. amer. skunk
polemic [pə'lemɪk] *subst*, ~***s*** polemik
polemical [pə'lemɪkl] *adj* polemisk
Pole star ['pəʊlstɑː] *subst*, ***the*** ~ Polstjärnan
pole vault ['pəʊlvɔːlt] *subst* sport. stavhopp
police I [pə'liːs] *subst* polis myndighet [*the ~ have caught him*], poliser [*several hundred ~*]; ~ ***constable*** polisman; ~ ***court*** polisdomstol; ~ ***force*** poliskår; ~ ***officer*** polisman
II [pə'liːs] *verb* bevaka, kontrollera
policeman [pə'liːsmən] (pl. *policemen* [pə'liːsmən]) *subst* polis; ***policeman's badge*** polisbricka
policewoman [pə'liːsˌwʊmən] (pl. *policewomen* [pə'liːsˌwɪmɪn]) *subst* kvinnlig polis
1 policy ['pɒlɪsɪ] *subst* politik [*foreign ~*], policy [*a new company ~*]; linje, hållning; ***honesty is the best*** ~ ordspr. ärlighet varar längst; ***pursue a*** ~ föra en politik
2 policy ['pɒlɪsɪ] *subst*, ***insurance*** ~ el. ~ försäkringsbrev
polio ['pəʊlɪəʊ] *subst* med. polio
Polish I ['pəʊlɪʃ] *adj* polsk
II ['pəʊlɪʃ] *subst* polska språket
polish I ['pɒlɪʃ] *subst* **1** polering, putsning **2** glans, polityr **3** stil **4** polermedel, putsmedel, polish; ***nail*** ~ nagellack; ***shoe*** ~ skokräm
II ['pɒlɪʃ] *verb* **1** polera, putsa, slipa **2** putsa förbättra
III ['pɒlɪʃ] *verb* med adv. o. prep.
polish up vard. bättra på [*~ up one's French*]
polish off klara av [*~ off a job*], expediera [*~ off an opponent*]; svepa, sätta i sig [*~ off a bottle of wine*]
polished ['pɒlɪʃt] *adj* **1** polerad **2** kultiverad
polishing ['pɒlɪʃɪŋ] *adj* poler-, puts- [*~ cloth*]
polite [pə'laɪt] *adj* artig, hövlig [*to* mot]
politic ['pɒlɪtɪk] *adj* klok, försiktig

political
De största politiska partierna i Storbritannien är *the Labour Party* (*Labour*), arbetarpartiet, *the Conservative Party* (*Conservatives, Tories*), det moderata partiet, och *the Liberal Party*, det liberala partiet. I USA finns två stora partier: *the Democratic Party* (*the Democrats*), demokratiska partiet (demokraterna) och *the Republican Party* (*the Republicans*), republikanska partiet (republikanerna).

political [pə'lɪtɪkl] *adj* politisk
politician [ˌpɒlɪ'tɪʃən] *subst* politiker
politics ['pɒlɪtɪks] (med verb i sing.; i betydelse 2 med verb i pl.) *subst* **1** politik **2** politisk åsikt
polka ['pɒlkə] *subst* polka dans el. melodi
poll I [pəʊl] *subst* **1** röstetal, röstsiffror, röstning; ***heavy*** ~ stort valdeltagande; ***go to the ~s*** gå till val **2** undersökning [*Gallup ~*]; ~ ***rating*** opinionssiffror; ***public opinion*** ~ opinionsundersökning
II [pəʊl] *verb* **1** få antal röster vid val [*he polled 3,000 votes*] **2** tillfråga, intervjua i opinionsundersökning
pollen ['pɒlən] *subst* pollen, frömjöl; ~ ***count*** pollenrapport för allergiker
pollinate ['pɒlɪneɪt] *verb* pollinera
polling-booth ['pəʊlɪŋbuːð] *subst* valbås
polling-day ['pəʊlɪŋdeɪ] *subst* valdag
polling-station ['pəʊlɪŋˌsteɪʃən] *subst* vallokal
pollster ['pəʊlstə] *subst* opinionsundersökare
pollutant [pə'luːtənt] *subst* miljöfarligt ämne, förorening
pollute [pə'luːt] *verb* förorena, smutsa ned
pollution [pə'luːʃən] *subst* förorening, nedsmutsning, miljöförstöring
polo ['pəʊləʊ] *subst* sport. polo [*water ~*]
polo neck ['pəʊləʊnek] *subst* **1** polokrage **2** polotröja

polyester [ˌpɒlɪ'estə] *subst* polyester
polygamist [pə'lɪgəmɪst] *subst* polygamist
polygamous [pə'lɪgəməs] *adj* polygam
polygamy [pə'lɪgəmɪ] *subst* polygami, månggifte
polysyllable ['pɒlɪˌsɪləbl] *subst* flerstavigt ord
polytechnic [ˌpɒlɪ'teknɪk] *subst* högskola för teknisk yrkesutbildning
polythene ['pɒlɪθiːn] *subst* polyeten, etenplast
polyunsaturated [ˌpɒlɪʌn'sætʃʊreɪtɪd] *adj* fleromättad [*~ fats*]
pomegranate ['pɒmɪˌgrænɪt] *subst* granatäpple
Pomeranian [ˌpɒmə'reɪnjən] *subst* hund dvärgspets
pomp [pɒmp] *subst* pomp, ståt, prakt; *~ **and circumstance*** pomp och ståt
pompon ['pɒmpɒn] *subst* rund tofs
pomposity [pɒm'pɒsətɪ] *subst* uppblåsthet
pompous ['pɒmpəs] *adj* uppblåst, pompös
ponce [pɒns] *subst* vard. hallick, sutenör
pond [pɒnd] *subst* damm; tjärn, liten sjö
ponder ['pɒndə] *verb* grubbla, fundera [*on, over* på, över]
ponderous ['pɒndərəs] *adj* tung, klumpig
pontiff ['pɒntɪf] *subst* högtidligt påve
1 pontoon [pɒn'tuːn] *subst* ponton
2 pontoon [pɒn'tuːn] *subst* kortsp. tjugoett
pony ['pəʊnɪ] *subst* ponny, liten häst
pony-tail ['pəʊnɪteɪl] *subst* hästsvans frisyr
poo [puː] *subst* barnspr. bajs; ***do a*** ~ bajsa
pooch [puːtʃ] *subst* vard. jycke hund
poodle ['puːdl] *subst* hund pudel
poof [pʊf] *subst* o. **poofter** ['pʊftə] *subst* sl. (neds.) **1** bög **2** verklig mes
pooh [puː] *interj* för att uttrycka förakt asch!, äsch!
pooh-pooh [ˌpuː'puː] *verb* rynka på näsan åt, bagatellisera, avfärda [*he pooh-poohed the idea*]
1 pool [puːl] *subst* **1** pöl **2** damm, bassäng **3** swimmingpool
2 pool I [puːl] *subst* **1** reserv, förråd; ***typing*** ~ skrivcentral **2** ***the football ~s*** ungefär tipstjänst; ***~s coupon*** tipskupong; ***do the ~s*** tippa; ***win on the ~s*** vinna på tipset **3** pool el. slags biljard
II [puːl] *verb* slå samman, slå ihop [*~ one's resources*]
poop I [puːp] *subst* spec. amer. barnspr. bajs
II [puːp] *verb* spec. amer. barnspr. bajsa
poor [pʊə] *adj* **1** fattig [*in* på]; ***the*** ~ de fattiga **2** klen, ringa [*a ~ consolation*]; knapp, dålig **3** stackars, ynklig, usel; ***~ me!*** stackars mig!
poorly I ['pʊəlɪ] *adj* krasslig
II ['pʊəlɪ] *adv* fattigt, klent, dåligt
1 pop I [pɒp] *interj* o. *adv* pang, paff
II [pɒp] *subst* **1** knall, smäll **2** vard. läskedryck
III [pɒp] (*-pp-*) *verb* **1** smälla, knalla **2** stoppa; *~ **one's head out of the window*** sticka ut huvudet genom fönstret
IV [pɒp] (*-pp-*) *verb* med adv. o. prep.
pop along kila över, titta in
pop in titta in
pop off kila i väg
pop out titta fram; ***his eyes were popping out of his head*** ögonen stod på skaft på honom
pop up dyka upp
2 pop I [pɒp] *adj* vard. pop- [*~ art*]; populär
II [pɒp] *subst* vard. pop
3 pop [pɒp] *subst* spec. amer. vard. pappa
popcorn ['pɒpkɔːn] *subst* popcorn
pope [pəʊp] *subst* påve
Popeye ['pɒpaɪ] Karl Alfred seriefigur
popgun ['pɒpgʌn] *subst* barns luftbössa, korkbössa
poplar ['pɒplə] *subst* poppel träd
poplin ['pɒplɪn] *subst* poplin tyg
poppa ['pɒpə] *subst* amer. vard. pappa
poppy ['pɒpɪ] *subst* vallmo
poppycock ['pɒpɪkɒk] *subst* vard. struntprat
Popsicle® ['pɒpsɪkəl] *subst* spec. amer. isglasspinne
pop-top I ['pɒptɒp] *adj* med rivöppnare [*a ~ beer can*]
II ['pɒptɒp] *subst* rivöppnare
popular ['pɒpjʊlə] *adj* **1** populär [*a ~ song*], omtyckt **2** folk-, allmän; *~ **opinion*** folkopinionen
popularity [ˌpɒpjʊ'lærətɪ] *subst* popularitet
popularize ['pɒpjʊləraɪz] *verb* popularisera
popularly ['pɒpjʊləlɪ] *adv* **1** allmänt **2** populärt
populate ['pɒpjʊleɪt] *verb* befolka
population [ˌpɒpjʊ'leɪʃən] *subst* befolkning
populous ['pɒpjʊləs] *adj* folkrik, tätbefolkad
pop-up ['pɒpʌp] **1** *~ **toaster*** brödrost med lyftfunktion **2** *~ **picture book*** popupp-bok med bilder som reser sig när boken öppnas
porcelain ['pɔːslɪn] *subst* finare porslin
porch [pɔːtʃ] *subst* överbyggd entré, förstukvist, spec. amer. veranda
porcupine ['pɔːkjʊpaɪn] *subst* piggsvin
1 pore [pɔː] *subst* por

2 pore [pɔː] *verb* stirra; ~ ***over*** studera noga
pork [pɔːk] *subst* griskött, fläsk spec. osaltat
pork chop [ˌpɔːk'tʃɒp] *subst* fläskkotlett
porker ['pɔːkə] *subst* gödsvin
porky ['pɔːkɪ] *adj* vard. fläskig, fet
porn [pɔːn] *subst* o. **porno** ['pɔːnəʊ] *subst* vard. porr
pornographic [ˌpɔːnə'græfɪk] *adj* pornografisk
pornography [pɔː'nɒgrəfɪ] *subst* pornografi
porous ['pɔːrəs] *adj* porös, full av porer
porpoise ['pɔːpəs] *subst* tumlare däggdjur
porridge ['pɒrɪdʒ] *subst* havregrynsgröt
1 port [pɔːt] *subst* portvin
2 port [pɔːt] *subst* hamn, hamnstad
3 port [pɔːt] *subst* sjö. babord
portable ['pɔːtəbl] *adj* bärbar, portabel
portal ['pɔːtl] *subst* portal, valvport
porter ['pɔːtə] *subst* **1** bärare, stadsbud vid järnvägsstation **2** portvakt, dörrvakt; vaktmästare; portier
porterhouse ['pɔːtəhaʊs] *subst*, ~ ***steak*** tjock skiva av rostbiff
portfolio [ˌpɔːt'fəʊljəʊ] (pl. *~s*) *subst* portfölj
porthole ['pɔːthəʊl] *subst* sjö. hyttventil, fönster på flygplan
portion ['pɔːʃən] *subst* **1** portion **2** del, stycke **3** andel, lott
portly ['pɔːtlɪ] *adj* korpulent, fetlagd
portrait ['pɔːtrət] *subst* porträtt, bild
portray [pɔː'treɪ] *verb* porträttera, avbilda
portrayal [pɔː'treɪəl] *subst* **1** porträtt, bild **2** framställning, tolkning
Portugal ['pɔːtjʊgl]
Portuguese I [ˌpɔːtjʊ'giːz] *adj* portugisisk
II [ˌpɔːtjʊ'giːz] *subst* **1** (pl. lika) portugis **2** portugisiska språket
port wine [ˌpɔːt'waɪn] *subst* portvin
pose I [pəʊz] *subst* **1** pose, attityd **2** posering
II [pəʊz] *verb* **1** lägga fram [*~ a question*]; ~ ***a threat*** utgöra ett hot **2** posera; göra sig till; ~ ***as*** ge sig ut för
poseur [pəʊ'zɜː] *subst* posör
posh [pɒʃ] *adj* vard. flott [*a ~ hotel*]
position I [pə'zɪʃən] *subst* **1** position, ställning **2** läge, plats
II [pə'zɪʃən] *verb* placera
positive ['pɒzətɪv] *adj* **1** positiv **2** säker [*of* på], övertygad [*of* om] **3** riktig, verklig; ***he is a ~ nuisance*** han är verkligen urjobbig; ~ ***discrimination*** positiv särbehandling
positively ['pɒzətɪvlɪ] *adv* **1** positivt **2** säkert **3** verkligen, faktiskt
posse ['pɒsɪ] *subst* polisstyrka, polisuppbåd i USA
possess [pə'zes] *verb* äga, ha; ***what possessed you to do it?*** vad var det som fick dig att göra det?
possessed [pə'zest] *perf p* o. *adj* besatt; ***like one*** ~ som en besatt
possession [pə'zeʃən] *subst* **1** besittning, innehav, ägo; ***take ~ of*** ta i besittning **2** egendom; pl. *~s* ägodelar
possessive I [pə'zesɪv] *adj* **1** hagalen; härsklysten **2** gram. possessiv; ***the ~ case*** genitiv
II [pə'zesɪv] *subst* gram., ***the*** ~ genitiv
possessor [pə'zesə] *subst* ägare
possibility [ˌpɒsə'bɪlətɪ] *subst* möjlighet [*of* av, till]
possible ['pɒsəbl] *adj* möjlig; eventuell; ***if*** ~ om möjligt; ***as far as*** ~ så långt det går
possibly ['pɒsəblɪ] *adv* **1** möjligen, eventuellt; ***I cannot ~ do it*** jag kan omöjligen göra det, det finns ingen chans att jag kan göra det; ***could you ~...*** skulle du kanske kunna... **2** kanske, mycket möjligt
post- [pəʊst] *prefix* efter-, post- [*post-Victorian*]
1 post [pəʊst] *subst* post vid t.ex. dörr; stolpe; ***the finishing*** ~ el. ***the winning*** ~ sport. mållinjen
2 post I [pəʊst] *subst* befattning, post, plats, tjänst
II [pəʊst] *verb* postera, kommendera [*to* till]
3 post I [pəʊst] *subst* post t.ex. brev; ~ ***free*** portofritt; ***by*** ~ med posten, per post
II [pəʊst] *verb* posta, skicka; ***keep me posted*** håll mig à jour
postage ['pəʊstɪdʒ] *subst* porto; ~ ***rate*** posttaxa, porto; ~ ***stamp*** frimärke
postal ['pəʊstl] *adj* post-, postal; ~ ***giro service*** postgiro; ~ ***order*** postanvisning anvisning översänd i kuvert på fixerat lägre belopp; ~ ***vote*** poströst
postcard ['pəʊstkɑːd] *subst* **1** frankerat postkort **2** ~ el. ***picture*** ~ vykort
postcode ['pəʊstkəʊd] *subst* postnummer
poster ['pəʊstə] *subst* poster, affisch
poste restante [ˌpəʊst'restɒnt] *subst* o. *adv* poste restante
posterity [pɒ'sterətɪ] *subst* efterkommande; eftervärlden; ***go down to*** ~ gå till eftervärlden
post-graduate I [ˌpəʊst'grædjʊət] *adj* efter avlagd första examen vid universitet; ~ ***studies*** forskarutbildning

II [ˌpəʊst'grædjʊət] *subst* forskarstuderande
posthumous ['pɒstjʊməs] *adj* postum
post-it ['pəʊstɪt] *adj*, ~ ***note*** post-it klisterlapp
postman ['pəʊstmən] (pl. *postmen* ['pəʊstmən]) *subst* brevbärare
postmark ['pəʊstmɑːk] *subst* poststämpel
postmarked ['pəʊstmɑːkt] *adj* stämplad, poststämplad
postmaster ['pəʊstˌmɑːstə] *subst* postmästare; postföreståndare
postmistress ['pəʊstˌmɪstrəs] *subst* kvinnlig postmästare, postföreståndare
postmortem [ˌpəʊst'mɔːtəm] *subst* obduktion
post office ['pəʊstˌɒfɪs] *subst* postkontor; ***the*** ~ postverket
post-paid [ˌpəʊst'peɪd] *adv* portofritt, inklusive porto
postpone [pəʊst'pəʊn] *verb* skjuta upp, senarelägga
postponement [pəʊst'pəʊnmənt] *subst* uppskjutande, bordläggning
postscript ['pəʊsskrɪpt] *subst* postskriptum
posture ['pɒstʃə] *subst* kroppsställning, hållning
post-war [ˌpəʊst'wɔː] *adj* efterkrigs-
posy ['pəʊzɪ] *subst* liten bukett
pot I [pɒt] *subst* **1** kruka, burk [*a ~ of jam*], pyts [*paint ~*] **2** gryta **3** kanna [*a teapot*] **4** vard. massa [*make a ~ of money*] **5** kortsp. pott **6** sl. hasch, knark **7** potta, nattkärl **8** ***go to*** ~ vard. gå åt pipan; ***keep the ~ boiling*** hålla grytan kokande, hålla det hela igång
II [pɒt] (*-tt-*) *verb* lägga in, konservera [*potted shrimps*]
potassium [pə'tæsjəm] *subst* kem. kalium; ~ ***cyanide*** cyankalium
potato [pə'teɪtəʊ] (pl. *potatoes*) *subst* potatis
potbellied ['pɒtˌbelɪd] *adj*, ***be*** ~ ha kalaskula
potbelly ['pɒtˌbelɪ] *subst* vard. kalaskula
potboiler ['pɒtˌbɔɪlə] *subst* vard. beställningsarbete, dussinroman
potency ['pəʊtənsɪ] *subst* fysiol. potens
potent ['pəʊtənt] *adj* **1** mäktig, kraftig, stark **2** fysiol. potent
potentate ['pəʊtənteɪt] *subst* potentat
potential I [pə'tenʃl] *adj* potentiell
II [pə'tenʃl] *subst* potential
pot herb ['pɒthɜːb] *subst* köksväxt
pot-holder ['pɒtˌhəʊldə] *subst* grytlapp
pot-hole ['pɒthəʊl] *subst* grop, potthål
potion ['pəʊʃən] *subst* dryck med giftiga el. magiska egenskaper [*love-potion*]
pot luck [ˌpɒt'lʌk] *subst*, ***take*** ~ chansa; hålla tillgodo med vad huset förmår
potpourri [ˌpəʊ'pʊriː, ˌpəʊpʊ'rɪː] *subst* musik. potpurri
pot roast ['pɒtrəʊst] *subst* grytstek
pot shot [ˌpɒt'ʃɒt] *subst* vard., ***take a ~ at sb*** skjuta på måfå på ngn
potted ['pɒtɪd] *perf p* o. *adj* **1** sammandragen, förkortad [*a ~ version of the film*] **2** ~ ***shrimps*** konserverade räkor, räkor på burk
1 potter ['pɒtə] *verb*, ~ ***about*** knåpa, pyssla, pilla [*at* med]
2 potter ['pɒtə] *subst* krukmakare; ***potter's wheel*** drejskiva
pottery ['pɒtərɪ] *subst* **1** porslinsfabrik; krukmakeri **2** porslin; lergods
potty ['pɒtɪ] *adj* vard. **1** futtig [*~ sum of money*] **2** knasig, tokig
pouch [paʊtʃ] *subst* **1** liten påse, pung [*tobacco ~*] **2** t.ex. pungdjurs pung
pouf [pʊf] **1** puff, möbel **2** se *poof*
poulterer ['pəʊltərə] *subst* fågelhandlare, vilthandlare
poultry ['pəʊltrɪ] *subst* fjäderfä, fågel, höns
poultry farm ['pəʊltrɪfɑːm] *subst* hönsfarm
pounce [paʊns] *verb*, ~ ***on*** slå ner på, kasta sig över
1 pound [paʊnd] *subst* **1** pund vanligen = 16 ounces = 454 gram) **2** pund = 100 *pence*)
2 pound [paʊnd] *verb* dunka, banka, bulta [*at, on* på, i]
pour [pɔː] *verb* **1** hälla, ösa; ~ ***out*** hälla ut, hälla upp, servera [*~ a cup of tea*] **2** strömma, forsa; välla; ***it's pouring*** el. ***it's pouring down*** det regnet öser ner; ***pouring rain*** hällande regn
pout [paʊt] *verb* truta med munnen
poverty ['pɒvətɪ] *subst* fattigdom **1** ***live below the ~ line*** leva under existensminimum **2** ~ ***trap*** social fälla, bidragsfälla
poverty-stricken ['pɒvətɪˌstrɪkn] *adj* utfattig, utarmad
POW [ˌpiːəʊ'dʌbljʊ] (förk. för *prisoner of war*) krigsfånge
powder I ['paʊdə] *subst* **1** pulver **2** puder
II ['paʊdə] *verb* **1** pudra, beströ **2** pulvrisera; ***powdered milk*** torrmjölk
powder-compact ['paʊdəˌkɒmpækt] *subst* puderdosa
powder puff ['paʊdəpʌf] *subst* pudervippa
powder room ['paʊdəruːm] *subst* damrum

power ['paʊə] *subst* **1** förmåga; ***I will do everything in my*** ~ jag ska göra allt som står i min makt **2** makt; ***naval*** ~ sjömakt; ~ ***politics*** maktpolitik; ***be in sb's*** ~ vara i ngns våld; ***come to*** ~ komma till makten **3** kraft, styrka [*the* ~ *of a lens*]; ~ ***failure*** strömavbrott; ~ ***mower*** motorgräsklippare
power-assisted [ˌpaʊərə'sɪstɪd] *adj* servo- [~ *brakes*]
power brake ['paʊəbreɪk] *subst* servobroms
power cut ['paʊəkʌt] *subst* strömavbrott, avstängning av elen
power drill ['paʊədrɪl] *subst* elektrisk borr, borrmaskin
power-driven ['paʊəˌdrɪvn] *adj* motordriven, eldriven
powerful ['paʊəfʊl] *adj* mäktig [*a* ~ *nation*]; kraftig [*a* ~ *blow*], stark [*a* ~ *engine*]
powerhouse ['paʊəhaʊs] *subst* kraftverk, kraftstation
powerless ['paʊələs] *adj* maktlös, kraftlös
power mains ['paʊəmeɪnz] *subst pl* elnät
power mower ['paʊəˌməʊə] *subst* motorgräsklippare
power pack ['paʊəpæk] *subst* nätdel, nätanslutningsaggregat
power plant ['paʊəplɑːnt] *subst* kraftverk, kraftanläggning
power-seeking ['paʊəˌsiːkɪŋ] *adj* maktlysten
power station ['paʊəˌsteɪʃən] *subst* **1** elverk **2** kraftanläggning, kraftverk
power-steering ['paʊəˌstɪərɪŋ] *subst* bil. servostyrning
pp. (förk. för *pages*) sidor
PR [ˌpiː'ɑː] (förk. för *public relations*) PR
practicable ['præktɪkəbl] *adj* genomförbar
practical ['præktɪkl] *adj* **1** praktisk **2** genomförbar [*a* ~ *scheme*]
practically ['præktɪkəlɪ] *adv* **1** praktiskt, i praktiken **2** praktiskt taget
practice I ['præktɪs] *subst* **1** praktik [*theory and* ~]; ***put sth into*** ~ tillämpa ngt i praktiken **2** praxis, bruk, sed, vana; ***make a*** ~ ***of*** ta för vana att **3** träning; ~ ***makes perfect*** övning ger färdighet; ***I am out of*** ~ jag är otränad **4** läkares el. advokats praktik **5** pl. ~***s*** tricks, knep; tvivelaktiga metoder
II ['præktɪs] *verb* amer., se *practise*
practise ['præktɪs] *verb* **1** öva sig i, öva [~ *the piano*]; träna **2** praktisera, tillämpa, utöva [~ *a profession*]; ~ ***what one preaches*** leva som man lär
practised ['præktɪst] *adj* skicklig, rutinerad
practising ['præktɪsɪŋ] *adj* praktiserande; ~ ***Jew*** en ortodox jude
practitioner [præk'tɪʃənə] *subst* praktiserande läkare
pragmatic [præg'mætɪk] *adj* pragmatisk
Prague [prɑːg] Prag
prairie ['preərɪ] *subst* prärie
praise I [preɪz] *verb* berömma, prisa, lovorda
II [preɪz] *subst* beröm, lovord
praiseworthy ['preɪzˌwɜːðɪ] *adj* lovvärd
pram [præm] *subst* barnvagn
prance [prɑːns] *verb* om häst dansa på bakbenen; om person kråma sig
prank [præŋk] *subst* spratt, upptåg; ***play a*** ~ ***on sb*** spela ngn ett spratt
prattle I ['prætl] *verb* pladdra
II ['prætl] *subst* pladder
prawn [prɔːn] *subst* räka
pray [preɪ] *verb* be, bönfalla [*for* om]
prayer [preə] *subst* bön [*for* om]
preach [priːtʃ] *verb* predika
preacher ['priːtʃə] *subst* predikant, predikare
preamble [priː'æmbl] *subst* inledning, ingress
preamplifier [ˌpriː'æmplɪfaɪə] *subst* elektr. förförstärkare
prearrange [ˌpriːə'reɪndʒ] *verb* ordna på förhand
precarious [prɪ'keərɪəs] *adj* osäker, prekär
precaution [prɪ'kɔːʃən] *subst* försiktighet; ***take*** ~***s*** vidta försiktighetsåtgärder
precautionary [prɪ'kɔːʃnərɪ] *adj* försiktighets-; ~ ***measures*** försiktighetsåtgärder
precede [prɪ'siːd] *verb* föregå; gå före
precedence ['presɪdəns] *subst* företräde; ***take*** ~ ***over*** gå före, ha företräde framför; ***order of*** ~ rangordning
precedent ['presɪdənt] *subst* tidigare fall; jur. prejudikat; ***it is without*** ~ det saknar motstycke
preceding [prɪ'siːdɪŋ] *adj* föregående
precept ['priːsept] *subst* föreskrift, regel
precinct ['priːsɪŋkt] *subst* **1** område; ***pedestrian*** ~ område med gågator, gågata **2** amer. polisdistrikt
precious ['preʃəs] *adj* dyrbar, kostbar, värdefull; ~ ***stone*** ädelsten
precipice ['presɪpɪs] *subst* brant, stup
precipitate [prɪ'sɪpɪtət] *adj* brådstörtad
precipitous [prɪ'sɪpɪtəs] *adj* tvärbrant
precis ['preɪsiː] *subst* sammandrag, resumé
precise [prɪ'saɪs] *adj* exakt, precis
precisely [prɪ'saɪslɪ] *adv* exakt, precis

precision [prɪ'sɪʒən] *subst* precision
precocious [prɪ'kəʊʃəs] *adj* brådmogen
precocity [prɪ'kɒsətɪ] *subst* brådmogenhet
preconceive [ˌpriːkən'siːv] *verb*, ***preconceived ideas*** el. ***preconceived opinions*** förutfattade meningar
precondition [ˌpriːkən'dɪʃən] *subst* nödvändig förutsättning
predecessor ['priːdɪsesə] *subst* företrädare
predestine [prɪ'destɪn] *verb* förutbestämma
predetermine [ˌpriːdɪ'tɜːmɪn] *verb* förutbestämma
predicament [prɪ'dɪkəmənt] *subst* obehaglig situation; läge, tillstånd
predicate ['predɪkət] *subst* gram. predikat, predikatsdel
predict [prɪ'dɪkt] *verb* förutsäga, spå
predictable [prɪ'dɪktəbl] *adj* förutsägbar
prediction [prɪ'dɪkʃən] *subst* förutsägelse
predilection [ˌpriːdɪ'lekʃən] *subst* förkärlek
predispose [ˌpriːdɪ'spəʊz] *verb*, ***be predisposed to*** vara mottaglig för
predisposition ['priːˌdɪspə'zɪʃən] *subst* mottaglighet, benägenhet, anlag [*to* för]
predominance [prɪ'dɒmɪnəns] *subst* **1** dominans; ***have*** ~ dominera **2** övervikt
predominant [prɪ'dɒmɪnənt] *adj* dominerande, övervägande, rådande
predominate [prɪ'dɒmɪneɪt] *verb* **1** dominera **2** vara förhärskande
pre-eminent [prɪ'emɪnənt] *adj* mest framstående
preen [priːn] *verb* om fågel putsa [~ *its feathers*]; ~ ***oneself*** om person snygga till sig
prefab ['priːfæb] *subst* (förk. för *prefabricated house*) se ex. under *prefabricate*
prefabricate [ˌpriː'fæbrɪkeɪt] *verb*, ***prefabricated house*** monteringshus, elementhus
preface I ['prefəs] *subst* förord, inledning
II ['prefəs] *verb* inleda
prefatory ['prefətrɪ] *adj* inledande
prefect ['priːfekt] *subst* i vissa brittiska skolor ungefär ordningsman
prefer [prɪ'fɜː] (*-rr-*) *verb* föredra [*to* framför]
preferable ['prefərəbl] *adj* som är att föredra
preferably ['prefərəblɪ] *adv* företrädesvis, helst [~ *today*]
preference ['prefərəns] *subst* **1** förkärlek [*have a ~ for Italian food*] **2** företräde [*over* framför]; ***in ~ to*** framför [*in ~ to all others*]
prefix ['priːfɪks] *subst* förstavelse, prefix
pregnancy ['pregnənsɪ] *subst* graviditet, havandeskap; om djur dräktighet
pregnant ['pregnənt] *adj* gravid, havande; om djur dräktig
prehistoric [ˌpriːhɪ'stɒrɪk] *adj* o.
prehistorical [ˌpriːhɪ'stɒrɪkəl] *adj* förhistorisk, urtids- [~ *animals*]; ~ ***times*** forntid
prejudice I ['predʒʊdɪs] *subst* fördomar
II ['predʒʊdɪs] *verb* inge ngn fördomar; ~ ***sb's case*** skada ngns sak
prejudiced ['predʒʊdɪst] *adj* fördomsfull
preliminary I [prɪ'lɪmɪnərɪ] *adj* preliminär, inledande
II [prɪ'lɪmɪnərɪ] *subst* pl. ***preliminaries*** förberedelser
prelude ['preljuːd] *subst* förspel, upptakt
premarital [prɪ'mærɪtl] *adj* föräktenskaplig [~ *relations*]
premature [ˌpremə'tjʊə] *adj* **1** för tidig [~ *death*] **2** förhastad [*a ~ conclusion*]
prematurely [ˌpremə'tjʊəlɪ] *adv* **1** för tidigt, i förtid; i otid **2** förhastat
premeditated [prɪ'medɪteɪtɪd] *adj* överlagd [~ *murder*]
premeditation [prɪˌmedɪ'teɪʃən] *subst* uppsåt, berått mod
premier I ['premɪə, amer. prɪ'mɪə] *adj* första [~ *place*]; främsta, förnämst; ***the ~ league*** fotb. elitserie i England
II ['premɪə] *subst* premiärminister
première ['premɪeə, amer. prɪ'mɪə] *subst* premiär
Premiership ['premjəʃɪp] *subst*, ***the*** ~ elitserien i fotboll i England
premise ['premɪs] *subst* pl. ~***s*** fastigheter, lokaler
premium ['priːmjəm] *subst* försäkringspremie
premonition [ˌpriːmə'nɪʃən] *subst* föraning
preoccupation [prɪˌɒkjʊ'peɪʃən] *subst* **1** upptagenhet **2** främsta intresse, intresse [*his main ~ was music*]
preoccupied [prɪ'ɒkjʊpaɪd] *adj* helt upptagen [*with* av], djupt försjunken [*with* i]
prepaid ['priːpeɪd] *adj*, ***a ~ letter*** ett frankerat kuvert
preparation [ˌprepə'reɪʃən] *subst* **1** förberedelse [*make ~s*]; färdigställande **2** tillagning, tillredning [~ *of food*]; framställning [*the ~ of a vaccine*]
preparatory [prɪ'pærətrɪ] *adj* **1** förberedande; för- [~ *work*] **2** ~ ***to*** som en förberedelse för, inför **3** ~ ***school*** a) privat, förberedande skola för inträde i

'public schools' b) i USA högre internatskola för inträde i college

prepare [prɪ'peə] *verb* **1** förbereda **2** preparera, göra i ordning; laga [*~ food*] **3** förbereda sig, göra sig i ordning; *~ **for an exam*** läsa på en examen

prepared [prɪ'peəd] *adj* **1** förberedd, beredd, inställd [*for* på; *to do sth* på att göra ngt] **2** beredd, villig [*I'm not ~ to...*]

preparedness [prɪ'peədnəs, prɪ'peərɪdnəs] *subst* beredskap

prepay [ˌpriː'peɪ] *verb* betala i förväg

preponderance [prɪ'pɒndərəns] *subst* övervikt, övervägande antal [*of* på]

preposition [ˌprepə'zɪʃən] *subst* gram. preposition

preposterous [prɪ'pɒstərəs] *adj* orimlig, befängd

prep school ['prepskuːl] *subst* se *preparatory 1*

prepuce ['priːpjuːs] *subst* förhud på penis

prerequisite [ˌpriː'rekwɪzɪt] *subst* förutsättning

prerogative [prɪ'rɒgətɪv] *subst* prerogativ [*royal ~*], privilegium, företrädesrätt

preschool I ['priːskuːl] *adj* förskole- [*~ age*]
II ['priːskuːl] *subst* förskola

prescribe [prɪ'skraɪb] *verb* föreskriva; med. ordinera

prescription [prɪ'skrɪpʃən] *subst* med. recept; ***be obtainable on*** ~ el. ***be on*** ~ vara receptbelagd; ***make up a*** ~ expediera ett recept

presence ['prezns] *subst* närvaro; närhet; ~ ***of mind*** sinnesnärvaro; ***she made her ~ felt*** hon uppmärksammades av alla; ***in the ~ of danger*** i farans stund

1 present I ['preznt] *adj* **1** närvarande [*at* vid]; ***those*** ~ el. ***the people*** ~ de närvarande **2** nuvarande, innevarande [*the ~ month*], nu pågående, aktuell [*the ~ boom*] **3** gram., ***the ~ tense*** presens
II ['preznt] *subst* **1 *the*** ~ nuet; ***at*** ~ för närvarande; ***for the*** ~ för närvarande, tills vidare **2** gram., ***the*** ~ presens; ~ ***continuous*** progressiv presensform

2 present I ['preznt] *subst* present, gåva
II [prɪ'zent] *verb* **1** överlämna [*to* åt, till], räcka fram **2** lägga fram [*~ a plan*], presentera, lämna in **3** teat. uppföra, framföra [*~ a play*] **4** presentera, föreställa [*allow me to ~ my wife*] **5 *an opportunity presented itself*** ett tillfälle erbjöds

presentable [prɪ'zentəbl] *adj* **1** som kan läggas fram **2** presentabel

presentation [ˌprezən'teɪʃən] *subst* **1** presentation av ngn [*to* för] **2** framläggande; utformning **3** överlämnande [*the ~ of a gift*] **4** teat. uppförande, framförande [*the ~ of a new play*]

present-day ['prezntdeɪ] *adj* nutidens

presenter [prɪ'zentə] *subst* tv. programledare, presentatör

presentiment [prɪ'zentɪmənt] *subst* föraning

presently ['prezntlɪ] *adv* **1** snart, inom kort; kort därefter **2** för närvarande

preservation [ˌprezə'veɪʃən] *subst* **1** bevarande, bibehållande; konservering **2** vård, fridlysning

preservative [prɪ'zɜːvətɪv] *subst* konserveringsmedel

preserve I [prɪ'zɜːv] *verb* **1** bevara, skydda [*from* för] **2** konservera [*~ fruit*], lägga in, sylta
II [prɪ'zɜːv] *subst* **1** ofta pl. ~***s*** sylt; marmelad; konserverad frukt; ***raspberry*** (***strawberry*** etc.) ~ finare hallonsylt (jordgubbssylt etc.) **2 *nature*** ~ naturreservat

preset [ˌpriː'set] *adj* förinställd

pre-shrunk [ˌpriː'ʃrʌŋk] *adj* krympfri

preside [prɪ'zaɪd] *verb* presidera, sitta som ordförande [*at, over* vid]

presidency ['prezɪdənsɪ] *subst*

president

Den amerikanska presidenten väljs vart fjärde år. Ingen president kan sitta mer än två perioder. Alla presidenter har hittills varit män. Till de mest kända hör:

- *George Washington* som blev USA:s första president 1789 och gav namn åt USA:s huvudstad.
- *Abraham Lincoln* som avskaffade slaveriet. Han mördades 1865.
- *Franklin D. Roosevelt* som genomförde sociala förändringar. Han är den enda president som suttit mer än två perioder.
- *J.F. Kennedy* som genomförde vissa sociala förändringar. Han misslyckades med en invasion av Kuba. 1963 sköts han till döds i Dallas.

1 presidentskap, presidentämbete **2** presidentperiod
president ['prezɪdənt] *subst* **1** president **2** amer. verkställande direktör
presidential [ˌprezɪ'denʃl] *adj* president- [*~ candidate*]
press I [pres] *subst* **1** tryckning, press, tryck; ***at the ~ of a button*** när man trycker på en knapp **2** press [*a hydraulic ~*] **3** pressande, pressning av t.ex. kläder **4** tryckpress; tryckeri, tidningspress **II** [pres] *verb* **1** pressa [*~ one's trousers*]; trycka [*~ sb's hand*]; krama, klämma; ***~ the button*** trycka på knappen **2** pressa, försöka tvinga [*~ sb to do sth*] **3** ansätta [*be hard pressed*]; ***be pressed for*** ha ont om [*be pressed for time*] **4** pressa, trycka [*on* på] **5** ***~ for*** yrka på [*~ for higher wages*] **6** ***~ on*** el. ***~ forward*** pressa på, tränga sig fram, skynda framåt
press agency ['presˌeɪdʒənsɪ] *subst* nyhetsbyrå
press box ['presbɒks] *subst* pressbås, pressläktare
press-clipping ['presˌklɪpɪŋ] *subst* o. **press-cutting** ['presˌkʌtɪŋ] *subst* tidningsurklipp, pressklipp
press gallery ['presˌgælərɪ] *subst* pressläktare
pressie ['prezɪ] *subst* vard. förk. för *2 present I*
pressing ['presɪŋ] *adj* brådskande [*~ business*]; trängande [*~ need*]
press-stud ['presstʌd] *subst* tryckknapp
press-up ['presʌp] *subst* gymn. armhävning från golvet
pressure ['preʃə] *subst* **1** tryck [*blood ~*], tryckning [*~ of the hand*]; press [*work under ~*]; ***high ~*** högtryck **2** ***put ~ on sb*** el. ***bring ~ to bear on sb*** utöva påtryckningar på ngn
pressure cabin ['preʃəˌkæbɪn] *subst* tryckkabin
pressure-cooker ['preʃəˌkʊkə] *subst* tryckkokare
pressure gauge ['preʃəgeɪdʒ] *subst* manometer, tryckmätare
pressure group ['preʃəgruːp] *subst* påtryckningsgrupp
pressurize ['preʃəraɪz] *verb* **1** sätta tryck på, utöva påtryckningar på **2** ***pressurized cabin*** tryckkabin
prestige [pre'stiːʒ] *subst* prestige, anseende
prestigious [pre'stɪdʒəs] *adj* prestigefylld, prestigebetonad
presumably [prɪ'zjuːməblɪ] *adv* förmodligen
presume [prɪ'zjuːm] *verb* förmoda
presumption [prɪ'zʌmpʃən] *subst* **1** förmodan **2** övermod, arrogans
presumptuous [prɪ'zʌmptjʊəs] *adj* självsäker, övermodig, arrogant
presuppose [ˌpriːsə'pəʊz] *verb* förutsätta
pretence [prɪ'tens] *subst* **1** förevändning, svepskäl; falskt sken [*a ~ of friendship*]; ***under false ~s*** under falska förespeglingar **2** pretentioner
pretend [prɪ'tend] *verb* **1** låtsas **2** göra anspråk på, göra gällande
pretense [prɪ'tens] *subst* amer. = *pretence*
pretensions [prɪ'tenʃən] *subst pl* anspråk [*to* på]; pretentioner
pretentious [prɪ'tenʃəs] *adj* pretentiös
pretext ['priːtekst] *subst* förevändning
pretty I ['prɪtɪ] *adj* söt [*a ~ girl*], näpen; ***a ~ mess*** iron. en skön röra; ***a ~ penny*** el. ***a ~ sum*** en nätt summa, en vacker slant **II** ['prɪtɪ] *adv* vard. rätt, ganska; ***~ much the same*** praktiskt taget detsamma, ungefär detsamma
pretty-pretty [ˌprɪtɪ'prɪtɪ] *adj* vard. snutfager, kysstäck; om färg sötsliskig
pretzel ['pretsl] *subst* kok. saltkringla
prevail [prɪ'veɪl] *verb* **1** råda, vara förhärskande, vara allmänt utbredd **2** ***~ on*** förmå, övertala
prevailing [prɪ'veɪlɪŋ] *adj* rådande [*~ winds*], förhärskande [*the ~ opinion*]
prevalence ['prevələns] *subst* allmän förekomst, utbredning
prevalent ['prevələnt] *adj* rådande, förhärskande
prevent [prɪ'vent] *verb* hindra, förebygga
preventable [prɪ'ventəbl] *adj* som kan hindras, hindra
prevention [prɪ'venʃən] *subst* förhindrande, förebyggande; ***~ is better than cure*** ordspr. bättre förekomma än förekommas; ***the ~ of cruelty to animals*** ungefär djurskydd
preventive [prɪ'ventɪv] *adj* preventiv, hindrande, förebyggande; ***~ measures*** förebyggande åtgärder; ***~ medicine*** profylax
preview ['priːvjuː] *subst* förhandsvisning
previous ['priːvjəs] *adj* föregående, tidigare
previously ['priːvjəslɪ] *adv* förut, tidigare
pre-war ['priːwɔː] *adj* förkrigs-, före kriget
prey I [preɪ] *subst* rov, byte; ***be a ~ to*** vara ett offer för; ***bird of ~*** rovfågel

II [preɪ] *verb* **1** ~ ***on*** jaga, leva på **2** ~ ***on sb's mind*** tynga på ngn

prezzie ['prezɪ] *subst* vard. förk. för *2 present I*

price [praɪs] *subst* pris; ***asking*** ~ begärt pris; ***at any*** ~ till varje pris; ***at reduced*** ~***s*** till nedsatta priser

price freeze ['praɪsfriːz] *subst* prisstopp

priceless ['praɪsləs] *adj* **1** ovärderlig **2** vard. obetalbar

pricey ['praɪsɪ] *adj* vard. dyrbar, dyr

prick I [prɪk] *subst* **1** stick, styng, sting; ~***s of conscience*** samvetskval **2** vulg. kuk

II [prɪk] *verb* **1** sticka; sticka hål i [~ *a balloon*]; ~ ***one's finger*** sticka sig i fingret **2** ~ ***one's ears*** el. ~ ***up one's ears*** spetsa öronen

prickle ['prɪkl] *verb* sticka; stickas

prickly ['prɪklɪ] *adj* **1** taggig **2** stickande känsla; ~ ***heat*** med. hetblemmor

pride I [praɪd] *subst* stolthet [*in* över]; ***take*** ~ ***in*** el. ***take a*** ~ ***in*** känna stolthet över, sätta sin ära i

II [praɪd] *verb*, ~ ***oneself on*** vara stolt över

priest [priːst] *subst* präst; ***woman*** ~ kvinnlig präst

priestess ['priːstes] *subst* prästinna

priesthood ['priːsthʊd] *subst* prästerskap

prig [prɪg] *subst* självgod typ

priggish ['prɪgɪʃ] *adj* självgod, petig

prim [prɪm] *adj* **1** prydlig [*a* ~ *garden*] **2** pryd

prima donna [ˌpriːmə'dɒnə] *subst* primadonna

primarily ['praɪmərəlɪ] *adv* **1** primärt, ursprungligen **2** huvudsakligen

primary ['praɪmərɪ] *adj* **1** primär, ursprunglig; ~ ***school*** lågstadieskola: britt., ungefär 6-årig grundskola för åldrarna 5—11, amer., ungefär 3-årig el. 4-årig grundskola **2** huvudsaklig

> **prime minister**
> Den brittiske premiärministern är ledaren för det parti som har regeringsmakten, dvs. mest platser i *the House of Commons*, underhuset. Han eller hon är alltid själv medlem av parlamentet.

prime I [praɪm] *adj* **1** främsta; ~ ***minister*** premiärminister, statsminister **2** prima, förstklassig **3** primär, ursprunglig

II [praɪm] *subst*, ***in one's*** ~ el. ***in the*** ~ ***of life*** i sin krafts dagar, i sina bästa år; ***he is past his*** ~ han har sina bästa år bakom sig

III [praɪm] *verb* **1** instruera [~ *a witness*] **2** grundmåla

primer ['praɪmə] *subst* **1** nybörjarbok **2** vid målning grundfärg

primitive ['prɪmɪtɪv] *adj* primitiv

primp [prɪmp] *verb* snofsa upp sig

primrose ['prɪmrəʊs] *subst* primula, viva, jordviva

primula ['prɪmjʊlə] *subst* blomma primula

Primus® ['praɪməs] *subst*, ~ ***stove*** primuskök®

prince [prɪns] *subst* **1** prins; ~ ***consort*** prinsgemål **2** furste

princely ['prɪnslɪ] *adj* furstlig

princess [prɪn'ses] *subst* **1** prinsessa **2** furstinna

principal I ['prɪnsəpl] *adj* huvudsaklig, främsta, förnämst; ~ ***parts of a verb*** ett verbs tema

II ['prɪnsəpl] *subst* **1** chef **2** skol. rektor

principally ['prɪnsəplɪ] *adv* huvudsakligen, i främsta rummet

principle ['prɪnsəpl] *subst* princip; ***on*** ~ av princip

print I [prɪnt] *subst* **1** tryck; ***large*** ~ stor stil; ***small*** ~ liten stil, fin stil; ***get into*** ~ gå i tryck; ***out of*** ~ utsåld **2** avtryck [~ *of a foot*], märke, spår **3** konst. avtryck, tryck **4** foto. kopia

II [prɪnt] *verb* **1** trycka bok; publicera; ***printed matter*** trycksaker **2** skriva med tryckstil, texta **3** foto. kopiera

printable ['prɪntəbl] *adj* tryckbar

printer ['prɪntə] *subst* **1** boktryckare, tryckeriarbetare; ***printer's error*** tryckfel **2** data. skrivare, printer

printhead ['prɪnthed] *subst* data. skrivhuvud

printing ['prɪntɪŋ] *subst* tryck, tryckning [*second* ~]; kopiering

printing-house ['prɪntɪŋhaʊs] *subst* tryckeri

printing-ink ['prɪntɪŋɪŋk] *subst* trycksvärta

printing-press ['prɪntɪŋpres] *subst* tryckpress

printout ['prɪntaʊt] *subst* data. utskrift

prior I ['praɪə] *adj* **1** föregående **2** tidigare [*to* än]

II ['praɪə] *adv*, ~ ***to*** före [~ *to his marriage*]; ~ ***to leaving he...*** innan han gav sig i väg...

priority [praɪ'ɒrətɪ] *subst* prioritet, företräde, förtur [*over* framför]; ***give*** ~ ***to*** prioritera; ***take*** ~ ***over*** gå före

prism ['prɪzəm] *subst* prisma

prison ['prɪzn] *subst* fängelse, fångvårdsanstalt
prison camp ['prɪznkæmp] *subst* fångeläger
prisoner ['prɪznə] *subst* fånge; ~ ***of war*** krigsfånge
prison guard [ˌprɪzn'gɑːd] *subst* fångvaktare
privacy ['prɪvəsɪ, 'praɪvəsɪ] *subst* avskildhet, privatliv; ***in*** ~ i enrum
private I ['praɪvət] *adj* **1** privat, personlig [*my* ~ *opinion*]; enskild; ~ ***bar*** finare avdelning på en pub **2** avskild; ~ ***number*** tele. hemligt nummer; ~ ***parts*** könsdelar; ***keep*** ~ hemlighålla
II ['praɪvət] *subst* **1** mil. menig **2** ***in*** ~ privat, enskilt
privately ['praɪvətlɪ] *adv* privat, personligt; enskilt; ~ ***owned*** privatägd
privation [praɪ'veɪʃən] *subst* umbäranden
privatize ['praɪvətaɪz] *verb* privatisera
privet ['prɪvɪt] *subst* växt liguster
privilege I ['prɪvəlɪdʒ] *subst* privilegium
II ['prɪvəlɪdʒ] *verb* privilegiera
privileged ['prɪvəlɪdʒd] *adj* privilegierad
privy I ['prɪvɪ] *adj* **1** ~ ***to*** medveten om, invigd
II ['prɪvɪ] *subst* toalett, utedass
1 prize I [praɪz] *subst* **1** pris; premie **2** lotterivinst; ***the first*** ~ högsta vinsten
II [praɪz] *verb* värdera högt
2 prize [praɪz] *verb*, ~ ***up*** el. ~ ***open*** bända upp
prizefight ['praɪzfaɪt] *subst* proffsboxningsmatch
prizefighter ['praɪzˌfaɪtə] *subst* proffsboxare
prize-giving ['praɪzˌgɪvɪŋ] *subst* prisutdelning
prize money ['praɪzˌmʌnɪ] *subst* prissumma
prizewinner ['praɪzˌwɪnə] *subst* pristagare
1 pro I [prəʊ] *prefix* **1** pro-; ***pro-British*** brittiskvänlig, probrittisk **2** pro- [*proconsul*]
II [prəʊ] *subst*, ***the ~s and cons*** skälen för och emot
2 pro [prəʊ] (pl. *~s*) *subst* **1** vard. proffs [*a golf* ~] **2** sl. fnask
probability [ˌprɒbə'bɪlətɪ] *subst* sannolikhet
probable ['prɒbəbl] *adj* sannolik, trolig
probably ['prɒbəblɪ] *adv* troligen
probation [prəʊ'beɪʃən] *subst* **1** prov [*two years on* ~] **2** jur., ***be put on*** ~ dömas till skyddstillsyn, få villkorlig dom; ~ ***officer*** övervakare
probationer [prəʊ'beɪʃnə] *subst* elev; novis; ~ ***nurse*** el. ~ sjuksköterskeelev
probe I [prəʊb] *subst* **1** sond **2** undersökning
II [prəʊb] *verb* **1** sondera **2** tränga in [*into* i]
problem ['prɒbləm] *subst* problem
procedure [prə'siːdʒə] *subst* procedur, förfarande, förfaringssätt
proceed [prə'siːd] *verb* **1** fortsätta **2** ~ ***to*** + inf. börja [*he proceeded to get angry*], övergå till att
proceeding [prə'siːdɪŋ] *subst* **1** förfarande, förfaringssätt, procedur **2** pl. ***~s*** a) förehavanden b) i t.ex. domstol, sällskap förhandlingar; ***take legal ~s against*** vidta lagliga åtgärder mot
proceeds ['prəʊsiːdz] *subst pl* intäkter
process I ['prəʊses] *subst* **1** förlopp; ***in the*** ~ ***of construction*** under byggnad; ***I'm still in the*** ~ ***of moving*** jag håller fortfarande på med att flytta **2** process [*chemical processes*] tekn. metod [*the Bessemer* ~]
II ['prəʊses] *verb* tekn. el. data. behandla, bearbeta; ***processed cheese*** smältost
procession [prə'seʃən] *subst* procession
proclaim [prə'kleɪm] *verb* proklamera, tillkännage, kungöra
proclamation [ˌprɒklə'meɪʃən] *subst* proklamation, tillkännagivande
procure [prə'kjʊə] *verb* skaffa, skaffa fram
prod I [prɒd] (*-dd-*) *verb*, ~ ***at*** el. ~ stöta till
II [prɒd] *subst* stöt
prodigious [prə'dɪdʒəs] *adj* fenomenal
prodigy ['prɒdɪdʒɪ] *subst*, ***infant*** ~ el. ~ underbarn
produce I [prə'djuːs] *verb* **1** producera, framställa, tillverka **2** framkalla [~ *a reaction*] **3** skaffa fram [~ *a witness*]; lägga fram **4** teat. uppföra; film. producera
II ['prɒdjuːs] *subst* produkter av jordbruk [*garden* ~], varor
producer [prə'djuːsə] *subst* producent
product ['prɒdʌkt] *subst* produkt, vara
production [prə'dʌkʃən] *subst* **1** produktion, framställning, tillverkning **2** produkt, alster **3** framskaffande, framläggande **4** teat. uppsättning; uppförande; film. inspelning
productive [prə'dʌktɪv] *adj* produktiv
productivity [ˌprɒdʌk'tɪvətɪ] *subst* produktivitet [*increase* ~]; produktionsförmåga
prof [prɒf] *subst* vard. profet professor
profane I [prə'feɪn] *adj* **1** profan, världslig **2** vanvördig, hädisk; ~ ***language*** litt. svordomar
II [prə'feɪn] *verb* vanhelga

profess [prə'fes] *verb* **1** tillkännage, förklara sig ha [*he professed interest in my welfare*] **2** göra anspråk på, ge sig ut för [*~ to be an authority on...*] **3** bekänna sig till [*~ Christianity*]
profession [prə'feʃən] *subst* yrke med högre utbildning; ***by ~*** till yrket; ***the legal ~*** advokatkåren
professional I [prə'feʃnəl] *adj* yrkes- [*a ~ politician*], förvärvs- [*~ life*], yrkesmässig; professionell
II [prə'feʃnəl] *subst* **1** professionell, proffs **2** yrkesman, fackman
professor [prə'fesə] *subst* professor [*of* i]
professorship [prə'fesəʃɪp] *subst* professur [*in* i]
proffer ['prɒfə] *verb* räcka fram, erbjuda
proficiency [prə'fɪʃənsɪ] *subst* färdighet, skicklighet; ***certificate of ~*** kompetensbevis
proficient [prə'fɪʃənt] *adj* skicklig, kunnig
profile ['prəʊfaɪl] *subst* profil; ***keep a low ~*** ligga lågt, hålla en låg profil
profit I ['prɒfɪt] *subst* **1** vinst, förtjänst **2** ***derive ~ from*** dra nytta av, dra fördel av
II ['prɒfɪt] *verb*, ***~ by*** el. ***~ from*** ha nytta av, utnyttja; vinna på, tjäna på
profitable ['prɒfɪtəbl] *adj* **1** nyttig, givande **2** vinstgivande, lönsam, lönande
profiteer I [ˌprɒfɪ'tɪə] *subst* profitör
II [ˌprɒfɪ'tɪə] *verb* profitera, ockra
profiteering [ˌprɒfɪ'tɪərɪŋ] *subst* svartabörsaffärer, ocker
profitmonger ['prɒfɪtˌmʌŋgə] *subst* profitör
profligate ['prɒflɪgət] *adj* utsvävande
profound [prə'faʊnd] *adj* **1** djup [*~ anxiety*], djupsinnig; grundlig, djupgående **2** outgrundlig [*~ mysteries*]
profundity [prə'fʌndətɪ] *subst* djup, djupsinnighet
profuse [prə'fjuːs] *adj* ymnig, riklig
profusion [prə'fjuːʒən] *subst* överflöd, rikedom
progenitor [prəʊ'dʒenɪtə] *subst* stamfader
progeny ['prɒdʒənɪ] *subst* avkomma
prognosis [prəg'nəʊsɪs] (pl. *prognoses* [prəg'nəʊsiːz]) *subst* prognos
program I ['prəʊgræm] *subst* **1** data. program **2** spec. amer., se *programme I*
II ['prəʊgræm] (*-mm-*) *verb* **1** data. programmera **2** spec. amer., se *programme II*
programme I ['prəʊgræm] *subst* program
II ['prəʊgræm] *verb* göra upp program för, planlägga

progress I ['prəʊgres, amer. 'prɒgrəs] (utan pl.) *subst* framsteg, framåtskridande, utveckling; ***in ~*** på gång, under utförande, under arbete
II [prə'gres] *verb* **1** göra framsteg, utvecklas **2** gå framåt
progression [prə'greʃən] *subst* **1** fortgång; ***in ~*** i följd **2** progression
progressive I [prə'gresɪv] *adj* **1** progressiv, framstegsvänlig [*~ policy*] **2** gradvis tilltagande; ***on a ~ scale*** i stigande skala **3** gram., ***~ tense*** progressiv form, pågående form
II [prə'gresɪv] *subst* framstegsvän
prohibit [prə'hɪbɪt] *verb* förbjuda
prohibition [ˌprəʊhɪ'bɪʃən] *subst* förbud
project I [prə'dʒekt] *verb* **1** projicera; skjuta ut [*~ missiles*] **2** skjuta fram; ***projecting*** framskjutande
II ['prɒdʒekt] *subst* projekt
projectile [prə'dʒektaɪl, amer. prə'dʒektl] *subst* projektil
projection [prə'dʒekʃən] *subst* **1** projektion **2** utslungande, utskjutande
projector [prə'dʒektə] *subst* apparat projektor
proletarian [ˌprəʊlə'teərɪən] *subst* proletär
proletariat [ˌprəʊlə'teərɪət] *subst* proletariat
pro-lifer [prəʊ'laɪfə] *subst* abortmotståndare
proliferate [prə'lɪfəreɪt] *verb* föröka sig, sprida sig
prolific [prə'lɪfɪk] *adj* produktiv
prologue ['prəʊlɒg] *subst* prolog, förspel
prolong [prə'lɒŋ] *verb* förlänga, dra ut, dra ut på
prolongation [ˌprəʊlɒŋ'geɪʃən] *subst* förlängning
promenade I [ˌprɒmə'nɑːd] *subst* promenad
II [ˌprɒmə'nɑːd] *verb* promenera; promenera på [*~ the streets*]
prominence ['prɒmɪnəns] *subst* **1** framträdande plats; bemärkthet **2** utsprång
prominent ['prɒmɪnənt] *adj* **1** utstående [*~ eyes*], utskjutande **2** framstående, prominent
promiscuity [ˌprɒmɪ'skjuːətɪ] *subst* promiskuitet
promiscuous [prə'mɪskjʊəs] *adj* promiskuös; ***~ sexual relations*** tillfälliga sexuella förbindelser
promise I ['prɒmɪs] *subst* löfte [*of* om]; ***of great ~*** el. ***full of ~*** mycket lovande
II ['prɒmɪs] *verb* lova, utlova; ***be promised sth*** få (ha fått) löfte om ngt
promising ['prɒmɪsɪŋ] *adj* lovande

promote [prə'məʊt] *verb* **1** befordra **2** sport. flytta upp **3** främja, gynna **4** göra reklam för, lansera
promoter [prə'məʊtə] *subst* **1** främjare; upphovsman [*of* till] **2** sport. promotor
promotion [prə'məʊʃən] *subst* **1** befordran, avancemang **2** sport. uppflyttning **3** främjande, befordran; ~ ***campaign*** säljkampanj
prompt I [prɒmpt] *adj* snabb, omgående, prompt; ***take ~ action*** vidta snabba åtgärder
II [prɒmpt] *verb* **1** driva [*he was prompted by patriotism*], förmå **2** teat. sufflera **3** lägga orden i munnen på, påverka [*~ a witness*] **4** föranleda [*what prompted his resignation?*], framkalla, diktera
prompter ['prɒmptə] *subst* teat. sufflör
promulgate ['prɒməlgeɪt] *verb* utfärda, kungöra
prone [prəʊn] *adj* **1** framåtlutad; utsträckt; ***in a ~ position*** liggande på magen **2** ***be ~ to*** vara benägen för
prong [prɒŋ] *subst* på t.ex. gaffel klo, spets, udd
pronoun ['prəʊnaʊn] *subst* gram. pronomen
pronounce [prə'naʊns] *verb* **1** uttala **2** avkunna, fälla [*~ judgement*] **3** förklara; ***I now ~ you man and wife*** härmed förklarar jag er för äkta makar
pronounceable [prə'naʊnsəbl] *adj* möjlig att uttala
pronounced [prə'naʊnst] *adj* **1** uttalad **2** tydlig, avgjord [*a ~ difference*]
pronouncement [prə'naʊnsmənt] *subst* uttalande, förklaring
pronouncing [prə'naʊnsɪŋ] *subst*, ~ ***dictionary*** uttalsordbok
pronunciation [prəˌnʌnsɪ'eɪʃən] *subst* uttal
proof I [pruːf] *subst* **1** bevis [*of* på, för] **2** pl. ~***s*** korrektur
II [pruːf] *adj* **1** motståndskraftig [*against* mot] **2** i sammansättningar -tät [*waterproof*], -säker [*bombproof*]
proofread ['pruːfriːd] (*proofread proofread* båda ['pruːfred]) *verb* korrekturläsa
prop I [prɒp] *subst* stötta, stöd
II [prɒp] (*-pp-*) *verb*, ~ ***up*** stötta upp
propaganda [ˌprɒpə'gændə] *subst* propaganda
propagandist [ˌprɒpə'gændɪst] *subst* propagandist
propagate ['prɒpəgeɪt] *verb* propagera för, sprida [*~ ideals*]
propagation [ˌprɒpə'geɪʃən] *subst* spridning
propel [prə'pel] (*-ll-*) *verb* driva; ***propelling pencil*** stiftpenna, skruvpenna
propellant [prə'pelənt] *subst* drivmedel
propeller [prə'pelə] *subst* propeller
propensity [prə'pensətɪ] *subst* benägenhet
proper ['prɒpə] *adj* **1** riktig, rätt [*in the ~ way*]; tillbörlig, vederbörlig **2** anständig, passande **3** egentlig; ***London ~*** det egentliga London **4** gram., ~ ***noun*** egennamn **5** vard. riktig [*a ~ idiot*]
properly ['prɒpəlɪ] *adv* **1** riktigt; ordentligt; lämpligt [*~ dressed*]; ~ ***speaking*** egentligen **2** vard. riktigt, ordentligt
property ['prɒpətɪ] *subst* **1** egendom, ägodelar; ***a man of ~*** en förmögen man **2** fastighet, ägor, lösöre **3** teat., pl. ***properties*** rekvisita
property-owner ['prɒpətɪˌəʊnə] *subst* fastighetsägare
prophecy ['prɒfəsɪ] *subst* profetia, spådom
prophesy ['prɒfəsaɪ] *verb* profetera, spå
prophet ['prɒfɪt] *subst* **1** profet **2** siare, spåman
prophetic [prə'fetɪk] *adj* profetisk
prophylaxis [ˌprɒfɪ'læksɪs] *subst* med. profylax
propjet ['prɒpdʒet] *adj* turboprop- [*~ engine*]
proportion [prə'pɔːʃən] *subst* **1** proportion; ***be out of all ~ to*** inte stå i rimlig proportion till **2** del [*a large ~ of the population*], andel
proportional [prə'pɔːʃnəl] *adj* proportionell
proportionate [prə'pɔːʃənət] *adj* proportionerlig, proportionell [*to* mot, till]; ***be ~ to*** stå i proportion till
proposal [prə'pəʊzl] *subst* **1** förslag **2** frieri, giftermålsanbud
propose [prə'pəʊz] *verb* **1** föreslå **2** lägga fram **3** ämna, tänka [*I ~ to start early*] **4** fria [*to* till]
proposition [ˌprɒpə'zɪʃən] *subst* **1** påstående **2** förslag **3** vard. affär [*a paying ~*]
propound [prə'paʊnd] *verb* lägga fram, föreslå [*~ a scheme*]
proprietary [prə'praɪətrɪ] *adj*, ~ ***goods*** märkesvaror
proprietor [prə'praɪətə] *subst* ägare, innehavare
propriety [prə'praɪətɪ] *subst* anständighet
props [prɒps] *subst pl* teat. vard. rekvisita
propulsion [prə'pʌlʃən] *subst* framdrivning; ***jet ~*** jetdrift
prosaic [prə'zeɪɪk] *adj* prosaisk, enformig
prose [prəʊz] *subst* prosa

prosecute [ˈprɒsɪkjuːt] *verb* **1** åtala; ***offenders will be prosecuted*** överträdelse beivras **2** väcka åtal
prosecution [ˌprɒsɪˈkjuːʃən] *subst* åtal; ***director of public ~s*** allmän åklagare; ***the ~*** åklagarsidan
prosecutor [ˈprɒsɪkjuːtə] *subst* åklagare; ***public ~*** allmän åklagare
prospect I [ˈprɒspekt] *subst* utsikt, möjlighet; pl. ***~s*** framtidsutsikter
II [prəˈspekt] *verb* prospektera, leta [*for* efter]
prospective [prəˈspektɪv] *adj* framtida [*~ profits*]; blivande [*~ son-in-law*]; ***~ buyer*** eventuell köpare
prospectus [prəˈspektəs] *subst* prospekt, broschyr; program för kurs
prosper [ˈprɒspə] *verb* ha framgång, blomstra
prosperity [prɒˈsperətɪ] *subst* välstånd [*live in ~*], välmåga; blomstring; ***time of ~*** blomstringstid
prosperous [ˈprɒspərəs] *adj* blomstrande, välmående, välbärgad
prostate [ˈprɒsteɪt] *subst*, ***~ gland*** prostata
prostitute I [ˈprɒstɪtjuːt] *subst* prostituerad, fnask
II [ˈprɒstɪtjuːt] *verb*, ***~ oneself*** prostituera sig
prostitution [ˌprɒstɪˈtjuːʃən] *subst* prostitution
prostrate [ˈprɒstreɪt] *adj* **1** framstupa [*fall ~*], utsträckt [*lie ~*], liggande **2** slagen, nedbruten
protagonist [prəˈtægənɪst] *subst* huvudperson i ett drama
protect [prəˈtekt] *verb* skydda [*from, against* för, mot], beskydda
protection [prəˈtekʃən] *subst* skydd, beskydd
protective [prəˈtektɪv] *adj* **1** skyddande **2** beskyddande [*towards* emot]
protector [prəˈtektə] *subst* beskyddare
protégé [ˈprəʊteʒeɪ] *subst* skyddsling, protegé
protein [ˈprəʊtiːn] *subst* protein
protest I [ˈprəʊtest] *subst* protest
II [prəˈtest] *verb* protestera
Protestant I [ˈprɒtɪstənt] *subst* relig. protestant
II [ˈprɒtɪstənt] *adj* relig. protestantisk
protocol [ˈprəʊtəkɒl] *subst* protokoll
prototype [ˈprəʊtətaɪp] *subst* prototyp, förebild
protract [prəˈtrækt] *verb* dra ut på [*~ a visit*]
protracted [prəˈtræktɪd] *adj* utdragen
protractor [prəˈtræktə] *subst* gradskiva
protrude [prəˈtruːd] *verb* sticka fram, skjuta ut
protruding [prəˈtruːdɪŋ] *adj* framskjutande, utstående [*~ ears; ~ eyes*]
proud I [praʊd] *adj* stolt [*of* över]
II [praʊd] *adv* vard., ***do sb ~*** hedra ngn; ***the Browns did us ~*** familjen Brown slog verkligen på stort
prove [pruːv] *verb* **1** bevisa, styrka; ***the exception ~s the rule*** undantaget bekräftar regeln **2** ***~ to be*** el. ~ visa sig vara
proven [ˈpruːvən] *adj* välkänd, erkänd, beprövad
proverb [ˈprɒvɜːb] *subst* ordspråk
proverbial [prəˈvɜːbɪəl] *adj* **1** ordspråksmässig **2** legendarisk
provide [prəˈvaɪd] *verb* **1** skaffa, sörja för, stå för; ***~ oneself with*** skaffa sig, förse sig med **2** ge [*the tree ~s shade*], utgöra **3** ***~ against*** vidta åtgärder mot; ***~ for*** vidta åtgärder för, försörja [*~ for a large family*], sörja för [*he ~s for his son's education*]; ***~ for oneself*** försörja sig
provided [prəˈvaɪdɪd] *konj*, ***~ that*** el. ~ förutsatt att, om bara, såvida
providence [ˈprɒvɪdəns] *subst* försynen
providing [prəˈvaɪdɪŋ] *konj*, ***~ that*** el. ~ förutsatt att, såvida
province [ˈprɒvɪns] *subst* **1** provins, landskap **2** pl. ***the ~s*** landsorten
provincial I [prəˈvɪnʃl] *adj* **1** regional **2** provinsiell, lantlig
II [prəˈvɪnʃl] *subst* landsortsbo
provision [prəˈvɪʒən] *subst* **1** tillhandahållande **2** pl. ***~s*** livsmedel, matvaror, proviant; ***~ shop*** matvaruaffär
provisional [prəˈvɪʒnəl] *adj* provisorisk
provocation [ˌprɒvəˈkeɪʃən] *subst* provokation; ***on the slightest ~*** vid minsta anledning
provocative [prəˈvɒkətɪv] *adj* utmanande
provoke [prəˈvəʊk] *verb* **1** reta upp **2** framkalla; väcka [*~ indignation*] **3** provocera
prow [praʊ] *subst* förstäv framstam
prowess [ˈpraʊɪs] *subst* **1** tapperhet **2** skicklighet
prowl I [praʊl] *verb* stryka omkring; stryka omkring i (på)
II [praʊl] *subst*, ***be on the ~*** el. ***go on the ~*** stryka omkring [*for* efter]
prowler [ˈpraʊlə] *subst* person (djur) som stryker omkring
proximity [prɒkˈsɪmətɪ] *subst* närhet

proxy ['prɒksɪ] *subst*, ***by*** ~ genom fullmakt, genom ombud
prude [pruːd] *subst* pryd människa
prudence ['pruːdəns] *subst* klokhet
prudent ['pruːdənt] *adj* klok, försiktig
prudery ['pruːdərɪ] *subst* prydhet
prudish ['pruːdɪʃ] *adj* pryd
1 prune [pruːn] *subst* **1** frukt sviskon **2** torkat katrinplommon
2 prune [pruːn] *verb* **1** beskära, tukta t.ex. träd [ofta ~ *down*]; klippa [~ *a hedge*] **2** skära ner [~ *an essay*]; rensa [*of* från]
Prussia ['prʌʃə] Preussen
Prussian ['prʌʃən] *subst* preussare
prussic ['prʌsɪk] *adj* kem., ~ ***acid*** blåsyra
1 pry [praɪ] *verb* **1** ~ ***open*** bända upp **2** ~ ***a secret out of sb*** lirka ur ngn en hemlighet
2 pry [praɪ] *verb* snoka [*about* omkring] [~ *into sb's affairs*]
prying ['praɪɪŋ] *adj* snokande, nyfiken
PS [ˌpiː'es] (förk. för *postscript*) PS, postskriptum i brev
psalm [sɑːm] *subst* psalm i Psaltaren
pseud ['sjuːd] *subst* vard. bluff, humbug
pseudo ['sjuːdəʊ] *prefix* sken- [*pseudo-democracy*], pseudo- [*pseudo-classic*], falsk, oäkta
pseudonym ['sjuːdənɪm] *subst* pseudonym påhittat namn
psych [saɪk] *verb* vard. **1** psykoanalysera **2** ~ ***out*** psyka; ~ ***up*** peppa upp; ***be psyched up*** vara laddad, vara i högform
psyche ['saɪkɪ] *subst* psyke
psychedelic [ˌsaɪkə'delɪk] *adj* psykedelisk
psychiatric [ˌsaɪkɪ'ætrɪk] *adj* psykiatrisk
psychiatrist [saɪ'kaɪətrɪst] *subst* psykiater
psychiatry [saɪ'kaɪətrɪ] *subst* psykiatri
psychic ['saɪkɪk] *adj* **1** psykisk, själslig **2** ***be*** ~ vara synsk
psychoanalyse [ˌsaɪkəʊ'ænəlaɪz] *verb* psykoanalysera
psychoanalysis [ˌsaɪkəʊə'næləsɪs] *subst* psykoanalys
psychoanalyst [ˌsaɪkəʊ'ænəlɪst] *subst* psykoanalytiker
psychological [ˌsaɪkə'lɒdʒɪkl] *adj* psykologisk
psychologist [saɪ'kɒlədʒɪst] *subst* psykolog
psychology [saɪ'kɒlədʒɪ] *subst* psykologi
psychopath ['saɪkəpæθ] *subst* psykopat
psychopathic [ˌsaɪkə'pæθɪk] *adj* psykopatisk
PT [ˌpiː'tiː] förk. för *physical training*
pt. förk. för *pint*
ptarmigan ['tɑːmɪgən] *subst*, ~ el. amer. ***rock*** ~ fjällripa
PTO [ˌpiːtiː'əʊ] (förk. för *please turn over*) v.g.v., var god vänd!
pub [pʌb] *subst* vard. (kortform för *public house*) pub
pub-crawl I ['pʌbkrɔːl] *subst* pubrunda; ***go on a*** ~ göra en pubrunda
II ['pʌbkrɔːl] *verb*, ***go pub-crawling*** göra en pubrunda
puberty ['pjuːbətɪ] *subst* pubertet
pubic ['pjuːbɪk] *adj* blygd-; ~ ***hairs*** könshår

public school
Public schools är i England avgiftsbelagda privatskolor. Oftast bor och äter eleverna på skolan. Många *public schools* har gott rykte och det anses mycket fint att ha gått på någon av de kända som t.ex. *Eton, Rugby, Harrow* eller *Winchester*. De flesta engelska barn går emellertid i avgiftsfria statliga skolor, *state schools*. I USA och Skottland är *public schools* avgiftsfria, statliga skolor. De fungerar ungefär som våra grundskolor.

public I ['pʌblɪk] *adj* **1** offentlig [~ *building*], allmän [~ *holiday*]; stats- [~ *finances*]; ***make*** ~ offentliggöra; ~ ***address system*** högtalaranläggning, högtalare t.ex. på flygplats; ~ ***bar*** enklare avdelning på en pub; ~ ***enemy*** samhällsfiende; ~ ***house*** pub; ~ ***library*** offentligt bibliotek; ~ ***limited company*** (förk. *PLC*) börsnoterat aktiebolag; ~ ***opinion*** allmänna opinionen, folkopinionen; ~ ***opinion poll*** opinionsundersökning; ~ ***relations*** PR, public relations; ~ ***relations officer*** PR-man; ~ ***sector*** offentlig sektor; ~ ***school*** a) britt. 'public school' exklusivt privatinternat b) amer. allmän skola
II ['pʌblɪk] *subst* allmänhet, publik; ***in*** ~ offentligt; ***open to the*** ~ öppen för allmänheten; ***the general*** ~ den stora allmänheten
publican ['pʌblɪkən] *subst* pubinnehavare
publication [ˌpʌblɪ'keɪʃən] *subst* **1** publicering, utgivning **2** tryckalster, skrift **3** offentliggörande
publicity [pʌb'lɪsətɪ] *subst* **1** publicitet,

offentlighet **2** reklam; ~ ***agent*** manager för artist

publicize [ˈpʌblɪsaɪz] *verb* offentliggöra, ge publicitet åt

publicly [ˈpʌblɪklɪ] *adv* offentligt

publish [ˈpʌblɪʃ] *verb* **1** publicera, ge ut **2** offentliggöra

publisher [ˈpʌblɪʃə] *subst* förläggare; utgivare [*newspaper ~*]

publishing [ˈpʌblɪʃɪŋ] *subst* förlagsverksamhet; ~ ***house*** el. ~ ***firm*** förlag

puck [pʌk] *subst* puck i ishockey

pucker [ˈpʌkə] *verb*, ~ ***up*** el. ~ rynka, vecka

pudding [ˈpʊdɪŋ] *subst* **1** pudding; efterrätt; ***black*** ~ blodkorv, blodpudding; ***rice*** ~ risgrynsgröt **2** efterätt

puddle [ˈpʌdl] *subst* pöl, vattenpuss

pudenda [pjuːˈdendə] *subst pl* latin yttre könsorgan spec. kvinnans

pudgy [ˈpʌdʒɪ] *adj* knubbig, rultig

puerile [ˈpjʊəraɪl, amer. ˈpjʊərl] *adj* barnslig

puerility [pjʊəˈrɪlətɪ] *subst* barnslighet

puff I [pʌf] *subst* **1** pust, puff **2** bloss [*a ~ at a pipe*] **3** sömnad puff **4** kok., ***cream*** ~ petit-chou; ***jam*** ~ smörbakelse med sylt i; ~ ***pastry*** smördeg

II [pʌf] *verb* **1** pusta, flåsa, flämta **2** blåsa i stötar; blåsa [*~ out a candle*] **3** bolma; bolma på [*~ a cigar*]; ~ ***away at a cigar*** bolma på en cigarr **4** ~ ***up*** svälla upp, svullna **5** ~ ***out*** blåsa upp [*~ out one's cheeks*]; ~ ***up*** blåsa upp; ***puffed up*** uppblåst, pösig

puffin [ˈpʌfɪn] *subst* lunnefågel

puff-puff [ˈpʌfpʌf] *subst* barnspr. tuff-tufftåg

puffy [ˈpʌfɪ] *adj* uppsvälld, svullen; påsig, pösig

pug [pʌg] *subst*, ~ el. ~ ***dog*** mops hundras

pugnacious [pʌgˈneɪʃəs] *adj* stridslysten

pug nose [ˈpʌgnəʊz] *subst* trubbnäsa

puke [pjuːk] *verb* vard. spy, kräkas

pulka [ˈpʌlkə] *subst* pulka

pull I [pʊl] *verb* **1** dra, rycka, hala; dra ut [*~ a tooth*] **2** sträcka [*~ a muscle*]

II [pʊl] *verb* med adv. o. prep.

pull apart 1 rycka isär, plocka isär **2** göra ner kritisera

pull down riva ned, dra ner

pull in 1 dra in **2** bromsa in **3** ~ ***in at*** stanna till i (hos)

pull off 1 dra av sig, ta av sig **2** vard. klara av [*he'll ~ it off*]

pull out 1 dra ut [*~ out a tooth*]; ta ur; dra fram **2** dra sig tillbaka [*the troops pulled out of the country*] **3** dra sig ur [*~ out of the business deal*] **4** köra ut [*the train pulled out of the station*]; svänga ut

pull over köra in till trottoarkanten

pull through klara sig [*she pulled through after her long illness*]

pull together: ~ ***oneself together*** ta sig samman; ta sig i kragen

pull up 1 dra upp, rycka upp **2** stanna [*he pulled up the car*]

III [pʊl] *subst* **1** drag, ryckning, tag **2** klunk, drag, bloss; ***take a ~ at one's pipe*** dra ett bloss på pipan

pulley [ˈpʊlɪ] *subst* block, trissa

pull-out I [ˈpʊlaʊt] *subst* **1** utvikningssida **2** tillbakadragande [*~ of troops*]

II [ˈpʊlaʊt] *adj* utdrags- [*~ bed*]

pullover [ˈpʊlˌəʊvə] *subst* pullover

pull-tab [ˈpʊltæb] *subst* rivöppnare på burk

pull-up [ˈpʊlʌp] *subst* **1** rastställe, kafé vid bilväg **2** gymn. armhävning från t.ex. trapets

pulp I [pʌlp] *subst* **1** mos, massa, gröt **2** fruktkött **3** pappersmassa **4** ~ ***fiction*** skräplitteratur

II [pʌlp] *verb* mosa

pulpit [ˈpʊlpɪt] *subst* predikstol

pulsate [pʌlˈseɪt] *verb* pulsera, vibrera

pulse [pʌls] *subst* puls, pulsslag

pulverize [ˈpʌlvəraɪz] *verb* pulvrisera, krossa

puma [ˈpjuːmə] *subst* puma djur

pumice stone [ˈpʌmɪsstəʊn] *subst* pimpsten

pummel [ˈpʌml] (*-ll-*) *verb* puckla på, mörbulta

1 pump [pʌmp] *subst* pl. ~***s*** a) släta herrskor b) amer. dampumps c) gymnastikskor

2 pump I [pʌmp] *subst* pump

II [pʌmp] *verb* pumpa

pumpkin [ˈpʌmpkɪn] *subst* växt pumpa

pun I [pʌn] *subst* ordlek, vits

II [pʌn] (*-nn-*) *verb* vitsa

Punch [pʌntʃ], ~ ***and Judy show*** ungefär kasperteater; ***as pleased as*** ~ vard. storbelåten; ***as proud as*** ~ vard. jättestolt

1 punch I [pʌntʃ] *subst* **1** puns, stans **2** hålslag **3** biljettång

II [pʌntʃ] *verb* stansa [*~ holes*], klippa [*~ tickets*]

2 punch I [pʌntʃ] *subst* **1** knytnävsslag **2** vard. snärt, sting

II [pʌntʃ] *verb* puckla på, slå till; ***I punched him on the nose*** jag klippte till honom på näsan

3 punch [pʌntʃ] *subst* **1** bål **2** ***Swedish*** ~ punsch

punchbag [ˈpʌntʃbæg] *subst* boxn. sandsäck

punchball ['pʌntʃbɔːl] *subst* boxn. boxboll
punchbowl ['pʌntʃbəʊl] *subst* bål skål
punch-drunk [ˌpʌntʃ'drʌŋk] *adj* boxn. punch-drunk, omtöcknad
punch-up ['pʌntʃʌp] *subst* vard. råkurr, slagsmål
punctual ['pʌŋktjʊəl] *adj* punktlig
punctuality [ˌpʌŋktjʊ'æləti] *subst* punktlighet
punctuate ['pʌŋktjʊeɪt] *verb* interpunktera, kommatera
punctuation [ˌpʌŋktjʊ'eɪʃən] *subst* interpunktion, kommatering; ~ ***mark*** skiljetecken
puncture I ['pʌŋktʃə] *subst* punktering
II ['pʌŋktʃə] *verb* punktera; få punktering på
pundit ['pʌndɪt] *subst* skämts. förståsigpåare
pungent ['pʌndʒənt] *adj* skarp, besk, frän
punish ['pʌnɪʃ] *verb* straffa, bestraffa
punishment ['pʌnɪʃmənt] *subst* **1** straff, bestraffning **2** vard. stryk
punk [pʌŋk] *subst* vard. **1** person liten skit, nolla **2** råskinn, buse **3** punk stil
punk rocker [pʌŋk'rɒkə] *subst* vard. punkare
punnet ['pʌnɪt] *subst* spånkorg, kartong för bär
punt I [pʌnt] *subst* stakbåt
II [pʌnt] *verb* staka en stakbåt
1 punter ['pʌntə] *subst* båtstakare
2 punter ['pʌntə] *subst* **1** satsare, spelare i hasardspel **2** vard. kund, konsument **3** vadhållare, tippare
puny ['pjuːnɪ] *adj* ynklig, liten, klen
pup [pʌp] *subst* valp, hundvalp
1 pupil ['pjuːpl] *subst* elev, lärjunge
2 pupil ['pjuːpl] *subst* anat. pupill
puppet ['pʌpɪt] *subst* marionett, docka
puppet theatre ['pʌpɪtˌθɪətə] *subst* dockteater, marionetteater
puppy ['pʌpɪ] *subst* hundvalp
purchase I ['pɜːtʃəs] *subst* köp, inköp
II ['pɜːtʃəs] *verb* köpa, förvärva; ***purchasing power*** köpkraft
purchaser ['pɜːtʃəsə] *subst* köpare
pure [pjʊə] *adj* **1** ren, oblandad, äkta; ~ ***silk*** helsiden **2** ren, idel, bara [*it's ~ envy*]
purée ['pjʊəreɪ] *subst* kok. puré
purely ['pjʊəlɪ] *adv* enbart, helt och hållet; ~ ***by accident*** av en ren händelse
purgative ['pɜːgətɪv] *subst* laxermedel
purgatory ['pɜːgətərɪ] *subst* skärseld, prövning
purge I [pɜːdʒ] *verb* **1** rena [*of* från] **2** polit. rensa upp i [*~ a party*]
II [pɜːdʒ] *subst* **1** rening **2** polit. utrensning
purification [ˌpjʊərɪfɪ'keɪʃən] *subst* rening, renande
purify ['pjʊərɪfaɪ] *verb* rena; renas
puritan I ['pjʊərɪtən] *subst* puritan
II ['pjʊərɪtən] *adj* puritansk
puritanical [ˌpjʊərɪ'tænɪkl] *adj* puritansk
purity ['pjʊərətɪ] *subst* renhet
purl [pɜːl] *subst* avig maska i stickning
purloin [pɜː'lɔɪn] *verb* stjäla, snatta
purple I ['pɜːpl] *subst* purpur
II ['pɜːpl] *adj* purpurfärgad, mörklila, purpurröd
purport [pə'pɔːt] *verb* påstå sig [*to be* vara]
purpose ['pɜːpəs] *subst* **1** syfte, avsikt, mening; ***for cooking ~s*** till matlagning; ***for all practical ~s*** i praktiken; ***on*** ~ med avsikt, med flit **2** mål [*a ~ in life*]
purposeful ['pɜːpəsfʊl] *adj* målmedveten
purposely ['pɜːpəslɪ] *adv* med avsikt, med flit
purr I [pɜː] *verb* katts spinna
II [pɜː] *subst* om katt spinnande
purse I [pɜːs] *subst* portmonnä, börs, amer. handväska, portmonnä
II [pɜːs] *verb* rynka, dra ihop [*~ one's brows*]
purser ['pɜːsə] *subst* sjö. el. flyg. purser
purse strings ['pɜːsstrɪŋz] *subst pl*, ***hold the*** ~ ha hand om kassan
pursue [pə'sjuː] *verb* **1** förfölja, jaga **2** fullfölja
pursuer [pə'sjuːə] *subst* förföljare
pursuit [pə'sjuːt] *subst* **1** förföljelse [*of* av], jakt [*of* på]; ***be in ~ of*** vara på jakt efter **2** sysselsättning, syssla
purveyor [pɜː'veɪə] *subst* leverantör
pus [pʌs] *subst* med. var
push I [pʊʃ] *verb* **1** skjuta, skjuta 'på, leda [*~ a bike*] **2** dra [*~ a pram*], knuffa till, stöta till, driva **3** knuffas [*don't ~!*], tränga sig [*she pushed past me*]; ~ ***one's way*** tränga sig fram **4** trycka på [*~ a button*] **5** pressa, tvinga; ***be pushed for time*** ha ont om tid **6** sl. langa [*~ drugs*]
II [pʊʃ] *verb* med adv. o. prep. kila
push around vard. köra med [*she always pushes me around*]
push in tränga sig före
push off: ~ ***off!*** stick!
push on 1 köra vidare, gå vidare [*to* till] **2** skynda på [*~ on with one's work*]
push over knuffa omkull
push through driva igenom

III [pʊʃ] *subst* **1** knuff, puff, stöt **2** vard. framåtanda
pushbike ['pʊʃbaɪk] *subst* trampcykel
pushbutton ['pʊʃˌbʌtn] *subst* tryckknapp; ~ ***tuning*** tryckknappsinställning; ~ ***telephone*** knapptelefon
pushcart ['pʊʃkɑːt] *subst* **1** kärra **2** kundvagn **3** barnstol på hjul
pushchair ['pʊʃ-tʃeə] *subst* sittvagn
pusher ['pʊʃə] *subst* **1** gåpåare **2** sl. langare; ***drug*** ~ knarklangare
pushover ['pʊʃˌəʊvə] *subst* vard. **1** smal sak, enkel match **2** lätt byte
push-up ['pʊʃʌp] *subst* **1** armhävning från golvet **2** ~ el. ~ ***bra*** pushup-behå
puss [pʊs] *subst* kisse; ***puss! puss!*** kiss! kiss!
1 pussy ['pʊsɪ] *subst* kissekatt, kissemiss
2 pussy ['pʊsɪ] *subst* vulg. fitta, mus
pussycat ['pʊsɪkæt] *subst* kissekatt, kissemisse
pussy willow ['pʊsɪˌwɪləʊ] *subst* sälg
put I [pʊt] (*put put*) (*putting*) *verb* **1** lägga, sätta, ställa **2** stoppa, sticka [~ *sth into one's pocket*] **3** hälla, slå [~ *milk in the tea*] **4** ~ ***sb to*** förorsaka ngn [~ *sb to expense*]; ~ ***oneself to*** göra sig, skaffa sig, dra på sig [~ *oneself to a lot of trouble*] **5** uppskatta, beräkna [*at* till], värdera [*at* till] **6** uttrycka, säga [*it can be ~ in a few words*], framställa [~ *the matter clearly*]; ställa, rikta [~ *a question to sb*] **7** hålla, satsa, sätta [~ *money on a horse*] **8** sjö., ~ ***into port*** söka hamn; ~ ***to sea*** löpa ut, sticka till sjöss
II [pʊt] (*put put*) (*putting*) *verb* med adv. o. prep.
put across vard. föra fram, få fram [*he has plenty to say but he can't ~ it across*]
put aside 1 lägga bort, lägga ifrån sig **2** lägga undan [~ *aside a bit of money*]
put away 1 lägga undan, lägga ifrån sig **2** vard. avliva [*my dog had to be ~ away*]
put back 1 lägga tillbaka **2** vrida tillbaka, ställa tillbaka [~ *the clock back*]
put by lägga undan, spara [~ *money by*]
put down 1 lägga ned, lägga ifrån sig; sätta av, släppa av [~ *me down at the corner*] **2** slå ned, kuva [~ *down a rebellion*] **3** anteckna, skriva upp **4** ~ ***down to*** tillskriva, skylla på [*she ~s it down to the weather*]
put forward 1 lägga fram, framställa; föreslå; ~ ***forward a proposal*** lägga fram ett förslag **2** vrida fram, ställa fram [~ *the clock forward*]
put in 1 lägga in, installera [~ *in central heating*], sticka in **2** lägga ner [~ *in a lot of work*] **3** skjuta in **4** lämna in, ge in; ~ ***in for*** ansöka om [*he ~ in for the job*] **5** sjö. löpa in [~ *in to harbour*]
put off 1 lägga bort (av); sätta av, släppa av [*he ~ me off at the station*] **2** skjuta upp, vänta med **3** vard. distrahera; stöta [*his manners ~ me off*]; få att tappa lusten
put on 1 lägga på, sätta på [~ *the lid on*]; sätta på, ta på [~ *on one's coat*] **2** öka [~ *on speed*]; ~ ***on weight*** gå upp i vikt **3** sätta i gång; ~ ***on the clock*** ställa (vrida) fram klockan **4** sätta på [~ *on the radio*]; ~ ***on the light*** tända ljuset **5** ~ ***on to*** tele. koppla till; ***please ~ me on to...*** kan jag få...
put out 1 lägga ut, lägga fram; räcka fram [~ *out one's hand*], räcka ut [~ *out one's tongue*]; hänga ut [~ *out flags*] **2** köra ut, kasta ut; ~ ***sb out of his misery*** göra slut på ngns lidanden; ~ ***sb out of the way*** röja ngn ur vägen **3** släcka [~ *out the fire*; ~ *out the light*] **4** göra ngn stött; störa [*the interruptions ~ me out*] **5** ~ ***oneself out*** göra sig besvär **6** sticka ut [*to sea* till sjöss]
put together lägga ihop, lägga samman; sätta ihop, montera [~ *together a machine*]
put up 1 sätta upp; slå upp, resa [~ *up a tent*]; ställa upp [~ *up a team*] **2** räcka upp, sträcka upp [~ *up one's hand*]; slå upp, fälla upp [~ *up one's umbrella*], hissa [~ *up a flag*] **3** höja, driva upp [~ *up the price*] **4** utbjuda [~ *up for sale*] **5** hysa, ta emot [~ *sb up for the night*]; ~ ***up at a hotel*** ta in på ett hotell **6** ~ ***up with*** stå ut med, finna sig i, tåla, tolerera
putrefaction [ˌpjuːtrɪ'fækʃən] *subst* förruttnelse, röta
putrefy ['pjuːtrɪfaɪ] *verb* ruttna, bli rutten
putrid ['pjuːtrɪd] *adj* **1** rutten **2** vard. urusel
putt I [pʌt] *verb* golf. putta
II [pʌt] *subst* golf. putt
putting-green ['pʌtɪŋgriːn] *subst* golf. **1** inslagsplats **2** minigolfbana
putty ['pʌtɪ] *subst* kitt, spackel
put-up ['pʊtʌp] *adj*, ***it's a ~ job*** det är ett beställningsjobb
put-you-up ['pʊtjʊʌp] *subst* bäddsoffa
puzzle I ['pʌzl] *verb* förbrylla; ~ ***one's head*** bry sin hjärna [*over, about* med]; ~ ***out*** lista ut, fundera ut
II ['pʌzl] *subst* **1** gåta **2** pussel
puzzling ['pʌzlɪŋ] *adj* förbryllande, gåtfull
pygmy ['pɪgmɪ] *subst* pygmé, dvärg
pyjamas [pə'dʒɑːməz] *subst pl* pyjamas; ***a pair of*** ~ en pyjamas

pylon ['paɪlən] *subst* kraftledningsstolpe; ***radio*** ~ radiomast
pyramid ['pɪrəmɪd] *subst* pyramid
pyre ['paɪə] *subst* bål spec. för likbränning
Pyrenees [ˌpɪrə'niːz] *subst pl*, ***the*** ~ Pyrenéerna
pyromaniac [ˌpaɪrə'meɪnɪæk] *subst* pyroman
python ['paɪθən] *subst* pytonorm

Qq

Q o. **q** [kjuː] *subst* Q, q
1 quack I [kwæk] *verb* om ankor snattra; om personer tjattra
II [kwæk] *subst* snatter
2 quack [kwæk] *subst* kvacksalvare, charlatan
quad [kwɒd] *subst* **1** gård i college **2** vard. fyrling
quadrangle ['kwɒdræŋgl] *subst* **1** geom. fyrhörning, fyrkant **2** gård i college
quadrilateral I [ˌkwɒdrɪ'lætrəl] *subst* fyrsiding
II [ˌkwɒdrɪ'lætrəl] *adj* fyrsidig
quadruped ['kwɒdrʊped] *subst* fyrfotadjur
quadruple ['kwɒdrʊpl] *adj* fyrdubbel, fyrfaldig
quadruplet ['kwɒdrʊplət] *subst* fyrling
quagmire ['kwægmaɪə] *subst* gungfly, moras
quail [kweɪl] *subst* fågel vaktel
quaint [kweɪnt] *adj* **1** pittoresk [*a ~ old house*] **2** befängd [*a ~ idea*]
quake [kweɪk] *verb* skaka, skälva, darra
Quaker ['kweɪkə] *subst* relig. kväkare
qualification [ˌkwɒlɪfɪ'keɪʃən] *subst* **1** kvalifikation, merit; egenskap **2** villkor, krav [*~s for membership*]
qualified ['kwɒlɪfaɪd] *adj* kvalificerad, kompetent, meriterad [*for* för], behörig
qualify ['kwɒlɪfaɪ] *verb* **1** kvalificera, meritera, berättiga [*for* till], kvalificera sig, meritera sig; ***qualifying match*** sport. kvalificeringsmatch, kvalmatch [*for* för]
qualitative ['kwɒlɪtətɪv] *adj* kvalitativ
quality ['kwɒlətɪ] *subst* **1** kvalitet; ~ ***time*** tid man ägnar åt familjen; ***the ~ of life*** livskvalité **2** egenskap [*he has many good qualities*]
qualm [kwɑːm] *subst*, ***~s*** el. ***~s of conscience*** samvetskval
quandary ['kwɒndərɪ] *subst* bryderi, dilemma [*be in a ~*]
quantitative ['kwɒntɪtətɪv] *adj* kvantitativ
quantity ['kwɒntətɪ] *subst* **1** kvantitet, mängd; ***she is an unknown*** ~ hon är ett oskrivet blad
quarantine ['kwɒrəntiːn] *subst* karantän
quarrel I ['kwɒrəl] *subst* gräl; ***pick a*** ~

mucka gräl
II ['kwɒrəl] (*-ll-*, amer. *-l-*) *verb* gräla
quarrelsome ['kwɒrəlsəm] *adj* grälsjuk
1 quarry ['kwɒrɪ] *subst* villebråd
2 quarry ['kwɒrɪ] *subst* stenbrott; ***slate*** ~ skifferbrott
quart [kwɔːt] *subst* quart rymdmått för våta varor, britt. = 2 *pints* = 1,136 liter, amer. = 0,946 liter
quarter I ['kwɔːtə] *subst* **1** fjärdedel; ***a ~ of a century*** ett kvartssekel **2** ***a ~ of an hour*** en kvart, en kvarts timme; ***a ~ past ten*** el. amer. ***a ~ after ten*** kvart över tio; ***a ~ to ten*** el. amer. ***a ~ of ten*** kvart i tio **3** kvartal **4** mått el. ungefär ett hekto [*a ~ of sweets*] **5** amer. 25 cent **6** kvarter [*a slum ~*] **7** håll; ***hear sth from a reliable ~*** höra ngt från säkert håll; ***in high ~s*** på högre ort; ***in some ~s*** på sina håll **8** pl. ***~s*** logi, bostad; spec. mil. kvarter, förläggning; ***take up one's ~s*** inkvartera sig
II ['kwɔːtə] *verb* **1** dela i fyra delar **2** mil. inkvartera [*on sb*, *with sb* hos ngn]
quarterdeck ['kwɔːtədek] *subst* sjö. halvdäck, akterdäck
quarter-final [ˌkwɔːtə'faɪnl] *subst* sport. kvartsfinal
quarterly I ['kwɔːtəlɪ] *adj* kvartals-
II ['kwɔːtəlɪ] *adv* kvartalsvis
quartet [kwɔː'tet] *subst* kvartett äv. musik.
quarto ['kwɔːtəʊ] (pl. *~s*) *subst* kvartsformat
quartz [kwɔːts] *subst* kvarts mineral; ***~ clock*** el. ***~ watch*** kvartsur; ***~ crystal*** kvartskristall
quash [kwɒʃ] *verb* **1** jur. ogilla, ogiltigförklara **2** krossa, kuva [*~ a rebellion*]
quasi ['kwɑːzɪ] *prefix* halv- [*quasi-official*], halvt; kvasi-
quay [kiː] *subst* kaj
quayside ['kiːsaɪd] *subst* kajområde
queasy ['kwiːzɪ] *adj* illamående
queen [kwiːn] *subst* **1** drottning **2** schack. drottning, dam **3** kortsp. dam; ***~ of hearts*** hjärterdam
queer I [kwɪə] *adj* **1** illamående; ***I feel a bit ~*** jag känner mig lite konstig **2** ngt åld. konstig, underlig
II [kwɪə] *subst* neds. sl. fikus, bög
quell [kwel] *verb* kuva [*~ a rebellion*]
quench [kwentʃ] *verb* släcka [*~ a fire*]; ***~ one's thirst*** släcka törsten
query I ['kwɪərɪ] *subst* **1** fråga, förfrågan; ***raise a ~*** väcka en fråga **2** frågetecken som sätts i marginal
II ['kwɪərɪ] *verb* **1** fråga om **2** ifrågasätta
quest [kwest] *subst* sökande [*for* efter]; ***in ~ of*** på jakt efter
question I ['kwestʃən] *subst* fråga, spörsmål; ***there is no ~ about it*** det råder inget tvivel om det; ***call into ~*** ifrågasätta; ***it is out of the ~*** det kommer aldrig i fråga; ***without ~*** utan tvekan
II ['kwestʃən] *verb* **1** fråga, ställa frågor till **2** förhöra [*he was questioned by the police*] **3** ifrågasätta
questionable ['kwestʃənəbl] *adj* tvivelaktig, diskutabel
questioning I ['kwestʃənɪŋ] *adj* frågande [*a ~ look*]
II ['kwestʃənɪŋ] *subst* förhör; ***take sb in for ~*** ta ngn till polisstationen för förhör
question-mark ['kwestʃənmɑːk] *subst* frågetecken
questionnaire [ˌkwestʃə'neə] *subst* frågeformulär
queue I [kjuː] *subst* kö; ***jump the ~*** vard. tränga sig före i kön
II [kjuː] *verb*, ***~ up*** el. ~ köa [*for* för, till]
quibble I ['kwɪbl] *subst* **1** spetsfundighet **2** mindre anmärkning
II ['kwɪbl] *verb*, ***~ about*** käbbla om
quick I [kwɪk] *adj* snabb, hastig, kvick
II [kwɪk] *adv* vard. fort, kvickt, snabbt [*come ~!*]
quicken ['kwɪkən] *verb* **1** påskynda, öka; ***~ one's pace*** öka farten, öka takten **2** bli hastigare
quick-freeze [ˌkwɪk'friːz] (*quick-froze quick-frozen*) *verb* snabbfrysa, djupfrysa
quick-froze [ˌkwɪk'frəʊz] imperf. av *quick-freeze*
quick-frozen [ˌkwɪk'frəʊzn] perf. p. av *quick-freeze*
quickie ['kwɪkɪ] *subst* vard. snabbis snabb drink snabbt samlag kort fråga
quickly ['kwɪklɪ] *adv* snabbt, hastigt, fort
quicksand ['kwɪksænd] *subst* kvicksand
quicksilver ['kwɪkˌsɪlvə] *subst* **1** åld., se *mercury* **2** ***he is like ~*** han är som ett kvicksilver
quick-tempered [ˌkwɪk'tempəd] *adj* häftig, lättretad
quid [kwɪd] (pl. lika) *subst* vard. pund [*ten ~*]
quiet I ['kwaɪət] *adj* **1** lugn, stilla, tyst; ***be ~!*** var tyst!; ***keep sth ~*** hålla tyst med ngt; ***on the ~*** vard. i hemlighet, i smyg **2** stillsam, tystlåten **3** lugn, diskret [*~ colours*]
II ['kwaɪət] *subst* stillhet, lugn; tystnad; ***in peace and ~*** i lugn och ro

quieten ['kwaɪətn] *verb* lugna [*~ a baby*], stilla, få tyst på; ~ ***down*** lugna sig; tystna

quilt [kwɪlt] *subst* täcke; ~ ***cover*** påslakan; ***continental*** ~ el. ~ duntäcke

quince [kwɪns] *subst* frukt kvitten

quinine [kwɪ'ni:n, amer. 'kwaɪnaɪn] *subst* kem. kinin

quintet [kwɪn'tet] *subst* kvintett äv. musik.

quisling ['kwɪzlɪŋ] *subst* quisling, landsförrädare

quit I [kwɪt] *adj* fri, befriad [*of* från]

II [kwɪt] (*quitted quitted* el. *quit quit*) (*-tt-*) *verb* **1** lämna [*~ the country*], sluta på [*~ one's job*] **2** sluta upp med, lägga av [*doing sth* att göra ngt] **3** flytta om hyresgäst; sluta [*~ because of poor pay*]; ***give sb notice to*** ~ säga upp ngn; ***get notice to*** ~ bli uppsagd

> **quite**
> Skilj mellan *quiet* tyst, *quit* lämna och *quite* alldeles, ganska. Ibland måste sammanhanget avgöra vad som egentligen menas med *quite*, t.ex. *quite impossible* fullständigt omöjlig, *quite good* ganska bra.

quite [kwaɪt] *adv* **1** alldeles, helt [*~ impossible*], helt [*she is ~ young*], mycket [*~ possible*]; ~ ***another thing*** en helt annan sak; ***she is*** ~ ***a child*** hon är bara barnet; ***when*** ~ ***a child*** redan som barn; ~ ***the best*** det allra bästa **2** ganska, rätt, nog så; ***that I can*** ~ ***believe*** det tror jag gärna; ***I don't*** ~ ***know*** jag vet inte riktigt; ***not*** ~ ***six weeks*** knappt sex veckor **3** ~ ***so!*** el. ~***!*** alldeles riktigt!

quits [kwɪts] *adj* kvitt [*we are ~ now*]

quiver I ['kwɪvə] *verb* darra, skälva [*with* av]

II ['kwɪvə] *subst* **1** darrning, skalv **2** koger

quiz [kwɪz] *subst* frågesport, frågelek

quizmaster ['kwɪz,mɑ:stə] *subst* frågesportsledare

quoits [kwɔɪts] med verb i sing. *subst* sport. ringkastning, quoits

quota ['kwəʊtə] *subst* kvot, fördelningskvot

quotation [kwəʊ'teɪʃən] *subst* **1** citat, citerande; ~ ***mark*** citationstecken, anföringstecken **2** hand. kurs [*for* på]; notering; ***get a*** ~ få ett kostnadsförslag

quote I [kwəʊt] *verb* **1** citera, anföra **2** hand. notera

II [kwəʊt] *subst* vard. **1** citat **2** pl. ***~s*** citationstecken, anföringstecken

Rr

R o. **r** [ɑː] *subst* R, r

rabbi ['ræbaɪ] *subst* rabbin ledare i judisk församling

rabbit ['ræbɪt] *subst* **1** kanin, amer. ibland hare **2** amer. hare, pacemaker i löpning **3** hare attrapp vid hundkapplöpning

rabbit hutch ['ræbɪthʌtʃ] *subst* kaninbur

rabble ['ræbl] *subst*, ***the*** ~ pöbeln, patrasket

rabid ['ræbɪd] *adj* **1** rabiat, fanatisk **2** rabiessmittad

rabies ['reɪbiːz] *subst* med. rabies

raccoon [rə'kuːn] *subst* tvättbjörn, sjubb

1 race [reɪs] *subst* ras [*the white* ~]; stam, släkte; ***the human*** ~ människosläktet

2 race I [reɪs] *subst* kapplöpning, kappkörning; ***the*** ~***s*** kapplöpningarna; ***flat*** ~ slätlopp; ***a*** ~ ***against time*** en kapplöpning med tiden; ***run a*** ~ springa i kapp

II [reɪs] *verb* **1** springa i kapp, delta i kapplöpningar **2** springa (löpa, köra) i kapp med **3** rusa [~ *home*]

racecourse ['reɪskɔːs] *subst* kapplöpningsbana

racegoer ['reɪsˌgəʊə] *subst*, ***he is a*** ~ han går ofta på hästkapplöpningar

racehorse ['reɪshɔːs] *subst* kapplöpningshäst

racetrack ['reɪstræk] *subst* **1** löparbana **2** racerbana **3** hästkapplöpningsbana

racial ['reɪʃl] *adj* ras-; ~ ***discrimination*** rasdiskriminering

racing ['reɪsɪŋ] *subst* kapplöpning, hastighetstävling; tävlings-; ***a*** ~ ***driver*** en racerförare

racism ['reɪsɪzəm] *subst* rasism

racist ['reɪsɪst] *subst* rasist

1 rack I [ræk] *subst* **1** ställ [*pipe* ~]; för att hänga tvätt på ställning; ***off the*** ~ amer. vard. konfektionssydd **2** hylla [*hat* ~]; bagagehylla **3** ***be on the*** ~ ligga på sträckbänken

II [ræk] *verb* pina, plåga; ~ ***one's brains*** bry sin hjärna

2 rack [ræk] *subst*, ***go to*** ~ ***and ruin*** a) falla sönder b) gå åt pipan

1 racket ['rækɪt] *subst* sport. racket

2 racket ['rækɪt] *subst* **1** oväsen, larm; ***kick up a*** ~ vard. föra ett förfärligt oväsen **2** vard. skoj, bluff; skumraskaffär; ***it's a proper*** ~ det är rena rama bluffen

racketeer [ˌrækɪ'tɪə] *subst* vard. svindlare, skojare

racketeering [ˌrækɪ'tɪərɪŋ] *subst* vard. skoj, fiffel; organiserad utpressning

radar ['reɪdɑː] *subst* radar, radarsystem

radial I ['reɪdɪəl] *adj* radial [~ *tyre*]

II ['reɪdɪəl] *subst* radialdäck

radiance ['reɪdjəns] *subst* strålglans

radiant ['reɪdjənt] *adj* strålande [*a* ~ *smile*]

radiate ['reɪdɪeɪt] *verb* **1** utstråla [~ *energy*; ~ *happiness*] **2** stråla, stråla ut [*roads radiating from Oxford*]

radiation [ˌreɪdɪ'eɪʃən] *subst* strålning, radioaktivitet

radiator ['reɪdɪeɪtə] *subst* **1** värmeelement, radiator **2** kylare på bil

radical I ['rædɪkl] *adj* radikal, genomgripande [~ *changes*]

II ['rædɪkəl] *subst* polit. radikal

radii ['reɪdɪaɪ] *subst pl* av *radius*

radio I ['reɪdɪəʊ] (pl. ~*s*) *subst* radio, radioapparat, radiomottagare; ~ ***patrol car*** radiobil hos polisen; ***listen to the*** ~ lyssna på radio

II ['reɪdɪəʊ] *verb* radiotelegrafera till

radioactive [ˌreɪdɪəʊ'æktɪv] *adj* radioaktiv

radioactivity [ˌreɪdɪəʊæk'tɪvətɪ] *subst* radioaktivitet

radio-operator [ˌreɪdɪəʊ'ɒpəreɪtə] *subst* radiotelegrafist

radiotherapy [ˌreɪdɪəʊ'θerəpɪ] *subst* stråkbehandling

radish ['rædɪʃ] *subst* rädisa; ***black*** ~ rättika

radium ['reɪdjəm] *subst* kem. radium

radius ['reɪdjəs] (pl. *radii* ['reɪdɪaɪ]) *subst* radie

radon ['reɪdɒn] *subst* kem. radon

RAF [ˌɑːreɪ'ef] (förk. för *Royal Air Force*) brittiska flygvapnet

raffia ['ræfɪə] *subst* rafiabast

raffle I ['ræfl] *subst* tombola, lotteri; ~ ***ticket*** lott

II ['ræfl] *verb* lotta ut genom tombola, lotta bort

raft [rɑːft] *subst* **1** flotte [*a rubber* ~] **2** timmerflotte

rag [ræg] *subst* **1** trasa **2** vard. tidningsblaska

ragamuffin ['rægəˌmʌfɪn] *subst* rännstensunge

rage I [reɪdʒ] *subst* **1** raseri; ***be in a*** ~ vara rasande; ***fly into a*** ~ bli rasande **2** ***be the*** ~ el. ***be all the*** ~ vard. vara sista skriket

II [reɪdʒ] *verb* rasa, härja

ragged ['rægɪd] *adj* **1** trasig, söndersliten **2** ryckig, ojämn [*a ~ performance*]
raglan ['ræglən] *subst* raglan; ~ ***sleeve*** raglanarm
ragout [ræ'guː] *subst* kok. ragu
raid I [reɪd] *subst* **1** räd, plundringståg **2** kupp [*on* mot]; razzia [*on* mot, i]
II [reɪd] *verb* **1** göra en räd mot, plundra **2** göra en razzia mot
raider ['reɪdə] *subst* **1** deltagare i räd **2** kommandosoldat
rail [reɪl] *subst* **1** stång i t.ex. räcke; ledstång, räcke; ***curtain*** ~ gardinstång; ***towel*** ~ handduksstång **2** sjö. reling **3** skena, räls; ***by*** ~ med järnväg; ***go off the ~s*** spåra ur, komma i olag
railcard ['reɪlkɑːd] *subst* rabattkort på tåg
railing ['reɪlɪŋ] *subst* pl. ~*s* järnstaket, räcke
railroad ['reɪlrəʊd] *subst* amer., se *railway*
railway ['reɪlweɪ] *subst* järnväg; järnvägs- [~ *station*]; ~ ***yard*** bangård; ***by*** ~ med (på) järnväg
rain I [reɪn] *subst* regn, regnväder; ***freezing*** ~ underkylt regn; ***right as*** ~ vard. prima, frisk som en nötkärna
II [reɪn] *verb* **1** regna **2** hagla [*the blows rained on him*]; strömma [*tears rained down her cheeks*] **3** ösa, låta hagla; ~ ***blows on a person*** låta slagen hagla över en person; ***it never ~s but it pours*** ordspr. en olycka kommer sällan ensam; ***it's raining cats and dogs*** el. ***it's raining buckets*** regnet står som spön i backen
rainbow ['reɪnbəʊ] *subst* regnbåge
raincheck ['reɪntʃek] *subst* **1** amer. ersättningsbiljett för evenemang som inställs på grund av regn; tillgodokvitto **2** ***I'll take a ~ on that*** jag får ha det till godo
raincoat ['reɪnkəʊt] *subst* regnrock
rainfall ['reɪnfɔːl] *subst* **1** regn, regnskur **2** regnmängd, nederbörd
rainproof ['reɪnpruːf] *adj* regntät, vattentät
rainy ['reɪnɪ] *adj* regnig, regn- [~ *season*]
raise I [reɪz] *verb* **1** resa, lyfta, resa upp, ta upp; hissa (dra) upp; ~ ***one's hand against sb*** lyfta sin hand mot ngn hota ngn; ~ ***one's eyebrows*** höja på ögonbrynen; ~ ***one's glass to sb*** höja sitt glas för ngn, dricka ngn till; ~ ***one's hat to sb*** lyfta på hatten för ngn **2** höja [~ *prices*]; ~ ***one's voice*** höja rösten **3** uppföra, resa [~ *a monument*] **4** föda upp [~ *cattle*], odla; ~ ***children*** spec. amer. uppfostra barn; ~ ***a family*** amer. bilda familj, skaffa barn **5** uppväcka [~ *from the dead*]; frammana [~ *spirits*]; ~ ***hell*** el. ~ ***the roof*** vard. föra ett helvetes liv, röra upp himmel och jord **6** orsaka, väcka [~ *sb's hopes*]; ~ ***the alarm*** slå larm; ~ ***a laugh*** framkalla skratt **7** lägga fram, framställa [~ *a claim*], väcka, ta upp [~ *a question*] **8** samla, samla ihop; ~ ***money*** skaffa pengar; ~ ***a loan*** ta ett lån **9** häva [~ *an embargo*]
II [reɪz] *subst* spec. amer. lönelyft, löneförhöjning
raisin ['reɪzn] *subst* russin
1 rake I [reɪk] *subst* räfsa, kratta; ***thin as a*** ~ smal som en sticka
II [reɪk] *verb* räfsa, kratta; ~ ***in a lot of money*** håva in en massa pengar, tjäna storkovan; ~ ***together*** el. ~ ***up*** räfsa ihop; skrapa ihop; ~ ***up the past*** riva upp det förflutna
2 rake [reɪk] *subst* rumlare, rucklare
rally I ['rælɪ] *verb* **1** samla, samla ihop **2** samlas, samla sig; ~ ***to sb's defence*** komma till ngns försvar; ***rallying point*** samlingspunkt **3** samla nya krafter
II ['rælɪ] *subst* **1** samling **2** möte [*a peace* ~], massmöte **3** rally [*a motor* ~] **4** sport. slagväxling, lång boll, bollduell
RAM [ræm] (förk. för *Random Access Memory*) data. RAM, RAM-minne
ram I [ræm] *subst* bagge; om person bock [*he is an old* ~]
II [ræm] (*-mm-*) *verb* **1** slå ned, stöta ned; ~ ***sth into sb's head*** slå in ngt i huvudet på ngn **2** vard. stoppa, proppa [~ *clothes into a bag*] **3** ramma [~ *a ship*]
ramble I ['ræmbl] *verb* ströva omkring, vandra omkring; ~ ***on*** pladdra på
II ['ræmbl] *subst* strövtåg, vandring utan mål
rambler ['ræmblə] *subst* **1** vandrare **2** blomma klängros
ramification [ˌræmɪfɪ'keɪʃən] *subst* **1** förgrening **2** följd, komplikation
ramp [ræmp] **1** *subst* ramp **2** uppfart, nerfart **3** farthinder
rampant ['ræmpənt] *adj* grasserande; ***be*** ~ sprida sig, härja, frodas
rampart ['ræmpɑːt] *subst* fästningsvall
ramshackle ['ræmˌʃækl] *adj* fallfärdig
ran [ræn] imperf. o. perf. p. av *run I*
ranch [rɑːntʃ, amer. ræntʃ] *subst* i USA ranch, farm
rancher ['rɑːntʃə, amer. 'ræntʃə] *subst* **1** ranchägare **2** rancharbetare
rancid ['rænsɪd] *adj* härsken
rancour ['ræŋkə] *subst* hätskhet, agg
random I ['rændəm] *subst*, ***at*** ~ på måfå

II ['rændəm] *adj* på måfå; ***a ~ bullet*** en förlupen kula; ***a random remark*** ett lösryckt yttrande; ***~ sample*** stickprov

randy ['rændɪ] *adj* vard. kåt

rang [ræŋ] imperf. o. perf. p. av *1 ring I*

range I [reɪndʒ] *subst* **1** rad, räcka; ***~ of mountains*** bergskedja **2** ~ el. ***rifle ~*** skjutbana **3** räckvidd, omfång, aktionsradie; avstånd; ***frequency ~*** frekvensområde; ***medium ~*** medeldistans; ***price ~*** prisklass; ***at long ~*** på långt håll; ***at short ~*** på nära håll; ***a wide ~ of colours*** en vidsträckt färgskala; ett stort urval av färger; ***a wide ~ of topics*** ett brett ämnesurval **4** ***out of ~ of*** el. ***beyond ~ of*** utom skotthåll för; ***within ~ of*** inom skotthåll för **5** amer. spis **6** amer. betesmark

II [reɪndʒ] *verb* **1** ställa i rad **2** klassificera; inordna **3** ströva i, vandra i **4** sträcka sig, löpa **5** ha sin plats, ligga [*with* bland, jämte] **6** variera inom vissa gränser; ***children ranging in age from two to twelve*** barn i åldern mellan två och tolv år **7** nå, ha en räckvidd av

range-finder ['reɪndʒˌfaɪndə] *subst* **1** mil. el. foto. avståndsmätare

1 rank I [ræŋk] *subst* **1** rad, räcka **2** mil. led; ***the ~s*** el. ***the ~ and file*** a) mil. de meniga, manskapet b) gemene man, de djupa leden; ***close ~s*** sluta leden, hålla ihop; ***rise from the ~s*** arbeta sig upp **3** rang; mil. grad [*military ~s*]

II [ræŋk] *verb* **1** ställa upp i led **2** placera, inordna [*among, with* bland, jämte]; klassificera, ha rang [*as, with* som, av]; räknas [*among, with* bland]; ***~ above*** ha högre rang än **3** sport. ranka; rankas

2 rank [ræŋk] *adj* **1** yppig, tät **2** grov [*~ injustice*] **3** fullkomlig [*a ~ outsider*]

ranking ['ræŋkɪŋ] *subst* rang, rangordning, rankinglista

ransack ['rænsæk] *verb* **1** leta igenom, undersöka **2** plundra

ransom I ['rænsəm] *subst* lösen

II ['rænsəm] *verb* frige mot lösen

rant [rænt] *verb* gorma; ***~ and rave*** gorma och skrika

rap I [ræp] *subst* **1** rapp, smäll, slag, knackning; ***a ~ at the door*** det knackade på dörren **2** amer. sl., ***a murder ~*** en mordanklagelse; ***a ten-year ~*** ett tioårigt fängelsestraff **3** ***take the ~ for*** vard. få skulden för

II [ræp] (*-pp-*) *verb* slå, smälla; knacka, knacka på [*~ at (on) the door*]

rape I [reɪp] *verb* våldta

II [reɪp] *subst* våldtäkt

rapid I ['ræpɪd] *adj* hastig, snabb, rask

II ['ræpɪd] *subst* pl. ***~s*** fors

rapidity [rə'pɪdətɪ] *subst* hastighet, snabbhet

rapier ['reɪpɪə] *subst* svärd värja

rapist ['reɪpɪst] *subst* våldtäktsman

rapping ['ræpɪŋ] *subst* rapping sångliknande snabbprat till rockmusik

rapt [ræpt] *adj* hänryckt

rapture ['ræptʃə] *subst* hänryckning, extas

1 rare [reə] *adj* sällsynt

2 rare [reə] *adj* lätt stekt, blodig [*I like my steak* (biff) *~*]

rarely ['reəlɪ] *adv* sällan; sällsynt

raring ['reərɪŋ] *adj* vard., ***they were ~ to go*** de var heltända på att börja (gå)

rarity ['reərətɪ] *subst* sällsynthet, raritet

rascal ['rɑːskl] *subst* **1** lymmel **2** skämts. rackare

1 rash [ræʃ] *subst* med. hudutslag

2 rash [ræʃ] *adj* obetänksam, förhastad

rasher ['ræʃə] *subst*, ***a ~ of bacon*** el. ***a ~*** tunn baconskiva

rasp I [rɑːsp] *subst* **1** rasp, grov fil **2** raspande

II [rɑːsp] *verb* skorra, skorra i; ***a rasping voice*** en skrovlig röst

raspberry ['rɑːzbərɪ, amer. 'ræzberɪ] *subst* **1** hallon **2** sl. föraktfull fnysning; ***blow sb a ~*** el. ***give sb the (a) ~*** fnysa föraktfullt åt ngn, bua ut ngn

rat I [ræt] *subst* **1** råtta; ***smell a ~*** vard. ana oråd **2** ***he's a ~*** vard. han är en skitstövel

II [ræt] (*-tt-*) *verb*, ***~ on*** tjalla på

rate I [reɪt] *subst* **1** hastighet, fart; ***at a fast ~*** i full fart, i snabb takt; ***at any ~*** i alla fall; ***at that ~*** i så fall **2** taxa, kurs; ***~ of exchange*** växelkurs; ***~ of interest*** räntesats; ***letter postage ~*** brevporto

II [reɪt] *adj* **1** uppskattta, värdera, taxera [*at* till] **2** räkna [*I ~ him among my friends*] **3** räknas [*as* för, som]

rather ['rɑːðə] *adv* **1** hellre, helst, snarare; ***I'd ~ not*** helst inte **2** rätt, ganska [*~ pretty*]; ***I ~ like it*** jag tycker faktiskt rätt bra om det **3** vard., som svar ja visst, jo visst; om!

ratify ['rætɪfaɪ] *verb* ratificera

rating ['reɪtɪŋ] *subst* värdering; ***~s*** tv. etc. tittarsiffror; ***the falling ~s*** de vikande tittarsiffror

ratio ['reɪʃɪəʊ] (pl. *~s*) *subst* förhållande, proportion

ration I ['ræʃn] *subst* ranson, tilldelning
II ['ræʃən] *verb* ransonera
rational ['ræʃnəl] *adj* rationell
rationalize ['ræʃnəlaɪz] *verb* rationalisera
rat race ['rætreɪs] *subst* vard. karriärjakt
rattle I ['rætl] *subst* **1** skallra [*a baby's* ~], harskramla **2** skrammel **3** rossling
II ['rætl] *verb* **1** skramla, rassla, smattra [*the machine-gun rattled*] **2** ~ ***on*** el. ~ ***away*** pladdra 'på **3** skramla med; skaka [*the wind rattled the windows*] **4** rabbla; ~ ***off*** rabbla upp **5** ***rattled*** något skakad, nervös
rattlesnake ['rætlsneɪk] *subst* skallerorm
raucous ['rɔːkəs] *adj* hes, skrovlig [*a* ~ *voice*]
ravage I ['rævɪdʒ] *verb* **1** härja, ödelägga, hemsöka [*a country ravaged by war*] **2** plundra
II ['rævɪdʒ] *subst* ödeläggelse; pl. ~***s*** härjning, härjningar
rave I [reɪv] *verb* **1** yra **2** rasa [*against, at* mot] **3** tala med hänförelse [*about, over* om]
II [reɪv] *subst* vard. **1** entusiastiskt beröm; begeistring **2** rejv [~ *culture*], rejvparty
raven ['reɪvn] *subst* fågel korp
ravenous ['rævənəs] *adj* **1** glupsk [*for* efter, på] **2** vard. hungrig som en varg
rave-up ['reɪvʌp] *subst* vard. röjarskiva, hålligång
ravine [rə'viːn] *subst* ravin, bergsklyfta
raving I ['reɪvɪŋ] *adj* yrande; ***a*** ~ ***lunatic*** en fullständig galning
II ['reɪvɪŋ] *adv* vard. spritt språngande [~ *mad*]; ***he's a*** ~ ***lunatic*** han är helgalen
III ['reɪvɪŋ] *subst* pl. ~***s*** yrande [*the* ~*s of a madman*]
ravish ['rævɪʃ] *verb*, ***ravished by*** hänförd av
ravishing ['rævɪʃɪŋ] *adj* hänförande, förtjusande
raw [rɔː] *adj* **1** rå, obearbetad **2** grön, otränad, oerfaren [~ *recruit*] **3** oläkt, blodig [*a* ~ *wound*]; ***get a*** ~ ***deal*** vara (bli) orättvist behandlad
1 ray [reɪ] *subst* fisk rocka
2 ray [reɪ] *subst* stråle; ***a*** ~ ***of hope*** en strimma av hopp; ***a*** ~ ***of sunshine*** en solstråle
rayon ['reɪɒn] *subst* textil. rayon
raze [reɪz] *verb*, ~ ***to the ground*** jämna med marken
razor ['reɪzə] *subst* rakkniv; rakapparat
razor blade ['reɪzəbleɪd] *subst* rakblad
RC [ˌɑː'si] förk. för *Red Cross, Roman Catholic*

Rd. förk. för *Road*
're [ə] = *are* [*they're; we're*]

> **re-**
> Med hjälp av förstavelsen *re-* kan man bilda ord som får betydelsen igen, om, åter:
> *write – rewrite*
> skriva – skriva om
> *turn – return*
> vända – återvända

reach I [riːtʃ] *verb* **1** sträcka; ~ ***out for*** el. ~ ***for*** sträcka sig efter **2** räcka, ge **3** nå, räcka; nå upp till; komma (nå) fram till; ~ ***a decision*** komma fram till ett beslut; ***as far as the eye can*** ~ så långt ögat når
II [riːtʃ] *subst* räckvidd t.ex. boxares; ***out of*** ~ utom räckhåll [*of sb* för ngn]; ***within*** ~ inom räckhåll [*of sb* för ngn]; ***within easy*** ~ ***of the station*** på bekvämt avstånd från stationen
react [rɪ'ækt] *verb* reagera [*to* för, på]
reaction [rɪ'ækʃn] *subst* reaktion
reactionary [rɪ'ækʃənrɪ] *adj* o. *subst* reaktionär
reactor [rɪ'æktə] *subst*, ***nuclear*** ~ kärnreaktor
read I [riːd; imperf. o. perf. p. red] *verb* **1** läsa [*in* i; *of, about* om], läsa upp, läsa högt [*to sb* för ngn]; studera; ~ ***sb's hand*** läsa i ngns hand, spå ngn i handen; ~ ***aloud*** läsa högt; ~ ***out*** läsa upp; ~ ***out aloud*** läsa högt **2** läsa, studera; ~ ***law*** läsa juridik **3** stå [*what does it* ~ *on that sign?*], lyda, låta [*it* ~*s better now*] **4** visa [*the thermometer* ~*s 10°*]
II [red] *adj* o. *perf p*, ***be well*** ~ vara beläst
III [riːd] *subst* lässtund [*a quiet* ~]; ***a good*** ~ i reklam etc. trevlig läsning
readable ['riːdəbl] *adj* **1** läslig [~ *handwriting*] **2** läsvärd [~ *book*]
reader ['riːdə] *subst* **1** läsare **2** uppläsare **3** läsebok **4** univ., ungefär docent **5** lektör [*publisher's* ~]
readily ['redəlɪ] *adv* **1** villigt, gärna **2** raskt, med lätthet [~ *recognize sth*]
readiness ['redɪnəs] *subst* **1** villighet **2** beredskap; ***in*** ~ i beredskap, redo
reading ['riːdɪŋ] *subst* **1** läsning; ***a man of wide*** ~ en mycket beläst man **2** lektyr, läsmaterial **3** avläsning på instrument; ***barometer*** ~ barometerstånd

4 uppläsning [*~s from Shakespeare*], recitation **5** behandling av lagförslag i parlamentet
reading-lamp ['ri:dɪŋlæmp] *subst* läslampa
reading-room ['ri:dɪŋru:m] *subst* läsesal, läsrum
readjust [ˌri:ə'dʒʌst] *verb* rätta till; ställa om [*~ one's watch*]
ready ['redɪ] *adj* **1** färdig, klar, redo, beredd [*for* på, för, till]; villig [*~ to forgive*]; *~ **money*** reda pengar; ***get** ~* el. ***get oneself** ~* göra sig i ordning, göra sig klar; bereda sig [*for* på, för]; ***get ~, get set, go!*** el. ***~, steady, go!*** på era platser (klara), färdiga, gå! **2** snar, benägen [*don't be so ~ to find fault*]
ready-cooked [ˌredɪ'kʊkt] *adj* färdiglagad
ready-made I [ˌredɪ'meɪd] *adj* färdigsydd, färdiggjord, konfektionssydd
II [ˌredɪ'meɪd] *subst* konfektionskostym; konfektionssytt plagg
real I [rɪəl] *adj* **1** verklig, faktisk, reell; ***get ~!*** vard. var inte dum!, lägg av!; ***in ~ earnest*** på fullt allvar **2** äkta [*~ pearls*] **3** *~ **estate*** fast egendom; *~ **estate agent*** amer. fastighetsmäklare
II [rɪəl] *adv* vard. riktigt, verkligt [*have a ~ good time*]
realist ['rɪəlɪst] *subst* realist
realistic [rɪə'lɪstɪk] *adj* realistisk
reality [rɪ'ælətɪ] *subst* verklighet; ***in** ~* i verkligheten
realize ['rɪəlaɪz] *verb* **1** inse, fatta **2** förverkliga
really ['rɪəlɪ] *adv* **1** verkligen, faktiskt **2** riktigt, verkligt [*~ good*]
realm [relm] *subst* litt. konungarike; ***the ~ of the imagination*** fantasins värld
reap [ri:p] *verb* bärga [*~ the harvest*], skörda
reaper ['ri:pə] *subst* **1** skördearbetare **2** skördemaskin
reappear [ˌri:ə'pɪə] *verb* visa sig igen
1 rear [rɪə] *verb* **1** föda upp [*~ cattle*] **2** uppfostra [*~ a child*] **3** lyfta på [*the snake reared its head*]
2 rear [rɪə] *subst* **1** bakre del, bakdel, baksida; ***at the ~ of*** på baksidan av, bakom **2** före subst. bak- [*~ axle*]
rear lamp ['rɪəlæmp] *subst* bil. baklykta
rearm [ˌri:'ɑ:m] *verb* återupprusta [*the country rearmed after 1933*]
rearmament [rɪ'ɑ:məmənt] *subst* återupprustning
rearmost ['rɪəməʊst] *adj* längst bak
rearrange [ˌri:ə'reɪndʒ] *verb* ordna om, arrangera om
rear-view ['rɪəvju:] *adj*, *~ **mirror*** backspegel
reason I ['ri:zn] *subst* **1** skäl, anledning, grund; ***the ~ why*** skälet till **2** förnuft; ***there is some ~ in that*** det verkar rimligt; ***it stands to ~*** det är självklart; ***give the ~ for*** motivera; ***she complains, and with ~*** hon klagar och det med rätta; ***prices are within ~*** priserna är rimliga
II ['ri:zn] *verb* resonera, resonera som så
reasonable ['ri:zənəbl] *adj* **1** förnuftig, förståndig **2** rimlig, skälig [*a ~ price*] **3** skaplig, hygglig [*a ~ salary*]
reasoning ['ri:zənɪŋ] *subst* resonemang
reassurance [ˌri:ə'ʃʊərəns] *subst* lugnande försäkran, uppmuntran
reassure [ˌri:ə'ʃʊə] *verb* lugna, uppmuntra
reassuring [ˌri:ə'ʃʊərɪŋ] *adj* lugnande
rebate ['ri:beɪt] *subst* **1** rabatt, avdrag **2** återbäring [*tax ~*]
rebel I ['rebl] *subst* rebell, upprorsman; rebell- [*the ~ forces*]
II [rɪ'bel] (*-ll-*) *verb* göra uppror
rebellion [rɪ'beljən] *subst* uppror [*against* mot]; ***rise in ~*** göra uppror
rebellious [rɪ'beljəs] *adj* upprorisk, rebellisk
rebirth [ˌri:'bɜ:θ] *subst* pånyttfödelse [*the ~ of nationalism*]
rebound I [rɪ'baʊnd] *verb* studsa tillbaka
II ['ri:baʊnd] *subst* studs
rebuff I [rɪ'bʌf] *subst* bakslag, bakläxa
II [rɪ'bʌf] *verb* avvisa, snäsa av
rebuild [ˌri:'bɪld] (*rebuilt rebuilt*) *verb* **1** åter bygga upp **2** bygga om
rebuilt [ˌri:'bɪlt] imperf. o. perf. p. av *rebuild*
rebuke I [rɪ'bju:k] *verb* tillrättavisa
II [rɪ'bju:k] *subst* tillrättavisning, skrapa
recall I [rɪ'kɔ:l] *verb* **1** kalla tillbaka, kalla hem, återkalla **2** erinra sig, minnas **3** upphäva [*~ a decision*]
II [rɪ'kɔ:l] *subst* **1** tillbakakallande, hemkallande **2** återkallande, upphävande; ***past** ~* el. ***beyond** ~* oåterkallelig, oåterkalleligt
recapture I [ˌri:'kæptʃə] *verb* återta, återerövra
II [ˌri:'kæptʃə] *subst* återtagande, återerövring
recede [rɪ'si:d] *verb* träda, tillbaka, dra sig tillbaka; ***a receding chin*** en vek haka; ***a receding forehead*** en sluttande panna
receipt [rɪ'si:t] *subst* **1** kvitto [*for* på] **2** pl. ***~s***

intäkter **3** mottagande; ***on ~ of*** vid mottagandet
receive [rɪˈsiːv] *verb* **1** ta emot, motta **2** erhålla **3** få
receiver [rɪˈsiːvə] *subst* **1** mottagare **2** ***~ of stolen goods*** el. ~ hälare **3** elektr. mottagare, mottagningsapparat **4** telefonlur
recent [ˈriːsnt] *adj* ny, färsk [*~ news*]; ***in ~ years*** el. ***during ~ years*** under senare år
recently [ˈriːsntlɪ] *adv* nyligen
receptacle [rɪˈseptəkl] *subst* behållare
reception [rɪˈsepʃən] *subst* **1** mottagande, mottagning; ***~ desk*** reception på hotell **2** radio. mottagningsförhållanden
receptionist [rɪˈsepʃənɪst] *subst* receptionist, portier
receptive [rɪˈseptɪv] *adj* receptiv, mottaglig [*to* för]
recess [rɪˈses] *subst* **1** vrå; nisch, alkov **2** uppehåll, ferier, amer. rast
recession [rɪˈseʃən] *subst* konjunkturnedgång, lågkonjunktur
recharge [ˌriːˈtʃɑːdʒ] *verb* elektr. ladda om, ladda upp; ***~ one's batteries*** ladda (ladda om) batterierna hämta krafter
rechargeable [ˌriːˈtʃɑːdʒəbl] *adj* uppladdningsbar [*~ shaver; ~ battery*]
recipe [ˈresɪpɪ] *subst* kok. recept
recipient [rɪˈsɪpɪənt] *subst* mottagare person
reciprocal [rɪˈsɪprəkl] *adj* ömsesidig, reciprok
reciprocate [rɪˈsɪprəkeɪt] *verb* **1** göra en gentjänst **2** gengälda, återgälda
recital [rɪˈsaɪtl] *subst* **1** recitation **2** uppläsning; musik. solistuppförande
recitation [ˌresɪˈteɪʃən] *subst* recitation, uppläsning
recite [rɪˈsaɪt] *verb* recitera, läsa upp
reciter [rɪˈsaɪtə] *subst* recitatör, uppläsare
reckless [ˈrekləs] *adj* hänsynslös, vårdslös; ***~ driving*** vårdslöshet i trafiken
reckon [ˈrekən] *verb* **1** räkna; ***~ up*** räkna ihop, räkna samman; ***~ with*** räkna med, ta med i beräkningen **2** beräkna, uppskatta, bedöma **3** räkna, anse [*as* som]; räknas [*he ~s among the best*] **4** vard. tycka; ***she is pretty good I ~*** hon är ganska bra tycker jag **5** anta, förmoda; ***~ on*** räkna på, lita på, räkna med
reckoning [ˈrekənɪŋ] *subst* **1** räkning, uppräkning, beräkning **2** räkenskap; ***the day of ~*** räkenskapens dag
reclaim [rɪˈkleɪm] *verb* återvinna, odla upp [*~ land*]
recline [rɪˈklaɪn] *verb* **1** vila, luta tillbaka **2** luta sig tillbaka, lägga sig, ligga (sitta) tillbakalutad
recognition [ˌrekəgˈnɪʃən] *subst* **1** erkännande; ***receive ~*** el. ***meet with ~*** få erkännande **2** igenkännande; ***beyond ~*** el. ***past ~*** oigenkännlig
recognizable [ˌrekəgˈnaɪzəbl] *adj* igenkännlig [*by sth* på ngt]
recognize [ˈrekəgnaɪz] *verb* **1** känna igen [*by sth* på ngt] **2** erkänna [*~ a new government*] **3** inse [*he recognized the danger*]
recoil I [rɪˈkɔɪl] *verb* **1** rygga tillbaka [*from* för] **2** studsa tillbaka; mil. rekylera
II [rɪˈkɔɪl] *subst* återstuds; mil. rekyl
recollect [ˌrekəˈlekt] *verb* erinra sig, minnas
recollection [ˌrekəˈlekʃən] *subst* hågkomst, minne; pl. ***~s*** minnen; ***to the best of my ~*** såvitt jag kan påminna mig
recommence [ˌriːkəˈmens] *verb* börja på nytt
recommend [ˌrekəˈmend] *verb* **1** rekommendera **2** råda
recommendation [ˌrekəmenˈdeɪʃən] *subst* rekommendation
recompense I [ˈrekəmpens] *verb* gottgöra, ersätta
II [ˈrekəmpens] *subst* gottgörelse, ersättning
reconcile [ˈrekənsaɪl] *verb* **1** försona **2** ***~ oneself with*** förlika sig med
reconciliation [ˌrekənsɪlɪˈeɪʃən] *subst* försoning
reconnaissance [rɪˈkɒnɪsəns] *subst* mil. spaning, rekognoscering
reconnoitre [ˌrekəˈnɔɪtə] *verb* mil. spana, rekognoscera
reconsider [ˌriːkənˈsɪdə] *verb* på nytt överväga, ta under omprövning
reconstruct [ˌriːkənˈstrʌkt] *verb* **1** rekonstruera [*~ a crime*] **2** bygga om, ombilda
record I [ˈrekɔːd] *subst* **1** förteckning, register; ***off the ~*** a) inofficiellt, utom protokollet b) improviserat [*she spoke off the ~*]; ***the greatest tennis player on ~*** den störste tennisspelare som funnits; ***it is the worst on ~*** det är det värsta som någonsin funnits **2** vitsord, meritlista; ***a clean ~*** ett fläckfritt förflutet; ***have a criminal ~*** vara tidigare straffad **3** sport. rekord; ***beat the ~*** el. ***break the ~*** slå rekord **4** grammofonskiva, skiva
II [rɪˈkɔːd] *verb* **1** protokollföra **2** återge **3** spela (sjunga, tala) in på band **4** om termometer m.m. registrera, visa

recorder [rɪ'kɔːdə] *subst* **1** inspelningsapparat **2** musik. blockflöjt
recording [rɪ'kɔːdɪŋ] *subst* **1** registrering, protokollförande **2** radio., film. m.m. inspelning
record-player ['rekɔːdˌpleɪə] *subst* skivspelare
recount I [i betydelse 1 rɪ'kaʊnt, i betydelse 2 ˌriː'kaʊnt] *verb* **1** berätta **2** räkna om [~ *the votes*]
II ['riːkaʊnt] *subst* omräkning
recover [rɪ'kʌvə] *verb* **1** återvinna, återfå [~ *one's health*] **2** hämta (repa) sig; tillfriskna; ***he has recovered*** han är återställd
re-cover [ˌriː'kʌvə] *verb* **1** åter täcka **2** klä om, förse med nytt överdrag
recovery [rɪ'kʌvərɪ] *subst* **1** återvinnande **2** återställande, tillfrisknande, återhämtning; ***make a quick*** ~ återhämta sig snabbt
re-create [ˌriːkrɪ'eɪt] *verb* skapa på nytt
recreation [ˌrekrɪ'eɪʃən] *subst* rekreation, förströelse; ~ ***ground*** a) rekreationsområde, fritidsområde b) idrottsplats; ~ ***room*** gillestuga, hobbyrum
recruit I [rɪ'kruːt] *subst* rekryt
II [rɪ'kruːt] *verb* rekrytera, värva; värva rekryter; ***recruiting officer*** rekryteringsofficer
rectangle ['rektæŋgl] *subst* rektangel
rectangular [rek'tæŋgjʊlə] *adj* rektangulär
rectify ['rektɪfaɪ] *verb* rätta till, korrigera
rector ['rektə] *subst* kyrkoherde
rectory ['rektərɪ] *subst* prästgård
rectum ['rektəm] *subst* anat. ändtarm
recuperate [rɪ'kjuːpəreɪt] *verb* hämta sig, repa sig
recur [rɪ'kɜː] (*-rr-*) *verb* återkomma, upprepas
recurrent [rɪ'kʌrənt] *adj* återkommande
recycle [ˌriː'saɪkl] *verb* tekn. återvinna
red I [red] *adj* röd; ***as*** ~ ***as a beetroot*** el. ***as*** ~ ***as a lobster*** röd som en kokt kräfta; ***a*** ~ ***herring*** vard. avledande manöver, falskt spår; ~ ***tape*** byråkrati
II [red] *subst* rött
redbreast ['redbrest] *subst*, ***robin*** ~ rödhake
redden ['redn] *verb* **1** färga röd **2** rodna
reddish ['redɪʃ] *adj* rödaktig
redecorate [ˌriː'dekəreɪt] *verb* måla och tapetsera om; nyinreda
redeem [rɪ'diːm] *verb* **1** gottgöra, sona **2** lösa ut [~ *pawned rings*]
red-handed [ˌred'hændɪd] *adj*, ***catch sb*** ~ ta ngn på bar gärning
redhead ['redhed] *subst* vard. rödhårig person
red-hot [ˌred'hɒt] *adj* glödhet
redid [ˌriː'dɪd] imperf. av *redo*
redirect [ˌriːdɪ'rekt] *verb* **1** eftersända [~ *letters*] **2** dirigera om [~ *the traffic*]
rediscover [ˌriːdɪs'kʌvə] *verb* återupptäcka
redistribute [ˌriːdɪs'trɪbjʊt] *verb* dela ut på nytt, distribuera på nytt, omfördela
redo [ˌriː'duː] (*redid redone*) *verb* göra om
redone [ˌriː'dʌn] perf. p. av *redo*
redouble [rɪ'dʌbl] *verb* fördubbla; ~ ***one's efforts*** fördubbla sina ansträngningar
redress [rɪ'dres] *verb* **1** återställa [~ *the balance*] **2** gottgöra [~ *a wrong*]
reduce [rɪ'djuːs] *verb* **1** reducera, minska, sätta ned, sänka [~ *the price*] **2** förminska; reduceras, minskas **3** banta, gå ned i vikt **4** försätta [*to* i ett tillstånd]; bringa [*to* till]; ~ ***to ashes*** lägga i aska; ~ ***to the ranks*** degradera till menig
reduction [rɪ'dʌkʃən] *subst* **1** reducering, minskning, förminskning **2** nedsättning, rabatt; ***sell at a*** ~ sälja till nedsatt pris
redundant [rɪ'dʌndənt] *adj* **1** överflödig, övertalig [~ *workers*] **2** friställd; ***be made*** ~ friställas
reduplicate [rɪ'djuːplɪkeɪt] *verb* fördubbla
reed [riːd] *subst* **1** vasstrå, vassrör **2** musik rörblad i blåsinstrument
re-educate [ˌriː'edjʊkeɪt] *verb* omskola
reef [riːf] *subst* rev
reek [riːk] *verb* lukta illa, stinka
reel I [riːl] *subst* rulle, spole [~ *of film*]; ~ ***of cotton*** trådrulle; ***off the*** ~ vard. i ett svep
II [riːl] *verb* **1** rulla upp, spola upp på rulle **2** ~ ***off*** rabbla upp [~ *off a list of names*] **3** virvla, snurra runt; ***my brain is reeling*** det går runt i huvudet på mig **4** ragla, vackla
re-elect [ˌriːɪ'lekt] *verb* välja om, återvälja
re-election [ˌriːɪ'lekʃən] *subst* omval, återval
re-enter [ˌriː'entə] *verb* gå, komma in igen, åter gå (komma) in i
re-examine [ˌriːɪg'zæmɪn] *verb* på nytt undersöka (granska, förhöra, examinera)
ref I [ref] vard. sport. (kortform av *referee*) *subst* domare
II [ref] vard. sport. (kortform av *referee*) (*-ff-*) *verb* döma
refer [rɪ'fɜː] (*-rr-*) *verb* hänskjuta, hänvisa [*to* till]; ~ ***to*** a) hänvisa till, referera till, åberopa b) vända sig till c) syfta på, hänföra sig till

referee
Domaren i basketboll, boxning, fotboll, ishockey, rugby, squash, brottning och några andra sporter kallas *referee*. Så kallas också över-domaren i tennis. I t.ex. badminton, cricket eller tennis kallas domaren *umpire*.

referee I [ˌrefə'riː] *subst* **1** sport. domare **2** referens person
II [ˌrefə'riː] *verb* sport. döma
reference ['refərəns] *subst* **1** hänvisning [*to* till]; åberopande **2** anspelning, syftning; ***make ~ to*** omnämna **3** hänvändelse [*to* till]; ***~ book*** uppslagsbok, uppslagsverk; ***~ library*** referensbibliotek **4** referens dokument el. person; tjänstgöringsbetyg
referendum [ˌrefə'rendəm] *subst* referendum, folkomröstning
referral [rɪ'fɜːrl] *subst* med. **1** remiss **2** remittering, remitterad patient
refill I [ˌriː'fɪl] *verb* **1** åter fylla med bensin; tanka
II ['riːfɪl] *subst* **1** påfyllning, refill **2** patron till kulpenna
refine [rɪ'faɪn] *verb* **1** raffinera [*~ sugar*], förädla, rena **2** förfina
refinement [rɪ'faɪnmənt] *subst* **1** raffinering, rening **2** förfining, elegans; raffinemang
refinery [rɪ'faɪnərɪ] *subst* raffinaderi [*oil ~*]
reflect [rɪ'flekt] *verb* **1** återspegla **2** reflektera, reflektera, fundera, tänka efter
reflection [rɪ'flekʃən] *subst* **1** reflektering **2** spegelbild, bild **3** reflexion, eftertanke
reflector [rɪ'flektə] *subst* reflektor
reflex I ['riːfleks] *subst* reflex, reflexrörelse
II ['riːfleks] *adj* reflekterad; reflex- [*~ action*]
reflexive I [rɪ'fleksɪv] *adj* gram. reflexiv
II [rɪ'fleksɪv] *subst* gram. **1** reflexivpronomen **2** reflexivt verb
reform I [rɪ'fɔːm] *verb* **1** reformera, förbättra **2** bättra sig **3** omvända [*~ a sinner*]
II [rɪ'fɔːm] *subst* reform, förbättring
reformation [ˌrefə'meɪʃən] *subst* förbättring, reform
reformer [rɪ'fɔːmə] *subst* reformvän, reformivrare
1 refrain [rɪ'freɪn] *subst* refräng
2 refrain [rɪ'freɪn] *verb* avhålla sig, avstå [*~ from hostile action*]; ***please ~ from smoking*** rökning undanbedes
refresh [rɪ'freʃ] *verb* **1** friska upp, liva upp, pigga upp; ***~ oneself*** styrka sig, pigga upp sig, förfriska sig; ***~ one's memory*** friska upp minnet
refresher [rɪ'freʃə] *adj*, ***~ course*** fortbildningskurs, repetitionskurs
refreshing [rɪ'freʃɪŋ] *adj* **1** uppfriskande, uppiggande, stärkande [*a ~ sleep*]; läskande [*a ~ drink*] **2** välgörande
refreshment [rɪ'freʃmənt] *subst* vanligen pl. ***~s*** förfriskningar; ***~ car*** byffévagn
refrigerate [rɪ'frɪdʒəreɪt] *verb* kyla, kyla av; ***keep refrigerated*** förvaras i kylskåp
refrigeration [rɪˌfrɪdʒə'reɪʃən] *subst* kylning, avkylning
refrigerator [rɪ'frɪdʒəreɪtə] *subst* kylskåp
refuel [ˌriː'fjʊəl] (*-ll-*, amer. *-l-*) *verb* tanka, fylla på
refuge ['refjuːdʒ] *subst* skydd; ***seek ~*** söka skydd [*from* undan, från]; ***take ~*** ta sin tillflykt [*in* till]
refugee [ˌrefjʊ'dʒiː] *subst* flykting
refund I [riː'fʌnd] *verb* återbetala
II ['riːfʌnd] *subst* återbetalning, ersättning
refurbish [riː'fɜːbɪʃ] *verb* renovera
refusal [rɪ'fjuːzl] *subst* **1** vägran **2** avslag
refuse I [rɪ'fjuːz] *verb* vägra, neka
II ['refjuːs] *subst* skräp, avfall, sopor; ***~ collector*** sophämtare, renhållningsarbetare
refute [rɪ'fjuːt] *verb* vederlägga, motbevisa
regain [rɪ'geɪn] *verb* återfå, återvinna
regal ['riːgl] *adj* kunglig [*~ splendour*]
regalia [rɪ'geɪljə] *subst pl* regalier, insignier
regard I [rɪ'gɑːd] *verb* anse, betrakta; ***as ~s*** vad beträffar, beträffande
II [rɪ'gɑːd] *subst* **1** ***in this ~*** i detta avseende; ***with ~ to*** med avseende på, angående **2** hänsyn; ***have ~ for*** hysa aktning för; ***pay ~ to*** ta hänsyn till; ***out of ~ for*** av hänsyn till **3** pl. ***~s*** hälsningar; ***kind ~s*** hjärtliga hälsningar; ***give him my best ~s*** hälsa honom så mycket från mig
regarding [rɪ'gɑːdɪŋ] *prep* beträffande
regardless [rɪ'gɑːdləs] *adj* utan hänsyn; ***~ of expense*** utan hänsyn till kostnader
regatta [rɪ'gætə] *subst* regatta, kappsegling
regency ['riːdʒənsɪ] *subst* regentskap
regent ['riːdʒənt] *subst* regent
reggae ['regeɪ] *subst* reggae västindisk popmusik
regime [reɪ'ʒiːm] *subst* regim, styrelse
regiment ['redʒɪmənt] *subst* mil. regemente
region ['riːdʒən] *subst* region, område, trakt
regional ['riːdʒənl] *adj* regional

register I ['redʒɪstə] *subst* **1** register, förteckning; ***class*** ~ skol. klassbok; ***hotel*** ~ hotelliggare; ***parish*** ~ kyrkobok **2** registreringsapparat; ***cash*** ~ kassaapparat
II ['redʒɪstə] *verb* **1** registrera, anteckna, skriva in; ***registered nurse*** legitimerad sjuksköterska; ***registered trade mark*** inregistrerat varumärke **2** skriva in sig [*~ at a hotel*], anmäla sig [*~ for a course*]; registrera sig **3** post. rekommendera; ***registered post*** el. ***registered mail*** rekommenderat brev **4** om mätare, instrument visa, visa på
registrar ['redʒɪstrɑː] *subst* **1** registrator **2** borgerlig vigselförrättare; ***get married before the*** ~ gifta sig borgerligt
registration [ˌredʒɪ'streɪʃən] *subst* **1** registrering, inskrivning **2** post. rekommendering
regret I [rɪ'gret] (*-tt-*) *verb* **1** beklaga; ***we ~ to inform you*** vi måste tyvärr meddela **2** ångra [*I ~ what I said*]
II [rɪ'gret] *subst* **1** ledsnad [*at* över], beklagande; ***much to my ~ she never came back*** till min stora sorg kom hon aldrig tillbaka **2** ånger [*at* över]
regrettable [rɪ'gretəbl] *adj* beklaglig
regular I ['regjʊlə] *adj* **1** regelbunden, regelmässig, reguljär; ***at ~ intervals*** med jämna mellanrum; ***on a ~ basis*** på bestämda tider **2** fast, stadig [*~ work*]; ~ ***customer*** stamkund, fast kund **3** vard. riktig [*a ~ hero*] **4** normal, medelstor
II ['regjʊlə] *subst* **1** vanligen pl. ***~s*** reguljära trupper **2** vard. stamkund
regularity [ˌregjʊ'lærətɪ] *subst* regelbundenhet
regulate ['regjʊleɪt] *verb* reglera, justera, ställa in [*~ a watch*]
regulation [ˌregjʊ'leɪʃən] *subst* **1** reglering **2** regel, föreskrift, bestämmelse; pl. ***~s*** a) regler, ordningsstadga b) reglemente, förordning [*traffic ~s*] **3** före subst. reglementsenlig, föreskriven [*~ size*]
rehab ['riːhæb] vard. (förk. för *rehabilitation*); ***a ~ programme*** rehabiliteringsprogram för alkoholister etc.
rehabilitate [ˌriːə'bɪlɪteɪt] *verb* rehabilitera, återanpassa
rehabilitation ['riːəˌbɪlɪ'teɪʃən] *subst* rehabilitering, återanpassning
rehash I ['riːhæʃ] *subst* hopkok, omstuvning [*a~ of a newspaper article*]
II [ˌriː'hæʃ] *verb* stuva om, servera i ny form
rehearsal [rɪ'hɜːsl] *subst* repetition; ***dress*** ~ generalrepetition
rehearse [rɪ'hɜːs] *verb* **1** repetera, studera in [*~ a part; ~ a play*] **2** öva
reign I [reɪn] *subst* regering, regeringstid; ~ ***of terror*** skräckvälde
II [reɪn] *verb* **1** regera, härska [*over* över]; ***reigning champion*** regerande mästare **2** råda
rein I [reɪn] *subst* **1** tygel; ***give a horse the*** ~ el. ***give a horse a free*** ~ ge en häst lösa tyglar; ***keep a tight ~ on sb*** hålla ngn i strama tyglar **2** pl. ***~s*** sele för barn
II [reɪn] *verb* tygla
reindeer ['reɪndɪə] (pl. lika) *subst* djur ren
reinforce [ˌriːɪn'fɔːs] *verb* **1** förstärka **2** ***reinforced concrete*** armerad betong
reinforcement [ˌriːɪn'fɔːsmənt] *subst* **1** förstärkning **2** tekn. armering
reintroduce ['riːˌɪntrə'djuːs] *verb* återinföra
reintroduction ['riːˌɪntrə'dʌkʃən] *subst* återinföring, återinförande [*the ~ of capital punishment*]
reject I [rɪ'dʒekt] *verb* **1** förkasta, avslå, avvisa; kassera **2** refusera vägra att publicera
II ['riːdʒekt] *subst* utskottsvara, defekt vara
rejection [rɪ'dʒekʃən] *subst* **1** förkastande, avslag **2** kassering
rejoice [rɪ'dʒɔɪs] *verb* glädjas, fröjdas [*at, in* över]
rejoicing [rɪ'dʒɔɪsɪŋ] *subst* glädje, fröjd, jubel
rejoin [ˌriː'dʒɔɪn] *verb* **1** sammanfoga igen **2** återförena sig med
relapse I [rɪ'læps] *verb* **1** återfalla **2** med. få återfall
II [rɪ'læps] *subst* med. återfall
relate [rɪ'leɪt] *verb* **1** berätta; ~ ***to*** hänföra sig till; ***relating to*** angående
related [rɪ'leɪtɪd] *adj* besläktad, släkt [*to* med]; ***be ~ to*** ha att göra med
relation [rɪ'leɪʃən] *subst* **1** relation, förhållande **2** vanligen pl. ***~s*** a) förhållande, relationer b) förbindelse, förbindelser; ***break off ~s with sb*** säga upp bekantskapen med ngn; ***break off diplomatic ~s*** avbryta de diplomatiska förbindelserna **3** släkting
relationship [rɪ'leɪʃənʃɪp] *subst* **1** förhållande, relation, samband [*to* med] **2** släktskap
relative I ['relətɪv] *adj* **1** relativ **2** ~ ***to*** som hänför sig till, som står i samband med
II ['relətɪv] *subst* släkting
relax [rɪ'læks] *verb* **1** koppla av, slappna av; ***feel relaxed*** känna sig avspänd; ***~!*** ta det

lugnt! **2** slappna av i [~ *one's muscles*]; lossa, lossa på [~ *one's hold*] **3** släppa efter på [~ *discipline*]; lätta på [~ *restrictions*] **4** minska [~ *one's efforts*]

relaxation [ˌriːlæk'seɪʃən] *subst* **1** avkoppling **2** slappnande **3** lindring; mildrande

relaxing [rɪ'læksɪŋ] *adj* avslappnande

relay I ['riːleɪ] *subst* **1** skift [*work in ~s*], arbetslag, omgång, ombyte **2** sport., ~ ***race*** el. ~ stafettlopp **3** elektr. relä
II ['riːleɪ] *verb* radio. återutsända

release I [rɪ'liːs] *subst* **1** frigivning, frisläppande **2** släppande, frigörande **3** tillkännagivande, publicering; ***press*** ~ pressmeddelande
II [rɪ'liːs] *verb* **1** frige, släppa **2** släppa [~ *one's hold*], lossa på [~ *the handbrake*]; frigöra; ~ ***a bomb*** fälla en bomb **3** befria, lösa [~ *sb from an obligation*] **4** släppa ut [~ *a film*]

relegate ['reləgeɪt] *verb* **1** degradera **2** sport. flytta ned

relegation [ˌrelə'geɪʃən] *subst* **1** degradering **2** sport. nedflyttning

relent [rɪ'lent] *verb* vekna, ge efter

relentless [rɪ'lentləs] *adj* obeveklig, oförsonlig

relevant ['reləvənt] *adj* relevant [*to* för, i]

reliability [rɪˌlaɪə'bɪlətɪ] *subst* pålitlighet

reliable [rɪ'laɪəbl] *adj* pålitlig

reliance [rɪ'laɪəns] *subst* **1** tillit, förtröstan **2** beroende [*on* av]

reliant [rɪ'laɪənt] *adj* **1** tillitsfull **2** beroende [*on* av]

relic ['relɪk] *subst* **1** relik **2** kvarleva, minne [*of* från] **3** pl. ~*s* kvarlevor, stoft

relief [rɪ'liːf] *subst* **1** lättnad, lindring **2** understöd, bistånd, hjälp, amer. socialhjälp; ~ ***work*** beredskapsarbete **3** lättnad [*tax* ~] **4** undsättning; befrielse **5** avlösning, vaktombyte; ***run a*** ~ ***train*** sätta in ett extratåg **6** omväxling; ***by way of*** ~ som omväxling **7** ~ ***map*** reliefkarta; ***stand out in bold*** ~ ***against*** avteckna sig skarpt mot; ***throw into strong*** ~ starkt framhäva

relieve [rɪ'liːv] *verb* **1** lätta, lugna; lindra [~ *suffering*], mildra; ~ ***one's feelings*** ge luft åt sina känslor, avreagera sig **2** understödja, bistå, hjälpa **3** undsätta, befria [~ *a town*] **4** avlösa [~ *the guard*] **5** ge omväxling åt, variera **6** ~ ***oneself*** uträtta sina behov **7** ~ ***sb of sth*** a) avbörda ngn ngt, lasta av ngn ngt b) befria ngn från ngt [~ *sb of his duties*] c) fränta ngn ngt [~ *sb of his command*]

religion [rɪ'lɪdʒən] *subst* **1** religion; ***minister of*** ~ präst **2** skol. religionskunskap

> **religious**
> I England får alla barn någon form av religionsundervisning, *religious instruction*, i skolan. I USA är religionsundervisning inte tillåten i *state schools*, allmänna skolor. Däremot finns det privata skolor, t.ex. katolska, som grundas på en religiös tro.

religious [rɪ'lɪdʒəs] *adj* religiös

relinquish [rɪ'lɪŋkwɪʃ] *verb* **1** lämna ifrån sig; överge [~ *a plan*] **2** släppa [~ *one's hold*]

relish I ['relɪʃ] *subst* **1** välbehag, aptit, lust [*she did it with* ~] **2** kok., tillbehör såsom pickles, kryddsås [*tomato* ~]
II ['relɪʃ] *verb* njuta av, uppskatta

reload [ˌriː'ləʊd] *verb* **1** lasta om **2** ladda om

reluctance [rɪ'lʌktəns] *subst* motvillighet [*to* mot]

reluctant [rɪ'lʌktənt] *adj* motvillig, ovillig

rely [rɪ'laɪ] *verb*, ~ ***on*** lita på

remade [ˌriː'meɪd] imperf. o. perf. p. av *remake*

remain [rɪ'meɪn] *verb* **1** finnas kvar, bli kvar; ***it ~s to be seen*** det återstår att se **2** förbli

remainder [rɪ'meɪndə] *subst* återstod, rest

remains [rɪ'meɪnz] *subst pl* kvarlevor, rester

remake [ˌriː'meɪk] (*remade remade*) *verb* göra om

remark I [rɪ'mɑːk] *subst* anmärkning, yttrande; ***pass ~s on*** kommentera
II [rɪ'mɑːk] *verb* anmärka, yttra; ~ ***on*** kommentera

remarkable [rɪ'mɑːkəbl] *adj* märklig

remarry [ˌriː'mærɪ] *verb* gifta om sig

remedial [rɪ'miːdɪəl] *adj* hjälp-, stöd- [~ *measures*; ~ *teaching*]; ~ ***class*** specialklass

remedy I ['remədɪ] *subst* **1** botemedel, läkemedel [*for* för, mot] **2** hjälpmedel, bot
II ['remədɪ] *verb* bota, avhjälpa

remember [rɪ'membə] *verb* minnas, komma ihåg; ~ ***me to them*** hälsa dem från mig

remembrance [rɪ'membrəns] *subst* minne, hågkomst; ***in*** ~ ***of*** till minne av

remind [rɪ'maɪnd] *verb* påminna, erinra [*of* om]; ***which ~s me*** apropå det, förresten

reminder [rɪ'maɪndə] *subst* påminnelse

reminiscence [ˌremɪˈnɪsns] *subst* minne, hågkomst
reminiscent [ˌremɪˈnɪsnt] *adj*, ~ ***of*** som påminner om
remnant [ˈremnənt] *subst* **1** lämning, rest **2** stuvbit
remodel [ˌriːˈmɒdl] (*-ll-*, amer. *-l-*) *verb* omforma, ombilda
remorse [rɪˈmɔːs] *subst* samvetskval, ånger
remote [rɪˈməʊt] *adj* **1** avlägsen i tid, i rum **2** fjärran, avsides belägen; ~ ***control*** fjärrstyrning, fjärrkontroll; ***a*** ~ ***possibility*** en ytterst liten möjlighet **3** om person, sätt otillgänglig
remote-controlled [rɪˌməʊtkənˈtrəʊld] *adj* fjärrstyrd, fjärrmanövrerad [*~ aircraft*]
remotely [rɪˈməʊtlɪ] *adv* avlägset, fjärran
removal [rɪˈmuːvl] *subst* **1** flyttande, flyttning; ~ ***van*** flyttbil **2** avlägsnande; ***the*** ~ ***of stains*** fläckbortagning
remove [rɪˈmuːv] *verb* **1** flytta, flytta bort, förflytta; föra bort; ~ ***furniture*** flytta möbler **2** avlägsna, ta bort [*~ stains*]; ta av [*~ one's coat*]
remover [rɪˈmuːvə] *subst* **1** ***furniture*** ~ flyttkarl **2** ***stain*** ~ borttagningsmedel
remunerate [rɪˈmjuːnəreɪt] *verb* **1** ersätta **2** belöna
remuneration [rɪˌmjuːnəˈreɪʃən] *subst* **1** ersättning **2** belöning
renaissance [rəˈneɪsəns] *subst* renässans
rename [ˌriːˈneɪm] *verb* ge nytt namn åt, döpa om
render [ˈrendə] *verb* **1** återge t.ex. roll; tolka, framställa **2** överlämna; ~ ***an account of*** lämna redovisning för, ge en redogörelse för; ~ ***assistance*** lämna hjälp
rendezvous [ˈrɒndɪvuː, amer. ˈrɑːndeɪvuː] *subst* rendezvous, möte, träff
renegade [ˈrenɪgeɪd] *subst* avfälling
renegotiate [ˌriːnɪˈgəʊʃɪeɪt] *verb* omförhandla
renegotiation [ˌriːnɪgəʊʃɪˈeɪʃən] *subst* omförhandling
renew [rɪˈnjuː] *verb* förnya
renewal [rɪˈnjuːəl] *subst* förnyande
renounce [rɪˈnaʊns] *verb* avsäga sig, ge upp
renovate [ˈrenəveɪt] *verb* renovera
renovation [ˌrenəˈveɪʃən] *subst* renovering
renown [rɪˈnaʊn] *subst* rykte, ryktbarhet
renowned [rɪˈnaʊnd] *adj* ryktbar
rent I [rent] *subst* hyra
II [rent] *verb* **1** hyra **2** hyra ut
rental [ˈrentl] *subst* **1** hyra; ***car*** ~ biluthyrning **2** avgift
renunciation [rɪˌnʌnsɪˈeɪʃən] *subst* **1** avsägelse **2** förnekande
reopen [ˌriːˈəʊpən] *verb* **1** åter öppna, öppnas igen **2** återuppta [*~ negotiations*]
reorganize [ˌriːˈɔːgənaɪz] *verb* omorganisera
repaid [riːˈpeɪd] se *repay*
repair I [rɪˈpeə] *verb* reparera, laga
II [rɪˈpeə] *subst* **1** reparation, lagning; ~ ***kit*** reparationslåda; ~ ***shop*** reparationsverkstad; ***beyond*** ~ omöjlig att reparera, ohjälpligt förfallen **2** skick; ***in good*** ~ i gott skick
reparation [ˌrepəˈreɪʃən] *subst* pl. ~***s*** skadestånd
repartee [ˌrepɑːˈtiː] *subst* kvick replik; ***be good at*** ~ vara slagfärdig
repast [rɪˈpɑːst] *subst* litt. el. skämts. måltid [*a light ~*]
repatriate I [riːˈpætrɪeɪt] *verb* repatriera
II [riːˈpætrɪət] *subst*, ***a*** ~ en repatrierad
repatriation [ˌriːpætrɪˈeɪʃən] *subst* repatriering, hemsändning
repay [riːˈpeɪ] (*repaid repaid*) *verb* **1** återbetala, betala tillbaka **2** återgälda; löna, gottgöra [*for* för]
repayment [riːˈpeɪmənt] *subst* återbetalning
repeal I [rɪˈpiːl] *verb* återkalla, upphäva
II [rɪˈpiːl] *subst* återkallelse, upphävande
repeat I [rɪˈpiːt] *verb* **1** upprepa, repetera **2** föra vidare [*don't ~ this to anyone*] **3** radio. el. tv. ge i repris **4** ***onions*** ~ ***on me*** jag får uppstötningar av lök
II [rɪˈpiːt] *subst* **1** upprepning **2** radio. el. tv. repris
repeatedly [rɪˈpiːtɪdlɪ] *adv* upprepade gånger, gång på gång
repel [rɪˈpel] (*-ll-*) *verb* **1** driva tillbaka, slå tillbaka [*~ an attack*] **2** stå emot, avvisa [*~ moisture*] **3** verka frånstötande på, stöta bort
repellent [rɪˈpelənt] *adj* **1** frånstötande, motbjudande **2** ***mosquito*** ~ myggmedel
repent [rɪˈpent] *verb* ångra; ångra sig
repentance [rɪˈpentəns] *subst* ånger
repentant [rɪˈpentənt] *adj* ångerfull
repercussion [ˌriːpəˈkʌʃən] *subst* pl. ~***s*** återverkningar, efterdyningar
repertoire [ˈrepətwɑː] *subst* repertoar
repetition [ˌrepəˈtɪʃən] *subst* upprepning
repetitive [rɪˈpetətɪv] *adj* **1** upprepande **2** enformig, tjatig
rephrase [ˌriːˈfreɪz] *verb* formulera om
replace [rɪˈpleɪs] *verb* **1** sätta (ställa, lägga) tillbaka **2** ersätta, byta ut
replaceable [rɪˈpleɪsəbl] *adj* ersättlig

replacement [rɪ'pleɪsmənt] *subst* **1** återställande **2** ersättare **3** ersättning
replay I [ˌriː'pleɪ] *verb* spela om
II ['riːpleɪ] *subst* **1** sport. omspel **2** tv. repris i slow-motion
replenish [rɪ'plenɪʃ] *verb* åter fylla, fylla på
replica ['replɪkə] *subst* spec. konst. exakt kopia
reply I [rɪ'plaɪ] *verb* svara; ~ ***to*** svara på, besvara
II [rɪ'plaɪ] *subst* svar, genmäle, replik; ~ ***paid*** på brev svar betalt
report I [rɪ'pɔːt] *verb* **1** rapportera [*on* om], meddela, anmäla; anmäla sig [*to* hos]; ***it is reported that*** det berättas att; ~ ***sb sick*** sjukanmäla ngn; ~ ***sick*** sjukanmäla sig; ~ ***for duty*** inställa sig till tjänstgöring **2** ~ ***on*** referera [~ *on a match*]
II [rɪ'pɔːt] *subst* **1** rapport, redogörelse [*on, about* om, över] **2** referat, reportage [*on, of* av, över, om] **3** skol. terminsbetyg; ~ ***card*** amer. skriftligt betyg **4** knall, smäll
reportage [ˌrepɔː'tɑːʒ] *subst* reportage
reporter [rɪ'pɔːtə] *subst* reporter
repose [rɪ'pəʊz] *verb* o. *subst* vila
reprehensible [ˌreprɪ'hensəbl] *adj* klandervärd, förkastlig
represent [ˌreprɪ'zent] *verb* **1** representera **2** föreställa
representation [ˌreprɪzen'teɪʃən] *subst* framställande; framställning
representative I [ˌreprɪ'zentətɪv] *adj* representativ, typisk [*of* för]
II [ˌreprɪ'zentətɪv] *subst* representant
repress [rɪ'pres] *verb* kväva [~ *a revolt*]
repression [rɪ'preʃən] *subst* förtryck
reprieve I [rɪ'priːv] *verb* **1** ge anstånd **2** benåda
II [rɪ'priːv] *subst* **1** anstånd **2** benådning
reprimand I ['reprɪmɑːnd] *subst* tillrättavisning
II ['reprɪmɑːnd] *verb* tillrättavisa
reprint I [ˌriː'prɪnt] *verb* trycka om
II ['riːprɪnt] *subst* omtryck, nytryck
reprisal [rɪ'praɪzl] *subst* vedergällning; pl. ~***s*** repressalier
reproach I [rɪ'prəʊtʃ] *subst* förebråelse; ***beyond*** ~ oklanderlig
II [rɪ'prəʊtʃ] *verb* förebrå [*for, with* för]
reproachful [rɪ'prəʊtʃfʊl] *adj* förebrående
reproduce [ˌriːprə'djuːs] *verb* **1** reproducera [~ *a picture*], återge [~ *a sound*] **2** biol. fortplanta, fortplanta sig, reproducera
reproduction [ˌriːprə'dʌkʃən] *subst* **1** återgivning, reproduktion **2** biol. fortplantning
reproductive [ˌriːprə'dʌktɪv] *adj* reproducerande; fortplantnings- [~ *organs*]
reptile ['reptaɪl] *subst* reptil, kräldjur
republic [rɪ'pʌblɪk] *subst* republik

Republic of Ireland (Eire)
HUVUDSTAD: Dublin (ca 1 milj.)
FOLKMÄNGD: 3,9 milj.
YTA: 70 285 km^2 (något mindre än Götaland).
SPRÅK: engelska, iriska, *Irish* eller *Gaelic*, som fortfarande är förstaspråk särskilt i västra Irland.
RELIGION: romersk katolsk.
Irländska republiken gränsar i norr till Nordirland, som är en del av *the United Kingdom*. Huvudnäringar är lantbruk, turism och modern datorteknologi.

republican I [rɪ'pʌblɪkən] *adj* republikansk
II [rɪ'pʌblɪkən] *subst* republikan
repudiate [rɪ'pjuːdɪeɪt] *verb* tillbakavisa
repugnance [rɪ'pʌgnəns] *subst* motvilja, ovilja
repugnant [rɪ'pʌgnənt] *adj* motbjudande
repulse [rɪ'pʌls] *verb* slå tillbaka, driva tillbaka
repulsion [rɪ'pʌlʃən] *subst* avsky, motvilja
repulsive [rɪ'pʌlsɪv] *adj* motbjudande
reputable ['repjʊtəbl] *adj* ansedd [*a* ~ *firm*]
reputation [ˌrepjʊ'teɪʃən] *subst* rykte, anseende; ***have the*** ~ ***of being...*** ha rykte om sig att vara...; ***make a*** ~ ***for oneself*** göra sig ett namn
repute I [rɪ'pjuːt] *verb*, ***be reputed to be*** anses vara
II [rɪ'pjuːt] *subst* rykte, anseende
request I [rɪ'kwest] *subst* **1** anhållan, begäran, anmodan; ***by*** ~ på begäran; ***no flowers on*** ~ blommor undanbedes **2** ~ ***stop*** busshållplats där bussen stannar på anmodan
II [rɪ'kwest] *verb* **1** anhålla om **2** anmoda, be
requiem ['rekwɪem] *subst* relig. el. musik. rekviem, själamässa
require [rɪ'kwaɪə] *verb* **1** behöva, fordra **2** kräva, begära [*do as he* ~*s*]
requirement [rɪ'kwaɪəmənt] *subst* **1** behov **2** krav, anspråk; pl. ~***s*** fordringar [*for* för]

requisite I [ˈrekwɪzɪt] *adj* erforderlig
II [ˈrekwɪzɪt] *subst* nödvändig sak; ***toilet ~s*** toalettartiklar
reread [ˌriːˈriːd] (*reread reread* båda [ˌriːˈred]) *verb* läsa 'om
rescue I [ˈreskjuː] *verb* rädda, undsätta
II [ˈreskjuː] *subst* räddning, undsättning; ~ ***party*** räddningspatrull
research I [rɪˈsɜːtʃ] *subst* forskning, undersökning; ***do*** ~ forska
II [rɪˈsɜːtʃ] *verb* forska
researcher [rɪˈsɜːtʃə] *subst* o.
research-worker [rɪˈsɜːtʃˌwɜːkə] *subst* forskare
resell [ˌriːˈsel] (*resold resold*) *verb* återförsälja
resemblance [rɪˈzembləns] *subst* likhet [*to* med]; ***bear a ~ to*** påminna om
resemble [rɪˈzembl] *verb* likna, påminna om
resent [rɪˈzent] *verb* bli förbittrad över, ta illa vid sig av [*~ a remark*]
resentful [rɪˈzentfʊl] *adj* förbittrad, stött
resentment [rɪˈzentmənt] *subst* förbittring
reservation [ˌrezəˈveɪʃən] *subst* **1** reservation, förbehåll **2** beställning, bokning
reserve I [rɪˈzɜːv] *verb* **1** reservera, spara; ~ ***a seat for sb*** hålla en plats åt ngn **2** reservera, boka [*~ seats on a train*]
II [rɪˈzɜːv] *subst* **1** reserv **2** sport. reserv; ~ ***team*** B-lag **3** viltreservat **4** hos person tillbakadragenhet
reserved [rɪˈzɜːvd] *perf p* o. *adj* **1** om person reserverad, tillbakadragen **2** reserverad [*a ~ seat*]
reservoir [ˈrezəvwɑː] *subst* reservoar, behållare
reshuffle I [ˌriːˈʃʌfl] *verb* **1** blanda om kort **2** polit.m.m. möblera om, möblera om i, ombilda
II [ˌriːˈʃʌfl] *subst* **1** omblandning av kort **2** polit. m.m. ommöblering, ombildning [*a Cabinet ~*]
reside [rɪˈzaɪd] *verb* vistas, bo
residence [ˈrezɪdəns] *subst* **1** vistelse, uppehåll; ~ ***permit*** uppehållstillstånd; ***take up one's ~ in a place*** bosätta sig på en plats **2** ***place of*** ~ hemvist **3** bostad; formellt residens
resident [ˈrezɪdənt] *subst* **1** bofast, bosatt **2** gäst på hotell
residential [ˌrezɪˈdenʃl] *adj* villa-; ~ ***suburb*** villaförort
residue [ˈrezɪdjuː] *subst* återstod, rest
resign [rɪˈzaɪn] *verb* **1** avsäga sig, avgå från **2** avgå, ta avsked [*from* från] **3** resignera [*to* inför]
resignation [ˌrezɪgˈneɪʃən] *subst* **1** avsägelse, avgång; ***hand in one's ~*** lämna in sin avskedsansökan **2** resignation [*to* inför]
resigned [rɪˈzaɪnd] *adj* **1** resignerad; ***be ~ to*** finna sig i **2** avgången ur tjänst
resilient [rɪˈzɪlɪənt] *adj* elastisk, spänstig
resin [ˈrezɪn] *subst* kåda, harts
resist [rɪˈzɪst] *verb* **1** stå emot; göra motstånd, göra motstånd emot **2** tåla [*~ heat*]
resistance [rɪˈzɪstəns] *subst* motstånd [*to* mot]; motstånskraft
resistant [rɪˈzɪstənt] *adj* motståndskraftig [*to* mot]
resold [ˌriːˈsəʊld] imperf. o. perf. p. av *resell*
resolute [ˈrezəluːt] *adj* resolut, beslutsam
resolution [ˌrezəˈluːʃən] *subst* **1** beslutsamhet **2** föresats; ***New Year's ~*** nyårslöfte **3** ***pass a ~*** anta en resolution
resolve I [rɪˈzɒlv] *verb* **1** besluta **2** besluta sig för; besluta sig [*on* för] **3** lösa [*~ a problem*] **4** lösa upp
II [rɪˈzɒlv] *subst* beslut, föresats
resonance [ˈrezənəns] *subst* resonans, djup klang
resonant [ˈrezənənt] *adj* **1** resonansrik, klangfull **2** ljudlig; ekande
resort I [rɪˈzɔːt] *verb*, ~ ***to*** a) ta sin tillflykt till b) tillgripa [*~ to force*]
II [rɪˈzɔːt] *subst* **1** ***have ~ to*** a) ta sin tillflykt till b) tillgripa; ***in the last ~*** som en sista utväg, i nödfall **2** tillflyktsort, rekreationsort; ***health*** ~ kurort, rekreationsort; ***seaside*** ~ badort
resound [rɪˈzaʊnd] *verb* genljuda; ***resounding*** rungande, dunder- [*a resounding success*]
resource [rɪˈsɔːs, rɪˈzɔːs] *subst* **1** pl. ***~s*** resurser, tillgångar; ***natural ~s*** naturtillgångar **2** fyndighet; ***leave sb to his own ~s*** låta ngn sköta sig själv
respect I [rɪˈspekt] *subst* **1** respekt, aktning, vördnad [*for* för] **2** hänsyn; ***pay ~ to*** ta hänsyn till **3** avseende; ***in many ~s*** i många avseenden; ***with ~ to*** med avseende på **4** ***pay one's last ~s*** hedra ngns minne
II [rɪˈspekt] *verb* respektera; ta hänsyn till
respectability [rɪˌspektəˈbɪlətɪ] *subst* anständighet, aktningsvärdhet
respectable [rɪˈspektəbl] *adj* **1** respektabel, väl ansedd [*a ~ firm*]; anständig [*a ~ girl*]

2 ansenlig [*a ~ sum of money*]; hygglig, hyfsad
respectful [rɪˈspektfʊl] *adj* aktningsfull, vördsam
respective [rɪˈspektɪv] *adj* respektive
respectively [rɪˈspektɪvlɪ] *adv* var för sig; ***they got £5 and £10 ~*** de fick 5 respektive 10 pund
respiration [ˌrespəˈreɪʃən] *subst* andning, andhämtning; ***artificial ~*** konstgjord andning
respirator [ˈrespɪreɪtə] *subst* respirator
resplendent [rɪˈsplendənt] *adj* glänsande, praktfull
respond [rɪˈspɒnd] *verb* **1** svara [*to* på] **2** reagera positivt på
response [rɪˈspɒns] *subst* **1** svar; ***in ~ to*** som svar på **2** gensvar, respons; ***meet with ~*** få respons
responsibility [rɪˌspɒnsəˈbɪlətɪ] *subst* ansvar [*to* inför; *for* för], ansvarighet; ***on one's own ~*** på eget ansvar
responsible [rɪˈspɒnsəbl] *adj* **1** ansvarig [*for* för; *to* inför]; ansvarsfull; ***make oneself ~ for*** ta på sig ansvaret för **2** vederhäftig, solid
responsive [rɪˈspɒnsɪv] *adj* mottaglig
1 rest I [rest] *subst* **1** vila, lugn, ro; ***a ~*** vilopaus; ***have a ~*** vila sig; ***set sb's mind at ~*** lugna ngns farhågor **2** stöd [*a foot ~*] **3** musik. paustecken
II [rest] *verb* **1** vila, vila sig [*from* efter]; ***I feel rested*** jag känner mig utvilad **2** ***~ with sb*** ligga hos ngn, ligga i ngns händer **3** ***God ~ his soul!*** må han vila i frid! **4** vila, stödja [*~ one's elbows on the table*]
2 rest [rest] *subst*, ***the ~*** resten, återstoden; ***as to the ~*** el. ***as for the ~*** vad det övriga beträffar
rest area [ˈrestˌeərɪə] *subst* trafik. amer. rastplats
restaurant [ˈrestərɒnt, ˈrestərɑːnt] *subst* restaurang
restaurant-car [ˈrestrəntkɑː] *subst* restaurangvagn
restful [ˈrestfʊl] *adj* vilsam, fridfull
rest home [ˈresthəʊm] *subst* ålderdomshem
resting-place [ˈrestɪŋpleɪs] *subst* **1** rastplats **2** viloplats; ***last ~*** sista vilorum grav
restive [ˈrestɪv] *adj* otålig
restless [ˈrestləs] *adj* rastlös, nervös, otålig
restoration [ˌrestəˈreɪʃən] *subst* **1** återställande; återupprättande; återlämnande **2** restaurering, renovering
restore [rɪˈstɔː] *verb* **1** återställa; återlämna [*~ stolen property*]; återupprätta; ***~ to life*** återkalla till livet **2** restaurera, renovera **3** återinsätta [*to* i]; ***~ sb to power*** återföra ngn till makten
restrain [rɪˈstreɪn] *verb* hindra, avhålla [*from* från]; ***~ oneself*** behärska sig
restraint [rɪˈstreɪnt] *subst* **1** tvång; band [*on* på]; hinder; ***throw off all ~*** kasta alla hämningar; ***without ~*** ohämmat, fritt **2** ***exercise ~*** el. ***show ~*** visa återhållsamhet
restrict [rɪˈstrɪkt] *verb* inskränka, begränsa
restriction [rɪˈstrɪkʃən] *subst* inskränkning, begränsning, restriktion
rest room [ˈrestruːm] *subst* amer. toalett på t.ex. restaurang, teater
result I [rɪˈzʌlt] *verb* **1** vara (bli) resultatet [*from* av]; ***the resulting war*** det krig som blev följden **2** ***~ in*** resultera i
II [rɪˈzʌlt] *subst* resultat; ***as a ~ of*** till följd av
resume [rɪˈzjuːm] *verb* återuppta; återupptas
résumé [ˈrezjʊmeɪ] *subst* **1** resumé, sammanfattning **2** amer. levnadsbeskrivning, meritförteckning
resumption [rɪˈzʌmpʃən] *subst* återupptagande
resurrect [ˌrezəˈrekt] *verb* **1** uppväcka från de döda **2** återuppliva
resurrection [ˌrezəˈrekʃən] *subst* uppståndelse från de döda
retail I [ˈriːteɪl] *subst* detaljhandel, minuthandel
II [ˈriːteɪl] *adj* detalj-, minut- [*~ trade*]
III [ˈriːteɪl] *adv*, ***buy ~*** köpa i minut
IV [riːˈteɪl] *verb* **1** sälja (säljas) i minut **2** berätta i detalj, återge [*~ a story*]
retailer [ˈriːteɪlə] *subst* detaljist, detaljhandlare
retain [rɪˈteɪn] *verb* hålla kvar, behålla
retake I [ˌriːˈteɪk] (*retook retaken*) *verb* **1** återta, återerövra **2** ta om film el. bild
II [ˈriːteɪk] *subst* omtagning av film el. bild
retaken [ˌriːˈteɪkn] perf. p. av *retake I*
retaliate [rɪˈtælɪeɪt] *verb* ge igen, hämnas
retaliation [rɪˌtælɪˈeɪʃən] *subst* vedergällning
retard [rɪˈtɑːd] *verb* försena, fördröja; ***mentally retarded*** psykiskt utvecklingsstörd
retell [ˌriːˈtel] (*retold retold*) *verb* återberätta
retention [rɪˈtenʃən] *subst* **1** kvarhållande **2** bibehållande, bevarande
reticent [ˈretɪsənt] *adj* tystlåten, förtegen
retina [ˈretɪnə] *subst* ögats näthinna, retina

retinue ['retɪnjuː] *subst* följe, svit
retire [rɪ'taɪə] *verb* **1** dra sig tillbaka [*to, into* till] **2** mil. retirera **3** gå i pension **4** skämts. gå till sängs
retired [rɪ'taɪəd] *adj* **1** tillbakadragen [*lead a ~ life*] **2** avgången, pensionerad
retirement [rɪ'taɪəmənt] *subst* **1** avskildhet; ***live in ~*** leva tillbakadraget **2** avgång, pensionering; ***~ age*** pensionsålder; ***~ pension*** ålderspension
retiring [rɪ'taɪərɪŋ] *adj* tillbakadragen
retold [ˌriː'təʊld] imperf. o. perf. p. av *retell*
retook [ˌriː'tʊk] imperf. av *retake I*
retort I [rɪ'tɔːt] *verb* svara skarpt; replikera
II [rɪ'tɔːt] *subst* svar; skarpt genmäle
retouch [ˌriː'tʌtʃ] *verb* retuschera
retrace [rɪ'treɪs] *verb* följa tillbaka spår m.m.; ***~ one's steps*** gå samma väg tillbaka
retract [rɪ'trækt] *verb* **1** dra tillbaka, dra in [*the cat retracted its claws*], fälla in **2** ta tillbaka [*~ a statement*]
retraining [ˌriː'treɪnɪŋ] *subst* omskolning
retread [ˌriː'tred] *verb* regummera [*~ a tyre*]
retreat I [rɪ'triːt] *subst* **1** reträtt, återtåg; ***beat a hasty ~*** hastigt slå till reträtt; ***sound the ~*** blåsa till reträtt **2** tillflykt
II [rɪ'triːt] *verb* retirera, slå till reträtt
retribution [ˌretrɪ'bjuːʃən] *subst* vedergällning; straff
retrieve [rɪ'triːv] *verb* **1** återfå, få tillbaka **2** jakt., om hundar apportera
retriever [rɪ'triːvə] *subst* **1** om hund apportör **2** retriever hundras
return I [rɪ'tɜːn] *verb* **1** återvända, återkomma **2** ställa (lägga, sätta) tillbaka **3** returnera, återlämna, lämna tillbaka [*~ a borrowed book*]
II [rɪ'tɜːn] *subst* **1** återkomst, hemkomst, återvändande; ***~ ticket*** turochreturbiljett; ***day ~*** endagsbiljett; ***many happy ~s of the day!*** el. ***many happy ~s!*** har den äran!; ***by ~ of post*** per omgående **2** återsändande, återlämnande [*the ~ of a book*] **3** besvarande; ***~ game*** el. ***~ match*** returmatch; ***~ visit*** svarsvisit; ***in ~*** i gengäld **4** ***income-tax ~*** självdeklaration
returnable [rɪ'tɜːnəbl] *adj* retur-; ***~ bottle*** returflaska
reunification [ˌriːjuːnɪfɪ'keɪʃən] *subst* återförening
reunion [ˌriː'juːnjən] *subst* **1** återförening **2** sammankomst, samkväm
reunite [ˌriːjuː'naɪt] *verb* återförena; återförenas
re-use [ˌriː'juːz] *verb* använda på nytt, återanvända
Rev. förk. för *Reverend*
rev I [rev] *verb* vard., ***~ an engine*** rusa en motor; ***~ up*** el. ~ om motor rusa
II [rev] *subst* vard. varv; ***~ counter*** varvräknare
revaluation [ˌriːvæljʊ'eɪʃən] *subst* **1** revalvering av valuta; uppskrivning **2** omvärdering
revalue [ˌriː'væljuː] *verb* **1** revalvera valuta **2** omvärdera
reveal [rɪ'viːl] *verb* avslöja, röja, yppa
revel I ['revl] (*-ll-*, amer. *-l-*) *verb* festa, festa om; ***~ in*** frossa i, gotta sig åt
II ['revl] *subst* pl. ***~s*** fest, festande
revelation [ˌrevə'leɪʃən] *subst* avslöjande, uppdagande
revelry ['revlrɪ] *subst* festande, svirande
revenge I [rɪ'vendʒ] *verb*, ***~ oneself on sb*** hämnas på ngn
II [rɪ'vendʒ] *subst* hämnd [*on, upon* på; *for* för]; revansch; ***take one's ~*** ta hämnd; ***take ~ on sb*** hämnas på ngn
revengeful [rɪ'vendʒfʊl] *adj* hämndlysten
revenue ['revənjuː] *subst* statsinkomster, inkomster
reverberate [rɪ'vɜːbəreɪt] *verb* genljuda
reverence ['revərəns] *subst* vördnad
reverend ['revərənd] *adj* i kyrkliga titlar (förk. ofta *Rev.*); ***the Reverend J. Smith*** pastor (kyrkoherde) J. Smith
reverie ['revərɪ] *subst* dagdröm; ***lost in a ~*** försjunken i drömmar
reversal [rɪ'vɜːsl] *subst* omkastning, omsvängning [*a ~ of public opinion*]
reverse I [rɪ'vɜːs] *adj* motsatt [*~ direction*], omvänd, bakvänd, omkastad; ***~ gear*** backväxel; ***the ~ side*** baksidan; ***in ~ order*** i omvänd ordning
II [rɪ'vɜːs] *subst* **1** motsats; ***just the ~*** el. ***quite the ~*** alldeles tvärtom; ***the very ~*** raka motsatsen [*of* till, mot] **2** baksida, avigsida **3** ***suffer a ~*** röna motgång, lida ett nederlag **4** bil. back; ***put the car in ~*** lägga i backen
III [rɪ'vɜːs] *verb* **1** vända, vända på; backa [*~ one's car*]; ***~ the charges*** tele. låta mottagaren betala samtalet **2** ändra, kasta om; ***~ the order*** kasta om ordningen **3** vända, slå om [*the trend has reversed*]
reversible [rɪ'vɜːsəbl] *adj* vändbar, omkastbar
revert [rɪ'vɜːt] *verb* återgå, gå tillbaka [*~ to an earlier stage*]; återkomma [*to* till]

review I [rɪ'vjuː] *subst* **1** granskning; ***in the period under*** ~ under den aktuella perioden; ***come under*** ~ tas upp till granskning **2** översikt [*of* över, av]; återblick [*of* på] **3** mil. inspektion, mönstring **4** recension, anmälan av bok
II [rɪ'vjuː] *verb* **1** granska på nytt **2** överblicka, låta passera revy **3** mil. mönstra, inspektera [~ *the troops*] **4** recensera, anmäla bok
reviewer [rɪ'vjuːə] *subst* recensent, anmälare
revile [rɪ'vaɪl] *verb* smäda, skymfa
revise [rɪ'vaɪz] *verb* **1** revidera; omarbeta, bearbeta **2** skol. repetera
revision [rɪ'vɪʒən] *subst* **1** revidering, omarbetning, bearbetning **2** skol. repetition
revisit [ˌriː'vɪzɪt] *verb* besöka igen
revitalize [ˌriː'vaɪtəlaɪz] *verb* vitalisera, ge ny livskraft
revival [rɪ'vaɪvl] *subst* **1** återupplivande **2** återuppvaknande till sans, liv **3** repris, återupptagande [~ *of a play*] **4** ~ ***meeting*** väckelsemöte
revive [rɪ'vaɪv] *verb* **1** återuppliva, åter få liv i **2** vakna till liv igen, kvickna till **3** göra en nyuppsättning [~ *a play*]
revoke [rɪ'vəʊk] *verb* återkalla, dra in [~ *a driving licence*]
revolt I [rɪ'vəʊlt] *verb* **1** revoltera, göra uppror, göra revolt **2** uppröra; ***be revolted*** känna avsky [*by* vid, över]
II [rɪ'vəʊlt] *subst* revolt, uppror, resning [*against* mot]
revolting [rɪ'vəʊltɪŋ] *adj* motbjudande, äcklig
revolution [ˌrevə'luːʃən] *subst* **1** revolution [*the French Revolution*] **2** rotation kring en axel, varv
revolutionary I [ˌrevə'luːʃənərɪ] *adj* revolutionär
II [ˌrevə'luːʃənərɪ] *subst* revolutionär
revolutionize [ˌrevə'luːʃənaɪz] *verb* revolutionera
revolve [rɪ'vɒlv] *verb* vrida sig, rotera
revolver [rɪ'vɒlvə] *subst* revolver
revolving [rɪ'vɒlvɪŋ] *adj* roterande; ~ ***chair*** kontorsstol, svängstol; ~ ***door*** svängdörr
revue [rɪ'vjuː] *subst* teat. revy
revulsion [rɪ'vʌlʃən] *subst* motvilja [*against* mot]
reward I [rɪ'wɔːd] *subst* belöning, hittelön; ***offer a ~ of £500*** utfästa en belöning på 500 pund
II [rɪ'wɔːd] *verb* belöna
rewarding [rɪ'wɔːdɪŋ] *adj* givande, tacksam, lönande
rewind [ˌriː'waɪnd] (*rewound rewound*) *verb* spola tillbaka film, band m.m.
reword [ˌriː'wɜːd] *verb* formulera om
rewound [ˌriː'waʊnd] imperf. o. perf. p. av *rewind*
rewrite [ˌriː'raɪt] (*rewrote rewritten*) *verb* skriva om
rewritten [ˌriː'rɪtn] perf. p. av *rewrite*
rewrote [ˌriː'rəʊt] imperf. av *rewrite*
rhapsody ['ræpsədɪ] *subst* **1** rapsodi **2** ***go into rhapsodies over*** råka i extas över
rhetoric ['retərɪk] *subst* retorik, vältalighet
rhetorical [rɪ'tɒrɪkl] *adj* retorisk
rheumatic [rʊ'mætɪk] *adj* med. reumatisk
rheumatism ['ruːmətɪzəm] *subst* med. reumatism
rheumatoid ['ruːmətɔɪd] *adj* med. reumatoid; ~ ***arthritis*** ledgångsreumatism
Rhine [raɪn] *subst*, ***the*** ~ Rhen
rhino ['raɪnəʊ] (pl. ~*s*) *subst* vard. kortform för *rhinoceros*
rhinoceros [raɪ'nɒsərəs] *subst* noshörning
Rhodes [rəʊdz] Rhodos
rhododendron [ˌrəʊdə'dendrən] *subst* buske rhododendron
rhubarb ['ruːbɑːb] *subst* kok. rabarber
rhyme I [raɪm] *subst* rim; ***nursery*** ~ barnramsa, barnkammarrim
II [raɪm] *verb* rimma

rhyming slang
Cockney talas i London. Ett inslag i denna form av engelska är *rhyming slang*. Man använder ord och fraser som rimmar på det ord som man egentligen menar. *Plates of meat* och *loaf of bread* är *rhyming slang* för *feet* respektive *head*. *Use your loaf!* betyder Använd skallen!

rhythm ['rɪðəm] *subst* rytm, takt
rhythmic ['rɪðmɪk] *adj* o. **rhythmical** ['rɪðmɪkəl] *adj* rytmisk
rib [rɪb] *subst* **1** anat. revben; ***poke*** (***dig***) ***sb in the ~s*** puffa (stöta) till ngn i sidan **2** högrev av nötkött; rygg av kalv, lamm; ***~s of pork*** kok. revbensspjäll
ribbon ['rɪbən] *subst* band, remsa, strimla; ***torn to ~s*** i trasor

rice [raɪs] *subst* kok. ris, risgryn; ~ ***pudding*** risgrynsgröt

rich [rɪtʃ] *adj* **1** rik [*in* på], förmögen **2** riklig, stor [~ *vocabulary*] **3** fet, kraftig [~ *food*], mäktig [~ *cake*]

riches ['rɪtʃɪz] *subst pl* rikedom, rikedomar

richly ['rɪtʃlɪ] *adv* rikt; rikligt, rikligen

rickets ['rɪkɪts] *subst* med. rakitis

rickety ['rɪkətɪ] *adj* rankig [~ *chair*], ranglig, skranglig

ricochet ['rɪkəʃeɪ, 'rɪkəʃet] *verb* rikoschettera

rid [rɪd] (*rid rid*) (*ridding*) *verb* befria, göra fri, rensa [*of* från]; ~ ***oneself of*** bli fri från, göra sig kvitt; ***get*** ~ ***of*** bli av med, göra sig av med

ridden ['rɪdn] **1** perf. p. av *ride* **2** i sammansättningar -härjad [*crisis-ridden*], ansatt av, plågad av [*fear-ridden*]

1 riddle ['rɪdl] *subst* gåta

2 riddle ['rɪdl] *verb* genomborra

ride I [raɪd] (*rode ridden*) *verb* **1** rida, rida på **2** åka [~ *a bicycle*], köra [~ *a motorcycle*] **II** [raɪd] *subst* **1** ritt, ridtur **2** åktur, tur [*bus-ride*], resa, färd; ***go for a*** ~ göra en ridtur (åktur), göra en åktur

rider ['raɪdə] *subst* **1** ryttare **2** i sammansättningar -åkare [*cycle* ~]

ridge [rɪdʒ] *subst* rygg, kam; upphöjd rand; ~ ***of high pressure*** meteor. högtrycksrygg

ridicule I ['rɪdɪkjuːl] *subst* åtlöje, löje; ***hold up to*** ~ el. ***expose to*** ~ göra till ett åtlöje **II** ['rɪdɪkjuːl] *verb* förlöjliga

ridiculous [rɪ'dɪkjʊləs] *adj* löjlig, absurd

riding ['raɪdɪŋ] *subst* ridning, ridsport; ***Little Red Riding Hood*** Rödluvan

rife [raɪf] *adj* **1** ***be*** ~ grassera, vara utbredd **2** ~ ***with*** full av

riff-raff ['rɪfræf] *subst* slödder, pack, patrask

1 rifle ['raɪfl] *verb* rota igenom för att stjäla

2 rifle ['raɪfl] *subst* gevär, bössa

rifle range ['raɪflreɪndʒ] *subst* skjutbana

rift [rɪft] *subst* spricka, klyfta

1 rig [rɪg] (*-gg-*) *verb* fixa; ~ ***an election*** bedriva valfusk

2 rig [rɪg] (*-gg-*) *verb* **1** sjö. rigga, tackla **2** ~ ***out*** utrusta, ekipera

1 right I [raɪt] *adj* **1** rätt, riktig; rättmätig; ~***?*** va?, eller hur?; ***the*** ~ ***change*** jämna pengar; ***get on the*** ~ ***side of sb*** komma på god fot med ngn; ***do the*** ~ ***thing by sb*** handla rätt mot ngn; ***is this*** ~ ***for...?*** är det här rätt väg till...?; ***that's*** ~***!*** just det!, det var rätt!, det stämmer!; ~ ***you are!*** el. ~ ***oh!*** vard. OK!, kör för det!; ***put*** ~ a) ställa till rätta b) ställa i ordning c) reparera, rätta till, avhjälpa fel **2** om vinkel rät; ***at*** ~ ***angles with*** i rät vinkel mot **II** [raɪt] *adv* **1** rätt, rakt; ~ ***ahead*** rakt fram **2** just, precis [~ *here*]; genast, strax [*I'll be* ~ *back*]; ~ ***away*** genast, strax, utan vidare, direkt; ~ ***now*** a) just nu b) ögonblickligen **3** alldeles, helt, ända [~ *to the bottom*] **4** rätt, riktigt **III** [raɪt] *subst* **1** rätt [~ *and wrong*]; ***by*** ~***s*** rätteligen **2** rättighet, rätt [*to* till]; ***fishing*** ~***s*** fiskerätt; ***all*** ~***s reserved*** med ensamrätt; ***human*** ~***s*** de mänskliga rättigheterna; ~ ***of way*** a) förkörsrätt b) allemansrätt till väg; ***by*** ~ ***of*** i kraft av, på grund av; ***he is quite within his*** ~***s*** han är i sin fulla rätt **3** ***the*** ~***s and wrongs of the case*** de olika sidorna av saken **IV** [raɪt] *verb* räta upp [~ *a car*], få på rätt köl [~ *a boat*]; ***things will*** ~ ***themselves*** det kommer att rätta till sig

2 right I [raɪt] *adj* höger; ~ ***hand*** a) höger hand b) högra hand [*he is my* ~ *hand*]; ~ ***turn*** högersväng **II** [raɪt] *adv* till höger [*of* om], åt höger; ~ ***and left*** till höger och vänster, från alla håll; ~ ***turn!*** mil. höger om!; ***turn*** ~ svänga till höger **III** [raɪt] *subst* höger sida, höger hand; ***the Right*** polit. högern; ***on your*** ~ till höger om dig

right-about ['raɪtəbaʊt] *adv*, ~ ***turn!*** helt höger om!

right-angled ['raɪtˌæŋgld] *adj* rätvinklig

righteous ['raɪtʃəs] *adj* **1** rättfärdig, rättskaffens **2** rättmätig [~ *indignation*]

rightful ['raɪtfʊl] *adj* rättmätig, rätt

right-hand ['raɪthænd] *adj* höger-; ***his*** ~ ***man*** hans högra hand

right-handed [ˌraɪt'hændɪd] *adj* högerhänt

right-hander [ˌraɪt'hændə] *subst* **1** högerhänt person; sport. högerhandsspelare **2** högerslag

rightly ['raɪtlɪ] *adv* **1** rätt, riktigt [*I don't* ~ *know*]; ~ ***or wrongly*** med rätt eller orätt **2** med rätta [~ *proud of his work*]

right-minded [ˌraɪt'maɪndɪd] *adj* rättsinnad [~ *people*]

righto [ˌraɪt'əʊ] *interj* vard. OK!, kör för det!

rightwards ['raɪtwədz] *adv* till höger, åt höger

right-wing ['raɪtwɪŋ] *adj* höger- [~ *party*], högerorienterad [~ *views*]

rigid ['rɪdʒɪd] *adj* **1** stel, styv **2** rigid, sträng, strikt

rigidity [rɪ'dʒɪdətɪ] *subst* **1** styvhet, stelhet **2** stränghet
rigmarole ['rɪgmərəʊl] *subst* **1** svammel, ramsa **2** omständlig procedur
rigorous ['rɪgərəs] *adj* **1** rigorös, sträng **2** bister, hård [*~ climate*]
rigour ['rɪgə] *subst* stränghet, hårdhet; pl. *~s* strapatser; ***the ~s of winter*** den stränga vinterkylan
rile [raɪl] *verb* vard. reta, reta upp, irritera
rim [rɪm] *subst* **1** kant, fals, rand **2** fälg
rime [raɪm] *subst* rimfrost
rimless ['rɪmləs] *adj*, *~ **spectacles*** glasögon utan bågar
rind [raɪnd] *subst* skal [*~ of a melon*]; svål [*bacon ~*]; kant, skalk [*cheese ~*]
1 ring I [rɪŋ] (*rang rung*) *verb* **1** ringa, klinga; ringa med (i, på) klocka m.m.; ***that ~s a bell*** det låter bekant; *~ **false*** klinga falskt; ***his story ~s true*** hans historia låter sann **2** ringa till, ringa upp [ofta *~ up*]; *~ **off*** tele. ringa av, lägga på luren **3** genljuda [*~ in sb's ears*] **4** slå [*the bell ~s the hours*]
II [rɪŋ] *subst* ringning, signal; ***there's a ~ at the door*** det ringer på dörren; ***give me a ~ sometime*** slå en signal någon gång
2 ring I [rɪŋ] *subst* **1** ring äv. boxn.; ***run ~s round sb*** vard. besegra ngn hur lätt som helst **2** liga [*spy ~*]
II [rɪŋ] *verb* ringa, ringmärka
ringleader ['rɪŋˌliːdə] *subst* anstiftare, upprorsledare
ringmaster ['rɪŋˌmɑːstə] *subst* cirkusdirektör
ring-opener ['rɪŋˌəʊpənə] *subst* rivöppnare på burk
ring ouzel ['rɪŋˌuːzl] *subst* fågel ringtrast
ring-pull ['rɪŋpʊl] *subst* rivöppnare på burk
ring road ['rɪŋrəʊd] *subst* kringfartsled
ring-rusty ['rɪŋˌrʌstɪ] *adj* ringrostig
ringworm ['rɪŋwɜːm] *subst* med. revorm
rink [rɪŋk] *subst* bana för ishockey, skridskoåkning
rinse I [rɪns] *verb* skölja, skölja av; *~ **out*** el. *~* skölja ur
II [rɪns] *subst* **1** sköljning; ***give sth a ~*** skölja av ngt **2** sköljmedel; ***hair ~*** toningsvätska
riot I ['raɪət] *subst* **1** upplopp, tumult; pl. *~s* kravaller; *~ **police*** kravallpolis **2** ***run ~*** a) härja, skena i väg [*his imagination runs ~*] b) växa ohejdat
II ['raɪət] *verb* ställa till upplopp (kravaller)
rioter ['raɪətə] *subst* upprorsmakare, deltagare i upplopp
riotous ['raɪətəs] *adj* tumultartad, kravallartad
rip [rɪp] (*-pp-*) *verb* riva, slita, fläka, skära [*open, up* upp; *off* av, loss]; ***let it ~*** sätt full fart!
ripcord ['rɪpkɔːd] *subst* utlösningslina på fallskärm
ripe [raɪp] *adj* mogen
ripen ['raɪpən] *verb* mogna
rip-off ['rɪpɔf] *subst* vard., ***it's a ~*** det är rena rövarpriset
ripple I ['rɪpl] *verb* **1** om t.ex. vattenyta krusa sig **2** porla
II ['rɪpl] *subst* **1** krusning på vattnet **2** porlande; ***a ~ of laughter*** ett porlande skratt
rise I [raɪz] (*rose risen*) *verb* **1** resa sig, resa sig upp, stiga upp, gå upp **2** stiga, höja sig; ***the glass is rising*** barometern stiger; *~ **to the occasion*** vara situationen vuxen **3** resa sig, göra uppror **4** stiga i graderna, avancera; *~ **to be a general*** avancera till general; *~ **in the world*** komma upp sig här i världen **5** uppkomma, uppstå [*from* av] **6** kok. jäsa om bröd
II [raɪz] *subst* **1** stigning [*a ~ in the ground*], upphöjning **2** stigande, tilltagande, stegring, ökning **3** löneförhöjning **4** uppgång; ***give ~ to*** ge upphov till; ***the ~ of industrialism*** industrialismens genombrott
risen ['rɪzn] perf. p. av *rise I*
riser ['raɪzə] *subst*, ***be an early ~*** vara morgontidig; ***be a late ~*** ligga länge på morgnarna
rising I ['raɪzɪŋ] *adj* stigande; ***the ~ generation*** det uppväxande släktet; ***a ~ young politician*** en kommande ung politiker
II ['raɪzɪŋ] *subst* **1** resning, uppror **2** uppstigning
risk I [rɪsk] *subst* risk, fara; ***run a ~*** löpa en risk; ***be at ~*** stå på spel
II [rɪsk] *verb* riskera; våga; *~ **one's life*** el. *~ **one's neck*** vard. våga livet
risky ['rɪskɪ] *adj* riskabel
risotto [rɪ'zɒtəʊ] (pl. *~s*) *subst* kok. risotto
rissole ['rɪsəʊl] *subst* kok. krokett; flottyrkokt risoll
rite [raɪt] *subst* rit, ceremoni
ritual I ['rɪtʃʊəl] *adj* rituell
II ['rɪtʃʊəl] *subst* ritual
rival I ['raɪvl] *subst* rival, konkurrent, medtävlare
II ['raɪvl] *adj* rivaliserande, konkurrerande
III ['raɪvl] (*-ll-*) *verb* tävla med, rivalisera med

rivalry ['raɪvəlrɪ] *subst* rivalitet, konkurrens
river ['rɪvə] *subst* flod
rivet I ['rɪvɪt] *subst* nit
II ['rɪvɪt] *verb* nita, nita fast; ~ ***one's eyes on*** fästa blicken på
Riviera [ˌrɪvɪ'eərə] *subst*, ***the*** ~ Rivieran
RN [ˌɑːr'en] förk. för *Royal Navy*
roach [rəʊtʃ] *subst* fisk mört

roads
I ENGLAND:
M = motorväg, t.ex. *M1*, *M2*
A = större väg, t.ex. *A10*, *A12*
B = mindre väg, t.ex. *B1011*, *B2022*
I USA:
Interstate = motorväg mellan stater, t.ex. *Interstate 1*
expressway = motorväg
highway = motorväg, större väg
freeway = avgiftsfri motorväg
route = större landsväg, t.ex. *Route 66*

road [rəʊd] *subst* väg, landsväg; körbana; ~ ***rage*** bråk i trafiken som urartar till våld; ***Road Up*** på skylt vägarbete; ***one for the*** ~ vard. en färdknäpp
roadblock ['rəʊdblɒk] *subst* trafik. vägspärr
road-holding ['rəʊdˌhəʊldɪŋ] *adj*, ~ ***ability*** väghållning
roadhouse ['rəʊdhaʊs] *subst* finare värdshus vid landsvägen
roadmap ['rəʊdmæp] *subst* vägkarta
roadside ['rəʊdsaɪd] *subst* **1** vägkant, vägens sida **2** före subst. vid vägen [*a* ~ *inn*]
roadsign ['rəʊdsaɪn] *subst* **1** vägmärke, trafikskylt **2** vägvisare
roadtest ['rəʊdtest] *subst* provkörning på väg av bil m.m.
roadway ['rəʊdweɪ] *subst* körbana, vägbana
roadworks ['rəʊdwɜːks] *subst pl* vägarbete
roadworthy ['rəʊdˌwɜːðɪ] *adj* bil. trafikduglig, i körbart skick
roam [rəʊm] *verb* ströva omkring, ströva igenom
roar I [rɔː] *subst* **1** rytande, vrål; ~ ***of laughter*** skrattsalva **2** dån, larm, brus [*the* ~ *of the traffic*]
II [rɔː] *verb* **1** ryta; vråla [~ *with pain*]; tjuta, gallskrika; ~ ***with laughter*** gapskratta **2** dåna, larma, brusa
roast I [rəʊst] *verb* **1** steka, ugnsteka; stekas **2** rosta [~ *coffee beans*]
II [rəʊst] *subst* stek
III [rəʊst] *adj* **1** stekt; ~ ***beef*** rostbiff; oxstek; ~ ***potatoes*** ugnstekt potatis **2** rostad
rob [rɒb] (*-bb-*) *verb* plundra, råna, bestjäla [*of* på]
robber ['rɒbə] *subst* rånare
robbery ['rɒbərɪ] *subst* rån
robe [rəʊb] *subst* **1** pl. ~***s*** ämbetsdräkt **2** galaklänning **3** badrock, amer. morgonrock
robin ['rɒbɪn] *subst* rödhake, amer. vandringstrast, rödtrast; ~ ***redbreast*** rödhake
robot ['rəʊbɒt] *subst* robot; ~ ***pilot*** autopilot
robust [rə'bʌst] *adj* **1** robust, kraftig; ***have a*** ~ ***appetite*** ha frisk aptit; ***a*** ~ ***plant*** en härdig växt
1 rock [rɒk] *subst* **1** klippa, skär; ***be on the*** ~***s*** vard. vara pank; ***whisky on the*** ~***s*** whisky med is **2** stenblock, klippblock **3** amer. sten i allm. [*throw* ~*s*] **4** berg, berggrund [*a house built on* ~] **5** bergart **6** ungefär polkagrisstång
2 rock [rɒk] *verb* **1** vagga, gunga, vyssja **2** skaka; ~ ***the boat*** ställa till trassel; ~ ***with laughter*** skaka av skratt
3 rock [rɒk] *subst* musik. rock, rockmusik
rock-bottom [ˌrɒk'bɒtəm] *subst* vard. absoluta botten; ***hit*** ~ el. ***reach*** ~ nå botten
rock cake ['rɒkkeɪk] *subst* hastbulle med russin
rock-climbing ['rɒkˌklaɪmɪŋ] *subst* bergbestigning, alpinism
rock crystal [ˌrɒk'krɪstl] *subst* bergkristall
rocker ['rɒkə] *subst* med på vagga, gunga, gungstol
rockery ['rɒkərɪ] *subst* stenparti i trädgård
1 rocket I ['rɒkɪt] *subst* raket; ~ ***missile*** raketvapen; ~ ***propulsion*** raketdrift
II ['rɒkɪt] *verb* **1** flyga som en raket **2** skjuta i höjden [*prices rocketed*]
2 rocket ['rɒkɪt] *subst* rucola, rucolasallad
rocket-assisted ['rɒkɪtəˌsɪstɪd] *adj*, ~ ***take-off*** raketstart
rock garden ['rɒkˌgɑːdn] *subst* stenparti
Rockies ['rɒkɪz] *subst pl*, ***the*** ~ vard., se *the Rocky Mountains*
rocking-chair ['rɒkɪŋtʃeə] *subst* gungstol
rocking-horse ['rɒkɪŋhɔːs] *subst* gunghäst
rocky ['rɒkɪ] *adj* klippig; stenig

Rocky Mountains [ˌrɒkɪˈmaʊntɪnz] *subst pl, the* ~ Klippiga bergen
rococo [rəˈkəʊkəʊ] *subst* konststil rokoko
rod [rɒd] *subst* **1** käpp, stång **2** metspö **3** spö, ris
rode [rəʊd] imperf. av *ride I*
rodent [ˈrəʊdənt] *subst* zool. gnagare
rodeo [rəˈdeɪəʊ] (pl. *~s*) *subst* rodeo riduppvisning
1 roe [rəʊ] *subst* rom, fiskrom; ***soft*** ~ mjölke
2 roe [rəʊ] *subst* rådjur
rogue [rəʊg] *subst* **1** rackare, skojare **2** lymmel
roguish [ˈrəʊgɪʃ] *adj* **1** skurkaktig **2** skälmsk
role [rəʊl] *subst* roll; uppgift, funktion; ~ ***model*** rollmodel, förebild; ~ ***play*** rollspel
roll I [rəʊl] *subst* **1** rulle; ***be on a*** ~ ha flyt, vara i ett stim **2** valk [*~s of fat*] **3** småfranska, fralla **4** lista, förteckning, register **5** rullande, rullning
II [rəʊl] *verb* **1** rulla **2** rulla sig, vältra sig; ~ ***in luxury*** vard. vältra sig i lyx; ***he's rolling in money*** vard. han har pengar som gräs **3** kavla, kavla ut, valsa ut **4** om t.ex. åska mullra **5** sjö. rulla
III [rəʊl] *verb* med adv. o. prep.
roll along 1 rulla vägen fram **2** vard. rulla på gå stadigt framåt
roll in rulla in; strömma in [*offers of help were rolling in*], strömma till
roll on: ~ ***on Friday!*** om det ändå vore fredag!
roll out kavla ut, valsa ut; ~ ***up* 1** rulla ihop sig **2** komma tågande; ***Roll up! Roll up!*** på t.ex. tivoli välkomna hit mina damer och herrar!
rollcall [ˈrəʊlkɔːl] *subst* upprop
rolled gold [ˌrəʊldˈgəʊld] *subst* gulddoublé
roller blades [ˈrəʊləbleɪdz] *subst* roller blades
roller-coaster [ˈrəʊləˌkəʊstə] *subst* berg-och-dalbana
roller-skate I [ˈrəʊləskeɪt] *subst* rullskridsko
II [ˈrəʊləskeɪt] *verb* åka rullskridsko
rolling [ˈrəʊlɪŋ] *adj* **1** rullande **2** vågig; ~ ***country*** ett böljande landskap
rolling-pin [ˈrəʊlɪŋpɪn] *subst* brödkavel
roll-neck [ˈrəʊlnek] *subst*, ~ ***sweater*** polotröja
roll-on [ˈrəʊlɒn] *subst* **1** resårgördel **2** roll-on; t.ex. deodorant
roll-top [ˈrəʊltɒp] *subst*, ~ ***desk*** jalusiskrivbord
ROM [rɒm] (förk. för *read only memory*) data. ROM
Roman I [ˈrəʊmən] *adj* romersk, romar- [*the ~ Empire*]; ~ ***Catholic*** romersk-katolsk; romersk katolik; ~ ***numerals*** romerska siffror
II [ˈrəʊmən] *subst* romare
romance [rəˈmæns] *subst* **1** romantik **2** romans kärlekshistoria **3** äventyrsroman
Romania [rəʊˈmeɪnjə] Rumänien
Romanian I [rəʊˈmeɪnjən] *adj* rumänsk
II [rəʊˈmeɪnjən] *subst* **1** rumän **2** rumänska språket
romantic I [rəˈmæntɪk] *adj* romantisk
II [rəˈmæntɪk] *subst* romantiker
romanticism [rəˈmæntɪsɪzəm] *subst* romantik
romanticize [rəˈmæntɪsaɪz] *verb* romantisera, vara romantisk; svärma
Rome [rəʊm] Rom; ***the Church of*** ~ romersk-katolska kyrkan; ***when in*** ~ ***do as the Romans do*** ordspr. man får ta seden dit man kommer
romp [rɒmp] *verb* **1** stoja, leka vilt, tumla om **2** vard., ~ ***in*** el. ~ ***home*** i kapplöpning vinna lätt
romper [ˈrɒmpə] *subst* pl. ***~s*** sparkbyxor, sparkdräkt
roof I [ruːf] *subst* tak, yttertak, hustak; ***the*** ~ ***of the mouth*** gommen; ***hit the*** ~ vard. gå i taket av ilska
II [ruːf] *verb* **1** lägga tak på, taklägga **2** ge husrum åt, hysa
roof garden [ˈruːfˌgɑːdn] *subst* **1** taklträdgård, takterrass **2** takservering
roofing [ˈruːfɪŋ] *subst* takläggning, taktäckningsmaterial
roof rack [ˈruːfræk] *subst* takräcke på bil
1 rook [rʊk] *subst* fågel råka
2 rook [rʊk] *subst* schack. torn
rookie [ˈrʊkɪ] *subst* vard. **1** gröngöling, novis **2** spec. amer. sport. nybörjare
room [ruːm, rʊm] *subst* **1** rum i hus; ***ladies'*** ~ damrum, damtoalett; ***men's*** ~ herrtoalett; ***set of ~s*** våning **2** pl. ***~s*** hyresrum **3** plats, rum, utrymme; ***standing*** ~ ståplats, ståplatser; ***there's no*** ~ ***for the table*** bordet får inte plats; ***there's plenty of*** ~ det är gott om plats; ***make*** ~ ***for*** lämna plats för
roommate [ˈruːmmeɪt] *subst* **1** rumskamrat **2** sambo
room service [ˈruːmˌsɜːvɪs] *subst* rumservice på hotell
roomy [ˈruːmɪ] *adj* rymlig
roost I [ruːst] *subst* hönspinne; ***rule the*** ~

vard. vara herre på täppan
II [ruːst] *verb* om fågel slå sig ner
rooster ['ruːstə] *subst* tupp
root I [ruːt] *subst* **1** rot; ~ ***beer*** spec. amer. läskedryck smaksatt med växtextrakt; ***the ~ cause*** grundorsaken; ~ ***filling*** rotfyllning i tand; ***take*** ~ slå rot, få rotfäste; ***be at the ~ of*** vara roten och upphovet till; ***pull (tear) up by the ~s*** rycka upp med roten (rötterna) **2** mat. rot; ***square*** ~ kvadratrot
II [ruːt] *verb* **1** slå rot; ***deeply rooted*** djupt rotad; inrotad; ***be rooted in*** ha sin grund i **2** ~ ***out*** utrota
rope I [rəʊp] *subst* **1** rep, lina, tåg; ***know the ~s*** vard. känna till knepen; ***give sb plenty of*** ~ ge ngn fria tyglar, ge ngn fritt spelrum; ***be at the end of one's*** ~ amer. inte orka mer; ***be on the ~s*** hänga på fallrepet, vara illa ute **2** ~ ***of pearls*** pärlband, pärlhalsband
II [rəʊp] *verb* **1** binda med rep **2** ~ ***in*** inhägna med rep; ~ ***off*** spärra av med rep **3** vard., ~ ***sb in*** få ngn att hjälpa till, förmå ngn att vara med
rope-walker ['rəʊpˌwɔːkə] *subst* lindansare
rosary ['rəʊzərɪ] *subst* relig. radband
1 rose [rəʊz] imperf. av *rise I*
2 rose I [rəʊz] *subst* **1** blomma ros; ***not all ~s*** el. ***not a bed of ~s*** ingen dans på rosor **2** rosa, rosenrött
II [rəʊz] *adj* **1** i sammansättningar ros-, rosen- [*rosebush*] **2** rosa, rosenröd
rosebud ['rəʊzbʌd] *subst* rosenknopp
rosebush ['rəʊzbʊʃ] *subst* rosenbuske
rosehip ['rəʊzhɪp] *subst* bot. nypon
rosemary ['rəʊzmərɪ] *subst* krydda rosmarin
rosette [rə'zet] *subst* rosett
rostrum ['rɒstrəm] *subst* **1** talarstol, podium **2** prispall
rosy ['rəʊzɪ] *adj* **1** rosig, rödblommig **2** rosenfärgad, rosenröd **3** ljus [*a ~ future*] **4** i sammansättningar rosen-
rosy-cheeked ['rəʊzɪtʃiːkt] *adj* rosenkindad
rot I [rɒt] (*-tt-*) *verb* **1** ruttna **2** få att ruttna
II [rɒt] *subst* röta, ruttenhet; förruttnelse
rota ['rəʊtə] *subst* tjänstgöringslista
rotate [rəʊ'teɪt] *verb* **1** rotera, svänga [~ *round an axis*]; låta rotera **2** växla, gå runt; låta växla; ~ ***crops*** bedriva växelbruk
rotation [rəʊ'teɪʃən] *subst* **1** rotation; varv **2** turordning; ***in*** ~ i tur och ordning, växelvis **3** lantbr., ***crop*** ~ växelbruk
rote [rəʊt] *subst*, ***by*** ~ utantill [*know by* ~]
rotten ['rɒtn] *adj* **1** rutten, skämd **2** vard. urusel [~ *weather*], vissen [*feel* ~]; ***what ~ luck!*** en sån förbaskad otur!
rouble ['ruːbl] *subst* myntenhet rubel
rouge I [ruːʒ] *subst* rouge
II [ruːʒ] *verb* sminka sig med rouge, lägga på rouge
rough I [rʌf] *adj* **1** grov, ojämn, sträv **2** gropig [*a ~ sea*] **3** hårdhänt, omild [~ *handling*]; ~ ***play*** sport. ojust spel, ruff; ***have a ~ time*** el. ***have a ~ time of it*** vard. ha det svårt **4** ohyfsad, råbarkad; ***a ~ customer*** en rå typ **5** rå, oslipad [*a ~ diamond*] **6** grov; ~ ***copy*** kladd, koncept; ~ ***outline*** skiss, utkast; ***in ~ outlines*** i grova drag **7** ungefärlig; ***a ~ estimate*** en ungefärlig beräkning; ***a ~ guess*** en lös gissning
II [rʌf] *adv* grovt, hårt; ***play*** ~ spela ojust, ruffa
III [rʌf] *verb*, ~ ***it*** slita ont, leva primitivt
roughage ['rʌfɪdʒ] *subst* **1** fiberrik kost **2** kostfiber
rough-and-ready [ˌrʌfnd'redɪ] *adj* **1** grov, ungefärlig; ***a ~ estimate*** en grov beräkning **2** om person rättfram
roughen ['rʌfən] *verb* göra grov, bli grov
roughly ['rʌflɪ] *adv* **1** grovt; ***treat*** ~ behandla omilt, behandla hårt **2** cirka, ungefär; ~ ***speaking*** i stort sett
roughneck ['rʌfnek] *subst* vard. ligist, hårding
roulade [ruː'lɑːd] *subst* kok. rulad
roulette [rʊ'let] *subst* hasardspel rulett
round I [raʊnd] *adj* rund, jämn, avrundad [*a ~ sum*]; ungefärlig [*a ~ estimate*]
II [raʊnd] *subst* **1**; rond, runda, tur; ***the postman's*** ~ brevbärarens utbärningstur; ***go*** el. ***do the ~s*** a) göra sin inspektionsrunda b) gå runt, cirkulera c) grassera, härja [*flu is going the ~s*]; ***go the ~ of*** a) gå runt i b) gå laget runt bland; ***make one's ~s*** gå ronden **2** omgång, varv; ~ ***of ammunition*** mil. a) skottsalva b) skott [*he had three ~s of ammunition left*]; ***a ~ of applause*** en applåd; ***stand a ~ of drinks*** bjuda på en omgång drinkar **3** sport. rond, omgång; ***a ~ of golf*** en golfrunda **4** ring, krets **5** skiva av bröd; ***a ~ of toast*** en skiva rostat bröd
III [raʊnd] *adv* **1** runt [*show sb* ~], omkring, runtom; ~ ***about*** runtomkring, runtom; ***all*** ~ runtom; överallt; överlag, laget runt; ***the first time*** ~ i första vändan; ***all the year*** ~ hela året, året runt (om); ***don't turn ~!*** vänd dig inte om! **2** hit, över [*he came ~ one evening*]; ***ask sb*** ~ be ngn hem

till sig **3** ~ ***about*** omkring [~ *about lunchtime*]
IV [raʊnd] *prep* om [*he had a scarf* ~ *his neck*], runt, omkring, kring [*sit* ~ *the table*]; runtom; ~ ***the clock*** dygnet runt
V [raʊnd] *verb* **1** göra rund, runda [~ *the lips*]; ~ ***off*** a) runda t.ex. hörn b) runda av summa c) avrunda, avsluta [~ *off an evening*] **2** runda, svänga om, svänga runt [~ *a street corner*], gå (fara, segla) runt; sjö. dubblera [~ *a cape*] **3** ~ ***up*** samla ihop, driva ihop [~ *up the cattle*], mobilisera, samla [~ *up volunteers*] **4** ~ ***out*** bli fylligare, bli rundare [*her figure is beginning to* ~ *out*] **5** ~ ***on sb*** fara ut mot ngn
roundabout I ['raʊndəbaʊt] *adj* omständlig; ***use*** ~ ***methods*** gå omvägar; ~ ***way*** omväg; ***in a*** ~ ***way*** indirekt, på omvägar
II ['raʊndəbaʊt] *subst* **1** karusell **2** trafik. rondell
round-table [ˌraʊnd'teɪbl] *adj* rundabords-
round-the-clock ['raʊndðəklɒk] *adj* dygnslång; ~ ***service*** dygnetruntservice
round-trip ['raʊndtrɪp] *adj* amer. turochretur- [*a* ~ *ticket*]
round-up ['raʊndʌp] *subst* **1** mobiliserande **2** razzia [*of* bland] **3** sammandrag [*a news* ~]; ***Sports*** ~ radio. el. tv. sportextra
rouse [raʊz] *verb* **1** väcka; rycka upp [*from* ur] **2** egga, elda upp [~ *the masses*]; reta upp [~ *sb to anger*]; ***he is terrible when roused*** han är hemsk när han är uppretad **3** ~ ***oneself*** rycka upp sig, vakna upp
rousing ['raʊzɪŋ] *adj* väckande, eldande [*a* ~ *speech*], medryckande; ***a*** ~ ***welcome*** ett översvallande välkomnande
rout I [raʊt] *subst* vild flykt; sammanbrott, nederlag; ***put to*** ~ driva på flykten
II [raʊt] *verb* driva på flykten, fullständigt besegra
route I [ruːt] *subst* rutt, väg, led; marschrutt; ***on*** ~ ***number 50*** buss på linje 50
II [ruːt] *verb* sända viss väg, dirigera
routine I [ruː'tiːn] *subst* **1** rutin, slentrian; ***office*** ~ kontorsrutiner **2** teat. nummer på repertoaren [*a dance* ~]
II [ruː'tiːn] *adj* rutinmässig, slentrianmässig
rove [rəʊv] *verb* **1** ströva omkring, vandra **2** ströva omkring i
roving ['rəʊvɪŋ] *adj* kringströvande, irrande; ~ ***ambassador*** resande ambassadör; ~ ***reporter*** flygande reporter
1 row [rəʊ] *subst* **1** rad, räcka, länga [*a* ~ *of houses*]; led **2** bänkrad **3** i stickning varv
2 row I [rəʊ] *verb* ro
II [rəʊ] *subst* roddtur
3 row I [raʊ] *subst* **1** oväsen, bråk; ***stop that*** ~***!*** för inte ett sånt liv! **2** gräl, bråk; ***have a*** ~ bråka, gräla
II [raʊ] *verb* **1** väsnas, bråka **2** gräla
rowan ['rəʊən] *subst* träd rönn
rowanberry ['rəʊənˌberɪ] *subst* rönnbär
rowdy I ['raʊdɪ] *subst* bråkmakare, råskinn
II ['raʊdɪ] *adj* bråkig, våldsam [~ *scenes*]
rower ['rəʊə] *subst* roddare
rowing ['rəʊɪŋ] *subst* rodd; ~ ***match*** kapprodd
rowing-boat ['rəʊɪŋbəʊt] *subst* roddbåt
rowlock ['rɒlək, 'rəʊlɒk] *subst* årtull, årklyka
royal ['rɔɪəl] *adj* kunglig; ***the*** ~ ***speech*** trontalet
royalist I ['rɔɪəlɪst] *subst* rojalist
II ['rɔɪəlɪst] *adj* rojalistisk
royalistic [ˌrɔɪə'lɪstɪk] *adj* rojalistisk
royalty ['rɔɪəltɪ] *subst* **1** kunglighet **2** royalty
RSPCA ['ɑːrˌes'piːˌsiː'eɪ] (förk. för *Royal Society for the Prevention of Cruelty to Animals*) brittiska djurskyddsföreningen
rub I [rʌb] (*-bb-*) *verb* gnida, gno, gnugga; ~ ***shoulders with*** a) umgås med b) neds. frottera sig med; ~ ***sb up the wrong way*** stryka ngn mothårs
II [rʌb] (*-bb-*) *verb* med adv. o. prep.
rub down gnida ren; slipa av, putsa av
rub in gnida in; ***don't*** ~ ***it in!*** du behöver inte tjata om det!, du behöver inte alltid påminna mig om det!
rub off gnida av, putsa av, sudda ut; sudda ren
rub out sudda ut, sudda bort, gnida av, gnida bort
rub up putsa, polera
III [rʌb] *subst* **1** gnidning; ***give the silver a*** ~***!*** putsa upp silvret! **2** ***there's the*** ~***!*** det är där problemet ligger!
1 rubber ['rʌbə] *subst* kortsp. robbert; spel
2 rubber ['rʌbə] *subst* **1** kautschuk; radergummi; ~ ***bullet*** gummikula **2** amer. vard. gummi kondom
rubber band [ˌrʌbə'bænd] *subst* gummisnodd
rubber-stamp I [ˌrʌbə'stæmp] *subst* gummistämpel
II [ˌrʌbə'stæmp] *verb* stämpla, vard. godkänna utan vidare
rubbery ['rʌbərɪ] *adj* seg som gummi, gummiartad
rubbish I ['rʌbɪʃ] *subst* **1** avfall **2** skräp,

smörja **3** struntprat
II ['rʌbɪʃ] *verb* racka ner, göra ner
rubbish heap ['rʌbɪʃhiːp] *subst* skräphög
rubbishy ['rʌbɪʃɪ] *adj* skräpig
rubble ['rʌbl] *subst* **1** stenflis; ***a heap of*** ~ en grushög **2** spillror
rub-down ['rʌbdaʊn] *subst* **1** gnidning, putsning; ***a cold*** ~ en kall avrivning
ruby I ['ruːbɪ] *subst* **1** ädelsten rubin **2** rubinrött
II ['ruːbɪ] *adj* rubinröd; ~ ***lips*** purpurröda läppar
rucksack ['rʌksæk] *subst* ryggsäck
rudder ['rʌdə] *subst* roder; flyg. sidoroder
ruddy ['rʌdɪ] *adj* rödblommig [*a ~ complexion*]; rödaktig
rude [ruːd] *adj* **1** ohyfsad, oartig **2** grov [*~ remarks*], oanständig [*~ jokes*] **3** häftig [*a ~ shock*]
rudiment ['ruːdɪmənt] *subst* **1** rudiment, ansats [*of* till] **2** pl. *~s* första grunder
rudimentary [ˌruːdɪ'mentərɪ] *adj* **1** rudimentär **2** elementär
ruffian ['rʌfjən] *subst* råskinn, buse
ruffle ['rʌfl] *verb* **1** rufsa till [*~ sb's hair*]; burra upp [*the bird ruffled its feathers*] **2** röra upp, krusa **3** ~ ***sb's temper*** förarga ngn; ***be ruffled*** bli stött **4** rynka, vecka
rug [rʌg] *subst* **1** liten matta **2** filt, pläd

rugby
Rugby spelades första gången 1823 på den kända privatskolan *Rugby*. Det spelas med en oval boll och man får använda händerna. England spelar landskamper mot t.ex. Australien, Sydafrika, Nya Zeeland och Frankrike. Amerikansk och australisk fotboll är varianter av *rugby*.

rugby ['rʌgbɪ] *subst* rugby
rugged ['rʌgɪd] *adj* **1** ojämn; oländig, kuperad [*~ country*] **2** fårad, grov [*a ~ face*] **3** sträv, kärv, barsk [*a ~ old peasant*] **4** kraftig, robust [*~ physique*]
rugger ['rʌgə] *subst* vard. rugby
ruin I ['rʊɪn] *subst* **1** ruin, ruiner **2** ruin, undergång, förfall
II ['rʊɪn] *verb* **1** ödelägga, förstöra **2** ruinera **3** störta i fördärvet **4** fördärva, förstöra [*~ one's health; you've ruined the cake!*]
ruination [rʊɪ'neɪʃən] *subst* **1** ödeläggelse **2** ruin, fördärv
ruined ['rʊɪnd] *adj* **1** förfallen, i ruiner **2** ruinerad **3** fördärvad, förstörd, ödelagd
rule I [ruːl] *subst* **1** regel, bestämmelse, föreskrift; ***as a*** ~ i regel; ***the ~s of the game*** spelreglerna **2** styre, välde [*under British ~*]; regering **3** tumstock, måttstock
II [ruːl] *verb* **1** regera över, styra, härska över **2** regera, härska [*over* över]; råda **3** fastställa, förordna, bestämma; ~ ***out*** utesluta **4** linjera; ***ruled paper*** linjerat papper **5** hand., om t.ex. pris gälla, råda [*ruling prices*]
ruler ['ruːlə] *subst* **1** härskare [*of* över] **2** linjal
rum [rʌm] *subst* rom dryck
rumba I ['rʌmbə] *subst* dans rumba
II ['rʌmbə] *verb* dansa rumba
rumble I ['rʌmbl] *verb* mullra; om mage kurra
II ['rʌmbl] *subst* mullrande
ruminate ['ruːmɪneɪt] *verb* **1** idissla **2** grubbla, fundera [*about* på, över]
rummage ['rʌmɪdʒ] *verb* **1** leta igenom, rota igenom **2** leta, rota [*in, through* igenom]
rummy ['rʌmɪ] *subst* rummy slags kortspel
rumour I ['ruːmə] *subst* rykte [*a false ~*]
II ['ruːmə] *verb*, ***it is rumoured that*** det ryktas att
rumour-monger ['ruːməˌmʌŋgə] *subst* ryktesspridare
rump [rʌmp] *subst* bakdel, rumpa
rumple ['rʌmpl] *verb* skrynkla ned
rumpsteak [ˌrʌmp'steɪk] *subst* rumpstek
rumpus ['rʌmpəs] *subst* vard. bråk, uppträde
run I [rʌn] (*ran run*) (*running*) *verb* **1** springa, löpa; ~ ***errands*** springa ärenden [*for* åt, för] **2** polit. m.m. ställa upp, kandidera [*for* till] **3** glida, löpa, rulla, köra **4** om t.ex. maskin gå, vara i gång, vara på; ***leave the engine running*** låta motorn gå på tomgång **5** gå, köra [*the buses ~ every five minutes*] **6** om t.ex. färg fälla [*these colours won't ~*]; flyta ut, flyta omkring **7** rinna, droppa [*your nose is running*], flyta, flöda; om sår vätska sig, vara sig **8** ~ ***dry*** torka ut, sina ut; ~ ***high*** a) om tidvatten, pris m.m. stiga högt b) om t.ex. känslor svalla; ~ ***low*** ta slut, tryta [*supplies are running low*] **9** löpa, gälla [*the contract ~s for three years*] **10** pågå, gå; ***the play ran for six months*** pjäsen gick i sex månader **11** lyda, låta; ***it ~s as follows*** det lyder som följer **12** ***my stocking has*** ~ det har gått en maska på min strumpa **13** springa i kapp med [*I ran*

him to the corner] **14** driva [~ *a business*]; leda, styra [~ *a country*]; sköta, förestå; ~ ***a course*** hålla en kurs **15** köra, skjutsa [*I'll ~ you home in my car*] **16** låta glida, dra, fara med, köra [~ *one's fingers through one's hair*] **17** hålla (sätta) i gång; ~ ***a film*** visa en film; ~ ***a tape*** spela ett band **18** köra med, sätta in [~ *extra buses*] **19** låta rinna, tappa [~ *water into a bath-tub*] **20** ***a car that is expensive to ~*** en bil som är dyr i drift; ~ ***a temperature*** vard. ha feber

II [rʌn] (*ran run*) (*running*) *verb* med adv. o. prep.

run about springa (löpa, fara) omkring

run across 1 gå (löpa) tvärs över **2** stöta på, träffa på

run against 1 stöta 'på, träffa på, stöta ihop med **2** rusa emot **3** sport. m.m. tävla (springa) mot; ställa upp mot

run aground gå (segla) på grund

run along! vard. i väg med dig!

run away springa i väg (bort); rymma

run down 1 springa (löpa, fara, rinna) ner (nedför) **2** ***feel ~ down*** känna sig trött och nere **3** ta slut, köra slut på; ***the battery has ~ down*** batteriet är slut **4** köra över, köra ner i trafiken **5** tala illa om, racka ner på

run for 1 springa till, springa efter **2** ~ ***for it*** vard. skynda sig, springa fort; ~ ***for one's life*** springa för livet **3** polit. m.m. ställa upp som, kandidera till [~ *for president*]

run in 1 rusa in **2** ***it ~s in the family*** det ligger i släkten **3** köra in [~ *in a new car*; ~ *in an engine*]; ***running in*** om bil under inkörning

run into 1 köra 'på (in i, emot), rusa in i (emot) **2** stöta 'på, träffa på **3** råka in i, stöta på; försätta i [*it ran him into difficulties*]; ~ ***into debt*** råka i skuld

run off 1 springa sin väg **2** trycka; köra, dra [~ *off fifty copies*] **3** köra, spela [~ *off a tape*]

run on 1 gå 'på, springa vidare, köra vidare **2** fortsätta, löpa vidare **3** gå på, drivas med [~ *on petrol*]

run out 1 springa ut, löpa ut **2** löpa (gå) ut; hålla på att ta slut, börja sina (tryta)

run over 1 rinna över, flöda över **2** köra över; ***he was ~ over*** han blev överkörd

run through 1 gå igenom, löpa igenom **2** genomborra [~ *sb through with a sword*]

run to 1 skynda till [~ *to his help*] **2** uppgå till; omfatta [*the story ~s to 5,000 words*], komma upp till (i) **3** vard. ha råd med

run up 1 springa uppför **2** skjuta i höjden; ~ ***up a debt*** skaffa sig skulder **3** om pris ~ ***up to*** uppgå till **4** ~ ***up against*** stöta på [~ *up against difficulties*], träffa på, råka in i

III [rʌn] *subst* **1** löpning, lopp; ***on the ~*** vard. på flykt, på rymmen **2** sport., i t.ex. kricket 'run', poäng **3** kort färd; ***a ~ in the car*** en biltur **4** rutt, väg, runda **5** serie, följd, räcka [*a ~ of misfortunes*]; ***have a good ~*** ha framgång, gå bra; ***a ~ of bad luck*** ständig otur; ***a ~ of good luck*** ständig tur; ***in the long ~*** i längden, på lång sikt **6** plötslig efterfrågan, ökad efterfrågan; ***there was a ~ on the bank*** det blev rusning till banken för att få ut innestående pengar **7** vard. fritt tillträde, tillgång [*of* till] **8** maska på t.ex. strumpa

rundown ['rʌndaʊn] *adj* **1** slutkörd; nedgången; medtagen **2** förfallen

rune [ruːn] *subst* runa

1 rung [rʌŋ] perf. p. av *1 ring I*

2 rung [rʌŋ] *subst* pinne på stege; steg

runner ['rʌnə] *subst* **1** sport. m.m. löpare **2** smugglare ofta i sammansättningar [*gun-runner*] **3** bordlöpare **4** med på släde; skridskoskena **5** bot., ***scarlet ~*** el. ~ ***bean*** rosenböna **6** tekn. löpring, löprulle; glidstång

runner-up [ˌrʌnər'ʌp] (pl. *runners-up* [ˌrʌnəz'ʌp]) *subst*, ***be ~*** komma på andra plats

running I ['rʌnɪŋ] *pres p* o. *adj* **1** löpande, springande; ***take a ~ jump*** hoppa med ansats; ***take a ~ jump!*** el. ***take a ~ jump at yourself!*** vard. släng dig i väggen!; ~ ***mate*** a) i kapplöpning draghjälp b) amer. 'parhäst', vicepresidentkandidat; ***in good ~ order*** körklar och i gott skick; ~ ***time*** films speltid **2** rinnande [~ *water*], flytande, löpande; i rad, i sträck [*three times ~*]; ~ ***commentary*** direktreferat i radio el. tv; ~ ***expenses*** löpande utgifter, driftskostnader

II ['rʌnɪŋ] *subst* **1** springande, löpande; lopp; ***make the ~*** a) vid löpning bestämma farten b) ha initiativet; ***be in the ~*** vara med i leken, vara med i tävlingen; ***be out of the ~*** vara ur leken, vara ur spelet **2** gång [*the smooth ~ of an engine*] **3** körförhållanden, löpningsförhållanden, bana [*the ~ is good*]; före, drivande, drift; skötsel

running-board ['rʌnɪŋbɔːd] *subst* fotsteg på bil

running-in [ˌrʌnɪŋ'ɪn] *subst* inkörning av bil

runproof ['rʌnpruːf] *adj* masksäker [~ *stockings*]

run-up ['rʌnʌp] *subst* **1** sport. sats, ansats **2** inledning, upptakt [*the ~ to the election*]
runway ['rʌnweɪ] *subst* flyg. startbana, landningsbana
rupture I ['rʌptʃə] *subst* **1** bristning i muskel m.m. **2** brytande; brytning [*a diplomatic ~*] **3** med. bråck
II ['rʌptʃə] *verb* **1** brista **2** spräcka, spränga
rural ['rʊərəl] *adj* lantlig; lantbruks-; ~ ***district*** landskommun; ~ ***life*** lantliv, lantlivet; ***in ~ districts*** på landsbygden
ruse [ruːz] *subst* list, knep, fint
1 rush [rʌʃ] *subst* bot. säv
2 rush I [rʌʃ] *verb* **1** rusa, störta [*into* in i, i]; ~ ***and tear*** jäkta; ~ ***at*** rusa 'på, rusa mot **2** forsa, rusa, brusa **3** störta, driva; rusa i väg med, föra i all hast [*he was rushed to hospital*] **4** ~ ***on*** el. ~ ***up*** el. ~ forcera, driva 'på, skynda (jäkta) på; ~ ***sb off his feet*** bringa ngn ur fattningen; ***don't ~ me!*** jäkta mig inte!
II [rʌʃ] *subst* **1** rusning, rush, tillströmning [*on, to, into* till]; ***the Christmas ~*** julrushen, julbrådskan; ***gold ~*** guldrush, guldfeber **2** jäkt, jäktande, brådska; ~ ***and tear*** jäkt, brådska; ***be in a ~*** ha det jäktigt
rush hour ['rʌʃˌaʊə] *subst*, ***the ~*** rusningstid, rusningstiden; ~ ***traffic*** rusningstrafik

Rushmore ['rʌʃmɔː]
Mount Rushmore är ett känt monument i *South Dakota*, där de fyra presidenterna Washington, Jefferson, Lincoln och Theodore Roosevelt är avbildade. Deras porträtt har huggits in i jätteformat i en brant klippvägg.

rusk [rʌsk] *subst* skorpa bakverk
russet I ['rʌsɪt] *adj* rödbrun, gulbrun
II ['rʌsɪt] *subst* rödbrunt, gulbrunt
Russia ['rʌʃə] Ryssland
Russian I ['rʌʃən] *adj* rysk; ~ ***salad*** legymsallad
II ['rʌʃən] *subst* **1** ryss; ryska **2** ryska språket
russula ['rʌsjʊlə] *subst* svamp kremla
rust I [rʌst] *subst* rost
II [rʌst] *verb* rosta; göra rostig
rustic I ['rʌstɪk] *adj* lantlig, bonde-, rustik
II ['rʌstɪk] *subst* lantbo
rustle I ['rʌsl] *verb* **1** prassla, rassla; prassla (rassla) med **2** amer. vard. stjäla boskap; stjäla [*~ cattle*] **3** ~ ***up*** vard. fixa [*~ up some food*]
II ['rʌsl] *subst* prassel, rassel, sus
rustler ['rʌslə] *subst* amer. boskapstjuv
rustproof ['rʌstpruːf] *adj* rostbeständig, rostfri
rusty ['rʌstɪ] *adj* **1** rostig **2** om person rostig, otränad [*a bit ~ at tennis*]; ***get ~*** komma ur form, bli ringrostig
1 rut [rʌt] *subst* brunst
2 rut [rʌt] *subst* hjulspår; ***get into a ~*** fastna i slentrian
ruthless ['ruːθləs] *adj* skoningslös, hänsynslös
rye [raɪ] *subst* **1** råg **2** i USA el. Canada: ~ el. ~ ***whiskey*** whisky gjord på råg **3** rågbröd
rye bread ['raɪbred] *subst* rågbröd
Ryvita® [raɪ'viːtə] *subst* slags knäckebröd

Ss

1 S o. **s** [es] *subst* S, s
2 S (förk. för *south, southern*) S
$ = *dollar* o. *dollars*
's = *has* [*what's he done?*]; *is* [*it's*]; *does* [*what's he want?*]; *us* [*let's see*]
Sabbath ['sæbəθ] *subst* sabbat
sable ['seɪbl] *subst* **1** djur sobel **2** sobelpäls
sabotage I ['sæbətɑːʒ] *subst* sabotage
II ['sæbətɑːʒ] *verb* sabotera, utföra sabotage mot
saboteur [ˌsæbə'tɜː] *subst* sabotör
sabre ['seɪbə] *subst* sabel
sabre-rattling ['seɪbəˌrætlɪŋ] *subst* vapenskrammel
sachet ['sæʃeɪ, amer. sæ'ʃeɪ] *subst* **1** plastkudde med t.ex. schampo **2** portionspåse för t.ex. te
sack I [sæk] *subst* **1** säck **2** vard., ***get the*** ~ få sparken; ***give sb the*** ~ sparka ngn; ***hit the*** ~ krypa till kojs
II [sæk] *verb* vard. ge sparken; ***she was sacked*** hon fick sparken
sacking ['sækɪŋ] *subst* säckväv
sacred ['seɪkrɪd] *adj* **1** helig, sakral [*~ music*] **2** andlig [*~ songs*], kyrko- [*~ music*]
sacrifice I ['sækrɪfaɪs] *subst* **1** offer **2** uppoffring [*make ~s*]
II ['sækrɪfaɪs] *verb* **1** offra **2** uppoffra
sacrilege ['sækrɪlɪdʒ] *subst* relig. helgerån, vanhelgande
sad [sæd] *adj* **1** ledsen, sorgsen **2** vard. sorglig; ~ ***to say*** sorgligt nog
sadden ['sædn] *verb* göra ledsen, göra sorgsen
saddle I ['sædl] *subst* sadel
II ['sædl] *verb* sadla
saddlebag ['sædlbæg] *subst* **1** sadelficka, sadelpåse **2** verktygsväska på cykel **3** cykelväska
sadism ['seɪdɪzəm] *subst* sadism
sadist ['seɪdɪst] *subst* sadist
sadistic [sə'dɪstɪk] *adj* sadistisk
sadly ['sædlɪ] *adv* **1** sorgset **2** tråkigt nog; ***be*** ~ ***in need of*** vara i stort behov av
sae [ˌeseɪ'iː] förk. för *stamped-addressed envelope, self-addressed envelope*
safari [sə'fɑːrɪ] *subst* safari
safe I [seɪf] *adj* **1** säker, trygg, utom fara **2** riskfri, ofarlig; ***at a*** ~ ***distance*** på behörigt avstånd; ***to be on the*** ~ ***side*** för att vara på den säkra sidan, för säkerhets skull; ~ ***and sound*** välbehållen, oskadd; i gott behåll
II [seɪf] *subst* **1** kassaskåp **2** amer. vard. gummi kondom
safe conduct [ˌseɪf'kɒndʌkt] *subst* fri lejd
safe-deposit ['seɪfdɪˌpɒzɪt] *subst*, ~ ***box*** bankfack, förvaringsfack
safeguard I ['seɪfgɑːd] *subst* garanti, säkerhet, skydd
II ['seɪfgɑːd] *verb* garantera, säkra, trygga
safely ['seɪflɪ] *adv* säkert, tryggt
safe sex [ˌseɪf'seks] *subst* säker sex
safety ['seɪftɪ] *subst* säkerhet, trygghet; ***Safety First*** säkerheten framför allt
safety belt ['seɪftɪbelt] *subst* säkerhetsbälte, bilbälte
safety catch ['seɪftɪkætʃ] *subst* **1** säkring på vapen; ***release the*** ~ osäkra t.ex. vapnet **2** säkerhetshake på fönster, dörr
safety curtain ['seɪftɪˌkɜːtn] *subst* teat. järnridå
safety-deposit ['seɪftɪdɪˌpɒzɪt] *subst* se *safe-deposit*
safety glass ['seɪftɪglɑːs] *subst* splitterfritt glas
safety helmet ['seɪftɪˌhelmɪt] *subst* cykelhjälm
safety island ['seɪftɪˌaɪlənd] *subst* amer. trafik. refug
safety pin ['seɪftɪpɪn] *subst* säkerhetsnål
safety razor ['seɪftɪˌreɪzə] *subst* rakhyvel
safety valve ['seɪftɪvælv] *subst* säkerhetsventil
saffron ['sæfrən] *subst* kok. saffran
sag [sæg] (*-gg-*) *verb* svikta, ge efter; sjunka; ***sagging breasts*** hängbröst
1 sage [seɪdʒ] *subst* krydda salvia
2 sage [seɪdʒ] *subst* vis man
Sagittarius [ˌsædʒɪ'teərɪəs] stjärntecken Skytten
sago ['seɪgəʊ] *subst* kok. sago; sagogryn
Sahara [sə'hɑːrə] *subst*, ***the*** ~ Sahara
said I [sed] imperf. o. perf. p. av *say I*
II [sed] *adj* jur. sagd, nämnd [*the ~ Mr. Smith*]
sail I [seɪl] *subst* segel; ***make ~ for*** el. ***set ~ for*** avsegla till
II [seɪl] *verb* segla, segla på
sailing ['seɪlɪŋ] *subst* **1** segling; avsegling; ***list of ~s*** båtturlista **2** ***it's plain*** ~ det går lekande lätt
sailing boat ['seɪlɪŋbəʊt] *subst* segelbåt

sailing ship ['seɪlɪŋʃɪp] *subst* o. **sailing vessel** ['seɪlɪŋˌvesl] *subst* segelfartyg
sailor ['seɪlə] *subst* sjöman; ***be a bad*** ~ ha lätt för att bli sjösjuk
sailplaning ['seɪlˌpleɪnɪŋ] *subst* segelflygning

saint

- *Saint Andrew* är Skottlands nationalhelgon. *St Andrew's Day* (30 november) är den skotska nationaldagen.
- *Saint David* är Wales nationalhelgon. *St David's Day* (1 mars) är den walesiska nationaldagen.
- *Saint George* är Englands nationalhelgon. *St George's Day* (23 april) är den engelska nationaldagen.
- *Saint Patrick* är Irländska republikens nationalhelgon. *St Patrick's Day* (17 mars) är den irländska nationaldagen.

saint [seɪnt, obetonat snt] *subst* **1** helgon; ***Saint*** framför namn (förk. *St.*) Sankt, Sankta, Helige, Heliga; ***St. Peter*** sankte Per
sake [seɪk] *subst*, ***for sb's*** ~ för ngns skull; ***for God's ~!*** för Guds skull!; ***for sth's*** ~ för ngts skull; ***die for the ~ of one's country*** dö för sitt fosterland
salad ['sæləd] *subst* sallad, grönsallad; ***fruit*** ~ fruktsallad
salami [sə'lɑːmɪ] *subst* kok. salami
salary ['sælərɪ] *subst* månadslön, årslön
sale [seɪl] *subst* **1** försäljning; ***~s manager*** försäljningschef; ***for*** ~ el. ***on*** ~ till salu; ***put up for*** ~ el. ***offer for*** ~ salubjuda **2** realisation, rea; ***bargain*** ~ utförsäljning till vrakpriser; ***clearance*** ~ utförsäljning, lagerrensning
salesclerk ['seɪlzklɜːk] *subst* amer. expedit, affärsbiträde
salesman ['seɪlzmən] (pl. *salesmen* ['seilzmən]) *subst* **1** försäljare för firma; representant **2** amer. försäljare, expedit, affärsbiträde
salesperson ['seɪlzˌpɜːsn] *subst* **1** försäljare; för firma representant **2** amer. expedit
sales rep ['seɪlzrep] *subst* vard. förk. för *sales representative*
sales representative ['seɪlzˌreprɪ'zentətɪv] *subst* försäljare, handelsresande
salient ['seɪljənt] *adj* framträdande [*~ features*]
saliva [sə'laɪvə] *subst* saliv
1 sallow ['sæləʊ] *subst* bot. sälg
2 sallow ['sæləʊ] *adj* spec. om hy gulblek
salmon ['sæmən] *subst* fisk lax
salmon trout ['sæməntraʊt] *subst* fisk laxöring
salon ['sælɒn] *subst* salong [*beauty ~*]
saloon [sə'luːn] *subst* **1** salong [*shaving ~*]; ***the ~ bar*** i pub den 'finaste' avdelningen **2** amer. krog, bar
saloon car [sə'luːnkɑː] *subst* bil. sedan
salt I [sɔːlt] *subst* salt; ***not be worth one's*** ~ inte göra skäl för sig; ***take sth with a grain of*** ~ el. ***take sth with a pinch of*** ~ ta ngt med en nypa salt
II [sɔːlt] *verb* salta
saltcellar ['sɔːltˌselə] *subst* saltkar
salt shaker ['sɔːltˌʃeɪkə] *subst* amer. saltkar
salty ['sɔːltɪ] *adj* salt, saltaktig, salthaltig
salute I [sə'luːt] *subst* **1** hälsning med gest **2** mil. honnör; salut
II [sə'luːt] *verb* **1** hälsa **2** mil. göra honnör för, hälsa med salut, göra honnör
salvage I ['sælvɪdʒ] *subst* bärgning, räddning från skeppsbrott
II ['sælvɪdʒ] *verb* bärga, rädda från skeppsbrott
salvation [sæl'veɪʃən] *subst* räddning [*tourism was their ~*], frälsning; ***the Salvation Army*** Frälsningsarmén
salve [sælv, amer. sæv] *subst* sårsalva
salver ['sælvə] *subst* serveringsbricka
Samaritan [sə'mærɪtn] *subst*, ***a Good*** ~ bibl. den barmhärtige samariten; ***a good*** ~ en barmhärtig samarit en person som osjälviskt hjälper andra som är i nöd
same [seɪm] *adj* o. *adv* o. *pron*, ***the*** ~ samma; densamma, detsamma, desamma; samma sak [*it is the ~ with me*]; likadan [*they all look the ~*]; lika, likadant; ***the ~ to you!*** tack detsamma!, iron. det kan du vara själv!; ***he is the ~ as ever*** han är sig lik; ***all the*** ~ i alla fall [*thank you all the ~*], ändå; ***it's all the ~ to me*** det gör mig detsamma
sample I ['sɑːmpl] *subst* **1** prov; ***blood*** ~ blodprov **2** varuprov, provbit; provexemplar **3** smakprov, exempel [*of* på]
II ['sɑːmpl] *verb* ta prov (stickprov) på; provsmaka
Samson ['sæmsn] bibl. Simson
sanction I ['sæŋkʃən] *subst* **1** bifall, godkännande, tillstånd av myndighet **2** sanktion [*economic ~s*]

II ['sæŋkʃən] *verb* **1** bifalla, godkänna, ge tillstånd till **2** sanktionera, stadfästa
sanctity ['sæŋktətɪ] *subst* helighet; ***the ~ of private life*** privatlivets helgd
sanctuary ['sæŋktjʊərɪ] *subst* **1** asyl, fristad; ***take ~*** söka sin tillflykt **2** ***wild life ~*** djurreservat
sand I [sænd] *subst* **1** sand; ***bury one's head in the ~*** sticka huvudet i sanden inte vilja ta itu med ett problem **2** pl. ***~s*** sandstrand, sandrev
II [sænd] *verb* sanda
sandal ['sændl] *subst* sandal
sandbag ['sændbæg] *subst* sandsäck, sandpåse
sandbox ['sændbks] *subst* amer., se *sandpit*
sandcastle ['sændˌkɑːsl] *subst* barns sandslott
sand dune ['sændjuːn] *subst* sanddyn
sandglass ['sændglɑːs] *subst* timglas
sandpaper I ['sændˌpeɪpə] *subst* sandpapper
II ['sændˌpeɪpə] *verb* sandpappra, slipa
sandpit ['sændpɪt] *subst* **1** sandlåda för barn **2** sandtag, sandgrop
sandwich ['sænwɪdʒ, 'sænwɪtʃ] *subst* dubbelsmörgås med pålägg mellan; ***open ~*** enkel smörgås med pålägg
sandy ['sændɪ] *adj* **1** sandig, sand- **2** sandfärgad; om hår rödblond
sane [seɪn] *adj* **1** vid sina sinnens fulla bruk **2** sund, förnuftig
sang [sæŋ] imperf. av *sing*
sanitary ['sænətərɪ] *adj* sanitär, hälsovårds-, sundhets-; hygienisk; ***~ towel*** el. amer. ***~ napkin*** dambinda
sanitation [ˌsænɪ'teɪʃən] *subst* sanitär utrustning, sanitära anläggningar
sanity ['sænətɪ] *subst* **1** mental hälsa **2** sunt förstånd
sank [sæŋk] imperf. av *sink*

Santa Claus
Santa Claus eller *Santa* är ett annat namn på *Father Christmas*.

Santa Claus ['sæntəklɔːz] *subst* jultomten
sap I [sæp] *subst* **1** sav, växtsaft **2** amer. sl. dumbom
II [sæp] (*-pp-*) *verb* försvaga [*~ sb's energy*]
sapphire ['sæfaɪə] *subst* ädelsten safir
sarcasm ['sɑːkæzəm] *subst* sarkasm, spydighet
sarcastic [sɑː'kæstɪk] *adj* sarkastisk, spydig
sardine [sɑː'diːn] *subst* sardin; ***be packed like ~s*** stå (sitta) som packade sillar
Sardinia [sɑː'dɪnjə] Sardinien
Sardinian [sɑː'dɪnjən] *subst* sard, sardinare
sash [sæʃ] *subst* **1** skärp; gehäng **2** fönsterram
sash windows [ˌsæʃ'wɪndəʊz] *subst* skjutfönster rörlig uppåt o. nedåt
sat [sæt] imperf. o. perf. p. av *sit*
Satan ['seɪtən]
satanic [sə'tænɪk] *adj* satanisk, djävulsk
satchel ['sætʃəl] *subst* skolväska med axelrem
satellite ['sætəlaɪt] *subst* **1** satellit **2** tv. satellit; ***~ broadcast*** satellitsändning; ***~ dish*** parabolantenn
satin ['sætɪn] *subst* satäng, satin
satire ['sætaɪə] *subst* satir [*on, over* över]
satirical [sə'tɪrɪkl] *adj* satirisk
satirist ['sætərɪst] *subst* satiriker
satirize ['sætəraɪz] *verb* satirisera över
satisfaction [ˌsætɪs'fækʃən] *subst* **1** tillfredsställelse, belåtenhet **2** tillfredsställande **3** ekon. el. jur. gottgörelse
satisfactory [ˌsætɪs'fæktərɪ] *adj* tillfredsställande [*to* för], nöjaktig
satisfied ['sætɪsfaɪd] *perf p* o. *adj* **1** tillfredsställd, nöjd, belåten **2** övertygad [*about, as to* om; *that* om att]
satisfy ['sætɪsfaɪ] *verb* **1** tillfredsställa, tillgodose **2** mätta [*~ sb*] **3** övertyga [*that* om att]
satisfying ['sætɪsfaɪɪŋ] *adj* **1** tillfredsställande **2** tillräcklig; mättande
saturate ['sætʃəreɪt] *verb* **1** genomdränka, göra genomblöt **2** mätta; ***saturated fats*** mättade fetter
saturation [ˌsætʃə'reɪʃən] *subst* mättande, mättning
Saturday ['sætədeɪ, 'sætədɪ] *subst* lördag; ***last ~*** i lördags
Saturn ['sætən] astron. el. mytol. Saturnus
sauce [sɔːs] *subst* **1** sås, mos [*apple ~*] **2** vard., ***none of your ~!*** var lagom fräck!
saucepan ['sɔːspən] *subst* kastrull
saucer ['sɔːsə] *subst* tefat, kaffefat
saucy ['sɔːsɪ] *adj* vard. uppkäftig
Saudi ['saʊdɪ, 'sɔːdɪ] *subst* saudier
Saudi Arabia [ˌsaʊdɪə'reɪbɪə, ˌsɔːdɪə'reɪbɪə] Saudi-Arabien
Saudi Arabian [ˌsaʊdɪə'reɪbɪən, ˌsɔːdɪə'reɪbɪən] *subst* saudier, saudiarab
sauna ['sɔːnə, 'saʊnə] *subst* bastu
saunter ['sɔːntə] *verb* flanera, släntra
sausage ['sɒsɪdʒ] *subst* **1** korv; ***~ roll*** slags

korvpirog, inbakad korv **2** vard., ***sweet little*** ~ till ett barn lilla gullungen
sauté I ['səʊteɪ, 'sɔːteɪ] *subst* kok. sauté
II ['səʊteɪ, 'sɔːteɪ] *verb* kok. sautera, bryna
III ['səʊteɪ, 'sɔːteɪ] kok. *adj* sauterad, brynt
savage I ['sævɪdʒ] *adj* vild [*~ beast*], barbarisk
II ['sævɪdʒ] *subst* vilde
savagery ['sævɪdʒərɪ] *subst* råhet, grymhet
save I [seɪv] *verb* **1** rädda, skydda; ***God ~ the King*** (***Queen***)! Gud bevare konungen (drottningen)!; ***I can't sing to ~ my life*** jag kan inte sjunga för fem öre **2** spara; ~ el. ~ ***up*** spara pengar **3** sport. rädda **4** relig. frälsa
II [seɪv] *subst* sport. räddning; ***a great*** ~ en paradräddning
III [seɪv] *prep* o. *konj* litt. utom, så när som på [*all ~ him*]; ~ ***for*** så när som på
saving I ['seɪvɪŋ] *adj* **1** räddande; ~ ***feature*** el. ~ ***grace*** försonande drag **2** sparsam, ekonomisk **3** i sammansättningar -besparande [*labour-saving*]
II ['seɪvɪŋ] *subst* **1** sparande **2** besparing; pl. ~***s*** besparingar, sparmedel
savings account ['seɪvɪŋzəˌkaʊnt] *subst* sparkonto
savings bank ['seɪvɪŋzbæŋk] *subst* sparbank
saviour ['seɪvjə] *subst* **1** frälsare **2** räddare
savour I ['seɪvə] *subst* smak
II ['seɪvə] *verb* njuta av
savoury I ['seɪvərɪ] *adj* välsmakande, kryddad, pikant
II ['seɪvərɪ] *subst* aptitretare, smårätt
1 saw [sɔː] imperf. av *2 see*
2 saw I [sɔː] *subst* såg
II [sɔː] (*sawed sawn*) *verb* såga
sawdust ['sɔːdʌst] *subst* sågspån
sawn [sɔːn] perf. p. av *2 saw II*
sax [sæks] *subst* vard. sax saxofon
saxophone ['sæksəfəʊn] *subst* saxofon
saxophonist ['sæksəfəʊnɪst, ˌsæk'sɒfənɪst] *subst* saxofonist
say I [seɪ] (*said said*) *verb* **1** säga; ***I*** ~ a) hör du, säg mig [*I ~, do you want this?*] b) för att uttrycka överraskning jag måste säga att, vet du vad [*I ~, that's a pretty dress!*]; ***I should ~ so!*** det tror 'jag det!; ***you don't ~!*** el. ***you don't ~ so!*** vad 'säger du!; ***it ~s in the paper*** det står i tidningen; ***he is said to be the only one who...*** el. ***they ~ he is the only one who...*** han skall (lär) vara den ende som...; ***having said that...*** å andra sidan...; ***no sooner said than done*** sagt och gjort; ***when all is said and done*** el. ***after all is said and done*** när allt kommer omkring **2** läsa, be [*~ a prayer*]
II [seɪ] *subst*, ***have one's ~*** säga sin mening; ***he has no ~*** han har ingenting att säga till om
saying ['seɪɪŋ] *pres p* o. *subst* **1** ***as the ~ goes*** som man brukar säga; ***that is ~ too much*** det är för mycket sagt; ***that goes without ~*** det säger sig självt **2** ordstäv, ordspråk
says [sez] presens av *say I*; ***he/she/it ~*** han/hon/den säger; se vidare *say I*
say-so ['seɪsəʊ] *subst* vard. **1** påstående **2** tillåtelse [*on the doctor's ~*]
scab [skæb] *subst* **1** sårskorpa **2** vard. strejkbrytare
scabbard ['skæbəd] *subst* skida, slida för svärd
scabies ['skeɪbiːz] *subst* med. skabb
scaffold ['skæfəld] *subst* **1** byggnadsställning **2** schavott för avrättning
scaffolding ['skæfəldɪŋ] *subst* byggnadsställning
scald [skɔːld] *verb* skålla, bränna
1 scale [skeɪl] *subst* vågskål; ~ pl. ~***s*** våg; ***a pair of ~s*** en våg
2 scale I [skeɪl] *subst* **1** skala; ***on a large ~*** i stor skala **2** gradindelning **3** musik. skala; ***practise ~s*** öva skalor
II [skeɪl] *verb* **1** klättra uppför **2** ~ ***down*** minska, kapa ned
3 scale [skeɪl] *subst* fjäll
scallop ['skɒləp, 'skæləp, amer. 'skæləp] *subst* zool. kammussla; kok. pilgrimsmusslor
scalp I [skælp] *subst* **1** hårbotten **2** skalp
II [skælp] *verb* skalpera
scamper ['skæmpə] *verb* kila i väg, kuta i väg
scan I [skæn] (*-nn-*) *verb* **1** granska, studera **2** skumma [*~ a newspaper*] **3** t.ex. med radar avsöka **4** med. scanna
II [skæn] *subst* **1** data. avsökning **2** med. scanundersökning, scanning
scandal ['skændl] *subst* **1** skandal **2** skvaller
scandalmonger ['skændlˌmʌŋgə] *subst* skandalspridare
scandalous ['skændələs] *adj* skandalös, skamlig
Scandinavia [ˌskændɪ'neɪvjə] Skandinavien, Norden
Scandinavian I [ˌskændɪ'neɪvjən] *adj* skandinavisk, nordisk
II [ˌskændɪ'neɪvjən] *subst* skandinav, nordbo
Scania ['skeɪnɪə] Skåne
scanner ['skænə] *subst* data. el. med. avsökare, scanner

scanning ['skænɪŋ] *subst* **1** data. avsökning **2** med. scanundersökning, scanning
scant [skænt] *adj* knapp, ringa [*a ~ amount*]; ***pay ~ attention to*** ta föga notis om
scanty ['skæntɪ] *adj* knapp [*~ supply*]; ringa, klen, torftig, knapphändig
scapegoat ['skeɪpgəʊt] *subst* syndabock
scar I [skɑː] *subst* ärr
II [skɑː] (*-rr-*) *verb* tillfoga ärr, ärras
scarce [skeəs] *adj* **1** otillräcklig; ***money is ~*** det är ont om pengar; ***make oneself ~*** vard. försvinna, smita, dunsta **2** sällsynt [*such stamps are ~*]
scarcely ['skeəslɪ] *adv* knappt [*she is ~ twenty*], knappast; *~ **ever*** nästan aldrig
scarcity ['skeəsətɪ] *subst* brist, knapphet
scare I [skeə] *verb* skrämma
II [skeə] *subst* skräck; ***get a ~*** bli skrämd; ***give sb a ~*** skrämma ngn
scarecrow ['skeəkrəʊ] *subst* fågelskrämma
scared [skeəd] *adj* skraj, rädd; *~ **stiff*** döskraj, livrädd
scarf [skɑːf] *subst* scarf, halsduk
scarlatina [ˌskɑːlə'tiːnə] *subst* med. scharlakansfeber
scarlet I ['skɑːlət] *subst* scharlakansrött
II ['skɑːlət] *adj* scharlakansröd; *~ **fever*** scharlakansfeber; *~ **runner bean*** el. *~ **runner*** bot. rosenböna
scarred [skɑːd] *adj* **1** ärrig **2** märkt
scary ['skeərɪ] *adj* vard. hemsk, skrämmande, barnspr. läskig
scathing ['skeɪðɪŋ] *adj* skarp, bitande [*~ criticism*]
scatter ['skætə] *verb* **1** sprida, strö ut [*~ seeds*], strö omkring **2** skingra [*~ a crowd*] **3** *~ **a road with gravel*** grusa en väg
scattered ['skætəd] *adj* spridd, strödd
scenario [sə'nɑːrɪəʊ, amer. sə'nærɪəʊ] (pl. *~s*) *subst* film. scenario
scene [siːn] *subst* **1** scen; ***behind the ~s*** bakom kulisserna, bakom scenen **2** skådeplats; ***the ~ of the crime*** brottsplatsen **3** uppträde; ***make a ~*** ställa till en scen, ställa till en skandal
scenery ['siːnərɪ] *subst* **1** teat. sceneri, scenbilder **2** vacker natur [*admire the ~*], landskap, scenerier
scent I [sent] *verb* **1** vädra, känna vittring av [*~ a hare*], vädra, ana [*~ trouble*] **2** parfymera; uppfylla med doft
II [sent] *subst* **1** doft, lukt **2** enkel parfym **3** väderkorn; ***get ~ of*** få väderkorn på; ***put sb on the wrong ~*** leda ngn på villospår
scented ['sentɪd] *adj* parfymerad, doftande
sceptical ['skeptɪkl] *adj* skeptisk
scepticism ['skeptɪsɪzəm] *subst* skepsis
sceptre ['septə] *subst* spira
schedule I ['ʃedjuːl, spec. amer. 'skedʒʊl] *subst* schema, tidtabell; ***have a full ~*** vara fullbokad, vara mycket upptagen; ***be behind ~*** vara försenad, ligga efter
II ['ʃedjuːl, spec. amer. 'skedʒʊl] *verb* planera; ***it is scheduled for tomorrow*** det ska enligt planerna ske i morgon; ***scheduled flights*** reguljära flygturer
scheme I [skiːm] *subst* **1** plan, projekt **2** intrig
II [skiːm] *verb* intrigera
schemer ['skiːmə] *subst* intrigmakare
scheming ['skiːmɪŋ] *adj* beräknande, intrigant
schism ['skɪzəm] *subst* schism, söndring, splittring
schizophrene [ˌskɪtsəʊ'friːn] *adj* o. *subst* psykol. schizofren
schizophrenia [ˌskɪtsə'friːnjə] *subst* psykol. schizofreni
schizophrenic [ˌskɪtsəʊ'frenɪk] *adj* o. *subst* psykol. schizofren person
schmuck [ʃmʌk] *subst* spec. amer. vard. tönt, nolla, tölp
schnitzel ['ʃnɪtsl] *subst* kok. schnitzel
schnorkel ['ʃnɔːkl] *subst* snorkel
scholar ['skɒlə] *subst* **1** vetenskapsman **2** lärd person
scholarly ['skɒləlɪ] *adj* **1** lärd **2** vetenskaplig
scholarship ['skɒləʃɪp] *subst* **1** lärdom **2** vetenskaplig noggrannhet **3** skol. el. univ. stipendium; ***travelling ~*** resestipendium
1 school [skuːl] *subst* **1** skola; ***go to ~*** gå i skolan; ***leave ~*** sluta skolan **2** före subst. skol- [*~ meals*] **3** univ. fakultet
2 school [skuːl] *subst* stim; ***a ~ of fish*** ett fiskstim
schoolboy ['skuːlbɔɪ] *subst* skolpojke
schoolfellow ['skuːlˌfeləʊ] *subst* skolkamrat
schoolgirl ['skuːlgɜːl] *subst* skolflicka
schoolmaster ['skuːlˌmɑːstə] *subst* manlig lärare
schoolmate ['skuːlmeɪt] *subst* skolkamrat
schoolmistress ['skuːlˌmɪstrɪs] *subst* lärarinna, lärare
schoolroom ['skuːlruːm] *subst* skolrum, skolsal
schoolteacher ['skuːlˌtiːtʃə] *subst* lärare
schooner ['skuːnə] *subst* sjö. skonert, skonare
sciatica [saɪ'ætɪkə] *subst* med. ischias

science ['saɪəns] *subst* vetenskap, naturvetenskap

scientific [ˌsaɪən'tɪfɪk] *adj* vetenskaplig, naturvetenskaplig

scientist ['saɪəntɪst] *subst* vetenskapsman, naturvetenskapsman

sci-fi [ˌsaɪ'faɪ] *subst* (förk. för *science fiction*) sf

scissors ['sɪzəz] *subst* sax; ***a pair of*** ~ el. ibland ***a*** ~ en sax

1 scoff [skɒf] *verb* vard. glufsa i sig

2 scoff [skɒf] *verb*, ~ ***at*** driva med, håna

scold [skəʊld] *verb* skälla på, skälla ut

scolding ['skəʊldɪŋ] *subst* utskällning [*get a* ~]

scone [skɒn, skəʊn, amer. skəʊn] *subst* kok. scones

scoop I [sku:p] *subst* **1** skopa **2** scoop, toppnyhet i tidning **3** kula glass [*two ~s, please!*]

II [sku:p] *verb* ösa, skopa [*~ up*], skyffla

scooter ['sku:tə] *subst* **1** sparkcykel **2** med motor skoter

schools

I England

Engelska barn har skolplikt från 5 till 16 års ålder.

KLASS	ÅLDER	BETECKNING
1–6	5–11	*primary school*
7–11	12–16	*secondary school*
12–13	17–18	*sixth form college* (ej obligatoriskt)

Alla elever tar examen vid 16 års ålder. Den kallas *GCSE, General Certificate of Secondary Education*. De elever som vill studera vidare på universitet måste avlägga en slags avgångsexamen, *A-levels*, vanligen i tre ämnen.

I USA

Amerikanska barn har skolplikt från 6 till 14–16 års ålder beroende på vilken stat de bor i.

KLASS	ÅLDER	BETECKNING
1–6	6–11	*elementary school*
7–8	12–13	*junior high school*
9–12	14–17	*high school*

Eleverna får ett avgångsbetyg, *high school diploma*, vid en officiell ceremoni, *graduation*.

scope [skəʊp] *subst* **1** vidd, omfattning, omfång; ***it is beyond the ~ of this book*** det faller utanför ramen för den här boken **2** spelrum; ***have free*** ~ ha fritt spelrum

scorch [skɔ:tʃ] *verb* sveda, bränna, förbränna

scorcher ['skɔ:tʃə] *subst* vard., ***yesterday was a*** ~ i går var det jätte varmt

scorching ['skɔ:tʃɪŋ] *adj* stekhet [*a ~ day*]; ***the sun is*** ~ solen steker

score I [skɔ:] *subst* **1** räkning, skuld; ***settle old ~s*** ge betalt för gammal ost **2** sport. m.m. ställning [*the ~ was 2-1*]; ***what's the ~?*** hur är ställningen?, hur står det?; ***the final*** ~ slutställningen, slutresultatet **3** poängräkning **4** tjog; ***a ~ of people*** ett tjugotal människor; ***~s of*** massvis med **5** musik. partitur

II [skɔ:] *verb* **1** föra räkning över **2** vinna, kunna notera [*~ a success* (framgång)]; ***who scored?*** vem gjorde mål?; ~ ***a goal*** göra mål **3** sl., ~ ***drugs*** fixa knark

scoreboard ['skɔ:bɔ:d] *subst* sport. poängtavla, resultattavla

scorn I [skɔ:n] *subst* förakt, hån; ***be put to*** ~ bli hånad

II [skɔ:n] *verb* förakta, håna

scornful ['skɔ:nfʊl] *adj* föraktfull, hånfull

Scorpio ['skɔ:pɪəʊ] stjärntecken Skorpionen

scorpion ['skɔ:pjən] *subst* djur skorpion

Scot [skɒt] *subst* skotte; ***the ~s*** skottarna

Scotch I [skɒtʃ] *adj* skotsk

II [skɒtʃ] *subst* vard. **1** ***the*** ~ skottarna **2** skotska eng. dialekt **3** skotsk whisky

Scotchman ['skɒtʃmən] (pl. *Scotchmen* ['skɒtʃmən]) *subst* vard. skotte

Scotchwoman ['skɒtʃˌwʊmən] (pl.

Scotland

HUVUDSTAD: Edinburgh (760 000).

FOLKMÄNGD: ca 5 milj.

YTA: 78 783 km² (något mindre än Götaland).

SPRÅK: engelska och skotska.

Skottland är en del av *United Kingdom*, men har delvis egna lagar och ett eget utbildningssystem. Många människor förknippar Skottland med insjöar, *lochs*, och berg. En stor inkomstkälla är Nordsjöoljan.

Scotchwomen ['skɒtʃ,wɪmɪn]) *subst* vard. skotska

Scotland ['skɒtlənd] Skottland; ~ ***Yard*** el. ***New*** ~ ***Yard*** Londonpolisens högkvarter

Scots I [skɒts] *adj* skotsk
II [skɒts] *subst* **1** skotska eng. dialekt **2** pl. av *Scot*

Scotsman ['skɒtsmən] (pl. *Scotsmen* ['skɒtsmən]) *subst* skotte

Scotswoman ['skɒts,wʊmən] (pl. *Scotswomen* ['skɒts,wɪmɪn]) *subst* skotska

Scottish I ['skɒtɪʃ] *adj* skotsk
II ['skɒtɪʃ] *subst* skotska eng. dialekt

scoundrel ['skaʊndrəl] *subst* skurk, bov

1 scour I ['skaʊə] *verb* skura, skrubba ren [*~ a saucepan*]
II ['skaʊə] *subst* skurning; ***give sth a good*** ~ skura av ngt ordentligt

2 scour ['skaʊə] *verb* leta igenom [*~ the woods*]

scourge I [skɜːdʒ] *subst* gissel, hemsökelse, plågoris
II [skɜːdʒ] *verb* gissla, hemsöka

scouring-powder ['skaʊrɪŋ,paʊdə] *subst* skurpulver

scout I [skaʊt] *subst* **1** mil. spanare **2** ungefär juniorscout 11—12 år; patrullscout 13—15 år; ***cub*** ~ miniorscout; ***girl*** ~ amer. flickscout **3** ***talent*** ~ talangscout
II [skaʊt] *verb*, ~ ***about for*** el. ~ ***around for*** spana efter, söka efter

scoutmaster ['skaʊt,mɑːstə] *subst* scoutledare

scowl I [skaʊl] *verb* se bister ut; ~ ***at*** blänga på
II [skaʊl] *subst* bister uppsyn, bister blick

Scrabble® ['skræbl] *subst* Alfapet® slags bokstavsspel

scraggy ['skrægɪ] *adj* mager, tanig, skinntorr

scramble I ['skræmbl] *verb* **1** klättra **2** rusa [*they scrambled for the door*]; slåss, kivas [*for* om] **3** hafsa; ~ ***to one's feet*** resa sig hastigt **4** blanda; ***scrambled eggs*** äggröra **5** förvränga
II ['skræmbl] *subst* **1** klättring **2** rusning **3** virrvarr

1 scrap I [skræp] *subst* **1** bit, stycke, smula; ***not a*** ~ inte ett dugg; ***a*** ~ ***of paper*** en papperslapp **2** pl. ~***s*** matrester, smulor **3** skrot
II [skræp] (*-pp-*) *verb* **1** skrota [*~ a ship*] **2** vard. kassera, slopa, spola

2 scrap I [skræp] *subst* vard. slagsmål
II [skræp] (*-pp-*) *verb* vard. slåss

scrapbook ['skræpbʊk] *subst* urklippsalbum, urklippsbok

scrape I [skreɪp] *verb* **1** skrapa, skrapa mot; ~ ***together*** skrapa ihop, rafsa ihop **2** skrapa med [*~ one's feet*] **3** ~ ***through*** vard. klara sig med nöd och näppe **4** ***bow and*** ~ krusa och buga [*to sb* för ngn]
II [skreɪp] *subst* **1** skrapning, skrapande **2** vard. knipa, klämma [*get into a ~*]

scrap heap ['skræphiːp] *subst* skrothög

scrap iron ['skræp,aɪən] *subst* järnskrot

scrap metal ['skræp,metl] *subst* metallskrot

scrappy ['skræpɪ] *adj* hoprafsad, osammanhängande

scrapyard ['skræpjɑːd] *subst* skrotupplag

scratch I [skrætʃ] *verb* **1** klösa, riva, rispa, repa **2** klösas, rivas; ***get scratched*** riva sig **3** klia, klia på; ~ el. ~ ***oneself*** klia sig **4** rista in [*~ one's name on glass*] **5** krafsa, skrapa [*~ at the door*]
II [skrætʃ] *subst* **1** skråma, rispa, repa **2** klösning **3** ***start from*** ~ börja om från början; ***not be up to*** ~ inte hålla måttet

scratch card ['skrætʃkɑːd] *subst* skraplott

scrawl I [skrɔːl] *verb* klottra
II [skrɔːl] *subst* klotter

scream I [skriːm] *verb* skrika, tjuta
II [skriːm] *subst* skrik, tjut

screech I [skriːtʃ] *verb* **1** gallskrika **2** gnissla [*the brakes screeched*]
II [skriːtʃ] *subst* gallskrik

screen I [skriːn] *subst* **1** skärm, fasad **2** duk [*cinema ~*]; ***television*** ~ tv-ruta, bildruta; ***viewing*** ~ bildskärm **3** film., före subst. film- [*~ actor*]; ***the*** ~ ***version*** filmversionen; ***on the*** ~ på filmduken, på vita duken
II [skriːn] *verb* **1** skydda, skyla, dölja [*from* för, mot] **2** skärma av **3** granska, kontrollera **4** med. undersöka, testa; ~ ***for*** testa för [*~ for cancer*] **5** visa på bio, i tv; filmatisera

screening ['skriːnɪŋ] *subst* **1** sållning [*a ~ of candidates*] **2** systematisk undersökning [*~ for breast cancer*]

screenplay ['skriːnpleɪ] *subst* **1** filmmanus

screen saver ['skriːn,seɪvə] *subst* data. skärmsläckare

screw I [skruː] *subst* **1** skruv **2** ***put the ~s on*** vard. sätta press på
II [skruː] *verb* **1** skruva; ~ ***down*** skruva igen **2** ~ ***up*** sl. klanta till det [*you've screwed it up*] **3** vulg. knulla

screwdriver ['skruː,draɪvə] *subst* skruvmejsel

screw top ['skruːtɒp] *subst* skruvlock

scribble I ['skrɪbl] *verb* klottra
II ['skrɪbl] *subst* klotter
scribbling-block ['skrɪblɪŋblɒk] *subst* o.
scribbling-pad ['skrɪblɪŋpæd] *subst* kladdblock, anteckningsblock
script [skrɪpt] *subst* film. el. radio. manus; ~ ***girl*** scripta
scripture ['skrɪptʃə] *subst*, ***the Holy Scriptures*** el. ***the Scriptures*** den heliga skrift, Bibeln
scriptwriter ['skrɪptˌraɪtə] *subst* film. el. radio. manusförfattare
scroll I [skrəʊl] *subst* skriftrulle
II [skrəʊl] *verb* data. el. tv. bläddra, rulla
scrounge [skraʊndʒ] *verb* vard. snylta sig till
scrounger ['skraʊndʒə] *subst* vard. snyltare
1 scrub I [skrʌb] (*-bb-*) *verb* skura, skrubba
II [skrʌb] *subst*, ***it needs a good*** ~ den behöver skuras (skrubbas) ordentligt
2 scrub [skrʌb] *subst* buskskog, busksnår
scrubbing-brush ['skrʌbɪŋbrʌʃ] *subst* skurborste
scruff [skrʌf] *subst*, ***the*** ~ ***of the neck*** nackskinnet
scruffy ['skrʌfɪ] *adj* vard. sjaskig, sjabbig
scruple ['skru:pl] *subst* pl. ~***s*** skrupler; ***have*** ~***s about*** ha samvetsbetänkligheter mot
scrupulous ['skru:pjʊləs] *adj* **1** nogräknad, noga **2** samvetsgrann, noggrann
scrutinize ['skru:tɪnaɪz] *verb* fingranska
scrutiny ['skru:tənɪ] *subst* fingranskning
scuba ['sku:bə] *subst* dykapparat; ~ ***diving*** sportdykning med andningsapparat
scuffle ['skʌfl] *subst* slagsmål, handgemäng
scullery ['skʌlərɪ] *subst* diskrum, grovkök
sculptor ['skʌlptə] *subst* skulptör, bildhuggare
sculptress ['skʌlptrəs] *subst* skulptris
sculpture I ['skʌlptʃə] *subst* skulptur
II ['skʌlptʃə] *verb* skulptera
scum I [skʌm] *subst* **1** skum vid kokning **2** hinna på stillastående vatten **3** person; avskum
II [skʌm] (*-mm-*) *verb* skumma, skumma av
scurf [skɜ:f] *subst* skorv, mjäll
scurry ['skʌrɪ] *verb* kila, rusa, jäkta
scuttle ['skʌtl] *verb* sjö. borra i sank
scythe [saɪð] *subst* lie
SE (förk. för *south-east, south-eastern*) SO, SÖ
sea [si:] *subst* **1** hav [*the Caspian Sea*], sjö [*the North Sea*]; ***there is a heavy*** ~ el. ***there is a high*** ~ det är hög sjö; ***at*** ~ till sjöss, till havs, på havet (sjön); ***I'm all at*** ~ vard. jag förstår inte ett dugg; ***by*** ~ sjöledes, sjövägen [*go by* ~]; ***go to*** ~ gå till sjöss, bli sjöman; ***put to*** ~ a) om fartyg löpa ut, avsegla b) sjösätta **2** före subst. sjö- [~ *scout*]
sea anemone ['si:əˌnemənɪ] *subst* havsanemon koralldjur
sea bathing ['si:ˌbeɪðɪŋ] *subst* havsbad
seaborne ['si:bɔ:n] *adj* sjöburen [~ *goods*]
seafarer ['si:ˌfeərə] *subst* sjöfarare
seafaring ['si:ˌfeərɪŋ] *adj* sjöfarande
seafood ['si:fu:d] *subst* fisk och skaldjur
seafront ['si:frʌnt] *subst* sjösida av ort; strandpromenad
seagull ['si:gʌl] *subst* fiskmås
1 seal [si:l] *subst* djur säl
2 seal I [si:l] *subst* sigill; försegling, plombering; ***put the*** ~ ***of one's approval on sth*** sanktionera ngt
II [si:l] *verb* **1** sätta sigill på (under) [~ *a document*]; ~ ***down*** el. ~ försegla, klistra igen, lacka igen [~ *a letter*] **2** besegla [*his fate is sealed*]; avgöra [*this sealed his fate*] **3** tillsluta, försluta; klistra igen, täta [~ *up a window*]; ~ ***off*** spärra av
sea level ['si:ˌlevl] *subst* vattenstånd i havet; ***above*** ~ över havet, över havsytan
sealing-wax ['si:lɪŋwæks] *subst* sigillack, lack; ***stick of*** ~ lackstång
sea lion ['si:ˌlaɪən] *subst* sjölejon
sealskin ['si:lskɪn] *subst* sälskinn
seam I [si:m] *subst* **1** söm; ***be bursting at the*** ~***s*** spricka (gå upp) i sömmarna, vara sprängfull; ***split at the*** ~ spricka (gå upp) i sömmen **2** fog, skarv
II [si:m] *verb* **1** förse med en söm **2** ***seamed*** fårad; ***a face seamed with care*** ett ansikte fårat av bekymmer
seaman ['si:mən] (pl. *seamen* ['si:mən]) *subst* sjöman
seamanship ['si:mənʃɪp] *subst* sjömanskap
seamark ['si:mɑ:k] *subst* **1** sjömärke **2** högvattenlinje
sea mile ['si:maɪl] *subst* sjömil, nautisk mil
seamstress ['semstrəs, amer. 'si:mstrəs] *subst* sömmerska
seamy ['si:mɪ] *adj*, ~ ***side*** avigsida av plagg; ***the*** ~ ***side of life*** livets skuggsida
seance ['seɪɑ:ns] *subst* seans
sea nymph ['si:nɪmf] *subst* havsnymf
seaplane ['si:pleɪn] *subst* sjöflygplan
seaport ['si:pɔ:t] *subst* hamnstad, sjöstad
search I [sɜ:tʃ] *verb* **1** söka igenom, leta igenom, leta i, söka i [*for* efter] **2** kroppsvisitera, visitera [~ *a ship*]; ~ ***me!*** ingen aning! **3** söka, leta, spana [*for* efter]
II [sɜ:tʃ] *subst* **1** sökande, letande, spaning [*for, after* efter]; ***people in*** ~ ***of***

adventure folk som söker äventyr **2** genomsökning **3** kroppsvisitation
searching I ['sɜːtʃɪŋ] *adj* **1** forskande, spanande [*a ~ look*] **2** ingående [*a ~ test*]
II ['sɜːtʃɪŋ] *subst* sökande, letande
searchlight ['sɜːtʃlaɪt] *subst* strålkastare, strålkastarljus
search party ['sɜːtʃˌpɑːtɪ] *subst* spaningspatrull
search warrant ['sɜːtʃˌwɒrənt] *subst* husrannsakningsorder
seashell ['siːʃel] *subst* snäckskal, musselskal
seashore ['siːʃɔː] *subst* havsstrand
seasick ['siːsɪk] *adj* sjösjuk
seasickness ['siːˌsɪknəs] *subst* sjösjuka
seaside ['siːsaɪd] *subst* **1** kust; ***go to the ~ for one's holidays*** åka till kusten (en badort) på semestern **2** före subst. kust- [*~ town*]; strand-; *~* ***resort*** badort

Season's Greetings
Season's Greetings är en vanlig julhälsning på julkort. Många människor föredrar att skicka julkort med texten *Season's Greetings* i stället för *Merry Christmas*, i synnerhet till vänner som har en annan religion än kristendomen.

season I ['siːzn] *subst* **1** årstid [*the four ~s*]; ***the rainy*** *~* regntiden i tropikerna **2** säsong; ***oysters are in*** *~* det är säsong för ostron, det är ostrontid; ***season's greetings*** God Helg
II ['siːzn] *verb* **1** låta mogna; ***a seasoned pipe*** en inrökt pipa **2** krydda [*~food*]; smaksätta, salta och peppra; ***highly seasoned*** starkt kryddad
seasonal ['siːznəl] *adj* säsong- [*~ work*], säsongbetonad [*~ trade*]
seasoning ['siːzənɪŋ] *subst* **1** krydda, smaktillsats **2** kryddning, smaksättning
season ticket ['siːznˌtɪkɪt] *subst* säsongskort; ***monthly*** *~* månadskort
seat I [siːt] *subst* **1** sittplats, plats, säte; ***keep one's*** *~* sitta kvar; ***take a*** *~* sätta sig, sitta ned; ***please take a*** *~!* var så god och sitt!; ***take one's*** *~* inta sin plats; ***this ~ is taken*** den här platsen är upptagen **2** plats, biljett [*book four ~s for 'Hamlet'*]; *~* ***reservation*** sittplatsbeställning; sittplats **3** sits på möbel **4** bak, stuss; ***the ~ of the trousers*** (amer. ***pants***) byxbaken **5** plats, mandat
II [siːt] *verb* **1** sätta, placera, låta sitta **2** ta plats, sätta sig [*please be seated!*] **3** ha plats för, rymma [*the car ~s 5 people*]
seat belt ['siːtbelt] *subst* säkerhetsbälte, bilbälte
seated ['siːtɪd] *perf p* o. *adj* **1** sittande [*~ on a chair*] **2** i sammansättningar -sitsig [*a two-seated plane*]
seater ['siːtə] *subst* i sammansättningar -sitsigt fordon [*two-seater*]
sea urchin ['siːˌɜːtʃɪn] *subst* sjöborre vattenlevande djur
seaward ['siːwəd] *adv* o. **seawards** ['siːwədz] *adv* mot havet
seaweed ['siːwiːd] *subst* sjögräs
seaworthy ['siːˌwɜːðɪ] *adj* sjöduglig, sjövärdig
secateurs [ˌsekə'tɜːz] *subst pl* sekatör, trädgårdssax; ***a pair of*** *~* en sekatör, en trädgårdssax
secluded [sɪ'kluːdɪd] *adj* avskild, avsides belägen
seclusion [sɪ'kluːʒən] *subst* avskildhet, tillbakadragenhet
1 second I ['sekənd] *adj* o. *räkn* andra, andre; andra-; ***in the ~ place*** i andra rummet, i andra hand, för det andra; ***be ~ in command*** ha näst högsta befälet; ***be ~ to none*** inte stå någon efter
II ['sekənd] *adv* **1** näst [*the ~ largest thing*] **2** andra klass [*travel ~*] **3** ***come*** *~* komma tvåa; ***finish*** *~* komma (bli) tvåa
III ['sekənd] *subst* **1** sport. tvåa, andraplacering **2** sekundant [*~ in a duel*] boxn. sekond
IV ['sekənd] *verb* **1** understödja, ansluta sig till [*~ a proposal*] **2** vara sekundant åt; boxn. vara sekond åt
2 second ['sekənd] *subst* sekund; ögonblick; *~* ***hand*** sekundvisare; se *2 minute 1* för ex.
secondary ['sekəndrɪ] *adj* sekundär; underordnad [*of ~ importance*]; *~* ***school*** obligatorisk skola för elever mellan 11 och 16 el. upp till 18 år
second-best I [ˌsekənd'best] *adj* näst bäst [*my ~ suit*]
II [ˌsekənd'best] *adv* näst bäst; ***come off*** *~* dra det kortaste strået
second-class [ˌsekənd'klɑːs] *adj* andraklass-, andra klassens [*a ~ hotel*]
second-hand I [ˌsekənd'hænd, före subst. 'sekəndhænd] *adj* begagnad [*~ clothes*]; andrahands- [*~ information*]; *~* ***bookshop*** antikvariat

II [ˌsekənd'hænd] *adv* i andra hand [*get news ~*]
secondly ['sekəndlɪ] *adv* för det andra
second-rate [ˌsekənd'reɪt, före subst. 'sekəndreɪt] *adj* andra klassens, medelmåttig
secrecy ['siːkrəsɪ] *subst* **1** sekretess **2** hemlighetsmakeri; ***in*** ~ i hemlighet, i tysthet
secret I ['siːkrət] *adj* hemlig; lönn- [*~ door*]; dold [*a ~ place*]; ~ ***service*** polit. underrättelsetjänst
II ['siːkrət] *subst* hemlighet; ***keep sth a ~ from sb*** hålla ngt hemligt för ngn; ***let sb into a*** ~ inviga ngn i en hemlighet
secretarial [ˌsekrə'teərɪəl] *adj* sekreterar- [*~ work*]
secretariat [ˌsekrə'teərɪət] *subst* sekretariat
secretary ['sekrətrɪ] *subst* **1** sekreterare **2** polit. minister
secretary-general [ˌsekrətrɪ'dʒenrəl] (pl. *secretaries-general*) *subst* generalsekreterare
secrete [sɪ'kriːt] *verb* avsöndra, utsöndra
secretion [sɪ'kriːʃən] *subst* avsöndring, utsöndring
secretive ['siːkrətɪv] *adj* hemlighetsfull
secretly ['siːkrətlɪ] *adv* hemligt, i hemlighet, i tysthet
sect [sekt] *subst* relig. m.m. sekt
section ['sekʃən] *subst* **1** del, sektion, stycke; ***the sports ~ of a newspaper*** sportsidorna i en tidning **2** snitt, genomskärning **3** område, sektor [*the industrial ~ of a country*]
sector ['sektə] *subst* mat. el. mil. sektor; ***the public*** ~ den offentliga sektorn
secular ['sekjʊlə] *adj* **1** världslig **2** utomkyrklig, sekulär [*~ priest*]
secure I [sɪ'kjʊə] *adj* **1** säker, trygg, skyddad [*from, against* för, emot]; ***a ~ future*** en tryggad framtid **2** i säkert förvar, i säkerhet
II [sɪ'kjʊə] *verb* **1** säkra, säkerställa, trygga **2** säkra, göra fast [*~ the doors*]; binda fast [*~ a prisoner*]; fästa **3** försäkra sig om, skaffa, lyckas skaffa sig
security [sɪ'kjʊərətɪ] *subst* **1** trygghet [*the child lacks ~*]; säkerhet **2** före subst. säkerhets- [*~ risk*]; ***the Security Council*** säkerhetsrådet i FN; ~ ***precautions*** säkerhetsanordningar, säkerhetsåtgärder **3** hand. säkerhet, borgen [*lend money on ~*] **4** värdepapper; ***government*** ~ statsobligation
sedan [sɪ'dæn] *subst* bil. sedan
sedate I [sɪ'deɪt] *adj* stillsam, sansad, stadig
II [sɪ'deɪt] *verb*, ***she has been sedated*** hon har fått lugnande medel
sedative ['sedətɪv] *subst* lugnande medel
sedentary ['sedəntərɪ] *adj* stillasittande [*a ~ life*]
sediment ['sedɪmənt] *subst* sediment, fällning, bottensats
seduce [sɪ'djuːs] *verb* förföra
seducer [sɪ'djuːsə] *subst* förförare
seductive [sɪ'dʌktɪv] *adj* förförisk
1 see [siː] *subst* stift, biskopssäte
2 see I [siː] (*saw seen*) *verb* **1** se; se på, titta på, se efter, titta efter [*I'll ~ who it is*], kolla; se till, ordna; ***we'll ~!*** vi får väl se!; ~ ***you don't fall!*** akta dig så att du inte faller!; ***nobody was to be seen*** ingen syntes till; ***you'd better have it seen to*** hos läkare etc. det är bäst du får det omskött **2** förstå, inse, se [*I can't ~ the use of it*]; ***oh, I*** ~ å, jag förstår; ***I was there, you*** ~ jag var där förstår du **3** hälsa 'på, besöka; gå till, söka [*you must ~ a doctor about it*]; ***I'm seeing him tonight*** jag ska träffa honom i kväll; ***I'll be seeing you!*** el. ~ ***you later!*** vard. vi ses!, hej så länge! **4** följa [*he saw me home*]; ~ ***sb off*** vinka av ngn a) kortsp. syna
II [siː] (*saw seen*) *verb* med adv. o. prep.
see about sköta om, ta hand om; ***we'll ~ about that!*** a) det sköter vi om! b) det får vi allt se!, det ska vi nog bli två om!
see from se i, se av, se på [*I ~ from the letter that...*]
see into titta närmare på, undersöka
see over se på, inspektera
see through 1 genomskåda **2** slutföra **3** ***this will ~ you through*** på det här klarar du dig
see to ta hand om, sköta, ordna; ***~ to it that...*** se till att...
seed I [siːd] *subst* **1** frö; pl. ***~s*** frö, utsäde, säd [*a packet of ~s*] **2** kärna [*raisin ~s*] **3** sport. seedad spelare; ***he is No. 1*** ~ han är seedad som etta
II [siːd] *verb* **1** så, beså **2** kärna ur [*~ raisins*] **3** sport. seeda
seedcake ['siːdkeɪk] *subst* sockerkaka med kummin
seedless ['siːdləs] *adj* kärnfri [*~ raisins*]
seedy ['siːdɪ] *adj* **1** vard. sjaskig, sjabbig **2** vard. krasslig
seeing I ['siːɪŋ] *subst* **1** seende; ~ ***is believing*** att se är att tro **2** syn
II ['siːɪŋ] *konj*, ~ ***that*** el. ~ eftersom, med tanke på att

Seeing-Eye® ['siːɪŋaɪ] *adj*, ~ ***dog*** amer., se *guide dog* under *guide*

seek [siːk] (*sought sought*) *verb* **1** söka [~ *one's fortune*]; sträva efter [~ *fame*]; ~ ***sb's advice*** söka råd hos ngn; ~ ***out sb*** söka upp ngn; ~ ***for*** söka, söka efter; ***be sought after*** vara eftersökt **2** söka sig till, uppsöka [~ *the shade*] **3** ~ ***to do sth*** försöka göra ngt

seem [siːm] *verb* verka, verka vara, tyckas, se ut [*it isn't as easy as it ~s*]; verka vara; ~ ***to*** tyckas [*he ~s to know everybody*], verka, förefalla; ***I ~ to recall*** jag tycker mig minnas; ***it ~s that no one knew*** ingen tycktes veta; ***it would ~ that*** det kunde tyckas att; ***it ~s to me that*** jag tycker nog att; ***so it ~s*** det verkar så, det ser så ut

seeming ['siːmɪŋ] *adj* skenbar, låtsad

seemingly ['siːmɪŋlɪ] *adv* **1** till synes **2** tydligen

seemly ['siːmlɪ] *adj* passande, tillbörlig

seen [siːn] perf. p. av *2 see*

seep [siːp] *verb* sippra, droppa

seesaw I ['siːsɔː] *subst* gungbräde **II** ['siːsɔː] *adj* vacklande [~ *policy*] **III** ['siːsɔː] *verb* **1** gunga gungbräde; gunga upp och ned **2** svänga fram och tillbaka

seethe [siːð] *verb* sjuda, koka

see-through ['siːθruː] *adj* genomskinlig [*a ~ blouse*]

segment ['segmənt] *subst* **1** segment [~ *of a circle*]; del **2** klyfta [*orange ~*]

segregate ['segrɪgeɪt] *verb* skilja åt, segregera

segregation [ˌsegrɪ'geɪʃən] *subst* åtskiljande, segregation; ***racial ~*** rassegregation, rasåtskillnad

seismograph ['saɪzməgrɑːf] *subst* seismograf

seismological [ˌsaɪzmə'lɒdʒɪkl] *adj* seismologisk

seize [siːz] *verb* **1** gripa, fatta [~ *sb's hand*], ta tag i; ***be seized with apoplexy*** drabbas av ett slaganfall **2** gripa, ta fast, fånga **3** inta, erövra [~ *a fortress*] **4** ta i beslag, beslagta [~ *smuggled goods*] **5** ~ ***on*** gripa tag i; nappa på [~ *on an offer*] **6** ~ ***up*** el. ~ om motor skära ihop

seizure ['siːʒə] *subst* **1** gripande **2** beslagtagande **3** anfall [*an epileptic ~*]

seldom ['seldəm] *adv* sällan

select I [sə'lekt] *adj* **1** vald [~ *poems*], utvald **2** utsökt, exklusiv [*a ~ club*] **II** [sə'lekt] *verb* välja, välja ut; ***selected poems*** valda dikter

selection [sə'lekʃən] *subst* **1** utväljande, val; uttagning **2** urval; sortiment **3** ***~s from Shakespeare*** Shakespeare i urval

selenium [sɪ'liːnjəm] *subst* kem. selen

self [self] (pl. *selves* [selvz]) *subst* o. *pron* **1** jag [*he showed his true ~*] **2** hand., ***pay ~*** betala till mig själv; ***cheque drawn to ~*** check ställd till egen order

self-adhesive [ˌselfəd'hiːsɪv] *adj* självhäftande

self-assured [ˌselfə'ʃʊəd] *adj* självsäker

self-centred [ˌself'sentəd] *adj* självupptagen, egocentrisk

self-confidence [ˌself'kɒnfɪdəns] *subst* självförtroende, självtillit

self-confident [ˌself'kɒnfɪdənt] *adj* full av självförtroende; självsäker

self-conscious [ˌself'kɒnʃəs] *adj* generad, förlägen, osäker

self-contained [ˌselfkən'teɪnd] *adj* komplett; självständig

self-control [ˌselfkən'trəʊl] *subst* självbehärskning

self-defence [ˌselfdɪ'fens] *subst* självförsvar

self-drive [ˌself'draɪv] *adj*, ~ ***car hire*** biluthyrning

self-evident [ˌself'evɪdənt] *adj* självklar

self-explanatory [ˌselfɪk'splænətrɪ] *adj* självförklarande, självklar

self-important [ˌselfɪm'pɔːtənt] *adj* viktig, dryg

self-indulgent [ˌselfɪn'dʌldʒənt] *adj* njutningslysten

self-inflicted [ˌselfɪn'flɪktɪd] *adj* självförvållad [*a ~ wound*]

self-interest [ˌself'ɪntrəst] *subst* egennytta

selfish ['selfɪʃ] *adj* självisk, egoistisk

self-made [ˌself'meɪd, före subst. 'selfmeɪd] *adj* selfmade, som själv har arbetat sig upp [*a ~ woman*]

self-pity [ˌself'pɪtɪ] *subst* självömkan

self-possessed [ˌselfpə'zest] *adj* behärskad, lugn

self-preservation ['selfˌprezə'veɪʃən] *subst*, ***instinct of ~*** självbevarelsedrift

self-raising [ˌself'reɪzɪŋ] *adj* självjäsande; ~ ***flour*** mjöl blandat med bakpulver

self-respect [ˌselfrɪ'spekt] *subst* självaktning

self-respecting [ˌselfrɪ'spektɪŋ] *adj* med självaktning [*no ~ man*]

self-righteous [ˌself'raɪtʃəs] *adj* självgod

self-sacrifice [ˌself'sækrɪfaɪs] *subst* självuppoffring

selfsame ['selfseɪm] *adj*, ***the ~*** precis samma

self-satisfied [ˌself'sætɪsfaɪd] *adj* självbelåten
self-service [ˌself'sɜːvɪs] *subst* självbetjäning, självservering; ~ ***store*** el. ~ snabbköp, självbetjäningsaffär
self-sufficient [ˌselfsə'fɪʃənt] *adj* **1** självförsörjande **2** självtillräcklig
self-supporting [ˌselfsə'pɔːtɪŋ] *adj* självförsörjande
self-taught [ˌself'tɔːt] *adj* självlärd
self-timer [ˌself'taɪmə] *subst* foto. självutlösare
self-willed [ˌself'wɪld] *adj* egensinnig
sell I [sel] (*sold sold*) *verb* **1** sälja; föra, ha [*this shop ~s my favourite brand*]; ~ ***sb down the river*** förråda ngn **2** säljas, gå [*at, for* för]; ~ ***like hot cakes*** gå åt som smör i solsken
II [sel] (*sold sold*) *verb* med adv. o. prep.
sell off realisera bort, slumpa bort
sell out: ***the book is sold out*** boken är slutsåld
seller ['selə] *subst* säljare; i sammansättningar -handlare [*bookseller*]
selves [selvz] *subst pl* av *self*
semantic [sɪ'mæntɪk] *adj* semantisk
semaphore I ['seməfɔː] *subst* **1** semafor **2** semaforering
II ['seməfɔː] *verb* semaforera
semblance ['sembləns] *subst* sken; ***some ~ of normality*** något som liknar det normala
semen ['siːmən] *subst* sädesvätska
semester [sə'mestə] *subst* univ. el. skol. (i USA) termin
semicircle ['semɪˌsɜːkl] *subst* halvcirkel
semicircular [ˌsemɪ'sɜːkjʊlə] *adj* halvcirkelformig
semicolon [ˌsemɪ'kəʊlən] *subst* semikolon
semidetached [ˌsemɪdɪ'tætʃt] *adj* om hus sammanbyggd på en sida; ***a ~ house*** ena hälften av ett parhus, en parvilla
semifinal [ˌsemɪ'faɪnl] *subst* sport. semifinal
semifinalist [ˌsemɪ'faɪnəlɪst] *subst* sport. semifinalist
seminar ['semɪnɑː] *subst* univ. seminarium
semiprecious [ˌsemɪ'preʃəs] *adj*, ~ ***stone*** halvädelsten
Semitic [sɪ'mɪtɪk] *adj* semitisk
semitropical [ˌsemɪ'trɒpɪkl] *adj* subtropisk
semolina [ˌsemə'liːnə] *subst* kok. semolinagryn, mannagryn

senate
Den amerikanska senaten består av 100 senatorer. I varje delstat, oavsett folkmängd, väljer invånarna två senatorer.

senate ['senət] *subst* senat
senator ['senətə] *subst* senator
send I [send] (*sent sent*) *verb* **1** skicka, sända; ***the rain sent them hurrying home*** regnet fick dem att skynda sig hem; ***the lecture sent me to sleep*** föreläsningen fick mig att somna; ~ ***word*** låta meddela; ~ ***for*** skicka efter [*~ for a doctor*], hämta; rekvirera **2** göra [*he ~s me crazy*]
II [send] (*sent sent*) *verb* med adv. o. prep.
send away 1 skicka bort **2** ~ ***away for*** skriva efter [*~ away for a poster to put on your wall*]
send off 1 avsända [*~ off a letter*], expediera **2** sport. utvisa [*~ a player off*] **3** ~ ***sb off*** vinka av ngn
send on sända (skicka) vidare, eftersända
send round to sb skicka över till ngn
send up 1 sända (skicka) upp [*~ up a rocket*], sända (skicka) ut **2** driva upp, pressa upp [*~ prices up*]
sender ['sendə] *subst* avsändare
send-off ['sendɒf] *subst* avsked
send-up ['sendʌp] *subst* vard. parodi, förlöjligande
senile ['siːnaɪl] *adj* senil, ålderdomssvag
senility [sə'nɪlətɪ] *subst* senilitet, ålderdomssvaghet
senior I ['siːnjə] *adj* **1** äldre [*to* än]; den äldre, senior [*John Smith, Senior*] **2** ~ ***citizen*** pensionär, ålderspensionär, senior **3** högre i rang; överordnad
II ['siːnjə] *subst* äldre i tjänsten; äldre medlem
seniority [ˌsiːnɪ'ɒrətɪ] *subst* tjänsteålder; ***by ~*** efter tjänsteålder
senna ['senə] *subst* senna, sennablad
sensation [sen'seɪʃən] *subst* **1** förnimmelse, känsla [*a ~ of cold*] **2** ***cause a great ~*** väcka stort uppseende
sensational [sen'seɪʃnəl] *adj* sensationell, uppseendeväckande
sensationalism [sen'seɪʃənəlɪzəm] *subst* sensationsmakeri, sensationalism
sense I [sens] *subst* **1** sinne [*the five ~s*]; ***the ~ of hearing*** hörselsinnet; ***a sixth ~*** ett sjätte sinne; ***nobody in their ~s*** ingen vettig människa; ***are you out of your ~s?***

är du från vettet?; ***come to one's ~s*** a) komma till besinning b) återfå medvetandet **2** känsla [*of* av, för]; ~ ***of humour*** sinne för humor **3** vett, förstånd; ***common*** ~ sunt förnuft; ***he ought to have had more*** ~ han borde haft bättre förstånd; ***there is no ~ in waiting*** det är ingen mening att vänta **4** betydelse, bemärkelse; ***it does not make*** ~ jag fattar det inte; det stämmer inte; ***in the strict ~ of the word*** i ordets egentliga mening
II [sens] *verb* känna, ha på känn
senseless ['sensləs] *adj* **1** meningslös **2** medvetslös
sensibility [ˌsensə'bɪlətɪ] *subst* känslighet [*to* för], sensibilitet
sensible ['sensəbl] *adj* **1** förståndig, förnuftig, klok, vettig [~ *shoes*] **2** medveten [*of* om; *that* om att]
sensitive ['sensətɪv] *adj* känslig [*to* för]; ömtålig [*a ~ skin*]; sensibel
sensitivity [ˌsensə'tɪvətɪ] *subst* känslighet, sensibilitet
sensual ['sensjʊəl] *adj* sensuell [~ *lips*]
sensuality [ˌsensjʊ'ælətɪ] *subst* sensualitet
sensuous ['sensjʊəs] *adj* sinnes- [~ *impressions*], känslig
sent [sent] imperf. o. perf. p. av *send*
sentence I ['sentəns] *subst* **1** jur. dom; ***serve one's*** ~ avtjäna sitt straff; ***under ~ of death*** dödsdömd **2** gram. mening, sats
II ['sentəns] *verb* döma [*to* till]
sentiment ['sentɪmənt] *subst* **1** känsla; känslosamhet **2** pl. *~s* uppfattning, mening
sentimental [ˌsentɪ'mentl] *adj* sentimental, känslosam; ~ ***value*** affektionsvärde
sentimentalist [ˌsentɪ'mentəlɪst] *subst* sentimentalist
sentimentality [ˌsentɪmen'tælətɪ] *subst* sentimentalitet
sentinel ['sentɪnl] *subst* vaktpost
sentry ['sentrɪ] *subst* vaktpost; ***stand*** ~ stå på vakt
sentry box ['sentrɪbɒks] *subst* vaktkur
separate I ['seprət] *adj* **1** skild [*from* från], avskild **2** enskild, särskild [*each ~ case*], separat
II ['sepəreɪt] *verb* **1** skilja, skiljas, skilja åt **2** avskilja, särskilja **3** separera
separately ['seprətlɪ] *adv* separat
separation [ˌsepə'reɪʃən] *subst* **1** skiljande [*from* från], frånskiljande, särskiljande, separering **2** ***legal*** ~ av domstol ådömd hemskillnad

9/11 (nine eleven)
Den 11 september 2001 genomförde islamistiska extremister en rad självmordsattacker mot olika mål i USA. På morgonen kapade de fyra passagerarflygplan. Två av dessa flögs mot New Yorks högsta skyskrapor, *World Trade Center* (*the Twin Towers*). Planen genomborrade tornen, som började brinna. En dryg timme senare störtade det södra tornet samman. Ett tredje plan träffade en flygel på *Pentagon*, USA:s försvarshögkvarter i Washington. Det fjärde planet missade sitt mål och störtade nära en skola i en liten ort i Pennsylvania. Nästan 3 000 människor dödades i attackerna.

September [sep'tembə] *subst* september
septic ['septɪk] *adj* septisk, infekterad [*a ~ wound*]
sequel ['siːkwəl] *subst* **1** följd, resultat [*to* av] **2** fortsättning [*to* på]
sequence ['siːkwəns] *subst* **1** ordningsföljd, ordning [*in rapid ~*], serie; ~ ***of events*** händelseförlopp **2** film. sekvens
sequin ['siːkwɪn] *subst* paljett prydnad på plagg
Serb I [sɜːb] *adj* serbisk
II [sɜːb] *subst* **1** serb **2** serbiska
Serbia ['sɜːbjə] Serbien
serenade I [ˌserə'neɪd] *subst* musik. serenad
II [ˌserə'neɪd] *verb* ge serenad för; ge serenad
serene [sə'riːn] *adj* lugn [~ *look*], fridfull
serenity [sə'renətɪ] *subst* lugn, fridfullhet
serge [sɜːdʒ] *subst* tyg cheviot [*blue ~*]
sergeant ['sɑːdʒənt] *subst* **1** mil., ungefär sergeant inom armén el. flyget, amer. överfurir inom armén, korpral inom flyget; ~ ***major*** fanjunkare; ***flight*** ~ fanjunkare inom flyget **2** ***police*** ~ ungefär polisinspektör; grad mellan *constable* o. *inspector*
serial I ['sɪərɪəl] *adj* **1** i serie; ~ ***killer*** el. ~ ***murderer*** seriemördare förövare av en rad mord; ~ ***murder*** seriemord; ~ ***number*** serienummer **2** serie-; som publiceras häftesvis; ~ ***story*** följetong
II ['sɪərɪəl] *subst* följetong; avsnitt av en serie i t.ex. radio

serialize ['sɪərɪəlaɪz] *verb* **1** publicera som följetong **2** tv. sända som en serie

series
Ordet *series* används om tv- eller radioserier som handlar om samma personer och där varje avsnitt är en avslutad episod. Ordet *serial* används om fortsättningserier.

series ['sɪəriːz] (pl. lika) *subst* **1** serie, rad, räcka **2** tv. el. radio. serie
serious ['sɪərɪəs] *adj* **1** allvarlig [*a ~ attempt*], allvarsam; ***are you ~?*** menar du allvar? **2** seriös, verklig
seriously ['sɪərɪəslɪ] *adv* allvarligt, allvarligt talat; ***quite ~*** på fullt allvar; ***take ~*** ta på allvar
serious-minded ['sɪərɪəsˌmaɪndɪd] *adj* allvarligt sinnad
seriousness ['sɪərɪəsnəs] *subst* allvar, allvarlighet; ***in all ~*** på fullt allvar
sermon ['sɜːmən] *subst* predikan
serpent ['sɜːpənt] *subst* orm
serrated [sə'reɪtɪd] *adj* sågtandad [*~ edge*]
servant ['sɜːvənt] *subst* **1** tjänare; pl. ***~s*** tjänare, tjänstefolk; ***domestic ~*** hembiträde, tjänsteflicka; betjänt **2** ***civil ~*** statstjänsteman, tjänsteman inom civilförvaltningen
servant girl ['sɜːvəntgɜːl] *subst* tjänsteflicka, hembiträde
serve I [sɜːv] *verb* **1** tjäna **2** servera; ***dinner is served*** middagen är serverad; ***refreshments were served*** det bjöds på förfriskningar; ***are you being served?*** på restaurang är det beställt?; ***~ at table*** servera; ***serving hatch*** serveringslucka **3** expediera; ***are you being served?*** är det tillsagt?, vara expedit **4** förse, försörja **5** duga till, passa; ***~s you right!*** el. ***~ you right!*** rätt åt dig!, där fick du! **6** ***~ one's sentence*** el. ***~ time*** avtjäna sitt straff, sitta i fängelse **7** sport. serva **8** tjänstgöra, tjäna, göra tjänst; ***~ on a committee*** (***jury***) vara medlem av en kommitté (jury), sitta i kommitté (jury) **9** fungera, duga, passa, tjäna [*as, for* som, till]
II [sɜːv] *subst* sport. serve
service I ['sɜːvɪs] *subst* **1** tjänst, tjänstgöring; ***On His*** (***Her***) ***Majesty's Service*** påskrift tjänste; ***military ~*** militärtjänst **2** ***health ~*** hälsovård; ***the postal ~s*** postväsendet; ***social ~s*** socialvård, socialvården **3** regelbunden översyn, service [*take the car in for ~*]; ***~ station*** bensinstation **4** servering, betjäning, service [*the ~ was poor*]; ***~ charge*** el. ~ serveringsavgift, betjäningsavgift **5** servis [*dinner-service*] **6** tjänst [*you have done me a ~*]; hjälp; nytta [*it may be of great ~ to you*] **7** trafik. förbindelse, linje; ***air ~s*** trafikflyg; ***postal ~*** postförbindelse **8** kyrkl. gudstjänst, mässa, förrättning, akt **9** sport. serve
II ['sɜːvɪs] *verb* ta in för service, serva [*~ a car*]
serviceman ['sɜːvɪsmən] (pl. *servicemen* ['sɜːvɪsmən]) *subst* militär
serviette [ˌsɜːvɪ'et] *subst* servett
servile ['sɜːvaɪl] *adj* **1** servil, krypande **2** slavisk [*~ obedience*]
servitude ['sɜːvɪtjuːd] *subst* **1** träldom, slaveri **2** ***penal ~*** straffarbete
servo ['sɜːvəʊ] (pl. *~s*) *subst* tekn. vard. servo; ***~ brakes*** bil. servobroms
servo-assisted [ˌsɜːvəʊə'sɪstɪd] *adj*, ***~ brakes*** bil. servobroms
session ['seʃən] *subst* **1** session, sammanträde **2** ***recording ~*** inspelning; ***training ~*** träningspass
set I [set] (*set set*) (*setting*) *verb* **1** sätta, ställa [*~ one's watch, ~ one's alarm*]; infatta [*~ in gold*]; **2** bestämma, fastställa; förelägga, ge [*~ sb a task*] **3** teat. m.m., ***the scene is ~ in France*** scenen är förlagd till Frankrike **4** musik., ***~ sth to music*** sätta musik till ngt, tonsätta ngt **5** skol., ***~ a test*** sätta ihop en skrivning **6** med. återföra i rätt läge [*~ a broken bone*] **7** om solen, månen gå ner [*the sun ~s at 8*] **8** stelna [*the jelly has not ~ yet*], hårdna **9** duka [*a table ~ for four*]
II [set] (*set set*) (*setting*) *verb* med adv. o. prep.
set about 1 ta itu med [*~ about a task*] **2** vard. gå lös på
set aside 1 lägga undan, sätta av, anslå [*for* till, för] **2** bortse från; ***setting aside...*** bortsett från...
set back vard. kosta; ***it ~ me back five pounds*** jag gick back fem pund
set down sätta ner
set in börja, inträda, falla på [*darkness ~ in*]
set off 1 ge sig i väg [*~ off on a journey*], starta, avresa [*for* till] **2** framkalla [*the explosion was ~ off by...*] **3** sätta i gång, starta, utlösa [*~ off a chain reaction*] **4** framhäva [*the white dress ~ off her suntan*]
set out ge sig av, ge sig ut (i väg) [*~ out on*

a journey], starta, avresa [*for* till]
set to hugga i; ~ ***to work*** sätta i gång
set up 1 sätta upp, ställa upp, resa [~ *up a ladder*]; slå upp [~ *up a tent*] **2** upprätta [~ *up an institution*], anlägga [~ *up a factory*], grunda, inrätta; införa [~ *up a new system*]; tillsätta [~ *up a committee*] **3** etablera sig [~ *up as a businessman*]
III ['set] *perf p* o. *adj* **1** fast, fastställd [~ *price*]; bestämd [~ *rules*]; ***a ~ phrase*** en stående fras, ett talesätt **2** belägen [*a town ~ on a hill*] **3** ***be ~ on*** a) vara fast besluten b) ha slagit in på [*he is ~ on a dangerous course*] **4** vard. klar, färdig; ***all ~*** allt klart; ***get ~!*** sport. färdiga! [*on your marks! get ~! go!*]
IV [set] *subst* **1** uppsättning, set, sats; ***a chess ~*** ett schackspel; ***a ~ of golf clubs*** ett golfset; ***a ~ of lectures*** en serie föreläsningar; ***a ~ of underwear*** en omgång underkläder **2** grupp; krets, kotteri, klick **3** apparat [*radio ~; TV ~*] **4** i tennis set
setback ['setbæk] *subst* bakslag, motgång
set piece [ˌset'piːs] *subst* **1** teat. kuliss **2** sport. fast situation
set point [ˌset'pɔɪnt] *subst* i tennis setboll
set square ['setskweə] *subst* geom. vinkelhake
settee [se'tiː] *subst* soffa
setter ['setə] *subst* setter fågelhund
setting ['setɪŋ] *subst* **1** infattning för t.ex. ädelstenar **2** iscensättning, uppsättning **3** ram, inramning [*a beautiful ~ for the procession*]; miljö, omgivning **4** himlakropps nedgång [*the ~ of the sun*]
setting lotion ['setɪŋˌləʊʃən] *subst* läggningsvätska
settle I ['setl] *verb* **1** sätta till rätta, sätta sig till rätta, slå sig ner **2** bosätta sig, slå sig ner **3** lägga sig [*the dust settled on the furniture*] **4** kolonisera [*the country was settled by the English*] **5** fastställa, bestämma [~ *a date*] **6** avgöra [*that ~s the matter*], göra slut på [~ *a quarrel*], ordna, klara upp; ***that ~s it!*** a) det avgör saken! b) nu har jag fått nog!; ***~ a conflict*** lösa en konflikt **7** betala, göra upp [*can I ~ my account?*] **8** om väder stabilisera sig **9** lugna [*it ~s the nerves*]; ***~ down*** a) slå sig ner; ***marry and ~ down*** gifta sig och slå sig till ro **b**) lugna sig, lägga sig [*the excitement settled down*]; ***she is settling down to her new job*** hon börjar komma in i sitt nya arbete
II ['setl] *verb* med adv. o. prep.
settle for 1 bestämma sig för [*she settled for the red curtains*] **2** nöja sig med [*you'll have to ~ for a cheaper car*]; ~ ***up*** göra upp [~ *up differences*], betala [~ *up the bill*]
settled ['setld] *adj* **1** avgjord, bestämd, uppgjord; ***the bill is ~*** räkningen är betald **2** fast, stadgad, stadig; om väder lugn och vacker **3** bebodd; ***a thinly ~ area*** ett glest bebyggt område
settlement ['setlmənt] *subst* **1** avgörande, uppgörelse; lösning av en konflikt; förlikning **2** fastställande; överenskommelse, avtal **3** betalning [*the ~ of a bill*] **4** bosättning, bebyggelse; kolonisering
settler ['setlə] *subst* nybyggare, kolonist
set-up ['setʌp] *subst* uppbyggnad, struktur, organisation; situation
seven ['sevn] *räkn* o. *subst* sjua
seventeen [ˌsevn'tiːn] *räkn* o. *subst* sjutton
seventeenth [ˌsevn'tiːnθ] *räkn* o. *subst* sjuttonde; sjuttondel
seventh ['sevnθ] *räkn* o. *subst* sjunde; sjundedel
seventieth ['sevntɪəθ] *räkn* o. *subst* sjuttionde; sjuttiondel
seventy ['sevntɪ] *räkn* o. *subst* **1** sjuttio **2** sjuttiotal; ***in the seventies*** på sjuttiotalet
sever ['sevə] *verb* avskilja; hugga av, bryta av
several ['sevrəl] *adj* o. *pron* flera, åtskilliga
severe [sɪ'vɪə] *adj* sträng, hård, svår
severely [sɪ'vɪəlɪ] *adv* strängt, hårt; ***~ wounded*** svårt sårad
severity [sə'verətɪ] *subst* stränghet, hårdhet; ***the ~ of the winter in Canada*** den stränga vintern i Kanada
Seville [sə'vɪl] Sevilla; ~ ***orange*** pomerans
sew [səʊ] (imperf. *sewed*, perf. p. *sewn* el. *sewed*) *verb* sy; ~ ***on*** sy fast, sy i; ~ ***up***; sy ihop, sy igen
sewer ['suːə, 'sjʊə] *subst* kloak, avloppsledning
sewing ['səʊɪŋ] *subst* sömnad, sömnadsarbete
sewing-machine ['səʊɪŋməˌʃiːn] *subst* symaskin
sewing-needle ['səʊɪŋˌniːdl] *subst* synål
sewn [səʊn] perf. p. av *sew*
sex [seks] *subst* **1** kön; ***the fair ~*** det täcka könet **2** sex, erotik; ***have ~*** älska, ligga med varandra **3** före subst. köns- [~ *hormone*], sexuell, sex-; ~ ***equality*** jämställdhet mellan könen; ~ ***maniac*** sexgalning
sexiness ['seksɪnəs] *subst* sexighet

sexism ['seksɪzəm] *subst* sexism, könsdiskriminering
sex-starved ['seksstɑːvd] *adj* sexuellt utsvulten, sexhungrig
sexual ['seksjʊəl] *adj* sexuell; ~ ***abuse*** sexualövergrepp; ~ ***desire*** könsdrift; ~ ***intercourse*** samlag; ~ ***offender*** sexualförbrytare; ~ ***organs*** könsorgan
sexuality [ˌseksjʊ'ælətɪ] *subst* sexualitet
sexy ['seksɪ] *adj* vard. **1** sexig **2** häftig, spännande [*~ places to visit*]
sh [ʃː] *interj* sch!, hysch!
shabby ['ʃæbɪ] *adj* **1** sjabbig, sjaskig **2** tarvlig [*~ trick*]
shack [ʃæk] *subst* timmerkoja, hydda
shackle ['ʃækl] *subst* pl. *~s* bojor, fjättrar
shade I [ʃeɪd] *subst* **1** skugga [*30° in the ~*]; ***throw into the*** ~ el. ***put into the*** ~ ställa i skuggan **2** nyans; färgton **3** aning, smula [*I am a ~ better today*] **4** vard., *~s* solbrillor **5** amer. rullgardin
II [ʃeɪd] *verb* skugga, skugga för
shadow I ['ʃædəʊ] *subst* skugga [*the ~ of a man on the wall*]; ~ ***cabinet*** oppositionens skuggkabinett, skuggregering; ***beyond*** (***without***) ***a ~ of doubt*** utan skuggan av ett tvivel
II ['ʃædəʊ] *verb* skugga [*the detective shadowed him*]
shadowy ['ʃædəʊɪ] *adj* **1** skuggig **2** skugglik, overklig
shady ['ʃeɪdɪ] *adj* **1** skuggig, skuggande [*a ~ tree*] **2** vard. skum; ***a ~ customer*** en skum figur
shaft [ʃɑːft] *subst* **1** skaft på spjut, vissa verktyg m.m. **2** schakt i gruva m.m.; trumma [*lift ~*]; ~ el. ***ventilating*** ~ lufttrumma
shaggy ['ʃægɪ] *adj* lurvig; buskig [*~ eyebrows*]
shake I [ʃeɪk] (*shook shaken*) *verb* **1** skaka, skaka ur; ~ ***oneself*** skaka på sig; ~ ***hands*** skaka hand; ~ ***hands on sth*** ta varandra i hand på ngt; ~ ***one's head*** skaka på huvudet [*over, at* åt] **2** skaka, göra upprörd; ***he was shaken by the news*** han blev skakad av nyheten **3** få att skaka (skälva, darra) **4** skaka, skälva, darra [*with* av]
II [ʃeɪk] *subst* skakning; skälvning, darrning; ***give it a good ~!*** skaka om ordentligt!
shaken ['ʃeɪkən] perf. p. av *shake I*
shaky ['ʃeɪkɪ] *adj* **1** skakig, darrande **2** ostadig, ranglig [*a ~ old table*]; vacklande [*a ~ government*] **3** svag [*my English is a bit ~*]
shall [ʃæl, obetonat ʃəl] (imperf. *should,* se detta ord) *hjälpverb* presens ska; ***I ~ meet him tomorrow*** jag träffar (ska träffa) honom i morgon
shallot [ʃə'lɒt] *subst* grönsak schalottenlök
shallow ['ʃæləʊ] *adj* **1** grund [*~ water*]; flat [*a ~ dish*] **2** ytlig [*a ~ person; a ~ argument*]
sham I [ʃæm] (*-mm-*) *verb* simulera, hyckla, låtsas
II [ʃæm] *subst* **1** hyckleri, humbug, bluff **2** imitation [*these pearls are ~s*] **3** bluffmakare, humbug
III [ʃæm] *adj* låtsad, fingerad, sken- [*a ~ attack*], oäkta [*~ pearls*]
shame I [ʃeɪm] *subst* skam, blygsel; vanära; ~ ***on you!*** fy skam!; ***what a ~!*** så tråkigt!, vad synd!; ***she has no sense of*** ~ hon har ingen skam i kroppen; ***put sb to*** ~ a) skämma ut ngn b) ställa ngn i skuggan; ***be put to*** ~ få stå där med skammen
II [ʃeɪm] *verb* **1** få att skämmas **2** skämma ut, dra vanära över
shamefaced ['ʃeɪmfeɪst] *adj* skamsen
shamefacedly [ˌʃeɪm'feɪstlɪ, ˌʃeɪm'feɪsɪdlɪ] *adv* skamset
shameful ['ʃeɪmfʊl] *adj* skamlig, neslig
shameless ['ʃeɪmləs] *adj* skamlös, fräck
shammy ['ʃæmɪ] *subst,* ~ ***leather*** el. ~ sämskskinn

Shakespeare

William Shakespeare (1564–1616) är världslitteraturens främsta dramatiker. Han skrev tragedier, *tragedies*, t.ex. *Hamlet, Othello, Macbeth, Romeo and Juliet*, komedier, *comedies*, t.ex. *A Midsummer Night's Dream, Twelfth Night*, Trettondagsafton, och historiska dramer, *historical plays*, t.ex. *Richard III, Henry V*.
The Royal Shakespeare Company spelar hans pjäser i London och Stratford-on-Avon, där han föddes och ligger begravd. Shakespeare spelade i många år på teatern *the Globe* i London. En kopia av denna teater har byggts upp på nästan samma historiska plats på Themsens södra strand.

shampoo I [ʃæm'puː] *verb* schamponera **II** [ʃæm'puː] (pl. *~s*) *subst* **1** schamponering; ***give sb a*** ~ schamponera ngn; ***a ~ and set*** tvättning och läggning **2** schampo, schamponeringsmedel

> **shamrock**
> *The Shamrock*, treklövern, är den Irländska republikens nationalsymbol.

shamrock ['ʃæmrɒk] *subst* växt treklöver Irlands nationalemblem
shandy ['ʃændɪ] *subst* en blandning av öl och sockerdricka
shan't [ʃɑːnt] = *shall not*
shape I [ʃeɪp] *subst* **1** form, fason; ***in any ~ or form*** i någon form; ***get out of*** ~ förlora formen **2** tillstånd, skick; ***his finances are in good*** ~ hans ekonomi är bra; ***he is in good*** ~ han är i fin form, han har bra kondis
II [ʃeɪp] *verb* forma; skapa, gestalta; ***shaped like a pear*** päronformig; ***he is shaping up*** han artar sig, han tar sig
shapeless ['ʃeɪpləs] *adj* formlös, oformlig
shapeliness ['ʃeɪplɪnəs] *subst* vacker form
shapely ['ʃeɪplɪ] *adj*, ~ ***legs*** välsvarvade ben
share I [ʃeə] *subst* **1** del, andel; ***have a ~ in*** a) vara medansvarig i b) få del av **2** aktie
II [ʃeə] *verb* **1** dela [*with sb* med ngn]; ha del i **2** ~ ***out*** el. ~ dela ut, fördela **3** ~ ***in*** dela; ha del i, vara delaktig i
shareholder ['ʃeəˌhəʊldə] *subst* aktieägare; ***shareholder's meeting*** bolagsstämma
shareware ['ʃeəweə] *subst* data. shareware, spridprogram
1 shark [ʃɑːk] *subst* fisk haj
2 shark [ʃɑːk] *subst* vard. börshaj, bondfångare
sharp I [ʃɑːp] *adj* **1** skarp, vass **2** markant, klar **3** stark [*a ~ rise*; *a ~ taste*], syrlig [*a ~ flavour*] **4** vaken, intelligent, pigg **5** musik. höjd en halv ton; med #-förtecken; ***A*** ~ m.fl., se under resp. bokstav **6** musik. en halv ton för hög
II [ʃɑːp] *subst* musik. kors, #-förtecken, #; ***~s and flats*** svarta tangenter på t.ex. piano
III [ʃɑːp] *adv* **1** på slaget, prick [*at six o'clock ~*] **2** skarpt; tvärt [*~ left*]; ***look ~!*** sno på!, raska på!
sharpen ['ʃɑːpən] *verb* göra skarp, göra vass, skärpa, vässa, slipa
sharpener ['ʃɑːpnə] *subst* pennvässare
sharpness ['ʃɑːpnəs] *subst* skärpa
sharp-shooter ['ʃɑːpˌʃuːtə] *subst* prickskytt
sharp-sighted [ˌʃɑːp'saɪtɪd] *adj* skarpsynt
sharp-witted [ˌʃɑːp'wɪtɪd] *adj* skarpsinnig
shatter ['ʃætə] *verb* **1** splittra, krossa **2** splittras, krossas; ***be shattered*** a) vara förkrossad b) vara alldeles slut
shattering ['ʃætərɪŋ] *adj* **1** förödande [*a ~ defeat*] **2** öronbedövande [*a ~ noise*]
shatterproof ['ʃætəpruːf] *adj* splitterfri
shave I [ʃeɪv] *verb* (imperf. *shaved*, perf. p. *shaved* el. spec. som adj. *shaven*) **1** raka [*~ one's beard*; *~ sb*]; ***get shaved*** raka sig, bli rakad **2** ~ ***off*** el. ~ skrapa av, hyvla av **3** snudda vid **4** raka sig
II [ʃeɪv] *subst* **1** rakning; ***have a*** ~ raka sig **2** vard., ***it was a close*** ~ el. ***it was a narrow*** ~ det var nära ögat; ***he had a close*** ~ el. ***he had a narrow*** ~ han hann undan med knapp nöd
shaven I ['ʃeɪvn] perf. p. av *shave I*
II ['ʃeɪvn] *adj* rakad; ***clean-shaven*** slätrakad
shaver ['ʃeɪvə] *subst* rakapparat [*electric ~*]
shaving ['ʃeɪvɪŋ] *subst* **1** rakning; före subst. rak- [*~ brush*; *~ cream*]; ~ ***foam*** raklödder; ~ ***stick*** raktvål **2** pl. ***~s*** hyvelspån
shawl [ʃɔːl] *subst* sjal, schal
she I [ʃiː, obetonat ʃɪ] (objektsform *her*) *pron* hon; om fartyg, bil, land m.m. den, det
II [ʃiː] (pl. *~s*) *subst* hona; hon [*the child is a ~*]
III [ʃiː, obetonat ʃɪ] *adj* i sammansättningar vid djurnamn hon-, -hona [*she-fox*]
sheaf [ʃiːf] (pl. *sheaves* [ʃiːvz]) *subst* bunt [*a ~ of papers*]
shear [ʃɪə] (imperf. *sheared*, perf. p. *shorn* el. *sheared*) *verb* **1** klippa [*~ sheep*]; klippa av; skära
shears [ʃɪəz] *subst pl* sax, trädgårdssax etc.; ***a pair of*** ~ en sax
sheath [ʃiːθ] (pl. *~s* [ʃiːðz]) *subst* **1** slida, skida, balja; fodral **2** kondom
sheath knife ['ʃiːθnaɪf] *subst* slidkniv
sheaves [ʃiːvz] *subst pl* av *sheaf*
she'd [ʃiːd] = *she had* o. *she would*
1 shed [ʃed] *subst* skjul; stall [*engine ~*]
2 shed [ʃed] (*shed shed*) (*shedding*) *verb* **1** utgjuta [*~ blood*]; ***blood will be*** ~ blod kommer att flyta; ~ ***tears*** fälla tårar **2** fälla [*~ leaves*], tappa **3** sprida [*~ warmth*]; ~ ***light on*** sprida ljus över, belysa
she-devil ['ʃiːˌdevl] *subst* djävulsk kvinna

sheen [ʃiːn] *subst* glans [*the ~ of silk*], lyster
sheep [ʃiːp] (pl. lika) *subst* får
sheepdog [ˈʃiːpdɒg] *subst* fårhund
sheepfaced [ˈʃiːpfeɪst] *adj* förlägen, generad
sheep farmer [ˈʃiːpˌfɑːmə] *subst* fåruppfödare
sheepfold [ˈʃiːpfəʊld] *subst* fårfålla
sheepish [ˈʃiːpɪʃ] *adj* förlägen, generad
1 sheer [ʃɪə] *adj* **1** ren [*~ nonsense*; *~ waste*] **2** mycket tunn; ~ ***material*** skirt tyg **3** tvärbrant [*a ~ rock*]
2 sheer [ʃɪə] *verb*, ~ ***away from sb*** undvika ngn
sheet [ʃiːt] *subst* **1** lakan **2** tunn plåt [*~ of metal*], tunn skiva [*~ of glass*]; ~ ***metal*** plåt **3** blad [*map-sheet*]; ***some ~s of paper*** några papper, några pappersark; ~ ***music*** notblad **4** ~ ***lightning*** ytblixt, ytblixtar; ~ ***of water*** vidsträckt vattenyta **5** ***keep a clean*** ~ sport. hålla nollan
sheik o. **sheikh** [ʃeɪk, ʃiːk] *subst* shejk, schejk
shelf [ʃelf] (pl. *shelves* [ʃelvz]) *subst* **1** hylla **2** avsats, klipphylla
shell I [ʃel] *subst* **1** hårt skal **2** snäcka **3** ärtskida **4** mil. granat **5** mil. patron
II [ʃel] *verb* **1** skala [*~ shrimps*]; ~ ***peas*** sprita ärtor **2** mil. bombardera, beskjuta med granater
she'll [ʃiːl] = *she will* o. *she shall*
shellac [ʃəˈlæk, ˈʃelæk] *subst* schellack
shellfish [ˈʃelfɪʃ] *subst* skaldjur
shelter I [ˈʃeltə] *subst* skydd; ***air-raid*** ~ skyddsrum; ***bus*** ~ busskur
II [ˈʃeltə] *verb* **1** skydda, ge skydd **2** ta skydd
shelve [ʃelv] *verb* bordlägga, skrinlägga
shelves [ʃelvz] *subst pl* se *shelf*
shepherd [ˈʃepəd] *subst* fåraherde; ***shepherd's pie*** kok. köttfärs med potatismos bakat i ugn
shepherd boy [ˈʃepədbɔɪ] *subst* vallpojke
shepherd dog [ˈʃepəddɒg] *subst* vallhund
shepherdess [ˈʃepədes] *subst* herdinna
sherbet [ˈʃɜːbət] *subst* **1** ~ ***powder*** el. ~ tomtebrus **2** kok. sorbet
sheriff [ˈʃerɪf] *subst* sheriff lokal polischef
sherry [ˈʃerɪ] *subst* sherry
she's [ʃiːz, ʃɪz] = *she is*; *she has*
Shetland I [ˈʃetlənd] geogr., ***the ~s*** el. ***the ~ Islands*** Shetlandsöarna
II [ˈʃetlənd] *adj* geogr. shetlands- [*~ pony*; *~ wool*]
shield I [ʃiːld] *subst* sköld
II [ʃiːld] *verb* skydda [*from* mot]

shift I [ʃɪft] *verb* **1** skifta, flytta, flytta om **2** växla, ändra sig; ***he shifted in his seat*** han ändrade ställning; ~ ***gears*** bil. växla; ***he shifted into second gear*** han lade in tvåans växel
II [ʃɪft] *subst* **1** förändring, ombyte, skifte; växling **2** arbetsskift **3** växelspak
shilling [ˈʃɪlɪŋ] *subst* shilling förr eng. mynt = 1/20 pund
shimmer I [ˈʃɪmə] *verb* skimra
II [ˈʃɪmə] *subst* skimmer
shin I [ʃɪn] *subst* skenben, smalben
II [ʃɪn] (*-nn-*) *verb*, ~ ***up a tree*** klättra uppför ett träd
shinbone [ˈʃɪnbəʊn] *subst* skenben
shine I [ʃaɪn] (*shone shone*) *verb* **1** skina, lysa, glänsa; ***a shining example*** ett lysande exempel **2** putsa [*~ shoes*]
II [ʃaɪn] *subst* glans, sken, blankhet
shingle [ˈʃɪŋgl] *subst* klappersten på sjöstrand
shingles [ˈʃɪŋglz] *subst* med. bältros
shinguard [ˈʃɪngɑːd] *subst* o. **shinpad** [ˈʃɪnpæd] *subst* sport. benskydd
shiny [ˈʃaɪnɪ] *adj* skinande, glänsande; blankputsad [*~ shoes*]; klar, blank [*a ~ nose*]
ship I [ʃɪp] *subst* skepp, fartyg
II [ʃɪp] (*-pp-*) *verb* **1** skeppa, ta ombord [*~ goods*; *~ passengers*] **2** sända, transportera [*~ goods by boat*], avlasta, skeppa
shipbuilder [ˈʃɪpˌbɪldə] *subst* skeppsbyggare
shipload [ˈʃɪpləʊd] *subst* skeppslast, fartygslast
shipmate [ˈʃɪpmeɪt] *subst* skeppskamrat
shipment [ˈʃɪpmənt] *subst* **1** inskeppning **2** sändning, transport, skeppslast
shipowner [ˈʃɪpˌəʊnə] *subst* skeppsredare
shipping [ˈʃɪpɪŋ] *subst* **1** sjöfart; ~ ***company*** rederi; ~ ***route*** trad **2** skeppning, sändande
shipshape [ˈʃɪpʃeɪp] *adj* snygg och prydlig
shipwreck I [ˈʃɪprek] *subst* skeppsbrott, förlisning
II [ˈʃɪprek] *verb* komma att förlisa; ***shipwrecked*** skeppsbruten; ***be shipwrecked*** lida skeppsbrott, förlisa
shipyard [ˈʃɪpjɑːd] *subst* skeppsvarv
shirk [ʃɜːk] *verb* **1** dra sig undan, smita från **2** smita
shirt [ʃɜːt] *subst* skjorta; sport. tröja [*football ~*]
shirtblouse [ˈʃɜːtblaʊz] *subst* skjortblus
shirtfront [ˈʃɜːtfrʌnt] *subst* skjortbröst
shirtsleeve [ˈʃɜːtsliːv] *subst* skjortärm
shirty [ˈʃɜːtɪ] *adj* arg, ilsken

shish kebab [ˌʃɪʃkəˈbæb] *subst* kok. shishkebab, grillspett
shit I [ʃɪt] *subst* vulg. skit
II [ʃɪt] (*shit shit* el. *shitted shitted*) (*shitting*) *verb* vulg. skita
III [ʃɪt] *interj* vulg. fan också!, jävlar!; ***holy ~!*** fan också!
shiver I [ˈʃɪvə] *verb* darra, skälva, huttra, rysa [*~ with cold*]
II [ˈʃɪvə] *subst* darrning, skälvning, rysning; ***it gives me the ~s*** vard. det får mig att rysa
shivery [ˈʃɪvərɪ] *adj* darrig; ***be ~*** rysa, skaka
shoal I [ʃəʊl] *subst* **1** stim [*a ~ of herring*] **2** massa, mängd; ***in ~s*** i massor
II [ʃəʊl] *verb*, ***shoaling fish*** stimfisk
1 shock [ʃɒk] *subst*, ***a ~ of hair*** en kalufs
2 shock I [ʃɒk] *subst* **1** våldsam stöt; ***~ wave*** stötvåg, chockvåg, tryckvåg **2** chock
II [ʃɒk] *verb* uppröra, chockera
shock-absorber [ˈʃɒkəbˌsɔːbə] *subst* stötdämpare
shocking [ˈʃɒkɪŋ] *adj* upprörande, chockerande, vard. förskräcklig [*a ~ blunder*]
shockproof [ˈʃɒkpruːf] *adj* stötsäker
shod [ʃɒd] imperf. o. perf. p. av *shoe II*
shoddy [ˈʃɒdɪ] *adj* **1** sjabbig, sjaskig **2** hafsig, slarvig [*~ work*]
shoe I [ʃuː] *subst* sko; spec. lågsko; ***I wouldn't be in her ~s*** jag skulle inte vilja vara i hennes kläder (skor)
II [ʃuː] (*shod shod*) *verb* sko [*~ a horse*]
shoehorn [ˈʃuːhɔːn] *subst* skohorn
shoelace [ˈʃuːleɪs] *subst* skosnöre, skorem
shoemaker [ˈʃuːˌmeɪkə] *subst* skomakare
shoestring [ˈʃuːstrɪŋ] *subst* amer. skosnöre; ***start a business on a ~*** starta ett företag med små medel
shoetree [ˈʃuːtriː] *subst* skoblock
shone [ʃɒn] imperf. o. perf. p. av *shine I*
shook [ʃʊk] imperf. av *shake I*
shoot I [ʃuːt] (*shot shot*) *verb* **1** skjuta [*at* på, mot] **2** rusa, susa [*he shot past me*] **3** filma; spela in [*~ a film*] **4** ***~!*** vard. kör på!, sätt igång! **5** kasta [*~ a glance at sb*]
II [ʃuːt] (*shot shot*) *verb* med adv. o. prep.
shoot down 1 skjuta ned [*~ down a plane*] **2** göra ned [*~ sb down in an argument*]
shoot off 1 fara i väg **2** ***~ off one's mouth*** el. ***~ one's mouth off*** vard. pladdra, snacka skit
shoot up 1 rusa i höjden [*prices shot up*] **2** skjuta sönder, skjuta vilt omkring sig
III [ʃuːt] *subst* bot. skott
shooting [ˈʃuːtɪŋ] *subst* **1** skjutande; före subst. skjut- [*~ practice*]; ***~ incident*** skottintermezzo **2** jakt **3** filmning, skjutning
shooting-gallery [ˈʃuːtɪŋˌgælərɪ] *subst* täckt skjutbana
shooting-range [ˈʃuːtɪŋreɪndʒ] *subst* skjutbana
shooting-star [ˈʃuːtɪŋstɑː] *subst* stjärnskott, stjärnfall
shoot-out [ˈʃuːtaʊt] *subst* **1** eldstrid **2** fotb., ***penalty ~*** straffsparksläggning efter förlängning
shop I [ʃɒp] *subst* **1** affär, butik; ***set up ~*** öppna affär, öppna eget; ***shut up ~*** vard. slå igen butiken sluta; ***all over the ~*** vard. i en enda röra, åt alla håll **2** verkstad, fabrik **3** vard., ***talk ~*** prata jobb
II [ʃɒp] (*-pp-*) *verb* **1** göra sina inköp, handla, shoppa; ***go shopping*** gå ut och handla, gå ut och shoppa
shop assistant [ˈʃɒpəˌsɪstənt] *subst* affärsbiträde, expedit
shopfloor [ˌʃɒpˈflɔː] *subst*, ***the ~*** verkstadsgolvet
shopfront [ˈʃɒpfrʌnt] *subst* skyltfönster
shopkeeper [ˈʃɒpˌkiːpə] *subst* butiksinnehavare, affärsinnehavare
shoplifter [ˈʃɒpˌlɪftə] *subst* snattare
shoplifting [ˈʃɒpˌlɪftɪŋ] *subst* snatteri
shopper [ˈʃɒpə] *subst* person som är ute och handlar (shoppar)
shopping [ˈʃɒpɪŋ] *subst* inköp, shopping; ***do some ~*** göra några inköp, handla (shoppa) lite; ***~ bag*** shoppingväska, shoppingbag; ***~ centre*** affärscentrum, köpcentrum; ***~ mall*** gågata med affärer, köpcentrum
shopsoiled [ˈʃɒpsɔɪld] *adj* butiksskadad
shop steward [ˈʃɒpˌstjʊəd] *subst* arbetares förtroendeman; fackligt ombud
shopwalker [ˈʃɒpˌwɔːkə] *subst* **1** butikskontrollant **2** varuhusvärd, varuhusvärdinna
shopwindow [ˌʃɒpˈwɪndəʊ] *subst* skyltfönster, butiksfönster
shore [ʃɔː] *subst* strand; ***a rocky ~*** en klippig kust; ***~ leave*** sjö. landpermission
shorn [ʃɔːn] perf. p. av *shear*
short I [ʃɔːt] *adj* **1** kort, kortvarig, kortvuxen [*a ~ man*]; ***~ for*** förkortning för; ***~ cut*** genväg; ***~ sight*** närsynthet; ***~ story*** novell; ***fuel is in ~ supply*** det är knapp tillgång på bränsle; ***~ temper*** häftigt humör; ***cut sb (sth) ~*** avbryta ngn (ngt); ***we are £5 ~*** det fattas 5 pund för oss **2** ~

of a) otillräckligt försedd med b) så när som på, utom; ~ ***of breath*** andfådd; ***little ~ of*** närapå, snudd på [*little ~ of a scandal*]; ***be ~ of*** ha ont om, ha brist på **3** kort, tvär, brysk [*with* mot]
II [ʃɔːt] *adv* **1** tvärt, plötsligt **2** ***fall ~ of*** inte gå upp mot, inte motsvara; ***go*** ~ bli utan [*of sth* ngt]; ***run*** ~ lida brist [*of* på]
III [ʃɔːt] *subst* **1** pl. ***~s*** shorts, kortbyxor **2** ***for*** ~ för korthetens skull; kort och gott; ***in*** ~ kort sagt **3** vard. kortslutning
shortage [ˈʃɔːtɪdʒ] *subst* brist, knapphet
shortbread [ˈʃɔːtbred] *subst* o. **shortcake** [ˈʃɔːtkeɪk] *subst* mördegskaka
short circuit [ˌʃɔːtˈsɜːkɪt] *subst* kortslutning
shortcoming [ˈʃɔːtˌkʌmɪŋ] *subst* brist, fel
shortcrust [ˈʃɔːtkrʌst] *adj*, ***~ pastry*** mördeg
shorten [ˈʃɔːtn] *verb* **1** förkorta, göra kortare, korta av, ta av **2** lägga upp t.ex. byxor **3** bli kortare
shortfall [ˈʃɔːtfɔːl] *subst* ekon. underskott
shorthand [ˈʃɔːthænd] *subst* stenografi; ***~ typist*** stenograf och maskinskriverska; ***take sth down in*** ~ stenografera ngt
short-list [ˌʃɔːtˈlɪst] *verb* sätta upp på den slutgiltiga listan
short-lived [ˌʃɔːtˈlɪvd] *adj* kortlivad, kortvarig
shortly [ˈʃɔːtlɪ] *adv* kort [*~ after*], strax [*~ before noon*]; inom kort
short-range [ˌʃɔːtˈreɪndʒ] *adj* **1** kortdistans- **2** kortsiktig [*~ plans*]
short-sighted [ˌʃɔːtˈsaɪtɪd] *adj* **1** närsynt **2** kortsynt
short-staffed [ˌʃɔːtˈstɑːft] *adj* underbemannad
short-tempered [ˌʃɔːtˈtempəd] *adj* obehärskad, häftig, lättretad
shortwave [ˈʃɔːtweɪv] *subst* radio. kortvåg
1 shot I [ʃɒt] imperf. o. perf. p. av *shoot I*
II [ʃɒt] *adj* **1** vattrad [*~ silk*] **2** ***get ~ of sth*** (***sb***) vard. bli kvitt ngt (ngn) [*I'm glad to get ~ of her*]
2 shot [ʃɒt] *subst* **1** skott [*at* mot, på, efter]; ***blank*** ~ löst skott; ***he was off like a*** ~ vard. han for i väg som ett skott (en pil); ***he did it like a*** ~ vard. han gjorde det på stubben **2** (pl. lika) kula **3** skytt **4** foto, kort **5** vard., ***give sth one's best*** ~ göra så bra man kan; ***have a ~ at it!*** gör ett försök!; ***a ~ in the dark*** en vild gissning; ***long*** ~ chansning; ***not by a long*** ~ inte på långt när **6** sport. skott, boll **7** sport. kula; ***put the*** ~ stöta kula; ***putting*** [ˈpʊtɪŋ] ***the*** ~ kulstötning, kula **8** ***big*** ~ vard. höjdare, pamp **9** ***call the ~s*** vara den som bestämmer [*I'm the one who calls the ~s*]
shotgun [ˈʃɒtɡʌn] *subst* hagelgevär
shot-put [ˈʃɒtpʊt] *subst* sport. kulstötning
shotputter [ˈʃɒtˌpʊtə] *subst* kulstötare
should [ʃʊd, obetonat ʃəd] *hjälpverb* (imperf. av *shall*) skulle; borde, bör [*you ~ see a doctor*]; ska [*it is surprising that he ~ be so foolish*]
shoulder I [ˈʃəʊldə] *subst* **1** skuldra, axel; ***~ of mutton*** fårbog **2** vägkant
II [ˈʃəʊldə] *verb* **1** lägga över axeln [*~ a burden*], axla; ***~ arms!*** mil. på axel gevär! **2** ***~ one's way*** knuffa sig fram **3** ta på sig [*~ the blame*]
shoulder bag [ˈʃəʊldəbæɡ] *subst* axelväska
shoulder belt [ˈʃəʊldəbelt] *subst* axelgehäng
shoulder blade [ˈʃəʊldəbleɪd] *subst* skulderblad
shouldered [ˈʃəʊldəd] *perf p* o. *adj* i sammansättningar -axlad [*broad-shouldered*]
shoulder strap [ˈʃəʊldəstræp] *subst* **1** mil. axelklaff **2** axelrem **3** axelband på damplagg
shouldn't [ˈʃʊdnt] = *should not*
shout I [ʃaʊt] *verb* skrika, ropa, gapa och skrika; ***~ down sb*** överrösta ngn
II [ʃaʊt] *subst* skrik, rop
shouting [ˈʃaʊtɪŋ] *subst* skrik, skrikande
shove I [ʃʌv] *verb* **1** skjuta, knuffa **2** skjutas, knuffas **3** stoppa [*he shoved the letters into his pocket*]
II [ʃʌv] *subst* knuff, stöt, skjuts
shovel I [ˈʃʌvl] *subst* skovel, skyffel
II [ˈʃʌvl] *verb* skovla, skyffla, skotta
show I [ʃəʊ] (*showed shown*) *verb* **1** visa, visa fram, visa upp [*~ one's passport*]; ***~ one's hand*** bekänna färg; ***that just ~s you!*** vard. där ser du!; ***that'll ~ them!*** vard. då ska dom få se! **2** visa sig, synas, vara (bli) synlig **3** visa; följa [*~ sb to the door*]; ***~ sb the door*** visa ngn på dörren **4** påvisa, bevisa [*we have shown that the story is false*] **5** visas, spelas, gå [*the film is showing at the Grand*]
II [ʃəʊ] (*showed shown*) *verb* med adv. o. prep.
show off 1 visa upp, vilja briljera (skryta) med **2** skryta, göra sig till
show up 1 visa upp **2** avslöja [*~ up a fraud*] **3** synas tydligt, framträda **4** vard. visa sig, dyka upp
III [ʃəʊ] *subst* **1** utställning [*flower ~*]; uppvisning [*fashion ~*]; teaterföreställning, revy, show; ***a ~ of hands*** handuppräckning; ***good ~!*** bravo!, fint!;

give the ~ away avslöja alltihop; ***put up a good ~*** göra mycket bra ifrån sig; ***be on ~*** vara utställd, kunna beses; ***run the ~*** basa för det hela **2** ståt, prål

show biz [ˈʃəʊbɪz] *subst* vard. showbusiness, nöjesbranschen

show business [ˈʃəʊˌbɪznəs] *subst* showbusiness, nöjesbranschen

showcase [ˈʃəʊkeɪs] *subst* monter, utställningsskåp

showdown [ˈʃəʊdaʊn] *subst* uppgörelse, kraftmätning

shower I [ˈʃaʊə] *subst* **1** skur **2** dusch; ***~ cream*** el. ***~ gel*** duschkräm **3** amer. lysningsmottagning

II [ˈʃaʊə] *verb* **1** falla i skurar, strömma ned, regna [ofta *~ down*] **2** låta regna ned; ***~ gifts on sb*** överhopa ngn med gåvor **3** duscha, duscha över

shower bath [ˈʃaʊəbɑːθ] *subst* dusch

showerproof [ˈʃaʊəpruːf] *adj* regntät

showery [ˈʃaʊərɪ] *adj* regnig, regn-

showgirl [ˈʃəʊgɜːl] *subst* balettflicka

show-jumping [ˈʃəʊˌdʒʌmpɪŋ] *subst* hinderhoppning

shown [ʃəʊn] perf. p. av *show I*

showpiece [ˈʃəʊpiːs] *subst* turistattraktion, paradnummer

showroom [ˈʃəʊruːm] *subst* utställningslokal

show window [ˈʃəʊˌwɪndəʊ] *subst* skyltfönster

showy [ˈʃəʊɪ] *adj* grann, prålig; flärdfull

shrank [ʃræŋk] imperf. av *shrink*

shred I [ʃred] *subst* remsa, strimla; ***not a ~ of evidence*** inte en tillstymmelse till bevis; ***in ~s*** i trasor, söndertrasad

II [ʃred] (*-dd-*) *verb* skära (klippa) i remsor, strimla; ***shredded tobacco*** finskuren tobak; ***shredded wheat*** slags vetekudde som äts med mjölk till frukost

shredder [ˈʃredə] *subst* **1** rivjärn, råkostkvarn **2** dokumentförstörare

shrew [ʃruː] *subst* **1** argbigga **2** näbbmus

shrewd [ʃruːd] *adj* skarpsinnig, klipsk [*a ~ remark*], klok; slug, smart

shrewmouse [ˈʃruːmaʊs] (pl. *shrewmice* [ˈʃruːmaɪs]) *subst* djur näbbmus

shriek I [ʃriːk] *verb* gallskrika; tjuta [*~ with laughter*]

II [ʃriːk] *subst* gallskrik

shrill [ʃrɪl] *adj* gäll, genomträngande [*a ~ cry*]

shrimp [ʃrɪmp] *subst* **1** tångräka, amer. tångräka, större räka **2** person puttefnask, plutt

shrine [ʃraɪn] *subst* **1** relikskrin, helgonskrin **2** helgedom

shrink I [ʃrɪŋk] (*shrank shrunk*) *verb* **1** krympa [*the shirt will not ~*], komma att krympa, få att krympa; ***~ in size*** bli mindre **2** ***~ back*** el. ***~*** rygga tillbaka [*at* vid, för]; ***~ from doing sth*** dra sig för att göra ngt

II [ʃrɪŋk] *subst* vard. hjärnskrynklare psykiatriker

shrinkage [ˈʃrɪŋkɪdʒ] *subst* krympning; ***allow for ~*** beräkna krympmån

shrinkproof [ˈʃrɪŋkpruːf] *adj* krympfri

shrivel [ˈʃrɪvl] (*-ll-*, amer. *-l-*) *verb*, ***~ up*** el. ***~*** skrumpna, skrynkla ihop sig

shroud I [ʃraʊd] *subst* **1** svepning **2** hölje, slöja [*a ~ of mystery*]

II [ʃraʊd] *verb* **1** svepa lik **2** hölja, dölja [*shrouded in fog*]; ***shrouded in mystery*** höljd i dunkel

Shrove [ʃrəʊv] *subst*, ***~ Sunday*** fastlagssöndag, fastlagssöndagen; ***~ Tuesday*** fettisdag, fettisdagen

shrub [ʃrʌb] *subst* buske

shrubbery [ˈʃrʌbərɪ] *subst* buskage

shrug I [ʃrʌg] (*-gg-*) *verb*, ***~ one's shoulders*** rycka på axlarna [*at* åt]

II [ʃrʌg] (*-gg-*) *verb* med adv. o. prep.

shrug off 1 avfärda med en axelryckning **2** skaka av sig

III [ʃrʌg] *subst*, ***a ~ of the shoulders*** el. ***a ~*** en axelryckning

shrunk [ʃrʌŋk] perf. p. av *shrink*

shrunken [ˈʃrʌŋkən] *adj* hopfallen, insjunken [*~ cheeks*]

shudder I [ˈʃʌdə] *verb* rysa, bäva, skälva

II [ˈʃʌdə] *subst* rysning, skälvning; ***give a ~*** rysa till

shuffle I [ˈʃʌfl] *verb* **1** gå släpande, hasa, lunka, lufsa; ***~ one's feet*** släpa med fötterna **2** kortsp. blanda

II [ˈʃʌfl] *subst* **1** släpande; hasande **2** kortsp. blandande; ***it's your ~*** det är din tur att blanda

shun [ʃʌn] (*-nn-*) *verb* undvika

shunt [ʃʌnt] *verb* **1** järnv. växla [*~ a train on to a sidetrack*] **2** elektr. shunta

shut I [ʃʌt] (*shut shut*) (*shutting*) *verb* **1** stänga [*~ a door*]; stänga av; fälla ned, fälla igen [*~ a lid*]; slå igen [*~ a book*]; ***~ one's eyes*** blunda; ***~ one's eyes to*** blunda för **2** stängas, slutas till, gå att stänga [*the door ~s easily*]

II [ʃʌt] (*shut shut*) (*shutting*) *verb* med adv. o. prep.

shut down slå igen, stänga, stängas [~ *down a lid; the factory has ~ down*], lägga ned [~ *down a factory*]
shut in stänga inne, innesluta
shut off 1 stänga av **2** utestänga, utesluta
shut out stänga ute; utesluta [*from* ur]; ***the trees ~ out the view*** träden skymmer utsikten
shut to stänga till [~ *a door to*]
shut up 1 stänga till, bomma igen [~ *up a house*]; stänga, stängas, stängas till **2** låsa in **3** ~ ***sb up*** tysta ned ngn **4** ~ ***up!*** vard. håll käften!

shutdown [ˈʃʌtdaʊn] *subst* stängning [~ *of a factory*]
shutter [ˈʃʌtə] *subst* **1** fönsterlucka; rulljalusi; ***put up the ~s*** stänga fönsterluckorna, vard. slå igen butiken **2** foto. slutare; ~ ***release*** utlösare
shuttle [ˈʃʌtl] *subst* **1** skyttel, skottspole **2** pendelbuss, pendeltåg; matarbuss; ~ ***service*** skytteltrafik, pendeltrafik
shuttlecock [ˈʃʌtlkɒk] *subst* badmintonboll
shy [ʃaɪ] *adj* skygg, blyg [*of* för]; ***fight ~ of*** dra sig för, gå ur vägen för [*fight ~ of sb*]
Siamese [ˌsaɪəˈmiːz] *adj* **1** hist. siamesisk **2** ~ el. ~ ***cat*** siames, siameskatt; ~ ***twins*** siamesiska tvillingar
Siberia [saɪˈbɪərɪə] Sibirien
Siberian [saɪˈbɪərɪən] *adj* sibirisk
Sicilian I [sɪˈsɪljən] *adj* siciliansk
II [sɪˈsɪljən] *subst* sicilianare
Sicily [ˈsɪsəlɪ] Sicilien
sick I [sɪk] *adj* **1** sjuk före subst. [*her ~ husband*]; spec. amer. vanligen som predikatsfyllnad [*she has been ~ for a long time*]; ***be*** ~ a) må illa, kräkas b) amer. vara sjuk; ***be ~ at (to, in) one's stomach*** amer. må illa; ***feel*** ~ a) känna sig illamående, må illa b) amer. känna sig sjuk; ***report*** ~ sjukanmäla sig; ***the*** ~ de sjuka **2** sjuklig, makaber [*a ~ joke*]; ~ ***humour*** sjuk humor **3** ~ ***and tired of*** grundligt led på (åt); ***you make me*** ~ jag mår illa bara jag ser dig
II [sɪk] *verb*, ~ ***up*** vard. spy, spy upp
sick benefit [ˈsɪkˌbenɪfɪt] *subst* sjukpenning
sicken [ˈsɪkən] *verb* **1** insjukna, börja bli sjuk [*the child is sickening for something*] **2** göra illamående, äckla
sickening [ˈsɪkənɪŋ] *adj* vidrig, beklämmande [*a ~ sight*], äcklig
sickle [ˈsɪkl] *subst* skära skörderedskap
sick leave [ˈsɪkliːv] *subst* sjukledighet, sjukpermission
sick list [ˈsɪklɪst] *subst*, ***be on the*** ~ vara sjukskriven
sickly I [ˈsɪklɪ] *adv* sjukligt
II [ˈsɪklɪ] *adj* **1** sjuklig [*a ~ child*] **2** matt, blek **3** äcklig [*a ~ taste*]; sötsliskig [~ *sentimentality*]
sickness [ˈsɪknəs] *subst* **1** sjukdom; ~ ***benefit*** sjukpenning **2** kväljningar, illamående; kräkningar
sick pay [ˈsɪkpeɪ] *subst* sjuklön
side I [saɪd] *subst* sida; håll, kant; sport. lag; sido- [*a ~ door*], sid-; ***take ~s*** ta parti, ta ställning [*with sb* för ngn]; ***at the ~ of*** bredvid, vid sidan av; ***at sb's*** ~ vid ngns sida; ~ ***by*** ~ sida vid sida, bredvid varandra; ***on all ~s*** på (från) alla sidor, på alla håll och kanter; ***on one*** ~ a) på en sida b) avsides [*take sb on one ~*]; ***on the*** ~ vid sidan ˈom [*earn money on the ~*]; ***look on the bright ~ of life*** se livet från den ljusa sidan; ***a bit on the large (big)*** ~ lite väl stor; ***he's a bit on the old*** ~ han är rätt gammal; ***put sth to one*** ~ lägga ngt åt sidan, lägga undan ngt
II [saɪd] *verb*, ~ ***with sb*** ta parti för ngn
sideboard [ˈsaɪdbɔːd] *subst* **1** byffé, skänk, sideboard **2** pl. ~***s*** vard. polisonger
sideburns [ˈsaɪdbɜːnz] *subst pl* spec. amer. vard. polisonger
sidecar [ˈsaɪdkɑː] *subst* sidvagn till motorcykel
side effect [ˈsaɪdɪˌfekt] *subst* **1** med. biverkan; pl. ~***s*** biverkningar **2** allm. biverkan, sidoeffekt
side glance [ˈsaɪdglɑːns] *subst* sidoblick
sidelight [ˈsaɪdlaɪt] *subst* **1** sidoljus, sidobelysning **2** ***throw interesting ~s on sth*** ge intressanta glimtar av ngt
sideline [ˈsaɪdlaɪn] *subst* **1** sport. sidlinje; ***from the ~s*** från åskådarplats **2** bisyssla, extraknäck
sidelong [ˈsaɪdlɒŋ] *adj* sido- [*a ~ glance*]
side-on [ˈsaɪdɒn] *adj* bil., ~ ***collision*** sidokollision
side plate [ˈsaɪdpleɪt] *subst* assiett
sideshow [ˈsaɪdʃəʊ] *subst* stånd, bod på t.ex. nöjesfält
side-splitting [ˈsaɪdˌsplɪtɪŋ] *adj* hejdlöst rolig [*a ~ farce*]; hejdlös
sidestep [ˈsaɪdstep] (*-pp-*) *verb* förbigå, undvika, kringgå
sidestreet [ˈsaɪdstriːt] *subst* sidogata
sidetrack I [ˈsaɪdtræk] *subst* sidospår
II [ˈsaɪdtræk] *verb* leda in på ett sidospår

sidewalk
Trottoar heter *pavement* på brittisk engelska. Lägg märke till att *pavement* betyder belagd väg på amerikansk engelska.

sidewalk ['saɪdwɔːk] *subst* amer. trottoar
sideward ['saɪdwəd] *adj* åt sidan
sidewards ['saɪdwədz] *adv* åt sidan
sideways I ['saɪdweɪz] *adv* från sidan [*viewed* ~]; åt sidan, i sidled [*jump* ~]; på snedden
II ['saɪdweɪz] *adj* åt sidan [*a* ~ *movement*], sido- [*a* ~ *glance*]
sidewhiskers ['saɪdˌwɪskəz] *subst pl* polisonger
siding ['saɪdɪŋ] *subst* järnv. sidospår, växelspår
siege [siːdʒ] *subst* belägring; ***state of*** ~ belägringstillstånd
siesta [sɪ'estə] *subst*, ***take a*** ~ ta siesta, sova middag
sieve I [sɪv] *subst* såll, sikt; ***he has a memory like a*** ~ han har ett riktigt hönsminne
II [sɪv] *verb* sålla, sikta
sift [sɪft] *verb* sålla; sikta [~ *flour*]; sovra
sifter ['sɪftə] *subst* sikt [*flour-sifter*]; ströare
sigh I [saɪ] *verb* **1** sucka [*for* efter] **2** längta tillbaka till
II [saɪ] *subst* suck
sight I [saɪt] *subst* **1** syn, synförmåga **2** åsyn, anblick; ***catch*** ~ ***of*** få syn på; ***lose*** ~ ***of*** förlora ur sikte; ***on*** ~ på fläcken [*shoot sb on* ~]; ***play at*** ~ musik. spela från bladet, spela prima vista; ***at first*** ~ vid första anblicken; ***love at first*** ~ kärlek vid första ögonkastet **3** synhåll, sikte; ***be in*** ~ ***of sth*** el. ***within*** ~ ***of sth*** ha ngt i sikte, ha ngt inom synhåll, sikta ngt [*we were in* ~ *of land*]; ***the end of the war was in*** ~ man började skönja slutet på kriget; ***be out of*** ~ vara utom synhåll [*of sb* för ngn]; ***out of*** ~, ***out of mind*** ordspr. ur syn ur sinn; ***keep out of*** ~ hålla sig gömd, inte visa sig **4** syn [*a sad* ~], sevärdhet [*see the* ~*s of the town*] **5** sikte på skjutvapen etc. **6** vard. massa, mängd; ***a damned*** ~ ***better*** bra mycket bättre
II [saɪt] *verb* **1** spec. sjö. sikta [~ *land*] **2** rikta in [~ *a gun at*]
sight-read ['saɪtriːd] (*sight-read sight-read* båda ['saɪtred]) *verb* spela från bladet, sjunga från bladet
sight-reader ['saɪtˌriːdə] *subst*, ***be a good*** ~ vara skicklig i att spela (sjunga) från bladet
sightseeing I ['saɪtˌsiːɪŋ] *pres p*, ***go*** ~ gå (åka) på sightseeing
II ['saɪtˌsiːɪŋ] *subst* sightseeing; ***a*** ~ ***tour*** en sightseeingtur
sightseer ['saɪtˌsiːə] *subst* person på sightseeing, turist
sign I [saɪn] *subst* **1** tecken, symbol; ***there is every*** ~ ***that*** allt tyder på att; ***bear*** ~***s of*** bära spår av, bära märken efter; ***make the*** ~ ***of the cross*** göra korstecknet; ***make no*** ~ inte ge något tecken ifrån sig **2** skylt [*street* ~*s*], märke [*warning* ~*s*]
II [saɪn] *verb* **1** underteckna, skriva under (på), skriva sitt namn **2** engagera, värva [~ *a new footballer*] **3** ge tecken åt [~ *sb to stop*]; ~ ***for*** kvittera ut
III [saɪn] *verb* med adv. o. prep.
sign for sport. skriva på [~ *for Spurs*]
sign off radio. sluta sändningen
sign on 1 anställa [~ *on workers*], engagera [~ *on actors*], värva, ta anställning **2** anmäla sig, skriva in sig
signal I ['sɪgnl] *subst* signal, tecken
II ['sɪgnl] (*-ll-*, amer. *-l-*) *verb* signalera; ~ ***to sb*** el. ~ ***sb*** signalera till ngn, ge tecken åt ngn
signal box ['sɪgnəlbɒks] *subst* järnv. ställverk
signature ['sɪgnətʃə] *subst* **1** signatur, namnteckning **2** underskrift
signboard ['saɪnbɔːd] *subst* skylt, anslagstavla
signet ring ['sɪgnɪtrɪŋ] *subst* klackring
significance [sɪg'nɪfɪkəns] *subst* **1** mening, innebörd **2** vikt, betydelse
significant [sɪg'nɪfɪkənt] *adj* **1** menande [*a* ~ *look*] **2** betecknande [*of* för] **3** betydelsefull
signify ['sɪgnɪfaɪ] *verb* antyda, beteckna, betyda
signpost I ['saɪnpəʊst] *subst* vägvisare, vägskylt
II ['saɪnpəʊst] *verb*, ***the roads are well signposted*** vägarna är väl skyltade
silence I ['saɪləns] *subst* tystnad, tysthet; ~! tyst!, tysta!
II ['saɪləns] *verb* tysta, tysta ned, få tyst på
silencer ['saɪlənsə] *subst* tekn. ljuddämpare
silent ['saɪlənt] *adj* tyst [~ *footsteps*], tystlåten; ***be*** ~ tiga; ***become*** ~ tystna; ~ ***movie*** stumfilm
silhouette [ˌsɪlʊ'et] *subst* silhuett, skuggbild

silicone [ˈsɪlɪkəʊn] *subst* silikon, kisel [*~ chip*]; *~ **breast*** silikonbröst
silicosis [ˌsɪlɪˈkəʊsɪs] *subst* med. silikos
silk [sɪlk] *subst* **1** silke, siden; ***artificial** ~* konstsilke; konstsiden; ***pure** ~* helsilke, helsiden **2** sidentyg
silken [ˈsɪlkən] *adj* silkeslen
silkworm [ˈsɪlkwɜːm] *subst* silkesmask
silky [ˈsɪlkɪ] *adj* silkeslen, silkesmjuk
sill [sɪl] *subst* **1** fönsterbräde **2** tröskel t.ex. i bil
silly [ˈsɪlɪ] *adj* dum, enfaldig
silver [ˈsɪlvə] *subst* **1** silver; *~ **anniversary*** 25-årsdag, 25-årsjubileum; *~ **birch*** björk; *~ **fir*** silvergran; *~ **jubilee*** 25-årsjubileum; *~ **paper*** stanniolpapper; *~ **plate*** a) bordssilver b) nysilver, pläter **2** bordssilver
silver-plated [ˌsɪlvəˈpleɪtɪd] *adj* försilvrad, pläterad
silversmith [ˈsɪlvəsmɪθ] *subst* silversmed
silvery [ˈsɪlvərɪ] *adj* silverliknande, silver-
similar [ˈsɪmɪlə] *adj* lik [*to sb* ngn; *to sth* ngt], liknande; likadan, dylik
similarity [ˌsɪmɪˈlærətɪ] *subst* likhet
similarly [ˈsɪmɪləlɪ] *adv* på liknande sätt
simile [ˈsɪmɪlɪ] *subst* liknelse
simmer [ˈsɪmə] *verb* småkoka, puttra
simple [ˈsɪmpl] *adj* **1** enkel, lätt **2** anspråkslös, enkel, okonstlad **3** enfaldig, godtrogen
simple-minded [ˌsɪmplˈmaɪndɪd] *adj* godtrogen, enfaldig, naiv
simpleton [ˈsɪmpltən] *subst* dummerjöns, dumbom
simplicity [sɪmˈplɪsətɪ] *subst* **1** enkelhet **2** lätthet, enkelhet [*the ~ of a problem*]
simplification [ˌsɪmplɪfɪˈkeɪʃən] *subst* förenkling
simplify [ˈsɪmplɪfaɪ] *verb* förenkla
simply [ˈsɪmplɪ] *adv* **1** enkelt **2** helt enkelt, rent av [*~ impossible*]; bara [*~ add hot water*]
simultaneous [ˌsɪməlˈteɪnjəs] *adj* samtidig
sin I [sɪn] *subst* synd, försyndelse
II [sɪn] (*-nn-*) *verb* synda
since I [sɪns] *adv* **1** sedan dess [*I have not been there ~*]; ***ever** ~* alltsedan dess **2** sedan [*how long ~ is it?*]
II [sɪns] *prep* alltsedan, alltifrån
III [sɪns] *konj* **1** sedan; ***ever** ~* alltsedan, ända sedan [*ever ~ I left*] **2** eftersom [*~ you are here*]
sincere [sɪnˈsɪə] *adj* uppriktig
sincerely [sɪnˈsɪəlɪ] *adv* uppriktigt; ***Yours** ~* i brevslut Din tillgivne, Er tillgivne
sincerity [sɪnˈserətɪ] *subst* uppriktighet
sinew [ˈsɪnjuː] *subst* anat. sena
sinewy [ˈsɪnjuːɪ] *adj* senig
sinful [ˈsɪnfʊl] *adj* syndfull, syndig
sing [sɪŋ] (*sang sung*) *verb* sjunga; *~ **out of tune*** sjunga falskt; *~ **sb's praises*** lovorda ngn
singe [sɪndʒ] *verb* sveda, bränna [*~ cloth*]
singer [ˈsɪŋə] *subst* sångare, sångerska
single I [ˈsɪŋgl] *adj* **1** enda [*not a ~ man*] **2** enkel, odelad; *~ **bed*** enkelsäng; ***in** ~ **file*** på ett led; *~ **room*** enkelrum; *~ **ticket*** enkelbiljett **3** ogift [*a ~ man; a ~ woman*] **4** *~ **currency*** gemensam valuta
II [ˈsɪŋgl] *subst* **1** sport., *~**s*** singel, singelmatch; ***men's** ~**s*** herrsingel **2** enkel **3** cd-skiva singel
III [ˈsɪŋgl] *verb*, *~ **out*** välja ut, peka ut, skilja ut
single-breasted [ˌsɪŋglˈbrestɪd] *adj* enkelknäppt [*a ~ suit*]
single-handed [ˌsɪŋglˈhændɪd] *adv* på egen hand, ensam
single-minded [ˌsɪŋglˈmaɪndɪd] *adj* målmedveten
singsong I [ˈsɪŋsɒŋ] *subst* **1** sångstund; ***a** ~* allsång **2** ***in a** ~* i en enformig ton
II [ˈsɪŋsɒŋ] *adj* halvsjungande [*in a ~ voice*]
singular I [ˈsɪŋgjʊlə] *adj* **1** enastående **2** egendomlig, besynnerlig **3** gram. singular
II [ˈsɪŋgjʊlə] *subst* gram., *~* el. ***the** ~* singular
singularity [ˌsɪŋgjʊˈlærətɪ] *subst* **1** sällsynthet, egendomlighet **2** egenhet
sinister [ˈsɪnɪstə] *adj* **1** olycksbådande **2** elak, ond
sink I [sɪŋk] (*sank sunk*) *verb* **1** sjunka; sänka sig, sänka sig ned **2** sänka [*~ a ship*], få att sjunka, låta sjunka; *~ **one's teeth into*** sätta tänderna i **3** avta, minska, minskas; falla, dala [*prices have sunk*]
II [sɪŋk] *subst* **1** diskho; *~ **tidy*** avfallskorg **2** avloppsrör **3** avfallskorg; *~ **unit*** diskbänk, avloppsbrunn
sinusitis [ˌsaɪnəˈsaɪtɪs] *subst* med. bihåleinflammation
sip I [sɪp] (*-pp-*) *verb* läppja på, smutta på
II [sɪp] *subst* smutt
siphon I [ˈsaɪfən] *subst* **1** hävert **2** *~ **bottle*** el. *~* sifon
II [ˈsaɪfən] *verb*, *~ **off*** suga upp, tappa upp
sir [sɜː, obetonat sə] *subst* **1** i tilltal, ofta utan motsvarighet i svenskan min herre, sir, skol. magistern; ***can I help you, ~?*** kan jag hjälpa er?; ***Dear Sir*** el. ***Dear Sirs*** inledning i formella brev: utan motsvarighet i svenskan **2** ***Sir***

före förnamnet som titel åt *baronet* el. *knight* sir [*Sir Paul McCartney, Sir Paul*]
sire ['saɪə] *subst* om djur, spec. hästar fader
siren ['saɪərən] *subst* **1** mytol. siren **2** siren signalapparat
sirloin ['sɜːlɔɪn] *subst* kok. ländstycke; ~ ***of beef*** dubbelbiff; ~ ***steak*** utskuren biff, rostbiff
sister ['sɪstə] *subst* **1** syster **2** syster, avdelningssköterska sjuksköterska
sisterhood ['sɪstəhʊd] *subst* systerskap
sister-in-law ['sɪstərɪnlɔː] (pl. *sisters-in-law* ['sɪstəzɪnlɔː]) *subst* svägerska
sit I [sɪt] (*sat sat*) (*sitting*) *verb* **1** sitta, sätta sig; ***be sitting pretty*** vard. a) ha det bra b) ligga bra till; ~ ***at table*** sitta till bords; ~ ***for an examination*** gå upp i en examen (tentamen); ~ ***on the bench*** jur. sitta som (vara) domare **2** om t.ex. parlament, domstol hålla sammanträde, sammanträda **3** om fåglar ligga, ruva [~ *on eggs*]
II [sɪt] (*sat sat*) (*sitting*) *verb* med adv. o. prep.
sit back 1 sätta sig till rätta; vila sig, koppla av **2** sitta med armarna i kors
sit down sätta sig, slå sig ned; ~ ***down to dinner*** sätta sig till bords
sit in 1 närvara [*on* vid], deltaga; ~ ***in on a meeting*** deltaga i ett möte **2** sittstrejka
sit through sitta (stanna) kvar till slutet
sit up 1 sitta upprätt **2** sitta uppe [~ *up late*] **3** sätta sig upp [~ *up in bed*]
sitcom ['sɪtkɒm] *subst* vard. situationskomedi
sit-down ['sɪtdaʊn] *adj* **1** ~ ***strike*** sittstrejk **2** sittande [*a ~ supper*]
site I [saɪt] *subst* **1** tomt; ***building*** ~ byggplats **2** plats; ***the ~ of the murder*** mordplatsen
II [saɪt] *verb* placera, förlägga
sit-in ['sɪtɪn] *subst* **1** sittstrejk **2** ockupation
sitting ['sɪtɪŋ] *subst* **1** sittande; sittning, posering [~ *for a painter*] **2** sammanträde, session **3** ***at one*** ~ i ett sträck; på en gång, vid en sittning
sitting room ['sɪtɪŋruːm] *subst* **1** vardagsrum **2** sittplats, sittplatser, sittutrymme
situated ['sɪtjʊeɪtɪd] *adj* **1** belägen; ***be*** ~ ligga, vara belägen **2** ***comfortably*** ~ välsituerad
situation [ˌsɪtjʊ'eɪʃən] *subst* **1** läge, belägenhet **2** situation, läge [*the political* ~] **3** plats, anställning; ~***s vacant*** rubrik lediga platser
six [sɪks] *räkn* o. *subst* **1** sex; ***it is ~ of one and half a dozen of the other*** det är hugget som stucket **2** sexa; ***at sixes and sevens*** a) i en enda röra b) villrådig
six-footer [ˌsɪks'fʊtə] *subst* vard. sex fot (ungefär 180 cm) lång person
sixteen [ˌsɪks'tiːn] *räkn* o. *subst* sexton
sixteenth [ˌsɪks'tiːnθ] *räkn* o. *subst* sextonde; sextondel
sixth [sɪksθ] *räkn* o. *subst* sjätte; sjättedel
sixtieth ['sɪkstɪəθ] *räkn* o. *subst* sextionde; sextiondel
sixty ['sɪkstɪ] *räkn* o. *subst* **1** sextio **2** sextiotal; ***in the sixties*** på sextiotalet
size I [saɪz] *subst* storlek, mått, format, nummer
II [saɪz] *verb*, ~ ***up*** mäta, värdera, bedöma [~ *up one's chances*]
sizzle I ['sɪzl] *verb* fräsa [*sausages sizzling in the pan*]
II ['sɪzl] *subst* fräsande
1 skate I [skeɪt] *subst* **1** skridsko **2** rullskridsko
II [skeɪt] *verb* **1** åka skridsko **2** åka rullskridsko
2 skate [skeɪt] *subst* fisk slätrocka
skateboard ['skeɪtbɔːd] *subst* skateboard
skater ['skeɪtə] *subst* **1** skridskoåkare **2** rullskridskoåkare
skating ['skeɪtɪŋ] *subst* **1** skridskoåkning **2** rullskridskoåkning
skein [skeɪn] *subst* härva [*a ~ of wool*]
skeleton ['skelɪtn] *subst* skelett
skeptical ['skeptɪkl] *adj* o. **skepticism** ['skeptɪsɪzm] *subst* amer., se *sceptical* o. *scepticism*
sketch I [sketʃ] *subst* **1** skiss, utkast **2** teat. sketch
II [sketʃ] *verb* skissera, göra utkast till
sketchy ['sketʃɪ] *adj* skissartad, knapphändig
skewer [skjuːə] *subst* stekspett, grillspett
ski I [skiː] *subst* skida; ~ ***boots*** skidpjäxor; ~ ***stick*** el. amer. ~ ***pole*** skidstav
II [skiː] *verb* åka skidor; ***go skiing*** åka skidor
skid I [skɪd] *subst* **1** slirning, sladd, sladdning; ***put the ~s under*** a) sätta p för, sabba b) sätta fart på
II [skɪd] (*-dd-*) *verb* slira, sladda
skidpan ['skɪdpæn] *subst* halkbana för träningskörning
skier ['skiːə] *subst* skidåkare, skidlöpare
skiff [skɪf] *subst* eka, jolle
skiing ['skiːɪŋ] *subst* skidåkning, skidsport
ski-jumping ['skiːˌdʒʌmpɪŋ] *subst* backhoppning

skilful ['skɪlfʊl] *adj* skicklig, duktig
skill [skɪl] *subst* skicklighet, händighet
skilled [skɪld] *adj* **1** skicklig, duktig **2** yrkesskicklig; ~ ***worker*** yrkesarbetare
skim [skɪm] (*-mm-*) *verb* **1** skumma [*~ milk*] **2** glida fram över; glida fram **3** ögna igenom, skumma [*~ a book*]; ~ ***through the newspaper*** ögna igenom tidningen
skimpy ['skɪmpɪ] *adj* knapp; för liten, för trång [*a ~ dress*]
skin I [skɪn] *subst* **1** hud, skinn; ***next to the*** ~ närmast kroppen; ***get under sb's*** ~ vard. irritera ngn **2** skal [*banana ~*]
II [skɪn] (*-nn-*) *verb* **1** flå, dra av huden (skinnet) på [*~ a rabbit*], skala **2** [*~ a banana*]; ***keep one's eyes skinned*** vard. hålla ögonen öppna
skindiver ['skɪnˌdaɪvə] *subst* sportdykare
skindiving ['skɪnˌdaɪvɪŋ] *subst* sportdykning
skinflint ['skɪnflɪnt] *subst* gnidare, snåljåp
skinny ['skɪnɪ] *adj* skinntorr, mager
skinny-dipper ['skɪnɪˌdɪpə] *subst* vard. nakenbadare
1 skip I [skɪp] (*-pp-*) *verb* **1** hoppa [*~ from one subject to another*], skutta; ~ ***over*** hoppa (skutta) över; ~ ***it!*** vard. strunt i det! **2** hoppa rep
II [skɪp] *subst* hopp, skutt
2 skip [skɪp] *subst* sopcontainer, container
skipper ['skɪpə] *subst* **1** skeppare **2** sport. lagkapten; lagledare
skipping-rope ['skɪpɪŋrəʊp] *subst* hopprep
skirt I [skɜːt] *subst* **1** kjol **2** ***a bit of*** ~ vard. fruntimmer, brud
II [skɜːt] *verb* kanta, löpa längs utmed
skirting-board ['skɜːtɪŋbɔːd] *subst* golvlist
ski-run ['skiːrʌn] *subst* skidbacke; skidspår
skit [skɪt] *subst* sketch; satir, parodi
skittle ['skɪtl] *subst* **1** kägla **2** ~***s*** (med verb i sing.) kägelspel
skull [skʌl] *subst* skalle; ~ ***and crossbones*** dödskalle med två korslagda benknotor dödssymbol
skullcap ['skʌlkæp] *subst* kalott
skunk [skʌŋk] *subst* **1** djur skunk **2** vard. kräk
sky [skaɪ] *subst*, ~ pl. ***skies*** himmel; ***the sky's the limit*** vard. det finns ingen gräns, hur mycket som helst
sky-blue [ˌskaɪ'bluː] *adj* himmelsblå
sky-borne ['skaɪbɔːn] *adj* luftburen, flygburen [*~ troops*]
sky-high [ˌskaɪ'haɪ] *adj* o. *adv* vard. skyhög, skyhögt; ***blow*** ~ spränga i luften
skyjack ['skaɪdʒæk] *verb* kapa flygplan
skyjacker ['skaɪˌdʒækə] *subst* flygplanskapare
skylark ['skaɪlɑːk] *subst* fågel sånglärka
skylight ['skaɪlaɪt] *subst* takfönster
skyline ['skaɪlaɪn] *subst* **1** horisont **2** kontur, silhuett [*the ~ of New York*]
skyscraper ['skaɪˌskreɪpə] *subst* skyskrapa
skysign ['skaɪsaɪn] *subst* ljusreklamskylt
skywards ['skaɪwədz] *adv* mot himlen
skywriting ['skaɪˌraɪtɪŋ] *subst* rökskrift från flygplan
slab [slæb] *subst* **1** platta [*~ of stone*], häll **2** tjock skiva [*~ of cheese*]
slack I [slæk] *adj* **1** slö, loj **2** slapp [*~ discipline*], slak **3** stilla, död [*the ~ season*]; trög [*trade is ~*]
II [slæk] *subst* pl. ~***s*** slacks, fritidsbyxor
slacken ['slækən] *verb* **1** minska [*~ one's efforts*], sakta [*~ the speed*] **2** släppa på, lossa på
slacker ['slækə] *subst* vard. slöfock, latmask
slain [sleɪn] perf. p. av *slay*
slalom ['slɑːləm] *subst* sport. slalom; ***giant*** ~ storslalom
slam I [slæm] (*-mm-*) *verb*, ~ el. ~ ***to*** slå (smälla) igen, slås (smällas) igen; ~ ***on the brakes*** vard. tvärbromsa
II [slæm] *subst* smäll
slammer ['slæmə] *subst* vard., ***in the*** ~ på kåken, i finkan
slander I ['slɑːndə] *subst* förtal, skvaller
II ['slɑːndə] *verb* **1** jur. förtala **2** baktala
slanderer ['slɑːndərə] *subst* **1** förtalare **2** baktalare
slanderous ['slɑːndərəs] *adj* **1** jur. ärekränkande om förtal **2** skvalleraktig [*~ tongue*]
slang [slæŋ] *subst* slang
slangy ['slæŋɪ] *adj* slangartad, full av slang
slant [slɑːnt] *verb* **1** slutta, luta **2** göra lutande, göra sned **3** vinkla [*~ the news*]
slap I [slæp] (*-pp-*) *verb* smälla 'till, daska 'till; ~ ***sb on the back*** dunka ngn i ryggen; ~ ***sb's face*** slå ngn i ansiktet
II [slæp] *subst* smäll, slag; ***a*** ~ ***on the back*** en dunk i ryggen
slap-bang [ˌslæp'bæŋ] *adv* vard. pang, bums
slapdash ['slæpdæʃ] *adv* o. *adj* vard. hafsigt; hafsig
slapstick ['slæpstɪk] *subst* slapstick, buskis
slap-up ['slæpʌp] *adj* vard. flott [*a ~ dinner*]
slash I [slæʃ] *verb* **1** rista upp, skära sönder **2** vard. sänka kraftigt [*~ prices*] **3** ~ ***at*** slå mot, piska mot

II [slæʃ] *subst* **1** hugg, slag **2** djup skåra **3** snedstreck
slate [sleɪt] *subst* **1** skiffer **2** skifferplatta, takskiffer **3** griffeltavla
slaughter I [ˈslɔːtə] *subst* **1** slakt, slaktande **2** massaker
II [ˈslɔːtə] *verb* **1** slakta **2** massakrera **3** racka ner på
slaughterhouse [ˈslɔːtəhaʊs] *subst* slakteri, slakthus
Slav [slɑːv] *subst* slav medlem av ett folkslag
slave I [sleɪv] *subst* slav, slavinna
II [sleɪv] *verb* slava, träla [*at* med, på]
slave-driver [ˈsleɪvˌdraɪvə] *subst* slavdrivare
slavery [ˈsleɪvərɪ] *subst* slaveri
slave trade [ˈsleɪvtreɪd] *subst* slavhandel
slave traffic [ˈsleɪvˌtræfɪk] *subst* slavhandel
slavish [ˈsleɪvɪʃ] *adj* slavisk
Slavonic I [sləˈvɒnɪk] *adj* slavisk
II [sləˈvɒnɪk] *subst* slaviska språk
slay [sleɪ] (*slew slain*) *verb* litt. dräpa, slå ihjäl
slayer [ˈsleɪə] *subst* vard. mördare, baneman
sleaze [sliːz] *subst* skumraskaffärer, sjabbighet
sled [sled] *subst* släde, kälke
sledge [sledʒ] *subst* släde, kälke
sledge-hammer [ˈsledʒˌhæmə] *subst* slägga
sleek [sliːk] *adj* **1** om hår el. skinn slät, glatt **2** elegant [*a ~ car*]
sleep I [sliːp] (*slept slept*) *verb* sova; *~* ***it off*** sova ruset av sig; *~* ***together*** ligga med varandra; *~* ***with*** ligga med, hoppa i säng med
II [sliːp] *subst* sömn; ***try to get some ~!*** försök att sova lite!; ***I have had a good ~*** jag har sovit gott; ***I won't lose any ~ over that*** jag kommer inte att ligga sömnlös för det; ***drop off to ~*** somna 'till; ***go to ~*** somna; ***my leg has gone to ~*** mitt ben har domnat; ***lack of ~*** sömnbrist
sleeping [ˈsliːpɪŋ] *adj o. subst* sovande, sömn-; *~* ***accommodation*** sovplatser, sängplatser; *~* ***policeman*** trafik. fartgupp, farthinder; ***the Sleeping Beauty*** Törnrosa
sleeping-bag [ˈsliːpɪŋbæg] *subst* **1** sovsäck; ***sheet ~*** reselakan, lakanspåse **2** sovpåse
sleeping-car [ˈsliːpɪŋkɑː] *subst* o. **sleeping-carriage** [ˈsliːpɪŋˌkærɪdʒ] *subst* järnv. sovvagn
sleeping-compartment [ˈsliːpɪŋkəmˌpɑːtmənt] *subst* järnv. sovkupé
sleeping-pill [ˈsliːpɪŋpɪl] *subst* sömntablett
sleepless [ˈsliːpləs] *adj* sömnlös, vaken
sleepwalker [ˈsliːpˌwɔːkə] *subst* sömngångare
sleepwalking [ˈsliːpˌwɔːkɪŋ] *subst* att gå i sömnen
sleepy [ˈsliːpɪ] *adj* sömnig
sleet [sliːt] *subst* snöblandat regn, snöslask
sleeve [sliːv] *subst* ärm; ***laugh up one's ~*** skratta i mjugg; ***have sth up one's ~*** ha ngt i bakfickan
sleigh [sleɪ] *subst* släde; kälke
slender [ˈslendə] *adj* smärt, smal, slank
slept [slept] imperf. o. perf. p. av *sleep I*
sleuth [sluːθ] *subst* vard. deckare, spårhund
sleuth-hound [ˈsluːθhaʊnd] *subst* blodhund, spårhund
slew [sluː] imperf. av *slay*
slice I [slaɪs] *subst* **1** skiva [*a ~ of bread*]; *~* ***of bread and butter*** smörgås **2** del, andel [*a ~ of the profits*], stycke **3** stekspade, fiskspade **4** tårtspade
II [slaɪs] *verb* **1** *~* el. *~* ***up*** skära upp i skivor, skiva **2** sport., *~* ***a ball*** skruva en boll
slick [slɪk] *adj* **1** glättad, driven [*~ style*] **2** smart [*~ salesman*]
slid [slɪd] imperf. o. perf. p. av *slide I*
slide I [slaɪd] (*slid slid*) *verb* **1** glida, rutscha, kana; ***let things ~*** strunta i allting **2** skjuta, skjuta fram (in) **3** sticka [*he slid a coin into my hand*]
II [slaɪd] *subst* **1** glidning, glidande **2** isbana, kana; glidbana, rutschbana **3** diapositiv, diabild; *~* ***projector*** småbildsprojektor; ***colour ~*** färgdia **4** hårspänne
sliding [ˈslaɪdɪŋ] *adj* glidande; *~* ***door*** skjutdörr; *~* ***roof*** soltak, skjutbart tak; *~* ***tackle*** fotb. glidtackling
slight I [slaɪt] *adj* **1** spenslig, späd **2** klen, bräcklig [*~ foundation*] **3** lätt [*~ cold*], lindrig, ringa; ***not the slightest doubt*** inte det minsta tvivel; ***not in the slightest*** inte på minsta sätt
II [slaɪt] *verb* ringakta, nonchalera
slightly [ˈslaɪtlɪ] *adv* lätt [*~ injured*; *touch sth ~*], svagt, något [*~ better*]
slim I [slɪm] *adj* smal, slank, tunn
II [slɪm] (*-mm-*) *verb* **1** banta **2** göra smal, göra slank
slime [slaɪm] *subst* **1** slem **2** dy, gyttja
slimming [ˈslɪmɪŋ] *subst* bantning
slimy [ˈslaɪmɪ] *adj* **1** slemmig **2** dyig, gyttjig **3** inställsam, hal
sling I [slɪŋ] (*slung slung*) *verb* slunga, slänga, kasta
II [slɪŋ] *subst* **1** slunga; slangbåge **2** med.

mitella; ***carry one's arm in a*** ~ ha armen i band

slink [slɪŋk] (*slunk slunk*) *verb* smyga, smyga sig, slinka [~ *away*; ~ *off*; ~ *in*]

slip I [slɪp] (*-pp-*) *verb* **1** glida, halka, halka omkull; ~ ***up*** halka; ***the name has slipped my mind*** namnet har fallit mig ur minnet **2** smyga, smyga sig, slinka [~ *away*; ~ *out*; ~ *past*]; ~ ***along*** (***across, round, over***) ***to*** vard. kila i väg till, kila över till **3** göra fel; ~ ***up*** vard. dabba sig, göra en tabbe **4** låta glida, sätta [~ *a ring on to a finger*], sticka [~ *a coin into sb's hand*]; ~ ***into*** dra på sig, ta på sig [~ *into a nightie*]; ~ ***one's clothes off*** slänga (dra) av sig kläderna; ~ ***on one's clothes*** dra på sig kläderna **5** undkomma, undslippa [~ *one's captors*]

II [slɪp] *subst* **1** glidning, halkning **2** fel, lapsus; ~ ***of the pen*** skrivfel; ~ ***of the tongue*** felsägning **3** örngott **4** underklänning, underkjol **5** bit, stycke; ~ ***of paper*** pappersremsa, papperslapp

slipper ['slɪpə] *subst* toffel, slipper

slippery ['slɪpərɪ] *adj* hal, glatt

slipshod ['slɪpʃɒd] *adj* slarvig, hafsig

slip-up ['slɪpʌp] *subst* vard. tabbe, fel

slit I [slɪt] (*slit slit*) (*slitting*) *verb* skära upp, sprätta upp, fläka upp

II [slɪt] *subst* **1** reva, skåra, snitt **2** sprund **3** springa, öppning

slither ['slɪðə] *verb* hasa, halka, glida

sloe [sləʊ] *subst* **1** slånbuske **2** slånbär

slog [slɒg] (*-gg-*) *verb* **1** sport. slugga, dänga 'till **2** knoga; ~ ***away*** knoga 'på, knega vidare

slogan ['sləʊgən] *subst* slogan, slagord

sloop [slu:p] *subst* sjö. slup enmastat segelfartyg

slop I [slɒp] *subst* **1** pl. ~***s*** slaskvatten, diskvatten

II [slɒp] (*-pp-*) *verb*, ~ ***over*** skvalpa över

slope I [sləʊp] *subst* **1** lutning **2** sluttning, backe

II [sləʊp] *verb* slutta, luta

sloping ['sləʊpɪŋ] *adj* sluttande, lutande

sloppy ['slɒpɪ] *adj* vard. **1** hafsig, slafsig **2** sentimental, pjollrig

slosh [slɒʃ] *verb* kladda 'på [~ *paint*]; skvätta

slot [slɒt] *subst* **1** springa **2** myntinkast **3** brevinkast **4** nisch, lucka [*find a ~ for a programme on TV*]

slot machine ['slɒtmə,ʃi:n] *subst* **1** varuautomat **2** spelautomat

slouch I [slaʊtʃ] *verb* gå (stå, sitta) hopsjunken; ~ ***about*** stå och hänga

II [slaʊtʃ] *subst* vard., ***he's no*** ~ han är inte bortkommen minsann!

slouch hat [,slaʊtʃ'hæt] *subst* slokhatt

Slovak ['sləʊvæk] *subst* **1** slovak; ***the*** ~ ***Republic*** Slovakiska republiken, Slovakien **2** slovakiska språket

Slovakia [sləʊ'vækɪə] Slovakien

Slovakian [sləʊ'vækɪən] *adj* slovakisk

Slovene ['sləʊvi:n, slə'vi:n] *subst* sloven

Slovenia [sləʊ'vi:njə] Slovenien

Slovenian [slə'vi:njən] *adj* slovensk

slovenly ['slʌvnlɪ] *adj* slarvig, hafsig

slow I [sləʊ] *adj* långsam, sakta; ***be*** ~ gå efter, gå för sakta [*be ten minutes* ~]; ***in*** ~ ***motion*** i slow-motion, i ultrarapid

II [sləʊ] *adv* långsamt, sakta; ***go*** ~ a) gå (springa, köra) sakta b) maska vid arbetskonflikt c) om klocka gå efter

III [sləʊ] *verb* **1** ~ ***down*** el. ~ ***up*** sänka farten, sakta in **2** försena, fördröja

slowcoach ['sləʊkəʊtʃ] *subst* vard. slöfock, sölkorv

slowly ['sləʊlɪ] *adv* långsamt, sakta

slow-motion [,sləʊ'məʊʃən] *adj*, ***a*** ~ ***film*** en film i slow-motion, en film i ultrarapid

sludge [slʌdʒ] *subst* gyttja, slam

1 slug [slʌg] *subst* snigel utan skal

2 slug [slʌg] *subst* kula till skjutvapen

sluggish ['slʌgɪʃ] *adj* **1** lat, långsam, trög **2** trögflytande; trög [~ *market*]

slum [slʌm] *subst* **1** slumkvarter; ***turn into a*** ~ el. ***become a*** ~ förslummas **2** ***the*** ~***s*** slummen

slumber I ['slʌmbə] *verb* slumra

II ['slʌmbə] *subst* slummer

slummy ['slʌmɪ] *adj* förslummad

slump I [slʌmp] *subst* prisfall, lågkonjunktur

II [slʌmp] *verb* **1** rasa [*prices slumped*] **2** sjunka ner, sjunka ihop [*she slumped into a chair*]

slung [slʌŋ] imperf. o. perf. p. av *sling I*

slunk [slʌŋk] imperf. o. perf. p. av *slink*

slurp [slɜ:p] *verb* **1** sörpla i sig **2** sörpla

slush [slʌʃ] *subst* snösörja, snöslask

slushy ['slʌʃɪ] *adj* slaskig

slut [slʌt] *subst* slarva, slampa

sluttish ['slʌtɪʃ] *adj* slarvig, slampig

sly [slaɪ] *adj* slug, listig; ***a*** ~ ***dog*** vard. en filur; ***on the*** ~ i smyg

1 smack I [smæk] *subst* **1** smack, smackning [~ *of the lips*] **2** smäll, slag; ***a*** ~ ***in the eye*** el. ***a*** ~ ***in the face*** vard. ett slag i ansiktet

II [smæk] *verb* **1** smälla, smälla till, daska, daska till, smiska **2** smacka med [~ *one's*

lips]
III [smæk] *adv* vard. rakt, tvärt, precis
2 smack [smæk] *verb*, ~ ***of*** smaka ha en anstrykning av [*it ~ of racism*]
small I [smɔːl] *adj* liten; pl. små; ~ ***change*** småpengar, växel; ~ ***talk*** småprat, kallprat
II [smɔːl] *subst* **1** ***the ~ of the back*** korsryggen **2** pl. ~***s*** underkläder; småtvätt
smallholder [ˈsmɔːlˌhəʊldə] *subst* småbrukare
smallish [ˈsmɔːlɪʃ] *adj* ganska liten, rätt så liten
small-minded [ˌsmɔːlˈmaɪndɪd] *adj* småaktig, småsint
smallpox [ˈsmɔːlpɒks] *subst* med. smittkoppor
smarmy [ˈsmɑːmɪ] *adj* inställsam [*~ type of person*]
smart I [smɑːt] *adj* **1** skärpt, duktig; pigg, vaken [*~ lad*] **2** stilig, flott, snofsig **3** smart, skicklig [*~ politics*] **4** fashionabel, fin **5** skarp, svidande [*~ blow*] **6** rask, snabb [*at a ~ pace*]
II [smɑːt] *verb* göra ont, svida; ha ont, plågas; ~ ***under*** lida av, plågas av
smart card [ˈsmɑːtkɑːd] *subst* smartcard
smarten [ˈsmɑːtn] *verb* snygga upp; ~ ***up*** göra sig fin
smash I [smæʃ] *verb* **1** ~ el. ~ ***up*** slå sönder, krossa **2** ~ el. ~ ***to pieces*** gå sönder, gå i kras, krossas **3** ~ ***into*** krocka med; ~ ***up*** kvadda, krossa **4** sport. smasha
II [smæʃ] *subst* **1** slag, smäll; brak [*fall with a ~*] **2** krock, kollision; krasch **3** sport. smash
smash-and-grab [ˌsmæʃənˈgræb] *adj*, ***there was a ~ raid*** tjuvarna krossade skyltfönstret och tog sakerna (varorna)
smashhit [ˈsmæʃhɪt] *subst* vard. **1** jättesuccé, dundersuccé **2** succémelodi
smattering [ˈsmætərɪŋ] *subst*, ***he has a ~ of French*** han talar lite franska
smear I [smɪə] *subst* **1** fläck, fettfläck **2** smutskastning, förtal
II [smɪə] *verb* **1** smeta, smeta ner **2** smutskasta, förtala
smell I [smel] (*smelt smelt*) *verb* **1** känna lukten av **2** lukta på [*~ a rose*] **3** ~ ***of*** lukta [*you ~ of garlic*]
II [smel] *subst* lukt; ***I noticed a ~ of gas*** jag kände lukten av gas
smelly [ˈsmelɪ] *adj* vard. illaluktande, stinkande
smelt [smelt] imperf. o. perf. p. av *smell I*
smile I [smaɪl] *verb* le, småle [*at* åt]
II [smaɪl] *subst* leende; ***he was all ~s*** han var idel leende
smith [smɪθ] *subst* smed
smithereens [ˌsmɪðəˈriːnz] *subst pl* vard. småbitar; ***smash to ~*** slå i tusen bitar
smithy [ˈsmɪðɪ] *subst* smedja
smock [smɒk] *subst* skyddsrock
smog [smɒg] *subst* smog, rökblandad dimma
smoke I [sməʊk] *subst* **1** rök **2** vard. rök, bloss [*long for a ~*]
II [sməʊk] *verb* **1** ryka [*the chimney ~s*], osa [*the lamp ~s*] **2** röka [*may I ~?*]; ***smoked ham*** rökt skinka
smokefree [ˈsməʊkfriː] *adj*, ~ ***area*** el. ~ ***zone*** rökfritt område på t.ex. arbetsplats
smoker [ˈsməʊkə] *subst* **1** rökare; ***a heavy ~*** en storrökare **2** vard. rökkupé
smokescreen [ˈsməʊkskriːn] *subst* mil. rökslöja, rökridå
smoking I [ˈsməʊkɪŋ] *adj* **1** rökande **2** rykande
II [ˈsməʊkɪŋ] *subst* rökande; ***no ~ allowed*** el. ***no ~*** rökning förbjuden
smoking-compartment [ˈsməʊkɪŋkəmˌpɑːtmənt] *subst* rökkupé
smoking-room [ˈsməʊkɪŋruːm] *subst* rökrum
smoky [ˈsməʊkɪ] *adj* **1** rykande [*a ~ chimney*] **2** rökfylld, rökig [*a ~ room*] **3** röklik, rök- [*a ~ taste*]
smooth I [smuːð] *adj* **1** slät, jämn [*a ~ surface*]; blank [*~ paper*] **2** len, fin, slät [*~ skin*] **3** lugn, stilla [*a ~ sea; a ~ crossing*] **4** välblandad, slät, jämn **5** mild, mjuk [*~ wine; a ~ voice*]
II [smuːð] *verb* **1** göra jämn, göra slät, jämna **2** ~ el. ~ ***down*** släta 'till; ~ ***out*** släta ut, jämna ut; ~ ***over*** släta över
smother [ˈsmʌðə] *verb* **1** kväva **2** täcka; ***smothered with sauce*** dränkt i sås
smoulder [ˈsməʊldə] *verb* ryka, pyra
SMS [ˌesemˈes] *subst* sms; ***send an ~ message*** skicka ett sms
smudge I [smʌdʒ] *subst* smutsfläck, suddigt märke
II [smʌdʒ] *verb* sudda ner, kladda ner
smug [smʌg] *adj* självbelåten; trångsynt
smuggle [ˈsmʌgl] *verb* smuggla
smuggler [ˈsmʌglə] *subst* smugglare
smuggling [ˈsmʌglɪŋ] *subst* smuggling
snack [snæk] *subst* matbit, lätt mål; ~***s*** tilltugg till drinkar etc.
snack bar [ˈsnækbɑː] *subst* snackbar, lunchbar
snag [snæg] *subst* stötesten; ***there's a ~ in***

it somewhere det finns en hake någonstans

snail [sneɪl] *subst* snigel med skal

snake [sneɪk] *subst* orm

snake-bite ['sneɪkbaɪt] *subst* ormbett

snap I [snæp] (*-pp-*) *verb* **1** nafsa, snappa, hugga [*at* efter]; ~ ***up*** nafsa (nappa) åt sig, snappa upp **2** fräsa, fara ut [*she snapped at him*] **3** ~ el. ~ ***off*** a) gå av (itu), brytas av (itu) b) bryta av (itu); slita av [~ *a thread*] **4** knäppa, knäppa till; knäppa med [~ *one's fingers*], smälla med [~ *a whip*]; ~ ***shut*** smälla igen **5** vard., ~ ***into it*** raskt ta itu med saken; ***try to ~ out of it!*** försök att komma över det!

II [snæp] *subst* **1** knäpp, knäppande [*a ~ with one's fingers*] **2** knäck; smäll [*the oar broke with a ~*] **3** tryckknapp

snapdragon ['snæpˌdrægən] *subst* lejongap blomma

snap-fastener ['snæpˌfɑːsnə] *subst* tryckknapp

snappy ['snæpɪ] *adj* kvick; ***make it ~!*** vard. raska på!

snapshot ['snæpʃɒt] *subst* foto. kort, snapshot

snare I [sneə] *subst* snara

II [sneə] *verb* snärja, snara

snarl I [snɑːl] *verb* morra

II [snɑːl] *subst* morrande

snatch I [snætʃ] *verb* rycka till sig, gripa

II [snætʃ] *subst* hugg, grepp

sneak I [sniːk] *verb* **1** smyga, smyga sig **2** skol. sl. skvallra

II [sniːk] *subst* skol. sl. skvallerbytta

III [sniːk] *adj* överrasknings- [~ *raid*], smyg-

sneakers ['sniːkəz] *subst pl* amer. gymnastikskor, tennisskor

sneer I [snɪə] *verb* **1** hånle [*at* åt] **2** ~ ***at*** håna

II [snɪə] *subst* **1** hånleende **2** hån

sneering ['snɪərɪŋ] *adj* hånfull

> **sneeze**
> När en person nyser hör man ibland att någon säger *God bless you!* eller (amer.) *Gesundheit!* Den som nyst svarar då vanligen *Thank you.*

sneeze I [sniːz] *verb* nysa; ***it's not to be sneezed at!*** det är inte så illa!

II [sniːz] *subst* nysning

sniff I [snɪf] *verb* **1** vädra, lukta [*at* på], sniffa **2** snörvla **3** fnysa, rynka på näsan [*at* åt] **4** andas in; sniffa på; lukta på

II [snɪf] *subst* **1** snörvling **2** andetag; sniff

sniffer ['snɪfə] *subst* vard. **1** sniffare **2** ~ ***dog*** narkotikahund

snifter ['snɪftə] *subst* **1** aromglas **2** sup

snigger I ['snɪgə] *verb* fnissa

II ['snɪgə] *subst* fnissande

snip [snɪp] (*-pp-*) *verb* klippa 'av, knipsa 'av

snipe I [snaɪp] *subst* fågel beckasin; snäppa

II [snaɪp] *verb* mil. skjuta (döda) från bakhåll

sniper ['snaɪpə] *subst* mil. krypskytt

snitch I [snɪtʃ] *subst* tjallare

II [snɪtʃ] *verb* tjalla

snivel ['snɪvl] (*-ll-*) *verb* **1** snörvla **2** snyfta

snob [snɒb] *subst* snobb

snobbery ['snɒbərɪ] *subst* snobberi

snobbish ['snɒbɪʃ] *adj* snobbig

snook [snuːk] *subst* vard., ***cock a ~ at*** räcka lång näsa åt

snooker ['snuːkə] *subst* snooker slags biljard

snoop [snuːp] *verb* vard. snoka, spionera

snooper ['snuːpə] *subst* vard. snokare, spion

snooty ['snuːtɪ] *adj* vard. snorkig, mallig

snooze I [snuːz] *verb* vard. ta sig en lur

II [snuːz] *subst* vard. tupplur

snore I [snɔː] *verb* snarka

II [snɔː] *subst* snarkning

snorkel ['snɔːkl] *subst* snorkel

snort I [snɔːt] *verb* **1** fnysa **2** frusta

II [snɔːt] *subst* fnysning

snot [snɒt] *subst* vard. snor

snotty ['snɒtɪ] *adj* vard. **1** snorig **2** snorkig

snout [snaʊt] *subst* nos, tryne

snow I [snəʊ] *subst* snö; snöfall

II [snəʊ] *verb* snöa

snowball I ['snəʊbɔːl] *subst* snöboll

II ['snəʊbɔːl] *verb* kasta snöboll; kasta snöboll på

snow-blower ['snəʊˌbləʊə] *subst* snöslunga

snowboard ['snəʊbɔːd] *subst* snowboard

snowboarding ['snəʊˌbɔːdɪŋ] *subst* sport. snowboardåkning

snow-bound ['snəʊbaʊnd] *adj* insnöad

snow-capped ['snəʊkæpt] *adj* snötäckt [~ *mountains*]

snowdrift ['snəʊdrɪft] *subst* snödriva

snowdrop ['snəʊdrɒp] *subst* blomma snödroppe

snowfall ['snəʊfɔːl] *subst* snöfall

snowflake ['snəʊfleɪk] *subst* snöflinga

snowman ['snəʊmæn] *subst* snögubbe

snowmobile ['snəʊməˌbiːl] *subst* snöskoter
snowstorm ['snəʊstɔːm] *subst* snöstorm
snowsuit ['snəʊsuːt] *subst* vinteroverall för småbarn
snowtyre ['snəʊˌtaɪə] *subst* vinterdäck
snowy ['snəʊɪ] *adj* snöig, snötäckt
Snr. o. **snr.** ['siːnjə] (förk. för *senior*) sr, s:r
snub I [snʌb] (*-bb-*) *verb* snäsa av, snoppa av
II [snʌb] *subst* avsnäsning, avsnoppning
III [snʌb] *adj*, ~ ***nose*** trubbnäsa
snub-nosed ['snʌbnəʊzd] *adj* trubbnäst
1 snuff [snʌf] *subst* luktsnus, snus; ***a pinch of*** ~ en pris snus
2 snuff [snʌf] *verb* snoppa, putsa [~ *a candle*]; ~ ***out*** släcka med t.ex. ljussläckare
snuffbox ['snʌfbɒks] *subst* snusdosa
snug [snʌg] *adj* trivsam, mysig; ***be*** ~ ***in bed*** ha det varmt och skönt i sängen
snuggle ['snʌgl] *verb*, ~ ***up to*** el. ~ ***up against*** trycka sig intill
so I [səʊ] *adv* **1** så, på det här sättet; ***it's*** ~ ***kind of you!*** det var mycket vänligt av dig!; ***is that*** ~***?*** jaså?, säger du det?; ***if*** ~ i så fall **2** det; ***I'm afraid*** ~ jag är rädd för det; ***I believe*** ~ jag tror det; ***I told you*** ~***!*** vad var det jag sa!; ***It was cold yesterday. – So it was.*** Det var kallt i går. – Ja, det var det; ***he's hungry and*** ~ ***am I*** han är hungrig och det är jag också (med)
II [səʊ] *konj* **1** så, och därför, varför [*she asked me to go,* ~ *I went*] **2** i utrop så, jaså, alltså [~ *you're back again!*]; ~ ***there!*** så det så!; ~ ***what?*** än sen då?
soak I [səʊk] *verb* **1** blöta, lägga i blöt **2** göra genomvåt; ***soaked through*** genomvåt, genomblöt
II [səʊk] *subst* **1** genomblötning **2** blötläggning; ***give a*** ~ el. ***put in*** ~ lägga i blöt
soaking I ['səʊkɪŋ] *subst* uppblötning; blötläggning
II ['səʊkɪŋ] *adv*, ~ ***wet*** genomvåt
so-and-so ['səʊənsəʊ] *subst* **1** den och den, det eller det **2** neds. typ, fårskalle [*that old* ~]
soap I [səʊp] *subst* tvål; såpa; ***a*** ~ en tvålsort; ***a cake of*** ~ el. ***a piece of*** ~ el. ***a tablet of*** ~ en tvål; ~ ***opera*** vard. såpopera
II [səʊp] *verb* tvåla, tvåla in
soapdish ['səʊpdɪʃ] *subst* tvålkopp, tvålfat
soapflakes ['səʊpfleɪks] *subst pl* tvålflingor
soapsuds ['səʊpsʌdz] *subst pl* tvållödder, såplödder
soar [sɔː] *verb* flyga högt, sväva högt, stiga
soaring ['sɔːrɪŋ] *adj* ständigt stigande, skyhög
sob I [sɒb] (*-bb-*) *verb* snyfta
II [sɒb] *subst* snyftning, snyftande
sober I ['səʊbə] *adj* **1** nykter; ***become*** ~ nyktra till **2** måttfull; sober, diskret [~ *colours*]
II ['səʊbə] *verb*, ~ ***up*** el. ~ ***down*** a) nyktra till, bli nykter b) få nykter
so-called [ˌsəʊ'kɔːld, före subst. 'səʊkɔːld] *adj* s.k., så kallad
soccer ['sɒkə] *subst* vard. (kortform för *Association football*) vanlig fotboll i motsats till rugby el. amerikansk fotboll
sociable ['səʊʃəbl] *adj* sällskaplig, gemytlig
social ['səʊʃl] *adj* **1** social, social-; samhällelig, samhälls-; ~ ***climber*** streber; ***the*** ~ ***services*** socialvården, socialtjänsten; ~ ***worker*** socialarbetare; ***be on*** ~ ***security*** få bidrag, leva på bidrag **2** sällskaplig; sällskaps- [~ *talents*]
socialism ['səʊʃəlɪzəm] *subst* socialism
socialist I ['səʊʃəlɪst] *subst* socialist; ibland socialdemokrat
II ['səʊʃəlɪst] *adj* socialistisk, socialist-; ibland socialdemokratisk
society [sə'saɪətɪ] *subst* **1** samhälle, samhället **2** samfund, sällskap, förening **3** societet, societeten, sällskapslivet
sociologist [ˌsəʊʃɪ'ɒlədʒɪst] *subst* sociolog
sociology [ˌsəʊʃɪ'ɒlədʒɪ] *subst* sociologi
1 sock [sɒk] *subst* kortstrumpa, socka; ***pull one's*** ~***s up*** vard. skärpa sig
2 sock I [sɒk] *subst* vard., ***a*** ~ ***on the jaw*** en snyting
II [sɒk] *verb* vard. slå, dänga till; ~ ***sb on the jaw*** ge ngn en snyting
socket ['sɒkɪt] *subst* **1** anat., ***eye*** ~ ögonhåla **2** hållare, sockel, fattning [*lamp* ~] **3** vägguttag
1 sod [sɒd] *subst* gräsmark, grästorv
2 sod I [sɒd] *subst* vulg. jävel, knöl
II [sɒd] (*-dd-*) *verb* vulg. **1** ~ ***it!*** fan också! **2** ~ ***about*** larva omkring; ~ ***off!*** stick för helvete!
soda ['səʊdə] *subst* **1** soda; ***bicarbonate of*** ~ bikarbonat **2** sodavatten; ***a whisky and*** ~ en whiskygrogg **3** amer. läsk
soda fountain ['səʊdəˌfaʊntən] *subst* ungefär glassbar
sodium ['səʊdjəm] *subst* kem. natrium
sofa ['səʊfə] *subst* soffa
soft [sɒft] *adj* **1** mjuk; lös; ***have a*** ~ ***spot for*** vara svag för; ~ ***toy*** gosedjur **2** dämpad [~ *light;* ~ *music*], mild; ~ ***pedal*** musik.

vard. vänsterpedal **3** ~ ***drink*** läskedryck **4** lätt, lindrig [*~ job*] **5** vard. mjäkig, vek

soft-boiled [ˌsɒft'bɔɪld] *adj* löskokt [*~ eggs*]

soften ['sɒfn] *verb* **1** mjuka upp, göra mjuk; ~ ***sb up*** mjuka upp ngn **2** dämpa, mildra, lindra

soft-hearted [ˌsɒft'hɑːtɪd] *adj* godhjärtad

software ['sɒftweə] *subst* data. mjukvara, programvara

soggy ['sɒgɪ] *adj* blöt, uppblött

1 soil [sɔɪl] *subst* **1** jord, jordmån, mull, mylla **2** mark [*on foreign ~*]

2 soil [sɔɪl] *verb* smutsa, smutsa ner, solka, solka ner; ***soiled linen*** smutskläder, smutstvätt

solace ['sɒləs] *subst* tröst

solar ['səʊlə] *adj* **1** sol- [*~ system; ~ energy*] **2** ~ ***plexus*** [ˌsəʊlə'pleksəs] anat. el. boxn. solarplexus

solarium [sə'leərɪəm] *subst* solarium

sold [səʊld] imperf. o. perf. p. av *sell*

solder ['sɒldə, 'səʊldə] *verb* löda

soldier ['səʊldʒə] *subst* **1** soldat **2** militär, krigare [*a great ~*]

1 sole I [səʊl] *subst* **1** skosula; fotsula **2** fisk sjötunga
II [səʊl] *verb* sula, halvsula

2 sole [səʊl] *adj* enda, ensam i sitt slag; ~ ***agent*** el. ~ ***distributor*** ensamförsäljare

solecism ['sɒlɪsɪzəm] *subst* språkfel, groda

solely ['səʊllɪ] *adv* **1** ensam [*~ responsible*] **2** endast, uteslutande, blott

solemn ['sɒləm] *adj* högtidlig, allvarlig

solemnity [sə'lemnətɪ] *subst* högtidlighet

solicit [sə'lɪsɪt] *verb* **1** enträget be, hemställa hos **2** om prostituerad antasta kunder, antasta

solicitor [sə'lɪsɪtə] *subst* i underrätt advokat som ger råd i juridiska frågor

solicitude [sə'lɪsɪtjuːd] *subst* **1** överdriven omsorg **2** oro, ängslan [*for* för]

solid I ['sɒlɪd] *adj* **1** fast [*~ fuel*]; ~ ***food*** fast föda; ***frozen*** ~ hårdfrusen **2** solid; ~ ***gold*** massivt guld **3** bastant, stadig [*a ~ meal*]; stark, kraftig **4** obruten, sammanhängande; ***two*** ~ ***hours*** två timmar i sträck, två hela timmar; ***a*** ~ ***day's work*** en hel dags arbete
II ['sɒlɪd] *subst* **1** fys. fast kropp **2** pl. ~***s*** fast föda

solidarity [ˌsɒlɪ'dærətɪ] *subst* solidaritet, samhörighetskänsla

solidify [sə'lɪdɪfaɪ] *verb* **1** göra fast **2** övergå till fast form, bli fast

solidity [sə'lɪdətɪ] *subst* **1** fasthet **2** soliditet

soliloquy [sə'lɪləkwɪ] *subst* spec. teat. monolog

solitaire [ˌsɒlɪ'teə] *subst* amer. kortsp. patiens

solitary ['sɒlətrɪ] *adj* **1** ensam [*a ~ traveller*]; ~ ***confinement*** placering i isoleringscell **2** enslig **3** enda [*not a ~ one*]

solitude ['sɒlɪtjuːd] *subst* ensamhet, avskildhet

solo I ['səʊləʊ] (pl. *~s*) *subst* **1** musik. solo **2** solouppträdande, solonummer
II ['səʊləʊ] *adj* solo-, ensam- [*~ flight*]
III ['səʊləʊ] *adv* solo, ensam [*fly ~*]

soloist ['səʊləʊɪst] *subst* solist

solstice ['sɒlstɪs] *subst* solstånd [*summer ~; winter ~*]

soluble ['sɒljʊbl] *adj* **1** upplösbar, löslig [*~ in water*] **2** lösbar [*a ~ problem*]

solution [sə'luːʃən] *subst* **1** lösande, lösning [*the ~ of a problem*]; upplösning **2** kem. lösning

solve [sɒlv] *verb* lösa [*~ a problem*], tyda

sombre ['sɒmbə] *adj* mörk, dyster

sombrero [sɒm'breərəʊ] (pl. *~s*) *subst* sombrero

some I [sʌm, obetonat səm] *pron* **1** någon, något, några **2** viss [*it is open on ~ days*] **3** en del [*~ of it was spoilt*], somlig **4** litet [*would you like ~ more?*]; ~ ***day*** någon dag, en dag; ~ ***people*** somliga, en del **5** åtskillig, en hel del [*that will take ~ courage*]; ***for*** ~ ***time yet*** än på ett bra tag **6** vard., ***that was*** ~ ***party!*** det kan man verkligen kalla en fest!
II [sʌm, obetonat səm] *adv* framför räkneord etc. ungefär, omkring, en [*~ twenty minutes*]; ~ ***dozen people*** ett dussintal människor

somebody I ['sʌmbədɪ] *pron* någon; ~ ***or other*** någon, någon vem det nu är (var)
II ['sʌmbədɪ] *subst*, ***he thinks he is*** ~ han tror att han 'är något

somehow ['sʌmhaʊ] *adv* **1** ~ el. ~ ***or other*** på något sätt, på ett eller annat sätt **2** av någon anledning [*she never liked me, ~*]

someone ['sʌmwʌn] *pron* = *somebody I*

somersault ['sʌməsɔːlt] *subst*, ***turn a*** ~ el. ***do a*** ~ slå en kullerbytta, slå en volt

something ['sʌmθɪŋ] *pron* o. *subst* något, någonting; ~ ***or other*** någonting, någonting vad det nu är (var); ~ ***of the kind*** el. ~ ***of the sort*** någonting ditåt, något åt det hållet; ***you've got*** ~ ***there!*** där sa du någonting!

sometime ['sʌmtaɪm] *adv* någon gång; ~ ***or other*** någon gång, någon gång i framtiden

sometimes ['sʌmtaɪmz] *adv* ibland

somewhat ['sʌmwɒt] *adv* något, rätt, ganska

somewhere ['sʌmweə] *adv* någonstans; ~ ***else*** någon annanstans; ~ ***or other*** någonstans; ~ ***about Christmas*** el. ~ ***round Christmas*** vid jultiden
somnolent ['sɒmnələnt] *adj* sömnig, dåsig
son [sʌn] *subst* **1** son; ~ ***of a bitch*** spec. amer. vard. jävel, knöl **2** i tilltal min gosse
sonata [sə'nɑːtə] *subst* musik. sonat
song [sɒŋ] *subst* sång, visa; ***buy sth for a*** ~ köpa ngt för en spottstyver; ***make a*** ~ ***and dance about*** göra stor affär av
song hit ['sɒŋhɪt] *subst* schlager
son-in-law ['sʌnɪnlɔː] (pl. *sons-in-law* ['sʌnzɪnlɔː]) *subst* svärson, måg
sonnet ['sɒnɪt] *subst* dikt sonett
sonny ['sʌnɪ] *subst* vard., tilltal lille gosse, min lille gosse
sonorous ['sɒnərəs] *adj* klangfull, fyllig
soon [suːn] *adv* **1** snart, strax; ***as*** ~ ***as*** el. ***so*** ~ ***as*** så snart (fort) som; ***too*** ~ för tidigt; ~ ***after*** a) kort därefter b) kort efter att **2** ***just as*** ~ el. ***as*** ~ lika gärna; ***I would just as*** ~ ***not go there*** jag skulle helst vilja slippa gå dit; ***we will*** ~ ***be there*** vi är snart framme
sooner ['suːnə] *adv* **1** tidigare; ~ ***or later*** förr eller senare; ***the*** ~ ***the better*** ju förr dess bättre; ***no*** ~ ***did we sit down than*** vi hade knappt satt oss förrän; ***no*** ~ ***said than done*** sagt och gjort **2** hellre, snarare [*I'd ~ stay at home*]
soot [sʊt] *subst* sot
soothe [suːð] *verb* **1** lugna **2** lindra
soothing ['suːðɪŋ] *adj* lugnande, lindrande
sooty ['sʊtɪ] *adj* sotig
sop [sɒp] (*-pp-*) *verb*, ~ ***up*** suga upp, torka upp [*~ up water with a towel*]
sophisticated [sə'fɪstɪkeɪtɪd] *adj* **1** sofistikerad, raffinerad **2** sinnrik, avancerad
sophistication [səˌfɪstɪ'keɪʃən] *subst* **1** raffinemang **2** förfining, finesser
sopping ['sɒpɪŋ] *adv*, ~ ***wet*** genomblöt
soppy ['sɒpɪ] *adj* vard. fånig, blödig
soprano [sə'prɑːnəʊ] (pl. *~s*) *subst* musik. sopran
sorbet ['sɔːbeɪ] *subst* sorbet
sordid ['sɔːdɪd] *adj* **1** eländig **2** tarvlig
sore I [sɔː] *adj* **1** öm [*~ feet*]; inflammerad; ***a sight for*** ~ ***eyes*** en fröjd för ögat; ***have a*** ~ ***throat*** ha ont i halsen **2** känslig, ömtålig [*a ~ point*] **3** spec. amer. vard. irriterad, förargad
II [sɔː] *subst* ont ställe, ömt ställe; sår
sorrow I ['sɒrəʊ] *subst* sorg, bedrövelse
II ['sɒrəʊ] *verb* sörja
sorrowful ['sɒrəfʊl] *adj* sorgsen, sorglig
sorry ['sɒrɪ] *adj* **1** ledsen; ***so*** ~***!*** el. ~***!*** förlåt!, ursäkta mig!, ursäkta!; ***I'm very*** ~ ***to hear it*** det var tråkigt att höra; ***I feel*** ~ ***for you*** jag tycker synd om dig; ***you'll be*** ~ ***for this!*** det här kommer du att få ångra! **2** ynklig [*a ~ sight*], eländig [*a ~ performance*], dålig
sort I [sɔːt] *subst* sort, slag, typ; ***he is a good*** ~ el. ***he is a decent*** ~ vard. han är bussig; ~ ***of*** vard. liksom, på något vis; ***all*** ~***s of things*** alla möjliga saker; ***that*** ~ ***of thing*** sådant där; ***what*** ~ ***of*** vad för slags (sorts); hurdan; ***nothing of the*** ~ inte alls så; som svar visst inte!, inte alls!; ***something of the*** ~ något sådant; ***out of*** ~***s*** a) krasslig, vissen b) ur gängorna, nere
II [sɔːt] *verb* sortera, ordna; ~ ***out*** sortera, sortera ut, vard. ordna upp, reda upp [*~ out one's problems*]; ***things will*** ~ ***themselves out*** vard. det ordnar sig; ***get oneself sorted out*** vard. rycka upp sig, få ordning på tillvaron
SOS [ˌesəʊ'es] *subst* **1** SOS; ~ ***signal*** el. ~ nödsignal **2** personligt meddelande
so-so ['səʊsəʊ] *adj* o. *adv* vard. skaplig, skapligt, sådär
soufflé ['suːfleɪ, amer. sʊ'fleɪ] *subst* kok. sufflé
sought [sɔːt] imperf. o. perf. p. av *seek*
soul [səʊl] *subst* själ; ***poor*** ~ stackars människa
soul-destroying ['səʊldɪˌstrɔɪɪŋ] *adj* själsdödande [*~ work*]
soul-searching ['səʊlˌsɜːtʃɪŋ] *subst* självrannsakan
soul-stirring ['səʊlˌstɜːrɪŋ] *adj* gripande
1 sound I [saʊnd] *adj* **1** frisk [*~ teeth*], sund **2** klok, sund, riktig **3** säker, solid [*a ~ investment*] **4** grundlig; ***a*** ~ ***thrashing*** ett ordentligt kok stryk **5** om sömn djup; ***a*** ~ ***sleep*** djup sömn
II [saʊnd] *adv* sunt; ***be*** ~ ***asleep*** sova djupt, sova gott
2 sound I [saʊnd] *subst* **1** ljud; ***within*** ~ inom hörhåll [*of* för] **2** ton, klang; ***I don't like the*** ~ ***of it*** det låter inte bra, det låter oroande
II [saʊnd] *verb* **1** ljuda, tona, klinga **2** låta [*the music ~s beautiful*] **3** låta ljuda, blåsa, blåsa i [*~ a trumpet*]; ~ ***the alarm*** slå larm; ~ ***the all-clear*** ge 'faran över' **4** spec. mil. blåsa till, beordra; ~ ***an alarm*** el. ~ ***the alarm*** slå alarm, blåsa alarm
3 sound [saʊnd] *verb* sondera, pejla
4 sound [saʊnd] *subst* sund

sound barrier ['saʊnd,bærɪə] *subst* ljudvall; ***break the*** ~ spränga ljudvallen

sound effects ['saʊndɪ,fekts] *subst pl* ljudeffekter

sounding ['saʊndɪŋ] *subst* sondering, pejling

soundproof I ['saʊndpruːf] *adj* ljudtät, ljudisolerande

II ['saʊndpruːf] *verb* ljudisolera

soundwave ['saʊndweɪv] *subst* ljudvåg

soup [suːp] *subst* kok. soppa; ***thick*** ~ redd soppa; ***be in the*** ~ vard. ha råkat i klistret, sitta illa till

soup plate ['suːppleɪt] *subst* sopptallrik, djup tallrik

sour I ['saʊə] *adj* sur, syrlig; ***go*** ~ a) surna b) gå snett

II ['saʊə] *verb* **1** göra sur, förbittra

source [sɔːs] *subst* källa; ~ ***of energy*** energikälla; ***from a reliable*** ~ ur säker källa

south I [saʊθ] *subst* **1** söder, syd; ***to the*** ~ ***of*** söder om **2** ***the South*** södern, sydliga länder; södra delen; ***the South*** i USA Södern, sydstaterna

II [saʊθ] *adj* sydlig, södra, söder-; ***South America*** Sydamerika; ***the South Pole*** sydpolen

III [saʊθ] *adv* mot söder, åt söder, söderut; ~ ***of*** söder om

southbound ['saʊθbaʊnd] *adj* sydgående

south-east I [,saʊθ'iːst] *subst* sydost, sydöst

II [,saʊθ'iːst] *adj* sydöstlig, sydostlig, sydöstra

III [,saʊθ'iːst] *adv* mot (i) sydost; ~ ***of*** sydost om

south-easterly [,saʊθ'iːstəlɪ] *adj* sydostlig

south-eastern [,saʊθ'iːstən] *adj* sydostlig

southerly ['sʌðəlɪ] *adj* sydlig

southern ['sʌðən] *adj* **1** sydlig, södra, söder- **2** sydländsk

southerner ['sʌðənə] *subst* person från södra delen av landet (ett land); sydlänning; i USA sydstatare

southernmost ['sʌðənməʊst] *adj* sydligast

southward I ['saʊθwəd] *adj* sydlig

II ['saʊθwəd] *adv* mot söder

southwards ['saʊθwədz] *adv* mot söder, söderut

south-west I [,saʊθ'west] *subst* sydväst

II [,saʊθ'west] *adj* sydvästlig, sydvästra

III [,saʊθ'west] *adv* mot (i) sydväst; ~ ***of*** sydväst om

south-western [,saʊθ'westən] *adj* sydvästlig, sydvästra

souvenir [,suːvə'nɪə] *subst* souvenir, minne, minnesgåva

sou'-wester [saʊ'westə] *subst* sydväst huvudbonad

sovereign I ['sɒvrən] *adj* **1** högst, högsta [~ *power*] **2** suverän [*a* ~ *state*]

II ['sɒvrən] *subst* monark, regent

sovereignty ['sɒvrəntɪ] *subst* **1** suveränitet, högsta makt **2** överhöghet

Soviet ['səʊvɪət] *adj* sovjetisk; ***the*** ~ ***Union*** hist. Sovjetunionen

1 sow [səʊ] (imperf. *sowed*, perf. p. *sown* el. *sowed*) *verb* så; ***as a man*** ~***s, so shall he reap*** ordspr. som man sår får man skörda; ~ ***a field with wheat*** så vete på en åker

2 sow [saʊ] *subst* sugga

sown [səʊn] perf. p. av *1 sow*

soy [sɔɪ] *subst* **1** soja, sojasås; ~ ***sauce*** soja, sojasås **2** sojaböna

soya ['sɔɪə] *subst* **1** sojaböna **2** ~ ***sauce*** soja, sojasås

soya bean ['sɔɪəbiːn] *subst* o. **soybean** ['sɔɪbiːn] *subst* sojaböna

spa [spɑː] *subst* **1** brunnsort **2** hälsobrunn

space I [speɪs] *subst* **1** rymd, rymden; ***outer*** ~ yttre rymden; ~ ***shuttle*** rymdfärja; ~ ***trip*** rymdfärd **2** utrymme, plats, mellanrum; ***blank*** ~ tomrum, lucka; ***living*** ~ livsrum; ***the wide open*** ~***s*** de stora vidderna; ***it takes up too much*** ~ det tar för mycket plats **3** ~ ***of time*** tidrymd; ***for*** (***in***) ***the*** ~ ***of a month*** under en månad

II [speɪs] *verb* göra mellanrum mellan; ~ ***out*** placera ut; sprida, sprida ut

spacecraft ['speɪskrɑːft] (pl. lika) *subst* rymdfarkost, rymdskepp

spaceman ['speɪsmæn] (pl. *spacemen* ['speɪsmən]) *subst* rymdfarare, astronaut, kosmonaut

spaceprobe ['speɪsprəʊb] *subst* rymdsond

space-saving ['speɪs,seɪvɪŋ] *adj* utrymmessparande, utrymmessnål

spaceship ['speɪsʃɪp] *subst* rymdskepp

spacesuit ['speɪssuːt] *subst* rymddräkt

space travel ['speɪs,trævl] *subst* rymdfärder

spacious ['speɪʃəs] *adj* rymlig

1 spade [speɪd] *subst* kortsp. spaderkort; pl. ~***s*** spader

2 spade [speɪd] *subst* spade; ***call a spade a spade*** nämna en sak vid dess rätta namn

spadeful ['speɪdfʊl] *subst* spade mått

spadework ['speɪdwɜːk] *subst* förarbete, grovarbete

spaghetti [spə'getɪ] *subst* spaghetti

Spain [speɪn] Spanien

span I [spæn] *subst* **1** avstånd mellan tumme och lillfinger utspärrade **2** brospann, valv **3** spännvidd, räckvidd; flyg. vingbredd **4** tidrymd; ***life*** ~ levnadstid, livstid

II [spæn] (*-nn-*) *verb* om t.ex. bro spänna över, leda över [*~ a river*]; omspänna, spänna över, nå över

spangle [ˈspæŋgl] *subst* paljett; pl. ***~s*** glitter

Spaniard [ˈspænjəd] *subst* spanjor; spanjorska

spaniel [ˈspænjəl] *subst* spaniel hundras

Spanish I [ˈspænɪʃ] *adj* spansk; ~ ***chestnut*** ätlig kastanj; ~ ***onion*** stor gul steklök, spansk lök

II [ˈspænɪʃ] *subst* **1** spanska språket **2** ***the*** ~ spanjorerna **3** vard. lakrits

spank I [spæŋk] *verb* ge smäll, ge smisk, daska till; ***be spanked*** få smäll, få smisk

II [spæŋk] *subst* smäll, dask

spanking [ˈspæŋkɪŋ] *subst* smäll, smisk; ***give a*** ~ ge smäll, ge smisk

spanner [ˈspænə] *subst* skruvnyckel; ***adjustable*** ~ skiftnyckel; ***throw a ~ into the works*** sätta en käpp i hjulet

spar I [spɑː] (*-rr-*) *verb* sparra, träningsboxas

II [spɑː] *subst* sparring, träningsboxning

spare I [speə] *adj* ledig, extra, reserv- [*a ~ key*; *~ parts*]; ~ ***bed*** extrasäng; ~ ***cash*** pengar som blir över, pengar över; ~ ***room*** el. ~ ***bedroom*** gästrum; ~ ***time*** fritid

II [speə] *verb* **1** avvara, undvara [*can you ~ a pound?*]; ***can you ~ me a few minutes?*** har du några minuter över?; ***he caught the train with a few minutes to*** ~ han hann med tåget med några minuters marginal **2** skona [*~ sb's life*; *~ feelings*] **3** bespara [*sb sth* ngn ngt], förskona [*sb sth* ngn från ngt] **4** spara på; ~ ***no pains*** inte sky någon möda

III [speə] *subst* reservdel, lös del

spareribs [ˌspeəˈrɪbz] *subst* kok. revbensspjäll

spark I [spɑːk] *subst* gnista [*a ~ of hope*]

II [spɑːk] *verb* gnistra; ~ ***off*** el. ~ utlösa, vara den tändande gnistan till

sparking plug [ˈspɑːkɪŋplʌg] *subst* tändstift

sparkle I [ˈspɑːkl] *verb* **1** gnistra, spraka; briljera; ***sparkling eyes*** strålande ögon **2** om vin moussera, pärla

II [ˈspɑːkl] *subst* **1** gnistrande, sprakande, briljans **2** pärlande

sparkler [ˈspɑːklə] *subst* fyrverkeri, tomtebloss

spark plug [ˈspɑːkplʌg] *subst* tändstift

sparring-partner [ˈspɑːrɪŋˌpɑːtnə] *subst* sparringpartner

sparrow [ˈspærəʊ] *subst* sparv

sparse [spɑːs] *adj* gles [*a ~ population*]

Spartan [ˈspɑːtən] *adj* spartansk

spasm [ˈspæzəm] *subst* **1** spasm, kramp **2** anfall [*a ~ of coughing*]

spasmodic [spæzˈmɒdɪk] *adj* spasmodisk, ryckvis

spastic I [ˈspæstɪk] *adj* spastisk

II [ˈspæstɪk] *subst* spastiker

spat [spæt] imperf. o. perf. p. av *2 spit I*

spate [speɪt] *subst* ström [*a ~ of letters*]

spatter I [ˈspætə] *verb* stänka ned; stänka

II [ˈspætə] *subst* stänkande; stänk

spatula [ˈspætjʊlə] *subst* **1** spatel **2** kok. stekspade

spawn I [spɔːn] *verb* lägga rom, ägg (om t.ex. fiskar); yngla, leka, lägga rom

II [spɔːn] *subst* rom, ägg av vissa skaldjur

speak [spiːk] (*spoke spoken*) *verb* **1** tala; ***so to*** ~ så att säga; ***speaking!*** i telefon det är jag som talar; ***Smith speaking!*** i telefon det här är Smith!; ***seriously speaking*** allvarligt talat; ***strictly speaking*** strängt taget, egentligen; ***speaking of*** på tal om, apropå; ***not to ~ of*** för att nu inte tala om (nämna); ***nothing to ~ of!*** inget att tala om!; ~ ***to*** a) tilltala, tala till b) säga ˈåt, säga ˈtill, tala allvar med [*you had better ~ to the boy*] **2** säga, yttra; ~ ***the truth*** säga sanningen; tala sanning; ~ ***out*** tala ut, säga sin mening; ~ ***up*** a) tala högre b) tala ut; ~ ***up for*** ta i försvar

speaker [ˈspiːkə] *subst* **1** talare [*a fine ~*]; ***Speaker*** i parlament talman **2** högtalare

speaking [ˈspiːkɪŋ] *adj* o. *subst* talande, tal-, i sammansättningar -talande [*English-speaking*]; ***the Speaking Clock*** tele. Fröken Ur; ***a ~ part*** en talroll; ***they are not on ~ terms*** de är osams

spear I [spɪə] *subst* spjut

II [spɪə] *verb* genomborra med spjut

spearmint [ˈspɪəmɪnt] *subst* tuggummi med mintsmak

special I [ˈspeʃl] *adj* speciell, särskild [*~ reasons*]; special-, extra-; ~ ***delivery*** express; ~ ***edition*** extraupplaga, extranummer; ~ ***offer*** extrapris

II [ˈspeʃl] *subst*, ***today's*** ~ dagens rätt på matsedel

specialist [ˈspeʃəlɪst] *subst* specialist

speciality [ˌspeʃɪˈælətɪ] *subst* **1** utmärkande drag, egendomlighet **2** specialitet

specialize [ˈspeʃəlaɪz] *verb* specialisera sig

[*in, on* på, inom]; ***specialized*** specialiserad

specially ['speʃəlɪ] *adv* särskilt, speciellt

specialty ['speʃəltɪ] *subst* amer., se *speciality*

species ['spiːʃiːz] (pl. lika) *subst* **1** art; ***the*** ~ el. ***the human*** ~ människosläktet; ***the origin of*** ~ arternas uppkomst **2** slag, sort, typ

specific [spə'sɪfɪk] *adj* **1** bestämd, specificerad, speciell [*a ~ purpose*] **2** specifik, speciell

specification [ˌspesɪfɪ'keɪʃən] *subst* **1** specificering **2** ~ pl. ~***s*** specifikation

specify ['spesɪfaɪ] *verb* specificera [*the sum specified*], i detalj ange, noga uppge

specimen ['spesɪmən] *subst* **1** prov, provexemplar, provbit [*of* på, av] **2** exemplar

speck [spek] *subst* liten fläck, prick; ***a ~ of dust*** ett dammkorn

speckled ['spekld] *adj* fläckig, spräcklig

specs [speks] *subst pl* vard. (kortform av *spectacle 2*) brillor

spectacle ['spektəkl] *subst* **1** syn, anblick [*a charming ~*]; ***make a ~ of oneself*** göra sig löjlig, göra sig till åtlöje **2** pl. ~***s*** glasögon [*a pair of ~s*]

spectacular [spek'tækjʊlə] *adj* effektfull, praktfull, spektakulär

spectator [spek'teɪtə, amer. 'spekteɪtə] *subst* åskådare

spectre ['spektə] *subst* spöke, vålnad

speculate ['spekjʊleɪt] *verb* spekulera

speculation [ˌspekjʊ'leɪʃən] *subst* spekulation

speculator ['spekjʊleɪtə] *subst* spekulant

sped [sped] imperf. o. perf. p. av *speed II*

speech [spiːtʃ] *subst* **1** tal, talförmåga; ~ ***bubble*** (***balloon***) pratbubbla; ~ ***impediment*** talfel; ***freedom of*** ~ yttrandefrihet **2** tal; ***after-dinner*** ~ middagstal; ***make a*** ~ el. ***deliver*** (***give***) ***a*** ~ hålla tal, hålla ett anförande [*on, about* om, över] **3** teat. replik

speechless ['spiːtʃləs] *adj* mållös, stum

speech-training ['spiːtʃˌtreɪnɪŋ] *subst* talträning, talteknik

speed I [spiːd] *subst* **1** fart, hastighet, tempo; ***at full*** ~ el. ***at top*** ~ i (med) full fart, med full fräs **2** på cykel etc. växel [*a three-speed bicycle*] **3** sl. tjack amfetamin

II [spiːd] (*sped sped*; i betydelse 2 *speeded speeded*) *verb* **1** rusa, rusa i väg, ila **2** köra för fort; ~ ***up*** a) öka farten, öka takten b) sätta fart på, skynda på

speedboat ['spiːdbəʊt] *subst* snabb motorbåt, racerbåt

speed bump ['spiːdbʌmp] *subst* o. **speed hump** ['spiːdhʌmp] *subst* trafik. farthinder, fartgrupp

speed indicator ['spiːdˌɪndɪkeɪtə] *subst* hastighetsmätare

speeding ['spiːdɪŋ] *subst* fortkörning

speed limit ['spiːdˌlɪmɪt] *subst* fartgräns, maximihastighet; hastighetsbegränsning

speedometer [spɪ'dɒmɪtə] *subst* hastighetsmätare

speedway ['spiːdweɪ] *subst* speedwaybana; ~ ***racing*** speedway

speedy ['spiːdɪ] *adj* hastig, snabb, snar [*a ~ recovery*]

1 spell [spel] (*spelt spelt*) *verb* **1** stava, stava till; bokstavera; ~ ***out*** tyda, förklara klart och tydligt [*let me ~ out what this means to your career*] **2** innebära, betyda [*it ~s ruin*]

2 spell [spel] *subst* **1** trollformel **2** förtrollning; ***be under the ~ of sb*** vara förtrollad av ngn; vara i ngns våld

3 spell [spel] *subst* **1** skift [*~ of work*], omgång **2** kort period, tid [*a cold ~*]

spellbound ['spelbaʊnd] *adj* trollbunden

spell-checker ['spelˌtʃekə] *subst* data. stavningsprogram

speller ['spelə] *subst*, ***I am a bad*** ~ jag är dålig på att stava

spelling ['spelɪŋ] *subst* stavning; ~ ***mistake*** stavfel

spelling-bee ['spelɪŋbiː] *subst* stavningslek, stavningstävling

spelt [spelt] imperf. o. perf. p. av *1 spell*

spend [spend] (*spent spent*) *verb* **1** ge ut, lägga ut pengar; göra av med, spendera; ~ ***freely*** strö pengar omkring sig; ~ ***a penny*** vard. gå på toa **2** använda tid, krafter m.m.; lägga ned, offra [*on, in* på] **3** tillbringa [*~ a whole evening over a job*], fördriva

spender ['spendə] *subst* slösare

spending ['spendɪŋ] *subst* utgifter; ~ ***power*** köpkraft

spendthrift I ['spendθrɪft] *subst* slösare **II** ['spendθrɪft] *adj* slösaktig

spent I [spent] imperf. av *spend*

II [spent] *perf p* o. *adj* förbrukad, förbi, slut; ***time well*** ~ väl använd tid

sperm [spɜːm] *subst* **1** sperma, sädesvätska **2** spermie, sädescell

sperm whale ['spɜːmweɪl] *subst* kaskelot

spew [spjuː] *verb* spy, spy upp, spy ut

sphere [sfɪə] *subst* **1** sfär, klot, glob, kula **2** sfär, område; ~ ***of activity***

verksamhetsområde; ~ ***of influence*** intressesfär
spherical ['sferɪkl] *adj* sfärisk, klotrund
sphinx [sfɪŋks] *subst* sfinx
spice I [spaɪs] *subst* krydda, kryddor; ***variety is the ~ of life*** ombyte förnöjer **II** [spaɪs] *verb* krydda
spick-and-span [ˌspɪkən'spæn] *adj* snygg och prydlig
spicy ['spaɪsɪ] *adj* **1** kryddad, aromatisk **2** pikant, mustig [*a ~ story*]
spider ['spaɪdə] *subst* spindel; ***spider's web*** spindelväv, spindelnät
spike [spaɪk] *subst* **1** pigg, spets **2** spik, brodd under sko **3** dubb
spill [spɪl] (*spilt spilt*) *verb* **1** spilla ut, stjälpa ut **2** utgjuta [*~ blood*]
spilt [spɪlt] imperf. o. perf. p. av *spill*
spin I [spɪn] (*spun spun*) (*spinning*) *verb* **1** spinna **2** ~ ***a yarn*** vard. dra en historia; ~ ***out*** dra ut på [*~ out a discussion*] **3** vard. vinkling [*put a positive ~ on the news*] **4** snurra runt, snurra med [*~ a top*]; skruva boll; ~ ***a coin*** singla slant **5** ~ ***along*** glida fram, flyta fram, susa fram
II [spɪn] *subst* **1** snurrande; skruv på boll; flyg. spinn; ***flat*** ~ flyg. flatspinn; ***put ~ on a ball*** skruva en boll; ***be in a flat*** ~ varken veta ut eller in **2** vard. liten åktur [*go for a ~ in a car*]
spinach ['spɪnɪdʒ, 'spɪnɪtʃ] *subst* spenat
spinal ['spaɪnl] *adj* ryggrads-; ~ ***column*** ryggrad; ~ ***cord*** ryggmärg
spindle ['spɪndl] *subst* **1** textil. spindel, rulle, spole **2** tekn. spindel, axel, axeltapp
spin doctor ['spɪnˌdɒktə] *subst* vard. nyhetsfrisör en som tillrättalägger nyheter åt makthavare
spin-drier ['spɪnˌdraɪə] *subst* centrifug för tvätt
spin-dry [ˌspɪn'draɪ] *verb* centrifugera tvätt
spine [spaɪn] *subst* **1** ryggrad **2** tagg **3** bokrygg
spineless ['spaɪnləs] *adj* ryggradslös, mesig
spin-off ['spɪnɒf] *subst* biprodukt, sidoeffekt
spinster ['spɪnstə] *subst* **1** jur. ogift kvinna **2** gammal fröken; ***old*** ~ gammal fröken, nucka
spiral I ['spaɪrəl] *adj* spiralformig, spiral- [*~ spring*]; ~ ***staircase*** spiraltrappa; ***spiralling prices*** stigande priser
II ['spaɪrəl] *subst* spiral
spire ['spaɪə] *subst* tornspira, spira
spirit I ['spɪrɪt] *subst* **1** ande, själ, kraft [*the leading ~s*]; ***evil*** ~ ond ande; ***the Holy Spirit*** den Helige Ande; ***the ~ is willing but the flesh is weak*** ordspr. anden är villig, men köttet är svagt **2** ande, spöke **3** anda, stämning, sinnelag; ***that's the ~!*** så ska det låta! **4** pl. ~***s*** humör, sinnesstämning; ***good ~s*** gott humör; ***in high ~s*** på gott humör; ***keep up one's ~s*** hålla modet uppe, hålla humöret uppe **5** andemening; ***the ~ of the law*** lagens anda **6** pl. ~***s*** sprit, spritvaror
II ['spɪrɪt] *verb*, ~ ***away*** smussla bort, trolla bort
spirited ['spɪrɪtɪd] *adj* livlig, livfull
spiritual I ['spɪrɪtjʊəl] *adj* andlig, själslig
II ['spɪrɪtjʊəl] *subst* spiritual religiös sång
spiritualism ['spɪrɪtjʊəlɪzəm] *subst* spiritualism, spiritism
spiritualist ['spɪrɪtjʊəlɪst] *subst* spiritualist, spiritist
1 spit I [spɪt] *subst* stekspett
II [spɪt] (*-tt-*) *verb* sätta på spett
2 spit I [spɪt] (*spat spat*) (*-tt-*) *verb* **1** spotta [*~ on the floor*]; ~ ***at*** el. ~ ***on*** spotta på (åt) **2** stänka och fräsa i stekpanna **3** vard. stänka, småregna [*it's spitting*] **4** ~ ***out*** spotta ut; ~ ***it out!*** kläm fram med det! **5** ***he's the spitting image of his dad*** han är sin pappa upp i dagen
II [spɪt] *subst* spott
spite I [spaɪt] *subst* ondska, illvilja; agg; ***in ~ of*** trots; ***in ~ of myself*** mot min vilja
II [spaɪt] *verb* jäklas med, reta
spiteful ['spaɪtfʊl] *adj* ondskefull, elak
spittle ['spɪtl] *subst* spott, saliv
splash I [splæʃ] *verb* **1** stänka ned [*~ with mud*]; stänka, skvätta [*~ paint all over one's clothes*]; skvätta ut **2** plaska, skvalpa **3** ~ ***one's money about*** vard. strö pengar omkring sig
II [splæʃ] *subst* **1** plaskande, skvalpande, plask, skvalp; ***make a*** ~ vard. väcka uppseende **2** skvätt, stänk **3** färgstänk; ~ ***of colour*** upplivande detalj färgklick
III [splæʃ] *interj* o. *adv* plask!; pladask, plums
splendid ['splendɪd] *adj* **1** praktfull, härlig, präktig **2** vard. finfin, utmärkt
splendour ['splendə] *subst* glans, prakt, ståt
splice [splaɪs] *verb* splitsa rep; skarva ihop film, band m.m.
splint [splɪnt] *subst* med. spjäla, skena
splinter ['splɪntə] *subst* **1** flisa, skärva [*~ of glass*], splitter **2** sticka
splinterproof ['splɪntəpruːf] *adj* splitterfri
split I [splɪt] (*split split*) (*splitting*) *verb* **1** splittra, klyva, spränga; ~ ***hairs*** ägna sig åt hårklyverier **2** splittras, klyvas [*into* i];

my head is splitting det sprängvärker i huvudet på mig; ~ ***up*** **a**) klyva sig, dela sig; ***splitting the vote*** orsaka splittring bland väljarna **b**) vard. skiljas, separera **3** dela [*with* med], vard. dela på bytet, dela på vinsten; dela upp, dela på; ~ ***on*** vard. tjalla på ngn
II [splɪt] *subst* **1** splittring, spricka **2** ***do the ~s*** gå ned i spagat
split-second [ˌsplɪt'sekənd] *adj* på sekunden [~ *timing*]
split second [ˌsplɪt'sekənd] *subst* bråkdel av en sekund
splitting ['splɪtɪŋ] *adj*, ***a ~ headache*** en sprängande huvudvärk
splutter ['splʌtə] *verb* **1** snubbla på orden **2** spotta och fräsa
spoil I [spɔɪl] *subst* pl. ***~s*** rov, byte [*share the ~s*]
II [spɔɪl] (*spoilt spoilt* el. *spoiled spoiled*) *verb* **1** förstöra, fördärva **2** skämma bort [~ *a child*]
spoilsport ['spɔɪlspɔːt] *subst* vard. glädjedödare
spoilt [spɔɪlt] imperf. o. perf. p. av *spoil II*
1 spoke [spəʊk] imperf. av *speak*
2 spoke [spəʊk] *subst* eker i hjul; ***put a ~ in sb's wheel*** sätta en käpp i hjulet för ngn
spoken I ['spəʊkən] perf. p. av *speak*
II ['spəʊkən] *adj* talad, muntlig; ~ ***English*** engelskt talspråk
spokesman ['spəʊksmən] (pl. *spokesmen* ['spəʊksmən]) *subst* talesman [*of*, *for* för]
sponge I [spʌndʒ] *subst* tvättsvamp
II [spʌndʒ] *verb* **1** vard. snylta [*on sb* på ngn] **2** ~ el. ~ ***down*** el. ~ ***over*** tvätta (torka) av med svamp; ~ ***up*** suga upp med svamp
sponge bag ['spʌndʒbæg] *subst* necessär
sponge cake ['spʌndʒkeɪk] *subst* lätt sockerkaka
sponger ['spʌndʒə] *subst* vard. snyltgäst
spongy ['spʌndʒɪ] *adj* svampig, svampaktig
sponsor I ['spɒnsə] *subst* **1** sponsor, garant **2** fadder vid dop **3** radio. el. tv. sponsor, annonsör
II ['spɒnsə] *verb* sponsra, vara sponsor för; stå bakom
spontaneity [ˌspɒntə'niːətɪ] *subst* spontanitet
spontaneous [spɒn'teɪnjəs] *adj* spontan
spook [spuːk] *subst* vard. spöke
spooky ['spuːkɪ] *adj* vard. spöklik, kuslig
spool I [spuːl] *subst* spole, rulle
II [spuːl] *verb* spola
spoon [spuːn] *subst* sked, skopa
spoonfed ['spuːnfed] imperf. o. perf. p. av *spoonfeed*
spoonfeed ['spuːnfiːd] (*spoonfed spoonfed*) *verb* **1** mata med sked **2** servera allt på fat, mata som småbarn [~ *the students*]
spoonful ['spuːnfʊl] *subst* sked mått; ***a ~ of*** en sked, en sked med
sporadic [spə'rædɪk] *adj* sporadisk, spridd
sport I [spɔːt] *subst* **1** sport, idrott, idrottsgren; pl. ***~s*** a) koll. sport; idrott b) idrottstävling, idrottstävlingar [*school ~s*]; ***athletic ~s*** friidrott; ***~s car*** sportbil; ***~s ground*** idrottsplats; ***~s jacket*** blazer, kavaj; sportjacka
II [spɔːt] *verb* vard. ståta med, skylta med [~ *a rose in one's buttonhole*]
sporting ['spɔːtɪŋ] *adj* **1** sportig **2** sport-, idrotts- [*a ~ event*] **3** sportslig
sportsman ['spɔːtsmən] (pl. *sportsmen* ['spɔːtsmən]) *subst* **1** idrottsman **2** jägare, fiskare
sportsmanlike ['spɔːtsmənlaɪk] *adj* sportsmannamässig
sportsmanship ['spɔːtsmənʃɪp] *subst* sportsmannaanda, renhårighet
sportswear ['spɔːtsweə] *subst* sportkläder
sporty ['spɔːtɪ] *adj* vard. sportig, hurtig
spot I [spɒt] *subst* **1** fläck; ~ ***remover*** fläckurtagningsmedel **2** prick på tärning, kort m.m. **3** finne, blemma **4** plats, ställe [*a lovely ~*]; punkt; ***tender ~*** öm punkt; ~ ***fine*** ungefär ordningsbot; ***be in a tight ~*** vard. vara i knipa; ***have a soft ~ for*** vara svag för; ***on the ~*** på platsen, på ort och ställe; på stället, på fläcken [*act on the ~*] **5** droppe, stänk [*~s of rain*]; ***a ~ of bother*** lite trassel; ***a ~ of lunch*** lite lunch **6** ~ ***cash*** kontant betalning vid leverans
II [spɒt] (*-tt-*) *verb* **1** ***the floor was spotted with paint*** det var fullt med fläckar på golvet **2** få syn på, känna igen, upptäcka; ~ ***talent*** upptäcka begåvning; ~ ***the winner*** tippa vem som vinner
spot-check ['spɒttʃek] *subst* stickprov, flygande kontroll
spotless ['spɒtləs] *adj* fläckfri, skinande ren
spotlight ['spɒtlaɪt] *subst* **1** spotlight, strålkastare **2** strålkastarljus, sökarljus; ***be in the ~*** stå i rampljuset
spot-on [ˌspɒt'ɒn] *adj* vard. på pricken, exakt
spotted ['spɒtɪd] *adj* fläckig, prickig, fläckad
spotty ['spɒtɪ] *adj* **1** fläckig, prickig **2** finnig
spouse [spaʊs, spaʊz] *subst* jur. äkta make, äkta maka

spout I [spaʊt] *verb* spruta, spruta ut
II [spaʊt] *subst* pip [*the ~ of a teapot*]
sprain I [spreɪn] *verb* vricka, stuka [*~ one's ankle*]
II [spreɪn] *subst* vrickning, stukning
sprang [spræŋ] imperf. av *1 spring I*
sprat [spræt] *subst* skarpsill; ***canned ~s*** el. ***tinned ~s*** ansjovis i burk
sprawl [sprɔːl] *verb* **1** sträcka (breda) ut sig, vräka sig; ***be sent sprawling*** vräkas omkull **2** breda ut sig, sprida ut sig; om handstil m.m. spreta åt alla håll **3** spreta med [*~ one's legs*]
sprawling ['sprɔːlɪŋ] *adj* **1** ojämn, spretig [*a ~ hand*] **2** utspridd [*~ suburbs*]
1 spray I [spreɪ] *subst* **1** stänk [*the ~ of a waterfall*]; yrande skum [*sea ~*], stråle, dusch **2** sprej, sprejflaska
II [spreɪ] *verb* spreja; bespruta, spruta [*sb with sth* ngt på ngn]
2 spray [spreɪ] *subst* blomklase; liten bukett
spread I [spred] (*spread spread*) *verb* **1** breda ut, sprida ut, sträcka ut; spänna ut [*the bird ~ its wings*]; sträcka ut **2** stryka, breda [*on* på]; täcka [*with* med] **3** sprida [*~ disease; ~ knowledge*] **4** ~ el. ~ ***out*** breda ut sig, sprida sig; sträcka sig [*a desert spreading for hundreds of miles*] **5** vara lätt att breda på [*butter ~s easily*]
II [spred] *subst* **1** utbredning, spridning **2** utsträckning, vidd, omfång [*the ~ of an arch*] **3** vard. kalas **4** ***middle-aged ~*** vard. gubbfläsk, gumfläsk **5** bredbart pålägg [*cheese ~; chocolate ~*]
spreadeagle [ˌspred'iːgl] *verb* sträcka ut
spree [spriː] *subst* vard. **1** fest, festande; ***go on the ~*** el. ***go out on the ~*** gå ut och festa **2** ***go on a buying ~*** gripas av köpraseri
sprig [sprɪg] *subst* kvist [*a ~ of parsley*]
sprightly ['spraɪtlɪ] *adj* livlig, pigg, glad
1 spring I [sprɪŋ] (*sprang sprung*) *verb* **1** hoppa [*~ out of bed; ~ over a gate*], rusa [*at sb* på ngn], fara, flyga [*~ up from one's chair*]; ***the doors sprang open*** dörrarna flög upp; ***~ to one's feet*** rusa upp **2** rinna, spruta; ***tears sprang to her eyes*** hennes ögon fylldes av tårar **3** ~ el. ~ ***up*** a) om växter spira, skjuta upp b) dyka upp; ***industries sprang up in the suburbs*** industrier växte snabbt upp i förorterna **4** spränga [*~ a mine*], utlösa; ***~ a trap*** få en fälla att slå igen [*upon* om] **5** ***~ sth on sb*** överraska ngn med ngt
II [sprɪŋ] *subst* **1** språng, hopp **2** källa [*hot ~*]; ***medicinal ~*** hälsobrunn **3** fjäder [*the ~ of a watch*]; resår; pl. ***~s*** fjädring; ***~ mattress*** resårmadrass
2 spring [sprɪŋ] *subst* vår; se *summer* för ex.
spring balance [ˌsprɪŋ'bæləns] *subst* fjädervåg
springboard ['sprɪŋbɔːd] *subst* **1** språngbräda **2** trampolin, svikt
spring-clean ['sprɪŋkliːn] *verb* vårstäda, storstäda
spring-cleaning ['sprɪŋˌkliːnɪŋ] *subst* vårstädning, storstädning
spring roll [ˌsprɪŋ'rəʊl] *subst* kok. vårrulle
springtime ['sprɪŋtaɪm] *subst* vår
springy ['sprɪŋɪ] *adj* fjädrande, spänstig
sprinkle I ['sprɪŋkl] *verb* **1** strö; ***~ a cake with sugar*** strö socker på en kaka **2** stänka, bestänka [*~ water on the flowers*]
II ['sprɪŋkl] *subst* stänk [*a ~ of rain*]
sprinkler ['sprɪŋklə] *subst* **1** vattenspridare; sprinkler; stril **2** stänkflaska **3** vattenvagn
sprinkling ['sprɪŋklɪŋ] *subst*, ***a ~ of*** a) ett inslag av b) en gnutta
sprint I [sprɪnt] *verb* sport. sprinta, spurta
II [sprɪnt] *subst* sport. **1** sprinterlopp **2** spurt, slutspurt
sprinter ['sprɪntə] *subst* sport. sprinterlöpare
sprite [spraɪt] *subst* fe; älva; tomte
sprout I [spraʊt] *verb* **1** gro, spira, skjuta skott **2** anlägga, lägga sig till med
II [spraʊt] *subst* skott, grodd
1 spruce [spruːs] *adj* prydlig, fin, nätt
2 spruce [spruːs] *subst* träd gran
sprung I [sprʌŋ] perf. p. av *1 spring I*
II [sprʌŋ] *adj*, ***~ bed*** resårsäng
spry [spraɪ] *adj* rask, hurtig, pigg
spun I [spʌn] imperf. o. perf. p. av *spin I*
II [spʌn] *adj* spunnen; ***~ glass*** glasfibrer
spunk [spʌŋk] *subst* **1** vard. mod; fart, liv [*he has no ~*] **2** vulg. sats sädesvätska
spunky ['spʌŋkɪ] *adj* modig; klämmig
spur I [spɜː] *subst* sporre, eggelse; ***on the ~ of the moment*** utan närmare eftertanke, spontant
II [spɜː] (*-rr-*) *verb*, ***~ on*** sporra, egga [*into, to* till], driva på
spurn [spɜːn] *verb* försmå, förakta
1 spurt I [spɜːt] *verb* spurta
II [spɜːt] *subst* spurt
2 spurt I [spɜːt] *verb* spruta, spruta ut
II [spɜːt] *subst* stråle
sputter I ['spʌtə] *verb* spotta när man talar; ***~ out*** fräsa till och slockna [*the candle sputtered out*]
II ['spʌtə] *subst* spottande, sprättande, fräsande

spy I [spaɪ] *verb* spionera [*on* på]
II [spaɪ] *subst* spion
spy ring ['spaɪrɪŋ] *subst* spionliga
sq. ft. förk. för *square foot, square feet*
sq. in. förk. för *square inch, square inches*
sq. m. förk. för *square metre (metres), square mile (miles)*
squabble I ['skwɒbl] *subst* käbbel
II ['skwɒbl] *verb* käbbla
squad [skwɒd] *subst* **1** mil. grupp **2** trupp, skara, patrull; ***fraud*** ~ bedrägerirotel; ~ ***car*** polisbil **3** sport. trupp
squadron ['skwɒdrən] *subst* **1** mil. skvadron inom kavalleriet; eskader inom flottan; division inom flyget; ~ ***leader*** major vid flyget
squalid ['skwɒlɪd] *adj* snuskig, eländig
squall [skwɔːl] *subst* stormby
squalor ['skwɒlə] *subst* snusk, elände
squander ['skwɒndə] *verb* slösa bort, ödsla bort
square I [skweə] *subst* **1** fyrkant, ruta, kvadrat; ***we are back to*** ~ ***one*** vi är tillbaka på ruta ett **2** torg; fyrkantig öppen plats; ***barrack*** ~ mil. kaserngård
II [skweə] *adj* **1** fyrkantig; ***a room four metres*** ~ ett rum som mäter fyra meter i kvadrat; ~ ***dance*** kontradans av 4 par; ~ ***foot*** kvadratfot; ~ ***root*** kvadratrot
2 reglerad, balanserad [*get one's accounts* ~] **3** jämn, kvitt; ***get*** ~ ***with*** vard. göra upp med [*get* ~ *with one's creditors*] **4** renhårig, ärlig; ***get a*** ~ ***deal*** bli rättvist behandlad
5 ~ ***meal*** stadig måltid
III [skweə] *verb* **1** ruta; ***squared paper*** rutigt papper **2** mat. upphöja i kvadrat [~ *a number*] **3** göra upp, betala; ~ el. ~ ***up*** [*it's time I squared up with you*] **4** passa ihop, stämma överens [*with* med]
1 squash I [skwɒʃ] *verb* krama sönder, klämma sönder, krossa, platta till [*sit on a hat and* ~ *it*]; ~ ***one's finger in a door*** klämma fingret i en dörr
II [skwɒʃ] *subst* **1** squash dryck [*lemon* ~]
2 sport. squash
2 squash [skwɒʃ] *subst* squash slags pumpa
squat I [skwɒt] (*-tt-*) *verb* **1** sitta på huk, huka sig, huka sig ned **2** ockupera ett hus som står tomt
II [skwɒt] *adj* kort och tjock, satt
squatter ['skwɒtə] *subst* husockupant
squatting ['skwɒtɪŋ] *subst* husockupation
squawk I [skwɔːk] *verb* spec. om fåglar skria
II [skwɔːk] *subst* skri, gällt skrik
squeak I [skwiːk] *verb* **1** pipa om t.ex. råttor; skrika gällt; gnissla, gnälla om t.ex. gångjärn; knarra om t.ex. skor
II [skwiːk] *subst* **1** pip; gällt skrik; gnissel, gnisslande, gnäll, knarr **2** vard., ***it was a narrow*** ~ det var nära ögat
squeaky ['skwiːkɪ] *adj* **1** pipig; gnisslig; knarrig **2** ~ ***clean*** a) skinande blank b) oantastlig, med fläckfritt rykte
squeal I [skwiːl] *verb* **1** skrika gällt o. utdraget; skria; ***squealing brakes*** gnisslande (skrikande) bromsar **2** sl. tjalla
II [skwiːl] *subst* skrik, skri; gnissel
squeamish ['skwiːmɪʃ] *adj* **1** överkänslig, pryd **2** kräsen, kinkig
squeeze I [skwiːz] *verb* **1** krama, klämma, klämma på, pressa; ~ ***one's finger*** klämma sig i fingret; ~ ***sb's hand*** trycka ngns hand hårt **2** klämma, pressa in, pressa ned [~ *things into a box*]; ***he squeezed in between us*** han klämde sig in mellan oss
II [skwiːz] *subst* **1** kram, kramning, tryck, press; hopklämning; ***it was a tight*** ~ a) vard. det var väldigt trångt b) det var nära ögat **2** ekon. åtstramning [*credit* ~]
squeezer ['skwiːzə] *subst* fruktpress
squelch I [skweltʃ] *verb* klafsa, slafsa
II [skweltʃ] *subst* klafs, smask
squidgy ['skwɪdʒɪ] *adj* vard. kladdig, geggig
squint I [skwɪnt] *subst* **1** vindögdhet; ***have a*** ~ vara vindögd **2** vard., ***have a*** ~ ***at*** ta en titt på
II [skwɪnt] *verb* **1** vara vindögd **2** vard. skela, snegla [*at* på]
squint-eyed ['skwɪntaɪd] *adj* vindögd
squire ['skwaɪə] *subst* **1** godsägare **2** vard., ~! herrn! utan motsvarighet i svenskan
squirm I [skwɜːm] *verb* **1** vrida sig, skruva på sig **2** våndas, pinas
II [skwɜːm] *subst* skruvande
squirrel ['skwɪrəl] *subst* ekorre
squirt I [skwɜːt] *verb* spruta ut med tunn stråle
II [skwɜːt] *subst* tunn stråle [~ *of water*]
sq. yd. förk. för *square yard*
Sr. o. **sr.** (förk. för *senior*) sr, s:r
Sri Lanka [ˌsrɪ'læŋkə]
SS o. **S/S** förk. för *steamship*
1 St. [snt] (förk. för *saint*) S:t, S:ta
2 St. förk. för *street*
stab I [stæb] (*-bb-*) *verb* **1** sticka ned, genomborra **2** sticka, köra [~ *a weapon into*]; ~ ***sb in the back*** angripa lömskt falla ngn i ryggen
II [stæb] *subst* **1** stick, sting; ***a*** ~ ***in the back*** lömskt angrepp en dolkstöt i ryggen
2 plötslig smärta; sting [*a* ~ *of pain*]
stability [stə'bɪlətɪ] *subst* stabilitet, stadga

stabilization [ˌsteɪbɪlaɪˈzeɪʃən] *subst* stabilisering

stabilize [ˈsteɪbəlaɪz] *verb* stabilisera

stabilizer [ˈsteɪbəlaɪzə] *subst* flyg. el. sjö. stabilisator

1 stable [ˈsteɪbl] *adj* stabil, stadig, fast

2 stable [ˈsteɪbl] *subst* **1** stall; pl. **~*s*** stall, stallbyggnad **2** stall grupp racerförare med gemensam manager el. uppsättning hästar

staccato I [stəˈkɑːtəʊ] *adv* **1** musik. stackato **2** stackato, stötvis
II [stəˈkɑːtəʊ] (pl. *~s*) *subst* musik. stackato

stack I [stæk] *subst* **1** stack av t.ex. hö **2** trave [*a ~ of books*], stapel [*a ~ of boards*], hög [*a ~ of papers*] **3** skorstensgrupp av sammanbyggda pipor; skorsten på ångbåt, ånglok m.m.
II [stæk] *verb*, ~ el. ~ ***up*** stapla, stapla upp, trava

stadium [ˈsteɪdjəm] *subst* stadion, idrottsarena

staff I [stɑːf] *subst* **1** stav; ***the ~ of life*** brödet **2** flaggstång **3** personal [*office ~*], stab; ~ ***room*** lärarrum, personalrum; ***teaching*** ~ lärarkår, lärarpersonal; ***temporary*** ~ extrapersonal **4** mil. stab
II [stɑːf] *verb* skaffa (anställa) personal till, bemanna

stag [stæg] *subst* kronhjort hanne

stage I [steɪdʒ] *subst* **1** teat. scen, skådeplats; ~ ***direction*** scenanvisning; ~ ***management*** regi; ***the French*** ~ den franska teatern **2** stadium, skede [*at an early ~*]; ***rocket*** ~ raketsteg **3** etapp; ***by easy ~s*** i korta etapper, i små portioner
II [steɪdʒ] *verb* **1** sätta upp, iscensätta [*~ a play*]; uppföra **2** arrangera, organisera; ~ ***a comeback*** göra comeback

stagecoach [ˈsteɪdʒkəʊtʃ] *subst* diligens

stage designer [ˈsteɪdʒdɪˌzaɪnə] *subst* scenograf; teat. scendekoratör

stage direction [ˈsteɪdʒdɪˌrekʃən] *subst* scenanvisning

stage effect [ˈsteɪdʒɪˌfekt] *subst* teatereffekt

stage fright [ˈsteɪdʒfraɪt] *subst* rampfeber

stage hand [ˈsteɪdʒhænd] *subst* scenarbetare

stage manager [ˈsteɪdʒˌmænɪdʒə] *subst* inspicient, regiassistent; tv. studioman

stage-struck [ˈsteɪdʒstrʌk] *adj* teaterbiten

stage whisper [ˌsteɪdʒˈwɪspə] *subst* teaterviskning

stagger I [ˈstægə] *verb* **1** vackla, ragla, stappla **2** få att vackla, förbluffa, skaka **3** sprida [*~ lunch hours*]
II [ˈstægə] *subst* vacklande, ragling, stapplande; vacklande gång

staggering [ˈstægərɪŋ] *adj* **1** vacklande, raglande **2** ~ ***blow*** dråpslag **3** häpnadsväckande

stagnant [ˈstægnənt] *adj* **1** stillastående [*~ water*] **2** stagnerande; ***become*** ~ stagnera

stagnate [stægˈneɪt] *verb* stagnera, stå stilla

stagnation [stægˈneɪʃən] *subst* stagnation, stillastående

stag party [ˈstægˌpɑːtɪ] *subst* o. **stag night** [ˈstægnaɪt] *subst* vard. svensexa

staid [steɪd] *adj* stadgad och gammalmodig [*a ~ old bachelor*]

stain I [steɪn] *verb* **1** fläcka, fläcka ned; befläcka [*~ one's reputation*] **2** färga [*~ cloth*]; betsa [*~ wood*]; ***stained glass*** målat glas ofta med inbrända färger **3** få fläckar
II [steɪn] *subst* **1** fläck; ~ ***remover*** fläckurtagningsmedel **2** färgämne; bets

stained-glass [ˈsteɪndglɑːs] *adj*, ~ ***window*** fönster med målat glas ofta med inbrända färger

stainless [ˈsteɪnləs] *adj* **1** fläckfri, obefläckad [*a ~ reputation*] **2** rostfri [*~ steel*]

stair [steə] *subst* **1** trappsteg **2** vanligen **~*s*** trappa spec. inomhus [*winding ~s*], trappuppgång; ***a flight of ~s*** en trappa

staircase [ˈsteəkeɪs] *subst* trappa, trappuppgång; ***spiral*** ~ spiraltrappa

stairhead [ˈsteəhed] *subst* översta trappavsats

stake I [steɪk] *subst* **1** stake **2** hist., ***be burnt at the*** ~ brännas på bål **3** ~ pl. **~*s*** insats vid t.ex. vad; ***my honour is at*** ~ min heder står på spel; ***play for high ~s*** spela högt **4** del, andel [*have a ~ in an undertaking*]
II [steɪk] *verb* **1** ~ ***out*** staka ut [*~ out an area*]; ~ ***out a claim*** resa anspråk **2** sätta på spel, riskera [*~ one's future*], satsa

stale [steɪl] *adj* **1** gammal [*~ bread*], unken [*~ air*], avslagen, fadd **2** förlegad, gammal [*~ news*], sliten [*~ jokes*] **3** övertränad, speltrött

stalemate I [ˈsteɪlmeɪt] *subst* **1** schack. pattställning **2** dödläge
II [ˈsteɪlmeɪt] *verb* **1** schack. göra patt **2** stoppa; få att gå i baklås

1 stalk [stɔːk] *subst* bot. stjälk, stängel, skaft

2 stalk [stɔːk] *verb* **1** skrida, skrida fram; ~ ***out*** ilsket marchera ut **2** smyga sig; sprida sig långsamt [*famine stalked through the country*] **3** smyga sig på [*~ an enemy*]; sprida sig långsamt genom

stalker [ˈstɔːkə] *subst* person som

trakasserar och förföljer en annan människa, stalker
stalking ['stɔːkɪŋ] *subst* förföljelse och trakassering av en annan människa
1 stall [stɔːl] *verb* **1** vard. slingra sig, komma med undanflykter; maska **2** bil. tjuvstanna
2 stall [stɔːl] *subst* **1** spilta, bås **2** stånd; bord, disk för varor **3** teat. parkettplats; ***orchestra ~s*** främre parkett; ***in the ~s*** på parkett **4** kyrkl. korstol **5** fingertuta **6** motor. tjuvstopp
stallion ['stæljən] *subst* hingst
stalwart I ['stɔːlwət] *adj* ståndaktig, trogen
II ['stɔːlwət] *subst* spec. polit. trogen anhängare
stamen ['steɪmen] *subst* bot. ståndare
stamina ['stæmɪnə] *subst* uthållighet
stammer I ['stæmə] *verb* stamma; ~ el. ***~ out*** stamma fram
II ['stæmə] *subst* stamning
stamp I [stæmp] *verb* **1** stampa [*~ on the floor*]; trampa, klampa **2** stampa med [*~ one's foot*] **3** ***~ out*** a) trampa ut [*~ out a fire*] b) utrota [*~ out a disease*] c) krossa, slå ned [*~ out a rebellion*] **4** stämpla [*~ sb as a liar*], trycka [*~ patterns on cloth*] **5** frankera, sätta frimärke på [*~ a letter*] **6** prägla, inprägla; ***~ on one's memory*** inpränta i ngn
II [stæmp] *subst* **1** stampande, stamp **2** stämpel **3** frimärke; ***book of ~s*** frimärkshäfte **4** slag, sort, kaliber [*men of his ~*]
stamp-collector ['stæmpkəˌlektə] *subst* frimärkssamlare
stamp duty ['stæmpˌdjuːtɪ] *subst* stämpelavgift
stampede I [stæm'piːd] *subst* vild flykt, panik
II [stæm'piːd] *verb* **1** råka i vild flykt, fly i panik **2** störta, rusa **3** hetsa [*~ sb into sth*]
stamping-ground ['stæmpɪŋgraʊnd] *subst* vard. tillhåll, ställe [*my favourite ~*]
stamp pad ['stæmppæd] *subst* stämpeldyna
stance [stæns, stɑːns] *subst* **1** stance, slagställning i golf m.m. **2** ekon. ställning **3** inställning, attityd
stand I [stænd] (*stood stood*) *verb* **1** stå; ***~ to lose*** riskera att förlora; ***~ to win*** el. ***~ to gain*** ha utsikt att kunna vinna; ***as it now ~s, the text is ambiguous*** som texten nu lyder är den tvetydig; ***I want to know where I ~*** jag vill ha klart besked; ***she doesn't ~ a chance*** hon har ingen chans **2** stå upp [*we stood, to see better*] **3** ligga, vara belägen **4** stå kvar, stå fast, stå [*let the words ~*] **5** stå sig, fortfarande gälla **6** stå, förhålla sig; ***as matters now ~*** som saken nu förhåller sig **7** mäta, vara [*he ~s six feet in his socks*] **8** ställa, ställa upp, resa, resa upp [*~ a ladder against a wall*] **9** tåla, stå ut med [*I can't ~ her*] **10** bjuda på; ***~ sb to dinner*** bjuda ngn på middag
II [stænd] (*stood stood*) *verb* med adv. o. prep.
stand at uppgå till [*the number ~s at 50*]
stand back 1 dra sig bakåt, stiga tillbaka **2** ***the house ~s back from the road*** huset ligger en bit från vägen
stand by 1 stå bredvid, bara stå och se på **2** hålla sig i närheten, stå redo; ***~ by for further news*** avvakta ytterligare nyheter **3** bistå [*~ by one's friends*], stödja **4** stå fast vid [*~ by one's promise*]
stand for 1 stå för, betyda [*what do these initials ~ for?*] **2** kämpa för [*~ for liberty*] **3** kandidera för, ställa upp som kandidat till **4** vard. finna sig i [*I won't ~ for that*]
stand in: ***~ in for*** hoppa in för, vikariera för
stand on hålla på [*~ on one's dignity*; *~ on one's rights*]
stand out 1 stå ut, skjuta fram; framträda, avteckna sig; ***it ~s out a mile*** det syns (märks) lång väg **2** vara framstående, utmärka sig; ***~ out in a crowd*** skilja sig från mängden **3** ***~ out for*** hålla fast vid [*~ out for a demand*]; hålla på [*~ out for one's rights*]; kräva, yrka på [*~ out for more pay*]
stand up 1 stiga upp, stå upp **2** ***~ up for*** försvara, hålla på [*~ up for one's rights*], ta parti för; ***~ up for yourself!*** stå 'på dig! **3** ***~ up to*** trotsa, sätta sig upp mot
stand with ligga till hos [*how do you ~ with the boss?*]
III [stænd] *subst* **1** motstånd, försök till motstånd [*his last ~*]; ***make a ~*** hålla stånd, kämpa **2** ställning; ***take a ~*** ta ställning [*on i*] **3** stånd, kiosk, åskådarläktare **4** amer. vittnesbås; ***take the ~*** avlägga vittnesmål
standard I ['stændəd] *subst* **1** standardmått, standard, norm, måttstock, nivå; ***~ of living*** levnadsstandard; ***below the ~*** under det normala, undermålig; ***come up to*** ~ el. ***be up to*** ~ hålla måttet **2** standar [*the royal ~*], fana **3** ***~ lamp*** golvlampa
II ['stændəd] *adj* standard-, normal- [*~ time*; *~ weights*], normal; ***Standard English*** engelskt riksspråk

standard-bearer ['stændəd,beərə] *subst* fanbärare, banerförare
standardization [,stændədaɪ'zeɪʃən] *subst* standardisering, normalisering
standardize ['stændədaɪz] *verb* standardisera, normalisera
standby ['stændbaɪ] *subst* **1** reserv, ersättare **2** gammal favorit, säkert kort, stöd **3** ***on ~*** i beredskap
stand-in ['stændɪn] *subst* stand-in, ersättare, vikarie
standing I ['stændɪŋ] *adj* **1** stående, upprättstående; stillastående **2** stående [*a ~ army; a ~ joke*]
II ['stændɪŋ] *subst* **1** stående; ***~ room*** ståplats, ståplatser **2** ställning, status, anseende; ***a man of high ~*** en mycket ansedd man **3** ***of long ~*** av gammalt datum, långvarig
stand-offish [,stænd'ɒfɪʃ] *adj* om person reserverad
standpoint ['stændpɔɪnt] *subst* ståndpunkt
standstill ['stændstɪl] *subst* stillastående, stopp; ***be at a ~*** stå stilla; ***bring to a ~*** stanna, få att stanna; ***come to a ~*** stanna, stanna av
stank [stæŋk] imperf. av *stink I*
stanza ['stænzə] *subst* strof i dikt
1 staple I ['steɪpl] *subst* häftklammer
II ['steɪpl] *verb* häfta, häfta samman
2 staple ['steɪpl] *adj* huvudsaklig [*~ food*]; ***~ commodity*** stapelvara
stapler ['steɪplə] *subst* häftapparat

star
Den amerikanska flaggan kallas *the Stars and Stripes*, Stjärnbaneret. Den har 50 vita stjärnor som representerar de femtio delstaterna och sju röda och sex vita ränder som representerar de 13 ursprungliga staterna.

star I [stɑː] *subst* **1** stjärna; ***the Stars and Stripes*** stjärnbaneret USA:s flagga; ***thank one's lucky ~s that*** tacka sin lyckliga stjärna att **2** film., sport. m.m. stjärna; ***~ turn*** huvudnummer, paradnummer **3** ***~ sign*** astrol. stjärntecken
II [stɑː] (*-rr-*) *verb* teat. el. film. presentera i huvudrollen, spela huvudrollen; ***a film starring…*** en film med … i huvudrollen
starboard ['stɑːbəd] *subst* sjö. styrbord
starch [stɑːtʃ] *subst* stärkelse
starched [stɑːtʃt] *adj* stärkt med stärkelse
starchy ['stɑːtʃɪ] *adj* stärkelsehaltig [*~ food*]
stare I [steə] *verb* stirra, stirra på
II [steə] *subst* stirrande blick, stirrande
starfish ['stɑːfɪʃ] *subst* sjöstjärna
stark [stɑːk] *adv*, ***~ naked*** spritt naken
starkers ['stɑːkəz] *adj* vard. näck
starlight ['stɑːlaɪt] *subst* stjärnljus; ***by ~*** i stjärnljus
starling ['stɑːlɪŋ] *subst* stare
star-spangled ['stɑː,spæɡld] *adj*, ***the Star-Spangled Banner*** stjärnbaneret USA:s flagga
start I [stɑːt] *verb* **1** börja, starta; ***to ~ with*** a) för det första b) till att börja med; ***starting May 1st…*** med början den 1 maj… **2** starta, ge sig i väg, sätta igång; ***let's get started!*** nu sätter vi igång!; ***I can't get the engine started*** jag kan inte få igång (starta) motorn **3** rycka till, haja till **4** ***the tears started to her eyes*** hon fick tårar i ögonen; ***~ a fire*** tända en eld; ***~ sb in life*** hjälpa fram ngn; ***his uncle started him in business*** hans farbror hjälpte honom att etablera sig
II [stɑːt] *subst* **1** början, start; avfärd; ***make a fresh ~*** börja om från början; ***for a ~*** vard. för det första **2** försprång [*a few metres' ~*] **3** startplats, start **4** ***give a ~*** rycka till, haja till; ***by fits and ~s*** ryckvis, stötvis
starter ['stɑːtə] *subst* **1** sport. starter startledare; ***a ~*** en av de startande **2** bil. startkontakt, startknapp **3** ***as a ~*** el. ***for ~s*** vard. som en början; ***have oysters as a ~*** el. ***have oysters for ~s*** ha ostron som förrätt
starting ['stɑːtɪŋ] *adj* **1** startande **2** begynnelse-; ***~ pay*** begynnelselön; utgångs- [*~ position*]
starting-block ['stɑːtɪŋblɒk] *subst* sport. startblock
starting-line ['stɑːtɪŋlaɪn] *subst* sport. startlinje
starting-point ['stɑːtɪŋpɔɪnt] *subst* utgångspunkt
starting-post ['stɑːtɪŋpəʊst] *subst* i kapplöpning startstolpe; startlinje
startle ['stɑːtl] *verb* **1** få att hoppa till, skrämma; ***be startled*** bli förskräckt [*by* över] **2** skrämma upp [*~ a deer*]
startling ['stɑːtlɪŋ] *adj* häpnadsväckande, alarmerande [*~ news*]
starvation [stɑː'veɪʃən] *subst* svält
starve [stɑːv] *verb* **1** svälta, hungra; ***~ to***

death svälta ihjäl; ***I'm simply starving*** vard. jag håller på att svälta ihjäl, jag är döhungrig (utsvulten); ~ ***for*** hungra efter **2** låta svälta; ~ ***sb to death*** låta ngn svälta ihjäl

starved [stɑːvd] *adj* utsvulten; ~ ***to death*** ihjälsvulten; ***be*** ~ ***of*** vara svältfödd på

starving ['stɑːvɪŋ] *adj* svältande, utsvulten; ***I'm starving!*** jag är jättehungrig!

state
USA består av 50 delstater och *the District of Columbia*. Varje delstat fattar egna beslut när det gäller skola, dödsstraff m.m.

state I [steɪt] *subst* **1** tillstånd, skick [*in a bad* ~]; situation; ~ ***of alarm*** a) larmberedskap b) oro, ängslan; ~ ***of health*** hälsotillstånd; ~ ***of mind*** sinnestillstånd; ~ ***of readiness*** stridsberedskap; ***the*** ~ ***of things*** el. ***the*** ~ ***of affairs*** förhållandena; ***what a*** ~ ***you are in!*** vard. vad du ser ut!; ***get into a*** ~ vard. hetsa upp sig **2** stat, delstat; ***the State*** Staten; ***the States*** Staterna Förenta staterna; ***the welfare*** ~ välfärdssamhället; ***the State Department*** i USA utrikesdepartementet; ~ ***visit*** statsbesök **3** stånd, ställning; ***married*** ~ gift stånd
II [steɪt] *verb* **1** uppge, påstå, framlägga, framföra [~ *one's opinion*] **2** konstatera

stated ['steɪtɪd] *perf p* o. *adj* påstådd, angiven

stately ['steɪtlɪ] *adj* ståtlig, storslagen

statement ['steɪtmənt] *subst* **1** uttalande; ***a*** ~ ***to the Press*** ett pressmeddelande; ***make a*** ~ göra ett uttalande **2** påstående **3** rapport, redovisning

statesman ['steɪtsmən] *subst* statsman

statesmanship ['steɪtsmənʃɪp] *subst* statskonst, statsmannaskicklighet

static ['stætɪk] *adj* statisk [~ *electricity*]

station I ['steɪʃən] *subst* **1** station **2** stånd, rang **3** mil. bas; ***naval*** ~ flottbas
II ['steɪʃən] *verb* stationera, förlägga [~ *a regiment*]; postera

stationary ['steɪʃənrɪ] *adj* stillastående [~ *train*]; stationär

stationer ['steɪʃənə] *subst* pappershandlare; ***stationer's*** pappershandel

stationery ['steɪʃənrɪ] *subst* skrivmaterial, kontorsmateriel; skrivpapper

stationmaster ['steɪʃənˌmɑːstə] *subst* stationsinspektor, stationschef, stins

station wagon ['steɪʃənˌwægən] *subst* spec. amer. herrgårdsvagn, kombi

statistic [stə'tɪstɪk] *adj* o. **statistical** [stə'tɪstɪkəl] *adj* statistisk

statistics [stə'tɪstɪks] (som vetenskap med verb i sing., annars pl.) *subst* statistik, statistiken

The Statue of Liberty
På en ö i New Yorks hamn står Frihetsgudinnan, *the Statue of Liberty*, 93 meter hög. Statyn skänktes till USA av Frankrike 1884 som ett monument över den franska och den amerikanska revolutionen.

statue ['stætʃuː] *subst* staty; ***the Statue of Liberty*** frihetsgudinnan staty i New Yorks hamn

statuette [ˌstætjʊ'et] *subst* statyett

stature ['stætʃə] *subst* längd; ***short in*** ~ liten till växten

status ['steɪtəs] *subst* ställning, status, rang

statute ['stætjuːt] *subst* skriven lag stiftad av parlament; författning

staunch [stɔːntʃ] *adj* trofast, pålitlig

stave [steɪv] *verb*, ~ ***off*** avvärja [~ *off defeat*; ~ *off ruin*]

stay I [steɪ] *verb* **1** stanna, stanna kvar; ~ ***in bed late in the morning*** ligga länge på morgonen **2** tillfälligt bo [~ *at a hotel*]; ~ ***with*** bo hos, stanna **3** förbli, hålla sig [~ *calm*]; ***if the weather ~s fine*** om det vackra vädret håller i sig; ***staying power*** uthållighet **4** hejda [~ *the progress of a disease*]
II [steɪ] *verb* med adv. o. prep.
stay away hålla sig borta
stay behind stanna kvar
stay on stanna kvar
stay out stanna ute; utebli, hålla sig borta
stay up stanna (vara, sitta) uppe inte lägga sig
III [steɪ] *subst* uppehåll, vistelse

stay-up ['steɪʌp] *subst* pl. ~***s*** stay-up strumpor

St. Bernard [snt'bɜːnəd] *subst* sanktbernhardshund

STD [ˌestiː'diː] **1** förk. för *subscriber trunk dialling* **2** (förk. för *sexually transmitted disease*) sexuellt överförd sjukdom

steadfast ['stedfɑːst] *adj* stadig, ståndaktig
steady I ['stedɪ] *adj* **1** stadig [*a ~ table*], fast, solid, stabil [*a ~ foundation*]; stadgad **2** jämn [*a ~ speed*], stadig [*a ~ improvement*]
II ['stedɪ] *adv* stadigt [*stand ~*]; ***go ~*** vard. kila stadigt
III ['stedɪ] *interj* ta det lugnt!
IV ['stedɪ] *verb* göra stadig, lugna; stabilisera [*~ prices*]; ***~ one's nerves*** lugna nerverna
steady-going ['stedɪˌgəʊɪŋ] *adj* stadgad

steak and kidney pie
Steak and kidney pie, biff- och njurpaj, anses som en typisk engelsk maträtt. Den serveras ofta som lunchmat på pubar.

steak [steɪk] *subst* biff, stekt köttskiva
steal [stiːl] (*stole stolen*) *verb* **1** stjäla; ***~ a glance at*** kasta en förstulen blick på **2** smyga, smyga sig [*away* undan, bort]
stealing ['stiːlɪŋ] *subst* stöld, tjuveri
stealth [stelθ] *subst*, ***by ~*** i smyg
stealthy ['stelθɪ] *adj* förstulen [*~ glance*], smygande
steam I [stiːm] *subst* **1** ånga; ***full ~ ahead!*** full fart framåt!; ***at full ~*** el. ***full ~*** för full maskin; ***let off ~*** a) släppa ut ånga b) avreagera sig, lätta på trycket **2** imma [*~ on the windows*]
II [stiːm] *verb* **1** *~ **up*** bli immig **2** ånga **3** ångkoka
steam engine ['stiːmˌendʒɪn] *subst* **1** ångmaskin **2** ånglok
steamer ['stiːmə] *subst* **1** ångare, ångfartyg **2** ångkokare
steam iron ['stiːmˌaɪən] *subst* ångstrykjärn
steamroller ['stiːmˌrəʊlə] *subst* ångvält
steamship ['stiːmʃɪp] *subst* ångfartyg
steel [stiːl] *subst* stål
steelworks ['stiːlwɜːks] (med verb i sing.; pl. lika) *subst* stålverk
1 steep [stiːp] *verb* lägga i blöt, genomdränka; ***~ in vinegar*** lägga i ättika
2 steep [stiːp] *adj* **1** brant [*~ hill*] **2** vard. otrolig, orimlig [*~ price*]
steeple ['stiːpl] *subst* spetsigt kyrktorn, tornspira
steeplechase ['stiːpltʃeɪs] *subst* sport. **1** hästsport steeplechase **2** hinderlöpning
steer [stɪə] *verb* **1** styra [*~ a car*], [*for* till, mot], manövrera [*~ a ship*]; ***~ clear of*** undvika **2** lotsa [*~ a bill through Parliament*]
steerage ['stɪərɪdʒ] *subst* sjö. **1** styrning **2** mellandäck, tredje klass [*~ passenger*]
steering-column ['stɪərɪŋˌkɒləm] *subst* bil. rattstång
steering-lock ['stɪərɪŋlɒk] *subst* bil. rattlås
steering-wheel ['stɪərɪŋwiːl] *subst* bil. ratt
1 stem I [stem] *subst* **1** stjälk, stam, stängel **2** skaft **3** hög fot på glas **4** sjö. stäv, för, förstäv; ***from ~ to stern*** från för till akter
II [stem] (*-mm-*) *verb*, ***~ from*** härröra från
2 stem [stem] (*-mm-*) *verb* stämma, stoppa, hejda
stench [stentʃ] *subst* stank
stencil I ['stensl] *subst* konst.m.m. schablon
II ['stensl] *verb* schablonera
stenographer [ste'nɒgrəfə] *subst* amer. stenograf och maskinskriverska
stenography [ste'nɒgrəfɪ] *subst* amer. stenografi
step I [step] *subst* **1** steg [*walk with slow ~s*]; danssteg; ***a ~ in the right direction*** ett steg i rätt riktning; ***keep ~*** hålla takten, gå i takt; ***keep in ~ with*** el. ***keep ~ with*** hålla jämna steg med, gå i takt med; ***watch one's ~*** el. ***mind one's ~*** se sig för, se sig noga för, se upp; ***~ by ~*** steg för steg, gradvis; ***in ~*** i takt; ***out of ~*** i otakt **2** åtgärd; ***take ~s*** vidta åtgärder **3** trappsteg, trappa; pl. ***~s*** yttertrappa; trappstege; ***a flight of ~s*** en trappa **4** stegpinne, fotsteg; pl. ***~s*** trappstege
II [step] (*-pp-*) *verb* stiga, kliva, gå, trampa [*~ on the brake*]; ***~ this way!*** var så god, den här vägen!; ***~ into a car*** kliva in i en bil
III [step] (*-pp-*) *verb* med adv. o. prep.
step aside stiga åt sidan, kliva åt sidan
step down 1 stiga ner **2** träda tillbaka **3** gradvis minska, sänka [*~ down production*]
step forward stiga fram, träda fram
step in 1 stiga in, stiga på **2** ingripa
step inside stiga (kliva, gå) in
step off stega upp, stega ut
step on it vard. **1** bil. gasa på **2** skynda på
step out stega upp, stega ut
step up driva upp, öka, intensifiera
stepbrother ['stepˌbrʌðə] *subst* styvbror
stepchild ['steptʃaɪld] (pl. *stepchildren* ['stepˌtʃɪldrən]) *subst* styvbarn
step dance ['stepdɑːns] *subst* stepp, steppdans

stepdaughter ['stepˌdɔːtə] *subst* styvdotter
stepfather ['stepˌfɑːðə] *subst* styvfar
stepladder ['stepˌlædə] *subst* trappstege
stepmother ['stepˌmʌðə] *subst* styvmor
steppe [step] *subst* stäpp, grässlätt
stepping-stone ['stepɪŋstəʊn] *subst* **1** klivsten över t.ex. vatten **2** språngbräde [~ *to promotion*]
stepsister ['stepˌsɪstə] *subst* styvsyster
stepson ['stepsʌn] *subst* styvson
stereo I ['sterɪəʊ] *adj* stereo-, stereofonisk
II ['sterɪəʊ] (pl. *~s*) *subst* stereo, stereoanläggning
stereophonic [ˌsterɪə'fɒnɪk] *adj* stereofonisk, stereo-
stereotype ['sterɪətaɪp] *subst* stereotyp
sterile ['steraɪl, amer. 'sterəl] *adj* steril, ofruktbar
sterility [ste'rɪlətɪ] *subst* sterilitet, ofruktbarhet
sterilization [ˌsterəlaɪ'zeɪʃən] *subst* sterilisering
sterilize ['sterəlaɪz] *verb* sterilisera
sterling I ['stɜːlɪŋ] *subst* sterling eng. myntvärde, myntenhet [*five pounds ~*]
II ['stɜːlɪŋ] *adj* **1** sterling- [~ *silver*] **2** äkta, gedigen [~ *qualities*]
1 stern [stɜːn] *adj* sträng [*a ~ father; a ~ look*], barsk, bister
2 stern [stɜːn] *subst* sjö. akter, akterspegel
steroid ['sterɔɪd] *subst* kem. steroid
stethoscope ['steθəskəʊp] *subst* med. stetoskop
stevedore ['stiːvədɔː] *subst* stuveriarbetare, hamnarbetare
stew I [stjuː] *verb* småkoka
II [stjuː] *subst* ragu, gryta; ***Irish*** ~ irländsk fårgryta
steward [stjʊəd] *subst* **1** sjö., flyg. m.m. steward, uppassare **2** funktionär vid t.ex. tävling
stewardess [ˌstjʊə'des] *subst* sjö., flyg. m.m. stewardess, flygvärdinna, bussvärdinna, tågvärdinna
stewed [stjuːd] *adj* kokt; ~ ***beef*** ungefär köttgryta, kalops; ~ ***fruit*** kompott t.ex. kokta katrinplommon
1 stick [stɪk] *subst* **1** pinne, kvist **2** käpp [*walk with a ~*], stav [*ski ~*]; klubba [*hockey ~*]; ***get hold of the wrong end of the*** ~ vard. få alltsammans om bakfoten; ***get a lot of*** ~ få en massa stryk; ***give sb*** ~ vard. ge ngn på nöten **3** stång, bit; ~ ***of celery*** selleristjälk; ***a ~ of chalk*** en krita; ***a ~ of chewing-gum*** ett tuggummi; ***a ~ of dynamite*** en dynamitgubbe; ***a ~ of sealing-wax*** en lackstång
2 stick I [stɪk] (*stuck stuck*) *verb* **1** sticka, köra [~ *a fork into a potato*]; stoppa [~ *one's hands into one's pockets*]; sätta, ställa, lägga [*you can ~ it anywhere you like*] **2** klistra, klistra upp, fästa, limma fast; ~ ***no bills!*** affischering förbjuden!; ~ ***a stamp on a letter*** sätta ett frimärke på ett brev **3** vard. stå ut med, tåla [*I can't ~ that fellow!*] **4** ***I got stuck*** vard. jag blev ställd, jag körde fast; ***be stuck for*** sakna, plötsligt stå där utan; ***be stuck with*** vard. få på halsen, få dras med **5** sitta fast, fastna [*the key stuck in the lock*], sätta sig fast [*the door has stuck*], kärva **6** klibba fast **7** ~ ***around*** vard. dröja kvar, stanna kvar
II [stɪk] (*stuck stuck*) *verb* med adv. o. prep.
stick at vard. hålla på med, ligga i med [~ *at one's work*]; ~ ***at nothing*** inte sky några medel
stick by sb vard. vara lojal mot ngn
stick out 1 räcka ut [~ *one's tongue out*], sticka ut; skjuta ut; puta ut **2** hålla ut, härda ut **3** ***it ~s out a mile*** vard. det syns lång väg **4** ~ ***out for higher wages*** envist hålla fast vid sina krav på högre lön
stick to hålla sig till [~ *to the point*; ~ *to the truth*]; ~ ***to one's promise*** el. ~ ***to one's word*** hålla sitt löfte
stick together vard. hålla ihop
stick up sticka upp, skjuta upp; ~ ***up for*** vard. försvara, ta i försvar, stödja [~ *up for a friend*]
sticker ['stɪkə] *subst* gummerad etikett, klistermärke, dekal
sticking-plaster ['stɪkɪŋˌplɑːstə] *subst* häftplåster
stickleback ['stɪklbæk] *subst* fisk spigg
stickler ['stɪklə] *subst* pedant; ***be a ~ for etiquette*** hålla strängt på etiketten
stick-on ['stɪkɒn] *adj* gummerad, självhäftande [~ *labels*]
stick-up ['stɪkʌp] *subst* vard. rånöverfall, rånkupp
sticky I ['stɪkɪ] *adj* **1** klibbig, kladdig **2** om väder tryckande, klibbig **3** besvärlig, kinkig [*a ~ problem*]
II ['stɪkɪ] *subst* vard. duttlapp, post-it
stiff I [stɪf] *subst* döing lik
II [stɪf] *adj* **1** styv [~ *collar*], stel [~ *legs*]; ~ ***brush*** hård borste; ***keep a ~ upper lip*** bita ihop tänderna, inte förändra en min **2** stram, stel [*a ~ manner*]; ***a ~ whisky*** en stor (stadig) whisky **3** hård [~ *competition*],

skarp [*a ~ protest*] **4** vard. styv, dryg, jobbig [*a ~ walk*], svår, besvärlig [*a ~ climb*; *a ~ task*], seg
III [stɪf] *adv*, ***bore sb*** ~ tråka ut ngn, tråkas ihjäl ngn; ***frozen*** ~ stelfrusen
stiffen ['stɪfn] *verb* **1** göra styv **2** styvna, stelna, hårdna
stifle ['staɪfl] *verb* kväva
stifling ['staɪflɪŋ] *adj* kvävande [*~ heat*]
stigmatize ['stɪgmətaɪz] *verb* brännmärka, stämpla [*~ sb as a traitor*]
stile [staɪl] *subst* klivstätta
stiletto [stɪ'letəʊ] (pl. *~s*) *subst* stilett; ~ ***heels*** stilettklackar
1 still I [stɪl] *adj* stilla, tyst; ***keep*** ~ hålla sig stilla
II [stɪl] *subst* foto. stillbild; reklambild ur film
III [stɪl] *konj* likväl, ändå, dock
2 still [stɪl] *subst* **1** destillationsapparat **2** bränneri
3 still [stɪl] *adv* **1** tyst och stilla [*sit ~*] **2** ännu, fortfarande [*he is ~ busy*]; ***when*** ~ ***a child*** redan som barn **3** vid komparativ ännu [*~ better*]
stillbirth ['stɪlbɜːθ] *subst* **1** dödfödsel **2** dödfött barn
stillborn ['stɪlbɔːn] *adj* dödfödd
still life [ˌstɪl'laɪf] (pl. *still lifes*) *subst* konst. stilleben
stilt [stɪlt] *subst* stylta
stilted ['stɪltɪd] *adj* om t.ex. stil uppstyltad
stimulant ['stɪmjʊlənt] *subst* stimulerande medel; ***act as a*** ~ ge stimulans åt
stimulate ['stɪmjʊleɪt] *verb* stimulera, egga
stimulation [ˌstɪmjʊ'leɪʃən] *subst* stimulans
stimulus ['stɪmjʊləs] (pl. *stimuli* ['stɪmjʊliː]) *subst* stimulans, drivfjäder
sting I [stɪŋ] *subst* **1** gadd **2** stick, sting, styng, bett av t.ex. insekt; ***take the*** ~ ***out of*** bryta udden av
II [stɪŋ] (*stung stung*) *verb* sticka, stinga [*stung by a bee*], svida, stickas; om nässla bränna, brännas
stinging-nettle ['stɪŋɪŋˌnetl] *subst* brännässla
stingy ['stɪndʒɪ] *adj* snål, knusslig, närig
stink I [stɪŋk] (*stank stunk*) *verb* stinka; ~ ***of*** stinka av, lukta; ~ ***out*** förpesta luften i, förpesta
II [stɪŋk] *subst* **1** stank, dålig lukt **2** vard. ramaskri
stinker ['stɪŋkə] *subst* vard. **1** äckel, kräk **2** hård nöt att knäcka, något ursvårt
stinking ['stɪŋkɪŋ] *adj* stinkande
stint [stɪnt] *verb* snåla med, vara snål mot; ~ ***oneself*** snåla
stipulate ['stɪpjʊleɪt] *verb* stipulera, fastställa [*~ a price*]; avtala
stipulation [ˌstɪpjʊ'leɪʃən] *subst* stipulation, stipulering, bestämmelse, villkor i t.ex. kontrakt
stir I [stɜː] (*-rr-*) *verb* **1** röra, sätta i rörelse; ~ ***the imagination*** sätta fantasin i rörelse; ***a breeze stirred the lake*** en lätt vind krusade sjön; ~ ***oneself*** sätta i gång, rycka upp sig; ~ ***up*** a) hetsa upp b) väcka [*~ up interest*] c) sätta i gång, ställa till [*~ up trouble*], ställa till med bråk **2** röra, röra i, röra om i [*~ the fire*; *~ the porridge*] **3** röra sig [*not a leaf stirred*], börja röra på sig; ***he never stirred out of the house*** han gick aldrig ut
II [stɜː] *subst*, ***make a great*** ~ el. ***create a great*** ~ åstadkomma stor uppståndelse
stirring ['stɜːrɪŋ] *adj* rörande, gripande, spännande [*~ events*]
stirrup ['stɪrəp] *subst* stigbygel
stitch I [stɪtʃ] *subst* **1** stygn; ***a*** ~ ***in time saves nine*** ordspr. bättre stämma i bäcken än i ån **2** maska i t.ex. stickning; ***drop a*** ~ tappa en maska **3** ***she didn't have a*** ~ ***on*** vard. hon hade inte en tråd på sig **4** håll i sidan; ***I was in stitches*** jag skrattade så jag höll på att dö
II [stɪtʃ] *verb* sy, sticka söm; brodera; ~ ***together*** el. ~ sy ihop; ~ ***on*** sy fast, sy på; ~ ***up*** sy ihop
stoat [stəʊt] *subst* djur hermelin, lekatt
stock I [stɒk] *subst* **1** lager, förråd; ***take*** ~ a) göra en inventering b) granska läget; ***have in*** ~ el. ***keep in*** ~ lagerföra, ha i lager; ***be out of*** ~ vara slut, vara slut på lagret **2** ekon. aktier; ~***s and shares*** el. ~***s*** börspapper, fondpapper **3** härstamning, släkt [*of Dutch ~*] **4** blomma lövkoja **5** buljong, spad **6** boskap, kreatursbesättning
II [stɒk] *adj* **1** stereotyp, klichéartad [*~ situations*]; ~ ***example*** typexempel; ~ ***sizes*** standardstorlekar **2** ~ ***exchange*** el. ~ ***market*** börs, fondbörs
III [stɒk] *verb* **1** fylla med lager [*~ the shelves*]; ***well stocked with*** välförsedd med, välsorterad i (med) **2** lagerföra, ha på lager; ~ ***up*** fylla på lagret av
stockade [stɒ'keɪd] *subst* palissad, pålverk
stockbroker ['stɒkˌbrəʊkə] *subst* fondmäklare, börsmäklare
stockfish ['stɒkfɪʃ] *subst* stockfisk, lutfisk

stockholder ['stɒkˌhəʊldə] *subst* spec. amer. aktieägare; ***stockholders' meeting*** el. ***meeting of ~s*** bolagsstämma
Stockholm ['stɒkhəʊm]
stocking ['stɒkɪŋ] *subst* lång strumpa
stock-still [ˌstɒk'stɪl] *adj* alldeles stilla
stocktaking ['stɒkˌteɪkɪŋ] *subst* hand. m.m. lagerinventering
stocky ['stɒkɪ] *adj* undersätsig, satt
stodgy ['stɒdʒɪ] *adj* **1** om mat tung, mastig [*a ~ pudding*] **2** vard. tråkig [*a ~ book*]
stoke [stəʊk] *verb* elda, sköta elden i [*~ a furnace*]; ~ ***the fire*** sköta elden; ~ ***up*** förse med bränsle
stoker ['stəʊkə] *subst* eldare
stole [stəʊl] imperf. av *steal*
stolen ['stəʊlən] perf. p. av *steal*
stolid ['stɒlɪd] *adj* trög, slö
stomach I ['stʌmək] *subst* **1** magsäck, mage, buk; ***on an empty*** ~ på fastande mage; ~ ***trouble*** magbesvär
II ['stʌmək] *verb* **1** kunna äta, tåla **2** tåla, smälta [*~ an insult*]
stomach ache ['stʌməkeɪk] *subst* magvärk; ***I have got*** ~ el. ***I have got a*** ~ jag har ont i magen
stone I [stəʊn] *subst* **1** sten; ***precious*** ~ ädelsten; ***the Stone Age*** stenåldern; ***leave no ~ unturned*** pröva alla medel, pröva alla vägar **2** kärna i stenfrukt **3** (pl. vanligen *stone*) viktenhet = 14 *pounds* (6,36 kg) [*he weighs 11 ~; he weighs 11 ~s*]
II [stəʊn] *verb* **1** stena, kasta sten på **2** kärna ur stenfrukt
stone-cold [ˌstəʊn'kəʊld] *adj* iskall
stone-dead [ˌstəʊn'ded] *adj* stendöd
stone-deaf [ˌstəʊn'def] *adj* stendöv
stoneware ['stəʊnweə] *subst* stengods
stony ['stəʊnɪ] *adj* **1** stenig [*~ road*] **2** stenhård, isande [*~ silence*]
stony-broke [ˌstəʊnɪ'brəʊk] *adj* sl. luspank
stood [stʊd] imperf. o. perf. p. av *stand I*
stooge [stuːdʒ] *subst* **1** ungefär 'skottavla' hjälpaktör till komiker **2** vard. underhuggare, strykpojke
stool [stuːl] *subst* **1** stol utan ryggstöd; pall; ***fall between two ~s*** sätta sig mellan två stolar **2** med. avföring
stool pigeon ['stuːlˌpɪdʒən] *subst* **1** lockfågel **2** vard. tjallare
1 stoop I [stuːp] *verb* **1** luta sig, böja sig, luta sig ned, böja sig ned [ofta *~ down*] **2** nedlåta sig [*~ to telling lies*]
II [stuːp] *subst* kutryggighet; ***with a*** ~ kutryggig
2 stoop [stuːp] *subst* amer. öppen veranda
stop I [stɒp] (*-pp-*) *verb* **1** stoppa, stanna, hindra; ~ ***thief!*** ta fast tjuven!; ~ ***at nothing*** inte sky några medel; ~ ***by for a chat*** titta in för en pratstund; ~ ***dead*** tvärstanna; ~ ***over*** stanna över [*at* i, vid] **2** sluta, sluta med [*~ that nonsense!*]; ~ ***it!*** sluta!, låt bli!, lägg av!; ~ ***work*** a) sluta arbeta b) lägga ner arbetet **3** ~ el. ~ ***up*** stoppa igen, proppa igen, täppa till (igen) [*~ a leak*]; ~ ***one's ears*** hålla för öronen; ***my nose is stopped up*** jag är täppt i näsan; ***the pipe is stopped up*** röret är igentäppt **4** om ljud m.m. sluta, upphöra **5** vard. stanna [*~ at home*], bo [*~ at a hotel*]; ~ ***the night*** stanna över, ligga över; ~ ***for*** stanna kvar till [*won't you ~ for dinner?*]; ***he is stopping here for a week*** han bor här en vecka; ~ ***up late*** stanna uppe länge
II [stɒp] *subst* **1** stopp, uppehåll, avbrott; ***come to a full*** ~ avstanna helt; göra halt; ***put a ~ to*** sätta stopp för, sätta p för **2** hållplats [*bus ~*] **3** skiljetecken; ***full*** ~ punkt
stopgap ['stɒpgæp] *subst* **1** tillfällig åtgärd, nödlösning **2** ersättare
stop-light ['stɒplaɪt] *subst* trafik. **1** stoppljus, rött ljus, amer. trafikljus **2** bromsljus
stop-over ['stɒpˌəʊvə] *subst* avbrott, uppehåll
stoppage ['stɒpɪdʒ] *subst* **1** tilltäppning **2** avbrytande, avbrott, stopp, stockning **3** driftstörning, driftstopp **4** arbetsnedläggelse
stopper ['stɒpə] *subst* propp i t.ex. flaska; plugg
stop-press ['stɒppres] *subst*, ~ ***news*** el. ~ presstopp när man avbryter en tidnings pressläggning för att man vill komplettera med nyinkommet material
stopwatch ['stɒpwɒtʃ] *subst* stoppur, tidtagarur
storage ['stɔːrɪdʒ] *subst* **1** lagring, magasinering; ~ ***battery*** elektr. ackumulator, batteri **2** magasinsutrymme, lagerutrymme; lagringskapacitet **3** data. minne [*~ capacity*]
store I [stɔː] *subst* **1** förråd, lager; pl. ***~s*** förråd [*military ~s*] **2** magasin, förrådshus **3** vanligen ***~s*** varuhus **4** spec. amer. butik, affär; ***general ~s*** lanthandel **5** ***think of all the good things in ~ for you*** tänk på allt det trevliga som väntar dig; ***set great ~ by*** sätta stort värde på
II [stɔː] *verb* **1** lägga upp lager av, samla på

lager, lagra **2** förvara, magasinera [~ *furniture*] **3** elektr. m.m. ackumulera
storehouse ['stɔːhaʊs] *subst* magasin, förrådshus
storekeeper ['stɔːˌkiːpə] *subst* amer. butiksinnehavare
storeroom ['stɔːruːm] *subst* **1** förrådsrum; skräpkammare; vindskontor **2** lagerlokal
storey ['stɔːrɪ] *subst* våning, våningsplan, etage; ***on the first*** ~ en trappa upp, amer. på nedre botten
storeyed ['stɔːrɪd] *adj* i sammansättningar med... våningar, -vånings- [*a three-storeyed house*]
stork [stɔːk] *subst* fågel stork
storm I [stɔːm] *subst* **1** oväder, svår storm; ***a ~ of applause*** stormande applåder; ***a ~ in a teacup*** en storm i ett vattenglas **2** störtskur, skur **3** spec. mil. stormning; ***take by*** ~ ta med storm
II [stɔːm] *verb* **1** rasa [*at* över, mot]; ***she stormed out of the room*** rasande rusade hon ut ur rummet
stormy ['stɔːmɪ] *adj* stormig
story ['stɔːrɪ] *subst* **1** historia, berättelse **2** ***short*** ~ novell; handling i t.ex. bok, film **3** ***tell stories*** tala osanning, skämta
story book ['stɔːrɪbʊk] *subst* sagobok
story-teller ['stɔːrɪˌtelə] *subst* historieberättare, sagoberättare
story-writer ['stɔːrɪˌraɪtə] *subst* **1** novellförfattare **2** sagoförfattare
stout I [staʊt] *adj* stark, kraftig, robust; om person bastant, tjock
II [staʊt] *subst* ungefär porter
stove [stəʊv] *subst* **1** kamin **2** amer. spis
stow [stəʊ] *verb* stuva, stuva in, packa; ***~ away*** a) stuva undan b) gömma sig ombord, fara som fripassagerare
stowaway ['stəʊəweɪ] *subst* fripassagerare
straddle ['strædl] *verb* sitta grensle, sitta grensle på
straggle ['strægl] *verb* **1** ligga utspridd, spreta, bre ut sig **2** bli efter, släntra
straggler ['stræglə] *subst* eftersläntrare
straggling ['stræglɪŋ] *adj* **1** eftersläntrande **2** som sprider sig åt olika håll, spretig
straight I [streɪt] *adj* **1** rak [*a ~ line*], rät; ***put*** ~ rätta till **2** i följd, rak [*ten ~ wins*] **3** ***get*** ~ el. ***put*** ~ få ordning på, få rätsida på, ordna upp [*get one's affairs ~*] **4** uppriktig, ärlig, öppenhjärtig [*a ~ answer*] **5** ärlig, hederlig
II [streɪt] *adv* **1** rakt, rätt [*~ up*; *~ through*], mitt, tvärs [*~ across the street*] **2** rak, rakt, upprätt; ***stand*** ~ stå upprätt **3** ***~ on*** rakt fram; ***sit up*** ~ sitta rak, rätt, riktigt; logiskt [*think ~*] **4** direkt, raka vägen [*go ~ to London*], rakt [*he went ~ into...*]; genast **5** vard. hederligt [*live ~*]; ***go*** ~ föra ett hederligt liv **6** ***~ away*** genast, på ögonblicket; tvärt **7** ***~ out*** el. ~ direkt, rent ut [*I told him ~ that...*; *I told him ~ out that...*]
III [streɪt] *subst* raksträcka
straightaway [ˌstreɪtə'weɪ] *adv* genast
straighten ['streɪtn] *verb* räta, räta ut; rätta till [*~ one's tie*; *~ one's back*], räta på ryggen; ***~ out*** räta ut; ***it will ~ itself out*** det ordnar sig
straightforward [ˌstreɪt'fɔːwəd] *adj* **1** uppriktig, ärlig, rättfram **2** enkel, okomplicerad [*a ~ problem*]; normal
strain I [streɪn] *verb* **1** spänna, sträcka **2** anstränga sig till det yttersta, överanstränga; ***~ one's ears*** lyssna spänt; ***~ every nerve*** anstränga sig till det yttersta; ***~ oneself*** överanstränga sig **3** slita på **4** med. sträcka [*~ a muscle*] **5** sila, filtrera frukt, bär etc.; passera **6** ***~ at*** slita med, dra allt vad man kan i
II [streɪn] *subst* **1** spänning, tryck **2** ansträngning, påfrestning [*on* för]; press, stress [*the ~ of modern life*]; överansträngning; ***mental*** ~ psykisk påfrestning; ***nervous*** ~ nervpress, stress; ***be a ~ on sth*** fresta på ngt; ***it's a ~ on the eyes*** det är ansträngande för ögonen; ***it's a ~ on my nerves*** det sliter på nerverna; ***put a great ~ on*** hårt anstränga **3** vanligen pl. ***~s*** toner, musik
strained [streɪnd] *adj* spänd, ansträngd
strainer ['streɪnə] *subst* sil [*tea ~*]
strait [streɪt] *subst* **1** ~ el. ***~s*** sund **2** pl. ***~s*** trångmål; ***in financial ~s*** i penningknipa
straiten ['streɪtn] *verb*, ***be in straitened circumstances*** ha det dåligt ställt ekonomiskt
straitjacket ['streɪtˌdʒækɪt] *subst* tvångströja
straitlaced [ˌstreɪt'leɪst, före subst. 'streɪtleɪst] *adj* trångbröstad, bigott, pryd
1 strand [strænd] *subst* **1** tråd; ***a ~ of hair*** en hårslinga **2** repsträng
2 strand [strænd] *verb* sätta på grund [*~ a ship*]; ***be stranded*** stranda, sitta fast; ***be left stranded*** el. ***be stranded*** vara strandsatt
strange [streɪndʒ] *adj* **1** främmande

2 egendomlig, underlig; ~ ***to say*** egendomligt nog, underligt nog

strange-looking ['streɪndʒˌlʊkɪŋ] *adj* med ett egendomligt utseende

stranger ['streɪndʒə] *subst* främling; pl. ~***s*** främlingar, främmande människor, obekanta

strangle ['stræŋgl] *verb* **1** strypa **2** kväva **3** förkväva

stranglehold ['stræŋglhəʊld] *subst* **1** sport. strupgrepp **2** järngrepp; ***put a ~ on*** strypa åt

strangulate ['stræŋgjʊleɪt] *verb* strypa

strangulation [ˌstræŋgjʊ'leɪʃən] *subst* strypning

strap I [stræp] *subst* **1** rem, band, packrem; ***watch*** ~ klockarmband **2** stropp **3** strigel
II [stræp] (*-pp-*) *verb* spänna fast med en rem (remmar)

strapping ['stræpɪŋ] *adj* vard. stor och kraftig

strata ['strɑːtə, 'streɪtə] *subst pl* av *stratum*

stratagem ['strætədʒəm] *subst* list, fint, knep

strategic [strə'tiːdʒɪk] *adj* o. **strategical** [strə'tiːdʒɪkəl] *adj* strategisk

strategist ['strætədʒɪst] *subst* strateg

strategy ['strætədʒɪ] *subst* strategi, taktik

stratosphere ['strætəsfɪə] *subst* stratosfär

stratum ['strɑːtəm] (pl. *strata* ['strɑːtə]) *subst* geologiterm skikt, lager

straw I [strɔː] *subst* **1** strå, halmstrå; ***it*** (***that***) ***was the last*** ~ ordspr. det var droppen som kom bägaren att rinna över; ***clutch*** (***grasp***) ***at a*** ~ gripa efter ett halmstrå **2** halm **3** sugrör
II [strɔː] *adj* halm- [*~ hat*]

strawberry ['strɔːbərɪ] *subst* jordgubbe; ***wild*** ~ skogssmultron, smultron

stray I [streɪ] *verb* **1** gå vilse **2** glida, vandra [*his hand strayed towards his pocket*]
II [streɪ] *subst* vilsekommet djur
III [streɪ] *adj* **1** kringdrivande, vilsekommen [*~ cattle*], herrelös [*a ~ cat; a ~ dog*] **2** tillfällig, strö- [*a ~ customer*]; förlupen [*a ~ bullet*]

streak I [striːk] *subst* **1** strimma, rand, streck; ~ ***of lightning*** blixt; ***like a ~ of lightning*** som en oljad blixt **2** drag, inslag [*there is a ~ of cruelty in him*]
II [striːk] *verb* vard. **1** susa, svepa [*the car streaked along*] **2** springa näck offentligt för att väcka uppseende

streaker ['striːkə] *subst* vard. en som springer näck offentligt för att väcka uppseende

streaky ['striːkɪ] *adj* strimmig, randig [*~ bacon*]

stream I [striːm] *subst* ström, å, bäck; ***a constant*** (***continuous***) ~ ***of people*** en jämn ström av folk
II [striːm] *verb* **1** strömma, rinna, flöda [*sweat was streaming down his face*] **2** ~ ***with*** rinna av, drypa av

streamer ['striːmə] *subst* **1** vimpel **2** serpentin, remsa

streamline I ['striːmlaɪn] *subst* strömlinje, strömlinjeform
II ['striːmlaɪn] *verb* strömlinjeforma; ***streamlined*** strömlinjeformad [*streamlined cars*]

street [striːt] *subst* gata; ***they are not in the same*** ~ vard. de står inte i samma klass; ***be on the ~s*** om prostituerad gå på gatan; ***walk the ~s*** a) vara hemlös b) om prostituerad gå på gatan; ***it's just up*** (amer. ***down***) ***my street*** vard. det passar mig precis; ***be streets ahead of sb*** vard. ligga långt före ngn

streetcar ['striːtkɑː] *subst* amer. spårvagn

street-cleaner ['striːtˌkliːnə] *subst* gatsopare

streetdoor ['striːtdɔː] *subst* port, ytterdörr

streetlamp ['striːtlæmp] *subst* gatlykta

streetlighting ['striːtˌlaɪtɪŋ] *subst* gatubelysning

street-sweeper ['striːtˌswiːpə] *subst* gatsopare

street-walker ['striːtˌwɔːkə] *subst* gatflicka

streetwise ['striːtwaɪz] *adj* gatusmart, som har gått livets hårda skola

strength [streŋθ] *subst* **1** styrka, kraft, krafter; ***armed*** ~ väpnad styrka; ett lands krigsmakt; ***go from ~ to ~*** gå från klarhet till klarhet; ***on the ~ of*** på grund av, på [*on the ~ of his recommendation*] **2** styrka, stark sida [*one of his ~s is . . .*] **3** styrka, numerär [*the ~ of the enemy*]; ***be below*** ~ vara underbemannad; ***in great*** ~ el. ***in*** ~ i stort antal; ***be in full*** ~ el. ***be up to*** ~ vara fulltalig

strengthen ['streŋθən] *verb* **1** stärka, styrka **2** förstärka, förstärkas

strenuous ['strenjʊəs] *adj* **1** ansträngande, påfrestande [*~ work*] **2** energisk, ihärdig [*make ~ efforts*]

stress I [stres] *subst* **1** tryck; psykol. stress; ***be suffering from*** ~ vara stressad; ***a state of*** ~ stresstillstånd **2** vikt; ***lay ~ on*** framhålla, betona, lägga vikt vid **3** betoning, tryck, accent [*the ~ is on the first syllable*] **4** spänning, tryck, belastning

II [stres] *verb* **1** betona, understryka **2** fonet. betona **3** ~ ***out*** stressa; ***I feel stressed out*** jag känner mig stressad
stressful ['stresfʊl] *adj* stressande, stressig [*a ~ day at work*]
stress mark ['stresmɑːk] *subst* accenttecken
stretch I [stretʃ] *verb* **1** spänna [*~ a rope*], sträcka, tänja ut, sträcka ut; sträcka på [*~ one's neck*]; ~ ***one's legs*** sträcka på benen **2** sträcka på sig [*~ and yawn*], sträcka på benen **3** sträcka sig [*the wood stretches for miles*] **4** tänja sig, töja ut sig; gå att töja ut [*rubber stretches easily*]
II [stretʃ] *subst* **1** sträcka, trakt, område [*a ~ of meadow*] **2** ***at a*** ~ i ett sträck; ***at full*** ~ för fullt
III [stretʃ] *adj*, ~ ***nylon*** stretchnylon; ~ ***tights*** strumpbyxor
stretchable ['stretʃəbl] *adj* tänjbar, töjbar
stretcher ['stretʃə] *subst* bår
stretcher-bearer ['stretʃəˌbeərə] *subst* bårbärare
strew [struː] *verb* strö, strö ut; beströ
stricken ['strɪkən] *adj* olycksdrabbad [*a ~ area*]; ~ ***with panic*** gripen av panik
strict [strɪkt] *adj* sträng [*with* mot], strikt [*with* mot]; ***in a ~ sense*** i egentlig mening
strictly ['strɪktlɪ] *adv* **1** strängt [*~ forbidden*]; strikt **2** i egentlig mening; ~ ***speaking*** strängt taget
stridden ['strɪdn] perf. p. av *stride I*
stride I [straɪd] (*strode stridden*) *verb* kliva, stega, gå med långa steg [*~ off; ~ away*]
II [straɪd] *subst* långt steg, kliv; ***make great ~s*** göra stora framsteg; ***get into one's*** ~ börja komma i gång; ***take sth in one's*** ~ ta ngt med fattning; ***throw sb off his*** ~ el. ***throw sb out of*** ~ få ngn att förlora fattningen
strife [straɪf] *subst* stridighet, missämja, strid; ***industrial*** ~ konflikter på arbetsmarknaden; ***political*** ~ politiska strider
strike I [straɪk] (*struck struck*) *verb* **1** slå, slå till, slå på; ~ ***dumb*** göra stum; ~ ***while the iron is hot*** smida medan järnet är varmt **2** träffa [*the blow struck him on the chin*]; drabba, hemsöka **3** slå (stöta, köra) emot [*the car struck a tree*] sjö. stöta på, gå på [*the ship struck a mine*]; ~ ***bottom*** få bottenkänning **4** träffa på, upptäcka [*~ gold*] **5** slå, frappera; ***what struck me was...*** det som slog mig var... **6** förefalla, tyckas; ***it ~s me as the best*** det verkar vara det bästa **7** stryka [*~ a name from the list; ~ sb off the register*] **8** sjö. stryka [*~ sail*] **9** avsluta, göra upp; ~ ***a bargain*** träffa ett avtal **10** slå, stöta [*against sth* emot ngt]; ~ ***at*** slå efter, angripa; ~ ***lucky*** ha tur **11** om klocka slå [*the clock struck four*] **12** mil. anfalla **13** strejka **14** slå ned [*the lightning struck*]
II [straɪk] (*struck struck*) *verb* med adv. o. prep.
strike back slå igen, slå tillbaka
strike off 1 hugga av, slå av **2** stryka [*~ off a name from the list*]
strike out stryka, stryka ut, stryka över [*~ out a name; ~ out a word*]
strike up 1 inleda, knyta [*~ up a friendship*] **2** stämma upp, spela upp [*the band struck up a waltz*]
III [straɪk] *subst* **1** strejk; ~ ***fund*** strejkkassa; ***general*** ~ storstrejk, generalstrejk; ***sympathetic*** ~ sympatistrejk; ***call a*** ~ utlysa strejk; ***be out on*** ~ el. ***be on*** ~ strejka; ***go out on*** ~ el. ***come out on*** ~ gå i strejk, lägga ner arbetet **2** mil., ***nuclear*** ~ kärnvapenanfall
strike-breaker ['straɪkˌbreɪkə] *subst* strejkbrytare
striker ['straɪkə] *subst* **1** strejkare, strejkande **2** fotb. anfallsspelare
striking ['straɪkɪŋ] *adj* **1** slående, påfallande, markant [*a ~ likeness*] **2** ***within ~ distance*** inom skotthåll; ***we are within ~ distance of a peace agreement*** vi har ett fredsavtal inom räckhåll
strikingly ['straɪkɪŋlɪ] *adv* slående, påfallande [*~ beautiful*]; markant
string I [strɪŋ] *subst* **1** snöre; ***piece of*** ~ snöre **2** sträng [*the ~s of a violin*], sena [*the ~s of a tennis racket*]; pl. ***~s*** stråkinstrument, stråkar **3** före subst. stråk- [*~ orchestra*], sträng- [*~ instruments*] **4** ***pull the ~s*** hålla (dra) i trådarna; ***pull ~s*** använda sitt inflytande, mygla; ***without ~s*** vard. utan några förbehåll **5** ~ ***of pearls*** pärlhalsband; ***a ~ of onions*** en lökfläta **6** serie, följd [*a ~ of events*]; kedja [*a ~ of hotels*]
II [strɪŋ] (*strung strung*) *verb* **1** stränga [*~ a racket; ~ a violin*] **2** ~ ***up*** el. ~ hänga upp på t.ex. snöre **3** behänga [*a room strung with decorations*] **4** trä upp på band, trä upp på snöre [*~ pearls*]; ~ ***together*** sätta ihop [*~ words together*] **5** snoppa, rensa [*~ beans*] **6** ~ ***along with*** vard. hålla ihop med; ~ ***together*** hänga ihop
string bag ['strɪŋbæg] *subst* nätkasse

string bean [ˌstrɪŋ'biːn] *subst* skärböna
stringed [strɪŋd] *adj*, ~ ***instrument*** stränginstrument
stringent ['strɪndʒənt] *adj* **1** sträng [*~ rules*] **2** strängt logisk, stringent
stringy ['strɪŋɪ] *adj* trådig, senig [*~ meat*]
1 strip [strɪp] (*-pp-*) *verb* **1** skrapa av (bort), skala av (bort) **2** skrapa ren, plocka ren [*of* från, på]; ~ ***sb of sth*** beröva ngn ngt **3** klä av, klä av sig, strippa; ~ ***off*** ta av sig
2 strip [strɪp] *subst* **1** remsa [*a ~ of cloth*], list, skena [*a ~ of metal*], stycke **2** serie; ***comic*** ~ skämtserie, tecknad serie; ***film*** ~ bildband **3** sport. vard. lagdräkt; ***away*** ~ lagdräkt på bortamatcher
stripe I [straɪp] *subst* **1** rand, strimma **2** mil. streck i gradbeteckning
II [straɪp] *verb* göra randig
striped [straɪpt] *adj* randig, strimmig
strip-lighting ['strɪpˌlaɪtɪŋ] *subst* lysrörsbelysning
stripper ['strɪpə] *subst* vard., striptease-artist strippa
strippoker [ˌstrɪp'pəʊkə] *subst* klädpoker
striptease I ['strɪptiːz] *subst* striptease
II ['strɪptiːz] *verb* göra striptease strippa
strive [straɪv] (*strove striven*) *verb* sträva, bemöda sig
striven ['strɪvn] perf. p. av *strive*
strode [strəʊd] imperf. av *stride I*
1 stroke [strəʊk] *subst* **1** slag [*the ~ of a hammer*] **2** klockslag **3** med. stroke, slaganfall **4** tekn. kolvslag, slaglängd, takt [*four-stroke engine*] **5** i bollspel slag; simn. simtag, årtag; ***do the butterfly*** ~ simma fjärilsim **6** streck [*thin ~s*]; ***with a ~ of the pen*** med ett penndrag **7** drag, grepp [*a masterly ~*]; ***do a good ~ of business*** göra en bra affär; ***that was a ~ of genius*** det var ett snilledrag; ***what a ~ of luck!*** en sådan tur!; ***he doesn't do a*** ~ el. ***he doesn't do a ~ of work*** han gör inte ett handtag
2 stroke I [strəʊk] *verb* stryka, smeka [*~ a cat*]; ~ ***one's beard*** stryka sig om skägget; ~ ***sb the wrong way*** stryka ngn mothårs
II [strəʊk] *subst* strykning, smekning
stroll I [strəʊl] *verb* promenera, flanera
II [strəʊl] *subst* promenad; ***be out for a*** ~ vara ute och promenera
stroller ['strəʊlə] *subst* **1** flanör **2** spec. amer. sittvagn, paraplyvagn för barn
strong I [strɒŋ] *adj* **1** stark, kraftig **2** stor [*there is a ~ likelihood that...*] **3** ivrig, varm [*~ supporters*]
II [strɒŋ] *adv* starkt, kraftigt [*smell ~*]; ***be still going*** ~ vard. ännu vara i sin fulla kraft; vara i full gång
stronghold ['strɒŋhəʊld] *subst* fäste, borg
strongly ['strɒŋlɪ] *adv* starkt, kraftigt; på det bestämdaste [*I ~ advise you to go*]
strong room ['strɒŋruːm] *subst* kassavalv
strong-willed [ˌstrɒŋ'wɪld] *adj* viljestark
strove [strəʊv] imperf. av *strive*
struck [strʌk] imperf. o. perf. p. av *strike I*
structure ['strʌktʃə] *subst* **1** struktur **2** byggnadsverk
struggle I ['strʌgl] *verb* **1** kämpa, strida, brottas **2** streta, knoga [*~ up a hill*], arbeta sig, kämpa sig [*~ through a book*]; ~ ***along*** knaggla sig fram
II ['strʌgl] *subst* kamp, strid; kämpande; ***they put up a*** ~ de bjöd motstånd
strum [strʌm] (*-mm-*) *verb* klinka [*~ on the piano*], knäppa [*~ on the banjo*]
strung [strʌŋ] imperf. o. perf. p. av *string II*
strut [strʌt] (*-tt-*) *verb* stoltsera, kråma sig
stub I [stʌb] *subst* **1** stump; ***cigarette*** ~ cigarettstump, cigarettfimp **2** stubbe **3** talong, stam på t.ex. biljetthäfte
II [stʌb] (*-bb-*) *verb* **1** ~ ***one's toe*** stöta tån **2** ~ ***out*** el. ~ fimpa [*~ a cigarette*]
stubble ['stʌbl] *subst* **1** stubb på åker **2** skäggstubb
stubborn ['stʌbən] *adj* envis [*a ~ illness*], hårdnackad [*~ resistance*]; ~ ***as a mule*** envis som synden
stubby ['stʌbɪ] *adj* **1** stubbig **2** kort och bred; knubbig [*~ fingers*], satt
stuck [stʌk] imperf. o. perf. p. av *2 stick*
stuck-up [ˌstʌk'ʌp] *adj* vard. mallig, uppblåst
1 stud [stʌd] *subst* **1** stall uppsättning hästar [*racing ~*] **2** stuteri **3** avelshingst **4** vard. hingst, tjur sexig viril man
2 stud I [stʌd] *subst* **1** lös kragknapp; ***shirt*** ~ el. ~ skjortknapp, bröstknapp **2** stift, spik **3** dobb; på t.ex. däck dubb
II [stʌd] (*-dd-*) *verb* **1** besätta (beslå) med stift **2** dubba [*studded tyres*] **3** späcka [*a book studded with quotations*]; ***studded with jewels*** juvelbesatt
student ['stjuːdənt] *subst* studerande [*medical ~*]; student [*university ~s*], spec. amer. elev; ~ ***counselling*** studierådgivning, studievägledning
studied ['stʌdɪd] *adj* medveten, överlagd, avsiktlig [*~ insult*], utstuderad
studio ['stjuːdɪəʊ] *subst* ateljé, studio; pl. ***~s*** filmstad; ***film*** ~ filmateljé, filmstudio

studious ['stjuːdjəs] *adj* flitig, flitig i sina studier
study I ['stʌdɪ] *subst* **1** studier [*fond of ~*], studerande; ~ ***circle*** studiecirkel; ***make a ~ of sth*** studera ngt, bemöda sig om ngt **2** undersökning [*a ~ of eating habits*] **3** arbetsrum, läsrum; ***headmaster's ~*** rektorsexpedition **4** musik. etyd
II ['stʌdɪ] *verb* **1** studera, läsa [*~ medicine*], lära sig; ~ ***a part*** studera (lära) in en roll **2** undersöka, granska **3** vara mån om [*~ one's own interests*]
stuff I [stʌf] *subst* **1** material, ämne; materia; ***the same old ~*** det gamla vanliga; ***it's poor ~*** det är ingenting att ha; ***some sticky ~*** något klibbigt **2** vard. saker, grejor [*I've packed my ~*]; ***do your ~!*** visa vad du kan!; ***he knows his ~*** han kan sin sak; ~ ***and nonsense*** struntprat
II [stʌf] *verb* **1** stoppa [*~ a cushion*], proppa full, stoppa full [*with* med]; ~ ***oneself with food*** proppa i sig mat **2** ~ ***up*** el. ~ täppa till; ***my nose is stuffed up*** jag är täppt i näsan **3** stoppa upp [*~ a bird*] **4** kok. fylla, färsera
stuffed [stʌft] *adj* **1** stoppad; fullstoppad, fullproppad [*~ with facts*] **2** kok. fylld [*~ turkey*], färserad **3** uppstoppad [*~ birds*]
stuffing ['stʌfɪŋ] *subst* **1** stoppning, uppstoppning **2** kok. fyllning [*turkey ~*], färs, inkråm
stuffy ['stʌfɪ] *adj* **1** instängd, kvav **2** täppt [*~ nose*]
stumble ['stʌmbl] *verb* **1** snava, snubbla; ~ ***across*** råka på, stöta på **2** stappla **3** staka sig, stamma
stumbling-block ['stʌmblɪŋblɒk] *subst* stötesten [*to sb* för ngn]
stump I [stʌmp] *subst* stump, stubbe
II [stʌmp] *verb*, ***the question stumped him*** vard. han gick bet på frågan
stun [stʌn] (*-nn-*) *verb* **1** bedöva [*~ sb with a blow*] **2** överväldiga, förbluffa, chocka
stung [stʌŋ] imperf. o. perf. p. av *sting II*
stunk [stʌŋk] perf. p. av *stink I*
stunning ['stʌnɪŋ] *adj* **1** bedövande [*a ~ blow*]; chockande **2** vard. fantastisk [*a ~ performance*] **3** jättesnygg
stunt [stʌnt] *subst* vard. **1** konstnummer, trick; ***acrobatic ~s*** akrobatkonster **2** jippo [*it's just a ~*]
stunted ['stʌntɪd] *adj* förkrympt; ***be ~*** vara hämmad i växten
stupefy ['stjuːpɪfaɪ] *verb* **1** bedöva, göra omtöcknad; ***stupefied with drink*** omtöcknad av alkohol **2** göra häpen (bestört)
stupendous [stjʊ'pendəs] *adj* häpnadsväckande, förbluffande, kolossal
stupid ['stjuːpɪd] *adj* dum, enfaldig
stupidity [stjʊ'pɪdətɪ] *subst* dumhet, enfald
stupor ['stjuːpə] *subst* dvala, omtöcknat tillstånd; ***in a drunken ~*** redlöst berusad
sturdy ['stɜːdɪ] *adj* robust, kraftig
sturgeon ['stɜːdʒən] *subst* fisk stör
stutter I ['stʌtə] *verb* stamma
II ['stʌtə] *subst* stamning
1 sty [staɪ] *subst* svinstia
2 sty o. **stye** [staɪ] *subst* med. vagel
style I [staɪl] *subst* **1** stil, stilart; ***do things in ~*** slå på stort, leva på stor fot; ***live in ~*** leva flott **2** mode; ***dressed in the latest ~*** klädd efter senaste modet
II [staɪl] *verb* **1** formge, designa [*~ cars; ~ dresses*]; ~ ***sb's hair*** lägga frisyr på ngn, styla håret på ngn **2** titulera [*he is styled 'Colonel'*]
stylish ['staɪlɪʃ] *adj* **1** stilfull, stilig **2** moderiktig
stylize ['staɪlaɪz] *verb* stilisera
styptic ['stɪptɪk] *adj* blodstillande; ~ ***pencil*** alunstift
suave [swɑːv] *adj* förbindlig, älskvärd
sub [sʌb] vard. kortform av **subscription, substitute**
subcommittee ['sʌbkəˌmɪtɪ] *subst* underutskott, underkommitté
subconscious I [ˌsʌb'kɒnʃəs] *adj* undermedveten
II [ˌsʌb'kɒnʃəs] *subst* undermedvetande; ***the ~*** det undermedvetna
subcontinent [ˌsʌb'kɒntɪnənt] *subst* subkontinent [*the Indian ~*]
subdivision ['sʌbdɪˌvɪʒən] *subst* underavdelning
subdue [səb'djuː] *verb* underkuva [*~ a country*], kuva, dämpa
subdued [səb'djuːd] *adj* **1** underkuvad **2** dämpad [*~ light*], diskret [*~ colours*]; återhållsam
subheading ['sʌbˌhedɪŋ] *subst* underrubrik
subject I ['sʌbdʒɪkt] *subst* **1** undersåte; ***he is a British ~*** han är engelsk medborgare **2** ämne i skola **3** samtalsämne ***change the ~*** byta samtalsämne; ***on the ~ of*** angående, om; ~ ***of*** föremål för **4** gram. subjekt
II ['sʌbdʒɪkt] *adj*, ~ ***to*** underkastad [*~ to changes*]; ***be ~ to*** a) utsättas för b) ha anlag för, lida av [*be ~ to headaches*]; ***be ~ to duty*** vara tullpliktig

III ['sʌbdʒɪkt] *adv*, ~ ***to*** under förutsättning av; ~ ***to your approval*** under förutsättning av ert godkännande; med förbehåll för [~ *to alterations*]
IV [səb'dʒekt] *verb*, ***be subjected to*** vara utsatt för, vara föremål för, drabbas av
subjection [səb'dʒekʃən] *subst* underkuvande; underkastelse [*to* under], beroende [*to* av]
subjective [səb'dʒektɪv] *adj* subjektiv
subject matter ['sʌbdʒɪkt,mætə] *subst* innehåll, stoff [*the* ~ *of the book*]
subjugate ['sʌbdʒʊgeɪt] *verb* underkuva
subjunctive [səb'dʒʌŋktɪv] *subst* gram. konjunktiv; ***in the*** ~ i konjunktiv
sublet [,sʌb'let] (*sublet sublet*) (*-tt-*) *verb* hyra ut i andra hand
sublime I [sə'blaɪm] *adj* storslagen
II [sə'blaɪm] *subst* storslagenhet
sub-machine-gun [,sʌbmə'ʃiːngʌn] *subst* kulsprutepistol, kpist
submarine [,sʌbmə'riːn] *subst* ubåt
submerge [səb'mɜːdʒ] *verb* doppa ner, sänka ner i vatten **1** dyka ner **2** översvämma, sätta under vatten
submerged [səb'mɜːdʒd] *adj*, ***be*** ~ vara (stå) under vatten
submersion [səb'mɜːʃən] *subst* nedsänkning
submission [səb'mɪʃən] *subst* **1** underkastelse [*to* under] **2** framläggande, föredragning, föreläggande
submissive [səb'mɪsɪv] *adj* undergiven, foglig
submit [səb'mɪt] (*-tt-*) *verb* **1** ~ ***to*** utsätta för; ~ ***oneself to*** underkasta sig **2** framlägga, föredra, presentera [~ *one's plans*]; ~ ***a report to sb*** avge rapport för ngn **3** ge vika
subnormal [,sʌb'nɔːml] *adj* som är under det normala [~ *temperatures*]
subordinate I [sə'bɔːdənət] *adj* **1** underordnad [*a* ~ *position*]; lägre [*a* ~ *officer*], underlydande; bi- [*a* ~ *role*] **2** ~ ***clause*** gram. bisats
II [sə'bɔːdənət] *subst* underordnad [*his* ~*s*]
III [sə'bɔːdɪneɪt] *verb* underordna [*to* under]; sätta i andra hand [~ *one's private interests*]
subplot ['sʌbplɒt] *subst* sidohandling i roman
subpoena I [səb'piːnə] *subst* jur. åliggande med vite att inställa sig
II [səb'piːnə] *verb* jur. kalla inför rätta
subscribe [səb'skraɪb] *verb* **1** teckna sig för, teckna **2** prenumerera, abonnera [~ *to a newspaper*] **3** ge bidrag **4** ~ ***to*** skriva under [~ *to an agreement*] **5** ansluta sig till, dela [~ *to sb's views*]
subscriber [səb'skraɪbə] *subst* **1** prenumerant [~ *to a newspaper*]; abonnent **2** bidragsgivare
subscription [səb'skrɪpʃən] *subst* **1** prenumeration, abonnemang [*to* på]; ***take out a*** ~ ***for*** prenumerera på **2** prenumerationsavgift, medlemsavgift **3** teckning, undertecknande; ~ ***of shares*** teckning av aktier **4** insamling [*to* till]; ***start a*** ~ el. ***raise a*** ~ sätta i gång en insamling
subsequent ['sʌbsɪkwənt] *adj* följande, efterföljande
subsequently ['sʌbsɪkwəntlɪ] *adv* därefter, sedan, efteråt
subside [səb'saɪd] *verb* **1** sjunka undan [*the flood has subsided*]; sjunka, sätta sig [*the house will* ~] **2** avta, lägga sig [*the wind began to* ~]
subsidiary I [səb'sɪdjərɪ] *adj* **1** sido- [~ *theme*]; ~ ***character*** bifigur; ~ ***company*** dotterbolag **2** underordnad [*to sth* ngt]
II [səb'sɪdjərɪ] *subst* dotterbolag, dotterföretag
subsidize ['sʌbsɪdaɪz] *verb* subventionera, understödja; ***subsidized*** subventionerad
subsidy ['sʌbsɪdɪ] *subst* subvention, statsunderstöd
subsistence [səb'sɪstəns] *subst* uppehälle, utkomst; ***means of*** ~ existensmedel; ~ ***allowance*** traktamente
substance ['sʌbstəns] *subst* **1** ämne, stoff; substans [*a chalky* ~] **2** huvudinnehåll, innebörd [*the* ~ *of a speech*]
substandard [,sʌb'stændəd] *adj* undermålig; om språk ovårdad
substantial [səb'stænʃl] *adj* **1** verklig, påtaglig **2** avsevärd, betydande, omfattande [~ *improvement*] **3** stadig, bastant [*a* ~ *meal*]
substantially [səb'stænʃəlɪ] *adv* väsentligen, i allt väsentligt
substantiate [səb'stænʃɪeɪt] *verb* bestyrka
substantive ['sʌbstəntɪv] *subst* gram. substantiv
substitute I ['sʌbstɪtjuːt] *subst* **1** ställföreträdare, ersättare, vikarie; sport. avbytare, reserv; ***the substitute's bench*** sport. avbytarbänken **2** ersättning, surrogat
II ['sʌbstɪtjuːt] *verb* **1** sätta i stället [*for* för]; ~ ***beer for wine*** ersätta vin med öl

2 vikariera, vara ersättare, vara avbytare [*for* för]
substitution [ˌsʌbstɪ'tjuːʃən] *subst* **1** utbyte **2** sport. byte **3** ersättande; ersättning
subtenant [ˌsʌb'tenənt] *subst* hyresgäst i andra hand; ***be a*** ~ hyra i andra hand
subterfuge ['sʌbtəfjuːdʒ] *subst* undanflykt, förevändning
subterranean [ˌsʌbtə'reɪnjən] *adj* underjordisk
subtitle I ['sʌbˌtaɪtl] *subst* **1** undertitel **2** film., pl. ~***s*** text [*an English film with Swedish ~s*]
II ['sʌbˌtaɪtl] *verb* **1** förse med en undertitel **2** film. texta
subtle ['sʌtl] *adj* **1** subtil, hårfin [*a ~ difference*]; obestämbar [*a ~ charm*], diskret [*a ~ perfume*] **2** utstuderad, raffinerad [*~ methods*] **3** vaken [*a ~ observer*]
subtlety ['sʌtltɪ] *subst* **1** subtilitet, hårfinhet **2** skärpa, skarpsinne
subtract [səb'trækt] *verb* subtrahera, dra ifrån [*~ 6 from 9*], dra av
subtraction [səb'trækʃən] *subst* subtraktion
subtropical [ˌsʌb'trɒpɪkl] *adj* subtropisk
suburb ['sʌbɜːb] *subst* förort, förstad [*of* till]; ***garden*** ~ villaförort, villastad, trädgårdsstad
suburban [sə'bɜːbən] *adj* **1** förorts-, förstads-; ~ ***area*** a) förortsområde b) ytterområde **2** neds. småstadsaktig
suburbanite [sə'bɜːbənaɪt] *subst* förortsbo
suburbia [sə'bɜːbɪə] *subst* ngt neds. förorterna; förortsmentalitet; förortsliv
subversion [səb'vɜːʃən] *subst* omstörtning
subversive [səb'vɜːsɪv] *adj* omstörtande; ~ ***activity*** omstörtande verksamhet
subway ['sʌbweɪ] *subst* **1** gångtunnel **2** amer. tunnelbana
sub-zero [ˌsʌb'zɪərəʊ] *adj* under noll grader
succeed [sək'siːd] *verb* **1** lyckas [*the attack succeeded*], ha framgång; ***she succeeded in doing it*** hon lyckades göra det; ***nothing ~s like success*** ordspr. den ena framgången drar den andra med sig **2** ~ ***to*** överta, ärva [*~ to an estate*]; ~ ***to the throne*** överta tronen **3** komma efter, efterträda [*who will ~ him as prime minister?*]
success [sək'ses] *subst* framgång, lycka [*with varying ~*], succé; ~ ***story*** framgångssaga; ***make a ~ of*** lyckas med; ***meet with*** ~ ha framgång, göra succé
successful [sək'sesfʊl] *adj* framgångsrik, lyckosam, lyckad [*~ experiments*]; succé- [*~ play*]; godkänd [*~ candidates*]
succession [sək'seʃən] *subst* **1** följd, rad [*a ~ of years*], serie, ordning, ordningsföljd; ***in*** ~ i följd, i rad **2** arvföljd, tronföljd
successive [sək'sesɪv] *adj* på varandra följande; successiv [*~ changes*]; ***three ~ days*** tre dagar i rad
successor [sək'sesə] *subst* efterträdare, efterföljare [*to sb* till ngn]; ~ ***to the throne*** tronföljare
succumb [sə'kʌm] *verb* duka under [*to* för], ge efter, falla [*~ to flattery*]
such [sʌtʃ] *adj* o. *pron* **1** sådan [*~ books*]; ***there is ~ a draught*** det drar så; ***I've never heard of ~ a thing!*** jag har aldrig hört på maken!; ***I shall do no ~ thing*** det gör jag definitivt inte; ***some ~ thing*** något sådant, något liknande; ~ ***and*** ~ den och den [*~ and ~ a day*]; ***as*** ~ som sådan, i sig [*I like the work as ~*] **2** så [*~ big books; ~ long hair*]; ***we had ~ fun*** vi hade verkligen roligt **3** ~ ***as*** sådan som; som t.ex., som, såsom [*vehicles ~ as cars*]; ~ ***books as these*** sådana här böcker; ***have you ~ a thing as a stamp?*** har du möjligen ett frimärke?; ***there are no ~ things as ghosts*** det finns inga spöken; ~ ***as it is*** sådan den nu är
suchlike ['sʌtʃlaɪk] *adj* o. *pron* sådan, liknande, dylik; ***and ~ things*** el. ***and*** ~ och dylikt, o.d.
suck I [sʌk] *verb* **1** suga, suga på; ~ ***at one's pipe*** suga på sin pipa **2** dia **3** ***it ~s*** sl. det är skitdåligt (botten)
II [sʌk] *subst* **1** sugning, sug [*at* på]; ***have a ~ at sth*** suga på ngt **2** ***give ~ to*** amma
sucking-pig ['sʌkɪŋpɪg] *subst* spädgris, digris
suckle ['sʌkl] *verb* dia, ge di, amma
suction ['sʌkʃən] *subst* insugning; sug, utsug
Sudan [sʊ'dɑːn, sʊ'dæn], ***the*** ~ Sudan
sudden I ['sʌdn] *adj* plötslig, oväntad
II ['sʌdn] *subst*, ***all of a*** ~ helt plötsligt
suddenly ['sʌdnlɪ] *adv* plötsligt, med ens
suds [sʌdz] *subst pl* lödder av tvål, såpa
sue [sjuː, suː] *verb* jur. **1** stämma, åtala **2** processa [*for* om, för att få]; väcka åtal [*threaten to ~*]; ~ ***for a divorce*** begära skilsmässa
suede [sweɪd] *subst* mockaskinn
suet ['sʊɪt] *subst* njurtalg
suffer ['sʌfə] *verb* **1** lida, plågas [*from* av], drabbas av, få utstå [*~ punishment*]; ~ ***damage*** ta skada; ~ ***pain*** ha smärtor; ~

for få lida för **2** undergå, genomgå [*~ change*] **3** tåla
sufferer ['sʌfərə] *subst* lidande person; ***hay-fever ~s*** de som lider av hösnuva; ***he will be the*** ~ det blir han som blir lidande
suffering ['sʌfərɪŋ] *subst* o. *adj* lidande
suffice [sə'faɪs] *verb* vara nog, räcka, räcka till; vara tillräcklig för
sufficiency [sə'fɪʃənsɪ] *subst* tillräcklig mängd [*of* av]; tillräcklighet
sufficient I [sə'fɪʃənt] *adj* tillräcklig; ***be*** ~ räcka [*for* till, för]
II [sə'fɪʃənt] *subst*, ***be ~ of an expert to decide*** vara tillräckligt mycket expert för att bestämma

suffix
Suffix betyder ändelse. En del ändelser används för att bilda nya ord, t.ex.

-able	*washable*	tvättbar
-er	*dancer*	dansare
-ly	*cleverly*	skickligt
-ness	*goodness*	godhet

suffix ['sʌfɪks] *subst* gram. suffix, ändelse
suffocate ['sʌfəkeɪt] *verb* kväva; kvävas
suffocating ['sʌfəkeɪtɪŋ] *adj* kvävande, kvalmig, kvav
suffocation [ˌsʌfə'keɪʃən] *subst* kvävning
sugar I ['ʃʊgə] *subst* **1** socker; ***brown*** ~ farinsocker **2** vard. sötnos, älskling
II ['ʃʊgə] *verb* sockra, sockra i, sockra på; ~ ***the pill*** sockra det beska pillret
sugar almonds [ˌʃugər'ɑːməndz] *subst pl* dragerade mandlar
sugar basin ['ʃʊgəˌbeɪsn] *subst* sockerskål
sugar beet ['ʃʊgəbiːt] *subst* sockerbeta
sugar bowl ['ʃʊgəbəʊl] *subst* sockerskål
sugar candy ['ʃʊgəˌkændɪ] *subst* kandisocker
sugar cane ['ʃʊgəkeɪn] *subst* sockerrör
sugar daddy ['ʃʊgəˌdædɪ] *subst* vard. äldre rik beundrare (älskare) till ung flicka
sugar-free ['ʃʊgəfriː] *adj* sockerfri
sugary ['ʃʊgərɪ] *adj* sockrad, sockrig; sockerhaltig
suggest [sə'dʒest, amer. səg'dʒest] *verb* **1** föreslå [*~ sb for a job*] **2** antyda, påminna om, väcka tanken på
suggestible [sə'dʒestəbl, amer. səg'dʒestəbl] *adj* lättpåverkad, lättsuggererad
suggestion [sə'dʒestʃən, amer. səg'dʒestʃən] *subst* **1** förslag [*~s for improvement*] **2** antydan, vink; uppslag
suggestive [sə'dʒestɪv, amer. səg'dʒestɪv] *adj* tankeväckande, uppslagsrik; suggestiv; ***be ~ of*** väcka tanken på, tyda på, vittna om
suicidal [suːɪ'saɪdl] *adj* självmords- [*~ tendencies*]
suicide ['suːɪsaɪd] *subst* självmord; ***commit*** ~ begå självmord
suit I [suːt, sjuːt] *subst* **1** dräkt [*spacesuit*]; ***man's*** ~ el. ~ kostym; ***woman's*** ~ dräkt; ***a ~ of armour*** en rustning; ***a ~ of clothes*** en hel kostym; ***dress*** ~ högtidsdräkt, frack; ***two-piece*** ~ a) kostym kavaj o. byxor b) tvådelad dräkt **2** kortsp. färg; ***follow*** ~ a) kortsp. bekänna färg b) följa exemplet, göra likadant **3** rättegång, mål; ***file a ~ against sb*** börja process mot ngn
II [suːt, sjuːt] *verb* **1** passa, vara lämplig för; ***will tomorrow ~ you?*** passar det i morgon?; ***you can't ~ everybody*** man kan inte vara alla till lags; ~ ***yourself!*** som du vill! **2** klä [*white ~s her*] **3** anpassa [*to* efter]
suitability [ˌsuːtə'bɪlətɪ, ˌsjuːtə'bɪlətɪ] *subst* lämplighet [*for* för]
suitable ['suːtəbl, 'sjuːtəbl] *adj* passande, lämplig [*to, for* för, till]; ***be*** ~ passa, duga
suitably ['suːtəblɪ, 'sjuːtəblɪ] *adv* lämpligt, passande, riktigt, rätt
suitcase ['suːtkeɪs, 'sjuːtkeɪs] *subst* resväska
suite [swiːt] *subst* **1** svit, följe, uppvaktning **2** ***a ~ of furniture*** ett möblemang, en möbel **3** soffgrupp; ***a three-piece*** ~ en soffgrupp i tre delar **4** svit [*a ~ at a hotel*]
suited ['suːtɪd, 'sjuːtɪd] *adj* **1** lämplig, passande, lämpad [*for, to* för]; ***they are well ~ to each other*** de passar bra ihop **2** anpassad, avpassad [*to* efter]
sulfate ['sʌlfeɪt] *subst* o. **sulfur** ['sʌlfə] *subst* o. **sulfuric** ['sʌl'fjʊərɪk] *adj* amer., se *sulphate, sulphur* o. *sulphuric*
sulk [sʌlk] *verb* tjura, vara sur
sulky ['sʌlkɪ] *adj* sur, tjurig
sullen ['sʌlən] *adj* surmulen, butter
sulphate ['sʌlfeɪt] *subst* sulfat
sulphur ['sʌlfə] *subst* svavel
sulphuric [sʌl'fjʊərɪk] *adj*, ~ ***acid*** svavelsyra
sultan ['sʌltən] *subst* sultan

sultana [sʌl'tɑːnə] *subst* **1** sultaninna **2** sultanrussin
sultry ['sʌltrɪ] *adj* kvav, kvalmig
sum I [sʌm] *subst* **1** summa **2** penningsumma, belopp **3** matematikexempel, matematikuppgift; pl. ***~s*** matematik; ***do ~s*** lösa räkneuppgifter
II [sʌm] (*-mm-*) *verb* summera, addera [*up* ihop]; ~ ***up*** a) sammanfatta; göra en sammanfattning b) bedöma, bilda sig en uppfattning om; ***to ~ up*** sammanfattningsvis
summarize ['sʌmərаɪz] *verb* sammanfatta, göra (vara) en sammanfattning av
summary ['sʌmərɪ] *subst* sammanfattning, sammandrag
summer ['sʌmə] *subst* sommar; ***last ~*** förra sommaren, i somras; ***this ~*** den här sommaren, i sommar; ***in the ~*** el. ***in ~*** på sommaren; ***in the ~ of 2004*** sommaren 2004; ***in the early ~*** el. ***in early ~*** på försommaren, tidigt på sommaren; ***in the late ~*** el. ***in late summer*** på sensommaren, sent på sommaren; ***children's ~ camp*** el. ***~ camp*** barnkoloni
summer-house ['sʌməhaʊs] *subst* **1** lusthus, paviljong **2** sommarhus, sommarställe
summertime ['sʌmətaɪm] *subst* sommar, sommartid; ***in the ~*** el. ***in ~*** på sommaren, under sommaren
summery ['sʌmərɪ] *adj* sommarlik
summit ['sʌmɪt] *subst* **1** topp, spets [*the ~ of a mountain*] **2** topp-; ~ ***meeting*** toppmöte
summon ['sʌmən] *verb* **1** kalla, kalla på, tillkalla; kalla in [*~ Parliament*]; ***~ a meeting*** sammankalla ett möte **2** jur. instämma, kalla, kalla in [*~ sb as a witness*]; ***~ sb before court*** el. ***~ sb*** stämma ngn inför rätta **3** ***~ up*** el. ~ samla, uppbåda; ***~ one's courage*** samla mod
summons ['sʌmənz] *subst* **1** kallelse, inkallelse; jur. **2** stämning; ***serve a ~ on sb*** delge ngn stämning
sumptuous ['sʌmptjʊəs] *adj* överdådig
sum-total [ˌsʌm'təʊtl] *subst* slutsumma
sun I [sʌn] *subst* sol, solsken; ***everything under the ~*** allt mellan himmel och jord
II [sʌn] (*-nn-*) *verb* sola; ***~ oneself*** sola sig
sunbath ['sʌnbɑːθ] *subst* solbad
sunbathe ['sʌnbeɪð] *verb* solbada
sunbeam ['sʌnbiːm] *subst* solstråle
sunblind ['sʌnblaɪnd] *subst* markis, jalusi
sunburn ['sʌnbɜːn] *subst* solsveda
sunburned ['sʌnbɜːnd] *adj* o. **sunburnt** ['sʌnbɜːnt] *adj* bränd av solen
sundae ['sʌndeɪ] *subst* glasscoupe med garnering

Sunday lunch
På söndagarna äter man i England ofta en traditionell *Sunday lunch* (*Sunday dinner*) som kan bestå av *roast beef*, helstekt rostbiff, och *Yorkshire pudding*, slags ugnspannkaka, eller *roast of lamb*, lammstek, med *mint sauce*, myntasås, *roast potatoes*, rostad potatis, *vegetables*, grönsaker och *a sweet*, en efterrätt.

Sunday ['sʌndeɪ, 'sʌndɪ] *subst* söndag; ***last ~*** i söndags
sundeck ['sʌndek] *subst* soldäck
sundial ['sʌndaɪəl] *subst* solur, solvisare
sundown ['sʌndaʊn] *subst*, ***at ~*** i solnedgången, vid solnedgången
sundry ['sʌndrɪ] *adj* diverse [*~ items*], varjehanda; ***all and ~*** alla och envar
sunflower ['sʌnˌflaʊə] *subst* solros
sung [sʌŋ] perf. p. av *sing*
sunglasses ['sʌnˌglɑːsɪz] *subst pl* solglasögon
sunhelmet ['sʌnˌhelmɪt] *subst* tropikhjälm
sunk [sʌŋk] *adj* o. *perf p* (av *sink*) nedsänkt, sänkt, sjunken; ***we are ~ if that happens*** vard. vi är sålda om det händer
sunken ['sʌŋkən] *adj* **1** sjunken, nedsänkt **2** insjunken [*~ eyes*], infallen [*~ cheeks*]
sunlamp ['sʌnlæmp] *subst* sollampa, kvartslampa
sunlight ['sʌnlaɪt] *subst* solljus
sunlit ['sʌnlɪt] *adj* solbelyst, solig
sunny ['sʌnɪ] *adj* solig; sol- [*~ day*]; ***look on the ~ side of things*** el. ***look on the ~ side*** se allt från den ljusa sidan
sunray ['sʌnreɪ] *subst* **1** solstråle **2** ***~ treatment*** behandling; ultraviolett strålning
sunrise ['sʌnraɪz] *subst*, ***at ~*** i soluppgången, vid soluppgången
sunroof ['sʌnruːf] *subst* soltak på bil
sunscreen ['sʌnskriːn] *subst* solskyddskräm
sunset ['sʌnset] *subst* solnedgång; ***at ~*** i solnedgången, vid solnedgången
sunshade ['sʌnʃeɪd] *subst* **1** parasoll **2** markis **3** solskärm
sunshield ['sʌnʃiːld] *subst* solskydd i bil
sunshine ['sʌnʃaɪn] *subst* solsken
sunspot ['sʌnspɒt] *subst* astron. solfläck

sunstroke ['sʌnstrəʊk] *subst* solsting
sunsuit ['sʌnsuːt, 'sʌnsjuːt] *subst* soldräkt
suntan I ['sʌntæn] *subst* solbränna; ~ ***lotion*** sololja
II ['sʌntæn] (*-nn-*) *verb* bli solbränd
sunup ['sʌnʌp] *subst* spec. amer. soluppgång

Super Bowl
The Super Bowl kallas finalspelet i amerikansk fotboll. Det spelas i januari och vinnarna av de två serierna möts i en avgörande match om det amerikanska mästerskapet.

super ['suːpə] *adj* vard. toppen, jättefin
superabundance [ˌsuːpərə'bʌndəns] *subst* överflöd, riklighet [*of* på, av]
superb [suː'pɜːb] *adj* storartad, enastående [*a ~ view*], ypperlig, utmärkt
supercilious [ˌsuːpə'sɪlɪəs] *adj* högdragen, överlägsen, övermodig
superficial [ˌsuːpə'fɪʃl] *adj* ytlig
superficiality [ˌsuːpəˌfɪʃɪ'ælətɪ] *subst* ytlighet
superfluous [suː'pɜːflʊəs] *adj* överflödig, onödig; ~ ***hair*** generande hårväxt
superhuman [ˌsuːpə'hjuːmən] *adj* övermänsklig
superintend [ˌsuːpərɪn'tend] *verb* övervaka, tillse, hålla uppsikt över
superintendence [ˌsuːpərɪn'tendəns] *subst* överinseende, tillsyn, uppsikt
superintendent [ˌsuːpərɪn'tendənt] *subst* överintendent, ledare, direktör för ämbetsverk; ***police*** ~ el. ~ poliskommissarie, kommissarie
superior I [suː'pɪərɪə] *adj* **1** högre i rang [*to* än] **2** överlägsen [*to sb* ngn] **3** extra prima [*~ quality*] **4** överlägsen, högdragen [*a ~ air*; *a ~ attitude*]
II [suː'pɪərɪə] *subst* överordnad [*my ~s*]
superiority [suːˌpɪərɪ'ɒrətɪ] *subst* överlägsenhet [*to* över]; ***his*** ~ ***in rank*** hans överordnade ställning
superjet ['suːpədʒet] *subst* överljudsplan
superlative I [suː'pɜːlətɪv] gram. *adj* **1** förträfflig, enastående **2** superlativ; ***the*** ~ ***degree*** superlativ
II [suː'pɜːlətɪv] gram. *subst*, ***in the*** ~ i superlativ
superman ['suːpəmæn] (pl. *supermen* ['suːpəmen]) *subst* **1** övermänniska **2** vard. stålman; ***Superman*** Stålmannen seriefigur
supermarket ['suːpəˌmɑːkɪt] *subst* stort snabbköp
supernatural [ˌsuːpə'nætʃrəl] *adj* övernaturlig
superpower ['suːpəˌpaʊə] *subst* supermakt
supersede [ˌsuːpə'siːd] *verb* **1** ersätta [*CDs have superseded gramophone records*], avlösa **2** efterträda [*~ sb as chairman*]
supersensitive [ˌsuːpə'sensətɪv] *adj* överkänslig
supersonic [ˌsuːpə'sɒnɪk] *adj* överljuds- [*~ aircraft*]
superstition [ˌsuːpə'stɪʃən] *subst* vidskepelse, vidskeplighet
superstitious [ˌsuːpə'stɪʃəs] *adj* vidskeplig
superstore ['suːpəstɔː] *subst* stormarknad
supervise ['suːpəvaɪz] *verb* övervaka, tillse, ha tillsyn över
supervision [ˌsuːpə'vɪʒən] *subst* överinseende, övervakning, tillsyn
supervisor ['suːpəvaɪzə] *subst* **1** övervakare; tillsyningsman; arbetsledare; föreståndare i t.ex. varuhus; kontrollant **2** skol. handledare, studieledare
supervisory [ˌsuːpə'vaɪzərɪ] *adj* övervakande, övervaknings-, tillsyns- [*~ duties*]
supper ['sʌpə] *subst* kvällsmat [*have cold meat for ~*], kvällsmål, supé
suppertime ['sʌpətaɪm] *subst* dags för kvällsmat
supplant [sə'plɑːnt] *verb* ersätta [*gramophone records have been supplanted by CDs*], avlösa
supple ['sʌpl] *adj* böjlig, mjuk, smidig
supplement I ['sʌplɪmənt] *subst* supplement, tillägg; bilaga, bihang
II ['sʌplɪment] *verb* öka, öka ut [*~ one's income*], komplettera
supplementary [ˌsʌplɪ'mentərɪ] *adj* tilläggs-, kompletterande, supplement- [*~ volume*]
supply I [sə'plaɪ] *verb* **1** skaffa [*~ proof*] spec. hand. tillhandahålla, leverera [*~ sth to sb*]; ~ ***sb with sth*** förse ngn med ngt **2** fylla, fylla ut, täcka [*~ a want*], ersätta [*~ a deficiency*]; ~ ***a demand*** tillfredsställa ett behov
II [sə'plaɪ] *subst* **1** tillförsel, anskaffning, leverans [*~ of goods*] **2** tillgång [*~ of food*], förråd, lager [*a large ~ of shoes*]; ~ ***and demand*** ekon. tillgång och efterfrågan; ***medical supplies*** medicinska förnödenheter **3** pl. ***supplies*** mil. proviant
support I [sə'pɔːt] *verb* **1** stötta, stödja;

uppehålla [*too little food to ~ life*]; ***the bridge is not strong enough to ~ heavy vehicles*** bron är inte tillräckligt stark för att bära tung trafik **2** stödja, understödja, backa upp [*~ a party*], främja, gynna **3** hålla på [*~ Arsenal*] **4** försörja [*can he ~ himself?*]

II [sə'pɔːt] *subst* **1** stöd; ***arch ~*** hålfotsinlägg **2** understöd, hjälp; ***in ~ of*** som stöd för **3** underhåll, försörjning; ***means of ~*** utkomstmöjligheter

supporter [sə'pɔːtə] *subst* **1** anhängare, supporter

supportive [sə'pɔːtɪv] *adj*, ***she has been very ~*** hon har ställt upp mycket, hon har varit ett verkligt stöd

suppose [sə'pəʊz] *verb* anta, förmoda; ***~ he comes?*** tänk om han kommer?; ***~ we went for a walk?*** hur skulle det vara om vi tog en promenad?; ***I ~ so*** jag förmodar det, jag antar det; ***I ~ not*** el. ***I don't ~ so*** jag tror inte det; ***he is ill, I ~*** han är sjuk, antar jag; han är nog sjuk; han är väl sjuk; ***he is supposed to be rich*** han lär (ska) vara rik; ***I am supposed to be there at five*** jag ska vara där klockan fem

supposing [sə'pəʊzɪŋ] *konj* antag att; ***~ it rains?*** tänk om det skulle regna?

supposition [ˌsʌpə'zɪʃən] *subst* antagande, förmodan, tro

suppository [sə'pɒzɪtərɪ] *subst* med. stolpiller

suppress [sə'pres] *verb* **1** undertrycka, kuva, kväva [*~ a rebellion*] **2** dra in [*~ a publication*]; förbjuda, bannlysa [*~ a party*] **3** förtiga [*~ the truth*]

suppression [sə'preʃən] *subst* **1** undertryckande, kuvande **2** förbjudande, bannlysning av t.ex. parti **3** förtigande; psykol. bortträngning

suppressor [sə'presə] *subst*, ***noise ~*** störningsskydd

supremacy [sʊ'preməsɪ] *subst* **1** överhöghet **2** ledarställning **3** överlägsenhet

supreme [sʊ'priːm] *adj* **1** högst, över-, suverän; ***~ command*** högsta kommando, högsta befäl; ***~ commander*** överbefälhavare; ***the Supreme Court*** högsta domstolen i USA **2** enastående, oförliknelig

surcharge ['sɜːtʃɑːdʒ] *subst* tilläggsavgift, extraavgift

sure I [ʃʊə, ʃɔː] *adj* säker; ***be ~ of oneself*** vara självsäker; ***he is ~ to succeed*** han kommer säkert att lyckas; ***be ~ to come*** el. ***be ~ you come*** se till att du kommer; ***to be ~*** naturligtvis; ***I don't know, I'm ~*** det vet jag faktiskt inte; ***make ~*** förvissa sig, försäkra sig [*of* om; *that* om att], se till, kontrollera; ***to make ~*** för säkerhets skull; ***know for ~*** veta säkert

II [ʃʊə, ʃɔː] *adv* **1** ***~ enough*** alldeles säkert, mycket riktigt [*~ enough, there he was*] **2** ***as ~ as*** så säkert som **3** spec. amer. vard. verkligen, minsann [*he ~ can play football*]; *~!* visst!

sure-fire ['ʃʊəˌfaɪə] *adj* vard. bergsäker [*a ~ winner*]

surely ['ʃʊəlɪ] *adv* **1** säkert [*slowly but ~*], säkerligen [*he will ~ fail*] **2** verkligen, minsann [*you are ~ right*] **3** väl, nog; ***~ that's impossible*** det är väl inte möjligt

surety ['ʃʊərətɪ] *subst* **1** säkerhet, borgen **2** borgensman

surf I [sɜːf] *subst* bränning, bränningar, vågsvall

II [sɜːf] *verb* **1** sport. surfa **2** data., ***~ the net*** surfa på nätet

surface I ['sɜːfɪs] *subst* yta, utsida; ***on the ~*** på ytan, ytligt sett

II ['sɜːfɪs] *adj* yt- [*~ soil*]; dag- [*~ mining*]; ***~ mail*** ytpost

III ['sɜːfɪs] *verb* stiga (dyka) upp till ytan

surfboard ['sɜːfbɔːd] *subst* surfingbräda

surfeit ['sɜːfɪt] *subst* övermått, överflöd [*of* på]

surfing ['sɜːfɪŋ] *subst* surfing

surge I [sɜːdʒ] *verb* svalla, bölja; forsa [*water surged into the boat*], strömma till, välla fram

II [sɜːdʒ] *subst* brottsjö, svallvåg; vågsvall, bränningar [*the ~ of the sea*]

surgeon ['sɜːdʒən] *subst* kirurg; ***dental ~*** tandläkare

surgery ['sɜːdʒərɪ] *subst* **1** kirurgi **2** läkares, tandläkares mottagning; ***~ hours*** mottagningstid

surgical ['sɜːdʒɪkl] *adj* kirurgisk; ***~ appliances*** a) kirurgiska instrument

The Supreme Court

The Supreme Court, USA:s högsta domstol, består av en huvuddomare, *chief justice*, och åtta andra domare, *justices*. De utses av senaten och sitter kvar så länge de själva vill. *The Supreme Court* avgör själv vilka fall som ska tas upp.

b) stödbandage; ~ ***boot*** el. ~ ***shoe*** ortopedisk sko; ~ ***spirit*** desinfektionssprit

surly [ˈsɜːlɪ] *adj* butter, vresig, sur

surmise I [səˈmaɪz] *verb* gissa, förmoda, anta
II [ˈsɜːmaɪz] *subst* gissning, förmodan, antagande

surmount [səˈmaʊnt] *verb* **1** övervinna [*~ a difficulty*] **2** bestiga [*~ a hill*]; ***surmounted by*** krönt med, täckt av

surname [ˈsɜːneɪm] *subst* efternamn

surpass [səˈpɑːs] *verb* överträffa

surplus [ˈsɜːpləs] *subst* överskott

surprise I [səˈpraɪz] *subst* överraskning; förvåning [*at* över]; ***take by*** ~ överrumpla, överraska; ***much to my*** ~ till min stora förvåning
II [səˈpraɪz] *verb* **1** överraska, förvåna **2** överrumpla [*~ the enemy*]

surprising [səˈpraɪzɪŋ] *adj* överraskande

surprisingly [səˈpraɪzɪŋlɪ] *adv* överraskande, förvånansvärt [*~ good*]

surrealistic [səˌrɪəˈlɪstɪk] *adj* konst. surrealistisk

surrender I [səˈrendə] *verb* ge sig, överlämna sig [*~ to the enemy*]
II [səˈrendə] *subst* överlämnande, utlämnande

surreptitious [ˌsʌrəpˈtɪʃəs] *adj* förstulen [*a ~ glance*]

surreptitiously [ˌsʌrəpˈtɪʃəslɪ] *adv* i smyg

surround [səˈraʊnd] *verb* **1** omge, innesluta, omsluta **2** omringa

surrounding [səˈraʊndɪŋ] *adj* omgivande, kringliggande

surroundings [səˈraʊndɪŋz] *subst pl* omgivning, omgivningar; miljö

surveillance [sɜːˈveɪləns] *subst* bevakning [*of* över, av], uppsikt [*of* över]; ~ ***camera*** övervakningskamera; se äv. *CCTV 1*

survey I [səˈveɪ] *verb* **1** överblicka **2** granska, syna **3** besiktiga
II [ˈsɜːveɪ] *subst* **1** överblick [*of* över], översikt [*of* över, av] **2** uppmätning, kartläggning **3** undersökning [*a statistical ~*] **4** besiktning

surveyor [səˈveɪə] *subst* lantmätare

survival [səˈvaɪvl] *subst* **1** överlevnad **2** kvarleva

survive [səˈvaɪv] *verb* överleva

surviving [səˈvaɪvɪŋ] *adj* överlevande; ***the ~ relatives*** de efterlevande

survivor [səˈvaɪvə] *subst*, ***the ~s*** de överlevande

susceptibility [səˌseptəˈbɪlətɪ] *subst* mottaglighet

susceptible [səˈseptəbl] *adj* mottaglig

suspect I [səˈspekt] *verb* misstänka [*of* för]; ***I suspected as much*** jag anade det, jag misstänkte det
II [ˈsʌspekt] *subst*, ***a*** ~ en misstänkt person, en misstänkt

suspend [səˈspend] *verb* **1** hänga, hänga upp; ~ ***sth from the ceiling*** hänga ngt i taket; ***be suspended*** vara upphängd **2** suspendera, tills vidare avstänga, utesluta [*~ a member from a club*]; ~ ***sb's driving licence*** dra in ngns körkort tills vidare **3** inställa; ~ ***hostilities*** inställa fientligheterna

suspender [səˈspendə] *subst* **1** strumpeband; ~ ***belt*** strumpebandshållare **2** pl. ~***s*** amer. hängslen [*a pair of ~s*]

suspense [səˈspens] *subst* spänning, spänd väntan; ***keep sb in*** ~ hålla ngn i ovisshet

suspension [səˈspenʃən] *subst* **1** upphängning; ~ ***bridge*** hängbro **2** suspendering, tillfällig avstängning från t.ex. tjänstgöring sport.; avstängning **3** tillfälligt upphävande; ~ ***of hostilities*** inställande av fientligheterna

suspicion [səˈspɪʃən] *subst* **1** misstanke; ***be above*** ~ vara höjd över alla misstankar **2** misstänksamhet; aning [*of sth* om ngt] **3** antydan, skymt [*a ~ of irony*]

suspicious [səˈspɪʃəs] *adj* **1** misstänksam, misstrogen [*about, of* mot] **2** misstänkt, skum [*a ~ affair*]

suss [sʌs] *verb* vard. **1** misstänka **2** ~ el. ~ ***out*** komma underfund med, kolla in

sussed [sʌst] *adj* vard. välinformerad, med på noterna [*the boys are ~*]; ***I've got him*** ~ jag vet vad han går för

sustain [səˈsteɪn] *verb* **1** ~ ***life*** uppehålla livet **2** utstå, lida [*~ damage*]; ådra sig [*~ severe injuries*] **3** musik. hålla ut [*~ a note*] **4** jur. godta, godkänna; ***objection sustained!*** protesten godkänns!

sustained [səˈsteɪnd] *adj* ihållande, oavbruten [*~ applause*] musik. uthållen [*a ~ note*]

sustenance [ˈsʌstənəns] *subst* näring, föda

SW (förk. för *south-west, south-western*) SV

swab I [swɒb] *subst* **1** med. bomullstuss, tork **2** med. odling **3** svabb, skurtrasa
II [swɒb] (*-bb-*) *verb* **1** med. rengöra med bomullstuss, torka **2** svabba, torka med våt trasa

swagger I [ˈswægə] *verb* **1** stoltsera, kråma

sig **2** skrävla
II ['swægə] *subst* **1** stoltserande, mallighet **2** skrävel
swaggering ['swægərɪŋ] *adj* **1** stoltserande, mallig **2** skrytsam
1 swallow ['swɒləʊ] *subst* svala; spec. ladusvala; ~ ***dive*** simn. svanhopp; ***one ~ does not make a summer*** ordspr. en svala gör ingen sommar
2 swallow ['swɒləʊ] *verb* **1** svälja; ~ ***up*** el. ~ a) svälja, äta upp b) sluka, äta upp [*the expenses ~ up the earnings*] c) uppsluka [*as if swallowed up by the earth*] **2** tro på, gå 'på [*he will ~ anything you tell him*]
swam [swæm] imperf. av *swim I*
swamp I [swɒmp] *subst* träsk, kärr
II [swɒmp] *verb* **1** översvämma, sätta under vatten **2** fylla med vatten, sänka [*a wave swamped the boat*] **3** översvämma [*foreign goods ~ the market*]; ***be swamped by*** vara överhopad med
swampy ['swɒmpɪ] *adj* sumpig, träskartad
swan [swɒn] *subst* svan; simn. amer. svanhopp
swank I [swæŋk] *subst* vard. **1** mallighet, snobberi **2** skrytmåns
II [swæŋk] *verb* vard. snobba, malla sig
swanky ['swæŋkɪ] *adj* vard. **1** mallig **2** flott, vräkig [*a ~ car*]
swansong ['swɒnsɒŋ] *subst* svanesång
swap I [swɒp] (*-pp-*) *verb* vard. byta [*for* mot] [*~ stamps*]; utbyta [*~ ideas*]; ~ ***places*** byta plats
II [swɒp] *subst* vard. byte [*for* mot]
swarm I [swɔːm] *subst* svärm
II [swɔːm] *verb* svärma, skocka sig, trängas [*they swarmed round him*]; strömma; ***the place swarmed with people*** stället kryllade av folk
swarthy ['swɔːðɪ] *adj* svartmuskig, mörk
swastika ['swɒstɪkə] *subst* hakkors, svastika
swat [swɒt] (*-tt-*) *verb* smälla, smälla till [*~ flies*]
swathe [sweɪð] *verb* linda om, svepa in, hölja [*swathed in fog*]
sway [sweɪ] *verb* **1** svänga, vaja [*~ to and fro*], svaja, vackla till **2** härska **3** få att svänga (gunga), få att svaja [*the wind swayed the tops of the trees*]; ~ ***one's hips*** svänga på höfterna **4** påverka, inverka på; ***be swayed by one's feelings*** låta sig styras av sina känslor
sway-backed ['sweɪbækt] *adj* svankryggig spec. om häst
swear [sweə] (*swore sworn*) *verb* **1** svära [*to* på]; bedyra [*he swore he was innocent*], försäkra; ~ ***the oath*** avlägga ed; ~ ***by*** tro blint på **2** ~ '***in a witness*** låta ett vittne avlägga ed **3** svära begagna svordomar [*at* över, åt]
swearword ['sweəwɜːd] *subst* svordom, svärord
sweat I [swet] *subst* **1** svett; ***by the ~ of one's brow*** i sitt anletes svett; ***it was a bit of a*** ~ det var svettigt; ***no sweat!*** inga problem!, ingen fara! **2** svettning; ***be in a*** ~ a) bada i svett b) vara mycket nervös; ***be in a cold*** ~ kallsvettas
II [swet] *verb* svettas; ***sweated labour*** hårt arbete till svältlöner
sweatband ['swetbænd] *subst* **1** svettrem i hatt **2** svettband, pannband för t.ex. tennisspelare
sweater ['swetə] *subst* sweater, ylletröja
sweat pants ['swetpænts] *subst pl* mysbyxor
sweatshirt ['swetʃɜːt] *subst* collegetröja, sweatshirt
sweatsuit ['swetsuːt] *subst* träningsoverall
sweaty ['swetɪ] *adj* **1** svettig **2** jobbig
Swede [swiːd] *subst* **1** svensk **2** ***swede*** grönsak kålrot
Sweden ['swiːdn] Sverige
Swedish I ['swiːdɪʃ] *adj* svensk
II ['swiːdɪʃ] *subst* svenska språket
sweep I [swiːp] (*swept swept*) *verb* **1** sopa, feja; ~ ***clean*** sopa ren; ~ ***out*** sopa rent i (på); ~ ***the chimney*** sota skorstenen **2** svepa, fara, komma susande [*along* fram; *over* fram, över], sträcka (utbreda) sig **3** ~ ***along*** rycka med sig; ~ ***aside*** fösa åt sidan; ~ ***away*** sopa bort (undan), rycka bort (undan); ***be swept off one's feet*** a) ryckas med, tas med storm b) kastas omkull **4** svepa fram över, dra fram över (genom) **5** dragga
II [swiːp] *subst* **1** sopning; ***give the room a good*** ~ sopa ordentligt i rummet; ***make a clean*** ~ göra rent hus [*of* med] **2** ***at one*** ~ el. ***in one*** ~ i ett svep, i ett drag **3** sotning **4** person sotare
sweeper ['swiːpə] *subst* **1** sopare person [*street-sweepers*] **2** sopmaskin; mattsopare **3** fotb. sopkvast, libero
sweeping I ['swiːpɪŋ] *subst* **1** sopning, sopande **2** sotning **3** draggning
II ['swiːpɪŋ] *adj* **1** vittgående [*~ reforms*], kraftig [*~ reductions in prices*]; förkrossande [*a ~ victory*]; ~ ***statements*** el. ~ ***generalizations*** generaliseringar **2** svepande [*a ~ gesture*]
sweet I [swiːt] *adj* **1** söt **2** färsk, frisk;

behaglig, ljuvlig, härlig **3** söt [*a ~ dress*], näpen [*a ~ baby*] **4** rar, älskvärd; ***it was ~ of you*** det var väldigt snällt av dig
II [swiːt] *subst* **1** karamell, sötsak, godsak; pl. ***~s*** snask, godis **2** söt efterrätt, dessert
sweeten [ˈswiːtn] *verb* **1** göra söt, söta
sweetener [ˈswiːtnə] *subst* **1** sötningsmedel **2** vard. muta
sweetheart [ˈswiːthɑːt] *subst*, ***~!*** älskling!, sötnos!
sweetie [ˈswiːtɪ] *subst* **1** ***~s*** karamell, sötsak **2** vard., ***~ pie*** el. ~ sötnos, älskling
sweet pea [ˌswiːtˈpiː] *subst* blomma luktärt
sweetshop [ˈswiːtʃɒp] *subst* godisaffär
sweet-tempered [ˌswiːtˈtempəd] *adj* älskvärd, godmodig
sweet-toothed [ˌswiːtˈtuːθt] *adj* svag för sötsaker
sweet william [ˌswiːtˈwɪljəm] *subst* borstnejlika
swell I [swel] (*swelled swollen*) *verb* **1** svälla, svullna, svullna upp, bulna **2** svälla [*his heart swelled with pride*] **3** stegras, öka
II [swel] *adj* vard. flott, toppenbra
swelling [ˈswelɪŋ] *subst* svällande, svullnande, svullnad
sweltering [ˈsweltərɪŋ] *adj* tryckande, kvävande [*~ heat*]; stekhet [*a ~ day*]
swept [swept] imperf. o. perf. p. av *sweep I*
swerve I [swɜːv] *verb* vika av från sin kurs, gira, svänga åt sidan
II [swɜːv] *subst* vridning, sväng (kast) åt sidan
swift I [swɪft] *adj* snabb, hastig
II [swɪft] *subst* fågel tornsvala
swig I [swɪg] (*-gg-*) *verb* vard. stjälpa i sig, halsa [*~ beer*]
II [swɪg] *subst* vard. klunk, slurk
swill [swɪl] *verb* skölja, spola, skölja ur (av); ***~ down*** skölja ned
swim I [swɪm] (*swam swum*) (*swimming*) *verb* **1** simma, simma över [*~ the English Channel*]; ***go swimming*** gå och bada **2** snurra; ***everything swam before his eyes*** allt gick runt för honom
II [swɪm] *subst* **1** simtur, bad; ***go for a ~*** gå och bada **2** ***be in the ~*** vara med i svängen
swimmer [ˈswɪmə] *subst* simmare
swimming [ˈswɪmɪŋ] *subst* simning
swimming-bath [ˈswɪmɪŋbɑːθ] *subst* simbassäng; pl. ***~s*** a) simbassänger b) simhall, simbad
swimming-costume [ˈswɪmɪŋˌkɒstjuːm] *subst* baddräkt, simdräkt
swimmingly [ˈswɪmɪŋlɪ] *adv* lekande lätt, som smort [*everything went ~*]
swimming-pool [ˈswɪmɪŋpuːl] *subst* simbassäng, swimmingpool
swimming trunks [ˈswɪmɪŋtrʌŋks] *subst pl* badbyxor
swimsuit [ˈswɪmsuːt, ˈswɪmsjuːt] *subst* baddräkt, simdräkt
swindle I [ˈswɪndl] *verb* bedra, lura, svindla
II [ˈswɪndl] *subst* svindel, skoj, bluff
swindler [ˈswɪndlə] *subst* svindlare, skojare
swine [swaɪn] (pl. lika) *subst* svin djur el. person
swing I [swɪŋ] (*swung swung*) *verb* **1** svänga, pendla, vagga, vicka, gunga [*~ sb in a hammock*]; dingla **2** musik. vard. swinga, dansa swing; ***~ it*** spela swing, spela med swing **3** svänga runt; svinga [*~ a golf club*]; ***~ one's hips*** vagga med höfterna
II [swɪŋ] *subst* **1** svängning, gungning, omsvängning **2** fart, kläm, schvung; rytm; ***be in full ~*** vara i full gång, vara i full fart; ***get into the ~ of things*** komma in i det hela, komma i gång; ***it's going with a ~*** det går med full fart **3** gunga; ***make up on the ~s what is lost on the roundabouts*** ordspr. ta igen på gungorna vad man förlorar på karusellen **4** musik. swing
swingdoor [ˈswɪŋdɔː] *subst* svängdörr
swipe I [swaɪp] *verb* **1** ***~ at*** slå till, klippa till hårt [*~ at a ball*] **2** slå till, klippa till, drämma till [*he swiped the ball*] **3** sno, knycka
II [swaɪp] *subst* **1** vard. hårt slag, rökare **2** data., ~ el. ***~ card*** kortläsare
swirl I [swɜːl] *verb* virvla runt, virvla omkring
II [swɜːl] *subst* virvel [*a ~ of dust*]
swish I [swɪʃ] *verb* **1** vifta till med [*the horse swished its tail*] **2** svepa fram, susa fram; susa, vina [*the car swished past*] **3** prassla, rassla
II [swɪʃ] *subst* **1** sus, vinande **2** fras
Swiss I [swɪs] (pl. lika) *subst* schweizare; schweiziska
II [swɪs] *adj* schweizisk; schweizer- [*~ cheese*]; ***chocolate ~ roll*** drömtårta; ***jam ~ roll*** rulltårta
switch I [swɪtʃ] *subst* **1** strömbrytare, kontakt; omkopplare **2** spö [*riding ~*], smal käpp **3** omställning, övergång, omsvängning, byte
II [swɪtʃ] *verb* **1** koppla; ***~ off*** koppla av, koppla ur, bryta [*~ off the current*]; släcka [*~ off the light*]; stänga av [*~ off the radio*]; ***~ on*** koppla på, koppla in [*~ on the*

current]; knäppa på, tända [*~ on the light*]; slå på strömmen, tända ljuset; sätta på [*~ on the radio*] **2** ändra [*~ methods*]; byta; föra över, leda över [*~ the talk to another subject*]; ~ ***over*** ställa om [*~ over production to the manufacture of cars*]; ~ ***over*** el. ~ gå över, byta

switchback ['swɪtʃbæk] *subst* berg-och-dalbana

switchboard ['swɪtʃbɔːd] *subst* tele. växel-, telefonväxel

Switzerland ['swɪtsələnd] Schweiz

swivel ['swɪvl] (*-ll-*, amer. *-l-*) *verb* svänga, snurra, snurra på

swivel-chair ['swɪvltʃeə] *subst* snurrstol, svängbar kontorsstol

swollen I ['swəʊlən] perf. p. av *swell I*
II ['swəʊlən] *adj* **1** uppsvälld, svullen [*a ~ ankle*] **2** vard., ***he has a ~ head*** han är uppblåst

swollen-headed [ˌswəʊlən'hedɪd] *adj* vard., om person uppblåst

swoon I [swuːn] *verb* svimma; ~ ***away*** svimma av
II [swuːn] *subst* svimningsanfall

swoop I [swuːp] *verb*, ~ el. ~ ***down*** slå ned [*the eagle swooped down on its prey*]
II [swuːp] *subst* **1** plötsligt angrepp **2** razzia

sword [sɔːd] *subst* svärd; ***cross ~s with*** vara i strid med; ***draw one's ~*** dra blankt [*on sb* mot ngn]

swordfish ['sɔːdfɪʃ] *subst* svärdfisk

swore [swɔː] imperf. av *swear*

sworn I [swɔːn] perf. p. av *swear*
II [swɔːn] *adj* **1** svuren [*a ~ enemy*] **2** edsvuren

swot I [swɒt] (*-tt-*) *verb* skol. vard. plugga
II [swɒt] *subst* skol. vard. plugghäst

swum [swʌm] perf. p. av *swim I*

swung [swʌŋ] imperf. o. perf. p. av *swing I*

sycamore ['sɪkəmɔː] *subst* träd el. växt **1** ~ el. ~ ***fig*** sykomor **2** ~ el. ~ ***maple*** tysk lönn, sykomorlönn

syllable ['sɪləbl] *subst* stavelse

syllabus ['sɪləbəs] *subst* kursplan för visst ämne; studieplan

symbol ['sɪmbəl] *subst* symbol [*of* för], tecken

symbolic [sɪm'bɒlɪk] *adj* symbolisk

symbolism ['sɪmbəlɪzəm] *subst* symbolism, symbolik

symbolize ['sɪmbəlaɪz] *verb* symbolisera

symmetric [sɪ'metrɪk] *adj* o. **symmetrical** [sɪ'metrɪkəl] *adj* symmetrisk

symmetry ['sɪmətrɪ] *subst* symmetri

sympathetic [ˌsɪmpə'θetɪk] *adj* **1** full av medkänsla, full av förståelse [*to, towards* för], förstående, deltagande [*~ words*]; ~ ***strike*** sympatistrejk; ***be ~ to*** a) vara förstående för b) vara välvilligt inställd till **2** sympatisk [*a ~ face*], tilltalande [*to* för]

sympathize ['sɪmpəθaɪz] *verb* sympatisera, ha medkänsla [*with* med, för]; vara välvilligt inställd [*~ with sb's ideas*]

sympathizer ['sɪmpəθaɪzə] *subst* sympatisör

sympathy ['sɪmpəθɪ] *subst* **1** sympati [*for, with* för] **2** medkänsla, medlidande [*for, with* med], förståelse [*for, with* för], deltagande [*for, with* med, för]

symphonic [sɪm'fɒnɪk] *adj* symfonisk

symphony ['sɪmfənɪ] *subst* symfoni

symptom ['sɪmptəm] *subst* symtom [*of* på]

symptomatic [ˌsɪmptə'mætɪk] *adj* symtomatisk [*of* för]; kännetecknande [*of* för]

synagogue ['sɪnəgɒg] *subst* synagoga

synchro ['sɪŋkrəʊ] *subst* konstsim

synchronization [ˌsɪŋkrənaɪ'zeɪʃən] *subst* synkronisering

synchronize ['sɪŋkrənaɪz] *verb* synkronisera, samordna; ***synchronized swimming*** konstsim

syncopate ['sɪŋkəpeɪt] *verb* musik. synkopera [*syncopated rhythm*]

syncopation [ˌsɪŋkə'peɪʃən] *subst* musik. synkopering

syndicate ['sɪndɪkət] *subst* syndikat; konsortium

syndrome ['sɪndrəʊm] *subst* syndrom

synonym ['sɪnənɪm] *subst* språkv. synonym

synonymous [sɪ'nɒnɪməs] *adj* språkv. synonym

syntax ['sɪntæks] *subst* gram. syntax, satslära

synth [sɪnθ] *subst* (förk. för *synthesizer*) musik. vard. synt

synthesis ['sɪnθəsɪs] (pl. *syntheses* ['sɪnθəsiːz]) *subst* syntes, sammanställning

synthesize ['sɪnθəsaɪz] *verb* syntetisera

synthesizer ['sɪnθəsaɪzə] *subst* musik. synthesizer

synthetic [sɪn'θetɪk] *adj* syntetisk; ~ ***fibre*** syntetfiber, konstfiber

syphilis ['sɪfɪlɪs] *subst* med. syfilis

Syria ['sɪrɪə] Syrien

Syrian I ['sɪrɪən] *adj* syrisk
II ['sɪrɪən] *subst* syrier

syringe I ['sɪrɪndʒ] *subst* spruta, injektionsspruta
II ['sɪrɪndʒ] *verb* spruta in [*into* i]

syrup [ˈsɪrəp] *subst* **1** sockerlag, saft kokt med socker **2** sirap

system [ˈsɪstəm] *subst* system; ***postal*** ~ postväsen; ***prison*** ~ fängelseväsen; ***solar*** ~ solsystem; ***make a*** ~ ***of*** sätta i system; ***get sth out of one's*** ~ komma över verkningarna av något

systematic [ˌsɪstəˈmætɪk] *adj* systematisk

systematize [ˈsɪstəmətaɪz] *verb* systematisera

T o. **t** [tiː] *subst* T, t; ***to a T*** utmärkt [*that would suit me to a T*], på pricken

ta [tɑː] *interj* vard. tack!

tab [tæb] *subst* **1** namnlapp **2** etikett **3** rivöppnare **4** ***keep ~s on*** vard. hålla koll på **5** nota, räkning; ***pick up the*** ~ vard. a) betala notan b) betala kalaset

tabby [ˈtæbɪ] *subst* spräcklig katt, strimmig katt

table [ˈteɪbl] *subst* **1** bord; ***clear the*** ~ duka av; ***lay the*** ~ el. amer. ***set the*** ~ duka bordet; ***wait at*** ~, amer. ***wait on*** ~ el. ***wait*** ~ passa upp vid bordet **2** tabell [*multiplication* ~]; register; ~ ***of contents*** innehållsförteckning **3** ***turn the ~s on sb*** få övertaget igen över ngn; ***the ~s are turned*** rollerna är ombytta

tablecloth [ˈteɪblklɒθ] *subst* bordduk

tableknife [ˈteɪblnaɪf] *subst* bordskniv, matkniv

tablemanners [ˈteɪblˌmænəz] *subst pl* bordsskick

tablemat [ˈteɪblmæt] *subst* **1** tablett, liten duk **2** karottunderlägg

tablespoon [ˈteɪblspuːn] *subst* matsked

tablespoonful [ˈteɪblˌspuːnfʊl] *subst* matsked mått

tablet [ˈtæblət] *subst* **1** minnestavla **2** liten platta **3** tablett [*throat ~s*] **4** ***a*** ~ ***of soap*** en tvålbit

table tennis [ˈteɪblˌtenɪs] *subst* bordtennis

table top [ˈteɪbltɒp] *subst* bordsskiva

tabloid [ˈtæblɔɪd] *subst* tidning i mindre format motsvarar ungefär en svensk kvällstidning, motsats *broadsheet*

taboo I [təˈbuː] *subst* tabu
II [təˈbuː] *verb* belägga med tabu

tabulator [ˈtæbjʊleɪtə] *subst* tabulator

taciturn [ˈtæsɪtɜːn] *adj* tystlåten, fåordig

tack I [tæk] *subst* nubb, stift, spik
II [tæk] *verb* spika, nubba, fästa med stift; ~ ***sth to*** el. ~ ***sth on to*** a) tråckla fast ngt vid b) t.ex. ord, mening lägga till ngt till

tackle I [ˈtækl] *subst* **1** redskap, grejor; ***fishing*** ~ fiskredskap **2** fotb. tackling
II [ˈtækl] *verb* **1** angripa, ge sig på, tackla [~ *a problem*] **2** sport. tackla

tact [tækt] *subst* takt, finkänslighet

tactful ['tæktfʊl] *adj* taktfull, finkänslig
tactical ['tæktɪkl] *adj* taktisk
tactician [tæk'tɪʃən] *subst* taktiker
tactics ['tæktɪks] (som mil. vetenskap med verb i sing., i betydelsen 'metoder' etc. med verb i pl.) *subst* taktik
tactless ['tæktləs] *adj* taktlös
tadpole ['tædpəʊl] *subst* grodlarv, grodyngel
taffeta ['tæfɪtə] *subst* tyg taft
tag I [tæg] *subst* **1** lapp, märke, etikett; ***price ~*** el. **~** prislapp **2** remsa, flik, stump
II [tæg] (*-gg-*) *verb*, ***~ sth on to*** fästa ngt vid (i), lägga till ngt till
tagliatelle [ˌtæljə'telɪ] *subst* kok. bandspaghetti, tagliatelle
tail I [teɪl] *subst* **1** svans, stjärt, ända, bakre del [*the ~ of a cart*]; ***turn ~*** vända sig bort, ta till flykten; ***with one's ~ between one's legs*** med svansen mellan benen **2** skört [*the ~ of a coat*]; pl. ***~s*** vard. frack; ***in ~s*** vard. klädd i frack **3** baksida av mynt; ***heads or ~s?*** krona eller klave?
II [teɪl] *verb* **1** ***top and ~*** el. **~** snoppa bär **2** skugga [*~ a suspect*]; komma sist i [*~ a procession*] **3** ***~ away*** el. ***~ off*** avta, dö bort [*her voice tailed away*]
tailback ['teɪlbæk] *subst* lång bilkö
tailboard ['teɪlbɔːd] *subst* lastflak på lastbil
tail coat [ˌteɪl'kəʊt] *subst* frack
tail end [ˌteɪl'end] *subst* slut, sista del [*the ~ of a speech*], sluttamp

tailgate party
Före fotbollsmatcher och basebollmatcher i USA samlas man på parkeringsplatsen utanför idrottsplatsen för att äta och dricka lite. Det kallas *tailgate party* därför att man ofta sitter bak i bilen med bakdörren, *tailgate*, uppfälld.

tailgate ['teɪlgeɪt] *subst* bil. **1** bakdörr på halvkombi **2** lastflak på lastbil
taillight ['teɪllaɪt] *subst* bil. baklykta på bil
tailor I ['teɪlə] *subst* skräddare; ***tailor's dummy*** a) provdocka b) klädsnobb
II ['teɪlə] *verb* skräddarsy
tailoring ['teɪlərɪŋ] *subst* skrädderi
tailor-made ['teɪləmeɪd] *adj* skräddarsydd
tailpiece ['teɪlpiːs] *subst* slutstycke; slutkläm
tailpipe ['teɪlpaɪp] *subst* bil. avgasrör
tailspin ['teɪlspɪn] *subst* flyg. spinn
taint [teɪnt] *verb* **1** fläcka, besudla [*~ sb's name*] **2** göra skämd; ***tainted meat*** skämt kött
Taiwan [taɪ'wɑːn]
take I [teɪk] (*took taken*) *verb* **1** ta, fatta, gripa, ta tag i; ***~ sb's arm*** ta ngn under armen; ***~ sb's hand*** ta ngn i handen **2** ta med sig, bära, flytta; föra, leda **3** ta sig [*~ a liberty*]; ***~ a bath*** ta sig ett bad **4** göra sig [*~ a lot of trouble*] **5** anteckna, skriva upp [*~ sb's name*] **6** ta, resa, åka, slå in på [*~ another road*]; ***~ the road to the right*** gå (köra) åt höger **7** ta emot [*~ a gift*]; ***~ it or leave it!*** passar det inte så får det vara!; ***~ that!*** där fick du så du teg! **8** behövas, fordras, krävas [*it took six men to do it*]; dra [*the car ~s a lot of petrol*]; ***it ~s so little to make her happy*** det behövs så lite för att hon ska bli glad; ***it ~s a lot to make her cry*** det ska mycket till för att hon ska gråta; ***it will ~ some doing*** det är inte gjort utan vidare; ***it took some finding*** den var svår att hitta; ***she has got what it ~s*** vard. hon har allt som behövs **9** ta på sig [*~ the blame*], överta, åta sig [*~ the responsibility*] **10** ***be taken ill*** bli sjuk; ***be taken with*** få, drabbas av **11** tåla; ***he can't ~ a joke*** han tål inte skämt **12** uppfatta, förstå [*he took the hint*]; ***this must be taken to mean that...*** det måste uppfattas så att... **13** följa, ta [*~ my advice*] **14** tro, anse; ***I ~ it that*** jag antar att; ***do you ~ me for a fool?*** tror du jag är en idiot?; ***you may ~ my word for it that*** el. ***you may ~ it from me that*** du kan tro mig på mitt ord när jag säger att **15** vinna, ta [*he took the first set 6—3*] kortsp. få, ta hem [*~ a trick*] **16** fatta, få [*~ a liking to*], finna, ha; ***she took pleasure in teasing him*** hon njöt av att reta honom **17** läsa [*~ English at the university*]; gå igenom [*~ a course*], gå upp i [*~ one's exam*] **18** undervisa i [*~ a class*] **19** gram. konstrueras med [*the verb ~s the accusative*] **20** ta [*the vaccination didn't ~*] **21** om växt slå rot, ta sig **22** ta, ta av [*~ to the right*]; fly [*~ to the woods*]; ***~ to the lifeboats*** gå i livbåtarna
II [teɪk] (*took taken*) *verb* med adv. o. prep.
take after brås på [*he ~s after his father*]
take along ta med sig, ta med [*~ along your brother*]
take away 1 ta bort, ta undan **2** dra ifrån [*~ away six from nine*]
take back 1 ta tillbaka, återta **2** föra tillbaka i tiden
take down 1 ta ned **2** riva ned, riva [*~*

down a house] **3** skriva ned, skriva upp, anteckna, ta diktamen på [*~ down a letter*] **4** *~ **sb down a peg or two*** sätta ngn på plats

take in 1 ta in **2** föra in **3** omfatta [*the map ~s in the whole of London*] **4** vard. besöka, gå på; ~ ***in a cinema*** gå på bio **5** förstå, fatta [*I didn't ~ in a word*] **6** överblicka [*~ in the situation*]; uppfånga [*she took in every detail*] **7** ***he ~s it all in*** vard. han går på allting; ***be taken in*** vard. låta lura sig

take off 1 ta bort, ta loss; ta av sig, ta av [*~ off one's shoes*] **2** föra bort [*be taken off to prison*] **3** *~ **a day off*** ta sig ledigt en dag **4** imitera, härma; parodiera **5** ge sig i väg **6** flyg. starta, lyfta

take on 1 åta sig, ta på sig [*~ on extra work*] **2** ta in, anställa [*~ on new workers*] **3** anta, få [*~ on a new meaning*] **4** ställa upp mot, ta sig an [*~ sb on at golf*]

take out 1 ta fram, ta upp, ta ut [*from, of* ur]; dra ut tand **2** ta med ut, bjuda ut [*~ sb out to dinner*] **3** ***she takes it out on her children*** hon låter det gå ut över sina barn

take over ta över, överta ledningen (makten, ansvaret); ~ ***over from*** avlösa

take to 1 börja ägna sig åt [*~ to gardening*]; hemfalla åt; ~ ***to doing sth*** lägga sig till med att göra ngt; ~ ***to drink*** el. ~ ***to drinking*** börja dricka **2** bli förtjust i, börja tycka om, tycka om [*the children took to her at once*]

take up 1 ta upp, ta fram; ~ ***up arms*** gripa till vapen **2** fylla upp, fylla [*it ~s up the whole page*]; uppta, ta i anspråk, lägga beslag på [*~ up sb's time*] **3** inta [*~ up an attitude*] **1** anta [*~ up a challenge*], gå med på; ta sig an, åta sig [*~ up sb's cause*]; börja ägna sig åt, börja lära sig, börja spela **1** fortsätta, ta vid [*we took up where we left off*]

takeaway ['teɪkəweɪ] *subst* o. *adj*, ~ el. ~ ***restaurant*** restaurang med mat för avhämtning; ~ el. ~ ***meal*** måltid för avhämtning

take-home ['teɪkhəʊm] *adj*, ~ ***pay*** vard. lön efter skatt, nettolön

taken ['teɪkən] perf. p. av *take*

takeoff ['teɪkɒf] *subst* **1** flyg. start [*a smooth ~*]; startplats **2** imitation; karikatyr

takeout ['teɪkəʊt] *subst* amer., se *takeaway*

takeover ['teɪkˌəʊvə] *subst* övertagande; ***State*** ~ statligt övertagande; ~ ***bid*** anbud att överta aktiemajoriteten i ett företag

taking ['teɪkɪŋ] *subst* **1** tagande **2** pl. ***~s*** intäkter, inkomst, inkomster

talc [tælk] *subst* o. **talcum** ['tælkəm] *subst* talk

tale [teɪl] *subst* **1** berättelse, historia, saga; ***nursery*** ~ barnsaga **2** lögn, lögnhistoria; ***tell ~s*** skvallra, springa med skvaller

talent ['tælənt] *subst* talang, begåvning

talented ['tæləntɪd] *adj* talangfull, begåvad

talk I [tɔːk] *verb* tala, prata, vard. snacka; skvallra; ***now you're talking!*** vard. så ska det låta!; ~ ***big*** vard. vara stor i orden, skryta

II [tɔːk] *verb* med adv. o. prep.

talk about tala om, prata om

talk down to använda en nedlåtande ton till

talk sb into doing sth övertala ngn att göra ngt

talk of tala om, prata om; ***talking of*** på tal om, apropå

talk on tala om, hålla föredrag om

talk sb out of doing sth övertala ngn att inte göra ngt

talk over diskutera, resonera om [*let's ~ the matter over*]

talk sb round övertala ngn, få ngn att ändra sig

talk to 1 tala med, prata med, samtala med; tala till **2** säga till på skarpen

talk with tala med, prata med, samtala med

III [tɔːk] *subst* **1** samtal, pratstund; pl. ***~s*** förhandlingar [*peace ~s*]; ***small*** ~ småprat, kallprat **2** prat [*we want action, not ~*] **3** tal [*there can be no ~ of that*]; ***there has been ~ of that*** det har varit tal om det; ***the ~ of the town*** det allmänna samtalsämnet **4** föredrag [*a ~ on the radio*]; ***give a ~ on*** hålla föredrag om

talkative ['tɔːkətɪv] *adj* talför, pratsam

talker ['tɔːkə] *subst* pratmakare; ***he's a good*** ~ han talar bra; ***he's a great*** ~ han kan hålla låda, han är en riktig pratkvarn

talking I ['tɔːkɪŋ] *subst* prat [*no ~!*]; ***he did all the*** ~ det var han som pratade, han skötte snacket

II ['tɔːkɪŋ] *adj* talande; ***a ~ doll*** en docka som kan prata

talking point ['tɔːkɪŋpɔɪnt] *subst* samtalsämne, diskussionsämne

talking-to ['tɔːkɪŋtuː] *subst* utskällning [*get a ~*]

tall [tɔːl] *adj* **1** lång [*a ~ man*], storväxt, reslig; hög [*a ~ building*] **2** vard. otrolig [*a ~ story*]

tallboy ['tɔːlbɔɪ] *subst* byrå med höga ben
tallow ['tæləʊ] *subst* talg
tally I ['tælɪ] *subst* poängsumma, totalsumma
II ['tælɪ] *verb* stämma överens [*the lists* ~]
talon ['tælən] *subst* rovfågelsklo
tame I [teɪm] *adj* tam
II [teɪm] *verb* tämja, kuva
tamer ['teɪmə] *subst* djurtämjare
tamper ['tæmpə] *verb*, ~ ***with*** mixtra med, fiffla med
tampon ['tæmpən] *subst* tampong
tan I [tæn] (*-nn-*) *verb* **1** garva, barka **2** göra brunbränd; ***tanned*** solbränd
II [tæn] *subst* **1** mellanbrunt **2** solbränna
tandem ['tændəm] *subst* tandem, tandemcykel
tangent ['tændʒənt] *subst* geom. tangent; ***fly off at a*** ~ plötsligt avvika från ämnet
tangerine [ˌtændʒə'riːn] *subst* tangerin citrusfrukt
tangible ['tændʒəbl] *adj* påtaglig [~ *proofs*]; konkret [~ *proposals*]
tangle I ['tæŋgl] *verb* trassla till, göra trasslig; ***get tangled up*** el. ***get tangled*** trassla ihop sig
II ['tæŋgl] *subst* trassel, oreda; virrvarr
tangled ['tæŋgld] *adj* tilltrasslad, trasslig
tango I ['tæŋgəʊ] (pl. *~s*) *subst* tango
II ['tæŋgəʊ] *verb* dansa tango
tank I [tæŋk] *subst* **1** tank, cistern, behållare; ***rain-water*** ~ vattenreservoir **2** mil. stridsvagn, tank; ~ ***regiment*** pansarregemente **3** akvarium
II [tæŋk] *verb*, ~ ***up*** tanka fullt
tankard ['tæŋkəd] *subst* kanna, stop, sejdel, krus
tanker ['tæŋkə] *subst* tanker, tankfartyg
tank top ['tæŋktɒp] *subst* ärmlös T-shirt
tannic ['tænɪk] *adj* garv-; ~ ***acid*** garvsyra
tannin ['tænɪn] *subst* kem. garvsyra
tantalize ['tæntəlaɪz] *verb* fresta, reta, gäcka
tantalizing ['tæntəlaɪzɪŋ] *adj* lockande [~ *smell of cooking*], retsam, gäckande [*a* ~ *smile*]
tantamount ['tæntəmaʊnt] *adj*, ***be*** ~ ***to*** vara liktydig med, vara detsamma som
tantrum ['tæntrəm] *subst* raserianfall; ***fly into a*** ~ få ett raserianfall
Tanzania [ˌtænzə'niːə]
Tanzanian I [ˌtænzə'niːən] *subst* tanzanier
II [ˌtænzə'niːən] *adj* tanzanisk
1 tap I [tæp] *subst* **1** kran på ledningsrör **2** plugg, tapp i tunna
II [tæp] (*-pp-*) *verb* **1** tappa ur, tappa av **2** utnyttja, exploatera [~ *sources of energy*]; ~ ***sb for money*** tigga pengar av ngn **3** tele. avlyssna [~ *a telephone conversation*]; ~ ***the wires*** göra telefonavlyssning
2 tap I [tæp] (*-pp-*) *verb* **1** knacka i, knacka på; slå lätt, klappa lätt [~ *sb on the shoulder*] **2** knacka [~ *at the door*; ~ *on the door*]
II [tæp] *subst* knackning, lätt slag; ***there was a*** ~ ***at the door*** det knackade på dörren
tap-dance I ['tæpdɑːns] *subst* steppdans
II ['tæpdɑːns] *verb* steppa
tap-dancing ['tæpˌdɑːnsɪŋ] *subst* steppdans
tape I [teɪp] *subst* **1** band [*cotton* ~] **2** ***adhesive*** ~ el. ***sticky*** ~ el. ~ tejp; ***insulating*** ~ isoleringsband **3** ljudband; ***blank*** ~ oinspelat (tomt) band; ***record on*** ~ spela in på band, banda **4** sport. målsnöre; ***breast the*** ~ spränga målsnöret **5** måttband
II [teɪp] *verb* **1** binda om (fast) med band **2** linda med tejp (isoleringsband); ~ ***up*** tejpa ihop **3** ta upp på band, banda **4** vard., ***I've got him taped*** jag vet vad han går för
tape head ['teɪphed] *subst* tonhuvud på bandspelare
tape measure ['teɪpˌmeʒə] *subst* måttband
taper I ['teɪpə] *subst* smalt vaxljus
II ['teɪpə] *verb*, ~ ***off*** el. ~ smalna av
tape-record ['teɪprɪˌkɔːd] *verb* spela in på band, banda, göra bandinspelningar
tape-recorder ['teɪprɪˌkɔːdə] *subst* bandspelare
tapestry ['tæpəstrɪ] *subst* gobeläng, gobelänger
tapeworm ['teɪpwɜːm] *subst* binnikemask
tar I [tɑː] *subst* tjära
II [tɑː] (*-rr-*) *verb* tjära, asfaltera; ***they are tarred with the same brush*** de är av samma skrot och korn
target ['tɑːgɪt] *subst* **1** måltavla, skottavla; ***be on*** ~ träffa prick; ***be off*** ~ missa målet; ~ ***practice*** målskjutning, skjutövning
tariff ['tærɪf] *subst* **1** tull **2** taxa, tariff, prislista
tarmac ['tɑːmæk] **1** asfalt, asfaltbeläggning **2** flyg. platta
tarnish ['tɑːnɪʃ] *verb* **1** göra matt, göra glanslös, missfärga **2** bli matt, bli glanslös, mista sin glans **3** skamfila [*his reputation is tarnished*]
tarpaulin [tɑː'pɔːlɪn] *subst* presenning
tarragon ['tærəgən] *subst* krydda dragon
tart [tɑːt] *subst* **1** mördegstårta med frukt,

fruktpaj; ***jam*** ~ mördegsform med sylt **2** vard. slampa

tartan
Tartan var ursprungligen ett skotskrutigt tyg som bars av klanerna i de skotska högländerna. Varje klan hade sitt mönster, t.ex. *the MacDonald tartan*. I dag används tyg och mönster till bl.a. damkjolar och filtar.

tartan ['tɑːtən] *subst* **1** tartan, skotskrutigt tyg, skotskrutigt mönster **2** pläd
Tartar ['tɑːtə] *subst* **1** tatar folkgrupp **2** vard. ragata
tartar ['tɑːtə] *subst* **1** tandsten **2** kem. vinsten
tartare ['tɑːtɑː] *adj*, ~ ***sauce*** tartarsås
task [tɑːsk] *subst* arbetsuppgift, uppdrag; ***set sb a*** ~ ge ngn en uppgift; ***take sb to*** ~ läxa upp ngn
task force ['tɑːskfɔːs] *subst* mil. specialtrupp
tassel ['tæsəl] *subst* tofs
taste I [teɪst] *subst* **1** smak; bismak [*it has a funny* ~] **2** smaksinne **3** försmak, smakprov [*of* av]; ***it is a matter of*** ~ det är en smaksak; ***it would be bad ~ to refuse*** det skulle vara ofint att tacka nej; ***there is no accounting for ~s*** om tycke och smak skall man inte diskutera; ***in bad*** ~ smaklös, smaklöst; ***in good*** ~ smakfull, smakfullt
II [teɪst] *verb* **1** smaka; ***it ~s of salt*** det smakar salt **2** smaka på
taste bud ['teɪstbʌd] *subst* anat. smaklök
tasteless ['teɪstləs] *adj* smaklös, osmaklig
tasty ['teɪstɪ] *adj* välsmakande, smakfull
tatter ['tætə] *subst*, ***in ~s*** i trasor
tattered ['tætəd] *adj* trasig, söndersliten
1 tattoo [tə'tuː] *subst* **1** mil. tapto; ***beat the*** ~ el. ***sound the*** ~ blåsa tapto **2** militärparad, militäruppvisning
2 tattoo I [tə'tuː] *verb* tatuera
II [tə'tuː] *subst* tatuering
taught [tɔːt] imperf. av *teach*
taunt I [tɔːnt] *verb* håna [*with* för]
II [tɔːnt] *subst* glåpord, gliring
Taurus ['tɔːrəs] stjärntecken Oxen
taut [tɔːt] *adj* **1** spänd [~ *muscles*], styv **2** fast, vältrimmad
tawny ['tɔːnɪ] *adj* gulbrun
tax I [tæks] *subst* **1** skatt, pålaga; ~ ***arrears*** kvarstående skatt; ~ ***avoidance*** skatteplanering; ~ ***evader*** el. ~ ***dodger*** skattesmitare, skattefuskare; ~ ***evasion*** el. ~ ***dodging*** skattesmitning, skattefusk; ~ ***exile*** skatteflykting; ~ ***haven*** skatteparadis; ~ ***relief*** skattelättnad **2** påfrestning [~ *on sb's health*]
II [tæks] *verb* **1** beskatta; taxera [*at* till; *by* efter] **2** betunga, sätta på hårt prov
taxable ['tæksəbl] *adj* beskattningsbar
taxation [tæk'seɪʃən] *subst* **1** beskattning, taxering **2** skatter [*reduce* ~]
tax-collector ['tækskəˌlektə] *subst* uppbördsman, skattmas
tax-free [ˌtæks'friː, före subst. 'tæksfriː] *adj* skattefri; ~ ***shop*** taxfreeshop på t.ex. flygplats
taxi I ['tæksɪ] *subst* taxi, bil; ***air*** ~ taxiflyg
II ['tæksɪ] *verb* flyg. taxa, köra på marken t.ex. före start
taxicab ['tæksɪkæb] *subst* taxi
taxi-driver ['tæksɪˌdraɪvə] *subst* taxichaufför
taximeter ['tæksɪˌmiːtə] *subst* taxameter
taxiplane ['tæksɪpleɪn] *subst* taxiflyg, taxiplan
taxi rank ['tæksɪræŋk] *subst* taxihållplats; rad väntande taxibilar
taxpayer ['tæksˌpeɪə] *subst* skattebetalare
TB [ˌtiː'biː] *subst* (vard. för *tuberculosis*) tbc

tea
Afternoon tea eller *5 o'clock tea* som serveras på eftermiddagen eller *high tea* som vanligen serveras vid fem- till sextiden kan vara mindre måltider. *Cream tea* är te, scones, vispgrädde och sylt.

tea [tiː] *subst* te dryck, måltid; tebjudning; ***afternoon*** ~ el. ***five o'clock*** ~ eftermiddagste; ***high*** ~ lätt kvällsmåltid med te, tidig tesupé; ***have*** ~ dricka te; ***not for all the ~ in China*** inte för allt smör i Småland; ***that's just my cup of*** ~ det är helt i min smak; ***she is not my cup of*** ~ hon är inte min typ
tea bag ['tiːbæg] *subst* tepåse
tea break ['tiːbreɪk] *subst* tepaus
tea caddy ['tiːˌkædɪ] *subst* teburk
teach [tiːtʃ] (*taught taught*) *verb* undervisa, undervisa i, lära [*she teaches us French*]; vara lärare; ***I'll ~ you to lie!*** jag ska lära dig att ljuga, jag!
teacher ['tiːtʃə] *subst* lärare
teaching I ['tiːtʃɪŋ] *subst* **1** undervisning; ***go***

in for ~ ägna sig åt läraryrket **2** vanligen pl. ***~s*** lära, läror [*the ~s of the Church*]
II ['tiːtʃɪŋ] *adj* **1** lärar- [*the ~ profession*] **2** undervisnings- [*a ~ hospital*]
teaching-aid ['tiːtʃɪŋeɪd] *subst* hjälpmedel i undervisningen
tea cloth ['tiːklɒθ] *subst* torkhandduk, kökshandduk
tea cosy ['tiːˌkəʊzɪ] *subst* tehuv, tevärmare
teacup ['tiːkʌp] *subst* tekopp; ***a storm in a ~*** en storm i ett vattenglas
teak [tiːk] *subst* teak, teakträ
tea kettle ['tiːˌketl] *subst* tepanna, tekittel med pip
teal [tiːl] *subst* fågel kricka, krickand
team I [tiːm] *subst* lag [*football ~*]; team, gäng, trupp
II [tiːm] *verb*, ~ ***up*** vard. slå sig ihop, arbeta i team
team-mate ['tiːmmeɪt] *subst* lagkamrat
team spirit ['tiːmˌspɪrɪt] *subst* laganda
teamster ['tiːmstə] *subst* amer. långtradarchaufför
teamwork ['tiːmwɜːk] *subst* teamwork, lagarbete, grupparbete
tea party ['tiːˌpɑːtɪ] *subst* tebjudning
teaplant ['tiːplɑːnt] *subst* tebuske
teapot ['tiːpɒt] *subst* tekanna
1 tear [tɪə] *subst* tår [*flood of ~s*]; ***shed ~s*** fälla tårar; ***burst into ~s*** brista i gråt
2 tear I [teə] (*tore torn*) *verb* **1** slita, riva, rycka, riva och slita [*at* i], slita sönder, rycka sönder; ~ ***open*** slita upp [*~ open a letter*]; ~ ***to pieces*** slita sönder, slita i stycken; ***that's torn it*** vard. nu är det klippt; ***it ~s easily*** den slits sönder lätt **2** rusa, flänga [*~ down the road*; *~ into a room*]
II [teə] (*tore torn*) *verb* med adv. o. prep.
tear about rusa omkring
tear along rusa fram
tear away 1 slita bort, riva bort **2** rusa i väg; ~ ***oneself away*** slita sig lös [*I can't ~ myself away from this book*]
tear down riva ned, plocka ner
tear off 1 slita bort, riva av, riva loss **2** rusa i väg
tear out 1 riva ut [*~ out a page*] **2** rusa ut
tear up slita sönder, riva sönder, riva upp
III [teə] *subst* reva, rispa; rivet hål
tear duct ['tɪədʌkt] *subst* anat. tårkanal
tearful ['tɪəfʊl] *adj* **1** tårfylld **2** gråtmild
tear gas ['tɪəgæs] *subst* tårgas
tearing ['teərɪŋ] *adj*, ***at a ~ pace*** i rasande fart
tear-jerker ['tɪəˌdʒɜːkə] *subst* film. etc. snyftare
tea room ['tiːruːm] *subst* teservering, konditori
tease I [tiːz] *verb* reta, retas med, retas
II [tiːz] *subst* retsticka
tea set ['tiːset] *subst* teservis
teashop ['tiːʃɒp] *subst* teservering, konditori
teaspoon ['tiːspuːn] *subst* tesked
teaspoonful ['tiːˌspuːnfʊl] *subst* tesked mått
tea-strainer ['tiːˌstreɪnə] *subst* tesil
teat [tiːt] *subst* **1** spene **2** napp på flaska
teatime ['tiːtaɪm] *subst* tedags
tea towel ['tiːˌtaʊəl] *subst* torkhandduk, kökshandduk
tea trolley ['tiːˌtrɒlɪ] *subst* tevagn, rullbord
techie ['tekɪ] *subst* vard. kortform för *technician*
technical ['teknɪkl] *adj* teknisk, yrkesinriktad [*a ~ school*]; ~ ***knock-out*** boxn. teknisk knockout; ~ ***support*** data. teknisk support
technicality [ˌteknɪ'kælətɪ] *subst* **1** teknik **2** formalitet, teknisk detalj [*it's just a ~*]
technician [tek'nɪʃən] *subst* tekniker, teknisk expert
technique [tek'niːk] *subst* teknik
techno ['teknəʊ] *subst* musik. techno, technomusik
technofreak ['teknəʊfriːk] *subst* vard. teknikfantast som älskar tekniska prylar
technological [ˌteknə'lɒdʒɪkl] *adj* teknologisk
technology [tek'nɒlədʒɪ] *subst* teknologi, teknik; ***school of ~*** teknisk skola
teddy ['tedɪ] *subst* **1** ~ ***bear*** teddybjörn, leksaksbjörn **2** teddy damunderplagg
tedious ['tiːdjəs] *adj* långtråkig, ledsam
tedium ['tiːdjəm] *subst* långtråkighet, leda
tee [tiː] *subst* **1** golf., utslagsplats tee **2** pinne peg
teem [tiːm] *verb* vimla, myllra, krylla [*with* av]; ***it was teeming with rain*** el. ***it was teeming*** regnet vräkte ned
teenage ['tiːneɪdʒ] *subst* före subst. tonårs-
teenager ['tiːnˌeɪdʒə] *subst* tonåring
teens [tiːnz] *subst pl* tonår
teeny ['tiːnɪ] *adj* o. **teeny-weeny** [ˌtiːnɪ'wiːnɪ] *adj* vard. pytteliten
teeth [tiːθ] *subst pl* av *tooth*
teethe [tiːð] *verb* få tänder
teething ['tiːðɪŋ] *subst* tandsprickning; ~ ***ring*** bitring; ~ ***troubles*** el. ~ ***problems*** a) tandsprickningsbesvär b) barnsjukdomar, initialsvårigheter
teeth ridge ['tiːθrɪdʒ] *subst* tandvall

teetotaller [tiː'təʊtələ] *subst* helnykterist, absolutist
Teflon® ['teflɒn] *subst* teflon®
telecast I ['telɪkɑːst] (*telecast telecast* el. *telecasted telecasted*) *verb* sända i tv, visa i tv
II ['telɪkɑːst] *subst* tv-sändning
telecom ['telɪkɒm] *subst* (förk. för *telecommunications*); ***British Telecom*** brittiska televerket
telecommunications ['telɪkəˌmjuːnɪ'keɪʃənz] (med verb i sing.) *subst* teleteknik, telekommunikationer
telegram ['telɪgræm] *subst* telegram
telegraph I ['telɪgrɑːf] *subst* **1** telegraf **2** telegram
II ['telɪgrɑːf] *verb* telegrafera [*for* efter]
telegraphic [ˌtelɪ'græfɪk] *adj* telegrafisk, telegraf-; ~ ***address*** telegramadress
telegraphist [tə'legrəfɪst] *subst* o. **telegraph-operator** ['telɪgrɑːfˌɒpəreɪtə] *subst* telegrafist
telegraph pole ['telɪgrɑːfpəʊl] *subst* telefonstolpe
telepathic [ˌtelɪ'pæθɪk] *adj* telepatisk
telepathy [tə'lepəθɪ] *subst* telepati
telephone I ['telɪfəʊn] *subst* telefon; ~ ***box*** el. ~ ***booth*** telefonkiosk, telefonhytt; ~ ***directory*** el. ~ ***book*** telefonkatalog; ~ ***exchange*** telefonväxel; ~ ***operator*** telefonist; ***by the*** ~ el. ***over the*** ~ per telefon; ***be on the*** ~ a) prata i telefon b) ha telefon; ***you are wanted on the*** ~ det är telefon till dig
II ['telɪfəʊn] *verb* telefonera till, ringa, ringa upp
telephone pole ['telɪfəʊnpəʊl] *subst* amer., se *telegraph pole*
telephonist [tə'lefənɪst] *subst* telefonist
telephoto ['telɪfəʊtəʊ] *adj* foto., ~ ***lens*** teleobjektiv
telescope I ['telɪskəʊp] *subst* teleskop, kikare
II ['telɪskəʊp] *verb* skjuta ihop, skjuta in i varandra, skjuta in
telescopic [ˌtelɪ'skɒpɪk] *adj* teleskopisk; ~ ***lens*** teleobjektiv; ~ ***aerial*** el. ~ ***antenna*** teleskopantenn
telescreen ['telɪskriːn] *subst* tv-ruta
teletext ['telɪtekst] *subst* text-tv
televiewer ['telɪvjuːə] *subst* tv-tittare
televise ['telɪvaɪz] *verb* sända i tv, visa i tv, televisera
television ['telɪˌvɪʒən] *subst* television, tv; ~ ***broadcast*** tv-sändning; ~ ***receiver*** el. ~ ***set*** tv-apparat; ~ ***screen*** tv-ruta, bildruta; ~ ***viewer*** tv-tittare; ~ ***series*** tv-serie
tell I [tel] (*told told*) *verb* **1** tala 'om, berätta, tala [*of* om], säga; ~ ***sb about sth*** berätta om ngt för ngn; ***something ~s me he is not coming*** jag känner på mig att han inte kommer; ***you're telling me!*** vard. det vet jag väl!; det kan du skriva upp!; ***I told you so!*** el. ***what did I ~ you?*** vad var det jag sa?; ***I ~ you what...*** el. ~ ***you what...*** vard. vet du vad... **2** säga 'till, säga 'åt, be [~ *him to sit down*]; ***do as you are told*** gör som man säger **3** skilja [*from* från]; känna igen [*by* på], urskilja; ***I can't ~ them apart*** jag kan inte skilja dem åt; ~ ***the difference between*** skilja mellan, skilja på; ***who can ~?*** vem vet?; ***you never can ~*** man kan aldrig så noga veta, skvallra [*on* på]
II [tel] (*told told*) *verb* med adv. o. prep.
tell off vard. läxa upp, skälla ut; ***be told off*** få på pälsen, få på huden
tell on vard. ta på, fresta på [*it ~s on my nerves*]
teller ['telə] *subst* **1** berättare [*the teller of the story*] **2** kassör i bank
telling ['telɪŋ] *adj* träffande [*a ~ remark*]
telling-off [ˌtelɪŋ'ɒf] *subst* utskällning
telltale I ['telteɪl] *subst* skvallerbytta
II ['telteɪl] *adj* avslöjande, skvallrande [*a ~ blush*]; ~ ***tit!*** skvallerbytta bingbong!
telly ['telɪ] *subst* vard. tv; ***the*** ~ dumburken [*on the ~*]
temper ['tempə] *subst* humör, lynne; ***be in a*** ~ el. ***be in a bad*** ~ vara på dåligt humör; ***be in a good*** ~ vara på gott humör; ***fly into a*** ~ fatta humör; ***keep one's*** ~ bibehålla sitt lugn; ***lose one's*** ~ tappa humöret
temperament ['tempərəmənt] *subst* temperament, humör [*a cheerful ~*]
temperamental [ˌtempərə'mentl] *adj* temperamentsfull
temperamentally [ˌtempərə'mentəlɪ] *adv* till temperamentet
temperance ['tempərəns] *subst* **1** måttlighet, återhållsamhet **2** helnykterhet
temperate ['tempərət] *adj* **1** måttlig, återhållsam **2** tempererad [*a ~ climate*]
temperature ['temprətʃə] *subst* **1** temperatur **2** feber; ***have a*** ~ el. ***run a*** ~ ha feber
tempest ['tempɪst] *subst* storm, oväder; ***a ~ in a teapot*** amer. en storm i ett vattenglas

tempestuous [tem'pestjʊəs] *adj* stormig, våldsam
tempi ['tempiː] *subst pl* av *tempo*
1 temple ['templ] *subst* tempel, helgedom
2 temple ['templ] *subst* anat. tinning
tempo ['tempəʊ] (pl. *tempos*, i betydelse 1 vanligen *tempi* ['tempiː]) *subst* **1** musik. tempo [*a fast ~*] **2** tempo, fart
temporary ['tempərərɪ] *adj* **1** temporär, tillfällig, provisorisk [*a ~ bridge*]; kortvarig **2** tillförordnad, extraordinarie
tempt [temt] *verb* fresta, förleda, locka; ~ ***fate*** utmana ödet
temptation [tem'teɪʃən] *subst* frestelse, lockelse; ***give way to*** ~ falla för frestelser
tempter ['temtə] *subst* frestare
temptress ['temtrəs] *subst* fresterska

ten sixty-six – 1066
De flesta engelsmän känner till årtalet 1066 då Wilhelm Erövraren, *William the Conqueror*, besegrade den engelska kungen Harald, *Harold*, i slaget vid Hastings, *the Battle of Hastings*. Det normandiska och franska inflytandet blev då helt dominerande och påverkade allt från språk till samhällssystem.

ten [ten] *räkn* o. *subst* tio, tia; tiotal
tenable ['tenəbl] *adj* hållbar [*a ~ theory*]
tenacity [tə'næsətɪ] *subst* seghet; orubblighet; ~ ***of purpose*** målmedvetenhet
tenancy ['tenənsɪ] *subst* **1** förhyrning, hyrande **2** hyrestid
tenant I ['tenənt] *subst* **1** hyresgäst **2** arrendator
II ['tenənt] *verb* **1** hyra **2** arrendera
tench [tentʃ] *subst* fisk sutare
1 tend [tend] *verb* vårda, sköta [*~ the wounded*], passa [*~ a machine*]
2 tend [tend] *verb* tendera, ha en tendens
tendency ['tendənsɪ] *subst* tendens; ***he has a ~ to exaggerate*** han har en benägenhet att överdriva
1 tender ['tendə] *adj* **1** mör [*a ~ steak*]; öm [*a ~ spot*]; ***a ~ age*** en späd ålder **2** ömsint
2 tender ['tendə] **1** *verb* erbjuda [*~ one's services*] **2** lämna in [*~ one's resignation*]
tender-hearted ['tendə,hɑːtɪd] *adj* ömsint
tendon ['tendən] *subst* anat. sena
tenfold I ['tenfəʊld] *adj* tiodubbel, tiofaldig
II ['tenfəʊld] *adv* tiodubbelt, tiofaldigt, tiofalt
tenner ['tenə] *subst* vard. tiopundssedel, amer. tiodollarssedel
tennis ['tenɪs] *subst* tennis; ~ ***elbow*** tennisarm; ~ ***court*** tennisbana
tenor ['tenə] *subst* musik. tenor, tenorstämma
tenpence ['tenpəns] *subst* tio pence
tenpenny ['tenpənɪ] *adj* tiopence-; ***a ~ piece*** en tiopenny
1 tense [tens] *subst* gram. tempus, tidsform
2 tense I [tens] *adj* spänd, stram, sträckt
II [tens] *verb* **1** spänna, strama åt **2** spännas, stramas åt
tension ['tenʃən] *subst* spänning, spändhet; ***high*** ~ hög spänning
tent [tent] *subst* tält; ***pitch one's*** ~ slå upp sitt tält
tentacle ['tentəkl] *subst* tentakel
tentative ['tentətɪv] *adj* preliminär, trevande
tenterhook ['tentəhʊk] *subst*, ***be on ~s*** sitta som på nålar; ***keep sb on ~s*** hålla ngn på sträckbänken, hålla ngn på halster
tenth [tenθ] *räkn* o. *subst* tionde; tiondel
tepid ['tepɪd] *adj* ljum
term I [tɜːm] *subst* **1** tid, period [*a ~ of five years*] skol. el. univ. termin **2** pl. ***~s*** villkor, bestämmelse; pris, priser [*the ~s are reasonable*]; betalningsvillkor; ***come to ~s with sb*** träffa en uppgörelse med ngn **3** pl. ***~s*** förhållande; ***be on good ~s with*** stå på god fot med; ***be on bad ~s with*** vara ovän med; ***meet on equal ~s*** mötas som jämlikar; ***we parted on the best of ~s*** vi skildes som de bästa vänner; ***come to ~s with*** acceptera, finna sig i **4** term [*a scientific ~*], uttryck; pl. ***~s*** ord, ordalag [*in general ~s*]
II [tɜːm] *verb* benämna, kalla
terminal I ['tɜːmɪnl] *subst* **1** slutstation, terminal **2** elektr. klämma, kabelfäste; pol [*battery ~s*] **3** data. terminal
II ['tɜːmɪnl] *adj* **1** slut-, änd- [*~ station*] **2** med. dödlig, obotlig [*~ cancer*]
terminate ['tɜːmɪneɪt] *verb* avsluta, göra slut på; sluta [*the word ~s in a vowel*]
termination [,tɜːmɪ'neɪʃən] *subst* slut, avslutning
terminology [,tɜːmɪ'nɒlədʒɪ] *subst* terminologi
terminus ['tɜːmɪnəs] *subst* slutstation, ändstation, terminal
termite ['tɜːmaɪt] *subst* insekt termit
terrace ['terəs] *subst* **1** terrass; avsats; ~

house radhus **2** uteplats; pl. ***the ~s*** ståplatser, ståplatspublik

terraced ['terəst] *adj* **1** terrasserad, i terrasser **2** ~ ***house*** radhus

terracotta [ˌterə'kɒtə] *subst* terrakotta

terrarium [tə'reərɪəm] *subst* terrarium

terrestrial [tə'restrɪəl] *adj* jordisk, jord-; land- [*~ animals*]; ~ ***channel*** tv. marksänd kanal

terrible ['terəbl] *adj* förfärlig, förskräcklig

terrier ['terɪə] *subst* terrier hundras

terrific [tə'rɪfɪk] *adj* fruktansvärd, enorm, oerhörd [*~ speed*], vard. jättebra

terrify ['terɪfaɪ] *verb* skrämma; ~ ***sb into doing sth*** skrämma ngn till att göra ngt; ***terrified of*** livrädd för

territorial [ˌterɪ'tɔːrɪəl] *adj* territoriell; land-, jord- [*~ claims*]; ~ ***waters*** territorialvatten

territory ['terɪtərɪ] *subst* **1** territorium **2** besittning [*overseas territories*] **3** djurs revir

terror ['terə] *subst* **1** skräck, fasa; ***strike ~ into*** sätta skräck i; ***be in ~ of one's life*** frukta för sitt liv **2** vard., om person plåga, satunge **3** terror; ***reign of ~*** skräckvälde

terrorism ['terərɪzəm] *subst* terrorism

terrorist ['terərɪst] *subst* terrorist

terrorize ['terəraɪz] *verb* terrorisera; ~ ***over*** terrorisera

terror-stricken ['terəˌstrɪkən] *adj* o.

terror-struck ['terəstrʌk] *adj* skräckslagen

terry ['terɪ] *subst* frotté; ~ ***towel*** frottéhandduk

test I [test] *subst* **1** test; ***put to the ~*** sätta på prov; ***stand the ~*** bestå provet **2** prov, provning, prövning, försök, förhör [*an oral ~*]; ***driving ~*** körkortsprov; ***nuclear ~*** kärnvapenprov; ***written ~*** skrivning, skriftligt prov

II [test] *verb* **1** prova, pröva, sätta på prov, testa; ***have one's eyesight tested*** kontrollera synen **2** skol. förhöra

testament ['testəmənt] *subst* **1** jur., ***last will and ~*** testamente **2** bibl., ***the New Testament*** Nya testamentet; ***the Old Testament*** Gamla testamentet

test card ['testkɑːd] *subst* tv. testbild

test case ['testkeɪs] *subst* jur. prejudicerande rättsfall

testicle ['testɪkl] *subst* anat. testikel

testify ['testɪfaɪ] *verb* **1** vittna [*to* om; *against* mot; *in favour of* till förmån för], avlägga vittnesmål **2** intyga; vittna om

testimonial [ˌtestɪ'məʊnɪəl] *subst* **1** intyg, vitsord **2** rekommendation **3** sport. recettmatch

testimony ['testɪmənɪ] *subst* vittnesmål, vittnesbörd [*to, of* om]; ***bear ~ to*** vittna om

test match ['testmætʃ] *subst* sport. landskamp i cricket el. rugby

test paper ['testˌpeɪpə] *subst* skrivning

test pattern ['testˌpætən] *subst* tv. testbild

test tube ['testtjuːb] *subst* provrör

tetanus ['tetənəs] *subst* med. stelkramp

tête-à-tête [ˌteɪtɑː'teɪt] *subst* tätatät, samtal mellan fyra ögon

tether ['teðə] *subst*, ***be at the end of one's ~*** inte orka mer

Texas ['teksəs]

text [tekst] *subst* text, ordalydelse

textbook ['tekstbʊk] *subst* lärobok

textile I ['tekstaɪl] *adj* textil-, vävnads-

II ['tekstaɪl] *subst* **1** vävnad **2** textilmaterial; pl. ***~s*** textilier

text message ['tekstˌmesɪdʒ] *subst* sms meddelande

textual ['tekstʃʊəl] *adj* text- [*~ criticism*]

texture ['tekstʃə] *subst* struktur, konsistens

Thai I [taɪ] *adj* thailändsk, thai-

II [taɪ] *subst* **1** thailändare **2** thailändska språket

Thailand ['taɪlænd]

Thames [temz] *subst*, ***the ~*** Themsen; ***he will never set the ~ on fire*** ungefär han kommer aldrig att gå långt

than [ðæn, obetonat ðən, ðn] *konj* o. *prep* än, än vad som [*more ~ is good for him*]; ***no***

Thanksgiving

År 1621 firade de första invandrarna till Amerika att de lyckats bärga sin första skörd. De firade tillsammans med de indianer som hjälpt dem överleva. I dag är *Thanksgiving* eller *Thanksgiving Day*, tacksägelsedagen, den största familjehögtiden i USA och den firas den fjärde torsdagen i november. Man träffas och äter kalkon med fyllning, *turkey with stuffing*, tranbärsgelé, *cranberry sauce*, sötpotatis, *sweet potatoes* och som dessert pumpapaj *pumpkin pie* eller pecannötspaj *pecan pie*.

sooner had we sat down ~... knappt hade vi satt oss förrän...

thank I [θæŋk] *verb* tacka [*sb for sth* ngn för ngt]; ~ ***goodness!*** el. ~ ***God!*** gudskelov!; ~ ***Heaven!*** Gud vare tack och lov!; ~ ***you!*** tack!, jo tack!; ***no,*** ~ ***you!*** nej tack!; jag betackar mig!

II [θæŋk] *subst* pl. ~***s*** tack; ~***s a lot!*** vard. tack så väldigt mycket!; ***speech of*** ~***s*** tacktal; ***received with*** ~***s*** el. ***with*** ~***s*** på kvitto vilket tacksamt erkännes; ~***s to*** prep. tack vare

thankful [ˈθæŋkfʊl] *adj* mycket tacksam

thankless [ˈθæŋkləs] *adj* otacksam [*a* ~ *task*]

thanksgiving [ˈθæŋksˌɡɪvɪŋ] *subst* kyrkl. tacksägelse; ***Thanksgiving Day*** el. ***Thanksgiving*** i USA tacksägelsedagen allmän fridag 4 torsdagen i november

that I [ðæt, obetonat ðət] *pron* **1** (pl. *those*) den där, det där; denne, denna, detta; den, det [~ *happened long ago*]; så [~ *is not the case*]; pl. ***those*** de där, dessa; de; ~ ***is to say*** el. ~ ***is*** det vill säga, dvs., alltså; ***and that's*** ~***!*** och därmed basta!; och hör sen!; så var det med den saken!; ***he is not so stupid as all*** ~ så dum är han inte; ***what of*** ~***?*** än sen då?; ***the rapidity of light is greater than*** ~ ***of sound*** ljusets hastighet är större än ljudets; ***my car and*** ~ ***of my friend*** (***friend's***) min och min väns bil **2** som [*the only thing* ~ *I can see*; *the only person* ~ *I can see*], vilken, vilket, vilka; ***all*** ~ ***I heard*** allt vad (allt det, allt som) jag hörde **3** såvitt, vad [*he has never been here* ~ *I know of*]

II [ðæt, obetonat ðət] *konj* **1** att [*she said* ~ *she would come*] **2** som [*it was there* ~ *I first saw him*], när, då [*now* ~ *I think of it, he was there*] **3** eftersom; ***what have I done*** ~ ***he should insult me?*** vad har jag gjort eftersom han var så oförskämd mot mig? **4** om; ***I don't know*** ~ ***I do*** jag vet inte om jag gör det

III [ðæt, obetonat ðət] *adv* vard. så pass [~ *far*; ~ *much*]; ***he's not*** ~ ***good*** el. ***he's not all*** ~ ***good*** så bra är han inte, han är inte så värst bra

thatch I [θætʃ] *subst* halmtak, vasstak

II [θætʃ] *verb* täcka med halm; ***a thatched cottage*** en stuga med halmtak

thaw I [θɔː] *verb* **1** töa [*it is thawing*] **2** ~ ***out*** el. ~ tina upp, tina; ~ ***out the refrigerator*** frosta av kylskåpet

II [θɔː] *subst* tö, upptinande; polit. töväder

the I [obetonat: ðə framför konsonantljud, ðɪ framför vokalljud; betonat: ðiː (så alltid i betydelse 4)] *best art* **1** ~ ***book*** boken; ~ ***old man*** den gamle mannen; ***he is*** ~ ***captain of a ship*** han är kapten på en båt; ~ ***London of our days*** våra dagars London; ~ ***following story*** följande historia; ***on*** ~ ***left hand*** på vänster hand; ***speak*** ~ ***truth*** tala sanning **2** ~ ***Dixons*** Dixons, familjen Dixon **3** en, ett; ***to*** ~ ***amount of*** till ett belopp av; ***at*** ~ ***price of*** till ett pris av **4** för att ge eftertryck ***is he 'the*** [ðiː] ***Dr. Smith?*** är han den kände (berömde) dr Smith? **5** den, det, de; ~ ***wretch!*** den uslingen!; ~ ***idiots!*** vilka idioter!, såna idioter!

II [ðə] *adv*, ~***...*** ~ ju... desto; ~ ***sooner*** ~ ***better*** ju förr dess bättre

theater [ˈθɪətə] *subst* amer. = *theatre*

theatre [ˈθɪətə] *subst* **1** teater; ***go to the*** ~ gå på teater **2** hörsal; ***operating*** ~ operationssal

theatregoer [ˈθɪətəˌɡəʊə] *subst* teaterbesökare; pl. ~***s*** teaterpubliken

theatregoing I [ˈθɪətəˌɡəʊɪŋ] *subst* teaterbesök; ***I like*** ~ jag tycker om att gå på teatern

II [ˈθɪətəˌɡəʊɪŋ] *adj*, ***the*** ~ ***public*** teaterpubliken

theatrical I [θɪˈætrɪkl] *adj* **1** teater-; ~ ***company*** teatersällskap **2** teatralisk

II [θɪˈætrɪkl] *subst* pl. ~***s*** el. ***amateur*** ~***s*** amatörteater

theft [θeft] *subst* stöld

their [ðeə] *pron* deras, dess [*the Government and* ~ *remedy for unemployment*]; sin [*they sold* ~ *car*]; se *my* för vidare ex.

theirs [ðeəz] *pron* deras [*is that house* ~*?*]; sin [*they must take* ~]; ***a friend of*** ~ en vän till dem; se *1 mine* för vidare ex.

them [ðem, obetonat ðəm] *pron* (objektsform av *they*) **1** dem, vard. de, dom [*it wasn't* ~] **2** sig [*they took it with* ~]

theme [θiːm] *subst* tema; ~ ***park*** temapark; ~ ***song*** a) signaturmelodi b) refräng

themselves [ðəmˈselvz] *pron* sig [*they amused* ~], sig själva [*they can take care of* ~], själva [*they made that mistake* ~]

then I [ðen] *adv* **1** då, på den tiden **2** sedan, så; ***there and*** ~ på fläcken, genast **3** alltså [*the journey,* ~, *could begin*]; då, i så fall [~ *it is no use*]

II [ðen] *subst*, ***before*** ~ innan dess, dessförinnan, förut; ***by*** ~ vid det laget, då, till dess [*by* ~ *I shall be back*]; ***since*** ~ sedan dess; ***until*** ~ el. ***till*** ~ till dess

III [ðen] *adj* dåvarande [*the ~ prime minister*]
thence [ðens] *adv* litt., ***from*** ~ därifrån; därav [*~ it follows that…*]
theologian [θɪə'ləʊdʒjən] *subst* teolog
theological [θɪə'lɒdʒɪkl] *adj* teologisk
theology [θɪ'ɒlədʒɪ] *subst* teologi
theorem ['θɪərəm] *subst* mat. teorem, sats
theoretical [θɪə'retɪkl] *adj* teoretisk
theorist ['θɪərɪst] *subst* teoretiker
theorize ['θɪəraɪz] *verb* teoretisera
theory ['θɪərɪ] *subst* teori; ***in*** ~ i teorin
therapeutic [ˌθerə'pjuːtɪk] *adj* terapeutisk; ~ ***baths*** medicinska bad
therapist ['θerəpɪst] *subst* terapeut
therapy ['θerəpɪ] *subst* terapi behandling
there I [ðeə] *adv* **1** där, dit, fram, framme; ***we'll soon be*** ~ vi är snart framme; ***we'll soon get*** ~ vi kommer snart dit, vi är snart där; ~ ***and back*** fram och tillbaka; ***down*** ~ a) därnere b) dit ner c) in dit; ~ ***you are!*** a) var så god! b) jaså, där är du! c) där ser du!; ***carry this for me, there's a dear*** bär den här, så är du snäll **2** det; ~ ***were only two left*** det fanns bara två kvar, det var bara två kvar; ~ ***is no knowing when…*** man kan aldrig veta när…
II [ðeə] *interj* så där! [*~, that will do*], så där ja! [*~! you've smashed it*]; ***there, there!*** lugnande el. tröstande såja!, seså! [*there, there! don't cry*]; ~ ***now!*** så där ja! nu är det klart
thereabouts ['ðeərəbaʊts] *adv* däromkring
thereafter [ˌðeər'ɑːftə] *adv* litt. därefter
thereby [ˌðeə'baɪ] *adv* litt. därvid
therefore ['ðeəfɔː] *adv* därför, således, följaktligen
there's [ðeəz] = *there is* o. *there has*
thereupon [ˌðeərə'pɒn] *adv* därpå
thermometer [θə'mɒmɪtə] *subst* termometer
Thermos® ['θɜːmɒs] *subst*, ~***flask*** el. ~ termos®, termosflaska
thermostat ['θɜːməstæt] *subst* termostat
these [ðiːz] *pron* se *this*
thesis ['θiːsɪs] (pl. *theses* ['θiːsiːz]) *subst* **1** tes, sats; teori **2** doktorsavhandling
they [ðeɪ] (objektsform *them*) *pron* **1** de [*~ are here*] **2** den, det **3** man; ~ ***say that he is rich*** det sägs att han är rik
they'd [ðeɪd] = *they had* o. *they would*
they'll [ðeɪl] = *they will, they shall*
they're [ðeə] = *they are*
they've [ðeɪv] = *they have*
thick I [θɪk] *adj* **1** tjock [*a ~ book*]; ***I'll give you a ~ ear if you do that*** jag ska ge dig på moppe om du gör det **2** tjock [*~ hair; ~ fog*] **3** ***that's a bit*** ~ det är lite väl magstarkt, nu går det för långt
II [θɪk] *subst*, ***in the ~ of the crowd*** mitt i trängseln; ***in the ~ of the fight*** mitt i striden; ***stick to sb through ~ and thin*** följa ngn i vått och torrt
thicken ['θɪkən] *verb* göra tjock, göra tät, göra tjockare (tätare)
thicket ['θɪkɪt] *subst* busksnår, buskage
thickness ['θɪknəs] *subst* tjocklek, grovlek
thickset [ˌθɪk'set] *adj* undersätsig, satt
thick-skinned [ˌθɪk'skɪnd] *adj* tjockhudad
thief [θiːf] (pl. *thieves* [θiːvz]) *subst* tjuv; ***stop ~!*** ta fast tjuven!
thiefproof ['θiːfpruːf] *adj* stöldsäker
thieve [θiːv] *verb* stjäla
thieves [θiːvz] *subst pl* av *thief*
thievish ['θiːvɪʃ] *adj* tjuvaktig
thigh [θaɪ] *subst* anat. lår
thimble ['θɪmbl] *subst* fingerborg
thimbleful ['θɪmblfʊl] *subst* fingerborg mått
thin I [θɪn] *adj* **1** tunn, mager **2** gles, tunn [*~ hair*]
II [θɪn] *adv* tunt [*spread the butter on ~*]
III [θɪn] (*-nn-*) *verb* **1** ~ ***down*** el. ~ göra tunn, göra tunnare, förtunna **2** ~ ***out*** el. ~ a) gallra, tunna ut, tunna ur [*~ the hair*] b) bli tunn, bli tunnare, förtunnas, glesna c) magra
thing [θɪŋ] *subst* **1** sak, ting, grej; pl. ~***s*** saker etc., saker och ting; ***these ~s happen*** sånt händer; ***it's just one of those ~s*** sånt händer tyvärr **2** spec. vard. varelse [*a sweet little ~*]; ***poor little ~!*** stackars liten!; ***you poor ~!*** stackars! **3** ***this is a fine ~!*** jo, det var just snyggt!; ***the great ~ about it*** det fina med det; ***last ~ at night*** det sista man gör på kvällen; ***the only ~ you can do*** det enda du kan göra; ***it is a strange ~ that…*** det är egendomligt att…; ***what a stupid ~ to do!*** vad dumt att göra så! **4** pl. ~***s*** i spec. betydelser a) tillhörigheter, saker [*pack up your ~s*]; kläder [*take off your ~s!*] b) redskap, grejor, saker, servis [*tea ~s*] c) det, saken, läget, ställningen; ~***s are in a bad way*** det går dåligt; ***as ~s are*** el. ***the way ~s are*** som det nu är, som saken ligger till; ***how are ~s?*** el. vard. ***how's ~s?*** hur går det?, hur är läget?; ***you know how ~s are*** du vet hur det är; ~***s look bad for him*** det ser illa ut för honom **5** ***make a ~ of*** göra affär av; ***taking one ~ with another*** när allt kommer omkring; ***the ~ is*** saken är den; ***the ~ to do is to…*** vad man ska göra är att…; ***quite the ~*** el. ***the***

~ på modet, inne; ***that's just the ~ for you*** det är precis vad du behöver; ***for one ~,...*** för det första,...

think I ['θɪŋk] (*thought thought*) *verb* **1** tänka; tänka sig för, fundera på **2** tro [*do you ~ it will rain?*]; tycka [*do you ~ we should go on?*]; ***I thought as much*** jag trodde väl det; ***~ fit*** anse lämpligt; ***I should ~ so!*** jo, det vill jag lova!; jo, jag menar det!; ***I should jolly well ~ so!*** el. ***I should damn well ~ so!*** tacka sjutton för det!; ***he's a bit lazy, don't you ~?*** han är lite lat eller vad tycker du?, han är lite lat eller hur? **3** tänka sig, föreställa sig [*I can't ~ how the story will end*]; ana, tro [*you can't ~ how glad I am*]; förstå [*I can't ~ where she's gone*]; ***to ~ that she is so rich*** tänk att hon är så rik

II [θɪŋk] (*thought thought*) *verb* med adv. o. prep.

think about 1 fundera på, tänka på **2** ***what do you ~ about...?*** vad tycker du om...?

think of 1 tänka på, fundera på **2** komma på [*can you ~ of his name?*] **3** tänka sig, föreställa sig; ***just ~ of that!*** el. ***just ~ of it!*** tänk bara!, kan du tänka dig! **4** ***what do you ~ of...?*** vad tycker (säger, anser) du om...?; ***~ a lot of*** sätta stort värde på; ***he ~s a lot of himself*** han har höga tankar om sig själv

think out tänka ut, fundera ut [*~ out a new method*]

think over tänka igenom, tänka över

think up hitta på, tänka ut [*~ up new ideas*]

thinkable ['θɪŋkəbl] *adj* tänkbar

thinker ['θɪŋkə] *subst* tänkare; ***he is a slow ~*** han tänker långsamt

thinking ['θɪŋkɪŋ] *subst* tänkande, tänkesätt; ***I am of his way of ~*** jag tycker som han; ***to my ~*** enligt min åsikt

thinking-cap ['θɪŋkɪŋkæp] *subst* vard., ***put on one's ~*** ta sig en ordentlig funderare på saken

think tank ['θɪŋktæŋk] *subst* vard. hjärntrust expertgrupp som kommer med nya idéer

thinner ['θɪnə] *subst* thinner

thin-skinned [ˌθɪn'skɪnd] *adj* överkänslig, känslig

third I [θɜːd] *räkn* tredje; ***~ class*** tredje klass

II [θɜːd] *adv* **1** ***the ~ largest town*** den tredje staden i storlek **2** i tredje klass [*travel ~*] **3** ***come ~*** el. ***finish ~*** komma trea, sluta som trea

III [θɜːd] *subst* **1** tredjedel **2** sport. trea, tredje man; tredjeplacering **3** musik. ters

third-class [ˌθɜːd'klɑːs] *adj* tredjeklass-; tredje klassens [*a ~ hotel*]

thirdly ['θɜːdlɪ] *adv* för det tredje

third-rate [ˌθɜːd'reɪt] *adj* tredje klassens, undermålig

thirst I [θɜːst] *subst* törst; ***~ for knowledge*** kunskapstörst

II [θɜːst] *verb* törsta [*for* efter]

thirsty ['θɜːstɪ] *adj* törstig

thirteen [ˌθɜː'tiːn] *räkn* o. *subst* tretton

thirteenth [ˌθɜː'tiːnθ] *räkn* o. *subst* trettonde; trettondel

thirtieth ['θɜːtɪɪθ] *räkn* o. *subst* trettionde; trettiondel

thirty ['θɜːtɪ] *räkn* o. *subst* **1** trettio, trettiotal; ***in the thirties*** på trettiotalet **2** i sammansättningar: ***five-thirty*** halv sex, fem och trettio

this I [ðɪs] (pl. *these*) *pron* den här, det här; denne, denna, detta [*at ~ moment*]; det; ***these*** de här, dessa; ***~ afternoon*** i eftermiddag, i eftermiddags; ***these days*** nuförtiden; ***to ~ day*** hittills; ***I have been waiting these three weeks*** jag har väntat nu i tre veckor; ***do it like ~*** gör så här; ***~ one... that one*** den här... den där

II [ðɪs] *adv* vard. så här [*not ~ late*]

> **The Thistle**
> *The Thistle*, tisteln är Skottlands nationalsymbol.

thistle ['θɪsl] *subst* tistel

thong [θɒŋ] *subst* läderrem

thorn [θɔːn] *subst* tagg, törne, torn; ***a ~ in one's (the) flesh*** el. ***a ~ in one's (the) side*** en påle i köttet, en nagel i ögat

thorough ['θʌrə] *adj* **1** grundlig, ingående, genomgripande **2** riktig, fullkomlig; ***a ~ nuisance*** en riktig plåga

thoroughbred I ['θʌrəbred] *adj* fullblods-, rasren [*a ~ horse*]

II ['θʌrəbred] *subst* fullblod, fullblodshäst, rashäst

thoroughfare ['θʌrəfeə] *subst* **1** genomfart; ***no ~*** trafik. genomfart förbjuden **2** genomfartsgata

thoroughgoing ['θʌrəˌgəʊɪŋ] *adj* grundlig [*he is ~*]; genomgripande, omfattande

thoroughly ['θʌrəlɪ] *adv* grundligt, genomgripande; i grund och botten; helt, alldeles; ***I ~ enjoyed it*** jag tyckte det var väldigt roligt

those [ðəʊz] *pron* se *that I 1*

though I [ðəʊ] *konj* **1** fast, fastän; ***even ~*** el. *~* även om **2** ***as ~*** som, som om [*he looks as ~ he were ill*]

II [ðəʊ] *adv*, ***this book is very popular — it's not very good, ~*** den här boken är mycket populär, men den är inte särskilt bra; ***I couldn't believe the news — it was true ~*** jag kunde inte tro att nyheterna var sanna — men det var de faktiskt

thought I [θɔːt] *subst* **1** tanke [*of* på]; tänkande, tänkesätt; ***train of ~*** el. ***line of ~*** tankegång; ***I didn't give it a second ~*** jag tänkte inte närmare på det; ***deep in ~*** försjunken i sina tankar; ***after much ~*** el. ***after mature ~*** efter moget övervägande; ***on second ~s, I will do it*** vid närmare eftertanke kommer jag att göra det

II [θɔːt] imperf. o. perf. p. av *think*

thoughtful ['θɔːtfʊl] *adj* **1** tankfull, fundersam **2** omtänksam

thoughtless ['θɔːtləs] *adj* tanklös

thousand ['θaʊzənd] *räkn* o. *subst* **1** tusen **2** tusental, tusende [*in ~s*]; ***~s of people*** tusentals människor

thousandth ['θaʊzənθ] *räkn* o. *subst* **1** tusende **2** *~* ***part*** tusendel

thrash [θræʃ] *verb* **1** ge stryk, vard. klå, besegra; ***be thrashed*** få stryk **2** *~* ***out*** diskutera igenom [*~ out a problem*] **3** *~* ***about*** slå vilt omkring sig

thrashing ['θræʃɪŋ] *subst* smörj, stryk

thread I [θred] *subst* **1** tråd, garn; ***hang by a ~*** hänga på ett hår **2** skruvgänga

II [θred] *verb* **1** trä; *~* ***a needle*** trä på en nål; *~* ***beads*** el. *~* ***pearls*** trä upp pärlor **2** *~* ***one's way through*** slingra sig fram genom **3** gänga

threadbare ['θredbeə] *adj* **1** luggsliten, trådsliten **2** utnött, utsliten [*~ jokes*]; torftig [*~ arguments*]

threat [θret] *subst* hot [*to* mot]; fara [*to* för]; ***be under the ~ of*** hotas av

threaten ['θretn] *verb* hota; hota med [*~ revenge*]; ***a threatening letter*** ett hotelsebrev; ***the threatened strike did not take place*** den hotande strejken ägde inte rum; *~* ***sb's life*** hota ngn till livet

three [θriː] *räkn* o. *subst* trea; tre

three-dimensional [ˌθriːdaɪ'menʃnəl] *adj* tredimensionell [*~ film*]

threefold I ['θriːfəʊld] *adj* tredubbel, trefaldig

II ['θriːfəʊld] *adv* tredubbelt, trefaldigt

three-four [ˌθriː'fɔː] *adj* o. *subst*, *~* ***time*** el. *~* trefjärdedelstakt

three-piece ['θriːpiːs] *adj* tredelad; *~* ***suite*** soffgrupp i tre delar

thresh [θreʃ] *verb* tröska

thresher ['θreʃə] *subst* **1** tröskare **2** tröskverk

threshold ['θreʃhəʊld] *subst* dörrtröskel; ***on the ~ of a revolution*** på tröskeln till en revolution

threw [θruː] imperf. av *throw I*

thrice [θraɪs] *adv* tre gånger, trefalt

thrift [θrɪft] *subst* o. **thriftiness** ['θrɪftɪnəs] *subst* sparsamhet

thrifty ['θrɪftɪ] *adj* sparsam, ekonomisk

thrill I [θrɪl] *verb* få att rysa av spänning [*the film thrilled the audience*]

II [θrɪl] *subst* spänning; ***it gave me a ~*** jag tyckte det var spännande

thriller ['θrɪlə] *subst* rysare, thriller

thrilling ['θrɪlɪŋ] *adj* spännande, rafflande

thrive [θraɪv] *verb* **1** om växter el. djur växa och frodas, trivas; om barn växa och bli frisk och stark **2** blomstra, ha framgång

thriving ['θraɪvɪŋ] *adj* **1** om växter el. djur som frodas, frodig **2** blomstrande [*a ~ business*], framgångsrik

throat [θrəʊt] *subst* strupe, hals; svalg; ***clear one's ~*** klara strupen, harkla sig; ***cut sb's ~*** skära halsen av ngn; ***have a sore ~*** ha ont i halsen; ***take sb by the ~*** ta struptag på ngn; ***jump down sb's ~*** vard. fara ut mot ngn; ***thrust sth down sb's ~*** pracka på ngn ngt, tvinga på ngn ngt

throb I [θrɒb] (*-bb-*) *verb* **1** banka, bulta, dunka **2** skälva, darra; *~* ***with excitement*** darra av upphetsning

II [θrɒb] *subst* bankande, bultande, dunkande

throes [θrəʊz] *subst pl*, ***death ~*** plågor, kval, dödsryckningar

thrombosis [θrɒm'bəʊsɪs] (pl. *thromboses* [θrɒm'bəʊsiːz]) *subst* blodpropp, trombos

throne [θrəʊn] *subst* tron; ***come to the ~*** komma på tronen

throng I [θrɒŋ] *subst* **1** trängsel, vimmel **2** massa, mängd

II [θrɒŋ] *verb* **1** trängas **2** strömma till i stora skaror; ***people thronged the streets*** folk trängdes på gatorna

throttle I ['θrɒtl] *subst* spjäll, strypventil; ***at full ~*** med öppet spjäll, med gasen i botten

II ['θrɒtl] *verb* strypa, kväva

through I [θruː] *prep* **1** genom, igenom; in

genom, ut genom [*climb ~ a window*]; över [*a path ~ the fields*]; ***he has been ~ a good deal*** han har varit med om en hel del **2** genom, på grund av [*absent ~ illness*]; tack vare **3** om tid ***he worked all ~ the night*** han arbetade hela natten **4** amer. till och med [*Monday ~ Friday*]
II [θruː] *adv* **1** igenom; genom-; till slut, till slutet [*he heard the speech ~*]; *~ **and** ~* alltigenom [*a gentlemen ~ and ~*]; ***wet*** *~* genomvåt; ***wet*** *~* ***and*** *~* våt helt igenom **2** tele., ***be*** *~* ha kommit fram; ***get*** *~* komma fram; ***put*** *~* koppla [*I will put you ~ to . . .*] **3** ***be*** *~* vard., i speciella betydelser a) vara klar, vara färdig [*he is ~ with his studies*] b) vara slut [*he is ~ as a tennis player*] c) ha fått nog; ***are you*** *~**?*** är du klar?, har du slutat?; ***I'm*** *~* ***with this job*** jag har fått nog av det här jobbet; ***we're*** *~* det är slut mellan oss
III [θruː] *adj* genomgående, direkt; *~* ***traffic*** genomfartstrafik; *~* ***train*** direkttåg; ***no through traffic*** genomfart förbjuden
through carriage [ˈθruːˌkærɪdʒ] *subst* direktvagn
throughout I [θrʊˈaʊt] *adv* **1** alltigenom, genom-; överallt; ***rotten*** *~* genomrutten **2** hela tiden, från början till slut
II [θrʊˈaʊt] *prep* **1** överallt i, genom hela, över hela [*~ the US*] **2** om tid *~* ***the year*** under hela året
throw I [θrəʊ] (*threw thrown*) *verb* **1** kasta, slunga, slänga; störta [*~ oneself into*]; *~* ***oneself on sb*** kasta sig över ngn; *~* ***one's arms round sb*** slå armarna om ngn **2** kasta av [*the horse threw its rider*]; kasta omkull [*he threw his opponent*] **3** bygga, slå [*~ a bridge across a river*] **4** vard. ställa till, ha; *~* ***a party for sb*** ställa till med fest för ngn
II [θrəʊ] (*threw thrown*) *verb* med adv. o. prep.
throw about: *~* ***one's money about*** strö pengar omkring sig
throw away kasta bort, hälla bort; ***it is labour thrown away*** det är bortkastad möda
throw in 1 kasta in **2** ***you get that thrown in*** man får det på köpet **3** fotb. göra inkast
throw off 1 kasta av, kasta bort; kasta av sig [*he threw off his coat*] **2** bli av med, bli kvitt; ***I can't*** *~* ***off this cold*** jag blir inte kvitt den här förkylningen
throw out 1 kasta ut, köra ut, köra bort; *~* ***sb out of work*** göra ngn arbetslös **2** sända ut [*~ out light*], utstråla [*~ out heat*] **3** kasta fram, komma med [*~ out a remark*]
throw over 1 avvisa, överge, ge upp [*~ over a plan*] **2** göra slut med, ge på båten [*she threw over her boyfriend*]
throw up 1 kasta upp, slänga upp **2** lyfta, höja [*she threw up her head*] **3** kräkas upp, kasta upp, kräkas **4** ge upp, sluta [*~ up one's job*]
III [θrəʊ] *subst* kast; ***stake everything on one*** *~* sätta allt på ett kort, sätta allt på ett bräde
throwaway I [ˈθrəʊəweɪ] *subst* engångsartikel
II [ˈθrəʊəweɪ] *adj* engångs- [*~ container*], slit-och-släng-; ***at*** *~* ***prices*** till vrakpriser
throw-in [ˈθrəʊɪn] *subst* fotb. inkast
thrown [θrəʊn] perf. p. av *throw I*
thrum [θrʌm] (*-mm-*) *verb* **1** knäppa, knäppa på [*~ on a guitar*] **2** trumma, trumma på [*~ on the table*]
thrush [θrʌʃ] *subst* trast; *~* ***nightingale*** näktergal
thrust I [θrʌst] (*thrust thrust*) *verb* **1** sticka, stoppa [*he ~ his hands into his pockets*], köra, stöta [*~ a dagger into sb's back*] **2** *~* ***one's way through the crowd*** tränga sig fram genom folkmassan; *~* ***sth upon sb*** pracka på ngn ngt; *~* ***oneself upon sb*** tvinga sig på ngn **3** knuffa, skjuta [*~ aside*], tränga sig [*she ~ past me*]
II [θrʌst] *subst* **1** stöt, knuff **2** framstöt, utfall, anfall, angrepp [*at* mot] **3** fäktn. stöt
thud I [θʌd] *subst* duns [*it fell with a ~*]
II [θʌd] (*-dd-*) *verb* **1** dunsa, dunsa ner **2** dunka
thug [θʌg] *subst* huligan, ligist
thumb I [θʌm] *subst* tumme; ***she is all*** *~**s*** hon har tummen mitt i handen; ***have sb under one's*** *~* hålla ngn i ledband
II [θʌm] *verb* **1** tumma, använda flitigt [*this dictionary will be much thumbed*]; *~* el. *~* ***through*** bläddra igenom **2** *~* ***a lift*** vard. få lift, lifta
thumbmark [ˈθʌmmɑːk] *subst* märke efter tummen i t.ex. en bok, tumavtryck
thumbnail [ˈθʌmneɪl] *subst* tumnagel
thumbtack [ˈθʌmtæk] *subst* amer. häftstift
thump I [θʌmp] *verb* **1** dunka, banka **2** dunka på, banka på
II [θʌmp] *subst* dunk, smäll, duns; ***a*** *~* ***on the back*** en dunk i ryggen
thunder I [ˈθʌndə] *subst* åska, dunder, dån; ***a clap of*** *~* en åskskräll, en åskknall; ***steal sb's*** *~* stjäla ngns idéer; förekomma ngn

II ['θʌndə] *verb* **1** åska [*it was thundering and lightening*]; dåna **2** dundra [*he thundered against the new law*]
thunderbolt ['θʌndəbəʊlt] *subst* åskvigg, blixt; ***like a*** ~ som ett åskslag
thunderclap ['θʌndəklæp] *subst* åskskräll, åskknall
thundering I ['θʌndərɪŋ] *adj* **1** dundrande **2** vard. väldig; grov [*a ~ lie*]
II ['θʌndərɪŋ] *adv* vard. väldigt, förfärligt
thunderous ['θʌndərəs] *adj* dånande, rungande [*~ applause*]
thunderstorm ['θʌndəstɔːm] *subst* åskväder, åska
thundery ['θʌndərɪ] *adj* åsk- [*~ rain*]; ***it's*** ~ det är åska i luften
Thursday ['θɜːzdeɪ, 'θɜːzdɪ] *subst* torsdag; ***last*** ~ i torsdags
thus [ðʌs] *adv* **1** sålunda, så, så här [*do it ~*] **2** alltså, således **3** ~ ***far*** så långt; ~ ***much*** så mycket
thwart [θwɔːt] *verb* korsa, gäcka [*~ sb's plans*]; ~ ***sb*** motarbeta ngn
thyme [taɪm] *subst* krydda timjan
thyroid ['θaɪrɔɪd] *adj*, ~ ***gland*** anat. sköldkörtel
Tibet [tɪ'bet]
Tibetan I [tɪ'betən] *adj* tibetansk
II [tɪ'betən] *subst* **1** tibetanska språket **2** tibetan
1 tick I [tɪk] *verb* **1** ticka **2** ~ ***over*** gå på tomgång **3** ~ ***away*** ticka fram [*the clock ticked away the minutes*] **4** ~ ***off*** el. ~ pricka av, bocka av [*~ off names*] **5** vard., ~ ***off*** läxa upp **6** ***what makes him ~?*** hur är han funtad?
II [tɪk] *subst* **1** tickande; ***in two ~s*** vard. på momangen; ***half a ~!*** vard. ett ögonblick! **2** bock, kråka vid avprickning; ***put a ~ against*** pricka för, bocka för
2 tick [tɪk] *subst* insekt fästing
ticket ['tɪkɪt] *subst* **1** biljett **2** lapp [*price ~*]; kvitto; ***pawn*** ~ pantkvitto; ***lottery*** ~ lottsedel; ***parking*** ~ parkeringslapp böter **3** vard., ***the*** ~ det enda riktiga, det enda rätta; ***that's the*** ~ det är så det ska vara
ticket agency ['tɪkɪtˌeɪdʒənsɪ] *subst* biljettkontor
ticket barrier ['tɪkɪtˌbærɪə] *subst* biljettspärr
ticket-collector ['tɪkɪtkəˌlektə] *subst* biljettmottagare; spärrvakt; konduktör på buss etc.
ticket office ['tɪkɪtˌɒfɪs] *subst* biljettkontor
ticking-off [ˌtɪkɪŋ'ɒf] *subst* vard. läxa, uppsträckning, skrapa; ***give sb a good*** ~ ge ngn en ordentlig skrapa
tickle I ['tɪkl] *verb* **1** kittla, klia; ***my nose ~s*** det kittlar i näsan **2** roa [*the story tickled me*], glädja [*the news will ~ you*]; smickra, kittla [*~ sb's vanity*]; ***be tickled to death*** el. ***be tickled no end*** vard. skratta ihjäl sig [*at, by* åt]; bli jätteglad [*at, by* över] **3** kittlas
II ['tɪkl] *subst* kittling; ***he gave my foot a*** ~ han kittlade mig under foten
ticklish ['tɪklɪʃ] *adj* **1** kittlig **2** kinkig, knepig
tick-tock I ['tɪktɒk] *subst* ticktack, tickande
II ['tɪktɒk] *adv* o. *interj* ticktack
tidal ['taɪdl] *adj*, ~ ***wave*** a) tidvattensvåg b) jättevåg c) stark våg [*a ~ wave of enthusiasm*]
tidbit ['tɪdbɪt] *subst* spec. amer. godbit, läckerbit
tiddler ['tɪdlə] *subst* vard. liten fisk, spec. spigg
tiddley o. **tiddly** ['tɪdlɪ] *adj* vard. **1** packad berusad **2** liten, futtig
tiddlywinks ['tɪdlɪwɪŋks] *subst* loppspel
tide I [taɪd] *subst* **1** tidvatten, ebb och flod; flod; ***at high*** ~ vid högvatten, vid flod; ***at low*** ~ vid lågvatten, vid ebb; ***the ~ is in*** det är flod, det är högvatten **2** strömning, tendens; ***the ~ has turned*** en strömkantring har skett; ***stem the*** ~ gå mot strömmen
II [taɪd] *verb*, ~ ***over*** hjälpa över, hjälpa igenom [*~ sb over a crisis*]
tidings ['taɪdɪŋz] *subst* litt., ***glad*** ~ glada nyheter; ***bad*** ~ sorgliga nyheter
tidy I ['taɪdɪ] *adj* **1** snygg, prydlig; städad [*a ~ room*] **2** vard. nätt, vacker, rundlig [*a ~ sum*]
II ['taɪdɪ] *verb*, ~ ***up*** el. ~ städa, snygga upp
tie I [taɪ] *verb* **1** binda [*~ a horse to a tree*], knyta fast; ~ ***sb hand and foot*** binda ngn till händer och fötter **2** knyta [*~ one's shoelaces*] **3** binda, hämma **4** knytas [*the sash ~s in front*], knytas fast, knytas ihop **5** sport. stå (komma) på samma poäng, få samma placering [*with* som]
II [taɪ] *verb* med adv. o. prep.
tie down binda [*to* vid, till] [*~ sb down to a contract*], binda fast; ***be tied down by children*** vara bunden av barn
tie in samordna [*your plans ~ in with mine*]
tie on binda på, knyta fast, binda fast [*~ on a label*]
tie up binda upp, binda fast; binda ihop, binda samman; ***I am tied up with other things*** jag är alltför uppbunden av annat;

~ ***up one's capital*** låsa sitt kapital
II [taɪ] *subst* **1** band, länk; ***business*** ~ affärsförbindelse **2** slips **3** sport. lika poängtal; oavgjort resultat; ***it ended in a*** ~ det slutade oavgjort **4** sport. match i cuptävling; ***play off a*** ~ spela 'om matchen för att avgöra en tävling
tiebreak ['taɪbreɪk] *subst* o. **tiebreaker** ['taɪˌbreɪkə] *subst* i tennis tie-break
tie clip ['taɪklɪp] *subst* slipshållare
tie-on ['taɪɒn] *adj* som går att binda på, som går att knyta fast [*a ~ label*]
tie pants ['taɪpænts] *subst pl* snibb blöja
tiepin ['taɪpɪn] *subst* slipsnål
tie-up ['taɪʌp] *subst* **1** sammanslagning **2** samband **3** spec. amer. stillestånd, dödläge
tiff [tɪf] *subst* litet gräl, gnabb
tiger ['taɪgə] *subst* tiger; ~ ***cub*** tigerunge
tigerish ['taɪgərɪʃ] *adj* tigerlik, tigeraktig
tiger lily ['taɪgəˌlɪlɪ] *subst* blomma tigerlilja
tight I [taɪt] *adj* **1** åtsittande, åtsmitande, tajt, snäv [*~ trousers*], trång [*~ shoes*]; ***be in a ~ corner*** vara i knipa **2** spänd [*a ~ rope*] **3** fast, hård [*a ~ knot*]; ***a ~ hold*** ett fast grepp, ett hårt grepp; ***keep a ~ hold over sb*** hålla ngn kort, hålla ngn i schack **4** snål, njugg, knapp, stram [*a ~ budget*] **5** vard. packad berusad
II [taɪt] *adv* tätt, fast, hårt; ***hug sb*** ~ krama ngn hårt; ***sleep ~!*** vard. sov gott!
tighten ['taɪtn] *verb* **1** spänna; ~ ***one's belt*** dra åt svångremmen; ~ ***up*** el. ~ a) dra åt [*~ the screws* el. *~ up the screws*] b) skärpa [*~ up the regulations*] **2** spännas; ~ ***up*** el. ~ a) dras åt b) skärpas [*the regulations have tightened up*]; ~ ***up on crime*** intensifiera kampen mot brottsligheten
tight-fisted [ˌtaɪt'fɪstɪd] *adj* vard. snål
tight-fitting [ˌtaɪt'fɪtɪŋ] *adj* åtsittande
tightrope ['taɪtrəʊp] *subst* spänd lina; ~ ***walker*** lindansare; ***walk on the*** ~ gå på lina; ***walk a*** ~ gå balansgång
tights [taɪts] *subst pl* **1** ~ el. ***stretch*** ~ strumpbyxor **2** trikåer artistplagg; trikåbyxor
tigress ['taɪgrəs] *subst* tigrinna, tigerhona
tile I [taɪl] *subst* **1** tegelpanna, tegel **2** kakelplatta; ***be on the ~s*** vard. vara ute och svira
II [taɪl] *verb* **1** lägga tegel på **2** klä med kakel
1 till I [tɪl] *prep* till, tills; ~ ***then*** till dess, dittills; ***not*** ~ inte förrän, först
II [tɪl] *konj* till, tills, till dess att [*wait ~ the rain stops*]
2 till [tɪl] *subst* **1** kassalåda, kassaapparat **2** kassa pengar
3 till [tɪl] *verb* odla, odla upp, bruka [*~ the soil*]; ***tilled land*** odlad jord, odlad mark
tilt I [tɪlt] *verb* **1** luta, vippa på [*he tilted his chair back*]; fälla [*~ back a seat*] **2** vippa; välta, tippa; ~ ***over*** välta omkull
II [tɪlt] *subst* **1** lutning; vippande **2** ***at full*** ~ el. ***full*** ~ i (med) full fart
timber ['tɪmbə] *subst* **1** timmer, trä, virke **2** spec. amer. timmerskog
timberline ['tɪmbəlaɪn] *subst* trädgräns
timberyard ['tɪmbəjɑːd] *subst* brädgård
time I [taɪm] *subst* **1** tid; tiden [*~ will show who is right*]; ~, ***please!*** på t.ex. pub stängningsdags!; ***the good old ~s*** den gamla goda tiden; ***hard ~s*** hårda tider, bistra tider **2** i förbindelse med *long*: ***what a long ~ you have been!*** så länge du har varit!; ***it will be a long ~ before...*** det dröjer länge innan...; ***I have not been there for a long*** ~ jag har inte varit där sedan länge; ***for a long ~ past*** el. ***for a long*** ~ sedan länge **3** med verb: ***time's up!*** tiden är ute!; ***it's ~ for lunch*** det är lunchdags; ***there is a ~ and place for everything*** allting har sin tid; ***there are ~s when I wonder...*** ibland undrar jag...; ***what is the ~?*** hur mycket är klockan?; ***find (get) ~ to do sth*** hinna med ngt; ***have the*** ~ el. ***have*** ~ ha tid, hinna; ***have a good*** ~ el. ***have a nice*** ~ ha roligt, ha det trevligt; ***have ~ on one's hands*** ha gott om tid; ***keep*** ~ a) hålla tider, hålla tiden, vara punktlig b) ta tid med stoppur c) hålla takten; ***keep good*** ~ el. ***keep*** ~ om klocka gå rätt; ***keep bad*** ~ om klocka gå fel; ***take one's*** ~ ta god tid på sig [*about sth* till ngt]; ***take your ~!*** ta god tid på dig!, ingen brådska!; ***tell the*** ~ kunna klockan; ***can you tell me the right ~?*** kan du säga mig vad klockan är?; ***you don't waste much ~, do you?*** du är snabb, du! **4** med vissa pron.: ***they were laughing all the*** ~ de skrattade hela tiden; ***at all ~s*** alltid; ***any*** ~ när som helst, vard. alla gånger; ***every ~!*** vard. så klart!; alla gånger!; ***I've got no ~ for*** vard. jag har ingenting till övers för; ***at no*** ~ inte någon gång; ***in less than no*** ~ el. ***in no*** ~ på nolltid; ***at the same*** ~ a) vid samma tidpunkt, samtidigt b) å andra sidan, samtidigt; ***for some*** ~ en längre tid; ***for some ~ yet*** än på ett bra tag; ***by that*** ~ vid det laget, då; till dess; ***this ~ last year***

i fjol vid den här tiden; ***by this*** ~ vid det här laget; ***what ~ is it?*** el. ***what's the ~?*** hur mycket är klockan? **5** i olika prepositionsuttryck, ***about ~ too!*** det var minsann på tiden!; ***against*** ~ i kapp med tiden; ***a race against*** ~ en kapplöpning med tiden; ***at one*** ~ a) en gång i tiden b) på en (samma) gång; ***at the*** ~ vid det tillfället, vid den tiden [*he was only a boy at the ~*]; ***at ~s*** tidvis, emellanåt; ***at my ~ of life*** vid min ålder; ***at different ~s*** vid olika tidpunkter; ***by the*** ~ när, då, vid den tid då; ***for the ~ being*** för närvarande, tills vidare; ***from ~ to*** ~ då och då, emellanåt; ***in*** ~ med tiden [*in ~ he'll understand*]; ***just in*** ~ el. ***in*** ~ precis lagom, precis i tid [*come in ~ for dinner*]; ***in a week's*** ~ om en vecka; ***all of the*** ~ hela tiden; ***for the sake of old ~s*** för gammal vänskaps skull; ***on*** ~ i tid, precis, punktlig, punktligt; ***once upon a ~ there was...*** det var en gång... **6** gång [*the first ~ I saw her*]; ***five ~s four is twenty*** fem gånger fyra är tjugo; ~ ***after*** ~ el. ~ ***and again*** gång på gång; ***many a*** ~ mången gång, många gånger; ***one more*** ~ vard. en gång till; ***two or three ~s*** ett par tre gånger, några gånger; ***one at a*** ~ en åt gången, en i sänder **7** musik. takt, tempo; taktart; ~ ***signature*** taktbeteckning; ***beat*** ~ slå takt, slå takten; ***beat ~ with one's foot*** el. ***beat ~ with one's feet*** stampa takten; ***keep*** ~ hålla takten

II [taɪm] *verb* **1** välja tiden för, tajma, avpassa **2** ta tid på [*~ a runner*], ta tid vid [*~ a race*], tajma

time bomb ['taɪmbɒm] *subst* tidsinställd bomb

time-consuming ['taɪmkən,sjuːmɪŋ] *adj* tidsödande, tidskrävande

time-honoured ['taɪm,ɒnəd] *adj* ärevördig, hävdvunnen [*~ customs*]

timekeeper ['taɪm,kiːpə] *subst* **1** tidmätare **2** tidtagare

timekeeping ['taɪm,kiːpɪŋ] *subst* **1** tidtagning **2** tidkontroll på arbetsplats

time-killer ['taɪm,kɪlə] *subst* vard. tidsfördriv

timelag ['taɪmlæg] *subst* tidsfördröjning

time limit ['taɪm,lɪmɪt] *subst* tidsgräns; tidsfrist [*exceed the ~*]; ***impose a ~ on*** tidsbegränsa

timely ['taɪmlɪ] *adj* läglig, lämplig, i rätt tid

time-out [,taɪm'aʊt] *subst* **1** sport. time-out, spelavbrott **2** ***take*** ~ ta time-out, ta sig ledigt ett slag

timepiece ['taɪmpiːs] *subst* ur, tidmätare

timer ['taɪmə] *subst* **1** tidtagare **2** tidur, timer

timesaving ['taɪm,seɪvɪŋ] *adj* tidsbesparande [*a ~ device*]

time-server ['taɪm,sɜːvə] *subst* ögontjänare, opportunist

timeshare ['taɪmʃeə] *subst* andelslägenhet lägenhet som delas av flera, på olika tider, oftast på semesterort

timesharing ['taɪm,ʃeərɪŋ] *subst* system med andelslägenheter; jfr *timeshare*

time signal ['taɪm,sɪgnl] *subst* tidssignal

timetable ['taɪm,teɪbl] *subst* **1** tidtabell **2** schema

timewasting ['taɪm,weɪstɪŋ] *adj* tidsödande

timid ['tɪmɪd] *adj* skygg, blyg, timid

timidity [tɪ'mɪdətɪ] *subst* skygghet, blyghet

timing ['taɪmɪŋ] *subst* **1** val av tidpunkt [*the President's ~ was excellent*], tajming äv. sport.; ***the ~ was perfect*** a) tidpunkten var utmärkt vald b) allting klaffade perfekt **2** tidtagning

timothy ['tɪməθɪ] *subst*, ~ ***grass*** timotej

tin I [tɪn] *subst* **1** tenn **2** bleck, plåt **3** konservburk, burk, plåtburk, dosa; ***a ~ of peaches*** en burk persikor **4** form, plåt för bakning

II [tɪn] (*-nn-*) *verb* **1** förtenna **2** lägga in, konservera

tin can [,tɪn'kæn] *subst* plåtburk

tinfoil [,tɪn'fɔɪl] *subst* aluminiumfolie

tinge I [tɪndʒ] *verb* färga lätt; ***be tinged with red*** skifta i rött

II [tɪndʒ] *subst* lätt skiftning, nyans, färgton

tingle ['tɪŋgl] *verb* sticka, svida

tinker ['tɪŋkə] *verb* knåpa, pilla, joxa

tinkle I ['tɪŋkl] *verb* **1** klinga, pingla **2** klinka [*~ on the piano*] **3** ringa med [*~ a bell*]; klinka på [*~ the keys of a piano*]

II ['tɪŋkl] *subst* pinglande, plingande [*the ~ of tiny bells*]

tin-loaf [,tɪn'ləʊf] (pl. *tin-loaves* [,tɪn'ləʊvz]) *subst* formbröd

tinned [tɪnd] *adj* **1** förtent, förtennad **2** konserverad [*~ fruit*], på burk [*~ peas*]; ~ ***food*** burkmat; ~ ***goods*** konserver

tinny ['tɪnɪ] *adj* **1** tennhaltig; tenn- **2** om ljud metallisk; ***a ~ piano*** ett piano med spröd klang

tin-opener ['tɪn,əʊpənə] *subst* konservöppnare

tinpot ['tɪnpɒt] *adj* vard. skruttig [*a ~ firm*]; tredjeklassens [*a ~ actor*]

tinsel ['tɪnsəl] *subst* glitter [*a Christmas tree with ~*]

tint I [tɪnt] *subst* **1** färgton, skiftning, nyans **2** toningsvätska
II [tɪnt] *verb* färga lätt, tona [~ *one's hair*]
tiny ['taɪnɪ] *adj* mycket liten; ~ ***little*** pytteliten; ~ ***tot*** liten unge, småtting
1 tip I [tɪp] *subst* **1** spets, tipp, topp; ända; ***I have it at the ~s of my fingers*** jag har det på mina fem fingrar; ***walk on the ~s of one's toes*** gå på tå; ***the ~ of one's tongue*** tungspetsen; ***have sth on the ~ of one's tongue*** ha ngt på tungan, ha ngt i bakhuvudet **2** munstycke på cigarett [*filter-tip*]
II [tɪp] (*-pp-*) *verb* förse med en spets; ***tipped cigarette*** cigarett med munstycke
2 tip I [tɪp] (*-pp-*) *verb* **1** tippa; ~ el. ~ ***over*** el. ~ ***up*** tippa (stjälpa) omkull **2** ~ el. ~ ***out*** stjälpa av, tippa ut **3** vippa, välta över ända, vicka omkull
II [tɪp] *subst* tipp, avstjälpningsplats
3 tip I [tɪp] (*-pp-*) *verb* vard. **1** ge dricks till, ge dricks **2** tippa [~ *the winner*] **3** ge en vink, tipsa; ~ ***sb off*** tipsa ngn
II [tɪp] *subst* **1** dricks **2** vard. vink, tips; ***take my ~!*** lyd mitt råd!
tipcart ['tɪpkɑːt] *subst* tippkärra, tippvagn
tipping ['tɪpɪŋ] *subst* vard., ~ ***has been abolished*** systemet att ge dricks har avskaffats
tipple ['tɪpl] *verb* pimpla, småsupa
tippler ['tɪplə] *subst* småsupare, fyllbult
tipsy ['tɪpsɪ] *adj* lätt berusad
tiptoe I ['tɪptəʊ] *subst*, ***walk on ~*** gå på tå
II ['tɪptəʊ] *adv* på tå [*go ~ through the room*]
III ['tɪptəʊ] *verb* gå på tå
tiptop ['tɪptɒp] *adj* perfekt, prima [*a ~ hotel*]
tip-up ['tɪpʌp] *adj* uppfällbar [~ *seat*]
tirade [taɪ'reɪd] *subst* tirad, lång harang
1 tire ['taɪə] *verb* **1** trötta **2** tröttna, bli trött [*of* på]
2 tire ['taɪə] *subst* amer., se *tyre*
tired ['taɪəd] *adj* trött [*of* på; *with* av]; led, utledsen [*of* på]; ~ ***out*** uttröttad, utmattad; ~ ***to death*** dödstrött
tireless ['taɪələs] *adj* outtröttlig
tiresome ['taɪəsəm] *adj* **1** tröttsam **2** besvärlig
tiring ['taɪərɪŋ] *adj* tröttande, tröttsam
tissue ['tɪʃuː] *subst* **1** anat. vävnad [*muscular ~*] **2** väv, härva [*a ~ of lies*] **3** mjukt papper; pappersnäsduk; ***face*** ~ el. ***facial*** ~ ansiktsservett
tissue paper ['tɪʃuːˌpeɪpə] *subst* silkespapper
1 tit [tɪt] *subst* zool. mes; ***blue*** ~ blåmes; ***coal*** ~ svartmes; ***great*** ~ talgoxe
2 tit [tɪt] *subst*, ~ ***for tat*** lika för lika; ***give ~ for tat*** ge svar på tal
3 tit [tɪt] *subst* vulg. tutte bröst
titanic [taɪ'tænɪk] *adj* jättelik
titbit ['tɪtbɪt] *subst* godbit, läckerbit
title ['taɪtl] *subst* titel
titled ['taɪtld] *adj* adlig [*a ~ lady*]
titleholder ['taɪtlˌhəʊldə] *subst* spec. sport. titelhållare, titelinnehavare
title page ['taɪtlpeɪdʒ] *subst* titelsida, titelblad
title role ['taɪtlrəʊl] *subst* titelroll
titmouse ['tɪtmaʊs] (pl. *titmice* ['tɪtmaɪs]) *subst* mes; ***blue*** ~ blåmes; ***coal*** ~ svartmes; ***great*** ~ talgoxe
titter I ['tɪtə] *verb* fnittra
II ['tɪtə] *subst* fnitter
tittle-tattle I ['tɪtlˌtætl] *subst* skvaller
II ['tɪtlˌtætl] *verb* skvallra
titty ['tɪtɪ] *subst* **1** vard. bröstvårta; ~ ***bottle*** diflaska **2** barnspr. el. vulg. tutte bröst
T-junction ['tiːˌdʒʌŋkʃən] *subst* T-korsning av vägar; T-knut
to I [tuː, obetonat tʊ, tə] *prep* **1** till **2** för; ***open ~ the public*** öppen för allmänheten; ~ ***me it was...*** för mig var det...; ***what is that ~ you?*** vad angår det dig?; ***we had the compartment all ~ ourselves*** vi hade kupén helt för oss själva **3** för att uttrycka riktning i [*a visit ~ England*]; på [*go ~ the cinema*] **4** för att uttrycka riktning el. placering mot, emot [*with his back ~ the fire*]; ***hold sth up ~ the light*** hålla ngt mot ljuset **5** efter ord som uttrycker t.ex. bemötande mot, emot [*good ~ sb*; *polite ~ sb*] **6** i jämförelse med mot, emot; ***he's quite well-off now ~ what he used to be*** han har det bra ställt mot vad han haft förut **7** hos; ***I have been ~ his house*** jag har varit hemma hos honom; ***be on a visit ~ sb*** vara på besök hos ngn **8** andra uttryck: ***freeze ~ death*** frysa ihjäl; ***tell sb sth ~ his face*** säga ngn ngt mitt upp i ansiktet; ***thirteen ~ a dozen*** tretton på dussinet; ***would ~ God that...*** Gud give att...; ***here's ~ you!*** skål!
II [tuː, obetonat tʊ, tə] *infinitivmärke* **1** att **2** med syftning på en föregående inf.: ***we didn't want to go but we had ~*** vi ville inte gå men vi måste **3** för att; ***he struggled ~ get free*** han kämpade för att komma loss **4** ***he wants us ~ try*** han vill att vi ska försöka;

I'm waiting for Bob ~ come jag väntar på att Bob ska komma; ***he was the last ~ arrive*** han var den siste som kom; ***~ hear him speak you would believe that...*** när man hör honom skulle man tro att...; ***she lived ~ be ninety*** hon levde tills hon blev nittio
III [tuː, obetonat tʊ, tə] *adv* **1** igen, till [*push the door ~*] **2** ~ ***and fro*** av och an, fram och tillbaka
toad [təʊd] *subst* padda
toadstool ['təʊdstuːl] *subst* svamp; spec. giftsvamp
toast I [təʊst] *subst* **1** rostat bröd **2** skål; ***drink a ~ to the bride and bridegroom*** skåla för brudparet; ***propose a ~*** utbringa en skål [*to* för], föreslå en skål [*to* för]
II [təʊst] *verb* **1** rosta [*~ bread*] **2** dricka en skål för, skåla med
toaster ['təʊstə] *subst* brödrost
toasting-fork ['təʊstɪŋfɔːk] *subst* grillgaffel, rostningsgaffel
toastmaster ['təʊstˌmɑːstə] *subst* toastmaster, ceremonimästare vid större middag
toast rack ['təʊstræk] *subst* ställ för rostat bröd
tobacco [tə'bækəʊ] (pl. *~s*) *subst* tobak
tobacconist [tə'bækənɪst] *subst* tobakshandlare; ***tobacconist's*** tobaksaffär
tobacco pouch [tə'bækəʊpaʊtʃ] *subst* tobakspung
to-be [tə'biː] *adj* blivande, framtida, kommande; ***the bride ~*** den blivande bruden
toboggan I [tə'bɒgən] *subst* kälke
II [tə'bɒgən] *verb* åka kälke
today I [tə'deɪ] *adv* **1** i dag; ***~ week*** el. ***a week ~*** i dag om en vecka **2** nu för tiden
II [tə'deɪ] *subst*, ***a year from ~*** i dag om ett år; ***the England of ~*** dagens England
toddle ['tɒdl] *verb* **1** tulta, tulta omkring; ***~ along*** tulta omkring **2** vard., ***~ along*** el. ***~ off*** knalla i väg
toddler ['tɒdlə] *subst* liten knatte, liten tulta
toddy ['tɒdɪ] *subst* **1** whisky toddy **2** palmvin
to-do [tə'duː] (pl. *~s*) *subst* vard. ståhej, uppståndelse
toe I [təʊ] *subst* tå; ***on one's ~s*** på sin vakt, på alerten; ***tread on sb's ~s*** trampa ngn på tårna
II [təʊ] *verb* ställa sig vid, stå vid [*~ the starting-line*]; ***~ the line*** el. ***~ the mark*** a) följa partilinjerna b) hålla sig på mattan
toecap ['təʊkæp] *subst* tåhätta
toenail ['təʊneɪl] *subst* tånagel
toffee ['tɒfɪ] *subst* knäck, hård kola, kolakaramell; ***he can't play for ~*** el. ***he can't play for ~ nuts*** vard. han kan inte spela för fem öre
toffee apple ['tɒfɪˌæpl] *subst* äppelklubba äpple överdraget med knäck
together [tə'geðə] *adv* **1** tillsammans, ihop, samman, gemensamt **2** efter varandra, i sträck, i rad; ***for days ~*** flera dagar i sträck; ***for hours ~*** i timmar
togs [tɒgz] *subst pl* vard. kläder, rigg, stass
toil I [tɔɪl] *verb* arbeta hårt, slita
II [tɔɪl] *subst* hårt arbete, slit
toilet ['tɔɪlət] *subst* **1** toalett, wc **2** toalett t.ex. klädsel, påklädning
toilet bag ['tɔɪlətbæg] *subst* necessär
toilet paper ['tɔɪlətˌpeɪpə] *subst* toalettpapper
toiletries ['tɔɪlətrɪz] *subst pl* toalettartiklar
toilet roll ['tɔɪlətrəʊl] *subst* toalettrulle
toilet soap ['tɔɪlətsəʊp] *subst* toalettvål
toilet training ['tɔɪlətˌtreɪnɪŋ] *subst* barns potträning
toilet water ['tɔɪlətˌwɔːtə] *subst* eau-de-toilette, toalettvatten
token I ['təʊkən] *subst* **1** tecken, bevis [*of* på]; kännetecken, symbol [*of* för] **2** ***book ~*** presentkort på böcker (en bok) **3** minne, minnesgåva
II ['təʊkən] *adj* symbolisk [*~ payment*; *~ strike*]
told [təʊld] **1** imperf. o. perf. p. av *tell* **2** ***all ~*** inalles
tolerable ['tɒlərəbl] *adj* dräglig, uthärdlig, tolerabel
tolerably ['tɒlərəblɪ] *adv* någorlunda, tämligen
tolerance ['tɒlərəns] *subst* tolerans
tolerant ['tɒlərənt] *adj* tolerant [*to* mot]
tolerate ['tɒləreɪt] *verb* tolerera, tåla, finna sig i
toleration [ˌtɒlə'reɪʃən] *subst* tolerans
1 toll [təʊl] *subst* **1** avgift, tull **2** ***the death ~*** antalet dödsoffer; ***the war took a heavy ~ of the enemy*** kriget krävde många offer bland fienden
2 toll [təʊl] *verb* **1** ringa i, klämta i **2** slå klockslag [*Big Ben tolled five*], ringa med långsamma slag, klämta
tollcall ['təʊlkɔːl] *subst* amer. rikssamtal
tomahawk ['tɒməhɔːk] *subst* slags yxa tomahawk

tomato [tə'mɑːtəʊ, amer. tə'meɪtəʊ] (pl. *tomatoes*) *subst* tomat
tomb [tuːm] *subst* **1** grav; gravvalv **2** gravvård
tombola [tɒm'bəʊlə] *subst* tombola
tomboy ['tɒmbɔɪ] *subst* pojkflicka
tombstone ['tuːmstəʊn] *subst* gravsten
tomcat ['tɒmkæt] *subst* hankatt
tome [təʊm] *subst* lunta, volym
tomfoolery [tɒm'fuːlərɪ] *subst* tokigheter, skoj
tommy-gun ['tɒmɪgʌn] *subst* kpist
tomorrow I [tə'mɒrəʊ] *adv* i morgon; ~ ***week*** i morgon om åtta dagar, en vecka i morgon
II [tə'mɒrəʊ] *subst* morgondagen; ***the day after*** ~ i övermorgon
tomtit [ˌtɒm'tɪt] *subst* fågel blåmes
tomtom ['tɒmtɒm] *subst* tamtamtrumma

ton
- Brittiskt ton: 2 240 *lbs*, pund = 1 016 kg
- Amerikanskt ton: 2 000 *lbs*, pund = 907,2 kg
- Metric ton: 1 000 kg

ton [tʌn] *subst* **1** ton britt. = 2 240 *lbs.* = 1 016 kg amer. = 2 000 *lbs.* = 907,2 kg; ***metric*** ~ ton 1 000 kg **2** vard., ~***s of*** massor av, tonvis med [*~s of money*]
tone I [təʊn] *subst* **1** ton, tonfall; ***speak in an angry*** ~ tala med ilsket tonfall, röst [*in a low ~ of voice*]; klang [*the ~ of a piano*]; ~ ***control*** tonkontroll, klangfärgskontroll; ***set the*** ~ ange tonen **2** färgton, nyans **3** tele. ton, signal
II [təʊn] *verb*, ~ ***down*** tona ner, dämpa
tongs [tɒŋz] *subst pl* tång; ***a pair of*** ~ en tång
tongue [tʌŋ] *subst* **1** tunga; ***be on everybody's*** ~ vara på allas läppar; ***has the cat got your*** ~***?*** vard. har du tappat talförmågan?; ***have a ready*** ~ vara rapp i munnen; ***hold your*** ~***!*** håll mun!; ***stick one's*** ~ ***out*** el. ***put one's*** ~ ***out*** räcka ut tungan; ***she said with her*** ~ ***in her cheek*** sa hon smått ironiskt, sa hon med glimten i ögat **2** plös
tongue-tied ['tʌŋtaɪd] *adj* mållös, tystlåten; ***be*** ~ ha tunghäfta
tongue-twister ['tʌŋˌtwɪstə] *subst* tungvrickare

tonic I ['tɒnɪk] *adj* stärkande, uppfriskande; ~ ***water*** tonic
II ['tɒnɪk] *subst* **1** med. stärkande medel, stärkande medicin **2** tonic [*a gin and ~*] **3** ***skin*** ~ ansiktsvatten
tonight I [tə'naɪt] *adv* i kväll; i natt
II [tə'naɪt] *subst* denna kväll, kvällen, natten [*tonight's show*]
tonnage ['tʌnɪdʒ] *subst* tonnage
tonne [tʌn] *subst* ton
tonsil ['tɒnsl] *subst* anat. halsmandel, tonsill
tonsillitis [ˌtɒnsɪ'laɪtɪs] *subst* med. tonsillit, halsfluss
too [tuː] *adv* **1** alltför, för; ***that's*** ~ ***bad!*** vad tråkigt, så synd!; ***a little*** ~ ***clever*** litet för smart; ***I'm none*** ~ ***good at it*** el. ***I'm not*** ~ ***good at it*** jag är inte så värst bra på det **2** också, med [*me ~*], även
took [tʊk] imperf. av *take*
tool [tuːl] *subst* redskap, verktyg
tool-bag ['tuːlbæg] *subst* verktygsväska på cykel
toolbox ['tuːlbɒks] *subst* o. **toolchest** ['tuːltʃest] *subst* verktygslåda
tool-shed ['tuːlʃed] *subst* redskapsskjul, redskapsbod
toot I [tuːt] *verb* tuta
II [tuːt] *subst* tutning
tooth [tuːθ] (pl. *teeth* [tiːθ]) *subst* **1** tand; ***false*** ~ löstand; ***cut one's teeth*** få tänder; ***get one's teeth into*** sätta tänderna i; ***escape by the skin of one's teeth*** klara sig undan med knapp nöd; ***fight*** ~ ***and nail*** kämpa med näbbar och klor; ***have a*** ~ ***out*** el. amer. ***have a*** ~ ***pulled*** dra ut en tand; ***it sets my teeth on edge*** det får mig att rysa; ***have a sweet*** ~ vara en gottgris
toothache ['tuːθeɪk] *subst* tandvärk
toothbrush ['tuːθbrʌʃ] *subst* tandborste
toothless ['tuːθləs] *adj* tandlös
toothmug ['tuːθmʌg] *subst* tandborstmugg
toothpaste ['tuːθpeɪst] *subst* tandkräm
toothpick ['tuːθpɪk] *subst* tandpetare
toothy ['tuːθɪ] *adj*, ***a*** ~ ***smile*** ett stomatolleende
1 top [tɒp] *subst* snurra; ***sleep like a*** ~ sova som en stock
2 top I [tɒp] *subst* **1** topp, spets; övre del, krön; ***blow one's*** ~ vard. explodera av ilska; ***at the*** ~ överst, högst upp, ovanpå; ***at the*** ~ ***of one's voice*** så högt man kan, för full hals; ***from*** ~ ***to bottom*** uppifrån och ner; ***on*** ~ ovanpå, på toppen; ***be on*** ~ ha övertaget; ***come out on*** ~ bli etta, vara bäst; ***on*** ~ ***of*** a) utöver b) ovanpå,

omedelbart på (efter); ***on ~ of that*** el. ***on ~ of this*** ovanpå det, dessutom; till råga på allt; ***I feel on ~ of the world*** jag känner mig absolut i toppform; ***get on ~ of*** ta överhanden över [*don't let the work get on ~ of you*] **2** topp klädesplagg; överdel **3** bordskiva; yta

II [tɒp] *adj* **1** översta, högsta; ***the ~ floor*** översta våningen; topp- [*~ prices*]; *~* ***C*** musik. höga C; ***in ~ gear*** på högsta växeln; *~* ***hat*** hög hatt **2** främsta, bästa, topp- [*~ secret*]

III [tɒp] (*-pp-*) *verb* **1** vara överst på, toppa [*~ the list*], höja sig över, överträffa; ***to ~ it all*** till råga på allt **2** toppa, beskära

IV [tɒp] (*-pp-*) *verb* med adv. o. prep.

top up fylla på [*~ up a car battery; let me ~ up your glass*]

top off avsluta, avrunda

topaz ['təʊpæz] *subst* ädelsten topas

topboot [ˌtɒp'buːt] *subst* kragstövel

top-heavy [ˌtɒp'hevɪ] *adj* för tung upptill, övertung

topic ['tɒpɪk] *subst* samtalsämne

> **topical**
> Det engelska ordet *actual* betyder vanligen faktisk, verklig.

topical ['tɒpɪkl] *adj* aktuell; *~* ***allusion*** anspelning på samtida händelser; ***make ~*** aktualisera

topicality [ˌtɒpɪ'kælətɪ] *subst* aktualitet

topknot ['tɒpnɒt] *subst* hårknut på hjässan

topless ['tɒpləs] *adj* topless, utan överdel

top-level ['tɒpˌlevl] *adj*, *~* ***conference*** konferens på toppnivå

topmost ['tɒpməʊst] *adj* överst, högst

topnotch [ˌtɒp'nɒtʃ] *adj* vard. jättebra

topography [tə'pɒgrəfɪ] *subst* topografi

topper ['tɒpə] *subst* vard. hög hatt

topping ['tɒpɪŋ] *subst* kok. garnering, toppskikt; ***a ~ of ice cream on the pie*** ett lager av glass ovanpå pajen

topple ['tɒpl] *verb* **1** *~* el. *~* ***over*** falla, falla över ända, ramla **2** stjälpa, störta

top-ranking ['tɒpˌræŋkɪŋ] *adj* topprankad

top-secret [ˌtɒp'siːkrɪt] *adj* hemligstämplad; topphemlig

topspin ['tɒpspɪn] *subst* i tennis etc. överskruv

topsy-turvy I [ˌtɒpsɪ'tɜːvɪ] *adv* upp och ner

II [ˌtɒpsɪ'tɜːvɪ] *adj* uppochnervänd, bakvänd

torch [tɔːtʃ] *subst* **1** bloss, fackla **2** ***electric ~*** el. *~* ficklampa **3** amer. blåslampa

torchlight ['tɔːtʃlaɪt] *subst* fackelsken; *~* ***procession*** fackeltåg

tore [tɔː] imperf. av *2 tear I*

toreador ['tɒrɪədɔː] *subst* toreador, tjurfäktare

torment I ['tɔːment] *subst* plåga, pina, tortyr; ***be in ~*** lida kval

II [tɔː'ment] *verb* plåga, pina

tormentor [tɔː'mentə] *subst* plågoande

torn [tɔːn] perf. p. av *2 tear I*

tornado [tɔː'neɪdəʊ] (pl. *tornadoes* el. *~s*) *subst* tromb, tornado, virvelstorm

torpedo [tɔː'piːdəʊ] (pl. *torpedoes*) *subst* torped

torpedo boat [tɔː'piːdəʊbəʊt] *subst* torpedbåt; *~* ***destroyer*** torpedjagare

torpor ['tɔːpə] *subst* dvala, slöhetstillstånd, törnrosasömn

torque [tɔːk] *subst* tekn. vridmoment

torrent ['tɒrənt] *subst* **1** ström, störtflod; ***a ~ of abuse*** en störtflod av okvädinsord **2** störtregn

torrential [tə'renʃl] *adj* forsande; *~* ***rain*** skyfallsliknande regn

torrid ['tɒrɪd] *adj* **1** brännhet, stekande, het [*the ~ zone*] **2** het, passionerad

torso ['tɔːsəʊ] (pl. *~s*) *subst* torso, bål

tortoise ['tɔːtəs] *subst* sköldpadda

torture I ['tɔːtʃə] *subst* **1** tortyr **2** kval, pina

II ['tɔːtʃə] *verb* **1** tortera **2** pina, plåga

torturer ['tɔːtʃərə] *subst* **1** bödel **2** plågoande

Tory ['tɔːrɪ] *subst* tory, konservativ

toss I [tɒs] *verb* **1** kasta, slänga; kasta upp, kasta av; ***the waves tossed the boat*** vågorna kastade båten hit och dit; ***tossed salad*** grönsallad med dressing **2** singla, singla slant med; singla slant; *~* ***up*** el. *~* ***for it*** singla slant om saken; *~* ***a coin*** singla slant **3** om t.ex. fartyg rulla, gunga; *~* ***and turn*** vända och vrida sig; *~* ***about*** el. *~* kasta sig av och an

II [tɒs] *verb* med adv. o. prep.

toss back el. **toss down** kasta i sig, stjälpa i sig

toss off 1 kasta av sig **2** kasta i sig, stjälpa i sig [*~ off a few drinks*] **3** vulg. runka onanera

toss up kasta upp, slänga upp; *~* ***up a coin*** el. *~* ***up*** singla slant

III [tɒs] *subst* **1** kastande; kast; ***a ~ of the head*** ett kast med huvudet **2** slantsingling [*lose the ~*]; ***argue the ~*** vard. diskutera fram och tillbaka

toss-up ['tɒsʌp] *subst* slantsingling, lottning; ***it's a ~*** det är rena lotteriet
1 tot [tɒt] *subst* **1** pyre; ***a tiny ~*** liten unge, småtting **2** vard. hutt, litet glas konjak m.m.
2 tot [tɒt] (*-tt-*) *verb*, ~ ***up*** addera, summera, räkna ihop
total I ['təʊtl] *adj* fullständig, total, hel; ~ ***abstainer*** absolutist, helnykterist; ***the ~ amount*** slutsumman
II ['təʊtl] *subst* slutsumma, totalsumma
III ['təʊtl] *verb* **1** ~ el. ~ ***up*** räkna samman, lägga ihop **2** uppgå till
totalitarian [ˌtəʊtælɪ'teərɪən] *adj* totalitär, diktatur- [*~ State*]
totalizator ['təʊtəlaɪzeɪtə] *subst* spel på totalisator
tote [təʊt] *subst* (vard. kortform för *totalizator*) toto
tote bag ['təʊtbæg] *subst* stadigare bärkasse
totem ['təʊtəm] *subst*, ~ ***pole*** totempåle
totter ['tɒtə] *verb* vackla; stappla; svikta
tottering ['tɒtərɪŋ] *adj* o. **tottery** ['tɒtərɪ] *adj* vacklande, stapplande; osäker, ostadig
touch I [tʌtʃ] *verb* (se äv. *touched*) **1** röra, röra vid, toucha; nudda; ta i, ta på **2** nå, nå fram till; stiga till, sjunka till [*the temperature touched 10°*]; ~ ***bottom*** a) nå botten b) sjö. få bottenkänning; ***there's no one to ~ him*** det finns ingen som går upp mot honom **3** smaka [*he never touches wine*], röra [*he didn't even ~ the food*] **4** röra, göra ett djupt intryck på
II [tʌtʃ] *verb* med adv. o. prep.
touch down flyg. ta mark, landa
touch off bildl. utlösa [*~ off a crisis*]
touch on beröra, komma in på [*~ on a subject*]
touch up retuschera, bättra på [*~ up a painting*]; snygga upp; finputsa
III [tʌtʃ] *subst* **1** beröring, vidröring, snudd **2** kontakt; ***keep ~ with*** hålla kontakten med; ***lose ~ with*** tappa kontakten med; ***be in ~ with*** el. ***keep in ~ with*** hålla kontakt med, stå i kontakt med; ***keep in ~!*** hör av dig!; ***get in ~ with*** el. ***get into ~ with*** få kontakt med; sätta sig i förbindelse med; ***put in ~ with*** sätta i förbindelse med **3** ~ el. ***sense of ~*** känsel, beröringssinne; ***you can tell it's silk by the ~*** det känns att det är siden när man tar på det **4** aning, antydan, spår, stänk [*a ~ of irony*]; släng [*a ~ of flu*] **5** drag, prägel, anstrykning **6** musik. el. t.ex. på tangentbord anslag; grepp; ***have a light ~*** ha ett lätt anslag; om t.ex. piano vara lättspelad **7** grepp, hand, handlag; ***with a light ~*** med lätt hand; ***the ~ of a master*** en mästares hand; ***he has a very sure ~*** han har ett mycket säkert handlag; ***lose one's ~*** tappa greppet **8** fotb. område utanför sidlinjen; ***be in ~*** vara utanför sidlinjen, vara död; ***kick the ball into ~*** sparka bollen över sidlinjen
touch-and-go [ˌtʌtʃənd'gəʊ] *adj* osäker, riskabel; ***it was ~*** det hängde på ett hår
touchdown ['tʌtʃdaʊn] *subst* **1** flyg. landning **2** amerikansk fotboll, rugby touchdown målpoäng
touched [tʌtʃt] *adj* rörd
touching I ['tʌtʃɪŋ] *adj* rörande, gripande
II ['tʌtʃɪŋ] *prep* rörande, angående
touchline ['tʌtʃlaɪn] *subst* fotb. sidlinje
touchstone ['tʌtʃstəʊn] *subst* prövosten, kriterium
touch-up ['tʌtʃʌp] *subst* retusch, retuschering
touchy ['tʌtʃɪ] *adj* retlig, snarstucken
tough I [tʌf] *adj* **1** seg [*~ meat*] **2** jobbig, kämpig, slitig [*a ~ job*]; ~ ***luck*** vard. otur; ~ ***negotiations*** sega förhandlingar **3** tuff, kallhamrad; ***a ~ guy*** el. ***a ~ customer*** vard. en hårding, en tuffing **4** hård, seg; ***a ~ defence*** ett hårdnackat försvar; ***get ~ with*** ta i med hårdhandskarna mot
II [tʌf] *subst* buse; råskinn
toughen ['tʌfn] *verb* **1** göra seg (hård) **2** bli seg (hård)
toupee ['tu:peɪ] *subst* tupé
tour I [tʊə] *subst* rundresa, rundtur, rundvandring; teat. m.m. turné [*on ~*]; ~ ***of inspection*** inspektionsresa, inspektionsrunda; ***a guided ~*** el. ***a conducted ~*** en sällskapsresa, en guidad tur; ***make a ~ of*** resa runt i, göra en rundtur i
II [tʊə] *verb* **1** göra en rundresa; turista, resa [*through, about* genom, i] **2** resa runt i, besöka [*~ a country*]; göra en rundtur genom, bese [*~ the factory*] **3** teat. m.m. turnera; turnera i [*~ the provinces*]
tourism ['tʊərɪzəm] *subst* turism, turistväsen
tourist ['tʊərɪst] *subst* turist; ~ ***agency*** resebyrå, turistbyrå
tournament ['tʊənəmənt] *subst* sport. turnering, tävlingar
tout I [taʊt] *verb* **1** försöka pracka på folk; tipsa om, sälja stalltips om **2** sälja svart [*~ tickets*]
II [taʊt] *subst*, ~ el. ***ticket ~*** svartabörshaj, försäljare av svarta biljetter
tow I [təʊ] *verb* bogsera, släpa, bärga bil; ***ask***

for the car to be towed begära bärgning av bilen
II [təʊ] *subst* bogsering; ***take in*** ~ bogsera
toward [tə'wɔːd] *prep* se *towards*
towards [tə'wɔːdz] *prep* **1** mot, i riktning mot **2** gentemot, mot [*his feelings ~ us*] **3** för [*they are working ~ peace*], till [*save money ~ a new house*] **4** om tid inemot, mot [*~ evening*]
towel ['taʊəl] *subst* handduk; ***sanitary*** ~ dambinda; ***Turkish*** ~ frottéhandduk; ***throw in the*** ~ boxn. vard. kasta in handduken
towel rail ['taʊəlreɪl] *subst* handduksstång

The Tower of London
The Tower of London, ett av Londons mest kända turistmål, är en fästning och kungaborg, *fortress*, vid Themsen. Förr var det ett fängelse. I dag är det ett museum, där man bl.a. kan se kronjuvelerna, *the Crown Jewels*. Väktarna och guiderna som kallas *Beefeaters* är klädda i färggranna 1500-talsdräkter.

tower I ['taʊə] *subst* **1** torn; data. torn, tower; ~ ***block*** punkthus, höghus **2** ~ ***of strength*** stöttepelare, kraftkälla
II ['taʊə] *verb* torna upp sig, höja sig, resa sig; ~ ***above*** el. ~ ***over*** höja sig över
towering ['taʊərɪŋ] *adj* **1** jättehög, reslig **2** våldsam [*a ~ rage*]
towing ['təʊɪŋ] *subst* bogsering, bärgning av bil
towline ['təʊlaɪn] *subst* bogserlina, draglina
town [taʊn] *subst* stad; ***the talk of the*** ~ det allmänna samtalsämnet; ***go to*** ~ åka till stan
town-dweller ['taʊnˌdwelə] *subst* stadsbo
townsfolk ['taʊnzfəʊk] *subst* stadsbor
towrope ['təʊrəʊp] *subst* bogserlina
toxic ['tɒksɪk] *adj* toxisk, giftig; ~ ***symptoms*** förgiftningssymptom
toy I [tɔɪ] *subst* leksak; ~ ***boy*** vard. ung älskare till äldre kvinna; ~ ***poodle*** dvärgpudel
II [tɔɪ] *verb* sitta och leka, leka [*~ with a pencil*]; ~ ***with the idea of buying a car*** leka med tanken på att köpa en bil
toy boy ['tɔɪbɔɪ] *subst* vard. ung älskare till äldre kvinna
toyshop ['tɔɪʃɒp] *subst* leksaksaffär
trace I [treɪs] *verb* **1** spåra, spåra upp; upptäcka, finna spår av **2** kalkera
II [treɪs] *subst* spår, märke; ***a ~ of arsenic*** ett spår av arsenik; ***a ~ of garlic in the food*** en aning vitlök i maten
tracing-paper ['treɪsɪŋˌpeɪpə] *subst* kalkerpapper
track I [træk] *subst* **1** spår på marken, på ljudband m.m.; fotspår; ***cover up one's ~s*** sopa igen spåren efter sig; ***keep ~ of*** hålla reda på; ***lose ~ of*** tappa kontakten med; tappa bort, tappa räkningen på; ***throw sb off the*** ~ leda ngn på villospår; ***on one's*** ~ efter sig, i hälarna **2** järnvägsspår **3** bana **4** stig, väg **5** sport. löparbana; ~ ***events*** löpgrenar på bana
II [træk] *verb* spåra, följa spåren av; ~ ***down*** försöka spåra upp, spåra
track-and-field [ˌtrækənd'fiːld] *subst* spec. amer. friidrott
track shoe ['trækʃuː] *subst* spiksko
track suit ['træksuːt, 'træksjuːt] *subst* träningsoverall
tractor ['træktə] *subst* traktor
trade I [treɪd] *subst* **1** handel, affärer [*in sth* med ngt]; kommers; handelsutbyte, affärsgren, bransch [*in the book ~*] **2** ~ ***discount*** handelsrabatt, varurabatt; ~ ***name*** handelsnamn, firmanamn; ***foreign*** ~ utrikeshandel **3** yrke, hantverk, fack; ~ ***dispute*** arbetstvist, arbetskonflikt; ~ ***union*** fackförening; ***The Trades Union Congress*** Brittiska Landsorganisationen; ***by*** ~ till yrket
II [treɪd] *verb* **1** handla, driva handel [*in sth* med ngt] **2** spekulera [*in sth* med ngt]; ~ ***on*** utnyttja [*~ on sb's sympathy*] **3** vard. handla [*at* hos] **4** handla med, byta, byta ut, byta bort [*for* mot]; ~ ***in*** a) byta in, byta ut [*for* mot] b) lämna i utbyte [*for* mot]; ~ ***off*** byta [*for* mot]
trade-in ['treɪdɪn] *subst* vard. inbyte; ~ ***car*** inbytesbil
trademark ['treɪdmɑːk] *subst* varumärke, firmamärke, fabriksmärke
trader ['treɪdə] *subst* affärsman, köpman
tradesman ['treɪdzmən] (pl. *tradesmen* ['treɪdzmən]) *subst* detaljhandlare, handelsman; ***tradesmen's entrance*** köksingång
trade union [ˌtreɪd'juːnjən] *subst* fackförening
trade-unionism [ˌtreɪd'juːnjənɪzəm] *subst* fackföreningsrörelsen
trade-unionist [ˌtreɪd'juːnjənɪst] *subst* fackföreningsmedlem; fackföreningsman

trade wind ['treɪdwɪnd] *subst* passadvind
trading ['treɪdɪŋ] *subst* **1** handel **2** byteshandel
tradition [trə'dɪʃən] *subst* tradition, hävd
traditional [trə'dɪʃnəl] *adj* traditionell
traditionalist [trə'dɪʃənəlɪst] *subst* traditionalist
tradition-bound [trə'dɪʃənbaʊnd] *adj* traditionsbunden

traffic
Storbritannien, Irland, Australien, Indien och några andra länder som tidigare var brittiska kolonier har vänstertrafik. USA och Kanada har högertrafik.

traffic I ['træfɪk] (*trafficked trafficked*) *verb* handla, driva handel [*in sth* med ngt; *with sb* med ngn]; driva olaga handel [*in sth* med ngt]
II ['træfɪk] *subst* **1** trafik; ~ ***circle*** amer. trafik. rondell; ~ ***island*** refug, trafikdelare; ~ ***jam*** trafikstockning; ~ ***lane*** körfält, fil; ~ ***light*** trafikljus; ~ ***offender*** trafiksyndare; ~ ***regulations*** trafikförordning; ~ ***sign*** vägmärke, trafikmärke; ~ ***warden*** trafikvakt, kvinnlig trafikvakt lapplisa; ***one-way*** ~ enkelriktad trafik **2** handel [~ *in narcotics*]
trafficker ['træfɪkə] *subst* handlande; ***drug*** ~ narkotikalangare
tragedy ['trædʒədɪ] *subst* tragedi
tragic ['trædʒɪk] *adj* tragisk
tragi-comedy [ˌtrædʒɪ'kɒmədɪ] *subst* tragikomedi
trail I [treɪl] *subst* **1** strimma, slinga [*a ~ of smoke*] **2** spår; ***leave in one's*** ~ ha i släptåg, medföra [*war left misery in its ~*]; ***be hot on the ~ of sb*** vara tätt i hälarna på ngn **3** led, vandringsled; ***nature*** ~ naturstig
II [treɪl] *verb* **1** släpa, släpa i marken [*her dress trailed across the floor*], dra efter sig; ~ ***away*** el. ~ ***off*** dö bort **2** släpa sig, släpa sig fram; driva [*smoke was trailing from the chimneys*] **3** spåra, spåra upp **4** krypa, slingra sig om t.ex. växt, orm **5** vard., ~ el. ~ ***behind*** komma efter, sacka efter; ~ ***by one goal*** sport. ligga under med ett mål
trailer ['treɪlə] *subst* **1** släpvagn, släp, trailer **2** amer. husvagn; ~ ***camp*** el. ~ ***park*** campingplats för husvagnar **3** film. trailer
train I [treɪn] *verb* **1** öva, öva in, träna upp; utbilda; ~ ***to be a nurse*** utbilda sig till sjuksköterska **2** dressera [~ *animals*] **3** sport. träna, träna sig; mil. exercera **4** rikta in kanon, kikare m.m. [*on, upon* på, mot]
II [treɪn] *subst* **1** järnv. tåg [*for, to* till]; ***fast*** ~ snabbtåg; ***special*** ~ extratåg; ***change*** ~***s*** byta tåg; ***go by*** ~ åka tåg, ta tåget **2** följe, svit; tåg, procession; ***bring in one's*** ~ ha i släptåg, medföra [*war brings famine in its ~*] **3** rad, räcka, följd [*a whole ~ of events*], serie; ~ ***of thought*** tankegång **4** klänningssläp **5** tekn. hjulverk, löpverk
trained [treɪnd] *adj* **1** tränad **2** utbildad, utexaminerad [*a ~ nurse*] **3** dresserad
trainee [treɪ'niː] *subst* praktikant, lärling, elev, aspirant
trainer ['treɪnə] *subst* **1** tränare, instruktör; lagledare **2** dressör **3** träningssko
train ferry ['treɪnˌferɪ] *subst* tågfärja
training ['treɪnɪŋ] *subst* **1** utbildning; träning **2** ***in*** ~ i god kondition, tränad; ***be out of*** ~ ha dålig kondition, vara otränad; ***go into*** ~ lägga sig i träning, fostran, skolning **3** dressyr **4** mil. exercis, drill
training-camp ['treɪnɪŋkæmp] *subst* träningsläger
training-shoes ['treɪnɪŋʃuːz] *subst pl* träningsskor
trait [treɪt] *subst* drag; karaktärsdrag, egenskap
traitor ['treɪtə] *subst* förrädare [*to* mot]
tram [træm] *subst* spårvagn
tramcar ['træmkɑː] *subst* spårvagn
tramline ['træmlaɪn] *subst* **1** spårvagnslinje **2** spårvägsskena; pl. ~***s*** a) spårvagnsspår b) i tennis vard. korridor som används i dubbelspel
tramp I [træmp] *verb* **1** trampa **2** traska
II [træmp] *subst* **1** tramp, trampande **2** luffare, landstrykare **3** spec. amer. vard. slampa, luder, fnask
trample ['træmpl] *verb* trampa [*on* på, i], trampa ned, trampa på; ~ ***to death*** trampa ihjäl
trampoline ['træmpəliːn] *subst* studsmatta
tramway ['træmweɪ] *subst* spårväg
trance [trɑːns] *subst* trans; ***send sb into a*** ~ försätta ngn i trans; ***fall into a*** ~ el. ***go into a*** ~ falla i trans
tranquil ['træŋkwɪl] *adj* lugn, stilla, stillsam
tranquillity [træŋ'kwɪlətɪ] *subst* lugn, ro, stillhet
tranquillize ['træŋkwəlaɪz] *verb* lugna, stilla
tranquillizer ['træŋkwəlaɪzə] *subst* lugnande medel

transact [træn'zækt] *verb* bedriva [*~ business*], föra [*~ negotiations*]
transaction [træn'zækʃən] *subst* transaktion, affär [*the ~s of a firm*]; affärsuppgörelse
transatlantic [ˌtrænzət'læntɪk] *adj* transatlantisk
transcend [træn'send] *verb* överskrida; överträffa, överglänsa
transcribe [træn'skraɪb] *verb* **1** skriva av, kopiera **2** transkribera
transcript ['trænskrɪpt] *subst* avskrift, kopia; utskrift
transcription [træn'skrɪpʃən] *subst* **1** avskrivning; utskrivning **2** avskrift, kopia; utskrift **3** transkription
transfer I [træns'fɜː] (*-rr-*) *verb* **1** flytta, flytta över, föra över; ***in a transferred sense*** i överförd bemärkelse **2** överlåta [*to sb* på ngn] **3** girera; ekon. transferera, överföra **4** sport. sälja, transferera spelare **II** ['trænsfə] *subst* **1** förflyttning; överflyttning; omplacering; ~ ***fee*** sport. transfersumma, övergångssumma för spelare; ~ ***list*** sport. transferlista **2** dekal, överföringsbild, gnuggbild **3** girering; ekon. transferering, överföring
transferable [træns'fɜːrəbl] *adj* överflyttbar, överförbar; ***not*** ~ får ej överlåtas
transfix [træns'fɪks] *verb* **1** genomborra **2** ***transfixed*** förstenad, lamslagen
transform [træns'fɔːm] *verb* förvandla, omvandla; omskapa, förändra
transformation [ˌtrænsfə'meɪʃən] *subst* förvandling, omvandling; transformation
transformer [træns'fɔːmə] *subst* elektr. transformator
transfusion [træns'fjuːʒən] *subst* transfusion [*blood ~*]
transgressor [træns'gresə] *subst* överträdare, lagbrytare; syndare
transient ['trænzɪənt] *adj* **1** övergående, förgänglig, flyktig **2** tekn. transient
transistor [træn'zɪstə] *subst* transistor
transit ['trænzɪt] *subst* **1** genomresa, överresa, färd; ~ ***visa*** genomresevisum, transitvisum; ***in*** ~ på genomresa **2** hand. transport, befordran av varor, passagerare; ***goods lost in*** ~ varor som kommit bort under transporten
transition [træn'sɪʒən] *subst* övergång; ~ ***stage*** övergångsstadium
transitional [træn'sɪʒnəl] *adj* övergångs-, mellan- [*a ~ period*]
transitive ['trænsətɪv] *adj* gram. transitiv
transitory ['trænsətrɪ] *adj* övergående, kortvarig, obeständig
translate [træns'leɪt] *verb* översätta [*into* till; *by* med]
translation [træns'leɪʃən] *subst* översättning [*into* till]
translator [træns'leɪtə] *subst* översättare, translator
transmission [trænz'mɪʃən] *subst* **1** vidarebefordran, överföring **2** transmission, kraftöverföring **3** radio. sändning
transmit [trænz'mɪt] (*-tt-*) *verb* **1** vidarebefordra [*~ news*]; överlämna, överlåta [*to* till, på]; ~ ***a disease*** överföra en sjukdom **2** överföra **3** radio. sända; ***transmitting station*** sändarstation
transmitter [trænz'mɪtə] *subst* **1** med. överförare [*the ~ of disease*] **2** radiosändare
transparency [træn'spærənsɪ] *subst* **1** genomskinlighet **2** diapositiv, diabild; ~ el. ***overhead*** ~ stordia
transparent [træn'spærənt] *adj* genomskinlig
transpire [træn'spaɪə] *verb* **1** läcka ut, komma fram **2** vard. hända, inträffa
transplant I [træn'splɑːnt] *verb* **1** plantera om **2** förflytta, flytta över **3** med. transplantera **II** ['trænsplɑːnt] *subst* med. **1** transplantation [*a heart ~*] **2** transplantat
transplantation [ˌtrænsplɑːn'teɪʃən] *subst* **1** omplantering **2** förflyttning, överflyttning **3** med. transplantation [*heart ~*]
transponder [træn'spɒndə] *subst* tekn. transponder
transport I [træn'spɔːt] *verb* **1** transportera, förflytta, forsla **2** ***be transported*** hänryckas; ***transported with joy*** utom sig av glädje **II** ['trænspɔːt] *subst* **1** transport, förflyttning **2** ~ el. ***means of*** ~ transportmedel **3** ~ el. ~ ***services*** transportväsen, transportväsendet; ***public*** ~ allmänna kommunikationer, kollektivtrafik
transportation [ˌtrænspɔː'teɪʃən] *subst* transport, transportering; ***means of*** ~ amer. transportmedel
transpose [træn'spəʊz] *verb* flytta om, kasta om ordning, ord m.m.
transposition [ˌtrænspə'zɪʃən] *subst* omkastning, omflyttning

transvestism [trænz'vestɪzm] *subst* transvestism
transvestite [trænz'vestaɪt] *subst* transvestit
trap I [træp] *subst* **1** fälla, snara; ***fall into the ~*** gå i fällan; ***set a ~ for*** gillra en fälla för **2** fallucka, falldörr, lucka i golvet el. taket
II [træp] (*-pp-*) *verb* **1** snara, fånga, snärja; ***trapped in a burning building*** instängd i en brinnande byggnad; ***~ sb into doing sth*** lura ngn att göra ngt **2** sätta ut fällor på, sätta ut snaror i **3** ***~ a ball*** fotb. dämpa en boll
trapdoor [ˌtræp'dɔː] *subst* fallucka, falldörr
trapeze [trə'piːz] *subst* trapets
trappings ['træpɪŋz] *subst pl* grannlåt, ståt, utsmyckningar
trash [træʃ] *subst* **1** skräp, smörja **2** amer. skräp, sopor; ***~ can*** soptunna **3** vard. slödder, pack
trashy ['træʃɪ] *adj* usel, skräp- [*~ novels*]
travel I ['trævl] (*-ll-*, amer. *-l-*) *verb* **1** resa, färdas, åka, fara; om t.ex. ljus, ljud gå, röra sig **2** resa omkring i **3** tillryggalägga [*~ great distances*]
II ['trævl] *subst* resande, att resa, resor [*enrich one's mind by ~*]; pl. ***~s*** resor [*during my ~s*]; ***book of ~*** reseskildring; ***~ agency*** el. ***~ bureau*** resebyrå; ***~ agent*** resebyråman; ***~ sickness*** åksjuka
traveller ['trævələ] *subst* resande, resenär; ***traveller's cheque*** el. amer. ***~ check*** resecheck
travelling I ['trævəlɪŋ] *subst* resande, att resa, resor; ***~ companion*** reskamrat; ***~ expenses*** resekostnader
II ['trævəlɪŋ] *adj* resande, kringresande [*~ circus*]
travesty I ['trævəstɪ] *verb* travestera, parodiera
II ['trævəstɪ] *subst* travesti, karikatyr, parodi på [*of* på]
trawler ['trɔːlə] *subst* **1** trålare **2** trålfiskare
tray [treɪ] *subst* **1** bricka **2** brevkorg, låda
treacherous ['tretʃərəs] *adj* förrädisk; lömsk [*a ~ attack*]
treachery ['tretʃərɪ] *subst* förräderi
treacle ['triːkl] *subst* sirap; ***black ~*** mörk sirap
tread I [tred] (*trod trodden*) *verb* **1** trampa, träda, stiga; trampa till; ***~ on sb's toes*** trampa ngn på tårna; ***~ down*** trampa ner **2** gå, vandra på [*~ a path*]
II [tred] *subst* **1** steg, gång **2** trampyta på fot el. sko **3** slitbana; ***~*** el. ***~ pattern*** slitbanemönster, däckmönster
treadmill ['tredmɪl] *subst* trampkvarn
treason ['triːzn] *subst* förräderi, landsförräderi; ***high ~*** högförräderi; ***an act of ~*** ett förräderi
treasure I ['treʒə] *subst* **1** skatt **2** skatt, klenod; ***she's a ~*** hon är en pärla
II ['treʒə] *verb* uppskatta, värdera
treasurer ['treʒərə] *subst* skattmästare, kassör i t.ex. förening
treasury ['treʒərɪ] *subst* **1** skattkammare **2** ***the Treasury*** finansdepartementet i Storbritannien
treat I [triːt] *verb* **1** behandla [*he was treated for his illness*]; ***how is the world treating you?*** hur är läget?, hur har du det? **2** betrakta, ta [*he ~s it as a joke*] **3** bjuda [*to* på], traktera; ***~ oneself to sth*** kosta på sig ngt, unna sig ngt
II [triːt] *subst* **1** traktering, förplägnad; ***it's my ~*** jag bjuder **2** barnkalas, bjudning **3** nöje, njutning; ***it worked a ~!*** vard. det gick jättebra!
treatise ['triːtɪz] *subst* avhandling [*on* om]
treatment ['triːtmənt] *subst* behandling
treaty ['triːtɪ] *subst* fördrag, avtal [*peace ~*]
treble I ['trebl] *adj* tredubbel, trefaldig; ***~ chance*** vid tippning poängtips
II ['trebl] *subst* musik. diskant, sopran
III ['trebl] *verb* tredubbla
tree [triː] *subst* **1** träd; ***Christmas ~*** julgran **2** skoblock, läst
treeline ['triːlaɪn] *subst* trädgräns
trellis ['trelɪs] *subst* spaljé, galler
tremble I ['trembl] *verb* **1** darra, skälva [*with* av]; ***I ~ to think what might have happened*** jag bävar vid tanken på vad som kunde ha hänt
II ['trembl] *subst* skälvning, darrning; ***be all of a ~*** darra i hela kroppen
tremendous [trə'mendəs] *adj* vard. kolossal, väldig, våldsam [*a ~ explosion*]
tremor ['tremə] *subst* **1** skälvning, darrning **2** ***~*** el. ***earth ~*** jordskalv
trench [trentʃ] *subst* **1** dike **2** mil. skyttegrav, löpgrav; ***~ warfare*** skyttegravskrig, ställningskrig
trend I [trend] *subst* riktning, tendens, strömning, trend; ***set the ~*** skapa ett mode, skapa en trend
II [trend] *verb* tendera, röra sig [*prices have trended upwards*]
trendy ['trendɪ] *adj* vard. toppmodern, inne-, trendig
trepidation [ˌtrepɪ'deɪʃən] *subst* bestörtning, bävan

trespass I ['trespəs] *verb* **1** inkräkta; ~ ***on sb's property*** göra intrång på ngns mark **2** ~ ***on*** inkräkta på, göra intrång i [*~ on sb's rights*] **3** bibl. synda; ***... as we forgive them that ~ against us*** bibl. ... såsom ock vi förlåta dem oss skyldiga äro **4** överskrida; ~ ***the bounds of good taste*** gå över gränsen för vad som är god smak
II ['trespəs] *subst* **1** lagöverträdelse; bibl. synd **2** intrång

trespasser ['trespəsə] *subst* **1** inkräktare **2** lagbrytare; ***~s will be prosecuted*** överträdelse beivras

trespassing ['trespəsɪŋ] *subst* intrång, inkräktande; ***no ~!*** tillträde förbjudet!

trestle ['tresl] *subst* bock stöd

trestle table ['tresl,teɪbl] *subst* bord med lösa bockar, bockbord

trial ['traɪl] *subst* **1** prov, försök, experiment; ~ ***offer*** hand. introduktionserbjudande; ~ ***period*** prövotid, försöksperiod; ~ ***run*** provkörning av bil m.m., provtur; ~ ***of strength*** kraftprov; ***give sth a ~*** pröva ngt; ***stand the ~*** bestå provet; ***the boy was on ~*** pojken var anställd på prov; ***put to the ~*** sätta på prov **2** jur. rättegång, process, mål; ***stand ~*** stå inför rätta; ~ ***by jury*** rättegång inför jury; ***be on ~*** vara åtalad, stå inför rätta **3** sport. försök; i motorsport el. i kapplöpning vanligen trial; ~ ***heat*** försöksheat

triangle ['traɪæŋgl] *subst* geom. **1** triangel **2** amer. a) triangel b) vinkelhake

triangular [traɪ'æŋgjʊlə] *adj* triangelformig, trekantig

tribal ['traɪbl] *adj* stam-, släkt-; ~ ***feuds*** stamkrig, släktfejder

tribe [traɪb] *subst* folkstam

tribunal [traɪ'bjuːnl] *subst* domstol, rätt, tribunal; ***rent ~*** hyresnämnd

tributary ['trɪbjʊtrɪ] *adj* o. *subst*, ~ ***river*** el. ~ biflod

tribute ['trɪbjuːt] *subst* tribut [*a ~ to his bravery*]; ***floral ~s*** blomsterhyllning, blomsterhyllningar; ***pay ~ to sb*** ge ngn sin hyllning; ***a ~ to*** ett bevis på

trick I [trɪk] *subst* **1** knep, list; ***a dirty ~*** el. ***a mean ~*** ett fult spratt; ~ ***or treat?*** bus eller godis? på allhelgonaafton då barn besöker främmande; ***play a ~ on sb*** el. ***play ~s on sb*** spela ngn ett spratt; ***he has been at his old ~s again*** nu har han varit i farten igen; ***be up to every ~*** kunna alla knep; ***he's up to some ~*** han har något fuffens för sig **2** konst, konster, trick; ***how's ~s?*** vard. hur är läget?; ***that will do the ~*** vard. det kommer att göra susen; ***the whole bag of ~s*** vard. hela klabbet; ***box of ~s*** trollerilåda **3** egenhet, ovana [*he has a ~ of repeating himself*] **4** kortsp. trick, stick
II [trɪk] *verb* lura; ~ ***sb into doing sth*** lura ngn att göra ngt; ~ ***sb out of sth*** lura av ngn ngt

trickery ['trɪkərɪ] *subst* knep, skoj, bluff

trickle I ['trɪkl] *verb* droppa, drypa [*with* av], sippra, trilla, rinna sakta [*the tears trickled down her cheeks*]; ~ ***out*** a) sippra ut [*the news trickled out*] b) droppa ut, droppa av [*people began to ~ out of the theatre*]
II ['trɪkl] *subst* droppande; droppe

trickster ['trɪkstə] *subst* skojare, bluffmakare

tricky ['trɪkɪ] *adj* **1** listig, slug **2** kinkig, knepig

tricycle ['traɪsɪkl] *subst* trehjulig cykel

tried [traɪd] *adj* beprövad

trifle I ['traɪfl] *subst* **1** bagatell, småsak; ***stick at ~s*** fastna för detaljer, struntsak **2** ***a ~*** en smula, en aning [*a ~ too short*] **3** 'trifle' slags dessert med lager av sockerkaka, frukt, sylt etc., täckt med vaniljkräm el. vispgrädde
II ['traɪfl] *verb* **1** ~ ***with*** leka med; ***he is not to be trifled with*** han är inte att leka med **2** leka [*with* med] **3** ~ ***away*** förslösa, spilla [*~ away one's time*]

trifling I ['traɪflɪŋ] *adj* obetydlig [*a ~ error*], ringa; ***it's no ~ matter*** det är ingen bagatell, det är inget att leka med
II ['traɪflɪŋ] *subst* lek, skämt

trigger I ['trɪgə] *subst* avtryckare på skjutvapen; ***cock the ~*** spänna hanen, osäkra vapnet (geväret m.m.); ***pull the ~*** trycka av
II ['trɪgə] *verb*, ~ el. ~ ***off*** starta, utlösa [*~ off a rebellion*]

trigger-happy ['trɪgə,hæpɪ] *adj* vard. skjutglad

trigonometry [,trɪgə'nɒmətrɪ] *subst* geom. trigonometri

trilby ['trɪlbɪ] *subst* vard., ~ el. ~ ***hat*** trilbyhatt mjuk filthatt

trill I [trɪl] *subst* musik. drill
II [trɪl] *verb* musik. drilla

trim I [trɪm] *adj* **1** välordnad, välskött **2** snygg, nätt, prydlig, vårdad [*~ clothes; a ~ figure*]
II [trɪm] (*-mm-*) *verb* **1** klippa, putsa, trimma, tukta [*~ a hedge; ~ one's beard*]; ~ ***one's nails*** klippa naglarna, putsa naglarna **2** dekorera, smycka, pynta, garnera **3** sjö. trimma, kantsätta [*~ the sails*]

III [trɪm] *subst* **1** skick, form [*be in good ~*]; ***be in*** ~ a) vara i ordning b) spec. sport. vara i form; ***get into*** ~ a) sätta i skick b) sport. komma i form **2** sjö. trimning; om segel trimning, kantsättning **3** klippning, putsning [*give my hair a ~*]

trimmer ['trɪmə] *subst* klippningsmaskin; trimningsmaskin; trimningssax; ***nail*** ~ nagelklippare

trimming ['trɪmɪŋ] *subst* **1** klippning, putsning, trimning **2** spec. pl. ***~s*** a) dekorationer, pynt, utsmyckningar, garnering, garneringar b) spec. kok. extra tillbehör, garnityr **3** sjö. trimning

trinket ['trɪŋkɪt] *subst* billigt smycke; ***~s*** grannlåt, nipper

trio ['triːəʊ] (pl. *~s*) *subst* trio äv. musik.

trip I [trɪp] (*-pp-*) *verb* **1** trippa **2** ~ el. ***~ up*** snubbla, snava [*over* på, över] **3** ~ el. ***~ up*** få att snubbla, sätta krokben för **4** begå ett felsteg

II [trɪp] *subst* **1** tripp, resa [*a ~ to Paris*], tur, utflykt [*a ~ to the seaside*] **2** snubblande, snavande; krokben **3** sl. tripp narkotikarus

tripe [traɪp] *subst* **1** kok. komage **2** sl. skit, smörja [*talk ~*]

triple I ['trɪpl] *adj* trefaldig, tredubbel; trippel- [*~ alliance*]; ***~ jump*** sport. trestegshopp, tresteg

II ['trɪpl] *verb* tredubbla

triplet ['trɪplət] *subst* trilling

triplicate I ['trɪplɪkət] *adj* om avskrift i tre exemplar

II ['trɪplɪkət] *subst* tredje exemplar, tredje avskrift; ***in*** ~ i tre exemplar

trip meter ['trɪpˌmiːtə] *subst* bil. trippmätare

tripod ['traɪpɒd] *subst* stativ till kamera etc.

tripping I ['trɪpɪŋ] *subst* sport. tripping, fällning

II ['trɪpɪŋ] *adj* trippande, lätt [*a ~ gait*]

trip recorder ['trɪprɪˌkɔːdə] *subst* bil. trippmätare

tripwire ['trɪpˌwaɪə] *subst* mil. snubbeltråd

trite [traɪt] *adj* nött, banal, trivial

triumph I ['traɪəmf] *subst* triumf

II ['traɪəmf] *verb* triumfera, segra

triumphal [traɪ'ʌmfl] *adj*, ***~ arch*** triumfbåge; ***~ procession*** triumftåg

triumphant [traɪ'ʌmfənt] *adj* triumferande; ***be*** ~ triumfera

trivial ['trɪvɪəl] *adj* obetydlig, trivial

triviality [ˌtrɪvɪ'æləti] *subst* **1** obetydlighet, bagatell, struntsak **2** banalitet, trivialitet

trod [trɒd] imperf. av *tread I*

trodden ['trɒdn] perf. p. av *tread I*

trolley ['trɒlɪ] *subst* **1** dragkärra **2** lastvagn, truck; tralla **3** rullbord, tevagn, serveringsvagn **4** amer. spårvagn **5** kundvagn

trolleybus ['trɒlɪbʌs] *subst* trådbuss, trolleybuss

trolley car ['trɒlɪkɑː] *subst* amer. spårvagn

trombone [trɒm'bəʊn] *subst* musik. trombon, basun; ***slide*** ~ dragbasun

troop I [truːp] *subst* **1** skara, skock **2** mil. trupp

II [truːp] *verb* **1** ***~ in*** strömma in **2** marschera, tåga

trophy ['trəʊfɪ] *subst* trofé; sport. pris, trofé

tropic I ['trɒpɪk] *subst* **1** tropik, vändkrets; ***the Tropic of Cancer*** Kräftans vändkrets; ***the Tropic of Capricorn*** Stenbockens vändkrets **2** ***the ~s*** tropikerna

II ['trɒpɪk] *adj* tropisk [*the ~ zone*]

tropical ['trɒpɪkl] *adj* tropisk [*~ climate*]

trot I [trɒt] (*-tt-*) *verb* **1** trava, rida i trav; ***~ along*** trava på, trava i väg **2** lunka, trava **3** ***~ out*** a) rida fram med [*~ out a horse*] b) vard. komma körande med [*~ out one's knowledge*]

II [trɒt] *subst* **1** trav, travande; ***be on the*** ~ vard. vara i farten **2** lunk, lunkande

trotter ['trɒtə] *subst* **1** travare, travhäst **2** kok., ***pigs' ~s*** grisfötter

trotting ['trɒtɪŋ] *subst* **1** trav, travande **2** travsport; ***~ race*** travtävling

troubadour ['truːbəˌdʊə] *subst* trubadur

trouble I ['trʌbl] *verb* **1** oroa, bekymra, besvära; ***~ oneself*** a) oroa sig b) göra sig besvär; ***~ one's head about sth*** bry sin hjärna med ngt **2** besvära; ***sorry to ~ you!*** förlåt att jag besvärar! **3** besvära sig [*about sth* med ngt] **4** oroa sig [*about sth, over sth* för ngt]

II ['trʌbl] *subst* **1** oro, bekymmer; ***my car has been giving me ~ lately*** min bil har krånglat på sista tiden **2** besvär, möda; ***take the ~ to write*** göra sig besväret att skriva; ***no ~ at all!*** ingen orsak!; ***it's no*** ~ det är (var) inget besvär alls; ***I don't want to put you to any*** ~ jag vill inte ställa till besvär för dig **3** svårighet, svårigheter, trassel; ***the ~ is that...*** svårigheten är att..., det tråkiga är att...; ***what's the ~?*** hur är det fatt?; vad står på?, vad gäller saken?; ***make*** ~ ställa till bråk; ***be in*** ~ vara i knipa, vara i svårigheter; ***get into*** ~ råka i knipa, råka illa ut **4** åkomma, ont, besvär [*stomach ~*] **5** oro [*political ~*]; spec.

pl. *~s* oroligheter **6** tekn. fel, krångel [*engine ~*]

troubled ['trʌbld] *adj* **1** orolig [*~ times*]; ***fish in ~ waters*** fiska i grumligt vatten **2** orolig, bekymrad [*about* över, för]

troublemaker ['trʌblˌmeɪkə] *subst* bråkmakare, bråkstake

troubleshooter ['trʌblˌʃuːtə] *subst* **1** konfliktlösare **2** tekn. felsökare

troublesome ['trʌblsəm] *adj* **1** besvärlig **2** bråkig [*a ~ child*]

trouble spot ['trʌblspɒt] *subst* oroscentrum plats där bråk ofta förekommer

trough [trɒf] *subst* **1** tråg, ho **2** meteor., ***~ of low pressure*** lågtryck, lågtrycksområde

trounce [traʊns] *verb* slå, klå; ***be trounced*** få smörj

troupe [truːp] *subst* skådespelartrupp, teatersällskap; cirkustrupp

trousers ['traʊzəz] *subst pl* långbyxor [*a pair of ~*]; *~* ***pocket*** byxficka

trout [traʊt] *subst* forell; ***salmon*** *~* laxöring

trowel ['traʊəl] *subst* **1** murslev; ***lay it on with a*** *~* bre på, smickra grovt **2** trädgårdsspade

truant ['truːənt] *subst* skolkare; ***play*** *~* skolka från skolan

truce [truːs] *subst* stillestånd, vapenvila

truck [trʌk] *subst* **1** öppen godsvagn **2** lastbil; ***long distance*** *~* långtradare **3** truck **4** transportvagn; skottkärra

truck-driver ['trʌkˌdraɪvə] *subst* **1** långtradarchaufför, lastbilschaufför **2** truckförare

trucker ['trʌkə] *subst* spec. amer. långtradarchaufför

truculent ['trʌkjʊlənt] *adj* stridslysten

trudge [trʌdʒ] *verb* traska, lunka, gå tungt

true [truː] *adj* **1** sann, sanningsenlig; ***come*** *~* slå in, besannas [*his words came ~*]; ***hold*** *~* hålla streck, gälla, äga giltighet **2** riktig, rätt **3** egentlig [*the frog is not a ~ reptile*]; äkta [*a ~ Londoner*], verklig, sann [*a ~ friend*] **4** rättmätig [*the ~ heir, the ~ owner*] **5** trogen, trofast [*to* mot]; ***be*** *~* ***to form*** vara typisk, vara normal; *~* ***to life*** verklighetstrogen

truffle ['trʌfl] *subst* slags svamp tryffel; *~s* pl. tryffel

truly ['truːlɪ] *adv* **1** sant, sanningsenligt; verkligt [*a ~ beautiful picture*] **2** i brev: ***Yours*** *~* Högaktningsfullt

trump I [trʌmp] *subst* kortsp. trumf; *~* ***card*** trumfkort
II [trʌmp] *verb* kortsp. sticka med trumf

trumpet ['trʌmpɪt] *subst* **1** trumpet; ***blow one's own*** *~* slå på trumman för sig själv **2** trumpet, trumpetare i orkester

trumpeter ['trʌmpɪtə] *subst* trumpetare

truncheon ['trʌntʃən] *subst* batong

trunk [trʌŋk] *subst* **1** trädstam **2** bål kroppsdel **3** koffert, trunk **4** snabel på elefant **5** amer. bagageutrymme, bagagelucka i bil **6** pl. *~s* a) idrottsbyxor, badbyxor b) kortkalsonger

trunk road ['trʌŋkrəʊd] *subst* riksväg, huvudväg

truss [trʌs] *verb*, *~* el. *~* ***up*** a) binda [*~ hay*] b) kok. binda upp före tillredning [*~ up a chicken*]

trust I [trʌst] *subst* **1** förtroende [*in* för], tilltro, tillit [*in* till], tro [*in* till, på]; ***put one's*** *~* ***in*** sätta sin lit till; ***take sth on*** *~* ta ngt för gott **2** ***hold sth in*** *~* ***for sb*** förvalta ngt åt ngn; ***be held in*** *~* stå under förvaltning **3** hand. trust [*steel ~*]; stiftelse
II [trʌst] *verb* **1** lita på, sätta tro till, tro på; *~* ***sb to do sth*** lita på att ngn gör ngt, hoppas uppriktigt, hoppas innerligt; *~* ***him to do that!*** iron. typiskt honom att han skulle göra så! **2** *~* ***sb with sth*** anförtro ngt åt ngn

trustee [ˌtrʌ'stiː] *subst* jur. förtroendeman, förvaltare, förmyndare

trustworthy ['trʌstˌwɜːðɪ] *adj* pålitlig, trovärdig [*a ~ person*]

truth [truːθ, pl. truːðz] *subst* sanning; *~* ***is stranger than fiction*** verkligheten är underbarare än dikten; ***the*** *~* ***of the matter*** det verkliga förhållandet, sanningen; ***to tell the*** *~* sanningen att säga; ***tell sb some home ~s*** säga ngn några beska sanningar

truthful ['truːθfʊl] *adj* **1** sannfärdig, uppriktig [*a ~ person*] **2** sann, sanningsenlig

try I [traɪ] *verb* **1** försöka [*at* med]; försöka sig [*at* på], försöka med [*~ knocking at the door*]; ***he tried his best to beat me*** han gjorde sitt bästa för att besegra mig; *~* ***one's hand at sth*** försöka sig på ngt, ge sig på ngt **2** prova, pröva [*have you tried the new recipe?*] **3** sätta på prov [*~ sb's patience*] **4** jur. behandla, handlägga, döma i **5** jur. åtala [*be tried for murder*]
II [traɪ] *verb* med adv. o. prep.
try on 1 prova [*~ on a new suit*] **2** vard., ***don't*** *~* ***it on with me!*** försök inte med mig!
try out grundligt pröva, prova, prova

III [traɪ] *subst* försök; ***have a ~ at sth*** göra ett försök med ngt, pröva ngt
trying ['traɪɪŋ] *adj* ansträngande, påfrestande [*a ~ day*]
tsar [zɑː] *subst* tsar
T-shirt ['tiːʃɜːt] *subst* T-shirt, T-tröja
T-square ['tiːskweə] *subst* vinkellinjal
tub [tʌb] *subst* **1** balja, bytta [*a ~ of butter*], tunna [*a rain-water ~*]; tråg **2** vard. badkar **3** glassbägare
tuba ['tjuːbə] *subst* musik. tuba
tubby ['tʌbɪ] *adj* rund, knubbig
tube [tjuːb] *subst* **1** rör [*steel ~*]; slang [*rubber ~*]; ***inner ~*** innerslang **2** tub [*a ~ of toothpaste*] **3** vard. T-bana, tunnelbana [*go by ~*] **4** tv., ~ el. ***picture ~*** bildrör; ***the ~*** amer. vard. teve, tv
tubeless ['tjuːbləs] *adj* slanglös [*a ~ tyre*]
tuberculosis [tjʊˌbɜːkjʊ'ləʊsɪs] *subst* med. tuberkulos
tubing ['tjuːbɪŋ] *subst* rör [*a piece of copper ~*], slang [*a piece of rubber ~*]
tubular ['tjuːbjʊlə] *adj* rörformig, tubformig
TUC [ˌtiːjuː'siː] (förk. för *Trades Union Congress*) *subst*, ***the ~*** Brittiska LO
tuck I [tʌk] *verb* **1** stoppa, stoppa in, stoppa ner [*~ the money into your wallet*]
II [tʌk] *verb* med adv. o. prep.
tuck away 1 gömma undan **2** stoppa i sig
tuck in 1 stoppa in, stoppa ner [*~ in your shirt*], vika in **2** hugga för sig
tuck into 1 hugga in på [*he tucked into the food*] **2** ***~ the children into bed*** stoppa om barnen
tuck up kavla upp
III [tʌk] *subst* vid sömnad m.m. veck, invikning, uppslag
tuck-shop ['tʌkʃɒp] *subst* vard. kondis, gottaffär i el. nära en skola
Tuesday ['tjuːzdeɪ, 'tjuːzdɪ] *subst* tisdag; ***last ~*** i tisdags
tuft [tʌft] *subst* **1** tofs, tott, test **2** tuva [*a ~ of grass*]
tug I [tʌg] (*-gg-*) *verb* dra, hala; rycka i; rycka, slita
II [tʌg] *subst* **1** ryck, ryckning, tag, drag **2** bogserare, bogserbåt
tugboat ['tʌgbəʊt] *subst* bogserbåt
tug-of-war [ˌtʌgəv'wɔː] *subst* dragkamp
tuition [tjʊ'ɪʃən] *subst* undervisning [*private ~*], handledning
tulip ['tjuːlɪp] *subst* tulpan
tumble I ['tʌmbl] *verb* **1** ramla, falla, trilla, störta **2** om t.ex. byggnad ~ el. ***~ down*** störta samman, rasa **3** ***~ into bed*** stupa i säng **4** vard., ***~ to sth*** komma underfund med ngt
II ['tʌmbl] *subst* fall
tumbledown ['tʌmbldaʊn] *adj* fallfärdig, förfallen
tumble-drier ['tʌmblˌdraɪə] *subst* torktumlare
tumbler ['tʌmblə] *subst* **1** glas utan fot **2** tillhållare i lås **3** torktumlare
tummy ['tʌmɪ] *subst* vard. el. barnspr. mage
tumour ['tjuːmə] *subst* tumör
tumult ['tjuːmʌlt] *subst* **1** tumult, upplopp **2** förvirring; ***be in a ~*** vara i uppror
tumultuous [tjʊ'mʌltjʊəs] *adj* tumultartad [*a ~ reception*]; stormande [*~ applause*]
tuna ['tuːnə] *subst*, ~ el. ***~ fish*** stor tonfisk, tuna
tundra ['tʌndrə] *subst* tundra
tune I [tjuːn] *subst* **1** melodi, låt; ***call the ~*** ange tonen, bestämma; ***change one's ~*** ändra ton, stämma ner tonen **2** ***the piano is out of ~*** pianot är ostämt; ***the piano and the violin are not in ~*** pianot och fiolen är inte samstämda; ***keep in ~*** hålla tonen; ***sing out of ~*** sjunga falskt, sjunga orent **3** ***be in ~ with*** stå i samklang med **4** ***to the ~ of*** till ett belopp av
II [tjuːn] *verb* **1** stämma [*~ a piano*] **2** radio. ställa in
III [tjuːn] *adj* med adv. o. prep.
tune in ställa in radion [*~ in to the BBC*]; ***~ in to another station*** ta in en annan station
tune up 1 finjustera, trimma t.ex. motor **2** stämma, stämma instrumenten [*the orchestra is tuning up*]
tuneful ['tjuːnfʊl] *adj* melodisk
tuner ['tjuːnə] *subst* **1** stämmare [*piano-tuner*] **2** radio. tuner mottagare utan effektförstärkare
tungsten ['tʌŋstən] *subst* volfram
tunic ['tjuːnɪk] *subst* **1** vapenrock; för t.ex. polis uniformskavaj **2** tunika
tuning-fork ['tjuːnɪŋfɔːk] *subst* musik. stämgaffel
tuning-knob ['tjuːnɪŋnɒb] *subst* radio. inställningsknapp
Tunisia [tjʊ'nɪzɪə] Tunisien
Tunisian I [tjʊ'nɪzɪən] *adj* tunisisk
II [tjʊ'nɪzɪən] *subst* tunisier
tunnel ['tʌnl] *subst* tunnel, underjordisk gång
tunny fish ['tʌnɪfɪʃ] *subst* tonfisk
tuppence ['tʌpəns] *subst* vard. (= *two pence*); ***not worth ~*** inte värd ett rött öre

turban ['tɜːbən] *subst* turban
turbine ['tɜːbaɪn] *subst* turbin
turbo-jet I ['tɜːbəʊdʒet] *subst* **1** turbojetmotor **2** turbojetplan **II** ['tɜːbəʊdʒet] *adj* turbojet- [~ *engine*]
turbot ['tɜːbət] *subst* fisk piggvar
turbulence ['tɜːbjʊləns] *subst* turbulens, oro
turbulent ['tɜːbjʊlənt] *adj* turbulent, orolig, stormig, upprörd [~ *waves*; ~ *feelings*]
tureen [tə'riːn] *subst* soppskål, terrin
turf [tɜːf] *subst* **1** torv **2** grästorva **3** ***the*** ~ a) kapplöpningsbanan b) hästsporten
Turk [tɜːk] *subst* turk
Turkey ['tɜːkɪ] Turkiet
turkey ['tɜːkɪ] *subst* **1** fågel el. kok. kalkon **2** vard. kalkonfilm
Turkish I ['tɜːkɪʃ] *adj* turkisk **II** ['tɜːkɪʃ] *subst* turkiska språket
turmeric ['tɜːmərɪk] *subst* kok. gurkmeja
turmoil ['tɜːmɔɪl] *subst* vild oordning [*the town was in a* ~], kaos, tumult, villervalla
turn I [tɜːn] *verb* **1** vända, vända på [~ *one's head*]; vända sig; ~ ***one's back on sb*** vända ngn ryggen; ~ ***the other cheek*** vända andra kinden till; ~ ***one's hand to*** ägna sig åt; ***the very thought of food*** ~***s my stomach*** blotta tanken på mat kommer det att vända sig i magen på mig; ***it makes my stomach*** ~ det vänder sig i magen på mig; ***left*** ~***!*** vänster om!; ***right*** ~***!*** höger om! **2** vrida, vrida på, vrida om [~ *the key in the lock*]; skruva, snurra, skruva på, veva; ~ ***sb's head*** stiga ngn åt huvudet **3** svänga, snurra, svänga runt, snurra runt; ~ ***on one's heel*** svänga om på klacken **4** vika om, vända om, svänga runt [~ *a corner*]; ~ ***to the right*** el. ~ ***right*** ta av till höger, svänga åt höger **5** ~ ***into*** förvandla till, göra om till; ~ ***into*** el. ~ ***to*** bli till [*the water had turned into ice*], förvandlas till, övergå till (i) **6** komma att surna [*hot weather* ~*s milk*]; bli sur, surna [*the milk has turned*] **7** fylla år; ***he has turned fifty*** han har fyllt femtio; ***it has just turned three*** klockan är lite över tre **8** bli [~ *pale*; ~ *sour*] **9** visa bort, köra bort [~ *sb from one's door*]; ~ ***loose*** släppa loss (ut) [~ *the cattle loose*]
II [tɜːn] *verb* med adv. o. prep.
about turn: ***about*** ~***!*** helt om!; ***right about*** ~***!*** höger om!; ***left about*** ~***!*** vänster om!
turn against vända sig mot
turn aside gå åt sidan, stiga åt sidan, dra sig åt sidan; vända sig bort
turn away 1 vända sig bort; vrida bort, vända bort [~ *one's head away*] **2** avvisa [*many spectators were turned away*]
turn back vända tillbaka, vända om, återvända, komma tillbaka; ***there is no turning back*** det finns ingen återvändo
turn down 1 vika ner **2** skruva ner [~ *down the radio*] **3** avslå, avvisa, förkasta [~ *down an offer*]
turn off 1 vrida av, stänga av [~ *off the radio*]; ~ ***off the light*** släcka **2** vika av, ta av [~ *off to the left*] **3** vard. stöta, beröra illa [*his manner* ~*s me off*], avskräcka; ~ ***sb off sth*** få ngn att tappa lusten för ngt
turn on 1 vrida på, sätta på [~ *on the radio*]; ~ ***on the light*** tända **2** vända sig mot, gå lös på [*the dog turned on his master*]; ge sig på **3** vard., ***he*** ~***s me on*** jag tänder på honom
turn out 1 vika utåt, vända utåt, vara vänd utåt **2** släcka [~ *out the light*] **3** framställa, tillverka [*the factory* ~*s out 5,000 cars a week*] **4** kasta ut, köra ut; köra bort; ~ ***out one's pockets*** tömma fickorna **5** möta upp, ställa upp [*everybody turned out to greet him*]; ~ ***out to a man*** gå man ur huse **6** utfalla, sluta [*I don't know how it will* ~ *out*]; ~ ***out well*** slå väl ut; ***he turned out to be*** el. ***it turned out that he was*** han visade sig vara
turn over 1 vända; vända sig **2** ~ ***over the page*** vända bladet; ***please*** ~ ***over!*** var god vänd! **3** stjälpa omkull, välta omkull **4** hand. omsätta [*they* ~ *over £9,000 a week*]
turn round 1 vända; vrida på, vända på; vända sig om **2** svänga runt, vrida runt; ***his head turned round*** det snurrade i huvudet på honom
turn to 1 vända sig mot; vända sig till [~ *to sb for help*]; ~ ***to page 10*** slå upp sidan 10 **2** ***the conversation turned to politics*** samtalet kom in på politik
turn up 1 vika (slå, fälla, vända) upp; vika (vända, böja) sig uppåt **2** skruva upp [~ *up the radio*] **3** dyka upp [*he has not turned up yet; I expect something to* ~ *up*], komma till rätta, infinna sig
III [tɜːn] *subst* **1** vändning, vridning; svängning, sväng [*left* ~]; varv; ***done to a*** ~ lagom stekt, lagom kokt **2** sväng [*a* ~ *to the left*], krok; ***at every*** ~ vid varje steg, vart man vänder sig **3** förändring; ***a*** ~ ***for the worse*** en vändning till det sämre; ***his health took a*** ~ ***for the worse*** hans hälsa försämrades; ***the*** ~ ***of the century***

sekelskiftet **4** tur; ***it's my** ~* det är min tur; ***take ~s in doing sth*** el. ***take it in ~s to do sth*** turas om att göra ngt; ***in** ~* **5** i tur och ordning, växelvis **6** i sin tur, återigen [*and this, in ~, means...*]; ***speak out of** ~* **7** tala när man inte står i tur **8** uttala sig taktlöst **9** ***take a ~ at*** hjälpa till ett tag med **10** tjänst; ***one good ~ deserves another*** ordspr. den ena tjänsten är den andra värd; ***do sb a good** ~* göra ngn en stor tjänst; ***a bad** ~* en otjänst, en björntjänst **11** läggning; *~ **of mind*** sinnelag; tänkesätt **12** liten tur; ***take a ~ round the garden*** ta en sväng runt tomten **13** nummer på t.ex. varieté **14** vard. chock; ***it gave me a terrible** ~* jag blev alldeles chockad

turnabout ['tɜːnəbaʊt] *subst*, ***do a** ~* göra en kovändning

turnaround ['tɜːnəraʊnd] *subst* amer., se *turnabout*

turncoat ['tɜːnkəʊt] *subst* överlöpare, avhoppare; ***be a** ~* vända kappan efter vinden

turn-down ['tɜːndaʊn] *adj* nedvikbar, dubbelvikt [*a ~ collar*]

turned-up ['tɜːndʌp] *adj*, *~ **nose*** uppnäsa

turning ['tɜːnɪŋ] *subst* **1** vändning; *~ **circle*** vändradie; *~ **space*** vändplats **2** avtagsväg, tvärgata [*the first ~ to (on) the right*] **3** vändpunkt

turning-point ['tɜːnɪŋpɔɪnt] *subst* vändpunkt, kritisk punkt

turnip ['tɜːnɪp] *subst* grönsak rova; ***Swedish** ~* kålrot

turnout ['tɜːnaʊt] *subst* **1** deltagande, uppslutning, valdeltagande **2** anslutning [*a large ~ at the meeting*]

turnover ['tɜːnˌəʊvə] *subst* hand. m.m. omsättning

turnpike ['tɜːnpaɪk] *subst* amer. avgiftsbelagd motorväg

turnstile ['tɜːnstaɪl] *subst* vändkors, spärr i t.ex. T-banestation

turntable ['tɜːnˌteɪbl] *subst* skivtallrik på skivspelare

turn-up ['tɜːnʌp] *subst* **1** uppslag på t.ex. byxa **2** sport. m.m. skräll, överraskning; ***a ~ for the books*** en skräll, en jättesensation

turpentine ['tɜːpəntaɪn] *subst* kem. terpentin

turps [tɜːps] (med verb i sing.) *subst* kem. vard. (kortform av *turpentine*) terpentin

turquoise ['tɜːkwɔɪz] *subst* **1** ädelsten turkos **2** färg turkos

turtle ['tɜːtl] *subst* havssköldpadda, amer. vanligen landsköldpadda

turtle dove ['tɜːtldʌv] *subst* fågel turturduva

turtle neck ['tɜːtlnek] *subst* halvpolokrage, polokrage, amer. polotröja

tusk [tʌsk] *subst* bete; ***elephant's** ~* elefantbete

tussle I ['tʌsl] *subst* strid, kamp, slagsmål **II** ['tʌsl] *verb* strida, kämpa, slåss [*with* med; *for* om]

tutor ['tjuːtə] *subst* **1** ***private** ~* el. ~ privatlärare [*to* åt, för] **2** univ. handledare

tux [tʌks] *subst* amer. vard. (kortform av *tuxedo*) smoking

tuxedo [tʌk'siːdəʊ] (pl. *~s*) *subst* amer. smoking

TV [ˌtiː'viː] *subst* tv; se *television* för ex.

twang I [twæŋ] *verb* **1** om t.ex. sträng sjunga, dallra **2** knäppa [*~ at a banjo*] **3** tala i näsan **II** [twæŋ] *subst* sjungande ton, dallrande ton; klang; ***have a nasal** ~* tala i näsan

tweed [twiːd] *subst* tweed; pl. ***~s*** tweedkläder

tweet [twiːt] *verb* kvittra; pipa

tweeter ['twiːtə] *subst* diskanthögtalare

tweezers ['twiːzəz] *subst pl* pincett; ***a pair of** ~* en pincett

twelfth [twelfθ] *räkn* o. *subst* **1** tolfte **2** tolftedel; ***Twelfth Night*** trettondagsafton

twelve [twelv] *räkn* o. *subst* tolv, tolva

twentieth ['twentɪɪθ] *räkn* o. *subst* tjugonde; tjugondel

twenty ['twentɪ] *räkn* o. *subst* **1** tjugo **2** tjugotal; ***in the twenties*** på tjugotalet

twice [twaɪs] *adv* två gånger [*I've been there ~*]; *~ **a day*** två gånger om dagen; *~ **as many*** el. *~ **the number*** dubbelt så många; ***think ~ before doing sth*** tänka sig för innan man gör ngt; *~ **3 is 6*** 2 gånger 3 är 6

twiddle I ['twɪdl] *verb* **1** sno, snurra på **2** *~ **one's thumbs*** rulla tummarna, sitta med armarna i kors **II** ['twɪdl] *subst* **1** snurrande **2** krumelur i t.ex. skrift

twig [twɪg] *subst* kvist, liten gren

twilight ['twaɪlaɪt] *subst* skymning

twin I [twɪn] *subst* tvilling **II** [twɪn] *adj* tvilling- [*~ brother; ~ sister*]; *~ **beds*** två enmanssängar; *~ **towns*** vänorter **III** [twɪn] (*-nn-*) *verb* para ihop

twine I [twaɪn] *subst* segelgarn; tråd, snöre

II [twaɪn] *verb* **1** tvinna, fläta samman **2** vira, linda, fläta [*about, round* om]
twin-engine ['twɪnˌendʒɪn] *adj* o. **twin-engined** ['twɪnˌendʒɪnd] *adj* tvåmotorig
twinge I [twɪndʒ] *verb* sticka, göra ont, svida **II** [twɪndʒ] *subst* stickande smärta, hugg, stick, sting; ***a ~ of conscience*** samvetskval
twinkle I ['twɪŋkl] *verb* tindra, blinka [*stars that ~ in the sky*], blänka **II** ['twɪŋkl] *subst* **1** tindrande [*the ~ of the stars*], blinkande **2** glimt i ögat; ***in a ~*** el. ***in the ~ of an eye*** på ett litet kick
twinkling ['twɪŋklɪŋ] *subst* tindrande, blinkande; ***in a ~*** el. ***in the ~ of an eye*** på ett litet kick
twirl I [twɜːl] *verb* snurra runt; snurra, sno [*~ one's moustaches*] **II** [twɜːl] *subst* **1** snurr, snurrande **2** släng, snirkel
twist I [twɪst] *subst* **1** vridning; ***he gave my arm a ~*** han vred om armen på mig; ***a story with a ~*** en historia med en oväntad poäng **2** krök [*a ~ in the road*] **3** vrickning **II** [twɪst] *verb* **1** sno, vrida; vrida ur [*~ a wet cloth*]; ***~ sb's arm*** a) vrida om armen på ngn b) utöva påtryckningar på ngn; ***~ and turn*** vrida och vränga på **2** tvinna, fläta ihop, fläta samman [*into* till] **3** vira, linda [*round* kring] **4** sno sig, slingra sig, vrida sig; ***~ and turn*** el. ***~*** slingra sig fram **5** vrida ur led, vricka; förvrida; ***I have twisted my ankle*** jag har vrickat foten
twisted ['twɪstɪd] *adj* snodd, vriden; snedvriden; ***get ~*** sno sig, trassla ihop sig
twister ['twɪstə] *subst* vard. fixare, svindlare
twitch I [twɪtʃ] *verb* **1** rycka till; ***his face twitches*** han har ryckningar i ansiktet **2** ***~ one's ears*** klippa med öronen; ***~ one's mouth*** ha ryckningar kring munnen **3** rycka, dra **II** [twɪtʃ] *subst* **1** kramryckning, muskelsammandragning; ***have a nervous ~*** ha nervösa ryckningar **2** ryck [*I felt a ~ at my sleeve*]
twitter I ['twɪtə] *verb* kvittra **II** ['twɪtə] *subst* **1** kvitter **2** snatter
two I [tuː] *räkn* **1** två; ***in a day or ~*** om ett par dagar; ***in ~ or three days*** om ett par tre dagar **2** bägge, båda; ***the ~ of you*** ni båda, ni bägge **II** [tuː] *subst* tvåa
two-dimensional [ˌtuːdaɪ'menʃnəl] *adj* tvådimensionell
two-faced [ˌtuː'feɪst] *adj* om person falsk, hycklande
twofold I ['tuːfəʊld] *adj* dubbel, tvåfaldig **II** ['tuːfəʊld] *adv* dubbelt, tvåfaldigt
two-legged [ˌtuː'legɪd] *adj* tvåbent
two-piece ['tuːpiːs] *adj* tudelad, tvådelad [*a ~ bathing-suit*]
two-seater [ˌtuː'siːtə] *subst* tvåsitsig bil; tvåsitsigt flygplan
two-sided [ˌtuː'saɪdɪd] *adj* tvåsidig
two-way [tuː'weɪ] *adj*, ***~ traffic*** mötande trafik
tycoon [taɪ'kuːn] *subst* vard. magnat [*oil ~s*], pamp
type I [taɪp] *subst* **1** typ, art, slag, sort **2** vard. individ, typ **3** boktryckeriterm typ, stilsort; ***printed in large ~*** tryckt med stor stil **II** [taɪp] *verb* **1** skriva på maskin, skriva maskin; ***a typed letter*** ett maskinskrivet brev; ***~ out*** skriva ut
typescript ['taɪpskrɪpt] *subst* maskinskrivet manuskript
typewrite ['taɪpraɪt] (*typewrote typewritten*) *verb* skriva maskin; ***a typewritten letter*** ett maskinskrivet brev
typewriter ['taɪpˌraɪtə] *subst* skrivmaskin; ***~ ribbon*** färgband
typewriting ['taɪpˌraɪtɪŋ] *subst* maskinskrivning
typewritten ['taɪpˌrɪtn] perf. p. av *typewrite*
typewrote ['taɪprəʊt] imperf. av *typewrite*
typhoid ['taɪfɔɪd] *adj* o. *subst*, ***~ fever*** el. ***~*** tyfus
typhoon [taɪ'fuːn] *subst* meteor. tyfon
typical ['tɪpɪkl] *adj* typisk [*of* för]
typify ['tɪpɪfaɪ] *verb* vara ett typiskt exempel på, exemplifiera
typing ['taɪpɪŋ] *subst* maskinskrivning; ***~ paper*** skrivmaskinspapper
typist ['taɪpɪst] *subst* maskinskrivare, maskinskriverska
typographer [taɪ'pɒgrəfə] *subst* typograf
typographic [ˌtaɪpə'græfɪk] *adj* o. **typographical** [ˌtaɪpə'græfɪkəl] *adj* typografisk; ***a ~ error*** ett tryckfel
typography [taɪ'pɒgrəfɪ] *subst* typografi
tyrannical [tɪ'rænɪkl] *adj* tyrannisk
tyrannize ['tɪrənaɪz] *verb* **1** ***~ over*** tyrannisera **2** tyrannisera
tyrannous ['tɪrənəs] *adj* tyrannisk
tyranny ['tɪrənɪ] *subst* tyranni
tyrant ['taɪərənt] *subst* tyrann
tyre ['taɪə] *subst* däck, ring till t.ex. bil, cykel; ***~ pressure*** ringtryck
Tyrol [tɪ'rəʊl] *subst*, ***the ~*** Tyrolen

Tyrolean [ˌtɪrə'liːən] o. **Tyrolese** [ˌtɪrə'liːz] *adj* tyrolsk; ~ ***hat*** tyrolerhatt
tzar [zɑː] *subst* tsar

Uu

U o. **u** [juː] *subst* U, u
udder ['ʌdə] *subst* juver hos t.ex. ko
UFO ['juːfəʊ] (pl. *~s*) *subst* (förk. för *unidentified flying object*) ufo, oidentifierat flygande föremål
Uganda [jʊ'gændə]
ugly ['ʌglɪ] *adj* **1** ful; ***an ~ customer*** vard. en otrevlig typ; ***an ~ duckling*** en ful ankunge **2** otrevlig, pinsam [*an ~ situation*]
UK [ˌjuː'keɪ] (förk. för *United Kingdom*) *subst*, ***the*** ~ Förenade kungariket Storbritannien och Nordirland
Ukraine [jʊ'kreɪn] Ukraina
Ukrainian I [jʊ'kreɪnjən] *subst* **1** ukrainare **2** språk ukrainska
II [jʊ'kreɪnjən] *adj* ukrainsk
ukulele [ˌjuːkə'leɪlɪ] *subst* musik. ukulele
ulcer ['ʌlsə] *subst*, ***gastric*** ~ magsår
Ulster ['ʌlstə] vard. Nordirland
ulterior [ʌl'tɪərɪə] *adj* dold [*~ motives*]; ~ ***motive*** baktanke
ultimate ['ʌltɪmət] *adj* **1** slutlig, slut- [*the ~ aim*], sista; yttersta [*the ~ consequences*]
ultimately ['ʌltɪmətlɪ] *adv* till sist, slutligen; i sista hand
ultimatum [ˌʌltɪ'meɪtəm] *subst* ultimatum
ultramarine [ˌʌltrəmə'riːn] *subst* o. *adj* ultramarin
ultrashort [ˌʌltrə'ʃɔːt] *adj* radio., ~ ***wave*** ultrakortvåg
ultrasound [ˌʌltrə'saʊnd] *subst* ultraljud
ultraviolet [ˌʌltrə'vaɪələt] *adj* ultraviolett [*~ rays*]; ~ ***lamp*** kvartslampa
umbilical [ʌm'bɪlɪkl] *adj*, ~ ***cord*** navelsträng
umbrella [ʌm'brelə] *subst* paraply
umpire I ['ʌmpaɪə] *subst* sport., i t.ex. baseboll, kricket el. tennis domare
II ['ʌmpaɪə] *verb* sport. döma
umpteen ['ʌmtiːn] *adj* vard. femtielva; ~ ***times*** femtielva gånger
umpteenth ['ʌmtiːnθ] *adj* o. **umptieth** ['ʌmtɪɪθ] *adj* vard. femtielfte; ***for the ~ time*** för femtielfte gången
UN [ˌjuː'en] (förk. för *United Nations*) *subst*, ***the*** ~ FN Förenta nationerna

un-
Med förstavelsen *un-* kan man bl.a. bilda motsatsord:
happy – unhappy
lycklig – olycklig
button – unbutton
knäppa – knäppa upp

unable [ˌʌnˈeɪbl] *adj*, ***be ~ to do sth*** inte kunna göra ngt, vara ur stånd att göra ngt
unabridged [ˌʌnəˈbrɪdʒd] *adj* oavkortad [*an ~ version*]
unacceptable [ˌʌnəkˈseptəbl] *adj* oacceptabel, oantagbar
unaccompanied [ˌʌnəˈkʌmpənɪd] *adj* **1** utan sällskap; ~ ***by*** utan **2** *musik.* oackompanjerad
unaccountable [ˌʌnəˈkaʊntəbl] *adj* oförklarlig [*to* för]
unaccustomed [ˌʌnəˈkʌstəmd] *adj* ovan [*to* vid]
unacquainted [ˌʌnəˈkweɪntɪd] *adj* obekant [*with* med]; ovan [*with* vid]; ***be ~ with*** inte känna till
unadulterated [ˌʌnəˈdʌltəreɪtɪd] *adj* oförfalskad, oblandad, äkta, ren
1 unaffected [ˌʌnəˈfektɪd] *adj* **1** opåverkad, oberörd [*by* av] **2** *med.* inte angripen
2 unaffected [ˌʌnəˈfektɪd] *adj* okonstlad, otvungen, naturlig; ~ ***manners*** ett naturligt sätt
unaided [ˌʌnˈeɪdɪd] *adj* utan hjälp [*by* av], på egen hand [*he did it ~*]
unaltered [ˌʌnˈɔːltəd] *adj* oförändrad
unambiguous [ˌʌnæmˈbɪgjʊəs] *adj* entydig, otvetydig
unanimity [ˌjuːnəˈnɪmətɪ] *subst* enhällighet, enighet
unanimous [jʊˈnænɪməs] *adj* enhällig, enig [*a ~ opinion*]
unarmed [ˌʌnˈɑːmd] *adj* obeväpnad
unashamed [ˌʌnəˈʃeɪmd] *adj* **1** oblyg, utan skamkänsla **2** ogenerad
unasked [ˌʌnˈɑːskt] *adj* oombedd, objuden
unassuming [ˌʌnəˈsjuːmɪŋ] *adj* anspråkslös, blygsam, försynt [*a quiet ~ person*]
unattended [ˌʌnəˈtendɪd] *adj* utan tillsyn, obevakad, utan uppsikt, obemannad
unattractive [ˌʌnəˈtræktɪv] *adj* föga tilldragande, osympatisk
unauthorized [ˌʌnˈɔːθəraɪzd] *adj* inte auktoriserad, obemyndigad, obehörig
unavailable [ˌʌnəˈveɪləbl] *adj* inte tillgänglig, oanträffbar
unavoidable [ˌʌnəˈvɔɪdəbl] *adj* oundviklig
unaware [ˌʌnəˈweə] *adj* omedveten, ovetande, okunnig [*of* om; *that* om att]
unawares [ˌʌnəˈweəz] *adv* omedvetet, oavsiktligt; ***catch sb ~*** överrumpla ngn, överraska ngn
unbalanced [ˌʌnˈbælənst] *adj* **1** obalanserad, överspänd; sinnesförvirrad; ***have an ~ mind*** vara sinnesförvirrad **2** *hand.* inte balanserad [*an ~ budget*]
unbearable [ˌʌnˈbeərəbl] *adj* outhärdlig
unbeatable [ˌʌnˈbiːtəbl] *adj* oöverträffbar, överlägsen, oslagbar
unbeaten [ˌʌnˈbiːtn] *adj* obesegrad, oöverträffad; ***an ~ record*** ett oslaget rekord
unbecoming [ˌʌnbɪˈkʌmɪŋ] *adj* missklädsam
unbelievable [ˌʌnbəˈliːvəbl] *adj* otrolig
unbend [ˌʌnˈbend] (*unbent unbent*) *verb om person* bli mera tillgänglig, tina upp
unbent [ˌʌnˈbent] *imperf. o. perf. p. av unbend*
unbiased *o.* **unbiassed** [ˌʌnˈbaɪəst] *adj* fördomsfri, opartisk
unbleached [ˌʌnˈbliːtʃt] *adj* oblekt
unbolt [ˌʌnˈbəʊlt] *verb* regla upp, öppna [*~ the door*]
unbreakable [ˌʌnˈbreɪkəbl] *adj* okrossbar, oförstörbar
unbroken [ˌʌnˈbrəʊkən] *adj* **1** obruten **2** oavbruten [*~ silence*]
unbuckle [ˌʌnˈbʌkl] *verb* **1** spänna upp, knäppa upp **2** spänna av sig [*~ one's skis*]
unburden [ˌʌnˈbɜːdn] *verb* avbörda, avlasta, lätta [*~ one's conscience*]; befria [*of* från]; ~ ***oneself*** *el.* ~ ***one's mind*** lätta sitt hjärta
unbusinesslike [ˌʌnˈbɪznɪslaɪk] *adj* föga affärsmässig
unbutton [ˌʌnˈbʌtn] *verb* knäppa upp; ***come unbuttoned*** gå upp
uncalled-for [ˌʌnˈkɔːldfɔː] *adj* **1** opåkallad, omotiverad [*~ measures*], obefogad **2** taktlös [*an ~ remark*]
uncanny [ˌʌnˈkænɪ] *adj* **1** kuslig, spöklik [*~ sounds*] **2** förunderlig [*an ~ power*]
unceasing [ˌʌnˈsiːsɪŋ] *adj* oavbruten, oupphörlig
uncertain [ˌʌnˈsɜːtn] *adj* **1** osäker, inte säker [*of, about* på], oviss [*of, about* om] **2** obestämd; ***in no ~ terms*** i otvetydiga ordalag, med all önskvärd tydlighet
uncertainty [ˌʌnˈsɜːtntɪ] *subst* **1** osäkerhet, ovisshet, obestämdhet **2** ***the ~ of*** det osäkra i, det ovissa i

unchallenged [ˌʌn'tʃæləndʒd] *adj* obestridd, oemotsagd; opåtald; ***go*** ~ inte ifrågasättas, stå oemotsagd
unchanging [ˌʌn'tʃeɪndʒɪŋ] *adj* oföränderlig, konstant
uncharitable [ˌʌn'tʃærɪtəbl] *adj* kärlekslös, obarmhärtig [*to* mot]
unchecked [ˌʌn'tʃekt] *adj* **1** inte kontrollerad [~ *figures*] **2** ohämmad
uncivilized [ˌʌn'sɪvɪlaɪzd] *adj* ociviliserad, barbarisk; okultiverad
unclassified [ˌʌn'klæsɪfaɪd] *adj* **1** oklassificerad **2** inte hemligstämplad
uncle ['ʌŋkl] *subst* **1** farbror, morbror; ***Uncle Sam*** Onkel Sam personifikation av USA; ***Uncle Tom*** neds. svart person som anses vara underdånig mot de vita
unclean [ˌʌn'kliːn] *adj* oren
unclench [ˌʌn'klentʃ] *verb* öppna [*he unclenched his fist*]
uncomfortable [ˌʌn'kʌmfətəbl] *adj* **1** obekväm [~ *shoes*], otrivsam [*an* ~ *room*] **2** obehaglig; ***feel*** ~ känna sig obehaglig till mods
uncommitted [ˌʌnkə'mɪtɪd] *adj* **1** oengagerad [~ *writers*] **2** alliansfri [*the* ~ *countries*]; opartisk
uncommon [ˌʌn'kɒmən] *adj* ovanlig
uncommonly [ˌʌn'kɒmənlɪ] *adv* ovanligt
uncomplimentary ['ʌnˌkɒmplɪ'mentrɪ] *adj* mindre smickrande [*to* för]
uncompromising [ˌʌn'kɒmprəmaɪzɪŋ] *adj* principfast, obeveklig, kompromisslös [*an* ~ *attitude*]
unconcerned [ˌʌnkən'sɜːnd] *adj* **1** obekymrad [~ *about the future*], oberörd **2** inte inblandad [~ *in the plot*]
unconditional [ˌʌnkən'dɪʃnəl] *adj* villkorslös, ovillkorlig; ~ ***surrender*** kapitulation utan villkor
unconditioned [ˌʌnkən'dɪʃənd] *adj* psykol. obetingad [~ *reflex*]
unconfirmed [ˌʌnkən'fɜːmd] *adj* obekräftad, obestyrkt
unconnected [ˌʌnkə'nektɪd] *adj* osammanhörande, utan samband, utan förbindelse
unconquerable [ˌʌn'kɒŋkərəbl] *adj* oövervinnlig, okuvlig
unconscious I [ˌʌn'kɒnʃəs] *adj* **1** omedveten [*of* om] **2** medvetslös **II** [ˌʌn'kɒnʃəs] *subst*, ***the*** ~ det undermedvetna
unconstitutional ['ʌnˌkɒnstɪ'tjuːʃnəl] *adj* grundlagsstridig
uncontrollable [ˌʌnkən'trəʊləbl] *adj* **1** okontrollerbar **2** som man inte kan behärska, våldsam [~ *rage*]
unconventional [ˌʌnkən'venʃnəl] *adj* okonventionell, fördomsfri; ~ ***weapons*** icke-konventionella vapen
unconvincing [ˌʌnkən'vɪnsɪŋ] *adj* föga övertygande, osannolik [*an* ~ *explanation*]
uncooked [ˌʌn'kʊkt] *adj* **1** inte färdigkokt **2** rå okokt, ostekt, rå
unco-operative [ˌʌnkəʊ'ɒpərətɪv] *adj* samarbetsovillig, föga tillmötesgående
uncork [ˌʌn'kɔːk] *verb* dra korken ur, korka upp [~ *a bottle*]
uncountable I [ˌʌn'kaʊntəbl] *adj* **1** oräknelig, otalig [~ *times*] **2** oräknebar, inte pluralbildande **II** [ˌʌn'kaʊntəbl] *subst* gram. oräknebart inte pluralbildande substantiv
uncouple [ˌʌn'kʌpl] *verb* koppla av [~ *the locomotive*]; koppla lös
uncouth [ˌʌn'kuːθ] *adj* otymplig [~ *appearance*]
uncover [ˌʌn'kʌvə] *verb* **1** avtäcka; blotta [~ *one's head*]; ta av täcket (höljet, locket) på **2** avslöja [~ *a plot*]
uncovered [ˌʌn'kʌvəd] *adj* **1** avtäckt, blottad **2** otäckt, inte övertäckt [*an* ~ *shed*] **3** hand. inte täckt [~ *by insurance*]
uncultivated [ˌʌn'kʌltɪveɪtɪd] *adj* **1** ouppodlad [~ *land*] **2** okultiverad, obildad
uncut [ˌʌn'kʌt] *adj* **1** oklippt [*an* ~ *film*] **2** om ädelsten oslipad
undecided [ˌʌndɪ'saɪdɪd] *adj* **1** oavgjord, obestämd, inte bestämd **2** obeslutsam
undefeated [ˌʌndɪ'fiːtɪd] *adj* obesegrad
undefinable [ˌʌndɪ'faɪnəbl] *adj* odefinierbar, obestämbar
undemanding [ˌʌndɪ'mɑːndɪŋ] *adj* anspråkslös, förnöjsam
undemocratic ['ʌnˌdemə'krætɪk] *adj* odemokratisk
undemonstrative [ˌʌndɪ'mɒnstrətɪv] *adj* reserverad, behärskad
undeniable [ˌʌndɪ'naɪəbl] *adj* obestridlig; ***the evidence is*** ~ bevisen kan inte bestridas
undeniably [ˌʌndɪ'naɪəblɪ] *adv* obestridligen, onekligen
undependable [ˌʌndɪ'pendəbl] *adj* opålitlig
under I ['ʌndə] *prep* **1** under; ***I can do it in*** ~ ***a week*** jag kan göra det på mindre än en vecka **2** enligt, i enlighet med; ~ ***the terms of the treaty*** i enlighet med avtalet

II ['ʌndə] *adv* **1** under; nedanför; därunder [*children of seven and* ~] **2** under; nere

under-age [ˌʌndər'eɪdʒ] *adj* omyndig, minderårig

underarm I ['ʌndərɑːm] *adj* sport. underhands- [*an* ~ *ball*]

II [ˌʌndər'ɑːm] *adv* sport. underifrån [*serve* ~]

underbid [ˌʌndə'bɪd] (*underbid underbid*) (*underbidding*) *verb* bjuda under

undercarriage ['ʌndəˌkærɪdʒ] *subst* flyg. landningsställ

underclothes ['ʌndəkləʊðz] *subst pl* o. **underclothing** ['ʌndəˌkləʊðɪŋ] *subst* underkläder

undercover ['ʌndəˌkʌvə] *adj* hemlig; ~ ***agent*** hemlig agent

undercurrent ['ʌndəˌkʌrənt] *subst* underström

underdog ['ʌndədɒg] *subst*, ***the*** ~ den svagare, den som är i underläge

underdone [ˌʌndə'dʌn, före subst. 'ʌndədʌn] *adj* kok. **1** för litet stekt, för litet kokt **2** lättstekt, blodig

underdose ['ʌndədəʊs] *subst* för liten dos

underestimate I [ˌʌndər'estɪmeɪt] *verb* underskatta, undervärdera; beräkna för lågt

II [ˌʌndər'estɪmət] *subst* underskattning, undervärdering; alltför låg beräkning

underfed I [ˌʌndə'fed] imperf. o. perf. p. av *underfeed*

II [ˌʌndə'fed] *adj* undernärd, svältfödd

underfeed [ˌʌndə'fiːd] (*underfed underfed*) *verb* ge för litet att äta, ge för litet mat

underfoot [ˌʌndə'fʊt] *adv* under fötterna; ***it is dry*** ~ det är torrt på marken

undergarment ['ʌndəˌgɑːmənt] *subst* underplagg

undergo [ˌʌndə'gəʊ] (*underwent undergone*) *verb* **1** genomgå [~ *a change*] **2** underkasta sig; få utstå [~ *hardships*]

undergone [ˌʌndə'gɒn] perf. p. av *undergo*

undergraduate [ˌʌndə'grædjʊət] *subst* univ. studerande, student

underground I [ˌʌndə'graʊnd] *adv* under jorden [*go* ~]

II ['ʌndəgraʊnd] *adj* **1** underjordisk, underjords- **2** tunnelbane-, T-bane- [~ *station*]; ~ ***railway*** tunnelbana **3** underjordisk, hemlig; ~ ***movement*** polit. underjordisk motståndsrörelse

III ['ʌndəgraʊnd] *subst* **1** tunnelbana, T-bana **2** polit. underjordisk motståndsrörelse

undergrowth ['ʌndəgrəʊθ] *subst* undervegetation

underhand I ['ʌndəhænd] *adj* **1** lömsk, bedräglig [~ *methods*] **2** hemlig, under bordet [*an* ~ *deal*]; ***use*** ~ ***means*** el. ***use*** ~ ***methods*** gå smygvägar

II [ˌʌndə'hænd] *adv* **1** lömskt, bakslugt, bedrägligt **2** i hemlighet, i smyg

underlaid [ˌʌndə'leɪd] imperf. av *1 underlay*

underlain [ˌʌndə'leɪn] perf. p. av *underlie*

1 underlay [ˌʌndə'leɪ] (*underlaid underlaid*) *verb* förse med underlag; stötta

2 underlay [ˌʌndə'leɪ] imperf. av *underlie*

underlie [ˌʌndə'laɪ] (*underlay underlain*) *verb* **1** ligga under **2** ligga bakom

underline [ˌʌndə'laɪn] *verb* **1** stryka under **2** understryka, betona, framhäva

underlip ['ʌndəlɪp] *subst* underläpp

underlying [ˌʌndə'laɪɪŋ] *adj* **1** underliggande **2** bakomliggande, som ligger bakom [*the* ~ *causes*]

undermanned [ˌʌndə'mænd] *adj* underbemannad

undermine [ˌʌndə'maɪn] *verb* underminera; undergräva [~ *sb's authority*]

underneath I [ˌʌndə'niːθ] *prep* under, inunder; nedanför

II [ˌʌndə'niːθ] *adv* under, inunder [*wear a vest* ~]; på undersidan, nertill

III [ˌʌndə'niːθ] *subst* undersida, underdel

undernourished [ˌʌndə'nʌrɪʃt] *adj* undernärd, svältfödd

undernourishment [ˌʌndə'nʌrɪʃmənt] *subst* undernäring

underpaid [ˌʌndə'peɪd] imperf. o. perf. p. av *underpay*

underpants ['ʌndəpænts] *subst pl* spec. amer. underbyxor, kalsonger

underpass ['ʌndəpɑːs] *subst* **1** planskild korsning **2** vägtunnel **3** amer. gångtunnel

underpay [ˌʌndə'peɪ] (*underpaid underpaid*) *verb* underbetala [~ *sb*]

underprivileged [ˌʌndə'prɪvɪlɪdʒd] *adj* missgynnad [~ *minorities*], sämre lottad, underprivilegierad [~ *classes*]; ***the*** ~ de sämst lottade

underrate [ˌʌndə'reɪt] *verb* undervärdera, underskatta

undersell [ˌʌndə'sel] (*undersold undersold*) *verb* **1** sälja billigare än, bjuda under [~ *sb*] **2** sälja till underpris

undershirt ['ʌndəʃɜːt] *subst* spec. amer. undertröja

undersigned ['ʌndəsaɪnd] (pl. lika) *subst*

undertecknad; ***we, the ~, hereby certify*** undertecknade intygar härmed

undersize ['ʌndəsaɪz] *adj* o. **undersized** ['ʌndəsaɪzd] *adj* under medelstorlek, under medellängd, alltför liten

undersold [ˌʌndə'səʊld] imperf. o. perf. p. av *undersell*

underspin ['ʌndəspɪn] *subst* i tennis etc. underskruv

understaffed [ˌʌndə'stɑːft] *adj*, ***be ~*** vara underbemannad, ha för liten personal

understand [ˌʌndə'stænd] (*understood understood*) *verb* **1** förstå, begripa, fatta; ***give sb to ~ that...*** låta ngn förstå att...; ***I quite ~*** jag förstår precis **2** förstå sig på [*~ children*]

understandable [ˌʌndə'stændəbl] *adj* förståelig, begriplig

understanding I [ˌʌndə'stændɪŋ] *subst* **1** förstånd, fattningsförmåga **2** insikt [*of* i], kännedom [*of* om] **3** förståelse [*the ~ between nations*] **4** överenskommelse; ***come to an ~*** nå samförstånd, komma överens **5** ***on the ~ that*** på det villkoret att **II** [ˌʌndə'stændɪŋ] *adj* **1** förstående **2** förståndig

understatement [ˌʌndə'steɪtmənt] *subst* underdrift, understatement

understood I [ˌʌndə'stʊd] imperf. av *understand*
II [ˌʌndə'stʊd] *adj* perf. p. av *understand* **1** förstådd; *~?* uppfattat? **2** självklar, given [*that's an ~ thing*]; ***that is ~*** det säger sig självt

understudy I ['ʌndəˌstʌdɪ] *subst* **1** teat. ersättare, inhoppare **2** ställföreträdare, vikarie
II [ˌʌndə'stʌdɪ] *verb* **1** teat., *~ **a part*** lära in en roll för att kunna hoppa in som ersättare **2** assistera, vikariera för

undertake [ˌʌndə'teɪk] (*undertook undertaken*) *verb* **1** företa [*~ a journey*] **2** åta sig [*~ a task; ~ to do sth*], förbinda sig [*~ to do sth*] **3** garantera

undertaken [ˌʌndə'teɪkən] perf. p. av *undertake*

undertaker ['ʌndəˌteɪkə] *subst* begravningsentreprenör

undertaking [ˌʌndə'teɪkɪŋ] *subst* **1** företag, arbete **2** åtagande **3** garanti

under-the-counter [ˌʌndəðə'kaʊntə] *adj* vard. som säljs under disken

under-the-table [ˌʌndəðə'teɪbl] *adj* vard. under bordet; svart [*~ dealings*]

underthings ['ʌndəθɪŋz] *subst pl* vard. underkläder

undertone ['ʌndətəʊn] *subst* **1** ***in an ~*** el. ***in ~s*** med dämpad röst, lågmält **2** underton

undertook [ˌʌndə'tʊk] imperf. av *undertake*

undervalue [ˌʌndə'væljuː] *verb* undervärdera, underskatta; värdera för lågt

undervest ['ʌndəvest] *subst* undertröja

underwater I ['ʌndəwɔːtə] *adj* undervattens- [*~ explosion*]
II [ˌʌndə'wɔːtə] *adv* under vattnet

underwear ['ʌndəweə] *subst* underkläder

underweight I ['ʌndəweɪt] *subst* undervikt
II ['ʌndəweɪt] *adj* underviktig, under normalvikt

underwent [ˌʌndə'went] imperf. av *undergo*

underworld ['ʌndəwɜːld] *subst* **1** undre värld **2** dödsrike; ***the ~*** underjorden, dödsriket

undeserved [ˌʌndɪ'zɜːvd] *adj* oförtjänt

undeserving [ˌʌndɪ'zɜːvɪŋ] *adj* ovärdig; ***be ~ of*** inte förtjäna, inte vara värd

undesirable [ˌʌndɪ'zaɪərəbl] *adj* icke önskvärd [*~ effects*]; ovälkommen [*~ visitors*]

undesired [ˌʌndɪ'zaɪəd] *adj* icke önskad, icke önskvärd

undetected [ˌʌndɪ'tektɪd] *adj* oupptäckt

undeveloped [ˌʌndɪ'veləpt] *adj* **1** outvecklad, outnyttjad [*~ natural resources*], oexploaterad **2** foto. oframkallad

undid [ˌʌn'dɪd] imperf. av *undo*

undies ['ʌndɪz] *subst pl* vard. damunderkläder

undignified [ˌʌn'dɪgnɪfaɪd] *adj* föga värdig [*in an ~ manner*], ovärdig

undiluted [ˌʌndaɪ'ljuːtɪd] *adj* outspädd

undiminished [ˌʌndɪ'mɪnɪʃt] *adj* oförminskad, oförsvagad [*~ energy*]

undiscovered [ˌʌndɪ'skʌvəd] *adj* oupptäckt

undiscriminating [ˌʌndɪ'skrɪmɪneɪtɪŋ] *adj* urskillningslös, okritisk

undisposed [ˌʌndɪ'spəʊzd] *adj* obenägen

undisputed [ˌʌndɪ'spjuːtɪd] *adj* obestridd

undistinguished [ˌʌndɪ'stɪŋgwɪʃt] *adj* slätstruken [*an ~ performance*]

undisturbed [ˌʌndɪ'stɜːbd] *adj* **1** ostörd, utan att låta sig störas **2** orörd

undivided [ˌʌndɪ'vaɪdɪd] *adj* **1** odelad [*~ attention*] **2** enad, obruten [*~ front*]

undo [ˌʌn'duː] (*undid undone*) *verb* **1** knäppa upp [*~ the buttons*], lösa upp, knyta upp [*~ a knot*], få upp; spänna loss [*~ straps*]; ta av [*~ the wrapping*]; ta upp, packa upp, öppna [*~ a parcel*]; ***come undone*** gå upp [*my shoelace has come undone*]; lossna

2 omintetgöra, förstöra **3** ***what is done can't be undone*** gjort är gjort

undoing [ˌʌn'duːɪŋ] *subst* fördärv, undergång [*it will be his ~*]

undone I [ˌʌn'dʌn] perf. p. av *undo*
II [ˌʌn'dʌn] *adj* **1** uppknäppt, oknäppt, oknuten **2** ogjord

undoubted [ˌʌn'daʊtɪd] *adj* otvivelaktig, obestridlig, avgjord, klar; ***an ~ victory*** en klar seger

undoubtedly [ˌʌn'daʊtɪdlɪ] *adv* otvivelaktigt, utan tvivel

undress I [ˌʌn'dres] *verb* klä av sig; klä av
II [ˌʌn'dres] *subst*, ***in a state of ~*** oklädd

undressed [ˌʌn'drest] *adj* avklädd, oklädd; ***get ~*** klä av sig

undrinkable [ˌʌn'drɪŋkəbl] *adj* odrickbar

undue [ˌʌn'djuː] *adj* onödig [*~ haste*], opåkallad

unduly [ˌʌn'djuːlɪ] *adv* oskäligt, överdrivet, orimligt

unearned [ˌʌn'ɜːnd] *adj* **1** ***~ income*** inkomst av kapital **2** ofortjänt [*~ praise*]

unearth [ˌʌn'ɜːθ] *verb* gräva upp, gräva fram

unearthly [ˌʌn'ɜːθlɪ] *adj* **1** övernaturlig, kuslig **2** vard., ***at an ~ hour*** okristligt tidigt

uneasiness [ˌʌn'iːzɪnəs] *subst* **1** oro, ängslan [*about* för] **2** obehag, olust

uneasy [ˌʌn'iːzɪ] *adj* orolig, ängslig [*about* för]; olustig, illa till mods; ***~ feeling*** obehaglig känsla

uneatable [ˌʌn'iːtəbl] *adj* oätbar, oätlig

uneaten [ˌʌn'iːtn] *adj* inte uppäten, orörd

uneconomical ['ʌnˌiːkə'nɒmɪkl] *adj* slösaktig, oekonomisk; ***this coffee is ~*** kaffet är odrygt

uneducated [ˌʌn'edjʊkeɪtɪd] *adj* obildad

unemotional [ˌʌnɪ'məʊʃnəl] *adj* känslolös, kall, oberörd

unemployed [ˌʌnɪm'plɔɪd] *adj* arbetslös, sysslolös; ***the ~*** de arbetslösa

unemployment [ˌʌnɪm'plɔɪmənt] *subst* arbetslöshet; ***~ benefit*** arbetslöshetsunderstöd

unending [ˌʌn'endɪŋ] *adj* **1** ändlös **2** vard. evig

un-English [ˌʌn'ɪŋglɪʃ] *adj* oengelsk

unenterprising [ˌʌn'entəpraɪzɪŋ] *adj* oföretagsam

unenviable [ˌʌn'envɪəbl] *adj* föga avundsvärd [*an ~ task*]

unequal [ˌʌn'iːkwəl] *adj* **1** inte likvärdig, ojämlik, inte jämställd; ***be ~ to the task*** inte vara vuxen uppgiften **2** olika, olika stor; omaka **3** ojämn [*an ~ contest*]

unequalled [ˌʌn'iːkwəld] *adj* ouppnådd, oöverträffad, makalös, enastående

unessential I [ˌʌnɪ'senʃl] *adj* oväsentlig, oviktig
II [ˌʌnɪ'senʃl] *subst* oväsentlighet

uneven [ˌʌn'iːvən] *adj* **1** ojämn **2** udda [*~ number*] **3** olika, olika lång

uneventful [ˌʌnɪ'ventfʊl] *adj* händelsefattig

unexpected [ˌʌnɪk'spektɪd] *adj* oväntad

unexpectedly [ˌʌnɪk'spektɪdlɪ] *adv* oväntat; ***~ good*** bättre än väntat

unexplained [ˌʌnɪk'spleɪnd] *adj* oförklarad, ouppklarad

unexplored [ˌʌnɪk'splɔːd] *adj* outforskad

unfailing [ˌʌn'feɪlɪŋ] *adj* **1** osviklig [*~ accuracy*], ofelbar [*an ~ remedy*], säker **2** outtömlig

unfair [ˌʌn'feə] *adj* orättvis, ojust

unfaithful [ˌʌn'feɪθfʊl] *adj* **1** otrogen [*to* mot], trolös [*an ~ lover*] **2** otillförlitlig [*~ translation*]

unfamiliar [ˌʌnfə'mɪljə] *adj* **1** inte förtrogen [*with* med], ovan [*with* vid], främmande [*with* för] **2** obekant, främmande [*to sb* för ngn]

unfamiliarity ['ʌnfəˌmɪlɪ'ærətɪ] *subst* obekantskap, bristande förtrogenhet [*with* med]

unfashionable [ˌʌn'fæʃənəbl] *adj* omodern

unfasten [ˌʌn'fɑːsn] *verb* lossa, lösa upp, knyta upp

unfavourable [ˌʌn'feɪvərəbl] *adj* ogynnsam, ofördelaktig [*to, for* för]

unfeeling [ˌʌn'fiːlɪŋ] *adj* okänslig [*to* för]; känslolös, hjärtlös

unfinished [ˌʌn'fɪnɪʃt] *adj* oavslutad, ofullbordad, inte färdig

unfit [ˌʌn'fɪt] *adj* **1** olämplig, oduglig [*for* till, som; *to* att], oförmögen [*for* till; *to* att]; ovärdig [*for sth* ngt]; ***~ for human consumption*** otjänlig som människoföda **2** i dålig kondition

unfitted [ˌʌn'fɪtɪd] *adj* olämplig, oduglig

unflagging [ˌʌn'flægɪŋ] *adj* outtröttlig

unflinching [ˌʌn'flɪntʃɪŋ] *adj* ståndaktig, orubblig

unfold [ˌʌn'fəʊld] *verb* **1** veckla ut, veckla upp [*~ a newspaper*], vika ut, vika upp **2** utveckla, framställa, lägga fram [*she unfolded her plans*]

unforeseeable [ˌʌnfɔː'siːəbl] *adj* oförutsebar, omöjlig att förutse, oviss

unforgettable [ˌʌnfə'getəbl] *adj* oförglömlig

unforgivable [ˌʌnfə'gɪvəbl] *adj* oförlåtlig

unfortunate [ˌʌn'fɔːtʃənət] *adj* **1** olycklig;

be ~ ha otur **2** beklaglig [*an ~ development*]

unfortunately [ˌʌnˈfɔːtʃənətlɪ] *adv* tyvärr, olyckligtvis

unfounded [ˌʌnˈfaʊndɪd] *adj* ogrundad [*~ suspicion*], grundlös, lös [*~ rumour*]

unfriendly [ˌʌnˈfrendlɪ] *adj* ovänlig [*to* mot]

unfurl [ˌʌnˈfɜːl] *verb* om t.ex. flagga veckla ut

ungainly [ˌʌnˈgeɪnlɪ] *adj* klumpig, otymplig

ungenerous [ˌʌnˈdʒenərəs] *adj* **1** snål, knusslig **2** föga generös

ungodly [ˌʌnˈgɒdlɪ] *adj*, ***at an ~ hour*** vard. okristligt tidigt

ungovernable [ˌʌnˈgʌvənəbl] *adj* oregerlig

ungrateful [ˌʌnˈgreɪtfʊl] *adj* otacksam

ungratified [ˌʌnˈgrætɪfaɪd] *adj* otillfredsställd, ouppfylld [*~ desire*]

unguarded [ˌʌnˈgɑːdɪd] *adj* **1** obevakad [*an ~ railway crossing*] **2** ovarsam, tanklös [*an ~ remark*]

unhampered [ˌʌnˈhæmpəd] *adj* obunden, obehindrad, inte hämmad [*by* av]

unhappily [ˌʌnˈhæpəlɪ] *adv* **1** olyckligt **2** olyckligtvis

unhappiness [ˌʌnˈhæpɪnəs] *subst* olycka, brist på lycka

unhappy [ˌʌnˈhæpɪ] *adj* **1** olycklig **2** misslyckad [*an ~ choice*]; ***be ~ about*** vara missnöjd med [*I'm a bit ~ about the way the place is run*]

unharmed [ˌʌnˈhɑːmd] *adj* oskadd

unhealthy [ˌʌnˈhelθɪ] *adj* **1** sjuklig, klen **2** ohälsosam, osund, skadlig [*~ ideas*]

unheard-of [ˌʌnˈhɜːdɒv] *adj* **1** förut okänd **2** exempellös, utan motstycke

unheeded [ˌʌnˈhiːdɪd] *adj* obeaktad, ouppmärksammad

unhesitating [ˌʌnˈhezɪteɪtɪŋ] *adj* tveklös

unhinge [ˌʌnˈhɪndʒ] *verb* **1** haka av [*~ a door*] **2** förrycka; ***his mind is unhinged*** han är sinnesrubbad

unhook [ˌʌnˈhʊk] *verb* häkta av, haka av

unhospitable [ˌʌnhɒˈspɪtəbl] *adj* ogästvänlig

unhurt [ˌʌnˈhɜːt] *adj* oskadad, oskadd

unicorn [ˈjuːnɪkɔːn] *subst* enhörning

unidentified [ˌʌnaɪˈdentɪfaɪd] *adj* oidentifierad [*~ flying object*], icke identifierad

unification [ˌjuːnɪfɪˈkeɪʃən] *subst* enande

uniform I [ˈjuːnɪfɔːm] *adj* **1** likformig, enhetlig **2** jämn, konstant [*~ speed*] **II** [ˈjuːnɪfɔːm] *subst* uniform

uniformity [ˌjuːnɪˈfɔːmətɪ] *subst* likformighet, enhetlighet

unify [ˈjuːnɪfaɪ] *verb* ena, förena

unilateral [ˌjuːnɪˈlætrəl] *adj* ensidig, unilateral [*~ agreement*]

unimaginable [ˌʌnɪˈmædʒɪnəbl] *adj* otänkbar, ofattbar

unimaginative [ˌʌnɪˈmædʒɪnətɪv] *adj* fantasilös

unimpaired [ˌʌnɪmˈpeəd] *adj* oförminskad, oförsvagad, obruten [*~ health*]

unimportant [ˌʌnɪmˈpɔːtənt] *adj* obetydlig, oviktig

unimposing [ˌʌnɪmˈpəʊzɪŋ] *adj* föga imponerande

uninformed [ˌʌnɪnˈfɔːmd] *adj* **1** inte underrättad, inte informerad **2** oupplyst

uninhabitable [ˌʌnɪnˈhæbɪtəbl] *adj* obeboelig

uninhabited [ˌʌnɪnˈhæbɪtɪd] *adj* obebodd

uninhibited [ˌʌnɪnˈhɪbɪtɪd] *adj* hämningslös, ohämmad

unintelligible [ˌʌnɪnˈtelɪdʒəbl] *adj* obegriplig, oförståelig

unintentional [ˌʌnɪnˈtenʃnəl] *adj* oavsiktlig

uninterrupted [ˈʌnˌɪntəˈrʌptɪd] *adj* oavbruten

uninviting [ˌʌnɪnˈvaɪtɪŋ] *adj* föga inbjudande

Union Jack

Union Jack är namnet på Storbritanniens flagga. Den består av *Saint George's*, *Saint Andrew's* och *Saint Patrick's* kors, vilka representerar England, Skottland och Nordirland.

union [ˈjuːnjən] *subst* **1** förening, enande, sammanslutning **2** union [*postal ~*], förbund, förening; ***students' ~*** studentkår; ***the Union Jack*** Union Jack Storbritanniens flagga **3** ***the ~*** facket; ***trade ~*** el. ~ fackförening; ***national trade ~*** el. ***national ~*** fackförbund

unique [ˌjuːˈniːk] *adj* unik, enastående

unisex [ˈjuːnɪseks] *adj* unisex- [*~ fashions*]

unison [ˈjuːnɪsn] *subst* musik. samklang, harmoni; ***in ~*** unisont

unit [ˈjuːnɪt] *subst* **1** enhet **2** avdelning, enhet [*production ~*] **3** mil. förband

unite [juːˈnaɪt] *verb* **1** förena, föra samman [*with, to* med], samla, ena **2** förena sig, förenas, slå sig samman

United Kingdom
United Kingdom (*UK*) består av Storbritannien och Nordirland. Ibland används *Great Britain* i samma betydelse.

united [juːˈnaɪtɪd] *adj* förenad; samlad [*~ action*]; enig, enad [*present a ~ front*]; ***the United Kingdom*** Förenade kungariket Storbritannien och Nordirland; ***the United Nations Organization*** el. ***the United Nations*** Förenta nationerna; ***the United States of America*** el. ***the United States*** Förenta staterna
unity [ˈjuːnətɪ] *subst* enighet, sammanhållning
universal [ˌjuːnɪˈvɜːsl] *adj* allmän, allmänt utbredd [*~ belief*]; allomfattande; universell
universally [ˌjuːnɪˈvɜːsəlɪ] *adv* allmänt, universellt, överallt
universe [ˈjuːnɪvɜːs] *subst*, ***the Universe*** universum
university [ˌjuːnɪˈvɜːsətɪ] *subst* universitet, högskola; ~ ***education*** akademisk utbildning
unjust [ˌʌnˈdʒʌst] *adj* orättfärdig, orättvis
unjustifiable [ˈʌnˌdʒʌstɪˈfaɪəbl] *adj* oförsvarlig
unjustified [ˌʌnˈdʒʌstɪfaɪd] *adj* oberättigad, obefogad
unjustly [ˌʌnˈdʒʌstlɪ] *adv* orättfärdigt, orättvist
unkempt [ˌʌnˈkemt] *adj* **1** okammad **2** ovårdad, vanskött
unkind [ˌʌnˈkaɪnd] *adj* **1** ovänlig **2** omild, inte skonsam [*~ to the skin*]
unknown I [ˌʌnˈnəʊn] *adj* okänd, obekant [*to* för, i, bland]
II [ˌʌnˈnəʊn] *adv*, ~ ***to us*** oss ovetande, utan vår vetskap
unlawful [ˌʌnˈlɔːfʊl] *adj* olaglig, orättmätig, olovlig
unleash [ˌʌnˈliːʃ] *verb* koppla lös (loss), släppa lös (loss) [*~ a dog*]
unless [ənˈles] *konj* om inte; annat än, utom
unlike I [ˌʌnˈlaɪk] *adj* olik
II [ˌʌnˈlaɪk] *prep* **1** olikt **2** till skillnad från, i motsats till [*~ most other people, he is . . .*]
unlikely [ˌʌnˈlaɪklɪ] *adj* osannolik, otrolig; ***she is ~ to come*** hon kommer troligen inte
unlimited [ˌʌnˈlɪmɪtɪd] *adj* **1** obegränsad, oinskränkt [*~ power*] **2** gränslös
unload [ˌʌnˈləʊd] *verb* **1** lasta av, lossa [*~ a cargo*]; lossas [*the ship is unloading*] **2** ta ut patronen ur [*~ the gun*]
unlock [ˌʌnˈlɒk] *verb* låsa upp, låsas upp
unlocked [ˌʌnˈlɒkt] *adj* upplåst, olåst
unlooked-for [ˌʌnˈlʊktfɔː] *adj* oväntad
unloose [ˌʌnˈluːs] *verb* o. **unloosen** [ˌʌnˈluːsn] *verb* **1** lossa, lösa, knyta upp **2** släppa lös
unluckily [ˌʌnˈlʌkəlɪ] *adv* **1** olyckligtvis **2** olyckligt
unlucky [ˌʌnˈlʌkɪ] *adj* oturlig; ***be*** ~ ha otur [*at* i]
unmanageable [ˌʌnˈmænɪdʒəbl] *adj* ohanterlig, svårhanterlig, oregerlig
unmanly [ˌʌnˈmænlɪ] *adj* omanlig
unmanned [ˌʌnˈmænd] *adj* obemannad
unmarried [ˌʌnˈmærɪd] *adj* ogift
unmask [ˌʌnˈmɑːsk] *verb* demaskera, avslöja
unmistakable [ˌʌnmɪˈsteɪkəbl] *adj* omisskännlig, otvetydig, ofelbar [*an ~ sign*]
unmitigated [ˌʌnˈmɪtɪgeɪtɪd] *adj* oförminskad; ~ ***by*** utan några förmildrande drag av; ***an ~ scoundrel*** en ärkeskurk
unmoved [ˌʌnˈmuːvd] *adj* **1** oberörd, lugn, kall **2** orörd
unnecessarily [ˌʌnˈnesəsərəlɪ] *adv* onödigt; i onödan
unnecessary [ˌʌnˈnesəsərɪ] *adj* onödig
unnerve [ˌʌnˈnɜːv] *verb* göra nervös
unnoticeable [ˌʌnˈnəʊtɪsəbl] *adj* omärklig
unnoticed [ˌʌnˈnəʊtɪst] *adj* obemärkt; ***do sth*** ~ göra ngt utan att ngn märker det
unobserved [ˌʌnəbˈzɜːvd] *adj* obemärkt
unobstructed [ˌʌnəbˈstrʌktɪd] *adj* obehindrad, fri [*~ view*]
unobtainable [ˌʌnəbˈteɪnəbl] *adj* oåtkomlig, oanskaffbar; ***the book is*** ~ det går inte att få tag i boken
unobtrusive [ˌʌnəbˈtruːsɪv] *adj* inte påträngande, diskret
unoccupied [ˌʌnˈɒkjʊpaɪd] *adj* **1** inte ockuperad; obebodd [*~ territory*] **2** ledig [*~ seat*], inte upptagen **3** sysslolös
unofficial [ˌʌnəˈfɪʃl] *adj* inofficiell [*~ statement*], inte officiell; ~ ***strike*** vild strejk
unorthodox [ˌʌnˈɔːθədɒks] *adj* oortodox
unpack [ˌʌnˈpæk] *verb* packa upp, packa ur
unpaid [ˌʌnˈpeɪd] *adj* obetald

unpalatable [ˌʌn'pælətəbl] *adj* oaptitlig; ***it's** ~* den saknar motstycke, den är makalös
unparalleled [ˌʌn'pærəleld] *adj* makalös
unpardonable [ˌʌn'pɑːdnəbl] *adj* oförlåtlig
unplanned [ˌʌn'plænd] *adj* oplanerad, inte planerad
unplayable [ˌʌn'pleɪəbl] *adj* **1** ospelbar **2** om t.ex. boll omöjlig, otagbar
unpleasant [ˌʌn'pleznt] *adj* otrevlig, obehaglig [*~ taste; ~ truth*]
unpleasantness [ˌʌn'plezntnəs] *subst* obehag, tråkigheter; bråk [*try to avoid ~*]
unplug [ˌʌn'plʌg] (*-gg-*) *verb* dra ur proppen ur [*~ the sink*]; dra ur sladden till [*~ the TV*]
unpolished [ˌʌn'pɒlɪʃt] *adj* opolerad, oputsad; oslipad [*~ diamond; ~ style*]
unpolluted [ˌʌnpə'luːtɪd] *adj* inte förorenad, inte nedsmutsad
unpopular [ˌʌn'pɒpjʊlə] *adj* impopulär, illa omtyckt
unprecedented [ˌʌn'presɪdəntɪd] *adj* exempellös, utan motstycke, makalös
unprejudiced [ˌʌn'predʒʊdɪst] *adj* fördomsfri, opartisk; ***she is** ~* hon har inga fördomar, hon är fördomsfri
unprepossessing ['ʌnˌpriːpə'zesɪŋ] *adj* föga intagande, osympatisk
unpretentious [ˌʌnprɪ'tenʃəs] *adj* anspråkslös, blygsam, opretentiös
unprincipled [ˌʌn'prɪnsəpld] *adj* principlös; samvetslös [*~ scoundrel*]
unprintable [ˌʌn'prɪntəbl] *adj* otryckbar
unproductive [ˌʌnprə'dʌktɪv] *adj* improduktiv, ofruktbar, föga lönande
unprofessional [ˌʌnprə'feʃənl] *adj* oprofessionell
unprofitable [ˌʌn'prɒfɪtəbl] *adj* **1** onyttig, föga givande **2** olönsam
unpromising [ˌʌn'prɒmɪsɪŋ] *adj* föga lovande, ogynnsam
unprotected [ˌʌnprə'tektɪd] *adj* oskyddad
unpublished [ˌʌn'pʌblɪʃt] *adj* opublicerad
unpunctual [ˌʌn'pʌŋktjʊəl] *adj* inte punktlig
unpunished [ˌʌn'pʌnɪʃt] *adj* ostraffad
unqualified [ˌʌn'kwɒlɪfaɪd] *adj* **1** okvalificerad, inkompetent [*as* som; *for* till, för; *to do sth* att göra ngt]; inte behörig, utan kompetens **2** oreserverad, odelad [*~ approval*]
unquestionable [ˌʌn'kwestʃənəbl] *adj* obestridlig, odiskutabel
unquestioning [ˌʌn'kwestʃənɪŋ] *adj* obetingad, blind [*~ obedience*]
unravel [ˌʌn'rævl] (*-ll-*, amer. *-l-*) *verb* reda ut, klara upp, lösa [*~ a mystery*]
unreadable [ˌʌn'riːdəbl] *adj* oläsbar, oläslig
unreal [ˌʌn'rɪəl] *adj* overklig, inbillad
unreasonable [ˌʌn'riːzənəbl] *adj* **1** oresonlig, omedgörlig **2** oskälig
unrecognizable [ˌʌn'rekəgnaɪzəbl] *adj* oigenkännlig
unrelated [ˌʌnrɪ'leɪtɪd] *adj* obesläktad [*to* med], inte relaterad [*to* till]; ***be** ~ **to*** inte ha något samband med
unreliable [ˌʌnrɪ'laɪəbl] *adj* opålitlig [*an ~ witness*]; otillförlitlig [*~ information*]
unrepair [ˌʌnrɪ'peə] *subst*, ***in a state of** ~* i dåligt skick, illa underhållen
unrepentant [ˌʌnrɪ'pentənt] *adj* obotfärdig
unrequited [ˌʌnrɪ'kwaɪtɪd] *adj* obesvarad [*~ love*]
unresolved [ˌʌnrɪ'zɒlvd] *adj* olöst [*~ problem*]
unrest [ˌʌn'rest] *subst* oro, jäsning
unrestrained [ˌʌnrɪ'streɪnd] *adj* ohämmad, otyglad, obehärskad
unrestricted [ˌʌnrɪ'strɪktɪd] *adj* **1** oinskränkt [*~ power*] **2** med fri fart, utan fartgräns
unrewarding [ˌʌnrɪ'wɔːdɪŋ] *adj* föga givande, otacksam; ***an** ~ **part*** en otacksam roll
unripe [ˌʌn'raɪp] *adj* omogen
unrivalled [ˌʌn'raɪvəld] *adj* makalös, oöverträffad
unroll [ˌʌn'rəʊl] *verb* **1** rulla upp, veckla upp **2** rulla upp sig, veckla upp sig
unruffled [ˌʌn'rʌfld] *adj* lugn; ***with** ~ **calm*** med orubbligt lugn
unruly [ˌʌn'ruːlɪ] *adj* besvärlig, oregerlig
unsaddle [ˌʌn'sædl] *verb* **1** sadla av [*~ a horse*] **2** kasta av [*~ a rider*]
unsafe [ˌʌn'seɪf] *adj* osäker, riskabel
unsatisfactory [ʌnˌsætɪs'fæktərɪ] *adj* otillfredsställande, otillräcklig
unsatisfied [ˌʌn'sætɪsfaɪd] *adj* otillfredsställd
unsavoury [ˌʌn'seɪvərɪ] *adj* oaptitlig, motbjudande, osmaklig [*an ~ affair*]
unscathed [ˌʌn'skeɪðd] *adj* oskadd, helskinnad
unscrew [ˌʌn'skruː] *verb* skruva av, skruva loss
unscrupulous [ˌʌn'skruːpjʊləs] *adj* skrupelfri, hänsynslös
unseeded [ˌʌn'siːdɪd] *adj* sport. oseedad
unseemly [ˌʌn'siːmlɪ] *adj* opassande
unseen [ˌʌn'siːn] *adj* osynlig, dold; osedd

unselfish [ˌʌnˈselfɪʃ] *adj* osjälvisk
unsettle [ˌʌnˈsetl] *verb* bringa ur balans, störa, göra osäker
unsettled [ˌʌnˈsetld] *adj* **1** orolig, osäker, ostadig [*~ weather*], instabil **2** obetald, inte avvecklad [*~ debts*]
unshakable [ˌʌnˈʃeɪkəbl] *adj* orubblig
unshaved [ˌʌnˈʃeɪvd] *adj* o. **unshaven** [ˌʌnˈʃeɪvn] *adj* orakad
unsightly [ˌʌnˈsaɪtlɪ] *adj* ful, anskrämlig
unskilled [ˌʌnˈskɪld] *adj* oerfaren, okunnig; *~ **labour*** a) outbildad arbetskraft b) grovarbete; *~ **labourer*** grovarbetare; *~ **worker*** inte yrkeskunnig arbetare
unsociable [ˌʌnˈsəʊʃəbl] *adj* osällskaplig
unsolicited [ˌʌnsəˈlɪsɪtɪd] *adj* oombedd
unsolved [ˌʌnˈsɒlvd] *adj* olöst, ouppklarad [*an ~ mystery*]
unsound [ˌʌnˈsaʊnd] *adj* **1** osund; oklok **2** ekonomiskt osäker, dålig [*~ finances*]
unsparing [ˌʌnˈspeərɪŋ] *adj* outtröttlig [*with ~ energy*]; ***be ~ in one's efforts*** inte spara någon möda
unspeakable [ˌʌnˈspiːkəbl] *adj* **1** outsäglig [*~ joy*], obeskrivlig [*~ wickedness*] **2** avskyvärd [*an ~ scoundrel*]
unsporting [ˌʌnˈspɔːtɪŋ] *adj* osportslig
unstable [ˌʌnˈsteɪbl] *adj* instabil, ostadig, vacklande [*an ~ foundation*], labil
unsteady [ˌʌnˈstedɪ] *adj* ostadig, osäker, vacklande [*an ~ walk*]; ojämn
unstick [ˌʌnˈstɪk] (*unstuck unstuck*) *verb*, ***come unstuck*** a) lossna, gå upp b) vard. råka illa ut [*he'll come unstuck one day*]
unstressed [ˌʌnˈstrest] *adj* obetonad [*~ syllable*]
unstuck [ˌʌnˈstʌk] imperf. o. perf. p. av *unstick*
unsuccessful [ˌʌnsəkˈsesfʊl] *adj* misslyckad; ***be*** ~ misslyckas
unsuited [ˌʌnˈsuːtɪd, ˌʌnˈsjuːtɪd] *adj* olämplig, opassande [*to* för]; ***be ~ for*** el. ***be ~ to*** inte passa för, vara olämplig för
unsure [ˌʌnˈʃʊə] *adj* osäker [*of, about* på, om]; oviss [*of* om]
unsurmountable [ˌʌnsəˈmaʊntəbl] *adj* oöverstiglig [*~ obstacles*]
unsurpassed [ˌʌnsəˈpɑːst] *adj* oöverträffad
unsuspecting [ˌʌnsəˈspektɪŋ] *adj* omisstänksam, intet ont anande
unsympathetic [ˈʌnˌsɪmpəˈθetɪk] *adj* **1** oförstående, likgiltig **2** osympatisk, motbjudande
untamed [ˌʌnˈteɪmd] *adj* otämd, okuvad
untarnished [ˌʌnˈtɑːnɪʃt] *adj* fläckfri, obesudlad [*an ~ reputation*]
unthinkable [ˌʌnˈθɪŋkəbl] *adj* otänkbar
untidy [ˌʌnˈtaɪdɪ] *adj* ovårdad, slarvig [*an ~ person*], ostädad [*an ~ room*]
untie [ˌʌnˈtaɪ] *verb* knyta upp, lösa upp, få upp; ***come untied*** gå upp
until I [ənˈtɪl] *prep* till, tills; ~ ***then*** till dess, dittills; ***not*** ~ inte förrän, först
II [ənˈtɪl] *konj* till, tills, till dess att
untimely [ˌʌnˈtaɪmlɪ] *adj* **1** förtidig [*an ~ death*] **2** malplacerad [*~ remarks*]; oläglig [*at an ~ hour*]
untiring [ˌʌnˈtaɪərɪŋ] *adj* outtröttlig
untold [ˌʌnˈtəʊld] *adj* omätlig [*~ wealth*]
untried [ˌʌnˈtraɪd] *adj* oprövad, obeprövad
untrue [ˌʌnˈtruː] *adj* osann, falsk, oriktig
untruthful [ˌʌnˈtruːθfʊl] *adj* **1** osann, falsk **2** lögnaktig
untuned [ˌʌnˈtjuːnd] *adj* musik. ostämd [*an ~ piano*]
unused [i betydelse 1 ˌʌnˈjuːzd, i betydelse 2 ˌʌnˈjuːst] *adj* **1** obegagnad, oanvänd; *~ **stamp*** ostämplat frimärke **2** ovan [*to* vid]
unusual [ˌʌnˈjuːʒʊəl] *adj* ovanlig; ***it is ~ for her to do that*** det är ovanligt att hon gör så
unveil [ˌʌnˈveɪl] *verb* **1** ta slöjan från [*~ one's face*]; avtäcka [*~ a statue*] **2** avslöja [*~ a secret*]
unverified [ˌʌnˈverɪfaɪd] *adj* obekräftad, obestyrkt
unvoiced [ˌʌnˈvɔɪst] *adj* fonet. tonlös [*~ consonant*]
unwarranted [ˌʌnˈwɒrəntɪd] *adj* obefogad, omotiverad
unwavering [ˌʌnˈweɪvərɪŋ] *adj* orubblig
unwell [ˌʌnˈwel] *adj* dålig, sjuk
unwieldy [ˌʌnˈwiːldɪ] *adj* klumpig, otymplig
unwilling [ˌʌnˈwɪlɪŋ] *adj* ovillig, motvillig
unwillingly [ˌʌnˈwɪlɪŋlɪ] *adv* ogärna, motvilligt, mot sin vilja
unwind [ˌʌnˈwaɪnd] (*unwound unwound*) *verb* **1** nysta upp, linda upp, rulla upp **2** slappna av, gå ner i varv
unwise [ˌʌnˈwaɪz] *adj* oklok, oförståndig
unwittingly [ˌʌnˈwɪtɪŋlɪ] *adv* **1** oavsiktligt, ofrivilligt **2** ovetande, ovetandes
unworkable [ˌʌnˈwɜːkəbl] *adj* ogenomförbar [*an ~ plan*]
unworldly [ˌʌnˈwɜːldlɪ] *adj* ovärldslig, världsfrämmande
unworthy [ˌʌnˈwɜːðɪ] *adj* ovärdig
unwound [ˌʌnˈwaʊnd] imperf. o. perf. p. av *unwind*
unwrap [ˌʌnˈræp] (*-pp-*) *verb* veckla upp; ta upp, packa upp [*~ a parcel*]

unwritten [ˌʌn'rɪtn] *adj* oskriven [*an ~ page*]; *an ~ law* en oskriven lag
unyielding [ˌʌn'jiːldɪŋ] *adj* oböjlig, fast
unzip [ˌʌn'zɪp] (*-pp-*) *verb* **1** dra ner blixtlåset på **2** öppnas med blixtlås
up I [ʌp] *adv* o. *adj* **1** upp; uppåt; fram [*he came ~ to me*]; *~ the Arsenal!* heja Arsenal!; *~ the Republic!* leve republiken!; *~ and down* fram och tillbaka, av och an [*walk ~ and down*], upp och ner [*jump ~ and down*]; *~ north* norrut, uppe i norr; *~ there* dit upp, däruppe; *~ to town* in till stan; *children from six years ~* barn från sex år och uppåt **2** uppe [*stay ~ all night*]; *be ~ and about* vara uppe och i full gång **3** över, slut [*my leave was nearly ~*]; *the game is ~* spelet är förlorat; *time's ~!* tiden är ute! **4** sport. m.m. plus; *be one ~* el. *be one goal ~* leda med ett mål; *he's always trying to be one ~* han ska alltid vara värst **5** *~ to* a) upp till [*count from one ~ to ten*], fram till, tills; *~ to now* tills nu, hittills **6** *be ~* a) vara uppe, vara uppstigen b) ha stigit, ha gått upp [*the price of meat is ~*] c) vara uppe i luften; flyga på viss höjd [*be five thousand feet ~*] d) vara uppriven [*the street is ~*] e) *what's ~?* vad står på?; *there's something ~* det är något på gång **7** specialbetydelse i förbindelse med prep. *be ~ against* stå inför, kämpa mot; *be ~ against it* vara illa ute, ligga illa till; *be ~ before* vara uppe till behandling i [*be ~ before Congress*]; *be ~ for* vara uppe till [*be ~ for debate*]; *be ~ for sale* vara till salu **8** *it isn't ~ to much* det är inte mycket bevänt med det a) *she isn't ~ to the job* hon duger inte till jobbet, hon klarar inte jobbet; *I don't feel ~ to working* jag känner inte för att arbeta; *I don't feel ~ to it* jag känner mig inte i form; jag tror inte jag klarar det; jag känner inte för det; *be ~ to sb* vara ngns sak [*it's ~ to you to tell her*]; *it's ~ to you* det är din sak, det är upp till dig a) *be ~ to something* ha något fuffens för sig; *be ~ to mischief* ha något rackartyg för sig; *what is he ~ to?* vad har han för sig?
II [ʌp] *prep* uppför [*~ the hill*]; uppe på, uppe i [*~ the tree*]; uppåt, längs [*~ the street*]; *~ and down the street* fram och tillbaka på gatan; *travel ~ and down the country* resa kors och tvärs i landet; *~ yours!* vulg. ta dig i häcken!
III [ʌp] *subst*, *~s and downs* växlingar, svängningar, med- och motgång; *he has his ~s and downs* det går upp och ned för honom
up-and-coming [ˌʌpən'kʌmɪŋ] *adj* lovande [*an ~ author*]
upbeat ['ʌpbiːt] *adj* vard. optimistisk, glad, uppåt
upbringing ['ʌpˌbrɪŋɪŋ] *subst* uppfostran
update [ʌp'deɪt] *verb* **1** uppdatera **2** modernisera
upgrade I ['ʌpgreɪd] *subst* stigning; *be on the ~* vara på uppåtgående
II [ʌp'greɪd] *verb* **1** befordra **2** uppvärdera, uppgradera
upheaval [ʌp'hiːvl] *subst* omvälvning [*political ~s*]
upheld [ʌp'held] imperf. o. perf. p. av *uphold*
uphill I [ˌʌp'hɪl] *adv* uppåt, uppför backen
II ['ʌphɪl] *adj* **1** stigande, brant, uppförs- [*an ~ slope*]; *be ~* bära uppför **2** mödosam
uphold [ʌp'həʊld] (*upheld upheld*) *verb* **1** upprätthålla, vidmakthålla [*~ discipline*] **2** godkänna [*~ a verdict*]
upholder [ʌp'həʊldə] *subst* upprätthållare
upholster [ʌp'həʊlstə] *verb* stoppa, klä [*~ a sofa*], madrassera
upholsterer [ʌp'həʊlstərə] *subst* tapetserare
upholstery [ʌp'həʊlstərɪ] *subst* **1** möbelstoppning **2** möbeltyg **3** möbelklädsel **4** tapetseraryrke, tapetserararbete
upkeep ['ʌpkiːp] *subst* underhåll; underhållskostnader
upland I ['ʌplənd] *subst* vanligen pl. *~s* högland
II ['ʌplənd] *adj* höglänt, höglands-
uplift I [ʌp'lɪft] *verb* lyfta, höja, upplyfta
II ['ʌplɪft] *subst* **1** höjning **2** vard. uppryckning
III ['ʌplɪft] *adj*, *~ bra* stöd-bh
upon [ə'pɒn] *prep* på etc., se *on I*; *once ~ a time there was...* i sagor det var en gång...; *the forest stretched for mile ~ mile* skogen sträckte sig mil efter mil
upper I ['ʌpə] *adj* övre, högre; över- [*the ~ lip*]; överst; *the ~ class* el. *the ~ classes* överklassen
II ['ʌpə] *subst* pl. *~s* ovanläder
uppercase ['ʌpəkeɪs] *adj*, *~ letter* stor bokstav
upper-class [ˌʌpə'klɑːs] *adj* överklass-; *be ~* vara överklass
uppercut ['ʌpəkʌt] *subst* boxn. uppercut
uppermost I ['ʌpəməʊst] *adj* **1** allra överst, allra högst **2** främst, förnämst; *the*

thoughts that were ~ in his mind vad han mest tänkte på
II ['ʌpəməʊst] *adv* allra överst, allra högst
upright I ['ʌpraɪt] *adj* **1** upprätt; ***put*** ~ resa upp, ställa upp; ***stand*** ~ stå rak, stå upprätt **2** hederlig
II ['ʌpraɪt] *subst* **1** stolpe, stötta, pelare **2** ~ ***piano*** el. ~ i motsats till flygel piano, pianino
III ['ʌpraɪt] *adv* upprätt, rakt upp, lodrätt
uprising [ˌʌp'raɪzɪŋ] *subst* resning, uppror
uproar ['ʌprɔː] *subst* tumult, kalabalik [*the meeting ended in an* ~]
uproarious [ʌp'rɔːrɪəs] *adj* **1** tumultartad **2** larmande, vild och uppsluppen **3** vard. helfestlig [*an ~ comedy*]
uproot [ʌp'ruːt] *verb* rycka upp med rötterna
upset I [ʌp'set] (*upset upset*) (*upsetting*) *verb* **1** stjälpa, välta [*~ a table*], slå omkull; ***don't ~ the boat!*** akta så att inte båten slår runt! **2** kullkasta, rubba [*~ sb's plans*] **3** göra upprörd [*the incident ~ her*]; bringa ur fattningen, förarga **4** göra illamående; ***the food ~ his stomach*** han tålde inte maten
II ['ʌpset] *subst* **1** fysisk el. psykisk rubbning, störning; ***have a stomach*** ~ ha krångel med magen **2** sport. skräll
III [ʌp'set] *adj* **1** kullkastad **2** upprörd; ***be*** ~ el. ***feel*** ~ ta illa vid sig [*about* av, över]; ***be emotionally*** ~ vara upprörd **3** i oordning; ***my stomach is*** ~ min mage krånglar
upsetting [ʌp'setɪŋ] *adj* upprörande
upshot ['ʌpʃɒt] *subst* resultat, utgång; ***the ~ of the matter was...*** slutet på alltsammans blev...
upside-down I [ˌʌpsaɪ'daʊn] *adv* **1** upp och ned **2** huller om buller; ***turn everything*** ~ vända upp och ner på allting
II [ˌʌpsaɪ'daʊn] *adj* uppochnedvänd
upstairs [ˌʌp'steəz] *adv* uppför trappan, upp [*go* ~]; i övervåningen
upstart ['ʌpstɑːt] *subst* uppkomling
upstream [ˌʌp'striːm, som adj. 'ʌpstriːm] *adv* o. *adj* uppför strömmen; uppåt floden
upswing ['ʌpswɪŋ] *subst* uppsving, uppåtgående trend
uptake ['ʌpteɪk] *subst*, ***be quick on the*** ~ ha lätt för att fatta; ***be slow on the*** ~ ha svårt för att fatta
uptight ['ʌptaɪt] *adj* vard. spänd, nervös [*about* för], skärrad, på helspänn, hämmad
up-to-date [ˌʌptə'deɪt] *adj* **1** à jour **2** fullt modern
up-to-the-minute [ˌʌptəðə'mɪnɪt] *adj* helt aktuell, det senaste [*~ news*]
uptown [ˌʌp'taʊn, adj. 'ʌptaʊn] *adv* o. *adj* amer. till (i, från) övre delen av stan, i (till) stans utkanter
upturn [ʌp'tɜːn] *verb* vända, vända upp och ned på
upturned [ˌʌp'tɜːnd] *adj* **1** uppåtvänd; ~ ***nose*** uppnäsa **2** uppochnedvänd
upward ['ʌpwəd] *adj* uppåtriktad, uppåtvänd [*an ~ glance*]; uppåtgående, stigande
upwards ['ʌpwədz] *adv* uppåt, upp, uppför; ***from childhood*** ~ ända från barndomen; ***and*** ~ och därutöver
uranium [jʊ'reɪnjəm] *subst* uran
Uranus [jʊə'reɪnəs, 'jʊərənəs] astron. Uranus
urban ['ɜːbən] *adj* stads- [*~ population*], tätorts-
urbane [ɜː'beɪn] *adj* belevad, världsvan
urbanity [ɜː'bænətɪ] *subst* belevat sätt, världsvana
urbanization [ˌɜːbənaɪ'zeɪʃən] *subst* urbanisering
urbanize ['ɜːbənaɪz] *verb* urbanisera
urchin ['ɜːtʃɪn] *subst* rackarunge; gatpojke
urge I [ɜːdʒ] *verb* **1** ~ ***on*** driva på, påskynda **2** försöka övertala, anmoda
II [ɜːdʒ] *subst* stark längtan [*feel an ~ to travel*], begär, drift
urgency ['ɜːdʒənsɪ] *subst* brådskande natur; ***a matter of great*** ~ ett mycket brådskande ärende
urgent ['ɜːdʒənt] *adj* brådskande, angelägen; ***the matter is*** ~ saken brådskar; ***be in ~ need of*** vara i trängande behov av
urgently ['ɜːdʒəntlɪ] *adv*, ***food is ~ needed*** det finns ett trängande behov av mat
urinal [ˌjʊə'raɪnl, amer. 'jʊrənl] *subst* **1** ***public*** ~ el. ~ urinoar **2** ***bed*** ~ uringlas
urinate ['jʊərɪneɪt] *verb* kasta vatten, urinera
urine ['jʊərɪn] *subst* urin
urn [ɜːn] *subst* urna, gravurna
Uruguay ['jʊərəgwaɪ]
Uruguayan I [ˌjʊərə'gwaɪən] *subst* uruguayare
II [ˌjʊərə'gwaɪən] *adj* uruguaysk
US I [ˌjuː'es] (förk. för *United States*) *subst* **1** ***the*** ~ USA **2** före subst. Förenta Staternas, USA:s, amerikansk
II [ˌjuː'es] förk. för *Uncle Sam*
us [ʌs, obetonat əs, s] *pron* (objektsform av *we*) **1** oss **2** vi, oss [*they are younger than* ~]

3 vard. för *our*; ***she likes ~ singing her to sleep*** hon tycker om att vi sjunger henne till sömns **4** vard. mig [*give ~ a piece*]

United States of America (*the USA, the US*)
HUVUDSTAD: Washington D.C. (560 000).
FOLKMÄNGD: 290 milj.
YTA: 9 529 063 km² (något mindre än Europa).
SPRÅK: engelska; i bl.a. Kalifornien, Texas och New York även spanska. USA har inte något officiellt språk.
RELIGION: USA har ingen statskyrka.
USA är världens ledande industrination. Större delen av befolkningen har sitt ursprung i invandring, förr från Europa, numera från Sydamerika och Asien. USA blev en självständig nation 1776 efter frihetskriget mot England.

USA [ˌjuːes'eɪ] (förk. för *United States of America*) *subst*, ***the*** ~ USA
usable ['juːzəbl] *adj* användbar, brukbar
usage ['juːzɪdʒ, 'juːsɪdʒ] *subst* **1** behandling, hantering [*rough ~*] **2** språkbruk **3** vedertaget bruk **4** användning
use I [juːs] *subst* **1** användning, begagnande, bruk; ***make ~ of*** använda, begagna sig av, utnyttja; ***directions for ~*** bruksanvisning; ***be in ~*** vara i bruk; ***go out of ~*** komma ur bruk **2** nytta, gagn, fördel; ***what's the ~?*** vad tjänar det till?; ***be of ~*** vara till nytta; ***be of no ~*** el. ***be no ~*** inte gå att använda, vara till ingen nytta; ***he is no ~*** han duger ingenting till, han är värdelös; ***it's (there's) no ~ trying*** det tjänar ingenting till att försöka, det är ingen idé att försöka **3** ***lose the ~ of one eye*** bli blind på ena ögat; ***lose the ~ of one's legs*** förlora rörelseförmågan i benen; ***room with ~ of kitchen*** rum med tillgång till kök
II [i betydelse 1 o. 2 juːz, i betydelse 3 juːs] *verb* **1** använda, begagna, bruka, nyttja [*as* som; *for* till, för; som, i stället för; *to* + inf. till att, för att + inf.]; utnyttja [*he ~s people*]; ***I could ~ a drink*** det skulle sitta bra med något att dricka; ***~ force*** bruka våld; ***may I ~ your telephone?*** får jag låna din telefon? **2** ***~ up*** el. ~ förbruka, göra slut på, uttömma **3** ***used to*** ['juːstə, 'juːstʊ]) brukade [*he used to say*]; ***there used to be...*** förr fanns det...; ***he used to smoke a pipe*** han brukade röka pipa; ***things are not what they used to be*** det är inte längre som förr **4** ***used to*** i nekande satser: ***he used not to be like that*** el. ***he usen't to be like that*** el. ***he didn't ~ to be like that*** han brukade inte vara sådan
use-by ['juːzbaɪ] *adj*, ***~ date*** bäst före-datum, sista förbrukningsdag
used [i betydelse 1 juːzd, i betydelse 2 juːst] *adj* o. *perf p* **1** använd, begagnad [*~ cars*]; ***hardly ~*** nästan som ny **2** ***~ to*** van vid [*he is ~ to hard work*]; ***you'll soon get ~ to it*** du blir snart van vid det, du vänjer dig snart
useful ['juːsfʊl] *adj* **1** nyttig [*for sth* till ngt]; användbar, lämplig, bra [*to sb* för ngn; *for sth* till ngt]; ***come in ~*** komma väl till pass, komma till nytta **2** vard. skaplig [*he's a ~ goalkeeper*]
usefulness ['juːsfʊlnəs] *subst* nytta, gagn; användbarhet, lämplighet
useless ['juːsləs] *adj* **1** oduglig, oanvändbar, värdelös **2** lönlös, fruktlös [*~ attempts*]
user ['juːzə] *subst* förbrukare, konsument; ***road ~*** vägtrafikant; ***telephone ~*** telefonabonnent
user-friendly ['juːzəˌfrendlɪ] *adj* användarvänlig
usher I ['ʌʃə] *subst* vaktmästare, platsanvisare på t.ex. teater
II ['ʌʃə] *verb* **1** föra, ledsaga, visa **2** ***~ in*** inleda, inviga [*~ in a new era*]
usherette [ˌʌʃə'ret] *subst* platsanviserska på t.ex. teater
USSR [ˌjuːeses'ɑː] (förk. för *Union of Soviet Socialist Republics*) *subst* hist., ***the ~*** Sovjet
usual ['juːʒʊəl] *adj* vanlig, bruklig; ***he came late, as ~*** han kom sent som vanligt; ***as is ~ in our family*** som är vanligt i vår familj
usually ['juːʒʊəlɪ] *adv* vanligtvis, vanligen; ***more than ~ hot*** varmare än vanligt
usurp [juː'zɜːp] *verb* tillskansa sig, bemäktiga sig; ***~ power*** orättmätigt ta makt
usurper [juː'zɜːpə] *subst* troninkräktare, inkräktare
usury ['juːʒərɪ] *subst* ocker
utensil [juː'tensl] *subst* redskap, verktyg;

cooking ~s kokkärl; ***household ~s*** hushållsredskap; ***kitchen ~s*** köksredskap

uterus ['juːtərəs] (pl. *uteri* ['juːtəraɪ]) *subst* anat. livmoder, uterus

utilitarian [ˌjuːtɪlɪ'teərɪən] *adj* nytto- [*~ morality*], nyttighets- [*~ principle*]

utility [juː'tɪlətɪ] *subst* **1** praktisk nytta, användbarhet; nyttighet; *~ **plant*** nyttoväxt **2** ***public*** ~ el. ~ a) affärsdrivande verk, statligt el. kommunalt affärsverk b) samhällsservice, allmän nyttighet; ***public ~ company*** allmännyttigt företag

utilization [ˌjuːtɪlaɪ'zeɪʃən] *subst* utnyttjande

utilize ['juːtɪlaɪz] *verb* utnyttja, dra nytta av

utmost I ['ʌtməʊst] *adj* ytterst, störst [*with the ~ care*]

II ['ʌtməʊst] *subst*, ***the*** ~ det yttersta; ***do one's*** ~ göra sitt yttersta

Utopia [juː'təʊpjə] *subst* utopi

Utopian [juː'təʊpjən] *adj* utopisk, verklighetsfrämmande

1 utter ['ʌtə] *adj* fullständig [*an ~ denial*], fullkomlig, total [*~ darkness*], yttersta [*~ misery*]

2 utter ['ʌtə] *verb* **1** ge ifrån sig, utstöta [*~ a cry*], få fram, uttala [*~ sounds*] **2** yttra, uttala [*the last words he uttered*]

utterance ['ʌtərəns] *subst* uttalande, yttrande; ***give ~ to*** ge uttryck åt

utterly ['ʌtəlɪ] *adv* fullständigt, fullkomligt

U-turn ['juːtɜːn] *subst* **1** U-sväng **2** helomvändning [*a ~ on economic policy*]

V o. **v** [viː] *subst* V, v; ***V sign*** V-tecken

vac [væk] *subst* vard. kortform för *vacation*

vacancy

Utanför hotell och ställen med *bed and breakfast* finns oftast en skylt med texten *vacancies* lediga rum, eller *no vacancies* inga lediga rum.

vacancy ['veɪkənsɪ] *subst* vakans, ledig plats

vacant ['veɪkənt] *adj* **1** tom, ledig [*~ seat*]; ***situations*** ~ lediga platser **2** frånvarande, uttryckslös [*~ smile*]

vacantly ['veɪkəntlɪ] *adv*, ***stare*** ~ stirra frånvarande

vacate [və'keɪt] *verb* flytta ifrån, utrymma, lämna

vacation [və'keɪʃən] *subst* **1** ferier, lov [*the Christmas ~*]; ***the summer*** ~ sommarlovet; ***be on*** ~ ha ferier, ha lov, ha semester, ha lov **2** utrymning av t.ex. bostad; utflyttning

vacationer [və'keɪʃənə] *subst* amer. semesterfirare

vaccinate ['væksɪneɪt] *verb* vaccinera

vaccination [ˌvæksɪ'neɪʃən] *subst* vaccinering

vaccine ['væksiːn] *subst* vaccin

vacillate ['væsɪleɪt] *verb* vackla, tveka

vacillation [ˌvæsɪ'leɪʃən] *subst* vacklan, vacklande

vacuum I ['vækjʊəm] *subst* vakuum, tomrum; lufttomt rum; ~ ***cleaner*** dammsugare; ~ ***flask*** el. amer. ~ ***bottle*** termosflaska

II ['vækjʊəm] *verb* vard. dammsuga

vacuum-packed ['vækjʊəmpækt] *adj* vakuumförpackad

vagabond I ['vægəbɒnd] *adj* kringflackande [*~ life*], vagabond-

II ['vægəbɒnd] *subst* vagabond, landstrykare

vagina [və'dʒaɪnə] *subst* anat. slida, vagina

vague [veɪg] *adj* vag, oklar, obestämd; ***I haven't the vaguest idea*** jag har inte den ringaste aning; ***I've a ~ recollection***

that I did it jag har ett dunkelt (svagt) minne att jag gjorde det

vaguely ['veɪglɪ] *adv* vagt, oklart, obestämt; ***the name is ~ familiar*** namnet förefaller bekant

vain [veɪn] *adj* **1** gagnlös, fåfäng; ***in ~*** förgäves **2** fåfäng, egenkär

vainness ['veɪnnəs] *subst* **1** fåfänglighet; ***the ~ of the attempt*** det fruktlösa i försöket **2** fåfänga, egenkärlek

Valentine

Det är inte helt klart vilken Valentine som är upphovet till valentintraditionen. En tradition berättar att den 14 februari för ca 1800 år sedan avrättades en kristen man som hette Valentine av romarna. På sin dödsdag skickade han ett sista brev till sin älskade, som han avslutade med *Your Valentine*. När det engelska postverket inrättades i början av 1800-talet blev det populärt att skicka kort med en vers till sin älskade på Valentines dödsdag. I dag skickar man oftast kort med texten *Be my Valentine* eller *From Your Valentine* utan att tala om vem man är. Man kan också ge någon man tycker om en röd ros eller en hjärtformad ask med hjärtformade praliner eller marmeladbitar.

Valentine I ['væləntaɪn] egennamn, ***St. Valentine's Day*** Alla hjärtans dag 14 februari
II ['væləntaɪn] *subst*, ***valentine*** a) valentin, valentinfästmö b) valentinbrev

valerian [və'lɪərɪən] *subst* växt valeriana

valet I ['vælɪt] *subst* **1** kammartjänare, betjänt **2** klädserviceman på hotell; ~ ***parking*** amer. parkering genom hotellpersonalens försorg **3** ~ ***stand*** el. ~ herrbetjänt möbel
II ['vælɪt] *verb* **1** passa upp **2** sköta om kläderna åt

valiant ['væljənt] *adj* tapper, modig

valid ['vælɪd] *adj* giltig; ***be ~*** gälla; ***become ~*** vinna laga kraft; ~ ***reasons*** vägande skäl

validity [və'lɪdətɪ] *subst* giltighet

valley ['vælɪ] *subst* dal, dalgång

valorous ['vælərəs] *adj* tapper, dristig

valour ['vælə] *subst* tapperhet, dristighet

valuable I ['væljʊəbl] *adj* värdefull, dyrbar [*to* för]; värderad
II ['væljʊəbl] *subst* vanligen pl. ~***s*** värdesaker

valuation [ˌvæljʊ'eɪʃən] *subst* **1** värdering [~ *of a house*], uppskattning **2** värde, värderingsbelopp

value I ['vælju:] *subst* **1** värde, valör; ***exchange ~*** bytesvärde; ***have a sentimental ~*** ha affektionsvärde; ***at its full ~*** till sitt (dess) fulla värde; ***to the ~ of*** till ett värde av, till ett belopp av; ***good ~ for money*** bra valuta för pengarna **2** valör, innebörd **3** pl. ~***s*** värderingar [*moral ~s*]
II ['vælju:] *verb* **1** värdera, uppskatta, taxera [*at* till] **2** uppskatta sätta värde på; ~ ***highly*** el. ~ ***dearly*** sätta stort värde på

value-added ['væljʊˌædɪd] *adj*, ~ ***tax*** mervärdesskatt, moms

valued ['vælju:d] *adj* värderad, högt aktad

valueless ['væljʊləs] *adj* värdelös

valve [vælv] *subst* **1** tekn. ventil, klaff; ***overhead ~*** toppventil **2** anat. hjärtklaff

vampire ['væmpaɪə] *subst* vampyr, blodsugare

1 van [væn] *subst* **1** täckt transportbil, skåpbil, varubil, amer. minibuss; ***delivery ~*** varubil; ***furniture ~*** flyttbil **2** järnv., ***luggage ~*** resgodsvagn; ***guard's ~*** konduktörskupé **3** ***police ~*** polispiket; ***recording ~*** film. el. tv. inspelningsbuss; radio. reportagebil

2 van [væn] *subst* se *vanguard*

3 van [væn] *subst* vard., i tennis fördel; ~ ***in*** fördel in (servaren); ~ ***out*** fördel ut (mottagaren)

vandal ['vændl] *subst* vandal

vandalism ['vændəlɪzəm] *subst* vandalism, vandalisering

vandalize ['vændəlaɪz] *verb* vandalisera

vane [veɪn] *subst* **1** vindflöjel **2** kvarnvinge **3** blad på t.ex. propeller

vanguard ['vængɑ:d] *subst* mil. förtrupp, tät; ***be in the ~ of*** gå i spetsen för, gå i täten för

vanilla [və'nɪlə] *subst* vanilj; ~ ***custard*** vaniljsås, vaniljkräm; ~ ***ice*** el. ~ ***ice cream*** vaniljglass

vanish ['vænɪʃ] *verb* försvinna [*into* i]; ~ ***into thin air*** gå upp i rök

vanishing ['vænɪʃɪŋ] *subst* försvinnande; ~

act borttrollningsnummer; ~ ***trick*** borttrollningstrick
vanity [ˈvænətɪ] *subst* **1** fåfänga **2** fåfänglighet, fåfänga **3** ~ ***case*** sminkväska, necessär; ~ ***table*** amer. toalettbord
vanquish [ˈvæŋkwɪʃ] *verb* övervinna, besegra
vapid [ˈvæpɪd] *adj* **1** fadd, smaklös; duven **2** andefattig, platt, innehållslös [*a ~ conversation*]
vaporize [ˈveɪpəraɪz] *verb* avdunsta
vaporizer [ˈveɪpəraɪzə] *subst* avdunstningsapparat; sprej apparat; spridare
vapour [ˈveɪpə] *subst* ånga; imma; dunst
variable [ˈveərɪəbl] *adj* växlande [*~ winds*], varierande [*~ standards*], föränderlig; ~ ***weather*** ostadigt väder
variance [ˈveərɪəns] *subst*, ***be at*** ~ a) om personer vara oense b) om t.ex. åsikter gå isär
variation [ˌveərɪˈeɪʃən] *subst* variation, förändring
varicose [ˈværɪkəʊs] *adj* med. varikös; pl. ~ ***veins*** åderbråck
varied [ˈveərɪd] *adj* växlande, varierande, skiftande
variety [vəˈraɪətɪ] *subst* **1** omväxling, ombyte, variation; ~ ***is the spice of life*** ombyte förnöjer; ***by way of*** ~ som omväxling **2** mångfald, rikedom; ***for a ~ of reasons*** av en mängd olika skäl **3** sort, slag, form, typ **4** ~ ***entertainment*** el. ~ ***show*** varieté, revy; ~ ***turn*** varieténummer
various [ˈveərɪəs] *adj* **1** olika [*~ types*], olikartad, olikartade **2** åtskilliga, diverse, flera [*for ~ reasons*]
varnish I [ˈvɑːnɪʃ] *subst* **1** fernissa **2** lack, lackering; ***nail*** ~ nagellack
II [ˈvɑːnɪʃ] *verb* **1** fernissa **2** lacka, lackera [*~ one's nails*]
vary [ˈveərɪ] *verb* **1** variera, ändra **2** växla, skifta [*his mood varies from day to day*] **3** vara olik [*from sth* ngt]; skilja sig
varying [ˈveərɪɪŋ] *adj* växlande, varierande, skiftande, olika
vase [vɑːz, amer. veɪs, veɪz] *subst* vas
vaseline® [ˈvæsəliːn] *subst* vaselin
vast [vɑːst] *adj* vidsträckt, väldig, oerhörd; ***the ~ majority*** det överväldigande flertalet
vastly [ˈvɑːstlɪ] *adv* oerhört, väldigt
vastness [ˈvɑːstnəs] *subst* vidsträckthet, väldighet, vidd
VAT [ˌviːeɪˈtiː, væt] *subst* (förk. för *value-added tax*) moms
vat [væt] *subst* stort fat [*a wine ~*]; kar
Vatican [ˈvætɪkən] *subst*, ***the*** ~ Vatikanen
1 vault I [vɔːlt] *subst* **1** valv **2** källarvalv **3** gravvalv **4** kassavalv
II [vɔːlt] *verb* välva; perf. p. ***vaulted*** välvd [*a vaulted roof*]; med välvt tak [*a vaulted chamber*]
2 vault [vɔːlt] *verb* hoppa upp, svinga sig upp [*~ into the saddle*]; hoppa över, svinga sig över
vaulting-horse [ˈvɔːltɪŋhɔːs] *subst* gymn. bygelhäst
vaulting-pole [ˈvɔːltɪŋpəʊl] *subst* stav till stavhopp
VCR [ˌviːsiːˈɑː] förk. för *videocassette recorder*
VD [ˌviːˈdiː] (förk. för *venereal disease*) VS
've [v] = *have* [*I've, they've, we've, you've*]
veal [viːl] *subst* kalvkött; ***roast*** ~ kalvstek; ~ ***cutlet*** kalvschnitzel; kalvkotlett
veer [vɪə] *verb* **1** om vind ~ el. ~ ***round*** ändra riktning, svänga om spec. medsols **2** om fartyg ändra kurs, gira **3** svänga, slå om **4** vända [*~ a ship*]
veg [vedʒ] vard. för *vegetable, vegetables*
vegan [ˈviːgən, amer. ˈveɪgən] *subst* vegan
vegetable I [ˈvedʒətəbl] *adj* vegetabilisk [*~ food*]; grönsaks- [*a ~ diet*]; växt- [*~ fibre*]; ***the ~ kingdom*** växtriket; ~ ***marrow*** pumpa, kurbits; ~ ***oil*** vegetabilisk olja
II [ˈvedʒətəbl] *subst* **1** grönsak, köksväxt; ~ ***garden*** köksträdgård; ~ ***market*** grönsakstorg **2** vard., om person hjälplöst kolli, paket
vegetarian I [ˌvedʒɪˈteərɪən] *subst* vegetarian
II [ˌvedʒɪˈteərɪən] *adj* vegetarisk
vegetate [ˈvedʒɪteɪt] *verb* **1** om växt växa, utveckla sig **2** föra ett enformigt liv
vegetation [ˌvedʒɪˈteɪʃən] *subst* vegetation, växtlighet
veggie [ˈvedʒɪ] *subst* vard. **1** kortform för *vegetarian* **2** kortform för *vegetable*
vehemence [ˈviːəməns] *subst* häftighet
vehement [ˈviːəmənt] *adj* häftig, våldsam
vehicle [ˈviːɪkl] *subst* **1** fordon, vagn **2** uttrycksmedel, medium, språkrör
veil I [veɪl] *subst* slöja, flor; ***take the*** ~ bli nunna
II [veɪl] *verb* beslöja, skyla, dölja; perf. p. ***veiled*** a) beslöjad b) dold [*a veiled threat*]
vein [veɪn] *subst* **1** anat. ven, blodåder **2** åder, ådra [*a ~ of coal*] **3** nerv i t.ex. blad; ådra i t.ex. trä, sten **4** stämning, humör; ***be in the***

~ el. ***be in the right*** ~ vara upplagd, vara i den rätta stämningen; ***in a humorous*** ~ a) på skämthumör b) på skämt **5** stil [*remarks in the same* ~]
Velcro® ['velkrəʊ] *subst* kardborrband, kardborrknäppning
velocity [və'lɒsətɪ] *subst* hastighet [*the* ~ *of light*]
velour [və'lʊə] *subst* velour; bomullssammet
velvet ['velvət] *subst* sammet
velvety ['velvətɪ] *adj* sammetslen, sammetsmjuk
vendetta [ven'detə] *subst* vendetta, blodshämnd
vending machine ['vendɪŋməˌʃiːn] *subst* automat, varuautomat
vendor ['vendə] *subst* gatuförsäljare
veneer I [və'nɪə] *verb* snickeri fanera
II [və'nɪə] *subst* **1** snickeri faner **2** fasad, yttre sken [*a* ~ *of respectability*]
venerable ['venərəbl] *adj* vördnadsvärd, ärevördig
venerate ['venəreɪt] *verb* ära, vörda
veneration [ˌvenə'reɪʃən] *subst* vördnad [*of* för]; ***hold in*** ~ hålla i ära, vörda
venereal [vɪ'nɪərɪəl] *adj* venerisk, köns-; ~ ***disease*** könssjukdom
Venetian I [və'niːʃən] *adj* venetiansk [~ *glass*]; ~ ***blind*** persienn
II [və'niːʃən] *subst* venetianare
Venezuela [ˌvene'zweɪlə]
Venezuelan I [ˌvene'zweɪlən] *subst* venezuelan
II [ˌvene'zweɪlən] *adj* venezuelansk
vengeance ['vendʒəns] *subst* **1** hämnd; ***take*** ~ ***on sb*** ta hämnd på ngn **2** ***with a*** ~ vard. så det förslår
Venice ['venɪs] Venedig
venison ['venɪsn] *subst* kok. rådjurskött, hjortkött; rådjursstek, hjortstek
venom ['venəm] *subst* gift
venomous ['venəməs] *adj* giftig
vent I [vent] *subst* **1** lufthål, springa **2** rökgång **3** utlopp, fritt lopp [*give* ~ *to one's feelings*]
II [vent] *verb* ösa ut; ~ ***one's anger on sb*** låta sin ilska gå ut över ngn
ventilate ['ventɪleɪt] *verb* **1** ventilera, vädra **2** ge uttryck åt [~ *one's feelings*]
ventilating ['ventɪleɪtɪŋ] *adj* ventilations-; ~ ***shaft*** lufttrumma
ventilation [ˌventɪ'leɪʃən] *subst* ventilation, luftväxling
ventilator ['ventɪleɪtə] *subst* ventilationsanordning, fläkt
ventriloquist [ven'trɪləkwɪst] *subst* buktalare; ***ventriloquist's dummy*** buktalardocka
ventriloquy [ven'trɪləkwɪ] *subst* buktaleri, buktalarkonst
venture I ['ventʃə] *subst* **1** vågstycke, vågspel; satsning **2** hand. spekulation **3** försök [*at* till]
II ['ventʃə] *verb* **1** våga [~ *one's life*], satsa; riskera, sätta på spel; ***nothing*** ~, ***nothing gain*** ordspr. den intet vågar han intet vinner **2** våga, försöka [~ *a guess*]; ta risker, våga sig [*I won't* ~ *a step further*; ~ *too far out*]; ~ ***to*** våga, ta sig friheten att [*I* ~ *to suggest*]
venue ['venjuː] *subst* mötesplats; sport. tävlingsplats; fotb. m.m. spelplats
Venus ['viːnəs] astron. el. mytol. Venus
veracity [və'ræsətɪ] *subst* sannfärdighet
veranda [və'rændə] *subst* veranda
verb [vɜːb] *subst* gram. verb
verbal ['vɜːbl] *adj* **1** ord-; i ord; verbal [~ *ability*]; språklig [~ *error*] **2** muntlig; ***a*** ~ ***agreement*** en muntlig överenskommelse
verbally ['vɜːbəlɪ] *adv* **1** muntligt **2** ordagrant
verbiage ['vɜːbɪɪdʒ] *subst* ordflöde, svada
verbose [vɜː'bəʊs] *adj* mångordig
verbosity [vɜː'bɒsətɪ] *subst* mångordighet
verdict ['vɜːdɪkt] *subst* jurys utslag; ~ ***of acquittal*** friande dom; ***bring in a*** ~ el. ***return a*** ~ fälla utslag, avge dom; ***the jury brought in a*** ~ ***of guilty*** juryns utslag lydde på skyldig
verdigris ['vɜːdɪgrɪː] *subst* ärg
verge I [vɜːdʒ] *subst* **1** kant, rand [*the* ~ *of a cliff*], brädd **2** brant [*on the* ~ *of ruin*], rand; ***be on the*** ~ ***of doing sth*** vara på vippen att göra ngt; ***on the*** ~ ***of tears*** gråtfärdig **3** vägkant, vägren
II [vɜːdʒ] *verb*, ~ ***on*** gränsa till [*it* ~*s on madness*]
verger ['vɜːdʒə] *subst* kyrkvaktmästare
verifiable [verɪ'faɪəbl] *adj* möjlig att bevisa; möjlig att verifiera; kontrollerbar
verification [ˌverɪfɪ'keɪʃən] *subst* bekräftande, verifikation, bekräftelse [*of* av]
verify ['verɪfaɪ] *verb* bekräfta, bestyrka, verifiera
veritable ['verɪtəbl] *adj* formlig, veritabel
vermicelli [ˌvɜːmɪ'selɪ] *subst* vermiceller slags tunna spaghetti
vermin ['vɜːmɪn] (med verb i pl.) *subst* **1** skadedjur, ohyra **2** pack, ohyra

vermouth ['vɜːməθ] *subst* vermouth starkvin
vernacular [və'nækjʊlə] *subst*, ***in the*** ~ på vanligt vardagsspråk
vernal ['vɜːnl] *adj*, ~ ***equinox*** vårdagjämning
versatile ['vɜːsətaɪl, amer. 'vɜːsətl] *adj* mångsidig [*a* ~ *writer*], mångkunnig, allsidig
versatility [ˌvɜːsə'tɪlətɪ] *subst* mångsidighet, allsidighet
verse [vɜːs] *subst* **1** vers, poesi [*prose and* ~]; ***a volume of*** ~ en diktsamling **2** versrad
versed [vɜːst] *adj*, ~ ***in*** bevandrad i
version ['vɜːʃən] *subst* version, framställning, tolkning; ***screen*** ~ filmatisering; ***stage*** ~ scenbearbetning
versus ['vɜːsəs] (förk. *v.*) *prep* sport. mot [*Arsenal* ~ *Spurs*]
vertebra ['vɜːtɪbrə] (pl. *vertebrae*) ['vɜːtɪbriː] *subst* ryggkota
vertebrate ['vɜːtɪbrət] *subst* ryggradsdjur
vertical ['vɜːtɪkl] *adj* vertikal, lodrät
vertigo ['vɜːtɪgəʊ] *subst* svindel, yrsel, vertigo
verve [vɜːv] *subst* schvung, fart, kläm
very I ['verɪ] *adv* **1** mycket; ***not*** ~ inte så värst, inte så vidare [*not* ~ *interesting*]; ~ ***much more*** betydligt mer **2** ***the*** ~ ***next day*** redan nästa dag; ***the*** ~ ***same place*** precis samma plats; ***it is my*** ~ ***own*** den är helt min egen **3** framför superlativ allra [*the* ~ *first day*]; ***at the*** ~ ***least*** allra minst
II ['verɪ] *adj* **1** efter ***the, this, that, his, her*** etc. a) själva, själv; ***in the*** ~ ***act*** på bar gärning; ***in the*** ~ ***centre*** i själva centrum; ***the*** ~ ***idea of it*** blotta tanken på det; ***he is the*** ~ ***man I want*** han är precis den mannen jag vill ha; ***before our*** ~ ***eyes*** mitt för ögonen på oss; ***the*** ~ ***opposite*** raka motsatsen **2** redan, just, ända; ***at the*** ~ ***beginning*** redan från början; ***at that*** ~ ***moment*** just i det ögonblicket; ***from the*** ~ ***beginning*** ända från början **3** allra; ***I did my*** ~ ***utmost*** jag gjorde mitt yttersta
vessel ['vesl] *subst* **1** kärl; ***blood*** ~ blodkärl; ***empty ~s make the greatest noise*** ordspr. tomma tunnor skramlar mest **2** fartyg
vest [vest] *subst* **1** undertröja **2** amer. väst
vested ['vestɪd] *adj*, ~ ***interest*** ekon. kapitalintresse; ***they have a*** ~ ***interest in it*** det ligger i deras intresse
vestibule ['vestɪbjuːl] *subst* vestibul, farstu, hall
vestige ['vestɪdʒ] *subst* spår [*of* av, efter]
vestment ['vestmənt] *subst* kyrkl. skrud; mässhake
vestry ['vestrɪ] *subst* kyrkl. sakristia
vet I [vet] *subst* vard. (kortform för *veterinary* o. *veterinary surgeon*) veterinär, djurläkare
II [vet] (*-tt-*) *verb* vard. undersöka, kolla [~ *a report*], kritiskt granska
veteran ['vetərən] *subst* veteran
veterinarian [ˌvetərɪ'neərɪən] *subst* amer. veterinär
veterinary I ['vetərənrɪ] *adj* veterinär- [~ *science*]; ~ ***surgeon*** veterinär
II ['vetərənrɪ] *subst* veterinär
veto I ['viːtəʊ] (pl. *vetoes*) *subst* veto; ***right of*** ~ vetorätt
II ['viːtəʊ] *verb* inlägga veto mot
vex [veks] *verb* förarga, besvära
vexation [vek'seɪʃən] *subst* förargelse
vexatious [vek'seɪʃəs] *adj* förarglig
vexed [vekst] *adj* **1** förargad **2** omtvistad, omstridd [*a* ~ *question*]
via ['vaɪə] *prep* via, över
viaduct ['vaɪədʌkt] *subst* viadukt
vibrant ['vaɪbrənt] *adj* **1** vibrerande **2** pulserande [*a* ~ *city*]
vibraphone ['vaɪbrəfəʊn] *subst* musik. vibrafon
vibrate [vaɪ'breɪt] *verb* vibrera, skälva, skaka; spec. fys. svänga
vibration [vaɪ'breɪʃən] *subst* vibration
vibrator [vaɪ'breɪtə] *subst* vibrator, massageapparat, massagestav
vicar ['vɪkə] *subst* kyrkoherde
vicarage ['vɪkərɪdʒ] *subst* prästgård
1 vice [vaɪs] *subst* last [*virtues and* ~*s*]; ***the*** ~ ***squad*** sedlighetsroteln
2 vice [vaɪs] *subst* skruvstäd
vice-chairman [ˌvaɪs'tʃeəmən] *subst* vice ordförande
vice-president [ˌvaɪs'prezɪdənt] *subst* **1** vicepresident **2** vice ordförande **3** amer. vice verkställande direktör
vice versa [ˌvaɪsɪ'vɜːsə] *adv* vice versa
vicinity [vɪ'sɪnətɪ] *subst* grannskap, omgivning, trakt; ***in the*** ~ ***of*** i trakten av, i närheten av
vicious ['vɪʃəs] *adj* **1** illvillig [~ *gossip*], elak, ond; ***a*** ~ ***circle*** en ond cirkel **2** arg, ilsken; ***a*** ~ ***dog*** en argsint hund; ***a*** ~ ***temper*** ett vidrigt temperament
vicissitude [vɪ'sɪsɪtjuːd] *subst* växling, förändring; ***the ~s of life*** livets skiften
victim ['vɪktɪm] *subst* offer, brottsoffer; ***be the*** ~ ***of*** el. ***be a*** ~ ***of*** vara offer för, falla offer för

victimization [ˌvɪktɪmaɪˈzeɪʃən] *subst* **1** diskriminering **2** trakasserande; mobbning
victimize [ˈvɪktɪmaɪz] *verb* **1** göra till offer, offra **2** trakassera, mobba
victor [ˈvɪktə] *subst* segrare, segerherre
Victorian I [vɪkˈtɔːrɪən] *adj* viktoriansk från (karakteristisk för) drottning Viktorias tid 1837-1901 [*the ~ age, the ~ period*]
II [vɪkˈtɔːrɪən] *subst* viktorian
victorious [vɪkˈtɔːrɪəs] *adj* segrande, segerrik; ***be*** ~ segra
victory [ˈvɪktərɪ] *subst* seger; ***gain a ~ over*** el. ***win a ~ over*** segra över
victual [ˈvɪtl] *subst* pl. ~***s*** livsmedel, proviant
video I [ˈvɪdɪəʊ] (pl. ~*s*) *subst* **1** video, videoband **2** video, videobandspelare
II [ˈvɪdɪəʊ] *adj* video- [*~ cartridge*]; ~ ***conference*** videokonferens
III [ˈvɪdɪəʊ] *verb* videofilma
video arcade [ˈvɪdɪəʊɑːˌkeɪd] *subst* spelhall där man spelar videospel
video camera [ˈvɪdɪəʊˌkæmərə] *subst* videokamera
videocassette [ˌvɪdɪəʊkəˈset] *subst* videokassett; ~ ***recorder*** (förk. *VCR*) videobandspelare
video game [ˈvɪdɪəʊgeɪm] *subst* tv-spel
video jockey [ˈvɪdɪəʊˌdʒɒkɪ] *subst* videopratare presentatör av musikvideo
video nasty [ˈvɪdɪəʊˌnɑːstɪ] *subst* vard. våldsvideo
videophone [ˈvɪdɪəʊfəʊn] *subst* bildtelefon
videotape I [ˈvɪdɪəʊteɪp] *subst* videoband
II [ˈvɪdɪəʊteɪp] *verb* videobanda
Vienna [vɪˈenə] Wien
Viennese I [ˌvɪəˈniːz] *adj* wiensk, wien-; ~ ***waltz*** wienervals
II [ˌvɪəˈniːz] (pl. lika) *subst* wienare
Vietnam [ˌvjetˈnæm]
Vietnamese I [ˌvjetnəˈmiːz] *adj* vietnamesisk
II [ˌvjetnəˈmiːz] *subst* **1** (pl. lika) vietnames **2** vietnamesiska språket
view I [vjuː] *subst* **1** syn; sikt; ***block the ~*** skymma sikten; ***take a long ~ of the matter*** ha ett långsiktigt perspektiv på saken **2** utsikt, vy **3** synpunkt [*on, of* på], uppfattning, åsikt [*on, of* om], syn [*on, of* på]; ***point of ~*** synpunkt, synvinkel, ståndpunkt **4** ***in ~*** i sikte; ***in my ~*** a) i min åsyn b) enligt min uppfattning; ***in ~ of*** a) inom synhåll för b) i betraktande av, med hänsyn till [*in ~ of the financial situation*]; ***in full ~ of*** fullt synlig för, mitt framför; ***come into ~*** komma inom synhåll; ***be on ~*** vara till beskådande, vara utställd; ***out of ~*** utom synhåll, ur sikte; ***with a ~ to sth*** med ngt i sikte; ***with a ~ to doing sth*** i avsikt (syfte) att göra ngt
II [vjuː] *verb* betrakta, se på, se [*~ the matter in the right light*]; ~ ***TV*** se på tv
viewer [ˈvjuːə] *subst* **1** tv-tittare **2** betraktare, åskådare
view-finder [ˈvjuːˌfaɪndə] *subst* foto. sökare
viewing [ˈvjuːɪŋ] *subst* **1** tv-tittande; ~ ***hours*** el. ~ ***time*** tv. sändningstid **2** tittande, betraktande
viewpoint [ˈvjuːpɔɪnt] *subst* **1** synpunkt, synvinkel [*from this ~*]; ståndpunkt **2** utsiktspunkt
vigil [ˈvɪdʒɪl] *subst* vaka; ***keep ~ over*** el. ***keep a ~ over*** vaka hos
vigilance [ˈvɪdʒɪləns] *subst* vaksamhet
vigilant [ˈvɪdʒɪlənt] *adj* vaksam
vigilante [ˌvɪdʒɪˈlæntɪ] *subst* spec. i USA medlem av ett medborgargarde
vigorous [ˈvɪgərəs] *adj* kraftfull, energisk, spänstig
vigour [ˈvɪgə] *subst* kraft, kraftfullhet; vigör, energi
Viking [ˈvaɪkɪŋ] *subst* viking
vile [vaɪl] *adj* usel; avskyvärd, vidrig
villa [ˈvɪlə] *subst* villa spec. i förort el. på kontinenten; sommarvilla
village [ˈvɪlɪdʒ] *subst* by
villager [ˈvɪlɪdʒə] *subst* bybo, byinvånare

The Vietnam War

The Vietnam War, Vietnamkriget, (1955–1975) utvecklades till ett krig mellan USA och det av USA stödda Sydvietnam på ena sidan och det kommunistiska Nordvietnam på den andra. Efter stora förluster och protester drog sig USA ur kriget 1973. Över en miljon soldater från Syd- och Nordvietnamn dog i kriget och antalet civila döda vietnameser uppskattas till ca 1,5 miljoner. Få krig har upprört så många både i och utanför USA. På *the Vietnam Memorial* i Washington finns namnen inristade på de ca 59 000 amerikaner som stupade i Vietnamkriget.

villain ['vɪlən] *subst* **1** bov, skurk **2** vard. rackare, busunge [*you little ~!*]
villainous ['vɪlənəs] *adj* skurkaktig, bovaktig
villainy ['vɪlənɪ] *subst* skurkaktighet, ondska
vim [vɪm] *subst* vard. kraft, energi, kläm
vindicate ['vɪndɪkeɪt] *verb* **1** försvara, rättfärdiga **2** frita, fria **3** hävda, förfäkta [*~ a right*]
vindictive [vɪn'dɪktɪv] *adj* hämndlysten
vindictiveness [vɪn'dɪktɪvnəs] *subst* hämndlystnad
vine [vaɪn] *subst* **1** vin växt; vinranka, vinstock **2** ranka [*hop ~*]; slingerväxt
vinegar ['vɪnɪgə] *subst* ättika
vineyard ['vɪnjəd] *subst* vingård
vintage I ['vɪntɪdʒ] *subst* årgång av vin [*an old ~*]
II ['vɪntɪdʒ] *adj* av gammal fin årgång, gammal fin [*~ brandy*]
vinyl ['vaɪnəl] *subst* kem. vinyl
1 viola [vɪ'əʊlə, ˌvaɪ'əʊlə] *subst* musik. altfiol, viola
2 viola ['vaɪələ] *subst* odlad viol
violate ['vaɪəleɪt] *verb* **1** kränka [*~ a treaty*], bryta mot [*~ a principle*], överträda [*~ the law*] **2** inkräkta på [*~ sb's privacy*] **3** vanhelga, skända a) våldta
violation [ˌvaɪə'leɪʃən] *subst* **1** kränkning, överträdelse [*~ of the law*] **2** störande intrång [*a ~ of sb's privacy*] **3** vanhelgande, skändning
violence ['vaɪələns] *subst* **1** våld [*I had to use ~*]; yttre våld [*no marks of ~*]; våldsamheter, oroligheter; ***act of*** ~ våldsdåd; ***robbery with*** ~ våldsrån **2** våldsamhet, häftighet
violent ['vaɪələnt] *adj* våldsam, häftig, svår [*a ~ headache*], kraftig [*~ noise*]; ***be*** ~ bli våldsam, bruka våld
violet I ['vaɪələt] *subst* **1** blomma viol **2** färg violett
II ['vaɪələt] *adj* färg violett
violin [ˌvaɪə'lɪn] *subst* fiol, violin
violin bow [ˌvaɪə'lɪnbəʊ] *subst* fiolstråke
violin case [ˌvaɪə'lɪnkeɪs] *subst* fiollåda
violinist [ˌvaɪə'lɪnɪst] *subst* musik. violinist
violoncellist [ˌvaɪələn'tʃelɪst] *subst* musik. violoncellist
violoncello [ˌvaɪələn'tʃeləʊ] (pl. *~s*) *subst* musik. violoncell
VIP [ˌviːaɪ'piː] *subst* (förk. för *Very Important Person*) VIP, högdjur, höjdare
viper ['vaɪpə] *subst* **1** huggorm **2** person orm
virgin I ['vɜːdʒɪn] *subst* jungfru, oskuld; ***the Virgin Mary*** jungfru Maria; ***the Blessed Virgin*** el. ***the Holy Virgin*** den heliga jungfrun
II ['vɜːdʒɪn] *adj* **1** jungfrulig; ***a ~ speech*** ett jungfrutal; ***a ~ voyage*** en jungfruresa **2** obefläckad, kysk; ~ ***soil*** jungfrulig mark, orörd mark
virginity [və'dʒɪnətɪ] *subst* jungfrulighet, mödom, oskuld
Virgo ['vɜːgəʊ] stjärntecken Virgo, Jungfrun
virile ['vɪraɪl, amer. 'vɪrəl] *adj* manlig, viril
virility [vɪ'rɪlətɪ] *subst* manlighet, virilitet
virtual ['vɜːtʃʊəl] *adj* verklig, faktisk; ~ ***reality*** virtual reality, virtuell verklighet
virtually ['vɜːtʃʊəlɪ] *adv* faktiskt, i realiteten; så gott som, praktiskt taget [*he is ~ unknown*]
virtue ['vɜːtjuː] *subst* dygd
virtuosity [ˌvɜːtjʊ'ɒsətɪ] *subst* virtuositet
virtuoso [ˌvɜːtjʊ'əʊzəʊ] (pl. *~s* el. *virtuosi*) *subst* virtuos
virtuous ['vɜːtʃʊəs] *adj* dygdig
virulent ['vɪrʊlənt] *adj* giftig, elakartad
virus ['vaɪərəs] *subst* **1** virus **2** data. datavirus
visa I ['viːzə] *subst* visum; ***entrance*** ~ el. ***entry*** ~ inresevisum; ***exit*** ~ utresevisum
II ['viːzə] *verb* visera [*get one's passport visaed*]
viscount ['vaɪkaʊnt] *subst* viscount näst lägsta rangen inom eng. högadeln
viscous ['vɪskəs] *adj* trögflytande, viskös
visibility [ˌvɪzɪ'bɪlətɪ] *subst* **1** synlighet **2** meteor. sikt; ***improved*** ~ siktförbättring; ***poor*** ~ dålig sikt; ***reduced*** ~ siktförsämring
visible ['vɪzəbl] *adj* synlig, tydlig [*to* för]
vision ['vɪʒən] *subst* **1** syn, synförmåga [*it has improved his ~*] **2** syn, vision, drömbild; uppenbarelse **3** ***a man of*** ~ en klarsynt man
visionary ['vɪʒənrɪ] *subst* visionär, drömmare
visit I ['vɪzɪt] *verb* **1** besöka, hälsa 'på; vara på besök i (på), vara på besök; ~ ***pubs*** gå på puber
II ['vɪzɪt] *subst* besök, visit [*to sb* hos ngn; *to a town* i en stad]; ***pay a ~ to sb*** besöka ngn; ***be on a*** ~ vara på besök [*to sb* hos ngn; *to Italy* i Italien]
visitation [ˌvɪzɪ'teɪʃən] *subst* hemsökelse
visiting I ['vɪzɪtɪŋ] *subst* besök, besökande; ~ ***hours*** besökstid
II ['vɪzɪtɪŋ] *adj* besökande, gästande [*a ~ team*]; ~ ***lecturer*** gästföreläsare; ~ ***nurse*** distriktssköterska
visiting-card ['vɪzɪtɪŋkɑːd] *subst* visitkort
visitor ['vɪzɪtə] *subst* besökare, besökande;

gäst [*summer ~s*]; resande; ***visitors' book*** gästbok; ***have ~s*** ha gäster, ha främmande
visor ['vaɪzə] *subst* **1** mösskärm, skärm **2** solskydd i bil
vista ['vɪstə] *subst* **1** utsikt, fri sikt, panorama **2** framtidsperspektiv
visual ['vɪzjʊəl] *adj* **1** syn- [*the ~ nerve*]; ***~ aids*** visuella hjälpmedel; ***~ impression*** synintryck; ***~ inspection*** okulärbesiktning **2** synlig [*~ objects*]
visualization [ˌvɪzjʊəlaɪ'zeɪʃən] *subst* åskådliggörande, visualisering
visualize ['vɪzjʊəlaɪz] *verb* göra åskådlig [*~ a scheme*], frammana en klar bild av [*~ a scene*]; tydligt föreställa sig
vital ['vaɪtl] *adj* **1** livsviktig [*~ organs*], vital, livskraftig; ***~ force*** livskraft; ***~ statistics*** a) befolkningsstatistik b) skämts. byst-, midje- och höftmått på t.ex. skönhetsdrottning, former **2** väsentlig, absolut nödvändig, trängande [*a ~ necessity*]
vitality [vaɪ'tælətɪ] *subst* vitalitet, livskraft, liv
vitalize ['vaɪtəlaɪz] *verb* vitalisera, ge liv åt
vitamin ['vɪtəmɪn, 'vaɪtəmɪn] *subst* vitamin
vivacious [vɪ'veɪʃəs] *adj* livlig, pigg
vivacity [vɪ'væsətɪ] *subst* livlighet, livfullhet
vivid ['vɪvɪd] *adj* **1** livlig [*a ~ imagination*], levande [*a ~ personality*] **2** om färg ljus, klar, intensiv
vivisect [ˌvɪvɪ'sekt] *verb* utföra vivisektion på
vivisection [ˌvɪvɪ'sekʃən] *subst* vivisektion
vixen ['vɪksn] *subst* rävhona
V-neck ['viːnek] *subst* V-ringning, V-skärning
vocabulary [və'kæbjʊlərɪ] *subst* **1** ordförråd, vokabulär **2** ordlista; gloslista, glosbok
vocal ['vəʊkl] *adj* **1** röst-, sång- [*~ exercise*] musik. vokal- [*~ music*]; ***~ cord*** stämband; ***~ organ*** talorgan **2** högljudd [*~ protests*]
vocalist ['vəʊkəlɪst] *subst* vokalist
vocalize ['vəʊkəlaɪz] *verb* artikulera, uttala; sjunga
vocation [və'keɪʃən] *subst* kallelse [*follow one's ~*]; kall; ***he mistook his ~*** han valde fel bana
vocational [və'keɪʃnəl] *adj* yrkesmässig; yrkes-; ***~ guidance*** yrkesvägledning; ***~ training school*** yrkesskola
vociferous [və'sɪfərəs] *adj* högljudd
vodka ['vɒdkə] *subst* vodka
vogue [vəʊg] *subst* mode; ***it's all the ~*** det är högsta mode
voice I [vɔɪs] *subst* **1** röst, stämma; sångröst; ***give ~ to*** ge uttryck åt; ***raise one's ~*** höja rösten, höja tonen; ***have a ~ in the matter*** ha (få) ett ord med i laget; ***I have no ~ in this matter*** jag har ingen talan i den här saken **2** gram., verbs huvudform; ***in the active ~*** i aktiv form; ***in the passive ~*** i passiv form
II [vɔɪs] *verb* **1** uttala, uttrycka **2** fonet. uttala (göra) tonande
voiced [vɔɪst] *adj* fonet. tonande [*~ consonants*]
voiceless ['vɔɪsləs] *adj* fonet. tonlös [*~ consonants*]
void [vɔɪd] *adj* **1** tom **2** ***~ of*** blottad på, utan [*~ of interest*]
volatile ['vɒlətaɪl, amer. 'vɒlətl] *adj* **1** fys. flyktig [*~ oil*] **2** om person flyktig, ombytlig, labil
volcanic [vɒl'kænɪk] *adj* vulkanisk
volcano [vɒl'keɪnəʊ] (pl. *~s*) *subst* vulkan
vole [vəʊl] *subst* djur sork, åkersork
volition [və'lɪʃən] *subst* vilja, viljekraft; ***of one's own ~*** av fri vilja
volley I ['vɒlɪ] *subst* **1** salva, skur [*a ~ of arrows*]; ***a ~ of applause*** en applådåska **2** sport. volley; volleyretur; ***on the ~*** på volley
II ['vɒlɪ] *verb* **1** avlossa en salva (skur) **2** sport. slå på volley [*~ a ball*]
volleyball ['vɒlɪbɔːl] *subst* volleyboll
volt [vəʊlt] *subst* elektr. volt
voltage ['vəʊltɪdʒ] *subst* elektr. spänning i volt
volte-face [ˌvɒlt'fɑːs] *subst* helomvändning, kovändning
voluble ['vɒljʊbl] *adj* talför, munvig
volume ['vɒljuːm] *subst* **1** volym, band, del [*in five ~s*]; ***speak ~s*** tala sitt tydliga språk **2** volym, kubikinnehåll; omfång **3** volym, ljudstyrka
voluminous [və'ljuːmɪnəs] *adj* omfångsrik, omfattande, vidlyftig
voluntary ['vɒləntrɪ] *adj* frivillig
volunteer I [ˌvɒlən'tɪə] *subst* frivillig [*an army of ~s*]; volontär
II [ˌvɒlən'tɪə] *verb* **1** frivilligt anmäla sig [*for* till] **2** frivilligt erbjuda [*~ one's services*], frivilligt lämna [*~ information*]
voluptuous [və'lʌptjʊəs] *adj* **1** vällustig **2** fyllig, yppig [*a ~ figure*]
vomit I ['vɒmɪt] *verb* kräkas upp, spy, kräkas
II ['vɒmɪt] *subst* kräkning, kräkningsanfall; spyor
voracious [və'reɪʃəs] *adj* glupsk, rovgirig
voracity [vɒ'ræsətɪ] *subst* glupskhet, rovgirighet

votary ['vəʊtərɪ] *subst* anhängare [*of* av]
vote I [vəʊt] *subst* **1** röst vid t.ex. votering; ***cast one's*** ~ avge sin röst; ***casting*** ~ utslagsröst; ***he won by 20*** ~***s*** han vann med 20 rösters övervikt (marginal) **2** röster [*the women's* ~]; röstetal, röstsiffra **3** omröstning, votering, röstning; ***popular*** ~ folkomröstning; ***have the*** ~ ha rösträtt; ***put sth to the*** ~ låta ngt gå till votering; ***take a*** ~ rösta [*on* om]; ~ ***of no confidence*** misstroendevotum [*on* mot]; ***pass a*** ~ ***of censure*** ställa misstroendevotum; ***he proposed a*** ~ ***of thanks to...*** han föreslog att man skulle uttala sitt tack till...
II [vəʊt] *verb* **1** rösta [*old enough to* ~]; rösta för **2** bevilja, anslå; ~ ***a grant*** bevilja ett anslag; ~ ***an amount for sth*** anslå ett belopp till (för) ngt **3** ~ ***Liberal*** rösta på liberalerna; ***she was voted singer of the year*** hon utsågs till årets sångare **4** ense om; ***they voted the trip a success*** de var eniga om att resan hade varit lyckad
vote-catching ['vəʊtˌkætʃɪŋ] *subst* röstfiske
voter ['vəʊtə] *subst* väljare, röstande, röstberättigad
voting ['vəʊtɪŋ] *subst* röstning, votering, val; ~ ***by ballot*** sluten omröstning
voting-paper ['vəʊtɪŋˌpeɪpə] *subst* valsedel
vouch [vaʊtʃ] *verb*, ~ ***for*** garantera, ansvara för, gå i god för
voucher ['vaʊtʃə] *subst* **1** kupong [*luncheon* ~], voucher; rabattkupong; ***gift*** ~ el. ~ presentkort **2** kvitto, bong
vow I [vaʊ] *subst*, ***make a*** ~ avlägga ett löfte
II [vaʊ] *verb* lova högtidligt, svära, svära på
vowel ['vaʊəl] *subst* vokal
voyage I ['vɔɪɪdʒ] *subst* sjöresa; färd genom luften el. i rymden
II ['vɔɪɪdʒ] *verb* resa till sjöss; färdas genom t.ex. luften; resa på (över), färdas på (över)
voyager ['vɔɪədʒə] *subst* resande, sjöfarare
voyeur [vwɑː'jɜː] *subst* voyeur, fönstertittare

V-sign
V-tecknet användes under andra världskriget som ett segertecken, *V for victory*. Under 50- och 60-talen användes samma tecken igen, men nu som ett fredstecken, *peace sign*.

V-sign ['viːsaɪn] *subst* (förk. för *victory sign*) v-tecken segertecken
VSOP [ˌviːˈesˌəʊ'piː] (förk. för *Very Superior Old Pale*) beteckning för finare cognac
vulcanize ['vʌlkənaɪz] *verb* vulkanisera, vulka
vulgar ['vʌlgə] *adj* **1** vulgär, tarvlig, oanständig **2** vanlig, allmän **3** mat., ~ ***fraction*** allmänt bråk
vulgarity [vʌl'gærətɪ] *subst* vulgaritet
vulnerability [ˌvʌlnərə'bɪlətɪ] *subst* sårbarhet
vulnerable ['vʌlnərəbl] *adj* sårbar [*to* för], ömtålig; utsatt [*a* ~ *position*]; ***a*** ~ ***spot*** en känslig punkt
vulture ['vʌltʃə] *subst* gam

Ww

1 W o. **w** ['dʌbljuː] *subst* W, w
2 W (förk. för *west, western*) V
wad [wɒd] *subst* bunt, packe
wadding ['wɒdɪŋ] *subst* **1** vaddering, vaddstoppning **2** vadd
waddle ['wɒdl] *verb* vagga, rulta
wade I [weɪd] *verb* vada, pulsa fram, traska fram [*~ through the mud*]
II [weɪd] *verb* med adv. o. prep.
wade in vard. sätta i gång, hugga i
wade into vard. **1** ta itu med, hugga i med **2** gå lös på, kasta sig över
wade through vard. plöja igenom
wafer ['weɪfə] *subst* **1** rån **2** kyrkl. oblat, hostia
1 waffle ['wɒfl] *subst* våffla
2 waffle ['wɒfl] *verb* vard. svamla, dilla
wag I [wæg] (*-gg-*) *verb* vifta på, vifta med [*the dog wagged its tail*], vifta [*the dog's tail wagged*]; ***set tongues wagging*** sätta fart på skvallret
II [wæg] *subst* **1** viftning [*a ~ of the tail*], vippande, vaggande **2** skämtare
wage I [weɪdʒ] *subst* vanligen pl. *~s* lön, avlöning spec. veckolön för arbetare; ***weekly ~s*** veckolön; *~ **bracket*** lönenivå, lönegrupp; *~ **demand*** lönekrav; *~ **dispute*** lönekonflikt; *~ **drift*** löneglidning; *~ **freeze*** lönestopp; *~ **packet*** lönekuvert; *~ **restraint*** löneåterhållsamhet; *~ **talks*** löneförhandlingar
II [weɪdʒ] *verb* utkämpa [*~ a battle*], [*against, on* mot]; *~ **war*** föra krig
wage-earner ['weɪdʒˌɜːnə] *subst* löntagare
wager I ['weɪdʒə] *subst* vad, insats; ***lay a ~*** el. ***make a ~*** slå vad [*on* om; *that* om att]
II ['weɪdʒə] *verb* slå vad om, satsa, sätta [*~ 10 pounds*]
waggle I ['wægl] *verb* vifta på (med), vicka på (med)
II ['wægl] *subst* viftning, vippande, vickande [*with a ~ of the hips*]
waggon ['wægən] *subst* se *wagon*
wagon ['wægən] *subst* **1** lastvagn, transportvagn; järnv. öppen godsvagn; ***covered ~*** a) täckt godsvagn b) prärievagn **2** vard., ***go on the ~*** spola kröken sluta med spriten
wagtail ['wægteɪl] *subst* fågel sädesärla
waif [weɪf] *subst* föräldralöst barn, hemlöst barn
wail I [weɪl] *verb* **1** jämra sig **2** om t.ex. vind tjuta, vina
II [weɪl] *subst* högljudd klagan, jämmer
wainscot ['weɪnskət] *subst* panel
waist [weɪst] *subst* midja, liv
waistband ['weɪstbænd] *subst* **1** linning, kjollinning, byxlinning **2** gördel, skärp
waistcoat ['weɪskəʊt] *subst* väst
waist-deep [ˌweɪst'diːp] *adj* o. *adv* upp till midjan [*he stood ~ in the water*]
waist-high [ˌweɪst'haɪ] *adj* o. *adv* till midjan
wait I [weɪt] *verb* **1** vänta, dröja, stanna; ***you ~!*** hotelse vänta du bara!; ***keep sb waiting*** el. ***make sb ~*** låta ngn vänta; ***everything comes to those who ~*** den som väntar på något gott väntar aldrig för länge; ***that can ~*** det är inte så bråttom med det; *~ **to*** + inf. a) vänta för att [*we waited to see what would happen*] b) vänta på att; ***I can't ~ for the start of the new football season*** jag längtar efter att fotbollssäsongen ska börja; ***she waited for him to come home*** hon väntade på att han skulle komma hem **2** passa upp, servera **3** vänta på; *~ **one's opportunity*** vänta på ett lämpligt tillfälle; ***you must ~ your turn*** du får vänta tills det blir din tur **4** vänta med; ***don't ~ dinner for me*** vänta inte på mig med middagen
II [weɪt] *verb* med adv. o. prep.
wait at table passa upp vid bordet, servera
wait for vänta på, avvakta
wait on passa upp, servera; betjäna, expediera [*~ on a customer*]
III [weɪt] *subst* **1** väntan [*for* på], väntetid, paus; ***we had a long ~ for the bus*** vi fick vänta länge på bussen **2** ***lie in ~ for*** ligga i bakhåll för
wait-and-see [ˌweɪtən'siː] *adj*, ***pursue a ~ policy*** inta en avvaktande hållning
waiter ['weɪtə] *subst* kypare, servitör; *~!* vaktmästarn!
waiting ['weɪtɪŋ] *subst* **1** väntan; ***play a ~ game*** inta en avvaktande hållning **2** trafik., ***No Waiting!*** Förbud att stanna fordon stoppförbud
waiting-list ['weɪtɪŋlɪst] *subst* väntelista
waiting-room ['weɪtɪŋruːm] *subst* väntrum, väntsal
waitress ['weɪtrəs] *subst* servitris; *~!* fröken!
waive [weɪv] *verb* avstå från [*~ one's right*], uppge [*~ one's claim*]; *~ **aside*** vifta bort

1 wake [weɪk] (*woke woken*) *verb* **1** ~ ***up*** el. ~ vakna, vakna upp **2** väcka [*the noise woke me* el. *the noise woke me up*], väcka upp **3** väcka, sätta liv i; ~ ***up to*** väcka till insikt om

2 wake [weɪk] *subst*, ***bring in one's*** ~ medföra, dra med sig

wakeful ['weɪkfʊl] *adj* **1** vaken, sömnlös **2** vaksam

> **Wales**
> HUVUDSTAD: Cardiff (306 000).
> FOLKMÄNGD: 2,9 milj.
> YTA: 20 766 km² (ungefär en fjärdedel av Svealands yta).
> SPRÅK: engelska och walesiska.
> Wales är en del av *the United Kingdom*. Huvudnäringar är jordbruk och turism. Man förknippar Wales med berg och gröna dalar. Walesiska talas fortfarande av många som förstaspråk och man har en walesisk tv-kanal.

Wales [weɪlz] geogr. egennamn, ***the Prince of*** ~ prinsen av Wales titel för den brittiske tronföljaren

walk I [wɔːk] *verb* **1** gå, promenera; ~ ***on all fours*** gå på alla fyra **2** gå på (i), gå fram och tillbaka på (i); ~ ***it*** vard. gå till fots; ~ ***the streets*** a) promenera på gatorna, gå på gatorna b) om prostituerad gå på gatan **3** om t.ex. spöken gå igen, spöka **4** vard. följa, gå med; ~ ***sb home*** följa ngn hem

II [wɔːk] *verb* med adv. o. prep.

walk about gå omkring i (på), promenera omkring i (på)

walk away 1 gå sin väg, avlägsna sig **2** ~ ***away with*** vard. knycka stjäla [~ *away with the silver*], vinna [*he walked away with the first prize*]

walk in gå in, stiga in, stiga på

walk into gå in i, gå ner i

walk off gå sin väg

walk on gå 'på, gå vidare

walk out 1 gå ut, gå ut och gå **2** gå i strejk **3** ~ ***out on*** vard. gå ifrån, lämna i sticket, lämna [*they walked out on the meeting; he has walked out on her*]

walk up 1 gå upp (uppför), stiga upp (uppför) **2** gå fram, stiga fram [*to* till]

III [wɔːk] *subst* **1** promenad, fotvandring; ***it is only ten minutes'*** ~ det tar bara tio minuter att gå; ***go out for a*** ~ el. ***go for a*** ~ el. ***take a*** ~ gå ut och gå, gå ut och promenera; ***take the dog for a*** ~ el. ***take the dog out for a*** ~ gå ut med hunden, rasta hunden **2** sport. gångtävling; ***20 km*** ~ 20 km gång **3** ***I know him by his*** ~ jag känner igen honom på hans sätt att gå **4** promenadtakt; ***at a*** ~ i skritt; gående **5** promenadväg, gångväg, allé **6** ~ ***of life*** samhällsgrupp, samhällsklass [*people from every* ~ *of life*]

walkie-talkie [ˌwɔːkɪ'tɔːkɪ] *subst* walkie-talkie

walking I ['wɔːkɪŋ] *subst* **1** gående; fotvandringar, promenader; ~ ***is good exercise*** att gå är bra motion; ~ ***distance*** gångavstånd; ***at a*** ~ ***pace*** i skritt; gående **2** sport. gång

II ['wɔːkɪŋ] *adj* gående, gång-; ***a*** ~ ***dictionary*** el. ***a*** ~ ***encyclopedia*** ett levande lexikon

walking-frame [ˌwɔːkɪŋ'freɪm] *subst* gåbock för handikappade

walking-shoe ['wɔːkɪŋʃuː] *subst* promenadsko

walking-stick ['wɔːkɪŋstɪk] *subst* promenadkäpp

walking-tour ['wɔːkɪŋtʊə] *subst* fotvandring

Walkman® ['wɔːkmən] (pl. ~*s*) *subst* freestyle kassettbandspelare i fickformat

walk-on ['wɔːkɒn] *adj* teat. statist- [*a* ~ *part*]

walkout ['wɔːkaʊt] *subst* **1** strejk **2** uttåg i protest från t.ex. sammanträde

walkover ['wɔːkˌəʊvə] *subst* **1** sport. promenadseger **2** sport. walkover **3** enkel match, enkel sak

> **Wall Street**
> *Wall Street* är den gata på Manhattan i New York där börsen är belägen. Ibland säger man *on Wall Street* och menar själva börsen.

wall I [wɔːl] *subst* mur, vägg; ~ ***bars*** gymn. ribbstol; ***come up against a brick*** ~ köra fast; ***drive sb up the*** ~ driva ngn till vansinne, göra ngn galen; ***have one's back to the*** ~ vara ställd mot väggen; ***stand sb up against a*** ~ ställa ngn mot väggen; ***bang one's head against a brick*** ~ köra huvudet i väggen; ***it's like***

talking to a brick ~ det är som att tala till en vägg

II [wɔːl] *verb*, ~ ***in*** omge med en mur

wallet ['wɒlɪt] *subst* plånbok

wallflower ['wɔːlˌflaʊə] *subst* **1** blomma lackviol **2** vard. panelhöna

wallop I ['wɒləp] *verb* vard. klå upp, ge stryk

II ['wɒləp] *subst* vard. slag, smocka

III ['wɒləp] *adv* med en duns

wallow ['wɒləʊ] *verb* **1** vältra sig, rulla sig [*pigs wallowing in the mud*] **2** ~ ***in*** vältra sig i, vräka sig i [~ *in luxury*]

wall-painting ['wɔːlˌpeɪntɪŋ] *subst* väggmålning, fresk

wallpaper I ['wɔːlˌpeɪpə] *subst* tapet, tapeter

II ['wɔːlˌpeɪpə] *verb* tapetsera

wall-plug ['wɔːlplʌg] *subst* elektr. stickpropp

wall socket ['wɔːlˌsɒkɪt] *subst* elektr. vägguttag

Wall Street ['wɔːlstriːt] gata i New York, där börsen är belägen; ***on*** ~ på den amerikanska börsen

wall-to-wall [ˌwɔːltʊ'wɔːl] *adj*, ~ ***carpet*** heltäckningsmatta

walnut ['wɔːlnʌt] *subst* nöt el. träslag valnöt

walrus ['wɔːlrəs] *subst* djur valross

waltz I [wɔːls] *subst* dans el. melodi vals

II [wɔːls] *verb* **1** dansa vals, valsa **2** vard. dansa [*she waltzed into the room*]; ***he waltzed off with the first prize*** han tog lätt hem första priset

wan [wɒn] *adj* glåmig, matt, blek

wand [wɒnd] *subst* trollstav, trollspö

wander ['wɒndə] *verb* **1** ~ el. ~ ***about*** vandra omkring, ströva omkring; om t.ex. blick, hand glida, fara, gå [*over* över]; ***his attention wandered*** hans tankar började vandra **2** ~ ***away*** el. ~ ***off*** gå vilse; ~ ***from the subject*** el. ~ ***from the point*** gå (komma) ifrån ämnet; ***his mind is wandering*** han yrar

wanderer ['wɒndərə] *subst* vandrare

wandering I ['wɒndərɪŋ] *subst* vandring; pl. ~***s*** vandringar, kringflackande

II ['wɒndərɪŋ] *adj* kringvandrande, kringflackande [*lead a* ~ *life*]

wane I [weɪn] *verb* **1** avta [*his strength is waning*], minskas, försvagas **2** om t.ex. månen avta

II [weɪn] *subst*, ***on the*** ~ i avtagande, på tillbakagång; ***the moon is on the*** ~ månen är i nedan

wangle I ['wæŋgl] *verb* vard. **1** fiffla med, mygla till sig [~ *an invitation to a party*] **2** fiffla, tricksa, mygla

II ['wæŋgl] *subst* vard., ***a*** ~ fiffel, mygel

wank [wæŋk] *verb* vulg. runka, onanera

wanker ['wæŋkə] *subst* sl. nolla, tönt

wannabe ['wɒnəbɪ] *subst* vard. (förvanskning av *want to be*) wannabe person som gärna vill likna t.ex. en kändis eller en grupp

want I [wɒnt] *subst* **1** brist, avsaknad; ~ ***of*** brist på; ***it wasn't for*** ~ ***of trying that he failed*** det var inte så att han inte försökte, men han misslyckades ändå **2** spec. pl. ~***s*** behov; önskningar; ***supply a long felt*** ~ el. ***meet a long-felt*** ~ fylla ett länge känt behov **3** nöd [*freedom from* ~]; ***be in*** ~ lida nöd

II [wɒnt] *verb* **1** vilja [*we can stay at home if you* ~]; vilja ha [*do you* ~ *some bread?*], önska sig [*what do you* ~ *for Christmas?*]; ***I don't*** ~ ***it said that...*** jag vill inte att man ska säga att...; ***how much do you*** ~ ***for...?*** hur mycket begär du för...?; ***what do you*** ~ ***from me?*** vad begär du av mig?, vad vill du mig?; ***cook wanted*** kock sökes **2** behöva; ***it*** ~***s doing*** det behöver göras; ***it*** ~***s some doing*** det är ingen lätt sak; ***it*** ~***s doing with great care*** det måste (bör) göras med stor omsorg; ***you*** ~ ***to be more careful*** du måste (borde) vara försiktigare **3** sakna, inte ha [*he* ~*s the will to do it*] **4** vilja tala med [*tell Bob I* ~ *him*]; ***you are wanted on the phone*** det är telefon till dig; ***wanted by the police*** efterlyst av polisen **5** spec. amer., ~ ***in*** vilja komma (gå) in; ~ ***out*** a) vilja komma (gå) ut b) vard. inte vilja vara med längre

wanting ['wɒntɪŋ] *adj* o. *pres p*, ***be*** ~ saknas, fattas; ***be*** ~ ***in*** sakna [*be* ~ *in intelligence*], brista i [*be* ~ *in respect*]

wanton ['wɒntən] *adj* godtycklig; meningslös [~ *destruction*]; hänsynslös [*a* ~ *attack*]

war I [wɔː] *subst* krig; ***the*** ~ ***against disease*** kampen mot sjukdomar; ***civil*** ~ inbördeskrig; ~ ***crimes*** krigsförbrytelser; ~ ***criminal*** krigsförbrytare; ~ ***memorial*** krigsmonument; ~ ***of nerves*** nervkrig; ***declare*** ~ förklara krig [*on, against* mot]; ***make*** ~ el. ***wage*** ~ föra krig [*on* mot]; ***go to*** ~ börja krig [*against, with* mot, med]

II [wɔː] (*-rr-*) *verb* kriga, föra krig [*against* mot]

warble I ['wɔːbl] *verb* spec. om fåglar kvittra, drilla

II ['wɔːbl] *subst* fågels sång, kvitter, drill

war cry ['wɔːkraɪ] *subst* **1** stridsrop **2** slagord, paroll

ward I [wɔːd] *subst* avdelning, sal, rum på t.ex. sjukhus; ***casualty*** ~ olycksfallsavdelning på sjukhus; ***maternity*** ~ BB-avdelning, förlossningsavdelning; ***private*** ~ enskilt rum

II [wɔːd] *verb*, ~ ***off*** avvärja, parera [*~ off a blow*]; avvända [*~ off a danger*], avstyra

war dance ['wɔːdɑːns] *subst* krigsdans

warden ['wɔːdn] *subst* **1** föreståndare, uppsyningsman; ***air-raid*** ~ ungefär ordningsman vid civilförsvaret; ***traffic*** ~ trafikvakt, lapplisa **2** amer. fängelsedirektör

warder ['wɔːdə] *subst* fångvaktare

wardrobe ['wɔːdrəʊb] *subst* **1** ~ el. ***built-in*** ~ garderob, klädkammare, klädskåp **2** samling kläder garderob [*renew one's ~*]

ware [weə] *subst* pl. *~s* varor [*advertise one's ~s*], småartiklar

warehouse ['weəhaʊs] *subst* lager, magasin

warfare ['wɔːfeə] *subst* krig, krigföring; krigstillstånd

warhead ['wɔːhed] *subst* stridsdel, stridsspets i robot [*nuclear ~*]

warhorse ['wɔːhɔːs] *subst* vard. **1** veteran **2** om teaterpjäs el. musikstycke gammalt slagnummer

warily ['weərəlɪ] *adv* varsamt, försiktigt

wariness ['weərɪnəs] *subst* varsamhet, försiktighet

warlike ['wɔːlaɪk] *adj* **1** krigisk, stridslysten, stridbar **2** krigs- [*~ preparations*]

warm I [wɔːm] *adj* **1** varm; i lek, ***you're getting*** ~ det bränns

II [wɔːm] *verb* **1** värma, värma upp [*~ the milk*]; ~ ***up*** värma upp **2** bli varm, bli varmare; värmas, värmas upp; värma sig; ~ ***to sb*** el. ~ ***towards sb*** bli vänligare stämd mot ngn; ~ ***to one's subject*** gå upp i sitt ämne, tala sig varm för sin sak; ~ ***up*** a) värmas upp, bli varm [*the engine is warming up*] b) bli varm i kläderna; tala sig varm c) sport. värma upp sig

warm-blooded [ˌwɔːm'blʌdɪd] *adj* varmblodig

warmonger ['wɔːˌmʌŋgə] *subst* krigshetsare

warmth [wɔːmθ] *subst* värme

warm-up ['wɔːmʌp] *subst* sport. uppvärmning

warn [wɔːn] *verb* **1** varna; ~ ***against*** el. ~ ***about*** el. ~ ***of*** varna för, slå larm om; ***he warned me against going*** el. ***he warned me not to go*** han varnade mig för att gå **2** varsla, varsko, förvarna [*of* om; *that* om att]; ~ ***sb off sth*** avvisa ngn från ngt

warning ['wɔːnɪŋ] *subst* **1** varning **2** förvarning [*of* om]; ***give sb a fair*** ~ varna ngn i tid, varsko ngn i tid

warp [wɔːp] *verb* bli skev, bli vind; göra skev, göra vind

warpaint ['wɔːpeɪnt] *subst* krigsmålning

warpath ['wɔːpɑːθ] *subst*, ***on the*** ~ på krigsstigen, på stridshumör

warped [wɔːpt] *adj* **1** skev, vind **2** depraverad [*a ~ mind*]

warplane ['wɔːpleɪn] *subst* krigsflygplan

warrant I ['wɒrənt] *subst* **1** spec. jur. fullmakt, befogenhet, bemyndigande; skriven order; ~ ***of arrest*** el. ~ häktningsorder; ***a ~ is out against him*** han är efterlyst av polisen **2** grund [*he had no ~ for saying so*], stöd **3** garanti [*of* för]; bevis [*of* på]

II ['wɒrənt] *verb* **1** berättiga, rättfärdiga [*nothing can ~ such insolence*]; motivera **2** garantera [*warranted 22 carat gold*]; ansvara för, gå i god för

warranty ['wɒrəntɪ] *subst* garanti

warren ['wɒrən] *subst*, ~ el. ***rabbit*** ~ kaningård

warrior ['wɒrɪə] *subst* krigare

Warsaw ['wɔːsɔː] Warszawa

warship ['wɔːʃɪp] *subst* krigsfartyg, örlogsfartyg

wart [wɔːt] *subst* vårta, utväxt

wart hog ['wɔːthɒg] *subst* djur vårtsvin

wartime ['wɔːtaɪm] *subst* krigstid

wary ['weərɪ] *adj* varsam, försiktig, på sin vakt; ***be ~ of*** akta sig för

was [wɒz, obetonat wəz], ***I*** ~ jag var; ***he/she/it*** ~ han/hon/den/det var; se vidare *be*

wash I [wɒʃ] *verb* **1** tvätta, skölja, spola; ~ ***the dishes*** diska; ~ ***oneself*** tvätta sig; ~ ***one's hands of*** ta sin hand ifrån, inte vilja ha något att göra med; ***I ~ my hands of it*** jag tvår mina händer; ~ ***one's dirty linen in public*** tvätta sin smutsiga byk offentligt **2** om t.ex. vågor skölja mot, spola in över **3** om t.ex. vågor spola, skölja [*~ overboard*] **4** tvätta sig, tvätta av sig **5** om t.ex. tyg gå att tvätta, tåla tvätt [*a material that will ~*] **6** vard., ***it won't*** ~ det håller inte; den gubben går inte **7** om vatten m.m. skölja

II [wɒʃ] *verb* med adv. o. prep.

wash ashore spola i land, spolas i land

wash away 1 tvätta bort, spola bort, skölja bort **2** urholka, urgröpa [*the cliffs had been washed away by the sea*]

wash down **1** tvätta, spola av [*~ down a car*] **2** skölja ned [*~ down the food with beer*]
wash off 1 tvätta bort, tvätta av [*~ off stains*] **2** gå bort i tvätten **3** sköljas bort, spolas bort
wash out skölja upp (ur), tvätta upp (ur) [*~ out clothes*]; ***feel washed out*** vard. känna sig urlakad
wash up 1 diska; diska av **2** om vågor skölja upp, spola upp **3** amer. tvätta sig [*John, go ~ up before you have lunch*] **4** vard., ***washed up*** slut, färdig [*he was washed up as a boxer*]
III [wɒʃ] *subst* **1** tvättning, tvagning; ***give the car a good*** ~ tvätta av bilen ordentligt; ***have a*** ~ tvätta av sig; ***have a ~ and brush up*** snygga till sig **2** tvättning av kläder; ***it will come out in the*** ~ **3** det går bort i tvätten **4** det kommer att ordna upp sig **5** tvättkläder **6** tvättinrättning **7** svallvåg spec. efter båt; kölvatten
washable [ˈwɒʃəbl] *adj* tvättbar, tvättäkta
washbasin [ˈwɒʃˌbeɪsn] *subst* handfat, tvättfat
washbowl [ˈwɒʃbəʊl] *subst* handfat, tvättfat
washcloth [ˈwɒʃklɒθ] *subst* disktrasa, spec. amer. tvättlapp
washdown [ˈwɒʃdaʊn] *subst* översköljning, avtvättning, avspolning; ***give the car a*** ~ tvätta av bilen
washer [ˈwɒʃə] *subst* tekn. **1** packning till t.ex. kran **2** underläggsbricka
washing [ˈwɒʃɪŋ] *subst* **1** tvätt, tvättning **2** tvättkläder
washing-machine [ˈwɒʃɪŋməˌʃiːn] *subst* tvättmaskin
washing-powder [ˈwɒʃɪŋˌpaʊdə] *subst* tvättpulver, tvättmedel
washing-soda [ˈwɒʃɪŋˌsəʊdə] *subst* kristallsoda, tvättsoda
Washington [ˈwɒʃɪŋtən]
washing-up [ˌwɒʃɪŋˈʌp] *subst* disk, diskning; ~ ***bowl*** diskbalja; ~ ***liquid*** flytande diskmedel; ***do the*** ~ diska
wash leather [ˈwɒʃˌleðə] *subst* tvättskinn
washout [ˈwɒʃaʊt] *subst* vard. fiasko; om person odugling, nolla
washproof [ˈwɒʃpruːf] *adj* tvättäkta
washroom [ˈwɒʃruːm] *subst* **1** tvättrum **2** amer. toalettrum
washstand [ˈwɒʃstænd] *subst* tvättställ; kommod
washtub [ˈwɒʃtʌb] *subst* tvättbalja
wasn't [ˈwɒznt] = *was not*
wasp [wɒsp] *subst* geting
waste I [weɪst] *adj* **1** öde, ödslig; ***lay*** ~ ödelägga, skövla; ***lie*** ~ ligga öde **2** avfalls- [*~ products*]; ~ ***paper*** pappersavfall
II [weɪst] *verb* **1** slösa, slösa bort, förspilla [*in, over* på, med]; slösa med; ~ ***not, want not*** ordspr. den som spar han har; ~ ***one's breath*** tala för döva öron; ~ ***sb's time*** slösa bort ngns dyrbara tid; ~ ***time*** spec. sport. maska **2** förslösas, gå till spillo **3** försumma, försitta [*~ an opportunity*] **4** ~ ***away*** om person tyna av; ***a body wasted by disease*** en kropp tärd (härjad) av sjukdom
III [weɪst] *subst* **1** slöseri [*of* med]; ***it's a ~ of breath*** det är att tala för döva öron; ***a ~ of time*** bortkastad tid, slöseri med tid; ***go to*** ~ el. ***run to*** ~ gå till spillo **2** avfall; ***cotton*** ~ trassel **3** ödemark
wastebasket [ˈweɪstˌbɑːskɪt] *subst* amer., se *waste-paper basket*
wastebin [ˈweɪstbɪn] *subst* soplår, soptunna
waste disposal [ˈweɪstdɪsˌpəʊzl] *subst* avfallshantering
waste-disposer [ˈweɪstdɪsˌpəʊzə] *subst* avfallskvarn
wasteful [ˈweɪstfʊl] *adj* slösaktig
wasteland [ˈweɪstlænd] *subst* ödemark
waste-paper basket [ˌweɪstˈpeɪpəˌbɑːskɪt] *subst* papperskorg
wastepipe [ˈweɪstpaɪp] *subst* avloppsrör
waster [ˈweɪstə] *subst* **1** slösare **2** odåga
watch I [wɒtʃ] *subst* **1** vakt, uppsikt, utkik; ***keep ~ for*** el. ***keep a ~ for*** hålla utkik efter; ***keep ~ on (over)*** el. ***keep a ~ on (over)*** hålla uppsikt över, hålla vakt över **2** om person vakt, utkik **3** sjö. vakt **4** klocka,

Washington

Washington är namnet på Amerikas första president, dess huvudstad och en delstat i västra USA.
George Washington ledde frihetskampen mot britterna och blev USA:s första president (1789–1797). Hans namn står för hederlighet. På endollarsedlarna finns hans porträtt.
Huvudstaden *Washington* ligger inte i någon delstat utan har ett eget distrikt. Det officiella namnet är därför *Washington D.C.* (*District of Columbia*).

armbandsur; ***set one's*** ~ ställa klockan [*by* efter]; ***what time is it by your*** ~***?*** hur mycket är din klocka? **5** vaka, vakande; likvaka

II [wɒtʃ] *verb* **1** se 'på, titta 'på, titta; ~ ***for*** a) hålla utkik efter; vänta på [~ *for a signal*] b) avvakta, passa [~ *for an opportunity*]; ~ ***out*** se upp [~ *out when you cross the road*]; ~ ***out for*** a) hålla utkik efter b) ge akt på; ~ ***over*** vakta, ha uppsikt över, vaka över **2** vakta, hålla vakt, stå på vakt, gå vakt **3** vaka [*over* över; *by*, *with* hos ngn] **4** se på, titta på [~ *television*] **5** ge akt på, vara noga med, se upp med [~ *one's weight*]; ~ ***it!*** el. ~ ***yourself!*** akta dig!; ~ ***what you do!*** ge akt på vad du gör! **6** bevaka [~ *one's interests*], hålla ett öga på, passa, vakta [~ *one's sheep*]

watchband ['wɒtʃbænd] *subst* amer. klockarmband

watchcase ['wɒtʃkeɪs] *subst* boett

watchdog ['wɒtʃdɒg] *subst* vakthund, bandhund

watcher ['wɒtʃə] *subst* bevakare, observatör, iakttagare; ***bird*** ~ fågelskådare

watchful ['wɒtʃfʊl] *adj* vaksam, på sin vakt [*against*, *of* mot], uppmärksam [*for* på]; ***keep a*** ~ ***eye on*** hålla ett vakande öga på

watchmaker ['wɒtʃˌmeɪkə] *subst* urmakare

watchman ['wɒtʃmən] (pl. *watchmen* ['wɒtʃmən]) *subst* nattvakt, väktare

watchout ['wɒtʃaʊt] *subst*, ***keep a*** ~ hålla utkik

watchstrap ['wɒtʃstræp] *subst* klockarmband

watchtower ['wɒtʃˌtaʊə] *subst* vakttorn, utkikstorn

watchword ['wɒtʃwɜːd] *subst* paroll, slagord, lösen, motto

water I ['wɔːtə] *subst* vatten; pl. ~***s*** a) vatten, vattenmassor b) farvatten [*in British* ~*s*]; ***body of*** ~ vattenmassa; ***table*** ~ bordsvatten; ~ ***on the knee*** med. vatten i knät; ***spend money like*** ~ ösa ut pengar; ***drink the*** ~***s*** el. ***take the*** ~***s*** dricka brunn; ***pass*** ~ kasta vatten, urinera; ***take in*** ~ ta in vatten, läcka; ***keep one's head above*** ~ hålla sig flytande

II ['wɔːtə] *verb* **1** vattna, bevattna **2** ~ ***down*** a) spä, spä ut b) göra urvattnad; ***watered down*** utspädd, urvattnad **3** vattra [*watered silk*] **4** vattna sig, vattnas; ***it made his mouth*** ~ det vattnades i munnen på honom **5** rinna, tåras [*the smoke made my eyes* ~]

water bottle ['wɔːtəˌbɒtl] *subst* **1** vattenkaraff **2** fältflaska, vattenflaska

watercan ['wɔːtəkæn] *subst* vattenkanna, kanna för vatten

water cannon ['wɔːtəˌkænən] *subst* vattenkanon

watercart ['wɔːtəkɑːt] *subst* vattenvagn, bevattningsvagn

waterchute ['wɔːtəʃuːt] *subst* vattenrutschbana

water closet ['wɔːtəˌklɒzɪt] *subst* vattenklosett, wc

watercolour ['wɔːtəˌkʌlə] *subst* **1** vattenfärg, akvarellfärg; ***in*** ~***s*** i akvarell **2** akvarell, målning i vattenfärg

water-cooled ['wɔːtəkuːld] *adj* vattenkyld

watercress ['wɔːtəkres] *subst* ätlig växt vattenkrasse

water-diviner ['wɔːtədɪˌvaɪnə] *subst* slagruteman

waterfall ['wɔːtəfɔːl] *subst* vattenfall, fors

waterfowl ['wɔːtəfaʊl] *subst* vanligen koll. vattenfågel, sjöfågel

waterfront ['wɔːtəfrʌnt] *subst* strand, sjösida av stad; ***along the*** ~ längs vattnet, vid vattnet

water gauge ['wɔːtəgeɪdʒ] *subst* tekn. vattenmätare, vattenståndsmätare

water-heater ['wɔːtəˌhiːtə] *subst* varmvattenberedare

water hose ['wɔːtəhəʊz] *subst* vattenslang

water ice ['wɔːtəraɪs] *subst* isglass, vattenglass

watering ['wɔːtərɪŋ] *subst* vattning, vattnande

watering-can ['wɔːtərɪŋkæn] *subst* vattenkanna för vattning

watering-cart ['wɔːtərɪŋkɑːt] *subst* vattenvagn, bevattningsvagn

watering-place ['wɔːtərɪŋpleɪs] *subst* **1** vattningsställe **2** hälsobrunn, brunnsort

water jug ['wɔːtədʒʌg] *subst* vattentillbringare

water jump ['wɔːtədʒʌmp] *subst* sport. vattengrav

water level ['wɔːtəˌlevl] *subst* **1** vattenstånd, vattennivå **2** sjö. vattenlinje

water lily ['wɔːtəˌlɪlɪ] *subst* näckros

waterlogged ['wɔːtəlɒgd] *adj* **1** vattenfylld, full av vatten **2** vattensjuk

watermark I ['wɔːtəmɑːk] *subst* **1** vattenmärke, vattenstämpel **2** vattenståndsmärke

II ['wɔːtəmɑːk] *verb* vattenstämpla

watermelon ['wɔːtəˌmelən] *subst* vattenmelon
waterpipe ['wɔːtəpaɪp] *subst* **1** vattenledning, vattenledningsrör **2** vattenpipa
water polo ['wɔːtəˌpəʊləʊ] *subst* sport. vattenpolo
water power ['wɔːtəˌpaʊə] *subst* vattenkraft
waterproof I ['wɔːtəpruːf] *adj* vattentät, impregnerad [*~ material*]; *~ **hat*** regnhatt
II ['wɔːtəpruːf] *subst* regnplagg; vattentätt tyg
III ['wɔːtəpruːf] *verb* göra vattentät, impregnera
waterproofing ['wɔːtəˌpruːfɪŋ] *subst* impregnering
water rate ['wɔːtəreɪt] *subst* vattenavgift, vattentaxa
water-resistant [ˌwɔːtərɪ'zɪstənt] *adj* vattenbeständig, vattenfast, vattentät
water-ski I ['wɔːtəskiː] *verb* åka vattenskidor
II ['wɔːtəskiː] *subst* vattenskida
water-skiing ['wɔːtəˌskiːɪŋ] *subst* vattenskidåkning
water-softener ['wɔːtəˌsɒfnə] *subst* vattenavhärdare
water supply ['wɔːtəsəˌplaɪ] *subst* **1** vattenförsörjning, vattentillförsel **2** vattentillgång, vattenförråd
water tap ['wɔːtətæp] *subst* vattenkran
watertight ['wɔːtətaɪt] *adj* vattentät [*a ~ alibi*], tät
waterway ['wɔːtəweɪ] *subst* **1** farled, segelled, farvatten; kanal **2** vattenväg, vattenled
water wings ['wɔːtəwɪŋz] *subst pl* armkuddar slags simdyna
waterworks ['wɔːtəwɜːks] (med verb i sing.; pl. lika) *subst* vattenverk
watery ['wɔːtərɪ] *adj* **1** vattnig, sur, blöt; vatten-; *~ **vapour*** vattenånga **2** vattnig [*~ soup*], tunn, urvattnad
watt [wɒt] *subst* elektr. watt
wave I [weɪv] *subst* **1** våg, bölja; *~ **of strikes*** strejkvåg; ***heat*** *~* värmebölja **2** vågighet, våglinje **3** vinkning, vink, viftning **4** våg i hår **5** permanent [*cold ~*]
II [weɪv] *verb* **1** bölja, gå i vågor, vaja, fladdra **2** våga sig, falla [*her hair ~s naturally*]; våga [*~ one's hair*] **3** vifta, vinka [*to* till] [*~ goodbye*]; vinka med [*~ one's hand*], vifta med [*he waved his handkerchief*]; *~ **aside*** a) vinka bort [*~ sb aside*]; vinka avsides b) vifta bort, avvisa, avfärda
wavelength ['weɪvleŋθ] *subst* radio. våglängd
waver ['weɪvə] *verb* **1** skälva [*her voice wavered*] **2** vackla [*his courage wavered*]; ge vika **3** växla, vackla [*~ between two opinions*]; tveka
wavy ['weɪvɪ] *adj* vågig, vågformig
1 wax [wæks] *verb* spec. om månen tillta, växa; *~ **and wane*** tillta och avta i styrka
2 wax I [wæks] *subst* **1** vax, bivax **2** öronvax **3** skidvalla
II [wæks] *verb* vaxa, bona [*~ floors*]; polera
waxen ['wæksən] *adj* **1** av vax, vax- [*~ image*] **2** vaxlik, vaxartad, vaxblek
waxwork ['wækswɜːk] *subst* **1** vaxfigur; vaxarbeten, vaxfigurer **2** *~**s*** vaxkabinett
waxy ['wæksɪ] *adj* vaxartad, vaxlik
way I [weɪ] *subst* **1** väg [*they went the same ~*], håll, riktning; sträcka, stycke **2** väg, stig [*a ~ across the field*]; gång **3** sätt [*the right ~ of doing sth*]; utväg **4** *~**s and means*** möjligheter, medel; *~ **of life*** livsföring, livsstil **5** med 'the' el. pron., ***that is always the*** *~* så är det alltid; ***that's the*** *~* ***it is*** så är det, sånt är livet; ***that's the*** *~* ***to do it*** så ska det göras, så ska det gå till; ***do it any*** *~* ***you like*** gör precis som du själv vill; ***you can't have it both*** *~**s*** man kan inte både äta kakan och ha den kvar, man kan inte få bådadera; ***each*** *~* varje väg, i vardera riktningen; ***put ten pounds on a horse each*** *~* i kapplöpning satsa tio pund både på vinnare och på plats; ***no*** *~**!*** vard. aldrig i livet!, sällan! **6** med verb: ***ask the*** *~* el. ***ask one's*** *~* fråga efter vägen; ***clear the*** *~* bana väg, gå ur vägen; ***feel one's*** *~* a) treva sig fram b) känna sig för; ***go a long*** *~* a) gå långt b) räcka långt, vara dryg; ***go a long*** *~* ***to*** bidra starkt till; ***go the right*** *~* ***about it*** angripa det från rätt sida, börja i rätt ände; ***are you going my*** *~**?*** ska du åt mitt håll?; ***everything was going my*** *~* allt gick vägen för mig; ***have it all one's own*** *~* få sin vilja fram; ***have it your own*** *~**!*** gör som du vill!; ***let sb have his own*** *~* låta ngn få som han vill; ***if I had my*** *~**...*** om jag fick bestämma...; ***she has a*** *~* ***with children*** hon har god hand med barn; ***know the*** *~* ***about*** el. ***know one's*** *~* ***about*** a) vara hemmastadd på platsen b) ha reda på saker och ting; ***lead the*** *~* a) gå före och visa vägen, gå före b) gå i spetsen, visa vägen; ***lose one's*** *~* råka (gå, köra etc.) vilse; ***make*** *~* bereda plats,

lämna plats [*for* åt, för], gå undan, gå ur vägen [*for* för]; ***make one's ~ in the world*** arbeta sig upp, slå sig fram **7** med prep.: ***go a long ~ about*** (***round***) göra en lång omväg; ***the other ~ round*** precis tvärtom; ***across the ~*** på andra sidan vägen, på andra sidan gatan; ***by the ~*** för övrigt; ***by the ~, do you know...?*** förresten vet du...?; ***not by a long ~*** inte på långa vägar; ***by ~ of*** a) via, över b) som [*by ~ of an explanation*]; ***in a ~*** på sätt och vis; ***he is in a bad ~*** det är illa ställt med honom; ***in a small ~*** i liten skala; ***in the ~*** i vägen [*of* för]; ***in any ~*** på något sätt; ***in no ~*** på intet sätt, ingalunda; ***he is in no ~ inferior*** han är inte underlägsen på något sätt; ~ ***in*** ingång, väg in, infart; ~ ***off*** långt borta; ***on the ~ to*** el. ***on his*** (***her*** etc.) ***~ to*** på väg (på vägen) till; ***be on the ~*** vara på väg; ***be well on one's ~*** ha kommit en bra bit på väg; ~ ***out*** a) utgång, väg ut, utfart b) utväg, råd [*there must be some ~ out*]; ***out of the ~*** a) ur vägen [*be out of the ~*], undan, borta b) avsides, avsides belägen c) ovanlig, originell; ***go out of one's ~*** a) ta (göra, köra etc.) en omväg, göra en avstickare b) göra sig extra besvär [*he went out of his ~ to help me*]; ***put sb out of the ~*** röja ngn ur vägen; ***be under ~*** ha kommit i gång; ***get under ~*** komma i gång

II [weɪ] *adv* vard. långt, högt; ~ ***back in the seventies*** redan på 70-talet; ***it's ~ over my head*** det går långt över min horisont

wayfarer ['weɪˌfeərə] *subst* vägfarande

waylaid [weɪ'leɪd] imperf. o. perf. p. av *waylay*

waylay [weɪ'leɪ] (*waylaid waylaid*) *verb* **1** ligga i bakhåll för, lurpassa på **2** hejda [*he waylaid me and asked for a loan*]

way-out [ˌweɪ'aʊt] *adj* vard. extrem, excentrisk, mysko

wayside ['weɪsaɪd] *subst* vägkant; ~ ***inn*** värdshus vid vägen; ***by the ~*** vid vägen

wayward ['weɪwəd] *adj* egensinnig, nyckfull

WC [ˌdʌblju:'si:] (förk. för *water closet*) wc

we [wi:, obetonat wɪ] (objektsform *us*) *pron* **1** vi **2** man [*~ say 'please' in English*]

weak [wi:k] *adj* svag, klen, bräcklig, dålig; ***have a ~ stomach*** ha dålig mage

weaken ['wi:kən] *verb* **1** försvaga, göra svagare **2** försvagas, mattas **3** vekna

weak-kneed [ˌwi:k'ni:d] *adj* **1** knäsvag **2** vek, eftergiven, velig

weakling ['wi:klɪŋ] *subst* vekling, stackare

weakness ['wi:knəs] *subst* svaghet [*of, in* i; *for* för]; klenhet, svag sida, brist; ***have a ~ for*** vara svag för, ha en svaghet för [*Vincent has a ~ for chocolate*]; ***in a moment of ~*** i ett svagt ögonblick

weak-willed [ˌwi:k'wɪld] *adj* viljelös

weal [wi:l] *subst* strimma, rand märke på huden efter slag

wealth [welθ] *subst* rikedom, rikedomar, förmögenhet; välstånd; ***a man of ~*** en förmögen man; ***a ~ of experience*** mycket stor erfarenhet; ***a ~ of examples*** en stor mängd exempel

wealthiness ['welθɪnəs] *subst* rikedom

wealthy ['welθɪ] *adj* rik, förmögen

wean [wi:n] *verb* **1** avvänja [*~ a baby*]; ***~ a baby on...*** föda upp ett spädbarn på... **2** ~ ***from*** avvänja från

weapon ['wepən] *subst* vapen

weaponry ['wepənrɪ] *subst* vapen koll. [*nuclear ~*]

wear I [weə] (*wore worn*) *verb* **1** ha på sig, vara klädd i, ha, bära; ***she always ~s blue*** hon klär sig alltid i blått; ~ ***a beard*** ha skägg; ~ ***one's hair long*** ha långt hår; ~ ***lipstick*** använda läppstift; ~ ***a ring*** ha ring; ~ ***spectacles*** använda glasögon; ~ ***one's years well*** el. ~ ***one's age well*** bära sina år med heder; ***this coat has not been worn*** den här rocken är inte använd **2** nöta på, slita på [*hard use has worn the gloves*]; trampa upp, köra upp [*~ a path across the field*]; ~ ***a hole in*** nöta hål på (i), slita hål på (i) **3** nötas, slitas, bli nött; ~ ***thin*** a) bli tunnsliten b) börja bli genomskinlig [*his excuses are wearing thin*] c) börja ta slut [*my patience wore thin*] **4** ~ ***on sb*** gå ngn på nerverna **5** hålla [*this material will ~ for years*]; stå sig; ~ ***well*** hålla bra; vara väl bibehållen [*she ~s well*] **6** vard. hålla streck; ***the argument won't ~*** argumentet håller inte

II [weə] (*wore worn*) *verb* med adv. o. prep.

wear down 1 nöta ut, slita ut, nötas ut, slitas ut; ***worn down*** nedsliten, utnött **2** trötta ut [*he ~s me down*] **3** bryta ned, övervinna [*~ down the enemy's resistance*]

wear off 1 nöta av, nöta bort, nötas av, nötas bort **2** gå över, gå bort [*his fatigue had worn off*]; minska, avta [*the effect wore off*]

wear on om t.ex. tid lida, framskrida [*as the winter wore on*]

wear out slita ut, nöta ut, slitas ut, nötas ut; ***be worn out*** vara utarbetad, vara slut

III [weə] *subst* **1** bruk; ***clothes for everyday ~*** kläder för vardagsbruk

2 kläder; ***men's*** ~ herrkläder, herrkonfektion **3** nötning, slitning; ~ el. ~ ***and tear*** slitage, förslitning; ***fair ~ and tear*** normalt slitage; ***show signs of*** ~ börja se sliten ut; ***stand any amount of*** ~ tåla omild behandling; ***be the worse for*** ~ vara sliten, vara illa medfaren

wearisome ['wɪərɪsəm] *adj* **1** tröttsam, långtråkig **2** tröttande, besvärlig

weary I ['wɪərɪ] *adj* trött, uttröttad [*with* av]
II ['wɪərɪ] *verb* **1** trötta ut **2** tröttna [*of* på]

weasel ['wiːzl] *subst* djur vessla

weather I ['weðə] *subst* väder, väderlek; ***wet*** ~ regnväder; ***make heavy ~ of the simplest task*** göra mycket väsen av den enklaste uppgift; ***under the*** ~ vard. vissen, krasslig; ~ ***forecast*** väderrapport, väderprognos
II ['weðə] *verb* sjö. rida ut [~ *a storm*], klara, överleva [~ *a crisis*]

weather-beaten ['weðəˌbiːtn] *adj* väderbiten [*a ~ face*]

weatherbound ['weðəbaʊnd] *adj* hindrad (försenad) på grund av vädret

weathercock ['weðəkɒk] *subst* **1** vindflöjel, väderflöjel

weatherman ['weðəmæn] *subst* **1** vard. meteorolog i radio, tv

weatherproof I ['weðəpruːf] *adj* väderbeständig; ~ ***jacket*** vindtygsjacka
II ['weðəpruːf] *verb* göra väderbeständig, impregnera

weathervane ['weðəveɪn] *subst* vindflöjel

weave I [wiːv] (*wove woven*) *verb* **1** väva [~ *cloth*] **2** fläta [~ *a basket*], binda [~ *a garland of flowers*]; fläta in [*into* i]
II [wiːv] *subst* väv, vävning

weaver ['wiːvə] *subst* vävare, väverska

weaving ['wiːvɪŋ] *subst* vävning, vävnad

web [web] *subst* **1** väv **2** ***spider's*** ~ el. ~ spindelväv, spindelnät **3** data., ***World Wide Web*** webben, www; ***the*** ~ webben; ~ ***site*** sajt, webbplats

wed [wed] (*wedded wedded* el. *wed wed*) (*wedding*) *verb* **1** gifta sig med **2** gifta sig

we'd [wiːd] = *we had, we would* o. *we should*

wedded ['wedɪd] *adj* o. *perf p* gift [*to* med], vigd [*to* vid]; ***the ~ couple*** det äkta paret; ***his lawful ~ wife*** hans äkta maka

wedding ['wedɪŋ] *subst* bröllop; vigsel; ~ ***anniversary*** bröllopsdag årsdag; ~ ***breakfast*** bröllopslunch; ~ ***day*** bröllopsdag; ~ ***dress*** brudklänning

wedding cake ['wedɪŋkeɪk] *subst* bröllopstårta fruktkaka i våningar täckt med marsipan och glasyr

wedding ring ['wedɪŋrɪŋ] *subst* vigselring

wedge I [wedʒ] *subst* kil; bit [*a ~ of a cake*]
II [wedʒ] *verb* kila, kila fast; ***be wedged in*** el. ***be wedged*** vara inkilad, vara inklämd; ~ ***together*** tränga ihop

wedge-shaped ['wedʒʃeɪpt] *adj* kilformig, kilformad

wedlock ['wedlɒk] *subst* jur. äktenskap; ***holy*** ~ det heliga äkta ståndet

Wednesday ['wenzdeɪ, 'wenzdɪ] *subst* onsdag; ***last*** ~ i onsdags

wee [wiː] *adj* mycket liten, jätteliten [*just a ~ drop*]; ~ ***little*** pytteliten; ***a ~ bit*** en liten aning, en liten smula

weed I [wiːd] *subst* ogräs
II [wiːd] *verb* **1** rensa, rensa i [~ *the garden*], gallra, gallra i **2** ~ ***out*** rensa bort [~ *out a plant*], gallra ut

weed-killer ['wiːdˌkɪlə] *subst* ogräsmedel

weeds [wiːdz] *subst pl*, ***widow's*** ~ el. ~ änkedräkt, sorgdräkt

week [wiːk] *subst* vecka; ***last*** ~ förra veckan; ***last Sunday*** ~ i söndags för en vecka sedan; ***this*** ~ i veckan, den här veckan; ***today*** ~ el. ***a ~ today*** i dag om en vecka; ***a ~ ago today*** i dag för en vecka sedan; ~ ***by*** ~ vecka för vecka; ***be paid by the*** ~ få betalt per vecka; ***it went on for ~s*** det pågick i veckor; ***never*** (***not once***) ***in a ~ of Sundays*** vard. aldrig någonsin, aldrig i livet

weekday ['wiːkdeɪ] *subst* vardag, veckodag

weekend [ˌwiːk'end] *subst* helg, veckoslut, weekend

weekly I ['wiːklɪ] *adj* vecko- [*a ~ publication*]; varje vecka [~ *visits*]
II ['wiːklɪ] *adv* en gång i veckan; per vecka

> **wedding**
> I både Storbritannien och USA förekommer olika typer av bröllop beroende på vilken kulturell och social bakgrund man har. Många gifter sig i kyrkan men en del gifter sig borgerligt. I England kallas vigselförättaren *registrar* och hans kontor *registry office*. I USA är vigselförättaren en fredsdomare, *Justice of the Peace*.

III ['wiːklɪ] *subst* veckotidning, veckotidskrift
weeny ['wiːnɪ] *adj* vard. pytteliten
weep I [wiːp] (*wept wept*) *verb* gråta
II [wiːp] *subst* gråtanfall; ***have a good*** ~ gråta ut
weeping I ['wiːpɪŋ] *subst* gråt, gråtande; ~ ***fit*** gråtattack
II ['wiːpɪŋ] *adj* **1** gråtande **2** träd ~ ***willow*** tårpil
wee-wee I ['wiːwiː] *subst* barnspr. el. vard. kiss; ***do a*** ~ kissa
II ['wiːwiː] *verb* barnspr. el. vard. kissa
weigh I [weɪ] *verb* **1** väga [*it ~s a ton*]; ~ ***one's words*** väga sina ord; ~ ***on*** trycka, tynga; ***it ~s on my mind*** det trycker mig, det plågar mig **2** sjö. lyfta upp, dra upp [~ *the anchor*]; ~ ***anchor*** lätta ankar
II [weɪ] *verb* med adv. o. prep.
weigh down tynga ned, trycka ned; ***weighed down with cares*** el. ***weighed down with care*** tyngd av bekymmer
weigh in 1 sport. väga in, vägas in **2** vard. hoppa in, ingripa
weigh up bedöma [~ *up one's chances*], beräkna, avväga; ~ ***sb up*** bedöma vad ngn går för
weigh-in ['weɪɪn] *subst* sport. invägning
weighing-machine ['weɪɪŋməˌʃiːn] *subst* större våg; personvåg
weight [weɪt] *subst* **1** vikt, tyngd [*the pillars support the ~ of the roof*]; ***~s and measures*** mått och vikt; ***loss of*** ~ viktförlust; ***he is twice my*** ~ han väger dubbelt så mycket som jag; ***she is worth her ~ in gold*** hon är värd sin vikt i guld; ***give short*** ~ väga knappt, väga snålt; ***lose*** ~ gå ned i vikt, magra; ***pull one's*** ~ göra sin del, göra sin insats; ***put on*** ~ gå upp i vikt **2** tyngd, börda [*the ~ of his responsibility*]; tryck [*a ~ on the chest*]; ***that was a ~ off my mind*** (***heart***) en sten föll från mitt bröst; ***attach ~ to*** fästa vikt vid; ***her words carry no*** ~ hennes ord väger lätt; ***give*** (***lend***) ~ ***to one's words*** ge eftertryck (kraft, tyngd) åt...; ***throw one's ~ about*** vard. göra sig märkvärdig, flyta ovanpå **3** sport. kula; ***put the*** ~ stöta kula; ***putting the*** ~ kulstötning **4** sport. el. boxn. viktklass **5** i kapplöpning handikappvikt
weightlifter ['weɪtˌlɪftə] *subst* sport. tyngdlyftare
weightlifting ['weɪtˌlɪftɪŋ] *subst* sport. tyngdlyftning
weightwatcher ['weɪtˌwɒtʃə] *subst* viktväktare
weighty ['weɪtɪ] *adj* **1** tung, tyngande [~ *cares*] **2** tungt vägande [~ *arguments*]
weird [wɪəd] *adj* **1** spöklik, kuslig [~ *sounds*] **2** vard. konstig, kufisk [*he is a bit ~*]
welcome I ['welkəm] *adj* **1** välkommen [*a ~ opportunity*]; glädjande [*a ~ sign*]; ***make sb*** ~ få ngn att känna sig välkommen **2** ***you're ~!*** svar på tack, spec. amer. ingen orsak!, för all del!; ***you're ~!*** el. ***you're ~ to it!*** håll till godo!, väl bekomme! ibland iron.
II ['welkəm] *subst* välkomnande, mottagande [*a hearty ~*]; välkomsthälsning; ***give sb a hearty*** ~ önska ngn hjärtligt välkommen; ***give sb a warm*** ~ a) önska ngn varmt välkommen b) iron. ta emot ngn med varma servetter; ***outstay one's*** ~ el. ***overstay one's*** ~ stanna kvar för länge
III ['welkəm] (*welcomed welcomed*) *verb* välkomna [~ *sb*; ~ *a change*], hälsa välkommen; hälsa med glädje [~ *the return of sb*]
welcoming ['welkəmɪŋ] *adj* välkomnande [*a ~ smile*]; välkomst- [*a ~ party*]
weld I [weld] *verb* svetsa; svetsa fast, svetsa ihop
II [weld] *subst* **1** svets, svetsning **2** svetsfog, svetsställe
welder ['weldə] *subst* **1** svetsare **2** svetsmaskin
welding ['weldɪŋ] *subst* svetsning; ~ ***blowpipe*** el. ~ ***torch*** svetsbrännare
welfare ['welfeə] *subst* **1** välfärd, väl, välgång; ***the Welfare State*** välfärdsstaten, välfärdssamhället; ***the public*** ~ den allmänna välfärden **2** ***social*** ~ socialvård; ***child*** ~ barnomsorg; ***industrial*** ~ arbetarskydd; ***social ~ worker*** el. ~ ***worker*** socialarbetare, socialvårdare **3** amer., ***be on*** ~ leva på understöd
we'll [wiːl] = *we will* o. *we shall*
1 well I [wel] *subst* **1** brunn; källa [*oil-well*] **2** mineralkälla **3** hisschakt, hisstrumma
II [wel] *verb*, ~ el. ~ ***forth*** el. ~ ***out*** välla, strömma [*from* ur, från]; ***tears welled up in her eyes*** hennes ögon fylldes av tårar
2 well I [wel] (*better best*) *adv* **1** väl, bra; mycket väl, med rätta [*it may ~ be said that...*]; ~ ***and truly*** ordentligt, med besked [*he was ~ and truly beaten*]; ***not very*** ~ inte så bra; ***you can very ~ do that*** det kan du gott göra; ***he couldn't***

very ~ refuse han kunde inte gärna vägra; ***it may very ~ be that...*** det kan mycket väl hända att...; ***carry one's years ~*** bära sina år med heder; ***be ~ off*** ha det bra ställt; ***I'm very ~ off for clothes*** jag har gott om kläder; ***you're ~ out of it*** du kan vara glad att du slipper det **2** betydligt, ett bra stycke; ~ ***past sixty*** el. ~ ***over sixty*** en bra bit över sextio år **3** ***as*** ~ a) också, dessutom [*he gave me clothes as ~*] b) lika gärna [*you may as ~ stay*]; ***just as*** ~ lika gärna; ***as ~ as*** a) såväl... som, både... och [*he gave me clothes as ~ as food*] b) lika bra som [*he plays as ~ as me*]; ***as ~ as I can*** så gott jag kan
II [wel] (*better best*) *adj* **1** frisk, kry, bra; ***I don't feel quite ~ today*** jag mår inte riktigt bra i dag **2** bra, gott, väl [*all is ~ with us*]; ***all's*** ~ mil. el. sjö. allt väl; ***all's ~ that ends well*** ordspr. slutet gott, allting gott; ***that's all very*** ~ för all del; ***it's all very ~ but...*** det är gott och väl men...; ***it's all very ~ for you to say*** det är lätt för dig att säga; ***it's (it's just) as well I didn't go*** det är lika så bra att jag inte gick dit; ***be ~ in with*** ligga bra till hos [*he's ~ in with the boss*]
III [wel] *interj* nå!, nåja!; så!, så där ja! [*~, here we are at last!*]; ~ ***I never!*** jag har aldrig hört (sett) på maken; ~ ***then!*** nå!, alltså!; ***very ~!*** ja då!, jo!, gärna!; ***very ~ then!*** som du vill då!; ***~, ~!*** nå!, ja ja!, ser man på!

well-adjusted [ˌweləˈdʒʌstɪd] *adj* välanpassad [*a ~ child*]
well-advised [ˌweladˈvaɪzd] *adj* välbetänkt
well-attended [ˌweləˈtendɪd] *adj* välbesökt [*a ~ meeting*]
well-balanced [ˌwelˈbælənst] *adj* välbalanserad; ***a ~ diet*** en allsidig kost
well-behaved [ˌwelbɪˈheɪvd] *adj* väluppfostrad
well-being [ˌwelˈbiːɪŋ] *subst* välbefinnande
well-chosen [ˌwelˈtʃəʊzn] *adj* väl vald, träffande [*a few ~ words*]
well-cooked [ˌwelˈkʊkt] *adj* vällagad, välkokt, välstekt
well-deserved [ˌweldɪˈzɜːvd] *adj* välförtjänt
well-disposed [ˌweldɪˈspəʊzd] *adj* välvilligt inställd, vänligt sinnad
well-done [ˌwelˈdʌn] *adj* **1** välgjord **2** genomstekt [*a ~ steak*], genomkokt
well-earned [ˌwelˈɜːnd] *adj* välförtjänt
well-established [ˌwelɪˈstæblɪʃt] *adj* väletablerad, väl inarbetad
well-hung [ˌwelˈhʌŋ] *adj* kok. välhängd
wellies [ˈwelɪz] (kortform för *wellingtons*) *subst pl* vard. gummistövlar
well-informed [ˌwelɪnˈfɔːmd] *adj* **1** allmänbildad **2** välinformerad, välunderrättad
wellington [ˈwelɪŋtən] *subst*, ***~s*** el. ~ ***boots*** a) gummistövlar b) kragstövlar
well-intentioned [ˌwelɪnˈtenʃənd] *adj* **1** välmenande **2** välment
well-kept [ˌwelˈkept] *adj* välskött, välvårdad
well-known [ˈwelnəʊn] *adj* känd, välkänd, välbekant
well-made [ˌwelˈmeɪd] *adj* **1** välgjord, välkonstruerad **2** välskapad
well-mannered [ˌwelˈmænəd] *adj* väluppfostrad, belevad, hyfsad
well-meaning [ˌwelˈmiːnɪŋ] *adj* **1** välmenande **2** välment
well-meant [ˌwelˈment] *adj* välment
well-nigh [ˈwelnaɪ] *adv* nära nog, nästan, hart när
well-off [ˌwelˈɒf] *adj* välbärgad; ***be*** ~ ha det bra ställt
well-read [ˌwelˈred] *adj* beläst [*in* i], allmänbildad
well-spoken [ˌwelˈspəʊkən] *adj* vältalig; kultiverad; ***be*** ~ tala väl och vårdat
well-stocked [ˌwelˈstɒkt] *adj* välutrustad, välsorterad, välfylld [*a ~ cupboard*]
well-timed [ˌwelˈtaɪmd] *adj* läglig, lämplig, väl beräknad, vältajmad
well-to-do [ˌweltəˈduː] *adj* välbärgad, förmögen
well-upholstered [ˌwelʌpˈhəʊlstəd] *adj* **1** välstoppad **2** vard., om person mullig, rund
well-wisher [ˈwelˌwɪʃə] *subst* sympatisör, välgångsönskare
well-worn [ˌwelˈwɔːn] *adj* sliten, utnött
Welsh I [welʃ] *adj* walesisk
II [welʃ] *subst* **1** ***the*** ~ walesarna **2** walesiska språket
Welshman [ˈwelʃmən] (pl. *Welshmen* [ˈwelʃmən]) *subst* walesare

Wembley [ˈwemblɪ]
På *Wembley* stadion i London spelas den engelska cupfinalen i fotboll och viktiga fotbollslandskamper. En nybyggd, storslagen arena invigdes 2007.

Welshwoman ['welʃˌwʊmən] (pl. *Welshwomen* ['welʃˌwɪmɪn]) *subst* walesiska

welter I ['weltə] *verb* rulla, svalla; vältra sig

II ['weltə] *subst* virrvarr; förvirrad massa

welterweight ['weltəweɪt] *subst* sport. **1** weltervikt **2** welterviktare

wench [wentʃ] *subst* **1** vard. tjej, brud **2** dialektalt jänta, tös

wend [wend] *verb*, ~ ***one's way*** bege sig [*to* mot, till]

went [went] imperf. av *go I*

wept [wept] imperf. o. perf. p. av *weep I*

were [wɜː, obetonat wə] (se äv. *be*) **1** ***they/we/you*** ~ de/vi/du/ni var **2** imperf. konjunktiv, ***if I ~ you I should...*** om jag vore du skulle jag...

we're [wɪə] = *we are*

weren't [wɜːnt] = *were not*

werewolf ['weəwʊlf] (pl. *werewolves* ['wɪəwʊlvz]) *subst* mytol. varulv

> **West End**
> *West End* är en stadsdel i centrala London med många teatrar, restauranger och affärer.

west I [west] *subst* **1** väster, väst; ***to the ~ of*** väster om **2** ***the West*** a) Västerlandet b) i USA Västern, väststaterna c) västra delen av landet; ***the Middle West*** Mellanvästern i USA

II [west] *adj* västlig, västra, väst- [*on the ~ coast*]; ***West Germany*** hist. Västtyskland; ***the West Indies*** pl. Västindien

III [west] *adv* mot väster, åt väster, västerut; ~ ***of*** väster om; ***go*** ~ vard. gå åt helsike; ***out West*** el. ***way out West*** borta i Västern i USA

westbound ['westbaʊnd] *adj* västgående

westerly ['westəlɪ] *adj* västlig

western I ['westən] *adj* **1** västlig, västra, väst- **2** ***Western*** västerländsk

II ['westən] *subst*, ***Western*** vildavästernfilm

westward I ['westwəd] *adj* västlig

II ['westwəd] *adv* mot väster

westwards ['westwədz] *adv* mot väster, västerut

wet I [wet] *adj* **1** våt, blöt, fuktig [*with* av], sur; ~ ***blanket*** glädjedödare; ***Wet Paint!*** Nymålat!; ~ ***behind the ears*** vard. inte torr bakom öronen; ~ ***through*** genomvåt; ~ ***to the skin*** våt in på bara kroppen; ***make*** ~ blöta ner **2** regnig [*a ~ day*] **3** vard. knasig; fjompig

II [wet] *subst* **1** regn [*don't go out in the ~*] **2** sl. löjlig typ

III [wet] (*wet wet* el. *wetted wetted*) (*-tt-*) *verb* **1** väta, fukta [*~ one's lips*]; blöta; ~ ***one's whistle*** vard. fukta strupen, ta sig ett glas; ~ ***through*** göra genomblöt **2** väta ned, kissa i [*~ the bed*]; ~ ***one's pants*** el. ~ ***oneself*** vard. kissa i byxorna, kissa på sig

we've [wiːv] = *we have*

whack I [wæk] *verb* vard. slå till, smälla till, klå upp; ***be whacked*** vara slutkörd

II [wæk] *subst* vard. **1** slag, smäll **2** del, andel

whacking I ['wækɪŋ] *subst* kok stryk

II ['wækɪŋ] *adj* vard. väldig, kolossal; ***a ~ lie*** en grov lögn

III ['wækɪŋ] *adv* vard. väldigt, jätte- [*~ big (great) parcel*]

whale [weɪl] *subst* **1** djur val, valfisk **2** ***have a ~ of a time*** ha jättekul

whale-fishing ['weɪlˌfɪʃɪŋ] *subst* valfångst

whaler ['weɪlə] *subst* **1** valfångare **2** valfångstfartyg, valfångstbåt

whaling ['weɪlɪŋ] *subst* valfångst, valjakt

wham [wæm] *subst* dunk, dunkande, smäll, slag

wharf [wɔːf] *subst* kaj, lastkaj, lastageplats, hamnplats

what I [wɒt] *pron* **1** vad [*~ do you mean?*], vilken, vilket, vilka [*~ is your reason ?*]; ~ ***ever can it mean?*** vard. vad i all världen kan det betyda?; ~ ***for?*** varför?, vad då till?; ***I gave him ~ for*** vard. jag gav honom så han teg; ~ ***if...?*** tänk om...?; ~ ***of it?*** än sen då?; ***what's yours?*** vad vill du ha att dricka?; ***what's up?*** vad står på?; ***so ~?*** än sen då?; ***do you know ~?*** vet du vad?; ***she knows what's*** ~ vard. hon har väl reda på sig; ***I'll show you what's ~!*** vard. jag ska minsann visa dig!; ~ ***age is***

> **Westminster** ['westmɪnstə]
> *Westminster* är en del av London. Här ligger den kända kyrkan *Westminster Abbey* med berömda författares och andra kända personers gravar, *the Houses of Parliament* och det kungliga residenset *Buckingham Palace*. Ofta använder man *Westminster* i betydelsen ”regeringen” eller ”parlamentet”.

he? hur gammal är han?; ~ ***sort of fellow is he?*** vad är han för en? **2** i utrop ~ ***weather!*** vilket väder!; ~ ***fools!*** vilka idioter!, såna idioter!; ~ ***a question!*** det var också en fråga!; ~ ***a pity!*** så synd!, vad tråkigt! **3** vad, det [*I'll do ~ I can*]; vad som, det som [*~ followed was unpleasant*]; ~ ***is interesting about this is...*** det intressanta med det här är...; ***and ~ is more*** och dessutom, och vad mer är; ***come ~ may*** vad som än händer; ***the food, ~ there was of it, was poor*** den lilla mat som fanns kvar var inte god
II [wɒt] *adv*, ~ ***with... and*** dels på grund av... och dels på grund av [*~ with hard work and tiredness, he could not sleep*]; ~ ***with one thing and another I was obliged to...*** och det ena med det andra gjorde att jag måste...

what-do-you-call-it ['wɒtdjuˌkɔːlɪt] *subst* vard. vad är det den (det) heter nu igen

whatever [wɒt'evə] *pron* **1** vad... än [*~ you do, do not forget...*], vad som... än; allt vad [*~ I have is yours*], allt som [*do ~ is necessary*]; ~ ***his faults, he is honest*** vilka fel han än må ha är han ärlig; ~ ***you say*** som du vill; ***do ~ you like*** gör som (vad) du vill; ***no doubt ~*** inte något som helst tvivel **2** ~ ***can it mean?*** vad i all världen kan det betyda?

what-for [wɒt'fɔː] *subst* vard., ***I gave him ~*** jag gav honom så han teg

what's-his-name ['wɒtsɪzneɪm] *subst* vard. vad är det han heter nu igen

whatsoever [ˌwɒtsəʊ'evə] *pron* se *whatever*

wheat [wiːt] *subst* vete

wheatear ['wiːtɪə] *subst* fågel stenskvätta

wheel I [wiːl] *subst* **1** hjul **2** ratt; ***take the ~*** ta över ratten **3** skiva, trissa; ***potter's ~*** drejskiva
II [wiːl] *verb* **1** rulla, köra, skjuta, dra [*~ a cart chair*]; ~ ***a cycle*** leda en cykel **2** svänga, svänga runt, snurra, snurra på **3** ~ ***round*** svänga, snurra, svänga runt, snurra runt; vända sig om

wheelbarrow ['wiːlˌbærəʊ] *subst* skottkärra

wheelbase ['wiːlbeɪs] *subst* hjulbas

wheelchair ['wiːltʃeə] *subst* rullstol

wheeler-dealer ['wiːləˌdiːlə] *subst* myglare, fixare

wheelie bin ['wiːlɪbɪn] *subst* slags soptunna på hjul

wheeling ['wiːlɪŋ] *subst*, ~ ***and dealing*** mygel

wheeze I [wiːz] *verb* andas med ett pipande ljud, pipa, rossla
II [wiːz] *subst* **1** pipande, rosslande **2** vard. trick, knep

wheezy ['wiːzɪ] *adj* pipande, rosslig

whelk [welk] *subst* skaldjur valthornssnäcka

whelp [welp] *subst* valp

when [wen] *adv* o. *konj* **1** när, hur dags; ~ ***ever...?*** vard. när i all världen...?; ***say ~!*** vard. säg stopp! spec. vid påfyllning av glas **2** då, när; som [*~ young*]; förrän [*scarcely... ~, hardly... ~*]; ***it was only ~ I had seen it that...*** det var först sedan jag hade sett den som...

whence [wens] *adv* litt. varifrån; ***from ~*** varifrån

whenever I [wen'evə] *konj* när... än, närhelst, varje gång, så ofta [*~ I see him*]; ~ ***you like*** när du vill, när som helst
II [wen'evə] *adv*, ~***...?*** när i all världen...?

where [weə] *adv* **1** var; ~ ***does this affect us?*** på vilket sätt påverkar det här oss?; ~ ***ever?*** var i all världen?; ~ ***would we be, if...?*** hur skulle det gå (bli) med oss om...?; ~ ***to?*** vart? **2** vart [*~ are you going?*]; ~ ***ever?*** vard. vart i all världen? **3** där [*a country ~ it never snows*]; var [*sit ~ you like*] **4** dit [*the place ~ I went next was Highbury*]; vart [*go ~ you like*]

whereabouts I [ˌweərə'baʊts] *adv* var ungefär, var någonstans [*~ did you find it?*]
II ['weərəbaʊts] *subst* tillhåll; ***nobody knows his ~*** ingen vet var han befinner sig

whereas [weər'æz] *konj* då däremot, medan däremot

whereby [weə'baɪ] *adv* varigenom, varmed

whereupon [ˌweərə'pɒn] *adv* varpå

wherever [weər'evə] *adv* **1** varhelst; varthelst; överallt där; överallt dit; ~ ***he comes from*** varifrån han än kommer **2** ~***...?*** var i all världen...?

whet [wet] (*-tt-*) *verb* **1** bryna, slipa, vässa **2** skärpa, reta [*~ one's appetite*]

whether ['weðə] *konj* om [*I don't know ~ he is here or not*], huruvida; ***the question ~...*** frågan om...; ***I doubt ~ he will come*** jag tvivlar på att han kommer; ***you must, ~ you want to or not*** du måste, antingen du vill eller inte

whetstone ['wetstəʊn] *subst* bryne, brynsten

whew [hjuː] *interj* puh! [*~, it's hot in here!*]; usch!

whey [weɪ] *subst* vassla

which [wɪtʃ] *pron* **1** vilken, vilket, vilka, vem

[*~ of you did it?*]; vilkendera; vilken (vilket, vilka, vem) som [*I don't know ~ of them came first*]; *~ **ever**...?* vard. vilken (vem) i all världen...? **2** (genitiv *vars* = *whose*) som [*was the book ~ you were reading a novel?*]; vilken, vilka; något som, en sak som, vilket [*he is very old, ~ ought to be remembered*]; ***she told me to leave, ~ I did*** hon sa åt mig att gå därifrån, vilket jag också gjorde; ***among ~*** bland vilka; ***we saw ten cars, three of ~ were vans*** vi såg tre bilar av vilka tre var skåpbilar

whichever [wɪtʃ'evə] *pron* **1** vilken... än [*~ road you take, you will go wrong*], vilkendera... än; vilken... som än; den, den som [*take ~ you like best*] **2** *~...?* vilken i all världen...?, vem i all världen...?

whiff [wɪf] *subst* **1** ***a ~ of fresh air*** en nypa frisk luft **2** bloss; inandning

whiffleball ['wɪflbɔːl] *subst* golf. m.m. träningsboll med hål i

while I [waɪl] *subst* **1** stund [*a short ~*]; tid; ***it will be a long ~ before...*** det kommer att dröja länge innan...; ***all the ~*** hela tiden; ***for a ~*** en stund, ett slag; ***in a ~*** om en stund; ***every once in a ~*** någon enstaka gång; ***for once in a ~*** för en gångs skull; ***quite a ~*** ganska länge **2** ***it is not worth ~*** det är inte mödan värt; ***I will make it worth your ~*** jag ska se till att det blir värt besväret för dig

II [waɪl] *konj* **1** medan, under det att; så länge [*I'll stay ~ my money lasts*] **2** medan däremot, då däremot [*Jane was dressed in brown, ~ Mary was dressed in blue*]; samtidigt som [*~ I admit his good points, I can see his bad*]

III [waɪl] *verb*, *~ **away the time*** fördriva tiden [*with* med], få tiden att gå

whilst [waɪlst] *konj* se *while II*

whim [wɪm] *subst* nyck, infall

whimper I ['wɪmpə] *verb* gnälla, gny

II ['wɪmpə] *subst* gnäll, gnällande, gny

whimsical ['wɪmzɪkl] *adj* **1** nyckfull **2** excentrisk

whimsicality [ˌwɪmzɪ'kælətɪ] *subst* nyckfullhet

whinchat ['wɪn-tʃæt] *subst* fågel buskskvätta

whine I [waɪn] *verb* **1** gnälla, yla **2** vina [*the bullets whined through the air*]

II [waɪn] *subst* **1** gnäll, ylande **2** vinande

whinge [wɪndʒ] *verb* gnälla, klaga

whining ['waɪnɪŋ] *adj* gnällande, gnällig

whip I [wɪp] (*-pp-*) *verb* **1** piska [*~ a horse*]; spöa **2** vispa [*~ cream*] **3** vard. rusa, kila [*he whipped upstairs*]

II [wɪp] (*-pp-*) *verb* med adv. o. prep.

whip across vard. kila över [*~ across the road*]

whip down vard. rusa ner, kila ner

whip into vard. **1** rusa in i, kila in i **2** *~ **into shape*** få fason på, få hyfs på [*~ the team into shape*]

whip off vard. rusa bort, sticka i väg

whip out vard. slita fram [*the policeman whipped out his notebook*]

whip round vard. **1** sticka runt, kila runt [*he whipped round the corner*]; *~ **round to sb's place*** kila över till ngn **2** *~ **round*** sätta i gång en insamling

whip up 1 vard. rusa upp (uppför), kila upp (uppför) **2** vispa upp, vard. fixa ihop [*~ up a meal*] **3** piska upp; väcka [*~ up enthusiasm*]; *~ **up excitement*** piska upp stämningen

III [wɪp] *subst* **1** piska **2** stålvisp **3** kok., slags mousse

whip-hand [ˌwɪp'hænd] *subst*, ***have the ~ over*** ha övertaget över, ha makt över [*over sb* över ngn]

whiplash ['wɪplæʃ] *subst* pisksnärt

whipped [wɪpt] *adj* **1** piskad, pryglad **2** vispad; *~ **cream*** vispgrädde

whippersnapper ['wɪpəˌsnæpə] *subst* spoling, snorvalp

whipping ['wɪpɪŋ] *subst* **1** piskning, piskande; ***get a ~*** få stryk **2** vispning, vispande; *~ **cream*** vispgrädde

whip-round ['wɪpraʊnd] *subst* vard. insamling

whirl I [wɜːl] *verb* **1** virvla [*the leaves whirled in the air*], snurra; virvla upp [*the wind whirled the dead leaves*]; *~ **round*** svänga runt med **2** rusa, susa, virvla [*she came whirling into the room*] **3** ***his head whirled*** el. ***his brain whirled*** det gick runt för honom **4** slunga, slänga

II [wɜːl] *subst* **1** virvel; snurr, snurrande; ***a ~ of dust*** ett virvlande dammoln; ***his brain was in a ~*** det gick runt för honom **2** virvel; ***a ~ of excitement*** ett tillstånd av upphetsning

whirling ['wɜːlɪŋ] *adj* virvlande, virvel-, snurrande, svängande; dansande

whirlpool ['wɜːlpuːl] *subst* **1** strömvirvel **2** bubbelpool

whirlwind ['wɜːlwɪnd] *subst* **1** virvelvind, virvel; ***sow the wind and reap the ~*** ordspr. så vind och skörda storm; ***a ~ tour*** en blixtsnabb turné

whirr [wɜː] *verb* surra, vina

whirring ['wɜːrɪŋ] *subst* surr, surrande, vin, vinande

whisk I [wɪsk] *subst* **1** viska, dammvippa **2** visp **3** viftning [*a ~ of the tail*]; svep [*a ~ of the broom*]

II [wɪsk] *verb* **1** vifta [*~ the flies away*] **2** svänga med, vifta med [*the cow whisked her tail*] **3** föra i flygande fläng **4** vispa [*~ eggs*]

whisker ['wɪskə] *subst* **1** vanligen pl. *~s* polisonger; ***that joke has got ~s*** vard. det där skämtet är urgammalt (mossigt) **2** morrhår

whiskey ['wɪskɪ] *subst* amerikansk el. irländsk whisky

whisky ['wɪskɪ] *subst* skotsk whisky

whisper I ['wɪspə] *verb* viska

II ['wɪspə] *subst* **1** viskning; ***talk in a ~*** el. ***talk in ~s*** viska **2** rykte

whispering I ['wɪspərɪŋ] *subst* viskande; ***~ campaign*** viskningskampanj

II ['wɪspərɪŋ] *adj* viskande

whispering-gallery [ˌwɪspərɪŋ'gælərɪ] *subst* viskgalleri

whist [wɪst] *subst* kortsp. whist; ***a game of ~*** ett parti whist; ***~ drive*** whistturnering

whistle I ['wɪsl] *verb* **1** vissla [*for* på, efter; *to* på] [*~ a tune*]; vissla på **2** ***you can ~ for it*** vard. det får du titta i månen efter **3** drilla [*the birds were whistling*]; om t.ex. ångbåt blåsa

II ['wɪsl] *subst* **1** vissling **2** vinande, susning **3** drill, visselsignal **4** visselpipa, vissla; ***factory ~*** fabriksvissla; ***as clean as a ~*** hur ren (fin) som helst **5** ***wet one's ~*** vard. fukta strupen, ta sig ett glas

whistling ['wɪslɪŋ] *subst* **1** visslande **2** vinande

whit [wɪt] *subst* uns [*not a ~ of truth in it*]

white I [waɪt] *adj* vit, vitblek, blek; ***~ coffee*** kaffe med mjölk (grädde); ***~ flag*** vit flagga, parlamentärflagga; ***~ frost*** rimfrost; ***~ heat*** vitvärme, vitglödgad; ***her anger was at ~ heat*** hon var kokade av vrede; ***work at ~ heat*** arbeta för högtryck; ***the White House*** Vita huset den amerikanske presidentens residens i Washington; ***~ lie*** vit lögn, from lögn; ***it's a ~ elephant*** det kostar mer än det smakar, det är en dyr lyx; ***~ tie*** a) vit rosett, vit fluga b) frack [*come in a ~ tie*]; ***~ wine*** vitt vin, vitvin

II [waɪt] *subst* **1** vitt **2** vit; ***the ~s*** de vita, den vita rasen **3** vita; ***the ~ of an egg*** en äggvita; ***the ~ of the eye*** ögonvitan, vitögat

whitebait ['waɪtbeɪt] *subst* småsill, skarpsill

whiteboard ['waɪtbɔːd] *subst* whiteboard skrivtavla

whitecaps ['waɪtkæps] *subst pl* vita gäss på sjön

white-collar ['waɪtˌkɒlə] *adj*, ***~ job*** manschettyrke; ***~ worker*** manschettarbetare

whitefish ['waɪtfɪʃ] *subst* **1** sik **2** fisk med vitt kött t.ex. torsk, kolja, vitling

white-haired ['waɪtheəd] *adj* **1** vithårig **2** vard., ***~ boy*** gullgosse, kelgris

Whitehall [ˌwaɪt'hɔːl] **1** gata i London med flera departement **2** vard. brittiska regeringen och den politik den representerar

whiteheart ['waɪthɑːt] *subst*, ~ el. ***~ cherry*** bigarrå

white-hot [ˌwaɪt'hɒt] *adj* vitglödgad, glödande

white-livered ['waɪtˌlɪvəd] *adj* feg, rädd

whiten ['waɪtn] *verb* göra vit, vitfärga, krita [*~ a pair of shoes*]; bleka

whitener ['waɪtnə] *subst* vitmedel; blekmedel

white-tie [ˌwaɪt'taɪ] *adj* frack- [*~ dinner*]; ***~ occasion*** el. ***~ affair*** fracktillställning

whitewash I ['waɪtwɒʃ] *subst* **1** limfärg, kalkfärg **2** urskuldande, bortförklaring

II ['waɪtwɒʃ] *verb* **1** limstryka, vitlimma, vitmena, kalka **2** rentvå, urskulda [*~ sb*], bortförklara

whitey ['waɪtɪ] *subst* neds. vit man

whither ['wɪðə] *adv* **1** varthän, vart **2** dit; vart, vartän

whiting ['waɪtɪŋ] *subst* fisk vitling

Whit Monday [ˌwɪt'mʌndɪ] *subst* annandag pingst

Whitsun I ['wɪtsn] *adj* pingst- [*~ week*]

II ['wɪtsn] *subst* pingst, pingsten

Whit Sunday o. **Whitsunday** [ˌwɪt'sʌndɪ, ˌwɪt'sʌndeɪ] *subst* pingstdag, pingstdagen

Whitsuntide ['wɪtsntaɪd] *subst* pingst, pingsten, pingsthelgen

whittle ['wɪtl] *verb* tälja på [*~ a stick*], tälja till; ***~ down*** reducera, skära ner

whiz [wɪz] (*-zz-*) *verb* vina, vissla, svischa [*the bullet whizzed past him*]

whiz-kid ['wɪzkɪd] *subst* vard. underbarn, fenomen

who [huː, obetonat hʊ] (genitiv *whose*, objektsform *whom*, informellt *who*) *pron* **1** vem, vilka [*~ is he?*; objektsform: *~ do you mean?* el. *whom do you mean?*; *she asked ~ I live with*]; ***~ ever...?*** vem i all världen...?; ***Who's Who?*** uppslagsbok Vem är det? **2** som;

vilken, vilka [*there's somebody ~ wants you on the phone*; objektsform: *the man whom we met*; informellt: *the man ~ we met*]; ***all of whom*** vilka alla; ***many of whom*** av vilka många
who'd [huːd] = *who had* o. *who would*
whodunit o. **whodunnit** [ˌhuːˈdʌnɪt] *subst* (av *who has done it?* el. *who done it?*) vard. deckare detektivroman
whoever [huːˈevə] *pron* **1** vem som än, vem ... än, vilka ... än; ~ ***did it, I didn't*** vem som än gjorde det så inte var det jag; ~ ***he may be*** vem han än må vara **2** vem (vilka) som helst som, var och en som, den som, de som; ~ ***says that is wrong*** den (de) som säger det har fel; ***she can choose ~ she wants*** hon kan välja vem hon vill **3** ~ ...? vem i all världen ...?
whole I [həʊl] *adj* hel; ***it went on for five ~ days*** det pågick i fem hela dagar
II [həʊl] *subst* helhet; ***a ~*** ett helt, en helhet; ***the ~ of*** hela [*the ~ of Europe*]; ***taken as a ~*** som helhet betraktad; ***on the ~*** på det hela taget
whole-hearted [ˌhəʊlˈhɑːtɪd] *adj* helhjärtad
wholemeal [ˈhəʊlmiːl] *subst* osiktat mjöl, grahamsmjöl; ~ ***bread*** fullkornsbröd
wholesale I [ˈhəʊlseɪl] *adj* **1** grossist-, parti- [*~ price*]; ~ ***dealer*** el. ~ ***merchant*** grossist **2** mass- [*~ arrests*]; ~ ***destruction*** massförstörelse
II [ˈhəʊlseɪl] *adv* **1** en gros, i parti [*sell ~*] **2** i massor
wholesaler [ˈhəʊlˌseɪlə] *subst* grossist
wholesome [ˈhəʊlsəm] *adj* hälsosam [*~ food*], sund; nyttig [*~ exercise*]
whole-time [ˌhəʊlˈtaɪm] *adj* heltids- [*~ job*]
wholly [ˈhəʊllɪ] *adv* helt och hållet, helt [*I ~ agree with you*], fullt, fullständigt
whom [huːm, obetonat hʊm] *pron* se *who*
whoop I [wuːp] *verb* ropa, tjuta, skrika [*~ with joy*], heja
II [wuːp] *subst* tjut, skrik, hejarop; ***~s of joy*** glädjerop
whoopee I [ˈwʊpiː] *subst*, ***make ~*** vard. festa, slå runt
II [wʊˈpiː] *interj* hurra!
whooping cough [ˈhuːpɪŋkɒf] *subst* med. kikhosta
whoops [wʊps] *interj* hoppsan!
whoopsadaisy [ˈwʊpsəˌdeɪzɪ] *interj* hoppsan!
whopper [ˈwɒpə] *subst* vard. **1** baddare, bjässe, bamsing **2** jättelögn
whopping I [ˈwɒpɪŋ] *adj* vard. jättestor; ***a ~ lie*** en jättelögn
II [ˈwɒpɪŋ] *adv* vard. jätte- [*a ~ big fish*]
whore [hɔː] *subst* åld., som skällsord hora, luder
whorehouse [ˈhɔːhaʊs] *subst* åld. bordell, horhus
whortleberry [ˈwɜːtlˌberɪ] *subst* blåbär; ***red ~*** lingon
who's [huːz] = *who is* o. *who has*
whose [huːz] (se äv. *who* o. *which*) *pron* **1** vems [*~ book is it?*], vilkens, vilkas **2** vars [*is that the boy ~ father died?*], vilkens, vilkets, vilkas
whosoever [ˌhuːsəʊˈevə] *pron* litt., se *whoever*
why I [waɪ] *adv* **1** frågande varför; ~ ***don't I come and pick you up?*** ska jag inte komma och hämta dig?; ~ ***ever did he do that?*** varför i all världen gjorde han det? **2** relativt varför [*~ I mention this is because...*]; därför [*that is ~ I like him*]; till att [*the reason ~ he did it*]; ***so that is ~!*** jaså, det är därför!
II [waɪ] *interj* **1** t.ex. förvånat, indignerat, protesterande men ... ju [*don't you know? ~, it's in today's paper*], nej men [*~, I believe I've been asleep*], ja men [*~, it's quite easy*] **2** t.ex. bedyrande, bekräftande ja, jo; ***~, no!*** nej då!, nej visst inte!; ***~, of course*** jovisst!; ***~, yes!*** oh ja!, javisst!, jovisst! **3** ja ... då [*if that won't do, ~, we must try something else*]
wick [wɪk] *subst* veke
wicked [ˈwɪkɪd] *adj* **1** ond [*~ thoughts*], elak [*a ~ tongue*]; syndig; ***no peace for the ~*** skämts. aldrig får man någon ro **2** vard. hemsk [*the weather is ~*], usel; ***it's a ~ shame*** det är både synd och skam
wicker I [ˈwɪkə] *subst* **1** vidja **2** flätverk, korgarbete **3** videkorg
II [ˈwɪkə] *adj* korg- [*~ chair*], vide- [*~ basket*]
wickerwork [ˈwɪkəwɜːk] *subst* korgarbete, flätverk
wicket [ˈwɪkɪt] *subst* **1** sidogrind, liten sidodörr **2** i kricket: grind; plan mellan grindarna
wide I [waɪd] *adj* **1** vid, vidsträckt, vittomfattande [*~ interests*]; stor [*~ experience*], rik, omfattande; ~ ***screen*** vidfilmsduk; ***the ~ world*** stora vida världen **2** bred [*a ~ river*]
II [waɪd] *adv* vida omkring; vitt; långt [*of från*]; långt bredvid; ***fall ~ of the mark*** a) falla långt vid sidan, gå fel, missa [*the shot went ~*] b) vara ett slag i luften; ~ ***apart*** vitt skilda, långt ifrån varandra; utbredda; ***arms ~ apart*** med utbredda

armar; ~ ***awake*** klarvaken; ~ ***open*** vidöppen, på vid gavel; ***with eyes ~ open*** med uppspärrade ögon; ***he left himself ~ open*** han gav en blotta på sig
wide-angle ['waɪdˌæŋgl] *adj*, ~ ***lens*** vidvinkelobjektiv
wide-awake [ˌwaɪdə'weɪk] *adj* **1** klarvaken **2** vaken, skärpt
widely ['waɪdlɪ] *adv* vitt, vida, vitt och brett; ~ ***different*** helt olika; ~ ***scattered*** utspridda vitt omkring; ~ ***known*** allmänt känd, vittbekant
widen ['waɪdn] *verb* **1** vidga, bredda [*~ the road*]; ~ ***the gulf*** vidga klyftan **2** vidgas, bli vidare (bredare)
wide-ranging ['waɪdˌreɪndʒɪŋ] *adj* omfattande, vittomspännande
wide-screen ['waɪdskriːn] *adj*, ~ ***film*** vidfilm
widespread ['waɪdspred] *adj* vidsträckt [*~ floods*]; omfattande [*~ search*]; allmänt utbrett
widgeon ['wɪdʒən] *subst* fågel bläsand
widow I ['wɪdəʊ] *subst* änka [*of* efter]; ***widow's weeds*** änkedräkt
II ['wɪdəʊ] *verb* göra till änka; ***he has a widowed sister*** han har en syster som är änka
widower ['wɪdəʊə] *subst* änkling
width [wɪdθ] *subst* **1** bredd, vidd; ~ ***round the waist*** midjevidd **2** ~ ***of cloth*** tygvåd
wield [wiːld] *verb* hantera [*~ an axe*], sköta, använda, svinga [*~ a weapon*]
wiener ['wiːnə] *subst* o. **wienie** ['wiːniː] *subst* vard. wienerkorv
Wiener schnitzel [ˌwiːnə'ʃnɪtsəl] *subst* wienerschnitzel
wife [waɪf] (pl. *wives* [waɪvz]) *subst* fru, hustru, maka; ***the*** ~ vard. frugan
wig [wɪg] *subst* peruk
wiggle I ['wɪgl] *verb* vrida sig [*~ like a worm*], slingra sig [*~ through a crowd*]; vicka; vicka med [*~ one's toes*]; vifta med [*~ one's ears*]
II ['wɪgl] *subst* vridning, vickning
wigwam ['wɪgwæm] *subst* wigwam indianhydda
wild I [waɪld] *adj* **1** vild, förvildad; ~ ***beast*** vilddjur; ***sow one's ~ oats*** så sin vildhavre, rasa ut **2** ursinnig, rasande **3** vild, uppsluppen [*a ~ party*] **4** vettlös [*~ talk*], vanvettig [*a ~ idea*], vild [*~ schemes*]
II [waɪld] *adv* o. *adj* med verb vilt [*grow ~*]; ***run*** ~ a) växa vilt, förvildas; leva i vilt tillstånd b) springa omkring vind för våg [*the children are allowed to run ~*] c) skena, löpa amok
III [waɪld] *subst* pl. ~***s*** vildmark, obygd, ödemark
wildcat I ['waɪldkæt] *subst* vildkatt
II ['waɪldkæt] *adj* vard., ***a ~ strike*** en vild strejk
wilderness ['wɪldənəs] *subst* vildmark, ödemark
wildfire ['waɪldˌfaɪə] *subst*, ***spread like ~*** sprida sig som en löpeld
wild-goose [ˌwaɪld'guːs] *adj*, ***a ~ chase*** ett lönlöst (hopplöst) företag; ***be sent on a ~ chase*** skickas ut förgäves
wild goose [ˌwaɪld'guːs] (pl. *wild geese* [ˌwaɪld'giːs]) *subst* vildgås
wildlife ['waɪldlaɪf] *subst* vilda djur, djurliv
wile [waɪl] *subst* vanligen pl. ~***s*** list, knep
wilful ['wɪlfʊl] *adj* **1** egensinnig [*a ~ child*], envis **2** uppsåtlig, överlagd [*~ murder*]
will I [wɪl, obetonat wəl, əl] (imperf. *would*) *hjälpverb* presens (ofta hopdraget till *'ll*, nekande *will not* ofta hopdraget till *won't*) **1** kommer att [*you ~ never manage it*]; ska [*how ~ it end?*]; ***if that ~ suit you*** om det passar; ***you ~ write, won't you?*** du skriver väl? **2** ska t.ex. har för avsikt att [*I'll do it at once*]; ***I'll soon be back*** jag är snart tillbaka **3** vill [*he ~ not do as he is told* el. *he won't do as he is told*]; ***won't you sit down?*** var så god och sitt!; ***the door won't shut*** dörren går inte att stänga; ***shut that door, ~ you?*** stäng dörren är du snäll! **4** ska absolut, vill absolut; ***boys ~ be boys*** pojkar är nu en gång pojkar; ***such things ~ happen*** sånt händer **5** brukar, kan [*she ~ sit for hours doing nothing*]; ***meat won't keep in hot weather*** kött brukar inte hålla sig i varmt väder **6** torde [*you ~ understand that…*]; ***this'll be the book you are looking for*** det är nog den här boken du söker; ***that ~ do*** det får räcka, det får duga
II [wɪl] *huvudverb* **1** vilja [*God has willed it so*]; ***God willing*** om Gud vill **2** förmå, få
III [wɪl] *subst* **1** vilja; ***good*** ~ god vilja, välvilja; ***ill*** ~ illvilja; ***thy ~ be done*** bibl. ske din vilja; ***where there's a ~ there's a way*** man kan bara man vill; ***at*** ~ efter behag, fritt; ***you may come and go at ~*** du får komma och gå som du vill (som det passar dig); ***of one's own free ~*** av egen fri vilja **2** testamente; ***my last ~ and testament*** min sista vilja, mitt testamente
willing I ['wɪlɪŋ] *adj* villig, beredvillig,

tjänstvillig; ***I am quite*** ~ det vill jag gärna, det gör jag gärna
II ['wɪlɪŋ] *subst*, ***show*** ~ visa god vilja
willingly ['wɪlɪŋlɪ] *adv* **1** gärna, villigt, med nöje **2** frivilligt
willow ['wɪləʊ] *subst* träd pil, vide; ~ ***warbler*** fågel lövsångare; ***weeping*** ~ träd tårpil
willowy ['wɪləʊɪ] *adj* smärt, slank
willpower ['wɪlˌpaʊə] *subst* viljekraft, viljestyrka
wilt [wɪlt] *verb* vissna, torka, sloka
Wilton ['wɪltən] *subst*, ~ ***carpet*** el. ~ ***rug*** wiltonmatta
wily ['waɪlɪ] *adj* knipslug, förslagen

Wimbledon ['wɪmbldən]
Wimbledon är världens kanske mest kända tennisturnering. Den spelas i Wimbledon i London i juni och är en av de få turneringar som spelas på gräs, *lawn tennis*.

win I [wɪn] (*won won*) (*winning*) *verb* **1** vinna, vinna i (vid) [*~ the election*]; segra; erövra; ~ ***the day*** vinna slaget, hemföra segern; ~ ***a trick*** ta hem ett trick i kortspel **2** ~ ***sb over*** vinna ngn för sin sak, få ngn med sig [*he soon won the audience over*]; ~ ***sb over to one's side*** få ngn över på sin sida; ~ ***sb round*** få ngn med sig
II [wɪn] *subst* vard. **1** sport. seger **2** vinst [*a ~ on the pools*]
wince I [wɪns] *verb* rycka till [*~ with pain*]; rygga tillbaka [*at* inför], krypa ihop [*she winced under the blow*]
II [wɪns] *subst* ryckning; ***without a*** ~ utan att röra en min
winch I [wɪntʃ] *subst* **1** vinsch, vindspel **2** vev
II [wɪntʃ] *verb* vinscha upp
1 wind I [wɪnd] *subst* **1** vind [*warm ~s*]; ***gust of*** ~ kastby, vindstöt; ***there is a strong*** ~ det blåser hårt; ***take the ~ out of sb's sails*** ta loven av ngn; förekomma ngn; ***there is something in the*** ~ det är något under uppsegling; ***throw caution to the ~s*** kasta all försiktighet överbord **2** ***get one's second*** ~ hämta andan, hämta sig **3** väderkorn; ***get ~ of*** få nys om, få korn på **4** gaser från magen; ***break*** ~ a) rapa b) släppa sig **5** musik., ***the wind*** blåsarna; ~ ***instrument*** blåsinstrument **6** vard., ***get the ~ up*** bli skraj; ***raise the*** ~ skaffa pengar
II [wɪnd] *verb* göra andfådd [*the race winded him*]; ***be winded*** vara andfådd
2 wind I [waɪnd] (*wound wound*) *verb* **1** linda, vira, sno **2** nysta [*~ yarn*]; spola [*~ thread*]; ~ ***wool into a ball*** nysta garn till ett nystan **3** veva [*~ down a window*]; veva på, vrida på [*~ a handle*] **4** ~ ***up*** vinda upp, veva upp, hissa upp **5** ~ ***up*** vrida upp, dra upp [*~ up a watch*]
II [waɪnd] (*wound wound*) *verb* med adv. o. prep.
wind up 1 sluta [*he wound up by saying*], avsluta [*~ up a meeting*]; hamna [*~ up in hospital*]; ***we wound up at a restaurant*** vi gick på restaurang efteråt som avslutning; ***he will ~ up in jail*** han kommer att sluta i fängelse **2** hand. avveckla [*~ up a company*]; avsluta [*~ up the accounts*] **3** ~ ***up an estate*** jur. utreda ett dödsbo
III [waɪnd] *subst* vridning; varv; ***give a clock one more*** ~ vrida upp en klocka ett varv till
windbag ['wɪndbæg] *subst* **1** vard. pratkvarn
windbreaker ['wɪndˌbreɪkə] *subst* amer. vindtygsjacka
windfall ['wɪndfɔːl] *subst* **1** fallfrukt **2** skänk från ovan, glad överraskning
windflower ['wɪndˌflaʊə] *subst* vitsippa
wind force ['wɪndfɔːs] *subst* vindstyrka
wind gauge ['wɪndgeɪdʒ] *subst* meteor. vindmätare
winding ['waɪndɪŋ] *adj* slingrande, krokig [*a ~ path*]; ~ ***staircase*** spiraltrappa
winding-sheet ['waɪndɪŋʃiːt] *subst* liksvepning, sveplakan
windlass ['wɪndləs] *subst* tekn. vindspel, vinsch; sjö. ankarspel
windmill ['wɪndmɪl] *subst* väderkvarn
window ['wɪndəʊ] *subst* **1** fönster ruta el. på kuvert; skyltfönster **2** ~ ***of opportunity*** lägligt tillfälle
window box ['wɪndəʊbɒks] *subst* fönsterlåda, balkonglåda för växter
window-cleaner ['wɪndəʊˌkliːnə] *subst* fönsterputsare
window display ['wɪndəʊdɪˌspleɪ] *subst* fönsterskyltning
window-dressing ['wɪndəʊˌdresɪŋ] *subst* fönsterskyltning, fönsterdekorering
window envelope ['wɪndəʊˌenvələʊp] *subst* fönsterkuvert
window frame ['wɪndəʊfreɪm] *subst* fönsterkarm

window ledge ['wɪndəʊledʒ] *subst* fönsterbleck
windowpane ['wɪndəʊpeɪn] *subst* fönsterruta
window sash ['wɪndəʊsæʃ] *subst* fönsterbåge
window-shop ['wɪndəʊʃɒp] (*-pp-*) *verb* titta i skyltfönster, fönstershoppa
windowsill ['wɪndəʊsɪl] *subst* fönsterbräde
windpipe ['wɪndpaɪp] *subst* luftstrupe
windscreen ['wɪndskriːn] *subst* vindruta på bil; ~ ***washer*** vindrutespolare; ~ ***wiper*** vindrutetorkare
windshield ['wɪndʃiːld] *subst* amer., se *windscreen*
windsurfing ['wɪndˌsɜːfɪŋ] *subst* vindsurfing
windswept ['wɪndswept] *adj* vindpinad
windy ['wɪndɪ] *adj* **1** blåsig **2** mångordig, högtravande [*~ speeches*]
wine I [waɪn] *subst* vin
II [waɪn] *verb*, ~ ***and dine*** äta och dricka, festa; ~ ***and dine sb*** bjuda ngn på en god middag
wine bottle ['waɪnˌbɒtl] *subst* vinflaska
wine cellar ['waɪnˌselə] *subst* vinkällare
wineglass ['waɪnglɑːs] *subst* vinglas
wine-grower ['waɪnˌgrəʊə] *subst* vinodlare
wine merchant ['waɪnˌmɜːtʃənt] *subst* vinhandlare
wine-taster ['waɪnˌteɪstə] *subst* vinprovare
wine-vinegar ['waɪnˌvɪnɪgə] *subst* vinättika, vinäger
wing I [wɪŋ] *subst* **1** vinge; ***clip sb's ~s*** vingklippa ngn; ***take*** ~ a) flyga upp, lyfta b) ge sig av; flyga sin kos; ***on the*** ~ i flykten [*shoot a bird on the ~*]; ***take sb under one's*** ~ ta ngn under sina vingars skugga **2** flygel byggnad **3** flygel på bil; ~ ***mirror*** backspegel **4** kragsnibb **5** sport. ytterkant **6** teat., spec. pl. ***~s*** kulisser; ***be waiting in the ~s*** a) teat. vänta i kulisserna b) vara redo, vara beredd **7** mil. flygflottilj, amer. flygeskader; ~ ***commander*** överstelöjtnant vid flygvapnet
II [wɪŋ] *verb* vingskjuta [*~ a bird*]
winger ['wɪŋə] *subst* sport. ytter
wing nut ['wɪŋnʌt] *subst* vingmutter
wingspan ['wɪŋspæn] *subst* flyg. el. zool. vingbredd
wink I [wɪŋk] *verb* blinka, blinka med; ~ ***at sb*** blinka åt ngn; ögonflörta med ngn; ~ ***at sth*** blunda för ngt, se genom fingrarna med ngt
II [wɪŋk] *subst* **1** blink, blinkning **2** blund [*I didn't sleep a ~ last night*]; ***I couldn't get a ~ of sleep*** jag fick inte en blund i ögonen; ***forty ~s*** vard. en liten tupplur
winking ['wɪŋkɪŋ] *subst* blinkning; ***as easy as*** ~ lekande lätt
winkle ['wɪŋkl] *subst* ätbar strandsnäcka
winner ['wɪnə] *subst* **1** vinnare, segrare **2** vard. succé, fullträff
Winnie-the-Pooh [ˌwɪnɪðə'puː] Nalle Puh
winning I ['wɪnɪŋ] *adj* **1** vinnande [*the ~ horse*], segrande; vinnar- [*he is a ~ type*]; vinst- [*a ~ number*] **2** vinnande [*a ~ smile*], intagande
II ['wɪnɪŋ] *subst* **1** vinnande; erövring **2** pl. ***~s*** vinst, vinster
winning-post ['wɪnɪŋpəʊst] *subst* i kapplöpning målstolpe, mållinje, mål
wino ['waɪnəʊ] (pl. *~s*) *subst* sl. alkis alkoholist; ***the ~s*** A-laget
winsome ['wɪnsəm] *adj* vinnande, sympatisk, charmerande [*a ~ smile*]
winter I ['wɪntə] *subst* vinter; ***in the dead of*** ~ mitt i smällkalla vintern; se *summer* för ex.
II ['wɪntə] *verb* övervintra, tillbringa vintern [*~ in the south*]
wintry ['wɪntrɪ] *adj* vintrig, vinterlik, vinter-
wipe I [waɪp] *verb* torka, torka av [*~ the dishes*]; torka bort, sudda ut [*~ sth off the blackboard*]; gnida; ~ ***one's eyes*** torka tårarna; ~ ***one's face*** torka sig i ansiktet; ~ ***one's feet*** torka sig om fötterna; ~ ***the floor with sb*** vard. sopa golvet med ngn; ~ ***one's shoes*** torka av skorna
II [waɪp] *verb* med adv. o. prep.
wipe away torka bort
wipe down torka ren, torka av
wipe off 1 torka av, stryka ut, sudda ut [*~ off sth from the whiteboard*] **2** utplåna; ~ ***off a debt*** göra sig kvitt en skuld; ~ ***sth off the face of the earth*** el. ~ ***sth off the map*** totalförstöra ngt
wipe out 1 torka ur [*~ out a jug*], torka bort, gnida ur [*~ out a stain*]; stryka ut, sudda ut [*~ sth out from the blackboard*] **2** ~ ***out a debt*** göra sig kvitt en skuld **3** tillintetgöra, förinta [*the whole army was wiped out*]; utplåna, utrota [*~ out crime*]
wipe up torka upp; torka [*~ up the dishes*]
III [waɪp] *subst* avtorkning; ***give sth a*** ~ torka av ngt.
wiper ['waɪpə] *subst* **1** torkare [*windscreen ~*] **2** torktrasa
wire I ['waɪə] *subst* **1** tråd av metall; ledning; lina; vajer; ***barbed*** ~ taggtråd; ***pull ~s*** använda sitt inflytande, mygla **2** vard. telegram; ***by*** ~ per telegram

II ['waɪə] *verb* **1** förse med ledningar, dra in ledningar i **2** vard. telegrafera till; telegrafera [*for* efter], skicka telegram
wirebrush ['waɪəbrʌʃ] *subst* stålborste
wirecutter ['waɪəˌkʌtə] *subst* slags avbitartång
wire-haired ['waɪəheəd] *adj* strävhårig [*a ~ terrier*]
wireless I ['waɪələs] *adj*, *~ **telegraphy*** trådlös telegrafi
II ['waɪələs] *subst* åld. radioapparat
wire netting [ˌwaɪə'netɪŋ] *subst* metalltrådsnät, ståltrådsnät, ståltrådsstängsel
wirepulling ['waɪəˌpʊlɪŋ] *subst* spel bakom kulisserna, intrigerande, mygel
wiretapping ['waɪəˌtæpɪŋ] *subst* telefonavlyssning
wire wool ['waɪəwʊl] *subst* stålull
wiring ['waɪərɪŋ] *subst* elinstallation; ledningsnät, ledningar
wiry ['waɪərɪ] *adj* **1** lik ståltråd; stripig [*~ hair*] **2** om person seg; senig
wisdom ['wɪzdəm] *subst* visdom, klokhet, förstånd
wisdom tooth ['wɪzdəmtuːθ] (pl. *wisdom-teeth* ['wɪzdəmtiːθ]) *subst* visdomstand
wise [waɪz] *adj* vis, klok, förståndig; *~ **guy*** spec. amer. vard. a) stöddig kille b) förståsigpåare, besserwisser; ***be ~ after the event*** vara efterklok; ***if you take it nobody will be any the wiser*** om du tar den kommer ingen att märka något; ***we were none the wiser*** vi blev inte ett dugg klokare för det; ***get ~ to sth*** vard. komma underfund med ngt
wiseacre ['waɪzˌeɪkə] *subst* besserwisser
wisecrack I ['waɪzkræk] *subst* vard. kvickhet, spydighet
II ['waɪzkræk] *verb* vard. vara kvick, vara spydig
wish I [wɪʃ] *verb* **1** önska, vilja ha; önska sig något [*close your eyes and ~!*]; ***I ~ to say a few words*** jag skulle vilja säga några ord; ***~ sb further*** vard. önska ngn dit pepparn växer; ***I ~ you would be quiet*** om du ändå ville vara tyst; ***I ~ to God that...*** el. ***I ~ to Heaven that...*** jag önskar vid Gud att...; ***as you ~*** som du vill; ***~ for*** önska sig [*she has everything a woman can ~ for*]; ***~ on a star*** el. ***~ upon a star*** se på en stjärna och önska sig något **2** tillönska, önska [*~ sb a Happy New Year*]; ***~ sb joy*** lyckönska ngn; ***I ~ you well!*** lycka till!
II [wɪʃ] *subst* önskan, önskemål [*for* om]; längtan [*for* efter, till]; pl. ***wishes*** a) önskningar, önskemål [*for* om] b) hälsningar [*best wishes from Mary*]; ***my best wishes*** mina varmaste lyckönskningar; ***make a ~*** önska, önska sig något; ***against sb's wishes*** el. ***contrary to sb's wishes*** mot ngns önskan (vilja)
wishbone ['wɪʃbəʊn] *subst* gaffelben på fågel; önskeben ben i form av en klyka som dras itu av två personer varvid den som fått den längsta delen får önska sig något
wished-for ['wɪʃtfɔː] *adj* efterlängtad, önskad
wishful ['wɪʃfʊl] *adj* längtansfull; *~ **thinking*** önsketänkande
wishing-well ['wɪʃɪŋwel] *subst* önskebrunn
wishy-washy ['wɪʃɪˌwɒʃɪ] *adj* **1** blaskig [*~ tea*], vattnig [*~ colours*], matt, blek, slafsig, velig
wisp [wɪsp] *subst* knippa, bunt, remsa; stycke, bit; *~ **of hair*** hårtest, hårtott; ***a ~ of hay*** en hötapp
wispy ['wɪspɪ] *adj* tovig [*a ~ beard*], stripig
wistaria [wɪ'stɪərɪə, ˌwɪ'steərɪə] *subst* o.
wisteria [wɪ'stɪərɪə] *subst* blomma blåregn
wistful ['wɪstfʊl] *adj* längtansfull, trånande, trånsjuk
wit [wɪt] *subst* **1** pl. ***~s*** vett, förstånd; ***collect one's ~s*** samla sig; ***she has got her ~s about her*** hon har huvudet på skaft; ***he kept his ~s about him*** han höll huvudet kallt; ***I am at my wits' end*** jag vet varken ut eller in; ***live by one's ~s*** leva på sin intelligens och fiffighet; ***be out of one's ~s*** a) vara från vettet b) vara ifrån sig; ***frighten sb out of his ~s*** skrämma ngn från vettet **2** kvickhet, spiritualitet; ***have a ready ~*** vara slagfärdig **3** kvickhuvud
witch [wɪtʃ] *subst* **1** häxa, trollkäring **2** vard. häxa, käring [*an ugly old ~*]
witchcraft ['wɪtʃkrɑːft] *subst* trolldom, häxeri
witch-doctor ['wɪtʃˌdɒktə] *subst* medicinman
witch-hunt ['wɪtʃhʌnt] *subst* häxjakt
witch-hunter ['wɪtʃˌhʌntə] *subst* häxjägare
with [wɪð] *prep* **1** med **2** för [*I bought it ~ my own money*]; till, i [*take sugar ~ one's coffee*] **3** hos [*he is staying ~ the Browns*]; bland [*popular ~*]; av [*stiff ~ cold; tremble ~ fear*]; mot [*be frank ~ sb*]; på [*be angry ~ sb*] **4** ***you can never tell ~ him*** när det gäller honom kan man aldrig så noga veta; ***it's***

OK ~ me vard. gärna för mig; ***be laid up ~ influenza*** ligga till sängs i influensa; ***what does he want ~ me?*** vad vill han mig?

withdraw [wɪð'drɔː] (*withdrew withdrawn*) *verb* **1** dra bort, dra tillbaka [*~ troops from a position*]; avlägsna, ta bort [*from* från, ur]; ***~ an accusation*** ta tillbaka en anklagelse **2** dra sig tillbaka, avlägsna sig [*he withdrew for a moment*]; dra sig undan, dra sig ur; träda tillbaka [*~ in favour of a younger candidate*] **3** ta ut; ***~ money from the bank*** ta ut pengar på banken

withdrawal [wɪð'drɔːəl] *subst* **1** tillbakadragande, avlägsnande; ***~ symptom*** abstinensbesvär **2** återkallande **3** utträde, tillbakaträdande, avgång; mil. återtåg **4** uttag från t.ex. bank

withdrawn I [wɪð'drɔːn] perf. p. av *withdraw*
II [wɪð'drɔːn] *adj* om person tillbakadragen, inåtvänd, reserverad; ***a ~ life*** ett tillbakadraget liv

withdrew [wɪð'druː] imperf. av *withdraw*

wither ['wɪðə] *verb* förtorka, göra vissen, komma att vissna; ~ el. ***~ away*** vissna, förtorka, tyna bort

withheld [wɪð'held] imperf. o. perf. p. av *withhold*

withhold [wɪð'həʊld] (*withheld withheld*) *verb* hålla inne [*~ sb's wages*]; vägra att ge [*~ one's consent*]; ***~ sth from sb*** undanhålla ngn ngt

within I [wɪ'ðɪn] *prep* **1** i rumsuttryck inom [*~ the city*], inuti, inne i, i, innanför; ***be ~ doors*** vara inomhus, vara inne; ***from ~*** inifrån [*from ~ the house*] **2** i tidsuttryck: ***~ the space of*** inom loppet av; ***~ the last half hour*** för mindre än en halvtimme sedan
II [wɪ'ðɪn] *adv* **1** inuti, innanför, inne; ***from ~*** inifrån **2** inom sig

with-it ['wɪðɪt] *adj* vard. inne, inne- modern [*~ clothes*]; ***be ~*** om person hänga med, vara med på noterna

without I [wɪ'ðaʊt] *prep* utan
II [wɪ'ðaʊt] *adv* **1** utanför, utvändigt, på utsidan; ***from ~*** utifrån **2** ***there's no bread, so you'll have to do ~*** det finns inget bröd så du får klara dig utan

withstand [wɪð'stænd] (*withstood withstood*) *verb* motstå, stå emot [*~ an attack*], tåla [*~ hard wear*], uthärda [*~ heat, ~ pain*]

withstood [wɪð'stʊd] imperf. o. perf. p. av *withstand*

witness I ['wɪtnəs] *subst* **1** vittne; ***be ~ to*** vara vittne till, bevittna **2** bevittnare [*~ of a signature*]
II ['wɪtnəs] *verb* **1** vara vittne till, bevittna [*~ an accident*], uppleva, vara med om; närvara vid [*~ a transaction*] **2** bevittna [*~ a document, ~ a signature*]; vittna, betyga, intyga [*that* att] **3** vittna, vara vittne

witness box ['wɪtnəsbɒks] *subst* vittnesbås; ***go into the ~*** stiga fram för att vittna

witness stand ['wɪtnəsstænd] *subst* amer. vittnesbås

witticism ['wɪtɪsɪzəm] *subst* kvickhet, vits

witty ['wɪtɪ] *adj* kvick, spirituell, vitsig

wives [waɪvz] *subst pl* av *wife*

wizard I ['wɪzəd] *subst* **1** trollkarl **2** vard. mästare, trollkarl [*a financial ~*], geni
II ['wɪzəd] *adj* vard. fantastisk, toppen

wizardry ['wɪzədrɪ] *subst* **1** trolldom **2** otrolig skicklighet, genialitet

wizened ['wɪznd] *adj* skrynklig, rynkig

wobble ['wɒbl] *verb* **1** vackla, vingla till, gunga, vicka [*the table ~s*] **2** få att vackla; gunga på, vagga på, vicka på [*don't ~ the table!*]

wobbly ['wɒblɪ] *adj* vacklande, osäker [*a ~ gait*], vinglig [*a ~ table*], ostadig

woe [wəʊ] *subst* poetiskt el. skämts. ve, sorg

woebegone ['wəʊbɪˌgɒn] *adj* bedrövad

woeful ['wəʊfʊl] *adj* **1** bedrövad, sorgsen **2** dyster, trist, eländig **3** bedrövlig

wok I [wɒk] *subst* kok. wok
II [wɒk] (*wokked wokked*) *verb* kok. woka, laga med wok

woke [wəʊk] imperf. av *1 wake*

woken ['wəʊkən] perf. p. av *1 wake*

wolf I [wʊlf] (pl. *wolves* [wʊlvz]) *subst* varg; ***a ~ in sheep's clothing*** en ulv i fårakläder; ***a lone ~*** en ensamvarg; ***cry ~*** ge falskt alarm; ***keep the ~ from the door*** hålla nöden (svälten) från dörren
II [wʊlf] *verb*, ~ el. ***~ down*** glufsa i sig

wolf cub ['wʊlfkʌb] *subst* vargunge

wolf hound ['wʊlfhaʊnd] *subst* varghund

wolf pack ['wʊlfpæk] *subst* vargflock, vargskock

wolves [wʊlvz] *subst pl* av *wolf I*

woman ['wʊmən] (pl. *women* ['wɪmɪn]) *subst* **1** kvinna; ***~ of the world*** dam av värld, världsdam; ***~ author*** el. ***~ writer*** författarinna, kvinnlig författare; ***~ friend*** kvinnlig vän, väninna vanligen till kvinna; ***women's lib*** vard. kvinnosaken; ***women's libber*** vard. a) kvinnosakskvinna b) gynnare av kvinnosaken; ***women's liberation movement*** kvinnornas frihetsrörelse; ***women's refuge*** kvinnojour

womanhood ['wʊmənhʊd] *subst* **1** kvinnor, kvinnosläktet **2** vuxen ålder [*reach ~*]

womanizer ['wʊmənaɪzə] *subst* kvinnojägare

womankind ['wʊmənkaɪnd] *subst* kvinnosläktet, kvinnor, kvinnfolk

womanly ['wʊmənlɪ] *adj* kvinnlig

womb [wuːm] *subst* anat. livmoder

women ['wɪmɪn] *subst pl* se *woman*

womenfolk ['wɪmɪnfəʊk] *subst pl* kvinnfolk, kvinnor

won [wʌn] imperf. o. perf. p. av *win I*

wonder I ['wʌndə] *subst* **1** under, underverk [*the seven ~s of the world*]; ***the ~ is that...*** det märkliga är att...; ***is it any ~ that...?*** är det att undra på att...?; ***it is no ~*** el. ***it is little (small) ~*** det är inte att undra på [*he refused, and no ~*]; ***~s will never cease*** (ofta iron.) ungefär undrens tid är inte förbi; ***work ~s*** göra underverk **2** undran [*at* över; *that* över att]
II ['wʌndə] *verb* **1** förundra sig, förvåna sig, förvånas [*at, over* över] **2** undra [*I was just wondering*]; ***I ~!*** det undrar jag!; ***I ~ if I could speak to...*** skulle jag kunna få tala med...

wonderful ['wʌndəfʊl] *adj* underbar [*~ weather*], fantastisk

wonderland ['wʌndəlænd] *subst* underland, sagoland; ***Wonderland*** underlandet [*Alice in Wonderland*]

wonky ['wɒŋkɪ] *adj* vard. ostadig [*~ on one's legs*], vinglig, skranglig [*a ~ chair*]

wont [wəʊnt, spec. amer. wɒnt] *adj* van; ***he was ~ to say*** han hade för vana att säga

won't [wəʊnt] = *will not*

woo [wuː] *verb* litt. **1** fria till, uppvakta; fria **2** vinna över

wood [wʊd] *subst* **1** trä, ved; träslag [*teak is a hard ~*]; ***touch ~!*** el. amer. ***knock on ~!*** ta i trä! **2** ~ pl. ***~s*** liten skog [*go for a walk in the ~s*]; ***you cannot see the ~ for the trees*** man ser inte skogen för bara trän; ***be out of the ~ (the ~s)*** vara ur knipan, ha klarat krisen

wood anemone [ˌwʊdə'nemənɪ] *subst* blomma vitsippa

woodbine ['wʊdbaɪn] *subst* blomma vildkaprifol

wood-carver ['wʊdˌkɑːvə] *subst* träsnidare

wood-carving ['wʊdˌkɑːvɪŋ] *subst* träsnideri

woodcock ['wʊdkɒk] *subst* fågel morkulla

woodcut ['wʊdkʌt] *subst* träsnitt

wood-cutter ['wʊdˌkʌtə] *subst* **1** skogshuggare, timmerhuggare; vedhuggare **2** träsnidare

wooded ['wʊdɪd] *adj* skogig, skogrik [*a ~ landscape*], skogbevuxen

wooden ['wʊdn] *adj* **1** av trä, trä- [*a ~ leg*] **2** träaktig [*~ manners*], stel [*a ~ smile*] **3** torr [*a ~ style*]

woodland ['wʊdlənd] *subst* skogsbygd, skogsland

wood louse ['wʊdlaʊs] (pl. *wood lice* ['wʊdlaɪs]) *subst* gråsugga

woodpecker ['wʊdˌpekə] *subst* fågel hackspett

wood pigeon ['wʊdˌpɪdʒɪn] *subst* fågel ringduva

woodshed ['wʊdʃed] *subst* vedbod, vedskjul

woodwind ['wʊdwɪnd] *subst* musik., ***the ~*** träblåsarna; ~ el. ***~ instrument*** träblåsinstrument

woodwork ['wʊdwɜːk] *subst* **1** byggn. träverk, timmerverk; snickerier, träarbeten; ***come out of the ~*** våga visa sig, börja göra sig påmind **2** snickeri; spec. skol. träslöjd

woodyard ['wʊdjɑːd] *subst* **1** virkesupplag, timmerupplag, brädgård **2** vedgård

woof [wuːf] *verb* brumma; om hund morra

wooing ['wuːɪŋ] *subst* frieri

wool [wʊl] *subst* **1** ull; ***pull the ~ over sb's eyes*** slå blå dunster i ögonen på ngn **2** ullgarn **3** ylle, ylletyg, yllekläder; ***all ~*** el. ***pure ~*** helylle

woollen I ['wʊlən] *adj* **1** ull- [*~ yarn*], av ull **2** ylle- [*a ~ blanket*], av ylle
II ['wʊlən] *subst* ylle; vanligen pl. ***~s*** ylletyger, yllevaror, ylleplagg

wool-lined ['wʊllaɪnd] *adj* yllefodrad

woolly ['wʊlɪ] *adj* **1** ullig, ylleaktig **2** ylle- [*~ clothes*] **3** vag, luddig [*~ ideas*], flummig

word I [wɜːd] *subst* **1** ord; pl. ***~s*** ordalag [*in well chosen ~s*]; ***a ~ of advice*** ett råd; ***~ of honour*** hedersord; ***put in a good ~ for sb*** lägga ett gott ord för ngn; ***it's the last ~*** det är det allra senaste, det är sista skriket [*in* i fråga om]; ***have the last ~*** a) ha (få) sista ordet b) ha avgörandet i sin hand; ***~s fail me!*** jag saknar ord!; ***have a ~ with sb*** tala ett par ord med ngn; ***have ~s*** vard. gräla; ***I'd like a ~ with you*** a) jag skulle vilja tala lite med dig b) jag har ett par ord att säga dig; ***put in a ~*** lägga ett gott ord [*for* för]; ***take the ~s right out of sb's mouth*** ta ordet ur munnen på ngn **2** pl. ***~s*** ord, text, sångtext **3** lösenord [*give the ~*]; paroll, motto **4** hedersord, löfte; ***break one's ~*** inte hålla sitt ord; ***keep***

one's ~ hålla vad man lovat; ***my*** ~***!*** vard. minsann!, ser man på!; ***take my*** ~ ***for it!*** tro mig!, sanna mina ord!; ***be as good as one's*** ~ kunna stå vid sitt ord **5** meddelande, besked; ***the*** ~ ***went round that…*** det ryktades att… **6** order; ***give the*** ~ ***to do sth*** ge order om att göra ngt; ***pass the*** ~ ge order, säga 'till; ***say the*** ~ säga 'till [*just say the ~ and I'll do it*] **7** med prep.: ***at the*** ~ el. ***at the given*** ~ på givet kommando; ***take sb at his*** ~ a) ta ngn på orden b) ta ngns ord för gott; ***beyond*** ~***s*** mer än ord kan uttrycka, obeskrivligt; ***by*** ~ ***of mouth*** muntligen; ***stand by one's*** ~ stå vid sitt ord; ***it's too funny for*** ~***s*** det är så roligt så man kan dö; ***he is too stupid for*** ~***s*** han är otroligt dum; ***in other*** ~***s*** med andra ord; ***in so many*** ~***s*** klart och tydligt, rent ut [*he told me in so many ~s that…*]; ***put into*** ~***s*** uttrycka i ord; ***a man of few*** ~***s*** en fåordig man; ***go back on one's*** ~ ta tillbaka sitt ord, bryta sitt löfte; ***play on*** ~***s*** lek med ord, ordlek; ***upon my*** ~***!*** förvånat minsann!, ser man på! **II** [wɜːd] *verb* uttrycka, formulera [*a sharply-worded protest*], avfatta [*a carefully-worded letter*]

word-blind ['wɜːdblaɪnd] *adj* ordblind

word-for-word [ˌwɜːdfə'wɜːd] *adj* ordagrann [*a ~ translation*]

wording ['wɜːdɪŋ] *subst* formulering, lydelse

word order ['wɜːdˌɔːdə] *subst* ordföljd

word-perfect [ˌwɜːd'pɜːfɪkt] *adj*, ***be*** ~ ***in sth*** kunna ngt perfekt, kunna ngt utantill

word play ['wɜːdpleɪ] *subst* ordlek

word-processing ['wɜːdˌprəʊsesɪŋ] *subst* data. ordbehandling

word processor ['wɜːdˌprəʊsesə] (förk. *WP*) *subst* data. ordbehandlare

wordy ['wɜːdɪ] *adj* ordrik, mångordig, vidlyftig [*~ style*]; långrandig

wore [wɔː] imperf. av *wear I*

work I [wɜːk] *subst* **1** arbete, jobb, uppgift [*that is his life's ~*]; ~ ***experience*** arbetserfarenhet, verk; ***all*** ~ ***and no play makes Jack a dull boy*** bara arbete gör ingen glad; ***good*** ~***!*** fint!, bra gjort!; ***it was hard*** ~ ***getting there*** det var jobbigt att komma dit; ***that was quick*** ~ det gick undan; ***a job of*** ~ ett arbete [*he always does a fine job of ~*]; ***a piece of*** ~ **a**) ett arbete, en prestation **b**) ***he is a nasty piece of*** ~ vard. han är en ful fisk; ***I had my*** ~ ***cut out to finish the dictionary*** jag hade fullt sjå med att få ordboken färdig; ***he has done great*** ~ ***for his country*** han har gjort stora insatser för sitt land; ***many hands make light*** ~ ordspr. ju fler som hjälper till, dess lättare går det; ***make quick*** ~ ***of*** klara av kvickt; ***make short*** ~ ***of*** göra processen kort med; ***stop*** ~ a) sluta arbeta b) lägga ner arbetet; ***at*** ~ a) på arbetet [*don't phone him at ~*] b) i arbete, i drift, i gång [*we saw the machine at ~*]; ***be at*** ~ ***on*** arbeta på, hålla på med; ***out of*** ~ utan arbete, arbetslös; ***be thrown out of*** ~ bli arbetslös; ***set to*** ~ ***at sth*** ta itu med ngt **2** verk [*the ~s of Shakespeare*], arbete; ***a*** ~ ***of art*** ett konstverk; ***a new*** ~ ***on modern art*** ett nytt arbete om modern konst **3** ~***s*** fabrik [*a new ~s*], bruk, verk **4** pl. ~***s*** verk, mekanism **5** ***public*** ~***s*** offentliga arbeten **II** [wɜːk] (*worked worked*, i betydelse 4 o. 6 *wrought wrought*) *verb* **1** arbeta, jobba, verka **2** fungera, funka [*the pump ~s*], arbeta, gå [*it ~s smoothly*], drivas [*this machine ~s by electricity*] **3** lyckas, fungera, klaffa, funka [*will this new plan ~?*] **4** manövrera, hantera; driva [*this machine is worked by electricity*]; ~ ***sb to death*** låta ngn arbeta ihjäl sig; ~ ***oneself to death*** arbeta ihjäl sig **5** åstadkomma [*time had wrought great changes*], vålla, orsaka **6** ~ ***one's way*** arbeta sig fram; ~ ***one's way*** el. ~ ***one's way up*** arbeta sig upp **III** [wɜːk] (*worked worked*) *verb* med adv. o. prep.

work against arbeta emot, motarbeta; ***we are working against time*** det är en kapplöpning med tiden

work at arbeta på, arbeta med

work away arbeta vidare [*at, on* på], arbeta undan, jobba på

work for arbeta för, arbeta åt [*~ for sb*]; ~ ***for one's exam*** arbeta på sin examen

work free slita sig loss, lossna

work loose släppa, lossna [*the screw has worked loose*]

work on 1 arbeta på, arbeta med **2** påverka, bearbeta, spela på [*~ on sb's feelings*]

work out 1 utarbeta [*~ out a plan, ~ out a scheme*], utforma, arbeta fram **2** räkna ut, räkna fram; lösa [*~ out a problem*], tyda **3** utvecklas, gå [*let us see how it ~s out*]; lyckas [*he hoped the plan would ~ out*]; ***it may*** ~ ***out all right*** det kommer nog att gå bra; ***these things*** ~ ***themselves out*** sådant brukar ordna sig **4** ~ ***out at*** uppgå till, gå på [*the total ~s out at £10*]

work over: ~ ***sb over*** ge ngn stryk, ge ngn en omgång
work towards arbeta för [~ *towards a peaceful settlement*]
work up 1 arbeta upp, driva upp [~ *up a business*] **2** bearbeta, förädla, arbeta upp **3** ~ ***oneself up*** hetsa upp sig, jaga upp sig; perf. p. ***worked up*** upphetsad, upprörd; ***get all worked up over nothing*** hetsa upp sig för ingenting

workable ['wɜːkəbl] *adj* **1** möjlig att bearbeta **2** genomförbar [*a ~ plan*], praktisk, användbar [*a ~ method*]

work addict ['wɜːkˌædɪkt] *subst* o. **workaholic** [ˌwɜːkə'hɒlɪk] *subst* vard. arbetsnarkoman

workbench ['wɜːkbentʃ] *subst* arbetsbänk

workbook ['wɜːkbʊk] *subst* övningsbok

worker ['wɜːkə] *subst* **1** arbetare, jobbare; arbetstagare; ***he is a hard*** ~ han arbetar hårt **2** zool., ~ el. ~ ***bee*** arbetare, arbetsbi; ~ el. ~ ***ant*** arbetare, arbetsmyra

workforce ['wɜːkfɔːs] *subst* arbetsstyrka

working I ['wɜːkɪŋ] *subst* **1** arbete, verksamhet; ***the ~s of sb's mind*** vad som rör sig inom ngn **2** bearbetande, bearbetning **3** drift [*the ~ of a mine*]; skötsel
II ['wɜːkɪŋ] *adj* **1** arbetande [*the ~ masses*], arbetar-; arbets- [*~ conditions*]; drifts-; ~ ***capital*** rörelsekapital, driftskapital; ~ ***clothes*** arbetskläder; ~ ***hours*** arbetstid **2** funktionsduglig, användbar, praktisk; ***he has a ~ knowledge of French*** han kan franska till husbehov; ***in ~ order*** i användbart skick, funktionsduglig

working-class [ˌwɜːkɪŋ'klɑːs] *subst* arbetarklass; ***the working-classes*** arbetarklassen

working-man ['wɜːkɪŋmæn] (pl. *working-men* ['wɜːkɪŋmen]) *subst* kroppsarbetare arbetare

workless ['wɜːkləs] *adj* arbetslös

workload ['wɜːkləʊd] *subst* arbetsbörda

workman ['wɜːkmən] (pl. *workmen* ['wɜːkmən]) *subst* arbetare; hantverkare

workmanlike ['wɜːkmənlaɪk] *adj* väl utförd, gedigen

workmanship ['wɜːkmənʃɪp] *subst* **1** yrkesskicklighet, kunnande **2** utförande [*articles of excellent ~*]; ***a piece of solid*** ~ ett gediget arbete

workmate ['wɜːkmeɪt] *subst* arbetskamrat

work-out ['wɜːkaʊt] *subst* **1** träningspass; ***he went there for a*** ~ han gick dit för att träna **2** genomgång, prov, test **3** work-out gymnastik

worksheet ['wɜːkʃiːt] *subst* arbetssedel

workshop ['wɜːkʃɒp] *subst* **1** verkstad **2** workshop studiegrupp med diskussioner och praktiska övningar

worktop ['wɜːktɒp] *subst* i kök arbetsbänk, arbetsyta

world [wɜːld] *subst* **1** värld, jord [*a journey round the ~*]; ~ ***champion*** världsmästare; ***World War I*** första världskriget; ***World War II*** andra världskriget; ***experience of the*** ~ världserfarenhet; ***the fashionable*** ~ den fina världen; ***what's the ~ coming to?*** såna tider vi lever i!; ***the ~ to come*** livet efter detta; ***I would give the ~ to know*** jag skulle ge vad som helst för att få veta; ***see the*** ~ se sig om i världen; ***not for the*** ~ inte för allt i världen; ***for all the ~ as if*** precis som om; ***for all the ~ like*** på pricken lik, precis som; ***all the difference in the*** ~ en himmelsvid skillnad; ***make the best of both ~s*** finna en kompromiss; ***the food is out of this*** ~ vard. maten är inte av denna världen; ***all over the*** ~ över (i) hela världen; ***dead to the*** ~ död för världen **2** massa, mängd; ***there is a ~ of difference between...*** det är en himmelsvid skillnad mellan...; ***it will do you a*** (***the***) ~ ***of good*** det kommer att göra dig oändligt gott; ***the two books are ~s apart*** det är en enorm skillnad mellan de två böckerna; ***think the ~ of sb*** uppskatta ngn enormt, avguda ngn

world-beater ['wɜːldˌbiːtə] *subst*, ***be a*** ~ vara världsbäst, vara i världsklass

world-class [ˌwɜːld'klɑːs] *adj*, ***be*** ~ vara i världsklass

world-famous [ˌwɜːld'feɪməs] *adj* världsberömd

worldliness ['wɜːldlɪnəs] *subst* världslighet

worldly ['wɜːldlɪ] *adj* världslig, jordisk; världsligt sinnad; ~ ***goods*** världsliga ägodelar; ~ ***wisdom*** världserfarenhet

world-shaking ['wɜːldˌʃeɪkɪŋ] *adj* som skakar (skakade) hela världen [*a ~ crisis*]

worldwide [ˌwɜːld'waɪd] *adj* världsomfattande, världsomspännande

worm I [wɜːm] *subst* **1** mask; småkryp; ***can of ~s*** trasslig härva; ***even a ~ will turn*** ordspr., ungefär det finns gränser för vad man tål **2** inälvsmask
II [wɜːm] *verb*, ~ ***oneself into*** el. ~ ***one's way into*** slingra sig in i, åla sig in i; ~ ***oneself into sb's favour*** nästla sig in hos

ngn, ställa sig in hos ngn; ~ ***sth out of sb*** locka ur ngn ngt, lirka ur ngn ngt
worm-eaten ['wɜːmˌiːtn] *adj* maskäten
wormwood ['wɜːmwʊd] *subst* malört
worn [wɔːn] *adj* o. *perf p* (av *wear*) nött, sliten, tärd, medtagen, trött [*with* av]; ~ ***clothes*** avlagda kläder
worried ['wʌrɪd] *adj* orolig, ängslig [*about, over* för, över; *at* över]
worry I ['wʌrɪ] *verb* **1** oroa, bekymra, plåga, pina; ~ ***the life out of sb*** el. ~ ***sb to death*** plåga (pina) livet ur ngn; ~ ***oneself*** oroa sig, bekymra sig [*about* för, över]; ***don't let it ~ you*** oroa dig inte för det **2** oroa sig, ängslas, vara orolig [*about, over* över, för]; ***I should ~!*** vard. det struntar jag blankt i!, det rör mig inte i ryggen!; ***we'll ~ when the time comes*** den tiden, den sorgen; ***don't you ~!*** oroa dig inte!; ***not to ~!*** vard. ingenting att bry sig om!, ta det lugnt!
II ['wʌrɪ] *subst* oro, bekymmer, sorg
worrying ['wʌrɪɪŋ] *adj* plågsam, oroande
worse I [wɜːs] *adj* o. *adv* (komparativ av *bad, badly* o. *ill*) värre, sämre; ***be ~ off*** ha det sämre ställt, vara sämre; ***get*** ~ el. ***grow*** ~ el. ***become*** ~ bli värre, bli sämre, förvärras, försämras; ***to make matters*** ~ till råga på eländet; ***so much the ~ for him*** desto värre för honom; ***be the ~ for drink*** vara berusad; ***he is none the ~ for it*** han har inte tagit skada av det
II [wɜːs] *subst* värre saker, något ännu värre [*I have ~ to tell*]
worsen ['wɜːsn] *verb* **1** förvärra, försämra **2** förvärras, försämras
worship I ['wɜːʃɪp] *subst* **1** dyrkan, tillbedjan **2** gudstjänst; andaktsövning; ***religious*** ~ religionsutövning; ***place of*** ~ gudstjänstlokal **3** ***Your Worship*** Ers nåd, herr domare
II ['wɜːʃɪp] (*-pp-*, amer. *-p-*) *verb* dyrka, tillbe, avguda
worshipper ['wɜːʃɪpə] *subst* **1** dyrkare, tillbedjare **2** kyrkobesökare
worst I [wɜːst] *adj* o. *adv* (superlativ av *bad, badly* o. *ill*) värst, sämst; ***be ~ off*** ha det sämst; ***come off*** ~ klara sig sämst, dra det kortaste strået
II [wɜːst] *subst*, ***the*** ~ den (det, de) värsta; ***the ~ is yet to come*** det värsta återstår; ***the ~ of it is that...*** det värsta (sämsta) av allt är att...; ***that's the ~ of being alone*** det är det värsta med att vara ensam; ***have the ~ of it*** el. ***get the ~ of it*** dra det kortaste strået, råka värst ut; ***I want to know the*** ~ jag vill veta sanningen även om den är obehaglig; ***think the ~ of sb*** tro det värsta om ngn; ***at the*** ~ el. ***at*** ~ i värsta fall; ***if the ~ comes to the*** ~ i värsta fall, i sämsta fall
worsted ['wʊstɪd] *subst* **1** kamgarn **2** kamgarnstyg
worth I [wɜːθ] *adj* värd [*it's ~ £50*]; ***it is not ~ while*** det är inte mödan värt; ***it is ~ noticing*** det förtjänar anmärkas; ~ ***reading*** värd att läsa, läsvärd; ***be ~ seeing*** vara värd att se, vara sevärd; ***for all one is*** ~ av alla krafter, för glatta livet; ***I'll give you a tip for what it is*** ~ du ska få ett tips vad det nu kan vara värt
II [wɜːθ] *subst* **1** värde; ***know one's*** ~ känna sitt eget värde **2** ***a hundred pounds' ~ of goods*** varor för hundra pund; ***get one's money's*** ~ få valuta för pengarna
worthless ['wɜːθləs] *adj* värdelös
worthwhile ['wɜːθwaɪl] *adj* **1** som är värd att göra [*a ~ experiment*], värd besväret **2** givande, värdefull [*~ discussions*], lönande
worthy ['wɜːðɪ] *adj* värdig [*a ~ successor*]; värd; ~ ***of*** värd [*an attempt ~ of a better fate*]; ***be ~ of*** vara värd, förtjäna [*be ~ of praise*]
would [wʊd, obetonat wəd, əd] *hjälpverb* (imperf. av *will*) **1** skulle [*I ~ do it if I could; he was afraid something ~ happen*]; ***that ~ be nice*** det vore trevligt; ~ ***you believe it?*** kan man tänka sig!; ***I wouldn't know*** inte vet jag; ***how ~ I know?*** hur skulle jag kunna veta det?; ***if that ~ suit you*** om det passar **2** ville [*he wouldn't do it; I could if I ~*]; ***I wish you ~ stay*** jag önskar du ville stanna, jag skulle vilja att du stannade; ***if it ~ only stop raining*** om det bara ville sluta regna **3** skulle absolut; ***of course it ~ rain*** naturligtvis måste (skulle) det regna **4** skulle vilja [*~ you do me a favour?*]; ***shut the door, ~ you?*** stäng dörren är du snäll! **5** brukade, kunde [*he ~ sit for hours doing nothing*] **6** torde; ***he ~ be your uncle, I suppose*** han är väl din farbror?; ***it ~ seem that...*** el. ***it ~ appear that...*** det vill synas som om...
would-be ['wʊdbiː] *adj* **1** tilltänkt [*the ~ victim*]; ~ ***buyers*** eventuella köpare **2** så kallad, s.k. [*a ~ philosopher*]
wouldn't ['wʊdnt] = *would not*
1 wound [waʊnd] imperf. o. perf. p. av *2 wind I*
2 wound I [wuːnd] *subst* sår; ***a bullet*** ~ en

skottskada; ***inflict a ~ on sb*** såra ngn; ***lick one's ~s*** slicka sina sår; ***reopen old ~s*** riva upp gamla sår

II [wu:nd] *verb* **1** såra; ***badly wounded*** svårt sårad **2** såra, kränka

wove [wəʊv] imperf. av *weave I*

woven I ['wəʊvən] perf. p. av *weave I*

II ['wəʊvən] *adj*, ~ ***fabric*** vävt tyg, väv, vävnad

wow [waʊ] *interj* oj! [*~! what a dress!*], det var som tusan!, nej men!

> **wr-**
> När *wr-* står i början på ord uttalas inte *w*: *write* [raɪt], *wrong* [rɒŋ].

wrangle ['ræŋgl] *verb* gräla, käbbla

wrap I [ræp] (*-pp-*) *verb* **1** ~ ***up*** el. ~ svepa, svepa in [*in* i]; svepa om [*in* med]; linda in, slå in, packa in [*in* i], täcka; ~ ***a parcel*** el. ~ ***up a parcel*** slå in ett paket; ~ ***oneself up well*** klä på sig ordentligt; ~ ***sth round*** svepa ngt runt om, slå ngt runt om [*~ paper round it*] **2** ***wrapped up in*** a) fördjupad i, helt absorberad av [*wrapped up in one's studies*] b) nära förknippad med; ***be wrapped up in oneself*** vara självupptagen; ***wrapped in mystery*** höljd i dunkel

II [ræp] *subst* **1** sjal; resfilt; pl. ~***s*** ytterplagg, ytterkläder, badkappa; ***keep sth under ~s*** hålla ngt hemligt **2** wrap slags rulle av tunnbröd med fyllning

wrapper ['ræpə] *subst* omslag, hölje; skyddsomslag på bok

wrapping ['ræpɪŋ] *subst* **1** ofta pl. ~***s*** omslag, hölje; emballage **2** omslagspapper

wrapping-paper ['ræpɪŋˌpeɪpə] *subst* omslagspapper

wrath [rɒθ, amer. ræθ] *subst* vrede [*the day of ~*]

wreak [ri:k] *verb* utkräva, ta; ~ ***havoc on*** anställa förödelse på; ~ ***vengeance on sb*** ta hämnd på

wreath [ri:θ, pl. ri:ðz el. ri:θs] *subst* **1** krans av blommor m.m.; girland **2** vindling, virvel, slinga [*a ~ of smoke*]

wreathe [ri:ð] *verb* **1** bekransa [*wreathed with flowers*], omge; ***be wreathed in*** bekransas av, omges av; ***his face was wreathed in smiles*** han var idel solsken **2** vira, linda, fläta, binda [*round, about* kring, runt]

wreck I [rek] *subst* **1** vrak, skeppsvrak, bilvrak **2** skeppsbrott, förlisning, haveri **3** ödeläggelse, förstöring **4** vrak, ruin; spillror; ***he is a ~ of his former self*** han är blott en skugga av sitt forna jag

II [rek] *verb* **1** komma att förlisa, kvadda; ***be wrecked*** lida skeppsbrott, haverera, förlisa [*the ship was wrecked*]; bli kvaddad **2** ödelägga, förstöra, undergräva

wreckage ['rekɪdʒ] *subst* **1** vrakspillror, vrakdelar **2** skeppsbrott, haveri

wrecking ['rekɪŋ] *adj* amer. bärgnings-; ~ ***car*** el. ~ ***truck*** bärgningsbil; ~ ***train*** hjälptåg

wren [ren] *subst* fågel gärdsmyg

wrench I [rentʃ] *subst* **1** häftigt ryck; ***give a ~ at*** vrida om, vrida till **2** skiftnyckel

II [rentʃ] *verb* **1** rycka loss, rycka av [*~ a gun from sb*], slita loss, slita av [*~ the door off its hinges*], vrida; ~ ***oneself from*** slita (vrida) sig ur **2** vricka, stuka [*~ one's ankle*]

wrest [rest] *verb* rycka, slita [*from* från; *out of sb's hands* ur händerna på ngn]; ~ ***a secret from sb*** pressa (tvinga) av ngn en hemlighet

wrestle I ['resl] *verb* brottas, kämpa [*with* med]; brottas med

II ['resl] *subst* brottning; brottningsmatch

wrestler ['reslə] *subst* brottare

wrestling ['reslɪŋ] *subst* brottning

wrestling-match ['reslɪŋmætʃ] *subst* brottningsmatch

wretch [retʃ] *subst* **1** stackare **2** usling

wretched ['retʃɪd] *adj* **1** djupt olycklig, eländig [*feel ~*], hopplös [*a ~ existence*]; stackars [*the ~ woman*] **2** usel, futtig **3** bedrövlig, urusel [*~ weather*], vard. förbaskad [*a ~ cold*]

wretchedness ['retʃɪdnəs] *subst* **1** förtvivlan **2** elände, misär **3** uselhet

wriggle I ['rɪgl] *verb* **1** slingra sig, vrida sig, åla sig; ~ ***out of*** åla sig ur; slingra sig ur (från) [*he tried to ~ out of his promise*]; ~ ***one's way*** slingra sig fram, åla sig **2** vrida på, vicka på [*~ one's hips*]

II ['rɪgl] *subst* **1** slingrande rörelse, vickning **2** snirkel

wring I [rɪŋ] (*wrung wrung*) *verb* vrida [*~ one's hands in despair*]; vrida ur, krama ur [*~ the water from wet clothes*]; krama, trycka [*he wrung my hand hard*]; ~ ***sb's neck*** vrida halsen (nacken) av ngn; ~ ***sth out of sb*** el. ~ ***sth from sb*** pressa (tvinga) av ngn ngt [*~ money out of sb*], pressa ur ngn ngt;

~ a confession out of sb tvinga fram en bekännelse av ngn; *~ out* vrida ur, krama ur [*~ out the water from wet clothes*]
II [rɪŋ] *subst* vridning, kramning; ***give the washing a ~*** vrida ur tvätten
wringing ['rɪŋɪŋ] *adv*, *~ wet* drypande våt, dyblöt
wrinkle I ['rɪŋkl] *subst* rynka, skrynkla, veck
II ['rɪŋkl] *verb* rynka, rynka på [*she wrinkled her nose*]; skrynkla, skrynkla till (ned), vecka [äv. *~ up*]; bli rynkig (skrynklig), rynka sig, skrynklas
wrinkled ['rɪŋkld] *adj* rynkig, skrynklig
wrinkly I ['rɪŋklɪ] *adj* rynkig, skrynklig
II ['rɪŋklɪ] *subst* neds. gamling; ***old wrinklies*** gamla fossiler, gamla stofiler
wrist [rɪst] *subst* handled, handlov
wristband ['rɪstbænd] *subst* **1** handlinning, manschett **2** armband, svettband
wristwatch ['rɪstwɒtʃ] *subst* armbandsur
writ [rɪt] *subst* jur. skrivelse, handling
write I [raɪt] (*wrote written*) *verb* **1** skriva, skriva ner, skriva ut, författa; *~ for* a) skriva för (i) [*~ for a newspaper*] b) skriva efter; *~ for a living* leva på att skriva **2** gå att skriva med [*this ballpoint doesn't ~*]
II [raɪt] (*wrote written*) *verb* med adv. o. prep.
write back svara på t.ex. brev
write down skriva upp, skriva ner, anteckna
write off 1 avskriva [*~ off a debt*], avfärda [*it was written off as a failure*] **2** *~ off for* skriva efter, rekvirera, beställa **3** *~ off to* skriva till
write out skriva ut [*~ out a cheque*]
writer ['raɪtə] *subst* författare, skribent; ***writer's cramp*** skrivkramp; ***the present ~*** undertecknad
write-up ['raɪtʌp] *subst* vard. recension, kritik; ***a bad ~*** en dålig recension
writhe [raɪð] *verb* vrida sig [*~ with pain*]
writing I ['raɪtɪŋ] *subst* **1** skrift; ***in ~*** skriftligt; ***take down in ~*** skriva ner, avfatta skriftligt **2** författarverksamhet, författarskap; ***he turned to ~ at an early age*** han började skriva vid en tidig ålder **3** handstil **4** inskrift, inskription; skrift; ***the ~ on the wall*** skriften på väggen, ett dåligt omen **5** arbete, verk [*his collected ~s*]
II ['raɪtɪŋ] *adj* skriv-; ***~ materials*** skrivmaterial, skrivdon
writing-desk ['raɪtɪŋdesk] *subst* skrivbord
writing-pad ['raɪtɪŋpæd] *subst* **1** skrivunderlägg **2** skrivblock
writing-paper ['raɪtɪŋˌpeɪpə] *subst* skrivpapper, brevpapper
writing-table ['raɪtɪŋˌteɪbl] *subst* skrivbord
written I ['rɪtn] perf. p. av *write*
II ['rɪtn] *adj* skriven, skriftlig; ***a ~ test*** ett skriftligt prov; ***~ language*** skriftspråk
wrong I [rɒŋ] *adj* **1** orätt [*it is ~ to steal*] **2** fel [*he got into the ~ train*], felaktig; ***sorry, ~ number!*** förlåt, jag (ni) har kommit fel!; ***be ~*** ha fel, ta fel; ***you're ~ there!*** där tar (har) du fel!; ***the ~ way round*** bakvänd, bakvänt; ***be on the ~ side of fifty*** vara över femtio år; ***get on the ~ side of sb*** komma på kant med ngn; ***get out of bed on the ~ side*** vard. vakna på fel sida; ***go the ~ way about it*** börja i fel ända; ***the food went down the ~ way*** maten fastnade i vrångstrupen; ***what's ~ with...?*** a) vad är det för fel med (på)...? b) vad har du emot...?
II [rɒŋ] *adv* orätt [*act ~*], oriktigt, fel, galet [*guess ~*]; vilse; ***do ~*** handla orätt, göra fel; ***you've got it all ~*** du har fått alltsammans om bakfoten; ***don't get me ~!*** missförstå mig inte!; ***go ~*** a) gå fel, gå vilse b) misslyckas, gå snett c) vard. gå sönder, paja
III [rɒŋ] *subst* orätt [*right and ~*]; orättfärdighet; oförrätt, orättvisa; ***I had done no ~*** jag hade inte gjort ngt fel; ***be in the ~*** a) ha orätt, ha fel b) vara skyldig; ***put sb in the ~*** lägga skulden på ngn
IV [rɒŋ] *verb* förorätta, förfördela, kränka [*she was deeply wronged*]
wrongdoer ['rɒŋˌduə] *subst* **1** syndare **2** ogärningsman, lagbrytare
wrongdoing ['rɒŋˌduːɪŋ] *subst* oförrätt, förseelse
wrongful ['rɒŋfʊl] *adj* **1** orättvis, orättfärdig **2** olaglig, orättmätig
wrongly ['rɒŋlɪ] *adv* **1** fel, felaktigt, fel-; ***~ spelt*** felstavad **2** orättvist [*~ accused*]
wrote [rəʊt] imperf. av *write*
wrought I [rɔːt] imperf. o. perf. p. av *work II*
II [rɔːt] *adj* **1** bearbetad, smidd, hamrad [*~ copper*]; ***~ iron*** smidesjärn **2** prydd, dekorerad, utsirad
wrung [rʌŋ] imperf. o. perf. p. av *wring I*
wry [raɪ] *adj* **1** sned, skev **2** ***make a ~ face*** el. ***pull a ~ face*** göra en grimas, göra en sur min; ***~ humour*** torr humor; ***~ smile*** tvunget leende

X o. **x** [eks] *subst* **1** X, x **2** X, x beteckning för okänd faktor, person m.m. [*x = y; Mr. X*] **3** kryss; äv. symbol för kyss i t.ex. brev
xenophobia [ˌzenə'fəʊbjə] *subst* främlingshat
Xmas ['krɪsməs] *subst* kortform för *Christmas*
X-rated ['eksˌreɪtɪd] *adj* om film etc. barnförbjuden
X-ray I ['eksreɪ] *subst* **1** röntgenbild **2** röntgen
II ['eksreɪ] *verb* röntga, röntgenbehandla
xylophone ['zaɪləfəʊn] *subst* musik. xylofon

Y o. **y** [waɪ] *subst* **1** Y, y **2** mat. Y, y beteckning för bl.a. okänd faktor
yacht [jɒt] *subst* lustjakt, yacht; stor segelbåt
yacht club ['jɒtklʌb] *subst* segelsällskap, yachtklubb
yachting I ['jɒtɪŋ] *subst* segling, segelsport
II ['jɒtɪŋ] *adj* lustjakt-, segel-, båt- [*~ trip*], seglar- [*~ cap*]
yachtsman ['jɒtsmən] (pl. *yachtsmen* ['jɒtsmən]) *subst* seglare, kappseglare
Yank [jæŋk] *subst* o. *adj* vard. för *Yankee*
yank I [jæŋk] *verb* vard. rycka i, dra i
II [jæŋk] *subst* vard. ryck, knyck
Yankee ['jæŋkɪ] *subst* vard. yankee, jänkare
yap [jæp] (*-pp-*) *verb* **1** gläfsa **2** vard. tjafsa, snacka
yappy ['jæpɪ] *adj* gläfsande, bjäbbande
1 yard [jɑːd] *subst* yard = 3 *feet* = 0,91 m
2 yard [jɑːd] *subst* **1** inhägnad gård, gårdsplan **2** amer. trädgård **3** område, inhägnad; ***railway*** ~ bangård **4** ***the Yard*** vard., se *Scotland Yard* (*New Scotland Yard*) under *Scotland*
yardstick ['jɑːdstɪk] *subst* måttstock
yarn [jɑːn] *subst* **1** garn, tråd **2** vard. skepparhistoria; ***spin a*** ~ dra en skepparhistoria
yawn I [jɔːn] *verb* gäspa; ~ ***one's head off*** gäspa käkarna ur led
II [jɔːn] *subst* gäspning
yawning ['jɔːnɪŋ] *adj* **1** gäspande [*a ~ audience*] **2** gapande [*a ~ abyss*]
yd. o. **yds.** (förk. för *yard, yards*), se *1 yard*
yeah [jeə] *adv* vard. ja; ***oh*** ~*?* jaså?
year [jɪə] *subst* år, årtal, årgång; ~ ***of birth*** födelseår; ***for ~s and ~s*** el. ***for donkey's ~s*** i många herrans år; ***last*** ~ i fjol, förra året; ***this*** ~ i år; ***a ~ or two ago*** för ett par år sedan; ***~s ago*** för flera (många) år sedan; ~ ***after*** ~ år efter år; ~ ***by*** ~ år för år; ***by next*** ~ till nästa år, senast nästa år; ***for ~s*** spec. amer., ***in ~s*** i åratal, på många år; ***in the*** ~ ***2000*** år 2000; ***she did it in two ~s*** hon gjorde det på två år; ***in two ~s time*** om två år; ***of late ~s*** el. ***of recent ~s*** på (under) senare år
yearbook ['jɪəbʊk] *subst* årsbok, årskalender
yearlong ['jɪəlɒŋ] *adj* årslång

yearly I ['jɪəlɪ] *adj* årlig, års-
II ['jɪəlɪ] *adv* årligen
yearn [jɜːn] *verb* längta, trängta [*for sth, after sth* efter ngt; *to do* efter att göra], tråna
yearning ['jɜːnɪŋ] *subst* stark åtrå, trängtan
yeast [jiːst] *subst* jäst
yell I [jel] *verb* gallskrika, tjuta, skrika ut
II [jel] *subst* skrik, tjut, vrål

yellow
På engelska gator ser man ofta en målad enkel eller en dubbel gul linje. En gul linje, *yellow line*, betyder parkeringsförbud, två gula linjer, *double yellow line*, betyder stoppförbud.

yellow I ['jeləʊ] *adj* **1** gul; ~ ***fever*** gula febern **2** vard. feg
II ['jeləʊ] *subst* **1** gult **2** äggula
yellow-belly ['jeləʊ,belɪ] *subst* vard. fegis
yelp I [jelp] *verb* gläfsa, skälla
II [jelp] *subst* gläfs, skarpt skall
Yemen ['jemən]
yes I [jes] *adv* ja, jo; ~***?*** verkligen?, och sedan?; ~***, sir!*** vard. jajamen!, jadå!, jodå!
II [jes] *subst* ja; ***say*** ~ säga ja, samtycka
yes-man ['jesmæn] (pl. *yes-men* ['jesmen]) *subst* jasägare, eftersägare, medlöpare
yesterday I ['jestədeɪ, 'jestədɪ] *adv* i går; ***I wasn't born*** ~ jag är inte född i går
II ['jestədeɪ, 'jestədɪ] *subst* gårdagen; ~ ***evening*** i går kväll; ~ ***morning*** i går morse; ~ ***night*** i går kväll, i natt; ***the day before*** ~ i förrgår
yet I [jet] *adv* **1** ännu, än; ***as*** ~ än så länge, hittills; ***the most serious incident*** ~ den hittills allvarligaste incidenten; ***while there is*** ~ ***time*** medan det ännu är tid; ***you will win*** ~ du kommer att vinna till sist; ***have you done*** ~***?*** har du slutat nu? **2** förstärkande ännu, ytterligare [~ *others*]; ~ ***again*** el. ~ ***once more*** ännu en gång; ~ ***another*** ännu en; ***more important*** ~ ännu viktigare
II [jet] *adv* o. *konj* ändå, likväl, dock [*strange and* ~ *true*], i alla fall; men
yew [juː] *subst* träd idegran
yid [jɪd] *subst* sl. neds. jude
Yiddish ['jɪdɪʃ] *subst* o. *adj* jiddisch
yield I [jiːld] *verb* **1** ge, avkasta, ge i avkastning, inbringa **2** lämna ifrån sig, överlämna, avstå, överge **3** ge efter, ge vika [*to* för; ~ *to threats*], ge med sig, ge sig, svikta; ~ ***ground*** falla undan [*to* för]; ~ ***to temptation*** falla för frestelsen **4** spec. amer. lämna företräde i trafiken [*to* åt]
II [jiːld] *subst* **1** avkastning, behållning, vinst **2** produktion, skörd
yielding ['jiːldɪŋ] *adj* **1** foglig, medgörlig **2** böjlig, elastisk
YMCA [,waɪ'em,siː'eɪ] (förk. för *Young Men's Christian Association*) KFUM
yob [jɒb] *subst* o. **yobbo** ['jɒbəʊ] *subst* sl. buse, ligist
yodel ['jəʊdl] (*-ll-*, amer. *-l-*) *verb* joddla
yoga ['jəʊgə] *subst* yoga indisk religionsfilosofisk lära
yoghurt o. **yogurt** ['jɒgət] *subst* yoghurt
yoke I [jəʊk] *subst* ok; ***shake off the*** ~ el. ***throw off the*** ~ kasta av oket
II [jəʊk] *verb* spänna [~ *oxen to a plough*]
yokel ['jəʊkəl] *subst* lantis, tölp
yolk [jəʊk] *subst* äggula, gula
yon [jɒn] *pron* o. *adv* litt. el. dialektalt, se *yonder*
yonder I ['jɒndə] *pron* litt. den där; ~ ***group of trees*** trädgruppen där borta
II ['jɒndə] *adv* litt. där borta, dit bort
yore [jɔː] *subst* litt., ***of*** ~ fordom; ***in days of*** ~ i forna tider
Yorkshire ['jɔːkʃɪə] geogr. egennamn, ~ ***pudding*** yorkshirepudding slags ugnspannkaka gräddad med steksky, som äts med kött
you [juː, obetonat jʊ] *pron* **1** du, ni; som objekt etc. dig, er; ~ ***fool!*** din dumbom! **2** man [~ *get a good meal there*]; spec. som objekt en, rfl. sig **3** utan motsvarighet i svenskan: ***don't*** ~ ***do that again!*** gör inte om det där!; ***there's a fine apple for*** ~***!*** vard. titta ett sånt fint äpple!; ***there's friendship for*** ~***!*** vard. det kan man kalla vänskap!, iron. och det ska kallas vänskap!
you'd [juːd] = *you had* o. *you would*
you'll [juːl] = *you will* o. *you shall*
young I [jʌŋ] *adj* **1** ung; ~ ***bird*** fågelunge; ***my*** ~ ***brother*** min lillebror; ***a*** ~ ***child*** ett litet barn; ~ ***lady!*** unga dam!, min unga fröken!; ***his*** ~ ***lady*** vard. hans flickvän; ***her*** ~ ***man*** hennes pojkvän; ~ ***ones*** ungar; ***the evening is still*** ~ el. ***the night is still*** ~ kvällen har bara börjat; ***the*** ~ de unga, ungdomen **2** ungdomlig
II [jʌŋ] *subst pl* djurs ungar; ***bring forth*** ~ få ungar, föda ungar; ***with*** ~ dräktig
younger ['jʌŋgə] *adj* (komparativ av *young*) yngre etc., se *young I*; ***which is the*** ~***?*** vilken är yngst?

youngest ['jʌŋgɪst] *adj* superlativ av *young*
youngish ['jʌŋgɪʃ] *adj* rätt så ung, yngre [*a ~ man*]
youngster ['jʌŋstə] *subst* **1** unge, pojke, grabb **2** yngling, tonåring
your [jɔː, obetonat jə] *pron* **1** din, er; ***Your Excellency*** Ers Excellens; ***Your Majesty*** Ers Majestät **2** motsvarar ***you*** i betydelsen 'man' sin; ***you can't alter ~ nature*** man kan inte ändra sin natur; ens [*~ arms get tired sometimes*]
you're [jɔː, jʊə] = *you are*
yours [jɔːz] *pron* din, er; ***what's ~?*** vard. vad ska du ha?; se *1 mine* för ex.
yourself [jɔː'self, obetonat jə'self] (pl. *yourselves* [jɔː'selvz, jə'selvz]) *pron* dig, er, sig [*you* (du, ni, man) *may hurt ~*], dig (er, sig) själv [*you are not ~ today*]; du (ni, man) själv [*nobody but ~*], själv [*do it ~*]; ***your father and*** ~ din far och du själv, er far och ni själv; ***by*** ~ a) ensam, för sig själv b) på egen hand
youth [juːθ, i pl. juːðz] *subst* **1** ungdom, ungdomen, ungdomstid, ungdomstiden; ***a friend of my*** ~ en ungdomsvän till mig; ***in my*** ~ i min ungdom; ~ ***centre*** ungefär ungdomsgård; ~ ***hostel*** vandrarhem **2** yngling, ung man; ***as a*** ~ som yngling, som ung
youthful ['juːθfʊl] *adj* ungdomlig, ung
you've [juːv, obetonat jʊv, jəv] = *you have*
yo-yo I ['jəʊjəʊ] (pl. *~s*) *subst* jojo leksak
II ['jəʊjəʊ] *adj* jojo- [*a ~ effect*], hastigt svängande
III ['jəʊjəʊ] *verb* åka jojo, svänga fram och tillbaka, pendla
yucky ['jʌkɪ] *adj* vard. äcklig
Yugoslavia [ˌjuːgə'slɑːvjə] hist. Jugoslavien
Yule [juːl] *subst* o. **Yuletide** ['juːltaɪd] *subst* litt. jul, julen
yummy ['jʌmɪ] *adj* vard. smaskens, mumsig
yum-yum [ˌjʌm'jʌm] *interj* vard. namnam!, mums!, härligt!
YWCA [ˌwaɪ'dʌbljuːˌsiː'eɪ] (förk. för *Young Women's Christian Association*) KFUK

Zz

Z o. **z** [zed, amer. vanligen ziː] *subst* Z, z
Zambia ['zæmbɪə]
Zambian I ['zæmbɪən] *adj* zambisk
II ['zæmbɪən] *subst* zambier
zap I [zæp] (*-pp-*) *verb* vard. **1** knäppa, skjuta **2** zappa mellan tv-kanaler
II [zæp] *subst* vard. kraft, fart
III [zæp] *interj* vard. svisch!, pang!
zapper ['zæpə] *subst* **1** tv. fjärrkontroll **2** person som ständigt växlar mellan tv-kanaler
zeal [ziːl] *subst* iver, nit, entusiasm
zealous ['zeləs] *adj* ivrig, nitisk

zebra crossing
Övergångsställen för fotgängare i England är målade med vita ränder som ser ut som en sebras skinn. De kallas därför *zebra crossings*.

zebra ['zebrə, spec. amer. 'zɪːbrə] *subst* **1** zool. sebra **2** ~ ***crossing*** övergångsställe för fotgängare markerat med vita ränder
zed [zed] *subst* bokstaven z
zee [ziː] *subst* amer., bokstaven z
zenith ['zenɪθ] *subst* zenit; höjdpunkt [*at the ~ of his career; at its ~*]
zero I ['zɪərəʊ] *subst* **1** noll; ~ ***growth*** nolltillväxt; ~ ***tolerance*** nolltolerans **2** nollpunkt, fryspunkt; ***absolute*** ~ absoluta nollpunkten; ***be at*** ~ stå på noll; ***10 degrees below*** ~ 10 minusgrader; ***it is below*** ~ det är minusgrader
II ['zɪərəʊ] *verb* nollställa; ~ ***in on*** a) sikta på, skjuta sig in på b) rikta in sig på
zest [zest] *subst* iver, entusiasm [*with ~*]; aptit [*for* på]; ~ ***for life*** livsglädje, livslust; ***add a ~ to*** el. ***give a ~ to*** ge en extra krydda åt, sätta piff på
zigzag I ['zɪgzæg] *adj* sicksackformig, sicksack- [*a ~ line*]
II ['zɪgzæg] *subst* sicksack, sicksacklinje
III ['zɪgzæg] *adv* i sicksack
IV ['zɪgzæg] (*-gg-*) *verb* gå (löpa) i sicksack
zilch [zɪltʃ] *subst* spec. amer. vard. noll, ingenting
Zimbabwe [zɪm'bɑːbwɪ]

Zimbabwean I [zɪm'bɑːbwɪən] *adj* zimbabwisk
II [zɪm'bɑːbwɪən] *subst* zimbabwier
Zimmer frame ['zɪməfreɪm] *subst* gåbock för handikappade
zinc [zɪŋk] *subst* zink; ~ ***ointment*** zinksalva
zing [zɪ] *subst* **1** vinande ljud **2** vard. energi
zip I [zɪp] *subst* **1** vinande, visslande [*the ~ of a bullet*] **2** vard. kläm, fart, energi [*full of ~*] **3** blixtlås **4** amer. vard. noll, ingenting
II [zɪp] (*-pp-*) *verb*, ~ el. ~ ***open*** öppna blixtlåset på; ~ el. ~ ***up*** dra igen blixtlåset på, stänga; ***will you ~ me up?*** vill du dra igen blixtlåset på min klänning?
Zip code ['zɪpkəʊd] *subst* amer. postnummer
zip-fastener ['zɪp,fɑːsnə] *subst* blixtlås
zipper ['zɪpə] *subst* spec. amer. blixtlås
zippy ['zɪpɪ] *adj* vard. fartig, energisk
zip suit ['zɪpsuːt] *subst* overall för småbarn
zit [zɪt] *subst* vard. finne
zodiac ['zəʊdɪæk] *subst* astrol., ***the signs of the Zodiac*** stjärntecken, djurkretsen
zombi o. **zombie** ['zɒmbɪ] *subst* **1** zombie **2** vard. dönick
zone [zəʊn] *subst* zon, bälte; ***the danger*** ~ riskzonen, farozonen; ***postal delivery*** ~ amer. postdistrikt; ***the temperate ~s*** de tempererade zonerna; ***the torrid*** ~ den tropiska zonen; ~ ***therapist*** zonterapeut; ~ ***therapy*** zonterapi
Zoo [zuː] *subst* vard. zoo
zoological [,zəʊə'lɒdʒɪkl, i 'zoological gardens': zʊ'lɒdʒɪkl] *adj* zoologisk, djur-; ~ ***gardens*** zoologisk trädgård, djurpark
zoologist [zəʊ'ɒlədʒɪst] *subst* zoolog
zoology [zəʊ'ɒlədʒɪ] *subst* zoologi
zoom I [zuːm] *subst* **1** flyg. brant stigning, brant uppgång **2** ~ ***lens*** zoomlins, zoomobjektiv **3** brummande, surrande
II [zuːm] *verb* **1** flyg. stiga brant, stiga hastigt, skjuta i höjden [*prices zoomed*] **2** film. el. tv. zooma [*~ in; ~ out*]; om bildmotiv zoomas in, zoomas ut

Engelska oregelbundna verb

Uttal till alla oregelbundna imperfekt- och participformer i denna lista finns i den engelsk-svenska ordboksdelen, där dessa ord står som egna uppslagsord med hänvisning till infinitivformen.

Infinitiv	**Imperfekt**	**Perfekt particip**
arise	arose	arisen
awake	awoke	awoken
be (Presens indikativ, sing.: I am, you are, he/she/it is, pl.: we/you/they are)	was (pl.: were)	been
bear	bore	borne; born ('född')
beat	beat	beaten
become	became	become
begin	began	begun
behold	beheld	beheld
bend	bent	bent
bereave	bereft, bereaved	bereft, bereaved
beseech	besought	besought
bet	bet, betted	bet, betted
bid ('bjuda', 'befalla')	bade	bidden, bid
bid ('bjuda på auktion')	bid	bid
bind	bound	bound
bite	bit	bitten
bleed	bled	bled
blow	blew	blown
break	broke	broken
breed	bred	bred
bring	brought	brought
broadcast	broadcast, broadcasted	broadcast, broadcasted
build	built	built
burn	burnt	burnt
burst	burst	burst
buy	bought	bought
cast	cast	cast
catch	caught	caught
choose	chose	chosen
cleave	cleft, cleaved	cleft

Infinitiv	Imperfekt	Perfekt particip
cling	clung	clung
clothe	clothed, (poet.) clad	clothed, (poet.) clad
come	came	come
cost	cost	cost
creep	crept	crept
crow	crowed, crew	crowed
cut	cut	cut
deal	dealt	dealt
dig	dug	dug
do (he/she/it does)	did	done
draw	drew	drawn
dream	dreamt, dreamed	dreamt, dreamed
drink	drank	drunk
drive	drove	driven
dwell	dwelt	dwelt
eat	ate	eaten
fall	fell	fallen
feed	fed	fed
feel	felt	felt
fight	fought	fought
find	found	found
flee	fled	fled
fling	flung	flung
fly	flew	flown
forbear	forbore	forborne
forbid	forbade	forbidden
forecast	forecast, forecasted	forecast, forecasted
forget	forgot	forgotten
forgive	forgave	forgiven
forsake	forsook	forsaken
freeze	froze	frozen
get	got	got, amer. äv. gotten (i vissa betydelser, t.ex. 'fått', 'kommit')
give	gave	given
go (he/she/it goes)	went	gone
grind	ground	ground
grow	grew	grown

Infinitiv	Imperfekt	Perfekt particip
hang	hung	hung (i betydelsen 'avliva genom hängning' vanligen hanged hanged)
have (he/she/it has)	had	had
hear	heard	heard
hew	hewed	hewed, hewn
hide	hid	hidden, hid
hit	hit	hit
hold	held	held
hurt	hurt	hurt
keep	kept	kept
kneel	knelt, kneeled	knelt, kneeled
knit	knitted, knit	knitted, knit
know	knew	known
lay	laid	laid
lead	led	led
lean	leaned, leant	leaned, leant
leap	leapt	leapt
learn	learnt, learned	learnt, learned
leave	left	left
lend	lent	lent
let	let	let
lie	lay	lain
light	lit, lighted	lit, lighted
lose	lost	lost
make	made	made
mean	meant	meant
meet	met	met
mow	mowed	mown
pay	paid	paid
put	put	put
quit	quitted	quitted
read	read	read
rid	rid	rid
ride	rode	ridden
ring	rang	rung
rise	rose	risen
run	ran	run
saw	sawed	sawn

Infinitiv	Imperfekt	Perfekt particip
say	said	said
see	saw	seen
seek	sought	sought
sell	sold	sold
send	sent	sent
set	set	set
sew	sewed	sewn, sewed
shake	shook	shaken
shear	sheared	shorn, sheared
shed	shed	shed
shine	shone	shone
shoe	shod	shod
shoot	shot	shot
show	showed	shown
shrink	shrank	shrunk
shut	shut	shut
sing	sang	sung
sink	sank	sunk
sit	sat	sat
slay	slew	slain
sleep	slept	slept
slide	slid	slid
sling	slung	slung
slink	slunk	slunk
slit	slit	slit
smell	smelt	smelt
smite	smote	smitten
sow	sowed	sown, sowed
speak	spoke	spoken
speed ('skynda', 'ila')	sped	sped
spell	spelt	spelt
spend	spent	spent
spill	spilt	spilt
spin	spun	spun
spit	spat	spat
split	split	split
spoil	spoilt, spoiled	spoilt, spoiled
spread	spread	spread
spring	sprang	sprung
stand	stood	stood

Infinitiv	Imperfekt	Perfekt particip
steal	stole	stolen
stick	stuck	stuck
sting	stung	stung
stink	stank	stunk
stride	strode	stridden
strike	struck	struck
string	strung	strung
strive	strove	striven
swear	swore	sworn
sweep	swept	swept
swell	swelled	swollen
swim	swam	swum
swing	swung	swung
take	took	taken
teach	taught	taught
tear	tore	torn
tell	told	told
think	thought	thought
throw	threw	thrown
thrust	thrust	thrust
tread	trod	trodden
underbid	underbid	underbid
wake	woke	woken
wear	wore	worn
weave	wove	woven
wed	wedded, wed	wedded, wed
weep	wept	wept
win	won	won
wind	wound	wound
wring	wrung	wrung
write	wrote	written

False friends

”False friends” är en skämtsam benämning på ord och uttryck i två olika språk (i det här fallet engelska och svenska) som liknar varandra men som har helt eller delvis olika betydelser.

I uppställningen nedan står det svenska och det engelska ordet tillsammans som ett par med det svenska ordet överst. Orden är ordnade i bokstavsordning efter det svenska ordet. Till båda orden finns relevanta översättningar och vid vissa ord finns exempel som illustration. Utförligare information om orden finns i ordboken.

sv: **advokat** lawyer, solicitor, barrister
en: **advocate** förespråkare [*an advocate of reform*]

sv: **allé** avenue [*a tree-lined avenue*]
en: **alley** gränd; bowlingbana [*a bowling alley*]

sv: **annonsera** (i tidning) advertise
en: **announce** tillkännage, meddela; anmäla [*announce one's arrival*]

sv: **biff** beefsteak [*a juicy beefsteak*]
en: **beef** oxkött

sv: **blazer** (oftast) sports jacket
en: **blazer** (oftast) klubbjacka av flannel, ibland med märke

sv: **censur** censorship [*the censorship of the press*]
en: **censure** klander, kritik

sv: **chef** head, manager; boss
en: **chef** köksmästare, kock

sv: **eventuellt** possibly, may be [*I may be able to help you*]
en: **eventually** slutligen, till slut [*eventually she came back*]

sv: **exemplar** copy [*a copy of a book*]
en: **example** exempel [*for example*]

sv: **expedition** (lokal) office; (forskningsresa) expedition
en: **expedition** expedition (bara i betydelsen ’forskningsresa’)

sv: **fabrik** factory [*a car factory*]
en: **fabric** tyg, väv [*a silk fabric*]

sv: **flod** river [*on the river Thames*]
en: **flood** översvämning [*the village was cut off by floods*]

sv: **fysiker** physicist [*a physicist studies physics*]
en: **physician** läkare

sv: **följa med ngn** go along with sb, accompany sb [*the parents accompanied the little boy to the bus*]
en: **follow sb** följa bakom ngn, följa efter ngn [*he looked back to see if he was being followed*]

sv: **genial** lysande, brilliant; (om saker även) ingenious [*a brilliant plan*]
en: **genial** gemytlig, vänlig; (om klimat) mild

sv: **giltig** valid [*a valid ticket, a valid passport*]
en: **guilty** skyldig [*he was found guilty of murder*]

sv: **grym** cruel [*a cruel man, a cruel murder*]
en: **grim** hård, bister [*a grim smile*]

sv: **gäspa** yawn [*she was so tired she kept yawning*]
en: **gasp** dra efter andan, flämta [*gasp for air*]

sv: **halta** limp [*he hurt his leg and was limping*]
en: **halt** stanna, göra halt [*the train halted at the station*]

sv: **koka** boil; (t.ex. kaffe) make [*boil water, make coffee*]
en: **cook** laga mat [*cook food*]

sv: **kommendera** command, order [*command the troops, order a cease-fire*]
en: **commend** lovorda, prisa [*I was commended for my work*]

sv: **kompanjon** partner [*he is my partner in the firm*]
en: **companion** kamrat, sällskap, följeslagare

sv: **koncept** draft, outline [*work out an outline on paper*]
en: **concept** begrepp, synsätt [*a new concept in computer technology*]

sv: **konsekvent** consistent [*a consistent policy*]
en: **consequent** följande [*the crisis led to the consequent downfall of the Government*]

sv: **konservera** preserve [*preserve fruit*]
en: **conserve** (oftast) bevara, spara på [*conserve energy*]

sv: **kontrollera** check, check up on [*check these figures please*]
en: **control** behärska, dirigera [*control one's temper, control traffic*]

sv: **kraftig** powerful, strong; great; (storväxt) big [*a strong dose*; *a great improvement*; *a big fellow*]
en: **crafty** listig, slug [*a crafty politician*]

sv: **kristendom** Christianity [*he was converted to Christianity*]
en: **Christendom** kristenheten (dvs. alla kristna folk och länder)

sv: **likör** liqueur [*a glass of liqueur with coffee*]
en: **liquor** sprit, spritdryck [*cheap liquor*]

sv: **lustig** funny, comical; (konstig) odd [*a funny chap*, *a comical chap*]
en: **lusty** kraftig; hjärtlig [*a lusty kick*, *lusty cheers*]

sv: **mapp** file, folder [*he put the papers in a file*]
en: **map** karta [*a map of Sweden*]

sv: **motion** exercise [*I must get some exercise*]
en: **motion** rörelse, tecken [*she made a motion with her hand*]

sv: **mustig** (närande) rich, nourishing [*a nourishing soup*]
en: **musty** unken, instängd [*a musty smell*]

sv: **mystisk** mysterious
en: **mystical** (i religiös betydelse) gåtfull [*mystical ceremonies*]

sv: **märke** (fabrikat) brand, make [*a brand of coffee*, *what make is your car?*]
en: **mark** märke, fläck

sv: **novell** short story [*a collection of short stories*]
en: **novel** roman [*Dickens wrote many great novels*]

sv: **offer** victim; (uppoffring) sacrifice [*the victim of an accident*]
en: **offer** erbjudande [*a special offer*]

sv: **ordinarie** (om tjänst) permanent; (i sport) normal [*a permanent job*; *normal time*]
en: **ordinary** vanlig, ordinär, alldaglig [*a quite ordinary person*]

sv: **packa upp** unpack [*unpack things after a holiday*]
en: **pack up** packa ner [*pack up things in a suitcase*]

sv: **paragraf** section [*a section of a legal document*]
en: **paragraph** nytt stycke, avsnitt [*the first two paragraphs of an essay*]

sv: **permission**	leave [*the soldier was on leave*]
en: **permission**	tillstånd, tillåtelse [*I asked permission to leave work early*]
sv: **pest**	plague [*in 1665 a terrible plague occurred in London*]
en: **pest**	plågoris (om person och sak); skadedjur [*that nasty little boy is a pest*; *rats and other pests*]
sv: **plump**	coarse, rude [*a coarse joke*]
en: **plump**	fyllig, knubbig; välgödd [*a plump chicken*]
sv: **portier**	receptionist; hall porter
en: **porter**	bärare, stadsbud (vid järnvägstation)
sv: **proper**	tidy, neat [*the young man looked neat and tidy in his new suit*]
en: **proper**	riktig, rätt; egentlig [*in the proper way*, *London proper*]
sv: **publik**	(på teater etc.) audience; (åskådare) crowd
en: **public**	allmänhet [*the public* allmänheten]
sv: **rar**	nice, kind [*a nice girl*, *a kind old man*]
en: **rare**	sällsynt, ovanlig [*a rare occasion*]
sv: **recept**	(på läkemedel) prescription; (på maträtter) recipe [*a doctor's prescription*; *a new recipe for apple pie*]
en: **receipt**	kvitto [*keep the receipt in case you want a refund*]
sv: **reparation**	repair, repairs [*I handed in the car for repair*]
en: **reparations**	skadestånd [*reparations after the war*]
sv: **repetera**	(teater, musik) rehearse [*rehearse a play*, *rehearse a symphony*]
en: **repeat**	upprepa; ge i repris [*repeat what you said*, *repeat a TV programme*]
sv: **ränta**	interest [*15% interest*]
en: **rent**	hyra [*I paid the rent for my flat yesterday*]
sv: **schema**	schedule; (i skolan etc.) timetable, (amer.) schedule [*a school timetable*, amer. *a school schedule*]
en: **scheme**	plan, system, projekt [*a new health insurance scheme*]
sv: **sensible**	sensitive [*a sensitive person*]
en: **sensible**	förståndig, förnuftig, klok [*sensible advice*, *a sensible person*, *sensible shoes*]

sv: **självmedveten** self-assured, self-confident [*a self-assured, rather arrogant young man*]
en: **self-conscious** generad, osäker [*a self-conscious, rather shy young man*]

sv: **spara** save [*save money, save time*]
en: **spare** avvara, undvara; bespara; skona [*can you spare me a few minutes?, can you spare me a pound?*]

sv: **spirituell** witty [*a witty remark*]
en: **spiritual** andlig, själslig [*a spiritual leader, spiritual songs*]

sv: **stek** joint [*a joint of lamb*]
en: **steak** biff, stekt köttskiva [*fried steak and onions*]

sv: **stickig** prickly [*a prickly woollen pullover*]
en: **sticky** klibbig [*the honey made my fingers sticky*]

sv: **svamp** (tvättsvamp) sponge; (ätlig) mushroom [*pick mushrooms*]
en: **swamp** träsk, kärr [*a swamp is soft wet land*]

sv: **taxa** rate, (för körning) fare [*at a standard rate, the bus fares have gone up*]
en: **tax** skatt [*income tax*]

sv: **uppror** rebellion [*after the rebellion the president resigned*]
en: **uproar** tumult, kalabalik [*the meeting ended in an uproar*]

sv: **varuhus** department store [*Harrods is a London department store where you can buy almost anything*]
en: **warehouse** lagerlokal, varuupplag [*goods are stored in a warehouse*]

sv: **vinka** wave [*wave goodbye to sb, wave sb off*]
en: **wink** blinka [*wink at sb*]

sv: **vrist** ankle; instep [*she hurt her ankle when running; the instep is the top part of the foot*]
en: **wrist** handled [*she had a bracelet on her wrist*]

sv: **överta** take over [*take over a business, take over command*]
en: **overtake** köra om, hinna upp [*overtake cars on the road*]

Mått och vikt i Storbritannien och USA

Det internationella metersystemet används också, i synnerhet i Storbritannien.

Längdmått

inch (in.)	0.083 foot	2,54 cm
foot (ft.)	12 inches	30,48 cm
yard (yd.)	3 feet	0,914 m
mile (m.)	1 760 yards	1 609 m

Ytmått

square inch (sq. in.)		6,45 cm^2
square foot (sq. ft.)	144 sq. inches	9,29 dm^2
square yard (sq. yd.)	9 sq. feet	0,84 m^2
acre	4 840 sq. yards	4 050 m^2
square mile (sq. m.)	640 acres	2,6 km^2

Rymdmått

cubic inch (cu. in.)		16,387 cm^3
cubic foot (cu. ft.)	1 728 cu. inches	0,028 m^3
cubic yard (cu. yd.)	27 cu. feet	0,765 m^3

För våta varor

pint (pt.)		0,568 l (amer. 0,473 l)
quart (qt.)	2 pints	1,136 l (amer. 0,946 l)
gallon (gal.)	4 quarts	4,546 l (amer. 3,785 l)

Matlagningsmått

1 teaspoonful 6 ml (amer. 5 ml)	1 tesked 5 ml
1 tablespoonful 18 ml (amer. 15 ml)	1 matsked 15 ml
1 cupful 284 ml (amer. 237 ml)	1 kopp (Obs! 1 kaffekopp 150 ml)

Viktmått

ounce (oz.)		28,35 g
pound (lb.)	16 ounces	0,454 kg
stone (st.)	14 pounds	6,35 kg
quarter (qr.)	28 pounds (amer. 25 pounds)	12,7 kg (amer. 11,3 kg)
hundredweight (cwt.)	112 pounds (amer. 100 pounds)	50,8 kg (amer. 45,4 kg)
ton (short, amer.)	2 000 pounds	907,2 kg
ton (long)	2 240 pounds	1 016 kg

Motsvarande värden för några svenska mått- och viktenheter

1 cm = 0.394 inch	1 cm^2 = 0.155 square inch	1 cm^3 = 0.061 cubic inch
1 m = 1.094 yards	1 m^2 = 1.196 square yards	1 m^3 = 1.308 cubic yards
1 km = 0.621 mile	1 a = 119.6 square yards	
1 mil = 6.21 miles	1 ha = 2.471 acres	
	1 km^2 = 0.386 square mile	
1 l = 1.76 pints	1 g = 0.035 ounce	
1 dl = 0.176 pints	1 hg = 3.5 ounces	
	1 kg = 2.2 pounds	
	1 ton = 1.1 short tons (0.984 long ton)	

Norstedts lilla engelska ordbok

SVENSK–ENGELSK

Aa

A *subst* musik. A
à *prep*, ~ ***femtio kronor*** at fifty kronor; ***5 ~ 6 gånger*** 5 or 6 times
AB bolag, ungefär Ltd., amer. Inc., Corp.; jfr *aktiebolag*
abborre *subst* perch (pl. vanligen lika)
abdikation *subst* abdication
abdikera *verb* abdicate
aber *subst*, ***ett*** ~ a snag, a drawback
abessinier *subst* kattras Abyssinian
abnorm *adj* abnormal
abonnemang *subst* subscription [*på* to, for]; ***ha ~ på*** have a season ticket for
abonnent *subst* subscriber; teat. season-ticket holder
abonnera *verb* subscribe [*på* to, for]; ***~d buss*** hired coach, amer. chartered bus
abort *subst* abortion; ***en framkallad*** ~ an induced abortion; ***göra*** ~ have an abortion
abortmotståndare *subst* anti-abortionist
abrupt *adj* abrupt
ABS-bromsar *subst pl* ABS brakes (förk. för *anti-lock braking system*)
absolut I *adj* absolute
II *adv* absolutely; helt utterly; säkert certainly, definitely
absolutist *subst* helnykterist teetotaller
absorbera *verb* absorb
abstinensbesvär *subst pl* med. withdrawal symptoms
abstrakt *adj* abstract
absurd *adj* absurd
absurditet *subst* absurdity
acceleration *subst* acceleration
accelerationsförmåga *subst* acceleration, power of acceleration
accelerera *verb* accelerate
accent *subst* accent; tonvikt stress
accenttecken *subst* accent, stress mark
accentuera *verb* accentuate, stress
acceptabel *adj* acceptable
acceptera *verb* accept
accessoarer *subst pl* accessories
aceton *subst* acetone
acetylsalicylsyra *subst* kem. acetylsalicylic acid
acklimatisera *verb* acclimatize; ***~ sig*** become acclimatized; anpassa sig adapt oneself [*till* to]
ackompanjatör *subst* accompanist
ackompanjemang *subst* accompaniment; ***till ~ av*** accompanied by
ackompanjera *verb* accompany
ackord *subst* **1** musik. chord **2** ***arbeta på ~*** do piecework **3** överenskommelse contract [*på* for]
ackordsarbete *subst* piecework (endast sing.)
ackordslön *subst* piece wages pl.
ackumulator *subst* accumulator, amer. storage battery
ackumulera *verb* accumulate
ackusativ *subst* gram. accusative; ***i ~*** in the accusative
acne *subst* med. acne
actionfilm *subst* action film
adamsäpple *subst* anat. Adam's apple
adb (förk. för *automatisk databehandling*) ADP (förk. för *automatic data processing*)
addera *verb* add; lägga ihop add up, add together
addition *subst* addition
adekvat *adj* adequate; träffande apt
adel *subst*, ***~n*** the nobility
adelsman *subst* nobleman
adjektiv *subst* gram. adjective
adjektivisk *adj* adjectival
adjö I *interj* goodbye, vard. bye-bye!
II *subst* goodbye; ***säga ~ åt ngn*** say goodbye to sb
adlig *adj* noble, aristocratic
administration *subst* administration
administrativ *adj* administrative
administratör *subst* administrator
administrera *verb* administer, manage
adoptera *verb* adopt; ***hon ~de bort barnet*** she had the child adopted
adoption *subst* adoption
adoptivbarn *subst* adopted child
adoptivföräldrar *subst pl* adoptive parents
adrenalin *subst* adrenalin, amer. vanligen epinephrine
adress *subst* address
adressat *subst* addressee
adressera *verb* address
adresslapp *subst* address label, luggage label
adressändring *subst* change of address
Adriatiska havet the Adriatic, the Adriatic Sea
advent *subst* Advent; ***första ~*** Advent Sunday
adventskalender *subst* Advent calendar
adventsstake *subst* Advent candlestick with

four candles lit in turn on each Sunday in Advent
adverb *subst* gram. adverb
advokat 1 *subst* allm. lawyer **2** juridiskt ombud solicitor **3** som för talan vid domstol barrister, amer. vanligen attorney
advokatbyrå *subst* firma firm of lawyers
aerobics *subst* aerobics (med verb i sing.)
aerobisk *adj*, ~ ***träning*** aerobics (med verb i sing.)
aerodynamisk *adj* aerodynamic
aerosol *subst* aerosol
aerosolförpackning *subst* aerosol container
affekt *subst* emotion; ***handla i*** ~ act in the heat of the moment
affekterad *adj* tillgjord affected
affektionsvärde *subst* sentimental value
affisch *subst* bill; större placard, poster
affischering *subst* placarding; ~ ***förbjuden!*** post (stick) no bills!
affär *subst* **1** business **2** butik shop, spec. amer. store; ***stå (jobba) i*** ~ work in a shop, work in a store; ***hur går ~erna?*** how's business?; ***göra en god*** ~ do a good piece of business, make a good bargain; ***ha ~er med*** do business with **3** angelägenhet affair; ***sköt dina egna ~er!*** mind your own business!; ***göra stor ~ av ngt*** make a big deal out of sth, make a great fuss about sth
affärsbiträde *subst* shop assistant, amer. salesclerk, clerk
affärsbrev *subst* business letter
affärscentrum *subst* **1** köpcentrum shopping centre; inomhus shopping arcade, shopping mall **2** affärs- och kontorsdistrikt business district
affärsgata *subst* shopping street
affärsinnehavare *subst* shopkeeper, amer. storekeeper
affärskvinna *subst* businesswoman
affärsman *subst* businessman
affärsmässig *adj* businesslike
affärsresa *subst* business trip
affärstid *subst* business hours pl., opening hours pl.
afghan *subst* Afghan äv. hund
Afghanistan Afghanistan
afghansk *adj* Afghan
Afrika Africa
afrikan *subst* African
afrikansk *adj* African
afroasiatisk *adj* Afro-Asian
afrofrisyr *subst* Afro (pl. -s)
afton *subst* evening, senare night; ***god ~!*** när man kommer good evening!, när man går good night!
aftonbön *subst* evening prayers pl.
aftondräkt *subst* evening dress
aftonklänning *subst* evening gown
agent *subst* **1** agent **2** spion spy
agentroman *subst* spy novel, spy story
agentur *subst* agency
agera *verb* act
agerande *subst* **1** ***de*** ~ those involved **2** ***hans*** ~ his actions
agg *subst*, ***hysa ~ mot ngn*** have a grudge against sb
aggregat *subst* **1** aggregate **2** tekn. unit, set
aggression *subst* aggression
aggressiv *adj* aggressive
aggressivitet *subst* aggressiveness
agitation *subst* agitation, campaign
agitator *subst* agitator
agitera *verb* agitate, campaign
agn *subst* vid fiske bait
aids *subst* med. Aids, AIDS (förk. för *acquired immune deficiency syndrome* förvärvat immunbristsyndrom)
aidssjuk *subst*, ***en*** ~ an Aids sufferer, an Aids victim
aiss *subst* musik. A sharp
aj *interj* oh!, ouch!; ***aj, aj!*** varnande now! now!
àjour *subst*, ***hålla sig*** ~ keep up to date; ***hålla ngn*** ~ keep sb informed, keep sb up to date
ajournera *verb* adjourn
akademi *subst* academy; ***Svenska Akademien*** the Swedish Academy
akademiker *subst* med examen university graduate
akademisk *adj* academic
A-kassa *subst* unemployment benefit fund; ***sänkt*** ~ reduced unemployment benefit
akilleshäl *subst* Achilles' heel svag punkt
akleja *subst* blomma columbine
akne *subst* med. acne
akrobat *subst* acrobat
akrobatik *subst* akrobatkonster acrobatics (med verb i pl.)
akrobatisk *adj* acrobatic
akryl *subst* kem. acrylic
akrylfärg *subst* acrylic paint
1 akt *subst* **1** ceremoni ceremony **2** teat. act **3** urkund document
2 akt *subst*, ***giv ~!*** attention!; ***ge ~ på*** observe, notice; ***ta tillfället i*** ~ take the opportunity
akta *verb* **1** be careful with; vårda take care of; ~ ***huvudet!*** mind your head! **2** ***~s för***

stötar på etikett handle with care; fragile **3** ~ ***sig*** take care [*för att göra det* not to do that (so)], be careful [*för att göra det* not to do that (so)]; ~ ***dig!*** be careful, watch out, look out; ~ ***dig, du!*** hotfullt watch your step!; ~ ***dig så att du inte faller!*** mind you don't fall!
aktad *adj* respected
akter *subst* sjö. stern
akterlanterna *subst* sjö. stern light
aktersnurra *subst* outboard motor; båt outboard motorboat
aktie *subst* share, amer. stock; ~***r*** koll. stock sing.
aktiebolag *subst* joint-stock company; med begränsad ansvarighet limited company; börsnoterat public limited company (förk. PLC), amer. corporation; ***Investia AB*** Investia Ltd. (förk. för *Limited*), amer. Investia Inc. (förk. för *Incorporated*)
aktiefond *subst* unit trust, amer. mutual fund
aktiekapital *subst* share capital, amer. capital stock
aktiekurs *subst* share price, amer. stock price
aktiesparande *subst* investment in stocks and shares
aktiesparare *subst* share investor, small investor
aktieägare *subst* shareholder, spec. amer. stockholder
aktion *subst* action
aktionsgrupp *subst* action group
aktionsradie *subst* sjö. el. flyg. range
aktiv *adj* active
aktivera *verb* activate
aktivist *subst* activist
aktivitet *subst* activity
aktning *subst* respect; ***hysa ~ för*** feel respect for
aktningsvärd *adj* ... worthy of respect; betydlig considerable
aktsam *adj* careful [*om* of]
aktsamhet *subst* care
aktualisera *verb*, ~ ***ngt*** bring sth to the fore; åter bring up sth again; ***frågan har ~ts*** the question has arisen, the question has come up
aktualitet *subst* current interest, immediate interest, topicality
aktuell *adj* topical, current; nu rådande present; ***den ~a dagen...*** the day in question...; ***bli*** ~ arise, come up, come to the fore; ***Aktuellt*** i tv the News sing.
aktör *subst* **1** skådespelare actor **2** person som agerar main figure, player **3** t.ex. på börsen player, operator
akupunktur *subst* acupuncture
akupunktör *subst* acupuncturist
akustik *subst* ljudförhållanden acoustics (med verb i pl.)
akustisk *adj* acoustic
akut I *adj* acute
II *adj* o. *subst*, ~***en*** på sjukhus the emergency ward, amer. the emergency room
akutmottagning *subst* emergency ward, casualty ward, amer. emergency room
akvarell *subst* konst. watercolour
akvarium *subst* aquarium, tank
akvavit *subst* aquavit, snaps
al *subst* alder; se *björk-* för sammansättningar
alabaster *subst* alabaster
à la carte *adv* à la carte
A-lag *subst* **1** sport. first team **2** vard., av experter etc. A-team **3** ***A-laget*** vard., fyllon, ungefär the local winos pl., the social dropouts pl.
alarm *subst* signal alarm; ***falskt*** ~ false alarm; ***slå*** ~ sound the alarm, sound an alarm
alarmberedskap *subst* state of alert
alarmera *verb* alarm; ~ ***brandkåren*** call the fire brigade
alban *subst* Albanian
Albanien Albania
albansk *adj* Albanian
albatross *subst* fågel albatross
albino *subst* albino (pl. -s)
album *subst* album; urklippsalbum scrapbook
aldrig *adv* never; ~ ***mer*** never again; ~ ***i livet!*** not on your life!, no way!; ***nästan*** ~ hardly ever
alert I *adj* alert
II *subst*, ***vara på ~en*** be alert
alfabet *subst* alphabet
alfabetisk *adj* alphabetical
Alfapet® *subst* Scrabble® slags bokstavsspel
alg *subst* algae pl.
algblomning *subst* bot. algal bloom (growth)
algebra *subst* algebra
Alger Algiers
alger *subst pl* algae
algerier *subst* Algerian

aktuell
Det engelska ordet *actual* betyder vanligen verklig, faktisk och *actually* betyder vanligen verkligen, faktiskt.

Algeriet Algeria
algerisk *adj* Algerian
alias *adv* alias
alibi *subst* alibi; ***ha*** ~ have an alibi
alkis *subst* vard. wino (pl. -s), boozer
alkohol *subst* alcohol
alkoholfri *adj* non-alcoholic; ~ ***dryck*** soft drink
alkoholhalt *subst* alcoholic content
alkoholhaltig *adj* alcoholic
alkoholiserad *adj*, ***vara*** ~ be an alcoholic
alkoholism *subst* alcoholism
alkoholist *subst* alcoholic
alkoholmissbruk *subst* addiction to alcohol, alcohol abuse
alkoholpåverkad *adj*, ***köra*** ~ drive under the influence of drink
alkotest *subst* breathalyser test
alkotestapparat *subst* breathalyser
alkov *subst* alcove, recess
all *pron* all; varje every; ***är ~a här?*** is everybody (everyone) here?; ***ha*** ~ ***anledning att...*** have every reason to...; ***~t annat*** everything else; ***~t annat än...*** anything but...; ***~a människor*** everybody; ***~t möjligt*** all sorts of things; ***hon knackade på ~a dörrar*** she knocked on all the doors
alla *pron* fristående all; varenda en everybody sing., everyone sing.; ***en gång för*** ~ once and for all
Alla helgons dag *subst* the Saturday between 31st October and 6th November
Alla hjärtans dag *subst* St. Valentine's Day 14 februari
alldaglig *adj* **1** everyday endast före subst.; vanlig ordinary **2** om utseende plain
alldeles *adv* quite; absolut absolutely; fullkomligt perfectly; fullständigt completely; helt och hållet entirely; totalt utterly; ~ ***ensam*** all alone; ~ ***för många*** far too many; ~ ***nyss*** just now

> **allé**
> Det engelska ordet *alley* används om mindre gator, bakgator, gränder. Allé heter på brittisk engelska *avenue*. I amerikansk engelska används *avenue* för en större gata, t.ex. *5th Avenue* i New York.

allé *subst* avenue
allehanda *adj*, ~ ***saker*** all sorts of things
allemansrätt *subst* ungefär legal right of common access to private land
allergi *subst* allergy
allergiframkallande *adj* allergy-forming, allergenic
allergiker *subst* allergic person, allergy sufferer
allergisk *adj* allergic [*mot* to]
allesammans *pron* all of us (you etc.); ***adjö ~!*** goodbye everybody!
allhelgonaafton *subst* Halloween 31 oktober
allhelgonadag *subst*, ***~en*** All Saints' Day
allhelgonahelgen *subst* All Saints' festival
allians *subst* alliance
alliansfri *adj* polit. non-aligned
alliansring *subst* eternity ring
alliera *verb*, ~ ***sig*** ally oneself [*med* to]
allierad I *adj* allied [*med* to]
II *subst* ally; ***de ~e*** the allies
alligator *subst* djur alligator
allihop *pron* all of us (you etc.); ***adjö ~!*** goodbye everybody!
allmän *adj* vanlig common; för alla general; ***på*** ~ ***bekostnad*** at public expense; ***det ~na*** the community
allmänbildad *adj* well-informed, well-read
allmänbildande *adj* educative, instructive
allmänbildning *subst* all-round education
allmängiltig *adj* generally applicable
allmänhet *subst* **1** ***i*** ~ in general, generally, as a rule **2** ***~en*** the public; ***den stora ~en*** the public at large
allmänmänsklig *adj* human, friare universal
allmänning *subst* common
allmännytta *subst*, ***~n*** a) the public good b) bostäder the public housing sector
allmännyttig *adj*, ***den är*** ~ it is for the benefit of everyone
allmänpraktiserande *adj*, ~ ***läkare*** general practitioner (förk. GP)
allmänt *adv* commonly, generally; ~ ***känd*** widely known; ~ ***utbredd*** widespread
allmäntillstånd *subst* general condition
allra *adv*, ***den*** ~ ***bästa*** the very best; ***de*** ~ ***flesta*** the great majority; ~ ***mest*** most of all; ~ ***minst*** least of all
allriskförsäkring *subst* comprehensive insurance
alls *adv*, ***inte*** ~ not at all, by no means; ***inget besvär*** ~ no trouble at all
allsidig *adj* all-round; ***en*** ~ ***kost*** a balanced diet
allsmäktig *adj* almighty; ***den Allsmäktige*** the Almighty

allström *subst* elektr. AC/DC (förk. för *alternating current/direct current*)
allsvenska *subst*, *~n* the Premier Division of the Swedish Football League
allsång *subst* community singing; ***sjunga ~*** do some community singing, have a singsong
allt I *pron* fristående all, everything; ***~ eller intet*** all or nothing; ***när ~ kommer omkring*** after all, when all is said and done; ***bara tio ~ som ~*** only ten all told, only ten all in all; ***spring ~ vad du kan*** run as fast as you can; ***inte för ~ i världen*** not for anything in the world
II *adv*, ***~ bättre*** better and better; ***~ intressantare*** more and more interesting; ***~ sämre*** worse and worse
alltefter *prep* according to
allteftersom *konj* efter hand som as
alltemellanåt *adv* from time to time, now and then
alltför *adv* far too, much too; ***jag känner henne ~ väl*** ironiskt I know her only too well
alltiallo *subst*, ***hans ~*** his right hand, his handyman
alltid *adv* always; ***för ~*** for ever; ***det är ~ ngt*** it's better than nothing
allt-i-ett-pris *subst* all-in price
alltifrån *prep* om tid ever since
alltigenom *adv* thoroughly; ***han är ~ pålitlig*** he is thoroughly reliable
alltihop *pron* se *alltsammans*
allting *pron* everything
alltjämt *adv* fortfarande still; ständigt constantly
alltmer *adv* more and more
alltsammans *pron* all of it, all of them, the whole lot
alltsedan *prep* o. *adv* o. *konj* ever since
alltså *adv* thus, consequently; det vill säga in other words; ***du kommer ~?*** so you're coming?
allvar *subst* seriousness, stark. gravity; ***mena ~*** be serious; ***på ~*** in earnest; ***på fullt ~*** in real earnest; ***ta ngn (ngt) på ~*** take sb (sth) seriously
allvarlig *adj* serious, stark. grave
allvetare *subst* kunnig person walking encyclopedia
alm *subst* träd elm; se *björk-* för sammansättningar
almanacka *subst* väggalmanacka calendar; fickalmanacka diary
Alperna *subst pl* the Alps
alpin *adj* alpine
alster *subst* product; friare production, work
alstra *verb* produce, generate
alt *subst* musik. alto (pl. -s)
altan *subst* terrace; balkong balcony
altare *subst* altar
alternativ *subst* o. *adj* alternative; ***~ energi*** alternative energy
alternativodling *subst* alternative food growing, alternative cultivation
alternera *verb* alternate [*med* with]
altfiol *subst* musik. viola
aluminium *subst* aluminium, amer. aluminum
aluminiumfolie *subst* aluminium foil, amer. aluminum foil
aluminiumfälgar *subst pl* alloy wheels, alloy rims
amalgam *subst* kem. amalgam

amerikansk engelska

Amerikansk engelska skiljer sig till viss del från brittisk engelska när det gäller ordförråd, uttal, intonation, stavning och grammatik. Se även sidorna XVII–XVIII. Viktiga skillnader i ordförråd, uttal och stavning anges under respektive uppslagsord. Här är några exempel:

ORDFÖRRÅD	BRITT.	AMER.
byxor	*trousers*	*pants*
chips	*crisps*	*chips*
hiss	*lift*	*elevator*
nota	*bill*	*check*
ryggsäck	*rucksack*	*backpack*
sedel	*note*	*bill*
semester	*holiday*	*vacation*
stadscentrum	*city centre*	*downtown*
trottoar	*pavement*	*sidewalk*
tunnelbana	*underground*	*subway*
UTTAL	BRITT.	AMER.
dance	[dɑːns]	[dæns]
arm	[ɑːm]	[ɑːrm]
got	[gɒt]	[gɑːt]
mobile	['məʊbaɪl]	['məʊbəl]
temporary	['tempərərɪ]	['tempərerɪ]
STAVNING	BRITT.	AMER.
	centre	*center*
	defence	*defense*
	favour	*favor*
	travelling	*traveling*

amaryllis *subst* blomma amaryllis
amatör *subst* amateur
amatörmässig *adj* amateurish, unprofessional
ambassad *subst* embassy
ambassadör *subst* ambassador
ambition *subst* framåtanda ambition; pliktkänsla conscientiousness
ambitiös *adj* ambitious; ***hon är mycket*** ~ she is very conscientious, she is very diligent
ambulans *subst* ambulance
ambulera *verb* move from place to place, move about
amen *interj* amen
Amerika America; ~***s förenta stater*** the United States of America
amerikan *subst* American
amerikanare *subst* **1** person American **2** bil big American car
amerikansk *adj* American; se *svensk-* för sammansättningar
amerikanska *subst* (se *svenska* för ex.) **1** kvinna American woman **2** språk American English
ametist *subst* ädelsten amethyst
amfetamin *subst* amphetamine
aminosyra *subst* kem. amino-acid
amiral *subst* admiral
amma *verb* breast-feed, nurse
ammoniak *subst* kem. ammonia
ammonium *subst* kem. ammonium
ammunition *subst* ammunition
amnesti *subst* amnesty; ***få*** ~ be granted an amnesty
amok *subst*, ***löpa*** ~ run amok
amortera *verb*, ~ ***ett lån*** pay off a loan by instalments
amortering *subst* amorterande repayment by instalments; belopp instalment
ampel *subst* för växter hanging flowerpot
ampere *subst* elektr. ampere
ampull *subst* ampoule; liten flaska phial
amputation *subst* amputation
amputera *verb* amputate
AMU förk, se *arbetsmarknadsutbildning*
AMU-center *subst* Vocational Training Centre
amulett *subst* amulet, charm
an *adv*, ***av och*** ~ up and down, to and fro
ana *verb* have a feeling [*att* that], have an idea [*att* that]; misstänka suspect; föreställa sig think, imagine; ~ ***oråd*** suspect mischief, vard. smell a rat
anabol *adj* med., ~***a steroider*** anabolic steroids
analfabet *subst*, ***vara*** ~ be an illiterate
analfabetism *subst* illiteracy
analogi *subst* analogy
analys *subst* analysis (pl. analyses)
analysera *verb* analyse, amer. analyze
analöppning *subst* anus
ananas *subst* pineapple
anarki *subst* anarchy
anarkist *subst* anarchist
anatomi *subst* anatomy
anatomisk *adj* anatomical
anbelanga *verb*, ***vad den saken*** ~***r*** as far as that's concerned
anblick *subst* sight; ***vid första*** ~***en*** at first sight
anbringa *verb* fästa fix; applicera apply
anbud *subst* offer, bid; ***lägga in ett*** ~ make an offer [*på* for]
and *subst* wild duck, duck
anda *subst* **1** andedräkt breath; ***hålla*** ~***n*** hold one's breath; ***dra efter*** ~***n*** catch one's breath **2** stämning, andemening spirit; ***när*** ~***n faller på*** when the spirit moves me, when I'm in the mood; ***i vänskaplig*** ~ in a friendly atmosphere
andakt *subst* **1** relig., ***förrätta*** ~ say one's prayers **2** ***ät den med*** ~***!*** enjoy it – it's something special!
andas *verb* breathe; ~ ***in*** breathe in; ~ ***ut*** breathe out; känna sig lättad breathe freely
ande *subst* **1** själ spirit, mind; ~***n är villig, men köttet är svagt*** the spirit is willing, but the flesh is weak **2** okroppsligt väsen spirit, ghost; ***den Helige Ande*** the Holy Ghost
andedrag *subst* breath; ***i ett*** ~ in one breath
andedräkt *subst* breath; ***dålig*** ~ bad breath
andel *subst* share [*i* of]
andelslägenhet *subst* condominium, vard. condo
andetag *subst* breath; ***i ett*** ~ in one breath
andfådd *adj* out of breath; ***hon var*** ~ she was out of breath, she was breathless
andlig *adj* spiritual; ~***a sånger*** sacred songs
andlös *adj* breathless; ~ ***tystnad*** dead silence
andlöst *adv*, ~***t spännande*** breathtaking, thrilling
andning *subst* breathing; ***konstgjord*** ~ artificial respiration; ***komma i andra*** ~***en*** get one's second wind
andningspaus *subst* pause for breath; andrum breathing-space
andnöd *subst* difficulty in breathing

andra I (*andre*) räkn second (förk. 2nd); ***den ~ från slutet*** the last but one; ***för det ~*** in the second place; vid uppräkning secondly; ***i ~ hand*** se *hand*; ***~ klassens*** second-rate; ***på ~ våningen*** se *våning*; se vidare *femte* för ex. o. *femte-* för sammansättningar
II (*andre*) *pron* se *annan*
andrahandsvärde *subst* second-hand value
andraklassbiljett *subst* second-class ticket
andre I *räkn* se *andra*
II *pron* se *annan*
andrum *subst* breathing-space
anekdot *subst* anecdote
anemi *subst* med. anaemia
anemon *subst* blomma anemone
anfall *subst* **1** attack [*mot* against, on]; ***gå till ~ mot ngn*** attack sb **2** fit; ***ett hysteriskt ~*** a fit of hysteria
anfalla *verb* attack
anfallskrig *subst* war of aggression
anfallsspelare *subst* striker, forward
anfordran *subst*, ***vid ~*** on demand
anföra *verb* åberopa state, bring forward; ***~ som ursäkt*** plead as an excuse
anförande *subst* yttrande statement; tal speech; mera formellt talk
anföringstecken *subst* quotation mark
anförtro *verb*, ***~ ngn ngt*** entrust sth to sb; ***~ sig till ngn*** confide in sb
anförvant *subst* relation
ange *verb* **1** uppge state, mention; utvisa indicate; på karta mark; ***närmare ~*** specify **2** anmäla report; ***~ ngn*** t.ex. till polisen inform against sb; ***~ sig själv*** give oneself up
angelägen *adj* **1** brådskande urgent **2** ***~ om ngt*** keen on sth; ***jag är ~ om att det här inte sprids*** I am anxious that this should not be spread about
angelägenhet *subst* ärende affair; sak matter
angenäm *adj* pleasant, agreeable
angivare *subst* informer
angloamerikansk *adj* Anglo-American
anglosaxisk *adj* Anglo-Saxon
Angola Angola
angolan *subst* Angolan
angolansk *adj* Angolan
angrepp *subst* attack [*mot, på* against, on]; ***gå till ~ mot*** attack
angripa *verb* attack; inverka skadligt på affect
angripare *subst* **1** attacker **2** polit. aggressor
angripen *adj* skadad, sjuk affected; ***~ av rost*** rusty
angränsande *adj* adjacent [*till* to]; adjoining
angå *verb* concern; ***vad mig ~r*** as far as I am concerned; ***det ~r dig inte*** it's none of your business
angående *prep* concerning, regarding
anhålla *verb* **1** arrestera arrest, take into custody; ***vara anhållen*** be under arrest **2** ***~ om*** request; t.ex. stipendium apply for
anhållan *subst* request [*om* for], application [*om* for]
anhållande *subst* arrestering arrest
anhängare *subst* follower, supporter
anhörig *subst* relative, relation; ***närmaste ~a*** next of kin
animerad *adj* livlig animated; ***en ~ film*** tecknad an animated cartoon
aning *subst* **1** förkänsla feeling [*om att* that], idea [*om att* that]; ***onda ~ar*** misgivings **2** begrepp notion [*om* of; *om att* that]; ***jag har ingen ~!*** I have no idea! **3** ***en ~ vitlök*** a touch of garlic; ***en ~ trött*** a bit tired
aningslös *adj* naive
anka *subst* duck
ankar *subst* se *ankare*
ankare *subst* sjö. anchor; ***kasta ankar*** drop anchor; ***ligga för ankar*** ride at anchor, lie at anchor; ***lätta ankar*** weigh anchor
ankdamm *subst* **1** duckpond **2** avkrok, håla backwater
ankel *subst* ankle
anklaga *verb* accuse [*för* of]
anklagelse *subst* accusation
anknyta *verb* **1** attach [*till* to], connect [*till* with, on to] **2** ***~ till*** link up with; referera till refer to, comment on
anknytning *subst* connection, attachment; telefonanknytning extension
ankomma *verb* **1** arrive [*till* at, in] **2** ***det ankommer på dig*** it's down (up) to you
ankommande *adj* om post, trafik incoming
ankomst *subst* arrival [*till* at, in]; ***vid ~en till*** on arrival at (in)
ankomsthall *subst* arrival hall, arrival lounge
ankomsttid *subst* time of arrival; ***beräknad ~*** estimated time of arrival (förk. ETA)
ankra *verb* anchor
ankunge *subst* duckling
anlag *subst* natural ability [*för* for], aptitude [*för* for]; begåvning gift [*för* for]; disposition tendency [*för* towards]
anledning *subst* skäl reason [*till* for]; ***~en till att...*** the reason why...; ***ge ~ till*** cause; medföra lead to; ***av vilken ~*** for what reason; ***med ~ av*** on account of, owing to; ***med ~ av Ert brev*** with reference to your letter

anlita *verb* vända sig till turn to, engage; tillkalla call in; ~ ***en advokat*** engage (consult) a lawyer
anlägga *verb* uppföra build, erect; bygga construct; grunda found
anläggning *subst* **1** uppförande erection, construction **2** grundande foundation **3** byggnad structure **4** fabrik etc. works (pl. lika), plant **5** parkanläggningar park grounds pl.
anlända *verb* arrive [*till* at, in]
anmoda *verb* request, call upon; beordra instruct
anmodan *subst* request; ***på min*** ~ at my request
anmäla *verb* **1** rapportera report; förlust, sjukdomsfall etc. notify **2** recensera review **3** ~ ***sig*** report [*för, hos* to]; ~ ***sig som sökande till ett arbete*** apply for a job; ~ ***sig till*** examen, tävling enter for
anmälan *subst* **1** report [*om* of]; om förlust sjukdomsfall notification [*om* of]; till examen, tävling application, entry [*till* for] **2** recension review
anmälningsavgift *subst* entry fee, application fee
anmälningsblankett *subst* application form
anmärka *verb* **1** yttra remark **2** kritisera m.m. criticize [*på ngn* sb; *på ngt* sth], find fault [*på* with]
anmärkning *subst* yttrande remark, observation; förklaring note, comment; ***en*** ~ kritik criticism
anmärkningsvärd *adj* remarkable
annalkande I *subst*, ***våren är i*** ~ spring is approaching
II *adj* approaching; ***den*** ~ ***stormen*** the approaching storm
annan (*annat, andre, andra*) *pron* **1** other; se vidare *3 en III* för ex.; ***en*** ~ a) another, another one b) någon annan somebody else; ***någon*** ~ om person anybody; en viss person somebody else; ***någon*** ~ ***än*** a) förenat any other... but; en viss some other... than b) självst. anybody but; en viss somebody other than; ***vilken*** ~ who else
2 vard., 'riktig' regular, proper; ***som en*** ~ ***tjuv*** just like a common thief
3 ***annat*** a) other things b) något annat something else, anything else; ***de gör inte*** (***ingenting***) ***annat än gråter*** they do nothing but cry; ***det var något helt annat än*** it was something quite different from
4 ***andra*** others, other people; ***alla andra*** all the others, everybody else
annandag *subst*, ~ ***jul*** Boxing Day; ~ ***pingst*** Whit Monday; ~ ***påsk*** Easter Monday
annanstans *adv*, ***någon*** ~ elsewhere, somewhere else, anywhere else; ***ingen*** ~ nowhere else
annars *adv* otherwise, or, or else
annat *pron* se *annan*
annektera *verb* annex
annex *subst* annexe, spec. amer. annex
annons *subst* advertisement (förk. advt.), vard. ad, advert; dödsannons etc. announcement
annonsbyrå *subst* advertising agency
annonsera *verb* i tidning advertise [*efter* for]; tillkännage announce
annonskampanj *subst* advertising campaign
annonspelare *subst* advertising pillar (column)
annonsör *subst* advertiser
annorlunda I *adv* otherwise; ***göra ngt*** ~ ***än*** do sth differently from
II *adj* different [*än* from, to, amer. than]
annullera *verb* cancel
anonym *adj* anonymous
anonymitet *subst* anonymity
anor *subst pl* ancestry sing.; ***ha gamla*** ~ have a long history; om tradition be a time-honoured tradition
anorak *subst* anorak
anordna *verb* organize, arrange
anordning *subst* arrangement; mekanism device
anorektiker *subst* med. anorexic
anorexi *subst* o. **anorexia** *subst* med., självsvält anorexia
anpassa *verb* **1** suit [*efter, för, till* to], adjust, adapt [*efter, för, till* to] **2** ~ ***sig*** adjust oneself, adapt oneself [*efter, till* to]
anpassning *subst* adaptation [*efter, till* to], adjustment [*efter, till* to]
anrikning *subst* **1** enrichment **2** tekn. enrichment, dressing
anrop *subst* call
anropa *verb* call [*ngn om ngt* upon sb for sth] äv. radio.; ~ ***om hjälp*** call for help
anrätta *verb* prepare; laga cook
anrättning *subst* **1** tillredning preparation; tillagning cooking **2** maträtt dish
ansa *verb* tend; t.ex. rosor prune; grönsaker clean
ansamling *subst* accumulation
ansats *subst* **1** sport. run; ***hopp med*** ~ running jump **2** ansträngning attempt [*till* at], effort [*till* at]; början start

anse *verb* **1** think, consider; ***man ~r att...*** it is believed that... **2** betrakta, hålla för regard [*som* as], look upon [*som* as]
ansedd *adj* aktad respected, distinguished; ***en ~ firma*** a firm of high standing; ***han är väl ~*** he has a good reputation; ***han är ~ ansedd*** he has a bad reputation
anseende *subst* reputation, standing
ansenlig *adj* considerable, large
ansikte *subst* face; ***kända ~n*** personer well-known personalities; ***visa sitt rätta ~*** show one's true colours; ***skratta ngn mitt i ~t*** laugh in sb's face; ***säga ngn ngt mitt i ~t*** tell sb sth straight to his face; ***tvätta sig i ~t*** wash one's face; ***stå ~ mot ~ med*** stand face to face with
ansiktsbehandling *subst* facial treatment, vard. facial
ansiktsdrag *subst pl* features
ansiktskräm *subst* face cream
ansiktslyftning *subst*, ***en ~*** a face-lift
ansiktsmask *subst* mask; skönhetsmask face pack
ansiktsservett *subst* face tissue, facial tissue
ansiktsuttryck *subst* facial expression, expression
ansiktsvatten *subst* skin tonic, face lotion

> **ansjovis**
> Det engelska ordet *anchovy* betyder vanligen sardell.

ansjovis *subst* fiskart anchovy; konserverad skarpsill sprat
anskaffa *verb* obtain, acquire; tillhandahålla provide [*ngt åt ngn* sb with sth], supply [*ngt åt ngn* sb with sth]
anslag *subst* **1** meddelande notice **2** penningmedel grant, allowance; ***bevilja ngn ett ~*** make sb a grant **3** på tangent touch
anslagstavla *subst* notice board, amer. bulletin board
ansluta *verb* connect [*till* with, to]; ***~ sig*** stå i förbindelse connect [*till* with, to]; ***~ sig till*** personer join
ansluten *adj* connected [*till* with]; ***han är ~ till facket*** he belongs to the union
anslutning *subst* connection [*till* with], association [*till* with]; ***färjorna har ~ till tågen*** the ferryboats run in connection with the trains; ***biblioteket ligger i ~ till skolan*** the library adjoins the school; ***mötet fick en storartad ~*** the meeting was very well supported by the public; ***i ~ till detta*** in this connection
anslå *verb* anvisa allow, allot; pengar allocate; ***~ tid till*** devote time to
anspela *verb* allude [*på* to], hint [*på* at]
anspelning *subst* allusion [*på* to]
anspråk *subst* claim; ***göra ~ på ngt*** lay claim to sth; ***göra ~ på att...*** claim to...; ***ställa stora ~ på*** make great demands on; ***ta i ~*** a) kräva require, take b) uppta, t.ex. ngns tid make demands on, take up
anspråksfull *adj* fordrande exacting
anspråkslös *adj* unassuming; om t.ex. måltid simple; om t.ex. fordringar moderate
anstalt *subst* institution institution, establishment
anstifta *verb* cause; ***~ mordbrand*** commit arson; ***~ myteri*** stir up a mutiny
anstrykning *subst* aning, spår touch, trace
anstränga 1 *verb* strain; trötta tire; ***~ sina resurser*** tax one's resources **2** ***~ sig*** exert oneself, make an effort
ansträngande *adj* strenuous [*för* to], trying [*för* to]; tröttande tiring [*för* to]
ansträngd *adj* strained; om leende, sätt forced; ***personalen är hårt ~*** the staff is (are) overworked
ansträngning *subst* effort, exertion; påfrestning strain
anstå *verb* **1** ***låta saken ~*** let the matter wait **2** passa become
anstånd *subst* respite; ***få ~ med*** be allowed a respite with
anställa *verb* ge arbete åt employ, engage, amer. äv. hire
anställd I *adj*, ***vara ~ hos någon*** be employed by sb [*vid* at, in]
II *subst* employee
anställning *subst* tjänst employment, tillfällig engagement; befattning post, position
anställningsintervju *subst* job interview
anställningstrygghet *subst* job security
anställningsvillkor *subst pl* terms of employment
anständig *adj* passande decent; aktningsvärd respectable
anständighet *subst* decency, respectability
anständighetskänsla *subst* sense of decency
anstöt *subst*, ***ta ~ av*** take offence at; ***väcka ~*** give offence [*hos* to]
anstötlig *adj* offensive [*för* to]; oanständig indecent
ansvar *subst* responsibility; ***ha ~ för*** be

responsible for; ***ställa ngn till*** ~ hold sb responsible; ***ta*** ~ ***för*** take responsibility for
ansvara *verb* be responsible [*för* for]
ansvarig *adj* responsible [*inför* to]
ansvarighet *subst* responsibility
ansvarsfull *adj* responsible; ***en*** ~ ***befattning*** a position of responsibility
ansvarsförsäkring *subst* third party liability insurance
ansvarskänsla *subst* sense of responsibility
ansvarslös *adj* irresponsible
ansvarslöshet *subst* irresponsibility
ansöka *verb*, ~ ***om*** apply for
ansökan *subst* application [*om* for]; ***skriftlig*** ~ application in writing; ***avslå en*** ~ turn down an application
ansökningsblankett *subst* application form
ansökningstid *subst*, ***~en utgår den 15*** applications must be sent in before the 15th
anta *verb* **1** förmoda suppose, assume **2** ta emot, t.ex. plats take; säga ja till accept **3** till utbildning admit **4** godkänna accept, adopt, approve; lagförslag pass **5** göra till sin adopt; ~ ***namnet Anthony*** take (assume) the name of Anthony **6** få assume; ~ ***fast konsistens*** set, harden
antagande *subst* **1** förmodan assumption **2** mottagande acceptance; som elev admission **3** godkännande acceptance, adoption, approval; lagförslag passing
antagligen *adv* probably, presumably
antagning *subst* admission
antagonist *subst* antagonist, adversary
antal *subst* number; ***tio till ~et*** ten in number
Antarktis the Antarctic
antasta *verb* vara närgången mot molest; upprepat harass
anteckna *verb* **1** note down, make a note of **2** ~ ***sig*** put one's name down [*för* for; *som* as]
anteckning *subst* note
anteckningsblock *subst* note pad
anteckningsbok *subst* notebook
antenn *subst* **1** radio. aerial, spec. amer. el. tv. antenna; radar scanner **2** zool. antenna (pl. antennae), feeler
antibiotika *subst pl* antibiotics
antibiotisk *adj* antibiotic
antik *adj* gammal och värdefull antique
antiklimax *subst* anticlimax
antikropp *subst* fysiol. antibody
antikvariat *subst* second-hand bookshop, second-hand bookstore
antikvitet *subst* antikt föremål antique
antikvitetsaffär *subst* **1** antique shop, spec. amer. antique store **2** second-hand furniture shop
antilop *subst* djur antelope
antingen *konj* either; vare sig whether; ~ ***du vill eller inte*** whether you want to or not
antioxidant *subst* antioxidant
antipati *subst* antipathy; ***ha*** (***hysa***) ~ feel an antipathy [*mot* to, towards]
antirasism *subst* antiracism
antisemit *subst* anti-Semite
antisemitism *subst*, ~ el. ***~en*** anti-Semitism
antiseptisk *adj* antiseptic; ***~t medel*** antiseptic
antistatisk *adj* antistatic
antologi *subst* anthology
antropolog *subst* anthropologist
antropologi *subst* anthropology
anträffa *verb* find, meet with
anträffbar *adj* available
antyda *verb* hint, suggest
antydan *subst* **1** vink hint [*om* of] **2** tecken indication [*om* of] **3** ansats, skymt suggestion [*till* of], trace [*till* of]
antydning *subst* insinuation insinuation
antända *verb* set fire to; t.ex. bensin ignite
anus *subst* anus
anvisa *verb* **1** tilldela etc. allot, assign; ~ ***ngn en sittplats*** show sb to a seat
anvisning *subst*, ~ el. ***~ar*** upplysning, föreskrift directions pl., instructions pl.
anvisningsläkare *subst* ungefär local staff doctor
använda *verb* **1** use [*till, för* for]; göra bruk av make use of [*till, för* for]; bära, t.ex. kläder, glasögon wear **2** lägga ned, t.ex. tid, pengar spend [*på* on, in]; ägna devote **3** förbruka use up [*till* on]
användare *subst* user
användargrupp *subst* user group
användarprogram *subst* data. user program
användarvänlig *adj* om t.ex. ordbok el. data. user-friendly
användbar *adj* usable; om t.ex. metod practicable; ***i ~t skick*** in working order
användning *subst* use, employment; tillämpning application; ***komma till*** ~ be of use, prove (be) useful; ***jag har ingen*** ~ ***för det*** I have got no use for it
användningsområde *subst* field of application
apa I *subst* djur monkey; svanslös ape **II** *verb*, ~ ***efter ngn*** ape sb, mimic sb, imitate sb

apartheidpolitik *subst* hist. apartheid policy
apati *subst* apathy
apatisk *adj* apathetic
apelsin *subst* orange
apelsinjuice *subst* orange juice
apelsinklyfta *subst* orange segment; friare piece of orange
apelsinmarmelad *subst* marmalade, orange marmalade
apelsinsaft *subst* orange juice; för spädning orange squash
apelsinskal *subst* orange peel
Apenninerna *subst pl* the Apennines
aperitif *subst* aperitif
A-post *subst* first-class mail
apostel *subst* apostle
apostrof *subst* apostrophe
apotek *subst* ungefär pharmacy, britt. chemist's, amer. pharmacy, drugstore
apotekare *subst* pharmacist, britt. ofta dispensing chemist
apparat *subst* instrument apparatus [*för* for]; anordning, t.ex. elektrisk device, appliance; radio, tv set; t.ex. bandspelare machine
apparatur *subst* equipment (endast sing.), apparatus
appell *subst* appeal
appellationsdomstol *subst* court of appeal
applicera *verb* apply [*på* to]
applåd *subst*, ~ el. *~er* applause sing.; handklappningar clapping sing.; ***stormande ~er*** tremendous applause
applådera *verb* applaud, clap
approximativ *adj* approximate
aprikos *subst* apricot

1 april
1 april kallas också *April Fools' Day* eller *All Fools' Day*. Om man lyckas lura någon ropar man *April fool!* April, april din dumma sill!

april *subst* April (förk. Apr.); ***april, april!*** April fool!; ***i*** ~ in April; ***i ~ månad*** in the month of April; ***i dag är det den femte ~*** today it is the fifth of April; ***den femte ~*** on the fifth of April, on April 5th; i brevdatering April 5th, 5th April; ***den sista ~*** som adv. on the last day of April; ***i början av ~*** at the beginning of April, early in April; ***i mitten av ~*** in the middle of April, in mid-April; ***i slutet av ~*** at the end of April
aprilskämt *subst*, ***ett ~*** an April fools' trick; ***det måste vara ett ~!*** you (they etc.) must be joking!
aprilväder *subst* April weather
apropå I *prep*, ~ ***det*** talking of that; by the way; ~ ***bilar*** talking of cars **II** *adv* by the way; ***helt*** ~ quite unexpectedly
aptit *subst* appetite [*på* for]
aptitlig *adj* appetizing
aptitretande *adv* appetizing
aptitretare *subst* appetizer
arab *subst* Arab, Arabian
Arabien Arabia
arabisk *adj* om t.ex. folk Arab; om språk Arabic; ***Arabiska öknen*** the Arabian desert
arabiska *subst* **1** kvinna Arab woman **2** språk Arabic
arabvärlden *subst* the Arab world
arbeta I *verb* work; vara sysselsatt be at work; tungt labour; ~ ***hårt*** work hard; ~ ***med (på) ett projekt*** work at (on) a project **II** *verb* med betonad partikel
arbeta bort get rid of
arbeta sig fram work one's way along, make one's way
arbeta ihjäl sig work oneself to death
arbeta in: ~ ***in förlorad arbetstid*** make up for lost time
arbeta om bok etc. revise
arbeta sig upp work one's way up
arbeta över på övertid work overtime
arbetare *subst* **1** worker; jordbruksarbetare el. grovarbetare labourer; fabriksarbetare hand; verkstadsarbetare mechanic **2** motsats: arbetsgivare employee
arbetarfamilj *subst* working-class family
arbetarklass *subst* working class; ***~en*** vanligen the working classes pl.
arbetarparti *subst* workers' party; ***Arbetarpartiet*** i Storbritannien the Labour Party
arbetarrörelse *subst*, ***~n*** the Labour movement
arbetarskydd *subst* välfärdsanordningar industrial welfare, industrial safety
arbetarskyddslag *subst* occupational safety and health act
arbete *subst* work (endast sing.), labour; sysselsättning employment; plats job; ***ett ~*** a) ett enstaka arbete som utförs a piece of work, a job b) konstnärligt el. litterärt a work; handarbete, slöjd etc. a piece of work; ***tillfälliga (smärre) ~n*** odd jobs; ***ha ~ hos ngn*** be in the employ of sb; ***lägga ned ~t*** stop

work; strejka go on strike; ***söka*** ~ look for a job, look for work; ***sätta ngn i*** ~ få att arbeta put sb to work; ***vara i*** ~ be at work; ***gå*** (***vara***) ***utan*** ~ be out of work, be out of a job
arbetsam *adj* **1** hard-working **2** jobbig tough, hard
arbetsavtal *subst* labour agreement
arbetsbelastning *subst* workload
arbetsbesparande *adj* labour-saving
arbetsbänk *subst* **1** workbench **2** i kök worktop, amer. counter
arbetsbörda *subst* burden of work; ***hennes*** ~ the amount of work she has to do, her workload
arbetsdag *subst* working-day
arbetsfred *subst* industrial peace
arbetsför *adj* fit for work; ***den ~a befolkningen*** the working population
arbetsförhållanden *subst pl* working conditions
arbetsförmedling *subst* statlig employment office, jobcentre; privat employment agency
arbetsgivaravgift *subst* payroll tax
arbetsgivare *subst* employer
arbetsgrupp *subst* working team; kommitté working party
arbetsinkomst *subst* spec. av veckolön wage earnings pl.; spec. av månadslön salary earnings pl.
arbetskamrat *subst* fellow-worker; kollega colleague
arbetskonflikt *subst* industrial dispute, labour dispute
arbetskraft *subst* folk labour, manpower
arbetsliv *subst*, ***komma*** (***gå***) ***ut i ~et*** go out to work
arbetslivserfarenhet *subst* work experience, job experience
arbetslös *adj* unemployed; ***en*** ~ a man (woman) who is out of work; ***de ~a*** the unemployed, the jobless
arbetslöshet *subst* unemployment
arbetslöshetsersättning *subst* unemployment benefit, jobseeker's allowance, amer. unemployment compensation
arbetslöshetsförsäkring *subst* unemployment insurance
arbetslöshetskassa *subst* se *A-kassa*
arbetsmarknad *subst* labour market
arbetsmarknadsdepartement *subst* ministry of labour
arbetsmarknadsminister *subst* minister of labour
arbetsmarknadsutbildning *subst* (förk. AMU) vocational training courses pl. for the unemployed and handicapped
arbetsmiljö *subst* working environment
arbetsnarkoman *subst* work addict, workaholic
arbetsnedläggelse *subst* stoppage of work
arbetspass *subst* shift, working period
arbetsplats *subst* place of work, workplace; byggnadsplats building site
arbetsprojektor *subst* overhead projector
arbetsrum *subst* workroom; med böcker study
arbetsskada *subst* industrial injury
arbetssökande *subst* job applicant
arbetstagare *subst* employee
arbetstakt *subst* workrate
arbetsterapeut *subst* occupational therapist
arbetsterapi *subst* occupational therapy
arbetstid *subst* working hours pl.
arbetstillfälle *subst* vacant job, opening
arbetstillstånd *subst* labour permit, work permit
arbetstvist *subst* labour dispute
arbetsuppgift *subst* task, assignment
arbetsvecka *subst* working week
areal *subst* area
arena *subst* arena
arg *adj* angry [*på* with, at], spec. amer. angry, mad [*på* with, at]
Argentina the Argentine, Argentina
argentinare *subst* Argentinian
argentinsk *adj* Argentinian
argsint *adj* ill-tempered
argument *subst* argument
argumentera *verb* argue [*för* in favour of]
aria *subst* musik. aria
aristokrat *subst* aristocrat
aristokrati *subst* aristocracy
aristokratisk *adj* aristocratic
1 ark *subst*, ***Noaks*** ~ Noah's Ark
2 ark *subst* pappersark sheet
arkebusera *verb* shoot, execute by a firing squad
arkebusering *subst* execution by a firing squad
arkeolog *subst* archaeologist
arkeologi *subst* archaeology
arkipelag *subst* archipelago (pl. -s)
arkitekt *subst* architect
arkitektur *subst* architecture
arkiv *subst* archives pl.; dokumentsamling records pl.; bildarkiv, filmarkiv library
arkivera *verb* file
Arktis the Arctic
arktisk *adj* arctic

1 arm *adj* eländig wretched; fattig, stackars poor
2 arm *subst* kroppsdel arm
armatur *subst* belysningsarmatur electric fittings pl.
armband *subst* **1** bracelet **2** klockarmband strap
armbandsur *subst* wristwatch
armbindel *subst* armlet, armband
armbrytning *subst* arm wrestling, spec. amer. Indian wrestling
armbåge *subst* elbow
armé *subst* army
arméförband *subst* army unit
Armenien Armenia
armenier *subst* Armenian
armenisk *adj* Armenian
armera *verb* **1** mil. arm **2** ***~d betong*** reinforced concrete
armhåla *subst* armpit
armhävning *subst* press-up, spec. amer. push-up
armring *subst* bangle
armstöd *subst* arm rest
arom *subst* aroma
aromatisk *adj* aromatic
aromglas *subst* balloon glass, snifter
arrak *subst* arrack
arrangemang *subst* arrangement äv. musik.
arrangera *verb* arrange äv. musik.; organize
arrangör *subst* arranger äv. musik.; organizer
arrendator *subst* leaseholder, tenant
arrendera *verb* lease, rent
arrest *subst* arrest; lokal cell; ***sitta i ~*** be under arrest, be in custody
arrestera *verb* arrest
arrestering *subst* arrest
arrogans *subst* arrogance
arrogant *adj* arrogant
arsenal *subst* arsenal
arsenik *subst* arsenic
arsle *subst* vulg. **1** arse, amer. ass **2** som skällsord arsehole, amer. asshole
art *subst* slag kind; vetensk. species (pl. lika); natur nature
arta *verb*, ***~ sig*** turn out, develop; ***det ~r sig till*** a) lovar it promises to be b) hotar it threatens to be c) ser ut att bli it looks like
arterioskleros *subst* med. arteriosclerosis
artificiell *adj* artificial
artig *adj* **1** polite [*mot* to] **2** formellare courteous [*mot* to]
artighet *subst* politeness; formellare courtesy; ***en ~*** an act of politeness, an act of courtesy
artikel *subst* article äv. gram.
artikulation *subst* articulation
artikulera *verb* articulate
artilleri *subst* artillery
artist *subst* **1** artist **2** teat. artiste
artistisk *adj* artistic
arton *räkn* eighteen; se *fem* för ex. o. *fem-* för sammansättningar
artonde *räkn* eighteenth (förk. 18th); se *femte* för ex. o. *femte-* för sammansättningar
artonhundratalet *subst*, ***på ~*** in the nineteenth century
arv *subst* inheritance; andligt heritage; testamentarisk gåva legacy; ***få i ~*** inherit [*efter* from]; ***gå i ~*** a) om egendom be handed down b) vara ärftlig be hereditary
arvfiende *subst* hereditary enemy; friare sworn enemy
arvinge *subst* heir; kvinnlig heiress
arvlös *adj*, ***göra ngn ~*** disinherit sb
arvode *subst* fee
arvsanlag *subst* biol. gene; allmännare hereditary character, hereditary disposition
arvslott *subst* part of an (the) inheritance, share of an (the) inheritance
arvsskatt *subst* inheritance tax, death duty
arvtagare *subst* heir
arvtagerska *subst* heiress
as *subst* kadaver carcass, carrion
asbest *subst* asbestos
asfalt *subst* asphalt
asfaltera *verb* asphalt
asiat *subst* Asiatic, Asian
asiatisk *adj* Asiatic, Asian
Asien Asia; ***Mindre ~*** Asia Minor
1 ask *subst* träd ash; se *björk-* för sammansättningar
2 ask *subst* box; ***~ tändstickor*** box of matches; ***~ cigaretter*** packet of cigarettes, amer. pack of cigarettes
aska I *subst* ashes pl.; cigarettaska ash
II *verb*, ***~ av*** vid rökning knock the ash off
A-skatt *subst* tax deducted from income at source
askfat *subst* o. **askkopp** *subst* ashtray
Askungen *subst* sagan Cinderella
asocial *adj* asocial, antisocial
asp *subst* träd aspen; se *björk-* för sammansättningar
aspekt *subst* aspect
aspirant *subst* sökande applicant, candidate; under utbildning trainee
1 ass *subst* brev insured letter
2 ass *subst* musik. A flat
assiett *subst* **1** small plate **2** maträtt hors-d'oeuvre
assistera *verb* assist [*vid* in]

association *subst* association
associera *verb* associate [*med, till* with]
aster *subst* blomma aster
asterisk *subst* asterisk
astigmatisk *adj* astigmatic
astigmatism *subst* hos lins astigmatism
astma *subst* med. asthma
astmatiker *subst* asthmatic
astmatisk *adj* asthmatic
astrolog *subst* astrologer
astrologi *subst* astrology
astrologisk *adj* astrological
astronaut *subst* astronaut
astronom *subst* astronomer
astronomi *subst* astronomy
astronomisk *adj* astronomical; ***~a tal*** astronomical figures
asyl *subst* asylum; ***begära politisk ~*** seek political asylum
asylansökan *subst* application for asylum
asylsökande *subst* asylum-seeker
asymmetrisk *adj* asymmetric, asymmetrical
ateism *subst*, ~ el. ***~en*** atheism
ateist *subst* atheist
ateljé *subst* studio; t.ex. syateljé workroom
Aten Athens
Atlanten the Atlantic Ocean, the Atlantic
atlantisk *adj* Atlantic
Atlantpakten organisationen the North Atlantic Treaty Organization (förk. NATO)
atlas *subst* kartbok atlas [*över* of]
atlet *subst* **1** friidrottare athlete **2** stark karl strong man
atletisk *adj* om kroppsbyggnad athletic
atmosfär *subst* atmosphere
atmosfärisk *adj* atmospheric; ***~a störningar*** radio. atmospherics pl.
atom *subst* atom; se äv. *kärn-* för sammansättningar
atombomb *subst* atom bomb
atomdriven *adj* nuclear-powered
atomsopor *subst pl* nuclear waste sing.
atomubåt *subst* nuclear-powered submarine
ATP allmän tilläggspension supplementary pension
ATP-poäng *subst* ungefär pension points
att I *infinitivmärke* to; ***han lovade ~ inte göra det*** he promised not to do that; ***undvika ~ göra ngt*** avoid doing sth; ***boken är värd ~ läsa*** the book is worth reading; ***efter ~ ha ätit frukost gick han*** after having breakfast he left, having had breakfast he left; ***konsten ~ sjunga*** the art of singing
II *konj* that; ***jag är säker på ~ han...*** I'm sure he..., I'm sure that he...; ***frånsett ~ hon...*** apart from the fact that she...; ***du kan lita på ~ jag gör det*** you may depend on me to do it; ***vad vill du ~ jag ska göra?*** what do you want me to do?; ***jag väntar på ~ han ska komma*** I am waiting for him to come, I am expecting him to come; ***ursäkta ~ jag stör!*** excuse my disturbing you!, excuse me disturbing you!
attaché *subst* attaché
attachéväska *subst* attaché case
attack *subst* attack [*mot* on]
attackera *verb* attack
attackplan *subst* fighter-bomber
attentat *subst* mordförsök attempted assassination [*mot* of]; våldsdåd outrage [*mot* against], attempted outrage [*mot* against]; ***ett ~ mot ngn*** an attempt on sb's life
attentatsman *subst* som har planerat ett attentat would-be assassin; förövare av våldsdåd perpetrator of an (the) outrage
attestera *verb*, ~ ***ngt*** a) utbetalning, belopp authorize sth for payment b) handling certify sth
attiraljer *subst pl* gear sing.; grejer paraphernalia pl.
attityd *subst* attitude; pose pose
attrahera *verb* attract
attraktion *subst* attraction
attraktiv *adj* attractive
aubergine *subst* grönsak aubergine, spec. amer. eggplant
audiens *subst* audience; ***få ~ hos*** obtain an audience with
auditorium *subst* åhörare audience
audivisuell *adj* audio-visual; ***~a hjälpmedel*** audio-visual aids, AV aids
augusti *subst* August (förk. Aug.); se *april* för ex.
auktion *subst* auction [*på* of]; ***köpa ngt på ~*** buy sth at an auction; ***sälja ngt på ~*** sell sth by auction
auktionera *verb*, ***~ bort ngt*** auction sth, auction sth off
auktionsförrättare *subst* auctioneer
auktorisera *verb* authorize; ***~d revisor*** chartered accountant, amer. certified public accountant (förk. CPA)
auktoritativ *adj* authoritative
auktoritet *subst* authority
auktoritär *adj* authoritarian
aula *subst* assembly hall; univ. lecture hall

au pair *subst*, ***en*** ~ an au pair
Australien Australia
australiensare *subst* o. **australier** *subst* Australian
australisk *adj* Australian
autenticitet *subst* authenticity
autentisk *adj* authentic
autograf *subst* autograph
autografjägare *subst* autograph hunter
automat *subst* automatic machine, dispenser; med myntinkast slot machine
automatgevär *subst* automatic rifle
automation *subst* automation
automatisera *verb* automatize, automate
automatisk *adj* automatic
automatlåda *subst* bil. automatic gearbox
automatvapen *subst* automatic weapon
automatväxel *subst* på bil automatic gear-change
autopilot *subst* autopilot
av I *prep* **1** of; ***en del ~ tiden*** part of the time; ***i nio fall ~ tio*** in nine cases out of ten; ***ett bord ~ ek*** an oak table; ***vad snällt ~ dig!*** how kind of you! **2** agent by; huset ***är byggt ~ A.*** the house was built by A. **3** orsak, ***gråta ~ glädje*** cry for joy; ***han gjorde det ~ nyfikenhet*** he did it out of curiosity; ***~ brist på*** for want of, for lack of; ***~ fruktan för*** for fear of; ***~ ett eller annat skäl*** for some reason or other **4** av sig själv, ***han gjorde det ~ sig själv*** a) he did it by himself b) självmant he did it of his own accord; ***det går ~ sig själv (självt)*** it runs by itself, it works by itself **5** från, ***en gåva ~ min fru*** a present from my wife; ***jag ser ~ ditt brev att…*** I see from your letter that…
II *adv* bort, i väg, ned m.m. vanligen off; itu in two; avbruten broken
avancera *verb* advance; bli befordrad be promoted
avancerad *adj* advanced
avbeställa *verb* cancel
avbeställning *subst* cancellation
avbetala *verb*, ***~ på en skuld*** pay a debt by (in) instalments; ***~ på en vara*** pay for an article by (in) instalments
avbetalning *subst* belopp instalment; system the hire-purchase system; ***göra en ~*** pay an instalment; ***på ~*** by instalments
avbetalningskontrakt *subst* hire-purchase contract, hire-purchase agreement
avbild *subst* representation; kopia copy; ***sin fars ~*** the very image of his (her etc.) father
avbilda *verb* återge reproduce; framställa depict
avbildning *subst* återgivning reproduction; framställning depiciton
avbitare *subst* o. **avbitartång** *subst* cutting pliers pl.
avblåsa *verb* se *blåsa av under 2 blåsa II*
avboka *verb*, ***~ en biljett*** cancel a ticket (a booking)
avbrott *subst* uppehåll: störning interruption; tillfälligt break; paus pause, stoppage; ***ett ~ i trafiken*** a traffic hold-up; ***utan ~*** without stopping, non-stop
avbryta *verb* **1** interrupt; göra slut på break off; tillfälligt avbryta, t.ex. ett arbete leave off; ***~ en strejk*** call off a strike; ***~ förbindelser med*** break off relations with **2** ***~ sig*** break off, stop speaking
avbräck *subst* **1** bakslag setback **2** skada harm (endast sing.); materiell damage (endast sing.) **3** finansiellt financial loss
avbytare *subst* **1** sport. substitute, vard. sub, reserve; vid tävlingar co-driver **2** till lastbilschaufför driver's mate
avböja *verb* avvisa decline, refuse
avböjande *adj*, ***~ svar*** refusal [*på* to], negative answer [*på* to]
avdankad *adj* uttjänt superannuated
avdelning *subst* i ämbetsverk, varuhus etc. department; på sjukhus ward, department; av t.ex. företag, lokal section
avdelningsföreståndare *subst* i ämbetsverk, på varuhus etc. head of the department; på sjukhus ward sister
avdrag *subst* deduction; beviljat allowance
avdragsgill *adj* deductible
avdunsta *verb* evaporate
avdunstning *subst* evaporation
avel *subst* **1** uppfödning breeding **2** avkomma, ras stock, breed
aveny *subst* avenue
avfall *subst* **1** sopor refuse, rubbish, amer. vanligen trash **2** köksavfall garbage **3** från industrier waste
avfart *subst* exit
avfolka *verb* depopulate
avfolkning *subst* depopulation
avfrosta *verb* defrost
avfyra *verb* fire, let off; missil launch
avfärd *subst* departure, going away
avfärda *verb* avvisa dismiss, brush aside
avföring *subst* motion; exkrementer excrement; ***ha ~*** pass a motion
avgaser *subst pl* exhaust fumes
avgasrenare *subst* bil. exhaust emission control device

avgasrening *subst* bil. exhaust emission control
avgasrör *subst* exhaust pipe, exhaust, amer. tailpipe
avgasutsläpp *subst* bil. exhaust emissions pl.
avge *verb* **1** ge ifrån sig emit, give off **2** ge, lämna give; bekännelse, löfte make
avgift *subst* **1** charge **2** t.ex. inträdesavgift, parkeringsavgift fee **3** för resa fare
avgifta *verb* detoxify, vard. detox
avgiftsbelagd *adj* subject to a change; *~ bro* tollbridge; *~ väg* tollroad
avgiftsfri o. **avgiftsfritt** *adj* o. *adv* free; *den är ~* el. *det är ~tt* it is free of charge
avgjord *adj* decided; ordnad settled; tydligt distinct; *därmed var saken ~* that settled the matter
avgrund *subst* abyss; klyfta chasm; stup precipice
avgränsa *verb* demarcate; *skarpt ~d* clearly-defined
avguda *verb* idolize, adore
avgå *verb* **1** om tåg etc. leave [*till* for], start [*till* for], depart [*till* for] **2** dra sig tillbaka retire, withdraw; ta avsked resign **3** *~ med segern* be victorious, be the winner
avgående *adj* om brev, fartyg outgoing; om flyg, tåg departing
avgång *subst* **1** departure [*till* for, to] **2** persons resignation; pensionering retirement
avgångsbetyg *subst* skol. school-leaving certificate, amer. high-school diploma
avgångshall *subst* departure hall, departure lounge
avgöra *verb* decide; ordna settle; vara avgörande för determine; *det var svårt att ~* it was difficult to tell
avgörande I *adj* om t.ex. seger decisive; om faktor determining; *det ~ för mig var* what decided me was
II *subst* beslut decision, settlement
avhandling *subst* skrift treatise [*om* on]; akademisk thesis (pl. theses) [*om* on], dissertation [*om* on]
avhjälpa *verb* t.ex. fel, brist remedy
AV-hjälpmedel *subst pl* AV aids, audio-visual aids
avhopp *subst* **1** polit. defection **2** plötslig avgång från t.ex. kommitté resignation **3** från studier dropping out
avhoppare *subst* **1** polit. defector **2** *det var två ~ från kommittén* two members resigned from the committee
avhålla *verb*, *~ sig från* abstain from
avhållsam *adj* abstinent
avhållsamhet *subst* abstinence
avhämta *verb* fetch, call for, collect
avhämtning *subst* fetching, collecting; *mat för ~* takeaway food, amer. takeout food
avi *subst* hand. advice; *~ om försändelse* dispatch note
avigsida *subst* **1** wrong side, reverse **2** nackdel drawback, downside; dålig sida unpleasant side
avisera *verb* announce, notify
avisning *subst* de-icing
avkall *subst*, *göra* (*ge*) *~ på kvaliteten* lower the (one's) standards of quality; *göra* (*ge*) *~ på sina principer* renounce one's principles, abandon one's principles
avkastning *subst* yield, proceeds pl.; vinst profit
avklädningshytt *subst* **1** vid strand bathing hut **2** inomhus cubicle
avkomling *subst* descendant
avkomma *subst* offspring
avkoppling *subst* vila relaxation
avkriminalisera, *~ ngt* decriminalize sth
avkunna *verb*, *~ dom* pronounce sentence, pass sentence
avlagd *adj* kasserad *~a kläder* cast-off clothes, hand-me-downs
avlasta *verb* unload; lätta trycket på relieve
avlastning *subst* unloading; lättnad relief
avleda *verb* leda bort divert
avlida *verb* die, pass away
avliden *adj* deceased; *den avlidne* the deceased
avliva *verb* put to death; sjuka djur destroy, put away, put down; *~ ett rykte* put an end to a rumour
avlopp *subst* drain; i handfat etc. plughole
avloppsledning *subst* kloak sewer
avloppsrör *subst* sewage pipe, waste pipe
avloppsvatten *subst* sewage
avlossa *verb* avskjuta fire, discharge
avlyssna *verb* ofrivilligt overhear; avsiktligt listen in to; i spioneringssyfte intercept; *~ ett rum* hemligt bug a room; *~ en telefon* hemligt tap a telephone
avlång *adj* oblong; oval oval
avlägga *verb* bekännelse make; *avlägga ~ om ngt* report on sth; *~ vittnesmål* give evidence
avlägsen *adj* distant, remote, out-of-the-way; långt bort far-off
avlägsna *verb* **1** remove **2** *~ sig* leave; dra sig tillbaka withdraw, retire
avlämna *verb* t.ex. rapport hand in, present
avläsa *verb* mätare etc. read

avlöna *verb* pay
avlönad *adj* salaried; ***väl ~*** well-paid
avlöning *subst* pay; ämbetsmans salary; veckolön wages pl.
avlöningsdag *subst* pay day
avlöpa *verb* pass off; sluta end; utfalla turn out
avlösa *verb* **1** vakt, i arbete relieve; följa på succeed **2** *~ **varandra vid ratten*** bil. take turns at the wheel; ersätta replace
avmattas *verb* se *mattas*
avnjuta *verb* enjoy; *~ **en måltid*** enjoy a meal
avogt *adv*, ***vara ~ sinnad mot*** have an aversion to
avokado *subst* avocado (pl. -s)
avpassa *verb* fit [*efter* to], match [*efter* to]; anpassa adapt [*efter* to], adjust [*efter* to], suit [*efter* to]
avreagera *verb*, *~ **sig*** relieve one's feelings, vard. let off steam
avreglera *verb* deregulate
avreglering *subst* deregulation
avresa I *verb* depart [*till* for], leave [*till* for] **II** *subst* departure
avresedag *subst* day of departure
avrunda *verb* round off; ***~d summa*** round sum
avråda *verb*, *~ **ngn från*** advise sb against, warn sb against
avrätta *verb*, *~ **ngn*** execute sb [*genom* by], put sb to death [*genom* by]
avrättning *subst* execution, putting to death
avsaknad *subst* loss, want; ***vara i ~ av*** be without, lack
avsats *subst* på mur, klippa ledge; i trappa landing
avse *verb* **1** syfta på concern, refer to **2** ha i sikte aim at; ämna mean, intend; ***vara ~dd för*** be intended for; ***ha ~dd verkan*** have the intended effect
avseende *subst* **1** reference; ***ha ~ på*** relate to, refer to **2** hänseende respect; beaktande etc. consideration; ***fästa ~ vid*** pay attention to; ***inte fästa ~ vid*** pay no regard to; ***i detta ~*** from this point of view, in this respect; ***med ~ på*** with respect to, as regards; ***lämna ngt utan ~*** disregard sth
avsevärd *adj* considerable; märkbar appreciable
avsevärt *adv* considerably; ***den är ~ bättre*** it is very much better
avsides *adv* aside; ***ligga ~*** be out of the way; *~ **belägen*** remote, out-of-the-way
avsigkommen *adj* down-at-heel, shabby
avsikt *subst* intention; syfte purpose, aim; motiv, uppsåt design, motive; ***ha för ~ att göra*** intend to do, mean to do; ***med ~*** on purpose, deliberately
avsiktlig *adj* intentional, deliberate
avsiktligt *adv* intentionally, deliberately, on purpose
avskaffa *verb* abolish, do away with
avskaffande *subst* abolition, doing away with; ***slaveriets ~*** the abolition of slavery
avsked *subst* **1** ur tjänst dismissal; ***begära ~*** hand in one's resignation **2** ***ta ~*** say goodbye [*av* to]; take leave [*av* of]
avskeda *verb* dismiss, discharge, vard. sack
avskedande *subst* dismissal, discharge, vard. sacking
avskedsansökan *subst* resignation; ***lämna in sin ~*** hand in one's resignation
avskild *adj* secluded; isolerad isolated
avskildhet *subst* seclusion; isolering isolation
avskilja *verb* separate; lösgöra detach
avskjutningsramp *subst* för raketer launching pad, launching platform
avskrift *subst* copy, transcript
avskriven *adj*, ***rätt avskrivet intygas...*** true copy certified by...
avskräcka *verb*, *~ **ngn från att göra ngt*** deter sb from doing sth; ***det dåliga vädret avskräckte folk*** äv. the bad weather kept people away; ***han låter sig inte ~s*** he won't be put off, he is not to be intimidated
avskräckande I *adj* om t.ex. verkan deterrent; ***ett ~ exempel*** an example of what one should not do **II** *adv*, ***verka ~*** act as a deterrent
avsky I *verb* detest, loathe **II** *subst* loathing [*för* for]; ***känna ~ för*** feel a loathing for; ***väcka ~ hos*** fill sb with loathing [*för* for]
avskyvärd *adj* abominable, detestable
avslag *subst* på förslag rejection [*på* of]; ***han fick ~ på sin ansökan*** he had his application turned down
avslagen *adj* om dryck flat, stale
avslappnad *adj* relaxed
avsluta *verb* **1** finish, complete, finalize; bilda avslutning på finish off, terminate; *~ **ett konto*** close an account **2** göra upp, t.ex. köp, fördrag conclude; avtal enter into
avslutad *adj* finished, completed; ***förklara sammanträdet avslutat*** declare the meeting closed
avslutning *subst* **1** avslutande del conclusion, finish; slut end, termination **2** skol. breaking-up, end of term; ***~en*** i skolan ***äger***

rum 6 juni school breaks up (amer. lets out) on June 6th
avslå *verb* t.ex. begäran, förslag reject, turn down
avslöja *verb*, ~ ***ngt*** reveal sth, disclose sth; information, handling give sth away
avslöjande *subst* revelation, disclosure; om person exposure
avsmak *subst*, ***få ~ för*** take a dislike to; ***känna ~*** feel disgusted
avsnitt *subst* section; av bok etc. part, passage; av t.ex. följetong instalment; av tv-serie episode
avspark *subst* kick-off
avspegla *verb* reflect; ~ ***sig*** be reflected
avspelningshuvud *subst* på bandspelare playback head
avspisa *verb*, ~ ***ngn*** fob sb off, put sb off
avspänd *adj* om person el. t.ex. atmosfär relaxed, laid back
avspänning *subst* **1** avslappning relaxation **2** polit. détente
avstava *verb*, ~ ***ett ord*** divide a word into syllables
avstavning *subst* division into syllables
avstickare *subst* utflykt detour; ***göra en ~*** make a detour
avstjälpningsplats *subst* tip, dump
avstyra *verb* prevent; t.ex. planer put a stop to
avstyrka *verb*, ~ ***ngt*** object to sth; ***avstyrkes*** authority withheld, sanction refused
avstå *verb*, ~ ***från*** a) give up [*att gå* going] b) avsäga sig renounce c) låta bli refrain from d) undvara dispense with
avstånd *subst* distance; vid t.ex. målskjutning range; ***ta ~ från*** dissociate oneself from; ***på ~*** at a distance; i fjärran in the distance; från långt håll from a distance
avståndsmätare *subst* foto. range-finder
avstämpla *verb* stamp; brev etc. postmark
avstänga *verb* se *stänga av under stänga II*
avsäga *verb*, ~ ***sig*** t.ex. befattning resign, give up; ~ ***sig tronen*** abdicate
avsändare *subst* sender; på brevs baksida from
avsätta *verb* **1** avskeda remove, dismiss **2** sälja sell **3** ~ ***medel till*** allocate funds to
avsättning *subst* **1** avskedande removal, dismissal **2** av varor sale; ***finna (få) ~ för*** en vara find a market for a commodity
avta *verb* minska decrease, diminish
avtagande *subst*, ***vara i ~*** be on the decrease
avtagbar *adj* detachable
avtagsväg *subst* turning; sidoväg side road
avtal *subst* agreement, settlement, deal; kontrakt contract; ***träffa ~*** come to an agreement [*om* about]
avtala *verb* agree on, settle, fix; ~ ***med ngn om ngt*** agree with sb about sth; ***ha en ~d tid med ngn*** have an appointment with sb
avtalsförhandlingar *subst pl* wage negotiations
avtalsrörelse *subst* förhandlingar round of wage negotiations pl.
avteckna *verb*, ~ ***sig mot*** stand out against
avtjäna *verb*, ~ ***ett straff*** serve a sentence, vard. do time
avtryck *subst* imprint, impression
avtryckare *subst* på gevär trigger; på kamera shutter release
avtåg *subst* departure, marching off
avtäcka *verb* uncover; konstverk etc. unveil
avund *subst* envy
avundas *verb*, ~ ***ngn ngt*** envy sb sth
avundsjuk *adj* envious [*på, över* of]
avundsjuka *subst* envy
avvakta *verb* ankomst, svar await; händelsernas gång wait and see; ***vi ~r*** let's wait and see
avvaktan *subst*, ***i ~ på*** while awaiting
avvaktande *adj*, ***inta en ~ hållning*** play a waiting game
avvara *verb* spare, manage without
avveckla *verb* spec. affärsrörelse wind up, settle; gradvis phase out
avveckling *subst* winding up, settlement
avverka *verb* **1** träd fell **2** tillryggalägga cover [*på* in], do [*på* in]
avvika *verb* **1** skilja sig differ **2** från t.ex. ämne digress **3** från t.ex. kurs (om fartyg), sanningen deviate **4** rymma escape
avvikande *adj* divergent, differing; ~ ***beteende*** deviant behaviour, abnormal behaviour
avvikelse *subst* divergence, deviation; ~ ***från ämnet*** digression
avvisa *verb* **1** ~ ***ngn*** a) t.ex. flykting, åskådare turn sb away b) avfärda ngn put sb off **2** t.ex. förslag reject; t.ex. beskyllning repudiate
avvisande *adj* negative; negativt inställd unsympathetic; ***ställa sig ~ till ngt*** adopt a negative attitude
avväga *verb* avpassa adjust [*efter* to]; ***väl avvägd*** well-balanced
avvägning *subst* adjustment, balance
avvänja *verb* **1** spädbarn wean **2** t.ex. rökare cure **3** alkoholskadad detoxify, vard. detox
avvänjningskur *subst* cure, aversion treatment (endast sing.)
avväpna *verb* disarm
avvärja *verb* t.ex. fara avert; ~ ***ett slag*** ward off a blow
avyttra *verb* dispose of

ax *subst* sädesax ear
1 axel *subst* **1** geogr. el. polit. axis (pl. axes) **2** hjulaxel axle; i maskin shaft
2 axel *subst* skuldra shoulder; ***rycka på axlarna*** shrug one's shoulders; ***se ngn över ~n*** look down on sb
axelband *subst* på kläder shoulder strap
axelklaff *subst* shoulder strap
axelremsväska *subst* shoulder bag
axelryckning *subst* shrug, shrug of the shoulders
axeltryck *subst* axle load
axelvadd *subst* shoulder pad
axla *verb*, ***~ en börda*** shoulder a burden
azalea *subst* blomma azalea

Bb

b *subst* musik. **1** ton B flat **2** sänkningstecken flat
babbel *subst* babble; babblande babbling
babbla *verb* babble
babian *subst* djur baboon
babord *subst* sjö. port
baby *subst* baby
babylift *subst* carrycot

> **babysitter**
> Det engelska ordet *babysitter* betyder barnvakt. Det svenska ordet babysitter, en stol för småbarn, heter *baby bouncer* eller, för mindre barn, *bouncing cradle*.

babysitter *subst* stol för småbarn baby bouncer; för de minsta barnen bouncing cradle
babysäng *subst* spjälsäng cot, amer. crib
bacill *subst* germ, med. bacillus (pl. bacilli), vard. bug
1 back *subst* låda tray; ölback crate
2 back I *subst* **1** sport. back **2** backväxel reverse gear
II *adv* back; ***gå ~*** a) förlora pengar make a loss b) om affärsverksamhet, gå med förlust run at a loss
backa *verb* back, reverse; ***~ upp*** stödja back, back up
backe *subst* höjd hill; sluttning hillside, slope, amer. grade
backhand *subst* i tennis etc. backhand äv. slag
backhoppare *subst* sport. ski-jumper
backhoppning *subst* sport. ski-jumping
backig *adj* hilly
backkrön *subst* top of a (the) hill
backljus *subst* på bil reversing light, amer. backup light
backspegel *subst* bil., inre rear-view mirror; yttre wing mirror, amer. side mirror
backväxel *subst* bil. reverse gear
bacon *subst* bacon
bad *subst* badning, i badkar bath; utebad bathe; ***ta ett varmt ~*** el. ***ta sig ett varmt ~*** have a hot bath; ***härliga ~*** splendid bathing sing.
bada *verb* **1** i badkar have a bath, amer. take a bath; ***~ ett barn*** bath a child, amer. bathe a

child **2** i t.ex. sjö bathe; ***gå och*** ~ go bathing, go for a swim
badande *subst* person bather
badboll *subst* beach ball
badbyxor *subst pl* swimming trunks
badda *verb* fukta bathe
baddräkt *subst* swimsuit, spec. amer. bathing suit
badhandduk *subst* bath towel; för strand bathing towel, beach towel
badhytt *subst* vid strand bathing-hut; inomhus cubicle
badkappa *subst* bathrobe; för strand bathing-wrap
badkar *subst* bathtub, bath
badminton *subst* badminton
badmintonboll *subst* shuttlecock
badmössa *subst* åld. el. amer. bathing cap
badort *subst* seaside resort, seaside town
badplats *subst* strand bathing beach
badrock *subst* bathrobe; för strand bathing-wrap
badrum *subst* bathroom
badrumsskåp *subst* bathroom cabinet
badrumsvåg *subst* bathroom scales pl.
badsemester *subst* holiday by the sea
badstrand *subst* beach, bathing beach
badtvål *subst* bath soap
badvakt *subst* swimming-pool attendant; vid badstrand lifeguard
bag *subst* bag
bagage *subst* luggage, baggage
bagagehylla *subst* luggage rack, baggage rack
bagageinlämning *subst* lokal left-luggage office, amer. checkroom; flyg. baggage check-in
bagagelucka *subst* bil. **1** utrymme boot, amer. trunk **2** dörr boot lid, amer. trunk lid
bagageutlämning *subst* flyg. baggage reclaim area, amer. baggage claim area
bagageutrymme *subst* i bil boot, amer. trunk
bagare *subst* baker
bagatell *subst* trifle, bagatelle
bagatellisera *verb* make light of, minimize
bageri *subst* bakery; butik baker's
bagge *subst* djur ram
baguette *subst* baguette, French loaf, French stick, amer. loaf of French bread
bajonett *subst* bayonet
bajs *subst* barnspr. poo, number two, spec. amer. poop
bajsa *verb* barnspr. do a poo, do a number two, spec. amer. poop
bak I *subst* vard., kroppsdel behind, bottom; byxbak seat
II *adv* behind, at the back; ***för långt*** ~ too far back
baka *verb* bake; ~ ***bröd*** bake bread
bakaxel *subst* bil. rear axle
bakben *subst* hind leg
bakdel *subst* **1** människas buttocks pl., vard. behind, bottom **2** djurs hind quarters pl., rump
bakdörr *subst* back door; på bil rear door
bakelse *subst* pastry, fancy cake; med frukt, sylt tart; ***jag skulle vilja ha några ~r*** I would like some pastry, I would like some pastries
bakficka *subst* på byxor hip pocket; ***ha ngt i ~n*** have sth up one's sleeve
bakform *subst* baking-tin
bakfot *subst* hind foot; ***få saken (det) om ~en*** get hold of the wrong end of the stick
bakfull *adj*, ***vara*** ~ have a hangover
bakgata *subst* back street
bakgrund *subst* background
bakgård *subst* backyard
bakhjul *subst* rear wheel
bakhjulsdriven *adj* bil. rear-wheel driven
bakhuvud *subst*, ***jag har det i ~et*** I have it on the tip of my tongue
bakhåll *subst* ambush; ***ligga i*** ~ lie in ambush
bakifrån *prep* o. *adv* from behind
baklucka *subst* bil. se *bagagelucka*
baklykta *subst* på fordon rear light, rear lamp, tail light
baklås *subst*, ***dörren har gått i*** ~ the lock has jammed
baklänges *adv* backward, backwards
bakläxa *subst*, ***få*** ~ avslag meet with a rebuff
bak och fram *adv* back to front, the wrong way round
bakom *prep* o. *adv* behind; ***jag undrar vad som ligger*** ~ I wonder what is at the bottom of it
bakplåt *subst* baking-tray
bakplåtspapper *subst* baking-paper
bakpulver *subst* baking-powder
bakre *adj* t.ex. bänk back; t.ex. ben hind
bakruta *subst* på bil rear window
baksida *subst* **1** back; på mynt etc. reverse **2** nackdel downside, unpleasant side
bakskärm *subst* på bil rear wing, amer. rear fender
bakslag *subst* motgång reverse, setback
baksmälla *subst* vard. hangover
bakstycke *subst* på plagg, kamera etc. back; på vapen breech
baksäte *subst* back seat, rear seat

baktala *verb* slander, backbite
baktanke *subst* ulterior motive
bakterie *subst* germ; *~er* germs, bacteria
bakteriologisk *adj* bacteriological
baktill *adv* behind, at the back
baktung *adj*, ***den är*** ~ it is heavy at the back
baktända *verb* bil. backfire
bakugn *subst* oven
bakut *adv* backward, backwards, behind
bakvagn *subst* bils rear part of a (the) car
bakvatten *subst* backwater
bakverk *subst* pastry; se vidare *bakelse* o. *kaka*
bakväg *subst* back way
bakvänd *adj* **1** the wrong way round, the other way round **2** tafatt awkward
bakvänt *adv* the wrong way, awkwardly
bakåt *adv* backward, backwards; tillbaka back
bakåtlutad *adj* reclining
bakåtsträvare *subst* reactionary
bal *subst* ball; dans dance
balans *subst* balance; ***tappa ~en*** lose one's balance
balansera *verb* balance
balansgång *subst*, ***gå*** ~ walk a tightrope; bildl. do a balancing act
balett *subst* ballet
balettdansör *subst* ballet dancer
balettdansös *subst* ballet dancer
balettflicka *subst* chorus girl
balja *subst* kärl tub; mindre bowl
balk *subst* träbalk beam; järnbalk girder
Balkan staterna the Balkans pl.
balkong *subst* balcony äv. på bio el. mindre teater
ballong *subst* balloon
balsam *subst* **1** balsam **2** lindring, tröst balm
balsamera *verb* embalm
balsamvinäger *subst* kok. balsamic vinegar
balt *subst* Balt
Baltikum the Baltic States pl.
baltisk *adj* Baltic
bambu *subst* bamboo
bamsing *subst* vard. whopper
bana I *subst* **1** väg path, track; lopp course; planets, satellits orbit; levnadsbana career **2** sport. track; löparbana running track; tennisbana court **3** järnv. line; spår track **II** *verb*, ~ ***väg*** clear the way [*för* for], pave the way [*för* for]
banal *adj* commonplace, banal
banan *subst* banana
bananskal *subst* banana skin
banbrytande *adj* pioneering; epokgörande epoch-making
band *subst* **1** remsa, knytband band; smalt el. i bandspelare tape; prydnadsband ribbon; ***löpande*** ~ conveyor belt, assembly line; ***han skriver romaner på löpande*** ~ he writes one novel after the other **2** något som förenar bond, tie; ***lägga ~ på sig*** check oneself, restrain oneself **3** bokband binding; volym volume **4** trupp, följe band, gang; jazzband etc. band
banda *verb* ta upp på band record
bandage *subst* bandage
banderoll *subst* streamer; pappersremsa kring förpackning wrapper
bandinspelning *subst* tape-recording
bandit *subst* bandit
bandspaghetti *subst* koll. tagliatelle (italienska)
bandspelare *subst* tape-recorder
bandtraktor *subst* caterpillar, caterpillar tractor
bandupptagning *subst* på bandspelare tape-recording
bandy *subst* bandy
bandyklubba *subst* bandy stick
bangård *subst* railway yard, amer. railroad yard; station railroad station
banjo *subst* musik. banjo (pl. -s el. -es)
bank *subst* penningbank bank; ***gå på ~en*** go to the bank; ***ha pengar på ~en*** have money in (at) the bank
banka *verb* bulta knock loudly, bang
bankbok *subst* bankbook
bankdirektör *subst* bank director; vid filial bank manager
bankett *subst* banquet
bankfack *subst* safe-deposit box
bankgiro *subst* tjänst bank giro service; konto bank giro account
bankir *subst* banker
bankkamrer *subst* vid bankfilial bank manager
bankkassör *subst* bank cashier
bankkonto *subst* bank account
banklån *subst* bank loan
bankomat® *subst* cash dispenser, Cashpoint®, ATM (förk. för *automated teller machine*); utomhus (vard.) hole in the wall
bankomatkort *subst* cash card, ATM card
bankrutt I *subst* bankruptcy; ***göra*** ~ go bankrupt **II** *adj* bankrupt
bankrån *subst* bank robbery
banktjänsteman *subst* bank clerk
banna *verb*, ***banne mig!*** I'll be damned!
bannlysa *verb* förbjuda ban
banta *verb* slim, reduce; ~ ***ned ngt*** reduce sth, cut down sth
bantamvikt *subst* boxn. bantamweight
bantning *subst* slimming, reducing

bantningskur *subst* slimming cure
bantningsmedel *subst* slimming product
bantningspiller *subst* slimming pill
1 bar *adj* bare, naked; ***stå på ~ backe*** be penniless; ***ta ngn på ~ gärning*** catch sb red-handed; ***under ~ himmel*** under the open sky
2 bar *subst* cocktailbar etc. bar; matställe snack bar, cafeteria
bara I *adv* only, merely; ***han är ~ barnet*** he is just a child; ***vänta ~!*** just you wait!
II *konj* om blott if only; ***~ du gör vad jag säger*** provided you do what I say
barack *subst* barracks (pl. lika)
barbar *subst* barbarian
barbari *subst* barbarism
barbarisk *adj* barbarous
barbent *adj* barelegged
barberare *subst* barber, hairdresser
Barbiedocka® *subst* Barbie doll®
barbröstad *adj* barechested, om kvinna vanligen bare-breasted
bardisk *subst* bar, bar counter
barfota *adj* o. *adv* barefoot, barefooted
barhuvad *adj* bareheaded
bark *subst* på träd bark
barlast *subst* ballast
barm *subst* bosom, breast
barmark *subst*, ***det är ~*** there is no snow on the ground
barmhärtig *adj* nådig merciful [*mot* to]
barmhärtighet *subst* nåd mercy; medlidande compassion, charity
barn *subst* child (pl. children), vard. kid; spädbarn baby; ***lika ~ leka bäst*** ordspr. birds of a feather flock together; ***vara med (vänta) ~*** be pregnant
barnadödlighet *subst* infant mortality rate
barnarbete *subst* child labour
barnarov *subst* **1** kidnapping **2** om äldre man och ung kvinna baby-snatching
barnasinne *subst*, ***han har ~t kvar*** he is still a child at heart
barnavård *subst* **1** child care **2** samhällets child welfare
barnavårdscentral *subst* child health centre
barnbarn *subst* grandchild
barnbarnsbarn *subst* great grandchild
barnbegränsning *subst* birth control, family planning
barnbidrag *subst* child allowance, child benefit
barnbok *subst* children's book
barndom *subst*, ~ el. ***~en*** childhood; späd infancy, babyhood
barndomsvän *subst*, ***vi är ~ner*** we knew each other as children
barndop *subst* christening
barnfamilj *subst* family, family with children
barnflicka *subst* nursemaid

barnförbjuden
Filmer har följande åldersgränser i England:
U (*Universal*): Lämplig för alla åldrar.
PG (*Parental Guidance*): Tillåten för barn i vuxens sällskap.
12, 15, 18: Tillåten från 12, 15 respektive 18 års ålder.

barnförbjuden *adj*, ***~ film*** film for adults only, adult film
barnkammare *subst* nursery
barnkläder *subst pl* children's clothes, children's wear sing.
barnkoloni *subst* children's holiday camp, summer camp
barnkär *adj*, ***han är ~*** he is fond of children
barnledig *adj*, ***han är ~*** he has paternity leave; ***hon är ~*** she has maternity leave
barnläkare *subst* specialist in children's diseases
barnlös *adj* childless
barnmat *subst* baby food
barnmisshandel *subst* child abuse
barnmorska *subst* midwife
barnmottagning *subst* på sjukhus children's clinic
barnomsorg *subst* child welfare
barnpassning *subst* looking after children; ***vi har ingen ~*** we have no baby-sitter
barnprogram *subst* children's programme
barnramsa *subst* children's nursery rhyme

barnsjukdomar
kikhosta *whooping cough*, mässlingen *measles*, påssjuka *mumps*, röda hund *German measles*, vattkoppor *chicken pox*

barnsjukdom *subst* children's disease; ***~ar*** t.ex. hos en ny bilmodell teething troubles pl.
barnskötare *subst* childminder
barnslig *adj* childlike, neds. childish
barnslighet *subst* childishness (endast sing.)

barnsäker *adj* childproof
barnsäng *subst* säng för barn cot, amer. crib
barntillsyn *subst* childminding
barntillåten *adj*, ~ ***film*** universal (förk. U) film, amer. G (förk. för *general*) movie
barnunge *subst* child, vard. kid
barnvagn *subst* pram, amer. baby carriage
barnvakt *subst* baby-sitter; ***sitta*** ~ baby-sit
barnvänlig *adj* child-friendly
barometer *subst* barometer
barr *subst* på träd needle
barra *verb*, ***julgranen ~r*** the Christmas tree is shedding its needles
barrikad *subst* barricade
barrikadera *verb* barricade; ~ ***sig*** barricade oneself
barriär *subst* barrier
barrskog *subst* pine forest, fir forest
barrträd *subst* coniferous tree
barservering *subst* cafeteria, snack bar
barsk *adj* harsh, stern; om leende grim
bartender *subst* bartender, barman; kvinnlig barmaid
barvinter *subst* snowless winter
baryton *subst* musik. baritone
1 bas *subst* grund, underlag base; utgångspunkt basis (pl. bases)
2 bas *subst* musik. bass [beɪs]
3 bas *subst* förman foreman, boss
basa *verb* vara förman be the boss; ~ ***över*** be in charge of
basar *subst* bazaar
basbelopp *subst* index-linked basic amount
basera *verb* base; ***det ~r sig på*** el. ***det är ~t på*** it is based on, it is founded on
basfiol *subst* musik. double bass
basföda *subst* staple diet
basilika *subst* krydda basil
basis *subst* basis (pl. bases); ***på bred*** ~ on a broad basis
basist *subst* musik. bass-player
basker *subst* o. **baskermössa** *subst* beret
basket *subst* o. **basketboll** *subst* basketball
baslinje *subst* baseline
basröst *subst* **1** musik. bass, bass voice **2** låg röst low voice
bassäng *subst* basin; simbassäng swimming-pool, swimming-bath
basta *adv*, ***och därmed ~!*** and that's that!
bastant *adj* stadig substantial, solid
bastu *subst* sauna; ***bada*** ~ take a sauna
basunera *verb* vard., ~ ***ut att...*** advertise the fact that..., let everyone know that...
basvara *subst* staple commodity
bataljon *subst* battalion
batik *subst* tyg batik
batong *subst* truncheon, baton, amer. nightstick, billy, truncheon
batteri *subst* battery; ***ladda ~erna*** el. ***ladda om ~erna*** hämta krafter recharge one's batteries
batteridriven *adj* battery-operated
batterist *subst* musik. drummer
Bayern Bavaria
bayersk *adj* Bavarian
bayrare *subst* Bavarian
BB *subst* maternity hospital; avdelning maternity ward
be *verb* **1** relig. pray; ~ ***en bön*** say a prayer **2** ask, stark. beg; hövligt request; ~ ***ngn om ngt*** el. ~ ***ngn att få ngt*** ask sb for sth; ~ ***ngn om en tjänst*** ask sb a favour; i hövlighetsfraser ***får jag ~ om...?*** el. ***jag ska ~ att få...*** can (could) I have..., please?; ***får jag ~ om notan?*** the bill, please! **3** bjuda ask, invite; ~ ***ngn komma hem på middag*** ask sb to dinner
beakta *verb* uppmärksamma pay attention to, notice; fästa avseende vid pay regard to
beaktande *subst*, ***ta i*** ~ take into consideration
bearbeta *verb* **1** material, råvaror work; jord cultivate **2** för t.ex. radio, tv adapt for **3** påverka try to influence
bearbetning *subst* **1** working; jord cultivation **2** för t.ex. radio, tv adaptation
bearnaisesås *subst* kok. Béarnaise sauce
bebo *verb* inhabit; hus occupy, live in
beboelig *adj* inhabitable; ***vara*** ~ be fit to live in
bebygga *verb* med hus build on; kolonisera colonize; ***bebyggt område*** built-up area; ***glest bebyggt område*** thinly-populated area
bebyggelse *subst* hus houses pl., buildings pl.
beck *subst* pitch
beckasin *subst* fågel snipe
bedarra *verb*, ***stormen har ~t*** the storm has abated
bedja *verb* se *be*
bedra *verb* **1** deceive; på t.ex. pengar cheat, swindle [*ngn på ngt* sb out of sth] **2** vara otrogen mot be unfaithful to, cheat on **3** ~ ***sig*** be mistaken [*på ngn* in sb; *på ngt* about sth]
bedragare *subst* deceiver, cheat; på pengar swindler
bedrift *subst* bragd exploit, feat; prestation achievement
bedriva *verb* carry on; t.ex. studier pursue

bedrägeri *subst* deceit, cheating; brott fraud; skoj swindle
bedrövad *adj* distressed [*över* about], grieved [*över* about]
bedrövlig *adj* deplorable; usel miserable
bedårande *adj* fascinating, charming
bedöma *verb* judge [*efter* by]; värdera estimate, assess
bedömning *subst* judgement; uppskattning, värdering estimate, assessment
bedöva *verb* med., ~ ***ngn*** give sb an anaesthetic; med injektion give sb an injection
bedövning *subst* med. anaesthesia; ***få*** ~ be given an anaesthetic
bedövningsmedel *subst* anaesthetic
befalla *verb* order, command [*att ngt skall göras* sth to be done]
befallning *subst* order, command
befara *verb* frukta fear
befatta *verb*, ~ ***sig med*** concern oneself with
befattning *subst* syssla post, position; ämbete office
befinna *verb* **1** ~***s vara*** turn out to be, prove to be **2** ~ ***sig*** be; ***mor och barn befinner sig väl*** mother and child are doing well
befintlig *adj* existing; ***i*** ~***t skick*** in its present condition
befogad *adj* om sak justified, legitimate
befogenhet *subst*, ***ha*** ~ ***att...*** have the authority to...
befolka *verb* populate; bebo inhabit; ***glest*** ~***d*** sparsely populated
befolkning *subst* population
befordra *verb* promote
befordran *subst* promotion
befria *verb* free, set free, liberate
befriare *subst* **1** liberator **2** räddare rescuer
befrielse *subst* **1** liberation, release **2** lättnad relief
befrielserörelse *subst* liberation movement
befrukta *verb* fertilize
befruktning *subst* fertilization; ***konstgjord*** ~ artificial insemination
befäl *subst* befälspersoner officers pl.; ***ha*** ~***et över*** be in command of
befälhavare *subst* commander [*över* of]; ***högste*** ~ commander-in-chief
befängd *adj* absurd
befästa *verb* strengthen, confirm
befästning *subst* fortification
begagna *verb* **1** use **2** ~ ***sig av*** make use of, use
begagnad *adj* **1** used **2** inte ny second-hand
bege *verb*, ~ ***sig*** make one's way; ~ ***sig av till*** leave for, set off for, set out for
begonia *subst* blomma begonia
begrava *verb* bury
begravning *subst* burial; begravningsakt funeral
begravningsbyrå *subst* **1** funeral directors pl., undertakers pl. **2** lokal funeral parlour, spec. amer. funeral home
begravningsentreprenör *subst* undertaker, funeral director
begravningsplats *subst* burial ground
begravningståg *subst* funeral procession
begrepp *subst* **1** föreställning m.m. conception [*om* of], notion [*om* of]; ***jag har inget*** ~ ***om hur hon gjorde det*** I have no idea how she did it; ***reda ut*** ~***en*** straighten things out **2** ***stå*** (***vara***) ***i*** ~ ***att gå*** be about to go
begripa *verb* understand, comprehend
begriplig *adj* intelligible [*för* to], comprehensible [*för* to]
begrunda *verb* ponder over
begränsa *verb* inskränka limit, restrict; hejda check; sätta en gräns för set limits to; hålla inom en viss gräns confine [*till* to]
begränsning *subst* limitation, restriction; ***den har sin*** ~ it has its limitations
begynnelse *subst* beginning
begynnelsebokstav *subst* initial letter; ***stor*** ~ initial capital letter
begynnelselön *subst* commencing salary, starting pay (endast sing.)
begå *verb* t.ex. ett brott commit; t.ex. ett misstag make
begåvad *adj* gifted, talented, clever
begåvning *subst* **1** talent, gift **2** person gifted person, talented person
begär *subst* desire [*efter* for]; åtrå lust [*efter* for]
begära *verb* **1** ask for; anhålla om request; ansöka om apply for **2** fordra require, stark. demand; göra anspråk på claim; vänta sig expect **3** önska sig wish for, desire
begäran *subst* anhållan request [*om* for]; ***på allmän*** ~ by general request; ***på egen*** ~ at his (her etc.) own request
begärlig *adj*, ***vara*** ~ be very much sought after, be in great demand
behag *subst* **1** ***efter*** ~ as you etc. wish; alltefter smak according to taste **2** tjusning charm
behaga *verb* **1** tilltala please, appeal to; verka tilldragande attract **2** ***gör som ni*** ~***r*** do just as you like
behaglig *adj* angenäm pleasant, agreeable
behandla *verb* **1** treat äv. med.; hantera deal

with, handle **2** diskutera discuss; ~ ***en ansökan*** consider an application

behandling *subst* **1** treatment äv. med.; hantering handling **2** diskussion discussion; ***ta upp ngt till*** ~ bring sth up for discussion

behov *subst* **1** need; brist want; nödvändighet necessity; vad som behövs requirements pl. [*av* for]; ***ha*** ~ ***av*** need, feel the need of; ***för eget*** ~ for one's own use; ***vid*** ~ when necessary

behovsprövning *subst* means test; ***en*** ~ a means test

behå *subst* vard. bra

behåll *subst*, ***ha ngt i*** ~ have sth left; ***undkomma med livet i*** ~ escape with one's life

behålla *verb* keep, retain; ~ ***för sig själv*** för egen del keep for oneself; tiga med keep to oneself

behållare *subst* **1** container, receptacle, holder **2** vätskebehållare reservoir; större tank

behållning *subst* återstod remainder; saldo balance, balance in hand; vinst, utbyte profit; ***ha*** ~ utbyte ***av ngt*** profit by sth, benefit by sth

behändig *adj* bekväm handy

behärska *verb* **1** control, rule; kunna master; ~ ***engelska bra*** have a good command of English; ~ ***ämnet*** have a good grasp of the subject **2** ~ ***sig*** control oneself

behärskad *adj* self-controlled; måttfull moderate

behärskning *subst* control; självbehärskning self-command

behörig *adj* **1** kompetent qualified **2** ***på*** ~***t avstånd*** at a safe distance

behörighet *subst* kompetens qualification; myndighets rättighet authority; ***ha*** ~ ***att...*** be qualified to..., be authorized to...

behöva *verb* need, want, require; vara tvungen have to, have got to; ***tv:n behöver lagas*** the TV needs repairing

behövas *verb* be needed, be wanted; ***det behövs pengar för att göra det*** it takes money to do that; ***om det behövs*** if necessary

behövlig *adj* necessary

beige *adj* färg beige; se *blå-* för sammansättningar

beivra *verb*, ***överträdelse*** ~***s*** offenders will be prosecuted, trespassers will be prosecuted

bekant I *adj* known [*för ngn* to sb]; välkänd well-known; ***som*** ~ as we know, as you know; ***bli*** ~ ***med*** a) become acquainted with b) förtrogen become familiar with

II *subst* acquaintance, friend; ***en*** ~ ***till mig*** a friend of mine

bekanta *verb*, ~ ***sig med ngt*** acquaint oneself with sth; ~ ***sig med varandra*** get to know each other

bekantskap *subst* kännedom knowledge; ***göra*** (***stifta***) ~ ***med*** become acquainted with, get to know

beklaga *verb* vara ledsen över regret, be sorry about

beklaglig *adj* regrettable; pinsam deplorable

beklädnad *subst* klädsel clothing, wear

beklämmande *adj* depressing; pinsam deplorable

bekosta *verb* pay for

bekostnad *subst*, ***på ngns*** ~ at sb's expense

bekräfta *verb* confirm; erkänna acknowledge

bekräftelse *subst* confirmation [*på* of]

bekväm *adj* **1** comfortable; behändig convenient, handy **2** ***hon är*** ~ ***av sig*** she is easy-going; lite lat she is rather lazy

bekvämlighet *subst* convenience; trevnad comfort; ***alla moderna*** ~***er*** vard. all mod cons (förk. för *modern conveniences*)

bekvämt *adv* comfortably; behändigt conveniently; ***ha det*** ~ be comfortable

bekymmer *subst* worry, anxiety; omsorg care; ***göra*** (***vålla***) ***ngn*** ~ give sb a lot of worry

bekymmerslös *adj* carefree

bekymra *verb*, ~ ***sig*** trouble oneself [*för, över, om* about], worry oneself [*för, över, om* about]

bekymrad *adj* worried [*för, över* about], anxious [*för, över* about]

bekämpa *verb* fight, fight against, combat

bekämpning *subst* combating [*av* of], fight [*av* against]

bekämpningsmedel *subst* biocide; mot skadeinsekter etc. insecticide, pesticide

bekänna *verb*, ~ el. ~ ***sig skyldig*** confess; ~ ***färg*** a) kortsp. follow suit b) visa var man står show one's hand

bekännelse *subst* confession

belasta *verb* load; ~ ***sitt minne med*** burden (load) one's memory with; ~ ***ngns konto*** charge to sb's account

belastning *subst* **1** load, charge **2** nackdel handicap; börda burden

belevad *adj* well-bred; artig courteous

belgare *subst* Belgian

Belgien Belgium

belgisk *adj* Belgian

Belgrad Belgrade

belopp *subst* amount, sum

belysa *verb* lysa på light up, illuminate;

exemplet belyser riskerna this example illustrates the risks
belysande *adj*, ~ ***exempel*** illustrative example
belysning *subst* lighting, illumination
belåna *verb* **1** inteckna mortgage; uppta lån på raise a loan on **2** ge lån på grant a loan on
belåten *adj* satisfied, pleased; förnöjd contented
belåtenhet *subst* satisfaction [*över* at]; ***vara till allmän*** ~ be to everyone's satisfaction
belägen *adj* situated [*vid* near, by], located [*vid* near, by]
belägg *subst* **1** instance [*för, på* of], example [*för, på* of] **2** bevis evidence [*för* of], proof [*för* of]
belägga *verb* **1** täcka cover **2** ta upp plats, ***alla platser är redan belagda*** all the seats are already occupied **3** bevisa find evidence of, support
beläggning *subst* **1** cover, covering **2** på gata paving; på tunga fur, coating; på tänder film
belägra *verb* besiege
belägring *subst* siege
belägringstillstånd *subst* state of siege; ***proklamera*** ~ proclaim martial law
beläst *adj* well-read
belöna *verb* reward; med pengar remunerate; ~***s med ett pris*** be awarded a prize
belöning *subst* reward
bemanna *verb* man; ~***d*** manned
bemyndiga *verb* authorize
bemärkelse *subst* sense; ***i bildlig*** ~ in a figurative sense
bemärkelsedag *subst* red-letter day; högtidsdag great occasion
bemärkt *adj* noted; framstående prominent; ***göra sig*** ~ make a name for oneself
bemästra *verb* master, overcome
bemöda *verb*, ~ ***sig*** take pains [*om att göra* inf. to do inf.], try hard [*om att göra* inf. to do inf.]
bemödande *subst* effort, exertion
bemöta *verb* **1** behandla treat; motta receive **2** besvara answer
ben *subst* **1** ämne el. t.ex. fiskben bone **2** kroppsdel, äv. på byxa, stol etc. leg; ***dra ~en efter sig*** gå långsamt go shuffling along; söla hang about; ***lägga ~en på ryggen*** step on it; ***stå på egna*** ~ stand on one's own feet; ***vara på ~en*** be up and about
1 bena *verb* fisk bone
2 bena I *verb*, ~ ***håret*** part one's hair **II** *subst* i håret parting, amer. part
benbrott *subst* fractured leg, broken leg, fracture
benfri *adj* boneless; om fisk boned
Bengalen Bengal
benhård *adj* sträng strict, rigid
benig *adj* bony
bensin *subst* **1** motorbränsle petrol, amer. gas, gasoline **2** till rengöring benzine
bensindunk *subst* petrol can, amer. gas can
bensinmack *subst* vard. se *bensinstation*
bensinmätare *subst* fuel gauge
bensinskatt *subst* petrol tax, amer. gasoline tax
bensinsnål *adj* om bil economical to run; ***bilen är*** ~ the car has a low petrol consumption, amer. the car has a low gasoline consumption
bensinstation *subst* petrol station, amer. gas station
bensintank *subst* petrol tank, fuel tank, amer. gas tank
benskydd *subst* sport. shinguard, shinpad
benåda *verb* pardon; dödsdömd reprieve
benådning *subst* pardon; av dödsdömd reprieve; amnesti amnesty
benägen *adj* inclined [*att* to], apt [*att* to]; villig willing [*att* to]
benägenhet *subst* fallenhet tendency [*för* to]
benämna *verb* call, name; beteckna designate
benämning *subst* name [*på* for]; beteckning designation
beordra *verb* order
beprövad *adj* well-tried, tested, reliable
bereda *verb* **1** förbereda prepare; ~ ***plats för*** make room for; ~ ***väg för*** make way for; ~ ***ngn tillfälle att gå dit*** give sb an opportunity of going there **2** förorsaka cause **3** ~ ***sig*** göra sig beredd prepare [*på, till* for], prepare oneself [*på, till* for]; ~ ***sig på det värsta*** prepare for the worst, expect the worst
beredd *adj* prepared, ready; ***göra sig ~ på*** prepare oneself for, be prepared for
beredskap *subst* preparedness; ***ha i*** ~ have in readiness, have ready
beredskapsarbete *subst* relief work (endast sing.)
beredskapsplan *subst* contingency plan, emergency plan
beredvillig *adj* ready and willing
berest *adj*, ***hon är mycket*** ~ she has travelled a great deal
berg *subst* mountain; mindre hill; klippa rock
bergart *subst* kind of rock
berggrund *subst* rock

bergig *adj* mountainous; mindre hilly; klippig rocky
bergis *subst* bröd poppy-seed loaf
bergkristall *subst* rock crystal
berg-och-dalbana *subst* roller-coaster
bergsbestigare *subst* mountaineer, mountain climber
bergsbestigning *subst* mountain-climbing, mountaineering; ***en*** ~ a mountain climb
bergskedja *subst* mountain chain
bergsklyfta *subst* gorge, ravine
bergskred *subst* landslide
bergspass *subst* mountain pass
bergstopp *subst* mountain peak, summit
bergstrakt *subst* mountain district, mountainous district
bergsäker *adj*, ***jag är ~ på att...*** I am dead certain that...
bergtunga *subst* fisk lemon sole
berguv *subst* fågel eagle owl
bergvärme *subst* geothermal heating
berika *verb* enrich
Berings hav the Bering Sea
Berings sund the Bering Strait
berlock *subst* smycke charm
bermudas *subst pl* shorts Bermudas, Bermudas shorts
Bermudaöarna *subst pl* the Bermudas
bero *verb* **1** ~ ***på*** ha till orsak be due to, be owing to; komma an på depend on; ***det ~r på dig, om...*** it depends on you whether..., it is up to you whether...; ***det ~r på!*** it all depends! **2** ***låta saken*** ~ let the matter rest
beroende I *adj* **1** dependent [*av, på* on]; ***vara ~ av (på)*** be dependent on, depend on; ~ ***på*** a) på grund av owing to [*att* the fact that] b) avhängigt av depending on [*om* whether] **2** ***vara*** ~ om missbrukare be addicted [*av* to]
II *subst* **1** avhängighet dependence [*av* on]; beroendeställning position of dependence **2** missbrukares addiction
beroendeframkallande *adj* habit-forming, stark. addictive
berså *subst* arbour, bower
berusa *verb* intoxicate
berusad *adj* intoxicated, drunk; ***lätt*** ~ tipsy, somewhat intoxicated
beryktad *adj* notorious
berått *adj*, ***med ~ mod*** deliberately
beräkna *verb* räkna på calculate; uppskatta estimate [*till* at]; ***tiden var för knappt ~d*** the time allotted was too short
beräknande *adj* calculating
beräkning *subst* calculation; uppskattning estimate; ***ta ngt med i ~en*** allow for sth
berätta *verb* tell [*ngt för ngn* sb sth, sth to sb]; ~ ***ngt*** skildra relate sth, narrate sth; ~ ***historier*** tell stories; ***man har ~t för mig att...*** I have been told that...; ***det ~s att...*** it is said that...; ***hon ~de att...*** she told me that...
berättande *adj* narrative
berättare *subst* story-teller; narrator
berättelse *subst* **1** historia story [*om* of, about], tale [*om* of, about]; novell short story; skildring narrative **2** redogörelse report, statement, account
berättiga *verb* entitle
berättigad *adj* om person entitled [*att göra* to do], authorized [*att göra* to do], justified [*att göra* in doing]; rättmätig just, legitimate
berättigande *subst* justification; rättmätighet justice, legitimacy; rätt right
beröm *subst* praise; ***ge ngn*** ~ praise sb
berömd *adj* famous; ***vida*** ~ renowned
berömdhet *subst* celebrity
berömma *verb* praise
berömmelse *subst* fame, renown
berömvärd *adj* praiseworthy
beröra *verb* **1** touch; snudda vid graze **2** omnämna touch on **3** påverka affect; ***bli illa berörd av ngt*** be upset by sth
beröring *subst* contact, touch
beröva *verb*, ~ ***ngn ngt*** deprive sb of sth
besatt *adj* **1** occupied, filled **2** ~ ***av en idé*** obsessed by an idea; ***som en*** ~ like a madman, like one possessed
besatthet *subst* obsession
besegra *verb* defeat, beat båda äv. sport.; erövra conquer
besegrare *subst* winner äv. sport.; erövrare conqueror
besiktiga *verb* inspect, examine
besiktning *subst* inspection, examination
besiktningsman *subst* inspector
besinning *subst*, ***förlora ~en*** lose one's head; ***komma till*** ~ come to one's senses
besitta *verb* possess
besittning *subst* possession äv. landområde; ***ta ngt i*** ~ take possession of sth; besätta occupy sth
besk *adj* bitter
beskaffad *adj* skapad constituted; konstruerad constructed
beskaffenhet *subst* nature; om vara quality; tillstånd state
beskatta *verb* tax
beskattning *subst* taxation

beskattningsbar *adj* taxable
besked *subst* **1** svar answer; upplysning information [*om* about]; ***jag ska ge (lämna) dig ~ i morgon*** I will let you know tomorrow **2** ***med ~*** properly, with a vengeance
beskedlig *adj* meek and mild; snäll obliging, good-natured; tam tame; oförarglig harmless
beskickning *subst* ambassad embassy; legation legation
beskjuta *verb* fire at; bombardera shell
beskjutning *subst* firing; bombardemang shelling; ***under ~*** under fire
beskriva *verb* describe
beskrivande *adj* descriptive
beskrivning *subst* **1** description; redogörelse account **2** anvisning directions pl.
beskydd *subst* protection
beskydda *verb* protect [*mot* from, against], shield [*mot* from]
beskylla *verb* accuse [*för* of]
beskyllning *subst* accusation [*för* of]
beskåda *verb* look at, regard
beskådan *subst* inspection; ***till allmän ~*** on view
beskäftig *adj* fussy; ***hon är en ~ typ*** she is a real busybody
beskära *verb* **1** t.ex. träd prune **2** reducera cut down
beslag *subst* **1** metallskydd mounting **2** kvarstad confiscation; ***lägga ~ på*** requisition, vard. take, lay hands on; ***ta i ~*** konfiskera confiscate
beslagta *verb* konfiskera confiscate
beslut *subst* decision; ***fatta ett ~*** come to a decision
besluta *verb* decide [*ngt, om ngt* on sth]; ***hon kan inte ~ sig*** she can't make up her mind
besluten *adj* determined; ***vara fast ~ att göra ngt*** be determined to do sth
beslutsam *adj* resolute, determined
beslutsamhet *subst* resolution, determination
besläktad *adj* related [*med* to]
besmittad *adj* infected
bespara *verb* skona spare; spara save; ***~ ngn besvär*** save sb trouble
besparing *subst* saving; ***göra ~ar*** make cuts, effect economies
bespruta *verb* spray, syringe
besprutningsmedel *subst* spray; bekämpningsmedel pesticide
besserwisser *subst* know-all, vard. wise guy
bestialisk *adj* bestial
bestick *subst* set of knife, fork, and spoon; cutlery (endast sing.)
besticka *verb* bribe
bestickning *subst* bribery, corruption
bestiga *verb* **1** berg climb **2** tron ascend **3** häst mount
bestigning *subst* av berg climbing, ascent
bestraffa *verb* punish
bestraffning *subst* punishment
bestrida *verb* förneka deny
bestrålning *subst* radiation; ***~ av matvaror*** irradiation processing of foodstuffs
bestseller *subst* best seller
bestulen *adj*, ***jag har blivit ~*** I have been robbed
bestyr *subst pl* göromål work sing., things to do, chores
bestyrka *verb* **1** confirm **2** intyga certify **3** bevisa prove
bestå *verb* **1** fortfara last, endure, go on **2** genomgå go through, pass through; ***~ provet*** stand the test **3** ***~ av (i)*** consist of, be made up of
bestående *adj* lasting, permanent
beståndsdel *subst* component part
beställa *verb* rekvirera order; boka book; ***har ni beställt?*** på restaurang etc. have you ordered?, have you given your order?; ***får jag ~!*** may I order, please?; ***~ tid hos*** make an appointment with
beställning *subst* order; bokning booking; ***gjord på ~*** made to order
bestämd *adj* **1** fast, orubblig determined, firm **2** fastställd fixed, settled; tydlig clear, distinct; definitiv definite **3** ***~ artikel*** gram. definite article
bestämma *verb* **1** fastställa fix, settle; besluta, avgöra decide, determine; ***det får du ~ själv*** that's for you to decide **2** definiera define **3** gram. modify, qualify **4** ***jag kan inte ~ mig*** I can't make up my mind
bestämmelse *subst* regel regulation; villkor condition
bestämt *adv* definitivt definitely; eftertryckligt firmly; säkerligen certainly; ***veta ~*** know for certain; ***det har ~ hänt något*** something must have happened
beständig *adj* constant
bestörtning *subst* dismay
besvara *verb* **1** answer **2** återgälda return; ***~ ngns kärlek*** return sb's love
besvikelse *subst* disappointment [*över* at]
besviken *adj* disappointed [*på* in; *över* at]
besvär *subst* **1** inconvenience, bother; möda hard work; ***tack för ~et!*** thanks very

much for all the trouble you have taken; ***bli*** (***vara***) ***till*** ~ be a bother, be a nuisance; ***det är inte värt*** ~***et*** it is not worth while **2** jur. appeal [*över* about]

besvära *verb* trouble, bother; ***förlåt att jag*** ~***r*** excuse my troubling you; ***jag kanske bara*** ~***r*** I'm afraid I'm only giving you trouble

besvärad *adj* generad embarrassed

besvärlig *adj* troublesome; svår hard, difficult; ansträngande trying; mödosam laborious; ***det är*** ~***t att behöva gå dit*** it is a nuisance having to go there

besvärlighet *subst* difficulty

besynnerlig *adj* strange, peculiar, odd

besätta *verb* fylla fill äv. tjänst; occupy; ***salongen var väl besatt*** the theatre was well filled

besättning *subst* sjö. el. flyg. crew

besök *subst* visit; kortare call; ***göra*** ~ ***hos ngn*** pay a visit to sb, pay a call on sb; ***få*** (***ha***) ~ a) en besökare have (have got) a visitor; flera besökare have (have got) visitors b) en besökare på kort besök have (have got) a caller; flera besökare på kort besök have (have got) callers; ***få*** ~ ***av ngn*** be called upon by sb

besöka *verb* hälsa på hos visit, pay a visit to, go to see; bevista attend; ofta besöka frequent; ~ ***ngn*** visit sb, call on sb, pay sb a visit

besökare *subst* visitor [*av, i, vid* to]; på kortare besök caller [*av, i, vid* to]

besökstid *subst* visiting hours pl.

bet *adj*, ***han gick*** ~ ***på uppgiften*** the task was too much for him

1 beta *verb*, ~ el. ~ ***av*** om gräsätare graze; ~ ***av*** gå igenom go through

2 beta *subst* rotgrönsak beet

betagande *adj* charming, captivating

betala *verb* **1** pay; varor, arbete pay for; ***får jag*** ~***!*** på restaurang can I have the bill, please?, amer. can I have the check, please?; ***det ska du få betalt för!*** sona, ge tillbaka I'll pay you out (back) for that!; ***han tar ordentligt betalt*** he charges a lot; ***betalt svar*** answer prepaid, reply prepaid; ~ ***av*** se *avbetala*; ~ ***in*** pay in; ~ ***in ett belopp på ett konto*** pay an amount into an account; ~ ***ut*** pay out **2** ~ ***sig*** pay

betalkort *subst* charge card

betalning *subst* payment; ***förfalla till*** ~ be due; ***mot kontant*** ~ in cash

betalningsskyldig *adj*, ***vara*** ~ be liable for payment

betalningsvillkor *subst pl* terms, terms of payment

betal-tv *subst* pay-TV

1 bete *subst* betesmark pasturage; ***gå på*** ~ be grazing, be feeding

2 bete *subst* vid fiske bait

3 bete *subst* tand tusk

4 bete *verb*, ~ ***sig*** uppföra sig behave, act

beteckna *verb* betyda denote, signify; ange indicate; känneteckna characterize

betecknande *adj* characteristic [*för* of], typical [*för* of]

beteckning *subst*, ***gå under*** ~***en*** go by the name of

beteende *subst* behaviour (endast sing.), conduct (endast sing.)

beteendemönster *subst* pattern of behaviour

betesmark *subst* pasture, pastureland

beting *subst*, ***arbeta på*** ~ work by the piece, work by contract

betinga *verb*, ~ ***ett högt pris*** fetch a high price

betingelse *subst* förutsättning condition

betjäna *verb* serve; uppassa attend, attend on; vid bordet wait on; sköta t.ex. maskin operate, work

betjäning *subst* **1** uppassning service **2** personal staff

betjäningsavgift *subst* service charge

betjänt *subst* manservant (pl. menservants), valet, butler

betona *subst* stress äv. fonet.; framhäva emphasize

betong *subst* concrete

betongblandare *subst* concrete mixer

> **betoning**
>
> En del engelska ord kan vara både substantiv och verb. Man kan skilja dem från varandra genom att de har olika betoning.
>
> SUBSTANTIV: '*insult* förolämpning, '*increase* ökning, '*record* skiva. Betoningen ligger alltså på *in-* eller *re-*. VERB: *in'sult* förolämpa, *in'crease* öka, *re'cord* spela in. Betoningen ligger alltså på *-sult*, *-crease* eller *-cord*.

betoning *subst* stress, accent

betrakta *verb* **1** se på look at, observe; se på, titta på view **2** anse consider, regard

betraktande *subst*, ***ta ngt i*** ~ take sth into consideration

betrodd *adj* pålitlig trusted
betryggande *adj* tillfredsställande satisfactory; ***på ~ avstånd*** at a safe distance
beträda *verb* set foot on; ***Beträd ej gräsmattan!*** Keep off the Grass!
beträffa *verb*, ***vad mig ~r*** as far as I am concerned; ***vad det ~r*** as far as that is concerned
beträffande *prep* concerning, regarding
bets *subst* färg stain
betsa *verb* stain
betsel *subst* bit; remtyg bridle
bett *subst* **1** hugg, tandställning, tugga bite; ***vara på ~et*** be in great form, be in the mood, vard. be on the ball **2** tänder set of teeth **3** på betsel bit
betungande *adj* heavy; ***vara ~*** be a heavy burden [*för* to]
betvinga *verb* subdue, subjugate
betvivla *verb* doubt [*att* that, whether]
betyda *verb* mean, signify; innebära imply; beteckna denote; ***det betyder ingenting*** gör ingenting it doesn't matter
betydande *adj* important; stor considerable
betydelse *subst* meaning, sense; vikt significance, importance; ***det har ingen ~*** spelar ingen roll it doesn't matter; ***ha stor ~*** be of great importance
betydelsefull *adj* significant; viktig important
betydelselös *adj* meaningless, insignificant; oviktig unimportant
betydlig *adj* considerable
betyg *subst* **1** intyg el. examensbetyg certificate; arbetsgivares reference; terminsbetyg report **2** betygsgrad mark, amer. grade
betygsätta *verb* **1** skol. mark, amer. grade **2** mera allm. assess, grade
betänka *verb* consider; ***man måste ~ att…*** one must bear in mind that…
betänkande *subst* utlåtande report
betänketid *subst* time to think the matter over; ***en dags ~*** a day to think the matter over
betänklig *adj* allvarlig serious; oroväckande alarming; tvivelaktig dubious
betänklighet *subst*, ***~er*** apprehensions [*mot* about]
betänksam *adj* försiktig cautious; tveksam hesitant
betänksamhet *subst* försiktighet caution; tveksamhet hesitation
beundra *verb* admire
beundran *subst* admiration
beundransvärd *adj* admirable
beundrare *subst* admirer
beundrarpost *subst* fan mail
bevaka *verb* **1** hålla vakt vid guard **2** tillvarata look after **3** nyhet, händelse cover
bevakad *adj*, ***~ järnvägsövergång*** controlled level crossing, amer. controlled grade crossing
bevakning *subst* guard; ***stå under sträng ~*** be closely guarded
bevandrad *adj*, ***~ i*** familiar with, versed in
bevara *verb* **1** bibehålla preserve; upprätthålla maintain; förvara keep **2** skydda protect; ***bevare mig väl!*** dear me!; ***Gud bevare konungen (drottningen)!*** God save the King (Queen)!
beveka *verb* move, persuade
bevilja *verb* grant
bevis *subst* proof [*på* of]; vittnesbörd evidence [*på* of]
bevisa *verb* prove
bevismaterial *subst* evidence, body of evidence
bevista *verb* attend; närvara vid be present at
bevittna *verb* **1** bestyrka attest, testify **2** vara vittne till witness
bevuxen *adj* overgrown
bevåg *subst*, ***göra ngt på eget ~*** do sth on one's own responsibility
bevänt *adj*, ***det är inte mycket ~ med honom*** he is not up to much
beväpna *verb* arm
beväpnad *adj* armed; ***~ med*** försedd med equipped with
B-film *subst* B movie, B-film
bh *subst* se *behå*
bi *subst* bee
bibehålla *verb* ha i behåll retain; bevara keep, preserve; upprätthålla maintain; ***väl bibehållen*** well preserved
bibel *subst* bible; ***Bibeln*** the Bible
bibliografi *subst* bibliography
bibliotek *subst* library; ***låna på ~*** borrow books at the library
bibliotekarie *subst* librarian
bibliotekskort *subst* library ticket
biblisk *adj* biblical
biceps *subst pl* anat. biceps (pl. lika)
bicycleta *subst* fotb. bicycle kick
bidé *subst* bidet
bidra *verb* contribute [*till* to], make a contribution [*till* to]; ***~ med*** pengar, idéer contribute
bidrag *subst* **1** contribution **2** understöd allowance; statsbidrag grant, subsidy; ***han lever på ~*** he is on social security, amer. he is on welfare

bidragande *adj*, ***en ~ orsak*** a contributory cause
bidrottning *subst* queen bee
bifall *subst* **1** samtycke assent, consent; ***röna (vinna)*** ~ meet with approval **2** applåder applause sing.; rop cheers pl.; ***väcka stormande*** ~ call forth a volley of applause

biff
Det engelska ordet *beef* betyder nötkött.

biff *subst* beefsteak, steak
biffko *subst* beef cow
biffstek *subst* beefsteak, steak
bifftomat *subst* beef tomato, beefsteak tomato
bifigur *subst* minor character
biflod *subst* tributary, tributary river
bifoga *verb* enclose; fästa vid attach
bigami *subst* bigamy
bigamist *subst* bigamist
bigarrå *subst* whiteheart cherry, whiteheart
bigata *subst* sidestreet
bigott *adj* bigoted
bihåla *subst* anat. sinus
bihåleinflammation *subst* med. sinusitis
bijouterier *subst pl* costume jewellery sing., trinkets
bikarbonat *subst* kem. bicarbonate
bikini *subst* baddräkt bikini
bikt *subst* confession
bikta *verb*, ~ ***sig*** confess, confess one's sins
biktfader *subst* confessor, father confessor
bikupa *subst* beehive, hive

bildelar
Bildelar heter ofta olika på brittisk engelska och amerikansk engelska: huv *bonnet*, amer. *hood*; vindruta *windscreen*, amer. *windshield*; bagageutrymme *boot*, amer. *trunk*; avgasrör *exhaust pipe*, amer. *tailpipe*

bil *subst* car, spec. amer. automobile; ***köra*** ~ drive, drive a car; ***åka*** ~ go by car, travel by car
bila *verb* go by car, travel by car
bilaga *subst* till t.ex. brev enclosure; tidningsbilaga supplement; till bok appendix
bilavgaser *subst pl* exhaust fumes
bilbesiktning *subst* se *kontrollbesiktning*
bilbälte *subst* säkerhetsbälte seat belt, safety belt
bild *subst* **1** picture; illustration illustration; porträtt portrait; ***på ~en*** in the picture **2** inre bild, föreställning image **3** bildligt uttryck metaphor, image **4** skolämne art, art education
bilda *verb* **1** åstadkomma form; grunda found; ***~s*** uppstå be formed; ~ ***regering*** form a government; ~ ***sig en uppfattning om*** form an opinion of **2** fostra educate **3** ~ ***sig*** skaffa sig bildning educate oneself
bildad *adj* educated; kultiverad cultivated
bilderbok *subst* picture book
bildkonstnär *subst* artist; grafik graphic artist
bildlig *adj* figurative
bildligt *adv*, ~ ***talat*** figuratively speaking
bildlärare *subst* art teacher, art master; kvinnlig art teacher, art mistress
bildning *subst* education; kultur culture
bildrulle *subst* road hog
bildruta *subst* tv. screen, viewing screen
bildrör *subst* tv. picture tube
bildsekvens *subst* picture sequence
bildskärm *subst* tv. screen; data. display, display screen
bildskärmsterminal *subst* data. visual display terminal, visual display unit (förk. VDU)
bildskön *adj* strikingly beautiful
bildtext *subst* caption
bildtidning *subst* illustrated magazine
bildäck *subst* **1** på hjul tyre, amer. tire **2** på bilfärja car deck
bilfabrik *subst* car factory, motor works (pl. lika)
bilfärja *subst* car ferry
bilförare *subst* car driver
bilförsäkring *subst* car insurance
bilhandske *subst* driving-glove
bilindustri *subst* motor industry
bilintresserad *adj* car-minded
bilism *subst*, ~ el. ***~en*** motoring; bilar cars
bilist *subst* motorist, driver
biljakt *subst* car chase
biljard *subst* spel billiards (med verb i sing.)
biljardkö *subst* cue
biljardsalong *subst* billiard hall, billiard saloon, poolroom
biljett *subst* ticket
biljettautomat *subst* ticket machine
biljettförsäljning *subst* sale of tickets
biljetthäfte *subst* book of tickets
biljettkontor *subst* o. **biljettlucka** *subst* booking-office, amer. ticket office

biljettpris *subst* admission, price of admission; för resa fare
bilkarta *subst* road map
bilkrock *subst* car crash
bilkö *subst* line of cars, queue of cars; lång tailback
billig *adj* **1** cheap; ej alltför dyr inexpensive; ***för en ~ penning*** cheap **2** rimlig fair, reasonable **3** smaklös, vulgär cheap, vulgar
billighetsupplaga *subst* cheap edition
billykta *subst* car headlight
bilmekaniker *subst* motor mechanic, car mechanic
bilmärke *subst* make of car
bilnummer *subst* car number, registration number
bilolycka *subst* car accident
bilparkering *subst* plats car park, amer. parking lot
bilradio *subst* car radio
bilreparatör *subst* bilmekaniker motor mechanic, car mechanic
bilresa *subst* car journey; ***två timmars ~*** two hours' drive by car
bilring *subst* **1** däck tyre, amer. tire **2** fettvalk spare tyre, amer. spare tire
bilsemester *subst*, ***åka på ~*** go on a car holiday (amer. vacation)
bilsjuk *adj* car-sick
bilskatt *subst* car tax, motor tax
bilskola *subst* driving school
bilskrälle *subst* vard., bil banger, amer. beater
bilsport *subst* motor sport
bilstöld *subst* car theft
biltjuv *subst* car thief
biltrafik *subst* motor traffic
biltull *subst* toll; ***väg med ~*** tollway
biltur *subst*, ***ta en ~*** go for a drive, vard. go for a spin
biltvätt *subst* car wash
biltävling *subst* car race, motor race
biluthyrning *subst* car hire service, car rental service
bilverkstad *subst* garage
bilväg *subst* motor road
bilägare *subst* car owner
bimbo *subst* vard. el. neds., om ung attraktiv flicka bimbo (pl. -s)
binda I *subst* bandage; dambinda sanitary towel, amer. sanitary napkin
II *verb* **1** bind; knyta tie; ***~ ngn till händer och fötter*** bind sb hand and foot; ***bundet kapital*** tied-up capital; ***bunden vid sjuksängen*** confined to bed **2** ***~ sig*** commit oneself, bind oneself
III *verb* med betonad partikel
binda fast: ***~ fast ngn*** tie sb on [*vid* to]; ***~ fast ngt*** tie sth on [*vid* to]
binda för: ***~ för ögonen på ngn*** blindfold sb
binda ihop ngt tie sth together
binda om paket etc. tie up; sår bind up
bindande *adj* förpliktande binding [*för ngn* on sb]; ***~ bevis*** conclusive evidence
bindel *subst* ögonbindel blindfold; förband eye bandage; ***~ om armen*** t.ex. som igenkänningstecken, armband armlet
bindestreck *subst* hyphen
bindning *subst* **1** av böcker binding **2** skidbindning binding, fastening
bingo *subst* bingo äv. utrop
binnikemask *subst* tapeworm
bio *subst* cinema; ***gå på ~*** go to the cinema, go to the movies; ***vad går det på ~?*** what's on at the cinema (movies)?
biobesök *subst* visit to the cinema (movies)
biobesökare *subst* filmgoer, moviegoer
biobiljett *subst* cinema ticket, movie ticket
biobränsle *subst* biofuel
biodlare *subst* bee-keeper
biodynamisk *adj*, ***~a*** livsmedel organically grown; ***~ odling*** organic farming
bioföreställning *subst* movie show, cinema performance
biograf *subst* cinema, amer. vard. movie theatre
biografi *subst* biography
biografisk *adj* biographical
biolog *subst* biologist
biologi *subst* biology
biologisk *adj* biological
biopublik *subst* cinema audience, movie audience; biobesökare filmgoers pl., cinemagoers pl., moviegoers pl.
biprodukt *subst* by-product
biroll *subst* minor part, minor role
bisam *subst* pälsverk musquash, amer. muskrat
bisamråtta *subst* muskrat, musquash
bisarr *adj* bizarre, odd
bisats *subst* gram. subordinate clause
bisexuell *adj* bisexual, vard. AC/DC (eg. förk. för *alternating current/direct current* = växelström/likström)
biskop *subst* bishop
biskvi *subst* bakverk, ungefär macaroon
bismak *subst*, ***en bitter ~*** a slightly bitter flavour; ***osten har en konstig ~*** the cheese has a funny taste
bisonoxe *subst* bison
bister *adj* om min etc. grim, forbidding; om klimat severe; ***bistra tider*** hard times

bistå *verb* aid, assist, help
bistånd *subst* aid, assistance; ***med benäget ~ av*** kindly assisted by
bisvärm *subst* swarm of bees
bisyssla *subst* sideline
bit *subst* stycke piece, bit; del part; brottstycke fragment; av socker, kol lump, knob; munsbit mouthful; ***äta en ~ mat*** have a snack, have a bite to eat; ***gå en bra ~*** walk quite a long way; ***det är bara en liten ~ att gå*** it is only a short distance; ***gå i ~ar*** go to pieces, fall to pieces
bita I *verb* bite; om kniv cut; om köld, blåst bite; ***det är något att ~ i*** it's something to get one's teeth into; ***~ i gräset*** stupa bite the dust
II *verb* med betonad partikel
bita av bort bite off
bita itu ngt bite sth in two
bita sig fast vid stick to, cling to
bita ihop el. **bita ihop tänderna** clench one's teeth
bitande *adj* biting, cutting
bitas *verb* bite
bitch *subst* vard., aggressiv kvinna bitch
bitchig *adj* bitchy
bitring *subst* för barn teething ring
biträda *verb* assistera assist [*vid* in]
biträdande *adj* assistant
biträde *subst* assistant
bitsk *adj* fierce
bitsocker *subst* lump sugar, cube sugar
bitter *adj* bitter
bitterhet *subst* bitterness
bittermandel *subst* bitter almond
bitti *adv*, ***i morgon ~*** early tomorrow morning
biverkningar *subst pl* side effects
bjuda I *verb* **1** erbjuda, räcka fram offer; servera serve **2** inbjuda ask, invite; ***~ ngn på middag*** ask sb to dinner **3** betala treat [*ngn på ngt* sb to sth]; ***det är jag som bjuder*** it is on me **4** göra anbud offer; på auktion bid [*på ngt* for sth]
II *verb* med betonad partikel
bjuda hem ngn ask sb home
bjuda igen invite...back, invite...in return
bjuda upp ngn till dans ask sb for a dance
bjuda ut 1 till salu offer for sale **2** ***~ ut ngn*** på restaurang etc. take sb out
bjudning *subst* kalas party; middagsbjudning dinner, dinner party; ***ha ~*** give a party, vard. throw a party
bjudningskort *subst* invitation card
bjälke *subst* beam; av stål girder
bjällra *subst* little bell
bjärt *adj* gaudy; ***stå i ~ kontrast mot*** be in glaring contrast to
bjässe *subst* stor karl big strapping fellow
björk *subst* träd, virke birch
björkdunge *subst* birch grove, clump of birches
björkkvist *subst* birch twig
björklöv *subst* birch leaf
björkmöbel *subst* möblemang birch suite; ***björkmöbler*** bohag birch furniture sing.
björkris *subst* birch twigs pl.
björkskog *subst* birchwood; större birch forest
björkstam *subst* birch trunk
björkved *subst* birchwood
björn *subst* bear; ***väck inte den ~ som sover!*** ungefär let sleeping dogs lie!; ***Stora ~*** astron. the Great Bear; ***Lilla ~*** the Little Bear
björnbär *subst* blackberry
björntjänst *subst*, ***göra ngn en ~*** do sb a disservice
björnunge *subst* bear cub
bl.a. förk. se *bland*
blackout *subst*, ***få en ~*** have a blackout
blad *subst* **1** på träd, blomma leaf (pl. leaves) **2** papper sheet; i bok leaf (pl. leaves); ***han är ett oskrivet ~*** he is an unknown quantity **3** på kniv, åra etc. blade
bladlus *subst* plant louse, green fly
B-lag *subst* spec. sport. B-team
bland *prep* among, amongst; ***~ andra*** (förk. *bl.a.*) among others; ***~ annat*** (förk. *bl.a.*) among other things; ***han blev utvald ~ tio sökande*** he was chosen from among ten applicants; ***~ det bästa jag sett*** one of the best things I've ever seen
blanda I *verb* mix, mingle; olika kvaliteter av t.ex. te, tobak blend; spelkort shuffle
II *verb* med betonad partikel
blanda bort korten för ngn confuse the issue
blanda i ngt i ngt mix sth in sth, add sth to sth
blanda ihop förväxla mix up, confuse
blanda in ngn mix sb up, involve sb [*i* in]
blanda till tillreda mix
blandad *adj* mixed, mingled; ***~e känslor*** mixed feelings; ***blandat sällskap*** mixed company
blandare *subst* **1** mixer **2** vattenblandare mixer tap, amer. mixing faucet
blandekonomi *subst* mixed economy
blandning *subst* **1** mixture; av olika kvaliteter av

t.ex. te, tobak blend; av konfekt etc. assortment
2 kem. compound

blandras *subst* mixed breed, crossbreed; ***vara av*** ~ be a mixed breed, be a mongrel

blank *adj* **1** bright, shining, glossy **2** oskriven, tom blank **3** ***ett ~t avslag*** (***nej***) a flat refusal; ***~t game*** i tennis love game

blankett
Det engelska ordet *blanket* betyder filt.

blankett *subst* form; ***fylla i en*** ~ fill in a form, fill up a form

blankpolera *verb* polish

blanksliten *adj* om tyg shiny, threadbare

blankt *adv* brightly; ***neka ~ till ngt*** flatly deny sth; ***rösta*** ~ return a blank ballot-paper; ***det struntar jag ~ i!*** I don't care a damn!; ***springa 100 meter på 10 sekunder*** ~ run 100 metres in 10 seconds flat

blasé *adj* blasé

blask *subst* **1** om dryck dishwater **2** slaskväder slush

blaskig *adj* watery

blazer *subst* **1** sports jacket **2** klubbjacka blazer

bleck *subst* tinplate, tin

bleckblåsare *subst* musik. brass player

blek *adj* pale

bleka *verb* **1** kem. bleach; ~ ***håret*** bleach one's hair **2** färger fade; ***~s*** fade

blekmedel *subst* bleach, bleaching agent

blekna *verb* om person turn pale; om färg etc. fade

blekselleri *subst* blanched celery, celery

blessyr *subst* wound

bli I *hjälpverb* be, vard. get; som sker gradvist become; ~ ***avrättad*** be executed; ~ ***biten av en hund*** be bitten by a dog; ~ ***överkörd*** get run over; ***jag blev mer och mer övertygad om hans skuld*** I became more and more convinced of his guilt

II *huvudverb* **1** för att uttrycka förändring become, get; långsamt grow

2 för att uttrycka plötslig övergång turn

3 med vissa adj. go

4 i betydelsen 'vara' el. 'komma att vara' (i futurum) be; visa sig vara turn out, prove

5 ex.: ***tre och två ~r fem*** three and two make five; ***hur mycket ~r det?*** how much will that be ?, how much does it come to?; ***hur ~r det med det?*** what about that?; ***det blev märken på mattan efter skorna*** the shoes left (made) marks on the carpet; ***det har blivit kallt plötsligt*** it has turned cold suddenly; ***det ~r regn*** it is going to rain; ***det blev regn*** there was rain; ***när det ~r sommar*** when summer comes; ***han blev kapten förra året*** he was made captain last year; ~ ***kär*** fall in love; ~ ***sjuk*** fall ill, get ill, be taken ill

6 ex. med låta: ***låta*** ~: ***låt ~ honom!*** leave him alone!; ***jag kan inte låta*** ~ el. ***jag kan inte låta ~ att göra det*** I can't help it, I can't help doing it; ***gör det då om du inte kan låta*** ~ do it if you must; ***det är svårt att låta*** ~ it is difficult not to; ***låt ~ det där!*** don't do that!; sluta stop it!, stop that!

III *verb* med betonad partikel

bli av komma till stånd take place, come off; ***vad ska det ~ av honom?*** what is going to become of him?; ***det ~r aldrig av*** it won't come off, nothing will come of it; ***~r det något av det hela?*** will it come to anything?

bli av med förlora lose; bli kvitt get rid of

bli borta stay away, be away

bli ifrån sig get into a terrible state, become frantic [*av* with]

bli kvar 1 stanna remain behind, stay behind **2** bli över be over

bli till come into existence, come into being

bli utan go without; ***du får ~ utan*** you'll have to go without

bli över be left over, be over

blick *subst* ögonkast look [*på* at]; hastig glance [*på* at], glimpse [*på* at]; ***fästa ~en på*** fix one's eyes on; ***ha ~ för*** have an eye for; ***kasta en ~ på*** have a look at, take a look at; ***sakna ~ för*** have no eye for

blickfång *subst* **1** som fångar blicken eye-catcher **2** blickfält field of vision

blickfält *subst* field of vision

blickpunkt *subst*, ***i ~en*** in the limelight

blid *adj* om t.ex. röst soft; om t.ex. väder mild

blidka *verb* placate

blidväder *subst*, ***det är*** ~ a thaw has set in

blind I *adj* blind [*på* in; *för* to]

II *subst*, ***en*** ~ a blind person

blindbock *subst*, ***leka*** ~ play blind-man's buff

blindhund *subst* guide dog, amer. äv. seeing-eye dog

blindskrift *subst* braille
blindtarm *subst* anat. appendix
blindtarmsinflammation *subst* med. appendicitis
blindtest *subst* blindfold test
blink *subst* blinkande av ljus twinkling; ljusglimt twinkle; blinkning wink
blinka *verb* om ljus twinkle; med ögonen blink; som tecken wink; ***utan att*** ~ without batting an eyelid
blinker *subst* o. **blinkers** *subst* bil. indicator, amer. turn signal, vard. blinker
blipp *subst* data. blip
blivande *adj* framtida future; ~ ***mödrar*** expectant mothers
blixt *subst* **1** åskslag lightning (endast sing.); ***en*** ~ a flash of lightning; ~***en slog ned i huset*** the house was struck by lightning; ***som en*** ~ ***från en klar himmel*** like a bolt from the blue **2** foto flash, flashlight
blixtkub *subst* flashcube
blixtkär *adj*, ***han blev*** ~ he fell madly in love
blixtlampa *subst* flash bulb
blixtljus *subst* foto. flashlight
blixtlås *subst* zip, zip-fastener, vard. zipper
blixtra *verb* **1** ***det*** ~***r*** el. ***det*** ~***r till*** there's a flash of lightning **2** om t.ex. ögon flash
blixtsnabb *adj*, ***en*** ~ ***visit*** a lightning visit; ***han är*** ~ he is as quick as lightning
blixtsnabbt *adv* ... as quick as lightning, ... like lightning
block *subst* **1** massivt stycke, husblock block **2** skrivblock pad, block **3** för skor shoetree
blockad *subst* hist. blockade
blockchoklad *subst* cooking chocolate
blockera *verb* block, block up, jam
blockflöjt *subst* musik. recorder
blod *subst* blood; ***ge*** ~ be a blood donor; ***med kallt*** ~ in cold blood
bloda *verb*, ~ ***ned ngt*** fläcka stain sth with blood; fullständigt make sth all bloody
blodapelsin *subst* blood orange
blodbad *subst* blood bath
blodbank *subst* blood bank
blodbrist *subst* med. anaemia
blodcirkulation *subst* blood circulation
bloddoping *subst* blood-doping
bloddroppe *subst*, ***till sista*** ~***n*** to the last drop of blood
blodfattig *adj* anaemic
blodfläck *subst* bloodstain
blodförgiftning *subst* blood-poisoning
blodförlust *subst* loss of blood
blodgivarcentral *subst* blood donor centre, blood transfusion centre
blodgivare *subst* blood donor
blodgivning *subst* blood donation
blodgrupp *subst* blood group
blodhund *subst* bloodhound
blodig *adj* **1** blodfläckad bloodstained; ***han var*** ~ he was all bloody; ***ett*** ~***t krig*** a bloody war **2** lätt stekt underdone, rare
blodkorv *subst* black pudding, amer. blood sausage
blodkropp *subst* blood cell, blood corpuscle
blodkärl *subst* blood vessel
blodomloppet *subst* the circulation of the blood
blodpropp *subst* blood clot
blodprov *subst* blood test; ***ta ett*** ~ take a blood test
blodpudding *subst* black pudding, amer. blood sausage
blodsband *subst* blood relationship
blodsocker *subst* blood sugar
blodsprängd *adj* bloodshot
blodsugare *subst* bloodsucker
blodsutgjutelse *subst* bloodshed
blodtest *subst* blood test
blodtransfusion *subst* blood transfusion
blodtryck *subst* blood pressure
blodtörstig *adj* bloodthirsty
blodvallning *subst* med. hot flush, amer. hot flash
blodvärde *subst* blood count
blodåder *subst* vein, blood vein
blogg *subst* personlig dagbok på webben blog
blogga *verb* skriva blogg blog
blom *subst*, ***stå i*** ~ be in bloom
blomblad *subst* petal
blombukett *subst* bouquet, bunch of flowers
blomkruka *subst* flowerpot
blomkål *subst* cauliflower

blommor

ODLADE BLOMMOR: bellis, tusensköna *daisy*, pensé *pansy*, påsklilja *daffodil*, ringblomma *marigold*, ros *rose*, solros *sunflower*, syren *lilac*, tulpan *tulip*.
VILDA BLOMMOR: blåklint *cornflower*, blåklocka *harebell*, blåsippa *blue anemone*, *hepatica*, gullviva *cowslip*, liljekonvalj *lily of the valley*, maskros *dandelion*, smörblomma *buttercup*, vallmo *poppy*, vitsippa *wood anemone*.

blomkålshuvud *subst* head of cauliflower
blomma I *subst* flower
II *verb* flower, bloom; spec. om fruktträd blossom; ***trädet har ~t ut*** el. ***trädet är utblommat*** the tree has ceased flowering
blommig *adj* flowery
blommografera *verb* send flowers by Interflora®
blommogram® *subst* flowers pl. sent by Interflora®
blomning *subst* flowering; ***i full ~*** in bloom
blomningstid *subst* flowering-season
blomsteraffär *subst* florist's; som skylt florist
blomsterförmedling *subst*, ***Blomsterförmedlingen®*** Interflora®
blomsterhandlare *subst* florist
blomsterhyllning *subst* floral tribute
blomsterlök *subst* bulb, flower bulb
blomsterrabatt *subst* flowerbed
blomsterutställning *subst* flower show
blomstra *verb* **1** blossom, bloom **2** frodas flourish, prosper, thrive
blomstrande *adj* flourishing, prospering, thriving
blond *adj* **1** om person fair, fair-haired, blond (om kvinna blonde) **2** om hår fair, light, blond
blondera *verb*, ***~ håret*** dye one's hair blond
blondin *subst* blonde
bloss *subst* **1** fackla torch **2** vid rökning, ***jag tar mig ett ~*** I'll just have a smoke
blossa *verb* **1** ***~ upp*** flare up **2** röka puff [*på* at]
blott I *adj* mere; bare; ***~a tanken på*** the mere thought of, the very thought of; ***med ~a ögat*** with the naked eye
II *adv* only, but; merely; ***~ och bart*** simply and solely
blotta I *subst* gap in one's defence, weak spot
II *verb* **1** expose, uncover, bare **2** ***~ sig*** a) förråda sig betray oneself, give oneself away b) visa könsorgan expose oneself indecently, vard. flash
blottad *adj* avtäckt bare, uncovered
blottare *subst* vard. flasher
bluff *subst* **1** humbug bluff, humbug **2** person bluffer, phoney
bluffa *verb* bluff
bluffmakare *subst* bluffer, phoney
blund *subst*, ***inte få en ~ i ögonen*** not get a wink of sleep
blunda *verb* **1** inte vilja se shut one's eyes [*för* to] **2** hålla ögonen slutna keep one's eyes shut
blunder *subst* blunder
blus *subst* blouse; skjortblus shirt
bly *subst* lead
blyertspenna *subst* pencil, lead pencil
blyfri *adj*, ***~ bensin*** unleaded petrol (gasoline)
blyg *adj* shy [*för* of]; försagd timid
blygdläppar *subst pl* anat. labia
blygsam *adj* modest
blygsamhet *subst* modesty
blygsel *subst* shame; ***rodna av ~*** blush with shame
blyhaltig *adj*, ***vara ~*** contain lead
blå (se äv. *blått*) *adj* blue; om druvor black; ***få ett ~ öga*** get a black eye
blåaktig *adj* bluish
blåbär *subst* bilberry; amerikansk art blueberry
blådåre *subst* vard. madman
blåklint *subst* blomma cornflower
blåklocka *subst* blomma harebell, i Skottland bluebell
blåklädd *adj*, ***hon var ~*** she was dressed in blue
blåmes *subst* fågel blue tit
blåmärke *subst* o. **blånad** *subst* bruise
blåprickig *adj*, ***en ~ klänning*** a blue-spotted dress, a dress spotted blue; ***den är ~*** vanligen it has blue spots
blårandig *adj*, ***en ~ klänning*** a blue-striped dress, a dress striped blue
blårutig *adj*, ***den är ~*** it has blue checks
1 blåsa *subst* **1** urinblåsa bladder **2** i huden blister
2 blåsa I *verb* blow; ***det blåser*** it's windy; ***~ nytt liv i*** breathe fresh life into
II *verb* med betonad partikel
blåsa av blow off; ***~ av ngt*** avsluta bring sth to an end; ***~ av matchen*** blow the final whistle
blåsa bort blow away
blåsa ned (omkull) blow down, blow over
blåsa upp blow up; öppnas blow open
blåsare *subst* musik. wind player; ***blåsarna*** koll. the wind
blåsig *adj* om väder windy
blåsinstrument *subst* wind instrument
blåsippa *subst* blomma hepatica
blåskatarr *subst* med. inflammation of the bladder
blåslampa *subst* blowlamp, amer. blowtorch
blåsning *subst* vard., ***åka på en ~*** be swindled, be cheated
blåsorkester *subst* brass band
blåst *subst* wind, stark. gale
blåställ *subst* dungarees pl., overalls pl.; ***ett ~*** a pair of dungarees, a pair of overalls

blåsväder *subst* windy weather, stormy weather; ***råka*** (***vara ute***) ***i*** ~ be under fire
blåsyra *subst* kem. prussic acid
blåtira *subst* vard., ***få en*** ~ get a black eye
blått *subst* blue; ***klädd i*** ~ dressed in blue; ***målad i*** ~ painted blue; ***det går i*** ~ it has a shade of blue in it; se *blå* för vidare ex.
blåögd *adj* om ögon el. naiv blue-eyed
bläck *subst* ink; ***skrivet med*** ~ written in ink
bläckfisk *subst* cuttlefish; åttaarmad octopus
bläckpenna *subst* pen
bläddra *verb* turn over the leaves, turn over the pages; ~ ***igenom*** look through
blända *verb* **1** göra blind blind; tillfälligt dazzle; ***jag blev ~d av hennes skönhet*** I was dazzled by her beauty **2** bil., ~ ***av*** vid möte dip the headlights, amer. dim the headlights
bländande *adj* dazzling
bländare *subst* foto. diaphragm; öppning aperture; inställning stop
blänga *verb* glare [*på* at]
blänka *verb* shine, gleam
blöda *verb* bleed; ***du blöder i ansiktet*** your face is bleeding
blödarsjuka *subst* med. haemophilia
blödig *adj* sensitive, soft, weak
blödning *subst* bleeding
blöja *subst* nappy, amer. diaper; engångs disposable nappy, amer. disposable diaper
blöjbyxor *subst pl* baby pants
blöt I *adj* våt wet
II *subst*, ***ligga i*** ~ be in soak; ***lägga ngt i*** ~ put sth in soak; ***lägga sin näsa i*** ~ poke one's nose into other people's business
blöta *verb* soak; göra våt wet; ~ ***ned ngt*** wet sth; ~ ***ned sig*** get all wet
blötsnö *subst* wet snow
BNP *subst* förk. se *bruttonationalprodukt*
bo I *verb* live, tillfälligt stay; som inneboende lodge; ~ ***på hotell*** stay at a hotel; ~ ***billigt*** pay a low rent; ~ ***gratis*** pay no rent; ~ ***kvar*** live there still; tillfälligt stay on
II *subst* **1** fågels nest; vilt djur lair, den **2** ***sätta*** ~ settle, set up house
boaorm *subst* boa constrictor, boa
boardingcard *subst* flyg. el. sjö. boarding card
bock *subst* **1** get he-goat **2** stöd trestle, stand **3** gymn. horse, buck; ***hoppa*** ~ i lek play leapfrog **4** tecken tick; ***sätta ~ för ngt*** mark sth as wrong **5** ***han är en gammal*** ~ vard. he is an old lecher
1 bocka *verb*, ~ ***sig*** buga bow [*för* to]; ~ ***djupt*** make a low bow
2 bocka *verb*, ~ ***av*** pricka för tick off

bod *subst* **1** butik shop **2** marknadsstånd booth, stall **3** uthus shed
bodelning *subst* division of the joint property of husband and wife
Bodensjön the Lake of Constance
body *subst* body, bodysuit plagg
bodybuilding *subst* body-building
boendekostnader *subst pl* housing costs
boendeparkering *subst* local residents' parking
boett *subst* case, watchcase
bofast *adj* resident, domiciled
bofink *subst* fågel chaffinch
bog *subst* **1** på djur el. kok. shoulder **2** sjö. bow, bows pl.
bogsera *verb* tow; ~ ***ngt*** ta på släp take sth in tow
bogserbåt *subst* towboat, tug
bogsering *subst* towage, towing
bogserlina *subst* towrope, towline
bohag *subst* household goods pl., furniture
bohem *subst* Bohemian
bohemisk *adj* Bohemian
boj *subst* sjö. buoy
bojkott *subst* boycott
bojkotta *verb* boycott
1 bok *subst* träd beech; se *björk-* för sammansättningar
2 bok *subst* book
boka *verb* beställa book, reserve; ***har ni ~t?*** a) rum have you booked a room? b) bord have you booked a table?; ~ ***om*** change a reservation
bokapsskötsel *subst* cattle breeding, cattle raising
bokband *subst* binding, cover
bokbuss *subst* mobile library, amer. bookmobile
bokcirkel *subst* book club
bokföra *verb*, ~ ***ngt*** enter sth, enter sth in the books
bokföring *subst* redovisning bookkeeping
bokförlag *subst* publishing house, publishers pl.
bokförläggare *subst* publisher
bokhandel *subst* butik bookshop, bookstore
bokhandlare *subst* bookseller
bokhylla *subst* **1** skåp bookcase **2** enstaka hylla bookshelf
bokklubb *subst* book club
bokmärke *subst* **1** bookmark äv. data. **2** glansbild scrap sällsynt i Storbritannien o. USA
bokomslag *subst* cover, book cover
bokslut *subst*, ***göra*** ~ close the books, balance the books

bokstav *subst* letter; ***liten*** ~ small letter; ***stor*** ~ capital letter
bokstavera *verb* tele. spell... using analogy t.ex. 'A as in Alfa, B as in Bravo'
bokstavligen *adv* literally
bokstavsordning *subst*, ***i*** ~ in alphabetical order
boktryckeri *subst* printing-office, större printing-house
bolag *subst* company; ***bilda*** (***starta***) ~ form a company
bolagsstämma *subst* shareholders' meeting
Bolivia Bolivia
bolivian *subst* Bolivian
boliviansk *adj* Bolivian
boll *subst* ball; slag i tennis etc. stroke; skott i fotboll shot; passning pass; ***lång*** ~ i tennis rally
bolla *verb* play ball; träningsslå knock up; ~ ***med siffror*** juggle with figures
bollflicka *subst* sport. ball girl
bollpojke *subst* sport. ball boy
bollsinne *subst* ball sense, ball control
bollspel *subst* ball game
bolma *verb* belch out smoke; ~ ***på en cigarr*** puff away at a cigar; ***det ~de rök ur skorstenen*** smoke billowed out of the chimney
bolster *subst* feather bed
1 bom *subst* stång bar; järnv. level-crossing gate, amer. grade-crossing gate; gymn. horizontal bar; ***hamna*** (***sitta***) ***bakom lås och*** ~ be under lock and key
2 bom *subst* felskott miss
bomb *subst* bomb
bomba *verb* bomb
bombanfall *subst* bombing attack, bomb attack
bombardemang *subst* bombardment äv. med t.ex. frågor; bombing
bombardera *verb* bombard äv. med t.ex. frågor; från luften bomb
bombastisk *adj* bombastic
bombattentat *subst* bomb attack, bomb outrage, bombing
bombflyg *subst* bombers pl.
bombhot *subst* bomb scare
bombplan *subst* bomber
1 bomma *verb*, ~ ***för*** el. ~ ***igen*** bar; ~ ***igen ngt*** stänga shut sth up
2 bomma *verb* missa miss [*på ngt* sth]
bomull *subst* cotton; rå, vadd cotton wool
bomullsgarn *subst* cotton
bomullspinne *subst* cotton bud
bomullstråd *subst* cotton thread
bomullstuss *subst* cotton ball
bomullstyg *subst* cotton cloth, cotton fabric
bona *verb* vaxa wax, polish
bondböna *subst* broad bean
bonde *subst* **1** farmer; lantbo, spec. i europeiska länder utom Storbritannien peasant **2** schack. pawn
bondfångare *subst* confidence trickster, vard. con man
bondgård *subst* farm
bondkatt *subst* huskatt av blandras alley cat; europeisk korthårskatt domestic shorthair
bondkomik *subst* slapstick
bondkomiker *subst* slapstick comedian
bondpermission *subst* vard. French leave
bondtölp *subst* neds. country bumpkin, boor
boning *subst* dwelling
bonus *subst* bonus
bonusklass *subst* försäkringsterm bonus class
bonvax *subst* floor polish
bookmaker *subst* bookmaker
bord *subst* table; skrivbord desk; ***sitta till ~s*** sit at table; ***sätta sig till ~s*** sit down to dinner (lunch etc.)
borda *verb* board
bordduk *subst* tablecloth
borde imperf. av *böra*
bordeaux *subst* o. **bordeauxvin** *subst* Bordeaux wine; röd claret
bordell *subst* brothel
bordlägga *verb* uppskjuta postpone
bordsben *subst* table leg
bordsbön *subst* grace; ***be*** ~ say grace

> **bordsskick**
> I England har man sin egen smörkniv. Man tar en klick smör och lägger på sin egen assiett. Den rostade fyrkantiga brödskivan delar man ofta i två trianglar innan man börjar äta.
> I USA använder man oftast bara gaffeln när man äter. Kniven använder man till att skära köttet i bitar. Sedan lägger man den åt sidan.

bordsskick *subst* table manners pl.
bordsskiva *subst* table top; lös table leaf
bordsvatten *subst* table water
bordsvisa *subst* drinking song
bordsända *subst*, ***vid övre ~n*** at the head of

the table; ***vid nedre ~n*** at the foot of the table

bordtennis *subst* table tennis, vard. ping-pong

borg *subst* **1** slott castle **2** fäste stronghold

borgare *subst* **1** medelklassare bourgeois (pl. lika) **2** icke-socialist non-Socialist

borgarklass *subst* middle class, bourgeoisie

borgen *subst* säkerhet security, guarantee; ***gå i ~ för ngn*** jur. vouch for sb, stand surety for sb; ***frige mot ~*** release on bail

borgenslån *subst* loan against a personal guarantee

borgensman *subst* guarantor, surety

borgenär *subst* creditor

borgerlig *adj* **1** av medelklass middle class, neds. bourgeois **2** polit., icke-socialistisk non-Socialist; ***de ~a*** the centre-right parties

borgerligt *adv*, ***gifta sig ~*** marry before the registrar

borgmästare *subst* utanför Sverige mayor

borr *subst* drill; liten handborr gimlet; tandläkarborr drill

borra *verb* bore [*efter* for]; t.ex. metall drill [*efter* for]

borrmaskin *subst* drill, drilling-machine

borst *subst* bristle; koll. bristles pl.; ***resa ~*** bristle, bristle up

borsta *verb* brush; ***~ skorna*** brush one's shoes; ***~ tänderna*** brush one's teeth; ***~ av rocken*** brush one's coat

borste *subst* brush

borsyra *subst* boracic acid

1 bort perf. p. av *böra*

2 bort *adv* away; ***vi ska ~*** är bortbjudna we are invited out; ***dit ~*** over there; ***hit ~*** over there; ***långt ~*** a long way off, far away, far off; ***~ med fingrarna (tassarna)!*** hands off!

borta *adv* **1** tillfälligt away; för alltid gone; borttappad missing, lost; ***~ bra men hemma bäst*** East, West, home is best; there is no place like home; ***~ med vinden*** gone with the wind **2** ***där ~*** over there; ***här ~*** over here **3** bortbjuden, inte hemma out **4** förvirrad confused; medvetslös unconscious

bortalag *subst* away team

bortamatch *subst* sport. away match; ***ha ~*** play away

bortaplan *subst* sport. away ground; ***spela på ~*** play away

bortbjuden *adj*, ***vara ~ på middag*** be invited out to dinner

bortblåst *adj*, ***den är som ~*** it has completely vanished

bortersta *adj* farthest, farthermost

bortfall *subst* falling off, decline; av inkomst reduction

bortförklara *verb* make excuses for; ***det kan inte ~s*** it can't be explained away

bortförklaring *subst* excuse

bortgång *subst* död decease

bortgången *adj*, ***den bortgångne*** the deceased

bortkastad *adj* (se äv. *kasta bort*, under *kasta II*); ***~e pengar*** a waste of money; ***~ tid*** waste of time; ***~ möda*** a waste of effort

bortkommen *adj* **1** förvirrad confused, lost **2** försagd timid **3** tafatt awkward

bortom *prep* beyond

bortre *adj* further, farther; ***i ~ delen av*** at the far end of

bortrest *adj*, ***han är ~*** he has gone away

bortse *verb*, ***~ från*** disregard; ***~tt från*** apart from

bortskämd *adj* spoilt

bortsprungen *adj*, ***en ~ hund*** a dog that has run away

bortåt *prep* **1** om rum towards **2** nästan nearly

bosatt *adj* resident; ***vara ~ i*** live in

boskap *subst* cattle pl., livestock

Bosnien Bosnia

bosnier *subst* Bosnian

bosnisk *adj* Bosnian

bospara *verb* save for a home, have a home-savings account

bostad *subst* privat hus house; hem home; våning flat, apartment, högtidligt residence; ***han saknar ~*** he has not got a place to live; ***söka ~*** look for a place to live; go house-hunting, lägenhet go flat-hunting; ***han träffas i ~en*** som svar i telefon you can get hold of him at home

bostadsadress *subst* permanent address, home address

bostadsbidrag *subst* housing allowance

bostadsbrist *subst* housing shortage

bostadsbyggande *subst* housing construction; ***~t har minskat*** housing construction has diminished

bostadsförmedling *subst* myndighet local housing authority; privat accommodation agency

bostadshus *subst* dwelling house; större residential block

bostadskvarter *subst* residential quarter

bostadskö *subst*, ***stå i ~*** be on the housing list

bostadslös *adj* homeless

bostadsrätt *subst* lägenhet, ungefär co-operative flat, co-operative apartment
bostadsrättsförening *subst* ungefär co-operative building society, tenant-owners' building society
bostadssökande *subst* person house-hunter, flat-hunter, person looking for somewhere to live
bosätta *verb*, ~ ***sig*** settle down, settle
bosättning *subst* **1** bildande av eget hushåll setting up a house **2** bebyggelse settlement
bosättningslån *subst* loan for setting up a home
bot *subst* botemedel remedy, cure; ***råda ~ på*** (***för***) remedy
bota *verb* läka cure [*från* of]; avhjälpa remedy
botanik *subst* botany
botanisk *adj* botanical
botanist *subst* botanist
botemedel *subst* remedy [*mot* for], cure [*mot* for]
botten I *subst* **1** bottom; ***nå*** ~ touch bottom; ~ ***opp!*** vard. bottoms up!; ***gå till ~ med ngt*** get to the bottom of sth **2** våning, ***på nedre*** ~ on the ground floor, amer. äv. on the first floor
II *adj* vard. lousy; ***filmen är*** ~ the film is lousy, the film is absolute rubbish; ***han är*** ~ he's the end
Bottenhavet the Gulf of Bothnia
bottenlån *subst* first mortgage loan
bottenrekord *subst*, ***det här är*** ~ this is a new low
bottensats *subst* sediment, dregs pl.; vin lees pl.
Bottenviken the Gulf of Bothnia
bottenvåning *subst* ground floor, amer. äv. first floor
bottna *verb* touch bottom; ***det ~r i*** it stems from
boulevard *subst* boulevard
bouppteckning *subst* lista estate inventory
bourgogne *subst* vin burgundy
bov *subst* **1** villain, scoundrel **2** förbrytare crook
bowling *subst* bowling
bowlingbana *subst* bowling alley
box *subst* låda box; postbox PO box
boxa *verb* boxas box; ~ ***ut bollen*** sport. punch the ball away
boxare *subst* sport. boxer
boxas *verb* box
boxer *subst* hund boxer
boxhandske *subst* boxing glove
boxning *subst* idrottsgren boxing
boxningsmatch *subst* boxing match, fight
boyta *subst* living space
B-post *subst* second-class mail
bra I *adj* **1** good; fine; ***det var ~ att du kom*** it's a good thing you came; ***det är ~ så!*** tillräckligt that's enough, thank you; ***vad ska det vara ~ för?*** what's the good of that?, what's the use of that?; ***vara ~ att ha*** come in handy; ***vara ~ på att sjunga*** be good at singing **2** frisk well, all right; ***bli ~ från sin förkylning*** recover from one's cold
II *adv* **1** well; ***tack,*** ~ fine thanks, very well, thanks; ***hon dansar*** ~ she is a good dancer; ***ha det*** ~ skönt etc. be comfortable; ekonomiskt be well off; ***ha det så ~!*** have a good time!; ***se ~ ut*** om person be good-looking **2** mycket, riktigt quite, very; ***jag skulle ~ gärna vilja veta*** I should very much like to know
bragd *subst* bedrift exploit, feat
brak *subst* crash
braka *verb* crash; ~ ***ihop*** kollidera crash; ~ ***lös*** break out
brakfest *subst* real feast, blow-out
brakmiddag *subst* vard. real feast, slap-up dinner
brakseger *subst* vard. overwhelming victory
braksuccé *subst* vard. roaring success
brallor *subst pl* vard. trousers, amer. pants
brand *subst* eldsvåda fire; ***råka i*** ~ take fire, catch fire; ***stå i*** ~ be on fire
brandalarm *subst* fire alarm
brandbil *subst* fire engine
brandbomb *subst* incendiary bomb
brandfackla *subst* bombshell; utmanande uttalande subject of fierce discussion
brandfara *subst* danger of fire; ***vid*** ~ in case of fire
brandfarlig *adj* inflammable
brandförsäkring *subst* fire insurance
brandgul *adj* orange, reddish yellow
brandkår *subst* fire brigade, amer. fire department
brandlarm *subst* fire alarm
brandlukt *subst* smell of fire, smell of burning
brandman *subst* fireman
brandredskap *subst* fire appliance
brandrisk *subst* risk of fire
brandsegel *subst* jumping sheet, jumping net
brandskada *subst* fire damage
brandsläckare *subst* apparat fire extinguisher
brandstation *subst* fire station, amer. fire station; på mindre ort firehouse
brandstege *subst* fire ladder

brandsäker *adj* fireproof
brandvarnare *subst* automatic fire alarm, fire-detector
brandövning *subst* fire drill
bransch *subst* line of business, line of trade, line
brant I *adj* steep
II *subst* **1** stup precipice **2** rand verge; ***på ruinens*** ~ on the verge of ruin
brasa *subst* fire, log-fire; ***vid ~n*** at the fireside; ***kring ~n*** round the fireside
brasilianare *subst* Brazilian
brasiliansk *adj* Brazilian
Brasilien Brazil
brasklapp *subst* ungefär reservation, saving clause
brassa *verb*, ~ ***på*** a) elda stoke up the fire b) skjuta fire away, blaze away
bravad *subst* exploit, achievement
bravo *interj* bravo!, well done!
bravorop *subst* cheer
braxen *subst* fisk bream
bre I *verb* spread; ~ ***en smörgås*** butter a slice of bread
II *verb* med betonad partikel
bre på 1 lägga på spread **2** vard., överdriva lay it on thick
bre ut spread out, spread about
bre ut sig sprida sig spread; sträcka ut sig stretch out
breakboll *subst* i tennis break point
bred *adj* broad, wide; om mun wide
breda *verb* se *bre*
bredaxlad *adj* broad-shouldered
bredband *subst* data. el. radio. broadband
bredbar *adj* easy-to-spread; ~ ***ost*** cheese spread
bredd *subst* breadth, width; ***i*** ~ abreast; ***en meter på ~en*** a metre broad, a metre in breadth; ***mäta ngt på ~en*** measure the breadth of sth
bredda *verb* broaden, widen
breddgrad *subst* degree of latitude; ***49:e ~en*** the 49th parallel
bredsida *subst* **1** sjö. el. mil. broadside **2** fotb., ***han gjorde mål med en*** ~ he sidefooted the ball into the net
bredvid I *prep* beside, at the side of, by the side of; gränsande intill adjacent to, next to; om hus etc. next to, next door to; vid sidan om alongside, alongside of
II *adv* intill close by; ***här*** ~ close by here; ***i huset*** ~ in the next house, next door
Bretagne Brittany
brev *subst* letter
brevbärare *subst* postman, amer. mailman
brevbäring *subst* postal delivery, mail delivery
brevduva *subst* carrier pigeon
brevinkast *subst* **1** på dörr letterbox, amer. mail drop **2** på posten postbox, amer. mailbox
brevkorg *subst* letter tray
brevkort *subst* frankerat postcard
brevlåda *subst* **1** letterbox, amer. mailbox **2** på posten postbox, amer. mailbox
brevpapper *subst* notepaper; papper o. kuvert stationery
brevporto *subst* letter postage
brevskrivare *subst* letter-writer, correspondent
brevvåg *subst* letter balance
brevvän *subst* pen friend, vard. pen pal
brevväxla *verb* correspond
brevväxling *subst* correspondence
bricka *subst* **1** för servering tray **2** tekn. washer **3** identitetsbricka disc; polisbricka badge **4** spelbricka counter, piece
bridge *subst* kortspel bridge
bridgeparti *subst* game of bridge
brigad *subst* brigade
briljans *subst* brilliance
briljant *adj* o. *subst* brilliant
briljera *verb* show off, shine
brillor *subst pl* vard. glasses, specs
1 bringa *subst* spec. kok. brisket
2 bringa *verb* bring; ~ ***ned*** minska reduce
brinna I *verb* burn; flamma blaze; ***lyset brinner i hallen*** the light is on in the hall; ***det brinner i knutarna*** there's no time to lose
II *verb* med betonad partikel
brinna av om t.ex. skott go off
brinna ned om hus etc. be burnt down
brinna upp be destroyed by fire
brinna ut burn itself out; om brasa go out
brinnande *adj* burning; om passion ardent; ***ett*** ~ ***intresse*** a burning interest; ***springa för*** ~ ***livet*** run for dear life; ***ett*** ~ ***ljus*** a lighted candle
bris *subst* breeze
brisera *verb* burst, explode
brist *subst* **1** avsaknad lack [*på* of]; knapphet scarcity [*på* of], shortage [*på* of]; ***lida*** ~ ***på*** be short of, be in want of; ***i*** ~ ***på bättre*** for want of something better **2** bristfällighet deficiency; skavank defect **3** underskott deficit
brista *verb* sprängas burst; slitas (brytas) av break; ge vika give way; ~ ***i gråt*** burst into tears; ~ ***mitt itu*** break in two, snap in two; ~ ***ut i skratt*** burst out laughing

bristande *adj* **1** otillräcklig deficient, insufficient; ~ ***uppmärksamhet*** lack of attention **2** bristfällig defective, faulty
bristfällig *adj* **1** defective, faulty **2** otillräcklig insufficient
bristningsgräns *subst* breaking-point; ***salen var fylld till ~en*** the hall was filled to the limit
bristsjukdom *subst* deficiency disease
brits *subst* bunk
britt *subst* Briton; ***~erna*** som nation, lag etc. the British
brittisk *adj* British; ***Brittiska öarna*** the British Isles
brittsommar *subst* vard. Indian summer
bro *subst* bridge
broavgift *subst* bridge toll
broccoli *subst* grönsak broccoli
brodd *subst* pigg spike
broder *subst* brother; ***Bröderna Ek*** firmanamn som skylt Ek Brothers (förk. Bros.)
brodera *verb* embroider; ~ ***ut*** embroider, embellish
broderfolk *subst* sister nation
broderi *subst* embroidery; ***ett*** ~ a piece of embroidery
broderlig *adj* brotherly, fraternal
broderskap *subst* brotherhood, fraternity
broiler *subst* kyckling broiler
brokig *adj* **1** mångfärgad many-coloured, motley, neds. gaudy **2** om t.ex. blandning, samling miscellaneous
1 broms *subst* insekt horse fly
2 broms *subst* **1** tekn. brake **2** dämpande faktor check [*på* on]
bromsa *verb* **1** tekn. brake **2** t.ex. framsteg check, put a brake on
bromsback *subst* bil. brake shoe
bromsförmåga *subst* bil. braking power
bromskloss *subst* bil. brake pad
bromsljus *subst* bil. brake light, stop light
bromsolja *subst* bil. brake fluid
bromspedal *subst* bil. brake pedal
bromsskiva *subst* bil. brake disc
bromsspår *subst pl* brake marks
bromssträcka *subst* bil. braking distance
bromsvätska *subst* bil. brake fluid
bronkit *subst* med. bronchitis
brons *subst* bronze
bronsåldern *subst* the Bronze Age
bror *subst* brother
brorsa *subst* vard. se *bror*
brorsdotter *subst* niece
brorson *subst* nephew
brosch *subst* brooch
broschyr *subst* resebroschyr brochure; häfte leaflet, pamphlet; reklam leaflet
brosk *subst* cartilage; ämne gristle
brott *subst* **1** benbrott fracture **2** förbrytelse crime [*mot* against]; lindrigare offence [*mot* against] **3** kränkning av t.ex. lag violation [*mot* of]; av kontrakt etc. breach [*mot* of]
brottare *subst* wrestler
brottas *verb* wrestle
brottmål *subst* criminal case
brottning *subst* wrestling
brottningsmatch *subst* wrestling match
brottsbalk *subst* criminal code, penal code
brottsbekämpning *subst* vard. crime busting; ***~en*** the fight against crime
brottslig *adj* criminal
brottslighet *subst* criminality; ***~en ökar*** crime is on the increase
brottsling *subst* criminal
brottsoffer *subst* victim, victim of the (a) crime
brottsplats *subst* scene of the (a) crime
brottsvåg *subst* crime wave
brud *subst* **1** bride **2** sl., neds. bird, spec. amer. broad
brudbukett *subst* wedding bouquet
brudgum *subst* bridegroom
brudklänning *subst* wedding dress
brudnäbb *subst* pojke page; flicka bridesmaid
brudpar *subst* bridal couple
brudslöja *subst* bridal veil
brudtärna *subst* bridesmaid
bruk *subst* **1** användning use; av ord usage; sed practice; kutym custom; ***för eget*** ~ for one's personal use; ***komma ur*** ~ come (go) out of use; komma ur modet come (go) out of fashion **2** av jorden cultivation **3** fabrik factory; järnbruk works (pl. lika); pappersbruk mill
bruka *verb* **1** begagna sig av use **2** odla cultivate **3** 'ha för vana' usually; ***han ~r komma på eftermiddagen*** he usually (generally) comes in the afternoon; ***han ~de läsa i timmar*** he used to read for hours, he would read for hours; ***det ~r vara svårt*** it is often difficult, it is apt to be difficult
bruklig *adj* customary, usual
bruksanvisning *subst* directions pl. for use
brum *subst* radio. hum
brumma *verb* om björn growl [graul]; om insekt el. radio. hum
brun *adj* brown, solbränd tanned, brown; ***~a bönor*** maträtt brown beans; se äv. *blå-* för sammansättningar
brunaktig *adj* brownish

brunett *subst* brunette
brunhårig *adj* brown-haired
brunn *subst* well; hälsobrunn mineral spring
brunnsort *subst* health resort, spa
brunst *subst* honas heat; hanes rut
brunstig *adj* om hona on heat, in heat; om hane rutting
brunsttid *subst* mating-season
brunt *subst* brown; se *blått* för ex.
brunögd *adj* brown-eyed
brus *subst* havets roar; radio. noise
brusa *verb* om t.ex havet roar; om kolsyrad dryck fizz; ~ ***upp*** om person flare up, lose one's temper
brustablett *subst* effervescent tablet, vard. fizzy tablet
brutal *adj* brutal
brutalitet *subst* brutality
brutto *adv* gross
bruttolön *subst* gross salary; veckolön gross wages
bruttonationalprodukt *subst* (förk. *BNP*) gross national product (förk. GNP)
bruttopris *subst* gross price
bry *verb* **1** ~ ***sin hjärna*** (***sitt huvud***) ***med ngt*** rack one's brains over sth **2** ~ ***sig*** care; ***han ~r sig inte*** vard. he couldn't care less, he just doesn't care; ~ ***sig om*** a) ta notis om pay attention to b) tycka om care for; ***jag ~r mig inte om vad folk säger*** I don't care what people say; ~ ***dig inte om det!*** don't bother about it!, don't worry about it!; ~ ***dig inte om att...*** don't trouble to...
brygd *subst* brew
1 brygga *subst* landningsbrygga landing-stage, jetty; på båt el. tandbrygga bridge
2 brygga *verb* brew; ~ ***kaffe*** make coffee
bryggare *subst* brewer
bryggeri *subst* brewery
bryggmalen *adj*, ***bryggmalet kaffe*** fine ground coffee
1 bryna *verb*, ~ ***ngt*** kok. fry sth till browned
2 bryna *verb* vässa whet, sharpen
brysk *adj* brusque, abrupt
Bryssel Brussels
brysselkål *subst* Brussels sprouts pl.
bryta I *verb* **1** break; förlovning break off; ~ ***ett samtal*** tele. disconnect a call; ~ ***ngns serve*** i tennis break sb's serve; ~ ***mot*** lag etc. break, violate; ~ ***på tyska*** speak with a German accent **2** kol, malm mine; sten quarry
II *verb* med betonad partikel
bryta av 1 break, break off **2** ~ ***av mot*** be in contrast to
bryta fram break out
bryta sig igenom break one's way through, force one's way through
bryta ihop break down, collapse
bryta sig in i ett hus break into a house
bryta loss (lös) break off, break away
bryta ned break down
bryta samman break down, collapse
bryta upp 1 från sällskap break up; ge sig iväg leave, depart **2** ~ ***upp ett lås*** break open a lock
bryta ut break out; ~ ***sig ut ur fängelset*** break out of prison, escape from prison
brytning *subst* **1** i gruva etc. breaking, mining; sten quarrying **2** skiftning i färg tinge **3** i uttal accent **4** oenighet breach, rupture
bråck *subst* med. hernia
bråd *adj* brådskande busy; plötslig sudden, hasty; ***en ~ död*** a sudden death
brådmogen *adj* om person precocious
brådmogenhet *subst* precocity
brådska I *subst* hurry, haste; ***det är ingen ~ med det*** there's no hurry about that; ***han gör sig ingen ~*** el. ***han gör sig ingen ~*** he is in no hurry; ***i ~n glömde han att betala*** in his hurry (haste) he forgot to pay
II *verb* behöva utföras fort be urgent; skynda sig hurry; ***det ~r inte*** there is no hurry about it
brådskande *adj* urgent, pressing
1 bråk *subst* mat. fraction; ***allmänt ~*** vulgar fraction
2 bråk *subst* **1** buller noise, row **2** gräl row, quarrel; ***ställa till ~ om ngt*** make a row (fuss) about sth, kick up a row (fuss) about sth **3** krångel trouble, fuss
bråka *verb* **1** väsnas be noisy **2** gräla have a row, have a quarrel **3** krångla make a fuss (row), kick up a fuss (row) **4** ***låt bli att ~!*** skoja don't play about!
bråkdel *subst* fraction; ***~en av en sekund*** a fraction of a second
bråkig *adj* **1** bullrig noisy **2** oregerlig disorderly, unruly
bråkmakare *subst* o. **bråkstake** *subst* **1** som stör noisy person; om barn pest, nuisance **2** orosstiftare troublemaker
brås *verb*, ~ ***på ngn*** take after sb
bråte *subst* skräp rubbish, lumber
bråttom *adv*, ***ha ~*** be in a hurry [*med* about]; ***ha mycket ~*** be in a great hurry [*med* about]; ***det är ~*** it can't wait, there's no time to lose; ***det är inte ~ med det*** there's no hurry

1 bräcka *verb* **1** bryta break; knäcka crack; *~s* break **2** *~ ngn* övertrumfa ngn outdo sb
2 bräcka *verb* steka fry
bräcklig *adj* **1** fragile **2** om person, hälsa, bevis etc. frail
bräcklighet *subst* **1** mest om saker fragility, brittleness **2** om personer el. deras tillstånd frailty
bräda *subst* board
brädd *subst* edge, brim
bräde *subst* **1** board **2** spel, ungefär backgammon **3** *sätta allt på ett ~* put all one's eggs in one basket
brädgård *subst* timberyard, amer. lumberyard
brädsegling *subst* windsurfing
brädspel *subst* ungefär backgammon
bräka *verb* bleat
bränd *adj*, *bli ~* utsatt för något obehagligt get one's fingers burnt
bränna *verb* burn; sveda scorch, singe; *~ vid såsen* burn the sauce
brännande *adj*, *en ~ fråga* a burning question; *~ hetta* scorching heat
brännare *subst* burner
brännas *verb* burn; om nässlor sting
brännbar *adj* inflammable
brännblåsa *subst* blister
brännboll *subst* ungefär rounders (med verb i sing.)
bränneri *subst* distillery
brännmärka *verb* brand
brännpunkt *subst* focus, focal point; *vara i ~* be the focus of attention
brännskada *subst* o. **brännsår** *subst* burn
brännvidd *subst* foto. focal distance
brännvin *subst* snaps; kryddat aquavit
brännässla *subst* stinging-nettle
bränsle *subst* fuel
bränslesnål *adj* fuel-efficient; se *bensinsnål* för ex.
bräsera *verb* kok. braise
brätte *subst* brim
bröd *subst* bread (endast sing.); kaffebröd cakes pl.; bullar buns pl.; *hårt ~* knäckebröd crispbread
brödbit *subst* piece of bread
brödburk *subst* breadbin
brödkaka *subst* round loaf; hårt bröd round of crispbread
brödkant *subst* crust, crust of bread
brödkavel *subst* rolling-pin
brödkniv *subst* breadknife
brödraskap *subst* brotherhood, fraternity
brödrost *subst* toaster
brödskiva *subst* slice of bread; *en rostad ~* a slice of toast
brödsmulor *subst pl* breadcrumbs, crumbs
bröllop *subst* wedding
bröllopsdag *subst* wedding day; årsdag wedding anniversary
bröllopsresa *subst* honeymoon, honeymoon trip
bröst *subst* breast; bröstkorg chest; barm bosom; byst bust; *ha ont i ~et* have a pain in one's chest
bröstarvinge *subst* direct heir
bröstcancer *subst* breast cancer
bröstficka *subst* breastpocket
bröstkorg *subst* chest
bröstsim *subst* breast stroke
bröstsmärtor *subst pl* chest pains
bröstvårta *subst* nipple
bua *verb* boo [*åt* at]
bubbelbad *subst* bubble bath
bubbelpool *subst* whirlpool, Jacuzzi®
bubbla *subst* o. *verb* bubble
buckla I *subst* dent
II *verb*, *~ till* dent
bucklig *adj* dented
bud *subst* **1** anbud offer; på auktion bid; i kortspel bid, call; *det var hårda ~* that's tough! **2** budskap message; budbärare messenger; *skicka ~ att...* send word that...; *skicka ~ efter ngn* send for sb **3** befallning command **4** *tio Guds ~* the ten commandments
budbil *subst* delivery service van
budbärare *subst* messenger
buddism *subst*, *~* el. *~en* Buddhism
buddist *subst* Buddhist
budget *subst* budget; *göra upp en ~* draw up a budget
budord *subst* commandment; *de tio ~en* the ten commandments
budskap *subst* message
buffé *subst* **1** bord el. disk med förfriskningar buffet **2** möbel sideboard
buffel *subst* **1** djur buffalo (pl. -s) **2** drulle boor, lout
buffert *subst* buffer
buga *verb*, *~* el. *~ sig* bow [*för* to]
bugga *verb* avlyssna bug
buggning *subst* vard., placering av dolda mikrofoner bugging
bugning *subst* bow
buk *subst* **1** belly, abdomen **2** stor mage paunch
bukett *subst* bouquet; *plocka en ~ blommor* pick a bunch of flowers

bukhinneinflammation *subst* med. peritonitis
bukt *subst* **1** på kust bay; större gulf **2** ***få ~ med*** manage, master
bukta *verb*, ***~ sig*** wind, curve, bend; ***~ ut*** bulge
buktalardocka *subst* ventriloquist's dummy
buktalare *subst* ventriloquist
bula *subst* knöl bump, swelling
bulgar *subst* Bulgarian
Bulgarien Bulgaria
bulgarisk *adj* Bulgarian
bulgariska *subst* **1** kvinna Bulgarian woman **2** språk Bulgarian
bulimi *subst* med., hetshunger bulimia
buljong *subst* clear soup, broth
buljongtärning *subst* stock cube, spec. amer. bouillon cube
bulldogg *subst* bulldog
bulle *subst* bun; frukostbröd roll
buller *subst* noise, din; stoj racket; ***med ~ och bång*** with a great hullabaloo
bullersam *adj* noisy
bulletin *subst* bulletin
bullra *verb* make a noise; mullra rumble
bullrig *adj* noisy
bult *subst* bolt, pin; gängad screw-bolt
bulta *verb* **1** knacka knock; dunka pound **2** om puls throb **3** bearbeta beat
bulvan *subst* front, dummy
bumerang *subst* boomerang
bums *adv* right away, on the spot
bunden *adj* bound; knuten tied; se *binda II* o. *binda III* för ex.
bundsförvant *subst* ally
bunke *subst* av metall pan, av porslin bowl
bunker *subst* mil. el. golf. bunker
bunt *subst* t.ex. kort packet; sedlar bundle; papper sheaf (pl. sheaves); rädisor etc. bunch; ***hela ~en*** the whole bunch, the whole lot
bunta *verb*, ***~ ihop ngt*** make sth up into bundles, tie sth up in bundles
bur *subst* cage; för höns coop
burdus *adj* abrupt, brusque
burk *subst* pot, kruka, glasburk jar; bleckburk tin, can; ***ärter på ~*** tinned peas, canned peas; ***öl på ~*** canned beer; ***en ~ öl*** a can of beer
burköl *subst* canned beer
burlesk *subst* o. *adj* burlesque
burspråk *subst* bay
bus *subst* mischief; grövre hooliganism; ***~ eller godis?*** på Halloween då barn besöker främmande trick or treat?
busa *verb* om barn be up to mischief; grövre behave like hooligans, behave like a hooligan
buse *subst* **1** rå typ ruffian, hooligan **2** bråkstake pest, nuisance
busfrö *subst* vard. little devil, little rascal
busig *adj* **1** mischievous **2** bråkig rowdy
buskage *subst* shrubbery
buske *subst* bush, större shrub
buskig *adj* bushy
buskis *subst* vard. slapstick
buskörning *subst* reckless driving
busliv *subst* mischief, stark. rowdy behaviour

buss
När man åker buss kan man säga:

Does this bus go to Piccadilly Circus?
Går den här bussen till Piccadilly Circus?
Does this bus stop near Leicester Square?
Stannar den här bussen nära Leicester Square?
Do I have to change?
Måste jag byta?
Can you tell me when we get there?
Kan ni säga till när vi kommer fram?
Can you tell me where to get off?
Kan ni säga till var jag ska gå av?
It's four stops after this one.
Det är fyra hållplatser till.

buss *subst* i persontrafik bus; turistbuss coach, amer. bus; ***åka ~*** go by bus
busschaufför *subst* bus-driver; förare av turistbuss coach-driver, amer. bus-driver
bussfil *subst* bus lane
bussförbindelse *subst* bus connection
busshållplats *subst* bus stop
bussig *adj* hygglig nice, decent
busslinje *subst* bus service, bus line
bussterminal *subst* bus terminal
busvissla *verb* whistle; ogillande catcall
busvissling *subst* shrill whistle; ogillande catcall
busväder *subst* awful weather
butelj *subst* bottle
butik *subst* shop, spec. amer. store
butiksbiträde *subst* shop assistant, amer. salesclerk, clerk
butiksfönster *subst* shop window
butiksföreståndare *subst* shop manager, store manager

butikskedja *subst* multiple stores pl., chain stores pl.
butikskontrollant *subst* shopwalker
butter *adj* sullen [*mot* to, towards], morose [*mot* to, towards]
buxbom *subst* träslag boxwood
by *subst* village
bybo *subst* villager
byffé *subst* se *buffé*
bygd *subst* district, countryside
bygel *subst* ögla loop; ring hoop
bygga I *verb* build; ***det bygger*** grundar sig ***på*** it is founded on; ***kraftigt byggd*** om person powerfully built, sturdy
II *verb* med betonad partikel
bygga in med väggar wall in
bygga om rebuild, alter
bygga på öka add to
bygga till utvidga enlarge
bygga ut enlarge, extend, develop
bygge *subst* building under construction
byggherre *subst* building proprietor, commissioner of a (the) building; byggmästare builder
byggkloss *subst* building brick, toy brick
bygglåda *subst* box of bricks
byggmästare *subst* builder; entreprenör building contractor
byggnad *subst* **1** hus building **2** ***huset är under*** ~ the house is under construction, the house is being built
byggnadsarbetare *subst* building worker
byggnadsentreprenör *subst* building contractor
byggnadsfirma *subst* building firm
byggnadslov *subst* building permit
byggnadsställning *subst* scaffold, scaffolding
byggnadstillstånd *subst* building permit
byggsats *subst* construction kit, do-it-yourself kit
byig *adj* squally, gusty
bylte *subst* bundle, pack
byrå *subst* **1** möbel chest of drawers **2** kontor office
byråkrati *subst* bureaucracy
byråkratisk *adj* bureaucratic
byrålåda *subst* drawer
byst *subst* bust
bysthållare *subst* brassiere
byta I *verb* skifta change [*mot* for]; ömsesidigt exchange; ~ ***kläder*** change one's clothes; ~ ***plats*** flytta sig move; ömsesidigt change places, change seats
II *verb* med betonad partikel
byta om change, change clothes
byta till sig ngt get sth in exchange
byta ut exchange [*mot* for]
byte *subst* **1** utbyte exchange **2** rov booty; tjuvs haul **3** jakt. quarry; rovdjurs prey **4** ***bli ett lätt*** ~ ***för ngn*** fall an easy prey to sb
byteshandel *subst* barter; ***idka*** ~ barter
bytesobjekt *subst* trade-in
bytesrätt *subst*, ***med full*** ~ goods exchanged if customer not satisfied
byxben *subst* trouser leg, amer. pants leg
byxdress *subst* trouser suit, pantsuit
byxficka *subst* trouser pocket, amer. pants pocket
byxkjol *subst* culottes pl.
byxor *subst pl* långbyxor trousers, amer. vanligen pants; fritidsbyxor slacks
båda *pron* both; ~ ***två är…*** both are…, both of them are…; ~ ***bröderna*** both brothers; ~ ***delarna*** both; ***de*** ~ ***andra*** the other two; ***vi*** ~ ***är…*** we two are…; ***vi är*** ~… we are both…
bådadera *pron* both
både *konj*, ~… ***och*** both… and; ~ ***han och hon*** both he and she; ***det är*** ~ ***och*** it's a bit of both
båg *subst* vard. humbug, bluff
båge *subst* **1** kroklinje curve; mat. arc **2** pilbåge bow **3** byggn. arch **4** sybåge, glasögonbåge frame
bågfil *subst* verktyg hacksaw
bågformig *adj* curved, arched
bågskytt *subst* sport. archer
bågskytte *subst* sport. archery
1 bål *subst* anat. trunk, body
2 bål *subst* dryck punch
3 bål *subst* eld bonfire; likbål funeral pyre; ***brännas på*** ~ be burnt at the stake
bålgeting *subst* insekt hornet
bår *subst* **1** sjukbår stretcher, litter **2** likbår bier
bård *subst* border; spec. på tyg edging
bårhus *subst* mortuary, morgue
bås *subst* stall; friare compartment
båt *subst* boat; ***åka*** ~ go by boat; ***ge ngn på*** ~***en*** throw sb over
båtresa *subst* sea voyage; kryssning cruise
båtvarv *subst* boatyard
bäck *subst* brook
bäcken *subst* **1** anat. pelvis **2** skål el. geogr. basin; sängbäcken bedpan **3** musik. cymbals pl.
bädd *subst* bed
bädda *verb*, ***du måste*** ~ el. ***du måste*** ~ ***din säng*** you must make your bed
bäddsoffa *subst* sofa bed
bägare *subst* cup; pokal goblet

bägge *pron* se *båda*
bälg *subst* bellows (med verb i pl.); ***en*** ~ a pair of bellows
bälta *subst* o. **bältdjur** *subst* armadillo (pl. -s)
bälte *subst* belt; geogr. zone
bältros *subst* med. shingles (med verb i sing.)
bända *verb* bryta prize; ~ ***loss*** (***upp***) ***ngt*** prize sth loose, prize sth open
bänk *subst* **1** bench, seat; kyrkbänk pew; skolbänk desk **2** på teater etc. row; ***på sista*** ~ in the back row
bänkrad *subst* row
bär *subst* berry; för ätbara bär används vanligen namnet på resp. bär
bära I *verb* **1** carry; vara klädd i wear; ~ ***frukt*** bear fruit; ~ ***ett namn*** bear a name; ~ ***uniform*** wear a uniform **2** inte brista, hålla ***isen bär inte*** the ice won't take your (my) weight **3** ~ ***sig*** löna sig pay; ***företaget bär sig*** the business pays its way
II *verb* med betonad partikel
bära hem carry home, bring home, take home
bära på sig carry about
bära undan remove
bära ut carry out, bring out, take out; ~ ***ut post*** deliver the post
bära sig åt 1 bete sig behave **2** gå till väga set about it; ***hur bär man sig åt för att göra det?*** how does one set about doing it?; ***hur jag än bär mig åt*** whatever I do
bärare *subst* **1** carrier; av namn, bår m.m. bearer **2** stadsbud porter
bärbar *adj* portable
bärga *verb* person save, rescue; ~ ***skörden*** gather in the harvest
bärgningsbil *subst* breakdown truck; mindre breakdown van, amer. tow [təʊ] truck, wrecker
bärkasse *subst* carrier bag, amer., ungefär shopping bag
bärnsten *subst* amber
bärsärkagång *subst*, ***gå*** ~ go berserk, run amok
bäst I *adj* best; ***de är ~a vänner*** they are the best of friends; ***det är ~ att du går*** you had better go; ***det kan hända den ~e*** that can happen to anybody
II *adv* best; ***hålla på som ~ med ngt*** be just in the thick of sth, be just in the midst of sth
bästa *subst*, ***göra sitt*** ~ do one's best; ***göra sitt allra*** ~ do one's very best; ***det är för ditt eget*** ~ it's for your own good
bästföredatum *subst* på matvaror best-before date
bästis *subst* vard. pal, best friend
bättra *verb* **1** improve, improve on; ~ ***på*** t.ex. målningen touch up **2** ~ ***sig*** improve
bättre *adj* better; ***en*** ~ fin, god ***middag*** a good dinner; ***ett*** ~ bra ***hotell*** a decent hotel; ***hon kom på ~ tankar*** she thought better of it; ***så mycket*** ~ so much the better, all the better
bättring *subst* improvement, om hälsa improvement, recovery
bättringsvägen *subst*, ***vara på*** ~ be on the road to recovery
bäva *verb* tremble [*av* with; *för, inför* at], shake [*av* with; *för, inför* at]
bävan *subst* dread, fear
bäver *subst* djur el. päls beaver
böckling *subst* fisk smoked Baltic herring
bödel *subst* executioner
bög *subst* ibland neds., homosexuell gay
böja *verb* **1** kröka bend; bågformigt curve **2** gram. inflect; böja verb conjugate **3** ~ ***sig*** bend down; om saker, krökas bend; ~ ***sig över ngn*** bend over sb; ~ ***sig ut genom fönstret*** lean out of the window
böjelse *subst* inclination [*för* to], fancy [*för* for]
böjning *subst* **1** bend, curve **2** gram. inflection; av verb conjugation
böka *verb* root, grub
bökig *adj* stökig messy; ostädad untidy
böla *verb* råma low, moo; ilsket bellow
böld *subst* boil, svårare abscess
bölja I *subst* billow, wave
II *verb* om hav billow; om folkhop etc. surge; om hår flow
böljande *adj* billowy; om hår wavy
bön *subst* **1** anhållan request, stark. appeal **2** relig. prayer; ***be en*** ~ say a prayer
böna *subst* bean
bönfalla *verb* plead [*om* for]
böngrodd *subst* kok. bean sprout
bönhöra *verb*, ~ ***ngn*** grant sb's prayer, hear sb's prayer; ***han blev bönhörd*** he had his request granted
böra (*borde bort*) *hjälpverb* **1** ought to, should; ***man bör inte prata med munnen full*** you should not talk with your mouth full, you ought not to talk with your mouth full; ***det borde vi ha gjort*** we ought to have done that, we should have done it **2** som uttryck för förmodan, ***hon bör*** (***borde***) ***vara 17 år*** she must be 17; ***han bör vara framme nu*** he should be there by now

börd *subst* birth; ***till ~en*** by birth
börda *subst* burden, load
bördig *adj* fruktbar fertile
börja *verb* begin, start; ***det ~r bli mörkt*** it is getting dark; ***hon ~de gråta*** she began crying, she started crying, she began (started) to cry; ***till att ~ med*** to begin with, to start with, at first; ***~ om*** begin (start) all over again
början *subst* beginning, start; ***ta sin ~*** begin; ***i ~*** el. ***till en ~*** at the beginning, at first; ***i ~ av sextiotalet*** in the early sixties; ***med ~ den 1 maj*** starting 1st May
börs *subst* **1** portmonnä purse **2** hand., ***på ~en*** on the Exchange
börsnotering *subst* stock exchange quotation
bössa *subst* hagelbössa shotgun; gevär rifle
bösspipa *subst* gun barrel
böta *verb* pay a fine, be fined; ***~ för ngt*** lida pay for sth, suffer for sth; ***få ~ 800 kronor*** be fined 800 kronor
böter *subst pl* fine sing.; ***döma ngn till 800 kronors ~*** fine sb 800 kronor, impose a fine of 800 kronor on sb; ***han slapp undan med ~*** he was let off with a fine
bötesbelopp *subst* fine
böteslapp *subst* för felparkering parking ticket
bötesstraff *subst* fine
bötfälla *verb*, ***~ ngn*** fine sb

Cc

c *subst* musik. C
ca (förk. för *cirka*) ca., approx.
cabriolet *subst* bil. convertible
cafeteria *subst* cafeteria
camouflage *subst* camouflage
camouflera *verb* camouflage
campa *verb* go camping; med husvagn caravan, amer. camp in a trailer
campare *subst* camper; med husvagn caravanner
camping *subst* **1** camping; med husvagn caravanning, amer. trailing **2** se *campingplats*
campingplats *subst* camping ground; för husvagnar camping site, amer. trailer camp
cancer *subst* cancer
cancerframkallande *subst* med. carcinogenic; ***den är ~*** vanligen it causes cancer
cancertumör *subst* cancer tumour
cannabis *subst* cannabis
cardigan *subst* cardigan
catwalk *subst* vid modeuppvisning catwalk
cd *subst* CD, compact disc
cd-brännare *subst* CD-writer, CD-burner
cd-rom *subst* CD-ROM (förk. för *compact disc read-only memory*)
cd-rw *subst* (förk. för *compact disc-rewritable*) data., skrivbar cd som kan återanvändas cd-rw
cd-skiva *subst* CD, compact disc
cd-skrivare *subst* data. CD-writer
cd-spelare *subst* CD-player, compact disc player
ceder *subst* träd cedar
celeber *adj* distinguished, celebrated
celebritet *subst* celebrity
celibat *subst* celibacy; ***leva i ~*** be a celibate
cell *subst* cell
cellgift *subst* med. cytotoxin
cellist *subst* musik. cellist
cello *subst* musik. cello (pl. -s)
cellprov *subst* med. smear test
cellskräck *subst* claustrophobia
cellstoff *subst* wadding
cellulit *subst* fysiol.: fett cellulite; ***~er*** vard., gropar pockets of orange-peel skin
cellulosa *subst* cellulose; pappersmassa wood pulp
Celsius, ***30 grader ~ (30° C)*** 30 degrees Celsius (30°C)

celsiustermometer *subst* Celsius thermometer
cembalo *subst* musik. harpsichord
cement *subst* cement
cementblandare *subst* cement mixer
censur *subst* censorship
censurera *verb* censor
center *subst* **1** centre **2** sport. centre forward
Centerpartiet *subst* polit. the Centre Party
centigram *subst* centigram, centigramme
centiliter *subst* centilitre
centimeter *subst* centimetre
central I *subst* centre; ***~en*** järnvägsstation the central station
II *adj* central; ***det ~a*** väsentliga ***i ngt*** the essential thing about sth
centralantenn *subst* communal aerial (antenna)
centralförvaltning *subst* central administration
centralisera *verb* centralize
centrallås *subst*, ***bilen har*** ~ the car has central locking
centralstation *subst* central station, main station
centralt *adv*, ***det är*** ~ ***beläget*** it is centrally situated
centralvärme *subst* central heating
centrifug *subst* för tvätt spin-drier, spin-dryer
centrifugalkraft *subst* centrifugal force
centrifugera *verb* tvätt spin-dry
centrum *subst* centre
cerat *subst* lipsalve, amer. chapstick
ceremoni *subst* ceremony
ceremoniell *adj* ceremonial
cerise *adj* o. *subst* färg cerise
certifikat *subst* certificate
cess *subst* musik. C flat
champagne *subst* champagne
champinjon *subst* mushroom
champion *subst* champion, vard. champ
champis *subst* vard., champagne champers, bubbly
chans *subst* chance, opportunity; ***du har inte en*** ~ you don't stand a chance
chansa *verb* take a chance; ***jag ~de på det*** I chanced it
chansartad *adj* risky, chancy
chansning *subst* **1** gamble **2** gissning guess
charad *subst* charade; ***levande ~er*** lek charades sing.
charkavdelning *subst* o. **charkuteriavdelning** *subst* delicatessen counter, cooked meats counter
charkuterivaror *subst pl* cured (cooked) meats and provisions, delicatessen
charlatan *subst* charlatan, quack
charm *subst* charm
charma *verb* charm
charmant *adj* delightful, charming; utmärkt excellent
charmfull *adj* o. **charmig** *adj* charming
charmlös *adj* charmless
charmtroll *subst* vard. little charmer
charmör *subst* charmer
charterflyg *subst* trafik charter flight
charterresa *subst* charter trip
chartra *verb* charter
chassi *subst* chassis (pl. lika)
chatta *verb* data. chat
chaufför *subst* driver; privatchaufför chauffeur
chauvinism *subst*, ~ el. ***~en*** chauvinism
chauvinist *subst* chauvinist
check *subst* cheque [*på* visst belopp for], amer. check [*på* visst belopp for]; ***betala med*** ~ pay by cheque; ***lösa in en*** ~ cash a cheque
checka *verb* check; ~ ***in*** check in; ~ ***ut*** check out
checkhäfte *subst* cheque book, amer. checkbook

> **chef**
> Det engelska ordet *chef* betyder köksmästare, kock.

chef *subst* **1** head [*för* of]; för avdelning manager; på högre nivå executive **2** vard. boss
chefredaktör *subst* chief editor
chefsställning *subst* executive position
chic *adj* chic, stylish
chiffer *subst* cipher, code; ***knäcka ett*** ~ crack a code, break a code
Chile Chile
chilen *subst* o. **chilenare** *subst* Chilean
chilensk *adj* Chilean
chilipeppar *subst* chilli, chilli pepper
chip *subst* data. chip
chips *subst pl* potato crisps, amer. potato chips
chock *subst* stöt, nervchock shock; ***få en*** ~ get a shock
chocka *verb* shock; ***bli ~d*** get a shock, be shocked
chockera *verb* shock
chockskadad *adj*, ***bli*** ~ get a shock
chockvåg *subst* efter explosion shock wave
choke *subst* choke
choklad *subst* **1** chocolate; ***en ask*** ~

chokladpraliner a box of chocolates; ***mörk ~*** plain chocolate, amer. dark chocolate **2** dryck chocolate, cocoa
chokladask *subst* med praliner box of chocolates
chokladbit *subst* pralin chocolate; bit choklad piece of chocolate
chokladkaka *subst* kaka choklad bar of chocolate
chokladpralin *subst* chocolate
chokladsås *subst* kok. chocolate sauce
chosefri *adj* natural, unaffected
ciabatta *subst* brödtyp ciabatta
ciceron *subst* guide
cider *subst* cider
cigarett *subst* cigarette, vard. fag, ciggy
cigarettfimp *subst* stub, cigarette end
cigarettlimpa *subst* carton of cigarettes
cigarettpaket *subst* med innehåll packet of cigarettes, amer. pack of cigarettes
cigarettpapper *subst* cigarette paper
cigarettrök *subst* cigarette smoke
cigarettändare *subst* lighter
cigarr *subst* cigar
cigg *subst* vard. fag, ciggy
cirka *adv* about, roughly, approximately
cirkapris *subst* hand. recommended retail price
cirkel *subst* circle
cirkelformig *adj* o. **cirkelrund** *adj* circular
cirkelsåg *subst* circular saw
cirkla *verb* kretsa circle
cirkulation *subst* circulation
cirkulationsplats *subst* roundabout, amer. traffic circle
cirkulera *verb* circulate; ***låta ~*** circulate, send round
cirkulär *subst* circular
cirkus *subst* circus; ***gå på ~*** go to the circus
cirkusartist *subst* circus performer
cirkusdirektör *subst* circus manager
cirkusnummer *subst* circus act
ciss *subst* musik. C sharp
cistern *subst* tank; för vatten cistern
citadell *subst* citadel
citat *subst* quotation; ***~... slut på ~*** quote..., unquote
citationstecken *subst* quotation mark; pl. quotation marks, inverted commas, quotes
citera *verb* quote
citron *subst* lemon
citronklyfta *subst* wedge of lemon; friare piece of lemon
citronsaft *subst* lemon juice; sockrad, för spädning lemon squash
citronsyra *subst* citric acid
citrusfrukt *subst* citrus fruit
citruspress *subst* lemon-squeezer
city *subst* affärscentrum centre, business and shopping centre, amer. vanligen downtown
civil I *adj* civil; motsats: militär civilian; ***i det ~a*** in civilian life
II *subst*, ***en ~*** a civilian
civilbefolkning *subst* civilian population
civilekonom *subst* graduate from a School of Economics; mera allm. economist
civilflyg *subst* verksamhet civil aviation
civilförsvar *subst* civil defence
civilförvaltning *subst* civil service
civilingenjör *subst* Master of Engineering; mera allm. engineer
civilisation *subst* civilization
civilisera *verb* civilize
civilklädd *adj* ... in plain clothes, ... in civilian clothes
civilkurage *subst* moral courage
civilmål *subst* civil case, civil suit
civilrätt *subst* civil law
civilstånd *subst* marital status
clementin *subst* frukt clementine
clinch *subst* boxn. clinch; ***gå i ~*** go into a clinch
clips *subst pl* öronclips earclips
clown *subst* clown
Coca-Cola® *subst* Coca-Cola®
cockerspaniel *subst* cocker spaniel
cocktail *subst* cocktail
cocktailbar *subst* cocktail lounge
cognac *subst* brandy; finare cognac
collage *subst* konst. collage; ***göra ett ~*** prepare a collage
collie *subst* hund collie
Colombia Colombia
colombian *subst* Colombian
colombiansk *adj* Colombian
comeback *subst* reappearance; ***göra ~*** make a comeback
commandosoldat *subst* commando (pl. -s)
concertina *subst* musik. concertina
container *subst* container; för avfall skip, amer. Dumpster®
copyright *subst* copyright
cornflakes *subst pl* cornflakes
cortison *subst* med. cortisone
cowboyfilm *subst* cowboy film, Western
cp med. (förk. för *cerebral pares*) cerebral palsy (förk. CP)
cp-skadad *adj* med., ***vara ~*** suffer from cerebral palsy
crack *subst* crack narkotika

crawl *subst* simn. crawl
crawla *verb* simn. do the crawl
crescendo *subst* o. *adv* crescendo
cricket *subst* spel. cricket
cricketspelare *subst* cricketer
croissant *subst* slags giffel croissant
cupfinal *subst* cup final
cupmatch *subst* cup tie
curling *subst* curling
curry *subst* curry; ***höns i ~*** curried chicken
C-vitamin *subst* vitamin C
cyankalium *subst* kem. potassium cyanide
cybernetik *subst* cybernetics (med verb i sing.)
cyberrymden *subst* cyberspace
cykel *subst* **1** serie cycle **2** fordon bicycle, cycle, vard. bike; ***åka*** ~ ride a bicycle
cykelbana *subst* trafik. cycle way, cycle lane
cykelbyxor *subst pl* cycle shorts
cykelhjälm *subst* cycle helmet, safety helmet
cykelkedja *subst* cycle chain
cykelklämma *subst* för byxben cycle clip
cykelled *subst* cycle lane
cykellås *subst* cycle lock
cykelpump *subst* cycle pump
cykelstyre *subst* handlebars pl.
cykelställ *subst* cycle stand
cykelstöd *subst* kickstand
cykeltur *subst* längre cycling tour; kortare cycle ride
cykeltävling *subst* cycle race
cykelverkstad *subst* cycle repair shop
cykla *verb* cycle, vard. bike; göra en cykeltur go cycling
cyklamen *subst* blomma cyclamen
cyklist *subst* cyclist
cyklon *subst* cyclone
cyklopöga *subst* för dykare diving-mask
cylinder *subst* tekn. cylinder
cylindrisk *adj* cylindrical
cymbal *subst* musik., bäcken cymbal
cyniker *subst* cynic
cynisk *adj* cynical; skamlös shameless
cynism *subst* cynicism
Cypern Cyprus
cypress *subst* träd cypress
cypriot *subst* Cypriot
cypriotisk *adj* Cypriot
cysta *subst* med. cyst

Dd

d *subst* musik. D
dabba *verb*, ~ ***sig*** make a blunder
dadel *subst* date
dadelpalm *subst* date palm
dag *subst* **1** day; ***en*** ~ el. ***en vacker*** ~ one day, avseende framtid one day, some day, one of these days; ***god ~!*** good morning (afternoon, evening)!; vid presentation how do you do?; ***vara ~en efter*** have a hangover; ~ ***för*** ~ day by day, every day; ***leva för ~en*** live for the moment; ***i*** ~ today; ***i ~ om ett år*** a year from today; ***nu (just) i ~arna*** a) gångna during the last few days b) kommande during the next few days; ***i forna (gamla) ~ar*** in days of old; ***i våra ~ar*** in our day, nowadays; ***om (på) ~en*** el. ***om (på) ~arna*** in the daytime, by day; ***mitt på ljusa ~en*** in broad daylight; ***på gamla ~ar var han…*** in his old age (as an old man) he was… **2** dagsljus daylight; ***se ~ens ljus*** first see the light of day; ***komma i ~en*** come to light; ***han är sin far upp i ~en*** he's just like his father
dagbarn *subst* child in the care of a childminder; ***ha*** ~ be a childminder
dagbarnvårdare *subst* childminder
dagbok *subst* diary; ***föra*** ~ keep a diary
dagcenter *subst* verksamhet inom bl.a. äldreomsorg day centre
dagdrivare *subst* idler, loafer
dagdröm *subst* daydream
dagdrömma *verb* daydream
dagdrömmare *subst* daydreamer
dagg *subst* dew
daggdroppe *subst* dewdrop
daggmask *subst* earthworm
daghem *subst* day nursery, day-care centre
daghemsplats *subst* place in a day nursery, place in a day-care centre
dagis *subst* vard., ***gå på*** ~ attend a (the) day nursery
daglig *adj* daily; ***i ~t bruk*** in everyday use; ***i ~t tal*** in daily speech
dagligen *adv* daily, every day
dagmamma *subst* childminder
dagordning *subst* föredragningslista agenda; ***stå på ~en*** be on the agenda
dags *adv*, ***hur ~?*** at what time?, what time?,

when?; ***det är*** ~ ***att gå nu*** it is time to go now; ***det är så*** ~ för sent ***nu!*** it is a bit late now!
dagsböter *subst pl* income-related fine sing., fine sing.
dagsljus *subst* daylight; ***vid*** ~ by daylight
dagsmeja *subst* midday thaw
dagspress *subst* daily press
dagstidning *subst* daily paper, daily
dagtid *subst*, ~ el. ***på*** ~ in the daytime
dahlia *subst* blomma dahlia
dakapo I *subst* encore
II *adv* **1** once more **2** musik. da capo
dal *subst* valley
dala *verb* sink, go down, fall
Dalarna Dalarna, Dalecarlia [ˈdɑːlɪkɑːljə]
dalgång *subst* long valley
dalkarl *subst* Dalecarlian [ˈdɑːlɪkɑːljən]
dalkulla *subst* Dalecarlian woman, Dalecarlian girl
dallra *verb* quiver, tremble
dallring *subst* quiver, tremble
dalmatiner *subst* hund Dalmatian
dalripa *subst* fågel willow grouse (pl. lika)
dalta *verb*, ~ ***med ngn*** pamper sb
1 dam *subst* **1** lady; ***längdhopp för ~er*** the long jump for women **2** kortsp. el. schack. queen
2 dam *subst* **1** spel, ***spela*** ~ play draughts, amer. play checkers **2** dubbelbricka i damspel king
dambinda *subst* sanitary towel, amer. sanitary napkin
damcykel *subst* lady's bicycle, lady's cycle
damfotboll *subst* women's football, amer. women's soccer
damfrisering *subst* lokal ladies' hairdressing saloon
damfrisör *subst* ladies' hairdresser
damfrisörska *subst* ladies' hairdresser
damkläder *subst pl* ladies' clothes, ladies' wear sing.
damkonfektion *subst* women's wear, ladies' wear
1 damm *subst* **1** fördämning dam **2** vattensamling pond
2 damm *subst* dust
damma *verb* dust; ~ ***av i ett rum*** dust a room; ~ ***ned i ett rum*** make a room dusty; ***vad det ~r!*** what a lot of dust there is!
dammig *adj* dusty
dammkorn *subst* speck of dust
dammoln *subst* cloud of dust
dammsuga *verb* vacuum, hoover, amer. vacuum
dammsugare *subst* vacuum cleaner
dammtrasa *subst* duster
dammtuss *subst* ball of fluff, amer. dust bunny
damrum *subst* ladies' cloakroom, amer. ladies' rest room
damsingel *subst* i tennis women's singles (pl. lika)
damsko *subst* lady's shoe
damspel *subst* draughts (med verb i sing.), amer. checkers (med verb i sing.)
damtidning *subst* women's magazine
damtoalett *subst* lokal women's toilet, cloakroom, amer. ladies' rest room; ***var är ~en?*** ofta where is the ladies?
damunderkläder *subst pl* ladies' underwear sing., lingerie sing.
dank *subst*, ***slå*** ~ idle, loaf about
Danmark Denmark
dans *subst* dance; dansande, danskonst dancing; bal ball; ***efter middagen blev det*** ~ after dinner there was some dancing; ***en*** ~ ***på rosor*** a bed of roses
dansa *verb* dance; ~ ***bra*** be a good dancer; ~ ***dåligt*** be a poor dancer; ~ ***vals*** dance the waltz, do the waltz, waltz; ***gå ut och*** ~ go out dancing
dansare *subst* dancer
dansbana *subst* open-air dance floor, dance floor
dansband *subst* dance band
dansgolv *subst* dance floor
dansk I *adj* Danish
II *subst* Dane
danska *subst* (se *svenska* för ex.) **1** kvinna Danish woman **2** språk Danish
danskfödd *adj* Danish-born; se vidare *svensk-* för sammansättningar
danslektion *subst* dancing-lesson
danslokal *subst* dance hall
dansmusik *subst* dance music
dansorkester *subst* dance band
dansör *subst* dancer
dansös *subst* dancer, ballet dancer
darra *verb* tremble [*av* with]; huttra shiver [*av* with]; skaka shake [*av* with]
darrig *adj* svag, dålig shaky
dass *subst* vard., ***gå på*** ~ go to the lav, go to the loo, amer. go to the john
1 data *subst pl* **1** fakta data, facts **2** data. data
2 data *subst* data. computer; ***ligga på*** ~ be on computer; ***lägga på*** ~ put on computer; ***hon jobbar med*** ~ she's got a job in computing

databas *subst* data base
databehandla *verb* computerize
databehandling *subst* data processing, computerization
databrott *subst* computer crime
datanörd *subst* vard. computer freak (nerd)
dataregister *subst* computer file
dataspel *subst* computer game
datasättning *subst* computer typesetting
dataterminal *subst* data terminal, computer terminal
datavirus *subst* computer virus
dataöverföring *subst* data transmission
datera *verb* **1** förse med datum date **2** ~ ***sig från*** date back to, date from
dativ *subst* dative; ***i*** ~ in the dative

dator
bandstation *tape back-up station*, blogg *blog*, blogga *blog*, bredband *broadband*, bärbar dator *laptop*, dvd-brännare *DVD-writer*, *DVD-burner*, hårddisk *hard disk drive* (förk. *HDD*), *hard disk*, mus *mouse* (pl. *mice*), pc *PC*, skrivare *printer*, skärm *screen*, tangentbord *keyboard*

dator *subst* computer; ***det är fel på ~n*** there's a computer breakdown
datorisera *verb* computerize
datorisering *subst* computerization

datum
Lägg märke till skillnaden i sättet att skriva datum mellan engelska och svenska: 071217 skrivs på engelska *17/12/07* eller *17 December 2007* eller *December 17 2007*. Att dela upp året i veckor (vecka 1 till vecka 52) är okänt i den engelskspråkiga världen.

datum *subst* date
datummärka *verb* t.ex. mat open-date
datummärkning *subst* t.ex. mat open-dating
datumparkering *subst* ungefär night parking on alternate sides of the street
datumstämpel *subst* att stämpla med date stamp
de *pron* se *den*
debatt *subst* debate; diskussion discussion; ***föra en ~ om ngt*** conduct a debate on sth; ***vara under*** ~ be under debate
debattera *verb* debate; diskutera discuss
debattinlägg *subst*, ***i ett ~ om…*** artikel in an article on…; i tal in a speech on…
debattör *subst* debater
debitera *verb* debit; ta betalt charge
debut *subst* debut; ***göra*** ~ make one's debut
debutera *verb* make one's debut
december *subst* December (förk. Dec.); se *april* för ex.
decennium *subst* decade
decentralisera *verb* decentralize
decentralisering *subst* decentralization
dechiffrera *verb* decipher; kod decode
decibel *subst* decibel
deciliter *subst* decilitre
decimal *subst* mat. decimal
decimalbråk *subst* mat. decimal, decimal fraction

decimalkomma
I engelskan använder man punkt, inte komma, för att markera decimaler. Kommatecken används ofta för att skilja av tusental.
2.05 = *two point zero five* = 2,05
2,100 = *two thousand one hundred* = 2 100

decimalkomma *subst* mat. decimal point
decimeter *subst* decimetre
deckare *subst* vard. **1** roman detective story **2** film detective thriller **3** detektiv på film sleuth
dedicera *verb* dedicate
dedikation *subst* dedication
defekt I *subst* defect
II *adj* defective
defensiv *subst* o. *adj* defensive
defilera *verb*, ~ el. ~ ***förbi*** march past, file past
definiera *verb* define
definierbar *adj* definable
definition *subst* definition
definitiv *adj* bestämd definite; oåterkallelig final
deflation *subst* ekon. deflation
deflationistisk *adj* ekon. deflationary
deformera *verb* deform
defroster *subst* bil. defroster
deg *subst* **1** dough **2** smördeg, pajdeg m.m. pastry
dega *verb*, ***gå och*** ~ hang about doing nothing

degig *adj* **1** degartad doughy **2** vard., hängig out of sorts, under the weather
degradera *verb* degrade; ***bli ~d till menig*** be reduced to the ranks
degradering *subst* degradation; mil. reduction to the ranks
dekal *subst* sticker
dekis *adj* vard., ***han är på ~*** he has gone to the dogs, he is going downhill
deklarant *subst* som deklarerar inkomst person making an income-tax return
deklaration *subst* **1** uttalande declaration, statement **2** på varuförpackning ingredients, constituents **3** självdeklaration income-tax return
deklarationsblankett *subst* income-tax return form
deklarera *verb* **1** declare, state **2** göra självdeklaration make one's return of income, amer. file one's income-tax return; ***~ för 210 000 kronor*** return one's income at 210,000 kronor **3** tulldeklaration declare
dekoder *subst* tv. el. radio. decoder
dekolletage *subst* décolletage, vard. cleavage
dekor *subst* teat. décor, scenery
dekoration *subst* decoration; föremål ornament
dekorativ *adj* decorative
dekoratör *subst* decorator
dekorera *verb* decorate
dekret *subst* decree; ***utfärda ett ~*** issue a decree
del *subst* **1** part, portion; avdelning section; band volume; ***en ~ av befolkningen*** part of the population; ***en ~ brev förstördes*** some letters were destroyed; ***en hel ~ tror det*** a great many people think so; ***för all ~!*** ingen orsak! don't mention it!, that's quite all right!; ***för den ~en*** as far as that goes, for that matter; ***till en ~*** a) delvis in part b) några some of them; ***till stor ~*** to a large extent **2** andel share; beskärd del lot; ***ta ~ i ngt*** take part in sth; ***jag för min ~ tror...*** for my part I think..., as for me, I think... **3** kännedom, ***få ~ av*** be informed of, be informed about; ***ta ~ av ngt*** study sth, acquaint oneself with sth
dela I *verb* **1** särdela divide [*i* into], share; ***~ sig*** divide; ***~ med 5*** divide by 5; ***det är inget att ~ på*** it is not worth dividing **2** sinsemellan, med ngn share; ***~ på vinsten*** share the profits; ***~ rum*** share a room; ***~ ngns åsikt*** share sb's view
II *verb* med betonad partikel
dela av avskilja partition off
dela in i divide into
dela upp 1 indela divide up [*i* into], split up [*i* into], break up [*i* into]; sinsemellan share [*mellan* among, between] **2** ***~ upp sig*** divide, split
dela ut distribute, deal out, give out
delad *adj*, ***det råder ~e meningar*** opinions differ
delaktig *adj*, ***vara ~ i*** a) medverka i beslut etc. participate in b) i brott etc. be implicated in, be mixed up in
delaktighet *subst* medverkan participation [*i* in]; i brott etc. complicity [*i* in]
delbetalning *subst* part payment
delegat *subst* delegate
delegation *subst* delegation, mission
delegera *verb* delegate
delfin *subst* dolphin
delfinarium *subst* dolphinarium
delge *verb*, ***~ ngn ngt*** inform sb of sth
delikat *adj* delicate; om mat etc. delicious
delikatess *subst* delicacy
delikatessaffär *subst* delicatessen
delning *subst* **1** division, partition **2** delande division, partition, sharing
delpension *subst* partial pension
dels *konj*, ***~ okunnighet, ~ lathet*** partly ignorance, partly laziness; ***i boken finns ~ en karta, ~ en tabell*** in the book there is both a map and a table
delstat *subst* federal state; i USA state
delta I *subst* geogr. delta
II *verb* **1** take part [*i* in], participate [*i* in]; som medarbetare collaborate; närvara be present [*i* at] **2** ***~ i ngns sorg*** sympathize with sb in his sorrow
deltagande *subst* **1** participation; ***de ~*** those taking part, the participants **2** medverkan co-operation **3** anslutning, t.ex. valdeltagande turnout **4** medkänsla sympathy
deltagare *subst* participator; i t.ex. kurs member; ***deltagarna*** ofta those taking part, the participants; i tävling the competitors
deltid *subst*, ***arbeta ~*** work part-time
deltidsanställd *adj*, ***vara ~*** have a part-time job
deltidsarbetande *adj*, ***~ kvinnor*** women in part-time employment
delvis *adv* partially, partly
delägare *subst* i firma partner
dem *pron* se *den*
demagog *subst* demagogue
demagogisk *adj* demagogic
dementera *verb* deny

dementi *subst* polit. official denial
demilitarisera *verb* demilitarize
demilitarisering *subst* demilitarization
demobilisera *verb* demobilize
demobilisering *subst* demobilization
demokrat *subst* democrat
demokrati *subst* democracy
demokratisk *adj* democratic
demolera *verb* demolish
demon *subst* demon, fiend
demonstrant *subst* demonstrator
demonstration *subst* demonstration
demonstrationståg *subst* demonstration, protest march
demonstrativ *adj* demonstrative äv. gram.
demonstrera *verb* demonstrate
demontera *verb* fabrik, maskin dismantle
demoralisera *verb* demoralize
den I (*det, de, dem,* vard. *dom*) *best art* the; ***den allmänna opinionen*** public opinion; ***de närvarande*** those present
II (*det, de, dem,* vard. *dom, dens, deras*) *pron* **1** den, det it; de they; dem them; ***pengarna? de ligger på bordet*** the money? it's on the table; ***det regnar*** it's raining; ***vem är det som knackar?*** who is knocking?; ***det var mycket folk där*** there were many people there; ***jag hoppas det*** I hope so; ***jag tror det*** I think so; ***det var det, det!*** that's that!; ***varför frågar du det?*** why do you ask? **2** demonstrativt: den, det that; ***den där*** el. ***det där*** that; ***den här*** el. ***det här*** this; ***de där, dem*** those; ***de här*** these; ~ ***dåren!*** that fool!, the fool!; ***är det här mina handskar? — ja, det är det*** are these my gloves? — yes, they are
3 determinativt: den som the person who, the one who; sak the one that; vem som helst som anyone that; i ordspråk he who; ***saken är den att...*** the fact is that...; ***han är inte den som klagar*** he is not one to complain; ***allt det som...*** everything that...
denimjeans *subst pl* denims
denne (*denna, detta, dessa*) *pron* den här this (pl. these); den där that (pl. those); syftande på förut nämnd person (nämnda personer) he, she, they; den (de) senare the latter
densamme (*densamma, detsamma, desamma*) *pron* the same; den, det it; de they; ***tack, detsamma!*** the same to you!; ***det gör detsamma*** it doesn't matter; ***med detsamma*** genast at once
deodorant *subst* deodorant
departement *subst* ministry, department
deponens *subst* gram. deponent, deponent verb
deponera *verb* deposit [*hos* with]; på t.ex. hotell place in the safe
deportera *verb* deport
deportering *subst* deportation
deppa *verb* vard. feel low, have the blues
deppig *adj*, ***vara*** ~ vard. feel low, have the blues
depraverad *adj* depraved
depression *subst* depression äv. ekon.
deprimerad *adj* depressed
deprimerande *adj* depressing
deputation *subst* deputation
depå *subst* depot
deras *pron* **1** förenat their; ~ ***böcker*** their books **2** självst. theirs; ***böckerna är*** ~ the books are theirs
derby *subst* sport. derby
desamma *pron* se *densamme*
desarmera *verb* bomb defuse
desertera *verb* desert
desertering *subst* desertion
desertör *subst* deserter
design *subst* design
designa *verb* design
designer *subst* designer, industrial designer
desillusionerad *adj* disillusioned
desinfektionsmedel *subst* disinfectant
desinficera *verb* disinfect
desinficering *subst* disinfection
desorienterad *adj* confused, bewildered
desperado *subst* desperado (pl. -s)
desperat *adj* desperate; ***ett*** ~ ***försök*** a desperate attempt
desperation *subst* desperation; ***i ren*** ~ an sheer desperation
despot *subst* despot
despotisk *adj* despotic
1 dess *subst* musik. D flat
2 dess I *pron* its
II *adv*, ***innan*** ~ before then; ***sedan*** ~ since then; ***till*** ~ el. ***tills*** ~ till then, until then; ***till*** ~ ***att*** till, until; ~ ***bättre*** lyckligtvis fortunately; ***ju förr*** ~ ***bättre*** the earlier the better, the sooner the better
dessa *pron* se *denne*
dessbättre *adv* fortunately
dessemellan *adv* in between; emellanåt at times

dessert
Skilj mellan *dessert* [dɪ'zɜːt] efterrätt och *desert* ['dezət] öken.

dessert *subst* sweet, dessert, amer. dessert; ***vad får vi till ~?*** what will we get for a sweet (for afters)?
dessertsked *subst* dessertspoon; som mått dessertspoonful
dessförinnan *adv* before then; förut beforehand
dessutom *adv* besides; vidare furthermore
dessvärre *adv* unfortunately
destillation *subst* distillation
destillera *verb* distil
destination *subst* destination
desto *adv*, ~ ***bättre*** all the better, so much the better
destruktiv *adj* destructive
det *pron* se *den*
detalj *subst* detail; ***in i minsta*** ~ down to the smallest detail
detaljerad *adj* detailed
detaljhandel *subst* retail trade
detaljhandlare *subst* retailer
detektiv *subst* detective
detektivroman *subst* detective story, detective novel
determinativ *adj* gram. determinative
detonation *subst* detonation
detonera *verb* detonate
detronisera *verb* dethrone
detsamma *pron* se *densamme*
detta *pron* se *denne*
devalvera *verb* devalue
devalvering *subst* devaluation
dia *verb* **1** om djur, barn suck **2** ge di suckle
diabetes *subst* med. diabetes
diabetiker *subst* med. diabetic
diabild *subst* transparency; ramad slide
diabolisk *adj* diabolical
diagnos *subst* diagnosis (pl. diagnoses); ***ställa*** ~ make a diagnosis [*på* of]
diagnostisera *verb* diagnose
diagnostisk *adj*, ***~t prov*** diagnostic test
diagonal *subst* o. *adj* diagonal
diagram *subst* diagram; med siffror chart
dialekt *subst* dialect; ***tala*** ~ speak a dialect
dialektal *adj* dialectal
dialog *subst* dialogue
diamant *subst* diamond; ***slipad*** ~ cut diamond; ***oslipad*** ~ uncut diamond
diameter *subst* diameter
diarré *subst* med. diarrhoea
dieselmotor *subst* diesel engine
diet *subst* diet; ***hålla*** ~ be on a diet; ***sätta ngn på sträng*** ~ put sb on a strict diet
differens *subst* difference
differentiera *verb* differentiate
diffus *adj* diffuse; oskarp blurred
difteri *subst* med. diphtheria
diftong *subst* språkv. diphthong
dig *pron* you; ~ ***själv*** yourself; ***en vän till*** ~ a friend of yours
diger *adj* thick, bulky; ***ett ~t program*** an extensive programme
digital *adj* digital
digna *verb* tyngas ned be weighed down; ***ett ~nde bord*** a table loaded with food and drink
dike *subst* ditch, trench
dikt *subst* poem; ***rena ~en*** påhitt pure fiction
dikta *verb* **1** författa write **2** skriva vers write poetry **3** ~ ***ihop en historia*** make up a story
diktamen *subst* dictation; ***ta ~ på ett brev*** take down a letter
diktare *subst* writer; poet poet
diktator *subst* dictator
diktatur *subst* dictatorship
diktera *verb* dictate [*för* to]
diktning *subst* diktande writing; poesi poetry
diktsamling *subst* collection of poems
dilemma *subst* dilemma
dilettant *subst* amateur, dilettante
diligens *subst* stagecoach
dill *subst* växt el. kok. dill
dilla *verb* vard. babble, talk nonsense; ***vad ~r du om?*** what are you talking about?, what are you on about?
dimension *subst* dimension; ***ge en extra ~ åt*** add an extra dimension to
diminutiv *subst* o. *adj* diminutive äv. gram.
dimljus *subst* fog light, fog lamp
dimma *subst* fog; lättare mist
dimmig *adj* foggy; lättare misty
dimpa *verb*, ~ ***ner*** drop down
dimridå *subst* smoke screen
din (*ditt, dina*) *pron* your; självst. yours; ***den är*** ~ it's yours; ~ ***dumbom!*** you fool!, you idiot!; ***du har gjort ditt*** you've done your part, you've done your bit
dingla *verb* dangle; ~ ***med benen*** dangle one's legs
dinosaurie *subst* dinosaur
diplom *subst* diploma
diplomat *subst* diplomat
diplomati *subst* diplomacy

diplomatisk *adj* diplomatic
dipmix *subst* dip
dippa *verb* i dipmix dip
direkt I *adj* direct; omedelbar immediate **II** *adv* **1** directly; omedelbart immediately; raka vägen direct; ***inte ~ rik, men…*** not exactly rich, but… **2** tv., som rubrik live; ***sända ~*** broadcast live
direktförbindelse *subst* med flyg etc. direct service
direktion *subst* styrelse board of directors
direktiv *subst* instructions pl.
direktreferat *subst* i radio running commentary
direktsänd *adj* tv. el. radio., ***programmet är direktsänt*** the programme is broadcast live
direktsändning *subst* i radio el. tv live broadcast; som rubrik i tv live
direktör *subst* director; ***verkställande ~*** managing director [*för* of], amer. president [*för* of]
direktöverföring *subst* direct transmission
dirigent *subst* musik. conductor
dirigera *verb* direct; musik. conduct; ***~ om*** trafiken redirect, re-route, divert
dis *subst* haze
disciplin *subst* discipline; ***hålla ~en*** maintain discipline
disco *subst* vard. disco (pl. -s); ***gå på ~*** go to a disco
disharmoni *subst* discord, disharmony
disharmonisk *adj* disharmonious
disig *adj* hazy
1 disk *subst* **1** butiksdisk etc. counter; bardisk bar **2** data. disk
2 disk *subst* washing-up äv. konkret

diska
Lägg märke till att *wash up* betyder diska på brittisk engelska men tvätta sig, tvätta händerna på amerikansk engelska. Om en amerikan säger *I must wash up before dinner* kan det alltså låta förvirrande för en engelsman!

1 diska *verb*, ~ el. ***~ av*** wash up, do the washing-up, do the dishes; ett enda föremål wash
2 diska *verb* sport. disqualify
diskant *subst* musik. treble
diskare *subst* washer-up, dishwasher
diskborste *subst* washing-up brush, amer. dish brush
diskbråck *subst*, ***ha ~*** have a slipped disc
diskbänk *subst* torkbräda draining-board; som inredning sink unit
diskett *subst* data. diskette
diskho *subst* sink, washing-up sink
diskjockey *subst* disc jockey, vard. deejay, DJ
diskmaskin *subst* dishwasher
diskmedel *subst* flytande washing-up liquid, spec. amer. dishwashing liquid; i pulverform washing-up powder, detergent
diskning I *subst* washing-up, doing the dishes **II** *subst* sport. disqualification
diskonto *subst* bank, officiellt minimum lending rate
diskotek *subst* lokal discotheque, vard. disco
diskplockare *subst* table clearer, waiter's assistant, amer. bus boy, bus girl
diskrepans *subst* discrepancy
diskret *adj* discreet
diskretion *subst* discretion
diskriminera *verb* discriminate; ***~ ngn*** discriminate against sb
diskriminering *subst* discrimination [*av* against]
diskställ *subst* i kök dish rack, plate rack
disktrasa *subst* dishcloth, amer. dishrag
diskus *subst* redskap el. idrottsgren discus; kastning discus-throwing
diskuskastare *subst* discus-thrower
diskussion *subst* discussion [*om* about]
diskussionsämne *subst* subject of (for) discussion
diskutabel *adj* tvivelaktig questionable
diskutera *verb* discuss; ***det kan ~s om*** it is open to discussion whether
diskvalificera *verb* disqualify
diskvalificering *subst* disqualification
diskvatten *subst* dishwater
dispens *subst*, ***få ~*** be granted an exemption
display *subst* display
disponera *verb* **1** ***~ ngt*** el. ***~ över ngt*** ha till förfogande have sth at one's disposal; ha tillgång till have access to sth **2** planera arrange; ***~ sin tid*** dispose of one's time; planera plan one's time
disponerad *adj*, ***vara ~ för*** be disposed to, be inclined to; ha anlag för have a tendency towards
disponibel *adj* available, disposable
disposition *subst* **1** ***stå till ngns ~*** be at sb's disposal; ***ställa ngt till ngns ~*** place sth at sb's disposal **2** av en uppsats etc. plan, outline; av stoffet disposition, arrangement

dispyt *subst* dispute; ***råka i ~*** el. ***komma i ~*** get involved in a dispute [*om* about]
diss *subst* musik. D sharp
distans *subst* distance; ***få ~ till ngt*** see sth in perspective
distansundervisning *subst* distance tuition
distingerad *adj* distinguished
distinkt *adj* distinct
distinktion *subst* distinction
distrahera *verb* distract
distribuera *verb* distribute
distribution *subst* distribution
distributör *subst* distributor
distrikt *subst* district
distriktssköterska *subst* district nurse; som gör hembesök health visitor
disträ *adj* absent-minded
dit *adv* **1** demonstrativt there; ~ ***bort*** away there; ~ ***ned*** down there; ***det är långt*** ~ a) it is a long way there b) om tid that's a long time ahead **2** relativt where; ***den plats ~ han kom*** the place he came to
ditkomst *subst*, ***vid ~en*** on my (his etc.) arrival there
dito *adj* o. *adv* ditto (förk. do.)
ditresa *subst*, ***på ~n*** on the journey there
1 ditt *pron* se *din*
2 ditt *subst*, ***~ och datt*** this and that, all sorts of things
dittills *adv* till then, up to then; så här långt so far
ditvägen *subst*, ***på*** ~ on the way there, on my (your etc.) way there
ditåt *adv* in that direction, that way; ***någonting*** ~ something like that
diva *subst* diva
diverse *adj* various; ~ ***saker*** various things, odds and ends
diversearbetare *subst* casual labourer, odd-job man
dividera *verb* divide; ~ ***20 med 5*** divide 20 by 5
division *subst* mat. el. mil. division
djungel *subst* jungle
djup I *adj* deep; ~ ***sorg*** profound grief, deep sorrow; ~ ***misstro*** profound distrust; ~ ***okunnighet*** profound ignorance; ***i ~ sorg*** in deep mourning; ~ ***tallrik*** soup plate
II *subst* depth; ***försvinna i ~et*** go to the bottom; ***gå på ~et med*** go to the bottom of; ***komma ut på ~et*** get out into deep water
djupdykning *subst* **1** deep-sea diving **2** ***göra en ~ i ngt*** make an in-depth study of sth; ***göra en riktig*** ~ be a fiasco, be a flop
djupfrysa *verb* deep-freeze
djupfryst *adj*, ***~a livsmedel*** deep-frozen foods, frozen foods
djupsinne *subst* profundity, depth of thought
djupsinnig *adj* profound, deep
djupt *adv* deep, deeply, profoundly; ~ ***allvarlig*** very serious; ~ ***urringad*** om klänning low-cut; ***andas*** ~ draw a deep breath; ***sova*** ~ sleep deeply; ***han sov*** ~ he was fast asleep
djur *subst* animal; stort fyrfota djur el. om person beast; ***arbeta som ett*** ~ work like a horse
djurförsök *subst* experiment on animals
djurliv *subst* animal life, wild life
djurpark *subst* zoo
djurplågeri *subst* cruelty to animals
djurriket *subst* the animal kingdom
djurrättsaktivist *subst* animal rights activist
djursjukhus *subst* animal hospital
djurskyddsförening *subst* society for the prevention of cruelty to animals
djurskötare *subst* på zoo keeper, zoo keeper
djurvän *subst* lover of animals
djäkla etc., se *jäkla* etc.
djärv *adj* bold; dristig daring
djärvhet *subst* boldness, daring
djävel *subst* vard. devil; ***djävlar!*** damn!; ***din ~!*** you swine!
djävla *adj* o. *adv* vard. bloody, damned, amer. goddam; ***din ~ idiot!*** you bloody fool!, you damned fool!, amer. you goddam fool!
djävlas *verb* vard. be bloody-minded, be damned nasty, amer. be goddam mean
djävlig *adj* vard., om person bloody nasty [*mot* to], amer. goddam mean [*mot* to]; om sak bloody rotten, amer. goddam awful
djävligt *adv* vard. bloody, damned, amer. goddam
djävul *subst* devil
djävulsk *adj* devilish; diabolisk diabolical
dobermann *subst* o. **dobermann pinscher** *subst* hund Dobermann, Dobermann pinscher
docent *subst* univ., ungefär reader, senior lecturer, amer. associate professor
dock *adv* o. *konj* yet, still; emellertid however
1 docka *subst* sjö. dock
2 docka *verb* sjö. el. om rymdraket dock
3 docka *subst* **1** leksak doll, barnspr. dolly; marionett puppet **2** skyltdocka dummy
dockning *subst* av rymdfarkoster docking
dockskåp *subst* doll's house, amer. dollhouse
dockteater puppet theatre; föreställning puppet show

dockvagn *subst* doll's pram
doft *subst* scent, odour
dofta *verb* smell; ***det ~r rosor*** there is a scent of roses, there is a smell of roses
dogmatisk *adj* dogmatic
doja *subst* vard. shoe
doktor *subst* doctor (förk. Dr.)
doktorera *verb* study for one's doctor's degree; avlägga examen take one's doctor's degree
doktorsavhandling *subst* doctor's thesis (pl. theses)
doktrin *subst* doctrine
dokument *subst* document
dokumentation *subst* documentation
dokumentera *verb* document; bevisa give evidence of; ~ ***sig som*** establish oneself as
dokumentskåp *subst* filing-cabinet
dokumentärfilm *subst* documentary, documentary film
dold *adj* hidden, concealed; ***~a kameran*** candid camera
doldis *subst* vard. unperson, anonymous public figure
dolk *subst* dagger
dollar *subst* dollar, amer. vard. buck
dollarsedel *subst* dollar note, amer. dollar bill
1 dom *pron* o. *best art* se *den*
2 dom *subst* **1** judgement **2** i brottmål sentence; jurys utslag verdict; ***fällande*** ~ verdict of guilty; ***friande*** ~ verdict of not guilty; ***~en löd på...*** he (she etc.) was sentenced to...
domare *subst* **1** judge; vid högre rätt justice **2** sport.: i friidrott etc. judge; i tennis etc. umpire; fotb. el. boxn. referee
domdera *verb* go on, shout and swear
domedag *subst* doomsday, judgement day
domherre *subst* fågel bullfinch
dominans *subst* dominance
dominant *adj* dominant; dominerande dominating
dominera *verb* dominate; spela herre domineer; vara mest framträdande predominate
domino *subst* spel dominoes (med verb i sing.)
domkraft *subst* bil. jack
domkyrka *subst* cathedral
domna *verb*, ~ el. ~ ***av*** el. ~ ***bort*** go numb; ***min fot har har ~t*** my foot has gone to sleep
domprost *subst* kyrkl. dean
domptör *subst* tamer
domslut *subst* **1** judgement **2** sport. decision
domstol *subst* lawcourt, court; ***dra ngn inför*** ~ take sb to court; ***Högsta ~en*** the Supreme Court
domän *subst* domain
donation *subst* donation
donator *subst* donor
Donau the Danube
donera *verb* donate, give
dop *subst* baptism; barndop christening
dopa *verb* sport. dope
doping *subst* se *dopning*
dopingprov *subst* se *dopningsprov*
dopklänning *subst* christening robe
dopning *subst* drug-taking; sport. doping
dopningsprov *subst*, ***ett*** ~ a drug test
dopp *subst*, ***ta sig ett*** ~ have a dip, have a plunge
doppa *verb* dip; hastigt plunge; ~ ***sig*** have a dip
dos *subst* dose
dosa *subst* box; av bleck tin
dosera *verb* dose
dosering *subst* dose, dosage
dossier *subst* dossier
dotter *subst* daughter; ***hon är ~ till...*** she is the daughter of...
dotterbolag *subst* subsidiary company, subsidiary
dotterdotter *subst* granddaughter
dotterson *subst* grandson
dov *adj* om smärta dull, aching; om ljud dull, muffled
dra I *verb* **1** draw; kraftigare pull; hala haul; släpa drag; schack. etc. move; ~ ***ngn inför rätta*** take sb to court; ~ ***ngt ur led*** put sth out of joint **2** locka attract; ***ett stycke som ~r folk*** a play that draws people **3** om te m.m. draw; ***låta teet stå och*** ~ let the tea draw **4** tåga march; gå go, pass; ~ ***åt skogen!*** go to blazes!; ***gå och*** ~ sysslolöst lounge about, hang about; ***jag måste*** ~ vard. I must be off **5** ***det ~r*** there is a draught **6** ***bilen ~r mycket bensin*** the car takes a lot of petrol **7** ~ ***sig*** flytta sig move; ***klockan ~r sig*** the clock is slow; ***hon ligger och ~r sig på soffan*** she is lounging on the sofa; ~ ***sig för att göra ngt*** be afraid of doing sth; ~ ***sig för ngt*** be afraid of sth; ***inte ~ sig för att göra ngt*** not be afraid of doing sth, not hesitate to do sth
II *verb* med betonad partikel
dra av 1 klä av take off, pull off; ~ ***av sig*** take off **2** dra ifrån deduct
dra bort go away
dra fram draw out, pull out, produce; ~ ***fram stolen till fönstret*** draw up the

chair to the window
dra för gardinen draw the curtain
dra förbi go past, pass by
dra ifrån gardin etc. draw aside, pull aside; ta bort take away; ta (räkna) ifrån deduct; ***hon drog ifrån de övriga löparna*** sport. she drew away from the other runners
dra igen dörr etc. shut, close
dra igenom läsa igenom go through, run through, start sth
dra igång ngt get sth going
dra ihop 1 trupper concentrate **2** *~ **ihop sig*** contract; sluta sig close **3** ***det ~r ihop sig till regn*** it looks like rain
dra in dra tillbaka, återkalla withdraw; på viss tid suspend; inskränka cut down
dra med sig innebära mean, involve
dra på sig t.ex. strumpor put on, pull on; t.ex. skulder incur
dra till: *~ **till ngt*** t.ex. dörr pull sth to, draw sth to; dra åt hårdare pull sth tighter, tighten sth; *~ **till bromsen*** apply the brake; *~ **till med*** gissa på make a guess at; *~ **till sig*** attrahera attract; *~ **till sig uppmärksamhet*** attract attention
dra tillbaka withdraw; *~ **sig tillbaka*** retirera retreat; t.ex. till privatlivet retire
dra upp draw up, pull up; klocka wind up
dra ur pull out; *~ **ur sladden*** pull out the plug; *~ **sig ur spelet** (**leken**)* back out; *~ **sig ur uppgörelsen*** withdraw from the deal
dra ut t.ex. tand extract; förlänga draw out, prolong; tänja ut stretch out; ***strejken ~r ut på tiden*** the strike is dragging on; ***det ~r ut på tiden*** it's taking a long time; blir sent it's getting rather late
dra över tiden run over the time
drabba *verb* träffa hit, strike; beröra affect; *~**s av ngt*** råka ut för meet with sth; *~ **samman** (**ihop**)* meet, clash
drabbning *subst* **1** slag battle; stridshandling action **2** friare encounter
drag *subst* **1** ryck pull, tug; med stråke, penna etc. stroke; i spel move; ***i korta** ~* in brief; ***i stora** ~* in broad outline **2** särdrag, ansiktsdrag feature **3** luftdrag draught, amer. draft; ***i ett** ~* äv. at a (one) gulp
dragga *verb* drag [*efter ngt* for sth]
dragig *adj* draughty, amer. drafty
dragkamp *subst* lek el. långvarig kamp tug-of-war
dragkedja *subst* zip-fastener, vard. zipper, zip
dragkärra *subst* handcart, barrow
dragning *subst* **1** lotteri draw **2** attraktion attraction
dragningskraft *subst* power of attraction, attraction
dragningslista *subst* lottery prize list
dragon *subst* krydda tarragon
dragplåster *subst* attraktion drawing-card, attraction
dragshow *subst* show med män utklädda till kvinnor dragshow
dragspel *subst* musik. accordion
drake *subst* **1** dragon **2** leksak kite; ***släppa upp en** ~* fly a kite
drama *subst* **1** teat. drama **2** sorglig händelse tragedy
dramatik *subst* drama
dramatisera *verb* dramatize
dramatisk *adj* dramatic
drapera *verb* drape
draperi *subst*, ***ett** ~* a hanging, a curtain
dras *verb*, *~ **med*** el. ***få** ~ **med*** a) sjukdom, bekymmer be afflicted with, suffer from b) obehaglighet have to put up with
drastisk *adj* drastic
dregla *verb* dribble
dreja *verb* lergods turn, throw
dressera *verb* train [*till* for]
dressing *subst* kok. salad dressing, dressing
dribbla *verb* sport. dribble
dribbling *subst* sport. dribbling; ***en** ~* a dribble
dricka I *subst* t.ex. limonad soft drink, lemonade
II *verb* drink; *~ **te med citron*** have (take) lemon in one's tea; ***ska vi ~ något?*** shall we have something to drink?; *~ **upp*** finish one's drink
dricks *subst* tip sing.; ***hur mycket ska jag ge i ~?*** what tip should I give?; ***är det med ~?*** is the tip included, is service included?
dricksglas *subst* glass, drinking-glass, tumbler
drickspengar *subst pl* se *dricks*
dricksvatten *subst* drinking-water
drift *subst* **1** begär, böjelse urge, instinct **2** verksamhet operation, working; igånghållande running; skötsel management; ***ta i** ~* put into operation, put into service; ***den är billig i** ~* it is economical, it is cheap to run
driftsäker *adj* dependable, reliable
1 drill *subst* musik. trill; om fågel warble
2 drill *subst* mil. drill
1 drilla *verb* musik. trill; om fågel warble
2 drilla *verb* mil. drill
drink *subst* drink
driva I *subst* snowdrift
II *verb* **1** drive **2** om moln, båt, snö drift; maskin

operate **3** bedriva, idka carry on; affär, fabrik run **4** ***gå och*** ~ ströva loaf about; flanera roam about **5** ~ ***med ngn*** skoja pull sb's leg; göra narr av make fun of sb
III *verb* med betonad partikel
driva igenom force through, carry through; ~ ***sin vilja igenom*** have one's own way, get one's own way
driva omkring drift about
driva på press on, push on, urge on
driva upp pris etc. force up
drivbänk *subst* hotbed, forcing-bed
driven *adj* skicklig clever, skilled
drivhus *subst* hothouse
drivhuseffekt *subst* greenhouse effect
drivkraft *subst* motive force, motive power; om person, sak driving force
drivmedel *subst* fuel
drog *subst* drug
droga *verb* drug
dromedar *subst* enpucklig kamel dromedary
dropp *subst* droppande drip, dripping; med. drip
droppa *verb* **1** drip; ***det ~r från kranen*** the tap is dripping, the tap is leaking **2** ~ ***ngt i ngt*** drop sth into sth **3** ~ ***in*** anlända, komma då och då drop in
droppe *subst* drop; ***det var ~n som kom bägaren att rinna över*** it was the last straw; ***en ~ i havet*** a drop in the ocean (the bucket)
dropptorka *verb* drip-dry
droskägare *subst* taxi owner, cab owner
drottning *subst* queen
drucken *adj* drunk
drulle *subst* clumsy fool, lout
drummel *subst* lout, lymmel rascal
drunkna *verb* be drowned, get drowned; ~ ***i ngt*** t.ex. brev be snowed under with sth, be swamped with sth; ***han ~r!*** he's drowning!
drunkning *subst* drowning
drunkningsolycka *subst* fatal drowning accident
druva *subst* grape
druvklase *subst* bunch of grapes; på vinranka cluster of grapes
druvsocker *subst* dextrose
dryck *subst* drink, formellare beverage
dryckesvisa *subst* drinking-song
dryfta *verb* discuss, talk over
dryg *adj* **1** som räcker länge lasting; väl tilltagen ample; rågad heaped; ***~a böter*** a heavy fine sing.; ***en ~ timme*** a good hour, a full hour; ***det här kaffet är ~t*** this coffee goes a long way **2** om person: mallig stuck-up
dryga *verb*, ~ ***ut ngt*** make sth go a long way
drygt *adv*, ~ ***300*** fully 300; ~ ***hälften av*** a good half of
drypa *verb* drip; ~ ***av svett*** drip with sweat
dråp *subst* manslaughter, homicide
dråplig *adj* really funny; ***en ~ historia*** a really funny story
dråpslag *subst* deathblow, staggering blow
dråsa *verb*, ~ el. ~ ***ned*** come tumbling down; ~ ***i vattnet*** tumble into the water; ~ ***i golvet*** tumble on to the floor
dräglig *adj* tolerable
dräkt *subst* **1** dress (endast sing.); ***~ens historia*** the history of dress **2** nationaldräkt costume **3** jacka o. kjol suit, costume
drälla *verb* **1** spilla spill **2** ***gå och*** ~ slå dank loaf about **3** ***det dräller av folk på gatorna*** the streets are teeming with people
dränera *verb* drain
dränering *subst* drainage
dräng *subst* farmhand
dränka *verb* drown; översvämma flood
dräpa *verb* litt. kill
dräpande *adj*, ***en*** ~ slående ***kommentar*** a telling comment; ***ett*** ~ förintande ***svar*** a crushing reply
dröja *verb* **1** söla dawdle; ~ ***med att komma*** be late in coming; ~ ***med ngt*** delay sth, put off sth; ***svaret har dröjt länge*** the answer has been a long time coming **2** vänta wait; stanna stop, stay; ***var god och dröj!*** i telefon hold on, please!, hold the line, please!; ***dröj lite!*** el. ***dröj ett tag!*** hang on!, wait a moment!; ***dröj inte länge!*** don't be long!; ***det dröjer länge, innan*** ... it will be a long time before ... ; ***det dröjde inte länge förrän*** (***innan***) ***hon kom*** it was not long before she came
dröjsmål *subst* delay
dröm *subst* dream [*om* of, about]
drömläge *subst* vard., om bostad ***ha*** ~ be ideally situated
drömma *verb* dream [*om* of, about]
drömmande *adj* dreamy
drömmare *subst* dreamer
drömtårta *subst* chocolate Swiss roll, amer. chocolate cream roll
du *pron* you
dubb *subst* på vinterdäck el. fotbollsskor stud
1 dubba *verb* film dub [*till* into]
2 dubba *verb* däck provide with studs
dubbdäck *subst* studded tyre; ***sätta på*** ~ put on studded tyres; ***byta till*** ~ change over to studded tyres
dubbel I *adj* double; ***dubbla antalet*** double

the number, twice the number; ***priserna har stigit till det dubbla*** prices have doubled
II *subst* i tennis etc. doubles (pl. lika); match doubles match
dubbelarbeta *verb* have two jobs at the same time
dubbelarbetande *adj*, ~ ***mammor*** working mothers
dubbelfunktion *subst*, ***ha en*** ~ serve a dual purpose, serve a double purpose
dubbelfönster *subst* double-glazed window
dubbelgångare *subst* double, vard. look-alike
dubbelhaka *subst* double chin
dubbeljobb *subst* vard., ***ha*** ~ have two jobs at the same time
dubbelklicka *verb* data. double-click
dubbelknäppt *adj* double-breasted
dubbelliv *subst* double life
dubbelmatch *subst* i tennis etc. doubles match
dubbelmoral *subst* double standard
dubbelnamn *subst* double-barrelled name
dubbelnatur *subst* dual personality, split personality
dubbelrum *subst* med dubbelsäng double room; med två sängar twin-bedded room
dubbelslipad *adj*, ~***e glasögon*** bifocals
dubbelspel *subst* bedrägeri double-dealing, double-crossing; ***spela*** ~ play a double game
dubbelsäng *subst* double bed
dubbelt *adv* två gånger twice; i dubbelt mått doubly; ~ ***så gammal som*** twice as old as; ***betala*** ~ pay double; ***se*** ~ see double
dubbeltimme *subst* skol. double period, double-hour period
dubblera *verb* double
dubblett *subst* duplicate
ducka *verb* duck
duell *subst* duel
duett *subst* duet; ***sjunga*** ~ sing a duet
duga *verb* do [*till, åt, för* for]; vara lämplig be suitable, be fit [*till, åt, för* for]; vara god nog be good enough [*till, åt, för* for]; ***det duger inte!*** that won't do!, that's no good!; ***visa vad man duger till*** show what one can do
dugg *subst* **1** regn drizzle **2** dyft, ***inte ett*** ~ not a thing, not a bit; ***inte ett*** ~ ***blyg*** not a bit shy
dugga *verb* drizzle
duggregn *subst* drizzle
duglig *adj* capable, competent
duk *subst* cloth; segelduk, målarduk canvas; filmduk screen; ***på vita*** ~***en*** on the screen
1 duka *verb*, ~ el. ~ ***bordet*** lay the table, amer. set the table; ***ett*** ~***t bord*** a table ready laid; ***komma till*** ~***t bord*** have everything laid on; ~ ***av*** el. ~ ***av bordet*** clear the table; ***kan du*** ~ ***fram?*** can you put the things on the table?, can you lay the table?
2 duka *verb*, ~ ***under*** succumb [*för* to]
duktig *adj* good [*i* at], skicklig clever [*i* at], capable [*i* at]
duktigt *adv*, ***det var*** ~ ***gjort!*** well done!
dum *adj* stupid, foolish, barnspr., 'elak' nasty [*mot* to]; ~ ***i huvudet*** stupid; ***inte så*** ~ ganska bra not bad
dumbom *subst* fool, idiot; ***din*** ~***!*** you fool, you idiot!
dumhet *subst* stupidity, foolishness; handling act of folly, blunder; ~***er!*** nonsense!; ***nu har jag gjort en*** ~ now I've done something foolish (silly); ***prata*** ~***er*** talk nonsense; ***vad är det här för*** ~***er?*** what's all this nonsense?
dumhuvud *subst* blockhead
dumma *verb*, ~ ***sig*** make a fool of oneself; göra en dumhet make a blunder
dumpa *verb* priser, avfall dump
dumskalle *subst* o. **dumsnut** *subst* vard. blockhead, nitwit
dun *subst* down
dunder *subst* ljud rumble, thunder; ***med*** ~ ***och brak*** with a crash
dundra *verb* thunder; om åska rumble
dunge *subst* group of trees; lund grove
1 dunk *subst* behållare can
2 dunk *subst* **1** bankande thumping; om puls, maskin etc. throb, throbbing **2** slag, knuff thump
dunka *verb* **1** thump äv. om hjärtat; om puls, maskin etc. throb **2** ~ ***på pianot*** thump on the piano; ~ ***ngn i ryggen*** slap sb on the back, thump sb on the back
dunkel *adj* **1** rätt mörk dusky; mörk, dyster gloomy **2** svårfattlig, oklar obscure **3** hemlighetsfull mysterious
dunkudde *subst* down pillow
duns *subst* thud
dunsa *verb* thud
dunsta *verb*, ~ el. ~ ***av*** (***bort***) evaporate
duntäcke *subst* down quilt, duvet
dupera *verb* take in
dur *subst* musik. major; ***gå i*** ~ be in the major key
durk *subst* golv floor; ammunitionsdurk magazine
durkslag *subst* colander
dusch *subst* shower

duscha *verb* **1** have a shower; ~ ***ngn*** (***ngt***) shower sb (sth)
dussin *subst* dozen (förk. doz.); ***100 kr ~et*** (***per*** ~) 100 kronor a dozen
dussintals *adj* dozens
dussinvis *adv* per dussin by the dozen; ~ ***med*** dozens of
dust *subst* kamp fight, tussle
duva *subst* pigeon, mindre dove; polit. dove
dvala *subst*, ***ligga i*** ~ om djurs vintersömn hibernate
DVD *subst* tv. etc. DVD (förk. för *digital video disc* eller *disk*)
dvs. (förk. för *det vill säga*) that is to say, that is, i.e.
dvärg *subst* **1** dwarf **2** på cirkus etc. midget
dvärgspets *subst* hund Pomeranian
dy *subst* mud, sludge
dyblöt *adj* soaking wet
dyft *subst*, ***inte ett*** ~ not a bit, not a thing
dygd *subst* virtue
dygdig *adj* virtuous
dygn *subst* day, day and night; ***ett*** ~ twenty-four hours; ***två*** ~ forty-eight hours; ***arbeta ~et om*** work day and night; ***~et runt*** round the clock, day and night
dygnetruntservice *subst* round-the-clock service
dygnsparkering *subst* twenty-four hour parking
dygnsrytm *subst*, ***rubbad*** ~ flyg. jet-lag
dyka *verb* dive; kortvarigt duck; ~ ***ned i*** dive into; ~ ***upp*** emerge [*ur* out of]; ***ett problem har dykt upp*** a problem has cropped up
dykare *subst* diver
dykning *subst* diving; enstaka dive
dylik *adj*, ***eller ~t*** el. ***och*** ~ or the like, and the like
dyn *subst* dune, sand-hill
dyna *subst* **1** cushion **2** stämpeldyna, trampdyna pad
dynamisk *adj* dynamic
dynamit *subst* dynamite
dynamo *subst* dynamo (pl. -s)
dynasti *subst* dynasty
dynga *subst* dung; ***snacka*** ~ talk rubbish
dyr *adj* expensive; som kostar mer än det är värt, vanligen dear
dyrbar *adj* **1** dyr costly, dear, expensive **2** värdefull valuable
dyrgrip *subst* article of great value
dyrk *subst* skeleton key
1 dyrka *verb*, ~ ***upp*** lås pick
2 dyrka *verb* tillbedja worship, beundra worship, avguda idolize
dyrkan *subst* worship, adoration
dyrort *subst* dyr ort locality with a high cost of living
dyslektiker *subst* med. dyslectic
dyster *adj* gloomy, dismal
dysterhet *subst* gloom, gloominess
då I *adv* at that time, in those days; i så fall in that case; om så är if so; ~ ***och*** ~ now and then; ~ ***så!*** då är det ju bra well, it's all right then!; ***vad nu ~?*** what's up now?; ***det var ~ det!*** times have changed!; ***när ~?*** when?; ***vem ~?*** who?
II *konj* **1** om tid when; just som as, just as; medan while; ***nu*** ~ now that; ~ ***jag var barn*** when I was a child **2** eftersom as, seeing that; ~ ***ju*** since
dåd *subst* illdåd outrage, brott crime
dåförtiden *adv* at that time
dålig *adj* **1** bad [*i, på* at], poor [*i, på* at]; sämre sorts inferior; svag, klen weak; ~ ***sikt*** poor visibility; ~ ***smak*** bad taste; ***tala ~ svenska*** speak poor Swedish; ***~a betyg*** poor marks, amer. poor grades; ***~a tänder*** bad teeth; ***~a varor*** inferior goods; ***det var inte ~t det!*** that's not bad!; ~ ***i engelska*** poor at English; ***det är ~t med potatis i år*** there's a shortage of potatoes this year **2** krasslig unwell; inte riktigt kry out of sorts; illamående sick; ***bli*** ~ be taken ill; ***jag känner mig*** ~ I don't feel well, I feel rotten
dåligt *adv* badly, poorly; ***affärerna går*** ~ business is bad; ***det går ~ för henne i skolan*** she's not doing well at school
dån *subst* roar, roaring; åskmuller roll, rolling
dåna *verb* dundra roar; om åska roll
dåraktig *adj* foolish, silly, idiotic
dåre *subst* fool, idiot
dårhus *subst* madhouse
dårskap *subst* folly
dåsa *verb* doze, drowse; ~ ***till*** doze off
dåsig *adj* drowsy
dåvarande *adj*, ~ ***ägaren till huset*** the then owner of the house
däck *subst* **1** på båt deck **2** på hjul tyre, amer. tire; ***byta*** ~ change tyres
däggdjur *subst* mammal
dämma *verb*, ~ el. ~ ***av*** (***för, upp***) dam, dam up
dämpa *verb* **1** moderate, check **2** ~ ***en boll*** fotb. trap a ball; ~ ***farten*** trafik. reduce speed
dämpad *adj* subdued; ~ ***musik*** soft music;

hon var något ~ i dag she was a bit subdued today
dänga *verb* vard., ***~ till ngn*** punch sb, wallop sb
där *adv* there; ***~ bakom mig*** there behind me; ***~ i huset*** in that house; ***han ~*** that fellow; ***~ ser du!*** there you are!; ***det var ~ som jag mötte henne*** that was where I met her
däran *adv*, ***vara illa ~*** be in a bad way
därav *adv* of that (it, those, them etc.); ***på grund ~*** for that reason; ***~ följer att…*** from that it follows that…
därbak *adv* at the back there
därborta *adv* over there
därefter *adv* **1** efter det after that; sedan then, afterwards **2** i enlighet därmed accordingly; ***det blev också ~*** the result was as might be expected; ***kort ~*** shortly afterwards
däremot *adv* emellertid however; å andra sidan on the other hand; tvärtom on the contrary
därframme *adv* därborta over there
därför *adv* fördenskull so, therefore; av den orsaken for that reason, for this reason; ***~ att*** because; ***det är ~ som…*** that's the reason why…, that's why…
därhemma *adv* at home
däri *adv* in that; ***~ ligger svårigheten*** that is where the difficulty comes in
däribland *adv* among them
därifrån *adv* from there; ***långt ~*** far from it; ***ut ~*** out of it; ut ur rummet etc. out of that room etc.; ***han gick ~*** he left, he left the place
därigenom *adv* på så sätt in that way; tack vare detta thanks to that; ***~ kunde han…*** by doing so he could…
därinne *adv* in there
därjämte *adv* in addition, besides
därmed *adv* med detta with that; därigenom thereby; ***~ var saken avgjord*** that settled the matter; ***i samband ~*** in that connection
därnere *adv* down there, below there
därom *adv*, ***norr ~*** north, to the north of it
därpå *adv* om tid after that, then
därtill *adv* to it (that, them); ***med hänsyn ~*** in view of that; ***orsaken ~*** the reason for that
därunder *adv* under it (that, them, there); ***och ~*** mindre än detta and less, and under, and below
däruppe *adv* up there
därute *adv* out there
därutöver *adv* ytterligare in addition; mer more; ***100 kronor och ~*** 100 Swedish kronor and upwards
därvid *adv* at that; i det sammanhanget in that connection
därvidlag *adv* i detta avseende in that respect
dö *verb* die; ***jag är så hungrig så jag kan ~*** I'm dying of hunger; ***~ i (av) cancer*** die of cancer; ***~ bort*** die away, die down; ***~ ut*** die out, become extinct
död I *adj* dead; ***den ~e*** the dead man; den avlidne the deceased; ***de ~a*** the dead **II** *subst* death; ***ta ~ på*** kill; slå ihjäl put sb (sth) to death; utrota exterminate; ***ligga för ~en*** be dying; ***vara nära ~en*** be at death's door; ***misshandla ngn till ~s*** batter sb to death
döda *verb* kill
dödande *subst* o. *adj* killing
dödfull *adj* dead drunk
dödfödd *adj* stillborn
dödlig *adj* mortal; ***en ~ dos*** a lethal dose; ***ett ~t gift*** a deadly poison; ***en ~ sjukdom*** a fatal illness; ***en vanlig ~*** an ordinary mortal
dödlighet *subst* mortality; dödstal death rate
dödläge *subst* deadlock, stalemate
dödsannons *subst* i tidning obituary notice
dödsattest *subst* o. **dödsbevis** *subst* death certificate
dödsbo *subst*, ***~et*** the estate of the deceased
dödsbädd *subst* deathbed
dödsdag *subst*, ***hans ~*** the day of his death; årsdagen the anniversary of his death
dödsdom *subst* death sentence
dödsdömd *adj*, ***han är ~*** he has been sentenced to death, he has been condemned to death; ***försöket är dödsdömt*** the attempt is doomed to failure
dödsfall *subst* death
dödsfiende *subst* mortal enemy
dödsfälla *subst* death trap
dödshjälp *subst* euthanasia
dödskalle *subst* death's-head, skull
dödskamp *subst* death struggle
dödskjutning *subst* fatal shooting incident
dödsoffer *subst* vid olycka victim, casualty; ***olyckan krävde tre ~*** the accident claimed three victims
dödsolycka *subst* fatal accident
dödsorsak *subst* cause of death
dödspatrull *subst* death squad
dödsruna *subst* obituary, obituary notice
dödsstraff *subst* capital punishment
dödsstöt *subst* deathblow; ***det blev en ~ för***

fredsprocessen it dealt a deathblow to the peace process

dödssynd *subst* crime; ***de sju ~erna*** the Seven Deadly Sins

dödstrött *adj* dead tired

dödstyst *adj* dead silent

dödstystnad *subst* dead silence

döende *subst*, ***en ~*** a dying person

döfull *adj* vard. dead drunk

dödödd *adj*, ***idén var ~*** the scheme was doomed from the start

dölja *verb* conceal [*för* from], hide [*för* from]; maskera disguise [*för* from]; ***jag har inget att ~*** I have nothing to hide; ***hålla sig dold*** be hiding, be in hiding

döma *verb* **1** judge [*av, efter* by, from]; i brottmål sentence, condemn; ***att ~ av...*** judging from, judging by; ***av allt att ~*** to all appearances; ***~ ngn till 500 kronors böter*** fine sb 500 kronor; ***~ ngn till döden*** sentence sb to death; ***planen är dömd att misslyckas*** the scheme is doomed to failure **2** sport. act as judge; i tennis etc. umpire; fotb. el. boxn. referee; ***domaren dömde frispark*** the referee awarded a free kick

döpa *verb* baptize; ge namn christen; fartyg name; ***hon döptes till Sara*** she was christened Sara

dörr *subst* door; ***följa ngn till ~en*** see sb to the door; ***stå för ~en*** be at hand; ***visa ngn på ~en*** show sb the door; ***inom stängda ~ar*** behind closed doors

dörrhandtag *subst* door handle; runt doorknob

dörrklocka *subst* doorbell

dörrmatta *subst* doormat

dörrnyckel *subst* doorkey

dörrstoppare *subst* doorstop

dörrvakt *subst* doorkeeper, doorman

dörädd *adj* o. **döskraj** *adj* vard., ***vara ~*** be scared to death, be scared stiff

dösnack *subst* vard. drivel, crap

dötrist *adj* o. **dötråkig** *adj* deadly boring

döv *adj* deaf

dövhet *subst* deafness

dövstum *adj* deaf and dumb

dövörat *subst*, ***han slog ~ till*** he just wouldn't listen [*för* to], he turned a deaf ear [*för* to]

Ee

e *subst* musik. E

eau-de-cologne *subst* eau-de-Cologne

ebb *subst* ebb-tide, low tide; ***~ och flod*** the tides pl.; ***det är ~*** the tide is out

ebba *verb*, ***~ ut*** ebb away, peter out

ebenholts *subst* ebony

ecstasy *subst* narkotikamedel ecstasy

Ecuador Ecuador

ed *subst* oath; ***gå ~ på det*** take an oath on it, swear to it

effekt *subst* effect; tekn. el. fys. power

effektfull *adj* striking, effective

effektförvaring *subst* left-luggage office, cloakroom, amer. checkroom

effektiv *adj* **1** duktig, högpresterande om personer el. saker efficient; ***ett ~t företag*** an efficient firm; ***en ~ sekreterare*** an efficient secretary **2** verksam, verkningsfull mest om saker effective; ***ett ~t botemedel*** an effective remedy

effektivitet *subst* hos sak effectiveness, efficiency; hos person efficiency

efter I *prep* **1** after; bakom behind; i riktning mot at; ***längs ~*** along; ***närmast*** (***näst***) ***~*** next to **2** för att få tag i for; ***gå ~*** läkare etc. go and fetch; ***springa ~ bussen*** run for the bus **3** enligt according to, after; ***segla ~ kompass*** sail by the compass; ***~ vad han säger*** according to him; ***~ vad jag vet*** as far as I know **4** från from; ***ögonen har han ~ sin far*** he has got his father's eyes; ***spåret ~ en räv*** the track of a fox **5** om tid after; alltsedan since; inom in; ***~ hand*** småningom gradually, bit by bit; ***~ en stund*** after a little while; ***~ att ha slutat skolan*** after leaving school; ***~ det att han hade gått*** after he had gone; ***~ vad som hänt*** after what has happened

II *adv* **1** om tid after; ***kort ~*** shortly after, shortly afterwards **2** bakom, kvar behind; ***jag såg att hon kom ~*** I saw that she came after (behind) me; ***vara ~*** på efterkälken ***med arbetet*** be behind with the (one's) work

efterapa *verb* imitate, copy

efterdyningar *subst pl* **1** repercussions, consequences **2** efterverkningar after-effects

efterforska *verb* inquire into, investigate

efterforskning *subst* inquiry; undersökning investigation
efterfråga *verb*, ***den är mycket ~d*** it is in great demand
efterfrågan *subst* **1** hand. demand [*på* for] **2** förfrågan inquiry
eftergift *subst* concession
eftergiven *adj* indulgent [*mot* to, towards]
eftergymnasial *adj* post-gymnasium; jfr *gymnasium*
efterhand *subst* **1** ***i ~*** efter de andra last, after the others **2** efteråt afterwards **3** stegvis gradually, little by little
efterhängsen *adj* **1** persistent **2** om person clinging; ***hon är alltid så ~*** she is always following me around
efterklok *adj*, ***vara ~*** be wise after the event
efterkontroll *subst* t.ex. medicinsk check-up, follow-up
efterkrav *subst*, ***sända varor mot ~*** send goods COD (förk. för *cash on delivery*)
efterkrigstiden *subst* the post-war period
efterkälke *subst*, ***komma på ~en*** fall behind, get left behind
efterlevande I *adj* surviving
II *subst*, ***de ~*** the deceased's family
efterlikna *verb* imitate
efterlysa *verb* sända ut signalement på issue a description of; något förkommet advertise the loss of; ***han är efterlyst*** he is wanted
efterlysning *subst* som rubrik Wanted, Wanted by the Police; i radio police message
efterlämna *verb* leave
efterlängtad *adj* much longed-for
eftermiddag *subst* afternoon; ***kl. 3 på ~en*** at 3 o'clock in the afternoon, at 3 p.m.; ***i ~s*** this afternoon; ***på ~en*** in the afternoon
eftermiddagskaffe *subst* afternoon coffee
efternamn *subst* surname; ***vad heter du i ~?*** what is your surname?
efterräkning *subst*, ***~ar*** obehagliga påföljder unpleasant consequences
efterrätt *subst* dessert, sweet, vard. afters; amer. dessert
eftersatt *adj* försummad neglected, missgynnad i samhället disadvantaged
efterskott *subst*, ***i ~*** in arrears; efter leverans after delivery; ***en present i ~*** skämts. a belated present
efterskrift *subst* postscript
efterskänka *verb*, ***~ ngns skuld*** remit sb's debt
eftersläckare *subst* vard. chaser
eftersläntrare *subst* straggler; senkomling latecomer
eftersläpning *subst* lag, falling behind; om arbete backlog
eftersmak *subst* aftertaste; ***det lämnar en obehaglig ~*** it leaves a bad taste in the mouth
eftersnack *subst* vard. sport. follow-up-discussion after a (the) match
eftersom *konj* då ju since; då as, seeing that; ***allt ~*** efter hand som as
efterspana *verb* search for; ***han är ~d av polisen*** he is wanted, he is wanted by the police
efterspaning *subst*, ~ el. ***~ar*** search sing.
eftersträva *verb* söka åstadkomma aim at, try to aim at; söka skaffa sig try to obtain, strive after
eftersända *verb* vidarebefordra forward, send on; ***eftersändes*** på brev please forward
eftersändning *subst* av brev forwarding
eftersändningsadress *subst* forwarding address
eftersökt *adj*, ***den är mycket ~*** it is in great demand
eftertanke *subst* reflection; övervägande consideration; ***utan ~*** without due reflection; ***vid närmare ~*** on second thoughts
eftertraktad *adj* coveted, sought after; ***mycket ~*** very much sought for
eftertryck *subst*, ***ge ~ åt*** emphasize, stress; ***med ~*** emphatically
eftertrycklig *adj* emphatic
efterträda *verb* succeed
efterträdare *subst* successor
eftertänksam *adj* thoughtful, pensive
efterverkningar *subst pl* after-effects
eftervård *subst* aftercare
eftervärlden *subst* posterity; ***gå till ~*** go down to posterity
efteråt *adv* afterwards; senare later

> **egen**
> Ordet *own* föregås av ett possessivt pronomen. Det kan inte föregås av *a* eller *an*. Han har eget rum heter *He's got his own room* eller *He's got a room of his own*. Lägg dock märke till uttrycket *an own goal* ett självmål.

egen *adj* own; ***för ~ del*** for my part; ***jag såg det med egna ögon*** I saw it with my own eyes; ***har han egna barn?*** has he any children of his own?; ***med ~ ingång*** with a private entrance, with a separate entrance

egenart *subst* distinctive character, individuality

egenartad *adj* peculiar, singular

egenavgift *subst* allmän försäkring national insurance contribution

egendom *subst* tillhörigheter property; ***fast ~*** real property, real estate; ***lös ~*** personal property, personal estate

egendomlig *adj* strange, peculiar, odd

egendomlighet *subst* strangeness, peculiarity, oddity

egenföretagare *subst* self-employed person; ***vara ~*** be self-employed

egenhet *subst* peculiarity

egenhändig *adj*, ***~ namnteckning*** signature

egenkär *adj* conceited

egenkärlek *subst* conceit

egenmäktig *adj*, ***~t förfarande*** taking the law into one's own hands

egennamn *subst* proper noun, proper name

egennytta *subst* self-interest

egensinnig *adj* self-willed, wilful; envis obstinate

egenskap *subst* quality; utmärkande characteristic; ställning, roll capacity; ***järnets ~er*** the properties of iron; ***i ~ av*** in my (your etc.) capacity as

egentlig *adj* real, actual, true; riktig, äkta proper; ***i ~ mening*** in a strict sense

egentligen *adv* **1** really **2** strängt taget strictly speaking

egenvärde *subst* intrinsic value

egg *subst* edge, cutting edge

egga *verb*, ~ el. ***~ upp*** incite; ***~ ngn*** el. ***~ upp ngn*** driva på egg sb on; ***~ upp en folkmassa*** stir up a crowd

eggande *adj* stimulating; ***~ musik*** exciting music

egnahem *subst* private house, owner-occupied house

egocentriker *subst* egocentric

egocentrisk *adj* egocentric

egoism *subst* egoism, selfishness

egoist *subst* egoist

egoistisk *adj* egoistic, selfish

egotripp *subst* vard. ego-trip

egotrippad *adj* vard. ego-tripped

Egypten Egypt

egyptier *subst* Egyptian

egyptisk *adj* Egyptian

egyptiska *subst* **1** kvinna Egyptian woman **2** fornspråk Egyptian

ehuru *konj* högtidligt although; om också even if

eiss *subst* musik. E sharp

ej *adv* not

ejder *subst* fågel eider, eider duck

ejderdun *subst* eider, eiderdown

ek *subst* oak; se *björk-* för sammansättningar

1 eka *subst* flat-bottomed rowing-boat, amer. flat-bottomed rowboat

2 eka *verb* echo; ***det ~r här*** there is an echo here

eker *subst* spoke

EKG *subst* förk. se *elektrokardiogram*

ekipage *subst* horse and carriage; häst med ryttare horse, horse and rider; bil med förare car, car and driver

ekipera *verb* equip, fit out

ekipering *subst* utrustning equipment, outfit

eko *subst* echo (pl. -es); ***ge ~*** echo; ***dagens ~*** radio. Radio Newsreel

ekollon *subst* acorn

ekolog *subst* ecologist

ekologi *subst* ecology

ekologisk *adj* ecological

ekonom *subst* economist

ekonomi *subst* **1** economy **2** som läroämne economics (med verb i sing.) **3** ekonomisk ställning, finanser finances pl.; ***vi har dålig ~*** our finances are poor

ekonomiförpackning *subst* paket, påse etc. economy-size packet (bag etc.)

ekonomisk *adj* **1** economic, financial **2** sparsam, besparande economical

ekorre *subst* squirrel

ekosystem *subst* ecosystem

e.Kr. (förk. för *efter Kristus*) AD (förk. för *Anno Domini* latin)

eksem *subst* med. eczema

ekvation *subst* equation; ***lösa en ~*** solve an equation, amer. äv. work an equation

ekvator *subst*, ***~n*** the equator

el *subst* se *elektricitet*

elaffär *subst* electrical store

elak *adj* **1** spec. om barn naughty [*mot* to], nasty [*mot* to] **2** ondskefull evil, wicked; illvillig spiteful, malicious

elakartad *adj* om sjukdom etc. malignant

elaking *subst* nasty person, spiteful person; ***din ~!*** you naughty boy (girl etc.)!, you nasty boy (girl etc.)

elasticitet *subst* elasticity

elastisk *adj* elastic

elavbrott *subst* power failure, power cut

elbil *subst* electric car
elboja *subst* inom fångvården electronic tag
eld *subst* fire; ***fatta*** (***ta***) ~ catch fire; ***ge*** ~ fire; ***sätta*** (***tända***) ~ ***på ngt*** set fire to sth, set sth on fire; ***leka med*** ~***en*** play with fire; ***jag får inte*** ~ ***på veden*** the wood won't light; ***har du*** ~***?*** have you got a light?
elda *verb* **1** heat; ~ ***med ved*** use wood for heating **2** ~ el. ~ ***upp*** a) värma upp t.ex. rum heat b) bränna upp burn up c) egga rouse, stir; ~ ***upp sig*** get excited **3** tända en eld make a fire; ~ ***en brasa*** a) tända light a fire b) ha have a fire
eldare *subst* på båt stoker, fireman
eldfara *subst* danger of fire, risk of fire; ***vid*** ~ in case of fire
eldfarlig *adj* inflammable
eldfast *adj* fireproof
eldgaffel *subst* poker
eldig *adj* ardent, passionate
eldning *subst* heating; tändning av eld the lighting of fires
eldningsolja *subst* fuel oil, heating oil
eldriven *adj* electrically driven; ~ ***bil*** electric car
eldsläckare *subst* apparat fire-extinguisher
eldstad *subst* fireplace
eldsvåda *subst* fire; ***vid*** ~ in case of fire
eldupphör *subst* cease-fire; ***ge order om*** ~ give orders for a cease-fire
eldvapen *subst* firearm
elefant *subst* elephant
elefantbete *subst* elephant's tusk
elegans *subst* elegance, smartness
elegant *adj* elegant, smart; ***en*** ~ ***lösning*** a neat solution
elektricitet *subst* electricity
elektrifiera *verb* electrify
elektriker *subst* electrician
elektrisk *adj* electric; ~***a apparater*** electrical appliances
elektrod *subst* electrode
elektrokardiogram *subst* med. (förk. *EKG*) electrocardiogram (förk. ECG)
elektron *subst* electron
elektronblixt *subst* electronic flash
elektronik *subst* electronics (med verb i sing.)
elektronisk *adj* electronic; ~ ***post*** electronic mail (förk. e-mail)
elektronmusik *subst* electronic music
element *subst* **1** element **2** värmeledningselement radiator; ***elektriskt*** ~ electric heater
elementär *adj* elementary, basic

> **elev**
> *Pupil* är det vanliga ordet för skolelev i England. *Student* används mest om studerande på universitet och högskolor. I USA använder man vanligen *student* för de flesta slags elever. Ibland används *pupil* om yngre elever.

elev *subst* pupil, vid högskolor el. amer. äv. i skolor student; i butik, lärling apprentice, praktikant trainee
elevråd *subst* pupils' council, amer. el. vid högskolor student's council
elfenben *subst* ivory
elfirma *subst* firm of electricians
elfte *räkn* eleventh (förk. 11th); ***i*** ~ ***timmen*** at the eleventh hour; se *femte* för ex. o. *femte-* för sammansättningar
elftedel *subst* eleventh, eleventh part
elförbrukning *subst* consumption of electricity
elgitarr *subst* electric guitar
eliminera *verb* eliminate
elit *subst* élite; ~***en av...*** the pick of...
elitidrott *subst* sport at top level
elitserie *subst*, ~***n*** the premier league, the super league, amer. the major league
elitspelare *subst* top-class player
eljest *adv* otherwise; annars så or, or else; i motsatt fall if not
elkraft *subst* electric power
eller *konj* or; ***antingen...*** ~ either...or; ***varken...*** ~ neither...nor; ***hon röker inte,*** ~ ***hur?*** she doesn't smoke, does she?; ***han röker,*** ~ ***hur?*** he smokes, doesn't he?; ***den är bra,*** ~ ***hur?*** it's good, isn't it?, it's good don't you think?
elleverantör *subst* electricity supplier
ellips *subst* **1** geom. ellipse **2** språkv. ellipsis (pl. ellipses)
elliptisk *adj* geom. el. språkv. elliptical
elmontör *subst* electrician, electrical fitter
elmätare *subst* electricity meter
elreparatör *subst* electrician, electrical repairer
elräkning *subst* electricity bill
elspis *subst* electric cooker, amer. electric stove
eluttag *subst* power point, socket, amer. outlet
elva I *räkn* eleven; se *fem* för ex o. *fem-* sammansättningar
II *subst* eleven äv. sport.; se *femma* för ex.

elvamannalag *subst* eleven-a-side team
elverk *subst* **1** electricity board **2** för produktion power station
elvisp *subst* electric hand mixer
elvärme *subst* electric heating
elände *subst* misery; otur, besvär nuisance; ***till råga på allt*** ~ to make matters worse; ***vilket*** *~!* what a mess!
eländig *adj* **1** wretched, miserable **2** vard., dålig rotten, lousy
EM (förk. för *Europamästerskap*) EC (förk. för *European Championship*)
e.m. (förk. för *eftermiddag*) p.m.; ***kl. 3*** ~ at 3 p.m.
e-mail *subst* e-mail
emalj *subst* enamel
emballage *subst* packing; omslag wrapping
embargo *subst* embargo (pl. -es)
embarkera *verb* embark
embryo *subst* embryo (pl. -s)
emellan *prep* o. *adv* between; ***oss*** ~ between you and me
emellanåt *adv* occasionally, sometimes
emellertid *adv* however
emfatisk *adj* emphatic
emigrant *subst* emigrant
emigration *subst* emigration
emigrera *verb* emigrate
emot I *prep* against; i riktning mot towards; ***mitt*** ~ opposite
II *adv*, ***mitt*** ~ opposite; ***inte mig*** ~ I don't mind, I've nothing against it
emotionell *adj* emotional
EMU (förk. för *Economic and Monetary Union*) EMU
1 en *subst* träd juniper
2 en *adv* omkring some, about
3 en I (*ett*) *räkn* one; ~ ***och*** ~ ***halv timme*** an (one) hour and a half; ~ ***till*** another, one more; se *fem* för ex.
II (*ett*) *obest art* framför konsonantljud a; framför vokalljud an; ~ ***sax*** a pair of scissors
III (*ett*) *pron* one; ***min ~a syster*** one of my sisters; ***den ~a... den andra*** one... the other; ***från det ~a till det andra*** from one thing to another; ***den ~a dagen efter den andra*** one day after the other; ***vi talade om ett och annat*** we talked about one thing and another; ~ ***eller annan bok*** some book or other; ***på ett eller annat sätt*** somehow, somehow or other; ***vad är du för*** *~?* who are you?, förebrående what sort of person are you?
ena *verb* unite; göra till enhet unify; ~ ***sig*** agree [*om* on, about]

enaktare *subst* one-act play
enarmad *adj*, ~ ***bandit*** vard., spelautomat one-armed bandit
enas *verb* agree; förenas become united
enastående *adj* unique, outstanding
enbart *adv* uteslutande solely, only; ~ ***i London finns det*** in London alone there are
enbär *subst* juniper berry
encyklopedi *subst* encyclopedia
enda (*ende*) *pron* only; ***hon är*** ~ ***barnet*** she is an only child; ***den*** ~ the only thing, person the only person; ***med ett*** ~ ***slag*** at a single blow; ***inte en*** ~ ***gång*** not once; ***inte en*** ~ ***människa*** not a single person; ***hans*** ~ ***talang*** his one talent
endast *adv* only
endera (*ettdera*) *pron* av två one of the two, one or other of the two; ***du måste göra*** ~ ***delen*** you must do one thing or the other; ~ ***dagen*** one of these days
endiv *subst* grönsak chicory, amer. endive
energi *subst* energy
energibehov *subst* energy needs, energy requirements
energibesparande *adj* energy-saving
energiförbrukning *subst* energy consumption
energiknippe *subst* vard., ***han är ett*** ~ he's a bundle of energy
energikrävande *adj* tekn. energy-intensive
energikälla *subst* energy source
energisk *adj* energetic
energislukande *adj* se *energikrävande*
energisnål *adj* energy-saving, economical
energisparande *adj* energy-saving
enfaldig *adj* silly, foolish
enformig *adj* monotonous; trist drab
enfärgad *adj*, ***den är*** ~ it is in one colour; ***ett enfärgat tyg*** utan mönster a plain material
engagemang *subst* **1** intresse commitment **2** anställning engagement
engagera *verb* **1** anställa engage, amer. hire, engage **2** ~ ***sig i*** become involved in; delta i engage in, take an active part in
engagerad *adj* invecklad involved [*i* in]; känslomässigt committed [*i* to], dedicated [*i* to]
engelsk *adj* English; brittisk ofta British; ***Engelska kanalen*** the Channel, the English Channel; ~ ***mil*** mile; ***~a pund*** pounds sterling

engelska
Engelskan är det språk som har störst spridning i hela världen. Det är förmodligen också det mest använda. Över 380 miljoner människor i Storbritannien, USA, Australien, Sydafrika, Nya Zeeland och ytterligare några länder har engelska som modersmål. I t.ex. Indien och afrikanska länder med flera språk fungerar engelskan som ett gemensamt andraspråk. Därtill kommer alla de människor som lär sig engelska som ett främmande språk.

engelska *subst* **1** kvinna Englishwoman (pl. Englishwomen); ***hon är*** ~ she's English **2** språk English; se *svenska 2* för ex.
engelskfödd *adj* English-born; se äv. *svensk-* för sammansättningar
engelsk-svensk *adj* English-Swedish, Anglo-Swedish
engelskvänlig *adj* pro-English, Anglophile
engelsman *subst* Englishman (pl. Englishmen); ***han är*** ~ he's English; ***engelsmännen*** som nation, lag etc. the English
England England; Storbritannien ofta Britain, Great Britain
englandsresa *subst* journey to England (Britain), trip to England (Britain)
engångsbelopp *subst* single payment, lump sum
engångsbruk *subst*, ***den är för*** ~ it is disposable
engångsföreteelse *subst*, ***en*** ~ an isolated case, vard. a one-off
engångsförpackning *subst* disposable package, throwaway package
engångsglas *subst* non-returnable bottle
enhet *subst* **1** odelat helt, samhörighet unity **2** mat., sjö. unit
enhetlig *adj* uniform
enhetlighet *subst* uniformity
enhetstaxa *subst* standard rate
enhällig *adj* unanimous
enig *adj* unanimous; enad united; ***bli*** (***vara***) ~ agree [*om* about, on]
enighet *subst* unity; samförstånd agreement
enkel *adj* **1** simple; ***bara en vanlig*** ~ ***människa*** just an ordinary person **2** lätt simple, easy **3** inte dubbel single; ***en*** ~ ***biljett*** a single ticket, amer. a one-way ticket
enkelhet *subst* simplicity
enkelknäppt *adj* single-breasted
enkelriktad *adj*, ~ ***trafik*** one-way traffic
enkelrum *subst* single room
enkelt *adv* simply; ***helt*** ~ simply
enkrona *subst* one-krona piece
enkät *subst* inquiry, poll, survey; frågeformulär questionnaire; ***göra en*** ~ ***om*** conduct a survey on
enlighet *subst*, ***i*** ~ ***med*** in accordance with
enligt *prep* according to; ~ ***lag*** by law; ~ ***min åsikt*** in my opinion
enmansföretag *subst* one-man firm
enmansshow *subst* o. **enmansteater** *subst* one-man show
enorm *adj* enormous, immense
enplansvilla *subst* one-storeyed house, one-storeyed villa, bungalow
enrum *subst*, ***tala i*** ~ speak privately, speak in private
enrummare *subst* o. **enrumslägenhet** *subst* one-room flat, one-room apartment
ens *adv*, ***inte*** ~ not even; ***med*** ~ all at once
ensak *subst*, ***det är min*** ~ that's my business
ensam *adj* **1** alone; enstaka solitary; ensamstående single; enda sole **2** övergiven lonely
ensamboende *subst* person (pl. people) living alone
ensamhet *subst* **1** solitude **2** övergivenhet loneliness
ensamrätt *subst* sole rights pl.; ***med*** ~ all rights reserved
ensamstående *adj* single
ensamvarg *subst* lone wolf
ense *adj*, ***bli*** (***vara***) ~ agree
ensemble *subst* **1** musik. ensemble **2** teat. cast
ensidig *adj* one-sided; ***en*** ~ ***kost*** an unbalanced diet
enskild *adj* privat private; personlig personal; särskild individual; ***den*** ~***e*** the individual
enslig *adj* solitary, lonely
enstaka *adj* enskild separate; sporadisk occasional; ensam solitary; ***någon*** ~ ***gång*** once in a while; ***i*** ~ ***fall*** in a few cases
enstavig *adj* monosyllabic
enstämmig *adj* unanimous
enstöring *subst* loner
entlediga *verb* dismiss
entledigande *subst* dismissal
entonig *adj* monotonous
entré *subst* **1** ingång entrance; förrum entrance

hall **2** inträde, avgift admission, entrance fee **3** ***göra sin*** ~ make one's entry, make one's appearance
entréavgift *subst* entrance fee
entrecote *subst* kok. entrecote
entreprenad *subst* contract; ***lämna på*** ~ place a contract for
entreprenör *subst* contractor, entrepreneur
enträgen *adj* urgent; ihärdig insistent
enträget *adv* urgently, insistently
entusiasm *subst* enthusiasm
entusiasmera *verb*, ~ ***ngn*** fill sb with enthusiasm
entusiast *subst* enthusiast
entusiastisk *adj* enthusiastic [*över* about]; ~ ***för*** keen on
entydig *adj* unambiguous, unequivocal
envar *pron* everybody; ***alla och*** ~ each and everyone
envis *adj* obstinate, stubborn; ~ ***som synden*** as stubborn as a mule
envisas *verb* be obstinate [*med att göra* inf. in doing ing-form], persist [*med att göra* inf. in doing ing-form]
envishet *subst* obstinacy, stubbornness
envåldshärskare *subst* autocrat; diktator dictator
enväldig *adj* autocratic
enäggstvillingar *subst pl* identical twins
epidemi *subst* epidemic
epidemisjukhus *subst* isolation hospital
epidemisk *adj* epidemic
epilepsi *subst* med. epilepsy
epileptiker *subst* med. epileptic
episod *subst* episode; intermezzo incident
epok *subst* epoch
epokgörande *adj* epoch-making
e-post *subst* e-mail
e-posta *verb* send by e-mail
e-postmeddelande *subst* e-mail message
er *pron* **1** you; ~ ***själv*** yourself (pl. yourselves) **2** possessivt your, självst. yours; ***en vän till*** ~ a friend of yours; ***Ers Majestät*** Your Majesty
erbjuda *verb* **1** offer; ***han erbjöd museet att köpa tavlan*** he offered the museum a chance to buy the picture; ***hon erbjöd mig att få bo hos henne*** she offered to let me stay with her **2** medföra present; ***det erbjuder vissa svårigheter*** it presents certain difficulties; ***så snart tillfälle erbjuder sig*** as soon as an opportunity arises; ***han erbjöd sig att göra det*** he offered to do it
erbjudande *subst* offer; ***få*** ~ ***att...*** be offered a chance to...
erektion *subst* fysiol. erection
erfara *verb* få veta learn; få vara med om experience
erfaren *adj* experienced, practised; ***en gammal*** ~... a veteran...
erfarenhet *subst* experience; ***ha*** ~ ***av ngt*** have some experience of sth; ***jag har gjort den ~en att...*** I have found by experience that...
erforderlig *adj* requisite, necessary
erfordra *verb* require
erfordras *verb* be required
erhålla *verb* receive; skaffa sig obtain
erhållande *subst* mottagande receipt
erinra *verb* remind [*om* of]; ~ ***sig*** remember, recall
erinran *subst* påminnelse reminder [*om* of]
erkänna *verb* acknowledge, confess; medge admit; ~ ***ett brott*** confess to a crime; ~ ***ett misstag*** acknowledge a mistake; ~ ***mottagandet av*** acknowledge the receipt of; ~ ***sig skyldig*** inför rätta plead guilty
erkännande *subst* **1** acknowledgement, confession **2** medgivande admission
erlägga *verb* pay; ~ ***betalning*** make payment
erläggande *subst*, ***mot*** ~ ***av*** on payment of
erotik *subst* sex
erotisk *adj* sexual, erotic
ersätta *verb* **1** ~ ***ngn*** compensate sb [*för* for]; ~ ***ngn för hans arbete*** remunerate sb for his work; ~ ***skadan*** repair the damage **2** vara i stället för, byta ut replace [*med* by]
ersättande *subst* utbytande replacement [*med* by]
ersättare *subst* substitute
ersättning *subst* **1** gottgörelse compensation; för arbete remuneration; skadestånd damages pl.; ***ge ngn*** ~ ***för ngt*** compensate sb for sth **2** utbyte replacement
ertappa *verb* catch; ~ ***ngn med att göra ngt*** catch sb doing sth
erövra *verb* conquer; inta capture; vinna win
erövrare *subst* conqueror
erövring *subst* conquest; intagande capture
eskimå *subst* Eskimo (pl. -s)
eskort *subst* escort; ***få*** ~ ***av*** be escorted by
eskortera *verb* escort
espresso *subst* kaffe espresso coffee; ***en*** ~ en kopp espresso an espresso; ***två*** ~ two espressos
1 ess *subst* kortsp. ace

2 ess *subst* musik. E flat
esse *subst*, ***vara i sitt*** ~ be in one's element
essens *subst* essence
essä *subst* essay
est *subst* estländare Estonian
estetisk *adj* aesthetic
Estland Estonia
estländare *subst* Estonian
estländsk *adj* o. **estnisk** *adj* Estonian; se *svensk-* för sammansättningar
estniska *subst* **1** kvinna Estonian woman **2** språk Estonian
estrad *subst* platform; för musik bandstand
etablera *verb* inrätta, grunda establish; ~ ***sig*** slå sig ned settle down; ~ ***sig som affärsman*** set up in business
etablissemang *subst* establishment
etanol *subst* kem. ethanol, ethyl alcohol
etapp *subst* stage; sport. lap
etc. (förk. för *etcetera*) etc.
etik *subst* ethics (med verb i sing.)
etikett *subst* **1** umgängesformer etiquette **2** lapp label
Etiopien Ethiopia
etiopier *subst* Ethiopian
etiopisk *adj* Ethiopian
etisk *adj* ethical
etnisk *adj* ethnic
etsa *verb* etch; ***det har ~t sig fast i mitt minne*** it has engraved itself on my memory
etsning *subst* etching
ett *räkn* o. *obest art* o. *pron* se *3 en*
etta *subst* (se äv. *femma* för ex.) **1** one; ~***n*** el. ~***ns växel*** first gear; ***komma in som*** ~ sport. come in first **2** vard., lägenhet one-room flat, one-room apartment
ettdera *pron* se *endera*
etthundra *räkn* se *hundra* o. *hundra-* för sammansättningar
ettrig *adj* hetsig fiery; hetlevrad hot-tempered
ettårig *adj* **1** ***en*** ~ ***pojke*** a one-year old boy **2** växt annual
ettåring *subst* om barn one-year-old child, one-year-old
etui *subst* case
etymologi *subst* etymology
EU (förk. för *Europeiska unionen*) EU
eukalyptus *subst* eucalyptus
euro *subst* myntenhet euro (pl. -s)
eurocheck® *subst* Eurocheque®
eurokrat *subst* Eurocrat
Europa Europe
europamästare *subst* European champion
europamästerskap *subst* European championship
Europaparlamentet *subst* the European parliament
europaväg *subst* European highway
europé *subst* European
europeisk *adj* European; ***Europeiska unionen*** (förk. *EU*) the European Union (förk. EU)
Eurovision *subst* tv. Eurovision
evakuera *verb* evacuate
evakuering *subst* evacuation
evangelisk *adj* relig. evangelical
evangelium *subst* relig. gospel
evenemang *subst* great event, great occasion
eventualitet *subst* eventuality; möjlighet possibility; ***för alla ~er*** in order to provide against emergencies

> **eventuell**
> Det engelska ordet *eventually* betyder till sist, slutligen, så småningom.

eventuell *adj* possible; ~***a fel*** any faults that may occur; ***våra ~a förluster*** our possible losses; our losses, if any; ~***a kostnader*** any costs that may arise
eventuellt *adv* possibly; ***jag kan ~ hjälpa dig*** I may be able to help you; ***om han ~ skulle komma*** if he should come
evig *adj* eternal, everlasting; ***den ~a staden*** Rom the Eternal City; ***det var en ~ tid sedan...*** it is ages since...
evighet *subst* eternity; ***det är ~er sedan...*** it is ages since...; ***det tog en ~*** it took ages
evigt *adv* eternally, everlastingly; ***för*** ~ for ever
evolution *subst* evolution
exakt *adj* exact
exalterad *adj* uppjagad over-excited
examen *subst* **1** själva prövningen examination, exam; ***ta*** ~ pass an examination; ***kuggas i*** ~ fail an examination **2** utbildningsbetyg degree; lärarexamen etc. certificate; ***en ~ från Stockholms universitet*** a Stockholm degree
examinator *subst* examiner
examinera *verb* förhöra examine
excellens *subst*, ***Ers*** ~ Your Excellency
excentrisk *adj* eccentric
exceptionell *adj* exceptional

exekution *subst* execution
exekutionspluton *subst* firing-squad
exempel *subst* example [*på* of], instance [*på* of]; ***till*** ~ (förk. *t.ex.*) for example, for instance
exempelvis *adv* for example
exemplar *subst* av bok etc. copy; av en art specimen
exemplarisk *adj* exemplary
exemplifiera *verb* exemplify
exhibitionist *subst* exhibitionist
exil *subst* exile; ***leva i*** ~ live in exile
existens *subst* tillvaro existence; utkomst livelihood
existensminimum *subst*, ***leva på*** ~ live at subsistence level
existera *verb* exist
exklusiv *adj* exclusive
exklusive *prep* excluding, exclusive of
exkrementer *subst pl* excrement sing.
exotisk *adj* exotic
expandera *verb* expand
expansion *subst* expansion
expediera *verb* **1** sända send, send off, dispatch **2** beställning carry out **3** telefonsamtal put through **4** betjäna serve, attend to
expediering *subst* **1** sändning sending, sending off, dispatch **2** av beställning carrying out **3** av telefonsamtal putting through **4** ~ ***av kunder*** serving customers
expedit *subst* shop assistant, amer. clerk, salesclerk
expedition *subst* **1** lokal office **2** resa, trupp etc. expedition
experiment *subst* experiment
experimentell *adj* experimental
experimentera *verb* experiment
expert *subst* expert [*på* on, in]
expertis *subst* **1** experter experts **2** sakkunskap expertise, vard. know-how
exploatera *verb* exploit
exploatering *subst* exploitation
explodera *verb* explode, blow up; om något uppumpat burst; ~ ***av ilska*** explode with anger
explosion *subst* explosion
explosiv *adj* explosive; ~***a ämnen*** explosives
expo *subst* exhibition, vard. expo (pl. -s)
exponera *verb* expose äv foto.
exponering *subst* exposure äv. foto.
exponeringsmätare *subst* foto. exposure meter
exponeringstid *subst* foto. time of exposure, exposure time
export *subst* utförsel export; varor exports pl.
exportera *verb* export
exportvara *subst* export commodity
exportör *subst* exporter
express *adv* express
expressbefordran *subst* express delivery, special delivery
expressbrev *subst* express letter, special delivery letter
expressbyrå *subst* removal firm, amer. express company
expresståg *subst* express, express train
expropriation *subst* expropriation
expropriera *verb* expropriate
extas *subst* ecstasy; ***råka i*** ~ go into ecstasies
extatisk *adj* ecstatic
extensiv *adj* extensive
exteriör *subst* exterior
extern *adj* external
extra I *adj* extra, additional; ovanlig special **II** *adv* extra; ovanligt exceptionally
extrabuss *subst* extra (relief) bus
extrahera *verb* extract [*ur* from]
extrainkomst *subst* o. **extrainkomster** *subst pl* additional income sing., additional earnings pl.
extraknäck *subst* vard., bisyssla job on the side; extraknäckande moonlighting
extraknäcka *verb* earn money on the side, do a job on the side, moonlight
extrakt *subst* extract [*ur* from]
extranummer 1 av tidning special edition **2** vid t.ex. konsert encore
extrapris *subst*, ***det är*** ~ ***på kaffe*** coffee is on special offer, spec. amer. coffee is on special
extrasäng *subst* spare bed
extratåg *subst* special train; dubblerat relief train
extrautgifter *subst pl* extra expenditure sing., additional expense sing.
extravagans *subst* extravagance
extravagant *adj* extravagant
extrem *adj* extreme
extremism *subst* extremism
extremist *subst* extremist
extremitet *subst* extremity
eyeliner *subst* kosmetika eyeliner

Ff

f *subst* musik. F
fabel *subst* fable
fabricera *verb* **1** tillverka manufacture **2** hitta på, t.ex. historia make up, fabricate

fabrik
Det engelska ordet *fabric* betyder tyg, struktur.

fabrik *subst* **1** factory **2** bruk, verk works (pl. lika) **3** textilfabrik mill
fabrikant *subst* tillverkare manufacturer
fabrikat *subst* **1** vara manufacture, product **2** tillverkning make
fabrikationsfel *subst* manufacturing defect
fabriksarbetare *subst* factory hand, factory worker
fabriksgaranti *subst* maker's guarantee
fabriksny *adj*, ***den är ~*** it is fresh from the factory
fabrikstillverkad *adj* factory-made
fabriksvara *subst* factory-made article; ***fabriksvaror*** manufactured goods
facit *subst* svar key; slutresultat final result; ***det är lätt att vara efterklok med ~ i hand*** it is easy to be wise after the event
fack *subst* **1** i hylla etc. compartment, pigeonhole **2** gren inom industri branch, trade **3** fackförening trade union; ***gå med i ~et*** join the union
fackeltåg *subst* torchlight procession
fackförbund *subst* av fackföreningar vanligen national trade union, amer. labor union
fackförening *subst* trade union, amer. labor union
fackföreningsavgift *subst* trade-union dues pl., amer. labor-union dues pl.
fackföreningsrörelse *subst* trade-union movement, amer. labor-union movement
fackidiot *subst* vard. narrow specialist
fackla *subst* torch
facklig *adj*, ***~a frågor*** trade-union matters, amer. labor-union matters
fackligt *adv*, ***han är ~ organiserad*** he belongs to a trade union, amer. he belongs to a labor union
facklitteratur *subst* **1** specialist literature, technical literature **2** motsats: skönlitteratur non-fiction
fackman *subst* professional; sakkunnig expert
fackspråk *subst* technical language, technical jargon
fackterm *subst* technical term
fadd *adj* flat, stale
fadder *subst* **1** godfather, godmother **2** ***stå ~ för*** sponsor
fadderbarn *subst* **1** godchild **2** krigsbarn etc. sponsored child, adopted child
fader *subst* father
faderlig *adj* fatherly; som tillkommer en far paternal
fadersfixering *subst* father fixation
faderskap *subst* fatherhood; ***erkänna ~et*** jur. acknowledge paternity
fadervår *subst* bönen, katolsk the Lord's Prayer, Our Father
fadäs *subst*, ***göra en ~*** put one's foot in it
fager *adj* litt. fair
faggorna *subst pl*, ***vara i ~*** be on the way
fagott *subst* musik. bassoon
fairway *subst* golf. fairway
fajta *verb* o. **fajtas** *verb* fight
faktisk *adj* actual, real
faktiskt *adv* as a matter of fact, really
faktor *subst* factor
faktum *subst* fact
faktura *subst* invoice
fakturera *verb* invoice
fakultet *subst* faculty; ***juridiska ~en*** the faculty of law
falang *subst* polit. wing
falk *subst* fågel falcon
fall *subst* **1** fall; ***ett ~ framåt*** a step in the right direction **2** förhållande, rättsfall case; ***i alla ~*** a) i alla händelser in any case, anyhow b) trots det nevertheless, all the same; ***i annat ~*** otherwise; ***i bästa ~*** at best; ***i så ~*** in that case, if so; ***i varje ~*** el. ***i vilket ~ som helst*** in any case; ***i värsta ~*** if the worst comes to the worst
falla I *verb* fall; ***låta förslaget ~*** drop the proposal; ***det faller av sig självt*** it goes without saying; ***~nde tendens*** downward tendency; ***det faller sig naturligt för mig att...*** it seems (comes) natural for me to...; ***det föll sig så att...*** it so happened that...; ***~ på plats*** fall into place
II *verb* med betonad partikel
falla av fall off
falla bort drop off, fall off
falla igenom om t.ex. lagförslag be defeated

falla ihop 1 fall in, fall down **2** bryta samman break down, collapse
falla in: ***det föll mig in*** it occurred to me, it struck me; ***det skulle aldrig ~ mig in!*** I wouldn't dream of it!
falla ned fall down, drop down
falla omkull fall over, fall down
falla sönder fall to pieces
falla undan yield, give away [*för* to]
fallenhet *subst*, ***ha ~ för*** have an aptitude for
fallfrukt *subst* windfalls pl.
fallfärdig *adj* ramshackle, tumbledown
fallgrop *subst* pitfall
fallrep *subst*, ***han är på ~et*** he's going downhill; ekonomiskt he's on the brink of ruin
fallskärm *subst* parachute; ***hoppa med ~*** make a parachute jump
fallskärmsavtal *subst* ekon. golden parachute
fallskärmshopp *subst* parachute jump
fallskärmshoppare *subst* parachute jumper
fallucka *subst* trapdoor
falsett *subst* **1** musik. falsetto (pl. -s) **2** ***tala i ~*** talk in a high piping voice
falsk *adj* false; om check, sedel etc. forged; ***~a förhoppningar*** vain hopes; ***~t pass*** forged passport
falskdeklarant *subst* skattesmitare tax evader
falskdeklaration *subst* **1** falskdeklarerande tax evasion **2** falsk självdeklaration fraudulent income-tax return
falskt *adv* **1** falsely; ***spela ~*** kortsp. cheat **2** musik. out of tune
falukorv *subst* Falun sausage kind of lightly-smoked boiled sausage
familj *subst* family; ***~en Brown*** the Brown family, the Browns pl.; ***bilda ~*** marry and settle down
familjedaghem *subst* registered childminding home, family day nursery
familjeföretag *subst* family business
familjeförhållanden *subst pl* family circumstances
familjeförsörjare *subst* breadwinner
familjehotell *subst* family hotel
familjekrets *subst* family circle
familjemedlem *subst* member of a family
familjeplanering *subst* family planning
familjerådgivare *subst* family guidance counsellor
familjerådgivning *subst* family guidance, family counselling
familjeskäl *subst*, ***av ~*** for family reasons
familjär *adj* familiar [*mot* with]
famla *verb* grope [*efter* for, after]
famn *subst* **1** armar arms pl.; fång armful **2** ***ta i ~en*** embrace, hug
famntag *subst* embrace, hug
1 fan *subst* den Onde the Devil; ***fy ~!*** hell!; ***springa som ~*** run like hell; ***det var som ~!*** well, I'll be damned!; ***vad ~?*** what the devil?; ***var ~?*** where the devil?; ***det ger jag ~ i*** I don't care a damn about that; ***tacka ~ för det!*** I should damn well think so!
2 fan *subst* entusiast fan
fana *subst* flag, banner
fanatiker *subst* fanatic
fanatisk *adj* fanatical
fanatism *subst* fanaticism
fanfar *subst* fanfare, flourish
fanskap *subst* vard., ***hela ~et*** the whole damned lot
fantasi *subst* **1** inbillningsförmåga imagination **2** inbillning, infall fancy; ***det är rena ~er*** påhitt it is pure invention; ***hon har livlig ~*** ofta iron. she has a vivid imagination
fantasifull *adj* **1** imaginative **2** inbillad fanciful
fantasilös *adj* unimaginative
fantasipris *subst* fancy price, exorbitant price
fantasivärld *subst* make-believe world
fantastisk *adj* fantastic
fantisera *verb* fantasize [*om* about], dream [*om* of]; ***~ ihop*** invent
fantom *subst* phantom
fantombild *subst* konstruerad identifieringsbild identikit, amer. composite
far *subst* father, vard. dad, pa, barnspr. daddy, spec. amer. pop, papa; ***~s dag*** Father's Day; ***bli ~*** become a father; ***han är ~ till...*** he is the father of...
1 fara *subst* danger; risk risk; ***det är ~ för krig*** there is a danger of war; ***det är ingen ~ för det!*** there is no danger of that; ***det är ingen ~ med honom*** he's all right, don't worry about him; ***vara utom ~*** be out of danger; ***vid ~*** in case of danger; ***signalen 'faran över'*** the all-clear signal
2 fara I *verb* go [*till* to]; avresa leave, set out [*till* for]; resa, färdas travel; ***han lät blicken ~ över...*** he ran his eye over...; ***han far illa av att...*** it is bad for him to...
II *verb* med betonad partikel
fara fram husera carry on, go on; härja ravage; ***~ hårt fram med ngn*** give sb a rough time of it
fara ifrån ngt t.ex. sin väska leave sth behind
fara in i enter, go into
fara i väg go off, set out; rusa go off, rush

off
fara omkring el. **fara hit och dit** resa go about, travel about, köra drive about
fara upp 1 rusa upp jump up, jump to one's feet; ~ ***upp ur sängen*** jump out of bed
2 öppna sig fly open
fara ut mot ngn let fly at sb
farbar *adj* om väg passable; om farvatten navigable
farbror *subst* **1** uncle, paternal uncle **2** man, ***en snäll gammal*** ~ a nice old man
farfar *subst* grandfather, paternal grandfather, vard. grandpa, granddad; ***~s far*** great-grandfather; ***~s mor*** great-grandmother
farföräldrar *subst pl*, ***mina*** ~ my grandparents, my grandparents on my father's side
farhåga *subst* fear, apprehension [*för* about]
farinsocker *subst* brown sugar
farkost *subst* boat, craft (pl. craft)
farled *subst* shipping channel, fairway
farlig *adj* dangerous [*för* for]; riskfylld risky; ***det är inte så ~t*** it is not so bad; det gör ingenting it doesn't matter
farlighet *subst* danger
farm *subst* farm
farmaceut *subst* pharmacist
farmakolog *subst* pharmacologist
farmakologi *subst* pharmacology
farmare *subst* farmer
farmor *subst* grandmother, paternal grandmother, vard. grandma, granny; ***~s far*** great-grandfather; ***~s mor*** great-grandmother
farozon *subst* danger zone; ***vara i ~en*** be in danger
fars *subst* farce
farsa *subst* vard. dad, old man, amer. pop; ***min*** ~ my old man, my dad
farsartad *adj* farcical
farsot *subst* **1** sjukdom epidemic **2** riktig plåga plague, epidemic
farstu *subst* entrance hall, vestibule; trappavsats landing
fart *subst* **1** speed; takt, tempo pace; ***få*** ~ gather speed; ***minska ~en*** slow down, reduce speed; ***sätta*** ~ skynda på hurry up, vard. step on it; ***sätta ~ på ngn*** make sb get a move on, make sb hurry up; ***av bara ~en*** automatically; i hastigheten unintentionally; ***i full*** ~ at full speed; ***med en ~ av*** at a speed of; ***hon är jämt i ~en*** she's always on the go; ***vandaler har varit i ~en*** vandals have been at it; ***det är ingen ~ i honom*** he's without any go
fartbegränsning *subst* speed limit
fartblind *adj*, ***vara*** ~ fail to adjust to a slower speed
fartdåre *subst* vard. speeder, speed merchant
fartfylld *adj* action-packed
fartgupp *subst* o. **farthinder** *subst* speed bump, vard. sleeping policeman
farthållare *subst* **1** sport. pacemaker
2 ***automatisk*** ~ bil. cruise control
fartkontroll *subst* trafik. speed check, ej synlig speed trap
fartsyndare *subst* speeder
fartyg *subst* vessel, ship
fartökning *subst* increase in speed
farvatten *subst* område waters pl.
farväl I *interj* farewell!
II *subst* farewell; ***ta*** ~ say goodbye; ***ta ett sista ~ av ngn*** pay sb one's last respects
fas *subst* skede phase
fasa I *subst* horror; skräck terror; ***krigets fasor*** the horrors of war
II *verb* frukta shudder [*för* at]; ~ ***för att göra ngt*** dread doing sth
fasad *subst* front, façade
fasadbelysa *verb* floodlight
fasadbelysning *subst* **1** floodlighting
2 strålkastare floodlights pl.
fasan *subst* fågel pheasant
fasanhöna *subst* hen pheasant
fasansfull *adj* förfärlig horrible, terrible
fasantupp *subst* cock pheasant
fascinera *verb* fascinate
fascism *subst*, ~ el. ***~en*** Fascism
fascist *subst* Fascist
fascistisk *adj* Fascist
fasett *subst* facet
fashionabel *adj* fashionable
faslig *adj* dreadful; ***ett ~t besvär*** an awful bother
fason *subst* form shape, form; ***få ~ på ngn*** lick sb into shape; ***få ~ på ngt*** put sth into shape; ***sådana ~er!*** what a way to behave!; ***vad är det för ~er?*** what do you mean by such behaviour?
1 fast I *adj* **1** firm; fastsatt fixed; ej flyttbar stationary; motsats: flytande solid; stadigvarande fixed, permanent; ~ ***anställning*** permanent appointment, permanent job; ~ ***bostad*** permanent address; ~ ***egendom*** real property, real estate; ***ta ~ form*** assume a definite shape; ***med ~ hand*** with a firm hand; ~ ***lön*** fixed salary; ***ha ~ mark under fötterna*** be on firm

ground; ~ ***pris*** fixed price; ~ ***situation*** sport. dead-ball situation, set piece **2** ***bli*** ~ fasttagen get caught; ***ta*** ~ get hold of; ***få*** ~ catch hold of
II *adv* firmly; ***vara*** ~ ***anställd*** be permanently employed; ~ ***besluten*** firmly resolved, determined
2 fast *konj* though, although
1 fasta *subst*, ***ta*** ~ ***på*** ngns ord make a mental note of; komma ihåg bear in mind; ta som utgångspunkt take as one's starting point
2 fasta I *subst* **1** fastande fasting; ***tre dagars*** ~ a fast of three days **2** ~***n*** fastlagen Lent
II *verb* fast; ***på*** ~***nde mage*** on an empty stomach
faster *subst* aunt, paternal aunt
fastighet *subst* house property; med jord landed property; fast egendom real estate
fastighetsmäklare *subst* estate agent, amer. real estate agent, realtor
fastighetsskatt *subst* tax on real estate
fastighetsskötare *subst* caretaker, amer. janitor
fastlagen *subst* Lent
fastlagsris *subst* twigs pl. with coloured feathers used as a decoration during Lent
fastland *subst* mainland; världsdel continent
fastlåst *adj* som kört fast deadlocked
fastna *verb* get caught; get stuck; klibba stick; komma i kläm get wedged; ***jag*** ~***de för*** I decided on; ~ ***i minnet*** stick in the memory, stick in one's memory; ***han*** ~***de med jackan på en spik*** his jacket caught on a nail; ***min blick*** ~***de på...*** my eye was caught by...
fastslå *verb* konstatera establish; ~ ***att...*** establish the fact that...
fastspänd *adj* med rem fastened; om barn i bilbarnstol strapped [*i* to]; ***de är*** ~***a*** they have their seat belts on
fastställa *verb* **1** bestämma appoint, fix **2** konstatera establish
fastställande *subst* **1** bestämmande appointment, fixing **2** konstaterande establishment
fastvuxen *adj* firmly rooted [*vid* to]
fastän *konj* though, although
fat *subst* **1** för mat dish; tefat saucer **2** tunna barrel; mindre cask; kar vat; ***öl från*** ~ draught beer
fatal *adj* ödesdiger fatal, disastrous
fatalist *subst* fatalist
1 fatt *adj*, ***hur är det*** ~***?*** what's the matter?, vard. what's up?
2 fatt *adv*, ***få*** ~ ***i*** (***på***) get hold of; ***ta*** ~ ***i*** catch hold of
fatta *verb* **1** gripa catch, grasp; hugga tag i seize, take hold of **2** ~ ***ett beslut*** a) come to a decision b) vid möte pass a resolution; ~ ***misstankar mot*** begin to suspect, become suspicious of; ~ ***mod*** take courage; ~ ***tycke för*** take a fancy to **3** begripa understand, grasp; ***ha lätt att*** ~ be quick on the uptake; ***ha svårt för att*** ~ be slow on the uptake **4** ~ ***sig kort*** be brief
fattas *verb* be wanting, be lacking; saknas be missing; behövas be needed; ***det*** ~ ***100 kronor i kassan*** there is 100 kronor missing in the cashbox; ***klockan*** ~ ***tio minuter i sex*** it's ten minutes to six; ***det*** ~ (***fattades***) ***bara, att jag skulle gå dit!*** I wouldn't dream of going there!; ***det*** ~ ***bara!*** el. ***det skulle bara*** ~ ***annat!*** I should jolly well think so!
fattig *adj* poor; behövande needy; ***de*** ~***a*** the poor; ~***a riddare*** kok. French toast; ***en*** ~ ***stackare*** a poor wretch
fattigdom *subst* poverty
fattigdomsfälla *subst* vard. poverty trap
fattiglapp *subst* vard., ***en*** ~ a down-and-out
fattning *subst* **1** grepp grip, hold **2** för glödlampa socket, lamp holder; för t.ex. ädelsten setting **3** behärskning composure; ***behålla*** ~***en*** keep one's head, vard. keep one's cool; ***förlora*** ~***en*** lose one's head; ***bringa ngn ur*** ~***en*** disconcert sb, put sb out
fatöl *subst* draught beer, amer. draft beer, beer on draft
favorisera *verb* favour
favorit *subst* favourite
favoriträtt *subst* favourite dish
favorittippad *adj*, ***hästen är*** ~ the horse is a hot favourite
favorituttryck *subst* favourite expression, pet phrase
favör *subst* favour; fördel advantage
fax *subst* fax
faxa *verb* fax
faxmeddelande *subst* data. fax message
f.d. (förk. för *före detta*) se under *2 före I 2*
fe *subst* fairy
feber *subst* fever; ***hög*** ~ a high temperature, a high fever; ***få*** ~ run a temperature; ***40 graders*** ~ a temperature of 40 degrees Celsius
feberaktig *adj* feverish
feberfri *adj*, ***vara*** ~ be free from fever
febertermometer *subst* clinical thermometer
febrig *adj* feverish

febril *adj* feverish; ~ ***aktivitet*** feverish activity, frantic activity
februari *subst* February (förk. Feb.); se *april* för ex.
federal *adj* federal
federation *subst* federation
feg *adj* cowardly; ***en ~ stackare*** a coward; ***han är ~*** he is a coward
feghet *subst* cowardice
fegis *subst* vard. coward, barnspr. fraidy-cat
fejd *subst* feud
fejka *verb* vard. fake
fel I *subst* **1** mistake, error; ***ett grovt ~*** a serious mistake; ***göra (begå ett) ~*** make a mistake, mindre make a slip; ***hela ~et är att…*** the whole trouble is that…; ***det är ngt ~ på…*** there is sth wrong with… **2** defekt defect, fault **3** skuld fault; ***vems är ~et?*** whose fault is it?
II *adj* wrong; ***uppge ~ adress*** give the wrong address
III *adv* wrong; ***gå ~*** fel väg go the wrong way; vilse lose one's way; ***min klocka går ~*** my watch is wrong; ***allt gick ~*** everything went wrong; ***ha ~*** be wrong; ***jag har kommit ~*** tele. I've got the wrong number; ***det slår aldrig ~!*** it never fails!; ***om jag inte tar ~*** if I'm not mistaken; ***jag tog ~ på honom och min bror*** I mistook him for my brother; ***ta ~ på tiden*** make a mistake about the time
feladresserad *adj* wrongly addressed
felaktig *adj* **1** oriktig incorrect; osann false; ***~ användning*** misapplication **2** behäftad med fel faulty, defective
felaktighet *subst* fel error, fault, mistake
felbedöma *verb* misjudge, miscalculate
felbedömning *subst* miscalculation
felfri *adj* faultless, flawless
felmarginal *subst* margin of error
felparkerad *adj*, ***stå ~*** be wrongly parked
felparkering *subst* förseelse parking offence
felringning *subst* wrong number
felräkning *subst* miscalculation
felskrivning *subst*, ***en ~*** a slip of the pen; med skrivmaskin a typing error
felstavad *adj* wrongly spelt, misspelt
felstavning *subst* misspelling
felsteg *subst* slip, false step
felsägning *subst*, ***en ~*** a slip of the tongue
feltryck *subst* misprint
felunderrättad *adj* misinformed
felöversatt *adj* mistranslated
fem *räkn* fem; ***vi ~*** the five of us; ***vi var ~*** there were five of us; ***~ och ~*** fem åt gången five at a time; ***vinna med 5—3*** win by 5—3, win 5—3; ***kunna ngt på sina ~ fingrar*** know sth backwards; ***en ~ sex gånger*** some five or six times; ***~ hundra*** five hundred; ***~ tusen*** five thousand; ***tåget går 5.20*** the train leaves at five twenty; ***han kom klockan halv ~*** he came at half past four; ***han bor på Storgatan 5*** he lives at 5 Storgatan
fembarnsfamilj *subst* family with five children
femcylindrig *adj*, ***en ~ bil*** a five-cylinder car; ***bilen är ~*** the car has five cylinders
femdagarsvecka *subst* five-day week
femföreställning *subst* five-o'clock performance
femhundra *räkn* five hundred
femhundrade *räkn* five hundredth
femhundradel *subst* five hundredth
femhundralapp *subst* five-hundred-krona note, amer. five-hundred-krona bill
femhundratal *subst*, ***~et*** århundrade the sixth century; ***på ~et*** in the sixth century
femhundraårsjubileum o.
femhundraårsminne *subst* five-hundredth anniversary
femhörning *subst* pentagon
feminin *adj* om kvinnor el. män feminine
femininum *subst* genus the feminine gender
feminism *subst*, ~ el. ***~en*** feminism
feminist *subst* feminist
femkamp *subst* sport. pentathlon
femkampare *subst* sport. pentathlete
femkrona *subst* o. **femkronorsmynt** *subst* five-krona piece
femma *subst* five; ***en ~*** belopp five kronor; ***~n*** a) om hus, buss etc. No. 5, number 5 b) skol. the fifth class, the fifth form; ***~n i hjärter*** the five of hearts; ***han kom in som ~*** he came in fifth; ***han ligger ~*** he is fifth; ***det var en annan ~*** vard. that's quite another matter
femrummare *subst* o. **femrumslägenhet** *subst* five-room flat, five-room apartment
femsidig *adj* five-sided
femsiffrig *adj*, ***talet är ~t*** it is a five-figure number; ***ett ~t nummer*** a five-figure number
femsitsig *adj*, ***bilen är ~*** the car seats five
femslaget *subst*, ***vid ~*** vid femtiden at about five
femstjärnig *adj*, ***ett ~t hotell*** a five-star hotel
femtal *subst* five; ***ett ~*** about five
femte *räkn* fifth (förk. 5th); ***den (det) ~ från***

slutet the last but four; ***för det*** ~ in the fifth place; vid uppräkning fifthly; ***den*** ~ ***april*** on the fifth of April, on April 5th; i brevdatering April 5th, 5th April; ***i dag är det den*** ~ today it is the fifth; ***vart*** ~ ***år*** every fifth year, every five years; ***komma på*** ~ ***plats*** come fifth

femtedel *subst* fifth, fifth part; ***två*** ~***ar*** two fifths; ***en*** ~***s sekund*** a fifth of a second

femteplacering *subst*, ***få en*** ~ come fifth

femteplats *subst* fifth place

femti *räkn* vard. se *femtio*

femtiden *subst*, ***vid*** ~ at about five o'clock

femtielfte *räkn* vard., ***för*** ~ ***gången*** for the umpteenth time, for the umptieth time

femtilapp *subst* fifty-krona note, amer. fifty-krona bill

femtio *räkn* fifty; se *fem* för ex.

femtiofem *räkn* fifty-five

femtiofemte *räkn* fifty-fifth

femtionde *räkn* fiftieth

femtiotal *subst* fifty; ~***et*** åren 50—59 the fifties; ***på*** ~***et*** 1950-talet in the fifties, in the nineteen-fifties, in the 50's, in the 1950's; ***i början på*** ~***et*** in the early fifties; ***i slutet på*** ~***et*** in the late fifties

femtioårig *adj* fifty-year-old

femtioåring *subst* fifty-year-old

femtioårsdag *subst* fiftieth anniversary; födelsedag fiftieth birthday

femtioårsjubileum o. **femtioårsminne** *subst* o. *subst* fiftieth anniversary

femtioårsåldern *subst*, ***en man i*** ~ a man aged about fifty; ***vara i*** ~ be about fifty

femtioöring *subst* fifty-öre piece

femton *räkn* fifteen; ***klockan 15*** at 3 o'clock in the afternoon, at 3 p.m.; se *fem* för ex. o. *fem-* för sammansättningar

femtonde *räkn* fifteenth (förk. 15th); se *femte* för ex. o. *femte-* för sammansättningar

femtondel *subst* fifteenth; se *femtedel* för ex.

femtonhundra *räkn* fifteen hundred

femtonhundrafemtio *räkn* fifteen hundred and fifty

femtonhundrameterslopp *subst* fifteen-hundred-metre race, 1500-metre race

femtonhundratalet *subst* the sixteenth century; ***på*** ~ in the sixteenth century

femtonåring *subst* fifteen-year-old

femtusen *räkn* five thousand

femtusende *räkn* five thousandth

femtåget *subst* the five-o'clock train

femvåningshus *subst* i fem plan five-storeyed house, amer. five-storied house

femväxlad *adj*, ***en*** ~ ***bil*** a car with five-speeds; ***den är*** ~ it has five forward speeds

femårig *adj* **1** ***en*** ~ ***flicka*** a five-year-old girl **2** som varar (varat) i fem år, ***en*** ~ ***plan*** a five-year plan; ***avtalet är*** ~***t*** the agreement is for five years

femåring *subst*, ***en*** ~ a five-year-old

femårsdag *subst* fifth anniversary, födelsedag fifth birthday

femårsjubileum *subst* o. **femårsminne** *subst* fifth anniversary

femårsperiod *subst* five-year period

femårsåldern *subst*, ***en pojke i*** ~ a boy aged about five; ***vara i*** ~ be about five

fena *subst* fisk, flygplan fin; ***utan att röra en*** ~ without moving a limb

fenomen *subst* phenomenon (pl. phenomena)

fenomenal *adj* phenomenal, extraordinary

ferier *subst pl* holidays; univ. el. amer. vacation

ferieskola *subst* summer school

fernissa *subst* o. *verb* varnish

fertil *adj* fertile

fess *subst* musik. F flat

fest *subst* **1** bjudning party; ***gå på*** ~ go to a party; ***ha*** ~ have a party **2** firande celebration; festmåltid banquet, feast **3** festlighet festivity; högtidlighet ceremony

festa *verb* **1** kalasa feast [*på* on] **2** ~ el. ~ ***om*** roa sig go on a spree, go on a binge; dricka booze

festföreställning *subst* gala performance

festival *subst* festival

festklädd *adj*, ***hon var*** ~ she was dressed for a party

festlig *adj* **1** ***vid*** ~***a tillfällen*** on festive occasions **2** ***hon är en*** ~ ***typ*** she is great fun

festlighet *subst* festivity

festlokal *subst pl* se *festvåning*

festmåltid *subst* högtidlig, officiell feast, banquet

festspel *subst pl* festival sing.

festtåg *subst* procession

festvåning *subst* assembly rooms pl., banqueting rooms pl.

fet *adj* fat, om person stout, fat; ~***t hår*** greasy hair; ~ ***mat*** fatty food, rich food; ~ ***stil*** bold type, bold

fetisch *subst* fetish

fetlagd *adj* stout

fetma *subst* **1** fatness, hos person stoutness **2** med. obesity

fett *subst* fat; smörjfett grease; flott lard

fettbildande *adj* fattening

fettfri *adj* fat-free
fetthalt *subst* fat content; fettprocent percentage of fat
fetthaltig *adj* fatty

> **fettisdag**
> *Shrove Tuesday* är första dagen i fastan. I England äter man pannkakor på fettisdagen. Den kallas därför också *Pancake Day*. På en del orter anordnar man pannkakslopp, *pancake races*. Deltagarna har en pannkaka i en stekpanna. Samtidigt som man springer i kapp kastar man upp pannkakan i luften och fångar den i stekpannan.

fettisdag *subst*, *~en* tisdagen efter fastlagssöndagen Shrove Tuesday
fetvadd *subst* cotton wadding
fia *subst* spel. ludo, amer., ungefär pachisi, Parcheesi®
fiasko *subst* fiasco (pl. -s); ***göra*** ~ be a fiasco
fiber *subst* fibre äv. i kost
fiberrik *adj*, ~ ***kost*** a diet that is rich in fibre
ficka *subst* pocket; ***stoppa ngt i ~n*** put sth in one's pocket
fickformat *subst*, ***en kamera i*** ~ a pocket-size camera
fickkniv *subst* pocketknife
ficklampa *subst* torch, spec. amer. flashlight
fickparkera *verb* squeeze one's car into a kerbside parking space
fickpengar *subst pl* pocket money sing.
ficktjuv *subst* pickpocket
fiende *subst* enemy [*till* of]; ***skaffa sig ~r*** make enemies
fiendskap *subst* enmity; ***leva i*** ~ be at enmity
fientlig *adj* hostile [*mot* to]; ***~t flyg*** mil. enemy aircraft
fientlighet *subst* hostility
fiffa *verb* vard., ~ ***upp*** smarten up
fiffel *subst* cheating, fiddling; handlingar crooked dealings pl.
fiffig *adj* fyndig clever, ingenious, smart
fiffla *verb* vard. cheat, fiddle
fifflare *subst* vard. fiddler, wangler
fifty-fifty *adv*, ***dela*** ~ share fifty-fifty, go fifty-fifty
figur *subst* figure; individ individual; ***göra en slät (ömklig)*** ~ cut a poor figure
figurera *verb* appear, figure
figursydd *adj* close-fitting, tailored
figuråkning *subst* figure-skating
fik *subst* vard. café
fika vard. **I** *subst* kaffe coffee **II** *verb* dricka kaffe have some coffee
fikapaus *subst* vard. o. **fikarast** *subst* vard. coffee break
fikon *subst* fig
fikonlöv *subst* fig leaf
fiktion *subst* fiction
fiktiv *adj* fictitious
1 fil *subst* **1** rad row **2** körfält lane; ***byta*** ~ change lanes; ***lägga sig i rätt*** ~ get into the right lane
2 fil *subst* filmjölk, ungefär sour milk
3 fil *subst* verktyg file
4 fil *subst* data. file
fila *verb* file
fildelning *subst* data. file sharing
fil. dr se *filosofie*
filé *subst* kok. fillet
filial *subst* branch
filialkontor *subst* branch office
Filippinerna *pl* the Philippines, the Philippine Islands
fil. kand. se *filosofie*
filkörning *subst* driving in traffic lanes
film *subst* **1** film **2** på bio picture, movie; ***en tecknad*** ~ a cartoon, an animated cartoon
filma *verb* **1** göra film, göra film av film **2** medverka i film act in films **3** vard., låtsas sham, fake, pretend **4** fotb. etc., falla avsiktligt, för att få ett straff take a dive
filmateljé *subst* film studio
filmatisera *verb*, ~ ***ngt*** adapt sth for the screen
filmatisering *subst* screen version
filmcensur *subst* film censorship
filmduk *subst* screen
filmfotograf *subst* cameraman
filminspelning *subst* filming, shooting
filmjölk *subst* ungefär soured milk
filmkamera *subst* film camera, movie camera
filmproducent *subst* film producer
filmregissör *subst* film director
filmroll *subst* film role
filmrulle *subst* foto. roll of film
filmskådespelare *subst* film actor
filmstjärna *subst* film star, movie star
filosof *subst* philosopher
filosofera *verb* philosophize [*över* about]
filosofi *subst* philosophy
filosofie *adj*, ~ ***doktor*** (förk. *fil. dr*) Doctor of Philosophy (förk. Ph.D. efter namnet); ~ ***kandidat*** (förk. *fil. kand.*) motsvarar ungefär

Bachelor of Arts (förk. B.A. efter namnet); i naturvetenskap Bachelor of Science (förk. B.Sc.) efter namnet

filosofisk *adj* philosophic, philosophical

filt *subst* **1** sängfilt blanket **2** tyg felt, felting

filter *subst* filter; på cigarett filter tip

filtercigarett *subst* filter-tipped cigarette

filtpenna *subst* felt-tip, felt pen

filtrera *verb* filter

filur *subst* sly dog; ***en riktig liten ~*** a cunning little devil

fimp *subst* fag-end

fimpa *verb* stub out

fin *adj* fine; elegant smart; bra fine, very good; ***~a betyg*** high marks, amer. high grades; ***en ~ middag*** a first-rate dinner; ***på ett ~t sätt*** tactfully; ***~t!*** fine!, good!; ***göra ~t i rummet*** tidy up in the room, make things look nice in the room; ***klä sig ~*** dress up; ***vad ~ du är!*** you're looking smart!

final *subst* **1** sport. final; ***gå (komma) till ~en*** reach the final, reach the finals **2** musik. finale

finalist *subst* finalist

finansdepartement *subst* ministry of finance

finanser *subst pl* finances; ***ha bra ~*** my finances are looking up; ***jag har dåliga ~*** my finances are in a real mess

finansiell *adj* financial

finansiera *verb* finance, fund

finansiering *subst* financing, funding

finansman *subst* financier

finansminister *subst* minister of finance

finanspolitik *subst* financial policy

finemang *interj*, ***~!*** fine!, great!

finess *subst* **1** förfining refinement **2** ***~er*** fiffiga detaljer exclusive features

finfin *adj* tip-top, splendid, first-rate

finfördela *verb* pulverisera grind into fine particles, pulverize

> **fingrar**
> lillfinger *little finger, short finger,* (framför allt amer.) *pinkie*, ringfinger *ring finger*, långfinger *middle finger*, pekfinger *forefinger, index finger*, tumme *thumb*

finger *subst* finger; ***ha ett ~ med i spelet*** have a finger in it, have a finger in the pie; ***hålla fingrarna borta från ngt*** keep one's hands off sth; ***inte lyfta ett ~ för att...*** not lift a finger to...; ***han lägger inte fingrarna emellan då det gäller...*** he takes a tough line with...; ***kunna ngt på sina fem fingrar*** know sth backwards, know sth from A to Z; ***se genom fingrarna med ngt*** shut one's eyes to sth; ***slå ngn på fingrarna*** a) tillrättavisa rap sb over the knuckles, come down on sb b) överträffa beat sb

fingerad *adj* fictitious; ***fingerat namn*** assumed name

fingeravtryck *subst* fingerprint; ***ta ngns ~*** take sb's fingerprints

fingerborg *subst* thimble

fingerborgsblomma *subst* bot. foxglove

fingerfärdig *adj* dexterous, deft

fingerfärdighet *subst* dexterity

fingerspets *subst* o. **fingertopp** *subst* fingertip; ***ut i ~arna*** to one's fingertips

fingervante *subst* woollen glove

fingervisning *subst* hint, pointer

fingra *verb*, ***~ på*** finger; tanklöst fiddle about with

finhackad *adj* finely-chopped

finish *subst* sport. el. tekn. finish

fink *subst* fågel finch

finka *subst* vard., ***i ~n*** in clink, in the cooler

finkamma *verb*, ***~ ngt*** comb out, go over sth with a fine-tooth comb

finklädd *adj*, ***vara ~*** be dressed up

finkänslig *adj* taktfull tactful, discreet

finkänslighet *subst* tact, discretion

Finland Finland

finlandssvensk I *adj* Finland-Swedish, Finno-Swedish **II** *subst* Finland-Swede

finländare *subst* Finlander, Finn

finländsk *adj* Finnish

finländska *subst* kvinna Finnish woman

finmalen *adj* finely ground; om kött finely minced

finna *verb* find; inse, märka see; anse think, consider; ***~ för gott att...*** think fit to...; ***~ sig vara*** find oneself; ***~ sig i*** a) tåla stand, put up with b) foga sig i submit to

finnas *verb* vara be; existera exist; påträffas be found; ***det finns...*** there is..., tillsammans med ett ord i pl. there are...; ***det fanns...*** there was...; tillsammans med ett ord i pl. there were...; ***finns det*** har ni...***?*** have you got...?; ***den finns att få*** it is to be had; ***~ kvar*** a) vara över be left b) inte vara borttagen be still there; ***~ till*** exist

1 finne *subst* Finn

2 finne *subst* kvissla pimple, vard. zit

finnig *adj* pimply

finsk *adj* Finnish; ***Finska viken*** the Gulf of Finland
finska *subst* (se *svenska* för ex.) **1** kvinna Finnish woman **2** språk Finnish
finskfödd *adj* Finnish-born; se vidare *svensk-* för sammansättningar
finskuren *adj* om grönsaker etc. finely cut; om tobak fine-cut
finsmakare *subst* gourmet
finstilt *adj*, ***det ~a*** the small print
fint *subst* **1** sport. feint **2** trick, dodge
finta *verb* sport. feint, fotb. sell the dummy; ***~ bort ngn*** sell sb the dummy
fintvätt *subst* tvättande the washing of delicate fabrics; tvättgods delicate fabrics pl.
finurlig *adj* slug shrewd; sinnrik clever, ingenious
fiol *subst* **1** violin **2** ***stå för ~erna*** pay the piper
fiolspelare *subst* violinist
1 fira *verb* sänka ~ el. ***~ ned*** let down, lower
2 fira *verb* högtidlighålla celebrate; tillbringa spend; ***~ minnet av*** commemorate
firma *subst* firm; ***starta en ~*** start a business
firmafest *subst* office party, staff party
firmamärke *subst* trade mark
fisa *verb* vard. fart, let off

fiskar
SÖTVATTENFISK *FRESHWATER FISH*: abborre *perch*, gädda *pike*, gös *pike-perch*, amer. *walleye*, ål *eel*, lax *salmon*, laxöring *trout*
SALTVATTENFISK *SALTWATER FISH*: haj *shark*, kolja *haddock*, rödspätta *plaice*, svärdfisk *swordfish*, tonfisk *tuna*, torsk *cod*

fisk *subst* **1** fish (pl. fish el. fishes); koll. fish **2** ***Fiskarna*** stjärntecken Pisces
fiska *verb* fish
fiskaffär *subst* fishmonger's, amer. fish dealer (vendor)
fiskare *subst* fisherman; sportfiskare angler, fisherman
fiskbulle *subst* fishball
fiskburgare *subst* kok. fishburger
fiskdamm *subst* med t.ex. presenter lucky dip, amer. grab bag
fiske *subst* **1** fishing [*av* of] **2** som näring fishery
fiskebåt *subst* fishing-boat
fiskeflotta *subst* fishing-fleet
fiskegräns *subst* fishing-limits pl.
fiskekort *subst* fishing-licence, fishing-permit
fiskeläge *subst* fishing village
fiskerätt *subst* fishing-rights pl.
fiskevatten *subst* fishing-grounds pl.
fiskfilé *subst* fillet of fish
fiskhandlare *subst* fishmonger, amer. fish dealer
fiskkrokett *subst* kok. fishcake
fiskmås *subst* gull, seagull
fisknät *subst* fishing-net
fiskodling *subst* fish farm
fiskpinnar *subst pl* kok. fish fingers, amer. fish sticks
fiskredskap *subst* koll. fishing-tackle
fiss *subst* musik. F sharp
fitta *subst* vulg. cunt, pussy
fix *adj* **1** fixed; ***~ idé*** fixed idea **2** ***~ och färdig*** all set, all fixed up
fixa *verb* vard. fix; ***det ~r sig*** that'll be all right!, no sweat!; ***matchen var ~d*** the match was rigged, the matched was fixed
fixare *subst* vard. fixer
fixera *verb* **1** fix; fastställa determine **2** betrakta stare hard at
fixering *subst* psykol. fixation
fixstjärna *subst* fixed star
fjant *subst* fjäskig person busybody; narr silly fool
fjantig *adj* fånig silly; löjlig ridiculous
fjol *subst*, ***i ~*** last year; ***i ~ sommar*** last summer
fjolla *subst* silly girl, silly young thing
fjompig *adj* larvig silly; sjåpig namby-pamby
fjord *subst* spec. i Norge fjord; i Skottland firth
fjorton *räkn* fourteen; ***~ dagar*** a fortnight, spec. amer. two weeks; se *femton* för ex. o. *femton-* för sammansättningar
fjortonde *räkn* fourteenth (förk. 14th); ***var ~ dag*** once a fortnight; se *femte* för ex. o. *femte-* för sammansättningar
fjun *subst* koll. down (endast sing.)
fjäder *subst* **1** feather; prydnadsfjäder plume **2** tekn. spring
fjäderdräkt *subst* plumage
fjäderfä *subst* poultry koll.
fjädervikt *subst* sport. featherweight
fjädrande *adj* springy, elastic
fjädring *subst* spring system; upphängning suspension
1 fjäll *subst* mountain
2 fjäll *subst* på fisk etc. scale
fjälla *verb* **1** fisk scale **2** hud peel
fjällripa *subst* zool. ptarmigan, amer. rock ptarmigan

fjällvandring *subst* mountain tour
fjärde *räkn* fourth (förk. 4th); se *femte* för ex. o. *femte-* för sammansättningar
fjärdedel *subst* quarter, fourth; se *femtedel* för ex.
fjäril *subst* butterfly; nattfjäril moth; ***ha ~ar i magen*** have butterflies in one's stomach
fjärilsim *subst* butterfly stroke
fjärran I *adj* distant, far-off; ***Fjärran Östern*** the Far East
II *adv* far; ***när och ~*** far and near
III *subst*, ***i ~*** in the distance
fjärrkontroll *subst* till tv m.m. remote control, vard. zapper
fjärrsamtal *subst* tele. long-distance call
fjärrstyrd *adj* remote-controlled; ***~ robot*** guided missile
fjärrtåg *subst* express train
fjärrvärme *subst* district heating
fjäsk *subst* kryperi fawning [*för* on]
fjäska *verb*, ***~ för*** krypa för fawn on, crawl to
f.Kr. förk. för *före Kristus* BC *before Christ*
flabb *subst* vard. guffaw, cackle
flabba *verb* vard. guffaw, cackle [*åt* at]
flack *adj* flat
flacka *verb* rove; ***~ och fara*** be on the move; ***~ med blicken*** have shifty eyes; ***~ omkring*** el. ***~ omkring i*** roam about
fladdermus *subst* bat
fladdra *verb* flutter
flaga I *subst* flake; hudflaga scale
II *verb*, ~ el. ***~ sig*** flake off, peel off
flagg *subst* flag; ***segla under främmande ~*** sail under a foreign flag

flagga
The Stars and Stripes är USA:s flagga. *The United Kingdom, the UK*, som består av Storbritannien och Nordirland, har *the Union Jack* som sin flagga.

flagga I *subst* flag
II *verb*, ***~ på halv stång*** fly the flag at half-mast
flaggdag *subst*, ***allmän ~*** official flag-flying day
flaggskepp *subst* flagship
flaggstång *subst* flagstaff, flagpole
flagig *adj* flaky, scaly
flagna *verb* flake off, scale off, peel off
flagrant *adj* flagrant, blatant; friare obvious
flak *subst* **1** isflak floe **2** lastbilsflak platform, loading platform
flameldfast *adj* flameproof
flamingo *subst* fågel flamingo (pl. -s el. -es)
flamländsk *adj* Flemish
flamma I *subst* flame
II *verb* blaze; ***~ upp*** flame up
flammig *adj* patchy, blotchy
Flandern Flanders
flanell *subst* flannel
flanera *verb*, ***vara ute och ~*** be out for a stroll
flanör *subst* stroller, man-about-town
flaska *subst* bottle; ***en ~ öl*** a bottle of beer
flaskhals *subst* i t.ex. trafik, produktion bottleneck
flat *adj* flat; ***~ tallrik*** flat plate, ordinary plate
flata *subst* sl., lesbisk kvinna lezzy, dyke
flaxa *verb* flutter; om vingar flap; ***~ med armarna*** wave one's arms about
flegmatisk *adj* phlegmatic
fler *adj* se *flera I*
flera I *adj* more
II *pron* **1** åtskilliga several; ~ el. ***~ olika människor*** several people; ***vi är ~*** el. ***vi är ~ stycken*** there are several of us **2** ***~ olika*** various different
flerfaldig *adj*, ***~a*** pl. many, numerous; ***han är ~ mästare*** he has been a champion many times over
flerfamiljshus *subst* block of flats, amer. apartment block
fleromättad *adj* polyunsaturated
flersiffrig *adj*, ***~t tal*** number running into several figures
flertal *subst* **1** ***~et*** the majority; ***~et människor*** most people; ***ett ~*** flera... a number of... **2** gram. plural
flesta *adj*, ***de ~ pojkar*** most boys; ***de ~ av pojkarna*** most of the boys; ***de ~ tycker att...*** the majority think that...
flexa *verb* vard. be on flexitime, amer. be on flextime
flexibel *adj* flexible
flextid *subst* flexitime, amer. flextime
flicka *subst* girl
flickaktig *adj* girlish
flickcykel *subst* girl's cycle
flicknamn *subst* **1** girl's name **2** tillnamn som ogift maiden name
flickscout *subst* guide, amer. girl scout
flickvän *subst* girlfriend
flik *subst* **1** på kuvert flap **2** hörn av plagg corner
flimmer *subst* flicker; med. fibrillation

flimra *verb* flicker; ***det ~r för ögonen på mig*** everything is swimming before my eyes
flin *subst* grin
flina *verb* grin [*åt* at]
flinga *subst* flake
flingor *subst pl* breakfast cereal
flinta *subst* flint
flintis *adj* vard. bald
flintskalle *subst* bald head
flintskallig *adj* bald
flippa *verb*, ~ ***ut*** freak out, flip out
flipperautomat *subst* o. **flipperspel** *subst* pinball machine
flirt *subst* flirt
flirta *verb* flirt
flirtig *adj* flirtig
flisa *subst* av t.ex. sten, porslin chip; av trä splinter
flit *subst* **1** diligence **2** ***med*** ~ avsiktligt on purpose
flitig *adj* **1** diligent; arbetsam hard-working **2** om t.ex. biobesökare regular; ofta upprepad frequent
flock *subst* flock; t.ex. av vargar pack
flockas *verb* flock, flock together [*kring* round]
flod *subst* **1** river, flood **2** ***en ~ av tårar*** a flood of tears **3** högvatten high tide; ***det är*** ~ the tide is in
flodhäst *subst* hippopotamus, vard. hippo (pl. -s)
flodmynning *subst* mouth of a river; bred estuary
flodvåg *subst* tidal wave
flopp *subst* vard. flop; ***bli en*** ~ be a flop
florera *verb* be prevalent; blomstra flourish
florett *subst* vid fäktning foil
florsocker *subst* icing sugar, amer. confectioners' sugar
floskler *subst pl* tomt prat empty phrases
1 flott *adj* **1** stilig smart, vard. posh **2** frikostig generous
2 flott *subst* grease; stekflott dripping; isterflott lard; fett fat
1 flotta *subst* **1** ett lands navy **2** samling fartyg fleet
2 flotta *verb*, ~ ***med ngt*** med flott make sth greasy
flottbas *subst* naval base
flotte *subst* raft
flottfläck *subst* grease spot, grease stain
flottig *adj* greasy
flottyr *subst* deep fat, deep-frying fat
flottyrkoka *verb*, ~ ***ngt*** deep-fry sth, fry sth in deep fat
fluffig *adj* fluffy
fluga *subst* **1** fly; ***hon skulle inte göra en ~ förnär*** she wouldn't hurt a fly; ***slå två flugor i en smäll*** ordspr. kill two birds with one stone **2** kravatt bow tie
flugfiske *subst* fly-fishing
flugsmälla *subst* fly-swatter
flugsnappare *subst* fly-catcher
flugsvamp *subst*, ***vanlig*** (***röd***) ~ fly agaric
flugvikt *subst* sport. flyweight
flum *subst* vard. woolliness
flummig *adj* vard., svamlig woolly, wishy-washy
flundra *subst* fisk flat-fish; skrubbflundra flounder
fluor *subst* grundämne fluorine; ***tandkräm med*** ~ toothpaste with fluoride
fly *verb* fly, flee [*för* before]; ta till flykten run away; ~ ***ur landet*** flee the country
flyg *subst* **1** flygväsen aviation, flying **2** flygplan plane; koll. planes pl.; ***med*** ~ by air **3** flygvapen air force
flyga I *verb* fly; ***jag har aldrig flugit*** I have never flown, I have never been up in a plane; ~ ***i luften*** explodera blow up, explode
II *verb* med betonad partikel
flyga av blåsa av fly off; lossna come off suddenly
flyga på rusa på fly at, attack
flyga upp rusa upp spring up; öppnas fly open
flyganfall *subst* air raid
flygare *subst* pilot pilot; spec. mil. airman
flygbas *subst* air base
flygbiljett *subst* air ticket
flygblad *subst* leaflet
flygbolag *subst* airline, airline company
flygel *subst* **1** polit. wing **2** stänkskärm på bil wing, amer. fender **3** musik. grand, grand piano
flygfält *subst* airfield
flygförbindelse *subst* plane connection; flygtrafik air service
flygkapare *subst* hijacker of an aircraft, skyjacker
flygkapning *subst* hijacking of an aircraft, skyjacking
flygkapten *subst* captain, captain of an airliner
flyglarm *subst* air-raid warning, air-raid alarm
flyglinje *subst* airline, airway
flygmekaniker *subst* air mechanic
flygning *subst* **1** flygande flying; ***under*** ~ while flying **2** flygfärd, flyg flight

flygolycka *subst* air crash; mindre flying accident
flygpassagerare *subst* air passenger
flygplan *subst* aeroplane, amer. airplane, vard. plane; aircraft (pl. lika); stort trafikplan airliner
flygplats *subst* airport
flygpost *subst* airmail; ***med*** ~ by airmail
flygsjuka *subst* airsickness
flygspaning *subst* air reconnaissance
flygtid *subst* flying time, flight time
flygtrafik *subst* air traffic, air service
flygvapen *subst* air force
flygvärdinna *subst* flight attendant, air hostess
1 flykt *subst* flygande flight
2 flykt *subst* flyende flight; rymning escape; ***vild*** ~ headlong flight, spec. mil. rout; ***driva på ~en*** put to flight, spec. mil. rout
flyktförsök *subst* attempted escape; ***göra ett*** ~ make an attempt to escape
flyktig *adj* **1** kortvarig fleeting; övergående passing; ***kasta en ~ blick på*** cast a fleeting glance at **2** kem. volatile
flykting *subst* refugee; flyende fugitive
flyktingläger *subst* refugee camp
flyktingström *subst* stream of refugees
flyktväg *subst* escape route
flyta I *verb* float; rinna flow; ***trafiken flyter bra*** the traffic is flowing smoothly
II *verb* med betonad partikel
flyta ihop 1 om floder meet **2** bli suddig become blurred
flyta in om t.ex. pengar come in
flyta upp come to the surface, rise to the surface
flytande I *adj* **1** på ytan floating; ***hålla det hela*** ~ keep things going; ***hålla sig*** ~ keep oneself afloat, keep one's head above water **2** rinnande flowing **3** ***tala ~ engelska*** speak fluent English **4** i vätskeform liquid
II *adv* fluently
flytning *subst* med. discharge; ***~ar*** från underlivet, vard. the whites
flytta I *verb* **1** flytta move; ~ ***på ngt*** move sth; ~ ***sig*** el. ~ ***på sig*** move; maka åt sig make way, make room **2** förlägga till annan plats transfer; flytta bort remove **3** i spel move **4** byta bostad move; om flyttfågel migrate; ~ ***från*** (***ur***) lämna leave
II *verb* med betonad partikel
flytta bort bära bort carry away, take away
flytta fram 1 move forward, move up **2** ~ ***fram ngt*** uppskjuta put off sth; ~ ***fram klockan en timme*** put the clock forward one hour
flytta ihop put together, move together; för att bo ihop go to live together; ~ ***ihop med ngn*** move in with sb; ***de har ~t ihop*** they live together
flytta in move in
flytta isär live apart, move away from each other
flytta om omplacera move about, shift about, rearrange
flytta ut move out
flyttbar *adj* movable; bärbar portable
flyttbil *subst* removal van, furniture van, amer. moving van
flyttfirma *subst* removal firm, amer. movers pl., the movers pl.
flyttfågel *subst* bird of passage, migratory bird
flyttkalas *subst* house-warming party, vard. housewarming
flyttning *subst* removal
flytväst *subst* life jacket
flå *verb* skin
flåsa *verb* puff and blow; flämta pant
fläck *subst* spot; av blod, bläck etc. stain; ***på ~en*** genast on the spot; ***jag får det inte ur ~en*** I can't move it; ***vi kommer inte ur ~en*** we aren't getting anywhere
fläcka *verb* stain; ~ ***ned ngt*** stain sth all over
fläckborttagningsmedel *subst* spot remover, stain remover
fläckfri *adj* spotless, stainless; ***ett ~tt förflutet*** a blameless past
fläckig *adj* **1** smutsig spotted, soiled **2** med fläckar spotted
fläckurtagningsmedel *subst* spot remover, stain remover
fläderblom *subst* bot. elderflower
fläderbär *subst* elderberry
flädermus *subst* bat
fläkt *subst* **1** vindpust breeze; ***en frisk*** ~ a breath of fresh air **2** fläktapparat fan
fläktrem *subst* fan belt
flämta *verb* andas häftigt pant, puff
flärd *subst* fåfänga vanity; ytlighet frivolity
fläsk *subst* griskött pork; bacon bacon
fläskfilé *subst* kok. fillet of pork
fläskig *adj* flabby, fat, fleshy
fläskkarré *subst* loin of pork
fläskkotlett *subst* pork chop
fläskkött *subst* pork
fläskläpp *subst*, ***få*** ~ get a thick lip, amer. get a fat lip
fläskpannkaka *subst* diced pork pancake
fläta I *subst* plait [plæt], braid
II *verb* plait [plæt], braid

flöda *verb* flow; ymnigt stream, pour; ~ ***av*** abound with
flöde *subst* flow; ***ett ~ av nyheter*** a steady stream of news
flöjt *subst* flute
flört *subst* flirtation
flörta *verb* flirt
flörtig *adj* flirtatious
flörtis *subst* vard. flirt
flöte *subst* float; ***bakom ~t*** vard. stupid, daft
f.m. (förk. för *förmiddag*) a.m.
FN (förk. för *Förenta Nationerna*) UN (förk. för *United Nations*)
fnask *subst* sl. el. neds. pro (pl. -s), hooker
fniss *subst* giggle
fnissa *verb* giggle [*åt* at]
fnissig *adj* giggly
fnitter *subst*, ***ett*** ~ a giggle
fnittra *verb* giggle [*åt* at], titter [*åt* at]
fnysa *verb* snort; ~ ***åt*** föraktfullt sniff at
fnysning *subst* snort
fnöske *subst* tinder
foajé *subst* foyer ['fɔɪeɪ], lobby
fobi *subst* psykol. phobia
1 foder *subst* i kläder lining; ***sätta ~ i*** line; ***löstagbart*** ~ detachable lining
2 foder *subst* fodermedel feedstuff; torrt fodder
1 fodra *verb* sätta foder i line
2 fodra *verb* mata feed
fodral *subst* case; av tyg etc. cover
1 fog *subst*, ***hon har fullt ~ för sin kritik*** she is justified in her criticism
2 fog *subst* skarv joint, seam
foga *verb* **1** förena med fog join [*i, vid* to]; friare add [*till* to], attach [*till* to] **2** ~ ***sig*** give in [*i, efter* to]; ~ ***sig efter bestämmelserna*** comply with the regulations
fokus *subst* focus; ***stå i ~ för intresset*** be the focus of attention
fokusera *verb* focus [*på* on]
folder *subst* folder, leaflet [*över* on, about]
folie *subst* foil; plastfolie film
foliepapper *subst* foil

> **folk**
> *People* i betydelsen människor är plural på engelska: *there were a lot of people at the party* det var mycket folk på festen. *People* används också i betydelsen folkslag: *the peoples of Africa* Afrikas folkslag.

folk *subst* **1** people; ***hela ~et*** the entire population, the whole nation; ***~en i tredje världen*** the peoples (nations) of the third world **2** människor people pl.; ***mycket ~*** many people
folkbokföring *subst* national registration
folkdans *subst* folk dance; dansande folk-dancing
folkdräkt *subst* national costume
folkgrupp *subst* ethnic group
folkhjälte *subst* national hero
folkhälsa *subst* public health
folkhögskola *subst* folk high-school
folkkär *adj* very popular
folklig *adj* **1** nationell national **2** populär popular; ***ha stark ~ förankring bland folket*** have strong support among the people
folkmassa *subst* crowd of people, crowd
folkmord *subst* genocide
folkmängd *subst* antal invånare population
folknöje *subst* popular amusement; underhållning popular entertainment
folkomröstning *subst* popular vote [*om* on], referendum [*om* on]
folkpark *subst* people's amusement park
folkpartiet *subst* ungefär the Liberal Party
folkpartist *subst* member of the Liberal Party
folkpension *subst* state retirement pension
folkpensionär *subst* senior citizen
folkrörelse *subst* popular movement, national movement
folksaga *subst* folk tale, legend
folksamling *subst*, ***det blev*** ~ a crowd of people collected
folksjukdom *subst* national disease; utbredd widespread disease
folkskygg *adj* unsociable, shy
folkslag *subst* nation, people
folkstorm *subst* public outcry
folktandvård *subst* national dental service
folktom *adj* deserted
folktro *subst* popular belief
folkvald *adj* popularly elected
folkvandring *subst* migration
folkvisa *subst* folk song, ballad
folkökning *subst* increase in population
folköl *subst* ungefär medium-strong beer
f.o.m. se *från och med* under *från*
1 fond *subst* bakgrund background
2 fond *subst* kapital fund
fondbörs *subst* stock exchange
fonetik *subst* phonetics (med verb i sing.)
fonetisk *adj* phonetic; ~ ***skrift*** phonetic transcription
fontän *subst* fountain

forcera *verb* **1** force **2** påskynda speed up
fordon *subst* vehicle
fordonsskatt *subst* motor-vehicle tax
fordra *verb* begära, kräva demand; yrka på insist on; göra anspråk på claim; ***det ~r mycket tid*** it requires (demands) a lot of time
fordran *subst* **1** demand [*på ngn* on sb; *på* el. *på att få* for] **2** penningfordran claim
fordrande *adj* exacting, demanding
fordras *verb* behövas be needed, be necessary
fordringar *subst pl* **1** demands; anspråk claims; vad som erfordras requirements; ***ha för stora ~ på livet*** ask too much of life **2** penningfordringar claims, debts
fordringsägare *subst* creditor
forehand *subst* i tennis etc. forehand äv. slag
forell *subst* fisk trout (pl. lika)
form *subst* **1** form; ***förlora ~en*** lose its shape; ***ta ~*** take shape; ***vara i ~*** be in form; ***vara ur ~*** be out of form **2** gjutform mould, amer. mold **3** kok.: porslinsform dish, basin; eldfast casserole; bakform baking tin
forma *verb* form, shape; ***~ sig*** form (shape) itself [*till* into], form (shape) themselves [*till* into]
formalitet *subst* formality; ***en ren ~*** only a formality
format *subst* **1** size **2** om bok el. data. format
formatera *verb* data. format
formation *subst* formation
formbröd *subst* tin loaf, amer. pan loaf
formel *subst* formula (pl. formulae); ***Formel 1*** bilsport Formula One
formell *adj* formal
formgivare *subst* designer
formgivning *subst* **1** designing **2** modell, mönster design
formlära *subst* språkv. accidence
formsak *subst* matter of form; ***det var en ~*** it was just a formality
formulera *verb* formulate; avfatta formulate, frame
formulering *subst* formulation, wording
formulär *subst* blankett form
forn *adj* former, earlier; forntida ancient; ***hon är en skugga av sitt ~a jag*** she is a shadow of her former self
fornminne *subst* relic of the past; skylt ancient monument
forntid *subst* förhistorisk tid prehistoric times pl.
forntida *adj* ancient
fors *subst* rapids pl.
forsa *verb* rush; ***regnet ~r ned*** the rain is coming down in torrents
forska *verb* search [*efter* for]; vetenskapa do research, do research work; ***~ i*** investigate
forskare *subst* lärd scholar; naturvetenskapsman scientist; med speciell uppgift research-worker
forskning *subst* vetenskaplig research [*i* into]
forsla *verb* transport; ***~ bort*** carry away, remove
forsrännare *subst* sport. white-water rafter
forsränning *subst* sport. white-water rafting
fort *adv* fast; på kort tid quickly; snabbt rapidly; ***det gick ~*** it was quick work; ***gå för ~*** om klocka be fast; ***så ~*** el. ***så ~ som*** as soon as
forta *verb*, ***~ sig*** om klocka gain
fortbilda *verb*, ***~ sig*** continue one's education; med träning continue one's training, attend an in-service training course
fortbildning *subst* in-service training
fortbildningskurs skol. *subst* in-service training course, refresher course
fortfarande *adv* still
fortgå *verb* go on
fortgående *adj* continuing
fortkörning *subst*, ***få böta för ~*** be fined for speeding; ***åka fast för ~*** be caught speeding
fortplanta *verb*, ***~ sig*** breed, propagate; sprida sig spread
fortplantning *subst* breeding, propagation; spridning spread
fortsatt *adj*, ***få ~ hjälp*** continue to receive help
fortskaffningsmedel *subst* means of conveyance, conveyance
fortskrida *verb* proceed; framskrida advance
fortsätta *verb* continue, go on, keep on; ***~ spela*** go on playing; ***~ rakt fram*** keep straight on; ***han fortsatte sin väg*** he went on his way

> **fortsättning**
> I England och USA önskar man inte varandra "god fortsättning" vid jul- och nyårshelgerna.

fortsättning *subst* continuation; ***~ följer i nästa nummer*** to be continued in our next; ***god ~*** el. ***god ~ på det nya året!*** motsvaras av A Happy New Year!; ***i ~en*** in future
fortunaspel *subst* bagatelle
forward *subst* sport. forward, striker
fosfat *subst* kem. phosphate

fosfor *subst* kem. phosphorus
fossil I *subst* fossil **II** *adj* fossil; ***~t bränsle*** fossil fuel
foster *subst* foetus, amer. fetus
fosterbarn *subst* foster child
fosterföräldrar *subst pl* foster parents
fosterhem *subst* foster home; ***placera i ~*** place in a foster home
fosterland *subst* native country
fosterländsk *adj* patriotic
fosterskada *subst* damage (endast sing.) to the foetus, amer. damage (endast sing.) to the fetus
fostra *verb* uppfostra bring up, rear, spec. amer. raise
fostran *subst* bringing up, spec. amer. raising
fot *subst* foot (pl. feet); på bord, lampa etc. stand; ***sätta sin ~*** set foot [*hos ngn* in sb's house]; ***komma på fötter*** ekonomiskt get back on one's feet; ***försätta på fri ~*** set free; ***hon har bra (ordentligt) på fötterna*** vet vad hon talar om she knows what she is talking about; ***hon fick stryka på ~en*** she had to give in; ***vara på fri ~*** be at liberty, be at large; ***stå på god ~ med ngn*** be on an excellent footing with sb; ***på resande ~*** on the move; ***till ~s*** on foot
fotbad *subst* footbath

fotboll
Vanlig fotboll kallas i England *football* och ibland *soccer*, men i USA alltid *soccer*. Amerikansk fotboll kallas vanligen *American football* i England men enbart *football* i USA.

fotboll *subst* **1** boll football **2** spelet association football, football, vard. footie, soccer, amer. soccer
fotbollslag *subst* football team, amer. soccer team
fotbollsmatch *subst* football match, amer. soccer game
fotbollsplan *subst* football ground; spelplanen football field, football pitch, amer. soccer field
fotbollsspelare *subst* footballer, amer. soccer player
fotbollssupporter *subst* football supporter (fan), amer. soccer supporter (fan)
fotbroms *subst* footbrake
fotfäste *subst* foothold, footing; ***få ~*** get a foothold; ***tappa ~t*** lose one's foothold
fotgängare *subst* pedestrian
fotknöl *subst* ankle
fotled *subst* ankle; själva leden ankle joint
foto *subst* photo (pl. -s) [*av, på* of]
fotoaffär *subst* camera shop, photographic dealer's
fotoalbum *subst* photo album
fotoateljé *subst* photographer's studio
fotoblixt *subst* flashlight, photoflash
fotocell *subst* photo-electric cell, photocell
fotogen *subst* paraffin, amer. kerosene
fotogenisk *adj* photogenic
fotogenlampa *subst* paraffin lamp, amer. kerosene lamp
fotograf *subst* photographer
fotografera *verb* photograph; ***~ sig*** have one's photograph taken
fotografi *subst* **1** photograph **2** som konst photography
fotografisk *adj* photographic
fotokopia *subst* photocopy
fotpall *subst* footstool
fotspår *subst* footprint; ***gå i ngns ~*** follow in sb's footsteps
fotsteg *subst* steg step; ***höra ~*** hear footsteps
fotstöd *subst* footrest
fotsula *subst* sole of the foot
fotsvett *subst*, ***ha ~*** have sweaty feet pl.
fotvandrare *subst* walker, med ryggsäck backpacker, vard. hiker
fotvandring *subst* utflykt walking-tour, vard. hike
fotvård *subst* **1** pedikyr pedicure **2** med. chiropody, amer. vanligen podiatry
fotvårdsspecialist *subst* chiropodist, amer. vanligen podiatrist
fotända *subst* på säng footboard
foxterrier *subst* hund fox terrier
foxtrot *subst* dans foxtrot
frack *subst* rock tail coat; frackkostym dress suit, vard. tails pl.; ***klädd i ~*** in evening dress
frackmiddag *subst* white-tie dinner
frackskjorta *subst* dress shirt
fradga *subst* o. *verb* froth, foam
fragment *subst* fragment
frakt *subst* **1** last: sjö. freight, cargo; järnvägsfrakt, bilfrakt, flygfrakt goods pl., freight **2** avgift: sjö. el. flyg. freight; järnvägsfrakt, bilfrakt carriage
frakta *verb* sjö. freight; med järnväg, bil, flyg carry, convey
fraktgods *subst* koll. ***som ~*** järnv. by goods train

fraktur *subst* med. fracture
fralla *subst* vard., småfranska roll
fram *adv* **1** om rörelse: framåt, vidare on, along, forward; till platsen (målet) there; ***jag måste ~!*** I must get through!; ***kom ~!*** a) ur gömställe, led m.m. come out! b) hit come here!; ***ta*** ~ take out; ***ända*** ~ dit all the way there; ***ända ~ till...*** as far as...; ***~ och tillbaka*** there and back; av och an to and fro **2** om läge: framtill forward, in front **3** tid, ***längre*** ~ later on; ***~ på hösten*** later on in the autumn; ***långt ~ på dagen*** late in the day; ***till långt ~ på natten*** until well into the night
framaxel *subst* bil. front axel
framben *subst* foreleg
framdel *subst* front part, front
framdeles *adv* längre fram later on; i framtiden in the future
framemot *prep*, ***~ kvällen*** towards evening
framfusig *adj* pushing, aggressive
framför I *prep* before, in front of; över above, ahead of; ***~ allt*** above all; ***föredra te ~ kaffe*** prefer tea to coffee
II *adv* in front; ***platsen*** ~ the seat in front
framföra *verb* **1** överbringa convey; ***~ ett klagomål*** make a complaint; ***~ en ursäkt*** offer an apology **2** uppföra, förevisa present, produce; musik perform
framförallt *adv* above all
framgå *verb* be clear [*av* from], be evident [*av* from]
framgång *subst* success; ***ha*** ~ be successful
framgångsrik *adj* successful
framhjul *subst* front wheel
framhjulsdrift *subst* bil. front-wheel drive
framhjulsdriven *adj* bil. front-wheel driven
framhålla *verb* påpeka point out; betona emphasize, stress
framhärda *verb* persist, persevere
framhäva *verb* **1** låta framträda bring out, set off **2** betona emphasize
framifrån *adv* from the front
framkalla *verb* **1** åstadkomma bring about; förorsaka cause, produce **2** foto. develop, process
framkallning *subst* foto. developing, processing
framkomlig *adj* **1** om väg passable, trafficable **2** genomförbar practicable
framkomma *verb* bli känt come out
framkomst *subst* ankomst arrival; ***vid ~en*** on arrival
framliden *adj*, ***framlidne presidenten*** the late president
framlägga *verb* t.ex. teori put forward
framlänges *adv* forward, forwards; ***åka ~*** på tåg sit facing the engine
frammarsch *subst* advance; ***det nya partiet är på ~*** the new party is gaining ground
framme *adv* **1** i förgrunden in front; vid målet there; ***han står här ~*** he is standing here; ***långt ~ i salen*** well to the front of the hall; ***när är vi ~?*** when do we get there? **2** synlig, 'ute' out; till hands ready; ***låta ngt ligga ~*** leave sth about; ***när olyckan är ~*** a) when an accident happens b) om man har otur if things go against you
framryckning *subst* advance
framsida *subst* front
framskriden *adj* advanced
framskärm *subst* på bil front wing, amer. front fender
framspolningsknapp *subst* på bandspelare fast-forward button (förk. FF)
framsteg *subst* progress (endast sing.); ***göra ~*** make progress; ***stora ~*** great progress
framstupa *adv*, ***ramla ~*** fall flat, fall flat on one's face
framstå *verb* visa sig vara stand out [*som* as], come out [*som* as], appear [*som* as]
framstående *adj* prominent; högt ansedd eminent, distinguished
framställa *verb* **1** skildra describe, relate **2** tillverka produce, make
framställning *subst* **1** beskrivning description, representation **2** förslag proposal [*om* for] **3** tillverkning production
framstöt *subst* **1** thrust, drive **2** ***efter ~ar från facket ändrades regeln*** after strong action from the union, the rule was changed
framsynt *adj* far-seeing, far-sighted
framsynthet *subst* foresight
framsäte *subst* front seat
framtand *subst* front tooth
framtid *subst* future; ***för (i) all ~*** for all time; ***i ~en*** a) in the future b) hädanefter in future
framtida *adj* future
framtidsutsikter *subst pl* future prospects
framtill *adv* in front, at the front; i främre delen in the front part
framtoning *subst* image, profile
framträda *verb* **1** uppträda, visa sig appear; ***~ i radio*** broadcast on the radio; ***~ i tv*** appear on TV **2** avteckna sig stand out
framträdande I *subst* uppträdande appearance **II** *adj* viktig prominent, outstanding
framtung *adj*, ***den är ~*** it is heavy at the front

framvagn *subst* bils front part of the car
framåt I *adv* ahead, along; vidare onwards; ***fortsätt ~!*** keep straight on!; ***luta sig ~*** lean forward
II *prep* fram emot towards; ~ ***kvällen*** towards the evening
III *adj*, ***vara ~ av sig*** be very go-ahead
framåtanda *subst*, ***ha stor ~*** be very go-ahead
framåtskridande *subst* framsteg progress
framåtsträvande *adj* go-ahead
framöver *adv*, ***en lång tid ~*** for a long time ahead
franc *subst* myntenhet franc
frank *adj* frank, open, straightforward
frankera *verb* sätta frimärke på stamp; ***ett ~t kuvert*** a prepaid envelope, a stamped envelope
Frankrike France
frans *subst* fringe
fransig *adj* trasig frayed
fransk *adj* French
franska *subst* **1** French; se *svenska* 2 för ex. **2** se *franskbröd*
franskbröd *subst* vitt bröd white bread; småfranska roll; långfranska French loaf
fransman *subst* Frenchman (pl. Frenchmen); ***fransmännen*** som nation, lag etc. the French
fransyska *subst* kvinna Frenchwoman (pl. Frenchwomen); ***hon är ~*** she is French
frapperande *adj* striking, förvånande astonishing
fras *subst* phrase
fraseologi *subst* phraseology
frasera *verb* phrase äv. musik.
frasig *adj* crisp
fraternisera *verb* fraternize
fred *subst* peace; ***jag får aldrig vara i ~*** I never get (have) any peace; ***låt mig vara i ~!*** leave me alone!, leave me in peace!
fredag *subst* Friday; ***~en den 8 maj*** on Friday, May 8th; ***förra ~en*** last Friday; ***i ~s*** last Friday; ***i ~s för en vecka sedan*** a week ago last Friday; ***i ~s i förra veckan*** on Friday last week; ***vi träffas på ~*** see you on Friday; ***om (på) ~arna*** on Fridays; ***på ~ om åtta dar*** el. ***på ~ om en vecka*** Friday week
fredagskväll *subst* Friday evening, senare Friday night; ***på ~arna*** on Friday evenings, on Friday nights
fredlig *adj* peaceful
fredlös *adj* outlawed; ***en ~*** an outlaw
fredsfördrag *subst* peace treaty
fredsförhandlingar *subst pl* peace negotiations
fredsmäklare *subst* mediator
fredspipa *subst*, ***röka ~*** smoke the pipe of peace
fredspris *subst*, ***~et*** Nobels the Nobel Peace Prize
fredsprocess *subst*, ***~en*** the peace process
fredsrörelse *subst* peace movement
fredssamtal *subst* peace talks
fredstrevare *subst* peace-feeler
fredsvillkor *subst pl* peace terms
fredsälskande *adj* peace-loving
freestyle *subst* kassettbandspelare Walkman®
fregatt *subst* båt frigate
frekvens *subst* frequency
frekvent *adj* frequent, common
frekventera *verb* t.ex. nöjeslokal frequent, patronize
frenetisk *adj* frenzied, frantic
freon® *subst* Freon®, CFC (förk. för *chlorofluorocarbon*)
fresia *subst* blomma freesia
fresk *subst* fresco (pl. -es el. -s)
fresta *verb* **1** tempt **2** ~ ***på*** vara påfrestande be a strain on
frestelse *subst* temptation; ***falla för en ~*** el. ***falla för ~r*** yield to temptation
fri *adj* free; öppen, oskymd open; ***det står dig ~tt att göra det*** you are free to do it, you are at liberty to do it; ***vara ~ från misstankar*** be clear of suspicion, be above suspicion; ***i det ~a*** in the open, in the open air
1 fria *verb* frikänna acquit [*från* of]; ***~nde dom*** verdict of not guilty; ***~ sig från misstankar*** clear oneself of suspicion
2 fria *verb* propose [*till ngn* to sb]
friare *subst* suitor
fribrottning *subst* all-in wrestling, freestyle
frid *subst* peace; lugn tranquillity; ***allt är ~ och fröjd*** everything in the garden is lovely
fridfull *adj* peaceful, serene
fridlysa *verb*, ~ ***ngt*** djur, växt etc. place sth under protection, preserve sth; ***fridlyst område*** naturskyddsområde nature reserve
fridsam *adj* peaceable, placid
frieri *subst* proposal, offer of marriage
frige *verb*, ~ ***ngn (ngt)*** släppa lös free, set sb (sth) free, release sb (sth)
frigid *adj* frigid
frigiditet *subst* frigidity
frigivning *subst* setting free, release
frigjord *adj* fördomsfri open-minded; emanciperad emancipated

frigöra *verb* liberate, set... free; ~ ***sig*** free oneself, emancipate oneself
frigörelse *subst* befrielse liberation; emancipation emancipation
frihandel *subst* free trade
frihet *subst* freedom, liberty; ***i*** ~ at liberty; ***jag tog mig ~en att låna din nyckel*** I took the liberty of borrowing your key
frihetskamp *subst* struggle for liberty
frihetsstraff *subst* imprisonment
frihetsälskande *adj* freedom-loving

friidrott
GRENAR *EVENTS*:
- 100-meterslopp *100 m race*, 110 meter häck *110 metres hurdles*, 3 000 m hinder *3 000 metres steeplechase*, 4x100 meter stafett *4x100 metres relay*, långdistans-lopp *long distance race*, maraton *marathon*.
- höjdhopp *high jump*, längdhopp *long jump*, stavhopp *pole vault*, tre-steg *triple jump*.
- slägga *hammer throw*, spjut *javelin throw*, diskus *discus throw*
- sjukamp *hepathlon*, tiokamp *decathlon*.

friidrott *subst* athletics (med verb i pl., idrottande med verb i sing.), spec. amer. track and field
frikallad *adj*, ~ ***från värnplikt*** exempt from military service
frikostig *adj* generous, liberal
frikostighet *subst* generosity, liberality
friktion *subst* friction
friktionsfri *adj* frictionless
frikyrklig *adj* Free Church
frikänna *verb* acquit [*från* of]; ***bli frikänd*** be acquitted, walk free
frikännande *subst* acquittal
friluftsbad *subst* open-air baths (pl. lika)
friluftsdag *subst* skol., ungefär sports day, day for open-air activities
friluftsliv *subst* outdoor life
friluftsområde *subst* open-air recreation area
friluftsteater *subst* open-air theatre
friläge *subst*, ***lägga växeln i*** ~ put the gear into neutral
frimurare *subst* freemason, mason
frimärke *subst* stamp; ***samla ~n*** collect stamps
frimärksalbum *subst* stamp album
frimärksautomat *subst* stamp machine
fripassagerare *subst* stowaway
frireligiös *adj*, ***vara*** ~ be a nonconformist
frisersalong *subst* hairdresser's, barber's
frisésallat *subst* endive, amer. chicory
frisim *subst* freestyle
frisinnad *adj* liberal, broad-minded
frisk *adj* ej sjuk well vanligen ej före subst.; vid god hälsa healthy; återställd recovered; ***hon är ~ efter sjukdomen*** she is well; ***en ~ person*** a healthy person; ~ ***och kry*** hale and hearty; ***~a tänder*** sound teeth; ~ ***aptit*** a keen appetite; ~ ***luft*** fresh air
friska *verb*, ~ ***upp*** freshen up; ~ ***upp sina kunskaper*** brush up one's knowledge
friskintyg *subst* certificate of health
friskola *subst* independent school
friskskriva *verb*, ~ ***ngn*** declare sb fit
frisksportare *subst* keep-fit type, health freak
friskvård *subst* health and fitness activities pl.
frisläppa *verb* set... free, release
frispark *subst* fotb. free kick; ***få*** ~ be awarded a free kick; ***lägga en*** ~ take a free kick
frispråkig *adj* outspoken
frissa *subst* vard. ladies' hairdresser
frist *subst* anstånd respite, grace
fristad *subst* skyddad ort sanctuary, refuge
fristil *subst* sport. freestyle
fristående *adj*, ***ett*** ~ ***hus*** a detached house
friställd *adj* arbetslös redundant
frisyr *subst* hair style
frisör *subst* o. **frisörska** *subst* hairdresser, barber
frita *verb* **1** help to escape; rädda rescue **2** från skyldighet release, exempt; från ansvar relieve
fritagning *subst* rescue operation
fritagningsförsök *subst* rescue attempt, rescue bid
fritera *verb* kok. deep-fry
fritid *subst* spare time, leisure; ledig tid time off
fritidsbåt *subst* pleasure boat
fritidsgård *subst* youth recreation centre
fritidshem *subst* after-school recreation centre for children
fritidshus *subst* weekend cottage, weekend cabin
fritidskläder *subst pl* leisure wear sing., casual wear sing.
fritidsområde *subst* recreation area
fritidssko *subst* casual shoe, casual
fritidssysselsättning *subst* spare-time occupation
fritis *subst* vard. se *fritidshem*
fritt *adv* freely; ~ ***fram för förslag*** any

suggestions?; ***det är ~ fram*** the green light has been given
frivillig I *adj* voluntary
II *subst* o. *adj* volunteer
frivilligt *adv* voluntarily, of one's own free will
frivolt *subst* gymn. somersault
frodas *verb* thrive, flourish
frodig *adj* luxuriant; om person fat, plump
from *adj* gudfruktig pious
fr.o.m. se *från och med* under *från*
fromage *subst* kok., ungefär cold mousse
fromhet *subst* piety
front *subst* front
frontalkrock *subst* head-on collision
1 frossa *subst*, ***ha*** ~ have the shivers
2 frossa *verb* guzzle; ~ ***i*** wallow in, revel in
frossare *subst* glutton, guzzler
frossbrytning *subst* fit of shivering
frosseri *subst* gluttony, guzzling
frost *subst* frost; rimfrost hoarfrost
frosta *verb*, ~ ***av*** defrost
frostbiten *adj* frostbitten
frostnatt *subst* frosty night
frostskadad *adj*, ***den är*** ~ it has been damaged by frost
frotté *subst* terry cloth
frottéhandduk *subst* terry towel
frottera *verb* rub
fru *subst* gift kvinna married woman; hustru wife; ~ ***Ek*** Mrs. Ek; ***hur mår ~ Ek?*** tilltal how are you, Mrs. Ek?
frukost *subst* breakfast
frukostbord *subst*, ***vid ~et*** vid frukosten at breakfast
frukostflingor *subst pl* breakfast cereals, majsflingor cornflakes
frukostmiddag *subst* early dinner
frukt *subst* fruit
frukta *verb* fear, be afraid [*ngt* of sth; *att* that]; ~ ***för ngns liv*** fear for sb's life
fruktaffär *subst* ungefär fruit and sweetshop, amer. fruit and candy store
fruktan *subst* rädsla fear [*för* of], dread [*för* of]
fruktansvärd *adj* terrible, dreadful
fruktbar *adj* fertile; givande fruitful
fruktkniv *subst* fruit knife
fruktkräm *subst* stewed fruit purée
fruktlös *adj* futile, fruitless
fruktodling *subst* fruit-growing; ***en*** ~ a fruit farm
fruktpress *subst* juice extractor, squeezer
fruktsallad *subst* fruit salad
fruktsam *adj* om kvinna fertile
frukträd *subst* fruit tree
fruktträdgård *subst* orchard
fruntimmer *subst* neds. female, spec. amer. dame
frusen *adj* frozen
frustrerad *adj* frustrated
frys *subst* freezer
frysa I *verb* **1** till is freeze; bli frostskadad get frost-bitten **2** om person feel cold, be freezing; ***jag fryser om händerna*** my hands are cold
II *verb* med betonad partikel
frysa fast freeze
frysa in el. **frysa ned** matvaror freeze, refrigerate
frysa sönder: ***rören har frusit sönder*** the frost has burst the pipes
frysa till (igen) freeze, freeze over
frysbox *subst* freezer, chest freezer
frysdisk *subst* frozen-food display, refrigerated counter
frysfack *subst* freezing-compartment
frysklamp *subst* freezer pack
fryspunkt *subst* freezing-point
frysrum *subst* cold-storage room
frysskåp *subst* freezer, cabinet freezer
frystorka *verb* freeze-dry
fråga I *subst* question; ***vad är det ~ om?*** a) vad gäller saken? what's it all about? b) vad står på? what's the matter?; ***mannen i*** ~ the man in question; ***han kan komma i*** ~ he is a possible choice; ***det*** (***han***) ***kan inte komma i*** ~ it (he) is out of the question; ***i ~ om*** beträffande concerning, with regard to
II *verb* ask; fråga ut question; ~ ***efter ngn*** ask for sb; ~ ***efter en bok*** i bokhandeln inquire for a book; ~ ***ngn om vägen*** ask sb the way; ~ ***sig*** ask oneself, wonder
frågeformulär *subst* questionnaire; ***fylla i ~et*** complete the questionnaire
frågesport *subst* quiz
frågetecken *subst* question mark; ***se ut som ett levande*** ~ look completely bewildered
frågvis *adj* inquisitive
från *prep* from; ***bort*** ~ el. ***ned*** ~ off; ~ ***och med*** (förk. *fr.o.m.*) ***den 1 maj*** as from May 1st; ~ ***och med den dagen*** from that very day; ~ ***och med nu*** from now on; ~ ***och med sid. 10*** from page 10 on; ***börja ~ början*** begin at the beginning; ***gå ~ bordet*** leave the table; ***A. ~ Stockholm*** A. of Stockholm
frånskild *adj* om makar divorced; ***en*** ~ a divorced person; kvinna a divorcee
frånta *verb*, ~ ***ngn ngt*** a) take sth away from sb b) beröva deprive sb of sth
frånvarande *adj* **1** inte närvarande absent; ***de*** ~

those absent **2** tankspridd absent-minded; upptagen av sina tankar preoccupied
frånvaro *subst* absence [*av* of; *från* from]
fräck *adj* impudent [*mot* to], vard. cheeky [*mot* to], amer. fresh [*mot* to]; ***det var det ~aste!*** vard. what cheek!, what a nerve!
fräckhet *subst* impudence, insolence, vard. cheek, nerve (samtliga endast sing.)
fräknar *subst pl* freckles
fräknig *adj* freckled
frälsa *verb* relig. save, redeem
frälsare *subst* relig. saviour
frälsning *subst* relig. salvation
frälsningsarmén *subst* the Salvation Army
främja *verb* promote, further
främjande *subst* promotion, furtherance
främling *subst* **1** stranger [*för* to] **2** utlänning foreigner
främlingsfientlig *adj* ...hostile to foreigners, xenophobic
främlingshat *subst* hatred of foreigners
främlingslegion *subst*, ***~en*** the Foreign Legion
främlingspass *subst* alien's passport
främmande I *adj* obekant strange, unknown, unfamiliar [*för* to]; utländsk foreign
II *subst* gäster guests pl., company
främre *adj* front, fore
främst *adv* först first; längst fram in front; om rang foremost; huvudsakligen chiefly; ***gå ~*** go first, walk in front
främsta (*främste*) *adj* förnämsta foremost; viktigaste chief; första first, front
frän *adj* om lukt, smak pungent, acrid; ***~ kritik*** biting criticism
fräsa *verb* **1** väsa hiss [*åt* at]; brusa fizz; vid stekning sizzle; om katt spit [*åt* at] **2** hastigt steka fry, frizzle
fräsch *adj* fresh, fresh-looking; ren clean
fräscha *verb*, ***~ upp*** t.ex. sitt utseende freshen up; ***~ upp sitt minne*** refresh one's memory; ***~ upp sina kunskaper*** brush up one's knowledge
fräta *verb*, ~ el. ***~ på*** (***sönder***) om syra etc. corrode; ***~nde ämne*** corrosive
frö *subst* seed
fröjd *subst* glädje joy; lust delight
fröken *subst* **1** ogift kvinna unmarried woman; ung dam young lady **2** lärarinna teacher **3** som titel Miss; ***F~!*** till uppasserska Waitress!, vard. Miss!; ***F~ Ur*** the Speaking Clock
frömjöl *subst* pollen
fuchsia *subst* blomma fuchsia
fuffens *subst* vard. hanky-panky; ***ha något ~ för sig*** be up to mischief
fukt *subst* damp; väta moisture
fukta *verb* moisten, wet
fuktig *adj* damp; t.ex. om klimat humid; råkall damp; ***~a läppar*** moist lips
fuktighet *subst* dampness, moistness, humidity
ful *adj* ugly, alldaglig plain, spec. amer. homely; ***~ fisk*** ugly customer; ***~ gubbe*** dirty old man; ***~a ord*** bad language sing.; ***~ vana*** nasty habit; ***~ i mun*** foul-mouthed
fuling *subst* nasty customer; ***din ~!*** you rascal!

> **full**
> Observera att *I'm full* vanligen betyder jag är mätt medan *we're full* oftast betyder det är fullsatt.

full *adj* **1** full [*av, med* of]; fylld filled [*av* with]; ***det är ~t*** fullsatt we are full up; ***hälla*** (***slå***) ***glaset ~t*** fill the glass; ***på ~t allvar*** quite seriously; ***njuta av ngt i ~a drag*** enjoy sth to the full; ***~t förtroende*** complete confidence; ***med ~ rätt*** quite rightly; ***ha ~ tjänst*** i skola be a full-time teacher; ***månen är ~*** the moon is full
2 onykter, ***en ~ person*** a drunken person, vard. a tipsy person; ***vara ~*** be drunk, vard. be tipsy; ***supa sig ~*** get drunk
fullastad *adj* fully loaded
fullbelagd *adj*, ***hotellet är fullbelagt*** the hotel is fully booked
fullblod *subst* thoroughbred
fullbokad *adj* fully booked
fullborda *verb* slutföra complete, finish; ***ett ~t faktum*** an accomplished fact
fullfjädrad *adj* full-fledged, accomplished
fullfölja *verb* slutföra complete, finish; genomföra follow out, carry out
fullgod *adj* perfectly satisfactory; utmärkt perfect
fullgöra *verb* perform, discharge, fulfil, carry out
fullkomlig *adj* **1** felfri perfect **2** fullständig complete, entire; ***en ~ främling för mig*** an utter stranger to me
fullkomlighet *subst* perfection
fullkomligt *adv* **1** perfectly, completely **2** helt entirely, utterly; ***~ obegripligt*** utterly incomprehensible
fullkornsbröd *subst* wholemeal bread
fullmakt *subst* bemyndigande authorization,

skriftligt written authorization; ***ge ngn ~ att göra ngt*** authorize sb to do sth
fullmåne *subst* full moon
fullo *subst*, ***till*** ~ to the full, fully
fullpackad *subst* o. **fullproppad** *adj* crammed, packed [*med* with]
fullsatt *adj* full, crowded, packed
fullständig *adj* komplett complete, entire, full; total perfect, total
fullt *adv* **1** completely, fully; ***ha ~ upp med arbete*** have plenty of work; ***arbeta för ~*** work like mad; ***med radion på för ~*** with the radio on at full blast **2** alldeles quite; ***inte ~ ett år*** not quite a year
fulltalig *adj* complete; ***en ~ publik*** a full audience
fullträff *subst* direct hit; ***pjäsen blev en verklig ~*** the play was a real hit
fullvuxen *adj* full-grown; ***bli ~*** grow up
fullvärdig *adj*, ***~ kost*** a balanced diet
fullända *verb* fullkomna perfect; ***~d skönhet*** perfect beauty
fulländning *subst* perfection
fumla *verb* fumble [*med* with, at]
fumlig *adj* fumbling
fundament *subst* foundation, foundations pl.
fundamental *adj* fundamental, basic
fundamentalist *subst* fundamentalist
fundera *verb* tänka think [*på, över* of, about]; grubbla ponder [*på, över* over]; ***jag ~r på att köpa en ny bil*** I'm thinking of buying a new car; ***jag ska ~ på saken*** I will think the matter over; ***jag har ofta ~t över*** undrat ***varför han...*** I have often wondered why he...; ***~ ut*** think out, work out
fundering *subst*, ***~ar*** tankar thoughts [*kring, om* on]; idéer ideas [*kring, om* on]
fundersam *adj* tankfull thoughtful
fungera *verb* **1** gå riktigt work, function; ***hissen ~r inte*** the lift is out of order, the lift is not working **2** tjänstgöra act [*som* as], serve [*som* as]
funka *verb* vard. work [*som* as], function [*som* as], act [*som* as]; se *fungera* för ex.
funktion *subst* function; ***fylla en ~*** serve a purpose; ***ur ~*** out of order
funktionär *subst* official; vid tävling steward
furir *subst* mil. corporal; inom flottan petty officer; inom flygvapnet sergeant
furste *subst* prince
furstendöme *subst* principality
furstlig *adj* princely
furu *subst* virke pine, pinewood; ***ett bord av ~*** a deal table
fusk *subst* **1** skol. el. i spel cheating **2** slarvigt arbete botched work, bungled work
fuska *verb* skol. el. i spel cheat
fusklapp *subst* skol. crib
fuskverk *subst*, ***ett ~*** a botched piece of work
futtig *adj* ynklig paltry; lumpen mean
futurum *subst* gram. the future tense
fux *subst* häst chestnut, ljusare sorrel
fy *interj* oh!; ***~ fan!*** hell!; ***~ skäms!*** shame on you!; till barn naughty, naughty!
fylla I *verb* **1** fill; stoppa full stuff; ***~s*** fill, fill up; ***det fyller sitt ändamål*** it serves its purpose; ***~ bensintanken*** fill up the tank, fill up; ***~ vin i glasen*** pour wine into the glasses; ***hennes ögon fylldes av tårar*** her eyes filled with tears **2** ***när fyller du år?*** when is your birthday?; ***han fyllde femtio i går*** he was fifty yesterday
II *verb* med betonad partikel
fylla i: ***~ i en blankett*** fill in a form, fill up a form
fylla igen t.ex. hål fill up, stop up
fylla på 1 kärl fill, fill up **2** vätska pour, pour in **3** ***~ på bensin*** tanka fill up
fyllbult *subst* vard. drunkard, boozer, wino (pl. -s)
fylleri *subst* drunkenness
fyllerist *subst* drunk
fyllig *adj* **1** om person plump; om figur, kroppsdel ample, full **2** om t.ex. framställning full, detailed; om urval etc. rich **3** om vin full-bodied; om ton, röst rich, mellow
fyllnadsinbetalning *subst* av skatt supplementary payment of back tax
fyllnadsval *subst* polit. by-election
fyllning *subst* filling äv. i tand; kok. stuffing; i pralin etc. centre
fyllo *subst* vard. drunk, boozer
fylltratt *subst* vard. drunk, boozer
fynd *subst* det funna find; upptäckt discovery; ***göra ett ~*** gott köp make a bargain
fyndig *adj* **1** om person: påhittig inventive; rådig resourceful; slagfärdig witty **2** om t.ex. lösning ingenious
fyndpris *subst* bargain price
fyr *subst* fyrtorn lighthouse
1 fyra *verb*, ***~ av*** fire, let off, discharge
2 fyra I *räkn* four; ***mellan ~ ögon*** in private, privately; ***på alla ~*** on all fours; se *fem* för ex.
II *subst* (se äv. *femma* för ex.) four; ***~ns växel*** fourth gear
fyrarummare *subst* o. **fyrarumslägenhet** *subst* four-room flat, four-room apartment
fyrbent *adj* four-legged

fyrcylindrig *adj*, ***en ~ bil*** a four-cylinder car; ***bilen är ~*** the car has four cylinders
fyrdubbel *adj* fourfold, quadruple
fyrdubbla *verb*, ***~ ngt*** multiply sth by four, quadruple sth
fyrfaldig *adj* fourfold; ***ett ~t leve för...*** four cheers for...; eng. motsvarighet three cheers for...
fyrfilig *adj*, ***den är ~*** it has four lanes
fyrfotadjur *subst* quadruped, four-footed animal
fyrfoting *subst* quadruped
fyrhjulsdrift *subst* bil. four-wheel drive
fyrhjulsdriven *adj* bil. four-wheel driven
fyrhändigt *adv* musik., ***spela ~*** play duets
fyrkant *subst* **1** kvadrat square; spec. geom. quadrangle **2** tele. hash, hash sign, amer. äv. pound sign; ***tryck ~*** press the hash button
fyrkantig *adj* square
fyrklöver *subst* four-leaf clover
fyrop *subst pl* boos, cries of 'shame!'
fyrsidig *adj* quadrilateral
fyrsiding *subst* quadrilateral
fyrskepp *subst* lightship
fyrtaktsmotor *subst* four-stroke engine
fyrti *räkn* vard. se *fyrtio*
fyrtio *räkn* forty; se *fem* för ex. o. *femtio-* för sammansättningar
fyrtionde *räkn* fortieth
fyrtiowattslampa *subst* forty-watt bulb
fyrtorn *subst* lighthouse
fyrvaktare *subst* lighthouse-keeper
fyrverkeri *subst*, ~ el. ***~er*** fireworks pl.; ***ett ~*** a firework display
fyrverkeripjäs *subst* firework
fysik *subst* **1** vetenskap physics (med verb i sing.) **2** kroppskonstitution physique, constitution
fysikalisk *adj* physical
fysiker *subst* physicist
fysiolog *subst* physiologist
fysionomi *subst* physiognomy
fysioterapi *subst* physiotherapy
fysioterapist *subst* physiotherapist
fysisk *adj* physical
1 få I *hjälpverb* **1** få tillåtelse att be allowed to, be permitted to; ***~r jag gå nu?*** may (can) I go now?; ***jag ~r inte glömma det*** I must not forget it **2** ha tillfälle el. möjlighet att be able to, have an opportunity to, have a chance to; ***vi ~r tala om det senare*** we can talk about that later; ***vi ~r väl se*** we'll see about that; ***~ höra, ~ se, ~ veta*** etc., se resp. verb **3** vara tvungen att have to, have got to; ***du ~r ta*** el. ***du ~r lov att ta en större väska*** you must have a bigger bag; ***du ~r inte göra det!*** you mustn't do it!
II *huvudverb* **1** erhålla etc. get, obtain, receive, have; ***kan jag ~ lite te?*** can I have some tea please?; ***jag ska be att ~ lite frukt*** i butik I'd like some fruit; ***vem har du ~tt den av?*** who gave you that?; ***vad ~r vi till middag?*** what's for dinner?; ***det ska du ~ för!*** I'll pay you out for that!; ***där fick han!*** det var rätt åt honom! serves him right!
2 förmå make, get; ***~ ngn att göra ngt*** make sb do sth, get sb to do sth; ***~ ett barn i säng*** get a child to bed
III *verb* med betonad partikel
få av ngt get sth off
få av sig ngt t.ex. plagg get sth off
få bort avlägsna remove; ***jag kan inte ~ bort den*** I can't get it off
få fast ngn catch sb; t.ex. brottsling manage to catch (arrest) sb
få fram ngt ta fram get sth out; ***jag fick inte fram ett ord*** I couldn't get a word out; ***jag vill ~ fram sanningen*** I want to get at the truth
få för sig sätta sig i sinnet get into one's head; inbilla sig imagine
få i 1 ***~ i ngn ngt*** get sth into sb **2** ***~ i sig ngt*** tvinga i sig get sth down
få igen: ***det ska du ~ igen!*** I'll pay you back for that!
få ihop ngt samla get sth together, collect sth
få in ngt get sth in; ***~ in*** ihop ***pengar*** collect money
få loss ngt get sth off; få ur get sth out
få på ngt get sth on
få på sig ngt t.ex. plagg get sth on
få tillbaka på skatten get a tax refund
få tillbaka ngt get sth back
få upp 1 öppna open; lyckas öppna manage to open; t.ex. lock get off **2** kunna lyfta raise, lift **3** ***~ upp farten*** komma i gång get up speed
få ut ngt 1 get sth out [*ur* of]; t.ex. lön, arv obtain; ***~ ut det mesta möjliga av*** **2** lösa solve; utnyttja make the most of
få ngt över få kvar have sth left, have sth to spare
2 få *pron* few; ***bara några ~*** only a few; ***inte så ~*** quite a few; ***några ~*** a few; ***ytterst ~*** very few
fåfäng *adj* flärdfull vain
fåfänga *subst* flärd vanity

fåglar
I TRÄDGÅRDEN: blåmes *blue tit*, gråsparv *house sparrow*, koltrast *blackbird*, rödhake *robin, robin redbreast*, talgoxe *great tit, titmouse*.
VID SJÖ OCH HAV: fiskmås *seagull*, gräsand *mallard, wild duck*, svan *swan*.
I SKOG OCH MARK: bofink *chaffinch*, duva *pigeon*, hackspett *woodpecker*, kråka *crow*, skata *magpie*, svala *swallow*, örn *eagle*.
BURFÅGLAR: papegoja *parrot*, undulat *budgerigar*, vard. *budgie*, kanariefågel *canary*. Amerikaner använder ofta ordet *parakeet* för undulat.

fågel *subst* bird; tamfågel el. kok. poultry koll.; ***varken ~ eller fisk*** neither fish, flesh nor fowl
fågelbo *subst* bird's nest (pl. vanligen birds' nests)
fågelbord *subst* bird table
fågelbur *subst* birdcage
fågelfrö *subst* birdseed
fågelholk *subst* nesting box
fågelinfluensa *subst* med. bird influenza
fågelkvitter *subst* the twittering of birds
fågelperspektiv *subst*, ***se ngt i ~*** have a bird's-eye view of sth
fågelskrämma *subst* scarecrow
fågelskådare *subst* bird-watcher
fågelvägen *subst*, ***det är två mil ~*** it is twenty kilometres as the crow flies
fåll *subst* hem
1 fålla *verb* vid sömnad hem
2 fålla *subst* inhägnad pen, fold
fåne *subst* fool, idiot
fånga I *subst*, ***ta ngn till ~*** take sb prisoner, capture sb; ***ta sitt förnuft till ~*** be reasonable
II *verb* catch, take
fånge *subst* prisoner; straffånge convict
fången *adj* fängslad captured, imprisoned, captive; ***hålla ngn ~*** keep sb in captivity, hold sb prisoner
fångenskap *subst* captivity; ***befria ngn ur ~en*** free sb from captivity
fångläger *subst* prison camp; mil. prisoner of war camp
fångst *subst* byte catch
fångvaktare *subst* warder, amer. prison guard, jailer
fånig *adj* silly, stupid; löjlig ridiculous
fåntratt *subst* vard. fool, idiot
fåordig *adj* taciturn; ***hon är ~*** she's a woman of few words; ***han är ~*** he's a man of few words
får *subst* sheep (pl. lika); kött mutton
fåra *subst* o. *verb* furrow
fårkött *subst* mutton
fårskalle *subst* vard. blockhead
fårskinn *subst* sheepskin
fårstek *subst* roast mutton
fårull *subst* sheep's wool
fåtal *subst*, ***ett ~ gånger*** a few times; ***endast ett ~*** only a small number; ***i ett ~ fall*** in a minority of cases
fåtalig *adj*, ***de är ~a*** they are few, they are few in number; ***den ~a publiken*** the small audience
fåtölj *subst* armchair, easy chair
fädernesland *subst* native country
fähund *subst* lymmel swine, dirty dog, stark. bastard
fäkta *verb* fence; ***~ med armarna*** gesticulate violently
fäktare *subst* fencer
fäktning *subst* fencing
fälg *subst* på hjul rim
fälgkors *subst* bil. wheel wrench
fälgnyckel *subst* bil. rim wrench
fälla I *subst* trap; ***gillra en ~ för*** set a trap for
II *verb* **1** få att falla fell; spec. jakt. bring down; låta falla drop; sänka, t.ex. bom lower; ***~ ett förslag*** defeat a proposal; ***~ tårar*** shed tears **2** förlora, t.ex. blad, hår shed, cast **3** avge, ***~ ett yttrande*** make a remark **4** förklara skyldig convict [*för* of] **5** om tyg etc. lose its colour, fade; ***färgen fäller*** the colour runs
III *verb* med betonad partikel
fälla ihop t.ex. fällstol fold up; ***~ ihop ett paraply*** fold an umbrella, take down an umbrella
fälla ned lock shut; bom, sufflett lower; krage turn down
fälla upp lock open; krage turn up; paraply put up
fällkniv *subst* clasp knife; stor jack knife
fällstol *subst* folding chair; utan ryggstöd camp stool; vilstol deckchair
fält *subst* field; ***på ett ~*** in a field
fältherre *subst* commander, general
fältkikare *subst* field glasses pl.
fältmarskalk *subst* mil. field marshal
fältslag *subst* pitched battle

fälttåg *subst* campaign
fältuniform *subst* mil. field uniform, battle dress
fängelse *subst* prison, jail, i brittisk engelska ibland gaol; ***få livtids*** ~ get a life sentence, be imprisoned for life; ***sitta i*** ~ be in prison, be in jail; ***sätta ngn i*** ~ put sb in prison, put sb in jail
fängelsecell *subst* prison cell
fängelsedirektör *subst* prison governor, amer. prison warden, warden
fängelsestraff *subst* imprisonment, term of imprisonment; ***avtjäna ett*** ~ serve a prison sentence
fängsla *verb* **1** sätta i fängelse imprison **2** tjusa captivate, fascinate; spännande, intressant absorbing, thrilling
fängslande *adj*
fängslig *adj*, ***hålla i ~t förvar*** keep in custody; ***ta i ~t förvar*** take into custody
fänkål *subst* kok. el. bot. fennel; krydda fennel seed
färd *subst* **1** resa journey; till sjöss voyage **2** ***vara i full ~ med att göra ngt*** be busy doing sth
färdas *verb* travel
färddator *subst* bil. trip computer

färdig
Lägg märke till skillnaden mellan:
I'm ready jag är färdig = jag är beredd att börja
I'm finished eller *I have finished* jag är färdig = jag har gjort klart

färdig *adj* avslutad finished, completed, done; klar, beredd ready, prepared [*till* for]; ~ ***att användas*** ready for use; ***få (göra) ngt ~t*** a) avsluta finish sth b) iordningställa get sth ready [*till* for]; ***skriva brevet ~t*** finish writing the letter; ***är du ~?*** have you finished?; ***är du ~ med arbetet?*** have you finished your work?; ***han är alldeles*** ~ slut he is done for; ***middagen är*** ~ dinner is ready; ***vara*** ~ nära ***att göra ngt*** be on the point of doing sth
färdigförpackad *adj* pre-packed
färdighet *subst* skicklighet skill, proficiency
färdigklädd *adj* dressed
färdiglagad *adj*, ~ ***mat*** ready-cooked food
färdigställa *verb* prepare, get ready
färdigsydd *adj* konfektionssydd ready-made
färdigt *adv*, ***äta*** ~ finish eating
färdledare *subst* guide, leader
färdskrivare *subst* bil. tachograph, vard. tacho; flyg. flight recorder, vard. black box
färdsträcka *subst* bil. driving distance
färdtjänst *subst* mobility service, transportation service for the disabled
färdväg *subst* route; resplan itinerary
färg *subst* **1** colour; målarfärg paint; ***vad är det för ~ på bilen?*** el. ***vilken ~ har bilen?*** what colour is the car?; ***få*** ~ om ansikte get a colour, get a tan **2** till färgning dye **3** nyans shade, tint **4** kortsp. suit
färga *verb* colour; tyg, hår dye; ***den röda duken har ~t av sig på bordsduken*** the dye has come out of the red cloth on to the tablecloth; ***~t hår*** dyed hair
färgad *adj* coloured; målad painted; med färgning dyed
färgband *subst* för skrivmaskin typewriter ribbon
färgbild *subst* colour picture; foto. colour photo (pl. -s)
färgblind *adj* colour-blind
färgfilm *subst* colour film
färgfoto *subst* bild colour photo pl. -s
färgglad *adj* richly coloured
färggrann *adj* richly coloured, full of colour, neds. gaudy
färghandel *subst* paint dealer and chemist
färgklick *subst* splash of colour (pl. splashes of colour); klatschig detalj colourful detail
färgkrita *subst* coloured chalk; av vax coloured crayon
färglåda *subst* paintbox
färglägga *verb* colour; foto. tint
färglös *adj* colourless
färgpenna *subst* coloured pencil
färgskala *subst* range of colours
färgstark *adj* colourful
färg-tv *subst* colour television, colour TV
färgäkta *adj* colour-fast; tvättäkta washproof
färja *subst* ferry; spec. mindre ferryboat
färjförbindelse *subst* ferry service
färre *adj* fewer
färs *subst* köttfärs minced meat, amer. ground beef; t.ex. på fisk mousse
färsk *adj* ej konserverad fresh; ***~t bröd*** fresh bread, new bread; ~ ***frukt*** fresh fruit; ~ ***potatis*** new potatoes
färskpotatis *subst* koll. new potatoes pl.
färskvara *subst* perishable, foodstuff; ***färskvaror*** perishables
Färöarna *pl* the Faeroe Islands, the Faeroes
fästa *verb* fasten, fix, attach; ~ ***blicken på*** fix one's eyes on; ~ ***sig vid ngn*** become

attached to sb; ~ ***sig vid ngt*** pay attention to sth; ***vara mycket fäst vid*** be very much attached to
fäste *subst* **1** stöd, tag hold; fotfäste foothold, footing; ***få*** ~ get a hold, get a grip
2 befästning stronghold; ***ett starkt*** ~ ***för liberalerna*** a stronghold for the liberals
fästing *subst* tick
fästman *subst* fiancé
fästmö *subst* fiancée
fästning *subst* fort, fortress
föda I *subst* food; näring nourishment; uppehälle living; ***fast*** ~ solid food; ***flytande*** ~ liquid food
II *verb* **1** give birth to **2** alstra breed **3** ge föda åt feed; försörja support, maintain; ~ ***upp*** djur breed, rear
födas *verb* be born; ***han föddes den 1 mars*** he was born on 1 March
född *adj* born; ***Födda*** rubrik Births; ***hon är*** ~ ***Anderson*** her maiden name was Anderson; ***när är du*** ~***?*** when were you born?; ***han är*** ~ ***svensk*** he is a Swede by birth
födelse *subst* birth; ***efter (före) Kristi*** ~ se *Kristus*
födelseannons *subst* announcement in the births column
födelsedag *subst* birthday
födelsedagskalas *subst* vard. birthday party
födelsedagspresent *subst* birthday present
födelsedatum *subst* date of birth
födelsekontroll *subst* birth control
födelsemärke *subst* birthmark
födelseort *subst* birthplace; i formulär place of birth
födoämne *subst* food (endast sing.); foodstuff
födsel *subst* förlossning delivery; födelse birth; ***från*** ~***n*** from birth
1 föga *adj* o. *adv* very little; ~ ***trolig*** not very likely, improbable
2 föga *subst*, ***falla till*** ~ yield, submit [*för* to]
fögderi *subst* tax collection district
föl *subst* foal; unghäst colt; ungsto filly

> **följa**
> Lägg märke till att *follow* betyder följa, följa efter. Följa med ngn heter *accompany sb, come with sb, go with sb.*

följa I *verb* **1** follow; efterträda succeed **2** göra sällskap med accompany; ~ ***ngn till tåget*** (***båten*** etc.) see sb off; ***jag följer dig en bit på väg*** I will come with you part of the way
II *verb* med betonad partikel
följa efter follow
följa med komma med come (dit go) along [*ngn* with sb]; ~ ***med ngn*** accompany sb; ***vill du*** ~ ***med på bio?*** do you want to come with me (us) to the cinema?; ***han talar så fort att jag inte kan*** ~ ***med*** he speaks so fast I can't follow him; ***han kan inte*** ~ ***med i klassen*** he cannot keep up with the rest of the class
följa upp follow up
följaktligen *adv* consequently, accordingly
följande *adj* following; ***den*** ~ ***diskussionen var*** the discussion that followed was; ***på*** ~ ***sätt*** in the following way
följas *verb*, ~ ***åt*** go together, accompany each other
följd *subst* **1** succession, sequence; ***en*** ~ ***av olyckor*** a series of accidents; ***fem år i*** ~ five years in succession **2** konsekvens consequence; ***ha (få) till*** ~ result in; ***ha till*** ~ ***att...*** have the result that...
följesedel *subst* delivery note
följeslagare *subst* companion, follower
följetong *subst* serial story, serial
föna *verb* håret blow-dry, blow-wave
fönster *subst* window
fönsterbräde *subst* window sill
fönsterlucka *subst* shutter
fönsterputsare *subst* window-cleaner
fönsterruta *subst* window pane
fönstershoppa *verb* window-shop
fönstertittare *subst* voyeur, peeping Tom
1 för *subst* på båt bow, bows, stem
2 för I *prep* **1** for; ***ha användning*** ~ have use for; ***det blir inte bättre*** ~ ***det*** that won't make it any better; ***han är lång*** ~ ***sin ålder*** he is tall for his age; ***jag får inte*** ~ ***pappa*** father won't let me; ***han får göra vad han vill*** ~ ***mig*** he can do as he likes as far as I'm concerned **2** to; ***visa ngt*** ~ ***ngn*** show sth to sb; ~ ***mig*** i mina ögon to me **3** vid genitivförhållande of; ***chef*** ~ head of; ***priset*** ~ ***varorna*** the price of the goods; ***tidningen*** ~ ***i går*** yesterday's paper **4** i tidsuttryck, ~ ***fem dagar framåt*** for the next five days; ***få en vän*** ~ ***livet*** a friend for life; ~ ***ett år sedan*** a year ago; ~ ***länge sedan*** long ago **5** andra ex., ***gömma ngt*** ~ ***ngn*** hide sth from sb; ***oroa sig*** ~ ***ngn*** (***ngt***) worry about sb (sth); ***jag har köpt det*** ~ ***egna pengar*** I've bought it with my

own money; ***ta lektioner ~ ngn*** have lessons with sb; ***köpa tyg ~ 100 kronor metern*** buy material at 100 kronor a metre; ***bli sämre ~ varje dag*** become worse every day; ***var och en ~ sig*** each one separately; ***hålla handen ~ munnen*** hold one's hand before one's mouth; ***ngt ~ sig själv*** have something all to oneself; ***vara ~ sig själv*** ensam be alone
II *konj* ty for; ~ ***att* 1** because **2** så att, i avsikt att ~ ***att*** på det att so that, in order that; ***vägen var för (alltför) smal ~ att två bilar skulle kunna mötas*** the road was too narrow for two cars to pass; ***hon talar bra svenska ~ att vara utlänning*** she speaks good Swedish for a foreigner
III *adv* **1** alltför too; ~ ***litet*** too little **2 *gardinen är*** ~ fördragen the curtain is drawn

föra I *verb* **1** bära carry; forsla transport **2** ta med sig: hit bring; föra bort till take; ~ ***ngn till sjukhus*** take sb to hospital **3** leda lead; ~ ***förhandlingar*** conduct negotiations, carry on negotiations; ~ ***en politik*** pursue a policy **4** lead; ***det skulle ~ för långt*** it would carry (take) us too far
II *verb* med betonad partikel
föra bort ngn take sb away, lead sb away
föra fram idé etc. bring up
föra in: ~ ***in ngt*** införa introduce sth; ~ ***in ngn*** ta in bring (take) sb in; leda in lead sb in
föra med sig ngt 1 ha med sig carry (take) sth along with one **2** få som följd result in sth, lead to sth
föra upp skriva upp enter [*på* on]; ***för upp det på mitt konto*** put it down to my account
föra ut varor export
föra vidare skvaller etc. pass on

förakt *subst* contempt; ***känna ~ för ngn*** feel contempt for sb

förakta *verb* ringakta despise, scorn

föraktfull *adj* contemptuous, scornful

föraktlig *adj* **1** värd förakt contemptible; ***en inte ~ summa*** no mean sum of money

föraning *subst* premonition [*om att* that], presentiment [*om att* that]

förankra *verb* anchor [*vid* to]; ***fast ~d*** djupt rotad deeply rooted

förankring *subst* sjö. anchorage; ***den har stark ~ hos folket*** it is strongly supported by the people

föranleda *verb* **1** förorsaka bring about, cause; ge upphov till give rise to; ***känna sig föranledd att göra ngt*** feel called upon to do sth

föranlåten *adj*, ***känna (se) sig ~ att göra*** feel called upon to do sth

förarbete *subst* preparatory work (endast sing.)

förare *subst* av bil etc. driver; av motorcykel etc. rider; av flygplan pilot

förarga *verb* **1** annoy, provoke **2** ~ ***sig*** get annoyed [*över* at, with]

förargelse *subst* **1** förtret, ilska annoyance **2** anstöt offence; ***väcka*** ~ cause offence

förargelseväckande *adj*, ~ ***beteende*** jur. disorderly conduct

förarglig *adj* förtretlig annoying; retsam irritating

förarhytt *subst* i lastbil etc. driver's cab; på tåg driver's compartment; på flygplan cockpit

förarplats *subst* driver's seat

förarsäte *subst* driver's seat

1 förband *subst* **1** bandage; kompress etc. dressing; ***första*** ~ first-aid bandage **2** mil. unit; flyg. formation

2 förband *subst* musik. warm-up band

förbandslåda *subst* first-aid kit

förbanna *verb* curse, damn

förbannad *adj* **1** svordom vanligen bloody, damned, amer. goddamn **2** fördömd cursed **3 *bli*** ~ vard. get furious [*på* with]

förbannat *adv* vard. damned, amer. goddamn

förbannelse *subst* curse

förbarma *verb*, ~ ***sig*** take pity [*över* on]; spec. relig. have mercy [*över* on]

förbarmande *subst*, ***visa*** ~ have pity [*mot* on], show mercy [*mot* on]

förbaskad *adj* vard. confounded, damned, amer. goddamn

förbehåll *subst* reserve, reservation; inskränkning restriction; villkor condition; ***under ~ att...*** provided that...; ***utan*** ~ without reservation

förbehålla *verb*, ~ ***sig rätten att göra ngt*** reserve the right to do sth

förbehållen *adj* reserved [*för* for]

förbereda *verb* prepare [*för, på* for]; ~ ***sig*** prepare oneself [*för, på ngt* for sth]; göra sig i ordning get ready [*för, till* for], get oneself ready [*för, till* for]

förberedande *adj* preparatory, preliminary

förberedelse *subst* preparation

förbi *prep* o. *adv* past, by

förbifart *subst*, ***i ~en*** in passing

förbigå *verb*, ~ ***ngn (ngt)*** pass sb (sth) over; strunta i ignore sb (sth); ~ ***ngt med tystnad*** pass something over in silence

förbigående *subst*, ***i*** ~ in passing

förbigången *adj* passed over; ***känna sig ~*** feel left out
förbinda *verb* **1** sår bandage, dress **2** förena join [*med* to], attach [*med* to], connect [*med* with, to]; ***det är förbundet med stor risk*** it involves a considerable risk **3** ~ ***sig*** förplikta sig bind oneself
förbindelse *subst* **1** connection; trafik service, connection; ***daglig ~*** daily service; ***stå i ~ med*** a) ha kontakt med be in contact with b) vara förenad med be connected with; ***sätta sig i ~ med*** get in touch with **2** människor emellan relation, relations; kärleksförbindelse love affair; ***diplomatiska ~r*** diplomatic relations; ***tillfälliga sexuella ~r*** casual sex
förbise *verb* overlook; avsiktligt disregard
förbiseende *subst*, ***genom ett ~*** through an oversight
förbistring *subst* confusion
förbittrad *adj* bitter; ursinning furious [*över* about, at; *på* with]
förbittring *subst* bitterness, resentment; ursinne rage
förbjuda *verb* forbid; om myndighet prohibit
förbjuden *adj* forbidden; officiellt prohibited; ***Rökning ~*** No Smoking
förbli *verb* remain
förblinda *verb* blind
förbluffa *verb* amaze, astound
förblöda *verb* bleed to death
förboka *verb* book... in advance
förbruka *verb* consume, use; göra slut på use up; krafter exhaust; pengar spend
förbrukare *subst* consumer, user
förbrukning *subst* consumption
förbrukningsartikel *subst* article of consumption
förbrukningsdag *subst*, ***sista ~ 17 december*** på matvaror use-by date 17th December
förbrylla *verb* bewilder, confuse, puzzle
förbrytare *subst* criminal
förbrytelse *subst* crime
förbränna *verb* burn up
förbränning *subst* **1** burning **2** fys. combustion
förbränningsmotor *subst* internal combustion engine
förbud *subst* prohibition [*mot* against], ban [*mot* on]
förbund *subst* mellan stater alliance; federation federation
förbundskapten *subst* sport. national team manager
förbättra *verb* improve
förbättring *subst* improvement
fördel *subst* **1** advantage [*framför* over; *för* to; *med* of]; ***dra (ha) ~ av*** benefit by, profit by **2** i tennis etc. advantage, vard. van
fördela *verb* distribute; uppdela divide
fördelaktig *adj* advantageous [*för* to]
fördelardosa *subst* bil. distributor
fördelning *subst* distribution; uppdelning division
fördjupa *verb* deepen; ~ ***sig i*** studier etc. become absorbed in
fördom *subst*, ~ el. ***~ar*** prejudice sing.; ***ha ~ar mot*** be prejudiced against
fördomsfri *adj* unprejudiced
fördomsfull *adj* prejudiced
fördrag *subst* avtal treaty; ***sluta ett ~ med*** sign a treaty with
fördriva *verb* **1** drive away **2** ~ ***tiden*** pass time, kill time
fördröja *verb* delay, retard
fördubbla *verb* double; öka redouble; ***de ~de sina ansträngningar*** they redoubled their efforts
fördubblas *verb* double, redouble
fördumma *verb* vard. dumb down
fördumning *subst* vard. dumbing down
fördärv *subst* ruin; undergång destruction
fördärva *verb* **1** ruin, destroy **2** moraliskt corrupt, deprave
fördärvad *adj* **1** ruined **2** corrupt, depraved
fördöma *verb* condemn
fördömd *adj* **1** damned **2** svordom damned, confounded
1 före *subst* se *skidföre*
2 före I *prep* **1** before, ahead of; ***inte ~ kl. 7*** not before seven **2** ~ ***detta*** (förk. f.d.): ***hennes ~ detta*** her ex; ~ ***detta ambassadör i...*** formerly ambassador in...; ***hennes ~ detta man*** her ex-husband; ~ ***detta rektorn vid...*** the late headmaster at...; ~ ***detta världsmästare*** ex-champion of the world **II** *adv* before; ***dagen ~*** the day before; ***vara (ligga) ~*** be ahead; ***min klocka går ~*** my watch is fast
förebild *subst* mönster, modell model; urtyp prototype [*för, till* of]; ***tjäna som ~*** serve as a model
förebrå *verb* reproach [*för* with, for]; klandra blame [*för* for]; ***jag har inget att ~ mig för*** I've nothing to reproach myself for
förebråelse *subst* reproach
förebud *subst* omen [*om* of]

förebygga *verb* förhindra prevent; förekomma forestall
förebyggande *adj* preventive
förebåda *verb* varsla om promise; något ont portend, forebode
föredetting *subst* vard. has-been
föredra *verb* prefer [*framför* to]; ***jag ~r att simma framför att jogga*** I prefer swimming to jogging
föredrag *subst* anförande talk [*om* on]; föreläsning lecture [*över* on]; ***hålla ~*** give a talk, give a lecture
föredöme *subst* example; ***vara ett ~ för*** set an example to
förefalla *verb* seem [*ngn* to sb], appear [*ngn* to sb]
föregripa *verb* forestall, anticipate
föregå *verb* **1** komma före precede **2** ***~ ngn med gott exempel*** set sb a good example
föregående *adj* previous, preceding
föregångare *subst* företrädare predecessor
förehavande *subst*, ***polisen kände inte till hans ~n den natten*** the police didn't know what he had been doing (what he had been up to) that night
förekomma *verb* finnas occur, be met with
förekommande *adj* **1** ***i ~ fall*** där så är lämpligt where appropriate **2** obliging; artig courteous
förekomst *subst* occurrence, presence; av sjukdomar etc. incidence
föreläsa *verb* lecture [*i, över* on; *för* to]
föreläsare *subst* lecturer [*i* on]
föreläsning *subst* lecture; ***gå på ~*** go to a lecture, attend a lecture; ***hålla ~*** lecture, give a lecture
föremål *subst* sak object; ***vara ~ för*** ämnet för be the subject of
förena *verb* unite [*med* to]; sammanföra bring . . . together; förbinda join, connect; kombinera combine
förening *subst* **1** sällskap association, society; ***gå med i ~en*** join the society **2** förbindelse association, union, combination **3** kem. compound
föreningslokal *subst* club premises pl., society premises
förenkla *verb* simplify
förenkling *subst* simplification
förenlig *adj* consistent [*med* with], compatible [*med* with]
Förenta nationerna (förk. *FN*) the United Nations (förk. UN)
Förenta staterna the United States (förk. US)
föresats *subst* intention
föreskrift *subst*, ~ el. ***~er*** anvisning directions, instructions
föreskriva *verb* prescribe
föreslå *verb* propose [*för* to], suggest [*för* to]
förespråkare *subst* advocate [*för* for]
förespå *verb* förutsäga predict; profetera prophesy
förestå *verb* **1** ansvara för be the head of, be in charge of **2** vara nära be near; vara överhängande be imminent
förestående *adj* stundande approaching; spec. om något hotande imminent; ***vara nära ~*** be close at hand
föreståndare *subst* manager [*för* of], director [*för* of]; för institution head [*för* of]
föreställa *verb* **1** återge represent; ***vad ska den här bilden ~?*** what's this picture supposed to represent? **2** presentera introduce **3** ***~ sig*** tänka sig imagine, visualize, picture
föreställning *subst* **1** begrepp idea [*om* of], conception [*om* of] **2** teaterföreställning etc. performance
föresätta *verb*, ***~ sig*** besluta make up one's mind; sätta sig i sinnet set one's mind [*att göra* inf. on doing ing-form]
företag *subst* **1** affärsföretag etc. enterprise, business, company, firm **2** undertaking
företagare *subst* industrialist, owner of a business enterprise; arbetsgivare, inte arbetstagare employer; ***han är egen ~*** he is self-employed, he runs his own business
företagsam *adj* enterprising
företagsamhet *subst* **1** vara företagsam enterprising spirit, initiative **2** ***fri ~*** free enterprise
företagsledare *subst* executive, business executive
företagsledning *subst*, ***~en*** the management
företeelse *subst* phenomenon (pl. phenomena); ***en vanlig ~*** an everyday occurrence
företräda *verb* representera represent
företrädare *subst* **1** föregångare predecessor [*till* of] **2** för idé etc. advocate, upholder **3** ombud representative [*till* of]

> **företräde**
> Vägskylten lämna företräde har i Storbritannien texten *give way*, i USA *yield*.

företräde *subst* förmånsställning preference,

priority [*framför* over]; ***lämna ~ åt trafik från höger*** give way to traffic coming from the right
förevändning *subst* pretext [*för* for], excuse [*för* for]; ***under ~ av*** on the pretext of; ***under ~ att*** on the pretext that
förfall *subst* **1** decline, decay **2** förhinder, ***laga ~*** valid excuse; ***utan giltigt ~*** without a valid reason
förfalla *verb* **1** fördärvas fall into decay; om byggnad etc. fall into disrepair; om person go downhill **2** bli ogiltig become invalid **3** ~ el. ***~ till betalning*** be due, fall due
förfallen *adj* **1** vanvårdad decayed, dilapidated; om person down-and-out **2** ogiltig invalid
förfallodag *subst* date of payment, due date
förfalska *verb* falsify; t.ex. tavla fake; namn, sedlar etc. forge
förfalskare *subst* forger
förfalskning *subst* **1** förfalskande faking, forgery **2** föremål fake, forgery
förfarande *subst* procedure
författa *verb* write, compose
författare *subst* author [*av, till* of], writer [*av, till* of]
författarinna *subst* authoress, author
författning *subst* statsskick constitution
författningsenlig *adj* constitutional
förfluten *adj* past; ***han har ett förflutet som politiker*** he has a past as a politician; ***det tillhör det förflutna*** it's a thing of the past
förflytta *verb* move; omplacera transfer; ***~ sig*** move
förfoga *verb*, ***~ över ngt*** have sth at one's disposal
förfogande *subst*, ***ställa ngt till ngns ~*** place a thing at sb's disposal
förfriskningar *subst pl* refreshments
förfrusen *adj* frostbitten
förfrågan *subst* inquiry [*om* about]
förfäder *subst* ancestors, forefathers
förfärlig *adj* terrible, frightful, dreadful
förfölja *verb* **1** följa efter, jaga pursue, chase **2** t.ex. folkgrupp persecute
förföljare *subst* pursuer
förföljelse *subst* **1** pursuit **2** av t.ex. folkgrupp persecution [*mot* of]
förföljelsemani *subst* persecution mania
förföra *verb* seduce
förförare *subst* seducer
förförisk *adj* seductive
förgasare *subst* bil. carburettor, amer. carburetor
förgifta *verb* poison
förgiftning *subst* poisoning
förgjord *adj*, ***det är som förgjort!*** everything seems to be going wrong!, it's maddening!
förgrund *subst* foreground; ***stå i ~en*** be in the forefront
förgrymmad *adj* ursinnig enraged, incensed, svag. indignant [*på* with; *över* at]
förgylla *verb* gild; ***~ tillvaron*** brighten up one's daily life
förgången *adj* past; ***i det förgångna*** in the past
förgänglig *adj* perishable; dödlig mortal
förgätmigej *subst* blomma forget-me-not
förgäves *adv* in vain
förhala *verb* dra ut på delay; ***~ tiden*** play for time
förhand *subst*, t.ex. veta ***på ~*** beforehand; t.ex. betala, tacka ***på ~*** in advance
förhandla *verb* negotiate [*om* about]
förhandlare *subst* negotiator
förhandling *subst* negotiation; ***avbryta ~ar*** break off negotiations; ***inleda ~ar*** start negotiations
förhandlingsbar *adj* negotiable
förhandlingsbord *subst* negotiating table
förhandstippad *adj*, ***vara ~*** be tipped to win
förhandstips *subst* advance tip-off
förhandsvisning *subst* preview
förhastad *adj* premature; ***dra ~e slutsatser*** jump to conclusions
förhinder *subst*, ***få ~*** vara förhindrad att gå (komma etc.) be prevented from going (coming etc.)
förhindra *verb* prevent [*från att göra* inf. from doing ing-form]
förhoppning *subst* hope; förväntning expectation; ***ha*** (***hysa***) ***~ar om*** have hopes of
förhoppningsfull *adj* hopeful; lovande promising
förhoppningsvis *adv* hopefully
förhud *subst* anat. foreskin
förhålla *verb*, ***~ sig*** förbli keep, remain; ***så förhåller det sig med den saken*** that is how matters stand; ***det förhåller sig så att...*** the fact is that...
förhållande *subst* **1** state of things, conditions pl., case; ***~n*** omständigheter circumstances; ***under alla ~n*** in any case **2** relationer relations pl.; förhållande mellan parter relationship; ***ha ett ~*** have an affair **3** proportion proportion; ***i ~ till*** in proportion to; i jämförelse med in relation to
förhårdnad *subst* på hud callus

förhänge *subst* curtain
förhöja *verb* heighten, enhance
förhör *subst* **1** examination; hos polisen interrogation; rättsligt inquiry; ***ta ngn i ~*** cross-examine (interrogate) sb **2** skol. test; kort förhör quiz; ***muntligt ~*** questions on the homework; ***skriftligt ~*** written test
förhöra *verb* **1** cross-examine [*om* on]; hos polisen interrogate **2** ***~ ngn på läxan*** test sb on the homework
förinta *verb* annihilate, destroy
förintelse *subst* annihilation, destruction; ***~n*** av judarna under andra världskriget the Holocaust
förivra *verb* **1** ***~ sig*** get carried away **2** rush things
förkasta *verb* reject
förkastlig *adj* reprehensible; ***sådana metoder är ~a*** such methods are to be condemned
förklara 1 *verb* explain [*för* to]; ***det ~r saken*** that accounts for it, that explains it; ***~ bort ngt*** make excuses for sth **2** tillkännage declare; uppge state; ***~ krig mot*** declare war on; ***~s skyldig*** be found guilty [*till* of]
förklaring *subst* förtydligande explanation
förklarlig *adj* explicable, explainable; begriplig understandable; ***av ~a skäl*** for obvious reasons
förkläda *verb* disguise; ***vara förklädd till polis*** be disguised as a police
förkläde *subst* **1** plagg apron **2** person chaperon; ***vara ~ åt ngn*** chaperon sb
förklädnad *subst* disguise
förknippa *verb* associate
förkorta *verb* **1** shorten **2** t.ex. ord abbreviate
förkortning *subst* **1** shortening (endast sing.) **2** av t.ex. ord abbreviation
förkroma *verb* chromium-plate
förkrossande *adj* t.ex. nederlag crushing; t.ex. majoritet overwhelming
förkunskaper *subst pl*, ***utan erforderliga ~*** without the necessary qualifications
förkyld *adj*, ***bli ~*** catch cold, catch a cold
förkylning *subst* cold
förkämpe *subst* advocate [*för* of], champion [*för* of]
förkärlek *subst* predilection [*för* for], partiality [*för* for]
förköp *subst* advance booking; ***köpa ngt i ~*** book sth in advance
förköpshäfte *subst* trafik. reduced rate ticket
förkörsrätt *subst* right of way [*framför* over]
förlag *subst* bokförlag publishing firm, publisher
förlaga *subst* original
förlama *verb* paralyse, amer. paralyze
förlamning *subst* paralysis
förlegad *adj* antiquated, obsolete
förlika *verb*, ***~ sig*** become reconciled [*med* to], reconcile oneself [*med* to]; fördra put up [*med* with]
förlisa *verb* be lost, be shipwrecked
förlita *verb*, ***~ sig på ngn*** trust in sb
förljugen *adj* dishonest, false
förlopp *subst* händelseförlopp course of events
förlora *verb* lose; ***~ i styrka*** lose force; ***~ i värde*** lose in value; ***~ på affären*** lose on the bargain; ***~ med 2—0*** lose by two nil
förlorad *adj* lost; ***~e ägg*** poached eggs; ***gå ~*** be lost [*för* to]
förlorare *subst* loser
förlossning *subst* delivery, childbirth
förlova *verb*, ***~ sig*** become engaged [*med* to]
förlovad *adj* engaged [*med* to]; ***Förlovade*** rubrik Engagements
förlovning *subst* engagement
förlovningsring *subst* engagement ring
förlust *subst* loss; ***gå med ~*** run at a loss; ***lida stora ~er*** sustain heavy losses
förlåta *verb* forgive; ***förlåt!*** för något som man gjort sorry!; ***förlåt*** inledning till fråga excuse me, pardon me
förlåtelse *subst* forgiveness; ***jag bad henne om ~*** I asked her forgiveness
förlägen *adj* generad embarrassed
förlägga *verb* **1** placera locate, place **2** slarva bort mislay
förläggare *subst* bokförläggare publisher
förläggning *subst* mil. station, camp
förlänga *verb* lengthen, prolong; utsträcka, förlänga giltighet extend
förlängning *subst* prolongation; utsträckning av giltighet extension
förlängningssladd *subst* extension flex, amer. extension cord
förlöjliga *verb* ridicule
förlösa *verb* deliver
förman *subst* arbetsledare foreman, supervisor
förmaning *subst* mild warning
förmedla *verb* mediate; ***~ nyheter*** supply news
förmiddag *subst* morning; ***kl. 11 på ~en*** (förk. *kl. 11 f.m.*) at 11 o'clock in the morning (förk. at 11 a.m.); ***i ~s*** this morning; ***på ~en*** during the morning
förmildra *verb*, ***~nde omständigheter*** extenuating circumstances

förminska *verb* se *minska 1*
förminskning *subst* reduction [*av*, *i* in], decrease [*av*, *i* in]; nedskärning cut [*av* in]
förmoda *verb* anta suppose; ***jag ~r det*** I suppose so
förmodan *subst* supposition; ***mot ~*** contrary to expectation
förmodligen *adv* probably, presumably
förmyndare *subst* guardian [*för* of]
förmå *verb* **1** kunna, orka be able to, be capable of **2** ***~ ngn att*** get sb to; ***~ sig till att...*** bring oneself to..., induce oneself to...
förmåga *subst* ability, capability; ***ha ~ att göra ngt*** koncentrera sig be able to do sth; ***sakna ~ att göra ngt*** be unable to do sth; ***över min ~*** beyond my powers
förmån *subst* fördel advantage; ***sociala ~er*** social benefits; ***till ~ för*** for the benefit of
förmånlig *adj* advantageous [*för* to]
förmånserbjudande *subst* special offer
förmånspris *subst* special offer
förmögen *adj* wealthy
förmögenhet *subst* rikedom fortune; kapital capital
förmögenhetsskatt *subst* capital tax, wealth tax
förnamn *subst* first name, om kristen ibland Christian name, spec. amer. given name; ***vad heter du i ~?*** what is your first name?
förnedra *verb* degrade; ***~ sig*** degrade oneself
förnedring *subst* degradation
förneka *verb* deny
förnuft *subst* reason; ***sunt ~*** common sense
förnuftig *adj* sensible, reasonable
förnya *verb* renew; upprepa repeat; ***~ sig*** do something new
förnyelse *subst* renewal
förnäm *adj* **1** framträdande distinguished; ***en av Englands ~sta hamnstäder*** one of England's foremost ports **2** av hög börd noble **3** högdragen superior
förnämlig *adj* excellent, fine
förnärmad *verb*, ***bli ~*** offend, take offence
förnödenheter *subst pl* necessities
förolyckas *verb* omkomma lose one's life, die in an accident; om båt, tåg be wrecked; om flygplan crash; ***de förolyckade*** the victims of the accident, the casualties
förolämpa *verb* insult
förolämpning *subst* insult [*mot* to]
förord *subst* preface, foreword
förorda *verb* recommend [*hos* to; *till* for]
förordna *verb* utse appoint
förordnande *subst* av tjänste appointment; ***få ~ som rektor*** be appointed headmaster
förordning *subst* stadga regulation
förorena *verb* contaminate, pollute
förorening *subst* **1** förorenande contamination, pollution **2** ämne pollutant
förorsaka *verb* cause
förort *subst* suburb [*till* of]
förorätta *verb*, ***känna sig ~d*** feel wronged
förpacka *verb* pack
förpackning *subst* **1** t.ex. paket package **2** inslagning packaging
förpassa *verb*, ***~ ngn ur landet*** order sb to leave the country
förpesta *verb* poison; ***~ luften*** vard. stink the place out
förplikta *verb*, ***känna sig ~d*** feel bound
förpliktelse *subst* åtagande obligation; skyldighet duty
förr *adv* **1** förut before **2** formerly; ***~ i tiden (världen)*** formerly, in former times; ***~ satt jag ofta barnvakt*** I used to baby-sit a lot **3** tidigare sooner, earlier **4** hellre rather, sooner
förra *adj* förutvarande former, earlier; ***den förre... den senare*** the former... the latter; ***~ veckan*** last week
förresten *adv* för övrigt besides; apropå by the way; för den delen for that matter
förrförra *adj*, ***~ veckan*** the week before last
förrgår *subst*, ***i ~*** the day before yesterday
förrycka *verb* rubba upset; snedvrida disturb
förryckt *adj* tokig crazy, mad
förrymd *adj* om t.ex. fånge escaped
förråd *subst* **1** lager, tillgång store, stock, supply **2** lokal storeroom
förråda *verb* betray [*för* to]; ***~ sig*** give oneself away
förrädare *subst* traitor [*mot* to]
förräderi *subst* treachery [*mot* to]; landsförräderi treason; ***ett ~*** an act of treachery; an act of treason
förrädisk *adj* treacherous [*mot* to]
förrän *konj* before; ***inte ~*** först not until, not till; ***det dröjde inte länge ~*** it was not long before
förrätt *subst* first course; ***som ~*** el. ***till ~*** as a first course, as a starter, for starters
försagd *adj* timid
försaka *verb* go without, deny oneself
församlas *verb* assemble, gather
församling *subst* **1** grupp människor assembly **2** kyrkl. congregation; mindre distrikt parish
förse *verb* provide, furnish; ***~dd med*** om sak vanligen equipped with, fitted with; ***~ sig*** provide oneself [*med* with]
förseelse *subst* offence

försena *verb* delay; ***vara ~d*** be late
försening *subst* delay
försiggå *verb* take place; pågå go on, be going on
försigkommen *adj* advanced; tidigt utvecklad om t.ex. barn precocious
försiktig *adj* careful, cautious
försiktighet *subst* care, caution
försitta *verb* miss; ***~ chansen*** miss the opportunity
försjunken *adj*, ***~ i tankar*** lost in thought
förskingra *verb* embezzle
förskingrare *subst* embezzler
förskingring *subst* embezzlement
förskola *subst* nursery school, preschool
förskoleålder *subst* preschool age
förskollärare *subst* preschool teacher, nursery school teacher
förskott *subst* advance; ***i ~*** in advance
förskottsbetalning *subst* payment in advance
förskräcka *verb* frighten, scare
förskräckelse *subst* fright, alarm; ***komma undan med blotta ~n*** escape by the skin of one's teeth, have a very narrow escape
förskräcklig *adj* frightful, dreadful, awful
förskräckt *adj* frightened, scared
förskärare *subst* carving-knife
försköna *verb* beautify
förslag *subst* proposal; råd suggestion; plan scheme [*till* for], project [*till* for]
förslummas *verb* become a slum, turn into a slum
försmak *subst* foretaste; ***ge en ~ av*** give a foretaste of
försnilla *verb* embezzle
försommar *subst* early summer
försona *verb* **1** ***~ sig*** reconcile oneself [*med* to] **2** ***ett ~nde drag*** a redeeming feature **3** ***~s*** be reconciled with
försoning *subst* förlikning reconciliation
försonlig *adj* conciliatory
försorg *subst*, ***genom ngns ~*** through the agency of sb
försova *verb*, ***~ sig*** oversleep; ***jag försov mig*** I overslept
förspel *subst* **1** prelude äv. musik. **2** film. short film **3** vid samlag foreplay
försprång *subst* start; avstånd lead; ***få ~ före ngn*** get the start of sb
först *adv* **1** först... och sedan first; först... men at first; ***allra ~*** first of all; ***~ och främst*** allra först first of all; framför allt above all **2** inte förrän not until, only; ***~ efter en stund*** only after a while; ***han kommer ~ om en vecka*** he won't come for another week
första (*förste*) *räkn* o. *adj* first (förk. 1st); begynnelse- initial; spec. i titlar principal, chief, head; ***på ~ bänk*** i sal etc. in the front row; ***från ~ början*** from the very start, from the very beginning; ***de ~ dagarna var...*** the first few days were...; ***i ~ hand*** in the first place, first; ***~ hjälpen*** first aid; ***~ klassens*** first-class, first-rate; ***~ sidan*** i tidning the front page; ***vid ~ bästa tillfälle*** at the first opportunity; ***på ~ våningen*** a) bottenvåningen on the ground floor, amer. on the first floor b) en trappa upp on the first floor, amer. on the second floor; ***för det ~*** in the first place, for one thing; vid uppräkning firstly; se *femte* för vidare ex.
förstad *subst* suburb [*till* of]
förstaklassbiljett *subst* first-class ticket
förstamajdemonstration *subst* May-Day demonstration
förstatliga *verb* nationalize
förstatligande *subst* nationalization
förstklassig *adj* first-rate, tip-top
förstnämnd *adj* first-mentioned
förstoppning *subst* constipation
förstora *verb*, ~ el. ***~ upp*** a) foto. enlarge, vard. blow up b) optiskt magnify c) göra stor affär av exaggerate, magnify
förstoring *subst* **1** foto. enlargement, blow-up **2** optisk magnification **3** överdrift exaggeration
förstoringsglas *subst* magnifying glass
förströdd *adj* absent-minded
förströelse *subst* diversion, nöje amusement
förstå *verb* **1** understand; ***låta ngn ~ att...*** give sb to understand that...; ***å, jag ~r!*** oh, I see!; ***göra sig ~dd*** make oneself understood **2** ***~ sig på att...*** know how to..., understand how to...; ***~ sig på ngt*** understand sth; kunna know about sth; ***jag ~r mig inte på henne*** I can't make her out
förståelig *adj* understandable
förståelse *subst* understanding; sympati sympathy
förstående *adj* understanding, sympathetic
förstånd *subst* intelligence; vett sense; fattningsförmåga understanding; ***tala ~ med ngn*** make sb see reason; ***det går över mitt ~*** it is beyond me; ***jag gjorde efter bästa ~*** I did it to the best of my judgement
förståndig *adj* intelligent; förnuftig sensible; klok wise
förståndshandikappad *adj* mentally retarded

förstås *adv* of course
förstärka *verb* strengthen; utöka reinforce; radio etc. amplify
förstärkare *subst* av ljud amplifier
förstärkning *subst* strengthening, reinforcement; mil. reinforcement
förstöra *verb* destroy; tillintetgöra annihilate; fördärva ruin, spoil; ~ ***nöjet för ngn*** spoil sb's pleasure, ruin sb's pleasure
förstöras *verb* be destroyed, be ruined
förstörelse *subst* destruction
försumlig *adj* negligent [*mot* to], neglectful [*mot* of]
försumma *verb* **1** vansköta neglect **2** missa miss; ~ ***att*** fail to, omit to
försummelse *subst* neglect; underlåtenhet omission
försupen *adj*, ***han är*** ~ he is a (an) habitual drunkard
försurning *subst* acidification
försvaga *verb* weaken
försvagas *verb* grow weak, weaken
försvar *subst* defence äv. sport. [*av, för* of]; ***det svenska ~et*** stridskrafterna the Swedish armed forces pl.; försvarsanordningarna the Swedish defences pl.; ***ta ngn i*** ~ defend sb, stand up for sb
försvara *verb* **1** defend **2** ~ ***sig*** defend oneself, ta i försvar defend, stand up for
försvarare *subst* **1** defender äv. sport. **2** försvarsadvokat counsel for the defence
försvarlig *adj* **1** försvarbar defensible, justifiable **2** ansenlig considerable
försvarsadvokat *subst* defence lawyer, counsel for the defence
försvarsdepartement *subst* ministry of defence
försvarslös *adj* defenceless
försvarsmakten *subst* the armed forces pl.
försvarsminister *subst* minister of defence
försvinna *verb* disappear; plötsligt vanish; gradvis fade away; ***försvinn!*** go away!, gå ut! get out!; ***värken försvann*** the pain passed
försvinnande *subst* disappearance
försvunnen *adj* lost, missing; ***den försvunne*** the missing person
försvåra *verb*, ~ ***ngt*** make sth more difficult
försynt *adj* considerate, tactful, discreet
försäga *verb*, ~ ***sig*** give oneself away, say too much
försäkra *verb* **1** assure [*ngn om ngt* sb of sth]; ***han ~de att...*** he assured me (her etc.) that... **2** ta en försäkring insure [*hos* with] **3** ~ ***sig om ngt*** make sure of sth **4** ~ ***sig*** ta försäkring insure oneself
försäkran *subst* assurance
försäkring *subst* insurance; ***teckna*** ta ***en*** ~ take out an insurance policy
försäkringsbolag *subst* insurance company
försäkringsbrev *subst* insurance policy
försäkringskassa *subst*, ***allmän*** ~ expedition, ungefär regional social insurance office
försäkringspremie *subst* insurance premium
försäkringsvillkor *subst pl* terms of insurance
försäljare *subst* salesman; kvinnlig saleswoman; kvinnlig el. manlig salesperson
försäljning *subst* sale, sales pl.
försämra *verb*, ~ ***ngt*** make sth worse, worsen sth
försämras *verb* deteriorate, get worse
försämring *subst* deterioration, change for the worse
försändelse *subst* varuförsändelse consignment; postförsändelse item of mail
försätta *verb* i visst tillstånd put; ~ ***sig i en obehaglig situation*** put oneself in an awkward situation
försök *subst* **1** attempt [*till att, att göra* at doing, to do]; experiment experiment; prov trial **2** i rugby try
försöka *verb* try, attempt; ***försök inte!*** don't try that on me!, don't give me that!
försöksheat *subst* sport. trial heat
försökskanin *subst* försöksobjekt guinea pig
försörja *verb* sörja för provide for; underhålla support, keep; förse supply; ~ ***sig*** earn one's living [*genom* by]
försörjning *subst* support, maintenance, provision; ~ ***med livsmedel*** food supply
förtal *subst* slander
förtala *verb* slander
förteckning *subst* list [*på, över* of]
förti *räkn* vard., se *fyrtio*
förtid *subst*, ***i*** ~ prematurely
förtidspension *subst* early retirement pension; för invalider disablement pension
förtiga *verb*, ~ ***ngt*** keep sth secret [*för ngn* from sb], conceal sth [*för ngn* from sb]
förtjusande *adj* charming; härlig delightful; vacker lovely
förtjusning *subst* delight [*över* at]
förtjust *adj* delighted [*över* at; *i* with]; ***vara*** ~ ***i*** tycka om, t.ex. barn, mat be fond of
förtjäna *verb* **1** vara värd deserve **2** tjäna earn, make
förtjänst *subst* **1** inkomst earnings pl.; ***gå med*** ~ run at a profit **2** merit merit; ~***er*** goda sidor

good points; ***det är din ~ att...*** it is thanks to you that...
förtjänt *adj*, ***göra sig ~ av*** deserve
förtret *subst* förargelse annoyance, vexation
förtroende *subst* confidence [*för* in]
förtroendeingivande *adj*, ***vara ~*** inspire confidence
förtroendeman *subst* representative
förtroendevotum *subst* vote of confidence
förtrogen *adj*, ***vara ~ med*** känna till be familiar with
förtrogenhet *subst* familiarity [*med* with]
förtrolig *adj* confidential; intim intimate
förtrolla *verb* enchant; tjusa fascinate
förtrollning *subst* enchantment; tjusning fascination; ***bryta ~en*** break the spell
förtryck *subst* oppression; tyranni tyranny
förtrycka *verb* oppress
förtryckare *subst* oppressor
förträfflig *adj* excellent
förtröstan *subst* trust; tillförsikt confidence
förtulla *verb*, ***~ ngt*** låta tullbehandla clear sth through the Customs; betala tull för pay duty on; ***har ni något att ~?*** have you got anything to declare?
förtur *subst* priority; ***få ~*** be given priority; ***ge ~ åt*** give priority to
förtursrätt *subst* priority
förtvivlad *adj* olycklig extremely unhappy; ***hon var helt ~*** she was in deep despair
förtvivlan *subst* despair [*över* at], desperation [*över* at]
förtydligande *subst* clarification, elucidation
förtäckt *adj* veiled; ***i ~a ordalag*** in a roundabout way
förtära *verb* consume; äta eat; dricka drink; ***farligt att ~!*** på flaska etc. vanligen poison!
förtäring *subst* mat och dryck food and drink, refreshments pl.
förtöja *verb* moor [*vid* to]
förtöjning *subst* mooring
förunderlig *adj*, ***en ~ förmåga*** an uncanny ability
förut *adv* om tid before; förr formerly; tidigare previously
förutfattad *adj*, ***~ mening*** prejudice, preconceived idea
förutom *prep* besides, apart from; ***~ att hon var svenska...*** besides being Swedish...
förutsatt *adj*, ***~ att*** provided, provided that
förutse *verb* foresee, anticipate; vänta expect
förutseende I *adj* far-sighted
II *subst* foresight
förutspå *verb* förutsäga predict
förutsäga *verb* predict; spec. meteor. forecast
förutsägelse *subst* prediction; spec. meteor. forecast; spådom prophecy
förutsätta *verb* **1** anta presume, assume **2** ha som förutsättning presuppose
förutsättning *subst* villkor condition [*för* of], prerequisite [*för* of]; ***under ~ att...*** på villkor att on condition that...
förutvarande *adj* förre former
förvalta *verb* administer; förestå manage
förvaltning *subst* administration, management; statsförvaltning public administration
förvandla *verb* transform [*till* into], convert [*till* into]; till något sämre reduce [*till* to]
förvandlas *verb*, ***~ till*** övergå till turn into, change into
förvandling *subst* transformation, change
förvanska *verb* distort
förvar *subst*, ***i gott ~*** el. ***i säkert ~*** in safe keeping
förvara *verb* keep
förvaring *subst* keeping
förvaringsbox *subst* locker
förvaringsutrymme *subst* storage space
förvarna *verb* forewarn
förvarning *subst*, ***utan ~*** without notice, without previous warning
förveckling *subst* complication
förverka *verb* forfeit
förverkliga *verb* realize; t.ex. plan carry... into effect; ***~ mina idéer*** carry out my ideas
förverkligande *subst* realization
förvildas *verb* become uncivilized, run wild
förvilla *verb* vilseleda mislead; förvirra confuse, bewilder
förvirra *verb* confuse, bewilder; ***göra ngn ~d*** confuse sb; ***~ begreppen*** confuse the issue, complicate things
förvirring *subst* confusion; oreda disorder
förvisa *verb* expel, banish; ***~ ngn ur riket*** deport
förvissa *verb*, ***~ sig om ngt*** make sure of sth; ***~ sig om att...*** make sure that...
förvissad *adj* övertygad convinced [*om ngt* of sth; *om att* that]
förvisso *adv* certainly
förvränga *verb* distort; ***~ rösten*** disguise one's voice; ***~ sanningen*** distort the truth
förvuxen *adj* overgrown; missbildad deformed
förvåna *verb* surprise, astonish, stark. amaze; ***~ sig*** be surprised, be astonished; starkare be amazed; ***det är ingenting att ~ sig över*** it is not to be wondered at
förvånad *adj* surprised, astonished, stark. amazed

förvånande *adj* o. **förvånansvärd** *adj* surprising, astonishing, stark. amazing
förvåning *subst* surprise, astonishment, stark. amazement
förväg *subst*, ***i*** ~ in advance, beforehand
förvänta *verb*, ~ ***sig*** expect [*av* of, from]
förväntan *subst* expectation [*på* of]; ***lyckas över*** ~ succeed beyond expectation
förväntansfull *adj* expectant
förväntning *subst* expectation [*på* of, from]; ***motsvara ~ar*** live up to expectations; ***ställa stora ~ar på*** expect great things from
förvärma *verb* preheat
förvärra *verb*, ~ ***ngt*** make sth worse, aggravate sth
förvärras *verb* grow worse
förvärv *subst* acquisition
förvärva *verb* acquire
förvärvsarbetande *adj* gainfully employed
förvärvsarbete *subst* gainful employment; ***ha*** ~ be gainfully employed
förväxla *verb* mix up, confuse
förväxling *subst* confusion, mix-up
föråldrad *adj* **1** antiquated **2** om ord obsolete **3** gammalmodig out-of-date
föräktenskaplig *adj*, ***~a relationer*** premarital relations
förälder *subst* parent
föräldraförening *subst* parents' association
föräldrahem *subst* parental home, home; ***mitt*** ~ my home as a child, my parents' home
föräldraledig *adj* . . . on parental leave
föräldraledighet *subst* parental leave
föräldralås *subst* på satellit-tv parental lockout
föräldralös *adj* orphan; ***hon är*** ~ she is an orphan
föräldramöte *subst* skol. parent-teacher meeting; enbart föräldrar parents' meeting
föräldrapenning *subst* parental allowance
föräldrar *subst pl* parents
förälska *verb*, ~ ***sig*** fall in love [*i* with]
förälskad *adj*, ***hon är*** ~ she is in love; ***~e blickar*** amorous glances; ***ett förälskat par*** a couple in love
förälskelse *subst* kärlek love [*i* for]; svärmeri love affair
förändra *verb* change [*till* into]; ändra på alter
förändras *verb* change; delvis alter; ~ ***till det bättre*** change for the better
förändring *subst* change; mindre alteration
förödande *adj* devastating
förödelse *subst* devastation; ***anställa stor*** ~ wreak (cause) great havoc
förödmjuka *verb* humiliate
förödmjukelse *subst* humiliation
föröka *verb*, ~ ***sig*** fortplanta sig breed, multiply
förökning *subst* fortplantning propagation
föröva *verb* commit
förövare *subst* perpetrator, committer
fösa *verb* driva drive; skjuta shove, push

Gg

G (förk. för *godkänd*) skol., se *godkänna 3*
g *subst* musik. G
gadd *subst* sting
gadda *verb*, ~ ***ihop sig*** gang up [*mot* on]
gaffel *subst* fork
gage *subst* fee
gaggig *adj*, ***vara*** ~ be gaga, be senile
gagn *subst*, ***vara till*** ~ ***för ngn*** be to sb's advantage
gagna *verb*, ~ ***ngn*** be to sb's advantage
1 gala *verb* om tupp crow, om gök call
2 gala *subst* stor fest gala
galaföreställning *subst* gala performance
galax *subst* astron. galaxy
galen *adj* **1** mad [*i* about], crazy [*i* about]; ***det är så att man kan bli*** ~ it's enough to drive you mad **2** felaktig wrong; ***börja i*** ~ ***ände*** begin at the wrong end, go the wrong way about it
galenskap *subst* vansinne madness; tokighet folly; ***göra*** ~***er*** do crazy things
galet *adv* felaktigt wrong; ***allting har gått*** ~ everything has gone wrong
galge *subst* **1** för avrättning gallows (pl. lika) **2** klädhängare clothes hanger
galghumor *subst* gallows humour, sick humour
galjonsfigur *subst* figurehead
galla *subst* **1** med. bile, gall **2** ***ösa sin*** ~ ***över*** vent one's spleen on
gallblåsa *subst* anat. gall bladder
galler *subst* **1** skyddsgaller grating **2** i bur, cell m.m. bars pl.
galleri *subst* gallery
galleria *subst* köpcentrum arcade, shopping mall
gallfeber *subst*, ***hon retar*** ~ ***på mig*** she drives me crazy
gallra *verb* plantor, träd thin out; ~ ***bort*** sort out
gallskrik *subst* yell
gallskrika *verb* yell
gallsten *subst* gallstone; ***ha*** ~ have gallstones
gallsyra *subst* bile acid
gallupundersökning *subst* Gallup poll
galna ko-sjukan *subst* mad cow disease
galning *subst* madman
galon® *subst* Galon®, plastic-coated material (fabric)
galopp *subst* gallop
galoppbana *subst* racecourse
galoppera *verb* gallop
galosch *subst* galosh, overshoe
galvanisera *verb* galvanize
gam *subst* fågel vulture
game *subst* **1** i tennis game; ***blankt*** ~ love game **2** ***vara gammal i*** ~***t*** be an old hand
gamling *subst* old man, old woman; ~***ar*** old folks, vard. oldies
gammal (se äv. *äldre* o. *äldst*) *adj* old; forntida ancient; ej längre färsk stale; ***en fem år*** ~ ***pojke*** a five-year-old boy; ***den gamla goda tiden*** the good old times pl., the good old days pl.
gammaldags *adj* old-fashioned
gammaldans *subst*, ***en*** ~ an old-time dance; dansande old-time dancing
gammalmodig *adj* old-fashioned; ***bli*** ~ become old-fashioned, go out of fashion
gammelfarfar *subst* great-grandfather
gammelfarmor *subst* great-grandmother
gammelmorfar *subst* great-grandfather
gammelmormor *subst* great-grandmother
gangster *subst* gangster, mobster
gangsterliga *subst* gang, mob
ganska *adv* tämligen fairly i förbindelse med något positivt; riktigt quite; 'rätt så' rather, vard. pretty; ~ ***dålig*** rather bad, pretty bad
gap *subst* **1** mun mouth **2** hål, klyfta gap
gapa *verb* **1** öppna munnen open one's mouth **2** skrika bawl, yell
gaphals *subst* vard. loudmouth
gapskratt *subst* roar of laughter, guffaw; ***brista ut i*** ~ burst out laughing
gapskratta *verb* roar with laughter, guffaw
garage *subst* garage
garantera *verb* guarantee
garanti *subst* guarantee [*för att* that]; ***kylskåpet har två års*** ~ the fridge has a two-year guarantee
gardera *verb* guard; ~ ***med etta*** vid tippning cover oneself with a home win; ~ ***sig*** a) safeguard oneself, guard oneself b) mot förlust cover oneself c) vid vadslagning hedge, hedge one's bets
garderob *subst* **1** wardrobe, amer. closet **2** på restaurang, teater etc. cloakroom **3** för kläder wardrobe
gardin *subst* **1** curtain **2** amer. curtain, lång tjock drape
gardinstång *subst* curtain rod

garn *subst* **1** tråd yarn; ullgarn wool; bomullsgarn cotton **2** fisknät net
garnera *verb* kok. garnish, decorate
garnering *subst* kok. garnish, decoration, topping
garnison *subst* mil. garrison
garnnystan *subst* ball of yarn, ball of wool
garva *verb* vard. laugh, högljutt guffaw
garvad *adj* erfaren experienced
garvsyra *subst* tannic acid, tannin

gas
Ordet *gas* i amerikansk engelska betyder både bensin (= *gasoline*) och gas. Bensin heter *petrol* på brittisk engelska.

gas *subst* **1** gas **2** ***ge mer ~*** bil. step on the gas
gasa *verb* ge gas accelerate; ***~ på!*** step on it!
gasbinda *subst* gauze bandage
gasell *subst* djur gazelle
gaska *verb* vard., ***~ upp sig*** cheer up
gaskök *subst* gas ring
gasmask *subst* gas mask
gasol *subst* LPG (förk. för *liquefied petroleum gas*), Calor® gas
gasolkök *subst* Calor® gas-stove
gaspedal *subst* accelerator
gassa *verb* be broiling hot; ***~ sig i solen*** bask in the sun; ***solen ~de*** the sun was beating down
gasspis *subst* gas cooker
gastkramande *adj* hair-raising
gasugn *subst* gas oven
gasverk *subst* gasworks (pl. lika; med verb i sing.)
gata *subst* street; ***gammal som ~n*** as old as the hills
gathörn *subst* street corner; ***i ~et*** at the corner of the street
gatlykta *subst* street lamp
gatsten *subst* paving-stone
gatuarbete *subst*, ~ el. ***~n*** roadwork sing.; reparation street repairs pl.
gatukorsning *subst* crossing
gatukök *subst* hamburger and hot-dog stand
gatuplan *subst* street level, ground floor, amer. first floor
gatuvåld *subst* street violence
1 gavel *subst*, ***dörren stod på vid ~*** the door was wide open
2 gavel *subst* på hus gable
ge I *verb* **1** give; räcka hand; vid matbordet pass; ***var snäll och ~ mig brödet*** pass me the bread please **2** avkasta yield **3** kortsp. deal; ***du ~r!*** it's your deal! **4** ***~ sig*** kapitulera surrender; ge tappt give in
II *verb* med betonad partikel
ge sig av be off; sjappa make off; ***jag måste ~ mig av*** I must be off
ge bort 1 som present give **2** göra sig av med give away
ge efter för yield to, give in to
ge ifrån sig 1 lukt, värme etc. emit, give off **2** lämna ifrån sig give up, surrender; ***hon gav ifrån sig ett skrik*** she let out a scream
ge igen pay back, return; hämnas retaliate
ge sig in på 1 ett företag embark upon **2** en diskussion etc. enter into
ge sig i väg leave, set off
ge med sig yield, give in
ge sig på: ***~ sig på ngn*** attackera set about sb, attack sb; ***det kan du ~ dig på!*** you bet!; ***det kan du ~ dig fan på!*** vard. you bet your bloody life!
ge till ett skrik let out, give
ge tillbaka lämna give back, return; vid växling give sb change [*på* for]
ge upp give up; ***~ upp ett skrik*** give a cry
ge ut 1 pengar spend **2** böcker etc. publish; sedlar, frimärken etc. issue **3** ***~ sig ut för att vara*** pretend to be
gedigen *adj* solid; ***gedigna kunskaper*** sound knowledge sing.
gegga *subst* o. **geggamoja** *subst* vard. goo, gunk
geggig *adj* vard. gooey; lerig mucky
gehör *subst*, ***efter ~*** by ear; ***han vann ~ för sina synpunkter*** his views met with sympathy
geist *subst* go, drive
gelatin *subst* gelatine
gelé *subst* **1** jelly **2** hårgelé gel
gem *subst* pappersklämma paper clip, clip
gemen *adj* **1** nedrig mean, low **2** ***~e man*** ordinary people pl., the man in the street, amer. the man on the street
gemensam *adj* common [*för* to]; förenad joint; ***inte ha något ~t*** have nothing in common; ***med ~ma krafter*** by united efforts; ***~ valuta*** single currency
gemensamt *adv* jointly
gemenskap *subst* samhörighet solidarity; gemensamhet community
gemytlig *adj* genial, jovial
gemytlighet *subst* joviality, good humour
gen *subst* arvsanlag gene, factor
genant *adj* embarrassing [*för* for], awkward [*för* for]

genast *adv* at once, immediately
genera *verb* besvära trouble, bother
generad *adj* embarrassed [*över* at]
general *subst* general
generaldirektör *subst* director-general
generalförsamling *subst* general assembly
generalisera *verb* generalize
generalmajor *subst* major-general
generalrepetition *subst* dress rehearsal [*på* of]
generalsekreterare *subst* secretary-general
generalstab *subst* general staff
generation *subst* generation
generationsklyfta *subst* generation gap
generator *subst* tekn. generator
generell *adj* general
generositet *subst* generosity [*mot* to, towards]
generös *adj* generous [*med* with; *mot* to]
genetik *subst* genetics (med verb i sing.)
genetisk *adj* genetic
Genève Geneva
gengångare *subst* ghost, spectre
gengäld *subst*, ***i*** ~ in return
geni *subst* genius
genial *adj* o. **genialisk** *adj* lysande brilliant; om saker ingenious
genialitet *subst* snille genius, svag. brilliance; om sak ingenuity
genitiv *subst* gram. genitive; ***i*** ~ in the genitive
genmanipulerad *adj* genetically modified (förk. GM), genetically engineered
genmat *subst* genetically modified food, GM food
genmodifierad *adj* om t.ex. mat genetically modified
genom *prep* through; via via, by way of; medelst by, by means of; på grund av through, owing to; ***kasta ut ngt ~ fönstret*** throw sth out of the window; ~ ***hans hjälp*** thanks to his assistance; ~ ***en olyckshändelse*** through an accident
genomblöt *adj* wet through, soaking wet
genomborra *verb* med vapen pierce
genombrott *subst* breakthrough; ***industrialismens*** ~ the industrial revolution; ***få sitt*** ~ som författare make one's name
genomdriva *verb*, ~ ***ngt*** force sth through, carry sth through
genomfart *subst* thoroughfare, passage; ~ ***förbjuden*** no thoroughfare
genomfartsled *subst* through route
genomfrusen *adj*, ***vara*** ~ be chilled to the bone
genomföra *verb* carry through, carry out; ~ ***en plan*** carry out a plan
genomförbar *adj* practicable
genomgripande *adj* sweeping, radical
genomgå *verb* go through
genomgående I *adj* om drag common, general **II** *adv* throughout
genomgång *subst* **1** survey; snabb run-through; ***göra en ~ av ngt*** go over sth, run through sth; ***vid ~en av läxan sade läraren...*** on going through the homework the teacher said... **2** väg igenom passage
genomlida *verb* endure, suffer, go through
genomresa *subst*, ***jag är på*** ~ I'm passing through
genomskinlig *adj* transparent
genomskåda *verb* see through
genomskärning *subst* tvärsnitt cross-section; ***två centimeter i*** ~ two centimetres in diameter
genomslagskraft *subst* impact; ***ha stor*** ~ have a great impact
genomsnitt *subst* average; ***i*** ~ on average, on an average
genomstekt *adj* well-done
genomsvettig *adj* dripping with perspiration (sweat)
genomträngande *adj* piercing; om lukt penetrating
genomtänkt *adj*, ***väl*** ~ well thought-out
genomvåt *adj* soaking wet, wet through [*av* with]; ***jag var*** ~ ofta I was wet through
genre *subst* genre
genrep *subst* vard. teat. m.m. dress rehearsal
genteknik *subst* genetic engineering
gentemot *prep* emot towards, to; i förhållande till in relation to; i jämförelse med in comparison with
gentjänst *subst* favour (service) in return
gentleman *subst* gentleman
genuin *adj* äkta genuine; verklig real
genus *subst* gram. gender
genväg *subst*, ***gå*** (***ta***) ***en*** ~ take a short cut
geografi *subst* geography
geografisk *adj* geographical
geolog *subst* geologist
geologi *subst* geology
geometri *subst* geometry
gepard *subst* djur cheetah
geriatri *subst* geriatrics (med verb i sing.)
gerilla *subst* guerrillas pl.
gerillakrig *subst* guerrilla war, krigföring guerrilla warfare
gerillasoldat *subst* guerrilla

geschäft *subst* shady business; ***det är bara ~*** it's just a racket
gess *subst* musik. G flat
gest *subst* gesture; ***göra en ~*** make a gesture
gestalt *subst* **1** figure; i roman character **2** form shape, form
gestalta *verb* shape, form
gestikulera *verb* gesticulate
get *subst* djur goat
geting *subst* wasp
getingbo *subst* wasp's nest
getingstick *subst* wasp sting
getost *subst* goat's-milk cheese
getto *subst* ghetto (pl. -s)
gevär *subst* rifle; jaktgevär gun
Ghana Ghana
giffel *subst* kok. croissant
1 gift *subst* poison; hos ormar etc. venom
2 gift *adj* married [*med* to]
gifta *verb*, ***~ sig*** marry; ***~ sig med ngn*** marry sb, get married to sb; ***~ om sig*** get married again, remarry
giftermål *subst* marriage
giftfri *adj* non-poisonous
giftgas *subst* poison gas
giftig *adj* **1** poisonous **2** spydig malicious
giftighet *subst*, ***~er*** i ord spiteful remarks
giftutsläpp *subst* toxic emission, toxic waste
gigabyte *subst* data. gigabyte
gigantisk *adj* gigantic
gikt *subst* med. gout
giljotin *subst* guillotine
gilla *verb* approve of; tycka bra om like; vara förtjust i be keen on
gillande *subst* approval; ***vinna ngns ~*** meet with sb's approval
gillestuga *subst* ungefär recreation room
gillra *verb*, ***~ en fälla*** set a trap

> **giltig**
> Det engelska ordet *guilty* betyder skyldig eller skuldmedveten.

giltig *adj* valid
giltighet *subst* validity
gin *subst* spritdryck gin
ginseng *subst* ginseng
ginst *subst* växt broom
gips *subst* plaster
gipsa *verb* med., ***~ ngt*** put sth in plaster
gir *subst* om bil etc. turn, swerve
gira *verb* om bil etc. turn, swerve
giraff *subst* giraffe
girera *verb* överföra transfer
girig *adj* snål avaricious, miserly
girigbuk *subst* miser
girighet *subst* greed, greediness, avarice
girland *subst* festoon, garland
giro *subst* se *bankgiro* o. *postgiro*
giss *subst* musik. G sharp
gissa *verb* guess; ***~ sig till*** guess; ***rätt ~t*** right first time
gissel *subst* scourge
gisslan *subst* hostage; om flera personer hostages; ***de tre i ~*** the three hostages; ***ta ngn som ~*** take sb hostage
gissning *subst* guess; ***en ren ~*** pure guesswork
gitarr *subst* guitar
gitarrist *subst* guitarist, guitar player
gitta *verb*, ***jag gitter inte höra på längre*** I can't be bothered to listen any more
giv *subst* kortsp. deal; ***en ny ~*** a new deal
givakt *subst*, ***stå i ~*** stand at attention
givande *adj* profitable; lönande paying
given *adj* given; avgjord clear, evident; ***det är givet!*** of course!; ***det är en ~ sak*** it's a matter of course; ***ta för givet att...*** take it for granted that...
givetvis *adv* of course, naturally
givmild *adj* generous
gjuta *verb* tekn. cast
gjuteri *subst* foundry
gjutform *subst* mould, amer. mold
gjutjärn *subst* cast iron
glacéhandskar *subst pl* kid gloves
glaciär *subst* glacier
glad *adj* happy [*över* about, with]; nöjd pleased [*över* about, with]; förtjust delighted [*över* with]; ***~ påsk!*** Happy Easter!; ***en ~ överraskning*** a pleasant surprise; ***jag är ~ att du kom*** I'm glad that you came
gladeligen *adv* gärna willingly; lätt easily
gladiolus *subst* blomma gladiolus (pl. gladioli)
gladlynt *adj* cheerful; glad och vänlig good-humoured
glamorös *adj* glamorous
glans *subst* **1** lustre; av siden etc. gloss; av guld glitter; pålagd shine **2** sken brilliance **3** prakt splendour, magnificence; ***klara ngt med ~*** come out of sth with flying colours
glansfull *adj* brilliant
glansig *adj* glossy; glänsande lustrous
glansis *subst* på vägar etc. black ice; ***det var ~ på sjön*** the lake was like ice
glansnummer *subst* star turn
glansperiod *subst* heyday (endast sing.); ***dramats ~*** the golden age of drama

glapp *adj* loose
glappa *verb* be loose
glas *subst* **1** material glass **2** dricksglas glass utan fot; tumbler **3** glasruta pane, pane of glass **4** i glasögon lens
glasbruk *subst* glassworks (pl. lika)
glasera 1 *verb* glaze **2** maträtt ice, frost
glasfiber *subst* fibreglass, amer. fiberglass
glasigloo *subst* för glasavfall bottle bank
glaskeramikhäll *subst* på spis ceramic hob
glasmästare *subst* glazier
glasruta *subst* pane, pane of glass

köpa glass
I'd like two scoops of vanilla ice, please.
Jag skulle vilja ha två kulor vaniljglass, tack.
What flavours have you got?
Vad finns det för smaker?
A cone, please.
En strut, tack.
A cup, please.
En bägare, tack.

glass *subst* ice cream
glassförsäljare *subst* ice-cream vendor, ice-cream seller
glasspinne *subst* isglass ice lolly, amer. Popsicle®
glasstrut *subst* ice-cream cornet; större ice-cream cone
glasull *subst* glass wool
glasyr *subst* **1** glazing **2** kok. icing, frosting
glasögon *subst pl* **1** glasses, spectacles **2** skyddsglasögon goggles
glasögonfodral *subst* glasses case, spectacle case
glasögonorm *subst* Indian cobra
1 glatt *adv* cheerfully, joyfully
2 glatt *adj* **1** smooth; glänsande glossy, shiny **2** hal slippery
gles *adj* thin; om befolkning sparse
glesbygd *subst* thinly-populated area
glesna *verb* thin out, get thin, get thinner
glest *adv*, ~ ***befolkad*** thinly populated
glida *verb* glide, slide; halka slip; ***vi har glidit ifrån varandra*** we have drifted apart
glimma *verb* gleam; glittra glitter
glimt *subst* gleam, flash; skymt glimpse
glird *subst* gibe, sneer; ***ge ngn en*** ~ have a nasty dig at sb
glitter *subst* glitter, lustre; julgransglitter tinsel
glittra *verb* glitter; tindra sparkle
glittrig *adj* glittering
glo *verb* stare [*på* at]; dumt gape [*på* at]
glob *subst* globe
global *adj* global; ~ ***uppvärmning*** global warming
globalisering *s* globalization
gloria *subst* halo (pl. -s el. -es)
glorifiera *verb* glorify
glosa *subst* ord word
glosbok *subst* vocabulary notebook
glugg *subst* hole, opening, aperture; mellan tänderna gap
glukos *subst* glucose
glupsk *adj* **1** greedy **2** om storätare gluttonous
glupskhet *subst* **1** greed **2** gluttony
glykol *subst* glycol
glykos *subst* glucose
glåmig *adj* pale and washed out
glåpord *subst* taunt, jeer; ***kasta ~ efter ngn*** call sb names
glädja *verb*, ~ ***ngn*** give sb pleasure [*med att göra ngt* by doing sth]; ~ ***sig*** be glad [*åt, över* about]; ***det gläder mig*** I am glad, stark. I am delighted
glädjande *adj* trevlig pleasant; tillfredsställande gratifying; ~ ***nyheter*** good news; ~ ***nog*** fortunately
glädje *subst* pleasure [*över* in], stark. delight [*över* at]; lycka happiness; ***gråta av*** ~ cry for joy; ***han antog mitt förslag med*** ~ he gladly accepted my proposal; ***ha mycket ~ av ngt*** (***ngn***) have a great deal of pleasure out of sth (sb)
glädjedag *subst* day of rejoicing
glädjedödare *subst* vard. killjoy, wet blanket
glädjekvarter *subst* vard. red-light district
glädjespridare *subst* vard. cheerful soul; 'solstråle' ray of sunshine
glädjeämne *subst* subject of rejoicing
gläfsa *verb* yelp [*på* at], yap [*på* at]
glänsa *verb* **1** shine, glitter; om t.ex. tårar glisten **2** briljera show off; ~ ***med ngt*** show off sth
glänsande *adj* **1** shining, glittering; om t.ex. ögon lustrous **2** utmärkt brilliant, splendid
glänt *subst*, ***dörren står på*** ~ the door is slightly open, the door is ajar
glänta I *verb*, ~ ***på dörren*** open the door slightly
II *subst* glade, clearing
glätta *verb* smooth; polera polish; ~***t papper*** glossy paper, glazed paper
glöd *subst* **1** glödande kol live coal, embers pl.

2 sken glow; hetta heat **3** stark känsla ardour; lidelse passion
glöda *verb* glow
glödande *adj* **1** glowing; om metall red-hot **2** om känslor ardent; lidelsefull passionate
glödga *verb*, ~ ***ngt*** make sth red-hot
glödhet *adj* om metall red-hot; friare glowing hot
glödlampa *subst* electric bulb, bulb
glögg *subst* vinglögg glogg, mulled wine served with raisins and almonds
glömma *verb*, ~ el. ~ ***bort*** forget; ~ ***kvar ngt*** leave sth behind; ***jag har glömt böckerna*** I have forgotten my books
glömsk *adj* forgetful; disträ absent-minded
glömska *subst* egenskap forgetfulness; ***falla i*** ~ be forgotten, fall into oblivion
gnabb *subst* bickering
gnabbas *verb* bicker
gnaga *verb* gnaw [*på ngt* sth, at sth]; smågnaga nibble [*på ngt* sth, at sth]
gnagare *subst* rodent
gnata *verb* nag [*på* at; *över* about]
gnida *verb* gnugga rub
gnidig *adj* stingy, miserly
gnissel *subst* squeak, squeaking; om dörr etc. creak
gnissla *verb* squeak; om dörr etc. creak
gnista *subst* spark; ***en*** ~ ***av hopp*** a spark of hope, a ray of hope
gnistra *verb* sparkle [*av* with]
gno *verb* **1** gnugga rub; med borste scrub **2** knoga toil, work hard **3** springa scurry, hurry
gnola *verb* hum; ~ ***på en sång*** hum a song
gnugga *verb* rub; ~ ***sig i ögonen*** rub one's eyes
gnuggbild *subst* transfer
gnutta *subst* tiny bit; droppe drop; nypa pinch; ***med en*** ~ ***tur*** with a little bit of luck
gny *verb* gnälla grumble; om hund whimper
gnägga *verb* neigh; lågt whinny
gnäll *subst* jämmer etc. whining, whimpering; knotande grumbling; klagande complaining
gnälla *verb* **1** jämra sig whine; yttra missnöje grumble; klaga complain **2** om dörr creak
gnällig *adj* gäll shrill; missnöjd whining
gnällspik *subst* moaner, whiner
gobeläng *subst* tapestry
god I (se *gott II* o. *bra* för vidare ex.) *adj* **1** good; angenäm nice, pleasant; ***en*** ~ ***vän*** a great friend; ***en*** ~ (obetonat) ***vän*** el. ***en*** ~ ***vän till mig*** a friend of mine; ***var så*** ~***!*** a) här har ni here you are; ta för er help yourself, please b) ja gärna you are welcome!; naturligtvis by all means!, skämts. be my guest!; ***var så*** ~ ***och sitt!*** sit down, won't you?; ***var*** ~ ***och stäng dörren!*** shut the door, please! **2** ansenlig considerable; ***här finns*** ~ ***plats*** there is plenty of room here
II *subst* **1** ***det blir för mycket av det*** ~***a*** there is too much of a good thing; ***gå i*** ~ ***för*** guarantee **2** ***det gjorde gott!*** kändes skönt that was good!; ***nu ska du få något gott att äta*** now you're going to get something nice to eat; ***allt gott*** för framtiden all the best; ***ha gott om ngt*** have plenty of sth; ***det är (finns) gott om...*** tillräckligt med there is (are) plenty of...; med subst. i sing. there is a great deal of...
godartad *adj* med. non-malignant; ***en*** ~ ***svulst*** a benign tumour
godbit *subst* titbit, spec. amer. tidbit
god dag *interj* se *god dag* under *dag*
godhet *subst* goodness; vänlighet kindness
godhjärtad *adj* kind-hearted
godis *subst* vard. sweets pl., amer. candy
godkänd *adj* se *godkänna*
godkänna *verb* **1** gå med på approve, agree to; om myndighet etc. pass **2** ~ ***ngn*** i examen pass sb; ***ej*** ~ reject; ***bli godkänd*** pass **3** skol., betyg ***icke godkänd*** fail; ***godkänd*** pass; ***väl godkänd*** pass with distinction; ***mycket väl godkänd*** pass with great distinction
godkännande *subst* approval
godmodig *adj* good-natured
god morgon *interj* good morning!
god natt *interj* good night!
godnattsaga *subst* bedtime story
godo *subst*, ***göra upp ngt i*** ~ settle sth amicably; ***jag har 100 kr till*** ~ ***hos dig*** you owe me 100 kr; ***hålla till*** ~ ***med*** put up with; ***håll till*** ~***!*** tag för er! help yourself!, be my guest!
gods *subst* **1** koll., varor etc. goods pl.; last, amer. freight **2** lantgods estate
godsaker *subst pl* sweets, amer. candy sing.
godsexpedition *subst* goods office, parcels office
godståg *subst* goods train, freight train
godsvagn *subst* goods wagon, amer. freight car
godsägare *subst* landed proprietor, landowner
godta *verb* accept, approve of; godkänna approve; förslag agree to
godtagbar *adj* acceptable
godtrogen *adj* gullible, credulous
godtycke *subst*, ***efter eget*** ~ at one's own discretion

godtycklig *adj* arbitrary
1 golf *subst* bukt gulf
2 golf *subst* spel golf
golfbag *subst* golf bag
golfbana *subst* golf course, golf links
golfbil *subst* golf cart, golf car
golfklubb *subst* golf club
golfklubba *subst* golf club
golfspelare *subst* golfer
Golfströmmen the Gulf Stream
golfvagn *subst* golf trolley
Goliat Goliath
golv *subst* floor; golvbeläggning flooring; ***från ~ till tak*** from floor to ceiling
golvbrunn *subst* drain
golvlampa *subst* standard lamp, amer. floor lamp
golvur *subst* grandfather clock
gom *subst* palate
gomsegel *subst* soft palate
gondol *subst* båt gondola
gonggong *subst* gong
gonorré *subst* med. gonorrhoea
googla *verb* söka på nätet med hjälp av Google® google
gorilla *subst* gorilla äv. om livvakt
gorma *verb* carry on, shout and scream
gosa *verb* cuddle up together
gosedjur *subst* vard. cuddly toy, soft toy
gosig *adj* soft and warm, cuddly
gosse *subst* boy; kille chap, guy
gott I *subst* se *god II*
II *adv* **1** well; *~* ***och väl 50 personer*** a good 50 people; ***lukta*** *~* smell nice, smell good; ***sova*** *~* sleep well, sleep soundly; ***göra så ~ man kan*** do one's best; ***så ~ som ingenting*** practically nothing **2** lätt, ***det kan jag ~ förstå*** I can very well understand that **3** gärna, ***det kan du ~ göra*** you can very well do that (so)
gotta *verb*, *~* ***sig*** have a good time; *~* ***sig åt ngt*** thoroughly enjoy sth; illvilligt gloat over sth
gottfinnande *subst*, ***efter eget*** *~* as you think best
gottgris *subst* vard., ***han är en*** *~* he has a sweet tooth, he loves sweets, amer. he loves candy
gottgöra *verb* **1** ngt: sona, avhjälpa make up for; en förlust make good... **2** ersätta, *~* ***ngn för ngt*** recompense sb for sth; betala remunerate sb for sth
gottgörelse *subst* ersättning recompense; betalning remuneration; skadestånd damages pl.

grabb *subst* pojke boy; kille chap, guy
graciös *adj* graceful
grad *subst* **1** degree; utsträckning extent; ***i hög*** *~* to a great degree, to a great extent; ***i högsta*** *~* in the highest degree, extremely; ***till den ~ blyg att...*** shy to such a degree that... **2** måttsenhet degree; ***10 ~er kallt*** 10 degrees below zero; ***10 ~er varmt*** 10 degrees above zero **3** rang rank, grade; ***stiga i ~erna*** rise in the ranks
gradera *verb* **1** klassificera grade **2** tekn. graduate
gradskiva *subst* geom. protractor
gradvis I *adv* by degrees
II *adj* gradual
graffiti *subst* klotter graffiti
grafit *subst* graphite
grahamsmjöl *subst* wholemeal flour, graham flour, spec. amer. whole-wheat flour
gram *subst* gram, gramme
grammatik *subst* grammar
grammatisk *adj* grammatical
grammofon *subst* gramophone, amer. phonograph
grammofonskiva *subst* gramophone record (disc), amer. phonograph record (disc)
gran *subst* (se *björk-* för sammansättningar) **1** spruce; fir **2** julgran Christmas tree
1 granat *subst* halvädelsten garnet
2 granat *subst* mil. shell
granateld *subst* shell fire
granatäpple *subst* frukt pomegranate
granbarr *subst* spruce needle, fir needle
grand *subst*, ***lite*** *~* just a little, just a bit
granit *subst* granite
grankotte *subst* spruce cone, fir cone
1 grann *adj* vacker fine-looking; brokig gaudy; lysande brilliant
2 grann *subst*, ***lite*** *~* just a little, just a bit
granne *subst* neighbour; ***bo ~ med*** live next door
grannland *subst* neighbouring country, adjacent country
grannlåt *subst* showy decoration; granna saker showy ornaments pl.
grannsamverkan *subst*, *~* ***mot brott*** neighbourhood watch
grannskap *subst* neighbourhood
granska *verb* undersöka examine; besiktiga inspect; syna scrutinize; kontrollera t.ex. siffror check
granskare *subst* **1** examiner, inspector **2** av korrektur etc. checker, reviser
granskning *subst* undersökning examination; synande scrutiny; kontroll check-up

grapefrukt *subst* grapefruit
grassera *verb* om sjukdom etc. be prevalent
gratifikation *subst* bonus, gratuity
gratinera *verb*, ~ ***ngt*** bake sth in a gratin dish; ~***d fisk*** fish au gratin
gratis *adv* free, for nothing
gratiserbjudande *subst* free offer
grattis *subst* vard., ~***!*** congratulations!
gratulation *subst* congratulation; ***hjärtliga ~er på födelsedagen!*** Many Happy Returns of the Day!
gratulationskort *subst* greetings card, amer. greeting card
gratulera *verb* congratulate [*till* on]
gratäng *subst* kok. gratin
1 grav *adj* svår, allvarlig serious
2 grav *subst* för död grave; murad tomb
gravad *adj*, ~ ***lax*** gravlax, gravad lax
gravallvarlig *adj* solemn, dead serious
gravera *verb* rista in engrave [*i, på* on]
gravid *adj* pregnant
graviditet *subst* pregnancy
gravlax *subst* gravlax, gravad lax
gravplats *subst* **1** begravningsplats burial ground **2** grav grave, burial place
gravsten *subst* gravestone, tombstone
gravsättning *subst* interment
gravyr *subst* engraving; etsning etching
gravör *subst* engraver
gredelin *adj* färg lilac, mauve
grej *subst* vard., sak thing; manick gadget
greja *verb* vard. fix, manage; ***det ~r sig*** it'll be all right
grek *subst* Greek
grekisk *adj* Greek
grekiska *subst* (se *svenska* för ex.) **1** språk Greek **2** kvinna Greek woman
grekisk-ortodox *adj*, ~***a kyrkan*** the Greek Orthodox Church, the Eastern Orthodox Church
Grekland Greece
gren *subst* **1** branch; med kvistar bough; mindre twig **2** del av tävling event **3** skrev crutch, crotch
grena *verb*, ~ ***sig*** el. ~ ***ut sig*** branch out, fork
grensle *adv* astride; ***sitta ~ på en cykel*** sit astride a bike
grep *subst* pitchfork; gödselgrep manure-fork
grepp *subst* **1** grasp [*i, om* of], hårdare grip, tag hold **2** metod method **3** vid brottning hold **4** ***ett klokt*** ~ a wise move; ***jag får inget ~ om det*** I can't get the hang of it
greppa *verb* vard. **1** grab hold of, take hold of **2** komma underfund med get the hang of
greve *subst* **1** count **2** i Storbritannien earl
grevinna *subst* countess
grill *subst* **1** galler grill; utomhus barbecue **2** utomhusfest barbecue
grilla *verb* **1** grill; utomhus barbecue **2** ha grillfest have a barbecue
grillfest *subst* barbecue
grillkorv *subst* sausage for grilling
grillspett *subst* verktyg skewer; med kött kebab, shish kebab
grimas *subst*, ***göra en*** ~ grimace, make a wry face
grimasera *verb* make faces, pull faces, grimace
grina *verb* vard., gråta cry; ~ ***illa*** grimace
grind *subst* gate
grinig *adj* **1** gnällig whining **2** kritisk fault-finding
gripa I *verb* **1** seize; t.ex. tjuv capture, catch; ~ ***ngn i armen*** seize sb by the arm; ~ ***ngt*** el. ~ ***om ngt*** grasp sth, clutch sth, grip sth; ~ ***tag i*** catch hold of; ~ ***efter ngt*** snatch at sth **2** djupt röra touch, move, affect
II *verb* med betonad partikel
gripa sig an ngt set about sth
gripa in 1 ingripa intervene **2** hjälpande step in
gripande *adj* rörande touching, moving
griptång *subst* pincers pl.
gris *subst* pig äv. om person; kok. pork; ***köpa ~en i säcken*** buy a pig in a poke
grisa *verb*, ~ ***ner*** mess up; ~ ***ner sig*** make oneself all dirty
griskulting *subst* piglet
griskött *subst* pork
gro *verb* sprout; växa grow
groda *subst* **1** djur frog **2** fel blunder, howler
grodd *subst* germ, sprout
grodman *subst* frogman
grodyngel *subst* tadpole
grogg *subst* whisky (konjaksgrogg brandy) and soda, amer. vard. highball
grogglas *subst* tomt whisky tumbler
grogrund *subst* breeding ground
grop *subst* **1** pit; större hollow; i väg pothole **2** i kind, haka dimple
gropig *adj* **1** full of holes ej före subst. **2** om sjö rough **3** om väg, luft bumpy
grosshandel *subst* wholesale trade; handlande wholesale trading
grossist *subst* wholesale dealer, wholesaler
grotesk *adj* grotesque
grotta *subst* cave, större cavern
grov *adj* coarse; obearbetad el. ungefärlig rough; tjock thick; ohyfsad rude [*mot* to]; ~***a***

ansiktsdrag coarse features; ***~t artilleri*** heavy artillery; ***~t bedrägeri*** gross deception; ***ett ~t brott*** a serious crime; ***i ~a drag*** in rough outlines; ***ett ~t fel*** a gross blunder, a grave blunder; ***en ~ lögn*** a great big lie; ***~ röst*** gruff voice, rough voice; ***~ sjö*** heavy sea; ***~t tyg*** rough cloth, coarse cloth

grovarbetare *subst* unskilled labourer

grovarbete *subst* **1** heavy work; förarbete spadework **2** grovarbetares unskilled work, unskilled labour

grovgöra *subst* heavy work, spadework

grovlek *subst* degree of coarseness; tjocklek degree of thickness; storlek size

grovtarm *subst* anat. colon

grubbel *subst* brooding [*om* about]

grubbla *verb* fundera ponder [*på* on, over], brood [*om* over, about]; bry sin hjärna puzzle one's head [*på, över* about]

grumlig *adj* muddy; om vätska cloudy

1 grund *subst* **1** husgrund foundation, foundations; ***huset brann ner till ~en*** the house burnt down to the ground **2** underlag, grundval foundation, basis (pl. bases); ***ligga till ~en för*** form the basis of; ***lägga ~en till*** lay the foundation of; ***sakna all ~*** be completely unfounded, be without foundation **3** orsak, skäl cause [*till* of], reason [*till* for]; ***ha sin ~ i ngt*** be founded on sth; ***på goda ~er*** for very good reasons; ***på ~ av*** on account of; ***stängd på ~ av (p.g.a.) reparation*** closed for repairs; ***utan ~*** without reason **4** i vissa uttryck, ***i ~ och botten*** basically; i själ o. hjärta at heart; ***i ~ och botten har du rätt*** basically you're right; ***i ~ och botten är hon snäll*** she is kind at heart; ***gå till ~en med ngt*** go to the bottom of sth

2 grund I *adj* shallow

II *subst*, ***gå på ~*** run aground

grunda *verb* **1** affär, tidning found, establish **2** stödja base; ***ett beslut ~t på*** a decision based on **3** grundmåla ground, prime **4** ***~ sig på*** be based on

grundare *subst* skapare founder

grunddrag *subst* fundamental feature, essential feature; ***~en i Europas historia*** the main outlines of European history

grundfärg *subst* **1** fys. primary colour **2** vid målning first coat, priming

grundkurs *subst* skol. basic course, foundation course

grundlag *subst* författning constitution

grundlig *adj* thorough; ingående close; noggrann careful

grundlägga *verb* lay the foundation of

grundläggande *adj* fundamental, basic

grundläggare *subst* skapare founder

grundorsak *subst* primary cause, original cause

grundregel *subst* fundamental rule, basic rule

grundskola *subst* nine-year compulsory school

grundskollärare *subst* teacher at the nine-year school

grundslag *subst* i tennis ground stroke

grundtal *subst* cardinal number

grundtanke *subst* fundamental idea

grundval *subst* foundation, basis (pl. bases)

grundvatten *subst* groundwater

grundämne *subst* element

grunka *subst* vard.: sak thing; manick gadget

grupp *subst* group; klunga cluster

grupparbete *subst* teamwork

gruppera *verb* group, group ... together [*i* into]; ***~ sig*** group oneself

grupplivförsäkring *subst* group life insurance

gruppresa *subst* med guide conducted tour

gruppsamtal *subst* **1** group discussion **2** tele. conference call

gruppterapi *subst* group therapy

grus *subst* gravel; ***spela på ~*** i tennis play on a clay court, fotb. play on a gravel pitch

grusa *verb* **1** gravel **2** t.ex. ngns förhoppningar dash, frustrate

grusbana *subst* i tennis clay court

grusplan *subst* fotboll gravel pitch

grusväg *subst* gravelled road, amer. dirt road

1 gruva *verb*, ***~ sig för ngt*** dread sth, be dreading sth

2 gruva *subst* **1** mine **2** kolgruva mine pit

gruvarbetare *subst* **1** miner **2** i kolgruva miner, collier

gruvdistrikt *subst* mining district

gruvdrift *subst* mining

gry *verb* dawn

grym *adj* cruel [*mot* to]

grymhet *subst* cruelty [*mot* to]; ***en ~*** an act of cruelty

grymt *adv*, ***vara ~ besviken*** be bitterly disappointed

grymta *verb* grunt

grymtning *subst* grunting; ***en ~*** a grunt

gryn *subst* korn grain

gryning *subst* dawn, daybreak; ***i ~en*** at dawn

gryta *subst* pot; av lergods el. som maträtt casserole

grytbitar *subst pl* stewing steak sing.

grytlapp *subst* pot-holder, kettle-holder
grytlock *subst* pot lid
grå *adj* grey, amer. gray; se äv. *blå-* för sammansättningar
gråaktig *adj* greyish, amer. grayish
gråhårig *adj* grey-haired, amer. gray-haired
gråkall *adj* bleak, chill
gråna *verb* turn grey, amer. turn gray; *~d* a) åldrad grey-headed, amer. gray-headed b) om hår grey, amer. gray
gråsej *subst* fisk coalfish
gråsparv *subst* house sparrow
gråsprängd *adj* grizzled
gråt *subst* gråtande crying, tyst weeping; tårar tears pl.
gråta *verb* cry [*efter* for; *för* about], tyst weep; *~ av glädje* weep (cry) for joy; *~ ut* have a good cry
gråtfärdig *adj*, *vara ~* be on the verge of tears
gråtmild *adj* **1** tearful **2** sentimental sentimental
grått *subst* grey, amer. gray; se *blått* för ex.
grädda *verb* **1** i ugn bake **2** plättar fry, make
gräddbakelse *subst* cream cake
grädde *subst* cream
gräddfil *subst* **1** sour cream **2** vard., körfil VIP lane
gräddglass *subst* full-cream ice
gräddkanna *subst* cream jug
gräddtårta *subst* cream gateau (pl. gateaux), cream cake
gräl *subst* quarrel; upprörd diskussion argument; *råka i ~ med ngn* fall out with sb [*om* over]
gräla *verb* tvista quarrel; diskutera upprört argue; *~ på ngn* scold sb
gräll *adj* glaring
grälsjuk *adj* quarrelsome
gräma *verb* **1** *det grämer mig att*... I can't get over the fact that... **2** *~ sig* fret [*över* over]
gränd *subst* alley, lane
gräns *subst* geogr. el. ägogräns boundary; statsgräns frontier; gränsområde border, borders pl.; yttersta gräns limit; *allting har en ~* there is a limit to everything; *sätta en ~ för* begränsa set bounds to, set limits to; *... ligger vid ~en* ... lies on the border
gränsa *verb*, *~ till* border on
gränsfall *subst* borderline case
gränslös *adj* boundless, limitless
gränsområde *subst* border district
gränssnitt *subst* data. interface
gräs *subst* grass; *tjäna pengar som ~* make money hand over fist
gräsand *subst* fågel mallard, wild duck
gräsbevuxen *adj* grass-covered, grassy
gräshoppa *subst* grasshopper
gräsklippare *subst* lawnmower
gräslig *adj* shocking, terrible, awful
gräslök *subst* kok. chives pl.
gräsmatta *subst* lawn; vild grassy space
gräsplan *subst* matta lawn; t.ex. fotb. grass pitch
gräsrotsnivå *subst*, *på ~* at grass-roots level
gräsrötterna *subst pl* the grass roots
gräsänka *subst* grass widow
gräsänkling *subst* grass widower
gräva I *verb* dig [*efter* for]; spec. om djur burrow
II *verb* med betonad partikel
gräva fram dig out
gräva ned gömma bury
gräva ut excavate
grävling *subst* badger
grävmaskin *subst* excavator
grävskopa grävmaskin excavator
gröda *subst* crops pl.; skörd crop
grön *adj* green äv. oerfaren; se äv. *blå-* för sammansättningar
grönaktig *adj* greenish
gröngöling *subst* **1** fågel green woodpecker **2** person greenhorn
grönkål *subst* kale
Grönland Greenland
grönområde *subst* green open space
grönsak *subst* vegetable
grönsaksaffär *subst* greengrocer's
grönsaksland *subst* plot of vegetables
grönsallad *subst* växt lettuce; rätt green salad
grönska I *subst* **1** gräs green; lövverk greenery **2** grönhet greenness
II *verb* vara grön be green; bli grön turn green
grönsångare *subst* fågel wood warbler
grönt *subst* **1** grön färg green; se *blått* för ex.
gröpa *verb*, *~ ur* hollow out, scoop out
gröt *subst* **1** porridge, amer. oatmeal **2** av t.ex. ris pudding
grötig *adj* **1** thick; *hans röst blev ~* his voice became thick **2** som gröt mushy **3** rörig muddled
gubbe *subst* person old man; *grön ~* trafik. green man; *röd ~* trafik. red man; *lilla ~n!* till barn lovey!; till make honey!, honey pie!
gubbstrutt *subst* vard. old buffer, old codger
gud *subst* god; *gode Gud!* Good Lord!, Good heavens!; *för Guds skull!* for goodness' sake!, for God's sake!, for Heaven's sake!

gudabenådad *adj* inspired, supremely gifted
gudagåva *subst* divine gift; friare godsend
gudbarn *subst* godchild
gudfar *subst* godfather
gudfruktig *adj* God-fearing, pious
gudinna *subst* goddess
gudmor *subst* godmother
gudomlig *adj* divine
gudsfruktan *subst* fromhet godliness, piety
gudskelov *interj*, ~ ***att du kom!*** thank goodness you came!, thank Heaven you came!
gudstjänst *subst* divine service; allmännare worship
guida *verb* guide
guide *subst* guide
gul *adj* yellow; ***~t ljus*** trafik. amber light; ***~a ärter*** split peas; se äv. *blå-* för sammansättningar
gula *subst* yolk
gulaktig *adj* yellowish
gulasch *subst* kok. goulash
gulblek *adj* sallow
guld *subst* gold; se äv. *blå-* för sammansättningar
guldarmband *subst* gold bracelet
guldbröllop *subst* golden wedding
gulddoublé *subst* rolled gold
guldfisk *subst* goldfish
guldgruva *subst* gold mine äv. inkomstkälla
guldkrog *subst* vard. first-class restaurant, posh restaurant
guldmedalj *subst* gold medal
guldplomb *subst* gold filling
guldsmed *subst* **1** goldsmith **2** juvelerare vanligen jeweller
guldsmedsaffär *subst* jeweller's, jeweller's shop
guldstämpel *subst* gold mark
guldtacka *subst* gold bar
guldålder *subst* golden age
gullig *adj* vard. sweet, nice, cute
gullregn *subst* träd laburnum
gullviva *subst* blomma cowslip
gulna *verb* turn yellow
gulsot *subst* med. jaundice
gult *subst* yellow; se *blått* för ex.
gumma *subst* old woman; ***lilla ~n!*** till barn lovey!; till maka honey!, honey pie!
gummi *subst* **1** ämne rubber; klibbig substans gum **2** vard., kondom condom, amer. rubber, safe **3** se *radergummi*
gummiband *subst* rubber band, elastic band
gummikula *subst* rubber bullet
gummislang *subst* rubber tube, till cykel etc. rubber tyre
gummisnodd *subst* elastic band, rubber band
gummistövel *subst* Wellington, vard. welly, rubber boot
gummisula *subst* rubber sole
gunga I *subst* swing
II *verb* **1** i gunga etc. swing; på gungbräde seesaw **2** vagga rock **3** om t.ex. mark totter; svaja under ngns steg rock
gungbräde *subst* seesaw
gunghäst *subst* rocking-horse
gungning *subst* swinging; vaggning rocking
gungsele *subst* för småbarn Baby Bouncer®
gungstol *subst* rocking-chair
gunst *subst* favour; ***stå högt i ~ hos ngn*** be in high favour with sb
gunstling *subst* favourite
gupp *subst* **1** på väg bump **2** grop pit, hole
guppa *verb* på väg jolt, jog; på vatten bob, bob up and down
guppig *adj* om väg bumpy
gurgelvatten *subst* gargle
gurgla *verb* gargle; ~ ***sig*** gargle
gurgling *subst* gargling, gargle
gurka *subst* **1** cucumber **2** liten inläggningsgurka gherkin
guvernör *subst* governor
gyckel *subst* **1** skämt fun **2** upptåg larking about
gyckla *verb* skoja joke, jest
gycklare *subst* **1** joker **2** hist. jester
gylf *subst* fly, flies pl.
gyllene *adj* **1** golden **2** av guld vanligen gold
gym *subst* gym, workout gym
gymnasial *adj* britt. motsvarighet upper secondary level, amer. motsvarighet senior high school level
gymnasielärare *subst* britt. motsvarighet teacher at an upper secondary school, amer. motsvarighet teacher at a senior high school
gymnasieskola *subst* britt. motsvarighet upper secondary school, amer. motsvarighet senior high school
gymnasist *subst* britt. motsvarighet pupil at an upper secondary school, amer. motsvarighet student at a senior high school

> **gymnasium**
> Det engelska ordet *gymnasium* betyder gym, idrottshall.

gymnasium *subst* britt. motsvarighet upper secondary school, amer. motsvarighet senior high school

gymnast *subst* gymnast
gymnastik *subst* **1** övningar etc. gymnastics (med verb i sing.); skol. physical education (förk. PE), physical training (förk. PT), gym **2** morgongymnastik etc. exercises pl.
gymnastiklärare *subst* physical training teacher, vard. gym teacher; i idrott games teacher
gymnastiksal *subst* gymnasium, vard. gym
gymnastikskor *subst pl* gym shoes, spec. amer. sneakers
gymnastisera *verb* do gymnastics
gymnastisk *adj* gymnastic
gympa I *subst* **1** vard., gymnastik gym, PE, PT **2** gymping aerobics (med verb i sing.) **II** *verb* **1** gymnastisera do gymnastics **2** göra gymping do an aerobics workout
gympadojor *subst pl* vard. gym shoes, spec. amer. sneakers
gympadräkt vard. *subst* gym suit
gympakläder vard. *subst pl* gym clothes
gymping *subst* aerobics (med verb i sing.), keep-fit class
gynekolog *subst* gynaecologist
gynekologisk *adj* gynaecological
gynna *verb* **1** favour **2** främja further, promote **3** beskydda patronize
gynnsam *adj* favourable [*för* to]
gyttja *subst* mud
gyttjig *adj* muddy
gyttra *verb*, ~ ***ihop*** cluster . . . together

gå
Lägg märke till att *go* ofta betyder åka till ett bestämt mål, t.ex. *go to England*. Gå, promenera, gå till fots heter oftast *walk*. Gå upp, t.ex. på morgonen, heter *get up* och gå av, t.ex. en buss, heter *get off* och gå på *get on*.

gå I *verb* **1** ta sig fram till fots, promenera walk; med avmätta steg pace; med långa steg stride; ***jag har varit ute och ~tt*** I have been out for a walk; ~ ***till fots*** walk, go on foot **2** fara, leda vanligen go; färdas travel; bege sig av leave; om väg, dörr lead; ***bilen har ~tt 500 mil*** the car has done 5000 kilometres; ***min klocka ~r fel*** my watch is wrong; ***det ~r ett rykte om att...*** there is a rumour about that . . . ; ***tiden ~r*** time passes; just nu time is passing; ~ ***i vägen för ngn*** get in sb's way; ~ ***ur vägen för ngn*** get out of sb's way; ~ ***i*** el. ~ ***omkring i*** t.ex. trasor, tofflor go about in . . . ; ~ ***på föreläsningar*** attend lectures, go to lectures **3** om bil el. maskin run **4** avlöpa go off, pass off, turn out; låta sig göra be possible; lyckas succeed; ***det ~r nog*** that will be all right, that will be OK; ***klockan ~r inte att laga*** it is impossible to repair the watch; ***~r det att laga?*** can it be repaired?; ***det gick i alla fall!*** I (you etc.) managed it, anyhow!; ***det gick bra för honom*** i prov etc. he got on well, he did well; ***hur det än ~r*** whatever happens **5** säljas: gå åt sell; t.ex. på auktion be sold **6** bära sig pay **7** sträcka sig go, extend; nå reach **8** ~ ***på*** el. ~ ***till*** belöpa sig till amount to, come to; kosta cost **9** ~ ***ed*** take an oath; ***jag måste ~ några ärenden*** I have some jobs to do, för inköp I must go shopping
II *verb* med betonad partikel
gå an 1 passa, gå för sig do; ***det ~r inte an*** it won't do **2** vara tillåten be allowed **3** vara möjlig be possible
gå av 1 stiga av get off **2** gå sönder break **3** om skott go off
gå bort 1 på bjudning go out **2** dö die **3** försvinna om t.ex. fläck disappear **4** ~ ***bort på middag*** go out to dinner
gå efter 1 om klocka be slow **2** hämta go and fetch
gå emot 1 ~ ***emot ngt*** stöta emot go against sth, knock against sth, bang against sth **2** ~ rösta ***emot förslaget*** vote against the proposal **3** ***allt ~r mig emot*** nothing seems to go right for me
gå fram till go up to, walk up to
gå förbi 1 passera förbi go past, go by **2** gå om overtake
gå före 1 ha företräde framför go before, rank before; i ordningsföljd precede **2** om klocka be fast
gå ifrån 1 lämna leave; avlägsna sig get away **2** ~ ***ifrån ngt*** glömma kvar leave sth behind
gå igenom go through
gå ihop 1 sluta sig close up **2** förena sig join **3** passa ihop match, agree **4** ***få det att ~ ihop*** ekonomiskt make both ends meet
gå in 1 ~ ***in för*** go in for **2** ~ ***in i*** klubb etc. join, enter **3** ~ ***in på*** t.ex. ämne enter upon
gå isär come apart; om åsikter etc. diverge
gå med 1 göra sällskap go along, komma come along too **2** ~ ***med i*** klubb etc. join **3** ~ ***med på*** samtycka till agree to
gå ned (ner) go down, fall
gå om passera pass, go past
gå omkull om firma become bankrupt, go

bankrupt
gå på 1 stiga upp på get on **2** fortsätta go on; gå framåt go ahead; skynda på make haste **3** ***hon går på vad som helst*** she will swallow anything
gå samman go together, join
gå till 1 försiggå come about; hända happen **2** ordnas be arranged, be done
gå tillbaka avta decrease; försämras, gå utför deteriorate
gå under 1 om fartyg go down **2** om person be ruined
gå upp 1 go up **2** ur säng get up **3** om himlakropp rise **4** om pris etc. go up, rise **5** öppna sig open **6** om knut come undone **7** ***det gick upp för mig, att…*** it dawned upon me that… **8** *~ **upp i rök*** go up in smoke, come to nothing; *~ **upp i*** införlivas med become part of; *~ **upp i tentamen*** take an exam, sit for an exam **9** *~ **upp mot*** el. ***emot*** kunna mäta sig med come up to; ***ingenting ~r upp mot…*** there is nothing like… **10** *~ **upp till*** belöpa sig till amount to
gå ur 1 stiga av get out of; lämna leave **2** om fläck come out, försvinna disappear
gå ut 1 *~ **ut och gå*** go out for a walk, take a walk **2** gå till ända come to an end, run out **3** ***vad det ~r ut på*** what it amounts to; ***hans tal gick ut på att…*** the drift of his speech was that… **4** *~ **ut ur rummet*** leave the room **5** ***du ska inte låta det ~ ut över barnen*** you mustn't take it out on the children; ***låta*** sin vrede etc. *~ **ut över*** vent… upon
gå vidare fortsätta go on [*i, med* with]
gå åt 1 behövas be needed **2** ta slut be used up **3** säljas sell
gå över 1 go (run, rise, be) above; överstiga surpass **2** upphöra pass, go over, cease **3** *~ **över till*** go over to, pass to; byta till change to
gåbock *subst* för rörelsehindrad walking-frame, Zimmer-frame®
gående I *subst, **en** ~* a pedestrian
II *adj, ~ **bord*** buffet
gågata *subst* pedestrian precinct, med affärer mall
gång *subst* **1** sätt att gå walk **2** färd (om fartyg) run, passage; om maskin etc. running; ***motorn har en jämn ~*** the engine runs smoothly; ***få i ~ ngt*** get sth started, start; ***sätt i ~!*** get going! **3** i el. mellan hus passage; i kyrka el. teater aisle; i buss, tåg etc. gangway, amer. aisle **4** tillfälle, omgång m.m. time; ***en ~*** once, om framtid one day, some day; ***en ~ i tiden (världen)*** förr at one time; ***en ~ om året*** once a year; ***en ~ till*** once more; ***det var en ~…*** i saga once upon a time there was…; ***en annan ~*** another time; om framtid some other time; ***en och annan ~*** every now and then; ***någon enstaka ~*** once in a while; ***någon ~ i maj*** some time in May; ***för en ~s skull*** for once; ***med en ~*** all at once; ***på en ~*** a) samtidigt at a time, at the same time b) plötsligt all at once; ***alla ~er!*** säkert you bet!, every time!; ***två ~er*** twice; ***tre ~er*** three times; ***två ~er två är fyra*** twice two is four, two times two is four
gångavstånd *subst, **på** ~* within walking distance
gångbana *subst* pavement, amer. sidewalk
gångjärn *subst* hinge
gångstig *subst* path, footpath
gångtrafikant *subst* pedestrian

> **gångtunnel**
> Lägg märke till att *subway* betyder tunnelbana på amerikansk engelska.

gångtunnel *subst* subway, amer. underpass
gångväg *subst* public footpath
gåpåare *subst* go-getter
gård *subst* **1** yard; bakgård backyard, courtyard; ***ett rum åt ~en*** a back room **2** bondgård farm; herrgård estate
gårdag *subst, **~en*** yesterday
gårdsplan *subst* courtyard
gås *subst* goose (pl. geese); ***det är som att slå vatten på en ~*** it's like water off a duck's back; ***det går vita gäss*** på sjön there are whitecaps
gåshud *subst* gooseflesh, goosebumps
gåsleverpastej *subst* äkta pâté de foie gras (franska)
gåta *subst* riddle, mystery; ***lösa en ~*** solve a riddle, solve a mystery
gåtfull *adj* mysterious, puzzling
gåva *subst* **1** gift, present **2** donation donation
gåvoskatt *subst* gift tax
gäcka *verb* frustrate; förbrylla baffle
gädda *subst* fisk pike (pl. lika)
gäl *subst* på fisk gill
gäll *adj* shrill; om färg crude
gälla *verb* **1** *~ **för*** a) räknas som, anses som count b) vara värd be worth **2** vara giltig be valid;

detta gäller (gäller för) samtliga fall this holds good for all cases **3** angå concern; ***vad gäller saken?*** what is it about?; ***det gäller liv eller död*** it is a matter of life and death; ***när det gäller*** when it really matters
gällande *adj* giltig valid [*för* for]; ***en ~ lag*** a law that is in force; ***göra ~*** hävda maintain; ***göra sig ~*** a) hävda sig assert oneself b) vara framträdande be in evidence
gäng *subst* gang; kotteri set
gänga *subst* skruvgänga thread; ***vara ur gängorna*** om person be off colour
gängse *adj* current; vanlig usual
gärde *subst* åker field; ***på ~t*** in the field
gärdsgård *subst* av trä wooden fence
gärdsmyg *subst* fågel wren
gärna *adv* villigt willingly; med nöje gladly, with pleasure; ***~ det!*** by all means!; ***~ för mig!*** it's all right with (by) me; ***ja ~!*** please!; ***inte ~*** knappast hardly; ***han får ~ komma*** he can come if he likes; ***jag skulle bra ~ vilja veta…*** I would very much like to know…
gärning *subst* handling deed, action; ***tagen på bar ~*** caught red-handed
gärningsman *subst* perpetrator; ***~en*** the perpetrator of the crime
gäspa *verb* yawn
gäspning *subst* yawn
gäst *subst* guest [*i, vid* at], på hotell vanligen resident
gästa *verb* besöka visit
gästartist *subst* guest artist
gästfri *adj* hospitable [*mot* towards, to]
gästfrihet *subst* hospitality
gästgivargård *subst* inn
gästrum *subst* spare bedroom, guest room
gästspel *subst* teat. special performance, guest performance
göda *verb* fatten, fatten up
gödkyckling *subst* spring chicken, broiler
gödningsmedel *subst* fertilizer
gödsel *subst* **1** manure **2** konstgödsel fertilizer
gödsla *verb* **1** manure **2** konstgödsla fertilize
gödsling *subst* **1** manuring **2** med konstgödsel fertilizing
gök *subst* fågel cuckoo
gömma I *subst* hiding-place
II *verb*, dölja ***~ ngt*** hide sth, hide sth away, conceal [*för* from]; ***~ sig*** hide, hide oneself [*för* from]
gömställe *subst* hiding-place
göra I *verb* **1** do; ***~ affärer*** do business; ***~ ett mål*** score a goal; ***~ en paus*** pause; i t.ex. arbetet have a break; ***det gör ingenting!*** it doesn't matter!; ***gör det något, om…?*** will it be all right if…?; ***~ sitt bästa*** do one's best; ***vad gör det?*** what does it matter?; ***ha att ~ med*** have to do with, deal with; ***du har ingenting här att ~!*** you have no business to be here!; ***det har ingenting med dig att ~!*** it's none of your business!, it's nothing to do with you!; ***det är ingenting att ~ åt det*** it can't be helped; ***~ ngn galen*** drive sb mad **2** begå, tillverka, skapa make; ***~ ett bord*** make a table; ***~ ett fel*** make a mistake; ***~ ett försök*** make an attempt; ***~ ett bra intryck*** make a good impression **3** med att-sats: förorsaka make, cause; ***det gjorde att bilen stannade*** that made the car stop **4** i stället för förut nämnt verb do; ***han reste sig och det gjorde jag också*** he stood up and so did I; ***har du läst läxorna? — nej, det har jag inte gjort*** have you done your homework? — no, I haven't; ***regnar det? — ja, det gör det*** is it raining? — yes, it is **5** utgöra make; ***två gånger två gör fyra*** twice two make (makes) four; ***~ ngn glad*** make sb happy; ***~ ngn olycklig*** make sb unhappy **6** ***~ sig förstådd*** make oneself understood; ***~ sig besvär att göra ngt*** take the trouble to do sth; ***~ sig en förmögenhet*** make a fortune **7** ***gjort är gjort*** what's done can't be undone **II** *verb* med betonad partikel
göra av med 1 pengar spend **2** ta livet av kill **3** ***~ sig av med ngt*** get rid of sth
göra om: på nytt ***~ om ngt*** do sth over again, make sth again; upprepa samma sak do sth again
göra till 1 ***~ sig till*** a) göra sig viktig show off b) sjåpa sig be affected **2** ***det gör varken till eller från*** it makes no difference, it makes no difference either way
göra undan: ***~ undan ngt*** get sth done
göra upp 1 eld etc. make **2** klara upp, hämnas settle **3** förslag etc. draw up
gördel *subst* girdle
gör-det-själv *adj* do-it-yourself (förk. DIY)
görlig *adj* practicable, feasible
görningen *subst*, ***det är något i ~*** there is something brewing
göromål *subst* business (endast sing.), work (endast sing.)
gös *subst* fisk pike-perch, amer. walleye
Göteborg Gothenburg, Göteborg

Hh

h *subst* musik. B

1 ha I *hjälpverb* tempusbildande have; ***du ~r snart glömt det*** you will soon have forgotten it; ***det ~de jag aldrig trott*** I would never have thought it

II *huvudverb* **1** have, have got; ***vilken färg ~r den?*** what colour is it?; ***~ fel*** be wrong; ***~ rätt*** be right; ***det kan vara bra att ~*** it will come in handy; ***vad ~r du här att göra?*** what are you doing here?; ***vad ska man ~ det till?*** what's it for?; ***nu ~r jag det!*** now I've got it! **2** få, erhålla have; ***vad vill du ~?*** what do you want?; om förtäring what will you have?; ***jag skulle vilja ~ en tidning*** I'd like a newspaper, I should like a newspaper **3** ***~ det bra*** gott ställt be well off; ***~ det så bra!*** have a good time!; ***~ det trevligt*** have a nice time; ***hur ~r du det?*** how's things?; ***~ ledigt*** be free, be off duty; ***~ lätt att*** find it easy to **4** t.ex. kläder wear

III *verb* med betonad partikel

ha ngt emot:: ***jag ~r inget emot det*** I have nothing against it; ***~r du något emot att jag röker?*** do you mind my smoking?

ha för sig 1 tro, mena think; föreställa sig have an idea; inbilla sig imagine **2** ***vad ~r du för dig?*** vad gör du? what are you doing?; ***vad ~r du för dig i kväll?*** are you doing anything tonight?

ha ngt kvar ha över have sth left; ännu ha still have sth

ha med el. **ha med sig** have with one, bring

ha på sig 1 ***~ ngt på sig*** vara klädd i ngt have sth on, wear sth **2** ***~r du en penna på dig?*** have you got a pencil on you? **3** ***vi ~r bara en dag på oss*** we have only one day left

ha sönder t.ex. en vas break; t.ex. en klänning tear

2 ha *interj* ha!

Haag the Hague

habegär *subst* acquisitiveness; ***~et*** the possessive instinct

1 hack *subst*, ***följa ngn ~ i häl*** follow close on sb's heels

2 hack *subst* skåra notch, cut, mark

1 hacka *subst* vard., ***tjäna en ~*** earn a bit of cash

2 hacka I *subst* spetsig pick, pickaxe

II *verb* **1** i bitar chop, fint mince **2** ***~ i (på)*** hack at; om fågel pick at, peck at; ***~ på*** kritisera pick on

III *verb* med betonad partikel

hacka loss hack away, chop away

hacka sönder cut up, break up

hacker *subst* data. hacker

hackhosta *subst* hacking cough

hackkyckling *subst*, ***han är allas ~*** they are always picking on him

hackspett *subst* fågel woodpecker

haffa *verb* vard. nick, nab

hafsig *adj* slovenly, sloppy, om arbete etc. slipshod

hage *subst* **1** beteshage enclosed pasture **2** barnhage playpen **3** ***hoppa ~*** play hopscotch

hagel *subst* **1** hail; ***stora ~*** big hailstones **2** blyhagel shot, small shot

hagelgevär *subst* shotgun

hagelskur *subst* shower of hail, hailstorm

hagla *verb* hail

hagtorn *subst* växt el. träd hawthorn

haj *subst* shark äv. om person

1 haja *verb*, ***~ till*** be startled, start

2 haja *verb* vard., ***~r du?*** do you get it?; ***jag ~r inte varför han gör så*** it beats me why he does that

1 haka *subst* chin; ***tappa ~n*** be taken aback; ***sticka ut ~n*** vard. stick one's neck out

2 haka I *verb*, ***~ sig fast*** cling [*vid* to]; ***~ upp sig*** om t.ex. mekanism get stuck, om t.ex. blixtlås get caught, get stuck; ***~ upp sig på småsaker*** worry about trifles

II *verb* med betonad partikel

haka av unhook

haka på 1 hook on **2** t.ex. idé catch on to; göra likadant follow suit

hake *subst* hook; t.ex. fönsterhake catch; ***det finns en ~ någonstans*** there is a catch somewhere

hakkors *subst* swastika

haklapp *subst* bib

hakrem *subst* chin strap

hal *adj* slippery; ***~ som en ål*** as slippery as an eel; ***vara ute på ~ is*** be skating on thin ice

hala *verb*, ***~ ned*** haul down, lower; ***~ flaggan*** lower the flag

halka I *subst* slipperiness; ***det är svår ~ på vägarna*** the roads are very slippery

II *verb* slip, slira skid; ***~ omkull*** slip

halkbana *subst* skidpan
halkkörning *subst* skidpan driving
hall *subst* hall
hallick *subst* vard. pimp, ponce
hallon *subst* raspberry
hallonsylt *subst* raspberry jam
Halloween *subst* allhelgonafton Halloween, Hallowe'en
hallucination *subst* hallucination
hallå *interj* hallo!, hullo!, hello!
halm *subst* straw
halmstrå *subst* straw
halmtak *subst* thatched roof
hals *subst* neck; strupe throat; ~ ***över huvud*** headlong; ***han fick ett ben i ~en*** he got a bone stuck in his throat; ***ha ont i ~en*** have a sore throat; ***kasta sig om ~en på ngn*** fall on sb's neck; ***få ngn (ngt) på ~en*** be saddled with sb (sth)
halsa *verb* drink from the bottle; ~ ***en öl*** vard. swig a bottle of beer
halsband *subst* **1** necklace **2** för hund collar
halsbloss *subst*, ***dra*** ~ inhale
halsbrytande *adj*, ~ ***fart*** breakneck speed, hair-raising speed
halsbränna *subst* heartburn
halsduk *subst* scarf; stickad muffler
halsfluss *subst* med. tonsillitis
halsgrop *subst*, ***jag kom med hjärtat i ~en*** I came with my heart in my mouth
halshugga *verb* behead
halsinfektion *subst* med. throat infection
halsmandlar *subst pl* anat. tonsils
halstablett *subst* throat lozenge, throat pastille
halster *subst* gridiron, grill; ***hålla ngn på*** ~ keep sb on tenterhooks
halstra *verb* grill
1 halt *subst* t.ex. sockerhalt, metallhalt content
2 halt *subst* uppehåll halt
3 halt *adj* lame, lame in one leg
halta *verb* limp
halv *adj* half; ***en och en ~ timme*** an hour and a half, one and a half hours; ***möta ngn på ~a vägen*** meet sb half-way; ***klockan ~ fem*** at half past four, at four-thirty, vard. half four; ***fem i ~ fem*** twenty-five past five
halva *subst* **1** hälft half (pl. halves) **2** ***~n*** andra snapsen, ungefär the second glass
halvbesatt *adj* half-filled
halvblod *subst* häst half-bred
halvbror *subst* half-brother
halvbutelj *subst* half-bottle, half a bottle
halvcirkel *subst* semicircle
halvdan *adj* medelmåttig mediocre
halvdöd *adj* half dead [*av* with]
halvera *verb*, ~ ***ngt*** halve sth, divide sth into halves
halvfabrikat *subst* semi-manufactured article
halvfemtiden *subst*, ***vid*** ~ at about half past four, at about four-thirty
halvhjärtad *adj* half-hearted
halvkombi *subst* bil. hatchback
halvlek *subst* sport. half
halvljus *subst*, ***köra på*** ~ drive with dipped headlights, amer. drive with dimmed headlights
halvmesyr *subst* half-measure
halvmil *subst*, ***en*** ~ five kilometres, eng. motsvarighet ungefär three miles
halvmåne *subst* half moon
halvpension *subst* på t.ex. pensionat half board
halvsova *verb* be half asleep
halvstor *adj* medium-sized, medium
halvsyster *subst* half-sister
halvsöt *adj* om vin medium sweet
halvt *adv* half
halvtid *subst* **1** sport. half-time **2** ***arbeta*** ~ have a half-time job, work half-time
halvtidsanställd *adj*, ***vara*** ~ work half-time, be on half-time
halvtimme *subst*, ***en*** ~ half an hour; ***en gång i ~n*** once every half hour
halvtorr *adj* om vin medium dry
halvvägs *adv* half-way, midway
halvår *subst*, ***ett*** ~ six months
halvädelsten *subst* semiprecious stone
halvö *subst* peninsula
halvöppen *adj* half open; ***dörren stod*** ~ på glänt the door was ajar
hambo *subst* Hambo polka; ***dansa*** ~ do the Hambo, dance the Hambo
hamburgare *subst* hamburger
hammare *subst* hammer
hammock *subst* swinging garden hammock
hamn *subst* **1** hamnstad port **2** anläggningen harbour
hamna *verb* land up, land; sluta end up, end
hamnarbetare *subst* dock worker, docker
hamndistrikt *subst* dockland
hamnkvarter *subst* dock district
hamnstad *subst* port
hampa *subst* hemp
hamra *verb* hammer, beat
hamster *subst* djur hamster
hamstra *verb* hoard
hamstrare *subst* hoarder
han *pron* he; om djur it

hand
Det är inte alls lika vanligt att man tar i hand när man hälsar i England och USA. Det uppfattas som mycket formellt.

hand *subst* hand; ***~en på hjärtat, tyckte du om det?*** honestly, did you like it?; ***ge ngn en hjälpande ~*** lend sb a hand; ***ha fria händer*** have a free hand; ***ha ~ om*** be in charge of; ***skaka ~ med ngn*** shake hands with sb; ***ta ~ om*** take care of, take charge of; ***i andra ~*** in the second place; ***hyra ut i andra ~*** sublet; ***det får komma i andra ~*** we'll (I'll) wait with that; ***köpa i andra ~*** buy second-hand; ***i första ~*** in the first place, first; ***upplysningar i första ~*** information at first hand, first-hand information; ***hålla ngn i ~en*** hold sb's hand; ***ta ngn i ~*** hälsa shake hands with sb; ***bort med händerna!*** hands off!; ***på egen ~*** alone; ***ha till ~s*** have handy; ***denna förklaring ligger nära till ~s*** this explanation is a very likely one; ***upp med händerna!*** hands up!; ***ge vid ~en*** visa indicate, show

handarbete *subst* sömnad needlework; broderi embroidery; stickning knitting; ***ett ~*** a piece of needlework, a piece of embroidery

handbagage *subst* hand baggage, hand luggage

handbojor *subst pl* handcuffs; ***sätta ~ på ngn*** handcuff sb, put handcuffs on sb

handbok *subst* handbook [*i* of], manual; ***en ~ i psykologi*** a handbook of psychology

handboll *subst* handball

handbroms *subst* handbrake; ***dra åt ~en*** put on the handbrake

handduk *subst* towel; ***kasta in ~en*** boxn. el. vard., ge upp throw in the towel

handel *subst* **1** varuhandel trade; handlande trading **2** i stort commerce; affärer business **3** spec. olovlig traffic **4** ***driva*** (***idka***) ***~ med*** a) land, person trade with b) vara trade in, deal in; ***finnas i ~n*** be on the market

handelsbalans *subst* balance of trade

handelsbojkott *subst* trade embargo (pl. -es)

handelsbolag *subst* trading company

handelsembargo *subst* trade embargo (pl. -es)

handelsfartyg *subst* merchant vessel

handelsförbindelse *subst*, ***~r*** trade relations, commercial relations

handelsminister *subst* minister of commerce

handelspartner *subst* trade partner

handelsvara *subst* commodity

handfallen *adj*, ***hon stod helt ~*** she was completely at a loss

handfast *adj*, ***~a regler*** definite rules

handfat *subst* washbasin

handflata *subst* palm, palm of the hand

handfri *subst* se *handsfree*

handgjord *adj* handmade, made by hand

handgranat *subst* hand grenade

handgrepp *subst* manipulation; ***med ett enkelt ~*** in one simple operation

handgriplig *adj* **1** påtaglig palpable **2** tydlig obvious

handgripligheter *subst pl*, ***gå till ~*** come to blows

handha *verb* **1** sköta manage **2** ha hand om be in charge of

handikapp *subst* handicap

handikappad *adj* handicapped, invalidiserad disabled, handicapped; ***vara ~ av*** be handicapped by

handikapp-OS *subst* sport. the Paralympics pl.

handikapptoalett *subst* toilet for the disabled

handla *verb* **1** driva handel trade, deal, do business [*med ngt* in sth; *med ngn* with sb] **2** göra inköp do one's shopping [*hos A.* at A.'s]; ***gå ut och ~*** go out shopping; ***~ mat*** buy food **3** bete sig act; ***~ rätt*** do the right thing **4** ***~ om*** a) röra sig om be about b) gälla be a question of

handlag *subst*, ***ha gott ~ med barn*** have a good hand with children, know how to handle children

handlande *subst* **1** handelsman dealer; handelsidkare tradesman **2** butiksägare shopkeeper

handled *subst* wrist

handleda *verb* instruct; vägleda guide; i studier etc. supervise

handledare *subst* instructor; studiehandledare etc. supervisor

handledning *subst* **1** instruction; vägledning guidance; i studier etc. supervision **2** handbok guide

handling *subst* **1** agerande action **2** i bok, pjäs etc. story, action; intrig plot [*i* of] **3** dokument document

handlingsfrihet *subst* freedom of action

handlägga *verb* behandla, bereda deal with, handle

handlöst *adv*, ***falla ~*** fall headlong

handpenning *subst* deposit; ***betala*** (***lägga***) ***~*** pay a deposit

handplocka *verb* handpick

handsfree *subst* hands-free mobile
handskas *verb*, ~ ***med*** hantera handle
handske *subst* glove
handskfack *subst* i bil glove compartment
handskriven *adj* handwritten; ***brevet var handskrivet*** the letter was written by hand
handslag *subst* handshake
handstil *subst* handwriting
handtag *subst* **1** på dörr, väska etc. handle; runt knob **2** ***ge ngn ett*** ~ hjälp lend sb a hand
handvändning *subst*, ***det är gjort i en*** ~ it's done in no time
handväska *subst* handbag, amer. purse
hane *subst* hanne male; fågelhane ofta cock, amer. vanligen rooster
hangar *subst* hangar
hangarfartyg *subst* aircraft carrier
hankatt *subst* male cat, tomcat
hanne *subst* male, fågelhanne ofta cock, amer. vanligen rooster
hans *pron* his; om djur el. sak vanligen its; se *1 min* för ex.
hantel *subst* dumbbell
hantera *verb* handle; sköta manage
hantlangare *subst* **1** helper, mate **2** neds. henchman
hantverk *subst* **1** handicraft; ***ett gott*** ~ a good piece of workmanship **2** yrke trade
hantverkare *subst* craftsman, artisan
hare *subst* **1** djur hare **2** sport., vid löpning pacemaker; vid hundkapplöpining hare **3** ynkrygg coward; ***rädd som en*** ~ timid as a hare
harem *subst* harem
haricots verts *subst pl* French beans, string beans
harkla *verb*, ~ ***sig*** clear one's throat
harkrank *subst* insekt crane fly
harmoni *subst* harmony äv. musik.
harmoniera *verb* harmonize
harmonisk *adj* harmonious; musik. harmonic
harpa *subst* musik. harp
harv *subst* jordbruksredskap harrow
harva *verb* harrow
hasa *verb* **1** glida slide; ~ ***ned*** slip down **2** dra fötterna efter sig shuffle
hasard *subst* hasardspelande gambling; ***spela*** ~ gamble; ***det är rena ~en*** it is all a matter of chance
hasardspel *subst* game of chance; hasardspelande gambling
hasch *subst* vard. hash, pot
hasselnöt *subst* hazelnut
hast *subst* hurry, haste; ***i största (all)*** ~ in great haste
hastig *adj* snabb rapid, quick; skyndsam hurried
hastighet *subst* **1** fart speed; snabbhet rapidity; ***högsta tillåtna*** ~ the speed limit, the maximum speed; ***med en ~ av*** at a speed of **2** brådska, ***i ~en glömde han...*** in his hurry he forgot...
hastighetsbegränsning *subst* speed limit
hastighetsmätare *subst* speedometer
hastigt *adv* rapidly, quickly, hurriedly; ***helt*** ~ plötsligt all of a sudden
hat *subst* **1** hatred [*mot* of] **2** spec. i motsats till kärlek hate
hata *verb* hate
hatfull *adj* o. **hatisk** *adj* spiteful
hatt *subst* **1** hat **2** på tub cap

> **hav**
> Atlanten *the Atlantic*, Indiska oceanen *the Indian Ocean*, Kaspiska havet *the Caspian Sea*, Medelhavet *the Mediterranean*, Nordsjön *the North Sea*, Östersjön *the Baltic*, Röda havet *the Red Sea*, Stilla havet *the Pacific*, Svarta havet *the Black Sea*

hav *subst* **1** sea **2** världshav ocean
havande *adj* gravid pregnant
havandeskap *subst* pregnancy
haverera *verb* **1** sjö. be wrecked **2** om flygplan, bil etc. crash
haveri *subst* **1** sjö. shipwreck **2** flyghaveri crash; motorhaveri breakdown
havre *subst* oats pl.
havregryn *subst* porridge oats pl.
havregrynsgröt *subst* porridge, amer. oatmeal
havsband *subst*, ***i ~et*** i yttersta skärgården on the outskirts of the archipelago
havsbotten *subst* sea bed, ocean bed; ***på*** ~ at the bottom of the sea
havskräfta *subst* Norway lobster; ***friterade havskräftor*** scampi
HD *subst* tv-teknik HD förk. för *high definition*
heat *subst* sport. heat
hebreisk *adj* Hebrew
hebreiska *subst* språk Hebrew
hed *subst* moor; ljunghed heath
heder *subst* honour; ***till hans ~ skall det sägas att...*** one must say to his credit that...

hederlig *adj* ärlig honest, decent
hederlighet *subst* honesty
hedersbetygelse *subst* mark of honour, mark of respect; ***under militära ~r*** with military honours
hedersdoktor *subst* honorary doctor
hedersgäst *subst* guest of honour
hedersord *subst*, ***på ~!*** honestly!, word of honour!
hederspris *subst* special prize; ***få ~*** receive a special award
hederssak *subst*, ***det är en ~ för honom*** he makes it a point of honour
hedning *subst* heathen
hednisk *adj* heathen
hedra *verb* honour; ***det ~r honom att han…*** it does him credit that he…
hej *interj* hälsning hallo!, amer. hi!, hi there!; ***~ då!*** adjö bye-bye!; ***~ så länge!*** so long!
heja I *interj* sport., ***~ AIK!*** come on AIK! **II** *verb*, ***~ på*** a) lag cheer, cheer on b) säga hej åt say hallo to
hejaklack *subst* se *hejarklack*
hejaklacksledare *subst* se *hejarklacksledare*
hejarklack *subst* cheering section
hejarklacksledare *subst* cheerleader
hejarop *subst* cheer
hejd *subst*, ***det är ingen ~ på…*** there's no limit to…
hejda *verb* stop; få under kontroll check
hejdlös *adj* om gråt, skratt uncontrollable; om slöseri enormous; ofantlig tremendous; ***en ~ drift med byråkratin*** a hilarious takeoff of bureaucracy
hektar *subst* hectare; ***ett (en) ~*** britt. motsvarighet 2,471 acres
hektisk *adj* hectic
hekto *subst* o. **hektogram** *subst* hectogram
hektoliter *subst* hectolitre
hel *adj* **1** whole, full, complete; ***~a dagen*** all day, the whole day; ***~a tiden*** all the time, the whole time; ***~a året*** throughout the year; ***vad tycker du om det ~a?*** what do you think of it all?; ***på det ~a taget*** i stort sett on the whole **2** ej sönder whole; om glas etc. unbroken
hela *subst* **1** helbutelj full-size bottle; **2** ***~n går!*** ungefär now for the first! **3** ***Helan och Halvan*** komikerpar Laurel Halvan and Hardy Helan
helautomatisk *adj* fully automatic
heldragen *adj*, ***~ linje*** unbroken (continuous) line
helförsäkrad *adj*, ***vara ~*** have a comprehensive insurance
helförsäkring *subst*, ***~ för motorfordon*** comprehensive car insurance
helg *subst* ledighet holiday pl.; veckoslut weekend
helgdag *subst* holiday
helgerån *subst* sacrilege
helgon *subst* saint
helhet *subst* whole; ***i sin ~*** in full, in its entirety
helhetsintryck *subst* overall impression
helhjärtad *adj* whole-hearted
helig *adj* holy, sacred
helikopter *subst* helicopter, vard. copter, chopper
helinackorderad *adj*, ***vara ~*** have full board and lodging
heller *adv* efter negation either; ***jag hade ingen biljett och inte han ~*** I had no ticket and he hadn't either
helljus *subst*, ***köra på ~*** drive with one's headlights on
hellre *adv*, ***jag vill ~ gå på bio än gå på disco*** I would rather go to the movies than go to a disco
hellång *adj* full-length
helnykterist *subst* teetotaller, total abstainer
helomvändning *subst*, ***göra en ~*** a) mil. do an about-turn b) byte av ståndpunkt do a turnaround
helpension *subst* full board, full board and lodging
helsida *subst* full page
helsiden *subst* pure silk
helsike *subst* vard. se *helvete*
Helsingfors Helsinki
helskinnad *adj*, ***komma (slippa) undan ~*** escape unhurt
helspänn *subst*, ***vara på ~*** om person be tense, vard. be uptight; ***sitta på ~*** be on edge, be on tenderhooks
helst *adv*, ***jag vill (skulle) ~*** I would rather; ***jag vill allra ~*** I want most of all to; ***hur som ~*** anyhow; ***hur länge som ~*** hur länge ni vill as long as you like; ***jag betalar hur mycket som ~*** I'll pay any amount; ***ingen som ~ anledning*** no reason whatever; ***när som ~*** any time; när ni vill whenever you like; ***vad som ~*** anything; vad ni vill anything you like; ***var (vart) som ~*** anywhere; var (vart) ni vill wherever you like; ***vem som ~*** anybody; vem ni vill whoever you like; ***vilken som ~*** a) av två either b) vilken ni vill whichever you like
helsäker *adj* quite sure, quite certain
helt *adv*, ~ el. ***~ och hållet*** entirely,

completely; alldeles quite; ~ ***enkelt omöjligt*** simply impossible; ~ ***nyligen*** quite recently; ~ ***plötsligt*** all of a sudden; ***inte förrän*** ~ ***nyligen*** only recently
heltid *subst*, ***arbeta på*** ~ work full-time
heltidsanställd *adj*, ***vara*** ~ be employed full-time
heltäckande *adj*, ~ ***matta*** wall-to-wall carpet
heltäckningsmatta *subst* wall-to-wall carpet
helvete *subst* hell; ***ett ~s oväsen*** a hell of a noise; ***dra åt ~!*** go to hell!
helvetisk *adj* hellish, infernal
helylle *subst* all wool, pure wool
hem I *subst* home
II *adv* home; ***bjuda*** ~ ***ngn*** ask sb home, invite sb home; ***följa ngn*** ~ see sb home, accompany sb home; ***skämtet gick*** ~ the joke went home; ***ha kommit*** ~ be home; ***ta*** ~ ***spelet*** win the game
hembageri *subst* local baker's
hembakad *adj* o. **hembakt** *adj* home-made
hembiträde *subst* servant, maid
hembränning *subst* olaglig illicit distilling
hembygd *subst*, ***~en*** one's native home, one's native district
hembygdskunskap *subst* skol., ungefär local geography, history and folklore
hemdator *subst* home computer
hemfärd *subst* home journey, homeward journey
hemförsäkring *subst* householders' comprehensive insurance
hemförsäljning *subst* door-to-door selling
hemgift *subst* dowry
hemgjord *adj* home-made
hemhjälp *subst* home help
hemifrån *adv* from home; ***gå (resa)*** ~ leave home
heminredning *subst* interior decoration
hemkomst *subst* home-coming, return
hemkunskap *subst* skol. home economics (med verb i sing.)
hemlagad *adj*, ~ ***mat*** home-made food, home cooking
hemland *subst* native country
hemlig *adj* secret; dold concealed, hidden [*för* from]; ***~t nummer*** tele. ex-directory number, amer. unlisted number
hemlighet *subst* secret; ***i*** ~ secretly, in secret
hemlighetsfull *adj* **1** mysterious **2** förtegen secretive
hemlighålla *verb*, ~ ***ngt*** keep sth secret [*för ngn* from sb]
hemligstämplad *adj* top-secret, classified
hemlängtan *subst* homesickness; ***känna*** ~ feel homesick
hemlös *adj* homeless
hemma *adv*, ***vara*** ~ be at home; ***du kan bo*** ~ ***hos oss*** you can stay at our place, you can stay with us; ~ ***hos Svenssons*** at the Svenssons'; ***känn dig som*** ~ make yourself at home
hemmafru *subst* housewife (pl. housewives)
hemmagjord *adj* home-made
hemmakväll *subst*, ***en*** ~ an evening at home
hemmalag *subst* sport. home team
hemmaman *subst* house-husband
hemmamatch *subst* home match; ***ha*** ~ play at home
hemmaplan *subst* sport. home ground; ***spela på*** ~ play at home
hemmastadd *adj* at home
hemmavarande *adj*, ~ ***barn*** children living at home
hemorrojder *subst pl* med. haemorrhoids
hemort *subst* home district; jur. domicile
hemresa *subst* home journey, homeward journey; till sjöss homeward voyage
hemsamarit *subst* home help
hemsida *subst* homepage på Internet
hemsk *adj* ghastly, terrible, vard. awful
hemskt *adv* vard., väldigt awfully, frightfully
hemslöjd *subst* handicraft
hemspråk *subst* home language
hemspråkslärare *subst* home-language teacher
hemstad *subst* home town
hemsökas *verb*, ~ ***av*** be ravaged by, be overrun by
hemtjänst *subst* home-help service
hemtrakt *subst*, ***i min*** ~ a) där jag bor in the neighbourhood of my home b) där jag växte upp where I grew up, where I come from
hemtrevlig *adj* ombonad cosy, snug
hemväg *subst* way home; ***på ~en blev jag bestulen*** on my (the) way home I was robbed
hemvärn *subst* home defence; ***~et*** the Home Guard
hemåt *adv* homeward, homewards
henne *pron* her; om djur it
hennes *pron* her; om djur el. sak vanligen its; självst. hers; se *1 min* för ex.
herde *subst* shepherd
hermelin *subst* djur el. päls ermine
heroin *subst* heroin
heroisk *adj* heroic
herr se *herre 1*
herravälde *subst* **1** makt domination **2** styrelse

rule [*över* over]; behärskning mastery **3** kontroll control [*över* of]; ***förlora ~t över bilen*** lose control of the car
herrcykel *subst* man's cycle, man's bicycle
herrdubbel *subst* i tennis men's doubles (pl. lika)
herre *subst* **1** gentleman (pl. gentlemen), man (pl. men); ***mina herrar!*** gentlemen!; ***herr ordförande!*** Mr. Chairman! **2** härskare, husbonde master; ***vara sin egen ~*** be one's own master, be one's own mistress; om kvinna ***vara ~ över situationen*** be master of the situation **3** ***Herren*** the Lord; ***~ gud!*** vard. Good Heavens!, Good God!, amer. Oh, my God!; ***i (på) många herrans år*** for ages, for donkey's years
herrekipering *subst* affär men's outfitter's
herrelös *adj* ownerless
herrfrisering *subst* lokal men's hairdresser, barber
herrfrisör *subst* men's hairdresser, barber
herrgård *subst* **1** byggnad country house **2** gods country estate
herrgårdsvagn *subst* bil estate car, isht amer. station wagon
herrkläder *subst* men's clothes, menswear sing.
herrsingel *subst* i tennis men's singles (pl. lika)
herrsko *subst* man's shoe; ***~r*** men's shoes
herrtidning *subst* men's magazine; med nakna flickor girlie magazine
herrtoalett *subst* men's toilet; ***var är ~en?*** ofta where's the gents?
hertig *subst* duke
hertiginna *subst* duchess
hes *adj* hoarse
heshet *subst* hoarseness
het *adj* hot; ***en ~ debatt*** a heated discussion; ***en ~ potatis*** vard. a hot potato; ***få det ~t om öronen*** get into hot water
heta *verb* be called, be named; ***vad heter han?*** what is his name?; ***allt vad bröd heter*** everything in the way of bread; ***vad heter det*** ordet etc. ***på engelska?*** what is that in English?
heterogen *adj* heterogeneous
heterosexuell *adj* heterosexual
hets *subst* **1** förföljelse persecution [*mot* of]; uppviglande agitation [*mot* against] **2** jäkt bustle, rush and tear
hetsa *verb* **1** jäkta rush and tear **2** egga bait; ***~ upp*** egga excite, work up; ***~ upp sig*** get excited
hetsig *adj* häftig, om t.ex. temperament hot; om t.ex. diskussion heated; hetlevrad hot-tempered; lättretad hot-headed
hetsjakt *subst* **1** jakt. hunt; jagande hunting **2** ***~ på*** agitation against; förföljelse av baiting of, persecution of
hetsäta *verb* binge; med. suffer from bulimia
hetsätare *subst* binger, bulimic
hetsätning *subst* bingeing; med. bulimia
hett *adv* hotly; ***solen brände ~*** the sun burnt hot; ***det gick ~ till*** man slogs things got pretty rough
hetta I *subst* heat
II *verb* vara het be hot
hibiskus *subst* blomma hibiscus
hicka I *subst* hiccup; ***ha ~*** have the hiccups
II *verb* hiccup
hierarki *subst* hierarchy
hi-fi (förk. för *high-fidelity*) *subst* hi-fi
himla I *adj* vard., ***det blev ett ~ liv*** there was an awful noise
II *adv* vard. awfully, terrifically
himlakropp *subst* heavenly body
himmel *subst* **1** sky; ***solen stod högt på himlen*** the sun was high in the sky; ***under Italiens ~*** under Italian skies **2** himmelrike heaven; ***röra upp ~ och jord*** raise hell
himmelrike *subst* heaven, paradise
hinder *subst* **1** obstacle [*för* to]; ***det möter inget ~*** there is nothing against it, there is no objection to that **2** sport., häck fence, hurdle
hinderlöpare *subst* sport. steeple-chaser
hinderlöpning *subst* steeplechase
hindra *verb* **1** förhindra prevent; avhålla keep, restrain; ***det är ingenting som ~r att du gör det*** there is nothing to prevent you from doing it **2** vara till hinders för hinder, obstruct, impede; ***~ trafiken*** impede the traffic, obstruct the traffic
hindu *subst* Hindu
hingst *subst* stallion
hink *subst* bucket, pail
1 hinna I *verb* **1** nå, komma reach, get; ***vi har hunnit långt i dag*** we have done a lot today, we have managed a lot today **2** få tid get time, get the time; ha tid have time, have the time; ***om jag hinner*** if I find time, if I get the time; ***vi har hunnit till sidan 200*** we've got to page 200 **3** komma i tid manage to be in time **4** ***färgen har redan hunnit torka*** the paint has already dried
II *verb* med betonad partikel
hinna fram arrive in time, arrive
hinna med: ***~ med ngt*** finish sth, manage to finish sth; ***jag hinner inte***

med det I don't have time for it; ~ ***med tåget*** catch the train, manage to catch the train; ***jag hann inte med tåget*** I didn't manage to catch the train; ~ ***med att äta*** have time to eat

hinna upp ngn (ngt) ifatt catch sb (sth) up

2 hinna *subst* **1** tunn film **2** zool. membrane

hiphop *subst* dans hip-hop

hipp *adv*, ***det är ~ som happ*** it comes to the same thing, it makes no difference

1 hiss *subst* lift, amer. elevator

2 hiss *subst* musik. B sharp

hissa *verb* hoist, hoist up

hissna *verb* feel dizzy, feel giddy

hissnande *adj* höjd, belopp dizzy

historia *subst* **1** skildring el. vetenskap history; ***gå till historien*** go down in history **2** berättelse story; ***berätta en ~*** tell a story **3** sak thing, affair

historieberättare *subst* story-teller

historiebok *subst* history book

historik *subst* history [*över* of]

historiker *subst* historian

historisk *adj* **1** historical **2** märklig historic; ***ett ~t ögonblick*** a historic moment

hit *adv* here; ***kom ~ med boken!*** bring the book here!; ~ ***och dit*** here and there, to and fro; ***ända ~*** as far as this, as far as here; ***han kom ~ i går*** he arrived here yesterday

hitom *prep* on this side, on this side of

hitresa *subst*, ***på ~n*** on the journey here

hitta *verb* **1** find; ~ ***på*** a) tänka ut think of, hit on b) dikta ihop make up **2** finna vägen find the way; känna vägen know the way **3** t.ex. guld, olja strike

hittegods *subst* lost property

hittelön *subst* reward; ***få 500 pund i ~*** get £500 reward

hittills *adv* up to now, up till now, hitherto; så här långt so far

hitåt *adv* in this direction, this way

hiv *subst* med. HIV förk. för *human immunodeficiency virus* humant immunbristvirus

hiv-negativ *subst* med. HIV-negative

hiv-positiv *subst* med. HIV-positive

hiv-test *subst* HIV-test; ***göra (ta) ett ~*** take an HIV-test

hjord *subst* **1** herd **2** fårhjord el. relig. flock

hjort *subst* **1** deer (pl. lika) **2** hjorthanne stag

hjortron *subst* bär cloudberry

hjul *subst* wheel

hjula *verb* gymn. turn cartwheels

hjulbent *adj* bandy-legged, bow-legged

hjullås *subst* som sätts fast på felparkerade bilar wheel clamp, amer. Denver boot

hjulnav *subst* hub

hjulspår *subst* wheel track

hjälm *subst* helmet

hjälp *subst* **1** help, assistance, aid; ***ge första ~en*** vid olycksfall give first aid; ***tack för ~en!*** thanks for the help!; ***med ~ av*** by means of; ***komma till ngns ~*** come to sb's assistance, come to sb's aid **2** understöd support **3** botemedel remedy [*mot, för* for]

hjälpa *verb* **1** help, assist, aid; ***det hjälper inte att göra så*** it's no use doing that; ***det kan inte ~s*** it can't be helped; ~ ***till*** help **2** avhjälpa remedy; om botemedel be effective, be good [*mot, för* for]; ***tabletterna hjälper inte*** the tablets don't have any effect, the tablets don't help

hjälpas *verb*, ~ ***åt*** help one another

hjälplös *adj* helpless

hjälpmedel *subst* **1** aid **2** botemedel remedy

hjälpsam *adj* helpful [*mot* to]

hjälpverb *subst* auxiliary verb

hjälte *subst* hero (pl. -es)

hjältebragd *subst* o. **hjältedåd** *subst* heroic deed

hjältinna *subst* heroine

hjärna *subst* brain; förstånd el. hjärnsubstans brains pl.; ***han har fått det på ~*** vard. he has got it on the brain

hjärnblödning *subst* med. cerebral haemorrhage

hjärndöd *adj*, ***han är ~*** he is brain dead

hjärnhinneinflammation *subst* med. meningitis

hjärnskakning *subst* med. concussion; ***få en lindrig ~*** have a mild concussion

hjärnskrynklare *subst* vard., psykiatriker shrink

hjärnsläpp *subst* vard., ungefär blackout

hjärntrust *subst* think tank, amer. think tank, brain trust

hjärntvätt *subst* brainwashing

hjärntvätta *verb* brainwash

hjortron

En engelsman får inte samma associationer som en svensk när man talar om hjortron, *cloudberries*, och hjortronsylt, *cloudberry jam*. Det kan därför vara bra att tala om vad hjortron är och att de uppfattas som något exklusivt i Sverige.

hjärta *subst* heart; ***saken ligger mig varmt om ~t*** I have the matter very much at heart; ***jag har inte ~ att berätta det för honom*** I haven't got the heart to tell him; ***vad har du på ~t?*** what's on your mind?; ***Alla hjärtans dag*** St Valentine's Day
hjärtattack *subst* heart attack; ***få en ~*** get a heart attack
hjärter *subst* kortsp. hearts pl.; ***en ~*** a heart
hjärterdam *subst* kortsp. the queen of hearts
hjärterfem *subst* kortsp. the five of hearts
hjärtesak *subst*, ***det är en ~ för mig*** I have it very much at heart
hjärtfel *subst* med. heart disease; ***hon har ~*** she is suffering from heart disease
hjärtinfarkt *subst* med. heart attack, coronary
hjärtklappning *subst* palpitation; ***jag får ~*** I get (it gives me) palpitations
hjärtlig *adj* cordial [*mot* to], stark. hearty; ***~a gratulationer på födelsedagen!*** Many Happy Returns of the Day!; ***~t tack!*** thanks very much!
hjärtlös *adj* heartless
hjärtslag *subst* heartbeat
hjärtsvikt *subst* med. heart failure
hjärttrakt *subst*, ***i ~en*** in the region of the heart
hjärttransplantation *subst* med., transplantering heart transplantation; ***en ~*** a heart transplant
hjässa *subst* crown, top of the head
ho *subst* **1** trough **2** tvättho laundry sink
hobby *subst* hobby
hobbyrum *subst* recreation room, hobby-room
hockey *subst* ishockey ice hockey
hockey-bockey *subst* sport. hockey-bockey, bandy played on an ice-hockey rink
hockeyklubba *subst* hockey stick
hoj *subst* vard. bike
hojta *verb* shout, yell
holk *subst* fågelholk nesting box
Holland Holland
holländare *subst* Dutchman; ***holländarna*** som nation, lag etc. the Dutch
holländsk *adj* Dutch; se *svensk-* för sammansättningar
holländska *subst* (se *svenska* för ex.) **1** kvinna Dutchwoman (pl. Dutchwomen) **2** språk Dutch
holme *subst* islet
homofil *subst* **1** man homo (pl. -s), gay **2** kvinna lesbian
homogen *adj* homogeneous
homosexuell *adj* homosexual; ***en ~*** a homosexual
hon *pron* she; om djur it
hona *subst* female
honkatt *subst* female cat, she-cat
honkön *subst* female sex
honnör *subst* hälsning salute; ***göra ~ för ngn*** salute sb
honom *pron* him; om djur it
honorar *subst* fee
honung *subst* honey
honungskaka *subst* i bikupa honeycomb
hop *subst* **1** skara crowd **2** hög heap, pile
hopa *verb* heap up, pile up, accumulate; ***~ sig*** accumulate; ökas increase
hopfällbar *adj* collapsible
hopfälld *adj* om paraply furled, rolled up
hopkok *subst* concoction, mishmash
1 hopp *subst* hope; ***ha ~ om att få se henne snart*** have hopes of seeing her soon
2 hopp *subst* jump, leap; dykning dive
hoppa I *verb* jump, leap, dive; mest om fågel hop
II *verb* med betonad partikel
hoppa av 1 buss, tåg etc. jump off **2** lossna come loose **3** dra sig ur, sluta back out; skol. drop out **4** polit. seek political asylum, defect
hoppa in som ersättare step in [*för ngn* in sb's place]
hoppa på 1 ***~ på bussen*** jump on to the bus **2** ***~ på ngn*** fly at sb
hoppa till give a jump, start
hoppa över utelämna skip, leave out, miss out
hoppas *verb* hope [*på* for]; ***jag ~ det*** I hope so
hoppbacke *subst* ski jump
hoppborg *subst* bouncy castle
hoppfull *adj* hopeful
hoppgunga *subst* baby jumper; för småbarn bungee baby bouncer
hoppingivande *adj* hopeful
hopplös *adj* hopeless
hopprep *subst* skipping-rope, amer. jump rope; ***hoppa ~*** skip, amer. jump rope
hopslagen *adj* **1** om bok closed **2** om bord etc. folded-up
hora *subst* neds. whore
horisont *subst* horizon; ***det går över min ~*** it is beyond me; ***vid ~en*** on the horizon
horisontal *adj* o. **horisontell** *adj* horizontal
hormon *subst* hormone
horn *subst* horn
hornhinna *subst* anat. cornea

horoskop *subst* horoscope
horribel *adj* horrible, awful
hortensia *subst* blomma hydrangea
hos *prep*, ***arbeta ~ ngn*** work for sb; ***han bor ~ sin farbror*** he lives at his uncle's place; ***jag har varit ~ doktorn*** I have been to the doctor; ***jag satt ~ honom i soffan*** I sat by him in the sofa; ***det finns något ~ henne...*** there is something about her...; ***uttrycket finns ~ Shakespeare*** the expression can be found in Shakespeare
hospitaliserad *adj* institutionalized
hosta I *subst* cough
II *verb* cough
hostdämpande *adj*, ***~ medicin*** medicine that relieves coughs
hostmedicin *subst* cough mixture
hot *subst* threat [*mot* against; *om* of]
hota *verb* threaten
hotande *adj* threatening

På hotellet
enkelrum *single room*, dubbelrum med en dubbelsäng *double room*, dubbelrum med två enkelsängar *twin-bedded room*, med bad och toalett *en suite*.
I'd like a twin-bedded room with a private bath for two nights.
Jag skulle vilja ha ett dubbelrum (med två sängar) med bad för två nätter.
How much do you charge per night per room?
Vad tar ni för rummet per natt?

hotell *subst* hotel; ***~ Svea*** the Svea Hotel
hotelldirektör *subst* hotel manager
hotellrum *subst* hotel room
hotelse *subst* threat [*mot* against]
hotfull *adj* threatening
1 hov *subst* på djur hoof
2 hov *subst* court; ***vid ~et*** at court
hovleverantör *subst*, ***kunglig ~*** purveyor to His (Her) Majesty
hovmästare *subst* på restaurang head waiter
hud *subst* **1** skin **2** djurhud hide; ***få på ~en*** vard. a) get it in the neck b) få stryk get a hiding
hudfärg *subst* colour of one's (the) skin
hudfärgad *adj* flesh-coloured
hudkräm *subst* skin cream
hudvård *subst* skin care
hugg *subst* **1** cut; med kniv stab; slag blow, stroke **2** smärta stab of pain **3** med tänder bite **4** ***vara på ~et*** vard. be in great form, be in the mood
hugga I *verb* **1** cut, strike; med kniv stab; klyva i små stycken chop; ***~ ved*** chop wood **2** med tänderna bite; ***~ tänderna i ngt*** sink one's teeth into sth **3** gripa catch hold of, seize hold of [*i* t.ex. armen by]; ***det är hugget som stucket*** it comes to the same thing, it six of one and half a dozen of the other
II *verb* med betonad partikel
hugga av cut off; i två bitar chop... in two, cut... in two
hugga i 1 ta i av alla krafter make a real effort, go at it **2** hjälpa till give sb a helping hand
hugga ned träd fell, cut down
huggorm *subst* viper, adder
huk *subst*, ***sitta på ~*** squat, sit on one's heels
huka *verb*, ***~ sig*** crouch, crouch down
huligan *subst* hooligan
hull *subst* flesh; ***lägga på ~et*** put on flesh; ***ha gott ~*** be well filled out; om djur be fat
huller om buller *adv* all over the place
human *adj* humane; hygglig kind
humanistisk *adj* humanistic; ***~a fakulteten*** the Faculty of Arts
humanitär *adj* humanitarian
humla *subst* bumble-bee
humle *subst* hops pl.
hummer *subst* lobster
humor *subst* humour; ***ha sinne för ~*** have a sense of humour
humorist *subst* humorist
humoristisk *adj* humorous
humör *subst* lynne temper, temperament; sinnesstämning humour; ***tappa ~et*** bli arg lose one's temper; ***på dåligt ~*** in a bad temper, in a bad mood; ***på gott ~*** in a good mood, in a good humour
hund *subst* **1** dog **2**, jakthund hound, dog
hundbett *subst* dog bite
hundkoja *subst* kennel
hundmat *subst* dog food
hundra *räkn* hundred; ***ett ~*** a hundred, one hundred; ***ett tusen ett ~*** a (one) thousand one hundred; ***flera ~*** several hundred; ***några ~*** a few hundred
hundrade *räkn* hundredth
hundradel *subst* hundredth; ***två ~ar*** two hundredths; ***en ~s sekund*** a hundredth of a second

hundrafem *räkn* a hundred and five, one hundred and five
hundrafemte *räkn* hundred and fifth
hundralapp *subst* one-hundred-krona note, amer. one-hundred-krona bill
hundraprocentig *adj* one hundred per cent; fullständig complete
hundras *subst* breed of dog
hundratal *subst* hundred; ***ett ~ människor*** some hundred people; ***i ~*** by the hundred
hundratals *adv*, ***~ människor*** hundreds of people
hundratusen *räkn* a hundred thousand, one hundred thousand
hundraåring *subst* centenarian
hundraårsjubileum *subst* centenary
hundraårsminne *subst* centenary
hundutställning *subst* dog show
hundvalp *subst* pup, puppy
hunger *subst* **1** hunger [*efter* for] **2** svält starvation
hungersnöd *subst* famine
hungerstrejk *subst* hunger strike
hungerstrejka *verb* hunger-strike
hungra *verb* be hungry [*efter* for], be starving
hungrig *adj* hungry; utsvulten starving [*på* for]
hunsa *verb*, ~ el. ***~ med*** bully
hur *adv* how; ***~ då?*** how?; ***~ så?*** varför why?; på vilket sätt in what way?; ***~ gammal är han?*** how old is he?; ***~ sa?*** what did you say?; ***~ skicklig han än är*** however clever he may be; ***~ jag än gör*** whatever I do
hurdan *adj* whatever; ***~ är han?*** what's he like?
hurra I *interj* hurrah!, hurray!
II *subst* cheer, hurrah
III *verb* hurrah, hurray; ***~ för ngn*** give sb a cheer; ***ingenting att ~ för*** vard. nothing to write home about
hurrarop *subst* cheer
hurtbulle *subst* vard. hearty type, hearty
hurtig *adj* rask brisk; pigg lively; hurtfrisk hearty
hurts *subst* del av skrivbord pedestal
huruvida *konj* whether

> **hundra**
> *Hundred, thousand* och *million* föregås alltid av *a* (*one*), *two*, *three* etc. De får då inget *-s* i flertal, *one hundred, two hundred, three thousand, 80 million.*

> **hus**
> radhus *terraced house* (amer. *row house*), fristående villa *house, detached house*, enplansvilla, bungalow *bungalow*, stuga, hus (ofta på landet) *cottage*, hyreshus *block of flats* (amer. *apartment house*), höghus *high-rise*, punkthus *tower block*, skyskrapa *skyscraper*

hus *subst* **1** house; större building; ***gå för fulla ~*** draw crowded houses; ***göra rent ~ med*** make a clean sweep of; ***var har du hållit ~?*** wherever have you been? **2** snigels shell
husbehov *subst*, ***till ~*** for household requirements; ***hon spelar piano till ~*** någotsånär she plays the piano passably
husbil *subst* camper, amer. motor home
husdjur *subst* domestic animal; sällskapsdjur pet
husesyn *subst*, ***gå ~*** make a tour of the house
husgeråd *subst* household utensils pl.
hushåll *subst* household; husligt arbete housekeeping; ***10 personers ~*** a household of 10; ***sköta ~*** manage the household
hushålla *verb* **1** vara sparsam economize [*med* on]
hushållerska *subst* housekeeper
hushållning *subst* **1** housekeeping **2** sparsamhet economizing, economy
hushållsarbete *subst* housework (endast sing.)
hushållsmaskin *subst* electrical domestic appliance
hushållspapper *subst* kitchen paper; ***vi måste köpa ~*** we must buy some kitchen rolls
hushållspengar *subst pl* housekeeping money sing., housekeeping allowance sing.
hushållsrulle *subst* kitchen roll
huskur *subst* household remedy
huslig *adj* **1** domestic **2** intresserad av hushållsarbete domesticated
husläkare *subst* family doctor
husmanskost *subst* simple home cooking, plain food
husockupant *subst* squatter
husockupation *subst* squatting
husrannsakan *subst* raid; ***göra ~n hos ngn*** search sb's place

husrum *subst* accommodation; ***ge ngn ~*** vanligen put sb up
husse *subst* vard. master
hustru *subst* wife (pl. wives)
hustrumisshandel *subst* wife-battering
husundersökning *subst* search, raid
husvagn *subst* caravan, amer. trailer
husvagnssemester *subst* caravanning holiday, amer. trailer vacation
huttra *verb* shiver [*av* with]
huv *subst* **1** hood **2** för skrivmaskin etc. cover **3** på penna cap
huva *subst* hood
huvud *subst* head; ***ha ont i ~et*** have a headache; ***han har ~et på skaft*** he has got a good head on his shoulders; ***hålla ~et kallt*** keep cool, vard. keep one's cool; ***dum i ~et*** stupid, amer. äv. dumb; ***framgången steg honom åt ~et*** success went to his head
huvudansvar *subst* main responsibility
huvudbonad *subst* headgear
huvudbry *subst*, ***vålla ngn ~*** give sb a lot of problems
huvudbyggnad *subst* main building
huvuddel *subst* main part, greater part
huvuddrag *subst* essential feature; ***~en i den svenska historien*** the main outlines of Swedish history
huvudgata *subst* main street
huvudingång *subst* main entrance
huvudkontor *subst* head office
huvudkudde *subst* pillow
huvudled *subst* major road
huvudman *subst* **1** för ätt head [*för* of] **2** jur. el. hand. principal **3** myndighet responsible authorithy
huvudnyckel *subst* master key
huvudperson *subst* litt. chief character
huvudpunkt *subst* main point, chief point
huvudroll *subst* principal part, leading part
huvudräkning *subst* mental arithmetic
huvudrätt *subst* main course
huvudsak *subst* main thing, main question; ***i ~*** on the whole
huvudsakligen *adv* mainly, mostly
huvudsats *subst* gram. main clause
huvudstad *subst* capital [*i* of]
huvudstupa *adv* med huvudet före head first, headlong
huvudvikt *subst*, ***lägga ~en på*** (***vid***) ***ngt*** lay the main stress on sth
huvudväg *subst* main road
huvudvärk *subst* headache; ***jag har ~*** I have a headache
huvudvärkstablett *subst* headache tablet
hux flux *adv* all of a sudden
hy *subst* complexion; hud skin
hyacint *subst* blomma hyacinth
hyckla *verb* **1** ***~ vänskap*** make a show of friendship, sham friendship; ***~ ngt*** pretend sth **2** be hypocritical [*inför*, *för* to]; ***hon bara ~r*** she is just being hypocritical
hycklande *adj* hypocritical
hycklare *subst* hypocrite
hyckleri *subst* hypocrisy
hydda *subst* hut; stuga cabin, cottage
hydraulisk *adj* hydraulic
hyena *subst* hyena
hyfs *subst* good manners pl.
hyfsa *verb*, ~ el. ***~ till*** snygga upp trim up, tidy up
hyfsad *adj* **1** om person well-mannered **2** om sak decent ganska bra
hygglig *adj* **1** decent [*mot* to], nice [*mot* to] **2** skaplig decent; om pris fair, reasonable
hygien *subst* hygiene
hygienisk *adj* hygienic
1 hylla *subst* **1** shelf (pl. shelves) **2** möbel set of shelves; bagagehylla rack
2 hylla *verb* **1** gratulera congratulate **2** hedra pay tribute to, pay homage to
hyllning *subst* **1** ***~ar*** gratulationer congratulations **2** ovationer applause, ovation; hyllningsbetygelse homage
hylsa *subst* case; huv, kapsyl cap
hylsnyckel *subst* box spanner
hynda *subst* bitch
hypermodern *adj* ultra-modern
hypernervös *adj* extremely nervous
hypnos *subst* hypnosis; ***under ~*** under hypnosis
hypnotisera *verb* hypnotize
hypnotisör *subst* hypnotist
hypotes *subst* hypothesis (pl. hypotheses)
hyra I *subst* **1** för bostad rent **2** för tillfällig lokal, bil, tv etc. hire
II *verb* rent; tillfälligt hire; ***att ~*** rubrik a) rum to let b) lösöre, båt etc. for hire; ***~ ut*** a) hus etc. let; för lång tid lease b) lösöre, båt etc. hire out
hyrbil *subst* rental car, hire car
hyresgäst *subst* tenant
hyreshus *subst* block of flats, spec. amer. apartment house
hyreslägenhet *subst* rented flat, spec. amer. rented apartment
hyresvärd *subst* landlord
hysa *verb* **1** house, accommodate; ge skydd åt shelter **2** ha have; ***~ förtroende för*** have

confidence in; ~ ***misstankar mot*** suspect, entertain suspicions about

hysch *interj* hush!, sh!

hyss *subst*, ***hon hade en massa ~ för sig*** she was up to some mischief

hysteri *subst* hysteria; anfall hysterics pl.

hysterisk *adj* hysterical; ***få ett ~t anfall*** go into hysterics

hytt *subst* på båt cabin; i inomhusbad cubicle

hyttplats *subst* berth

hyvel *subst* plane

hyvelbänk *subst* carpenter's bench

hyvelspån *subst* shavings pl.

hyvla *verb* plane; ~ ***av ngt*** plane sth smooth

håg *subst*, ***slå ngt ur ~en*** dismiss sth from one's mind

hågad *adj* inclined

håglös *adj* listless

hål *subst* hole [*på* in]; i tand cavity; öppning aperture; lucka gap; ***det gick ~ på strumpan*** the sock got a hole in it

håla *subst* **1** grotta cave, cavern; större djurs den **2** avkrok hole

hålfot *subst* arch

hålfotsinlägg *subst* arch support

håll *subst* **1** riktning direction; ***från alla ~ och kanter*** from all sides, from everywhere; ***på alla*** ~ everywhere; hos alla parter on all sides; ***på annat*** ~ elsewhere; ***ha ngt på nära*** ~ have sth close at hand; ***han gick åt mitt*** ~ he went my way; ***de gick åt var sitt*** ~ they went separate ways **2** smärta i sidan stitch

hålla I *verb* **1** hold; behålla keep; innehålla contain; ~ ***farten*** keep up the speed; ~ ***ett föredrag*** give a lecture; ~ ***sitt löfte*** keep one's promise; ~ ***ett möte*** hold a meeting; ~ ***ett tal*** make a speech; ~ ***tiden*** vara punktlig be punctual; ***affärerna håller stängt*** the shops are closed; ~ ***till höger*** keep to the right **2** vara slitstark last; om t.ex. rep, spik hold; inte spricka not break; om is bear **3** ~ ***på en häst*** bet on a horse, back a horse; ~ ***på ett lag*** support a team **4** ~ ***sig*** i viss ställning hold oneself; förbli, vara keep, keep oneself; förhålla sig keep; förbli remain, stay; ~ ***sig väl med ngn*** keep in with sb **5** ~ ***sig*** behärska sig restrain oneself **6** ~ ***sig*** stå sig: om t.ex. matvaror keep; om väderlek hold, last **7** ~ ***sig med bil*** kosta på sig keep a car **8** ~ ***sig till*** inte lämna keep to, stick to

II *verb* med betonad partikel

hålla av tycka om be fond of

hålla efter övervaka **ngn** keep a close check on sb

hålla fast 1 hold; ~ ***fast vid*** stick to **2** ~ ***sig fast vid*** hold on to, cling on to

hålla för 1 ~ ***för öronen*** hold one's hands over one's ears **2** ~ ***sig för sig själv*** keep to oneself

hålla i 1 ~ ***i*** fast ***ngt*** hold sth **2** ~ ***i sig*** fortsätta continue

hålla ihop 1 ~ ***ihop ngt*** keep sth together **2** inte gå sönder hold together **3** vara ett par, vara tillsammans go steady; ***de håller ihop*** they are going steady

hålla sig inne keep indoors

hålla kvar få att stanna kvar keep; hålla fast hold; ~ ***sig kvar*** remain, manage to remain

hålla med ngn instämma agree with sb

hålla på 1 vara i färd med ~ ***på att skriva*** be writing; sysselsatt med be busy writing; ~ ***på med ngt*** be busy with sth **2** fortsätta go on, keep on; vara last; vara i gång be going on **3** vara nära att ~ ***på att göra ngt*** be on the point of doing sth

hålla till live, be

hålla undan väja keep out of the way [*för* of]; ~ ***sig undan*** gömd keep in hiding [*för* from]

hålla upp 1 ~ ***upp dörren för ngn*** open the door to sb **2** ***regnet höll upp*** it stopped raining

hålla ut uthärda hold out

hållare *subst* holder

hållbar *adj* **1** slitstark etc. durable; om matvara non-perishable **2** som kan försvaras tenable

hållfast *adj* strong, firm

hållfasthet *subst* strength, firmness

hållhake *subst*, ***ha en ~ på*** have a hold on

hålligång *subst* vard., ***det var ~ hela natten*** there was a lot of partying all night

hållning *subst* **1** kroppshållning posture; uppträdande bearing **2** inställning attitude [*mot* to, towards]

hållplats *subst* för buss etc. stop, järnv. halt

håltimme *subst* skol. gap between lessons, free period

hån *subst* scorn; ***ett ~ mot*** an insult to

håna *verb* make fun of, scoff at

hånfull *adj* scornful

hångla *verb* neck [*med ngn* sb]

hånle *verb* smile scornfully

hånleende *subst* scornful smile

hånskratt *subst* scornful laugh; skrattande scornful laughter

hår *subst* hair

hårbalsam *subst* hair conditioner, hair balsam

hårband *subst* hair ribbon
hårborste *subst* hairbrush
hårborttagning *subst* hair removal
hårborttagningsmedel *subst* hair-remover
hård *adj* hard; sträng hard [*mot* on], severe [*mot* on, towards]; ~ ***konkurrens*** keen competition; ***hårt väder*** rough weather; ***han satte hårt mot hårt*** he gave as good as he got, he took a tough line
hårddisk *subst* data. hard disk
hårdhandskar *subst pl*, ***ta i med ~na*** take a tough line [*med* against]
hårdhet *subst* hardness; stränghet severity
hårdhjärtad *adj* hard-hearted
hårdhudad *adj* thick-skinned
hårdhänt *adj* omild rough [*mot* with]; sträng heavy-handed [*mot* with]
hårding *subst* vard. tough guy, tough customer
hårdkokt *adj* hard-boiled
hårdna *verb* harden, become hard, become harder
hårdnackad *adj* stubborn
hårdrock *subst* musik. hard rock
hårdsmält *adj* indigestible; ***det är*** ~ it is hard to digest
hårdstekt *adj*, ***det är*** ~ it is overdone; i stekpanna it has been fried too much
hårdvaluta *subst* hard currency
hårdvara *subst* data. hardware
hårfrisör *subst* hairdresser
hårfrisörska *subst* hairdresser
hårfäste *subst* hairline
hårgelé *subst* hair gel
hårig *adj* hairy
hårklämma *subst* hair clip
hårmousse *subst* mousse
hårnål *subst* hairpin
hårresande *adj* hair-raising
hårspray *subst* hair spray
hårspänne *subst* hairslide
hårstrå *subst* hair
hårt *adv* hard; stadigt tight; fast, tätt firmly; ***arbeta*** ~ work hard; ***dra åt*** ~ tighten very much; ***det känns*** ~ bittert it feels bitter; ***kjolen sitter ~ åt*** the skirt is tight; ***ta ngt*** ~ take sth very much to heart
hårtork *subst* hair-drier
hårvatten *subst* hair lotion
hårväxt *subst*, ***klen*** ~ a poor growth of hair; ***generande*** ~ superfluous hair
håv *subst* net
håva *verb*, ~ ***in*** rake in
1 häck *subst* **1** hedge **2** vid häcklöpning hurdle
2 häck *subst* vard., rumpa backside, behind; ***ta dig i ~en!*** up yours!
häcka *verb* om fåglar breed
häcklöpare *subst* sport. hurdler
häcklöpning *subst* sport. hurdle race; häcklöpande hurdle-racing
häda *verb* blaspheme
hädelse *subst* blasphemy
häfta *verb*, ~ ***fast ngt vid*** fasten sth on to; ~ ***ihop*** med häftapparat staple together
häftapparat *subst* stapler
häfte *subst* **1** liten bok booklet **2** frimärkshäfte etc. book
häftig *adj* **1** violent **2** hetsig hot; intensiv intense **3** om person: hetlevrad hot-headed; lättretad quick-tempered **4** vard., jättebra super, smashing
häftklammer *subst* staple
häftstift *subst* drawing-pin, amer. thumbtack
häger *subst* fågel heron
hägg *subst* bot. bird cherry
hägring *subst* mirage
häkta *verb* jur. remand in custody
häkte *subst* custody; fängelse jail, gaol
häl *subst* på fot el. strumpa heel; ***följa ngn tätt i ~arna*** follow close on sb's heels
hälare *subst* receiver of stolen goods, vard. fence
häleri *subst* receiving stolen goods
hälft *subst* half (pl. halves); ***betala ~en var*** pay half each, go halves; ***~en så stor som*** half as large as
häll *subst* **1** berghäll flat rock; stenplatta slab **2** kokplatta hob, top
hälla *verb* pour; ***hon hällde te i koppen*** she poured tea into the cup; ~ ***ut*** pour out; spilla spill

hälsa
hej! *hello!*, *hi!*
god morgon! *good morning!*
god dag! *good morning!*, *good afternoon!*
god afton! *good evening!*
hejdå! *bye!*, *bye-bye!*, *see you!*, britt. *cheerio!*
adjö! *goodbye!*
god natt! *good night!*
How do you do!, Goddag!, säger man vanligen bara första gången man träffar någon. *How are you?* betyder Hur mår du? men används ibland också som hälsningsfras.

hälleflundra *subst* fisk halibut
hällregn *subst* pouring rain
1 hälsa *subst* health
2 hälsa *verb* **1** välkomna greet; ~ ***ngn välkommen*** welcome sb **2** personligt möte, ~ ***på ngn*** say how do you do to sb, mindre formellt say hallo to sb **3** skicka hälsning, ~ ***till ngn*** send sb one's compliments regards; till närmare bekant send sb one's love; ~ ***dem så hjärtligt från mig!*** give them my kindest regards!; till närmare bekant give them my love!; ~ ***din fru!*** please remember me to your wife!, please send my love to your wife!; ***han ~r att...*** he sends word that...; ***vem får jag ~ ifrån?*** a) anmäla what name, please? b) i telefon what name am I to give? **4** ~ ***på ngn*** besöka call round on sb; ~ ***på ngn*** come round and see sb
hälsena *subst* anat. Achilles' tendon
hälsning *subst* greeting; ~***ar*** som man sänder regards; till närmare bekant love sing.; ***hjärtliga ~ar*** i brevslut kindest regards; mer intimt love sing.; ***med vänlig*** ~ Yours sincerely, Best regards
hälsobrunn *subst* spa
hälsokontroll *subst* individuell health check-up
hälsokost *subst* health foods pl.
hälsokostaffär *subst* health food store
hälsosam *adj* **1** sund healthy **2** nyttig om föda wholesome
hälsoskäl *subst*, ***av*** ~ for reasons of health
hälsotillstånd *subst*, ***hans*** ~ the state of his health

hälsovård

- I England har medborgarna rätt till fri sjuk- och tandvård. Privat sjukvård däremot betalas av patienten själv.
- I USA finns ingen allmän sjukförsäkring. Fattiga och gamla får en viss hjälp att täcka kostnader för läkarvård.
- Mellan Sverige och England finns ett avtal om fri sjukvård. För vistelser i USA bör man ta en försäkring, eftersom det kan bli mycket dyrt om olyckan är framme.

hälsovård *subst* organisation health service
hälsovårdsnämnd *subst* public health committee

hämma *verb* **1** hejda check; ~ ***blodflödet*** stop the bleeding **2** psykol. inhibit
hämnas *verb* take revenge [*på ngn för ngt* on sb for sth], revenge oneself [*på ngn för ngt* on sb for sth]
hämnd *subst* revenge, vengeance
hämning *subst* psykol. inhibition
hämningslös *adj* ohämmad unrestrained; psykol. uninhibited
hämta *verb* **1** fetch [*ngt åt ngn* sb sth]; med bil pick up; avhämta collect; mat take away; t.ex. upplysningar get; ***komma och*** ~ call for, come for; ~ ***litet luft*** get some air; ~ ***in*** ta in bring in **2** ~ ***sig*** recover [*efter, från* from]
hända *verb* happen; förekomma occur; äga rum take place; ~ drabba ***ngn*** happen to sb; ***det har hänt en olycka*** there has been an accident; ***sådant händer så lätt*** such things happen; ***det kan nog ~ att jag går*** I may perhaps go; ***det må vara hänt!*** all right, then!; kanske maybe!
händelse *subst* **1** occurrence; viktigare event; obetydligare incident; ***av en ren*** ~ by mere accident, by mere chance; ***jag såg det av en*** ~ I happened to see it; ***för den ~ att hon kommer*** in case she comes; ***i ~ av eldsvåda*** in the event of a fire
händelseförlopp *subst* course of events; handling story
händelselös *adj* uneventful
händelserik *adj* eventful
händelsevis *adv* by chance, by accident; ***du har ~ inte ett frimärke på dig?*** you don't happen to have a stamp on you?
händig *adj* handy
hänföra *verb* **1** ~ ***till*** assign to **2** fascinera captivate, fascinate **3** ~ ***sig till*** avse have reference to; räknas till belong to
hänförelse *subst* rapture, enthusiasm
hänga I *verb* hang; ***stå och*** ~ hang about; ***det hänger*** beror ***på...*** it depends on...; ~ ***ngn i kjolarna*** cling to sb's skirts; ~ ***sig*** om person hang oneself; ***datorn har hängt sig*** the computer has jammed (has jammed up)
II *verb* med betonad partikel
hänga av sig ytterkläderna hang up one's things
hänga efter ngn be running after sb
hänga sig fast vid hang on to, cling on to
hänga för ngt hang sth in front
hänga ihop 1 sitta ihop stick together; ha samband hang together **2** ~ ***ihop med*** be bound up with
hänga med 1 förstå follow; ***jag hänger***

med I'll come along; ***hon hängde med oss*** she came along with us **2** ~ ***med*** i svängen be with it, keep up with things; ~ ***med de andra*** keep up with the rest
hänga samman med be bound up with
hänga upp hang up; ~ ***upp sig på*** **1** fästa sig vid fasten on **2** bekymra sig över worry about, make a fuss about, vard. get hung up on
hängare *subst* i kläder el. galge hanger
hängbro *subst* suspension bridge
hänge *verb*, ~ ***sig åt*** give oneself up to, devote oneself to
hängglidning *subst* hang-gliding
hängig *adj*, ***jag känner mig*** ~ I feel out of sorts, I feel a bit off colour
hängiven *adj* devoted [*ngn* to sb, *ngt* to sth]; tillgiven affectionate
hänglås *subst* padlock
hängmatta *subst* hammock
hängränna *subst* gutter
hängslen *subst pl* braces, amer. suspenders
hängsmycke *subst* pendant
hängväxt *subst* hanging plant
hänseende *subst* respect; ***i tekniskt*** ~ as regards technique, technically
hänsyn *subst* consideration, regard, hänseende respect; ***ta*** ~ ***till ngt*** a) beakta take sth into consideration b) bry sig om pay attention to sth; ***av*** ~ ***till*** av omtanke out of consideration for; ***med*** ~ ***till*** beträffande with regard to; med tanke på considering
hänsynsfull *adj* considerate
hänsynslös *adj* ruthless; ansvarslös reckless
hänsynslöshet *subst* ruthlessness; ansvarslöshet recklessness
hänvisa *verb* refer [*till* to]
hänvisning *subst* reference [*till* to]
häpen *adj* astonished [*över* at], stark. amazed [*över* at]
häpna *verb* be astonished [*över* at], stark. be amazed [*över* at]
häpnad *subst* astonishment, stark. amazement
häpnadsväckande *adj* astounding, amazing
här *adv* here; där there; ~ ***bakom mig*** here behind me; ~ ***i huset*** in this house; ~ ***i landet*** in this country; ***flickan*** ~ this girl; ~ ***bor jag*** this is where I live; ~ ***har du!*** var så god! here you are!; ~ ***har du boken!*** here's the book!; ~ ***och där*** (***var***) here and there
härav *adv*, ***på grund*** ~ for this reason; ~ ***följer att...*** from this it follows that...
härbak *adv* at the back here
härborta *adv* over here
härbärge *subst* husrum shelter, lodging
härd *subst* **1** hearth **2** fys., reaktor core **3** breeding-ground [*för* for, of]; spec. för något dåligt hotbed [*för* of]
härda *verb* **1** harden [*mot* to]; ~***d*** motståndskraftig hardy; okänslig hardened **2** ***jag*** ~***r inte ut*** I can't stand it, I can't bear it
härdig *adj* hardy
härefter *adv* in future; efter detta after this, after that; från den här tiden from now on; efteråt afterwards; sedan then
härframme *adv* over here
härhemma *adv* **1** at home; hos mig (oss) in this house **2** här i landet in this country
härifrån *adv* from here; från denna (detta) from this (it, them); ***ut*** ~ out of it; ut ur rummet etc. out of this room etc.; ***ut*** ~***!*** försvinn get out of here!; ***gå*** (***resa***) ~ leave here
härigenom *adv* på så sätt in this way; tack vare detta thanks to this; lokalt, genom denna (detta) through this (it, there)
härinne *adv* in here; där in there
härja *verb* **1** ravage; ödelägga devastate, lay waste; ***se*** ~***d ut*** look worn and haggard; ~ ***i*** (***på, bland***) ravage **2** väsnas play about, run riot **3** grassera be prevalent
härkomst *subst* **1** börd extraction, birth **2** härstamning descent **3** ursprung origin
härlig *adj* glorious, wonderful; förtjusande lovely; skön delightful; läcker delicious; ~***t!*** bra fine!
härma *verb* imitate; förlöjliga mimic; ~ ***efter*** imitate
härmapa *subst* vard. copy cat
härmed *adv* hereby; ~ ***bifogas*** enclosed please find; ~ ***får jag meddela att...*** I hereby wish to inform you that...; ***i samband*** ~ in this connection
härnere *adv* här down (below) here; där down (below) there
häromdagen *adv* the other day
häromnatten *adv* the other night
häromåret *adv* a year or two ago
härröra *verb*, ~ ***från*** ha sitt ursprung i originate from; härstamma från derive from
härs *adv*, ~ ***och tvärs*** in all directions; ~ ***och tvärs genom landet*** all over the country
härska *verb* **1** rule; regera reign **2** råda prevail, be prevalent; ***det*** ~***r...*** är, råder... there is..., there are...
härskande *adj* ruling; gängse prevalent
härskare *subst* **1** ruler [*över* of] **2** herre master [*över* of]

härsken *adj* ej färsk rancid
härstamma *verb*, ~ ***från*** vara ättling till be descended from; komma från originate from
härstamning *subst* descent; ursprung origin
härtappad *adj*, ***ett härtappat vin*** dvs. tappat i Sverige a wine bottled in Sweden
härunder *adv* under it (this, them, here)
häruppe *adv* up here (där there)
härute *adv* out here
härva *subst* **1** garn skein **2** virrvarr tangle
härvidlag *adv* i detta avseende in this respect
häst *subst* **1** horse; ***sitta till*** ~ be on horseback **2** gymn. horse, vaulting-horse **3** schack. knight **4** ~***ar*** vard. se ex. under *hästkraft*
hästhov *subst* **1** horse's hoof **2** blomma coltsfoot (pl. coltsfoots)
hästkapplöpning *subst* horse-race; löpande horse-racing
hästkraft *subst* horsepower (förk. h.p.) (pl. lika); ***en motor på 100*** ~***er*** a hundred horse-power engine
hästlängd *subst* sport. length; ***firman ligger*** ~***er före sina konkurrenter*** the firm is streets ahead of its competitors
hästsko *subst* horseshoe
hästsport *subst* equestrian sports pl.
hästsvans *subst* frisyr pony-tail
hätsk *adj* hatisk spiteful [*mot* towards]
häva *verb* **1** lyfta heave; ~ ***sig*** a) lyfta sig raise oneself b) höja och sänka sig heave; ~ ***ur sig*** come out with **2** upphäva, t.ex. blockad raise; annullera annul
hävd *subst* tradition custom
hävda *verb* **1** påstå assert, maintain; göra gällande claim **2** ~ ***sig*** hold one's own [*mot* against]; göra sig gällande assert oneself
häxa *subst* witch; som skällsord bitch, cow
häxjakt *subst* witch-hunt
häxmästare *subst* wizard
hö *subst* hay
1 höft *subst*, ***på en*** ~ på måfå at random; på ett ungefär roughly
2 höft *subst* hip
höftben *subst* hip bone
höftled *subst* hipjoint
1 hög *subst* samling heap [*med, av* of]; staplad pile [*med, av* of]; ***samla pengar på*** ~ accumulate money
2 hög *adj* **1** high; lång, t.ex. om träd, person tall; stor large; ***det är*** ~ ***tid att jag går*** it is high time for me to go, it is high time that I went; ***vid*** ~ ***ålder*** at an advanced age **2** om anspråk, förväntningar etc. great **3** högljudd loud; musik. high **4** högt uppsatt high-ranking; ***en*** ~ ***officer*** a high-ranking officer **5** av narkotika high, stoned
högaktning *subst* deep respect
högaktningsfullt *adv* respectfully; ***H***~ i brev Yours faithfully
högavlönad *adj* highly-paid
högdragen *adj* haughty; överlägsen supercilious
höger I *adj* o. *subst* o. *adv* right; ***han är min högra hand*** he is my right-hand man; ***komma från*** ~ come from the right; ***på*** ~ ***hand ser man…*** el. ***till*** ~ ***ser man…*** on your (the) right you see…; ***på*** ~ ***sida om*** on the right-hand side of; ***gå på*** ~ ***sida!*** keep to the right!; ***sitta till*** ~ ***om*** sit to the right of
II *subst* **1** polit., ~***n*** the Right; som parti the Conservatives pl. **2** boxn., ***en rak*** ~ a straight right
högerback *subst* right back
högerhandske *subst* right-hand glove
högerhänt *adj* right-handed
högerkurva *subst* right-hand bend
högerorienterad *adj*, ***vara*** ~ be right-wing
högerparti *subst* right-wing party
högerregel *subst*, ***tillämpa*** ~***n*** give right-of-way to traffic coming from the right
högerstyrd *adj* right-hand driven
högertrafik *subst* right-hand traffic
högervriden *adj* polit., ***vara*** ~ be right-wing; ***en*** ~ a right-winger
högform *subst*, ***vara i*** ~ be in great form
högfrekvens *subst* high frequency
högfärd *subst* pride [*över* in]; fåfänga vanity; inbilskhet conceit
högfärdig *adj* vain, conceited [*över* about], proud [*över* of]; mallig stuck-up
högförräderi *subst* high treason
höghus *subst* high-rise building, high-rise
höginkomsttagare *subst* high-income earner
högintressant *adj* highly interesting
högklackad *adj* high-heeled
högklassig *adj* high-class
högkonjunktur *subst* boom, time of prosperity
högkvarter *subst* headquarters (med verb i sing. el. pl.)
högljudd *adj* ljudlig loud; bullrig noisy; högröstad loud-mouthed
högmod *subst* pride, arrogance
högmodern *adj* ultramodern
högmodig *adj* proud [*över* of]; överlägsen arrogant

högmässa *subst* protestantisk morning service; katolsk high mass
högoktanig *adj*, ~ ***bensin*** high-octane petrol, amer. high-octane gasoline
högre I *adj* **1** higher etc.; se vidare *2 hög* **2** rang etc. superior [*än* to]; övre upper
II *adv* higher, more highly; ***tala ~!*** speak louder!, speak up!
högrest *adj* reslig tall
högröstad *adj* loud, loud-voiced
högskola *subst* **1** universitet university **2** amer. ibland college
högskoleutbildning *subst* university education
högsommar *subst* high summer; ***på ~en*** in the height of the summer
högspänn *subst*, ***på ~*** in a state of high tension
högspänning *subst* high voltage
högst I *adj* highest etc., se vidare *2 hög*; ***~a domstolen*** the Supreme Court; ***på ~a växeln*** in top gear; ***min ~a önskan*** my greatest wish; ***det ~a jag kan betala*** the most I can pay
II *adv* **1** highest, most highly; mest most; ***allra ~ upp*** at the very top [*på, i* of] **2** mycket, synnerligen very, most **3** ej mer än, ***~ 5 personer*** 5 people at most; ***allra ~ 5 personer*** 5 people at the very most; ***det varar ~ en timme*** it will last not more than an hour at the most
högstadium *subst*, ***högstadiet*** i grundskolan the senior level (department) of the 'grundskola'; se *grundskola*
högstbjudande *adj*, ***den ~*** the highest bidder
högsäsong *subst*, ***~en*** the height of the season
högt *adv* **1** high; i hög grad, mycket highly; högt upp high up; ***en ~ uppsatt politiker*** a high-ranking politician; ***älska ngn ~*** love sb dearly **2** om ljud loud; högljutt loudly; ej tyst, ej för sig själv aloud; musik., om ton high; ***läsa ~*** read out loud; ***tänka ~*** think out loud
högtalare *subst* loudspeaker
högtid *subst* festival, feast
högtidlig *adj* allvarlig solemn, ceremoniell grand
högtidsstund *subst*, ***en ~*** a great occasion; minnesvärd a memorable occasion; njutbar a real treat
högtrafik *subst*, ***vid ~*** at peak hours
högtravande *adj* high-flown
högtryck *subst* meteor. high pressure; område area of high pressure
höja *verb* raise, öka increase; förbättra improve; ***~ sig*** rise; ***~ sig över*** be superior to
höjd *subst* **1** height, kulle hill; ***bergets högsta ~*** the summit (top) of the mountain; ***vi flyger på en ~ av 30 000 fot*** we are cruising at an altitude of 30,000 feet **2** nivå level; musik. pitch **3** ***på sin ~ 10 år*** ten years at the most; ***det är ~en!*** that's the limit!
höjdhopp *subst* high jump; hoppning high jumping
höjdhoppare *subst* high jumper
höjdpunkt *subst* climax; huvudattraktion highlight; kulmen height, culmination
höjdskräck *subst* fear of heights
höjning *subst* **1** höjande raising, increasing, increase **2** förbättring improvement **3** ökning, av t.ex. lön, priser rise, amer. raise
hök *subst* hawk
hölja *verb* täcka cover; insvepa wrap up; ***höljd i dimma*** shrouded in fog; ***höljd i dunkel*** shrouded in mystery
hölje *subst* täcke covering; av lådtyp på elapparater etc. case
hölster *subst* för pistol holster
höna *subst* **1** hen **2** kok. chicken
höns *subst* **1** fowls pl. **2** kok. chicken
hönsbuljong *subst* chicken broth
höra I *verb* **1** ~ el. ***få ~*** hear, få veta learn, be told; ta reda på find out; ***~ av ngn att...*** learn from sb that..., be told by sb that...; ***jag hör av mig*** I'll be in touch, I'll call you; ***~ på ngn (ngt)*** listen to sb (sth); ***det hörs på honom att...*** you can tell by his voice that...; ***hör du, är det sant att...*** I say, is it true that..., **2** ***~ till*** belong to; vara en av be one of; vara bland be among; vara tillbehör till go with; ***vart hör det här?*** var brukar det ligga (stå)? where does this go?, where does this belong? **3** ***~ under*** en rubrik etc. come under
II *verb* med betonad partikel
höra av ngn hear from sb; ***jag låter ~ av mig nästa vecka*** you will hear from me next week
höra efter ta reda på find out; fråga inquire [*hos* of]
höra hemma i belong to
höra hit höra hemma här belong here; ***det hör inte hit*** till saken that's got nothing to do with it
höra ihop el. **höra samman** belong together; bruka följas åt go together; ***~ ihop (samman) med*** be connected with; bruka åtfölja go with

höra på 1 listen [*ngn* to sb;; *ngt* to sth]
2 *det hör till* anses korrekt it is the proper thing to do (say)
hörapparat *subst* hearing aid
hörbar *adj* audible
hörförståelse *subst* skol. listening comprehension
hörglasögon *subst pl* hearing-aid glasses
hörhåll *subst*, ***inom*** ~ within earshot; ***utom*** ~ out of earshot
hörlurar *subst pl* headphones, earphones
hörn *subst* corner; ***i ~et*** at the corner of; ***runt ~et*** just round the corner
hörna *subst* corner; ***lägga en*** ~ take a corner
hörntand *subst* canine tooth
hörsal *subst* lecture hall
hörsel *subst* hearing
hörselskadad *adj*, ***vara*** ~ have impaired hearing
hösnuva *subst* hay fever
höst *subst* autumn, amer. vanligen fall; ***~en*** autumn; ***~en 1998*** the autumn of 1998; ***det var på ~en 1998*** it was in the autumn of 1998; ***nu i*** ~ this autumn; ***i*** ~ nästa höst next autumn; ***i ~as*** last autumn; ***om (på) ~en*** el. ***om (på) ~arna*** in the autumn
höstack *subst* haystack
höstdag *subst* autumn day; höstlik autumnal day
höstdagjämning *subst* autumnal equinox
höstlik *adj* autumnal, autumn-like
hösttermin *subst* autumn term, amer. fall semester
hövding *subst* chief
hövlig *adj* artig polite [*mot* to]; belevad courteous [*mot* to]

i I *prep* **1** om rum: 'inuti', 'inne i', 'inom' in; 'vid' at; 'in i', 'ut i' into; ***betala ~ kassan*** i butik pay at the cashdesk; ***promenera omkring ~ stan*** walk about the town; ***sitta ~ soffan*** sit on the sofa; ~ ***högtalaren*** over the loudspeaker; ***titta ~ kikaren*** look through the binoculars; ***göra ett besök ~*** resa till pay a visit to; ***falla ~ vattnet*** fall into the water; ***knacka ~ väggen*** knock on the wall; ***slå ~ stycken*** smash to bits
2 lokal betydelse, ***biskopen ~ A.*** the Bishop of A.; ***den största staden ~ landet*** the biggest town in the country
3 med adj., ***hon är fin ~ håret*** her hair looks nice; ***jag är trött ~ armen*** my arm is tired
4 räkning, ***5 ~ 15 går 3 gånger*** 5 into 15 goes 3 times
5 om tid: t.ex. 'under' in; 'vid' at; se vidare ex.; ~ ***april*** in April; ***fem minuter ~ fem*** five minutes to five, amer. five minutes of five; ~ ***påsk*** at Easter; ~ ***sommar*** nu i sommar this summer, nästkommande sommar next summer; ~ ***natt*** som är el. som kommer tonight; som var last night
6 hur länge? for; ~ ***månader*** for months, in months
7 'per', ***med en fart av 90 km ~ timmen*** at the rate of 90 km an hour
8 'gjord av', ***en staty ~ brons*** a statue in bronze; ***ett bord ~ ek*** an oak table, a table made of oak
9 på grund av, ~ ***brist på*** for want of; ***dö ~ cancer*** die of cancer; ***ligga sjuk ~ influensa*** be down with flu
10 i form av, ***hur mycket har du ~ fickpengar?*** how much pocket money do you get?; ***ha 290 000 ~ lön*** have a salary of 290,000; ~ ***regel*** as a rule
11 i vissa uttryck, ~ ***och för sig*** in itself; ***jag kan göra det ~ och för sig*** as a matter of fact I can do it; ~ ***och med detta nederlag var allt förlorat*** with this defeat everything was lost; ~ ***och med att...*** så snart som... as soon as...; ***du gjorde rätt ~ att hjälpa honom*** you were right in helping him
II *adv*, ***en vas med blommor*** ~ a vase

[vɑːz] with flowers in it; ***vill du hälla*** (***slå***) ~ ***åt mig?*** please pour out some for me!
iaktta *verb* watch, observe
iakttagare *subst* observer
iakttagelse *subst* observation
iakttagelseförmåga *subst* powers pl. of observation
ibland *adv* sometimes, now and then
icing *subst* ishockey icing
icke *adv* not; se *inte* för ex.
i dag *adv* today; ~ ***om ett år*** a year from today
ide *subst*, ***gå i*** ~ om djur go into hibernation; ***ligga i*** ~ hibernate
idé *subst* idea; ***det är ingen*** ~***!*** there is no point!, it's no use!; ***det är ingen*** ~ ***att göra så*** it is no good doing so, it is no use doing so; ***hur har du kommit på den*** ~***n?*** what put that idea into your head?
ideal *subst* o. *adj* ideal
idealisera *verb* idealize
idealisk *adj* ideal [*för* to], perfect [*för* for]
idealism *subst* idealism
idealist *subst* idealist
idealistisk *adj* idealistic
idegran *subst* yew, yew tree
idel *adj*, ***det var*** ~ ***kändisar på festen*** the party was packed with celebrities; ***hon var*** ~ ***öra*** she was all ears
ideligen *adv* continually, perpetually
identifiera *verb* identify
identifiering *subst* identification
identisk *adj* identical [*med* with]
identitet *subst* identity
identitetsbricka *subst* identity disc
identitetshandlingar *subst pl* identification papers
identitetskort *subst* identity card
ideologi *subst* ideology
idiomatisk *adj* idiomatic
idiot *subst* idiot
idiotisk *adj* idiotic
idiotsäker *adj* vard. foolproof
idissla *verb* ruminate, chew the cud
idisslare *subst* ruminant
idka *verb* carry on; utöva practise, go in for
id-kort *subst* ID card, ID
idol *subst* idol; favorit great favourite
idrott *subst* **1** sports pl., sport; bollspel games pl. **2** se *friidrott* **3** skolämne physical education (förk. PE), physical training (förk. PT)
idrotta *verb* go in for sport, go in for games
idrottsdag *subst* sports day, games day
idrottsevenemang *subst* sporting event
idrottsförening *subst* athletics association, sports club
idrottsgren *subst* branch of athletics, sport
idrottshall *subst* sports hall; större sports centre
idrottskvinna *subst* sportswoman
idrottsledare *subst* sports leader
idrottsman *subst* sportsman; friidrottare athlete
idrottsplats *subst* sports ground, sports field
idrottstävling *subst* athletics meeting, spec. amer. athletic meet
idyll *subst* idyll; plats idyllic spot
idyllisk *adj* idyllic
ifall *konj* **1** såvida if, in case; antag att supposing **2** huruvida if, whether
i fatt *adv*, ***hinna*** (***köra***) ~ ***ngn*** catch sb up, catch up with sb
i fjol *adv* last year; ~ ***sommar*** last summer
ifrågasätta *verb*, ~ ***ngt*** question sth, call sth in question
ifrån I *prep*, ***vara*** ~ utom ***sig*** be beside oneself [*av* with]
II *adv* borta away; ***kan du gå*** ~ ***en stund?*** can you get away a moment?
IG (förk. för *icke godkänd*) skol., se *godkänna 3*
igelkott *subst* hedgehog
igen *adv* **1** again; ***om*** ~ en gång till once more; ***om och om*** ~ over and over again **2** tillbaka, åter back **3** tillsluten shut, closed
igenkännlig *adj* recognizable [*för* to]
igenom I *prep* through; se äv. *genom*; ***hela dagen*** ~ throughout the day
II *adv* through
igloo *subst* **1** igloo (pl. -s) **2** för glasavfall bottle bank
ignorera *verb* ignore, take no notice of
i gång *adv* se *gång 2*
igångsättning *subst* start, starting up
i går *adv* yesterday; ~ ***kväll*** yesterday evening, last night; ~ ***morse*** yesterday morning
ihjäl *adv* to death; ***skjuta*** ~ ***ngn*** shoot sb dead, spec. amer. shoot sb to death; ***svälta*** ~ die of hunger, die of starvation
ihjälskjuten *adj*, ***bli*** ~ be shot dead
ihop *adv* tillsammans together; se i övrigt betonad partikel *ihop* o. *samman* under resp. verb samt verb sammansatta med *hop-* o. *samman-*
ihåg *adv*, ***komma*** ~ remember, recollect; ***komma*** ~ ***ngt*** lägga på minnet bear sth in mind
ihålig *adj* hollow, empty
ihållande *adj* om t.ex. applåder prolonged; om t.ex. regn continuous

ihärdig *adj* om person persevering, persistent
i kapp *adv* **1** i tävlan, ***cykla*** (***segla*** m.fl.) ~ have a cycling (sailing m.fl.) race; ***springa ~ med ngn*** race sb **2** ***hinna*** (***köra***) ~ ***ngn*** komma närmare catch sb up, catch up with sb
ikon *subst* data. el. kyrkl. icon
i kraft *adv* se *kraft 3*
i kväll *adv* this evening, tonight
i-land *subst* industrialized country
i land *adv* se *land 2*
illa *adv* badly; ***inte ~!*** not bad!; ***det kan gå ~ för dig*** you may get into trouble; ***göra*** ~ do wrong; ***göra ngn*** ~ hurt sb; ***det luktar*** ~ it smells nasty, it smells bad; ***må*** ~ ha kväljningar feel sick, be sick; ***det ser ~ ut*** it looks bad; ***hon ser inte ~ ut*** she is not bad-looking; ***det smakar*** ~ it tastes bad, it tastes nasty; ***ta ~ upp*** take offence; ***ta inte ~ upp!*** don't be offended!; ***tala ~ om ngn*** run sb down; ***vara ~ ute*** i knipa be in trouble, be in a bad way; ***om det vill sig*** ~ if things are against you, if you are really unlucky
illaluktande *adj* nasty-smelling, stark. evil-smelling
illamående *adj*, ***känna sig*** ~ känna kväljningar feel sick, amer. feel sick at (to, in) one's stomach
illasinnad *adj* om handling malicious
illavarslande *adj* ominous, sinister
illdåd *subst* outrage [*mot* on]
illegal *adj* illegal
illegitim *adj* illegitimate
illojal *adj* disloyal [*mot* to]; ~ ***konkurrens*** unfair competition
illusion *subst* illusion; villfarelse delusion
illustration *subst* illustration
illustratör *subst* illustrator
illustrera *verb* illustrate
illvilja *subst* spite
illvillig *adj* spiteful, nasty, malicious
ilska *subst* anger, rage
ilsken *adj* angry [*på* at, with], spec. amer. mad [*på* at, with]; om djur savage, fierce
ilskna *verb*, ~ ***till*** fly into a temper, fly into a rage
imitation *subst* imitation
imitatör *subst* imitator; professionell impersonator
imitera *verb* imitate
imma *subst* mist, steam
immig *adj* misty, steamy
immigrant *subst* immigrant
immigration *subst* immigration
immigrera *verb* immigrate [*till* into]
immun *adj* immune [*mot* to]
immunbrist *subst* med. immunodeficiency
immunitet *subst* immunity
i morgon *adv* tomorrow; ~ ***bitti*** tomorrow morning
i morse *adv* this morning; ***i går*** ~ yesterday morning
imperativ *subst* gram. imperative; ***i*** ~ in the imperative
imperfekt *subst* gram. the past tense, the preterite
imperialism *subst*, ~ el. ~***en*** imperialism
imperium *subst* empire
imponera *verb* impress [*på ngn* sb]
imponerande *adj* impressive, striking
impopulär *adj* unpopular [*hos, bland* with]
import *subst* import; varor imports pl.
importera *verb* import [*till* into]
importör *subst* importer
impotens *subst* impotence
impotent *adj* impotent
impregnera *verb* impregnate; göra vattentät waterproof
impregnerad *adj* waterproof
impressario *subst* impresario (pl. -s)
improduktiv *adj* unproductive
improvisation *subst* improvisation, vard. ad-libbing
improvisera *verb* improvise, vard. ad-lib; ***ett ~t tal*** an off-the-cuff speech
impuls *subst* impulse
impulsiv *adj* impulsive
impulsköp *subst*, ***ett*** ~ an impulse buy; ***göra ett*** ~ buy on the impulse
in *adv* in; in i huset etc. inside, indoors; ~ ***i*** into
inackordera *verb* board and lodge; ***vara ~d hos*** board with
inackordering *subst* board and lodging
inadekvat *adj* inadequate
inaktiv *adj* inactive
inaktuell *adj* förlegad out of date; ***den är*** ~ it is no longer urgent; ***frågan är*** ~ the matter is no longer of any interest
inalles *adv*, ~ ***500 kr*** 500 kronor in all
inandas *verb* breathe in, inhale
inandning *subst* breathing in, inhalation; ***göra en djup*** ~ take a deep breath
inarbetad *adj*, ***en ~ firma*** an established firm; ~ ***tid*** compensatory leave for overtime
i natt *adv* föregående natt last night; kommande natt tonight; ***i går*** ~ yesterday night
inbegripa *verb* innefatta comprise, include
inberäkna *verb* include

inbetala *verb* pay in; ~ ***ett belopp på ett konto*** pay an amount into an account
inbetalning *subst* payment; avbetalning part payment, instalment
inbetalningskort *subst* paying-in form; postgiro, bankgiro giro form
inbilla *verb* **1** ~ ***ngn ngt*** lead sb to believe sth **2** ~ ***sig*** imagine, fancy
inbillad *adj* imagined; om t.ex. sjukdom imaginary
inbillning *subst* imagination; ***det är bara*** ~ it's only your (his etc.) imagination
inbillningsförmåga *subst* imagination, imaginative power
inbiten *adj* t.ex. om ungkarl confirmed
inbjuda *verb* invite; ***vilka har blivit inbjudna?*** which people have been invited?
inbjudan *subst* invitation
inbjudande *adj* inviting; lockande tempting
inbjudning *subst* invitation
inbjudningskort *subst* invitation card
inblandad *adj*, ***bli*** ~ get mixed up [*i* in], get involved [*i* in]
inblandning *subst* interference [*i* in]
inblick *subst* insight; ***få en*** ~ ***i*** get an insight into
inbringa *verb* yield, bring in
inbrott *subst* **1** burglary; ***göra*** ~ ***i*** burgle **2** ***vid dagens*** ~ at daybreak
inbrottstjuv *subst* burglar
inbunden *adj* **1** om bok bound **2** om person reserved, vard. uptight
inbyggd *adj* om högtalare, badkar built-in
inbytesbil *subst* trade-in car
inbördes *adj* ömsesidig mutual; ~ ***testamente*** joint will
inbördeskrig *subst* civil war
incest *subst* incest
incheckning *subst* checking-in; ***en*** ~ a check-in
incident *subst* incident
indela *verb* divide [*i* into], divide up [*i* into]; klassificera classify [*i* into]
indelning *subst* division [*i* into], classification [*i* in]
index *subst* index [*över* of]
indexreglera *verb* index
indexreglerad *adj* index-linked
indian *subst* Native American, American Indian
Indien India
indier *subst* Indian
indignation *subst* indignation [*över* at]
indignerad *adj* indignant [*över* at]
indikation *subst* indication [*om, på* of]
indikativ *subst* gram. indicative; ***i*** ~ in the indicative
indirekt I *adj* indirect
II *adv* indirectly
indisk *adj* Indian; ***Indiska oceanen*** the Indian Ocean
indiskret *adj* indiscreet
individ *subst* individual, vard., besynnerlig person äv. character
individuell *adj* individual
indoktrinera *verb* indoctrinate
indoktrinering *subst* indoctrination
indones *subst* Indonesian
Indonesien Indonesia
indonesisk *adj* Indonesian
industri *subst* industry
industrialisera *verb* industrialize
industrialism *subst*, ~ el. ~***en*** industrialism
industriarbetare *subst* industrial worker
industriland *subst* industrialized country
industriområde *subst* industrial area; nära stad industrial estate, amer. industrial park
industrisamhälle *subst* industrial society
industrisemester *subst* ungefär general industrial holiday, amer. general industrial vacation
ineffektiv *adj* om person el. sak inefficient; mest om sak ineffective
inemot *prep* framemot towards; nästan close on, nearly, almost
inexakt *adj* inexact, inaccurate
infall *subst* påhitt, idé idea; nyck fancy
infalla *verb* inträffa fall; ***julafton infaller på en tisdag*** Christmas Eve falls on a Tuesday
infanteri *subst* infantry
infanterist *subst* infantryman
infart *subst* infartsled approach; privat uppfartsväg drive, driveway; ***förbjuden*** ~ trafik. no entry
infekterad *verb* infected
infektion *subst* infection
infernalisk *adj* infernal
inferno *subst* inferno (pl. -s)
infiltrera *verb* infiltrate
infinitiv *subst*, ~ el. ~***en*** gram. the infinitive

indian
Man föredrar att använda benämningen *Native Americans* på Amerikas indianer.

infinna *verb*, ~ ***sig*** visa sig appear; ~ ***sig vid*** attend
inflammation *subst* inflammation
inflammera *verb* inflame
inflation *subst* inflation
inflationistisk *adj* inflationary
influensa *subst* influenza, vard. the flu, flu
influera *verb* influence
inflytande *subst* influence [*på* on]
inflytelserik *adj* influential
inflyttning *subst* moving in
inflyttningsfest *subst* house-warming party, vard. house-warming
information *subst* **1** information (endast sing.), vard. info; ***en*** ~ a piece of information **2** ***i*** ~***en*** at the information desk
informationsteknik *subst* information technology (förk. IT)
informell *adj* informal
informera *verb* inform [*om* of]
infraröd *adj* o. **infrarött** *subst* infra-red
infravärme *subst* infra-red heat
infria *verb* förhoppning, löfte fulfil, amer. fulfill
infånga *verb* catch, rymling etc. catch, capture
infödd *adj* native
inföding *subst* native
inför *prep* **1** i rumsbetydelse el. friare before; i närvaro av in the presence of; ***stå*** ~ ***ett problem*** be brought up against a problem **2** i tidsbetydelse el. friare: omedelbart före on the eve of [*vid* at]; ~ ***julen*** with Christmas at hand, with Christmas approaching
införa *verb* **1** introduce **2** importera import
införstådd *adj*, ***vara*** ~ ***med*** be in agreement with, accept
ingalunda *adv* by no means; inte alls not at all
inge *verb* ingjuta inspire; ~ ***ngn förtroende*** inspire sb with confidence
ingefära *subst* ginger
ingen (*intet* el. *inget*, *inga*) *pron* **1** no; ***det kom inga brev i dag*** there were no letters today, there weren't any letters today; ~ ***dum idé!*** not a bad idea! **2** självst. om person, ~, ***inga*** nobody sing., no one sing.; neutralt ***intet*** el. ***inget*** nothing; ***jag sökte men hittade inga*** I looked, but did not find any; ~ ***av dem har kommit tillbaka*** none of them have (has) come back; av två neither of them has come back **3** ~ ***annan*** ingen annan människa nobody else, no one else; ~ ***annan bok*** no other book
ingendera (*ingetdera*) *pron* av två neither; av flera än två none; ~ ***alternativ*** neither of the alternatives
ingenjör *subst* engineer
ingenmansland *subst* no-man's land
ingenstans *adv* nowhere
ingenting *pron* nothing; ~ ***nytt*** nothing new; inga nyheter no news; ~ ***av detta*** none of this; ***det gör*** ~ it doesn't matter; ***det är*** ~ ***att ha*** it is not worth having
ingravera *verb* engrave
ingrediens *subst* ingredient
ingrepp *subst* **1** med. operation **2** intrång encroachment; ingripande interference
ingripa *verb* intervene [*i* in]; hjälpande step in
ingripande *subst* inskridande intervention; inblandning interference
ingå *verb* höra till ~ ***i*** be part of, form part of; inbegripas i be included in; ~ ***avtal med*** come to an agreement with
ingående *adj* grundlig thorough, detailed
ingång *subst* entrance [*till* to]
inhalator *subst* inhaler
inhalera *verb* inhale
inhemsk *adj* domestic; ~***a produkter*** home products
inhämta *verb* få veta, lära pick up, learn; ~ ***kunskaper i*** acquire a knowledge of
inifrån *prep* o. *adv* from inside, from within
initial *subst* initial
initiativ *subst* initiative; ***ta*** ~***et*** take the initiative; ***på eget*** ~ on one's own initiative
initierad *adj* well-informed [*i* on]; initiated [*i* into]
injektion *subst* injection
injicera *verb* inject
inkalla *verb* mil. call up, amer. draft
inkallelse *subst* **1** summons **2** mil., inkallande calling up, amer. drafting; order call-up, amer. draft call
inkallelseorder *subst* calling-up papers pl., amer. draft papers pl.
inkassera *verb* collect; lösa in cash
inkast *subst* **1** i bollspel throw-in; ***göra ett*** ~ take a throw-in **2** för mynt etc. slot
inkludera *verb* include, comprise
inklusive *prep* including, inclusive of
inkodare *subst* keyboarder
inkommande *adj* om brev, fartyg incoming
inkompetens *subst* oduglighet incompetence
inkompetent *adj* oduglig incompetent
inkomst *subst* **1** persons regelbundna income [*av*, *på* from]; ***jag har stora*** ~***er*** I have a high income **2** ~ el. ~***er*** intäkter receipts pl. [*av* from], takings pl. [*av* from], proceeds pl. [*av* of]
inkomstskatt *subst* income tax
inkomsttagare *subst* wage-earner

inkonsekvent *adj* inconsistent
inkontinens *subst* med. incontinence
inkräkta *verb* trespass [*på* on], intrude [*på* on]
inkräktare *subst* trespasser, intruder; i ett land invader [*i* of]
inkubationstid *subst* med. incubation period
inkvartera *verb* accommodate [*hos* with]
inkvartering *subst* accommodation
inköp *subst* purchase; ***det kostar 500 kr i ~*** the cost price is 500 kronor
inköpspris *subst* cost price, purchase price
inkörning *subst* av bil, motor running-in
inlagd *adj* **1** kok. pickled; ***~ sill*** pickled herring **2** ***~ på sjukhus*** admitted to hospital, sent to hospital
inland *subst* **1** motsats: kustland inland **2** ***i in- och utlandet*** at home and abroad
inleda *verb* börja begin; t.ex. debatt, samtal open
inledande *adj* introductory, opening, preliminary
inledning *subst* **1** början beginning, opening **2** förord introduction
inlines *subst pl* inlines rullskridskor
inlåta *verb*, ***~ sig i (på)*** a) t.ex. diskussion enter into b) t.ex. affärer embark on c) t.ex. samtal, politik engage in
inlägg *subst* **1** något inlagt insertion **2** i diskussion etc. contribution **3** sport. cross, centre
inlärning *subst* learning; utantill memorizing
innan I *konj* o. *prep* before; ***~ dess*** before that, before this
II *adv* dessförinnan before
innanför *prep* inside, within; bakom t.ex. disken behind
inne I *adv* **1** om rum in; inomhus indoors; ***~ i*** t.ex. huset inside, in; ***längst ~ i*** at the back of **2** om tid, ***nu är tiden ~ att göra det*** now the time has come to do it
II *adj*, ***det är ~*** vard., på modet it's with it, it's the in-thing
innebandy *subst* sport. floorball
innebära *verb* betyda imply, mean; föra med sig involve
innebörd *subst* meaning [*av, i* of]
innefatta *verb* innesluta i sig contain; inbegripa include; bestå av consist of
inneha *verb* hold, possess
innehavare *subst* holder; ägare owner; av t.ex. firma proprietor
innehåll *subst* **1** contents pl. **2** innebörd content
innehålla *verb* contain
innehållsförteckning *subst* list of contents
innerst *adv*, ***~ inne*** i grund och botten at heart, deep down
innersta *adj* innermost; ***hans ~ tankar*** his inmost thoughts
innerstad *subst* inner city; ***i ~en*** in the town centre, in the city centre
innersula *subst* insole
innestående *adj* insatt på bankkonto on deposit
inneställe *subst* vard. in-place, hot spot
innevarande *adj* om tid present
innovation *subst* innovation
inofficiell *adj* unofficial
inom *prep* within, inside; ***~ ett år*** in a year, within a year; ***~ kort*** in a short time, shortly
inomhus *adv* indoors
inomhusbana *subst* för tennis covered court; för ishockey indoor rink; för idrott indoor track
inomhusfotboll *subst* indoor football
inomhustemperatur *subst* indoor temperature
inomhustennis *subst* indoor tennis
inordna *verb* inrangera arrange, range
inpå *prep* close to; ***till långt ~ natten*** until far into the night
inre *adj* inner; invändig interior; invärtes, intern internal; ett lands ***~ angelägenheter*** internal affairs
inreda *verb* fit up, equip [*till* as]; decorate; med möbler furnish
inredning *subst* **1** inredande decoration, furnishing **2** konkret fittings pl.; väggfast fixtures pl.
inredningsarkitekt *subst* interior designer, interior decorator
inregistrerad *adj*, ***inregistrerat varumärke*** registered trademark
inresetillstånd *subst* entry permit
inrikes I *adj* inländsk domestic, home, inland
II *adv* in the country, within in the country
inrikesdepartement *subst* ministry of the interior, amer. department of the interior; ***~et*** britt. the Home Office
inrikesflyg *subst*, ***~et*** the domestic airlines pl.
inrikesminister *subst* minister of the interior, amer. secretary of the interior; ***~n*** britt. the Home Secretary
inrikespolitik *subst* **1** domestic politics pl. **2** handlingsrätt domestic policy
inrikespolitisk *adj*, ***en ~ debatt*** a debate on domestic policy; ***~a frågor*** questions relating to domestic policy
inriktad *adj*, ***vara ~ på att göra ngt*** a) sikta mot aim at doing sth b) koncentrera sig på concentrate on doing sth

inrotad *adj* deep-rooted; *~e fördomar* deep-rooted (ingrained) prejudice; *~e vanor* deep-rooted (ingrained) habits
inrätta *verb* **1** grunda establish, set up **2** anordna arrange
insamling *subst* collection; penninginsamling collection, subscription
insats *subst* **1** i spel etc. stakes pl.; kontantinsats deposit **2** prestation achievement; i idrott performance **3** bidrag contribution; ***hon har gjort en stor ~ inom teatern*** she has done great work within the theatre
insatslägenhet *subst* ungefär cooperative flat, cooperative apartment
inse *verb* see, realize
insekt *subst* insect
insektsmedel *subst* insecticide
insida *subst* inside, inner side; 'inre' interior
insikt *subst* **1** inblick insight [*i* into]; förståelse understanding [*i* of]; kännedom knowledge [*i, om* of] **2** *~er* kunskaper knowledge sing. [*i* of]
insinuera *verb* insinuate
insistera *verb* insist [*på* on]
insjukna *verb* fall ill [*i* with], be taken ill [*i* with]
insjö *subst* lake
inskrivning *subst* i skola, kår etc. enrolment, registration
inskränka *verb* **1** begränsa restrict, limit; minska reduce, cut down **2** *~ **sig till*** a) nöja sig med confine oneself to, restrict oneself to b) endast röra sig om be limited to, be restricted to
inskränkning *subst* restriction, limitation, reduction
inskränkt *adj* **1** restricted, limited **2** om person narrow, limited
inslag *subst* element, del, 'nummer' feature; tillsats contribution; ***ett ~ av våld*** an element of cruelty; ***ett intressant ~ i programmet*** an interesting feature of the programme
inspark *subst* fotb. goalkick
inspektera *verb* inspect
inspektion *subst* inspection
inspektör *subst* inspector; kontrollör supervisor
inspelning *subst* recording; av film production
inspiration *subst* inspiration
inspirera *verb* inspire
insprutning *subst* injection
installation *subst* installation
installera *verb* install; *~ **sig*** install oneself
instans *subst* **1** jur. instance **2** myndighet authority; ***gå vidare till högre ~*** carry the case to a higher court
instinkt *subst* instinct
instinktiv *adj* instinctive
institut *subst* institute; t.ex. bankinstitut institution
institution *subst* institution; ***engelska ~en*** univ. the English Department
instruera *verb*, *~ **ngn i ngt*** teach sb sth; *~ **ngn*** ge föreskrifter ***att göra ngt*** instruct sb to do sth
instruktion *subst* instruction; ~ el. *~er* instructions pl.; anvisningar directions pl.
instruktionsbok *subst* instruction book, manual
instruktiv *adj* instructive
instruktör *subst* instructor
instrument *subst* instrument
instrumentbräda *subst* på bil dashboard
inställa *verb* **1** cancel; upphöra med stop, discontinue **2** *~ **sig*** spec. vid domstol appear
inställbar *adj* adjustable
inställd *adj*, ***vara ~*** beredd ***på ngt*** be prepared for sth
inställning *subst* **1** reglering adjustment **2** attityd attitude, outlook
inställsam *adj* ingratiating; krypande cringing
instämma *verb* agree
instängd *adj* **1** ***vara ~*** be shut up; inlåst be locked up, be shut in **2** om luft stuffy, close
insulin *subst* med. insulin
insyltad *adj* vard., *~ **i*** mixed up in
insyn *subst* **1** ***det är ingen ~ i det här huset*** nobody can look into this house **2** kontroll control [*i* of], access [*i* into]
insändare *subst* debattinlägg letter to the press; till viss tidning letter to the editor
insättning *subst* insatt belopp i bank deposit
inta *verb* **1** plats m.m. take; försätta sig i, t.ex. liggande ställning place oneself in; ha, t.ex. en ledande ställning occupy, hold, have; t.ex. ståndpunkt take up **2** erövra take, capture **3** måltid etc. have, eat **4** fascinera, fängsla captivate
intagande *adj* captivating, attractive, engaging
intagen *adj*, ***vara ~ på sjukhus*** be admitted to hospital
intagning *subst* till universitet el. på t.ex. sjukhus admission [*till* to]
intakt *adj* intact
inte *adv* not; *~ **det?*** verkligen! no?, really?; *~ **en enda gång*** not once, never once; ***jag har ~ tid*** I have no time; ***hon är***

förtjusande, ~ sant? she's charming, isn't she?
integrera *verb* integrate
integritet *subst* integrity
intellekt *subst* intellect
intellektuell *adj* intellectual
intelligens *subst* intelligence
intelligent *adj* intelligent, clever
intensifiera *verb* intensify
intensitet *subst* intensity
intensiv *adj* intense; koncentrerad intensive
intensivvård *subst* intensive care
intensivvårdsavdelning *subst* intensive care unit
intention *subst* intention
interaktiv *adj* data. el. tv. interactive
interiör *subst* det inre interior
interjektion *subst* gram. interjection
intermezzo *subst* **1** intermezzo (pl. -s el. intermezzi) äv. musik. **2** t.ex. vid en gräns incident
intern I *adj* internal; *~ tv* se *intern-tv*
II *subst* på anstalt inmate; i fångläger internee
internationell *adj* international

internatskola
De flesta privatskolor i England, *public schools*, är internatskolor. Eleverna äter och bor på skolan. I USA kallas grundskolan *public school.*

internatskola *subst* boarding school
internera *verb* i fångläger intern; på anstalt detain [*i, på* in]
internering *subst* på anstalt detention; på fångläger internment
Internet the Internet; ***surfa på ~*** surf the Net
internminne *subst* data. internal memory
intern-tv *subst* closed-circuit television (TV) (förk. CCTV)
internutbildning *subst* in-service training
interpunktion *subst* punctuation
interrogativ *adj* interrogative
intervall *subst* interval
intervenera *verb* intervene
intervention *subst* intervention
intervju *subst* interview; ***göra en ~*** do an interview
intervjua *verb* interview
intet *pron* litt. nothing
intetsägande *adj* om fraser etc.: tom empty; meningslös meaningless
intill I *prep* **1** om rum: fram till up to; ***alldeles ~ parken*** quite close to the park **2** om tid until **3** om mått etc. up to
II *adv*, ***i rummet ~*** in the adjoining room; ***vi bor alldeles ~*** we live next door
intim *adj* intimate
intimitet *subst* intimacy
intolerans *subst* intolerance
intolerant *adj* intolerant
intonation *subst* intonation
intransitiv *adj* gram. intransitive
intressant *adj* interesting
intresse *subst* interest [*för* in]; ***visa ~ för*** show an interest in
intressera *verb* interest [*ngn för ngt* sb in sth]; ***det ~r mig mycket*** it interests me a lot, it is of great interest to me; ***~ sig för*** take an interest in
intresserad *adj* interested [*av* in]
intressesfär *subst* sphere of interest
intrig *subst* intrigue; plot äv. i roman, drama
intrigera *verb* intrigue
intrigmakare *subst* intriguer, schemer
intrikat *adj* intricate
introducera *verb* introduce [*hos* to]
introduktion *subst* introduction
introduktionserbjudande *subst* trial offer
intryck *subst* impression
intrång *subst* encroachment; på annans mark, egendom trespass; ***göra ~ på (i)*** encroach on (in), trespass on (in)
inträda *verb* inträffa set in; börja commence, begin; uppstå arise
inträde *subst* **1** entrance; avgift entrance fee **2** friare entry; ***göra sitt ~ i*** enter
inträdesavgift *subst* entrance fee
inträdesbiljett *subst* admission ticket
inträdesprov *subst* univ. etc. entrance examination
inträffa *verb* hända happen; infalla occur, fall
intuition *subst* intuition
intuitiv *adj* intuitive
intyg *subst* certificate [*om* of]; av privatperson, utförligare testimonial [*om* of]; ***utfärda ett ~*** issue a certificate
intyga *verb*, ***härmed ~s att...*** this is to certify that...
intåg *subst* entry
intäkt *subst*, ***~er*** proceeds, takings, receipts
inunder *adv* o. *prep* underneath, beneath, below
inuti *adv* o. *prep* inside
invadera *verb* invade
invalid *subst* disabled person
invalidiserad *adj* disabled

invaliditet *subst* disablement, disability
invandra *verb* immigrera immigrate [*i, till* into, to]
invandrare *subst* immigrant
invandrarfientlig *adj* ... hostile towards immigrants; mera generellt xenophobic
invandrarspråk *subst* immigrant language
invandring *subst* immigration
invasion *subst* invasion
inveckla *verb*, ***~s i ngt*** el. ***bli ~d i ngt*** get involved in sth, get mixed up in sth
invecklad *adj* komplicerad complicated
inventarier *subst pl* effects, movables
inventering *subst* inventory; av lager stocktaking
inverka *verb* have an effect [*på* on], have an influence [*på* on]
inverkan *subst* effect [*på* on], influence [*på* on]
investera *verb* invest
investering *subst* investment
invid I *prep* by; utefter alongside; nära close to **II** *adv* close by, near by
inviga *verb* **1** byggnad etc. inaugurate **2** ***~ ngn i ngt*** göra förtrogen med ngt initiate sb into sth; ***~ ngn i en hemlighet*** let sb into a secret
invigning *subst* inauguration
invit *subst* inbjudan invitation; vink hint
invånare *subst* inhabitant [*i* of]
invända *verb*, ***jag invände att...*** I objected that...; ***jag har inget att ~ mot det*** I have no objection to it
invändig *adj* internal; om ficka etc. inside
invändigt *adv* internally; i det inre in the interior; på insidan on the inside
invändning *subst* objection [*mot* to, against]; ***göra ~ar mot*** raise objections to
invärtes *adj* om sjukdom, bruk etc. internal
inåt I *prep* towards the interior of **II** *adv* inwards; ***gå längre ~*** go further in
inåtvänd *adj* **1** om person introvert; ***en ~ person*** an introvert **2** ***den är ~*** it is turned inwards
inälvor *subst pl* bowels; djurs entrails
iPod *subst* data. el. musik. iPod
Irak Iraq
irakier *subst* Iraqi
irakisk *adj* Iraqi
Iran Iran
iranier *subst* Iranian
iransk *adj* Iranian
iris *subst* anat. el. bot. iris
Irland Ireland
irländare *subst* Irishman (pl. Irishmen); ***irländarna*** som nation, lag etc. the Irish
irländsk *adj* Irish; se *svensk-* för sammansättningar
irländska *subst* (se *svenska* för ex.) **1** kvinna Irishwoman (pl. Irishwomen) **2** språk Irish
ironi *subst* irony; hån sarcasm
ironisera *verb*, ***~ över*** speak ironically of, make ironical remarks about
ironisk *adj* ironic, ironical; hånfull sarcastic
irra *verb*, ***~*** el. ***~ omkring*** wander about; ***han ~de med blicken*** his eyes were wandering
irrationell *adj* irrational
irritation *subst* irritation
irritera *verb* irritate, annoy
irriterad *adj* irritated [*över* at], annoyed [*över* at]
is *subst* ice; ***ha ~ i magen*** keep a cool head; ***lägga ngt på ~*** put sth on ice; ***whisky med ~*** whisky on the rocks; ***det är ~ på sjön*** the lake is covered with ice; ***han är ute på hal ~*** he is skating on thin ice
isande *adj* icy
isbana *subst* ice rink; hastighetsskridsko skating rink; på sjö etc. ice track, ice-skating track
isberg *subst* iceberg
isbergssallad *subst* iceberg lettuce
isbit *subst* piece of ice, lump of ice, bit of ice
isbjörn *subst* polar bear
isbrytare *subst* ice-breaker
ischias *subst* med. sciatica
isdubb *subst* ice prod
isflak *subst* ice floe
isfri *adj* ice-free
isglass *subst* pinne ice lolly, amer. popsicle
ishall *subst* indoor ice rink, ice-skating hall
ishav *subst*, ***Norra ~et*** the Arctic Ocean; ***Södra ~et*** the Antarctic Ocean
ishockey *subst* ice hockey
ishockeyklubba *subst* ice-hockey stick
ishockeylag *subst* ice-hockey team
ishockeyrör *subst* ice-hockey skate
isig *adj* icy
iskall *adj* ice-cold; isande icy
iskub *subst* ice cube
islam *subst* Islam
islamisk *adj* Islamic
Island Iceland
islossning *subst* break-up of the ice; i t.ex. relationer thaw
isländsk *adj* Icelandic; se *svensk-* för sammansättningar
isländska *subst* (se *svenska* för ex.) **1** kvinna Icelandic woman **2** språk Icelandic
islänning *subst* Icelander
isolera *verb* **1** isolate **2** tekn. insulate

isolering *subst* **1** isolation **2** tekn. insulation
Israel Israel
israel *subst* person Israeli
israelier *subst* person Israeli
israelisk *adj* Israeli
israeliska *subst* Israeli woman
istapp *subst* icicle
ister *subst* lard
i stånd *adv* se *stånd 7*
i stället *adv* se *ställe 2*
i synnerhet *adv* se *synnerhet*
isär *adv* apart; ***flytta ~ bänkarna*** move the desks apart
IT *subst* IT förk. för *information technology*
Italien Italy
italienare *subst* Italian
italiensk *adj* Italian; se *svensk-* för sammansättningar
italienska *subst* (se *svenska* för ex.) **1** kvinna Italian woman **2** språk Italian
itu *adv* i två delar in two, in half; sönder ***gå*** ~ go to pieces; ***vara*** ~ be in pieces
iver *subst* eagerness, keenness
ivrig *adj* eager, keen
i väg *adv* off, away
iögonfallande *adj* conspicuous; slående striking

ja *interj* yes; ~ ***då!*** oh yes!; ~ ***visst!*** you bet!, not half!, spec. amer. sure thing!
jack *subst* **1** tele., stickpropp plug; uttag socket; ***dra ur ~et*** unplug the phone **2** hack cut, notch
jacka *subst* jacket
jag *pron* I; ***det är*** ~ it's me, i telefon speaking!
jaga *verb* hunt; med gevär shoot, amer. hunt; 'förfölja' chase; ***vara ute och*** ~ be out hunting; ~ ***efter ngt*** run after sth, pursue sth; ~ ***bort*** drive away
jagare *subst* krigsfartyg destroyer
jaguar *subst* djur jaguar
jaha *interj* well; bekräftande yes; jaså oh I see
jaka *verb* say 'yes' [*till* to]
jakande I *adj* affirmative
II *adv* affirmatively; ***svara*** ~ reply in the affirmative
1 jakt *subst* båt yacht
2 jakt *subst* jagande hunting; med gevär shooting; jaktparti hunt; ***~en efter mördaren*** the hunt for the murderer; ***vara på ~ efter*** be hunting for, be on the hunt for
jaktgevär *subst* sporting gun; hagelgevär shotgun
jaktplan *subst* fighter
jaktstart *subst* sport. pursuit
jalusi *subst* spjälgardin Venetian blind
jama *verb* om katt miaow, mew
Jamaica Jamaica
jamaican *subst* Jamaican
jamaicansk *adj* Jamaican
januari *subst* January (förk. Jan.); se *april* för ex.
Japan Japan
japan *subst* Japanese (pl. lika)
japansk *adj* Japanese; se *svensk-* för sammansättningar
japanska *subst* (se *svenska* för ex.) **1** kvinna Japanese woman **2** språk Japanese
jargong *subst* jargon; snack, svada jabber
jaröst *subst* vote in favour, aye
jasmin *subst* blomma jasmine
jaså *interj* is that so?, really?, oh!, indeed!
javisst *interj* certainly, of course, sure
jazz *subst* jazz
jazzbalett *subst* jazz ballet
jazzband *subst* jazz band

jeans *subst pl* jeans
jeansjacka *subst* denim jacket
jeanskjol *subst* denim skirt
jeep *subst* ® jeep
Jesusbarnet *subst* the Infant Jesus
jetmotor *subst* jet engine
jetplan *subst* jet plane, jet
jfr (förk. för *jämför*) compare (förk. cf.)
jippo *subst* reklamjippo publicity stunt; allsköns *~n* ballyhoo sing.
jiujitsu *subst* ju-jitsu, jiu-jitsu
JO *subst* se *justitieombudsman*
jo *interj* svar på nekande fråga why, yes; *~ då!* oh yes!
jobb *subst* job; work (endast sing.); ***jag har haft mycket ~ att göra det*** it was quite a job to do it, it took a lot of work to do it; ***göra ett bra ~*** do a good job; ***jag har varit på ~et*** I've been at work
jobba *verb* work; *~ **över*** work late, work overtime
jobbare *subst* vard. worker
jobbig *adj*, ***det är ~t*** it's tough work, it's hard work; ***han är ~*** he's trying, he's tiresome
jockej *subst* o. **jockey** *subst* jockey
jod *subst* kem. iodine
joddla *verb* yodel
jogga *verb* jog; ***vara ute och ~*** be out jogging
joggare *subst* jogger
joggning *subst* jogging
joggningsskor *subst pl* jogging shoes
Johan kunganamn John
Johannes påvenamn John; *~ **döparen*** St. John the Baptist
joker *subst* joker; *~ **i leken*** the joker in the pack
jolle *subst* liten roddbåt el. segeljolle dinghy
joller *subst* babble; jollrande babbling
jollra *verb* babble
jonglera *verb* juggle
jonglör *subst* juggler
jord *subst* **1** jordklot earth; ***resa ~en runt*** go round the world **2** mark ground; jordmån soil; mylla earth; stoft dust; ***gå under ~en*** gömma sig go underground **3** område land; ***ett stycke ~*** a piece of land **4** elektr. earth, amer. ground
jorda *verb* elektr. earth, amer. ground; *~**d*** kontakt earthed, amer. grounded; *~**d ledning*** earth lead, amer. ground lead
Jordanien Jordan
jordanier *subst* Jordanian
jordbruk *subst* agriculture, farming
jordbrukare *subst* farmer
jordbruksdepartement *subst* ministry of agriculture
jordbruksminister *subst* minister of agriculture
jordbävning *subst* earthquake
jordfästning *subst* funeral service
jordglob *subst* globe
jordgubbe *subst* strawberry
jordgubbssylt *subst* strawberry jam
jordisk *adj* världslig worldly
jordklot *subst*, *~**et*** the earth, the globe
jordledning *subst* radio. earth lead, amer. ground lead
jordmån *subst* soil äv. i betydelsen 'grogrund'
jordnära *adj* earthy
jordnöt *subst* peanut
jordskalv *subst* earthquake
jordskred *subst* landslide
jordskredseger *subst* landslide victory
jordyta *subst* markyta surface of the ground; ***på ~n*** jordens yta on the earth's surface
jordärtskocka *subst* växt el. kok. Jerusalem artichoke
jour *subst*, ***ha ~*** el. ***ha ~en*** be on duty
jourhavande *adj*, *~ **läkare*** på sjukhus doctor on duty; vid hembesök doctor on call
journal *subst* **1** dagbok, tidning journal **2** med. casebook
journalist *subst* journalist
journalistik *subst* journalism
jourtjänst *subst* läkares emergency duty, on-call duty; t.ex. låssmeds emergency service, round-the-clock service
jovialisk *adj* jovial, genial
jox *subst* vard. stuff, rubbish
ju I *adv* naturligtvis of course; visserligen it is true; som bekant as we know; ***där är han ~!*** why, there he is!; ***jag har ~ sagt det flera gånger*** I have said it so many times, haven't I?
II *konj*, *~ **förr dess (desto) bättre*** the sooner the better
jubel *subst* rejoicing [*över* in]; glädjerop shouts pl. of joy [*över* at], cheers
jubilar *subst* person celebrating a special anniversary
jubileum *subst* anniversary; större jubilee
jubla *verb* högljutt shout with joy; inom sig rejoice [*över* in]
jude *subst* Jew
judehat *subst* hatred of the Jews
judendom *subst*, *~* el. *~**en*** Judaism
judinna *subst* Jewess
judisk *adj* Jewish

judo *subst* sport. judo
Jugoslavien hist. Yugoslavia
juice *subst* juice, fruit juice

jul
Julen är den stora högtiden i Storbritannien och USA och juldagen är den stora dagen. På julafton, *Christmas Eve*, hänger barnen upp en strumpa, *Christmas stocking*. Under natten kommer tomten, *Santa Claus, Father Christmas*, och fyller den med presenter. På juldagen, *Christmas Day*, öppnar man presenterna på morgonen eller före julmiddagen, som oftast består av kalkon och grönsaker och till efterrätt plumpudding, *Christmas pudding*. Annandagen, *Boxing Day*, är helgdag i Storbritannien. I USA är det en vanlig vardag. Många affärer har då julrea.
Julgransplundringar förekommer inte i England. För att en engelsktalande person ska förstå måste man förklara vad en julgransplundring är.

jul *subst* Christmas (förk. Xmas); ***god ~!*** A Merry Christmas!; ***i ~*** this Christmas, at Christmas; ***i ~as*** last Christmas; ***på (om) ~en*** at Christmas, at Christmas-time
jula *verb* tillbringa julen spend Christmas
julafton *subst* Christmas Eve
juldag *subst*, ~ el. ***~en*** Christmas Day
julfirande *subst*, ***~t*** the celebration of Christmas
julgran *subst* Christmas tree
julgransbelysning *subst* Christmas-tree lights pl.
julgransplundring *subst* children's party after Christmas at which the Christmas tree is stripped of its decorations
julgransprydnader *subst pl* Christmas tree decorations
julhelg *subst* Christmas; ***under ~en*** during Christmas; ledigheten the Christmas holidays, the Christmas vacation
juli *subst* July; se *april* för ex.
julkalas *subst* Christmas party
julklapp *subst* Christmas present; ***vad gav du honom i ~?*** What did you give him for Christmas?
jullov *subst* Christmas holidays pl.
julmust *subst* root beer drunk at Christmas
julotta *subst* early church service on Christmas Day
julskinka *subst* Christmas ham
julstjärna *subst* blomma poinsettia
julsång *subst* Christmas carol

jultomten
Father Christmas eller *Santa Claus* bor vid Nordpolen, *the North Pole*. Före jul får han massor av brev från barn i hela världen. På julaftonsnatten sätter han sig i sin släde, *sleigh*, som dras av renar, *reindeer*, för att åka runt och lägga presenter i de strumpor, *stockings*, som barnen satt upp på spiselhyllan, *mantelpiece*.

jultomte *subst*, ~ el. ***~n*** Father Christmas, Santa Claus
jumbo *subst*, ***komma ~*** come last; ***bli ~*** be last
jumbojet *subst* jumbo jet
jumbopris *subst* vard. booby prize
jumper *subst* jumper
jungfru *subst* **1** ***Jungfrun*** stjärntecken Virgo **2** ***Jungfru Maria*** the Virgin Mary
juni *subst* June; se *april* för ex.
junior *adj* o. *subst* junior
junta *subst* polit. junta
Jupiter astron. el. mytol. Jupiter
juridik *subst* law
juridisk *adj* legal; ***~ fakultet*** faculty of law
jurist *subst* **1** praktiserande lawyer; expert jurist **2** juridikstuderande law student
jury *subst* jury; ***sitta i en ~*** serve on a jury
1 just *adv* just; precis exactly; ***ja, ~ han!*** yes, him!, the very man!; ***varför välja ~ honom?*** why choose him of all people?; ***~ det!*** that's right!
2 just I *adj* rättvis fair; korrekt correct; i sin ordning all right, in order
II *adv* fairly, correctly; ***spela ~*** play fair
justera *verb* **1** ***~ ngt*** adjust sth, regulate sth, set sth right; ***~ protokollet*** sign the minutes **2** sport. injure; ***bli ~d*** be injured
justering *subst* **1** adjusting; ***en ~*** an adjustment **2** sport. injury

justitiedepartement *subst* ministry of justice
justitieminister *subst* minister of justice
justitiemord *subst* jur. judicial murder; misstag miscarriage of justice
justitieombudsman *subst*, *~nen* (förk. *JO*) the Parliamentary Ombudsman
juvel *subst* **1** jewel; ädelsten gem; *~er* jewellery sing., amer. jewelry sing. **2** värdefull person el. sak jewel
juvelerare *subst* jeweller
juvelskrin *subst* jewel case
juver *subst* udder
jycke *subst* hund dog, vard. pooch
Jylland Jutland
jägare *subst* hunter
jäkel *subst* devil; ***jäklar!*** damn it!, confound it!
jäkla I *adj* blasted, darned, stark. damned **II** *adv* damned
jäklig *adj* om person damn nasty [*mot* to], damned nasty [*mot* to]; om sak vanligen damn rotten, damned rotten
jäkt *subst* brådska hurry; fläng bustle, hustle; ***storstadens*** ~ the rush and tear of the city
jäkta *verb* be always on the move, be always on the go; ~ ***inte!*** don't rush!; ta det lugnt take it easy!; ~ ***mig inte!*** don't rush me!
jäktig *adj* terribly busy, hectic
jäktigt *adv*, ***ha det*** ~ have a terribly busy time of it
jämbördig *adj* **1** ***vara*** ~ ***med*** equal in merit to, be in the same class as **2** ***bli behandlad som en*** ~ be treated as an equal
jämföra *verb* compare [*med* vid jämförelse with, vid liknelse to]; ***jämför*** (förk. *jfr*) compare (förk. cf)
jämförbar *adj* comparable [*med* to]
jämförelse *subst* comparison [*med* to]
jämförelsevis *adv* comparatively
jämförlig *adj* comparable
jämka *verb* **1** ~ el. ~ ***på*** flytta move, shift; ~ ***på*** justera adjust **2** avpassa adapt [*efter* to]; modifiera modify **3** slå av på, ~ ***något på priset*** knock something off the price **4** medla etc., ~ ***mellan två parter*** mediate between two parties
jämlik *adj* equal
jämlike *subst* equal
jämlikhet *subst* equality
jämmer *subst* jämrande groaning, moaning
jämmerrop *subst* wailing; ***ett*** ~ a wail
jämn *adj* **1** utan ojämnheter even; plan level; slät smooth **2** regelbunden even; likformig uniform; kontinuerlig continuous; ***hålla ~a steg med*** a) keep in step with b) hålla sig à jour med keep pace with, keep up with; ***med ~a mellanrum*** at regular intervals **3** ***ha ~a pengar*** have the exact change; ***det är ~t!*** t.ex. till en kypare never mind the change!
jämna *verb*, ~ ***ngt*** level sth, make sth level, make sth even, make sth smooth; klippa ngt jämnt, putsa trim sth; ***~a vägen*** smooth the way; ~ ***till*** el. ~ ***ut*** level sth, make sth level
jämnan *subst*, ***för*** ~ all the time
jämngammal *adj*, ***han är*** ~ ***med mig*** he is of the same age as me
jämngod *adj*, ***vara ~a*** be equal to one another; ***vara*** ~ ***med*** be just as good as
jämnhög *adj* equally high; om person equally tall; lika hög överallt of a uniform height
jämnhöjd *subst*, ***i*** ~ ***med*** on a level with
jämnmod *subst* equanimity; ***ta ngt med*** ~ take sth in one's stride
jämnstor *adj*, ***de är ~a*** they are equal in size
jämnt *adv* **1** even, evenly, level, smoothly, regularly etc.; se *jämn*; ***dela*** ~ divide equally; ***inte dra*** ~ vara oense not get on well together **2** precis exactly
jämnårig *adj*, ***de är ~a*** they are of the same age [*med* as]; ***mina ~a*** persons of my own age
jämra *verb*, ~ ***sig*** kvida wail, moan; stöna groan; gnälla whine; klaga complain [*över* i samtliga fall about]
jämsides *adv* side by side; sport. neck and neck [*med* with]; abreast [*med* of]
jämspelt *adj* evenly matched
jämställa *verb* place... side by side [*med* with], place... on a level [*med* with], place... on an equality [*med* with]
jämställd *adj*, ***vara*** ~ ***med*** be on an equal footing with, be on a par with
jämställdhet *subst* **1** mellan könen sex equality **2** parity; ***det råder*** ~ ***mellan dem*** they are on an equal footing
jämt *adv* alltid always; ~ el. ~ ***och ständigt*** for ever; oupphörligt incessantly; gång på gång constantly
jämte *prep* tilsammans med in addition to, together with; inklusive including
jämvikt *subst* balance
järn *subst* iron
järnaffär *subst* hardware store, ironmonger's
järnek *subst* växt holly
järngrepp *subst* iron grip
järnhandel *subst* hardware store, ironmonger's
järnhård *adj*, ~ ***disciplin*** iron discipline
järnmalm *subst* iron ore

järnnätter *subst pl* frosty nights
järnvilja *subst* iron will
järnväg *subst* railway, amer. railroad
järnvägslinje *subst* railway line, amer. railroad line
järnvägsolycka *subst* railway accident, amer. railroad accident
järnvägsspår *subst* railway track, amer. railroad track
järnvägsstation *subst* railway station, amer. railroad station
järnvägsvagn *subst* railway carriage, amer. railroad car; godsvagn railway truck, amer. freight car
järnvägsövergång *subst* railway crossing; plankorsning level crossing, amer. grade crossing
jäsa *verb* ferment; ***låta degen*** ~ allow the dough to rise
jäsning *subst* fermentation, ferment; ***hela befolkningen var i*** ~ the whole population were in ferment
jäst *subst* yeast
jätte *subst* giant
jättebillig *adj* vard. dirt-cheap, terrifically cheap
jättebra *adj* vard. terrific, super
jättefin *adj* vard. first-rate, smashing, super
jättegod *adj* vard. super, terrific
jättehungrig *adj* vard. starving, famished
jättehög *adj* vard. enormously high; om t.ex. träd enormously tall
jättekul *adj* vard. great fun
jättelik *adj* gigantic, colossal, immense
jättemycket vard. **I** *adj*, ~ ***folk*** lots of people **II** *adv*, ***det regnade*** ~ it rained a lot
jättemånga *pron* vard. a great many, lots of
jätterolig *adj* vard. great fun
jättesnäll *adj* vard. very kind, ever so kind
jättesteg *subst* vard. giant stride
jättestor *adj* vard. gigantic, colossal
jättesuccé *subst* vard. terrific success
jävla etc., se *djävla* etc.
jökel *subst* glacier
jösses *interj*, ~*!* well, I'm blowed!, Good God!

Kk

kabaré *subst* underhållning cabaret
kabel *subst* cable
kabel-tv *subst* cable television, cable TV
kabin *subst* passagerares cabin; förarkabin cabin, cockpit
kabinpersonal *subst* flyg. cabin personnel, cabin crew
kabinväska *subst* flyg. carry-on case, carry-on bag, carry-on
kackerlacka *subst* cockroach
kackla *verb* cackle
kadaver *subst* **1** carcass **2** ruttnande as carrion
kadett *subst* cadet
kadmium *subst* cadmium
kafé *subst* café; på hotell etc. coffee room
kaffe *subst* coffee; ***två*** ~*!* two coffees, please!; ~ ***utan grädde*** black coffee; ***koka*** (***brygga***) ~ make coffee
kaffebryggare *subst* coffee machine, coffee maker
kaffebröd *subst* koll. buns and cakes pl.
kaffeböna *subst* coffee bean
kaffegrädde *subst* coffee cream; tunn grädde single cream
kaffekanna *subst* coffee pot
kaffekopp *subst* **1** kopp för kaffe coffee cup **2** kopp med kaffe cup of coffee
kaffekvarn *subst* coffee mill, coffee-grinder
kaffepanna *subst* ungefär coffee kettle
kaffepaus *subst* o. **kafferast** *subst* coffee break
kafferep *subst* coffee party
kaffeservis *subst* coffee service
kaffesump *subst* coffee grounds pl.
kaj *subst* quay; lossningsplats wharf
kaja *subst* fågel jackdaw
kajuta *subst* cabin
kaka *subst* **1** småkaka biscuit, amer. cookie **2** tårta, sockerkaka etc. cake; finare bakverk pastry; ***man kan inte både äta ~n och ha den kvar*** ordspr. you can't have your cake and eat it
kakao *subst* pulver, dryck cocoa
kakaoböna *subst* cocoa bean
kakel *subst* platta tile; ***klä badrummet med*** ~ tile a bathroom, put tiles in a bathroom
kakelugn *subst* tiled stove
kakfat *subst* cake dish
kakform *subst* cake tin, amer. cake pan

kaki *subst* färg el. tyg khaki
kakmix *subst* ready-made cake mix
kaktus *subst* cactus
kal *adj* **1** bare **2** flintskallig bald
kalabalik *subst* uproar, tumult
kalas *subst* fest party; måltid feast; ***betala ~et*** foot the bill
kalasa *verb* feast [*på* on]
kalaskula *subst* vard. potbelly, paunch
kalcium *subst* kem. calcium
kalender *subst* calendar; väggkalender wall calendar; almanacka diary
kalhygge *subst* clear-felled area, clear-cut area
kaliber *subst* calibre
Kalifornien California
kalifornisk *adj* Californian
kalium *subst* kem. potassium
kalk *subst* **1** kem. lime; bergart limestone **2** i föda calcium
kalkera *verb* trace
kalkon *subst* turkey
kalkonfilm *subst* turkey, turkey film (movie)
kalksten *subst* bergart limestone
kalkyl *subst* calculation
kalkylera *verb* calculate, estimate
1 kall *adj* cold; sval cool; kylig chilly; ***jag är ~ om fötterna*** my feet are cold; ***två grader ~t*** two degrees below zero; ***hålla huvudet ~t*** keep a cool head
2 kall *subst* levnadskall vocation, calling; livsuppgift mission in life
kalla *verb* benämna call; *~ **ngn för lögnare*** call sb a liar; ~ el. *~ **på*** tillkalla send for, call; officiellt summon; *~ **in*** a) inbeordra summon b) mil. call up, spec. amer. draft
kallblodig *adj* cold-blooded; lugn cool; oberörd indifferent; ***ett ~t mord*** a cold-blooded murder
kallbrand *subst* med. gangrene
kalldusch *subst* eg. cold shower; ***det kom som en*** ~ it was a real shock, it was a nasty surprise
Kalle Anka seriefigur Donald Duck
kallelse *subst*, *~ **till möte*** notice to attend a meeting
kallfront *subst* meteor. cold front
kallna *verb* get cold
kallprat *subst* small talk
kallsinnig *adj* cold; likgiltig indifferent
kallskuret *subst* cold buffet, cold cuts pl.
kallskänka *subst* cold-buffet manageress
kallsup *subst*, ***jag fick en*** ~ I swallowed a lot of cold water
kallsvett *subst* cold sweat, cold perspiration
kallsvettig *adj*, ***vara*** ~ be in a cold sweat
kallt *adv* coldly; oberört coolly
kallvatten *subst* cold water
kalops *subst* ungefär Swedish beef stew
kalori *subst* calorie
kalorifattig *adj*, *~ **diet*** low-calorie diet
kaloririk *adj*, *~ **diet*** high-calorie diet
kalsingar *subst pl* vard. se *kalsonger*
kalsonger *subst pl* underpants, pants
kalufs *subst* mop of hair
kalv *subst* **1** djur calf (pl. calves) **2** kött veal
kalvfilé *subst* fillet of veal
kalvkotlett *subst* veal chop; benfri veal cutlet
kalvkött *subst* veal
kalvskinn *subst* calf leather, calf
kalvstek *subst* maträtt roast veal
kam *subst* comb; på tupp crest
kamaxel *subst* bil., ***överliggande*** ~ overhead camshaft
Kambodja Cambodia
kambodjan *subst* Cambodian
kambodjansk *adj* Cambodian
kamel *subst* camel; enpucklig dromedary
kameleont *subst* djur el. ombytlig människa chameleon
kamelia *subst* blomma camellia
kamera *subst* camera
kamerahus *subst* camera body
kamgarn *subst* worsted
kamin *subst* stove; elkamin, fotogenkamin heater
kamma *verb*, *~ **sig*** el. *~ **håret*** comb one's hair; *~ **noll*** vard. draw a blank
kammare *subst* rum chamber
kammarmusik *subst* chamber music
kamomill *subst* camomile
kamomillte *subst* camomile tea
kamouflage *subst* camouflage
kamp *subst* **1** strid fight, battle **2** möda struggle [*om, för* for]
kampanj *subst* campaign [*mot* against]
kampsport *subst* martial art
kamrat *subst* companion, comrade, vän friend; kompis pal; arbetskamrat fellow-worker
kamratanda *subst*, ***god*** ~ a spirit of comradeship
kamratgrupp *subst* peer group
kamratlig *adj* friendly
kamratskap *subst* comradeship
kamrer *subst* **1** accountant **2** chef för bankavdelning bank manager
kan *verb* presens av *kunna*
kana I *subst* slide; ***åka*** ~ slide
II *verb* slide
Kanada Canada
kanadensare *subst* person Canadian

kanadensisk *adj* Canadian
kanal *subst* **1** naturlig channel; ***Engelska ~en*** the English Channel, the channel **2** konstgjord canal **3** tv. el. friare channel; ***officiella ~er*** official channels
kanalisera *verb* canalize
kanalväljare *subst* tv. channel selector
kanariefågel *subst* canary
Kanarieöarna *pl* the Canary Islands, the Canaries
kandelaber *subst* candelabra
kanderad *adj* candied; ***~ frukt*** candied fruit
kandidat *subst* sökande candidate [*till* for]
kanel *subst* kok. cinnamon
kanelbulle *subst* cinnamon bun
kanhända *adv* perhaps, maybe
kanin *subst* rabbit, barnspr. bunny
kaninbur *subst* rabbit hutch
kaningård *subst* rabbit warren
kanna *subst* **1** kaffekanna, tekanna pot **2** gräddkanna jug **3** vattenkanna etc. can
kannibal *subst* cannibal
kannibalism *subst* cannibalism
1 kanon *subst* mil. cannon, gun
2 kanon *subst* musik. canon, round
3 kanon *adj* vard., ***den är ~*** it's great, it's super
kanot *subst* canoe; ***vara ute och paddla ~*** be out canoeing
kanske *adv* perhaps, maybe; ***jag ~ träffar honom i kväll*** I may (might) meet him tonight
kansler *subst* chancellor
kant *subst* edge; bård etc. border; ***hålla sig på sin ~*** keep oneself to oneself; ***komma på ~ med ngn*** fall out with sb
kantarell *subst* svamp chanterelle
kantra *verb* **1** sjö. capsize **2** om vind veer
kantsten *subst* kerbstone, amer. curbstone
kantstött *adj* om porslin, glas chipped
kanvas *subst* canvas
kanyl *subst* injektionsnål injection needle
kaos *subst* chaos; ***det rådde fullständig ~*** there was complete chaos
kaotisk *adj* chaotic
1 kap *subst* udde cape
2 kap *subst* fångst capture; ***ett gott ~*** a fine haul
1 kapa *verb* **1** ta capture; t.ex. flygplan hijack, skyjack **2** ***~ åt sig*** lay hands on, take over
2 kapa *verb* hugga, skära av cut away; lina cut
kapabel *adj* able [*till* to], capable [*till* of]
kapacitet *subst* capacity; ***han är en stor ~*** he is a person of great ability
kapare *subst* flyg. hijacker
kapell *subst* **1** kyrka, sidokapell chapel **2** musik. orchestra
kapellmästare *subst* conductor
kapital *subst* o. *adj* capital
kapitalism *subst*, ~ el. ***~en*** capitalism
kapitalist *subst* capitalist
kapitalvaror *subst pl* capital goods
kapitel *subst* chapter
kapitulation *subst* surrender, capitulation
kapitulera *verb* surrender, capitulate
kapning *subst* hijacking; ***en ~*** a hijack
kappa *subst* **1** coat; ***vända ~n efter vinden*** be a turncoat, be a time-server **2** på gardin pelmet
kapplöpning *subst* race; kapplöpande racing [*efter* for]; hästkapplöpning horse-race; löpande horse-racing; ***en ~ med tiden*** a race against time
kapplöpningsbana *subst* racetrack; för hästar racecourse
kapplöpningshäst *subst* racehorse
kapprodd *subst* boat race
kapprum *subst* cloakroom
kapprustning *subst* arms race (endast sing.)
kappsegling *subst* sailing-race; kappseglande sailing-boat racing, yacht-racing
kaprifol *subst* blomma honeysuckle
kapris *subst* krydda capers pl.
kapsejsa *verb* capsize; välta turn over
kapsel *subst* capsule
Kapstaden Cape Town
kapsyl *subst* på t.ex. vinbutelj cap; på t.ex. ölflaska top; skruvkapsyl screw cap
kapsylöppnare *subst* bottle-opener
kapten *subst* sjö., mil. el. sport. captain [*på, för* of]
kapuschong *subst* hood
kaputt *adj* ruined; om sak broken
kar *subst* **1** tub; större vat **2** badkar bath tub, bath
karaff *subst* carafe; med propp decanter
karakterisera *verb* characterize; vara betecknande för be characteristic of
karakteristik *subst* characterization
karakteristisk *adj* characteristic [*för* of], typical [*för* of]
karaktär *subst* character; beskaffenhet nature, quality; läggning disposition; viljestyrka will-power; ***jag har dålig ~*** skämts. I've got no will-power
karaktärsdrag *subst* characteristic, trait of character
karaktärslös *adj*, ***han är ~*** he is lacking in character
karamell *subst* sweet, amer. candy

karantän *subst* quarantine; ***ligga (vara) i ~*** be in quarantine
karat *subst* carat; ***18 ~s guld*** 18-carat gold
karate *subst* sport. karate
karateslag *subst* karate chop
karavan *subst* caravan; bilkaravan motorcade
karbonpapper *subst* carbon paper, carbon
kardanaxel *subst* propeller shaft, drive shaft
kardborre *subst* bot. burr
kardborrknäppning *subst* Velcro® fastening, Velcro®
kardemumma *subst* kok. cardamom
kardinal *subst* kyrkl. cardinal
kardiogram *subst* med. cardiogram
karensdag *subst*, ***~ar*** i sjukförsäkringen qualifying (waiting) period before claiming benefit
karg *adj* om jord, landskap barren, bare
Karibiska havet the Caribbean Sea, the Caribbean
karies *subst* caries, decay
karikatyr *subst* caricature; politisk skämtteckning cartoon
karl *subst* man (pl. men), fellow, chap
karlakarl *subst*, ***en ~*** a real man
Karl Alfred seriefigur Popeye
Karlavagnen the Plough, amer. the Plow, vard. the Big Dipper
karljohanssvamp *subst* cep
karm *subst* **1** armstöd arm **2** dörrkarm, fönsterkarm frame
karmstol *subst* armchair
karneval *subst* carnival
karnevalståg *subst* carnival procession
kaross *subst* vagn coach
karosseri *subst* body, coachwork
karott *subst* fat deep dish
karp *subst* fisk carp (pl. lika)
Karpaterna *pl* the Carpathians
karriär *subst* career; ***göra ~*** make a career
karriärist *subst* careerist
kart *subst* unripe fruit; ***en ~*** t.ex. äpple an unripe apple
karta *subst* geogr. map [*över* of]
kartblad *subst* map sheet
kartbok *subst* atlas
kartell *subst* cartel
kartlägga *verb* **1** göra en karta över map, make a map of **2** utforska make a systematic survey of
kartläsning *subst* map-reading
kartong *subst* **1** papp cardboard **2** pappask carton
kartotek *subst* kortregister card index, card register
karusell *subst* med hästar etc. merry-go-round; enklare roundabout; ***åka ~*** ride on a merry-go-round
karva *verb* tälja whittle [*i, på* at]; skära carve, cut
kasern *subst* barracks (pl. lika)
kasino *subst* casino (pl. -s)
kask *subst* hjälm helmet
kaskad *subst* cascade
kaskelot *subst* zool. sperm whale
kasperteater *subst* ungefär Punch and Judy show
Kaspiska havet the Caspian Sea
kass *adj* vard. useless, worthless, no good; ***jag känner mig ~*** I feel lousy
kassa *subst* **1** pengar money, funds pl. **2** där man betalar cashdesk; i varuhus, snabbköp check-out; på postkontor counter; biljettkassa box office; på kontor cashier's office
kassaapparat *subst* cash register
kassabehållning *subst* cash in hand
kassabok *subst* cashbook; ***föra ~*** keep a cashbook
kassafack *subst* safe-deposit box
kassakvitto *subst* cash receipt, receipt
kassarabatt *subst* cash discount
kassaskrin *subst* cashbox
kassaskåp *subst* safe
kassavalv *subst* strong room, vault
kasse *subst* **1** av plast el. papper carrier bag, amer. paper shopping bag **2** vard., målbur goal
kassera *verb* scrap; underkänna reject
kassett *subst* musik, video etc. cassette
kassettbandspelare *subst* cassette recorder
kassettdäck *subst* cassette deck
kassettradio *subst* cassette radio
kassler *subst* kok. smoke-cured loin of pork, kassler
kassör *subst* cashier; i förening etc. treasurer
kassörska *subst* cashier; i snabbköp checkout assistant
kast *subst* throw; med metspö etc. cast; ***stå sitt ~*** take the consequences; ***ge sig i ~ med*** tackle
kasta I *verb* **1** throw; häftigt fling; lätt toss; vräka hurl; vid fiske cast; ***~ sig*** throw oneself; ***~ sig i en bil*** jump into a car; ***~ sig i vattnet*** plunge into the water **2** poetiskt el. högtidligt cast; ***~ en skugga*** cast a shadow
II *verb* med betonad partikel
kasta bort throw away; tid waste
kasta ned några rader jot down a few words
kasta om ändra riktning (ordningen på), om

vinden veer round; t.ex. två rader transpose
kasta omkull throw down (over), knock down (over)
kasta på sig kläderna fling one's clothes on
kasta upp kräkas vomit, vard. throw up
kasta ut ngt throw sth out [*genom* t.ex. fönster of]; ~ ***ut pengar på*** waste one's money on
kasta sig över ngn (ngt) fall upon sb (sth)

kastanj *subst* **1** ätlig chestnut **2** hästkastanj horse chestnut
kastanjetter *subst pl* musik. castanets
kastrera *verb* castrate
kastrull *subst* saucepan
kastspö *subst* casting rod
kasus *subst* gram. case
katalog *subst* **1** catalogue [*över* of] **2** telefonkatalog directory
katalogisera *verb* catalogue
katalysator *subst* **1** kem. catalyst, catalyser **2** i bil catalytic converter
katapult *subst* catapult
katapultstol *subst* ejector seat, ejection seat
katarr *subst* med. catarrh
katastrof *subst* catastrophe; t.ex. tåg, flyg disaster
katastrofal *adj* catastrophic, disastrous
katastroffilm *subst* disaster movie (film)
kateder *subst* lärares teacher's desk
katedral *subst* cathedral
kategori *subst* category; klass class
kategorisera *verb* categorize
kategorisk *adj* categorical; tvärsäker dogmatic
katolicism *subst*, ~ el. ~***en*** Catholicism
katolik *subst* Catholic, Roman Catholic
katolsk *adj* Catholic, Roman Catholic
katrinplommon *subst* prune
katt *subst* cat, vard. puss, pussycat; ***leka ~ och råtta med ngn*** play a cat-and-mouse game with sb; ***det vete ~en*** blowed if I know; ***det ger jag ~en i*** I don't care a damn about that; ***du kan ge dig ~en på det*** you bet your life
kattdjur *subst* feline, cat
Kattegatt the Kattegat
kattlik *adj* cat-like
kattlåda *subst* litter tray
kattmat *subst* cat food
kattunge *subst* kitten
kattutställning *subst* cat show
kaukasisk *adj* Caucasian
Kaukasus the Caucasus
kautschuk *subst* suddgummi rubber, spec. amer. eraser
kavaj *subst* jacket
kavaljer *subst* bordskavaljer, danskavaljer partner
kavalkad *subst* cavalcade
kavat *adj* oförskräckt plucky; morsk cocky
kavel *subst* brödkavel rolling-pin
kaviar *subst* **1** äkta caviare, caviar **2** ej äkta cod-roe paste
kavla I *verb* roll
II *verb* med betonad partikel
kavla ned strumpa roll down; ärm unroll
kavla upp roll up
kavla ut deg roll out

kavring *subst* dark rye bread
kaxig *adj* stöddig cocky, cocksure
Kazakstan Kazakhstan
kebab *subst* kok. kebab
kedja I *subst* chain
II *verb* chain [*vid* to]
kedjebrev *subst* chain letter
kedjehus *subst* terraced (row) house linked by a garage to the adjacent houses
kedjereaktion *subst* chain reaction
kedjeröka *verb* chain-smoke
kedjerökare *subst* chain-smoker
kejsardöme *subst* empire
kejsare *subst* emperor
kejsarinna *subst* empress
kejsarsnitt *subst* med. Caesarean, Caesarean section; ***göra ~*** have a Caesarean
kela *verb* cuddle; ~ ***med*** smeka pet, fondle
kelgris *subst* pet; favorit favourite
kelig *adj* cuddly, affectionate

> **kelt**
> *Kelterna* var ett folkslag som för länge sedan bodde på de brittiska öarna. Många skottar, walesare och irländare är ättlingar till kelterna. I delar av Irländska republiken, Skottland och Wales talas fortfarande keltiska språk vid sidan av engelska.

kelt *subst* Celt
keltisk *adj* Celtic
keltiska *subst* språk Celtic
kemi *subst* chemistry
kemikalier *subst pl* chemicals
kemisk *adj* chemical
kemist *subst* chemist

kemtvätt *subst* **1** tvättning dry-cleaning **2** tvätteri dry-cleaner's
kemtvätta *verb* dry-clean
kennel *subst* kennels pl.
Kenya *subst* Kenya
kenyan *subst* Kenyan
kenyansk *adj* Kenyan
keps *subst* peaked cap, cap
keramik *subst* ceramics (med verb i sing.); alster pottery
keramisk *adj* ceramic
kerub *subst* änglabarn cherub
keso® *subst* cottage cheese
ketchup *subst* ketchup
kex *subst* biscuit, amer. cracker
KFUK the YWCA (förk. för *Young Women's Christian Association*)
KFUM the YMCA (förk. för *Young Men's Christian Association*)
kickboard *subst* sport. kickboard
kidnappa *verb* kidnap
kidnappare *subst* kidnapper
kika *verb* peep [*på* at]
kikare *subst* binoculars pl.; tubkikare telescope
kikhosta *subst* med. whooping cough
kikna *verb* choke with coughing; ~ ***av skratt*** choke with laughter
kil *subst* wedge; vid sömnad gusset
1 kila *verb* med kil wedge; ~ ***fast*** wedge
2 kila *verb* skynda hurry; ***nu ~r jag!*** I must be off!; ~ ***hem*** be off home; ~ ***över gatan*** pop over the street
kille *subst* pojke boy; karl fellow, guy
killing *subst* kid
kilo *subst* kilo (pl. -s); ***ett*** ~ motsvarar ungefär 2.2 pounds (förk. lb resp. lbs)
kilogram *subst* kilogram, kilogramme
kilometer *subst* kilometre; ***en*** ~ motsvarar ungefär 0.62 miles
kilowatt *subst* kilowatt
kilt *subst* skotsk knäkort kjol kilt
kimono *subst* kimono (pl. -s)
Kina China
kinakrog *subst* vard. Chinese restaurant
kinamat *subst* vard. Chinese food
kinaschack *subst* sällskapsspel Chinese chequers, amer. Chinese checkers sing.
kind *subst* cheek
kindben *subst* o. **kindkota** *subst* cheekbone
kindtand *subst* molar
kines *subst* Chinese (pl. lika)
kinesisk *adj* Chinese; se *svensk-* för sammansättningar
kinesiska *subst* (se *svenska* för ex.) **1** kvinna Chinese woman **2** språk Chinese
kinin *subst* kem. quinine
kinkig *adj* **1** om person: fordrande hard to please, exacting; petnoga particular **2** om sak: besvärlig difficult; brydsam awkward; ömtålig ticklish, delicate
kiosk *subst* **1** kiosk; tidningskiosk newsstand **2** se *telefonkiosk*
kippa *verb*, ~ ***efter andan*** gasp for breath
kiropraktor *subst* chiropractor
kirurg *subst* surgeon
kirurgi *subst* surgery
kirurgisk *adj* surgical
kisa *verb* med ögonen peer
kiss *subst* wee-wee, vard. pee
kissa *verb* do a wee-wee, vard. do a pee
kisse *subst* o. **kissekatt** *subst* o. **kissemiss** *subst* vard. pussy, pussycat
kissnödig *adj* vard., ***jag är*** ~ I've got to do a wee-wee, I've got to do a pee
kista *subst* **1** möbel chest **2** likkista coffin, amer. casket, coffin
kitslig *adj* småaktig petty; lättstött touchy
kitt *subst* cement; fönsterkitt putty
kitta *verb* cement; med fönsterkitt putty
kittel *subst* stewpan; större cauldron; grytliknande pot; spec. tekittel kettle
kittla *verb* tickle; ***det ~r i näsan*** my nose tickles
kittlare *subst* klitoris clitoris, vard. clit
kittlas *verb* tickle; ***sluta*** ~ stop tickling
kittlig *adj* ticklish
kiv *subst* quarrel; kivande quarrelling [*om* about]; ***på pin*** ~ out of pure cussedness, just to tease
kivas *verb* gräla quarrel, squabble [*om* about, over; *med* with]
kiwi *subst* o. **kiwifrukt** *subst* kiwi fruit
kjol *subst* skirt
kjollinning *subst* waistband
klabb *subst*, ***hela ~et*** the whole lot
klack *subst* på sko heel
klacka *verb* heel
klackning *subst* heeling
klackring *subst* signet ring
klackspark *subst* fotb. backheel; ***han tog det med en*** ~ vard. he took it in his stride, he didn't let it bother him
1 kladd *subst* utkast rough copy, koncept rough draft
2 kladd *subst* **1** något kladdigt sticky mess **2** klotter scribble
kladda *verb* **1** kludda, måla daub; klottra scribble; ~ ***ner*** soil; med bläck smudge... all over; ~ ***ner sig*** make a mess all over oneself **2** tafsa, ~ ***på ngn*** paw sb, grope sb

kladdblock *subst* scratch pad
kladdig *adj* klibbig sticky; nedkladdad smeary
klaff *subst* **1** flap, på bord flap, leaf (pl. leaves) **2** ***håll ~en*** vard. shut up!
klaffa *verb* **1** stämma tally **2** fungera work
klaffbord *subst* folding table
klaga *verb* **1** beklaga sig complain [*över* about, of; *för, hos* to]; knota grumble [*över* at, over]; högljutt lament **2** inkomma med klagomål lodge a complaint
klagomål *subst* complaint; ***framföra ~ hos ngn mot ngt*** lodge a complaint about sth with sb
klammer *subst* **1** hakparentes square bracket **2** häftklammer staple
klampa *verb* gå tungt tramp
klamra *verb*, ***~ sig fast vid*** cling firmly to
klamydia *subst* med. chlamydia
klan *subst* clan
klander *subst* blame; kritik criticism
klanderfri *adj* **1** irreproachable **2** felfri faultless
klandra *verb* blame, censure, criticize
klang *subst* ring; ljud sound; av glas clink; av klockor ringing
klanta *verb*, ***~ sig*** make a mess of things
klantig *adj* vard. **1** klumpig clumsy **2** dum stupid
klantskalle *subst* vard., dum person blockhead; klumpig person clumsy fool
klapp *subst* smeksam pat; lätt slag tap
klappa *verb* **1** ge en klapp pat, tap; smeka stroke; ***~ i händerna*** clap one's hands **2** knacka knock **3** om hjärta beat
klappjakt *subst* witch-hunt [*på* for]
klappra *verb* clatter; om tänder chatter
klappstol *subst* folding chair
klar *adj* **1** clear; om t.ex. färg, solsken bright; tydlig plain; märkbar distinct; ***få ~t för sig hur…*** realize how…; ***ha ~t för sig vad…*** be clear about…, be clear as to what…; ***komma*** (***vara***) ***på det ~a med ngt*** realize sth **2** färdig ready; ***~a, färdiga, gå!*** ready, steady, go!; ***det är ~t*** fixat ***nu*** it's OK now; ***är du ~*** a) att börja are you ready? b) färdig have you finished?
klara I *verb* **1** gå i land med manage; lyckas med cope with; ***~ sin examen*** pass one's exam **2** reda upp settle, arrange; lösa solve **3** ***~ sig*** manage, get on, get by; ***han ~de sig på provet*** he passed the test; ***hon ~r sig bra i skolan*** she does well at school; ***han ~r sig*** vid sjukdom he'll pull through; ***~ sig själv*** a) utan hjälp manage by oneself b) ekonomiskt fend for oneself
II *verb* med betonad partikel
klara av 1 få något gjort get sth done **2** ordna clear off **3** bli kvitt get rid of
klara upp reda upp clear up
klara sig undan get off, escape
klara ut förklara explain; reda ut clear up; klargöra make clear
klargöra *verb*, ***~ ngt*** förklara etc. make sth clear, demonstrate sth [*för ngn* to sb], clarify sth; ***~ för ngn att…*** make it clear to sb that…
klarhet *subst* clarity; ***bringa ~ i ngt*** throw light on sth, shed light on sth; ***få ~ i ngt*** get a clear idea of sth; ***gå från ~ till ~*** go from strength to strength
klarinett *subst* musik. clarinet
klarinettist *subst* musik. clarinettist
klarlägga *verb*, ***~ ngt*** make sth clear, clarify sth
klarna *verb* **1** om himlen clear; om vädret clear up; ljusna brighten up **2** bli klarare, om läge become clearer
klarsignal *subst*, ***få ~*** get the green light
klarspråk, ***tala ~*** make things plain
klarsynt *adj* clear-sighted
klart *adv* clearly, plainly; avgjort decidedly
klartecken *subst*, ***få ~*** get the green light
klarvaken *adj* wide awake
klase *subst* fastsittande cluster; lös bunch; ***en ~ vindruvor*** a bunch of grapes
klass *subst* **1** class **2** skol., avdelning class, form, amer. grade; klassrum classroom **3** rang grade, order; ***ett första ~ens hotell*** a first-class hotel
klassamhälle *subst* class society
klassfest *subst*, ***vi ska ha ~*** our class is going to have a party
klassföreståndare *subst* form master; kvinnlig form mistress, amer. homeroom teacher
klassförälder *subst* parent who is class representative
klassificera *verb* classify
klassiker *subst* classic
klassisk *adj* **1** antik el. om t.ex. musik classical **2** tidlös classic
klasskamp *subst* class struggle
klasskamrat *subst* classmate
klasskillnad *subst* class distinction
klassmedveten *adj* class-conscious
klassombud *subst* parent representative
klassresa *subst* **1** skol. class outing (trip) **2** vard., ***göra en ~*** byta samhällsklass climb the social ladder

klassrum
I KLASSRUMMET: kateder *teacher's desk*, whiteboard *whiteboard*, en krita *a piece of chalk*, whiteboardpenna *whiteboard pen*, *whiteboard marker*
ELEVENS UTRUSTNING: blyertspenna *pencil*, linjal *ruler*, ett papper *a sheet of paper*, skrivbok *exercise book*, sudd *rubber* (amer. *eraser*)

klassrum *subst* classroom
klatschig *adj* effektful striking; flott smart
klaustrofobi *subst* psykol. claustrophobia
klausul *subst* clause
klaver *subst*, ***hon har trampat i ~et*** she has put her foot in it
klaviatur *subst* musik. keyboard
klen *adj* sjuklig etc. feeble; ömtålig delicate; bräcklig frail; underhaltig, skral, om t.ex. resultat poor
klenod *subst* dyrgrip priceless article, treasure; släktklenod heirloom
kleptoman *subst* kleptomaniac
kleptomani *subst* kleptomania
kleta *verb* mess about, make a mess; ***~ ner*** mess up
kletig *adj* gooey, mucky, sticky
kli *subst* bran
klia *verb* **1** itch; ***det ~r*** it's itching **2** ***~ sig*** scratch oneself, scratch; ***~ sig i huvudet*** scratch one's head; ***~ mig på ryggen!*** scratch my back!
klibba *verb* **1** vara klibbig be sticky **2** fastna stick, cling [*på, vid* to]
klibbig *adj* sticky
kliché *subst* sliten fras cliché
1 klick *subst* **1** av t.ex. smör lump, mindre knob **2** färg daub, dab
2 klick *subst* kotteri clique, set
klicka *verb* **1** bli fel go wrong; misslyckas fail **2** om skjutvapen misfire **3** data., ***~ på*** click on, click
klient *subst* client
klientel *subst* kundkrets clientele, clients pl.
klimakterium *subst* fysiol. climacteric; ***hon är i klimakteriet*** she has reached the menopause
klimat *subst* climate
klimax *subst* climax
klimp *subst* **1** lump **2** guldklimp nugget **3** kok., ungefär dumpling
klimpig *adj* lumpy
1 klinga *subst* blade
2 klinga *verb* ring; ljuda, låta sound; om mynt jingle; om glas tinkle; vid skålande clink
klinik *subst* clinic
klipp *subst* **1** med sax snip **2** filmklipp cut; tidningsklipp cutting, clipping **3** bra köp good bargain; smart affär smart deal
1 klippa *verb* cut; gräs mow [məʊ]; biljett clip; putsa, t.ex. skägg, häck trim; ***~ till*** mönster etc. cut out; ***~ till ngn*** land sb one; ***~ sig*** få håret klippt have one's hair cut
2 klippa *subst* berg rock; brant havsklippa cliff
klippdocka *subst* cut-out, cut-out doll
klippig *adj* rocky; ***Klippiga bergen*** the Rocky Mountains, the Rockies
klippning *subst* klippande cutting etc.; jfr *1 klippa*; av håret hair-cutting
klipsk *adj* snabbtänkt o. påhittig quick-witted; fyndig clever; förslagen crafty
klirra *verb* jingle; om glas clink; om metall ring
klister *subst* paste; lim glue; ***råka i klistret*** get into trouble, get into a mess
klistermärke *subst* sticker
klistra *verb* paste, stick; ***~ fast ngt på ngt*** paste sth on to sth, stick sth on to sth; ***sitta som ~d vid tv:n*** be glued to the TV; ***~ igen*** stick down
klitoris *subst* clitoris, vard. clit
kliva *verb* med långa steg stride; stiga step; klättra climb; trampa tread; ***~ i*** bil climb into; båt step into
klo *subst* claw; på gaffel, grep prong
kloak *subst* sewer
klocka *subst* **1** att ringa med bell **2** armbandsur, fickur watch; väggur etc. clock; ***min ~ går före*** my watch is fast; ***hur mycket*** (***vad***) ***är ~n?*** what's the time?; ***~n är halv ett*** it's half past twelve; ***~n är ett*** it's one o'clock; ***~n är fem i ett*** it's five minutes to one; ***~n är fem minuter över ett*** it's five minutes past one; ***~n börjar bli mycket*** it's getting late; ***~n är mycket*** it's late
klockarmband *subst* av läder watchstrap, amer. watchband; av metall watch bracelet
klockradio *subst* clock radio
klok *adj* förståndig wise; förnuftig sensible; intelligent intelligent; ***jag blir inte ~ på det*** (***det här***) I cannot make it out; ***han är inte riktigt ~*** vard. he's nuts, he's not all there; ***det är inte riktigt ~t*** it's crazy
klokhet *subst* förstånd wisdom; förnuft sense; intelligens intelligence
klor *subst* kem. chlorine
klorera *verb* chlorinate

klorofyll *subst* kem. chlorophyll
klosett *subst* toilet
kloss *subst* träklump block
kloster *subst* monastery; nunnekloster convent, nunnery
klosterkyrka *subst* abbey
klot *subst* kula ball; glob globe
klotter *subst* scrawl, scribble; offentligt graffiti pl.
klottra *verb* scrawl; meningslöst som ett barn scribble
klubb *subst* club
klubba *subst* **1** club **2** slickepinne lolly, lollipop
klubbhus *subst* club house
klubbjacka *subst* blazer
klucka *verb* om vätska gurgle; om vågor lap
kludda *verb*, ~ ***i boken*** make smudges in the book; ~ ***ner*** smudge
klump *subst* **1** lump; jord clod **2** klunga clump
klumpeduns *subst* clumsy lout, bungler
klumpig *adj* clumsy, tafatt awkward
klunga *subst* grupp group; skock bunch
klunk *subst* gulp, draught; ***en ~ vatten*** a drink of water
klurig *adj* **1** om person artful **2** fiffig ingenious, clever
kluven *adj* split, cloven
klyfta *subst* **1** bergsklyfta cleft; bred o. djup chasm ['kæzəm], gap **2** apelsinklyfta segment, i dagligt tal piece; av ägg, äpple etc. slice; vitlöksklyfta clove
klyftig *adj* clever, smart, shrewd
klyftpotatis *subst* koll. kok. potato wedges pl.
klyka *subst* **1** grenklyka fork **2** årklyka rowlock, amer. oarlock
klyscha *subst* fras hackneyed phrase, cliché
klyva *verb* split, cleave; dela divide up; ~ ***ngt i två delar*** cut sth in two; ~ ***sig*** split
klå *verb* ge stryk thrash, beat
klåda *subst* itching; retning irritation
klåfingrig *adj*, ***hon är*** ~ she can't leave things alone, she's always got to touch everything
klåpare *subst* bungler [*i* at]
klä I *verb* **1** dress; förse med kläder clothe; ~ ***julgranen*** decorate the Christmas tree **2** passa suit; ***det ~r dig*** it suits you **3** ~ ***sig*** dress; ~ ***sig själv*** dress oneself; ~ ***sig fin*** dress up
II *verb* med betonad partikel
klä av: ~ ***av ngn*** undress sb; ~ ***av sig*** undress
klä om 1 möbler re-cover **2** ~ ***om*** el. ~ ***om sig*** change
klä på sig dress
klä ut sig dress oneself up [*till* as]
kläcka *verb* hatch; ~ ***ur sig*** come out with
klädborste *subst* clothes brush
klädd *adj* dressed; ***hur ska jag vara ~?*** what am I to wear?
klädedräkt *subst* costume; klädsel dress (endast sing.)
kläder *subst pl* clothes; klädsel clothing (endast sing.), dress (endast sing.); ***jag skulle inte vilja vara i hans*** ~ I wouldn't like to be in his shoes
klädesplagg *subst* article of clothing
klädhängare *subst* galge clothes hanger, hanger; krok coat peg, peg
klädnypa *subst* clothes peg, amer. clothespin
klädsam *adj* becoming [*för* to]
klädsel *subst* **1** sätt att klä sig dress **2** överdrag på möbler etc. covering; i bil upholstery
klädskåp *subst* wardrobe
klädstreck *subst* clothes line
kläm *subst* **1** ***få fingret i*** ~ get one's finger caught; ***komma i*** ~ get jammed; ***råka i*** ~ get into a mess, get into a fix **2** kraft, energi force, vigour; fart etc. go, dash **3** ***få ~ på*** get the hang
klämma I *subst* **1** för papper etc. clip **2** ***råka i*** ~ get into a mess, get into a fix
II *verb* squeeze; om sko pinch; ***jag har klämt mig i fingret*** I have squeezed my finger
III *verb* med betonad partikel
klämma fast fästa fix, fasten
klämma fram: ~ ***fram med det*** come out with it
klämma ut ngt ur... squeeze sth out of...
klämma åt ngn clamp down on sb
klämta *verb* toll; ~ ***i klockan*** toll the bell
klänga *verb* klättra climb; ~ ***sig fast vid*** cling tight on to
klängros *subst* climbing rose, rambler
klängväxt *subst* climber, climbing plant
klänning *subst* dress, för kvällsbruk gown
klätterställning *subst* för barn climbing frame, jungle gym
klättra *verb* climb; ~ ***ned*** climb down; ~ ***upp i trädet*** climb the tree, climb up the tree
klösa *verb* scratch
klöver *subst* **1** bot. clover **2** kortsp. clubs pl.; ***en*** ~ a club
klöverdam *subst* kortsp. the queen of clubs
klöverfem *subst* kortsp. the five of clubs
knacka *verb* knock; hårt rap; lätt tap; ~ ***på***

dörren knock etc. at the door; ***det ~r*** there's a knock; ~ ***sönder ngt*** break sth to pieces
knagglig *adj* om väg etc. rough, bumpy; ***på ~ engelska*** in broken English
knaka *verb* creak
knall *subst* bang; åskknall crash; korks pop
1 knalla *verb* smälla bang, crash; om kork pop
2 knalla *verb*, ***det ~r och går*** I'm jogging along, I'm managing
knalleffekt *subst* sensation, sensational effect
knallröd *adj* bright red, vivid red
1 knapp *subst* **1** button **2** knopp knob
2 knapp *adj* scanty; om t.ex. seger narrow; ***med ~ nöd klarade han sig från att drunkna*** he narrowly escaped drowning; ***han kom (hann, slapp) undan med ~ nöd*** he had a narrow escape, he escaped by the skin of his teeth; ***om en ~ timme*** in less than an hour
knappa *verb*, ~ ***in på*** skära ned reduce, cut down
knappast *adv* se *knappt 1*
knapphet *subst* scantiness; om seger narrowness; brist shortage [*på* of]
knapphål *subst* buttonhole
knapphändig *adj* scanty; kortfattad brief
knappnål *subst* pin
knappnålshuvud *subst* pinhead
knappsats *subst* keypad
knappt *adv* **1** knappast hardly, scarcely; nätt och jämnt barely; ~ ***...förrän*** hardly ... when, scarcely ... when, no sooner... than; ***det tog ~ en timme*** it took just under an hour **2** med liten marginal narrowly; otillräckligt scantily; snålt sparingly; ***vinna*** ~ win narrowly, win by a narrow margin; ***vara ~ tilltagen*** a) om tyg etc. be not quite enough b) om mat be scanty c) om plagg, hus be on the small side
knapptelefon *subst* push-button telephone, keyphone
knapra *verb* nibble [*på ngt* at sth]
knaprig *adj* crisp
knark *subst* dope, drugs
knarka *verb* take drugs, be a drug addict
knarkare *subst* drug addict, vard. junkie
knarkhandel *subst*, ***~n*** the traffic in drugs
knarkhund *subst* sniffer dog
knarklangare *subst* vard. drug pusher, drug dealer
knarra *verb* om t.ex. trappa creak, om skor squeak; om snö crunch
knasig *adj* vard. daft, potty
knaster *subst* crackle
knastra *verb* crackle; om grus crunch
knatte *subst* little fellow, little lad
knattelag *subst* sport. junior boys' team
knattra *verb* rattle
knega *verb* sträva, slita toil; slava drudge
knekt *subst* kortsp. jack, knave
knep *subst* trick; list stratagem, ruse
knepig *adj* slug artful; besvärlig tricky
1 knipa *subst*, ***råka i*** ~ get into a fix, get into a jam
2 knipa *verb* nypa pinch; ~ ***ihop läpparna*** compress one's lips; ~ ***ihop ögonen*** screw up one's eyes; ***om det kniper...*** if the worst comes to the worst...
knippa *subst* o. **knippe** *subst* rädisor, blommor etc. bunch
knipsa *verb*, ~ ***av*** clip off, snip off
knipslug *adj* shrewd; listig crafty, sly
kniptång *subst* pincers pl.
kniv *subst* knife
knivblad *subst* blade of a knife
knivhot *subst*, ***under*** ~ at knifepoint
knivhota *verb* threaten with a knife
knivhugg *subst* stab
knivhugga *verb* stab, stab with a knife
knivskaft *subst* handle of a knife
knivskarp *adj* sharp as a razor; ~ ***konkurrens*** fierce competition
knocka *verb* knock out
knockout *subst* knock-out
knoga *verb* arbeta plod; med studier grind away
knoge *subst* knuckle
knogjärn *subst* knuckle-duster, amer. brass knuckles pl.
knop *subst* sjö. knot
knopp *subst* **1** bot. bud; ***skjuta*** ~ bud **2** knapp, kula knob
knorra *verb* grumble [*över* at]
knot *subst* grumbling [*över* at]
1 knota *verb* grumble [*över* at]
2 knota *subst* ben bone
knotig *adj* bony, scraggy; om träd knotty
knott *subst* gnat; ***det är så mycket*** ~ there are so many gnats
knottrig *adj* om hud rough
knubbig *adj* plump, om barn chubby
knuff *subst* push, shove; med armbågen nudge
knuffa *verb* push, shove; med armbågen nudge; ~ ***sig fram*** elbow one's way along; ~ ***till*** push into, knock into
knuffas *verb*, ~ ***inte!*** don't push!, don't shove!
knull *subst* vulg. fuck, screw
knulla *verb* vulg. fuck, screw
knussla *verb* be stingy [*med* with]

knusslig *adj* stingy, mean
knut *subst* **1** knot **2** husknut corner
knutpunkt *subst* centre; järnv. junction
knyck *subst* ryck jerk, svag. twitch
knycka *verb* **1** rycka jerk, svag. twitch **2** vard., stjäla pinch
knyckla *verb*, ~ ***ihop*** crumple up
knyst *subst*, ***inte ett*** ~ inte ett ljud not a sound; ***inte säga ett*** ~ not breathe a word [*om* about]
knysta *verb*, ***utan att*** ~ without breathing a word, without murmuring
knyta I *verb* **1** tie **2** ~ ***näven*** clench one's fist **3** ~ ***förbindelser*** establish connections; ~ ***en knut*** tie a knot
II *verb* med betonad partikel
knyta fast tie [*vid, på* to], fasten [*vid, på* to]
knyta till säck etc. tie up
knyta upp lossa untie
knyte *subst* bundle [*med* of]
knytkalas *subst* Dutch treat
knytnäve *subst* fist
knåda *verb* knead
knåpa *verb* pyssla potter about [*med* at]; ~ ***ihop ett brev*** put together a letter
knä *subst* knee; ***sitta i ~t på ngn*** sit on sb's knee, sit on sb's lap; ***falla på ~ för ngn*** fall on one's knees before sb; ***ligga på*** ~ be kneeling
knäbyxor *subst pl* short trousers; till folkdräkt etc. breeches
knäböja *verb* bend the knee, kneel
knäck *subst* **1** bildl., ***han har fått sig en*** ~ he has suffered a severe blow; ***den tog ~en på mig*** it nearly killed me **2** karamell toffee, amer. taffy
knäcka *verb* **1** spräcka crack; bryta av break **2** person break, ruin
knäckebröd *subst* crispbread
knähund *subst* lapdog äv. neds. om person
knäled *subst* knee joint
1 knäpp *subst* **1** ljud click; knyst sound; smäll snap; med fingrarna flick **2** köldknäpp spell
2 knäpp *adj* vard., tokig nuts, screwy
1 knäppa *verb*, ~ ***med fingrarna*** hörbart snap one's fingers; ~ ***på*** sträng pluck, twang
2 knäppa *verb* **1** med knapp button; ~ ***igen*** (***ihop, till***) t.ex. rocken button up; ~ ***upp*** t.ex. rocken unbutton; knappen undo **2** ~ ***händerna*** el. ~ ***ihop händerna*** clasp one's hands **3** ~ ***en bild*** take a photo
knäppskalle *subst* vard. nutcase, crackpot
knäskydd *subst* kneepad, knee-protector
knäskål *subst* kneecap
knäsvag *adj*, ***hon blev*** ~ she got shaky, she got weak in the knees
knäveck *subst* hollow of the knee
knöl *subst* **1** ojämnhet bump; upphöjning boss, knob; bula lump; på träd knob; på rot tuber **2** om person bastard, amer. son-of-a-bitch, svag. swine
knölaktig *adj*, ***han är*** ~ he's a proper bastard, amer. he's a son-of-a-bitch; ***en*** ~ ***karl*** a bastard, a swine
knölig *adj* ojämn **1** om t.ex. väg bumpy **2** om madrass etc. lumpy
ko *subst* cow äv. neds. om kvinna
koagulera *verb* coagulate, clot
koalition *subst* coalition
kobent *adj* knock-kneed
kobra *subst* cobra
kock *subst* cook
kod *subst* code; ***knäcka en*** ~ break a code
koda *verb* code
kodein *subst* codeine
koffein *subst* caffeine
koffert *subst* trunk
kofot *subst* bräckjärn crowbar; kort inbrottsverktyg jemmy, amer. jimmy
kofta *subst* stickad cardigan; grövre jacket
kohandel *subst* polit. horse-trading
koj *subst* sjö. hammock; fast berth, bunk; ***gå*** (***krypa***) ***till ~s*** turn in
koja *subst* cabin, hut; usel hovel, barnspr. little house
kok *subst*, ***ett*** ~ ***stryk*** a hiding, a thrashing
koka I *verb* boil; i kort spad stew; laga till, t.ex. kaffe, soppa make
II *verb* med betonad partikel
koka ihop t.ex. en historia concoct
koka över boil over
kokain *subst* cocaine
kokbok *subst* cookery book, spec. amer. cookbook
kokerska *subst* cook, female cook, woman cook
kokett *adj* coquettish
kokhet *adj* boiling hot, piping hot
kokkonst *subst* cookery, culinary art
kokkärl *subst* cooking utensil
kokmalen *adj*, ***kokmalet kaffe*** coarse-grind coffee
kokosfett *subst* coconut butter, coconut oil
kokosflingor *subst pl* desiccated coconut sing.
kokosnöt *subst* coconut
kokospalm *subst* coconut palm
kokplatta *subst* hotplate
kokpunkt *subst*, ***på ~en*** at boiling-point; ***nå ~en*** reach boiling-point

koksalt *subst* common salt
kokvrå *subst* kitchenette
kol *subst* **1** bränsle: stenkol coal; träkol charcoal **2** kem. carbon
kola *subst* hård toffee; mjuk caramel
koldioxid *subst* kem. carbon dioxide
kolera *subst* med. cholera
kolesterol *subst* kem. cholesterol
kolesterolvärde *subst* med. cholesterol count
kolgruva *subst* coalmine; stor colliery
kolgruvearbetare *subst* collier, coal-miner
kolhydrat *subst* kem. carbohydrate
kolibri *subst* humming-bird
kolik *subst* med. colic
kolja *subst* fisk haddock
koll *subst* check; ***göra en extra ~*** check specially, double-check; ***hålla ~ på*** keep a check on
kolla *verb* vard., kontrollera check, look at; ~ el. ***~ in*** titta på, titta look, vard. get a load of; ***~ upp ngt*** check up on sth
kollaps *subst* collapse
kollapsa *verb* collapse
kollega *subst* yrkesbroder colleague; ***mina kolleger*** på kontoret my fellow-workers
kollegieblock *subst* note pad, note block
kollekt *subst* collection; ***ta upp ~*** make a collection
kollektion *subst* samling el. om modekläder collection
kollektiv *adj* o. *subst* collective
kollektivansluten *adj*, ***~ grupp*** group affiliated as a body
kollektivavtal *subst* collective agreement
kollektivtrafik *subst* public transport
kolli *subst* package
kollidera *verb* **1** collide **2** om t.ex. tv-program clash
kollision *subst* **1** collision **2** om t.ex. tv-program clash
kolmonoxid *subst* kem. carbon monoxide
kolmörk *adj* pitch-dark
kolon *subst* skiljetecken colon
koloni *subst* colony
kolonial *adj* colonial
kolonilott *subst* allotment
kolonisera *verb* colonize
koloniträdgård *subst* allotment garden, allotment
kolonn *subst* byggn. el. mil. column
koloratur *subst* musik. coloratura
koloss *subst* colossus
kolossal *adj* colossal, enormous, tremendous
koloxid *subst* kem. carbon monoxide
koloxidförgiftning *subst* carbon monoxide poisoning
kolsvart *adj* coal-black, jet-black; kolmörk pitch-dark
kolsyra *subst* **1** syra carbonic acid **2** gas carbon dioxide
kolsyrad *adj*, ***kolsyrat vatten*** aerated water
koltablett *subst* charcoal tablet
koltrast *subst* blackbird
kolugn *adj* cool as a cucumber
kolumn *subst* column
kolv *subst* **1** i motor etc. piston **2** på gevär butt **3** i lås bolt **4** glaskolv flask
koma *subst* med. coma
kombi *subst* estate car, spec. amer. station wagon
kombination *subst* combination
kombinera *verb* combine
komedi *subst* comedy
komedienn *subst* comedienne
komediserie *subst* tv. comedy series (pl. lika)
komet *subst* comet
komfort *subst* comfort
komfortabel *adj* comfortable
komik *subst* comedy
komiker *subst* comedian; skådespelare comic actor
komisk *adj* rolig comic; skrattretande comical

komma
- *Come* används när man rör sig mot eller med den som talar: *Come here!* Kom hit!, *Come with me!* Kom med mig!
- *Get* anger riktning bort från en plats: *When we got there…* När vi kom dit…

1 komma *subst* **1** skiljetecken comma **2** i decimalbråk point; ***2,5*** 2.5 läses two point five
2 komma I *verb* **1** till el. mot den plats där den talande befinner sig come; ***kom hit!*** come here!; ***tåget kommer in till stationen*** the train is coming into the station; ***kom hem till mig!*** come over to my place! **2** i riktning från den plats där den talande befinner sig: hinna, ta sig fram get; ***hur lång tid tar det att ~ fram?*** how long does it take to get there?; ***jag kom fram i tid*** I got there in time; ***vi kommer ingen vart*** we're not getting anywhere **3** fara, resa i riktning från den plats där den talande befinner sig go; ***jag skulle***

vilja ~ till England nästa sommar I'd like to go to England next summer; ***jag kommer inte på festen*** I'm not going to the party **4** komma fram till, nå reach; ***klockan var elva när hon kom hem*** it was eleven when she reached home **5** anlända, komma fram arrive; ***våra gäster kommer när som helst*** our guests will arrive any minute **6** olika uttryck: ***hur långt kom vi förra lektionen?*** how far did we get last lesson?; ***vart vill du ~?*** what are you getting at?; ***~ springande*** come running along; ***kom inte och säg att...*** don't say that... **7** med obetonad prep., ***~ av*** bero på be due to; ***~ i säng*** get to bed; ***~ i tid*** be in time; hit come in time; dit get there in time; ***~ med*** ha med sig bring; ***~ med lögner*** come out with lies, tell lies; ***~ med ursäkter*** make excuses; ***vad har du att ~ med?*** säga what have you got to say?; ***det kommer på ett ut*** it comes to the same thing; ***~ till en uppgörelse*** come to an arrangement **8** ***~ att*** a) för att uttrycka framtid; ***kommer att*** will (ibland i första person shall); småningom come to a) råka happen to; ***jag kom att tänka på...*** it occurred to me... **9** ***~ sig*** hända etc. come about, happen; ***hur kom det sig att...?*** how is it that...?, how did it come about that...?

II *verb* med betonad partikel

komma av sig stop short; tappa tråden lose the thread

komma bort gå förlorad get lost, be lost

komma efter 1 följa efter follow **2** komma senare come afterwards **3** bli efter fall behind

komma emellan intervene

komma emot 1 stöta emot go against (into); snabbare run against (into); häftigare knock against (into) **2** i riktning mot come towards

komma fram 1 stiga fram: hit come up; ur gömställe come out [*ur* of] **2** komma vidare get on, igenom get through; förbi get past; på telefon get through **3** hinna (nå) fram get there, hit get here; anlända arrive **4** bli känd, komma ut come out

komma före ngn get there before sb; hit get here before sb

komma ifrån get away; bli ledig get off

komma igen återkomma return; ännu en gång come again; ***kom igen!*** kom an come on!

komma in come in, enter; lyckas komma in get in; ***~ in i*** come into; hamna get into; ***~ in på*** a) sjukhus etc. be admitted to b) samtalsämne get on to

komma i väg get off, get away, get started

komma loss get away

komma med 1 ***~ med ngn*** följa come along with sb; dit go along with sb, join in **2** ***~ med i*** klubb etc. join **3** hinna med tåg (båt) catch

komma omkring: ***när allt kommer omkring*** after all, after all is said and done

komma på 1 stiga på get on; hit come on **2** erinra sig think of **3** upptäcka find out, discover **4** hitta på hit on, think of

komma till uppstå arise, come about; grundas be established; tilläggas be added; ***moms kommer till*** Vat will be added

komma tillbaka return, come back; dit go back, get back; ***jag kommer snart tillbaka!*** I'll soon be back!

komma undan undkomma escape

komma upp come up; dit upp go up; stiga upp get up; ***~ upp i en hastighet av 200 km*** reach a speed of 200 kilometres

komma ut 1 come out [*ur* of]; dit go out [*ut* of] **2** om bok etc. come out, be published

komma åt nå reach; röra vid touch

komma över 1 come over; dit go over; ***lyckas ~ över*** get over, tvärs över, t.ex. flod get across **2** få tag i get hold of; hitta find **3** övervinna, t.ex. förlust get over

kommande *adj*, ***~ generationer*** coming generations, generations to come

kommando *subst* command; ***ta ~t över*** take command of

kommatecken *subst* comma

kommendera *verb* command

kommentar *subst* **1** ***~er*** skriftliga notes; muntliga comments [*till* on]; ***inga ~er!*** el. ***ingen ~*** no comment! **2** utläggning commentary [*till* on]

kommentator *subst* commentator

kommentera *verb* **1** comment on **2** förse med noter annotate

kommers *subst* business; ***det var livlig ~*** there was a brisk trade

kommersialisera *verb* commercialize

kommersiell *adj* commercial

komminister *subst* ungefär assistant vicar

kommissarie *subst* poliskommissarie superintendent, lägre chief inspector; amer. captain, lägre lieutenant

kommission *subst* commission

kommitté *subst* committee; ***sitta i en ~*** be on a committee

kommun *subst* i stad municipality; på landet rural district; myndigheterna local authority

kommunal *adj*, ~ ***vuxenutbildning*** local adult education; ***åka ~t*** go by public transport
kommunalskatt *subst* ungefär local taxes pl.
kommunaltjänsteman *subst* local government official
kommunalval *subst* local government election
kommunfullmäktig *subst* ungefär local government councillor
kommunfullmäktige *subst* ungefär local government council
kommunicera *verb* communicate
kommunikation *subst* communication
kommunikationsdepartement *subst* ministry of transport and communications
kommunikationsmedel *subst* means (pl. lika) of transport
kommunikationsminister *subst* minister of transport and communications
kommuniké *subst* communiqué, bulletin
kommunism *subst*, ~ el. ~***en*** Communism
kommunist *subst* Communist
kommunistisk *adj* Communist
komp *subst* vard. accompaniment, comp
kompa *verb* vard. accompany, comp
kompakt *adj* compact
kompani *subst* company
kompanjon *subst* partner
kompanjonskap *subst* partnership
komparation *subst* comparison
komparativ *subst* gram. the comparative; ***i*** ~ in the comparative
komparera *verb* compare
kompass *subst* compass
kompassnål *subst* compass needle
kompatibel *adj* compatible
kompendium *subst* compendium
kompensation *subst* compensation
kompensera *verb* compensate; uppväga compensate for
kompetens *subst* competence; kvalifikationer qualifications pl.
kompetent *adj* competent
kompis *subst* vard. pal, mate, amer. buddy
komplement *subst* complement
komplett I *adj* complete
II *adv* alldeles completely, absolutely
komplettera *verb* complete, göra fullständigare complete, supplement; ~***nde*** som tilläggs complementary, supplementary
komplettering *subst* kompletterande completion; tillägg supplementary addition
komplex *subst* **1** psykol. complex; ***ha ~ för*** have a complex about, have a hang-up about **2** hus block
komplicera *verb* complicate
komplikation *subst* complication
komplimang *subst* compliment; ***ge en ~ för*** pay sb a compliment [*för* on]
komplott *subst* plot; ***vara i ~ med ngn*** be in conspiracy with sb
komponent *subst* component
komponera *verb* musik. compose, friare put together
komposition *subst* composition
kompositör *subst* composer
kompost *subst* compost
kompott *subst* fruktkompott stewed fruit
kompress *subst* compress
komprimera *verb* compress
kompromettera *verb* compromise
kompromiss *subst* compromise
kompromissa *verb* compromise [*om* about]
kompromissvilja *subst* willingness to compromise
komvux (förk. för *kommunal vuxenutbildning*) local adult education
kon *subst* cone
koncentrat *subst* concentrate
koncentration *subst* concentration
koncentrationsförmåga *subst* power of concentration
koncentrationsläger *subst* concentration camp
koncentrera *verb* **1** concentrate [*på* on] **2** ~ ***sig*** concentrate [*på* on]
koncept *subst* draft [*till* of]; ***tappa ~erna*** fattningen lose one's head, become confused
koncern *subst* combine, group of companies
koncis *adj* concise
kondensera *verb* condense
kondensvatten *subst* condensation water
1 kondis *subst* vard. se *konditori*
2 kondis *subst* vard. se *kondition*
kondition *subst* kroppskondition condition, fitness; ***jag har (är i) bra ~*** I'm in good shape, I'm very fit; ***jag har (är i) dålig ~*** I'm in bad shape, I'm not very fit
konditionalis *subst* gram. conditional; ***i*** ~ in the conditional
konditor *subst* pastrycook
konditori *subst* med servering café; utan servering bakery
kondoleans *subst* condolences pl.
kondom *subst* condom, amer. vard. äv. safe, rubber
konduktör *subst* på buss conductor; järnvägskonduktör guard, amer. conductor

konfekt *subst* choklad chocolates pl.; karameller sweets pl., amer. candy, candies pl.; blandad chocolates and sweets pl.
konfektion *subst* kläder ready-made clothing
konfektionssydd *adj* ready-made, vard. off-the-peg, amer. off-the-rack
konferencier *subst* compere, Master of Ceremonies (förk. MC)
konferens *subst* conference; sammanträde meeting
konferera *verb* confer [*om* about, as to], diskutera discuss the matter
konfetti *subst* confetti
konfidentiell *adj* confidential
konfirmand *subst* candidate for confirmation
konfirmation *subst* confirmation
konfirmera *verb* confirm; ~ ***sig*** be confirmed
konfiskation *subst* confiscation
konfiskera *verb* confiscate
konfiskering *subst* confiscation
konflikt *subst* conflict
konfrontation *subst* confrontation; för identifiering identification parade, line-up
konfrontera *verb*, ~ ***ngn med ngt*** confront sb with sth
konfundera *verb* confuse
konfys *adj* confused, bewildered
Kongo floden the Congo
Kongoles *subst* Congolese (pl. lika)
kongolesisk *adj* Congolese
kongress *subst* conference; större congress; ~***en*** i USA Congress
konjak *subst* brandy, äkta cognac
konjunktion *subst* gram. conjunction
konjunktiv *subst* gram. subjunctive; ***i*** ~ in the subjunctive
konjunktur *subst* konjunkturläge state of the market; konjunkturutsikter trade outlook
konjunkturnedgång *subst* recession
konjunkturuppgång *subst* boom
konkav *adj* concave
konkret *adj* concrete
konkretisera *verb*, ~ ***ngt*** make sth concrete
konkurrens *subst* competition; ***hård*** ~ keen competition
konkurrenskraftig *adj* competitive
konkurrent *subst* competitor [*om* for]
konkurrera *verb* compete [*om* for]
konkurs *subst* bankruptcy; ***gå i*** ~ go bankrupt; ***göra*** ~ become bankrupt
konsekvens *subst* **1** överensstämmelse consistency **2** påföljd consequence; ***ta ~erna*** take the consequences

> **konsekvent**
> Lägg märke till att *consequent* betyder följande, som följer.

konsekvent I *adj* consistent **II** *adv* consistently; genomgående throughout
konsert *subst* **1** concert; av solist recital; ***gå på*** ~ go to a concert **2** musikstycke concerto (pl. -s)
konsertflygel *subst* concert grand
konserthus *subst* concert hall
konsertmästare *subst* leader of the orchestra, amer. concertmaster
konsertturné *subst* concert tour
konserv *subst*, ~***er*** tinned goods, canned goods
konservatism *subst*, ~ el. ~***en*** conservatism
konservativ *adj* conservative
konservburk *subst* tin, can, amer. can [*med* of]
konservera *verb* preserve
konservering *subst* preservation
konserveringsmedel *subst* preservative
konservöppnare *subst* tin-opener, can-opener, amer. can-opener
konsistens *subst* consistency
konsolidera *verb* consolidate
konsonant *subst* consonant
konspiration *subst* conspiracy, plot
konspiratör *subst* conspirator, plotter
konspirera *verb* conspire, plot
konst *subst* **1** art, works pl. of art; ~***en att vinna*** the art of winning; ***det är ingen ~!*** that's easy!; ***efter alla ~ens regler*** according to the rules; grundligt thoroughly **2** ***göra ~er*** konststycken do tricks, om akrobat do stunts
konstant *adj* constant
konstatera *verb* fastställa establish; lägga märke till note, see; utröna find; påvisa show; ***flera fall av kikhosta har ~ts*** several cases of whooping cough have been recorded
konstbevattna *verb* irrigate
konstellation *subst* constellation
konstfiber *subst* synthetic fibre, man-made fibre
konstföremål *subst* object of art
konstgalleri *subst* art gallery
konstgjord *adj* artificial
konsthantverk *subst* handicraft
konstig *adj* odd, strange, queer
konstitution *subst* constitution
konstlad *adj* affekterad affected; onaturlig laboured

konstläder *subst* artificial leather, imitation leather
konstmuseum *subst* art museum
konstnär *subst* artist
konstnärlig *adj* artistic
konstruera *verb* construct; ***verbet ~s med ackusativ*** the verb takes the accusative
konstruktion *subst* construction; uppfinning invention
konstruktiv *adj* constructive
konstsamlare *subst* art collector
konstsamling *subst* art collection
konstsim *subst* sport. synchronized swimming, vard. synchro
konststycke *subst* trick; ***något av ett ~*** something of a feat
konstutställning *subst* art exhibition
konstverk *subst* work of art
konståkare *subst* figure-skater
konståkning *subst* figure-skating
konstälskare *subst* art-lover
konsul *subst* consul
konsulat *subst* consulate
konsulent *subst* consultant, adviser
konsult *subst* consultant, adviser
konsultation *subst* consultation
konsultera *verb* consult
konsum *subst* förening co-operative society; förening el. butik co-op
konsumbutik *subst* co-operative store, vard. co-op
konsument *subst* consumer
konsumentprisindex *subst* retail price index (förk. RPI), amer. consumer price index (förk. CPI)
konsumentupplysning *subst* consumer guidance
konsumera *verb* consume
konsumtion *subst* consumption
konsumtionsvaror *subst pl* consumer goods
kontakt *subst* **1** contact; ***komma i ~ med*** get into contact with, get in touch with **2** strömbrytare switch; stickpropp plug; vägguttag point, amer. outlet
kontakta *verb* contact, get in touch with
kontaktlinser *subst pl* contact lenses
kontaktsvårigheter *subst pl*, ***hon har ~*** she finds difficulty in making contacts with others
kontant I *adj* cash; ***~ betalning*** cash payment; ***mot ~ betalning*** for cash **II** *adv*, ***betala bilen ~*** pay cash for the car
kontanter *subst pl* ready money sing.; ***i ~*** cash in hand
kontantpris *subst* cash price
kontenta *subst*, ***~n av ngt*** kärnan, huvudinnehållet the gist [dʒɪst] of sth
kontinent *subst* continent
kontinental *adj* continental
kontinuerlig *adj* continuous
kontinuitet *subst* continuity
konto *subst* account; löpande räkning current account; ***debitera mitt ~*** charge it to my account
kontokort *subst* credit card
kontonummer *subst* account number
kontor *subst* office
kontorist *subst* office-worker, clerk, clerical worker
kontorsanställd *subst* clerk, office employee; ***hon är ~*** she works in an office
kontorsmateriel *subst* office supplies pl.
kontorspersonal *subst* office staff, clerical staff
kontorstid *subst* office hours pl.
kontoutdrag *subst* statement of account
kontra *verb* sport. counter, counterattack; boxn. counter
kontrabas *subst* basfiol double bass
kontrahent *subst* contracting party
kontrakt *subst* contract; överenskommelse agreement
kontrast *subst* contrast [*mot, till* to]
kontrastera *verb* contrast [*mot* with]
kontrastverkan *subst* contrasting effect
kontring *subst* sport. breakaway; boxn. counter; ***på en ~*** i lagspel on the break
kontroll *subst* **1** check [*av, över* on], check-up [*av, över* on]; full behärskning, tillsyn control [*över* of]
kontrollampa *subst* pilot lamp, warning lamp
kontrollant *subst* supervisor, inspector, controller
kontrollbesiktning *subst* av fordon vehicle test; motsvaras i Storbritannien av MOT (förk. för *Ministry of Transport*) test
kontrollera *verb* **1** check; pröva, undersöka test; övervaka supervise **2** behärska control
kontrollmärke *subst* bil., ungefär road-tax sticker, vehicle tax receipt
kontrollör *subst* controller, supervisor
kontrovers *subst* controversy
kontroversiell *adj* controversial
kontur *subst* outline, contour
konung *subst* king
konvalescens *subst* convalescence
konvalescent *subst* convalescent
konvalescenthem *subst* convalescent home
konvention *subst* convention
konventionell *adj* conventional

konversation *subst* conversation
konversera *verb* converse [*om* about, on]
konvex *adj* convex
konvoj *subst* convoy
koordination *subst* co-ordination
koordinera *verb* co-ordinate
kopia *subst* copy; avskrift transcript; foto. print
kopiator *subst* copier, photocopier
kopiera *verb* copy; foto. print
kopieringsapparat *subst* photocopier
kopp *subst* cup, som mått äv. cupful
koppar *subst* copper
koppel *subst* **1** hundkoppel lead, leash; ***hållas i ~*** be kept on a lead (a leash) **2** grupp hundar pack of hounds
koppla I *verb* **1** couple, couple up; radio. el. tele. connect **2** hundar keep on a lead (amer. vanligen leash)
II *verb* med betonad partikel
koppla av vila relax, vard. take it easy
koppla in ansluta, t.ex. apparat plug in; anlita call in
koppla på elektr. switch on, turn on
koppla upp elektr. link up, connect
koppla ur 1 elektr. disconnect **2** bil. declutch
koppleri *subst* procuring, pimping
koppling *subst* **1** tekn. coupling **2** bil. clutch
kopplingspedal *subst* clutch pedal, clutch
kopplingsschema *subst* wiring-diagram
kopplingston *subst* tele. dialling tone, amer. dial tone
kora *verb* choose [*till* as], select [*till* as]
korall *subst* coral
koran *subst*, ***Koranen*** the Koran
korean *subst* Korean
koreansk *adj* Korean
koreograf *subst* choreographer
koreografi *subst* choreography
korg *subst* basket
korgmöbler *subst pl* wicker furniture sing.
korgosse *subst* choirboy
korint *subst* currant
kork *subst* cork; ***dra ~en ur flaskan*** uncork the bottle
korka *verb* cork; ***~ igen*** (***till***) a) flaska cork b) trafik jam, block; ***~ upp*** uncork
korkad *adj* vard., dum stupid
korkmatta *subst* linoleum
korkskruv *subst* corkscrew
korn *subst* **1** sädeskorn grain; ***ett ~ av sanning*** a grain of truth **2** sädesslag barley
1 korp *subst* fågel raven
2 korp *subst*, ***spela fotboll i ~en*** play in the inter- company football league
korpidrott *subst* inter-company athletics (sports)
korporation *subst* corporate body
korpral *subst* mil. corporal
korpulent *adj* stout, corpulent
korrekt *adj* correct; felfri faultless
korrektur *subst* proofs pl.
korrekturläsa *verb* proofread
korrespondensinstitut *subst* correspondence school
korrespondensundervisning *subst* postal tuition
korrespondent *subst* correspondent
korrespondera *verb* correspond
korridor *subst* **1** corridor **2** i tennis tramlines pl. som används i dubbelspel
korrigera *verb* correct
korrosion *subst* corrosion
korrugerad *adj*, ***~ järnplåt*** corrugated iron
korrumpera *verb* corrupt
korruption *subst* corruption, graft
kors I *subst* **1** cross; ***lägga armarna i ~*** cross one's arms; ***lägga benen i ~*** cross one's legs; ***sitta med armarna*** (***händerna***) ***i ~*** twiddle one's thumbs, sit doing nothing **2** musik. sharp
II *adv*, ***~ och tvärs*** åt alla håll in all directions
korsa *verb* **1** cross; skära intersect; ***~ gatan*** cross the street; ***~ ngns planer*** thwart sb's plans; ***~ över*** cross out, strike through **2** två arter cross, crossbreed
korsdrag *subst* draught, amer. draft
korseld *subst* crossfire
korsett *subst* corset
korsfästa *verb* crucify
korsfästelse *subst* crucifixion
korsförhör *subst* cross-examination
Korsika Corsica
korsikan *subst* o. **korsikanare** *subst* Corsican
korsikansk *adj* Corsican
korslagd *adj* crossed; ***med ~a armar*** with folded arms; ***sitta med ~a ben*** sit cross-legged
korsning *subst* **1** crossing **2** av två arter crossing, crossbreeding; hybrid crossbreed
korsord *subst* crossword, crossword puzzle; ***lösa ~*** do a crossword puzzle
korsrygg *subst*, ***~en*** the small of the back
korsstygn *subst* cross-stitch
korstecken *subst*, ***göra korstecknet*** make the sign of the cross
korståg *subst* crusade
1 kort *subst* **1** spelkort, vykort etc. card; ***sköta*** (***spela***) ***sina ~ väl*** play one's cards well **2** sport., ***gult ~*** yellow card, caution; ***rött ~***

red card, sending off **3** foto photo (pl. -s), picture
2 kort I *adj* short; ***med ~a mellanrum*** at short intervals, at brief intervals; ***en ~ stund*** a little while; ***en ~ tid därefter*** shortly afterwards; ***göra ~are*** shorten; förkorta abbreviate; ***inom ~*** shortly **II** *adv* shortly, briefly; ***för att fatta mig ~*** to be brief; ***~ sagt*** in short, in brief
korta *verb* shorten
kortautomat *subst* på bensinstation credit-card fuel pump
kortbyxor *subst pl* shorts
kortfattad *adj* brief, short
korthet *subst* shortness; ***i ~*** briefly
korthårig *adj* short-haired
kortklippt *adj*, ***hon är ~*** she has her hair cut short
kortlek *subst* pack of cards, amer. deck of cards
kortlivad *adj* short-lived
kortläsare *subst* data. swipe, swipe card
kortregister *subst* card index [*över* of]
kortsida *subst* short side
kortsiktig *adj* short-term; ***en ~ lösning på problemet*** a short-term solution of the problem
kortslutning *subst* short circuit
kortspel *subst* **1** spelande playing cards **2** enstaka spel card-game
kortspelare *subst* card-player
kortsynt *adj* short-sighted
korttelefon *subst* cardphone
kortvarig *adj* short; ***en ~ framgång*** a short-lived success; ***ett ~t äktenskap*** a brief marriage
kortvåg *subst* short wave
kortväxt *adj* short
kortärmad *adj* short-sleeved
korv *subst* sausage, vard. hot dog; ***en varm ~*** vard. a hot dog; ***jag tycker om varm ~*** vard. I like hot dogs
korvgubbe *subst* hot-dog man
korvstånd *subst* hot-dog stand
kos *subst*, ***springa sin ~*** run away
koscher *adj* kosher
kosing *subst* vard. dough, dosh
kosmetika *subst pl* cosmetics, make-up sing.
kosmetisk *adj* cosmetic
kosmos *subst* världsalltet the cosmos
kossa *subst* **1** barnspr. moo-cow **2** neds., om kvinna cow, bitch
kost *subst* fare; ***~ och logi*** board and lodging
kosta *verb* cost; ***hur mycket ~r det?*** how much does it cost?; ***~ vad det ~ vill*** no matter what the cost, money is no object; ***~ på ngt på ngn*** spend sth on sb; ***~ på sig ngt*** treat oneself to sth
kostbar *adj* dyrbar costly; värdefull precious
kostfiber *subst* roughage
kostnad *subst*, ~ el. ***~er*** cost sing.; utgifter expense sing.; ***höga ~er*** heavy expenses, heavy expenditure sing.
kostnadsfri *adj*, ***den är ~*** it is free of charge
kostsam *adj* costly, expensive, dear
kostvanor *subst pl* eating habits
kostym *subst* **1** suit **2** teaterkostym costume; maskeradkostym fancy dress
kostymbal *subst* fancy-dress ball, costume ball
kota *subst* ryggkota vertebra (pl. vertebrae)
kotknackare *subst* vard. bonesetter, chiropractor
kotlett *subst* chop; benfri cutlet
kotte *subst* **1** cone **2** ***inte en ~*** not a soul
kovändning *subst*, ***göra en ~*** do a turnabout, amer. do a turnaround
kpist *subst* kulsprutepistol sub-machine-gun, tommy gun
krabba *subst* crab
krafs *subst* **1** skräp trash **2** krimskrams knick-knacks pl.
krafsa *verb* scratch; ***~ ihop*** rafsa ihop scrape together
kraft *subst* **1** force; elektr. el. drivkraft power; ***hans ~er avtog*** his strength failed; ***pröva sina ~er på*** try one's strength on; ge sig i kast med grapple with; ***av alla ~er*** så mycket man orkar with all one's might, for all one is worth; ***få nya ~er*** regain strength **2** ***vara den drivande ~en*** be the driving force **3** ***träda i ~*** come into force, come into effect; ***i ~ av*** by virtue of
kraftansträngning *subst*, ***göra en ~*** make a real effort
kraftig *adj* **1** kraftfull powerful; våldsam violent, hard; ***en ~ dos*** a strong dose **2** stor, avsevärd great, considerable; ***en ~ förbättring*** a great improvement **3** stor till växten big; stadigt byggd sturdy, robust; tjock, tung heavy
kraftledning *subst* power line, transmission line
kraftlös *adj* svag, klen weak, feeble
kraftmätning *subst* trial of strength; friare showdown; tävlan contest
kraftverk *subst* power station, power plant
krage *subst* collar
krake *subst* stackare wretch; ynkrygg coward
kram *subst* hug; smeksam cuddle; i brevslut love

krama *verb* **1** trycka, pressa squeeze **2** omfamna hug, embrace, smeksamt cuddle
kramgo *adj* cuddly
kramp *subst* i ben, fot etc. cramp
krampaktig *adj* spasmodic; ***~t försök*** desperate attempt
krampanfall *subst* attack of cramp, spasm
kramsnö *subst* wet snow, packed snow
kran *subst* **1** vattenkran tap, amer. faucet **2** lyftkran crane
krans *subst* **1** blomsterkrans, el. vid begravning wreath **2** ring, krets el. bakverk ring
kranvatten *subst* tap water
kras *subst*, ***gå i ~*** go to pieces, stark. smash to pieces
krasch *subst* crash, smash
krascha *verb* crash, smash; gå i kras go to pieces
kraschlanda *verb* crash-land
kraschlandning *subst* crash-landing
krass *adj* materialistic, self-interested; ***den ~a verkligheten*** harsh reality
krasse *subst* blomma nasturtium, Indian cress; kryddkrasse garden cress
krasslig *adj* seedy, out of sorts
krater *subst* crater
kratta I *subst* redskap rake
II *verb* rake
krav *subst* demand; anspråk claim; ***ställa ~*** make demands [*på* on]
kravaller *subst pl* riots, disturbances
kravbrev *subst* demand note; påminnelse reminder
kravla *verb* crawl; ***~ sig upp på*** crawl up on to
kraxa *verb* croak
kreativ *adj* creative
kreatur *subst* farm animal; ~ pl. nötkreatur cattle
kredit *subst* credit; ***köpa på ~*** buy on credit
kreditera *verb* credit
kreditkort *subst* credit card
kreditåtstramning *subst* credit squeeze
krematorium *subst* crematorium
kremera *verb* cremate
kremering *subst* cremation
Kreml the Kremlin
kremla *subst* svamp russula
kreti och pleti *subst* every Tom, Dick and Harry
kretong *subst* tyg cretonne
krets *subst* **1** circle; ring ring; ***känd i vida ~ar*** widely known **2** strömkrets circuit
kretsa *verb* circle
kretslopp *subst* t.ex. blodets circulation; t.ex. jordens omlopp revolution, omloppsbana orbit
krig *subst* war; krigföring warfare; ***föra ~ mot*** make war on, wage war on
kriga *verb* war, make war [*mot* on, against]
krigare *subst* soldier, litt. warrior
krigförande *adj*, ***~ makt*** belligerent
krigföring *subst* warfare
krigisk *adj* warlike, martial
krigsfara *subst* danger of war
krigsfartyg *subst* warship, man-of-war (pl. men-of-war)
krigsfånge *subst* prisoner of war (förk. POW)
krigsförklaring *subst* declaration of war
krigshetsare *subst* vard. warmonger
krigskorrespondent *subst* war correspondent
krigsrisk *subst* danger of war, risk of war
krigsrätt *subst* domstol court-martial (pl. äv. courts-martial); ***ställas inför ~*** be court-martialled
krigsskådeplats *subst* theatre of war
krigsstig *subst*, ***på ~en*** on the warpath
krigstid *subst*, ***i ~*** in wartime
krigstillstånd *subst* state of war
krigsutbrott *subst* outbreak of war
Krim the Crimea
kriminal *subst*, ***~en*** the criminal police
kriminalare *subst* detective
kriminalitet *subst* crime
kriminalkommissarie *subst* detective superintendent; lägre detective chief inspector
kriminalpolis *subst*, ***~en*** the criminal police
kriminalregister *subst* criminal records pl., criminal register
kriminalvård *subst* treatment of offenders
kriminell *adj* criminal
krimskrams *subst* knick-knacks pl.
kring *prep* **1** runt om round, spec. amer. around; omkring, i fråga om tid about, round about; ***mystiken ~ ngt*** the mystery surrounding sth **2** om, angående about, concerning
kringfartsled *subst* trafik. ring road, amer. beltway
kringgå *verb* lagen, reglerna evade, get round
kringla *subst* kok. pretzel; vetekringla twist bun
kringliggande *adj* omgivande surrounding
kringresande *adj* travelling, touring
kringspridd *adj* o. **kringströdd** *adj* scattered about; ***böckerna låg ~ på golvet*** the books were all over the floor
krinolin *subst* crinoline
kris *subst* crisis (pl. crises)
krisbransch *subst* industry in crisis
krisdrabbad *adj*, ***den är ~*** it is hit by a crisis;

ett krisdrabbat område a depressed area
krispaket *subst* austerity package
kristall *subst* crystal, glas vanligen cut glass
kristallisera *verb* crystallize [*till* into]
kristallklar *adj* crystal-clear
Kristdemokraterna *subst* polit. the Swedish Christian Democrats
kristen *adj* o. *subst* Christian
kristendom *subst*, ~ el. *~en* Christianity
kristenhet *subst*, ~ el. *~en* Christendom
kristid *subst* time of crisis
Kristi Himmelsfärdsdag Ascension Day
kristlig *adj* kristen Christian
Kristus Christ; *efter* ~ (förk. *e.Kr.*) AD; *före* ~ (förk. *f.Kr.*) BC
krita *subst* **1** chalk; färgkrita crayon; *en* ~ a piece of chalk **2** *ta på* ~ buy on tick; *när det kommer till ~n* when it comes to it
kriterium *subst* criterion (pl. criteria) [*på* of]
kritik *subst* bedömning, klander criticism; recension review; *~en* kritikerna the critics pl., the reviewers pl.; *under all* ~ beneath contempt
kritiker *subst* critic; recensent reviewer
kritisera *verb* klandra criticize, find fault with
kritisk *adj* critical [*mot* of]
kritvit *adj*, *hon var ~ i ansiktet* her face was as white as a sheet
kroat *subst* Croat
Kroatien Croatia
kroatisk *adj* Croatian
krock *subst* bilkrock etc. collision, crash
krocka *verb* om bil etc. ~ *med ngt* collide with sth, crash into sth
krocket *subst* sport. croquet
krocketklubba *subst* croquet mallet
krockkudde *subst* bil. airbag, crashbag
krocksäker *adj* bil. crashworthy
krog *subst* restaurant; värdshus inn
krogrunda *subst* vard. pub crawl
krok *subst* hook; *nappa på ~en* swallow the bait
krokben *subst*, *sätta ~ för ngn* trip sb up; *sätta ~ för ngns planer* upset sb's plans
krokett *subst* kok. croquette
krokig *adj* crooked; i båge curved; böjd bent; *en ~ näsa* a hooked nose; *en ~ väg* a winding road
krokna *verb* **1** bend, become crooked, become bent **2** vard., tappa orken fold up
krokodil *subst* crocodile
krokryggig *adj*, *vara* ~ have a stoop
krokus *subst* blommma crocus
krom *subst* metall chromium
kromosom *subst* chromosome
krona *subst* **1** crown; ~ *eller klave* heads or tails; *sätta ~n på verket* supply the finishing touch **2** svenskt mynt Swedish krona, krona (pl. kronor)
kronblad *subst* petal
kronhjort *subst* djur red deer (pl. lika)
kronisk *adj* chronic
kronologisk *adj* chronological; *i ~ ordning* in chronological order
kronprins *subst* crown prince
kronprinsessa *subst* crown princess
kronärtskocka *subst* kok. el. växt artichoke, globe artichoke
kropp *subst* body
kroppkaka *subst* potato dumpling with a chopped pork filling
kroppsarbete *subst* manual labour, manual work
kroppsbyggare *subst* body builder
kroppsbyggnad *subst* build
kroppsdel *subst* part of the body
kroppslig *adj* bodily, physical
kroppsnära *adj* body-hugging
kroppspulsåder *subst* anat., *~n* el. *stora ~n* the aorta
kroppsställning *subst* posture
kroppstemperatur *subst* body temperature
kroppsvisitation *subst* personal search; visitering frisking
kroppsvisitera *verb* search, vard. frisk
kroppsvärme *subst* heat of the body
kroppsövningar *subst pl* physical exercises
krossa *verb* crush; slå sönder break, shatter
krubba *subst* manger, crib; julkrubba crib
krucifix *subst* relig. crucifix
kruka *subst* **1** blomkruka pot **2** vard., feg person coward
krukväxt *subst* potted plant
krullig *adj* curly; tätare frizzy
krumbukt *subst*, *utan ~er* straight out, direct
krumelur *subst* snirkel flourish; oläslig signatur e.d. squiggle
krupp *subst* med. croup
krus *subst* kärl jar; med handtag jug, pitcher
krusa *verb* **1** ~ *sig* curl, crisp; om vattenyta ripple **2** ~ *ngn* el. ~ *för ngn* make a fuss of sb; ställa sig in hos make up to sb, chat up sb
krusbär *subst* gooseberry
krusiduller *subst pl* frills
krusig *adj* curly; spec. bot. curled; om vattenyta rippled
kruskål *subst* kale
krut *subst* gunpowder

krutdurk *subst* powder magazine; ***sitta på en ~*** vard. sit on top of a volcano
krutgubbe *subst* tough old boy
krux *subst* crux; ***det är det som är ~et*** that's the snag (the stumbling-block)
kry *adj* fit, well
krya *verb*, ***~ på sig*** get better, recover; ***~ på dig!*** get well soon!
krycka *subst* crutch
krydda I *subst* **1** spice **2** kryddning med t.ex. peppar, salt seasoning; bordskrydda condiment **3** ***livets ~*** the spice of life
II *verb* spec. med salt o. peppar season; spec. med andra kryddor spice
kryddhylla *subst* spice rack
kryddnejlika *subst* kok. clove
kryddost *subst* cheese spiced with caraway seeds
kryddpeppar *subst* kok. allspice
kryddväxt *subst* aromatic plant, herb; spec. exotisk spice
krylla *verb*, ***det ~de av myror*** the place was crawling with ants; ***det ~de av folk*** the place was swarming with people
krympa *verb* shrink; ***~ ihop*** shrink
krympfri *adj* krympfribehandlad pre-shrunk, shrinkproof
krympling *subst* cripple
kryp *subst* om person **1** neds. creep **2** smeksamt, om barn little mite
krypa *verb* crawl; spec. tyst creep; ***~ för ngn*** cringe to sb; ***~ i säng*** (***till kojs***) go to bed; ***~ ihop*** i t.ex. soffan huddle up; ***sitta hopkrupen*** sit huddled up
krypbyxor *subst pl* crawlers, amer. creepers
krypfil *subst* slow lane
kryphål *subst* loophole
krypin *subst* gömställe, hål nest; lya den
krypköra *verb* edge along
krypskytt *subst* mil. sniper
kryptisk *adj* cryptic
krysantemum *subst* blomma chrysanthemum
kryss *subst* kors cross; på tipskupong draw
kryssa *verb* **1** sjö., gå mot vinden sail to windward; segla omkring cruise **2** ***~ för*** markera mark with a cross
kryssare *subst* cruiser
kryssning *subst* sjöresa cruise; ***åka på ~*** go on a cruise
krysta *verb* vid förlossning bear down; vid avföring strain
krystad *adj* sökt strained, laboured
kråka *subst* fågel crow
kråkfötter *subst pl* oläsliga bokstäver e.d. scrawl sing.
kråkslott *subst* old dilapidated mansion
krångel *subst* trouble, fuss; ***det är något ~ med motorn*** there is something wrong with the engine; ***ställa till ~*** make a fuss
krångla *verb* **1** ställa till krångel make a fuss, make difficulties; ställa till med besvär give trouble; ***~ till*** röra till make a mess of; göra invecklad complicate **2** sluta fungera go wrong; ***magen ~r*** there is something wrong with my stomach
krånglig *adj* svår difficult; invecklad complicated; besvärlig troublesome; kinkig awkward; dålig, t.ex. om mage weak
kräfta *subst* **1** crayfish, amer. crawfish **2** ***Kräftan*** stjärntecken Cancer

> **kräftskiva**
> Den svenska seden att äta kalla kräftor på ett kräftkalas förekommer inte i den engelsktalande världen. I den mån kräftor används som mat äts de oftast varma.
> I USA är Lousiana känt för kräftfiske och kräftodlingar.

kräftskiva *subst* crayfish party, amer. crawfish party
kräk *subst* knöl brute
kräkas *verb* vomit, throw up; ***~ blod*** vomit blood
kräla *verb* krypa crawl; ***~ i stoftet*** vara underdånig grovel [*för* to]
kräldjur *subst* reptile
kräm *subst* cream
krämpa *subst* ailment
kränga *verb* **1** dra, t.ex. tröja över huvudet force; ***~ av sig*** pull off **2** sjö. heel over; om bil, flygplan etc. sway
krängning *subst* heeling, swaying
kränka *verb* **1** bryta mot violate **2** förolämpa offend; såra injure
kränkande *adj* förolämpande insulting, offensive
kränkning *subst* **1** violation; av t.ex. rättigheter infringement **2** förolämpning insult
kräpp *subst* crepe
kräppnylon *subst* stretch nylon
kräsen *adj* fastidious, particular
kräva *verb* **1** demand, call for; ta i anspråk, t.ex. tid take; ***~ ngn på betalning*** demand payment from sb; ***olyckan krävde tre liv*** the accident claimed the lives of three people

krävande *adj* om arbete etc. exacting; svår arduous, heavy; påfrestande, t.ex. om tid trying
krävas *verb* behövas be needed; ***det krävs mycket av henne*** great demands are made on her
krögare *subst* källarmästare restaurateur
krök *subst* bend, av väg bend, curve
1 kröka *verb* bend, i båge bend, curve; ~ ***ryggen*** bend one's back
2 kröka *verb* vard., supa booze
kröken *subst* vard. booze, liquor; ***spola*** ~ go on the wagon
krön *subst* bergskrön etc. crest; högsta del top
kröna *verb* crown; ***~s till kung*** be crowned king
krönika *subst* chronicle; artikel över visst ämne t.ex. i tidning column
krönikör *subst* tidningsskribent columnist
kröning *subst* av kungar etc. coronation
kub *subst* cube
Kuba Cuba
kuban *subst* Cuban
kubansk *adj* Cuban
kubik *subst*, ***5 i*** ~ the cube of 5
kubikmeter *subst* cubic metre
kuckeliku *interj* cock-a-doodle-doo!
kudde *subst* cushion; huvudkudde pillow
kugga *verb* vard., i tentamen fail, amer. flunk
kugge *subst* cog
kuggfråga *subst* catch question, tricky question
kugghjul *subst* gearwheel, cogwheel, tooth wheel
kuk *subst* vulg. prick, cock
kukeliku *interj* cock-a-doodle-doo!
kul *adj* vard., trevlig nice; roande amusing; ***vi hade*** ~ we had fun
kula *subst* **1** ball; gevärskula bullet; av papper etc. pellet; leksak marble; ***spela*** ~ play marbles **2** sport., ***stöta*** ~ put the shot **3** ***börja på ny*** ~ start afresh **4** av glass scoop
kulen *adj* om dag raw and chilly, bleak
kulinarisk *adj* culinary
kuling *subst* gale; ***frisk*** ~ strong breeze
kuliss *subst* teat., vägg flat; sättstycke set piece, front; ***bakom ~erna*** behind the scenes; ***i ~en*** (***~erna***) in the wings
kull *subst* av däggdjur litter; av fåglar brood; ***en ny ~ elever*** a new batch of students
kullager *subst* ball bearing
kulle *subst* hill; liten hillock, mound
kullerbytta *subst* somersault; ***slå*** (***göra***) ***en*** ~ turn (do) a somersault; frivilligt el. ofrivilligt turn head over heels
kullersten *subst* cobblestone
kullkasta *verb* t.ex. ngns planer upset
kulmen *subst* culmination; höjdpunkt climax
kulminera *verb* culminate [*i* in]
kulpenna *subst* o. **kulspetspenna** *subst* ballpoint pen, ballpoint
kulspruta *subst* machine gun
kulsprutepistol *subst* sub-machine-gun
kulstötare *subst* sport. shot putter
kulstötning *subst* sport. shot put
kult *subst* cult
kultiverad *adj* t.ex. om smak, språk cultured, refined, cultivated
kultur *subst* **1** civilisation civilization **2** bildning culture **3** bakteriekultur culture
kulturchock *subst* culture shock
kulturdepartement *subst* ministry of culture
kulturell *adj* cultural
kulturkrock *subst* cultural clash
kulturminister *subst* minister of culture
kultursida *subst* i tidning cultural page
kulör *subst* colour; schattering shade
kummel *subst* fisk hake
kummin *subst* kok. caraway
kumpan *subst* medbrottsling accomplice; kamrat companion
kund *subst* customer; mera formellt client
kunde imperf. av *kunna*
kundkrets *subst* customers pl., clientele
kundtjänst *subst* customer service; avdelning service department
kundvänlig *adj* customer-friendly
kung *subst* king
kungafamilj *subst* royal family
kungapar *subst* royal couple
kunglig *adj* royal
kunglighet *subst* royalty; person royal personage
kungsörn *subst* golden eagle
kungöra *verb* announce, proclaim
kungörelse *subst* announcement, proclamation

kunna
- *Can* och *could* används tillsammans med ett annat verb: *I can do it. He can speak good English. I can't do it. He couldn't come.*
- *Know* används tillsammans med ett substantiv eller en sats: *He knows his job. He knows how to do this.*

kunna I *hjälpverb* (*kan* resp. *kunde*) **1** can (resp.

could); ***jag ska göra så gott jag kan*** I will do my best; ***han kan köra bil*** a) förstår sig på att he knows how to drive a car b) är i stånd att he is capable of driving a car; ***det kan inte vara sant*** that can't be true; ***jag kan inte komma i morgon*** I can't come tomorrow, I won't be able to come tomorrow **2** may (resp. might) **a**) 'kan kanske' ***du kunde ha förkylt dig*** you might have caught a cold; ***det kan*** (***kunde***) tänkas ***vara sant*** it may (might) be true; ***det är så man kan bli galen*** it's enough to drive you mad **b**) för att uttrycka tillåtelse etc., 'får' ***kan*** (***kunde***) ***jag få lite mera te?*** may (can, might, could) I have some more tea, please? **c**) 'kan gärna' ***du kan lika gärna göra det själv*** you may as well do it yourself **d**) i avsiktsbisatser som inleds med t.ex. *'so that'* ***hon låste dörren så att ingen kunde komma in*** she locked the door so that no one could (might) come in **3** spec. fall, ***vem kan det vara?*** who can it be?; ***vad kan klockan vara?*** I wonder what the time is?; ***hur kan det komma sig att...?*** how is it that...?; ***sådant kan ofta hända*** such things often happen; ***barn kan vara mycket prövande*** children can be very trying **II** *huvudverb* know; ~ ***läxan*** skol. know one's homework; ***han kan bilar*** he knows all about cars; ***han kan flera språk*** he knows several languages, he can speak several languages

kunnande *subst* knowledge; skicklighet skill

kunnig *adj* well-informed [*i* on], knowledgeable [*i* on]; skicklig clever [*i* at], skilled [*i* at]

kunnighet *subst* kunskaper knowledge [*i* of]; skicklighet skill [*i* at]

kunskap *subst* knowledge (endast sing.) [*i, om* of]; ***han har goda ~er i kemi*** he has a good knowledge of chemistry

kunskapsområde *subst* field of knowledge

kunskapstörst *subst* thirst for knowledge

kupa *subst* globe; bh-kupa cup; t.ex. lampkupa shade

kupé *subst* **1** järnv. compartment **2** fordon coupé

kupera *verb* **1** stubba dock **2** kortsp. cut

kuperad *adj* kullig hilly

kupol *subst* dome

kupong *subst* coupon; voucher voucher

kupp *subst* **1** polit. coup; ***göra en*** ~ stage a coup **2** stöld robbery, haul, raid **3** ***jag blev förkyld på ~en*** I caught a cold on top of it

kuppförsök *subst* attempted coup

kur *subst* med. cure

kura *verb*, ~ ***ihop sig*** huddle oneself up

kurator *subst* socialkurator welfare officer; skolkurator school welfare officer

kurera *verb* cure [*från* of]

kuriositet *subst* curiosity

kurir *subst* courier

kurort *subst* health resort; brunnsort spa

kurra *verb*, ***det ~r i magen på mig*** my stomach is rumbling

kurragömma *subst*, ***leka*** ~ play hide-and-seek

kurre *subst* om person fellow, amer. guy

kurs *subst* **1** course; ***hålla*** ~ ***på*** (***mot***) steer for, head for **2** hand. rate [*på* for]; ***stå högt i*** ~ be at a premium [*hos* with], be in great favour [*hos* with] **3** skol. el. univ. course; ***gå på ~ i...*** attend a course in...

kursdeltagare *subst* course member

kursfall *subst* ekon. fall in prices, fall in rates

kursiv *subst* italics pl.; ***med*** ~ el. ***i*** ~ in italics

kursivera *verb* italicize

kursivläsning *subst* oförberedd reading without preparation; flyktig rapid reading

kursivt *adv* **1** in italics **2** ***läsa*** ~ read without preparation, flyktigt read rapidly

kurva *subst* curve, vägkrök curve, bend; diagram graph

kurvig *adj* **1** om väg curved **2** om kvinna curvaceous

kusin *subst* cousin

kusk *subst* driver

kuslig *adj* weird, uncanny, gruesome

kust *subst* coast; strand shore; ***~en är klar*** the coast is clear; ***utanför ~en*** off the coast; ***vid ~en*** on the coast

kustartilleri *subst* coast artillery

kustbevakning *subst*, ***~en*** the coast guard

kuta *verb* vard., ~ ***i väg*** dash away, dart away

kutryggig *adj*, ***vara*** ~ have a stoop

kutter *subst* segelfartyg cutter; fiskebåt vessel

kuttra *verb* coo

kutym *subst* custom, practice; ***det är ~ att...*** it is customary to...

kuva *verb* subdue; undertrycka repress

kuvert *subst* **1** för brev envelope **2** bordskuvert cover

kuvertavgift *subst* cover charge

kuvertbröd *subst* roll, French roll

kuvös *subst* incubator

kvacksalvare *subst* quack, quack doctor

kvadda *verb* krossa smash

kvadrat *subst* square; ***2 meter i*** ~ 2 metres square

kvadratmeter *subst* square metre
1 kval *subst* lidande suffering; pina torment
2 kval *subst* sport., omgång qualifying round; match qualifying match
kvala *verb* sport. qualify; ~ ***in till*** qualify for
kvalificera *verb*, ~ ***sig*** qualify [*till, för* for]
kvalificerad *adj* qualified; om arbetskraft skilled
kvalifikation *subst* qualification
kvalitet *subst* quality
kvalitetsvara *subst* quality product
kvalmatch *subst* qualifying match
kvalmig *adj* kvav close, sultry
kvantitet *subst* quantity
kvar *adv* på samma plats som förut still there, still here; lämnad left, left behind; ***bli*** (***finnas, stanna, vara***) ~ remain; ***ha*** ~ behålla keep; ***har vi långt ~?*** av vägen are we far off?; ***låta ngt ligga*** (***stå***) ~ ***där*** leave sth there; ***det är mycket*** ~ there's a lot left
kvarglömd *adj*, ***en ~ väska*** a case that has (had) been left behind; ***~a effekter*** lost property
kvarleva *subst* **1** remnant; från det förflutna relic; ***hans jordiska kvarlevor*** his mortal remains
kvarlevande *adj* surviving; ***de*** ~ the survivors
kvarn *subst* mill
kvarsittning *subst* skol. detention
kvarskatt *subst* tax arrears pl., back tax
kvarstå *verb* remain
kvart *subst* **1** fjärdedel quarter; ***en ~s tum*** a quarter of an inch **2** kvarts timme quarter of an hour; ***klockan är en ~ över två*** it's a quarter past two, amer. vanligen it's quarter after two; ***klockan är en ~ i två*** it's a quarter to two, amer. vanligen it's a quarter of two
kvartal *subst* quarter
kvarter *subst* hus block; område district; konstnärskvarter etc. quarter
kvartersbutik *subst* local shop, spec. amer. convenience store
kvarterskrog *subst* vard. local restaurant
kvartett *subst* quartet äv. musik.
kvarts *subst* mineral quartz
kvartsfinal *subst* sport. quarter-final; ***gå till*** ~ el. ***nå*** ~ reach the quarter-final
kvartssamtal *subst* skol. discussion between teacher, parent and pupil on progress at school
kvartsur *subst* quartz watch, på vägg quartz clock
kvast *subst* broom; ***nya ~ar sopar bäst*** new brooms sweep clean
kvav *adj* close; instängd stuffy; tryckande oppressive, sultry
kverulant *subst* grumbler, grouser
kverulera *verb* make a fuss, grumble, grouse
kvick *adj* **1** snabb quick **2** vitsig witty
kvickhet *subst* **1** snabbhet quickness **2** spiritualitet wit **3** kvickt uttryck witticism, joke
kvickna *verb*, ~ ***till*** revive, come to, come round
kvicksilver *subst* mercury
kvicktänkt *adj* quick-witted, ready-witted
kviga *subst* heifer
kvinna *subst* woman (pl. women)
kvinnlig *adj* av kvinnligt kön female; typisk för en kvinna feminine; kvinnlig av sig womanly; ~ ***läkare*** woman doctor
kvinnojour *subst* women's refuge, amer. women's crisis center
kvinnoklinik *subst* women's clinic
kvinnoläkare *subst* specialist in women's diseases, gynaecologist
kvinnosakskvinna *subst* feminist, vard. women's libber
kvinnosjukdom *subst* woman's disease (pl. women's diseases)
kvintett *subst* quintet äv. musik.
kvissla *subst* pimple, spot
kvist *subst* twig
kvitt *adj* **1** ***vara*** ~ be quits **2** ***bli ~ ngn*** (***ngt***) bli fri från get rid of sb (sth)
kvitta *verb* set off [*med, mot* against]; ***det ~r*** it's all one, it's all the same
kvittens *subst* receipt
kvitter *subst* chirp; kvittrande chirping
kvittera *verb* **1** skriva under sign; ***~s*** på räkning received with thanks; ~ ***ut*** sign for; på posten collect **2** sport. equalize
kvitto *subst* receipt [*på* for]
kvittra *verb* chirp
kvot *subst* quota; vid division quotient
kvotera *verb* fördela i kvoter allocate . . . by quotas
kvotering *subst* allocation of quotas; införande introduction of quotas
kväkare *subst* Quaker
kvälja *verb*, ***det kväljer mig*** it makes me feel sick
kväljande *adj* sickening
kväll *subst* afton evening; senare night; ***god ~!*** good evening!, vid avsked good evening!, good night!; ***i*** ~ this evening, tonight; ***om ~en*** el. ***på ~en*** in the evening; ***kl. 10 på***

~en at 10 o'clock in the evening, at 10 o'clock at night
kvällsmat *subst* evening meal, supper
kvällsnyheter *subst pl* i radio late news
kvällstidning *subst* evening paper
kvällsöppen *adj*, ***ha kvällsöppet*** be open in the evening
kväva *verb* **1** choke; av syrebrist el. rök vanligen suffocate; med t.ex. kudde smother; ***vara nära att ~s*** be almost choking [*av* with] **2** opposition suppress; revolt quell
kväve *subst* kem. nitrogen
kyckling *subst* chicken
kycklinggryta *subst* kok. chicken casserole
kyffe *subst* poky hole; ruckel hovel
kyl *subst* kylskåp fridge; ***~ och frys*** fridge-freezer
kyla I *subst* **1** cold; svalka chilliness **2** hos person coldness
II *verb*, ***~ av*** cool down, chill
kylare *subst* på bil radiator
kylarvätska *subst* antifreeze, antifreeze mixture
kyldisk *subst* refrigerated display counter, refrigerated display cabinet
kylhus *subst* cold store
kylig *adj* cool, chilly, stark. cold
kylskada *subst* frostbite
kylskåp *subst* refrigerator, vard. fridge
kylväska *subst* cool bag, cool box
kypare *subst* waiter
kyrka *subst* church; ***gå i ~n*** go to church, attend church
kyrkbesökare *subst* regelbunden churchgoer
kyrkbröllop *subst* church wedding
kyrkbänk *subst* pew
kyrkklocka *subst* **1** church bell **2** ur church clock
kyrklig *adj*, ***~ begravning*** Christian burial; ***~ vigsel*** church wedding
kyrkoadjunkt *subst* curate
kyrkogård *subst* **1** cemetery **2** kring kyrka churchyard
kyrkoherde *subst* vicar, rector; inom katolska kyrkan parish priest
kyrkvaktmästare *subst* verger
kysk *adj* chaste
kyskhet *subst* chastity
kyss *subst* kiss
kyssa *verb* kiss
kyssas *verb* kiss
kåda *subst* resin
kåk *subst* **1** vard. house, building; ruckel ramshackle house **2** fängelse, ***på ~en*** vard. in clink, in the slammer
kål *subst* **1** cabbage **2** ***jobbet håller på att ta ~ på mig*** my job is killing me (is driving me crazy)
kåldolmar *subst pl* ungefär stuffed cabbage rolls
kålhuvud *subst* head of cabbage, cabbage
kålrot *subst* swede, Swedish turnip
kånka *verb*, ***~ på ngt*** lug sth
kåpa *subst* **1** munkkåpa cowl **2** tekn., skyddskåpa cover; rökhuv hood
kår *subst* body; mil. el. inom diplomatin corps (pl. lika)
kåre *subst* vindil breeze; ***det gick kalla kårar efter ryggen på mig*** a cold shiver ran down my back
kåsera *verb* muntligt, ungefär give a talk [*om, över* about]; skriftligt write a light article [*om, över* on]
kåseri *subst* causerie
kåsör *subst* i tidning columnist
kåt *adj* vard. randy, horny
käbbel *subst* bickering, nagging
käbbla *verb* bicker; gnata nag
käft *subst*, ~ el. ***~ar*** jaws pl.; ***håll ~!*** el. ***håll ~en!*** shut up!; ***slå ngn på ~en*** punch sb on the jaw
käfta *verb*, ***~ emot*** answer back
kägelbana *subst* skittle alley
kägla *subst* **1** cone **2** i kägelspel skittle; i bowling pin
käk *subst* vard., mat grub
käka *verb* vard. have some grub; ***~ middag*** have dinner
käkben *subst* jawbone
käke *subst* jaw
kälkbacke *subst* toboggan-run, sledge-run
kälke *subst* toboggan, sledge; ***åka ~*** go tobogganing
kälkåkning *subst* tobogganing, sledging
källa *subst* flods source; ***varma källor*** hot springs; ***från säker ~*** from a reliable source
källare *subst* förvaringslokal cellar; källarvåning basement
källarlokal *subst* basement premises pl.
källarmästare *subst* restaurateur
källarvalv *subst* cellar vault
källarvåning *subst* basement
källsortera *verb* sort out household waste
källsortering *subst* the sorting out of household waste
källvatten *subst* spring water
kämpa *verb* slåss fight [*mot* against]; brottas struggle [*mot* against]; ***~ emot*** bjuda motstånd offer resistance

kämpe *subst* **1** fighter **2** förkämpe champion [*för* of]
kämpig *adj*, ***ha det ~t*** have a tough time
känd *adj* known, famous; välkänd well known; välbekant familiar [*för ngn* to sb]
kändis *subst* vard. celebrity, well-known personality
känga *subst* boot; ***ge ngn en ~*** have a dig at sb
känguru *subst* kangaroo (pl. -s)
känn *subst*, ***ha ngt på ~*** feel sth instinctively
känna I *verb* **1** feel; pröva try and see; ~ ***avundsjuka*** feel envious; ~ ***besvikelse*** feel disappointed; ~ ***en svag doft*** notice a faint scent; ~ ***gaslukt*** smell gas; ***känn efter om kniven är vass*** see whether the knife is sharp **2** ~ ***sig*** feel; ~ ***sig kry*** feel well; ~ ***sig trött*** feel tired **3** känna till, vara bekant med know; ~ ***ngn till namnet*** know sb by name; ~ ***ngn till utseendet*** know sb by sight; ***lära ~ ngn*** get to know sb
II *verb* med betonad partikel
känna av märka feel
känna efter: ~ ***efter i sina fickor*** search one's pockets, feel in one's pockets; ~ ***efter om dörren är låst*** see if the door is locked
känna igen recognize
känna på sig att have a feeling that, have the feeling that
känna till know of, have heard of
kännare *subst* av konst etc. connoisseur; expert expert
kännas *verb* **1** feel; ***det känns inte*** I (you etc.) don't feel it; ***hur känns det?*** how do you feel?; ***det känns på lukten att...*** you can tell by the smell that... **2** ~ ***vid*** erkänna, t.ex. misstag, barn acknowledge
kännbar *adj* märkbar noticeable; avsevärd considerable; svår severe; ***en ~ förlust*** a severe loss; ***ett ~t straff*** a stiff penalty
kännedom *subst* kunskap knowledge [*om* of]; ***få ~ om*** receive information about; ***få ~ om att...*** receive information that...
kännemärke *subst* o. **kännetecken** *subst* igenkänningstecken mark, distinctive mark; utmärkande egenskap characteristic [*på* of]
känneteckna *verb* characterize, mark
känsel *subst* sinne feeling
känsla *subst* feeling; sinnesförnimmelse sensation; sinne sense; stark (djup) känsla emotion
känslig *adj* sensitive [*för* to]; mottaglig susceptible [*för* to]; lättrörd emotional; ***ett ~t ämne*** a delicate subject
känsloladdad *adj* emotionally charged
känsloliv *subst* emotional life
känslomässig *adj* emotional
känslosam *adj* emotional; sentimental sentimental
käpp *subst* stick; tunn eller av rotting cane; stång rod; ***sätta en ~ i hjulet*** throw a spanner into the works
käpphäst *subst* hobby-horse
kär *adj* **1** avhållen dear [*för* to]; älskad beloved [*för* by]; ***Kära Lisa*** i brev Dear Lisa; ***~a vänner!*** my dear friends! **2** förälskad in love [*i* with]; ***bli ~ i*** fall in love with
kärande *subst* plaintiff; i brottmål prosecutor
käring *subst* **1** neds., ***gammal ~*** old bag, old hag **2** fru, hustru wife, vard. old woman
kärl *subst* vessel; förvaringskärl container
kärlek *subst* love [*till* of, for]
kärleksaffär *subst* love affair, romance
kärleksbrev *subst* love letter
kärleksfull *adj* älskande loving, affectionate
kärleksförhållande *subst* love affair
kärleksförklaring *subst* declaration of love
kärlekshistoria *subst* **1** berättelse love story **2** kärleksaffär love affair
kärleksliv *subst* love life
kärleksroman *subst* romantic novel
kärlkramp *subst* med. angina pectoris (latin)
kärna *subst* fruktkärna i äpple, citrusfrukt pip; i melon, druva seed; i stenfrukt stone; i nöt kernel; ***~n*** det väsentliga the essence [*i* of]
kärnavfall *subst* nuclear waste
kärnbränsle *subst* nuclear fuel
kärnenergi *subst* nuclear energy
kärnfrisk *adj* om person thoroughly healthy; ***hon är ~*** vard. she is as fit as a fiddle
kärnfråga *subst* central issue, central question
kärnfysik *subst* nuclear physics (med verb i sing.)
kärnhus *subst* core
kärnkraft *subst* nuclear power
kärnkraftverk *subst* nuclear power station (plant)
kärnladdning *subst* nuclear charge
kärnreaktor *subst* nuclear reactor
kärnvapen *subst* nuclear weapon
kärnvapenförbud *subst* ban on nuclear weapons, nuclear ban
kärnvapenprov *subst* nuclear test
kärnämne *subst* skol. core subject
kärr *subst* marsh; myr swamp, fen
kärra *subst* cart; skottkärra barrow, wheelbarrow
kärring *subst* se *käring*

kärv *adj* **1** *~a tider* hard times; *ett ~t läge* a difficult situation **2** *ett ~t lås* a stiff lock; *en ~ låda* a drawer that gets stuck
kärva *verb* get stuck; *låset* (*byrålådan*) *~r* the lock (the drawer) often gets stuck
kärve *subst* sheaf (pl. sheaves)
kätting *subst* chain, ankarkätting chain, cable
kö *subst* **1** queue, file, spec. amer. line; *bilda ~* form a queue **2** biljardkö cue
köa *verb* queue, queue up, line up
köbricka *subst* queue number
kök *subst* **1** kitchen **2** kokkonst cuisine
köksavfall *subst* kitchen refuse, garbage
köksfläkt *subst* cooker hood ventilator, cooker hood fan
kökshanduk *subst* kitchen towel, tea towel
köksingång *subst* kitchen entrance, back entrance
köksmästare *subst* chef
köksrulle *subst* kitchen roll
köksträdgård *subst* kitchen garden
köksväxt *subst*, *~er* grönsaker vegetables; kryddväxter pot herbs, sweet herbs
köl *subst* sjö. keel
kölapp *subst* queue ticket
köld *subst* cold; frost frost; kall väderlek cold weather
köldgrad *subst* degree of frost
köldknäpp *subst* cold spell
Köln Cologne
kön *subst* sex
könsdelar *subst pl* yttre genitals, private parts
könsdiskriminering *subst* sex discrimination, sexism
könsdrift *subst* sex instinct, sexual instinct
könsmogen *adj* sexually mature
könsorgan *subst* sexual organ
könsrollsdebatt *subst* debate on the role of the sexes
könssjukdom *subst* venereal disease
köp *subst* purchase; *göra ett gott ~* make a good bargain; *ta ngt på öppet ~* buy sth on a sale-or-return basis; *till på ~et* dessutom in addition
köpa I *verb* buy [*av ngn* from sb], purchase [*av ngn* from sb]
II *verb* med betonad partikel
köpa in purchase, buy, buy in
köpa in sig i buy one's way into
köpa upp buy up; *~ upp sina pengar* spend all one's money
köpare *subst* buyer, purchaser
köpcentrum *subst* shopping centre, shopping mall
köpeavtal *subst* o. **köpekontrakt** *subst* contract of sale
Köpenhamn Copenhagen
köpeskilling *subst* o. **köpesumma** *subst* purchase sum
köpkraft *subst* purchasing power, spending power
köpman *subst* handlande tradesman; grosshandlare merchant
köpslå *verb* bargain [*om* for]; kompromissa compromise
köptvång *subst*, *utan ~* with no obligation to purchase
1 kör *subst* sångkör choir; t.ex. i opera chorus; *i ~* in chorus
2 kör *subst*, *i ett ~* without stopping
köra I *verb* **1** drive; på motorcykel el. på cykel ride; forsla take; tyngre gods carry, transport **2** stöta, sticka, stoppa run, thrust **3** *~* visa *en film* show a film **4** data. run **5** jaga, mota, *~ ngn på dörren* turn sb out **6** åka, färdas go, travel; om bil, tåg etc. run, go; *bilen körde rakt på bussen* the car ran straight into the bus; *~ mot rött* el. *~ mot rött ljus* jump the red lights, jump the traffic lights **7** kuggas i tentamen be ploughed, amer. be flunked
II *verb* med betonad partikel
köra bort drive away; forsla undan take away; *~ bort ngn* drive sb away, drive sb off, pack sb off
köra fast get stuck
köra fram: *~ fram bilen till dörren* drive the car up to the door; *bilen körde fram* the car drove up
köra ifatt catch up with
köra igång med vard., starta go ahead with
köra ihjäl ngn run over sb and kill him (her)
köra ihop kollidera run into one another; *~ ihop med* run into, collide with
köra in en ny bil run in
köra om passera overtake, amer. pass
köra omkring drive round, ride around
köra omkull ngn knock sb down
köra på ngn kollidera med run into sb
kör till! all right! O.K!
köra upp för körkort take one's driving test
köra kasta **ut ngn** kick sb out, throw sb out
köra över ngn 1 run over sb **2** vard., inte ta hänsyn till not bother what sb thinks (says)
körbana *subst* på gata road, roadway
körfält *subst* lane, traffic lane

körkort
I England kan man ta körkort när man är 17 år. I USA är körkortsåldern 15 eller 16 beroende på vilken stat man bor i. I England tar de flesta körlektioner. I USA erbjuder många skolor körundervisning, *Driver's Ed* eller *Driver's Education*.

körkort *subst* driving licence, driver's licence
körriktning *subst* direction
körriktningsvisare *subst* indicator
körsbär *subst* cherry
körsbärslikör *subst* cherry brandy
körsbärstomat *subst* cherry tomato
körsbärsträd *subst* cherry tree, cherry
körskola *subst* driving school
körsnär *subst* furrier
körsång *subst* sjungande choir-singing
körtel *subst* gland
körvel *subst* krydda chervil

kött
Kött har olika namn beroende på vilket djur det kommer ifrån. fårkött *mutton*, griskött *pork*, hjortkött *venison*, kalvkött *veal*, nötkött *beef*, rådjurskött *venison*

kött *subst* flesh; slaktat meat; ***mitt eget ~ och blod*** my own flesh and blood
köttbit *subst* piece of meat
köttbulle *subst* meat ball
köttdisk *subst* meat counter
köttfärs *subst* råvara minced meat, amer. ground beef
köttfärslimpa *subst* meat loaf
köttfärssås *subst* mincemeat sauce
köttgryta *subst* kärl stewpot; rätt hotpot, steak casserole
köttig *adj* fleshy
köttskiva *subst* slice of meat
köttsoppa *subst* broth, meat broth
köttspad *subst* stock, gravy
köttsår *subst* flesh wound

1 labb *subst* på djur paw; på människa, vard. mitt, fist
2 labb *subst* vard. (förk. för *laboratorium*) lab
labil *adj* unstable
laboration *subst* laboratory experiment
laboratorium *subst* laboratory
laborera *verb*, ***~ med*** t.ex. en teori work on, go on; experimentera med experiment with
labyrint *subst* labyrinth, maze äv. om trädgårdsanläggning
lack *subst* **1** fernissa lacquer, varnish **2** sigillack sealing-wax; lacksigill seal
lacka *verb*, ***~ ngt*** seal sth with sealing-wax
lackera *verb* lacquer; naglar, trä etc. varnish; ***~ om en bil*** have a car repainted
lackering *subst* **1** det att lackera varnishing, lacquering **2** den lackerade ytan varnish, lacquer; lack på bil paintwork
lackfärg *subst* enamel paint, lacquer
lackmuspapper *subst* kem. litmus paper
lacknafta *subst* white spirit
lacksko *subst* patent leather shoe
lada *subst* barn
ladda *verb* fylla load, skjutvapen load, charge; elektr. charge; ***~ ner*** data. download; ***~ om*** reload, elektr. recharge; ***~ batterierna*** el. ***~ om batterierna*** hämta krafter recharge one's batteries; ***~ upp*** data. upload
laddning *subst* **1** elektr. charge **2** själva handlingen loading, charging
laddningsapparat *subst* charger
ladugård *subst* cowshed, amer. barn
1 lag *subst* **1** sport. team, side; arbetslag team; ***ha ett ord med i ~et*** have a voice in the matter, have a say in the matter; ***över ~*** genomgående without exception, all along the line **2** ***i kortaste ~et*** a bit short; ***1 000 kronor är i mesta ~et*** 1000 kronor is quite a lot; ***1 000 kronor är i minsta ~et*** 1000 kronor is very little; ***i senaste ~et*** only just in time; ***vid det här ~et*** by now
2 lag *subst* law; antagen av statsmakterna act; ***det är i ~ förbjudet*** it is prohibited by law; ***~ och ordning*** law and order
1 laga *adj*, ***vinna ~ kraft*** gain legal force, become law
2 laga *verb* **1** ~ el. ***~ till*** make, genom stekning etc. make, cook; t.ex. måltid prepare; ***~ mat***

cook; ~ ***maten*** do the cooking; ***äta ~d mat*** eat cooked food **2** reparera repair, mend; stoppa darn; lappa patch, patch up; tänder fill; ***jag måste ~ mina tänder*** I must have my teeth seen to **3** ~ ***att...*** el. ~ ***så att...*** se till see that..., see to it that...; ställa om arrange it so that...

laganda *subst* team spirit

lagarbete *subst* teamwork

lagbrott *subst* breach of the law

lagbrytare *subst* lawbreaker

lagd *adj*, ***vara konstnärligt*** ~ be artistically inclined; ***vara praktiskt*** ~ be practical

lagenlig *adj* lawful

1 lager *subst* **1** förråd stock [*av*, *i* of]; ***ha ngt på*** ~ have sth in stock, have sth on hand **2** lokal storeroom, magasin warehouse **3** skikt layer, av färg layer, coat

2 lager *subst* bot. laurel; ***vila på sina lagrar*** rest on one's laurels

3 lager *subst* öl lager

lagerblad *subst* o. **lagerbärsblad** *subst* bay leaf

lagerkrans *subst* som utmärkelsetecken laurel wreath

lagerlokal *subst* storeroom; magasin warehouse

lageröl *subst* lager, lager beer

lagförslag *subst* bill, proposed bill

lagkamrat *subst* team-mate

lagkapten *subst* sport. captain, captain of a (the) team

lagledare *subst* sport. team manager, coach

laglig *adj* laga legal; erkänd av lagen, t.ex. regering lawful

laglydig *adj* law-abiding

lagning *subst* reparation repairing, mending; stoppning darning; av tänder filling

lagom I *adv* nog just enough; ***det är alldeles ~ saltat*** it is salted just right; ***komma precis*** ~ i tid be just in time; lägligt come at the right moment
II *adj*, ***på ~ avstånd*** at just the right distance; ***är det här ~?*** a) is this enough?, is this about right? b) räcker det? will this do?; ***skon är ~ åt mig*** the shoe fits me; ***skon är precis ~ åt mig*** the shoe fits me exactly
III *subst*, ~ ***är bäst*** everything in moderation

lagra *verb* **1** förvara store **2** ~ ***ost*** leave cheese to ripen; ~ ***vin*** leave wine to mature

lagrad *adj* om t.ex. vin matured; om t.ex. ost ripe

lagspel *subst* team game

lagsport *subst* team sport

lagstadgad *adj* statutory, laid down by law

lagstiftande *adj* legislative

lagstiftning *subst* legislation

lagtävling *subst* team competition

lagun *subst* lagoon

lagård *subst* cowhouse, barn

lakan *subst* sheet; ***byta*** ~ change sheets

lake *subst* fisk burbot

lakej *subst* lackey

lakrits *subst* liquorice, spec. amer. licorice

> **lam**
> Lägg märke till att det engelska ordet *lame* om en person vanligen betyder halt.

lam *adj* **1** paralysed **2** föga övertygande lame; svag feeble

lamm *subst* lamb

lammkotlett *subst* lamb chop

lammkött *subst* kok. lamb

lammstek *subst* roast lamb

lampa *subst* lamp; glödlampa bulb

lampskärm *subst* lampshade

lamslagen *adj*, ~ ***av skräck*** paralysed (amer. paralyzed) with fear

lamslå *verb* paralyse, amer. paralyze

LAN *subst* (förk. för *local area network*) data., lokalt datornät LAN

land *subst* **1** country; i högre stil land **2** fastland land; strand shore; ***se (veta) hur ~et ligger*** känna sig för see how the land lies; ***i*** ~ t.ex. gå, vara ashore, on shore; på landbacken on land; ***gå (stiga) i*** ~ go ashore; ***gå i ~ med*** klara manage, cope with; ***till ~s och till sjöss*** t.ex. färdas by sea and land **3** jord land; trädgårdsland plot; med t.ex. grönsaker patch **4** landsbygd, ***bo på ~et*** live in the country; ***åka till ~et*** go into the country

landa *verb* land, touch down

landbacke *subst*, ***på ~n*** on land, on shore

landgång *subst* **1** sjö. gangway, gangplank **2** smörgås long open sandwich

landkrabba *subst* vard. landlubber

landning *subst* flyg. landing, touchdown

landningsbana *subst* runway

landremsa *subst* strip of land

landsbygd *subst* country, countryside

landsflykt *subst* exile

landsflyktig *adj*, ***vara*** ~ be in exile

landsflykting *subst* exile

landsförvisa *verb* exile, expatriate

landshövding *subst* ungefär county governor [*i* of]
landskamp *subst* international, international match
landskap *subst* **1** provins province **2** natur el. tavla landscape; sceneri scenery
landslag *subst* sport. national team
landslagsspelare *subst* international, international player
landsman *subst* fellow-countryman; ***vad är han för ~?*** what is his nationality?, what country does he come from?
landsomfattande *adj* nationwide
Landsorganisationen, ~ ***i Sverige*** (förk. *LO*) the Swedish Trade Union Confederation
landsort *subst*, ***~en*** the provinces pl.
landsortsbo *subst* provincial
landssorg *subst* national mourning; ***ha*** ~ the whole nation went into mourning
landstiga *verb* land
landstigning *subst* landing
landsting *subst* ungefär county council
landstingsman *subst* ungefär county councillor
landsväg *subst* main road
landsända *subst* part of the country
landsätta *verb* land, från fartyg land, disembark
landsättning *subst* landing, disembarkation
langa *verb* **1** ~ ***ngt*** räcka från hand till hand pass sth from hand to hand; skicka hand sth; kasta chuck sth **2** ~ ***narkotika*** peddle drugs, push drugs; ~ ***sprit*** peddle liquor
langare *subst* spritlangare bootlegger; knarklangare drug pusher, drug dealer
lansera *verb* introduce; t.ex. mode, idé start, launch
lantarbetare *subst* farm worker, agricultural labourer
lantbo *subst* rustic; ***~r*** vanligen country people
lantbruk *subst* **1** agriculture; arbete farming **2** ställe farm
lantbrukare *subst* farmer
lantbröd *subst* ungefär farmhouse bread; ***ett*** ~ a farmhouse loaf
lantegendom *subst* estate
lanterna *subst* sjö. light; flyg. navigation light, position light
lantgård *subst* farm
lantis *subst* vard. country bumpkin, yokel
lantlig *adj* rural; landsortsmässig provincial
lantmätare *subst* surveyor, land surveyor
lantställe *subst* country house, place in the country
lapa *verb* om djur lap
1 lapp *subst* same Lapp, Laplander
2 lapp *subst* **1** till lagning patch **2** papperslapp piece of paper, slip of paper
lappa *verb* **1** patch; laga mend; ~ ***ihop*** patch up, repair **2** ~ ***bilar*** vard. put parking tickets on cars
Lappland Lapland
lapplisa *subst* vard. meter maid
lappländsk *adj* Lapland; före subst. Laplandish
lappsjuka *subst* ungefär, (amer.) cabin fever
lapsus *subst* lapse, slip
larm *subst* **1** oväsen noise **2** alarm alarm; larmsignal alert; ***slå*** ~ sound the alarm; varna warn; protestera raise an outcry
larma *verb* **1** föra oväsen make a noise, make a din **2** alarmera call; ~ ***brandkåren*** call out the fire brigade; ~ ***polisen*** call the police **3** sätta på tjuvlarm turn on the alarm
larmrapport *subst* alarming report, scare
1 larv *subst* zool. larva (pl. larvae); av t.ex. fjäril caterpillar; av t.ex. skalbagge grub; av fluga maggot
2 larv *subst* vard. nonsense; dumt uppträdande silliness
larva *verb*, ~ ***sig*** vard., prata dumheter talk nonsense; vara dum be silly; bråka play about
larvfötter *subst pl* caterpillars, caterpillar treads
larvig *adj* vard. silly
lasarett *subst* hospital, general hospital
laser *subst* laser
laserskrivare *subst* laser printer
laserstråle *subst* laser beam
lass *subst* last load; lastad vagn loaded cart; ***ett*** ~ billass ***kol*** a lorryload of coal, a truckload of coal
lassa *verb* load; ~ ***ngt*** t.ex. allt arbetet ***på ngn*** load sth on to sb
lasso *subst* lasso (pl. -s el. -es); ***kasta*** ~ throw the lasso, throw a lasso
1 last *subst* **1** skeppslast cargo (pl. -es el. -s), freight; ***med full*** ~ with a full load **2** börda load; ***lägga ngn ngt till*** ~ hold sth against sb
2 last *subst* fel etc. vice
1 lasta I *verb* load; ta ombord take in; ta in last take in cargo
II *verb* med betonad partikel
lasta av unload
lasta på load [*på* on to]
lasta ur unload
2 lasta *verb* klandra blame [*för* for]
lastbar *adj* vicious, depraved

lastbil *subst* lorry, tyngre truck, amer. allm. truck
lastbilschaufför *subst* o. **lastbilsförare** *subst* lorry-driver, truck-driver, amer. trucker, teamster
lastgammal *adj* extremely old, ancient
lastning *subst* loading
lat *adj* lazy
lata *verb*, ~ ***sig*** be lazy; slöa laze, idle
latin *subst* Latin; se *svenska 2* för ex.
Latinamerika Latin America
latinsk *adj* Latin
latitud *subst* latitude
latmask *subst* lätting lazybones (pl. lika)
latsida *subst*, ***hon har inte legat på ~n precis*** she hasn't wasted time exactly, she hasn't been lazing about exactly
lava *subst* lava
lavendel *subst* växt lavender
lavin *subst* avalanche
lavinartat *adv*, ***exporten har ökat ~*** exports have increased at an enormous rate
lax *subst* salmon (pl. lika)
laxera *verb* take a laxative
laxermedel *subst* laxative
laxöring *subst* fisk salmon-trout (pl. lika)
LCD-tv *subst* typ av tv med flytande kristaller LCD-TV (förk. för *liquid crystal display*)
le *verb* smile [*åt* at]
leasa *verb* lease
leasing *subst* leasing
1 led *subst* way; rutt route
2 led *subst* anat. el. tekn. joint; ***ur ~*** out of joint; ***gå ur ~*** get dislocated
3 led *subst* **1** länk link; stadium stage **2** mil. el. gymn.:, personer bakom varandra file; rad line, row; ***sluta ~en*** close ranks äv. i betydelsen 'hålla ihop' **3** släktled generation
4 led *adj* trött ***vara ~ på*** be tired of, be sick of
1 leda *subst* weariness [*vid* of]; tråkighet boredom; avsmak disgust [*vid* at]; ***höra ngt till ~*** hear sth till one is sick of it
2 leda *verb* **1** lead; t.ex. undersökning, förhör conduct; förestå manage; ha hand om be in charge of; vägleda guide; rikta, t.ex. tankar direct **2** sport. lead **3** fys. el. elektr. conduct; transportera, t.ex. vatten convey
ledamot *subst* member
ledande I *adj* leading; om t.ex. princip guiding **II** *subst*, ***de ~*** those in a leading position
ledare *subst* **1** leader, head **2** i tidning leader, editorial **3** fys. conductor
ledarhund *subst* blindhund guide dog, amer. äv. seeing-eye dog
ledarskap *subst* leadership
ledband *subst* **1** anat. ligament **2** ***gå i ~*** be tied to sb's apron strings
ledbuss *subst* articulated bus
ledgångsreumatism *subst* med. rheumatoid arthritis
ledig *adj* **1** free; sysslolös unoccupied; om tid free; ***på ~a stunder*** in my (her etc.) spare time; ***bli ~ från arbetet*** get off work; ***göra sig ~*** take time off; ***hon är ~ i dag*** she has today (the day) off **2** obesatt vacant; om t.ex. sittplats vanligen unoccupied; disponibel spare; att tillgå available; som skylt på taxi for hire; på t.ex. toalett vacant; ***~a platser*** tjänster vacancies; ***en ~ taxi*** a free taxi; ***är bilen ~?*** till taxichauffören are you engaged?, are you free?; ***är den här platsen ~?*** el. ***är det ~t här?*** is this seat taken? **3** otvungen easy; bekväm, om t.ex. kläder comfortable, loose-fitting; ***~a!*** mil. stand easy!
ledigförklara *verb*, ***~ ngt*** announce sth as vacant
ledighet *subst* ledig tid leisure, time off; semester holiday
ledigt *adv* **1** ***få ~ från skolan*** be given a holiday from school; ***hon har ~ i dag*** she has today off; ***ha ~ från skolan*** have a holiday from school; se vidare ex. under *ledig 1* **2** med lätthet easily; ***röra sig ~*** a) move freely b) otvunget move with ease; ***sitta ~*** om kläder fit comfortably
ledning *subst* **1** skötsel etc. management; ledarskap leadership; vägledning guidance; ***ta ~en*** take the lead; ta befälet take over command; ***under ~ av*** a) under the guidance of b) musik. conducted by **2** om person, ***~en*** inom företag the management **3** elektr., tråd wire; grövre cable; kraftledning el. teleledning line; rör pipe
ledsaga *verb* accompany; beskyddande escort
ledsam *adj* sorglig sad; långtråkig boring, tedious, dull
ledsen *adj* sorgsen sad; besviken disappointed [*över* at]; sårad hurt [*över* about]; ***jag är ~ att jag gjorde det*** I am sorry I did it; ***jag blir inte ~ om...*** I don't mind if...; ***var inte ~*** bekymrad ***för det!*** don't worry about that!
ledsna *verb* get tired [*på* of], grow tired [*på* of]
ledstång *subst* handrail
ledtråd *subst* clue [*till* to]
leende I *adj* smiling; ***sa hon ~*** she said with a smile
II *subst* smile

leg *subst* vard. ID, ID card
legal *adj* legal
legalisera *verb* legalize
legation *subst* legation
legend *subst* legend
legendarisk *adj* legendary
legering *subst* alloy
legitim *adj* legitimate
legitimation *subst* styrkande av identitet identification; kort identity card; ***kan ni visa ~?*** can you show some identification?, can you show your ID?
legitimationskort *subst* identity card
legitimera *verb* **1** göra laglig legitimate **2** ***~d läkare*** registered physician **3** ***~ sig*** prove one's identity
legymer *subst pl* vegetables
leja *verb* hire; anställa take on
lejd *subst*, ***ge ngn fri ~*** grant sb safe conduct
lejon *subst* **1** lion **2** ***Lejonet*** stjärntecken Leo
lejongap *subst* blomma snapdragon
lejoninna *subst* lioness
lejonunge *subst* young lion, lion cub

lekar
blindbock *blindman's buff*, charad *charade*, fiskdamm *lucky dip* (amer. *grab bag*), hela havet stormar *musical chairs*, kurragömma *hide-and-seek*, rymmare och fasttagare *cops and robbers*, ryska posten *postman's knock* (amer. *post office*), snottra *coffee-pot*

lek *subst* **1** play; ordnad med regler game; ***på ~*** for fun; ***vara ur ~en*** be out of the running **2** fiskars spawning **3** kortlek pack, amer. deck
leka *verb* play; ***han är inte att ~ med*** he is not to be trifled with; ***~ med tanken att göra ngt*** toy (play) with the idea of doing sth
lekande *adv*, ***det går (är) ~ lätt*** it's as easy as anything, it's as easy as pie
lekfull *adj* playful
lekkamrat *subst* playmate, playfellow
lekman *subst* layman
lekplats *subst* playground
leksak *subst* toy, plaything
leksaksaffär *subst* toyshop, spec. amer. toy store
lekstuga *subst* barns playhouse
lektion *subst* lesson
lektor *subst* lecturer [*i* in]

lem *subst* **1** limb **2** manslem male organ
lemlästa *verb* maim; göra till invalid cripple
len *adj* mjuk soft; slät smooth
leopard *subst* leopard
lera *subst* clay; gyttja mud
lergods *subst* earthenware, pottery
lerig *adj* muddy
lerjord *subst* clay soil
lesbisk *adj* lesbian
less *adj* vard., ***jag är ~ på det här*** I'm sick and tired of this
leta I *verb* look [*efter* for], ihärdigt search [*efter* for]
II *verb* med betonad partikel
leta fram hunt out [*ur* from]; ***~ sig fram*** find one's way
leta igenom t.ex. rum search, search through
leta reda (rätt) på: ***jag ska ~ reda (rätt) på det*** I'll try to find it; ***hon ~de reda (rätt) på det*** she managed to find it
lett *subst* Latvian
lettisk *adj* Latvian; se *svensk-* för sammansättningar
lettiska *subst* (se *svenska* för ex.) **1** kvinna Latvian woman **2** språk Latvian
Lettland Latvia
leukemi *subst* med. leukaemia
leva *verb* live; vara i livet be alive; ***leve Konungen!*** long live the King!; ~ tillbringa ***sitt liv*** spend one's life; ***~ ett bra liv*** lead a good life; ***~ av (på) ngt*** live on sth; ***~ sig in i ngt*** enter into sth; ***~ kvar*** live on, survive
levande *adj* **1** motsats: död living, alive; om djur live endast före subst.; ***~ varelser*** living beings; ***mera död än ~*** more dead than alive; ***komma ~ från ngt*** come out of sth alive; ***en ~ fisk*** a live fish **2** ***ett ~ intresse*** a keen (lively) interest; ***ett ~ lexikon*** a walking encyclopedia; ***i ~ livet*** in real life; ***en ~ skildring*** a vivid description
leve *subst* cheer; ***utbringa ett fyrfaldigt ~ för*** give four (eng. motsvarighet three) cheers for
levebröd *subst*, ***tjäna sitt ~*** earn one's living, make a living
lever *subst* anat. liver
leverans *subst* delivery
leverantör *subst* supplier; storleverantör contractor
leverera *verb* tillhandahålla supply [*ngt till ngn* sb with sth], provide [*ngt till ngn* sb with sth]; sända deliver
leverfläck *subst* mole

leverop *subst* cheer
leverpastej *subst* liver paste
levnad *subst* life
levnadsbana *subst* career
levnadsbeskrivning *subst* curriculum vitae (latin), CV
levnadsglad *adj*, ***vara ~*** be full of vitality
levnadskostnader *subst pl* cost sing. of living
levnadsstandard *subst* standard of living
levnadsteckning *subst* biography [*över* of]
lexikon *subst* dictionary; ***slå upp ngt i ~*** look sth up in a dictionary
libanes *subst* Lebanese (pl. lika)
Libanon Lebanon
liberal *adj* liberal
liberalism *subst*, ~ el. ***~en*** liberalism
libretto *subst* libretto (pl. libretti el. librettos)
Libyen Libya
libyer *subst* Libyan
licens *subst* licence; ***ha ~*** have a licence
licensavgift *subst* licence fee
lida *verb* suffer [*av* from]; ***~ av*** ha anlag för t.ex. svindel be subject to; ***jag lider*** pinas ***av det*** it makes me suffer; ***få ~ för ngt*** have to suffer for sth, have to pay for sth
lidande I *adj* suffering [*av* from]; ***bli ~ på det*** om person be the sufferer by it, be the loser by sth
II *subst* suffering
lidelse *subst* passion
lidelsefull *adj* passionate
lie *subst* scythe
liera *verb*, ***~ sig*** ally oneself [*med* with]
lierad *adj* connected [*med* with, to]
lift *subst* **1** skidlift etc. lift **2** ***få ~*** get a lift
lifta *verb* hitch-hike
liftare *subst* hitch-hiker
liftkort *subst* skidsport lift ticket
liga *subst* **1** tjuvliga etc. gang **2** fotbollsliga etc. league
ligament *subst* anat. ligament
ligga I *verb* **1** om person, djur lie; vila be lying down; vara sängliggande be in bed, lie in bed; sova, ha sin sovplats sleep; ***~ sjuk*** be ill in bed; ***~ lågt*** lie low, keep a low profile; ***~ och läsa*** lie reading; i sängen read in bed; ***~ och sova*** be sleeping; ***~ med*** ha samlag med sleep with, go to bed with **2** om saker, byggnader etc. lie; vara, befinna sig be; vara belägen be, be situated, lie, stand; ***huset ligger nära stationen*** the house is close to the station; ***var ska knivarna ~?*** where do the knives go?; ***det ligger i släkten*** it runs in the family; ***huset ligger mellan två sjöar*** the house lies between two lakes; ***rummet ligger åt (mot) gatan*** the room overlooks the street **3** sport., ***~ först i tävling*** lead; ***~ sist*** be last; ***~ under med ett mål*** be one goal down, be trailing by one goal **4** om fågelhona, ***~ på ägg*** sit on her eggs; ***~ och ruva*** be brooding
II *verb* med betonad partikel
ligga efter be behind with
ligga framme: ***låt inte pengarna ~ framme*** don't leave the money lying about
ligga kvar: ***~ kvar i sängen*** remain in bed; ***~ kvar över natten*** stay the night; ***kan jag låta mina grejor ~ kvar?*** can I leave my things?
ligga nere om t.ex. arbete be at a standstill
ligga till 1 ***~ bra till*** a) om t.ex. hus be well situated b) i t.ex. tävling be well placed, be in a good position; ***~ bra till för ngt*** passa be well-suited for sth; ***~ bra till hos ngn*** be in sb's good books **2** ***~ illa till*** a) om t.ex. hus be badly situated b) i t.ex. tävling be badly placed, be in a bad position; ***~ illa till för ngt*** be unsuited for sth; ***~ illa till hos ngn*** be in sb's bad books **3** ***ta reda på hur saken ligger till*** find out how matters stand; ***som det nu ligger till*** as things are now, the way things are now
ligga under: ***~ under med ett mål*** trail by one goal
ligga ute med jag ligger ute med pengar, I have money owing to me
ligga över stay overnight, stay the night
liggande *adj* lying; vågrät horizontal; ***bli ~*** om sak, ligga kvar remain; bli kvarlämnad be left; inte göras färdig remain undone
liggare *subst* bok register [*för* of]
liggunderlag *subst* ground sheet
liggvagn *subst* **1** järnv. couchette **2** barnvagn pram, amer. baby carriage
ligist *subst* hooligan, thug, spec. amer. hoodlum
1 lik *subst* corpse, dead body
2 lik *adj* like; ***de är mycket ~a varandra*** they are very much alike; ***hon är ~ honom till utseendet*** she is like him in appearance; ***här är allt sig ~t*** everything is just the same as ever here; ***det är just ~t honom!*** it is just like him!; ***han är sig inte ~ i dag*** he is not his usual self today
lika I *adj* **1** av samma värde etc. equal; om t.ex. antal even; samma, likadan the same **2** ***2 plus 2 är ~ med 4*** two and two make (makes) 4; ***fem ~*** i spel five all
II *adv* **1** vid verb: likadant in the same way, in

the same manner; ***dela*** ~ divide equally **2** vid adj. el. adv.: as, just as, equally; ***hon är*** ~ ***bra som jag*** she is as good as me; ***han är*** ~ ***gammal som jag*** he is my age, he is as old as me; ***vi är*** ~ ***gamla*** we are the same age **3** i lika grad equally; ***bägge är*** ~ ***kvalificerade*** they are both equally qualified

likaberättigad *adj*, ***vara*** ~ have equal rights [*med* with]

likadan *adj* similar [*som* to], alike ej före subst.; alldeles lika the same ej före subst.

likadant *adv* in the same way; ***göra*** ~ do the same

likartad *adj* liknande similar

likasinnad *adj* like-minded

likaså *adv* likaledes likewise; också also

like *subst* equal; ***en prakt utan*** ~ a matchless splendour; ***han har inte sin*** ~ he is without match, there is no one like him; ***hans likar*** his equals, his peers

likgiltig *adj* indifferent [*för ngt* to sth]; ***det är mig*** ~***t*** it is all the same to me

likhet *subst* spec. till utseende resemblance [*med* to], similarity [*med* to]; jämlikhet equality; ***i*** ~ ***med*** liksom like; i överensstämmelse med in conformity with

likhetstecken *subst* equal sign, equals sign

likkista *subst* coffin, amer. casket, coffin

likna *verb* vara lik be like, resemble; se ut som look like; ~ ***ngn till utseendet*** resemble sb in looks; ~ ***ngt vid*** compare sth to

liknande *adj* likartad similar; ***jag har aldrig sett ngt*** ~ I have never seen anything like that (this)

liknelse *subst* jämförelse simile; bibl. parable

liksom I *konj*, ***han är målare*** ~ ***jag*** he is a painter, like me

II *adv* så att säga somehow, sort of, kind of

likström *subst* direct current, DC

likställd *adj*, ***vara*** ~ ***med*** be on an equality with, be on a par with

liktorn *subst* corn

liktydig *adj* med samma betydelse synonymous; ***vara*** ~ ***med*** vara detsamma som be tantamount to

liktåg *subst* funeral procession

likvagn *subst* hearse

likvid *subst* payment, settlement

likvidera *verb* liquidate

likvidering *subst* liquidation

likväl *adv* ändå yet, still, nevertheless

likvärdig *adj* equivalent [*med* to]

likör *subst* liqueur

lila *subst* o. *adj* lilac, mauve; mörklila purple; violett violet; se *blå-* för sammansättningar

lilja *subst* blomma lily

liljekonvalj *subst* blomma lily of the valley (pl. lilies of the valley)

lilla *adj* se *liten*

lillasyster *subst* little sister, kid sister

lillebror *subst* little brother, kid brother

lillfinger *subst* little finger, spec. amer. pinkie

lillgammal *adj* old for one's age; brådmogen precocious

lilltå *subst* little toe

lim *subst* glue

limma *verb* glue; ~ ***fast ngt på ngt*** glue sth on to sth

limousine *subst* limousine, vard. limo (pl. -s)

limpa *subst* **1** avlång loaf (pl. loaves); brödsort av rågmjöl rye bread **2** ***en*** ~ ***cigaretter*** a carton of cigarettes

lin *subst* flax

lina *subst* rope; smäckrare cord; stållina wire; ***gå på*** ~ walk the tightrope; ***visa sig på styva*** ~***n*** show one's paces, briljera show off

linbana *subst* cableway

lind *subst* lime tree

linda I *verb* svepa wrap; vira wind; binda tie

II *verb* med betonad partikel

linda in wrap up

linda om: ~ svepa ***om sig ngt*** wrap oneself up in sth

lindansare *subst* tightrope walker

lindra *verb* nöd, smärta relieve; verka lugnande soothe

lindrig *adj* mild mild; lätt, obetydlig light, slight; ***en*** ~ ***förkylning*** a slight cold

lindring *subst* **1** av smärta, nöd etc. relief **2** av straff reduction [*i* of]

lingon *subst* lingonberry, red whortleberry; ***inte värt ett ruttet*** ~ vard. not worth a bean, not worth a damn

lingonsylt *subst* lingonberry jam, red whortleberry jam

lingvistik *subst* linguistics (med verb i sing.)

liniment *subst* liniment, rubbing lotion

linjal *subst* ruler

linje *subst* line; ~ ***5*** trafik. number 5; ***bussarna på*** ~ ***5*** the buses on route number 5; ***över hela*** ~***n*** all along the line, throughout

linjedomare *subst* sport. linesman; fotb. assistant referee

linjeman *subst* sport. linesman; fotb. assistant referee

linjera *verb* rule

linka *verb* limp, hobble
linne *subst* **1** tyg el. linneförråd linen **2** tank top; underplagg för barn vest; för kvinnor slip
linneskåp *subst* linen cupboard, amer. linen closet
linning *subst* band
linoleum *subst* linoleum
linolja *subst* linseed oil
lins *subst* **1** optisk el. i öga lens **2** bot. el. kok. lentil
lipa *verb* vard. **1** gråta howl, blubber **2** ~ ***åt ngn*** räcka ut tungan stick one's tongue out at sb
lir *subst* vard., spel play
lira *verb* vard., spela play
lirare *subst* vard., spelare player
lirka *verb*, ~ ***med ngn*** coax (cajole) sb
lismare *subst* fawner
Lissabon Lisbon
1 list *subst* listighet cunning; knep trick
2 list *subst* **1** kantlist strip **2** bård border, edging
1 lista *subst* förteckning list [*på, över* of]
2 lista *verb*, ~ fundera ***ut*** find out
listig *adj* cunning, sly; förslagen smart
lita *verb*, ~ ***på*** a) förlita sig på depend on b) ha förtroende för trust; ***jag ~r på att du gör det*** I rely on you to do it
Litauen Lithuania
litauer *subst* Lithuanian
litauisk *adj* Lithuanian; se *svensk-* för sammansättningar
litauiska *subst* (se *svenska* för ex.) **1** kvinna Lithuanian woman **2** språk Lithuanian
lite *subst* o. *adv* **1** föga little; få a few; ***inte så ~ fel*** ganska många not a few faults; ***rätt ~ folk*** rather few people; ***det vill inte säga så ~!*** that's saying a great deal! **2** något, en smula a little; ~ ***bröd*** some bread, a little bread; ***vill du ha ~ jordgubbar?*** would you like some strawberries?; ~ ***upplysningar*** some information; ~ ***av varje*** a little of everything
liten I (*litet, lille, lilla, små*) *adj* small; little; ytterst liten tiny, minute; kort short; ***vara tacksam för minsta lilla bidrag*** be grateful for the least little contribution; ***lilla du!*** my dear!; ***din lilla dumbom!*** you little fool!; ***ett litet sött*** (***sött litet***) ***barn*** a sweet little child
II (*litet, lille, lilla, små*) *subst*, ***stackars ~!*** poor little thing!; ***redan som*** ~ even as a child
liter *subst* litre
litermått *subst* litre measure; tillbringare measuring jug
litet *adj* se *liten*
litografi *subst* metod lithography; ***en*** ~ a lithograph
litteratur *subst* literature
litteraturhistoria *subst* the history of literature
litterär *adj* literary
liv *subst* **1** life; livstid lifetime; ***börja ett nytt ~*** start a new life; bättra sig turn over a new leaf; ***ge ~ åt*** t.ex. rummet give life to; ***ta ~et av ngn*** take sb's life; ***springa för brinnande ~et*** run for all one's worth; ***för mitt ~ kan jag inte begripa*** I can't for the life of me understand; ***i hela mitt ~*** all my life; ***trött på ~et*** tired of life; ***vara vid ~*** be alive **2** ***komma ngn inpå ~et*** lära känna ngn get to know sb intimately **3** midja waist äv. på plagg; ***vara smal om ~et*** have a small waist, have a slender waist **4** klänningsliv etc. bodice **5** oväsen row, noise; bråk fuss
liva *verb*, ~ ***upp*** liven up
livboj *subst* lifebuoy
livbåt *subst* lifeboat
livbälte *subst* lifebelt
livfull *adj* livlig lively; om skildring vivid; ***hon var så ~*** she was so full of life
livförsäkring *subst* life insurance
livlig *adj* lively; om skildring etc. vivid; om diskussion animated; om efterfrågan keen; om intresse great, keen; om trafik heavy
livlös *adj* lifeless; uttryckslös expressionless
livmoder *subst* anat. womb; med. uterus
livrem *subst* belt, waist belt
livrädd *adj* scared stiff, dead scared
livräddning *subst* life-saving
livsfara *subst* mortal danger, danger to life; ***han svävar i ~*** his life is in danger
livsfarlig *adj* highly dangerous; dödlig fatal
livsföring *subst* way of life
livshotande *adj* skada etc. grave; dödlig fatal; ~ ***skador*** life-threatening injuries
livslängd *subst* om person length of life; om sak life
livsmedel *subst pl* provisions
livsmedelsaffär *subst* provision shop
livsmedelskedja *subst* chain of food stores
livsmedelstillsats *subst* food additive
livsstil *subst* life style
livstecken *subst* sign of life; ***hon har inte gett ett ~ ifrån sig*** inte hört av sig there's no sign of life from her
livstid *subst* life, lifetime; ***dömas till ~*** be sentenced to life imprisonment; ***få ~*** get life

livsviktig *adj* vital; ***det är inte ~t*** it's not all that important
livsvillkor *subst* vital necessity
livsåskådning *subst* outlook on life
livvakt *subst* bodyguard
ljud *subst* sound; klang, om instrument tone
ljuda *verb* låta sound; höras be heard
ljuddämpare *subst* **1** på bil silencer, amer. muffler **2** på skjutvapen silencer
ljudeffekter *subst pl* sound effects
ljudisolera *verb* soundproof
ljudisolerad *adj* soundproof
ljudkassett *subst* audio cassette
ljudlös *adj* soundless
ljudskrift *subst* sound notation, phonetic transcription
ljudstyrka *subst* loudness, volume
ljudvåg *subst* soundwave
ljug *subst* vard., ***det är bara ~*** it's just a pack of lies
ljuga *verb* lie [*för ngn om ngt* to sb about sth], tell a lie, tell lies
ljum *adj* lukewarm, tepid
ljumske *subst* anat. groin
ljung *subst* heather
ljungpipare *subst* fågel golden plover
ljus I *subst* light; stearinljus candle; ***köra med ~et på*** drive with the lights on; ***föra ngn bakom ~et*** take sb in; ***leta efter ngt med ~ och lykta*** search high and low for sth
II *adj* light; om dag, klangfärg clear; om hy fair; om hår fair, blond; ***~t öl*** pale beer; ***mitt på ~a dagen*** in broad daylight
ljusblå *adj* light blue, pale blue
ljusglimt *subst* **1** gleam of light **2** strimma av hopp ray of hope
ljushuvud *subst*, ***han är inget ~*** he's not very bright
ljushårig *adj* fair, blond; om kvinna blonde
ljuskrona *subst* chandelier
ljusna *verb* **1** get light, grow light **2** om utsikter get brighter; ***det har börjat ~*** it is getting light
ljusning *subst* förbättring change for the better
ljusomkopplare *subst* bil. dipswitch, amer. dimmer
ljuspunkt *subst* anledning till glädje bright spot
ljusstake *subst* candlestick
ljusår *subst* light year
ljusäkta *adj*, ***gardinerna är ~*** vanligen the curtains are colour-fast
ljuv *adj* sweet; förtjusande delightful
ljuvlig *adj* delightful, lovely; utsökt exquisite
LO *subst* se *Landsorganisationen*
lobb *subst* sport. lob
lobelia *subst* blomma lobelia
1 lock *subst* hårlock curl; längre lock, lock of hair
2 lock *subst* på kokkärl, låda etc. lid; kapsyl cap [*till* of]
locka *verb* **1** ~ förleda ***ngn till att göra ngt*** entice sb into doing sth; fresta tempt; dra till sig publik attract; ***det låter inte vidare ~nde*** it doesn't sound very tempting; ***~ ur ngn ngt*** draw sth out of sb **2** ~ el. ***~ på*** call
lockbete *subst* bait
lockelse *subst* temptation, attraction
lockig *adj* curly
lockout *subst* lockout
lockouta *verb* lock out
lockpris *subst* specially reduced price
lodare *subst* layabout; luffare tramp
lodis *subst* vard. se *lodare*
lodjur *subst* lynx
lodrät *adj* vertical; ***~a ord*** i korsord clues down
1 loge *subst* i lada barn
2 loge *subst* **1** teat. box **2** klädloge dressing-room
logga *verb* data., ***~ in*** log in; ***~ ut*** log out
loggbok *subst* logbook
logi *subst* accommodation, lodging
logik *subst* logic
logisk *adj* logical
loj *adj* om person indolent; slö apathetic
lojal *adj* loyal [*mot* to]
lojalitet *subst* loyalty [*mot* to]
lok *subst* engine
lokal I *subst* premises pl.; rum room
II *adj* local
lokalbedövning *subst* med. local anaesthesia; ***få ~*** get a local anaesthetic
lokalderby *subst* sport. local Derby, Derby
lokalisera *verb* locate [*i, till* in]; ***~ sjukdomen*** locate the disease
lokalkännedom *subst*, ***ha god ~*** know a place well, know a locality well
lokalradio *subst* local radio
lokalsamtal *subst* tele. local call
lokalsinne *subst*, ***ha dåligt ~*** have a poor sense of direction
lokaltrafik *subst* local traffic; järnv. suburban services pl.
lokaltåg *subst* local train, suburban train
lokalvårdare *subst* cleaner
lokatt *subst* se *lodjur*
lokförare *subst* engine-driver, amer. engineer
lokomotiv *subst* engine, railway engine
londonbo *subst* Londoner

longitud *subst* longitude
lopp *subst* **1** löpning run; tävling race; *~et är kört* vard. it's all over, we've had it; *dött ~* dead heat **2** *i det långa ~et* in the long run; *inom ~et av fem dagar* within five days; *under dagens ~* during the day
loppa *subst* flea; *leva ~n* live it up
loppmarknad *subst* flea market, second-hand market
loppspel *subst* tiddlywinks (med verb i sing.)
lort *subst* smuts dirt, stark. filth
lortig *adj* dirty, stark. filthy
loss *adv* loose; *riva ~* tear off; *skruva ~* unscrew
lossa *verb* **1** lösgöra loose; *~ på* band, knut untie, undo; göra lösare loosen **2** lasta ur unload **3** avlossa skott fire
lossna *verb* bli lösare come loose; helt come off; om t.ex. knut come undone; om ngt limmat come unstuck; om tänder get loose
lots *subst* pilot
lotsa *verb* pilot; vägleda guide
lott *subst* **1** del, öde lot **2** andel share; jordlott allotment, plot; *falla (komma) på ngns ~* fall to sb's lot **3** lottsedel lottery ticket; *dra ~ om ngt* draw lots for sth, cast lots for sth
1 lotta *subst* member of the Women's Services
2 lotta *verb*, *~ om ngt* draw lots for sth
lottad *adj*, *de sämst ~e* those who are worst off
lotteri *subst* lottery
lotteridragning *subst* lottery draw
lottlös *adj*, *bli ~* come away empty-handed
lottning *subst*, *avgöra ngt genom ~* decide sth by drawing lots
lottsedel *subst* lottery ticket
lov *subst* **1** ledighet holiday; ferier holidays pl., spec. amer. vacation; *få ~* get a day (a week etc.) off **2** tillåtelse permission; *får jag ~?* när man bjuder upp till dans may I?; *får det ~ att vara en kopp kaffe?* may I offer you a cup of coffee?; *be ngn om ~ att få göra ngt* ask sb's permission to do sth **3** *få ~* vara tvungen *att* have to, must **4** beröm praise; *Gud ske ~!* thank God!
lova *verb* promise; *det vill jag ~!* vard. I'll say!, I should say so!
lovande *adj* promising
lovdag *subst* holiday, day off
lovord *subst* praise
lovorda *verb* o. **lovprisa** praise
lovvärd *adj* praiseworthy
LP-skiva *subst* LP (pl. LPs)
LSD *subst* LSD narkotiskt medel
lucka *subst* **1** ugnslucka etc. door; fönsterlucka shutter; taklucka el. sjö. hatch **2** öppning hole, opening; expeditionslucka counter **3** tomrum gap; *fyll i luckorna* i en text fill in the gaps
luckra *verb*, *~ upp* loosen, break up
ludd *subst* fjun fluff; dun down; på tyg nap
luddig *adj* **1** fjunig fluffy; dunig downy **2** oklar woolly
luden *adj* hairy, shaggy
luffa *verb* vara på luffen tramp the countryside, be on the road
luffare *subst* tramp
luffarschack *subst* noughts and crosses (med verb i sing.), amer. tick-tack-toe
luft *subst* air; *behandla ngn som ~* give sb the cold shoulder; *det ligger i ~en* it's in the air; *~en gick ur honom* he ran out of steam
lufta *verb* air
luftballong *subst* air balloon
luftbevakning *subst* aircraft warning service
luftbro *subst* airlift
luftdrag *subst* draught, amer. draft
luftfart *subst* aviation; flygtrafik air traffic
luftfilter *subst* air filter
luftfuktighet *subst* humidity
luftförorening *subst* air pollution; ämne air pollutant
luftförsvar *subst* air defence
luftgevär *subst* air gun
luftgrop *subst* air pocket
luftig *adj* airy; lätt, porös light
luftkonditionering *subst* air-conditioning
luftkudde *subst* bil. airbag
luftlandsätta *verb* mil. airdrop
luftlandsättning *subst* mil. airdrop
luftmadrass *subst* air bed, air mattress
luftombyte *subst* change of air, change of climate
luftrör *subst pl* anat. bronchi
luftrörskatarr *subst* med. bronchitis
luftstrupe *subst* windpipe
luftström *subst* air current
lufttryck *subst* air pressure; meteor. atmospheric pressure
lufttät *adj* airtight
luftvärmepump *subst* heat pump
luftvärn *subst* anti-aircraft (förk. AA) defence
lugg *subst* hår fringe
lugga *verb*, *~ ngn* pull sb's hair
luggsliten *adj* threadbare
lugn I *subst* calm; ro peace; ordning order; fattning composure; *i ~ och ro* in peace and quiet

II *adj* calm; stilla quiet; fridfull peaceful; ej orolig easy in one's mind; ej upprörd calm; fattad composed; ***du kan vara ~ för att han klarar det*** don't worry, he'll manage it; ***med ~t samvete*** with an easy conscience

lugna *verb* calm, quieten; småbarn soothe; inge tillförsikt reassure; ~ ***sig*** calm down; ~ ***ner dig!*** calm down!, don't get excited!

lugnande *adj* om nyhet etc. reassuring; om verkan etc. soothing; ~ ***medel*** sedative, tranquillizer

lugnt *adv* calmly, quietly, peacefully; ***ta det ~!*** take it easy!

lukt *subst* smell; speciell odour; behaglig scent

lukta *verb* smell [*på ngt* at sth]; ***det ~r gott*** it smells good; ***det ~r rök*** it smells of smoke

luktfri *adj* odourless

luktsinne *subst* sense of smell

luktärt *subst* blomma sweet pea

lummig *adj* woody; lövrik leafy; skuggande shady

lump *subst* **1** trasor rags pl.; skräp junk **2** ***ligga i ~en*** vard. do one's military service

lumpa *verb* vara inkallad do one's military service

lumpen *adj* småsint mean; tarvlig shabby

lunch *subst* lunch; formellt luncheon; ***äta fisk till*** ~ have fish for lunch

lunchkupong *subst* luncheon voucher

lunchrast *subst* lunch hour

lunchrum *subst* lunchroom; självservering canteen

lunchstängt *adj*, ***vara*** ~ be closed for lunch

lund *subst* grove

lunga *subst* anat. lung

lungcancer *subst* med. lung cancer

lunginflammation *subst* med. pneumonia

lungsäcksinflammation *subst* med. pleurisy

lunka *verb* jog along, trot along

lupin *subst* blomma lupin

1 lur *subst* **1** horn horn **2** hörlur receiver; radio. earphone

2 lur *subst* bakhåll ***ligga på*** ~ lie in wait, lurk

lura I *verb* **1** ligga på lur lie in wait [*på ngn* for sb] **2** ~ ***ngn*** 'skoja' take sb in, bedraga deceive sb, spec. på pengar cheat sb [*på* out of], swindle [*på* out of]; ~ ***ngn att göra ngt*** fool sb into doing sth

II *verb* med betonad partikel

lura av ngn ngt genom bedrägeri cheat sb out of sth

lura på ngn ngt få ngn att köpa ngt trick sb into buying sth

lura till (åt) sig ngt secure sth by trickery

lurifax *subst* sly dog

lurpassa *verb*, ~ ***på ngn*** lie in wait for

lurvig *adj* om hår rough; om hund shaggy

lus *subst* louse (pl. lice)

lusläsa *verb* read through thoroughly

lussekatt *subst* saffron bun eaten on Lucia Day, 13th December

lust *subst* böjelse, håg inclination; åtrå desire; ***jag har ~ att gå dit*** I feel like going there

lustbetonad *adj* pleasurable

lustgas *subst* laughing gas

lustgård *subst*, ***Edens*** ~ the Garden of Eden

lustig *adj* **1** funny, comical; konstig odd; ***göra sig ~ över*** make fun of **2** ~***a huset*** spec. amer. fun house

lustighet *subst*, ***säga en*** ~ say an amusing thing; vitsa crack a joke

lustigkurre *subst* joker, character

lustjakt *subst* yacht

1 lut *subst*, ***ställa ngt på*** ~ stand sth slantwise; ***ha ngt på*** ~ have sth up one's sleeve

2 lut *subst* tvättlut lye

1 luta *subst* musik. lute

2 luta *verb* **1** lean [*mot* against]; slutta slope; vila, stöda recline, rest; ~ ***sig bakåt*** lean back; ~ ***sig fram*** (***framåt***) lean forward; ~ ***sig ut genom fönstret*** lean out of the window; ~ ***sig ned*** bend down **2** vard., ***det ~r nog ditåt*** it looks like it, it looks that way

lutad *adj* leaning [*mot* against]

lutande *adj* leaning; om t.ex. tak, handstil sloping

luteran *subst* Lutheran

lutersk *adj* Lutheran

lutfisk *subst* stockfish; maträtt boiled ling

luv *subst*, ***komma*** (***råka***) ***i ~en på varandra*** fly at each other, fly at each other's throats

luva *subst* cap, woollen cap

Luxemburg Luxembourg

luxemburgare *subst* Luxembourger

luxuös *adj* luxurious

lya *subst* lair, hovel, den

lycka *subst* **1** känsla happiness **2** tur luck; ~ ***till!*** good luck!; ***göra*** ~ ha framgång be a success

lyckad *adj* successful; ***vara mycket*** ~ be a great success

lyckas *verb* succeed, om person äv. manage; ***jag lyckades göra det*** I managed to do it, I succeeded in doing it

lycklig *adj* glad happy [*över* about, at]; gynnad

av lyckan fortunate; tursam lucky; framgångsrik successful; ~ ***resa!*** pleasant journey!
lyckligtvis *adv* luckily, fortunately
lyckokast *subst* unexpected success, real hit
lyckosam *adj* fortunate; framgångsrik successful
lycksalig *adj* really happy, blissful
lycksökare *subst* adventurer; opportunist opportunist
lyckt *adj*, ***bakom ~a dörrar*** behind closed doors
lyckträff *subst* stroke of luck
lyckönska *verb* congratulate [*till* on]
lyckönskning *subst* congratulation; ***hjärtliga ~ar på födelsedagen*** Many Happy Returns of the Day
1 lyda *verb* **1** vara lydig obey; ~ ***någons råd*** take sb's advice, follow sb's advice **2** ~ ***under*** sortera under come under, belong under
2 lyda *verb* ha viss lydelse run, read
lydelse *subst* ordalydelse wording
lydig *adj* obedient [*mot* to]
lydnad *subst* obedience [*mot* to]
lyft *subst* vard., framsteg boost, big step forward
lyfta *verb* **1** lift; höja, t.ex. armen, huvudet raise; ~ ***ankar*** (***ankaret***) weigh anchor; ~ ***bort*** (***undan***) take away; ~ ***på luren*** lift the receiver **2** uppbära, t.ex. lön draw, earn **3** om flygplan take off
lyftkran *subst* crane, lifting crane
lyhörd *adj* **1** om öra, sinne keen, sharp **2** ***det är lyhört i det här rummet*** this room is not soundproof, in this room you can hear every sound
lykta *subst* lantern; gatlykta, billykta lamp
lyktstolpe *subst* lamppost
lymfkörtel *subst* anat. lymphatic gland
lymmel *subst* scoundrel
lyncha *verb* lynch
lynchning *subst* lynching
lynne *subst* läggning temperament; sinnelag disposition
lyra *subst* bollkast throw; med slagträ hit; ***en hög*** ~ a high ball; ***ta en*** ~ make a catch, catch
lyrik *subst* lyric poetry; dikter lyrics pl.
lyriker *subst* lyric poet
lysa *verb* **1** skina shine; glänsa gleam, om t.ex. stjärnor glitter, twinkle; ~ ***igenom*** om solen shine through; om färg show through **2** ***det har lyst för dem*** the banns have been published for them; ***det lyser i hallen*** the light is on in the hall
lysande *adj* **1** shining; klar bright **2** brilliant; om framgång dazzling
lyse *subst* light; ***släcka ~t*** turn off the light
lysmask *subst* glow-worm

> **lysning**
> I England avkunnar man lysning under tre söndagar, vanligtvis i kyrkan, före ett giftermål. I USA är det inte vanligt att man tar ut lysning.

lysning *subst* the banns pl.; ***ta ut*** ~ ask to have the banns published
lysningspresent *subst* ungefär wedding present
lysrör *subst* fluorescent lamp, strip light
lysrörsbelysning *subst* fluorescent lighting, strip lighting
lyssna *verb* listen [*efter* for; *på*, *till* to]
lyssnare *subst* listener
lysten *adj* desirous [*efter* of]; glupsk greedy
lyster *subst* glans lustre
lyte *subst* kroppsfel bodily defect, disability; missbildning deformity
lyx *subst* luxury; ***att unna sig ~en*** allow oneself the luxury of
lyxartikel *subst* luxury article; ***lyxartiklar*** luxury goods
lyxig *adj* luxurious
lyxkrog *subst* first-class restaurant
låda *subst* **1** box; större case **2** draglåda drawer
låg *adj* low; ***~a böter*** a small fine
låga *subst* flame, stark. blaze; på gasspis burner; ***gå upp i lågor*** go up in flames
lågavlönad *adj* low-paid
lågenergilampa *subst* low-energy bulb
låginkomsttagare *subst* low-income earner
lågkonjunktur *subst* recession, depression
låglönegrupp *subst* low-wage group
lågmäld *adj* quiet
lågoktanig *adj*, ~ ***bensin*** low-octane petrol, amer. low-octane gasoline
lågprisbutik *subst* cut-price shop
lågprisvaruhus *subst* discount store
lågsko *subst* shoe
lågstadium *subst*, ***lågstadiet*** i grundskolan the junior level (department) of the 'grundskola'; se *grundskola*
lågsäsong *subst* low season
lågt *adv* low; ***ligga*** ~ lie low, keep a low profile; ***tavlan sitter för*** ~ the picture is too far (low) down; ***solen står*** ~ the sun is low
lågtrafik *subst*, ***vid*** ~ at off-peak hours

lågtryck *subst* meteor. depression; område area of low pressure

lån *subst* loan; ***ge ngn ett ~*** lend sb money; ***söka ~*** apply for a loan; ***ta ett ~*** take out a loan

låna *verb* **1** få låna borrow [*av* from]; ***får jag ~ telefonen?*** may I use the telephone? **2** låna ut lend [*åt* to]; ***~ ut*** lend

låneansökan *subst* loan application

lånebibliotek *subst* lending-library

lånekort *subst* på bibliotek library ticket

lång *adj* **1** long; ***det tar inte ~ tid att...*** it won't take long to...; ***det tar tre gånger så ~ tid*** it takes three times as long **2** om person, reslig tall

långbyxor *subst pl* long trousers

långdistanslöpare *subst* long-distance runner

långdragen *adj* långvarig protracted, lengthy; långtråkig tedious

långfilm *subst* long film, feature film

långfinger *subst* middle finger

långfranska *subst* white loaf

långfredag *subst* Good Friday

långfärd *subst* long tour, long trip

långgrund *adj* shallow

långhelg *subst* long weekend

långhårig *adj* long-haired

långkalsonger *subst pl* long underpants, vard. long johns

långpromenad *subst* long walk

långrandig *adj* long-winded

långsam *adj* slow; gradvis gradual

långsamhet *subst* slowness

långsamt *adv* slowly; ***det går ~*** it goes slowly, it takes a long time

långsiktig *adj*, ***~ planering*** long-term planning

långsint *adj*, ***han är ~*** he doesn't forgive things easily

långsmal *adj* long and narrow

långsynt *adj* long-sighted, amer. vanligen far-sighted

långsökt *adj* far-fetched

långt *adv* **1** om avstånd far, a long way, a long distance; ***gå ~*** a) sträcka walk a long way b) i livet go far; ***det går för ~*** that is going too far; ***huset är ~ ifrån färdigt*** the house is far from completed **2** om tid long; ***det är ~ till jul*** it is a long time to Christmas; ***det är inte ~ till jul*** Christmas is not far off

långtidsparkering *subst* long-stay parking, long-term parking; område long-stay car park; plats long-stay parking lot

långtidsprognos *subst* long-range forecast

långtradarchaufför *subst* truck-driver, amer. trucker, teamster

långtradare *subst* lastbil long-distance truck; med släp articulated lorry, amer. trailer truck

långtradarfik *subst* vard. o. **långtradarkafé** *subst* transport café, amer. truck stop

långtråkig *adj* boring

långtur *subst* long tour, long trip

långvarig *adj* long; långt utdragen prolonged

långvåg *subst* long wave

långvård *subst* long-term care

långärmad *adj* long-sleeved

lånord *subst* loan word

låntagare *subst* borrower

1 lår *subst* anat. thigh; kok. leg

2 lår *subst* large box; packlår packing-case

lårben *subst* thighbone

lås *subst* lock; hänglås padlock; på väska, armband etc. clasp; ***dörren gick i ~*** the door locked itself; ***inom ~ och bom*** under lock and key

låsa *verb* **1** lock; med hänglås padlock; väska, armband etc. clasp; ***~ in ngn*** lock sb up; ***~ upp*** unlock **2** ***~ in sig*** lock oneself in

låssmed *subst* locksmith

låt *subst* melodi tune; visa song

1 låta *verb* ljuda, verka sound [*som* like]; ***hur låter melodin?*** how does the melody go?; ***så ska det ~!*** that's the spirit!, now you're talking!

2 låta *hjälpverb*, ***~ ngn göra ngt*** a) inte hindra let sb do sth; tillåta allow sb to do sth b) se till att get sb to do sth; förmå make sb do sth; ***~ göra ngt*** se till att ngt blir gjort have sth done, get sth done; ***låt oss göra det!*** let's do it!; ***~ ngn förstå att...*** give sb to understand that...; ***~ dörren stå öppen*** leave the door open; ***~ ngt (ngn) vara*** leave sth (sb) alone, let sth (sb) alone

låtsa *verb* se *låtsas*

låtsas *verb* pretend [*att, som om* that]; ***han låtsades inte om att han visste*** he didn't let on that he knew; ***inte ~*** bry sig ***om ngn (ngt)*** take no notice of sb (sth)

lä *subst* lee; skydd mot vinden shelter; ***där ligger du i ~*** that puts you in the shade, doesn't it?

läcka I *subst* leak äv. om informationsläcka **II** *verb* leak; ***~ information*** leak information

läckage *subst* leakage

läcker *adj* delicious

läckerhet *subst*, ***en ~*** a delicacy

läder *subst* leather

läge *subst* situation, position; tillstånd state

lägenhet *subst* våning flat, amer. apartment
läger *subst* tältläger etc. camp; ***slå*** ~ pitch one's camp
lägereld *subst* camp fire
lägerplats *subst* camping-ground
lägga I *verb* **1** placera put, place; i liggande ställning lay; ~ ***ngn*** till sängs put sb to bed; ***låta*** ~ ***håret*** have one's hair set; ~ ***ägg*** lay eggs; ~ ***en duk på bordet*** lay a cloth on the table **2** ~ ***sig*** a) lie down; gå till sängs go to bed; placera sig place oneself b) avta, om t.ex. storm abate, subside; gå över pass off
II *verb* med betonad partikel
lägga av: ***han har lagt av med fotboll*** he has stopped playing football; ***jag har lagt av med att röka*** I've quit smoking; ***lägg av!*** vard. a) sluta cut it out!, spec. amer. knock it off! b) försök inte come off it!
lägga fram put forward
lägga i: ~ ***i ettan (ettans växel)*** put the car in first gear
lägga sig i interfere
lägga ifrån sig ngt put down sth [*på ngt* on sth]; undan put sth away; lämna kvar leave sth, leave sth behind
lägga ihop 1 vika ihop fold, fold up **2** addera ihop add up
lägga in 1 stoppa etc. in put . . . in; slå in wrap up; ~ ***in sig på sjukhus*** go into hospital, amer. go into the hospital **2** konservera preserve; på glas bottle
lägga ned 1 packa ned pack [*i* into] **2** upphöra med, t.ex. verksamhet discontinue; inställa, t.ex. drift shut down; stänga, t.ex. fabrik close down **3** offra, t.ex. pengar, tid spend [*på* on]
lägga om 1 ändra change, alter, omorganisera reorganize **2** förbinda bandage, sår dress
lägga på put on; t.ex. förband apply; posta post; ~ ***på*** el. ~ ***på luren*** tele. hang up, ring off
lägga till 1 tillfoga add; bidra med contribute **2** ~ ***sig till med skägg*** grow a beard
lägga undan åt sidan put aside; spara put away
lägga upp 1 kok. dish up **2** t.ex. byxor shorten **3** t.ex. arbete organize, plan
lägga ut 1 pengar spend, lay out; ***jag kan*** ~ ***ut för dig*** I can pay for you **2** ***han har lagt ut*** blivit tjockare he has put on weight
läggdags *adv* time for bed, bedtime
läggning *subst* karaktär disposition; fallenhet bent
läggningsvätska *subst* för håret setting lotion
läglig *adj* timely; passande convenient; ***komma*** ~***t*** come at the right time
lägre I *adj* lower; i rang etc. inferior [*än* to]
II *adv* lower
lägst I *adj* lowest
II *adv* lowest
lägstbjudande *adj*, ***den*** ~ the lowest bidder
läka *verb* heal
läkarbehandling *subst* medical treatment
läkarbesök *subst* visit to the doctor

Hos läkaren

I've got a temperature and a sore throat.
Jag har feber och ont i halsen.
I've got a pain in my stomach.
Jag har ont i magen.
I've come out in a rash.
Jag har fått utslag.
It hurts.
Det gör ont.
I've got an upset stomach.
Jag är inte bra i magen.
I can't bend my knee.
Jag kan inte böja knät.
It's swollen.
Det är svullet.

läkare *subst* doctor, physician; ***allmänt praktiserande*** ~ general practitioner; ***gå till*** ~ go to a doctor, see a doctor
läkarhjälp *subst*, ***tillkalla*** ~ call for a doctor
läkarhus *subst* medical centre
läkarintyg *subst* doctor's certificate
läkarmottagning *subst* lokal surgery, amer. office
läkarrecept *subst* prescription
läkarundersökning *subst* medical examination, vard. medical
läkarvård *subst* medical treatment
läkas *verb* heal
läkemedel *subst* medicine, drug
läktare *subst* inomhus gallery; åskådarläktare stand, grandstand
läktarvåld *subst* violence on the terraces, hooliganism
lämna I *verb* **1** leave; överge abandon **2** ge give; låta ngn få let sb have; räcka över hand, pass; ~ ***ett anbud på*** make an offer for; ~ ***en förklaring*** offer an explanation; ~ ***upplysningar*** provide information
II *verb* med betonad partikel

lämna ifrån sig ge ifrån sig hand over
lämna in hand; skicka send in; skrivelse give in; till förvaring leave
lämna kvar ngt leave sth; oavsiktligt leave sth behind
lämna tillbaka return
lämna ut t.ex. paket hand out; t.ex. varor deliver; dela ut distribute
lämpa *verb*, ~ ***sig*** passa be convenient; ~ ***sig för ngt*** be suited for sth
lämpad *adj* suitable, appropriate
lämplig *adj* passande suitable, t.ex. behandling suitable, appropriate, fitting; läglig convenient
län *subst* administrative province
länga *subst* rad range, row
längd *subst* length; kroppslängd, höjd height; ***i ~en*** in the end, in the long run
längdhopp *subst* long jump; hoppning long jumping
längdhoppare *subst* long jumper
längdriktning *subst*, ***i ~en*** lengthways
längdåkning *subst* sport. cross-country skiing
längdåkningsskida *subst* sport. cross-country ski
länge *adv* long, for a long time; ***sova*** ~ sleep late; ***på*** ~ for a long time; ***än*** (***ännu***) ***så*** ~ so far . . . ; ***så*** ~ ***som*** as long as; ***för*** ~ ***sedan*** a long time ago; ***middagen är färdig för*** ~ ***sedan*** dinner has been ready for a long time; ***det var*** ~ ***sen!*** we haven't met for a long time!, skämts. long time no see!
längre I *adj* longer; etc., se *lång*; ***en*** ~ ganska lång ***promenad*** a longish walk, a rather long walk; ***jag kan inte stanna någon*** ~ ***tid*** I can't stay for very long
II *adv* om rum vanligen further, farther vanligen om avstånd; om tid longer; ***du älskar mig inte*** ~ you don't love me any more; ~ ***fram*** a) om avstånd further on b) om tid later on
längs *prep* o. *adv*, ~ el. ~ ***efter*** along, alongside
längst I *adj* longest etc. se *lång*; ***i det ~a*** as long as possible; in i det sista to the very last
II *adv* om rum furthest, farthest endast om avstånd; ända right; om tid longest; ~ ***fram*** at the very front
längta *verb* long [*efter ngt* for sth; *efter att göra ngt* to do sth], stark. yearn [*efter ngt* for sth; *efter att göra ngt* to do sth]; ~ ***efter*** sakna miss; ~ ***hem*** long for home, be homesick; ***jag ~r efter att få träffa dig*** I'm longing to see you; ***jag ~r efter att du ska komma*** I'm longing for you to come
längtan *subst* longing [*efter, till* for], stark. yearning [*efter, till* for]
längtansfull *adj* longing, stark. yearning
länk *subst* **1** led link **2** kedja chain
länsa *verb* tömma empty [*på* of]
länsstyrelsen *subst* the county administrative board
länstol *subst* armchair, easy chair
läpp *subst* lip
läppglans *subst* lip gloss
läppja *verb*, ~ ***på*** dryck sip, sip at
läppstift *subst* lipstick
lär *hjälpverb* **1** sägs etc., ***han*** ~ ***sjunga bra*** they say he sings well **2** torde, ***det*** ~ ***vara sant*** it is probably true
lära I *subst* vetenskapsgren science; lärosats doctrine; tro faith
II *verb* undervisa teach, instruct; ~ ***sig*** learn [*ngt av ngn* sth from sb]; snabbt pick up [*ngt av ngn* sth from sb]; ***få*** ~ ***sig*** learn; undervisas be taught; ~ ***känna ngn*** get to know sb
III *verb* med betonad partikel
lära om relearn
läraktig *adj*, ***hon är*** ~ she is willing to learn
lärare *subst* teacher [*i* ett ämne of, in]; sport. etc. instructor
lärarhögskola *subst* institute of education; mindre teacher's training college
lärarvikarie *subst* supply teacher, substitute teacher
läraryrke *subst* teaching profession
lärd *adj* learned ['lɜːnɪd]
lärjunge *subst* **1** pupil [*i* en skola at] **2** bibl. el. friare disciple [*till ngn* of sb]
lärka *subst* lark, sky lark
lärkträd *subst* larch, larch tree
lärling *subst* apprentice; ***vara*** ~ ***hos*** be an apprentice with
lärobok *subst* textbook, skolbok schoolbook; ~ ***i geografi*** geography textbook
läromedel *subst pl* teaching materials, textbooks and teaching aids
läroplan *subst* skol. curriculum (pl. curricula)
lärorik *adj* instructive
läroämne *subst* subject
läsa I *verb* **1** read; t.ex. bön say; ~ ***ngt för ngn*** read sth to sb; ~ ***högt*** read aloud, read out loud **2** studera study; ~ ***engelska för ngn*** ta lektioner take lessons in English with sb; ~ ***sina läxor*** prepare one's homework **3** undervisa, ~ ***engelska med ngn*** ge lektioner give sb lessons in English

II *verb* med betonad partikel
läsa igenom ngt read sth through
läsa in en kurs, en roll learn
läsa på läxa etc. prepare
läsa upp read, read out
läsare *subst* reader
läsbar *adj* readable
läsebok *subst* reader
läsecirkel *subst* book club
läsekrets *subst* circle of readers, public
läsglasögon *subst pl* reading glasses (spectacles)
läsida *subst* lee side; ***på ~n*** on the leeward
läsk *subst* vard. soft drink; lemonad lemonade, amer. vanligen soda pop, soda
läskande *adj* refreshing
läskedryck *subst* soft drink; lemonad lemonade
läskig *adj* vard. horrible, nasty; otäck scary
läskunnig *adj*, ***hon är ~*** she is able to read
läskunnighet *subst* ability to read
läslig *adj* möjlig att läsa legible; tydbar decipherable
läsning *subst* reading
läspa *verb* lisp
läspenna *subst* light pen, data pen
läspning *subst* lisping; ***en ~*** a lisp
läsvärd *adj* readable; ***boken är ~*** the book is worth reading
läsår *subst* skol. school year
läte *subst* sound; djurs call, cry
lätt I *adj* **1** ej tung light; ***en ~ förkylning*** a slight cold; ***med ~ hand*** lightly; varsamt gently **2** ej svår easy, simple; ***~ som en plätt*** as easy as pie; ***inte ha det ~*** not have an easy time of it; ***han har ~ för språk*** he has a gift for languages; ***hon har ~ för att gråta*** she cries easily
II *adv* **1** ej tungt lightly; lindrigt slightly, gently; litet somewhat; ***ta ~ på ngt*** take sth lightly; bagatellisera make light of sth **2** ej svårt easily, vard. easy; ***man blir ~ trött*** one gets easily tired, one is apt to get tired
lätta *verb* **1** göra lättare lighten; ***~ sitt hjärta för ngn*** unburden one's mind to sb **2** ease, relieve minska spänningen; ***känna sig ~d*** feel relieved; ***~ upp stämningen*** relieve the atmosphere; ***~ upp ngns humör*** put sb in a good humour **3** ***~ ankar*** weigh anchor **4** bli lättare become lighter, get lighter; spänning etc. ease **5** om dimma lift
lättantändlig *adj* inflammable
lättfattlig *adj* easily comprehensible; ***den var ~*** it was easy to understand
lätthanterlig *adj* easy to handle, easy to manage
lätthet *subst* **1** liten tyngd lightness **2** liten svårighet easiness, simplicity; ***lära sig ngt med ~*** learn sth easily, learn sth with ease
lättillgänglig *adj* ...easily accessible, ...easy to get at
lättja *subst* laziness, idleness
lättjefull *adj* lazy
lättklädd *adj* lightly dressed
lättlurad *adj*, ***han är ~*** he is easily taken in
lättläst *adj* om handstil very legible; om bok etc. very readable
lättmetall *subst* light metal, aluminium, amer. aluminum
lättmetallfälgar *subst pl* alloy wheels, alloy rims
lättmjölk *subst* low-fat milk
lättnad *subst* relief; mildring relaxation; lindring easing-off
lättpåverkad *adj* impressionable; ***hon är ~*** lättinfluerad she is easily influenced
lättrogen *adj* credulous; lättlurad gullible
lättsinnig *adj* thoughtless; ansvarslös irresponsible
lättskrämd *adj*, ***vara ~*** be easily scared
lättskött *adj*, ***den är ~*** it is easy to handle
lättsmält *adj* om mat easily digested; om bok very readable
lättstekt *adj* stekt kort tid underdone, rare
lättsåld *adj*, ***den är ~*** it is easy to sell; ***en ~ bil*** a car that is easy to sell
lättsövd *adj*, ***vara ~*** be a light sleeper
lättvikt *subst* o. **lättviktare** *subst* sport. lightweight
lättvin *subst* light wine
lättöl *subst* low-alcohol beer, vard. förk. lab
läxa I *subst* **1** hemläxa homework (endast sing.); ***många läxor*** a lot of homework; ***förhöra ~n*** test the homework; ***göra ~n*** el. ***göra läxorna*** do one's homework; ***ge ngt i ~*** set sth for homework **2** ***ge ngn en ~*** tillrättavisning teach sb a lesson
II *verb*, ***~ upp ngn*** tell sb off
löda *verb* solder; ***~ fast ngt*** solder sth on
lödder *subst* lather; fradga foam, froth
löfte *subst* promise; ***ge ett ~*** make a promise
lögn *subst* lie, falsehood
lögnaktig *adj* lying
lögnare *subst* liar
löjeväckande *adj* ridiculous
löjlig *adj* ridiculous; orimlig absurd
löjrom *subst* kok. whitefish roe
löjtnant *subst* lieutenant
löjtnantshjärta *subst* blomma bleeding heart

lök *subst* kok. onion; blomsterlök bulb
lömsk *adj* illistig sly; förrädisk treacherous
lön *subst* spec. veckolön wages pl.; spec. månadslön salary; mera allm. pay (endast sing.)
löna *verb*, ~ ***sig*** pay; ***det ~r sig inte att göra det*** tjänar ingenting till it's no use doing it, it's no good doing it
lönande *adj* profitable
löneförhandlingar *subst pl* pay negotiations
löneförhöjning *subst* pay rise, amer. pay raise, raise
löneförmån *subst* benefit attaching to one's salary (på veckolön wages)
löneglidning *subst* wage drift
löneskatt *subst* payroll tax
lönestopp *subst* wage freeze
lönlös *adj* gagnlös useless, futile
lönn *subst* träd maple
lönndörr *subst* secret door, hidden door
lönnmördare *subst* assassin
lönsam *adj* profitable
lönsamhet *subst* profitability
lönt *adj*, ***det är inte ~ att försöka*** it is no use trying
löntagare *subst* wage-earner, salary-earner
löpa *verb* **1** run **2** ~ ***ut*** om avtal, tid etc. run out, expire; sträcka sig run, extend **3** om hona be on heat, be in heat
löpande *adj*, ~ ***utgifter*** running expenses, current expenses; ~ ***band*** conveyor belt, assembly line; ***på ~ band*** in a steady stream, one after the other
löparbana *subst* track, running track
löpare *subst* **1** sport. runner **2** schack. bishop **3** duk runner
löpeld *subst*, ***som en ~*** like wildfire
löpning *subst* sport. running; lopp run; tävling race
löpsedel *subst* placard
lördag *subst* Saturday; se *fredag* för ex.
lördagskväll *subst* Saturday evening, senare Saturday night; ***på ~arna*** on Saturday evenings, on Saturday nights

lös
Skilj mellan *loose* [lu:s] lös, som uttalas med tonlöst s och *lose* [lu:z] förlora, som uttalas med tonande s.

lös I *adj* **1** loose; löstagbar detachable; separat separate, single; ***en ~ hund*** a dog off the leash, a stray dog; ***gå ~*** fri be at large; ***vara ~*** hålla på att lossna be coming off; ha lossnat be off, have come off, be (have come) loose; ***elden är ~*** a fire has broken out; som utrop fire, fire! **2** ej hård el. fast loose, mjuk loose, soft **3** om ammunition etc. blank **4** om rykte etc. baseless, groundless; ***på ~a grunder*** on flimsy grounds; ***köpa ngt i ~ vikt*** buy sth loose
II *adv*, ***gå ~ på ngn (ngt)*** attack sb (sth)
lösa *verb* **1** ~ el. ~ ***upp*** loosen, knut etc. loosen, undo, untie **2** ~ el. ~ ***upp*** i vätska dissolve **3** klara upp solve; konflikt etc. settle **4** betala biljett etc. pay for; köpa buy; ~ ***in*** check (om bank) pay; ~ ***ut ngt på posten*** get sth out at the post office **5** ~ ***sig*** i vätska dissolve; ~ ***sig själv*** om fråga etc. solve itself
lösaktig *adj* loose, dissolute
lösegendom *subst* personal property
lösen *subst* **1** lösepenning ransom **2** på t.ex. brev surcharge **3** paroll watchword
lösenord *subst* watchword; data. password
lösensumma *subst* ransom
lösgöra *verb* lösa, släppa lös set ... free; ~ ***sig*** befria sig set oneself free
löshår *subst* false hair
löskokt *adj* soft-boiled, lightly boiled
löslig *adj* **1** i vätska soluble, dissolvable **2** om problem etc. solvable **3** löst sammanhängande loose
lösning *subst* **1** av problem etc. solution [*av, på* to, of] **2** vätska solution
lösningsmedel *subst* solvent
lösnummer *subst* single copy
lösryckt *adj* fristående, om ord etc. disconnected
löst *adv* loosely; lätt lightly
löstagbar *adj* detachable
löständer *subst pl* false teeth
lösögonfransar *subst pl* false eyelashes
lösöre *subst* personal property
löv *subst* leaf (pl. leaves)
lövkoja *subst* blomma stock
lövskog *subst* deciduous forest
lövsångare *subst* fågel willow warbler
lövträd *subst* deciduous tree
lövverk *subst* foliage

Mm

mack *subst* vard. petrol station, amer. gas station
macka *subst* vard. se *smörgås 1*
Madeira geogr. Madeira
madeira *subst* vin Madeira
madonna *subst* relig. the Madonna, Our Lady
madrass *subst* mattress
madrassera *verb* pad; *~d cell* padded cell
maffia *subst* Mafia
magasin *subst* **1** förrådshus storehouse; lager el. möbel warehouse **2** tidskrift magazine **3** på skjutvapen magazine
magasinera *verb* store
magcancer *subst* stomach cancer
magdans *subst* belly dance
mage *subst* stomach, vard. tummy; ***ha dålig ~*** have a weak stomach; ***ha ont*** smärtor ***i ~n*** have a stomach ache, vard. have a belly ache; ***vara hård (trög) i ~n*** be constipated; ***jag är lös i ~n*** I've got diarrhoea
mager *adj* **1** ej fet lean; ~ halvfet ***ost*** low-fat cheese **2** om person, kroppsdelar thin
maggrop *subst* pit of the stomach
magi *subst* magic
maginfluensa *subst* med. gastric flu
magisk *adj* magic
magister *subst* lärare schoolmaster; ***ja, ~n!*** yes, Sir!
magkatarr *subst* med. gastric catarrh, gastritis
magknip *subst* stomach ache, vard. belly ache
magnat *subst* magnate, tycoon
magnesium *subst* kem. magnesium
magnet *subst* magnet
magnetisera *verb* magnetize
magnetisk *adj* magnetic
magnetism *subst* magnetism
magnifik *adj* magnificent, splendid
magnolia *subst* blomma magnolia
magplask *subst* **1** belly flop **2** fiasko fiasco (pl. -s)
magra *verb* become thin, become thinner
magsaft *subst* gastric juice
magsjuk *adj*, ***vara ~*** have an upset stomach, vard. have a tummy upset
magsår *subst* gastric ulcer; ***ha ~*** have a gastric ulcer
magsäck *subst* stomach
mahogny *subst* trä el. träd mahogany
maj *subst* May; se *april* för ex.
majestät *subst* majesty; ***Ers (Eders) ~*** Your Majesty
majonnäs *subst* kok. mayonnaise
major *subst* major
majoritet *subst* majority; ***få ~*** get a majority
majs *subst* maize, amer. corn
majsflingor *subst pl* cornflakes
majskolv *subst* corncob; ***~ar*** som maträtt corn on the cob sing.
majstång *subst* maypole
mak *subst*, ***gå i sakta ~*** walk at a leisurely pace
1 maka *subst* wife
2 maka *verb*, ***~ på ngt*** flytta undan move sth; ***~ sig*** el. ***~ på sig*** move
makaber *adj* macabre
makadam *subst* macadam
makalös *adj* matchless; ojämförlig incomparable
makaroner *subst pl* macaroni (med verb i sing.)
make *subst* **1** ***~n till den här handsken*** the other glove of this pair **2** i äktenskap, ~ el. ***äkta ~*** husband; ***äkta makar*** husband and wife **3** motstycke match, equal; ***jag har aldrig hört (sett) på ~n!*** well I never!
Makedonien Macedonia
makeup *subst*, ***göra ~*** put on make-up
maklig *adj* bekväm easy-going; långsam slow, leisurely
makrill *subst* mackerel
makt *subst* power; våld force; ***ha ~en*** be in power; ***sätta ~ bakom ordet*** back up one's words by force; ***det står inte i min ~ att*** inf. it is not in my power to inf.; ***med all ~*** with all one's might; ***sitta vid ~en*** be in power
maktbalans *subst* balance of power
maktgalen *adj* power-mad
makthavande *subst*, ***de ~*** those in power
makthavare *subst*, ***makthavarna*** those in power
maktkamp *subst* power struggle
maktlysten *adj* power-seeking
maktlös *adj* powerless
maktmedel *subst pl* forcible means; ***använda ~*** use force
maktmissbruk *subst* abuse of power
mal *subst* insekt moth
mala *verb* t.ex. kaffe grind; kött mince, amer. grind
malaria *subst* med. malaria
mall *subst* mönster pattern
mallig *adj* stuck-up, cocky

Mallorca Majorca
malm *subst* metallhaltigt mineral ore; bruten rock
malt *subst* malt
Malta Malta; ***ris à la*** ~ kok., ungefär cold creamed rice
maltdryck *subst* malt liquor
malva *subst* mallow; färg mauve
maläten *adj* moth-eaten; luggsliten shabby
mamma *subst* mother [*till* of], vard. ma, mum, amer. mom, barnspr. mummy, amer. mammy; ***leka ~, pappa, barn*** play mothers and fathers
mammakläder *subst pl* maternity wear sing.
mammaklänning *subst* maternity dress
mammaledig *adj*, ***vara*** ~ be on maternity leave
mammaledighet *subst* maternity leave
1 man *subst* på djur mane
2 man *subst* **1** man (pl. men); besättningsman, arbetare hand; ***hans närmaste*** ~ his right-hand man; ***tredje*** ~ jur. third party; ***per*** ~ per person, per head **2** make husband
3 man *pron* den talande inbegripen one; 'vi' we; spec. i talspråk, anvisningar etc. you; 'folk' people; 'de' they; ***förr trodde ~ att...*** people used to think that...; ***~ påstår att...*** it is said that..., they say that...
mana *verb* uppmana exhort; egga incite; uppfordra call upon
manager *subst* manager; teat. publicity agent
manchester *subst* o. **manchestersammet** *subst* tyg corduroy
mandarin *subst* frukt tangerine, mandarin
mandat *subst* **1** uppdrag commission; fullmakt mandate **2** plats i riksdagen seat
mandel *subst* **1** almond **2** anat. tonsil
mandelmassa *subst* almond paste
mandelspån *subst* almond flakes pl.
mandolin *subst* musik. mandolin
manér *subst* manner; stil style; tillgjordhet mannerism
manet *subst* jellyfish
mangel *subst* mangle
mangla *verb* tvätt etc. mangle; ***jag ska*** ~ I'm going to do the mangling
mango *subst* frukt mango (pl. -es el. -s)
mangrant *adv*, ***de infann sig*** ~ everyone turned up in full force
mani *subst* mania [*på* for], craze [*på* for]
manick *subst* vard. gadget
manifest *subst* manifesto (pl. -s)
manifestation *subst* manifestation
manifestera *verb*, ~ ***sig*** ta sig uttryck manifest itself
manikyr *subst* manicure; ***få*** ~ have a manicure
manikyrera *verb* manicure
maning *subst* vädjan appeal [*till* for]
manipulation *subst* manipulation
manipulera *verb*, ~ el. ~ ***med*** manipulate
manke *subst*, ***lägga ~n till*** put one's back into it
mankön *subst* male sex
manlig *adj* **1** av mankön male **2** typisk för en man masculine, male; spec. om goda egenskaper manly
manlighet *subst* typiskt för en man masculinity, om goda egenskaper manliness
mannagryn *subst* semolina sing.
mannaminne *subst*, ***i*** ~ within living memory
mannekäng *subst* person model
mannekänga *verb* model
mannekänguppvisning *subst* fashion show, fashion parade
manschauvinist *subst* male chauvinist
manschett *subst* på skjortan cuff; ***darra på ~en*** shake in one's shoes
manschettknapp *subst* cuff link
mansgris *subst* vard., ***mullig*** ~ male chauvinist pig
manskap *subst* koll. men pl.; sjö. crew
manslem *subst* penis, male organ
manssamhälle *subst* male-dominated society
mansålder *subst* generation
mantalsskriva *verb*, ***mantalsskriven i Stockholm*** registered in Stockholm, domiciled in Stockholm
mantalsskrivning *subst* ungefär residential registration
mantra *subst* slagord mantra äv. polit. el. relig.
manuell *adj* manual
manus *subst* o. **manuskript** *subst* manuscript (förk. MS); filmmanuskript script
manöver *subst* manoeuvre, amer. maneuver
manövrera *verb* manoeuvre, amer. maneuver; sköta handle, manage; ~ ***ut ngn*** outmanoeuvre sb
mapp *subst* för brev etc. folder; pärm file
maraton *subst* marathon
maratonlopp *subst* marathon, marathon race
mardröm *subst* nightmare, bad dream
margarin *subst* margarine
marginal *subst* margin
marginalanteckning *subst* marginal note
marginalskatt *subst* marginal tax
marginell *adj* marginal
Maria drottningnamn el. bibl. Mary
marig *adj* vard. awkward, tricky
marijuana *subst* marijuana, vard. pot

marin *subst* mil. navy; ***Marinen*** i Sverige the Swedish Naval Forces pl.
marinad *subst* kok. marinade
marinblå *adj* navy blue
marinera *verb* kok. marinate
marionett *subst* marionette, puppet
marionetteater *subst* puppet theatre
1 mark *subst* jordyta ground; jordmån soil; markområde land; ***ta*** ~ land; ***jämna med ~en*** raze to the ground; ***på svensk*** ~ on Swedish soil; ***ta*** ~ land, touch down
2 mark *subst* mynt mark
3 mark *subst* spelmark counter
markant *adj* påfallande marked, pronounced
markbunden *adj*, ~ ***tv-kanal*** terrestrial channel
markera *verb* **1** mark; ange indicate; poängtera emphasize, stress **2** sport. mark
markerad *adj* marked; utpräglad pronounced
markis *subst* solskydd awning, sunblind
marknad *subst* **1** hand. market **2** mässa fair
marknadsekonomi *subst* market economy
marknadsföra *verb* market
marknadsföring *subst* marketing
marknadsundersökning *subst* market reserch, market survey
markpersonal *subst* flyg. ground staff
marksänd *adj*, ~ ***tv-kanal*** terrestial channel
markör *subst* **1** språkv. el. tekn. marker **2** data. cursor
marmelad *subst* av citrusfrukter marmalade, av bär etc. jam
marmor *subst* marble
marockan *subst* Moroccan
marockansk *adj* Moroccan
Marocko Morocco
Mars astron. el. mytol. Mars
mars *subst* månaden March (förk. Mar.); se *april* för ex.
marsch *subst* gångart el. musik. march
marschall *subst* large outdoor candle lit to welcome party guests
marschera *verb* march; ~ ***iväg*** march off
marschfart *subst* bil. etc. cruising speed
marsipan *subst* marzipan
marskalk *subst* **1** mil. marshal **2** vid bröllop marshal, male attendant of the bride and bridegroom
marsvin *subst* guinea pig
martyr *subst* martyr
marxism *subst*, ~ el. ***~en*** Marxism
marxist *subst* Marxist
maräng *subst* kok. meringue
mascara *subst* kosmetika mascara
1 mask *subst* **1** worm **2** i kött, ost maggot
2 mask *subst* ansiktsmask mask; ***han höll ~en*** he did not give the show away, höll sig för skratt he kept a straight face
1 maska *subst* mesh; vid stickning stitch; i strumpa ladder, run, amer. run
2 maska *verb* **1** arbeta långsamt go slow **2** friare el. sport. play for time, waste time
maskera *verb* mask; ~ ***sig*** mask oneself, disguise oneself
maskerad *subst* fancy-dress ball
maskeraddräkt *subst* fancy dress
maskin *subst* machine; motor, ångmaskin etc. engine; ***~er*** maskinanläggning machinery sing., plant sing.; ***för full*** ~ sjö. at full speed; ***arbeta för full*** ~ work full steam
maskindisk *subst* o. **maskindiskpulver** *subst* dishwasher powder
maskinell *adj* mechanical; ~ ***utrustning*** machinery
maskineri *subst* machinery, mechanism
maskingevär *subst* machine gun
maskinist *subst* engine-man; i fastighet boilerman; fastighetsskötare caretaker; sjö. engineer
maskinskötare *subst* machine-minder
maskintvätt *subst* machine wash; ***tål*** ~ machine washable
maskning *subst* **1** going slow **2** friare el. sport. playing for time, wasting time
maskopi *subst*, ***de står i ~ med varandra*** they are in collusion, they are in cahoots
maskot *subst* mascot
maskros *subst* dandelion
maskulin *adj* masculine
maskulinum *subst* genus the masculine gender
maskäten *adj* worm-eaten
masonit® *subst* Masonite®
massa *subst* **1** ***en*** ~ el. ***en hel*** ~ mängd a lot, quite a lot; ***massor av (med)*** lots of **2** pappersmassa etc. pulp
massage *subst* massage
massageapparat *subst* massage apparatus; stav vibrator
massaker *subst* massacre [*på* of]
massakrera *verb* massacre
massera *verb* massage
massiv *adj* solid, massive
massmedium *subst* mass medium (pl. media)
massmord *subst* mass murder, wholesale murder
masstillverka *verb* mass-produce
masstillverkning *subst* mass production
massvis *adv*, ~ ***med (av)***... lots of..., tons of...
massör *subst* masseur

massös *subst* masseuse
mast *subst* mast; flaggmast pole
mastig *adj* om mat solid, heavy; om program heavy
mat *subst* food; måltid meal; ***en bit ~*** something to eat, a bite to eat; ***~en är färdig*** dinner (lunch etc.) is ready; ***laga ~*** cook; ***till ~en*** with one's food, with one's meals; ***efter ~en*** måltiderna after meals
mata *verb* feed
matador *subst* tjurfärktare matador
matarbuss *subst* feeder bus
matberedare *subst* food processor
matbestick *subst* knife, fork and spoon; cutlery (endast sing.)
matbit *subst*, ***en ~*** a bite to eat, a snack
matbord *subst* dining-table
matbröd *subst* bread
match *subst* match; tävling competition; ***~ens lirare*** man of the match; ***det är en enkel ~*** it's as easy as pie, it's easy peasy
matcha *verb* om färg, plagg match
matchboll *subst* i tennis match point
matdags *adv*, ***det är ~*** it is time to eat
matematik *subst* mathematics (vanligen med verb i sing.)
matematiker *subst* mathematician
matematisk *adj* mathematical
material *subst* material; råmaterial etc. materials pl.
materialism *subst*, ~ el. ***~en*** materialism
materialist *subst* materialist
materialistisk *adj* materialistic
materiel *subst* t.ex. elektrisk equipment; t.ex. skrivmateriel materials pl.
matfett *subst* cooking fat
matförgiftning *subst* food poisoning
matiné *subst* matinée, afternoon performance
matjessill *subst* sweet pickled herring
matjord *subst* mylla earth, soil
matkupong *subst* voucher
matkällare *subst* food cellar
matlagning *subst* cooking; ***vara duktig i ~*** be a good cook
matlust *subst* appetite
matnyttig *adj* **1** nourishing; ätlig edible **2** t.ex. om kunskaper useful
matolja *subst* cooking oil
matrester *subst pl* **1** som används igen leftovers **2** som kastas leavings, i tänder food particles
matros *subst* seaman; motsats: lättmatros able seaman; friare sailor
matrum *subst* dining-room
maträtt *subst* dish; del av meny course
matsal *subst* dining-room; större dining-hall; på fabrik etc. canteen
matsedel *subst* menu, bill of fare
matservis *subst* dinner service
matsilver *subst* table silver
matsked *subst* tablespoon; ***en ~ smör*** a tablespoonful of butter
matsmältning *subst* digestion
matsmältningsbesvär *subst* indigestion
matstrupe *subst* anat. gullet
matställe *subst* restaurant, amer. äv. diner, vard. spec. amer. eatery
matsäck *subst* **1** lunch packed lunch, amer. box lunch **2** smörgåsar sandwiches pl.
1 matt *adj* **1** kraftlös faint; svag, klen weak, feeble **2** ej blank matt; glanslös dull
2 matt *adj*, ***schack och ~!*** checkmate!
matta *subst* mjuk matta carpet; mindre rug; dörrmatta mat; ***hålla sig på ~n*** toe the line
mattas *verb* become weak, become weaker; om färg, glans fade; om t.ex. intresse flag; ***färgerna har mattats*** the colours have faded
1 matte *subst* vard., motsats: husse mistress
2 matte *subst* vard., matematik maths, amer. math
matvanor *subst pl* eating habits
matvaror *subst pl* provisions, eatables
matvaruaffär *subst* provision shop, food store, grocery store
matvrak *subst* glutton
matvrå *subst* dining alcove
matvägrare *subst* barn child who refuses to eat
matäpple *subst* cooking apple
max *subst* vard. maximum; ***till ~*** as much as possible, to the maximum extent, vard. to the max; ***båten tar ~ 100 personer*** the boat takes a maximum of 100 people; ***~ 1 000 kronor*** not more than 1000 kronor, vard. 1000 kronor max
maxa *verb* vard. se *maximera*
maxim *subst* maxim
maximal *adj* maximum; ***~ otur*** the maximum of bad luck, real bad luck
maximalt *adv* at most
maximera *verb* limit, put an upper limit to
maximibelopp *subst* maximum amount
maximihastighet *subst* maximum speed, top speed
maximum *subst* maximum (pl. äv. maxima)
mazurka *subst* musik. mazurka
1 med *subst* på kälke etc. runner; på gungstol rocker
2 med I *prep* **1** with; ***ordet börjar ~ a*** the

word begins with an a; ***hon har två barn ~ sin första man*** she has two children by her first husband; ***tala ~ ngn*** speak to sb, speak with sb; ***en korg ~ frukt*** a basket of fruit; ***en plånbok ~ 100 kr*** a wallet containing 100 kr; ***en kommitté ~ fem medlemmar*** a committee consisting of five members **2** för att uttrycka sätt, ***skrivet ~ blyerts*** written in pencil; ***betala ~ check*** pay by cheque; ***~ en hastighet av 60 km*** at a speed of 60 km, at a rate of 60 km; ***~ järnväg*** by railway; ***~ fem minuters mellanrum*** at intervals of five minutes; ***~ andra ord*** in other words; ***~ post*** by post; ***~ hög röst*** in a loud voice; ***vad menar du ~ det?*** what do you mean by that?; ***höja ~ 10 %*** raise by 10%; ***vinna ~ 2—1*** win 2—1, win by 2—1 **3** 'och' and; ***~ flera*** (förk. *m.fl.*) and others; ***~ mera*** (förk. *m.m.*) et cetera (förk. etc.), and so on; och andra saker and other things **4** 'beträffande', ***nöjd ~*** content with; ***noga ~*** particular about, particular as to; ***ha plats ~*** have room for; ***ha tid ~*** have time for; ***det bästa ~ det*** the best thing about it; ***så var det ~ det!*** so much for that!; ***det är ingen fara ~ honom*** he's all right; ***det är gott ~ en kopp te*** it's nice to have a cup of tea; jag tycker om I do like a cup of tea; ***vad är det för roligt ~ det?*** what's so funny about that? **5** i vissa uttryck, ***~ en gång*** el. ***~ ens*** all at once; ***~ åren blev han...*** over the years he became...; ***~ början kl. 18*** commencing at 6 p.m.; ***hit ~ pengarna!*** hand over your money!; ***adjö ~ dig!*** bye-bye!, so long!; ***tyst ~ dig!*** be quiet! **II** *adv* också too, as well; ***han är trött på det och det är jag ~*** he's tired of it and so am I

medalj *subst* medal

medaljör *subst* medallist

medan *konj* while

medansvarig *adj*, ***vara ~*** share the responsibility [*för* for]

medarbetare *subst* medhjälpare collaborator, partner; ***från vår utsände ~*** from our special correspondent

medbestämmandelagen *subst* (förk. *MBL*) the law concerning the right of participation in decision-making

medbestämmanderätt *subst* right to be consulted

medborgare *subst* citizen

medborgarskap *subst* citizenship

medborgerlig *adj*, ***~a rättigheter*** civil rights

medbrottsling *subst* accomplice

meddela *verb*, ***~ ngn*** inform sb [*ngt* of sth]; ge besked let sb know; ***från London ~s att...*** it is reported from London that...

meddelande *subst* budskap message [*om* of]; underrättelse information [*om* of, about], news [*om* about, of]; tillkännagivande announcement [*om* about, of]; nyhetsmeddelande report [*om* on]; ***ett ~*** underrättelse a piece of information, a piece of news; ***få ~ om*** be informed of

medel *subst* **1** sätt, metod means (pl. lika) **2** botemedel remedy [*mot* for] **3** ~ pl. pengar money sing., funds

medeldistanslöpare *subst* middle-distance runner

medelhastighet *subst* average speed

Medelhavet the Mediterranean Sea, the Mediterranean

medelklass *subst*, ***~en*** the middle classes pl.

medellivslängd *subst* average length of life; sannolik livslängd life expectancy

medellängd *subst* average length, persons average height

medelmåtta *subst* **1** ***under ~n*** below the average; ***över ~n*** above the average **2** om person mediocrity

medelmåttig *adj* mediocre

medelpunkt *subst* centre, focus

medelstor *adj* medium-sized, middle-sized

medelstorlek *subst* medium size

medelsvensson *subst* the (an) average Swede

medeltal *subst*, ***i ~*** on average, on an average

medeltemperatur *subst* mean temperature

medeltid *subst* hist., ***~en*** the Middle Ages pl.

medelvärde *subst* average; mat. mean

medelålder *subst*, ***en man i ~n*** el. ***en ~s man*** a middle-aged man

medfaren *adj*, ***vara illa ~*** om t.ex. bok, bil be badly knocked about

medfödd *adj* med. congenital [*hos* in]; om talang etc. native, inborn

medfölja *verb*, ***~ ngt*** bifogas be enclosed with sth; ***räkning medföljer*** the bill is enclosed

medföra *verb* **1** ha till följd involve; vålla bring about; leda till lead to **2** ***~ ngt*** om person carry (take) sth along with one; hitåt bring sth along with one **3** om tåg, båt: passagerare convey, take; post etc. carry

medge *verb* **1** erkänna admit **2** tillåta allow, permit **3** bevilja grant

medgivande *subst* **1** erkännande admission;

eftergift concession **2** tillåtelse permission; samtycke consent

medgörlig *adj* reasonable; ***hon är*** ~ she is easy to get on with

medhjälpare *subst* assistant [*till* of]

medhåll *subst* stöd support; ***få*** ~ ***hos*** be supported by; ***ha*** ~ ***hos*** vara gynnad be favoured by

media *subst pl* the media

medicin *subst* medicine [*mot*, *för* for]; ***få smaka sin egen*** ~ get a taste of one's own medicine

medicinera *verb* take medicine

medicinsk *adj* medical

medikament *subst* medicine

medinflytande *subst* participation; ***ha*** ~ ***över*** have a voice in

meditation *subst* meditation

meditera *verb* meditate [*över* on]

medium *subst* medium

medkänsla *subst* sympathy; ***ha*** ~ ***med*** have sympathy with

medla *verb* mediate; som skiljedomare arbitrate

medlare *subst* mediator; skiljedomare arbitrator

medlem *subst* member; ***vara*** ~ i lag be a member of

medlemsavgift *subst* membership fee

medlemskap *subst* membership [*i* of]

medlemskort *subst* membership card

medlidande *subst* pity [*med* for], compassion [*med* with]; ***hysa*** ~ ***med ngn*** feel pity for sb, medkänsla feel sympathy [*med* with]

medling *subst* mediation; skiljedom arbitration

medmänniska *subst* fellow creature, fellow being

medmänsklig *adj* brotherly, human

medpassagerare *subst* fellow-passenger

medryckande *adj* captivating; spännande exciting

medsols *adv* clockwise

medspelare *subst* i t.ex. tennis, kortspel partner; i lagspel team-mate; på teater etc. co-actor; ***han fick bollen av en av medspelarna*** he got the ball from one of the other players

medtagen *adj* utmattad exhausted

medtävlare *subst* competitor [*om* for], rival [*om* for]

medurs *adv* clockwise

medverka *verb* bidraga contribute [*i* t.ex. tidning to; *till* to]; delta take part [*i* in]; hjälpa till assist [*i*, *vid*, *till* in]

medverkan *subst* **1** bistånd assistance **2** deltagande participation

medverkande *subst*, ***de*** ~ those taking part; i pjäs the actors; vid konsert etc. the performers

medvetande *subst* consciousness [*om* of]

medveten *adj* conscious [*om* of], aware [*om* of]

medvetslös *adj* unconscious

medvind *subst*, ***segla i*** ~ a) sjö. have the wind behind one b) ha medgång be doing well

medvurst *subst* mettwurst smoked pork and beef sausage; ofta German sausage

megabyte *subst* data. megabyte

megafon *subst* megaphone

megahertz *subst* megahertz

megaton *subst* megaton

megawatt *subst* megawatt

meja *verb*, ~ ***ned folk*** mow [məʊ] down people

mejeri *subst* dairy

mejl *subst* vard. e-mail

mejla *verb* vard. e-mail

mejram *subst* kryddväxt marjoram

mejsel *subst* chisel; skruvmejsel screwdriver

mejsla *verb* chisel

meka *verb* vard., ~ ***med*** bilen (mopeden) do repair work on

mekanik *subst* lära mechanics (med verb i sing.)

mekaniker *subst* mechanic

mekanisera *verb* mechanize

mekanisk *adj* mechanical

mekanism *subst* mechanism

melankoli *subst* melancholy

melankolisk *adj* melancholy

mellan *prep* mellan två between; mellan flera, 'bland' among; ~ ***femtio och sextio personer*** some fifty or sixty people

mellanakt *subst* interval, amer. intermission

mellandagarna *subst pl* mellan jul o. nyår the days between Christmas and New Year

Mellaneuropa Central Europe

mellaneuropeisk *adj* Central European

mellangärde *subst* anat. diaphragm, midriff

mellanhand *subst* medlare intermediary; hand. middleman; ***gå genom flera mellanhänder*** go through middlemen's hands

mellanlanda *verb* stop over

mellanlandning *subst* intermediate landing, stopover; ***flyga utan*** ~ fly non-stop

mellanmål *subst* snack, between meals

mellanrum *subst* **1** intervall interval **2** avstånd space; lucka gap

mellanskillnad *subst* difference

mellanstadium *subst*, ***mellanstadiet*** i grundskolan the intermediate level (department) of the 'grundskola'; se *grundskola*

mellanstorlek *subst* medium size

mellantid *subst* interval; ***under ~en*** in the meantime, meanwhile; sport. intermediate time
mellanting *subst*, ***ett ~ mellan...*** something between...
mellanvikt *subst* o. **mellanviktare** *subst* sport. middleweight
mellanvåg *subst* radio. medium wave
mellanöl *subst* medium-strong beer
Mellanöstern the Middle East
mellersta *adj* middle; ~ ***Sverige*** Central Sweden
melodi *subst* melody, tune
melodisk *adj* melodious
melodramatisk *adj* melodramatic
melon *subst* melon
melonskiva *subst* slice of melon
memoarer *subst pl* memoirs
memorandum *subst* memorandum (pl. vanligen memoranda)
men *konj* but
mena *verb* **1** åsyfta mean [*med* by]; ***det ~r du väl inte!*** you don't say! **2** anse think [*om* of]
menande *adj* meaning, significant
mened *subst*, ***begå ~*** commit perjury
menig *subst* mil. private
mening *subst* **1** åsikt opinion [*om* of, about]; ***säga sin ~ rent ut*** speak one's mind **2** avsikt intention; syfte purpose; ***det var inte ~en*** ursäkt I didn't mean to; ***vad är ~en med det här?*** vad är det bra för what is the idea of this?; vad vill det här säga what is all this about? **3** innebörd sense; betydelse meaning; ***det är ingen ~ med att komma*** there is no point in coming **4** gram., sats sentence
meningsfull *adj* meaningful, purposeful
meningslös *adj* meaningless; oförnuftig senseless
meningsutbyte *subst* exchange of views
menisk *subst* anat. meniscus
menlös *adj* harmless; intetsägande vapid
Menorca Minorca
mens *subst* vard. o. **menstruation** *subst* period, menstruation; ***ha ~*** have one's period
mental *adj* mental
mentalitet *subst* mentality
mentalsjuk *adj* mentally ill
mentalsjukdom *subst* mental disease
mentalsjukhus *subst* mental hospital
mentol *subst* menthol
menuett *subst* musik. minuet
meny *subst* menu
mer o. **mera** *adj* o. *adv* more; ytterligare further; ***någon ~ gång*** another time; mera any more; ***jag träffade honom aldrig ~*** I never saw him again; ***ingen ~ än han såg det*** no one besides (except) him saw it; ***var det någon ~ som såg det?*** did anybody else see it?; ***han vet ~ än väl*** he knows perfectly well; ***med ~a*** etc.
meridian *subst* geogr. meridian
merit *subst* kvalifikation qualification; förtjänst merit
meritera *verb* qualify; ~ ***sig*** qualify, qualify oneself
merkantil *adj* commercial
Merkurius astron. el. mytol. Mercury
mersmak *subst*, ***det ger ~*** it whets the appetite, it makes you want more

> **mervärdesskatt**
> I England som i Sverige betalar man mervärdesskatt, moms, *VAT*, på de flesta varor. Undantagna är bl.a. mat och barnkläder. I USA bestämmer varje stat hur mycket man ska betala i skatt, *state tax*. Den måste alltid läggas på varans pris.

mervärdesskatt *subst* value-added tax, VAT
1 mes *subst* fågel titmouse (pl. titmice)
2 mes *subst* stackare namby-pamby, softy, wimp
mesig *adj* vard. namby-pamby, wimpish
mesost *subst* whey-cheese
Messias Messiah
mest I *adj* o. *subst* most, the most; 'mer än hälften av' most; ***det upptar den ~a tiden*** it takes up most of the time; ***det ~a av arvet*** the greater part of the inheritance; ***det ~a av vad som görs*** most of what is done; ***det ~a jag kan göra*** the most I can do
II *adv* **1** most, the most; ~ ***beundrad är hon för sin skönhet*** she is most admired for her beauty; ***en av våra ~ kända författare*** one of our best-known authors, one of our most well-known authors **2** för det mesta mostly, mainly; ***han fick ~*** huvudsakligen ***pengar*** he got chiefly money; ***som pojkar är ~*** just as boys generally are
mestadels *adv* mostly; till största delen for the most part; i de flesta fall in most cases

meta *verb* fish, angle for; ~ ***abborre*** angle for perch
metall *subst* metal
metallarbetare *subst* o. **metallare** *subst* vard. metal-worker
metallisk *adj* metallic
meteor *subst* meteor
meteorolog *subst* meteorologist, vard., t.ex. i tv weatherman, weather forecaster
meteorologi *subst* meteorology
meteorologisk *adj* meteorological
meter *subst* metre; ***två*** ~ ***tyg*** two metres of cloth
metersystem *subst*, ~***et*** the metric system
metervara *subst*, ***tyget finns i*** ~ the cloth is sold by the metre
metervis *adv* per meter by the metre
metod *subst* method
metodik *subst* metodlära methodology; metoder methods pl.
metodisk *adj* methodical
metodist *subst* Methodist
metrev *subst* fishing-line, line
metrik *subst* prosody
metrisk *adj* prosodic; rytmisk metrical
metronom *subst* musik. metronome
metspö *subst* fishing-rod, rod
Mexico Mexico
mexikan *subst* o. **mexikanare** *subst* Mexican
mexikansk *adj* Mexican; ***Mexikanska bukten*** the Gulf of Mexico
m.fl. (förk. för *med flera*) and others
mick *subst* vard., mikrofon mike
middag *subst* **1** tid noon, midday; ***god*** ~***!*** good afternoon!; ***i går*** ~ yesterday at noon **2** måltid dinner; ***sova*** ~ have an afternoon nap, have a siesta; ***äta*** ~ ***ute*** borta dine out; ***äta fisk till*** ~ have fish for dinner
middagsbjudning *subst* dinner party
middagsbord *subst* dinner table
middagstid *subst*, ***vid*** ~ a) at dinner-time b) vid 12-tiden at noon
midja *subst* waist; markerad waistline; ***ha smal*** ~ have a slim waistline
midjeväska *subst* vard. bum bag, amer. fanny pack
midnatt *subst* midnight; ***vid*** ~ at midnight
midnattssolen *subst* the midnight sun
midsommar *subst* midsummer; som helg Midsummer; ***i*** ~ this midsummer, at midsummer
midsommarafton *subst* Midsummer Eve
midsommardag *subst* Midsummer Day
midsommarstång *subst* maypole
midvinter *subst* midwinter
mig *pron* me; ***han tog*** ~ ***i armen*** he took my arm; ***en vän till*** ~ a friend of mine; ***kom hem till*** ~***!*** come round to my place!; ***jag var utom*** ~ I was beside myself
Migrationsverket *subst* the Swedish Immigration Board
migrän *subst* migraine
mikra *verb* vard. microwave
mikro *subst* vard. kortform för *mikrovågsugn* microwave
mikrofilm *subst* microfilm
mikrofon *subst* microphone, vard. mike
mikroskop *subst* microscope
mikrovågshuvud *subst* tv. LNB (förk. för *low-noise block converter*)
mikrovågsugn *subst* microwave oven, microwave
mil *subst*, ***en*** ~ ten kilometres, eng. motsvarighet ungefär six miles; ***engelsk*** ~ mile
mild *adj* mild; om t.ex. färg, regn soft; lindrig, om t.ex. straff light; om t.ex. röst, sätt gentle
mildra *verb* lindra mitigate; t.ex. smärta alleviate; t.ex. straff reduce
milis *subst* militia
militant *adj* militant
militarism *subst* militarism
militär I *subst* **1** soldat serviceman; i armén soldier; ***en hög*** ~ a high-ranking officer; ***bli*** ~ join the armed forces **2** krigsmakten, ~***en*** the military pl., the army
II *adj* military
militärbas *subst* military base
militärtjänst *subst* military service
miljard *subst* billion; ***två*** ~***er*** two billion
miljon *subst* million; ***två*** ~***er*** two million
miljonaffär *subst* transaction involving millions
miljondel *subst* millionth; se *femtedel* för ex.
miljontals *adv*, ~ ***människor*** millions of people
miljonär *subst* millionaire
miljö *subst* yttre förhållanden environment; omgivning surroundings pl.; ***förstöra*** ~***n*** destroy the environment, pollute the environment

midsommar
Midsommar firas normalt inte i England och USA. Man kan därför behöva ge en förklaring när man talar om det svenska midsommarfirandet.

miljöaktivist *subst* environmentalist, vard. neds. ecofreak
miljöbrott *subst* environmental crime
miljödepartement *subst* ministry of the environment
miljöfarlig *adj*, ***vara*** ~ be harmful to the environment, be ecologically harmful; ***~t avfall*** hazardous waste
miljöförstöring *subst* environmental pollution
miljökatastrof *subst* environmental disaster
miljöminister *subst* minister of the environment
miljöombyte *subst* change of environment, change of surroundings
miljöparti *subst* polit. environmental party
Miljöpartiet de Gröna *subst* polit. the Green Party [in Sweden]
miljöpolitik *subst* environmental policy
miljöskadad *adj* **1** ***vara*** ~ be harmed by one's environment **2** missanpassad maladjusted
miljövård *subst* environmental control
miljövänlig *adj* environment-friendly, ecofriendly
millibar *subst* millibar
milligram *subst* milligram, milligramme
milliliter *subst* millilitre
millimeter *subst* millimetre
milstolpe *subst* milestone
mima *verb* mime; till inspelat ljud lip-synch
mimik *subst* facial expressions pl.
mimosa *subst* blomma mimosa
1 min (*mitt, mina*) *pron* my; självst. mine; ***Mina damer och herrar!*** Ladies and Gentlemen!; ***jag har gjort mitt*** I have done my part (bit); ***jag och de ~a*** me and my family (my people)
2 min *subst* ansiktsuttryck expression; uppsyn air; utseende look; ***göra ~er*** grimasera make faces [*åt ngn* at sb], pull faces [*åt ngn* at sb]; ***hålla god ~ i elakt spel*** grin and bear it
mina *subst* mine
mindervärdig *adj* inferior
mindervärdighet *subst* inferiority
mindervärdighetskomplex *subst* inferiority complex
minderårig I *adj* omyndig, ***vara ~a*** be under age
II *subst*, ***en*** ~ a minor; ***~a*** juveniles
mindre I *adj* smaller; kortare shorter; ringare less; obetydlig slight; ***Mindre Asien*** Asia Minor; ***av ~ betydelse*** of minor importance; jämförande of less importance; ***det kostar en ~ förmögenhet*** it costs a small fortune
II *adj* o. *adv* motsats: mera less; ***där var*** ~ färre ***bilar än här*** there were fewer cars than here; ***ingen ~ än statsministern*** no less a person than the prime minister; ***det är ~ troligt*** it is not very likely
minera *verb* mine
mineral *subst* mineral
mineralriket *subst* the mineral kingdom
mineralvatten *subst* mineral water
mingla *verb* mingle, mingle with people
miniatyr *subst* miniature
minigolf *subst* miniature golf
minimal *adj* extremely small, minimal
minimibelopp *subst* minimum amount
minimum *subst* minimum
minior *subst* o. **miniorscout** *subst* flicka Brownie, Brownie Guide; pojke Cub, Cub Scout
miniräknare *subst* pocket calculator
minister *subst* minister
ministär *subst* ministry, cabinet
mink *subst* djur el. päls mink
minkpäls *subst* mink coat
minnas *verb* remember; erinra sig recollect, recall; ***om jag minns rätt*** el. ***om jag inte minns fel*** if I remember rightly
minne *subst* **1** memory äv. dators; hågkomst recollection; ***~n*** memoarer memoirs; ***jag har inget ~ av att jag gjorde det*** I can't remember doing it; ***ha (hålla) ngt i ~t*** bear sth in mind; ***lägga ngt på ~t*** komma ihåg remember sth; ***till ~ (minnet) av*** in memory of, in remembrance of **2** souvenir souvenir, keepsake
minnesanteckning *subst* memorandum (pl. memoranda)
minnesbeta *subst*, ***ge ngn en*** ~ teach sb a lesson that he (she) won't forget
minnesförlust *subst* loss of memory, amnesia
minnesgåva *subst* souvenir, keepsake
minneslista *subst* memorandum (pl. memoranda), check list; till inköp shopping list
minnesmärke *subst* **1** minnesvård memorial [*över* to], monument [*över* to] **2** från det förgångna relic, ancient monument
minnesvärd *adj* memorable [*för* to]
minoritet *subst* minority; ***vara i*** ~ be in a minority
minoritetsparti *subst* minority party
minsann *adv* sannerligen certainly, indeed
minska *verb* **1** göra mindre reduce [*med* by]; skära ned cut down [*med* by]; förminska decrease [*med* by]; sänka lower **2** bli mindre decrease, lessen, diminish; sjunka decline; ~ ***5 kilo i vikt*** go down 5 kilos in weight

minskas *verb* se *minska*
minskning *subst* reduction [*av, i* of, in], decrease [*av, i* of, in]; nedskärning cut [*av* in]
minst I *adj* **1** motsats: störst smallest; kortast shortest; obetydligast slightest **2** motsats: mest least, the least; motsats: flest fewest, the fewest; ***han fick*** ~ he got least, he got the least; ***där det finns*** ~ ***bilar*** where there are fewest cars **3** ***det*** ~***a du kan göra är att...*** the least you can do is to...; ***jag begrep inte det*** ~***a*** I didn't understand a thing; ***inte det*** ~***a*** not in the least
II *adv* least; åtminstone at least; ***när man*** ~ ***väntar det*** when you least expect it; ~ ***sagt*** to say the least
minsvepning *subst* minesweeping
minsökare *subst* mine detector
mint *subst* smakämne mint
minus I *subst* **1** minus **2** underskott deficit [*på* of]
II *adv* minus; med avdrag av less
minusgrad *subst*, ***fem*** ~***er*** five degrees below zero
minustecken *subst* minus sign
minut *subst* minute; ***i sista*** ~***en*** at the last minute
minutiös *adj* meticulous; detaljerad minute, elaborate
minutvisare *subst* minute hand
mirakel *subst* miracle
mirakulös *adj* miraculous
miserabel *adj* miserable, wretched
miss *subst* misslyckande miss
missa *verb* miss
missanpassad *adj* maladjusted
missbelåten *adj* dissatisfied, displeased
missbelåtenhet *subst* dissatisfaction, displeasure
missbildning *subst* lyte deformity
missbruk *subst* abuse
missbruka *verb* abuse; t.ex. alkohol, narkotika be addicted to
missbrukare *subst* av alkohol alcoholic; av narkotika drug addict
missfall *subst*, ***få*** ~ have a miscarriage
missfoster *subst* abortion
missfärga *verb* discolour, stain
missförhållande *subst* **1** ~***n*** unsatisfactory state of things sing.; dåliga förhållanden bad conditions pl.; ***sociala*** ~***n*** social evils
missförstå *verb* misunderstand
missförstånd *subst* misunderstanding
missgynna *verb*, ~ ***ngn*** treat sb unfairly, be unfair to sb; ***en*** ~***d grupp*** a disadvantaged group
misshandel *subst* maltreatment; ***utsätta för*** ~ maltreat, assault, batter
misshandla *verb* **1** maltreat **2** kroppsligt maltreat, assault **3** om t.ex. barn, kvinnor maltreat, batter
missil *subst* missile äv. mil.
mission *subst* mission
missionär *subst* missionary
missköta *verb* **1** mismanage **2** försumma neglect; ***hon missköter sig*** a) sin hälsa she is neglecting her health b) sitt arbete she is neglecting her work
missleda *verb* mislead
misslyckad *adj* unsuccessful; ***vara*** ~ be a failure
misslyckande *subst* failure; fiasko fiasco (pl. -s)
misslyckas *verb* fail [*med* in; *med att göra ngt* to do sth]; ~ ***kapitalt*** fail miserably
missmodig *adj* downhearted, dejected
missnöjd *adj* dissatisfied; stadigvarande discontented
missnöje *subst* dissatisfaction [*över* at], displeasure [*över* at]; stadigvarande discontent [*över* at]; ogillande disapproval [*med* of]
missräkning *subst* disappointment [*över* at]
missta *verb*, ~ ***sig*** make a mistake; ***om jag inte*** ~***r mig*** if I'm not mistaken; ~ ***sig på*** misjudge
misstag *subst* mistake, error; förbiseende oversight; ***av*** ~ by mistake
misstanke *subst* suspicion; ***hysa*** (***fatta***) ***misstankar mot*** suspect; ***väcka misstankar*** arouse suspicion
misstolka *verb* misinterpret
misstro I *verb* distrust; tvivla på doubt
II *subst* distrust [*till, mot* of]
misstroendevotum *subst*, ***ställa*** ~ move a vote of no confidence
misstrogen *adj* distrustful
misströsta *verb* despair [*om* of]
misstycka *verb*, ***om du inte misstycker*** if you don't mind
misstänka *verb* suspect [*för* of]
misstänksam *adj* suspicious [*mot* of]
misstänksamhet *subst* suspicion; egenskap suspiciousness
misstänkt I *adj* **1** suspected [*för* of] **2** tvivelaktig suspicious
II *subst*, ***en*** ~ a suspect
missunna *verb* grudge, begrudge; avundas envy
missuppfatta *verb* misunderstand

missuppfattning *subst* misunderstanding
missvisande *adj* misleading, deceptive
missväxt *subst* crop failure; ***vi befarar*** ~ we fear there will be a bad harvest
missämja *subst* dissension, discord, bad feeling
missöde *subst* mishap; ***tekniskt*** ~ technical hitch; ***genom ett*** ~ en olycklig slump by mischance
mista *verb* lose
miste *adv* wrong; ***ta*** ~ make a mistake; ***gå*** ~ ***om*** miss

> **mistel**
> I England och USA hänger man ofta upp en mistelkvist, *mistletoe*, till jul. Enligt tradition får man kyssa den person av motsatt kön som man möter under misteln.

mistel *subst* växt mistletoe
misär *subst* nöd extreme poverty
1 mitt *pron* se *1 min*
2 mitt I *subst* middle; centrum centre
II *adv*, ~ ***emellan*** half-way between; ~ ***emot*** just opposite; ~ ***framför*** el. ~ ***för*** just in front [*ngt* of sth]; ~ ***för ögonen på ngn*** right before sb's eyes; ~ ***i*** in the middle; ~ ***i ngt*** in the middle of sth; ~ ***ibland oss*** in our midst; ***dela ngt*** ~ ***itu*** divide into two equal parts, divide in half; ~ ***på*** (***under, uppe i***) in the middle of; ~ ***över gatan*** straight across the street
mittbena *subst* parting (amer. part) down the middle
mitterst *adv* in the middle [*i* of], in the centre [*i* of]
mittersta *adj*, ~ ***raden*** el. ***den*** ~ ***raden*** the middle row
mittfältare *subst* sport. midfielder
mittfältsspelare *subst* sport. midfielder
mittpunkt *subst* centre
mix *subst* kok. mix
mixer *subst* kok. el. t.ex radio. mixer
mixtra *verb*, ~ ***med*** knåpa potter with, tinker with
mjuk *adj* soft; t.ex. om handlag gentle; mör tender; smidig lithe, flexible
mjuka *verb*, ~ ***upp ngt*** göra mjuk make sth soft, soften sth; ~ ***upp*** t.ex. sina muskler limber up
mjukglass *subst* soft ice cream
mjuklanda *verb* make a soft landing
mjukna *verb* soften, become soft, grow soft
mjukost *subst* soft cheese
mjukplast *subst* non-rigid plastic
mjukvara *subst* data. software
mjäkig *adj* sloppy; om t.ex. pojke namby-pamby
mjäll *subst* i håret dandruff; ***ha*** ~ have dandruff
mjälte *subst* anat. spleen
mjöl *subst* vetemjöl flour
mjölig *adj* floury; ~ ***potatis*** mealy potatoes
mjölk *subst* milk
mjölka *verb* milk
mjölkchoklad *subst* milk chocolate
mjölke *subst* hos fisk milt, soft roe
mjölkpaket *subst* milk carton; paket mjölk carton of milk
mjölktand *subst* milk tooth
m.m. (förk. för *med mera*) and so on; och andra saker and other things
mobb *subst* mob

> **mobba**
> Lägg märke till att *mob* inte används i betydelsen mobba.

mobba *verb* i skola bully; mera allm. victimize, vard. gang up on
mobbning *subst* i skola bullying; mera allm. victimization, vard. ganging up on
mobil *subst* vard., telefon mobile
mobilisera *verb* mobilize
mobilisering *subst* mobilization
mobiltelefon *subst* mobile phone, cellphone, amer. cellular phone, cellphone
mocka *subst* **1** kaffe mocha **2** skinn suede
mockajacka *subst* suede jacket
mockasin *subst* moccasin
mod *subst* courage, vard. bottle; ***fatta*** ~ pluck up courage; ***förlora*** ~***et*** lose heart, be discouraged; ***känna sig väl till*** ~***s*** feel at ease; ***vara vid gott*** ~ be in good spirits
modd *subst* slush
mode *subst* fashion; 'fluga' rage, craze; ***en författare på*** ~***t*** a fashionable author
modefluga *subst* passing fashion, fad; ***det har blivit en*** ~ it has become all the rage
modehus *subst* fashion house
modell *subst* model; ***sitta*** (***stå***) ~ pose
1 modellera *subst* modelling clay; plastiskt material plasticine
2 modellera *verb* model
modem *subst* data. modem

modemedveten *adj* fashion-conscious
moder *subst* mother; ***Moder jord*** Mother Earth
moderat I *adj* måttlig moderate; skälig reasonable; polit. Conservative
II *subst*, ***~erna*** the Moderate Party, the Swedish Conservative Party
moderbolag *subst* parent company
moderkaka *subst* placenta
moderlig *adj* motherly; som tillkommer en mor maternal
moderlighet *subst* motherliness
modern *adj* nutida modern, contemporary; tidsenlig up to date; på modet fashionable; ***~ lägenhet*** flat (apartment) with modern conveniences (vard. with mod cons)
modernisera *verb* modernize
modersbunden *adj*, ***vara ~*** have a mother fixation
modersfixering *subst* mother fixation
moderskap *subst* motherhood, maternity
moderskapspenning *subst* maternity allowance
moderskärlek *subst* maternal love, a mother's love
modersmjölk *subst* mother's milk, breast milk
modersmål *subst* mother tongue
modeskapare *subst* stylist
modetidning *subst* fashion magazine
modevisning *subst* fashion show
modfälld *adj* discouraged, disheartened
modifiera *verb* modify
modifikation *subst* modification
modig *adj* courageous, plucky, brave
modist *subst* milliner, modiste
modul *subst* module
mogen *adj* mature; om t.ex. frukt ripe; ***vid ~ ålder*** at a mature age; ***~ för*** ripe for, ready for
mogna *verb* mature; om t.ex. frukt ripen
mognad *subst* maturity; om t.ex. frukt ripeness
mojna *verb* lull, slacken
Moldavien 1 staten Moldova **2** Moldavia
molekyl *subst* molecule
moll *subst* musik. minor; ***gå i ~*** be in the minor key
moln *subst* cloud
molnfri *adj* cloudless
molnig *adj* cloudy, overcast
molntäcke *subst*, ***lättande ~*** decreasing cloud
moment *subst* faktor element, factor; punkt point, item; stadium stage
momentan *adj* momentary
moms *subst* VAT, value-added tax
monark *subst* monarch
monarki *subst* monarchy
mongol *subst* Mongol, Mongolian
Mongoliet Mongolia
mongolisk *adj* Mongolian
mongoloid *subst* med. mongoloid
monitor *subst* monitor
monogam *adj* monogamous
monogami *subst* monogamy
monogram *subst* monogram
monokel *subst* monocle
monolog *subst* monologue, soliloquy
monopol *subst* monopoly [*på* of]; ***ha ~*** have a monopoly
Monopol® *subst* sällskapsspel Monopoly®
monopolisera *verb* monopolize
monoton *adj* monotonous
monster *subst* monster
monsun *subst* monsoon
montan *subst* vard., mens period
monter *subst* **1** showcase, display case **2** utställningsutrymme stand
montera *verb* mount; t.ex. bil, radio assemble; ***~ in*** fit in, install; ***~ ned*** dismantle, dismount
montering *subst* mounting; inmontering installation; av t.ex. bil, radio assembly
monteringsfärdig *adj* prefabricated
montör *subst* fitter; av t.ex. bil, radio assembler
monument *subst* monument
monumental *adj* monumental
moped *subst* moped
mopedist *subst* moped rider
mopp *subst* mop
moppa *verb* mop
moppe *subst* vard., moped moped
mops *subst* pug, pug dog
mor *subst* mother, vard. mum, ma, barnspr. mummy, amer. mom; ***~s dag*** Mother's Day; ***bli ~*** become a mother; ***hon är ~ till…*** she is the mother of…
moral *subst* **1** etik ethics sing.; moraluppfattning morality (endast sing.); seder morals pl. **2** anda, spec. stridsmoral morale (endast sing.)
moralisera *verb* moralize [*över* on]
moralisk *adj* moral; etisk ethical
morbror *subst* uncle, maternal uncle
mord *subst* murder [*på* of]
mordbrand *subst* arson; ***anstifta ~*** commit arson
mordförsök *subst* attempted murder
morfar *subst* grandfather, maternal grandfather, vard. grandpa, granddad; ***~s***

far great-grandfather; *~s mor* great-grandmother
morfin *subst* med. morphine
morföräldrar *subst pl*, ***mina*** ~ my grandparents, my grandparents on my mother's side
morgon *subst* motsats: kväll morning; gryning dawn; ***god*** *~!* good morning!; ***i*** ~ tomorrow; ***i*** ~ ***bitti*** tomorrow morning; ***om*** (***på***) *~**en*** in the morning
morgondag *subst*, *~**en*** tomorrow
morgonkaffe *subst* early morning coffee
morgonluft *subst* morning air; ***vädra*** ~ el. ***börja vädra*** ~ begin to see one's chance
morgonpigg *adj*, ***vara*** ~ a) inte sömnig be alert in the morning b) morgontidig be an early riser
morgonrock *subst* dressing gown
morgonstund *subst*, ~ ***har guld i mund*** the early bird catches the worm
morgontidning *subst* morning paper
morkulla *subst* fågel woodcock
mormon *subst* Mormon
mormonsk *adj* Mormon
mormor *subst* grandmother, maternal grandmother, vard. grandma, granny; *~**s far*** great-grandfather; *~**s mor*** great-grandmother
morot *subst* carrot
morra *verb* growl [*åt* at], snarl [*åt* at]
morrhår *subst pl* whiskers
morsa *subst* vard. mum, ma, amer. mom
morse *subst*, ***i*** ~ this morning; ***i går*** ~ yesterday morning
morsealfabet *subst* Morse alphabet, Morse code
morsgris *subst* vard., kelgris mother's darling
morsk *adj* kavat self-assured; kaxig cocky, stuck-up
mortel *subst* mortar
mortelstöt *subst* pestle
mos *subst* kok. mash; av äpplen sauce
mosa *verb* **1** ~ ***ngt*** el. ~ ***sönder ngt*** reduce sth to pulp **2** tillintetgöra crush completely, sport. beat completely **3** ~ ***sig*** pulp
mosaik *subst* mosaic
mosaisk *adj* relig. Mosaic
mosig *adj* mosad pulpy
moské *subst* mosque
moskit *subst* insekt mosquito (pl. -es)
Moskva Moscow
mossa *subst* moss
moster *subst* aunt, maternal aunt
mot *prep* **1** i riktning mot towards; ***gränsen*** ~ ***Finland*** the Finnish border; ***hålla upp*** ~ ***ljuset*** hold up to the light; ***rusa*** ~ ***dörren*** dash to the door; ***skjuta*** ~ shoot at **2** i fråga om inställning: to, towards; ***grym*** ~ cruel to; ***vänlig*** ~ kind to **3** för att beteckna motstånd, kontrast, motsvarighet against, for; ***tabletter*** ~ ***huvudvärk*** headache tablets; ***göra ngt*** ~ ***betalning*** do sth for money
mota *verb* **1** ~ spärra vägen för ***ngn*** (***ngt***) bar the way for sb (sth), block the way for sb (sth) **2** fösa drive; ~ ***bort*** drive away
motanfall *subst* o. **motangrepp** *subst* counterattack; ***gå till*** ~ counterattack
motarbeta *verb* **1** sätta sig upp mot oppose **2** motverka counteract; bekämpa combat
motbjudande *adj* repugnant [*för* to], stark. repulsive [*för* to]
motell *subst* motel; ***bo på*** ~ stay in a motel
motgift *subst* antidote [*mot* against, for]
motgång *subst* misfortune; bakslag reverse, setback
motion *subst* **1** kroppsrörelse exercise **2** förslag motion [*om* for]; lagförslag bill [*i* on; *om* for]
motionera *verb* take exercise
motionscykel *subst* exercise bike
motionsgymnastik *subst* keep-fit exercises pl.; ***gå på*** ~ go to keep-fit classes
motionsslinga *subst* o. **motionsspår** *subst* jogging track
motiv *subst* bevekelsegrund motive [*för, till* for, of]; skäl reason [*för* for]
motivation *subst* motivation [*för* of]
motivera *verb* **1** utgöra skäl för give cause for; rättfärdiga justify, explain; ~ ***ditt svar*** give reasons for your answer **2** skapa lust för motivate
motivering *subst* berättigande justification [*för* for], explanation [*för* for]; angivande av skäl statement of one's reasons [*för* for]
motkandidat *subst* rival candidate
motocross *subst* motocross
motoffensiv *subst* counter-offensive
motor *subst* förbränningsmotor engine, motor; elektrisk motor
motorbåt *subst* motorboat
motorcykel *subst* motorcycle, vard. motorbike
motorcyklist *subst* motorcyclist
motordriven *adj* motor-driven
motorfel *subst*, ***få*** ~ get engine trouble
motorfordon *subst* motor vehicle
motorfordonsförsäkring *subst* motor vehicle insurance
motorförare *subst* motorist, driver
motorgräsklippare *subst* power lawnmower
motorhuv *subst* bonnet, amer. hood
motorism *subst* motoring

motorstopp *subst*, ***jag fick*** ~ tillfälligt my car stalled; bilen gick sönder my car broke down
motorstyrd *adj*, ~ ***parabolantenn*** motorized dish
motorstyrka *subst* engine power
motorsåg *subst* chain saw
motortrafikled *subst* ungefär main arterial road, major road
motortävling *subst* motor race
motorväg *subst* motorway, amer. expressway, freeway
motorvärmare *subst* engine pre-heater
motpart *subst* opponent; ~***en*** the other side
motprestation *subst* service in return
motsats *subst* opposite [*mot, till* of], contrary [*mot, till* of]; ***vara raka ~en*** be quite the opposite; ***stå i skarp ~ till ngt*** form a sharp contrast to sth; ***i ~ till mig är han***... unlike me he is...
motsatt *adj* opposite, contrary; ***det ~a könet*** the opposite sex; ~***a åsikter*** opposed views
motsols *adv* anti-clockwise
motspelare *subst* sport. opponent
motstridig *adj* conflicting, contradictory
motstycke *subst*, ***det saknar*** ~ el. ***det är utan*** ~ it is without precedent, it is unique
motstå *verb* resist, withstand
motstående *adj* opposite
motstånd *subst* resistance, opposition; ***göra ~ mot*** offer resistance to; ***möta starkt*** ~ meet with strong resistance
motståndare *subst* opponent [*till* of]; ***vara ~ till*** be an opponent
motståndskraft *subst* resistance [*mot* to], power of resistance [*mot* to]
motståndskraftig *adj* resistant [*mot* to]
motsvara *verb* **1** correspond to; t.ex. beskrivningen answer, answer to **2** t.ex. krav fulfil, come up to; vara likvärdig med be equivalent to
motsvarande *adj* corresponding; jämgod equivalent
motsvarighet *subst* överensstämmelse correspondence; motstycke counterpart [*till* to, of], opposite number
motsäga *verb* contradict
motsägande *adj* contradictory
motsägelse *subst* contradiction
motsätta *verb*, ~ ***sig*** oppose
motsättning *subst* opposition; fientligt förhållande antagonism; ***stå i ~ mot*** (***till***) be in contrast to
motta *verb* receive
mottagande *subst* **1** reception **2** hand. receipt; ***vid ~t av*** on receipt of
mottagare *subst* person el. apparat receiver
mottaglig *adj* susceptible [*för* to]
mottagning *subst* **1** reception **2** läkarmottagning, lokal surgery, amer. office; ***doktorn har ~ varje dag*** the doctor has his surgery (hos t.ex. psykiater consulting) hours every day
mottagningsrum *subst* läkares surgery
mottagningstid *subst* visiting hours, consulting hours; läkares surgery hours
motto *subst* motto (pl. -es el. -s)
moturs *adv* anti-clockwise
motverka *verb* motarbeta counteract; hindra obstruct
motvikt *subst* counterbalance [*mot, till* to]
motvilja *subst* olust dislike [*mot* of, for]
motvillig *adj* reluctant
motvillighet *subst* reluctance
motvind *subst* **1** headwind; ***ha*** ~ have the wind against one **2** ***segla i*** ~ be fighting a losing battle
motåtgärd *subst* countermeasure
mountainbike *subst* mountainbike
mousse *subst* **1** kok. mousse **2** hårmousse mousse
moussera *verb* sparkle; ~***nde vin*** sparkling wine
MP3-spelare *subst* data. el. musik. MP3-player
1 mucka *verb* vard., ~ ***gräl*** pick a quarrel
2 mucka *verb* vard. mil. be demobbed
muffins *subst* muffin
mugg *subst* mug, cup
Muhammed Mohammed
muhammedan *subst* Mohammedan
mula *subst* mule
mule *subst* muzzle
mulen *adj* overcast, cloudy
mullbär *subst* frukt mulberry
muller *subst* rumble
mullig *adj* plump
mullra *verb* rumble, roll
mullvad *subst* djur el. hemlig agent mole
mulna *verb* cloud over, become overcast
mul- och klövsjuka *subst* foot-and-mouth disease
multilateral *adj* multilateral
multimedia *subst pl* multimedia
multinationell *adj* multinational
multiplicera *verb* multiply [*med* by]
multiplikation *subst* multiplication
multiplikationstabell *subst* multiplication table
multna *verb* moulder, amer. molder; decay

mumie *subst* mummy
mumla *verb* mumble; muttra mutter
mums I *interj* vard., *~!* yum-yum!
II *subst* vard., ***det smakar ~!*** it's yummy!
mumsa *verb* vard. munch; ***~ på ngt*** el. ***~ i sig ngt*** munch sth
mumsig *adj* vard. delicious, yummy
mun *subst* mouth; ***hålla ~*** keep quiet, vard. shut up; ***dra på ~nen*** smile slightly; ***prata bredvid ~*** let the cat out of the bag; ***tala i ~nen på varandra*** speak at the same time; ***vara stor i ~*** talk big
München Munich
mungipa *subst* corner of one's mouth
munk *subst* **1** person monk **2** bakverk doughnut
munkavle *subst* o. **munkorg** *subst* muzzle; ***sätta ~ på*** muzzle, gag
mun-mot-munmetoden *subst* the mouth-to-mouth method, the kiss of life
munsbit *subst* mouthful; tugga morsel
munspel *subst* mouth organ
munstycke *subst* mouthpiece; på cigarett tip; på slang etc. nozzle
munsår *subst* sore on the lips, cold sore
munter *adj* merry; glättig cheerful
muntlig *adj* oral; om t.ex. överenskommelse verbal
muntra *verb*, ***~ upp ngn*** cheer sb up
munvatten *subst* mouthwash
mur *subst* wall
mura *verb*, ***~ ngt*** bygga (av tegel) build sth of brick; ***~ igen*** (***till***) wall up; med tegel brick up
murare *subst* bricklayer; spec. stenmurare mason
murbruk *subst* mortar
murgröna *subst* växt ivy
murken *adj* decayed, stark. rotted
murkla *subst* svamp morel
mus *subst* mouse (pl. mice)
museum *subst* museum, för konst museum, gallery
musik *subst* music
musikal *subst* musical
musikalisk *adj* musical
musikant *subst* musician, music-maker
musiker *subst* musician
musikinstrument *subst* musical instrument
musikkår *subst* band; större orchestra
musikstycke *subst* piece of music
musikvideo *subst* music video
musiköra *subst*, ***ha ~*** have a good ear for music
muskel *subst* muscle
muskelknutte *subst* vard. muscle-man, man mountain
muskelsträckning *subst*, ***få en ~*** pull a muscle
muskot *subst* krydda nutmeg
muskulatur *subst* muscles pl.
muskulös *adj* muscular
müsli *subst* muesli, amer. Granola®
muslim *subst* Muslim
muslimsk *adj* Muslim
musmatta *subst* data. mouse mat, amer. mouse pad
Musse Pigg seriefigur Mickey Mouse
mussla *subst* mussel
must *subst* **1** av äpplen juice **2** ***suga ~en ur ngn*** wear sb out, exhaust sb
mustasch *subst* moustache; ***skaffa sig ~*** grow a moustache
mustig *adj* **1** kraftig, närande rich **2** om t.ex. historia racy, juicy
muta *verb* bribe
mutor *subst pl* bribes
mutter *subst* tekn. nut
muttra *verb* mutter
MVG (förk. för *mycket väl godkänd*) skol., se *godkänna 3*
Myanmar Myanmar
mycken (*mycket; myckna*) *adj* omedelbart före subst. **1** much, framför eng. subst. i pl. many **2** en hel del a great deal of, a good deal of; framför eng. subst. i pl. a great many **3** fullt med plenty; ***efter ~ diskussion*** after a great deal of discussion; ***det var mycket folk på mötet*** there were many people at the meeting; ***vara till ~ nytta*** be of great use
mycket *adv* **1** före adj. i positiv form very, very much; ***~ söt*** very pretty; ***~ rädd*** very much afraid; ***~ lik*** very much alike **2** före adj. i komparerad form much; ***~ sötare*** much prettier; ***~ vackrare*** much more beautiful; ***så ~ bättre*** all the better, so much the better; ***~ färre fel*** far fewer mistakes **3** före adv. very, very much; ***det är ~ möjligt*** it is quite possible **4** i övriga fall, ***det görs ~ för barnen*** much is done for children; ***hon är ~ över femtio*** she is well over fifty; ***det är ~ hans fel*** it is his fault to a great extent; ***jag beklagar ~ att...*** I very much regret that...; ***boken innehåller ~ av intresse*** the book contains much that is interesting; ***en gång för ~*** once too often; ***koka ngt för ~*** boil sth too long; ***hur ~ fick han?*** how much did he get?; ***hur ~ jag än försöker*** however much I try; ***lika ~*** as much; ***lika ~ till*** as much again; ***så ~ fick jag inte*** I didn't get as much as that; ***det gör inte så***

~ it doesn't matter very much; ***inte så ~ som ett öre*** not so much as an öre; ***utan att så ~ som svara*** without even answering

mygel *subst* vard. wangling, fiddling, wire-pulling

mygga *subst* stickmygga mosquito (pl. -es el. -s)

myggbett *subst* mosquito bite

mygla *verb* vard., fiffla wangle, fiddle, gå bakvägar, intrigera use underhand means, pull wires

myglare *subst* vard. wangler, fiddler, wire-puller

mylla *subst* mould, amer. mold; earth

myller *subst* swarm, crowd, throng

myllra *verb* swarm [*av* with]

myndig *adj* **1** ***bli ~*** come of age; ***uppnå ~ ålder*** reach one's majority **2** befallande authoritative

myndighet *subst* authority; ***~erna*** the authorities

myndighetsperson *subst* person in authority

mynna *verb*, ~ ***i*** el. ~ ***ut i*** a) om flod etc. fall into; om gata etc. lead to b) end in; ***~ ut i intet*** come to nothing

mynning *subst* mouth; på vapen muzzle

mynt *subst* coin; ***slå ~ av*** make capital out of

mynta *subst* växt mint

myntinkast *subst* på automat slot

myr *subst* bog, swamp

myra *subst* ant

myrstack *subst* ant-hill

myrten *subst* växt myrtle

mysa *verb* **1** smile contentedly **2** ha det skönt be enjoying oneself

mysig *adj* vard., trivsam nice and cosy, groovy; om person sweet, nice; ***ha det ~t*** feel nice and cosy

mysk *subst* musk

myskoxe *subst* musk ox

mysterium *subst* mystery

mystiker *subst* mystic

mystisk *adj* **1** gåtfull mysterious **2** relig. mystic

myt *subst* myth [*om* of]

myteri *subst* mutiny; ***göra ~*** mutiny

mytologi *subst* mythology

1 må *verb* känna sig be, feel; ***hur ~r du?*** how are you?; ***jag ~r bra*** I feel fine; ***~ så gott!*** keep well!

2 må *hjälpverb*, ***vad som än ~ hända*** whatever may happen; ***det ~ vara hänt!*** all right!

måfå *subst*, ***på ~*** at random

måg *subst* son-in-law (pl. sons-in-law)

måhända *adv* maybe

1 mål *subst*, ***har du inte ~ i mun?*** haven't you got a tongue in your head?; ***sväva på ~et*** hum and haw, be evasive

2 mål *subst* jur. case

3 mål *subst* måltid meal; ***ett ~ mat*** a meal

4 mål *subst* **1** i bollspel goal; ***göra ett ~*** score a goal **2** vid kapplöpning etc. finish; spec. vid hästkapplöpning winning-post; ***komma (gå) i ~*** come in **3** vid skjutning mark; skottavla el. bombmål target **4** goal; syfte aim, purpose; ***skjuta över ~et*** overshoot the mark

måla *verb* **1** paint **2** ~ ***sig*** sminka sig make up

målare *subst* painter

målarfärg *subst* paint

målbrott *subst*, ***han är i ~et*** his voice is breaking

målbur *subst* goal

måleri *subst* painting

målföre *subst* voice; ***tappa ~t*** become speechless; ***återfå ~t*** recover oneself, recover one's composure

målgivande *adj*, ~ ***passning*** sport. assist

målinriktad *adj* purposeful, single-minded

mållinje *subst* sport. finishing-line; fotb. goal-line

mållös *adj* stum speechless [*av* with]

målmedveten *adj* purposeful, single-minded

målmedvetenhet *subst* purposefulness

målning *subst* painting

målskillnad *subst* goal difference

målsman *subst* förmyndare guardian; förälder parent

målsnöre *subst* finishing-tape

målstolpe *subst* goalpost

målsättning *subst* aim, purpose, goal

måltavla *subst* target [*för* of]

måltid *subst* meal

måltips *subst* high score matches pool

målvakt *subst* goalkeeper, vard. goalie, amer. goaltender

1 mån *subst*, ***i någon ~*** to some extent, to a certain degree

2 mån *adj*, ~ ***om*** angelägen om anxious about; aktsam med careful of; noga med particular about

månad *subst* month; ***en gång i ~en*** once a month; ***20 000 kr i ~en*** 20,000 kr a month, 20,000 kr per month; ***förra ~en*** last month; ***om en ~*** in a month, in a month's time

månadshyra *subst* monthly rent

månadsskifte *subst* turn of the month

månadssten *subst* birthstone

månadsvis *adv* monthly, by the month

månatlig *adj* monthly

månatligen *adv* monthly
måndag *subst* Monday; se *fredag* för ex.
måndagskväll *subst* Monday evening, senare Monday night; ***på ~arna*** on Monday evenings, on Monday nights
måne *subst* moon
månförmörkelse *subst* eclipse of the moon
många *pron* many; ***~ anser att...*** many people think that..., a great number of people think that...; ***ganska (rätt) ~*** quite a number, quite a lot; ***så ~ brev!*** what a lot of letters!
mångdubbel *adj*, ***mångdubbla värdet*** many times the value
mångfald *subst* stort antal ***en ~*** t.ex. plikter a great number of
mångfaldig *adj* manifold; skiftande diverse, varied
mångfaldiga *verb* multiply
månggifte *subst* polygamy
mångmiljonär *subst* multimillionaire
mångsidig *adj* **1** many-sided **2** om person all-round, versatile
mångårig *adj*, ***en ~ vänskap*** a long-standing friendship, a friendship of many years

månlandning
Den 20 juli 1969 genomförde astronauterna *Neil Armstrong* och *Edwin Aldrin* den första månlandningen. Då yttrade *Armstrong* de berömda orden när han tog sina första steg på månens yta:
That's one small step for a man, one giant leap for mankind.
Det är ett litet steg för en människa, men ett jättekliv för mänskligheten.

månlandning *subst* moon-landing
månlandskap *subst* lunar landscape
månresa *subst* trip to the moon
månsken *subst* moonlight
mård *subst* djur marten
mås *subst* gull
måste *hjälpverb*, ***han ~*** a) är tvungen he must; angivande 'yttre tvång' he has to; framtid he will have to, he is obliged to; framtid will be obliged to b) var tvungen att he had to, he was obliged to; ***jag ~*** kan inte låta bli att ***skratta*** I can't help laughing
mått *subst* measure [*på* of]; ***~et är rågat!*** I've had enough of it!; ***hålla ~et*** come up to expectations; ***ett visst ~ av respekt*** a certain amount of respect; ***ta ~ på ngn*** till en kostym take sb's measurements; ***av stora ~*** of great proportions; ***efter våra ~*** by our standards
måtta *subst* moderation; ***det är ingen ~ på vad han fordrar*** there is no limit to what he demands; ***med ~*** moderately
måttband *subst* measuring-tape
måttbeställd *adj*, ***en ~ kostym*** a suit made to measure, a custom-made suit
måtte *hjälpverb*, ***~ du aldrig ångra det!*** may you never regret it!; ***han ~ vara sjuk*** he must be ill; ***han ~ inte ha hört det*** he cannot have heard it
måttenhet *subst* unit of measurement
måttfull *adj* moderate; sansad sober
måttlig *adj* moderate
måttstock *subst* measure, standard
måttsystem *subst* system of measurement
mäkla *verb* medla mediate
mäklare *subst* **1** hand. broker **2** fastighetsmäklare estate agent, amer. real estate agent, realtor
mäktig *adj* **1** powerful; väldig tremendous, huge **2** om föda heavy
mängd *subst* **1** kvantum quantity, amount; antal number; mat. set; ***en stor ~ böcker*** a large number of books; ***en stor ~ te*** a large amount of tea; ***i riklig ~*** in abundance **2** ***~en*** folket, massan the crowd
människa *subst* man (pl. men); person person; mänsklig varelse human being; ***~n*** i allm. man; ***människor*** folk people; ***människorna*** mänskligheten mankind sing.; ***alla människor*** everybody sing.; ***ingen ~*** nobody; ***någon ~*** somebody, anybody; ***en gammal ~*** an old person; ***gamla människor*** old people; ***hur är han (hon) som ~?*** what is he (she) like as a person?
människokärlek *subst* love of mankind; kristlig kärlek charity
människoliv *subst* life, human life
människonatur *subst*, ~ el. ***~en*** human nature
människosläkte *subst*, ***~t*** the human race, mankind
människovän *subst* humanitarian
människovänlig *adj* humanitarian, humane
människovärdig *adj*, ***vara ~*** be fit for human beings
mänsklig *adj* **1** human **2** human, medmänsklig humane

mänsklighet *subst* **1** *~en* människosläktet mankind **2** humanitet humaneness
märg *subst* **1** benmärg marrow **2** bot. pith
märka *verb* **1** mark; lägga märke till notice, observe; ***märk att…*** note that…; ***skillnaden märks knappt*** the difference is hardly noticeable **2** ***märkt med rött*** marked in red
märkbar *adj* noticeable; uppenbar obvious
märke *subst* **1** mark; spår trace; ***ha ~n efter ngt*** show marks of sth; ***sätta ~ för*** put a mark against **2** fabrikat: t.ex. bils make; t.ex. kaffe, tobaks brand **3** klubbmärke etc. badge **4** ***lägga ~ till*** notice
märkesjeans *subst pl* designer jeans
märkesnamn *subst* proprietary name, brand name
märkesvaror *subst pl* proprietary products (goods); ***ledande ~*** brand leaders
märklig *adj* remarkable; egendomlig strange, odd; ***det var ~t!*** how extraordinary!
märkpenna *subst* marker
märkvärdig *adj* egendomlig strange; anmärkningsvärd remarkable; ***göra sig ~*** viktig make oneself important
mäss *subst* mess, lokal mess, messroom
mässa *subst* **1** kyrkl. mass; ***gå i ~n*** attend Mass **2** utställning fair, exhibition
mässing *subst* metall brass
mässingsinstrument *subst* brass instrument
mässingsorkester *subst* brass band
mässling *subst* measles
mästare *subst* master; sport. champion
mästarinna *subst* champion, woman champion
mästerlig *adj* masterly
mästerligt *adv* in a masterly way
mästerskap *subst* championship
mästerstycke *subst* o. **mästerverk** *subst* masterpiece
mäta *verb* measure; ***han kan inte ~ sig med…*** he cannot match…
mätare *subst* **1** meter **2** mätinstrument gauge
mätarställning *subst* meter reading; vägmätare mileage recording
mätbar *adj* measurable
mätinstrument *subst* measuring instrument
mätning *subst* mätande measuring; ***göra ~ar*** take measurements, make measurements
mätt *adj*, ***jag är ~, tack*** I simply couldn't eat another thing, I've had enough, thanks; ***äta sig*** (***bli***) ***~*** have enough to eat, satisfy one's hunger; ***hon kunde inte se sig ~ på det*** she never tired of looking at it
mätta *verb* **1** satisfy; ***frukt ~r inte*** fruit does not fill you **2** kem. el. friare saturate
mättad *adj* kem. el. friare saturated; ***~e fetter*** saturates

möbel

Furniture är alltid singular. Det kan inte föregås av obestämd artikel, *a.*

a piece of furniture
en möbel
a great deal of furniture, a lot of furniture
många möbler, mycket möbler
not much furniture
inte mycket möbler
the furniture looks nice
möblerna ser fina ut

möbel *subst* enstaka piece of furniture; ***möbler*** furniture sing.
möbeltyg *subst* furnishing fabric
möblemang *subst* furniture (endast sing.); ***ett ~*** a suite of furniture
möblera *verb* förse med möbler furnish; ordna möblerna i arrange the furniture in; ***~ om*** a) flytta om möblerna rearrange the furniture b) förse med andra möbler refurnish c) t.ex. regering reshuffle
möblering *subst* furnishing
möda *subst* besvär pains pl., trouble; ***göra sig ~*** take pains, take trouble; ***endast med ~ kunde han göra det*** only with difficulty could he do it
mödom *subst* virginity
mödomshinna *subst* anat. hymen, maidenhead
mödosam *adj* laborious, difficult
mödravård *subst* maternity welfare
mödravårdscentral *subst* antenatal clinic
mögel *subst* **1** mould, amer. mold **2** i hus mildew
mögla *verb* **1** go mouldy, amer. go moldy **2** go mildewy
möglig *adj* **1** mouldy, amer. moldy **2** om vägg etc. mildewy
möhippa *subst* bachelorette party
möjlig *adj* possible; tänkbar conceivable; ***i ~aste mån*** as far as possible
möjligen *adv* possibly; kanhända perhaps; ***kan man ~ få träffa…*** is it possible, I wonder, to see…; ***har du ~ en***

hundralapp på dig? do you happen to have a hundred kronor?
möjliggöra *verb*, ~ ***ngt*** make sth possible
möjlighet *subst* possibility [*till* of]; chans chance [*till* of]; utsikt prospect [*till* of]
mönster *subst* pattern
mönstergill *adj* model endast före subst., ideal; om t.ex. uppförande exemplary
mönstra *verb* **1** granska inspect, scrutinize **2** sjö. sign on; ~ ***av*** sign off **3** till militärtjänst be enlisted for military service
mönstrad *adj* t.ex. tyg, tröja patterned
mönstring *subst* **1** granskning inspection, scrutiny **2** mil. el. sjö. enlistment
mör *adj* om kött, frukt tender
möra *verb*, ~ ***kött*** tenderize meat
mörbulta *verb*, ~ ***ngn*** beat sb black and blue; ***vara alldeles ~d*** be aching all over
mörda *verb* murder, kill
mördande *adj* friare murderous; ***en ~ blick*** a withering glance
mördare *subst* murderer
mördeg *subst* shortcrust pastry
mörk *adj* dark; dyster sombre, gloomy; ~ ***choklad*** plain chocolate, amer. dark chocolate; ~ ***kostym*** dark lounge suit; ***det ser ~t ut*** things look bad
mörka *verb*, ***försöka ~ ngt*** try to cover sth up
mörkblå *adj* dark blue
mörker *subst* dark, darkness; ***efter mörkrets inbrott*** after dark; ***famla i mörkret*** grope in the dark
mörkertal *subst* number of unrecorded cases, hidden statistics sing.
mörkhyad *adj* dark, dark-skinned
mörkhårig *adj* dark-haired
mörklägga *verb* **1** black out **2** hålla hemligt, ~ ***ngt*** keep sth secret, cover sth up
mörkläggning *subst* **1** blackout **2** cover-up
mörkna *verb* get dark; ***det ~r*** it's getting dark
mörkrostad *adj*, ***mörkrostat kaffe*** dark roast coffee
mörkrädd *adj*, ***vara*** ~ be afraid of the dark
mörkögd *adj* dark-eyed
mört *subst* fisk roach; ***pigg som en*** ~ fit as a fiddle
mössa *subst* cap, luva cap
mösskärm *subst* cap peak
möta *verb* meet; råka på come across; spec. röna meet with
mötande *adj*, ~ ***trafik*** oncoming traffic
mötas *verb* meet
möte *subst* meeting; avtalat appointment; konferens conference; ***stämma ~ med*** make an appointment with, arrange to meet
möteslokal *subst* mötesplats meeting place; samlingsrum assembly room (rooms pl.); för konferenser conference room (rooms pl.)

Nn

nackdel *subst* disadvantage, drawback [*för* to; *med* of]

> **nacke**
> Lägg märke till att det engelska ordet *neck* vanligen betyder hals.

nacke *subst*, ***hon bröt ~n*** she broke her neck; ***han kliade sig i ~n*** he scratched the back of his head
nackstöd *subst* i bil headrest
nafs *subst*, ***i ett ~*** vard. in a flash
nafsa *verb* snap [*efter* at]
nagel *subst* nail; ***hon biter på naglarna*** she bites her nails; ***peta naglarna*** clean one's nails
nagelband *subst* cuticle
nagelborste *subst* nail brush
nagelfil *subst* nail file
nagellack *subst* nail varnish, nail polish
nagelsax *subst* nail scissors pl.
nagga *verb*, ***~ i kanten*** göra hack i nick; t.ex. kapital eat into; t.ex. rykte tarnish; ***koppen är ~d i kanten*** the cup is chipped
naggande *adv*, ***den*** (***han, hon*** etc.) ***är liten men ~ god*** there isn't much of it (him, her etc.) but what there is, is good
nagla *verb*, ***~ fast ngt*** nail sth on [*vid* to]
naiv *adj* naive
naivitet *subst* naivety, naiveté
naken *adj* **1** naked; ***klä av sig ~*** strip naked **2** spec. konst. nude
nakenbadare *subst* nude bather, vard. skinny-dipper
nalkas *verb* approach
nalle *subst* vard. **1** leksak el. barnspr. teddy bear, teddy; ***Nalle Puh*** Winnie-the-Pooh **2** vard. se *mobiltelefon*
nallebjörn *subst* teddy bear, teddy
namn *subst* name [*på* of]; ***hur är ~et?*** your name, please!; ***skapa*** (***göra***) ***sig ett ~*** make a name for oneself; ***vad i herrans*** (***fridens***) ***~...?*** what on earth...?; ***i sanningens ~*** to tell the truth; ***jag känner honom bara till ~et*** I only know him by name; ***nämna ngt vid dess rätta ~*** call sth by its right name, stark. call a spade a spade
namnbyte *subst* change of name
namnge *verb* name
namngiven *adj*, ***en icke ~ person*** an unnamed person, an anonymous person
namninsamling *subst* list of signatures; ***göra en ~*** draw up a petition
namnsdag *subst* name day
namnskylt *subst* name plate; på t.ex. affär signboard
namnteckning *subst* signature
napalm *subst* napalm
1 napp *subst* **1** tröst dummy, comforter, amer. pacifier **2** dinapp teat, spec. amer. nipple
2 napp *subst* **1** vid fiske bite, svag. nibble [*på* at] **2** ***polisen fick ~*** a) en ny ledtråd the police got a new lead b) hade tur the police got a lucky break
nappa *verb* om fisk bite [*på ngt* at sth, sth], svag. nibble [*på* at]; ***det ~de han på genast*** he jumped at it at once
nappatag *subst* tussle, set-to; ***ta ett ~ med*** grapple with, tussle with
nappflaska *subst* feeding bottle
naprapat *subst* naprapath
narciss *subst* narcissus (pl. narcissi)
narkoman *subst* drug addict, vard. junkie
narkos *subst*, ***ge ngn ~*** administer an anaesthetic to sb
narkotika *subst pl* narcotics, vard. drugs
narkotikabekämpning *subst* fight against narcotics, fight against drugs
narkotikaberoende *subst* drug addiction
narkotikahandel *subst* drug traffic
narkotikahandlare *subst* drug trafficker, drug dealer
narkotikahund *subst* sniffer dog
narkotikahärva *subst* narcotics ring (racket)
narkotikalangare *subst* drug pusher
narkotikamissbruk *subst* drug abuse
narkotikamissbrukare *subst* drug addict
narkotikapolisen *subst* o. **narkotikaroteln** *subst* the narcotics squad, the drugs squad
narkotisk *adj* narcotic; ***~a medel*** narcotics
narr *subst* fool; ***göra ~ av ngn*** make fun of sb
nasal *adj* nasal
nasalljud *subst* nasal, nasal sound
nasse *subst* barnspr. piggy, piglet
nation *subst* nation
nationaldag *subst* national day, national holiday
nationaldräkt *subst* national costume; allmogedräkt traditional costume

nationalekonom *subst* economist
nationalekonomi *subst* economics (med verb i sing.)
nationalism *subst* nationalism
nationalitet *subst* nationality
nationalmuseum *subst* national museum; för konst national gallery
nationalpark *subst* national park

nationalsånger
Storbritanniens nationalsång heter *God Save the Queen* (*King*) och USA:s *the Stars and Stripes* eller *the Star-Spangled Banner*.

nationalsång *subst* national anthem
nativitet *subst* födelsetal birthrate
NATO atlantpaktsorganisationen NATO (förk. för *North Atlantic Treaty Organization*)
natrium *subst* kem. sodium
natt *subst* night; ***god ~!*** good night!; ***hon kom ~en till söndagen*** she came on Saturday night; ***i ~*** a) föregående last night b) kommande tonight; ***i går ~*** yesterday night; ***om*** (***på***) ***~en*** el. ***om*** (***på***) ***nätterna*** at night, by night; ***stanna över ~en*** stay overnight, stay the night; ***det gjordes över ~en*** it was done overnight
natta *verb*, ***~ barnen*** put the children to bed
nattaxa *subst* på buss etc. night fare, night tariff
nattbuss *subst* late night bus
nattdräkt *subst* nightwear; ***i ~*** in nightwear
nattduksbord *subst* bedside table, amer. night table
nattetid *adv* at night, by night, in the night
nattflyg *subst* **1** flygningar night-flights pl. **2** flygplan night plane
nattfrost *subst* night frost
nattklubb *subst* nightclub
nattlig *adj* **1** under natten in the night **2** varje natt nightly
nattlinne *subst* nightdress, nightgown, vard. nightie
nattlogi *subst* husrum accommodation for the night
nattmangling *subst* all-night negotiations pl.
nattparkering *subst* night parking, overnight parking
nattportier *subst* night porter
nattradio *subst* all-night radio
nattrafik *subst* night services pl.
nattskift *subst* night shift; ***arbeta ~*** work nights
nattskjorta *subst* nightshirt
nattskärra *subst* fågel nightjar
nattsköterska *subst* night nurse
nattuggla *subst* person night owl
nattvak *subst* late hours pl., keeping late hours
nattvakt *subst* **1** person night watchman **2** tjänstgöring night duty
nattvard *subst*, ***~en*** the Holy Communion
nattåg *subst* night train
natur *subst* **1** allm. nature; ***det ligger i sakens ~*** it is in the nature of things **2** läggning disposition; karaktär character **3** natursceneri etc. scenery, natural scenery; ***~en*** som skapande kraft etc. nature; ***en vacker ~*** omgivning beautiful scenery; ***ute i ~en*** out in the country; ***komma ut i ~en*** get out into the countryside
natura *subst*, ***in ~*** in kind
naturaförmåner *subst pl* emoluments, vard. perks
naturalisera *verb* naturalize
naturbarn *subst* child of nature
naturbegåvning *subst*, ***hon är en ~*** she has natural talents, she is naturally gifted
naturbehov *subst*, ***uträtta sina ~*** relieve oneself
naturgas *subst* natural gas
naturkunskap *subst* skol. science
naturlag *subst* natural law, law of nature
naturlig *adj* natural; ***ett porträtt i ~ storlek*** a life-size portrait
naturligtvis *adv* of course, naturally
naturläkemedel *subst* nature-cure medicine
naturorienterande *adj*, ***~ ämnen*** science subjects
naturreservat *subst* nature reserve
naturskyddsområde *subst* nature reserve
naturskön *adj*, ***~ omgivning*** an area of great natural beauty
naturtillgång *subst* natural asset; ***~ar*** natural resources, natural assets
naturtrogen *adj*, ***en ~ avbildning*** a copy true to life, a lifelike copy
naturvetare *subst* scientist
naturvetenskap *subst* science
naturvetenskaplig *adj* scientific
naturvård *subst* nature conservation
nautisk *adj*, ***~ mil*** nautical mile
nav *subst* hub; propellernav boss
navel *subst* anat. navel
navelsträng *subst* navel string, vetensk. umbilical cord
navigation *subst* navigation
navigera *verb* navigate

nazism *subst*, ~ el. ~***en*** Nazism
nazist *subst* Nazi
nazistisk *adj* Nazi
Neapel Naples
neapolitansk *adj* Neapolitan
necessär *subst* toilet case; mjuk toilet bag
ned *adv* down; nedför trappan downstairs; ***längst ~ på*** sidan, papperet etc. at the bottom of
nedan *adv* below
nedanför I *prep* below
II *adv* below, down below
nedbantad *adj*, ~ ***budget*** reduced budget; ***programmet är nedbantat*** the programme has been cut down
nedbruten *adj*, ***vara*** ~ be broken down
nedbrytbar *adj*, ***biologiskt*** ~ biodegradable
nederbörd *subst* regn rainfall; snö snowfall; ***riklig*** ~ heavy rainfall, heavy snowfall
nederlag *subst* defeat; ***lida*** ~ suffer defeat
nederländare *subst* Netherlander
Nederländerna *pl* the Netherlands
nederländsk *adj* vanligen Dutch; ***den ~a regeringen*** the government of the Netherlands
nederst *adv* at the bottom [*i, på, vid* of]
nedersta *adj*, ~ ***hyllan*** el. ***den ~ hyllan*** the lowest shelf, the bottom shelf; ~ ***våningen*** the ground floor, amer. äv. the first floor
nedfall *subst*, ***radioaktivt*** ~ radioactive fall-out
nedfart *subst* **1** till garage etc. entrance [*till* of] **2** i skidbacke descent, ski run
nedflyttad *adj* sport., ***bli*** ~ be relegated
nedfrysning *subst* refrigeration
nedfällbar *adj*, ~ ***sits*** tip-up seat; ***den är*** ~ it can be lowered, it can be let down
nedför I *prep* down
II *adv* downwards
nedförsbacke *subst* downhill slope, descent
nedgång *subst* **1** till källare, tunnelbana etc. way down **2** om himlakroppar setting; ***solens*** ~ sunset **3** tillbakagång, om pris decline; minskning decrease
nedifrån *adv* from below, from underneath
nedisad *adj*, ~***e fönster*** iced-up windows
nedkomma *verb*, ~ ***med en son*** give birth to a son
nedkomst *subst* förlossning delivery, confinement
nedladdning *subst* data. download
nedlåta *verb*, ~ ***sig*** condescend
nedlåtande *adj* condescending, patronizing
nedlägga *verb* se *lägga ned under lägga II*
nedläggelse *subst* o. **nedläggning** *subst* inställelse shutting-down, closing-down; ***en*** ~ a shutdown
nedläggningshotad *adj* ... threatened with a closedown
nedre *adj* lower
nedrusta *verb* disarm; begränsa reduce armaments
nedrustning *subst* disarmament; begränsningar arms limitations pl.
nedräkning *subst* vid t.ex. start countdown
nedsatt *adj* om t.ex. hörsel, syn impaired; ***till ~ pris*** at a reduced price
nedskärning *subst* cut [*i* in]; minskning reduction
nedslag *subst* **1** blixtnedslag stroke of lightning **2** mil., projektils impact **3** sport., vid hopp etc. landing
nedslående *adj* disheartening, depressing
nedsläpp *subst* i ishockey face-off; ***göra*** ~ face off
nedsmutsad *adj* very dirty; om miljö polluted
nedsmutsning *subst* om miljö pollution
nedstämd *adj* depressed
nedstänkt *adj*, ***bli*** ~ get splashed all over
nedsättande *adj* om sätt disparaging; t.ex. om ord derogatory
nedsättning *subst* sänkning lowering; minskning reduction
nedsövd *adj*, ***vara*** ~ be under an anaesthetic
nedtill *adv* **1** at the foot, at the bottom [*på* of] **2** därnere below, down below
nedvikt *adj* turned down
nedvärdera *verb* ekon. depreciate; om insats etc. disparage
nedåt I *prep* down; längs down along
II *adv* downwards
nedåtgående I *subst*, ***vara i*** ~ om konjunkturer etc. be on the downgrade
II *subst* om pris falling
nedärvd *adj* hereditary; kulturellt traditional
negation *subst* negation
negativ I *adj* negative
II *subst* foto. negative
neger *subst* neds. Negro (pl. -es)
negligé *subst* negligee
negligera *verb* neglect; strunta i ignore
negress *subst* neds. Negress
nej I *interj* no; ~ ***då!*** visst inte oh, no!, not at all!; ~ ***tack!*** no thanks!; ~***, nu måste jag kila!*** well, I must be off!
II *subst* no (pl. -s); avslag refusal; ***tacka ~ till ngt*** decline sth with thanks, turn sth down

nejlika *subst* **1** blomma: stor carnation, enklare pink **2** krydda clove
nejröst *subst* no
neka *verb* **1** deny; ***han ~de till att ha gjort det*** he denied having done it **2** vägra refuse; ***~ ngn tillträde*** refuse sb admittance
nekande *adj* negative; ***ett ~ svar*** a refusal
nektarin *subst* frukt nectarine
neon *subst* kem. neon
neonljus *subst* neon light
neonskylt *subst* neon sign
Neptunus astron. el. mytol. Neptune
ner *adv* se *ned*
nere I *adv* down
II *adj* deprimerad down, depressed
nerv *subst* nerve; ***han går mig på ~erna*** he gets on my nerves
nervig *adj* vard., nervös highly-strung, nervy
nervknippe *subst* vard., om person bundle of nerves
nervlugnande *adj*, ***~ medel*** tranquillizer
nervositet *subst* nervousness
nervpress *subst* nervous strain
nervpåfrestande *adj* nerve-racking
nervsammanbrott *subst*, ***få ett ~*** have (get) a nervous breakdown
nervvrak *subst* nervous wreck
nervös *adj* nervous; orolig uneasy; ~ el. ***~ av sig*** highly-strung; neurotisk neurotic; ***vara ~ inför provet*** be (feel) nervous about one's exam
netto *adv* net; ***betala ~ kontant*** pay net cash
nettolön *subst* net salary; veckolön net wages pl.; månadslön take-home pay
nettovikt *subst* net weight
nettovinst *subst* net profit
neuros *subst* neurosis (pl. neuroses)
neurotisk *adj* neurotic
neutral *adj* neutral
neutralisera *verb* neutralize
neutralitet *subst* neutrality
neutron *subst* fys. neutron
neutrum *subst* gram. neuter; ***i ~*** in the neuter
ni *pron* you
nia *subst* nine; se *femma* för ex.
nick *subst* **1** nickning nod **2** sport. header
nicka *verb* **1** nod [*till ngn* to sb; *åt ngn* at sb] **2** sport. head **3** ***~ till*** somna in drop off
nickel *subst* metall nickel
nidingsdåd *subst* outrage, barbarous act; vandalism act of vandalism
niga *verb* curtsy [*för ngn* to sb]
Niger Niger
Nigeria Nigeria
nigning *subst* curtsying; ***en ~*** a curtsy
nikotin *subst* nicotine
nikotinförgiftning *subst* nicotine poisoning
nikotinplåster *subst* nicotine patch
Nilen floden the Nile
nio *räkn* nine; se *fem* för ex. o. *fem-* för sammansättningar
nionde *räkn* ninth (förk. 9th); se *femte* för ex. o. *femte-* för sammansättningar
niondel *subst* ninth; se *femtedel* för ex.
nisch *subst* niche
nischbank *subst* niche bank
1 nit *subst* iver zeal, stark. ardour
2 nit *subst* lott blank; ***gå på en ~*** draw a blank; kamma noll come away empty-handed
3 nit *subst* tekn. rivet
nita *verb*, ~ el. ***~ fast*** rivet [*på* on to]
nitisk *adj* flitig diligent; ivrig zealous; ***alltför ~*** over-zealous
nitpistol *subst* tekn. rivet gun
nitti *räkn* vard. se *nittio*
nittio *räkn* ninety; se *fem* för ex. o. *femtio-* för sammansättningar
nittionde *räkn* ninetieth
nitton *räkn* nineteen; se *fem* för ex. o. *fem-* för sammansättningar
nittonde *räkn* nineteenth (förk. 19th); se *femte* för ex. o. *femte-* för sammansättningar
nittonhundranittiotalet *subst* the nineteen-nineties pl.; ***på ~*** in the nineteen-nineties
nittonhundratalet *subst* the twentieth century; se *femtonhundratalet* för ex.
nivå *subst* level, standard; ***i ~ med*** on a level with
njure *subst* kidney
njursten *subst* kidney stone
njuta *verb* enjoy; ***hon njuter av livet*** she enjoys life; ***hon njöt i fulla drag*** she enjoyed herself immensely
njutbar *adj* enjoyable
njutning *subst* pleasure, stark. delight
NO förk. se *naturorienterande*
Noa o. **Noak** Noah; ***~s ark*** Noah's ark
nobba *verb* vard., ***~ ngn*** (***ngt***) say no to sb (sth), turn sb (sth) down, vard. give sb (sth) the brush-off
nobben *subst* vard., ***få ~*** be turned down, vard. get the brush-off
nobelpris *subst* Nobel Prize [*i* for t.ex. litteratur]
nobelpristagare *subst* Nobel Prize winner
nog *adv* **1** tillräckligt enough, sufficiently; ***han var fräck ~ att...*** he had the cheek

to...; ***stor*** ~ large enough, sufficiently large; ***hon har fått*** ~ she has had enough **2** ***konstigt*** ~ ***kom hon sent*** funnily enough she came late **3** förmodligen probably; helt säkert certainly; ***han är*** ~ ***snart här*** I expect he will soon be here; ***de kommer*** ~***!*** helt säkert they'll come all right!

noga I *adv* precis precisely, exactly; ingående closely; omsorgsfullt carefully; ***akta sig*** ~ ***för att...*** take great care not to...; ***det är inte så*** ~ it's not so important, it doesn't matter all that much; ***jag vet inte så*** ~ I don't know exactly

II *adj* **1** noggrann careful [*med ngt* about sth] **2** kinkig particular [*med ngt* about sth]; fordrande exacting [*med ngt* about sth]

noggrann *adj* omsorgsfull careful [*med* about]; exakt accurate; ingående close; ***efter noggrant övervägande*** after careful consideration

nogräknad *adj* particular [*med* about]

noll *räkn* **1** nought [nɔːt], amer. naught [nɔːt]; på instrument zero; spec. i telefonnummer 0 [uttalas əʊ]; ***det är*** ~ ***grader*** Celsius the thermometer is at zero, the thermometer is at freezing-point; ***kamma*** ~ come away empty-handed **2** sport. nil; i tennis love

nolla *subst* **1** nought [nɔːt], amer. naught [nɔːt]; ***en*** ~ om person a nobody, a nonentity; ***hålla*** ~***n*** sport. keep a clean sheet

nollning *subst* skol.: vard. ragging, amer. hazing

nollpunkt *subst* zero, zero point; ~***en*** absolute zero; ***stå på*** ~***en*** om termometer el. friare be at zero

nollställa *verb*, ~ ***ngt*** mätare etc. set sth to zero, reset sth

nolltaxerare *subst* vard. tax-evader; egentligen taxpayer who pays no income-tax due to deductions that exceed tax on income

nolltid *subst*, ***på*** ~ vard. in no time

nolltolerans *subst* zero tolerance

nolläge *subst* zero position, neutral position

nominativ *subst* gram. nominative; ***i*** ~ in the nominative

nominell *adj* nominal

nominera *verb* nominate

nonchalans *subst* **1** nonchalance **2** försumlighet negligence; likgiltighet indifference; vårdslöshet carelessness

nonchalant *adj* nonchalant; försumlig negligent; likgiltig indifferent; vårdslös careless

nonchalera *verb* pay no attention to; försumma neglect

nonsens *subst* nonsense, rubbish

nonstop *adj* non-stop

nord *subst* o. *adv* north [*om* of]

Nordafrika som enhet North Africa; norra Afrika Northern Africa

nordafrikansk *adj* North-African

Nordamerika North America

nordamerikansk *adj* North-American

nordan *subst* o. **nordanvind** *subst* north wind, northerly wind

nordbo *subst* **1** Northerner **2** skandinav Scandinavian

Norden Skandinavien the Scandinavian countries pl., Scandinavia; mer officiellt the Nordic countries

Nordeuropa the north of Europe, Northern Europe

Nordirland Northern Ireland

nordisk *adj* **1** northern **2** skandinavisk Scandinavian; mer officiellt Nordic

nordkust *subst* north coast

nordlig *adj* från el. mot norr, om t.ex. riktning, läge northerly; om vind north, northerly; i norr northern

nordligare I *adj* more northerly

II *adv* farther north

nordligast I *adj* northernmost

II *adv* farthest north

nordost I *subst* väderstreck the north-east

II *adv* north-east [*om* of]

nordostlig *adj* north-east, north-eastern

nordpol *subst*, ~***en*** the North Pole

nordsida *subst* north side

Nordsjön the North Sea

Nordsverige the north of Sweden, Northern Sweden

nordväst I *subst* väderstreck the north-west

II *adv* north-west [*om* of]

nordvästlig *adj* north-west, north-western, north-westerly

nordvästra *adj* the north-west, the north-Western

Norge Norway

norm *subst* måttstock standard; rättesnöre norm; regel rule

normal *adj* normal

normalisera *verb* normalize

normalstorlek *subst* normal size, standard size

norr I *subst* väderstreck the north; ***ett rum mot*** (***åt***) ~ a room to the north, a room facing north

II *adv* north [*om* of], to the north [*om* of]

norra *adj* t.ex. sidan the north; t.ex. delen the northern; ~ ***halvklotet*** the Northern hemisphere; ~ ***Sverige*** the north of Sweden, Northern Sweden
norrifrån *adv* from the north
norrläge *subst*, ***ett hus med*** ~ a house facing north
norrländsk *adj* Norrland endast före subst., from Norrland ej före subst., of Norrland ej före subst.
norrlänning *subst* Norrlander
norrman *subst* Norwegian
norrsken *subst* the northern lights pl.
norrstreck *subst* på kompass North point
norrut *adv* åt norr northward, northwards; i norr in the north; ***resa*** ~ go north
norsk *adj* Norwegian
norska *subst* (se *svenska* för ex.) **1** kvinna Norwegian woman **2** språk Norwegian
norskfödd *adj* Norwegian-born; se äv. *svensk-* för sammansättningar
nos *subst* **1** på djur el. vard. 'näsa' nose; på häst, nötkreatur muzzle **2** på flygplan etc., spets nose
nosa *verb* sniff [*på ngt* at sth], smell [*på ngt* at sth]
noshörning *subst* rhinoceros, vard. rhino (pl. -s)
nostalgi *subst* nostalgia
nostalgisk *adj* nostalgic
not *subst* anmärkning note; nottecken note; ***~er*** nothäfte music sing.; ***har du ~erna med dig?*** have you got the music?; ***spela efter ~er*** play from music; ***vara med på ~erna*** understand what the thing is all about, catch on
nota *subst* **1** räkning bill, amer., restaurangnota check **2** lista list [*på* of]
notera *verb* **1** anteckna note down **2** lägga märke till note **3** uppge pris på quote
notis *subst* **1** meddelande etc. notice; i tidning news item; tillkännagivande announcement **2** ***inte ta*** ~ ***om*** take no notice of
notorisk *adj* notorious
notställ *subst* music stand
nottecken *subst* musik. note
notvärde *subst* musik. time value
nougat *subst* **1** choklad soft chocolate nougat **2** fransk nougat nougat
novell *subst* short story
novellsamling *subst* collection of short stories
november *subst* November (förk. Nov.); se *april* för ex.
novis *subst* novice
nu I *adv* now; ~ ***genast*** at once; ~ ***gällande priser*** ruling prices; ~ ***då*** (***när***) now that; ~ ***på söndag*** etc. this Sunday etc., this coming Sunday etc.; ~ ***är det snart jul*** Christmas will soon be here; ~ ***kommer han!*** here he comes!; ~ ***ringer det!*** there goes the bell!
II *subst*, ***leva i ~et*** live in the present
nubb *subst* tack
nubbe *subst* snaps (pl. lika)
nucka *subst*, ***gammal*** ~ old spinster
nudda *verb*, ~ el. ~ ***vid*** brush against; skrapa lätt graze
nudel *subst* kok. noodle
nudism *subst* nudism
nudist *subst* nudist
nuförtiden *adv* nowadays, these days
numera *adv* nu now; nuförtiden nowadays
numerus *subst* gram. number
nummer *subst* **1** number **2** om tidningsupplaga issue, exemplar copy **3** på sko etc. size **4** i program item, varieté turn **5** ***göra ett stort ~ av*** make a big thing out of
nummerlapp *subst* kölapp queue ticket
nummerordning *subst*, ***i*** ~ in numerical order
nummerplåt *subst* number plate, amer. license plate
nummerupplysningen *subst* tele. directory enquiries pl., amer. directory assistance
numrera *verb* number; ***~d plats*** reserved seat
numrering *subst* numbering
nunna *subst* nun
nunnekloster *subst* convent, nunnery
nutid *subst*, ***~en*** the present times pl.; ***~ens ungdom*** young people today
nutida *adj* today's; modern modern; tidsenlig up-to-date; ***det*** ~ ***London*** the London of today
nuvarande *adj* rådande existing; ***i*** ~ ***läge*** in the present circumstances; ***i*** ~ ***stund*** at the present moment
ny *adj* new; hittills okänd, om t.ex. metod novel; färsk fresh; nyligen inträffad recent; ***en*** ~ en annan another, another one; ***ett ~tt*** annat ***pappersark*** a fresh sheet of paper; ***den ~a generationen*** the rising generation; ***en*** ~ ***Hitler*** a second Hitler; ***det ~a i*** what is new about (in); ***på ~tt*** once more

novell
Lägg märke till att det engelska ordet *novel* betyder <u>roman</u>.

nyanlagd *adj* recently-built, newly-built; ***den är*** ~ it has been recently (newly) built
nyans *subst* shade, nuance
nyansera *verb* avtona shade off; variera vary, nuance
nyanställd *subst*, ***en*** ~ a new employee
Nya Zeeland New Zealand
nybakad *adj* om bröd etc. fresh, newly baked
nybildad *adj* recently-formed
nybliven *adj*, ***en*** ~ ***lärare*** nyutexaminerad a recently qualified teacher; ***en*** ~ ***mor*** a woman who has recently become a mother
nybyggare *subst* settler
nybyggd *adj* recently-built, newly-built
nybygge *subst* hus under byggnad house under construction; färdigt bygge new building
nybörjare *subst* beginner [*i* at]
nyckel *subst* key; ***~n till framgång*** the key to success
nyckelben *subst* kroppsdel collar bone
nyckelhål *subst* keyhole
nyckelknippa *subst* bunch of keys
nyckelpiga *subst* ladybird, amer. ladybug
nyckelposition *subst* key position
nyckelring *subst* key ring
nyckelroll *subst* key role, key part
nyckfull *adj* capricious; godtycklig arbitrary
nyfascism *subst*, ~ el. ***~en*** neo-Fascism
nyfascist *subst* neo-Fascist
nyfiken *adj* curious [*på* about], vard. nosy, nosey
nyfikenhet *subst* curiosity; ***väcka ngns*** ~ arouse sb's curiosity; ***av ren*** ~ out of sheer curiosity
nyfrälst *adj* newly converted, born-again
nyfödd *adj* new-born
nyförvärv *subst* **1** new acquisition, recent acquisition **2** om t.ex. fotbollsspelare new signing
nygift *adj*, ***de är ~a*** they are newly-married

> **nyhet**
> Det engelska ordet *news* är singular. Det kan inte föregås av obestämd artikel, *a*.
> *A piece of news*. En nyhet.
> *A lot of news*. Många nyheter.

nyhet *subst* **1** något nytt, ny sak novelty; förändring innovation **2** underrättelse, ~ el. ***~er*** news sing.; ***en*** ~ a piece of news; ***inga ~er är goda ~er*** no news is good news
nyhetsbyrå *subst* news agency
nyhetssammandrag *subst* news summary
nyhetssändning *subst* radio. el. tv. newscast
nyhetsuppläsare *subst* newsreader, newscaster
nyklippt *adj*, ***jag är*** ~ I have just had my hair cut; ***vår gräsmatta är*** ~ our lawn has just been cut
nykomling *subst* newcomer
nykter *adj* **1** inte berusad sober **2** sansad, om person level-headed; om t.ex. rapport sober
nykterhet *subst* **1** avhållsamhet från alkohol temperance **2** nyktert tillstånd el. saklighet sobriety, soberness
nykterist *subst* teetotaller
nyktra *verb*, ~ ***till*** become sober
nylagad *adj*, ~ ***mat*** freshly-made food
nyliberalism *subst* polit. neo-liberalism
nyligen *adv* recently
nylon *subst* nylon
nymf *subst* nymph
nymodig *adj* modern, neds. newfangled
nymålad *adj* freshly-painted, newly-painted; ***Nymålat!*** skylt Wet Paint
nymåne *subst* new moon
nynazism *subst*, ~ el. ***~en*** neo-Nazism
nynazist *subst* neo-Nazi
nynna *verb* hum [*på ngt* sth]
nyp *subst* pinch
nypa I *subst* **1** grepp, ***hålla ngt i ~n*** hold sth in one's hand **2** ***en*** ~ smula, t.ex. mjöl a pinch of; ***en ~ frisk luft*** a breath of fresh air; ***ta ngt med en ~ salt*** take sth with a pinch of salt
II *verb* pinch, nip
nypon *subst* frukt rose hip
nyponsoppa *subst* rosehip soup
nypotatis *subst* new potato
nypremiär *subst* revival; ***ha*** ~ om pjäs be revived
nyrakad *adj* newly-shaved; ***han är*** ~ he has just shaved
nyrekrytera *verb*, ~ ***folk*** recruit new people
nyrenoverad *adj* newly-renovated
nys *subst*, ***få ~ om*** get wind of
nysa *verb* sneeze
nysilver *subst* electroplated nickel silver (förk. EPNS); ***saker av*** ~ electroplated articles
nyskapande *adj* innovative; t.ex. fantasi creative
nysning *subst* sneezing; ***en*** ~ a sneeze
nysnö *subst* newly-fallen snow, fresh snow
nyss *adv*, ***han anlände*** ~ he arrived just now; ***han har ~ anlänt*** he has just arrived; ***mamma har ~ fyllt 50*** my mother has just turned 50

nystan *subst* ball; garnnystan ball of wool
nystartad *adj* recently-started; ***företaget är nystartat*** the company has been recently established
nytta *subst* use, good; fördel advantage; ***dra ~ av ngt*** benefit by sth, profit by sth; ***göra någon ~*** a) uträtta ngt get something done b) hjälpa be of help; ***det gör ~*** it does some good; ***ha ~ av*** find very useful; ***vara ngn till stor ~*** be of great use to sb
nyttig *adj* useful; ***frukt är ~t*** fruit is good for you
nyttotrafik *subst* commercial traffic
nyutexaminerad *adj*, ***hon är ~ sjuksköterska*** she has recently passed her exams as a nurse
nyutkommen *adj* recently published
nyval *subst* new election
nyzeeländare *subst* New Zealander

nyår
Nyårsafton, *New Year's Eve*, firas som i Sverige med fester. Vid tolvslaget önskar man varandra Gott Nytt År, *Happy New Year*, och sjunger *Auld Lang Syne* [ˌɔːldlæŋˈzaɪn]. I London samlas massor av människor på *Trafalgar Square* för att höra Big Ben ringa in det nya året. I New York samlas man på *Times Square*.

nyår *subst* new year; som helg New Year
nyårsafton *subst* New Year's Eve
nyårsdag *subst* New Year's Day
nyårslöfte *subst*, ***avlägga ett ~*** make a New Year resolution
nyårsvaka *subst*, ***hålla ~*** see the New Year in
1 nå *interj* well!
2 nå *verb* **1** ***jag ~r inte upp*** I can't reach so high **2** ***vattnet ~r upp till knäna*** the water comes up to one's knees; ***jag kan ~s på telefon*** I can be reached by phone
nåd *subst* **1** ***få ~*** be pardoned; om dödsdömd be reprieved **2** titel, ***Ers ~*** Your Grace
nådeansökan *subst* petition for mercy
någon (*något, några*) *pron* **1** 'en viss','vissa' some, somebody, someone; ***några människor*** some people; ***~ har tagit min cykel*** somebody has taken my bicycle; 'ett visst', 'ett visst något' some, something; ***jag har något viktigt att säga*** I have something important to say **2** 'någon alls', 'några alls' any, anybody, anyone; 'något alls' anything; ***har ~ av pojkarna kommit?*** have any of the boys come?; ***om ~ söker mig*** if anybody calls; någon viss person if somebody calls; ***om du inte har något viktigt att säga*** if you haven't got anything important to say; ***hon hade inte några pengar*** she hadn't got any money **3** 'några få', ***för några dagar sedan*** a few days ago, some days ago; 'en', 'ett' one, a, an; ***finns det ~ toalett här?*** is there a toilet here?; ***Jag vill ha ett kex. Finns det något?*** I want a biscuit. Is there one?; ***det är alltid något*** it's better than nothing
någondera (*någotdera*) *pron* av två either; ***från ~ sidan*** from either side
någonsin *adv* ever; ***aldrig ~*** never
någonstans *adv* **1** anywhere; ***jag kan inte hitta det ~*** I can't find it anywhere **2** på ett visst ställe somewhere; ***jag måste ha lagt den ~*** I must have put it somewhere **3** ***var ~?*** where?, whereabouts?
någonting *pron* **1** anything **2** något visst something
någorlunda I *adv* fairly
II *adj* fairly good
något I *pron* se *någon*
II *adv* en smula somewhat, a little, a bit; lätt slightly; ganska rather
nål *subst* needle; hårnål, knappnål pin; ***sitta som på ~ar*** be on pins and needles
nåla *verb*, ***~ fast ngt*** pin sth on [*på, vid* to]
nåldyna *subst* pincushion
nåväl *interj* nå well!; då så all right!
näbb *subst* på fågel beak, bill; ***försvara sig med ~ar och klor*** defend oneself tooth and nail
näbbmus *subst* shrewmouse (pl. shrewmice)
näck *adj* vard., naken naked, nude
näckros *subst* water lily
näktergal *subst* thrush nightingale; sydnäktergal nightingale
nämligen *adv* **1** ty for; eftersom since; emedan as; ser ni you see; ***det är ~ så att...*** el. ***saken är ~ den att...*** the fact is that...
2 framför uppräkning el. som upplysning namely; ***bara en person hade kommit ~ Peter*** vanligen only one person had arrived, and that was Peter
nämna *verb* omnämna mention; uppge state
nämnare *subst* mat. denominator; ***minsta***

gemensamma ~ lowest common denominator
nämnd *subst* utskott committee
nämnvärd *adj*, ***ingen ~ förbättring*** no improvement to speak of
näpen *adj* nice, cute, sweet
1 när I *konj* om tid when; ***just*** ~ just as, just when
II *adv* when; hur dags at what time
2 när *adv*, ***han är inte på långt ~ så lång som jag*** he is nowhere near as tall as me; ***alla var närvarande så ~ som på två*** everybody was there but two; ***så*** ~ nästan almost
1 nära *adj* near, close; ***inom en ~ framtid*** in the near future, in the immediate future; ***en ~ anhörig*** a close relative
2 nära *adv* o. *prep*, ***hon var ~ döden*** she was near death; ***stå någon*** ~ be very close to sb; ***jag var ~ att falla*** I almost fell
närande *adj* nourishing
närbelägen *adj*, ***i den närbelägna byn*** in the near by village, in the village near by
närbesläktad *adj* closely related; ***en ~ typ*** a closely related type
närbild *subst* close-up; ***ta en ~ av ngn*** take a close-up of sb
närbutik *subst* local shop, spec. amer. convenience store
närgången *adj* impertinent; ***vara ~ mot*** a) take liberties with b) göra sexuella närmanden mot make a pass at
närhelst *konj* whenever
närhet *subst* **1** grannskap neighbourhood, vicinity **2** nearness
näring *subst* föda nourishment, food; ***ge ~ åt*** t.ex. ett rykte lend support to
näringskedja *subst* food chain
näringsliv *subst* trade and industry, industry
näringsminister *subst* minister of commerce
närings- och handelsdepartementet *subst* the ministry of industry and commerce
näringsrik *adj* nutritious, nourishing
näringsvärde *subst* nutritional value
näringsämne *subst* nutrient
närliggande *adj*, ***en ~ lösning*** an obvious solution, a solution that lies near at hand
närma *verb*, ***~ sig*** approach; ***~ sig 40 år*** be getting on for forty; ***filmen ~r sig slutet*** the film is drawing to an end; ***det ~r sig stängningsdags*** it's getting near closing time
närmande *subst* advances; ***göra ~n mot*** make advances to
närmare I *adj* nearer, closer; ytterligare further; ***~ detaljer*** further details; ***jag vill ha ett hotell ~ stationen*** I want a hotel closer to (nearer, nearer to) the station; ***vid ~ bekantskap*** on closer acquaintance
II *adv* nearer, closer; t.ex. granska more closely; ***~ bestämt*** more exactly, to be precise; ***jag har tänkt ~ på saken*** I have thought the matter over; ***~ kommentera ngt*** comment on sth in more detail; ***klockan var ju ~ 10*** it was nearly 10
III *prep* **1** nearer, closer to, nearer to; inemot close on **2** nästan nearly
närmast I *adj* nearest; omedelbar immediate; om t.ex. vän closest; närmast i ordningen next; ***under de ~e två dagarna*** during the next few days; ***inom den ~e framtiden*** in the immediate future, in the near future; ***hans ~e anhöriga*** his nearest relations; ***i det ~e*** almost
II *adv* **1** nearest, closest; t.ex. närmast berörd most closely; närmast i ordningen next; ***tiden ~ omedelbart före kriget*** the time immediately before the war; ***var och en är sig själv*** ~ every man for himself, you have to look after number one; ***den ~ sörjande*** the chief mourner **2** först och främst first of all, in the first place
III *prep* nearest, closest to, nearest to
närradio *subst* community radio
närsamtal *subst* tele. local call
närstående *adj* close, intimate
närsynt *adj* short-sighted, near-sighted
närsynthet *subst* short-sightedness
närtrafik *subst* local services pl.
närtåg *subst* local train, suburban train
närvara *verb*, ***~ vid*** be present at, attend
närvarande I *adj* **1** ***vara ~ vid*** be present at **2** nuvarande present; ***för*** ~ for the present, for the time being
II *subst*, ***de*** ~ those present
närvaro *subst* presence; ***i gästernas*** ~ before the guests
näs *subst* **1** landremsa isthmus **2** udde foreland
näsa *subst* nose; ***ha ~ för*** have a nose for; ***räcka lång ~ åt*** cock a snook at; ***sätta ~n i vädret*** put on airs, be stuck up; ***boken låg mitt framför ~n på mig*** the book was lying under my very nose; ***peta sig i ~n*** pick one's nose; ***dra ngn vid ~n*** take sb in
näsblod *subst*, ***jag blöder*** ~ my nose is bleeding
näsborr *subst* nostril
näsbränna *subst* vard., ***hon fick sig en*** ~ she

got a telling-off; en minnesbeta she was given a lesson
näsduk *subst* handkerchief
nässelfeber *subst* nettle-rash
nässla *subst* nettle
nässpray *subst* nasal spray
näst I *adv* next; ***den ~ bästa*** the second best; ***den ~ sista*** the last but one
II *prep*, ~ el. ~ ***efter*** after, next to
nästa *adj* next; ~ ***dag*** a) påföljande the next day, the following day b) nu följande next day
nästan *adv* almost; praktiskt taget practically; ~ ***aldrig*** hardly ever; mera betonat almost never; ~ ***ingenting*** hardly anything
näste *subst* nest
nästla *verb*, ~ ***sig in hos ngn*** ingratiate oneself with sb
näsvis *adj* cheeky [*mot* to], impertinent [*mot* to]
nät *subst* **1** net **2** spindels web **3** nätverk network; elektr. mains pl. **4** data. net; ***sufta på ~et*** Internet surf the Net
nätansluten *adj* elektr. mains-operated
näthinna *subst* ögats retina
nätt I *adj* söt pretty, cute; prydlig neat; ***en ~ summa*** a tidy sum
II *adv* prettily, neatly; ~ ***och jämnt*** only just
nätverk *subst* network
näve *subst* fist; ***han slog ~n i bordet*** he banged his fist on the table; han sa ifrån he put his foot down
nöd *subst* **1** nödställd belägenhet distress **2** behov need, svag. want; nödvändighet necessity; ***det går ingen ~ på honom*** he has nothing to complain of, he has got all he wants; ***i ~ och lust*** for better or for worse; ***med ~ och näppe*** narrowly; ***hon kom undan med ~ och näppe*** she had a narrow escape
nödbroms *subst*, ***dra i ~en*** pull the emergency brake
nödfall *subst*, ***i*** ~ if necessary
nödlanda *verb* make an emergency landing
nödlandning *subst* emergency landing, forced landing
nödläge *subst* distress; ***i ett*** ~ in an emergency
nödlögn *subst* white lie
nödlösning *subst* emergency solution; tillfällig temporary solution
nödrop *subst* cry of distress; signal distress signal
nödsignal *subst* distress signal; per radio SOS
nödsituation *subst*, ***i en*** ~ in an emergency
nödutgång *subst* emergency exit
nödutrustning *subst* survival kit
nödvändig *adj* necessary; oumbärlig essential
nödvändighet *subst* necessity; ***med*** ~ of necessity
nödvändigtvis *adv* necessarily
nöja *verb*, ~ ***sig med*** be satisfied with, be content with; ***han nöjde sig med*** inskränkte sig till ***en kort kommentar*** he confined himself to a short comment
nöjd *adj* tillfredsställd satisfied, content; belåten pleased
nöje *subst* **1** glädje pleasure, delight, joy; ***jag har ~t att presentera…*** I have the pleasure of introducing…; ***för ~s skull*** for fun **2** förströelse amusement
nöjesbransch *subst*, ***~en*** show business, vard. show-biz
nöjesfält *subst* amusement park, fun fair
nöjesliv *subst* underhållning entertainments pl., amusements pl., liv av nöjen life of pleasure; ***det finns inget ~ i den här staden*** there are no entertainments in this town
nöjeslysten *adj*, ***hon är*** ~ she is fond of amusement, she is fond of pleasure
nöjesläsning *subst* light reading
nöjesresa *subst* pleasure trip
nörd *subst* vard. nerd
nöt *subst* **1** nut **2** problem, ***en hård ~ att knäcka*** a hard nut to crack
nöta *verb*, ~ el. ~ ***på*** wear; kläder wear out; ***tyget tål att ~ på*** the cloth will stand wear; ~ ***ut*** wear out
nötknäppare *subst* nutcrackers pl.; ***en*** ~ a pair of nutcrackers
nötkreatur *subst pl* cattle; ***fem*** ~ five head of cattle
nötkärna *subst* kernel; ***frisk som en*** ~ fit as a fiddle
nötkött *subst* beef
nötskal *subst* nutshell
nötskrika *subst* fågel jay
nött *adj* worn; ***en ~ fras*** hackneyed phrase
nötväcka *subst* fågel nuthatch

Oo

oacceptabel *adj* unacceptable
oaktsam *adj* careless
oanad *adj* unsuspected; ***få ~e konsekvenser*** have unforeseen consequences
oangenäm *adj* unpleasant, disagreeable
oansenlig *adj* insignificant; om t.ex. lön modest; om utseende plain
oanständig *adj* indecent
oanständighet *subst* indecency
oansvarig *adj* irresponsible
oanträffbar *adj* unavailable; ***han har varit ~ hela dagen*** I (we etc.) have been unable to get hold of him all day
oanvänd *adj* unused
oanvändbar *adj* useless
oaptitlig *adj* unappetizing
oartig *adj* impolite [*mot* to]
oas *subst* oasis (pl. oases)
oavbruten *adj* uninterrupted, continuous
oavgjord *adj* undecided; ***en ~ match*** a draw
oavgjort *adv*, ***sluta ~*** end in a draw; ***spela ~*** draw [*mot* against]
oavhängig *adj* independent
oavsett *prep* oberoende av irrespective of; frånsett apart from; ***~ om hon kommer eller inte*** whether she comes or not
oavsiktlig *adj* unintentional, accidental
obalans *subst* lack of balance; ***han är i ~*** he is a bit unstable just now, he is not his usual self
obalanserad *adj* om person unbalanced
obarmhärtig *adj* merciless; skoningslös relentless
obducera *verb* perform a postmortem on, perform an autopsy on
obduktion *subst* postmortem, autopsy
obebodd *adj* uninhabited
obeboelig *adj* uninhabitable
obefintlig *adj* om sak non-existent
obefogad *adj* unwarranted; grundlös unfounded
obegagnad *adj* unused; ***så gott som ~*** as good as new
obegriplig *adj* incomprehensible; otydbar unintelligible
obegränsad *adj* unlimited
obegåvad *adj* unintelligent; utan talang untalented
obehag *subst* olust discomfort; besvär trouble; ***få ~ av*** be troubled by, be inconvenienced by; ***känna ~*** feel ill at ease
obehaglig *adj* disagreeable [*mot* to], unpleasant [*mot* to]; otrevlig nasty [*mot* to]
obehindrat *adv*, ***föra sig ~*** move freely; ***tala engelska ~*** speak English fluently
obehärskad *adj* uncontrolled; ***vara ~*** om person be lacking in self-control
obehörig *adj* unauthorized; som saknar kompetens unqualified; ***~a äga ej tillträde*** no admittance
obekant *adj* okänd unknown [*för* to]; ***det låter ~*** it sounds unfamiliar
obekräftad *adj* unconfirmed
obekväm *adj* uncomfortable; olämplig inconvenient; ***~ arbetstid*** unsocial hours; ***han är politiskt ~*** he is a liability politically
obemannad *adj* om t.ex. raket unmanned; om fyr, järnvägsstation etc. unattended
obemärkt *adj* unnoticed
obenägen *adj* ovillig unwilling, reluctant
oberoende I *subst* independence
II *adj* independent [*av* of]
oberäknelig *adj* unpredictable
oberättigad *adj* unjustified, groundless
oberörd *adj* unmoved, unaffected [*av* by]; likgiltig indifferent [*av* to]; ***det lämnade mig ~*** it did not affect me, it left me cold
obesegrad *adj* unconquered; spec. sport. undefeated
obeskrivlig *adj* indescribable
obeslutsam *adj* indecisive
obeslutsamhet *subst* indecision
obesprutad *adj* organically grown
obestridlig *adj* indisputable
obestämd *adj* **1** indefinite; ***uppskjuta ngt på ~ tid*** postpone sth indefinitely; ***~ artikel*** gram. indefinite article **2** obeslutsam indecisive; oklar vague
obeständig *adj* ostadig inconstant; ombytlig changeable
obesvarad *adj* unanswered; om hälsning unreturned; ***~ kärlek*** unrequited love
obesvärad *adj* ostörd undisturbed; av t.ex. för mycket kläder unhampered; otvungen, ledig free and easy
obetald *adj* unpaid
obetonad *adj* unstressed
obetydlig *adj* insignificant, trifling; ringa slight
obetänksam *adj* thoughtless, inconsiderate

obevakad *adj* unguarded; ~ ***järnvägsövergång*** open level crossing, amer. open grade crossing
obeveklig *adj* relentless, implacable
obeväpnad *adj* unarmed
obildad *adj* uneducated, uncultured
objekt *subst* object
objektiv I *subst* till kamera etc. lens **II** *adj* objective
objuden *adj* uninvited, unasked
oblekt *adj* unbleached
obligation *subst* hand. bond
obligatorisk *adj* compulsory
oblodig *adj* om revolution, statskupp etc. bloodless
oblyg *adj* shameless, impudent
oboe *subst* musik. oboe
obotlig *adj* **1** om sjukdom incurable **2** oförbätterlig incorrigible
obs. (förk. för *observera)* Note, NB
obscen *adj* obscene
obscenitet *subst* obscenity
observant *adj* observant
observation *subst* observation
observatorium *subst* observatory
observatör *subst* observer
observera *verb* observe, note
obstruktion *subst* sport. el. polit. obstruction
obäddad *adj* om säng unmade
oböjlig *adj* inflexible; gram. indeclinable
obönhörlig *adj* inexorable, implacable
ocean *subst* ocean
ocensurerad *adj* uncensored
och *konj* and; ~ ***så vidare*** (förk. *osv.*) and so on, et cetera (förk. etc.); ***han satt ~ läste en bok*** he was reading a book, he sat reading a book
ociviliserad *adj* uncivilized
ockerpris *subst* exorbitant price
ockerränta *subst* extortionate interest
ockrare *subst* usurer, money-lender
också *adv* also, ... too, ... as well; ***jag*** ~ me too; ***och det gjorde jag*** ~ and so did I
ockupant *subst* occupant, occupier
ockupation *subst* occupation
ockupationsmakt *subst* occupying power
ockupationsstyrkor *subst pl* occupation forces
ockupera *verb* occupy
o.d. (förk. för *och dylikt*) and the like
odaterad *adj* undated
odds *subst* odds pl.
odefinierbar *adj* indefinable
odelad *adj* undivided; om bifall unqualified
odemokratisk *adj* undemocratic
odiplomatisk *adj* undiplomatic
odisciplinerad *adj* undisciplined
odiskutabel *adj* indisputable
odjur *subst* monster
odla *verb* bruka cultivate; frambringa grow, raise; ~***de pärlor*** cultured pearls
odlare *subst* cultivator, grower, planter
odling *subst* odlande cultivation; område plantation; av t.ex. bakterier culture; ~ ***av grönsaker*** the growing of vegetables
odryg *adj* uneconomical
odräglig *adj* unbearable, insufferable
oduglig *adj* **1** om person incompetent, unqualified [*till* for], incapable [*till* t.ex. arbete of] **2** om sak useless
odåga *subst* good-for-nothing
odödlig *adj* immortal
odödlighet *subst* immortality
odör *subst* bad smell, nasty smell
oegentligheter *subst pl* irregularities
oekonomisk *adj* uneconomical
oemotståndlig *adj* irresistible
oemottaglig *adj* **1** insusceptible [*för* to] **2** för smitta immune
oenig *adj*, ***vara*** ~ disagree [*med* with, *om* about], be divided [*om* about]
oenighet *subst* disagreement
oense *adj*, ***bli*** ~ disagree; osams fall out [*med* with]; ***vara*** ~ disagree [*om* about]
oerfaren *adj* inexperienced [*i* in], unpractised [*i* in]
oerhörd *adj* enorm enormous, tremendous
oersättlig *adj* irreplaceable
ofantlig *adj* enormous, tremendous
ofarlig *adj* harmless
ofattbar *adj* incomprehensible [*för* to]
ofelbar *adj* felfri infallible
offensiv *subst* o. *adj* offensive
offentlig *adj* public; officiell official
offentliganställd *subst* **1** public employee **2** statstjänsteman civil servant
offentliggöra *verb*, ~ ***ngt*** announce sth, make sth public
offentlighet *subst* publicity; ~***en*** allmänheten the public, the general public

offer
Lägg märke till att det engelska ordet *offer* betyder erbjuda, erbjuda sig eller erbjudande.

offer *subst* **1** uppoffring sacrifice **2** byte, rov victim, prey **3** ***lätt*** ~ sitting target; ***falla*** ~

för fall victim to; i krig, olyckshändelse victim, casualty
offert *subst* hand. offer [*på* vid försäljning of, vid köp for]; ***lämna en*** ~ make an offer, submit an offer
officer *subst* officer [*i* in; *vid* of]
officiell *adj* official
offra *verb* **1** uppoffra sacrifice **2** ~ ***sitt liv*** give one's life, lay down one's life; ~ ***sig*** sacrifice oneself [*för* for]; satsa spend; ägna devote [*på* to]
offside *subst* o. *adj* o. *adv* sport. offside
ofog *subst* oskick nuisance; ***göra*** ~ be up to mischief
oframkomlig *adj* om väg impassable
ofrankerad *subst* unstamped
ofreda *verb* antasta molest
ofrivillig *adj* involuntary, unintentional
ofrånkomlig *adj* oundviklig inevitable
ofta *adv* often; ***allt som ~st*** every now and then
ofullbordad *adj* unfinished, uncompleted
ofullkomlig *adj* imperfect
ofullständig *adj* incomplete
ofärgad *adj* om t.ex. glas uncoloured; om tyg undyed; om skokräm neutral
oförarglig *adj* harmless, inoffensive
oförberedd *adj* unprepared
oförbätterlig *adj* incorrigible
ofördelaktig *adj* disadvantageous
oförenlig *adj* incompatible; om t.ex. åsikter irreconcilable
oföretagsam *adj* unenterprising
oförglömlig *adj* unforgettable
oförklarlig *adj* inexplicable, unaccountable
oförlåtlig *adj* unforgivable
oförmåga *subst* inability
oförrättad *adj*, ***hon gick med oförrättat ärende*** she went away without having achieved anything, she went away empty-handed
oförsiktig *adj* vårdslös careless; tanklös thoughtless
oförskämd *adj* insolent [*mot* to], impudent [*mot* to]
oförskämdhet *subst* insolence; ***en*** ~ an impertinence
oförsonlig *adj* irreconcilable, implacable
oförståndig *adj* oklok unwise; dum foolish
oförsvarlig *adj* indefensible, inexcusable
oförtjänt *adj* undeserved
oförutsedd *adj* unforeseen, unexpected
oförändrad *adj* unchanged, unaltered
ogenerad *adj* free and easy; oberörd unconcerned
ogenomförbar *adj* impracticable, unworkable
ogenomskinlig *adj* opaque, ...not transparent
ogenomtänkt *adj* förhastad rash, hasty; ***planen var*** ~ the plan was not properly thought out
ogift *adj* unmarried, single
ogilla *verb* **1** disapprove of, dislike **2** jur.: upphäva overrule
ogillande I *subst* disapproval
II *adj* disapproving
ogiltig *adj* invalid, not valid; ***förklara*** ~ sport. disallow
ogin *adj* ej tillmötesgående disobliging
ogrundad *adj* unfounded
ogräs *subst* weeds pl.; ***ett*** ~ a weed; ***rensa*** ~ weed
ogräsmedel *subst* weed-killer
ogynnsam *adj* unfavourable [*för* for]
ogärna *adv* motvilligt unwillingly, reluctantly; ***jag gör det*** ~ I don't like doing it; ***jag ville*** ~ ***tro det*** I find it hard to believe
ogästvänlig *adj* inhospitable
ohanterlig *adj* om sak unwieldy
ohederlig *adj* dishonest
ohotad *adj* unthreatened; sport. etc. unchallenged
ohyfsad *adj* ill-mannered; ohövlig impolite [*mot* to]
ohygglig *adj* förfärlig dreadful, frightful
ohygienisk *adj* unhygienic
ohyra *subst* vermin (med verb i pl.)
ohållbar *adj* om ståndpunkt etc. untenable; ***en*** ~ ***situation*** an intolerable situation
ohälsosam *adj* unhealthy; om föda unwholesome
ohämmad *adj* unrestrained; utan hämningar uninhibited
ohörbar *adj* inaudible
ohövlig *adj* impolite [*mot* to]
oidentifierad *adj* unidentified
oigenkännlig *adj* unrecognizable
oinskränkt *adj* om frihet unrestricted
ointaglig *adj* mil. impregnable
ointressant *adj* uninteresting [*för* to]
ointresserad *adj* uninterested [*av* in]
oinvigd *adj* uninitiated [*i* in]
oj *interj* **1** ~*!* oh!, oh dear! **2** vid smärta ow! [aʊ]
ojust I *adj* orättvis unfair
II *adv*, ***spela*** ~ a) play dirty b) bryta mot reglerna commit a foul
ojämförlig *adj* incomparable

ojämförligt *adv*, ***den ~ största*** by far the greatest
ojämn *adj* uneven **1** skrovlig rough; oregelbunden irregular; ***en ~ kamp*** an unequal struggle; ***en ~ väg*** a rough road, a bumpy road **2** växlande variable **3** om tal, udda odd, uneven
ok *subst* yoke
okammad *adj* om hår uncombed; ovårdad dishevelled
okamratlig *adj* disloyal; osportslig unsporting
okej I *adj* vard. OK, okay
II *interj* vard. OK!, okay!
oklanderlig *adj* irreproachable; felfri faultless
oklar *adj* **1** indistinct; om ljus, sikt, färg dim **2** otydlig unclear, indistinct **3** osäkert unclear, uncertain
oklok *adj* unwise, imprudent
oknäppt *adj* om plagg unbuttoned; ***knappen är ~*** the button is not done up
okomplicerad *adj* simple, uncomplicated
okonstlad *adj* unaffected
okonventionell *adj* unconventional
okritisk *adj* uncritical
oktan *subst* octane
oktanig *adj*, ***95-oktanig bensin*** 95-octane petrol, amer. 95-octane gasoline
oktantal *subst* octane rating; ***bensin med högt ~*** high-octane petrol
oktav *subst* musik. octave
oktober *subst* October (förk. Oct.); se *april* för ex.
okultiverad *adj* uncultivated; ohyfsad unpolished
okunnig *adj* **1** ovetande ignorant [*om* of; *om att* that] **2** omedveten unaware [*om* of; *om att* that], unconscious [*om* of; *om att* that]; oupplyst uninformed [*om* of; *om att* that] **3** olärd ignorant [*i* of]
okunnighet *subst* ignorance [*om* of]
okuvlig *adj* indomitable
okynne *subst* mischievousness, mischief
okänd *adj* unknown [*för* to]; obekant unfamiliar [*för* to]; främmande strange [*för* to]
okänslig *adj* insensitive
olag *subst*, ***i ~*** out of order
olaglig *adj* unlawful, illegal
oldboy *subst* sport. veteran
olidlig *adj* insufferable
olik *adj* unlike
olika I *adj* different; skiftande varying; växlande various; ***smaken är ~*** tastes differ; ***det är ~*** varierar it varies
II *adv* differently, in different ways
olikartad *adj* dissimilar, different
olikhet *subst* unlikeness; skillnad difference
oliktänkande *subst*, ***en ~*** a dissident
olinjerad *adj* om t.ex. papper unruled
oliv *subst* olive
olivolja *subst* olive oil
olja I *subst* oil; ***gjuta ~ på vågorna*** pour oil on troubled waters
II *verb* oil
oljeborrplattform *subst* oil rig
oljebyte *subst* oil change
oljebälte *subst* oilslick
oljeeldning *subst* oil-heating
oljefat *subst* oil drum
oljefläck *subst* på vattenyta oilslick, på t.ex. väg patch of oil
oljefärg *subst* konst. oil colour
oljeledning *subst* pipeline
oljemålning *subst* oil painting
oljemätare *subst* oil gauge
oljepanna *subst* oil-fired boiler
oljeraffinaderi *subst* oil refinery
oljetank *subst* oil tank
oljetanker *subst* oil tanker
oljeutsläpp *subst* oil spill; avsiktligt dumping of oil
oljud *subst* noise; ***föra ~*** make a noise
ollon *subst* ekollon acorn
ologisk *adj* illogical
olovlig *adj* unlawful; förbjuden forbidden
olust *subst* obehag uneasiness; missnöje dissatisfaction; motvilja dislike, distaste; ***känna ~ inför*** feel uneasy about
olustig *adj* **1** ***känna sig ~*** ur humör feel out of spirits **2** obehaglig unpleasant
olycka *subst* **1** misfortune; ***föra ~ med sig*** bring bad luck; elände misery **2** missöde mishap; olyckshändelse accident; katastrof disaster; ***en ~ kommer sällan ensam*** it never rains but it pours; ***en ~ händer så lätt*** accidents will happen; ***råka ut för en ~*** meet with an accident

> **olycklig**
> Lägg märke till att det engelska uttrycket *be unlucky* betyder ha otur.

olycklig *adj* **1** unhappy [*över* about]; eländig miserable; ***~ kärlek*** unrequited love **2** drabbad av otur unfortunate, unlucky **3** beklaglig unfortunate
olycksbådande *adj* ominous

olycksdrabbad *adj* om t.ex. väg dangerous; om person accident-prone
olycksfall *subst* accident, casualty
olycksfallsförsäkring *subst* accident insurance
olycksfågel *subst* unlucky creature, unlucky person; ***han är en ~*** råkar ofta ut för olyckor he is accident-prone
olyckshändelse *subst* accident; ***råka ut för en ~*** meet with an accident
olycksplats *subst*, ***~en*** the scene of the accident
olydig *adj* disobedient [*mot* to]
olydnad *subst* disobedience [*mot* to]
olympiad *subst* Olympiad
olympisk *adj*, ***de ~a spelen*** the Olympic Games, the Olympics
olåst *adj* unlocked
olägenhet *subst* **1** besvär inconvenience **2** nackdel drawback
oläglig *adj* olämplig inconvenient [*för* to]
olämplig *adj* **1** unsuitable [*för* for], unfit [*för* to] **2** oläglig inconvenient
oländig *adj*, ***~ terräng*** rough ground, rugged ground
oläsbar *adj* o. **oläslig** *adj* **1** om handstil etc. illegible **2** om bok unreadable
olöslig *adj* insoluble; ***ett ~t problem*** an insoluble problem
1 om *konj* if; ***~ inte*** if not, unless; ***~ du inte behöver den, kasta den*** if you don't need it, throw it away; ***... ~ du inte ber honom göra det*** ... unless you ask him to do it
2 om I *prep* **1** 'omkring' round, spec. amer. around; ***ha en halsduk ~ halsen*** have a scarf round one's neck; ***falla ngn ~ halsen*** fall on sb's neck; ***jag är kall ~ händerna*** my hands are cold **2** om läge of; ***norr ~*** north of **3** på, om tid, ***~ dagen (dagarna)*** in the daytime, by day; ***två gånger ~ dagen*** twice a day; ***~ fredagarna*** on Fridays; ***~ morgnarna*** in the morning; ***året ~*** all the year round **4** inom, om tid, ***~ ett år*** in a year, in a year's time; ***i dag ~ sex veckor*** six weeks from today **5** 'angående' etc. about, of; ***historien ~*** the story about (of) **6** 'över' (ämne etc.) on; ***föreläsa ~*** lecture on **7** 'på', om antal, ***en grupp ~ 40 personer*** a group of 40 people
II *adv* **1** 'omkring', ***en bok med papper ~*** a book wrapped in paper; ***helt ~!*** about turn!; ***höger ~!*** right turn! **2** 'på nytt', ***måla ~*** repaint; ***många gånger ~*** many times over; ***göra ~*** re-make
omaka *adj* om t.ex. äkta par ill-matched; ***~ handskar*** odd gloves; ***handskarna är ~*** these gloves don't match
omanlig *adj* unmanly
omarbeta *verb* revise
omarbetning *subst* revision; för scenen, filmen adaptation
ombesörja *verb* attend to, take care of
ombilda *verb* omorganisera reorganize; omskapa transform
ombonad *adj* om bostad etc. cosy, snug
ombord *adv* on board, aboard
ombud *subst* representative [*för* of]
ombudsman *subst* representant representative
ombyggnad *subst*, ***huset är under ~*** the house is being rebuilt
ombyte *subst* change; ***~ förnöjer*** variety is the spice of life
ombytlig *adj* changeable
omdebatterad *adj* much debated; omstridd controversial; ***mycket ~*** much debated, much discussed
omdirigera *verb* trafiken redirect, re-route
omdöme *subst* **1** omdömesförmåga judgement **2** åsikt opinion
omdömeslös *adj*, ***hon är ~*** she is lacking in judgement
omedelbar *adj* immediate, direct
omedelbart *adv* immediately, at once
omedgörlig *adj* unreasonable, uncooperative
omedveten *adj* unconscious [*om* of]
omelett *subst* omelette, spec. amer. omelet
omfamna *verb* embrace; kramar hug
omfamning *subst* embrace; kram hug
omfatta *verb* täcka cover; ***kartan ~r hela staden*** the map covers the whole town
omfattande *adj* vidsträckt extensive, comprehensive; långtgående far-reaching
omfattning *subst* extent; utsträckning range; ***i vilken ~?*** to what extent?
omfång *subst* storlek size; omfattning extent
omfångsrik *adj* extensive
omfördela *verb* redistribute
omförhandla *verb* renegotiate
omförhandling *subst* renegotiation
omge *verb* surround
omgift *adj* remarried
omgivning *subst*, ***~*** el. ***~ar*** t.ex. en stads surroundings pl.; trakt neighbourhood; miljö environment
omgående *adv* immediately, promptly
omgång *subst* **1** uppsättning set; hop batch **2** sport. etc. round; tur turn; ***få en ~*** get a

thrashing; ***i ~ar*** efter varandra in turns; ***i två ~ar*** on two separate occasions; ***betala i två ~ar*** pay in two instalments
omhänderta *verb* take care of, look after; gripa take in to custody; ***bli ~gen*** efter olycka receive care, receive attention
omild *adj* harsh
omintetgöra *verb* plan, förhoppningar etc. frustrate, thwart; ***planerna omintetgjordes*** the plans were brought to nothing
omisskännlig *adj* unmistakable
omistlig *adj* indispensable
omkastning *subst* sudden change
omklädningshytt *subst* changing cubicle
omklädningsrum *subst* changing-room
omkomma *verb* be killed, die
omkommen *subst*, ***den omkomne*** the victim; ***de omkomna*** the victims, those killed
omkostnader *subst pl* costs; utgifter expenses
omkrets *subst* circumference
omkring I *prep* round, about, spec. amer. around; ***runt ~*** around, round about **II** *adv* **1** round, around; hit och dit about; ***runt ~*** all round, all around; ***när allt kommer ~*** after all, when all is said and done **2** ungefär about
omkull *adv* down, over; ***ramla ~*** fall down, fall over
omkörning *subst* overtaking, amer. passing; ***han gjorde en snabb ~*** he rapidly overtook, amer. he rapidly passed
omkörningsfil *subst* fast lane, overtaking lane, amer. passing lane
omlopp *subst* circulation; astron. revolution; ***en del rykten är i ~*** a number of rumours are going about
omloppsbana *subst* astron. orbit
omläggning *subst* **1** om ändring change, alteration **2** omorganisering reorganization **3** av trafik diversion
omnämna *verb* mention [*för ngn* to sb]
omodern *adj* out of date, unfashionable; ***en ~ bostad*** a flat (an apartment) without modern conveniences
omogen *adj* **1** om frukt, tid etc. unripe **2** om person immature
omoralisk *adj* immoral
omorganisera *verb* reorganize
omotiverad *adj* **1** unjustified, unwarranted **2** utan motivation unmotivated
omplacera *verb* **1** ***~ ngn*** tjänsteman etc. transfer sb to another post **2** pengar re-invest
omplacering *subst* **1** av tjänsteman etc. transfer **2** av pengar investment
ompröva *verb* reconsider, re-examine; ***~ ett beslut*** reconsider a decision
omprövning *subst* reconsideration; ***ta ngt under ~*** reconsider sth
omringa *verb* surround
område *subst* **1** geogr. territory; mindre district, area; trakt region; ***privat ~*** private property **2** fack etc. field; ***på det ekonomiska ~t*** in the economic field
omröstning *subst* vote, voting; ***göra en ~*** take a vote
omsider *adv* at last; ***sent ~*** at long last
omskola *verb* retrain
omskolning *subst* retraining
omskära *verb* circumcise
omslag *subst* **1** för bok etc. cover; för paket wrapper **2** i t.ex. väder change
omslagsflicka *subst* cover girl
omslagspapper *subst* wrapping-paper, brown paper
omsluta *verb* omge surround, enclose, encircle
omsorg *subst* **1** omvårdnad care [*om* of] **2** noggrannhet care; omtanke attention; besvär trouble
omsorgsfull *adj* careful; grundlig thorough
omspel *subst* sport. **1** replay **2** extra avgörande match play-off
omstridd *adj* disputed
omständighet *subst* circumstance; ***under sådana ~er*** in such circumstances
omständlig *adj* detailed; långrandig long-winded
omstörtande *adj*, ***~ verksamhet*** subversive activity
omsvep *subst*, ***säga ngt utan ~*** say sth straight out
omsvängning *subst* sudden change
omsätta *verb* **1** ***företaget omsätter 50 miljoner kronor*** the company has a turnover of 50 million kronor; ***~ i pengar*** turn into cash **2** hand., sälja sell
omsättning *subst* hand. turnover, sales pl.
omtala *verb*, ***mycket ~d*** much discussed
omtanke *subst* omsorg care [*om* for]; omtänksamhet consideration [*om* for]
omtumlad *adj* dazed; ***hon var ~*** she was in a daze
omtyckt *adj* popular [*av* with]; ***illa ~*** unpopular
omtänksam *adj* considerate [*mot* to, towards]
omtänksamhet *subst* consideration

omtöcknad *adj* dazed; av sprit etc. fuddled
omusikalisk *adj* unmusical
omutlig *adj* incorruptible
omval *subst* re-election
omvandla *verb* transform [*till* into], change [*till* into]
omvandling *subst* transformation [*till* into], change [*till* into]
omvårdnad *subst* care, nursing
omväg *subst* detour, roundabout way; ***ta en ~*** make a detour, go a roundabout way
omvälja *verb* re-elect
omvänd *adj* **1** omkastad inverted, reversed **2** relig. el. friare converted
omvända *verb* relig. convert
omvändelse *subst* conversion
omvärdering *subst* revaluation, reassessment
omvärld *subst*, ***~en*** the surrounding world
omväxlande *adj* **1** t.ex. program varied **2** alternerande alternate
omväxling *subst* variety, variation; ***för ~s skull*** for a change
omyndig *adj*, ***vara ~*** minderårig be under age; ***en ~*** a minor
omåttlig *adj* excessive, exorbitant
omänsklig *adj* inhuman
omärklig *adj* unnoticeable, imperceptible
omöblerad *adj* unfurnished
omöjlig *adj* impossible
omöjlighet *subst* impossibility
onanera *verb* masturbate
onani *subst* masturbation
onaturlig *adj* unnatural
ond *adj* **1** moraliskt evil, wicked; ***~ cirkel*** vicious circle **2** arg angry [*på* with; *över* about], amer. mad [*på* with; *över* about]
ondska *subst* evil, wickedness; elakhet malice, spite
ondskefull *adj* wicked; elak spiteful, malicious
onekligen *adv* undeniably, certainly
on-line *adj* data. on-line
onormal *adj* abnormal
onsdag *subst* Wednesday; se *fredag* för ex.
onsdagskväll *subst* Wednesday evening, senare Wednesday night; ***på ~arna*** on Wednesday evenings, on Wednesday nights
ont *adj* **1** ***roten till allt ~*** the root of all evil; ***intet ~ anande*** unsuspectingly; ***det är inget ~ i det*** there is no harm in that **2** värk pain, ache; ***göra ~*** hurt; ***ha ~*** be in pain, suffer; ***ha ~ i huvudet*** have a headache; ***ha mycket ~ i huvudet*** have a bad headache **3** ***det är ~ om smör*** there is a shortage of butter; ***ha ~ om*** be short of
onyanserad *adj* om kritik, omdöme etc. simplistic; ytlig superficial
onykter *adj* intoxicated, vard. drunk
onyttig *adj* **1** värdelös useless **2** ohälsosam unhealthy
onyx *subst* ädelsten onyx
onåd *subst*, ***i ~*** in disgrace
onödan *subst*, ***i ~*** unnecessarily, without cause
onödig *adj* unnecessary, needless
oordnad *adj* **1** i oordning disordered, disorderly **2** om förhållanden unsettled
oordning *subst* disorder; ***råka i ~*** become disarranged
oorganiserad *adj* unorganized; ***~ arbetskraft*** non-union labour
opal *subst* ädelsten opal
opartisk *adj* impartial; neutral neutral
opassande *adj* improper, unbecoming
opedagogisk *adj* unpedagogical

> **opera**
> *The Royal Opera House* i London kallas också *Covent Garden*. Det mest kända operahuset i New York är *the Metropolitan Opera House* eller *the Met*. Mycket känt är också operahuset i Sydney.

opera *subst* **1** opera **2** byggnad opera house
operasångare *subst* opera singer
operation *subst* operation
operationssal *subst* operating theatre
operera *verb* operate; ***~ ngn*** operate on sb; ***~s*** be operated on; ***~ bort*** remove
operett *subst* klassisk operetta, light opera; mera modern musical comedy
opersonlig *adj* impersonal
opinion *subst* opinion; ***den allmänna ~en*** public opinion
opinionssiffror *subst pl*, ***dåliga ~*** poor poll ratings
opinionsundersökning *subst* opinion poll
opium *subst* opium
opponera *verb*, ***~ sig*** object [*mot* to]
opportunist *subst* opportunist
opportunistisk *adj* opportunist
opposition *subst* opposition; ***~en*** polit. the Opposition
oppositionsledare *subst* leader of the Opposition

opraktisk *adj* unpractical, impractical
oproportionerlig *adj* disproportionate
opsykologisk *adj* unpsychological
optik *subst* optics (med verb i sing.)
optiker *subst* optician; affär optician's
optimism *subst* optimism
optimist *subst* optimist
optimistisk *adj* optimistic
optisk *adj* optical
opålitlig *adj* unreliable, untrustworthy
orakad *adj* unshaved, unshaven
orakel *subst* oracle
orange *subst* o. *adj* orange; se *blått* för ex. o. *blå-* för sammansättningar
orangutang *subst* orang-outang
ord *subst* word; ~ ***och inga visor*** plain speaking; ***begära ~et*** ask permission to speak; ***få ~et*** be called upon to speak; ***hålla sitt ~*** el. ***stå vid sitt ~*** keep one's word; ***innan jag visste ~et av*** before I knew where I was; ***i ~ och handling*** in word and deed; ***med andra ~*** in other words; ***ta till ~a*** begin to speak
ordagrann *adj* literal
ordalag *subst*, ***i allmänna ~*** in general terms
ordbehandlare *subst* maskin word processor
ordbehandling *subst* word processing
ordblind *adj* word-blind
ordbok *subst* dictionary
orden *subst* **1** samfund order **2** ordenstecken decoration, order
ordentlig *adj* **1** orderly, methodical; prydlig neat; proper tidy **2** riktig proper; rejäl real; grundlig thorough; ***jag har fått en ~ förkylning*** I've caught an awful cold; ***ett ~t mål mat*** a square meal
ordentligt *adv* in an orderly manner, in a methodical manner; ***bli ~ våt*** get thoroughly wet
order *subst* **1** befallning order, command; ***få ~ om att*** be ordered to, be instructed to; ***ge ~ om ngt*** order sth; ***lyda ~*** obey orders; ***på ~ av*** by order of **2** hand. order [*på* for]
ordföljd *subst*, ***rak ~*** normal word order; ***omvänd ~*** inverted word order
ordförande *subst* vid sammanträde chairman [*för* of], chairperson [*för* of]; i förening ofta president [*i* of]
ordförandeskap *subst* chairmanship, i förening ofta presidency
ordförklaring *subst* explanation of a word, definition of a word
ordförråd *subst* vocabulary; ***hon har [ett] stort ~*** she has a large vocabulary

ordinarie *adj* om tur etc. regular; om tjänst permanent; ~ ***speltid*** sport. normal time
ordination *subst* med. prescription
ordinera *verb* med. prescribe
ordinär *adj* ordinary, common
ordklass *subst* part of speech
ordlek *subst* pun
ordlista *subst* glossary, vocabulary
ordna I *verb* **1** ställa i ordning arrange, fix; ***det ~r sig nog!*** it will be all right!; things will sort themselves out! **2** skaffa get, find **3** ta hand om see to; t.ex. tävlingar organize
II *verb* med betonad partikel
ordna om ändra rearrange; ta hand om arrange
ordna upp reda ut settle
ordning *subst* **1** order; ordentlighet orderliness; snygghet tidiness; metod method; ***jag får ingen ~ på det här*** I can't get this straight; ***hålla ~ på ngt*** keep sth in order; ***det är helt i sin ~*** it is quite in order; ***i vanlig ~*** as usual; ***göra i ~ ngt*** get sth ready, get sth in order; ***göra sig i ~*** get ready; ***ställa i ~ ngt*** get sth in order, put sth in order **2** följd order, sequence
ordningsföljd *subst* order, succession; ***i rätt ~*** in the right order
ordningsregler *subst pl* regulations
ordningssinne *subst* feeling for order
ordningstal *subst* ordinal number
ordningsvakt *subst* t.ex. i tunnelbanan, ungefär guard, patrolman; vid t.ex. museum attendant

ordspråk

Engelskan är rikt på ordspråk, t.ex.:

first come, first served
den som kommer först till kvarn får först mala

it's the early bird that catches the worm
morgonstund har guld i mun

it never rains but it pours
en olycka kommer sällan ensam

east, west, home's best
borta bra men hemma bäst.

ordspråk *subst* proverb
ordval *subst* choice of words
ordväxling *subst* dispute
orealistisk *adj* unrealistic
oreda *subst* oordning disorder, confusion; röra muddle

oregano *subst* krydda oregano
oregelbunden *adj* irregular
oresonlig *adj* unreasonable; envis stubborn
organ *subst* **1** kroppsdel organ **2** språkrör mouthpiece **3** tidning newspaper
organisation *subst* organization
organisatör *subst* organizer
organisera *verb* organize
organisk *adj* organic
organism *subst* organism
orgasm *subst* orgasm; ***få*** ~ have an orgasm
orgel *subst* musik. organ
orgie *subst* orgy
orientalisk *adj* oriental
Orienten the Orient, the East
orientera *verb* **1** orientate; informera inform [*om* on]; ~ ***sig*** orientate oneself; ~ ***sig på kartan*** take one's bearings from the map **2** sport. orienteer
orienterare *subst* sport. orienteer
orientering *subst* **1** orientation; information information **2** sport. orienteering
original *subst* **1** original **2** person eccentric **3** huvudexemplar top copy
originalitet *subst* originality
originell *adj* **1** ursprunglig original **2** besynnerlig eccentric, queer
oriktig *adj* incorrect; orätt wrong
orimlig *adj* absurd; oskälig unreasonable
orka *verb*, ***jag ~r inte lyfta den*** I can't lift it; ***nu ~r jag inte*** hålla på ***längre*** I cannot (can't) go on any longer; ***jag ~r inte mer*** t.ex. mat I cannot (can't) manage any more; ***att du bara ~r!*** a) hur orkar du? how 'do you manage? b) håll inte på så där! do you have to carry on like this?; ***han sprang så mycket han ~de*** he ran for all he was worth
orkan *subst* hurricane
orkester *subst* orchestra; mindre jazz etc. band
orkidé *subst* orchid ['ɔːkɪd]
orm *subst* snake
ormbunke *subst* växt fern
ornament *subst* ornament, decoration
ornitolog *subst* ornithologist
oro *subst* **1** anxiety [*för, över* about] **2** politisk el. social unrest
oroa *verb*, ~ ***ngn*** göra ängslig make sb anxious; bekymra worry sb, trouble sb; ~ ***sig för*** be anxious about, worry about
orolig *adj* **1** ängslig anxious **2** rastlös, bråkig restless
orolighet *subst*, ***~er*** disturbances
oroshärd *subst* trouble spot
orosmoln *subst*, ***~en hopar sig*** the storm clouds are gathering
oroväckande *adj* alarming
orre *subst* fågel black grouse (pl. lika)
orsak *subst* cause [*till* for]; ***ingen ~!*** not at all!, amer. you're welcome!; ***av den ~en*** for that reason
orsaka *verb* cause
ort *subst* plats place; trakt district
ortodox *adj* orthodox
ortopedisk *adj* orthopaedic, spec. amer. orthopedic
orubbad *adj* unmoved; om t.ex. förtroende unshaken
orutinerad *adj* inexperienced
oråd *subst*, ***ana*** ~ suspect mischief, vard. smell a rat
oräknelig *adj* innumerable
orättvis *adj* unjust [*mot* to], unfair [*mot* to]
orättvisa *subst* unfairness (endast sing.), injustice
orörd *adj* untouched; ~ ***natur*** unspoiled countryside
orörlig *adj* immobile; utan att röra sig motionless
OS *subst* (förk. för *olympiska spelen*) the Olympic Games pl.
os *subst* smell, unpleasant smell
osa *verb* smoke; ryka reek; ***det ~r bränt*** a) there's a smell of burning b) det börjar bli farligt the fat's in the fire
o.s.a. (förk. för *om svar anhålles*) please reply, RSVP (förk. för *répondez s'il vous plaît* franska)
osagd *adj* unsaid, unspoken; ***det låter jag vara osagt*** I would not like to say
osaklig *adj*, ***hans argument är ~a*** his arguments are not to the point; ***han är*** ~ he is not objective
osammanhängande *adj* incoherent, disconnected
osams *adj*, ***bli*** ~ quarrel, fall out
osann *adj* untrue, false
osanning *subst* falsehood; ***tala*** ~ tell lies, tell a lie
osannolik *adj* unlikely, improbable; ***det är ~t att hon har gjort det*** she is unlikely to have done it
oseriös *adj* om t.ex. firma irresponsible, unreliable
osjälvisk *adj* unselfish, selfless
osjälvständig *adj* unoriginal; ***vara*** ~ be lacking in independence, be unoriginal
oskadad *adj* o. **oskadd** *adj* unhurt, unharmed; om sak undamaged, intact; ***han återvände*** ~ he returned safe and sound

oskadliggöra *verb*, ~ ***ngn*** (***ngt***) render sb (sth) harmless
oskarp *adj* **1** slö blunt **2** suddig blurred, unsharp
oskick *subst* ovana bad habit; ofog nuisance
oskiljaktig *adj* inseparable
oskuld *subst* **1** innocence; kyskhet chastity, virginity **2** ***hon är*** ~ she is a virgin
oskyddad *adj* **1** unprotected **2** för väder o. vind unsheltered
oskyldig *adj* **1** innocent [*till* of]; ***han är*** ~ ***till brottet*** he is not guilty of the crime **2** oförarglig inoffensive
oskälig *adj* unreasonable; om pris etc. excessive
oslagbar *adj* unbeatable
oslipad *adj* **1** om ädelsten uncut, unpolished **2** om kniv dull **3** om person unpolished
osmaklig *adj* distasteful, stark. disgusting
osminkad *adj*, ***hon var*** ~ she had no make-up
osockrad *adj* unsweetened
osportslig *adj* unsporting
oss *pron* us; ~ ***själva*** ourselves

ost
Stilton och *Cheddar* är två kända engelska ostar. *Stilton* är en blåmögelost som är gjord på komjölk och påminner om den franska Roquefort. *Cheddarosten* kommer ursprungligen från trakterna kring Cheddarravinen, där den lagrades till mognad i några av de många grottorna. Idag tillverkas cheddarost i många andra länder, t.ex. Irland, Australien, USA och Sverige.

1 ost *adv* se *öst*
2 ost *subst* cheese; ***lyckans*** ~ lucky dog
ostadig *adj* unsteady, unstable; ~***t väder*** changeable weather
ostbricka *subst* cheese board
ostburgare *subst* cheeseburger
ostbågar *subst pl* cheese doodles
osthyvel *subst* cheese slicer
Ostindien the East Indies pl.
ostkust *subst* east coast
ostlig *adj* se *östlig*
ostraffad *adj* unpunished; ***han är tidigare*** ~ he has no previous criminal record
ostron *subst* oyster
ostronskivling *subst* svamp oyster mushroom
ostskiva *subst* slice of cheese
ostädad *adj* untidy
ostämd *adj* musik. untuned, out of tune
osund *adj* **1** unhealthy; om föda unwholesome **2** om t.ex. metoder unsound
osv. (förk. för *och så vidare*) etc.
osympatisk *adj* otrevlig unpleasant; om sätt el. utseende unsympathetic
osynlig *adj* invisible [*för* to]
osäker *adj* uncertain [*på, om* of]; otrygg insecure; riskfull unsafe; ***känna sig*** ~ bortkommen feel unsure; ***isen är*** ~ the ice is not safe
otacksam *adj* om person ungrateful [*mot* to, towards]; ~ ***uppgift*** thankless task
otacksamhet *subst* ingratitude
otakt *subst*, ***gå i*** ~ walk out of step; ***spela i*** ~ play out of time
otal *subst*, ***ett*** ~ ***gånger*** any number of times
otalig *adj* innumerable, countless
otalt *adj*, ***ha ngt*** ~ ***med ngn*** have a score to settle with sb, have a bone to pick with sb
otid *subst*, ***i tid och*** ~ ideligen at all times
otillfredsställande *adj* unsatisfactory
otillfredsställd *adj* unsatisfied
otillgänglig *adj* inaccessible [*för* to], unapproachable [*för* by]
otillräcklig *adj* om kvantitet insufficient; om kvalitet inadequate
otippad *adj*, ***en*** ~ ***segrare*** an unbacked winner
otjänst *subst*, ***göra ngn en*** ~ do sb a bad turn, do sb a disservice
otrevlig *adj* disagreeable [*mot* to], unpleasant [*mot* to]
otrogen *adj* t.ex. i äktenskap unfaithful [*mot* to]; svekfull faithless [*mot* to]
otrolig *adj* incredible, unbelievable
otränad *adj*, ***vara*** ~ be out of training
otröstlig *adj* inconsolable
otta *subst*, ***i*** ~***n*** early in the morning
otur *subst* bad luck; ***ha*** ~ be unlucky
otvivelaktigt *adv* undoubtedly, no doubt
otvungen *adj* free and easy, natural
otydlig *adj* indistinct
otålig *adj* impatient [*på* with; *över* at]
otålighet *subst* impatience
otäck *adj* nasty [*mot* to]; ryslig horrible, awful
otäcking *subst* vard. rascal, devil
otämd *adj* untamed
otänkbar *adj* inconceivable, unthinkable
oumbärlig *adj* indispensable

oundgänglig *adj* necessary; oumbärlig indispensable
oundviklig *adj* **1** unavoidable **2** som ej kan undgås inevitable
ouppfostrad *adj* badly brought-up
oupphörlig *adj* incessant, continuous
ouppklarad *adj* unsolved; oförklarad unexplained
ouppmärksam *adj* inattentive [*mot* to]
outgrundlig *adj* inscrutable
outhärdlig *adj* unbearable
outplånlig *adj* indelible
outsider *subst* sport. etc. outsider
outspädd *adj* undiluted
outtröttlig *adj* indefatigable; om energi etc. tireless
outtömlig *adj* inexhaustible
oval *subst* o. *adj* oval
1 ovan I *prep* above, over
II *adv* above; ***här*** ~ above; ***som*** ~ as above
2 ovan *adj* ej van unaccustomed [*vid* to], unused [*vid* to]; oövad unpractised, untrained; oerfaren inexperienced; ***vara ~ att göra ngt*** be unaccustomed to doing sth, be unused to doing sth
ovana *subst* **1** brist på vana unfamiliarity [*vid* with] **2** ful vana bad habit
ovanför *prep* o. *adv* above
ovanifrån *adv* from above
ovanlig *adj* unusual; sällsynt uncommon, infrequent
ovannämnd *adj* above-mentioned
ovanpå I *prep* on top of
II *adv* on top
ovanstående *adj* t.ex. lista, ord the above
ovarsam *adj* vårdslös careless
ovation *subst* ovation
overall *subst* overalls pl., amer coveralls pl.; träningsoverall track suit; för barn, amer. snow suit
overklig *adj* unreal
overksam *adj* **1** sysslolös idle, inactive **2** utan verkan ineffective
ovetenskaplig *adj* unscientific
ovett *subst*, ***få*** ~ get a scolding
ovidkommande *adj* irrelevant [*för* to]
ovilja *subst* agg animosity [*mot* towards], stark. aversion [*mot* to]
ovillig *adj* ej villig unwilling, reluctant
ovillkorlig *adj* unconditional
ovillkorligen *adv* absolutely
oviss *adj* uncertain; tveksam doubtful
ovisshet *subst* uncertainty, doubt; ***i*** ~ uncertain, in a state of uncertainty
ovårdad *adj* **1** om klädsel etc. dishevelled; om person slovenly **2** om språk careless, substandard
oväder *subst* storm; ***det blir*** ~ there is going to be a storm
ovälkommen *adj* unwelcome
ovän *subst* enemy; ***vara ~ med ngn*** be on bad terms with sb; ***de har blivit ~ner*** they have fallen out
ovänlig *adj* unkind [*mot* to]; ej vänskaplig unfriendly [*mot* to]
oväntad *adj* unexpected
ovärderlig *adj* invaluable [*för* to]
ovärdig *adj* unworthy
oväsen *subst* noise; ***föra*** ~ make a noise
oväsentlig *adj* unessential [*för* to], inessential [*för* to]; oviktig unimportant [*för* to]
oxbringa *subst* kok. brisket of beef
oxe *subst* **1** ox (pl. oxen) **2** ***Oxen*** stjärntecken Taurus
oxfilé *subst* fillet of beef
oxkött *subst* beef
oxstek *subst* roast beef
ozon *subst* ozone
ozonskikt *subst*, ***~et*** the ozone layer
oåterkallelig *adj* irrevocable
oåtkomlig *adj* inaccessible [*för* to]; ***förvaras ~ för barn*** keep out of children's reach
oäkta *adj* falsk false; ~ ***pärlor*** imitation pearls
oändlig *adj* endless, interminable; ***fortsätta i det ~a*** go on for ever and ever
oärlig *adj* dishonest [*mot* to, towards]
oätbar *adj* uneatable
oätlig *adj* om t.ex. svamp inedible
oäven *adj*, ***inte*** ~ fairly good, not bad
oöm *adj* om sak durable, hard-wearing; om person robust
oöverlagd *adj* rash; ej planlagd unpremeditated
oöverskådlig *adj* **1** illa disponerad badly arranged, confusing **2** om följder etc. incalculable
oöverstiglig *adj* insurmountable
oöversättlig *adj* untranslatable
oöverträffad *adj* unsurpassed [*i fråga om* for]

Pp

p *subst*, ***sätta ~ för ngt*** put a stop to sth
pacemaker *subst* med. el. sport. pacemaker
pacificera *verb* pacify
pacifism *subst*, ~ el. ***~en*** pacifism
pacifist *subst* pacifist
pack *subst* slödder rabble, riff-raff
packa I *verb* pack, pack up; ***~t med folk*** packed with people, crowded with people **II** *verb* med betonad partikel
packa ihop sig tränga ihop sig crowd together [*i* into], crowd [*i* into]
packa in pack up; i paket wrap up
packa ner pack [*i* into]
packa upp unpack; paket unwrap
packad *adj* vard., berusad sloshed, tanked up, amer. loaded, tanked
packe *subst* pack, package; bunt bundle
packis *subst* pack ice
packlår *subst* packing-case
packning *subst* **1** nedpackning packing **2** bagage luggage, bagage **3** tekn. gasket; till kran etc. washer
padda *subst* djur toad
paddel *subst* paddle
paddla *verb* paddle; ***vara ute och ~*** be out canoeing
paff *adj*, ***jag blev alldeles ~*** I was quite taken aback
paginera *verb* paginate
paj *subst* pie; utan deglock tart
paja *verb* vard. **1** ~ el. ***~ ihop*** break down, go to pieces **2** förstöra ruin
pajas *subst* clown; ***spela ~*** play the fool
paket *subst* **1** parcel, litet packet, större package; ***ett ~ cigaretter*** a packet of cigarettes, amer. a pack of cigarettes **2** lärobokspaket etc. package
paketavtal *subst* enhetsavtal package deal
paketera *verb* packet
pakethållare *subst* carrier, luggage carrier
paketresa *subst* package tour
Pakistan Pakistan
pakistanare *subst* Pakistani
pakistansk *adj* Pakistani
pakt *subst* pact, treaty
palats *subst* palace
Palestina Palestine
palestinier *subst* Palestinian
palestinsk *adj* Palestinian
palett *subst* konst. palette
paljetter *subst pl* spangles
pall *subst* **1** möbel stool; fotstöd footstool **2** lastpall pallet
palla *verb* **1** ***jag ~r inte*** I can't cope, I'm not up to it **2** stötta, ***~ upp*** chock up, block up **3** ***~ äpplen*** scrump apples
palm *subst* palm
palmblad *subst* palm leaf
palmsöndag *subst* Palm Sunday
palsternacka *subst* grönsak parsnip
paltbröd *subst* bread baked with blood and rye flour
paltor *subst pl* vard. rags
pamp *subst* bigwig, VIP (förk. för *Very Important Person*)
pampig *adj* vard. magnificent, grand
Panamakanalen the Panama Canal
panamerikansk *adj* Pan-American
panda *subst* panda
panel *subst* **1** panel; panelling (endast sing.) **2** diskussionspanel panel
panera *verb*, ***~ ngt*** breadcrumb sth, coat sth with egg and breadcrumbs
pang *interj* bang!, crack!, pop!
panga *verb* vard., ha sönder smash
pangsuccé *subst* vard. roaring success, smash hit
panik *subst* panic; ***gripas av ~*** panic, be seized with panic
panikslagen *adj* panic-stricken
pank *adj* vard., ***vara ~*** be broke
1 panna *subst* **1** kok. pan; kaffepanna kettle **2** värmepanna furnace; ångpanna boiler
2 panna *subst* anat. forehead
pannbiff *subst* ungefär hamburger
pannkaka *subst* pancake; ***det blev ~ av alltihop*** it fell flat, it became one big mess; ***göra ~ av ngt*** make a mess of sth, muck up sth
pannrum *subst* boiler room
panorama *subst* panorama
panorera *verb* film. pan
pansar *subst* armour (endast sing.)
pansarplåt *subst* armour-plate
pant *subst* pawn; i lek forfeit; ***betala ~*** för t.ex. tomglas pay a deposit
panta *verb* vard., ***~ flaskor*** get money on return bottles
pantbank *subst* pawnshop
panter *subst* panther
pantkvitto *subst* pawn ticket
pantomim *subst* pantomime, dumb show
pantsätta *verb* i pantbank pawn

papegoja *subst* parrot
papiljott *subst* curler
papp *subst* kartong cardboard
pappa *subst* **1** father [*till* of], vard. dad, pa, barnspr. daddy, amer. papa **2** ~ ***långben*** insekt daddy-long-legs
pappaledig *adj*, ***vara*** ~ be on paternity leave
pappaledighet *subst* paternity leave
papper *subst* paper; brevpapper stationery; omslagspapper wrapping paper, brown paper; ***ett*** ~ a) bit a piece of paper b) ark, blad a sheet of paper; ***några*** ~ ark some sheets of paper
pappersarbete *subst* paperwork; ***mycket*** ~ a lot of paperwork
pappersark *subst* sheet of paper
pappersavfall *subst* waste paper
pappersbruk *subst* paper mill
pappersexercis *subst* red tape
pappershandel *subst* stationer's
pappersinsamling *subst* paper collection
papperskasse *subst* carrier bag, amer. paper bag
papperskniv *subst* paper knife, paper-cutter
papperskorg *subst* waste-paper basket, amer. wastebasket; utomhus litterbin
papperslapp *subst* piece of paper, slip of paper
pappersmassa *subst* paper pulp
pappersnäsduk *subst* paper handkerchief
papperspåse *subst* paper bag
pappersservett *subst* paper napkin
papperstallrik *subst* paper plate
pappkartong *subst* cardboard box
paprika *subst* **1** grönsak pepper, sweet pepper **2** krydda paprika
par *subst* **1** sammanhörande pair; två stycken couple; ***ett*** ~ ***byxor*** a pair of trousers; ***ett*** ~ ***handskar*** a pair of gloves; ***ett gift*** ~ a married couple **2** ***ett*** ~ några a couple of, two or three; ***om ett*** ~ ***dagar*** in a day or two, in a few days
para *verb* **1** ~ ***ihop*** match, pair **2** om djur mate; ~ ***sig*** mate
parabol *subst* o. **parabolantenn** *subst* tv. satellite dish, dish
parad *subst* parade
paradera *verb* parade
paradis *subst* paradise
paradoxal *adj* paradoxical
paragraf *subst* section
Paraguay Paraguay
paraguayan *subst* o. **paraguayare** *subst* Paraguayan
parallell *subst* o. *adj* parallel
paralysera *verb* paralyse, amer. paralyze
paramilitär *adj* o. *subst* paramilitary
paranoid *adj* paranoid
paranoiker *subst* paranoiac
parant *adj* elegant elegant; iögonfallande striking
paranöt *subst* brazil nut, brazil
paraplegisk *adj* med., förlamad paraplegic
paraply *subst* umbrella; ***fälla ihop ett*** ~ fold an umbrella; ***fälla upp ett*** ~ put up an umbrella
paraplyvagn *subst* buggy, baby buggy
parasit *subst* parasite
parasitera *verb* sponge [*på* on]
parasoll *subst* parasol, sunshade
paratyfus *subst* paratyphoid fever, paratyphoid
pardon *subst*, ***utan*** ~ without mercy
parentes *subst* parenthesis (pl. parentheses), brackets pl.; ***sätta ngt inom*** ~ put sth in brackets
parera *verb* parry; avvärja fend off
parfym *subst* perfume, billigare scent
parfymaffär *subst* perfumery
parfymera *verb* perfume, scent
parisare *subst* person Parisian
parisisk *adj* Parisian
park *subst* park
parkera *verb* park
parkering *subst* **1** parking; plats parking place; ~ ***förbjuden*** no parking **2** se *parkeringsplats*
parkeringsautomat *subst* parking meter
parkeringsbroms *subst* bil. parking brake
parkeringsböter *subst pl*, ***få*** ~ get a parking fine
parkeringsförbud *subst*, ***det är*** ~ parking is prohibited
parkeringshus *subst* multistorey car park, vard. multistorey, amer. parking garage
parkeringslapp *subst* parking ticket
parkeringsljus *subst* parking light
parkeringsmätare *subst* parking meter
parkeringsplats *subst* parking place; område car park, amer. parking lot; rastplats vid landsväg lay-by
parkeringsvakt *subst* för parkeringsmätare traffic warden; vid parkeringsplats car-park attendant
parkett *subst* **1** teat. stalls pl.; ***främre*** ~ orchestra stalls, amer. orchestra **2** golv parquet flooring
parkettgolv *subst* parquet floor
parksoffa *subst* park bench
parlament *subst* parliament; ~***et*** Parliament; ***sitta i*** ~***et*** be a member of Parliament, be an M.P.

parlamentarisk *adj* parliamentary
parlamentsledamot *subst*, ***vara*** ~ be a member of Parliament, be an M.P.
parlör *subst* phrase book
parmesanost *subst* Parmesan
parning *subst* mating
parningslek *subst* mating dance
parningstid *subst* mating season
parodi *subst* parody [*på* of]
parodiera *verb* parody, mimic
paroll *subst* watchword, slogan
part *subst* **1** del portion, share **2** jur. party
parti *subst* **1** del part; avdelning section; av bok passage **2** hand., kvantitet lot; varusändning consignment **3** polit. party **4** spelparti game **5** gifte match **6** ***ta ngns*** ~ take sb's part, side with sb
partiell *adj* partial
partikel *subst* particle
partikongress *subst* party conference
partiledare *subst* party leader
partipolitik *subst* party politics (vanligen med verb i pl.)
partipolitisk *adj* party-political
partisk *adj* partial, biased, one-sided
partiskhet *subst* partiality, bias, one-sidedness
partitur *subst* musik. score
partner *subst* partner
party *subst* party
parvis *adv* in pairs, in couples
pass *subst* **1** passage pass **2** legitimation passport **3** tjänstgöring duty; ***vem har ~et i kväll?*** who is on duty tonight? **4** ***så ~ mycket*** så mycket as much as this; ***så*** ~ till den grad ***stor att...*** so big that...; ***komma väl*** (***bra***) ***till*** ~ come in handy
passa I *verb* **1** ge akt på attend; se efter see to, look after; passa upp på wait upon; ~ ***telefonen*** answer the telephone; ~ ***tiden*** be punctual; ~ ***på*** utnyttja ***tillfället*** take the chance, take the opportunity; ~ ***tåget*** be in time for the train **2** vara lagom, lämpa sig etc. fit, suit; vara lämplig be fit [*till* for], be suitable [*till* for; *för* to]; vara läglig be convenient [*för ngn* to sb]; ***stolen ~r inte här*** the chair is out of place here; ***det ~r mig utmärkt*** it suits me fine; ***om det ~r dig*** if it is convenient for you; ***de ~r för varandra*** they are suited to each other **3** vara klädsam suit, become; ***de ~r bra ihop*** they go well together **4** kortsp. el. sport. pass **5** ***det ~r sig*** anstår ***inte för...*** it does not become...; ~ ***dig noga!*** watch it!, look out!
II *verb* med betonad partikel
passa ihop 1 fit, fit together **2** om personer suit each other **3** ~ ***ihop med ngt*** match
passa in fit, fit in; ~ ***in ngt*** fit sth in, fit sth into; ***den ~r inte in*** it doesn't fit in
passa på look out; ~ ***på medan...*** take the opportunity while...
passa upp betjäna attend; vid bordet wait [*på ngn, ngn* on sb]; ***pass upp!*** look out!
passadvind *subst* trade wind
passage *subst* passage
passagerare *subst* passenger
passande *adj* **1** lämplig suitable [*till* for] **2** fit [*till* for]; läglig convenient [*till* for]; riktig, rätt appropriate, proper
passare *subst* compasses pl.; ***en*** ~ a pair of compasses
passbyrå *subst* passport office
passera *verb* pass; överskrida cross; sport. overtake; ~ ***förbi*** pass by
passform *subst* om kläder etc. fit
passfoto *subst* passport photo
passion *subst* passion
passionerad *adj* entusiastisk keen, ardent; ~ ***kärlek*** passionate love
passionerat *adv* passionately
passionsfrukt *subst* passion fruit
passiv I *adj* passive; ~ ***rökning*** passive smoking, second-hand smoking
II *subst* gram. the passive, the passive voice
passkontroll *subst* **1** undersökning passport examination **2** kontor passport office
passkontrollant *subst* passport official, immigration officer
passning *subst* **1** eftersyn attention; ~ ***av barn*** looking after children **2** sport. pass
pasta *subst* kok. pasta
pastej *subst* pie; liten patty
pastell *subst* pastel
pastellmålning *subst* pastel
pastill *subst* pastille, lozenge
pastor *subst* frikyrklig pastor; ~ ***Bo Ek*** the Rev. Bo Ek
paté *subst* kok. pâté
patent *subst*, ***ta ~ på ngt*** take out a patent for sth; ***söka ~ på ngt*** apply for a patent on sth
patentlås *subst* safety lock, yale lock
patentlösning *subst* patent solution
patetisk *adj* överdrivet känslosam, löjeväckande pathetic; högtravande pathetic, sad
patiens *subst* patience, amer. solitaire; ***lägga*** ~ play patience
patient *subst* patient
patolog *subst* pathologist

patologi *subst* pathology
patologisk *adj* pathological
patos *subst* lidelse passion, devotion; ***socialt*** ~ passion for social justice
patriark *subst* patriarch
patriarkalisk *adj* patriarchal
patriot *subst* patriot
patriotisk *adj* patriotic
patron *subst* **1** för skjutvapen cartridge **2** för t.ex. kulpenna refill
patronhylsa *subst* cartridge case
patrull *subst* patrol
patrullera *verb* patrol
paus *subst* **1** pause; uppehåll break; teat. el. radio. interval; ***göra en*** ~ ta rast have a break **2** musik. rest
pausa *verb* vard. pause, make a pause
paviljong *subst* pavilion
pay-per-view *subst* tv. pay-per-view slags betal-tv där man betalar för speciella evenemang
pc *subst* persondator PC, personal computer
pedagog *subst* educationist; lärare pedagogue
pedagogik *subst* pedagogy
pedagogisk *adj* pedagogical; uppfostrande educational
pedal *subst* pedal
pedant *subst* pedant; friare meticulous person, perfectionist, vard. nitpicker
pedanteri *subst* pedantry; friare meticulousness, perfectionism, vard. nitpicking
pedantisk *adj* pedantic, friare meticulous, vard. nitpicking
pediatrik *subst* paediatrics, spec. amer. pediatrics
pedofil *subst* paedophile
pejla *verb* **1** take a bearing of; flyg., med radio locate **2** loda sound; ~ ***läget*** (***stämningen***) see how the land lies; ~ ***läget hos*** el. ~ ***stämningen hos*** sound, sound out
peka *verb* point [*på* at, to]; ***det mesta ~r på att hon är skyldig*** everything indicates that she is guilty
pekfinger *subst* forefinger, index finger
pekines *subst* hund pekinese (pl. lika)
pekoral *subst* pretentious trash, high-flown trash
pekpinne *subst* pointer
pelare *subst* pillar; kolonn column
pelargon *subst* geranium
pelikan *subst* pelican
pendel *subst* pendulum
pendeltrafik *subst* commuter traffic; ***bussar som går i*** ~ buses that run a commuter service
pendeltåg *subst* commuter train
pendla *verb* **1** swing, oscillate **2** om t.ex. förortsbo commute
pendlare *subst* commuter
penetrera *verb* penetrate
peng *subst* slant coin, little sum of money
pengar *subst pl* money sing.; ***var är ~na?*** where is the money?; ***kontanta*** (***reda***) ~ cash, ready money; ***tjäna*** (***göra***) ***stora*** ~ make big money, earn big money; ***vara utan*** ~ be penniless, be out of cash
penicillin *subst* med. penicillin
penis *subst* penis
penna *subst* pen; blyertspenna pencil
pennalism *subst* bullying
penningbekymmer *subst pl* financial worries
penningbrist *subst* shortage of money, lack of money
penningknipa *subst*, ***vara i*** ~ be hard up, be short of cash
penninglott *subst* state lottery ticket
penninglotteri *subst* state lottery
penningplacering *subst* investment
penningsumma *subst* sum of money
penningvärde *subst* money value
pennkniv *subst* penknife
pennskaftsfattning *subst* i bordtennis penholder grip
pennvässare *subst* pencil-sharpener
pensé *subst* pansy
pensel *subst* brush
pension *subst* underhåll pension; ***få*** ~ get a pension; ***gå i*** ~ retire
pensionat *subst* boarding house; mindre hotell private hotel
pensionera *verb* pension, grant a pension to; ~***d*** retired, pensioned
pensionering *subst* pensioning; ***till sin ~ var han...*** up to his retirement he was...
pensionsförsäkring *subst* retirement annuity, retirement pension insurance
pensionsplan *subst* pension plan, pension scheme
pensionsålder *subst* pensionable age, retirement age
pensionär *subst* pensioner, senior citizen
pensla *verb*, ~ ***med ägg*** brush with beaten egg; ~ ***ett sår*** med jod etc. paint a wound
pentry *subst* kokvrå kitchenette; sjö. el. flyg. galley
peppar *subst* pepper; ***peppar, peppar!*** touch wood!, amer. knock on wood!; ***dra dit ~n växer!*** go to blazes!

pepparkaka *subst* gingerbread biscuit; ***mjuk ~*** gingerbread cake
pepparkorn *subst* peppercorn
pepparkvarn *subst* pepper mill
pepparmint *subst* smakämne peppermint
pepparrot *subst* horseradish
peppra *verb* pepper [*ngt* el. *på ngt* sth]
per *prep* **1** ***~ gång*** varje gång every time, each time; åt gången at a time; med by; ***~ brev*** by letter; ***~ post*** per post **2** ***~ månad*** a month, per month; månadsvis by the month **3** ***~ styck*** se *styck*
perenn *adj* perennial
perfekt I *adj* perfect
II *subst* the perfect tense; ***~ particip*** past participle, perfect participle
perfektionist *subst* perfectionist
perforera *verb* perforate
perforering *subst* perforation
periferi *subst* **1** cirkels circumference **2** ytterområde periphery
period *subst* period
periodare *subst* vard. dipso, dipsomaniac
periodisk *adj* periodic
periodvis *adv* periodically
periskop *subst* periscope
permanent I *adj* permanent
II *subst* av hår perm
permanenta *verb* hår perm; låta ***~ sig*** have a perm
permission *subst* leave of absence; ***ha ~*** be on leave
permittera *verb* friställa lay off, dismiss; ***~d*** äv. be made redundant
perplex *adj* perplexed
perrong *subst* platform
persedel *subst* mil. item of equipment; ***persedlar*** utrustning equipment sing., kit sing.
perser *subst* katt Persian
Persien hist. Persia
persienn *subst* Venetian blind
persika *subst* frukt peach
persilja *subst* kok. parsley
persisk *adj* hist. Persian
persiska *subst* språk Persian, Farsi
person *subst* person; framstående personage; ***~er*** vanligen people; ***~erna*** teat. the cast sing.; ***i egen hög ~*** in person
personal *subst* staff; spec. mil. personnel; ***ha för liten ~*** be understaffed; ***höra till ~en*** be on the staff
personalavdelning *subst* staff department, personnel department
personalchef *subst* personnel manager
personalfest *subst* staff party; på firma office party
personalmöte *subst* staff meeting
personbevis *subst* birth certificate
personbil *subst* private car
personbästa *subst* sport. personal best
persondator *subst* personal computer (förk. PC)
personifiera *verb* personify
personlig *adj* personal, individual; ***för min ~a del*** for my part; ***~ kod*** PIN number; ***~t pronomen*** personal pronoun
personligen *adv* personally
personlighet *subst* personality; ***han är en ~*** he has personality
personnamn *subst* personal name

> **personnummer**
> Det system med personnummer som vi har i Sverige förekommer inte i England och USA. I England motsvaras de i viss mån av *personal identity number*, i USA av *social security number* sjukförsäkringsnummer. De används inte alls i samma utsträckning som de svenska personnumren.

personnummer *subst* ungefär personal identity number, amer., ungefär social security number
personsökare *subst* pager, bleeper
persontåg *subst* motsats: godståg passenger train
perspektiv *subst* perspective; ***~en*** utsikterna the prospects
perspektivfönster *subst* picture window
Peru Peru
peruan *subst* Peruvian
peruansk *adj* Peruvian
peruk *subst* wig
pervers *adj* perverted; ***han är ~*** he is a pervert
perversitet *subst* pervertedness (endast sing.), sexual perversion
pessimism *subst* pessimism
pessimist *subst* pessimist
pessimistisk *adj* pessimistic
pest *subst* plague; ***för honom var det som att välja mellan ~ och kolera*** he was between the devil and the deep blue sea
peta *verb* pick [*på* at], poke [*på* at]; ~

naglarna clean one's nails; ~ ***näsan*** el. ~ ***sig i näsan*** pick one's nose
petig *adj* pedantisk finicky
petitess *subst* trifle
petition *subst* petition [*om* for]
petunia *subst* blomma petunia
p.g.a. (förk. för *på grund av*) on account of
P-hus *subst* se *parkeringshus*
pH-värde *subst* pH value
pianist *subst* pianist
piano *subst* piano (pl. -s); ***spela*** ~ play the piano
pianostol *subst* piano stool
pianostämmare *subst* piano-tuner
piccolo *subst* bellboy, spec. amer. bellhop
picknick *subst* picnic
pickup *subst* på skivspelare el. liten varubil pick-up
piedestal *subst* pedestal
pierca *verb* vard. pierce; ~ ***öronen*** have one's ears pierced
piff *subst* zest; ***sätta*** ~ ***på maten*** give a relish to the food; ***sätta lite*** ~ ***på ngt*** add a little extra touch to sth
piffa *verb*, ~ ***upp*** smarten up
piffig *adj* chic, smart
piga *subst* maid
1 pigg *subst* spike; spets point
2 pigg *adj* **1** brisk, spry; vaken alert; ~***a ögon*** lively eyes; ***känna sig*** ~ feel fit **2** ***vara*** ~ ***på ngt*** be keen on sth
pigga *verb*, ~ ***upp*** buck up; muntra upp cheer up
piggna *verb*, ~ ***till*** come round
piggsvin *subst* djur porcupine
piggvar *subst* fisk turbot
pigment *subst* pigment
pik *subst* spydighet dig, taunt; ***ge ngn en*** ~ make a sly dig at sb
pika *verb* taunt
pikant *adj* piquant, kryddad spicy, piquant
piket *subst* **1** polisstyrka flying squad, riot squad **2** polisbil police van, amer. patrol wagon
1 pil *subst* träd willow
2 pil *subst* **1** för pilbåge arrow **2** för pilkastning dart; ***kasta*** ~ play darts
pilbåge *subst* bow
pilgrim *subst* pilgrim
pilgrimsfärd *subst*, ***göra en*** ~ go on a pilgrimage
pilkastning *subst* spel darts sing.
pilkastningstavla *subst* dartboard
pilla *verb*, ~ knåpa ***med ngt*** fiddle with sth
piller *subst* pill
pillerburk *subst* pillbox
pillesnopp *subst* barnspr. willy, willie
pilot *subst* pilot
pilsner *subst* ungefär lager
1 pimpla *verb* dricka tipple
2 pimpla *verb* fiska jig [*ngt* for sth]
pimpsten *subst* pumice, pumice stone
pina I *subst* pain, torment, suffering; ***göra*** ~***n kort*** get it over with
II *verb* torment, torture
pinaler *subst pl* sak things
pincett *subst*, ***en*** ~ a pair of tweezers; ~***en*** the tweezers pl.
pingis *subst* vard. ping-pong
pingla *verb* tinkle, jingle
pingst *subst*, ~ el. ~***en*** Whitsun; se *jul* för vidare ex.
pingstafton *subst* Whitsun Eve
pingstdag *subst* Whit Sunday
pingsthelg *subst*, ~***en*** Whitsun
pingstlilja *subst* blomma narcissus
pingströrelse *subst*, ~***n*** the Pentecostal Movement
pingstvän *subst* Pentecostalist
pingvin *subst* penguin
pinje *subst* pine
pinka *verb* vard. pee, have a pee
PIN-kod *subst* för t.ex. bankomatkort el. mobiltelefon PIN code (förk. för *Personal Identification Number*)
pinne *subst* peg; för fåglar perch; vedpinne stick
pinnhål *subst*, ***komma ett par*** ~ ***högre*** rise a step or two
pinnstol *subst* Windsor-style chair
pinsam *adj* painful; besvärande awkward
pinuppa *subst* vard., bild el. flicka pin-up
pion *subst* blomma peony
pionjär *subst* pioneer
1 pip I *subst* ljud peep, cheep; råttas squeak
II *interj* peep!
2 pip *subst* på kärl spout
1 pipa *verb* om fågel chirp, cheep; om råtta squeak; om vinden whistle
2 pipa *subst* pipe; visselpipa whistle; ***röka*** ~ smoke a pipe; ***gå åt*** ~***n*** vard. go to pot
piphuvud *subst* pipe bowl
pipig *adj* om röst squeaky

pilkastning
Att kasta pil, *play darts*, är ett mycket populärt nöje på en engelsk pub. Det arrangeras också mästerskapstävlingar i pilkastning.

pippi *subst* **1** barnspr., fågel birdie **2** ***ha ~ på*** vard. have a thing about, have a mania for
piprensare *subst* pipe-cleaner
pipskaft *subst* pipe stem
pipskägg *subst* pointed beard
pipställ *subst* pipe rack
pir *subst* pier, mindre jetty
pirat *subst* pirate
piratkopia *subst* pirate copy
pirog *subst* pastej Russian pasty; ***~er*** vanligen piroshki
pirra *verb*, ***det ~r i magen på mig när jag tänker på...*** I have butterflies in my stomach when I think of...
pirrig *adj* jittery; enerverande nerve-racking
piruett *subst* pirouette; ***göra en ~*** pirouette
piska I *subst* whip
II *verb* **1** whip, stark. lash; mattor beat; ***~ upp en stämning av...*** whip up an atmosphere of...; ***känna sig ~d att göra ngt*** feel forced to do sth
piskrapp *subst* lash, cut with a whip
pisksnärt *subst* piskslag crack
piss *subst* vulg. piss, vard. pee
pissa *verb* vulg. piss, vard. pee, piddle
pissoar *subst* urinal
pist *subst* skidbana piste
pistol *subst* pistol, vard. gun
pistong *subst* tekn. piston
pitt *subst* vulg. cock, prick
pittoresk *adj* picturesque
pizza *subst* pizza
pizzeria *subst* pizzeria
pjosk *subst* pampering [*med* of]
pjoska *verb*, ***~ med ngn*** pamper sb
pjoskig *adj* namby-pamby
pjäs *subst* **1** teat. play **2** föremål el. mil. piece **3** schack. man (pl. men)
pjäxa *subst* ski boot
placera I *verb* **1** place; gäster seat **2** ***~ pengar*** invest money **3** ***~ sig*** sätta sig seat oneself; ***~ sig som etta*** sport. come first; ***inte bli ~d*** not be placed
II *verb* med betonad partikel
placera om 1 möbler etc. rearrange, shift about **2** pengar re-invest **3** ***~ om ngn*** tjänsteman etc. transfer sb to another post
placera ut sätta ut set out
placering *subst* **1** placing; av gäster seating **2** sport place **3** av pengar investment
plack *subst* på tänder plaque
pladask *adv*, ***falla ~*** fall flat on one's face, fall headlong
pladder *subst* babble, prattle
pladdra *verb* babble, prattle

plagg *subst* garment, article of clothing
plagiat *subst* plagiarism; ***ett ~*** an act of plagiarism
plagiera *verb* plagiarize
1 plakat *subst* placard, poster
2 plakat *adj* vard. dead drunk
1 plan (*-en -er*) *subst* **1** öppen plats open space, piece of ground, liten, t.ex. framför hus, area **2** bollplan etc. ground, field; tennisplan court **3** planritning plan [*till* for, of] **4** planering etc. plan [*på* for]; ***ha ~er på ngt*** plan sth; ***ha ~er på att göra ngt*** plan to do sth, amer. plan on doing sth
2 plan (*-et -*) *subst* **1** planyta plane, nivå level; ***ligga i samma ~ som*** be on the same level as; ***i två ~*** in two planes **2** våningsplan floor **3** flygplan plane
3 plan *adj* plane, level; ***~ yta*** plane surface
planenligt *adv* according to plan
planera *verb* planlägga plan, design, project; ***~ göra ngt*** plan to do sth, amer. plan on doing sth; ***~ för*** göra förberedelser make preparations for
planeringskalender *subst* engagement diary, planner
planet *subst* planet
planetsystem *subst* planetary system
plank *subst* staket fence; kring bygge etc. hoarding
planka *subst* plank; av furu el. gran deal
plankstek *subst* planked steak
planlägga *verb* plan; ***planlagt mord*** premeditated murder
planläggning *subst* planning, design
plansch *subst* plate, illustration; väggplansch wall chart; poster poster
planta *subst* plant
plantage *subst* plantation
plantera *verb* plant; ***~ om*** transplant; krukväxt repot
plantering *subst* plantation; anläggning park, garden
plantskola *subst* nursery
plask *subst* splash
plaska *verb* splash
plaskdamm *subst* paddling pool, paddling pond
plasmaskärm *subst* tv. plasma screen
plast *subst* plastic
plastbehandlad *adj* plastic-coated
plastfolie *subst* clingfilm, amer. plastic wrap
plastkasse *subst* plastic carrier bag, amer. plastic bag
plastpåse *subst* plastic bag
plastvaror *subst pl* plastic goods

platan *subst* plane tree
platina *subst* platinum
platonsk *adj* Platonic; ~ ***kärlek*** Platonic love
plats *subst* **1** place; avgränsad spot; sittplats, mandat seat; utrymme space; tillräcklig plats room; ***beställa*** ~ på t.ex. bilfärja book a passage; ***få en bra*** ~ sittplats get a good seat; ***få ~ med*** find room for; ***hotellet har ~ för 100 gäster*** the hotel has accommodation for 100 guests; ***lämna ~ för*** make room for; ***ta stor*** ~ take up a great deal of space (room); ***bo på ~en*** live on the spot; ***ställa ngt på sin*** ~ put sth where it belongs; ***sätta ngn på*** ~ vard. take sb down a peg, put sb in his (her, etc.) place **2** anställning situation, job; befattning post, position; ***få*** ~ get a job [*hos* with]
platsa *verb* vard. qualify for, be good enough for; ***hon ~r inte i gruppen*** she doesn't quite fit in the group
platsannons *subst* job advertisement, job ad
platsansökan *subst* application for a situation etc.; se *plats 2*
platsbiljett *subst* seat reservation
platt I *adj* flat; ***det blev ~ fall*** it was a flop, it was a fiasco
II *adv* flatly; ***falla ~ till marken*** misslyckas fall flat
platta I *subst* **1** plate; rund disc **2** cd CD, disc; grammofonskiva record **3** kokplatta hotplate
II *verb*, ~ ***till*** (***ut***) flatten, flatten out; ~ ***till ngn*** squash sb
plattform *subst* platform
plattfotad *adj* flat-footed
plattityd *subst* platitude
platå *subst* plateau
plenum *subst* plenary meeting, plenary session
Plexiglas® *subst* Perspex®
plikt *subst* skyldighet duty [*mot* towards]; ***göra sin*** ~ do one's duty
pliktkänsla *subst* sense of duty
pliktmedveten *adj*, ***han är mycket*** ~ he has a strong sense of duty
pliktskyldig *adj* dutiful
pliktskyldigast *adv* out of a sense of duty
plikttrogen *adj* faithful, dutiful, loyal
plint *subst* **1** byggn. plinth **2** gymn. box
plita *verb* skriva write busily; ~ ***ihop ngt*** put sth together with a great effort
plock *subst* småplock odds and ends pl.
plocka I *verb* pick; samla gather; ~ ***en fågel*** pluck a fowl; ~ ***äpplen*** pick apples
II *verb* med betonad partikel
plocka bort remove, take away
plocka fram take out
plocka ihop gather... together, collect; ***nu ~r vi ihop*** let's get our things together
plocka ner take down
plocka sönder ngt pick sth to pieces, take sth to pieces
plocka upp pick up; ur låda take out
plocka ut välja pick out
plocka åt sig grab
plockmat *subst* koll. snacks pl.
plog *subst* plough, amer. plow
ploga *verb*, ~ ***vägen*** clear the road of snow
ploj *subst* vard. ploy
plomb *subst* tandfyllning filling
plombera *verb* **1** tand fill **2** försegla seal
plommon *subst* plum
plommonstop *subst* bowler, amer. derby
plommonträd *subst* plum tree
plottra *verb*, ~ ***bort*** fritter away
plottrig *adj* messy, muddled, confused
plugg *subst* **1** tapp plug, stopper **2** vard., pluggande swotting, cramming **3** skola school
plugga *verb* **1** ~ ***igen*** plug up **2** vard.: skol. el. univ. swot, amer. grind
plugghäst *subst* vard.: skol. el. univ. swot, swotter, amer. grind
1 plump *adj* coarse, rude
2 plump *subst* bläckplump blot
plumpudding *subst* Christmas pudding, amer. plum pudding
plundra *verb* utplundra plunder [*på* of]; råna rob [*på* of], loot [*på* of]
plundring *subst* plundering, robbing, looting
plural *subst* the plural; ***första person*** ~ first person plural; ***stå i*** ~ be in the plural
pluralform *subst* plural form
pluralis *subst* se *plural*
pluraländelse *subst* plural ending
plus *subst* o. *adv* plus
plusgrad *subst* degree above zero
pluskvamperfekt *subst* the pluperfect, the pluperfect tense
plustecken *subst* plus sign
Pluto astron. el. mytol. el. seriefigur Pluto
plutokrat *subst* plutocrat
pluton *subst* platoon
plutonium *subst* kem. plutonium
plutt *subst* vard., småväxt person little shrimp
plym *subst* plume
plymå *subst* cushion
plysch *subst* plush
plåga I *subst* smärta pain; pina torment; obehag nuisance
II *verb* pina torment, stark. torture; ~ ***livet ur***

ngn worry the life out of sb, plague the life out of sb
plågas *verb* suffer, suffer pain
plågoris *subst* scourge, svag. pest, nuisance
plågsam *adj* painful
plån *subst* på tändsticksask striking surface
plånbok *subst* wallet; ***en späckad ~*** a well-lined wallet
plåster *subst* plaster, amer. Band-Aid®; ***som ~ på såret*** to make up for it, as a consolation
plåstra *verb*, ***~ om*** sår dress
plåt *subst* **1** sheet-metal, metal; bleck tin **2** skiva, foto plate
plåta *verb* vard. take a snapshot of, take a picture of
plåtburk *subst* tin, can, amer. can
plåtskada *subst*, ~ el. ***plåtskador*** på bil damage sing. to the bodywork
plåtslagare *subst* sheet-metal worker
plåtslageri *subst* sheet-metal workshop; bil. body shop
plåttak *subst* tin roof, plated roof
pläd *subst* filt rug, amer. lap robe
plädera *verb* plead
pläter *subst* silver på koppar Sheffield plate, silver plate
pläterad *adj* silver-plated
plätt *subst* kok. small pancake; ***lätt som en ~*** as easy as pie
plöja *verb* plough, amer. plow
plöjning *subst* ploughing, amer. plowing
plös *subst* på sko tongue
plötslig *adj* sudden, abrupt
plötsligt *adv* suddenly, abruptly, all of a sudden
P.M. *subst* memo (pl. -s)
pneumatisk *adj* pneumatic
pocketbok *subst* paperback
podium *subst* platform; för talare rostrum; för dirigent podium
poem *subst* poem
poesi *subst* poetry
poet *subst* poet
poetisk *adj* poetic, poetical
pointer *subst* hund pointer
pojkaktig *adj* boyish
pojkcykel *subst* boy's cycle
pojke *subst* boy, lad, friare fellow, chap
pojknamn *subst* boy's name
pojkstreck *subst* boyish prank, lark
pojkvän *subst* boyfriend
pokal *subst* **1** spec. pris cup **2** för dryck goblet
poker *subst* kortspel poker
pokeransikte *subst* poker face
pol *subst* pole
polack *subst* Pole
polar *adj* polar
polare *subst* vard. pal, mate, spec. amer. buddy
polarisation *subst* polarization
polarisera *verb* polarize
polaritet *subst* polarity
polcirkel *subst* polar circle; ***norra ~n*** the Arctic circle; ***södra ~n*** the Antarctic circle
polemik *subst* polemic, controversy
polemisera *verb* carry on a controversy
Polen Poland
polera *verb* polish
polermedel *subst* polish
policy *subst* policy
poliklinik *subst* out-patients' clinic, out-patients' department
polio *subst* polio
polioskadad *adj*, ***han är ~*** he is a polio victim
polis *subst* **1** myndighet police (med verb i pl.) **2** polisman policeman, police officer, amer. vanligen patrolman; ***kvinnlig ~*** policewoman
polisanmälan *subst* report to the police; ***göra ~ om ngt*** report sth to the police
polisassistent *subst* senior police officer
polisbil *subst* patrol car
polisbricka *subst* policeman's badge
polisdistrikt *subst* police district, amer. precinct
polisförhör *subst* police interrogation
polishund *subst* police dog
poliskommissarie *subst* **1** police superintendent, lägre chief inspector **2** amer. captain, lägre lieutenant
poliskår *subst* police force
polisman *subst* se *polis 2*
polismästare *subst* police commissioner
polisonger *subst pl* sidewhiskers, amer. sideburns
polispiket *subst* **1** flying squad, riot squad **2** bil police van, amer. patrol wagon
polisrazzia *subst* police raid
polisspärr *subst* kedja police cordon; vägspärr roadblock
polisstation *subst* police station
polisundersökning *subst* o. **polisutredning** *subst* police investigation
politik *subst* **1** politics (som vetenskap sing., i betydelsen 'politisk åsikt' pl.) **2** handlingssätt policy
politiker *subst* politician
politisk *adj* political; ***~ åsikt*** political view, politics

polka *subst* dans polka
polkagris *subst* rock, peppermint rock, amer. rock, rock candy
pollen *subst* pollen
pollett *subst* check, counter; gaspolett disc
pollettera *verb*, ~ ***bagaget*** have one's luggage (baggage) registered, amer. check one's baggage
pollettering *subst* registering, registration, amer. checking
polo *subst* sport. polo
polokrage *subst* polo neck, turtle neck
polonäs *subst* musik. polonaise
polotröja *subst* polo neck sweater, turtle neck
polsk *adj* Polish; se *svensk-* för sammansättningar
polska *subst* (se *svenska* för ex.) **1** kvinna Polish woman **2** språk Polish
Polstjärnan *subst* the pole star, the North Star
polyester *subst* tyg el. material polyester
pomerans *subst* Seville orange, bitter orange
pommes frites *subst pl* chips, French fried potatoes, spec. amer. French fries, fries
pomp *subst* o. **pompa** *subst* pomp
pondus *subst* authority; värdighet dignity
ponny *subst* pony
ponton *subst* pontoon
pontonbro *subst* pontoon bridge
pool *subst* **1** bassäng pool **2** personalgrupp pool
popartist *subst* vard. pop artiste
popcorn *subst* popcorn
popgrupp *subst* pop group
poplin *subst* tyg poplin
popmusik *subst* pop music
poppel *subst* träd poplar
popsångare *subst* pop singer
popularisera *verb* popularize
popularitet *subst* popularity
populär *adj* popular [*bland* with]
populärvetenskap *subst* popular science
por *subst* pore
porla *verb* murmur, ripple
pormask *subst* blackhead
pornografi *subst* pornography
pornografisk *adj* pornographic
porr *subst* vard. porno, porn
porrfilm *subst* porno film, porno movie
porrtidning *subst* porno magazine
porslin *subst* china; äkta porcelain
porslinstallrik *subst* china plate
port *subst* ytterdörr streetdoor, front door; inkörsport gate; portgång gateway
portabel *adj* portable
porter *subst* stout, svag. porter
portfölj *subst* briefcase
portförbjuda *verb*, ~ ***ngn*** refuse sb admittance
portgång *subst* gateway, doorway
portier *subst* receptionist, reception clerk; vaktmästare hall porter
portion *subst* portion; ***i små ~er*** in small doses
portionera *verb*, ~ el. ~ ***ut*** portion, portion out, ration out
portionsvis *adv* in portions
portkod *subst* entry code, house code
portmonnä *subst* purse
portnyckel *subst* latchkey, street-door key
porto *subst* postage
portofri *adj* post-free; ***brevet är*** ~ the letter is free of postage
portofritt *adv* post-free, free of postage
portohöjning *subst* increase in postal rates
porträtt *subst* portrait; spec. foto picture
porträttera *verb* portray
porträttlik *adj* lifelike
porttelefon *subst* entryphone, house phone
Portugal Portugal
portugis *subst* Portuguese (pl. lika)
portugisisk *adj* Portuguese; se *svensk-* för sammansättningar
portugisiska *subst* (se *svenska* för ex.) **1** kvinna Portuguese woman **2** språk Portuguese
portvakt *subst* dörrvakt porter; i hyreshus caretaker, amer. janitor
portvin *subst* port, port wine
porös *adj* porous; svampaktig spongy
pose *subst* pose, attitude
posera *verb* pose
position *subst* position
1 positiv I *adj* positive; ***~t svar*** affirmative answer, answer in the affirmative
II *subst* gram. the positive
2 positiv *subst* musik. barrel organ
possessiv *adj* gram. possessive
post *subst* **1** brevpost etc. post, mail; ***skicka ngt med*** ~ post sth, mail sth, send sth by post (mail) **2** postkontor post office; ***Posten*** postverket the Post Office **3** hand., i bokföring etc. item, entry; belopp amount; varuparti lot **4** vaktpost sentry **5** befattning post, appointment
posta *verb* post, mail
postadress *subst* postal address, amer. mailing address
postanvisning *subst* i Storbritannien för fixerat lägre belopp postal order, amer. money order
poste restante *adv* poste restante
postfack *subst* post-office box (förk. POB)

postförskott *subst* cash on delivery (förk. COD); ***sända ngt mot*** ~ send sth COD
postgiro *subst* postal giro service; konto postal giro account
postgirokonto *subst* postal giro account
post-it *subst* vard., självhäftande minneslapp post-it note, post-it
postkontor *subst* post office
postkupp *subst* rån mail robbery; på postkontor post-office robbery
postlåda *subst* letterbox, amer. mailbox
postmästare *subst* postmaster
postnummer *subst* postcode, amer. ZIP code
postorderfirma *subst* mail-order firm
postpaket *subst* postal parcel; ***som*** ~ by parcel post
poströst *subst* postal vote
poströsta *verb* vote by post
postskriptum *subst* postscript
poststämpel *subst* postmark
posttjänsteman *subst* post-office employee
posttur *subst* hämtning collection; leverans till adressaten post delivery; ***med första ~en*** by the first post
postutdelning *subst* postal delivery
postväsen *subst* postal services pl.
potatis *subst* potato; koll. potatoes pl.; ***odla*** ~ grow potatoes; ***färsk*** ~ new potatoes
potatisbulle *subst* potato cake
potatischips *subst pl* potato crisps, amer. potato chips
potatiskrokett *subst* potato cake
potatismjöl *subst* potato flour
potatismos *subst* mashed potatoes; med smör o. persilja etc. creamed potatoes, vard. mash
potatispress *subst* ricer
potatissallad *subst* potato salad
potatisskal *subst* potato peel; avskalade potato peelings
potatisskalare *subst* redskap potato-peeler
potens *subst* **1** fysiol. potency **2** mat. power
potentiell *adj* potential
potpurri *subst* potpourri; musik. vanligen medley
pott *subst* pool, kitty
potta *subst* nattkärl chamber pot
poäng *subst* **1** point; skol., betygspoäng mark, amer. grade; ***segra på*** ~ win on points **2** slutkläm, mening point; ***fatta ~en i en historia*** see the point of a story; ***hon har missat ~en*** she has missed the point
poängberäkning *subst* sport. etc. scoring
poängställning *subst* score
poängtera *verb* emphasize, point out
poängtips *subst* treble chance
p-piller *subst* contraceptive pill, birth pill; ***sluta med*** ~ give up the Pill; ***ta*** (***äta***) ~ be on the Pill
p-plats *subst* se *parkeringsplats*
PR *subst* PR, public relations pl.; reklam publicity
pracka *verb*, ~ ***på ngn ngt*** fob sth off on sb
Prag Prague
prakt *subst* splendour, magnificence
praktexempel *subst*, ***ett*** ~ ***på...*** a perfect example of...
praktexemplar *subst* magnificent specimen, perfect example [*på* of]; ***den här blomman är ett*** ~ this flower is a real beauty
praktfull *adj* splendid, magnificent; prunkande gorgeous
praktik *subst* practice; ***sakna*** ~ ***i*** (***på***) ***ngt*** lack experience of sth; ***i ~en*** in practice
praktikant *subst* trainee
praktikantplats *subst* o. **praktikplats** *subst* trainee job
praktisera *verb* practise; ***allmänt ~nde läkare*** general practitioner
praktisk *adj* practical; lätthanterlig handy
praktiskt *adv* practically; ~ ***taget*** practically
pralin *subst*, ***en*** ~ a chocolate, med krämfyllning a chocolate cream
prao *subst* (förk. för *praktisk arbetslivsorientering*) skol. practical occupational experience, job experience
prassel *subst* **1** rustling; ***ett*** ~ a rustle **2** se *vänsterprassel*
prassla *verb* **1** rustle **2** se *vänsterprassla*
prat *subst* samspråk talk, chat; pladder chatter; skvaller gossip; ***sånt ~!*** nonsense!; ***löst*** (***tomt***) ~ idle talk
prata *verb* talk [*med* to, with], chat [*med* to, with]; skvallra gossip [*med* to, with]; ~ ***omkull ngn*** talk sb down
pratbubbla *subst* i serieruta speech bubble, speech balloon
pratig *adj* talkative, chatty
pratkvarn *subst* chatterbox
pratmakare *subst* great talker, chatterbox
pratsam *adj* talkative, chatty
pratshow *subst* radio. el. tv. chat show
pratsjuk *adj* talkative, chatty
pratstund *subst* chat
praxis *subst* practice, custom
precis I *adj* precise, exact
II *adv* precisely, exactly, just; ***hon kom*** ~ she just arrived; ***kom*** ~ ***klockan 8*** come at eight (eight o'clock) sharp

precisera *verb* villkor etc. specify; uttrycka klart define exactly; ***närmare ~t*** to be precise
precision *subst* precision
predika *verb* preach [*över* on]
predikan *subst* sermon [*över* on]
predikant *subst* preacher
predikat *subst* predicate
predikatsfyllnad *subst* gram. complement
predikstol *subst* pulpit
prefix *subst* prefix
preja *verb*, ~ ***ett fartyg*** command a vessel to heave to; ~ ***en bil*** force a car to stop; ~ ***en bil av vägen*** force a car off the road
prejudikat *subst* precedent
prekär *adj* precarious, insecure
preliminär *adj* preliminary
preliminärskatt *subst* preliminary tax, amer. withholding tax
preludium *subst* musik. prelude
premie *subst* **1** försäkringsavgift premium **2** extra utdelning bonus; pris prize
premieobligation *subst* premium bond
premiera *verb* **1** prisbelöna award prizes to, award a prize to **2** belöna reward
premiss *subst* förutsättning condition; logik premise; ***under falska ~er*** under false pretences
premiär *subst* teat. premiere, opening night
premiärminister *subst* prime minister, premier
prenumerant *subst* subscriber [*på* to]
prenumeration *subst* subscription [*på* to]
prenumerera *verb*, ~ ***på*** subscribe to, take in
preparat *subst* preparation
preparera *verb* prepare
preposition *subst* gram. preposition
presenning *subst* tarpaulin
presens *subst* gram. the present tense, the present; ~ ***particip*** the present participle
present *subst* present, gift
presentation *subst* **1** introduction [*för* to] **2** presenterande presentation
presentera *verb* **1** föreställa introduce [*för, i* to]; ~ ***sig*** introduce oneself **2** framlägga, förete present
presentkort *subst* gift token, gift voucher
president *subst* president [*i* of]
presidentperiod *subst* presidency
presidentval *subst* presidential election
press *subst* **1** tidningspress, redskap etc. press **2** påtryckning pressure; påfrestning strain; ***sätta ~ på ngn*** put pressure on sb
pressa I *verb* press; krama squeeze; ~ ***priserna*** force down prices, cut prices; ~ ***potatis*** rice potatoes
II *verb* med betonad partikel
pressa fram t.ex. en bekännelse extort [*ur* from]
pressa ihop ngt compress sth, squeeze sth together
pressa upp t.ex. priser force up
pressa ut ngt ur press sth out of; ~ ***ut pengar av ngn*** blackmail sb
pressande *adj* t.ex. värme oppressive; t.ex. arbete arduous
pressbyrå *subst* kiosk el. butik newsagent
pressfotograf *subst* press photographer
pressklipp *subst* press cutting, press clipping
presskonferens *subst* press conference
pressmeddelande *subst* press release
pressveck *subst* crease
prestation *subst* i arbete, sport performance; bedrift achievement, feat
prestationsförmåga *subst* capacity; hos t.ex. bil performance
prestera *verb* perform, accomplish, achieve
prestige *subst* prestige
prestigebetonad *adj* o. **prestigefylld** *adj* prestigious
pretention *subst* pretension
pretentiös *adj* pretentious
Preussen Prussia
preventiv *adj* o. *subst* preventive
preventivmedel *subst* contraceptive
preventivpiller *subst* contraceptive pill, birth pill
prick *subst* **1** punkt dot; fläck speck; på tyg etc. spot; på måltavla bull's eye; ~ ***klockan 2*** at two o'clock sharp; ***träffa mitt i*** ~ hit the mark; ***få en ~ i körkortet*** have one's licence endorsed; ***sätta ~en över i*** add the finishing touch; ***på ~en*** to a T, exactly **2** straffpoäng penalty point **3** person, ***en hygglig*** ~ a decent fellow
pricka I *verb* **1** t.ex. linje dot; med nål etc. prick **2** träffa hit **3** ge en prickning censure
II *verb* med betonad partikel
pricka av tick off
pricka för tick off, mark
prickfri *adj* faultless; sport. without any penalty points; ***30 års ~ körning*** a thirty-year clean driving record
prickig *adj* spotted, spotty
prickskytt *subst* marksman, sharpshooter
prilla *subst* pinch of snuff
prima *adj* first-class, first-rate
primadonna *subst* prima donna; på talscen leading lady
primitiv *adj* primitive
primuskök® *subst* Primus®, Primus® stove

primärvård *subst* primary health care
primör *subst* early vegetable
princip *subst* principle; ***av*** ~ on principle; ***jag har som*** ~ ***att...*** I make it a principle to...
principfast *adj* firm
principfråga *subst* question of principle
principiell *adj*, ***av*** ~***a skäl*** on grounds of principle
prins *subst* prince
prinsessa *subst* princess
prinskorv *subst* ungefär chipolata sausage
printer *subst* data., skrivare printer
prioritera *verb* give priority to
prioritet *subst* priority
pris *subst* **1** price; ***hålla för höga*** ~***er*** charge too much; ***falla i*** ~ fall in price; ***till nedsatt*** ~ at a reduced price; ***till*** ~***et av*** at the cost of; ***till varje*** ~ at all costs, at any price **2** belöning prize; ***få första*** ~ be awarded the first prize; ***ta*** ~***et*** be easily best, vard. take the biscuit
prisa *verb* praise; ~ ***sig lycklig*** count oneself lucky
prisbelöna *verb* award prizes to, award a prize to; ***prisbelönt roman*** prize novel, winning novel
prishöjning *subst* rise in prices, price rise
prisklass *subst* price range, price class
priskontroll *subst* price control
priskrig *subst* price war
prislapp *subst* price ticket, price tag
prislista *subst* **1** hand. price list **2** sport. prize list
prisläge *subst* price range; ***i alla*** ~***n*** at all prices
prismedveten *adj* price-conscious
prisnedsättning *subst* price reduction
prispall *subst* winners' stand, rostrum
prispengar *subst pl* prize money sing.
prispokal *subst* challenge cup
prisras *subst* collapse in prices, sudden fall in prices
prisskillnad *subst* difference in price (prices)
prisstopp *subst* price freeze; ***införa*** ~ freeze prices
prissumma *subst* prize money
prissänkning *subst* price reduction
prissätta *verb* fix the price (prices) of, price
prissättning *subst* price-fixing, pricing
pristagare *subst* prizewinner
prisuppgift *subst* quotation [*på* for]; ***lämna*** ~ ***på*** state the price of, give the price of
prisutdelning *subst* distribution of prizes
prisutveckling *subst* price trend
privat I *adj* private, personal; ***i det*** ~***a*** in private life
II *adv* privately, in private
privatanställd *adj*, ~ ***person*** person in private employment
privatbil *subst* private car
privatbilist *subst* private motorist
privatbruk *subst*, ***för*** ~ for private use, for personal use
privatisera *verb* privatize
privatlektion *subst* private lesson
privatliv *subst* private life
privatperson *subst* private person; ***som*** ~ in private, in private life
privatsekreterare *subst* private secretary
privatägd *adj* privately-owned
privilegiera *verb* privilege
privilegium *subst* privilege
PR-man *subst* PR officer, public relations officer
problem *subst* problem
problematisk *adj* problematic, complicated
problembarn *subst* problem child
procedur *subst* procedure
procent *subst* per cent; tal percentage
procentsats *subst* rate per cent, percentage
procentuell *adj*, ***den*** ~***a höjningen i...*** the percentage rise in...
process *subst* **1** förlopp process **2** jur. lawsuit, action, case; ***göra*** ~***en kort med ngn*** make short work of sb
procession *subst* procession
processor *subst* data. processor
producent *subst* producer; odlare grower
producera *verb* produce; odla grow
produkt *subst* product
produktion *subst* production; spec. lantbr. produce
produktiv *adj* productive; om t.ex. författare prolific
produktivitet *subst* productivity
professionell *adj* professional
professor *subst* professor [*i* of; *vid* at, in]
professur *subst* professorship, chair
profet *subst* prophet
profetera *verb* prophesy
profetia *subst* prophecy; förutsägelse prediction
proffs *subst* pro (pl. -s)
proffsboxare *subst* professional boxer
proffsig *adj* vard. professional
profil *subst* profile; personlighet personality; ***i*** ~ in profile
profit *subst* profit
profitera *verb* förtjäna profit [*på* by], benefit [*på* by]; utnyttja take advantage [*på* of]

profitör *subst* profiteer
profylax *subst* preventive medicine, prophylaxis
prognos *subst* **1** ekon. el. för väder forecast **2** med. prognosis
prognoskarta *subst* weather chart
program *subst* programme, amer. el. data. program
programenligt *adv*, ***allt gick*** ~ everything went off according to plan, friare everything went off smoothly
programledare *subst* konferencier compere; tv. presenter
programmera *verb* programme; data. program
programmering *subst* programming
programpunkt *subst* item on a (the) programme
programvara *subst* data. software
programväljare *subst* på t.ex. tvättmaskin programme selector, programme control
progressiv *adj* progressive; ~***form*** gram. progressive form, progressive tense
projekt *subst* project, plan, scheme
projektil *subst* projectile, missile
projektor *subst* projector
proklamation *subst* proclamation
proklamera *verb* proclaim
proletariat *subst* proletariat
proletär *subst* o. *adj* proletarian
prolog *subst* prologue [*till* to]
promenad *subst* **1** walk; flanerande stroll; ***ta en*** ~ go for a walk **2** plats promenade
promenadsko *subst* walking-shoe
promenera *verb* take a walk, take a stroll, stroll; ***gå ut och*** ~ go for a walk, take a walk; ~ ***omkring*** stroll about
promille I *adv* per thousand, per mille, per mil
II *subst*, ***hög*** ~ av alkohol, ungefär high percentage of alcohol
prominent *adj* prominent
promotor *subst* för företag el. sport. promotor
pronomen *subst* gram. pronoun
propaganda *subst* propaganda
propagera *verb* make propaganda [*för* for]
propeller *subst* propeller
propellerblad *subst* propeller blade
proper *adj* snygg tidy, neat; ren clean
proportion *subst* proportion; ***ha sinne för*** ~***er*** have a sense of proportion; ***inte alls stå i*** ~ ***till...*** be out of all proportion to...
proportionell *adj* proportionate [*mot* to]
proportionerlig *adj* proportionate, symmetrical
proposition *subst* lagförslag government bill; ***lägga fram en*** ~ bring in a bill
propp *subst* **1** stopper; för tvättställ, tapp plug **2** elektr. fuse, fuse plug; ***det har gått en*** ~ a fuse has blown **3** blodpropp clot; av öronvax lump of wax
proppa *verb*, ~ ***full*** cram, stuff; ~ ***i ngn mat*** cram food into sb; ~ ***i sig*** gorge oneself [*ngt* with sth]; ~ ***igen ett hål*** stop up, plug up a hole
proppfull *adj* crammed [*med* with], packed [*med* with]
proppmätt *adj*, ***äta sig*** ~ stuff (gorge) oneself [*på* with]; ***vara*** ~ vard. be full up
prosa *subst* prose; ***på*** ~ in prose
prosaisk *adj* prosaic, unimaginative
prosit *interj*, ~***!*** God bless you!, God bless!
prospekt *subst* reklamtryck prospectus; för hotell etc. brochure
prost *subst* kyrkl. dean
prostata *subst* anat. prostate, prostate gland
prostatit *subst* med. prostatitis
prostituera *verb*, ~ ***sig*** prostitute oneself
prostituerad *adj* prostitute; ***en*** ~ a prostitute
prostitution *subst* prostitution
protein *subst* protein
protektionism *subst* protectionism
protes *subst* arm, ben etc. artificial arm (leg etc.); tandprotes denture, dental plate
protest *subst* protest [*mot* against]; ***inlägga*** ~ lodge a protest
protestant *subst* Protestant
protestantisk *adj* Protestant
protestera *verb* protest [*mot* against], object [*mot* to]
protestmöte *subst* protest meeting
protokoll *subst* minutes pl; ***föra*** ~ ***vid ett sammanträde*** keep the minutes of a meeting
prototyp *subst* prototype
prov *subst* **1** test; prövning trial; examensprov examination; ***vi har*** ~ ***i biologi*** we have a biology test; ***anställa ngn på*** ~ engage sb on trial; ***sätta på*** ~ put to the test; ***ta varor på*** ~ take goods on approval **2** bevis proof **3** varuprov sample; av tyg etc. pattern; provexemplar specimen
prova *verb* test; pröva på, provköra etc. try; grundligt try out; kläder try on; ~ ***av*** test; provsmaka sample, taste; ~ ***ut*** t.ex. glasögon, mössa try out
provdocka *subst* tailor's dummy, mannequin

provhytt *subst* fitting cubicle, större fitting room
proviant *subst* provisions pl., supplies pl.
provins *subst* province
provinsiell *adj* provincial
provision *subst* commission; ***få*** ~ get a commission
provisorisk *adj* tillfällig temporary; ~ ***regering*** provisional government
provisorium *subst* provisional arrangement, makeshift
provkörning *subst* av bil etc. trial run; på väg road test
provocera *verb* provoke
provocerande *adj* provocative
provokation *subst* provocation
provokativ *adj* provocative
provrum *subst* att prova kläder i fitting-room
provrör *subst* test tube
provrörsbarn *subst* test-tube child
provsmaka *verb* taste, sample
provstopp *subst* för kärnvapen nuclear test ban
pruta *verb* om köpare haggle; köpslå bargain; om säljare reduce the price; ~ ***på en vara*** haggle over the price of a thing; ***jag lyckades ~ 10 %*** I managed to knock down the price 10%
prutt *subst* vulg. fart
prutta *verb* vulg. fart, let off
prya *verb* vard. get job experience
pryd *adj* prudish
pryda *verb* smycka adorn; dekorera decorate; ***den pryder sin plats*** it looks decorative there (here)
prydlig *adj* neat, trim
prydnad *subst* decoration; prydnadssak ornament
prydnadssak *subst* ornament
prydnadsväxt *subst* ornamental plant
prygla *verb* flog
pryl *subst* vard. thing, gadget
prålig *adj* gaudy, flashy
pråm *subst* barge; hamnpråm lighter
prägel *subst* **1** avtryck impression **2** drag touch; karaktär character; ***sätta sin ~ på*** leave (set) one's mark on; ***en personlig*** ~ a personal touch
prägla *verb* **1** mynta coin, mint; stämpla stamp **2** känneteckna characterize, mark
präktig *adj* utmärkt fine, splendid, grand; stadig stout; tjock thick; ***en ~ förkylning*** a proper cold
pränta *verb*, ~ ***ngt*** write sth carefully; texta print sth
prärie *subst* prairie
präst *subst* clergyman; spec. katolsk el. icke-kristen priest; frikyrklig minister; ***kvinnliga ~er*** women priests
prästgård *subst* vicarage, rectory
prästkrage *subst* blomma oxeye daisy
pröjs *subst* vard. pay, payment; ***jag vill ha ~ för det här*** I want to be paid for this
pröjsa *verb* vard. pay
pröva *verb* try, try out; undersöka test; granska examine; ~ ***ngns tålamod*** try sb's patience; ~ ***sig fram*** feel one's way; ~ ***på*** try, try one's hand at
prövning *subst* **1** prov, undersökning test, ordeal, examination; av t.ex. fullmakt investigation **2** lidande ordeal, affliction
P.S. *subst* (förk. för *post scriptum*) PS
psalm *subst* i psalmboken hymn; i Psaltaren psalm
psalmbok *subst* hymn book
psaltare *subst*, ~***n*** i Bibeln Psalms pl.
pseudonym *subst* pseudonym, pen name
P-skiva *subst* parking disc, amer. parking disk
psyka *verb* vard. psych, psych out
psyke *subst* mentality, psyche
psykedelisk *adj* psychedelic
psykiater *subst* psychiatrist
psykiatri *subst* psychiatry
psykiatrisk *adj* psychiatric
psykisk *adj* mental
psykoanalys *subst* psychoanalysis
psykolog *subst* psychologist
psykologi *subst* psychology
psykologisk *adj* psychological
psykopat *subst* psychopath
psykos *subst* psychosis (pl. psychoses)

pub
Puben är mycket viktig i engelskt liv. Varje liten by har minst en pub. Där serveras oftast också någon form av mat, *pub grub*. De flesta pubar har en enklare avdelning, *public bar* och en finare avdelning, *saloon bar*.
På puben hör man ofta:
A pint of bitter, please!
En pint "bitter", tack.
Last orders!
Dags för sista beställning!
Time, please!
Dags att stänga!

pub *subst* pub

pubertet *subst* puberty
publicera *verb* publish
publicitet *subst* publicity
publik *subst* på teater etc. audience; åskådare crowd, spectators pl.; läsekrets readers pl.; antal besökare attendance
publikation *subst* publication
publikdragande *adj* popular, attractive
publikfriande *adj* crowd-pleasing; ***vara ~*** play to the gallery
publikmagnet *subst* crowd-puller; teat. box-office attraction
publiksiffra *subst* attendance
publiksuccé *subst* hit, success; bok best seller
puck *subst* i ishockey puck
puckel *subst* hump, hunch
puckelpist *subst* mogul
puckelrygg *subst* hunchback
puckelryggig *adj* hunchbacked
pudding *subst* kok. pudding
pudel *subst* poodle
puder *subst* powder
puderdosa *subst* compact
pudra *verb* powder; med socker etc. dust; ***~ sig*** powder oneself
puff *subst* knuff push; lätt med armbågen nudge
puffa *verb* knuffa push; lätt med armbågen nudge
puka *subst* kettle-drum; ***pukor*** i orkester timpani
pulka *subst* pulka, little sledge; barnpulka toboggan; ***åka ~*** go tobogganing
pullover *subst* pullover
puls *subst* pulse; ***ta ~en på ngn*** med. feel sb's pulse; ***känna ngn på ~en*** sound sb out; ***ha åttio i ~*** have a pulse of 80
pulsa *verb* trudge, plod; ***~ i snön*** trudge through the snow
pulsera *verb* beat, throb, pulsate
pulsåder *subst* artery
pulver *subst* powder
pulvrisera *verb* pulverize
puma *subst* djur puma
pump *subst* pump
1 pumpa *verb* pump; ***~ däcken*** blow up the tyres
2 pumpa *subst* pumpkin, amer. squash
pumps *subst pl* court shoes, amer. pumps
pund *subst* **1** myntenhet pound (förk. £) **2** vikt pound (förk. lb., pl. lb. el. lbs.)
pundsedel *subst* pound note
pung *subst* **1** påse pouch; börs purse **2** anat. scrotum
punga *verb*, ***~ ut med*** fork out, cough up
pungbjörn *subst* koala bear, koala
pungdjur *subst* marsupial
punka *subst* vard., ***få ~*** have a flat
punkare *subst* vard. punk rocker
punkt *subst* **1** point; skiljetecken full stop, amer. period; ***sätta ~ för ngt*** put a stop to sth; ***låt mig tala till ~!*** let me finish! **2** sak, fråga point, matter; i kontrakt, 'nummer' på program etc. item
punktera *verb* sticka hål på puncture
punktering *subst*, ***få ~*** have a puncture, vard. have a flat, have a flat tyre
punktlig *adj* punctual
punktlighet *subst* punctuality
punktmarkering *subst* sport. man-to-man marking
punktskrift *subst* blindskrift braille
punktstrejk *subst* selective strike
punsch *subst* Swedish punch, arrack punch
pupill *subst* anat. pupil
puré *subst* purée
puritan *subst* puritan
purjo *subst* o. **purjolök** *subst* grönsak leek
purken *adj* vard. sulky, sullen
purpur *subst* purple
purpurröd *adj* blåröd purple; högröd crimson
puss *subst* kyss kiss
pussa *verb* o. **pussas** *verb* kiss
pussel *subst* puzzle; läggspel jigsaw puzzle, jigsaw; ***lägga ~*** do a jigsaw puzzle
pusselbit *subst* piece of (in) a jigsaw puzzle, piece
pussla *verb*, ***~ ihop*** put together
pusta *verb* flåsa puff; ***~ ut*** a) hämta andan take breath b) ta en paus take a breather
puta *verb*, ***~ med munnen*** pout; ***~ ut*** om kläder etc. bulge, stick out
puts *subst* rappning på hus plaster
putsa *verb* **1** rengöra clean; polera polish; klippa ren trim **2** rappa plaster **3** sport., ***~ ett rekord*** improve on a record
putsmedel *subst* polish
putsning *subst* **1** cleaning, polishing; ***en ~*** a clean, a polish **2** putsande plastering; puts plaster **3** ***~ av ett rekord*** improvement on a record
putt *subst* golf. putt
putta *verb* **1** vard., ***~ till ngt*** give a thing a push **2** golf. putt
puttra *verb* kok. simmer
p-vakt *subst* se *parkeringsvakt*
pygmé *subst* pygmy
pyjamas *subst* pyjamas pl., amer. pajamas pl.; ***en ~*** a pair of pyjamas
pynt *subst* grannlåt finery; t.ex. julpynt decorations pl.

pynta *verb* smycka decorate; göra fint smarten things up
pyra *verb* smoulder
pyramid *subst* pyramid
pyre *subst* mite, tiny tot
Pyrenéerna *pl* the Pyrenees
pyreneisk *adj*, ***Pyreneiska halvön*** the Iberian Peninsula
pyroman *subst* pyromaniac
pys *subst* vard. little chap, little boy
pyspunka *subst* vard. slow puncture, slow leak
pyssla *verb* busy oneself; ***gå och ~*** potter about; ~ ***om ngn*** look after sb
pysslig *adj* handy
pytonorm *subst* python
pyts *subst* bucket; färgpyts pot
pytteliten *adj* tiny, teeny
pyttipanna *subst* hash of fried diced meat, onions, and potatoes
på I *prep* **1** om rum on; 'inom' el. framför namn på större ö vanligen in; 'vid' at; om riktning to, into, on to; ~ ***Hamngatan*** in Hamngatan, amer. on Hamngatan; ~ ***Hamngatan 25*** at 25 Hamngatan; ~ ***himlen*** in the sky; ***bo ~ hotell*** stay at a hotel; ~ ***landet*** in the country; ***han hade inga pengar ~ sig*** he had no money on (about) him; ~ ***sjön*** till havs at sea; ~ ***torget*** in the market; ***göra ett besök ~...*** pay a visit to...; ***gå ~ bio*** go to the cinema; ***den går ~ bio*** it's on at the cinema; ***knacka ~ dörren*** knock at the door; ***fara (fara ut) ~ landet*** go into the country; ***stiga ~ tåget*** get on the train **2** om tid, ***de är födda ~ samma dag*** they were born on the same day; ~ ***samma gång*** at the same time; ~ ***fritiden*** in one's leisure time; ~ ***hösten*** in the autumn; ~ ***fredag morgon*** on Friday morning; ***i dag ~ morgonen*** this morning; ~ ***1900-talet*** in the 20th century; ***vi har en vecka ~ oss*** we've got a week; ***vi har till lördag ~ oss*** we've got till Saturday **3** vid ordningsföljd after; ***gång ~ gång*** time after time **4** 'per' in; ***det går 100 pence ~ ett pund*** there are 100 pence in a pound **5** i prepositionsattribut of; 'lydande på' for; ***en check ~ 500 kronor*** a cheque for 500 kronor; ***en flicka ~ femton år*** a girl of fifteen; ***en gädda ~ fem kilo*** a pike weighing five kilos; ***en sedel ~ fem pund*** a five-pound note **6** andra uttryck, ~ ***engelska*** in English; ***säga ngt ~ skoj*** say sth for a joke; ***arbeta ~ ngt*** work at sth; ***jag märkte ~ hennes ögon att...*** I could tell by her eyes that...; ***blind ~ ena ögat*** blind in one eye
II *adv*, ***en burk med lock ~*** a pot with a lid on it; ***han rodde ~*** he rowed on, he went on rowing
påbrå *subst*, ***ha gott ~*** come of good stock
påbud *subst* decree
påbörja *verb* begin; ***ett ~t arbete*** a job already begun
påfallande I *adj* striking
II *adv* strikingly
påflugen *adj* pushing
påfrestande *adj* trying
påfrestning *subst* strain, stress
påfyllning *subst* **1** påfyllande filling up **2** refill; en portion till another helping; en kopp till another cup
påfågel *subst* spec. tupp peacock, höna peahen
påföljd *subst* consequence
påföra *verb*, ~ ***ngn skatt*** levy tax on sb
pågå *verb* go on, be going on; fortsätta continue; vara last
pågående *adj*, ~ ***form*** gram. progressive form, progressive tense; ***under ~ föreställning*** while the performance is in progress
påhitt *subst* idé idea; lögn invention
påhittig *adj* ingenious
påhopp *subst* attack
påk *subst* thick stick, cudgel; ***rör på ~arna*** get moving!
påkalla *verb* kräva call for, claim, demand; ~ ***ngns uppmärksamhet*** attract sb's attention
påklädd *adj* dressed
påkostad *adj* expensive
påkörd *adj*, ***bli ~*** be run into; omkullkörd be knocked down
pålaga *subst* tax, duty
påle *subst* pole, post; mindre pale, stake
pålitlig *adj* reliable, trustworthy
pålitlighet *subst* reliability, trustworthiness
pålägg *subst* **1** skinka, ost etc. ham, cheese etc.; ***en smörgås med ~*** an open sandwich **2** tillägg extra charge, additional charge; höjning increase
påläggskalv *subst* framtidsman coming young man
påminna *verb* **1** ~ ***ngn om ngt*** a) få att minnas remind sb of sth b) fästa uppmärksamheten på call sb's attention to sth; ***han påminner om sin bror*** he resembles his brother, he reminds one of his brother; ***påminn mig om att jag ska göra det*** remind me to do it **2** ~ ***sig*** recall
påminnelse *subst* reminder [*om* of]

påpasslig *adj* attentive; 'vaken' alert; ***vara ~*** gripa tillfället seize the opportunity
påpeka *verb* point out [*för* to]
påpekande *subst* anmärkning remark [*om* about]; påminnelse reminder [*om* of]
påringning *subst* tele. phone call
påse *subst* bag
påseende *subst* granskning inspection, examination; ***sända ngt till ~*** send sth on approval; ***vid första ~t*** at the first glance
påsig *adj* baggy; ***~a kinder*** puffy cheeks

påsk
Engelska barn får liksom svenska barn påskägg till påsk. Amerikanska barn får sina påskägg och sitt påskgodis på påskdagen. Men de måste leta. Påskharen, *the Easter bunny*, har nämligen gömt godiset någonstans.

påsk *subst* Easter; ***glad ~!*** Happy Easter!; se *jul* för vidare ex.
påskafton *subst* Easter Eve
påskdag *subst* Easter Day, Easter Sunday
påskhelg *subst*, ***~en*** Easter; ***under ~en*** at Easter
påskina *verb*, ***låta ~*** antyda intimate, hint
påskkäring *subst* liten flicka 'Easter witch' young girl dressed up as a witch who goes from door to door at Easter
påsklilja *subst* blomma daffodil
påsklov *subst* Easter holidays pl., amer. Easter vacation
påskrift *subst* **1** underskrift signature **2** text på t.ex. etikett inscription; etikett på t.ex. flaska label
påskris *subst* se *fastlagsris*
påskynda *verb* hasten, speed up; t.ex. förloppet accelerate
påskägg *subst* Easter egg
påslakan *subst* duvet cover
påssjuka *subst* med. mumps (med verb i sing.)
påstigning *subst* boarding, entering
påstridig *adj* obstinate, stubborn
påstå *verb* say; uppge state; hävda assert, claim; vidhålla maintain; ***det ~s*** they say, it is said; ***han ~r sig kunna göra det*** he claims he is able to do it
påstådd *adj* alleged
påstående *subst* uppgift statement; hävdande assertion; anspråk claim
påstötning *subst* påminnelse reminder [*om* of]
påta *verb* peta, gräva poke about
påtaglig *adj* obvious; ***en ~ förbättring*** a marked improvement
påtryckning *subst* pressure; ***utöva ~ar på ngn*** bring pressure to bear on sb, put pressure on sb
påtryckningsgrupp *subst* pressure group
påträffa *verb* se *träffa på* under *träffa 1*
påträngande *adj* **1** om person pushing **2** om t.ex. behov, fara urgent, instant
påtvinga *verb*, ***~ ngn ngt*** force sth on sb
påtår *subst*, ***vill du ha ~?*** would you like another cup?
påve *subst* pope
påverka *verb* influence, affect
påverkan *subst* influence, effect
påvisa *verb* påpeka point out [*för* to]; bevisa prove [*för* to]
påökt *subst*, ***få ~*** på lönen get a rise in pay, amer. get a raise in pay
päls *subst* **1** på djur fur, coat; ***ge ngn på ~en*** stryk give sb a hiding **2** plagg fur coat, fur
pälsa *verb*, ***~ på sig ordentligt*** wrap oneself up well
pälsfodrad *adj* fur-lined
pälsmössa *subst* fur cap
pälsvaror *subst pl* furs
pälsverk *subst* fur; pälsvaror furs pl.
pärla *subst* **1** pearl; av glas etc. bead; droppe av t.ex. dagg drop; ***äkta pärlor*** real pearls; ***imiterade pärlor*** imitation pearls; ***odlade pärlor*** cultured pearls **2** om t.ex. konstverk el. person gem
pärlband *subst* string of pearls, av glas etc. string of beads
pärlemor *subst* mother-of-pearl
pärlhalsband *subst* pearl necklace
pärlhyacint *subst* blomma grape hyacinth
pärm *subst* bokpärm cover; samlingspärm file; för lösa blad binder; mapp folder
päron *subst* pear
päronformig *adj* pear-shaped
päronträd *subst* pear tree, pear
pärs *subst* prövning ordeal
pöbel *subst* mob
pöl *subst* vattenpöl, blodpöl etc. pool; smutsig vattenpöl puddle
pölsa *subst* kok. hash of offal and grain, ungefär haggis
pösa *verb* svälla swell, swell up; jäsa rise
pösig *adj* puffy

Qq

quatre mains *adv* musik., ***spela à ~*** fyrhändigt play a duet, play duets
quenell *subst* kok. quenelle
quiche *subst* kok. quiche
quilta *verb* quilt
quisling *subst* quisling

Rr

rabalder *subst* uppståndelse commotion; oväsen uproar; stormigt uppträde row
rabarber *subst* rhubarb; ***lägga ~ på*** make off with
1 rabatt *subst* flower bed; kantrabatt flower border
2 rabatt *subst* hand. discount; nedsättning reduction; ***lämna 20 % ~ på priset*** allow a 20% discount off the price
rabattfrimärke *subst* stamp at a reduced rate
rabatthäfte *subst* book of discount coupons
rabattkort *subst* reduced rate ticket
rabattkupong *subst* o. **rabattmärke** *subst* discount coupon
rabbin *subst* relig. rabbi
rabbla *verb*, ~ el. ***~ upp*** rattle off, reel off
rabies *subst* med. rabies
racer *subst* bil racing car, amer. race car
racerförare *subst* racing driver
rackare *subst* rascal, rogue; ***din ~!*** you rascal!
rackartyg *subst* mischief; ***hitta på ~*** get into mischief
rackarunge *subst*, ***lilla ~*** young rascal
racket *subst* racket, bordtennisracket bat
rad *subst* **1** räcka, led row; serie series (pl. lika); antal number; ***tre dagar i ~*** three days running; ***en ~ frågor*** a number of questions **2** i skrift line; ***börja på ny ~*** nytt stycke start a fresh paragraph; ***skriv ett par ~er till mig*** write me a line **3** teat., ***på första ~en*** in the dress circle; ***andra ~en*** the upper circle, amer. second balcony; ***tredje ~en*** the gallery
rada *verb* **1** ***~ upp ngt*** ställa i rad (i rader) put sth in a row, put sth in rows **2** räkna upp cite, enumerate
radar *subst* tekn. radar
radarkontroll *subst* fartkontroll radar speed check, radar trap
radarpar *subst* sport. two players who work very well together
radarskärm *subst* radar screen
radavstånd *subst* typogr. spacing
radera *verb*, ~ el. ***~ bort*** (***ut***) sudda ut erase, rub out; ***~ ut*** utplåna, t.ex. stad wipe out
radergummi *subst* rubber, eraser, amer. eraser
radhus *subst* terrace house, amer. row house

radialdäck *subst* radial tyre, amer. radial tire
radiator *subst* radiator
radie *subst* radius (pl. radii)
radikal I *adj* radical; grundlig thorough **II** *subst* person radical
radio *subst* **1** radio; ***Sveriges Radio*** the Swedish Broadcasting Corporation; ***höra ngt i*** ~ hear sth on the radio; ***sända i*** ~ broadcast; ***höra*** (***lyssna***) ***på*** ~ listen to the radio **2** radiomottagare radio (pl. -s), radio set, receiver
radioaktiv *adj* radioactive; ~ ***strålning*** nuclear radiation; ***~t avfall*** radioactive (nuclear) waste, amer. vard. radwaste; ***~t nedfall*** fallout
radioaktivitet *subst* radioactivity
radioantenn *subst* aerial, amer. antenna
radioapparat *subst* radio, radio set, receiver
radiobil *subst* **1** polisbil radio patrol car **2** på nöjesfält dodgem, bumper car, amer. bumper car
radiolicens *subst* radio licence
radiolyssnare *subst* radio listener
radiomottagare *subst* radio, receiver
radioprogram *subst* radio programme
radiostation *subst* radio station
radiostyrd *adj* radio-controlled
radiosändare *subst* apparat radio transmitter; sändarstation radio station
radiosändning *subst* broadcast; tekn. transmission
radiotelegrafist *subst* radio operator
radium *subst* kem. radium
radon *subst* kem. radon
radonhus *subst* house affected by radon radiation
raffinaderi *subst* refinery
raffinera *verb* refine
raffinerad *adj* refined; elegant elegant
rafflande *adj* nervkittlande thrilling
rafsa *verb*, ~ ***ihop sina saker*** scramble one's things together; ~ ***ihop ett brev*** scribble down a letter
ragata *subst* bitch, vixen
raggmunk *subst* kok., ungefär potato pancake
raggsocka *subst* ungefär thick oversock
ragla *verb* stagger, reel
ragu *subst* kok. ragout
raid *subst* raid [*mot* on]
rak *adj* straight; upprätt erect, upright; ***på*** ~ ***arm*** offhand, straight off
raka *verb* shave; ~ ***sig*** shave
rakapparat *subst* elektrisk shaver, electric razor
rakblad *subst* razor blade
rakborste *subst* shaving-brush
raket *subst* rocket; ***fara i väg som en*** ~ be off like lightning
raketdriven *adj* rocket-propelled
raketvapen *subst* missile, rocket missile
rakhyvel *subst* safety razor
rakkniv *subst* razor
rakkräm *subst* shaving cream
raklång *adj*, ***falla*** ~ fall flat; ***ligga*** ~ lie stretched out
raksträcka *subst* straight
rakt *adv* rätt straight, right; helt enkelt simply; ***gå*** ~ ***fram*** go straight on; ***han gick*** ~ ***på sak*** he came straight to the point
raktvål *subst* shaving soap
rakvatten *subst* aftershave, aftershave lotion
rally *subst* bilrally motor rally, rally
ram *subst* infattning frame; begränsning framework; ***sätta inom glas och*** ~ frame
rama *verb*, ~ ***in*** frame
ramaskri *subst* outcry
ramla *verb* falla fall, tumble; ~ ***av*** fall off; ~ ***omkull*** fall down
RAM-minne *subst* data. RAM-memory (förk. för *random access memory*)
ramp *subst* **1** sluttande uppfart ramp **2** teat.:, golvramp footlights pl.; takramp stage lights pl. **3** avskjutningsramp launching pad
rampfeber *subst* stage fright
rampljus *subst* belysning footlights pl.; ***stå i ~et*** be in the limelight
ramponera *verb* damage; förstöra wreck
ramsa *subst* string of words, rigmarole; barnramsa nursery rhyme
ranch *subst* ranch
rand *subst* **1** streck etc. stripe; ***ränderna går aldrig ur*** ordspr. a leopard cannot change its spots **2** kant edge; brädd brim, brink
randig *adj* striped
rang *subst* rank; ***en konstnär av första*** ~ a first-rate artist
rangordning *subst* sport. order of preference (of precedence)
ranka *verb* rangordna rank
rankningslista *subst* ranking list
rannsaka *verb* search, examine
rannsakan *subst* o. **rannsakning** *subst* search
ranson *subst* ration
ransonera *verb* ration
ransonering *subst* rationing
rap *subst* musik. rap

rapa
Lägg märke till att det engelska ordet *rape* betyder våldta.

rapa *verb* belch, burp
rapning *subst* belch, burp
1 rapp *subst* slag blow; snärt lash
2 rapp *adj* quick; flink nimble
rappa *verb* musik. rap
rappare *subst* musik. rapper
rapphöna *subst* o. **rapphöns** *subst* partridge
rapport *subst* report; redogörelse account; ***avlägga ~ om ngt*** report on sth
rapportera *verb* report [*om* on]
raps *subst* växt rape
rapsodi *subst* rhapsody
rar *adj* snäll nice [*mot* to]; vänlig kind [*mot* to]; söt sweet
raring *subst* darling, love, spec. amer. honey
raritet *subst* rarity
1 ras *subst* race; om djur breed; härstamning stock
2 ras *subst* **1** jordskred landslide; av byggnad collapse **2** ekon., värdesänkning collapse
rasa *verb* **1** störta, ~ el. ***~ ned*** fall down; störta ihop collapse; störta in cave in **2** om vind etc. rage **3** ekon., ***priserna har ~t*** prices have fallen sharply, prices have plunged
rasande *adj* furious [*på* with; *över* about]
rasdiskriminering *subst* racial discrimination
rasera *verb* riva ned demolish; förstöra destroy; jämna med marken raze, lay ... in ruins
raseri *subst* **1** fury, frenzy; vrede rage **2** stormens raging
raseriutbrott *subst* fit of rage; ***få ett ~*** fly into a rage
rasfördomar *subst pl* racial (race) prejudice sing.
rasförföljelse *subst* racial persecution
rashat *subst* racial (race) hatred
rashund *subst* pedigree dog
rashäst *subst* thoroughbred
rasism *subst* racism
rasist *subst* racist
rasistisk *adj* racist
rask *adj* snabb quick, fast
raska *verb*, ***~ på*** hurry, hurry up
raskatt *subst* pedigree cat
rasp *subst* verktyg el. ljud rasp
raspolitik *subst* racial (race) policy
rassla *verb* skramla rattle; slamra clatter; prassla rustle
rast *subst* paus break; lunchrast break for lunch
rasta *verb* **1** ***~ hunden*** take the dog for a walk **2** ta rast have a break, rest
rastlös *adj* restless
rastplats *subst* o. **rastställe** *subst* vid vägen för bilister lay-by (pl. lay-bys), amer. rest stop; vid motorväg service area
rata *verb* reject
ratificera *verb* ratify
ratificering *subst* ratification
rationalisera *verb* rationalize
rationalisering *subst* rationalization
rationell *adj* rational
ratt *subst* wheel, bil., sjö. etc. wheel, steering-wheel; på tv, radio etc. knob
rattfull *adj*, ***föraren var ~*** the driver was guilty of drink-driving
rattfylleri *subst* drink-driving, amer. drunk-driving
rattfyllerist *subst* drink-driver, amer. drunken driver
rattlås *subst* steering lock
rattstång *subst* steering-column
ravin *subst* ravine
rayon *subst* textil. rayon
razzia *subst* raid; ***göra en ~ i*** (***hos***) raid
rea *subst* o. *verb* vard., se *realisation* o. *realisera*
reafynd *subst* sales bargain
reagera *verb* react [*mot* against]
reaktion *subst* reaction [*på* to]
reaktionsförmåga *subst* ability to react; ***hon har en snabb ~*** she reacts quickly
reaktionär *adj* o. *subst* reactionary
reaktor *subst* nuclear reactor, reactor
realinkomst *subst* real income
realisation *subst* sale, bargain sale; ***köpa på ~*** buy at a sale
realisationsvinst *subst* capital gain
realisera *verb* **1** sälja till nedsatt pris sell off; om flera varor have sales **2** förverkliga realize, carry out
realism *subst* realism
realistisk *adj* realistic
realitet *subst* reality; ***i ~en*** in reality
realvärde *subst* real value
reavinst *subst* capital gain
rebell *subst* rebel
rebus *subst* picture puzzle
recensent *subst* critic, reviewer
recensera *verb* review
recension *subst* review

recept
Det engelska ordet *receipt* betyder kvitto.

recept *subst* **1** med. prescription **2** kok. recipe [*på* for] **3** ***det finns inget enkelt*** ~ metod there's no simple formula [*för* for], there's no simple method [*för* for]
receptbelagd *adj*, ***den är*** ~ it is obtainable only on a doctor's prescription
receptfri *adj*, ***den är*** ~ it is obtainable without a prescription
reception *subst* **1** mottagning reception **2** på hotell reception desk
receptionist *subst* receptionist
reciprok *adj* reciprocal
reda I *subst* ordning order; ***få*** ~ ***på*** få veta find out, get to know; ***ha*** ~ ***på ngt*** know sth; ***hålla*** ~ ***på*** hålla uppsikt över look after; hålla sig à jour med keep up with; ***ta*** ~ ***på*** a) utforska find out b) ta hand om see to
II *verb* ordna: t.ex. bo, måltid prepare; ~ ***upp*** lösa upp unravel; ~ ***ut*** klarlägga explain
redaktion *subst* personal editorial staff, editors pl.
redaktör *subst* editor
redan *adv* already; så tidigt som as early as; till och med even; ~ ***då jag kom in märkte jag att...*** the moment I entered I noticed that...; ~ ***följande dag*** the very next day; ~ ***som barn*** while still a child, even as a child
redare *subst* shipowner
rede *subst* bo nest
rederi *subst* företag shipping company
redig *adj* klar clear; tydlig plain
redigera *verb* edit; avfatta write
redo *adj* färdig ready; beredd prepared
redogöra *verb*, ~ ***för ngt*** account for sth, describe sth, give an account of sth
redogörelse *subst* account [*för* of]; report [*för* on]
redovisa *verb*, ~ ***ngt*** el. ~ ***för ngt*** account for sth
redovisning *subst* account
redskap *subst* verktyg tool; spec. för hushållet utensil; utrustning equipment
reducera *verb* reduce; förminska diminish; sänka t.ex. priser cut, lower
reducering *subst* reduction
reduceringsmål *subst* sport., ***få ett*** ~ pull one back
reduktion *subst* reduction; sänkning av t.ex. priser cut
referat *subst* **1** redogörelse account, report; översikt review **2** i tv el. radio commentary
referens *subst* reference
referensram *subst* frame of reference
referera *verb* **1** ~ ***ngt*** report sth; ~ ***en match*** sport. commentate on (cover) a match **2** ~ ***till ngn*** (***ngt***) refer to sb (sth)
reflektera *verb* **1** fundera reflect [*över ngt* on sth]; tänka think [*över ngt* about sth]; ~ ***på att sluta*** think of leaving **2** återkasta reflect
reflex *subst* **1** reflex **2** återspegling reflection **3** på t.ex. cykel reflector
reflexanordning *subst* på fordon rear reflector
reflexband *subst* luminous tape
reflexbricka *subst* luminous tag (disc), reflector tag (disc)
reflexion *subst* **1** fys. reflection **2** begrundan reflection; anmärkning observation
reflexiv *adj* gram. reflexive; ~***a pronomen*** reflexive pronouns
reflexrörelse *subst* reflex movement, reflex
reform *subst* reform; nydaning reorganization
reformera *verb* reform; nydana reorganize
refräng *subst* refrain, chorus
refug *subst* trafik. traffic island, amer. safety island
refusera *verb* förkasta reject, vard. turn down
regatta *subst* regatta
1 regel *subst* på dörr bolt
2 regel *subst* rule; föreskrift regulation; ***i*** (***som***) ~ as a rule
regelbunden *adj* o. **regelmässig** *adj* regular; ***vara*** ~ be regular
regelrätt *adj* regular, according to the rules
regelvidrig *adj*, ***vara*** ~ be against the rules
regemente *subst* mil. regiment
regera *verb* härska rule; styra govern; vara kung etc. reign
regering *subst* government; styrelse rule; monarks regeringstid reign
regeringschef *subst* head of government
regeringskris *subst* government crisis
regeringsparti *subst* government party
regeringsställning *subst*, ***i*** ~ in power, in office
regeringstid *subst* monarks reign
regi *subst* **1** teat., ***i B:s*** ~ directed by B **2** ledning, ***i egen*** ~ el. ***i privat*** ~ under private management; ***i universitetets*** ~ conducted by the university
regim *subst* **1** regime **2** ledning management
region *subst* region
regional *adj* regional

regissera *verb* teat. el. film. direct
regissör *subst* teat. el. film. director
register *subst* register [*över* of]; förteckning list [*över* of]; i bok index [*över* of]
registrera *verb* register
registrering *subst* registration
registreringsbevis *subst* för motorfordon certificate of registration
registreringsnummer *subst* registration number
registreringsskylt *subst* number plate, amer. license plate
regla *verb* med regel bolt; låsa lock
reglage *subst* regulator; spak lever; kontrollinstrument controls pl.
reglemente *subst* regulations pl.
reglera *verb* **1** regulate; justera adjust **2** fastställa fix; göra upp, t.ex. arbetstvist settle; *~d arbetstid* regulated working hours
reglering *subst* **1** reglerande regulation; justerande adjustment **2** fastställande fixing; uppgörelse settlement
regn *subst* rain; *det ser ut att bli ~* it looks like rain
regna *verb* rain; *låtsas som om det ~r* take no notice; *matchen ~de bort* the match was washed out (was a wash-out)
regnblandad *adj*, *~ snö* sleet
regnbåge *subst* **1** rainbow **2** fisk; rainbow trout
regnbågsforell *subst* rainbow trout
regndroppe *subst* raindrop
regnig *adj* rainy
regnkappa *subst* raincoat
regnmätare *subst* rain gauge
regnområde *subst* area of rain
regnskog *subst* rain forest
regnskur *subst* shower, shower of rain; häftig downpour
regnställ *subst* rainsuit
regnväder *subst* rainy weather
reguljär *adj* regular
rehabilitera *verb* rehabilitate
rehabilitering *subst* rehabilitation
rejvparty *subst* rave party, rave-up
rejäl *adj* **1** *en ~ förkylning* a nasty cold; *en ~ prissänkning* a substantial reduction **2** pålitlig reliable
rek *subst* brev registered letter
reklam *subst* annonsering etc. advertising (endast sing.); på tv commercials pl.; *~ för rakvatten* an advertisement (vard. an ad) for aftershave; på tv a commercial for aftershave
reklamation *subst* klagomål complaint; ersättningsanspråk claim
reklambyrå *subst* advertising agency
reklamera *verb* klaga på make a complaint about; kräva ersättning för put in a claim for
reklamerbjudande *subst* special offer
reklamfilm *subst* commercial
reklaminslag *subst* commercial
reklamkampanj *subst* advertising campaign
reklampaus *subst* radio. el. tv. commercial break
reklam-tv *subst* commercial television
rekommendation *subst* anbefallning recommendation
rekommendera *verb* **1** recommend **2** *~t brev* registered letter, amer. registered mail
rekonstruera *verb* reconstruct
rekord *subst* record; *slå ~ i längdhopp* break the long jump record; *sätta ~* set up a record
rekordförsök *subst* attempt at the (a) record
rekordhållare *subst* record-holder
rekordpublik *subst* record crowd; på t.ex. teater record audience
rekordtid *subst* record time
rekreation *subst* recreation; vila rest
rekryt *subst* recruit; värnpliktig conscript
rekrytera *verb* recruit
rekrytering *subst* recruitment
rektangel *subst* rectangle
rektangulär *adj* rectangular
rektor *subst* **1** vid skola headmaster, kvinnlig headmistress; vid institut el. fackhögskolor principal, director **2** spec. amer. principal
rektorsexpedition *subst* i skola headmaster's (headmistress's) office; i Storbritannien vanligen headmaster's (headmistress's) study
rekviem *subst* musik. el. ceremoni requiem
rekvirera *verb* beställa order; skicka efter send for; begära ask for
rekvisita *subst* teat. el. film. properties pl.
rekvisition *subst* beställning order
relatera *verb* relate, give an account of
relation *subst* förhållande relation; intimare, mellan personer relationship; *stå i ~ till* be related to
relativ *adj* relative; *~t pronomen* gram. relative pronoun
relativt *adv* relatively
relevans *subst* relevance
relevant *adj* relevant [*för* to]
relief *subst* relief

religion
- Den engelska statskyrkan, *Church of England*, är protestantisk. Dess överhuvud är drottningen, men i praktiken leds den av ärkebiskoparna i Canterbury och York.
- Irländska republiken är till största delen katolsk.
- I USA finns ingen statskyrka.

religion *subst* religion; tro faith
religionskunskap *subst* skol. religion
religiös *adj* religious
relik *subst* relic
reling *subst* sjö. gunwale
relä *subst* tekn. el. elektr. relay
rem *subst* strap; livrem belt; drivrem belt
remi *subst* schack draw
remiss *subst* **1** med. referral; brev letter of referral **2** i parlament, ***sända på ~ till...*** refer to... for consideration
remittera *verb* refer äv. med.
remsa *subst* strip; strimla ribbon
1 ren *subst* djur reindeer (pl. lika)
2 ren *adj* clean; oblandad pure; outspädd neat; ***~ choklad*** plain (ordinary) chocolate; ***en ~ förlust*** a dead loss; ***det är ~a rama lögnen*** it is a downright lie; ***en ~ olyckshändelse*** a pure accident; ***~t samvete*** a clear conscience; ***en ~ slump*** a mere chance; ***~t spel*** fair play; ***~ vinst*** net profit, clear profit; ***göra ~t*** städa etc. clean up; ***göra ~t ett sår*** cleanse a wound
rena *verb* clean; vätska purify
rengöra *verb* clean; tvätta wash, golv scrub
rengöring *subst* cleaning, washing, scrubbing
rengöringskräm *subst* för ansiktet cleansing cream
rengöringsmedel *subst* cleaning agent, detergent
renhet *subst* **1** cleanness; om t.ex. vatten, luft purity **2** abstrakt purity
renhållning *subst* cleaning; sophämtning refuse collection, amer. garbage collection
renhållningsarbetare *subst* refuse collector, amer. garbage collector
renhållningsverk *subst* public cleansing department
renhårig *adj* ärlig honest
rening *subst* cleaning; kem. purification
renkött *subst* reindeer meat
renlig *adj* cleanly
renommé *subst* reputation, repute; ***ha dåligt ~*** have a bad reputation (name); ***ha gott ~*** have a good reputation (name)
renovera *verb* renovate
renovering *subst* renovation
rensa I *verb* clean; bär pick; ***~ luften*** clear the air; ***~ ogräs*** weed
II *verb* med betonad partikel
rensa bort remove
rensa ut weed out
rent *adv* **1** cleanly; ***tala ~*** talk properly **2** alldeles quite, completely; ***~ av*** faktiskt actually; till och med even; ***det är ~ av en skandal*** it is a downright scandal; ***~ ut*** plainly, outright; ***~ ut sagt*** to use plain language
rentvå *verb*, ***~ från misstankar*** clear from suspicion
renässans *subst* **1** renaissance; förnyelse revival **2** ***~en*** hist. the Renaissance
reorganisera *verb* reorganize
rep *subst* rope; lina cord; ***hoppa ~*** skip, amer. jump rope
repa I *verb* **1** rispa scratch **2** ***~ sig*** ta upp sig improve; tillfriskna recover [*efter* from]
II *subst* scratch
reparation *subst* repair, repairs pl.; lagning mending
reparationsverkstad *subst* repair workshop; för bilar ofta garage
reparatör *subst* repairer, repairman
reparera *verb* repair; laga mend, fix
repertoar *subst* repertoire; spelplan programme
repetera *verb* **1** upprepa repeat; skol. revise, amer. review **2** teat., öva in rehearse
repetition *subst* **1** upprepning repetition; skol. revision, amer. review **2** teat. rehearsal
repetitionskurs skol. *subst* refresher course
repetitionsövning *subst* mil. military refresher course
repig *adj* scratched
replik *subst* reply, answer; teat. line
replikera *verb* reply, answer
reportage *subst* i tidning etc. report [*om* on]; i radio el. tv documentary
reportagefilm *subst* documentary
reporter *subst* reporter
representant *subst* representative, sales representative [*för* of]

representanthuset
Representanthuset är den kammare i den amerikanska kongressen som har mest inflytande. Det består av 435 folkvalda medlemmar, *representatives*.

representanthuset *subst* the House of Representatives
representation *subst* **1** polit. etc. representation **2** värdskap entertainment
representationskostnader *subst pl* entertainment expenses
representativ *adj* **1** representative [*för* for]; typisk typical [*for* of] **2** stilig, värdig distinguished
representera *verb* **1** företräda, motsvara represent **2** utöva värdskap entertain
repressalier *subst pl* reprisals
reprimand *subst* reprimand, svag. rebuke
repris *subst* av pjäs el. film revival; av radio- el. tv-program repeat; sport., (tv.) i slowmotion action replay; ***programmet ges i ~ nästa vecka*** there will be a repeat of the programme next week
reproducera *verb* reproduce
reproduktion *subst* reproduction
reptil *subst* reptile
republik *subst* republic
republikan *subst* republican
republikansk *adj* republican
repövning *subst* mil. military refresher course
1 resa I *subst* spec. till lands journey; till sjöss voyage; överresa crossing, vard., om alla slags resor trip; med bil ride, trip; med flyg flight; ***resor*** spec. längre travels; ***enkel ~ kostar 90 kr*** the single fare is 90 kr, amer. the one-way fare is 90 kr; ***trevlig ~!*** pleasant journey!, bon voyage! (franska)
II *verb* färdas travel, journey; till ett visst mål go [*till* to]; avresa leave, depart [*till* for]; ***~ över Atlanten*** cross the Atlantic
III *verb* med betonad partikel
resa bort go away [*från* from]; ***han är bortrest*** he has gone away
resa förbi go past, go by; passera pass
resa igenom pass through
2 resa *verb*, ~ el. ~ ***upp*** sätta upp raise; ***~ ett tält*** pitch a tent; ***~ på sig*** get up; ***~ sig*** a) stiga upp rise, get up, stand up, get on one's feet b) om håret stand on end c) ***~ sig upp i sängen*** sit up in bed
resande *subst* **1** travel, travelling **2** resenär traveller; passagerare passenger
resebroschyr *subst* travel brochure, holiday brochure
resebyrå *subst* travel agency
resecheck *subst* traveller's cheque, amer. traveler's check
reseda *subst* blomma mignonette
reseersättning *subst* compensation for travelling expenses
reseförsäkring *subst* travel insurance
resekostnad *subst*, ***~er*** cost sing. of travelling, travelling expenses pl.
reseledare *subst* guide, tour leader
resenär *subst* traveller; passagerare passenger
reserv *subst* **1** reserve äv. mil. **2** sport. reserve, substitute
reservat *subst* reserve, national park
reservation *subst* **1** protest protest **2** reservation; ***med en viss ~*** with a certain reservation; ***med ~ för fel*** barring mistakes, allowing for mistakes
reservbänk *subst*, ***på ~en*** on the substitute's bench
reservdel *subst* spare part
reservdäck *subst* för bil etc. spare tyre, amer. spare tire
reservera *verb* **1** reserve; hålla i reserv keep ... in reserve **2** förhandsbeställa book, reserve; ***~ plats*** vanligen make reservations
reserverad *adj* reserved
reservnyckel *subst* spare key
reservoar *subst* reservoir; cistern cistern
reservoarpenna *subst* fountain pen
reservutgång *subst* emergency exit, emergency door
reseskildring *subst* account of one's travels; film travelogue
reseur *subst* travel alarm clock
resevaluta *subst* utländsk valuta foreign currency
resfeber *subst*, ***ha ~*** be nervous (excited) before a journey
resgods *subst* luggage, baggage
resgodsexpedition *subst* luggage office, baggage office
resgodsförsäkring *subst* luggage insurance, baggage insurance
resgodsförvaring *subst* o. **resgodsinlämning** *subst* konkret left-luggage office, cloakroom, amer. checkroom
residens *subst* residence
resignation *subst* resignation
resignera *verb* foga sig resign oneself [*inför* to]
resignerad *adj* resigned

reslig *adj* tall; lång o. stådig stately
resning *subst* **1** uppresande raising **2** uppror rising, revolt **3** jur. new trial; ***begära*** ~ demand a new trial
resolut *adj* beslutsam resolute, determined
resolution *subst* resolution [*om ngt* on sth]
reson *subst* reason; ***ta*** ~ listen to reason
resonans *subst* resonance
resonemang *subst* diskussion discussion; samtal talk, conversation; tankegång reasoning
resonera *verb* discuss [*om ngt* sth]; argumentera reason, argue
resonlig *adj* reasonable
respekt *subst* respect; aktning esteem
respektabel *adj* respectable; anständig decent
respektera *verb* respect
respektingivande *adj* imponerande imposing; ***en*** ~ ***person*** a person that commands respect
respektive I *adj* respective **II** *adv* respectively; ***de kostar 30*** ~ ***40 kronor*** they cost 30 and 40 kronor respectively
respektlös *adj* disrespectful, stark. irreverent
respektlöshet *subst* disrespect, stark. irreverence
respirator *subst* respirator
respons *subst* response
resrutt *subst* route
ressällskap *subst* person travelling companion; grupp party of tourists
rest *subst* remainder, rest; kvarleva remnant; ***~er*** av mat leftovers; ***för ~en*** för övrigt besides, furthermore; för den delen for that matter

På restaurangen
Can I have the menu, please?
Kan jag få matsedeln, tack?
I'd like a prawn cocktail as a starter and lamb cutlets for main course.
Som förrätt vill jag ha räkcocktail och som huvudrätt lammkotletter.
The bill, please!, amer. *The check, please!*
Får jag betala!
Is service included?
Är dricksen inräknad?

restaurang *subst* restaurant
restaurangvagn *subst* dining-car, amer. diner, restaurant-car
restaurera *verb* restore
restaurering *subst* restoration
resterande *adj* remaining
restid *subst* åtgående tid travelling time
restlager *subst* surplus stock
restriktion *subst* restriction
restriktiv *adj* restrictive
restskatt *subst* unpaid tax arrears pl., back tax
resultat *subst* result; utgång, utfall outcome
resultatlös *adj* fruktlös fruitless, futile
resultera *verb* result [*i* in]
resumé *subst* résumé, summary
resurs *subst* resource; ***~er*** penningmedel means
resväska *subst* suitcase
resår *subst* **1** spiralfjäder coil spring **2** gummiband elastic
resårband *subst* elastic; ***ett*** ~ a piece of elastic
resårbotten *subst* sprung bed
resårmadrass *subst* spring interior mattress
reta *verb* **1** förarga, ~ el. ~ ***upp*** irritate, annoy; skämta elakt tease **2** framkalla retning irritate; stimulera stimulate; ~ ***aptiten*** whet the appetite
retas *verb* tease
retfull *adj* irritating, annoying
rethosta *subst* dry cough, hacking cough
retirera *verb* retreat, withdraw
retlig *adj* lättretad irritable; lättstött touchy
retorik *subst* rhetoric
retorisk *adj* rhetorical
retroaktiv *adj* retrospective, retroactive
reträtt *subst* spec. mil. retreat; ***slå till*** ~ retreat
retsam *adj* irritating, annoying
retsticka *subst* tease
retur *subst* **1** ***tur och*** ~ se under *2 tur 2* **2** ~ ***avsändaren*** return to sender; ***vara på*** ~ i avtagande be on the decline **3** sport., returmatch return match; returboll i tennis etc. return
returbiljett *subst* return ticket, amer. round-trip ticket
returglas *subst* returnable bottle
returmatch *subst* return match (amer. game)
returnera *verb* return, send back
returpapper *subst* waste paper for recycling; återvunnet recycled paper
retuschera *verb* retouch; ***en ~d bild*** a touched-up photo
reumatiker *subst* rheumatic
reumatisk *adj* rheumatic
reumatism *subst* med. rheumatism

1 rev *subst* vid fiske fishing-line
2 rev *subst* sandrev, klipprev reef
reva *verb* sjö. reef
revalvera *verb* revalue
revalvering *subst* revaluation
revansch *subst* revenge; ***få ~ på ngn*** get one's revenge on sb
revben *subst* rib
revbensspjäll *subst* kok. spareribs pl.
revers *subst* hand. promissory note
revidera *verb* revise; räkenskaper audit; priser readjust
revir *subst* djurs territory
revision *subst* revision; av räkenskaper audit
revisionsbyrå *subst* firm of accountants
revisor *subst* auditor; ***auktoriserad ~*** chartered accountant, amer. certified public accountant (förk. CPA)
revolt *subst* revolt; ***göra ~ mot*** revolt against
revoltera *verb* revolt [*mot* against]
revolution *subst* revolution; ***göra ~*** start a revolution
revolutionera *verb* revolutionize; ***~nde*** epokgörande revolutionary
revolutionär *adj* o. *subst* revolutionary
revolver *subst* revolver, gun
revorm *subst* med. ringworm
revy *subst* review; teat. revue, show
revär *subst* på uniform stripe
Rhen the Rhine
rhododendron *subst* buske rhododendron
Rhodos Rhodes
ribba *subst* vid höjdhopp bar; fotb. etc. crossbar, bar
ribbstickad *adj* rib-knitted
ribbstol *subst* wall bars pl.
ricinolja *subst* castor oil
rida *verb* ride; ***~ på*** ride
ridande *adj*, ***~ polis*** mounted police
ridbyxor *subst pl* riding-breeches
riddare *subst* knight
riddarsporre *subst* blomma delphinium
ridhjälm *subst* riding helmet
ridhus *subst* riding school
ridhäst *subst* saddle horse, riding horse
ridning *subst* riding
ridskola *subst* riding school
ridsport *subst* riding
ridspö *subst* riding-whip, horsewhip
ridstövel *subst* riding-boot
ridtur *subst* ride; ***göra en ~*** go out riding
ridå *subst* curtain
rigg *subst* sjö. rigging, tackling
rigid *adj* rigid
rigorös *adj* rigorous, strict
rik *adj* rich, mycket förmögen wealthy; om jordmån, fantasi fertile; ***~ på*** rich in, full of; ***bli ~*** get rich, make money; ***de ~a*** the rich
rike *subst* stat state, country; kungadöme el. relig. kingdom; kejsardöme empire; ***Sveriges ~*** the Kingdom of Sweden
rikedom *subst* **1** förmögenhet wealth (endast sing.), fortune, riches pl. **2** wealth; ymnighet abundance; ***en ~ på idéer*** a wealth of ideas
riklig *adj* abundant, ample; rik rich; ***~t med mat*** plenty of food
riksbank *subst*, ***Sveriges Riksbank*** el. ***Riksbanken*** the Bank of Sweden
riksdag *subst*, ***~en*** el. ***Sveriges Riksdag*** the Riksdag, the Swedish Parliament
riksdagshus *subst*, ***~et*** the Riksdag building, the Parliament building
riksdagsledamot *subst* o. **riksdagsman** *subst* member of the Riksdag, member of parliament
riksdagsval *subst* general election
riksgräns *subst* frontier, border
rikssamtal *subst* long-distance call
rikssvenska *subst* Standard Swedish
riksväg *subst* main road, arterial road
riksåklagare *subst* Prosecutor-General, Chief Public Prosecutor; motsvaras i Storbritannien av Director of Public Prosecutions
rikta *verb* **1** vända åt visst håll direct [*mot* at]; vapen etc. aim [*mot* at], level [*mot* at], point [*mot* at]; ***~ in*** t.ex. kikare etc. train [*mot* on] **2** räta straighten **3** ***~ sig*** a) vända sig address oneself b) om bok etc. be intended [*till* for] c) om kritik be directed [*mot* against]
riktig *adj* **1** rätt right, proper; felfri correct; berättigad justified **2** förstärkande: äkta real, regular; ordentlig proper; ***de slogs på ~t*** på allvar they fought in earnest
riktigt *adv* korrekt correctly; verkligen really; alldeles, ganska quite; ordentligt properly; mycket very; ***jag mår inte ~ bra*** I am not feeling quite well; ***saken är inte ~ skött*** the matter has not been properly handled; ***det är ~ synd*** it's really a pity; ***göra en sak ~*** do a thing properly (right)
riktlinje *subst*, ***dra upp ~rna för ngt*** lay down the general outlines for sth
riktmärke *subst* aim [*för* of], objective [*för* of]
riktning *subst* **1** direction; ***i ~ mot*** in the direction of **2** direction; linje line, lines pl.; vändning turn; rörelse movement
riktnummer *subst* tele. dialling code, amer. area code

riktpunkt *subst* objective [*för* of], aim [*för* of]
rim *subst* rhyme
rimfrost *subst* hoarfrost, rime, white frost
rimlig *adj* skälig reasonable; sannolik probable
rimligen *adv* o. **rimligtvis** *adv* reasonably; sannolikt quite likely
1 rimma *verb* rhyme [*på* with, to]; ***det ~r inte med vad han har sagt*** it doesn't fit in (it doesn't tally) with what he has said
2 rimma *verb* kok. salt... lightly, salt
ring *subst* **1** ring **2** på bil etc. tyre, amer. tire **3** kring solen el. månen halo (pl. -s el. -es) **4** sport. ring
1 ringa *adj* liten small, slight; obetydlig trifling; ***av ~ intresse*** of little interest; ***inte det ~ste tvivel*** not the slightest doubt; ***inte det ~ste*** inte alls not in the least
2 ringa I *verb* ring; klämta toll; ***jag ringer i morgon*** I'll phone you tomorrow; ***det ringer på dörren*** the doorbell is ringing; ***~ ett samtal*** make a phone call; ***~ på (i) klockan*** ring the bell
II *verb* med betonad partikel
ringa på hos ngn ring sb's doorbell
ringa upp ngn ring sb up, call sb up
ringakta *verb* person despise; sak disregard
ringaktning *subst* contempt, disregard
ringblomma *subst* marigold
ringduva *subst* wood pigeon
ringfinger *subst* ring finger
ringhörna *subst* boxn. corner of the ring
ringklocka *subst* bell; dörrklocka doorbell
ringla *verb*, ***~ sig*** om t.ex. väg, kö wind [waɪnd]; om hår, rök curl
ringled *subst* trafik. ring road, amer. beltway
ringning *subst* ringing
ringrostig *adj* ring-rusty; ***han är ~*** he is out of training
ringtryck *subst* bil. tyre pressure, amer. tire pressure
rinna I *verb* run, flyta flow, strömma stream
II *verb* med betonad partikel
rinna bort run away
rinna i väg om tid slip away
rinna ut:: ***floden rinner ut i havet*** the river flows into the sea; ***~ ut i sanden*** come to nothing
rinna över flow over, run over
ripa *subst* fågel grouse (pl. lika)
1 ris *subst* sädesslag rice
2 ris *subst* kvistar twigs pl.
risgryn *subst* koll. rice; ***ett ~*** a grain of rice
risgrynsgröt *subst* rice pudding
rishög *subst* vard., bil banger, amer. beater
risig *adj* vard., förfallen tumbledown, ramshackle; ovårdad, sjabbig shabby; ***känna sig ~*** feel lousy
risk *subst* risk [*för* of]; ***på egen ~*** at one's own risk; ***löpa ~en att bli sjuk*** run the risk of becoming ill
riskabel *adj* risky; farlig dangerous
riskera *verb* risk; ***~ att falla*** risk falling
riskfylld *adj* risky; farlig dangerous
risotto *subst* kok. risotto (pl. -s)
rispa I *subst* scratch; i tyg rent
II *verb* scratch
rista *verb* skära carve, cut; ***~ in*** med nål etc. engrave [*i* on]
rit *subst* rite
rita *verb* draw; göra ritning till design; ***~ av*** draw; kopiera copy; ***~ upp*** draw
ritning *subst* drawing; byggn. drawing, design; ***gå enligt ~arna*** go according to plan
ritt *subst* ride, riding-tour
ritual *subst* ritual
riva I *verb* **1** klösa scratch; om rovdjur claw; slita tear **2** med rivjärn grate; t.ex. hus pull down
II *verb* med betonad partikel
riva av tear off, rip off; ***~ av ett blad på almanackan*** tear a leaf off the calendar
riva loss lös tear off, rip off
riva ned tear down
riva omkull knock down
riva sönder tear up
riva upp öppna tear open, rip open; gata etc. take up; ***~ upp ett beslut*** cancel a decision, go back on a decision
riva ut tear out
rival *subst* rival [*om* for]
rivalisera *verb*, ***~ med ngn om ngt*** compete with sb for sth
rivalitet *subst* rivalry
Rivieran the Riviera
rivig *adj* **1** med schwung swinging, lively **2** ***hon är ~*** she is full of go
rivjärn *subst* grater
rivning *subst* rasering demolition, pulling down
rivningshus *subst* house to be demolished
rivstart *subst* flying start; ***starta med en ~*** tear away, tear off
rivstarta *verb* get off to a flying start
rivöppnare *subst* ring-pull, pop-top, pull-tab
1 ro *subst* vila rest; frid peace; stillhet stillness; ***jag får ingen ~ för honom*** he doesn't give me any peace; ***jag gör det inte för ~s skull*** I'm not doing it for fun; ***slå sig till ~*** make oneself comfortable; dra sig tillbaka settle down
2 ro *verb* row [rəʊ]
roa *verb* amuse; underhålla entertain; ***vara ~d***

av att dansa like dancing; ~ ***sig*** amuse oneself
robot *subst* **1** människa robot **2** mil. guided missile
robotbas *subst* guided missile base
robotvapen *subst* guided missile
robust *adj* robust, sturdy
1 rock *subst* coat
2 rock *subst* musik. rock, rock music
rocka *subst* fisk ray, spec. ätlig skate
rockhängare *subst* **1** galge coathanger **2** hook; i rock tab
rockmusik *subst* rock, rock music
rockvaktmästare *subst* cloak-room attendant
rococo *subst*, ~***n*** the Rococo period
rodd *subst* rowing ['rəʊɪŋ]
roddare *subst* oarsman, rower
roddbåt *subst* rowing boat, amer. row boat
roddsport *subst* rowing
roddtur *subst* row [rəʊ], pull
roddtävling *subst* rowing-match
rodel *subst* sport. luge
roder *subst* roderblad rudder; hela styrinrättningen helm; ***lyda*** ~ answer the helm
rodna *verb* turn red, redden; av blygsel etc. blush [*av* with]; av t.ex. ilska flush [*av* with]
rodnad *subst* hos person: av blygsel blush; av t.ex. ilska flush; hos sak redness (endast sing.)
roffa *verb*, ~ ***åt sig*** grab
rojalism *subst* royalism
rojalist *subst* royalist
rojalistisk *adj* royalist
rokoko *subst* rococo; ~***n*** the Rococo period
rolig *adj* skojig funny; trevlig nice, pleasant; roande amusing; ***det var ~t att få träffa dig*** it was nice to meet you; ***det var ~t att höra*** I am glad to hear it; ***så ~t!*** how nice!; så skojigt what fun!
roligt *adv* amusingly; ***ha ~t*** enjoy oneself, have fun
roll *subst* part, role; ~***erna är ombytta*** the tables are turned; ***det spelar ingen*** ~ it does not matter; ***det har spelat ut sin*** ~ it has had its day
rollator *subst* slags gåstol med hjul rollator
rollista *subst* cast
rollmodell *subst* role model
rollspel *subst* role play; spelande role-playing
Rom Rome
1 rom *subst* fiskrom roe, spawn; maträtt roe
2 rom *subst* dryck rum
roman *subst* bok novel [*av* by; *om* about]
romanförfattare *subst* novelist
romans *subst* romance
romantik *subst* romance
romantisera *verb* romanticize
romantisk *adj* romantic
romare *subst* Roman
romarriket *subst* the Roman Empire
romersk *adj* Roman
romersk-katolsk *adj* Roman Catholic
rond *subst* round, vakts round, beat
rondell *subst* trafik. roundabout, amer. traffic circle
rop *subst* call, cry, högre shout; ~ ***på hjälp*** call for help, cry for help
ropa I *verb* call [*på* for], call out [*på* for], cry, högre shout [*på* for]; ~ ***efter ngn*** call out after sb; tillkalla call out to sb, call sb; ~ ***på hjälp*** call for help; tele. call up
II *verb* med betonad partikel
ropa ngn till sig call sb
ropa upp namn read out, call over
ropa ut meddela call out, announce
ros *subst* rose
rosa *subst* o. *adj* rose, pink; se *blått* för ex. o. *blå-* för sammansättningar
rosenbuske *subst* rosebush
rosenkindad *adj* rosy-cheeked
rosenknopp *subst* rosebud
rosenrasande *adj* furious
rosenröd *adj* rosy, rose-red; ***se allt i rosenrött*** see everything through rose-coloured spectacles
rosett *subst* prydnad, knuten bow [bəʊ]
rosig *adj* rosy, rose-coloured
rosmarin *subst* kok. rosemary
rossla *verb* wheeze, rattle
rossling *subst* wheeze, rattle
rost *subst* på järn el. växter rust
1 rosta *verb* rust, get rusty; ~ ***sönder*** rust away
2 rosta *verb* roast; bröd toast; ~***t bröd*** toast; ***en ~d brödskiva*** a slice of toast
rostbiff *subst* roast beef
rostfri *adj* rustless; om stål stainless
rostig *adj* rusty
rostskydd *subst* **1** rust protection **2** medel anti-rust agent
rostskyddsgaranti *subst* anti-rust warranty
rostskyddsmedel *subst* anti-rust agent
rot *subst* root; ***slå*** ~ take root
rota *verb*, ~ ***i en byrålåda*** rummage about in a drawer

> **roman**
> Novell heter på engelska *short story*.

rotation *subst* rotation, revolution
rotel *subst* department; inom polisen squad, division
rotera *verb* rotate, revolve, turn
rotfrukt *subst* root vegetable
rotfyllning *subst* av tand root filling
rotfäste *subst*, ***få ~*** take root
rotmos *subst* mashed turnips pl.
rotselleri *subst* grönsak celeriac
rotting *subst* cane
rotvälska *subst* double Dutch, gibberish
roulett *subst* roulette
rov *subst* **1** djurs etc. prey **2** byte booty, loot
rova *subst* grönsak turnip
rovdjur *subst* predatory animal, beast of prey
rovfågel *subst* bird of prey
rovgirig *adj* rapacious, ravenous
rubb *subst*, ***~ och stubb*** el. ***hela ~et*** the whole lot
rubba *verb* **1** flytta på move, dislodge **2** bringa i oordning disturb, upset **3** ngns förtroende etc. shake; ***~ ngns planer*** upset sb's plans
rubbad *adj* förryckt crazy
rubbning *subst* störning disturbance
rubel *subst* rouble
rubin *subst* ruby
rubinröd *adj* ruby-red, ruby
rubricera *verb* **1** förse med rubrik headline **2** beteckna classify
rubrik *subst* i tidning headline; t.ex. i brev el. över kapitel heading
rucka *verb* **1** en klocka regulate, adjust **2** ***~ på*** beslut change, modify; en sten move
ruckel *subst* fallfärdigt hus ramshackle house
rucola *subst* grönsak rocket, amer. arugula
rudimentär *adj* rudimentary
1 ruff *subst* sport. foul [faʊl]
2 ruff sjö. cabin
ruffa *verb* sport. foul [faʊl]
ruffel *subst*, ***~ och båg*** vard. monkey business, hanky-panky; fiffel fiddling
ruffig *adj* **1** sport., om spel rough, foul **2** sjaskig shabby; fallfärdig dilapidated
rufsa *verb*, ***~ till ngn i håret*** ruffle sb's hair
rufsig *adj* ruffled, dishevelled
rugby *subst* sport. rugby, Rugby
ruggig *adj* om väder nasty; hemsk horrible
ruin *subst* ruin; ***ligga i ~er*** lie in ruins; ***på ~ens brant*** on the verge of ruin
ruinera *verb* ruin
ruinerad *adj* ruined, bankrupt
rulad *subst* kok. roulade, roll
rulett *subst* roulette
rulla I *verb* **1** roll **2** ***~ sig*** roll; om blad etc. curl **II** *verb* med betonad partikel
rulla i gång: ***~ i gång en bil*** push-start a car
rulla ihop roll up
rulla in vagn etc. wheel in
rulla ned gardin etc. pull down
rulla upp ngt hoprullat unroll; gardin pull up
rullator *subst* slags gåstol med hjul rollator
rullbord *subst* serving trolley
rullbälte *subst* inertia-reel seat-belt
rulle *subst* roll; trådrulle, filmrulle el. på metspö reel; ***det är full ~*** it's going like a house on fire; på fest the party is in full swing
rullgardin *subst* blind, amer. shade
rullkrage *subst* polo neck
rullskridsko *subst* roller-skate
rullstol *subst* wheelchair
rullstolsbunden *adj* se *rullstolsburen*
rullstolsburen *adj* ... confined to a wheel chair
rulltrappa *subst* escalator
rulltårta *subst* **1** med sylt i jam Swiss roll, amer. jelly roll **2** drömtårta chocolate Swiss roll, amer. chocolate cream roll
rum *subst* **1** room; uthyrningsrum lodgings pl.; logi accommodation (endast sing.); ***~ att hyra*** rubrik rooms to let, apartments to let **2** utrymme room; ***få ~ med*** find room for; ***lämna ~ för ngt*** make room for sth; ***komma i första ~met*** come first; ***äga ~*** take place
rumba *subst* rumba; ***dansa ~*** do the rumba, dance the rumba
rumla *verb*, ~ el. ***~ om*** go on the spree
rumpa *subst* vard., stuss backside, behind
rumsadverb *subst* gram. adverb of place
rumsförmedling *subst* för hotellrum etc. agency for hotel accommodation; för uthyrningsrum accommodation agency
rumskamrat *subst* roommate
rumsren *adj* **1** house-trained, spec. amer. housebroken **2** regelrätt, just, ***vara ~*** be on the level
rumstemperatur *subst* room temperature
rumän *subst* Romanian
Rumänien Romania
rumänsk *adj* Romanian; se *svensk-* för sammansättningar
rumänska *subst* (se *svenska* för ex.) **1** kvinna Romanian woman **2** språk Romanian
runa *subst* rune
rund *adj* round; knubbig plump; ***i runt tal*** in round numbers
runda I *verb* **1** göra rund round; ***~ av*** round off **2** fara (gå) runt round

II *subst*, ***gå en ~ i parken*** take a stroll round the park
rundkindad *adj* round-cheeked
rundlagd *adj* stout, portly
rundresa *subst* circular tour
rundtur *subst* sightseeing tour
rundvandring *subst*, ***en ~ i staden*** a tour of the town, a walk round the town
runsten *subst* rune stone
runt I *adv* round; ***låta ngt gå*** ~ vid bordet pass sth round
II *prep* round; ~ ***hörnet*** round the corner; ***året*** ~ all the year round
runtom I *adv* round about, around; ~ ***i landet*** all over the country
II *prep* round, all round
rus *subst* intoxication; ***sova ~et av sig*** sleep it off; ***i ett ~ av lycka*** transported with joy
rusa I *verb* **1** rush, dash **2** ~ ***en motor*** race an engine
II *verb* med betonad partikel
rusa efter hämta rush for
rusa fram till rush up to, dash up to
rusa förbi rush past, dash past
rusa i väg rush off, dash off
rusa upp start up, spring to one's feet; ~ ***upp ur sängen*** spring out of bed
rusch *subst* rush [*efter* for]
rusdryck *subst* intoxicating liquor
ruska *verb* shake; ~ ***på huvudet*** shake one's head
ruskig *adj* om väder nasty; hemsk horrible
ruskväder *subst* nasty weather, awful weather
rusning *subst* rush [*efter* for]
rusningstid *subst*, ~ el. ***~en*** the rush hour
rusningstrafik *subst* rush-hour traffic
russin *subst* raisin; ***plocka ~en ur kakan*** välja ut det bästa ur ngt take the pick of the bunch, take all the best plums (ones)
rusta *verb* **1** mil. arm **2** utrusta equip; spec. fartyg fit out **3** förbereda prepare [*till, för* for]; ~ ***upp*** reparera repair, do up
rustik *subst* rustic
rustning *subst*, ***en*** ~ pansar a suit of armour; ***i full*** ~ in full armour
ruta *subst* **1** fyrkant square **2** på tv-apparat screen **3** i fönster etc. pane
rutad *adj*, ***rutat papper*** squared paper
ruter *subst* kortsp. diamonds pl.; ***en*** ~ a diamond
ruterdam *subst* kortsp. the queen of diamonds
ruterfem *subst* kortsp. the five of diamonds
rutig *adj* checked, check... endast före subst.
rutin *subst* experience; vana, slentrian routine; ***det går på*** ~ it's just a matter of routine
rutinerad *adj* experienced
rutscha *verb* slide, glide
rutschbana *subst* o. **rutschkana** *subst* på lekplats slide; vatten water chute
rutt *subst* route; trafiklinje service
rutten *adj* rotten
ruttna *verb* rot
ruva *verb* sit, brood; grubbla brood
rya *subst* o. **ryamatta** *subst* rya rug, long-pile rug
ryck *subst* knyck jerk; dragning tug; ***vakna med ett*** ~ wake with a start
rycka I *verb* **1** dra pull, tug; häftigare jerk, twitch; slita tear; ~ ***på axlarna åt ngt*** shrug one's shoulders at sth **2** ~ ***närmare*** om t.ex. fienden close in; ~ ***till ngns undsättning*** rush to sb's help
II *verb* med betonad partikel
rycka bort tear away; om döden snatch away
rycka fram mil. advance
rycka in mil., till tjänstgöring join up
rycka in i ngt march into sth; ~ ***in i ngns ställe*** take sb's place
rycka loss (lös) ngt pull sth loose, pull sth off, wrench sth loose (off)
rycka till start, give a start; ~ ***till sig*** snatch
rycka upp sig pull oneself together
rycka ut om brandkår etc. turn out; från militärtjänst be released
ryckig *adj* knyckig jerky
ryckning *subst* ryck pull, tug; sprittning twitch
ryckvis *adv* i ryck by fits and starts
rygg *subst* back; ***vända ngn ~en*** föraktfullt turn one's back on sb; ***gå bakom ~en på ngn*** do things behind sb's back; ***ha ont i ~en*** have a backache; ***hålla ngn om ~en*** support sb, back sb up
rygga *verb* shrink back [*för* from], flinch [*för* from]
ryggfena *subst* zool. dorsal fin
ryggmärg *subst* spinal marrow, spinal cord
ryggrad *subst* backbone; anat. spine
ryggradsdjur *subst* vertebrate
ryggradslös *adj* om person spineless; ***~a djur*** invertebrates
ryggsim *subst* backstroke; ***simma*** ~ do the backstroke
ryggskott *subst* med. lumbago
ryggstöd *subst* support for the back; på stol back
ryggsäck *subst* rucksack, backpack
ryggtavla *subst* back
ryggvärk *subst* backache

ryka *verb* **1** smoke; ***det ryker ur skorstenen*** the chimney is smoking **2** ~ ***ihop*** fly at each other, börja slåss come to blows **3** ***där rök min sista hundralapp*** there goes my last hundred kronor
rykta *verb* häst dress, groom
ryktas *verb*, ***det ~ att...*** it is rumoured that...
ryktbar *adj* renowned, famous
ryktbarhet *subst* renown, fame
rykte *subst* **1** kringlöpande nyhet rumour [*om* of]; ***~t går att...*** there is a rumour that... **2** allm. omdöme om ngn (ngt) reputation; ***ha gott*** ~ have a good reputation; ***ha ~ om sig att vara sträng*** have the reputation of being strict
ryktessmidare *subst* o. **ryktesspridare** *subst* rumour-monger
rymd *subst* **1** världsrymd space; ***yttre ~en*** outer space **2** rymdinnehåll capacity
rymddräkt *subst* spacesuit
rymdfarare *subst* space traveller
rymdfarkost *subst* spacecraft (pl. lika)
rymdfärd *subst* space flight, space journey
rymdkapsel *subst* space capsule
rymdmått *subst* cubic measure
rymdpilot *subst* space pilot
rymdraket *subst* space rocket
rymdstation *subst* spacestation
rymdvarelse *subst* extraterrestial (förk. ET), alien
rymdålder *subst*, ***~n*** the space age
rymlig *adj* spacious, roomy
rymling *subst* fugitive, runaway
rymma *verb* **1** fly run away; om fånge etc. escape **2** kunna innehålla hold; ha plats för have room for; innefatta contain
rymmas *verb*, ***de ryms i salen*** there is room for them in the hall; ***den ryms i fickan*** it goes into the pocket
rymning *subst* ur fängelse etc. escape
rynka I *subst* i huden wrinkle, line; på kläder crease
II *verb*, ~ ***pannan*** wrinkle one's forehead, ögonbrynen knit one's brows, spec. ogillande frown; ~ ***på näsan åt*** turn up one's nose at; ~ ***sig*** om tyg crease
rynkig *adj* **1** om hud wrinkled **2** skrynklig creased
rysa *verb* av köld shiver [*av* with]; av fasa etc. shudder [*av* with]
rysare *subst* thriller
rysk *adj* Russian
ryska *subst* (se *svenska* för ex.) **1** kvinna Russian woman **2** språk Russian
ryskfödd *adj* Russian-born; se *svensk-* för vidare sammansättningar
ryslig *adj* dreadful, horrible, awful
ryslighet *subst*, ***~er*** horrors
rysning *subst* shiver, shudder
ryss *subst* Russian
Ryssland Russia
rysländsk *adj* Russian
ryta *verb* roar [*åt* at]
rytande *subst*, ***ett*** ~ a roar
rytm *subst* rhythm
rytmisk *adj* rhythmic, rhythmical
ryttare *subst* rider, horseman
ryttartävling *subst* horse-riding competition
1 rå *adj* **1** ej kokt el. stekt raw **2** om t.ex. silke raw; om t.ex. olja crude **3** om t.ex. skämt coarse; ***den ~a styrkan*** brute force
2 rå I *verb*, ~ ***sig själv*** be one's own master
II *verb* med betonad partikel
rå för: ***jag ~r inte för det*** I can't help it
rå om ngt own sth
rå på: ***jag ~r inte på honom*** I can't manage him
råbarkad *adj* coarse, crude
råbiff *subst* ungefär steak tartare
råd *subst* **1** advice (endast sing.); ***ett*** ~ a piece of advice; ***lyda ngns*** ~ take sb's advice; ***jag har fått många goda*** ~ I've had a lot of good advice; ***be ngn om*** ~ el. ***fråga ngn till ~s*** ask sb's advice **2** medel means; utväg way out; ***det blir väl ingen annan*** ~ there will be no alternative; ***han vet alltid*** ~ he is never at a loss **3** pengar, ***jag har inte ~ till (med) det*** I can't afford it **4** rådsförsamling council
råda *verb* **1** ge råd advise; ***vad råder du mig till?*** what do you advise me to do? **2** ha makten rule; disponera dispose [*över* of]; ***om jag fick*** ~ if I had my way; ***omständigheter som jag inte råder över*** circumstances over which I have no control **3** förhärska prevail; ***det råder...*** there is (are)...
rådande *adj* prevailing, current; förhärskande predominant; ***under ~ förhållanden*** in the existing circumstances, in the present circumstances; ***den*** ~ nuvarande ***regimen*** the present regime
rådfråga *verb* consult
rådfrågning *subst* consultation
rådgivare *subst* adviser
rådgivning *subst* advice
rådgivningsbyrå *subst* advice bureau
rådgöra *verb*, ~ ***med*** consult with, confer with

rådhus *subst* town hall, i större städer city hall
rådig *adj* resolute; fyndig resourceful
rådjur *subst* roe deer (pl. lika)
rådman *subst* jur., vid tingsrätt district court judge; i vissa städer city court judge
rådslag *subst* deliberation, consultation
rådvill *adj* villrådig perplexed; ***vara ~*** be at a loss, be perplexed
råg *subst* rye
råga I *verb* heap, pile up; ***~d tesked*** heaped teaspoon; ***~d kopp*** full cup
II *subst*, ***till ~ på allt*** to crown it all, on top of it all
rågbröd *subst* rye bread
råge *subst* full measure, good measure
rågmjöl *subst* rye flour
rågsikt *subst* sifted rye flour
rågummiskor *subst pl* crepe shoes
1 råka *subst* fågel rook
2 råka I *verb* **1** träffa meet; stöta ihop med come across, run across **2** händelsevis komma att happen to; ***han ~de falla*** he happened to fall **3** komma, ***~ i fara*** get into danger; ***bilen ~de i sladdning*** the car started skidding; ***~ i händerna på*** fall into the hands of
II *verb* med betonad partikel
råka på ngn come across sb, run across sb
råka ut: ***~ illa ut*** get into trouble; ***~ ut för bedragare*** fall into the hands of swindlers; ***jag har ~t ut för honom tidigare*** I have come up against him before; ***~ ut för en olycka*** meet with an accident
råkas *verb* meet
råkost *subst* raw (uncooked) vegetables and fruit
råma *verb* moo, stark. bellow
1 rån *subst* bakverk wafer
2 rån *subst* robbery; ***väpnat ~*** armed robbery
råna *verb* rob; ***~ ngn på ngt*** rob sb of sth
rånare *subst* robber
rånförsök *subst* attempted robbery
rånkupp *subst* robbery
rånmord *subst* murder with robbery
råolja *subst* crude oil
råris *subst* unpolished rice, rough rice
råsiden *subst* raw silk
råtta *subst* rat, liten mouse (pl. mice)
råttfälla *subst* mousetrap; större rat-trap
råttgift *subst* rat poison
råvara *subst* raw material
räcka I *verb* **1** överräcka hand; ***vill du ~ mig saltet?*** please pass me the salt; ***~ ngn handen*** give sb one's hand; ***~ varandra handen*** shake hands **2** nå reach **3** förslå be enough [*för, till* for], be sufficient [*för, till* for], suffice [*för, till* for] **4** vara, hålla på last
II *verb* med betonad partikel
räcka fram hold out, stretch out; ***vägen räcker inte ända fram*** the road does not go all the way
räcka till: ***få det att ~ till*** make it do
räcka upp: ***~ upp handen*** put up one's hand; ***barnet räcker inte upp till bordskanten*** the child does not reach up to the edge of the table
räcka ut: ***~ ut handen efter ngt*** reach out for sth
räcke *subst* på t.ex. balkong rail; på trappa: inomhus banisters pl.; utomhus railing
räckhåll *subst*, ***inom ~*** within reach, within sb's reach; ***det är inom ~ för mig*** it is within my reach, within sb's reach
räckvidd *subst* reach, range
räd *subst* raid [*mot* on]
rädd *adj* **1** afraid ej före subst. [*för* of; *för att* to]; skrämd frightened [*för* of], scared [*för* of]; alarmed; ***~ av sig*** timid **2** ***vara ~ för att göra ngt*** be afraid to do sth; ***vara ~ om*** aktsam om be careful with, t.ex. sina kläder take care of; ***var ~ om dig!*** take care of yourself!, take care!
rädda *verb* save [*från, ur, undan* from]; ur överhängande fara rescue [*från, ur, undan* from]; bevara preserve [*åt* for]; ***~ livet på ngn*** save sb's life; ***hans liv stod inte att ~*** his life was beyond saving
räddare *subst* rescuer; befriare deliverer
räddhågad *adj* timid
räddning *subst* rescue; räddande saving, rescuing; ***göra en ~*** make a save
räddningsaktion *subst* rescue action
räddningsbåt *subst* lifeboat
räddningskår *subst* rescue corps, salvage corps; bil. breakdown service
räddningsmanskap *subst* rescue party
rädisa *subst* grönsak radish
rädsla *subst* fear [*för* of], dread [*för* of]
räffla *subst* o. *verb* groove
räfsa I *subst* rake
II *verb* rake [*ihop* together]
räka *subst* liten, tångräka shrimp, större prawn
räkel *subst*, ***en lång ~*** a lanky fellow
räkenskap *subst*, ***föra ~er*** keep accounts
räkenskapsår *subst* financial year
räkna I *verb* **1** count, reckon; beräkna calculate; ***hans dagar är ~de*** his days are numbered; ***~s som omodern*** be regarded

as old-fashioned; ~ ***med ngt*** a) vänta sig expect sth b) ta med i beräkningen allow for sth c) påräkna count on sth, reckon on sth, calculate on sth; ***en motsåndare att ~ med*** an opponent to be reckoned with; ***~t i pund*** in pounds; ***i pengar ~t*** in terms of money **2** mat. do arithmetic, do sums; ~ ***ett tal*** do a sum **3** uppgå till number

II *verb* med betonad partikel

räkna efter: ***jag måste ~ efter*** I must work it out

räkna ifrån ngt dra av deduct sth; frånse leave sth out of account

räkna ihop t.ex. pengar count up; en summa add up

räkna med count, count in, include

räkna upp nämna i ordning enumerate; pengar count out

räkna ut beräkna calculate, work out; fundera ut figure out; förstå make out; boxn. count out; ~ ***ut ett tal*** do a sum

räknas *verb*, ***det ~ inte*** it does not count

räkneord *subst* numeral

räknetal *subst* sum

räkneverk *subst* counter

räkning *subst* **1** räknande counting; beräkning calculation; mat. arithmetic; ***gå ner för ~*** boxn. take the count; ***hålla ~ på ngt*** keep count of sth; ***tappa ~en*** el. ***tappa bort ~en*** lose count; ***ett streck i ~en*** an unforeseen obstacle; ***vara ur ~en*** be out of the running **2** nota bill; konto account; ***en ~ på 500 kr*** a bill for five hundred kronor; ***föra ~ över ngt*** keep an account of sth; ***behålla ngt för egen ~*** keep sth for oneself; ***för ngns ~*** on sb's account, on sb's behalf; ***ta ngt med i ~en*** take sth into account

räls *subst* rail

rälsbuss *subst* railbus

rämna *verb* crack, split

1 ränna *subst* **1** groove **2** avloppsränna drain **3** farled channel

2 ränna *verb* run; ~ ***omkring*** (***ute***) run about

rännsten *subst* gutter

ränsel *subst* knapsack, rucksack

ränta *subst* interest (endast sing.); ***~ på ~*** compound interest; ***ta 15 % i ~*** charge 15% interest; ***mot ~*** at interest

ränteavdrag *subst* deduction of interest; skattemässigt tax-relief on interest

räntefri *adj*, ***ett ~tt lån*** an interest-free loan; ***lånet är ~tt*** the loan is free of interest

räntehöjning *subst* increase in the rate of interest

ränteinkomst *subst* income from interest

räntesats *subst* rate of interest

räntesänkning *subst* reduction in the rate of interest

rät *adj* right; om linje straight; ~ ***vinkel*** right angle

räta *verb*, ~ el. ~ ***ut*** straighten, straighten out; ~ ***på benen*** stretch one's legs; ~ ***ut sig*** om sak become straight

rätsida *subst* right side, face; ***jag får ingen ~ på det här*** I can't get this straight

1 rätt *subst* maträtt dish; del av måltid course; ***dagens ~*** på matsedel today's special

2 rätt *subst* **1** rättighet right; rättvisa justice; ***ge ngn ~*** admit that sb is right; ***kontraktet ger honom ~ till...*** the contract entitles him to...; ***du gjorde ~ som vägrade*** you were right to refuse; ***göra ~ för sig*** göra nytta do one's share; betala för sig pay one's way; ***ha ~*** be right [*i ngt* about sth]; ***ha ~ till ngt*** have a right to sth; ***komma till sin ~*** do oneself justice; ta sig bra ut show to advantage; ***han är i sin fulla ~*** he is quite within his rights; ***med ~ eller orätt*** rightly or wrongly; ***med all*** (***full***) ~ with perfect justice **2** rättsvetenskap law **3** domstol court, court of law

3 rätt I *adj* riktig right, correct; rättmätig rightful; sann, verklig true, real; ~ ***skall vara ~*** fair's fair; ***det är inte mer än ~*** it's only fair; ***det är ~ åt honom!*** serves him right!; ***göra det ~a*** do the right thing; ***i ordets ~a bemärkelse*** in the proper sense of the word

II *adv* **1** korrekt rightly, correctly; ***eller ~are sagt*** or rather; ***går din klocka ~?*** is your watch right?; ***räkna ~*** antal count right; lösa ett räknetal do it right; ***stava ~*** spell correctly **2** förstärkande quite; ganska pretty, rather; ***jag tycker ~ bra om henne*** I quite like her **3** rakt straight, direct, right

rätta I *subst* **1** ***med ~*** rightly, justly; ***finna sig till ~*** settle down, find one's way about; ***komma till ~*** be found; ***komma till ~ med*** manage, handle; t.ex. problem cope with; t.ex. svårigheter overcome; ***sätta sig till ~*** settle oneself; ***tala ngn till ~*** make sb see (listen to) reason; ***visa ngn till ~*** show sb the way **2** jur., ***inför ~*** in court, before court; ***dra ngt inför ~*** bring (take) sth to court; ***stå inför ~*** be on trial, stand trial; ***ställas inför ~*** be put on trial

II *verb* **1** korrigera correct, put... right; ~ ***sig***

correct oneself; ~ ***en skrivning*** mark (amer. grade) a paper; ~ ***till*** t.ex. fel put... right, correct; missförhållande etc. remedy **2** avpassa adjust [*efter* to]; ~ ***sig efter*** t.ex. ngns önskningar comply with; beslut etc. abide by; andra människor, omständigheter adapt oneself to
rättegång *subst* rannsakning trial [*mot* against]; process legal proceedings pl. [*mot* against]; spec. civilmål lawsuit [*mot* against]
rättelse *subst* correction
rättesnöre *subst*, ***tjäna till ~ för ngn*** serve as a guide (guiding principle) to sb
rättfram *adj* straightforward, frank
rättfärdig *adj* just, righteous
rättfärdiga *verb* justify
rättighet *subst* right; befogenhet authority; ***ha fulla ~er*** be fully licensed
rättika *subst* grönsak black radish
rättmätig *adj* om t.ex. arvinge rightful, lawful; om krav etc. legitimate
rättning *subst* korrigering correcting, av skrivningar marking, correcting, amer. grading
rättrogen *adj* faithful
rättsfall *subst* legal case
rättshjälp *subst* legal aid
rättsinnad *adj* o. **rättsinnig** *adj* right-minded
rättskrivning *subst* spelling, orthography; prov spelling test
rättslig *adj* laglig legal; ***på ~ väg*** by legal means
rättslös *adj*, ***hon är ~*** she is without legal rights
rättsmedicin *subst* forensic medicine
rättsprocess *subst* legal process
rättspsykiater *subst* forensic psychiatrist
rättssal *subst* court, courtroom
rättssamhälle *subst* community governed by the rule of law
rättsskydd *subst* legal protection
rättstavning *subst* spelling, orthography; prov spelling test
rättsväsen *subst* judicial system
rättvis *adj* just [*mot* to]; skälig fair [*mot* to]; opartisk impartial [*mot* to]
rättvisa *subst* justice; skälighet fairness; opartiskhet impartiality; ***~n*** lag el. rätt justice; ***göra ~ åt ngt*** do justice to sth
rättvisekrav *subst*, ***det är ett ~ att...*** it's only fair that..., justice demands that...
rättvänd *adj*, ***vara ~*** be turned the right way round, be turned right side up
rättänkande *adj* right-minded
rätvinklig *adj* right-angled
räv *subst* fox
rävhona *subst* vixen, she-fox
rävjakt *subst* fox-hunting
rävspel *subst* intrigue, intrigues pl.
rävunge *subst* fox cub
röd *adj* red; högröd scarlet; ***Röda havet*** the Red Sea; ***~a hund*** German measles; ***Röda korset*** the Red Cross; ***se rött*** see red; se äv. *blå-* för sammansättningar
rödaktig *adj* reddish, ruddy
rödbeta *subst* beetroot, amer. beet
rödblommig *adj* om hy ruddy, florid
rödbrun *adj* russet
rödbrusig *adj* red-faced
rödhake *subst* fågel robin, robin redbreast
rödhårig *adj* red-haired
röding *subst* fisk char
rödkindad *adj* red-cheeked, rosy-cheeked
rödkål *subst* red cabbage
Rödluvan sagofigur Little Red Riding Hood
rödlök *subst* red onion
rödnäst *adj* red-nosed
rödspätta *subst* plaice (pl. lika)
rödtjut *subst* vard., rödvin plonk
rödtunga *subst* kok., fisk witch
rödvin *subst* red wine
rödögd *adj* red-eyed
1 röja *verb* förråda betray, give away; yppa reveal; avslöja expose; visa show
2 röja *verb* skog clear; ~ ***mark*** clear land; ~ ***väg för*** clear the way for, pave the way for; ~ ***ngn ur vägen*** remove sb; ~ ***undan*** t.ex. hinder clear away; person, hinder remove
röjning *subst* clearing
rök *subst* smoke; ***gå upp i ~*** go up in smoke
röka *verb* smoke
rökare *subst* smoker; ***icke ~*** non-smoker
rökbomb *subst* smoke-bomb
rökelse *subst* incense
rökfri *adj* smokeless
rökförbud *subst*, ***det är ~*** smoking is prohibited
rökig *adj* smoky
rökkupé *subst* smoking-compartment, smoker
rökning *subst* smoking; ***~ förbjuden*** no smoking
rökpipa *subst* pipe, tobacco pipe
rökrum *subst* smoking-room
röksvamp *subst* puffball
rön *subst* iakttagelse observation; upptäckt discovery
röna *verb* meet with, experience
rönn *subst* mountain ash, rowan
rönnbär *subst* rowanberry

röntga *verb* X-ray
röntgenbehandling *subst* X-ray treatment
röntgenbild *subst* X-ray picture
röntgenfotografera *verb* X-ray
röntgenstrålar *subst pl* X-rays
rör *subst* ledningsrör pipe
röra I *subst* mess; virrvarr mix-up; oreda muddle; ***vara en enda ~*** be all in a mess
II *verb* **1** sätta i rörelse move, stir; ***han rörde inte ett finger*** he did not stir a finger; ***~ i gröten*** stir the porridge; ***~ på benen*** stretch one's legs; ***rör på benen!*** sätt fart! get a move on!; ***han rörde på huvudet*** he moved his head; ***~ på sig*** move; motionera get some exercise **2** vidröra touch **3** angå concern; ***det rör mig inte i ryggen*** I couldn't care less; ***~ ngn till tårar*** move sb to tears **4** ***~ sig*** move; motionera get exercise; ***rör dig inte!*** don't move!; ***~ sig fritt*** move about freely; ***han har mycket pengar att ~ sig med*** he has a lot of money at his disposal; ***det rör sig om din framtid*** it concerns your future; ***det rör sig om stora summor*** big sums of money are involved; ***vad rör det sig om?*** what is it about?
III *verb* med betonad partikel
röra ihop kok. etc. mix
röra om: ***~ om i*** kok. stir; ***~ om i byrålådan*** poke about in the drawer
rörande I *adj* touching, moving
II *prep* angående concerning, regarding
rörd *adj* gripen moved, touched
rörelse *subst* **1** motsats: vila motion; av levande varelse movement; ***sätta fantasin i ~*** stir the imagination; ***sätta sig i ~*** begin to move; ***vara i ~*** be in motion **2** politisk etc. movement **3** affärsrörelse business, enterprise
rörelsefrihet *subst* freedom of movement
rörelseförmåga *subst* ability to move
rörelsehindrad *adj* disabled
rörelsekapital *subst* working capital
rörig *adj* messy; ***vad här är ~t!*** what a mess!
rörledning *subst* pipeline; i hus piping
rörledningsfirma *subst* plumbing firm
rörlig *adj* flyttbar mobile, movable; om priser, ränta flexible; ***~t kapital*** working capital
rörläggare *subst* o. **rörmokare** *subst* plumber
rörsocker *subst* cane sugar
röst *subst* **1** stämma voice; ***med hög ~*** in a loud voice; ***med låg ~*** in a low voice **2** polit. vote; ***lägga ned sin ~*** abstain from voting
rösta *verb* vote; ***~ om ngt*** vote on sth; ***~ på ngn*** vote for sb
röstberättigad *adj*, ***hon är ~*** she is entitled to vote
röstfiske *subst* vote-catching
röstkort *subst* voting card
röstlängd *subst* electoral register
rösträkning *subst* rösträknande counting of votes; ***en ~*** a count, a count of votes
rösträtt *subst*, ***ha ~*** have the right to vote
röstsedel *subst* voting-paper, ballot paper
röta *subst* rot, putrefaction; förmultning decay
rött *subst* red; ***se ~*** see red; se *blått* för ex.
röv *subst* vulg. arse, amer. ass
röva *verb* rob [*ngt från ngn* sb of sth]
rövare *subst* robber; ***leva ~*** raise hell
rövarhistoria *subst* cock-and-bull story

Ss

s

s uttalas tonande [z] eller tonlöst [s]. Ibland kan ord få en annan betydelse bara genom att *s* uttalas tonande.
close [kləʊs] nära
close [kləʊz] stänga

loose [luːs] lös
lose [luːz] förlora

hiss [hɪs] väsa
his [hɪz] hans

peace [piːs] fred
peas [piːz] ärtor

price [praɪs] pris man betalar
prize [praɪz] pris man vinner

rice [raɪs] ris
rise [raɪz] ökning; resa sig

sabba *verb* vard. ruin, spoil, muck up
sabbat *subst* Sabbath
sabbatsår *subst* sabbatical year; ***ta ett*** ~ take a sabbatical
sabel *subst* sabre
sabla *adj* vard. blasted, damned
sabotage *subst* sabotage; ***utföra*** (***göra***) ~ ***mot*** carry out (commit) sabotage against
sabotera *verb* sabotage
sabotör *subst* saboteur
Sachsen Saxony
sacka *verb*, ~ ***efter*** lag behind, drop behind
sackarin *subst* saccharin
sadel *subst* saddle; ***sitta säkert i*** ~***n*** be firmly in the saddle
sadism *subst* sadism
sadist *subst* sadist
sadistisk *adj* sadistic
sadla *verb* **1** saddle **2** ~ ***om*** byta yrke change one's job
safari *subst* safari
saffran *subst* krydda saffron
saffransbröd *subst* saffron-flavoured bread
safir *subst* ädelsten sapphire
saft *subst* **1** av frukt, kött, grönsaker juice **2** kokt med socker för spädning fruit syrup, syrup **3** blandad med vatten som dryck fruit drink; ***pressa*** ~***en ur en citron*** squeeze the juice out of a lemon
saftig *adj* juicy

sagor

Askungen *Cinderella*, Den fula ankungen *The Ugly Duckling*, Den lilla sjöjungfrun *The Little Mermaid*, Hans och Greta *Hansel and Gretel*, Kejsarens nya kläder *The Emperor's New Clothes*, Prinsessan på ärten *The Princess and the Pea*, Rödluvan *Little Red Riding Hood*, Snövit *Snow White*, Törnrosa *The Sleeping Beauty*

saga *subst* för barn fairy tale, fairy story; fornnordisk saga; mytol. myth; ***berätta en*** ~ ***för mig!*** tell me a story!
sagesman *subst* informant
sagobok *subst* book of fairy tales, story book
sagoland *subst* fairyland, wonderland
sagolik *adj* fabulous; fantastisk t.ex. om tur fantastic; ***en*** ~ ***röra*** an incredible mess
Sahara the Sahara
sak *subst* **1** thing, object **2** angelägenhet matter, business (endast sing.); ***en*** ~ 'någonting' something; ***där sa du en*** ~***!*** you said something there!, that's an idea!; ~***er och ting*** things; ~***en är den att han...*** the fact is that he...; ~***en är klar!*** that settles it!; ***vad gäller*** ~***en?*** what's it about?; ***jag ska säga dig en*** ~ I tell you what; ***jag ska tänka på*** ~***en*** I'll think it over; ***det är en annan*** ~ ***med dig*** it's different with you; ***det är min*** ~ that's my business; ***det är inte min*** ~ it's none of my business; ***det är din*** ~ ***att göra det*** it is up to you to do it; ~ ***samma*** no matter, never mind; ***det är en självklar*** ~ it is a matter of course; ***han har rätt i*** ~ essentially he is right; ***så var det med den*** ~***en!*** and that's that!; ***han är säker på sin*** ~ he is sure of his ground; ***till*** ~***en!*** let's come to the point!; ***komma till*** ~***en*** get to the point **3** att kämpa för cause; rättsfall case; ***göra***

gemensam ~ med ngn make common cause with sb
sakfråga *subst*, ***själva ~n*** the point at issue
sakkunnig *adj* expert, competent
sakkunskap *subst* expert knowledge
saklig *adj* matter-of-fact; objektiv objective
sakna *verb* **1** inte ha, vara utan lack, be without; behöva want, be in want of; lida brist på be lacking in; ***ryktet ~r grund*** the rumour is without foundation; ***huset ~r hiss*** there is no lift in the house; ***han ~r humor*** he has no sense of humour; ***verbet ~r infinitiv*** the verb has no infinitive **2** inte kunna hitta, ***jag ~r mina nycklar*** I have lost my keys **3** märka frånvaron av, ***jag ~r den inte*** I don't miss it; behöver den inte I can do without it, I don't need it
saknad I *subst*, ***~en efter henne är stor*** her loss is deeply felt; ***känna stor ~ efter ngn*** deeply feel sb's loss **II** *adj* person missing person; mil. missing in action; ***de ~e*** those missing, the missing persons; ***anmäld som ~*** reported missing
saknas *verb* vara borta be missing
sakta I *adj* långsam slow; varsam gentle; dämpad, tyst soft; ***i ~ mak*** at an easy pace **II** *adv* långsamt slowly; varsamt gently; ***~ i backarna!*** take it easy!; ***gå för ~*** om urverk be slow
III *verb*, ***~ av*** (***ned***) el. ***~ farten*** slow down; ***klockan ~r sig*** the clock is losing time
sal *subst* hall; matsal dining-room; salong drawing-room
salami *subst* kok. salami
saldo *subst* balance; ***ingående ~*** balance brought forward; ***utgående ~*** balance carried forward
salig *adj* blessed, vard., lycklig very happy; ***en ~ röra*** (***blandning***) a glorious mess
saliv *subst* saliva
sallad *subst* **1** grönsak lettuce **2** maträtt salad
salladsbestick *subst*, ***ett ~*** a pair of salad servers
salladsblad *subst* lettuce leaf
salladsdressing *subst* salad dressing
salladshuvud *subst* lettuce
salmonella *subst* med. salmonella
salong *subst* **1** i hem drawing-room, amer. parlor; stort sällskapsrum lounge **2** publiken på t.ex. teater audience **3** utställning exhibition
salt *subst* o. *adj* salt
salta *verb* **1** salt, sprinkle with salt; ***~ in*** lägga i saltlake soak in brine **2** vard., ***~ en räkning*** pad a bill
saltgurka *subst* pickled gherkin
salthalt *subst* salt content
saltkar *subst* för bordet saltcellar
saltlake *subst* koll. brine, pickle
saltomortal *subst* luftsprång somersault; ***slå en ~*** do a somersault
saltströare *subst* salt-sprinkler, amer. vanligen saltshaker; saltkar saltcellar
saltsyra *subst* kem. hydrochloric acid
saltvatten *subst* salt water
salu *subst*, ***till ~*** on sale, for sale
salubjuda *verb* o. **saluföra** *verb*, ***~ ngt*** offer sth for sale
saluhall *subst* market hall
salustånd *subst* stall; spec. på marknad booth; på mässa stand
salut *subst* salute; ***skjuta ~*** give the salute
salutera *subst* salute
salutorg *subst* market place
1 salva *subst* till smörjning ointment
2 salva *subst* volley
salvia *subst* kok. sage
samarbeta *verb* co-operate, work together; spec. i litterärt arbete el. polit. collaborate
samarbete *subst* co-operation; spec. litterärt arbete el. politik collaboration
samarbetsvillig *adj* co-operative
samband *subst* connection; ***stå i ~ med*** have a relation to, bear a relation to
sambo *subst* partner, cohab; mera formellt cohabitant
same *subst* Lapp, Laplander, mera vetensk. Sami (pl. lika); ***~rna*** the Sami
samexistens *subst* coexistence
samfund *subst* society, association; religiöst communion
samfälld *adj* joint; enhällig unanimous
samfärdsmedel *subst* means (pl. lika) of transport
samförstånd *subst* mutual understanding, understanding; enighet agreement
samhälle *subst* **1** ~ el. ***~t*** society **2** ort place

samhällsklass
Även om samhällsklasserna avsevärt minskat i betydelse under de senaste 50 åren, spelar de fortfarande en viss roll i England. Man talar om *the upper class*, överklassen, en liten grupp adliga familjer med stora egendomar, *the middle class*, medelklassen, och *the working class*, arbetarklassen.

samhällelig *adj* social; ~ ***plikt*** civic duty
samhällsdebatt *subst* public debate
samhällsfarlig *adj*, ***vara*** ~ be a public danger
samhällsfientlig *adj* anti-social
samhällsgrupp *subst* social group
samhällsklass *subst* social class
samhällskunskap *subst* skol. civics (med verb i sing.), social studies
samhällslära *subst* sociology
samhällsskick *subst* social structure, type of society
samhällsställning *subst* social position
samhällstillvänd *adj* social-minded
samhällstjänst *subst* som straff community service
samhällsvetenskap *subst* univ. social studies, sociology
samhörighet *subst* solidarity; själsfrändskap affinity
samisk *adj* Lapp
samklang *subst* accord, harmony; ***stå i ~ med*** be in harmony with
samkväm *subst* social gathering
samla *verb* **1** ~ el. ~ ***ihop*** gather; planmässigt collect; få ihop get together; samla på hög amass, accumulate; förena, ena unite, unify; ~ ***frimärken*** collect stamps; ~ ***en förmögenhet*** amass a fortune; ~ ***på ngt*** collect sth; ~ ***till ngt*** a) spara save up for sth b) lägga ihop club together for sth **2** ~ ***sig*** a) se *samlas* b) compose oneself; koncentrera sig concentrate
samlad *adj* **1** sansad collected; ***lugn och*** ~ calm and collected **2** ***Strindbergs ~e skrifter*** the collected works of Strindberg
samlag *subst* sexual intercourse, spec. med. coitus; ***ha*** ~ vard. have sex, make love
samlare *subst* collector
samlas *verb* om personer gather, get together; församlas assemble; träffas meet; hopas collect
samlevnad *subst* mellan människor social life, living together; ***fredlig*** ~ mellan nationer el. grupper peaceful coexistence
samling *subst* **1** av personer gathering, crowd **2** grupp group **3** av t.ex. böcker, mynt collection **4** lugn composure
samlingslokal *subst* meeting-place; samlingssal assembly hall
samlingsplats *subst* meeting-place
samlingspunkt *subst* meeting-point, rallying-point
samlingsregering *subst* coalition government
samlingssal *subst* assembly hall
samliv *subst* life together; äktenskapligt married life
samma (*samme*) *adj* the same [*som* as]; likadan similar [*som* to]; ~ ***dag han for*** the day he left; ***sak*** ~ el. vard. ***skit ~!*** no matter!, never mind!; ***de är i ~ ålder*** they are the same age; ***på ~ gång*** at the same time; ***på ~ sätt*** in the same way
samman *adv* together
sammanbinda *verb* binda ihop bind together; till en bunt tie together
sammanbiten *adj* resolute
sammanblandning *subst* **1** förväxling confusion, mixing up **2** blandning mixing
sammanbo *verb* live together, live in; mera formellt cohabit
sammanbrott *subst* collapse, breakdown; ***få ett*** ~ have a breakdown
sammandrabbning *subst* encounter, clash
sammandrag *subst* summary; ***här är nyheterna i*** ~ here is the news summary; ***matchen i*** ~ highlights of the match
sammanfalla *verb* coincide
sammanfatta *verb* sum up, summarize
sammanfattning *subst* summary; ***göra en*** ~ give a summary, sum up
sammanfattningsvis *adv* to sum up
sammanföra *verb* bring . . . together
sammanhang *subst* samband connection; i text context
sammanhållning *subst* solidarity; enighet unity
sammanhängande *adj* connected; utan avbrott continuous
sammankalla *verb* summon, assemble
sammankomst *subst* meeting, gathering, vard. get-together
sammanlagd *adj* total total; ***deras ~a inkomster*** their incomes taken together
sammanlagt *adv* in all; ***vinna*** ~ win on aggregate
sammansatt *adj* om t.ex. ord compound; ***vara ~ av*** bestå av be composed of
sammanslagning *subst* **1** union **2** fusion merger, fusion
sammanslutning *subst* **1** förening association, society **2** polit. union, federation
sammanställa *verb* put together, compile
sammanställning *subst* list, compilation
sammanstötning *subst* **1** kollision collision **2** strid clash
sammansvärjning *subst* conspiracy, plot
sammansättning *subst* **1** det sätt varpå ngt är sammansatt composition; struktur structure; kombination combination **2** ord som består av två el. flera ord compound

sammanträda *verb* meet, assemble
sammanträde *subst* meeting, committee meeting; ***sitta i*** ~ be at (in) a meeting
sammanträffa *verb* råkas meet
sammanträffande *subst* **1** möte meeting **2** av omständigheter coincidence
sammet *subst* velvet
sammetsklänning *subst* velvet dress
sammetslen *adj* velvety
samordna *verb* co-ordinate
samordning *subst* co-ordination
samråd *subst*, ***i*** ~ ***med*** in consultation with
samråda *verb* consult each other; ~ ***med ngn*** consult sb
samröre *subst* collaboration; ***ha*** ~ ***med*** have dealings with
sams *adj*, ***vara*** ~ a) vänner be friends, be on good terms b) eniga be agreed [*om ngt* on sth]
samsas *verb* **1** enas agree [*om ngt* on sth] **2** ~ ***om*** t.ex. utrymmet share
samspel *subst* musik. el. teat. ensemble; sport. teamwork
samspråk *subst* talk, conversation; ***komma i*** ~ ***med varandra*** start talking (chatting) with each other
samspråka *verb* talk, converse; förtroligt chat
samstämmig *adj* enhällig unanimous
samsända *verb* radio. el. tv. broadcast simultaneously; tekn. simulcast
samsändning *subst* radio. el. tv. joint broadcast, joint transmission
samt *adv* and, and also, as well as
samtal *subst* conversation, talk; tele. call; ***föra ett*** ~ carry on a conversation
samtala *verb* talk [*om* about], converse [*om* about]
samtalsämne *subst* topic, topic of conversation; ***byta*** ~ change the subject
samtid *subst*, ~***en*** vår tid our age, our time
samtida I *adj* contemporary
II *subst*, ***våra*** ~ our contemporaries
samtidig *adj* i samma ögonblick simultaneous
samtidigt *adv* på samma gång at the same time; i samma ögonblick simultaneously
samtliga *adj*, ~ ***passagerare*** all the passengers; ~ ***var där*** all of them (us etc.) were there
samtycka *verb* consent [*till* to], agree [*till* to]
samtycke *subst* consent; gillande approval
samvaro *subst* being together; tid tillsammans time together; umgänge relations pl.
samverka *verb* co-operate
samverkan *subst* co-operation; ~ ***mot brott*** neighbourhood watch
samvete *subst* conscience; ***ha dåligt*** ~ ***för ngt*** have a bad (guilty) conscience about sth; ***ha rent*** ~ have a clear conscience
samvetsgrann *adj* conscientious; ängsligt scrupulous
samvetskval *subst pl* pangs of conscience, remorse sing.
samvetslös *adj* unscrupulous, unprincipled
samvetsöm *adj*, ~ ***värnpliktig*** conscientious objector

Samväldet
The Commonwealth är en sammanslutning av ungefär 50 självständiga stater, som förr ingick i det brittiska imperiet, *the British Empire*. Dess syfte är att stärka handel och vänskap.

Samväldet *subst* the Commonwealth
sand *subst* sand; till vägar grit
sanda *verb* mot halka grit
sandal *subst* sandal
sandbil *subst* gritting truck, vard. gritter, amer. salt truck
sandig *adj* sandy
sandkorn *subst* grain of sand
sandlåda *subst* att leka i sandpit, amer. sandbox
sandpapper *subst* sandpaper; ***ett*** ~ a piece of sandpaper
sandpappra *verb* sandpaper
sandslott *subst* barns sandcastle
sandstrand *subst* beach, sandy beach
sandsäck *subst* sandbag
sandwich *subst* ungefär canapé [ˌkænəˈpeɪ] (franska)
sanera *verb* **1** t.ex. stadsdel clear of slums; renovera renovate; riva pull down **2** rensa upp clean up **3** omorganisera reorganize; ***vi måste*** ~ ***finanserna*** we must put our finances on a sound basis **4** befria från skadliga ämnen decontaminate
sanering *subst* **1** t.ex. stadsdel slum clearance; renovering renovation; rivning pulling down **2** upprensning cleaning-up **3** omorganisering reorganization; ***en*** ~ ***av finanserna*** putting the finances on a sound basis **4** befriande från skadliga ämnen decontamination
sang *subst* kortsp. no trumps; ***en*** ~ one no-trumps
sanitetsartiklar *subst pl* se *sanitetsvaror*

sanitetsbinda *subst* sanitary towel, amer. sanitary napkin
sanitetsvaror *subst pl* sanitary articles
sanitär *adj* sanitary; ***vara (utgöra) en ~ olägenhet*** be a private nuisance
sank I *subst*, ***skjuta (borra) ngt i ~*** sink sth **II** *adj* sumpig, vattensjuk swampy, marshy, waterlogged
sankmark *subst* marsh, swamp
sankt *adj* saint (förk. St.)
sanktbernhardshund *subst* St. Bernard
sanktion *subst* sanction; ***sätta in ~er mot*** impose sanctions against
sanktionera *verb* sanction
sann *adj* true; ***inte sant?*** wasn't it?, don't you think so?; ***så sant jag lever!*** as sure as I live!
sanna *verb*, ***~ mina ord!*** mark my words!
sannerligen *adv* indeed, really; förvisso certainly
sanning *subst* truth; ***tala ~*** tell the truth; ***~en att säga*** to tell the truth...; ***se ~en i vitögat*** face the truth; ***säga ngn ett ~ens ord*** el. ***säga ngn några ~ar*** tell sb a few home truths
sanningsenlig *adj* truthful; sann true
sannolik *adj* probable, likely
sannolikhet *subst* probability, likelihood; ***med all ~*** in all probability
sannolikt *adv* probably, very likely
sannspådd *adj*, ***han blev ~*** his predictions came true
sans *subst* medvetande ***förlora ~en*** lose consciousness; ***komma till ~*** become conscious, vard. come round
sansad *adj* sober, level-headed; vettig sensible; ***lugn och ~*** calm and collected
sardell *subst* fisk anchovy
sardin *subst* sardine
sardinburk *subst* burk sardiner tin of sardines
Sardinien Sardinia
sardinsk *adj* o. **sardisk** *adj* Sardinian
sarg *subst*, ***~en*** i ishockey the boards pl., the sideboards pl.
sarga *verb* såra wound; illa tilltyga mangle
sarkasm *subst* sarcasm
sarkastisk *adj* sarcastic
satan *subst* **1** den onde Satan, the Devil **2** i kraftuttryck, ***ett ~s oväsen*** the devil of a row
satellit *subst* satellite
satellitprogram *subst* tv. satellite programme
satellitsändning *subst*, ***en ~*** a satellite broadcast
satellit-tv *subst* satellite TV
satir *subst* satire [*över* on, upon]
satirisk *adj* satirical
satkärring *subst* vard. o. **satmara** *subst* vard. bitch, cow
sats *subst* **1** språkv. sentence; om t.ex. huvudsats el. bisats vanligen clause **2** ansats take-off; ***ta ~*** vid hoppning take a run **3** musik. movement **4** uppsättning set **5** kok. batch
satsa *verb* **1** stake; riskera venture; investera invest; ***~ på*** inrikta sig på go in for, concentrate on **2** i spel make one's stake; ***~ på*** hålla på bet on
satsdel *subst*, ***ta ut ~arna i en mening*** analyse a sentence
satsning *subst* inriktning concentration; försök bid; ***en djärv ~*** a bold venture; ***göra en ~ på*** invest in, concentrate one's resources on
satt *adj* stocky, square-built
sattyg *subst* vard.: rackartyg mischief; elände damned nuisance
Saturnus astron. el. mytol. Saturn
satäng *subst* satin
Saudiarabien Saudi Arabia
saudiarabisk *adj* Saudi Arabian
saudier *subst* Saudi
sav *subst* sap
savann *subst* savannah
1 sax *subst* scissors pl., större shears pl.; ***en ~*** a pair of scissors, större a pair of shears; ***ge mig en ~*** give me the scissors
2 sax *subst* vard. musik., saxofon sax
saxofon *subst* saxophone, vard. sax
saxofonist *subst* saxophonist
scampi *subst pl* kok., ***~ fritti*** scampi fritti
scanna *verb* data. el. med. scan
scanner *subst* data. el. med. scanner
scarf *subst* scarf (pl. scarves)
scen *subst* på teater stage, del av akt scene; ***~en*** teatern the stage, the theatre; ***ställa till en ~*** make a scene
scenarbetare *subst* stage hand, scene-shifter
scenario *subst* scenario (pl. -s)
schablon *subst* **1** mönster pattern, model **2** klichéartad cliché; om person stereotype
schablonavdrag *subst* i självdeklaration standard deduction, general deduction
schablonmässig *adj* stereotyped, conventional
schack *subst* spel chess; ***hålla ngn (ngt) i ~*** keep sb (sth) in check
schackbräde *subst* chessboard
schackdrag *subst* i schack el. taktiskt drag move
schackmatt *adj* checkmate
schackparti *subst* game of chess
schackpjäs *subst* chessman

schackspel *subst* **1** pjäserna chess set **2** spelet chess
schackspelare *subst* chess-player
schakt *subst* i gruva etc. shaft
schakta *verb* excavate; t.ex. lös jord remove
schalottenlök *subst* shallot
schampo *subst* shampoo (pl. -s)
schamponera *verb*, ~ ***ngt*** shampoo sth, give sth a shampoo
schamponering *subst* shampoo (pl. -s)
scharlakansfeber *subst* scarlet fever, scarlatina
scharlakansröd *adj* scarlet
schattering *subst* nyans shade
schejk *subst* sheikh
schema *subst* t.ex. arbetsschema schedule; t.ex. färgschema scheme; skol. timetable, amer. schedule; ***lägga ett*** ~ make a timetable, amer. make a schedule
schematisk *adj* schematic; ***en ~ framställning*** an outline
schimpans *subst* chimpanzee
schism *subst* schism, split
schizofren *subst* o. *adj* schizophrenic
schizofreni *subst* schizophrenia
schlager *subst* hit, popular song
schlager-EM the Eurovision Song Contest
schlagerfestival *subst* pop-song (hit-song) contest
schlagersångare *subst* popular singer
schvung *subst* fart, kläm go, dash
Schwarzwald the Black Forest
schwarzwaldtårta *subst* ungefär Black Forest gateau
Schweiz Switzerland
schweizare *subst* Swiss (pl. lika)
schweizerfranc *subst* Swiss franc
schweizerost *subst* Swiss cheese
schweizisk *adj* Swiss
schweiziska *subst* kvinna Swiss woman
schysst *adj* o. *adv* vard. fine, great; hygglig decent; rättvis fair
schäfer *subst* Alsatian, amer. German shepherd
scorekort *subst* i golf score card
scout *subst* scout; flickscout guide, amer. girl scout
scoutledare *subst* scouter, scoutleader
scripta *subst* vard. script girl
se I *verb* see; titta look; ***hur man än ~r det*** whatever way you look at it; ***jag ~r det som min plikt*** I regard it as my duty; ***jag tål inte ~ honom*** I can't stand the sight of him; ***få*** råka ~ see, catch sight of; ***där ~r du!*** there you are!; ***i stort ~tt*** a) på det hela taget on the whole b) i allm. generally speaking; ~ ***på*** (obetonat) titta på look at; ta en titt på have a look at; uppmärksamt watch; ***hur ~r du på saken?*** what is your view of the matter?; ~ ***allvarligt på saken*** take a serious view of the matter; ***jag ~r på dig att...*** I can tell by your face that...; ~ ***sig i spegeln*** look at oneself in the mirror
II *verb* med betonad partikel
se efter 1 ta reda på see [*om* if] **2** leta look **3** övervaka look after
se fram emot (mot) look forward to; ***jag ~r fram emot att träffa dig*** I'm looking forward to seeing you
se sig för look out, take care
se igenom look through
se ned på look down on
se sig om vända sig look round, amer. look around; ~ ***sig om efter*** söka look about for; ~ ***sig om i världen*** see the world
se på look on; iaktta watch; ***~r man på!*** well, well!; I say!
se till övervaka look after, see to; ~ ***till att ngt görs*** see that something is done
se upp 1 titta upp look up [*från* from] **2** akta sig look out [*för* for], watch out [*för* for]; vara försiktig take care, be careful; ~ ***upp för steget!*** mind the step! **3** ~ ***upp till*** beundra look up to
se ut 1 titta ut look out **2** ha visst utseende look [*som* like]; ***han ~r bra ut*** he is good-looking; ***hur ~r han ut?*** what does he look like?; ***hur ~r det ut i rummet?*** what is the room like?; ***så du ~r ut!*** what a state you are in!; ***det ~r så ut*** el. ***det ~r inte bättre ut*** it looks like it, it seems very much like it **3** ~ ***ut att vara*** look like being; verka seem to be; ***det ~r ut att bli regn*** it looks like rain; ***det ~r ut att bli en vacker dag*** it looks like being a fine day **4** ~ ***ut ngt åt sig*** välja choose sth, pick sth out
se över se igenom look over
seans *subst* spiritualism seance
sebra *subst* djur zebra
sed *subst* bruk custom; praxis practice; sedvana usage; ***~er och bruk*** manners and customs
sedan I *adv* **1** därpå then; senare later; efteråt afterwards; ~ ***har jag inte sett henne*** I haven't seen her since; ***det är ett år ~ nu*** it is a year ago now **2** vard., ***än sen då?*** iron. so what?
II *prep* alltsedan: vid uttryck för tidpunkt since; vid uttryck för tidslängd for; ~ ***dess*** since then;

hon har varit sjuk ~ i går she has been ill since yesterday
III *konj* alltsedan since; efter det att after; när when; ***~ jag kom hit*** since I came here; ***ända ~*** ever since; ***det var först ~ jag hade sett den som...*** it was not until I had seen it that...
sedel *subst* banksedel banknote, note, amer. bill
sedelautomat *subst* på bensinmack cash-operated fuel pump
sedelbunt *subst* bundle of banknotes
sedermera *adv* later on, afterwards
sedlighet *subst* morality
sedlighetsbrott *subst* sexual offence
sedlighetsrotel *subst*, ***~n*** the vice squad
sedvanlig *adj* customary; vanlig usual; vedertagen accepted
sedvänja *subst* custom; praxis practice
seedad *adj* sport. seeded
seg *adj* tough; envis stubborn
segdragen *adj* long drawn-out, protracted
segel *subst* sail; ***hissa ~*** hoist the sails
segelbåt *subst* sailing-boat; större yacht
segelflygning *subst* **1** flygning gliding **2** färd sailplane flight
segelflygplan *subst* glider
seger *subst* victory [*över* om]; spec. sport. win [*över* over]; besegrande conquest
segerherre *subst* victor
segerrik *adj* victorious
segertåg *subst* triumphal procession
seghet *subst* toughness; envishet stubbornness
segla *verb* sail
seglare *subst* person yachtsman
seglats *subst* segeltur sailing tour, sailing trip; längre sjöresa voyage
segling *subst* **1** seglande sailing, sportsegling sailing, yachting **2** segeltur sailing tour
seglivad *adj*, ***vara ~*** be tough, be hard to get rid of
segna *verb*, ***~ till marken*** sink to the ground; ***~ död ner*** el. ***~ ner död*** drop down dead
segra *verb* win [*över* over]; vinna seger be victorious [*över* over], triumph [*över* over]; ***~ eller dö*** conquer or die; ***~ över*** besegra conquer; övervinna overcome
segrare *subst* victor; i tävling winner
segrarpall *subst* winner's (winners') stand, rostrum
segregation *subst* segregation
segregera *verb* segregate
segsliten *adj* utdragen long drawn-out
seismograf *subst* seismograph
sejdel *subst* tankard; utan lock mug
sekatör *subst* pruning shears pl.; ***en ~*** a pair of pruning shears
sekel *subst* century
sekelskifte *subst*, ***vid ~t*** at the turn of the century
sekret *subst* fysiol. secretion
sekretariat *subst* secretariat
sekreterare *subst* secretary
sekretess *subst* secrecy
sekretessbelagd *adj* classified
sekretesslagen *subst* the Official Secrets Act
sekretär *subst* bureau, amer. writing desk
sekt *subst* sect
sektion *subst* section
sektor *subst* sector; ***den offentliga ~n*** the public sector
sekund *subst* second; ***det var i sista ~n*** it was at the very last moment
sekunda *adj* sämre second-rate, inferior
sekundvisare *subst* second-hand
sekundär *adj* secondary
sekvens *subst* sequence
sele *subst* harness; barnsele reins pl.
selen *subst* kem. selenium
selleri *subst* celery; rotselleri celeriac
semafor *subst* semaphore

semester
I amerikansk engelska är *semester* det vanliga ordet för termin (brittisk engelska vanligen *term*).

semester *subst* holiday, spec. amer. vacation; ***vara på ~*** be on holiday, be on one's holidays
semesteranläggning *subst* holiday camp, amer. vacation village
semesterersättning *subst* holiday pay, amer. vacation pay
semesterfirare *subst* holiday-maker, amer vacationer
semesterort *subst* holiday resort
semesterparadis *subst* vard. ideal holiday resort, spec. amer. vacationland
semesterresa *subst* holiday trip, amer. vacation trip
semestra *verb* ha semester be on holiday, be (go) on one's holidays, amer. be on vacation; tillbringa semestern spend one's holiday, amer. spend one's vacation
semifinal *subst* sport. semifinal; ***gå till ~*** reach the semifinals
semikolon *subst* semicolon

seminarium *subst* univ. seminar
semitisk *adj* Semitic
semla *subst* cream bun with almond paste, eaten during Lent
1 sen *adv* o. *prep* o. *konj* se *sedan*
2 sen *adj* **1** motsats: tidig late; ***för ~ ankomst*** late arrival; ***det börjar bli ~t*** it is getting late **2** ***inte vara ~ att göra ngt*** not be slow to do sth
sena *subst* **1** sinew; anat. tendon **2** på tennisracket string
senap *subst* mustard
senare I *adj* later; motsats: förra latter; följande subsequent; kommande future; ***det blir en ~ fråga*** that will be a question for later on; ***på ~ år*** de här åren in the last few years
II *adv* later; längre fram later on
senast I *adj* latest; sist i ordning last; ***de ~e veckorna*** the last few weeks
II *adv* latest; motsats: först last; ***jag såg honom ~ i går*** I saw him only yesterday; ***~ i morgon*** tomorrow at the latest; ***allra ~ i morgon*** tomorrow at the very latest; ***du ska vara hemma ~ klockan fyra*** you must be home by four o'clock at the latest
senat *subst* senate
senator *subst* senator
sendrag *subst* cramp
senig *adj* sinewy, om kött stringy
senil *adj* senile
senildemens *subst* senile dementia
senilitet *subst* ålderdomssvaghet senility
senior I *adj* senior
II *subst* **1** pensionär senior citizen, pensioner **2** sport. senior
sensation *subst* sensation; ***göra ~*** cause a sensation
sensationell *adj* sensational
sensationsmakeri *subst* sensationalism endast sing., sensation-mongering
sensibel *adj* sensitive
sensommar *subst* late summer
sensuell *adj* sensual
sent *adv* late; ***gå och lägga sig ~*** som vana keep late hours; ***komma för ~ till...*** a) inte passa tiden be late for... b) gå miste om be too late for...; ***ursäkta att jag kommer för ~*** sorry I'm late
sentida *adj* present-day
sentimental *adj* sentimental
separat I *adj* separate; särskild special
II *adv* separately
separation *subst* separation
separera *verb* separate
september *subst* September (förk. Sept.); se *april* för ex.
Serbien Serbia
serbisk *adj* Serbian, Serb
serbokroatiska *subst* språk Serbo-Croatian
serenad *subst* serenade
sergeant *subst* mil. sergeant
serie *subst* **1** series (pl. lika); i radio el. tv etc. series; följetong serial; följd, svit sequence **2** sport. league **3** ***tecknad ~*** el. ***~*** comic strip, cartoon; ***~rna*** the comics, the funnies
seriefigur *subst* comic-strip character
seriekrock *subst* multiple collision, vard. pile-up
seriemord *subst* serial killing, serial murder
seriemördare *subst* serial killer, serial murderer
serietidning *subst* med tecknade serier comic, comic paper
serietillverkad *adj* mass-produced
serietillverkning *subst* serial production, mass production
seriös *adj* **1** serious; högtidlig solemn **2** om t.ex. firma responsible, reliable
serum *subst* med. serum
serva *verb* **1** sport. serve; ***vem ~r?*** whose serve is it? **2** ***~ bilen*** have one's car serviced
serve *subst* serve, service
serveess *subst* i tennis ace
servegame *subst* sport. service game
servegenombrott *subst* sport. break of serve
servera *verb* **1** serve; hälla i pour out; ***~ sig själv*** help oneself; ***middagen är ~d*** el. ***det är ~t*** dinner is served, dinner is ready **2** betjäna vid bordet serve at table, wait at table
serveretur *subst* sport. service return
servering *subst* **1** betjäning service; uppassning waiting **2** lokal restaurant; på järnvägsstation etc. refreshment room, buffet
serveringsavgift *subst* service charge
servett *subst* napkin, serviette, amer. napkin
service *subst* service
servicebox *subst* night safe, amer. night depository
servicehus *subst* block of service flats (apartments) for the elderly or disabled
servicestation *subst* service station
serviceyrke *subst* service occupation
servis *subst* porslin etc. service, set
servitris *subst* waitress
servitör *subst* waiter
servobroms *subst* bil. power brake

servostyrning *subst* bil. power-steering
ses *verb* råkas meet, see each other; ***vi ~!*** see you later!, be seeing you!
session *subst* session, friare meeting
set *subst* i tennis set; i bordtennis el. badminton game
setboll *subst* set point; i bordtennis el. badminton game ball
setter *subst* hund setter
Sevilla Seville
sevärd *adj*, ***den är ~*** it's worth seeing
sevärdhet *subst*, ***~erna i staden*** the sights of the town; ***det är en verklig ~*** it's really worth seeing
1 sex *räkn* six; se *fem* för ex. o. *fem-* för sammansättningar
2 sex *subst* det sexuella sex; ***ha ~ med*** have sex with, make love to
sexa *subst* six; se *femma* för ex.
sexcylindrig *adj*, ***en ~ bil*** a six-cylinder car; ***bilen är ~*** the car has six cylinders
sexig *adj* sexy
sexism *subst* sexism
sexist *subst* sexist
sexkantsnyckel *subst* Allen key, amer. Allen wrench
sexliv *subst* sex life
sexti *räkn* vard. se *sextio*
sextio *räkn* sixty; se *fem* för ex. o. *femtio-* för sammansättningar
sextionde *räkn* sixtieth
sextiowattslampa *subst* sixty-watt bulb
sexton *räkn* sixteen; se *femton* för ex. o. *femton-* för sammansättningar
sextonde *räkn* sixteenth (förk. 16th); se *femte* för ex. o. *femte-* för sammansättningar
sextondelsnot *subst* musik. semiquaver, amer. sixteenth-note
sextrakasserier *subst pl* sexual harassment sing.
sexualdrift *subst* sex urge, sexual urge
sexualförbrytare *subst* sexual offender
sexualitet *subst* sexuality
sexualliv *subst* sex life
sexualrådgivning *subst* sexual guidance
sexualundervisning *subst* sex instruction
sexualupplysning *subst* sex education
sexuell *adj* sexual
sfinx *subst* sphinx
sfär *subst* sphere
sheriff *subst* sheriff
sherry *subst* sherry
shoppa *verb* shop; ***gå och ~*** go shopping
shoppingcentrum *subst* shopping centre
shoppingrunda *subst* vard. shopping spree
shoppingvagn *subst* shopping trolley, cart
shoppingväska *subst* shopping bag
shorts *subst pl* shorts; ***ett par ~*** a pair of shorts, shorts
show *subst* show
si *adv*, ***det görs än ~, än så*** it is done sometimes this way, sometimes that; ***det är lite ~ och så med hans kunskaper i...*** his knowledge of... isn't up to much
sia *verb* prophesy [*om* of]
Siames *subst* katt Siamese (pl. lika)
siamesisk *adj* Siamese
Sibirien Siberia
sibirisk *adj* Siberian
siciliansk *adj* Sicilian
Sicilien Sicily
sicksack *subst*, ***i ~*** in a zigzag, zigzag
sida *subst* **1** side; ***~ vid ~*** side by side; ***det är hennes starka ~*** it is her strong point; ***byta ~*** i bollspel change ends; ***han har sina goda sidor*** he has his good points; ***ställa sig på ngns ~*** side with sb, take sides with sb; ***hon tjänar lite vid ~n om*** she earns a little on the side; ***å ena ~n... å andra ~n*** on one hand... on the other, on the one hand... on the other; ***gå åt ~n*** step aside; ***gå åt ~n för ngn*** make room for sb; ***lägga ngt åt ~n*** put sth aside, put sth away; om t.ex. problem put sth on one side **2** i bok page; ***se ~n*** (förk. *sid.*) ***5*** see page (förk. p.) 5
sidbyte *subst* sport. change of ends
siden *subst* silk
sidfläsk *subst* rökt el. saltat bacon
sidkollision *subst* bil. side-on collision
sidled *subst*, ***i ~*** sideways, laterally
sidlinje *subst* i tennis sideline; fotb. touchline
sidnumrering *subst* pagination, page numbering
sidospår *subst* sidetrack
sidovind *subst* side wind
siesta *subst* siesta; ***ta ~*** take a siesta
siffra *subst* figure, konkret figure, numeral; enstaka i flersiffrigt tal digit; antal number; ***romerska siffror*** Roman numerals; ***skriva med siffror*** write in figures
sifon *subst* siphon
sig *pron*, ***~*** el. ***~ själv*** maskulin himself, feminin herself, neutrum itself; pl. themselves; 'man' oneself; ***man måste försvara ~*** one must defend oneself; ***hon hade inga pengar på ~*** she had not got any money on her; ***han tvättade ~ om händerna*** he washed his hands; ***hon sade ~ vara nöjd*** she said she was satisfied; ***känna ~ trött***

feel tired; ***lära*** ~ learn; ***rädd av*** ~ timid, inclined to be timid; ***hon hade ingenting på*** ~ she had nothing on; ***gå hem till*** ~ go home
sightseeing *subst* sightseeing; ***vara ute på*** ~ be out sightseeing, be out on a sightseeing tour
sigill *subst* seal
signal *subst* signal; ringning ring; ***ge*** ~ make a signal; med signalhorn sound the horn; ***slå en*** ~ el. ***slå en*** ~ ***till ngn*** ringa upp give sb a ring
signalement *subst* description [*på* of]
signalera *verb* signal
signalhorn *subst* bil. horn, hooter
signatur *subst* **1** signature **2** författarnamn pen name; initialer initials
signaturmelodi *subst* signature tune
signera *verb* sign
signifikativ *adj* **1** typisk typical **2** betydelsefull significant
sik *subst* whitefish
1 sikt *subst* såll sieve
2 sikt *subst* **1** visibility; ***ha fri*** ~ have a clear view **2** tidrymd, ***på lång*** ~ in the long view
1 sikta *verb* sålla sift; t.ex. grus screen
2 sikta *verb* **1** få syn på sight **2** rikta aim [*på, mot, till* at]
sikte *subst* sight; ***ta*** ~ ***på*** aim
siktförbättring *subst*, ***en*** ~ improved visibility
siktförsämring *subst*, ***en*** ~ reduced visibility
sil *subst* **1** strainer; durkslag colander **2** sl., narkotikados shot
sila *verb* **1** strain **2** om t.ex. vatten, sand trickle; om ljus filter; ***regnet ~r ned*** it is steadily pouring down
silhuett *subst* silhouette
silikon *subst* kem. silicone
silikonbehandlad *adj* silicone-treated
silikos *subst* silicosis

sig
En del vanliga svenska reflexiva uttryck är inte reflexiva på engelska, dvs. de saknar motsvarighet till sig: *approach* närma sig, *dress* klä sig, *feel* känna sig, *hurry* skynda sig, *learn* lära sig, *lie down* lägga sig, *move* röra sig, *shave* raka sig, *sit down* sätta sig, *turn* vända sig, *wash* tvätta sig, *worry* oroa sig

silke *subst* silk
silkesgarn *subst* silk yarn
silkeslen *adj* silky
silkesmask *subst* silkworm
silkespapper *subst* tissue paper
silkesvantar *subst pl*, ***behandla ngn med*** ~ handle sb with kid gloves
sill *subst* herring; ***inlagd*** ~ pickled herring
silver *subst* silver
silverbröllop *subst* silver wedding
silvergran *subst* silver fir
silvermedalj *subst* silver medal
silverputs *subst* silver polish
silversmed *subst* silversmith
silverstämpel *subst* silver mark
simbassäng *subst* swimming-pool
simborgarmärke *subst* swimming badge, swimming badge for 200 metres
simdyna *subst* float, armkudde water wing
simfot *subst* **1** zool. webbed foot **2** sport., ***simfötter*** diving flippers
simfötter *subst pl* sport. flippers
simhall *subst* public swimming baths pl.
simkunnig *adj*, ***han är*** ~ he can swim
simlärare *subst* swimming instructor
simma *verb* swim; ~ ***bra*** be a good swimmer
simmare *subst* swimmer
simmärke *subst* swimming badge
simning *subst* swimming
simpel *adj* **1** common, ordinary; enkel simple **2** lumpen mean; tarvlig vulgar
simsalabim *interj* trollformel hey presto, abracadabra
simskola *subst* swimming school
simsport *subst* swimming
simtag *subst* swimming stroke; ***ta några lugna*** ~ swim with a steady slow stroke [*mot* towards]
simulera *verb* **1** sham; spela sjuk sham illness **2** efterbilda simulate
simultantolka *verb* translate simultaneously
simultantolkning *subst* simultaneous translation
sin (*sitt, sina*) *pron* **1** tillsammans med ett subst. his, her, its; syftande på flera ägare their; med syftning på 'one' one's; självst.: his, hers, its, theirs **2** ***på ~a ställen*** (***håll***) in places, here and there; ***på*** ~ ***tid*** förr formerly; ***någon har glömt kvar*** ~ ***väska*** somebody has forgotten his (vard. their) bag
sina *verb* go dry; om t.ex. förråd give out, run short; ***en aldrig ~nde ström*** a never-ending stream

singel *subst* **1** i tennis singles (pl. lika); match singles match **2** cd el. vinylskiva single
singelolycka *subst* one-car accident
singla *verb* kasta toss; ~ ***slant om*** toss for; ***ska vi ~ slant?*** let's toss up!
singular *subst* gram. the singular; ***stå i*** ~ be in the singular; ***första person*** ~ first person singular
singularform *subst* singular form
singularis *subst* se *singular*
sinnad *adj* lagd minded; inriktad disposed; ***fientligt ~ nation*** hostile nation
sinne *subst* **1** fysiol. sense; ***vara från sina ~n*** be out of one's mind, be out of one's senses; ***vid sina ~ns fulla bruk*** in full possession of all one's senses **2** förstånd mind; hjärta heart; sinnelag disposition, nature; ***ett glatt*** ~ a cheerful disposition; ***ha ~ för*** have a feeling for; ha blick för have an eye for; förstå sig på have an instinct for; ***man vet inte vad han har i ~t*** one doesn't know what he is up to; ***sätta sig i ~t att göra ngt*** set one's mind on doing sth; ***vara glad till ~s*** be in a happy mood
sinnelag *subst* disposition, temperament
sinnesförvirrad *adj* mentally deranged
sinnesförvirring *subst* mental derangement
sinnesintryck *subst* sensory impression
sinnesnärvaro *subst* presence of mind
sinnesrörelse *subst* emotion
sinnessjuk *adj* åld., se *mentalsjuk*
sinnesstämning *subst* frame of mind, state of mind, mood
sinnlig *adj* sensuell sensual
sinnrik *adj* ingenious
sinom *pron*, ***i ~ tid*** in due course
sinsemellan *adv* between themselves; om flera vanligen among themselves
sippa *subst* blomma wild anemone
sippra *verb* trickle; droppvis tränga ooze; ~ ***ut*** trickle out, ooze out; läcka leak out
sirap *subst* kok. **1** ljus golden syrup, amer. light syrup **2** mörk black treacle, amer. molasses **3** fruktsirap syrup
siren *subst* mytol. el. larmapparat siren
sirlig *adj* prydlig elegant, graceful
sist *adv* last; ***ligga*** ~ i tävling be last; ~ ***i boken*** at the end of the book; ~ ***i kön*** at the end of the queue; ~ ***men inte minst*** last but not least; ***det har hänt mycket sedan*** ~ lots of things have happened since the last time; ***till*** ~ till slut finally, in the end; avslutningsvis lastly
sista (*siste*) *adj* last, bakerst last, back; senaste latest; slutlig final; ***på ~ bänk*** i sal etc. in the back row; ~ ***delen*** the last part; av två the latter part; ***de ~ dagarna*** the last few days; ***de två ~ dagarna*** the last two days; ~ ***gången*** the last time; förra gången last time; ***lägga ~ handen vid...*** put the finishing touches to...; ***i ~ hand*** last, last of all; ~ ***sidan*** i tidning the back page; ***in i det*** ~ to the very last
sistnämnda *adj* last-mentioned
sistone *subst*, ***på*** ~ lately
sisu *subst* never-say-die attitude, bulldog spirit
sits *subst* seat, på stol seat, bottom
sitt *pron* se *sin*
sitta I *verb* **1** sit; sitta ned sit down; vara, befinna sig be; ***var så god och sitt!*** please take a seat!; ~ ***hemma*** be at home; stanna stay at home; ~ ***och läsa*** sit reading; hålla på att be reading; ~ ***i fängelse*** be in prison; ***hon sitter i sammanträde*** she is at (in) a meeting; ***han sitter i telefon*** he is engaged on the phone **2** om sak be; ha sin plats be placed; hänga hang; vara satt be put; anbragt be fixed, be fitted; ***klänningen sitter bra*** the dress fits well
II *verb* med betonad partikel
sitta av avtjäna **ett straff** serve a sentence
sitta fast ha fastnat stick, be stuck; vara fastsatt be fixed; vara fastklibbad adhere
sitta i om t.ex. skräck remain; ***fläcken sitter i*** the stain is still there
sitta ihop have stuck together; vara hopsatt be put together, be fastened together
sitta inne 1 inomhus be indoors; hålla sig stay indoors **2** i fängelse be in prison, vard. do time, be inside
sitta kvar 1 inte resa sig remain sitting, remain seated; ***sitt kvar!*** don't get up! **2** vara kvar remain
sitta med i styrelsen be a member of the board, be on the board
sitta ned (**ner**) sit down
sitta uppe sit up; om sak: vara uppsatt be up; ~ ***uppe halva natten*** be (stay, sit) up half the night
sitta åt be tight, stark. be too tight
sittande *adj* sitting; ***den ~ regeringen*** the Government in office; ***i ~ ställning*** in a sitting position
sittfläsk *subst* vard., ***ha*** ~ be a real sticker, have staying power
sittplats *subst* seat
sittstrejk *subst* sit-down strike
sittvagn *subst* för barn pushchair, amer. stroller

situation *subst* situation; ***vara ~en vuxen*** be equal to the occasion
situp *subst* gymn. sit-up
sjabbig *adj* shabby
sjakal *subst* djur jackal
sjal *subst* shawl; halsduk scarf (pl. scarfs el. scarves)
sjalett *subst* kerchief
sjappa *verb* vard. bolt, make off
sjaskig *adj* slovenly; sjabbig shabby
sjok *subst* t.ex. av tyg, snö sheet
sju *räkn* seven; se *fem* för ex. o. *fem-* för sammansättningar
sjua *subst* seven; se *femma* för ex.
sjuda *verb* seethe; småkoka simmer

sjuk
I was sick yesterday betyder på brittisk engelska vanligen jag mådde illa i går. En amerikan skulle däremot uppfatta det som jag var sjuk i går. Här skulle en engelsman säga *I was ill yesterday.*

sjuk *adj* **1** vanligen före subst. i brittisk engelska sick, som predikatsfyllnad ill; ***bli*** ~ fall ill, be taken ill [*i influensa* with flu] **2** amer. före subst. el. som predikatsfyllnad sick **3** ~ ***humor*** sick humor
sjukanmäla *verb*, ~ ***sig*** report sick
sjukanmälan *subst* notification; ***göra*** ~ report sick
sjukbädd *subst* sjuksäng sickbed; ***vid ~en*** at the bedside
sjukdom *subst* illness; svårare, av bestämt slag disease; ***smittsam*** ~ infectious disease, epidemic disease
sjukdomsfall *subst* case of illness
sjukersättning *subst* sickness benefit
sjukfrånvaro *subst* absence due to illness
sjukförsäkring *subst* health insurance
sjukgymnast *subst* physiotherapist, vard. physio (pl. -s)
sjukgymnastik *subst* physiotherapy
sjukhem *subst* nursing home
sjukhus *subst* hospital; ***ligga på*** ~ be in hospital, amer. be in the hospital
sjukhussjuka *subst* hospital infection
sjukintyg *subst* certificate of illness; utfärdat av läkare doctor's certificate
sjukledig *adj*, ***vara*** ~ be on sick-leave; ***han har varit ~ en vecka*** he has been absent for a week owing to illness
sjuklig *adj* lidande sickly, unhealthy
sjukling *subst* sick person, invalid
sjukpenning *subst* sickness benefit
sjuksal *subst* hospital ward, ward
sjukskriva *verb*, ***jag har blivit sjukskriven*** I have got a doctor's certificate, I am on the sick list
sjuksköterska *subst* nurse; manlig male nurse
sjuksköterskeelev *subst* student nurse
sjuksyster *subst* nurse
sjuksäng *subst* sickbed
sjukvård *subst* **1** skötsel nursing, care of the sick; behandling medical treatment **2** organisation medical service
sjukvårdare *subst* paramedic; mil. medical orderly
sjukvårdsartiklar *subst pl* sanitary articles
sjukvårdsbiträde *subst* nurse's assistant
sjumannalag *subst* seven-a-side team
sjunde *räkn* seventh (förk. 7th); se *femte* för ex. o. *femte-* för sammansättningar
sjundedel *subst* seventh; se *femtedel* för ex.
sjunga I *verb* sing [*för ngn* to sb]; ~ ***falskt*** sing out of tune; ~ ***rent*** sing in tune
II *verb* med betonad partikel
sjunga med join in the singing
sjunga ut sing up; säga sin mening speak one's mind
sjunka *verb* sink; falla fall, drop; bli lägre subside; minska decrease; ***priserna har sjunkit*** prices have fallen; ***temperaturen sjunker*** the temperature is falling; ~ ***i pris*** go down in price; ~ ***ihop*** falla ihop collapse; ~ ***ned i en fåtölj*** sink into an armchair
sjunkbomb *subst* depth charge, depth bomb
sjutti *räkn* vard. se *sjuttio*
sjuttio *räkn* seventy; se *fem* för ex. o. *femtio-* för sammansättningar
sjuttionde *räkn* seventieth
sjutton *räkn* **1** seventeen; se *femton* för ex. o. *femton-* för sammansättningar **2** i svordomar el. vissa uttryck: Lord!; ***ja, för ~!*** yes, damn it!; javisst you bet!; ***vad ~ skulle jag göra det för?*** why on earth should I do that?; ***full i ~*** full of mischief; ***det var dyrt som ~*** it cost the earth
sjuttonde *räkn* seventeenth (förk. 17th); se *femte* för ex. o. *femte-* för sammansättningar
sjå *subst*, ***ett fasligt*** ~ a tough job
sjåpa *verb*, ~ ***sig*** vard. be namby-pamby; göra sig till be affected, put it on
sjåpig *adj* vard. namby-pamby; tillgjord affected
själ *subst* soul; sinne mind; ande spirit; ***lägga***

in hela sin ~ i put one's heart and soul into; ***i ~ och hjärta*** innerst inne in one's heart of hearts
själslig *adj* mental; andlig spiritual
själv *pron* **1** ***du*** ~ yourself; ***jag*** ~ myself; ***han*** ~ himself; ***hon*** ~ herself; ***den*** (***det***) ~ itself; ***man*** ~ oneself, yourself; ***vi ~a*** ourselves; ***ni ~a*** yourselves; ***de ~a*** themselves; ***mig*** ~ myself; ***hon har pengar*** ~ egna she has got money of her own; ***han kom*** ~ personligen he came in person; ***du ser ~ hur...*** you can see for yourself how...; ***du ~ då!*** what about you!, what about yourself!; ***gå ~!*** you go!; ***säg ~ när!*** say when! **2** ***~a arbetet*** arbetet i sig the work itself; ***~a*** blotta ***tanken*** the very idea; ***~a*** (***~aste***) ***presidenten*** the president himself; t.o.m. presidenten even the presindent
självaktning *subst* self-respect, self-esteem
självbedrägeri *subst* self-deception
självbehärskning *subst* self-command, self-control
självbelåten *adj* self-satisfied
självbestämmanderätt *subst* right of self-determination
självbetjäning *subst* self-service
självbevarelsedrift *subst* instinct of self-preservation
självbiografi *subst* autobiography
självbiografisk *adj* autobiographical
självdeklaration *subst* income-tax return
självdisciplin *subst* self-discipline
självfallet *adv* obviously, of course
självförebråelse *subst* self-reproach
självförsvar *subst* self-defence
självförsörjande *adj* self-supporting; om land self-sufficient
självförtroende *subst* self-confidence; ***ha*** ~ be self-confident
självförverkligande *subst* self-fulfilment
självförvållad *adj* self-inflicted
självgod *adj* self-righteous
självhjälp *subst* self-help
självhäftande *adj* self-adhesive
självinstruerande *adj*, ***~ material*** self-instructional material
självironi *subst* self-irony
självisk *adj* selfish, egoistic
självklar *adj* uppenbar obvious, self-evident; ***ja, det är ~t!*** yes, of course!
självklarhet *subst*, ***det är en*** ~ it is obvious, it stands to reason
självkostnadspris *subst*, ***till*** ~ at cost price
självkritik *subst* self-criticism
självkänsla *subst* self-esteem
självlockig *adj* om hår naturally curly
självlysande *adj* luminous
självlärd *adj* self-taught
självmant *adv*, ***hon gjorde det*** ~ she did it of her own accord
självmedveten *adj* säker self-assured, self-confident
självmord *subst* suicide; ***begå*** ~ commit suicide
självmordsbombare *subst* suicide bomber
självmordsförsök *subst* attempted suicide; ***göra ett*** ~ attempt to commit suicide
självmål *subst*, ***göra ett*** ~ sport. el. allm. score an own goal
självporträtt *subst* self-portrait
självrannsakan *subst* soul-searching
självrisk *subst* försäkringsterm excess
självservering *subst* lokal self-service restaurant, mindre cafeteria; ***här är det*** ~ it's self-service here
självskriven *adj* självklar natural; ***~ till en plats*** just the person for the job
självstudier *subst pl* private studies
självständig *adj* independent
självständighet *subst* independence
självsvåldig *adj* egenmäktig arbitrary, high-handed
självsäker *adj* self-assured, self-confident
självuppoffring *subst* self-sacrifice
självupptagen *adj* self-centred
självändamål *subst*, ***ett*** ~ an end in itself; ~ pl. ends in themselves
sjätte *räkn* sixth (förk. 6th); ***ett ~ sinne*** a sixth sense; se *femte* för ex. o. *femte-* för sammansättningar
sjättedel *subst* sixth; se *femtedel* för ex.
sjö *subst* insjö lake; hav sea; ***jag sitter inte i ~n*** har inte bråttom I'm in no hurry; det går ingen nöd på mig I'm all right; ***till ~ss*** sjöledes by sea, på sjön at sea; ***gå till ~ss*** om person go to sea, om båt put to sea; ***ute till ~ss*** on the open sea
sjöduglig *adj* seaworthy
sjöfart *subst* navigation; ***handel och*** ~ trade and shipping
sjögräs *subst* seaweed
sjögående *adj* seagoing
sjögång *subst* high sea, rough sea; ***det är svår*** ~ there is a heavy sea
sjöjungfru *subst* mermaid
sjökapten *subst* sea captain
sjökort *subst* chart
sjölejon *subst* sea lion
sjöman *subst* sailor, i mera officiellt språk seaman

sjömil *subst* nautisk mil nautical mile
sjömärke *subst* navigation mark, seamark
sjörapport *subst* väderleksrapport weather forecast for sea areas
sjöresa *subst* voyage, sea voyage; överresa crossing
sjörövare *subst* pirate
sjösjuk *adj* seasick; ***hon blir lätt ~*** she gets easily seasick, she is a bad sailor
sjösjuka *subst* seasickness
sjöstjärna *subst* zool. starfish
sjöstridskrafter *subst pl* naval forces
sjösätta *verb* launch
sjösättning *subst* launching
sjötomt *subst* vid havet site bordering on the sea; vid insjö site bordering on a lake
sjötunga *subst* fisk sole
s.k. (förk. för *så kallad*); ***den ~ svarta lådan*** the so-called black box, the black box as it is called; ***denne ~ författare*** neds. that so-called author
ska I (*skall; skulle*) *hjälpverb* **1** för att uttrycka ren framtid = 'kommer att': i första person will, shall; i övriga fall will; ***skulle*** i första person would, should; i övriga fall would; ofta konstruktion med be going to; ***jag hoppas ni ~ trivas här*** I hope you will be happy here; ***jag frågade honom om han skulle komma hem till middag*** I asked him if he would be home for dinner; ***jag ~ träffa honom i morgon*** I will (I shall, I'll) meet him tomorrow, I am going to meet him tomorrow; ***ingen visste vad som skulle hända*** nobody knew what would happen, nobody knew what was going to happen **2** konditionalt ***skulle***: i första person would, should; i övriga fall would; ***det skulle inte förvåna mig om han gifte om sig*** I wouldn't (shouldn't) be surprised if he remarried; ***det skulle jag tro*** I would (should) think so; ***om jag varit som du, skulle jag ha vägrat*** in your place I would (should) have refused; ***utan hans hjälp skulle hon ha drunknat*** without his help she would have been drowned **3** om något omedelbart förestående, ~ (***skulle***) = ämnar (ämnade), tänker (tänkte): ***jag ~ spela tennis i eftermiddag*** I'm going to play tennis this afternoon; ***jag ~ just packa*** I'm about to pack, I'm just going to pack; ***det ser ut som om det skulle bli regn*** it looks as if it's going to rain; ***när ~ du resa?*** when are you leaving?, when are you going?; ***~ du stanna över natten?*** are you staying the night? **4** om något på förhand bestämt, enligt avtal el. ödet, konstruktion med be to inf.; ***konserten ~ äga rum i domkyrkan*** the concert is to take place in the cathedral; ***om vi ~ vara där klockan tre måste vi...*** if we are to be there at three we have to...; ***föreställningen skulle börja klockan åtta*** the performance was to begin at eight; ***kriget skulle vara mer än fyra år*** the war was to last for more than four years **5** för att uttrycka subjektets egen vilja, avsikt will; ***skulle*** would; ***jag ~ se vad jag kan göra*** I will (I'll) see what I can do; ***jag skulle ge vad som helst för att få igen den*** I would (I'd) give anything to have it back **6** för att uttrycka annans vilja än den talande shall; ***skulle*** should; ***~ jag öppna fönstret?*** shall I open the window?; ***jag vet inte vad jag ~ säga*** I don't know what to say; ***jag lovade att han skulle få pengarna*** I promised that he would have the money; ***vad vill du att jag ~ göra?*** what do you want me to do?; ***hon bad mig att jag skulle komma genast*** she asked (told) me to come at once; ***jag väntade mig inte att du skulle vara här*** I didn't expect you to be here **7** för att uttrycka lämplighet och tvång: ~ (***skulle***) a) = bör (borde): should i alla personer, stark. ought to b) = måste: presens must; imperfekt had to; ***hon skulle ha varit mer försiktig*** she should (ought to) have been more careful; ***du skulle ha sett honom*** you should have seen him; ***varför ~ ni alltid gräla?*** why must you always quarrel? **8** för att uttrycka åsikt, förmodan: ~ (***skulle***) = säges (sades), påstås (påstods): konstruktion med be said to; ***hon ~ vara mycket musikalisk*** she is said to be very musical, they say she is very musical; ***hon skulle*** enligt vad det påstods ***vara omgift med en amerikanare*** she was said to be remarried to an American **9** i att-satser: ***det är synd att han ~ vara så lat*** it is a pity that he should be so lazy; ***det är konstigt att det ~ vara så svårt*** it's strange that it should be so difficult; ***jag längtar efter att skolan ~ sluta*** I long for school to break up; ***han litar på att jag ~ hjälpa henne*** he relies on me to help her; ***han var angelägen om att hon skulle komma tillbaka*** he was anxious for her to return **10** i avsikts-, villkors- el. medgivandebisatser: ***skulle*** would, should; ***han sänkte rösten för att vi inte skulle höra vad han sade*** he lowered his voice

so that we would (should) not hear what he said; ***om han ~ räddas, måste något göras genast*** if he is to be saved, something must be done at once; ***om*** om händelsevis ***något skulle inträffa, hör jag av mig*** if anything should happen, I'll let you know; ***om*** om mot all förmodan ***jag skulle vinna högsta vinsten, skulle jag resa till Japan*** if I were to win the first prize, I would (should) go to Japan **11** spec. fall: ***det ~ du säga som aldrig har försökt!*** that's easy for you to say who have never tried!; ***du skulle bara våga!*** you just dare!; ***vad ~ det här betyda?*** what is the meaning of this?; ***vad ~ det tjäna till?*** what is the use, what is the good of that?; ***vad ~ det här föreställa?*** what is this supposed to be?; ***naturligtvis skulle det hända just mig*** of course it would happen to me of all people
II (*skall; skulle*) *huvudverb* (det eg. huvudverbet är utelämnat i svenskan): ***jag ~ av*** tänker stiga av ***här*** I'm getting off here; ***jag ~ bort*** I'm going out; ***jag ~ i väg nu*** I must be off now, I must be going now; ***vad ~ jag med det till?*** what am I supposed to do with that?
skabb *subst* med. scabies
skada I *subst* persons injury; saks damage (endast sing.); ont harm; ***det är ingen ~ skedd*** there is no harm done; ***få svåra skador*** be seriously injured, be seriously hurt; om sak be seriously damaged; ***ta ~ av*** bli lidande suffer from; om sak be damaged by; ***ta ~n igen*** make up for it
II *verb* person injure; sak damage; vara skadlig för be bad for, harm; ***det ~r inte att försöka*** there is no harm in trying
skadad *adj* om person el. kroppsdelar injured; om sak damaged; ***den ~e*** the injured person; ***de ~e*** the injured
skadeanmälan *subst* notification of damage, notification of loss
skadeglad *adj* om t.ex. min malicious
skadeglädje *subst* malicious pleasure
skadegörelse *subst* damage [*på* to]
skadereglering *subst* försäkringsterm claims adjustment
skadestånd *subst* damages pl.
skadeståndsskyldig *adj*, ***vara ~*** be liable to damages
skadeverkan *subst* **1** o. **skadeverkning** *subst* skada damage (endast sing.) **2** skadlig verkan harmful effect
skadlig *adj* injurious, harmful; ***det är ~t för hälsan att röka*** smoking is bad for the health
skaffa *verb* **1** get; få tag på get hold of; inhämta obtain; ~ ***ngn ngt*** a) get sb sth, find sb sth b) förse ngn med ngt provide sb with sth; ~ ***barn*** have children, raise a family **2** ~ ***sig*** get oneself; t.ex. kunskaper acquire; t.ex. vänner make; inhämta obtain; lyckas få secure; förse sig med provide oneself with
skafferi *subst* larder; större pantry
skaffötttes *adv*, ***ligga ~*** lie (sleep) head to foot
skaft *subst* **1** på t.ex. redskap, bestick handle **2** bot. stalk, stem
skaka I *verb* shake [*av* with]; om åkdon jolt; ***han ~de i hela kroppen*** he was trembling all over; ~ ***på ngt*** shake sth; ~ ***på huvudet*** shake one's head
II *verb* med betonad partikel
skaka av shake off; ~ ***av sanden från filten*** shake the sand off the blanket; ***hon ~de av sig mannen som följde efter henne*** she shook off the man who was following her
skaka fram shake out [*ur* of]; lyckas hitta produce, find
skaka om shake... well; ~ ***om flaskan*** shake up the bottle; ~ ***om ngn*** give sb a shake
skakad *adj* upprörd shaken, upset
skakande *adj* om t.ex. nyheter upsetting, shocking
skakel *subst* skalm shaft
skakig *adj* shaky; om vagn jolting, jogging
skakis *adj* vard. shaky; nervös jittery
skakning *subst* enstaka shake; vibration vibration; ***med en ~ på huvudet*** with a shake of the head
skal *subst* **1** hårt: på t.ex. nötter, skaldjur, ägg shell **2** mjukt: på t.ex. druva, banan skin; på t.ex. potatis, citrusfrukter peel **3** avskalade skal, peelings pl.
1 skala *subst* scale; på radio tuning dial; ***göra ngt i stor ~*** do sth on a large scale
2 skala *verb* t.ex. frukt, potatis, räkor peel; ägg shell; ~ ***av*** peel
skalbagge *subst* beetle
skald *subst* poet
skaldjur *subst* shellfish; maträtt sea food
1 skall *verb* se *ska*
2 skall *subst* hunds barking
skalle *subst* **1** skull **2** anat., huvud head, vard. nut
skallerorm *subst* rattlesnake
skallgång *subst*, ***gå ~ efter ngn*** organize a search for sb

skallig *adj* flintskallig bald, bald-headed
skallra I *subst* rattle
II *verb* rattle; ***tänderna ~de på honom*** his teeth chattered
skalm *subst* på glasögon side, sidepiece, amer. temple, bow [bəʊ]
skalp *subst* o. **skalpera** *verb* scalp
skalv *subst* quake, svag. tremor
skam *subst* shame; skamfläck disgrace [*för* to]
skamfilad *adj*, ***ett skamfilat rykte*** a tarnished reputation
skamfläck *subst* stain [*på, i* on], blot [*på, i* on]; ***en ~ för*** a disgrace to
skamkänsla *subst* sense of shame, feeling of shame
skamlig *adj* shameful, disgraceful; friare scandalous
skamlös *adj* shameless; fräck impudent
skamsen *adj* shamefaced; ***vara ~ över*** be ashamed of
skamvrå *subst*, ***stå i ~n*** stand in the corner; ***ställa i ~n*** put in the corner
skandal *subst* scandal; ***det är en rena ~en!*** it's a disgrace!; ***göra ~*** cause a scandal
skandalös *adj* scandalous; uppträdande outrageous
skandinav *subst* Scandinavian
Skandinavien Scandinavia
skandinavisk *adj* Scandinavian
skapa *verb* create, make; ***han är som skapt för det*** he is just cut out for it
skapande *adj* creative
skapare *subst* creator; av t.ex. mode el. stil originator
skapelse *subst* creation
skaplig *adj* tolerable, not bad
skapligt *adv* pretty well, fairly well
skara *subst* troop, band; ***i stora skaror*** in large crowds
skare *subst* frozen crust, frozen crust on the snow
skarp I *adj* sharp; brant steep; om smak el. lukt strong; om ljud piercing; om ljus, färg etc. bright, glaring; om sinnen keen; ***~ ammunition*** live ammunition; ***~ protest*** strong protest
II *subst*, ***ta i på ~en med ngn*** crack down on sb; ***säga till ngn på ~en*** tell sb off properly
skarpsinne *subst* sharp-wittedness
skarpsinnig *adj* acute, sharp-witted
skarpt *adv*, ***skjuta ~*** shoot with live ammunition
1 skarv *subst* fog joint; vid sömnad seam; tekn. splice
2 skarv *subst* fågel cormorant
skarva *verb* lägga till ett stycke add a piece [*ngt* to sth]; ***~ ihop*** join; tekn. splice; ***~ ngt*** sömnad piece sth together
skarvsladd *subst* extension flex, amer. extension cord
skata *subst* fågel magpie
skateboard *subst* skateboard
skatt *subst* **1** rikedom treasure; ***~er*** riches **2** avgift etc.: tax; kommunalskatt, ungefär local taxes pl.; i Storbritannien, ungefär rates pl.; på vissa varor el. tjänster duty; ***det är ~ på bensin*** there is a tax on petrol
skatta *verb* **1** värdera, uppskatta estimate, value [*till* at]; ***~ sig lycklig*** count oneself fortunate **2** betala skatt pay taxes; ***~ för en inkomst*** pay taxes on an income; ***han ~r för... om året*** he is assessed at... a year
skattebetalare *subst* taxpayer
skatteflykt *subst* undandragande av skatt tax evasion
skatteflykting *subst* tax exile
skattefri *adj* tax-free
skattefusk *subst* tax evasion
skattehöjning *subst* increase in taxation
skattelättnad *subst* tax relief
skattemyndighet *subst*, ***~er*** tax authorities
skatteparadis *subst* tax haven
skatteplanera *verb* engage in tax evasion, try to avoid taxation
skatteplanering *subst* tax evasion, tax dodging
skattepliktig *adj* om varor el. inkomst taxable
skatteskolkare *subst* tax evader, tax dodger
skatteskuld *subst* tax debt
skattesmitare *subst* tax evader, tax dodger
skattesänkning *subst* tax reduction
skattetabell *subst* tax table
skattetryck *subst* pressure of taxation, burden of taxation
skatteåterbäring *subst* tax refund
skattmas *subst* tax-collector
skattmästare *subst* treasurer
skattsedel *subst* ungefär income-tax demand note
skattskyldig *adj*, ***vara ~*** be liable to tax
skava *verb* gnida, riva rub, chafe; ***skorna skaver*** my shoes make my feet sore; ***~ av (bort)*** t.ex. färg scrape, scrape off
skavank *subst* fel defect, fault
skavfötters *adv* se *skaffötters*
skavsår *subst* sore
ske *verb* hända happen, occur; äga rum take place; ***det har ~tt en förbättring*** there

has been an improvement; ***vad som ~r*** el. ***vad som händer och ~r*** what is going on
sked *subst* spoon; ***ta ~en i vacker hand*** make the best of a bad job
skede *subst* period; fas phase; stadium stage
skeende *subst* course of events
skela *verb* squint
skelett *subst* **1** skeleton **2** stomme framework
skelögd *adj* squint-eyed, cross-eyed
skelögdhet *subst* squint
sken *subst* **1** ljus etc. light, glare **2** falskt yttre etc. show, appearance; förevändning pretext, pretence; ***~et bedrar*** appearances are deceptive; ***ge ~ av att vara*** pretend to be
1 skena *verb* bolt; ***~ i väg*** run away; ***en ~nde häst*** a runaway horse
2 skena *subst* **1** järnv. el. löpskena rail **2** på skridsko blade, runner
skenbar *adj* apparent
skenben *subst* shin bone
skendemokrati *subst* pseudo-democracy, sham democracy
skenhelig *adj* hypocritical
skenhelighet *subst* hypocrisy
skenmanöver *subst* diversion
skepp *subst* **1** ship; fartyg vessel **2** inom arkitektur nave; sidoskepp aisle
skeppa *verb*, ***~ ngt*** ship sth, send sth by ship
skeppare *subst* master, vard. skipper
skepparhistoria *subst* yarn; ***dra en ~*** spin a yarn
skeppsbrott *subst* shipwreck; ***lida ~*** be shipwrecked
skeppsbruten *adj* shipwrecked; ***en ~*** a shipwrecked man (woman, child)
skeppsredare *subst* shipowner
skeppsvarv *subst* shipyard
skepsis *subst* scepticism, amer. vanligen skepticism
skeptisk *adj* sceptical [*mot* of], amer. vanligen skeptical [*mot* of]
sketch *subst* sketch
skev *adj* vind warped, distorted; ***en ~ bild*** a distorted picture
skick *subst* **1** tillstånd condition, state; ***i dåligt ~*** in bad condition; ***i gott ~*** in good condition; ***i sitt nuvarande ~*** in its present state **2** uppförande behaviour; sätt manners pl.
skicka I *verb* sända send [*med, per* by]; expediera forward; vid bordet pass; ***vill du ~ hit brödet!*** please pass me the bread!
II *verb* med betonad partikel
skicka efter send for
skicka i väg send off
skicka med ngt send sth along, send sth too
skicka omkring send round; vid bordet pass round
skicka tillbaka return, send back
skicka vidare send on; vid bordet pass on
skicklig *adj* duktig clever, skilful; kunnig capable; ***vara ~ i ngt*** be good at sth, be clever at sth; ***vara ~ i att göra ngt*** be good at doing sth, be clever at doing sth
skicklighet *subst* cleverness [*i* at], skill [*i* at, in]
1 skida *subst* **1** kniv sheath; svärd scabbard **2** ärtskida pod
2 skida *subst* sport. ski; ***åka skidor*** ski; göra en skidtur go skiing
skidbacke *subst* ski slope; för skidhopp ski jump
skidbindning *subst* ski binding
skidbyxor *subst pl* skiing (ski) trousers
skidföre *subst*, ***det är bra (dåligt) ~*** ungefär the snow is good (bad) for skiing
skidglasögon *subst pl* skiing (ski) goggles
skidhandskar *subst pl* skiing (ski) gloves
skidlift *subst* ski lift
skidlöpare *subst* skier
skidsemester *subst* skiing holiday, amer. skiing vacation
skidspår *subst* sport. ski track, ski run
skidstav *subst* ski pole
skidtur *subst* skiing-tour
skidvalla *subst* ski wax
skidåkare *subst* skier
skidåkning *subst* skiing
skiffer *subst* takskiffer slate
skift *subst* shift, arbetslag gang; ***arbeta i ~*** work in shifts
skifta *verb* change, alter; omväxla med varandra alternate; ***~ i rött*** be tinged with red
skiftarbete *subst* shift work
skifte *subst* change
skiftning *subst* förändring change; ***rött med en ~ i blått*** red with a tinge of blue
skiftnyckel *subst* adjustable spanner, adjustable wrench
skifttangent *subst* på tangentbord shift key
skikt *subst* layer, av färg layer, coat
skild *adj* **1** åtskild separated; frånskild divorced **2** ***~a*** olika different, varying; ***vitt ~a intressen*** widely differing interests
skildra *verb* describe, give an account of
skildring *subst* description; redogörelse account
skilja *verb* **1** avskilja, åtskilja separate; med våld sever; ***en tunn vägg skilde oss åt*** we were separated by a thin wall **2** särskilja

distinguish [*mellan, på* between]; ~ ***mellan (på)*** tell the difference between **3** ~ ***sig*** jur. get a divorce; ~ ***sig från sin man*** divorce one's husband **4** ~ ***sig*** skiljas åt part; vara olik differ, be different; ***hon skiljer sig från mängden*** she stands out from the rest

skiljas *verb* **1** part; lämna ngn ~ ***ifrån ngn*** leave sb; ~ ***åt*** part **2** ta ut skilsmässa get a divorce

skiljetecken *subst* punctuation mark

skiljeväg *subst* crossroads pl. (med verb i sing.; pl. lika)

skillnad *subst* olikhet difference; åtskillnad distinction; ***till ~ från henne*** unlike her

skilsmässa *subst* äktenskaplig divorce; ***ta ut ~*** jur. sue for a divorce; ***de ligger i ~*** they are seeking a divorce

skimra *verb* shimmer, glimmer

skina *verb* shine, stark. blaze

skingra *verb* disperse; t.ex. tvivel dispel; t.ex. mystiken clear up, solve; ~ ***sig*** disperse, scatter

skingras *verb* disperse, scatter

skinhead *subst* vard. skinhead

skinka *subst* **1** kok. ham **2** vard., om kroppsdel buttock

skinn *subst* skin; päls fur; beredd hud leather; ***hålla sig i ~et*** behärska sig control oneself, keep calm; uppföra sig behave oneself

skinnjacka *subst* läderjacka leather jacket

skipa *verb*, ~ ***rätt*** administer justice; ~ ***rättvisa*** rättvist fördela etc. see that justice is done

skippa *verb* vard., hoppa över skip

skiss *subst* **1** teckning sketch [*till* for] **2** förklaring i stora drag outline [*till* of]

skissera *verb* **1** teckna sketch **2** beskriva sketch, outline

skit *subst* exkrementer shit; smuts filth; skräp damned junk, damned rubbish; ***snacka ~*** talk tripe, talk bullshit; ***snacka ~ om ngn*** run sb down

skita *verb* vulg. shit; ***det skiter jag i*** I don't care a damn about that; ~ ***ner ngt*** make sth dirty; ~ ***ner sig*** get dirty

skitbra *adj* vard. bloody good, damn good

skitdålig *adj* vard. lousy, crappy

skitförbannad *adj* vard. pissed off

skitig *adj* vard. filthy

skitsnack *subst* vard. crap, bullshit

skitstövel *subst* vard. bastard, amer. asshole

skiva *subst* **1** platta etc. plate; av trä etc. board; tunn sheet **2** grammofonskiva, cd disc, record **3** bordsskiva top; lös leaf (pl. leaves) **4** uppskuren slice

skivad *adj* sliced

skivbroms *subst* disc brake, spec. amer. disk brake

skivling *subst* svamp agaric

skivpratare *subst* i radio disc jockey

skivspelare *subst* record-player

skivstång *subst* bar-bell

skjorta *subst* shirt; ***det kostar ~n*** it costs the earth

skjortblus *subst* shirtblouse, shirtwaist

skjortknapp *subst* påsydd shirt button; lös bröstknapp shirt stud

skjul *subst* redskapsbod etc. shed; kyffe hovel

skjuta I *verb* **1** med skjutvapen shoot [*mot, på* at]; ge eld, avfyra fire **2** flytta push, stark. shove; ~ ***på*** uppskjuta ***ngt*** put off sth, postpone sth **3** ***katten sköt rygg*** the cat arched its back **4** ~ ***mål*** score a goal

II *verb* med betonad partikel

skjuta av skjutvapen, skott fire, discharge

skjuta fram 1 ~ ***fram stolen till brasan*** push the chair up to the fire **2** sticka ut jut out, project

skjuta ifrån sig ngn (ngt) push sb (sth) away, stark. shove sb (sth) away

skjuta igen ngt push sth to, stänga close sth, shut sth

skjuta till bidra med contribute; ~ ***till vad som fattas*** make up for the deficiency

skjuta upp 1 t.ex. dörr push . . . open; rymdraket launch **2** uppskjuta put off, postpone

skjutbana *subst* shooting-range; täckt shooting-gallery

skjuts *subst* lift, ride; ***få ~*** get a lift, get a ride

skjutsa *verb* köra drive; ~ ***ngn*** give sb a lift

skjutvapen *subst* firearm

> **sko**
> Det svenska bruket att ta av sig skorna när man hälsar på hos någon är mycket ovanligt i England och USA. I många sammanhang skulle detta uppfattas som konstigt.

sko I *subst* **1** lågsko shoe; känga boot; halvkänga bootee **2** hästsko horse shoe

II *verb* **1** förse med skor shoe **2** ~ ***sig*** göra sig oskälig vinst ***på ngns bekostnad*** line one's pocket at sb's expense

skoblock *subst* shoetree

skoborste *subst* shoebrush, bootbrush
skock *subst* oordnad mängd crowd; mindre klunga group; av djur herd, flock
skocka *verb*, ~ ***sig*** crowd together [*kring* round], flock together [*kring* round]
skockas *verb* se *skocka sig under skocka*
skodon *subst pl* shoes, boots and shoes; hand. footwear sing.
skog *subst* större forest; mindre wood; ofta woods pl.; ***det går åt ~en*** it's all going wrong, it's all going to pieces
skogbevuxen *adj* o. **skogig** *adj* wooded
skogsarbetare *subst* woodman, lumberjack
skogsbrand *subst* forest fire
skogsbruk *subst* forestry
skogsbryn *subst* edge of a wood; större edge of a forest
skogsdunge *subst* grove
skogsparti *subst* piece of woodland
skogstrakt *subst* woodland
skohorn *subst* shoehorn
skoj *subst* **1** skämtande joking; ***det var bara på ~*** it was only for a joke, it was only for fun **2** bedrägeri swindling; ***det är rena ~et*** it's a swindle
skoja *verb* skämta joke; ha hyss för sig, bråka etc. lark about, play pranks, be up to mischief; ***~ med ngn*** a) skämta med ngn kid sb, make fun of sb b) driva med ngn make fun of sb; ***~r du?*** are you joking?, you must be joking!
skojare *subst* **1** bedragare cheat, swindler; bluffmakare trickster; lymmel blackguard **2** skämtare joker; spjuver rogue
skojig *adj* lustig, konstig funny; trevlig nice; kul fun
skokräm *subst* shoe polish, shoe cream

skola
Leave school betyder på brittisk engelska sluta skolan. På amerikansk engelska använder man hellre *graduate* för att undvika att ge intryck av att man har hoppat av (hoppa av = *drop out*).

skola I *subst* school; ***gå i ~n*** go to school; ***sluta ~n*** a) för gott leave school b) för dagen, terminen finish school; ***vara i ~n*** be at school
II *verb* utbilda train; ~ ***om*** retrain
skolavslutning *subst*, ***~en äger rum i juni*** school breaks up (amer. lets out) in June
skolbarn *subst* schoolchild (pl. schoolchildren)
skolexempel *subst*, ***ett ~ på...*** a typical example of...
skolflicka *subst* schoolgirl
skolgång *subst* obligatorisk school attendance; ***~en börjar tidigt*** children begin attending school early
skolgård *subst* playground; spec. mindre school yard
skolk *subst* truancy
skolka *verb*, ~ el. ***~ från skolan*** play truant, amer. play hooky; ***~ från*** t.ex. en lektion shirk; ***~ från arbetet*** keep away from one's work
skolkamrat *subst* schoolfellow, schoolmate
skolkare *subst* truant
skolklass *subst* school class, school form
skolkort *subst* **1** school photo, class photo **2** biljett schoolchildren's season-ticket
skollov *subst* ferier holidays pl., vacation, amer. vacation
skolmat *subst* school meals pl.
skolmatsal *subst* school dining-hall, school canteen
skolmogen *adj*, ***vara*** ~ be sufficiently mature for school
skolning *subst* utbildning training
skolplikt *subst* compulsory school attendance
skolpojke *subst* schoolboy
skolradio *subst* broadcasting for schools, program broadcast for schools
skolresa *subst* school journey, school trip
skolsal *subst* klassrum classroom
skolskjuts *subst* bil car (bus) for transporting children to school
skolsköterska *subst* school nurse
skolstyrelse *subst* ungefär local education committee, local education board
skoltandvård *subst* school dental service
skoltrött *adj* ... tired of school, school-weary
skol-tv *subst* school TV; program TV programme for schools
skolungdom *subst*, ***några ~ar*** some schoolchildren
Skolverket *subst* The Swedish National Agency for Education
skolväska *subst* school bag, med axelrem satchel
skolålder *subst* school age
skolår *subst* school year
skomakare *subst* shoemaker
skomakeri *subst* shoemaker's
skona *verb* spare [*ngn från ngt* sb sth]
skonare *subst* o. **skonert** *subst* sjö. schooner

skoningslös *adj* merciless
skonsam *adj* mild lenient [*mot* towards]; hänsynsfull considerate [*mot* towards]; barmhärtig merciful [*mot* towards]; varsam careful [*mot* towards]; ~ ***mot huden*** kind to the skin
skontvätt *subst* delicate wash (endast sing.); koll. delicates pl.
skopa *subst* scoop; för vätska ladle
skorpa *subst* **1** bakverk rusk **2** hårdnad yta crust; på sår scab
skorpion *subst* **1** djur scorpion **2** ***Skorpionen*** stjärntecken Scorpio
skorsten *subst* chimney; på fartyg el. lok funnel
skorstensfejare *subst* sotare chimney sweep (sweeper)
skosnöre *subst* shoelace, amer. shoestring
skospänne *subst* shoe buckle
skosula *subst* sole
skoter *subst* scooter
skotsk *adj* Scottish, Scots; spec. om skotska produkter Scotch; ~ ***whisky*** Scotch, Scotch whisky
skotska *subst* **1** kvinna Scotswoman (pl. Scotswomen), i England Scotswoman, Scotchwoman (pl. Scotchwomen) **2** språk Scots
skott *subst* **1** vid skjutning el. sport shot; laddning charge **2** på växt shoot, sprout
skotta *verb* shovel
skottavla *subst* target
skottdag *subst* leap day
skotte *subst* person Scotsman (pl. Scotsmen), Scot, i England Scotsman, Scot, Scotchman (pl. Scotchmen); ***skottarna*** som nation el. lag etc. the Scots, the Scotch
skottglugg *subst* loop hole; ***hamna i ~en*** come under fire
skotthåll *subst*, ***inom*** ~ within range [*för* of]; ***utom*** ~ out of range [*för* of]
skottkärra *subst* wheelbarrow
Skottland Scotland
skottlinje *subst* line of fire
skottlossning *subst* skottväxling firing, shooting
skottsäker *adj* ogenomtränglig bullet-proof; ~ ***väst*** bullet-proof vest
skottväxling *subst* exchange of shots
skottår *subst* leap year
skraj *adj* scared
skral *adj* **1** underhaltig poor **2** krasslig ... out of sorts, ... poorly
skramla I *subst* rattle
II *verb* **1** rattle; om mynt, nycklar jingle **2** samla pengar club together
skrammel *subst* skramlande rattling; ***ett*** ~ a rattle
skranglig *adj* gänglig lanky; rankig rickety
skrank *subst* railing, barrier; vid domstol bar
skrapa I *subst* **1** redskap scraper **2** skråma scratch **3** tillrättavisning telling-off
II *verb* scrape; riva, krafsa scratch
skraplott *subst* scratch card
skrapning *subst* med. dilatation and curettage (förk. *D&C*)
skratt *subst* laughter; enstaka el. sätt att skratta laugh; ***få sig ett gott*** ~ have a good laugh; ***tjuta av*** ~ roar with laughter; ***jag försökte hålla mig för*** ~ I tried to keep a straight face, I tried not to laugh; ***brista ut i*** ~ burst out laughing; ***hon var full i*** ~ she was ready to burst with laughter, she couldn't keep a straight face
skratta *verb* laugh [*åt* at]; ~ ***ut ngn*** laugh sb down
skrattgrop *subst* dimple
skrattretande *adj* laughable, ridiculous
skrattsalva *subst* burst of laughter, stark. roar of laughter
skrattspegel *subst* distorting mirror, spec. amer. funhouse mirror
skrev *subst* crotch, crutch
skreva *subst* klyfta cleft; spricka crevice
skri *subst* människas scream, shriek; rop cry
skriande *adj*, ***ett*** ~ ***behov av*** a crying need for; ***behovet är*** ~ there is a crying need; ***en*** ~ ***brist på*** an acute shortage of
skribent *subst* writer; journalist journalist
skrida *verb* gå långsamt glide; om tid pass on; ~ ***fram*** om person march along, stride along
skridsko *subst* skate; ***åka ~r*** skate; göra en skridskotur go skating
skridskobana *subst* skating-rink
skridskoåkare *subst* skater
skridskoåkning *subst* skating
skrift *subst* **1** motsats: tal el. tryck writing; skrivtecken characters pl. **2** handling etc. written document; tryckt printed document; tryckalster publication
skriftlig *adj* written
skriftligt *adv* in writing
skriftspråk *subst*, ***~et*** the written language
skrik *subst* cry; rop shout; tjut yell; gällt scream, shriek; ***sista ~et*** modet the latest fashion, all the rage
skrika *verb* utstöta skrik cry, call out, cry out; ropa shout; gällt scream, shriek
skrikande I *adj* shouting, screaming
II *subst* shouting, screaming

skrikhals *subst* gaphals loudmouth; skrikigt barn cry-baby
skrikig *adj* **1** om barn screaming endast före subst.; om röst shrill; ***barnet är så ~t*** the child screams such a lot **2** om färg glaring, loud
skrin *subst* box, för smycken case
skrinlägga *verb* uppge give up; lägga på hyllan shelve; ***~ planerna på ngt*** shelve plans to do sth
skriva I *verb* write; ***~ ren (rent)*** copy out...; ***~ maskin*** type; ***~ beloppet med bokstäver*** set out the amount in writing
II *verb* med betonad partikel
skriva av copy
skriva in 1 bokföra etc. enter **2** ***~ in sig*** register
skriva om på nytt rewrite
skriva på t.ex. lista write one's name on
skriva under sign one's name to, put one's name to; ***du måste ~ under*** you must sign, you must sign your name
skriva upp 1 anteckna write down, take down **2** ***~ upp ngt*** debitera ngt put sth down [*på ngn* to sb's account]
skriva ut write out; på maskin type; på data print out
skriva ut ngn från t.ex. sjukhus discharge sb
skrivare *subst* data. printer
skrivbok *subst* skol. exercise book
skrivbord *subst* writing-desk, desk; större writing-table
skrivbordsalmanacka *subst* desk calendar
skrivbordslåda *subst* desk drawer
skrivbordsunderlägg *subst* writing-pad
skrivelse *subst* official letter
skriveri *subst* writing
skrivfel *subst* slip of the pen; på maskin el. data typing-error
skrivhuvud *subst* data. printhead
skrivmaskin *subst* typewriter
skrivmaskinspapper *subst* typing-paper
skrivning *subst* skriftligt prov written test, för examen written exam
skrivstil *subst* handwriting, hand
skrivunderlägg *subst* writing-pad
skrivvakt *subst* invigilator, amer. proctor
skrock *subst* superstition
skrockfull *adj* superstitious
skrot *subst* scrap metal; järnskrot scrap iron
skrota *verb*, ~ el. ***~ ned*** scrap
skrothandlare *subst* scrap merchant
skrothög *subst* scrap heap
skrovlig *adj* rough; sträv harsh
skrovmål *subst*, ***få sig ett ~*** have a good tuck-in, have a real blow-out
skrubb *subst* rum boxroom, cubby-hole
skrubba *verb* skura scrub; gnida rub
skrubbsår *subst* graze; ***jag har fått ett ~ på knät*** I have grazed my knee
skrumpen *adj* shrivelled; hopkrympt shrunken
skrumpna *verb* shrivel, shrivel up; krympa shrink
skrupel *subst* scruple
skrupelfri *adj* unscrupulous
skruttig *adj* vard., ***en ~ bil*** an old banger; ***känna sig ~*** feel wretched, feel out of sorts
skruv *subst* screw; ***ha en ~ lös*** have a screw loose; ***det tog ~*** that did the trick, that went home
skruva I *verb* **1** screw **2** boll spin
II *verb* med betonad partikel
skruva av unscrew, screw off; stänga av turn off
skruva fast ngt screw sth on, screw sth tight
skruva ned 1 fasten sth on, fasten sth tight **2** gas, radio etc. turn down, lower
skruva på gas, radio etc. turn on
skruva upp gas, radio etc. turn up
skruvmejsel *subst* screwdriver
skruvnyckel *subst* spanner, spec. amer. wrench
skruvpenna *subst* propelling pencil
skruvstäd *subst* vice
skrymmande *adj* bulky; ***den är ~*** it takes up a lot of space
skrymsle *subst* nook, corner
skrynkelfri *adj* creaseproof
skrynkla I *subst* crease, wrinkle; i huden wrinkle
II *verb* tyg, ***~ sig*** crease, crumple, wrinkle; ***~ ihop*** crumple up
skrynklig *adj* creased, wrinkled; om hud wrinkled
skryt *subst* boasting; ***tomt ~*** an empty boast
skryta *verb* boast [*över, med* of, about]
skrythals *subst* o. **skrytmåns** *subst* boaster, braggart
skrytsam *adj* om person boastful
skråla *verb* bawl, bellow, roar
skråma *subst* scratch, slight wound
skräck *subst* fright [*för* of], dread [*för* of]; ***sätta ~ i ngn*** strike sb with terror
skräckexempel *subst*, ***ett ~ på...*** a shocking example of...
skräckfilm *subst* horror movie
skräckinjagande *adj* terrifying
skräckkabinett *subst* chamber of horrors

skräckslagen *adj* terror-struck, terror-stricken
skräckvälde *subst* reign of terror
skräda *verb*, ***inte ~ orden*** not mince matters, not mince one's words
skräddare *subst* tailor
skräddarsydd *adj* tailor-made, amer. custom-made
skräll *subst* **1** crash; smäll bang **2** sport. vard. sensation, upset, turn-up
skrälla *verb* **1** om t.ex. trumpet, högtalare blare; om fönster rattle; om åska crash **2** sport. cause a sensation, cause an upset
skrälle *subst*, ***ett ~ till bil*** a ramshackle old car
skrällig *adj* musik etc. blaring
skrämma *verb* frighten, scare; ***låta ~ sig*** be intimidated; ~ ***bort ngn*** frighten sb away, scare sb away; ~ ***ihjäl ngn*** frighten sb to death; ~ ***slag på ngn*** scare the life out of sb
skrämsel *subst* fright, alarm
skrämseltaktik *subst* intimidating tactics pl.
skrän *subst* yell, howl; skränande yelling, howling
skräna *verb* yell, howl
skräp *subst* rubbish, trash
skräpa *verb*, ~ ***ned*** make a mess; ~ ***ned i rummet*** litter up the room
skräpig *adj* untidy, littered
skräpkultur *subst* trash culture, junk culture
skräpmat *subst* junk food
skrävla *verb* brag, swagger
skrävlare *subst* braggart, swaggerer
skröplig *adj* bräcklig frail; om hälsa weak
skugga I *subst* motsats: ljus shade; av ett föremål shadow; ***stå i ~n av ett träd*** stand in the shade of a tree; ***inte ~n av en chans*** not an earthly chance, not the ghost of a chance
II *verb* **1** ge skugga åt shade **2** bevaka shadow, tail
skuggbild *subst* silhouette
skuggboxas *verb* shadow-box
skuggboxning *subst* shadow boxing
skuggig *adj* shady
skuggrik *adj* very shady
skuggsida *subst* shady side
skuld *subst* **1** debt; ***sätta sig i ~ hos*** run into debt with **2** fel fault; brottslighet guilt; ***~en är min*** it's my fault, I'm to blame; ***vara ~ till*** be to blame for; orsak till be the cause of
skulderblad *subst* shoulder blade
skuldfri *adj* **1** ***en ~ person*** a person without debts **2** oskyldig guiltless, innocent
skuldkänsla *subst* sense of guilt
skuldmedveten *adj* guilty; ***vara*** ~ be guilty, be conscious of one's guilt
skuldra *subst* shoulder
skuldsatt *adj*, ***en ~ person*** a person who is in debt
skull *subst*, ***för min*** ~ for my sake, just to please me; ***för min egen*** ~ i eget intresse in my own interest; ***för en gångs*** ~ for once
skulle *verb* se *ska*
skulptur *subst* sculpture
skulptör *subst* sculptor
1 skum *adj* **1** mörk dark **2** misstänkt shady, suspicious **3** illa beryktad disreputable
2 skum *subst* **1** foam **2** fradga froth
skumbad *subst* foam bath
skumgummi *subst* foam rubber
skumma *verb* **1** foam **2** fradga froth **3** ta bort skum på skim
skummis *subst* vard., skum person shady character
skummjölk *subst* skim milk, skimmed milk
1 skumpa *verb* jog, bump
2 skumpa *subst* vard., champagne champers (med verb i sing.), bubbly
skumplast *subst* foam plastic
skumsläckare *subst* foam extinguisher
skunk *subst* djur skunk
skur *subst* shower
skura *verb* golv scrub; göra ren clean
skurborste *subst* scrubbing-brush
skurk *subst* scoundrel, villain
skurkaktig *adj* scoundrelly, villainous
skurkstreck *subst* rotten trick, dirty trick
skurpulver *subst* scouring-powder
skurtrasa *subst* scouring-cloth
skuta *subst* small cargo boat; mindre lastfartyg, vard., båt boat
skutt *subst* hopp leap, bound
skutta *verb* leap, bound
skvala *verb* **1** pour; forsa gush **2** ***musiken ~de*** there was music non-stop
skvaller *subst* gossip; förtal slander
skvalleraktig *adj* gossipy; som förtalar slanderous
skvallerbytta *subst* gossip, gossipmonger; ~ ***bingbång!*** telltale tit!
skvallerkärring *subst* old gossip
skvallertidning *subst* gossip magazine, gossip paper
skvallra *verb* gossip; sprida ut rykten tell tales
skvalmusik *subst* non-stop pop music
skvalp *subst* kluckande splash
skvalpa *verb* **1** om vågor lap **2** i kärl splash to

and fro; ~ *ut* (*över*) spill, splash over, slop over

skvatt *subst*, ***inte ett*** ~ not a thing, not a bit

skvätt *subst* drop; som skvätt ut splash; ***en ~ vatten*** a few drops of water

skvätta *verb* **1** stänka splash **2** småregna drizzle

1 sky *subst* **1** moln cloud **2** himmel sky; ***höja ngn till ~arna*** praise sb to the skies; ***skrika i högan*** ~ cry to the skies

2 sky *subst* köttsky gravy

3 sky *verb* shun; ***inte ~ någon möda*** spare no pains; ***inte ~ någonting*** stick at nothing

skydd *subst* protection [*för, mot* from]; mera konkret shelter [*mot* against]; ***söka*** ~ seek protection, seek shelter, take shelter; ***i ~ av mörkret*** under cover of darkness

skydda *verb* protect [*för, mot* against]; mera konkret shelter [*mot* against]; försvara defend; skyla, ge betäckning cover; trygga safeguard; bevara preserve; ~ ***sig*** protect oneself, shelter oneself

skyddsanordning *subst* safety device, guard

skyddsglasögon *subst pl* protective goggles

skyddshelgon *subst* patron saint

skyddshjälm *subst* cykelhjälm etc. safety helmet; för t.ex. byggnadsarbetare hard hat

skyddskonsulent *subst* probation officer

skyddsling *subst* protégé, om kvinna protégée

skyddsombud *subst* safety representative, safety ombudsman

skyddsområde *subst* mil. prohibited area, restricted area

skyddsrock *subst* overall; t.ex. läkares white coat

skyddsrum *subst* air-raid shelter

skyddstillsyn *subst* probation

skyfall *subst* cloudburst

skyffel *subst* skovel shovel; sopskyffel dustpan

skyffla *verb* skotta shovel

skygg *adj* shy; blyg timid

skygghet *subst* shyness; blyghet timidity

skygglappar *subst pl* blinkers, amer. blinders

skyhög *adj* extremely high; om t.ex. priser sky-high

skyhögt *adv* sky-high

skyla *verb* hölja cover; dölja hide; ~ ***över*** cover up

skyldig *adj* **1** som bär skuld guilty [*till* of]; ***göra sig ~ till ett brott*** commit a crime; ***den ~e*** the guilty person, the culprit **2** ***vara*** (***bli***) ***~ ngn en förklaring*** owe sb an explanation; ***vara*** (***bli***) ***~ ngn pengar*** owe sb money; ***vad är*** (***blir***) ***jag ~?*** what do I owe you? **3** förpliktad bound, obliged

skyldighet *subst* duty [*mot* towards], obligation [*mot* towards]

skylla *verb*, ***~ ngt på ngn*** blame sb for sth; ***~ på ngn*** throw the blame on sb, lay the blame on sb; ***det får du ~ dig själv för*** you have yourself to blame for that; ***skyll dig själv!*** det är ditt eget fel it is your own fault!; ~ ***ifrån sig*** throw the blame on someone else

skylt *subst* **1** butiksskylt etc. sign, signboard **2** dörrskylt, namnskylt plate **3** vägvisare signpost

skylta *verb* **1** ***~ med ngt*** put sth on show, display sth **2** väg signpost; ***dåligt ~d*** trafik. badly signposted

skyltdocka *subst* tailor's dummy, mannequin

skyltfönster *subst* shopwindow, amer. store window

skyltning *subst* konkret display, display of goods; i skyltfönster window display

skymf *subst* förolämpning insult [*mot* to]

skymfa *verb* insult; kränka outrage

skymma *verb* **1** block; dölja conceal, hide; ***du skymmer mig*** you are in my light; ~ ***sikten*** block the view **2** mörkna get dark; ***det börjar*** ~ it is getting dark

skymning *subst*, ***i ~en*** at dusk, at twilight

skymt *subst* glimpse; spår trace; ***se en ~ av*** catch a glimpse of

skymta *verb* **1** få en skymt av catch a glimpse of **2** visa sig, dyka upp appear here and there; ~ ***fram*** peep out; otydligare loom

skymundan *subst*, ***hålla sig i ~*** undangömd keep oneself out of the way; ***komma i ~*** be neglected

skynda I *verb* ila, hasta hasten; ~ ***sig*** hurry, hurry up, hasten; ***~ dig!*** el. ***~ dig på!*** hurry up!, come on!; ***jag måste ~ mig*** jag har bråttom I am in a hurry

II *verb* med betonad partikel

skynda fram: ***~ sig fram till platsen*** hurry to the spot

skynda på hurry, hurry up; ~ ***på ngn*** hurry sb

skyndsam *adj* speedy; brådskande quick

skynke *subst* **1** täckelse cover, covering **2** ***det var som ett rött ~ för honom*** it was like a red rag to a bull to him

skyskrapa *subst* skyscraper, high rise

skytt *subst* **1** marksman; ***han är en skicklig ~*** he's a good marksman (shot) **2** ***Skytten*** stjärntecken Sagittarius

skytte *subst* shooting; med gevär rifle-shooting

skyttegrav *subst* trench

skyttel *subst* vid vävning shuttle

skytteltrafik *subst* shuttle service; ***gå i ~*** shuttle
skåda *verb* behold, see
skådeplats *subst* scene, scene of action
skådespel *subst* play, drama; spektakel spectacle
skådespelare *subst* actor
skådespelerska *subst* actress
skådespelsförfattare *subst* playwright, dramatist
skål I *subst* **1** bunke bowl; flatare basin, dish **2** välgångsskål toast; ***dricka ngns ~*** drink to sb's health
II *~! interj* your health!, here's to you!, vard. cheers!
skåla *verb* glas mot glas clink glasses; ~ dricka ***med ngn*** drink sb's health; ***~ för ngn*** drink sb's health
skålla *verb* scald
skållhet *adj* scalding hot
Skåne Skåne, Scania
skåning *subst* person from Skåne, person living in Skåne, Scanian
skånsk *adj* Skåne endast före subst., Scanian
skåp *subst* cupboard, amer. closet; i omklädningsrum locker
skåpbil *subst* van, delivery van
skåpsupa *verb* take a drop on the quiet, have a drop on the sly
skåra *subst* hugg, rispa cut; repa scratch
skägg *subst* beard; ***låta ~et växa*** grow a beard
skäggig *adj* bearded; orakad unshaved
skäggstubb *subst* stubble
skäl *subst* **1** reason [*till* for]; orsak cause [*till* of]; ***det vore ~ att...*** it would be advisable to...; ***av det enkla ~et*** for that simple reason **2** rätt, ***göra ~ för sig*** göra nytta do one's share; vara värd sin lön be worth one's salt
skälig *adj* rimlig reasonable; rättvis fair
skäligen *adv* **1** tämligen rather, pretty **2** reasonably
skäll *subst*, ***få ~*** get a telling-off
skälla *verb* **1** om hund bark [*på* at] **2** om person, ***~ på ngn*** tell sb off; ***~ ut ngn*** scold sb, tell sb off
skällsord *subst* insult, term of abuse
skälva *verb* shake, stark. quake
skälvning *subst* darrning tremor
skämd *adj* om frukt rotten; om kött tainted; ***bli ~*** go bad
skämma *verb* **1** spoil, mar **2** ***~ bort*** spoil [*med* by]; klema bort pamper; ***~ ut ngn*** disgrace sb, put sb to shame; ***~ ut sig*** disgrace oneself
skämmas *verb* blygas be ashamed, feel ashamed, be (feel) ashamed of oneself; ***skäms du inte?*** aren't you ashamed of yourself?; ***du borde ~!*** you ought to be ashamed of yourself!; ***~ för (över)*** be ashamed of
skämmig *subst* vard., pinsam embarrassing
skämt *subst* joke, jest; skämtande joking; ***~ åsido!*** joking apart!; ***han tål inte ~*** he can't take a joke; ***på ~*** for a joke, in jest
skämta *verb* joke [*med* with], jest [*med* with]; ***~ med ngn*** driva med pull sb's leg; göra narr av make fun of sb
skämtare *subst* joker, jester, wag
skämtartikel *subst* party novelty, novelty
skämthistoria *subst* funny story, joke
skämtsam *adj* joking, jesting
skämtserie *subst* comic strip, comic
skämttecknare *subst* cartoonist
skämtteckning *subst* cartoon
skämttidning *subst* comic, comic paper
skända *verb* desecrate; våldta violate
1 skänk *subst* matsalsmöbel sideboard
2 skänk *subst* gåva gift; ***få ngt till ~s*** get sth as a gift; gratis get sth for nothing
skänka *verb* give; förära present [*ngn ngt* sb with sth]; ***~ bort*** give away
1 skär *subst* liten klippö rocky islet, skerry
2 skär *adj* ljusröd pink; se *blå-* för sammansättningar
skära I *subst* redskap sickle
II *verb* cut; kött carve; ***~ tänder*** grind one's teeth, gnash one's teeth; ***~ sig*** såra sig cut oneself; ***~ sig i fingret*** cut one's finger
skärande *adj* om ljud piercing, shrill
skärbräde *subst* cutting-board; för bröd breadboard
skärböna *subst* French bean, string bean
skärgård *subst* archipelago (pl. -s), islands and skerries pl.; ***Stockholms ~*** the Stockholm archipelago
skärm *subst* **1** screen **2** t.ex. lampskärm shade; brätte peak
skärma *verb*, ***~ av*** t.ex. ljus screen
skärmbild *subst* X-ray picture
skärmbildsundersökning *subst* X-ray examination
skärmflygare *subst* sport. paraglider
skärmflygning *subst* sport. paragliding
skärmmössa *subst* peaked cap
skärmsegling *subst* sport. parasailing
skärmsläckare *subst* data. screen saver
skärp *subst* belt; långt knytskärp sash

skärpa I *subst* **1** sharpness; om t.ex. kritik severity; klarhet clarity **2** tydlighet (hos bild) definiton
II *verb* sharpen; stegra, öka intensify, increase; t.ex. motsättningar accentuate; t.ex. straff increase the severity of, make more severe; ***det skärpta läget*** the tense situation; ~ ***sig*** rycka upp sig pull oneself together
skärpt *adj* intelligent bright, sharp
skärrad *adj* jittery, nervy
skärseld *subst* purgatory
skärskåda *verb* undersöka examine, view; syna scrutinize, scan
skärt *subst* pink; se *blått* för ex.
skärtorsdag *subst* Maundy Thursday
skärva *subst* fragment, broken piece; splitter splinter
sköld *subst* shield
sköldpadda *subst* landsköldpadda tortoise; med simfötter turtle
skölja I *verb* rinse; ~ ***sig i munnen*** rinse one's mouth
II *verb* med betonad partikel
skölja av t.ex. händer wash; t.ex. tallrik rinse
skölja upp ngt tvätta upp give sth a quick wash
skölja ur rinse
sköljning *subst* rinsing; ***en*** ~ a rinse
skön *adj* **1** vacker beautiful **2** angenäm nice; härlig lovely; bekväm comfortable; ~***t!*** bra fine!; ***det är*** ~***t att han...*** it is a good thing he... **3** iron. nice, fine, pretty; ***en*** ~ ***röra*** a fine mess, a pretty mess
skönhet *subst* utseende el. person beauty
skönhetsdrottning *subst* beauty queen
skönhetsfel *subst* o. **skönhetsfläck** *subst* little flaw, blemish
skönhetsmedel *subst* cosmetic, beauty preparation
skönhetssalong *subst* beauty parlour, amer. beauty parlor
skönhetstävling *subst* beauty competition
skönhetsvård *subst* beauty care, behandling beauty treatment
skönja *verb* urskilja discern; börja se begin to see
skönjbar *adj* discernible; synbar visible
skönlitteratur *subst* poetry, essays and fiction, belles lettres (franska) med verb i sing.; endast prosa fiction
skönstaxering *subst* discretionary assessment of income
skör *adj* brittle; ömtålig fragile
skörd *subst* harvest, crop
skörda *verb* **1** reap, harvest; frukt gather **2** ~ ***många offer*** claim many victims
skörta *verb*, ~ ***upp*** fästa upp tuck up; bedraga overcharge, fleece
sköta *verb* **1** vårda nurse; behandla treat; om läkare attend; ~ ***om ngn*** vara aktsam om be careful with sb, look after sb well **2** förestå, leda manage, run; ha hand om (t.ex. ngns affärer) look after; ***kunna*** ~ ***ett arbete*** be able to carry on a job; ~ ***sitt arbete*** go about one's work, attend to one's work; ***sköt du ditt!*** mind your own business! **3** hantera handle; maskin etc. work, operate **4** ~ el. ~ ***om*** ombesörja attend to, see to; ta hand om take care of; behandla deal with; göra do; ha hand om be in charge of **5** ~ ***sig*** a) sköta om sig look after oneself, take care of oneself b) uppföra sig conduct oneself; ***hur sköter*** klarar ***han sig?*** how is he doing, how is he getting on?
skötbord *subst* nursing (changing) table
sköte *subst* knä lap
skötebarn *subst* huvudintresse chief concern, pet interest
sköterska *subst* nurse
skötsam *adj* stadgad steady; plikttrogen conscientious
skötsel *subst* **1** vård care; av sjuka nursing **2** ledning management; av t.ex. hushåll running **3** av t.ex. bil service; av t.ex. maskin maintenance
skötselanvisning *subst*, ~***ar*** på plagg etc. care instructions; för t.ex. apparat maintenance sing., operating instructions
skövla *verb* devastate; härja ravage
sladd *subst* **1** elektr. flex, amer. cord **2** slirning skid; ***jag fick*** ~ ***på bilen*** my car skidded
sladda *verb* slira skid
sladdbarn *subst* vard. skämts. afterthought
sladder *subst* **1** prat chatter **2** skvaller gossip
sladdlös *subst* elektr. el. tele. etc. cordless
slafsa *verb*, ~ ***i sig ngt*** gobble sth down, guzzle sth
slafsig *adj* slarvig sloppy
1 slag *subst* sort kind, sort; typ type; ***alla*** ~***s bilar*** all kinds of cars; ***vi har ett*** ~***s nya blommor*** we have a new kind of flower; ***boken är utmärkt i sitt*** ~ the book is excellent in its way
2 slag *subst* **1** stöt, hugg blow; i spel stroke; med knytnäven punch; ***vara ett hårt*** ~ ***för*** be a hard blow to; ***ett*** ~ ***i ansiktet*** a slap in the face; ***göra*** ~ ***i saken*** settle the matter **2** rytmisk rörelse beat; tekn. stroke **3** klockslag stroke **4** ***ett*** ~ en kort stund for a moment, for

a little while; ***vänta ett ~!*** wait a moment!, wait a bit! **5** mil. battle; ***~et vid Hastings*** the battle of Hastings **6** med. apoplexy; ***få ~*** vanligen have a stroke **7** på kavaj etc. lapel; på byxor turn-up, amer. cuff
slaganfall *subst* apoplectic stroke, fit of apoplexy
slagen *adj* besegrad defeated, beaten
slagfält *subst* battlefield; ***på ~et*** on the battlefield
slagfärdig *adj* kvick quick-witted
slagkraft *subst* **1** effektivitet effectiveness **2** vapens striking power
slagkraftig *adj* effective
slagord *subst* slogan, catchword, buzzword
slagsida *subst* sjö., ***få ~*** heel over
slagskepp *subst* battleship
slagskämpe *subst* fighter
slagsmål *subst* fight, vard. punch-up; ***råka i ~ med*** get into a fight with
slagträ *subst* i bollspel bat
slagverk *subst* musik., ***~et*** i orkester the percussion
slak *adj* slack; matt feeble, weak
slakt *subst* slaktande slaughter
slakta *verb* kill, butcher, i större skala slaughter
slaktare *subst* butcher
slakteri *subst* **1** abattoir, slaughterhouse **2** slakteriaffär butcher's
slakthus *subst* abattoir, slaughterhouse
slalom *subst* slalom; ***åka ~*** slalom
slalombacke *subst* slalom slope
slalompjäxa *subst* slalom boot
slalomskida *subst* slalom ski
slalomåkare *subst* slalom skier, slalomer
slalomåkning *subst* slalom-skiing, slaloming
1 slam *subst* kortsp. slam
2 slam *subst* **1** gyttja mud **2** kloakslam sludge
slammer *subst* clatter [*av*, *med* of], rattle [*av*, *med* of]
slampa *subst* slut, tart
slamra *verb* clatter, rattle; ***~ med ngt*** clatter sth, rattle sth
1 slang *subst* språkv. slang
2 slang *subst* tube; cykelslang tube, t.ex. vattenslang hose
slangbella *subst* catapult, amer. slingshot
slanglös *adj*, ***~t däck*** tubeless tyre
slank *adj* slender, slim
slant *subst* mynt coin; ***~ar*** pengar money sing.; ***förtjäna en ~*** earn some money, earn a bit of money
slapp *adj* **1** slak slack, limp **2** nonchalant easy-going; om disciplin lax
slapphet *subst* **1** slackness, limpness **2** nonchalans easy-goingness; slapp disciplin laxity
slappna *verb* slacken; ***~ av*** relax
slarv *subst* **1** carelessness **2** försumlighet negligence
slarva I *subst* careless woman, careless girl **II** *verb* be careless; ***~ bort*** a) förlägga lose b) slösa bort fritter away
slarver *subst* **1** om kvinna (flicka) careless woman (girl); om man (pojke) careless fellow **2** odåga good-for-nothing
slarvfel *subst* careless mistake, slip
slarvig *adj* careless [*med* about]
1 slask *subst* **1** slush; slaskväder slushy weather **2** slaskvatten slops pl.
2 slask *subst* vask sink
slaska *verb* **1** blaska splash about; ***~ ned*** splash **2** ***det ~r*** it's slushy weather
slaskband *subst* tv. scratch tape
slaskhink *subst* slop pail
slaskig *adj* om väder el. väglag slushy
slaskvatten *subst* slops pl.
slaskväder *subst* slushy weather
1 slav *subst* folk Slav
2 slav *subst* slave [*under ngt* to sth]
slava *verb* slave, drudge
slavdrivare *subst* slave-driver
slaveri *subst* slavery
slavhandel *subst* slave trade
1 slavisk *adj* Slavonic
2 slavisk *adj* osjälvständig slavish
slejf *subst* på sko strap; ryggslejf half-belt
slem *subst* fysiol. mucus; i t.ex. luftrören phlegm
slemhinna *subst* anat. mucous membrane
slemlösande *adj*, ***~ medel*** expectorant
slemmig *adj* slimy
slentrian *subst* routine; ***fastna i ~*** get into a rut
slev *subst* soppslev etc. ladle
sleva *verb*, ***~ i sig ngt*** shovel down sth, put away sth
slicka *verb*, ~ el. ***~ på*** lick; ***~ sig om munnen*** lick one's lips; ***~ av*** (***ur***) ***ngt*** el. ***~ ren*** ren lick sth clean; ***~ i sig*** om katt lap up
slickepinne *subst* lolly, lollipop
slida *subst* **1** sheath **2** anat. vagina
slinga *subst* t.ex. rörslinga coil; av rök etc. wisp; ögla loop; hårslinga lock
slingra *verb* wind; ***~ sig*** a) om t.ex. väg, flod wind; om växt trail; om t.ex. rök wreathe b) try to get round things; ***~ sig ifrån*** dodge, shirk; ***~ sig undan*** get out of it, get out of things

slingrande *adj* o. **slingrig** *adj* om t.ex. väg, flod winding
slinka *verb* kila slip; smyga slink, steal
slint *subst*, ***slå ~*** misslyckas fail, backfire
slipa *verb* grind, polish, glas el. ädelstenar cut
slipad *adj* knivig, slug smart, shrewd
slipover *subst* slipover
slippa I *verb* **1** ~ el. ~ ***ifrån*** (***undan***): befrias från be excused from; undgå escape; bli kvitt get rid of; inte behöva not have to, not need to; ***för att ~ besväret*** to save the bother, to avoid the bother; ***kan jag inte få ~ göra det?*** el. ***låt mig ~ göra det!*** I'd rather not do it; do I have to do it?; ***låt mig ~ höra eländet!*** I don't want to have to listen to the wretched business!; ***slipp*** låt bli ***då!*** don't then! **2** släppas, ~ ***över bron*** be allowed to pass the bridge
II *verb* med betonad partikel
slippa fram få passera be allowed to pass
slippa igenom get through, släppas be let through
slippa lös get loose, break loose
slippa undan undkomma escape
slippa ut get out [*ur* of], släppas be let out [*ur* of]; bli frigiven be released
slips *subst* tie; ***knyta en ~*** knot a tie
slipsten *subst* grindstone
slira *verb* skid; om hjul spin; om koppling etc. slip
slirig *adj* slippery
sliskig *adj* om smak etc. sweet and sickly; om person oily
slit *subst* arbete hard work, drudgery
slita I *verb* **1** nöta, ~ el. ~ ***på*** t.ex. kläder wear out **2** riva tear; rycka pull **3** knoga work hard, drudge [*med ngt* at sth]; ~ ***ont*** have a rough time of it **4** ~ ***sig*** om t.ex. djur break loose, get loose; ~ ***sig från ngn*** om person tear oneself away from sb
II *verb* med betonad partikel
slita av sönder break; slita bort tear off
slita loss (lös) tear off, tear loose; ~ ***sig lös*** tear oneself away
slita sönder ngt riva i bitar tear sth up, tear sth to pieces
slita ut nöta ut wear... out; ~ ***ut sig*** wear oneself out
slitage *subst* wear and tear
sliten *adj* worn; luggsliten shabby
slit-och-slängsamhälle *subst*, ~***t*** ungefär the consumer society
slits *subst* skåra, sprund slit
slitsad *adj*, ***en ~ kjol*** a slit skirt
slitsam *adj* toilsome, laborious
slitstark *adj* hard-wearing; hållbar durable
slockna *verb* go out
slogan *subst* slogan
sloka *verb* droop
slokhatt *subst* slouch hat
slopa *verb* avskaffa scrap, abolish; ge upp give up; utelämna leave out; sluta med discontinue
slott *subst* palace; borg castle
slovak *subst* Slovak
Slovakien Slovakia
slovakisk *adj* Slovakian; ***Slovakiska republiken*** the Slovak Republic
sloven *subst* Slovene
Slovenien Slovenia
slovensk *adj* Slovenian
slow motion *subst*, ***i ~*** in slow motion
sluddra *verb* slur one's words; om berusad talk thickly
sluddrig *adj* slurred; om berusad thick
slug *adj* shrewd; listig sly, cunning; klipsk clever
sluka *verb* swallow; hungrigt devour
slum *subst* slumkvarter slum; ~***men*** the slums pl.
slummer *subst* slumber; lur doze, nap
slump *subst* tillfällighet chance; ~***en gjorde att vi träffades*** it so happened that we met; ***av en ren ~*** by mere chance, by mere accident
slumpa *verb*, ~ ***bort*** sell off
slumpmässig *adj* random
slumpvis *adv*, ~ ***utvalda*** chosen at random
slumra *verb* slumber; halvsova doze; ~ ***till*** doze off
slunga I *subst* sling
II *verb* sling; häftigt fling, hurl
slurk *subst* skvätt drop; ***en ~ kaffe*** a few drops of coffee
sluskig *adj* shabby
sluss *subst* passage lock; dammlucka sluice
slut I *subst* end, ending; ~***et gott, allting gott*** all's well that ends well; ***få*** (***göra***) ~ ***på*** stoppa put an end to; ***göra ~ på*** konsumera finish; ***göra ~ med ngn*** break off with sb; ***filmen har ett lyckligt ~*** the film has a happy ending; ***ta ~*** upphöra end; tryta give out; ***smöret börjar ta ~*** the butter is running short; ***arbetet tar aldrig ~*** the work will never end; ***smöret har tagit ~ för oss*** we have no butter left; ***den andre från ~et*** the last but one; ***den femte från ~et*** the last but four; ***i ~et av*** (***på***) at the end of; ***på ~et*** at the end, in the end; ***till ~*** a) till sist finally, in the end b) äntligen at last c) avslutningsvis lastly
II *adj* over; avslutad at an end, finished;

förbrukad used up, all gone; slutsåld sold out; utmattad done up, exhausted; utsliten done for; ***nu är det ~ med friden*** now we'll have no more (that's the end of) peace and quiet; ***det är ~ mellan oss*** it is all over between us; ***biljetterna är ~*** the tickets are sold out; ***terminen är ~*** the term is over

sluta *verb* **1** avslutas end, finish; göra färdig finish, finish off; upphöra med stop, cease; lämna leave; ***boken ~r sorgligt*** the book has a sad ending; ***vi ~r kl. 3*** we finish at 3, we stop at 3; ***det har ~t regna*** it has stopped raining; ~ ***röka*** give up smoking; ***han har ~t hos oss*** he has left us; ~ upphöra ***med ngt*** stop sth; ~ ***med att göra ngt*** stop doing sth; ***det ~de med att han...*** the end of it was that he...; ***~!*** stop it! **2** ~ ***till*** close, shut **3** uppgöra conclude; ~ ***fred*** make peace **4** ~ ***sig*** stänga sig: om t.ex. dörr shut; om t.ex. blomma close; ~ ***sig till*** a) ansluta sig attach oneself to, join b) dra slutsats conclude [*av* from]

slutare *subst* foto. shutter

slutbetyg *subst* school-leaving certificate; slutomdöme final verdict

sluten *adj* stängd closed; förseglad sealed; ~ ***vård*** institutional care

slutföra *verb* fullfölja complete, finish

slutgiltig *adj* final, definitive

slutkapitel *subst* last chapter, final chapter

slutkörd *adj*, ***vara*** ~ be done up, be whacked

slutlig *adj* final; ytterst ultimate; slutgiltig definite; ~ ***skatt*** final tax

slutligen *adv* finally, in the end, ultimately

slutlikvid *subst* slutbetalning final settlement, payment of balance

slutomdöme *subst* final verdict

slutplädering *subst* jur. concluding speech

slutresultat *subst* final result, final outcome

slutsats *subst* conclusion; ***dra en ~ av ngt*** draw a conclusion from sth; ***dra förhastade ~er*** jump to conclusions

slutscen *subst* final scene, closing scene

slutsignal *subst* sport. final whistle

slutskattsedel *subst* final notice of income-tax assessment

slutskede *subst* final stage; fas final phase

slutspel *subst* sport. final tournament; i vissa sporter play-off; ***gå till*** ~ qualify for the play-offs

slutstation *subst* terminus

slutsumma *subst* total amount

slutsåld *adj*, ***vara*** ~ be sold out, be out of stock

slutta *verb* slope, slant

sluttande *adj* sloping

sluttning *subst* slope

slyngel *subst* young rascal, rascal; rackarunge scamp

slå I *verb* **1** tilldela flera slag beat; träffa med ett slag strike, hit; stöta, smälla knock, bang; ***det slog mig att...*** it struck me that...; ~ ***en boll i nät*** hit a ball into the net; sparka kick a ball into the net; ~ ***en spik i ngt*** drive a nail into sth; ~ ***i dörrarna*** slam the doors **2** tele., ett telefonnummer dial; ***klockan ~r två*** the clock is striking two **3** om t.ex. hjärta beat; om t.ex. dörr be banging; ***regnet ~r mot fönstret*** the rain is banging against the window **4** bli uppskattad be a hit **5** ~ ***sig*** hurt oneself; ~ ***sig i huvudet*** bump one's head; ~ ***sig för bröstet*** blow one's own trumpet

II *verb* med betonad partikel

slå an ton, tangent strike; vara tilltalande catch on [*på* with]

slå av 1 hugga etc. av knock off; bryta itu break... in two **2** koppla av switch off **3** pruta ~ ***av på*** t.ex. pris, krav reduce

slå fast ngt 1 med hammare hammer sth on [*på ngt* to] **2** se *fastslå*

slå i ngt t.ex. spik bang sth in; ~ ***i vin i ett glas*** pour out wine into a glass

slå ifrån koppla från switch off

slå igen 1 ge igen hit back **2** ~ ***igen*** t.ex. bok, dörr shut... with a bang

slå ihjäl kill

slå ihop ngt 1 t.ex. bok, paraply close sth **2** slå samman put sth together **3** blanda ihop mix sth together **4** förena join sth, combine sth; ~ ***sig ihop*** inbördes join together

slå in 1 hamra in drive in, knock in **2** slå sönder: t.ex. fönster smash; t.ex. dörr batter... down **3** ~ ***in ngt*** lägga in wrap up sth [*i papper* in paper; *i ett paket* into a parcel]

slå ned 1 kuva, t.ex. uppror crush, smash **2** komma nedfallande fall, drop; om fågel alight **3** ~ ***ned ngn (ngt)*** slå omkull; knock sb (sth) down **4** ~ ***ned i*** om blixten strike **5** ~ ***sig ned*** a) sätta sig sit down, settle down b) bosätta sig settle, settle down; ~ ***dig ned!*** take a seat!

slå om 1 förändras change **2** ~ ***om ett papper om ngt*** put paper round sth, wrap paper round sth

slå omkull ngn (ngt) knock sb (sth)

down, knock sb (sth) over
slå på koppla på t.ex. motor switch on
slå runt om t.ex. bil overturn
slå sönder ngt break sth to pieces, smash sth
slå till 1 ge ... ett slag strike, hit **2** koppla på t.ex. motor switch on **3** acceptera take the chance **4** bestämma sig settle the deal, clinch the deal
slå tillbaka t.ex. anfall beat off, repel
slå upp 1 sätta upp put up **2** fälla upp: t.ex. paraply, sufflett put up; krage turn up **3** öppna open; ~ ***upp en dörr*** throw a door open **4** ~ ***upp sidan 10 i boken*** open the book at page 10; se på turn to page 10 in the book; ~ ***upp ett ord i ett lexikon*** look up a word in a dictionary
slå ut 1 t.ex. ett fönster smash **2** i boxning knock out **3** om blomma come out; öppna sig open; om träd burst into leaf **4** ~ ***väl ut*** turn out well

slående *adj* påfallande, träffande striking
slån *subst* o. **slånbär** *subst* sloe
slåss *verb* fight [*om ngt* over sth, for sth]
släcka *verb* put out; t.ex. törst slake, quench; ***ljuset är släckt*** the light is out
släde *subst* sleigh; mindre t.ex. hundsläde sledge; ***åka*** ~ sleigh, go sleighing
slägga *subst* **1** sledgehammer **2** sport., redskap hammer; ***kasta*** ~ throw the hammer; släggkastning hammer throw, throwing the hammer
släggkastning *subst* sportgren hammer throw, throwing the hammer
släkt I *subst* **1** ätt family; ***det ligger i ~en*** it runs in the family **2** släktingar relations pl., relatives pl.
II *adj* related [*med* to]
släkte *subst* generation generation; ras race
släkting *subst* relation, relative
släktkär *adj*, ***vara*** ~ have a strong family feeling
släktled *subst* generation generation
släktmöte *subst* family gathering
släktnamn *subst* family name, surname
släktskap *subst* relationship, kinship, affinity
slända *subst* trollslända dragonfly
släng *subst* **1** sväng swerve; knyck jerk; ***en ~ med huvudet*** a jerk of one's head **2** lindrigt anfall touch; ***en ~ av influensa*** a bout of influenza
slänga *verb* **1** vard. chuck, sling; vårdslöst toss; häftigt fling; kasta bort throw away, chuck away **2** ***släng dig i väggen!*** go and take a running jump!
slängkappa *subst* cloak
slängkyss *subst*, ***kasta en ~ åt ngn*** blow sb a kiss
slänt *subst* sluttning slope; backsluttning hillside
släp *subst* **1** på klänning train **2** släpvagn trailer; ***ha ngt på*** ~ have sth in tow
släpa *verb* dra drag; med möda haul; längs marken trail; ~ ***fötterna efter sig*** drag one's feet; ***gå med ~nde steg*** shuffle along; ~ ***efter*** lag behind; ~ ***fram ngt ur källaren*** drag sth out of the cellar; ~ ***med sig ngt*** drag sth about with one; ~ ***på ngt*** bära på lug sth along
släpig *adj* **1** om t.ex. gång shuffling **2** om t.ex. röst drawling
släplift *subst* sport. ski-tow, T-bar lift
släppa I *verb* **1** ~ ***ngt*** leave hold of sth, let go of sth; ~ ***ngn*** let sb go; släppa lös let sb loose; frige set sb free, release sb; ***släpp mig!*** let me go!; ***släpp min hand!*** let go of my hand!; ~ ***hundarna på ngn*** set the dogs on sb **2** om t.ex. färg come off; om t.ex. värk pass off **3** ~ ***sig*** fjärta break wind
II *verb* med betonad partikel
släppa fram (förbi) ngn (ngt) let sb (sth) pass
släppa ifrån sig 1 ~ ***ifrån sig ngt*** let sth go; avhända sig part with sth **2** avstå från give up
släppa igenom ngt let sth through
släppa in ngn i ngt let sb into sth, admit sb into sth; ~ ***in luft*** let in air
släppa lös ngn t.ex. fånge set sb free, release sb; koppla lös unleash; ~ ***lös djur*** turn animals loose
släppa på vatten, ström turn on
släppa upp t.ex. ballong send up; ~ ***upp kopplingen*** i bil let in the clutch
släppa ut 1 ~ ***ut ngn (ngt)*** let sb (sth) out [*ur* of] **2** olja, föroreningar discharge; fånge release

släpphänt *adj* easy-going, indulgent [*med, mot* towards]
släpvagn *subst* trailer
slät *adj* jämn om t.ex. hy, hår, yta smooth; plan level, plane, om yta even, om mark flat; enkel, om t.ex. ring plain
släta *verb*, ~ ***till*** smooth down; plana flatten; ~ ***ut*** smooth out; ~ ***över*** t.ex. problem smooth over
släthårig *adj* om hund smooth-haired
slätrakad *adj* clean-shaven, close-shaven
slätstruken *adj* mediocre, indifferent
1 slätt I *subst* plain; slättland flat land
II *adv* jämnt, ***ligga*** ~ be smooth

2 slätt *adv* dåligt ***stå sig ~ i konkurrensen*** come off badly in the face of strong competition
slätvar *subst* fisk brill
slö *adj* **1** om t.ex. kniv blunt, dull **2** trög slow, sluggish; håglös listless
slöa *verb* idle, laze
slödder *subst* mob, riff-raff, rabble
slöfock *subst* lazybones sing.
slöja *subst* veil
slöjd *subst* handicraft; träslöjd woodwork
slösa *verb* **1** waste [*på* on]; vara frikostig med, t.ex. beröm lavish [*på* on]; ~ ***bort*** waste **2** vara slösaktig be wasteful; ~ ***med*** slösa bort waste **3** vara frikostig med be lavish with; ~ ***med beröm*** be lavish of praise
slösaktig *adj* wasteful
slöseri *subst* wastefulness, extravagance
smacka *verb* när man äter eat noisily; ~ ***med läpparna*** smack one's lips; ~ ***med tungan*** click one's tongue
smak *subst* taste; viss utmärkande flavour; bismak savour; ~***en är olika*** tastes differ; ***få ~ för*** acquire a taste for; ***det ger ~ åt soppan*** el. ***det sätter ~ på soppan*** it gives a flavour to the soup; ***falla ngn i ~en*** strike sb's fancy, take sb's fancy
smaka *verb*, ~ el. ~ ***på*** taste; ~ ***bra*** taste nice; ~ ***citron*** taste of lemon; ***det ~r ingenting*** it has no taste; ***det ~ar konstigt*** it has a queer taste; ***det ska ~ gott med en kopp kaffe*** I wouldn't mind a cup of coffee; ***vill du ~?*** would you like to try one (some etc.)?
smakfull *adj* tasteful; elegant stylish
smaklig *adj* välsmakande tasty; aptitlig appetizing; ~ ***måltid!*** enjoy your meal!, bon appetit!
smaklös *adj* tasteless
smakprov *subst* **1** taste **2** sample
smaksak *subst* matter of taste
smaksinne *subst* sense of taste
smaksätta *verb* flavour
smakämne *subst* flavouring
smal *adj* narrow; ej tjock thin; slank slender; ***det är en ~ sak för honom*** it's quite easy for him; ***hålla sig*** ~ keep slim; ***vara ~ om höfterna*** have narrow hips
smalben *subst* anat., ~***et*** the shin
smalna *verb* **1** om t.ex. väg become narrow, get narrow **2** tunnare, magrare get thinner
smaragd *subst* ädelsten emerald
smart *adj* **1** smart **2** slug sly; ~ ***card*** smart card
smash *subst* sport. smash
smasha *verb* sport. smash
smaskens *adj* o. **smaskig** *adj* vard. yummy
smatter *subst* skrivmaskins clatter; trumpets blare
smattra *verb* om skrivmaskin etc. clatter; om trumpet blare
smed *subst* smith; grovsmed blacksmith
smedja *subst* smithy, forge
smeka *verb* caress; kela med fondle
smekmånad *subst* honeymoon; ***åka på*** ~ go on a honeymoon
smeknamn *subst* pet name
smekning *subst* caress, endearment
smeksam *adj* tender, caressing
smet *subst* **1** blandning, kaksmet mixture; pannkakssmet, flottyrsmet etc. batter **2** grötlik massa sticky mass
smeta *verb* daub; något kladdigt smear; ~ ***ned sig*** get oneself into a mess, get oneself all mucky
smetig *adj* smeary, sticky
smicker *subst* flattery
smickra *verb* flatter
smickrande *adj* flattering [*för* to]
smida *verb* forge; hamra ut hammer out; ~ ***planer*** draw up plans; ~ ***medan järnet är varmt*** strike while the iron is hot
smide *subst* **1** smidning forging **2** föremål wrought-iron goods, piece of wrought-iron work
smidig *adj* **1** böjlig, spänstig flexible; vig, rörlig lithe **2** mjuk (om t.ex. ngns sätt) smooth and easy
smidighet *subst* **1** böjlighet, spänstighet flexibility; vighet litheness **2** mjukhet smoothness
smil *subst* smile; självbelåtet smirk; flin grin
smila *verb* smile; självbelåtet smirk; flina grin [*mot* at]
smilfink *subst* vard. smarmy type
smilgrop *subst* dimple
smink *subst* make-up; rött rouge; teat. greasepaint
sminka *verb*, ~ ***ngn*** make sb up; ~ ***sig*** make up
sminkning *subst* make-up
smisk *subst*, ***få*** ~ get a smacking, på stjärten get a spanking
smiska *verb* smack; på stjärten spank
smita *verb* **1** ge sig i väg run away [*från* from]; försvinna make off; ***förarna smet från olycksplatsen*** the driver left the scene of the accident; ~ ***från*** a) t.ex. tillställning slip away from b) t.ex. betalning, skatter evade, dodge **2** om kläder, ~ ***åt*** fit tight

smitning *subst* trafik. leaving the scene of the accident; fall av smitning case of hit-and-run
smitta I *subst* infection
II *verb* infect; ***han ~de mig*** I caught it from him; ***bli ~d av ngn*** catch an infection from sb; ***sjukdomen ~r*** the disease is infectious, vid beröring the disease is contagious
smittbärare *subst* disease carrier, carrier
smittkoppor *subst pl* med. smallpox sing.
smittsam *adj* infectious; genom beröring contagious, catching
smittämne *subst* contagion; virus virus; bacill bacteria
smocka I *subst* sock, biff
II *verb*, ***~ till ngn*** sock sb, biff sb

> **smoking**
> Det engelska ordet *smoking* betyder rökning. *No Smoking!* = Rökning förbjuden!

smoking *subst* dinner jacket, amer. tuxedo (pl. -s), vard. tux
smolk *subst*, ***~ i glädjebägaren*** a fly in the ointment
sms *subst* tele. text message, SMS
sms:a *verb* tele. send a text message, send an SMS
smuggel *subst* smugglande smuggling
smuggelgods *subst* smuggled goods pl.
smuggla *verb* smuggle
smugglare *subst* smuggler
smuggling *subst* smugglande smuggling
smula I *subst* **1** spec. brödsmula crumb; allmännare bit, scrap **2** litet, ***en ~*** a little, a bit; en aning a little bit, a trifle
II *verb*, ***~ sönder*** crumble
smultron *subst* wild strawberry
smussel *subst* hanky-panky, monkey business
smussla *verb* fiffla cheat; ***~ undan*** hide away
smuts *subst* dirt, filth
smutsa *verb*, ***~ ned ngt*** make sth dirty; ***~ ned sig*** get dirty
smutsig *adj* dirty, filthy; nedsmutsad: om t.ex. kläder soiled; om t.ex. disk unwashed; ***bli ~*** get dirty
smutskasta *verb* throw mud at, fling mud at; ***~ ngns person*** drag sb's name through the mud
smutskläder *subst pl* dirty linen sing.
smutstvätt *subst* dirty washing, dirty laundry
smutta *verb* sip; ***~ på*** dryck sip, sip at
smycka *verb* adorn; pryda ornament; dekorera decorate
smycke *subst* piece of jewellery; ***~n*** jewellery sing., amer. jewelry sing.
smyckeskrin *subst* jewel case, jewel box
smyg *subst*, ***i ~*** olovandes on the sly, on the quiet
smyga *verb*, ***~ sig*** steal; smita slip; gå tyst creep; ***~ på tå*** tiptoe; ***ett fel har smugit sig in*** an error has crept in
smygande *adj* om t.ex. gång stealthy, sneaking; om t.ex. sjukdom, gift insidious
smygtitta *verb*, ***~ på ngn*** glance (peep) at sb on the sly
små *adj* se *liten I*
småaktig *adj* small-minded; futtig mean
småaktighet *subst* small-mindedness; futtighet meanness
småbarn *subst* small child, little child; spädbarn baby, infant
småbarnsföräldrar *subst pl* parents of small children
småbil *subst* small car; mycket liten minicar, mini
småbildskamera *subst* minicamera, vard. minicam
småbitar *subst pl* small pieces; ***gå i ~*** break to pieces
småborgerlig *adj* lower middle-class, neds. bourgeois
småbruk *subst* konkret smallholding
småbrukare *subst* smallholder
småbröd *subst* koll. fancy biscuits pl., amer. cookies pl.
småfranska *subst* roll
småföretag *subst* small business, small firm
småföretagare *subst* small businessman
småhus *subst* small house, small self-contained house
småkaka *subst* fancy biscuit, amer. cookie
småkryp *subst* vard. creepy-crawly
småle *verb* smile [*mot, åt* at]
småleende *subst* faint smile
småningom *adv*, ***så ~*** gradually, little by little
småpaket *subst* small packet
småpengar *subst pl* small coins; växel small change sing.
småpotatis *subst* small beer, amer. small potatoes
småprat *subst* chat; kallprat small talk
småprata *verb* chat
smårätter *subst pl* ungefär hors d'oeuvres
småsak *subst* liten sak little thing; bagatell trifle

småsparare *subst* small saver
småstad *subst* small town; landsortsstad provincial town
småstadsaktig *adj* provincial
småstadsbo *subst* provincial
småstuga *subst* cottage
småsyskon *subst pl* younger sister and brother, younger sisters and brothers, younger sisters (brothers)
småtimmarna *subst pl*, ***fram på ~*** in the small hours
smått I *adj* small etc.; se *liten I*
II *subst*, ***~ och gott*** all sorts of nice little things; ***i ~*** i liten skala on a small scale
III *adv* en smula a little, slightly, somewhat
småtting *subst* vard. little kid, tiny tot
småttingar *subst pl* o. **småungar** *subst pl* small children, little kids
småvägar *subst pl* bypaths
småäta *verb* snack (nibble) between meals
smäcker *adj* slender
smäda *verb* abuse
smädelse *subst*, ~ el. ***~r*** abuse sing.
smäll *subst* **1** knall bang; av piska crack; av kork pop; vid kollision smash; vid explosion detonation **2** slag med handen smack, slap; med piska lash; stöt blow **3** smisk smacking, spanking
smälla I *verb* **1** slå, dänga bang, knock **2** om dörr etc. bang, slam; om piska, gevär crack; om kork pop; om skott go off; ***det smäller högre*** it's worth more, it counts more; ***i morgon smäller det!*** tomorrow the balloon goes up! **3** smiska smack, spank
II *verb* med betonad partikel
smälla i dörrarna bang the doors, slam the doors
smälla av freak out, flip out
smälla i sig 1 mat gorge oneself [*ngt* with sth] **2** kunskaper cram
smälla igen dörr bang
smälla till slap, smack
smälla upp hus knock up; nyhet splash
smällare *subst* fyrverkeri cracker, banger
smällkaramell *subst* cracker
smälta I *verb* **1** melt [*till* into]; metaller fuse [*till* into] **2** mat digest; komma över get over
II *verb* med betonad partikel
smälta bort melt away
smälta ihop ngt melt sth together, fuse sth together
smältost *subst* processed cheese
smältpunkt *subst* melting-point
smärgelpapper *subst* emery paper
smärre *adj* smaller, less; ***några ~ fel*** a few minor errors
smärt *adj* slender, slim
smärta *subst* pain; lidande suffering; sorg grief; ***ha svåra smärtor*** be in great pain
smärtfri *adj* painless
smärtgräns *subst* pain threshold
smärtsam *adj* painful
smärtstillande *adj* pain-relieving; med. analgesic; ~ ***medel*** vard. pain-killer
smör *subst* butter; ***bre ~ på*** spread butter on; ***gå åt som ~*** el. ***gå åt som ~ i solsken*** go like hot cakes
smörblomma *subst* buttercup
smördeg *subst* puff pastry
smörgås *subst* **1** ***en ~*** utan pålägg a slice (a piece) of bread and butter; med pålägg an open sandwich **2** ***kasta ~*** lek play ducks and drakes, skip stones across the water
smörgåsbord *subst* smorgasbord, large mixed hors d'oeuvre
smörgåsmat *subst* skinka, ost etc. ham, cheese etc. to put on (in) sandwiches
smörgåstårta *subst* savoury sandwich layer cake
smörj *subst* beating, thrashing; ***få ~*** get a beating, get a thrashing
smörja I *subst* skräp rubbish, muck
II *verb* med fett (olja) grease, oil
smörjmedel *subst* lubricant
smörjning *subst* lubrication, greasing
smörjolja *subst* lubricating oil
smörklick *subst* pat of butter

> **smörkniv**
> I England har man sin egen smörkniv. Den lägger man på assietten som är avsedd för brödet, inte på smörtallriken.

smörkniv *subst* butter knife
smörkräm *subst* buttercream
smörpapper *subst* grease-proof paper
smörstekt *adj* ... fried in butter; ***~ svamp*** mushrooms fried in butter
snabb *adj* rapid, quick, swift; om t.ex. tåg, löpare fast; om t.ex. affär, hjälp prompt; ***i ~ takt*** at a rapid pace, at a quick pace
snabba *verb* **1** ***~ på*** (***upp***) speed up **2** ***~ sig*** el. ***~ på*** hurry up, look lively
snabbfrysa *verb* quick-freeze
snabbgående *adj* fast
snabbhet *subst* speed, rapidity

snabbis *subst* vard. quickie
snabbkaffe *subst* instant coffee
snabbkassa *subst* fast check-out, amer. express check-out lane
snabbkurs skol. *subst* crash course, rapid course
snabbköp *subst* o. **snabbköpsaffär** *subst* self-service shop, self-service store; större supermarket
snabbladdning *subst* bil., ***en*** ~ a rapid recharge
snabbmat *subst* fast food, convenience food
snabbtelefon *subst* intercom system el. telefon
snabbtänkt *adj* quick-witted, ready-witted
snabel *subst* elefants trunk
snabel-a *subst* data. at, @
snack *subst* o. **snacka** *verb* vard. se *prat* o. *prata*
snaggad *adj*, ***vara*** ~ have one's hair cut short, have a crew cut
snappa *verb* snatch [*efter* at]; ~ ***till*** (***åt***) ***sig*** snatch; ~ ***upp*** en nyhet etc. snatch up, pick up; ett ord etc. catch
snaps *subst* glas brännvin snaps (pl. lika), dram
snar *adj* snabb speedy; omedelbar prompt; nära förestående near, immediate
snara *subst* snare; fälla trap
snarare *adv* **1** om tid sooner **2** hellre rather; ***det var*** ~ ***tjugo än tio*** it was nearer twenty than ten; ***jag tror*** ~ ***att…*** I'm inclined to think that…
snarast *adj* o. *adv*, ***med det*** ~***e*** el. ~ ***möjligt*** as soon as possible, at the earliest possible date
snarka *verb* snore
snarkning *subst*, ***en*** ~ a snore; snarkande snoring; ~***ar*** snarkande snoring
snarlik *adj* rather like
snarstucken *adj* touchy, short-tempered
snart *adv* soon; inom kort shortly; ~ ***är vi framme*** we will soon be there; ***så*** ~ el. ***så*** ~ ***som*** så fort as soon as; så ofta whenever; ***så*** ~ ***som möjligt*** as soon as possible; ***så har det varit i*** ~ ***tio år*** it's been like that for nearly ten years
snask *subst* sötsaker sweets pl., amer. candy
snaska *verb* **1** äta sötsaker eat sweets; ~ ***på ngt*** munch sth **2** äta snaskigt be messy
snatta *verb* i butik shoplift
snattare *subst* shoplifter
snatteri *subst* i butik shoplifting
snattra *verb* **1** om anka quack **2** pladdra chatter, jabber
snava *verb* stumble, trip
sned I *adj* lutande slanting; sluttande sloping; krokig, vind crooked; på snedden diagonal **II** *subst*, ***på*** ~ askew
snedparkering *subst* angle-parking
snedspark *subst* fotb. miskick
snedsprång *subst* escapade; kärlekshistoria love affair
snedstreck *subst* slanting line; typogr. el. data. slash
snedtak *subst* sloping roof
snedträff *subst* om t.ex. spark miskick; med t.ex. raket mishit
snedtända *verb* av narkotika have a bad trip
snedvriden *adj* twisted, distorted
snedögd *adj* slant-eyed
snegla *verb*, ~ ***på*** förstulet glance furtively at
snett *adv* slantingly; på sned askew; på snedden diagonally; ***gå*** ~ go wrong; ***mössan sitter*** ~ your cap is crooked (is a bit cock-eyed); ***tavlan hänger*** ~ the picture is slanting
snibb *subst* hörn corner; spets point
snickarbyxor *subst pl* dungarees, amer. overalls
snickare *subst* spec. inredningssnickare joiner; timmerman carpenter
snickeri *subst* **1** hantverk joinery, carpentry; ~***er*** carpentry work **2** snickarverkstad joiner's workshop
snickra *verb* do carpentry work
snida *verb* carve
snideri *subst* carving
sniffa *verb* sniff [*på* at]; narkotika snort
snigel *subst* slug; med snäcka snail
snigelfart *subst*, ***med*** ~ at a snail's pace
sniken *adj* greedy
snille *subst* genius
snilleblixt *subst* brainwave
snilledrag *subst* stroke of genius, masterstroke
snillrik *adj* brilliant
snits *subst* style, chic
snitsa *verb* vard., ~ ***till*** (***ihop***) a) t.ex. middag knock up, fix b) ett tal put together c) piffa upp smarten up
snitsig *adj* stylish, chic
snitt *subst* cut; med. incision; tvärsnitt section; ***i*** ~ on average
sno *verb* **1** hoptvinna twist; vira twine, wind; snurra twirl, turn **2** vard., stjäla pinch **3** ~ ***sig*** a) linda sig twist, twine [*om* round]; trassla ihop sig get twisted b) vard., skynda sig get cracking
snobb *subst* snob; klädsnobb dandy
snobba *verb*, ~ ***med*** t.ex. kunskaper show off; t.ex. fina bekantskaper swank about, brag about

snobberi *subst* snobbery
snobbig *adj* snobbish
snobbism *subst* snobbery
snodd *subst* cord; för garnering braid, lace
snofsig *adj* vard. smart
snok *subst* zool. grass snake
snoka *verb* poke, pry, snoop; ~ ***upp*** (***reda på***) hunt up
snopen *adj* besviken disappointed; ***det känns lite snopet*** it feels a bit disappointing
snopp *subst* **1** barnspr. el. vard., penis willie, thing **2** på cigarr tip
snoppa *verb* ljus snuff; krusbär etc. top and tail; bönor string; ~ el. ~ ***av*** cigarr cut; ~ ***av ngn*** snub sb
snor *subst* vard. snot
snorig *adj* snotty, snotty-nosed
snorkel *subst* snorkel
snorkig *adj* vard. snooty
snorunge *subst* o. **snorvalp** *subst* snotty-nosed kid; som är uppkäftig saucy brat, cheeky brat
snowboard *subst* snowboard
snowboarding *subst* snowboarding
snubbe *subst* vard. guy, bloke, chap, amer. vanligen guy
snubbla *verb* stumble, trip
snudd *subst*, ***det är*** ~ ***på skandal*** it's little short of a scandal
snudda *verb*, ~ ***vid*** brush against; skrapa lätt graze
snurra I *subst* **1** leksak top **2** vindsnurra windmill **II** *verb* spin, twirl; kring axel turn [*omkring* on]; rotate, revolve; ***allting*** ~***r runt för mig*** my head is in a whirl
snurrig *adj* vard. **1** yr giddy, dizzy **2** tokig crazy

snus
Det svenska sättet att snusa är inte vanligt i England och USA. *Snuff* är ett fint pulver som andas in i näsan.

snus *subst* luktsnus snuff; av svensk typ snus [snuːs]
snusa *verb* tobak take snuff
snusdosa *subst* snuffbox
snusen *subst* vard., ***lite på*** ~ a bit tipsy
snusförnuftig *adj* would-be wise, platitudinous
snusk *subst* dirt, filth
snuskig *adj* dirty, filthy
snut *subst* vard., polis cop; ~***en*** koll. the cops pl.
snutt *subst* vard., kort avsnitt snippet, little bit; melodi snatch, bit of a tune
snuva *subst*, ***få*** ~ catch a cold; ***ha*** ~ have a cold
snuvig *adj*, ***vara*** ~ have a cold
snyfta *verb* sob
snyftning *subst* sob
snygg *adj* prydlig tidy, neat; ren clean; vacker etc. pretty, nice, fine; om en man handsome, good-looking; ***jo, det var just*** ~***t!*** iron. that's (this is) a fine thing!
snygga *verb*, ~ ***till*** (***upp***) ***sig*** make oneself tidy; piffa upp sig smarten oneself up; ~ ***upp*** städa tidy up
snyltgäst *subst* person sponger, gatecrasher
snyta *verb*, ~ ***sig*** blow one's nose
snyting *subst* vard., ***ge ngn en*** ~ sock sb, wallop sb
snål *adj* **1** stingy, mean [*mot* towards] **2** om vind biting
snåla *verb* vara snål be stingy, be mean; nödgas leva snålt stint oneself; ~ ***in på*** spara save on
snålhet *subst* stinginess, meanness [*mot* towards]; ***låta*** ~***en bedra visheten*** be penny-wise and pound-foolish
snåljåp *subst* skinflint, miser, spec. amer. cheapskate
snålskjuts *subst*, ***åka*** ~ travel without paying; utnyttja take advantage [*på* of]
snår *subst* thicket, brush
snäcka *subst* **1** snäckdjur mollusc **2** skal shell
snäll *adj* good [*mot* to]; vänlig kind [*mot* to]; snäll och rar nice [*mot* to]; väluppfostrad well-behaved; ~***a du gör det*** el. ***var*** ~ ***och gör det*** would you do that please?; ***men*** ~***a du,...!*** but my dear,...!
snärja *verb* snare, entangle, trap; ~ ***in sig*** get entangled
snärtig *adj* om slag sharp; om replik cutting
snäsa *verb*, ~ el. ~ ***till ngn*** snap at sb; åthuta tell sb off; ~ ***av ngn*** snub sb
snäv *adj* tight, close; om kjol etc. close-fitting; trång, knapp narrow
snö *subst* snow
snöa *verb* snow; ***det*** ~***r*** it is snowing; ***vägen har*** ~***t igen*** the road has been snowed over
snöblandad *adj*, ***snöblandat regn*** sleet
snöblind *adj* snowblind
snöboll *subst* snowball
snöby *subst* snow flurry; kraftigare snow squall
snödjup *subst* depth of snow
snödriva *subst* snowdrift
snödroppe *subst* blomma snowdrop
snöfall *subst* snowfall, fall of snow
snöflinga *subst* snowflake
snöglopp *subst* sleet

snögubbe *subst* snowman
snöig *adj* snowy
snökedja *subst* tyre chain
snöplig *adj* t.ex. om resultat disappointing; ***få (ta) ett ~t slut*** come to a sorry end
snöplog *subst* snowplough, amer. snowplow
snöra *verb* lace, lace up; ~ ***upp*** unlace
snöre *subst* string; grövre cord; segelgarn twine; för garnering braid; målsnöre tape; ***ett*** ~ a piece of string
snöripa *subst* kok. grouse
snörpa *verb*, ~ ***på munnen*** purse one's lips
snöröjning *subst* snow clearance
snöskoter *subst* snowmobile
snöskottning *subst* clearing (shovelling) away the snow
snöskred *subst* avalanche, snowslide
snöslask *subst* sleet, wet snow; sörja slush
snöslunga *subst* snow-blower
snöstorm *subst* snowstorm, våldsam blizzard
snösväng *subst* vard., snöröjning snow clearance; arbetsstyrka snow clearance force
snötäcke *subst* covering of snow; ***~ts tjocklek*** the depth of snow
snötäckt *adj* snow-covered
Snövit i sagan Snow White
so *subst* sugga sow [saʊ]
soaré *subst* soirée (franska)
sobel *subst* djur el. skinn sable
sober *adj* sober
social *adj* social
socialarbetare *subst* social worker, welfare worker
socialbidrag *subst* social security benefit; behovsprövat income support
socialbyrå *subst* social welfare office
socialdemokrat *subst* social democrat; ***~erna*** the Social Democrats
socialdemokrati *subst* social democracy
socialdemokratisk *adj* social democratic
socialdepartement *subst* ministry of health and social affairs
socialfall *subst* social welfare case
socialförsäkring *subst* social insurance, national insurance
socialgrupp *subst* social group, social class
socialisera *verb* socialize; förstatliga nationalize
socialism *subst*, ~ el. ***~en*** socialism
socialist *subst* socialist
socialistisk *adj* socialistic
socialminister *subst* minister of health and social affairs
Socialstyrelsen *subst* the National Swedish Board of Health and Welfare
socialvård *subst* social welfare
socialvårdare *subst* social worker
societet *subst* society; ***~en*** Society
sociolog *subst* sociologist
sociologi *subst* sociology
socka *subst* sock
sockel *subst* base; lampfattning socket
socken *subst* parish
socker *subst* sugar
sockerbeta *subst* sugar beet
sockerbit *subst* lump of sugar
sockerdricka *subst* lemonade
sockerfri *adj* sugarless; t.ex. tuggummi sugar-free
sockerhalt *subst* sugar content
sockerkaka *subst* sponge cake
sockerlag *subst* syrup
sockerrör *subst* sugar cane
sockersjuk *adj* diabetic; ***en*** ~ a diabetic
sockersjuka *subst* diabetes
sockerskål *subst* sugar basin, sugar bowl
sockervadd *subst* candy floss, amer. cotton candy
sockerärt *subst* mange-tout, sugar pea, amer. snow pea
sockra *verb*, ~ el. ~ ***i*** (***på***) sugar
soda *subst* soda
sodavatten *subst* soda water, soda
soffa *subst* sofa; mindre el. pinnsoffa settee; vilsoffa couch; t.ex. järnvägsvagn el. parksoffa seat
soffbord *subst* coffee table
soffgrupp *subst* möblemang lounge suite, three-piece suite
soffliggare *subst* valskolkare abstainer from voting, stay-at-home
soffpotatis *subst* vard. couch potato
sofistikerad *adj* sophisticated
soja *subst* sås soya sauce
sojaböna *subst* soya bean, soybean
sol *subst* sun
sola *verb*, ~ ***sig*** sunbathe
solarium *subst* solarium
solarplexus *subst* anat. el. boxn. solar plexus
solbad *subst* sunbath
solbada *verb* sunbathe, take a sunbath
solbrillor *subst pl* vard. shades, sunglasses
solbränd *adj* brun suntanned; sönderbränd sunburnt
solbränna *subst* suntan, tan; sönderbränd sunburn
soldat *subst* soldier, menig soldier, private
soldäck *subst* sundeck
soleksem *subst* sun rash
solenergi *subst* solar energy
solfjäder *subst* fan

solförmörkelse *subst* solar eclipse
solglasögon *subst pl* sunglasses, vard. shades
solglimt *subst* glimpse of the sun
solid *adj* solid; ~ ***ekonomi*** sound economy, sound finances; ***ha ~a kunskaper i*** have a sound knowledge of
solidarisera *verb*, ~ ***sig*** fully identify oneself [*med* with]
solidarisk *adj*, ***vara ~ med ngn*** be loyal to sb
solidaritet *subst* solidarity
solig *adj* sunny
solist *subst* soloist
solka *verb*, ~ ***ned*** soil
solkig *adj* soiled
solklar *adj* uppenbar obvious, clear
solklänning *subst* sun dress
solkräm *subst* sun (suntan) lotion
solliv *subst* sun top
solljus *subst* sunlight
solnedgång *subst* sunset, sundown; ***i ~en*** at sunset
solo I *adj* o. *adv* solo; helt ensam alone
II *subst* solo (pl. -s)
solochvåra *verb*, ~ ***ngn*** play the lonely-hearts racket with sb, trick sb out of money by false promises of marriage
solochvårare *subst* lonely-hearts racketeer, conman who obtains money from a woman by false promises of marriage
sololja *subst* suntan oil, suntan lotion
solros *subst* sunflower
solsken *subst* sunshine; ***det är*** ~ vanligen the sun is shining
solskydd *subst* i bil sun shield, sun visor; skydd mot solen i allm. protection from the sun
solskyddsmedel *subst* sunblock; solkräm sun (suntan) lotion
solsting *subst*, ***få*** ~ have a sunstroke, get a sunstroke
solstol *subst* sun chair, sun lounger
solstråle *subst* sunbeam, ray of sunshine
solsystem *subst* solar system
soltak *subst* på bil sunroof, sunshine roof
soltimmar *subst pl* hours of sunshine
soluppgång *subst* sunrise; ***i ~en*** at sunrise
solur *subst* sundial
som I *pron* om person who (objektsform whom); om djur el. sak which; om person, djur el. sak ofta that; ***allt*** ~ all that; ***mycket*** ~ much that; ***han var den förste ~ kom*** he was the first to come; ***platsen ~ han bor på*** the place where he is living; ***det var här ~ jag mötte honom*** it was here that I met him; ***det är någon ~ knackar på dörren*** there is someone knocking at the door
II *konj* **1** as, like; ***varför gör du inte ~ jag?*** why don't you do as I do?, vard. why don't you do like I do?; ***om jag vore ~ du*** if I were you; ***redan ~ pojke simmade han ~ en fisk*** even as a boy he swam like a fish **2** eftersom as, since
III *adv* framför superl., ***när vattnet är ~ högst*** when the water is at its highest; ***när festen pågick ~ bäst*** right in the middle of the party; ***när man är ~ minst förberedd*** when one is least prepared
somlig *pron*, ***~t, ~a*** some; ***~t*** självst. some things pl.; ***~a*** självst. some, some people, certain people
sommar *subst* summer; ***i somras*** last summer; se *höst* för vidare ex.
sommardag *subst* summer day, summer's day
sommargäst *subst* holiday visitor, holiday guest, summer visitor (guest); om fågel summer visitor
sommarlik *adj* summery, summer-like
sommarlov *subst* summer holidays pl., vacation
sommar-OS *subst* the summer Olympics pl.
sommarsolstånd *subst* summer solstice
sommarstuga *subst* summer cottage, weekend cottage
sommarställe *subst* place in the country, summer cottage, större summer house
sommartid *subst* **1** årstid summer, summertime **2** framflyttad tid daylight saving time; i Storbritannien vanligen British Summer Time
somna *verb* fall asleep, go to sleep; ~ ***om*** fall asleep again, go back to sleep again
son *subst* son; ***han är ~ till*** he is the son of
sona *verb* atone for, make amends for
sonat *subst* sonata
sondera *verb* probe, sound; ~ ***möjligheterna*** explore the possibilities; ~ ***terrängen*** see how the land lies
sondotter *subst* granddaughter
sonhustru *subst* daughter-in-law (pl. daughters-in-law)
sonson *subst* grandson
sopa *verb* sweep
sopbil *subst* refuse lorry, amer. garbage truck
sopborste *subst* dust brush; med längre skaft broom
sophink *subst* refuse bucket, amer. garbage can, trash can
sophämtare *subst* refuse collector, vard. dustman; amer. garbage collector

sophämtning *subst* refuse collection, amer. garbage collection
sophög *subst* refuse heap, amer. garbage heap
sopkvast *subst* broom
sopnedkast *subst* refuse chute, amer. garbage chute
sopor *subst pl* avfall refuse sing., amer. garbage sing.; skräp rubbish sing., amer. trash
sopp *subst* svamp bolete
soppa *subst* **1** soup **2** vard. mess
sopptallrik *subst* soup plate
soppåse *subst* bin-liner, bin bag, amer. trash bag
sopran *subst* person el. röst soprano (pl. -s)
sopskyffel *subst* dustpan
sopsortering *subst* refuse sorting, amer. garbage sorting
sopstation *subst* central refuse disposal plant, amer. garbage disposal plant
soptipp *subst* refuse dump, amer. garbage dump
soptunna *subst* dustbin, refuse bin, trash can, garbage can
sopåtervinning *subst* waste reclamation
sorbet *subst* vattenglass sorbet, amer. sherbet
sorg *subst* **1** bedrövelse sorrow [*över* at], grief [*över* for]; ***till min stora ~ måste jag*** to my great regret I have to **2** sörjande el. sorgdräkt mourning; förlust genom dödsfall bereavement; ***anlägga*** ~ go into mourning [*efter* for]
sorgband *subst* mourning band
sorgdräkt *subst* mourning
sorgebarn *subst* problem child
sorgfri *adj* bekymmerfri carefree
sorgklädd *adj*, ***vara*** ~ be in mourning
sorglig *adj* ledsam, beklaglig sad; bedrövlig deplorable; ***ett ~t faktum*** a melancholy fact; ***det är ~t men sant*** it is sad but unfortunately true
sorglös *adj* carefree; obekymrad unconcerned; lättsinnig happy-go-lucky
sorgmarsch *subst* funeral march
sorgmusik *subst* funeral music
sorgsen *adj* sad; sorgmodig melancholy, mournful
sork *subst* djur vole, fieldmouse
sorl *subst* murmur
sorla *verb* murmur
sort *subst* slag sort, kind; typ type; hand., märke brand
sortera *verb* **1** sort, efter kvalitet sort, grade, classify [*efter* according to] **2** ~ ***under*** a) lyda under be subordinate to, be under the control of b) höra under belong under, come under; ~ ***under rubriken...*** come under the heading of...
sortering *subst* **1** sorterande sorting **2** se *sortiment*
sorti *subst* exit [*från, ur* from]
sortiment *subst* assortment, range, selection
SOS *subst*, ***ett*** ~ an SOS
sosse *subst* vard. socialist, social democrat
sot *subst* soot; i motor carbon
1 sota *verb* **1** skorsten etc. sweep; motor decarbonize **2** ~ ***ngt*** el. ~ ***ned ngt*** smutsa soot sth, make sth sooty **3** alstra sot smoke, give off soot
2 sota *verb*, ***få ~ för ngt*** pay for sth
sotare *subst* person chimney-sweep
sotig *adj* sooty; smutsig grimy
souvenir *subst* souvenir, keepsake
sova I *verb* sleep, be asleep; ~ ***gott*** djupt be sound asleep, be fast asleep; ***sov gott!*** sleep well!; ***jag ska ~ på saken*** I'll have to sleep on it, I'll have to sleep on the matter
II *verb* med betonad partikel
sova av sig t.ex. rus, ilska sleep off
sova ut tillräckligt länge have enough sleep
sova över tiden oversleep; ~ ***över*** hos ngn stay the night
Sovjet *subst* hist. the Soviet Union
Sovjetunionen hist. the Soviet Union
sovkupé *subst* sleeping-compartment
sovmorgon *subst*, ***hon har*** ~ she's having a lie-in; ***i morgon har jag*** ~ tomorrow I will have a late morning (I will be able to have a nice lie-in)
sovplats *subst* järnv. el. sjö. sleeping-berth
sovplatsbiljett *subst* sleeping-berth ticket
sovra *verb* t.ex. material sift, sort out
sovrum *subst* bedroom
sovstad *subst* dormitory suburb
sovsäck *subst* sleeping-bag
sovvagn *subst* sleeping-car
spackel *subst* **1** verktyg putty knife **2** spackelfärg putty
spackla *verb* putty
spad *subst* liquid; för soppor el. såser stock
spade *subst* spade
spader *subst* **1** kortsp. spades pl.; ***en*** ~ a spade **2** vard., ***få*** ~ go mad; ***jag tror jag får ~!*** I'll go mad in a minute!
spaderdam *subst* kortsp. the queen of spades
spaderfem *subst* kortsp. the five of spades
spagat *subst*, ***gå ned i*** ~ do the splits
spaghetti *subst* spaghetti (med verb i sing.)
1 spak *subst* lever; flyg. control column, control stick

2 spak *adj* lätthanterlig manageable; foglig docile
spaljé *subst* för växt trellis, espalier
spalt *subst* typogr. column
spalta *verb* **1** ~ ***upp ngt*** i spalter divide sth into columns **2** klyva split, split up
spana *verb* med blicken look out; intensivt watch; om polis investigate; mil. reconnoitre; ~ ***efter*** be on the look-out for, search for
spanare *subst* spejare scout; flyg. observer; om polis investigator, detective
Spanien Spain
spaning *subst* search sing.; polisspaning investigation; mil. el. flyg. reconnaissance; ***vara på*** ~ ***efter ngt*** be on the look-out for sth, be on the search for sth
spaningsplan *subst* reconnaissance plane
spanjor *subst* Spaniard
spanjorska *subst* Spanish woman
spann *subst* brospann span
spannmål *subst* corn, spec. amer. grain; brödsäd cereals pl.
spansk *adj* Spanish
spanska *subst* språk Spanish; se *svenska 2*; för ex.
spanskfödd *adj* Spanish-born; se *svensk-* för vidare sammansättningar
spara I *verb* **1** save [*till* for] **2** hushålla med economize [*på* on]; skona, t.ex. sin hälsa spare; ~ ***på sockret!*** go easy on the sugar!
II *verb* med betonad partikel
spara ihop save up [*till* for], lay up [*till* for]; hopa accumulate
spara in dra in **på ngt** economize on sth
sparare *subst* saver
sparbank *subst* savings bank
sparbanksbok *subst* savings book
sparbössa *subst* money box, savings-box
spargris *subst* piggy bank
spark *subst* kick; ***få en*** ~ get kicked; ***få*** ~***en*** vard. get the sack, be fired; ***ge ngn*** ~***en*** give sb the sack, fire sb
sparka I *verb* kick; ~ ***bakut*** om häst kick out; ~ ***boll*** vanligen play football, vard. play footie; ***bli*** ~***d*** från jobbet get the sack, be fired
II *verb* med betonad partikel
sparka av sig täcket kick off one's bedclothes
sparka igen dörren kick the door shut
sparka till ngn (ngt) give sb (sth) a kick
sparka upp ngt t.ex. dörr kick sth open
sparkapital *subst* saved capital, savings capital
sparkbyxor *subst pl* rompers
sparkcykel *subst* scooter
sparkdräkt *subst* romper suit, rompers pl.
sparkonto *subst* savings account
sparkstötting *subst* kick-sled
sparmedel *subst* savings pl.
sparpaket *subst* austerity package
sparra *verb*, ~ ***mot ngn*** be sb's sparring-partner
sparringpartner *subst* sparring-partner
sparris *subst* grönsak asparagus
sparsam *adj* ekonomisk economical; ***vara*** ~ ***med*** economize on; ***vara*** ~ med pengar be economical; ~ ***med*** t.ex. beröm, ord sparing of
sparsamhet *subst* economy, thrift
spartansk *adj* Spartan
sparv *subst* fågel sparrow
sparvhök *subst* fågel sparrow hawk
spasmodisk *adj* spasmodic
spastiker *subst* spastic
spastisk *adj* spastic
speceriaffär *subst* grocer's shop, amer. grocery store
specerier *subst pl* groceries
specialerbjudande *subst* special offer
specialfall *subst* special case
specialisera *verb*, ~ ***sig*** specialize [*på*, *i* in]
specialist *subst* specialist [*på* in]; expert expert [*på* on, in]
specialitet *subst* speciality
specialkunskap *subst* specialist knowledge
speciallärare *subst* remedial teacher
specialutbildad *adj* specially trained
speciell *adj* special, particular
specificera *verb* specify
specifik *adj* specific
specifikation *subst* specification [*över* of], detailed description [*över* of]
spedition *subst* spedierande forwarding, dispatch, shipping
speditör *subst* forwarding agent (agents pl.), shipping agent (agents pl.)
speedway *subst* sport. speedway
spegel *subst* mirror, looking-glass
spegelbild *subst* reflection
spegelblank *adj* om t.ex. sjö glassy; om t.ex. golv, metall shiny
spegelreflexkamera *subst* reflex camera
spegelvänd *adj* reversed, inverted
spegla *verb* reflect, mirror; ~ ***sig*** be reflected, om person look in a mirror
speja *verb* spy [*efter* for], spy about [*efter* for]
spejare *subst* mil. reconnaissance scout
spektakulär *adj* spectacular
spektrum *subst* spectrum (pl. spectra)

spekulant *subst* **1** prospective buyer [*på* of] **2** börsspelare speculator
spekulation *subst* speculation; ***på ~*** on speculation, vard. on spec
spekulera *verb* speculate [*över* about, on]
spel *subst* **1** musik. playing **2** teat., spelsätt acting **3** sällskaps-, kort- el. idrottsspel game; spelande playing; spelsätt vanligen play; hasardspel gambling; stick i kortspel trick; ***~ om pengar*** playing for money; ***förlora på ~*** lose by gambling **4** olika uttryck: ***~et är förlorat*** the game is up; ***spela ett högt ~*** play a dangerous game; ***ha ett finger*** (***sin hand***) ***med i ~et*** have a hand in it; ***stå på ~*** be at stake; ***sätta ngt på ~*** risk sth, put sth at stake; ***han är ur ~et*** he is out of it, he is out of the running
spela I *verb* play; visa t.ex. film show; spela hasard gamble; låtsas vara pretend; ***~ fiol*** play the violin; ***~ kort*** play cards; ***~ piano*** play the piano, vard. play piano; ***~ sjuk*** pretend to be ill; ***~ teater*** act; ***~ för ngn*** a) inför ngn play to sb b) ta lektioner take piano (violin etc.) lessons from sb; ***~ på en häst*** bet on a horse; ***~ på lotteri*** take part in a lottery (lotteries pl.)
II *verb* med betonad partikel
spela bort gamble away
spela in 1 ***~ in en film*** make a film, produce a film; ***~ in ngt*** på band record sth **2** inverka come into play
spela upp spelläxa play [*för* to]; t.ex. en vals strike up; ljudband play back
spelare *subst* player; hasardspelare gambler; vadhållare better
spelautomat *subst* gambling machine; enarmad bandit, vard. fruit machine, one-armed bandit
spelbord *subst* för kortspel card-table; för hasardspel gambling table, gaming table
speldosa *subst* musical box
spelfilm *subst* feature film
spelhall *subst* amusement hall, amusement arcade
spelhåla *subst* gambling-den, gambling-house
spelkort *subst* playing-card
spelman *subst* musician; fiolspelare fiddler
spelmark *subst* counter
spelmål *subst* sport. goal in open play
spelregel *subst* rule of the game
spelrum *subst* scope, play, margin; ***fritt ~*** free scope
spelskuld *subst* gambling debt
speltid *subst* för film running time; för musikkassett playing time
speluppläggare *subst* sport. playmaker
spenat *subst* spinach
spendera *verb* spend
spene *subst* teat, nipple
spenslig *adj* slender
sperma *subst* sperm
spermie *subst* sperm
1 spets *subst* **1** udd point; på reservoarpenna nib; ände, t.ex. på finger, tunga tip; ***stå i ~en för ngt*** be at the head of sth; ***ställa sig i ~en för ngt*** put oneself at the head of sth; ***driva saken till sin ~*** carry matters to extremes **2** bergstopp peak, top
2 spets *subst* textil., ~ el. ***~ar*** lace (endast sing.)
3 spets *subst* hund spitz; ***dvärg ~*** Pomeranian
spetsa *verb* göra spetsig, spetsa till sharpen, point; ***~ öronen*** prick up one's ears
spetsig *adj* pointed; vass sharp; ***~ vinkel*** acute angle
spetskrage *subst* lace collar
spett *subst* **1** järnspett iron-lever **2** stekspett spit; grillspett skewer
spex *subst* farce
spexa *verb* clown about
spigg *subst* fisk stickleback
spik *subst* nail; stift nubb, tack; ***träffa huvudet på ~en*** hit the nail on the head
spika *verb* **1** nail; med nubb etc. tack; ***~ fast*** nail [*vid* on to] **2** ***~ en dag*** bestämma fix a day
spikhuvud *subst* head of a nail
spikrak *adj* dead straight
spiksko *subst* sport. spiked shoe, track shoe
spill *subst* waste, wastage, loss
spilla *verb* **1** spill, drop, waste, lose **2** ***~ tid på ngt*** waste time on sth
spillo *subst*, ***gå till ~*** go to waste, run to waste
spillolja *subst* waste oil
spillra *subst* skärva splinter; friare remnant, remains pl.; ***spillror*** av t.ex. flygplan, hus wreckage
spillvatten *subst* överloppsvatten waste water
spilta *subst* för häst stall; lös box, loose box
1 spindel *subst* tekn. spindle
2 spindel *subst* zool. spider
spindelnät *subst* o. **spindelväv** *subst* cobweb, spider web, spider's web
spinkig *adj* very thin, slender
spinn *subst* flyg. spin; ***råka i ~*** get into a spin
spinna *verb* **1** spin **2** om katt, motor purr
spion *subst* spy, hemlig agent secret agent

spionage *subst* espionage
spionera *verb* spy [*på* on; *åt* for]
spioneri *subst* spying, espionage (endast sing.)
spira I *subst* **1** topp spire **2** härskarstav sceptre **II** *verb*, ~ el. ~ ***upp*** (***fram***) skjuta skott sprout, sprout up
spiral *subst* **1** spiral **2** preventivmedel loop, coil
spiralfjäder *subst* coil spring, spiral spring
spiraltrappa *subst* spiral staircase, winding staircase
spiritism *subst* se *spiritualism*
spiritualism *subst* spiritualism
spirituell *adj* witty
spis *subst* **1** elektrisk cooker, amer. stove; gasspis gas stove; köksspis kitchen range **2** ***öppen*** ~ fireplace **3** ***stå vid en öppen*** ~ be busy cooking
spisa *verb* eat
spisfläkt *subst* cooker hood ventilator, cooker fan
spisning *subst*, ***utan vidare*** ~ without further ado
spjut *subst* **1** spear; kastspjut javelin **2** sport. javelin; ***kasta*** ~ throw the javelin
spjutkastare *subst* sport. javelin thrower
spjutkastning *subst* sport., gren javelin throw, javelin
spjäll *subst* i eldstad damper; i maskin throttle valve
spjälsäng *subst* cot, amer. crib
spjärna *verb*, ~ ***emot*** streta emot offer resistance
splitter *subst* splinter
splitterfri *adj* shatterproof
splitterny *adj* brand-new
splittra *verb* **1** shatter, splinter; klyva split **2** partier, familjer etc. divide, divide up **3** ~ ***sig*** a) i små stycken splinter b) ägna sig åt mycket divide one's energies; ***han är ~d*** he is torn in different directions
splittring *subst* oenighet division, split
1 spola I *verb* **1** vatten etc. flush; skölja rinse; med. syringe; på toaletten flush; ~ ***av*** t.ex. bilen wash down **2** förkasta, vard. scrap, chuck out **II** *verb* med betonad partikel
spola av t.ex. bilen wash down
spola bort wash away
spola i (upp) vatten i badkaret run a bath
spola ner ngt i toaletten flush sth down the toilet
2 spola *verb* vinda upp på spole wind, spool; ~ ***av*** unspool; ~ ***fram*** band, film fast-forward, wind forward; ~ ***tillbaka*** band, film rewind

spolarvätska *subst* windscreen washer fluid, amer. windshield washer fluid
spole *subst* **1** för symaskin spool **2** för film, färgband, band etc.: tom spool, full reel **3** hårspole curler **4** elektr. el. radio. coil
spoliera *verb* spoil, wreck; ödelägga ruin
sponsor *subst* sponsor
sponsra *verb* sponsor
spontan *adj* spontaneous
spontanitet *subst* spontaneity
sporadisk *adj* sporadic; enstaka isolated
sporra *verb* spur
sporre *subst* spur
sport *subst* sport
sporta *verb* go in for sports, go in for games
sportaffär *subst* sports shop
sportartiklar *subst pl* sports equipment sing.
sportbil *subst* sports car
sportdykare *subst* skindiver
sportdykning *subst* skindiving
sportfiskare *subst* angler
sportfiske *subst* angling
sportig *adj* sporty
sportjacka *subst* leisure jacket
sportkläder *subst pl* sports clothes
sportlov *subst* winter sports holiday, amer. winter sports vacation
sportnyheter *subst pl* sports news sing.; i tv, radio sportscast sing.
sportredaktör *subst* sports editor
sportsida *subst* sporting page
sportslig *adj* sporting
sportsmässig *adj* sportsmanlike, sporting
sportstuga *subst* ungefär weekend cottage, summer cottage
spott *subst* saliv spittle, saliva
spotta *verb* spit
spottstyver *subst*, ***för en*** ~ for a song
spraka *verb* knastra crackle; gnistra sparkle
sprallig *adj* lively, frisky
spratt *subst* practical joke; ***spela ngn ett*** ~ play a trick on sb
sprattelgubbe *subst* **1** leksak jumping jack **2** sprallig person jack-in-the-box, live-wire
sprattla *verb* **1** flounder **2** om småbarn kick about; om t.ex. dansös do a lot of high kicking
sprej *subst* o. **spreja** *verb* spray
sprejburk *subst* spray can
sprejflaska *subst* atomizer
spreta *verb* om ben sprawl; ~ el. ~ ***ut*** stick out; ~ ***med fingrarna*** spread one's fingers
spretig *adj* straggly; ~ ***handstil*** sprawling hand
spricka I *subst* **1** crack, i hud chap **2** i t.ex. vänskap breach; inom t.ex. parti split

II *verb* crack; om hud chap; brista break; sprängas sönder burst; rämna split; ***äta tills man är nära att*** ~ eat till one is ready to burst; ***förhandlingarna har spruckit*** negotiations have broken down

sprida *verb*, ~ ***sig*** spread; sprida ut sig, skingra sig disperse, scatter; ~ ***ljus över ngt*** shed light on sth; ~ ***ett rykte*** spread a rumour; ~ ***omkring ngt*** scatter sth about; ~ ***ut*** spread out; friare spread, circulate

spridd *adj* utbredd spread; enstaka isolated, stray; kringspridd scattered, dispersed; ~***a skurar*** scattered showers; ***på ~a ställen*** here and there

spridning *subst* spread, distribution

spring *subst* springande running about; ***det är ett ständigt ~ av folk här*** there is a constant stream of people popping in and out

1 springa *subst* narrow opening; t.ex. dörrspringa chink; i t.ex. brevlåda slit; för mynt slot

2 springa I *verb* **1** löpa run; ~ ***sin väg*** run away; ~ ***benen av sig*** run oneself off one's legs; ~ ***efter ngn*** vara efterhängsen run after sb; ~ ***i affärer*** go shopping **2** brista, ~ ***i luften*** explode, be blown up

II *verb* med betonad partikel

springa bort run away, run off

springa efter hämta run for, run and fetch

springa fatt ngn catch sb up

springa fram run forward, run up

springa före framför run in front [*ngn* of sb], run ahead [*ngn* of sb]

springa in genom t.ex. dörren run in

springa ned run down, nedför trappan run downstairs

springa om ngn (ngt) overtake sb (sth), run past sb (sth)

springa upp 1 löpa run up, uppför trappan run upstairs **2** resa sig jump up, spring up

springande *adj*, ***den ~ punkten*** the crucial point

springare *subst* schack. knight

springpojke *subst* errand boy, messenger boy, delivery boy

sprinkler *subst* sprinkler

sprinter *subst* sprinter

sprinterlopp *subst* sport. sprint, amer. dash

sprit *subst* alkohol alcohol; dryck spirits pl.; starksprit liquor; industriell spirit

sprita *verb* ärter etc. shell

spritdryck *subst* alcoholic liquor; ~***er*** spirits

spritförbud *subst* prohibition

spritkök *subst* spirit stove

spritlangare *subst* ungefär bootlegger

spritpåverkad *adj*, ***vara*** ~ be under the influence of drink (alcohol), be intoxicated

spritrestriktioner *subst pl* restrictions on spirits

spriträttigheter *subst pl*, ***ha*** ~ be fully licensed

spritsmugglare *subst* liquor smuggler, bootlegger

spritt *adv*, ~ ***språngande galen*** raving mad; ~ ***naken*** stark naked

spritta *verb* t.ex. av glädje jump [*av* for], bound [*av* for]; ~ ***till*** give a start, start

spritärter *subst pl* shelling peas; kok. green peas

sprudla *verb* bubble; ~ ***av liv*** bubble over with high spirits

sprudlande *adj* exuberant; ~ ***kvickhet*** sparkling wit

sprund *subst* på kläder slit, opening

spruta I *subst* handspruta el. för injektion syringe; för besprutning, målning sprayer; brandspruta fire-engine; ***få en*** ~ get an injection [*mot* for], vard. get a shot [*mot* for]

II *verb* **1** spurt; med fin stråle squirt; med stor kraft spout **2** ~ ***på*** sprinkle, spray; med slang hose; spec. färg el. mot ohyra spray; ~ ***in*** inject

sprutlackering *subst* **1** spraying **2** färg spray paint

sprutmåla *verb* spray-paint

sprutpistol *subst* spray gun

språk *subst* language; uttryckssätt style; talspråket speech; ***siffrorna talar sitt tydliga*** ~ the figures speak for themselves; ***ut med ~et!*** speak up!, out with it!

språkbegåvad *adj*, ***han är mycket*** ~ he has a gift for languages

språkbegåvning *subst* gift for languages

språkbruk *subst* usage, linguistic usage

språkfel *subst* linguistic error

språkkunnig *adj*, ***vara*** ~ have a good knowledge of languages

språkkunskaper *subst pl* knowledge sing. of languages

språkkurs skol. *subst* language course

språkkänsla *subst* feeling for language

språklärare *subst* language teacher

språkresa *subst* kurs utomlands language course abroad

språkrör *subst* mouthpiece [*för* for]

språkundervisning *subst* language teaching

språng *subst* jump, leap; ***hon är på ~ någonstans*** she is about somewhere

språngbräda *subst* springboard

språngmarsch *subst* run; ***i*** ~ at a run

spräcka *verb* crack; plan spoil
spräcklig *adj* speckled, spotted
spränga *verb* burst; med sprängämne blast; spränga i luften blow up; ~ ***banken*** i spel break the bank; ~ ***bort*** med sprängämne blast away; ~ ***en dörr*** break a door open, force a door open; ~ ***sönder*** burst; med sprängämne blast; i flera delar burst to pieces, med sprängämne blast to pieces
sprängbomb *subst* high-explosive bomb
sprängladdning *subst* explosive charge
sprängämne *subst* explosive
sprätt *subst*, ***han satte ~ på pengarna*** he threw his money around
sprätta *verb*, ~ ***upp*** söm rip up; kuvert slit open
spröd *adj* brittle; om t.ex. sallad crisp; ömtålig fragile
spröt *subst* **1** zool. antenna, feeler **2** i paraply rib
spurt *subst* sport. spurt; ***lägga på en ~*** put on a spurt
spurta *verb* sport. spurt
sputnik *subst* sputnik
spy *verb* vomit, throw up; ~ ***ut*** eld, rök belch forth
spydig *adj* malicious; ironisk sarcastic
spydighet *subst* egenskap malice; ~***er*** malicious remarks
spypåse *subst* flyg. el. sjö. vomit bag, sl. barf bag
spå *verb* **1** utöva spådom tell fortunes; ~ ***ngn i handen*** tell sb his fortune by the lines of the hand; ~ ***ngn i kort*** tell sb his fortune by the cards **2** förutsäga predict, foretell
spådom *subst* förutsägelse prediction, prophecy
spågumma *subst* o. **spåkärring** *subst* neds. old fortune-teller
spån *subst* flisa chip; filspån filings pl.; hyvelspån shavings pl.
spånkorg *subst* chip basket
spånskiva *subst* material chipboard; ***en*** ~ a sheet of chipboard
spår *subst* **1** märke mark; friare trace; fotspår footstep; t.ex. efter vagn, djur track; jakt. trail; lukt scent; på band track; ledtråd (vid brott) clue; ***följa ~et*** a) om hund follow the track b) om polisen follow up the clue; ***följa ngn i ~en*** follow sb's footsteps; ***allt gick i de gamla ~en*** everything was in the same old groove; ***vara inne på fel ~*** be on the wrong track; ***komma ngn (ngt) på ~en*** get on the track of sb (sth) **2** järnv. track; skenor rails pl., line
spåra *verb* följa spåren av track, trace; ~ ***upp*** track down; ~ ***ur*** om tåg etc. leave the rails; ***diskussionen ~de ur*** the discussion got side-tracked; ***festen ~de ur*** the party got out of hand
spårhund *subst* sleuth-hound, bloodhound
spårlöst *adv*, ***han försvann ~*** he vanished into thin air
spårvagn *subst* tram, tramcar, amer. streetcar
spårvagnsförare *subst* tram driver, amer. streetcar driver
spårvagnskonduktör *subst* tram conductor, amer. streetcar conductor
spårvidd *subst* gauge, width of track
spårväg *subst* tramway, amer. streetcar line
spä *verb*, ~ ***ut*** dilute; blanda mix
späck *subst* lard; valfiskspäck blubber
späckad *adj*, ***en ~ plånbok*** a bulging wallet; ~ ***med citat*** studded with quotations
späd *adj* om t.ex. växt, ålder tender; om gestalt slender; ömtålig delicate
späda *verb*, ~ ***ut*** dilute; blanda mix
spädbarn *subst* infant, baby
spädbarnsdödlighet *subst* infant mortality
spädgris *subst* sucking-pig
spädning *subst* **1** dilution **2** spädande diluting, mixing
spänd *adj* utsträckt stretched; om rep, muskel taut; om person tense; ivrig att få veta anxious to know; ***ett spänt förhållande*** strained relations pl.; ***högt ~ förväntan*** eager expectation; ***spänt intresse*** intense interest
1 spänn *subst*, ***vara på ~*** om person be in suspense, vard. be uptight
2 spänn *subst* vard., krona krona (pl. kronor)
spänna I *verb* sträcka ut stretch; dra åt, t.ex. rep tighten; anstränga: t.ex. krafter, röst strain; ~ ***ngns förväntningar*** raise sb's expectations; ~ ***hanen på ett gevär*** cock a gun; ~ ***musklerna*** flex one's muscles; ~ ***sig*** tense oneself; anstränga sig strain oneself; ***spänn dig inte!*** relax!
II *verb* med betonad partikel
spänna av el. **spänna av sig** unfasten; ngt fäst med rem unstrap; med spänne unbuckle
spänna fast ngt fasten sth on [*vid* to]; med rem strap sth on [*vid* to]; med spänne buckle sth on [*vid* to]; ~ ***fast säkerhetsbältet*** fasten one's seatbelt
spänna på el. **spänna på sig** put on; säkerhetsbälte fasten
spänna åt tighten
spännande *adj* exciting, thrilling; ***det ska bli ~ att få se*** it will be very interesting to see

spänne *subst* **1** clasp; på skärp buckle **2** för håret slide; hårklämma hairclip
spänning *subst* **1** allm. el. elektr. tension; i volt voltage; tekn. strain, stress **2** excitement; oro suspense; ***vänta med*** ~ wait eagerly
spänst *subst* **1** kroppslig vigour, physical fitness; vitalitet vitality **2** elasticitet springiness; om t.ex. fjäders elasticity
spänsta *verb* motionera take exercise to keep fit
spänstig *adj* **1** om person fit, vigorous; om gång springy; vital vital; ***hålla sig*** ~ keep fit, keep in good form **2** elastisk elastic
spärr *subst* **1** catch, stop, lock; spärranordning locking device **2** vid in- el. utgång barrier **3** hinder barrier; barrikad barricade; polisspärr på väg road-block
spärra I *verb* block up, bar; stänga för trafik close [*för* to]; ~ ***en check*** stop payment of a cheque (amer. check); ~ ***ett konto*** block an account, freeze an account
II *verb* med betonad partikel
spärra av 1 gata, väg close; med t.ex. bockar block; med rep rope off; med poliskordong cordon off **2** isolera isolate, shut off
spärra in ngn shut up sb; låsa lock sb up
spärra upp ögonen open one's eyes wide
spärranordning *subst* locking device, blocking device
spärreld *subst* barrage
spärrvakt *subst* ticket collector
spätta *subst* fisk plaice (pl. lika)
spö *subst* metspö fishing-rod; ridspö horsewhip; ***regnet står som ~n i backen*** it's pouring down, vard. it's raining cats and dogs
spöa *verb* ge stryk, besegra give sb a thrashing
spöka *verb* **1** om en avliden haunt a place; ***det ~r här*** this place is haunted; ***det ~r här i huset*** this house is haunted **2** vard., ***det är nog hans gamla kärlekshistoria som ~r igen*** ligger bakom it is probably his old love affair that is behind it (ställer till trassel that is causing trouble) again
spöke *subst* vålnad ghost, spectre
spökhistoria *subst* ghost story
spöklik *adj* ghostlike, ghostly; kuslig uncanny, weird
spörsmål *subst* question; ***juridiska*** ~ legal matters
1 squash *subst* grönsak marrow, amer. squash
2 squash *subst* sport. squash
squashbana *subst* sport. squash court
stab *subst* staff
stabil *adj* stable; stadig solid; om person steady
stabilisator *subst* sjö. el. flyg. stabilizer
stabilisera *verb*, ~ ***sig*** stabilize
stabilitet *subst* stability
stabschef *subst* mil. chief of staff
stack *subst* höstack stack; myrstack ant-hill
stackare *subst* poor creature, stark. poor devil
stackars *adj*, ~ ***jag*** (***mig***)***!*** poor me!; ~ ***liten!*** poor little thing!
stackato *subst* o. *adv* musik. el. allm. staccato
stad *subst* town; större city; i administrativt avseende borough; ***gamla stan*** the old part of the town
stadga I *subst* **1** stadighet steadiness, stability; stadgad karaktär firmness of character **2** förordning regulations pl.; lag law
II *verb* **1** göra stadig steady; ~ ***sig*** om person settle down; om vädret become settled **2** förordna direct; påbjuda decree
stadgad *adj* **1** om person steady **2** föreskriven prescribed
stadig *adj* steady; stabil stable; ***ha ~t arbete*** have regular work; ~ ***blick*** steady gaze; ~ fast ***kund*** regular client; ***en ~ måltid*** a substantial meal, a square meal; ***~t väder*** settled weather
stadigvarande *adj* permanent; ständig constant
stadion *subst* stadium
stadium *subst* stage; skede phase; ***på ett tidigt*** ~ at an early stage
stadsbefolkning *subst* urban population, town population
stadsbibliotek *subst* town library
stadsbud *subst* bärare porter
stadsdel *subst* quarter of the town, district
stadsfullmäktig *subst* town councillor, i större stad city councillor
stadshotell *subst* principal hotel in a (the) town
stadshus *subst* town hall, i större stad city hall
stadsplanering *subst* town-planning, city-planning
stafett *subst* sport. **1** pinne baton **2** tävling etc. relay
stafettlopp *subst* sport. relay race
stafettlöpare *subst* relay runner
stafettlöpning *subst* relay race, löpande relay racing
staffli *subst* easel
stag *subst* lina etc.: sjö. stay; till tält guy; stång av trä el. metall strut
stagnation *subst* stagnation
stagnera *verb* stagnate
staka *verb* **1** t.ex. väg mark; ~ ***ut*** t.ex. tomt

stake out, stake off; gränser mark out **2** ~ ***sig*** stumble [*på* over]
stake *subst* **1** stör stake **2** ljusstake candlestick
staket *subst* av trä fence; av metall railing

stall
Det engelska ordet *stall* betyder bås, spilta eller marknadsstånd. *Stalls* betyder parkett på t.ex. teater eller opera.

stall *subst* **1** byggnad stable; för cykel shed **2** grupp racerförare etc. stable
stam *subst* **1** bot. stem; trädstam trunk **2** folkstam tribe; ***en man av gamla ~men*** a man of the old stock
stamfader *subst* earliest ancestor
stamgäst *subst* regular customer
stamkund *subst* regular customer
stamma *verb* i tal stammer, stutter
stamning *subst* stammering, stuttering
stampa *verb* med fötterna stamp; ~ ***i golvet*** stamp on the floor; ~ ***i marken*** om häst paw the ground; ~ ***takten*** beat time with one's foot; ***stå och ~ på samma fläck*** be getting nowhere
stamtavla *subst* **1** genealogical table **2** djurs pedigree
standard *subst* standard; ***höja ~en*** raise the standard
standardbrev *subst* form letter
standardformat *subst* standard size
standardhöjning *subst* rise in the standard of living
standardisera *verb* standardize
standardmått *subst* standard size
standardsänkning *subst* lowering of one's standard of living
stank *subst* stench, vard. stink
stanna I *verb* **1** bli kvar stay; ~ ***över natten*** stay the night; ~ ***borta*** stay away; ~ ***hemma*** stay at home **2** bli stående stop; avsiktligt om fordon pull up; ~ ***tvärt*** stop short; ***klockan har ~t*** the clock has stopped; ***det ~de vid hotelser*** it got no further than threats **3** hejda stop
II *verb* med betonad partikel
stanna av stop, cease
stanna kvar remain
stanniol *subst* o. **stanniolpapper** tinfoil, silver paper
stans *subst* tekn. punch
stansa *verb* punch
stapel *subst* hög pile; av ved stack; ***gå av ~n*** äga rum come off, take place
stapelvara *subst* staple, staple commodity
stapla *verb*, ~ el. ~ ***upp*** pile, pile up, stack
stappla *verb* gå ostadigt totter [*fram* along], stumble [*fram* along]; vackla stagger
stare *subst* fågel starling
stark *adj* strong, kraftig powerful; intensiv intense; om ljud loud; ~ ***hunger*** great hunger; ***~t kaffe*** strong coffee; ***~a kryddor*** hot spices; ~ ***köld*** bitter cold; ~ ***mat*** hot food
starksprit *subst* spirits pl., amer. hard liquor
starkström *subst* heavy current, high-voltage current
starkt *adv* strongly; kraftigt powerfully; ~ ***begränsad*** strictly limited; ~ ***trafikerad gata*** very busy road
starkvin *subst* fortified wine, dessert wine
starköl *subst* strong beer
starr *subst* med., ***grå*** ~ cataract; ***grön*** ~ glaucoma
start *subst* start; flyg. take-off; ***flygande*** ~ sport. flying start
starta *verb* start; flyg. take off; bege sig av set out; ~ ***eget*** start out on one's own
startbana *subst* flyg. runway
startblock *subst* sport. starting-block
startfält *subst* sport. line-up
startförbud *subst* flyg., ***det råder*** ~ all planes are grounded
startgrop *subst*, ***ligga i ~arna*** be ready to start, be waiting for the starting-signal
startkabel *subst* bil. jump lead, amer. jumper cable; ***starta med startkablar*** jump-start
startkapital *subst* initial capital
startklar *adj*, ***vara*** ~ be ready to start; flyg. be ready to take off
startlinje *subst* starting-line
startmotor *subst* starter, self-starter
startnyckel *subst* bil. ignition key
startpistol *subst* sport. starter's gun
startraket *subst* booster rocket
startsignal *subst* starting signal
startskott *subst*, ***~et gick*** the pistol went off
stat *subst* polit. state; ***~en*** the State; statsmakten the Government
station *subst* station
stationera *verb* station
stationsvagn *subst* bil estate car, amer. station wagon
stationär *adj* stationary
statisk *adj* static
statist *subst* teat. walker-on; spec. film. extra

statistik *subst* statistics (verb i sing., i betydelsen 'siffror' verb i pl.)
statistisk *adj* statistical
stativ *subst* stand, till kamera etc. tripod
statlig *adj* statens etc. vanligen State ... endast före subst.; ~ ***tjänst*** public service, civil service
statsanslag *subst* Government (State) grant
statsanställd I *adj*, ***vara*** ~ be employed in Government service
II *subst* Government employee
statsbesök *subst* state visit
statsbidrag *subst* State subsidy, State grant
statschef *subst* head of State
statsfinanser *subst pl* public finances, state finances
statsförvaltning *subst* public administration
statskunskap *subst* political science
statskupp *subst* coup d'état (franska) (pl. coups d'état)
statskyrka *subst* established church, State church
statsman *subst* statesman; politiker politician
statsminister *subst* prime minister, premier
statsobligation *subst* Government bond
statsråd *subst* minister cabinet minister
statssekreterare *subst* under-secretary of State
statstjänsteman *subst* civil servant, public servant
statsunderstöd *subst* State subsidy, State grant
statsöverhuvud *subst* head of State
statuera *verb*, ***för att*** ~ ***ett exempel*** as a lesson to others, as a warning to others
status *subst* status, ställning status, standing
statussymbol *subst* status symbol
staty *subst* statue
stav *subst* **1** käpp etc. staff; för stavhopp pole; skidstav ski pole **2** sportgren pole-vault
stava *verb* spell; ~ ***bra*** be a good speller, be good at spelling; ~ ***fel*** make a spelling mistake
stavelse *subst* syllable
stavfel *subst* spelling mistake
stavgång *subst* sport. Nordic walking
stavhopp *subst* sportgren pole vault; hoppning pole-vaulting
stavhoppare *subst* pole-vaulter
stavning *subst* spelling
stay-up *adj*, ~ ***strumpor*** stay-up stockings, stay-ups
stearin *subst* candlegrease
stearinljus *subst* candle
steg *subst* step; kliv stride; raketsteg stage; ***ta första*** ~***et*** take the first step; ***ta*** ~***et fullt ut*** go the whole way, go the whole hog
stega *verb*, ~ el. ~ ***upp*** pace out, step out
stege *subst* ladder
steglits *subst* fågel goldfinch
stegra *verb* **1** t.ex. priser increase, raise; t.ex. oro heighten; förstärka intensify **2** ~ ***sig*** om häst rear
stegring *subst* ökning increase, rise
stegvis I *adv* step by step
II *adj* gradual
stek *subst* joint; tillagad vanligen joint, roast
steka *verb* **1** roast, i ugn roast, bake; i stekpanna fry; ***den är för litet stekt*** it's underdone; ***den är för mycket stekt*** it's overdone
2 om solen be broiling, be scorching; ~ ***sig i solen*** be broiling in the sun
stekfat *subst* meat dish
stekos *subst* smell of frying
stekpanna *subst* frying pan, amer. frypan
stekspade *subst* slice, spatula
stekspett *subst* spit; grillspett skewer
stektermometer *subst* meat thermometer
stel *adj* **1** stiff; styv rigid; ~ ***av fasa*** paralysed with fear **2** om umgänge formal
stelbent *adj* formal, rigid
stelhet *subst* **1** stiffness; styvhet rigidity
2 formalitet formality
stelkramp *subst* med. tetanus, vard. lockjaw
stelna *verb* om kroppsdel etc. stiffen, get stiff; av köld, fasa be numbed; om vätska solidify
sten *subst* **1** stone, amer. äv. rock; ***de kastade*** ~ amer. vanligen they threw rocks **2** mycket liten pebble; mycket stor boulder, rock (äv. amer.); ***en*** ~ ***har fallit från mitt bröst*** it is a load off my mind
stena *verb* stone
stenbock *subst* **1** zool. ibex **2** ***Stenbocken*** stjärntecken Capricorn
stenbrott *subst* quarry
stencil *subst* hand-out
stendöd *adj* stone-dead
stendöv *adj* stone-deaf
stengods *subst* stoneware
stengolv *subst* stone floor
stenhus *subst* stone house, av tegel brick house
stenhög *subst* heap of stones
stenig *adj* stony
stenkast *subst* avstånd stone's throw
stenograf *subst* shorthand writer
stenografi *subst* shorthand, stenography
stenparti *subst* i trädgård rock garden, rockery
stenskott *subst*, ***jag har fått ett*** ~ ***på bilen*** my car was hit by a flying stone
stensätta *verb* lägga pave

stenåldern *subst* the Stone Age
stenöken *subst* stony desert, vard., storstad concrete jungle
steppdans *subst* dansande tap-dancing; enstaka tap-dance
stereo *subst* stereo (pl. -s)
stereoanläggning *subst* stereo equipment, stereo
stereofonisk *adj* stereophonic
stereotyp *adj* stereotyped
steril *adj* sterile; ofruktbar barren
sterilisera *verb* sterilize
sterling *subst*, ***pund*** ~ pound sterling
stetoskop *subst* med. stethoscope
steward *subst* steward
stia *subst* svinstia sty, pigsty
stick I *subst* **1** av nål etc. prick; av t.ex. bi sting; av mygga bite; av vapen stab, thrust **2** kortsp. trick; ***lämna ngn i ~et*** leave sb in the lurch
II *adv*, ~ ***i stäv mot*** directly contrary to
sticka I *subst* **1** flisa splinter; pinne stick; ***få en ~ i fingret*** get a splinter in one's finger
2 stickning knitting-needle
II *verb* **1** prick; om t.ex. bi sting; om mygga bite; köra, stöta stick; ~ ***hål i*** (***på***) prick a hole, prick holes in; t.ex. ballong puncture; ~ ***en kniv i ngn*** stick a knife into sb; ~ ***en nål i ngt*** stick a needle into sth; ~ ***sig i fingret*** prick one's finger [***på*** with] **2** stoppa put, stick; 'köra' thrust **3** textil. knit **4** ***röken sticker i näsan på mig*** the smoke makes my nose smart; ***solen sticker i ögonen*** the sun blazes into your eyes **5** vard., ***stick!*** push off!, scram!; ***jag sticker*** I'm off; ***jag måste*** ~ I must be off; ~ ***hem*** pop home, nip home
III *verb* med betonad partikel
sticka emellan med ett par ord put in a few words
sticka fram stick out
sticka ihjäl ngn: ~ ***ned ngn*** stab sb to death
sticka upp 1 skjuta upp, synas stick up, stick out; om växt shoot up **2** vara uppnosig be cheeky
stickande *adj* **1** smärtande shooting, svag. tingling **2** om lukt, smak pungent **3** om sol, hetta blazing, scorching
stickgarn *subst* knitting-yarn
stickig *adj* som sticks prickly
stickkontakt *subst* elektr.: propp plug; vägguttag point
stickling *subst* cutting
stickning *subst* textil. knitting
stickprov *subst* spot check
1 stift *subst* kyrkl. diocese
2 stift *subst* **1** sprint etc. pin; häftstift drawing-pin, amer. thumbtack **2** blyertstift lead; reservstift lead refill; på reservoarpenna nib **3** i tändare flint; tändstift plug
stifta *verb* grunda found; ~ ***lagar*** make laws
stiftare *subst* grundare founder
stiftelse *subst* foundation
stiftpenna *subst* propelling pencil
stig *subst* path; upptrampad track
stiga I *verb* **1** gå step, walk **2** höja sig rise, go up; om flygplan climb **3** öka, växa rise, grow; ***brödet har stigit i pris*** bread has gone up in price
II *verb* med betonad partikel
stiga av gå av get off; ***jag vill ~ av*** bli avsläppt ***vid…*** I want to be put down at…
stiga fram step forward
stiga in get in; ~ ***in i bilen*** get into the car; ~ ***in i rummet*** enter the room; ***stig in!*** vid knackning come in!
stiga ned (**ner**) step down, descend
stiga på 1 i rummet enter **2** tåg, buss etc. get on, cykel get on, mount
stiga undan step out of the way
stiga upp get up; kliva upp get out [***ur*** t.ex. ett badkar of]; ~ ***upp i*** en vagn get into; ~ ***upp på*** en stege get up on, mount
stigande *adj* rising; om ålder advancing; ~ ***efterfrågan*** growing demand; ***med ~ intresse*** with increasing interest; ~ ***skala*** ascending scale; ~ ***tendens*** rising tendency, upward tendency
stigbygel *subst* stirrup
stigning *subst* rise; i terräng el. flyg. ascent, climb; backe rise
stil *subst* **1** handstil handwriting, writing **2** boktryckeriterm type; tryckstil print **3** sätt att utföra ngt style, manner; ***i stor*** ~ i stor skala on a large scale; vräkigt in style, in grand style; ***något i den ~en*** something like that; ***något i ~ med*** something like; ***det är ~ på henne*** she has style
stilett *subst* stiletto (pl. -s)
stilettklack *subst* stiletto heel, spike heel
stilig *adj* elegant, smart; vacker handsome
stilistisk *adj* stylistic
still *adv* se *stilla I*
stilla I *adj* o. *adv* ej upprörd calm; stillsam quiet; fridfull peaceful; svag gentle; tyst silent; ***Stilla havet*** the Pacific Ocean; ***ligga*** ~ lie still; ***sitta*** ~ sit still; hålla sig stilla keep still, keep quiet; inte röra sig not move, not stir; ***sitta ~*** kvar remain seated; ***stå*** ~ a) inte flytta sig

stand still b) om t.ex. fabrik, maskin stand idle, be idle

II *verb* t.ex. hunger satisfy; lindra, t.ex. lidande alleviate

stillasittande *adj* om t.ex. arbete, liv sedentary

stillastående *adj* om t.ex. fordon stationary; om maskin idle

stillatigande *adv* silently, in silence

stillbild *subst* film., ***en*** ~ a still

stilleben *subst* konst. still life (pl. still lifes)

stillestånd *subst* vapenstillestånd armistice

stillhet *subst* stillness, calm, quiet, peace; ***det skedde i all*** ~ it took place quietly; ***begravningen sker i*** ~ the funeral will be private

stillsam *adj* quiet; rofylld tranquil

stiltje *subst* **1** vindstilla calm **2** lugn period period of calm; stillestånd stagnation

stim *subst* **1** fiskstim shoal, school **2** oväsen noise

stimfisk *subst* shoaling fish

stimmig *adj* noisy

stimulans *subst* stimulation; ***ge*** ~ ***åt*** stimulate

stimulera *verb* stimulate

sting *subst* **1** av t.ex. bi sting; av mygga bite; av nål etc. prick **2** 'snärt' sting, bite, go; ***tappa*** ~***et*** lose one's drive

stinka *verb* stink

stins *subst* stationmaster

stint *adv*, ***se*** ~ ***på ngn*** stare hard at sb; ***se ngn*** ~ ***i ögonen*** look sb straight in the eye

stipendiat *subst* studiestipendiat holder of a scholarship

stipendium *subst* studiestipendium scholarship; bidrag grant; ***söka*** ~ apply for a scholarship, apply for a grant

stipulera *verb* stipulate

stirra *verb* stare [*på* at]; ~ ***sig blind på ngt*** concentrate on sth to the exclusion of everything else

stirrande *adj* staring; ~ ***blick*** tom vacant eye, vacant look

stjäla *verb* steal

stjälk *subst* bot. stem, tjockare stalk

stjälpa *verb* **1** välta omkull overturn, tip over **2** hälla pour, tip; ~ ***i sig*** gulp down; ~ ***ur*** (***ut***) innehåll pour out; spilla spill

stjärna *subst* **1** star **2** tele., ***tryck*** ~ press the star button, press star

stjärnbaneret *subst* the star-spangled banner, the stars and stripes

stjärnbild *subst* constellation

stjärnfall *subst* shooting star

stjärngosse *subst* boy attendant on 'Lucia' who carries a star on a stick

stjärnhimmel *subst* starry sky

stjärntecken

Vattumannen *Aquarius*, Fiskarna *Pisces*, Väduren *Aries*, Oxen *Taurus*, Tvillingarna *Gemini*, Kräftan *Cancer*, Lejonet *Leo*, Jungfrun *Virgo*, Vågen *Libra*, Skorpionen *Scorpio*, Skytten *Sagittarius*, Stenbocken *Capricorn*

stjärntecken *subst* astrol. star sign, sign of the Zodiac

stjärt *subst* **1** tail **2** på människa bottom, behind

stjärtfena *subst* **1** fisks tail fin **2** flyg. tail fin, fin

sto *subst* mare; ungt filly

stock *subst* log; ***sova som en*** ~ sleep like a log

stocka *verb*, ~ ***sig*** om trafik be held up, get held up

stockholmare *subst* Stockholmer

stockholmska *subst* **1** kvinna Stockholm woman; flicka Stockholm girl **2** språk Stockholm dialect

stockning *subst*, ~ ***i trafiken*** traffic jam, hold-up

stockros *subst* blomma hollyhock

stoff *subst* material material, stuff; innehåll i bok etc. subject-matter

stofil *subst*, ***gammal*** ~ old fogey

stoft *subst* **1** damm etc. dust **2** avlidens remains pl., ashes pl.

stoj *subst* oljud noise; larm uproar

stoja *verb* make a noise, be noisy

stol *subst* chair; utan ryggstöd stool; sittplats seat; ***inte sticka under*** ~ ***med ngt*** make no bones about sth

stollift *subst* sport. chairlift

stollig *adj* crazy, cracked

stolpe *subst* säng-, lykt- el. målstolpe post; telefonstolpe etc. pole; ***skjuta i*** ~***n*** sport. hit the post; ***det gick*** ~ ***in*** sport. it went in off the post

stolpiller *subst* med. suppository

stolt *adj* proud [*över* of]

stolthet *subst* pride [*över* in]

stoltsera *verb* **1** boast [*med* of] **2** vara stolt över pride oneself [*med* on]

stomme *subst* frame, framework; utkast skeleton

1 stopp *subst* stoppage; ***sätta ~ för ngt*** put a stop to sth; ***säg ~!*** say when!
2 stopp *subst* o. *interj* stop!, halt!
1 stoppa *verb* **1** stop; sätta stopp för put a stop to; bli stillastående come to a standstill **2** stå emot stand up [*för* to]; hålla last; ***det ~r inte med 1 000 kr*** 1000 kronor isn't enough
2 stoppa I *verb* **1** strumpor etc. darn, mend **2** fylla fill; stoppa full stuff; möbler upholster; ***~ fickorna fulla med*** fill one's pockets with **3** stoppa in etc. put, thrust
II *verb* med betonad partikel
stoppa i sig äta put away
stoppa in stoppa undan tuck away [*i* in, into]
stoppa ned (ner) put down, tuck down
stoppa om 1 möbler re-upholster **2** ***~ om ett barn*** tuck a child up in bed
stoppa till fylla igen hål etc. stop up, fill up; täppa till rör etc. choke, block up
stoppa undan stow away
stoppa upp djur etc. stuff
stoppboll *subst* sport. drop shot; ***slå en ~*** play a dropshot
stoppförbud *subst* trafik., som skylt no waiting; ***det är ~*** waiting is prohibited
stoppgarn *subst* darning-wool
stoppgräns *subst* stopping limit
stopplikt *subst* trafik. obligation to stop
stoppljus *subst* **1** på bil brake light, stop light **2** trafik. traffic lights pl.
stoppmärke *subst* trafik. stop sign
stoppning *subst* **1** lagning darning, mending **2** möbelstoppning upholstery
stoppnål *subst* darning-needle
stoppsignal *subst* stop signal
stoppskylt *subst* trafik. stop sign
stopptecken *subst* stop signal
stoppur *subst* stop watch
stor *adj* **1** rymlig large, vard. big; lång tall; spec. abstrakt el. i betydelsen 'framstående' etc. great; ***~t antal*** a large number; ***en ~ del av tiden*** a good deal of the time; ***till ~ del*** largely; ***till min ~a förvåning*** much to my surprise; ***vara till ~ hjälp*** be a great help; ***en ~ karl*** a big man; lång a tall man; ***en verkligt ~ man*** a truly great man; ***det är ~a pengar*** that's a lot of money; ***~ publik*** a large audience; ***en ~ summa pengar*** a large sum of money; ***i ~t sett*** el. ***i det ~a hela*** on the whole; ***slå på ~t*** do things in a big way, do the thing in style **2** vuxen grown up; ***~a damen*** vard. quite a little lady; ***bli ~*** grow up **3** ***~ bokstav*** capital letter
storartad *adj* grand, magnificent, splendid
storasyster *subst* big sister
storbelåten *adj* highly satisfied

> **Storbritannien**
> Storbritannien, *Great Britain*, omfattar England, Skottland och Wales. I dagligt tal räknar man ibland också in Nordirland.

Storbritannien Great Britain
stordia *subst* overhead transparent
stordiaprojektor *subst* overhead projector
stordåd *subst* great achievement, great exploit
storebror *subst* big brother
storfamilj *subst* extended family
storfinans *subst*, ***~en*** high finance, big business
storhet *subst* **1** egenskap greatness, grandeur **2** person celebrity
storhetstid *subst* days pl. of glory
storhetsvansinne *subst* megalomania
stork *subst* stork
storkna *verb* choke [*av* with], suffocate [*av* from]
storkovan *subst* vard., ***vinna ~*** win a fortune, hit the jackpot
storlek *subst* size; ***till ~en*** in size; ***vad har du för ~?*** what size do you take?
storm *subst* hård vind gale; spec. med oväder storm; ***en ~ i ett vattenglas*** a storm in a teacup, amer. a tempest in a teapot; ***en ~ av applåder*** a storm of applause
storma *verb* **1** ***det ~r*** a storm is raging; ***~ fram*** rush at **2** mil. el. friare storm
stormakt *subst* great power, big power
stormande *adj* stormy; ***~ bifall*** a storm of applause; ***göra ~ succé*** be a tremendous success
stormarknad *subst* hypermarket, superstore
stormförtjust *adj* absolutely delighted [*i* with]
stormig *adj* stormy
stormning *subst* assault; stormande storming
stormsteg *subst*, ***med ~*** by leaps and bounds
stormvarning *subst* gale warning
storrökare *subst* heavy smoker
storsint *adj* magnanimous
storsinthet *subst* magnanimity
storslagen *adj* grand, grandiose, magnificent
storslalom *subst* giant slalom
storspov *subst* fågel curlew

storstad *subst* big city, big town; världsstad metropolis
storstadsdjungel *subst* vard. concrete jungle
storstilad *adj* grand, grandiose
Stor-Stockholm Greater Stockholm
storstrejk *subst* general strike
storstädning *subst* spring-cleaning
stort *adv* greatly, largely; ***inte ~ mer än ett barn*** little more than a child, not much more than a child
stortrivas *verb* get on very well, be very happy
stortå *subst* big toe
storvilt *subst* big game
storvuxen *adj* o. **storväxt** *adj* big; om person, lång el. träd, hög tall
storätare *subst* big eater, heavy eater, gourmand
storögd *adj* large-eyed, big-eyed
straff *subst* **1** punishment; spec. jur. penalty; ***belägga ngt med ~*** impose a penalty on sth; ***få sitt ~*** be punished; ***till ~*** as a punishment **2** sport., se *straffspark*
straffa *verb* punish; ***han är inte tidigare ~d*** he has no previous convictions
straffarbete *subst* hist. hard labour, imprisonment with hard labour
straffbar *adj* punishable; ***det är ~t att...*** it is an offence to...
straffregister *subst* åld. se *kriminalregister*
straffränta *subst* på kvarskatt interest endast sing. on tax arrears
straffspark *subst* sport. penalty, penalty kick; ***döma ~*** award a penalty; ***lägga en ~*** take a penalty
straffsparksläggning *subst* sport. penalty shoot-out
straffånge *subst* convict
stram *adj* snäv tight; sträng severe; stel stiff
strama *verb* om kläder etc. be tight
strand *subst* shore; badstrand, sandstrand beach; flodstrand bank
stranda *verb* **1** om fartyg run ashore **2** misslyckas fail, break down
strandjeep *subst* beach buggy
strandning *subst* **1** fartygs stranding **2** misslyckande failure; t.ex. förhandlingars breakdown
strapats *subst*, ***~er*** hardships
strass *subst* paste, strass
strategi *subst* strategy
strategisk *adj* strategic
strax *adv* **1** om tid directly, in a minute, in a moment; snart presently; genast at once; ***~ efter middagen*** just after dinner; ***~ innan han for*** just before he left; ***är du klar? — jag kommer ~!*** are you ready? — I'm coming in a minute (moment)!; ***jag kommer ~ tillbaka*** I'll be back in a minute (moment); ***klockan är ~ 2*** it is close on two o'clock **2** om rum, ***~ bredvid*** el. ***~ intill*** close by
streber *subst* climber, pusher
streck *subst* **1** pennstreck, penseldrag etc. stroke; linje el. skiljelinje line; tvärstreck cross; på skala mark; ***låt oss dra ett ~ över det*** glömma det let's forget it; ***det var ett ~ i räkningen för mig*** it was a disappointment to me, it upset my plans **2** rep cord, line; för tvätt clothes-line **3** ***ett fult ~*** a dirty trick
strecka *verb*, ***~ för i en bok*** mark passages in a book
streckkod *subst* på varor bar code
strejk *subst* strike; ***utlysa ~*** call a strike; ***gå ut i ~*** go on strike
strejka *verb* **1** gå i strejk go on strike; vara i strejk be on strike **2** inte fungera, ***bilen ~r*** the car is out of order; ***bromsarna ~r*** the brakes don't work
strejkaktion *subst* industrial action
strejkande *adj* striking; ***de ~*** the strikers
strejkbrytare *subst* strike-breaker, neds. scab, blackleg
strejkvakt *subst* picket
stress *subst* stress
stressa *verb* rush and tear; ***~ inte!*** take it easy!; ***~ ngn*** stress sb out, stress sb; ***~ mig inte!*** don't rush me!
stressad *adj*, ***jag är ~*** I'm stressed out, I'm suffering from stress
stressande *adj* o. **stressig** *adj* stressful; ***vara ~*** be stressful, be causing stress
streta *verb* knoga work hard, toil [*med ngt* at sth]; mödosamt förflytta sig struggle; ***~ emot*** resist, struggle; ***~ på*** plod on
stretcha *verb* do stretching exercises
1 strid *adj* om ström etc. swift, rapid
2 strid *subst* kamp fight, fighting (endast sing.); spec. hård struggle; spec. mellan tävlande contest; drabbning battle; oenighet contention (endast sing.), strife (endast sing.); konflikt conflict; dispyt dispute; ***en ~ på liv och död*** a life-and-death struggle; ***inre ~*** inward struggle; ***i ~ mot reglerna*** in violation of the rules; ***det står i ~ med (mot) avtalet*** it goes against the agreement
strida *verb* **1** kämpa fight, struggle; tvista

dispute **2** ***det strider mot reglerna*** it is contrary to the rules, it is against the rules

stridbar *adj* aggressiv aggressive

stridigheter *subst pl* **1** conflicts **2** meningsskiljaktigheter differences

stridsberedskap *subst* readiness for action

stridslysten *adj* aggressiv aggressive

stridsmedel *subst pl*, ***konventionella ~*** conventional weapons

stridsrop *subst* war cry

stridsspets *subst* warhead

stridsvagn *subst* tank

stridsyxa *subst* battle-axe; ***gräva ned ~n*** bury the hatchet

stridsåtgärd *subst* offensive action; facklig strike action

stridsövning *subst* tactical exercise, manoeuvre

strikt *adj* strict; i klädsel, uppträdande sober

strila *verb* sprinkle; ***~nde regn*** steady rain

strimla I *subst* strip, shred **II** *verb* kok. shred

strimma *subst* streak; rand stripe; ***en ~ av hopp*** a gleam of hope

stringtrosa *subst* thong, string tanga

stripig *adj*, ***~t hår*** lank hair

strippa I *verb* do a striptease, striptease **II** *subst* person stripper

stropp *subst* strap; på sko etc. loop

struken *adj*, ***en ~ tesked*** a level teaspoonful

struktur *subst* structure; spec. textil. texture

strul *subst* vard., krångel muddle; besvär trouble, hassle

strula *verb* vard., ***~ till något*** make a mess of things, screw up; ***sluta ~!*** don't be so difficult!; om apparat ***den ~r*** it's on the blink

strulig *adj* vard. trying, difficult

struma *subst* med. goitre

strumpa *subst* stocking; kortare sock

strumpbyxor *subst pl* tights, pantyhose sing.

strumpeband *subst* suspender, ringformigt, utan hållare el. amer. garter

strumpebandshållare *subst* suspender belt, amer. garter belt

strumpläst *subst*, ***i ~en*** in one's stockinged feet; ***han mäter 1,80 i ~en*** he stands 1.80 metres in his stockings

strunt *subst* skräp rubbish, trash; ***prata ~*** talk rubbish, talk nonsense

strunta *verb*, ***~ i*** not bother about; ***det ~r jag blankt i!*** I don't give a hang about that!, I couldn't care less!; ***~ i det!*** forget it!

struntprat *subst* o. *interj* nonsense, rubbish

struntsak *subst* bagatell trifle, trifling matter

struntsumma *subst* trifle, trifling sum

strupe *subst* throat

struphuvud *subst* larynx (pl. larynges el. -es)

struptag *subst*, ***ta ~ på ngn*** seize sb by the throat, throttle sb

strut *subst* glasstrut etc. cone; mindre cornet

struts *subst* ostrich

stryk *subst*, ***få ~*** get a beating, get a thrashing; ***ful som ~*** as ugly as sin

stryka I *verb* **1** smeka stroke; gnida rub **2** med strykjärn etc. iron **3** bestryka med färg etc. coat, paint; breda på, t.ex. salva spread **4** stryka ut, stryka över cross out, strike out, cancel

II *verb* med betonad partikel

stryka av torka av wipe

stryka bort t.ex. en tår brush away; torka bort wipe off; ta bort remove

stryka för: ***~ för ngt med rött*** mark sth in red

stryka med dö die, perish

stryka ned (ner) förkorta cut down

stryka omkring: ***~ omkring på gatorna*** t.ex. om ligor roam the streets

stryka på t.ex. salva spread

stryka under underline, emphasize, stress

stryka ut el. **stryka över** t.ex. ett ord cross, strike out, cancel; ***~ ut*** färg, salva spread

strykande *adj*, ***ha ~ åtgång*** have a rapid sale; ***tidningen hade ~ åtgång*** the newspaper went like hot cakes

strykbräde *subst* ironing-board

strykfri *adj* non-iron

strykjärn *subst* iron

strykklass *subst*, ***sätta i ~*** discriminate against, victimize

strykning *subst* **1** med handen etc. stroke; gnidning rub **2** med strykjärn ironing **3** med färg coating; konkret coat, coat of paint **4** uteslutning cancellation **5** nedstrykning, i t.ex. manuskript deletion, cut

stryktips *subst* football pools

strypa *verb* strangle

strå *subst* **1** straw; grässtrå blade of grass; ***dra det kortaste ~et*** get the worst of it; ***dra det längsta ~et*** get the best of it; ***dra sitt ~ till stacken*** do one's bit; ***inte lägga två ~n i kors*** not lift a finger [*för att* to]; ***vara ett ~ vassare än ngn*** be a cut above sb; ***vara ett ~ vassare än ngt*** be just that little bit better **2** hårstrå hair

stråke *subst* bow; ***stråkar*** i orkester strings

stråkinstrument *subst* stringed instrument

stråla *verb* beam, shine; om t.ex. ögon sparkle [*av* with]; ***~ av hälsa*** be radiant with health

strålande *adj* lysande brilliant; ~ ***väder*** glorious weather; ***du ser ~ ut*** you look marvellous; ***vara på ett ~ humör*** be in a wonderful mood
strålbehandling *subst* radiotherapy
stråle *subst* ray; av ljus beam; av vätska, gas jet
strålkastare *subst* rörlig searchlight; till fasadbelysning floodlight; teat. spotlight; på bil etc. headlight
strålning *subst* radiation
strålskydd *subst* protection against radiation
sträck *subst*, ***i ~*** el. ***i ett ~*** at a stretch, without stopping
sträcka I *subst* stretch; avstånd, vägsträcka distance; delsträcka section; delsträcka, etapp leg
II *verb* **1** spänna stretch; ~ ***en muskel*** pull a muscle, stretch a muscle **2** ~ ***på benen*** stretch one's legs; ~ ***på sig*** tänja och sträcka stretch, stretch oneself; räta på sig straighten oneself up; ***sträck på dig!*** stå rak! stand straight! **3** ~ ***sig*** a) tänja och sträcka stretch, stretch oneself b) ha viss utsträckning stretch, range; ~ ***sig efter ngt*** reach for sth, reach out for sth
III *verb* med betonad partikel
sträcka fram t.ex. handen put out, hold out
sträcka ut put out, hold out; tänja stretch out; dra ut, spänna stretch; förlänga extend
sträckbänk *subst*, ***hålla ngn på ~en*** i spänning keep sb on tenterhooks; ***ligga på ~en*** be on the rack
sträckning *subst*, ***få en ~*** muskelsträckning pull a muscle, stretch a muscle
1 sträng *adj* hård, omild severe; bestämd, noga strict; bister, allvarlig stern, austere; ***lagens ~aste straff*** the maximum penalty; ***vara ~ mot*** be severe; mot barn be strict with
2 sträng *subst* musik. el. på racket string
stränga *verb* string; ~ ***om*** restring
stränginstrument *subst* string instrument stringed instrument
sträv *adj* rough; om smak harsh; ***ett ~t vin*** a very dry wine
sträva *verb* strive; kämpa struggle; ~ ***efter att göra ngt*** endeavour to do sth, strive to do sth
strävan *subst* ambition; mål aim; bemödande effort, efforts pl.
strävhårig *adj* om hund wire-haired
strävsam *adj* industrious, hard-working
strö *verb* sprinkle, strew; ~ ***omkring*** scatter, scatter about; ~ ***pengar omkring sig*** splash money about
ströare *subst* castor
ströbröd *subst* breadcrumbs pl.
strödd *adj* utspridd scattered
ströjobb *subst* odd jobb, casual job
strökund *subst* chance customer, stray customer
ström *subst* **1** strömning current; vattendrag, flöde stream; ***följa med ~men*** go with the tide; ***en ~ av tårar*** a flood of tears; ***i en jämn ~*** in a constant stream **2** elektr. current; elkraft power
strömavbrott *subst* power failure, på grund av avstängning power cut
strömbrytare *subst* switch
strömförande *adj* live
strömlinjeformad *adj* streamlined
strömma I *verb* stream; flyta, flöda stream, flow, run, stark. pour
II *verb* med betonad partikel
strömma in om vatten etc. rush in, flow in; om t.ex. folk, brev stream in, pour in
strömma till om vatten etc. flow; om folkskaror come flocking
strömma över overflow
strömming *subst* Baltic herring
strömning *subst* current
strösocker *subst* granulated sugar; finare castor sugar
strössel *subst* koll. hundreds and thousands pl., amer. sprinkles
ströva *verb*, ~ el. ~ ***omkring*** roam, rove, stroll
strövtåg *subst* vandring ramble, excursion
stubb *subst* åkerstubb, skäggstubb stubble
stubbe *subst* trädstubbe stump
stubben *subst*, ***på ~*** vard. on the spot
stubin *subst* fuse; ***ha kort ~*** om person have a short fuse
stucken *adj* offended [*över* at], hurt [*över* at]
student *subst* studerande student
studentexamen *subst* Certificate of Secondary Education
studentutbyte *subst* student exchange
studera *verb* study
studerande *subst* univ. el. amer. skol. student
studie *subst* study [*över* of]
studiebesök *subst* visit for purposes of study, study visit
studiebidrag *subst* study grant
studiecirkel *subst* study circle
studiedag *subst* teachers' seminar; ***3 ~ar*** three-day teachers' seminar
studielån *subst* study loan
studiemedel *subst* ekonomiskt stöd study allowances; bidrag study grant

studieplan *subst* skol. syllabus
studierektor *subst* skol. director of studies
studieresa *subst* study tour
studierådgivning *subst* student counselling, student guidance
studieskuld *subst* study-loan debt
studiestöd *subst* financial aid to students
studievägledare *subst* study counsellor, study adviser
studievägledning *subst* study counselling, study guidance
studio *subst* studio (pl. -s)
studium *subst* study [*av, i* of]
studs *subst* bounce; ***på*** ~ on the rebound, on the bounce
studsa *verb* om boll bounce; ~ ***tillbaka*** rebound, bounce back
studsmatta *subst* trampoline; för motion rebounder
stuga *subst* small house; på landet vanligen cottage; koja cabin
stuka *verb* **1** sprain; ~ ***sig i handleden*** sprain one's wrist **2** ~ el. ~ ***till ngt*** platta till batter sth, knock sth out of shape
stum *adj* **1** dumb [*av* with]; ***bli*** ~ be struck dumb; ***i*** ~ ***beundran*** in mute admiration **2** om bokstav: ej uttalad mute, silent
stumfilm *subst* silent film, silent
stump *subst* rest stump
stund *subst* kort tidrymd while; tidpunkt moment; ***stanna en*** ~ stay for a while; ***en kort*** ~ a short while, a moment; ***det dröjer bara en liten*** ~ it will only be a moment; ***inte en lugn*** ~ not a moment's peace; ***han trodde att hans sista*** ~ ***var kommen*** he thought that his last hour had come; ***för en*** ~ ***sedan*** a little while ago, a few minutes ago; ***på lediga*** ~***er*** in one's spare time
stunda *verb* approach, draw near
stundande *adj* coming
stundtals *adv* at times, now and then
1 stup *subst* brant precipice, steep slope
2 stup *adv*, ~ ***i ett*** el. ~ ***i kvarten*** non-stop, all the time
stupa *verb* **1** luta brant descend abruptly, fall steeply **2** ***nära att*** ~ ***av trötthet*** ready to drop with fatigue; ~ ***i säng*** tumble into bed **3** dö i strid be killed in action; ***de*** ~***de*** those killed in action, those killed in the war
stupfull *adj* vard. dead drunk
stuprör *subst* drainpipe, downpipe; amer. downspout
stursk *adj* näsvis cheeky; fräck insolent, impudent; mallig stuck-up
stuteri *subst* stud, stud farm
stuv *subst* remnant; ~***ar*** remnants, oddments
1 stuva *verb* lasta, packa stow
2 stuva *verb*, ~ ***ngt*** grönsaker etc. cook sth in white sauce; ~***d potatis*** potatoes in white sauce; ~***d spenat*** creamed spinach
stuvning *subst* vit sås white sauce; köttstuvning stew
styck *subst*, ***10 kronor*** ~ el. ***10 kronor per*** ~ 10 kronor each; ***pris per*** ~ price each; ***sälja per*** ~ sell by the piece
stycka *verb* **1** kött etc. cut up; ~ ***sönder*** cut . . . into pieces **2** jord, mark parcel out
stycke *subst* **1** del, avsnitt etc. piece, part, bit; textavsnitt passage; som börjar med ny rad paragraph; ***vi fick gå ett*** ~ ***av vägen*** we had to walk part of the way; ***ett gott*** ~ ***härifrån*** a fair distance from here; ***ett gott*** ~ ***in på 2000-talet*** well into the 21st century; ***bilen gick bara ett litet*** ~ the car went a short way; ***i*** ~***n*** sönder in pieces, broken; ***slå ngt i*** ~***n*** knock sth to pieces **2** ***fem*** ~***n apelsiner*** five oranges; ***vi var fem*** ~***n*** there were five of us; ***några*** ~***n*** some, a few; ***10 kronor*** ~***t*** 10 kronor each **3** musikstycke piece, piece of music; teaterstycke play **4** ***i många*** ~***n*** avseenden in many respects
styckning *subst* **1** av kött etc. cutting-up **2** av mark parcelling out
stygg *adj* spec. om barn naughty; elak nasty [*mot* to]; ond wicked
styggelse *subst* abomination [*för* to]
stygn *subst* stitch
stylad *adj* styled
stylist *subst* stylist
stylta *subst* stilt; ***gå på styltor*** walk on stilts
stympa *verb* lemlästa mutilate, maim
stympning *subst* mutilation, maiming
styr *subst*, ***hålla ngn*** (***ngt***) ***i*** ~ keep sb (sth) in check; ***hålla sig i*** ~ control oneself
styra *verb* **1** fordon, fartyg etc. steer **2** regera govern, rule; leda direct; ***de*** ~***nde i samhället*** those in power **3** ~ ***om*** ordna see to, arrange, manage
styrbord *subst* sjö. starboard
styre *subst* **1** cykelstyre handlebars pl. **2** styrelse rule
styrelse *subst* förenings etc. committee; bolagsstyrelse board of directors; företagsledning management; ***sitta med i*** ~***n*** be on the board, be on the committee

styrelseledamot *subst* o. **styrelsemedlem** *subst* förenings member of a (the) board, member of a (the) committee
styrka I *subst* **1** strength; kraft power, force; intensitet intensity; ***vindens*** ~ the force of the wind; ***andlig*** ~ strength of mind **2** trupp force; arbetsstyrka working staff; antal, numerär strength
II *verb* **1** göra starkare, befästa strengthen, confirm; ge kraft, mod fortify **2** bevisa prove; med vittnen attest, verify
styrkedemonstration *subst* show of force
styrketräning *subst* sport. strength training; med vikter weight training
styrketår *subst* vard. bracer, pick-me-up
styrman *subst* sjö. **1** mate; ***andre*** ~ second mate; ***förste*** ~ first mate **2** som styr helmsman
styrning *subst* styrande steering; ***automatisk*** ~ automatic control
styrsel *subst* stadga firmness, steadiness, stability; 'ryggrad' backbone
styrspak *subst* flyg. control stick, control column
styrstång *subst* på cykel handlebars pl.
styv *adj* **1** stiff; ~ ***bris*** fresh breeze **2** duktig, skicklig ~ ***i ngt*** good at sth
styvbarn *subst* stepchild
styvbror *subst* stepbrother
styvdotter *subst* stepdaughter
styvfar *subst* stepfather
styvmoderligt *adv*, ***vara*** ~ ***behandlad*** be unfairly treated
styvmor *subst* stepmother
styvmorsviol *subst* blomma wild pansy
styvna *verb* stiffen
styvson *subst* stepson
styvsyster *subst* stepsister
styvt *adv* **1** stiffly; ***hålla*** ~ ***på ngt*** insist on sth; ***hålla*** ~ ***på att göra ngt*** insist on doing sth **2** duktigt, ***det var*** ~ ***gjort!*** well done!
stå I *verb* **1** stand; ***hur ~r det?*** vad är resultatet? what's the score?; ***det ~r 2—1*** the score is two one; ~ ***och hänga*** hang around; ~ ***för*** ansvara för be responsible for; leda, ha hand om be at the head of, be in charge of; ~ ***för vad man säger*** stand by what one has said; ~ ***i ackusativ*** be in the accusative; ~ ***i affär*** work in a shop; ***ha mycket att*** ~ ***i*** have many things to attend to, have plenty to do; ***valet ~r mellan...*** the choice lies between...; ***barometern ~r på...*** the barometer points to...; ~ ***vid ngt*** vad man har sagt stand by sth, keep to sth, stick to sth **2** ha stannat, om klocka have stopped; hålla, om tåg etc. stop, wait **3** finnas skriven be written; ***vad ~r det på skylten?*** what does it say on the sign?; ***läsa vad som ~r om...*** read what is written about...; i tidning read what they say about...; ***det ~r i boken*** it is in the book; ***det ~r i boken att...*** it says in the book that... **4** ~ ***sig*** a) hävda sig hold one's own b) hålla sig, om mat etc. keep c) fortfarande gälla, om teori etc. hold good, stand; bestå last
II *verb* med betonad partikel
stå bakom stödja ngt be behind...
stå efter vara underlägsen **ngn** be inferior to sb
stå emot resist, withstand; tåla stand
stå fast vid t.ex. anbud stand by; t.ex. åsikt stick to; t.ex. krav insist on
stå framme till bruk etc. be ready; skräpa be left about
stå inne vara inomhus be indoors; ***låta pengarna*** ~ ***inne*** leave the money on deposit
stå kvar stanna kvar remain, stay on
stå på 1 ***vad ~r på?*** hur är det fatt what's the matter?, vard. what's up? **2** ~ ***på sig*** stick to one's guns; ~ ***på dig!*** don't give in!, stick up for yourself!
stå till: ***hur ~r det till?*** hur mår du? how are you?; ***hur ~r det till hemma (med familjen)?*** how is your family?
stå upp stiga upp, höja sig rise; resa sig stand up
stå ut: ***jag ~r inte ut längre*** I can't stand it any longer, I can't put up with it any longer
stå över ngt 1 vara höjd över be above sth **2** ***jag ~r över*** jag väntar I'll wait; ~ ***över sin tur*** i spel pass, miss one's turn
stående *adj* standing; vertikal vertical; stillastående stationary; ~ ***fras*** set phrase; ***bli*** ~ a) inte sätta sig remain standing b) stanna stop c) bli kvarlämnad be left
ståhej *subst* vard. hullabaloo, fuss
stål *subst* steel
stålar *subst pl* vard. dough sing., dosh sing.
stålborste *subst* wire brush
stålindustri *subst* steel industry
Stålmannen seriefigur Superman
stålull *subst* steel wool
stålverk *subst* steelworks (pl. lika)
stånd *subst* **1** salustånd stall; spec. på marknad booth; på mässa stand **2** civilstånd status **3** samhällsklass social class **4** nivå height **5** fysiol. erection **6** ställning etc., ***hålla*** ~ hold

one's ground [*mot* against], hold one's own [*mot* against], hold out [*mot* against] **7** skick etc. condition, state; ***vara i ~ att göra ngt*** be able to do sth, be capable of doing sth; ***få till ~*** bring about; upprätta establish; ***komma till ~*** come about, be brought about; äga rum come off, take place; ***sätta ngt ur ~*** throw sth out of gear; ***vara ur ~ att göra*** inf. ***ngt*** be incapable of doing sth, be unable to do sth

ståndaktig *adj* firm; orubblig steadfast, constant

ståndare *subst* bot. stamen

ståndpunkt *subst* standpoint, point of view

stång *subst* stake etc. pole; i galler etc. bar; räcke rail; ***hålla ngn ~en*** hold one's own against sb; ***flaggan är på halv ~*** the flag is at half-mast

stångas *verb* butt; med varandra butt each other

stånka *verb* flåsa puff and blow, breathe heavily; stöna groan [*av* with]

ståplats *subst*, ***~er*** utrymme standing room; ***på ~*** på idrottsanläggning in the standing-room section; ***det finns bara ~er kvar*** there are only standing-room tickets left

ståt *subst* pomp; prakt splendour

ståta *verb*, ***~ med*** parade, make a display of

ståtlig *adj* storslagen grand, magnificent; imponerande: om person imposing; om t.ex. byggnad stately, impressive

ståuppkomiker *subst* stand-up comedian

städ *subst* anvil

städa *verb* rengöra clean, vard. do; snygga upp i tidy up; ***~ rummet*** el. ***~ på*** (***i***) ***sitt rum*** tidy one's room; ***~ i ett skåp*** clean up a cupboard

städare *subst* cleaner

städerska *subst* cleaner; städhjälp charwoman; på hotell chambermaid

städhjälp *subst* cleaner; i hemmet home help

städrock *subst* overall

städskåp *subst* broom cupboard, amer. broom closet

ställ *subst* ställning stand; för disk, pipor m.m. rack

ställa I *verb* **1** put, place, stand; ***~ dörren öppen*** leave the door open; ***~ ngn inför ett problem*** confront sb with a problem; ***~ ngn inför valet mellan...*** make sb choose between...; ***~s inför valet mellan...*** have to choose between...; ***~ en fråga till ngn*** ask sb a question, put a question to sb; ***~ ngt till förfogande*** make sth available; ***ha det bra ställt*** ekonomiskt be well off **2** ställa in set; ***~ sin klocka*** set one's watch [*efter ngt* by sth]; ***~ väckarklockan på ringning klockan sex*** set the alarm clock for six o'clock **3** uppställa, t.ex. villkor make; lämna, t.ex. garanti give **4** ***~ sig*** placera sig place oneself; ***ställ dig här!*** stand here!; ***~ sig i kö*** (***rad***) queue up, line up; ***~ sig i vägen för ngn*** put oneself in sb's way; ***~ sig upp*** stand up, rise

II *verb* med betonad partikel

ställa ifrån sig ngt put sth down; undan put away sth; lämna, glömma leave sth behind

ställa in 1 ***~ in ngt*** put sth in; reglera adjust sth [*efter* to]; ***~ in radion på en station*** tune in a station; ***~ in sig på ngt*** bereda sig på prepare oneself for sth; räkna med count on sth **2** ***~ sig in hos ngn*** ingratiate oneself with sb, vard. cringe to sb, suck up to sb **3** ge återbud om etc. se *inställa 1*

ställa om placera om rearrange

ställa till med anordna arrange, organize; sätta i gång med start; t.ex. bråk make; vålla cause; ***vad har du nu ställt till med?*** what have you been up to now?

ställa undan put aside

ställa upp 1 placera put up; t.ex. schackpjäser lay out; ordna, i t.ex. grupper place, arrange **2** uppbåda: t.ex. en armé raise; ett lag put up **3** göra upp: t.ex. program, rapport draw up **4** framställa: t.ex. teori put forward, advance; t.ex. villkor make; t.ex. regel lay down **5** delta take part, join in; vara villig stand by, show willing; ***~ upp mot*** i tävling meet; ***~ upp som presidentkandidat*** run for the presidency

ställbar *adj* adjustable

ställd *adj* svarslös nonplussed; bragt ur fattningen put out, embarrassed

ställe *subst* **1** place, mera begränsad spot; i skrift etc. passage; ***på ~t*** genast on the spot; ***göra på ~t marsch*** mark time; ***på en del ~n*** in some places, here and there **2** ***i ~t*** instead; i gengäld in return; ***jag skulle inte vilja vara i ditt ~*** I wouldn't be in your shoes; ***i ~t för*** instead of [*att gå* going]

ställföreträdare *subst* deputy; ersättare substitute; representant representative

ställning *subst* **1** position; plats place; samhällsställning, affärsställning standing; poängställning score; ***hur är ~en?*** i spel what is the score?; ***ta ~*** a) ha egen uppfattning take one's stand b) bestämma sig make up one's mind; ***i hög ~*** of high position, of good

social position; ***i sittande*** ~ in a sitting position; sittande sitting down **2** ställ stand; stomme frame
ställningstagande *subst* ståndpunkt standpoint [*i* on], attitude [*till* towards]
stämband *subst* anat. vocal cord
stämgaffel *subst* musik. tuning-fork
stämjärn *subst* verktyg chisel
1 stämma I *subst* röst voice; musik. part; i orgel stop
II *verb* överensstämma correspond, tally; ***räkningen stämmer*** the account is correct; ***det stämmer!*** that's right!, quite right!
III *verb* med betonad partikel
stämma in falla in ***alla stämde in i sången*** everyone joined in the song
stämma ned göra förstämd depress; ~ ***ned tonen*** come down a peg or two
stämma upp raise; ***orkestern stämde upp*** the band struck up
stämma överens agree, tally
2 stämma *verb* hejda stem, check
3 stämma I *subst* sammanträde meeting, assembly
II *verb* jur. summon; ~ ***inför domstol*** summon to appear before the court; ~ ***ngn för ngt*** sue sb for sth
1 stämning *subst* sinnesstämning mood, temper; atmosfär atmosphere; ~***en var tryckt*** there was a feeling of depression; ***vara i*** ~ el. ***vara i den rätta*** ~***en för...*** be in the right mood for...; ***i glad*** (***festlig***) ~ in high spirits
2 stämning *subst* jur. summons; ***delge ngn*** ~ serve a writ upon sb
stämpel *subst* **1** verktyg stamp; gummistämpel rubber stamp **2** avtryck stamp; på guld, silver hallmark; poststämpel postmark; inbränd brand, mark
stämpeldyna *subst* stamp pad
stämpelkort *subst* clocking-in card
stämpelur *subst* time clock
1 stämpla *verb* **1** med stämpel stamp; märka mark; frimärke cancel; ***brevet är*** ~***t den 3 maj*** the letter is postmarked 3rd May; ~ ***in*** a) på stämpelur clock in b) belopp register; ~ ***ut*** clock out **2** ***gå och*** ~ om arbetslös be on the dole
2 stämpla *verb* **1** konspirera plot, conspire
stämpling I *subst* komplott plot, conspiracy
II *subst* sport. high tackle
ständig *adj* oavbruten constant, continuous; stadigvarande permanent; oupphörlig continual
stänga I *verb* tillsluta shut; slå igen close; med lås lock; med regel bolt; ~ ***butiken*** för dagen shut up shop; ***posten är stängd*** the post office is closed
II *verb* med betonad partikel
stänga av shut off; väg close; spärra av block up; vatten, gas shut; vrida av turn off; elström, radio, tv switch off; huvudledning, telefon cut off; från tjänst etc. suspend; ***gatan är avstängd!*** street closed to traffic; ***avstängt!*** no admission!
stänga igen shut up, lock up
stänga in: ~ ***in ngn*** (***ngt***) shut sb (sth) up, lock sb (sth) up; inhägna ngn (ngt) hedge sb (sth) in; ~ ***in sig*** shut oneself up, lock oneself up
stänga till close, shut
stänga ute: ~ ***ute ngn*** (***ngt***) shut sb (sth) out, lock sb (sth) out; utesluta exclude
stängningsdags *adv* closing time
stängsel *subst* fence; räcke rail; tillfälligt barrier
stänk *subst* splash; droppe tiny drop; från vattenfall etc. spray; ***ett*** ~ regnstänk a drop of rain; ***ett*** ~ ***citronsaft*** a dash of lemon juice; ***ett*** ~ ***av vemod*** a touch of melancholy
stänka *verb* splash; ~ ***smuts på ngn*** spatter sb with mud
stänkskydd *subst* på bil mudflap
stänkskärm *subst* **1** flygel på bil wing, amer. fender **2** på cykel, motorcykel el. liten sportbil mudguard, amer. vanligen fender
stäpp *subst* steppe
stärka *verb* **1** styrka strengthen **2** bekräfta confirm **3** med stärkelse starch
stärkande *adj* strengthening; ~ ***medel*** tonic
stärkelse *subst* starch
stäv *subst* sjö. stem
stäva *verb* head; ~ ***mot*** bear towards
stävja *verb* check; undertrycka suppress
stöd *subst* support; stötta prop; hjälp aid; ***få*** ~ ekonomiskt ***av*** be subsidized by; ***till*** (***som***) ~ ***för*** påstående etc. in support of, in confirmation of; ***till*** (***som***) ~ ***för minnet*** as an aid to the memory, as a mnemonic
stödbandage *subst* support bandage
stödbehå *subst* uplift bra
stöddig *adj* självsäker self-important, cocksure
stödja *verb* support; luta rest, lean; grunda base, found; ~ ***armbågarna mot bordet*** rest one's elbows on the table; ~ ***sig*** support oneself; luta sig lean, rest; ~ ***sig på*** t.ex. faktum base one's opinion on; ~ ***sig på ngn*** åberopa cite sb as one's authority
stödundervisning *subst* remedial teaching

stök *subst* städning cleaning; fläng bustle; före jul etc. preparations pl.
stöka *verb* städa clean up, be busy; ~ ***till*** make a mess; ~ ***till i rummet*** litter up the room; ~ ***undan ngt*** get sth out of the way
stökig *adj* untidy, messy
stöld *subst* theft; stjälande thieving (endast sing.); inbrott burglary
stöldförsäkring *subst* insurance against theft; inbrott insurance against burglary
stöldgods *subst* stolen goods pl.
stöldsäker *adj* thiefproof, theftproof; mot inbrott burglarproof
stön *subst* groan, svag. moan
stöna *verb* groan, svag. moan
stöpa *verb* gjuta cast, mould, amer. mold; ~ ***ljus*** make candles, dip candles
1 stör *subst* fisk sturgeon
2 stör *subst* stång pole, stake
störa *verb* disturb; avbryta interrupt; ***förlåt att jag stör*** excuse my disturbing you; ***får jag ~ ett ögonblick?*** could you spare me a minute?; ***psykiskt störd*** mentally handicapped
störande I *adj* besvärande troublesome, annoying
II *adv*, ***uppträda*** ~ create a disturbance
störning *subst* **1** disturbance; avbrott interruption; rubbning disorder; ~***ar*** från motorer etc. interference sing. **2** radio.: genom annan sändare jamming (endast sing.)
större *adj* larger, bigger, greater etc.; se *stor*; ~ ***delen av…*** most of…; ***till ~ delen*** for the most part, mostly; ***ett ~ krig*** relativt stort a major war; ***en ~ summa*** relativt stor a big sum, a large sum
störst *adj* largest, biggest, greatest etc.; se *stor*; ~ ***i världen*** biggest in the world; ~***a delen av…*** most of…; ***till ~a delen*** for the most part, mostly
störta I *verb* **1** beröva makten overthrow; ~ ***ngn i fördärvet*** bring about sb's ruin **2** falla fall down, tumble down, topple down [*ned* i samtliga fall into]; om flygplan crash; om häst fall **3** rusa rush, dash **4** ~ ***sig*** kasta sig throw oneself; rusa rush headlong, dash headlong; ~ ***sig i fördärvet*** ruin oneself
II *verb* med betonad partikel
störta emot 1 i riktning mot rush towards, dash towards **2** anfalla rush at
störta fram ut rush out, dash out
störta in om tak etc. fall in, come down; om vägg fall down
störta ned falla fall down, tumble down; rusa rush down; rasa come down
störta samman collapse
störtdykning *subst*, ***göra en ~*** take a nose dive
störthjälm *subst* crash helmet
störtlopp *subst* sport. downhill race; gren downhill racing, downhill skiing
störtregn *subst* downpour
störtregna *verb*, ***det ~r*** it is pouring down
stöt *subst* **1** slag, törn etc. thrust; slag blow; knuff push **2** elektr. el. vid jordbävning shock; fys. impact **3** skakning hos fordon etc. jolt **4** vard., inbrott job
stöta I *verb* **1** thrust; slå knock, bang, bump **2** krossa pound **3** ~ ***sig med ngn*** get on the wrong side of sb; ***bli stött*** be offended [*över* by] **4** ~ ***mot*** knock against (into), bump against (into), strike against (into); ~ ***på grund*** run aground
II *verb* med betonad partikel
stöta emot ngt knock against sth, bump against sth, strike against sth
stöta ihop kollidera med knock into each other; råkas run across each other; ~ ***ihop med*** a) kollidera med run into, collide with b) träffa run across, run into
stöta på träffa, finna come across; ~ ***på*** t.ex. svårigheter meet with
stöta till knuffa till knock against
stötande *adj* offensive, objectionable
stötdämpare *subst* shock-absorber
stötesten *subst* stumbling-block [*för* to]
stötfångare *subst* bumper
stötsäker *adj* shockproof
stött *adj* **1** om frukt bruised **2** förnärmad offended [*över* at, by; *på* with]
stötta I *subst* **1** stöd support, stay **2** stolpe prop
II *verb* **1** support **2** med stolpe prop, prop up
stöttepelare *subst* mainstay, pillar
stövel *subst* high boot; ***stövlar*** spec. av gummi wellingtons, vard. wellies
stövelknekt *subst* bootjack
subjekt *subst* gram. subject
subjektiv *adj* subjective
substans *subst* substance; ämne matter
substantiell *adj* substantial
substantiv *subst* gram. noun
substantivera *verb* gram. substantivize; ~***t adjektiv*** adjective used as a noun
subtil *adj* subtle
subtilitet *subst* subtlety
subtrahera *verb* subtract
subtraktion *subst* subtraction
subvention *subst* subsidy
subventionera *verb* subsidize

succé *subst* success, om bok, pjäs etc. success, hit; ***göra*** ~ meet with success, be a success
succéfilm *subst* vard. box-office success
successiv *adj* stegvis gradual
suck *subst* sigh; ***dra en djup*** ~ heave a deep sigh; ***dra sin sista*** ~ breathe one's last
sucka *verb* sigh [*av* with; *efter* for]
Sudan the Sudan
sudd *subst* **1** tuss wad; tavelsudd duster **2** suddighet blur, bläckfläckar etc. smudges pl. **3** suddgummi rubber, amer. eraser
sudda I *verb* **1** svärta av sig smudge **2** måla, kludda daub
II *verb* med betonad partikel
sudda bort el. **sudda ut** radera rub out, erase; ~ ***ut på*** svarta tavlan rub ... clean, wipe ... clean

suddgummi
Det brittiska ordet för suddgummi är *rubber*. I amerikanska skolor säger man *eraser*, eftersom *rubber* också betyder gummi = kondom.

suddgummi *subst* rubber, eraser, amer. eraser
suddig *adj* **1** kluddig smudgy **2** otydlig blurred, indistinct **3** oredig confused
sufflé *subst* kok. soufflé
sufflett *subst* bil. hood, amer. top
sufflör *subst* teat. prompter
sug *subst* **1** suction **2** ***tappa ~en*** lose heart, give up
suga *verb* suck; ***sjön suger*** the sea air gives you an appetite; ~ ***på en pipa*** suck at a pipe; ~ ***ur*** t.ex. apelsin, sår suck; t.ex. arbetare sweat; ~ ***ut ngt*** suck sth dry; ~ ***åt sig*** absorb, suck up
sugande *adj*, ***ha en ~ känsla i magen*** have a hollow feeling in one's stomach, have a sinking feeling in one's stomach
sugen *adj*, ***känna sig*** ~ hungrig feel peckish; ***jag är ~ på en kopp kaffe*** I feel like a cup of coffee; ***jag är ~ på att spela tennis*** I feel very much like playing tennis
sugga *subst* gris sow [saʊ]
suggerera *verb* influence by suggestion [*till* into]
suggestion *subst* suggestion
suggestiv *adj* suggestive
sugmärke *subst* love-bite, amer. hickey
sugrör *subst* till saft etc. straw
sukta *verb*, ~ ***efter*** long for; ~ ***ngn*** try to tempt sb
sula *subst* o. *verb* sole
sultan *subst* sultan
summa *subst* sum
summarisk *adj* summary, kortfattad concise
summer *subst* buzzer
summera *verb*, ~ el. ~ ***ihop*** sum up, add up
sumobrottning *subst* sport. sumo wrestling, vard. sumo
sump *subst* kaffesump grounds pl.
sumpa *verb* missa miss, tappa lose; ~ ***chansen*** miss the opportunity
sumpmark *subst* swamp, marsh
1 sund *subst* sound, strait, straits pl.
2 sund *adj* **1** sound, healthy **2** om föda wholesome
sup *subst* **1** dram, snifter **2** glas brännvin snaps (pl. lika)
supa *verb* drink, vard. booze; ~ ***ngn full*** make sb drunk; ~ ***sig full*** get drunk
supé *subst* supper, evening meal
supera *verb* have supper
Super-G *subst* sport. (förk. för *super giant slalom*) slags storslalom Super-G
superlativ *subst* gram. the superlative; ***i*** ~ in the superlative
superlim *subst* super glue
supermakt *subst* superpower
suppleant *subst* deputy, substitute
supplement *subst* supplement [*till* to]
supporter *subst* supporter
suput *subst* vard. drunkard, boozer
sur *adj* **1** motsats: söt sour; syrlig acid; ***~t regn*** acid rain; ***göra livet ~t för ngn*** lead sb a dog's life; ***bita i det ~a äpplet*** swallow the bitter pill **2** blöt wet; om mark waterlogged; om pipa foul **3** arg angry, surly; ***han är ~ på mig*** he is angry with me; ***vara ~ över ngt*** be angry about sth
surdeg *subst* leaven; ***jäsa med*** ~ leaven
surfa *verb* go surfing, vindsurfa go windsurfing; ~ ***på nätet*** surf the net
surfare *subst* sport. surfer, vindsurfare windsurfer
surfing *subst* surf-riding
surfingbräda *subst* surfboard; till windsurfing sailboard
surkål *subst* kok. sauerkraut (tyska)
surmulen *adj* sullen, surly
surna *verb* sour, turn sour
surr *subst* hum, buzz; vinande whirr
surra *verb* hum, buzz; vina whirr
surrealism *subst* konst. surrealism
surrealistisk *adj* konst. surrealistic
surrogat *subst* substitute

surströmming *subst* kok. fermented Baltic herring

sus *subst* **1** vindens sigh; ***det gick ett ~ genom rummet*** a murmur went through the room, a buzz went through the room **2** ***leva i ~ och dus*** lead a wild life

susa *verb* **1** ***det ~r i träden*** the wind is sighing in the trees; ***vi körde så fort att det ~de om öronen på oss*** we were driving so fast that the wind whistled about our ears **2** om kula etc. whistle; ***~ förbi*** whistle by, whizz past; ***~ i väg*** rush off

susen *subst* vard., ***det gör ~*** it does the trick, it's the business; ***vinet i såsen gjorde ~*** the wine gave an extra touch to the sauce

sushi *subst* kok. sushi (japanska)

suspekt *adj* suspicious, suspect

suspendera *verb* suspend

sussa *verb* vard., sova sleep, barnspr. go to bye-byes

sutare *subst* fisk tench

sutenör *subst* pimp, ponce

suverän *adj* **1** enväldig sovereign, supreme **2** överlägsen superb, terrific

suveränitet *subst* sovereignty, supremacy

svacka *subst* **1** hollow, depression **2** ekon. decline; formsvacka bad patch, down patch

svada *subst* talförhet volubility; ordflöde torrent of words

svag *adj* **1** weak [*av* with], feeble [*av* with]; utmattad faint; om t.ex. vin, öl light; ***~ puls*** feeble pulse; ***vara ~ för*** have a weakness for, be fond of **2** ringa slight; om ljud faint, soft; ***~ värme*** kok. low heat **3** skral poor; ***ett ~t hopp*** a poor result

svagdricka *subst* small beer

svaghet *subst* weakness; ***ha en ~ för choklad*** have a weakness for chocolate

svagsint *adj* feeble-minded

svagström *subst* low-voltage current

sval I *adj* cool
II *subst* i kök chiller, cool cupboard

svala *subst* swallow; ***en ~ gör ingen sommar*** ordspr. one swallow does not make a summer

svalg *subst* anat. throat

svalka I *subst* coolness, friskhet freshness
II *verb* cool, uppfriska cool, refresh; ***~ av*** cool off, cool down

svall *subst* av vågor surge, surging

svalla *verb* om vågor surge, swell; om blod boil; om känslor etc. run high

svallvåg *subst* brottsjö surge; efter fartyg backwash

svalna *verb* cool; ***~ av*** cool down, cool off

svamla *verb* drivel; utan sammanhang ramble

svammel *subst* drivel; osammanhängande rambling

svamp *subst* **1** fungus, spec. ätlig mushroom; ***plocka ~*** pick mushrooms, go mushrooming **2** tvättsvamp sponge

svampgummi *subst* sponge rubber

svampkarta *subst* mushroom chart

svampplockning *subst* mushrooming, picking mushrooms

svampstuvning *subst* creamed mushrooms pl.

svan *subst* swan

svanhopp *subst* simn. swallow dive, amer. swan dive

svankrygg *subst* spec. om häst sway-back; ***ha ~*** be sway-backed

svans *subst* tail

svansa *verb*, ***gå och ~*** swagger about

svar *subst* **1** answer [*på* to], reply [*på* to], gensvar response [*på* to]; ***få till ~*** be told; ***ge ngn ~ på tal*** give sb tit for tat **2** ***stå till ~s för ngt*** be held responsible for sth

svara *verb* **1** answer, reply [*på* to]; reagera respond [*med* with; *på* to]; med motåtgärd counter [*med* with; *med att göra* inf. by doing ing-form]; ***det är rätt ~t*** that's right; ***~ i telefon*** answer the telephone, answer the phone; ***~ på*** en fråga, ett brev, en annons answer...; ***det kan jag inte ~ på*** I can't say **2** ***~ för*** ansvara för, ordna answer for, be responsible for; ***~ för kostnaderna*** stand the cost **3** ***~ mot*** motsvara correspond to, agree with

svarande *subst* jur. **1** defendant **2** i skilsmässomål respondent

svarslös *adj*, ***vara*** (***stå***) ~ be nonplussed, not know what to reply

svarsvisit *subst* return visit, return call

svart I (se äv. *blå-* för sammansättningar) *adj* black; dyster dark; ***~ arbetskraft*** black labour; ***~a börsen*** the black market; ***~ färg*** black; ***Svarta havet*** the Black Sea; ***~ hål*** astron. black hole; ***stå på ~a listan*** be on the black list; ***~a tavlan*** skol. the blackboard; ***de ~a*** the blacks
II *adv*, ***jobba ~*** work on the side, moonlight; ***köpa ~*** buy on the black market
III *subst* färg black; ***ha ~ på vitt på ngt*** have sth in black and white; ***göra ~ till vitt*** prove that black is white; ***måla*** skildra ***ngt i ~*** paint sth in black colours; ***se allting i ~*** look on the dark side of things; se *blått* för vidare ex.

svartabörsaffär *subst* black-market transaction
svartabörshaj *subst* black-marketeer
svarthårig *adj* black-haired; ***han är ~*** he has black hair
svartjobb *subst* vard. work done without paying tax
svartjobbare *subst* 'black' worker, person who does work without paying tax
svartlista *verb* blacklist
svartmes *subst* fågel coal tit
svartmuskig *adj* swarthy
svartmåla *verb*, ***~ ngt*** paint sth black
svartna *verb* blacken, become black; ***det ~de för ögonen på mig*** everything went black before my eyes
svartpeppar *subst* black pepper
svartsjuk *adj* jealous [*på* of]
svartsjuka *subst* jealousy
svartsjukedrama *subst* brott crime passionnel (franska)
svartskalle *subst* neds., ungefär wop
svartskäggig *adj* black-bearded
svartvit *adj* black and white
svartögd *adj* black-eyed; se *blå-* för vidare sammansättningar
svarv *subst* lathe, turning-lathe
svarva *verb* turn
svarvare *subst* turner
svarvstol *subst* turning-lathe
svavel *subst* sulphur, amer. sulfur
svaveldioxid *subst* kem. sulphur dioxide, amer. sulfur dioxide
svavelhalt *subst* sulphur (amer. sulfur) content
svavelhaltig *adj* sulphurous, amer. sulfurous
svavelsyra *subst* sulphuric acid, amer. sulfuric acid
1 sveda *subst* smarting pain; ***ersättning för ~ och värk*** compensation for pain and suffering
2 sveda *verb* **1** singe **2** förbränna scorch, burn
svek *subst* förräderi treachery [*mot* to]; trolöshet deceit
svekfull *adj* treacherous
svensexa *subst* stag party
svensk I *adj* Swedish
II *subst* Swede
svenska *subst* **1** kvinna Swedish woman, dam Swedish lady, flicka Swedish girl; ***hon är ~*** she is Swedish, she is a Swede **2** språk Swedish; ***~n*** Swedish; ***på ~*** in Swedish; ***vad heter ... på ~?*** what is the Swedish for ...?
svensk-engelsk *adj* t.ex. ordbok Swedish-English; t.ex. förening Anglo-Swedish
svenskfödd *adj* Swedish-born
svenskspråkig *adj* **1** ***en ~ person*** a Swedish-speaking person; ***en ~ författare*** a writer who writes in Swedish **2** ***den är ~*** på svenska it is in Swedish **3** i länder där svenska talas in countries where Swedish is spoken
svensktalande *adj* Swedish-speaking... endast före subst.; ***vara ~*** speak Swedish
svenskundervisning *subst* the teaching of Swedish; ***få ~*** receive instruction in Swedish
svep *subst* sweep; razzia raid; ***i ett ~*** at one sweep, friare at one go
svepa I *verb* wrap up; minor sweep
II *verb* med betonad partikel
svepa fram om t.ex. vind sweep along; ***snöstormen svepte fram över landet*** the snow storm swept over the country
svepa i sig el. **svepa** vard., dricka, tömma knock back
svepa in wrap up; ***~ in sig*** wrap oneself up
svepskäl *subst* pretext; ***komma med ~*** make excuses
Sverige Sweden
svetsa *verb*, ~ el. ***~ ihop (samman)*** weld
svetsare *subst* welder
svetsning *subst* welding
svett *subst* sweat, perspiration
svettas *verb* sweat, perspire
svettdroppe *subst* bead of perspiration
svettig *adj* sweaty, perspiring; ***vara alldeles ~*** be all in a sweat; ***jag är ~ om händerna*** my hands are sweaty
svida *verb* smart, sting; ***det svider i halsen på mig*** av t.ex. peppar my throat is burning; vid förkylning I have a sore throat; ***röken sved i ögonen på mig*** the smoke made my eyes smart
svidande *adj* smarting, burning; ***ett ~ nederlag*** a crushing defeat
svika *verb* **1** överge fail, desert; bedra deceive, förråda betray; lämna i sticket let down; ***~ sitt löfte*** break one's promise; ***~ sin plikt*** fail in one's duty **2** inte räcka till fail, fail to come, fail to appear
svikande *adj*, ***med aldrig ~ energi*** with never-failing energy
svikt *subst* fjädring springiness, spänst elasticity, böjlighet flexibility
svikta *verb* **1** böja sig bend; vackla totter; gunga shake **2** om t.ex. tro waver; om t.ex. krafter,

motstånd give way, yield; ***med aldrig ~ engergi*** with never-failing energy
svikthopp *subst* sport. springboard diving; ***göra ett ~*** do a springboard dive
svimma *verb* faint, swoon; ***~ av*** faint away
svimning *subst* faint, swoon
svin *subst* pig; ***han är ett ~*** he is a swine
svinaktig *adj* **1** om t.ex. pris outrageous **2** oanständig dirty, filthy
svinaktigt *adv*, ***det var ~ gjort*** that was a dirty rotten trick; ***uppföra sig ~*** behave like a swine
svindel *subst* **1** yrsel dizziness, giddiness; ***få ~*** feel dizzy, feel giddy **2** bedrägeri swindle
svindla *verb* **1** få yrsel, ***det ~r för ögonen på mig*** I feel dizzy **2** bedra swindle [*på* out of], cheat [*på* out of]
svindlande *adj* om t.ex. höjd dizzy, giddy; om pris, lycka etc. enormous; ***i ~ fart*** at breakneck speed
svindlare *subst* swindler, cheat
svindyr *adj* terribly expensive
svinga *verb* swing
svinkall *adj*, ***det är ~t*** it's freezing, it's beastly cold
svinkött *subst* pork
svinläder *subst* pigskin
svinn *subst* waste, wastage
svinstia *subst* pigsty
svira *verb* rumla be on the spree
svischa *verb* swish
sviskon *subst* prune
svit *subst* **1** följe, rad rum el. musik. suite; serie succession; kortsp. sequence **2** ***~erna av*** t.ex. sjukdom the after-effects of
svordom *subst* svärord swearword, curse, oath; ***~ar*** swearing sing.
svullen *adj* swollen
svullna *verb* swell; ***~ upp*** swell, swell up
svullnad *subst* swelling
svulst *subst* swelling, tumour
svuren *adj* sworn
svåger *subst* brother-in-law (pl. brothers-in-law)
svågerpolitik *subst* nepotism
svångrem *subst* belt; ***vi måste dra åt ~men*** we must tighten our belts
svår *adj* difficult, hard; mödosam heavy, tough; allvarlig ***i ~are*** allvarligare ***fall*** in serious cases, in more serious cases, stark. in grave cases; ***ett ~t fel*** misstag a serious error, a serious mistake; ***en ~ förkylning*** a bad cold, a severe cold; ***ha ~a plågor*** be in great pain; ***ett ~t prov*** a severe test; ***en ~ sjukdom*** a serious illness; ***ett ~t slag*** a sad blow; ***~ värk*** severe pain; ***göra det ~t för ngn*** make things difficult for sb; ***ha det ~t*** a) lida suffer greatly b) slita ont have a rough time of it, ekonomiskt be badly off; ***ha ~t för ngt*** find sth difficult
svårartad *adj* **1** serious, grave **2** med. malignant
svårbegriplig *adj*, ***vara ~*** be difficult (hard) to understand; ***en ~ text*** a text that is difficult (hard) to understand
svårflirtad *adj* o. **svårflörtad** *adj*, ***vara ~*** be hard to get round; svår att entusiasmera be hard to please; sexuellt play hard to get
svårframkomlig *adj* om väg almost impassable
svårhanterlig *adj*, ***vara ~*** be difficult to handle, be difficult to manage
svårighet *subst* difficulty; möda hardship; besvär trouble; hinder obstacle; ***~ att göra ngt*** difficulty in doing sth
svårläst *adj*, ***vara ~*** be difficult to read
svårlöst *adj*, ***ett ~ problem*** a problem difficult to solve, a hard problem to solve
svårmod *subst* melancholy; dysterhet gloom; sorgsenhet sadness
svårsmält *adj* indigestible; ***vara svårsmält*** be hard to digest, be indigestible
svårstartad *adj*, ***vara ~*** be difficult to start, be hard to start
svårtillgänglig *adj* **1** om plats difficult of access **2** om person, reserverad distant, reserved, stand-offish
svårtolkad *adj* o. **svårtydd** *adj*, ***vara ~*** be difficult (hard) to interpret; ***en ~ text*** a text that is difficult (hard) to interpret
svägerska *subst.* sister-in-law (pl. sisters-in-law)
svälja *verb* swallow; t.ex. stolthet pocket
svälla *verb* swell [*av* with]; utvidga sig expand

svordomar
Många svordomar, särskilt *four-letter words*, t.ex. *fuck*, uppfattas av många människor som mycket stötande. De används t.ex. inte på tv annat än om avsikten är att chocka eller uppröra. *Four-letter words* kallas de för att de består av fyra bokstäver. De motsvarar det som vi på svenska brukar kalla ”runda ord”. Andra svordomar, t.ex. *bloody*, *damn*, är mindre stötande, men bör ändå undvikas utom mellan goda vänner.

svält *subst* starvation, hungersnöd famine
svälta *verb* starve; ~ ***ihjäl*** starve to death
svältgräns *subst* hunger line
svämma *verb*, ***floden ~de över sina bäddar*** the river overflowed its banks
sväng *subst* krök turn, bend, kurva curve; ***vägen gör en tvär ~*** the road takes a sharp turn; ***vara med i ~en*** be out and about a great deal; ***ta ut ~arna*** a) vard., gå hela vägen go the whole hog b) festa live it up
svänga I *verb* **1** swing **2** vifta med wave **3** vända turn; ~ ***om hörnet*** turn the corner; ~ ***åt höger*** turn to the right **4** vibrera vibrate **5** om vind change
II *verb* med betonad partikel
svänga av: ~ ***av åt vänster*** turn off to the left
svänga in på en gata turn into
svänga om turn round, amer. turn around; om vind veer round
svängdörr *subst* swing; roterande revolving door
svängning *subst* **1** rörelse swing **2** fys., vibration vibration; kringsvängning rotation, revolution **3** variation fluctuation **4** friare, i t.ex. politik change, shift
svängrum *subst* space, elbow-room
svära *verb* **1** gå ed swear [*på* to; *vid* by] **2** begagna svordomar swear [*över, åt* at], curse [*över, åt* at]
svärd *subst* sword
svärdfisk *subst* swordfish
svärdotter *subst* daughter-in-law (pl. daughters-in-law)
svärdslilja *subst* blomma iris
svärfar *subst* father-in-law (pl. fathers-in-law)
svärföräldrar *subst pl* parents-in-law
svärm *subst* t.ex. av bin, människor swarm, av fåglar flight
svärma *verb* **1** swarm [*omkring* round] **2** ~ ***för ngn*** have a crush on sb; ~ ***för ngt*** have a passion for sth
svärmare *subst* **1** drömmare dreamer **2** fyrverkeri jumping jack, jumping cracker
svärmeri *subst* förälskelse infatuation, stark. passion
svärmor *subst* mother-in-law (pl. mothers-in-law)
svärord *subst* swearword
svärson *subst* son-in-law (pl. sons-in-law)
svärta I *subst* **1** blackness **2** färgämne blacking
II *verb*, ~ el. ~ ***ned*** blacken
sväva *verb* **1** float, be suspended **2** om fågel soar; kretsa hover **3** ~ ***i fara*** be in danger
svävare *subst* o. **svävfarkost** *subst* hovercraft (pl. lika)
sweater *subst* sweater
sweatshirt *subst* sweatshirt
swimmingpool *subst* swimming pool
swing *subst* dans el. musik swing
sy *verb* sew, kläder vanligen make; ~ ***fast*** (***i***) ***en knapp i*** t.ex. rocken sew a button on; ~ ***ihop*** sew up
syateljé *subst* dressmaker's
sybehör *subst pl* sewing-materials
sybord *subst* work-table
syd *subst* o. *adv* south [*of* om]; se ***nord-*** för sammansättningar
Sydafrika landet South Africa
sydafrikan *subst* South African
sydafrikansk *adj* South-African
Sydamerika South America
sydamerikansk *adj* South American
sydeuropa *subst* Southern Europe
sydeuropé *subst* Southern European
sydlig *adj* från el. mot söder, om t.ex. riktning, läge southerly; om vind south, southerly; i söder southern
sydländsk *adj* southern
sydlänning *subst* sydeuropé Southern European
sydost I *subst* **1** väderstreck the south-east **2** vind south-easter, south-east wind
II *adv* south-east [*om* of]
sydpol *subst*, ~***en*** the South Pole
sydväst I *subst* **1** väderstreck the south-west; vind south-wester, south-west wind **2** huvudbonad sou'wester
II *adv* south-west [*om* of]
syfilis *subst* syphilis
syfta *verb* sikta, eftersträva aim [*till* at]; ~ ***på*** a) anspela på allude to b) mena mean; ~***r du på mig?*** are you referring to me?; ~ ***tillbaka på ngt*** refer back to sth
syfte *subst* ändamål purpose, end; mål aim; ~***t med ngt*** the purpose of sth; ***i*** (***med***) ~ ***att*** inf. with a view to ing-form
syjunta *subst* sewing circle
syl *subst* awl; ***inte få en ~ i vädret*** not get a word in edgeways, amer. vanligen not get a word in edgewise
sylt *subst* jam, preserve, preserves pl.
sylta I *subst* kok. brawn, amer. headcheese
II *verb* **1** koka sylt preserve **2** ~ ***in sig*** trassla in sig get involved [*i* in], get mixed up [*i* in]
syltburk *subst* jam jar, med innehåll jar of jam
syltlök *subst* syltad lök, koll. pickled onions pl.
symaskin *subst* sewing-machine

symbol
The Shamrock, treklövern, är en symbol för Irland. *The Thistle*, tisteln, representerar Skottland, *the Leek*, purjolöken, Wales och *the Rose*, rosen, England.

symbol *subst* symbol [*för* of]
symbolisera *verb* symbolize
symbolisk *adj* symbolic, symbolical [*för* of]
symfoni *subst* symphony
symfoniorkester *subst* symphony orchestra
symmetri *subst* symmetry
symmetrisk *adj* symmetric, symmetrical
sympati *subst* medkänsla sympathy [*för* for]; ***fatta ~ för ngn*** take to sb, take a liking to sb
sympatisera *verb* sympathize [*med* with]
sympatisk *adj* trevlig nice, pleasant
sympatisör *subst* sympathizer
symtom *subst* symptom [*på* of]
symtomatisk *adj* symptomatic [*för* of]
syn *subst* **1** synsinne sight; ***ha dålig ~*** have a bad eyesight; ***få ~ på*** catch sight of **2** synsätt view [*på* of] **3** anblick sight **4** vision vision; spökbild apparition **5** utseende, sken ***för ~s skull*** for the sake of appearances; ***till ~es*** som det ser ut apparently, skenbart seemingly
syna *verb* besiktiga inspect; granska examine
synagoga *subst* synagogue
synas *verb* **1** vara synlig be seen; visa sig appear, show; ***fläcken syns inte*** the spot does not show; ***det syns tydligt att...*** it is obvious that..., it is evident that...; ***det syns på dig att...*** one can tell by looking at you that...; ~ ***till*** appear, be seen **2** framgå, tyckas appear
synbar *adj* synlig visible [*för* to]
synbarligen *adv* uppenbart obviously
synd *subst* **1** sin; ***ett ~ens näste*** a hotbed of sin; ***envis som ~en*** as stubborn as a mule; ***hata ngn som ~en*** hate sb like poison **2** skada, orätt ***så ~!*** what a pity!, what a shame!; ***det är ~ att han inte kommer*** it is a pity that he isn't coming; ***jag tycker ~ om henne*** I feel sorry for her
synda *verb* sin; ~ ***mot en regel*** offend against a rule
syndabock *subst* scapegoat
syndaflod *subst* flood, deluge; ***~en*** bibl. the Flood
syndare *subst* **1** relig. sinner; friare offender
syndfull *adj* sinful
syndig *adj* sinful, stark. wicked
syndrom *subst* syndrome
synfel *subst* defect of vision, visual defect
synfält *subst* field of vision
synhåll *subst*, ***inom*** ~ within sight [*för* of]; ***utom*** ~ out of sight [*för* of]
synkronisera *verb* synchronize
synlig *adj* visible [*för* to]; ***bli*** ~ come into sight
synnerhet *subst*, ***i*** ~ particularly, especially
synnerligen *adv* ytterst extremely; särskilt particularly
synonym I *adj* synonymous
II *subst* synonym [*till* of]
synpunkt *subst* ståndpunkt standpoint, point of view, åsikt view; ***från juridisk*** ~ from a legal point of view
synskadad *adj* visually handicapped
synskärpa *subst* acuteness of vision
synt *subst* musik. vard. synth
syntax *subst* gram. syntax
syntes *subst* synthesis (pl. syntheses)
syntetfiber *subst* synthetic fibre
syntetisk *adj* synthetic
synthesizer *subst* musik. synthesizer
synvilla *subst* optical illusion
synvinkel *subst* aspect; synpunkt point of view; ***ur min*** ~ from my point of view
synål *subst* sewing-needle
synålsbrev *subst* packet of needles
syra *subst* **1** kem. acid **2** smak acidity, sourness
syre *subst* oxygen
syrebrist *subst* lack of oxygen
syren *subst* blomma lilac
syrgas *subst* oxygen
syrgastält *subst* oxygen tent
Syrien Syria
syrier *subst* Syrian
syrisk *adj* Syrian
syrlig *adj* **1** somewhat sour, sourish **2** om t.ex. leende, ton acid, om min sour
syrra *subst* vard. sister
syrsa *subst* insekt cricket
syskon *subst*, ***ha*** ~ bröder och systrar have brothers and sisters; ***de är*** ~ bror och syster they are brother and sister
syskonbarn *subst* **1** pojke nephew; flicka niece **2** kusin cousin
syskrin *subst* workbox
sysselsatt *adj* **1** upptagen occupied, engaged, strängt upptagen busy; ***vara ~ med att göra ngt*** be busy doing sth **2** anställd employed
sysselsätta *verb* **1** ge arbete åt employ **2** ~

ngn hålla ngn sysselsatt occupy sb, keep sb busy; ~ ***sig*** occupy oneself, busy oneself
sysselsättning *subst* occupation, employment, work; ***full*** ~ ekon. full employment; ***ha full ~ med ngt*** have one's hands full with sth; ***sakna*** ~ a) have nothing to do b) vara arbetslös be unemployed
syssla I *subst* **1** göromål business (utan pl.), work (utan pl.), i hushåll etc. duty; ***dagliga sysslor*** daily chores **2** sysselsättning occupation
II *verb*, ~ ***med ngt*** vara sysselsatt med busy oneself with sth, be busy with sth; ***vad ~r du*** just nu ***med?*** what are you doing?; ***vad ~r du med på söndagar?*** how do you spend your Sundays?; ~ ***med trädgårdsarbete*** do gardening
syssling *subst* second cousin
sysslolös *adj* idle
system *subst* **1** system; ***sätta ngt i*** ~ make a system of sth **2** vid tippning perm **3** ~***et*** vard. se *systembolag* o. *systembutik*
systematisera *verb* systematize
systematisk *adj* systematic, orderly, methodical
systembolag *subst* bolag state-controlled company for the sale of wines and spirits
systembutik *subst* State liquor shop, spec. amer. State liquor store
systemtips *subst* permutation, vard. perm
syster *subst* **1** sister; ***systrarna Larson*** the Larson sisters **2** nunna; sister; sjuksköterska vanligen nurse
systerdotter *subst* niece
systerson *subst* nephew
syträd *subst* sewing-thread
1 så *verb* sow
2 så I *adv* **1** för att uttrycka sätt so; sålunda thus; på så sätt like this, like that; ***hur ~?*** varför why?; ~ ***där*** like that; ~ ***här*** like this; ~ ***här går det när man...*** that is what happens when you...; ***den är placerad ~ att man kan komma åt den*** it is placed in such a way that one can get at it; ***han bara säger*** ~ he only says that; ~ ***är det*** a) that is how it is b) det är rätt that's it; ~ ***är (var) det med det!*** el. ~ ***är (var) det med den saken!*** well that's that!; ***är det bra ~?*** a) is it all right? b) tillräckligt is that enough?; ~ ***kallad*** se *s.k.* **2** för att uttrycka grad so; framför adj. som står före subst. such, vid jämförelse as; ~ ***här varmt är det sällan i mars*** it is seldom as warm as this in March; ***jag sjunger inte ~ bra*** I don't sing very well; ~ ***dum är han inte*** he is not as stupid as that, he is not that stupid; ***jag har aldrig sett ~ snälla människor*** I have never seen such kind people; ***jag har aldrig sett något ~ vackert*** I have never seen anything so beautiful; ***han är inte ~ dum att han flyttar*** he's not silly enough to move **3** i utrop, ~ ***roligt!*** how nice!; ~ ***synd!*** what a pity!; ~ ***du ser ut!*** what a state you are in!; ~ ***där ja, nu kan vi gå!*** well, now we can go!; ~ ***det ~!*** so that's that!, so there! **4** sedan, då then; ***gå till höger, ~ ser du...*** turn to the right and you will see...; ***om du inte vill, ~ slipper du*** if you don't want to do it, you needn't
II *konj* **1** för att uttrycka avsikt, ~ el. ~ ***att*** so that, in order that, so as to inf. **2** för att uttrycka följd, ~ ***att*** a) so that b) och därför and so; ***det är ~ att man kan bli tokig*** it is enough to make one go mad
III *pron*, ***i ~ fall*** in that case, if so
sådan (vard. *sån*) *pron*, ***en ~ bok*** el. ***en ~ där bok*** a book like that; ~***a böcker!*** such books!, books like that!; ***en ~ stor bok!*** what a big book!; ~ ***är han*** that's how he is; ***ser jag ~ ut?*** do I look like that?; ***arbetet som ~t*** the work as such; ***en ~ som han*** a man like him; ***jag har en ~ hemma*** I have one at home; ***jag har några ~a hemma*** I have some at home; ***papperstallrikar? ~a använder jag inte*** paper plates? I don't use them; ~***t händer*** these things will happen, such things will happen; ~***t gör man inte*** it's just not done; ***frukt och ~t*** fruit and suchlike; ***hon sade ingenting ~t*** she said nothing of the kind
sådd *subst* **1** sående sowing **2** det sådda seed
såg *subst* verktyg saw
såga *verb* saw
sågspån *subst* sawdust
således *adv* följaktligen consequently
såll *subst* sieve
sålla *verb* sift; ~ ***bort*** sort
sålunda *adv* thus, in this manner
sång *subst* **1** sjungande singing, song **2** fåglars, sångstycke song
sångare *subst* **1** singer **2** fågel warbler
sångbok *subst* songbook
sångerska *subst* female singer, singer
sångfågel *subst* songbird, songster
sångkör *subst* choir
sångröst *subst* singing-voice
sångstämma *subst* vocal part

såpa *subst* **1** soft soap **2** såpopera soap
såpbubbla *subst* soap bubble; ***blåsa såpbubblor*** blow bubbles
såphal *adj* slippery, greasy
såpopera *subst* soap opera, soap
sår *subst* wound; inflammerat sore; brännsår burn
såra *verb* **1** wound, injure; ***den ~de*** the wounded person; ***de ~de*** the wounded **2** kränka hurt, stöta offend
sårbar *adj* vulnerable
sårbarhet *subst* vulnerability
sårsalva *subst* ointment
sås *subst* **1** sauce **2** köttsås gravy **3** salladssås dressing
såsom *konj* as, like; ~ ***barn*** as a child; ***behandla ngn ~ ett barn*** treat sb like a child
såsskål *subst* sauce boat, gravy boat
såtillvida *adv* i så måtto so far, thus far; ~ ***som*** in so far as
såvida *konj* if, in case; förutsatt att provided that; ~ ***inte*** unless
såvitt *adv*, ~ ***jag vet*** as far as I know
såväl *konj*, ~ ***A som B*** A as well as B, both A and B
säck *subst* sack, mindre bag
säcka *verb*, ~ ***ihop*** collapse, break down
säckig *adj* baggy
säckpipa *subst* bagpipes pl.
säckpipsblåsare *subst* bagpiper
säckväv *subst* sacking, sackcloth
säd *subst* **1** corn, spec. amer. grain **2** utsäde seed, grain
sädesax *subst* ear of corn, amer. ear of grain
sädescell *subst* fysiol. sperm, sperm cell
sädesfält *subst* med gröda field of corn, amer. field of grain
sädesslag *subst* kind of corn, kind of grain, cereal
sädesvätska *subst* semen
sädesärla *subst* fågel wagtail
säga I *verb* **1** say; berätta, säga till tell; ***säg det!*** vem vet? who knows?; ***säg inte det!*** var inte så säker I wouldn't say that; ***var snäll och säg mig...*** please tell me...; ***så att ~*** so to say, so to speak; ***om jag får ~ det själv*** though I say it myself; ***om, låt oss ~, tre dagar*** in, let's say, three days; ***det må jag ~!*** well, I never!; ***kom snart, ska vi ~ i morgon?*** come soon - shall we say tomorrow?; ***det vill ~*** (förk. *dvs.*) that is, that is to say (förk. i.e.); ***vad vill det här ~?*** what does this mean?; ~ ***vad man vill, men hon...*** say what you will (like), but she...; ***gör som jag säger*** do as I say, do as I tell you; ***jag säger då det!*** well, I never!; ***jag bara säger som det är*** I am merely stating facts; ***var det inte det jag sa?*** I told you so!; ***då säger vi det!*** that's settled, then!; ***säger du det?*** really?, you don't say?; ***det säger du bara!*** you're only saying that; ***vad säger du om det?*** what do you say to that?; ***det säger allt!*** that says it all!; ***det säger inte så mycket*** that is not saying much; ***vem har sagt det?*** who said that?, who said so?; ***namnet säger mig ingenting*** the name means nothing to me; ***jag har hört ~s att...*** I have heard it said that...; ***han sägs vara rik*** he is said to be rich; ***sagt och gjort*** no sooner said than done; ***det är för mycket sagt*** that is saying too much; ***sagt är sagt!*** you must stand by what you've said!; ***som sagt*** el. ***som sagt var*** as I said before; ***oss emellan sagt*** between ourselves
2 ***hon säger sig vara lycklig*** she says she is happy; ***det säger sig självt*** that goes without saying
II *verb* med betonad partikel
säga emot contradict
säga ifrån: ~ ***ifrån på skarpen*** put one's foot down; ***hon sa bestämt ifrån att hon inte vill*** she flatly refused
säga om ngt upprepa say sth again, repeat sth
säga till befalla tell, order; ~ ***till ngn*** ge ngn besked tell sb, let sb know; ***om ni önskar något, så säg till!*** if you need something, say so!; ***säg till*** när det räcker***!*** say when!; ***är det tillsagt?*** vid expediering are you being attended to?; ***han har ingenting att ~ till om*** he has no say; ***han har en hel del att ~ till om*** he has a great deal of say
säga upp 1 ~ ***upp ngn*** anställd vanligen give sb notice; hyresgäst vanligen give sb notice to quit; ~ ***upp sig*** el. ~ ***upp sin anställning*** give notice **2** ~ ***upp bekantskapen med ngn*** break off relations with sb
säga åt: ~ ***åt ngn att*** inf. tell sb to inf.
sägen *subst* legend, myth
säker *adj* förvissad sure [*på* of, about], certain [*på* of, about]; riskfri safe, trygg secure; ***ett ~t gömställe*** a safe hiding-place; ~ ***sex*** safe sex; ***vara på den säkra sidan*** be on the safe side; ***ett ~t tecken*** a sure sign; ***det är alldeles ~t*** otvivelaktigt it is quite certain; ***känna sig ~*** feel secure, feel safe; ***kan jag vara ~ på det?*** can I be sure of that?; räkna

på may I count on that?; ***är du ~ på det?*** are you sure about that?, are you certain about that?; helt säker are you positive about that?; ***det kan du vara ~ på*** el. ***var så ~*** you may be certain (sure), you bet; ***han tog det säkra för det osäkra och...*** to be on the safe side he..., to be quite sure he...

säkerhet *subst* **1** visshet certainty, safety; trygghet utan risk security; i uppträdande assurance; ***den allmänna ~en*** public safety; ***för ~s skull*** to be on the safe side; ***vara i ~*** be safe, be in safety; ***med all ~*** säkerligen certainly, without doubt; ***veta med ~*** know for certain **2** security; ***lämna ~ för ett lån*** give security for a loan; ***låna ut pengar mot ~*** lend money on security

säkerhetsbälte *subst* i t.ex. bil, flygplan seat belt, safety belt

säkerhetskedja *subst* på dörr door-chain; på smycke safety-chain

säkerhetslina *subst* livlina lifeline

säkerhetsnål *subst* safety pin

säkerhetspolis *subst* security police

säkerhetsrisk *subst* security risk

säkerhetsskäl *subst*, ***av ~*** for security reasons

säkerhetsåtgärd *subst* precautionary measure

säkerligen *adv* certainly, no doubt

säkerställa *verb* guarantee, secure

säkert *adv* med visshet certainly; högst sannolikt very likely, probably; tryggt securely; ***ja ~!*** certainly!, sure!; ***det vet jag alldeles ~*** I know that for certain; ***jag vet inte ~ om...*** I am not quite sure whether...

säkra *verb* secure; t.ex. freden safeguard; ***~ sin ställning*** consolidate one's position

säkring *subst* **1** elektr. fuse; ***det har gått en ~*** a fuse has blown **2** på vapen safety-catch

säl *subst* seal

sälg *subst* träd sallow, pussy willow

sälja *verb* **1** sell **2** marknadsföra market; ***vi har sålt slut på*** we are sold out of

säljare *subst* **1** seller **2** försäljare salesman

sälla *verb*, ***~ sig till*** join

sällan *adv* seldom, rarely, infrequently; ***endast ~*** only on rare occasions; ***inte så ~*** rather often

sällsam *adj* strange, peculiar, singular

sällskap *subst* **1** umgänge company, society; samling personer party; ***göra ~ med ngn till stationen*** go with sb to the station, accompany sb to the station; ***jag gjorde henne ~ hem*** I saw her home; ***vi gjorde ~ till teatern*** we went together to the theatre; ***ha ~ med ngn*** be going out with sb; ***hålla ngn ~*** keep sb company; ***komma (råka) i dåligt ~*** get into bad company; ***i ~ med*** together with, in company with **2** följeslagare companion **3** förening society

sällskaplig *adj* road av sällskap sociable

sällskapsdjur *subst* t.ex. hund el. katt pet

sällskapslek *subst* party game

sällskapsliv *subst* social life

sällskapsmänniska *subst* sociable person

sällskapsresa *subst* conducted tour

sällskapssjuk *adj*, ***han är ~*** he needs company; älskar he loves company; tillfälligt he is longing for company

sällskapsspel *subst* party game

sällsynt *adj* rare, uncommon, unusual

sälskinn *subst* sealskin

sämja *subst* harmony, unity

sämre *adj* o. *adv* worse [*än* than]; underlägsen inferior [*än* to]

sämskskinn *subst* shammy leather

sämst *adj* o. *adv* worst; ***i ~a fall*** if the worst comes to the worst; ***de ~ avlönade*** the most poorly paid

sända *verb* **1** send [*med, per* by] **2** radio. transmit; program broadcast; ***... sänds i radio och tv*** ... will be broadcast and televised

sändare *subst* radio. transmitter

sändarstation *subst* broadcasting station, transmitting station

sändebud *subst* **1** ambassador [*i* to] **2** envoyé envoy

sänder *adv*, ***i ~*** i taget at a time, en efter en one by one, one at a time

sändning *subst* **1** varuparti consignment, shipment **2** leverans delivery **3** radio. el. tv. transmission; program broadcast

sändningstid *subst* viewing time, viewing hours pl.

säng *subst* bed; utan sängkläder bedstead; barnsäng cot; ***gå i ~ med ngn*** go to bed with sb; ***komma i ~*** get to bed; ***få kaffe på ~en*** have coffee in bed; ***ta ngn på ~en*** take sb by surprise; ***gå till ~s*** a) go to bed b) om sjuk take to one's bed; ***ligga till ~s*** be in bed, lie in bed; ***sitta vid ngns ~*** sit by sb's bedside

sängdags *adv*, ***det är ~*** it's time for bed, it's bedtime; ***vid ~*** at bedtime

sängfösare *subst* nightcap

sänggavel *subst* huvudända headboard, fotända footboard

sängkammare *subst* bedroom
sängkant *subst*, ***vid ~en*** at the bedside
sängkläder *subst pl* bedclothes, bedding sing.
sänglampa *subst* bedside lamp
sänglektyr *subst* bedside reading
sängliggande *adj* på längre tid bedridden; ***vara ~*** be confined to bed
sänglinne *subst* bed linen
sängrökning *subst* smoking in bed
sängtäcke *subst* quilt
sängvätare *subst* bed-wetter
sängöverkast *subst* bedspread
sänka I *subst* **1** fördjupning depression, hollow **2** med. sedimentation rate; ***ta ~n*** carry out a sedimentation test [*på ngn* on sb] **II** *verb* **1** lower, priser, skatter etc. reduce, lower **2** ***~ farten*** reduce speed; ***~ ned*** sink **3** ***~ ett fartyg*** sink a ship **4** ***~ sig*** a) skymning etc. descend [*över* on], fall [*över* on] b) om personer lower oneself [*till* to]
sänkning *subst* sänkande **1** lowering **2** t.ex. av priser reduction **3** av fartyg sinking
sära *verb*, ~ el. ***~ på*** skilja från varandra separate, part; ***~ på benen*** part one's legs
särbehandling *subst* special treatment; ***positiv ~*** positive discrimination, amer. affirmative action
särbo *subst* couple that live apart
särdeles *adv* synnerligen extremely, exceedingly, most
särdrag *subst* characteristic, egenhet peculiarity
säregen *adj* egendomlig strange, peculiar, odd
särklass *subst*, ***stå i ~*** be in a class by oneself
särprägel *subst* distinctive stamp, distinctive character
särskild *adj* speciell special, particular; ***~ ingång*** separate entrance; ***jag märkte ingenting särskilt*** I did not notice anything particular; ***jag har inte något särskilt för mig*** I have nothing particular to do
särskilja *verb* **1** separate **2** åtskilja distinguish between
särskilt *adv* speciellt particularly, specially, i synnerhet in particular; ***jag brydde mig inte ~ mycket om det*** I did not bother too much about it
särskola *subst* special school for mentally retarded children
särställning *subst*, ***inta en ~*** hold an exceptional position, hold a unique position
särtryck *subst* offprint
säsong *subst* season
säte *subst* **1** hemvist, stolsits seat **2** persons bakdel seat
sätt *subst* **1** way, manner, fashion (endast sing.), metod method; medel means (pl. lika); ***på ~ och vis*** i viss mån in a way; ***på alla möjliga ~*** el. ***på alla ~ och vis*** in every possible way; ***på det ~et*** in that way, in that manner, in this way (manner), like that, like this; ***på ett eller annat ~*** somehow or other; ***på så ~*** in that way; jaså I see! **2** uppträdande manner, behaviour; umgängessätt manners pl.
sätta I *verb* **1** placera put, place, set; fästa, sticka stick; ordna place, arrange; anbringa fit, fix; ***~ ngn till att göra ngt*** set sb to do sth; ***~ smak på*** smaksätta flavour; ge smak åt give a flavour to; ***~ barn till världen*** bring children into the world **2** satsa stake, bet **3** plantera set, t.ex. potatis plant **4** ***~ sig*** sitta ned sit down, ta plats take a seat, placera sig place oneself; ***sätt dig här!*** come and sit here!; ***~ sig upp i sängen*** sit up in bed; ***~ sig i bilen och köra*** get into the car and drive; ***~ sig på cykeln och köra*** get on the bike and ride; ***~ sig vid ratten*** take the wheel **5** om person, ***~ sig i en situation*** put oneself in a situation; ***~ sig på ngn*** spela översittare bully sb **6** om sak: sätta sig, sjunka settle, fastna stick [*i* t.ex. halsen in] **II** *verb* med betonad partikel
sätta av 1 släppa av put down **2** reservera set aside
sätta sig emot opponera sig oppose; fästa fix, fasten; ***~ sig fast*** fastna stick, get stuck; ***~ fast ngn*** fånga, ange put sb away, run in sb
sätta fram 1 ta fram put out; t.ex. stolar draw up; ***~ fram ngt på bordet*** put sth on the table **2** ***~ fram klockan*** put the clock forward; armbandsur put one's watch forward
sätta för ngt put sth in front; ***~ för en lucka*** put up a shutter
sätta i put in, t.ex. ett häftstift apply, t.ex. tändstift fit in, installera install; ***~ i ett foder i ngt*** line sth; ***~ i en knapp*** sew a button on; ***~ i ngn ngt*** t.ex. en idé put sth into sb's head; ***~ i sig mat*** put away food
sätta ihop: ***~ ihop ngt*** **1** put sth together, join sth, kombinera combine sth; författa, komponera compose **2** t.ex. ett program draw up
sätta in 1 ***~ in ngt*** put sth in; lämna till förvaring deposit sth **2** ***~ in pengar på ett konto*** pay money into an account **3** ***~ ngn in i ngt*** acquaint sb with sth, make sb

acquainted with sth
sätta i väg set off, dash off, run off
sätta ned (ner) 1 put down, set down **2** minska reduce; sänka lower; försvaga, t.ex. krafter weaken
sätta på 1 put on; montera på fit on; ~ ***på ngt på ngt*** put sth on sth; montera på fit sth on to sth **2** ~ ***på sig ngt*** put on sth; ~ ***på sig säkerhetsbältet*** fasten one's seatbelt **3** ~ ***på*** laga ***lite kaffe*** make some coffee **4** ~ ***på tv:n*** turn on the telly **5** ~ ***på ngn*** vulg. screw (lay) sb
sätta upp 1 placera etc. put up, resa, ställa upp set up; uppföra erect; höja, t.ex. pris raise; hänga upp hang; placera högre put... higher up; ~ ***upp ngt på en hylla*** put sth up on a shelf, place sth on a shelf **2** upprätta: t.ex. kontrakt draw up; t.ex. lista make out, make up **3** teat., iscensätta stage **4** starta: t.ex. tidning, affär start; ~ ***upp ett fotbollslag*** get together a football team; ~ ***sig upp mot ngn*** set oneself up against sb
sätta ut 1 ~ ***ut ngt utomhus*** put sth outdoors; ~ ***ut ngt till beskådande*** display sth; plantera ut plant sth **2** skriva ut: t.ex. datum put down; t.ex. kommatecken put; ange på t.ex. karta mark, show
sättsadverb *subst* gram. adverb of manner
säv *subst* rush
söder I *subst* väderstreck the south; ***Södern*** the South
II *adv* south, to the south [*om* of]; se *norr-* för vidare sammansättningar
Söderhavet the South Pacific
söderifrån *adv* from the south
söderut *adv* åt söder southward, southwards; ***resa*** ~ go south, travel south
södra *adj* the south; t.ex. delen the southern; se *norra* för ex.
söka I *verb* **1** leta look; ~ el. ~ ***efter*** leta efter look for; ihärdigt search for; ~ ***läkare för ngt*** see a doctor about sth, consult a doctor about sth; ***sekreterare söks*** i annons secretary wanted **2** vilja träffa want to see; försöka träffa try to get hold of; ***vem söks?*** el. ***vem söker ni?*** who do you want to see?; ***det är ngn som söker dig*** there is somebody to see you **3** ansöka om apply for **4** ~ ***sig till*** uppsöka seek; dras till make for; ta sin tillflykt till resort to; ~ ***sig till ngn*** seek sb **5** data. search
II *verb* med betonad partikel
söka in i (till): ~ ***in i (till) en skola*** apply for admission to a school
söka upp: ~ ***upp ngn*** look sb up, go to see sb
söka ut utvälja choose, pick out
sökande *subst* aspirant applicant [*till* for], candidate [*till* for]
sökare *subst* foto. view-finder
sökarljus *subst* searchlight, på t.ex. bil spotlight
sökning *subst* data. search
sökord *subst* data. search word
sökprogram *subst* data. search program
sökt *adj* långsökt far-fetched
söla *verb* **1** dawdle, loiter **2** dra ut på tiden waste time; smutsa soil, dirty
sölig *adj* **1** långsam dawdling, slow
söm *subst* textil. seam; ***gå upp i ~marna*** come apart at the seams; ***utan*** ~ seamless
sömlös *adj* seamless
sömmerska *subst* dressmaker
sömn *subst* sleep; ***ha god*** ~ sleep well; ***falla i*** ~ fall asleep; ***gå i ~en*** walk in one's sleep, vara sömngångare be a sleep-walker; ***under ~en*** during sleep
sömnad *subst* sewing, needlework
sömngångare *subst* sleepwalker
sömnig *adj* sleepy
sömnlös *adj* sleepless
sömnlöshet *subst* insomnia
sömnmedel *subst* med. vard. sleeping-pill, sleeping-tablet
sömnpiller *subst* sleeping-pill
sömnproblem *subst* vard., ***ha*** ~ have difficulty sleeping (falling asleep), suffer from insomnia
sömntablett *subst* sleeping-tablet
sömntuta *subst* vard. great sleeper, sleepyhead
söndag *subst* Sunday; ***på sön- och helgdagar*** on Sundays and holidays; se *fredag* för ex.
söndagsbilaga *subst* Sunday supplement
söndagsbilist *subst* week-end motorist
söndagskväll *subst* Sunday evening, senare Sunday night; ***på ~arna*** on Sunday evenings, on Sunday nights
söndagsskola *subst* Sunday school
sönder *adj* o. *adv* **1** bruten broken, i bitar in pieces, sönderriven torn; ***gå*** ~ brista etc. break, krossas smash, gå i bitar go to pieces, come to pieces, spricka burst; ***ha*** ~ ***ngt*** break sth, i flera delar break sth to pieces, riva sönder tear sth to pieces; ***ta*** ~ ***ngt***, ta isär take sth to pieces, take sth to bits **2** i olag out of order; slut (om t.ex. glödlampa) gone; ***gå*** ~ go (get) out of order, stanna break down
sönderbombad *adj*, ***vara*** ~ be destroyed by bombs; ***en*** ~ ***stad*** a city destroyed by bombs

sönderfall *subst* disintegration
sönderfalla *verb* i bitar fall to pieces, disintegrate
söndersliten *adj* om kläder tattered, threadbare; ***kroppen var ~ av vargar*** the body had been torn to pieces by wolves
söndra *verb* **1** dela divide **2** t.ex. parti disrupt, break up
söndring *subst* oenighet dissension, discord
sörja *verb* **1** ~ ***ngn*** a) avliden mourn b) bära sorgdräkt efter wear mourning for sb, be in mourning for sb; ***han sörjes närmast av maka och barn*** the chief mourners are his wife and children **2** mourn, grieve; ~ ***över*** grieve for, grieve over **3** ~ ***för*** se till see to, sköta om take care of, dra försorg om provide for; ~ ***för ngns behov*** supply sb's wants; ~ ***för framtiden*** make provision for the future; ~ ***för att ngt görs*** see to it that something is done
sörjande *adj*, ***de närmast*** ~ the chief mourners
sörpla *verb* slurp; ~ ***i sig ngt*** slurp sth, guzzle down sth
söt *adj* **1** sweet; rar nice, sweet; småvacker pretty, spec. amer. cute; ~***t vatten*** i insjö fresh water
söta *verb* sweeten
sötma *subst* sweetness
sötmandel *subst* sweet almond; ***jag tycker om*** ~ I like sweet almonds
sötningsmedel *subst* sweetening agent, sweetener
sötnos *subst* sweetie, sweetie pie, honey
sötsaker *subst pl* sweets, amer. candy sing.
sötsliskig *adj* sickly-sweet, om t.ex. leende sugary, om t.ex. färg pretty-pretty
sötsur *adj* kok. sweet-sour, sweet and sour
sött *adv* rart etc. sweetly; ***det smakar*** ~ it tastes sweet
sötvatten *subst* fresh water
sötvattensfisk *subst* fresh-water fish
söva *verb* **1** put sb to sleep, send sb to sleep; ***musiken är ~nde*** the music makes you sleepy (drowsy) **2** med., ~ el. ~ ***ned*** (***ner***) ge narkos administer an anaesthetic to

Tt

ta

- *Take* betyder vanligen att man tar något bort från den talande eller tar med sig något till en annan plats:
  Don't forget to take your umbrella.
  Glöm inte att ta med dig paraplyet.
  They took him to hospital.
  De tog honom till sjukhuset.
- *Bring* används när man tar med sig något till den talande:
  Bring your books next time.
  Ta med dig böckerna (hit) nästa gång.

ta I *verb* **1** take; ta med sig hit, komma med bring; ***solen ~r*** the sun gives you quite a colour (a tan); ***vilken väg ska jag ~?*** which way shall I take?; ***han tog det hårt*** it affected him deeply; ***bromsen ~r inte*** the brake doesn't work (function); ~ ***ett lån*** take out a loan; ***vem ~r du mig för?*** what do you take me for?; ~ ***till vänster*** turn to the left **2** ta sig, t.ex. en kopp kaffe, ett bad have; ~ ***en bit mat*** have something to eat; ~ ***sig en tupplur*** have a nap **3** ta fast catch; gripa tag i seize; ~ ***i ngt*** touch sth; ~ ***ngn i armen*** seize sb by the arm **4** ta betalt charge **5** ~ ***sig*** **a**) skaffa sig: t.ex. en ledig dag, en promenad take; t.ex. en bit mat, en cigarett have **b**) lyckas komma get; ~ ***sig till gränsen*** get to the border; ***kan du ~ dig*** hitta ***hit?*** can you find your way here? **c**) förkovra sig improve; tillfriskna recover [*efter* from]; ***plantan ~r sig*** the plant is coming on
II *verb* med betonad partikel
ta av 1 take off, remove; ~ ***av sig*** take off; ~ ***av rocken*** el. ~ ***av dig rocken*** take off your coat **2** vika av turn off
ta bort avlägsna take away, remove; ~ ***bort en fläck*** take out a stain, remove a stain
ta efter ngn imitate sb, copy sb
ta emot mottaga receive; ta hand om: t.ex. beställning, avgifter etc. take; t.ex. inackorderingar,

tvätt take in; antaga accept; ~ ***emot*** inte tillbakavisa ***pengarna*** take the money, accept the money; ***det är något som ~r emot*** there's something in the way; ***anmälningar ~s emot av...*** applications may be handed in to...
ta fast fånga catch; få fast get hold of; ~ ***fast tjuven!*** stop thief!
ta fram ngt take sth out [*ur* of]; ~ ***fram*** för att visa upp produce [*ur* out of]; ~ ***sig fram*** a) hitta find one's way b) bana sig väg make one's way
ta för sig servera sig help oneself [*av ngt* to sth]
ta sig för göra do; gripa sig an med set about
ta sig förbi make one's way past, get past
ta i anstränga sig put one's back into it; ~ ***inte i så där!*** el. ***vad du ~r i!*** take it easy!, don't overdo it!; ***det är väl att ~ i!*** now you're exaggerating!
ta ifrån ngn ngt take sth away from sb; beröva deprive sb of sth
ta igen 1 ~ ***igen ngt*** tillbaka take sth back **2** ~ ***igen förlorad tid*** make up for lost time **3** ~ ***igen sig*** återhämta sig recover
ta in take in, bring in; station i radio etc. tune in to; ~ ***in ngn*** ge tillträde admit sb [*i* t.ex. förening to]; ~ ***in vatten*** läcka let in water; ~ ***in på hotell*** put up at a hotel; ***~s in på sjukhus*** be admitted to hospital
ta itu med set about
ta loss ta bort take off, take away; avskilja detach
ta med 1 föra hit, ha med sig bring; föra bort take **2** inbegripa include
ta ned (ner) take down, bring down
ta om ngt upprepa take (say, read etc.) sth again
ta på el. **ta på sig** t.ex. skor, glasögon put on; ~ ***på sig skulden*** take the blame; ~ ***på sig*** åta sig ***för mycket*** take on too much
ta till börja använda take to; begagna sig av use; överdriva exaggerate; ~ ***till så att det räcker*** take enough; ***vad ska jag ~ mig till?*** what am I to do?; ***vad ~r du dig till?*** what are you up to?
ta tillbaka take back, bring back; ~ ***tillbaka ansökan*** withdraw one's application
ta upp take up, bring up; ur ficka etc. take out [*ur* of]; samla upp gather up; öppna paket etc. open; ~ ***upp ngt till diskussion*** bring sth up for discussion; ***han tog upp sig mot slutet av matchen*** he improved towards the end of the match
ta ur take out [*ur* of]; avlägsna kärnor, en fläck etc. remove
ta ut dra ut take out; extrahera extract; få ut get out [*ur* of]; hämta ut pengar på bank etc. draw; ~ ***ut en melodi på ett instrument*** pick out a tune on an instrument; ~ ***ut slaget helt*** i t.ex. tennis follow through; ***de ~r ut varandra*** they cancel each other out; ~ trötta ***ut sig*** tire oneself out
ta vid börja begin; fortsätta follow on, follow; ~ ***illa vid sig*** be upset [*av, över* about]
ta åt sig dra till sig: t.ex. smuts attract; fukt absorb; äran etc. take, claim; ***du ~r alltid åt dig*** you are always taking things personally; ***vad tog det åt honom?*** what's the matter with him?
tabbe *subst* vard. blunder
tabell *subst* table [*över* of]
tablett *subst* tablet; piller pill; liten duk table mat, place mat
tablettform *subst*, ***i*** ~ in tablet form
tabloid *subst* tabloid
tabloidpress *subst*, ***~en*** the tabloids pl., the tabloid press
tablå *subst* **1** teat. tableau **2** översikt table, chart [*över* of] **3** ~***!*** you can imagine the rest!
tabu *subst* taboo (pl. -s); ***belägga med*** ~ taboo
tabulator *subst* tabulator, vard. tab, tangent tabulator key

> **tack**
> Lägg märke till att ja tack heter *yes, please* och nej tack *no, thank you.* Bara *thank you* betyder oftast tack eller ja tack:
> – *Would you like something to drink?*
> – *Thank you. A glass of juice, please.*

tack *subst* thanks pl.; ***ja ~!*** som svar på: vill du ha...? yes, please!; ***nej ~!*** no, thank you!, no thanks!; ***hjärtligt ~ för...*** many thanks for...; ~ ***så mycket!*** thank you very much!; ~ ***för senast!*** motsvaras av we had a nice time at your place the other day (evening etc.); ~ ***för maten!*** motsvaras av I did enjoy the meal!, what a nice meal!; ~ ***för att du kom!*** thanks for coming!; ~ ***vare hans hjälp*** thanks to his help
1 tacka *verb* thank; ~ ***ja till ngt*** accept sth with thanks; ~ ***nej till ngt*** decline sth with thanks; ***ingenting att ~ för!*** don't mention it!; ~ ***för det!*** naturligtvis of

tacka
I England och USA säger man inte tack för maten efter en måltid, men det är artigt att säga något antingen när man äter eller när man går, t.ex. *This is very nice. I enjoyed the meal very much.* Man tackar heller inte för senast efter en fest.

course!; ~ ***vet jag...*** give me... any day; ***ha ngn att ~ för ngt*** owe sth to sb
2 tacka *subst* får ewe
3 tacka *subst* av guld, silver bar, ingot
tackla *verb* äv sport. tackle
tackling *subst* sport. tackle; tacklande tackling
tacksam *adj* grateful [*mot* to]
tacksamhet *subst* gratitude [*mot* to]
tacksamhetsskuld *subst*, ***stå i ~ till ngn*** owe a debt of gratitude to sb, be under an obligation to sb
tacktal *subst* speech of thanks; ***hålla ~*** make a speech of thanks
tafatt *adj* awkward
tafsa *verb* vard., ~ ***på ngt*** fiddle about with sth; ~ ***på ngn*** paw sb about, grope sb
taft *subst* tyg taffeta
tag *subst* **1** grepp hold, grip, grasp; t.ex. simtag, årtag stroke; ***släppa ~et*** let go; ***fatta (gripa, hugga) ~ i*** catch hold of; ***få ~ i*** get hold of **2** stund, slag ***försök själv ett ~*** have a go yourself; ***i första ~et*** i första försöket at the first go; med detsamma straight off; ***jag glömmer det inte i första ~et*** I won't forget in a hurry; ***två i ~et*** two at a time; ***jag ska resa bort ett ~*** I'll go away for a while; ***det blev hårda ~ för oss*** we had a tough time
tagel *subst* horsehair
tagen *adj* medtagen done up; rörd moved
tagetes *subst* blomma French marigold, större African marigold
tagg *subst* prickle; törntagg thorn
taggig *adj* prickly; med törntaggar thorny
taggtråd *subst* barbed wire
tagning *subst* **1** av film filming, shooting; enstaka take **2** foto., exponering exposure
Taiwan Taiwan
tajma *verb* vard. time
tak *subst* **1** yttertak roof; innertak ceiling; ***ha ~ över huvudet*** have a roof over one's head; ***rummet är högt i ~*** the room has a high ceiling; ***han gick i ~et*** blev rasande ***när han hörde det*** he hit the roof when he heard it **2** maximum, t.ex. pristak ceiling; ***sätta ett ~ för*** impose a ceiling on, för utgifter cap
takbox *subst* på bil roof box
takkrona *subst* chandelier
taklampa *subst* ceiling lamp
taklucka *subst* roof hatch, på bil sun roof
takpanna *subst* tile, roofing tile
takräcke *subst* på bil roof rack
takränna *subst* gutter
takt *subst* **1** tempo: musik. time; fart pace, rate; ***slå ~en*** beat time; ***i snabb ~*** at a fast rate; ***gå i ~*** keep in step, walk in step; ***öka ~en*** increase the pace, increase the speed **2** rytmisk enhet bar **3** finkänslighet tact, discretion
taktfast *adj* om steg measured; rytmisk rhythmic
taktfull *adj* tactful, discreet
taktik *subst* tactics (med verb i pl.)
taktiker *subst* tactician
taktisk *adj* tactical
taktlös *adj* tactless
taktpinne *subst* baton, conductor's baton
tal *subst* **1** antal, siffertal number; räkneuppgift sum **2** anförande speech; ***det är ~ om att hon ska lämna oss*** there is some talk of her leaving us; ***det har aldrig varit ~ om det*** there has never been any question of that; ***hålla ~*** el. ***hålla ett ~*** make a speech; ***i dagligt ~*** in everyday speech, colloquially; ***på ~ om det*** apropå by the way; ***föra något på ~*** take a matter up, bring a matter up; ***komma på ~*** come up
tala I *verb* speak; konversera talk; ***allvarligt ~t*** seriously speaking; ***det är mycket som ~r för att han har gjort det*** there is a lot that points towards his having done it; ~ ***sig varm för*** recommend sth warmly; ~ ***för sig själv*** talk to oneself; å egna vägnar speak for oneself; ***resultatet ~r för sig självt*** the result speaks for itself; ***det är ingenting att ~ om!*** don't mention it!; ***för att inte ~ om...*** not to mention...; ~ ***till*** speak to, talk to, högtidligt address; ~ ***till punkt*** finish what one has to say; ~ ***emot ett förslag*** speak against a proposal
II *verb* med betonad partikel
tala in på band record
tala om tell [*ngt för ngn* sb sth]; ~ ***inte om det för någon!*** don't tell anybody!
tala ut så att det hörs speak up; rent ut speak one's mind; ~ ***ut med ngn*** have it out with sb, thrash it out with sb
talan *subst*, ***föra ngns ~*** represent sb, jur.

plead sb's cause; ***föra sin egen*** ~ plead one's own case; ***han har ingen*** ~ he has no say in the matter
talande *adj* uttrycksfull expressive; om blick significant; ***den*** ~ talaren the speaker
talang *subst* talent; ***han är en*** ~ he is a talented person, he is a gifted person; ***unga ~er*** young talents
talangfull *adj* talented, gifted
talare *subst* speaker; vältalare orator; ***jag är inte någon*** ~ I'm not much of a speaker
talarstol *subst* rostrum; vid möte platform
talas *verb*, ***vi får ~ vid om saken*** we must have a talk about it; ***höra ~ om*** hear of
talesman *subst* spokesman [*för* of, for], kvinnlig spokeswoman, av bägge könen spokesperson
talesätt *subst* set phrase
talfel *subst* speech defect
talför *adj* talkative, loquacious
talförmåga *subst* faculty of speech, power of speech
talg *subst* tallow; njurtalg suet
talgoxe *subst* fågel great tit, great titmouse
talk *subst* puder talcum powder
talkör *subst*, ***en*** ~ speech choir; ***i*** ~ in chorus
tall *subst* träd pine, Scotch fir; se *björk-* för sammansättningar
tallbarr *subst* pine needle
tallkotte *subst* pine cone
tallrik *subst* plate; ***en ~ soppa*** a plate of soup
talman *subst* i parlament speaker
talong *subst* på biljetthäfte etc. counterfoil, amer. stub
talorgan *subst* speech organ, organ of speech
talrik *adj* numerous; ***~a vänner*** numerous friends, a great number of friends
talspråk *subst* spoken language
tam *adj* tame; ***~a djur*** domestic animals
tambur *subst* hall; kapprum cloakroom
tampong *subst* tampon
tand *subst* tooth (pl. teeth) äv. på kam, såg etc.; ***borsta tänderna*** brush one's teeth, clean one's teeth; ***få tänder*** be teething, be cutting one's teeth; ***jag har fått blodad*** ~ my appetite has been whetted; bli ivrig taste blood; ***hon har tappat en*** ~ she has lost a tooth; ***visa tänderna*** om person el. djur bare one's teeth, show one's teeth
tandborr *subst* dentist's drill
tandborste *subst* toothbrush
tandemcykel *subst* tandem, tandem bicycle
tandgarnityr *subst* set of teeth; protes denture
tandhygienist *subst* dental hygienist
tandklinik *subst* dental clinic
tandkräm *subst* toothpaste
tandkött *subst* gums pl.
tandlossning *subst* loosening of the teeth
tandläkare *subst* dentist, dental surgeon; ***jag har varit hos ~n*** I've been to the dentist
tandläkarmottagning *subst* dentist's surgery, amer. dentist's office
tandläkartid *subst* appointment at the dentist's, dental appointment
tandpetare *subst* toothpick
tandprotes *subst* denture, dental plate
tandreglering *subst* correction of irregularities of the teeth; med. orthodontics (med verb i sing.)
tandskydd *subst* boxn. gumshield
tandsköterska *subst* dental nurse
tandsprickning *subst* teething, dentition
tandsten *subst* tartar
tandställning *subst* för tandreglering brace
tandtråd *subst* dental floss
tandvård *subst* dental service; personlig dental care
tandvärk *subst*, ***ha*** ~ have toothache, have a toothache
tangatrosor *subst pl* tanga briefs
tangent *subst* musik. el. på tangentbord key
tangentbord *subst* keyboard
tangera *verb*, ***~ rekordet*** equal the record
tango *subst* tango (pl. -s); ***dansa*** ~ do the tango
tank *subst* **1** behållare tank **2** stridsvagn tank
tanka *verb* bil. fill up, vard. tank up; sjö. el. flyg. refuel
tankbil *subst* tank lorry, tank truck, tanker
tankbåt *subst* tanker
tanke *subst* thought [*på* of]; idé idea [*om, på* of]; åsikt opinion [*om* about]; ***jag hade inte en ~ på att gå dit*** it never occurred to me to go there; ***det för (leder) ~n till...*** it makes one think of...; ***ha ngt i tankarna*** have sth in mind; ***ständigt ha ngt i tankarna*** have sth constantly at the back of one's mind; ***komma på andra tankar*** change one's mind; ***komma på bättre tankar*** think better of it; ***hur kom du på den ~n?*** what made you think of that?; ***med ~ på*** considering; ***slå det ur tankarna!*** put that out of your head!
tankegång *subst* train of thought, line of thought
tankeläsare *subst* thought-reader
tanker *subst* tanker
tankeställare *subst*, ***det gav oss en*** ~ that was an eye-opener, that gave us something to think about

tankeväckande *adj* thought-provoking
tankeöverföring *subst* thought transference, telepathy
tankfartyg *subst* tanker
tankfull *adj* thoughtful, pensive
tanklock *subst* bil. filler cap, amer. gas cap
tanklös *adj* thoughtless
tankning *subst* bil. filling-up; sjö. el. flyg. refuelling
tankspridd *adj* absent-minded
tankspriddhet *subst* absent-mindedness
tankstreck *subst* dash
tant *subst* aunt; friare lady, nice old lady; ~ ***Johansson*** Mrs. Johansson
tantig *adj* vard. old-maidish, frumpish
Tanzania Tanzania
tanzanier *subst* Tanzanian
tanzanisk *adj* Tanzanian
tapet *subst* wallpaper; vävd etc. tapestry; ***vara på ~en*** be on the carpet, be up for discussion
tapetrulle *subst* roll of wallpaper
tapetsera *verb* paper; ~ ***om*** repaper
tapetserare *subst* upholsterer
tapetsering *subst* paperhanging
tapisseri *subst* tapestry
tapp *subst* **1** i tunna etc. tap **2** till hopfästning peg
1 tappa *verb*, ~ ***vin på buteljer*** draw wine off into bottles, bottle wine; ~ ***upp vattnet i badkaret*** run the water into the bath; ~ ***ur*** empty, run off
2 tappa *verb* **1** ~ ***ngt*** låta falla drop sth, let sth fall **2** förlora lose; ~ ***huvudet*** lose one's head; ~ ***räkningen*** lose count; ~ ***bort*** lose
tapper *adj* brave, courageous
tapperhet *subst* bravery, courage
tappt *adv*, ***ge*** ~ give in
tariff *subst* tariff
tarm *subst* anat. intestine
tarvlig *adj* vulgär, grov vulgar; lumpen shabby
tarvligt *adv*, ***bära sig*** ~ ***åt*** behave shabbily [*mot* to]
taskig *adj* vard. rotten [*mot* to], lousy [*mot* to]
tass *subst* paw
tassa *verb* patter, pad
tatuera *verb* tattoo
tatuering *subst* tattooing; ***en*** ~ a tattoo
tavelgalleri *subst* picture gallery
tavelutställning *subst* exhibition of paintings
tavla *subst* **1** målning picture **2** anslagstavla board; skottavla target **3** vard., tabbe blunder
tax *subst* dachshund
taxa *subst* rate, charge, tariff; för körning fare
taxameter *subst* meter, taximeter
taxering *subst* för skatt tax assessment
taxeringsvärde *subst* ratable value
taxi *subst* taxi, taxicab, cab
taxichaufför *subst* taxi-driver, cab-driver
taxistation *subst* taxi rank, amer. taxistand
T-bana *subst* se *tunnelbana*
tbc *subst* tuberkulos TB
TCO förk., se ex. under *tjänsteman*
1 te *subst* tea; ***dricka*** ~ have tea; ***laga*** ~ make tea
2 te *verb*, ~ ***sig*** förefalla appear, seem; se ut look
teak *subst* träd el. virke teak
teater *subst* theatre; ***spela*** ~ act; ***gå på ~n*** go to the theatre; ***gå in vid ~n*** go on the stage
teaterbesök *subst*, ***ett*** ~ a visit to the theatre
teaterbesökare *subst* theatregoer
teaterföreställning *subst* theatrical performance
teaterkikare *subst* opera glasses pl.
teaterkritiker *subst* dramatic critic
teaterpjäs *subst* play, stage play
teatersalong *subst* auditorium
teaterscen *subst* stage
teaterskola *subst* drama school
teatersällskap *subst* theatrical company
teatralisk *adj* theatrical
tebjudning *subst* tea party
teburk *subst* tea caddy, tea canister
tecken *subst* **1** sign [*på* of]; kännetecken, bevis mark [*på* of], högtidligt token [*på* of]; signal signal [*till* for]; ***alla ~ tyder på att...*** there is every indication that... **2** skrivtecken character
teckenspråk *subst*, ***på*** ~ sign language
teckna *verb* **1** avbilda draw; skissera sketch, outline; ~ ***efter modell*** draw from a model; ***~d film*** cartoon; ***~d serie*** comic strip **2** skriva sign; ~ ***aktier*** subscribe for shares **3** ~ ***sig för...*** på en lista put down one's name for...
tecknad *adj*, ***en ~ film*** a cartoon, an animated film; ***en ~ serie*** a comic strip; ***skarpt ~e drag*** clear-cut features
tecknare *subst* **1** drawer; draughtsman, amer. draftsman **2** av aktier subscriber **3** av serier, tecknad film cartoonist
teckning *subst* **1** avbildning drawing; skiss sketch **2** av aktier etc. subscription
tedags *subst*, ***vid*** ~ at teatime
teddybjörn *subst* teddy bear
tefat *subst* saucer; ***flygande*** ~ flying saucer
teflon® *subst* Teflon®

tegel *subst* murtegel brick
tegelfasad *subst*, ***hus med*** ~ house with brick facing
tegelpanna *subst* roofing-tile
tegelsten *subst* brick
tegeltak *subst* tiled roof
tejp *subst* adhesive tape
tejpa *verb*, ~ ***ngt*** tape sth; laga med tejp mend sth with tape, tejpa fast fasten sth with tape
teka *verb* ishockey face off
tekanna *subst* teapot
teknik *subst* **1** metod technique **2** ingenjörskonst engineering; vetenskap, skolämne technology
tekniker *subst* technician; ingenjör engineer
tekning *subst* ishockey face-off
teknisk *adj* technical
teknokrat *subst* technocrat
teknolog *subst* technologist
teknologi *subst* technology
teknologisk *adj* technological
tekopp *subst* teacup
telefax *subst* se *fax*

I telefon
Vincent speaking.
Det här är Vincent.
Can I speak to . . . , please.
Kan jag få tala med . . . ?
Hold on, please.
Var god dröj.
You must have got the wrong number.
Ni måste ha slagit fel nummer.
Can you ask him to call back?
Kan ni be att han ringer mig senare?
I'm phoning about . . .
Jag ringer om . . .

telefon *subst* telephone, vard. phone; ***det är ~ till dig*** you are wanted on the phone; ***det ringer i*** ~ the phone is ringing; ***svara i*** ~ answer the phone; ***tala i*** ~ talk on the phone, speak on the phone
telefonabonnent *subst* telephone subscriber
telefonapparat *subst* telephone
telefonautomat *subst* payphone
telefonavlyssning *subst* phone tapping, wire tapping
telefonera *verb* telephone, vard. phone; ~ ***till ngn*** telephone sb, phone sb
telefonhytt *subst* call box, phone box, amer. phone booth
telefonist *subst* operator, telephone operator
telefonkatalog *subst* telephone directory, telephone book
telefonkiosk *subst* public call box, phone booth
telefonkort *subst* phonecard
telefonledning *subst* telephone line
telefonlur *subst* receiver, telephone receiver
telefonnummer *subst* telephone number; ***hemligt*** ~ ex-directory number, amer. unlisted number
telefonpåringning *subst* telephone call
telefonräkning *subst* telephone bill, phone bill
telefonsamtal *subst* telephone call, phone call; ***vi hade ett långt*** ~ we had a long conversation on the phone
telefonsladd *subst* telephone cord (flex)
telefonstation *subst* telephone exchange
telefonstolpe *subst* telegraph pole, amer. telephone pole
telefonsvarare *subst*, ***automatisk*** ~ answering machine, answerphone
telefonterror *subst* vard., ***utsättas för*** ~ be subjected to anonymous phone calls
telefontid *subst* answering hours pl., telephone hours pl.
telefonväckning *subst*, ***beställa*** ~ order an alarm call
telefonväxel *subst* telephone exchange; t.ex. på företag, hotell switchboard
telefoto *subst* foto. telephoto
telegraf *subst* telegraph
telegrafera *verb* cable, send a telegram
telegrafist *subst* telegraphist, telegraph operator
telegram *subst* telegram, vard. wire, cable
telegrambyrå *subst* news agency
telekommunikationer *subst pl* telecommunications
teleobjektiv *subst* telephoto lens
telepati *subst* telepathy
teleprinter *subst* teleprinter
teleskop *subst* telescope
television *subst* television; se *tv* för ex. o. *tv-* för sammansättningar
tema *subst* **1** theme, topic, subject **2** gram., ***ett verbs*** ~ the principal parts of a verb
temadag *subst* skol. day devoted to a particular theme or topic
temapark *subst* theme park
temp *subst* vard., ***ta ~en*** take one's (sb's) temperature; ***ta ~en på ngn*** take sb's temperature
tempel *subst* temple

temperament *subst* temperament; ***ha*** ~ be temperamental
temperamentsfull *adj* temperamental
temperatur *subst* temperature
tempererad *adj* om klimat, zon temperate; ***vara väl tempererat*** om vin be just the right temperature
tempo *subst* fart pace, speed, rate; takt tempo
temporär *adj* temporary
tempus *subst* tense
tendens *subst* tendency; om priser etc. trend
tendera *verb* tend [*mot, åt, till* towards]
tenn *subst* tin; i tennföremål pewter
tennis *subst* tennis
tennisarm *subst* med., ***ha*** ~ have a tennis elbow
tennisbana *subst* tennis court
tennishall *subst* indoor tennis court, tennis hall
tennisracket *subst* tennis racket
tennisströja *subst* för tennis tennis shirt; fritidsplagg polo shirt
tennisturnering *subst* tennis tournament
tennsaker *subst pl* pewter goods, pewter sing.
tennsoldat *subst* tin soldier
tenor *subst* musik., person el. röst tenor
tenorsaxofon *subst* musik. tenor saxophone
tenta I *subst* vard. exam, preliminary exam **II** *verb* vard. be examined [*för ngn* by sb]
tentakel *subst* tentacle, feeler
tentamen *subst* examination; ***muntlig*** ~ oral examination
tentera *verb* **1** ~ ***ngn*** examine sb [*i* in; *på* on] **2** be examined [*för ngn* by sb]
teolog *subst* theologian
teologi *subst* theology
teoretiker *subst* theorist
teoretisk *adj* theoretical
teori *subst* theory
teoriprov *subst* för bilkörning theory test
tepåse *subst* tea bag
terapeut *subst* therapist
terapeutisk *adj* therapeutic
terapi *subst* therapy
term *subst* term
termin *subst* univ. el. skol. term, amer. semester, term
terminal *subst* terminal
terminalvård *subst* med. terminal care
terminologi *subst* terminology
termobyxor *subst pl* thermal trousers
termometer *subst* thermometer; ***~n står på -10°*** el. ***~n visar -10°*** the thermometer reads 10 below zero, the thermometer is at 10 below zero
termos® *subst* o. **termosflaska** *subst* Thermos® flask
termoskanna *subst* Thermos® jug
termostat *subst* thermostat
terpentin *subst* kem. turpentine
terrakotta *subst* terracotta
terrarium *subst* terrarium
terrass *subst* terrace
terrassera *verb* terrace
terrier *subst* hund terrier
territorialvatten *subst* territorial waters pl.
territoriell *adj* territorial
territorium *subst* territory
terror *subst* terror
terrordåd *subst* act of terror
terrorisera *verb* terrorize
terrorism *subst* terrorism
terrorist *subst* terrorist
terräng *subst* ground, country; ***kuperad*** ~ hilly country; ***förlora*** ~ lose ground; ***vinna*** ~ gain ground
terränglöpning *subst* **1** cross-country running **2** tävling cross-country run, cross-country race
terylen® *subst* Terylene®, amer. Dacron®
tes *subst* thesis (pl. theses)
teservis *subst* tea set
tesil *subst* tea-strainer
tesked *subst* teaspoon
tesort *subst* tea, kind of tea
test *subst* prov test
testa *verb* test; ~ ***ngt på ngn*** test sth on sb
testamente *subst* **1** will; formellt last will and testament; ***upprätta sitt*** ~ make one's will, draw up one's will **2** ***Gamla Testamentet*** the Old Testament; ***Nya Testamentet*** New Testament
testamentera *verb*, ~ ***ngt till ngn*** bequeath sth to sb, leave sb sth
testbild *subst* i tv test card, test pattern
testikel *subst* anat. testicle
testning *subst* testing
tevagn *subst* tea trolley, tea waggon
tevatten *subst* water for the tea
teve *subst* se *tv* för ex. o. *tv-* för sammansättningar
t.ex. (förk. för *till exempel*) e.g.
text *subst* **1** text **2** filmtext subtitles pl. **3** sångtext words pl., lyrics pl.
texta *verb* **1** ~ ***ngt*** med tryckbokstäver write sth in block letters **2** film. etc. subtitle
textil *adj* textile
textilier *subst pl* textiles
textilindustri *subst* textile industry
textilslöjd *subst* skol. textile handicraft
text-tv *subst* teletext

Thailand Thailand
thailändsk *adj* Thai
thinner *subst* kem. thinner
thriller *subst* thriller
tia *subst* **1** ten; se *femma* för ex. **2** ***en*** ~ mynt a ten-krona piece
Tibet Tibet
tibetan *subst* Tibetan
tibetansk *adj* Tibetan
ticka *verb* tick
tick-tack *subst* tick-tack, tick-tock
tid *subst* time; period period; intervall interval; ögonblick moment; kontorstid etc. hours pl.; ***beställa ~ hos...*** make an appointment with...; ***ge sig god ~*** allow oneself plenty of time; ***har du ~ ett slag?*** have you a moment to spare?; ***passa ~en*** be on time; ***ta god ~ på sig*** take one's time [*med ngt* over sth]; ***jag var sjuk första ~en*** I was ill (amer. sick) during the first few days (weeks etc.); ***den gamla goda ~en*** the good old times pl., the good old days pl.; ***den gustavianska ~en*** the Gustavian period; ***för en ~ sedan*** some time ago; ***nu för ~en*** nowadays; ***vara före sin ~*** be ahead of one's time; ***i ~ och otid*** ideligen at all times; ***inom den närmaste ~en*** in the immediate future; ***med ~en*** in time, in course of time; ***det är på ~en att jag (vi) går*** it is about time to leave; ***på min ~*** in my time..., in my day...; ***på senare ~*** el. ***på senaste (sista) ~en*** recently, lately; ***under ~en*** meantime, meanwhile; ***under ~en 1—15 maj*** between 1 May and 15 May; ***gå ur ~en*** depart this life; ***vid ~en för*** t.ex. sammanbrottet at the time of; ***vid samma ~ i morgon*** at this time tomorrow; ***hon har gått över ~en*** om blivande mor she is overdue
tidevarv *subst* age, period
tidig *adj* early
tidigare I *adj* föregående previous, former **II** *adv* earlier; förut previously; ***aldrig ~*** never before
tidigarelägga *verb* bring forward in time
tidigast *adv*, ***~ i morgon*** tomorrow at the earliest
tidigt *adv* early; ***~ på morgonen*** early in the morning
tidlös *adj* timeless
tidning *subst* newspaper, paper; veckotidning magazine; ***det står i ~en*** it is in the paper; ***det står i ~en att...*** it says in the paper that...
tidningsartikel *subst* newspaper article
tidningsbilaga *subst* supplement
tidningsförsäljare *subst* newsvendor
tidningskiosk *subst* newsstand; större bookstall
tidningspapper *subst* **1** gamla tidningar newspaper **2** för tryckning newsprint
tidpunkt *subst* point of time, moment; ***vid ~en för*** at the time of
tidrymd *subst* period [*av* of], space of time [*av* of]
tidsadverb *subst* gram. adverb of time
tidsbegränsning *subst* time limit
tidsbesparande *adj* time-saving
tidsbesparing *subst* time-saving; ***göra stora ~ar*** save a lot of time
tidsbrist *subst* lack of time
tidsenlig *adj* nutida up to date; modern modern
tidsfråga *subst*, ***det är bara en ~*** it's only a matter of time
tidsfördriv *subst* pastime, time-killer
tidsförlust *subst* loss of time
tidsinställd *adj*, ***~ bomb*** time bomb
tidskrift *subst* periodical; teknisk journal; lättare magazine
tidskrävande *adj* time-consuming
tidsnöd *subst*, ***vara i ~*** be short of time
tidsplan *subst* timetable, schedule
tidspress *subst*, ***arbeta under ~*** work under pressure, work against the clock
tidssignal *subst* i radio time signal
tidsvinst *subst* saving of time
tidsålder *subst* age, era
tidsödande *adj* time-wasting, time-consuming
tidtabell *subst* timetable, amer. vanligen schedule
tidtagarur *subst* stopwatch, timer
tidtagning *subst* timekeeping

> **tidvatten**
> Tidvatten eller ebb och flod betyder att vattnet sänker eller höjer sig två gånger om dygnet. Särskilt kraftigt är tidvattnet vid Engelska kanalen. Nivåskillnaden kan vara mycket stor och man kan se båtar ligga hundratals meter upp på land när det är ebb.

tidvatten *subst* tide
tidvis *adv* at times
tiga *verb* be silent [*med* about], keep silent

[*med* about]; ***där fick hon så hon teg!*** that shut her up!, that put her straight!
tiger *subst* tiger; hona tigress
tigerunge *subst* tiger cub
tigga *verb* beg [*om* for]; ***gå och*** ~ go begging; ~ ***och be ngn om ngt*** beg sb for sth
tiggare *subst* beggar
tiggeri *subst* begging
tik *subst* bitch, she-dog
till I *prep* **1** om rum el. friare to; in i into; mot towards; ***dricka vin*** ~ ***middagen*** drink wine with one's dinner; ***få soppa*** ~ ***middag*** have soup for dinner; ~ ***fots*** on foot; ***färdas*** ~ ***lands*** travel by land; ***färdas*** ~ ***sjöss*** travel by sea; ***resa in*** ~ ***staden*** go up to town; ***tåget*** ~ ***S.*** the train for S. **2** om tid, ***från 9*** ~ ***12*** from 9 to 12; ***har vi mjölk*** ~ ***i morgon?*** have we got milk for tomorrow?; ***festen är bestämd*** ~ ***den 15*** the party has been fixed for the 15th; ***han börjar skolan*** ~ ***hösten*** he begins school this autumn; ***hon gav mig presenter*** ~ ***jul och*** ~ ***födelsedagen*** she gave me presents at Christmas and on my birthday; ***reser du hem*** ~ ***jul?*** are you going home for Christmas?; ***natten*** ~ ***fredagen*** som adv. on (during) the night before Friday; ***det skulle vara färdigt*** ~ ***i dag*** it was supposed to be ready by today **3** avsedd för for; för att uttrycka tillhörighet, förhållande of; ***två biljetter*** ~ ***Hamlet*** two tickets for Hamlet; ***här är ett brev*** ~ ***dig*** here is a letter for you; ***hans kärlek*** ~ ***musik*** his love of music; ***han är son*** ~ ***en läkare*** he is the son of a doctor; ***författaren*** ~ ***boken*** the author of the book; ***nyckeln*** ~ ***skåpet*** the key to the cupboard, som tillbehör the key of the cupboard; ***en vän*** ~ ***mig*** a friend of mine; ***en vän*** ~ ***min bror*** a friend of my brother's **4** andra uttryck, ***förvandla*** ~ transform into; ***en förändring*** ~ ***det sämre*** a change for the worse; ***detta gjorde honom*** ~ ***en berömd man*** this made him a famous man; ~ ***antalet*** in number; ~ ***kvaliteten*** in quality; ***känna ngn*** ~ ***namnet*** know sb by name; ***känna ngn*** ~ ***utseendet*** know sb by sight; ~ ***yrket*** by profession; ***köpa ngt*** ~ ***ett pris av*** buy sth at the price of **5** i vissa förbindelser, ***kulor*** ~ ***att skjuta med*** bullets for shooting with, bullets to shoot with; ~ ***och med*** (***t.o.m.***) up to, up to and including **6** ~ ***dess*** el. ~ ***dess att*** till, until
II *adv* **1** ytterligare, ***en dag*** ~ one day more, another day; ***en kopp te*** ~ another cup of tea; ***köp tre flaskor*** ~***!*** buy three more bottles!; ***lika mycket*** ~ as much again; ***lite*** ~ a little more **2** i vissa förbindelser, ***det gör varken*** ~ ***eller från*** it makes no difference; ~ ***och från*** då och då off and on; ***gå*** ~ ***och från*** come and go; ~ ***och med*** even; ***åt byn*** ~ towards the village; ~ ***dess*** till then, until then; ~ ***dess att*** till, until
tillagad *adj*, ~ ***mat*** cooked food
tillagning *subst* kok. making, cooking; av måltid preparation; ~ ***av mat*** cooking
tillbaka *adv* back; bakåt backwards; ***sedan lång tid*** ~ ***är han…*** for a long time past he has been…
tillbakablick *subst* retrospect (endast sing.) [*på* of]; i film etc. flashback [*på* to]
tillbakadragande *subst* withdrawal, av t.ex. trupper withdrawal, pull-out
tillbakadragen *adj* försynt retiring; reserverad reserved; ***ett tillbakadraget liv*** a retired life
tillbakagång *subst*, ***vara på*** ~ be on the decline, be falling off
tillbakavisa *verb* förslag reject; beskyllning repudiate
tillbehör *subst pl* till bil, dammsugare etc. accessories; till maträtt trimmings
tillblivelse *subst* coming into being
tillbringa *verb*, ***hon*** ~***de dagen med att läsa en bok*** she spent the day reading a book
tillbringare *subst* jug, amer. pitcher
tillbud *subst* olyckstillbud near-accident, narrow escape; ***det var ett allvarligt*** ~ there might have been a serious accident
tillbörlig *adj* due; lämplig fitting, proper
tilldela *verb*, ~ ***ngn ngt*** allot sth to sb; utmärkelse confer sth on sb; pris award sb sth; ~ ***ngn ett slag*** deal sb a blow
tilldelning *subst* **1** ranson allowance, ration **2** tilldelande allocation
tilldra o. **tilldraga** *verb*, ~ ***sig*** a) ske happen, occur; utspelas take place b) attrahera attract
tilldragande *adj* attractive
tilldragelse *subst* occurrence; viktigare event
tillfalla *verb*, ~ ***ngn*** go to sb; oväntat fall to sb
tillfart *subst* o. **tillfartsväg** *subst* approach road
tillflykt *subst* refuge [*mot, undan* from]; medel, utväg resort, resource; ***ta sin*** ~ ***till*** take refuge in; en person take refuge with, go to… for refuge
tillflyktsort *subst* place of refuge

tillfoga *verb* **1** tillägga add **2** vålla, ~ ***ngn ngt*** t.ex. förlust inflict sth on sb
tillfreds *adj* satisfied [*med* with], content [*med* with]
tillfredsställa *verb* satisfy; göra till lags suit, please
tillfredsställande *adj* satisfactory [*för ngn* to sb]
tillfredsställelse *subst* satisfaction [*för* to; *över, med* at]
tillfriskna *verb* recover [*efter, från* from]
tillfrisknande *subst* recovery [*efter, från* from]
tillfråga *verb* ask [*om* about]; rådfråga consult [*om* about, as to]
tillfångata *verb*, ~ ***ngn*** take sb prisoner, capture sb
tillfälle *subst* när ngt inträffar occasion; lägligt opportunity; slumpartat chance; ***begagna ~t att*** inf. take the opportunity to inf., seize the opportunity to inf.; ***gripa ~t*** el. ***ta ~et i akt*** seize the opportunity; ***för ~t*** just nu for the time being; för närvarande at present; ***vid ~ ska jag...*** some time or other I will...; ***vid det här ~t*** on this occasion; ***vid första bästa*** ~ at the first opportunity
tillfällig *adj* då och då occasional; händelsevis accidental; kortvarig temporary; övergående momentary; ***~t arbete*** casual work, odd jobs pl.; ~ ***bekantskap*** chance acquaintance
tillfällighet *subst* slump chance; sammanträffande coincidence; ***av en ren*** ~ by pure chance, by sheer accident
tillfälligt *adv* för kort tid temporarily; för närvarande for the time being
tillföra *verb* bring; ~ skaffa ***ngt till ngn*** supply sb with sth, provide sb with sth
tillförlitlig *adj* reliable
tillförordna *verb*, ~ ***ngn*** appoint sb temporarily
tillförordnad *adj*, ~ ***professor*** acting professor
tillförsel *subst* supply
tillförsikt *subst* confidence [*till* in]
tillgiven *adj* **1** attached; om nära släkting affectionate; trogen devoted; ~ ***ngn*** attached to sb **2** i brev, ***Din tillgivne...*** Yours sincerely..., till nära släkting el. vän Yours affectionately...
tillgivenhet *subst* attachment; hängivenhet devotion [*för* to]; kärlek affection [*för* for]
tillgjord *adj* affected; konstlad artificial
till godo *adv* se *till godo* under *godo*
tillgodogöra *verb*, ~ ***sig*** assimilate; t.ex. undervisningen profit by
tillgodohavande *subst* för sålda varor etc. outstanding account [*hos* with]; i bank etc. credit balance [*hos, i* with]
tillgodokvitto *subst* credit note
tillgodoräkna *verb*, ~ ***sig*** include, count in; t.ex vinst, belopp be credited with
tillgodose *verb* krav etc. meet, satisfy; behov supply
tillgripa *verb*, ~ ***våld*** resort to violence
tillgå *verb*, ***det finns att*** ~ it is to be had [*hos* from], it is obtainable [*hos* from]
tillgång *subst* **1** tillträde access [*till* to]; ***ha ~ till vatten*** have water at hand; ***med ~ till kök*** with the use of kitchen **2** förråd supply [*på* of]; ~ ***och efterfrågan*** supply and demand **3** resurs: person el. hand. asset; ***~ar*** penningmedel means
tillgänglig *adj* **1** accessible [*för* to]; om t.ex. resurser available [*för ngn* to sb; *för ngt* for sth]; öppen open [*för* to]; ***med alla ~a medel*** by every available means **2** om person, ***vara*** ~ be easy to approach
tillhandahålla *verb*, ~ ***ngn ngt*** supply sb with sth
tillhygge *subst* weapon
tillhåll *subst* tillflyktsort retreat [*för* for], refuge [*för* for]; ***det är ett ~ för skinnhuvuden*** it is frequented by skinheads
tillhöra *verb* belong to; räknas till be one of; vara medlem av be a member of; ***han tillhör lagets bästa spelare*** he is one of the team's best players
tillhörighet *subst*, ***mina*** (***dina*** etc.) ***~er*** my (your etc.) belongings, my (your etc.) possessions
tillintetgöra *verb* förstöra destroy, ruin; förinta annihilate; ~ ***ngn*** nedgöra defeat sb completely
tillintetgörelse *subst* defeat, destruction, ruin, annihilation
tillit *subst* confidence [*till* in], reliance [*till* on]
tillitsfull *adj* confident; mot andra trusting
tillkalla *verb* send for, summon
tillknäppt *adj* om person reserved
tillkomma *verb* **1** tilläggas be added; ***dessutom tillkommer moms*** in addition there will be VAT **2** ~ tillhöra ***ngn***: vara ngns rättighet be sb's due; vara ngns plikt be sb's duty; ***det tillkommer inte mig att*** inf. it is not for me to inf. **3** uppstå come about, arise; om t.ex. roman be written
tillkommande *adj* future; ***hans*** ~ his wife to-be
tillkomst *subst* uppkomst origin; upprättande

establishment; tillblivelse coming into being; om politisk rörelse etc. rise

tillkännage *verb* announce [*för* to]; bestämt declare [*för* to]

tillkännagivande *subst* announcement [*om* about], declaration [*om* about]

tillmäta *verb*, ~ ***ngt stor betydelse*** attach great importance to sth

tillmötesgå *verb* person oblige; begäran etc. comply with; ~ ***ngns önskan*** meet sb's wishes, comply with sb's request

tillmötesgående I *adj* obliging
II *subst* obligingness

tillnärmelsevis *adv* approximately; ***inte ~ så stor som...*** nothing like as big as..., nowhere near as big as...

tillreda *verb*, ~ ***ngt*** bereda prepare sth, get sth ready

tillrop *subst* call, shout

tillryggalägga *verb* cover [*på* in], do [*på* in]

tillråda *verb* advise, recommend

tillrådan *subst*, ***på min*** ~ on my advice

tillrådlig *adj* advisable

tillräcklig *adj* sufficient; nog enough; för ändamålet, om t.ex. kunskaper adequate; ***~t med mat*** sufficient food, enough food

tillräknelig *adj*, ***vara*** ~ be responsible for one's actions, be sane

till rätta *adv* se *rätta I 1*

tillrättavisa *verb* rebuke, stark. reprimand

tillrättavisning *subst* rebuke, stark. reprimand

tills *konj* o. *prep* till, until

tillsammans *adv* together; allt som allt altogether, in all; gemensamt jointly; ~ ***har vi 200 kr*** we have 200 kronor between us

tillsats *subst* **1** tillsättande addition **2** ngt inblandat added ingredient; i livsmedel additive

tillsatsämne *subst* additive

tillskansa *verb*, ~ ***sig*** appropriate; ~ ***sig makten*** usurp power

tillskott *subst* tillskjutet bidrag contribution, additional contribution; tillökning addition

tillskriva *verb* tillerkänna ~ ***ngn ngt*** ascribe sth to sb, attribute sth to sb; ~ ***sig äran*** take the credit to oneself

tillspetsad *adj*, ***läget är tillspetsat*** the situation has become critical

tillströmning *subst* **1** av vatten inflow **2** av människor stream; rusning rush

tillstymmelse *subst* suspicion [*till* of]; ***inte en ~ till sanning*** not a vestige of truth

tillstyrka *verb* support, recommend

1 tillstånd *subst* tillåtelse permission; bemyndigande authorization; tillståndsbevis permit

2 tillstånd *subst* skick state, condition; ***i berusat*** ~ in a state of intoxication; ***i dåligt*** ~ in bad condition

tillställning *subst* entertainment; fest party

tillstöta *verb* tillkomma, hända occur; ***komplikationer tillstötte efter operationen*** complications set in after the operation

tillsyn *subst* supervision; ***ha ~ över*** supervise; barn look after

tillsyningsman *subst* supervisor [*för, över* of]

tillsägelse *subst* **1** befallning order [*om* for], orders pl. [*om* for]; ***utan*** ~ without being told; ***få en*** ~ tillrättavisning be given a reprimand; ***få en ~ att göra ngt*** be told to do sth

tillsätta *verb* utnämna appoint, kommitté set up; ~ ***en tjänst*** fill a post, appoint sb to a post

tilltag *subst* streck trick

tilltaga *verb* increase [*i* in]; om t.ex. inflytande grow; utbreda sig spread

tilltagande I *adj* increasing; om t.ex. inflytande growing
II *subst*, ***vara i*** ~ be on the increase, be increasing

tilltagen *adj*, ***vara knappt*** ~ om tyg etc. not be quite enough; ***vara rikligt*** ~ om t.ex. portion be ample in quantity

tilltal *subst* address; ***svara på*** ~ answer when one is spoken to

tilltala *verb* **1** vända sig till address, speak to **2** behaga appeal to; om person attract

tilltalande *adj* attractive [*för* to], pleasing [*för* to]

tilltalsnamn *subst* first name, given name, ngt åld. Christian name

tilltalsord *subst* form of address

tilltro *subst* tro credit; förtroende confidence [*till* in]; ***sätta ~ till*** have confidence in; ***vinna*** ~ om rykte etc. gain credence [*hos* with]

tillträda *verb* egendom etc. take over, take over possession of; arv, egendom come into, come into possession of; ~ ***tjänsten*** enter on one's duties

tillträde *subst* **1** entrance [*till* to], admission [*till* to]; tillåtelse att gå in admittance; ***Tillträde förbjudet!*** No Admittance!; ***ha ~ till*** have admission to **2** tillträdande: av egendom entry [*av* into possession of], taking over [*av* of]; ***vid ~t av tjänsten***

blev han... on taking up his duties he became...
tilltugg *subst*, ***ett glas öl med*** ~ a glass of beer with something to eat
tilltvinga *verb*, ~ ***sig ngt*** obtain sth by force
tilltyga *verb*, ~ ***ngn illa*** handle sb roughly, manhandle sb
tilltänkt *adj* proposed; tillämnad intended; planerad projected
tillvalsämne *subst* skol. optional subject, amer. elective subject
tillvarata *verb* ta hand om take care of, take charge of; bevaka safeguard; utnyttja, t.ex. möjligheter take advantage of
tillvaratagande *subst*, ~***t av...*** the taking care of..., the taking charge of... etc.; se *tillvarata*
tillvaro *subst* existence; liv life
tillverka *verb* manufacture [*av* out of], make [*av* out of]; framställa produce [*av* from]
tillverkare *subst* manufacturer, maker, producer
tillverkning *subst* fabrikation manufacture, make, production; per år etc. output; ***den är av svensk*** ~ it is made in Sweden
tillväga *adv*, ***hur man ska gå*** ~ how one should set about it, how one should go about it
tillvägagångssätt *subst* procedure, course of action
tillväxt *subst* growth [*av* in]; ökning increase [*i* in]
tillåta *verb* allow, permit; gå med på consent to; ***tillåter ni att jag röker?*** do you mind if I smoke?; ***om vädret tillåter*** weather permitting; ~ ***sig*** permit oneself, allow oneself; ~ ***sig*** ta sig friheten ***att göra ngt*** take the liberty of doing sth
tillåtelse *subst* permission; ***be om*** ~ ***att få göra ngt*** ask permission to do sth; ***få*** ~ ***att göra ngt*** be given permission to do sth
tillåten *adj* allowed, permitted; laglig lawful
tillägg *subst* **1** addition **2** pristillägg extra charge, additional charge; järnv. excess fare, extra fare **3** sport. extra time, injury time
tillägga *verb* add [*till* to]
tilläggspension *subst* supplementary pension
tilläggstid *subst* sport., ***de spelar på*** ~ they are into stoppage time, they are into injury time
tillägna *verb* **1** ~ ***ngn ngt*** dedicate sth to sb **2** ~ ***sig*** förvärva acquire; tillgodogöra sig take in
tillämpa *verb* apply [*på* to]; ~***d matematik*** applied mathematics
tillämplig *adj* applicable [*på* to]
tillämpning *subst* application [*på* to]
tillökning *subst* påökning increase [*av* of]; ***vänta*** ~ ***i familjen*** be expecting an addition to the family
tillönska *verb* wish
timeout *subst* timeout; ***ta*** ~ take timeout
timglas *subst* hourglass, sandglass
timid *adj* timid
timjan *subst* kok., krydda thyme
timlärare *subst* part-time teacher
timlön *subst* pay by the hour; ***få (ha)*** ~ be paid by the hour
timme *subst* **1** hour; ***en fyra timmars resa*** a four-hour journey; ***en gång i*** ~***n*** once every hour; ***90 km i*** ~***n*** 90 kilometres an hour; ***om en*** ~ in an hour **2** lektion lesson
timmer *subst* timber, amer. lumber
timmerman *subst* carpenter
timotej *subst* växt timothy grass, timothy
timpenning *subst* se *timlön*
timtals *adv* for hours
timvisare *subst* hour hand
1 tina *subst* fiskeredskap pot
2 tina *verb*, ~ el. ~ ***upp*** thaw; smälta melt
tindra *verb* twinkle; gnistra sparkle
ting *subst* sak thing; föremål object
tingsrätt *subst* i stad municipal court, på landet district court
tinning *subst* temple
tio *räkn* ten; se *fem* för ex. o. *fem-* för sammansättningar
tiodubbel *adj* tenfold
tiokamp *subst* sport. decathlon
tiokampare *subst* sport. decathlete
tiokrona *subst* o. **tiokronorsmynt** *subst* ten-krona piece
tionde *räkn* tenth (förk. 10th); se *femte* för ex. o. *femte-* för sammansättningar
tiondel *subst* tenth; se *femtedel* för ex.
tiotal *subst* ten; ***ett par*** ~ some twenty or thirty; se *femtiotal* för ex.
tiotusentals *adv* tens of thousands; ~ ***människor*** tens of thousands of people
1 tipp *subst* spets tip [*av, på* of]
2 tipp *subst* **1** soptipp refuse dump, amer. garbage dump **2** avstjälpningsanordning tipping device
1 tippa *verb* **1** stjälpa ut tip, dump **2** falla tip; ~ ***över*** tip over
2 tippa *verb* **1** förutsäga tip; ~ ***vem som vinner*** tip the winner, spot the winner **2** med tipskupong do the pools, do the football pools; ~ ***tretton rätt*** forecast thirteen correct results

1 tippning *subst* tipping, dumping
2 tippning *subst* fotb. doing the pools
tips *subst* **1** upplysning tip [*om* about, as to], tip-off [*om* about, as to] **2** ***vinna på ~*** win on the pools
tipsa *verb*, ***~ ngn om ngt*** tip sb off about sth
tipskupong *subst* pools coupon
tirad *subst* tirade
tisdag *subst* Tuesday; se *fredag* för ex.
tisdagskväll *subst* Tuesday evening, senare Tuesday night; ***på ~arna*** on Tuesday evenings, on Tuesday nights
tissel *subst*, ***~ och tassel*** viskande whispering; skvaller tittle-tattle
tissla *verb*, ***~ och tassla*** viska whisper
tistel *subst* växt thistle
titel *subst* title; ***en bok med ~n…*** a book entitled…
titelförsvarare *subst* sport. title defender
titelhållare *subst* sport. titleholder
titelroll *subst* film. etc. title role
titt *subst* **1** blick look; hastig glance; ***ta en ~ på…*** have a look at…, have a glance at… **2** kort besök call [*hos ngn* on sb]; ***tack för ~en!*** it was kind of you to look me up!
titta *verb* look [*på* at]; ta en titt have a look [*på* at]; flyktigt glance [*på* at]; ***~ fram*** peep out; synas show; ***~ in*** komma in och hälsa på look in [*till* on], drop in [*till* on]
tittare *subst* tv-tittare viewer
tittarsiffror *subst pl* TV ratings; ***de vikande ~na*** the falling ratings
tittarstorm *subst* i tv storm of protest from TV-viewers
titthål *subst* peep-hole
titthålskirurgi *subst* med. keyhole surgery
titulera *verb*, ***~ ngn professor*** address sb as professor
tivoli *subst* amusement park, fun fair
tjafs *subst* vard., prat drivel; strunt rubbish; fjant fuss
tjafsa *verb* vard., prata talk rubbish; fjanta fuss
tjafsig *subst* larvig silly; fjantig fussy
tjalla *verb* vard., skvallra, ange squeal, snitch
tjallare *subst* vard., angivare squealer, amer. snitch; en som skvallrar snitch
tjat *subst* nagging [*om* about]
tjata *verb* gnata nag [*på ngn* sb; *om ngt* about sth]
tjatig *adj* **1** gnatig nagging **2** långtråkig boring
tjeck *subst* Czech
Tjeckien the Czech Republic
tjeckisk (se *svensk-* för sammansättningar) *adj* Czech; ***Tjeckiska republiken*** the Czech Republic
tjeckiska *subst* (se *svenska* för ex.) **1** kvinna Czech woman **2** språk Czech
tjej *subst* vard. girl
Tjetjenien *subst* the Chechen Republic, Chechnya
tjock *adj* **1** thick ej om person **2** om person 'kraftig' stout; fet fat **3** rök, dimma etc. dense; ***~ grädde*** double cream, amer. heavy cream
tjocka *subst* fog
tjockflytande *adj* thick, viscous
tjockis *subst* vard. fatty
tjocklek *subst* thickness
tjockskalle *subst* vard. blockhead, fathead
tjocktarm *subst* med. large intestine, colon
tjugo *räkn* twenty; se *fem* för ex. o. *femtio-* för sammansättningar
tjugohundratalet *subst* the twenty-first century, the 21th century
tjugokronorssedel *subst* twenty-krona note, amer. twenty-krona bill
tjugolapp *subst* vard. se *tjugokronorssedel*
tjugonde *räkn* twentieth (förk. 20th); se *femte* för ex. o. *femte-* för sammansättningar
tjur *subst* bull; ***ta ~en vid hornen*** take the bull by the horns
tjura *verb* sulk, be in a sulk
tjurfäktare *subst* bullfighter
tjurfäktning *subst* bullfighting; ***en ~*** a bullfight
tjurig *adj* sulky
tjurskalle *subst* vard. obstinate person, pig-headed person
tjurskallig *adj* vard. pig-headed
tjusa *verb* charm, enchant, fascinate
tjusig *adj* charming, lovely
tjusning *subst* charm; ***fartens ~*** the fascination of speed
tjut *subst* howling; ***ett ~*** a howl
tjuta *verb* howl; om mistlur hoot, vard., gråta cry
tjuv *subst* thief (pl. thieves); inbrottstjuv burglar; på dagen ofta housebreaker
tjuvaktig *adj* thievish, thieving
tjuvgods *subst* stolen property, stolen goods pl.
tjuvkoppla *verb* bil. hotwire
tjuvlarm *subst* burglar alarm
tjuvlyssna *verb* eavesdrop, listen in
tjuvlyssnare *subst* eavesdropper
tjuvläsa *verb*, ***~ ngt*** t.ex. en bok read sth on the sly
tjuvnyp *subst*, ***ge ngn ett ~*** make a dig at sb
tjuvskytt *subst* poacher, game poacher
tjuvskytte *subst* poaching, game poaching
tjuvstanna *verb* om bil. stall
tjuvstart *subst* sport. false start

tjuvstarta *verb* sport. make a false start; frieri jump the gun
tjuvtitta *verb*, ~ ***i ngt*** t.ex. en bok take a look into sth on the sly
tjäle *subst* frost in the ground, ground frost
tjällossning *subst*, ~***en*** the thawing of the frozen soil; ***i*** ~***en*** when the ground is thawing
tjälskada *subst* frost damage
tjäna *verb* **1** göra tjänst (tjänst åt) serve; ~ ***som*** el. ~ ***till*** serve as; ***det*** ~***r ingenting till att gå dit*** it is no use going; ***vad*** ~***r det till?*** what is the good of that? **2** tjäna pengar etc. earn, make
tjänare I *subst* servant
II *interj*, ~***!*** vard. hallo!, amer. hi there!
tjänarinna *subst* maidservant
tjänst *subst* **1** service; ***göra ngn en*** ~ do sb a favour; ***vara i*** ~ ***hos ngn*** be employed by sb; ***stå till ngns*** ~ be at sb's service; ***vad kan jag stå till*** ~ ***med?*** what can I do for you? **2** befattning post; spec. statlig appointment; ämbete office; ***lämna sin*** ~ befattning resign one's appointment; ***inkomst av*** ~ earned income; ***vara i*** ~ be on duty
tjänstebil *subst* official car; bolags etc. company car
tjänstebostad *subst* lägenhet apartment attached to one's post, house attached to one's post; högre ämbetsmans official residence
tjänstefel *subst* breach of duty
tjänsteflicka *subst* servant, servant girl, maid
tjänstefolk *subst* servants pl.
tjänsteman *subst* statlig civil servant, official; i enskild tjänst salaried employee; kontorist clerk; ***Tjänstemännens Centralorganisation*** (förk. *TCO*) The Swedish Confederation of Professional Employees
tjänstepension *subst* occupational pension, service pension
tjänstepistol *subst* service pistol, service-issue pistol
tjänsteplikt *subst* plikt i tjänsten official duty
tjänsteresa *subst* i statstjänst official journey; affärsresa business journey
tjänsterum *subst* office
tjänstevapen *subst* service pistol, service-issue pistol
tjänsteår *subst* year of service (pl. years of service)
tjänstgöra *verb* serve [*som* as], do duty [*som* as], om person act [*som* as], serve [*som* as]
tjänstgöring *subst* duty; arbete work
tjänstledig *adj*, ***vara*** ~ be on leave, be on leave of absence
tjänstledighet *subst* leave of absence
tjänstvillig *adj* obliging, helpful
tjära *subst* o. *verb* tar
T-korsning *subst* trafik. T-junction
toa *subst* vard. lav, loo, amer. john; se äv. *toalett*
toalett *subst* rum lavatory, toilet, amer. bathroom; på restaurang gents, ladies, amer. men's room, ladies' room; offentlig public convenience; ***gå på*** ~***en*** go to the lavatory etc., amer. go to the bathroom etc.
toalettartikel *subst* toilet requisite
toalettbord *subst* dressing-table, amer. dressing-table, vanity
toalettpapper *subst* toilet paper; ***en rulle*** ~ a toilet roll
tobak *subst* tobacco
tobaksaffär *subst* tobacconist's, newsagent's
tobaksvaror *subst pl* tobacco sing.
toffel *subst* slipper
toffelhjälte *subst* henpecked husband
tofs *subst* **1** av hår tuft **2** på fågel crest **3** av ylle el. tråd rund pompom, lång tassel
tok *subst* **1** person fool **2** ***gå på*** ~ go wrong
tokig *adj* **1** mad [*i* about], crazy [*i* about] **2** dum mad, crazy
tolerans *subst* tolerance [*mot* towards]
tolerant *adj* tolerant [*mot* towards]
tolerera *verb* tolerate, put up with
tolfte *räkn* twelfth (förk. 12th); se *femte* för ex.
tolftedel *subst* twelfth; se *femtedel* för ex.
tolk *subst* interpreter
tolka *verb* **1** interpret; handskrift decipher **2** översätta translate
tolkning *subst* interpretation, rendering, translation; version version
tolv *räkn* twelve; ***klockan*** ~ ***på dagen*** vanligen at noon; ***klockan*** ~ ***på natten*** vanligen at midnight; se *fem* för ex. o. *fem-* för sammansättningar
tom *adj* empty; ~***ma sidor*** blank pages; ***en*** ~ ***stol*** a vacant chair
t.o.m. (förk. för *till och med*) **1** up to, up to and including **2** even; ~ ***Peter kom i tid*** even Peter was punctual
tomat *subst* tomato (pl. -es)
tomatketchup *subst* tomato ketchup
tomatpuré *subst* tomato purée, tomato paste
tombola *subst* tombola
tomglas *subst* koll. empty bottles pl.
tomgång *subst* motor., ***bilen går på*** ~ the car is idling, the car is ticking over
tomhänt *adj* empty-handed

tomrum *subst* **1** ej utfylld plats vacant space; lucka gap **2** fys. vacuum
tomt *subst* kring villa garden; större grounds pl.; obebyggd building site, amer. lot
tomte *subst* **1** hustomte, ungefär brownie **2** *~n* jultomten Father Christmas, Santa Claus
tomtebloss *subst* fyrverkeri sparkler
tomtgräns *subst* vid trädgård boundary of the (a) garden; markgräns boundary of a piece of land
tomträtt *subst* leasehold right, site leasehold right
1 ton *subst* vikt metric ton, britt. motsvarighet (1 016 kg) ton
2 ton *subst* musik. m.m. tone; om viss ton note; ***använd inte den ~en mot mig!*** don't take that tone with me!; ***ta sig ~ mot ngn*** try to domineer sb; ***i vänlig ~*** in a friendly tone of voice; ***det hör till god ~*** it is good form
tona *verb* **1** ljuda sound, ring; ***~ bort*** ljud, bild fade out **2** ge färgton åt tone; håret tint
tonande *adj* fonet., ***~ ljud*** voiced sound
tonart *subst* musik. key
tonfall *subst* intonation
tonfisk *subst* tunny fish, tuna fish
tongivande *adj*, ***vara ~*** set the tone, set the fashion
tongång *subst*, ***kända ~ar*** familiar strains
tonhuvud *subst* på bandspelare tape head
tonhöjd *subst* pitch
tonnage *subst* tonnage
tonsiller *subst pl* anat. tonsils
tonsätta *verb*, ***~ ngt*** set sth to music
tonsättare *subst* composer
tonvikt *subst* stress, emphasis; ***lägga ~ på*** el. ***lägga ~en på*** stress, put the stress on, emphasize
tonåren *subst pl*, ***en flicka i ~*** a girl in her teens
tonåring *subst* teenager
topas *subst* ädelsten topaz
topless *adj* topless
topografi *subst* topography
topp *subst* **1** top; krön crest; bergstopp summit; spets pinnacle, peak; ***hissa flaggan i ~*** run up the flag; ***med flaggan i ~*** with all flags flying **2** blus top
toppa *verb* **1** ta av toppen på top **2** stå överst på (t.ex. lista) top, head
toppen *interj* vard. super, great
toppfart *subst* top speed
toppform *subst*, ***vara i ~*** be in top form
topphastighet *subst* top speed
topplista *subst* vard., ***den är etta på ~n*** it is top of the charts
topplock *subst* bil. cylinder head
topplockspackning *subst* bil. cylinder-head gasket
toppluva *subst* knitted cap, woollen cap
topplån *subst* last mortgage loan
toppmöte *subst* summit meeting
toppventil *subst* motor. overhead valve
torde *hjälpverb* uppmaning ***ni ~ observera*** you will observe; bör you should observe; förmodan ***det ~ finnas många som inte kommer att tycka om det*** there are probably many who won't like it
torftig *adj* enkel plain; fattig poor; knapp, skral scanty, meagre; ***en ~ uppsats*** a scanty essay, a poor essay
torg *subst* **1** salutorg market place, market **2** öppen plats square
tork *subst* **1** apparat drier **2** ***hänga ut ngt på ~*** hang sth out to dry **3** ***~en*** vard., anstalt the detox; ***han sitter på ~en*** he is drying out
torka I *subst* drought, dry weather
II *verb* **1** dry; genom t.ex. gnidning wipe; ***~ disken*** do the drying-up; ***~ sina tårar*** wipe away one's tears **2** bli torr get dry
III *verb* med betonad partikel
torka av t.ex. skorna wipe; damma av dust; ***~ av ansiktet*** dry one's face; ***~ av dammet på ngt*** wipe the dust off sth
torka bort 1 fläck wipe off **2** get dried up
torka upp 1 wipe up, mop up **2** bli torr dry up, get dry again
torka ut om t.ex. flod dry up, run dry
torkarblad *subst* bil. wiper blade
torkhandduk *subst* tea towel, tea cloth
torkhuv *subst* hood hair-drier
torkning *subst* drying
torkrum *subst* drying room
torkskåp *subst* drying cupboard, airing cupboard
torkställ *subst* för disk plate rack
torktumlare *subst* tumble-drier
torn *subst* **1** tower; spetsigt kyrktorn steeple; klocktorn belfry **2** schack. rook, castle **3** data. tower
tornado *subst* tornado (pl. -es el. -s)
tornspira *subst* spire; på kyrktorn steeple
torp *subst* crofter's holding; stuga cottage
torped *subst* torpedo (pl. -es)
torpedbåt *subst* torpedo boat
torpedera *verb* torpedo
torr *adj* **1** dry; om jord parched; ***hon är inte ~ bakom öronen*** she is wet behind the ears,

she is very green; ***ha sitt på det ~a*** be comfortably off **2** tråkig dull, boring
torrboll *subst* vard., om person dry stick, bore
torrdass *subst* vard. se *torrklosett*
torrfoder *subst* till hund, katt, fiskar dry food
torrhosta *verb* dry cough
torrklosett *subst* earth closet
torrmjölk *subst* powdered milk, dried milk
torrschampo *subst* dry shampoo
torrskodd *adj* dry-shod
torsdag *subst* Thursday; se *fredag* för ex.
torsdagskväll *subst* Thursday evening, senare Thursday night; ***på ~arna*** on Thursday evenings, on Thursday nights
torsk *subst* **1** cod (pl. lika), codfish **2** vard., prostituerads kund john
torska *verb* sport. vard. lose
tortera *verb* torture
tortyr *subst* torture
torv *subst* **1** jordart peat **2** grästorv turf
torva *subst* grästorva piece of turf
total *adj* total, entire, complete
totalisator *subst* totalizator, vard. tote
totalitär *adj* totalitarian
toto *subst* vard. the tote
touchdown *subst* touchdown målpoäng: rugby 3 poäng, amerikansk fotboll 6 poäng
tova *subst* tangled knot
tradition *subst* tradition
traditionell *adj* traditional
traditionsbunden *adj* tradition-bound
trafik *subst* traffic; ***fartyget går i regelbunden ~ mellan...*** the vessel runs regularly between . . .
trafikant *subst* vägtrafikant road user; fotgängare pedestrian; passagerare passenger
trafikera *verb* om personer el. fordon use, frequent; om trafikföretag work, operate; om buss etc. run on
trafikerad *adj*, ***hårt ~ gata*** street full of traffic, very busy street
trafikfara *subst* danger on the roads, danger to other traffic
trafikflyg *subst* flygväsen civil aviation; flygtrafik air services pl.
trafikflygplan *subst* passenger plane; större air liner
trafikfälla *subst* road trap
trafikförordning *subst* traffic regulations pl.
trafikförseelse *subst* traffic offence
trafikförsäkring *subst* third party motor insurance
trafikhinder *subst* traffic obstacle
trafikkaos *subst* chaos on the roads; ***det var ~*** trafikstockning there was a snarl-up
trafikledare *subst* air-traffic controller
trafikljus *subst* traffic lights pl.
trafikmärke *subst* traffic sign
trafikolycka *subst* traffic accident, road accident
trafikomläggning *subst* traffic diversion, amer. detour
trafikpolis *subst* **1** avdelning traffic police **2** polisman traffic policeman
trafiksignal *subst* traffic signal, traffic light
trafikstockning *subst* traffic jam
trafiksyndare *subst* traffic offender
trafikövervakning *subst* traffic control
tragedi *subst* tragedy
tragik *subst* tragedy
tragikomisk *adj* tragi-comic, tragi-comical
tragisk *adj* tragic
trailer *subst* släpvagn el. film trailer
trakassera *verb* ansätta, plåga pester, harass; förfölja persecute
trakasserier *subst pl* pestering, harassment, persecution alla endast sing.
trakt *subst* område district, area; grannskap neighbourhood; ***här i ~en*** in this area, in this neighbourhood, in these parts
traktamente *subst* allowance for expenses, subsistence allowance
traktor *subst* tractor; bandtraktor caterpillar
tralla *verb* warble; sjunga sing
trampa *verb* kliva omkring tramp; trycka ned med foten tread; upprepat trample; ***~ vatten*** tread water; ***~ ngn på tårna*** tread on sb's toes; ***~ ur kopplingen*** bil. declutch; ***~ över*** sport. overstep the mark
trampbil *subst* för barn pedal car
trampolin *subst* simn. diving-board, springboard; för höga hopp highboard
trams *subst* vard. nonsense, rubbish
trana *subst* fågel crane
tranbär *subst* cranberry
trans *subst* trance; ***vara i ~*** be in a trance
transaktion *subst* transaction
transformator *subst* transformer
transformera *verb* transform
transfusion *subst* blodtransfusion blood transfusion
transistor *subst* transistor
transithall *subst* flyg. transit hall, departure hall
transitiv *adj* gram. transitive
transpiration *subst* perspiration
transplantation *subst* transplantation; ***en ~*** a transplant
transplantera *verb* transplant; spec. hud graft
transponder *subst* tv. el. trafik. transponder

transport *subst* **1** frakt transport, spec. amer. transportation; till sjöss freight, shipment **2** bokföringsterm amount brought forward, amount carried forward

transportabel *adj* transportable; bärbar portable

transportera *verb* frakta transport; till sjöss freight, ship

transportmedel *subst* means (pl. lika) of transport

transvestit *subst* transvestite

trapets *subst* gymn. trapeze

trappa I *subst* **1** inomhus stairs pl.; längre staircase; ***en ~*** a flight of stairs; ***en ~ upp*** uppstairs; ***bo en ~ upp*** live on the first floor, amer. live on the second floor; ***möta ngn i ~n*** meet sb on the stairs **2** utomhus steps pl.; ***en ~*** a flight of steps
II *verb*, ***~ ned*** de-escalate; ***~ upp*** escalate

trappavsats *subst* inomhus landing

trappräcke *subst* banisters pl.

trappsteg *subst* step

trappstege *subst* stepladder

trappuppgång *subst* staircase, stairs pl.

trasa I *subst* **1** trasigt tygstycke rag; ***gå klädd i trasor*** go about in rags **2** dammtrasa duster; skurtrasa scouring-cloth
II *verb*, ***~ sönder ngt*** tear sth to pieces, tear sth to shreds

trasig *adj* **1** söndertrasad ragged, tattered; sönderriven torn; fransig frayed **2** sönder broken; ***vara ~*** inte fungera be out of order

traska *verb* trot; mödosamt plod, trudge

trasmatta *subst* rag mat; större rag rug

trassel *subst* **1** bomull cotton waste **2** besvär trouble, bother; komplikationer complications pl.; ***ställa till ~*** cause a lot of trouble; bråka kick up a fuss **3** härva tangle

trassla *verb*, ***~ till sina affärer*** get one's finances into a muddle; ***~ inte till saker och ting!*** don't complicate things!; ***det har ~t till sig*** things have got into a mess; ***~ sig*** get entangled

trasslig *adj* ihop trasslad entangled; virrig muddled, confused; ***han har ~a affärer*** his finances are shaky

trast *subst* fågel thrush

tratt *subst* funnel

trav *subst* **1** trot; ***rida i ~*** ride at a trot; ***hjälpa ngn på ~en*** put sb on the right track, help sb to get started, help sb to get going **2** travsport trotting

1 trava *verb*, ***~*** el. ***~ upp*** pile up, stack up

2 trava *verb* trot; ***komma ~nde*** come trotting along

travbana *subst* trotting-track, trotting-course

trave *subst* av böcker, ved etc. pile, stack

travhäst *subst* trotter, trotting-horse

travsport *subst* trotting, harness racing

tre *räkn* three; se *fem* för ex. o. *fem-* för sammansättningar

trea *subst* (se äv. *femma* för ex.) **1** three; ***~ns växel*** third gear **2** vard., lägenhet three-room flat, three-room apartment

tredimensionell *adj* three-dimensional

tredje *räkn* third (förk. 3rd); ***för det ~*** in the third place; vid uppräkning thirdly; se *femte* o. *andra* för ex. samt *femte-* för sammansättningar

tredjedag *subst*, ***~ jul*** the day after Boxing Day

tredjedel *subst* third; se *femtedel* för ex.

tredubbel *adj* tre gånger så stor vanligen treble; i tre skikt etc. vanligen triple; trefaldig threefold; ***betala tredubbla priset*** pay three times the price, pay treble the price

tredubbla *verb* treble

trefilig *adj* trafik., ***den är ~*** it has three lanes

trefjärdedelstakt *subst* three-four time

trehjuling *subst* vagn three-wheeler; cykel tricycle, vard. trike

trehundra *räkn* three hundred; se *femhundra-* för sammansättningar

trekant *subst* triangle

trekantig *adj* triangular

trekvart *subst* three quarters pl.; ***~s timme*** three quarters of an hour

trekvartsstrumpa *subst* knee sock

trend *subst* trend

trendig *adj* vard. trendy

trerummare *subst* o. **trerumslägenhet** *subst* three-room flat, three-room apartment

tresteg *subst* o. **trestegshopp** *subst* sport. triple jump

trestegshoppare *subst* sport. triple jumper

trestegsraket *subst* three-stage rocket

trestjärnig *adj*, ***ett ~t hotell*** a three-star hotel

tretti *räkn* vard., se *trettio*

trettio *räkn* thirty; se *fem* för ex. o. *femtio-* för sammansättningar

trettionde *räkn* thirtieth (förk. 30th); se *femte* för ex.

trettioårig *adj*, ***~a kriget*** the Thirty Years' War; se *femårig* för vidare ex.

tretton *räkn* thirteen; ***det går ~ på dussinet*** they are ten a penny; se *femton* för ex. o. *femton-* för sammansättningar

trettondagen *subst* Epiphany, Twelfth Day

trettondagsafton *subst* the Eve of Epiphany, Twelfth Night

trettonde *räkn* thirteenth (förk. 13th); se *femte* för ex. o. *femte-* för sammansättningar
treva *verb* grope about [*efter* for]; ~ ***sig fram*** grope one's way along
trevande *adj*, ~ ***försök*** fumbling effort, tentative effort
trevare *subst* feeler; ***göra en*** ~ put out feelers
trevlig *adj* nice; angenäm pleasant; rolig enjoyable; sympatisk attractive; ***vi hade mycket*** ~***t*** we had a very nice time; ***det var*** ~***t att träffas*** nice meeting you; ~ ***resa!*** pleasant journey!
trevnad *subst* well-being; ***sprida*** ~ create a nice atmosphere
trevåningshus *subst* three-storey house
triangel *subst* geom. triangle
triangeldrama *subst* domestic triangle; teat. eternal triangle drama
tribun *subst* estrad platform
tribunal *subst* tribunal
tribut *subst* tribute
trick *subst* knep trick, stunt
tricksa *verb* **1** get up to tricks, monkey about **2** fotb. dribble
trikå *subst* **1** tyg stockinet **2** ~***er*** plagg utan ben leotard sing.; med ben tights
trikåvaror *subst pl* knitwear sing., hosiery sing.
trilla *verb* **1** rulla roll, om tårar trickle **2** ramla tumble; falla fall
trilling *subst* triplet
trim *subst* trim; ***vara i god*** ~ be in good trim
trimma *verb* trim; ~ ***en motor*** tune up an engine, soup up an engine
trimning *subst* trim; trimmande trimming
trind *adj* knubbig chubby, plump
trio *subst* trio (pl. -s) äv. musik.
tripp *subst* **1** short trip; ***göra en*** ~ ***till...*** go for a trip to ... **2** narkotika trip
trippa *verb* **1** trip along, go tripping along **2** med narkotika trip out
trippmätare *subst* bil. trip meter, trip mileage counter
trissa *verb*, ~ ***upp priset*** force up the price
trist *adj* dyster gloomy, melancholy; enformig monotonous; tråkig dreary; ledsam sad
tristess *subst* gloominess, melancholy; enformighet monotony; leda dreariness; ledsamhet sadness
triumf *subst* triumph
triumfbåge *subst* triumphal arch
triumfera *verb* triumph [*över* over]; jubla exult [*över* over]
triumferande *adj* triumphant
triumftåg *subst* triumphal procession
trivas *verb* **1** känna sig lycklig be happy, feel happy; ***han trivs inte i Sverige*** he isn't happy in Sweden, he doesn't like being in Sweden; ***vi trivs med varandra*** we get on well with one another **2** blomstra flourish, prosper
trivial *adj* trivial
trivialitet *subst* triviality
trivsam *adj* pleasant; om plats cosy
trivsel *subst* well-being; ***skapa*** ~ create a cosy atmosphere
trivselfaktor *subst* feel-good factor
trivselvikt *subst*, ***min*** ~ ***är...*** the weight I feel comfortable with is...
tro I *subst* belief [*på* in]; tilltro, tillit el. relig. faith [*på* in]; ***sätta*** ~ ***till*** trust, believe; ***leva i den*** ~***n att...*** be convinced that...; ***handla i god*** ~ act in good faith
II *verb* **1** believe; anse think, suppose; föreställa sig fancy, imagine; ***jag*** ~***r det*** I think so, I believe so; ***jag kan*** (***kunde***) ***just*** ~ ***det!*** I dare say!, I'm not surprised!; ***det var roligt, må du*** ~***!*** it was fun, I can tell you!; ~ ***ngn om gott*** think well of sb; ***det hade jag inte*** ~***tt om dig*** I had not expected that from you; ~ ***på ngn*** (***ngt***) believe in sb (sth); förlita sig på have faith in sb (sth); sätta tro till believe sb (sth); ***jag*** ~***r inte på honom*** vad han säger I don't believe him **2** ~ ***sig vara...*** think (believe) that one is..., believe (imagine) oneself to be...
troende I *adj* believing
II *subst*, ***en*** ~ a believer
trofast *adj* om kärlek faithful [*mot* to]; om vänskap loyal [*mot* to]
trofé *subst* trophy
trogen *adj* faithful [*mot* to]; lojal loyal [*mot* to]
trohet *subst* fidelity [*mot* to]; trofasthet faithfulness [*mot* to], loyalty [*mot* to]
trolig *adj* sannolik probable, likely; ***jag håller det för*** ~***t att...*** I think it likely that...
troligen *adv* o. **troligtvis** *adv* very likely, most likely, probably
troll *subst* troll; elakt goblin; ***när man talar om*** ~***en, så står de i farstun*** talk of the devil and he's sure to appear
trolla *verb* göra trollkonster do conjuring tricks; ~ ***bort*** spirit away; ~ ***fram en middag*** produce a dinner as if by magic
trollbunden *adj* spellbound
trolleri *subst* magic, enchantment
trollkarl *subst* magician, wizard; trollkonstnär conjurer

trollkonst *subst* conjuring trick
trollkonstnär *subst* conjurer
trollspö *subst* o. **trollstav** *subst* magic wand
trolös *adj* faithless [*mot* to], disloyal [*mot* to]
trolöshet *subst* faithlessness; ~ ***mot huvudman*** breach of faith
trombon *subst* musik. trombone
tron *subst* throne
tronföljare *subst* successor to the throne
tropikerna *subst pl* the tropics
tropikhjälm *subst* topee, pith helmet
tropisk *adj* tropical
trosa *subst*, ***trosor*** panties; tätt åtsittande briefs; ***en*** ~ el. ***ett par trosor*** a pair of panties
trossamfund *subst* religious community
trosskydd *subst* panty liner, panty shield
trotjänare o. **trotjänarinna** *subst*, ***gammal*** ~ faithful old servant
trots I *subst* motspänstighet obstinacy [*mot* towards]; motstånd defiance [*mot* of]
II *prep* in spite of; ~ ***att*** in spite of the fact that
trotsa *verb* defy; djärvt möta, t.ex. stormen brave; ***det ~r all beskrivning*** it is beyond description
trotsig *adj* utmanande defiant; motspänstig obstinate
trotsålder *subst*, ***vara i ~n*** be at a defiant age, be at a difficult age

trottoar
Lägg märke till att *pavement* betyder gatubeläggning på amerikansk engelska.

trottoar *subst* pavement, amer. sidewalk
trottoarkant *subst* kerb, amer. curb
trottoarservering *subst* pavement restaurant, amer. sidewalk restaurant, sidewalk café
trovärdig *adj* **1** om t.ex. berättelse credible **2** om person trustworthy **3** tillförlitlig reliable
trovärdighet *subst* **1** om t.ex. berättelse el. person credibility **2** om person trustworthiness **3** tillförlitlighet reliability
trubadur *subst* troubadour
trubba *verb*, ~ ***av*** blunt
trubbel *subst* trouble, bother
trubbig *adj* oskarp blunt, blunted
trubbnäsa *subst* snub nose
truck *subst* truck
truga *verb*, ~ ***ngn*** press sb; ~ ***på ngn ngt*** press sth on sb; ~ ***sig på ngn*** force oneself on sb
trumbroms *subst* drum brake
trumf *subst* trump
trumfa *verb* kortsp. play a trump, play trumps
trumfess *subst* ace of trumps
trumhinna *subst* eardrum
trumma I *subst* musik. el. tekn. drum; ***slå på*** ~ (***~n***) beat the drum; ***slå på ~ för sig själv*** blow one's own trumpet, amer. blow one's own horn
II *verb* drum
trumpen *adj* sullen, sulky; butter morose
trumpet *subst* trumpet; ***spela*** (***blåsa i***) ~ play the trumpet
trumpetare *subst* trumpeter
trumpetstöt *subst* trumpet blast
trumslagare *subst* drummer
trupp *subst* **1** troop, body, band; mil. detachment; ***~er*** styrkor forces **2** sport. squad **3** teat. troupe
trust *subst* ekon. trust
1 trut *subst* fågel gull
2 trut *subst* vard., mun mouth; ***håll ~en!*** shut up!
truta *verb*, ~ ***med munnen*** pout one's lips
tryck *subst* **1** press pressure [*mot* against]; tonvikt stress [*på* on]; påfrestning strain; ***utöva ~ på ngn*** put pressure on sb **2** typogr. el. på tyg etc. print; tryckning printing; ***komma ut i*** ~ come out in print
trycka I *verb* **1** press; klämma squeeze, oppress sb; ~ ***ngns hand*** shake sb's hand; ~ ***ngn till sitt bröst*** press sb to one's bosom, clasp sb to one's bosom; ~ ***sig mot en vägg*** press oneself against a wall; tätt intill flatten oneself against a wall; ~ ***på en knapp*** press a button **2** ~ ***ngn*** trycka weigh sb down **3** typogr. el. på tyg etc. print
II *verb* med betonad partikel
trycka av avfyra fire, pull the trigger
trycka ihop ngt flera föremål press sth together; klämma squeeze sth together
trycka in press in
trycka ned (**ner**) press down, friare depress
trycka om bok etc. reprint
tryckbokstav *subst* block letter
tryckeri *subst* printing works (pl. lika)
tryckfel *subst* misprint
tryckfrihet *subst* freedom of the press
tryckkabin *subst* flyg. pressure cabin
tryckknapp *subst* **1** i plagg press-stud, amer. snap, snap fastener **2** strömbrytare pushbutton

tryckkokare *subst* pressure-cooker
tryckluft *subst* compressed air
tryckluftsborr *subst* pneumatic drill
tryckning *subst* **1** pressure **2** typogr. printing; ***boken är under*** ~ the book is being printed
tryckpress *subst* printing press
trycksak *subst* piece of printed matter; ~***er*** printed matter sing.
tryffel *subst* slags svamp truffle; kok. truffles pl.
trygg *adj* secure; utom fara safe [*för* from]
trygga *verb*, ~ ***ngt*** make sth secure [*för, emot* from], make sth safe [*för, emot* from]
trygghet *subst* security; utom fara safety
tryne *subst* snout, vard., ansikte mug
tryta *verb* give out, om förråd run short, run out
tråckla *verb* tack; ~ ***fast*** tack on [*på* to]
tråd *subst* thread; bomullstråd cotton, cotton-thread; metalltråd wire; fiber fibre; ***hon har inte en*** ~ ***på kroppen*** she hasn't a stitch on her body; ***dra i*** ~***arna*** dirigera pull the strings; ***tappa*** ~***en*** komma av sig lose the thread
trådrulle *subst* med tråd reel of cotton, amer. spool of thread
tråg *subst* trough; flatare tray
tråka *verb* **1** ~ ***ihjäl ngn*** el. ~ ***ut ngn*** bore sb to death **2** trakassera pester
tråkig *adj* **1** långtråkig boring; enformig dull **2** beklaglig unfortunate; sorglig sad; ***så*** ~***t!*** ledsamt what a pity!
tråkmåns *subst* vard. bore, dry stick
trålare *subst* båt trawler
tråna *verb* yearn [*efter* for], pine [*efter* for]
trång *adj* narrow; om t.ex. skor tight; ***det är*** ~***t i rummet*** a) lite utrymme there is not much space in the room b) överfullt the room is packed, the room is crowded
trångbodd *adj*, ***vara*** ~ ha liten bostad be cramped for space
trångsynt *adj* narrow-minded
trångt *adv*, ***bo*** ~ be cramped for space; ***sitta*** ~ be cramped; om plagg fit too tight
1 trä *verb* trä på (upp) thread [*på* on]; t.ex. armen genom rockärmen pass, slip; ~ ***en tråd på en nål*** thread a needle
2 trä *subst* wood; virke timber; ***stolar av*** ~ wooden chairs, chairs made of wood; ***ta i*** ~***!*** touch wood!, amer. knock on wood!
träaktig *adj* träig woody; om person wooden
träben *subst* wooden leg
träbit *subst* piece of wood, bit of wood
träbock *subst* person bore

> **träd**
> BARRTRÄD *CONIFEROUS TREES*:
> gran *spruce*, tall *pine*, en *juniper*
> LÖVTRÄD *DECIDUOUS TREES*:
> björk *birch*, ek *oak*, bok *beech*, lönn *maple*, rönn *mountain ash, rowan*

träd *subst* tree
1 träda *verb* se *1 trä*
2 träda I *verb* stiga step; gå go; trampa tread; ~ ***i dagen*** come to light
II *verb* med betonad partikel
träda emellan step between, go between
träda fram step forward, go forward; komma come forward; plötsligt emerge [*ur* out of]
träda in step in, go in; komma come in, enter; ~ ***in i ett rum*** enter a room
träda tillbaka step back, go back; lägga av withdraw, retire
trädgräns *subst* timberline, treeline
trädgård *subst* garden; amer., med rabatter etc. garden, ej anlagd yard; ***botanisk*** ~ botanical gardens
trädgårdsarkitekt *subst* landscape gardener
trädgårdsmästare *subst* gardener
trädstam *subst* tree trunk
trädstubbe *subst* tree stump
träff *subst* **1** på rätt plats hit **2** vard., möte date; sammankomst för flera get-together, gathering; ***stämma*** ~ ***med*** arrange a meeting with, vard. make a date with
träffa *verb* **1** möta meet; händelsevis run across; ***jag hoppades att*** ~ ***honom hemma*** I had hoped to find him at home; ~***s direktör B.?*** is Mr. B. in?; i telefon can I speak to Mr. B.?; ~ ***på*** möta, råka på meet with, come across, run across **2** ej missa hit; slå till strike; ***inte*** ~ miss **3** ~ ***ett avtal*** come to an agreement; ~ ***ett val*** make a choice
träffad *adj*, ***hon kände sig*** ~ ***av hans anmärkningar*** she took his remarks personally; ***om du känner dig*** ~***!*** if the cap fits, wear it!
träffande *adj* välfunnen apt; 'på kornet' to the point
träffas *verb* meet; händelsevis chance to meet
träfiberplatta *subst* fibreboard
trähus *subst* wooden house
träkol *subst* charcoal
träldom *subst* bondage, slavery
trämassa *subst* wood pulp

träna *verb* **1** träna andra train; om instruktör coach **2** sig själv train; öva sig, öva sig i practise, amer. practice
tränare *subst* trainer, coach
tränga I *verb* driva drive, press; skjuta push; tvinga force
II *verb* med betonad partikel
tränga bort psykol. repress
tränga sig fram t.ex. genom folkmassan push one's way forward
tränga sig före i kö jump the queue
tränga igenom penetrate
tränga ihop 1 *~ ihop folk* crowd people together, pack people together **2** *~ ihop sig* crowd together
tränga in 1 *~ in ngn i ett hörn* force sb into a corner; *~ in i...* el. *~ sig in i...* force one's way into... **2** *kulan trängde in i kroppen* på honom the bullet penetrated his body
tränga undan ngn push sb aside
tränga ut ngn i gatan force sb out; *gasen trängde ut...* the gas forced its way out...
trängande *adj* urgent, pressing; *ha ~ behov av* be in urgent need of
trängas *verb* crowd; knuffas jostle one another
trängsel *subst* crowding; människomassa crowd; *det var stor ~ i varuhuset* the store was absolutely packed with people
träning *subst* training; övning practice; instruktion coaching
träningsoverall *subst* track suit
träningsskor *subst pl* training shoes, trainers, amer. sneakers
träningsvärk *subst*, *jag har ~* I fell stiff after my exercise (game etc.)
träsk *subst* fen, marsh
träsked *subst* wooden spoon
träsko *subst* wooden shoe, clog
träslöjd *subst* woodwork äv. som skolämne; carpentry
träsnitt *subst* woodcut
träta *verb* quarrel [*om* about]
trög *adj* sluggish; långsam slow [*i* at]; flegmatisk phlegmatic; slö dull; *ett ~t lås* a stiff lock; *vara ~ i magen* be constipated
trögflytande *adj* tjockflytande viscous; om vattendrag sluggish
trögtänkt *adj* slow-witted
tröja *subst* sweater; sporttröja jersey; fotbollströja shirt
tröska *verb* thresh
tröskel *subst* threshold
tröst *subst* comfort; *det är en klen (ringa) ~* it's little (no) consolation
trösta *verb* comfort, console; *~ sig* console oneself [*med* by]
tröstlös *adj* **1** omöjlig att trösta inconsolable **2** hopplös hopeless, desperate
tröstnapp *subst* comforter, dummy, amer. pacifier
tröstäta *verb* console oneself by eating
tröstätande *subst* comfort eating
trött *adj* tired [*på* of], weary [*på* of]; *arbeta sig ~* work till one is tired out; *jag är ~ på att vänta* I'm tired of waiting
trötta *verb* tire, weary; *~ ut* tire out
trötthet *subst* tiredness, weariness
tröttkörd *adj* utarbetad overworked
tröttna *verb* become tired [*på* of], get tired [*på* of]; långsammare grow tired [*på* of]
tröttsam *adj* tiring; om person tiresome
T-shirt *subst* o. **T-tröja** *subst* T-shirt
tu *räkn* two; *ett ~ tre* plötsligt all of a sudden; *det är inte ~ tal om den saken* there is no question about that; *på ~ man hand* in private
tub *subst* **1** tube **2** kikare telescope
tuba *subst* musik. tuba
tuberkulos *subst* med. tuberculosis [*i* of]
tubkikare *subst* telescope
tudelning *subst* division into two parts
tuff *adj* vard. **1** tough; *~a tag* rough stuff; *~ mot smuts* om t.ex. tvättmedel hard on dirt **2** elegant smart, with-it
tuffing *subst* vard. tough guy
tugga I *subst* munfull bite; vad som tuggas chew **II** *verb* chew
tuggtobak *subst* chewing-tobacco
tuggummi *subst* chewing-gum; *ett ~* a piece of chewing-gum
tukta *verb* **1** få att lyda chastise, discipline; bestraffa punish **2** t.ex. häckar prune
tull *subst* **1** avgift customs duty, customs pl.; brotull etc. toll; *betala ~ på (för) ngt* pay duty on (for) sth, pay customs on (for) sth **2** myndighet Customs pl.; tullstation custom house; *passera genom ~en* pass through the Customs
tulla *verb* betala tull *~ för ngt* pay duty on sth
tullavgift *subst* customs duty
tullbehandla *verb*, *~ ngt* clear sth through the Customs
tullbehandling *subst* customs examination
tullbevakning *subst* customs supervision
tullfri *adj*, *den är ~* it is duty-free, it is free of duty; *en ~ vara* a duty-free article
tullhus *subst* customs house

tullkontroll *subst* customs check
tullpliktig *adj* dutiable; ***den är*** ~ it is liable to duty
tulltjänsteman *subst* customs officer, customs official
tullvisitation *subst* av resgods customs examination
tulpan *subst* tulip
tulpanlök *subst* tulip bulb
tulta vard. **I** *subst* litet barn toddler **II** *verb*, ~ ***omkring*** toddle around
tum *subst* inch; ***inte vika en*** ~ not budge an inch
tumla *verb* **1** falla fall, tumble; vältra sig roll **2** torka i tumlare tumble-dry
tumlare *subst* **1** zool. porpoise **2** torktumlare tumbler-drier
tumma *verb*, ~ el. ~ ***på*** fingra på finger sth; nöta på, t.ex. en bok thumb sth; ~ ***på ngt*** a) komma överens shake hands on sth b) jämka på make modifications in sth
tumme *subst* thumb; ***hålla tummarna för ngn*** keep one's fingers crossed for sb; ***rulla tummarna*** twiddle one's thumbs
Tummeliten *subst* Tom Thumb
tumregel *subst* rule of thumb
tumskruv *subst* thumbscrew; ***sätta ~ar*** press ***på ngn*** put the screws on sb
tumstock *subst* folding rule
tumult *subst* tumult; rabalder uproar; upplopp riot
tumvante *subst* mitten
tumör *subst* med. tumour
tung *adj* heavy; ***med ~t hjärta*** with a heavy heart
tunga *subst* tongue; ***jag har det på ~n*** I have it on the tip of my tongue; på våg needle, pointer; ***vara ~n på vågen*** hold the balance, tip the scale; ***ha en rapp*** ~ have a quick tongue
tungrodd *adj* trög heavy; osmidig, om t.ex. organisation unwieldy
tungsinne *subst* melancholy, gloom
tungsint *adj* melancholy, gloomy
tungspets *subst* tip of the tongue
tungt *adv* heavily; ***hans ord väger*** ~ ***hos...*** his words carry weight with...; ~ ***vägande skäl*** weighty reasons
tungvikt *subst* o. **tungviktare** *subst* heavyweight
tungvrickare *subst* tongue-twister
tunika *subst* tunic
Tunisien Tunisia
tunisier *subst* Tunisian
tunisisk *adj* Tunisian
tunn *adj* thin; om dryck weak, watery; ~ ***grädde*** single cream, amer. light cream
1 tunna *subst* barrel; mindre cask; ***hoppa i galen*** ~ do the wrong thing, make a blunder
2 tunna *verb*, ~ ***ut ngt*** göra ngt tunnare make sth thinner; späda dilute sth
tunnbröd *subst* ungefär thin flat unleavened bread
tunnel *subst* tunnel, spec. gångtunnel subway, amer. underpass

> **tunnelbana**
> Tunnelbanelinjerna i London har olika namn, t.ex. *the Circle Line, the Waterloo Line, the Bakerloo Line*. På tunnelbanekartor markeras de med olika färger. Tunnelbanan i New York kallas *subway*, i Washington och en del andra städer *metro*.

tunnelbana *subst* underground, vard. tube, amer. subway
tunnelbanestation *subst* underground (vard. tube) station, amer. subway
tunnflytande *adj* thin, very liquid
tunnklädd *adj* thinly dressed, thinly clad
tunnland *subst* ungefär acre
tunntarm *subst* small intestine
tupera *verb* hår backcomb
tupp *subst* cock, amer. vanligen rooster
tuppa *verb*, ~ ***av*** pass out; slumra till nod off
tuppkam *subst* cockscomb
tupplur *subst* little nap; ***ta sig en*** ~ have a nap, take a nap
1 tur *subst* lycka luck; ***ha*** ~ be lucky [*i* in, at]; ***ha ~ med sig*** lyckas be lucky, have luck on one's side; ***som ~ var*** luckily; ***mera ~ än skicklighet*** more good luck than skill
2 tur *subst* **1** ordning, omgång turn; ***i ~ och ordning*** in turn; ***jag står i*** ~ el. ***det är min*** ~ it's my turn **2** resa, utflykt trip [*till* to], tour [*i* of], utflykt excursion; på cykel, till häst ride; i bil drive; ***båten gör fyra ~er dagligen*** the boat runs four times daily; ***150 kr ~ och retur*** 150 kr return, 150 kr there and back; ~ ***och retur till...*** a return ticket to..., amer. a round-trip ticket to... **3** i dans figure
turas *verb*, ~ ***om att läsa*** take it in turns to read, take turns in reading, take turns at reading; ~ ***om med ngn*** take turns with sb

turban *subst* huvudbonad turban
turbin *subst* turbine
turbinmotor *subst* turbine engine, turbo-motor
turbulens *subst* t.ex på marknaden turbulence, friare trouble; ängslan anxiety
turbulent *adj* turbulent, friare troubled
turism *subst* tourism
turist *subst* tourist
turista *verb* vard., ~ ***i*** go touring in, tour
turistbuss *subst* touring coach, tourist bus
turistbyrå *subst* travel agency, tourist agency; för information tourist information centre
turistklass *subst* tourist class
turistort *subst* tourist resort
turk *subst* Turk
Turkiet Turkey
turkisk *adj* Turkish; se *svensk-* för sammansättningar
turkiska *subst* (se *svenska* för ex.) **1** kvinna Turkish woman **2** språk Turkish
turkos *subst* o. *adj* ädelsten el. färg turquoise
turlista *subst* tidtabell timetable, amer. schedule
turné *subst* tour [*i* of]; ***göra en*** ~ go on a tour
turnera *verb* tour
turnering *subst* tournament
tursam *adj* lucky, fortunate
turturduva *subst* turtle dove; ***turturduvor*** älskande par lovebirds
turtäthet *subst*, ***vissa tider är tågens ~ större*** at certain times the trains run more frequently
tusan *subst* hang it!; ***ge ~ i allt*** not care a damn about anything
tusch *subst* färg Indian ink, amer. India ink
tuschpenna *subst* felt pen
tusen *räkn* **1** thousand; ~ el. ***ett*** ~ a thousand; se *hundra* för vidare ex. **2** ***gilla ngn till*** ~ vard. like sb a hell of a lot
tusende I *subst* thousand
II *räkn* thousandth; se *femte* för ex.
tusendel *subst* thousandth; se *hundradel* för ex.
tusenfoting *subst* insekt centipede, millipede
tusenkonstnär *subst* Jack-of-all-trades
tusenkronorssedel *subst* o. **tusenlapp** *subst* thousand-krona note, amer. thousand-krona bill
tusensköna *subst* daisy
tusental *subst* thousand; se *hundratal* för ex.
tusentals *adv* thousands; ***~ människor*** thousands of people
tuss *subst* av bomull, tråd etc. wad
tussilago *subst* coltsfoot (pl. -s)
tuta I *verb* signalera hoot; ***~ i ngn ngt*** vard. put sth into sb's head **II** *subst* bil. hooter, horn
tuttar *subst pl* vulg. tits, boobs
tuva *subst* grästuva tuft

tv
Den engelska, statliga kanalen *BBC* finansieras med statsbidrag och licensavgifter. De privata kanalerna finansieras med enbart reklamintäkter eller med avgifter och reklamintäkter. I USA finansieras de flesta kanalerna, t.ex. *NBC*, *CBS*, med reklamintäkter och är gratis för tittarna. Programmen tas emot med en parabol *dish*, *satellite dish* och en satellitmottagare (box) *satellite receiver* (*box*).

tv *subst* television, TV äv. tv-apparat, vard. telly, amer. the tube; ***se*** (***titta***) ***på*** ~ watch television, watch TV, vard. watch the telly; ***intern*** ~ closed-circuit television
tv-antenn *subst* television aerial, TV aerial, spec. amer. television antenna, TV antenna
tv-apparat *subst* television set, TV set, vard. telly, amer. tube
tv-bild *subst* television picture, TV picture
tv-debatt *subst* televised debate
tveka *verb* hesitate [*om* about], be doubtful [*om* about]
tvekamp *subst* duel
tvekan *subst* hesitation, indecision; tvivel doubt; ***utan*** ~ a) without hesitation b) utan tvivel without doubt
tveklöst *adv* doubtless, without doubt
tveksam *adj* **1** tvekande hesitant **2** osäker doubtful, uncertain
tveksamhet *subst* hesitation
tvestjärt *subst* insekt earwig
tvetydig *adj* ambiguous, equivocal; oanständig indecent
tvilling *subst* **1** twin **2** ***Tvillingarna*** stjärntecken Gemini
tvillingbror *subst* twin brother
tvillingsyster *subst* twin sister
tving *subst* tekn. clamp, cramp
tvinga I *verb* force, compel
II *verb* med betonad partikel
tvinga fram en bekännelse av ngn extort a confession from sb
tvinga i sig maten force down the food

tvinga på ngn ngt force sth on sb
tvinga till sig ngt obtain sth by force
tvinna *verb* twine, twist
tvist *subst* kontrovers dispute [*om* about], controversy [*om* about]; ***avgöra (bilägga) en*** ~ settle a dispute
tvista *verb* dispute; gräla quarrel [*om* about]
tvivel *subst* doubt; ***utan*** ~ no doubt, without any doubt
tvivelaktig *adj* doubtful; diskutabel dubious; skum shady, fishy
tvivelsmål *subst* doubt; ***sväva i*** ~ have doubts
tvivla *verb* doubt; ~ ***på*** betvivla doubt
tv-kanal *subst* television channel, TV channel
tv-licens *subst* television licence, TV licence
tv-pjäs *subst* television play, TV play
tv-program *subst* TV programme
tv-publik *subst* TV audience, television audience
tv-reklam *subst* **1** television advertising **2** reklaminslag television commercial, commercial
tv-rum *subst* TV room, television room; större TV (television) lounge
tv-ruta *subst* TV screen, screen
tv-satellit *subst* TV satellite, television satellite
tv-serie *subst* television series pl. lika, TV series pl. lika
tv-skärm *subst* TV screen
tv-spel *subst* video game
tv-såpa *subst* vard. soap opera
tv-sändare *subst* TV transmitter, television transmitter
tv-sändning *subst* TV broadcast, television broadcast
tv-tittare *subst* viewer
tvungen *adj* **1** ***bli (vara)*** ~ ***att...*** tvingas be forced to..., be compelled to...; spec. av inre tvång be obliged to...; få lov att have to...; ***vara så illa*** ~ have no other choice **2** stel forced
1 två *verb*, ***jag ~r mina händer*** I wash my hands of it
2 två *räkn* two; ***båda*** ~ both; ~ ***gånger*** twice; se *fem* för ex. o. *fem-* för sammansättningar
tvåa *subst* (se äv. *femma* för ex.) **1** two, i spel deuce; ***~ns växel*** second gear **2** vard., lägenhet two-room flat, two-room apartment
tvådelad *adj*, ~ ***baddräkt*** two-piece swimsuit
tvåfilig *adj* trafik., ***den är*** ~ it has two lanes
tvåhjuling *subst* vagn two-wheeler; cykel bicycle
tvåhundra *räkn* two hundred; se *femhundra-* för sammansättningar
tvål *subst* soap; ***en*** ~ a piece of soap, a bar of soap
tvåla *verb*, ~ ***in*** soap, lather
tvålask *subst* soap-container
tvålkopp *subst* soapdish
tvållödder *subst* soap-lather
tvålopera *subst* vard. soap opera, soap
tvåmotorig *adj* twin-engined
tvång *subst* compulsion; våld force; nödvändighet necessity; ***genom (med)*** ~ by compulsion, by force
tvångsarbete *subst* forced labour
tvångsföreställning *subst* psykol. obsession
tvångsläge *subst*, ***befinna sig i*** ~ find oneself in an emergency situation
tvångsmata *verb* force-feed
tvångsmatning *subst* force-feeding
tvångströja *subst* straitjacket
tvåplansvilla *subst* two-storeyed house
tvårummare *subst* two-room flat, two-room apartment
tvåsidig *adj* two-sided, bilateral
tvåspråkig *adj* bilingual
tvåspråkighet *subst* bilingualism
tvåtaktsmotor *subst* two-stroke engine
tvåvåningsbuss *subst* double-decker-bus
tvåvåningshus *subst* two-storey house
tvåårig *adj* (se äv. *femårig* för ex.) **1** ***en*** ~ ***flicka*** a two-year-old girl **2** om växt biennial
tvär I *subst*, ***ligga på ~en*** be crosswise; ***sätta sig på ~en*** om person become obstinate, become awkward
II *adj* brant steep; om t.ex. krök, vändning abrupt, sharp; plötslig sudden; kort abrupt
tvärbromsa *verb* brake suddenly
tvärbromsning *subst* sudden braking
tvärdrag *subst* korsdrag draught
tvärgata *subst* crossroad; ***nästa*** ~ ***till höger*** the next turning to the right
tvärnita *verb* slam on the brakes, brake suddenly
tvärs *adv*, ~ ***över gatan*** just across the street
tvärsigenom *prep* o. *adv* straight through; tvärsöver straight across
tvärsnitt *subst* cross-section
tvärstanna *verb* stop dead
tvärsäker *adj* absolutely sure [*på* of], absolutely certain [*på* of]; självsäker cocksure

tvärsöver *prep* o. *adv* right across, straight across
tvärtemot *prep* quite contrary to
tvärtom *adv* on the contrary; ***det förhåller sig*** ~ it is the other way round; ***... och*** ~ ... and vice versa
tvärvändning *subst*, ***göra en*** ~ make a sharp turn
tvätt *subst* **1** washing, wash; ***det går bort i*** ~***en*** it will come off (out) in the wash **2** platsen laundry; ***kemisk*** ~ dry cleaning; platsen cleaner's
tvätta *verb* wash; kemiskt dry-clean; ~ ***fönster*** clean windows; ~ ***sig*** wash, have a wash; ~ ***sig om händerna*** wash one's hands
tvättbar *adj* washable
tvättbjörn *subst* djur raccoon
tvättbräde *subst* washboard
tvättfat *subst* washbasin, handbasin
tvättinrättning *subst* laundry
tvättkläder *subst pl* washing sing., laundry sing.
tvättklämma *subst* clothes peg, amer. clothespin
tvättkorg *subst* clothes basket, laundry basket
tvättlapp *subst* face flannel, face cloth
tvättmaskin *subst* washing-machine
tvättmedel *subst* detergent, i pulverform washing powder
tvättning *subst* washing, laundering; kemisk dry cleaning
tvättomat *subst* launderette, laundrette, amer. Laundromat®
tvättprogram *subst* wash programme, washing programme
tvättråd *subst* washing instructions pl.
tvättstuga *subst* rum laundry room
tvättställ *subst* väggfast washbasin
tvättsvamp *subst* sponge, bath sponge
tvättäkta *adj* sann true; genuin genuine, authentic; inbiten out-and-out
ty *konj* for; därför att because
tycka I *verb* anse think; inbilla sig fancy, imagine; ***tycker du inte?*** don't you think so?; ***vad tycker du om boken?*** how do you like the book?, what do you think of the book?; ~ ***sig höra...*** fancy that one hears..., imagine that one hears...; ~ ***sig vara något*** think oneself somebody
II *verb* med betonad partikel
tycka om like; vara förtjust i be fond of, care for; ***jag tycker illa om honom*** I don't like him, I dislike him; ~ ***om att göra ngt*** like doing sth, be fond of doing sth; ***jag tycker illa om att göra det*** I don't like doing it, I dislike doing it
tyckas *verb* seem; ***det kan*** ~ ***så*** it may seem so; ***vad tycks om*** min hatt***?*** how do you like...?
tycke *subst* **1** åsikt opinion; ***i mitt*** ~ in my opinion, to my thinking, to my mind **2** smak fancy, liking; ***fatta*** ~ ***för*** take a fancy to, take a liking to; ***om*** ~ ***och smak ska man inte diskutera*** there's no accounting for tastes
tyda *verb* **1** tolka interpret; dechiffrera decipher; lösa solve **2** ~ ***på*** indicate; friare point to
tydlig *adj* lätt att se, inse, förstå plain, clear; lätt att urskilja: om t.ex. fotspår, bevis, uttal distinct; markerad marked; läslig legible; uppenbar obvious
tydligen *adv* evidently, obviously
tyfon *subst* storm typhoon
tyfus *subst* med. typhoid fever
tyg *subst* **1** material (endast sing.) [*till* for], cloth (endast sing.) [*till* for]; ~***er*** textiles **2** ***allt vad*** ~***en håller*** for all one is worth
tygel *subst*, ***ge ngn fria tyglar*** give sb a free hand; ***hålla ngn i strama tyglar*** keep sb in check
tygla *verb* rein in; lidelser etc. bridle, curb; begär restrain, check
tygstycke *subst* piece of cloth
tyll *subst* slags tyg tulle
tyna *verb*, ~ ***av*** el. ~ ***bort*** pine away
tynga *verb* **1** vara tung weigh heavily [*på* on]; trycka press [*på* on] **2** belasta, t.ex. minnet burden, load; ***sorgen tynger henne*** the sorrow weighs her down; ***tyngd av skatter*** burdened with taxes; ***tyngd av år*** weighed down by years
tyngande *adj* heavy; tungt vägande weighty; om t.ex. skatt oppressive
tyngd *subst* weight; tungt föremål etc. load; spec. fys. gravity; ***en*** ~ ***har fallit från mitt bröst*** a weight has been lifted from my mind
tyngdkraft *subst*, ~***en*** gravity, the force of gravity
tyngdlyftning *subst* weight-lifting
tyngdlöshet *subst* weightlessness
tyngdpunkt *subst* centre of gravity, main point
typ *subst* **1** type [*av* of], sort model **2** vard. for example, shall we say
typexempel *subst* typical example, case in point
typisk *adj* typical [*för* of], representative [*för* of]

typografi *subst* typography
tyrann *subst* tyrant
tyranni *subst* tyranny
tyrannisera *verb* tyrannize
tyrannisk *adj* tyrannical; härsklysten domineering
Tyrolen the Tyrol
tyrolerhatt *subst* Tyrolean hat
tysk I *adj* German; se *svensk-* för sammansättningar
II *subst* German
tyska *subst* (se *svenska* för ex.) **1** kvinna German woman **2** språk German
Tyskland Germany
tyst I *adj* silent; lugn o. tyst quiet; ljudlös noiseless; *~ **förbehåll*** mental reservation; ***var ~!*** be quiet!; ***i det ~a*** on the quiet
II *adv* silently, quietly; t.ex. gå, tala softly, quietly; ***håll ~!*** keep quiet!; ***hålla ~ med ngt*** keep sth quiet, keep sth to oneself; ***tala ~*** speak low; ***det ska vi tala ~ om*** the least said the better
tysta *verb* silence; ***~ ned ngn*** silence sb; ***~ ned ngt*** suppress sth, hush sth up
tystgående *adj* silent, noiseless
tysthet *subst* tystnad silence; tystlåtenhet quietness; ***i ~*** el. ***i all ~*** i hemlighet in secrecy, privately
tystlåten *adj* fåordig silent [*om* about]; förtegen reticent [*om* about]
tystna *verb* become silent; upphöra cease
tystnad *subst* silence; ***förbigå ngt med ~*** pass sth over in silence
tystnadsplikt *subst* läkares etc. professional secrecy
tyvärr *adv* unfortunately; ***~ kan jag inte komma*** I'm sorry to say I can't come; ***~ inte*** I'm afraid not
tå *subst* toe; ***gå på ~*** walk on tiptoe, tiptoe
tåflörta *verb* play footsie

> **tåg**
> *A single ticket to..., please!*, amer. *A one-way trip to..., please!*
> En enkel biljett till...
> *A return ticket to..., please!*, amer. *A round trip ticket to..., please!*
> En tur och retur till...
> *Which platform does the train leave from?*
> Vilken plattform går tåget från?

1 tåg *subst* rep rope; grövre cable
2 tåg *subst* **1** järnv. etc. train; ***byta ~*** change trains **2** festtåg etc. procession
tåga *verb* march; i t.ex. demonstrationståg walk in procession, march in procession
tågförare *subst* train-driver
tågförbindelse *subst* train service, train connection
tågluffa *verb* go (travel) by Interrail, travel on an Interrail card
tågluffare *subst* train-hiker, person who goes by Interrail
tågolycka *subst* railway accident, amer. railroad accident
tågresa *subst* train journey
tågtidtabell *subst* railway timetable, amer. railroad schedule
tåhätta *subst* på sko toecap
tåla *verb* uthärda bear, endure; stå ut med stand; finna sig i suffer, put up with, tolerate; ***jag tål honom inte*** I can't stand him; ***han tål en hel del sprit*** he can hold his liquor; ***han tål inte skämt*** he can't take a joke; ***jag tål inte krabba*** crab disagrees with me; ***det tål att tänka på*** it needs thinking about; ***sådant bör inte ~s*** such things ought not to be tolerated
tålamod *subst* patience; ***ha ~*** be patient; ***förlora ~et*** lose one's patience
tålig *adj* **1** hardy; slitstark durable **2** tålmodig patient
tålmodig *adj* patient
tålmodighet *subst* patience
tåls *subst*, ***ge sig till ~*** have patience, be patient
tånagel *subst* toenail
1 tång *subst* verktyg tongs pl.; avbitartång pliers pl.; ***en ~*** a pair of tongs, a pair of pliers
2 tång *subst* bot. seaweed
tår *subst* **1** tear; ***han fick ~ar i ögonen*** tears came into his eyes; ***brista i ~ar*** burst into tears; ***rörd till ~ar*** moved to tears **2** skvätt drop; ***en ~ kaffe*** a few drops of coffee
tårfylld *adj* om t.ex. blick, röst tearful
tårgas *subst* tear gas
tårpil *subst* träd weeping willow
tårta *subst* cake; spec. med grädde gateau (pl. gateaux); av mör- el. smördeg vanligen tart; ***det är ~ på ~*** it's saying the same thing twice
tårtbit *subst* piece of cake
tårtbotten *subst* flan case
tårtspade *subst* cake slice
tårögd *adj*, ***vara ~*** have tears in one's eyes
täcka *verb* cover; i form av skyddande lager coat; skydda protect; fylla, t.ex. ett behov supply; spec. hand. meet

täcke *subst* **1** cover, covering; lager coating **2** sängtäcke quilt, duvet; duntäcke down quilt, continental quilt
täckjacka *subst* quilted jacket
täckmantel *subst*, ***under vänskapens ~*** under the cloak of friendship
täcknamn *subst* assumed name, cover name
täckning *subst* covering; hand. cover; ***checken saknar ~*** the cheque is not covered; ***utan ~*** refer to drawer
täckorganisation *subst* front organization
täckt *adj* covered; ~ ***bil*** closed car
tälja *verb* skära cut; snida carve
täljare *subst* mat. numerator
täljkniv *subst* sheath knife; ***skära guld med ~*** make money hand over fist
tält *subst* tent; större, för cirkus etc. marquee
tälta *verb* bo i tält camp, camp out
tältare *subst* tenter, camper
tältduk *subst* canvas
tältplats *subst* camping-ground, camping-site
tältstol *subst* camp stool
tältsäng *subst* camp bed
tämja *verb* tame; husdjur domesticate
tämligen *adv* fairly, moderately
tända *verb* **1** light; elljus turn on, switch on; ~ ***en eld*** el. ~ ***en brasa*** make a fire; ~ ***eld på*** set fire to **2** bli arg flare up; bli entusiastisk get turned on
tändare *subst* cigaretttändare etc. lighter
tändhatt *subst* percussion cap, detonator
tändning *subst* bil. ignition
tändningsnyckel *subst* motor. ignition key
tändrör *subst* mil. fuse
tändsticka *subst* match
tändsticksask *subst* matchbox; ask tändstickor box of matches
tändstift *subst* motor. sparking plug, spark plug
tänja *verb* stretch; ~ ***ut*** stretch; draw out, prolong; ~ ***sig*** el. ~ ***ut sig*** stretch
tänjbar *adj* stretchable, elastic
tänka I *verb* **1** think [*på* of]; förmoda suppose; föreställa sig imagine; tro believe; ***tänk att hon är så rik!*** to think that she is so rich!; ***tänk bara!*** just think!, just fancy!, just imagine!; ***tänk om du skulle träffa honom*** supposing (what if) you were to meet him; ~ ***för sig själv*** inom sig think to oneself; ***var det inte det jag tänkte!*** just as I thought!; ***det är (vore) något att ~ på*** that's worth considering, that's worth thinking about **2** ~ el. ~ ***att*** inf. ämna be going to inf.; fundera på att be thinking of ing-form; ***tänker du stanna hela kvällen?*** are you going to stay the whole evening?, do you intend (mean) to stay the whole evening? **3** ~ ***sig*** **a**) föreställa sig imagine; ***kan ni ~ er vad som har hänt?*** can you imagine what has happened?; ~ ***sig för innan man gör ngt*** think carefully before one does sth, think twice before doing sth **b**) ämna bege sig ***vart har du tänkt dig resa?*** where have you thought of going to?
II *verb* med betonad partikel
tänka efter think, reflect, consider; ***när man tänker efter*** when one comes to think of it
tänka igenom ngt think sth out
tänka om do a bit of rethinking, reconsider matters
tänka ut fundera ut think out, work out
tänka över think over, consider
tänkande I *subst* thinking; begrundan reflection; filosofi thought
II *adj* thinking
tänkare *subst* thinker
tänkbar *adj* imaginable; möjlig possible; ***den enda ~a lösningen*** the only conceivable solution, the best possible solution
tänkvärd *adj* minnesvärd memorable; ***den är ~*** it's worth considering
täppa I *subst* trädgårdstäppa garden patch
II *verb*, ~ ***till (igen)*** stop up, obstruct; ~ ***till munnen på ngn*** shut sb's mouth; ***jag är täppt i näsan*** my nose is stopped up
tära *verb* förtära consume; ~ ***på*** t.ex. ngns krafter tax; t.ex. ett kapital break into
tärande *adj*, ***en ~ sjukdom*** a wasting disease
1 tärna *subst* fågel tern
2 tärna *subst* brudtärna bridesmaid
tärning *subst* **1** speltärning dice pl. **2** kok. cube
tärningsspel *subst* dice; spelande dice-playing
1 tät *subst* head; ***gå i ~en för*** head, walk at the head of; ***ligga i ~en*** sport. be in the lead
2 tät *adj* **1** t.ex. om rader close; svårgenomtränglig thick; om skog el. dimma el. fys. dense; ej porös massive, compact; om snöfall heavy **2** ofta förekommande frequent; upprepad repeated **3** förmögen well-heeled, well-to-do
täta *verb* täppa till stop up; ~ ***ngt*** göra ngt vattentät make sth watertight
tätatät *subst* tête-à-tête
täthet *subst* om t.ex. rader closeness; om skog, dimma density; om ngt ej poröst compactness; om ngt ofta förekommande frequency
tätna *verb* become denser, get thicker

tätningslist *subst* för fönster etc. draught excluder, strip, amer. draft excluder
tätort *subst* tätbebyggd densely built-up area; tätbefolkad densely-populated area
tätt *adv* closely, thickly, tight; ***hålla*** ~ om båt, kärl be watertight; ***locket sluter*** ~ the lid fits tight; ***stå*** ~ stand closely together; ~ ***efter*** close behind; ~ ***intill*** (***invid***) close up, close by, close up to
tättbebyggd *adj* densely built-up
tättbefolkad *adj* densely populated
tättskriven *adj* closely-written
tävla *verb* compete [*med* with; *om* for]
tävlan *subst* competition [*om* for]; tävlande rivalry
tävlande I *adj* competing; rivaliserande rival **II** *subst*, ***en*** ~ a competitor, a rival
tävling *subst* competition; sport. el. allm. contest; i t.ex. löpning race
tävlingsbana *subst* löparbana racetrack; hästtävlingsbana racecourse
tävlingsbidrag *subst* entry, competition entry; lösning av tävlingsuppgift solution
tävlingsbil *subst* racing car
tävlingsförare *subst* racing driver
tö *subst* thaw
töa *verb* thaw
töcken *subst* dimma mist; dis haze
töja *verb*, ~ ***sig*** stretch
töjbar *adj* stretchable, elastic
tölp *subst* boor, drummel lout
tölpaktig *adj* boorish, loutish
töm *subst* rein
tömma *verb* **1** göra tom empty; brevlåda clear; ~ ***ut*** empty out, empty; hälla ut pour out **2** tappa, ~ ***på flaskor*** pour into bottles
tönt *subst* vard. nerd, wimp, jerk
töntig *adj* vard.: om t.ex. skämt, underhållning corny; fånig sloppy; insnöad square; ynklig pathetic; ***var inte så ~!*** don't be such a nerd (wimp, jerk)!
törn *subst* stöt blow, shock
törna *verb*, ~ ***emot*** bump into (against), knock into (against), stark. crash into; ~ ***ihop*** collide
törne *subst* tagg thorn; mindre prickle
Törnrosa the Sleeping Beauty
törnrosasömn *subst* torpor, slumber
törnrosbuske *subst* vild briar, briar bush
törs *verb* **1** ***jag ~ inte göra det*** I don't dare do it **2** får lov att, ***hur mycket kostar den om jag ~ fråga?*** how much does it cost, if I may ask?
törst *subst* thirst [*efter* for]
törsta *verb* thirst [*efter* for]; ~ ***ihjäl*** die of thirst
törstig *adj* thirsty
tös *subst* vard. girl, lass, poetiskt maid
töväder *subst* thaw; ***det är*** ~ a thaw has set in

Uu

ubåt *subst* submarine
UD se *utrikesdepartement*
udd *subst* **1** point; på t.ex. gaffel prong **2** skärpa sting
udda *adj* odd, uneven; ~ ***eller jämnt*** odd or even; ***en*** ~ omaka ***sko*** an odd shoe
udde *subst* hög cape, headland; låg el. smal point
ufo *subst* UFO (förk. för *unidentified flying object*) (pl. -s)
Uganda Uganda
ugandier *subst* Ugandan
ugandisk *adj* Ugandan
uggla *subst* owl; ***ana ugglor i mossen*** smell a rat
ugn *subst* **1** oven **2** brännugn kiln; smältugn furnace
ugnseldfast *adj* oven-proof
ugnslucka *subst* oven door
ugnspannkaka *subst* ungefär batter pudding
ugnssteka *verb* roast, roast . . . in the oven; t.ex. fisk bake
u-hjälp *subst* u-landshjälp aid to the developing countries
Ukraina Ukraine, the Ukraine
ukrainare *subst* Ukrainian
ukrainsk *adj* Ukrainian
ukulele *subst* musik. ukulele
u-land *subst* developing country
ull *subst* wool; ***av*** ~ made of wool, woollen
ullgarn *subst* wool yarn, wool
ullig *adj* woolly, fleecy
ultimatum *subst* ultimatum; ***ställa ett*** ~ ***till ngn*** issue an ultimatum to sb
ultrakonservativ *adj* ultraconservative
ultraljud *subst* ultrasound
ultramarin *adj* o. *subst* ultramarine
ultraradikal *adj* ultraradical
ultrarapid I *adj*, ~ ***bild*** slow-motion picture **II** *subst*, ***i*** ~ in slow motion
ultraviolett *adj* ultraviolet
ulv *subst*, ***en*** ~ ***i fårakläder*** a wolf in sheep's clothing
umbärande *subst* privation, hardship
umgås *verb* **1** see each other; ***de*** ~ ***jämt*** they are always together; ***vi har umgåtts flitigt*** we have seen a lot of each other lately **2** ~ ***med planer på att göra ngt*** contemplate doing sth
umgänge *subst* förbindelse relations pl., dealings pl.; sällskap company, society; ***dåligt*** ~ bad company; ***sexuellt*** ~ sexual intercourse; ***ha stort*** ~ have many friends
umgängeskrets *subst* circle of friends and acquaintances
umgängesliv *subst* social life
undan I *adv* **1** bort away; ur vägen out of the way; åt sidan aside; ***gå*** ~ get out of the way **2** fort, raskt ***det går*** ~ ***med arbetet*** the work is getting on fine **3** ~ ***för*** ~ little by little, en i taget one by one
II *prep* from; ut ur out of
undanbe *verb*, ~ ***sig*** t.ex. återval decline; ***blommor ~des*** no flowers by request; ***rökning ~des*** refrain from smoking, no smoking
undandra *verb*, ~ ***sig*** t.ex. sina plikter shirk, evade
undanflykt *subst*, ***komma med ~er*** be evasive, make excuses
undangömd *adj*, ***den var*** ~ it was hidden away
undanhålla *verb*, ~ ***ngn ngt*** withhold sth from sb, keep sth back from sb
undanröja *verb* t.ex. hinder clear away; person, hinder remove
undanskymd *adj*, ***den var*** ~ it was hidden away, it was out of sight
undanta *verb* except; ***ingen ~gen*** nobody excepted
undantag *subst* exception; ***ett*** ~ ***från regeln*** an exception to the rule; ***~et bekräftar regeln*** the exception proves the rule; ***med*** ~ ***av*** (***för***) with the exception of
undantagsfall *subst*, ***i*** ~ in exceptional cases
undantagslöst *adv* without exception, invariably
undantagstillstånd *subst*, ***proklamera*** ~ proclaim a state of emergency
1 under *subst* wonder, marvel, miracle; ***göra*** ~ work wonders, work miracles; ***som genom ett*** ~ as if by a miracle
2 under I *prep* **1** i rumsbetydelse under; nedanför below, beneath; ***stå*** ~ ***ngn*** i rang be below sb; ***ta ngn*** ~ ***armen*** take sb's arm; ***ett slag*** ~ ***bältet*** a blow below the belt; ***vara känd*** ~ ***namnet...*** be known by the name of . . ., go by the name of . . .; ***5 grader*** ~ ***noll*** five degrees below freezing-point, five degrees below zero **2** i tidsbetydelse: under loppet av during, in; som svar på frågan 'hur länge' for; ~ ***dagen*** during the

day; ***det regnade oavbrutet ~ fem dagar*** it rained continuously for five days; ***~ en resa ska man...*** when travelling one should...; ***~ tiden*** in the meantime; ***~ det att han talade skrev han några anteckningar*** while he was speaking he wrote some notes
II *adv* underneath; nedanför below
underarm *subst* anat. forearm
underbar *adj* wonderful, marvellous
underbarn *subst* infant prodigy
underbemannad *adj* undermanned
underbetala *verb* underpay
underbetald *adj* underpaid
underbyxor *subst pl* mera åtsittande briefs; för kvinnor knickers, panties; trosor briefs; för män underpants, pants
underdel *subst* lower part, bottom
underdånig *adj* ödmjuk humble
underexponera *verb* underexpose
underfund *adv*, ***komma ~ med*** find out, understand
underförstå *verb*, ***det är ~tt i avtalet*** this is implied in the contract
undergiven *adj* submissive
undergräva *verb* undermine
undergång *subst* **1** ruin, fall; förstörelse destruction; ***världens ~*** the end of the world **2** gångtunnel subway, amer. underpass
under hand *adv* privately, confidentially
underhandla *verb* negotiate [*om* for]
underhudsfett *subst* fysiol. subcutaneous fat
underhuggare *subst* underling, subordinate
underhåll *subst* **1** understöd maintenance; t.ex. årligt allowance; ***betala ~*** vid t.ex. skilsmässa pay maintenance **2** skötsel maintenance, upkeep
underhålla *verb* **1** försörja support, maintain **2** hålla i stånd maintain, keep up **3** roa entertain, amuse
underhållande *adj* roande entertaining, amusing
underhållning *subst* entertainment
underhållningsbranschen *subst* teater m.m. show business, vard. show biz
underhållningsmusik *subst* light music
underifrån *adv* from below, from underneath
underjordisk *adj* underground
underkant *subst*, ***i ~*** on the small side, kort on the short side
underkasta *verb*, ***~ sig*** submit to; ***vara ~d*** t.ex. straff be subjected to
underkastelse *subst* submission; kapitulation surrender
underkjol *subst* underskirt, petticoat
underkläder *subst pl* underclothes, underwear sing.
underklänning *subst* slip
underkropp *subst* lower part of the body
underkuva *verb* subdue, subjugate
underkyld *adj*, ***underkylt regn*** freezing rain
underkäke *subst* lower jaw
underkänna *verb* ogilla not approve of; avvisa reject; ***~ ngn*** skol. fail sb; ***målet blev underkänt*** sport. the goal was disallowed
underkänt skol. *subst*, ***få ~*** fail [*i* in], be failed [*i* in]
underlag *subst* foundation, basis (pl. bases)
underlakan *subst* bottom sheet
underlig *adj* strange, curious; konstig odd
underliv *subst* abdomen; könsdelar genitals pl.
underlåta *verb*, ***han underlät att meddela oss*** he failed to inform us
underlåtenhet *subst*, ***~ att betala*** failure to pay
underläge *subst* weak position; ***vara i ~*** sport. be trailing behind, be doing badly
underlägg *subst* t.ex. karottunderlägg mat; skrivunderlägg writing pad; för ölglas beer mat
underlägsen *adj* inferior; ***vara ngn ~*** be inferior to sb
underläpp *subst* lower lip, underlip
underlätta *verb*, ***~ ngt*** facilitate sth, make sth easier
undermedvetande *subst* subconsciousness
undermedveten *adj* subconscious; ***det undermedvetna*** the subconscious
underminera *verb* undermine, sap
undermålig *adj* substandard, inferior
undernärd *adj* underfed, undernourished
undernäring *subst* undernourishment, malnutrition
underordnad *adj* subordinate; ***vara ~ ngn*** be subordinate to sb
underrede *subst* på fordon undercarriage
underrubrik *subst* subheading
underrätta *verb*, ***~ ngn om ngt*** inform sb of sth
underrättelse *subst*, ~ el. ***~r*** information (endast sing.) [*om* about, on]; mil. etc. intelligence (endast sing.) [*om* of]; nyhet el. nyheter news (med verb i sing.) [*om* of]
underrättelsetjänst *subst* intelligence, intelligence service
undersida *subst* underside; ***på ~n*** underneath
underskatta *verb* underrate, underestimate
underskott *subst* deficit; ***~ på 1 000 kr*** a deficit of 1000 kronor

underskrida *verb* fall short of [*med* by], be below [*med* by]
underskrift *subst* signature; ***förse ngt med sin ~*** sign sth
undersköterska *subst* assistant nurse
underst *adv* at the bottom [*i* lådan etc. of]; lägst lowest
understa *adj*, ***den ~ lådan*** etc. the lowest drawer, the bottom drawer, av två the lower drawer
understiga *verb* be below, fall below, fall short of; ***~nde*** below, under, less than
understryka *verb* betona underline, emphasize, stress
understöd *subst* till behövande relief; periodiskt underhåll allowance; anslag subsidy, grant
understödja *verb* support; hjälpa assist, aid
undersåte *subst* subject
undersöka *verb* examine, investigate; ***~nde journalistik*** investigative journalism
undersökning *subst* **1** examination, investigation; hälsoundersökning screening; ***medicinsk ~*** medical examination; ***vid närmare ~*** on closer examination, on closer inspection **2** prov test, testing
underteckna *verb* sign; ***~d*** I the undersigned
undertrycka *verb* suppress; underkuva subdue, oppress
undertröja *subst* vest, amer. undershirt
underutvecklad *adj* underdeveloped
undervattenskabel *subst* submarine cable
underverk *subst* miracle, wonders; ***medicinen gör ~*** the medicine works wonders
undervisa *verb* teach; handleda instruct [*i* in]; ***han ~r i engelska*** he teaches English
undervisning *subst* teaching [*i* of, in], instruction [*i* in]; handledning tuition; utbildning education; ***få ~ i engelska*** be taught English
undervärdera *verb* underestimate, underrate
underårig *adj*, ***vara ~*** be a minor
undgå *verb* slippa undan escape; undvika avoid; ***jag kunde inte ~ att höra det*** I couldn't avoid hearing it, I couldn't help hearing it
undkomma *verb* escape, get away
undra *verb* wonder [*på ngt, över ngt* at sth]
undran *subst* wonder [*över* at]
undre *adj* lower; ***den ~ världen*** the underworld
undsätta *verb* mil. relieve; rädda rescue
undsättning *subst* relief; ***komma till ngns ~*** come to sb's rescue
undsättningsexpedition *subst* relief expedition
undulat *subst* budgerigar, vard. budgie
undvara *verb* **1** do without **2** avvara spare
undvika *verb* avoid; ***~ att göra ngt*** avoid doing sth
ung *adj* young; ***som ~ var han*** as a young man he was; ***de ~a*** the young, young people
ungdom *subst* **1** abstrakt youth; ***i min ~*** in my youth, when I was young **2** ~ el. ***~ar*** young people pl., youth; ***några ~ar*** some young people; ***~en av i dag*** young people today; ***hon är ingen ~ längre*** she's not as young as she used to be
ungdomlig *adj* youthful
ungdomlighet *subst* youthfulness, youth
ungdomsarbetslöshet *subst* unemployment among the young
ungdomsbok *subst* book for young people, book for juveniles
ungdomsbrottslighet *subst* juvenile delinquency
ungdomsbrottsling *subst* young offender
ungdomsgård *subst* youth club, youth centre
ungdomsår *subst pl* early years; ***i mina ~*** in my early years, in my youth

> **unge**
> föl *foal, filly*, hundvalp *puppy*, kalv *calf*, kattunge *kitten*, lamm *lamb*, unge till t.ex. lejon eller tiger *cub*

unge *subst* **1** av djur: t.ex. fågelunge young bird; ***ungar*** young, young ones **2** vard., barn kid
ungefär I *adv* about; ***~ vid min ålder*** at about my age; ***~ samma sak*** much the same thing; ***~ så här*** something like this **II** *subst*, ***på ett ~*** approximately, roughly
ungefärlig *adj* approximate
Ungern Hungary
ungersk *adj* Hungarian; se *svensk-* för sammansättningar
ungerska *subst* (se *svenska* för ex.) **1** kvinna Hungarian woman **2** språk Hungarian
ungkarl *subst* bachelor
ungkarlshotell *subst* working men's hostel, vard. doss house, amer. flop house
ungkarlsliv *subst* bachelor life
ungkarlslya *subst* bachelor pad
ungmö *subst* maid, maiden; ***gammal ~*** old maid, spinster
ungrare *subst* Hungarian
uniform *subst* uniform
unik *adj* unique

union *subst* union
unisont *adv* in unison
universalmedel *subst* panacea, cure-all
universaltång *subst* universal pliers pl.
universell *adj* universal
universitet *subst* university; ***gå på ~et*** be at the university
universitetsstuderande *subst* university student, undergraduate
universum *subst* universe; världsalltet the Universe
unken *adj* musty; avslagen stale
unna *verb*, ***~ ngn ngt*** not grudge sb sth; ***det är dig väl unt!*** you deserve it!; ***inte ~ ngn ngt*** grudge sb sth; ***~ sig ngt*** allow oneself sth
uns *subst* vikt ounce; ***inte ett ~*** not a scrap

upp
Lägg märke till skillnaden mellan svenska och engelska i följande ordpar:

unbutton knäppa upp
button up knäppa ända upp

unpack packa upp
pack up packa ihop

upp *adv* **1** up; uppåt upwards; uppför trappan upstairs; ***hit ~*** up here; ***högst ~*** at the top; ***ända ~*** right up; ***vända ngt ~ och ned*** turn sth upside-down; ***~ med händerna*** hands up!
uppassare *subst* servitör waiter; på båt el. flyg steward
uppbackning *subst* support
uppbjuden *verb*, ***bli uppbjuden*** be asked to dance
uppblåst *adj* **1** luftfylld blown, inflated **2** högfärdig conceited
uppbringa *verb* skaffa procure
uppbrott *subst* avresa departure; ***göra ~*** break up; från fest break up the party
uppbåd *subst* skara troop, band; ***ett stort ~ av poliser*** a strong force of policemen
uppbära *verb* erhålla, t.ex. lön, pension draw; inkassera collect
uppdaga *verb*, ***~ ngt*** upptäcka discover sth, bring sth to light
uppdatera *verb*, ***~ ngt*** update sth, bring sth up to date
uppdelning *subst* division [*i* into]; fördelning distribution
uppdiktad *adj* invented
uppdrag *subst* commission; uppgift task; ***få i ~ att*** inf. be commissioned to inf.; ***ge ngn i ~ att*** inf. commission sb to inf.; ***på ~ av*** by order of
uppdragsgivare *subst* **1** arbetsgivare employer **2** hand. principal; klient client
uppe *adv* **1** up; upptill at the top [*på* of, above]; ***vara ~ hela natten*** sit up all night, stay up all night; ***vi var ~ i 120 km*** we were doing 120 km an hour **2** i övre våningen upstairs
uppehåll *subst* **1** avbrott, paus break; järnv., flyg. etc. stop, halt; ***göra ~*** stop, halt; ***tåget gör 10 minuters ~ på stationen*** the train stops for 10 minutes at the station; ***utan ~*** without stopping, without pausing **2** vistelse stay
uppehålla *verb* **1** fördröja detain, delay, keep **2** underhålla, t.ex. bekantskap keep up, maintain; ***~ livet*** support life **3** ***~ sig*** a) vistas stay [*hos* with], stop [*hos* with] b) ha sin hemvist reside
uppehållstillstånd *subst* residence permit
uppehållsväder *subst*, ***mest ~*** mainly dry, mainly fair
uppehälle *subst*, ***fritt ~*** free board and lodging; ***förtjäna sitt ~*** earn one's living
uppenbar *adj* obvious; självklar evident
uppenbara *verb*, ***~ sig*** reveal oneself [*för* to]; visa sig appear
uppenbarelse *subst* **1** relig. revelation; drömsyn vision **2** varelse creature
uppenbarligen *adv* obviously, evidently
uppesittarkväll *subst* late night spent making preparations for Christmas
uppfart *subst* drive, driveway, approach
uppfatta *verb* apprehend; höra catch; begripa understand
uppfattning *subst* **1** apprehension; begripande understanding; ***bilda sig en ~ om ngt*** form an opinion of sth; ***enligt min ~*** in my opinion **2** begrepp idea [*om*, *av* of], notion [*om*, *av* of]
uppfinna *verb* invent; t.ex. metod devise
uppfinnare *subst* inventor
uppfinning *subst* invention
uppfinningsrik *adj* inventive; fyndig ingenious
uppfostra *verb* bring up, amer. raise; ***illa ~d*** badly brought up; ***väl ~d*** well brought up, well-bred
uppfostran *subst* upbringing
uppfriskande *adj* refreshing

uppfylla *verb* **1** fylla, genomtränga fill **2** fullgöra fulfil, plikt fulfil, perform, löfte carry out; ngns önskningar comply with, meet
uppfyllelse *subst* fulfilment; av t.ex. plikt performance; ***gå i ~*** be fulfilled, come true
uppfånga *verb* catch; signaler pick up; ljus, ljud intercept
uppfällbar *adj*, ***en ~ säng*** a bed that can be raised; om sits, stol tip-up
uppfödning *subst* av djur breeding, rearing, amer. raising
uppföljning *subst* follow-up [*av* of]
uppför I *prep* up; ***gå ~ trappan*** go upstairs **II** *adv* uphill
uppföra *verb* **1** bygga build, erect **2** framföra: t.ex. pjäs, opera, musik perform **3** ***~ sig*** bära sig åt behave, behave oneself; ***~ sig väl*** behave
uppförande *subst* **1** byggande building, erection, construction; ***huset är under ~*** the house is under construction **2** musik. performance **3** yttre uppträdande behaviour; moraliskt uppträdande conduct; ***dåligt ~*** bad behaviour, misbehaviour
uppförsbacke *subst* uphill slope, hill
uppge *verb* state; ange give; rapportera report; ***han uppgav sig vara...*** he declared himself to be...; ***~ sin ålder till...*** state one's age to be...
uppgift *subst* **1** information (endast sing.) [*om, på* about, on; *angående* as to]; påstående statement [*över* as to]; ***närmare ~er*** further information **2** åliggande task; kall mission; ***få i ~ att göra ngt*** be given the task of doing sth; ***han har till ~ att...*** it is his task to... **3** skol., skriftlig written exercise; mat. problem
uppgjord *adj*, ***~ på förhand*** pre-arranged; ***matchen var ~ på förhand*** the match was fixed
uppgå *verb*, ~ belöpa sig ***till*** amount to
uppgång *subst* **1** väg upp way up; trappuppgång staircase **2** om himlakroppar rise, rising **3** höjning, om pris etc. rise
uppgörelse *subst* **1** avtal agreement, arrangement; ***träffa en ~*** come to an agreement **2** avräkning settlement, settlement of accounts **3** gräl dispute; scen scene
upphetsad *adj* excited
upphetsande *adj* exciting
upphetsning *subst* excitement
upphittad *adj* found
upphittare *subst* finder
upphov *subst* origin; källa source; orsak cause; ***ge ~ till*** give rise to; ***vara ~ till...*** be the cause of...
upphovsman *subst* originator [*till* of]; anstiftare instigator [*till* of]
upphällning *subst*, ***vara på ~en*** a) minska i betydelse be on the decline b) hålla på att ta slut be running out
upphäva *verb* avskaffa abolish, do away with; förklara ogiltig cancel; annullera annul; avbryta t.ex. belägring, blockad raise
upphöja *verb* **1** raise; ~ befordra ***ngn till...*** promote sb to... **2** mat., ***10 upphöjt till 2*** 10 squared; ***10 upphöjt till 3*** ten cubed; ***10 upphöjt till 4*** 10 raised to the power of 4 (etc.)
upphöra *verb* sluta cease, stop; ta slut come to an end, be over; ***firman har upphört*** the firm has closed down; ***~ att göra ngt*** stop doing sth
uppifrån I *prep* down from, from **II** *adv* from above; ***~ och ned*** from top to bottom
uppiggande *adj* stärkande bracing; stimulerande stimulating
uppkalla *verb*, ***~ ngn efter ngn*** name sb after sb
uppkok *subst* rehash [*på* of]
uppkomling *subst* upstart
uppkomma *verb* arise [*av* from]
uppkomst *subst* ursprung origin
uppkäftig *adj* cheeky, saucy
uppköp *subst* purchase
uppkörning *subst* körprov driving test
uppladdning *subst* **1** mil. build-up **2** sport. final work-out **3** data. upload
uppladdningsbar *adj* batteri rechargeable
upplaga *subst* edition, om tidning etc. issue; spridning circulation
upplagd *adj*, ***jag känner mig inte ~ för att göra det*** I don't feel like doing it
uppleva *verb* erfara experience; bevittna witness
upplevelse *subst* experience
upplopp *subst* **1** tumult riot, tumult **2** sport. finish
upplysa *verb*, ***~ ngn om...*** underrätta inform sb of...; ge upplysning give sb information on (about)...
upplysande *adj* informative; lärorik instructive; förklarande explanatory
upplysning *subst* **1** belysning lighting, illumination **2** underrättelse information (endast sing.); ***en ~*** a piece of information; ***~ar*** information sing.; ***närmare ~ar*** further information
upplyst *adj* kunnig, bildad enlightened

upplåta *verb*, ~ ***ngt åt ngn*** put sth at sb's disposal
uppläggning *subst* arrangement
uppläsning *subst* reading, recitation
upplösa *verb* **1** dissolve **2** skingra disperse **3** ~ ***sig*** dissolve; sönderfalla decompose; upphöra be dissolved; skingras disperse
upplösning *subst* dissolution; sönderfall disintegration; ***~en på historien*** the outcome of the story
upplösningstillstånd *subst*, ***vara i*** ~ be on the verge of a breakdown, be on the verge of collapse
uppmana *verb* enträget urge, request
uppmaning *subst* request; ***på*** ~ ***av*** at the request of
uppmjukning *subst* softening,, softening up
uppmuntra *verb* encourage
uppmuntran *subst* encouragement
uppmärksam *adj* attentive [*på, mot* to]; iakttagande observant [*på* of]; ***göra ngn*** ~ ***på...*** draw sb's attention to..., call sb's attention to...
uppmärksamhet *subst* attention; artighet attentiveness; iakttagelseförmåga observation; ***fästa ngns*** ~ ***på*** draw sb's attention to; ***fästa*** ~ ***vid*** pay attention to; ***väcka*** ~ attract attention
uppmärksamma *verb* lägga märke till notice, observe; ***en ~d bok*** a book that has attracted much attention
uppnosig *adj* cheeky, saucy
uppnå *verb* reach; åstadkomma attain, achieve
uppnäsa *subst* snub nose, turned-up nose
uppochnedvänd *adj* upside-down
uppoffra *verb* sacrifice [*för* to]; avstå från give up, forgo; ~ ***sig*** sacrifice oneself [*för* for]
uppoffrande *adj* self-sacrificing
uppoffring *subst* sacrifice
upprepa *verb* repeat; förnya renew; ***~de gånger*** repeatedly
upprepning *subst* repetition; förnyande renewal
uppriktig *adj* sincere [*mot* with], frank [*mot* with]
uppriktighet *subst* sincerity [*mot* with], frankness [*mot* with]
uppriktigt *adv* sincerely, frankly; ~ ***sagt*** frankly, to be frank
upprop *subst* **1** skol., mil. etc. rollcall, calling over of names **2** vädjan appeal
uppror *subst* **1** resning etc. rebellion; mindre revolt; ***göra*** ~ revolt, rebel **2** upphetsning excitement; ***vara i*** ~ be in uproar
upprorisk *adj* rebellious
upprusta *verb* **1** rearm **2** reparera repair, carry out repairs **3** öka kapaciteten hos expand, improve
upprustning *subst* **1** rearmament **2** reparation repair endast sing. **3** ökning av kapacitet expansion, improvement
uppryckning *subst* shake-up, shaking-up
upprymd *adj* elated
uppräkning *subst* enumeration
upprätt *adj* o. *adv* upright, erect
upprätta *verb* **1** få till stånd establish; grunda found **2** avfatta dokument draw up **3** rehabilitera rehabilitate; ~ ***ngns rykte*** restore sb's reputation
upprättelse *subst*, ***få*** ~ obtain redress, obtain satisfaction
upprätthålla *verb* vidmakthålla maintain, uphold; bevara preserve; ~ ***lag och ordning*** enforce law and order
uppröjning *subst* clearing, clearance
uppröra *verb* väcka avsky hos revolt; chockera shock; ~ ***sinnena*** stir up people's minds
upprörande *adj* revolting, shocking
upprörd *adj* harmsen indignant [*över* at]; uppskakad upset [*över* about]; chockerad shocked [*över* at]
uppsagd *adj*, ***bli*** ~ get notice, get notice to quit; ***jag är*** ~ I have had notice to quit
uppsats *subst* skol. composition [*om* on]; större, litterär essay [*om* on]
uppsatsämne *subst* subject for composition el. subject for essay
uppsatt *adj*, ***en högt*** ~ ***person*** a person in a high position
uppseende *subst*, ***väcka*** ~ attract attention, stark. create a sensation
uppseendeväckande *adj* sensational
uppsikt *subst* supervision [*över* of], superintendence [*över* of]; ***ha*** ~ ***över*** have charge of, supervise; ***stå under*** ~ be under supervision
uppskakande *adj* upsetting, stark. shocking
uppskatta *verb* **1** beräkna etc. estimate [*till* at]; värdera value [*till* at] **2** visa sin uppskattning appreciate
uppskattning *subst* **1** estimate; värdering valuation **2** gillande appreciation
uppskattningsvis *adv* approximately
uppskjuta *verb* put off, postpone
uppskjutning *subst* rymdraket launching
uppskov *subst* uppskjutande postponement [*med* of]; ***bevilja ngn en månads*** ~ allow sb a respite of one month; ***utan*** ~ without delay
uppskärrad *adj* nervös jumpy, jittery, uppskakad on edge

uppskörtad *adj*, ***bli*** ~ vard. have to pay through the nose
uppslag *subst* **1** på byxa turn-up, amer. cuff **2** idé idea; förslag suggestion
uppslagsbok *subst* reference book; encyklopedi encyclopedia
uppslagsord *subst* headword
uppslitande *adj* distressing, very trying
uppsluka *verb* engulf, swallow up
uppsluppen *adj*, ***vara*** ~ be in high spirits
uppslutning *subst* stöd support; ***det var god ~ på mötet*** many people attended the meeting
uppspelt *adj* in high spirits
uppstigning *subst* rise; flyg. el. på berg ascent
uppstoppad *adj* om djur stuffed
uppsträckning *subst* reprimand, vard. telling-off
uppstå *verb* **1** uppkomma, t.ex. svårigheter arise [*av* from], come into existence, result [*av* from]; om t.ex. mod appear; plötsligt spring up; ***det uppstod en paus*** there was a pause **2** bibl. rise; ~ ***från de döda*** rise from the dead
uppståndelse *subst* **1** oro excitement, stir, fuss **2** relig. resurrection
uppställning *subst* **1** anordning arrangement, disposition **2** mil. formation; sport. line-up
uppstötning *subst* belch; ***få en*** ~ belch
uppsving *subst* rise; hand. boom
uppsvullen *adj* o. **uppsvälld** *adj* swollen
uppsyn *subst* **1** ansiktsuttryck expression; min air; utseende look **2** övervakning supervision, control; ***under ~ av*** under the supervision of
uppsåt *subst* spec. jur. intent; avsikt intention
uppsägning *subst* notice to quit; ***med tre månaders*** ~ with three months' notice
uppsägningstid *subst* period of notice; ***med en månads*** ~ with one month's notice
uppsättning *subst* **1** upprättande putting up; arrangemang arrangement **2** teat. stage-setting; produktion production **3** sats set
uppsöka *verb*, ***du borde ~ läkare*** you ought to see a doctor
uppta *verb* **1** antaga, tillägna sig adopt **2** ta i anspråk, fylla take up
upptagen *adj* **1** sysselsatt busy, occupied; ***jag är*** ~ i kväll, bortbjuden etc. I am engaged...; av arbete I shall be busy...; ***vara ~ med att göra ngt*** be busy doing sth **2** besatt occupied; ***platsen är*** ~ the seat is taken; ***det är upptaget*** tele. the number is engaged, amer. the line is busy
upptagetton *subst* tele. engaged tone
upptagningsområde *subst* catchment area
upptakt *subst* början beginning [*till* of]; prelude [*till* to]
uppteckna *verb* skriva ned take down, write down
upptill *adv* at the top [*på* of]; däruppe above
upptrappning *subst* escalation
uppträda *verb* **1** framträda appear; visa sig make one's appearance **2** om skådespelare act, perform **3** uppföra sig behave, behave oneself
uppträdande *subst* **1** framträdande appearance **2** uppförande behaviour
uppträde *subst* scene; ***ställa till ett*** ~ make a scene
upptåg *subst* prank; spratt practical joke
upptågsmakare *subst* practical joker
upptäcka *verb* discover; komma på, ertappa detect; få reda på find out
upptäckt *subst* discovery; ertappande detection
upptäcktsfärd *subst* o. **upptäcktsresa** *subst* expedition; ***göra en ~ i*** explore
upptäcktsresande *subst* explorer
upptänklig *adj* imaginable, conceivable
uppvaknande *subst* awakening
uppvakta *verb* **1** visa sin kärlek court **2** besöka t.ex. myndighet call on **3** ***vi ~de honom på hans födelsedag*** we came to congratulate him on his birthday
uppvaktning *subst* **1** visit; ***på hans födelsedag blev det stor*** ~ many people congratulated him on his birthday **2** följe attendants pl.
uppvigla *verb* stir up
uppviglare *subst* agitator agitator
uppvigling *subst* agitation
uppvisa *verb* t.ex. pass produce; visa, påvisa show
uppvisning *subst* exhibition, show; mannekänguppvisning parade; t.ex. gymnastikuppvisning display
uppvuxen *adj*, ***han är ~ i Malmö*** he grew up in Malmö
uppväcka *verb* framkalla awaken; t.ex. vrede provoke
uppväga *verb* counterbalance; ersätta compensate for, make up for; ***det uppväger nackdelarna*** it outweighs the disadvantages
uppvärmning *subst* **1** heating; ***elektrisk*** ~ electric heating **2** sport. warm-up
uppväxande *adj* growing up; ***det ~ släktet*** the rising generation
uppväxt *subst* se *uppväxttid*

uppväxttid *subst*, ***under ~en*** during the years when she (he) was growing up, during her (his) childhood and adolescence
uppåt I *prep* up to, up towards; ~ ***landet*** från havet up country; norrut in the north of the country
II *adv* upwards
III *adj*, ***vara*** ~ glad be in high spirits
uppåtgående I *subst*, ***vara på*** ~ om priser etc. be rising, be on the upgrade
II *adj* **1** om pris rising **2** om person be up-and-coming
1 ur *subst* fickur, armbandsur watch; väggur etc. clock; ***Fröken Ur*** the speaking clock
2 ur *subst*, ***i ~ och skur*** in all weathers
3 ur *prep* out of; från from; ~ ***bruk*** out of use
uran *subst* metall uranium
Uranus astron. Uranus
urarta *verb* degenerate [*till* into]; ***matchen ~de*** the match got out of control
urbanisera *verb* urbanize
urberg *subst* primary rock, primitive rocks pl.
urgammal *adj* extremely old; forntida ancient
urholka *verb* **1** ngns förtroende weaken, undermine **2** holka ur hollow out
urholkning *subst* fördjupning hollow, cavity
urin *subst* urine
urinblåsa *subst* bladder
urinera *verb* urinate, pass urine
urinoar *subst* urinal
urinprov *subst*, ***lämna*** ~ provide a specimen of urine
urinvånare *subst* original inhabitant; ***urinvånarna*** vanligen the aborigines
urinvägsinfektion *subst* med. urinary infection
urklipp *subst* press cutting, cutting, clipping
urkund *subst* document, record
urladdning *subst* **1** discharge; explosion explosion **2** av känslor outburst
urless *adj* vard., ~ ***på ngt*** completely fed up with sth
urmakare *subst* watchmaker; butik watchmaker's
urminnes *adj*, ***sedan ~ tider*** from time immemorial
urmodig *adj* completely out of date; gammalmodig old-fashioned
urna *subst* urn
urpremiär *subst* first performance; av film first release
urringad *adj* low-necked, décolleté (franska)
urringning *subst*, ***djup*** ~ plunging neckline, décolletage
ursinne *subst* fury [*över* at], frenzy; raseri rage [*över* at]
ursinnig *adj* furious [*över* at]
urskilja *verb* skönja discern; 'kunna urskilja' make out; särskilja distinguish
urskillning *subst* discernment; omdömesförmåga judgement; ***utan*** ~ without discrimination, indiscriminately
urskog *subst* primeval forest, virgin forest
urskulda *verb* excuse; ~ ***sig*** excuse oneself
ursprung *subst* origin [*till* of]; ***till sitt*** ~ in origin
ursprunglig *adj* original
ursprungligen *adv* originally

> **ursäkt**
> Om man t.ex. trampar någon på tårna säger man *I'm sorry* eller *sorry*. I USA säger man också *Excuse me!* Om man inte uppfattar något, säger man *Sorry?* eller *Excuse me?*, mera formellt *Pardon?*
> Om man vill fråga om något, säger man *Excuse me*...

ursäkt *subst* excuse; ***hon bad om*** ~ she apologized, she said she was sorry; ***be ngn om*** ~ apologize to sb
ursäkta *verb* excuse, pardon; ~ ***mig!*** excuse me!, pardon me!; ~ ***att jag stör*** excuse my disturbing you; ~ ***sig*** excuse oneself [*med att* on the grounds that]
urtavla *subst* dial
urtiden *subst*, ***i*** ~ in prehistoric times pl.
urtråkig *adj* vard. deadly dull, deadly boring
Uruguay Uruguay
uruguayare *subst* Uruguayan
uruguaysk *adj* Uruguayan
urusel *adj* vard. rotten, lousy, putrid
urval *subst* choice, selection; ***dikter i*** ~ selected poems
urvattnad *adj* watered-down; fadd wishy-washy; om färg watery
uråldrig *adj* extremely old, ancient
USA the US, the USA
usch *interj* ooh [uː], ugh [ʌg]; ~ ***då!*** ugh!
usel *adj* wretched, miserable; dålig worthless; elak vile, mean
U-sväng *subst* U-turn
ut *adv* out; ***dag ~ och dag in*** day in, day out; ***läsa ~ en bok*** finish a book; ***vända ~ och in på ngt*** turn sth inside out; ***gå ~ på gatan*** go out into the street; ***gå ~ på isen***

go out on to the ice; ***gå ~ på restaurang*** go to a restaurant; ~ ***ur*** out of
utagerad *adj*, ***saken är*** ~ the matter is over and done with
utan I *prep* o. *adv* without; ~ ***arbete*** out of work; ~ ***honom skulle jag aldrig klarat det*** but for him I would never have managed it; ~ ***att han märkte det*** without his noticing it, without him noticing it; ***känna ngt ~ och innan*** know sth inside out **II** *konj* but; ***inte bara*** ... ~ ***även*** not only ... but also
utanför I *prep* outside; framför before **II** *adv* outside; ***lämna mig ~!*** leave me out of it!
utanförskap *subst* feeling of being an outsider, feeling of isolation; från t.ex. en politisk union exclusion
utanpå I *prep* outside, on the outside of; över on the top of, over; ***gå*** ~ överträffa beat **II** *adv* outside, on the outside; ovanpå on the top
utantill *adv*, ***lära sig ngt*** ~ learn sth by heart
utarbeta *verb* work out; t.ex. rapport, svar prepare; t.ex. program draw up
utarbetad *adj* worn out, overworked
utbetala *verb* pay out
utbetalning *subst* payment
utbetalningskort *subst* postal cheque
utbilda *verb* educate; i visst syfte train; undervisa instruct; ~ ***sig för läkaryrket*** study for the medical profession; ***hon är ~d sjuksköterska*** she is a trained nurse, she is a qualified nurse
utbildning *subst* education; i visst syfte training; undervisning instruction
utbildningsanstalt *subst* educational institution; i visst syfte training institution
utbildningsdepartement *subst* ministry of education
utbildningsminister *subst* minister of education
utblottad *adj* destitute [*på* of]
utbreda *verb*, ~ ***sig*** spread
utbredd *adj* spread; ***allmänt*** ~ widespread
utbredning *subst* spreading, extension, distribution
utbringa *verb* leve give; föreslå call for; ~ ***ngns skål*** drink to sb's health
utbrista *verb* yttra exclaim, burst out
utbrott *subst* av t.ex. krig, sjukdom outbreak [*av* of]; vulkans eruption; av känslor outburst
utbryta *verb* break out
utbränd *adj* bildl. burnt-out
utbud *subst* erbjudande offer; ***~et av varor har ökat*** the selection (supply) of available goods has increased
utbuktning *subst* bulge
utbyggnad *subst* tillbyggnad extension, annexe
utbyta *verb* exchange [*mot* for]; ***spelaren blev utbytt*** the player was substituted
utbytbar *adj* replaceable, exchangeable
utbyte *subst* **1** exchange; ***i ~ mot*** in exchange for **2** behållning profit, benefit; ***ha ~ av*** get benefit from
utdela *verb* distribute, give out
utdelning *subst* **1** utdelande distribution, dealing out; av post delivery **2** aktieutdelning dividend
utdrag *subst* extract [*ur* from], excerpt [*ur* from]
utdragbar *adj* extensible; ***~t bord*** extension table
utdragen *adj* lång drawn out; långrandig lengthy
utdöd *adj* utslocknad, utrotad extinct; övergiven dead
utdöende *adj*, ***arten befinner sig i*** ~ the species is dying out
utdöma *verb* **1** straff impose **2** förklara oduglig condemn; förkasta reject
ute *adv* **1** rumsbetydelse out; utomhus outdoors, out of doors; utanför outside; ***där*** ~ out there; ***vara ~ på havet*** be out at sea; ***vara ~ på landet*** be out in the country; ***vara ~ och resa*** be out travelling **2** i tidsbetydelse, ***allt hopp är*** ~ all hope is at an end; ***tiden är*** ~ time is up; ***det är ~ med honom*** it is all up with him **3** ***vara illa*** ~ i knipa be in trouble; ***vara för sent*** ~ be too late; ***vara ~ efter ngn*** (***ngt***) be after sb (sth)
utebli *verb* om person fail to come, stay away, not turn up; om sak not be forthcoming; ej bli av not come off; ~ ***från*** t.ex. möte fail to attend, be absent from
utedass *subst* vard. outside lavatory (loo)
utefter *prep* along, all along
utegrill *subst* barbecue
utegångsförbud *subst* under viss tid curfew; ***införa*** ~ impose a curfew
uteliggare *subst* down-and-out, bag lady, bag man
uteliv *subst* **1** friluftsliv outdoor life **2** för att roa sig night life
utelämna *verb* leave out, omit; förbigå pass over
uteplats *subst* patio (pl. -s)

uteservering *subst* lokal open-air café, open-air restaurant
utesluta *verb* exclude [*ur* from]; ur förening etc. exclude, expel [*ur* from]; ***det är uteslutet*** it is out of the question
uteslutande *adv* solely, exclusively
utexaminerad *adj* trained, certificated; ***bli ~ från*** t.ex. högskola graduate from
utfall *subst* **1** attack **2** result, outcome
utfalla *verb* **1** om vinst go [*på* nummer to]; om pengar become due; ***lotten utföll med vinst*** it was a winning ticket **2** ~ ***till ngns fördel*** be favourable to sb
utfart *subst* way out; väg ur stad exit road, main road out of town
utfartsväg *subst* exit road, main road out of town
utflykt *subst* utfärd excursion, outing, trip; ***göra en*** ~ go on an excursion, go on an outing
utforma *verb* **1** ge form åt design, model, give final shape to **2** formulera draw up, formulate
utformning *subst* **1** design, shaping **2** formulering drawing up, formulation
utforska *verb* ta reda på find out; undersöka investigate; speciellt land explore
utfällbar *adj* folding, collapsible
utfärda *verb* issue
utfästa *verb*, ~ ***en belöning*** offer a reward
utfästelse *subst* löfte promise, pledge; åtagande engagement
utför I *prep* down
II *adv* down, downhill; ***färdas*** ~ descend; ***det går ~ med honom*** he is going downhill
utföra *verb* perform; ~ ***ett arbete*** do a piece of work; ~ ***en beställning*** carry out an order
utförande *subst* **1** verkställande, framförande etc. performance, execution, carrying out; arbete workmanship **2** modell design
utförbar *adj* practicable, workable
utförlig *adj* detailed; uttömmande exhaustive
utförsbacke *subst* downhill slope, descent
utförsåkning *subst* sport. downhill skiing
utförsälja *verb* sell out
utförsäljning *subst* sale, clearance sale
utge *verb* **1** bok publish **2** ~ ***sig för att vara*** pretend to be
utgift *subst* expense; ~ el. ~***er*** expenditure sing.
utgivare *subst* av bok etc. publisher; ***vara ansvarig*** ~ be legally responsible
utgivning *subst* publication
utgå *verb* **1** härstamma come [*från, ur* from], issue [*från, ur* from]; ***jag ~r från att du vet*** I assume you know **2** uteslutas be excluded; utelämnas be left out, be omitted
utgående *adj* outgoing; ~ ***post*** outgoing mail
utgång *subst* **1** väg ut exit, way out **2** slut end, close; slutresultat result, outcome
utgångspunkt *subst* starting-point
utgåva *subst* edition
utgöra *verb* constitute, make up, form; belöpa sig till amount to; ~***s*** bestå ***av*** consist of, be made up of
uthus *subst* outhouse
uthyrning *subst* letting; för lång tid leasing; ***till*** ~ om t.ex. båt for hire; om t.ex. rum to let
uthållig *adj* ståndaktig persevering
uthållighet *subst* staying power, perseverance
uthärda *verb* stand, bear
utifrån I *prep* from
II *adv* from outside
utjämna *verb* **1** skillnad level out **2** sport. equalize
utjämning *subst* levelling-out
utkant *subst* av stad outskirts pl.; ***i stadens ~er*** on the outskirts of the town
utkast *subst* **1** koncept draft [*till* of], rough draft; skiss sketch [*till* of] **2** sport. throw
utkastare *subst* vard., vakt chucker-out, bouncer
utkik *subst* person el. utkiksplats look-out; ***hålla*** ~ keep a look-out [*efter* for]
utklassa *verb* sport. outclass
utklassning *subst*, ***det var*** ~ they were outclassed
utklädd *adj* dressed up
utkomma *verb* om bok etc. come out, be published
utkomst *subst*, ***ha sin*** ~ earn one's living
utkämpa *verb* fight; kämpa till slut fight out
utkörning *subst* av varor delivery
utlandet *subst*, ***från*** ~ from abroad; ***i*** ~ abroad
utlandskorrespondent *subst* utrikeskorrespondent foreign correspondent
utlandsresa *subst* journey abroad; ***utlandsresor*** travel abroad
utlandssamtal *subst* tele. overseas phone call
utlandssvensk *subst* Swede living abroad, expatriate Swede
utled *adj* o. **utledsen** *adj* thoroughly tired [*på* of], fed up
utlopp *subst* utflöde outflow; avlopp outlet; ***ge ~ åt*** t.ex. känslor give vent to
utlova *verb* promise; erbjuda offer

utlysa *verb* give notice of, announce
utlånad *adj*, ***boken är*** ~ från bibliotek the book is out on loan
utlåning *subst* utlånande lending; lån loans pl.
utlåningsränta *subst* interest on a loan; räntefot lending rate
utlåtande *subst* opinion; sakkunnigas report
utlägg *subst* outlay, expenses pl.
utlämna *verb* **1** deliver, hand over; överlämna give up, surrender **2** till annan stat extradite
utlämnande *subst* o. **utlämning** *subst* **1** delivering, handing over; överlämnande surrender **2** till annan stat extradition
utländsk *adj* foreign
utlänning *subst* foreigner
utlösa *verb* **1** sätta igång start, trigger off **2** tekn. release
utlösning *subst* **1** tekn. release **2** sexuell orgasm
utmana *verb* challenge; trotsa defy; i t.ex. sport take on
utmanande *adj* challenging, defiant; om t.ex. uppträdande, klädsel provocative
utmanare *subst* challenger
utmaning *subst* challenge
utmattad *adj* exhausted
utmattning *subst* exhaustion, fatigue
utmed *prep* along, all along
utmynna *verb* se *mynna ut i* under *mynna*
utmåla *verb* paint [*för* to; *som* as], depict [*för* to; *som* as]
utmärglad *adj* avtärd emaciated, haggard
utmärka *verb* känneteckna characterize; ~ ***sig*** distinguish oneself [*genom* by]
utmärkande *adj* characteristic, distinguishing quality
utmärkelse *subst* distinction; ära honour
utmärkt *adj* excellent; förstklassig first-rate
utnyttja *verb* tillgodogöra sig utilize, make use of; exploatera exploit
utnyttjande *subst* utilization, exploitation
utnämna *verb* appoint; ***han har utnämnts till professor*** he has been appointed professor
utnämning *subst* appointment
utnött *adj* worn out; sliten well-worn
utochinvänd *adj*, ***den är*** ~ it is turned inside out
utom *prep* **1** utanför outside; ***jag har inte varit*** ~ ***dörren*** I haven't been out, I haven't been outside the door; ~ ***fara*** el. ~ ***all fara*** out of danger; ~ ***allt tvivel*** beyond doubt; ***bli*** ~ ***sig*** be beside oneself [*av* with] **2** med undantag av except, with the exception of; förutom besides, in addition to; ***alla*** ~ ***han*** all except him, all but he; ***ingen*** ~ ***jag*** no one but me; ***det var fyra gäster*** ~ ***jag*** there were four guests besides me; ***hela landet*** ~ ***Stockholm*** the whole country excluding Stockholm
utombordare *subst* outboard motorboat
utombords *adv* outboard, outside
utombordsmotor *subst* outboard motor
utomhus *adv* outdoors, out of doors
utomhusantenn *subst* outdoor aerial, amer. outdoor antenna
utomhusbana *subst* för tennis open-air court; för ishockey outdoor rink
utomhusgrill *subst* barbecue
utomhustemperatur *subst* outdoor temperature
utomlands *adv* abroad
utomordentlig *adj* extraordinary; förträfflig excellent
utomstående *subst*, ***en*** ~ an outsider
utomäktenskaplig *adj* om barn illegitimate; ~***a förbindelser*** extramarital relations
utopi *subst* utopia; idé, plan utopian scheme, utopian idea
utpekad *adj*, ***känna sig*** ~ feel accused; ***den*** ~***e mördaren*** the alleged murderer
utplåna *verb* obliterate [*ur*, *från* from]; wipe out; ***hela byn*** ~***des*** the whole village was wiped out
utpressare *subst* blackmailer
utpressning *subst* blackmail
utprova *verb* try out, test
utpräglad *adj* marked, pronounced
utreda *verb* undersöka investigate
utredning *subst* **1** undersökning investigation; betänkande report **2** kommitté commission, committee
utrensning *subst* utrensande weeding out; polit. purge
utresa *subst* outward journey; sjö. outward voyage; flyg. outbound flight
utresetillstånd *subst* exit permit
utrikes I *adj* foreign
II *adv* abroad; ***resa*** ~ go abroad

> **utrikesdepartement**
> Utrikesdepartementet i Storbritannien heter *The Foreign and Commonwealth Office* eller *the Foreign Office*. I USA kallas det *the State Department*.

utrikesdepartement *subst* ministry for foreign affairs; ~***et*** britt. the Foreign and

Commonwealth Office, amer. the State Department
utrikeskorrespondent *subst* foreign correspondent
utrikesminister *subst* minister for foreign affairs; *~n* britt. the Secretary of State for Foreign and Commonwealth Affairs, amer. the Secretary of State
utrikespolitik *subst* foreign politics pl., handlingssätt foreign policy
utrikespolitisk *adj*, ***en ~ debatt*** a debate on foreign policy; ***~a frågor*** questions relating to foreign policy
utrop *subst* cry, exclamation
utropa *verb* **1** ropa högt exclaim, cry out **2** offentligt förkunna proclaim
utropstecken *subst* exclamation mark
utrota *verb* root out, eradicate; t.ex. råttor exterminate
utrotningshotad *subst*, ***~e arter*** endangered species
utrusta *verb* equip; förse supply, furnish; spec. fartyg fit out; beväpna arm
utrustning *subst* equipment, outfit
utryckning *subst* **1** efter alarm turnout **2** hemförlovning discharge from active service
utrymma *verb* **1** lämna evacuate; t.ex. hus vacate **2** röja ur clear out
utrymme *subst* plats space, room; spelrum scope; ***fordra mycket ~*** take up a lot of space
utrymning *subst* **1** evacuation **2** röjning clearing
uträtta *verb* do; t.ex. uppdrag perform, carry out; åstadkomma accomplish, achieve
utröna *verb* ascertain [*om* whether], find out [*om* whether]
utsago *subst*, ***enligt ~ är han...*** he is said to be...; ***enligt hans ~*** according to him
utsatt *adj* **1** blottställd exposed [*för* to]; sårbar vulnerable [*för* to]; ***vara ~ för*** vara föremål för be subjected to; mottaglig för be liable to **2** ***på ~ tid*** at the time fixed, at the appointed time
utse *verb* välja choose [*till* ledare etc. as; *till* befattning for]; utnämna appoint; ***~ ngn till ordförande*** appoint sb chairman
utseende *subst* yttre appearance; persons vanligen looks pl.; ***känna ngn till ~t*** know sb by sight
utsida *subst* outside; yttre exterior
utsikt *subst* **1** överblick view [*över* of, over]; ***rummet har ~ mot parken*** the room overlooks the park; ***hålla ~*** keep a look-out **2** prospect; chans chance; ***han har goda ~er att lyckas*** his prospects of succeeding are good; ***det finns alla ~er till...*** there is every chance of... **3** väderleksutsikt forecast; ***~ för de närmaste dagarna*** the outlook for the next few days
utsirad *adj* ornamented, decorated
utsirning *subst* ornament, ornamentation
utsjasad *adj* dead tired
utskjutande *adj* projecting
utskott *subst* committee
utskrattad *adj*, ***bli ~*** be laughed down
utskrift *subst* **1** något antecknat, transcript, renskrift fair copy **2** data. printout; ***göra en ~*** print out
utskälld *adj*, ***bli ~*** be told off; ***han blev ~*** he was told off
utskällning *subst* telling off, scolding
utslag *subst* **1** hudutslag rash; ***få ~*** break out in a rash **2** på våg turn of the scale; av visare etc. deflection **3** avgörande decision; ***fälla ~*** give a decision, give a verdict **4** yttring manifestation; exempel instance
utslagen *adj* **1** i t.ex. sport, ur tävling eliminated; boxn. knocked out **2** ***en ~*** el. ***en ~ människa*** a dropout, a social casualty; ***vara ~ från arbetsmarknaden*** be excluded from the labour market **3** ***vara ~*** om blomma be out, be in bloom
utslagning *subst* **1** sport. elimination **2** socialt social maladjustment
utslagsgivande *adj* decisive
utslagsröst *subst*, ***ha ~*** have the casting vote
utslagstävling *subst* sport. knock-out competition
utsliten *adj* worn out; ***~ fras*** hackneyed phrase
utslocknad *adj* om vulkan, ätt extinct
utsläpp *subst* **1** tömning discharge; dumpning dumping; ***~ av olja*** spill **2** plats outlet
utsmyckning *subst* **1** dekoration ornament **2** utsmyckande ornamentation (endast sing.)
utspark *subst* sport. goal kick
utspel *subst* **1** åtgärd move, action; initiativ initiative; förslag proposals pl. **2** kortsp. lead
utspelas *verb* take place
utspisning *subst* feeding
utspridd *adj* scattered, spread out
utspädd *adj* diluted
utspädning *subst* dilution
utstakad *adj* staked out; bestämd determined
utstråla *verb* radiate, emanate; t.ex. ljus emit
utstrålning *subst* radiation, emanation; om person personal charm, charisma
utsträckning *subst* extension; i tid

prolongation; vidd extent; ***i stor*** ~ to a great extent; ***i största möjliga*** ~ to the greatest possible extent

utsträckt *adj* outstretched, extended; ***ligga*** ~ lie stretched out

utstuderad *adj* raffinerad studied; listig artful; inpiskad out-and-out

utstyrsel *subst* utrustning outfit

utstå *verb* stå ut med endure; genomgå suffer, go through

utstående *adj* om t.ex. tänder, öron protruding; utskjutande projecting

utställare *subst* **1** på utställning exhibitor **2** av check drawer

utställning *subst* exhibition, show; visning display

utställningsföremål *subst* exhibit

utställningslokal *subst* showroom; med flera rum showrooms

utstöta *verb* ljud utter

utstött *adj*, ***en ~ människa*** a social outcast, a derelict

utsuga *verb* exploit

utsugning *subst* av folk exploitation

utsvulten *adj* starved, famished

utsvävande *adj* liderlig dissipated

utsvävningar *subst pl* dissipation sing., friare extravagances

utsåld *adj* be sold out; ***vara*** ~ om vara be sold out, be out of stock; ***utsålt*** i annons etc. full house

utsäde *subst* frö, koll. seed, seed-corn

utsändning *subst* **1** uppskickning sending out **2** radio. el. tv. broadcast, transmission; spec. tv. telecast

utsätta *verb* **1** blottställa expose [*för* to]; underkasta subject [*för* to] **2** ~ ***sig för*** expose oneself to; ~ ***sig för risken att bli utan elektricitet*** run the risk of being without electricity

utsökt *adj* exquisite, choice

utsövd *adj* thoroughly rested

uttag *subst* **1** vägguttag power point, socket, amer. outlet **2** penninguttag withdrawal

uttagning *subst* selection [*till* for]

uttagningstävling *subst* trial, trials pl.

uttal *subst* pronunciation [*av* of]; ***ha bra engelskt*** ~ have a good English accent

uttala *verb* **1** ord pronounce; ~ ***fel*** mispronounce **2** uttrycka, t.ex. önskan express **3** t.ex. dom pronounce, pass **4** ~ ***sig*** express oneself [*om* on], give one's opinion [*om* on]; ~ ***sig för*** declare oneself in favour of; ~ ***sig mot*** declare oneself against

uttalande *subst* statement, pronouncement [*om* about]

uttalsbeteckning *subst* phonetic notation

utter *subst* djur el. skinn otter

uttorkad *adj* dried up

uttryck *subst* expression; ***stående*** ~ set phrase; ***ge ~ åt*** give expression to; ***ta sig ~ i...*** find expression in...; om känsla give vent to...; ***som ett ~ för min uppskattning*** as a mark of appreciation

uttrycka *verb* express; ***jag vet inte hur jag ska ~ det*** I don't know how to put it; ~ ***sig*** express oneself; ***för att ~ sig kort*** to be brief

uttrycklig *adj* express; tydlig explicit

uttryckligen *adv* expressly, explicitly

uttrycksfull *adj* expressive

uttryckslös *adj* expressionless; om blick vacant

uttryckssätt *subst* mode of expression

uttråkad *adj* bored; ***vara*** ~ be bored, be bored to death

utträda *verb*, ~ ***ur föreningen*** leave a society, withdraw from a society

utträde *subst* withdrawal [*ur* from], retirement [*ur* from]

uttröttad *adj* weary; ***vara*** ~ tired out [*av* with], be weary [*av* with]

uttåg *subst* march out, departure

uttömma *verb* exhaust, spend; ~ ***sina krafter*** exhaust oneself

uttömmande I *adj* exhaustive, very thorough **II** *adv* exhaustively, thoroughly

utvald *adj* chosen, picked; ***några få ~a*** a select few

utvandra *verb* emigrate

utvandrare *subst* emigrant

utvandring *subst* emigration

utveckla *verb* **1** develop [*till* into]; t.ex. teorier expound; visa display, show **2** t.ex. elektricitet, värme generate **3** ~ ***sig*** develop, grow [*till* into]

utvecklas *verb* develop [*till* into], grow [*till* into]

utveckling *subst* framåtskridande development, vetensk. evolution; framsteg progress

utvecklingsland *subst* developing country

utvecklingssamtal *subst* skol. discussion between teacher, parent and pupil on progress at school

utvecklingsstadium *subst* stage of development

utvecklingsstörd *adj* mentally retarded

utverka *verb* obtain, secure

utvidga *verb* göra bredare widen; t.ex. sitt

inflytande extend; t.ex. marknaden expand; göra större enlarge; ~ ***sig*** se *utvidgas*

utvidgas *verb* widen, widen out; t.ex. marknaden expand; om metall expand; om t.ex. inflytande enlarge

utvidgning *subst* widening, extension; om t.ex. marknaden expansion; om t.ex. inflytande enlargement

utvikningsbrud *subst* vard. centrefold girl, pin-up girl

utvilad *adj* rested, refreshed

utvinna *verb* extract [*ur* from], win [*ur* from]

utvisa *verb* **1** ~ ***ngn*** a) visa ut order sb out b) sport. send sb off; order sb off; i ishockey send sb to the penalty box c) ur landet expel sb **2** visa show; utmärka indicate

utvisning *subst* **1** ordering out; sport. sending off **2** ur landet expulsion

utväg *subst* expedient, means (pl. lika), way out; ***jag ser ingen annan ~ än att göra det*** I see no other way out but to do so

utvändig *adj* external, outside

utvändigt *adv* externally, outside, on the outside

utvärdera *verb* evaluate

utvärdering *subst* evaluation

utvärtes *adj* external, outward; ***till ~ bruk*** for external use

utväxla *verb* exchange [*mot* for]

utväxling *subst* **1** utbyte exchange **2** tekn. gear, gearing

utånad *adj*, ***boken är ~*** från bibliotek the book is out on loan

utåt I *prep* i uttryck för riktning out towards; t.ex. landet out into

II *adv* outwards; ***längre ~*** further out; ***dörren går ~*** the door opens outwards

utåtriktad *adj* o. **utåtvänd** *adj* om person extrovert, outgoing; ***den är ~*** it is turned outwards

utöka *verb* increase

utöva *verb* t.ex. makt exercise; inflytande exert; t.ex. välgörenhet, yrke practise; t.ex. verksamhet carry on

utöver *prep* over and above, beyond

utövning *subst* t.ex. av makt exercise; t.ex. av yrke practice; t.ex. inflytande exertion

uvertyr *subst* musik. overture [*till* to]

vaccin *subst* vaccine

vaccination *subst* vaccination

vaccinera *verb* vaccinate; ~ ***sig*** get vaccinated

vacker *adj* beautiful, söt pretty; om person ofta good-looking; storslagen fine; ***~t väder*** fine weather

vackert *adv* beautifully; ***det där låter ~*** that sounds fine; ***sitt ~*** till hund sit up and beg; ***hon skriver ~*** har vacker handstil she has good handwriting

vackla *verb* **1** totter; ragla stagger **2** vara obestämd vacillate; om t.ex. priser fluctuate

vacklan *subst* vacillation; obeslutsamhet indecision

vacklande *adj* **1** obestämd vacillating; om t.ex. priser fluctuating **2** om hälsa failing

1 vad *subst* på ben calf (pl. calves)

2 vad *subst* vadhållning bet; ***skall vi slå ~ om det?*** shall we bet on it?

3 vad I *pron* frågande what; ~ el. ***va?*** hur sa what?; artigare sorry?, pardon?; ***~ för en (ett, ena, några)*** what, avseende urval which, which one (pl. ones); ***~ är det för dag i dag?*** what day is it today?; ***nej, ~ säger du!*** really!, you don't say!; ***vet du ~!*** tell you what!; ***jag vet inte ~ som hände*** I don't know what happened; ***~ värre är*** what is worse; ***~ som helst*** whatever

II *adv*, ***~ du än gör, glöm inte att låsa!*** whatever you do, don't forget to lock up!; ***~ du är lycklig!*** how happy you are!; ***~ tiden går fort!*** how time flies!; ***~ hemskt!*** how horrible!; ***~ synd!*** what a pity!

vada *verb* wade

vadare *subst* o. **vadarfågel** *subst* wading bird, wader

vadd *subst* wadding; bomullsvadd cotton wool

vaddera *verb* pad, pad out, wad

vaddtäcke *subst* quilt

vadhållning *subst* betting, making bets

vag *adj* vague; dimmig hazy

vagel *subst* med. sty

vagga I *subst* cradle; ***från ~n till graven*** from the cradle to the grave, skämts. from

womb to tomb
II *verb* rock; ~ ***ngn i sömn*** rock sb to sleep
vaggvisa *subst* cradle song, lullaby
vagina *subst* anat. vagina
vagn *subst* carriage; lastvagn etc. waggon, wagon, truck; tvåhjulig kärra cart; spec. järnv. amer. car
vaja *verb* om t.ex. flagga fly, float; fladdra flutter
vajer *subst* cable; tunnare wire
vak *subst* hole in the ice
vaka I *subst* vigil, night watch
II *verb* hålla vaka sit up; ha nattjänst be on night duty; ~ ***in det nya året*** see the new year in; ~ ***hos en patient*** watch by a patient; ~ ***över*** övervaka keep watch over, watch over
vakande *adj* watching; ***hålla ett ~ öga på*** keep a close eye on
vakans *subst* vacancy
vakant *adj* vacant
vaken *adj* **1** ej sovande awake ej före subst., waking endast före subst.; ***i vaket tillstånd*** when awake **2** mottaglig för intryck, om t.ex. sinne alert; pigg bright; uppmärksam wide-awake
vakna *verb*, ~ el. ~ ***upp*** wake, wake up
vaksam *adj* vigilant, watchful
vaksamhet *subst* vigilance, watchfulness
vakt *subst* **1** watch; spec. mil. guard, tjänstgöring duty; ***gå på*** ~ mil. be on guard, be on duty; sjö. be on watch; ***vara på sin*** ~ vara försiktig be on one's guard **2** person guard; vaktpost sentry **3** skol., på skrivning invigilator, amer. proctor
vakta *verb* **1** watch; bevaka guard; t.ex. barn look after; hålla vakt keep guard **2** skol., på skrivning invigilate, amer. proctor
vaktbolag *subst* security company, Securicor® [sɪ'kjʊrɪkɔː]
vaktel *subst* fågel quail
vakthavande *adj*, ~ ***officer*** the officer on duty
vakthund *subst* watchdog
vaktkur *subst* sentry box
vaktmästare *subst* uppsyningsman caretaker, spec. amer. janitor; i museum attendant; i kyrka verger; dörrvakt doorman, porter; på bio etc. commissionaire, attendant
vaktparad *subst*, ~***en*** the mounting of the guard
vakuum *subst* vacuum
vakuumförpackad *adj* vacuum-packed
vakuumförpackning *subst* vacuum packaging; konkret vacuum pack, vacuum package
vakuumtorka *verb* vacuum-dry; ~***d*** vacuum-dried
1 val *subst* zool. whale
2 val *subst* **1** choice, utväljande selection; ***vara i ~et och kvalet*** be faced with a difficult choice **2** genom omröstning election; själva röstandet voting; ***det blir allmänna ~*** there will be a general election; ***förrätta ~et*** conduct the election; ***gå till ~*** go to the polls
valbar *adj* eligible [*till* for]; ***icke ~*** ineligible [*till* for]
valbarhet *subst* eligibility
valberedning *subst* election committee

valborg
Valborgsmässoafton firas inte i engelsktalande länder. Man kan därför behöva ge en förklaring när man talar om det svenska valborgsmässofirandet.

valborg *subst* o. **valborgsmässoafton** *subst* the eve of May Day, Walpurgis [væl'pʊəgɪs] night
valbås *subst* polling booth
valdag *subst* polling day, election day
valdeltagande *subst*, ~***t var lågt*** polling was low
valdistrikt *subst* electoral district, electoral ward
valfisk *subst* whale
valfläsk *subst* polit. election promises pl., vote-catching
valfri *adj* optional
valfrihet *subst* freedom of choice
valfusk *subst* electoral rigging; ***bedriva ~*** rig an election
valfångare *subst* whaler
valförrättare *subst* returning officer
valk *subst* **1** i huden callus; av fett roll **2** hårvalk pad
valkampanj *subst* election campaign
valkrets *subst* polit. constituency
1 vall *subst* upphöjning bank, embankment; fästningsvall rampart
2 vall *subst* betesvall grazing-ground, pasture ground
1 valla *verb* vakta tend, watch; ~ ***fåren*** tend one's sheep
2 valla I *subst* skidvalla wax
II *verb*, ~ ***skidor*** wax skis
vallfart *subst* pilgrimage

vallfärda *verb* go on a pilgrimage
vallgrav *subst* moat
vallmo *subst* poppy
vallmofrö *subst* poppy seed
vallokal *subst* polling-station
vallängd *subst* electoral register
vallöfte *subst* electoral pledge, electoral promise
valmanskår *subst* electorate, constituency
valmöte *subst* election meeting
valnöt *subst* walnut
valp *subst* pup, puppy; pojke cub
valross *subst* walrus
valrörelse *subst* election campaign
1 vals *subst* musik. waltz; ***dansa*** ~ do a waltz, waltz
2 vals *subst* tekn., i kvarn etc. roller; i valsverk roll; på skrivmaskin cylinder
1 valsa *verb* dansa waltz
2 valsa *verb* tekn., ~ el. ~ ***ut*** roll out
valsedel *subst* ballot paper, voting-paper
valstrid *subst* election campaign
valstuga *subst* party [election] campaign booth
valthorn *subst* musik. French horn
valurna *subst* ballot box

valuta
- Storbritannien: 1 pound (£) = 100 pence (p)
- Irland: 1 Euro = 100 cent
- USA: 1 dollar ($) = 100 cent. I talspråk används ofta *buck* dollar, *quarter* 25 cent, *dime* 10 cent och *nickel* 5 cent
- Canada: 1 dollar = 100 cent
- Australien: 1 dollar = 100 cent

valuta *subst* myntslag currency; ***utländsk*** ~ foreign exchange; ***få ~ för pengarna*** get value for one's money
valutabestämmelser *subst pl* currency regulations; för utlandsvaluta foreign exchange regulations
valutahandel *subst* exchange dealings pl.
valutakurs *subst* rate of exchange, exchange rate
valutamarknad *subst* foreign exchange market
valv *subst* vault
valör *subst* value; sedelvalör denomination
vamp *subst* vamp
vampyr *subst* vampire
van *adj* erfaren experienced, trained; skicklig skilled, expert; förtrogen accustomed [*vid ngt* to sth; *vid att göra ngt* to doing sth], used [*vid ngt* to sth; *vid att göra ngt* to doing sth]; ***jag är ~ vid att lägga mig tidigt*** I'm used to going to bed early, I'm in the habit of going to bed early; ***ett språk som jag är ~ vid*** a language I am used to, a language I am familiar with
vana *subst* spec. omedveten habit; spec. medveten practice; sedvana custom; vedertaget bruk usage; erfarenhet experience; färdighet practice; ***sin ~ trogen*** true to one's habit; ***det får inte bli en*** ~ don't make a habit of it; ***dyra vanor*** expensive habits; ***av gammal*** ~ by force of habit, from force of habit; ***ha för ~ att göra ngt*** have a habit of doing sth, be in the habit of doing sth; medvetet make a practice of doing sth
vandalisera *verb* vandalize, destroy
vandalisering *subst* vandalizing
vandalism *subst* vandalism
vandra *verb* gå till fots walk; gå på vandring, fotvandra hike, ramble; ströva utan mål wander, roam, stroll
vandrande *adj* walking; utan mål roaming, wandering; ~ ***pinne*** stick insect, amer. äv. walking stick
vandrare *subst* wanderer; fotvandrare walker, hiker
vandrarhem *subst* youth hostel
vandring *subst* utan mål wandering; utflykt walking-tour; fotvandring ramble, hike
vandringspokal *subst* sport. challenge cup
vandringspris *subst* challenge trophy
vanebildande *adj* habit-forming
vanesak *subst* matter of habit
vanföreställning *subst* delusion, fallacy
vanheder *subst* disgrace, dishonour
vanhedra *verb* disgrace, dishonour
vanhedrande *adj* disgraceful, dishonourable
vanhelga *verb* profane, desecrate
vanhelgande *subst* profanation, desecration
vanilj *subst* vanilla
vaniljglass *subst* vanilla ice cream, vard. vanilla ice
vaniljsocker *subst* vanilla sugar
vaniljsås *subst* custard sauce, vanilla custard
vanka *verb*, ~ ***av och an*** pace up and down
vankas *verb*, ***det vankades bullar*** we were treated to buns; ***i dag ~ det tårta*** today there will be a cake
vankelmod *subst* vacillation; ombytlighet inconstancy

vankelmodig *adj* vacillating; ombytlig inconstant
vanlig *adj* bruklig usual [*hos* with], accustomed, habitual; sedvanlig customary [*hos* with]; vardaglig ordinary; gemensam för många, motsats: sällsynt common; ofta förekommande frequent; ***mindre ~*** less common, not very common; ***i ~a fall*** in ordinary cases, as a rule; ***~a människor*** ordinary people; ***på ~t sätt*** in the usual manner; ***som ~t*** as usual; ***bättre än ~t*** better than usual
vanligen *adv* generally, usually, ordinarily
vanmakt *subst* maktlöshet powerlessness, impotence
vanmäktig *adj* powerless, impotent
vanpryda *verb* disfigure, spoil the look of
vanrykte *subst* disrepute
vansinne *subst* insanity, madness; dårskap folly; ***det vore rena ~t att*** inf. it would be insane to inf.
vansinnig *adj* mad; utom sig frantic [*av* with]; ***har du blivit ~?*** are you mad?, are you out of your mind?; ***han gör mig ~*** he drives me mad (crazy)
vanskapad *adj* o. **vanskapt** *adj* deformed
vansklig *adj* svår difficult, hard; riskabel risky; kinkig awkward
vansköta *verb* mismanage; försumma neglect
vanskötsel *subst* mismanagement; försummelse neglect
vante *subst* glove; tumvante mitten; ***lägga vantarna på*** vard. lay hands on
vantolka *verb* misinterpret
vantrivas *verb* feel uncomfortable [*med* with], not feel at home; ***jag vantrivs med arbetet*** I am not at all happy in my work
vantrivsel *subst* dissatisfaction, inability to get on in one's surroundings; otrivsamhet unpleasant atmosphere
vanvett *subst* insanity; galenskap madness
vanvettig *adj* insane; galen mad, crazy
vanvård *subst* mismanagement, neglect
vanvårda *verb* mismanage, neglect
vanära *subst*, ***dra ~ över sin familj*** bring disgrace on one's family
vapen *subst* **1** weapon; i pl. vanligen arms; koll. weaponry sing.; ***bära ~*** bear arms, carry arms; ***lägga ned vapnen*** lay down one's arms, surrender; ***gripa till ~*** take up arms **2** vapensköld coat of arms (pl. coats of arms)
vapendragare *subst* supporter, partisan
vapenfri *adj*, ***~ tjänst*** non-combatant duties pl.
vapenför *adj*, ***han är ~*** he is fit for military service
vapengömma *subst* arms cache
vapenhandel *subst* arms traffic
vapenhandlare *subst* arms dealer
vapenkontroll *subst* arms control
vapenlicens *subst* licence to carry a gun, firearms permit
vapensköld *subst* coat of arms (pl. coats of arms)
vapenstillestånd *subst* armistice; vapenvila truce; tillfälligt cease-fire
vapenvila *subst* cessation of hostilities; tillfällig cease-fire
vapenvägrare *subst* conscientious objector (förk. CO)
1 var *subst* med. pus, matter
2 var *pron* **1** varje särskild each; varenda every; ***~ femte dag*** every fifth day, every five days; ***ge dem ett äpple ~*** give them an apple each **2** ***~ och en*** var och en för sig each; alla everyone, everybody; ***~ och en av dem*** each of them; alla every one of them; ***vi betalar ~ och en för sig*** each of us will pay for himself (resp. herself); ***hon talade med ~ och en för sig*** she spoke to each person individually **3** var sin: ***vi fick ~ sitt äpple*** we got an apple each; ***de gick åt ~ sitt håll*** they went in different directions
3 var *adv* where; ***~ då?*** el. ***~ någonstans?*** where?; ***~ i all världen är det?*** where on earth is it?; ***~ som helst*** anywhere
1 vara I *huvudverb* be, finnas till exist; ***för att ~ så ung är du duktig*** considering you are so young you are clever; ***vi är fem stycken*** there are five of us; ***det är Eva*** sagt i telefon Eva speaking, Eva here; ***får det ~ en kopp te?*** would you like a cup of tea?; ***det får ~ som det är*** el. ***vi låter det ~ som det är*** we'll leave it at that; ***var ska*** (***brukar***) ***knivarna ~?*** where do the knives go?; ***jag var hos*** hälsade på ***honom*** I went to see him; ***hur är det med din far?*** hur mår how is your father?; ***hur är det med ditt skolarbete?*** how (what) about your schoolwork?; ***man måste ~ två om det*** that's a job for two, it takes two to do it; ***vad är den här till*** el. ***vad ska den här ~ till?*** what is this for?
II *hjälpverb* be; ***när är han född?*** when was he born?; ***bilen är gjord i Sverige*** the car was made in Sweden; ***bilen är gjord för export*** the car is made for export; ***han är bortrest*** he has gone away
III *verb* med betonad partikel
vara av med ha förlorat have lost; vara kvitt

have got rid of, be rid of
vara kvar stanna remain, stay on
vara med 1 deltaga take part; ***får jag ~ med?*** may I join in?; göra er sällskap may I join you? **2** närvara be present [*på, vid* at]; ***jag var med när det hände*** I was there (present) when it happened **3** ***~ med på*** samtycka till agree to; ***~ med om*** bevittna see; uppleva experience; ***vad är det med henne?*** what's the matter with her?; hur mår hon? how is she?
vara om sig look after one's own interests, look after number one
vara till 1 exist, be **2** ***den är till för det*** that's what it's there for, that's what it's meant for
2 vara *verb* räcka last; pågå go on; fortsätta continue
3 vara *subst* artikel article, product; ***varor*** articles, products, goods
4 vara *subst*, ***ta ~ på*** a) ta hand om take care of, look after b) utnyttja make use of
5 vara *verb* om sår etc. fester
varaktig *adj* långvarig lasting; beständig permanent
varandra *pron* each other, one another
varannan *räkn* every other, every second
vardag *subst* weekday; ***till ~s*** vardagsbruk for everyday use; om kläder for everyday wear
vardaglig *adj* everyday, ordinary; banal commonplace; om utseende plain; ***ett ~t uttryck*** a colloquial expression
vardagsklädd *adj*, ***hon var ~*** she was dressed in everyday clothes
vardagskläder *subst pl* everyday (ordinary) clothes
vardagslag *subst*, ***i ~*** om vardagarna on weekdays; vanligtvis usually; till vardagsbruk for everyday use; om kläder for everyday wear
vardagsliv *subst* everyday life, ordinary life
vardagsmat *subst* riktig mat everyday food, ordinary food; ***det var ~*** förekom ofta ***för henne*** she thought nothing of it
vardagsrum *subst* living room, sitting room
vardera *pron* each
varelse *subst* being, creature; ***levande ~*** living creature
varenda *pron* every, every single
vare sig *konj* **1** either; ***jag känner inte ~ honom eller hans bror*** I don't know either him or his brother **2** antingen whether; ***han måste gå ~ han vill eller inte*** he must go whether he wants to or not
vareviga *adj*, ***~ en*** every single one
varför *adv* why; ***~ det?*** el. ***~ då?*** why?; ***jag var förkyld ~ jag stannade hemma*** I had a cold so I stayed at home
varg *subst* wolf (pl. wolves); ***jag är hungrig som en ~*** I could eat a horse
varghona *subst* o. **varginna** *subst* she-wolf
vargunge *subst* wolf cub
varhelst *adv* wherever
variant *subst* variant
variation *subst* variation
variera *verb* vary; vara ostadig fluctuate
varieté *subst* **1** föreställning variety show **2** lokal variety theatre
varifrån *adv*, ***~ kommer du?*** where do you come from?
varigenom *adv* through which, by which
varje *pron* varje särskild each; varenda every; vardera av endast två either; vilken som helst any; ***i ~ fall*** in any case; ***lite av ~*** a little of everything
varken *konj*, ***~ ... eller*** neither ... nor; ***den är ~ bättre eller sämre än tidigare*** it's no better nor worse than before; ***hon ~ röker eller dricker*** she neither drinks nor (or) smokes
varm *adj* warm; het hot; hjärtlig hearty; ***tre grader ~t*** three degrees above zero; ***ett ~t bad*** a hot bath; ***bli ~ i kläderna*** begin to find one's feet; ***tala sig ~ varm för ngt*** recommend sth warmly, support sth warmly om person med starka känslor; ***vara ~ om fötterna*** have warm feet
varmbad *subst* hot bath
varmblodig *adj* warm-blooded, hot-blooded
varmfront *subst* meteor. warm front
varmhjärtad *adj* warm-hearted, generous
varmkorv *subst* hot dog
varmluft *subst* hot air
varmrätt *subst* huvudrätt main course, main dish
varmvatten *subst* hot water
varmvattensberedare *subst* water-heater
varmvattenskran *subst* hot-water tap
varna *verb* warn [*för ngn* against sb]; ***han ~de oss för det*** he warned us against it; ***hon ~de oss för att göra det*** she warned us not to do it, she warned us against doing it
varnande *adj* warning; ***låt det här bli ett ~ exempel för dig*** let this be a warning to you
varning *subst* warning [*för* to], caution; ***~ för hunden!*** beware of the dog; ***han fick en ~ av domaren*** sport. he was booked (cautioned) by the referee

varningsblinker *subst* bil. hazard flasher
varningslampa *subst* warning lamp
varningsmärke *subst* o. **varningsskylt** *subst* trafik. warning sign
varningstriangel *subst* warning triangle, reflecting triangle
varpå *adv* on which; tid after which, whereupon
vars *pron* relativt whose, om djur el. saker vanligen of which
varsam *adj* aktsam careful [*med* with]
varsamhet *subst* care, caution
varse *adj*, ***bli*** ~ märka notice, observe, see
varsel *subst* **1** förebud premonition [*om* of] **2** förvarning notice; ***med kort*** ~ at short notice
varsko *verb* underrätta inform; förvarna warn [*ngn om ngt* sb of sth]
varsla *verb*, ~ ***om strejk*** give notice of a strike
varstans *adv*, ***det ligger papper lite*** ~ paper is lying here, there, and everywhere; paper is lying all over the place
varsågod *interj* se *god I 1*
1 vart *adv* where; ***jag vet inte*** ~ ***jag ska gå*** I don't know where to go; ~ ***som helst*** anywhere; ~ ***du än går*** wherever you go
2 vart *subst*, ***jag kommer ingen*** ~ I'm getting nowhere
vartill *adv* to which, of which
varudeklaration *subst* description of goods, description of merchandise; förpackningsrubrik: innehåll contents pl.; ingredienser ingredients used
varuhiss *subst* goods lift, amer. goods elevator
varuhus *subst* department store, department stores (pl. lika)
varulv *subst* werewolf
varumagasin *subst* lager warehouse
varumärke *subst* trademark
varuprov *subst* sample
1 varv *subst* skeppsvarv shipyard, shipbuilding yard; flottans naval shipyard
2 varv *subst* **1** omgång turn, round; sport. lap; tekn. revolution; vid stickning etc. row **2** lager, skikt layer
varva *verb* **1** ~ ***ngt*** lägga i skikt put sth in layers **2** sport. lap **3** skol. etc., ~***d kurs*** sandwich course **4** ~ ***ner*** ease off, take it easier, relax
varvid *adv* at which; ***han snubblade,*** ~ ***han föll*** he stumbled, in doing which he fell
varvräknare *subst* revolution counter, vard. rev counter
varvsindustri *subst* shipbuilding industry
varvtal *subst* number of revolutions, vard. number of revs
vas *subst* vase [vɑːz, amer. veɪs]
vaselin *subst* vaseline
vask *subst* avlopp sink
vaska *verb* wash
1 vass *adj* sharp; spetsig pointed; om t.ex. blick, ljud piercing
2 vass *subst* bot. reed; koll. reeds pl.
Vatikanen the Vatican
vatten *subst* **1** water; ***ta in*** ~ läcka take in water; ***ta sig*** ~ ***över huvudet*** bite off more than one can chew, take on more than one can manage **2** vätska, ~ ***i knät*** med. water on the knee **3** urin, ***kasta*** ~ pass water, urinate
vattenbehållare *subst* water tank; större reservoir; för varmvatten boiler
vattenbrist *subst* shortage of water
vattendelare *subst* watershed, divide
vattendrag *subst* watercourse
vattendunk *subst* watercan
vattenfall *subst* waterfall; större falls pl.
vattenfast *adj* waterproof, water-resistant
vattenfärg *subst* watercolour
vattenförsörjning *subst* water supply
vattenglass *subst* water ice
vattenhink *subst* water bucket
vattenkanna *subst* watering-can
vattenkanon *subst* water cannon
vattenklosett *subst* water closet; vard. förk. WC [ˌdʌbljuːˈsiː]
vattenkokare *subst* electric kettle
vattenkoppor *subst pl* med. chickenpox sing.
vattenkraft *subst* water power
vattenkran *subst* tap, amer. faucet
vattenkrasse *subst* växt watercress
vattenkyld *adj* water-cooled
vattenledning *subst* water main
vattenmätare *subst* water meter
vattenpass *subst* spirit level
vattenplaning *subst* bil. aquaplaning
vattenpolo *subst* water polo
vattenpuss *subst* o. **vattenpöl** *subst* puddle, pool of water
vattenskida *subst* water-ski; ***åka vattenskidor*** water-ski
vattenslang *subst* hose
vattenspridare *subst* water sprinkler
vattenstånd *subst* water level
vattenstämpel *subst* watermark
vattentillförsel *subst* o. **vattentillgång** *subst* water supply
vattentorn *subst* water tower

vattentät *adj* om tyg waterproof; om kärl watertight
vattenverk *subst* waterworks (pl. lika)
vattenyta *subst*, ***på ~n*** on the surface of the water
vattenånga *subst* steam
vattenödla *subst* djur newt
vattkoppor *subst pl* med. chickenpox sing.
vattna *verb* water
vattnas *verb*, ***när jag såg maten vattnades det i munnen på mig*** it made my mouth water when I saw the food
vattnig *adj* watery
Vattumannen stjärntecken Aquarius
vax *subst* wax
vaxa *verb* wax
vaxartad *adj* waxlike
vaxböna *subst* butter bean
vaxduk *subst* oilcloth
vaxkabinett *subst* waxworks exhibition, waxworks museum
vaxkaka *subst* honeycomb
ve *interj*, ***~ och fasa!*** blast!, damnation!
veck *subst* fold; i sömnad pleat; byxveck etc. crease; i ansiktet wrinkle; ***lägga pannan i ~*** pucker one's brow
1 vecka *verb* pleat, fold; ***~d kjol*** pleated skirt; ***~ sig*** fold; skrynkla sig crease; spec. om papper crumple, crinkle
2 vecka *subst* week; ***en gång i ~n*** once a week; ***förra ~n*** last week; ***om en ~*** in a week, in a week's time; ***i dag om en ~*** a week from today, a week today
veckig *adj* creased; skrynklig crumpled
veckla *verb* linda, vira wind; ***~ ihop ngt*** fold sth together; ***~ upp*** (***ut***) unfold; t.ex. paket undo
veckodag *subst* day of the week
veckohelg *subst* weekend
veckolön *subst* weekly wages pl.
veckopeng *subst* o. **veckopengar** *subst pl* weekly pocket money (med verb i sing.)
veckoslut *subst* weekend
veckotidning *subst* weekly publication, weekly magazine, weekly
ved *subst* wood; bränsle firewood
vederbörande *subst* the person concerned; pl. those concerned; jur. the party concerned
vederbörlig *adj* due, proper; ***på ~t*** säkert ***avstånd*** at a safe distance; ***med ~t tillstånd*** with due permission
vedergällning *subst* retribution; gottgörelse reward; hämnd retaliation
vedergällningsaktion *subst* act of reprisal
vederhäftig *adj* reliable, trustworthy
vedermöda *subst*, ~ el. ***vedermödor*** hardship, hardships pl.
vedertagen *adj* erkänd accepted, recognized
vedervärdig *adj* repulsive, repugnant
vedhuggare *subst* woodcutter
vedträ *subst* log of wood
vegan *subst* vegan
vegetabilier *subst pl* vegetables
vegetabilisk *adj* vegetable
vegetarian *subst* vegetarian
vegetarisk *adj* vegetarian
vegetation *subst* vegetation
vek *adj* **1** pliable; svag weak **2** om personer soft: mjuk, känslig gentle, tender; ***bli ~*** soften, grow soft
veke *subst* wick
vekling *subst* weakling
velig *adj* obeslutsam vacillating
velour *subst* velour
vem *pron* who (objektsform who el. whom); vilkendera which, which of them; ***~ där?*** who's there?; mil. who goes there?; ***jag vet inte ~ som kom*** I don't know who came; ***~s är det?*** whose is it?; ***~ det än är*** whoever it may be
vemod *subst* sadness, melancholy
vemodig *adj* sad, melancholy
ven *subst* vein
Venedig Venice
venerisk *adj* venereal; ***~ sjukdom*** venereal disease
venetianare *subst* Venetian
venetiansk *adj* Venetian
Venezuela Venezuela
venezuelan *subst* Venezuelan
venezuelansk *adj* Venezuelan
ventil *subst* **1** i rum ventilator, air regulator **2** tekn. valve
ventilation *subst* ventilation
ventilera *verb* **1** ventilate; vädra air **2** dryfta debate, discuss
Venus astron. el. mytol. Venus
veranda *subst* veranda, amer. ofta porch
verb *subst* gram. verb
verbböjning *subst* conjugation of a verb (of verbs)
verifiera *verb* verify
verifiering *subst* verification
verifikation *subst* verification; kvitto receipt
veritabel *adj* veritable, true
verk *subst* **1** arbete work, labour; ***i själva ~et*** in reality, actually; ***sätta ngt i ~et*** carry out sth, put sth into effect; förverkliga realize sth; ***gå till ~et*** set about it **2** konstnärligt verk etc. work; ***samlade ~*** collected works

3 ämbetsverk civil service department **4** fabrik works pl. **5** i ur works pl.
verka *verb* **1** handla, arbeta work, act; *~ för* work for **2** göra verkan work, act; *medicinen ~de inte* the medicine had no effect **3** förefalla seem, appear; *~ barnslig* seem childish
verkan *subst* **1** resultat effect; följd consequence **2** kem. action **3** intryck impression; *göra ~* have an effect, be effective; *ha ~ på* have an effect on
verklig *adj* real; sann, äkta true, genuine; faktisk actual; *ett ~t nöje* a real pleasure
verkligen *adv* really; faktiskt actually, indeed; förvisso certainly; *nej ~?* really?; *jag hoppas ~ att du har rätt* I do (betonat) hope you are right
verklighet *subst* reality; faktum fact; sanning truth; *bli ~* become a reality, materialize; *i ~en* a) i verkliga livet in real life b) i själva verket in reality c) faktiskt in fact, as a matter of fact
verklighetsflykt *subst* escape from reality
verklighetsfrämmande *adj* unrealistic
verklighetstrogen *adj* realistic; *filmen är ~* the film is true to life
verkmästare *subst* foreman, supervisor
verkningsfull *adj* effective, impressive
verkningsgrad *subst*, *motorn har stor ~* the engine is very efficient
verksam *adj* **1** active; driftig energetic; arbetsam industrious, busy **2** verkande, om maskiner etc. effective; *vara ~ som* work as
verksamhet *subst* **1** activity; handling, rörelse action; maskins operation **2** arbete, sysselsättning work; fabriksverksamhet etc. enterprise; affärsverksamhet business
verkstad *subst* workshop; för reparationer repair shop; bilverkstad garage
verkstadsgolv *subst*, *arbetarna på ~et* the workers on the shop floor
verkstadsindustri *subst* engineering industry
verkställa *verb* carry out, perform; order execute; utbetalning make
verkställande I *adj* executive; *~ direktör* managing director, amer. president
II *subst* carrying out, performance; t.ex. av dom execution
verkställighet *subst* execution; *gå i ~* be put into effect, be carried out
verktyg *subst* **1** redskap tool, implement **2** person tool
verktygslåda *subst* toolbox
vermouth *subst* starkvin vermouth
vernissage *subst*, *~n* the opening of an (the) art exhibition, vernissage
vers *subst* verse; dikt poem; *på ~* in verse; *sjunga på sista ~en* be on one's last legs, be on the way out
version *subst* version
versmått *subst* metre
versrad *subst* line of poetry
vertikal *adj* o. *subst* vertical
vertikalplan *subst* vertical plane
vertikalvinkel *subst* vertical angle
vessla *subst* djur weasel
vestibul *subst* vestibule, entrance hall; i hotell lounge, lobby
veta I *verb* know [*om* about]; *såvitt jag vet* as far as I know; *det vet jag väl!* irriterat I know that!, I know all about that!; *vet du vad, jag har hittat det!* do you know what, I've found it!; *vet du vad, vi går på bio!* I tell you what, let's go to the movies!; *få ~* få reda på find out, get to know, learn; få höra hear of, be told; *man kan aldrig ~* you never know, you never can tell; *jag vill inte ~ av något sånt!* I won't have that!
II *verb* med betonad partikel
veta av ngt know of sth, be aware of sth; *honom vill jag inte ~ av* I won't have anything to do with him
veta med sig be conscious [*att man är* of being, that one is], be aware [*att man är* of being, that one is]
veta om know about, be aware of
veta varken ut eller in be at one's wits' end, be at a loss what to do
vetande *subst* knowledge; *mot bättre ~* against one's better judgement
vete *subst* wheat
vetebröd *subst* kaffebröd buns pl.
vetebulle *subst* bun
vetemjöl *subst* wheat flour
vetenskap *subst* science
vetenskaplig *adj* scientific; humanistisk scholarly
vetenskapligt *adv* scientifically; humanistiskt in a scholarly manner
vetenskapsman *subst* naturvetenskapsman scientist; humanist scholar
veteran *subst* veteran
veteranbil *subst* veteran car
veterinär *subst* veterinary surgeon, vard. vet; amer. veterinarian, vard. vet
veterligen *adv* o. **veterligt** *adv*, *mig ~* to my knowledge
vetgirig *adj* eager to learn
vetgirighet *subst*, *hans ~* his inquiring mind; kunskapstörst his thirst for knowledge

veto *subst* veto (pl. -es); ***inlägga ~ mot ngt*** veto sth
vetskap *subst* knowledge [*om* of]
vett *subst* sense; ***ha ~ att göra ngt*** have the sense to do sth; ***vara från ~et*** be out of one's senses
vetta *verb*, ***~ mot*** face, face on to
vettig *adj* sensible, reasonable
vettskrämd *adj*, ***vara ~*** be frightened out of one's senses
vev *subst* crank, handle
veva I *subst*, ***i den ~n*** el. ***i samma ~*** just at that moment
II *verb* turn the handle [*på ngt* of sth]
vevaxel *subst* tekn. crankshaft
VG (förk. för *väl godkänd*) skol., se *godkänna 3*
vi *pron* we
via *prep* via, by, by way of
viadukt *subst* viaduct
vibration *subst* vibration
vibrera *verb* vibrate
vice *adj* vice-, deputy
vice versa *adv* vice versa
vicevärd *subst* landlord's agent, deputy landlord
vichyvatten *subst* soda water, soda
vicka I *verb* vara ostadig wobble, be unsteady; gunga rock, sway
II *verb* vard., se *vikariera*
vickning *subst* late light supper
1 vid *adj* wide; vidsträckt extensive, broad
2 vid *prep* **1** rumsbetydelse at; bredvid by; nära near; ***sitta ~ ett bord*** sit at a table; bredvid sit by a table; ***ställ cykeln ~ dörren!*** put your bike by the door; ***stan ligger ~ en flod*** the town stands on a river; ***huset ligger ~ en gata*** the house is in (amer. on) a street; ***~ gränsen*** at the frontier; ***~ kusten*** on the coast; ***sida ~ sida*** side by side; ***slaget ~ Hastings*** the battle of Hastings **2** för att uttrycka verksamhetsområde el. förhållande: ***vara anställd ~ en firma*** be employed at a firm; ***han är ~ marinen*** he is in the Navy; ***vara fäst ~ ngn*** be attached to sb; ***vara fäst ~ ngt*** be attached to sth, be fastened to sth
3 tidsbetydelse at; ***~ mitt besök i...*** when on a visit to...; ***~ hans död*** on his death; ***~ sin död*** när han dog when he died; ***~ halka*** when it is slippery; ***~ god hälsa*** in good health; ***~ jul*** at Christmas; ***~ leverans*** on delivery; ***~ middagen*** at dinner; ***~ midnatt*** at midnight; ***~ dåligt väder*** in bad weather; ***~ arton års ålder*** at the age of seventeen

vida *adv* **1** i vida kretsar widely; ***~ omkring*** far and wide **2** i hög grad, ***~ bättre*** far better, much better
vidare *adj* o. *adv* **1** ytterligare further; mera more; i rum farther, further; i tid longer; ***flyga ~*** fly on [*till* to]; ***läsa ~*** read on, go on reading; ***se ~ sid. 5*** see also page five; ***och så ~*** and so on; ***tills ~*** så länge for the present; tills annat besked ges until further notice; ***utan ~*** resolut straight off; genast at once **2** ***inte (inget) ~ bra*** not very good, not too good; ***han är ingen ~ lärare*** he is not much of a teacher
vidarebefordra *verb* forward, send on
vidarebefordran *subst* forwarding; ***för ~ till*** to be forwarded to
vidareutbildning *subst* further education, further training
vidbränd *adj*, ***gröten är ~*** the porridge has got burnt
vidd *subst* **1** omfång width **2** omfattning extent, scope; räckvidd range **3** vidsträckt yta, ***~er*** wide open spaces
vide *subst* buske osier; träd willow
video *subst* **1** system video; bandspelare video (pl. -s), video cassette recorder (förk. VCR); ***spela in på ~*** videotape, video **2** inspelat band video
videoband *subst* video tape, camcorder
videobandspelare *subst* video cassette recorder (förk. VCR)
videofilma *verb* videotape, video
videoinspelning *subst* video recording
videokamera *subst* video camera, camcorder
videokassett *subst* video cassette
videospel *subst* video game
videovåld *subst* violence on video; videovåldsfilmer video nasties pl.
videovåldsfilm *subst* video nasty
vidga *verb* göra vidare widen; göra större enlarge, expand metall; ***~ sig*** bli vidare widen; bli större enlarge; öka, växa expand
vidgning *subst* bli vidare widening; bli större enlargement, expansion
vidhålla *verb* keep to, adhere to, stick to
vidkommande *subst*, ***för mitt ~ tänker jag...*** for my part I intend to...
vidkännas *verb* **1** bära, lida ***få ~ kostnaderna*** have to bear the costs; ***få ~ förlusterna*** have to suffer losses **2** erkänna acknowledge
vidlyftig *adj* **1** utförlig detailed; mångordig wordy
vidmakthålla *verb* maintain, keep up

vidmakthållande *subst* maintenance, keeping up
vidrig *adj* disgusting, repulsive
vidröra *verb* touch; omnämna touch on
vidskepelse *subst* superstition
vidskeplig *adj* superstitious
vidskeplighet *subst* superstition
vidsträckt *adj* extensive, wide, vast
vidsynt *adj* **1** tolerant broad-minded **2** framsynt far-sighted
vidta *verb* åtgärder take; ~ ***förändringar*** make changes
vidunder *subst* monster
vidunderlig *adj* monstrous
vidvinkelobjektiv *subst* wide-angle lens
vidöppen *adj* wide open [*för* to]
Vietnam Vietnam
vietnames *subst* Vietnamese (pl. lika)
vietnamesisk *adj* Vietnamese
vift *subst*, ***vara ute på*** ~ på nöjen be out on the spree
vifta *verb* wave; ~ ***på svansen*** om hund wag its tail; ~ ***bort*** t.ex. flugor whisk away
viftning *subst* wave, wave of the hand; ***med en*** ~ ***på svansen*** with a wag of its tail
vig *adj* smidig lithe; rörlig agile, nimble
viga *verb* marry
vigsel *subst* marriage; själva ceremonin wedding
vigselakt *subst* marriage ceremony
vigselattest *subst* o. **vigselbevis** *subst* marriage certificate
vigselring *subst* wedding ring
vigör *subst* vigour; ***vid full*** ~ in full vigour
vik *subst* bay; större el. havsvik gulf; mindre creek
vika I *subst*, ***ge*** ~ a) give way [*för* to], give in [*för* to], yield [*för* to] b) falla ihop collapse
II *verb* **1** fold **2** reservera, ~ ***en kväll*** för fester etc. set aside an evening; ~ ***en plats*** reserve a seat **3** ~ ***om hörnet*** turn the corner **4** ~ ***sig*** böja sig bend; ~ ***sig dubbel*** av skratt, smärta double up with; ge vika yield [*för* to], give way [*för* to], give in [*för* to]; ***benen vek sig under henne*** her legs gave way under her
III *verb* med betonad partikel
vika av turn off [*från vägen* from the road]
vika ihop fold up
vika in på turn into, turn down
vika undan give way [*för* to]
vikariat *subst* post as a substitute, temporary post
vikarie *subst* för t.ex. lärare substitute, ställföreträdare deputy, ersättare stand-in
vikariera *verb*, ~ ***för ngn*** stand in for sb, substitute for, deputize for
vikarierande *adj* deputy; om t.ex. rektor acting
vikbar *adj* foldable

viking
Vikingarna härskade över stora delar av England och Irland under 700-, 800- och 900-talen. Deras huvudstad var Jorvik, nuvarande *York*. Där finns finns nu ett populärt och välbesökt vikingamuseum, *Jorvik Viking Centre*. Vikingarna grundlade också Dublin. Många orter i England har nordiska namn, *Derby, Scunthorpe, Wensleydale*. Engelskan innehåller också många skandinaviska ord från den här tiden, t.ex. *knife, law, window*.

viking *subst* Viking
vikingatiden *subst* the Viking Age
vikingatåg *subst* Viking raid
vikt *subst* **1** weight; ***sälja efter*** ~ sell by weight; ***gå ned i*** ~ lose weight; ***gå upp i*** ~ put on weight; ***hålla ~en*** keep one's weight down **2** betydelse importance; ***fästa stor*** ~ ***vid ngt*** attach great importance to sth
viktig *adj* **1** important [*för* to]; väsentlig essential [*för* to]; ***det ~aste är att...*** the most important thing is to... **2** högfärdig self-important; mallig stuck-up; ***göra sig*** ~ give oneself airs
viktigpetter *subst* vard. pompous ass, conceited ass
viktväktare *subst* weightwatcher
vila I *subst* rest, repose; ***en stunds*** ~ a little rest; ***i*** ~ at rest
II *verb* rest [*mot* against; *på* on]; ***saken får*** ~ ***tills vidare*** the matter must rest there for the moment; ***här ~r...*** here lies...; ~ ***ut*** have a good rest; ~ ***sig*** rest, take a rest
vild *adj* wild; ~***a djur*** wild animals; ~ ***strejk*** wildcat strike; ***Vilda Västern*** the Wild West; ***bli*** ~ ursinnig become furious
vilddjur *subst* wild beast; om människor vanligen beast
vilde *subst* savage
vildhet *subst* wildness, savagery
vildmark *subst* wilderness
vildsint *adj* fierce, ferocious
vildsvin *subst* wild boar
vilja I *subst* will; önskan wish, stark. desire; avsikt

intention; ***min sista*** ~ testamente my last will and testament; ***få sin ~ fram*** get one's own way; ***av egen fri*** ~ of one's own free will; ***med bästa ~ i världen går det inte*** with the best will in the world it is not possible
II *huvudverb* o. *hjälpverb* önska want, wish, desire; tycka om like; mena, ämna mean; vara villig be willing; ~ ***ha*** want; ***vill du ha lite mera te? — ja, det vill jag*** would you like some more tea? — yes, I would; ***jag skulle ~ ha…*** I want…, I should like…, I should like to have…; ***jag vill hellre ha te än kaffe*** I would rather have tea than coffee; ***vad vill du ha att dricka?*** what will you have to drink?; ***vill du vara snäll och göra det*** will (would) you please do it?, would you mind doing it?; ***jag vill att du ska göra det*** I want you to do it; ***vad vill du att han ska göra?*** what do you want him to do?; ***gör som du vill*** do as you please, do as you wish; ***vet du vad jag skulle ~?*** do you know what I would like to do?; ***det vill jag hoppas*** I do hope so; ***jag vill minnas att…*** I seem to remember that…; ***arbetet vill aldrig ta slut*** the work seems never to end
vilje *subst*, ***göra ngn till ~s*** do as sb wants (wishes)
viljestark *adj* strong-willed
viljestyrka *subst* willpower
viljesvag *adj* weak-willed
vilken *pron* (*vilket, vilka*) **1** relativt: om person who (objektsform whom); om djur el. sak which; om person, djur el. sak that; ~ ***som helst*** anyone; ~ ***som helst som*** whoever, whichever; ***i vilket fall som helst*** in any case **2** frågande: obegränsat, vad för slags, vad för några what; självst. om person who (objektsform who el. whom); urval, om personer el. andra subst. which, which one (pl. ones); ***vilkens*** el. ***vilkas*** whose; ***vilka böcker har du läst?*** what (av ett begränsat antal which) books have you read?; ~ ***är*** vad heter ***Sveriges största stad?*** what is the largest town in Sweden?; ***vilka är de där pojkarna?*** who are those boys?; ***jag vet inte ~ av dem som kom först*** I don't know which of them came first **3** andra ex.: ***res ~ dag du vill*** go any day you like; ***vilka åtgärder han än må vidta*** whatever steps he may take **4** i utrop: ~ ***dag!*** what a day!; ***vilket väder!*** what weather!; ***vilka höga berg!*** what high mountains!

vilkendera *pron* which, whichever
1 villa *subst* villfarelse illusion, delusion
2 villa *subst* house; finare, på kontinenten el. i Storbritannien villa; enplansvilla ofta bungalow
villasamhälle *subst* o. **villastad** *subst* residential district
villaägare *subst* houseowner
villebråd *subst* game; förföljt villebråd quarry
villervalla *subst* confusion, chaos
villfarelse *subst* error, delusion
villig *adj* willing, beredd ready; ***vara ~ att*** inf. be willing to inf.
villighet *subst* willingness, readiness
villkor *subst* condition; köpevillkor etc. terms pl.; ***ställa som ~ att…*** make it a condition that…; ***på det ~et att…*** on condition that…; ***på inga*** ~ on no condition
villkorlig *adj* conditional; ***de fick ~ dom*** they were given a conditional (suspended) sentence
villkorsbisats *subst* conditional clause
villkorslös *adj* unconditional
villospår *subst*, ***vara på*** ~ be on the wrong track
villoväg *subst*, ***leda ngn på ~ar*** lead sb astray; ***komma på ~ar*** go astray
villrådig *adj*, ***vara ~ om vad man ska göra*** be at a loss what to do
vilodag *subst* day of rest
vilohem *subst* rest home
vilopaus *subst* o. **vilostund** *subst* break, rest
vilse *adv*, ***gå*** ~ lose one's way, get lost
vilseleda *verb*, ~ ***ngn*** mislead sb, lead sb astray
vilseledande *adj* misleading
vilsen *adj* lost
vilstol *subst* utomhus deck chair; av sängtyp lounger, lounge chair
vilt I *adv* **1** wildly, furiously; ***växa*** ~ grow wild **2** ~ ***främmande*** quite strange
II *subst* game
vilthandel *subst* butik poulterer's, poultry shop
viltreservat *subst* game reserve
vimla *verb* swarm [*av* with]; ***det ~r av folk på gatorna*** the streets are swarming (teeming) with people
vimmel *subst* folkvimmel throng, crowd
vimmelkantig *adj* yr giddy, dizzy; förvirrad confused
vimpel *subst* **1** sport. el. sjö., spetsig pennant **2** lång, smal streamer
vimsig *adj* scatterbrained

vin
I USA, t.ex. i Napa Valley i Kalifornien, och i Australien, t.ex. längs Murray River, har man stora vinodlingar. Även i England, t.ex. i Kent, odlas vin, men i liten skala.

vin *subst* **1** dryck wine **2** växt vine
vina *verb* whine; om pil etc. whistle
vinbär *subst*, ***röda ~*** redcurrants; ***svarta ~*** blackcurrants
1 vind *subst* wind; lätt vind breeze; ***driva ~ för våg*** drift aimlessly; ***låta ngt gå ~ för våg*** leave sth to take care of itself; ***få ~ i seglen*** catch the wind, begin (start) to do well; ***ha ~ i seglen*** sjö. sail with a fair wind; ha framgång be on the road to success; ***borta med ~en*** gone with the wind
2 vind *subst* i hus, vindsrum attic
vindkraftverk *subst* wind turbine
vindruta *subst* på bil windscreen, amer. windshield
vindrutespolare *subst* windscreen washer, amer. windshield washer
vindrutetorkare *subst* windscreen wiper, amer. windshield wiper
vindruva *subst* grape
vindruvsklase *subst* bunch of grapes
vindskammare *subst* attic, garret
vindskontor *subst* lumber room
vindspel *subst* windlass, winch; stående capstan
vindstilla *adj* calm
vindsurfa *verb* windsurf
vindsurfingbräda *subst* sailboard
vindsvåning *subst* attic, attic storey
vindtygsjacka *subst* windproof jacket, windcheater
vindtät *adj* windproof
vindögd *adj* squint-eyed, cross-eyed
vinfat *subst* wine barrel, wine cask
vinflaska *subst* wine bottle; med vin bottle of wine
vinge *subst* wing
vingla *verb* gå ostadigt stagger; stå ostadigt sway; om möbler wobble
vinglig *adj* staggering; om möbler wobbly, rickety
vingmutter *subst* wing nut
vingspets *subst* flyg. wing tip
vingård *subst* vineyard
vink *subst* med handen wave; tecken sign, motion; antydan hint; ***förstå ~en*** take the hint
vinka *verb* ge tecken beckon [*åt* to]; vifta wave [*åt* to]; ***~ av ngn*** wave sb off; ***han ~de henne till sig*** he beckoned to her to come over to him
vinkel *subst* angle; hörn corner; vrå nook
vinkelformig *adj* angular
vinkelhake *subst* geom. set square, amer. triangle
vinkeljärn *subst* angle iron, angle bar
vinkellinjal *subst* T-square
vinkelrät *adj* perpendicular; ***~ mot*** perpendicular to, at right angles to
vinkla *verb*, ***~ nyheterna*** slant the news
vinkällare *subst* wine cellar
vinlista *subst* wine list, wine card
vinna *verb* **1** i strid, tävlan, spel win **2** t.ex. tid, terräng gain [*genom, med, på* by]; ***~ på*** ta in på ***ngn*** gain on sb **3** ha vinst profit [*på* by]; ha nytta benefit [*på* from]; ***du vinner ingenting med att hota*** threats won't get you anywhere; ***~ på en affär*** benefit from (by) a deal, profit from (by) a deal; tjäna pengar make money on a deal
vinnande *adj* winning; intagande attractive
vinnare *subst* winner
vinningslysten *adj* greedy, grasping
vinodlare *subst* vine-grower
vinranka *subst* grapevine
vinrättigheter *subst pl*, ***ha ~*** be licensed to serve wine; ***ha vin- och spriträttigheter*** be fully licensed
vinsch *subst* winch
vinscha *verb*, ~ el. ***~ upp*** hoist, winch
vinst *subst* **1** gain; förtjänst profit, profits pl.; avkastning yield, returns pl.; utdelning dividend; ***det blir en ren ~ på 1 000 kronor*** there will be a net profit of 1000 kronor; ***ge ~*** yield a profit; ***sälja ngt med ~*** sell sth at a profit; ***jag gick dit på ~ och förlust*** I went there on the off chance **2** i lotteri lottery prize; ***högsta ~en*** the first prize
vinstandel *subst* share of the profits; utdelning dividend
vinstgivande *adj* profitable, remunerative, paying
vinstlista *subst* lottery prize list
vinstlott *subst* winning ticket
vinstnummer *subst* winning number
vinstock *subst* grapevine
vinter *subst* winter; ***i vintras*** last winter; se *höst* för vidare ex.
vinterdag *subst* winter day, winter's day

vinterdvala *subst* hibernation; ***ligga i ~*** hibernate
vinterdäck *subst* snow tyre, winter tyre
vintergata *subst*, ***Vintergatan*** the Milky Way
vinterkörning *subst* med bil winter driving
vinter-OS *subst* the winter Olympics pl.
vintersolstånd *subst* winter solstice
vintersport *subst* winter sports pl.
vintertid *subst* winter, wintertime
vinthund *subst* greyhound
vinyl *subst* vinyl äv. grammofonskiva i motsats till cd-skiva el. kassett
vinäger *subst* o. **vinättika** *subst* wine-vinegar
viol *subst* violet
violett *subst* o. *adj* violet; se ***blått*** för ex.
violin *subst* musik. violin
violinist *subst* musik. violinist
violoncell *subst* musik. cello (pl. -s)
violoncellist *subst* musik. violoncellist, cellist
vipp *subst*, ***vara på ~en att göra ngt*** be on the point of doing sth, be within an ace of doing sth
vippa *verb* swing up and down; guppa bob up and down; gunga seesaw; ***~ på stjärten*** wag one's tail; ***~ på stolen*** tilt one's (the) chair
vipport *subst* garagedörr overhead door
vira *verb* wind; för prydnad wreathe
viril *adj* manlig virile; kraftfull, energisk manly
virka *verb* crochet
virke *subst* wood, timber
virkning *subst* crocheting, crochet work
virknål *subst* crochet hook, crochet needle
virrig *adj* muddled, confused
virrvarr *subst* förvirring confusion; villervalla muddle; röra jumble; oreda mess, tangle
virtuell *adj*, ***~ verklighet*** data. etc. virtual reality
virtuos *subst* virtuoso (pl. -s el. virtuosi)
virtuositet *subst* virtuosity
virus *subst* med. virus
virvel *subst* whirl, swirl; vattenvirvel eddy; hårvirvel crown
virvelvind *subst* whirlwind
virvla *verb* whirl, swirl
1 vis *subst* way, manner, fashion; ***på det ~et*** in that way
2 vis *adj* wise
1 visa *subst* song; folkvisa ballad
2 visa I *verb* **1** show [*för* to]; peka point [*på* at, to], ådagalägga exhibit, display; ***kyrkklockan ~r rätt tid*** the church clock tells the right time; ***~ ngn aktning*** pay respect to sb; ***~ ngn på dörren*** show sb the door **2** ***~ sig*** show oneself; framträda appear; bli tydlig become apparent; synas be seen; ***det kommer att ~ sig om…*** it will be seen whether…; ***detta ~de sig vara ogenomförbart*** this proved impracticable
II *verb* med betonad partikel
visa fram förete show, exhibit, display
visa upp fram, t.ex. pass, ta fram produce
visa ut ngn order sb out, send sb out
visare *subst* på ur hand; på instrument pointer, indicator, needle
visavi *prep* mittemot opposite; beträffande regarding
visdom *subst* wisdom; lärdom learning
visdomstand *subst* wisdom tooth
visent *subst* djur European bison
vishet *subst* wisdom
vision *subst* vision [*av, om* of]
visionär I *adj* visionary
II *subst* visionary, dreamer
visit *subst* call, visit; ***avlägga ~ hos ngn*** pay sb a visit, call on sb
visitera *verb* examine; kroppsvisitera search; inspektera inspect
visitkort *subst* visiting-card, card; amer. calling card
viska *verb* whisper
viskning *subst* whisper
visning *subst* showing; demonstration demonstration; förevisning exhibition, display, show; ***det är två ~ar om dagen på slottet*** visitors are shown over the palace (castle) twice a day
visp *subst* whisk
vispa *verb* whip, whisk; ägg etc. beat
vispgrädde *subst* whipped cream, till vispning whipping cream
viss *adj* **1** certain [*om, på* of]; sure [*om, på* of, about] **2** särskild certain, bestämd summa fixed; ***en ~ herr S.*** a certain Mr S.; ***i ~ mån*** to a certain extent, to some extent; ***i ~a avseenden*** in some respects, in some ways
visselpipa *subst* whistle
vissen *adj* faded; förtorkad withered; ***känna sig ~*** feel off colour, feel rotten
visserligen *adv* helt visst certainly; förvisso to be sure; ***han är ~ duktig, men…*** it is true that he is clever, but…
visshet *subst* certainty; ***få ~ om ngt*** find out sth for certain
vissla I *subst* whistle
II *verb* whistle; ***~ ut ngn*** hiss sb; artist hiss sb off the stage

vissling *subst* whistle
vissna *verb* fade, wither
visst *adv* certainly, to be sure; utan tvivel no doubt; ***ja ~!*** certainly!, of course!; ***~ inte!*** certainly not!; ***du tror ~ att...*** you seem to think that...
vistas *verb* stay; bo reside, live
vistelse *subst* stay
vistelseort *subst* place of residence, permanent residence; jur., hemort domicile
visuell *adj* visual
visum *subst* visa
vit (se äv. *blå-* för sammansättningar) **I** *adj* white; ***den ~a duken*** the screen
II *subst*, ***en*** ~ a white, a white man, a white woman; ***de ~a*** the whites
vita *subst* äggvita, ögonvita white
vital *adj* vital; livskraftig vigorous
vitalitet *subst* vitality; livskraft vigour
vitamin *subst* vitamin; ***C-vitamin*** vitamin C
vitaminbrist *subst* vitamin deficiency
vitaminisera *verb* vitaminize
vite *subst* fine, penalty; ***vid ~ av*** under penalty of a fine of
vitglödande *adj* white-hot
vithårig *adj* white-haired
vitkål *subst* cabbage, white cabbage
vitlimma *verb* whitewash
vitling *subst* fisk whiting
vitlök *subst* garlic
vitlöksklyfta *subst* clove of garlic
vitlökspress *subst* garlic press
vitna *verb* whiten, turn white, grow white
vitpeppar *subst* white pepper
vitrysk *adj* Belarusian
vitryska *subst* **1** kvinna Belarusian woman **2** språk Belarusian
vitryss *subst* Belarusian
Vitryssland Belarus
vits *subst* **1** ordlek pun; kvickhet joke, jest **2** ***det är ingen ~ med att göra det*** there is no point in doing it
vitsa *verb* joke, crack jokes
vitsig *adj* kvick witty
vitsippa *subst* wood anemone
vitsord *subst* skriftligt betyg testimonial; skol. mark, amer. grade
vitsorda *verb* intyga testify to, certify; ***~ att ngn är...*** certify that sb is...
1 vitt *subst* white; se *blått* o. *svart* för ex.
2 vitt *adv* widely; ***~ och brett*** far and wide; ***prata ~ och brett om*** talk at great length about
vittgående *adj* far-reaching; ***~ reformer*** extensive reforms
vittna *verb* witness; intyga testify [*om* to]; ***~ mot ngn*** give evidence against sb; ***~ om*** visa show
vittne *subst* witness; ***vara ~ till ngt*** witness sth, be a witness to sth
vittnesbås *subst* witness box, amer. stand
vittnesbörd *subst* testimony, evidence
vittnesmål *subst* evidence, testimony; ***avlägga ~*** give evidence
vittomfattande *adj* far-reaching, extensive
vittra *verb* falla sönder crumble, crumble away
vittvätt *subst* whites pl.
vitvaror *subst pl* white goods
vitöga *subst*, ***se sanningen i ~t*** face the truth
VM *subst* se *världsmästerskap*
vodka *subst* vodka
vokabulär *subst* ordförråd vocabulary, ordlista äv. glossary
vokal *subst* vowel
vokalist *subst* vocalist
volang *subst* flounce; smalare frill
volleyboll *subst* bollspel volleyball
1 volt *subst* elektr. volt
2 volt *subst* vid ridning el. fäktning volt; ***slå ~er*** gymn. turn somersaults
volym *subst* volume
votera *verb* vote
votering *subst* voting
vov *interj*, ***~ ~!*** bow-wow! [ˌbaʊˈwaʊ]
vovve *subst* barnspråk bow-wow [ˈbaʊwaʊ]
vrak *subst* fartyg el. person wreck
vraka *verb* reject
vrakgods *subst* wreckage
vrakpris *subst* bargain price; ***till ~*** at a giveaway price
vrakspillror *subst pl* wreckage sing.
vred *subst* handle, runt knob
vrede *subst* wrath; ursinne fury, rage; ***låta sin ~ gå ut över ngn*** vent one's anger on sb
vredesmod *subst*, ***i ~*** in a fury, in a rage
vredesutbrott *subst* fit of rage; ***få ett ~*** fly into a rage
vredgad *adj* angry, furious
vresig *adj* peevish, cross
vresighet *subst* peevishness, crossness
vricka *verb* stuka sprain; rycka ur led dislocate
vrickad *adj* vard. crazy, cracked
vrickning *subst* stukning sprain, dislocation
vrida I *verb* turn; sno twist, wind; ***~ händerna*** wring one's hands; ***~ tvätt*** wring out the washing; ***~ och vränga på ngt*** twist and turn sth; ***~ sig*** turn
II *verb* med betonad partikel
vrida av twist off

vrida fram klockan put the clock forward
vrida om t.ex. nyckeln turn
vrida på t.ex. kranen turn on
vrida till kranen turn off the tap
vrida upp klockan wind up the clock
vriden *adj* **1** snodd twisted, contorted **2** tokig cracked, crazy
vridmoment *subst* tekn. torque

> **vrist**
> Det engelska ordet *wrist* betyder handled.

vrist *subst* **1** fotens böjda översida instep **2** fotled ankle
vrå *subst* corner, nook
vråk *subst* fågel buzzard
vrål *subst* vrålande roaring, bawling; ***ett ~*** a roar, a bawl
vråla *verb* roar, bawl, bellow
vrång *adj* cussed, perverse, difficult
vrångbild *subst* distorted picture
vrångstrupe *subst*, ***jag fick den i ~n*** it went down the wrong way
vräka I *verb* **1** heave; kasta toss, throw **2** köra ut från en bostad evict, eject **3** ***regnet vräker ned*** it's pouring down; ***snön vräker ned*** the snow is coming down heavily **4** ***sitta och ~ sig*** lounge about
II *verb* med betonad partikel
vräka bort kasta throw away
vräka i sig mat guzzle down food
vräka omkull throw ... over; person send ... sprawling
vräka ur sig blurt out
vräka ut pengar spend money like water
vräkig *adj* ostentatious; flott flashy, showy; slösaktig extravagant
vränga *verb* vända ut o. in på turn ... inside out; förvränga distort, twist
vulgaritet *subst* vulgarity
vulgär *adj* vulgar, common
vulkan *subst* volcano (pl. -s)
vurm *subst* passion, craze, mania
vurma *verb*, ***~ för ngt*** have a passion for sth, have a craze for sth
vuxen I *adj* fullvuxen adult, grown-up; ***hon var inte ~ uppgiften*** she was not equal to the task
II *subst*, ***de vuxna*** adults
vuxenutbildning *subst* adult education
vy *subst* view
vykort *subst* picture postcard
vyssa *verb* lull; ***~ till sömns*** lull to sleep
vådaskott *subst* accidental shot
vådlig *adj* farlig dangerous
våffeljärn *subst* waffle iron
våffla *subst* waffle
1 våg *subst* **1** redskap scale, scales pl.; större weighing-machine; med skålar balance **2** ***Vågen*** stjärntecken Libra
2 våg *subst* wave
våga *verb* dare, riskera risk; ***~r han gå?*** dare he go?, does he dare to go?; ***~ livet*** venture one's life, risk one's life; ***du skulle bara ~!*** just you dare!, just you try!; ***~ sig dit*** dare to go there; ***~ sig på ngn (ngt)*** angripa dare to tackle sb (sth)
vågad *adj* **1** djärv daring, bold **2** riskfylld risky, hazardous **3** oanständig indecent
vågbrytare *subst* breakwater
våghals *subst* daredevil
våghalsig *adj* reckless, rash
vågig *adj* wavy; böljande undulating
våglängd *subst* radio. wavelength
vågrät *adj* horizontal; plan level; ***~a ord*** i korsord clues across
vågspel *subst* o. **vågstycke** *subst* bold venture, daring venture; vågsam handling daring act
våld *subst* våldsamhet violence; makt power; tvång force, compulsion; ***yttre ~*** violence; ***bruka ~*** use force [*mot* against], use violence [*mot* against]; ***vara i ngns ~*** be in sb's power, be at sb's mercy; ***med ~*** by force
våldföra *verb*, ***~ sig på*** a) begå våldtäkt rape b) kränka use violence on
våldsam *adj* violent; vild furious
våldsamhet *subst* violence
våldsdåd *subst* act of violence
våldsfilm *subst* film containing violence
våldta *verb* rape
våldtäkt *subst* rape
våldtäktsförsök *subst* attempted rape
våldtäktsman *subst* rapist
vålla *verb* förorsaka cause, be the cause of; ***~ ngn smärta*** cause sb pain; ***~ stora kostnader*** involve great expenditure
vålnad *subst* ghost, phantom
vånda *subst* agony; kval torment
våndas *verb* suffer agony [*över* about], be in agony [*över* about]
våning *subst* **1** lägenhet flat, amer. apartment **2** etage storey; våningsplan floor; ***på andra ~en*** en trappa upp on the first floor, amer. on the second floor
våningsbyte *subst* exchange of flats, exchange of apartments

1 vår *pron* our; självst. ours; ***de ~a*** our people; se *1 min* för vidareex.
2 vår *subst* spring, springtime; ***i våras*** last spring; se *höst* för vidare ex.
våras *verb*, ***det ~*** spring is coming; ***det ~ för*** ...... is coming back again, ... is flourishing
1 vård *subst* minnesvård memorial, monument
2 vård *subst* care [*om, av* of], uppsikt charge [*om, av* of]; jur. custody [*om, av* of]; ***sluten ~*** institutional care; på sjukhus hospital treatment; ***öppen ~*** non-institutional care; ***få god ~*** be well looked after; ***ha ~ om*** have charge of, have care of
vårda *verb* take care of; se till look after; bevara preserve; ***hon ~s på sjukhus*** she is being treated in hospital
vårdad *adj* om person el. yttre well-groomed, neat; om t.ex. språk careful
vårdag *subst* spring day, day in spring
vårdagjämning *subst* vernal equinox, spring equinox
vårdare *subst* keeper; sjukvårdare male nurse
vårdcentral *subst* health centre
vårdhem *subst* nursing home
vårdnad *subst*, ***få ~en av ett barn*** be granted custody of a child
vårdnadshavare *subst* målsman guardian
vårdslös *adj* careless [*med* with, about]; försumlig negligent [*med* about], neglectful [*med* of]
vårdslöshet *subst* carelessness; försumlighet negligence, neglect
vårdyrke *subst* caring profession
vårflod *subst* spring flood
vårlik *adj* spring-like
vårrulle *subst* kok. spring roll
vårstädning *subst* spring-cleaning
vårta *subst* wart
vårtbitare *subst* long-horned grasshopper, green grasshopper
vårtecken *subst* sign of spring
vårtermin *subst* spring term, spec. amer. spring semester

våning

Lägg märke till skillnaden mellan brittisk och amerikansk engelska.

VÅNING	BRITT.	AMER.
1st floor	en trappa	bottenvåning
2nd floor	två trappor	en trappa
3rd floor	tre trappor	två trappor

vårtrötthet *subst* spring fatigue, spring fever
våt *adj* wet; fuktig damp, moist; ***bli ~ om fötterna*** get one's feet wet
våtservett *subst* wet wipe
väcka *verb* **1** göra vaken wake, wake up; på beställning vanligen call; rycka upp rouse; ***ljud som kan ~ de döda*** noise enough to raise the dead; ***~ ngn till liv*** call sb back to life; ur svimning revive sb **2** framkalla arouse, uppväcka, t.ex. känslor arouse, awaken; ***~ förvåning*** cause astonishment; ***~ minnen*** el. ***~ minnen till liv*** awaken memories, call up memories **3** framställa, t.ex. fråga raise, bring up
väckarklocka *subst* alarm; ***ställa ~n*** set the alarm
väckelse *subst* relig. revival
väckelsemöte *subst* revival meeting
väckning *subst*, ***beställa ~*** book an alarm call; ***får jag be om ~ kl. 7?*** will you call me at 7, please?
väder *subst* weather; ***det är dåligt ~*** the weather is bad; ***vad är det för ~ i dag?*** what's the weather like today?
väderbiten *adj* weather-beaten
väderkorn *subst*, ***ha gott ~*** have a keen scent
väderkvarn *subst* windmill
väderlek *subst* weather
väderleksrapport *subst* weather forecast, weather report
väderleksutsikter *subst pl* rapport weather forecast sing.
väderprognos *subst* weather forecast
väderrapport *subst* weather forecast, weather report
vädersatellit *subst* weather satellite
väderstreck *subst*, ***de fyra ~en*** the cardinal points, the points of the compass
vädertjänst *subst* meteorological service, weather forecast service
vädja *verb* appeal
vädjan *subst* appeal
vädra *verb* **1** lufta air **2** få väderkorn på scent; ***~ ngt*** få nys om get wind of sth
vädring *subst* luftning airing; ***hänga ut kläder till ~*** hang clothes out to air
vädur *subst* **1** djur ram **2** ***Väduren*** stjärntecken Aries
väg *subst* road; stig path; t.ex. riktning, utveckling, sträcka way; ***en timmes ~ att gå härifrån*** one hour's walk from here; ***~en till framgång*** the way to success, the road to success; ***allmän ~*** public road; ***gå (resa) sin ~*** go away, leave; ***gå ~en rakt fram*** go right on, walk right on, follow the road;

resa (*ta*) ***~en över Paris*** go via Paris, go by way of Paris; ***vart har hon tagit ~en?*** where has she gone?; ***stå i ~en för ngn*** stand in sb's way; ***något i den ~en*** something like that; ***vara på ~ till...*** be on one's way to...; ***följa ngn en bit på ~en*** accompany sb part of the way; ***stanna på halva ~en*** stop half-way; ***jag var just på ~ att säga det*** I was about to say it; ***inte på långa ~ar*** not by a long way, vard. not by a long chalk; ***hur ska man gå till ~a?*** how is one to go about it?; ***ur ~en!*** get out of the way!; ***vid ~en*** vägkanten on the roadside, by the roadside
väga *verb* weigh; ***~ skälen för och emot*** weigh the pros and cons, consider the pros and cons; ***det står och väger*** it's in the balance
vägande *adj*, ***tungt ~ skäl*** very weighty reasons, very important reasons
vägarbetare *subst* road worker, road mender
vägarbete *subst* roadworks pl., road repairs pl.
vägbana *subst* roadway
vägbeläggning *subst* road surface
vägegenskaper *subst pl* bil. road-holding qualities
vägg *subst* wall; ***bo ~ i ~ med ngn*** i rummet intill occupy the room next to sb; i lägenheten intill live next door to sb; ***köra huvudet i ~en*** bang one's head against a brickwall; ***det är som att tala till en ~*** it's like talking to a brick wall; ***ställa ngn mot ~en*** put sb up against a wall; ***det är uppåt ~arna*** galet it's all wrong
väggfast *adj*, ***den är ~*** it is fixed to the wall; ***~a inventarier*** fixtures
väggkontakt *subst* vägguttag point; strömbrytare wall switch
vägglus *subst* bug
väggmålning *subst* wall painting, mural
vägguttag *subst* elektr. power point, socket, amer. outlet
vägkant *subst* roadside, wayside; vägren verge; ***vid ~en*** by the roadside
vägkarta *subst* road map
vägkorsning *subst* crossroads (pl. lika), crossing
väglag *subst* state of the road (roads pl.); ***det är dåligt ~*** the roads are in a bad state
vägleda *verb* guide, instruct
vägledning *subst* guidance, instruction
vägmärke *subst* road sign, traffic sign
vägnar *subst pl*, ***på hennes ~*** on her behalf; ***å styrelsens ~*** on behalf of the board
vägnät *subst* road network
vägra *verb* refuse [*ngn ngt* sb sth]; ***han ~des att resa*** he was refused permission to go
vägran *subst* refusal
vägren *subst* **1** vägkant verge **2** mittremsa central reserve
vägskäl *subst* fork, fork in the road; ***vid ~et*** at the cross-roads
vägspärr *subst* roadblock
vägsträcka *subst* distance
vägtrafikant *subst* road-user
vägtrafikförordning *subst* road traffic regulations pl.
vägvett *subst* road sense
vägvisare *subst* **1** person guide **2** vägskylt signpost
vägövergång *subst* över annan led viaduct, amer. overpass
väja *verb*, ~ el. ***~ undan*** make way [*för* for], give way [*för* to]; ***~ undan för*** slag dodge; ***~ åt höger*** move to the right
väktare *subst* watchman; nattvakt security officer; ***lagens ~*** pl. the guardians of the law
väl I *subst* welfare, well-being
II *adv* **1** bra well; ***hålla sig ~ med ngn*** keep in with sb; ***det vore ~ om...*** it would be a good thing if... **2** grad, ***hon är ~*** något för ***ung*** she is a bit too young **3** förmodligen probably; ***du är ~ inte trött?*** you are not tired, are you?; ***han får ~ vänta*** he will have to wait; ***han är ~ framme nu*** he must be there by now; ***det är ~ inte möjligt!*** surely it is not possible!; ***det hade ~ varit bättre att...?*** wouldn't it have been better to...?; ***det vet jag ~!*** I know that! **4** andra betydelser, ***jag önskar det ~*** bara ***vore över*** I only wish it were (was) over; ***när han ~*** en gång ***somnat...*** once he had fallen asleep...; ***jag mötte inte henne men ~*** däremot ***hennes bror*** I didn't meet her, but her brother; ***gott och ~ en timme*** well over one hour
välartad *adj* well-behaved
välbefinnande *subst* well-being; god hälsa health
välbehag *subst* pleasure, delight; tillfredsställelse feeling of satisfaction
välbehållen *adj* safe and sound; om sak in good condition
välbehövlig *adj* badly-needed
välbekant *adj* well known
välbelägen *adj* well-situated, nicely-situated
välbeställd *adj* well-to-do, wealthy
välbesökt *adj* well-attended

välbetänkt *adj* well-advised; ***mindre ~*** ill-advised
välbärgad *adj* well-to-do
välde *subst* **1** rike empire; ***det romerska ~t*** the Roman Empire **2** makt domination
väldig *adj* enorm enormous, vard., t.ex. bekymmer awful; t.ex. succé terrific; vidsträckt vast
väldigt *adv* mycket very
välfärd *subst* welfare
välfärdssamhälle *subst* o. **välfärdsstat** *subst* welfare state
välförsedd *adj* well-stocked, well-supplied
välförtjänt *adj* om t.ex. vila well-earned; om belöning well-merited; om t.ex. popularitet well-deserved
välgjord *adj* well-made
välgrundad *adj* well-founded
välgång *subst* prosperity, success
välgångsönskningar *subst pl* good wishes; ***bästa ~!*** best wishes!
välgörande *adj* om sak beneficial
välgörare *subst* benefactor
välgörenhet *subst* charity
välgörenhetsinrättning *subst* charitable institution
välja I *verb* **1** choose [*bland* from among, out of; *mellan, på* between; *till* as, for]; noga select; plocka ut pick out [*bland* from]; yrke adopt, take up; ***det är bara att ~ och vraka*** you can just pick and choose **2** genom röstning utse elect; ***~ ngn till ordförande*** elect sb chairman, elect sb as chairman
II *verb* med betonad partikel
välja bort: ***~ bort ett ämne*** skolämne drop a subject
välja om re-elect
välja ut select, pick out
väljare *subst* voter
väljarkår *subst* electorate
välklädd *adj* well-dressed
välkommen *adj* welcome [*till, i* to]
välkomna *verb* welcome
välkomsthälsning *subst* welcome
välkänd *adj* well known
välla *verb*, ***~ fram*** well forth; strömma stream forth, pour forth
vällevnad *subst* luxurious living, high living
välling *subst* på mjöl gruel
välluktande *adj* sweet-smelling, fragrant
vällust *subst* sensual pleasure
vällustig *adj* sensual, voluptuous
välmenande *adj* well-meaning
välmening *subst* good intentions pl.; ***i all ~*** el. ***i bästa ~*** with the best of intentions
välment *adj* well-meant, well-intentioned
välmående *adj* **1** vid god hälsa healthy; blomstrande flourishing **2** välbärgad prosperous
välrakad *adj* close-shaven
välsedd *adj* popular; om gäst welcome
välsigna *verb* bless
välsignad *adj* blessed
välsignelse *subst* blessing; uttalad benediction
välsituerad *adj* well-to-do
välskapad *adj*, ***ett välskapt barn*** a fine healthy child
välskött *adj* **1** well-managed; om t.ex. hushåll well-run **2** om t.ex. händer well-kept; om t.ex. tänder well-cared-for; om t.ex. yttre well-groomed
välsmakande *adj* läcker tasty, delicious
välsorterad *adj* well-assorted, well-stocked
välstekt *adj* well-done, well-cooked
välstånd *subst* prosperity; rikedom wealth
vält *subst* roller
välta *verb* overturn, tip over; ***båten välte*** the boat capsized
vältalare *subst* orator, good speaker
vältalig *adj* eloquent
vältalighet *subst* eloquence
vältra *verb* roll; ***~ skulden på ngn*** lay the blame on sb; ***~ sig i gräset*** roll over in the grass; ***~ sig i lyx*** be rolling in luxury; ***~ sig i smutsen*** wallow in the dirt
vältränad *adj* ... in good shape, fit
väluppfostrad *adj* well brought-up
välutbildad *adj* well-educated
välvd *adj* arched, vaulted
välvilja *subst* benevolence, goodwill; ***hysa ~ mot ngn*** be well disposed towards sb
välvillig *adj* benevolent, kind, kindly; ***ställa sig ~ till ett förslag*** be favourably disposed to a proposal
välvårdad *adj* well-kept; om t.ex. yttre well-groomed
välväxt *adj* well-built, om kvinna ofta shapely
vämjas *verb*, ***~ vid ngt*** be disgusted by sth
vämjelig *adj* disgusting, nauseating
vämjelse *subst* disgust, loathing
vän *subst* friend; ***gamle ~!*** old chap!, old fellow!; ***en god*** nära ~ a great friend [*till* of], a close friend [*till* of]; ***en god ~ till min bror*** a friend of my brother's; ***en ~ till mig*** a friend of mine; ***bli ~*** el. ***bli god ~ med...*** make friends with...; ***bli ~ner*** el. ***bli goda ~ner*** become friends
vända I *verb* **1** turn; vända om, vända tillbaka

turn back; återvända return; ***vänd!*** el. ***var god vänd*** (förk. *v.g.v.*) please turn over (förk. PTO); ~ ***bilen*** turn the car round, reverse the car; ~ ***om hörnet*** round the corner, turn the corner; ~ ***på bladet*** (***sidan***) turn the page, turn over the page; ~ ***på sig*** turn round; ~ ***på steken*** se på t.ex. ett problem på ett nytt sätt look at it the other way round **2** ~ ***sig*** turn, kring en axel turn, revolve; om vind shift, veer; ***lyckan vände sig*** his (her etc) luck changed; ~ ***sig i sängen*** turn over in the bed, turn in one's bed; ~ ***sig till ngn*** a) vända sig om mot ngn turn to sb, turn towards sb b) rikta sig till ngn address sb c) för att få ngt apply to sb; ***inte veta vart man ska*** ~ ***sig*** not know where to turn; till vem not know to whom to turn

II *verb* med betonad partikel

vända om tillbaka turn back; återvända return

vända sig om turn, turn round

vända upp och ned på ngt turn sth upside-down

vända ut och in på ngt vränga turn sth inside out

vändbar *adj* reversible

vändkors *subst* turnstile

vändkrets *subst* tropic; ***Kräftans*** ~ the tropic of Cancer; ***Stenbockens*** ~ the tropic of Capricorn

vändning *subst* **1** turn; förändring change; ***en*** ~ ***till det bättre*** a change (turn) for the better; ***det tog en ny*** ~ it took a new turn; ***vara kvick*** (***rask, snabb***) ***i*** ~***arna*** be a fast worker, be alert; ***vara långsam i*** ~***arna*** be a slow worker; vara trög be slow on the uptake **2** uttryckssätt: fras phrase; uttryck expression

vändplan *subst* trafik. turning area

vändpunkt *subst* turning-point

vändzon *subst* trafik. turning area

väninna *subst* girlfriend, woman friend

vänja *verb* accustom [*vid* to]; ~ ***sig*** accustom oneself [*vid* to]; bli van grow (get) accustomed [*vid* to], get used [*vid* to]; ~ ***sig vid att göra det*** get into the habit of doing it; ***man vänjer sig snart*** you soon get used to it; ~ ***sig av med att göra det*** break oneself of the habit of doing it

vänkrets *subst* circle of friends

vänlig *adj* kind [*mot* to]; vänskaplig friendly [*mot* to, towards]

vänlighet *subst* kindness [*mot* towards, to], friendliness [*mot* towards, to]; ***visa ngn en*** ~ do sb a kindness

vänort *subst* twin town

vänskap *subst* friendship; ***fatta*** ~ ***för ngn*** become attached to sb; ***för gammal*** ~***s skull*** for old friendship's sake, for old times' sake

vänskaplig *adj* friendly, om förhållande, sätt amicable; ***stå på*** ~ ***fot med ngn*** be on friendly terms with sb

vänskapsband *subst* bond of friendship, tie of friendship

vänskapsmatch *subst* friendly, friendly match

vänster I *adj* o. *adv* left; ~ ***sida*** left side, left-hand side; se *höger I* för vidare ex.

II *subst* **1** polit., ~***n*** the Left **2** sport., ***en rak*** ~ a straight left

vänsteranhängare *subst* leftist, leftwinger

vänsterback *subst* left back

vänsterhänt *adj* left-handed

vänsterorienterad *adj*, ***vara*** ~ be left-wing

vänsterparti *subst* left-wing party

vänsterprassel *subst* vard., ***ett*** ~ an affair on the side

vänsterprassla *verb* have an affair on the side

vänstertrafik *subst* left-hand traffic

vänstervriden *adj* polit., ***vara*** ~ be left-wing; ***en*** ~ a left-winger

vänstervridning *subst* polit. left-wing views pl.

vänta I *verb* wait [*på* for]; invänta await; ~ ***sig*** förvänta sig expect [*av* of, from]; ***var god och*** ~ i telefon hold the line, please; ***inte veta vad som*** ~***r en*** not know what may be in store for one; ***jag*** ~***r dem i morgon*** I am expecting them tomorrow; ***få*** ~ have to wait; ***det hade jag inte*** ~***t mig av honom*** I didn't expect that from (of) him; ***det är att*** ~ it is to be expected; ~ ***med att göra ngt*** put off sth, postpone sth, put off (postpone) doing sth; ~ ***på att han ska göra det*** wait for him to do it; ***låta ngn*** ~ ***på sig*** keep sb waiting; ***svaret lät inte*** ~ ***på sig*** the answer was not long in coming

II *verb* med betonad partikel

vänta in: ***tåget*** ~***s in kl. 10*** the train is due in at ten o'clock

vänta ut ngn tills ngn kommer wait for sb to come

väntan *subst* waiting; förväntan expectation; ***i*** ~***n på*** waiting for

väntelista *subst* waiting list

väntetid *subst* wait, waiting time

väntrum *subst* o. **väntsal** *subst* waiting room

väpnad *adj* armed

1 värd *subst* host; hyresvärd landlord
2 värd *adj* worth; värdig worthy of; ***pjäsen är ~ att ses*** the play is worth seeing; ***det är inte mödan värt*** it is not worth while; ***det är inte värt att gå dit*** a) it's no use going there b) det är inte tillrådligt you'd better not go there
värde *subst* value; spec. inre värde worth; ***sätta stort ~ på ngt*** attach great value to sth, attach great importance to sth; ***falla (minska, sjunka) i ~*** fall in value; ekon. depreciate; ***stiga (gå upp) i ~*** rise in value; ekon. rise in value, appreciate
värdebeständig *adj* stable in value
värdebrev *subst* rekommenderat registered letter; assurerat insured letter
värdefull *adj* valuable
värdeförsändelse *subst* om paket: assurerat insured parcel; rekommenderat registered parcel; om brev se *värdebrev*
värdehandling *subst* valuable document
värdelös *adj* worthless, valueless
värdeminskning *subst* depreciation, decrease in value
värdepapper *subst* security; obligation bond; aktie share, amer. stock
värdera *verb* **1** fastställa värdet på value, estimate, estimate the value of **2** uppskatta value; sätta värde på appreciate
värdering *subst* valuation, estimation
värderingsman *subst* official valuer
värdesak *subst* article of value, object of value; *~**er*** valuables
värdestegring *subst* increase in value, rise in value
värdesätta *verb* se *värdera*
värdfolk *subst* vid bjudning host and hostess
värdig *adj* **1** worthy; förtjänt av worthy of; passande fitting **2** om egenskap dignified
värdighet *subst* **1** egenskap dignity [*i* of]; ***han ansåg det vara under sin ~ att göra det*** he considered it beneath him to do so, he considered it beneath his dignity to do so **2** ämbete etc. office, position; rang rank
värdigt *adv* with dignity
värdinna *subst* hostess; hyresvärdinna, pensionatsvärdinna landlady
värdland *subst* host country
värdshus *subst* gästgivargård inn; restaurang restaurant
värdshusvärd *subst* innkeeper, landlord
värja I *verb* försvara defend; ***~ sig*** defend oneself [*mot* against]
II *subst* rapier
värk *subst* ache, pain; ***~ar*** födslovärkar labour pains; ***reumatisk ~*** rheumatic pains pl.
värka *verb* ache; ***fingret värker*** my finger aches
värktablett *subst* painkiller
värld *subst* world; jord earth; ***jag vill inte såra henne för allt i ~en*** I don't want to hurt her for anything in the world; ***vad i all ~en har hänt?*** what on earth has happened?; ***vem i all ~en...?*** who on earth...?; ***i hela ~en*** all over the world, over the whole world; ***komma sig upp i ~en*** come up in the world; ***komma till ~en*** come into the world; ***vi måste få saken ur ~en*** let's have done with it
världsalltet *subst* the universe
världsatlas *subst* atlas of the world
världsbekant *adj*, ***hon är ~*** she is known all over the world
världsberömd *adj* world-famous
världsbild *subst* conception of the world
världsdel *subst* part of the world, continent
världsfrånvarande *adj*, ***han är ~*** he is living in a world of his own
världshandel *subst* world trade, world commerce
världshav *subst* ocean
världskarta *subst* map of the world
världsklass *subst*, ***en fotbollsspelare i ~*** a world-class footballer
världskrig *subst* world war; ***första ~et*** World War I (uttalas one); ***andra ~et*** World War II (uttalas two)
världskris *subst* world crisis
världslig *adj* motsats: andlig worldly
världslighet *subst* worldliness
världsmakt *subst* world power
världsmedborgare *subst* citizen of the world
världsmästare *subst* o. **världsmästarinna** *subst* world champion
världsmästerskap *subst* world championship
världsomfattande *adj* world-wide, global
världsomsegling *subst* seglats sailing trip round the world
världsrekord *subst* world record; ***slå ~*** beat the world record
världsrykte *subst* world fame, world reputation
världsrymden *subst* outer space
världsvan *adj* urbane
världsåskådning *subst* outlook on life, view of life
värma *verb* warm, heat; ***~ sig*** warm oneself, get warm
värme *subst* **1** warmth; fys. el. hög heat; ***vid 30***

graders ~ at 30 degrees above zero
2 uppvärmning heating
värmealstrande *adj* heat-producing
värmebehandling *subst* med. heat treatment, thermotherapy
värmebeständig *adj* heatproof, heat-resistant
värmebölja *subst* heatwave
värmeflaska *subst* hot-water bottle
värmelampa *subst* infrared lamp
värmeledande *adj* heat-conducting
värmeledning *subst* anläggning heating, central heating
värmeledningselement *subst* radiator
värmepanna *subst* boiler
värmeplatta *subst* hotplate
värmepump *subst* heat pump
värmeskåp *subst* warming cupboard
värn *subst* försvar defence [*mot* against]; beskydd protection [*mot* against]
värna *verb*, ~ el. ~ ***om*** defend [*mot* against], protect [*mot* against]
värnlös *adj* defenceless

värnplikt
Varken Storbritannien eller USA har allmän värnplikt. De har i stället yrkesarméer. I händelse av krig kan man kalla in personer som genomgått militärutbildning. I Storbritannien kallas detta *conscription*, i USA *drafting*.

värnplikt *subst*, ***allmän*** ~ compulsory military service; ***göra ~en*** do one's military service
värnpliktig *adj*, ***han är*** ~ he is liable for military service; ***en*** ~ a conscript, amer. draftee
värpa *verb* lay
värphöna *subst* laying hen, layer
värpning *subst* laying
värre *adj* o. *adv* worse; ***dess*** ~ tyvärr unfortunately; ***det blir bara*** ~ it's getting worse and worse; ***det gör bara saken*** ~ it only makes matters worse; ***det var ~ det*** det var tråkigt that's too bad, what a nuisance
värst I *adj* worst; ***i ~a fall*** if the worst comes to the worst; ***det är det ~a jag vet*** it's a thing I can't stand; ***det ~a var att...*** the worst of it was that...
II *adv* worst, the worst; ***han blev ~ skadad*** he got injured worst, he got injured the worst; ***filmen var inte så ~ bra*** the film was not all that good, the film was not very good
värsting *subst* vard. bad boy; ungdomsbrottsling hardened young offender
värva *verb* rekrytera recruit, enlist; t.ex. fotbollspelare sign; ~ ***ngn för en sak*** enlist sb in a cause; ~ ***röster*** solicit votes
värvning *subst* recruiting, recruitment, enlistment; ***ta*** ~ enlist [*vid* in], join the army
väsa *verb* hiss; ~ ***fram*** hiss, hiss out
väsen *subst* **1** någots innersta natur essence; beskaffenhet nature; läggning character, disposition personlighet **2** varelse being **3** oväsen noise, row; ***mycket ~ för ingenting*** a lot of fuss about nothing, much ado about nothing
väsentlig *adj* essential [*för* to]; betydande considerable; ***i allt ~t*** in all essentials
väska *subst* bag, case; handväska handbag, spec. amer. purse
väskryckare *subst* bag-snatcher
väsnas *verb* make a noise, make a fuss
vässa *verb* sharpen; bryna whet

väst
Lägg märke till att *vest* betyder undertröja på brittisk engelska. Undertröja heter *undershirt* på amerikansk engelska.

1 väst *subst* plagg waistcoat, amer. vest
2 väst I *subst* väderstreck the west
II *adv* west [*om* of], to the west [*om* of]; se *nord-* för sammansättningar
västanvind *subst* west wind, westerly wind
väster I *subst* väderstreck the west; ***Västern*** the West
II *adv* west [*om* of], to the west [*om* of]
västerifrån *adv* from the west
Västerlandet *subst* the West
västerländsk *adj* western
västerlänning *subst* Westerner
västerut *adv* åt väster westward, westwards; i väster in the west; ***resa*** ~ go west
Västeuropa Western Europe
Västindien the West Indies pl.
västlig *adj* från el. mot väst, om t.ex. riktning, läge westerly; om vind west, westerly; i väst western
västra *adj* t.ex. sidan the west; t.ex. delen the western; se *norra* för ex.

Västtyskland hist. West Germany
väta *verb* wet
väte *subst* kem. hydrogen
väteklorid *subst* kem. hydrogen chloride
vätesuperoxid *subst* kem. hydrogen peroxide
vätska *subst* liquid; kroppsvätska body fluid
väv *subst* web; material fabric, woven fabric; vävnadssätt weave
väva *verb* weave
vävare *subst* weaver
vävd *adj* woven
vävnad *subst* **1** vävning weaving **2** konkret woven fabric **3** fysiol. tissue
vävnadsindustri *subst* textile industry
vävning *subst* weaving
vävstol *subst* loom
växa I *verb* grow; öka increase; ***det växer mig över huvudet*** it's getting beyond my control; ***vara situationen vuxen*** be equal to the occasion
II *verb* med betonad partikel
växa bort: ***det växer bort*** it will disappear
växa ifrån ngt grow out of sth, outgrow sth
växa igen om stig become overgrown with weeds
växa ihop grow together
växa till:: ***flickan har vuxit till sig*** she has grown into a fine girl
växa upp grow up, grow
växa ur sina kläder grow out of one's clothes
växande *adj* growing; ökande increasing
växel *subst* **1** växelpengar change, small change **2** på bil gear; ***köra på tvåans ~*** drive in second gear **3** spårväxel switch **4** tele. exchange; växelbord switchboard
växelbruk *subst* lantbr. rotation of crops
växelkontor *subst* exchange office
växelkurs *subst* rate of exchange, exchange rate
växellåda *subst* gear box
växelspak *subst* gear lever, spec. amer. gearshift
växelström *subst* alternating current, AC
växelvis *adv* alternately; i tur och ordning by turns
växla *verb* **1** t.ex. pengar change; ***kan du ~ 100 kronor åt mig?*** can you give me change for 100 kronor?; ***~ en sedel*** cash a note **2** utbyta t.ex. ord, ringar exchange **3** järnv. shunt, switch **4** skifta vary; ändra sig change **5** bil. change gear, spec. amer. shift gear; ***~ till lägre växel*** change to a lower gear; om tåg shunt **6** ***~ om*** alternate
växlande *adj* varying, changing; vindar variable; natur varied
växt *subst* **1** tillväxt growth; ökning increase; kroppsväxt build; längd height, stature; ***han är liten till ~en*** he is short in stature **2** planta plant; ört herb **3** svulst growth, tumour
växthus *subst* greenhouse, hothouse
växthuseffekt *subst* greenhouse effect
växthusgas *subst* greenhouse gas
växtriket *subst* the vegetable kingdom
växtvärk *subst* growing pains pl.
vördnad *subst* reverence, veneration; aktning respect; ***visa ~ för ngn*** show sb respect
vördnadsbetygelse *subst* token of respect, mark of respect
vördnadsbjudande *adj* venerable; friare imposing
vördnadsfull *adj* respectful
vördsam *adj* respectful

Ww

Wales Wales
walesare *subst* Welshman (pl. Welshmen); ***walesarna*** som nation the Welsh
walesisk *adj* Welsh; se *svensk-* för sammansättningar
walesiska *subst* (se *svenska* för ex.) **1** kvinna Welshwoman (pl. Welshwomen) **2** språk Welsh
Warszawa Warsaw
watt *subst* elektr. watt
wc *subst* WC, toilet, lavatory
webb *subst* data., *~**en*** the web, World Wide Web
webbplats *subst* data. web site
wellpapp *subst* corrugated paper; tjockare corrugated cardboard
weltervikt *subst* sport. welterweight
whisky *subst* whisky; amerikansk el. irländsk whiskey
whiskygrogg *subst* whisky and soda
whiskypinne *subst* tot of whisky, dram of whisky
whiteboard *subst* skrivtavla whiteboard
Wien Vienna
wienare *subst* Viennese (pl. lika)
wienerbröd *subst* Danish pastry, vard. Danish
wienerkorv *subst* frankfurter, spec. amer. wienerwurst, vard. wiener, wienie
wienerlängd *subst* ungefär long bun plait
wienerschnitzel *subst* Wiener schnitzel
wienervals *subst* Viennese waltz
wild card *subst* sport. wild card
wire *subst* cable; tunnare wire
wok *subst* kok. wok, stir-fry
woka *verb* kok. wok, stir-fry

x-krok *subst* x-hook, angle-pin picture hook
X-kromosom *subst* X-chromosome
xylofon *subst* musik. xylophone
xylofonist *subst* musik. xylophonist

yacht *subst* yacht
Y-kromosom *subst* Y-chromosome
yla *verb* howl
ylande *subst* howling
ylle *subst* wool; ***filt av*** ~ woollen blanket
yllefilt *subst* woollen blanket
yllestrumpa *subst* woollen stocking; kortare woollen sock
ylletröja *subst* jersey, sweater
ylletyg *subst* woollen cloth, woollen fabric
yllevaror *subst pl* woollens, woollen goods
ymnig *adj* riklig abundant, om regn, snöfall heavy
ymnigt *adv* abundantly, heavily
ympa *verb* **1** träd graft **2** med. inoculate
ympning *subst* **1** av träd graft, grafting **2** med. inoculation
yngel *subst* koll. fry (vanligen pl.); grodyngel tadpole
yngla *verb* om t.ex. groda spawn; ~ ***av sig*** breed
yngling *subst* youth, young man
yngre *adj* younger; nyare more recent; i tjänsten junior; ***en*** ~ rätt ung ***man*** a youngish man
yngst *adj* youngest
ynklig *adj* ömklig pitiable; eländig, usel miserable, wretched; futtig paltry
ynkrygg *subst* coward; stackare wretch
ynnest *subst* favour
yoga *subst* yoga
yoghurt *subst* yoghurt, yogurt
yppa *verb* röja reveal, uppenbara disclose; ~ ***sig*** erbjuda sig present itself, om tillfälle etc. arise, turn up; uppstå arise
ypperlig *adj* utmärkt excellent, superb; förstklassig first-rate
ypperst *adj* förnämst finest, best
yppig *adj* om växtlighet luxuriant; fyllig buxom; om figur full; ~ ***barm*** ample bosom
yr *adj* dizzy [*av* with], giddy [*av* with]; ***bli*** ~ el. ***bli*** ~ ***i huvudet*** get dizzy, get giddy; ~ ***i mössan*** bewildered
yra I *subst* vild framfart frenzy; glädjeyra delirium of joy; ***i segerns*** ~ in the flush of victory
II *verb* **1** rave; om febersjuk be delirious; ~ ***om ngt*** rave about sth **2** om snö, sand whirl about
yrka *verb*, ~ el. ~ ***på*** fordra demand; resa krav på call for; som rättighet claim; kräva insist
yrkande *subst* begäran demand; jur. claim

yrken

affärsbiträde *shop assistant* (amer. *salesclerk*), apotekare *chemist*, bilmekaniker *car mechanic*, brevbärare *postman* (amer. *mailman*), dataprogrammerare *computer programmer*, frisör *hairdresser*, läkare *doctor*, murare *bricklayer*, målare *painter*, optiker *optician*, rörmontör *plumber*, sjuksköterska *nurse*, snickare *carpenter*, tandläkare *dentist*

yrke *subst* med högre utbildning, konstnärligt profession; inom hantverk el. handel trade; sysselsättning occupation; arbete job; ***utöva ett*** ~ practise a profession; inom hantverk el. handel carry on a trade; ***välja*** ~ choose a career; ***till*** ~***t*** by profession
yrkesarbetande *adj* gainfully employed
yrkesarbetare *subst* skilled worker
yrkesförare *subst* commercial driver
yrkeskvinna *subst* professional woman
yrkesman *subst* fackman professional; hantverkare craftsman
yrkesmusiker *subst* professional musician
yrkesmässig *adj* t.ex. om förfarande professional; t.ex. om trafik commercial
yrkesorientering *subst*, ***praktisk*** ~ practical vocational guidance
yrkessjukdom *subst* occupational disease
yrkesskada *subst* industrial injury
yrkesskicklig *adj* skilled; ***hon är*** ~ she is skilled in her trade
yrkesskicklighet *subst* professional skill; hantverksskicklighet craftsmanship
yrkesutbildad *adj* skilled, trained
yrkesutbildning *subst* vocational training
yrkesutövning *subst* exercise of a profession; inom hantverk el. handel exercise of a trade
yrkesval *subst* choice of a profession; inom hantverk el. handel choice of a trade
yrkesvana *subst* professional experience, experience in one's trade
yrkesvägledare *subst* careers officer, careers advisor, amer. career counselor
yrkesvägledning *subst* vocational (careers) guidance, amer. vocational (career) counseling

yrsel *subst* svindel dizziness; feberyra delirium
yrsnö *subst* drift snow
yrvaken *adj* drowsy, still half asleep
yrväder *subst* snowstorm, blizzard
yster *adj* livlig frisky, boisterous
yta *subst* surface; areal area
ytbehandla *verb* tekn. finish
ytbeklädnad *subst* facing
ytlig *adj* superficial, om person shallow
ytlighet *subst* superficiality; hos person superficiality, shallowness
ytmått *subst* square measure
ytter *subst* sport. winger
ytterbana *subst* outside track
ytterdörr *subst* outer door, front door
ytterficka *subst* outside pocket
ytterkant *subst* outer edge, outside edge
ytterkläder *subst pl* outdoor clothes
ytterlig *adj* extreme, excessive; fullständig utter
ytterligare I *adj* vidare further; ett till additional; mer more
II *adv* vidare further; i ännu högre grad additionally; ännu mera still more; ~ ***två månader*** another two months
ytterlighet *subst* extreme; ytterlighetsåtgärd extremity
ytterlighetsparti *subst* extremist party
ytterlighetsåtgärd *subst* extreme measure; ***~er*** extreme measures, extremities
ytterområde *subst* fringe area; förort suburb
ytterplagg *subst* outdoor garment
ytterrock *subst* overcoat
yttersida *subst* outer side; utsida outside, exterior
ytterskär *subst*, ***åka*** ~ vid skridskoåkning do the outside edge
ytterst *adv* **1** längst ut farthest out **2** i högsta grad extremely, most
yttersta *adj* **1** längst ut belägen outermost; längst bort belägen farthest; friare utmost **2** sist last; om t.ex. orsak ultimate; ***ligga på sitt*** ~ be at death's door **3** störst, högst utmost, extreme; ***göra sitt*** ~ do one's utmost; ***utnyttja ngt till det*** ~ exploit sth to the utmost
yttertak *subst* roof
yttra *verb* **1** uttala utter; säga say; t.ex. sin mening express **2** ~ ***sig*** a) uttala sig express an opinion [*om* about, on], give one's opinion [*om* about, on]; ta till orda speak b) visa sig show itself [*i* in]; ***hur ~r sig sjukdomen?*** what are the symptoms of the disease?
yttrande *subst* **1** uttalande remark, utterance; anförande statement **2** utlåtande opinion [*över*, *i* on]
yttrandefrihet *subst* freedom of speech
yttranderätt *subst* right of free speech
yttre I *adj* **1** längre ut belägen outer, utanför el. som är utanpå exterior, external; ~ ***likhet*** outward resemblance; ~ ***skada*** external injury **2** som kommer utifrån external; ~ ***våld*** physical violence
II *subst* exterior; ngns yttre external appearance; ***till det*** ~ outwardly, externally
yttring *subst* manifestation [*av* of]
yvas *verb*, ~ ***över ngt*** pride oneself on sth, be proud of sth
yvig *adj* om hår etc. bushy, tät thick; ~ ***gest*** sweeping gesture
yxa I *subst* axe, spec. amer. ax; med kort skaft hatchet; ***kasta ~n i sjön*** throw up the sponge, throw in the towel
II *verb*, ~ ***till*** rough-hew
yxskaft *subst* axe handle

Zz

Zaire hist. Zaire
Zambia Zambia
zambier *subst* Zambian
zambisk *adj* Zambian
zappa *verb* vard., växla mellan tv-kanaler zap
zebra *subst* zebra
zenit *subst* astron. zenith; ***stå i ~*** be at the zenith; ***nå ~ i sin karriär*** reach the zenith of one's career
zigenare *subst* gypsy, gipsy
zigenarliv *subst* gypsy life
zigenerska *subst* gypsy woman
Zimbabwe Zimbabwe
zimbabwier *subst* Zimbabwean
zimbabwisk *adj* Zimbabwean
zink *subst* zinc
zinksalva *subst* zinc ointment
zodiaken *subst* astrol. the zodiac
zodiaktecken *subst* astrol. sign of the zodiac, star sign
zon *subst* zone, friare area
zongräns *subst* zonal boundary; trafik. fare stage
zontaxa *subst* avgift zone tariff
zonterapeut *subst* zone therapist
zonterapi *subst* zone therapy
zoo *subst* zoologisk trädgård zoo
zooaffär *subst* pet shop
zoolog *subst* zoologist
zoologi *subst* zoology
zoologisk *adj* zoological; ***~ affär*** pet shop; ***~ trädgård*** zoological gardens pl., Zoo
zoom *subst* foto. zoom
zooma *verb* foto. zoom; ***~ in*** zoom in; ***~ ut*** zoom out

Åå

1 å *subst* small river, stream; ***gå över ~n efter vatten*** take a lot of unnecessary trouble
2 å *prep* se *på I*
3 å *interj* oh!
åberopa *verb* hänvisa till refer to
åbäke *subst* om sak monstrosity; ***ditt ~!*** you big lump!
åbäkig *adj* unwieldy, clumsy
ådagalägga *verb* lägga i dagen manifest; visa show, display
åder *subst* vein
åderbråck *subst* varicose veins pl.
åderförkalkad *adj*, ***han börjar bli ~*** vard. he's getting senile
åderförkalkning *subst* hardening of the arteries, vard. senility; med. arteriosclerosis
åderlåta *verb* bleed
1 ådra I *subst* vein
II *verb* förse med ådror vein; sten, trä grain
2 ådra *verb* låta bli utsatt för cause; ***~ sig*** sjukdom contract; förkylning catch; utsätta sig för incur; uppmärksamhet attract; ***~ sig skulder*** incur debts
åh *interj* oh!
åhå *interj* oh!, oho!, I see!
åhörare *subst* listener; ~ pl. audience
åhörarläktare *subst* public gallery
åhörarplatser *subst pl* public seats; på teater etc. auditorium sing.
åhörarskara *subst* audience
åka I *verb* **1** fara go, som passagerare ride; köra drive; vara på resa travel; ***~ bil*** go by car; ***~ buss*** go by bus, travel by bus; ***~ båt*** go by boat; ***~ cykel*** ride a bicycle; ***~ gratis*** travel free of charge; ***~ hiss*** go by lift; ***~ motorcykel*** ride a motor cycle; ***~ tåg*** go by train; ***~ på semester*** go on holiday, amer. go on a vacation; ***jag fick ~ med honom till stationen*** he gave me a lift to the station **2** glida, halka slip, glide
II *verb* med betonad partikel
åka av halka av slip off
åka bort resa go away
åka dit vard., bli fast be caught, get caught
åka fast be caught [*för* for], get caught [*för* for]
åka förbi go past; köra drive past; passera

pass
åka med: ***låta ngn ~ med*** give sb a lift; ***får jag ~ med?*** may I have a lift?
åka om overtake, pass
åka på 1 kollidera med run into **2** vard., råka ut för ~ ***på en förkylning*** catch a cold
åka upp glida upp slip up; öppna sig open up
åka ur sport. **1** flyttas ner be relegated **2** ur en tävling be knocked out
åkarbrasa *subst*, ***ta sig en ~*** slap one's arms against one's sides to keep warm
åker *subst* åkerjord arable land; åkerfält field
åkerbruk *subst* agriculture, farming
åkeri *subst* haulage contractors, road carriers pl.
åklagare *subst* prosecutor; ***allmän ~*** public prosecutor, amer. district attorney
åkomma *subst* complaint
åkpåse *subst* i barnvagn toes muff
åksjuk *adj* travel-sick
åksjuka *subst* travel sickness
åktur *subst* drive, ride; ***göra en ~*** go for a drive, go for a ride, vard. go for a spin
ål *subst* eel; havsål conger eel
åla *verb*, ***~ sig*** worm one's way, crawl along
ålder *subst* age; ***i en ~ av 70 år*** el. ***vid 70 års ~*** at the age of 70; ***han är i min ~*** he is my age; ***när jag var i din ~*** when I was your age; ***barn i ~n 10—15*** children between 10 and 15 years of age
ålderdom *subst* old age; ***på ~en*** in one's old age
ålderdomlig *adj* gammal old; gammaldags old-fashioned; om t.ex. språk archaic
ålderdomshem *subst* home for old people
åldersdiskriminering *subst* ageism
åldersgräns *subst* age limit
ålderspension *subst* retirement pension
åldersskillnad *subst* difference in age
ålderstigen *adj* aged, advanced in years
ålderstillägg *subst* ungefär seniority allowance
åldrad *adj* aged
åldras *verb* age, grow old, grow older
åldrig *adj* aged
åldring *subst* old man, old woman
åliggande *subst* plikt duty; skyldighet obligation; uppgift task
ålägga *verb* beordra order, instruct
ånga I *subst* steam (endast sing.); dunst vapour (endast sing.)
II *verb* steam
ångare *subst* o. **ångbåt** *subst* steamboat; större steamer
ånger *subst* regret; samvetskval remorse [*över* at]
ångerfull *adj* regretful [*över* at], repentant [*över* of]
ångervecka *subst* cooling-off period week in which one has the right to cancel a hire-purchase agreement
ångest *subst* anxiety [*för* about]
ångestfylld *adj* anxiety-ridden, agonized, anguished
ångfartyg *subst* steamship (förk. S/S, SS)
ångkoka *verb* steam
ångmaskin *subst* steam-engine
ångpanna *subst* boiler
ångra *verb* regret, be sorry for; ***jag ~r att jag gjorde det*** I regret doing it; ***~ sig*** a) känna ånger regret it, be sorry b) ändra sig change one's mind
ångstrykjärn *subst* steam iron
ångvält *subst* steam-roller
ånyo *adv* anew, again
år *subst* year; ***hon dog ~ 2006*** she died in 2006, she died in the year 2006; ***förra ~et*** last year; ***hon fyller ~ i morgon*** tomorrow is her birthday; ***hon är tjugo ~*** el. ***hon är tjugo ~ gammal*** she is twenty years old, she is twenty years of age; ***~et om*** el. ***~et runt*** all the year round; ***så här ~s*** at this time of the year; ***ett två ~ gammalt barn*** a two-year-old child, a

åldersgränser

ÅLDER I STORBRITANNIEN FÅR MAN:

16 gifta sig om man har föräldrarnas medgivande, ha sexuellt umgänge
17 börja övningsköra, ta körkort
18 rösta, köpa och dricka alkohol, se filmer som innehåller sex och våld, gifta sig utan att behöva föräldrarnas tillstånd

I USA FÅR MAN:

15 ta körkort i vissa stater
16 ta körkort i de flesta stater
18 rösta, gifta sig utan att behöva föräldrarnas tillstånd, dricka öl och vin
21 dricka starksprit

I Storbritannien anses man vuxen vid 18 års ålder. I USA kan åldersgränserna skilja sig från stat till stat.

child of two; ~ ***från*** ~ el. ~ ***för*** ~ year by year; ***i*** ~ this year; ***i många*** ~ for many years; om framtid for many years to come; ***han är en man i sina bästa*** ~ he is in the prime of his life; ***med ~en*** over the years; ***om två*** ~ in two years' time; ***två gånger om ~et*** twice a year; ***under ~ens lopp*** in the course of time; ***vid mina*** ~ at my age

åra *subst* oar; paddelåra paddle

åratal *subst*, ***i*** ~ el. ***på*** ~ for years, for years and years

årgång *subst* **1** av tidning etc. year's issue; spec. bunden annual volume; ***gamla ~ar av Newsweek*** back copies av Newsweek **2** av vin vintage

årgångsvin *subst* vintage wine

århundrade

På engelska använder man vanligen ordet *century* för svenskans 1900-talet osv. Lägg märke till skillnaden:
the 19th *century* artonhundratalet (= nittonde århundradet)
the 20th *century* nittonhundratalet (= tjugonde århundradet)
the 21st *century* tjugohundratalet (= tjugoförsta århundradet)

århundrade *subst* century

årklyka *subst* rowlock, amer. oarlock

årlig *adj* annual, yearly

årligen *adv* annually, yearly, every year

årsavgift *subst* annual charge; i förening etc. annual subscription

årsberättelse *subst* annual report

årsbok *subst* yearbook, annual

årsdag *subst* anniversary [*av* of]

årsinkomst *subst* annual income, yearly income

årskort *subst* annual season ticket

årskull *subst* age group; ***de stora ~arna*** på t.ex. 80-talet the bulge in the birthrate

årskurs *subst* skol. form, amer. grade

årslön *subst* annual salary, yearly salary; ***ha . . . i*** ~ have an annual income of . . .

årsmodell *subst*, ***av senaste*** ~ of the latest model

årsmöte *subst* annual meeting

årsskifte *subst* turn of the year

årstid *subst* season, time of the year

årtal *subst* date, year

årtionde *subst* decade

årtull *subst* rowlock, amer. oarlock

årtusende *subst* millennium (pl. millennia); ***ett*** ~ vanligen a thousand years

ås *subst* ridge

åsamka *verb* se *2 ådra*

åse *verb* betrakta watch; bevittna witness

åsido *adv* aside; ***skämt*** ~ joking apart

åsidosätta *verb* inte beakta disregard, set aside

åsikt *subst* view [*om* about], opinion [*om* of, about]; ***enligt min*** ~ in my opinion

åska I *subst* thunder; åskväder thunderstorm; ***~n har slagit ned i trädet*** the lightning has struck the tree
II *verb*, ***det ~r*** it is thundering

åskknall *subst* thunderclap

åskledare *subst* lightning-conductor

åskmoln *subst* thundercloud

åsknedslag *subst* stroke of lightning

åskvigg *subst* thunderbolt

åskväder *subst* thunderstorm

åskådare *subst* spectator; mera passiv onlooker; mera tillfällig bystander; ***åskådarna*** publiken: på teater etc. the audience sing.; vid idrottstävling the crowd sing.

åskådarläktare *subst* på t.ex. idrottsplats stand

åskådlig *adj* klar clear

åsna *subst* djur el. person donkey, ass

åstadkomma *verb* få till stånd bring about; förorsaka cause, make; frambringa produce; prestera achieve

åsyfta *verb* aim at; avse, mena intend, mean; hänsyfta på refer to

åsyn *subst* sight; ***i ngns*** ~ in sb's presence

åt I *prep* till to; i riktning mot towards, in the direction of; ~ ***höger*** to the right; ***nicka*** ~ ***ngn*** nod at sb; ***ropa*** ~ ***ngn*** call out to sb; ***skratta*** ~ laugh at; ***ge ngt*** ~ ***ngn*** give sth to sb; ***köpa ngt*** ~ ***ngn*** buy sth for sb; ***två*** ~ ***gången*** two at a time
II *adv*, ***skruva*** ~ ***ngt*** screw sth tight, tighten sth

åta *verb*, ~ ***sig*** ta på sig undertake, take upon oneself, ansvar etc. take on, assume

åtagande *subst* undertaking, engagement

åtal *subst* av åklagare prosecution; av målsägare legal action; ***allmänt*** ~ public prosecution; ***väcka*** ~ ***mot*** take legal proceedings against

åtala *verb* om åklagare prosecute; om målsägare bring an action against; ***bli ~d för stöld*** be prosecuted for theft; ***den ~de*** the defendant

åtalbar *adj* indictable

åtanke *subst*, ***ha ngn (ngt) i ~*** remember sb (sth), bear sb (sth) in mind
åtbörd *subst* gesture
åter *adv* **1** tillbaka back, back again **2** ånyo, igen again, once more; ***öppnas ~*** reopen
återanpassa *verb* rehabilitera rehabilitate
återanpassning *subst* rehabilitation
återanskaffningsvärde *subst* försäkringsterm replacement value
återanvända *verb* re-use; återvinna recycle
återanvändning *subst* re-use; återvinna recycling
återberätta *verb* retell; i ord återge relate
återbesök *subst* hos t.ex. läkare, nästa besök next visit, next appointment; ***göra ~*** make a follow-up visit
återbetala *verb* repay, pay back
återbetalning *subst* repayment
återblick *subst* retrospect (endast sing.) [*på* of]; i bok, film etc. flashback [*på* to]
återbud *subst*, ***ge ~*** om inbjudan a) skriva send word to say that one cannot come b) ringa phone to say that one cannot come
återbäring *subst* refund; hand. rebate; försäkringsterm dividend; ***få ~*** get a dividend
återerövra *verb* recapture, reconquer
återerövring *subst* recapture, reconquest
återfall *subst* med. relapse [*i* into]; ***få ~*** have a relapse
återfinna *verb*, ***~ ngt*** find sth again; ***citatet återfinns på sid. 27*** the quotation is to be found on page 27
återfå *verb*, ***~ ngt*** get sth back, recover sth; ***~ hälsan*** recover one's health, recover
återförena *verb* reunite
återförening *subst* reunion
återförsäljare *subst* detaljist retailer, distributor
återge *verb* **1** tolka render; avbilda reproduce; framställa represent; ***~ i tryck*** reproduce in print **2** ge tillbaka, ***~ ngn hälsan*** restore sb's health
återgivande *subst* o. **återgivning** *subst* reproduction, rendering
återgå *verb* återvända go back; gå tillbaka be returned
återgälda *verb* repay; gengälda return, reciprocate
återhållsam *adj* behärskad restrained; måttfull temperate, moderate
återhållsamhet *subst* restraint; måttfullhet temperance, moderation
återhämta *verb* recover; ***~ sig*** recover [*efter, från* from]
återigen *adv* again
återinföra *verb* reintroduce; varor reimport
återinträde *subst* re-entry [*i* into]
återkalla *verb* **1** kalla tillbaka call ... back; t.ex. ett sändebud recall **2** annullera cancel
återkomma *verb* return, come back; i tanke recur
återkommande *adj* regelbundet recurrent; ***ofta ~*** frequent
återkomst *subst* return
återlämna *verb* give back, return
återresa *subst* journey back; ***på ~n*** on one's way back, on the way back
återse *verb*, ***~ ngn*** see sb again, meet sb again
återseende *subst* reunion; ***på ~!*** be seeing you!
återspegla *verb* reflect, mirror
återspegling *subst* reflection
återstod *subst* rest, remainder; lämning remains pl.
återstå *verb* remain, finnas kvar be left, be left over; ***det ~r att bevisa*** it remains to be proved
återstående *adj* remaining; ***hans ~ dagar*** the rest of his days
återställa *verb* **1** i skick som förut restore **2** lämna tillbaka replace, return
återställare *subst* pick-me-up, bracer; ***han behövde en ~*** talesätt he needed a hair of the dog that bit him
återställd *adj*, ***han är alldeles ~*** he has quite recovered
återsända *verb* send back, return
återta *verb* **1** take back; återerövra recapture; återvinna recover **2** återkalla withdraw; upphäva cancel
återtåg *subst* retreat
återuppliva *verb* revive
återupplivningsförsök *subst* attempt at resuscitation; ***göra ~ på ngn*** make an attempt to bring sb back to life
återuppringning *subst* tele. callback
återupprätta *verb* re-establish; ge upprättelse åt rehabilitate
återuppstå *verb* rise again; friare be revived; ***~ från de döda*** rise from the dead
återuppta *verb*, ***~ ngt*** resume sth, take up sth again
återupptäcka *verb* rediscover
återval *subst* re-election
återverka *verb* react [*på* on], have repercussions [*på* on]
återvinna *verb* **1** win back; återfå regain **2** avfall, mark reclaim; t.ex. aluminium från ölburkar recycle

återvinning *subst* av avfall, mark reclamation; t.ex. aluminium från ölburkar recycling
återvinningsbar *adj* recyclable
återväg *subst* way back
återvälja *verb* re-elect
återvända *verb* return, turn back
återvändo *subst*, ***det finns ingen ~*** there is no turning back
återvändsgata *subst* cul-de-sac
återvändsgränd *subst* blind alley, dead end; ***råka in i en ~*** reach a deadlock
åtgång *subst* förbrukning consumption; avsättning sale
åtgången *adj*, ***den är illa ~*** it has been roughly treated, it has been battered about
åtgärd *subst* measure; mått o. steg step, move; ***vidta ~er*** take measures, take steps
åtgärda *verb*, ***det måste vi ~*** göra något åt we must do something about it
åtkomlig *adj* som kan nås within reach [*för* of]
åtlyda *verb* obey
åtlydnad *subst* obedience
åtlöje *subst* ridicule; ***göra sig till ett ~*** make a laughing-stock of oneself
åtminstone *adv* at least; minst ... at the least; i varje fall at any rate
åtnjuta *verb* enjoy; erhålla receive
åtnjutande *subst* enjoyment; ***komma i ~ av*** benefit by
åtrå I *subst* desire [*efter* for]; spec. sexuellt lust [*efter* for]
II *verb* desire
åtråvärd *adj* desirable
åtsittande *adj* tight, tight-fitting
åtskild *adj* separate; ***ligga ~a*** lie apart
åtskiljas *verb* part
åtskillig *adj* **1** a great deal of, a good deal of **2** ***~a*** flera several
åtskilligt *adv* a good deal, considerably
åtskillnad *subst*, ***göra ~ mellan*** make a distinction between
åtstramning *subst* av kredit squeeze; av ekonomin tightening-up endast sing.
åtstramningspaket *subst* austerity package
åtta I *räkn* eight; ~ ***dagar*** vanligen a week; ~ ***dagar i dag*** this day week; se *fem* för ex. o. *fem-* för sammansättningar
II *subst* eight; se *femma* för ex.
åttahörning *subst* octagon
åtti *räkn* vard. se *åttio*
åttio *räkn* eighty; se *fem* för ex. o. *femtio-* för sammansättningar
åttionde *räkn* eightieth
åttonde *räkn* eighth (förk. 8th); ***var ~ dag*** every week, once a week; se *femte* för ex. o. *femte-* för sammansättningar
åttondel *subst* eighth; se *femtedel* för ex.
åverkan *subst*, ***göra ~ på ngt*** cause damage to sth

Ää

äckel *subst* **1** disgust; ***känna ~ för*** feel disgusted by **2** äcklig person creep, pig
äckelpotta *subst* vard. pig
äckla *verb* nauseate, sicken; friare disgust
äcklig *adj* nauseating, disgusting, vard. yucky
ädel *adj* noble; ***av ~ börd*** of noble birth
ädelmetall *subst* precious metal
ädelost *subst* blue-veined cheese, blue cheese
ädelsten *subst* precious stone; juvel gem, jewel
äga *verb* ha i sin ägo, besitta possess; ha have; vara personlig ägare till, rå om own; ***~ rum*** take place
äganderätt *subst* ownership [*till* of], proprietorship [*till* of]; besittningsrätt right of possession
ägare *subst* owner [*till* of]; till restaurang, firma etc. proprietor [*till* of]

ägg
kokt ägg *boiled egg*, stekt ägg *fried egg*, äggröra *scrambled eggs*, vändstekt *fried on both sides*, stekt på ena sidan *done on one side* (amer. *sunnyside up*), omelett *omelette* (amer. *omelet*)

ägg *subst* egg; ***lägga ~*** lay eggs
äggformig *adj* egg-shaped
äggkopp *subst* egg cup
äggledare *subst* anat. Fallopian tube, oviduct
äggplanta *subst* grönsak aubergine, spec. amer. eggplant
äggröra *subst* scrambled eggs pl.
äggskal *subst* egg shell
äggstanning *subst* baked egg
äggstock *subst* ovary
äggtoddy *subst* egg nog, egg flip
äggula *subst* yolk, egg yolk; ***en ~*** the yolk of an egg; ***två äggulor*** the yolks of two eggs
äggvita *subst* egg white; ***en ~*** the white of an egg; ***två äggvitor*** the whites of two eggs
äggviteämne *subst* protein
ägna *verb* devote [*åt* to]; ***~ sin tid åt...*** devote one's time to...; ***~ sig åt...*** devote oneself to...; ***~ sig åt (utöva) ett yrke*** follow a profession
ägnad *adj*, ***~ att väcka oro*** calculated to cause alarm
ägo *subst*, ***komma i ngns ~*** come into sb's hands, come into sb's possession; ***vara i ngns ~*** be in sb's possession
ägodelar *subst pl* property sing., possessions
äkta *adj* **1** motsats: falsk genuine; autentisk authentic; om silver etc. real; uppriktig sincere; sann, verklig true **2** ***~ hälft*** better half; ***~ makar*** husband and wife, man and wife; ***~ par*** married couple, husband and wife; ***det ~ ståndet*** the married state
äktenskap *subst* marriage; ***~et*** jur. marriage, matrimony; ***efter tio års ~*** after ten years of married life; ***ingå ~ med*** marry; ***född utom ~et*** born out of wedlock
äktenskaplig *adj* matrimonial
äktenskapsannons *subst* matrimonial advertisement
äktenskapsbrott *subst* adultery
äktenskapsförord *subst* premarital settlement
äktenskapsskillnad *subst* divorce
äkthet *subst* genuineness; autenticitet authenticity
äldre *adj* older [*än* than]; framför släktskapsord elder, amer. vanligen older; i tjänst etc. senior [*än* to]; tidigare earlier; ***Sten Sture den ~*** Sten Sture the Elder; ***av ~ datum*** of an earlier date; ***en ~*** rätt gammal ***herre*** an elderly gentleman
äldreomsorg *subst* care of the elderly, geriatric care
äldst *adj* oldest; framför släktskapsord eldest, amer. vanligen oldest, av två ofta older, elder; i tjänst etc. senior; tidigast earliest
älg *subst* elk, amer. moose
älska *verb* **1** love; tycka om like, be fond of **2** ha samlag make love
älskad *adj* beloved; efter subst. vanligen loved; ***~e Jan!*** Jan darling!; i brev My Dear Jan,...
älskare *subst* lover
älskarinna *subst* mistress
älskling *subst* darling, som tilltal love, sweetheart, spec. amer. honey; käresta sweetheart; favorit pet
älsklingsbarn *subst* favourite child; ***familjens ~*** the pet of the family
älsklingsrätt *subst* favourite dish
älskvärd *adj* amiable [*mot* to], charming [*mot* to]
älskvärdhet *subst* amiability, charm

älta *verb*, ~ ***ngt*** go over sth again, dwell on sth
älv *subst* river
älva *subst* fairy, elf (pl. elves)
ämbete *subst* office
ämbetsman *subst* public official, Government official
ämbetsrum *subst* office
ämbetsverk *subst* civil service department
ämna *verb* intend to, mean to

ämnen i skolan
bild *art*, biologi *biology*, franska *French*, fysik *physics*, geografi *geography*, hemkunskap *domestic science*, idrott *sport*, *physical education* (*PE*), *physical training* (*PT*), kemi *chemistry*, matte *maths* (amer. *math*), religion *religious instruction*, syslöjd *sewing*, *needlework*, träslöjd *woodwork*, tyska *German*, samhällskunskap *civics*, spanska *Spanish*, teknik *technology*

ämne *subst* **1** material material **2** stoff, materia matter **3** samtalsämne, skolämne etc. subject; ***hålla sig till ~t*** keep to the subject, keep to the point
ämneskonferens *subst* staff meeting of teachers of the same subject
ämneslärare *subst* specialist teacher, subject teacher
ämnesomsättning *subst* metabolism
än I *adv* **1** se *ännu* **2** också, ***om*** ~ even if; ***ett rum om ~ aldrig så litet*** a room however small; ***hur mycket jag ~ tycker om honom*** however much I like him; ***vad som ~...*** whatever..., no matter what...; ***var jag ~...*** wherever I...; ***vem som ~...*** who ever..., no matter who... **3** ~ ***sen då?*** well, what of it?, so what? **4** ***än..., än...*** sometimes..., sometimes...; ***bli ~ varm ~ kall*** go hot and cold by turns
II *konj* efter komparativ than; ***äldre*** ~ older than
ända I *subst* **1** end; spetsig tip; stump bit, piece; sjö., tågända rope, bit of rope; ***nedre ~n av ngt*** the bottom of sth; ***övre ~n av ngt*** the top end of sth; ***i ena ~n*** at one end; ***gå till*** ~ come to an end; ***vara till*** ~ be at an end **2** vard., persons behind, bottom; ***få ~n ur vagnen*** pull one's finger out, get on with it
II *adv*, ***han bor ~ borta i...*** he lives as far away as...; ~ ***från början*** from the very beginning; ~ ***in i minsta detalj*** down to the very last detail; ~ ***sedan dess*** ever since then; ~ ***till jul*** until Christmas; fram till right up to Christmas; ***resa ~ till London*** go as far as London, go all the way to London
ändamål *subst* purpose; avsikt aim; ***~et med*** the purpose of, the object of, the aim of; ***~et helgar medlen*** the end justifies the means; ***för detta*** ~ for this purpose, to this end
ändamålsenlig *adj*, ***den är*** ~ it is suited to its purpose, it is suitable
ände *subst* se *ända I 1*

ändelse
Ändelser i engelskan:

-s	för 3:e person presens av verb: *he works*
-ed	för imperfekt och perfekt particip av regelbundna verb: *he worked, he has worked.*
-ing	för presens particip av verb: *working*, i t.ex. pågående form (*he is working*).
-s	för plural av substantiv: *boys.*
-'s	för genitiv: *John's book.*
-ly	för adverb: *badly.*
-er, -est	för komparation av adjektiv: *smaller, smallest.*

ändelse *subst* gram. ending, suffix
ändhållplats *subst* terminus
ändra *verb* alter; byta change; ~ ***en klänning*** alter a dress; ~ el. ~ ***på*** alter; mera genomgripande change; ~ ***sig*** förändras alter, change; ändra beslut change one's mind; komma på bättre tankar think better of it
ändring *subst* alteration, change; rättning correction; ***en ~ till det bättre*** a change for the better
ändstation *subst* för tåg, buss etc. terminus
ändtarm *subst* anat. rectum
ändå *adv* **1** likväl yet, still; inte desto mindre nevertheless; trots allt all the same; i vilket fall som helst anyway **2** vid komparativ still, even; ~ ***bättre*** still better, even better **3** ***om du ~ vore här!*** if only you were here!

äng *subst* meadow
ängel *subst* angel
änglalik *adj* angelic
ängslan *subst* anxiety [*för, över* about]; oro alarm [*för, över* about]
ängslas *verb* be anxious [*för, över* about], feel anxious [*för, över* about]; oroa sig worry [*för, över* about]
ängslig *adj* rädd, orolig anxious [*för, över* about], uneasy [*för, över* about]
änka *subst* widow [*efter* of]
änkeman *subst* widower
änkepension *subst* widow's pension
änkling *subst* widower [*efter* of]
ännu *adv* **1** om tid: spec. om ngt ej inträffat yet; fortfarande still; hittills as yet, yet, so far; så sent som only, as late as; ***är hon här ~?*** a) har hon kommit is she here yet? b) är hon kvar is she still here?; ***det har ~ aldrig hänt*** it has never happened so far, it has never happened as yet; ***~ i denna dag*** to this very day; ~ så sent som ***i går*** only yesterday; ***~ så länge*** hittills so far, up to now **2** ytterligare more; ***~ en*** one more, yet another; ***~ en gång*** once more **3** framför komparativ still, even; ***~ bättre*** still better, even better
äntligen *adv* till slut at last, finally; sent omsider at length
äppelmos *subst* apple sauce
äppelträd *subst* apple tree
äpple *subst* apple
äppleskrutt *subst* apple core
ära I *subst* honour; beröm credit; berömmelse glory, renown; ***ge ngn ~n för ngt*** give sb the credit for sth; ***det gick hans ~ för när*** that wounded his pride; ***ha ~n att träffa ngn*** have the honour of meeting sb, have the pleasure of meeting sb; ***jag har den ~n!*** el. ***har den ~n!*** på födelsedag many happy returns!, many happy returns of the day!, happy birthday!; ***sätta en ~ i att göra ngt*** make a point of doing sth; ***ta åt sig ~n av ngt*** take the credit for sth; ***dagen till ~*** in honour of the day; ***en fest till ngns ~*** a party in sb's honour
II *verb* honour
ärad *adj* honoured; aktad esteemed
äregirig *adj* ambitious
ärekränkande *adj* defamatory; i skrift libellous
ärekränkning *subst* defamation; i skrift libel
ärelysten *adj* ambitious
ärende *subst* **1** uträttning errand; ***gå ~n*** om bud go on errands; ***ha ett ~ till stan*** have business in town, have something to do in town; ***skicka ngn i ett ~*** send sb on an errand **2** fråga matter; ***offentliga ~n*** public affairs; ***övriga ~n*** vid sammanträde any other business
ärevarv *subst* sport. lap of honour
ärftlig *adj* hereditary
ärftlighet *subst* biol. heredity; om sjukdom hereditariness
ärftlighetslära *subst* genetics (med verb i sing.)
ärg *subst* verdigris
ärkebiskop *subst* archbishop
ärkefiende *subst* arch-enemy
ärla *subst* fågel wagtail
ärlig *adj* honest [*mot* to]; hederlig honourable; rättvis fair; ***med ~a eller oärliga medel*** by fair means or foul
ärlighet *subst* honesty; ***~ varar längst*** ordspr. honesty is the best policy
ärligt *adv*, ***~ talat*** to be honest
ärm *subst* sleeve
ärmhål *subst* armhole
ärmlös *adj* sleeveless
ärr *subst* scar
ärrig *adj* scarred; koppärrig pockmarked
ärt *subst* o. **ärta** *subst* pea
ärtbalja *subst* o. **ärtskida** *subst* pod, pea pod
ärtsoppa *subst* pea soup
ärva *verb* inherit [*av, efter* from]; ***~ pengar*** come into money; ***~ ngn*** be sb's heir
ärvd *adj* inherited; medfödd hereditary
äsch *interj* oh!, pooh!
äska *verb* anslag etc. ask for, demand; ***~ tystnad*** call for silence
äss *subst* ace
äta *verb* eat; ***~ upp*** eat up; ***~ upp sina ord*** eat one's words; ***vad ska vi ~ till middag?*** what shall we have for dinner?
ätbar *adj* eatable; ej giftig, om t.ex. svamp edible
ätbarhet *subst* edibility
ätlig *adj* edible
ätstörning *subst* eating disorder
ätt *subst* family; kunglig dynasty
ättika *subst* vinegar; ***lägga in i ~*** pickle
ättiksgurka *subst* sour pickled gherkin
ättiksprit *subst* vinegar essence
ättiksyra *subst* acetic acid
ättling *subst* descendant, offspring (pl. lika)
även *adv* **1** också also, ...too; likaledes ...as well as; ***inte blott...utan ~*** not only...but also... **2** till och med even; ***~ om*** even if, even though
äventyr *subst* **1** adventure **2** flirt, romans affair
äventyra *verb* risk, hazard, jeopardize
äventyrare *subst* adventurer

äventyrlig *adj* adventurous; riskabel risky
äventyrsfilm *subst* adventure film
äventyrslust *subst* love of adventure
äventyrslysten *adj* adventure-loving

Öö

ö *subst* island; i vissa önamn el. poetiskt isle; ***på en ~*** in an island, liten on an island
öbo *subst* islander
1 öde *subst* fate; bestämmelse destiny; ***~t*** Fate, Destiny; lyckan Fortune; ***ett grymt ~*** a cruel fate
2 öde *adj* waste; ödslig desolate, deserted; ***en ~ ö*** a deserted island
ödelägga *verb*, ***~ ngt*** lägga öde lay sth waste; förhärja ravage sth, devastate sth
ödeläggelse *subst* devastation, ruin, destruction
ödemark *subst* vildmark wilderness; obygd wilds
ödesdiger *adj* fatal; olycksbringande disastrous
ödesmättad *adj* fateful, fatal
ödla *subst* djur lizard
ödmjuk *adj* humble; undergiven meek
ödmjukhet *subst* humility, humbleness
ödsla *verb*, ***~ med*** be wasteful with; ~ el. ***~ bort*** waste, squander
ödslig *adj* desolate; dyster dreary
öga *subst* eye; ***få upp ögonen för*** become alive to; inse realize; ***ha ~ för*** have an eye for; ***han har ögonen med sig*** he keeps his eyes open; ***ha ett gott ~ till ngn*** have a soft spot for sb; ***ha ett gott ~ till ngt*** have one's eye on sth; ***hålla ett ~ på*** keep an eye on; ***kasta ett ~ på*** have a look at; ***~ för ~*** an eye for an eye; ***med blotta ~t*** with the naked eye; ***mellan fyra ögon*** in private, privately; ***stå ~ mot ~ med*** stand face to face with; ***det var nära ~t!*** that was a narrow escape!, that was a close shave!
ögla *subst* loop, eye
ögna *verb*, ***~ igenom*** glance through
ögonbindel *subst* blindfold; ögonförband eye bandage
ögonblick *subst* moment; ***ett ~!*** one moment please!; ***vilket ~ som helst*** at any moment; ***för ~et*** för tillfället for the moment, just now; ***i samma ~*** at that very moment; ***om ett ~*** el. ***på ~et*** in a moment, in an instant; ***på ett ~*** in the twinkling of an eye
ögonblicklig *adj* instantaneous; omedelbar immediate

ögonblickligen *adv* omedelbart instantly, immediately
ögonbryn *subst* eyebrow
ögonfrans *subst* eyelash, lash
ögonglob *subst* eyeball
ögonhåla *subst* eye socket
ögonkast *subst* glance; ***kärlek vid första ~et*** love at first sight
ögonkontakt *subst* eye contact
ögonlock *subst* eyelid
ögonläkare *subst* eye specialist, ophthalmologist
ögonmått *subst*, ***ha bra ~*** have a sure eye
ögonskugga *subst* eyeshadow
ögonsten *subst*, ***ngns ~*** the apple of sb's eye
ögontjänare *subst* time-server
ögonvatten *subst* eye lotion, eyewash
ögonvittne *subst* eyewitness
ögonvrå *subst* corner of the eye, corner of one's eye
ögrupp *subst* group of islands
öka *verb* **1** göra större increase [*med* by]; ***~ farten*** increase speed, accelerate **2** bli större increase; växa grow; stiga rise; ***~ i antal*** increase in number; ***~ i betydelse*** become more important; ***~ i vikt*** put on weight
ökas *verb* increase
öken *subst* desert; bibl. wilderness
öknamn *subst* nickname
ökning *subst* increase; ***en ~ i vikt*** an increase in weight
ökänd *adj* notorious

öl
Engelskt öl, *beer*, är av en annan typ än det som brukar drickas i Sverige. På puben beställer man vanligen den sort man vill ha, t.ex. *a pint of bitter, please* en pint "bitter". Vill man ha öl av svensk typ beställer man *a pint of lager*.
I USA menar man oftast öl av svensk typ när man talar om *beer*.

öl *subst* beer; lagertyp, pilsner lager; ***ljust ~*** pale ale; ***mörkt ~*** stout
ölburk *subst* tom beer can; full can of beer
ölflaska *subst* tom beer bottle; full bottle of beer
ölglas *subst* beer glass; glas öl glass of beer
ölmage *subst* paunch, vard. beer belly
öm *adj* **1** ömtålig tender; känslig sensitive; som vållar smärta sore, aching; ***en ~ punkt*** a sore point **2** kärleksfull tender [*mot* towards], loving [*mot* towards]
ömhet *subst* **1** smärta soreness **2** tillgivenhet tenderness [*mot* towards], affection [*mot* towards]
ömklig *adj* ynklig pitiful, pitiable; eländig wretched
ömma *verb* **1** göra ont be sore, feel sore **2** ***~ för*** feel compassion for, feel for
ömmande *adj* behjärtansvärd ***ett ~ fall*** a deserving case
ömse *adj*, ***på ~ håll (sidor)*** on both sides
ömsesidig *adj* mutual, reciprocal
ömsesidighet *subst* reciprocity
ömsom *adv*, ***hon är ~ glad ~ sorgsen*** she is sometimes happy, sometimes sad
ömtålig *adj* som lätt tar skada easily damaged; om matvara perishable; skör frail; klen (om hälsa), som kräver försiktighet (om t.ex. fråga) delicate
ömtålighet *subst* liability to damage; bräcklighet fragility; klenhet (om hälsa), försiktighet (om t.ex. fråga) delicacy
önska *verb* wish; vilja ha want; önska sig wish for; önska hett desire; ***~ sig ngt till födelsedagen*** want sth for one's birthday
önskan *subst* wish [*om* for], desire [*om* for]; ***mot min ~*** against my wishes
önskedröm *subst* dream; ***det är bara en ~*** it's just a pipedream
önskelista *subst*, ***det står på min ~*** it is on the list of presents I would like; ***det står överst på min ~*** it is at the top of the list of presents I would like
önskemål *subst* wish [*om* for], desire [*om* for]
önskeprogram *subst* radio. el. tv. request programme
önsketänkande *subst* wishful thinking
önskvärd *adj* desirable; ***icke ~*** undesirable
önskvärdhet *subst* desirability
öppen *adj* open; offentlig, om t.ex. plats public; uppriktig frank, candid; ***~ tävlan*** public competition, open competition; ***vara ~ mot ngn*** be open with sb, be frank with sb
öppenhet *subst* openness; uppriktighet frankness
öppenhjärtig *adj* frank, outspoken
öppenhjärtighet *subst* open-heartedness; uppriktighet frankness
öppethållande *subst* opening-hours pl.
öppna *verb* open; låsa upp unlock; ***~ för ngn*** open the door for sb, let sb in; ***varuhuset öppnas (öppnar) klockan 9*** the

department store opens at nine o'clock; ~ ***sig*** open; vidga sig open out

öppning *subst* opening; springa crack; för mynt slot

öra *subst* **1** ear; ***dra öronen åt sig*** get cold feet; vara på sin vakt become wary; ***ha ~ för musik*** have an ear for music; ***höra dåligt på det högra örat*** hear badly with one's right ear; ***han talade för ~a öron*** he was talking to deaf ears; ***vara döv på höger ~*** be deaf in one's right ear; ***vara på ~t*** vard., berusad be drunk, be tipsy; ***vara skuldsatt upp över öronen*** be head over heels in debt **2** handtag handle; på tillbringare ear

öre *subst* öre; ***utan ett ~ på fickan*** without a penny; ***inte värd ett rött ~*** not worth a brass farthing, amer. not worth a cent

Öresund the Sound

örfil *subst* a thick ear

örfila *verb*, ~ ***upp ngn*** give sb a thick ear

örhänge *subst* smycke earring; långt eardrop; örclips earclip

örlogsfartyg *subst* warship

örlogsflotta *subst* navy

örn *subst* fågel eagle

örngott *subst* pillow case, pillow slip

öronbedövande *adj* deafening

öroninflammation *subst* inflammation of the ear

öronläkare *subst* ear specialist

öronpropp *subst* **1** mot buller earplug **2** vaxpropp plug of wax **3** radio, hörpropp earphone

öronsjukdom *subst* disease of the ear

öronvärk *subst* earache

örring *subst* earring

örsnibb *subst* ear lobe, lobe

örsprång *subst* earache

ört *subst* herb, plant

ösa *verb* scoop; sleva ladle; hälla pour; ~ ***en båt*** bale (bail) out a boat; ~ ***presenter över ngn*** shower sb with presents; ***det öser ned*** it's pouring down, vard. it's raining cats and dogs

ösregn *subst* downpour; ***i ~et*** in the pouring rain

ösregna *verb* pour; ***det ~r*** it's pouring down

öst *subst* the east; se *nord-* för sammansättningar

östan *subst* o. **östanvind** *subst* east wind, easterly wind

östasiatisk *adj* East Asiatic

Östasien Eastern Asia

öster I *subst* väderstreck the east; ***~n*** the East, the Orient

II *adv* east [*om* of], to the east [*om* of]

österifrån *adv* from the east

Österlandet the East, the Orient

österländsk *adj* oriental, eastern

österlänning *subst* Oriental

österrikare *subst* Austrian

Österrike Austria

österrikisk *adj* Austrian; se *svensk-* för sammansättningar

österrikiska *subst* kvinna Austrian woman

Östersjön the Baltic Sea

österut *adv* åt öster eastward, eastwards; i öster in the east; ***resa*** ~ go east, travel east

Östeuropa Eastern Europe

östlig *adj* fram el. mot öst, om t.ex. riktning, läge easterly; om vind east, easterly; i öst eastern

östra *adj* t.ex. sidan the east; t.ex. delen the eastern; se *norra* för ex.

östtysk *adj* o. *subst* hist. East German

Östtyskland hist. East Germany

öva *verb* **1** träna train [*ngn i ngt* sb in sth]; ~ ***ngn att göra ngt*** train sb to do sth; ~ ***piano*** practise the piano; ~ ***in*** lära in practise; roll, pjäs rehearse; ~ ***upp*** train, exercise **2** utöva exercise **3** ~ ***sig i att göra ngt*** practise doing sth; ~ ***sig i engelska*** practise English

över I *prep* **1** i rumsbetydelse el. friare over; högre än above; tvärsöver across; ned över, ned på on, upon; ~ ***hela kroppen*** all over the body; ~ ***hela jorden*** all over the earth; ***gå ~ gatan*** walk across the street, cross the street; ***kasta sig ~ ngn*** fall on sb; ***leva ~ sina tillgångar*** live beyond one's means **2** via via, by way of **3** i tidsbetydelse over; ***resa bort ~ julen*** go away over Christmas; ***klockan är ~ fem*** it is past five, amer. it is after five **4** mer än over, more than, above; ~ ***hälften av*** over half of, more than half; ~ ***medellängd*** over average height, above average height **5** ***en biografi ~ Strindberg*** a biography of Strindberg; ***en karta ~ Sverige*** a map of Sweden; ***en essä*** ~ an essay on; ***en föreläsning*** ~ a lecture on

II *adv* **1** over; ovanför above; tvärsöver across **2** slut over, at an end; förbi past **3** kvar left, left over; ***det som blev*** ~ what was left, what was left over, the remainder

överallt *adv* everywhere; ~ ***där det finns...*** wherever there is (are)...

överanstränga *verb* overexert, overstrain; ~ ***sig*** overexert oneself, overtax one's strength

överansträngd *adj* overstrained; utarbetad overworked

överansträngning *subst* overstrain, over-exertion, overwork
överarm *subst* upper arm
överbefolkad *adj* overpopulated
överbefolkning *subst* overpopulation
överbefälhavare *subst* supreme commander, commander-in-chief
överbelasta *verb* overload, overstrain
överbetala *verb* overpay
överbevisa *verb* friare convince [*ngn om* sb of]; jur. convict; ~ ***ngn om ett brott*** convict sb of a crime
överblick *subst* survey [*över* of], general view [*över* of]
överblicka *verb* survey
överbliven *adj* remaining, left
överbord *adv*, ***falla*** ~ fall overboard
överbrygga *verb* bridge
överdel *subst* upper part, av plagg top, upper part
överdos *subst* overdose
överdosera *verb* overdose
överdrag *subst* **1** t.ex. skynke cover, covering; på möbel loose cover **2** lager av färg coat, coating **3** på konto overdraft
överdragskläder *subst pl* overalls
överdrift *subst* exaggeration, om påstående overstatement; ***gå till*** ~ go too far, go to extremes
överdriva *verb* exaggerate; ***du överdriver*** går för långt you're overdoing it
överdriven *adj* exaggerated, excessive
överdrivet *adv* exaggeratedly; ~ ***artig*** too polite
överdåd *subst* slöseri extravagance; lyx luxury
överdäck *subst* upper deck
överens *adj*, *adv*, ***vara*** ~ ense be agreed [*om* on], agree [*om* on]; ***komma*** ~ ***om ngt*** agree on (about) sth; ***komma bra*** ~ ***med ngn*** get on well with sb; ***stämma*** ~ agree, passa ihop correspond [*med* with]
överenskommelse *subst* agreement; ***träffa en*** ~ make an agreement; ***enligt*** ~ as agreed, as arranged
överensstämma *verb* agree [*med* with]; passa ihop correspond [*med* with]
överensstämmelse *subst* agreement; motsvarighet correspondence; ***i*** ~ ***med*** enligt in accordance with
överexponera *verb* foto. overexpose
överexponering *subst* overexposure
överfall *subst* assault, attack
överfalla *verb* assault, attack
överfart *subst* **1** crossing, överresa voyage, passage **2** viadukt flyover, amer. overpass
överflygning *subst* overflight
överflöd *subst* ymnighet abundance [*på*, *av* of], profusion [*på*, *av* of]; rikedom affluence [*på*, *av* of]; övermått superabundance [*på*, *av* of]; ***finnas i*** ~ be abundant; ***leva i*** ~ live in luxury
överflöda *verb* abound [*av*, *på* in, with]
överflödig *adj* superfluous, redundant; ***känna sig*** ~ feel unwanted
överflödskilon *subst* excess kilos, eng. motsvarighet ofta excess pounds
överfull *adj* overfull; packad crammed
överföra *verb* flytta över, sprida transfer, transmit; ~ ***en sjukdom*** transmit a disease
överföring *subst* av pengar transfer; av varor conveyance, transport, transportation; av elkraft el. radio. transmission
överförtjust *adj* delighted, overjoyed
överge *verb* abandon; svika desert; lämna leave, forsake; ge upp give up
övergiven *adj* abandoned, deserted
överglänsa *verb* outshine, eclipse
övergrepp *subst* intrång encroachment; fysiskt våld assault, act of cruelty; ***sexuellt*** ~ enstaka fall sexual assault; mot minderårig act of sexual abuse
övergå *verb*, ***det*** ~***r mitt förstånd*** it passes my comprehension, it is above my comprehension
övergående *adj* passing; tillfällig temporary; kortvarig transitory
övergång *subst* **1** omställning change-over; från ett tillstånd till ett annat transition; förändring change **2** för fotgängare crossing, pedestrian crossing **3** övergångsbiljett transfer ticket
övergångsbestämmelse *subst* provisional regulation
övergångsbiljett *subst* transfer ticket
övergångsstadium *subst* transition stage
övergångsställe *subst* för fotgängare crossing, pedestrian crossing
övergångstid *subst* transition period
övergångsålder *subst* klimakterium change of life; med. menopause
övergöda *verb* overfeed
överhand *subst*, ***få*** (***ta***) ~***en*** få övertaget get the upper hand [*över* of]; sprida sig spread; ***få*** (***ta***) ~***en över ngn*** om känsla get the better of sb; ***elden tog*** ~ the fire got out of control
överhetta *verb* overheat
överhopa *verb* load; ~***d med arbete*** overburdened with work, vard. up to the eyes in work

överhuvud *subst* head; ledare chief
överhuvudtaget *adv* on the whole; alls at all; ***om det ~ är möjligt*** if it is at all possible
överhängande *adj* hotande impending, imminent; brådskande urgent
överilad *adj* rash, hasty
överinseende *subst* supervision; ***under ~ av*** under the supervision of
överkant *subst* upper edge, upper side; ***i ~*** för stor, lång, hög etc. rather on the large (long, high etc.) side
överkast *subst* sängöverkast bedspread, coverlet
överklaga *verb* appeal against
överklagande *subst* appeal [*av* against]
överklass *subst* upper class; ***~en*** the upper class, the upper classes pl.
överklassig *adj* upper class
överkomlig *adj* om hinder surmountable; om pris reasonable, moderate
överkropp *subst* upper part of the body; ***med bar ~*** stripped to the waist
överkäke *subst* upper jaw
överkänslig *adj* hypersensitive [*för* to]; allergisk allergic [*för* to]
överkörd *adj*, ***bli ~*** i trafiken etc. be run over, get run over; i diskussion be steamrollered
överlagd *adj* uppsåtlig premeditated; ***noga ~*** övertänkt well considered
överlakan *subst* top sheet
överlasta *verb* overload, overburden
överleva *verb* survive; ***~ ngn (ngt)*** outlive sb (sth); ***~ sig själv*** om företeelse outlive its day, become out of date
överlevande *adj* surviving; ***de ~*** the survivors
överlista *verb* outwit
överljudshastighet *subst* supersonic speed
överljudsplan *subst* supersonic aircraft
överlycklig *adj* overjoyed
överlåta *verb* **1** överföra transfer, make over; ***~ ngt till (åt, på) ngn*** transfer sth to sb, make over sth to sb; ***biljetten får ej ~s*** the ticket is not transferable **2** hänskjuta leave; ***jag överlåter åt dig att göra det*** I leave it to you to do it
överlåtelse *subst* transfer [*på, till* to]
överläge *subst* advantage; ***vara i ~*** be in a superior position, have the upper hand; sport. be doing well
överlägga *verb* confer, deliberate; ***~ med ngn om ngt*** confer with sb about sth
överläggning *subst* deliberation [*om* on], discussion [*om* on]; ***~ar*** samtal talks
överlägsen *adj* superior [*ngn* to sb]; högdragen supercilious
överlägsenhet *subst* superiority [*över* to]; högdragenhet superciliousness
överläkare *subst* senior consultant; avdelningschef senior physician; kirurg senior surgeon; sjukhuschef medical superintendent
överlämna *verb* avlämna deliver, deliver up, deliver over; lämna fram hand...over; räcka pass, pass...over; skänka present, give; mil. deliver up, surrender; överlåta leave; ***den saken ~r jag åt dig*** I leave that to you
överlämnande *subst* delivery; av t.ex. gåva presentation
överläpp *subst* upper lip
övermakt *subst* i antal superior numbers pl.; i stridskrafter superiority in forces; ***kämpa mot ~en*** fight against heavy odds
överman *subst* superior; ***finna sin ~*** meet one's match
övermanna *verb* overpower
övermod *subst* förmätenhet presumption, arrogance
övermogen *adj* overripe
övermorgon *subst*, ***i ~*** the day after tomorrow
övermått *subst* excess; överflöd superfluity
övermäktig *adj* superior; ***smärtan blev henne ~*** the pain became too much for her
övermänniska *subst* superman
övermänsklig *adj* superhuman
övernatta *verb* stay overnight, stay the night
övernaturlig *adj* supernatural; ***i ~ storlek*** larger than life
överord *subst pl* överdrift exaggeration sing.
överordnad I *adj* superior; ***i ~ ställning*** in a superior position, in a responsible position **II** *subst* superior
överplagg *subst* outer garment
överpris *subst* excessive price; ***betala ~ för*** be overcharged for
överraska *verb* surprise; ***~d över*** surprised at; ***han ~de henne*** he took her by surprise
överraskande I *adj* surprising **II** *adv* surprisingly; ***det kom fullständigt ~*** it came as a complete surprise
överraskning *subst* surprise [*över* at]
överreagera *verb* overreact
överreklamerad *adj* overrated
överresa *subst* crossing; längre voyage, passage
överrock *subst* overcoat
överrumpla *verb*, ***~ ngn*** surprise sb, take sb by surprise

överrumpling *subst* surprise
överräcka *verb* hand over; skänka present
överrösta *verb*, ***oväsendet ~de honom*** the noise drowned his voice; ~ ***ngn*** skrika högre än shout louder than sb
övers *subst*, ***ha tid till ~*** have spare time; ***jag har ingenting till ~ för sådana människor*** I've no time for such people
överse *verb*, ***~ med ngt*** overlook sth
överseende I *adj* indulgent [*mot* towards] **II** *subst* indulgence [*med* with]; ***ha ~ med ngn*** be indulgent towards sb; ***ha ~ med ngt*** overlook sth
översikt *subst* survey [*över, av* of]; sammanfattning outline [*över, av* of], summary [*över, av* of]
översiktskarta *subst* key map, general map
översittare *subst* bully; ***spela ~*** bully, play the bully; ***spela ~ mot ngn*** bully sb
översitteri *subst* bullying
överskatta *verb* overrate, overestimate
överskattning *subst* overrating, overestimation
överskjutande *adj*, ~ ***belopp*** surplus amount, excess amount
överskott *subst* surplus; vinst profit
överskrida *verb* t.ex. gräns cross; ~ ***sina befogenheter*** exceed one's authority
överskrift *subst* till artikel etc. heading; i brev form of address
överskugga *verb* overshadow
överskåda *verb* survey, take in
överskådlig *adj* klar och redig clear, lucid; ***den är ~*** lättfattlig it is easy to grasp
överskådlighet *subst* clearness, lucidity
överslag *subst* förhandsberäkning rough estimate [*över* of], rough calculation [*över* of]
översnöad *adj*, ***vara ~*** be covered with snow
överspänd *adj* overstrung, highly-strung
överst *adv* uppermost, on top; ~ ***på sidan*** at the top of the page
översta *adj*, ***den ~ lådan*** the top drawer; av två the upper drawer; ***den allra ~ hyllan*** the topmost shelf, the uppermost shelf
överste *subst* colonel
överstelöjtnant *subst* lieutenant-colonel; inom flygvapnet, ungefär wing commander
överstepräst *subst* high priest
överstiga *verb* exceed, go beyond
överstycke *subst* på dörr lintel
översvallande *adj* om person effusive, gushing; ~ ***entusiasm*** unbounded enthusiasm; ~ ***glädje*** transports of joy; ~ ***vänlighet*** overflowing kindness
översvämma *verb* flood; med brev swamp with letters
översvämning *subst* flood
översyn *subst* overhaul; ***göra en ~ av*** make an overview of
översållad *adj* strewn [*med* with], covered [*med* with]
översätta *verb* translate [*till* into]
översättare *subst* translator
översättning *subst* translation [*till* into]
överta *verb* take over, t.ex. ansvaret, befälet take over, take; t.ex. praktik, affär succeed to
övertag *subst* överläge advantage [*över* over]
övertala *verb* persuade; ***låta ~ sig att göra ngt*** be persuaded (talked) into doing sth
övertalig *adj* redundant; ***de var ~a*** they were too many in number
övertalning *subst* persuasion
övertalningsförmåga *subst* persuasive powers pl.
övertid *subst* overtime; ***arbeta på ~*** work overtime
övertidsarbete *subst* overtime work
övertidsersättning *subst* overtime pay, overtime compensation
övertramp *subst*, ***göra ~*** overstep the mark
överträda *verb* infringe, trespass against
överträdelse *subst* infringement, trespass; ~ ***beivras*** offenders will be prosecuted; vid förbjudet område trespassers will be prosecuted
överträffa *verb* surpass, exceed; överglänsa outdo; ~ ***sig själv*** surpass oneself, excel oneself
övertyga *verb* convince [*om* of]; ***ni kan vara ~d om att...*** you may rest assured that...; ~ ***sig om ngt*** make sure of sth
övertygande *adj* convincing
övertygelse *subst* conviction; ***handla efter sin ~*** act up to one's convictions
övertänd *subst*, ***byggnaden var helt ~*** the building was all in flames
övervaka *verb* supervise, superintend; hålla ett öga på keep an eye on, watch over
övervakare *subst* **1** jur. probation officer **2** som håller uppsikt över supervisor
övervakning *subst* **1** jur. probation; ***stå under ~*** be on probation **2** uppsikt supervision, superintendence
övervakningskamera *subst* surveillance camera; system med övervakningskameror CCTV (förk. för *closed-circuit TV*)
övervikt *subst* overweight; av bagage excess

luggage, excess baggage; ***med tio rösters*** *~* by a majority of ten
överviktig *adj* overweight
övervinna *verb* overcome; besegra conquer
övervintra *verb* pass the winter; ligga i ide hibernate
övervintring *subst* wintering; i ide hibernation
övervuxen *adj* overgrown, overrun
övervåning *subst* upper floor, upper storey
1 överväga *verb* ta i betraktande consider
2 överväga *verb* uppväga outweigh; ***ja-röster överväger*** the ayes are in the majority, the ayes have it
1 övervägande *subst* consideration, deliberation; ***ta ngt i ~*** take sth into consideration
2 övervägande *adj* förhärskande predominant; ***den ~ delen av*** the great majority of
överväldiga *verb* overwhelm, overpower
överväldigande *adj* overwhelming
övervärdera *verb* overestimate, overrate
överårig *adj* över pensionsålder superannuated; för gammal too old; över viss maximiålder over age
överösa *verb*, ***~ ngn med gåvor*** shower gifts on sb
övning *subst* **1** (endast sing.): praktik, vana practice; träning training; ***~ i att dansa*** practice in dancing **2** (med pl.) exercise; t.ex. brandövning drill; ***gymnastiska ~ar*** gymnastic exercises
övningsbil *subst* driving-school car, britt. motsvarighet learner's car
övningsexempel *subst* uppgift exercise; t.ex. mat. problem
övningsförare *subst* learner-driver
övningskörning *subst* med bil driving practice
övningsuppgift *subst* skol. exercise
övre *adj* upper, översta upper, top; ***~ däck*** upper deck
övrig *adj* återstående remaining; annan other; ***det*** (***de***) ***~a*** the rest, the others; ***det ~a Europa*** the rest of Europe; ***det lämnar mycket ~t att önska*** it leaves a great deal to be desired; ***för ~t*** a) dessutom besides, moreover b) i förbigående sagt incidentally, by the way c) annars otherwise d) vidare further
övärld *subst* skärgård archipelago (pl. -s)